中国改革开放新时期年鉴

1997年

中国民主法制出版社
2014·北京

图书在版编目（CIP）数据

中国改革开放新时期年鉴. 1997年 / 王振川主编. — 北京：中国民主法制出版社，2014.6

ISBN 978-7-5162-0538-9

Ⅰ. ①中…　Ⅱ. ①王…　Ⅲ. ①改革开放—中国—1997—年鉴　Ⅳ. ①D61-54

中国版本图书馆CIP数据核字（2014）第123171号

图书出品人：肖启明
图 书 策 划：刘海涛
责 任 编 辑：石　松　董　理

书　名 / 中国改革开放新时期年鉴（1997年）
作　者 / 王振川　主编

出 版·发 行 / 中国民主法制出版社
地　址 / 北京市丰台区玉林里7号（100069）
电　话 / 63055259（总编室）　63057714（发行部）
传　真 / 63055259
http: //www.npcpub.com
E-mail: mzfz@ npcpub.com
经　销 / 新华书店
开　本 / 16开　787毫米 ×1092毫米
印　张 / 68.25　字数 / 2114千字
版　本 / 2014年6月第1版　2014年6月第1次印刷
印　刷 / 涿州市星河印刷有限公司印刷

书　号 / ISBN 978-7-5162-0538-9
定　价 / 800.00元

《中国改革开放新时期年鉴》编委会

日期索引

【一月】

【二月】

【三月】

【四月】

【五月】

【六月】

【七月】

【八月】

【九月】

【十月】

【十一月】

【十二月】

1 月 1 日

全国政协举行 1997 年新年茶话会

江泽民、李鹏、乔石、李瑞环、朱镕基、刘华清、胡锦涛等党和国家领导人，同全国政协、各民主党派及全国工商联负责人、无党派民主人士，中央、国家机关有关方面的负责同志，以及首都各族各界代表欢聚一堂，共度佳节。

中共中央总书记、国家主席、中央军委主席江泽民在茶话会上作了重要讲话。

新年茶话会由中共中央政治局常委、全国政协主席李瑞环主持。他代表政协全国委员会向各位来宾表示热烈的欢迎，同时向一年来支持、帮助、关心政协工作的同志和朋友们表示衷心的感谢。

民盟中央主席丁石孙也在茶话会上讲了话。

中共中央总书记江泽民在全国政协新年茶话会上发表讲话

同志们、朋友们：

今天是 1997 年元旦。我们在这里欢聚一堂，共庆佳节。我代表中共中央、国务院、中央军委，向各民主党派、无党派民主人士，向广大工人、农民、知识分子和干部，向人民解放军指战员、武警官兵、公安干警，向台湾同胞、港澳同胞和海外侨胞，向各国朋友们，表示良好的祝愿！祝大家新年好！

在过去的一年里，全国各族人民在中国共产党的领导下，齐心协力，积极奋斗，取得了改革开放和现代化建设的新成就。我们为实施国民经济与社会发展“九五”计划和 2010 年远景目标纲要开了一个好头。全国经济继续保持快速发展的势头，通货膨胀得到有效控制，宏观经济环境进一步改善，农业在部分地区遭受严重自然灾害的情况下仍然获得丰收，国有企业改革力度加大。沿海地区继续增创新优势；中西部地区发展步伐加快。国际收支平衡状况较好；国家外汇储备突破一千亿美元。社会主义民主和法制建设稳步前进。社会主义精神文明建设提到了更加突出的地位。全国经济繁荣，社会稳定，民族团结，政通人和。

在过去的一年里，我们坚持奉行独立自主的和平外交政策，加强了同世界各国人民的友好往来，增进了同发达国家、发展中国家的经济、科技、文化的交流与合作。我们继续在地区和国际事务中发挥积极作用，支持国际正义事业，反对一切霸权行径和不公正行为，为世界和平与发展作出了新的贡献。

1997 年，将是我们党和国家发展史上不寻常的一年。

我们党将召开第十五次全国代表大会，进一步就我国未来的改革、发展和稳定作出战略部署，继续带领全国人民把建设有中国特色社会主义的伟大事业全面推向新世纪。我国政府将恢复对香港行使主权，迈出完成祖国统一的重要一步。这是两件举世瞩目的大事。可以这样说，一个要把有中国特色社会主义事业建设成功，一个要完成祖国统一大业，这是实现中华民族伟大复兴的两个主要标志。

在新的一年里，我们要按照“九五”计划和 2010 年远景目标纲要的总体要求，努力推进两个根本性转变。要坚持加强农业的基础地位，加快国有企业改革和发展的步伐，加大经济结构调整的力度，继续改善宏观经济环境，提高对外贸易和利用外资的水平。在发展经济的基础上，进一步改善和丰富人民的物质文化生活。

在新的一年里，我们要按照党的十四届六中全会决议的要求，努力推进社会主义精神文明建设。要增强两个文明一起抓的自觉性，积极探索在发展社会主义市场经济和对外开放条件下加强精神文明建设的新路子，采取切实有效的措施，认真解决当前精神文明建设中的重要问题，促进精神文明和物质文明协调发展。

在新的一年里，我们要继续加强社会主义民主和法制建设。充分发扬民主，广泛听取人民群众的意见，把人民群众的智慧和力量更好地集中到建设有中国特色社会主义事业上来。进一步加强立法工作和法律监督、法制教育，提高依法治国的水平。继续加强廉政建设，搞好社会治安，切实维护广大人民群众的利益。

香港回归祖国是一件彪炳史册的大事。每一位中华儿女都为此感到自豪。我们将坚定不移地贯彻“一国两制”的方针，实行“港人治港、高度自治”。有中央政府和全国人民的支持，600 多万香港同胞一定能把香港建设得更加繁荣稳定。

台湾是我国的神圣领土。在新的一年里，我们将继续按照“和平统一、一国两制”的方针，积极推动海峡两岸的沟通、交流与合作。我们欢迎台湾各党派、各界人士同我们交换有关两岸关系与和平统一的建设性意见。我们希望台湾当局以民族大义为重，顺应历史潮流，停止一切分裂祖国的活动，为改善两岸关系采取切实的行动。

我们的改革开放和现代化建设需要一个和平、稳定的国际环境。在新的一年里，我们将在和平共处五项原则基础上，继续加强同周边国家和世界各国的友好合作关系。我们将一如既往地为建立公正合理的国际政治经济新秩序作出自己的努力。

同志们、朋友们，在辞旧迎新之际，我们也要清醒地看到，在我们前进的道路上，还存在着许多困难，还会出现这样或那样的新情况、新问题，我们的工作还有不尽如人意的地方，需要认真加以克服、解决和改进。居安思危，善始善终，是中国几千年历史昭示于我们的治理国家、开创事业的一条极为重要的经验。摆在我们面前的改革和建设的任务很重，时代对我们的要求很高，我们的各级干部，一定要加强学习和勤奋工作；一定要坚持解放思想、实事求是的思想路线，坚持理论联系实际、密切联系群众、批评与自我批评的革命作风，发扬谦虚谨慎、不骄不躁、艰苦奋斗、自强不息的优良传统；一定要紧紧依靠全国各族人民的坚强团结，极大地发挥人民群众的积极性和创造性。

人民政协在过去的一年里，积极反映社情民意，为促进国家的改革和发展提出了很多好的意见和建议，工作是很有成效的。希望人民政协继续发挥爱国统一战线组织的特点和优势，推动各方面人士在实现中华振兴、维护祖国统一的共同目标下进一步团结起来，继续发挥各民主党派、人民团体和各界爱国人士在政协中的作用，加强政治协商、民主监督和参政议政，为我国经济发展和社会全面进步作出新的贡献。

大地回春，万象更新。让我们在邓小平建设有中国特色社会主义理论和党的基本路线指引下，更加紧密地团结起来，去争取社会主义现代化事业的新胜利！让我们同世界各国人民一道，去开创人类的美好未来！

《人民日报》发表社论《把握大局再接再厉同心同德开拓前进——元旦献辞》

一元复始，万象更新。我们向全国各族人民，向港澳台同胞和海外侨胞祝贺新年好！

刚刚过去的1996年，是实施“九五”计划和2010年远景目标纲要的第一年。在这一年里，我国的改革开放和社会主义现代化建设取得了可喜的成就。工业生产继续平稳增长，农业战胜了部分地区严重自然灾害，获得较好收成，粮食产量创造历史最高水平。国内生产总值比上年增长近10%。以治理通货膨胀为首要任务的宏观调控基本上达到了预期目标，整个经济开始进入适度快速和相对平稳的发展轨道。经过三年多的努力，我们不仅有力地促进了国民经济持续、快速、健康发展，而且成功地避免了在大步前进中可能出现的经济大起大落。改革进一步深化，开放进一步扩大，各项社会事业全面进步，人民生活进一步改善。党的建设、社会主义精神文明建设和民主法制建设也都取得新的进展，各种形式的精神文明创建活动弘扬了社会正气，反腐败斗争不断深入，在全国范围内开展的“严打”斗争成效显著。我国积极主动地开展外交工作，取得了新的重要成就，进一步发展了对外友好关系，扩大了经济贸易往来。在以江泽民同志为核心的党中央领导下，全国各族人民团结奋斗，为实现跨世纪的宏伟目标开了一个好头，势头很好，鼓舞人心。

刚刚到来的1997年，是实施“九五”计划和2010年远景目标纲要的第二年，是我们国家历史发展上很重要的一年。在这一年里，我国将恢复对香港行使主权，我党将召开第十五次全国代表大会。恢复对香港行使主权，是贯彻“一国两制”方针的伟大成果，是百年来无数志士仁人梦寐以求的夙愿，它必将对推动祖国统一大业、振奋民族精神产生重大而深远的影响。党的十五大是我们党在我国改革开放和社会主义现代化建设事业承前启后、继往开来的重要时刻召开的具有重大意义的会议。通过这次大会，我们的党将更有力地带领全党和全国各族人民去实现社会主义现代化的宏伟目标。这是举世瞩目的两件大事，是对祖国振兴、中华民族兴旺发达具有重大意义的两件大事。我们一定要团结一心，努力做好今年的工作，为办好两件大事创造良好的政治、经济、社会环境和条件。要坚决贯彻中央确定的1997年经济工作的总体要求，保持总的宏观经济政策的连续性、稳定性和必要的灵活性，做到稳中求进，推动改革和建设更好地发展。在坚持以经济建设为中心，把物质文明建设搞得更好的同时，要大力加强社会主义精神文明建设，进一步加强社会主义民主和法制建设。

在新的一年里，全党同志特别是各级领导干部要牢牢把握大局，再接再厉，同心同德，开拓前进，这是做好1997年各项工作的根本要求和重要保证。

把握大局，就是坚持以邓小平建设有中国特色社会主义理论和党的基本路线为指导，全面贯彻抓住机遇、深化改革、扩大开放、促进发展、保持稳定的基本方针，进一步把总量控制和结构调整，宏观调控和微观搞活，深化改革和促进发展，经济发展和社会发展结合起来，把建设有中国特色社会主义伟大事业推向前进。要善于从政治上观察和处理问题，全面地认识和从整体上处理好改革、发展、稳定的关系，使三者相互协调、相互促进。必须十分注意保持社会、政治环境的稳定，这是今年把握大局的首要着眼点和基本要求。

再接再厉，就是在“九五”第一年开好头、起好步的基础上继续前进。要根据新形势、新任务的要求，大力推进两个根本性转变，采取新的有力措施，为经济注入新的活力，切实提高经济增长质量和效益，保持经济适度快速发展的好势头。要进一步转变作风，狠抓落实，讲求实效。

同心同德，就是全党同志首先是高级领导干部在政治上、思想上同中央保持一致，自觉维护中央的权威，坚决贯彻中央的决策和方针政策，做到言行一致、令行禁止。只有这样，党才能增强战斗力、凝聚力，团结和带领全国各族人民朝着新的目标胜利前进。

开拓前进，就是要增强改革意识和创新精神，知难而进，锐意进取，积极解决改革和建设中的难点和重点问题。我国经济体制改革正处于攻坚阶段，经济建设和社会发展任务相当艰巨。要解决改革和建设中的深层次矛盾，必须进一步振奋精神，开拓前进。要坚持解放思想，实事求是，以实践为检验真理的唯一标准，大胆探索，努力实践，勇于创新。要相信群众，依靠群众，尊重群众的首创精神，坚持从群众中来，到群众中去的工作路线和工作方法。

在新的一年里，全党和全国各族人民更紧密地团结在以江泽民同志为核心的党中央周围，坚持邓小平建设有中国特色社会主义理论和党的基本路线、基本方针，进一步落实党的十四届五中全会、六中全会关于改革、发展和精神文明建设的战略部署，为实现跨世纪的宏伟大业艰苦奋斗，夺取新的更大的胜利！

中共中央总书记江泽民会见民革 民盟 民建中央新任主席何鲁丽 丁石孙 成思危

中共中央政治局常委、全国政协主席李瑞环参加了会见。

江泽民首先代表中共中央，向何鲁丽、丁石孙、成思危表示热烈的祝贺！

江泽民说，中共中央主要领导人同各民主党派领导人，一直保持着亲密的团结和友谊，这已经成为一个优良传统。

江泽民说，各民主党派的新一代领导人，肩负着带领各民主党派跨入21世纪的历史责任。希望你们继承费孝通、孙起孟、钱伟长、谈家桢等老一辈民主党派领导人同中国共产党人密切合作的光荣传统，发扬他们的崇高精神和优良作风，并充分运用自己的智慧和经验，率领民主党派成员，努力开拓民主党派工作的新局面，为建设有中国特色社会主义的伟大事业作出新的更大的贡献。

何鲁丽、丁石孙、成思危对江泽民总书记的会见表示感谢。

香港特别行政区候任行政长官董建华发表新年贺词

新亚欧大陆桥（中国段）第一份资源调研报告通过国家评审验收

国家“八五”重点项目《新亚欧大陆桥（中国段）沿线遥感综合调查》，经过120位科技工作者近5年的艰苦努力，圆满完成了从连云港到阿拉山口中国段沿线的资源、环境遥感的综合调查研究，日前通过国家的评审验收。

该研究项目是在国家计委的直接决策和领导下，由北京市国土资源遥感公司牵头，地矿、铁道、煤炭、石油、冶金等11个省部级遥感单位参加的。该项目采用当代先进的空间遥感技术和地理信息系统技术，首次以大陆桥沿桥带为目标进行了资源环境和可持续发展调查研究，共获得中国段4131公里长、200公里宽、面积为89万平方公里的资源环境数据。以中国科学院院士陈述彭为主任的评审委员会认为，这是新亚欧大陆桥第一份资源环境和可持续发展的调查研究报告，总体水平处于国际领先。

新亚欧大陆桥是指东起太平洋西岸的中国连云港、西至大西洋东岸的荷兰鹿特丹港，横贯亚欧大陆，总长10900公里的国际大通道。它连接40多个国家，面积3970万平方公里，涵盖人口22亿，是正在崛起的国际经济带。我国科技工作者的调查研究表明，大陆桥中国段具备土地植被、矿产和旅游三大资源优势：土地总面积为885841.50平方公里，其中耕地面积为256788.63平方公里，人均占有耕地高于全国平均水平；查明矿种76个，矿床1211个，其中镍矿探明储量居全国首位，煤炭、石油、天然气等能源矿以及金、银、铜等金属矿均为全国优越矿种；沿桥带共有旅游景点1196处，其中世界级5处，国家级138处，人文旅游资源区域特色突出，世界罕见。

调查研究还表明，水资源不足和自然灾害频仍，是制约大陆桥中国段社会和经济发展的两个因素。科技人员在调查研究的同时，提出了缓解水资源矛盾，保护祁连山、天山水环境的方法和西部绿洲优化水资源循环的模型。他们还针对黄河下游花园口至兰考段的地上悬河对大陆桥构成的潜在威胁，提出了利用大沙河、贾鲁河及明清故道分流黄河洪水的新设想。

国务院关税税则委员会下发《关于运用关税手段促进轻型客车国产化的暂行规定》

北京举行首日来中国游客欢迎仪式

1月2日

经国务院批准国家计委 财政部取消的48项建设项目名单

国家计委、财政部日前发出《关于取消部分建设项目收费进一步加强建设项目收费管理的通知》，公布了经国务院批准取消48项建设项目收费。名单如下：

建设部门19项，包括建筑工程管理费，开发企业资质初审、年审及年审公告费，建安临时工棚费，建筑技术开发费，临时建筑规划管理费，建设项目贷款抵押鉴证费,统建管理费,新建房屋安全鉴定费,房屋买卖登记费,房产复查费,商品房注册登记费,自来水安装管理费,自来水表立户费,规划、定点保证金,绿化保证金,拆迁安置押金,道路污染费,绿化管理费,建设项目划定红线手续费、验线费。

土地管理10项,包括土地界桩、坐标测量费,土地出让管理、手续费,土地办证费,土地开发管理费,土地开发配套费,土地权属变更费,土地过户费,改变土地使用性质转户费,土地占用招工保证金,土地测量费。

电力部门5项,包括供电安装管理费,用电入户、立户费,接电报装费,用电附加费,电网改造费。

公安部门3项,包括建筑消防设计、设施审验费,施工企业治安费,消防押金。

工商行政管理部门1项,建筑市场管理费。

文化部门2项,包括考古调查费,考古勘探费。

环保部门1项,建设项目环保押金。

劳动部门1项,施工企业使用临时工管理费。

审计部门1项,建设资金审计费。

统计部门1项,商品房统计费。

民政部门1项,地名申请费。

教育部门1项,教育设施配套费。

体育部门1项,体育设施配套费。

邮电部门1项,邮电通信设施配套费。

外经贸部等七部委发出关于从1997年起对外资企业实行联合年检的通知

外经贸部、国家工商局、国家经贸委、财政部、国家外汇管理局、国家税务总局和海关总署日前发出通知,从1997年起对外商投资企业实行联合年检。

中国高新技术产业显示强劲实力

在日趋激烈的国际经济、技术竞争中,中国一批拥有自主知识产权的高新技术名牌产品,以其优良的品质和规模效益称雄国内外市场,显示了高新技术产业的强劲实力和勃勃生机。

进入国际市场的长征运载火箭,已出色地承揽了10颗国际用户商业卫星的发射任务。具有雄厚技术实力的北大方正、清华紫光、中国科学院联想集团和四通公司等科技企业,开发的电子信息产品年产值逾百亿元。其中,北大方正的汉字激光照排系统,引发了汉字印刷业的新技术革命,风靡世界华人报刊业,全球用户达1.5万户。

陕西彩虹显像管总厂在消化吸收引进技术的过程中,兴建了我国第一条年产120万只37厘米彩色显像管,使"彩虹"彩管已占国内市场的1/3,国产化率达到80%以上。"长虹"、"熊猫"彩电,"海尔"冰箱,"小天鹅"洗衣机,"春兰"空调等国产名牌产品,也都积极引进消化国外先进技术,为己所用,增强了竞争实力。

国务院总理李鹏签署第209号令发布《中华人民共和国海关稽查条例》

国务院总理李鹏签署第210号令发布《出版管理条例》

1月3日

全国政协主席李瑞环 中央统战部部长王兆国在人民大会堂会见出席中国基督教第六届全国代表会议的全体代表

李瑞环在讲话中指出,40多年来,中国基督教坚持按"三自"原则办好教会,高举爱国主义和社会主义旗帜,积极参加社会主义现代化建设,取得了显著成绩。他希望宗教界包括宗教管理部门全面、准确地理解和贯彻党和国家的宗教政策,希望中国基督教"三自"爱国运动委员会和中国基督教协会新一届领导班子继续坚持按"三自"原则办好教会,团结和带领广大基督教信徒,同全国各族人民一道,同心同德,为建设有中国特色的社会主义贡献力量。

全国政协副主席、中国基督教三自爱国运动委员会名誉主席、中国基督教协会名誉会长丁光训参加了会见。

国务院妇女儿童工作委员会在北京召开二届五次全体会议

国务院妇女儿童工作委员会主任彭珮云在会上讲话。

会议提出1997年要把实施《中国妇女发展纲要》、《儿童发展纲要》作为妇女、儿童的中心任务。要把做好农村的妇女儿童工作作为重点。

全国水利系统人才资源开发动员大会在北京召开

《人民日报》发表评论员文章《努力提高对外开放水平》

国有商业银行与信托投资公司脱钩进展顺利

国有商业银行与信托投资公司的脱钩工作已基本完成,上千亿元银行所办信托投资公司资产完整移交,没有因银行与信托投资公司脱钩而发生银行资产流失或引发支付问题。

自《商业银行法》颁布实施以来,中国人民银行依据商业银行不得从事信托投资业务的规定，认真组织国有商业银行与所办信托投资公司脱钩，从1995年11月开始，相继批复了中国工商银行、中国农业银行、中国银行、中国建设银行4家国有商业银行与所办信托投资公司脱钩的方案。脱钩前4家国有商业银行共有信托投资公司186家，现已撤销的有148家，其中：中国工商银行46家，中国农业银行36家，中国银行33家，中国建设银行33家；转让股份的有33家，其中：中国工商银行17家，中国农业银行8家，中国建设银行8家。

中国软件评测中心评测基地在北京昌平建成

中国科学院颁发1996年度院长奖学金

1996年度中国科学院院长奖学金评审工作揭晓，中国科学技术大学的谢毅、中科院固体物理所的孙玉平等20名研究生荣获1996年度院长奖学金特别奖，中科院数学所纪培胜等150名研究生荣获1996年度院长奖学金优秀奖。

民政部召开1996年中国救灾工作新闻发布会

1996年中国先后有18个省(区、市)遭受旱灾，有20个省(区)、400多个县(市)遭受风雹灾，24个省(区、市)程度不同地遭受水灾，台风登陆使7个省(区)蒙受损失。另外，去年中国大陆发生里氏5级以上地震26次，其中震级高、损失大的有4次，并发生了四川、青海雪灾，内蒙古草原火灾，云南元阳滑坡、贵州印江滑坡等重大自然灾害。去年自然灾害的特点，一是多灾并发，水、旱、风雹、雪灾、台风、地震多种灾害交替发生；二是连灾区、重灾区多，部分地区重复受灾，损失较大；三是地震灾害发生频繁，旱灾、风雹灾发生较常年偏轻；台风发生频率属中等年份，但由于风力大，持续时间长，且向内陆纵深远，影响范围大，因此造成的损失比较大；四是洪涝灾害发生面广，比较严重。

民政部副部长范宝俊介绍说，在各方面的共同努力下，去年中国救灾工作取得了很大成绩：据初步统计，全国紧急转移安置灾民1000多万人，最大限度地减少了人员伤亡。各级政府都增大了救灾投入，并及时将救灾款物发放到灾民手中，妥善安排了灾民生活。中央去年下拨救灾款较往年有比较大幅度的增加，仅民政部会同财政部下拨灾民生活救济费就达23亿元，地方各级财政安排灾民生活救济费和救灾粮差价补贴款14.5亿元。同时紧急调拨了大量食品、衣被、药品等生活物资。初步统计，全年已有4000多万人次得到口粮救济，1260多万人次得到衣被救济，430多万人次因灾引起的疾病得到治疗，500多万无家可归的灾民得到安置，入冬前已帮助灾民重建住房400多万间，有力地保障了灾民的基本生活。与此同时，广泛开展了社会捐助活动，截至去年12月下旬统计，全年共募集衣被9500多万件，价值约10亿元。同时，各地特别是遭受严重自然灾害的省(区)，发动社会各界力量积极开展救灾捐赠活动，筹集了大量的捐赠款物支援灾区，各省(区)自行接收的救灾和扶贫捐款、捐物价值约15.8亿元。

此外，民政部在去年春、夏云南地震和部分省(区)发生严重洪涝灾害期间，接收几十个外国政府和国际组织和海外侨胞、港澳台同胞、海内外团体、企事业、个人的救灾捐赠款物约2.2亿元人民币，其中救灾捐款1.7亿元，救灾物资价值约5000万元。上述各项捐助共折合人民币约28亿元，及时帮助约4000多万灾民和贫困户解决了基本生活问题。

1月4日

中共中央政治局常委乔石在江苏考察

1月4日至10日，乔石在江苏考察工作。

乔石听取关于农业情况的介绍，察看农田，看望农户。乔石说，江苏农业的基础比较好，而且向来有精耕细作的传统，希望在已有的基础上继续努力，搞得更好。要继续调动和保护好农民的积极性。对减轻农民负担和加强扶贫工作等，中央已经作了部署，要坚决落实好。要十分注意保护耕地，如果不得已因为必要的基础设施建设等占了一些，也要想方设法尽可能予以弥补。在稳定和完善以家庭联产承包为主的责任制的前提下，有条件的地方可以进一步发展规模经营，逐步提高农业的产业化水平。乔石还说，抓紧发展和推广农业科技很重要，要在培育良种和改进耕作技术等方面下更大的功夫，有更多的创造。

江苏乡镇企业起步早，发展快，成绩显著，是全省经济的重要支柱之一。乔石说，发展乡镇企业对农业经济的发展、农村面貌的改变，对整个国民经济，都有重大意义。他指出，乡镇企业处在一个转变时期。要根据新的情况，把乡镇企业提高到新的水平，在经营管理、技术工艺、产品质量等方面都要努力上档次。新办乡镇企业，要在总结已有经验的基础上，起点高一点，办法也新一点。乔石还强调，发展乡镇企业要特别注意防止污染环境，已经造成的污染，要抓紧治理。

乔石指出，国有企业改革是从传统的计划经济体制向社会主义市场经济体制转变中一个关键性的问题。只有大力深化改革，国有企业才能搞好，国有资产才能保值增值。对国有企业改革，一定要有紧迫感，一定要抓紧。本世纪剩下的时间不多了，时不我待，必须尽快搞出个眉目来。要以"三个有利于"为标准，按照发展社会主义市场经济的要求，从本地实际出发，依靠群众，大胆探索，大胆实践。凡是经过实践证明方向对、效果好的经验和做法，就要积极推开；国外有益于我的东西，也可以吸收。只要坚持不懈、扎扎实实向前，采取实际措施，一个一个解决具体问题，适合我国情况的现代企业制度是可以建立起来的。乔石还强调要加快建立社会保障制度的步伐，为国有企业改革创造有利的条件。

乔石强调要加大企业技术改造的力度。乔石说，国际国内的竞争很激烈，科学技术的发展和产业化的速度也很快。当前，我国相当多的企业技术改造的任务十分繁重，十分紧迫，决不能再拖了。对此，一定要有清醒的认识。一定要把财力、物力、人力更多地集中到技术改造上来，决不要盲目铺新摊子。乔石还说，企业要切实面向国际国内市场，努力采用新技术、新工艺，不断提高产品的质量，增加品种。有条件的企业要积极创造名牌，不仅要在国内畅销，还要打到世界市场上去。只要充分把自己的优势发挥好，中国人完全可以创造出世界名牌。

考察期间，乔石还就加强精神文明建设等谈了看法。乔石 1986 年曾到刚刚建市的张家港考察；十年过去了，这次再来，看到张家港市坚持"两个文明"一起抓，取得了显著成绩，城市面貌和人的精神风貌发生了很大变化。乔石说，张家港的发展，以及昆山等地的进步，看了令人振奋。只要我们坚定不移地按照党的基本路线，努力奋斗，扎实工作，社会主义现代化的目标一定能够实现。

全国中药工作局长会议在北京开幕

会上，卫生部副部长兼国家中医药管理局局长张文康强调，要下大力气做好农村中药供应工作，切实为农民兄弟服务。

1月5日

北京 天津 上海 哈尔滨 大连 广州 重庆 厦门 武汉 西安十个城市同时启动"青年文明号服务卡助万家"活动

1月6日

《人民日报》发表社论《贵在行动　重在落实》

中宣部和国务院纠风办公室组织开展的以"为人民服务，树行业新风"为主题，以加强职业道德建设为基础，以完善承诺制和其他制度为抓手的精神文明创建行动，受到了铁路、邮电、卫生、民航、公安、金融、内贸、电力、交通、建设等十大"窗口行业"和部门的高度重视。各部门精心选择了 300 多个基层先进单位作为本行业的示范"窗口"，同时公布了具体的标准和措施。这些行动表明，他们落实十四届六中全会精神迈出了实实在在的步子，受到了社会各界的好评。

为人民服务是精神文明建设的出发点和落脚点。"窗口行业"直接面向社会，面向群众，与广大群众的工作和生活息息相关。在分工日益细分的当代社会，特别是在大中城市，老百姓日常所必需的衣、食、住、行，大都由各"窗口行业"的基层单位提供服务。"窗口行业"的服务搞得好不好，关系到老百姓的切身利益。实践证明，哪里的"窗口行业"工作做好了，做细了，做到了群众的心坎上，哪里的老百姓就高兴，就树立和维护了党和政府的良好形象。因此，加强职业道德建设，"窗口行业"应当走在前列。

当前，加强"窗口行业"的职业道德建设，要坚持以邓小平建设有中国特色社会主义理论为根本指针，突出"为人民服务，树行业新风"的主题。为人民服务是社会主义道德建设的集中体现，道德建设要以为人民服务为核心。在发展社会主义市场经济条件下，道德的某些规范会有变化，但为人民服务这个实质不应该变，也不能变。大力提倡为人民服务，才能引导人们处理好竞争和协作、自主和监督、先富和后富、经济效益和社会效益等关系，克服见利忘义、损人利己的不道德行为，形成把国家和人民的利益放在首位，同时又充分尊重公民个人合法利益的义利观。"为人民服务"是核心，"树行业新风"是目标，二者相映成辉，鲜明地衬托出职业道德建设的时代特征。"窗口行业"在加大精神文明建设力度，推进职业道德建设的整个过程中，都要突出这一主题。不仅要把"为人民服务，树行业新风"这个口号叫响，让每一个职工都能记在心里，更需要行动，在实践中自觉地去做。这是一件带有全局性和战略意义的事情，一定要切实抓好。

这几年，"窗口行业"在精神文明创建活动中的一条重要经验是，加强职业道德建设必须建立和完善一套相应的规章制度。比如，要有严格的管理制度，要把让职工可以遵循的具有道德内涵的行动规范，细化为各项业务工作的具体管理制度；要有严明的奖惩制度，作为激励先进、鞭策后进的有效手段；要有接受社会监督的制度，自觉接受来自社会各界、各方面的监督。烟台市的"窗口行业"和有关管理部门实行社会承诺制的可贵之处就在于，敢于公开向社会、向群众亮出自己的服务标准，接受监督，做不到的要承担违诺责任，作出赔偿；把承诺制与职业道德建设有机地结合起来，不只是领导表态，必须动员群众积极参与，不断提高职工思想认识,使他们的行为规范变成自觉行动。烟台市的成功经验,为在社会主义市场经济条件下加强职业道德建设,提高"窗口行业"文明服务水平,提供了一种适用范围广、操作性强的好机制。

示范"窗口"公布后,下一步的工作任务将更加艰巨。贵在行动,重在落实。人民群众是最讲实际的。"窗口行业"职业道德建设搞得好不好,群众不仅要听其言,更重要的是观其行,看它们究竟为老百姓办了多少实实在在的事和办得如何。因此,示范"窗口"单位,要完完全全按照各行业和部门公布的标准,不打折扣地为老百姓提供服务,决不能搞形式主义、走过场,决不能自食其言,失信于民。同时要宣传好这些示范"窗口"为群众服务的先进事迹和典型经验,让群众感觉党和政府的温暖,增强搞好精神文明建设的信心,让其他行业和单位从中受到启发和激励;要逐步带动面上的工作,在新的一年里让精神文明之花在祖国的大地上怒放。

台湾形势及两岸关系回顾与展望座谈会在北京举行

由全国台湾研究会举办的台湾形势及两岸关系回顾与展望座谈会日前在北京举行。与会学者普遍认为,1996 年的两岸关系是在"低谷中徘徊,缓步发展中积累,僵持之中等待调整"。

与会学者对一年来反"台独"、反分裂的斗争给予积极评价。在过去的一年中,由于海内外绝大多数中国人的反对,公开鼓吹"台独"的势力受到遏制,岛内统独之争开始降温。但是,台湾当局并未放弃搞分裂、制造"两个中国"的图谋,因此,反"台独"、反分裂是一项持久的斗争。

许多学者对年中台湾当局大陆经贸政策的急转弯进行了分析和抨击。他们认为,两岸经贸关系由于台湾当局的打压受到一定影响。但是,这种影响是暂时的。从长远看,经济规律和利益驱动作用远大于政治压制、行政干扰的作用,两岸经贸关系的发展是挡不住的。

与会学者对今年的两岸关系多持谨慎乐观态度。他们认为,台湾当局坚持"分裂分治"、在国际上推行"务实外交"的活动会继续进行,因而反"台独"、反分裂的斗争必须坚持下去。两岸政治关系会在一定时期内保持现状。经贸关系方面,台湾工商界认为,李登辉的"务实外交"收到的是不务实的结果,严重危害了台湾经济的发展,他们迫切希望稳定和发展两岸经贸关系;随着祖国大陆各地台湾同胞投资保护法细则的相继制定,投资环境进一步改善,《台湾海峡两岸间航运管理办法》和《关于台湾海峡两岸间货物运输代理业管理办法》这两项重要措施的推动,以及香港回归祖国等积极因素的促进,两岸的经贸交流会有一定的发展。

中国科学家在世界上首次成功构建了水稻基因组织物理全图

国家科委、中国科学院和上海市人民政府在上海学术活动中心联合举行的新闻发布会上宣布:我国科学家在世界上首次成功构建了水稻基因组物理全图,这是我国在生命科学领域取得的又一重大突破。

在洪国藩研究员的领导下,中国科学院国家基因研究中心经过 3 年多的艰苦奋战,利用已完成的水稻 12 条染色体的 BAC 库,在世界上首次成功构建了高分辨率的水稻基因组物理全图。我国科学家在水稻基因组计划研究中取得的这一成果,为最终揭示水稻遗传信息奥秘和农作物育种作出了重大贡献。

全国民政厅局长会议在长沙开幕

会议于 1 月 6 日至 10 日在长沙举行。

国务委员李贵鲜在会议上讲话。李贵鲜强调指出:民政工作要突出重点,加快改革与发展步伐,在当前要抓好城乡社会保障体系的建设;按照党中央和国务院的要求切实加强社团和民办非企业单位的管理,一要讲政治、顾全大局、加强领导、保证勘界工作的进度和质量;二要切实抓基层组织和两委建设,密切党群关系、干群关系。

1 月 7 日

国家无线电管理委员会主任邹家华在全国无线电管理工作会议上发表讲话

邹家华指出,当前和今后一个时期,我国无线电管理工作要坚持"加强管理、保护资源、保障安全、健康发展"的方针。他说,当今世界已进入信息化社会,信息的传输与交换在信息社会发挥着重要的作用。无线电通信作为先进的信息交换手段越来越受到人们的普遍重视。随着经济的发展,无线电技术的应用朝着数字化、全球化、普及化的方向发展。但无线电技术应用的广泛性给我国无线电管理工作增加了复杂性,带来了新问题,提出了新要求。提高频谱利用率,保护有限的频谱资源是我们无线电管理工作的重要任务。无线电频谱是一种宝贵的有限的自然资源,属国家所有。无线电管理工作要鼓励对频谱有效利用技术的研究,不断开放新频段,同时又必须运用行政、法律、技术、经济等手段把频谱资源管好、用好。

中国证监会发言人就完善 B 股市场规范与发展等问题发表谈话

近日国务院证券委正式公布 33 家发行境内上市外资股(B 股)预选企业名单。中国证监会新闻发言人就我国B股市场规范与发展等有关问题发表了谈话。

中国证监会新闻发言人指出，自1991年允许上海、深圳两市进行企业发行境内上市外资股(B股)以来，到目前为止，我国已经发行上市的B股企业达到86家，筹集外资约为30亿美元。近几年的实践表明，让一部分国有大中型企业发行B股，有利于运用发行股票的方式筹集外资，加快国有企业发展与技术改造；有利于促进证券行业的规范化，逐步提高我国证券市场对外开放的程度；有利于借鉴国际经验，推动国内证券市场发展。这位发言人说，在《国务院关于股份有限公司境内上市外资股的规定》颁布后，这次国务院证券委按照法规要求，在全国范围内选择了一批规模比较大、效益比较好的企业作为B股预选企业，必将会推动B股市场稳步健康地发展。

据介绍，此次33家B股预选企业是国务院证券委在各地择优推荐的基础上会商有关部门确定的。预选企业涉及电力及能源开发、交通运输、电子及通信、冶金、机械、化工、农业、纺织、建材、轻工、医药等11个行业，体现了向基础产业和重点企业倾斜的政策，积极支持现代企业制度试点和中西部地区经济发展。中国证监会将要求预选企业认真做好发行上市准备工作，严格按照市场规律和规范要求，成熟一家，发行一家。

这位发言人还重申，B股发行与交易必须严格遵守国务院关于境内上市外资股的规定，只允许由境外投资者买卖，中国证监会将认真贯彻“法制、监管、自律、规范”的方针，采取有效措施，进一步完善B股市场，促进其健康发展。

全国人大常委会副委员长王光英在人民大会堂会见意大利参议院副议长多米尼克·孔代斯塔毕莱

国务院中央军委授予武警浙江总队一支队三中队“钱塘江守桥模范中队”荣誉称号命名大会在杭州举行

安徽发现外国记者记述南京大屠杀原版书

近日，一本由外国驻华记者撰写的记述日军侵略中国的《外人目睹中之日军暴行》的原版书(中文版)被发现。该书再一次向世人昭示59年前发生在南京的血腥的一幕。

今年61岁的安徽省巢湖市供电局退休工人喻少彬说，这是不久前他在整理其父亲留下的遗物中发现的。

喻少彬在他的家中让记者亲眼目睹了这本书。该书于1938年由国民出版社出版，约9万字。作者是英国孟却斯德导报(今译曼彻斯特卫报)驻华记者田伯烈。他在自序中说，日军攻陷南京后，他曾将所见所闻的日军暴行，拟成电稿拍发孟却斯德导报，不料被日方扣留。后来他才决定进一步搜集文件凭据，并写成书，将事实公诸于世。

侵华日军南京大屠杀遇难同胞纪念馆馆长朱成山看过此书后说，由于历经半个多世纪，原版书已十分罕见，纪念馆也仅存部分复印件。该书史料翔实，部分资料有可能是首次披露，有一定的研究价值。它向人们证实了日军在南京犯下的滔天罪行。

国务院副总理吴邦国在北京会见全国医药管理局长会议代表

吴邦国指出，医药行业在1996年比较困难的情况下取得了较好的成绩，医药工业产值比上年增长15%，销售总额增长12%，整个医药战线达到1200亿元年产值，基本满足了人民需要，对国民经济作出了很大贡献。国家医药管理局在去年抓科教兴药和整顿医药市场方面也取得了很大成绩，这是全国医药战线广大职工、干部共同努力的结果。

吴邦国同时也指出，医药行业目前也存在药厂数量多、规模小、工业水平低、效益不太好等问题，结构调整的任务很重。对此，医药行业一是要搞好集约化生产，提高集中度，做好存量调整这篇文章；二是实施科教兴药战略，要有自己的专利，发展自己的优势，把我们这个医药大国发展为医药强国。

吴邦国还特别强调，医药行业是个特殊的行业，药品是特殊的商品，直接关系到人民的生命健康，尤其要讲究质量，讲求信誉，从事生产和经营的医药工作者，尤其要具有高尚的职业道德，爱岗敬业的奉献精神，努力提高药品质量，让人民吃到放心的药。

1月8日

全国老干部工作座谈会在北京举行

这次会议是由中共中央组织部召开的，主要议题是认真学习贯彻党的十四届六中全会精神，回顾总结近年来的老干部工作情况，研究部署1997年的老干部工作。

来自全国30个省、自治区、直辖市和新疆建设兵团的老干部局局长，中央和国家机关各部委的离退休干部局的负责同志，以及全国老干部工作先进集体和先进工作者代表等共100多人参加会议。

中共中央政治局常委、书记处书记胡锦涛在会见全国老干部工作座谈会代表时发表讲话。他指出，老干部工作是我们党的干部工作的一个重要方面。各级党委、政府都应该继续高度重视老干部工作，加强领导，扎扎实实地把这方面的工作做好。

胡锦涛说，关于当前的老干部工作，中组部在这次会上要作全面部署。这里，我想强调以下四点：首先要从政治上关心老干部。要从实际出发，引导组织广大老干部学习马列主义、毛泽东思想和邓小平建设有中国特色社会主义理论，学习党的路线、方针、政策，使他们能够认清形势，把握大局，坚定信念，严于律己，发扬优良传统，永葆革命本色。二是要把关于老干部的各项政策进一步落到实处。党中央和国务院对老干部一直十分重视、非常关切。近几年来，又根据新的情况，在改善老干部的物质生活条件等方面制定了一系列政策措施。应该说，大多数地方和部门贯彻执行得是好的。但也确有一些地方和部门认识不足，措施不力，落实得不够好。对此，必须引起重视，认真加以改进。抓老干部工作，同抓其他工作一样，需要在提高认识的基础上，在落实上狠下功夫。三是要特别关心部分离退休老干部遇到的实际困难。希望各地老干部部门要深入下去，调查研究，摸清情况，同有关部门一起采取切实有效措施，帮助他们妥善加以解决。四是要适应新形势，及时研究老干部工作面临的新情况，解决新问题，总结新经验，努力把老干部工作提高到一个新的水平。

中国和平统一促进会执行会长钱伟长在北京友谊宾馆会见以会长丘沛民为团长的“台湾大专香港校友会总会访京团”

解放军总后勤部等单位在北京召开全国第九次军粮工作会议

会议是经国务院、中央军委批准，由解放军总后勤部、财政部、国内贸易部和国家粮食储备局联合召开的。会上，来自各省、自治区、直辖市人民政府和全国财政、粮食部门及军队、武警部队后勤和军需部门的领导，就深化军粮供应体制改革进行了研讨。

会议传达了国务院、中央军委下发的《关于深化军粮供应体制改革的通知》。会议认为，党中央、国务院和中央军委领导十分重视和关心军粮供应工作。近几年来，各级人民政府和财政、粮食等部门坚持“先前方后后方，先军队后地方”的原则，以高度的政治责任感和极大的工作热情，千方百计地克服了粮源筹措和调拨供应等方面的困难，保证了军粮供应的基本稳定。

《关于深化军粮供应体制改革的通知》针对现行军粮供应体制在运行中遇到的新情况、新问题，对军供粮源安排、军粮供应机构等作出了新的规定。《通知》指出，军供大米、小麦粉由省级人民政府负责安排，在国家定购粮中统筹解决。供应部队的军粮必须符合国家统一规定的等级、质量标准，保证品质优良。

《通知》强调，军粮供应直接关系军队生活的稳定和军政军民团结，保证军粮供应是各级人民政府及其有关部门义不容辞的责任，必须作为一项严肃的政治任务来完成。各级人民政府要把军粮作为“米袋子”的重要组成部分，把军粮供应工作列入重要议事日程，保证各项军粮供应政策的落实。粮食部门要尽快调整、健全军粮供应机构，保证按时、按质、按量、按品种完成军粮供应任务。军队和武警部队要继续发扬革命传统，严格执行国家的粮食政策和军队的各项规定，进一步管好用好军粮。

会议要求，各级政府和有关部门要认真学习贯彻国务院、中央军委的《通知》精神，顾全大局、明确责任、做好工作，确保军粮在任何时候、任何情况下的稳定供应，为增强部队凝聚力，提高部队战斗力作出新的贡献。

1996 年中国利用外资 510 亿美元

1996 年我国利用外资继续增长，全年达 510 亿美元，投向结构进一步改善，基本实现了“九五”利用外资开好头、起好步的预期目标。

从去年开始，中国对国外贷款实行全口径计划管理，全年借用国外贷款计划 120 亿美元，实际完成 110 亿美元。这批资金主要投向基础设施、基础产业，优惠性贷款的分配和安排向中西部倾斜，一批利用国外贷款建设的国家重点项目去年已建成投产。据初步统计，当年外国政府贷款使用额的 47％、国际金融组织贷款使用额的 40％都投在了中西部地区。

吸收外商投资方面也继续保持良好势头，全年吸收外商投资达 400 多亿美元，项目平均协议外资额提高，由前年的 214 万美元增至 302 万美元；投资结构进一步改善，基础设施、基础产业和支柱产业项目以及资金、技术密集型项目增加；外商投资来源更趋多元化；中西部地区利用外资整体水平有所提高，去年上半年实际利用外资占全国的比重由上年同期的 9.6％提高到 10.2％。

财政部就 1997 年到期偿还的各类国债及付息事宜发布第一号公告

国务院副总理兼外交部部长钱其琛在钓鱼台国宾馆会见联合国难民事务高级专员绪方贞子

国务院副总理兼外交部部长钱其琛在北京会见日本前外相自民党外交政策调查会会长中山太郎和自民党外交部会长福田康夫

钱其琛说，中国政府愿意积极致力于发展中日两国长期稳定的睦邻友好关系,同时认为,要实现这一目标,必须正确认识历史,承认日本军国主义的侵略史实,从中吸取教训,并以此来教育青年一代。他说,这对于当前中日关系的健康发展尤为重要。

中山太郎和福田康夫对此表示赞同。他们介绍了日本政府和自民党愿意在正确对待历史的基础上,发展日中友好的基本方针,表示日本大多数国民都不赞同极少数右翼分子的错误言行,不赞成修改目前的和平宪法,不允许复活军国主义。

立志艰苦行业成才座谈会暨济困助学金颁发仪式在人民大会堂举行

全国人大常委会副委员长布赫、全国政协副主席万国权等向来自中国农业大学、北京林业大学等艰苦行业院校的困难学生代表颁发了助学金。

团中央、全国学联今年用 40 万元济困助学金面向农业、林业、水利、地质矿产、石油天然气、煤炭、冶金、测绘 8 个行业的院校,重点扶助立志艰苦行业、奋发有为的 500 名困难学生。

中国第一张综合百科全书光盘——《中华百科全书(光盘版)》由中国大百科全书出版社和台湾棣南公司在北京出版

国家体委在人民大会堂举行第五批全国 80 个体育先进县(区市)命名表彰颁奖大会

1月9日

国家主席江泽民在人民大会堂会见以曾宪梓为团长的香港中华总商会访京团

江泽民强调,在香港实行"一国两制"、"港人治港"、高度自治是国家的一项长期国策。这些方针政策既有利于 600 万香港同胞,也是国家总体利益之所在。他说,香港是一个繁荣的国际贸易、金融、航运和旅游中心,我们非常重视香港的独特作用。"九七"之后,我们绝不会去干预香港特别行政区根据基本法自行管理的事务。

江泽民表示,"一国两制"这一伟大构想的成功实践,离不开香港各界同胞的共同努力。香港同胞曾为香港的繁荣稳定和平稳过渡作出了贡献,在实现"一国两制"、保持香港长期稳定繁荣这一宏伟目标的过程中,我们对香港同胞寄予厚望。希望香港各界同胞继续作出应有的贡献。我们对"九七"之后香港的繁荣稳定充满信心。

全国政协副主席万国权在北京会见以会长丘沛民为团长的台湾大专香港校友会总会访京团

国务院港澳办公室主任鲁平在北京会见以曾宪梓为团长的香港中华总商会访京团

中宣部 民政部 解放军总参谋部 总政治部和中共河北省委辽宁省委联合在人民大会堂举行新时期爱民模范张金垠先进事迹报告会

中国又有 23 个县对外国人开放

公安部新闻发言人宣布,经国务院批准,我国又有 23 个县列入对外国人开放地区。此次对外国人开放的县是:湖南省嘉禾县、临武县、泸溪县、保靖县、古丈县、龙山县、花垣县、双牌县、道县、江永县、蓝山县、新田县、宁远县、新化县、双峰县,陕西省富平县、绥德县、米脂县、城固县、宜川县、潼关县、凤县、洋县。

国务院在北京召开全国国有企业职工再就业会议

会议于 1 月 6 日至 9 日在北京举行。中共中央政治局委员、国务院副总理李岚清、吴邦国,中央书记处书记、中央政法委书记任建新,国务委员、国务院秘书长罗干出席会议。

中共中央政治局常委、国务院副总理朱镕基在会议上发表讲话。

国务院副总理朱镕基在全国国有企业职工再就业工作会议上发表讲话(摘要)

国有企业在改革的过程中必然会遇到一些困难。现在的困难,主要表现在国有企业整体利润下降,相当一部分企业亏损,甚至有些企业发不出工资。这是一个潜在的社会不安定因素,必须引起足够的重视。既要认识到困难的严重性,也不要过分夸大,要实事求是地分析这些困难产生的原因。国有企业利润下降确实有一些客观原因,至少有以下五个分流因素:

一是农产品涨价因素。比如说,棉花价格两次上调。1995 年每担提高了 100 多元钱。两次提高棉花价格,不能不说是造成纺织企业困难的一个原因。其他一些农产品也提价了,也会增加工业企业成本。

二是产业结构调整的涨价因素。电价、交通运输价格上调了,工业企业产品不相应涨价,从而把工业企业的利润分出去了。

三是会计制度改革带来计算口径的变化。会计制度改革后,企业折旧率明显提高,增加了成本,所以利润减少了。过去项目还贷利息不能进入成本,现在允许计入,也减少了当期利润。这些都是好事,相应地增强了企业自我改造能力，但却减少了企业账面利润。

四是分配关系的调整。国民收入分配向个人过度倾斜，“八五”期间工资增长很快。当然，由于物价上涨，工资不能不相应增长，但确实增长得太多，这也减少了企业利润。

五是向企业的各种摊派屡禁不止，多则数百种，少则数十种。有些用于搞了城市建设，却相应减少了企业的利润。

我讲这些，绝对不是说国有企业自身的问题不严重，而是要看到有客观的原因。“失之东隅，收之桑榆。”针对这些问题，我们已经采取了一系列措施。1996年银行两次降低利率，把这两次降低利率减少的利息加起来，国有企业减少了约1000亿元的负担，这也是国家对国有企业的支持。这两次减息，我们承担了极大的风险，例如一部分银行存款可被抽出投资于股票市场也筹集了一些资金，增加了资本金600亿元。现在中央财政、地方财政都拿不出钱作为资本金投入，企业自有资本金又积累不了多少，从股票市场筹集一部分资本金也是一个有效的办法。另外，1996年出口退税是退得最多的一年，财政预算列了650亿元，后来财政又挤出200亿元，共退850亿元，这也是对国有企业很大的支持。但是有些办法是不能采取的。例如：大水漫灌式的放松银根，大量增加银行流动资金贷款，会造成产品大量积压，贷款收不回来；大量抹掉银行债务也是不行的。国有企业的根本问题是企业机制不适应社会主义市场经济的要求。要真正搞好搞活国有企业，我认为有三个重要问题需要解决。

一要解决重复建设问题。重复建设严重是造成国有企业的困难的最重要因素。据国家计委提供的资料，“八五”期间，我国的重点建设项目，建成投产以后大约1/3会亏损。每个行业、每个企业都在搞“大而全、小而全”。搞石油的往炼油方向发展，炼油的往化工方向发展。各行业自行其是。在1996年中央经济工作会议上，江泽民同志、李鹏同志的讲话中用了很大篇幅讲解决重复建设问题。我也建议暂停上工业基建项目一年。当然，技术改造还要搞，但不要变相搞重复建设；基础设施建设必需搞，但也不要太超前，要量力而行。

二要正确执行党中央、国务院关于引进外资和进出口的政策。既要坚持对外开放，也要根据国际惯例，注意保护自己。现在有些行业本来很好，但“水货”一来，合资项目一上，国内企业就不行了。比如钢铁行业，1992年至1993年是黄金时期，钢材涨价，每吨螺纹钢价格由1900元涨到了4000多元，还要预付款。高额利润刺激了钢材大量进口，到了1994年钢材就供过于求，造成销售困难。后来经过控制进口，钢材销售才好转。1996我国钢产量达到一亿吨，世界第一，主要是因为有市场。现在外国的钢材又在低价倾销。要保持这一势头并不容易。要占住市场必须产品质量过硬，在品种上适合市场需要，否则，就很难发展。

三要解决国有企业人员过多的问题。人多往往就没有效率，好的企业也会被吃空。煤炭行业扭亏有成绩，人员减下来后，效益就提高。铁路系统、粮食系统也是人多。国有企业不减少富余人员，管理就改善不了，效益就提高不上去。

针对这些问题，除坚决防止重复建设、保护市场外，当前要采取以下措施：

第一，认真贯彻党中央、国务院关于搞活国有企业的方针政策和江泽民同志关于国有企业改革的几次重要讲话精神，扎扎实实搞好“三改一加强”。江泽民同志讲，今年要把国有企业改革放在更加突出的地位，在好的宏观经济形势下，把国有企业改革推进得更快些。其中一个重要的措施，就是考核企业的领导班子。要通过考核，把真正大公无私、政治强、懂业务、会管理、年轻有为的同志提拔到企业领导岗位上来。

第二，大力推行再就业工程。现在一些国有企业有困难，重要原因是富余人员多。没有完善的社会保障制度，就没法分离和安置富余人员，这就需要建立相应的社会保障体系，需要搞再就业工程，暂时不能再就业的，也要保证最低生活水平，逐步转业。减员增效、下岗分流，人员减下来，效益就提高了。减员要先下岗，然后分流到其他行业。这次会议原来叫“全国国有企业兼并破产工作会议”，建议改为“全国国有企业职工再就业工作会议”。国有企业兼并破产的政策，不是要收，不但不能收，而且要规范化，要加大力度。但是问题的关键和工作的重点，还是国有企业职工的再就业。我昨天从上海回来，在上海听了有关再就业工程的汇报，上海确实在这方面取得了一些成绩。上海1990年到1995年共下岗86万职工，安置了66万职工再就业，到1995年年底待岗职工20多万。1996年下岗20多万职工，当年再就业20多万职工，到1996年年底还是20多万职工等待安置，其中有15万职工依靠失业保险。这些措施对解决国有企业困难确实起到了重要作用。上海纺织工业1996年前分离出22万职工，1996年成立了纺织行业再就业中心，85000职工下岗进入再就业中心，其中45000职工重新就业。1997年计划再分离5万职工。进入再就业中心的下岗职工，每人每月发基本生活费225元，由企业代交25%的养老保险、4%的大病统筹保险，另外还有住房公积金，大概每年平均向每人支付4300元。再就业中心的资金由三个方面共同筹集，即原有企业负担1/3，财政从预算中拿1/3，劳动局出1/3（主要是向招聘外来民工的单位收取管理费)。他们采取几家抬的办法实施再就业工程,我认为这就是在具有中国特色的社会主义市场经济条件下,国有企业富余人员分流和职工再就业的有效途径。这个经验可以推广。希望舆论界大力宣传再就业工程。

第三,要进一步规范企业破产政策加大企业兼并和减员增效的力度。破产工作立法比较早,1986 年就制定了《中华人民共和国破产法(试行)》。这个法本身很好,但没有解决好破产企业职工安置的问题。《破产法》规定,破产企业职工安置问题由国务院另行规定。这恰恰是一个最关键的问题,职工不能妥善安置,企业就无法破产。1994 年出台了《国务院关于在若干城市试行国有企业破产有关问题的通知》,明确了解决职工安置问题。这个文件最大的特点,就是规定土地使用权拍卖所得首先用于安置职工。但在执行中出现了一些问题,文件本身也有不够完善的地方,主要有三个:一是扩大了《国务院关于在若干城市试行国有企业破产有关问题的通知》的适用范围。该文件只限于国务院先后批准的 58 个试点城市试行,但现在发现,绝大部分破产企业发生在非试点城市。据国家经贸委的汇报,1995 年企业破产涉及冲销银行呆账 86 亿元,其中试点城市只用 14 亿元。二是《国务院关于在若干城市试行国有企业破产有关问题的通知》没有明确规定破产政策只限于国有工业企业。由于《国务院关于在若干城市试行国有企业破产有关问题的通知》没有讲得很清楚,有些地方把内、外贸企业都包括在破产试点范围内。1995 年就发现了这个问题,但当时只在银行系统讲了讲。经国务院批准,国家经贸委、中国人民银行于 1996 年联合下发了《关于试行国有企业兼并破产中若干问题的通知》,规定了内、外贸企业破产要从严控制,不得破产。在国有工业企业还没有取得经验的情况下,破产不能推广到流通企业。我不是讲内、外贸企业不能破产,而是因为内、外贸企业没有多少自有资金,情况复杂,要等国有工业企业破产取得经验以后才能考虑推行。三是在实施破产过程中,特别是非试点城市企业的破产,几乎都是“整体接收”。“整体接收”弊病很多,很容易造成假破产、真逃债。很多企业把债务解脱了,但厂子还在,仍在生产,造成亏损的根源并没有消除,搞不好还会二次破产。总结这些年的经验,不能再搞“整体接收”。

今后,帮助困难企业摆脱困境主要采取以下三种形式:

一是规范企业破产。它的标准一定是“关门、走人”。区别真假破产有三个标准:第一条,破产是不是破的全是银行的资产;第二条,是不是保留“原汁原味”(即破产后,原企业组织机构和人员都不变,继续在原企业生产);第三条,是不是“既关门,又走人”。概括地讲,破产就是“关门、走人”。根据上海经验,最好不要把资产(包括土地使用权)变现用于安置职工的安置费一次性交给职工本人,而是要成立企业再就业中心,把钱拨给再就业中心,然后由再就业中心统筹使用。如果这样安排,即使变卖资产所得不足,也可以安置好职工。市政府还可以从财政、社会救济、社会保险中拨出一部分钱用于安置职工。总之,破产就是要使结构得到调整,机制得到转换,职工得到妥善安置。

二是鼓励企业兼并。江泽民同志多次讲,要多兼并少破产,因为破产搞得再好,也难免给社会带来不安定因素。要多兼并少破产,就必须给兼并比较优惠的政策。优势企业兼并劣势企业,如果留下一大堆债务,一大堆富余人员,优势企业也没有兼并的积极性,过去在这方面考虑得没有这么深刻。破产与兼并最大的区别,就在于前者是债务破掉了,后者是债务由优势企业担起来了。为了加大企业兼并力度,《国务院关于在若干城市试行国有企业兼并破产有关问题的补充通知(稿)》在鼓励优势企业兼并劣势企业方面,实行更多的优惠政策。其一,免去被兼并企业原欠银行贷款利息;其二,贷款本金分五年偿还,还可以根据情况宽限一年至二年;其三,免收还款期内的贷款利息。被兼并企业的富余人员一定要下岗,下岗职工再就业以前的基本生活费,由兼并企业负担。

三是减员增效。煤炭行业从 1992 年以来实行下岗分流,减员增效,国家财政补亏从当年的 60 亿元减到 1996 年的 10 亿元,创造了减员扭亏的好经验。1996 年,国家决定对 10 个特困的统配煤矿实行以产定人,确保不亏,富余人员一律下岗,进入再就业中心,在再就业期间发基本生活费,同时银行对其所欠贷款实行停息,限期还本。采取这个办法,煤炭行业反映比较好。我看对一些困难企业也可以实行这种办法,但必须把富余职工分离下来。采取减息、免息的办法搞得太多不行。1997 年用于兼并破产、减员增效、实施再就业工程冲销的银行呆、坏账准备金总数控制在 300 亿元以内,其中,破产和兼并用 200 亿元,减员增效停息用 100 亿元。总之,能破产的要规范破产;能兼并的鼓励尽量兼并;既不能破产,又不能兼并的,如果产品有市场,可以采取减员增效,减免部分利息,实施再就业工程的办法,暂时缓解企业的困难。

国务院的《补充通知(稿)》,对兼并破产的批准程序作了调整,还是要制订计划。这不是搞计划经济,是采取计划办法。邓小平同志讲,市场经济也有计划。各个省、自治区、直辖市由经贸委牵头,请有关部门和法院的同志参加,共同研究提出计划后上报全国企业兼并破产和职工再就业工作领导小组。

有的同志讲，试点城市经贸委牵不了这个头。我看，经贸委要大胆牵起头来。牵头无非就是要客观一点，公正一点，要有全局观念，要有民主作风，多听大家意见，最后做一个决断。如果决定不了，就层层上报，由国家经贸委来决定，决定不了的，提交国务院国有企业改革工作联席会研究决定。不要有顾虑，经贸委应大胆地牵这个头。为什么我不主张试点城市市长作组长？我觉得市长要超脱一点，可以指导工作，但不要下命令，还是由经贸委去牵头，让经贸委多听听各方面的意见，在协商的基础上做出决定，并付诸实施，这样各方面都比较满意。有矛盾没关系，矛盾解决不了可以上交，由上面解决。当然，各方面的同志要很好地配合，要坚持原则，国有资产不能流失，该讲的话要讲，不能拿国有资产做人情，但国务院的决定必须服从。

这次会议还有半天，希望大家畅所欲言，把《补充通知(稿)》修改得更完善，以便大家都按这个文件执行。我相信，采取经过规范破产、鼓励兼并、减员增效、实施再就业工程，1997年在好的宏观经济形势下，我们的国有企业改革与发展一定会取得更大的进展，同志们对此一定要充满信心。

全国工商税收增收额突破千亿

全国工商税收收入1996年累计完成6446亿元，税收增收额首次突破1000亿元大关。至此，全国税务系统连续6年超额完成各项税收任务，并取得连续4年平均超收960亿元可喜成绩。

1月3日，国务院副总理朱镕基在国家税务总局的报告上批示："1996年税收工作成绩巨大，有力地支持了改革开放和经济发展，请向全体税务工作同志(包括国税局、地税局)表达我的衷心感谢、敬意和慰问。务请再接再厉、坚持不懈，总结各地区超收、短收的经验教训，加强征管和催缴欠税，把税务工作做得更好。"

据统计，1996年全国工商税收收入累计完成6446亿元，比上年增长19.7%，增收1062亿元，完成年计划的107%，超收419亿元。

1996年全国工商税收持续、快速增长，与经济增长速度基本保持一致，各地区工商税收入全面增长，24个地区"两税"收入任务超额完成；收入的均衡性进一步增强；个人所得税收入继续大幅度增长，收入完成193亿元，比上年增长46.8%。其他各税种收入全面增长，营业税增长22.3%，外商投资企业和外国企业所得税增长40.6%。

国务院副总理吴邦国致信全国交通电话会议

吴邦国代表国务院向工作在交通战线上的500多万干部职工表示亲切的慰问。他说，在新的一年里，希望全国交通系统认真贯彻党的十四届五中全会、六中全会和中央经济工作会议精神，正确处理改革、发展和稳定的关系。一是要把搞好国有交通企业放在更加突出的位置，在深化改革、调整结构、培植新的经济增长点、加强企业管理和领导班子建设等方面，力求取得较大的进展；二是交通基础设施建设要统筹规划，突出重点，稳中求进，避免重复建设；三是要规范整顿交通运输市场秩序，为进一步创造良好的宏观经济环境作出努力；四是要加强社会主义精神文明建设，创建文明行业，树立行业新风。

国家主席江泽民在中南海会见瑞典著名企业家彼德·瓦伦堡博士

全国人大常委会副委员长布赫在人民大会堂会见由议员玛瑞安妮·卡尔斯特姆率领的瑞典社民党议员代表团

外经贸部新闻发言人宣布暂停进口部分美国产品的实施期限推迟至本月底

茅以升科技教育基金第六届颁奖大会在北京举行

以已故著名科学家、教育家和社会活动家，中国现代桥梁工程事业的奠基人茅以升教授名字命名的"茅以升科技教育基金"在北京举行第六届颁奖大会，向6个奖项的73名获奖者颁了奖。

1996年中国农村经济十大新闻评出

《人民日报》经济部与农业部、水利部、林业部、全国党报农村报道协作网共同评出1996年中国农村经济十大新闻：

一、江泽民视察河南农村，并就农业和农村工作发表重要讲话。

二、我国粮食总产再创历史最高纪录，达到4800亿公斤以上。

三、中央召开扶贫开发工作会议。

四、国务院决定建立水利建设基金。

五、林业分类经营改革开始实施。

六、我国第一部乡镇企业法出台。

七、农业科技贡献率提高五个百分点。

八、全国农田水利基本建设规模空前。

九、农村金融体制改革全面展开。

十、国家土地管理局提出耕地总量动态平衡战略目标。

国家环保局 中宣部 国家教委发出关于印发《全国环境宣传教育行动纲要》的通知

国家环保局、中宣部、国家教委最近发出关于印发《全国环境宣传教育行动纲要》的通知。通知要求各地、各有关部门进一步搞好环境宣传教育工作，提高全民族的环境意识，组织实施《全国环境宣传教育行动纲要》，把环境宣传教育工作的目标和任务落到实处，开创环境宣传教育工作的新局面。

《行动纲要》说，未来 15 年，是我国国民经济和社会发展全面实现第二步战略目标、控制环境污染和生态破坏的关键时期。

《行动纲要》提出，环境教育是提高全民族思想道德素质和科学文化素质(包括环境意识在内)的基本手段之一。我国环境教育的任务十分繁重，目前总体上还不能完全满足现代化建设事业的要求。环境教育的目标是到 2000 年，使广大青少年和儿童掌握保护环境的基本知识；培养一批跨世纪的环保专门人才；使各级党政干部、企事业法人代表中的多数人都接受一次环境保护和可持续发展的培训；对各级教育部门和环保部门的在职干部进行一次全面的培训。到 2010 年，全国环境教育体系趋于合理和完善，环境教育达到规范化和法制化。

根据《行动纲要》，面向 21 世纪，进一步完善有中国特色的环境基础教育和专业教育体系。根据大、中、小学的不同特点，使环境教育成为素质教育的一部分。加强中小学各科教材中环保内容的教育研究，提高课堂教学质量。同时，中、小学要利用活动课教学时间，组织好环境保护活动。通过夏令营、冬令营、竞赛和征文等课外活动，使学生受到丰富多彩的环境教育。定期举办中、小学校长、教导主任和老师的环保培训班。师范院校、中等专业学校要逐步把环保课列为必修课；高等学校的非环境专业要开设环保公共选修课或必修课。高等院校环境专业要结合专业特点，把实行两个根本性转变、实施可持续发展战略以及人口、资源、发展同环境的关系贯穿于整个教学过程之中。到 2000 年，在全国逐步开展创建“绿色学校”活动。

不断提高公众的环境意识是环境宣传的基本任务。在宣传普及党和国家的环境保护方针政策、法律法规、科普知识以及动员公众参与方面，环境宣传具有十分重要的作用。《行动纲要》提出，环境宣传的目标是到 2000 年，在全国基本普及环境科学知识和法律知识，增强环境意识和法制观念；使各级决策者对环境与发展的综合决策能力有较大提高。到 2010 年，全民族的环境意识和可持续发展观念有明显提高。《行动纲要》还提出，充分发挥广播、电视和报刊等媒体作用；及时报道和表彰保护环境的先进典型，公开揭露和批评破坏环境的违法行为，对严重污染和破坏环境的单位和个人予以曝光，充分发挥新闻舆论的监督作用；要继续开展“中华环保世纪行”活动，做好环保执法检查活动的宣传报道工作等具体行动。

1 月 10 日

全国老干部工作座谈会在北京结束

中共中央组织部部长张全景在会议总结讲话中强调指出：做好老干部工作，必须认真落实老干部的各项待遇，一是要抓好老干部政治待遇的落实，要从政治上关心老干部，尊重老干部，请他们参加必要的政治活动，让他们看到应当看的文件；要坚持向老干部通报情况的制度；要关心老干部的思想和学习，充分发挥他们的作用。二是要狠抓老干部生活待遇的落实，要按时发放离退休费，及时按规定报销医药费，对于长期拖欠离退休费、医药费的要千方百计抓紧解决；要关心易地安置的老干部和老干部的遗属；要做好老干部信访工作，倾听老干部的呼声，及时帮助解决实际问题；各级领导机关，在出台涉及有关老干部切身利益的改革措施时，要充分考虑老干部的利益。

中组部副部长李铁林在会上作了题为《提高认识，加强领导，进一步做好老干部工作》的报告。

中央农村工作会议在北京举行

会议于 10 日至 13 日举行。会议提出，要再接再厉，乘胜前进，确保今年农业增产、农民增收、农村稳定，实现农村经济全面发展和社会全面进步。

会议期间，江泽民、李鹏、朱镕基等中央领导人在人民大会堂与出席会议的代表们进行座谈，并发表了重要讲话。

中共中央政治局委员、书记处书记、国务院副总理姜春云在会议开幕时作了题为《正确分析形势，统一思想认识，努力实现今年农业的持续稳定增长》的工作报告。中央政治局候补委员、书记处书记温家宝主持会议并讲话。国务委员陈俊生作了会议总结。

李岚清、吴邦国、邹家华、尉健行、迟浩田、任建新、宋健、罗干等中央领导出席了会议。

这次中央农村工作会议主要议题是，认真贯彻党的十四届五中、六中全会和中央经济工作会议精神，分析当前农业和农村形势，研究部署 1997 年的工作任务。重点是研究新情况，总结新经验，解决新问题，再接再厉，乘势前进，确保农业和农村经济持续稳定增长。

会议认为，1996 年我国农业和农村经济形势比预计的好，基本实现了年初提出的“九五”第一年要“开好头,起好步”的要求。农业战胜了比较严重的自然灾害,再次获得好收成;粮食在1995年较大幅度增产的基础上,再创历史最高水平;乡镇企业持续发展;农民人均纯收入预计增长6%左右;扶贫开发进展加快;农村社会主义精神文明建设和基层组织建设得到了加强;社会治安状况有所好转,农村社会稳定。在肯定成绩的同时,会议强调指出,必须清醒地看到,我国农业基础仍相当脆弱,物质装备水平不高,抗灾能力不强,生产增长方式落后和效益低下等问题仍然比较突出。特别是丰收之后出现了一些新情况、新问题。因此,对农村生产力发展水平不可估计过高,对农民的富裕程度不可估计过高,对农产品的供求状况不可估计过高,对我国农业受气候的影响不可估计过低,对农业和农村经济发展的不平衡性不可估计过低,对农村工作存在的问题不可估计过低。绝不能因为有了一两个丰收年,农产品供应状况有所改善,就认为农业问题不大了,甚至认为农业已经“过关”,可以放松了。历史经验表明,农业出问题往往出在丰收之后。丰收了,如果头脑不清醒,很容易带来思想自满,政策改变,工作放松,投入减少,造成农业减产,导致整个国民经济被动。今年,我国将恢复对香港行使主权,将召开党的第十五次全国代表大会,确保今年农业持续稳定增长,事关改革、发展、稳定的大局,意义重大而深远。

这次会议提出1997年农业和农村工作的总体要求是:坚持以邓小平建设有中国特色社会主义理论为指导,全面贯彻党的基本路线和基本方针,认真落实十四届五中、六中全会和中央经济工作会议精神,着力研究和解决农业丰收后出现的新情况、新问题,继续加强农业基础地位,切实推进农村经济体制和农业增长方式的转变,加快农村改革步伐,加大农业技术推广力度,加强农田水利基本建设,调整优化农村产业结构,切实减轻农民负担,确保农业增产、农民增收、农村稳定,实现农村经济全面发展和社会全面进步。

会议确定,今年我国农业和农村经济的主要奋斗目标是:粮食播种面积稳定在16.6亿亩以上,总产量要保持去年4800亿公斤的水平,力争有所增长;棉花要稳定面积,主攻单产,增加总产;油料、糖料、肉类、果菜、水产品有新的增长;农民人均纯收入增长5%左右;加快扶贫开发进度,力争解决1200万贫困人口的温饱问题;乡镇企业在提高经济效益的前提下,适度快速增长。

会议强调,完成今年农业和农村工作的目标任务要着力做好以下八个方面的工作:

第一,坚定不移地把农业放在首位,继续加大抓农业的力度。会议认为,连续两年丰收,农产品供给状况有了改善,还要不要继续加强农业?这是摆在全党面前一个现实的、必须解决的指导思想问题。各级领导干部一定要汲取历史的经验教训,下决心走出丰收、跌落、调整、再增长的怪圈,步入农业持续稳定增长的良性循环。实践证明,只要思想不滑坡,领导不放松,政策不改变,工作做得好,农业就不会滑坡。全国上下务必做到,坚持把农业放在经济工作的首位不动摇,各级党政加大抓农业的力度不动摇,增加对农业的投入不动摇,落实扶持农业的政策措施不动摇,各行各业支援农业不动摇,改善农业生产条件不动摇,减轻农民负担不动摇,以确保农业和农村经济持续稳定发展。今年要继续实行向农业倾斜的政策,提高计划、财政、信贷资金用于农业的比重。

第二,切实做好粮食收购工作,解决好农产品流通不畅问题。会议认为,农业丰收之后,搞好农产品、特别是粮食收购工作,是当前农村工作的当务之急,是一项紧迫的政治任务,也是对今年农业生产最直接、最有效、最实际的动员。不管有什么困难,都要把农民要出售的余粮收购上来。要把粮食收购作为当前农村的中心任务,集中时间、集中力量、集中资金,务必在春耕前打好这一仗。棉花收购工作也要抓紧。会议提出,要下决心改革农产品流通体制。农产品流通体制改革总的思路是,按照社会主义市场经济的要求,坚持市场取向,确立以市场为主形成价格的机制,实行多渠道、少环节、开放式经营。今年要着重抓好粮食流通体制改革。改革的方向和原则是,政企分开,储备与经营分开,中央与地方责任分开,新老挂账分开;粮食定购价格和市场价格并轨。

第三,加快科教兴农步伐,积极推广农业先进适用技术。农业要持续增长,潜力最大、见效最快的是科技。全国各地务必要做好“科教兴农”这篇大文章,把科技真正摆到第一生产力的位置上,作为农业增长的第一要素来抓。今年要作为“农业科技推广年”,在农村掀起一个学科学、讲科学、用科学的热潮。要在“九五”期间来一次农业技术更新和革命。

第四,调整优化农村产业结构,全面实现增产增收。今年要实现增产增收,必须在调整优化结构、培育新经济增长点上做文章。必须正确处理增产和增收的关系,在确保以粮食为主的种植业稳定增长的同时,充分利用非耕地资源,放手发展多种经营。乡镇企业要注重提高效益,保持适度快速发展。继续抓好扶贫开发,加快脱贫步伐。各地要从实际出发,适应市场需求,发挥本地资源优势,找准新的增长点,探索增产增收的新途径。

第五,狠抓农田水利建设,增强防灾抗灾能力。今年的任务是,一要确保大江大河大水库不出问题,做到万无一失,安全度汛。二要立足于抗灾夺丰收,积极预防、抗御对农业影响大的水旱灾害和低温冻害,把灾害损失减少到最低限度。各地要加强防洪工程建设,做好防大汛、抗大灾准备。继续搞好农田水利基本建设,提高抗旱能力。实行科技防灾,积极预防低温冻害。各地还要积极发动全民植树造林,改善生态环境。

第六,继续深化农村改革,增强农业和农村经济活力。以家庭联产承包为主的责任制和统分结合的双层经营体制,是我国农村的基本经营制度。稳定和完善这一基本制度,是深化农村改革的出发点。第一轮承包到期的地方,一定要按照中央规定抓紧做好延长土地承包期的工作。已经延长承包期的,要长期保持稳定。在此基础上,按照"明确所有权、稳定承包权、搞活使用权"的原则,建立土地流转制度。要因地制宜,积极发展农业产业化经营,重视培育"龙头企业",处理好龙头企业与农户之间的利益关系,充分调动企业和农民的积极性。还要抓紧建立健全社会化服务体系。

第七,下决心减轻农民负担,保护农民的合法权益。负担过重仍然是一些地方影响农民积极性和农村稳定的突出问题。为有效减轻农民负担,党中央、国务院最近作出了《关于切实做好减轻农民负担工作的决定》。各级领导干部要把认识和行动真正统一到《决定》精神上来。各地区、各部门减轻农民负担工作,由党政一把手亲自抓,负总责,并作为考核领导班子的重要尺度。

第八,加强农村精神文明建设,促进社会事业全面发展。农村经济和社会要协调发展,必须坚持物质文明和精神文明两手抓、两手都要硬。要广泛开展群众性的精神文明创建活动,加强思想道德建设和文化建设,坚持不懈地搞好农村社会治安综合治理,进一步加强农村基层组织建设,特别要抓好农村基层干部的思想作风建设。

各省、自治区、直辖市负责农业和农村工作的党政领导、各计划单列市和新疆生产建设兵团分管农业的负责同志及中央各有关部门的负责人出席会议。

中组部表彰老干部工作先进集体和个人

中组部对山西省运城地委老干部局等 107 个先进集体和内蒙古五原县老干部局局长曹凤光等 293 名先进工作者进行了表彰。

中组部这次在全国范围表彰老干部工作先进集体和先进工作者,是党的十一届三中全会以后建立老干部工作部门以来的第一次。

财政部就发行 1997 年记账式(一期)国债发布 1997 年第 2 号公告

中国科学院 中国工程院《院士增选工作实施细则》出台

中英联合联络小组关于香港过渡时期财政预算案编制及有关问题的第十六次专家会议在香港结束

香港 97/98 年度财政预算案编制问题取得新的进展,中英双方今天就这份预算案的收入部分、收入政策达成共识。双方专家组组长都表示,"这是一个好消息"。

中国否决向危地马拉派遣军事观察员决议草案

安理会晚上举行正式会议,就危地马拉和平进程之友国提出的向危地马拉派驻 155 名联合国军事观察员核查危停火决议草案进行表决,由于中国动用了否决权,使该决议草案未获通过。中国常驻联合国代表秦华孙大使说,中国对决议草案投反对票,这是中方不愿看到的局面,完全是危地马拉的错误行径造成的,危应对由此造成的后果负完全责任。

秦华孙大使在投票后发言指出,连续四年来,危地马拉政府不顾中国再三劝告,公然违背《联合国宪章》的宗旨和原则,在联合国内竭力支持分裂中国的活动。更有甚者,危地马拉政府不顾中国政府的严正警告,执意邀请台湾当局参加危地马拉和平协定签字仪式,为其从事分裂中国的活动提供场所。秦华孙强调,危当局不能一方面要求中国在安理会与其合作;另一方面又做出有损中国主权和领土完整的事。一个国家的和平进程不能以损害另一国家的主权和领土完整为代价。秦华孙说,尽管危地马拉政府做出了损害中国利益的事情,但为了妥善解决问题,中国还是采取了向前看的态度,提出了合情合理的解决办法,希望危政府采取实际行动纠正错误。然而,危地马拉政府对此置若罔闻,坚持其错误立场,为我们支持上述决议草案设置了严重障碍。

秦华孙最后指出,如果危地马拉政府确有诚意,真正珍惜危地马拉国内和平进程,采取行动排除障碍,中国政府可重新考虑安理会授权在危地马拉部署军事观察员的问题。这是中国第三次在联合国动用否决权。

国务委员彭珮云在江苏考察

1 月 10 日至 14 日,彭珮云率领国务院医改调研组在江苏镇江市和无锡市考察职工医疗制度改革试点情况。镇江市经过两年改革实践,全市企事业单位和职工的参保率、医保基金的到位率均达到 90% 以上。在无锡市,彭珮云一行听取进行职工医疗保障制度改革扩大试点的无锡、苏州、南通、盐城四市的医改工作汇报。无锡市、盐城市的医改已于 1 月 1 日正式启动,苏州、南通正在抓紧进行准备工作。彭珮云肯定这几个试点市工作扎实，进展顺利。

彭珮云指出，今年，医改扩大试点工作将在全国50多个城市展开，会出现一些新矛盾、新问题，需要大家共同探索，从实际出发，研究解决深层次矛盾的思路和办法。要在加强管理上狠下功夫，使职工医疗保障制度改革顺利进行。

彭珮云强调，医改的深入发展必将有力地推动各项卫生改革，特别是医疗机构的内部改革。各级卫生行政部门和医疗机构要抓住这个契机，深化医院内部改革，规范医疗行为，改善服务态度，提高医疗质量和水平。与此同时，各级政府要增加卫生投入，认真解决好医院的合理补偿问题，更好地调动医院和医务人员的积极性。

1月11日

中共中央政治局常委乔石在上海考察

1月11日至17日，乔石在上海考察。乔石指出，上海在我国经济发展和对外开放中处在相当重要的位置，要争取经济有更大的发展，特别要进一步加快浦东的开发和开放。乔石说，上海的基础和条件比较好，不仅在发展现代工业、科学技术和金融、贸易等方面可以走在前头，在发展现代农业和诸多服务行业等领域也可以大有作为。比如上海引进、消化农业上的先进技术，进行试验和开发，就不仅对本市，对其他省区也有重要的意义。像孙桥现代农业开发区这类基地的作用，就要很好地、充分地加以利用。要充分发挥上海的示范、辐射和带动作用，可以在互惠的原则下，积极探讨加强同中西部地区的经济、技术合作和其他方面的交流。可以根据不同的情况，采取多种形式，实现优势互补。这对上海本身的发展也有很多好处。

在关于国有企业改革的座谈会上，乔石说，上海从自己的情况和特点出发，从企业内外两个方面着手，抓国有企业改革，思路比较开阔，目标比较明确，措施比较具体，综合配套比较好，工作比较扎实，年年有重点，年年有进步，这是值得发扬的。乔石对上海市在企业人事管理上引进市场机制、实行组织配置与市场配置相结合的做法很重视。听说上海市厂长经理人才公司开业一年多来，进行了有益的探索，乔石很高兴，认为这是一个重要的改革措施，希望人才公司注意总结经验，逐步走向完善，越办越好，为企业改革多做贡献。在宝山钢铁公司，乔石察看了三期工程的建设情况，听取了宝钢企业改革、技术改造和发展规划等方面的情况介绍。他说，宝钢抓改革比较早，进展快，成绩是显著的；抓技术进步，也是有远见、有气魄、有成效的。这要坚持下去，决不满足于已经取得的领先地位，要不断创造新的业绩，力争年年都走在前头。乔石很重视社会主义精神文明建设的情况，对上海市注重调动广大干部、群众的积极性，把精神文明建设的任务和措施落到实处表示赞赏。乔石说，就是要努力创造条件，包括建设必要的设施，用以提高人民群众的精神生活和文化生活的质量。要大力提倡和发展人民群众喜闻乐见的、切合实际和符合时代潮流的文化艺术。对传统的优秀艺术，要积极予以扶持。乔石看到闸北区重视为青少年的全面发展和健康成长创造条件，感到满意。在青少年活动中心，他殷切勉励孩子们好好学习，天天向上，努力成才。

乔石强调要坚持实事求是的思想路线和踏踏实实的工作作风。乔石说，各级干部都要努力干实事，不要讲空话。讲空话，一个很大的坏处，就是耽误时间，耽误事，这是同我们抓紧机遇的要求背道而驰的。摆在我们面前的是十分繁重、十分紧迫的改革与发展的任务，只有脚踏实地，带领群众埋头苦干，克服困难，解决问题，才能把我们的事业不断推向前进。

法国总统希拉克在巴黎爱丽舍宫会见国务院副总理兼外交部部长钱其琛

国务院副总理兼外交部部长钱其琛与法国外长德沙雷特在巴黎法国外交部举行会谈

双方一致认为，中法两国在不少重大国际问题上有着相同或相似的观点，两国就世界格局、大国关系、全球和地区安全形势、防务政策等重大战略问题深入交换看法有利于双方在国际事务中协调立场，加强合作。双方一致认为，中法两国的经贸合作富有成果。前年两国贸易额增长了33.5%，去年头11个月的增长又高于前年同期的增长，大大超过同期中国与欧盟贸易的0.3%的平均增长速度。经贸合作是双边关系的一个重要组成部分，两国经济各具优势，互补性很强，双方应在平等互利的基础上进一步扩大经贸合作。

中共中央发出《关于进一步做好文艺工作的若干意见》

党的十四届六中全会对当前和今后一个时期社会主义精神文明建设主要是思想道德文化建设作出了战略部署。认真贯彻六中全会精神，繁荣社会主义文艺，对于不断满足人民群众日益增长的精神文化需求，提高全民族的思想道德文化素质，促进社会主义物质文明和精神文明建设，具有十分重要的意义。

一、文艺工作的形势和任务

(1)社会主义文艺是我们党领导的革命和建设事

业的重要组成部分，是精神文明建设的一条重要战线。社会主义文艺以自己的独特形式和魅力，反映改革开放和社会主义现代化建设的现实生活，讴歌人民创造历史的奋发精神，塑造生动感人的艺术形象，对振奋民族精神，陶冶道德情操，提高审美情趣，丰富文化生活，引导人们追求真善美，有着不可替代的作用。文艺肩负着培育有理想、有道德、有文化、有纪律的社会主义公民，激励人民群众积极投身建设有中国特色社会主义事业的光荣使命。

(2)1992年邓小平同志视察南方的重要谈话的发表和党的十四大召开，标志着我国改革开放和现代化建设进入了一个新阶段。深化改革，扩大开放，发展社会主义市场经济，为文艺事业注入了新的活力。广大艺术工作者与党同心同德，与人民血脉相连，文艺战线精神振奋，创作繁荣，队伍壮大，事业兴旺。文艺体制改革取得进展，管理工作得到加强，文艺作品数量增多，题材、体裁、形式、风格多种多样，主旋律日益突出，人民群众文化生活丰富多彩。同时，文艺工作也面临不少亟待解决的问题。从总体上看，文艺与时代前进的要求还不相适应，精品力作不够多，文艺改革和管理的任务还很重，队伍素质需要进一步提高。这些问题必须引起重视，认真解决。

(3)全面实现跨世纪宏伟目标，迫切需要文艺事业有一个大的提高和发展。在以经济建设为中心，发展社会主义市场经济，发展社会主义民主政治，发展社会主义精神文明的伟大进程中，文艺事业天地广阔，工作大有可为。当前和今后一个时期文艺工作的主要任务是：坚持以优秀的作品鼓舞人，繁荣和发展有中国特色社会主义的文艺事业，满足人民日益增长的文化需求，为推进改革开放和现代化建设创造良好的文化环境。

二、文艺工作的指导思想和方针原则

(4)繁荣发展社会主义文艺事业，必须坚持以马克思列宁主义、毛泽东思想和邓小平建设有中国特色社会主义理论为指导，坚持党的“一个中心、两个基本点”的基本路线，自觉地服从和服务于全党工作大局。要努力学习和运用马克思主义的文艺理论，认识生活本质，把握时代精神，指导工作实践，把最好的精神食粮贡献给人民。

(5)积极认真地贯彻党的文艺工作方针原则。必须坚持为人民服务，为社会主义服务的方向；坚持“百花齐放，百家争鸣”的方针。工作中，要坚持重在建设，团结鼓劲；坚持弘扬主旋律，提倡多样化；坚持深入生活，深入实际，密切联系人民群众；坚持把社会效益放在首位，努力实现社会效益和经济效益的统一；坚持一手抓繁荣，一手抓管理；坚持继承创新，走改革开放之路。

(6)社会主义文艺是人民大众的文艺。人民需要艺术，艺术更需要人民。人民生活是文学艺术取之不尽、用之不竭的唯一源泉。在人民历史创造中进行艺术的创造，在人民的进步中造就艺术的进步，这是社会主义文艺保持活力的关键所在。要深深植根于人民群众的历史创造活动，继承发扬民族优秀文化和革命文化传统，积极吸收世界文化优秀成果，古为今用、洋为中用、推陈出新。要大力提倡一切有利于发扬爱国主义、集体主义、社会主义的思想和精神，大力倡导一切有利于改革开放和现代化建设的思想和精神，大力倡导一切有利于民族团结、社会进步、人民幸福的思想和精神，大力倡导一切用诚实劳动争取美好生活的思想和精神，激发全国各族人民艰苦创业、建设祖国的巨大热情。

(7)积极发挥文艺家的积极性、创造性，努力在文艺界形成生动活泼、团结向上的良好氛围。充分尊重文艺规律，充分尊重文艺家的劳动，在艺术创作上提倡不同形式和风格的自由发展，在艺术理论上提倡不同观点和学派的自由讨论。只要能够使人们得到教育和启发，得到娱乐和美好的享受的作品，都应受到欢迎和鼓励。要积极探索，勇于创新，在实践中不断丰富和发展有中国特色社会主义的文艺，为两个文明建设作出积极贡献。

三、大力繁荣文艺创作

(8)繁荣创作是文艺工作的中心环节。要树立精品意识，实施精品战略，在文学艺术各门类中，努力创作更多思想性艺术性统一、具有强烈吸引力感染力、深受广大群众欢迎的优秀作品，带动文艺事业的全面繁荣。

积极推动文学创作的繁荣，提高小说、诗歌、散文、报告文学和戏剧影视剧本的思想艺术水平，特别要着重抓好长篇小说的创作。切实加强电影生产，健全制片的科学管理，多出群众喜爱的优秀影片。提高广播、电视文艺节目的质量，推出更多的名牌文艺栏目和优秀电视剧(片)。努力促进少儿文艺创作，推出思想内容健康、知识性趣味性强、富有艺术魅力的少儿作品。着力抓好反映现实生活的舞台艺术和其他门类的艺术创作，推出更多更好的戏剧、音乐、舞蹈、美术、书法、曲艺、杂技、摄影等方面的优秀作品。

发挥少数民族文化特色，繁荣少数民族文艺。认真执行党的民族、宗教政策，尊重各民族风俗习惯，积极扶持反映少数民族生活、维护民族团结和社会进步的文艺创作。

精神文明建设“五个一工程”，是弘扬主旋律、推动优秀作品生产的重点工程。各地区、各部门要加强规划，精心组织，提高质量，多出精品，更好地发挥这一工程在精神产品生产中的示范作用。

(9)积极开展健康的群众文化生活,努力做到雅俗共赏,寓教于乐。加强社区文化、村镇文化、企业文化和校园文化建设,重视民间文艺,鼓励业余文学艺术创作,积极吸引广大群众参与各种形式的文艺活动。开展文化扶贫,推动文化下乡,建设边疆文化长廊,组织好重要节日的群众文化活动,进一步丰富城乡人民的精神文化生活。

(10)加强文艺评论,改进文艺评奖。文艺评论是文艺发展的重要推动力,要坚持实事求是、与人为善,以下面引导为主。要倡导正确的创作思想,热情介绍优秀作品,帮助人们提高鉴赏水平。对有缺点的作品,要秉笔直书,真诚帮助。对有错误的文艺观点,要敢于批评,以理服人。那种淡漠"二为"方向、远离群众实践的倾向,那种迎合低级趣味、"一切向钱看"的倾向,那种鄙薄革命文艺传统、推崇腐朽文艺思潮的倾向,都是错误的,应该坚决反对。加强文艺理论建设,积极办好报刊、电台、电视台的文艺评论栏目。坚持高标准、严要求、少而精的原则,做好文艺评奖工作,促进文艺创作的繁荣。

四、深化文艺体制改革

(11)深化文艺体制改革是繁荣和发展社会主义文艺事业的必由之路。文艺产品具有不同于物质产品的特殊属性,对人们的思想道德文化素质有重要影响。文艺体制改革既要促进文艺生产面向市场,又不能听任市场的自发选择。改革要有利于发挥广大文艺工作者的积极性和创造性,多出优秀作品,多出优秀人才。基本目标是,建立起符合精神文明建设要求,遵循文艺发展内在规律,发挥市场机制积极作用的充满活力的社会主义文艺体制。

(12)改革要解放思想、实事求是,区别情况、分类指导,积极推进、逐步展开。艺术表演团体的改革,要进一步理顺国家同文艺院团、院团同个人之间的关系,逐步形成国家保证重点、鼓励社会办团的发展格局。电影体制改革,要认真贯彻《电影管理条例》,拓宽电影投资渠道,确保重点影片的资金投入,认真解决农村和老、少、边地区人民群众看电影难的问题。电视艺术管理体制改革,要加强全国电视剧题材规划和电视艺术生产的管理,建立规范的电视剧(片)交流市场。各类文艺企事业单位都要深化内部改革,建立健全既有竞争激励又有责任约束的机制。

五、加强文艺事业的管理

(13)繁荣需要管理,管理促进繁荣,要用符合文艺规律的办法来管理文艺。管理要适应中国国情,贯彻党的方针政策,遵守国家法律法规,促进文艺事业的繁荣健康发展。要努力探索和建立适应社会主义市场经济体制的文艺工作管理制度。要加强创作生产规划,合理调整事业布局,注意把握导向,提高质量,增进效益。提倡什么,允许什么,限制什么,反对什么,旗帜要鲜明,措施要得力。

(14)加快文艺立法。在认真执行现有文艺法规的同时,抓紧制定广播、电视及美术、演出、娱乐市场等方面的法规。到本世纪末下世纪初,逐步建立起较为完整的文化工作法规体系,为维护文艺工作者的合法权益、促进公益性文化事业的发展、实现文化事业的科学化规范化管理提供切实的法律保障。

(15)完善文化经济政策。认真落实中央有关文化经济政策的各项规定。国家有计划、有重点地逐步增加对文化事业的财政投入。进一步完善宣传文化事业的财税优惠政策。宣传文化发展专项资金要专款专用。建立文化艺术事业发展基金,鼓励社会力量资助文艺事业。积极扶持代表国家艺术水平或地方、民族特色的文艺单位和高质量的文艺产品。对中西部欠发达地区和少数民族地区的文艺事业,要采取有效措施增加投入。坚持勤俭办文艺事业,充分发挥现有文化设施的作用。

(16)加强文化市场管理。文化市场是精神文明的重要阵地,决不允许成为腐朽思想文化滋生蔓延的场所。要积极培育和完善文化市场,大力扶持健康的文化产品,倡导适合广大群众消费水平的有益文化娱乐活动。要维护合法经营,保护知识产权。建立、健全文化市场稽查队伍,实行培训、考核、奖惩和持证上岗制度,不断提高队伍素质和执法水平。坚持经常性管理和集中行动相结合,积极发挥群众监督作用,坚持不懈地开展扫除黄色出版物、打击非法出版活动的斗争,促进文化市场繁荣健康发展。

(17)加强中外文化交流工作的管理。积极开展中外文化交流,让中国更好地了解世界,让世界更好地了解中国。对国外来华文艺展演、中外合作生产文艺作品以及书刊、影视、音像产品进口等,要按有关规定做好管理工作。对外介绍文艺作品包括展演、参赛等项目,要加强协调,归口管理,努力把更多体现中华民族优秀文化传统和当代中国人民精神风貌的优秀文艺作品推向世界。

六、建设高素质的文艺队伍

(18)建设一支热爱祖国、热爱人民、事业心强、艺术素养高的文艺队伍是繁荣文艺的迫切需要。广大文艺工作者要努力学习,提高思想道德素质和文化修养,树立正确的世界观、人生观、价值观,坚持正确的创作思想。采取各种形式,深入厂矿、农村、学校、街道和连队,自觉地在人民的生活中汲取题材、主题、情节、语言、诗情和画意,丰富积累,充实自己。要发扬敬业精神和奉献精神,刻苦钻研,潜心创作,精益求精,力戒粗制滥造，认真严肃地考虑自己作品的社会效果，自觉地把个人创作同繁荣社会主义文艺事业的崇高使命紧密结合，成为名副其实的人类灵魂工程师。

(19)维护和增进文艺队伍的团结。文艺部门和单位的领导干部要带头搞好团结，通过自己的模范行为，增强队伍的凝聚力。作家艺术家要相互信任、相互尊重、相互理解、相互支持，以大局为重，团结一致向前看，在繁荣社会主义文艺的共同目标下，齐心协力，共同构筑中华民族宏伟壮丽的文艺大厦。

(20)制定和实施跨世纪文艺人才工程规划。适应未来十五年我国文艺事业发展的需要，有计划地加强文艺骨干队伍特别是中青年优秀人才的培养工作，创造有利于优秀人才脱颖而出、健康成长的良好环境。努力培养越来越多的紧跟时代步伐、热爱祖国和人民、艺术精湛的作家艺术家。加强文艺院校建设，不断为文艺战线输送优秀人才。

七、加强和改善党对文艺工作的领导

(21)繁荣发展社会主义文艺，必须加强和改善党对文艺工作的领导。要正确制定文艺方针政策，积极倡导文艺工作者学习马克思列宁主义、毛泽东思想，特别是邓小平建设有中国特色社会主义理论，充分发挥广大文艺工作者的积极性，保证文艺发展的正确方向。各级党委及其宣传文化主管部门要尊重文艺发展的规律，尊重作家艺术家的创造性劳动，既要注意防止横加干预，又不能听之任之，真正做到团结鼓劲、尊重信任、热情帮助、正确引导。

(22)切实加强文艺界党组织的思想建设、组织建设和作风建设，增强党组织的凝聚力和战斗力。按照干部队伍“四化”方针和德才兼备的原则，配备好文艺部门和单位的领导班子，特别要注意培养和选拔坚持党的路线方针政策、实绩突出、群众信任的年轻干部。各级领导班子成员要加强理论学习，牢固树立政治意识、大局意识、责任意识，充分发扬民主，广泛听取意见，自觉接受群众监督。党员文艺工作者首先是共产党员，必须遵守党章，按照党员标准严格要求自己，在群众中做出表率。

(23)党的领导干部和各级宣传文化工作部门要密切同广大文艺工作者的联系，广交深交朋友。建立文艺通气会制度，定期通报中央有关精神和文艺工作情况。经常与作家艺术家谈心，沟通思想，交换意见，帮助解决工作和生活中的实际问题。重视发挥工会、共青团、妇联在组织文化活动、活跃群众文化生活方面的重要作用。

(24)积极发挥文艺界人民团体的作用。文联、作协是党领导的由各民族文学艺术家组成的人民团体，是党联系广大文艺工作者的桥梁和纽带。各级党委要加强对文联、作协的领导，支持他们按照党的方针政策积极开展工作。文联、作协要加强机关建设，认真履行联络、协调、服务的职能，满腔热情地为作家艺术家服务，多办实事。要加强业务培训和行业自律，倡导良好职业道德。注意发挥各类文艺学会、研究会和文化团体的积极作用，主管部门要切实负起指导、管理的责任。

建设富强、民主、文明的社会主义现代化国家是一项伟大的开创性事业。沸腾的时代生活，深刻的社会变革，为社会主义文艺的繁荣和发展提供了极好的机遇。一切爱国的、立志于民族振兴和国家富强的文艺工作者，都应该增强责任心和使命感，紧跟时代步伐，施展聪明才智，谱写出无愧于中华民族的催人奋进的宏伟篇章。全国各族文艺工作者要紧密团结在以江泽民同志为核心的党中央周围，高举建设有中国特色社会主义的伟大旗帜，振奋精神，同心同德，努力开创文艺工作新局面。

1月12日

全国政协八届四十二次主席会议举行

中共中央政治局常委、全国政协主席李瑞环主持会议。

会议审议通过了政协全国委员会 1997 年工作要点。根据工作要点，1997 年政协全国委员会工作的主要任务是：围绕实施“九五”计划与 2010 年远景目标纲要和加强社会主义精神文明建设的决议，选准角度，发挥优势，调查研究，献计献策，切实履行主要职能；高举爱国主义和社会主义旗帜，促进共同目标下的大团结、大联合，充分发挥各民主党派、无党派民主人士、人民团体和各族各界代表人士在政协中的作用，努力调动一切积极因素，团结一切可以团结的力量，协助党和政府巩固与发展安定团结的政治局面；对八届一次会议以来的工作进行认真总结，努力探索新形势下切实做好政协工作的新经验；按照中共中央部署，积极做好政协全国委员会换届的准备工作。

会议审议通过了政协第八届全国委员会常务委员会第十九次会议议程和日程，决定第十九次常委会议 2 月下旬在北京召开；会议审议通过了政协第八届全国委员会常务委员会工作报告草案，决定提交第十九次常委会议讨论。会议还就其他事项进行了审议。

全国政协副主席叶选平、吴学谦、王兆国、洪学智、赵朴初、钱正英、孙孚凌、朱光亚、何鲁丽，全国政协秘书长朱训出席会议。

山西各界在山西省文水县集会纪念在解放战争中牺牲的女英雄刘胡兰就义50周年

中国人民银行行长戴相龙在全国国有企业职工再就业工作会议上发表讲话

戴相龙近日在全国国有企业职工再就业工作会议上指出，企业依法兼并破产是建立现代企业制度，发展社会主义市场经济的不可缺少的条件。银行系统要支持企业依法兼并破产，依法维护金融债权。

戴相龙说，金融系统在国务院领导下，在三年多的宏观调控中，坚持实行适度从紧的货币政策，着力控制货币供应总量，促进物价明显回落，从而为大幅度降低贷款利率，给经济发展和企业改革创造了良好环境，为推进企业兼并破产、调整结构创造了条件。同时，中国人民银行作为中央银行与政府有关部门共同制定了一系列有关国有企业兼并破产的政策办法，对企业兼并在利息管理上实行了一系列优惠，促进了企业兼并工作的展开。

戴相龙说，商业银行是经营货币的特殊企业。国家商业银行的贷款不是国家财政资金，而是商业银行吸收居民储蓄和企事业单位的存款。商业银行与工商企业是企业与企业的关系，国家法律同时保护工商企业和商业银行的合法权益。商业银行要支持企业依法兼并破产，同时也要依法维护金融债权。商业银行对不符合法定条件的破产，以及未经债权银行总行同意实行先破产后申报呆、坏账核销等一系列错误做法，要坚决抵制，要向上级行报告。

戴相龙指出，国有债权银行是一个企业法人，总行行长是债权银行法定代表人。各地企业申请破产，经分行审查同意后，还要报总行批准，然后企业破产才能进入法律程序。在国家财政比较困难的情况下，国家银行提取较大数额的呆、坏账准备金支持企业依法兼并破产，是为了促进国有企业机制的转变。如果企业破产后，欠银行的贷款冲掉了，企业经营机制并没有转换，不但浪费了资金，还破坏了国家的信用制度，其后果是不堪设想的。

戴相龙说，国务院已经决定，今年全国“优化资本结构”试点城市将扩大到110个，企业改革步伐将会加大，企业兼并破产的工作量也会增加。根据党中央、国务院提出规范破产、鼓励兼并和支持实施再就业工程的精神，今后实施企业破产的条件将比以前规范，同时对企业实施兼并和减人增效将给予更多优惠，银行面临的任务更加繁重。因此，各家银行要认真组织干部学习有关企业兼并破产和减人增效的法律法规和文件，提高思想认识、法律知识和政策水平，主动做好企业兼并破产工作。中国人民银行将与国家经贸委、财政部等部门协商改进银行呆、坏账核销操作办法，使这项工作进一步规范化。同时要明确，对于没有经过债权人同意就实施企业破产，和非试点地区擅自套用试点地区办法实施企业破产所形成的贷款呆账，银行一律不予核销。

尼日尔总理西塞在尼亚美总理府会见国务院副总理兼外交部部长钱其琛

1月13日

纪念中共中央进驻延安60周年毛泽东铜像揭幕仪式在延安王家坪举行

全国工商联七届四次执委会议在北京召开

全国人大常委会副委员长、全国工商联名誉主席王光英，全国政协副主席、全国工商联名誉副主席孙孚凌，全国工商联主席经叔平出席会议。

全国工商联常务副主席张绪武在报告中回顾了一年来工商联所做的各项工作后说，1997年工商联各级组织要认真贯彻落实中共十四届五中全会、六中全会精神，加强非公有制经济领域两个文明建设，把各项工作提高到新水平；把换届工作作为工商联工作中的一件大事来抓，进一步做好会员发展和组织建设工作；加强调查研究，进一步提高参政议政水平；更加有效地推进光彩事业的发展，为实现《国家八七扶贫攻坚计划》作出积极贡献；进一步完善商会职能，加强各项基础工作，拓宽为会员服务领域；大力开展教育培训工作，做好工商联干部队伍、非公有制经济代表人士队伍建设。

中共中央总书记江泽民与中央农村工作会议部分代表座谈

中共中央政治局常委、国务院总理李鹏，中共中央政治局常委、国务院副总理朱镕基出席座谈会并发表了重要讲话。

江泽民在听取会议情况的汇报和黑龙江、河南、四川、广东、甘肃等省的代表发言后说，这几年来，农村工作搞得是好的，农业连续丰收，农村经济全面发展，对于保障农产品供给，抑制通货膨胀，改善宏观经济环境，促进整个国民经济健康发展，起了十分重要的作用。事实说明，中央加强农业的决策是正确的，各级党委、政府抓农业是得力的，农村各级干部的艰苦工作、各行各业对农业的大力支持是有成效的。中央认为，在农业连续丰收的情况下，一定要保持清醒的头脑，切不可盲目乐观。我们对夺取今年农业增产增收的艰巨性，必须有充分的估计，决不可掉以轻心、麻痹松懈。

要进一步动员全党同志统一认识，再接再厉，乘势而上，全力以赴，实现今年农业持续稳定增长。

江泽民指出，做好今年的农业和农村工作，保持和发展农村的好形势，关系经济发展和社会稳定的全局，具有特殊的重要意义。今年要重点抓好以下几项工作：

第一，保证粮食等主要农产品持续稳定增长，防止出现滑坡。粮食是特殊商品，是战略物资，我们这样一个拥有12亿多人口的大国，粮食必须立足于自给，供求必须基本平衡，不能出现大的缺口，不能靠进口过日子。这一点，在丰收之后仍要继续强调。要保护和调动农民种粮积极性，防止"谷贱伤农"。同时，要加快粮食流通体制改革步伐，力求有新的突破。

第二，保证农民收入持续增长。这不仅关系到农村小康目标的实现，而且关系工业品的销售市场，关系国民经济持续、快速、健康发展。增加农民收入，不仅要抓好农产品增产，还要拓宽思路，寻求新的经济增长点。要立足于整个国土资源的开发利用，积极发展多种经营，发展高附加值、高商品率、高创汇率的产业和产品。要积极发展以农产品加工为主的乡镇企业，以加工企业为龙头，带动种养业的发展，把生产、加工、销售联结起来，实行贸工农一体化、产业化经营。这是推进农业两个根本性转变的有效途径，也是逐步实现农村改革和发展"第二次飞跃"的重要形式，应当积极引导和大力支持，稳步推进。

第三，大力加强水利建设，保证大江大河安全度汛。对于今年可能发生的水旱灾害，我们必须高度警惕，及早防范，决不可麻痹大意。对防汛问题要实行责任制，哪个地方出问题，由哪个地方党政主要领导负责。与此同时，要充分发动群众，坚持不懈地大搞农田水利基本建设，尽力改善生产条件和生态环境。

第四，保持农村社会的稳定。目前，农村总的看是稳定的，但也存在一些不稳定的因素。突出的问题是一些地方农民负担过重。要深刻认识到，减轻还是加重农民负担，绝不是少收或多收几个钱的问题，而是保护还是挫伤农民积极性的问题，是赢得还是丧失农民拥护的问题，是能否保持农村稳定局势的问题。最近，党中央、国务院作出了《关于切实做好减轻农民负担工作的决定》，对这项工作提出了明确的要求和具体的政策措施。各级各部门务必以极其严肃的政治态度，不折不扣地贯彻落实。《决定》中提出的各项规定，是我们党向农民作出的庄严承诺，必须毫不走样地落实到农村基层。

江泽民强调，今年农业和农村工作任务相当艰巨，对农业和农村工作的领导，只能加强，不能削弱。各级党委一定要坚持以下几点：

第一，坚持把农业放在经济工作的首位不动摇。各省、区、市党委要继续坚持用很大的精力抓农村工作，地、县党委要把主要精力放在农村工作上。农业上不去，农民收入不能增加，其他工作搞得再好，也不能算是合格的领导。

第二，继续努力增加农业投入。这是把农业放在经济工作首位的重要体现。近几年，农业投资总量虽有增加，但仍未达到预期的要求，特别是水利基建投资，还没有真正放到基础建设的首位。中央有关部门和各省、区、市，在基本建设投资的安排上，一定要分清轻重缓急，从实际出发，把资金投到最急需、最紧迫的地方。同时也要发动农村集体经济组织和广大农民，增加劳动积累和资金积累。

第三，坚持农村工作两手抓，关键是加强农村基层组织建设。主要是做到有人管事，有钱办事，有章理事。解决"有人办事"的问题，就要下功夫抓好以党支部为核心的村级组织建设，特别是选配好村党支部书记。解决"有钱办事"的问题，就要千方百计地发展和壮大村级集体经济实力。解决"有章理事"的问题，就要加强以民主管理为内容的村级制度建设。几年来的实践证明，抓好这三项建设，一般号召不行，必须组织大批干部深入到村具体帮助，切实抓出成效。

第四，坚持发扬党的优良传统和作风。各级领导同志一定要从自身做起，严格要求自己。每个领导干部都要联系几个不同类型的村，交一些农民朋友，使自己的工作符合实际情况，符合群众的意愿。党政机关每年都要组织大批干部深入到村、特别是后进村和贫困村，落实党在农村的各项政策，帮助农民开辟致富门路，解决群众关心的热点问题。这不仅是加强农村工作的需要，也是培养锻炼干部、改进思想作风的需要，要长期坚持下去。

李鹏在讲话中说，去年农业和农村经济形势很好。粮食再次获得丰收，农民收入也是90年代以来增长最快的一年。农业形势好，粮食增产，对国民经济和社会发展作出了重大贡献，为改革、发展、稳定提供了重要物质保障。现在，摆在我们面前的任务，是要巩固农村大好形势，促进农业稳定增长。为此，要解决好两个问题：一是各级党政领导抓农业、抓粮食的思想不能松。二是千方百计处理好丰收果实，保护农民旺盛的积极性。要积极拓宽粮食流通渠道，完善粮食流通体制。当前主要抓以下几个方面的工作：支持农业、农垦系统直接介入粮食购销经营；鼓励和支持社会上大型用粮企业直接到产区采购；支持主产区逐步扩大粮食转化能力。

李鹏指出，贸工农一体化经营是农村经济新的增长点。走贸工农一体化的路子，逐步建立一个比较完整的农业产业体系，主要是将生产、加工、流通等环节紧密地连接起来。农民不仅能从农产品生产中得到收益，而且还能享有农产品加工、流通的利益，逐步使农业成为有较高效益的产业。各地党委和政府要把推进贸工农一体化，作为今后农村经济工作中的一件大事来抓，从多方面给予支持，扎扎实实地抓出成效来。

在谈到增强乡镇企业整体素质、提高乡镇企业运行质量和经济效益时，李鹏强调说，要增强乡镇企业的活力，继续完善乡镇企业机制；乡镇企业继续坚持以集体为主、多轮驱动的发展政策；发展乡镇企业要坚持以市场为导向，发挥资源优势，把建立贸工农一体化的产业体系作为主攻方向；加强乡镇企业的科技进步和科学管理，要在依靠科技进步和提高劳动者素质上下功夫；要按照优势互补、互利互惠的原则，进一步加强东中西部地区乡镇企业的联合与协作；加强乡镇企业管理人才队伍的建设，要逐步建立一套适应社会主义市场经济和乡镇企业特点的人才选拔、培训、使用、激励和监督管理机制，促进乡镇企业管理人才健康成长。

李鹏指出，要强化实施科教兴农战略，加快推广农业先进实用技术。重点抓好先进实用技术的推广普及，把现有成功的增产增效技术推而广之，农业就可以实现较大幅度的增长。各级政府和有关部门一定要下大决心，舍得投入，采取有力措施，把"科教兴农"提高到一个新水平。

李鹏说，解决农民负担过重问题要标本兼治，着力发展农村集体经济。发展农村集体经济，要有新思路，不能走老路，"归大堆"。不能盲目上工业项目，应主要立足于当地自然资源条件，发展种植业、养殖业和以当地农产品为原料的加工、运销业，以及其他资源型和劳动密集型产业。

李鹏强调指出，农村工作是个整体性的系统工程，对于各项农村工作，我们都要放到适当的位置上，统筹安排，切实抓好，力争今年农业再夺丰收，农村各项工作有新的进展。

朱镕基在讲话中说，近两年我国农业形势很好，粮食连续两年丰产丰收，这为保持国民经济持续、快速、健康发展奠定了基础，也为抑制通货膨胀、实现宏观经济目标作出了巨大贡献。粮食大丰收之后，我们都很高兴，但对粮食产量要作出实事求是的估计，我国的粮食并不是多得不得了，1996 年的人均产量尚未达到 1984 年的水平。对于当前全国的粮食购销形势也要进行冷静的分析，从整体上看，并不存在"卖粮难"和"谷贱伤农"的问题。去年秋天以来，中央连续增加了国家专储粮的计划指标，国家粮食收购信贷资金也及时到位，保证了定购粮收购进展顺利。在国家大幅度增加专储粮的同时，各地也要严格按照国务院的要求增加地方储备粮的收购，并动员广大农民储粮备荒。同时各地要动用粮食风险基金，制定和实施保护价收购措施，认真完成收购和储存任务，以维护市场粮价的稳定，切实保护农民的利益。方方面面尽一切可能，保证让亿万农民增产增收。

朱镕基表示，只要我们把各项政策措施真正落实到位，上上下下齐心协力，就完全可以把农业大丰收后出现的一些暂时困难和问题解决好，保持农业和农村经济的稳定发展。座谈会由中央政治局委员、书记处书记、国务院副总理姜春云主持。温家宝、宋健、陈俊生等中央领导出席座谈会。

中共中央政治局常委李瑞环在海南省考察

1 月 13 日至 19 日，李瑞环对三亚、琼山、海口等地的海洋天然气工业、新兴加工工业、热带农业、旅游业以及城市建设进行了考察。

李瑞环说，气候条件好、自然资源丰富、海岸线长，是海南的特点和优势。把握特点难，而根据特点开展工作，形成新的经济增长点更难。以发展热带高效农业而言，海南特有的热带气候使它有可能成为向我国北方供应蔬菜水果的温室。但是，要把这种可能真正变为现实，除了省内搞好生产，还必须抓好存储、加工、保鲜、运输、销售各个环节，建立一个通达北方各大城市的稳定、通畅、便捷的运销网络。海南要下大功夫研究这类问题，努力形成具有自己特点的支柱产业。

李瑞环说，海南建省的初衷是为了开放，海南的工作主题应当是开放，海南的希望也在开放。海南要用好中央给予的政策，主动营造对外开放的良好环境，加快经济和社会的发展。

全国金融工作会议在北京召开

会议于 13 日至 16 日召开。

中国人民银行行长戴相龙介绍，1996 年金融机构各项存款增长较多，贷款增加适度。截至去年年末，全部金融机构存款增加 14800 亿元，增长 27.5%；贷款增加 10683 亿元，增长 21%。人民币汇率稳定，国家外汇储备到去年年末达到 1050 亿美元，比上年增加 315 亿美元。这一年，中央银行充分运用货币政策工具，对货币供应量进行微调和预调。在外汇占款全年增长 2765 亿元的情况下，灵活运用本外币"对冲"操作，促使人民银行对国有独资商业银行贷款净下降 616 亿元，有效控制了货币总量增长。去年人民银行共颁布金融监管行政法规 50 多项，公开吊销和查处了一批非法金融机构，对一批金融违法的典型进行了严肃处理，并在全国予以通报。对几个存在严重金融风险的信托投资公司，分别采取了财政注资、中央银行接管、银行收购等有力措施，稳妥地化解了金融风险。此外，金融体制改革也在进一步深化。截至去年年底，有30个省、市、自治区的农村信用社与农业银行“脱钩”，农业发展银行已建立地（市）、县（市）分支机构1500个。国有独资商业银行合理调整分支机构，全年撤并业务量小、效益低的分支机构近1000个。我国从1996年12月1日开始实现经常项目下人民币可兑换，比原来承诺的时间提前3年多。

各家银行认真落实支持国有企业改革和发展的10项措施，对1240多户大型企业建立生产经营信息网络，在300户大型企业中试办主办银行制度，促进了企业改革和发展。5家大商业银行共核销呆、坏账234亿元。商业票据业务在严格规范的基础上得到较快的发展。到去年11月底，全国商业银行汇票票据承兑贴现发生额达3545亿元，累计办理贴现额1955亿元，再贴现1160亿元。去年以来，金融系统认真开展“四讲一服务”活动，得到了各级政府的支持，获得了社会各界的好评。

戴相龙强调，今年的金融工作仍要认真实行适度从紧的货币政策，促使今年物价涨幅低于去年，切实防范和化解金融风险，深化金融体制改革，加大经济结构调整力度，努力提高金融企业经营管理水平。

国家主席江泽民在中南海会见德国西门子股份公司董事长海因里希·冯·皮勒博士

国务院总理李鹏在中南海会见德国西门子股份公司董事长海因里希·冯·皮勒博士

尼日尔外交部部长马亚基在尼亚美与国务院副总理兼外交部部长钱其琛举行会谈

马亚基和钱其琛一致同意，两国在加强政府间合作的同时，积极探讨和开拓双边经贸合作的新领域和新途径。

钱其琛在介绍中国的非洲政策时指出，发展同非洲国家的友好合作关系是中国独立自主和平外交政策的重要组成部分。中国尊重非洲各国人民自主选择政治制度和发展模式；支持非洲国家维护国家独立、主权和领土完整，反对外来干涉的正义斗争；维护和促进非洲国家之间的团结，主张非洲国家通过和平谈判解决矛盾和争端；在国际事务中主持公道，积极维护非洲国家的合法权益；向非洲国家提供力所能及、不附加任何政治条件的经济援助，以平等互利原则发展双边经贸关系。

会谈结束后，双方签署一项两国政府间的经济技术合作协议。

国家开发银行与加拿大出口发展公司美国进出口银行关于秦山三期核电站18亿美元出口信贷暨转贷协议签字仪式在北京举行

国家版权局国家工商局发布《国外著作权认证机构在中国设立常驻代表机构管理办法》

为进一步加强对外著作权保护，加强对国外著作权认证机构常驻中国代表机构的管理，国家版权局与国家工商行政管理局近日联合发布了《国外著作权认证机构在中国设立常驻代表机构管理办法》（以下简称《办法》）。《办法》规定，申请在中国设立常驻代表机构的国外著作权人及有关权利人组织，必须是国家版权局已经指定的认证机构。国外著作权认证机构申请在中国设立常驻代表机构，在经国家版权局批准后，依据国务院《关于管理外国企业常驻代表机构的暂行规定》及国家工商行政管理局《关于外国企业常驻代表机构登记管理办法》，向国家工商行政管理局申请设立机构。国家版权、工商行政管理部门将加强对外国常驻代表机构的监督检查。对违反规定的机构，将给予警告、吊销登记证等处理。

全国体委主任会议在北京怀柔召开

1月14日

全国宣传部长会议在北京召开

会议于14日至18日举行。会议强调，新的一年，宣传思想战线要为改革、发展、稳定提供有力思想保证，为香港回归和党的十五大召开创造良好舆论氛围。

会议期间，江泽民总书记会见了全体代表并作重要讲话。

中共中央政治局委员、书记处书记、中央宣传部部长丁关根主持会议并讲话。

这次会议分析了当前宣传思想工作的形势，部署了1997年的工作。

会议确定，今年宣传思想工作的指导思想是：坚持以邓小平建设有中国特色社会主义理论为指导，坚持党的基本路线和基本方针，紧紧围绕两件举世瞩目的大事，认真贯彻党的十四届五中、六中全会精神，遵循新形势下宣传思想工作的基本思路，以科学的理论武装人，以正确的舆论引导人，以高尚的精神塑造人，以优秀的作品鼓舞人，把握大局，再接再厉，同心同德，开拓前进，更好地为人民服务，为社会主义服务，为全党全国工作大局服务。

会议提出，今年宣传思想工作的总体目标是：牢牢坚持经济建设这个中心，努力宣传贯彻中央经济工作会议精神，促进“两个根本转变”，为改革开放和现代化建设提供有力的思想保证；牢牢抓住全党全社会加强精神文明建设的极好时机，认真落实六中全会确定的各项任务，力求精神文明建设取得新进展、出现新气象；牢牢把握正确导向，促进政治、经济、社会的稳定，为两件大事创造良好的舆论环境。

会议指出，今年宣传思想工作要着重抓好三个有力度、有声势的宣传教育活动：以深入学习邓小平关于社会主义精神文明建设思想和六中全会精神，推动群众性精神文明建设三大创建活动为主要内容，积极倡导为人民服务的思想和集体主义精神，大力弘扬社会正气；以庆祝香港回归为契机，广泛开展爱国主义教育，激发爱国热情，振奋民族精神；以迎接党的十五大为主题，深入进行党的基本理论和基本路线教育，进一步增强广大干部群众建设有中国特色社会主义的信念，激励人们为实现跨世纪宏伟目标而奋斗。

会议强调，1997年的宣传思想工作从始至终要体现这样一条主线：高高举起邓小平理论的伟大旗帜，紧紧围绕经济建设这个中心，大大加强精神文明建设的力度，牢牢把握正确舆论导向，为两件大事创造良好氛围。

丁关根在讲话中提出做好当前和今后一个时期宣传思想工作必须遵循的基本要求：(一)高举旗帜，牢记指针，以邓小平建设有中国特色社会主义理论为主心骨。马列主义、毛泽东思想和邓小平理论一脉相承，是统一的科学体系，邓小平理论是当代中国发展了的马克思主义，是我们的主心骨。高举邓小平理论的旗帜，坚持党的基本路线，是做好宣传思想工作的根本经验，必须长期坚持，毫不动摇。(二)保持一致，服务大局，坚定不移贯彻党中央的战略部署。自觉地在思想上、政治上、行动上同以江泽民同志为核心的党中央保持一致，服从和服务于全党全国工作大局，是做好宣传思想工作的基本原则和必须遵守的政治纪律。(三)面向群众，依靠群众，把得人心的事办实办好。要把人民拥护不拥护、赞成不赞成、高兴不高兴、答应不答应，作为衡量宣传思想工作成效的根本标准。得人心的事要坚持不懈地做，好事办实，实事办好。(四)重在建设，团结鼓劲，把宣传思想工作的主要任务落到实处。要宣传科学理论，坚持正确舆论，弘扬高尚精神，多出优秀作品，更好地武装人、引导人、塑造人、鼓舞人。要对确定的任务，扭住不放，不变题目，不换镜头，坚持不懈做下去。(五)加强管理，健全机制，保证宣传文化事业健康有序发展。繁荣需要管理，管理促进繁荣。一手抓繁荣，一手抓管理，是新形势下加强宣传文化工作的重要方针。(六)掌握政策，把握好度，保持宣传基调的连续性稳定性。这关系到宣传思想工作的方向和实效，也是衡量我们领导干部政策水平的重要尺度。(七)调查研究，总结经验，创造性地开展工作。必须深入实际，深入基层，深入群众，做好调查研究，不断总结经验。调查研究要深入、全面，要分析、思考，要求实、创新。(八)守土有责，严细深实，增强整个队伍特别是领导干部的事业心和责任心。守土有责就是要高度重视，高度负责；要注重实干，注重实效；要严格要求，严格把关；要加强督促，加强检查。宣传思想战线的同志们一定要增强党性，牢记宗旨，淡泊名利，甘当苦力，以对党对人民的事业极端认真、极端负责的态度做好工作。

丁关根强调，1997年是我们党和国家发展史上不寻常的一年。香港回归祖国，洗雪百年耻辱，实现中华民族整整一个世纪的期盼；党的十五大召开，再创新的辉煌，建设有中国特色社会主义事业将胜利跨入新的纪元。社会主义现代化建设和祖国统一的壮丽前景激励着奋进中的全党全国各族人民。在实现跨世纪宏伟目标的历史进程中，在实现民族伟大复兴的时代洪流中，宣传思想战线肩负着光荣职责，工作大有可为。

国务院总理李鹏签署221号令发布《国务院关于修改〈中华人民共和国外汇管理条例〉的决定》

现发布《国务院关于修改〈中华人民共和国外汇管理条例〉的决定》，自发布之日起施行。

总理 李 鹏

1997年1月14日

国务院关于修改《中华人民共和国外汇管理条例》的决定(文略)

中央军委副主席刘华清在中国航空工业总公司工作会议上发表讲话

刘华清在会议上指出，航空工业要认真贯彻党的十四届六中全会和中央经济工作会议精神，进一步解放思想，深化改革，推进航空工业两个根本性转变的实现。

刘华清说，今年航空工业任务繁重、项目多，要下最大的决心，精心组织，突出重点，集中人力、物力，确保重点型号研制任务。要加快技术更新步伐，坚决攻克航空高新技术难关，实现大跨度的科技进步。要进一步抓好航空工业调整改革，精干队伍，改善结构，形成拳头。他强调，必须把质量工作抓得扎扎实实，要坚持高标准，每一个环节要严格把关，精益求精，一丝不苟，确保质量。他说，在项目研制中要加强领导，加强计划，加强协调，加强管理，完善责任制，狠抓各种规章制度落实。

中纪委 中组部印发《提高县以上党员领导干部民主生活会质量的意见》

中共中央纪委、中共中央组织部最近印发了《关于提高县以上党和国家机关党员领导干部民主生活会质量的意见》。全文如下：

关于提高县以上党和国家机关党员领导干部民主生活会质量的意见

1990 年中央下发《关于县以上党和国家机关党员领导干部民主生活会的若干规定》以来，各地普遍建立了民主生活会制度，多数单位能按期召开，对于活跃党内民主生活，加强领导班子的思想政治建设，发挥了积极作用。特别是在那些领导重视、准备充分、批评和自我批评开展好的单位，效果更为明显。但总的看，民主生活会的质量有待进一步提高。存在的突出问题是，会议的政治性、思想性、原则性不够强，汇报工作多，思想交锋少，批评和自我批评开展得不认真甚至根本没有开展起来。为了深入贯彻党的十四届四中、五中、六中全会精神，进一步加强领导班子思想政治建设，提高民主生活会的质量，现提出如下意见：

一、进一步提高对开好领导干部民主生活会重要性的认识

党员领导干部民主生活会制度，是党内政治生活中的一项重要制度，是解决领导班子自身矛盾、加强党内监督、提高领导干部思想水平和党性修养的有效途径，是建设高素质干部队伍的一项重要措施。实践证明，坚持民主生活会制度，有利于党组织对干部的严格要求、严格管理、严格监督，有利于领导干部自重、自省、自警、自励，廉洁自律，有利于统一思想、改进作风、增强团结、提高领导班子的战斗力。县以上党和国家机关的党员领导干部在积极参加所在党支部、党小组的组织生活会的同时，要认真参加领导班子民主生活会，自觉接受党组织和群众的监督，经受党内生活的锻炼，努力使自己成为新时期合格的领导干部。

二、明确民主生活会的目的要求，充分做好会前的准备工作

民主生活会不同于一般的工作会、总结会，应以讲学习、讲政治、讲正气，增强党性锻炼为重点，按照“三严”、“四自”的要求，围绕学习、思想、作风、廉洁自律、遵纪守法等方面的问题汇报思想状况，进行对照检查，开展批评和自我批评。不能把民主生活会开成研究工作的会议，不能回避矛盾，脱离实际空泛议论。根据实际需要每次会议应重点解决一两个突出问题或召开专题民主生活会。民主生活会召开的时间、议题，会前应报告上级党组织。

民主生活会前，应委托纪委（纪检组）、组织部或机关党组织广泛征求党内外群众对领导班子及其成员的意见和建议。要采取多种形式把群众的意见收集起来，并如实向主要负责同志及每个成员反馈，以便有针对性地开展批评和自我批评。

上级党委、纪委、组织部门要事先有组织地收集和掌握群众和干部反映，及有关情况。对有关领导成员需要在民主生活会上说明或检查的问题，可在会前同主要领导干部或领导成员本人沟通。参加指导下级党委（党组）民主生活会的人员，根据需要可提前到会，同主要领导干部一起研究开好民主生活会的有关事项。

民主生活会后，应将会议的基本情况、解决的问题、整改措施，及时报告上级党组织，必要时要向下级党组织和党员通报。

三、严肃认真地开展批评和自我批评

开好民主生活会，必须运用批评和自我批评的武器，开展积极的思想斗争。这是提高民主生活会质量，搞好党内监督的关键。每个领导成员都要以对党的事业、对同志高度负责的态度，严肃认真地开展批评和自我批评，分清是非，团结同志，坚持真理，修正错误。

首先要进行自我批评。每个同志都要严以律己，襟怀坦白，联系自己的思想、工作实际和廉洁自律情况，认真对照检查，防止只谈工作不谈思想、只讲成绩不讲问题，只讲集体不讲个人的现象。要正视自己的缺点、不足或错误，说老实话，反映真实情况，暴露真实思想。对群众意见较多的问题，特别是廉洁自律方面的问题，更不能回避，必须如实说明，自查自纠。针对存在的问题，分析原因，吸取教训，提出改进措施。不能就事论事，不能避重就轻，不能文过饰非。

相互批评要打破情面，讲党性、讲原则，不能迁就照顾。要克服好人主义和“事不关己，高高挂起；明知不对，少说为佳”的自由主义态度。做到坦诚相见，“知无不言，言无不尽”。被批评的同志要欢迎别人批评，虚心听取各种意见，“有则改之、无则加勉”。不能压制批评，不能打击报复批评者。相互批评要紧紧抓住贯彻执行党的基本路线和事关全局的重大问题，从团结的愿望出发，坚持实事求是，以理服人，不闹无原则纠纷。

领导班子成员之间要交心谈心，经常交换意见，沟通思想，消除隔阂和误会。通过批评和自我批评，化解矛盾，增进团结。

对有违纪问题又不在民主生活会上自查自纠的班子成员，必须严肃纪律，从重处分；对虽有违纪问题但能自觉检查，主动纠正错误的，可以不予处分或从轻处分。

四、党委（党组）主要负责同志要切实负起开好民主生活会的责任

民主生活会开得好不好，党委（党组）主要负责同

志负有主要责任。党委(党组)主要负责同志的责任是:

(一)会前根据上级党组织和群众反映的意见,同其他领导成员交心通气,了解他们的思想、工作和廉洁自律情况,听取他们的意见。对领导班子基本状况及存在的主要问题要做到心中有数。

(二)会上带头开展批评和自我批评,勇于承担工作中发生失误的领导责任,诚心鼓励大家对自己提批评意见。正确引导其他成员的发言,正确引导成员之间开展相互批评。

(三)会议结束时,对民主生活会情况作出评价和总结,指出不足,提出要求。

在民主生活会上,如果有的班子成员存在违纪问题,本人不自查,主要负责同志了解情况又不提出、不批评的,一经发现要追究主要负责同志的责任。

五、抓好整改措施的制定和落实

制定切实可行的整改措施是提高民主生活会质量的重要环节。对群众反映的突出问题和会上检查出来的主要问题,要一个一个研究,制定相应的整改措施。整改措施要明确具体,责任到人,狠抓落实。

每次民主生活会都要检查上次民主生活会后整改措施的落实情况,问题解决得不好或没有解决的,要分清责任,提出批评,限期改正。

六、加大对民主生活会指导和监督的力度

加强对下级党组织民主生活会的指导和监督是各级党委的重要职责,是促进下级党组织提高民主生活会质量的有效措施。要坚持一级抓一级的原则,切实加强指导,对矛盾较多的要具体帮助。

党委(党组)领导班子成员每年应有计划地参加下级党组织的领导干部民主生活会。中央纪委、中央组织部、中央直属机关工委、中央国家机关工委的负责同志,每年都要参加一些省区市党委和中央、国家机关部委党委(党组)的民主生活会。省(自治区、直辖市)、地(市)、县级党委常委和政府党员领导干部,每年参加下级党组织领导干部民主生活会不得少于两次。

各级纪律检查机关、组织部门和机关党组织要认真履行职责,加强对党员领导干部民主生活会的督促检查。要把坚持民主生活会制度和民主生活会质量的情况,作为考核领导班子和主要领导干部的一项重要内容。

要坚持民主生活会情况通报制度。对开得好的单位,要进行表扬和总结;对走过场的,经有关领导批准,可责令其重新召开;对无故不召开或未经同意不按期召开或开得不好的单位和主要负责人要提出批评,促其改进。

国务院召开的全国乡镇企业工作会议在北京结束

会议于1月14日至15日召开。会议认真贯彻党的十四届五中、六中全会精神,总结分析了乡镇企业的发展状况和面临的挑战与机遇,交流了经验,统一了思想,明确了今后一个时期乡镇企业发展的目标任务、方针政策和重大措施。

中共中央政治局委员、国务院副总理姜春云代表国务院在会议上讲话。

会议强调,发展乡镇企业是党中央、国务院根据我国国情作出的重大决策,必须切实加强领导,为乡镇企业改革与发展创造良好的环境。各级党委、政府要认真贯彻"积极扶持,合理规划,分类指导,依法管理"的方针,加大工作力度,强化政策措施,研究新情况,解决新问题。各有关部门要积极主动地为乡镇企业解决实际困难;各级乡镇企业行政管理部门要加强自身建设,提高管理服务水平。

江苏、安徽、四川、广西、山东、江西、内蒙古等省、自治区和江苏省锡山市的负责人,在会上作了典型发言。国家计委、国家经贸委、国家科委、财政部、农业部、外经贸部、中国人民银行和中国农业银行的负责人作了大会发言。

国务委员陈俊生主持会议并讲话。他要求各地认真贯彻落实这次会议的精神,结合实际,研究本地区乡镇企业改革和发展的思路和政策措施,并付诸实施,保持乡镇企业能有一个良好的旺盛的发展势头。他强调指出,千条万条,提高认识,加强领导是最重要的一条。各级领导都要注重调查研究乡镇企业的新情况、新问题,特别是要研究乡镇企业改革和发展中的重大问题,及时作出决策,真正为乡镇企业排忧解难,把工作抓好抓实。他说,中西部经济欠发达地区存在再认识问题,东部经济较发达地区同样存在再认识问题;有关部门和乡镇企业系统需要再提高认识。

中共中央政治局候补委员、书记处书记温家宝,国务委员宋健出席会议。

国务院副总理姜春云在全国乡镇企业工作会议上发表讲话(摘要)

一、充分认识发展乡镇企业的重大战略意义

乡镇企业是在我国改革开放过程中迅猛崛起的新生事物,是亿万农民的伟大创造。十多年来,在党中央、国务院的正确领导下,乡镇企业异军突起,蓬勃发展,已成为我国农村经济的主体力量,工业经济的"半壁河山",国民经济的一大支柱。预计1996年全国乡镇企业实现增加值17700亿元,占农村社会增加值的56%,约占国内生产总值的26%。乡镇企业对发展农业、富裕农民、繁荣农村,对促进全国经济和社会的发展,作出了巨大的贡献。

乡镇企业的崛起,有效地改变了农村的产业结构和就业结构,为发展农村经济开辟了广阔道路。十几年来,我国农村逐步改变了以种植业为主的单一经营结构,形成农工商综合经营的新格局。在农村社会增加值中,第一产业所占比重由70%下降到40%;第二、三产业所占比重由30%上升到60%。随着产业结构的调整,大批劳动力从土地上转移出来,务工经商,不断开辟新的生产领域,这是具有历史意义的进步。

乡镇企业的发展,不但是农民增加收入的重要来源,而且成为增加集体积累、兴办公益事业的坚强支柱。"八五"期间,农民人均纯收入净增部分的50%来自乡镇企业。1995年乡镇企业积累的集体资产达到9100亿元,占整个农村集体资产的近80%。随着集体经济实力的壮大,有力地促进了农村文化教育、医疗卫生等公共福利事业和水利、交通、通信等基础设施的发展。

乡镇企业的发展,为农业生产积累了大量的资金。从1978年到1995年,乡镇企业用于补农、建农的资金达到1000多亿元,增加了大量农业技术装备,显著改善了农业生产条件,促进了农业的现代化建设。

乡镇企业充分利用农村各种资源,发展加工业、商业和服务业,大批农民亦工亦农、亦农亦商,形成了星罗棋布的工业小区和工商业聚集的小城镇。小城镇的建设,又促进了城乡之间生产要素的合理流动和优化组合,促进了第二、三产业的进一步发展。目前全国有近6万个小城镇,这些小城镇对农村经济和社会发展起着辐射和带动作用,展示了农村工业化和城乡一体化的广阔前景。

乡镇企业的生产经营,涉及国民经济各个领域。许多产品的产量在国内同行业中占相当大的比重。如原煤占40%;水泥占40%;食品饮料占43%;服装占80%。乡镇企业不仅为城乡市场提供了日益丰富的产品,而且增强了国家的经济实力。"八五"期间,全国国内生产总值净增量的30%;工业增加值净增量的50%;外贸出口商品交货额净增量的45%;全国税收净增量的25%,均来自乡镇企业。乡镇企业已成为整个国民经济中最富有活力的新增长点之一。

十多年来,乡镇企业改革和发展的实践,为我国经济发展和改革开放积累了许多宝贵的经验。主要是:

——坚持以市场为导向,按市场需要组织生产经营活动。市场需要什么就生产什么,把当地优势与市场需求结合起来。这样,产品就比较适销对路,产成品积压较少,产销率比较高。

——坚持改革创新,建立富有活力的经营机制。乡镇企业都是独立核算、自负盈亏的经济实体,逐步形成了富有活力的经营机制。企业不吃"大锅饭",职工不捧"铁饭碗",干部不坐"铁交椅"。这种机制促使干部职工奋力拼搏,克服困难,不断开拓前进。

——坚持依靠科学技术,尊重知识和人才。有关部门统计,我国转让的技术专利,60%被乡镇企业购买使用。乡镇企业新增投入的45%用于技术改造和新产品开发。涌现出一批高质量、高科技含量、高附加值的名牌产品。

——坚持对外开放,努力拓宽生存和发展空间。目前,全国有出口产品的乡镇企业达到11.8万家,乡镇三资企业达到3.8万家,到境外办企业的越来越多,引进了大量资金、技术和先进管理经验,提高了企业自身素质和经营管理水平。

——坚持联合与协作,发挥规模优势。近几年来,乡镇企业通过自身资本积累、滚动发展,联合兼并,形成了一批规模较大的企业,涌现出一批企业集团,这些企业和集团实力强,效益好,发展后劲足,起到了良好的示范和带动作用。

实践证明,发展乡镇企业是我国农民走中国特色社会主义道路的伟大创举,是强国富民的一项重大战略抉择。邓小平同志高度赞誉乡镇企业是农村改革中意想不到的最大收获。江泽民同志称赞乡镇企业对农村的建设是一项带有革命性的改革。我们一定要从全局、战略的高度,充分认识发展乡镇企业的重大现实意义和深远意义,统一思想,增强信心,扎实工作,乘势前进,坚定不移地把这一伟大事业推向新的发展阶段。

二、正确看待乡镇企业面临的困难、挑战和机遇

在肯定乡镇企业发展的巨大成就和基本经验的同时,我们必须清醒地看到,乡镇企业还存在不少的弱点、困难,面临严峻的挑战。突出表现在:企业规模偏小,竞争能力比较弱。产业结构不尽合理,地区间发展差距大。经营管理水平比较低,机制优势相对减弱。企业资产负债率偏高,企业负担加重。一些企业破坏资源和污染环境的问题相当严重。这些情况说明,乡镇企业自身的素质状况与新形势的要求不相适应,已成为制约乡镇企业发展与提高的突出矛盾。

我们还要看到,在新的形势下,乡镇企业面临严峻的挑战。最大的挑战来自市场。随着市场竞争的日益激烈,相当一部分乡镇企业,不仅产品的品种、质量、价格缺乏竞争优势,而且营销手段和方法也不适应市场竞争的要求。产品的竞争归根到底是科技含量的竞争。现代科学技术日新月异,高新技术产品层出不穷,这对许多仍然采用传统技术、落后工艺和陈旧设备的乡镇企业,形成了巨大压力。

正确估计乡镇企业面临的新形势,抓住机遇,迎接挑战,引导乡镇企业实行战略性调整,是当前和今后一

个时期要着重解决的重大课题。这就必须积极推进两个根本性转变，努力提高乡镇企业的整体素质，把企业的经营、管理、技术、产品、销售、服务提高到一个新的水平，使之与市场需求和市场竞争相适应。为此，特别需要处理好发展与提高的关系。乡镇企业继续保持较高的增长速度，是实现“九五”计划和2010年远景目标的任务所必需的，但是这个速度，必须是讲求质量和效益的速度。再也不能一讲发展，就强调上新项目、铺新摊子，而忽视现有企业的改造提高；再也不能一讲速度，就盲目攀比产值的增长，而忽视质量和效益的提高。一定要花大气力提高企业的整体素质，尽快上档次，上水平，这是保证乡镇企业持续、快速、健康发展的关键所在。

三、引导乡镇企业积极推进两个根本性转变

根据国家计划安排，“九五”期间乡镇企业增加值年均增长率应保持在15%左右。到2000年乡镇企业增加值力争达到30000亿元左右，工业增加值达到20000亿元左右，出口商品交货额达到10000亿元左右，新安置农村富余劳动力3000万人，从业人员达到1.6亿人。

根据新的形势和任务要求，今后一个时期乡镇企业的改革和发展，总的指导思想是，以邓小平建设有中国特色社会主义理论和党的基本路线为指导，认真贯彻党的十四届五中、六中全会精神，坚持两个文明建设一起抓，积极推进两个根本性转变，确保乡镇企业再上新的台阶。按照这一指导思想，要着力做好以下十项工作：

（一）深化企业改革，增强企业活力。当前深化企业改革的着眼点和落脚点，是创新和完善经营机制，充分调动企业经营者、管理者和劳动者的积极性。有条件的企业可以组建股份有限公司或企业集团；一般的集体企业，可以完善承包制，也可以试行股份合作制；小型亏损企业，可以通过租赁、拍卖、联合、兼并等办法进行生产要素的重组。不论哪种形式，都要坚持政企职责分开，完善经营机制，强化企业管理，确保企业集体资产保值增值。

（二）调整优化结构，积极发展优势产业和产品。要根据市场需求、国家产业政策和各地的优势，合理调整产业结构和产品结构，积极带动第一产业，调整优化第二产业，加快发展第三产业，实行多业并举，促进农村第一、二、三产业的协调发展。要把发展农业企业和农副产品加工业作为结构调整的重点。各地要充分利用农副产品资源优势，大力发展农副产品加工业和储藏、保鲜、运销业，以乡镇企业为龙头，实行种养加、产供销一条龙，贸工农一体化经营。随着产业结构的调整，必须优化投资结构。要集中力量对农产品加工、原材料、能源、纺织、建材、食品和农用生产资料等传统工业进行技术改造。大力开发名特优新产品，创出一批在全国乃至在国际上叫得响、站得住、有后劲的名牌产品。

（三）狠抓科技进步，重视培养和引进人才。所有乡镇企业都要积极引进和广泛采用新技术、新设备、新工艺、新材料，加快技术创新和新产品开发，提高企业技术装备水平和产品的科技含量。要继续注重人才的培养、引进和使用。加强乡镇企业教育培训体系建设，通过职业教育和技术培训，切实提高企业干部、职工的职业道德和文化技术素质。

（四）狠抓企业管理，提高科学管理水平。要切实抓好企业的基础管理、质量管理、财务管理、劳动人事管理和安全、环保管理，建立科学的管理机制和体系，推动企业管理走上制度化、规范化、科学化。

（五）积极培育组建大中型企业，形成规模优势。发展大中型企业和企业集团，有利于提高乡镇企业的整体素质，也有利于推进经济增长方式的转变。各地要打破区域和行业界限，坚持以市场为导向，以优势产业、骨干企业和名牌产品为“龙头”，以资产为纽带，以科技为依托，扶优扶强，促进联合、兼并与协作。要有计划地组建一批“大、高、外”型的企业集团，培育一批大中型企业群体，建设一批工业小区和工业经济带，形成一支经济技术实力强大、能够带动整个乡镇企业发展的骨干力量。

（六）引导乡镇企业相对集中、连片发展，促进小城镇建设。目前，全国乡镇企业80%分布在自然村落；12%在集镇；7%在建制镇；1%在县以上城市。各地要在搞好工业小区、小城镇建设规划的基础上，制定相应的鼓励政策，引导乡镇企业向工业小区和小城镇集中，把乡镇企业发展与小城镇建设结合起来，以利于节约土地，提高聚集效应和综合效益。

（七）努力开拓国际市场，发展外向型经济。这是乡镇企业寻求更大发展的重要途径。有条件的乡镇企业，要瞄准国际市场，调整优化结构，提高出口产品档次，开发一批出口创汇的拳头产品。要扶持出口骨干企业向集团化、多元化和跨国经营方向发展。

（八）全面实施“东西合作”示范工程，促进地区间经济的协调发展。东部地区要把一些劳动密集型、资源加工型产业逐步向中西部地区转移。中西部地区则要充分发挥资源和劳动力优势，积极发展资源加工型和劳动密集型产业，提高精加工、深加工水平。各有关部门对乡镇企业的“东西合作”要给予积极支持，多做促进、扶持工作。

（九）切实保护资源和环境，走可持续发展的路子。乡镇企业的发展，务必要重视合理开发利用资源，保护耕地，保护环境，严禁滥占耕地，破坏资源，决不能走先污染、后治理的路子。乡镇企业上新的项目，必须严格执行环境影响评价制度，并落实防止污染设施。

（十）认真实施《乡镇企业法》，严格依法经营管理。各地区、各部门要认真学习、宣传、贯彻、实施《乡镇企业法》。要落实《乡镇企业法》规定的有关扶持政策，加快制定配套法规、规章和实施细则。加强执法监督和检查，保护乡镇企业的合法权益，对与《乡镇企业法》规定相违背、侵犯企业和职工合法权益的行为，特别是对平调乡镇企业财产，非法改变乡镇企业所有制性质，向乡镇企业摊派和非法收费、罚款，违法撤换企业负责人，随意干涉企业经营自主权等违法行为，有关部门要坚决依法加以抵制和纠正，做到有法必依，执法必严，违法必究。乡镇企业要增强法律意识，坚持用法律武器保护自身合法权益，同时要严格规范自身的生产经营行为，做到学法用法，守法经营，依法管理。

四、加强领导，为乡镇企业改革与发展创造良好的环境

发展乡镇企业，是党中央、国务院根据我国国情作出的重大决策。各级党委、政府要认真贯彻“积极扶持，合理规划，分类指导，依法管理”的方针，切实加强领导，解决前进中的困难问题。

各级党政领导要深化对乡镇企业的认识，把发展乡镇企业真正作为繁荣农村经济和整个国民经济的一项战略任务，摆上重要议事日程。要把发展乡镇企业纳入国民经济和社会发展的总体规划，根据市场需求，制订发展计划，选准发展重点，实行分类指导。乡镇企业的发展，涉及面很广，各级党委、政府要组织协调有关部门，在资金、信息、技术、人才和储运、流通等方面给予支持，积极主动地为乡镇企业解决实际困难。

各地要按照党的十四届六中全会精神，坚持两手抓、两手都要硬的方针，把乡镇企业两个文明建设作为统一的目标，同时规划，同时部署，同时落实。要加强乡镇企业领导班子建设，尤其要选好厂长、经理、书记；加强乡镇企业党组织建设，充分发挥党组织和党员在乡镇企业中的战斗堡垒和先锋模范作用；加强乡镇企业的思想政治工作，广泛开展创建文明企业活动，为乡镇企业的改革和发展提供强有力的精神动力和思想、组织保证。

国家主席江泽民在中南海会见美国参议院财政委员会主席威廉·罗思

江泽民对罗思近年来为中美关系的改善和发展、特别是在支持无条件延长对华最惠国待遇方面做出的努力表示赞赏。他说，“中美作为世界上最大的发展中国家和最大的发达国家，两国经济互补性很强，合作领域广阔。保持和发展中美经贸合作，不仅符合两国人民的根本利益，而且有利于建立一个开放、健康的国际经济环境，促进地区和全球的经济繁荣。”

江泽民说，当今世界，科学技术日新月异，各国经济联系越来越密切。中美经贸关系呈现出良好的发展势头，而且存在巨大的发展潜力，希望中美双方继续共同努力，排除各种人为障碍，为发展长期、稳定的经贸关系创造有利条件。

江泽民指出，台湾问题关乎中国主权、领土完整和统一大业，牵动 12 亿中国人民的感情，始终是中美关系中最重要、最敏感的问题，能否妥善处理台湾问题是中美关系能否保持稳定的关键。中方愿意与美方共同努力，增加共识，发展合作，在三个联合公报的基础上，将一个健康、稳定的中美关系带入 21 世纪。中方希望美国政府和国会谨慎地处理台湾问题，不要让这一问题干扰中美关系的平稳发展。

罗思表示，美国和中国是两个伟大的国家，双方在许多问题上具有共同利益。对美国来说，美中关系是最重要的双边关系之一。在相互尊重、相互理解的基础上，扩大双方的共同利益、建立稳定的和强有力的美中关系，不仅符合两国的利益，而且符合亚太乃至全世界的利益。他说，“我理解中方对台湾问题的重视，完全同意中方的立场，即世界上只有一个中国。”

罗思说，他一贯支持无条件延长对华最惠国待遇。他认为，从本质上说，所谓“最惠国待遇”，并不是什么优惠待遇，而不过是一种正常的贸易安排，是美中贸易关系的基础，对双方都有利。

国家主席江泽民在北京会见美国众议员吉姆·科尔比等

古巴共产党第一书记国务委员会主席卡斯特罗在哈瓦那革命宫会见中共中央政治局常委胡锦涛

双方再次就中古两党、两国和国际关系中共同感兴趣的问题广泛、深入地交换了意见。

卡斯特罗在会见中高度赞扬中国改革开放和现代化建设取得的成就。他说中国共产党和中国人民为世界社会主义事业和人类进步事业作出了重要贡献。

胡锦涛感谢卡斯特罗对中国取得的成就给予的评价。他说：“访问期间，我们亲身感受到古巴人民坚持走社会主义道路的坚定决心和勇气，以及古巴人民对中国人民的友好情谊。访问给我们留下了深刻印象。”

国务院副总理李岚清在中南海会见丹麦诺和诺德公司总裁迈斯·欧利森

赤道几内亚总统奥比昂在马拉博总统府会见国务

院副总理兼外交部部长钱其琛

国务院副总理兼外交部部长钱其琛在马拉博与赤道几内亚外长奥约诺举行会谈

奥约诺指出，赤几理解并支持中国维护主权和领土完整、实现祖国统一的事业。赤几奉行独立、不结盟和全面开放的政策，反对一些国家以援助为借口，附加政治条件以达到干涉他国内政的目的，反对别国把自己的民主、人权价值观强加于非洲国家。

钱其琛对赤几政府坚持“一个中国”和不与台湾发生官方关系的立场表示赞赏。他指出，中国和赤几都是发展中国家，两国在许多重大国际问题上有着一致或相似的看法，在国际事务中始终相互理解，相互同情，相互支持。赤几政府为维护非洲团结，反对外国势力干涉非洲国家事务做出了不懈的努力，在非洲事务中发挥着积极的作用，中国对此表示赞赏。中国政府愿与赤几政府在国际事务中加强磋商，增进合作。

双方一致认为，两国在平等互利基础上进行的经贸合作是富有成效的。钱其琛说，中国政府在力所能及的范围内向赤几提供了一些帮助，这为赤道几内亚经济、社会的发展起了一些积极作用，中国对此表示高兴。中国政府愿为此继续做出努力，并愿积极鼓励中国公司、企业赴赤几开展多种形式的互利合作。

会谈后，两国外长签署了《中华人民共和国政府和赤道几内亚政府经济技术合作协议》。

全国人大常委会副委员长王光英在人民大会堂会见以青年体育和文化国务部部长奥贝德·卡迪尔为团长的孟加拉国政府文化代表团

中国代表团团长 外经贸部部长助理龙永图在圣何塞由77国集团和中国共同倡议举行的南南贸易投资和金融会议上发表讲话

龙永图在讲话中重申，加强与发展中国家的全面合作是中国政府坚定不移的方针。他说，中国政府把同广大发展中国家的友好合作关系看作是它的外交政策的基础和出发点。多年来，中国在联合国系统内与77国集团一直保持着良好的合作关系，并在国际事务中相互支持，相互配合。

龙永图最后表示，中国愿与77国集团的广大发展中国家一道，为“南南合作”的进一步发展，为发展中国家经济共同繁荣和为迎接更加美好的21世纪共同努力。

国务院 中央军委授予武警广东省公安边防总队第六支队十三中队“沙头角模范中队”荣誉称号命名大会在北京人民大会堂举行

国家教委在北京召开年度教育工作会议部署1997年全国教育工作

国家教委发出《关于规范当前义务教育阶段办学行为的若干原则意见》

《意见》明确指出，实施义务教育主要是政府行为，各地政府应依法保障义务教育的投入，加强教师队伍建设，大力加强基础薄弱学校建设，使其尽快改变面貌。

《意见》强调，所有公办中小学都义不容辞地承担着普及义务教育，实施基础教育的责任。凡适龄儿童、少年都有接受义务教育的权利，国家、社会、学校和家长应予保障。坚持义务教育法律规定的“免收学费”、“就近入学”及“平等受教育”的原则。

《意见》规定，义务教育阶段公办学校不得招收“择校生”和变相“择校生”，对此应尽量做到一步到位。对一步到位确实有困难的也必须尽快限期到位。社会上有择校需求的，各地应向民办学校引导。《意见》要求各地政府和教育行政部门要下大力气，采取有力措施，用三年左右时间，在全国范围内使义务教育阶段免试、就近入学和不招“择校生”及变相“择校生”的原则能够全面贯彻落实。对于小学毕业生“免试就近”升入初中实现一步到位实在有困难的一些大中城市，《意见》规定，需经省级教育行政部门或地（市）政府严格审批，只允许少数义务教育阶段公办学校（含完中初中部，下同）在近期内招收“择校生”。这些学校仍为公办学校，招收“择校生”的收入为国家所有。

《意见》再次明确指出，义务教育阶段不设重点校、重点班、快慢班，除省级教育行政部门批准的教改试（实）验班外，一般不设试（实）验班。义务教育阶段公办中小学校均不得举办“校中的民办校”或“校内的民办班”。已办的应立即予以清理，今后一律停办这类校中校（班），严禁搞“一校两制”。义务教育阶段学校不得跨省市招生、办分校，已办的应撤回或彻底分离。

《意见》指出，国家对民办学校继续采取“积极鼓励、大力支持、正确引导、加强管理”的方针。大力鼓励在广大农村、边远地区、民族地区、城镇流动人口较为集中的地区举办民办中小学校，以补充国家办学之不足，同时，在大中城市为满足社会日益增长的对教育的需求，也应鼓励举办多种形式的民办中小学校。民办学校应在规定的地区内招生，不得随意扩大范围。无论哪种形式的民办学校都必须全面贯彻党和国家的教育方针，不允许办“贵族”学校。

1 月 15 日

中共中央 国务院 中央军委领导人在人民大会堂会见出席全国“双拥”模范城(县)命名大会代表

中共中央总书记、国家主席、中央军委主席江泽民,中共中央政治局常委、国务院总理李鹏,中共中央政治局常委、国务院副总理朱镕基,中共中央政治局常委、中央军委副主席刘华清今天在人民大会堂会见了出席全国双拥模范城(县)命名大会代表。江泽民代表党中央、国务院、中央军委,向被命名的全国双拥模范城(县)表示祝贺!并希望通过这一次命名活动,总结和交流先进经验,促进全国的双拥工作和军政军民团结取得更大的进步。

江泽民指出,拥军优属、拥政爱民,是我们党、人民解放军和全国各族人民的优良传统和特有的政治优势,无论是在革命战争年代,还是在新中国成立后的和平建设时期,军政军民团结都显示了强大的力量。“军民团结如一人,试看天下谁能敌”,永远是一个颠扑不破的真理。

江泽民还预祝全体与会代表春节愉快,在新的一年中取得更大成绩。

尉健行、迟浩田、布赫、李贵鲜、罗干、洪学智以及有关部门负责人于永波、多吉才让等参加了会见。

全国“双拥”模范城(县)命名大会在人民大会堂举行

中共中央政治局常委、中央军委副主席刘华清出席会议并讲话。

国务委员、全国双拥工作领导小组组长罗干在会上作了题为《进一步做好双拥工作,加强军政军民团结,为改革开放和社会主义现代化建设创造更好的社会政治环境》的工作报告。

民政部部长多吉才让在会上宣读了全国双拥工作领导小组授予北京市西城区等 197 个市(区)县全国双拥模范城(县)荣誉称号的决定。

中共中央政治局常委 中央军委副主席刘华清在全国“双拥”模范城(县)命名大会上发表讲话

同志们:

新年伊始,全国双拥工作领导小组和民政部、总政治部在这里隆重召开全国双拥模范城(县)命名大会。我代表党中央、国务院、中央军委,向被命名的全国双拥模范城(县)表示热烈祝贺!向人民解放军和武装警察部队全体官兵、烈军属、革命伤残军人、转业复员退伍军人、军队离退休干部表示亲切慰问!向关心支持人民军队建设的各级党委、政府和人民群众表示衷心感谢!

拥军优属、拥政爱民,是我们党三代领导核心的一贯思想,是我国军民在长期的革命和建设实践中形成的优良传统,是我们的事业取得胜利的重要保证。毛泽东同志在领导中国革命战争和人民军队建设的实践中,坚持在军队与人民之间、军队与地方党和政府之间,实行军民一致、军政一致的原则,提出了“兵民是胜利之本”的著名论断,并亲自倡导开展大规模的双拥运动,极大地激发了人民军队浴血奋战和人民群众拥军支前的热情,使革命战争成为陷敌于灭顶之灾的汪洋大海,谱写了人类解放史上光辉灿烂的篇章。新中国成立以后,面对国内外敌对势力的破坏和封锁,面对满目疮痍、百废待兴的艰难局面,我国军民在党的领导下,紧密团结,艰苦奋斗,保卫了新生的人民政权,促进了国民经济的迅速恢复和发展。在我国改革开放和社会主义现代化建设的新时期,邓小平同志十分强调继承发扬拥军优属、拥政爱民的优良传统,要求我们结合新的情况,从各个方面搞好军民关系,加强军政军民团结,并亲自倡导军民共建社会主义精神文明和创建双拥模范城(县)活动,使拥军优属、拥政爱民工作从内容到形式都有了很大的发展。江泽民同志十分重视双拥工作,他多次指出,加强军政军民团结事关大局,要广泛、深入、持久地开展拥军优属、拥政爱民活动,巩固和发展军政军民相互团结、相互支持的大好局面。历史和现实证明,坚强的军政军民团结,无论是在争取民族独立与人民解放、保卫国家安全、维护社会稳定中,还是在促进改革开放和社会主义现代化建设中,都起到了十分重要的作用。“军民团结如一人,试看天下谁能敌”,这是一个颠扑不破的真理。在党的领导下,亿万军民团结一心,前进道路上就没有克服不了的困难,就没有战胜不了的敌人,我们的事业就无往而不胜。

当前,建设有中国特色社会主义事业正处在承前启后、继往开来的重要时期。我们党在分析国际国内形势,总结改革开放以来实践经验的基础上,提出了国民经济和社会发展“九五”计划和 2010 年远景目标。保持国民经济持续、快速、健康发展,推动社会全面进步,实现跨世纪宏伟蓝图,必须有一个稳定的社会环境。当今世界正处在深刻而复杂的变动之中,多极化趋势加速发展,谋求和平与进步成为不可阻挡的历史潮流。但是,霸权主义和强权政治依然存在,和平与发展仍然面临着严峻的挑战。我国改革开放和社会主义现代化建设取得了举世瞩目的成就,政治安定,社会稳定,经济发展,民族团结,人民安居乐业。但在前进道路上还会遇到一些问题和困难,影响我国社会稳定的因素还不同程度地存在。进一步做好双拥工作,加强军政军民团结,对于巩固国防,发展安定团结的大好局面，消除某些不稳定因素，具有重要的现实意义和长远的战略意义。各级党委、政府和全军部队，都要从讲政治的高度，把做好双拥工作摆在事关全局的位置，纳入党委、政府工作的重要议程，作为部队思想政治建设的重要内容，坚持不懈地抓下去。

党的十四届六中全会作出的《关于加强社会主义精神文明建设若干重要问题的决议》，对社会主义精神文明建设特别是思想道德和文化建设作了全面部署，这对于动员和鼓舞全党、全军和全国各族人民，在把物质文明建设搞得更好的同时，大力加强精神文明建设，促进社会的全面发展，必将产生巨大的推动作用。做好新时期的双拥工作，就是在党的领导下，用建设有中国特色社会主义的共同信念，把全国军民凝聚起来，为实现国家富强和人民富裕而共同奋斗；就是大力弘扬爱国主义精神，引导广大军民以高昂的政治热情投身建设和保卫社会主义祖国的伟大事业；就是在全社会倡导爱国拥军、无私奉献、团结向上、共同进步的良好风尚。双拥工作既是社会主义精神文明建设的重要内容，也是促进社会主义物质文明建设的重要途径。各级党委、政府和各部队，要把双拥工作作为社会主义精神文明建设的重要任务，统一部署，加强指导，抓好落实。要深入开展国防教育，通过各种形式和途径，增强全民族的国防观念。我军历来是新思想、新道德、新风尚的传播者，在精神文明建设中要努力走在全社会的前列，展现人民军队良好的精神风貌；同时要积极参加地方的精神文明建设，为全社会精神文明建设作出应有的贡献。军队参加地方精神文明建设，要以军民共建为基本形式，以思想道德建设和文化建设为主要内容，积极参加驻地开展的创建文明城市、文明村镇、文明行业活动。创建双拥模范城（县）活动，是新形势下加强军政军民团结的成功实践，在我国军民政治生活中产生了深刻影响。要在已有成绩的基础上，坚持标准，丰富内容，加强管理，提高质量。要把创建双拥模范城（县）活动与创建文明城市、文明村镇、文明行业结合起来，使之相互促进，共同提高，在社会主义精神文明建设中更好地发挥作用。

双拥工作的出发点和落脚点，是为党和国家的中心任务服务，为国防和军队建设服务。只有适应发展社会生产力和提高部队战斗力的需要，双拥工作才有生命力。双拥工作必须紧紧围绕经济建设这个中心，服从服务于这个中心。人民解放军和武警部队要始终牢记全心全意为人民服务的宗旨，忠实履行维护祖国统一，保卫国家安全，保卫人民和平劳动的神圣职责，勇于牺牲，乐于奉献，不辱使命，为改革开放和现代化建设提供坚强有力的安全保证。要在完成教育训练等各项任务的前提下，积极支援国家重要工程建设和社会公益事业，协助地方政府搞好扶贫帮困，奋勇参加抢险救灾，开展科技助民活动，努力为人民群众多办实事，多办好事。要模范遵守党和国家的政策法令，在任何情况下都要做到纪律严明，秋毫无犯，保持人民军队的良好形象。国防和军队建设关系到人民的根本利益，是全党的事业，全国各族人民的事业。地方各级党委、政府和人民群众要一如既往地关心国防建设，支持军队完成各项任务。要教育广大干部和群众尊重军队和军人的合法权益，爱护人民子弟兵。要满腔热情地帮助部队解决战备、执勤、训练、国防施工和科研等方面的实际困难，做好军队转业干部、退伍战士和军官家属的安置工作，做好烈军属、伤残军人和老复员军人的优抚工作。

做好双拥工作，加强军政军民团结，涉及各地方、各部门、各行业、各领域，是全社会的共同责任。各级党委、政府和各部队要不断总结和推广新的经验，积极探索新形势下双拥工作的组织领导、工作方法和活动形式，及时解决军政军民关系出现的新情况新问题，使双拥工作广泛深入健康发展。要适应形势和任务的变化，从实际出发，从广大军民普遍关心的问题入手，进一步完善有关的政策法规。要把重点放在基层，按照组织健全、政策落实、活动经常、关系融洽的基本要求，深入扎实地开展群众性、经常性活动，把各项任务落到实处。各部门、各行业和群众团体都要认真履行职责，主动做好工作。要通过党政军民的共同努力，进一步巩固和发展军政军民团结的大好局面，为国家的改革、发展、稳定和军队的现代化建设作出新的贡献。

同志们，我们正在进行的建设有中国特色社会主义的伟大事业，是一场新的伟大革命。全党的团结，全军的团结，全国各族人民的团结，是我们事业从胜利走向胜利的根本保证。让我们更加紧密地团结在以江泽民同志为核心的党中央周围，坚持党的基本理论、基本路线、基本方针，同呼吸，共命运，心连心，夺取改革开放和社会主义现代化建设的更大胜利！

《人民日报》发表社论《新年伊始先话农桑——祝中央农村工作会议胜利闭幕》

新年伊始，先话农桑。进入具有重要历史意义的1997年，党中央、国务院召开的第一个会议，是中央农村工作会议。这再次充分体现了党中央、国务院对农业的高度重视和把农业放在经济工作首位的决心。这次会议实事求是地分析了当前的农村形势，全面部署了今年的农业和农村工作，是一次总结经验，以利再战的会议；是一次促使全党和全国人民保持清醒头脑，丰收之后继续加强农业，防止农业波动，确保农业步入良性循环的会议；是一次研究新情况，解决新问题，推动我国农业乘势前进的会议。这次会议对于实现今年农业和农村经济持续稳定增长必将产生积极的推动作用。

去年，是我国农业和农村经济全面发展的一年。粮食产量创历史纪录，“菜篮子”工程再获丰收，乡镇企业持续发展，农民收入明显增加，农村社会稳定。农业丰收，带来了市场繁荣、物价稳定和人民生活的安康。为实现以治理通货膨胀为首要任务的宏观调控目标，为整个国民经济进入适度快速和相对平稳的发展轨道，作出了重要贡献。这充分证明，农业和农村经济能否稳定发展，对国民经济大局，具有何等重要的意义！今年农业和农村经济必须做到稳中求进，努力实现农业增产、农民增收、农村稳定的目标，为实现国民经济持续、快速、健康发展作出新贡献。

丰收之后能否再接再厉，实现农业和农村经济持续稳定增长，关键是要正确估量形势，指导思想上不出问题。从历史的经验教训看，农业出问题，往往是在丰收之后。由于丰收，农产品供给比较充裕，很容易出现思想上满，政策上变，工作上松，投入上减，以及对农民收入估计过高、加重农民负担等倾向，由此导致放松农业，造成农业徘徊甚至滑坡。应当清醒地看到，我国农业基础脆弱的状况不是在短时期内可以从根本上改变的；去年粮食丰收，是多种有利因素优化组合发挥作用的结果，并不完全是现有农业综合生产能力的反映，其中有些因素，如国家较大幅度提高粮棉收购价格，大部分地区风调雨顺，毕竟不是年年都会有的。因此，必须全面正确地估量当前的农业形势，保持清醒的头脑，决不能因为丰收产生麻痹、松懈情绪，出现认识上的反复。丰收之后更要看到前进中的困难、问题，正视不利因素，坚持把加强农业放在发展国民经济首位的方针不动摇，真正做到精力不转移，工作不松懈，投入要增加，措施要加强，这样才能保证今年农业在高起点上继续增长而不滑坡。

保持农业和农村经济发展的好势头，最根本的一条就是要把广大农民的积极性保护好、发挥好。这就必须稳定和完善党在农村的基本政策，深化农村改革。特别是以家庭联产承包为主的责任制和统分结合的双层经营体制，要作为农村的基本制度长期坚持，决不动摇。针对丰收之后出现的新情况，新问题，要保护和调动农民的积极性，还要着重抓好两件事：一是切实做好粮食等主要农产品的收购工作。要按照国务院的部署，千方百计把农民要出售的粮食收上来，把市场粮价稳定在合理的水平上，保证农民增产增收。这是保护农民积极性的关键之举，也是对今年农业生产最实际、最有效的动员。二是下决心减轻农民负担，绝不能丰收了各方面都向农民伸手。党中央、国务院对此十分重视，“约法三章”，三令五申，各级党政和有关部门也做了大量工作，取得了一定的成效。但也要看到，有些地方农民的不合理负担又有反弹，对此要予以高度重视。各级党委、政府，各有关部门和农村广大基层干部，一定要从保护农民积极性、促进农村生产力发展、维护农村社会稳定的高度，深刻认识减轻农民负担的重要性、紧迫性，下决心做好这项事关重大的工作。

再夺今年农业丰收，还必须狠抓各项增产措施的落实。从现实情况看，要突出抓好两项关键措施的落实。一是继续抓好农田水利建设，切实做好防灾抗灾减灾工作。认真抓好江河湖泊的治理，建设好水利工程设施，开展群众性的农田基本建设，做好防大涝、抗大旱的准备。这不仅直接关系到农业丰产丰收，而且关系到人民生命和财产的安全，决不能掉以轻心。二是实施科教兴农战略，加大农业实用技术推广的力度。经验证明，抓住成熟适用的技术大面积推广，不仅增产增收效果显著，而且有利于提高农业的素质，加快农业增长方式的转变。在重视农业增产的同时，还必须高度重视农民的增收问题。在决不放松粮食生产的前提下，调整优化农业产业结构，支持和鼓励农民合理开发利用各种农业资源，大力发展多种经营和乡镇企业，发展农业产业化经营，培育新的经济增长点。这不仅关系到农村小康，而且关系到扩大工业的市场空间，实现整个国民经济的良性循环。

实现新的一年农业和农村工作目标，必须坚持两手抓，在抓好农业生产的同时，下功夫抓好农村基层组织建设、民主与法制建设和社会主义精神文明建设，促进农村各项社会事业全面发展。特别要抓好村级组织建设和整顿农村社会治安、转变社会风气的工作，为农村经济发展创造良好的社会环境。

1997 年农业和农村经济发展的任务是光荣而艰巨的。尽管我们还面临着不少困难，但也有着良好的发展机遇和条件。让我们在邓小平建设有中国特色社会主义理论和党的基本路线指引下，在以江泽民同志为核心的党中央的正确领导下，振奋精神，扎实奋斗，以全面实现今年农业和农村工作目标的优异成绩，迎接香港的顺利回归和党的十五大的胜利召开。

国务院总理李鹏在中南海分别会见即将离任及新任驻中国大使

三位即将离任的大使是：科特迪瓦大使科菲·帕特里斯·阿依、巴布亚新几内亚大使梅姆·拉卡诺、巴基斯坦大使阿希拉夫·杰罕吉尔·卡奇。

六位新任大使是：土耳其大使于纳尔·云萨尔、法国大使毛磊、塞拉利昂大使阿尔胡辛·迪恩、塞浦路斯大使迈克尔·斯帕诺斯、奥地利大使格哈德·齐格勒、吉尔吉斯斯坦大使马拉特·乌拉扎利耶维奇·萨拉利诺夫。

中共中央总书记江泽民在北京考察国有企业

一年一度的新春佳节又要到了。作为党的总书记，江泽民同志始终惦记着那些生活比较困难的群众。他说："在岁末年初之时，各地区、各部门要采取积极切实有效措施，解决好困难企业职工和下岗待业职工的生活问题，把党和政府的关怀和温暖带给群众，让职工高高兴兴过好春节。"

上午，江泽民先后到北京第二无线电器材厂、北京第一棉纺织厂看望困难职工。

下午在中南海勤政殿同北京市的一些国有企业负责人座谈，进一步听取了北京工业企业生产、经营以及改革和发展情况的汇报，并做了重要讲话。座谈会上，北京市汇报了全市工业发展情况。接着，北京有线电总厂、北京电子管厂、北京开关厂、北京第一棉纺织厂、北京橡胶塑料制品厂等企业的负责人先后发了言。

在听取了发言后，江泽民指出，国有企业特别是国有大中型企业一直是我国国民经济的骨干和主导力量，为社会主义建设事业的迅速发展，为社会主义市场经济体制的逐步建立，为促进社会主义精神文明建设和保持社会的稳定，都发挥了积极的作用，作出了重大的贡献，对此，党和国家是不会忘记的，全国人民是不会忘记的。

他说，近几年来，部分国有企业在生产经营中遇到了程度不同的困难，有的还处于停产半停产的状态。国有企业发展中出现的这些问题，是前进中的问题，在经济体制改革和结构调整过程中，具有一定的客观必然性。对待国有企业出现的困难，既要高度重视，着力解决，又要客观分析，正确对待。

在谈到加快国有经济结构调整和改组步伐的问题时，江泽民指出，现在文章要做在下大力气盘活国有资产的存量，调整好国有经济的结构，搞好国有企业的战略性改组，实现资产存量的优化配置，这是充分发挥现有国有企业潜力的重要途径，也是形成国有经济新优势的有效做法。

他说，企业的发展要适应社会主义市场经济的要求，必须牢固确立市场观念，只有观念转变，才有机制转变。必须使企业的各项工作纳入到市场体系中，依据市场的需求和变化，安排和调整企业的生产经营活动和管理工作，真正做到企业进入市场，经营面向市场，产品占领市场，发展立足市场。

江泽民强调，要积极搞好再就业工程，这体现了社会主义制度的优越性和党对劳动群众的关心，同时为改革和发展提供了安定的局面和稳定的社会政治环境。这不是权宜之计，而是一项长期的任务。

他指出，各级党委和政府要积极组织各方面的力量，调动各方面的积极性，广开就业门路，发展多种经济形式，扩大就业机会。要引导下岗职工转变就业择业观念，增强自我解困意识。对一时不能安排就业的下岗职工，要组织起来，加强就业培训，更新知识和技能，适应新的劳动岗位需要。要加快社会保障体制的改革，为深化企业改革，保持社会稳定创造良好的外部环境和条件。

江泽民在讲话中还特别强调了关心困难企业群众生活的问题。他要求各级党委、政府和工会组织都要进一步加强组织领导，省市主要负责人要亲自过问，直接组织，加强协调。他指出，要切实加强思想政治工作，引导广大职工正确对待企业在改革发展中遇到的暂时困难。困难企业的领导班子要带领广大职工顾全大局，坚定信心，振奋精神，克服困难。要关心群众生活，与职工同甘共苦。

圣多美和普林西比总统特罗瓦达总理内图在圣多美分别会见国务院副总理兼外交部部长钱其琛

国务院副总理兼外交部部长钱其琛与圣多美和普林西比外长奥梅罗在圣多美会谈并签署中国政府与圣多美和普林西比政府经济技术合作协定

中共中央国务院作出《关于卫生改革与发展的决定》

人人享有卫生保健，全民族健康素质的不断提高，是社会主义现代化建设的重要目标，是人民生活质量改善的重要标志，是社会主义精神文明建设的重要内容，是经济和社会可持续发展的重要保障。全党、全社会都要高度重视卫生事业，保护和增进人民健康。

新中国成立以来，特别是改革开放以来，我国卫生事业有了很大发展，取得了举世瞩目的成就。卫生队伍已具规模，卫生服务体系基本形成，卫生科技水平迅速提高。医药生产供给能力显著改善，中医药事业得到继承发扬。卫生改革取得成效并逐步深化，法制建设不断加强。爱国卫生运动深入开展，部分严重危害人民健康的疾病已得到控制或基本消灭。人民健康水平显著提高，平均期望寿命由新中国成立前的35岁提高到70岁，婴儿死亡率由200‰下降为31.4‰。40多年来，卫生工作对于促进我国社会主义现代化建设事业的发展发挥了重要作用，广大卫生人员为保护和增进人民健康作出了重大的贡献。同时应该看到，当前卫生事业的发展与经济建设和社会进步的要求还不相适应，地区间卫生发展不平衡，农村卫生、预防保健工作薄弱，医疗保障制度不健全，卫生投入不足，资源配置不够合理，存在医药费用过快上涨的现象，卫生服务质量和服务态度同人民群众的要求还有差距，卫生工作尚未得到全社会的充分重视。各级党委和政府对卫生工作的领导需要进一步加强，卫生改革亟待深化。

今后15年，卫生工作任务繁重。随着经济发展、科技进步以及人民生活水平的提高，人民群众对改善卫生服务和提高生活质量将有更多更高的要求。工业化、城市化、人口老龄化进程加快，与生态环境、生活方式相关的卫生问题日益加重，慢性非传染性疾病患病率上升。一些传染病、地方病仍危害着人民健康，有些新的传染病对人民健康构成重大威胁。这一切要求我国卫生事业有一个大的发展与提高。

从现在到2010年是建设有中国特色社会主义事业承前启后、继往开来的重要时期。为了贯彻党的十四届五中全会、六中全会精神，落实《中华人民共和国国民经济和社会发展"九五"计划和2010年远景目标纲要》提出的卫生工作任务，保证跨世纪宏伟目标的顺利实现，中共中央、国务院特作如下决定。

一、卫生工作的奋斗目标和指导思想

(1)卫生工作的奋斗目标是：以马克思列宁主义、毛泽东思想和邓小平建设有中国特色社会主义理论为指导，坚持党的基本路线和基本方针，不断深化卫生改革，到2000年，初步建立起具有中国特色的包括卫生服务、医疗保障、卫生执法监督的卫生体系，基本实现人人享有初级卫生保健，国民健康水平进一步提高。到2010年，在全国建立起适应社会主义市场经济体制和人民健康需求的、比较完善的卫生体系，国民健康的主要指标在经济较发达地区达到或接近世界中等发达国家的平均水平，在欠发达地区达到发展中国家的先进水平。

(2)新时期卫生工作的方针是：以农村为重点，预防为主，中西医并重，依靠科技与教育，动员全社会参与，为人民健康服务，为社会主义现代化建设服务。

(3)我国卫生事业是政府实行一定福利政策的社会公益事业。卫生事业发展必须与国民经济和社会发展相协调，人民健康保障的福利水平必须与经济发展水平相适应。政府对发展卫生事业负有重要责任。各级政府要努力增加卫生投入，广泛动员社会各方面筹集发展卫生事业的资金，公民个人也要逐步增加对自身医疗保健的投入。到本世纪末，争取全社会卫生总费用占国内生产总值的5%左右。

(4)卫生改革与发展应遵循以下基本原则

坚持为人民服务的宗旨，正确处理社会效益和经济收益的关系，把社会效益放在首位。防止片面追求经济收益而忽视社会效益的倾向。

以提高人民健康水平为中心，优先发展和保证基本卫生服务，体现社会公平，逐步满足人民群众多样化的需求。

发展卫生事业要从国情出发，合理配置资源，注重提高质量和效率。重点加强农村卫生、预防保健和中医药工作。因地制宜，分类指导，逐步缩小地区间差距。

举办医疗机构要以国家、集体为主，其他社会力量和个人为补充。

扩大对外开放，加强国际卫生领域的交流与合作，积极利用和借鉴国外先进科学技术和管理经验。

坚持社会主义物质文明和精神文明两手抓、两手都要硬。加强卫生行业职业道德建设，不断提高卫生队伍的思想道德素质和业务技术水平。

二、积极推进卫生改革

(5)卫生改革的目的在于增强卫生事业的活力，充分调动卫生机构和卫生人员的积极性，不断提高卫生服务的质量和效率，更好地为人民健康服务，为社会主义现代化建设服务。要适应社会主义市场经济的发展，遵循卫生事业发展的内在规律，逐步建立起宏观调控有力、微观运行富有生机的新机制。

(6)改革城镇职工医疗保障制度。建立社会统筹与个人账户相结合的医疗保险制度，逐步扩大覆盖面，为城镇全体劳动者提供基本医疗保障。保障水平要与社会生产力发展水平以及各方面的承受能力相适应。保险费用由国家、用人单位和职工个人三方合理负担。职工社会医疗保险实行属地管理。要切实加强对医疗保险基金的管理和监督。建立对医患双方的制约机制，积极探索科学合理的支付方式，有效地控制医药费用不合理增长。

医疗机构和医务人员对于搞好职工医疗保障制度改革起着重要的作用，要积极参与改革，因病施治，合理检查，合理用药，遏制浪费。同时，政府要切实解决好医疗机构的补偿问题。

"九五"期间，要在搞好试点、总结经验的基础上，基本建立起城镇职工社会医疗保险制度，积极发展多种形式的补充医疗保险。

(7)改革卫生管理体制。各级卫生行政部门要转变职能，运用法律法规、方针政策、规划指导、信息服务和经济手段等，加强卫生行业管理。

要合理配置并充分利用现有的卫生资源，提高卫生资源利用效率。区域卫生规划是政府对卫生事业发展实行宏观调控的重要手段，它以满足区域内全体居民的基本卫生服务需求为目标，对机构、床位、人员、设备和经费等卫生资源实行统筹规划、合理配置。

市(地)级政府根据中央和省级人民政府制定的区

域卫生规划指导原则和卫生资源配置标准制定当地区域卫生规划,并组织实施。卫生行政部门依据区域卫生规划,对区域内卫生发展实行政策指导、组织协调、监督检查;对现有卫生资源要逐步调整,新增卫生资源要严格审批管理。

企业卫生机构是卫生资源的重要组成部分,在深化企业改革过程中,要根据实际情况积极探索,逐步实现企业卫生机构社会化。

(8)改革城市卫生服务体系,积极发展社区卫生服务,逐步形成功能合理、方便群众的卫生服务网络。基层卫生机构要以社区、家庭为服务对象,开展疾病预防、常见病与多发病的诊治、医疗与伤残康复、健康教育、计划生育技术服务和妇女儿童与老年人、残疾人保健等工作。要把社区医疗服务纳入职工医疗保险,建立双向转诊制度。有计划地分流医务人员和组织社会上的医务人员,在居民区开设卫生服务网点,并纳入社区卫生服务体系。

城市大医院主要从事急危重症和疑难病症的诊疗,结合临床实践开展医学教育和科研工作,不断提高医学科技水平,还要开发适宜技术,指导和培训基层卫生人员。

社会力量和个人办医实行自主经营,自负盈亏。政府对其积极引导,依法审批,严格监督管理。当前,要切实纠正“乱办医”的现象。

(9)改革卫生机构运行机制。卫生机构要通过改革和严格管理,建立起有责任、有激励、有约束、有竞争、有活力的运行机制。

卫生机构实行并完善院(所、站)长负责制。要进一步扩大卫生机构的经营管理自主权。继续深化人事制度与分配制度改革,运用正确的政策导向、思想教育和经济手段,打破平均主义,调动广大卫生人员的积极性。

加快制定卫生机构设置、人员编制的标准,规范财政对卫生机构的投入,改革和完善卫生服务价格体系。调整医疗机构收入结构,降低药品收入在医疗机构收入中的比重,合理控制医药费用的增长幅度,医疗收支和药品收支实行分开核算、分别管理。

在保证完成基本卫生服务任务的前提下,医疗机构可开展与业务相关的服务,预防保健机构可以适当开展有偿服务,以适应不同层次的社会需求,同时要加强监督管理。

三、加强农村卫生工作,实现初级卫生保健规划目标

(10)农村卫生关系到保护农民健康和振兴农村经济的大局,各级党委和政府要高度重视,采取有力措施,切实予以加强。

初级卫生保健规划提出了到2000年不同地区农村卫生工作的主要任务和目标,落实初级卫生保健规划是做好农村卫生工作的关键。各级政府要把这项工作纳入国民经济和社会发展规划,实行目标管理,为小康县、乡、村建设创造必要的条件。

(11)积极稳妥地发展和完善合作医疗制度。合作医疗对于保证农民获得基本医疗服务、落实预防保健任务、防止因病致贫具有重要作用。举办合作医疗,要在政府的组织和领导下,坚持民办公助和自愿参加的原则。筹资以个人投入为主,集体扶持,政府适当支持。要通过宣传教育,提高农民自我保健和互助共济意识,动员农民积极参加。要因地制宜地确定合作方式、筹资标准、报销比例,逐步提高保障水平。预防保健保偿制度作为一种合作形式应继续实行。要加强合作医疗的科学管理和民主监督,使农民真正受益。力争到2000年在农村多数地区建立起各种形式的合作医疗制度,并逐步提高社会化程度;有条件的地方可以逐步向社会医疗保险过渡。

(12)加强农村卫生组织建设,完善县、乡、村三级卫生服务网。合理确定卫生机构的规模和布局,调整结构和功能。切实办好县级医院,提高其综合服务能力。继续加强县级防疫、妇幼保健机构和乡镇卫生院三项建设工作,力争“九五”期间基本实现“一无三配套”(无危房,房屋、人员、设备配套)的目标。乡镇卫生院要做好预防保健工作,努力提高医疗质量,重点加强急救和产科建设。村级卫生组织以集体办为主。乡、村卫生组织的经营管理形式可根据各地实际情况确定。健全农村的药品供应渠道,保证用药安全有效。

(13)巩固与提高农村基层卫生队伍。合理解决农村卫生人员待遇,村集体卫生组织的乡村医生收入不低于当地村干部的收入水平。通过多种形式培训,到2000年使全国80%的乡村医生达到中专水平。严禁非卫生技术人员进入卫生技术岗位。

医药卫生院校要做好定向招生和在职培训工作,为农村培养留得住、用得上的卫生技术人员。制定优惠政策,鼓励大专以上毕业生到县、乡卫生机构工作。

(14)建立城市卫生机构对口支援农村的制度,采取人员培训、技术指导、巡回医疗、设备支持等方式,帮助农村卫生机构提高服务能力。城市卫生技术人员在晋升主治医师和副主任医师之前,必须分别到县或乡卫生机构工作半年至1年。

(15)要高度重视并做好贫困地区和少数民族地区的卫生工作。各级政府要把卫生扶贫纳入当地扶贫计划,安排必要的扶贫资金,帮助这些地区重点解决基础卫生设施、改善饮水条件和防治地方病、传染病。要把扶持这些地区卫生事业发展作为财政转移支付的重要

内容。鼓励发达地区对口支援贫困地区和少数民族地区的卫生工作。

四、切实做好预防保健工作,深入开展爱国卫生运动

(16)各级政府对公共卫生和预防保健工作要全面负责,加强预防保健机构的建设,给予必要的投入,对重大疾病的预防和控制工作要保证必需的资金。预防保健机构要做好社会群体的预防保健工作。医疗机构也要密切结合自身业务积极开展预防保健工作。要宣传动员群众,采取综合措施,集中力量消灭或控制一些严重威胁人民健康的传染病和地方病;加强对经血液途径传播的疾病的预防和控制;积极开展对心脑血管疾病、肿瘤等慢性非传染性疾病的防治工作。增强对突发性事件引发的伤病及疾病暴发流行的应急能力。重视对境内外传染病发生和传播动向的监测。

(17)认真做好食品卫生、环境卫生、职业卫生、放射卫生和学校卫生工作。改善生活、生产、工作、学习、娱乐等场所卫生条件,加强环境卫生监测和职业病防治工作,保护人们的健康权益,不允许以污染环境、危害健康为代价片面追求经济增长。

(18)健康教育是公民素质教育的重要内容,要十分重视健康教育,提高广大人民群众的健康意识和自我保健能力,积极推进"九亿农民健康教育行动"。要普及医药科学知识,教育和引导人民群众破除迷信,摒弃陋习,积极参加全民健身活动,促进合理营养,养成良好的卫生习惯和文明的生活方式,培养健康的心理素质。大力宣传和推广无偿献血。

(19)依法保护重点人群健康。加强妇幼保健工作,提高出生人口素质,降低婴幼儿死亡率、孕产妇死亡率,实现《九十年代中国儿童发展规划纲要》和《中国妇女发展纲要》的目标。积极开展老年人保健、老年病防治和伤残预防、残疾人康复工作。

(20)爱国卫生运动是我国发动群众参与卫生工作的一种好形式。在城市继续开展创建卫生城市活动,提高城市的现代化管理水平,增强市民的卫生文明意识,促进文明城市建设。在农村继续以改水改厕为重点,带动环境卫生的整治,预防和减少疾病发生,促进文明村镇建设。城乡都要坚持开展除"四害"(蚊子、苍蝇、老鼠、蟑螂)活动。

五、中西医并重,发展中医药

(21)中医药是中华民族优秀的传统文化,是我国卫生事业的重要组成部分,独具特色和优势。我国传统医药与现代医药互相补充,共同承担保护和增进人民健康的任务。各级党委和政府要认真贯彻中西医并重的方针,加强对中医药工作的领导,逐步增加投入,为中医药发展创造良好的物质条件。中西医要加强团结,互相学习,取长补短,共同提高,促进中西医结合。

各民族医药是中华民族传统医药的组成部分,要努力发掘、整理、总结、提高,充分发挥其保护各族人民健康的作用。

(22)正确处理继承与创新的关系,既要认真继承中医药的特色和优势,又要勇于创新,积极利用现代科学技术,促进中医药理论和实践的发展,实现中医药现代化。坚持"双百"方针,繁荣中医药学术。

中医医疗机构要加强特色专科建设,改善技术装备条件,拓宽服务领域,不断满足人民群众对中医药的需求。注重发挥中医药在农村卫生工作中的优势和作用。

根据中医药发展需要,积极培养中医药各类专业人才,努力造就新一代名中医。认真总结高等中医药院校的办学经验,不断深化改革,办好现有高等中医药院校。继续做好名老中医药专家学术思想和经验的继承工作。加强对重大疾病防治、中药生产关键技术、中医复方以及基础理论的研究,力争有新的突破,整体学术水平有新的提高。积极创造条件,使中医药更广泛地走向世界。

(23)积极发展中药产业,推进中药生产现代化。改革、完善中药材生产组织管理形式,实行优惠政策,保护和开发中药资源。积极进行中药生产企业改革,逐步实现集约化、规模化。中药经营要按照少环节、多形式、渠道清晰、行为规范的原则,逐步形成统一、开放、竞争、有序的流通体制。加快制定中药的质量标准,促进中药生产和质量的科学管理。

六、推动科技进步,加强队伍建设

(24)贯彻科学技术是第一生产力的思想。针对严重危害我国人民健康的疾病,在关键性应用研究、高科技研究、医学基础性研究等方面,突出重点,集中力量攻关,力求有新的突破,使我国卫生领域的主要学科和关键技术逐步接近或达到国际先进水平。

深化卫生科技体制改革,优化结构,分流人员,增强卫生科研机构的活力。保证重点卫生研究机构和重点学科、实验室的投入和建设。促进卫生科技与防病治病相结合,加快科技成果的转化和应用,大力推广适宜技术。高度重视科技信息的开发、利用和传播,加强信息管理。

扩大卫生领域的国际交流与合作。通过双边、多边、官方、民间等多种形式,积极引进先进技术、智力和管理经验。做好卫生援外工作。

(25)办好医学教育,培养一支适应社会需求、结构合理、德才兼备的专业卫生队伍。深化高等医学教育改革,提高教育质量和办学效益。完善研究生培养和学位制度以及继续教育制度。临床医生的培养既要注

重基础理论，更要注重临床综合技能。加快发展全科医学，培养全科医生。高度重视卫生管理人才的培养，造就一批适应卫生事业发展的职业化管理队伍。重视学术带头人与技术带头人的培养，努力创造条件，使优秀人才尤其是中青年人才能脱颖而出。鼓励留居海外的卫生科技人员回国工作或以各种形式为祖国服务。

中等医学专业教育要根据社会需求调整专业，重点做好农村卫生队伍的正规化培养工作。对社会举办的医药专业学校，教育和卫生部门要严格审批，加强管理。

各级各类卫生专业教育，都要突出职业道德教育，为全面提高卫生队伍素质打好基础。

要建立医师、药师等专业技术人员执业资格制度。不断完善城乡卫生技术职称评定和职务聘任工作。

(26)加强职业道德教育，开展创建文明行业活动。教育广大卫生人员弘扬白求恩精神，树立救死扶伤、忠于职守，爱岗敬业、满腔热忱，开拓进取、精益求精，乐于奉献、文明行医的行业风尚，自觉抵制拜金主义、个人主义及一切有损于群众利益的行为。开展创建文明行业活动，要同解决人民群众普遍关心的实际问题和促进卫生改革与发展相结合，持之以恒，务求实效。对模范卫生工作者和先进集体要大力宣传、表彰奖励。要完善内部监察和社会监督制度，坚决纠正行业不正之风。

七、加强药品管理，促进医、药协调发展

(27)药品是防病治病、保护人民健康的特殊商品。必须依法加强对药品研制、生产、流通、价格、广告及使用等各个环节的管理，严格质量监督，切实保证人民用药安全有效。国家建立并完善基本药物制度、处方药与非处方药分类管理制度和中央与省两级医药储备制度。

积极探索药品管理体制改革，逐步形成统一、权威、高效的管理体制。

(28)制定医药发展规划，使医药产业与卫生事业协调发展。加强宏观管理，调整医药企业结构和产品结构。国有大中型医药生产企业要建立现代企业制度，并形成规模经济。严格按照药品生产经营质量管理规范，加快医药生产经营企业的技术改造，加强科学管理。鼓励和支持新药研究与开发，增强我国医药产品在国内外市场的竞争能力。

(29)改进和加强药品价格管理。国家制定药品价格政策，实行分类管理。要限定最高价格，控制利润率。对纳入国家基本药物目录和质优价廉的药品，制定鼓励生产流通的政策。加强对进口药品的审批与价格管理。

(30)整顿与规范药品流通秩序。加强对药品经营、销售的管理，严厉打击制售假劣药品的违法犯罪行为，坚决取缔非法药品市场和商业营销点，坚决制止药品购销活动中给予和收受回扣等违法行为。药品经销机构要自觉抵制各种不正当竞争行为，提供让人民放心满意的服务。

(31)重视并积极支持医疗仪器、医疗设备、医用材料、医用装置的研制、开发，提高质量，加强生产与使用的监督、管理。

八、完善卫生经济政策，增加卫生投入

(32)中央和地方政府对卫生事业的投入，要随着经济的发展逐年增加，增加幅度不低于财政支出的增长幅度。积极拓宽卫生筹资渠道，广泛动员和筹集社会各方面的资金，发展卫生事业。

公立卫生机构是非营利性公益事业单位，继续享受税、费优惠政策，地方政府要切实解决其社会负担过重的问题。

政府举办的各类卫生机构的基本建设及大型设备的购置、维修，由政府按区域卫生规划的要求给予安排；离退休人员费用和卫生人员的医疗保险费按国家规定予以保证。预防保健机构的人员经费和基本预防保健业务经费由财政预算安排，其有偿服务收入纳入预算管理，不冲抵财政拨款。卫生执法监督工作的费用由财政予以保证，实行“收支两条线”。医疗机构的经常性支出通过提供服务取得部分补偿，政府根据医疗机构的不同情况及其承担的任务，对人员经费给予一定比例的补助，对重点学科发展给予必要的补助。乡镇卫生院及贫困地区卫生机构的补助水平要适当提高。

对农村卫生、预防保健、中医药等重点领域，中央政府继续保留并逐步增加专项资金；地方政府也要相应增加投入。

(33)采取多种形式，多渠道筹集卫生资金。国家制定优惠政策，鼓励企事业单位、社会团体和个人自愿捐资，支持卫生事业。建立基金会，对无支付能力的危急患者实行医疗救助。

农村乡统筹要有一定数额用于农村卫生工作，村提留要有一定数额用于合作医疗，乡镇企业和其他乡村集体经济的收入也要支持农村卫生工作与合作医疗，具体筹资办法和比例由地方政府或集体经济组织确定。农民自愿缴纳的合作医疗费，属于农民个人消费性支出，不计入乡统筹、村提留。

各地还可因地制宜开拓其他筹资渠道。欢迎境外友好团体和人士支持我国卫生事业。

(34)完善政府对卫生服务价格的管理。要区别卫生服务性质，实行不同的作价原则。基本医疗服务按照扣除财政经常性补助的成本定价，非基本医疗服务按照略高于成本定价，供自愿选择的特需服务价格放宽。不同级别的医疗机构收费标准要适当拉开，引导患者合理分流。当前，要增设并提高技术劳务收费项目和收费标准，降低大型设备检查治疗项目过高的收费标准。建立能适应物价变动的卫生服务价格调整机制及有效的管理和监督制度。适当下放卫生服务价格管理权限。各级政府要把卫生服务价格改革纳入计划，分步实施，争取在两三年内解决当前存在的卫生服务价格不合理问题。

(35)卫生机构要加强经济管理，勤俭办卫生事业。要健全财务管理规章制度，改进核算办法，完善劳动收入分配制度，规范财务行为，提高财会队伍素质，不断提高卫生经费使用效益。加强审计和财政监督。

九、切实加强党和政府对卫生工作的领导

(36)党和政府的领导是发展卫生事业的根本保证。卫生健康、生老病死涉及每个家庭和个人的切身利益，各级党委和政府要把卫生工作摆上重要议事日程，作为关心群众疾苦、密切党群关系、促进经济和社会发展的大事来抓，每年至少讨论一两次。要把卫生改革与发展列入国民经济和社会发展总体规划，同步实施，并切实解决卫生工作中的实际困难和问题，努力为卫生改革与发展创造必要条件。各有关部门要认真履行职责，密切配合，共同做好卫生工作。

加强党的建设。充分发挥基层党组织的政治核心作用和共产党员的先锋模范作用，有针对性地做好卫生队伍的思想政治工作。党员领导干部要密切联系群众，以身作则，廉洁奉公。

(37)卫生工作实行分级负责、分级管理，合理划分中央和地方的事权。中央政府领导全国卫生工作，主要负责制定卫生法规、政策和国家卫生事业规划，指导和协调解决全国性的或跨省区的重大卫生问题，并运用各种方式帮助地方发展卫生事业。各级地方政府对本地区卫生工作全面负责，将其作为领导干部任期目标责任制和政绩考核的重要内容。各级政府要定期向同级人民代表大会报告卫生改革与发展情况，并接受监督与指导。

(38)推进卫生法制建设。要加快卫生立法步伐，完善以公共卫生、与健康相关产品、卫生机构和专业人员的监督管理为主要内容的卫生法律、法规，建立、健全相配套的各类卫生标准。加强卫生法制的宣传教育，增强公民卫生法制意识。

各级政府要强化卫生行政执法职能，改革和完善卫生执法监督体制，调整并充实执法监督力量，不断提高卫生执法监督队伍素质，保证公正执法。努力改善执法监督条件和技术手段，提高技术仲裁能力。坚决打击和惩处各种违法行为。

(39)各级党委和政府要关心和爱护广大卫生人员，提高他们的社会地位，改善他们的工作、学习和生活条件，解决好他们的工资待遇、住房等实际问题，充分调动他们的积极性。

要从政治上关心中青年卫生人员的成长，把德才兼备、具有管理和领导才能的中青年卫生人员，选拔到各级领导岗位上来。同时，要注意发挥老卫生人员的作用。

要在全社会形成尊重医学科学、尊重卫生人员的社会风气，建立起良好的医患关系，依法保护医患双方的合法权益。

(40)中国人民解放军和中国人民武装警察部队的卫生工作，担负着保护和增进全体官兵身体健康、保障国防建设和军事任务顺利完成的特殊使命，并具有为人民群众服务、支援地方卫生工作的光荣传统。要加强领导，保证各项卫生工作任务的落实和国家卫生法律的实施。

各地区、各部门要根据本决定的精神，结合各自的实际情况，制定深化卫生改革、加快卫生发展的计划和措施，并狠抓落实，不断提高我国各族人民的健康水平。

1月16日

全国总工会主席尉健行在全国总工会召开的职工代表大会民主评议企业领导干部全国电视电话会议上发表讲话

尉健行说，党中央高度重视职工民主评议企业领导干部的工作。去年底召开的中央经济工作会议，对搞好国有企业的改革和发展，加强职工代表大会民主评议和监督企业领导干部进一步提出了要求。大量事实证明，深化企业改革，搞好国有企业的关键，是建设一个真正依靠职工群众的勤政廉洁的领导班子。而加强企业领导班子建设的一个重要方面，就是建立包括职工群众民主监督在内的监督制约机制，把自上而下的监督与自下而上的监督紧密结合起来。在企业，职工群众监督的重要途径，是运用职工代表大会这种法律赋予的基本形式，开展对企业领导干部的民主评议和监督。

尉健行指出，所有国有、集体和以公有产权占主导地位的企业都应建立和健全职工代表大会制度，实行每年一次对企业领导班子的民主评议和监督，应坚持民主评议与职工代表无记名投票测评相结合，职代会民主评议、测评与上级有关部门对干部的考核相结合。要努力落实职代会民主评议、监督权，同时注意落实好职代会其他职权，以推动职代会工作整体水平的提高。

要有针对性地总结推广一批先进典型经验，注意解决实施中的难点，以更好地指导面上工作的开展。

尉健行强调，各级工会要在各级党委的统一领导和部署下，与政府有关部门和企业行政密切配合，协调行动，共同推进这一工作的顺利开展。上级主管部门要把职代会民主评议的意见和建议，作为评价、奖惩、任免和使用企业领导干部的重要依据。

《人民日报》发表社论《坚定不移地发展乡镇企业》

国务院召开的全国乡镇企业工作会议在京圆满结束了。这是一次十分重要的会议，它对今后我国乡镇企业的改革、发展和提高，必将产生深远的影响。

乡镇企业是在我国改革开放中迅速崛起的新生事物，是亿万农民的伟大创造。发展乡镇企业，是建设有中国特色社会主义在农村的一项伟大实践。十几年来，在党和国家的一系列方针政策的指引下，在社会各方面的大力支持下，乡镇企业经济总量迅速增加，整体素质不断提高，已成为我国农村经济的主体力量，工业经济的半壁河山，国民经济的一大支柱和重要增长点。在农村社会增加值中，乡镇企业已是三分天下有其二；在整个国内生产总值中，乡镇企业已是三分天下有其一。乡镇企业率先进入市场，勇于开拓创新，坚持以市场为导向，逐步形成了一套灵活的经营机制，为推动改革提供了有益的借鉴。乡镇企业还是我国政治和社会稳定的重要因素。乡镇企业集体资产已占到整个农村集体资产近80%，有力地巩固和壮大了农村集体经济，巩固了农村基层政权，增强了农村党政组织的凝聚力，为加强农村精神文明建设、提高农民素质、促进农村社会全面进步，提供了强有力的物质基础和保障。

实践证明，乡镇企业的发展，对我国改革、发展和稳定起到了不可替代的作用。进一步推动乡镇企业稳步、健康、快速发展，不仅对于发展农村经济，推进农村现代化进程有着十分重要的意义，而且对于顺利实现2010年远景目标也有着十分重要的意义。

目前，乡镇企业面临着良好的发展机遇。社会主义市场经济体制的逐步建立，为乡镇企业发挥机制灵活的优势，提供了更加广阔的纵横驰骋的天地。我国与世界各国的经济技术合作越来越密切，为乡镇企业参与国际竞争提供了更加广阔的空间。国家宏观调控目标已基本实现，通货膨胀得到有效抑制，为乡镇企业发展创造了良好的经济环境。更为重要的是，发展乡镇企业已经成为全党、全社会的共识，各级党委和政府抓乡镇企业的力度进一步加大。

但是，必须清醒地看到，乡镇企业的发展也面临着严峻的挑战。市场经济把企业推向了市场，国外的企业和产品也大量涌入中国市场，国际国内市场日益融为一体。市场竞争变得更为激烈。原来以价格为主的市场竞争转向了价格、品种、质量、品牌和服务等方面的综合竞争。相当一部分乡镇企业，不仅产品的品种、质量、价格失去了竞争的优势，而且营销手段和方法也不适应市场竞争的需要。当代科学技术日新月异，高新技术产业和产品层出不穷，对仍应用传统技术、落后工艺和陈旧设备的那部分乡镇企业形成了强大压力。

面对这些机遇和挑战，乡镇企业自身还存在许多不适应的地方。企业规模小，很难提高质量、降低成本，很难经受市场风险的冲击。乡镇企业也存在人员素质低，管理水平不高，技术装备落后的状况。目前第一产业和第三产业比重较低，工业中附加值高、带动能力强、起支柱作用的行业和产品较少，不少产品不适应市场需求。农产品加工企业仍是薄弱环节，丰富的农产品资源尚未有效地开发利用。近年来一些企业机构庞大，非生产人员较多，决策层次增加，办事效率下降，原来的机制优势开始退化。有的企业在改制过程中，政策不配套，操作不规范，造成集体资产流失。有些企业资产负债率过高，企业负担加重。还有一些企业占用耕地较多，污染严重，甚至存在严重安全隐患。

抓住机遇，迎接挑战，积极推进两个根本性转变，全面提高乡镇企业素质，上质量、上档次、上水平，是当前和今后一个时期乡镇企业发展的总的指导原则和任务要求。为此，必须正确处理改革、发展与提高的关系。今后，乡镇企业仍然要保持适度快速增长，因为没有一定的增长速度，我们既定的奋斗目标就很难如期实现。但这个速度，必须是在提高运行质量、提高经济效益、提高企业素质的前提下实实在在的速度。不能一讲发展就强调上新项目、铺新摊子，而忽视现有企业的改造提高和产业、产品结构的调整；也不能一讲速度，就盲目攀比产值的增长，而忽视质量和效益。必须明确，乡镇企业的发展一定要坚持以效益为中心，真正转移到主要依靠科技进步和提高劳动者素质的轨道上来。改革是乡镇企业发展和提高的“总动力”，改革不论采取哪种形式，都要以邓小平同志提出的“三个有利于”为标准，尊重农民群众的实践、创造和选择，积极探索集体经济的实现形式，确保集体资产的保值增值；要不断完善、创新、发展经营机制，充分调动所有者、经营者和职工的积极性、创造性，增强企业的生机和活力。

处理好改革、发展、提高的关系，对不同地区应分类指导。东部地区要努力提高产品质量、档次、科技含量和附加值，努力争取规模效益和集聚效益，走质量效益型发展道路。中西部地区要充分发挥自然资源和劳动力丰富的优势，要立足当地资源，搞好资源性开发产业，积极发展农副产品加工业。东中西部地区要遵循经济规律，坚持优势互补、互惠互利的原则，实行东西合作,促进地区间协调发展。

乡镇企业事关农村全局,事关国民经济全局。发展乡镇企业是党中央、国务院根据中国国情作出的重大决策,是一项具有战略意义的任务,也是全党和全社会的共同事业。必须进一步加强领导,认真贯彻落实党和国家对乡镇企业"积极扶持,合理规划,分类指导,依法管理"的方针,认真施行《中华人民共和国乡镇企业法》,促进、引导、保护和规范乡镇企业的发展,为乡镇企业创造更加有利的外部环境。全党、全社会都要从全局的高度充分认识发展乡镇企业的深远意义,把思想和行动真正统一到中央的方针政策上来,各级党委政府要把乡镇企业作为农村经济和国民经济的一个战略重点,摆上重要议事日程,坚持发展乡镇企业不动摇。

实现我国跨世纪的宏伟目标,乡镇企业责无旁贷,任重道远。这次国务院召开的全国乡镇企业工作会议,对加快乡镇企业发展必将产生强有力的推动作用。让我们借这次会议的东风,再接再厉,开拓前进,为乡镇企业的持续健康发展,为实现我国跨世纪的宏伟目标,作出新的贡献。

国务院副总理朱镕基在全国金融工作会议上发表讲话

朱镕基说,去年金融系统在认真实行适度从紧的货币政策、加强金融监管、防范和化解金融风险、支持国有企业发展、保证农副产品收购资金供应等方面做了大量工作,为促进国家宏观调控目标的实现,同时又保持较高的经济增长速度作出了重要贡献。1996 年,在全部金融机构贷款增长 21%、外汇储备占款和农副产品收购资金大幅度增加的情况下,全年现金发行 917 亿元,控制在国家计划 1000 亿元的目标以内,为今年稳定物价创造了条件;两次成功地调低利率,大大减轻了国有企业的利息负担;中央银行对金融机构的监管工作明显加强,在规范建立股份制的城市合作银行的同时,制止了乱设金融机构的歪风,整顿金融秩序取得了新的成绩;农村金融改革稳步推进,农村信用社已完成同农业银行的脱钩,进入规范经营、防止风险的轨道;国家外汇储备达到 1050 亿美元,成功实现了人民币经常项目下的可兑换。

朱镕基要求金融部门在 1997 年要认真落实十四届五中、六中全会精神和中央经济工作会议确定的目标和任务,继续坚持适度从紧的货币政策,促使今年物价涨幅低于去年,切实整顿金融秩序,防范和化解金融风险,深化金融体制改革,明显提高金融企业经营管理和服务水平。要协同国民经济主管部门防止"大而全"、"小而全"和低水平重复建设,帮助推进国民经济的结构调整和国有企业的机制转换,坚决贯彻国务院关于国有企业兼并、破产和职工再就业的政策,着力缓解部分国有企业的严重困难,切实把搞好国有企业放在更加突出的地位,以促进两个根本转变的优异成绩,迎接党的十五大胜利召开。

朱镕基说,近几年,物价涨幅逐步下降,主要采用的是经济办法,是通过改革实现的,因此是有基础的。去年农业大丰收,现在市场商品丰富,今年把物价上涨幅度控制在 6%以下是有把握的。现金是最活跃的货币,现金投放大量增加,必然带来物价上涨。金融部门要继续努力,认真控制现金发行。历年元旦到春节,是现金投放的高峰期,在保证合理需要的现金支出的同时,要加强对现金支出特别是大额现金支出的管理。春节后要抓紧现金回笼,务必把全年的现金发行控制在 1200 亿元以内。

朱镕基要求中国人民银行要以高度的历史责任感和使命感,进一步依法加强金融监管,切实做好防范和化解金融风险的工作。他强调,要坚决取缔非法设立的金融机构,未经人民银行批准,任何部门和单位不能擅自批准设立金融机构。严禁非金融企业从事金融业务。对各种名目的基金会,要进行彻底清理,不论何种基金会都不能变相吸收存款,发放贷款。未经批准设立的基金会,要由主管部门负责清理。这方面,各地、各部门要负起责任,吸取教训。认真学习有关金融法律法规,支持银行依法监管。

银行要彻底与所办的非银行金融机构,包括信托投资公司和证券公司彻底脱钩;对搞账外账,用银行资金炒股票的,要坚决查处,对涉案银行主要负责人一律撤职,构成犯罪的,要依法追究刑事责任。

朱镕基要求各金融机构要进一步提高金融服务水平。当前,一是要保证粮食收购资金的供应,支持国家粮食储备局用定购价收购专储粮,支持地方粮食部门用保护价(参照定购价)敞开收购议价粮,把市场粮价稳定在合理水平,让丰收的农民喜气洋洋,保持高涨的种粮积极性。地方财政和粮食企业收购资金不到位的,银行要及时垫付收购资金,并要在粮食调销后由财政部门和收购企业按规定归还银行垫付的收购资金。今年农业发展银行在完成延伸下设 1500 个分支机构的改革后,要在进一步完善收购资金的封闭管理中取得明显成效。二是要支持国有企业的改革和发展。要按有关政策规定,做好企业兼并破产工作,支持再就业工程。三是要充分运用各种金融手段,帮助企业开拓国内外市场。银行要积极参与建设项目的审查、立项工作,支持横向联合,防止低水平重复建设。四是金融部门要加强内部管理,增收节支,坚持勤俭办金融的方针,在保持资金使用的安全性、流动性的基础上,提高盈利水平。

朱镕基强调金融系统要在讲政治、讲改革,掌握方向,服从全局的前提下,努力加强金融系统的职工教育和培训工作。他号召广大金融干部职工学政治,学业务,不仅要学习现代经济、金融知识,还要掌握必不可少的生产、建设、流通及企业管理的专业知识、国际金融知识;提倡学习外语和计算机技术;有关银行要有计划地选派一些领导干部和业务骨干到国外银行培训。

全国大中城市"菜篮子工程"建设座谈会在北京召开

经国务院批准、由农业部召开的"菜篮子工程"建设座谈会,重点是交流经验,分析新情况、研究新问题,商讨如何组织实施好新一轮"菜篮子工程"。

国务院副总理姜春云在座谈会上发表讲话。姜春云说,从1988年到90年代初,"菜篮子工程"重点解决了市场供应短缺问题。实施新一轮"菜篮子工程",是改善城乡居民食物结构、提高人民生活质量的需要。随着经济持续增长和居民收入的增加,城乡人民对"菜篮子"产品品种和质量将提出更高的要求。发展"菜篮子"生产,是保证农产品有效供给的重要组成部分。如实行粮菜间作、利用非耕地资源发展蔬菜、水果、水产品生产等,既没有与粮食生产争占耕地,又提供了大量"菜篮子"产品,在一定程度上减轻了对粮食需求的压力。自80年代中期以来,在人均粮食占有量没有多大增加的情况下,广大人民群众在吃的方面有了明显改善,这在很大程度上得益于"菜篮子"产品供给量的增加。

姜春云指出,组织实施新一轮"菜篮子工程",是优化农村经济结构、增加农民收入的需要。"菜篮子"产品商品化、市场化程度较高,经济效益也较好,一户农民养三头至五头牛可以脱贫,搞一两亩大棚蔬菜可以实现小康,这在一些地方已成为现实。同时,"菜篮子"产品加工、运销增值的潜力大,农民进入这些经营领域比较容易,具有投资少、市场前景好等特点,因此,组织实施新一轮"菜篮子工程",是促进农村经济全面发展和广大农民脱贫致富奔小康的有效途径。组织实施新一轮"菜篮子工程",是稳定物价,抑制通货膨胀,维护改革、发展和稳定大局的需要。"菜篮子"虽小,但关系到老百姓的一日三餐,关系到每个居民的切身利益。抓好"菜篮子",满足居民的生活需求,是我们各级政府的一项重要职责。

姜春云强调,组织实施新一轮"菜篮子工程",应抓好以下几个环节。第一,要增加投入,进一步搞好生产基地建设。"九五"期间,国家将建设一批"菜篮子"生产基地,如在全国建设瘦肉型猪、商品牛羊基地等300多个,新增海、淡水养殖面积82万公顷,在大中城市郊区建设现代化菜田和蔬菜示范园区。各大中城市政府要继续增加对"菜篮子工程"建设的投资,并引导农村集体、农户对"菜篮子"生产的投入。第二,要紧紧抓住科技进步这个关键,进一步加强良种的培育和引进工作,积极推广先进实用技术,加强基层技术服务体系的建设。第三,要坚持生产与流通并重,抓好市场体系建设,逐步完善以集贸市场、连锁商店和各类配送中心为基础,以批发市场为中心的农产品市场网络。第四,要大力发展农民产销合作组织和贸工农、产加销一体化经营,促进农业产业化。近年来,一些地区贸工农、产加销一体化经营组织蓬勃兴起,这种经营形式把分散的小规模农户生产与大市场连接起来,增强了抵御自然风险和市场风险的能力,也延长了农业的产业链,提高了农业的比较效益。第五,要完善和落实配套政策,健全"菜篮子工程"建设的支持保护体系和宏观调控体系。

姜春云最后强调,新一轮"菜篮子工程"能否抓好,关键在领导。各大中城市政府的领导要把"菜篮子"市长负责制落到实处。作为一市之长,要管的事情很多,但解决老百姓的吃饭吃菜问题是第一位的,务必把"菜篮子工程"摆上应有的位置。

国务院副秘书长刘济民、农业部部长刘江以及有关部、委负责人和全国35个大中城市主管"菜篮子"工作的副市长参加会议。

全国商品流通工作会议在福州举行

会议提出,今年商品流通工作的主要任务是深化改革,在"两个转变"上下真功夫,把开拓市场、扩大销售特别是开拓农村市场作为突破口,继续坚定不移地实施"五三一"工程,并根据新的形势赋予新的内涵,努力提高企业经济效益,打好扭亏增盈的翻身仗。

国务院总理李鹏写信给全体会议代表表示祝贺。

李鹏总理在贺信中指出,内贸部门为繁荣国内市场,抑制通货膨胀作出了重要贡献。要继续抓好"五三一"工程,整顿流通秩序,大力推进流通体制改革,特别是粮食购销体制改革,发展连锁经营、代理与配送制等新的流通方式,向建立贸工农一体化目标前进;积极开拓市场,特别是农村市场,继续完善和规范以批发市场为重点的各类商品市场和生产要素市场;深化现代企业制度改革,千方百计扭亏增盈,进一步发挥公有制流通企业在调控市场中的主渠道作用,为促进国民经济持续、快速、健康发展作出新的贡献。

香港特别行政区筹委会经济小组第八次会议在北京举行

会议于1月16日、17日在北京举行。会议主要听取了港英政府官员及九广铁路公司、地铁公司负责人关于香港西北铁路最新方案、地下铁路将军澳支线计划的情况介绍，并进行了讨论。

此外，会议还讨论了香港制造业的发展问题和香港如何参与内地中西部地区开发的问题，并建议将有关意见转交特区政府参考。

中共中央政治局常委胡锦涛在墨西哥革命制度党党部会见革命制度党主席罗克并进行工作会谈

毛里塔尼亚总统塔亚和总理库纳在努瓦克肖特分别会见国务院副总理兼外交部部长钱其琛

全国人大常委会副委员长王汉斌在人民大会堂会见英国工党副领袖约翰·普雷斯科特

国务委员兼国家体改委主任李铁映在人民大会堂会见美国奥美国际集团总裁夏兰泽一行

毛里塔尼亚外长科利瓦在努瓦克肖特同国务院副总理兼外交部部长钱其琛举行会谈

会谈结束后，双方签署《中华人民共和国政府和毛里塔尼亚伊斯兰共和国政府经济技术合作协定》和中国政府同意向毛政府提供1000吨小麦的换文。

外经贸部部长吴仪在北京与奥地利经济部部长约翰·法恩莱特纳会谈

吴仪表示，中国愿意加强同奥地利的经贸合作，希望有更多的奥地利企业、尤其是大企业来华投资兴办企业。

吴仪说，中奥双边贸易额虽然在1995年大幅度增长并创历史最高纪录后有所下降，但两国贸易总体形势是好的。她说，两国在经济技术领域也有着良好的合作。目前，奥地利在华设立的合资企业已达300多个，实际投入资金7800万美金。

解放军全军治理整顿财经秩序电话会议在北京举行

中央军委副主席张万年和中央军委委员、总后勤部部长王克在会上讲话。张万年在讲话中指出，全军财经工作总的情况是好的。但是，军队财经工作中，确实还存在着一些不容忽视的问题。张万年要求全军各级各部门特别是领导同志，要牢固树立全局观念，自觉在大局下行动，认真搞好本单位本部门的治理整顿工作。

王克在讲话中强调，今年重点是整顿改进事业经费管理，要在加强事业经费集中统管，堵塞漏洞，提高整体使用效益上取得实质性进展，特别是要在解决多家管钱、自收自支、军产流失等问题上收到明显成效，实现军队财经秩序的根本性好转。

国家科技领导小组副组长温家宝考察遥感卫星地面站

温家宝来到中国科学院中国遥感卫星地面站，代表江泽民总书记、李鹏总理向奋战在全国各条战线的广大科技工作者，致以节日的问候。

温家宝在听取了地面站站长潘习哲的工作汇报后指出，10年来，遥感卫星地面站在广大科技工作者的辛勤努力下，不断发展完善，取得了很大成绩。他说遥感卫星地面站接收、处理、储存和提供各种遥感卫星数据，并进行遥感技术与数据处理方法的研究和遥感数据信息分析工作，是应用空间技术直接为国民经济和社会发展服务的科学研究工作，意义十分重大。这项工作，实现了尖端科学技术与经济建设的结合，实现了科学研究与应用开发的结合，使人造卫星这一先进科技成果不仅具有科学意义，而且具有了经济意义。我们在座的科学家，包括在地面站工作的广大科技工作者，是应用先进的科学技术成果为经济建设服务的直接参与者，任务十分光荣而神圣，应该感到无比自豪。

温家宝强调，空间对地观测技术是当前世界高新技术的一个集成，发展日新月异，竞争十分激烈。要使我国的地面站工作在世界上占有一席之地，达到先进水平，必须在做好运行和服务的同时，瞄准世界科技前沿，不断提高学术水平，在地面站的接收记录和预处理技术上实现新的突破，为遥感应用提供更多、更快、更好的数据。要进一步改善运行服务系统的软硬件环境，不断扩大服务领域。国家有关部门要大力支持，统筹规划，地面站要努力挖掘自身潜力，适应市场经济环境，努力把中国科学院遥感卫星地面站建成具有国际先进水平，为我国经济建设和社会发展发挥更重要、更广泛作用的国家遥感卫星地面站。

中国科学院和美国全国科学院发布《关于可持续发展的联合声明》

为期两天的中国科学院和美国全国科学院高级会晤在北京结束。经过两天的讨论，双方达成多项协议并发布《关于可持续发展的联合声明》。

《联合声明》指出，人类在21世纪所面临的主要挑战是，通过可持续发展来满足全世界人民的生活需求。中国是世界上人口最多，经济正在高速发展的国家；美国是世界上经济规模最大，消耗资源最多的国家。因此，中、美两国特别应当应用科学技术来实现可持续发展，以便更好地为利用世界1/3资源的目标而共同努力。

《联合声明》强调，运用有效的政策，特别是充分发挥科学技术的作用，通过社会各方面的协同努力，中国完全有能力在其独特的正在发育的市场经济条件下，运用科学技术提高人民生活水平方面有所创新。中国具有独特的人口及环境条件，在世界上没有完全适用于中国的综合性发展模式和体系。因此，中国必须创造性地开拓自己可持续发展的道路；在美国，消费模式正在改变，并将继续改变。为了保证国内的可持续发展，美国必须改变其生活方式、工业生产过程、资源消耗的种类和总量，以及所生产商品的特征和数量。可再生资源、节能、农业生产力的可持续发展和有效利用水资源，是美中两国所共同面临的一些重要议题。

《联合声明》表示，中美两院已就运用科学技术来研究可持续发展中的一些主要问题进行合作研究。双方在京再次保证，为中美两国和全世界的利益，将继续加强合作伙伴关系。

中国科学院院长周光召和美国全国科学院院长布鲁斯·阿尔伯茨在《联合声明》上签了字。

中共中央政治局委员李岚清在福建考察

李岚清于1月16日至19日在闽先后考察了罗源县泥田小学、福州民族中学和福州大学、福建师范大学、华南女子和闽江两所高等职业技术院校，与在福州的高校领导和教师代表座谈。

在与高校领导、教师代表座谈时，李岚清说，目前教育战线也存在着“小而全”、“大而全”，低水平重复的问题。一些院校向多学科、综合性方向发展的出发点是对的，但如果都搞“外延”的扩张，就会造成教育资源的更大浪费。这种状况不改变，再增加投人就不会达到应有效果。应当通过加强校际联合、共建，充分利用和合理配置教育资源，提高教学、科研水平。李岚清强调，高校要进一步转变观念、明确办学的指导思想，坚持产学研紧密结合，努力为经济建设和社会发展服务。高校科研人员要主动走向经济建设主战场。在谈到高校后勤改革时，他对福建师范大学与毗邻的村镇共建、共管学生公寓，走高校后勤社会化之路，使学校领导精力更好地集中在教学上，做到学生、家长、学校、社区“四满意”，对福州大学为青年教师住房解困的措施，表示赞赏。

李岚清说，经济和社会的发展，需要多层次的人才。因此，要大力发展职业教育，不仅要有中等职业教育，而且要发展高等职业教育。福州的两所高等职业院校毕业生深受社会欢迎，就说明了这一点。他强调，要加强高校的思想政治教育，利用好革命传统和中华民族优秀传统文化两大特有的教育资源，教育青年学生，增强民族自尊心。要关心改善广大教师的工作和生活条件，特别要尽力帮助他们解决住房等实际问题。

《中国大百科全书(简明版)》出版座谈会在北京人民大会堂举行

中共中央政治局委员李铁映，全国人大常委会副委员长雷洁琼、王光英，全国政协副主席钱伟长、朱光亚等到会祝贺。来自中宣部及新闻出版、发行等单位的负责人共100余人参加座谈会。

由中国大百科全书出版社编辑出版的《中国大百科全书(简明版)》是“八五”、“九五”期间国家重点出版工程。这套共12本的综合性百科全书是由数百名专家、学者历时6年，在《中国大百科全书》第一版(74卷)的基础上，经增补、改编、浓缩而成的。全书约有2080万字，共3.1万个条目，1.1万多幅插图和表格，采用文图一体全彩色印刷，大16开精装。

全国文物局长会议在北京举行

中宣部副部长、文化部部长刘忠德在会议上讲话。

刘忠德说，现存的丰富多彩的文物古迹，是中华民族创造的博大精深、源远流长的古代文明的见证，我们应该充分利用这些资源，帮助人民认识自己的悠久历史和优良传统，增强民族自信心，激发爱国热情，提高思想道德素养和科学文化水平，这是文物工作贯彻六中全会精神，建设社会主义精神文明的一项根本任务。

刘忠德强调，要遵循文物工作的特殊规律，坚持“保护为主、抢救第一”的方针，进一步加强文物抢救维修和安全防护工作；加强研究、展示、宣传工作，充分、广泛地发挥文物的借鉴和教育作用，为继承和发扬民族优秀文化传统和党的优良传统作出贡献，要在坚持把社会效益放在首位的前提下，强化精品意识，实施精品战略，扩展文物展示、宣传，逐步实现文物工作社会化。刘忠德还指出，要进一步提高现有文物工作队伍的思想、业务素质，加速文物专业、管理人才的培养，把造就一支政治强、业务精、作风正的文物工作队伍作为一项紧迫任务落到实处。

国家文物局局长张文彬在会上介绍说，近年来，我国文物工作在“有效保护，合理利用，加强管理”等方面取得了丰硕成果。1996年安排文物、博物馆维修保护项目390项，对一批重要的古建筑抢救维修工程项目进行了验收。河南偃师商城东北隅城墙、安徽省巢湖市放王岗汉墓、山东省青州市大型佛教造像窖藏等近10项重大考古新发现均令人瞩目。张文彬说，1996年全国各级各类文博单位为社会提供了5000多个陈列展览，观众达1亿人次以上。《近代中国》、《红岩魂》、

《敦煌艺术展》等一批精品的推出,引起了社会的广泛关注,成为展示民族文化和革命传统教育的重要阵地。赴国外展出的“中国古代文物展”、“中国帝王陵墓展”、“丝绸之路文物展”等大型展览,受到了各国人民和友好人士的高度赞赏。此外,我国文物法制法规建设工作也得到了加强。1996 年起草了《文物拍卖管理办法》、《关于依法没收、追缴文物的移交办法》、《文物事业单位财务管理办法》、《国家重点文物保护专项补助经费使用管理办法》等法规草案。

中华全国体育总会第六届代表大会在北京召开

中共中央政治局委员、国务委员李铁映为大会发来贺信。国家体委主任伍绍祖在会上当选为全国体总新一届委员会主席,名誉主席是钟师统、李梦华,顾问有荣高棠、路金栋、栗树彬、徐才、何振梁和李凯亭。

在体总大会上,刘吉作了工作报告。

全国体总新一届委员共 230 人,担任体总副主席的有王永海、王陇德、王宝良、白志健、田淑兰、刘吉、刘名启、刘晓江、同向荣、李晋有、张发强、张彩珍、柳斌、姜大明、袁伟民、徐寅生、郭健模、倪豪梅、楼大鹏、潘振宙和魏纪中;秘书长为谢炳元。

1 月 17 日

中共中央总书记江泽民在人民大会堂会见出席全国宣传部长会议的全体代表并发表讲话

江泽民在讲话中指出,当前,国际国内形势总的是好的,宣传思想工作形势也是好的。去年宣传思想战线在党的十四大以来三年工作登上新台阶的基础上,围绕两个文明建设,团结奋斗,各项工作取得了新的进展。特别是围绕党的十四届六中全会的召开,做了大量工作,精神文明建设出现了新的局面,很好地完成了党中央赋予的任务,中央是满意的。

江泽民说,今年是我们党和国家历史发展上的重要一年。宣传思想战线要高举邓小平建设有中国特色社会主义理论旗帜,紧紧围绕恢复对香港行使主权和党的十五大召开这两件关系全局的大事,扎扎实实地做好工作。他说,国家要强大、要发展,归根到底要把经济搞上去。希望同志们按照中央总的工作精神和这次会议的部署,坚持以经济建设为中心,开创精神文明建设新局面,为促进改革开放和现代化建设提供更加有力的思想保证,为两件大事创造安定团结的舆论环境。

中共中央总书记江泽民 国务院总理李鹏接见黑龙江省大庆石油勘探开发研究院院长王启民

江泽民称王启民为“新时期的铁人”。江泽民说,大庆精神、铁人精神,是我们宝贵的精神财富。王启民 1961 年到大庆,在投身大庆油田开发建设的 36 年中,以铁人精神战胜疾病,扎根油田,为实现大庆油田长期高产稳产,攻克了一道道科技难关,解决了国内外油田开发中难以解决的一个个难题,为大庆油田 21 年连续稳产 5000 万吨原油作出了贡献。

国务院副总理吴邦国在劳动部 民政部 全国总工会为进一步解决城镇部分群众生活困难问题联合召开的电视电话会议上发表讲话

吴邦国指出,在刚刚过去的一年里,全国各族人民坚持以建设有中国特色社会主义理论和党的基本路线为指导,在以江泽民同志为核心的党中央领导下,团结奋斗,开拓进取,改革开放和现代化建设事业取得了新成就,国民经济既保持了快速增长,又抑制了通货膨胀,实现了“九五”第一年开好头、起好步的要求。但是,还要清醒地看到,在前进过程中还存在一些困难和问题。比较突出的是,部分企业由于不适应市场经济发展的要求,生产经营困难,效益不好,亏损增加,拖欠职工工资,导致部分职工生活发生困难。同时,由于社会保障体系尚不健全,部分离退休人员和少数低收入居民,以及一些孤寡老人、残疾人的生活得不到很好保障。部分地区因遭受自然灾害,一些群众的生活比较困难。这些问题,是改革过程中难以避免的,是前进中的问题。但是,如果得不到妥善解决,势必影响改革、发展、稳定的大局,而且也有悖于我们党的宗旨和我国的社会主义性质。

吴邦国指出,我们党以全心全意为人民服务为根本宗旨,任何时候都把群众利益放在第一位。为了妥善解决部分群众的生活困难问题,长期以来,党中央、国务院及各地党政领导同志,坚持深入到贫困地区、受灾地区、困难企业和职工家庭进行慰问,倾听他们的呼声和要求,切实解决问题。中央各有关部门和地方各级党委、政府对这项工作也十分重视,做了大量工作。劳动部门积极实施再就业工程,近两年来使 250 多万人实现了再就业。去年元旦、春节期间,各地区和有关部门共筹集资金 40 亿元,用于困难职工的生活补助。目前全国已有 23 个省、自治区、直辖市建立了由党政领导同志挂帅、各有关部门参加的解困工作领导机构和日常办事机构,有 23 个省、自治区、直辖市先后建立了帮困资金制度,从个人所得税等地方财力和社会各方面筹措资金。各地银行、财政和企业主管部门实施“三家抬”和为困难企业开设“工资预留户”的工作也取得明显进展。各级民政部门为保障城镇困难居民的生活,采取了许多积极的措施,提高了优抚标准和救济标准,扩大了救济范围,上海、青岛、大连等 100 多个城市实行了居民最低生活保障制度,保障了 100 多万困难群众的基本生活。各级工会组织积极配合政府落实有关解困政策,开展职工生活救助、职工消费合作事业,帮助下岗职工再就业,近年来筹集资金 10 亿元,实施“送温暖工程”,取得较好的成效。

吴邦国强调指出,当前解困工作进展还不平衡,有的地区和部门的领导对这项工作认识不足,解困工作的力度还不够,责任制还没有完全建立起来,国家已有政策措施还没有落实到位。各级党政领导要亲自抓春节期间的困难职工群众生活保障工作,要确保春节期间困难企业在岗职工能领到最低工资,下岗职工能拿到基本生活费,特困职工能得到生活救助,切实保障春节期间离退休人员的生活,认真做好春节期间的社会救济和优抚工作,充分动员社会力量,参与解困工作,把解困工作的近期安排与长远计划结合起来,使解困工作走上制度化、经常化的轨道。任何地区、任何单位、任何个人都不得挪用困难职工群众的救济款和救济物资,对挪用甚至贪污的,要坚决依法严惩。

全国小城镇综合改革试点工作会议在浙江省苍南县龙港镇结束

中共中央政治局委员、国务委员兼国家体改委主任李铁映给大会写信指出,要把小城镇的改革与发展和国家发展的长远大计结合起来,注重可持续发展,要特别注重加强规划,防止环境污染,严格执行保护耕地的政策。

国家体改委等 11 个部委去年在全国 20 个省、市、自治区的 57 个小城镇实行综合改革试点,希望通过试点为全国 1.9 万个建制镇的发展探索新路子。据统计,与 1995 年相比,去年这些试点镇的国民生产总值、财政收入、人均收入平均增长了 20%以上。

国家体改委副主任邵秉仁在大会上说,小城镇综合改革必须以促进农村经济发展为目标,不能以牺牲农业为代价。各试点镇要在这方面作出表率。

会议提出,今年全国小城镇综合改革试点要在四个方面取得突破:一是着力建立适应城市化发展要求的小城镇政府行政管理体制;二是在小城镇财政管理体制上有所突破;三是推进以户籍登记制度改革为中心的配套体制改革,如粮食销售体制、土地流转制度和社会保障制度的改革;四是加强规划管理,实现小城镇用地和耕地之间的动态平衡。

会议还强调,小城镇改革按照城市化发展需要而重新设置的一些政府管理机构,不能理解为机构升格和编制的扩张。

电力体制改革座谈会在中南海国务院会议室举行

国务院副总理吴邦国主持会议。

国务院总理李鹏在听取国家电力公司总经理史大桢及部分电力企业负责人汇报后指出,组建国家电力公司不仅是电力工业管理体制适应市场经济的需要,也是政府机构改革、促进管理职能转变、实行政企分开的需要。国家其他专业经济部门也要进一步深化改革,逐步改组为不具有政府职能的经济实体,或改为国家授权经营国有资产的单位,或改为行业管理组织,将原有的政府管理职能转移给政府综合部门负责。因此,组建国家电力公司是政府机构改革的深化。国务院总结以往机构改革的经验,并听取了各省市意见,决定电力体制改革分两步走,做好衔接和平稳过渡。

李鹏说,组建国家电力公司是为了进一步推动电力企业建立现代企业制度,建立新的企业机制,注入新的经济活力,也有利于调动各方面办电的积极性,更好地执行多家办电、多渠道筹资办电的方针,加快电力工业的发展,更好地发挥电力工业在国民经济中的先行作用。

李鹏指出,根据我国能源资源的分布状况,要逐步加大水电的比重和坑口电站的比重,为此必须加强跨地区电网的建设。国家电力公司的组建,将更充分地利用能源资源,满足国民经济与社会发展对电力的需求。

李鹏说,国家电力公司成立以后,要处理好与各省市的关系,同时也要处理好与跨省电力集团、省电力公司以及下属企业的关系,充分发挥它们的积极的作用。中国电力企业联合会要进一步发挥行业管理的作用,更好地为电力企业服务。

李鹏指出,不仅要加快电力工业的发展,还要促进电力工业增长方式的转变。其中,很重要的一条是实现开发与节约并重的原则,通过技术进步,加强科学管理,降低消耗与成本,提高发电的效益,同时也提高社会的用电效益。

李鹏强调指出,电力是公益事业,具有一定的垄断性质,它关系到国民经济和社会发展,关系到人民的生活。多年来,电力行业提倡的“人民电业为人民”的优良传统和严谨细致的工作作风,在国家电力公司成立后,要继续得到发扬光大,以便更好地为国民经济服务,更好地为人民服务。

国务委员李贵鲜、罗干等出席座谈会。

墨西哥总统塞迪略在总统官邸松林别墅会见中共中央政治局常委胡锦涛

会见中,双方互相介绍了中墨建交 25 年来两国在各个领域友好合作关系的发展，一致认为要继续保持两国关系发展的良好势头，为推动中墨面向21世纪的长期稳定的友好合作关系而继续努力。

胡锦涛指出，中墨两国都是发展中大国，都面临着发展经济，改善人民生活的任务；两国在经济上有着较强的互补性；双方都在探索符合本国国情的发展道路。进一步加强和发展中墨长期稳定的友好合作关系既符合两国人民的根本利益，有利于双方的发展，又有着坚实的基础和广阔的前景。胡锦涛再次感谢墨西哥政府和人民，在国际事务中坚持正义，在人权、台湾等问题上给予中国的宝贵支持。

中共中央政治局常委胡锦涛在墨西哥参议院会见参议长奥尔蒂斯

毛里塔尼亚国民议会议长巴巴在努瓦克肖特会见国务院副总理兼外交部部长钱其琛

国务院副总理吴邦国在中南海紫光阁会见芬兰诺基亚公司总裁奥利拉

佛得角外交和侨务部部长洛佩斯在普拉亚与国务院副总理兼外交部部长钱其琛举行会谈

洛佩斯强调指出，佛得角明确坚持“一个中国”的政策。钱其琛对佛支持中国统一大业的立场表示赞赏。

关于双边经贸合作，钱其琛说，中国愿在平等互利原则指导下，与佛方共同努力，不断扩大两国经贸合作的领域，积极鼓励中国企业到佛开展合资合作经营，开发当地资源，发展中小型生产性项目。钱其琛还指出，中国十分重视中非友好关系。钱其琛说，非洲是国际舞台上一支重要力量，世界和平与发展需要非洲国家的广泛参与。一个稳定和发展的非洲有利于世界和平与稳定。国际社会与发达国家有责任帮助非洲，有责任创造一个有利于非洲发展的国际政治和经济环境。中国作为安理会常任理事国，愿继续支持非洲国家在国际事务中的正当要求和合理主张，积极开展同非洲国家在各个领域的合作，促进共同发展。

会谈结束后，双方签署有关两国政府经济技术合作协定。

为抗日捐躯的美军B-24轰炸机机组人员遗骸交接仪式在首都机场广场举行

国家禁毒委员会全体会议在北京举行

去年结合在全国范围开展的“严打”斗争，云南、广西、四川、广东、湖南、甘肃等省、区都开展了禁毒专项斗争，发动群众与毒品违法犯罪活动作斗争，严厉打击了毒品违法犯罪分子，特别是破获了一大批重特大案件。据不完全统计，1996年全国公安机关共破获毒品违法犯罪案件8.7万多起，查获涉案违法犯罪人员11万多人。缴获海洛因4000多公斤，鸦片1700多公斤，冰毒(甲基苯丙胺)1000多公斤。

会议认为，当前国际毒潮泛滥，国内吸毒人数日益增多，毒品对我国的危害严重。禁毒一直是党中央、国务院十分关注的重大问题，必须充分认识毒品的严重危害，清醒地看到解决毒品问题的紧迫性、艰巨性和长期性。各级党委、政府必须尽职尽责，全力禁毒。国家禁毒委员会将就贯彻中共中央、国务院关于加强禁毒工作的指示精神和进一步加强“九五”期间的禁毒工作作出全面部署，在今后的工作中要狠抓禁吸戒毒工作；加大打击毒品犯罪的力度，严惩毒品犯罪分子；落实责任制，严禁非法种植毒品原植物；建立有效的管理机制，制止麻醉药品、精神药品和易制毒化学品流入非法渠道；切实加强麻黄素管理，遏制冰毒犯罪；掀起禁毒宣传高潮，提高全民禁毒意识；开展禁毒专项斗争，集中整顿治理；加大禁毒投入，落实工作保障。争取禁毒各方面的工作都取得较大进展，收到更大成效。

国家禁毒委主任陶驷驹、副主任白景富在会上讲话。

1月18日

香港特别行政区筹备委员会法律小组在北京召开第七次会议

会议于1月18日至19日在北京举行。会议讨论香港原有法律的处理问题。委员们认为，绝大多数香港原有法律可采用为香港特别行政区法律，但在适用时，应根据中华人民共和国对香港恢复行使主权后香港的地位和基本法的规定作出解释，并对任何不适当的名词或词句进行替换。

委员们认为，香港原有法律中的条例、附属立法整体或部分抵触基本法而不能采用为香港特别行政区法律的只是极少数。香港原有法律中整部条例抵触基本法的，主要是一些体现英国对香港殖民统治的法律，如《英国法律应用条例》、《英国以外婚姻条例》、《英国国籍(杂项规定)条例》、《国防大臣(产业承继)条例》、《皇家香港军团条例》、《华人引渡条例》、《强制服役条例》、《陆军及皇家空军法律服务处条例》、《香港徽帜(保护)条例》、《1981年英国国籍法(相应修订)条例》。此外，由于港英推行“三违反”政改方案，据此而制定的《选举规定条例》、《立法局(选举规定)条例》、《选区分界及选举事务委员会条例》以及有关区议会、两个市政局选举的法律规定，也抵触基本法，不能采用为香港特别行政区法律。

委员们认为，《香港人权法案条例》第二条第(三)款有关该条例的解释及应用目的的规定，第三条有关“对先前法例的影响”和第四条有关“日后的法例的释义”的规定抵触基本法，不采用为特区法律。同样的，《个人资料(私隐)条例》第三条第(二)款有关该条例的凌驾地位的规定也不能采用为香港特区法律。至于根据“人权法案”凌驾地位对原有法律的重大修改，如1992年以来对《社团条例》的重大修改，1995年以来对《公安条例》的重大修改，违反了中英联合声明和基本法有关香港原有法律基本不变的规定，不能采用为香港特区法律。

国务院副总理李岚清在全国商品流通工作会议结束会上发表讲话

李岚清指出，我国正在由计划经济体制向社会主义市场经济体制转化，商品流通在经济发展中的地位和作用十分重要。现在全国统一的商品大市场已正逐步形成，但商品流通工作的发展不很平衡，各地要统一思想，进一步提高对商品流通工作重要意义的认识，做好商品流通工作。

李岚清说，几年来的实践证明，没有宏观调控的竞争，只能是一种盲目、无序的竞争，不利于社会资源的优化配置，影响国民经济的健康发展，社会主义市场经济必须在国家宏观调控下，发挥市场对资源配置的基础性作用。各地要坚持“米袋子”省长负责制、“菜篮子”市长负责制、重要商品储备、吞吐制度等行之有效的调控办法，继续加强和改善商品市场的宏观调控。同时要坚定不移地发展现代流通组织形式。商业连锁经营主要是发展便民连锁和便民超市，要逐步扩大连锁的规模经营，提高经营管理水平；生产资料代理制试点要规范代理形式，逐步向佣金代理方向发展，并逐步扩大代理品种和比重；旧货市场发展很快，旧货交易的目的并不仅仅在于处理二手货，货尽其用，更重要的是为新商品的生产和销售开拓市场，但旧货交易不能搞非法交易，不能成为销赃的场所，不能利用旧货市场的优惠政策销售新货，这方面一开始就要有严格的管理制度；批发市场要加强统一规划和规范管理，完善税收征管。

李岚清指出，各级商品流通行政主管部门要积极转变工作内容和工作方式。目前商业、物资、粮食行业网点建设存在小而全，经营分散，规模小，效益低的问题，各地要按照国家给予商贸企业兼并优惠政策，推动流通企业兼并，发展集团规模经营的连锁流通网络和现代化物流网络运营机制，促进生产，满足人民群众和生产建设需求。流通主管部门工作重点要逐步由微观转向宏观，抓好宏观政策、宏观管理和协调工作。粮食系统要继续做好粮食收购工作，把丰收的粮食按照国家政策及时收上来，同时抓好粮食保管、储存、运销、安全工作，严禁挪用粮食收购资金和向农民打白条。要认真实施粮食流通体制改革。物资系统要增强信心，振奋精神，加大改革步伐，形成现代物流体制，积极推行代理制和配送制。商业系统要通过兼并、组织集团等方式扩大连锁规模，要利用社会上闲置的设施改造、建立连锁配送中心；要严格控制高档豪华商店建设；要大力开拓农村市场，发挥公有制企业在“菜篮子”市场中的主渠道作用；要继续做好生猪定点屠宰工作；继续健康发展旧货调剂市场试点；要坚持开展“百城万店无假货”活动，净化流通秩序，文明经商。要组织集团等方式扩大连锁规模，要利用社会上闲置的设施改造、建立连锁配送中心；要严格控制高档豪华商店建设；要大力开拓农村市场，发挥公有制企业在“菜篮子”市场中的主渠道作用；要继续做好生猪定点屠宰工作；继续健康发展旧货调剂市场试点；要坚持开展“百城万店无假货”活动，净化流通秩序，文明经商。

佛得角总统蒙泰罗全国人民议会议长丰塞卡总理维加在普拉亚分别会见国务院副总理兼外交部部长钱其琛

国务院发出《关于加强抗灾救灾管理工作的通知》

各省、自治区、直辖市人民政府，国务院各部委、各直属机构：

我国地域辽阔，自然灾害频繁。加强抗灾救灾管理工作，对于减轻灾害损失，促进国民经济持续、快速、健康发展，维护社会稳定，具有重要意义。多年来，国务院各有关部门和地方各级人民政府，在抗灾救灾方面做了大量工作，积累了不少经验，但在管理上还存在一些问题。为进一步加强抗灾救灾管理工作，现就有关问题通知如下：

一、抗灾救灾的方针和原则

(一)坚持防御为主、救助为辅、自力更生、生产自救、恢复生产、重建家园的方针。要增强防灾抗灾意识，积极做好自然灾害的防御工作。灾后不等不靠，灾区广大干部、群众要发扬自力更生、艰苦奋斗的精神，迅速开展生产自救、重建家园。要通过多种形式组织、动员社会力量支援抗灾救灾。提倡企事业单位和广大群众参加保险，建立多层次、相互联系的农村专项保险基金和农村灾害补偿制度。要大力发展基层救灾互助组织，积极开展互助互济活动。

（二）坚持地方自救为主、中央补助为辅的原则。地方各级人民政府要确立自救为主的思想，积极主动地做好抗灾救灾资金、物资的准备工作。要根据历年的灾害损失情况，在年度计划和财政预算中安排一定比例的抗灾救灾资金，并根据本级政府财力增长情况逐年有所增加。对遭受严重灾害的地区，根据灾害损失情况，中央给予适当补助。

（三）坚持统筹规划、重点安排的原则。中央用于特大自然灾害的抗灾救灾资金、物资，要统筹规划，有章可循，优先安排重灾区，适当照顾边疆少数民族地区和贫困地区。当特大自然灾害造成的直接经济损失占本省、自治区、直辖市上一年度国内生产总值一定比例或受灾面积、死亡人数、死亡牲畜达到一定数量时（具体标准由国家经贸委商有关部门另行制定），省、自治区、直辖市人民政府可向国务院申请抗灾救灾资金、物资的补助。根据各地的受灾情况、经济发展水平和综合减灾能力，由国务院或国务院有关部门研究确定是否给予抗灾救灾资金、物资补助。

二、加强抗灾救灾工作管理

国务院有关部门和地方各级人民政府要密切配合，各负其责，认真做好抗灾救灾工作；同时，要加强同中国人民解放军和中国人民武装警察部队的协调，及时取得他们的支持。

（一）国务院委托国家经贸委负责综合协调全国抗灾救灾工作，会同国务院有关部门统筹安排抗灾救灾资金、物资。国务院各有关部门分工负责各自职责范围内的抗灾救灾工作，分配和管理各项抗灾救灾资金、物资，指导、检查本系统的抗灾救灾工作，并及时向国家经贸委、财政部等有关部门通报工作情况和资金、物资分配情况。

（二）地方各级人民政府要明确承担抗灾救灾综合协调工作的机构，负责做好组织协调、监督检查和服务工作，加强抗灾救灾的综合管理。

（三）加强对抗灾救灾资金、物资的管理。根据中央与地方事权、财权的划分，对抗灾救灾资金、物资实行分级管理、分级负担，做到专款专用，专项专用，确保重点，不得平均分配或挪用、截留。

（四）建立监督和处罚机制。监察、审计部门负责监察、审计各有关部门安排使用抗灾救灾资金、物资的情况，每年须向本级人民政府报告监察、审计结果，并抄送有关部门。要建立灾情调查审核制度，对于虚报灾情以及挪用、截留抗灾救灾资金、物资的地方和部门，要严厉处罚并通报批评；对直接责任人要严肃处理并追究其领导责任。

（五）加强灾情测报、统计及信息处理工作。各省、自治区、直辖市人民政府要加强抗灾救灾信息管理，提高灾情测报和灾情信息的处理能力，及时、准确掌握抗灾救灾工作动态。国家经贸委要组织有关部门开展重大自然灾害损失的科学评定工作，制定全国灾情统计标准，使灾情统计工作逐步规范化。

（六）适时报道灾情和抗灾救灾工作，引导广大干部群众振奋精神，团结抗灾。要突出报道党和政府对灾区人民和救灾工作的关怀，灾区广大干部群众、人民解放军指战员、武警官兵、公安干警奋力抗灾、生产自救和各地区、各部门互相支援的先进事迹。公开报道灾情，要实事求是，有利于社会安定和抗灾救灾工作，防止产生消极影响。重大灾情的报道由新华社统一发稿，局部灾害一般只在当地报道。报道因灾造成的直接经济损失和人员伤亡情况，应以主管部门核实的统计数字为准。凡公开报道要慎重，报道内容要按规定经有关部门审核。

三、抗灾救灾工作中需要注意的问题

（一）申请中央补助抗灾救灾资金和物资，须由省、自治区、直辖市人民政府统一向国务院报告。自然灾害发生后，各级地方人民政府领导要及时深入受灾现场，加强组织协调，指挥抗灾救灾工作，依靠本地区的财力、物力解决抗灾救灾问题。确需中央补助资金和物资，由省、自治区、直辖市人民政府核实后，以文电形式向国务院报告，并抄送国务院有关部门。报告内容主要包括：本次（阶段）灾害发生范围及损失情况，地方投入抗灾救灾资金和物资情况，请求中央补助的资金、物资的数量及用途等。

（二）省、自治区、直辖市人民政府一般不要派人进京汇报灾情，如确需派人进京向国务院汇报，要先由省、自治区、直辖市人民政府报告国务院，经批准后，由国务院或国务院委托国家经贸委组织有关部门共同听取汇报，其他部门原则上不再重复听取汇报。地、市、县人民政府不要越级进京汇报。

（三）省、自治区、直辖市人民政府要求帮助协调解决的有关抗灾救灾资金、物资等问题，由国家经贸委负责组织协调。需要答复省、自治区、直辖市人民政府的事项，一般由国家经贸委汇总答复。国务院有关部门承办的事项，可将办理结果直接答复省、自治区、直辖市人民政府，并抄送国家经贸委。

（四）地方人民政府及有关部门要及时报告和检查抗灾救灾资金、物资的分配使用情况。各省、自治区、直辖市人民政府在接到下拨抗灾救灾资金、物资的文件后，要在 30 天内将资金、物资分配使用情况报国家经贸委，并抄送国务院有关部门。国家经贸委要定期汇总有关情况并向国务院报告。国务院有关部门和地方人民政府要对抗灾救灾资金、物资的分配使用情况实施监督，及时进行检查。

国务院有关部门和地方各级人民政府要根据本《通知》精神，制定和完善抗灾救灾管理办法及资金、物资的分配使用办法。凡与本《通知》精神不符的规定，以本《通知》为准。

1月19日

国务院副总理兼外交部部长钱其琛在里斯本就非洲五国之行接受新华社和中央电视台记者采访

钱其琛说，“这些国家的政府和人民对中国怀有友好情谊，他们赞赏中国始终重视非洲。中国关于国家不分大小、贫富一律平等的主张，深受欢迎。我们所到之处，都有中国的专家、技术人员和医生与当地人民一起工作，都有象征中非友谊的一些合作项目。”

钱其琛说，他这次访问非洲所得到的另一个突出的印象是，“冷战”后国际形势的变化，特别是多党民主风潮，曾一度给非洲形势造成冲击，在政治上引起不少混乱。但经过五六年的艰难探索，越来越多的非洲国家实现了国内的稳定，经济取得了发展，整个非洲的经济增长率达到3%左右。当前，非洲各国继续努力，根据本国国情，寻求符合实际的政治体制和发展模式。非洲国家希望国际社会更多地提供有效的帮助，少干涉他们的内部事务。

在回答关于中国和尼日尔复交后的两国关系及对台湾当局继续在非洲推行“弹性务实外交”有何看法的问题时，钱其琛说，自去年8月中尼复交以来，“两国在政治、经济、文教、卫生等领域的合作得到迅速的恢复和发展。我们对两国关系在新的基础上顺利发展感到满意，并充满信心。”

钱其琛说，“近年来，台湾当局在非洲利用一些国家的经济困难，赤裸裸地以金钱换取所谓‘邦交’。台湾当局这样做的意图并不是为了发展经贸关系，更不是为了援助非洲国家，而是利用经济手段进行分裂祖国的活动。现在更多的非洲国家认清了这一点。台湾当局分裂祖国的图谋是没有前途的。”

在谈及联合国秘书长选举问题时，钱其琛说，中国支持由来自非洲的候选人担任这一职务。钱其琛说，联合国成立50年来，来自其他地区的联合国秘书长均可连任，非洲有50多个国家，在担任联合国最高职务上也应享有同样的权利，这也是绝大多数国家的主张钱其琛说：“中国始终明确主张，本届联合国秘书长应由非洲国家候选人担任。安南先生的当选，显示了国际社会对非洲的信任和期望。”

吴嘉童获奥地利鲁道夫·赛林格基金会1996年度科技奖

1月20日

纪念著名革命烈士西北红军和西北革命根据地创始人之一谢子长诞辰100周年座谈会在人民大会堂举行

国务院总理李鹏题词，中共中央政治局常委、中央军委副主席刘华清代表中共中央、中央军委作重要讲话，薄一波致信座谈会。

李鹏的题词是：“继承先烈革命精神，为四化伟业而奋斗”。

薄一波致信说：子长同志的一生，闪烁着革命的光辉。他是一位深深扎根于人民群众中的年轻有为的领袖人物和优秀军事指挥员。子长同志把自己的一切奉献给了人民解放事业，人民将永远纪念他。他的革命精神和高尚品德永远值得后人学习和发扬。

布赫、洪学智、汪锋等出席座谈会。曾经和谢子长同志一道工作、战斗过的老同志刘澜涛、马文瑞、贺晋年在座谈会上发了言。

座谈会由中共陕西省委、中央党史研究室、中国延安精神研究会等单位主办。中共陕西省委书记安启元主持座谈会并介绍谢子长烈士的革命业绩。

全国外经贸工作会议在北京召开

外经贸部部长吴仪在会上说，去年整个外经贸工作是在困难中前进，在“转变”中发展的，全年进出口贸易继续增长，并在市场多元化、利用外资、技术进出口、援外工作改革、对外承包工程与劳务合作、多边与双边经贸关系等方面取得新的进展，为实现“九五”计划目标开了个好头。

吴仪说，今年我国外经贸工作面临的形势是严峻的。要全面提高对外经贸的质量与水平，必须切实转变观念，树立以效益为中心的思想，走集约化经营之路；进一步实施“大经贸”战略，从宏观指导与微观操作两个层次上实现各项外经贸业务的渗透与融合，加强与国内相关部门、产业的协作；加大外经贸体制改革的力度，换机制、抓管理，企业要转变依赖政策优惠的传统观念，增强市场意识、风险意识与竞争意识，进一步改革和完善进出口商品管理制度，加快赋予有条件的生产企业、科研院所等以对外经营权；认真贯彻“积极合理有效”利用外资的方针，提高引资质量；大力调整出口商品结构，科技兴贸，以质取胜。

国务院总理李鹏在人民大会堂与瓦努阿图总理里亚吕特·塞奇·沃豪举行会谈

李鹏说：“今年是中瓦建交15周年，建交以来，两国关系的发展是顺利的，双方在经贸、农业、医疗等领域的交流取得了令人满意的成果。在国际和地区事务中，两国相互支持。我们对此表示满意。”李鹏说，中国主张国家不分大小，一律平等。中瓦建交15年来所走过的道路表明，只要坚持和平共处五项原则，两国关系就能不断发展。

沃豪说，瓦努阿图将继续坚持“一个中国”的政策，并希望通过此次访问推动两国关系得到进一步发展。

李鹏总理还向客人介绍了中国重视发展农业的方针。

会谈后，两位总理共同出席签字仪式并亲自签署了《中华人民共和国政府和瓦努阿图共和国政府贸易协定》。此外，两国有关方面还签署了《关于中国政府向瓦努阿图政府提供一笔无偿援助的换文》。

中共中央政治局常委胡锦涛接受墨西哥《太阳报》社长巴斯克斯的采访

胡锦涛访墨西哥期间接受了墨《太阳报》社长巴斯克斯的采访。

当巴斯克斯问胡锦涛此次访墨的印象时，胡锦涛说，应墨西哥革命制度党的盛情邀请，我和我的同事们于1月16日至20日访问了你们美丽的国家。访问期间，我有幸会见了塞迪略总统、参议长奥尔蒂斯和革命制度党主席罗克等墨西哥政治家，并就共同关心的问题交换了意见，还同墨西哥企业家进行了座谈。通过访问，使我们对墨西哥有了更直接和深入的了解。贵国灿烂的历史文化，丰富的自然资源，勤劳智慧的人民和巨大的发展潜力都给我们留下了深刻的印象。我们亲身感受到贵国政府、议会、政党和各界朋友在发展中墨友好合作关系上有着广泛的共识。在主人们的精心安排下，访问取得了圆满成功。

当巴斯克斯请胡锦涛谈谈中墨关系的现状和前景时，胡锦涛说，中墨建交25年来，两国在政治、经贸、科技、文化等各个领域的关系顺利发展。特别是近年来，双方高层互访频繁，交流合作不断扩大，磋商机制加强，为我们两国传统友谊的发展增添了新的生机和活力。塞迪略总统去年对中国的成功访问，为两国构筑面向21世纪的长期、稳定的友好合作关系奠定了坚实的基础。

胡锦涛还说，中墨两国都是发展中国家，在历史上都曾饱受强权的欺侮，因而更加珍惜独立自主的权利，都需要和平的发展环境和公正合理的国际政治、经济秩序，在国际事务中有着广泛的共同点和一致的利益。我们都是人力、物力资源丰富、市场广阔的大国，又分处在经济增长较快的亚太和拉美地区，有着经济互利互补、长期合作的优越条件。我们都在探索符合本国国情的发展道路，在对内改革、对外开放中遇到许多共同或相似的问题，可以相互交流，学习借鉴。从两国和两国人民的根本利益和面向21世纪的战略高度出发，进一步加强和扩大中墨友好合作关系必将造福于两国和两国人民。我们相信，在双方的共同努力下，两国关系发展的前景将是广阔和美好的。

采访中，胡锦涛还就加强和发展中墨双边经贸合作、中国的改革开放、香港回归等问题回答巴斯克斯社长的提问。

国务院副总理李岚清在人民大会堂会见由会长樱内义雄率领的日本国际贸易促进协会访华团

全国总工会主席尉健行在北京会见由副会长高头进率领的日本工会总联合会代表团

全国政协副主席吴学谦在人民大会堂会见以陈永栽为指导员董尚真为团长的菲律宾菲华商联总会访华团

国防部部长迟浩田上将在北京同刚果国防部部长弗朗索瓦·阿亚延准将会谈

国防部部长迟浩田上将在北京会见葡萄牙海军参谋长里贝罗·帕切科海军上将

葡萄牙总统桑帕约在里斯本总统府会见国务院副总理兼外交部部长钱其琛

双方就双边关系和共同关心的问题进行了交谈。

桑帕约强调说，葡真诚地希望与中国建立长期的友好合作关系，葡中两国不仅应在澳门问题上而且应在两国关系的广泛领域内进行富有成效的合作。

钱其琛表示，中国政府一贯重视同葡发展长期稳定的友好合作关系。他说，中国是以非常现实和冷静的态度来解决港、澳问题的，只要中葡双方站在战略高度来看待澳门问题，就一定能够圆满地解决澳门过渡期的问题。

桑帕约说，欧盟正处于关键的发展阶段，葡致力于发展欧盟与亚洲的关系，而对华关系是欧盟对亚洲关系的重要组成部分。钱其琛表示，中国重视欧盟在国际事务中的作用，亚洲与欧洲加强合作有助于世界的稳定和发展。

桑帕约感谢中国支持葡萄牙竞选联合国安理会非常任理事国。他表示，葡萄牙也支持中国加入世界贸易组织。

外交部部长钱其琛在葡萄牙外交部与葡外长伽马举行会谈

钱其琛指出，中国重视同欧盟的关系愿进一步加强同欧盟之间的友好合作关系。

伽马说，作为欧盟成员，葡萄牙愿为加强欧盟与中国关系做出努力，葡将为中国加入世界贸易组织发挥积极的作用。

中国科学院和国家环保局就联合成立地质环境系统研究中心举行正式签字仪式

中国科学院院长周光召、副院长陈宜瑜及国家环保局局长解振华、副局长叶汝求出席签字仪式。

由中国科学院和国家环保局联合成立的地质环境系统研究中心，将以中国科学院地质研究所为依托，实行双重领导制。中心的任务是，有针对性地对国家重大环境问题开展跨学科、跨领域的研究，创建中国地质环境系统的理论体系，同时承担国内外重大研究课题，解决重大地质环境难题，为我国实现可持续发展作出贡献。

中国科技工作者在青藏高原戈壁沙漠上首次栽种出小麦瓜果和花卉

中国科学院兰州沙漠所7位工作者，1994年接承《日喀则江当沙漠化土地综合整治示范区》课题，经过两年多的奋斗，在高原沙漠戈壁上，建成近1700亩的沙漠化土地综合整治示范区。目前在示范区内，营造防护林215亩，改造天然草地458亩，建成人工草场152亩和生态试验小区30亩。在日喀则利用雨季造林成活率高达99%；并在高原海拔近3900米的沙漠上，引种草莓、西瓜、甜瓜和葡萄，均当年收获。

新闻出版署署长于友先在全国新闻出版局长会议上发表讲话

于友先指出，1996年的新闻出版工作"一手抓繁荣，一手抓管理"，不仅整体保持了奋发向上的势头，而且取得了若干重要进展，"九五"开局令人满意。今年，我国新闻出版工作将紧紧围绕对香港恢复行使主权和召开党的十五大这两件大事，创造良好文化舆论环境开展工作，实施精品战略，多出好书，不出坏书，并按照中央部署进行"治散治滥"。

于友先回顾说，去年，新闻出版署相继举办了"'八五'中国出版成就展"和"中国少儿出版物成就展"，并成功举行了第七届全国书市，向党和人民集中汇报和展示了新闻出版工作所达到的整体水平。《"九五"国家重点图书出版规划》制定完毕，选题达1200种，其中《建设有中国特色社会主义理论书系》、《大中华文库》等8种重点图书将由新闻出版署直接组织实施；《"九五"国家重点音像制品出版规划》确定选题476种，"农村区域经济"、"科普知识"等18个系列被列为国家骨干工程。"中国少儿动画5155工程"正式启动，出版了一批具有中国作风和中国气派的少儿动画读物精品，一批突出主旋律的长篇小说选题也已确定。出版物整体质量有所提高，抽查显示，合格率比1995年提高了8个百分点。

在抓繁荣的同时，管理也进一步得到强化。去年，基本上没有新批建出版单位，并加大了对买卖书号、刊号和版号的查处力度，撤销了买卖书号问题严重的3家出版社，对严重违规的7家出版社进行停业整顿，撤销了严重违规的两有报纸和10种期刊的登记，对8种期刊进行了停业整顿。在开展整顿治理光盘生产秩序的专项斗争中，关闭了10家严重违法、违规的生产企业。同时，严厉打击非法出版活动也取得显著成果，破获了22条地下光盘生产线。

于友先在谈到1997年新闻出版工作时强调，坚持正确方向，坚持正确导向。他说，坚持正确方向，就是坚持为人民服务、为社会主义服务、为全党全国工作大局服务的方向。要坚持实施精品战略，多出好书，不出坏书。于友先强调指出，治散治滥，加强和改进新闻出版管理工作，是党中央、国务院的战略部署，最近，中央办公厅、国务院办公厅又正式下发了《关于加强新闻出版广播电视业管理的通知》，对治散治滥工作进行了明确部署。

按照"两办"通知精神，新闻出版署报纸司、期刊司、图书司、音像司分别拟定了治散治滥的方案。治散治滥首先要治软，严格管理，大胆管理，要以此为加强和改进新闻出版管理工作的重要契机，既坚决果断又细致稳妥地完成任务。

这次会议为期5天，来自各省、自治区、直辖市的新闻出版局长和新闻出版署直属单位主要负责人120人参加了会议。

全国文化厅局长会议在北京开幕

文化部部长刘忠德代表部党组在开幕式上作主题报告。

刘忠德指出，这次会议的任务，就是要进一步学习贯彻落实党的十四届六中全会精神和江泽民总书记在文代会和作代会上的重要讲话，总结1996年的文化工作，部署1997年的文化工作，审议《文化事业发展"九五"计划和2010年远景目标纲要(草案)》。

刘忠德对1996年文化工作作了全面回顾。他介绍说，文化部连续三年进行的中直院团体制改革，在1996年取得了突破性进展，以布局结构调整和考评聘任为重点的第二步改革的全面实施，使中直院团完成了以适应计划经济的旧体制向适应社会主义市场经济的新体制的过渡。在重点进行第二步改革的同时，中直院团积极组织艺术精品生产，第六届文华奖、第六届群星奖硕果丰厚。1996 年“中国国际交响乐年”、《壮丽航程》、《月圆序曲》、《伟大的长征》等一系列具有导向性、示范性的重要活动、大型晚会举办得十分成功，“文化艺术上山下乡工程”等文艺活动丰富多彩。1996 年，文化部突出重点，集中治理，文化市场管理进一步加强。在全国范围内开展了声势浩大的音像市场集中治理行动，加强了对国内组台演员和演员个人营业性活动的管理，还完成了全国文化娱乐业首次普查，基本上摸清了娱乐业的总体发展水平及行业地区分布状况，在文化市场科学化管理方面迈出了扎实的一步。在普查基础上，还初步建立了文化市场统计报表制度。1996 年，文化部还大力推进“三大文化工程”，即创建文化先进县活动，万里边疆文化长廊建设和实施少儿文艺“蒲公英计划”，农村文化事业有了长足发展。

《文化事业发展“九五”计划和 2010 年远景目标纲要(草案)》提出了我国文化事业发展的指导思想和目标任务，勾画了今后一个时期文化事业发展的宏伟蓝图，《纲要(草案)》讨论修改后，将正式印发各地贯彻执行。

1 月 21 日

中共中央总书记江泽民在人民大会堂会见中国法学会第四次会员代表大会的代表

江泽民指出，依法治国，是社会文明和社会进步的重要标志，也是国家长治久安的重要保障。党的十一届三中全会以来，邓小平同志一贯倡导要发展社会主义民主，加强社会主义法制，这是我们必须长期坚持的基本方针。没有社会主义民主与法制，就没有社会主义现代化。全党同志特别是各级领导干部要始终不渝地推进社会主义民主与法制建设，努力提高领导水平和执政水平。

江泽民说，广大法学工作者、法律工作者，是致力于民主与法制建设的一支重要力量。希望大家在邓小平建设有中国特色社会主义理论的指导下，继续研究和回答实践中需要解决的重大问题，更好地为促进国家的改革、发展和稳定服务。希望中国法学会更好地发挥党团结联系广大法学工作者、法律工作者的桥梁和纽带作用。

国家主席江泽民在人民大会堂会见瓦努阿图总理里亚吕特·塞奇·沃豪

江泽民说，中瓦两国同处亚太地区，都是发展中国家，双方有许多共同点。我们有过类似的历史遭遇，当前又都面临发展本国经济和提高人民生活水平的相同任务。我们之间的友谊是真诚的。瓦政府重视发展对华关系，这为中瓦两国发展友好合作关系创造了有利条件。中国一向重视和珍惜与瓦努阿图的友好关系，并愿在和平共处五项原则基础上，同瓦方一道努力，将两国友好互利合作关系推向新的高度。

沃豪说，此次访华，两国签署了贸易协定，这一协定对 80％人口居住在农村的瓦努阿图而言意义重大。沃豪强调，瓦在国际领域将继续同中国合作，在道义上相互支持，继续坚持“一个中国”的政策。

中国法学会第四次会员代表大会在北京召开

中央政法委书记任建新在会议上发表讲话。

任建新指出：社会主义民主与法制建设是一项宏大的系统工程，涉及政治、经济、文化、外交以及社会生活等各个领域，涉及立法、司法、执法和学法、守法等各个环节，涉及提高全民族的法律意识和法制观念。要提倡法学工作者、法律工作者解放思想，实事求是，坚持理论与实践相结合，紧密联系实际，进行不倦的研究和探索，为社会主义民主与法制提供更多的理论支持。

任建新说，中国法学会是我国法学界、法律界的全国性社会团体和学术团体，聚集着我国法学界、法律界人才的精华。希望中国法学会进一步改进工作，切实加强学会自身的建设，团结广大法学工作者、法律工作者，反映他们的意见和要求，维护他们的合法权益，努力创造条件为他们提供更多的服务，充分调动他们的积极性。同时，希望各地党委和政府对地方法学会的工作给予更多的关心、支持。

会议于 20 日在北京召开，中国法学会会长邹瑜在会议开始时做了工作报告。邹瑜指出：积极推进依法治国、建设社会主义法制国家的进程，增强全民族的法律意识和法制观念；完善社会主义市场经济法律体系，推进社会主义市场经济新秩序的建设；强化法律手段，促进和保障社会主义精神文明建设，把精神文明建设逐步纳入法制化轨道；继续贯彻“严打”方针，推进社会治安综合治理，确保世纪之交的社会稳定；坚持和发展马克思主义法学，活跃和繁荣法学理论研究等五方面的工作，是世纪之交中国法学界、法律界面临的主要历史任务。

中国法学会目前有 14 个学科(专业、专门)523 个地方法学会，会员总数超过 10 万人。罗干、张思卿和中央有关部门负责人贾春旺、肖杨、束怀德、高昌礼、梁国庆等出席会议。

《毛泽东周恩来刘少奇朱德邓小平陈云格言》一书出版发行

为贯彻落实中共十四届六中全会决议，加强社会主义精神文明建设，弘扬老一辈无产阶级革命家的崇高思想品德和优良作风，由中共中央文献研究室编辑而成。已由中央文献出版社和上海人民出版社联合出版，在全国发行。

编入该书的格言，绝大多数是从作者的著作集中摘选出来的，既有人们熟知和常见的，也有一些是少为人知的。该书按人分辑，每辑分若干篇，其中有：《修养篇》、《方法篇》、《党建篇》、《建国篇》、《治军篇》等。每篇又分若干专题，包括信念、求知、奋斗、情操、选贤任能、精神文明等。全书约21万字。

"邓小平南方谈话与中国改革发展新阶段理论研讨会"在北京召开

研讨会由中央党校建设有中国特色社会主义理论研究中心主办，中国马克思主义研究基金会协办。

中共中央委员、全国政协常委胡平，中共中央党校副校长龚育之、刘海藩，中国社会科学院副院长刘吉等出席会议并讲话。首都学术界和新闻界共60人参加会议。会议由刘海藩主持。

会议指出，邓小平南方谈话具有划时代的意义，它科学总结了十一届三中全会以来党的基本实践和基本经验，精辟阐述了社会主义的本质和"三个有利于"的标准，明确回答了经常困扰和束缚我们思想的许多重大问题。强调基本路线要管一百年，动摇不得。强调发展是硬道理，要抓住时机，发展自已。以这篇谈话和党的十四大为标志，我国改革开放和现代化建设事业进入了新阶段。

全国留学回国工作会议在北京召开

会议由国家教委和人事部共同召开。国务院有关部委、各地和高等院校以及留学回国服务部门的有关负责人、部分优秀留学回国人员代表出席会议。

目前中国各类出国留学人员已近27万人，有9万人学成回国，他们立足国内实际学以致用，在各自的工作岗位上作出了突出贡献，成为促进改革开放和社会、经济发展的一支重要力量。

中国出国留学人员分布在103个国家和地区，其中国家公派留学人员4.4万多人，单位公派8.6万人，自费留学13.9万人。在回国留学人员中，有国家公派的3.7万多人，单位公派的4.8万多人，自费留学人员4000多人。统计表明，由于中国经济持续稳定发展和国际地位日益增强，以及国家为留学回国人员提供了有利条件，近几年留学回国总人数以13%以上的速度逐年递增。1992年中央提出的"支持留学、鼓励回国、来去自由"方针，也深受广大留学人员的拥护与支持，他们虽然远离祖国，但时刻关心国家的发展与进步。会议上，国家教委、人事部表彰了318名全国优秀留学回国人员和25个全国留学工作先进单位。

全国企业管理工作会议暨学邯钢经验交流会在江苏无锡开幕

全国海关关长会议在北京召开

海关总署署长钱冠林在会议上提出1997年的工作重点，要求海关系统加强监管，为提高对外开放水平服务。

1996年全国海关各项工作取得全面进展：征收关税和进口环节税比上年增长21.75%；加工贸易保证金台账制度全面顺利实施；反走私斗争取得重大成果，全年共查获走私案件6130起，案值96.83亿元，分别比上年增长22.31%和17.65%。全年共上缴中央和地方财政罚没收入39.76亿元，比上年增长33.03%。钱冠林说，海关1997年将着力做好五项工作：

——加强税收征管，努力完成国家税收计划。

——强化对重要进口商品的监管，合理保护国内市场和企业生产。加强进出口业务数据分析，不断改善海关监管。

——加强和完善对加工贸易的监管，促进加工贸易健康发展。

——严厉打击走私违法活动，规范和整顿经济秩序。加大海关执法力度，重点打击货运渠道伪报、夹藏、擅自内销、"三假"等逃避海关监管、偷逃国家税收的商业瞒骗行为。

——深化改革，提高效率，为扩大对外开放程度和提高对外开放水平服务。

审计机关1996年查出违纪金额2038亿元人民币

全国审计工作会议1月21日至23日在北京召开。

国家审计署审计长郭振乾在会议上讲话说，1996年审计工作有了较大进展。各级审计机关和广大审计人员认真开展本级预算执行审计和各项审计工作，在严肃财经纪律，维护经济秩序，促进两个转变，加强廉政建设等方面发挥了重要作用。全国共审计17.8万个单位，查出违反财经法规金额2038亿元，比上年增加1倍多；已上缴财政119.9亿元，减少财政拨款和补贴22.8亿元，追还被侵占、挪用资金137.4亿元，罚款5.9亿元，共为国家增收节支286亿元，比1995年增加40%。

郭振乾说,1996 年是开展本级预算执行审计的第一年,全国共有 2662 个审计机关对 1995 年本级预算执行情况进行了审计,占审计机关的 89%。各级审计机关还积极参加清理检查预算外资金,共清查 2145 个财政部门,占财政部门总数的 67%。其他各项审计工作也顺利展开,北京、河南、黑龙江等 26 个省区市审计机关和特派办,对部分国有土地使用权出让金的管理、使用情况进行了审计,查出"体外循环"、随意减免和挪用出让金等问题,金额达 677 亿元。

国家主席江泽民在人民大会堂会见以董尚真为团长陈永栽为指导员的菲律宾华商联合会总会访华团部分成员

国务院总理李鹏在人民大会堂会见美国奥瑞克软件系统公司总裁劳伦斯·埃里森

国务院总理李鹏在人民大会堂会见由会长樱内义雄率领的日本国际贸易促进协会访华团

李鹏说,中日关系发展到今天,来之不易,应加倍珍惜。去年中日关系中出现困难,责任不在中方。中国政府从维护中日关系的大局出发,既坚持了原则,又表现了很大的克制。他说,中日是"一衣带水"的邻国,进一步维护和发展中日友好合作关系符合两国人民的根本利益。"前事不忘,后事之师",要使日本人民特别是日本年轻的一代了解历史、正确对待历史,使中日友好世代相传。李鹏表示相信,只要中日双方恪守指导两国关系的各项基本原则,中日关系就会沿着正常、健康的轨道发展。

樱内义雄表示完全同意李鹏总理所说的日中两国是"一衣带水"的近邻,应该世世代代友好下去。日本企业界将为此作出努力。

哥伦比亚总统桑佩尔在圣菲波哥大会见中共中央政治局常委胡锦涛并授予哥伦比亚"国家功勋特别大十字勋章"

中共中央政治局常委胡锦涛在圣菲波哥大会见隆多尼奥参议长兰沃格利亚众议长等哥伦比亚自由党领导委员会成员

外交部发言人沈国放就危地马拉和平进程等问题举行记者招待会

沈国放说,近十天来,中危双方进行了多轮认真而富有成效的磋商。危地马拉政府表示认识到台湾问题的严重性和敏感性,将采取积极的态度,并承诺尊重联大第 2758 号决议的内容,将以此来指导危地马拉在联合国的有关活动。中危双方通过共同努力,终于找到了彼此都能接受的解决方案。鉴此,中方于 1 月 20 日对安理会授权向危派遣军事观察员的决议草案投了赞成票。

他说:"我们希望危地马拉和平进程取得成功,并希望中危两国在联合国的合作继续得到加强。"

有记者问:最近,在美国地方法院审理关于港人吕健康引渡返港案的过程中,有人对未来香港特区司法制度的独立性提出质疑,你对此有何评论?

沈国放回答:1997 年 7 月 1 日,中国政府将对香港恢复行使主权,并设立香港特别行政区。中英联合声明和香港特区基本法规定:香港的现行法律基本不变;香港的原有法律,即普通法、衡平法、条例、附属立法和习惯法,除同基本法相抵触或经香港特区立法机关作出修改者外,予以保留;香港特区将享有独立的司法权和终审权;香港特区法院依照适用于特区的法律独立进行审判,不受任何干涉。

沈国放指出,经中英联合联络小组讨论同意并于最近签署的香港—美国移交逃犯协定 1997 年 7 月 1 日以后将继续有效。因此,对于未来香港特区司法制度独立性的任何质疑都是没有根据的。

有记者问:以色列总理内塔尼亚胡日前表示,耶路撒冷和戈兰高地问题不容谈判,中国政府对上述问题持何立场?

沈国放回答:中东有关各方应根据联合国相关决议和土地换和平原则,通过政治谈判解决耶路撒冷和戈兰高地的地位问题。我们希望有关各方采取灵活务实态度,为中东和平进程健康地向前发展创造合适的气氛。

中国人民保险(集团)公司加入国际伯尔尼协会

中国人民保险(集团)公司日前已被国际信贷和投资保险人联盟(简称国际伯尔尼协会),正式接纳为新成员。

兵器工作会议在北京召开

国务院副总理吴邦国代表国务院致信祝贺会议召开。

为扭转民品生产、销售上出现的困难局面,完成保军转民的历史性任务,兵器工业总公司提出了今后 4 年"打好三个攻坚战"的战略:一是打好结构调整的攻坚战,从保军大局出发,积极组织实施好第四次军品能力调整工作;二是打好"两车"振兴的攻坚战,加大自主创新和技术引进力度,调整摩托车和汽车产品结构,争取夺回失去的优势并有所发展;三是打好解困攻坚战,国务院已决定在“九五”期间对兵器工业进行解困试点,要抓住机遇,深化改革,力争在2000年实现基本解困。

国务院环委会主任宋健在国务院第三届环境保护委员会第十次会议上发表讲话

宋健说,中国在开采、运输和使用高硫煤中,排放的大量二氧化硫,是造成大气污染,西南和南方酸雨区扩大,环境状态恶化的重要原因之一。大气质量的好坏,关系到人民群众的切身利益和身体健康。分批在全国重点城市开展空气污染周报,并最终实现空气污染预报,是为了更好地反映环境污染变化的态势,同时使大气污染防治工作接受人民群众的监督。有关部门应根据《大气污染防治法》提出的要求,尽快制定限制高硫煤、高灰粉煤生产运销的有关条例,大力推行清洁生产,控制二氧化硫等污染物的排放总量。

宋健说,当前,中国的环境污染物排放总量不断增加,污染范围继续扩大,而经济和人口的快速增长,对资源、环境的巨大冲击威胁着可持续发展的基础。在这种情况下,必须加大污染防治工作的力度,采取切实可行的措施,如进一步搞好关停15种污染严重的小企业工作,分步实施北京等部分重点城市空气污染预报,到本世纪末禁止使用含铅汽油等,进一步贯彻第四次全国环保会议精神和《国务院关于环境保护若干问题的决定》,全面实现“九五”环境保护目标。

《中国城市燃煤大气污染控制规划》通过鉴定

国家环保局科技发展项目《中国城市燃煤大气污染控制规划》日前在北京通过鉴定。

该研究项目从1990年开始至1995年完成。由中国环境科学研究院、国家计委能源研究所、北京大学环境科学研究中心等单位具体实施,选择呼和浩特市、青岛市、贵阳市为示范城市,开发出一套适用于我国城市的计算机化的决策支持系统,实现动态性的经济、能源、环境协调发展规划,使三者管理决策工作朝着科学化、现代化方向迈进。

“中国城市燃煤大气污染控制规划研究”项目旨在因燃煤造成严重污染的城市,寻求防治污染的最经济、有效的途径,通过制定能源与环境协调发展规划,建立决策支持信息系统,使能源结构、能源需求与环境质量、污染防治技术和城市经济发展结合在一起,为城市经济的可持续发展服务。

9时47分和9时48分(北京时间)在新疆伽师、阿图什(震中位于北纬39.6度,东经77.4度)分别发生6.4级及6.3级地震

1月22日

全国电子行业工作会议在北京召开

1997年全国电子行业工作会议最近在北京召开。国务院副总理吴邦国致信全国电子行业工作会议。贺信中指出,1997年,国家已经把电子信息产品列为新的经济增长点,这是电子工业难得的发展机遇。吴邦国要求电子行业在新的一年里坚持以市场为导向,做好统筹规划,精心组织,逐步推进,抓出成效。

电子工业部常务副部长刘剑锋在会议上提出,今年电子行业要切实把技术开发和开拓市场放在工作的首位。

国家科委主任宋健在北京召开的全国气象局长会议上发表讲话

宋健要求继续扩大气象服务的范围、内容,强化服务手段及提高精度。

宋健特别强调说,全国气象部门现有2600多个气象台(站),许多台(站)分布在高山、海岛、荒原、沙漠等边远地区,工作和生活条件比较艰苦。有关部门和各级政府要关心和努力改善广大气象职工的工作、生活条件。涉及各地气象职工的住房、饮水、供电、交通等生活设施建设,地方政府要统一规划,统筹安排。关于气象职工的地方性福利待遇问题,有关住房、医疗和养老等社会保障制度改革等,都要与当地有关部门同样对待,统一部署,认真落实。

国家主席江泽民在中南海会见刚果国防部部长弗朗索瓦·阿亚延

中美两国新签两个南海石油勘探合同

中国海洋石油总公司与美国圣太菲能源公司日前在北京签订南海珠江口盆地15/34合同区块石油合同及南海北部湾23/28合同区石油合同。珠江口15/34合同区位于香港正南130公里,面积3200平方公里;北部湾23/28合同区临近海南岛北端,面积2180平方公里。

中纪委 监察部发出关于纪检监察机关积极协助冬季“扫黄”“打非”行动的通知

中纪委、监察部办公厅近日发出通知,要求“扫黄”、“打非”重点地区的纪检、监察机关积极协助、配合目前正在开展的“扫黄”、“打非”集中行动,要求这些地区的纪检、监察机关发挥纪检、监察职能,严肃查处集中行动中揭露出来的违法违纪案件。

中纪委、监察部办公厅的通知说，非法出版物的泛滥，往往同地方保护主义有关，同基层党政班子软弱涣散有关，同腐败有关。一些地方的领导同志为了求得当地经济的一时发展，不惜以牺牲精神文明为代价；一些基层党政班子对发生在眼皮底下十分明显的非法出版活动不闻不问；一些管理部门为了得到经济上的好处，利用职权搞不正当交易；一些党政领导干部索贿受贿，包庇、袒护犯罪分子，甚至直接参与非法出版活动。腐败和地方保护主义，为"制黄"、"贩黄"和非法出版活动开了绿灯、撑起了保护伞，成了非法出版活动屡禁不止的主要原因。因此重点地区及所在省的纪检、监察机关要按照当地党委、政府的统一部署，切实履行职责，坚决排除各种干扰，严肃查处非法出版活动中的领导干部索贿受贿、失职渎职以及庇护丑恶现象、阻挠"扫黄"、"打非"等违法违纪行为。

通知还要求各地纪检、监察机关注意及时研究情况，总结经验，遇到重大问题及时向当地党委、政府和上级纪检监察机关报告。

全国广播影视厅局长会议在北京闭幕

中共中央政治局委员姜春云在湖南 安徽重灾区考察

姜春云于1月22日至25日在湖南、安徽重灾区，看望受灾群众，了解他们的生活生产情况。

姜春云先后到去年遭受严重洪涝灾害的湖南岳阳市、安徽安庆市和池州地区，看望慰问受灾群众。

姜春云强调，灾区要千方百计夺取今年农业丰收，这是帮助灾民克服困难的根本措施。首先要确保夏粮夏油丰收，为全年丰收打下基础。要加强越冬作物的田间管理，及早做好春耕生产的各项准备工作，备足种子、农用生产资料和农机具。

姜春云指出，前段救灾工作虽然取得很大成绩，但灾民仍然存在不少困难，救灾任务还很重。要切实安排好灾民生活，把救灾粮款、物资及时送到灾民手中。救济要突出重点，对特困户应给予特殊帮助。加快倒塌房屋的重建工作，让更多的灾民早日住进新房。暂时不能住进新房的，要安排御寒住所，不能让灾民冻着。要让所有灾民都能过好春节，并对节后生活及早安排，确保安全度过春荒。要组织灾民开展生产自救，广开生产门路，主要依靠自力更生增加收入。灾区更要注重减轻农民负担。要认真倾听灾区群众的呼声，帮助解决实际困难，保持灾区社会稳定。

姜春云提出，要继续保持水利建设的好势头，重点抓好水毁工程修复、险工险段除险加固、河道湖泊清淤疏浚、蓄滞洪区安全设施建设。要把抗洪抢险的各项准备工作做在汛期之前，变被动抗灾为主动防灾。

首届"国际青少年消除贫困奖"颁奖仪式在北京举行

在消除贫困事业中作出突出成绩的五名中国青少年郭七保、陈凤霞、李勇、任国利、宋芳蓉当选。

1月23日

国务院总理李鹏在鞍山考察

李鹏于1月23日至25日来到辽宁省鞍山市，走访看望了企业特困职工，老劳模家庭，先进工作者。

李鹏总理和国务委员兼国务院秘书长罗干，走进鞍山铁西区薄铁厂特困职工李秀坤和鞍山市化纺总厂困难职工李光玉的家中，向他们送去党和政府的关怀，向他们表示亲切的慰问。在看望鞍钢实业发展总公司综合利用公司橡胶厂党支部书记、副厂长陈秀荣时，李鹏对这位身患癌症仍忘我工作、不断革新发明、人称"身边的焦裕禄"的优秀企业基层干部的精神给予高度评价。他说，正是有许许多多像陈秀荣这样的干部职工，我们的社会主义事业才会不断发展。他叮嘱陈秀荣一定要好好保重身体。

在全国著名劳动模范孟泰的家中，李鹏祝孟泰94岁高龄的遗孀乔世英健康长寿。他和大家一起回忆起了孟泰作出的重大贡献。他说，虽然时代变了，但我们不能忘记孟泰，更不能把孟泰精神丢了。在搞好国有大中型企业的今天，要大力弘扬孟泰艰苦创业、无私奉献的精神。他对鞍钢提出的"学孟泰、爱鞍钢、做主人、创一流"口号予以充分肯定。

李鹏说，我们的党和政府是代表人民利益的，是为人民谋福利的。各级领导干部要时刻把人民群众的冷暖放在心上，千方百计、想方设法为人民群众解决问题、多办实事。当前，一些地方，尤其是一些国有企业的职工由于种种原因，生活面临一些困难。我们一方面要动员他们依靠自力更生、艰苦奋斗去克服困难、改变面貌；另一方面，各级党委、政府和全社会，都要关心他们，鼓励他们，给他们送去温暖。要把送温暖活动、解困工作和再就业工程结合起来，使下岗人员学到新劳动技能和工作能力，重新走上新岗位。从根本上来说还是要努力发展生产，提高效益，标本兼治，做好解困工作。

李鹏充分肯定了鞍山市对特困职工和居民实行最低生活费用的保证制度，认为这是符合中国国情和现阶段经济发展水平的社会保障制度。他还对鞍山市由各级领导干部、各机关企事业单位和每个党支部定向帮助特困户的做法表示赞扬。

在鞍山期间，李鹏还考察了鞍山钢铁公司、鞍山化纤纺织厂等国有企业，参加了鞍钢职工迎春晚会。

在听取了鞍山钢铁公司的汇报后，李鹏发表了讲话。他说，鞍钢前几年曾一度产品销售不畅，企业亏损突出，生产经营困难。在困难面前，鞍钢人没有低头，而是通过奋力拼搏，使企业的面貌发生可喜的变化。他指出，鞍钢的变化，关键是推进了两个根本性转变。

李鹏强调，钢铁企业要挖潜改造，注重品种、质量和效益。鞍钢要继续利用现有条件，因地制宜地进行技术改造。他指出，虽然企业改革和发展已初见成效，但鞍钢目前仍存在不少困难和问题，要上下齐心协力，继续艰苦创业，集中有限的资金，加强技术改造，把再创辉煌、重振鞍钢变成全体职工的共同心愿。

李鹏说，搞好一个企业要有好的机制，先进的技术，科学的管理，适销对路的产品，但这一切都离不开好的领导班子。因此，要把建设好企业领导班子放在突出位置。

李鹏指出，国有企业是社会主义制度的经济基础。我们要把搞好国有企业提高到关系社会主义制度兴亡的高度来认识。鞍钢的变化证明，国有大中型老企业是可以搞好的。对此，我们充满信心。

国务院副总理吴邦国在全国企业管理工作会议暨学邯钢经验交流会闭幕会上发表讲话（节录）

党中央、国务院对企业管理工作非常重视。在今年的中央经济工作会议上，江泽民总书记强调指出："加强企业科学管理，不仅是深化企业改革，建立现代企业制度的基本要求，也是企业工作中的当务之急。"李鹏总理也明确提出："要认真加强企业经营管理"，并就企业管理工作提出具体要求。我们一定要认真领会贯彻中央经济工作会议精神，充分认识加强企业管理的重要性和紧迫性，把企业管理作为今年经济工作的一个重要任务抓紧抓好。

一、学邯钢要抓住实质

当前部分国有企业比较困难，固然有许多客观原因，但经营管理不适应社会主义市场经济的要求，是根本的原因。搞好国有企业需要改善宏观环境，有良好的外部条件，但任何宏观环境和外部条件的改善，都不能代替企业管理。目前国有企业的一个突出特点，是困难和潜力并存。眼睛向内，把功夫更多地放在加强管理、苦练内功上，这是企业走出困境和求得发展的最现实的途径。正如朱镕基同志指出的："我国国有企业的改革和发展没有轻巧的道路可走，只有老老实实地研究改善管理，建立一套现代企业管理制度才行。"邯钢的产品、设备都不是很先进的，同样存在着人员多，负担重、企业办社会的困难，政府对邯钢也没有特殊的优惠政策，但自1991年推行"模拟市场核算，实行成本否决"以来，经济效益连年提高，实现利润1992年为14900万元，1996年超过7亿元。在冶金部对全国18户特大型冶金企业考核的10项经济效益指标中，居于前3名的有7项；对全国地方钢厂考核的40项指标中，进入前3名的有25项。去年年初，国务院发出批转邯钢经验的通知，召开推广邯钢经验现场会后，全国迅速掀起了学邯钢的热潮。河北省在全国学习邯钢之前就推广邯钢的经验，去年学邯钢又深入一步。全省独立核算工业企业的增加值比上年增长17.7%，销售收入增长18%，利税增长15.3%，利润增长21.2%，增幅名列全国前茅。鞍钢班子调整后，认真学邯钢，1995年扭亏为盈，全年实现利润33000万元。1996年，在原料动力燃料涨价、钢材降价，消化增支减利因素233000万元的情况下，实现利润35000万元。这说明，邯钢经验顶用，真学真能见效。

学邯钢有一个学什么、怎么学的问题。有两种学法：一种是学习和模仿邯钢的具体方法和具体做法，这对一部分企业特别是部分钢铁企业，可能是有效的。但不同的企业，产品不同、工艺不同、设备状况不同、经济规模不同、外部环境不同，如果生搬硬套，不一定都合适。另一种是学习邯钢经验的精髓，抓住邯钢经验的本质，结合自己的实际，创造性地学习。要把学邯钢、抓管理推向深入，关键是要学它的精神实质。

邯钢经验的精神实质是什么？去年，我在学邯钢现场会上讲过，它的精神实质是：以经济效益为中心，依靠职工群众，坚持"三改一加强"方针，按照市场的要求，建立起"模拟市场核算，实行成本否决"的管理机制。现在，用比较形象的说法，就是"推墙入海"——丢掉幻想，转变观念，下决心走向市场，实现"三改一加强"的良性循环。

邯钢是从企业亏损、面临很大困难的状况下起步的。1990年上半年连续5个月亏损，当时全厂有6大品种25个规格亏损，亏损额达1580万元。他们找过冶金部，冶金部鞭长莫及；找过河北省政府，省政府爱莫能助；找邯郸市，邯郸市势单力薄。无奈之中，他们看清出路只有一条，就是下决心走向市场。面对被市场淘汰的威胁，邯钢人破釜沉舟，"推墙入海"，以市场可以接受的价格倒推成本，逼出来一个"不赚钱的产品绝不能生产"的道理。在企业内部实行模拟市场核算，在否决上动真格的，把成本降了下来。在拓宽销路，企业有了积累之后，他们用有限的积累，"算了干"而不是"干了算"，正确决策，进行有效的技术改造，调整了产品结构，降低了成本，实现了再积累。再以自有资金推进技术进步，开发新的产品，几年来，邯钢技改投入23亿元，不但没超概算，还省下114万元，并为企业带来可观的效益。经过这样的循环，邯钢从扭亏起步，转换机制，顺利在市场竞争中站稳了脚跟，走上了兴旺之路。

走向市场、参与竞争、优胜劣汰已讲了多年，但由于过去企业处在卖方市场的环境中，往往缺乏真实感、紧迫感。到商店买东西凭票，到企业买东西靠批条，企业是不会感受到市场压力、竞争压力的。近年来，随着买方市场的出现，使结构和机制的矛盾暴露无遗，一些企业似乎一夜之间失去了市场。此时，国有企业转换机制、走向市场才势在必行。邯钢经验回答了现阶段搞好国有企业的许多问题。邯钢是面向市场，依靠职工群众，转机制、抓管理的典型；是把市场信息及时有效地传递到企业内部，降低成本，调整结构，推进技术进步，转变经济增长方式的典型。邯钢管理的具体做法，不一定对每个企业都合适，但这些经验具有普遍性。邯钢同目前大多数国有企业相比没有什么两样，完全是依靠自身的努力，从扭亏开始走上兴旺发展之路的。我认为，只要抓住了邯钢经验的精神实质，紧密结合本地区、本行业、本企业的实际情况，创造性地学邯钢、抓管理，就能创造出丰富多彩、各具特色的好经验、好做法，就能收到实实在在的效果，就能进一步推动国有企业的改革和发展。

二、管理要面向市场

我们过去的管理有许多好传统，比如文明生产、原始记录、质量计量管理、定员定额、严格劳动纪律等。但是，最大的问题是不面向市场，是按计划组织生产，计划要生产什么就生产什么，要生产多少就生产多少，产品是统购统销，不是以销定产，而是以产定销。企业生产的目的，是完成计划。完不成计划的厂长，就不是好厂长。所以，计划经济条件下的企业，管理的核心不是市场，不是销售，而是生产，围绕生产进行管理。这就是计划经济管理的特点。市场经济则不同。企业关心的首先是销售，生产围着销售转，销售围着市场转，有销售才有生产，以销定产。如果产销率是 93%，就意味着还有 7%的产品积压在仓库，这实际上是资金的占压，资源的浪费。产品生产出来，卖不出去，用市场经济的观点来看，这个生产过程还没有完成。这就是计划经济管理的特点。市场经济则不同。企业关的首先是销售，生产围着销售转，销售围着市场转，有销售才有生产，以销定产。这就是市场经济管理与计划经济管理的根本不同管理思想是否转变的重要标志。

面向市场，就要改变传统的管理体制和管理方法。机械部经过两年的调查认为，我国机械行业的管理体制和管理方式，是影响企业竞争力的重要因素。据统计，我国生产的机床，1990 年市场占有率为 76%；1995 年降为 33%。我们的产品在市场上被进口产品挤了出来。一些外国机床之所以有竞争力，其重要原因是采用了“哑铃形”的管理模式，即企业产品设计开发能力很强，市场营销能力很强，而生产环节主要是以总装为主，有些零部件自己生产，而多数零部件是谁的好，谁的便宜，就买谁的。他们一切从用户出发，对市场反应灵敏，价格又有竞争力。而我们的机床企业恰恰相反，是“橄榄型”的，两头小，中间大，生产环节“大而全”、“小而全”，产品的开发和销售力量严重不足，产品更新不快，以生产通用机床为主，不能根据用户需要设计生产专用设备，售后服务跟不上，这自然会在竞争中失去市场。国有企业只有面向市场，重视产品开发，重视市场营销，积极开拓市场，坚持以销定产的管理体制和管理方法，为企业赢得市场，才能生存下来并不断发展壮大。

面向市场，就要研究市场。最近，《求是》杂志刊登了内贸部经济研究中心的一篇文章。文章认为目前我国市场形势的特点是供求平衡或供大于求。农产品供求平衡或偏紧，工业产品供过于求，库存积压已超过五千亿元，是结构性过剩。1996 年上半年社会总供给 34550 亿元，总需求 31159 亿元，供大于求 9.8%。1996 年下半年，在 609 种消费品中，供不应求的只有 38 种，占 6.24%；93.76%的产品是供大于求或供求基本平衡的。供不应求的产品中，绝大部分是农产品。这就是我们当前面临的市场环境。在短缺经济条件下，企业是不会感受到市场压力的，尽管口头上也讲进入市场，但缺乏面向市场的自觉性，还不是真正意义上的进入市场。现在情况不同了，每一个企业，包括好的企业，都无一例外地感到市场的压力，不主动、自觉地面向市场，就会在市场竞争中打败仗。“小天鹅”公司是个很有活力的企业，他们讲：我们的管理称之为危机管理，企业最好的时候，也可能是最危险的时候，好企业在卖方市场环境下，同样也要有危机感。因此，无论是市场经济的客观要求，还是当前的市场环境，都要求企业管理实行面向市场的全过程管理。企业在继续搞好生产管理的同时，要向两头延伸：向前延伸到市场调查和技术产品开发；向后延伸到产品销售和售后服务。要一切从市场出发，按市场需要，实施生产、销售、服务、信息反馈、科研开发、再到生产的全过程管理，而市场则是这一管理的出发点和落脚点。

面向市场，就要按市场经济的规律办事。一是竞争规律，尽管我国的竞争与西方竞争有所区别，有竞争也有合作，但进入市场就要参与竞争；二是价值规律，价格是在交换中形成的，供求影响价格，价格调节生产；三是供求规律，在市场供大于求的条件下，还在盲目扩大生产，就违背了供求规律，最终会受到市场的惩罚。现在存在的地区经济结构趋同化和企业产品趋同化的问题,就不符合市场经济的要求。各个地区、各个企业,情况千差万别,地理条件、历史条件、资源条件、人才条件等都不同,这就决定了不同地区的经济结构,不可能是相同的,不同企业的产品结构,也不可能是一样的。只有发展符合实际的优势经济、特点经济,一个地区的经济才能持续、健康、快速发展;只有发展符合实际的优势产品、特色产品,企业才能在市场竞争中立于不败之地。人家搞啥我也搞啥,以为人家能赚钱,我也可以赚钱,不发挥自己的优势,最后只能是背上新的包袱。

三、管理要以质量效益为中心

计划经济时期的企业管理工作,是以生产为中心,讲的是产值、速度。评价企业好坏的标准,是看计划完成得怎么样。搞社会主义市场经济,企业管理必须以质量效益为中心,讲投入产出。办企业有三条最基本的要求:一是企业就是要赚钱,赚不到钱,还不如把钱存到银行;二是借钱是要还的,借个人的钱要还,借银行的钱也要还;三是搞项目要有资本金,将本求利,不能搞无本生意。市场经济条件下,企业管理的主要目标,就是增强企业的市场竞争力,一是要在提高产品质量上下功夫;二是要在提高市场占有率、资金利润率和劳动生产率上下功夫。

市场占有率是企业综合经营管理水平的集中体现。从总体上说,我国产品在价格上还有竞争力,影响市场占有率的主要原因是质量、品种。我们一方面产品卖不出去,一方面又大量进口;一个重要原因是我们经营管理不行,品种不对路,质量不高。我们的一些纺织厂没活干,但又大量进口面料,因为我们一些面料不能满足出口服装的需要,有疵点,后整理不行。目前,我国产品质量状况不尽如人意。据国家技术监督局抽查,国家监督抽查的产品质量抽样合格率,1992 年、1993 年、1994 年连续三年徘徊在 70%左右,虽然 1995 年和 1996 年前三个季度有所回升,但仍低于 1991 年 3～5 个百分点。质量不好,不仅影响市场占有率,而且直接影响企业效益。目前全国工业企业因产品质量问题造成的损失,约占总产值的 10%。在市场经济条件下,评价企业产品如何,服务如何,最终取决于消费者手中的“货币选票”和用户的订单。用户花钱就是要买个放心,质量不好,就不会有订单,也就谈不上什么市场占有率。现在产品的市场份额正在向名优产品集中,一条重要因是,名优产品质量好,有信誉,这包括产品的性能、可靠性和售后服务。现在,我国经济发展已经从数量扩张进入到质量提高的阶段,人民群众的消费水平和消费结构发生了很大变化。企业要保住已有的市场份额,进而提高市场占有率,就必须努力提高产品质量,开发新产品,开展技术创新和管理创新,这是真功夫、硬功夫。

资金利润率的高低,是衡量企业经济效益的重要指标。目前,企业一方面普遍感到资金紧张;另一方面资金利用率越来越低。加强企业管理,当务之急是加强资金管理,加速周转,减少占用,提高资金利用效率。这是缓解企业资金紧张状况的很现实的一条途径。企业领导要明白一个最基本的道理,借钱是要还的,资金的使用是有成本的,不但要还本,还要付息。去年 1—11 月份,国有独立核算工业企业盈亏相抵后的利润仅 272 亿元,而支付银行的利息就高达 1183 亿元,还不包括对银行的欠息。当然,造成这种状况的根本原因是企业自有资金不足,但资金的使用效益不高,不能说不是一条重要原因。邯钢资金年周转 2 次,比全国高 0.5 次。邯钢经验说明,切实加强内部资金管理,提高资金运营效率,是企业提高效益、缓解资金紧张的有效措施。所有的企业都应该像邯钢那样,树立贷款风险意识和利息意识,加强对资金的集中管理,建立科学的投资决策体系和资金运营体系,保证资金使用效益。在适度从紧的货币政策下,企业的流动资金贷款要增加 10%是很困难的,但是,经过努力,加速资金周转,节约出 10%的流动资金,则是有可能做到的。

目前,国有企业富余人员过多,人浮于事,既增加了企业管理工作的难度,也严重影响了企业经济效益的提高。国有企业不减人,管理就改善不了,劳动生产率也难以提高。以煤炭行业为例,我国国有重点煤矿有 360 万人,每年光是工资性支出就是 200 多亿元,全员效率每人每个工日仅 1.33 吨。我国的煤产量与美国相当,但用人却是他们的 7 倍,效益怎么能够提高?这几年,煤炭行业重点抓了减人增效、转产分流。从 1993—1995 年的 3 年中,国有重点煤矿精减分流 55.1 万人,其中职工人数净减 35 万人。采取这些措施,煤炭行业的面貌很快发生了变化。1995 年亏损额由 1992 年的 60 亿元降至 103000 万元;到 1996 年年底,盈利企业由 9 个上升至 55 个,亏损面下降到 41%。他们计划到本世纪末,实现百万大“裁军”,情况就会进一步好转。减人增效,是提高企业劳动生产率的重要途径,也是一些成功企业的重要经验。当然,我们不同于资本主义国家,不能通过大量裁员解决冗员过多问题,而是要建立、健全社会保障制度,积极开展再就业工程,多渠道开拓就业的门路。朱镕基同志不久前就这个问题讲了四句话:减人增效,下岗分流,规范破产,鼓励兼并。要把减人增效作为今年加强企业管理,提高劳动生产率和经济效益的一项重要措施,扎扎实实做工作,抓出成效来。

以质量效益为中心,加强企业管理工作,是兴国之道,兴企之道。武钢“八五”时期坚持走质量效益型的道路，钢材产量没有增加，但品种优化、质量提高、消耗降低，实现利税 140 亿元，比“七五”时期净增 60 亿元。武钢等企业的经验说明，企业管理工作只有坚持以质量效益为中心，才能转变经济增长方式，提高企业在国际国内市场上的竞争能力。

四、要坚持从严治厂

企业管理说来说去，没有太大的奥妙，关键就是要突出一个“严”字。严格管理是企业管理的最基本要求。这方面，我们过去有不少好的传统。当年大庆油田的“三老四严”和“四个一样”，至今还在被日本企业界、管理界所称道、学习。邯钢的经验也是突出一个“严”字。他们实行成本否决，提出“不照顾、不迁就、不讲客观”，看似无情却有情，松是害，严是爱。邯钢领导说得好：“不是我们无情，而是市场无情；不是我们否决你们，而是市场否决我们。”刘伯承元帅有句名言“慈不掌兵”，软心肠是带不了兵的。企业管理也是一样，不敢碰硬的“老好人”是管不好企业的。我们有些厂长、经理脸面拉不下来，动起真格来顾虑太多，缺少敢于从严管理的胆识。现在情况与过去有很大不同，管理的内容、方式、方法、手段、对象都发生了很大变化，比过去复杂得多，难度大得多，这就更要求根据新的情况，严格管理，科学管理。目前，管理不严，纪律松弛，有章不循，制度形同虚设，劳动纪律、工艺规程不能严格遵守和执行，甚至违章指挥、违章操作，是企业管理中普遍存在的突出问题。不少企业现场管理“脏、乱、差”，到处“跑、冒、滴、漏”，生产经营秩序混乱，安全事故屡有发生，要尽快改变这种状况，就必须狠抓一个“严”字。

严，首先要严得有依据。管理是门科学，它有许多基本的和基础的内容，这些都是不可缺少的，只能加强，不能放松。企业内部管理必须适应市场经济的需要，要根据新形势对企业管理工作的要求，建立、健全各项规章制度，强化管理的基础工作。过去企业有八大管理，现在企业管理的内涵就更丰富了，有基础管理，有生产、成本、质量、技术、财务、营销等专业管理，还有现场管理。这些管理工作都要按改革的要求做好，实施精细管理、零缺陷管理，从点滴抓起，一丝不苟。

严，还要严得有道理。有了规章制度还不行，关键是要抓落实，建立责权利相结合、量化可考的责任体系，严格考核，奖罚分明；还要通过职工教育，使之成为职工的自觉行动，严得让大家心服口服。邯钢把 10 万个指标分解落实到 2.8 万名职工头上，使每一个职工都能“有家可当、有财可理、有责可负、有利可得”。他们这套做法，就是建立在过硬的基础工作和严格的责任体系上的。现在有些人有一种管理就是惩罚的片面认识，认为面向市场管理就是重奖重罚，严格管理就是罚款、开除、撤职。当然，不是说不要这些东西，而是说不要把它作为唯一的办法。就是要罚，也要有依据，严得有道理，令人心服口服。

社会主义的企业管理，必须坚持以人为本，全心全意依靠职工群众办企业，提高职工队伍的素质，把从严管理变成职工的自觉行动，敬业爱岗，尽职尽责。江苏的提法是，领导要有胆识，班子要有共识，职工要有意识。安徽金种子集团创造了“严而公正，严而有度，严而有情”的从严管理经验。这些都很值得提倡和学习。

五、搞好管理领导是关键

厂长经理是企业的领导者，又是企业的管理者。邯钢经验表明，企业搞得好坏，关键在于领导班子。俗话说得好，“大将无能，累死三军”。企业领导班子特别是一把手，作用是举足轻重的，尤其是在现阶段，企业有了较大程度的经营自主权，厂长经理手中的权力不算小，但相应的约束和监督机制尚不健全，他们能否正确使用手中的权力，关键取决于他们的自身素质。现在既不能像过去计划经济条件下那样可以依靠行政手段来管理，也不像成熟的市场经济条件下可以依靠健全的法制来规范和约束。在这种情况下，经营者责任心强不强、自身正不正、本事大不大，直接关系企业的兴衰成败。人们常说，在依靠广大职工共同努力的前提下，一个班子、一个人能把濒临倒闭的企业救活，一个班子、一个人也能把一个好端端的企业搞垮。这样的例子各省市都有。

目前，企业管理中的一个突出问题，是投资决策出现失误。这与企业领导都有直接的关系。困难企业中有不少是由于决策失误造成的。有些原来很好的企业，由于投资决策失误，背上了包袱，几年翻不过身来，有的甚至一蹶不振。如何加强风险管理，提高决策水平，防止失误，特别是防止投资决策失误，是当前加强企业管理的一个新课题。在这个问题上，我要强调三点：

第一，要提高企业领导班子特别是经营者的素质，包括政治素质、业务素质、风险意识和决策能力等。企业领导干部政治上要强，要以搞好国有企业为己任，以向党、向国家、向职工高度负责的政治责任心和历史使命感，认真对待和正确使用手中的权力。要认真学习社会主义市场经济知识、科学技术知识、经营管理知识。厂长经理要对自己管的企业心中有数，不能只知道个大概，不能只定性、不定量，要深入了解自己的家底和运作情况。现在有些项目的可行性研究报告，是可批性报告，讲严肃点是在欺骗领导。外国老板没有 15％左右的投资回报率，他是不肯投资的。不能把国家的钱不当钱，不能把企业视为儿戏，要有责任心，要有责任心，这样才能多谋慎断，减少失误。

第二,要建立科学的决策机制。搞社会主义市场经济,要求企业经营者具有很强的经营决策能力,但个人的能力、知识毕竟是有限的。企业的重大决策必须建立在集体智慧的基础上,不能一个人说了算,要反复论证,决策要制度化、科学化。这是提高决策水平,避免造成失误的重要保证。邯钢经验重要的一条,就是优选项目,量力而行,力求以最小的投资取得最大的效益,没有效益的决不上马。他们建立严格项目责任制,从立项审批、施工到验收,进行全过程的控制,避免浪费。在学邯钢抓管理工作中,所有企业都应像邯钢那样,加强投资决策的管理。

第三,要建立健全监督、约束机制,加强对企业领导班子的监督。我们都认识到,有些企业领导干部贪污腐化,肆意侵吞挥霍国家资产,以权谋私,与缺乏有效的监督约束机制有关。同样,许多决策失误也与此不无关系。扩大企业自主权是建立现代企业制度的要求,厂长经理权力不到位,就会扯皮、低效,使企业无法正常运转。但放权的同时,建立相应的制衡机制也是必要的。任何一个能够正常运转的组织系统,都离不开权力之间的相互配合支持和必要合理的相互制约。就反腐败而言,道德的力量,只能使有觉悟的领导都不想或不愿以权谋私;要使没有觉悟的不敢或无法以权谋私,只能是制衡机制和法律约束。就决策而言,没有必要的监督,企业领导人往往缺乏应有的压力和责任感,轻率拍板,盲目决策。这里有个全心全意依靠工人阶级办好企业的问题。国有企业是社会主义性质的企业,工人阶级是国家的主人,也是企业的主人。参与企业重大决策,实施必要的监督,这是职工的民主权力,也是职工维护自身利益的正当要求。加强企业的内部约束和监督,可以增强企业领导人的责任感,可以发挥全体职工的聪明才智,有利于提高决策水平。凡是这么做的,失误相对就比较少。

搞好企业管理,关键在企业领导班子。厂长经理整天忙于应酬,只相信广告,只相信外国资本的力量,热衷上新项目,不愿意在管理上下功夫,这个企业是搞不好的,即使轰动一时,也是长不了的。根据中央的要求,今年要对国有大中型企业领导班子,进行一次普遍认真的考核。凡是不重视企业管理的人,是不能做厂长经理的,该调整的调整,该加强的加强。选好、用好、管好企业经营者,是所有者的责任。

今年是我国历史发展中很重要的一年。搞好企业管理,对于促进国有企业的改革与发展,对于保持经济的发展和社会的稳定,都具有十分重要的意义。我们一定要按照党的十四届五中、六中全会和中央经济工作会议精神,努力工作,真抓实干,把企业管理工作推上一个新的台阶,以实际行动迎接香港回归和党的十五大的召开。

国办转发国家税务总局《关于深化税收征管改革的方案》

国家税务总局《关于深化税收征管改革的方案》已经国务院同意,现转发给你们,请认真贯彻落实。

深化税收征管改革,是为了更好地贯彻落实工商税制改革的各项规定,增强国家财力,促进国民经济持续、快速、健康发展。各级人民政府要高度重视,加强领导,切实抓好深化税收征管改革方案的组织实施;国家税务总局要加强对深化税收征管改革的指导和检查;各有关部门要积极支持、密切配合,共同确保这项改革的顺利进行。

国家税务总局《关于深化税收征管改革的方案》(文略)

国务院房改领导小组组长李铁映在成都召开的全国房改工作会议上发表讲话

会议将研究深化房改和培育住房消费的有关政策措施。国务委员、国务院房改领导小组组长李铁映说,1997年住房制度改革要坚持积极稳妥,稳中求进,服从大局,服务于大局。

李铁映在回顾过去一年的房改工作时指出,房改工作正全面纳入规范化的轨道。住房公积金制度全面起步,全国住房公积金累计归集额已达到393亿元;租金改革和公有住房出售有了新的进展,1996年度的房租已达到每平方米0.8元至1.5元之间,相当一部分城市取消标准价售房,进入了成本价售房阶段;职工住房政策性抵押贷款制度开始建立;国家安居工程进展顺利,截至1996年年底,国家安居工程共完成投资287.9亿元,已竣工住房2377万平方米,实现了销售1916万平方米。李铁映说,1997年各项房改工作要紧紧围绕2000年初步建立城镇住房新制度这一总体目标来安排;要紧密结合引导住宅消费、培育新的经济增长点来开展。当前,要继续在全国推行公积金制度,同时抓好住房公积金管理的法制化、规范化,建立和完善住房公积金的监督、管理制度;加快住房分配制度改革,有计划、有步骤地取消住房福利分配制度;积极稳妥地推进租金改革和公有住房出售,研究制定公房售后的再交易政策;发展政策性住房金融;加大国家安居工程实施力度。

李铁映透露,国务院已初步确定,1997年新增国家安居工程贷款100亿元。他强调,要坚持国家安居工程实施方案规定的条件,优先支持房改搞得好的城市,优先支持1995年、1996年度国家安居工程完成速度快、质量好、政策到位和资金到位好的城市。各国家安居工程承办银行总行要负责各城市信贷资金与城市配套资金按比例、按工程进度及时、足额到位。

国务委员李贵鲜在北京召开的全国审计工作会议上发表讲话

李贵鲜在会议上强调，各级审计机关要认真履行审计监督职责，加强对国家财政收支和农业、国有企业、金融等方面情况的审计监督，以严肃财经纪律，维护经济秩序。

李贵鲜说，对财政本级预算执行情况进行审计监督，是《审计法》确定的一项必须长期坚持的重要法律制度，是对国家财政收支建立科学、有效的外部监督制约机制的重要环节。各级审计机关一定要采取有效措施，把今年的财政本级预算执行审计工作做好。

李贵鲜指出，目前我国经济生活中存在的隐瞒财政收入、偷漏税款、转移预算资金、私设"小金库"等问题，在一定程度上都与预算单位在银行多头开户有关。它不仅造成了国家财力的分散和分配秩序混乱，而且助长了不正之风和腐败现象的发生。因此，加强对预算单位银行账户的审计监督，应当成为本级预算执行审计和其他财政审计的重要内容和方法。各级审计机关要充分运用这一方法，对组织预算执行、参与预算分配、掌握预算资金调拨权和管理、使用大宗财政性资金的重点单位和重点部门进行审计监督，维护国家预算的严肃性和完整性。李贵鲜要求各级审计机关要进一步加强对农业的审计工作，重点搞好财政预算内、以工代赈和银行贴息贷款等扶贫资金，农业综合开发资金等资金的审计。

全国烟草工作会议在北京开幕

中共中央政治局委员、国务院副总理吴邦国向会议发出贺信，希望他们今年继续坚持限产压库促销，进一步抓好产品结构调整，深化企业改革，推进技术进步，强化企业管理，并认真贯彻执行《烟草专卖法》，进一步强化烟草专卖管理，坚决打击卷烟走私和制售假冒商标卷烟等违法经营活动，认真加强企业领导班子建设，坚持两个文明一起抓。

国家计委主任陈锦华在卢森堡拜会卢森堡大公国首相容克

中宣部 广电部 新闻出版署 中国记协在北京联合召开全国新闻系统电视电话会议

会上，中国记协常务副主席郑梦熊宣读新修订的《中国新闻工作者职业道德准则》，新闻出版署副署长梁衡宣读由中宣部、广电部、新闻出版署、中国记协制定的《关于严格禁止有偿新闻的若干规定》，中宣部副部长徐光春讲话。广播电影电视部副部长刘习良主持会议。

会议指出，党的十四届六中全会以后，全国精神文明建设呈现出很好的形势。前不久，铁路、公安、邮电等十大"窗口行业"制定了文明服务标准，公布了文明服务示范单位，开展了以"为人民服务、树行业新风"为主题的文明行业创建活动，在社会各界引起了广泛关注和热烈反响，为其他行业开展精神文明创建活动带了个好头。新的形势对新闻战线的工作提出了新的更高的要求。新闻工作者作为精神文明建设的宣传者、倡导者，在宣传报道其他部门精神文明建设的经验和成就，发挥舆论监督作用，推动其他行业职业道德建设的同时，也应当成为实践社会主义精神文明的模范。

会议认为，几年来，中国新闻队伍职业道德建设取得了很大进展。广大新闻工作者严于律己，廉洁从业，涌现出一批受到人民群众广泛好评的优秀新闻工作者。总的看，我们新闻队伍的主流是好的。但是，我们要清醒地看到，在建立社会主义市场经济体制的新形势下，也遇到一些新的情况。在一些新闻单位和新闻工作者中间，有偿新闻仍禁而不止。有偿新闻问题虽然出在极少数人身上，但危害严重。它腐蚀新闻队伍，损害新闻事业的声誉，影响社会主义新闻工作的性质。它违背新闻工作基本原则，违背新闻职业道德，背离了新闻的党性原则，背离了为人民服务的方向，在社会上造成不良影响，人民群众有意见，广大新闻工作者也强烈反对。

会议强调，前不久，江泽民总书记在视察人民日报社的重要讲话中，要求新闻工作者"恪守职业道德，坚决反对搞有偿新闻"。我们要认真学习贯彻党的十四届六中全会精神和江泽民总书记视察人民日报社的重要讲话精神，结合新闻单位实际，以新闻队伍职业道德建设为主要内容，以逐步刹住社会反映强烈的有偿新闻不正之风为重点，实行行业自律，让社会监督，向社会垂范，树立新闻工作者和新闻单位的良好形象。

会议要求，各新闻单位要认真学习贯彻新颁布的《中国新闻工作者职业道德准则》和《关于禁止有偿新闻的若干规定》这两个文件，认真研究分析新闻报道工作中遇到的情况，制定实施细则，明确奖惩措施，建立有效机制，确保各项要求落到实处。要正确处理社会效益与经济效益的关系，正确处理新闻宣传与市场经济的关系，正确处理自律与他律的关系，正确处理思想教育与纪律惩处的关系，要从讲政治和全心全意为人民服务的高度来解决有偿新闻问题。

会上，徐光春宣布了全国新闻界41家"精神文明示范单位"，并希望有关主管部门和这些单位的党组织要加强领导，严格管理，认真行动，使这41家新闻单位真正在加强职业道德建设、禁止有偿新闻方面起带头示范作用。同时，热忱欢迎社会各界和广大群众给予监督。

中宣部等联合发出《关于严格禁止有偿新闻的若干规定》

中共中央宣传部、广播电影电视部、新闻出版署、中华全国新闻工作者协会近日联合发出《关于禁止有偿新闻的若干规定》。《规定》全文如下：

《中共中央关于加强社会主义精神文明建设若干重要问题的决议》明确指出："建立健全规章制度，加强队伍的教育和管理。严格禁止有偿新闻、买卖书号、无理索取高额报酬。"为贯彻落实《决议》精神，加强新闻队伍职业道德建设，禁止有偿新闻，维护新闻工作的信誉和新闻队伍的良好形象，树立敬业奉献、清正廉洁的行业新风，根据中宣部、新闻出版署颁布的有关规定，结合新的形势，重申并制定如下规定：

一、新闻单位采集、编辑、发表新闻，不得以任何形式收取费用。新闻工作者不得以任何名义向采访报道对象索要钱物，不得接受采访报道对象以任何名义提供的钱物、有价证券、信用卡等。

二、新闻工作者不得以任何名义向采访报道对象借用、试用车辆、住房、家用电器、通信工具等物品。

三、新闻工作者参加新闻发布会和企业开业、产品上市以及其他庆典活动，不得索取和接受各种形式的礼金。

四、新闻单位在职记者、编辑不得在其他企事业单位兼职以获取报酬；未经本单位领导批准，不得受聘担任其他新闻单位的兼职记者、特约记者或特约撰稿人。

五、新闻工作者个人不得擅自组团进行采访报道活动。

六、新闻工作者在采访活动中不得提出工作以外个人生活方面的特殊要求，严禁讲排场、比阔气、挥霍公款。

七、新闻工作者不得利用职务之便要求他人为自己办私事，严禁采取"公开曝光"、"编发内参"等方式要挟他人以达到个人目的。

八、新闻报道与广告必须严格区别，新闻报道不得收取任何费用，不得以新闻报道形式为企业或产品做广告。凡收取费用的专版、专刊、专页、专栏、节目等，均属广告，必须有广告标识，与其他非广告信息相区别。

九、新闻报道与赞助必须严格区分，不得利用采访和发表新闻报道拉赞助。新闻单位必须把各种形式的赞助费，或因举办"征文"、"竞赛"、"专题节目"等得到的"协办经费"，纳入本单位财务统一管理，合理使用，定期审计。在得到赞助或协办的栏目、节目中，只可刊播赞助或协办单位的名称，不得以文字、语言、图像等形式宣传赞助或协办单位的形象和产品。

十、新闻报道与经营活动必须严格分开。新闻单位应由专职人员从事广告等经营业务，不得向编采部门下达经营创收任务。记者、编辑不得从事广告和其他经营活动。

各新闻单位要根据上述规定，结合本单位实际，制定实施细则，认真贯彻执行。要建立、健全内部监督制度，发挥纪检、监察部门作用，确保规定落到实处。要接受社会监督，中华全国新闻工作者协会和各新闻单位要分别向社会公布举报电话，确定专人负责，认真受理。对违反上述规定的个人，由新闻单位和主管部门没收其违规收入，并视情节轻重，给予批评教育、通报批评、党纪政纪处分，直至开除，触犯法律的移送司法机关处理。对严重违反规定的单位，由广播电影电视部和新闻出版署给予行政处罚。要选择典型案例公开报道，推动禁止有偿新闻的工作深入持久地进行，务求取得实效。

《李四光全集》出版座谈会在人民大会堂举行

中共中央政治局常委、全国政协主席李瑞环出席座谈会。

中共中央政治局候补委员、书记处书记温家宝在座谈会上讲话。

温家宝说，《李四光全集》全面反映了李四光的科学研究历程及其丰硕成果，是李四光毕生发展地质科学的成功记录和科学总结。《李四光全集》不仅是我国地质科学的珍贵文献，而且是我国科学技术事业的宝贵财富。它的出版，对发展地质事业和科学技术事业都具有重大意义。

座谈会由地质矿产部、湖北省人民政府共同举办。《李四光全集》由湖北人民出版社和湖北省李四光学术思想研究会共同负责整理、编辑出版，是"九五"国家重点图书。全集共400万字，中英文各半，按地学学科的门类进行分类，分为八卷，包括《中国地质》、《冰川地质》、《地质古生物》、《地质力学》(一)、《地质力学》(二)、《区域地质》、《矿产地质和地震地质》、《其他》等。

中宣部副部长刘忠德在北京召开的全国艺术表演团体体制改革工作会议上发表讲话

会议于1月23日至24日在北京召开，中宣部副部长、文化部部长刘忠德在会议上讲话。

刘忠德回顾说，文化部连续3年把艺术表演团体的改革作为重点工作，全国各级各类艺术表演团体改革步伐明显加大。与此同时，中直艺术表演院团继变革投资机制、实行演出补贴制后，于 1996 年全面实施以布局结构调整和考评聘任制为主要内容的第二步改革，取得实质性进展，调动了文艺工作者的积极性，为艺术生产的发展奠定了良好的基础。这些改革实践也为在全国推进艺术表演团体改革提供了可资借鉴的规律性的共同启示。

刘忠德强调，通过改革，要逐步形成与建立社会主义市场经济体制相适应，与建设社会主义精神文明的要求相一致，与艺术自身发展规律相符合的新型的艺术表演团体管理体制和运行机制，逐步形成国家保住重点、鼓励社会办团的发展格局，理顺新形势下国家与剧团、剧团与演职员之间的关系，从而有利于充分调动和发挥广大文艺工作者的积极性和创造性；有利于多出优秀作品，多出优秀人才，促进艺术生产的发展，满足人民群众日益增长的文化生活的需要；有利于促进两个文明建设的协调发展和社会的全面进步。

刘忠德还提出了今后一个时期的三项主要任务。首先，根据事业发展的需要，通过增减结合，优化一些艺术表演团体的艺术结构，尤其是通过评估分类确定重点艺术表演团体加以扶持等方法，以建立科学合理的布局结构。其次，建立充满活力的用人机制，使人才流动的管理规范化、科学化。最后，建立长期稳定的经费来源渠道。要努力争取各级政府对艺术表演团体增加投入总量，艺术表演团体则要努力完善自身的造血功能，再就是广泛争取社会各方面力量多形式、多渠道的财力支持。

中组部等七部委举行文艺演出向各条战线专家学者贺新春

中央组织部、中央宣传部、中央统战部、人事部、国家科委、文化部、解放军总政治部下午在京西宾馆举行 1997 年春节慰问专家学者文艺演出，七部委领导登台向前来观看演出的 1100 多位专家学者，并通过他们向全国各地、各行各业的专家学者表示慰问和节日的祝贺。

国务院副总理李岚清在人民大会堂会见出席全国留学回国工作会议的代表

李岚清指出，党和政府历来把留学人员视为国家的宝贵财富，一贯鼓励和支持留学人员回国建功立业，欢迎和支持留学人员以多种形式为国服务。今后，国家将继续执行“支持留学，鼓励回国，来去自由”的方针，为留学人员回国工作创造良好的环境。

李岚清指出，出国留学工作作为我国改革开放的重要组成部分，在我国经济建设、教育、科技进步和社会发展中发挥了积极作用，广大留学回国人员在各自岗位上勤奋工作，为社会主义现代化建设作出了许多重要贡献，受到全社会的尊重和肯定。在海外的广大留学人员热爱祖国，关心祖国的建设和发展，以多种形式为国服务，祖国和人民是欢迎的。他说，建设一个富强、民主、文明的社会主义现代化的中国，需要全党和全国人民的不懈努力，更需要青年一代的艰苦奋斗，广大留学人员具有掌握高新技术知识的优势和国际交流的经验，在实现跨世纪宏伟目标的进程中肩负着重大而光荣的历史使命，祖国和人民期望着你们再接再厉，发扬爱国、敬业、奉献的精神，矢志报国，为中华民族的繁荣昌盛作出更大贡献。

李岚清强调，我们热情欢迎更多的在外留学人员回国工作或以多种方式为祖国的现代化建设做贡献。国家各项建设事业的日益兴旺发达，不仅为广大留学人员创造了良好的机遇，也为留学人员发挥聪明才智和施展才华报效祖国提供了更加广阔的天地。

1 月 24 日

中共中央发出《关于进一步加强和改进国有企业党的建设工作的通知》

各省、自治区、直辖市党委，各大军区党委，中央各部委，国家机关各部委党组(党委)，军委各总部、各军兵种党委，各人民团体党组：

为了坚持党对国有企业的领导，充分发挥国有企业党组织的政治核心作用，促进国有企业的改革和发展，现就进一步加强和改进国有企业党的建设工作通知如下：

一、认清形势和任务，增强搞好国有企业党建工作的责任心和紧迫感

我国社会主义现代化建设已经进入重要的发展时期。实现国民经济和社会发展“九五”计划和 2010 年远景目标，加快经济体制和经济增长方式的根本性转变，必须切实搞好国有企业，这是事关全局的一项紧迫的战略任务。几十年来，国有企业不断发展壮大，为我国建立独立的比较完整的国民经济体系和巩固人民民主专政的国家政权作出了历史性贡献。党的十一届三中全会以来，国有企业又为改革开放和现代化建设作出了新的重大贡献。搞好国有企业不仅是重大的经济问题，而且是重大的政治问题。各级党委和领导同志必须实事求是地分析当前国有企业面临的新形势、遇到的困难和问题，从战略上全局上深刻认识搞好国有企业的重大意义，以高度的政治责任感和历史使命感，进一步统一思想，坚定信心，扎实工作，千方百计把国有企业搞好。

以公有制为主体的现代企业制度是社会主义市场经济体制的基础，是我国国有企业改革的方向。国有企业深化改革，建立现代企业制度，要坚持产权清晰、权责明确、政企分开、管理科学，也要体现社会主义基本制度的要求。坚持党对国有企业的政治领导，发挥国有企业党组织的政治核心作用，充分依靠和调动职工群众的积极性和创造性，这是我们的政治优势，是建立有中国特色现代企业制度的本质要求。国有企业面向市场，深化改革，转换经营机制，加强内部管理，加快技术进步，提高经济效益，都迫切需要增强国有企业党组织的凝聚力和战斗力，充分发挥党组织的作用。

中央对国有企业改革、发展和企业党的建设一直是重视的，指导思想和方针原则是明确的。各级党委和政府做了大量卓有成效的工作，进行了有益的探索。许多国有企业党组织在深化企业改革、加强内部管理、推动企业发展、克服生产经营中的困难、增强职工群众凝聚力等方面，发挥了重要作用。从总体上看，国有企业党的建设在逐步加强，但发展很不平衡，有些问题亟待解决。一是对加强和改进企业党建工作，发挥党组织作用的必要性、重要性、紧迫性认识不足，淡化和削弱企业党组织作用的消极影响还没有完全消除。二是一些地方、部门和国有企业对贯彻中央确定的企业党建工作方针、原则和任务、要求不够得力，没有抓好落实。三是在国有企业深化改革和发展社会主义市场经济条件下如何做好党建工作，有些企业领导人员和部分党务工作者思想观念、工作方法还不适应。这些问题，已经程度不同地影响企业党组织作用的发挥，影响现代企业制度的建立和企业的发展，必须引起高度重视，采取有效措施加以解决，使企业的改革、发展和党的建设都有一个大的进步。

二、坚持党对国有企业的政治领导，充分发挥国有企业党组织的政治核心作用

坚持党对国有企业的政治领导，是一个重大原则问题，任何时候都不能动摇。党对国有企业的政治领导，主要体现在：坚持国有企业的社会主义方向，保证党的路线、方针、政策和国家法律、法规在企业贯彻执行；坚持党管干部的原则，按照管理权限，依法选派、推荐国有资产产权代表和企业经营管理负责人，并对他们实施教育、培养、考核、监督；坚持发挥企业党组织的政治核心作用和党员的先锋模范作用。强调坚持党对国有企业的政治领导，但不能以党代政、以党代企。

为了加强党对国有企业的政治领导，充分发挥企业党组织的政治核心作用，企业党组织必须认真贯彻党的路线、方针、政策，保证监督党和国家的方针政策在本企业的贯彻执行；参与企业重大问题的决策，支持厂长（经理）、股东会、董事会、监事会依法行使职权；领导企业的思想政治工作和精神文明建设，努力建设一支有理想、有道德、有文化、有纪律的职工队伍；全心全意依靠职工群众，支持职工代表大会开展工作；领导和支持工会、共青团等群众组织依照法律和各自的章程，独立自主地开展工作；加强党组织的自身建设，充分发挥党支部的战斗堡垒作用和党员的先锋模范作用。

三、认真贯彻国有企业党建工作的指导思想和方针原则

新形势下的企业党建工作，要坚持以马列主义、毛泽东思想特别是邓小平建设有中国特色社会主义理论为指导，坚持党的“一个中心、两个基本点”的基本路线，紧紧围绕企业改革和生产经营来进行，坚持党要管党、从严治党的方针，从政治、思想、组织和作风上全面加强党的建设，充分发挥党组织的政治核心作用，促进企业的物质文明和精神文明建设。

企业党建工作的目标是：(1)有一个坚决贯彻执行党的路线、方针、政策，善经营，会管理，团结协作，廉洁公正，开拓进取，得到职工群众拥护的领导班子。(2)有一支能够在企业改革、发展中经得起困难和风险的考验，在两个文明建设中发挥先锋模范作用的党员队伍。(3)有一个适应企业改革和发展要求，与生产经营紧密结合，保证企业党组织发挥作用的工作机制。(4)有一套加强党员教育管理，及时解决自身存在的矛盾和问题，不断增强凝聚力和战斗力的工作制度。通过充分发挥党组织和党员的作用，加快两个根本性转变，落实“三改一加强”的措施，促进企业不断提高经济效益和市场竞争能力。

国有企业党建工作，必须坚决贯彻执行以下方针和原则：第一，坚持全面贯彻落实“充分发挥企业党组织的政治核心作用，坚持和完善厂长（经理）负责制，全心全意依靠工人阶级”的指导方针。这个方针是多年来探索有中国特色国有企业领导体制实践经验的科学总结。“三句话”互为依存，不可分割，缺一不可。国有企业由工厂制改成公司制后，要继续充分发挥企业党组织的政治核心作用，坚持全心全意依靠工人阶级，保证和支持股东会、董事会、监事会、经理依法行使职权，逐步完善企业领导制度。第二，坚持为国有企业改革和发展服务。国有企业党的工作要贯穿于生产经营的全过程，把保证和促进企业改革、转换经营机制、加强科学管理、推进科技进步、提高经济效益、实现国有资产保值增值，作为国有企业党组织工作的出发点和落脚点，作为检验党建工作成效和党组织战斗力的主要标准。第三，坚持党管干部的原则。要把坚持党管干部原则同改进管理方法结合起来，同保证厂长（经理）和董事会依法行使用人权结合起来，深化企业人事制度改革，逐步建立一套适合现代企业制度特点的人事

管理制度。第四，坚持继承和创新相结合。企业党建工作必须进一步解放思想，从实际情况出发，坚持和发扬过去行之有效的好传统、好办法，积极创造新的活动方式和工作方法。

四、明确国有企业党组织参与重大问题决策的内容、途径和方法

国有企业党组织参与企业重大问题决策是发挥政治核心作用的重要职责和基本途径。其目的在于，保证监督党和国家的方针政策在企业正确贯彻执行，支持和帮助厂长（经理）、董事会实行民主决策、科学决策，避免和减少失误。国有企业党组织参与重大问题的决策是一种组织行为，是党组织按照党的路线、方针、政策，对关系企业改革、发展、稳定的重大问题提出意见和建议。国有企业党组织和领导人员要努力提高参与决策的能力和水平。

国有企业党组织参与决策的重大问题，主要是：经营方针、发展规划、年度计划和重大技术改造、技术引进方案；财务预决算、资产重组和资本运作中的重大问题；中层以上管理人员的选拔使用和奖惩；企业的重要改革方案和重要管理制度的制定、修改；涉及广大职工切身利益的重要问题。公司制企业党组织参与重大问题决策的范围，一般指公司提交股东会、董事会审议决定的问题。

企业党组织参与决策，各地已摸索出一些行之有效的方法，应当坚持和完善。(1)党政主要领导商量确定决策议题。(2)开展调查研究，广泛听取党员、职工及有关方面的意见。(3)在党委会或党委扩大会上进行集体研究后，提出意见和建议。(4)重大问题决策后，党组织发动党员、团结带领职工，保证决策的实施。

厂长（经理）、董事会在对重大问题决策前，应听取、尊重党委的意见；重大决策的执行情况，应向党委通报。当党组织发现重大问题决策脱离实际，不符合党和国家的方针政策、法律法规时，应及时提出意见；如得不到纠正，党组织要负责向政府有关部门反映并向上级党组织报告。

坚持党管干部的原则，企业党组织在企业人事管理工作中的主要职责是：(1)贯彻干部队伍“四化”方针和德才兼备原则，坚持任人唯贤，反对任人唯亲。(2)推荐中层以上管理人员，对厂长（经理）或董事会推荐和拟任免（聘任或解聘）的管理人员进行考察，提出意见和建议。(3)对企业各级管理人员负有教育、培养、考核、监督的责任。(4)按照上级有关规定，积极推进企业人事制度改革。任免企业中层管理人员，事先要经过组织人事部门考察，经企业党政领导集体讨论后，由厂长（经理）依法任免（聘任或解聘）。集体讨论的形式可以是党委会、党委扩大会或党政联席会议。没有经过考察的，不能提到会上讨论；多数人不同意的，应暂缓决定任免。

国有企业党组织参与重大问题的决策，要建立健全必要的制度。一些地方和企业实行的厂长（经理）定期向党组织报告工作制度；企业党政主要领导在重大问题决策前的沟通制度；党组织负责人参加厂长（经理）办公会、厂务会制度；发动党员关心和参与企业重大问题决策制度等，都应继续坚持并不断完善。

共产党员要努力增强党性，坚持依法办事。党员董事、监事、经理要严格遵守党章，向党组织报告工作，接受党组织的监督。

五、突出抓好国有企业领导班子建设，大力提高领导人员素质

建设好企业领导班子，造就一支高素质的经营管理者队伍，是搞好国有企业的关键。当前，要结合促进企业改革和发展，下大决心、花大力气把这件事抓紧抓好。要以加强思想政治建设为重点，全面提高领导班子的整体素质。厂长（经理）、董事长、党委书记应当有坚定正确的理想和信念，能够坚决贯彻执行党的路线、方针、政策和国家的法律法规，有较丰富的社会主义市场经济知识、必要的科技知识和岗位职责所要求的管理能力；坚定地依靠党组织和广大职工办企业，善于走群众路线，自觉接受各方面的监督；勤奋敬业，勇于奉献，清正廉洁，艰苦奋斗，开拓进取，扎实工作；谦虚谨慎，努力学习，善于同领导班子成员合作共事。各地各有关部门要立即着手组织力量，对国有企业领导班子普遍进行一次认真的考核。重点抓好近两年严重亏损、内部矛盾突出、职工意见大的大中型企业领导班子的考核。在弄清情况的基础上，抓紧进行调整或整顿，坚决实行选优汰劣。

加强国有企业领导班子建设，关键是选好配强党委书记、厂长（经理）和董事长，优化领导班子的整体结构。实行公司制的企业，党委书记、董事长可由一人担任。由一人担任的，应具备两个职务所要求的条件和能力，同时配备一名党委副书记以主要精力抓党的工作。党委书记和董事长分开配备的，党员董事长可任党委副书记，党委书记可任副董事长。根据工作需要和人员条件，党委成员可依法分别进入董事会、监事会和经理班子；董事会、监事会、经理班子中的党员，具备条件的，可按照有关规定进入党委会。董事长与总经理原则上分设。实行工厂制的国有中小企业党政领导的任职形式，要根据本单位的实际和本人条件，宜分则分，宜兼则兼，不搞“一刀切”。

抓紧研究改进对国有企业领导人员加强管理的办法，加快企业人事制度改革。企业领导人员的管理要适应建立社会主义市场经济体制的要求。在积极探

索、总结经验的基础上，合理确定对企业领导人员的管理范围，制定适合企业特点的具体办法，切实严格管理。对企业领导人的推荐、考察、任免应建立、健全必要的制度和工作程序，认真实施，坚决防止和纠正用人上的不正之风。选拔国有企业领导人要充分发扬民主，走群众路线。要积极探索通过市场配置企业经营者的有效途径，积极稳妥地推进企业经营者职业化的改革试点工作，引入竞争机制。抓紧建立后备人员的选拔、培养制度。

切实加强对国有企业领导班子成员的政治、业务培训。按照《中共中央组织部、国家经贸委关于印发〈“九五”期间全国企业管理人员培训纲要〉的通知》（国经贸培〔1996〕382号）的要求，分级负责，用三年左右时间，对国有大中型企业的领导人员普遍进行一次工商管理培训，培训中要突出邓小平建设有中国特色社会主义理论和社会主义市场经济的内容。通过培训，使企业领导人增强党的观念、群众观念、法制观念，树立正确的世界观、人生观、价值观，增强参与市场竞争的能力。

切实加强对国有企业领导人员的监督。要充分运用党内监督、法律监督、职工民主监督、财务审计监督和舆论监督等手段，加强对他们在重大问题特别是资金运作、用人决策上的监督。严格实行资产经营责任制。认真落实企业年度审计和厂长（经理）离任审计制度、企业领导人员收入申报制度、招待费用向职代会报告制度和直系亲属工作安排回避制度。坚持和完善职工代表大会民主评议企业领导人员的制度。企业党组织要抓好党员领导干部参加双重组织生活和有关廉洁自律、个人重大事项报告等制度的落实，加强党内监督。

建立对国有企业领导人员的激励机制。通过探索，逐步形成比较规范的对优秀领导人员的奖励制度，把物质奖励和精神奖励结合起来。要鼓励优秀领导人员到效益差的困难企业去工作，创造新的业绩。

六、切实加强国有企业社会主义精神文明建设和思想政治工作

以培养有理想、有道德、有文化、有纪律的职工队伍，推动企业物质文明和精神文明建设为目标，逐步建立坚强有力的企业思想政治工作管理体制和运行机制。形成党委统一领导、党政共同负责、党政工团齐抓共管，以专职政工人员为骨干、经营管理人员和职工群众广泛参与企业思想政治工作的生动局面。

切实加强对国有企业思想政治工作和精神文明建设的领导。企业党组织要根据企业改革和生产经营的实际，制定思想政治工作的总体规划、年度计划和重要制度，并组织实施；讨论决定企业思想政治工作和精神文明建设中的重大问题；负责经营管理人员队伍的思想作风建设；组织和发动党员发挥先锋模范作用，做好群众工作，动员职工完成各项任务；掌握职工思想动态，有针对性地进行思想政治教育；指导工会、共青团根据各自特点做好思想政治工作。特别要加强亏损企业、困难企业、破产企业的思想政治工作，主动关心并帮助解决困难职工和离退休职工的实际问题。

坚持用马列主义、毛泽东思想特别是邓小平建设有中国特色社会主义理论武装企业领导人员和职工群众。结合实际向职工进行爱国主义、社会主义和集体主义教育，社会主义民主与法制教育，以为人民服务为核心的思想道德教育。教育职工弘扬工人阶级主人翁精神，爱岗敬业，艰苦创业，遵守职业道德。坚持勤俭建国、勤俭办一切事业。提倡尊重人、理解人、关心人，自觉遵守社会公德，正确处理国家、集体和个人的利益关系。要对职工进行建立社会主义市场经济体制方面的教育，帮助职工树立竞争意识和改革意识。继承党的思想政治工作的优良传统，在继承的基础上创新，在改进中加强，适应新形势的需要。把灌输引导与自我教育、言教与身教、教育与解决实际问题结合起来。树立先进典型，发挥示范作用。加强企业文化建设，培育具有时代特征和企业特点的企业精神。

国有企业党组织和行政领导要采取有力措施，按照稳定队伍、优化结构、提高素质的要求，加强政工队伍建设。要注意培养、选拔优秀的中、青年骨干充实政工队伍。专职政工人员的数量，原则上按职工总数1%左右的比例掌握。

七、全心全意依靠职工群众办好国有企业

搞好国有企业必须坚持全心全意依靠工人阶级的方针。要教育各级干部特别是企业领导人员从党和国家的性质以及工人阶级历史地位和作用的高度，充分认识全心全意依靠工人阶级的重要性和必要性。国有企业的职工既是国家的主人，也是企业的主人。职工群众中蕴藏着丰富的智慧和巨大的创造力，充分调动他们的积极性和创造性，是国有企业的优势和力量源泉。在深化改革、建立现代企业制度中，必须调动包括工人、经营管理人员和专业技术人员在内的企业全体职工的积极性。任何贬低和削弱工人阶级地位和作用的言论和行为都是错误的。

把全心全意依靠工人阶级的方针落在实处，关键是要在政治上保证、制度上落实、素质上提高、权益上维护四个方面狠下功夫。认真贯彻《工会法》、《劳动法》，依法保障和维护职工的合法权益，尤其要关心困难企业的职工生活。坚持和完善以职工代表大会为基本形式的民主管理、民主评议、民主监督制度，在企业重大问题决策上听取职工群众的意见，用有效的制度、措施来保证职工了解和参与企业的改革和经营管理，

实现职工群众对企业领导人员的有效监督。建立、完善集体协商和集体合同制度。公司制企业职工代表要按照《公司法》的有关规定进入董事会、监事会,并充分发挥他们的作用。加强对职工的政治、业务培训,不断提高他们的素质。

国有企业党组织要加强对工会、共青团等群众组织的领导。建立健全必要的工作制度,定期听取工会、共青团等群众组织的工作报告,及时讨论研究他们工作中的重大问题;指导他们按照党的方针政策开展工作,协调好与企业经营管理者之间的关系;支持、帮助他们按照法律和各自的章程,创造性地开展工作。

八、改进国有企业党组织的工作方法和活动方式,增强凝聚力和战斗力

国有企业党建工作要与企业改革和发展任务同步规划、同步实施、同步考核和奖惩。要认真贯彻执行民主集中制,建立、健全党委工作制度。坚持和发扬理论联系实际、密切联系群众、批评与自我批评三大作风。要提高党委抓大事的本领和解决自身问题的能力。通过各种有效的形式和载体,丰富企业党组织的活动内容,探索新的方式方法,提高工作实效。

合理设置国有企业党组织工作机构和配备党务工作者。企业党组织工作机构的设置和专职党务工作者的配备,应按照精干、高效、协调,有利于加强党的建设与思想政治工作,有利于促进企业改革和发展的原则确定。大型企业党委,根据企业实际需要和有关规定设立组织、宣传、办公室等工作部门。中小型企业党组织的工作机构可以分设,也可以设一个机构,内部实行分工。要按照党章规定设立纪委,并充分发挥其教育、保护、惩处、监督的职能作用。对党务工作者要建立工作责任制和考核制,他们的待遇和奖惩应与同级行政管理人员一视同仁。党务工作者和经营管理人员要进行必要的换岗交流,努力培养复合型人才。党组织的活动经费从企业管理费列支部分必须得到保证。

充分发挥党支部的战斗堡垒作用和党员的先锋模范作用。根据国有企业改革和发展的新情况,及时调整党支部设置,选配好党支部书记,经常检查督促党支部有效地开展工作,及时整顿软弱涣散的党支部。以增强党性、提高素质为目标,切实加强对党员的教育、管理和监督,保持党员队伍的先进性、纯洁性。紧密结合国有企业改革和生产经营,扎扎实实地开展党员责任区、党员目标管理、民主评议党员、创先争优等活动。坚持标准,保证质量,积极做好在生产经营一线和青年中发展党员的工作。

九、各级地方党委和有关部门党组要加强对国有企业党建工作的领导和指导

各级地方党委和有关部门党组要高度重视国有企业党建工作,列入重要日程,常抓不懈。党委主要领导同志要亲自抓,组织部门要会同有关部门切实负起具体指导责任。各有关经济部门党组在抓好企业改革、发展的同时,也要重视企业党建和思想政治工作。在部署、检查工作时,要统筹兼顾,做到两项工作一起抓,两个责任一起负,使经济工作和党的建设相互促进。在党委统一领导下,把党政有关部门和企业等各方面的力量组织起来,按照中央精神统一思想,协调行动,各司其职,各负其责。

建立健全党委抓国有企业党建工作的责任制。各级党委都要抓好企业党建工作,市委负有主要责任,其职责是:制定、部署加强企业党建工作的规划、目标、措施;搞好调查研究,抓住重点,分类指导;加强企业领导班子建设和领导人员的管理;督促、检查企业党建工作责任制的落实。

加强对国有企业党建工作的领导,重在督促检查,认真解决存在的问题。对软弱涣散、问题较多的企业领导班子,上级党组织要派得力干部深入企业帮助整顿、调整。对企业党组织和工作机构的设置、党务工作者的选配、党组织的领导关系等问题,上级党组织要及时提出指导性意见,发现问题,及时解决。要总结新鲜经验,运用典型示范,指导面上工作。

积极探索企业党建工作的新路子。在建立社会主义市场经济体制和有中国特色现代企业制度的过程中,企业党建工作会不断遇到新情况、新问题。要加强国有企业党建理论的研究。要解放思想、实事求是,抓住有利时机,按照中央确定的原则大胆实践,逐步完善,使企业党建工作在转变中适应,在改进中加强,在继承中创新,把国有企业党建工作提高到新水平。

中央军委主席江泽民出席中央军委在北京举行的慰问驻京部队老干部迎新春文艺演出

省部级干部统一战线和多党合作专题研究班结业座谈会在中南海怀仁堂举行

座谈会由全国政协副主席、中央统战部部长王兆国主持。研究班班长、民革中央主席何鲁丽代表班委会介绍了学习情况,民建中央主席成思危、九三学社中央副主席黄其兴、中共福建省委副书记习近平、民盟中央副主席吴修平,河北省副省长、无党派人士杨迁先后在座谈会上谈了各自的体会。

中共中央政治局常委、全国政协主席李瑞环,在听取大家的发言后讲了话。

在谈到努力提高领导干部的社会科学水平时,李瑞环指出,改革开放以来,各级干部的科学文化水平有了很大提高。这是干部队伍建设的一大成就,也是各

项事业不断发展的重要保证。但是，有一种现象应当引起注意，就是有些领导干部的自然科学知识比较丰富，而社会综合知识比较欠缺，有的同志甚至对社会科学领域的某些基本常识、对马克思主义的某些基本理论也缺乏了解。毫无疑义，学习自然科学、掌握各种自然科学专业知识是非常重要的，是我们始终都要大力提倡的。但是对于我们的领导干部特别是高级干部来说，如果缺少马克思主义理论素养，缺少社会科学知识，就难以形成正确的思想方法，就不能从总体上观察和把握世界的发展，从而正确解决各种复杂的问题。我们党和各民主党派的老一辈领导人都十分重视社会科学，许多人毕生没有脱离社会科学的学习和研究。可以这样说，如果没有他们在社会科学领域的研究和开拓，就很难设想中国革命的胜利。今天同样可以这样说，如果没有广大干部特别是领导干部在社会科学领域中的研究和开拓，也很难设想有中国特色社会主义事业的胜利。

以江泽民同志为核心的中央领导集体十分重视社会科学，不仅在全党大力倡导，而且以身作则努力学习和研究社会科学。希望我们的领导干部包括各民主党派的领导干部，无论是从事哪个领域工作的，都要重视学习社会科学，长期坚持，不断深入，从而使我们的马克思主义水平从总体上有一个较大的提高。

在谈到大力发扬合作共事优良传统时，李瑞环指出，中国共产党与各民主党派在长期合作中，共同培育、形成了许多优良传统，比如，平等相待，民主协商，求同存异，自我教育，广交朋友，真诚服务，等等。我们要努力保持和发扬这些优良传统，并且结合新情况，不断注入新内容，创造新形式。继承和发扬统一战线中多党合作的优良传统，对于民主党派来说，重要的是坚持正确的政治方向，自觉树立大局意识，努力提高参政水平，为经济建设、社会发展、祖国统一多做贡献，并在这个过程中，加强党的自身建设。对于共产党和党的统战工作者来说，当前需要特别注意的是，要主动，要多联系，多沟通，多谈心，多服务，充分尊重民主党派的自主权利，虚心听取民主党派的意见建议。共产党要靠正确的政治主张和自身的模范行动去实现政治领导，靠自己的道德风范赢得党派朋友的信任。

在谈到切实发挥民主党派的监督作用时，李瑞环说，在新民主主义革命时期，中国共产党与各民主党派在共同的斗争中，建立起了密切的合作共事关系。建国后，我们之所以要把这种合作关系保留下来，并使之进一步发展成为基本政治制度，就是要发挥民主党派的监督作用。1956 年，毛主席提出，共产党要与各民主党派“长期共存、互相监督”，长期共存的目的，就是让民主党派可以发表意见，同共产党之间互相监督。中共十一届三中全会以后，邓小平同志总结国际国内正反两方面的历史经验，继承和发展了这一思想，指出共产党作为执政党，“更加需要听取来自各个方面包括民主党派的不同意见，需要接受各个方面的批评和监督，以利于集思广益，取长补短，克服缺点，减少错误。”以江泽民同志为核心的中共中央，十分重视民主党派的监督作用。在 1990 年召开的全国统战工作会议上，江泽民同志明确指出：“要积极支持民主党派成员和无党派人士参政议政，尊重和发挥他们在政治协商、民主监督中的作用。我们党作为执政党，始终需要接受多方面的监督。要鼓励民主党派和无党派人士敢于坚持正确意见，做我们党的亲密诤友。”进入新的历史时期之后，我们把“长期共存、互相监督”的八字方针，发展成为“长期共存、互相监督、肝胆相照、荣辱与共”的十六字方针，是为了适应新的形势，更好地进行互相监督。肝胆相照是讲亲密关系，荣辱与共是讲事业相同。肝胆相照、荣辱与共，反映了民主党派与我们党根本利益是一致的，反映了双方有着共同的政治基础和共同的奋斗目标，反映了我国政党制度的特点和优点。共产党与各民主党派，不是执政党与反对党的关系，而是为国家富强、民主、文明而共同奋斗的友党关系。民主党派对共产党的监督，不是否定或削弱共产党的领导，而是帮助改善和加强共产党的领导。

李瑞环说，我们必须适应改革开放和现代化建设深入发展的需要，建立和完善各种形式的监督，诸如党内监督、法律监督、舆论监督、群众监督，也包括各民主党派和党外人士的民主监督。我们希望各民主党派在实行民主监督方面切实地负起自己的责任来，更加切实地贯彻“长期共存、互相监督、肝胆相照、荣辱与共”的方针，把建设四化、统一祖国、振兴中华的伟大事业胜利推向前进。

各民主党派中央和全国工商联负责人雷洁琼、卢嘉锡、丁石孙、蔡子民、经叔平、杨纪珂、徐采栋等，以及中共中央组织部、统战部、党校有关负责人参加了座谈会。

全国台办主任会议在北京结束

中共中央政治局委员、国务院副总理钱其琛出席会议并作重要讲话。

钱其琛指出，当前的国际、国内形势有利于遏制台湾当局的分裂活动，发展两岸关系，无论台湾当局对其政治体制作什么改变，都不可能改变台湾是中国的一部分这样一个国际公认的事实。钱其琛要求各地区、各部门要继续贯彻执行江泽民主席《为促进祖国统一大业的完成而继续奋斗》重要讲话精神，进一步巩固和发展反分裂、反“台独”斗争的成果，采取切实有力的措施，积极推动两岸关系发展，推进祖国和平统一进程。

会议传达中央关于对台湾工作的指示精神，在总结 1996 年的工作和分析当前两岸关系、台湾局势的基础上，部署了今年的对台湾工作。会议认为，1996 年是海峡两岸关系发展极不平凡的一年。在中央的正确领导下，我反分裂、反“台独”斗争取得阶段性重大成效，充分显示了中国人民维护国家主权和领土完整的坚强决心和能力；反对分裂，反对“台独”，主张发展两岸关系、进行政治谈判，要求尽快实现“三通”，已成为海峡两岸同胞日益强烈的共同呼声。同时，一年来两岸经贸合作和各项民间交流交往也取得了新的进展，保持着良好的发展势头。

会议指出，1997 年，我国政府将对香港恢复行使主权，“一国两制”将成为现实，祖国统一由此迈出了重要一步。我们要坚持“和平统一，一国两制”的基本方针，深入贯彻执行江泽民主席提出的八项主张，坚持不懈地反对一切分裂和“台独”思潮，遏制台湾当局在国际上搞“两个中国”、“一中一台”的分裂活动，努力促进两岸直接“三通”，推动两岸人员往来与经济、文化交流，切实保护台湾同胞的合法权益。会议表示，希望台湾当局以国家民族利益为重，以实际行动回到一个中国的原则立场上来，响应我们的建议，尽早就结束两岸敌对状态等政治议题同我们举行谈判。会议号召包括台湾同胞在内的所有中国人团结起来，为实现国家统一贡献力量。

香港特别行政区行政长官董建华公布第一届行政会议成员名单

香港特别行政区第一届行政会议将有 15 名成员，除特别行政区行政长官外，3 位当然官方成员为政务司长、财政司长和律政司长；11 位非官方成员为：钟士元、钱果丰、钟瑞明、方黄吉雯、李业广、梁锦松、梁振英、谭耀宗、唐英年、王鸣、杨铁梁。钟士元为行政会议召集人。

中纪委 监察部就周华孚贪污受贿挪用公款失职渎职重大案件发出通报

中央纪委、监察部近日就周华孚贪污受贿、挪用公款、失职渎职的重大案件发出通报。

原中国人民保险公司河南省分公司党组书记、总经理周华孚于 1992 年至 1993 年，利用职权，先后四次私自从下属公司调集资金，截留款项，挪用公款 430 万元。

中共河南省委决定开除周华孚党籍，中国人民保险(集团)公司决定开除其公职。司法机关正依法追究其刑事责任。

中央统战部在北京举行党外专家学者无党派知名人士迎春茶话会

来自首都的教育、科技、医务、文艺等各界近 200 名人士出席茶话会。

全国政协副主席、中共中央统战部部长王兆国，代表中央统战部向前来参加茶话会的各位党外专家、学者和无党派知名人士致以节日的祝贺和诚挚的问候。全国人大常委会副委员长雷洁琼、卢嘉锡参加迎春茶话会。

国务院副总理朱镕基在全国住房制度改革工作会议上发表讲话

朱镕基在讲话中指出，经过三年多来深化改革、加强和改善宏观调控，我国经济呈现良好的发展形势，国民经济持续保持较高发展速度，通货膨胀得到明显抑制。要充分利用这一有利时机，加快住房改革步伐，加大住房建设的规模，适应人民群众购买力的提高和住房需求的增长，大力建造低价位的经济实用住房，推进住房商品化的步伐，带动建筑业、建材工业和众多相关产业的发展，一方面大大缓解城镇居民住房的严重困难；另一方面又为国民经济的进一步发展提供广阔市场。

朱镕基强调，从全国来说，经济实用住房的建设，将是长期带动国民经济发展的最重要的消费热点。各地区、各部门的领导人必须及早谋划，及时准备。

朱镕基说，人民群众迫切需要解决住房问题，但是，建房资金怎么解决？住房改革的实践证明，还得由国家、企业、个人共同负担。只有在政府机关和企业、事业单位职工中普遍建立起住房公积金制度，才能够提供稳定的、成本低的建房资金。上海等地的经验证明，在我国运用住房公积金制度，积累资金加快居民住房建设，解决居民住房问题，是行之有效的。要把普遍推行，不断完善住房公积金制度，作为 1997 年和今后时期房改工作的重点。从全国来讲，当前住房公积金的归集率还不高，公积金提取的比例比较低，进展也比较慢，必须克服困难，创造条件，积极推进。各级领导和从事房改工作的同志要把注意力放到这方面来。要按照“房委会决策、公积金中心运作、银行专户、财政监督”的原则，加强住房公积金的监督管理，确保住房公积金专款专用，安全有效运行。

朱镕基说，随着住房公积金制度的普遍建立和推广，用于住房建设的资金将会大幅度增加。住房建设一带头，其他相关产业就发展起来了，大大有利于调整国民经济结构。既不需要进口建筑材料，也不会引起重复建设，还可以扩大就业，安置企业富余职工。

朱镕基指出，为了保证住房建设资金的回收、运转以形成良性循环，必须保证经济实用住房的低造价、低售价，以促进住房商品化的推行。这就要求各级政府、城市建设部门为公积金建房提供政策支持，包括划拨土地、减免税费、减收配套设施费用、建筑单位合理负担等措施。城市政府要统一管理，经营性房地产开发公司都要承担一定比例的经济实用住房的建设任务，以经营其他业务的盈利弥补建造经济实用住房可能出现的亏损。通过多种措施，努力把住房的售价降低到每平方米1000元左右，使住房的售价与中、低收入职工家庭承受能力相适应。同时，银行要对经济实用住房用户采取抵押贷款和分期付款的方式，引导居民住房消费，推动住房商品化。朱镕基指出，最近两年，国家实施了“安居工程”计划，通过银行安排一批贷款、地方政府提供政策优惠，建成了一批经济实用住房，解决了一部分职工的住房问题，很得人心。但是，安居工程住房建设缺乏资本金渠道，完全靠银行贷款并且由银行承担风险，今后很难大规模发展。因此，今后要把国家安居工程与利用公积金建房结合起来，统筹规划，统一管理，统一建设，相辅相成。要确保国家安居工程住房优先出售给中低收入住房困难户，特别是国有企业职工和教师。国家安居工程的具体实施和检查督促工作，建设部门要认真负起责任，按计划高质量完成国家下达的任务。

朱镕基指出，这次会议进一步强调深化住房体制改革，加快住房建设，完全不同于1993年出现过的“房地产热”。那次“房地产热”的主要建设内容是高级写字楼和豪华别墅。由于盲目过高估计市场需求，至今还有大量建成或未建成的房屋积压待售，造成国民经济的重大损失。而这次加快住房建设的内容完全是指经济实用住房，包括利用公积金建房和“安居工程”建房。各部门、各地区要提高警惕，千万不要让过去的“房地产热”在加快住房建设的名义下复活。朱镕基还指出，过去那些在“房地产热”中建成、目前积压的商品房，其中约有3500万平方米售价在每平方米2000元左右。对此，请建设部会同有关部门、地区，制订政策措施，例如地方让费、业主让利等办法，把售价降低到每平方米1500元以下，以促进销售，减少损失。

中共中央政治局常委朱镕基在重庆考察

朱镕基在考察时说，国务院在1月上旬召开的国有企业职工再就业工作会议上提出，解决国有企业的困难，要认真贯彻江泽民总书记关于搞好国有企业改革的讲话精神，在坚持“三改一加强”(改组、改造、改制，加强企业管理)的同时，坚决走减员增效、下岗分流、规范破产、鼓励兼并的路子。为此，国家已出台了一系列新的政策，这是党中央、国务院为解决国有企业困难所采取的重大举措，各地要认真组织传达学习，做好宣传舆论工作，贯彻落实好会议精神。各地区从省到市(110个试点城市)都要成立国有企业兼并、破产和职工再就业协调小组，尽快制订本地区的实施计划。

朱镕基重点考察了重庆市国有企业解困工作和粮食收储情况。考察期间，朱镕基走访了重庆第三棉纺厂和大足县，并就国有企业兼并、破产和职工再就业、纺织企业解困等问题，与重庆市领导和有关部门、部分国有企业负责人进行了座谈。

朱镕基指出，重庆作为老工业基地，在我国经济发展中具有重要的地位，重庆要把搞好国有企业放在更加突出的位置上。目前国有企业的困难是经济结构调整过程中必然要发生的，是有办法解决的，要坚定信心，转变观念，理清思路，统一认识，统一行动。国有企业的困难不能再靠外延扩大投入来解决。在市场前景不明的情况下，越是扩大投入只能是包袱越重，困难越大。唯一可行的办法，就是实现“两个根本性转变”，实行经济结构调整，走企业兼并、破产和职工再就业的路子。全国的亏损企业都要走这条路子。要规范破产，鼓励兼并，该破产的要破产，能兼并的要尽量多兼并。兼并、破产所冲销的银行资产要有额度限制，今年冲销呆账、坏账准备金总数在300亿元以内，限定在110个试点城市范围内进行。因此，有关城市要作出兼并、破产的计划并按程序报批。职工再就业工程是百年大计，要坚持搞下去。为此，各地要从上到下成立职工再就业服务中心，积极开拓就业门路，热情关心职工生活，维护社会安定团结。不具备兼并、破产条件的企业也都要实行再就业工程。基本的做法是以产定人，富余人员下岗后进入本企业再就业服务中心，领取基本生活费，通过再就业服务中心逐步重新安置就业。亏损企业对下岗职工发基本生活费都有困难的，可以采取“三家抬”的办法，即地方政府补贴利息、银行发放特种贷款、社会提供保险、救济。再就业主要是转入第三产业，特别是服务行业，决不能再走扩大加工工业生产能力的老路。

朱镕基强调，规范破产，很重要的一条就是要防止“假破产、真逃债”，标准是“资产变现、关门走人”。

把资产(包括土地)变现的钱先用来安置工人再就业，不能搞什么“整体接收”或“整体收购”。为了鼓励兼并，国家已制定了相应的优惠政策，优势企业兼并劣势企业，要承担全部债务，五年还清，但贷款利息经银行核准可以免除，五年的还本期限根据企业情况还可以宽限一至两年。被兼并企业的富余人员也要下岗分流，否则还可能把优势企业拖垮。富余人员下岗进入再就业服务中心，要暂时过低水平的生活，这件事办起来难度较大。要向职工们讲清楚，现在这样做，是为了他们的长远利益，而且政府会努力照顾他们的眼前利益，千方百计安排下岗职工的再就业。因此，实施再就业工程，一定要做好宣传解释工作，做好思想政治工作。

在谈到纺织工业解困问题时，朱镕基说，纺织工业当前的困难，主要是重复建设、供过于求造成的。国务院在 90 年代初就提出压锭改造，现在看，整体规模没有压下来，生产能力仍大大超过市场需求，困难越来越大。当前要下决心压缩规模，调整结构，推动兼并、破产和职工再就业。这条路子要坚决走下去，没有壮士断腕的决心和艰苦细致的工作，就克服不了眼前的困难，其他什么轻巧的解困路子是没有的。重庆和全国都要把纺织行业列为实施兼并、破产和职工再就业的重点行业。

在产粮大县大足县，朱镕基深入到邮亭、双塔粮站和化龙乡农户家中，考察粮食收储情况，还特别关心地询问了农民的税费负担情况。他指出，当农业丰收，市场粮价低于国家定购价时，一定要按保护价（相当于定购价）收购议价粮和专储粮，这是国家保护农民利益、稳定市场粮价的重要措施。一定要敞开收购，把粮食收购工作搞好，决不允许打白条。同时也要鼓励农民储粮备荒。要保证农民增产增收，进一步调动他们发展农业生产的积极性。国有粮站、粮店的亏损，主要是因为单一经营和费用太高造成的。因此，要进一步改革粮食购销体制，积极推进粮站、粮店开展多种经营，发展便民连锁店，走出一条用改善经营管理、发展多种经营弥补粮食经营亏损的新路子。朱镕基还强调，在农业丰收的形势下，粮食生产千万不能放松，同时要特别注意认真保护现有耕地，严禁以任何方式乱占耕地。保护耕地是加强农业的基础地位、关系国家长远发展的重大问题。

中央军委副主席刘华清与兵器工业科学家劳动模范优秀企业家和先进工作者代表座谈

刘华清首先向兵器工业两院院士、劳动模范、优秀企业家、先进工作者和广大兵工战线上的同志表示崇高敬意。他说，你们是我国兵器行业的精华和栋梁，你们为国防现代化建设作出的重大贡献，党和人民不会忘记。

刘华清指出，现在世界各国都大力发展科学技术。经济建设和国防建设都离不开科学技术，特别是高科技。我们要集中财力、人力，努力缩小与国际先进水平的差距，使兵器科研和建设水平不断提高。

刘华清反复强调，党中央、国务院和中央军委十分重视兵器工业的建设和发展。他希望广大兵器工业战线的科技人员和职工奋发图强，发挥创造性，使 21 世纪我国的兵工科学技术能够真正立足于世界之林。

参加座谈会的有科学家、企业家、劳动模范和先进工作者代表五十余人。

国家税务总局和公安部联合颁布实施《阻止欠税人出境实施办法》

国家税务总局和公安部近日联合颁布实施《阻止欠税人出境实施办法》，这是中国强化税收征管，加大执法力度，堵塞漏洞、减少税款流失，维护国家利益的一项措施。

改革开放以来，中国的经济建设有了很大发展，国际间的经济、文化交往日益频繁。特别是近几年，来华进行商业比赛、演出的外籍个人、团体以及来华承包工程或提供劳务服务的短期承包商越来越多。由于这些人员来华时间短、流动性大，税收上难以控管，未缴税就离境的情况比较多。此外，境内一些偷税漏税不法分子，企图离境逃之夭夭的情况也屡见不鲜。为此，对这些人采取阻止其出境的限制手段十分必要。

根据国家税务总局和公安部颁布的这一实施办法规定，经税务机关调查核实，欠税人未按规定结清税款，又未提供纳税担保且准备出境的，税务机关应首先依法向欠税人申明不准出境。对已取得出境证件执意出境的，税务机关可按规定函请公安机关阻止其出境。《实施办法》规定，对已结清阻止出境时欠缴的全部税款（包括滞纳金和罚款），或已向税务机关提供相当全部欠缴税款的担保，或欠税企业已依法宣告破产，并依《破产法》程序清偿终结者，税务机关须按规定函请公安机关予以撤控放行，允许其出境。

《实施办法》还对阻止出境的欠税人作了具体规定，主要为：欠税人为个人的，阻止出境的对象为当事人本人；欠税人为法人的，阻止出境对象为其法定代表人；欠税人为其他经济组织的，阻止出境对象为其负责人。法定代表人或负责人变更时，以变更后的法定代表人或负责人为阻止出境对象；法定代表人不在中国境内的，以其在华的主要负责人为阻止出境对象。

中国首座铁路弯梁桥——板其二号大桥竣工

南昆铁路线上的我国首座铁路弯梁桥——板其二号大桥日前竣工。该桥位于贵州省册亨县。据介绍，板其二号大桥长 217.58 米，最大墩高 53 米，主跨 72 米，桥面弯曲半径为 450 米，在世界铁路弯梁桥中弯曲半径最小、跨度最大、桥墩最高。

中国第三家国有石油公司新星石油公司在北京成立

李鹏总理为中国新星石油公司题词："深化地质行

业改革,办好新星石油公司”。

国务院副总理邹家华在成立大会上说,组建新星石油公司,是为了进一步加快地矿及石油工业的改革和发展。在我国加快改革开放和现代化建设的新形势下,决定将地矿部油气队伍改组为我国第三家大石油公司,这将更好地发挥这支队伍的优势和潜力,推动地矿行政主管部门政企分开,加强矿产资源的统一管理。

地矿部部长宋瑞祥在讲话中说,党中央、国务院决定地矿油气队伍按照建立社会主义市场经济体制要求,加速从事业体制向企业转变,由单一的油气勘查向勘查、开发、加工一体化转变,并通过改制改组,成立中国新星石油公司。这一重大决策的实施,给这支队伍提供了更加宽阔的发展空间,提出了更高的要求。这支队伍将以此为新的起点,全面开展第二次创业,为我国石油工业的发展作出新的贡献。

中国新星石油公司是以地矿部石油海洋系统分布在全国15个省、市、自治区的8个地区性石油局、海洋石油局和10个石油科研及生产辅助单位为基础组建的国有独资公司。

国家环保局局长解振华在北京同以众议院国家安全委员会军事研究与发展小组委员会主席科特·威尔顿为团长的美国议员代表团举行会谈

1月25日

香港特别行政区临时立法会在深圳举行首次会议

会议首先通过了临立会主席产生办法。办法规定,临立会主席候选人必须是临立会议员、年满四十周岁、在香港通常居住连续满二十年并在外国无居留权的中国公民,而且须获十名临立会议员联合提名,然后由全体临立会议员以无记名投票方式选举。选举结果以唱票方式公开计票,得票最多者当选。

根据上述办法,临立会议员范徐丽泰和黄宏发获得提名成为临立会主席候选人。选举结果,范徐丽泰得票33张,黄宏发得票27张。10时45分,鲁平宣布范徐丽泰当选。今年51岁的范徐丽泰,曾任港英行政局和立法局议员,现为筹委会委员、香港各界庆祝回归委员会执委会副主任、第一届政府推委会委员和力行顾问有限公司董事长。至此,香港特区临立会的组建工作宣告完成。

周南和董建华在选举前后分别发表讲话。周南在回顾了香港临立会产生的由来以后指出,临时立法会是香港特别行政区的立法机关,它的法律依据和权力来源是全国人大和筹委会的有关规定,它与现在的港英立法局是处在两个不同的法统之下,不存在什么继承的关系。这就是说,临时立法会在1997年6月30日前可以进行立法程序方面的工作,审议、通过有关法案。到了1997年7月1日香港特区成立之日,临时立法会议员宣誓就职后,对其已完成审议的法案作进一步的确认,然后送请行政长官签署、公布,开始实施。所以临时立法会不会影响1997年6月30日前英国对香港的管治。周南希望临时立法会议员齐心协力,把临时立法会的各项工作做好,在香港回归祖国的历史上写下光辉的篇章。

董建华在讲话中对范徐丽泰当选表示祝贺。他表示,临时立法会虽然只有约一年的任期,但却是香港平稳过渡极重要的一环。他相信各位议员一定会出色地完成他们的使命。

云南会泽特大假酒中毒案审结

云南省会泽县假酒中毒案,已经云南省高级人民法院终审。经最高人民法院核准,李荣平、蒋红梅、尹广才、彭传云、陈建武等5犯分别被判处死刑,剥夺政治权利终身,在当地被执行枪决。

全国人大常委会委员长乔石视察中国气象局

乔石说,气象工作与国家建设和人民生活密不可分,非常重要。新中国成立以来,尤其是改革开放以来,我国的气象事业成绩显著。广大气象工作者克服困难,艰苦努力,为促进经济发展,为防灾减灾,为方便人民群众的工作和生活作出了重要的贡献。他说,我国正在实施国民经济和社会发展的“九五”计划,并且制定了到2010年的远景目标,这对气象工作提出了更高的要求,我国气象事业面临着繁重的进一步发展的任务。要更加重视气候资源的开发和利用,继续拓宽气象服务的领域,提高服务质量和效益,抓紧提高气象业务技术的现代化程度,改善工作条件,加强和完善科学管理,努力多出人才,多出成果,逐步使我国的气象工作达到国际上最先进的水平,为国家和人民做出更大贡献。他指出,在党和国家的支持下,通过广大气象工作者的共同奋斗,这是完全能够做到的。

乔石还接见了正在举行的全国气象局长会议的代表。

“中国十部民族民间文艺集成志书出版百卷嘉奖会”在人民大会堂举行

全国人大常委会副委员长费孝通、程思远、布赫,全国政协副主席万国权、何鲁丽出席了会议。

中共中央政治局委员、国务委员李铁映致信大会表示祝贺。

被海内外专家学者誉为“文化长城”的十部民族民

间文艺集成志书，是由文化部、国家民委和有关的文艺家协会自 1979 年起先后联合发起，由全国艺术科学规划领导小组进行规划、领导、组织实施的艺术学科国家重点研究项目。它集中国民族民间优秀文化艺术成果之大成，是对研究中国文艺发展史、创作规律、美学特征和社会学、民族学、民俗学、历史学等具有重大科学价值的文献资料丛书。

这一系列丛书共分十大艺术门类，按现行行政区划立卷，共计 300 卷约 450 册，4.5 亿字，按计划，将于 2003 年基本完成。

云南西双版纳景洪东南(震中位于北纬 21.9 度，东经 101.1 度)于 10 时 38 分(北京时间)发生 5.1 级地震

1 月 26 日

中华全国供销合作总社理事会主任陈俊生在总社第二届理事会第三次全体会议上发表讲话

陈俊生指出，开拓农村市场，把农民手中的产品变成现实购买力，农产品、工业品双向开拓，可以最大限度地保护农民的生产积极性，满足农民对工业品的需求，保持农业和农村经济的全面增长，带动工业生产，促进国民经济的健康发展。供销合作社作为农民的合作经济组织，开拓农村市场有着义不容辞的责任。

陈俊生指出，供销合作社是农民的合作经济组织，主要阵地在农村，以服务为宗旨，网点遍布城乡，完全有义务、有条件、有能力在沟通城乡，开拓农村市场中发挥中坚作用，积极开拓农村市场，沟通城乡经济交流，是其义不容辞的责任。他要求供销合作社努力扩大经营领域和经营范围。只要是农民需要推销的商品，要千方百计帮助推销；只要是农民所需要的消费品，要千方百计组织经营。加强对农业和工业的信息服务，组织引导农民和工业企业以市场为导向搞好生产。把采取各种产业化组织形式，切实推进农业产业化进程，作为开拓农村市场的一个关键环节来抓，解决生产与市场的结合问题。

全国商检局长会议在北京召开

会议指出："九五"开局之年，我国商检部门重点提高检验工作质量，努力实施"两个转变"，较好地维护了国家权益和外贸信誉，各项工作取得显著成效。

国家商检局局长田润之在会上说，据统计，去年共检验进出口商品 188.8 万批，货值 918.2 亿美元，其中出口商品 159.57 万批，货值 505.46 亿美元，分别较上年提高 13.77%和 17.47%，检出不合格品 1.3 万批，货值 4.39 亿美元，较上年分别下降 0.3 个和 0.14 个百分点，表明我国出口商品质量继续上升。经及时出具商检证书供有关单位对外索赔，挽回经济损失 1.34 亿美元。经严格审核，签发普惠制产地证书 164.4 万份，一般产地证书 31 万份，签证金额各为 414.8 亿美元和 136.1 亿美元。

去年，商检监管认证工作继续强化，共颁发出口商品质量许可证书 1645 份，出口食品卫生注册(登记)证书 1187 份，同时对 10 家质量管理水平严重下降的获证企业作出吊销许可证的处罚。颁发进口商品安全质量许可证书 2225 份，进一步遏制了涉及安全的低劣进口商品流入国内。ISO 9000 质量体系评审认证取得突破性进展，有 233 家企业获此类证书，占这项工作开展以来企业获证总数的 2/3。

全国邮政服务工作会议在成都召开

最近，在成都召开的全国邮政服务工作会议提出：动员全国邮政广大干部职工，紧紧围绕邮电部确定的"'97 邮电服务年"的主要目标，努力实现承诺，提高服务质量，促进邮政服务水平再上新台阶。

中华全国新闻工作者协会发表"建立新闻工作者接受社会监督制度"公告

为了贯彻落实党的十四届六中全会通过的《中共中央关于加强社会主义精神文明建设若干重要问题的决议》和江泽民总书记视察人民日报重要讲话精神，加强新闻职业道德建设，抵制和反对有偿新闻等不正之风，树立行业新风，中华全国新闻工作者协会(简称"中国记协")决定建立新闻工作者接受社会监督制度，近日特发表公告如下：

一、我国新闻从业人员是一支有较好政治业务素质、富有奉献精神、有战斗力的新闻队伍。近几年来，新闻单位贯彻《中国新闻工作者职业道德准则》，贯彻中宣部、新闻出版署关于加强新闻队伍职业道德建设、禁止有偿新闻的通知精神，收到了良好的效果。但是，由于拜金主义、享乐主义、个人主义思想的侵蚀，一些新闻工作者违反新闻职业道德的行为时有发生，有偿新闻等不正之风屡禁不止。为了进一步加强新闻职业道德建设，树立行业新风，必须在加强新闻单位精神文明建设，教育新闻工作者遵守新闻职业道德的同时，建立和完善新闻工作者接受社会监督制度。新闻工作者只有自觉地接受党和人民群众的监督，约束自己的行为，切实纠正有偿新闻等不正之风，才能更好地为人民服务、为社会主义服务。

二、新闻工作者是"人类灵魂工程师"，应当成为廉洁自律、树立行业新风的表率，自觉遵守中华全国新闻工作者协会最近修订公布的《中国新闻工作者职业道德准则》，坚决执行中共中央宣传部、新闻出版署关于加强新闻队伍职业道德建设、禁止有偿新闻的通知，坚决执行中共中央宣传部、广播电影电视部、新闻出版署、中华全国新闻工作者协会《关于禁止有偿新闻的若干规定》。

三、凡发现新闻单位和新闻工作者有违反新闻职业道德、搞有偿新闻等不正之风的行为，社会各界人士均可向违规人员所在新闻单位或主管部门举报、投诉，也可向中国记协或各省、自治区、直辖市记协举报、投诉。

中国记协举报电话为 66020001，举报信请寄北京西交民巷五十号，邮政编码：100031。

中国记协收到举报、投诉后，将及时向有关新闻单位通报情况，并督促他们认真查清事实真相。如情况属实，由有关主管单位的纪检监察部门根据有关规定，区别不同情况，对违规人员作出处理。同时，要选择一些典型案例公开报道，使广大新闻工作者从中接受教育。

四、对模范遵守新闻职业道德，廉洁自律，在树立行业新风方面表现出色、成绩卓著的新闻单位和新闻工作者，社会各界人士可向新闻单位、主管部门或中国记协、地方记协反映。有关方面在核实情况后，要采取各种方式，大力进行表彰，推动全国新闻界的新闻职业道德建设。

中国杂技在法国获最高金奖

第二十届世界明日杂技节和第十一届世界未来杂技节结束。成都战旗杂技团的“双秋千”和沈阳杂技团的少年节目“少林晨练”，分别荣获明日杂技最高金奖共和国总统奖和未来杂技最高金奖。

1月27日

中纪委第八次全体会议在北京开幕

会议的主要任务是，以邓小平建设有中国特色社会主义理论和党的基本路线为指导，贯彻党的十四届五中、六中全会精神，根据党中央关于深入开展反腐败斗争的要求，回顾 1996 年反腐败斗争的情况，研究部署 1997 年反腐败和党风廉政建设工作。

中共中央政治局委员、书记处书记、中央纪委书记尉健行代表中央纪律检查委员会常委会向全会作了题为《把握大局，再接再厉，努力取得反腐败斗争新成效》的工作报告。

会议由中央纪委副书记侯宗宾主持。中央纪律检查委员会委员 100 人出席会议。各省、自治区、直辖市，中央和国务院各部门纪检监察机关的负责人，出席全军纪律检查工作会议的代表列席会议。

中纪委书记尉健行在中央纪委第八次全体会议上作题为《把握大局，再接再厉，努力取得反腐败斗争新成效》的报告（节录）

1997 年是我国历史发上的重要一年。我国将恢复对复香港行使主权，召开党的第十五次全国代表大会，这是举世瞩目的两件大事。随着党的十四届五中、六中全会和中央经济工作会议精神的深入贯彻，国民经济将继续保持良好的发展势头，社会主义精神文明建设将蓬勃展开。为了适应形势发展的需要，1997 年必须更为有效地加强反腐败和党风廉政建设，力争取得更加明显的成绩。

1997 年以腐败和党风廉政建设工作总的要求是：以邓小平建设有中国特色社会主义理论和党的基本路线为指导，全面贯彻党的十四届五中、六中全会和中央经济工作会议精神，按照“把握大局，再接再厉，同心同德，开拓前进”的根本要求，坚持党中央确定的反腐败指导思想、基本原则和三项工作格局，加大力度，狠抓落实，务求实效，把反腐败斗争继续引向深入，为推进社会主义物质文明建设和精神文明建设服务，为维护改革、发展、稳定的大局服务。

按照党中央的要示，1997 年反腐败和党风廉政建设的主要任务是：

（一）领导干部廉洁自律方面

1997 年，要围绕《中国共产党党员领导干部廉洁从政若干准则（试行）》的贯彻落实，切实做好领导干部的廉洁自律工作。

党的十四大以来，针对党风廉政建设方面出现的新情况、新问题，经中央批准，中央纪委先后作出了一些有关领导干部廉洁自律的规定，这对于规范领导干部的行为起了很好的作用。《廉政准则》是对这些规定的系统化、规范化。党员领导干部应当自觉地严格遵守《廉政准则》，克己奉公、清正廉洁、全心全意为人民服务，并同一切违反《廉政准则》的行为作坚决的斗争，以维护党和人民的利益，维护党纪的严肃性。各级党委、政府要大力宣传、认真学习、全面贯彻《廉政准则》，并重点抓好以下几个方面的工作：

1. 领导干部要带头执行廉洁自律的各项规定。

要进一步解决领导干部在住房、建房、购房、装修住房等方面存在的严重以权谋私问题。要切实抓好住房方面个人申报、群众评议、组织核查处理、建立健全制度等环节，严肃处理领导干部在住房、建房、购房、装修住房方面的违纪问题。

继续落实不准参加用公款支付的营业性歌厅、舞厅、夜总会等的娱乐活动，不准接受可能对公正执行公务有影响的宴请等规定。要进一步完善公务接待标准，严格审批制度；要通过加强财务管理和检查监督，严肃财经纪律，堵塞漏洞；要加大对违纪者的查处力度，使用公款“吃喝玩乐”的歪风进一步得到遏制。

认真落实中央纪委第二次全体会议关于领导干部“不准利用职权为配偶、子女和亲友经商办企业提供任何优惠条件”的规定。当前，一些领导干部的配偶子女和亲友凭借领导干部的权力和影响经商办企业并从中牟取暴利，这是一个突出的腐败问题，危害极大，群众对此反映强烈。为落实上述规定，各级领导干部不得利用任何形式，为其配偶、子女和其他亲友获取贷款、物资、承发包建筑工程项目等提供方便。省（部）级以上领导干部的配偶、子女，不准在该领导干部管辖的地区及管辖的业务范围个人经商办企业和在外商独资企业任职。对违反规定的，必须严肃处理。

各级党政机关和领导干部，要认真执行《中共中央办公厅、国务院办公厅关于加强县以上领导机关秘书工作人员管理的规定》，对秘书加强领导和管理，要求他们严格遵守工作纪律，切实防止秘书以自己的特殊工作条件或借领导机关、领导同志的名义，乱拉关系，徇私舞弊，谋取私利。

2. 切实抓好国有企业领导干部廉洁自律工作。国有企业领导干部廉洁自律，对于团结全体职工，推动企业改革和生产发展，具有十分重要的作用，也是当前搞好国有企业的一个重要条件。国有企业党员领导干部都要按照《廉政准则》的要求，严于律己。在亏损的国有企业，企业领导干部更应该与职工群众同甘共苦，不得用公款为领导干部建造、购买或装修住房；不得购买或长期租用小汽车；不得装修办公室、添置高档办公用品。

为充分发挥工人阶级的主人翁作用，促进企业领导班子勤政廉政，国有企业职工代表大会对企业领导班子成员每年要进行一次民主评议，并采用无记名投票方式进行民主测评。主管部门要充分重视职工代表评议的意见，并将其作为对企业领导干部任免和奖惩的重要依据。各地区、各部门可以根据实际情况，要求集体所有制企业的党员领导干部参照执行《廉政准则》的各项规定。事业单位党员领导干部要按照《廉政准则》和对照国有企业领导干部廉洁自律的有关要求，严格自查自纠。

廉洁自律工作在坚持重点抓好县（处）级以上领导干部的同时，要求县（市）直属机关的科级党员领导干部、乡镇党员领导干部、基层站所党员负责人认真参照执行《廉政准则》的各项规定。

3. 进一步提高领导干部民主生活会的质量。要认真执行中共中央纪委、中共中央组织部《关于提高县以上党和国家机关党员领导干部民主生活会质量的意见》。各级党组织在每年一次的领导干部廉洁自律专题民主生活会召开前，要充分做好准备。上级党委、纪委和组织部门要派得力干部或巡视组认真进行调查研究，广泛听取群众对领导干部的反映，将反映的意见反馈给有关领导干部，并督促领导干部在民主生活会上逐条作出说明。在民主生活会上，党委每个成员要就遵守政治纪律和《廉政准则》的情况进行对照检查，认真开展批评与自我批评，防止只讲工作不讲思想，只讲成绩不讲问题，只讲集体不讲个人的现象。有违纪问题、拒不自查自纠的，要从重处分；能够自觉检查、纠正错误的，可从轻处分或不予处分。领导干部自查自纠的情况要在一定范围采取适当方式予以公布，接受群众监督。对于民主生活会上反映出来的问题必须采取措施，认真加以纠正。

各级领导干部必须认真执行《关于领导干部报告个人重大事项的规定》，进一步落实领导干部收入申报、礼品登记、国有企业实行业务招待费使用情况向职代会报告等项制度。

（二）查办案件方面

1997 年要继续坚持重点查办党政领导机关、行政执法机关、司法机关、经济管理部门和县（处）级以上领导干部的违法违纪案件。要坚决查处组织人事工作中的违法违纪行为，尤其对买官卖官的，要从严惩处。要认真查办基层干部违法违纪、严重侵犯群众利益的案件，国有企业领导干部以权谋私、肆意挥霍和侵吞国家财产的案件，以及法人违法违纪造成国有资产严重流失的案件。要坚决查处走私案件，对走私的策划者、组织者，是党员的，一律开除党籍，并由司法机关追究其法律责任；对以罚款放行走私货物等放纵或庇护走私的，以及借打击走私谋取个人或地方利益的，要严肃处理。要着重查处发生在金融、证券、房地产、土地批租出租、建设工程项目承发包等领域的大案要案。

要继续借鉴和推广江苏等地查办案件的经验，进一步加大工作力度，突破一批在全国或在本地区本部门有影响的大案要案。执纪执法机关要主动深入到当前易发案、多发案的部门和单位，采取执法监察、专项审计、重点抽查等方法，揭露重大违法违纪问题。查办案件既要坚决，又要稳妥。要排除干扰，克服困难，有案必查，不管涉及到什么人，都要一查到底，依法严肃处理。对确属被错告的干部，要澄清是非，予以保护。要进一步加强案件审理工作，提高办案效率和质量。要严格掌握政策，依法办案，做到事实清楚、证据确凿、定性准确、处理恰当、手续完备，使办理的案件经得起历史的检验。

各级党委、政府要继续加强对办案工作的领导。要进一步加强反腐败协调小组对查处大案要案的组织协调作用，各执纪执法机关在坚持各自的职责、权限和工作程序的前提下，加强协调配合，加大联合办案的力度，强化办案措施和手段，做到优势互补，形成突破案件的整体合力。

（三）纠正部门和行业不正之风方面

党的十四届六中全会关于加强社会主义精神文明建设决议的深入贯彻，为纠风工作提供了良好的条件和社会环境。纠风工作要结合培育爱岗尽责、优质服务的敬业精神和倡导诚实守信、办事公道、服务群众、奉献社会的职业道德活动来开展，切实解决群众关心的实际问题。

1997 年要重点抓好以下四项工作：一是继续抓好减轻农民负担的工作。各地区、各部门务必以极其严肃的政治态度，不折不扣地贯彻执行《中共中央、国务院关于切实做好减轻农民负担工作的决定》，严禁出台农民合理负担之外的各种集资、收费项目，狠刹巧立名目、变相加重农民负担的不正之风，严肃查处向农民乱收费、乱摊派的行为，切实保护农民利益。二是继续清理预算外资金和"小金库"。按照国务院有关规定，通过健全财税法规制度，加强对预算外资金收取和管理单位在银行开户的审计，严格财务管理和监督。对利用预算外资金和"小金库"进行贪污、私分、挪用、行贿、挥霍浪费的，要坚决查处。三是减轻国有企业负担。重点治理向国有工业企业的乱收费、乱摊派、乱罚款现象，认真清理各种规费，坚决制止违反规定的各种收费、摊派、罚款，为企业扭亏增盈和转换经营机制创造良好的外部环境。有条件的地方，对向国有工业企业征收各种合理费用，可以实行统一征管的办法，规范收费行为。按照国务院的要求，减轻国有企业负担的工作由国家经贸委制订实施方案，牵头主抓。四是继续落实党政机关与所办经济实体脱钩和行政性收费、罚没收入实行"收支两条线"的规定。

对于前两年纠风工作中重点治理的项目，如治理公路"三乱"、中小学校乱收费、用公款变相出国（境）旅游和医药用品购销中的回扣等，有关主管部门要将这些工作纳入经常性管理，加强制度建设，继续狠抓落实，巩固成果，防止反弹。部门纠风继续以执法监督部门和公共服务行业两大系统为重点。各地区、各部门还可结合实际，选择一两个群众反映强烈的突出问题，作为纠风专项治理的项目。

纠正部门和行业不正之风，要继续坚持"纠建并举"的方针和"谁主管，谁负责"的原则，行业主管部门必须切实负起责任，把纠风工作纳入部门和行业管理之中。要扎扎实实地推行服务承诺制。要加强行风建设和职业道德建设，积极开展创建文明行业活动，树立行业新风；要强化部门和行业内部制约和外部监督机制，开展民主评议行风活动；要发挥新闻舆论的监督和导向作用；要表彰先进，树立正面典型，推进纠风工作的深入发展。

特别要强调的是，严格政治纪律是保持党的团结和统一，维护全党全国工作大局，深入开展反腐败斗争的重要保证。各级领导干部尤其是省（部）级以上领导干部必须严格遵守政治纪律，在政治上、思想上、行动上同中央保持一致，自觉维护中央的权威，坚决贯彻中央的决策和方针政策，做到言行一致、令行禁止。坚决反对有令不行、有禁不止、阳奉阴违、各行其是的行为，坚决反对在经济活动和查办案件等方面的地方和部门保护主义，坚决反对组织人事工作中任人唯亲、买官卖官等违反纪律的行为。各级纪委要把对领导干部遵守政治纪律情况的监督作为重要任务，切实加强监督检查，对于违反政治纪律的，必须严肃处理。

国务院批转农业部关于进一步加快渔业发展意见

各省、自治区、直辖市人民政府，国务院各部委、各直属机构：

国务院同意农业部《关于进一步加快渔业发展的意见》，现转发给你们，请认真贯彻执行。

《中共中央、国务院关于放宽政策、加速发展水产业的指示》（中发〔1985〕5 号）下发后的十多年来，各级人民政府和有关部门的积极努力下，我国渔业生产进入了快速发展的时期，取得了巨大成就。水产品在我国人民的食物结构中已占有重要地位。我国可用于发展渔业的海洋、滩涂、江河、湖泊、水库和宜渔低洼荒地等非耕地资源的开发潜力很大，外海、远洋渔业也有进一步发展的潜力。加快对宜渔资源的治理和开发利用，积极发展渔业生产，对促进农村经济全面发展，增加食物生产总量，提高城乡人民的营养水平，增加渔民、农民收入，扩大出口创汇，维护国家海洋权益，都具有重要意义。

各级人民政府和有关部门要牢固树立大农业、大粮食的观念，把渔业作为农业中的一个大产业，摆上重要位置，采取有力措施，切实抓好。要像重视耕地一样重视水域的治理和开发利用，在决不放松粮食生产的同时，积极发展淡水和近海养殖，有计划地扩大远洋渔业，加强对近海渔业资源的保护和合理利用。要切实加强对渔业工作的领导，在政策以及技术和资金等方面继续给予积极扶持，推动我国渔业和渔区经济持续、快速、健康发展。

关于进一步加快渔业发展的意见(文略)

第三次全国教职工住房建设工作经验交流会在北京召开

中共中央政治局委员、国务院副总理李岚清出席会议。参加会议的有国务院有关部门和各省、自治区、直辖市、计划单列市以及各地计委、财政、建委、教委的负责人。国家教委主任朱开轩作了工作报告,北京市代市长贾庆林、国家计委副主任郝建秀、财政部部长助理刘长琨讲了话。北京市副市长胡昭广等一些省、市、自治区和国务院有关部委的负责同志介绍了教职工住房建设工作的经验与做法。

朱开轩在报告中说,"八五"以来,特别是最近三年以来,随着党中央确定的教育优先发展和"科教兴国"战略的提出,全党和全社会关心、支持教育事业,努力改善教师的工作条件和生活条件,为教师办实事越来越成为全社会的共识。通过以政府为主,多部门、多渠道、多方式筹措资金,集资建房,使全国教职工住房建设工作取得可喜成绩,教职工住房困难状况有了明显改善。据统计,1991年至1996年,全国城镇教职工住房建设共完成投资480亿元,竣工面积8400万平方米,建成住房118万套,教职工家庭人均居住面积由1992年年底的6.6平方米提高到1995年年底的8平方米左右。其中城镇中小学教职工住房竣工面积达6740万平方米,建成住房96万套,特别是1994年以来的三年中就竣工4660万平方米,建成住房61万套,占6年总数的70%左右。1991年至1996年,全国普通高校教职工住房建设竣工面积达1660万平方米,建成住房22万套,其中近3年就竣工998万平方米,建成住房12.8万套,占6年总数的60%左右。

朱开轩指出,教职工住房建设取得的成就,在教育界乃至全社会产生了积极影响,进一步激发了广大教师教书育人的积极性,促进了尊师重教风气的形成和教育事业的改革与发展。

朱开轩强调,由于历史欠账过多和各地经济发展的差异,各地教职工住房建设工作发展很不平衡,教职工中还有大量的无房户和住房困难户,全国普通高校教职工家庭人均居住面积仍低于城市居民人均居住面积。不少地区虽已制定了对教师住房的优惠政策,但未完全落实或实行,部分部委高校教职工住房建设仍然比较缓慢,尤其是中青年教师居住条件仍然十分困难,缓解教师住房困难的任务还很艰巨。实践已经证明,对这些问题,只要各地、各部门真正重视,落实政策,总结经验,扎实工作,争取用两三年的时间,基本解决全国教职工住房问题,是非常有希望的。

财政部出台方便和鼓励个人买卖国债十项措施

财政部国债司司长高坚介绍,为促进个人参与国债市场和方便个人投资者买卖国债,财政部出台了10项政策措施。

(一)财政部从1月27日起实行"个人投资者在交易所场内购买记账式国债的试点办法",投资人可以通过国债专用账户直接参与国债市场。

(二)降低个人投资人买卖国债的手续费,从原来的3‰降低到2‰,国债分销期内不收手续费;大幅度降低开户手续费。

(三)交易场所开办国债分销专场,并根据需要开办国债交易专场。

(四)方便个人购买国债,将发展场外柜台市场与做市商制度及经纪商制度结合起来。

(五)适当增加试点单位的国债分销数额。

(六)实行单位集中开户、证券中介机构上门服务等方便个人投资者的办法。

(七)加强在全社会进行国债知识的宣传。

(八)继续发行凭证式国债,方便个人投资者购买。

(九)与有关部门共同加速对国债基金的研究和实施。

(十)采取有效措施,鼓励和帮助国债一级自营商及证券经营机构发展向个人分销的网络。

国家外汇管理局全国分局长会议在北京召开

会议指出,当前我国国际收支状况良好,去年取消经常项目汇兑限制后,经常项目基本平衡,略有盈余,资本项目仍有较大顺差。1996年我国实际利用外资510亿美元,其中外商直接投资400多亿美元;外债余额增速减缓,年底外债余额达1162.8亿美元,新增96.9亿美元,增幅仅为9%;国内外汇市场持续供大于求,到年底外汇储备已达1050亿美元,比年初增加314亿美元,人民币汇率升值幅度小于前两年的水平。

国家外汇管理局局长周小川在会上强调,外汇管理工作要加快职能转换,巩固人民币经常项目可兑换的成果。要继续做好去年推出的居民与非居民通过金融机构的间接申报统计,同时实行直接投资、证券投资、金融机构对外资产负债及损益、汇兑四个方面的申报。做好进口付汇核销,完善经常项目外汇管理。提高利用外资水平,加强资本项目外汇供求总量调节,逐步推行中长期外债余额管理,支持成套机电产品出口。

中共中央政治局常委胡锦涛在里斯本葡萄牙共产党总部拜会葡共总书记卡瓦利亚斯

葡萄牙总统桑帕约在里斯本总统府会见中共中央

政治局常委胡锦涛

国务院副总理兼外交部部长钱其琛在钓鱼台国宾馆与蒙古国对外关系部部长舒赫尔·阿勒坦格列尔会谈

钱其琛通报了中国红十字会向蒙古红十字会提供2万美元救灾援款的决定，以帮助去冬以来遭受雪灾的蒙古灾民克服困难。阿勒坦格列尔对此表示感谢。

会谈后，两国外长签署了《中华人民共和国政府和蒙古国政府关于蒙古国在中华人民共和国香港特别行政区保留名誉领事馆的协定》。

国务院副总理兼外交部部长钱其琛在钓鱼台国宾馆会见由主席卡罗洛斯·帕普利亚斯率领的希腊议会外事和防务委员会代表团

国务院副总理兼外交部部长钱其琛在钓鱼台国宾馆会见美国众议员加里·艾克曼

吴阶平被授予英国爱丁堡皇家外科医师学院名誉院士

近日，英国爱丁堡皇家外科医师学院举行一次特殊庆典授予中国全国人大常委会副委员长、中国科学院院士、中国工程院院士吴阶平为该院名誉院士。爱丁堡皇家外科医师学院是一所具有500年历史的高级外科医师培训学院。目前世界上获得爱丁堡皇家外科医师学院院士称号的人士仅有30人，吴阶平是中国首位获该院此殊荣的教授。

1月28日

全国政协举行春节茶话会

已故党外全国政协委员、知名人士的夫人出席。

全国政协副主席钱正英在茶话会上代表全国政协主席李瑞环和政协全国委员会，向各位姐妹致以亲切的问候，祝大家春节快乐，身体健康，阖家幸福。

出席茶话会的已故党外全国政协委员、知名人士的夫人有：李先念夫人林佳楣、邓子恢夫人陈兰、欧阳钦夫人黄葳、滕代远夫人林一、谢觉哉夫人王定国、华罗庚夫人吴筱元、胡子昂夫人李月华、孙晓村夫人吴元成、侯镜如夫人李蒿芸、李沛瑶夫人许克坤、齐燕铭夫人冯慧德、杜春晏夫人浦洁修、周嘉彬夫人张素我(张治中女儿)、徐悲鸿夫人廖静文、马坚夫人马存贞、熊克武夫人廖望月、陈劭先夫人赵恕之、黄维夫人史逸清、何基沣夫人宋晓菡、徐逸樵夫人斯桂珍、萨空了夫人郑小箴、吴觉农夫人陈宣昭、苏子蘅夫人甘莹等。

香港各界举行纪念江泽民主席《为促进祖国统一大业的完成而继续奋斗》发表两周年促进海峡两岸和平统一座谈会

国务院总理李鹏会见出席第三次全国教职工住房建设工作经验交流会议代表

在新春佳节将临之际，李鹏总理代表党中央、国务院，向所有为教职工住房建设作出贡献的同志，向教育战线的广大教师和干部职工致以节日的问候。

李鹏指出，尊师重教是我们党的一贯政策。由于全党、全社会的重视，教师的政治地位和社会地位有了很大的提高。当前，要采取各种措施，积极解决教职工的住房问题，这既是落实尊师重教政策的体现，也是提高教师待遇的一项实事和好事，同时又直接关系到教师队伍的稳定和全国教育改革、发展的大局。“八五”期间，各地、各部门都相继采取了不少积极措施，制定了不少适合本地区、本部门实际情况的好政策，使全国城镇中小学和普通高校教职工住房建设工作取得了明显的进展。特别是近三年来，各地区、各部门又进一步加大了教职工住房建设的力度，使全国教职工住房困难的问题得到了较大的缓解。从总体上看，这方面的工作取得了显著的成绩，并得到了广大教职工和社会各界的拥护。

李鹏强调，由于历史欠账过多和各地经济发展的差异，目前全国教职工住房问题的解决程度还不平衡，如果到本世纪末要达到和超过全国城镇人均居住面积水平，教职工住房建设的任务还十分艰巨。为此，各级党委和政府在充分肯定成绩的同时，还要清醒地认识到解决这一问题的重要性、艰巨性和紧迫性，进一步做出努力。解决全国教职工的住房问题，在今后的一个时期内仍应主要是政府行为，必须由政府出面统筹规划，如在建房用地、规划等方面提供必要条件。一方面要结合教职工住房问题的特点，不断探索行之有效的新路子、好办法，另一方面又要注意把这项工作逐步纳入全国住房改革的整体轨道，实现同国家有关政策的衔接。对教职工的住房问题一方面在总的安居工程中要给予优先考虑的同时，还必须继续采取一些特殊措施，给予一些优惠的政策，采取政府、社会、学校、个人都出一点钱的集资办法，各方面力量结合起来，使教师住房在新的一年里得到进一步改善，争取再用两三年的时间，也就是到本世纪末，基本解决全国教职工的住房困难问题。

国家防汛抗旱总指挥部召开办公会议

会议听取防汛检查情况汇报，专题研究确保大江大河大水库安全度汛问题。中共中央政治局委员、国务院副总理姜春云指出，从现在到汛期由南到北分别只有100天到150天，时间紧迫，任务艰巨，必须加大工作力度，抓早抓实，争取主动。

第一，要充分认识确保大江大河大水库安全度汛的重大意义。确保大江大河大水库安全度汛，不仅关系农业的丰歉，而且关系人民的安危、社会的稳定，是关系全局的一件大事。一定要从政治上看待这个问题，立足于防大汛、抗大灾，克服种种麻痹思想、侥幸心理，克服消极畏难、无所作为的情绪，克服单纯等靠要的思想，积极主动、全力以赴抓好防汛的各项准备。

第二，加快修复水毁工程和除险加固的进度。去年洪涝灾害严重，一大批防洪工程遭到破坏。目前尚有30%左右的水毁工程没有修复，不少险工险段尚未除险加固。这是今年安全度汛的最大隐患。一定要把修复水毁工程、除险加固作为当务之急来抓，集中财力、物力、人力，抢在汛期到来之前全部完成。

第三，充分发挥上游水库的调蓄作用。要审定调蓄标准和方案，汛期正确调度，做到蓄泄适时适量，为中下游防汛保安全创造条件。

第四，切实搞好蓄滞洪区的安全设施建设。要利用汛前有限的时间，抓紧建设群众安全救生设施，落实群众自救措施，落实分洪转移方案，尽一切努力保住群众生命安全，减少财产损失。

第五，尽力增加投入，确保除险加固和度汛应急工程资金需要。中央要增加水利投入，地方也要增加投入，还要动员广大农民和全社会投工投资。要把现有资金管好用好，把有限的资金用在最急需的项目上，防止挪用和浪费。

第六，实行严格的领导责任制。各地要迅速落实领导责任制，并立即上岗到位，对思想发动、物资准备、工程建设、制订预案、抗洪救险，全面负责，做到职务到位、思想到位、指挥到位。如果汛期哪个地方、哪一段堤防出了问题，要由分工负责的领导同志负责。

国务院扶贫开发领导小组组长陈俊生在内蒙古看望农牧民群众

1月28日至31日，陈俊生带领国务院扶贫开发领导小组副组长、国务院副秘书长刘济民、财政部副部长李延龄和办公室主任高鸿宾等，在内蒙古自治区主席乌力吉的陪同下深入到国家重点贫困县乌兰察布盟草原四子王旗，走村串户，向贫困农牧民送温暖，拜早年。

陈俊生强调，扶贫工作关键是真扶贫，扶真贫。主要领导同志要亲自动手，真抓实干，这是解决贫困地区群众温饱问题最重要的保证。各级党政主要负责同志必须把贫困农牧民温饱饥寒放在一切工作的首位，作为社会经济发展的中心任务，全力以赴认真完成。扶贫工作要真正落实到村，覆盖到户，要逐村逐户分析研究，摸清底数，找准路子，对症下药。要力戒形式主义，防止一般号召，不要让农牧民平均收入水平的提高，特别是少数大户收入的增加掩盖了平均数之下的贫困状况。要把扶贫工作的重点放在目前尚未解决温饱的贫困户，扶贫主要是解决他们的温饱。

全国民航工作会议在北京召开

1996年民航运送旅客5551万人次，货邮运输量114万吨，分别比上年增长8.5%和13.1%，经济效益也有较大提高。

民航局局长陈光毅在会上说，今年民航要把安全工作作为重中之重，居安思危，通过开展形式多样的安全教育和对照检查，加强安全知识、技能和规章制度学习和培训，全系统签订安全责任书等形式，把安全责任制落实到基层、岗位和每个职工，努力实现第三个运输飞行安全年。继续以创建精品服务样板为龙头，提高服务质量，推进精神文明建设，提高民航的声誉。加大民航企业结构调整力度，实行集约经营，加快股份制改造步伐，推进机场管理体制改革，以收益成本管理为重点，着力提高经济效益。

中国首条国际陆地光缆开通

光缆从中国北方城市哈尔滨经抚远跨越中俄边界乌苏里江到俄罗斯哈巴罗夫斯克，全长970公里，其中中国境内820公里。它通过各自国内的通信系统连接到北京和莫斯科，并与世界其他国际光缆相连接，构成国际光缆的一部分。

国家主席江泽民在中南海会见美国加利福尼亚州州长皮特·威尔逊及其率领的加州政府高级官员代表团

国务院总理李鹏在人民大会堂会见蒙古对外关系部部长舒赫尔·阿勒坦格列尔

国务院总理李鹏在人民大会堂会见美国众议院国家安全委员会军事研究与发展小组委员会主席威尔顿和众议院国际关系委员会成员艾克曼等美国众议员

李鹏说，我们注意到美国现在对华奉行接触政策，接触总比遏制好，对话总比对抗好，双方可以通过接触增进彼此的了解。中国对发展中美关系持积极态度，但要发展良好的中美关系，彼此应相互尊重。中国对中美关系的基本方针仍然是江泽民主席说的十六个字：增加信任，减少麻烦，发展合作，不搞对抗。

威尔顿说，他此行的主要目的是促进美中两国特别是两国议会之间的交流和往来。为此，他受美国国会领导人的委托，愿与中方共同探讨建立定期对话和交流的机制。威尔顿表示，本届美国国会愿在更好地了解中国、了解中国的文化和历史方面作出自己的努力。只有更好地了解中国，才能使美国制定正确的对华政策，才能确保美中保持稳定和良好的关系。

国务院总理李鹏在人民大会堂会见法国安盛·国卫保险集团总裁克罗德·贝贝亚

全国人大常委会委员长乔石在人民大会堂会见由新任议长金守汉率领的韩国国会代表团

在谈到朝鲜半岛局势时，乔石说，实现南北和解符合南北双方的共同利益，有利于朝鲜半岛以及东北亚的长期和平与稳定，也有利于亚洲和世界的和平与安全，希望朝鲜半岛南北双方都能从大局出发，着眼未来，通过对话协商，逐步解决共同关心的问题。

全国人大常委会委员长乔石在人民大会堂会见以会长平山郁夫为团长的日中友好协会代表团

乔石说，今年是中日邦交正常化25周年。25年来，在两国政府和人民的共同努力下，中日关系有了很大发展。日中友协作为主要的对华友好团体，为发展两国关系、促进两国人民之间的友好交流作出了不懈努力和宝贵贡献。特别是近年来，由平山先生发起的通过修复南京城墙教育年轻一代了解历史的活动和开展日本同中国边远地区交流的活动，也都取得了积极的效果。

平山郁夫表示，日中友协一贯主张要正确对待历史，他将一如既往地为促进日中友好交流作出自己的贡献。

外经贸部部长吴仪在北京会见蒙古国对外关系部部长舒赫尔·阿勒坦格列尔

吴仪说，中蒙贸易近年来有了显著发展，去年双边贸易额为2亿美元左右，比前年增长了24%。她说，中蒙经济合作虽然目前规模较小，但中国有一套完整的工业体系，蒙古有着丰富的石油和多种矿产资源，双方在这些领域合作前景广阔。她希望双方政府鼓励两国大企业增加接触和了解，寻求更多的合作机会。

会见后，吴仪还和阿勒坦格列尔共同签署了一项有关两国经贸合作项目的换文。

全国人大常委会副委员长布赫在人民大会堂会见由主席卡罗洛斯·帕普利亚斯率领的希腊议会外事和防务委员会代表团

全国出版系统电视电话会议在北京召开

会议由新闻出版署和中国出版工作者协会联合召开。

会上，中国出版工作者协会主席宋木文宣读了新修订的《中国出版工作者职业道德准则》并作了说明，新闻出版署副署长杨牧之宣读了新闻出版署《关于严格禁止买卖书号、刊号、版号的若干规定》，新闻出版署署长于友先讲了话。新闻出版署副署长桂晓风主持了会议。

于友先宣布了全国新华书店精神文明示范单位名单。金盾出版社社长刘新明代表全国30家优秀出版社表示，要多出好书，少出平庸书，更不出坏书。

新闻出版署颁布《中国出版工作者职业道德准则》

为了进一步加强出版工作全行业社会主义精神文明建设，提高职业道德修养，加强行业自律，更好地贯彻党的方针和国家的出版法律法规，繁荣和发展社会主义出版事业，出版工作者必须遵守如下准则：

一、为人民服务，为社会主义服务

二、坚持社会效益第一，增强政治责任感

三、树立精品意识，提高出版质量

四、遵纪守法，廉洁自律

五、敬业爱岗，忠于职守

六、团结协作，诚实守信

七、艰苦奋斗，勤俭创业

八、遵守外事纪律，维护祖国尊严

中山舰整体在湖北武昌打捞出水

一代名舰——中山舰，上午10时许，在湖北省武昌金口镇附近长江水域缓缓浮出水面，历时70多天的中山舰整体打捞工作至此圆满完成。

上午，湖北省政府在打捞现场举行隆重仪式，中共中央政治局委员、国务委员李铁映出席仪式。他代表中共中央、国务院热烈祝贺中山舰整体打捞出水成功。

1996年中华环保世纪行总结表彰会在人民大会堂举行

全国人大常委会副委员长倪志福、王丙乾、布赫出席大会并向获奖个人和单位颁发了奖状和奖牌。

1996年中华环保世纪行活动紧紧围绕保护生命之水这一主题进行，共向13个省派出10个采访团和9个电视专题采访组100多名记者，深入实地采访，全年播发新闻300多篇（条）。这些报道对提高环保意识，推动污染治理，促进乱采滥挖、破坏生态环境、污染水源问题的解决,起到了很好的作用。

大会宣读了'96 中华环保世纪行的好新闻获奖名单和组织奖名单。《人民日报》小秦岭系列报道和走适合国情的环保道路系列评述均获一等奖。

王丙乾副委员长在会上发表讲话。王丙乾强调指出,对于下一阶段的中华环保世纪行活动,应当从讲政治战略高度来重视资源与环境工作,把中国环保世纪行同社会主义精神文明结合起来。继续坚持舆论监督与执法检查相结合,进一步提高监督检查的成效,更加注意珍惜资源的宣传。

1997 年世纪行活动的主题是:保护资源,永续利用。

1 月 29 日

中共中央总书记江泽民在中纪委第八次全体会议上发表讲话(摘要)

中共中央纪律检查委员会第八次全体会议,围绕加强反腐败斗争和党风廉政建设,总结了 1996 年的工作,讨论和部署了今年的任务,会议开得是好的。1996 年,由于从中央到地方加大了反腐倡廉的力度,全党共同努力,人民群众积极支持和参与,纪检监察机关和有关部门做了大量艰苦的工作,反腐败斗争和党风廉政建设取得了新的进展。但必须看到,反腐败斗争和党风廉政建设要贯穿于改革开放和现代化建设的全过程,是一项长期而艰巨的任务。对于这一点,目前全党在认识上还没有完全一致,或者说还不那么清楚。这几年我们一直强调,如果把反腐败斗争和党风廉政建设仅仅看成是一个短时期的任务,那么,我们就不可能有充分的思想准备。不少同志很留恋新中国成立初期以至革命战争年代的生活,留恋那个时候同志之间的关系和艰苦朴素的作风。党的优良传统和作风我们要继续坚持和发扬,但也要看到时代在发展,现在的分配方式、生活水平同当年相比有了很大的不同。当然,这并不是说现在搞社会主义市场经济,我们就可以奢侈了,而是说反腐败斗争和党风廉政建设在新时期更具有艰巨性。反腐败斗争和党风廉政建设的长期性、艰巨性,在不同的历史时期有不同的特点。应当看到,当前反腐败斗争的形势依然严峻,端正党风的任务依然繁重,某些消极腐败现象经过整治又有反复,有的仍然在蔓延。这项工作的进展也不平衡,一些地方、部门的领导力度不够,对大案要案查处缓慢,纠正部门和行业不正之风时紧时松,还有的搞形式主义。各级党委和政府务必从战略和全局的高度深化对搞好反腐倡廉工作的重要性和紧迫性的认识,务必提高坚持"两手抓,两手都要硬"的方针的自觉性,务必加强对反腐败斗争和党风廉政建设的领导,决不能掉以轻心,决不能畏难却步,决不能松懈斗志。

各地区、各部门要结合深入贯彻党的十四届四中、五中、六中全会精神和去年中央经济工作会议精神,以更大的决心、更大的力度和更扎实的工作,积极推动领导干部廉洁自律、查处违法违纪案件、纠正部门和行业不正之风,尤其要坚决查办党政领导机关、执法和司法机关、经济管理部门和县级以上领导干部中发生的违法违纪案件,坚决查办金融、证券、房地产、土地批租出租等领域发生的大案要案。对于那些在全国、在本地影响大的案件,不管涉及什么人,不论遇到多大阻力,都要一查到底,严肃处理。对于领导干部中出现的腐败现象,更应引起高度重视。对于组织、人事工作方面发现的跑官要官、买官卖官和骗官的歪风,必须坚决刹住。尽管这些不是普遍现象,只是个别的、少数的情况,但这股歪风的危害很大,不能不引起我们的高度重视。历史事实说明,官吏的腐败、司法的腐败,是最大的腐败,是滋生和助长其他腐败的重要原因。执法人员本身有问题,何以治人?所以我们再三讲"上梁不正下梁歪,中梁不正倒下来"、"己不正焉能正人"的道理。比如作报告,即使你再会讲,但是你讲的和做的不一致,只要有一个这样的事例,就把你讲的完全否定了;相反,你虽然不会讲,但你能以身作则,身体力行,其效果就会大不相同。我们要像焦裕禄那样,做出榜样来。榜样的力量是无穷的。反腐败斗争是关系党心民心、关系党和国家前途命运的严重政治斗争。在这个问题上,旗帜必须鲜明,态度必须坚决,工作必须锲而不舍。这个问题不解决好,我们的改革开放和现代化建设就没有坚强的政治保证,就会走到邪路上去,就有亡党亡国的危险。这决不是危言耸听。

反腐败斗争要坚持标本兼治。既要坚决同已经出现的消极腐败现象和腐败分子作斗争,又要努力做好消除产生消极腐败现象根源的工作,把查处案件、纠正不正之风同加强思想政治教育结合起来,同加强制度防范和管理监督结合起来,使反腐倡廉工作不断取得新的更大的成效。

关于今年反腐败、加强党风廉政建设工作的部署,尉健行同志的报告讲得很清楚,我都赞成。关键是要加强领导,严肃法纪,同心协力,狠抓落实。下面,我着重讲讲关于大力发扬艰苦奋斗精神,坚决反对奢侈浪费的问题。

现在,全国各族人民正在党中央领导下,高举邓小平建设有中国特色社会主义理论的伟大旗帜,为把改革开放和现代化建设事业全面推向新世纪而努力奋斗。在这样的历史时刻,需要用什么样的精神来进一步凝聚、激励广大干部和人民群众,同心同德,克服困难，开拓前进，去夺取改革开放和现代化建设的新胜利呢？最重要的，就是各级党组织和全党同志要在党的基本理论和基本路线指引下，大力发扬艰苦奋斗的精神，大力加强党同人民群众的联系。历史和现实的经验告诉我们，进行伟大的创业，必须有伟大的创业精神。我们建设有中国特色的社会主义就是伟大的创业，必须大力弘扬党的艰苦奋斗的优良传统。

18年来，我国改革开放和现代化建设取得的巨大成就，有力地证明我们这个党是一个好党，我们的党员和干部队伍从总体上说是好的队伍。除了我们党历史上许许多多英雄人物以外，在新时期、新的历史条件下，又涌现了一大批英雄模范人物，比如孔繁森、徐虎、李素丽，还有军队的李国安，等等。从他们身上，老百姓看到我们党的优良传统在新时期得到了继承和发扬光大。但也应看到，在改革开放和发展社会主义市场经济的过程中，由于多种原因，党的艰苦奋斗、勤俭节约的好传统、好作风，在相当一部分党员和干部中淡忘了，有的甚至已经丢得差不多了。讲排场、比阔气、挥霍浪费的现象，在不少地方、部门和单位盛行起来。一些人沉溺于物质享受，过着纸醉金迷的生活，令人触目惊心。这里列举一些情况：一是挥霍公款，吃喝玩乐。有的领导干部经常出入豪华酒楼、宾馆和夜总会之类的高消费娱乐场所，一掷千金。有的甚至堕落到用公款赌博、嫖娼。有些所谓的“培训中心”、“疗养院”、“驻京办事处”，实际上成了大吃大喝的场所。这方面一年浪费多少钱，很难估算。这种吃喝之风是怎么刮起来的？应该说，新中国成立以后，在相当一段时期内，这方面的问题解决得是很好的。为什么现在泛滥起来了？值得我们深思和研究。总的讲，在新的历史条件下，有些问题不能简单地同过去类比。现在，随着经济的发展，生活水平提高了，这是正常的提高，是合理的。但是，我们国家现在毕竟还比较穷，到下个世纪中叶“三步走”的战略目标实现后，也只能达到中等发达国家的水平，还必须始终坚持勤俭节约这样一个传统。二是购买小轿车和通信器材过多过滥。“八五”期间，行政机关、事业单位包括部分企业购买小轿车，配备移动电话、寻呼机所花的钱，大大超过同期财政收入的增长幅度。有的地方和部门财政状况紧张，连发工资都困难，而领导干部却人手一部“大哥大”，有这个必要吗？我们现在搞社会主义市场经济，通信器材和交通工具的发展可以快一点。如果是工作需要，配备这些东西也是可以的。但是，汽车作为交通工具，只要能走，速度跟得上，就可以了，何必一定要豪华的。三是超标准修建办公楼，用巨额公款购买或装修领导干部住宅。有一个市的房地产信托投资公司的两名领导干部，在企业经营困难、职工住房紧张的情况下，竟然用公款270万元为自己购买住宅。我到有些地方，看到市委、市人大、市政府的大楼一幢一幢地建起来，我就问现在建这么高级的机关办公楼干什么？四是名目繁多的纪念活动，滥发纪念品、礼品。这方面的浪费，如果统计起来，数额也不小。有的纪念会开了半天，没有什么实际内容。这种纪念活动搞多了，就滥了，最后变成形式主义的东西。五是各种各样的会议，不分必要与不必要，多得成了灾。而且开会地点大有讲究，不少是到风景优美的地方，或者气候宜人的地方，到青海这些地方开会的就不太多。六是违反规定，滥发各种补贴、津贴，数额之大也是惊人的。上面列举的情况，虽不全属奢侈浪费，但里面确实存在一些严重的奢侈浪费现象。“历览前贤国与家，成由勤俭败由奢。”“奢”是在败国败家。我刚才讲，在这个问题上，有些观点我们还是要讲清楚的。比如，经济发展了，生活水平随着提高了，这是正常的。我们不是反对生活水平的提高，共产党人奋斗的目的就是要使人民过上更加美好的生活。我们反对的是脱离当前经济发展水平的过高的消费，反对的是假公济私、损公肥私和损人利己。

十一届三中全会以来，党中央和邓小平同志一直强调，领导干部必须艰苦奋斗，密切联系群众，崇尚节俭，厉行节约，反对铺张浪费。但是，这个问题没有引起普遍的重视，许多地方和部门抓得不够，以至奢侈浪费成风。奢侈浪费既是消极颓废的表现，也是腐败问题得以产生和蔓延的温床。如果现在再不引起大家的高度重视，不坚决加以整治，后果不堪设想。

我们国家人口多，底子薄，人均资源少，综合国力还不强，在前进的道路上面临不少困难和新的问题，而且还面临西方发达国家经济、科技占优势的压力。我们要实现社会主义现代化，赶上发达国家的水平，必须艰苦奋斗几十年乃至更长的时间。现在，全国还有5800万农村人口没有解决温饱问题，要保证全国农村贫困人口稳定地脱贫致富，任务十分艰巨；还有相当一部分国有企业生产经营困难，经济效益不好，全国大概有几百万职工不能按时足额领到工资，下岗待业的人员增多。面对这些情况，我们各级领导机关、领导同志和广大干部，更应自觉地发扬艰苦奋斗、勤俭节约的精神，没有任何理由铺张浪费，挥霍国家和人民的钱财。早在改革开放之初，邓小平同志多次用革命战争年代和60年代初期克服困难的经验来教育全党同志和各级干部。他说：“为什么过去很困难的局面我们都能渡过？根本的问题是我们的干部、党员同人民群众一块苦。”历史不能简单地类比，但是在这一点上是共同的，就是不管是艰苦的环境，还是生活条件比较好一点，我们的干部、党员都要跟群众同甘共苦，同呼吸，共命运。这是绝对不可更改的。我们不提倡平均主义，但你总要时时刻刻想到群众。当前的形势总的是好的，但是在前进中还存在困难和风险，广大党员、干部首先是领导干部要头脑清醒，始终保持艰苦奋斗的优良作风，不脱离群众，时刻把群众的冷暖安危放在心上。这样，无论遇到什么困难和风险都是可以克服的。这几年，每当遇到自然灾害，军队的同志，县、市的领导同志都跑到第一线，跟群众一起抢险救灾。这个时候，许多老大爷、老大娘很自然地对比旧社会的情景，感到共产党确实是热爱人民的。春节快要到了，各级领导同志要到困难的企业和贫困的地区去，看望慰问工人、农民和知识分子。我们的领导干部，在任何情况下都要密切联系群众，努力帮助人民群众解决生产、生活中的实际问题。千万不要忘记群众，千万不要脱离群众。只要我们真心实意地同人民群众打成一片，同人民群众一块艰苦奋斗，我们的事业就会不断地从胜利走向新的胜利。

党的性质和肩负的历史使命，决定了我们艰苦奋斗的本色。实现党的崇高理想需要经过长时间的奋斗，广大党员和干部无论在什么情况下都要发扬艰苦奋斗精神，永不停步地前进。这里，我想重温一下毛泽东同志在党的七届二中全会上曾经讲过的话："因为胜利，党内的骄傲情绪，以功臣自居的情绪，停顿起来不求进步的情绪，贪图享乐不愿再过艰苦生活的情绪，可能生长。"他还说："敌人的武力是不能征服我们的，这点已经得到证明了。资产阶级的捧场则可能征服我们队伍中的意志薄弱者。可能有这样一些共产党人，他们是不曾被拿枪的敌人征服过的，他们在这些敌人面前不愧英雄的称号；但是经不起人们用糖衣裹着的炮弹的攻击，他们在糖弹面前要打败仗。"这些年出现的一些现象表明，在我们的党员和干部队伍中，确有相当一部分意志薄弱者，他们在改革开放和现代化建设取得的巨大成就面前，头脑变得不清醒了。这个教训是深刻的。毛泽东同志还曾多次要求全党同志和各级干部必须坚持勤俭建国的方针。他指出："要使我国富强起来，需要几十年艰苦奋斗的时间，其中包括执行厉行节约、反对浪费这样一个勤俭建国的方针。"可见新中国成立前、新中国成立初期，毛泽东同志就再三强调这个问题。改革开放以来，邓小平同志也反复提醒全党："中国搞四个现代化，要老老实实地艰苦创业"，"艰苦朴素的教育今后要抓紧，一直要抓六十年至七十年。我们的国家越发展，越要抓艰苦创业。"1989 年，他还进一步指出，十年来，"最大的失误是在教育方面，思想政治工作薄弱了"，"在经济得到可喜发展、人民生活水平得到改善的情况下，没有告诉人民，包括共产党员在内，应该保持艰苦奋斗的传统。坚持这个传统，才能抗住腐败现象。"毛泽东同志和邓小平同志关于勤俭建国、艰苦奋斗的谆谆教诲，应该成为我们每一个同志的座右铭。

中华民族历来以勤劳节俭、不怕艰苦著称于世。不少华侨在海外创业，开始的时候也相当艰苦啊，外文也不懂得，但是靠中华民族这种艰苦创业的精神，勤劳节俭的精神，经过若干年的努力，终于把业创起来了。我们的古人早就讲"艰难困苦，玉汝于成"，"忧劳兴国，逸豫亡身"，"生于忧患，死于安乐"。这些古人的格言，今天读起来仍然使人深受教育。对我们的同志，要进行这个教育。中国共产党是马克思主义真理的坚定实践者，也是中华民族优良传统的真正继承者。在领导我国革命和建设的长期斗争当中，我们党一直保持着艰苦奋斗、自强不息的精神风貌，历尽艰险，饱受磨难而不坠革命之志，这是夺取一个又一个胜利的重要原因。老一辈无产阶级革命家，千千万万的革命先烈，都是艰苦奋斗的光辉典范。方志敏同志在敌人牢狱里面写下的《死！——共产主义的殉道者的记述》中有这么一段话："为着阶级和民族的解放，为着党的事业的成功，我毫不稀罕那华丽的大厦，却宁愿居住在卑陋潮湿的茅棚；不稀罕美味的西餐大菜，宁愿吞嚼刺口的苞粟和菜根；不稀罕舒服柔软的钢丝床，宁愿睡在猪栏狗窠似的住所！……一切难于忍受的生活，我都能忍受下去！这些都不能丝毫动摇我的决心，相反地，是更加磨炼我的意志！我能舍弃一切，但是不能舍弃党，舍弃阶级，舍弃革命事业。"这是何等坚定的革命信念！何等高尚的精神情操！我讲这一段话，决不是说要大家去过方志敏所说的那样一种生活，而是说我们每个同志都要有这样一种精神，这样一种浩然正气。

物质贫乏不是社会主义，精神空虚也不是社会主义。社会主义不仅要使人民物质生活丰富，而且要使人民精神生活充实。有些党员和干部包括有些领导干部，追求和模仿西方腐朽的生活方式，信奉拜金主义、享乐主义，这是很危险的。现在，就是在西方国家，有些政治家和有识之士对享乐主义泛滥、思想堕落、精神颓废之类的"西方社会病"也深感忧虑。有一个美国人写了一本书，叫《西方社会病》。书中指出，西方自由的理论基础就是享乐主义思想，即生活的目的就是追求感官上的享受。西方社会日益糜烂的享乐主义和自我中心主义，已造成无数的社会罪恶和大量的经济损失。作者认为，一个国家要强盛，必须在物质上和精神上都先进；一个国家在精神上挨饿，那么，迟早在物质上也要挨饿。日本一个教授写的《清贫的思想》一书认为，被金钱欲、物欲、占有欲所支配是很危险的，现在需要重新宣传清贫思想，以消除人们在精神上的贫困。我们是共产党人，是马克思主义者，对包括拜金主义、享乐主义在内的西方社会病，更应有鲜明的批判态度，更应自觉地加以抵制和防范。我们建设有中国特色的社会主义，不但要有高度的物质文明，而且要有高度的精神文明。在对外开放中，我们要积极借鉴西方发达国家对我国有用的东西，但又要注意防止把腐朽当神奇，把痈疽当宝贝。为了实现我们的理想，在学习别人好的东西的同时，必须坚持发扬自己的优势。要在全党全社会大力提倡高尚的社会主义思想道德和中华民族的优良传统，以艰苦奋斗、勤俭朴素为荣，以铺张浪费、奢侈挥霍为耻。对于共产党员和各级干部来说，这也是对政治立场、政治观点、政治鉴别力的一种考验。各级党组织都要严格党内生活，积极开展批评与自我批评。在用人问题上要坚持原则，要十分注意有没有艰苦奋斗、自觉奉献的精神和品德。害怕艰苦、追求享受、奢侈浪费的干部不能重用。领导干部不仅要管好自己，还要管好配偶、子女和身边工作人员。这个问题，中央过去作过规定，纪检监察机关要加强督促检查，发现问题要坚决纠正。

我们要在全国形成艰苦奋斗的良好风气，首先党内要大兴艰苦朴素、勤俭节约之风。严格控制各级党政机关新盖办公楼，大力精简会议。可开可不开的会一律不开，把会议经费大幅度压缩下来。名目繁多的纪念会、研讨会、新闻发布会，要严加控制，减少到最低的程度。各种会议要一律禁止赠送礼品和所谓纪念品。总之，在各个方面，都要注意精打细算，厉行节约。这样做既可倡导节俭之风，又可把省下来的钱用到迫切需要的地方去；既具有重要的政治意义，又具有重要的经济意义。只要我们各级领导机关和领导干部下定决心，以身作则，坚持数年，我看党的艰苦奋斗、勤俭办一切事业的优良作风，就一定能够在全党全社会进一步发扬光大起来。

对于共产党员和各级领导干部来说，保持和发扬艰苦奋斗的精神，说到底是牢固树立和坚持马克思主义的世界观、人生观问题。只有从根本上解决世界观、人生观问题，牢固树立群众观点，党的艰苦奋斗的好传统才能在自己的思想上和作风上真正扎根。这就要求广大党员和各级领导干部必须刻苦地学习马克思列宁主义、毛泽东思想和邓小平建设有中国特色社会主义理论，紧密结合发展着的社会实践，不断地认真改造主观世界，使自己真正具有高尚的精神境界。有些干部不认真学习理论，这绝不是合格的干部。学理论不联系实际，不注意解决世界观、人生观方面的问题，也难以收到好的效果。我们的各级干部要牢记，自己是人民的公仆，一切工作都是为了群众，也必须依靠群众才能做好。要恭恭敬敬地向人民群众学习，学习人民群众的优良品质和优良作风，学习中华民族的优良传统和党的优良传统。我们党的一大长处和优势，就是把树立马克思主义世界观、人生观同坚持和发扬中华民族优良传统有机地结合起来，讲求共产党员个人的思想品德修养。刘少奇同志写了一本《论共产党员的修养》，就是专门讲这个问题的。革命战争年代，党员和干部要讲个人的修养；党执政了，搞改革开放和现代化建设，党员和干部同样要讲个人的修养。这个问题，我认为现在大有重申和强调的必要。

一些党员和干部犯错误，包括以权谋私、违法乱纪，同思想上懒惰、不注意学习、不注意修养，是密切相关的。不加强学习，不注意修养，思想境界低下，就会浑浑噩噩，分不清哪些东西是好的，哪些东西是不好的，哪些是应该倡导的，哪些是应该抵制的，在自己的脑子里就没有正确的是非界限、政治界限。在这种状况下，还能不犯错误？在改革开放的新形势下，有些党员和干部放松了自己的学习、修养和改造，头脑里中华民族的优良传统和党的优良传统少了，而个人主义的东西多了，受腐朽思想的影响多了，对什么是真善美、什么是假恶丑已分辨不清了。在这种情况下，还有不迷失方向、走到邪路上去的？现实生活中，这样的沉痛教训已不少了。还有的党员和干部，由于不注意学习，理论水平、政治水平低，因而也就不能正确地理解和对待改革开放，正确地理解和对待中央关于现代化建设的一系列方针政策，产生了这样那样的一些片面认识，甚至是误解和曲解。比如，允许和鼓励一部分地区、一部分人先富起来的政策，是党在现阶段一个很重要的政策，就是通过辛勤劳动和合法经营，让一部分人一部分地区先富起来，最终达到共同富裕。这是邓小平建设有中国特色社会主义理论的一个很重要的内容。而我们有些干部首先想的不是如何让群众先富起来，而是如何让自己和自己的亲属先富起来，为达到此目的，不惜采取不正当的、以权谋私的手段。这就把这个重要的政策理解歪了，走到邪路上去了。共产党员、领导干部应该有吃苦在前、享受在后的自觉性和高尚情操。宋朝范仲淹写的《岳阳楼记》还讲"先天下之忧而忧，后天下之乐而乐"嘛！如果不这样，我们怎么能在群众中发挥先锋模范作用呢？总之，不讲学习，不讲修养，思想懒惰，随波逐流，是产生错误、滋长奢侈浪费等不正之风的一个重要原因。所以，中央反复强调，全党同志和各级领导干部，一定要学习、学习、再学习。

还有一点我想在这里再强调一下，就是关于开展批评与自我批评的问题。这是我们党的优良传统，是我们党的三大作风之一。许多干部犯错误总是从量变到质变，开始往往有个缺口，但由于没有批评，任其发展，日积月累，最后铸成大错。"千里之堤，溃于蚁穴。"特别让我感到痛心的是，有的人表现一直是好的，快要离休退休了，本来可以功成名就，可以很好地安度幸福的晚年生活，最后却搞得自己身败名裂。这个问题发生的原因之一，是平时缺乏批评与自我批评。领导干部之间，有问题要当面讲，会上讲，党内决不能允许那种两面派作风，口是心非，当面一套，背后一套，当面好好好，背后一大堆不同的意见。“小洞不补，大洞吃苦。”问题一天一天地积累起来，最后就成了大问题。错误在萌芽状态时，及时指出来就容易克服。所以，我再三提醒大家，要注意发扬批评与自我批评的优良传统，这一点我们要坚持下去。

中纪委第八次全体会议公报

中国共产党中央纪律检查委员会第八次全体会议，于 1997 年 1 月 27 日至 29 日在北京举行。出席这次会议的中央纪委委员 100 人。各省、自治区、直辖市、中央和国家机关纪检监察部门的负责同志以及出席解放军纪检工作会议的同志列席了会议。

中央纪律检查委员会常务委员会主持了会议。全会以邓小平建设有中国特色社会主义理论和党的基本路线为指导，贯彻党的十四届五中、六中全会精神，根据党中央关于深入开展反腐败斗争的要求，回顾了 1996 年反腐败斗争的情况，部署了 1997 年反腐败和党风廉政建设工作。全会审议通过了中央纪律检查委员会书记尉健行代表中央纪律检查委员会常务委员会作的《把握大局，再接再厉，努力取得反腐败斗争新成效》的工作报告。

中国共产党中央委员会总书记江泽民在全会上发表了重要讲话。李鹏、乔石、李瑞环、刘华清、胡锦涛等党和国家领导人出席了会议。参加会议的还有中央机关、国家机关和有关方面的负责同志，解放军驻京各大单位及武警部队的负责同志。全会认真学习、讨论了江泽民同志的重要讲话。一致认为，江泽民同志的重要讲话，科学地分析了反腐败斗争面临的形势，提出了反腐败和党风廉政建设的新要求；深刻阐述了在新的历史条件下，发扬党的艰苦奋斗精神的极端重要性，强调党的各级领导干部必须带头保持和发扬艰苦奋斗、勤俭建国、联系群众的优良传统和作风，励精图治，带领全国人民为实现跨世纪的宏伟大业而努力奋斗。江泽民同志的讲话，对树立良好的党风政风，推进社会主义物质文明和精神文明建设，具有非常重要的指导意义。一致表示，一定要认真学习和全面贯彻江泽民同志讲话的精神，努力取得反腐败和党风廉政建设的新成效。

全会在回顾中央纪委第六、七次全体会议以来开展反腐败斗争情况时指出，1996 年的反腐败和党风廉政建设是在更加良好的政治环境和舆论氛围下进行的。各级党委、政府按照中央要求，坚持“两手抓，两手都要硬”的方针，进一步加大反腐败工作的力度。反腐败和党风廉政建设继续保持了健康发展的势头，在巩固以往成果的基础上，各项工作都有进展，有些工作成效明显，基本达到了中央纪委第六次全体会议提出的“更扎实、更深入、更有效”的要求。同时要清醒地看到，腐败现象仍然严重存在，有些方面还在滋生蔓延，大案要案明显增加；有的不正之风没有得到有效遏制；一些地方和部门的领导干部对反腐败的重要性仍然认识不足，坚持“两手抓”的问题没有解决；涉及反腐败的有关体制、机制和法制还不健全。反腐败的任务十分艰巨，必须把这场斗争深入、持久地进行下去。

全会提出，1997 年反腐败和党风廉政建设工作总的要求是：以邓小平建设有中国特色社会主义理论和党的基本路线为指导，全面贯彻党的十四届五中、六中全会和中央经济工作会议精神，按照“把握大局，再接再厉，同心同德，开拓前进”的根本要求，坚持党中央确定的反腐败指导思想、基本原则和三项工作格局，加大力度，狠抓落实，务求实效，把反腐败斗争继续引向深入，为推进社会主义物质文明建设和精神文明建设服务，为维护改革、发展、稳定的大局服务。

第一，领导干部廉洁自律工作要围绕全面贯彻《中国共产党党员领导干部廉洁从政若干准则（试行）》和《中国共产党纪律处分条例（试行）》，重点抓好以下几个方面：

进一步解决领导干部在住房、建房、购房、装修住房等方面存在的严重以权谋私问题。要切实抓好住房方面个人申报、群众评议、组织核查处理、建立健全制度等环节，严肃处理这方面的违纪问题。继续落实不准参加用公款支付的营业性歌厅、舞厅、夜总会等娱乐活动，不准接受可能对公正执行公务有影响的宴请等规定，进一步完善公务接待标准，加强财务管理和检查监督，加大对违纪者的查处力度。

认真落实中央纪委第二次全体会议关于领导干部“不准利用职权为配偶、子女和亲友经商办企业提供任何优惠条件”的规定。各级领导干部不得利用任何形式，为其配偶、子女和其他亲友获取贷款、物资、承发包建筑工程项目等提供方便。省（部）级以上领导干部的配偶、子女，不准在该领导干部管辖的地区及管辖的业务范围个人经商办企业和在外商独资企业任职。

国有企业党员领导干部都要按照《廉政准则》的要求，严于律己。在亏损的国有企业，不得用公款为领导干部建造、购买或装修住房；不得购买或长期租用小汽车；不得装修办公室、添置高档办公用品等。国有企业职工代表大会对企业领导班子成员每年要进行一次民主评议和民主测评。

进一步提高领导干部民主生活会的质量。在民主生活会召开前，各级党组织要做好充分准备。上级党委、纪委和组织部门要派出干部广泛听取群众的意见，并将意见反馈给领导干部本人，督促其在民主生活会上作出说明。领导干部自查自纠的情况要在一定范围采取适当方式予以公布，接受群众监督。

各级领导干部必须认真执行《关于领导干部报告个人重大事项的规定》，落实领导干部收入申报、礼品登记、国有企业实行业务招待费使用情况向职代会报告制度。

第二，查办案件工作要继续坚持重点查办发生在党政领导机关、行政执法机关、司法机关和经济管理部门以及县(处)级以上领导干部的违法违纪案件。要坚决查处组织人事工作中的违法违纪行为。查办基层干部违法违纪、严重侵犯群众利益的案件，国有企业领导干部以权谋私、肆意挥霍和侵吞国家财产的案件，以及法人违法违纪造成国有资产严重流失的案件。要坚决查处走私案件。要着重查处发生在金融、证券、房地产、土地批租出租、建筑工程项目承发包等领域的大案要案。执纪执法机关要主动深入到当前易发案、多发案的部门和单位，采取执法监察、专项审计等方法揭露重大违法违纪问题。要进一步加大工作力度，突破一批有影响的大案要案。查办案件既要坚决，又要稳妥。

第三，纠正部门和行业不正之风的工作，要坚持“纠建并举”的方针和“谁主管，谁负责”的原则。重点抓好以下工作：一是继续减轻农民负担。各地区、各部门必须不折不扣地贯彻执行《中共中央、国务院关于切实做好减轻农民负担工作的决定》，严肃查处向农民乱收费、乱摊派的行为，切实保护农民利益。二是继续清理预算外资金和“小金库”。对利用预算外资金和“小金库”进行贪污、私分、挪用、行贿、挥霍浪费的，要坚决查处。三是认真抓好减轻国有企业负担工作。重点治理向国有工业企业的乱收费、乱摊派、乱罚款，认真清理各种规费。四是继续落实党政机关与所办经济实体脱钩和行政性收费、罚没收入实行“收支两条线”的规定。要把纠风工作同开展创建文明行业活动，加强职业道德建设，树立行业新风紧密结合起来。

特别要强调的是，各级领导干部尤其是省(部)级以上领导干部必须严格遵守政治纪律，在政治上、思想上、行动上同中央保持一致，自觉维护中央的权威，坚决贯彻中央的决策和方针政策，做到言行一致，令行禁止。各级纪委要切实加强对领导干部遵守政治纪律情况的监督检查，对于违反政治纪律的，必须严肃处理。

全会指出，要大力发扬艰苦奋斗、勤俭建国的优良传统和作风，坚决反对讲排场、比阔气、挥霍公款等消极腐败现象。针对当前存在的突出问题，重申和提出如下要求：党政机关和国有企业事业单位不得违反有关规定超标准修建或装修办公楼；严格控制用公款公物操办各种庆典活动；严格控制各种检查、评比和达标活动；不准违反规定用公款安装住宅电话，严格控制用公款购买移动电话等通信工具；严格禁止假借培训之名用公款出国出境旅游。

全会要求，各级党委、政府要加强对反腐败斗争的领导，加强思想政治建设，深入进行党性党风党纪教育。党员领导干部要严以律己，廉洁奉公，坚定共产主义信念，身体力行共产主义道德。要加强党内监督和群众监督。要健全反腐败领导机制，加强廉政法制建设。

全会号召，全党要在以江泽民同志为核心的党中央的领导下，坚定不移地贯彻“两手抓，两手都要硬”的方针，深入开展反腐败斗争，切实加强党风廉政建设，以新的成绩迎接我国恢复对香港行使主权和党的第十五次全国代表大会的胜利召开。

内蒙古自治区八届人大五次会议补选刘明祖为区人大常委会主任

贵州省人大八届五次会议选举吴亦侠为省长

美国驻中国大使尚慕杰就所谓“中国威胁论”不符合中国的历史一事接受新华社记者专访

美国驻华大使尚慕杰最近在接受本社记者专访时说，所谓“中国威胁论”不符合中国的历史。

尚慕杰说，回顾历史，中国并不是扩张主义者，也不是具有侵略性的国家。现在，中国政府和中国人民正集中精力于发展国内经济，一个把物力、财力用于发展经济、改善人民生活的国家是不会对别国构成威胁的。

尚慕杰认为，中国在经济方面的表现相当出色。中国的开放程度越来越大，经济发展十分迅速。1996年对中国政府和人民来说最重要的成就是保持经济不断在高水平上增长，同时通货膨胀率得到控制并趋于稳定。

尚慕杰说，去年中国在外交领域也取得了一系列成就，包括全面禁止核试验条约的签署，这是1996年外交记录上的一个重要事件，具有历史意义。克林顿总统和江泽民主席去年在马尼拉举行了十分友好和富有建设性的会晤，双方谈到了两国共同的利益以及存在的问题，使美中关系出现了积极的、令人鼓舞的发展势头。这也是中国1996年外交值得大书一笔的成就，它表明美中两国有能力解决分歧。

美中两国在亚太地区安全、维持一个无核的朝鲜半岛以及在核不扩散等问题的合作方面存在共同利益和集体利益。尚慕杰强调，“当我们在环境保护、打击国际犯罪、恐怖主义及贩毒等领域的合作进一步深化时，这种合作将不仅有利于两国，也有利于整个世界。”

尚慕杰认为，美中两国开展全面对话，政府领导人之间继续定期进行高层对话，就共同利益和问题随时进行磋商，对双边关系的长期、稳定发展至关重要。“我们很高兴地看到这种对话已越来越多，两国首脑在今明两年进行的正式互访以及其他高层接触对于保持美中关系中出现的积极势头十分重要。”

尚慕杰说，自他于去年 2 月就任驻华大使以来，已有多批美国国会代表团来华访问，代表团成员回国后对中国有了更深的了解和认识，这一点令人鼓舞。他说，随着越来越多的国会议员访华，美国人对中国取得的成就和面临的问题就会有更好更深的了解。

尚慕杰指出，美中之间在贸易、武器扩散以及人权等方面还存在分歧，但两国的共同利益远远大于分歧。他说，美中在贸易领域存在共同利益，美国是中国的第三大直接投资者。美国市场目前吸收了占中国国内生产总值 5％的中国产品，双边贸易在以相当快的速度增长。

关于最惠国待遇问题，尚慕杰说，最惠国待遇实际上是一种正常贸易关系，我希望美国国会将来会同意，美国应与中国建立永久性的正常贸易关系。与此相连的是中国应进入世界贸易组织，美国可以像与德国和欧洲其他国家一样与中国发展贸易关系。

尚慕杰说，目前美国国会中希望给予中国永久性最惠国待遇的呼声越来越高，这种日益增多的共识当然符合美国的利益，尤其当中国加入世界贸易组织之后，更为如此。美国在有关中国加入世界贸易组织的谈判中应更具灵活性。

尚慕杰说，“我希望有关谈判会富有成果，对此我很乐观”。

《人民日报》发表评论员文章《高度重视认真实施再就业工程》

全国供销合作总社发出做好春节前棉花收购工作的紧急通知

全国供销合作总社近日发出紧急通知，要求做好春节前的棉花收购工作。《通知》说，由于受多种因素影响，1996 年度棉花减产，收购进度缓慢。为了切实做好春节前的棉花收购工作，总社要求各级供销社努力做好各项服务，方便棉农交售，不准以任何理由和借口停收、限收、拒收。中国农业发展银行已经作了部署，对收购资金不足的，一律先予垫付。请各地及时与当地农发行(代理行)联系，认真解决好收购资金，确保不向农民打“白条”。

世界最大的第一个跨省跨大区电网火力发电站在山西阳城开工

电厂建设规模为 210 万千瓦，每年 100 多亿千瓦时电量，全部输往江苏省。

国家主席江泽民在中南海会见韩国国会议长金守汉

江泽民说，中国支持朝鲜半岛有关各方为维护半岛和平与稳定所做的努力，支持在半岛建立可靠的和平机制，中方愿意继续在这方面发挥建设性作用。

江泽民说，中韩建交五年来，两国关系在政治、经济、文化和科技等各个领域都得到了全面发展，韩国国会在促进两国交流、增进两国人民相互了解方面做了大量有益的工作。他说，五年来，两国领导人多次互访和会晤，就双边关系和共同关心的问题深入、坦诚地交换意见，增进了相互了解和信任，双方领导人在许多国际问题上也有着良好的合作，这些都为推动两国关系持续向前发展发挥了重要作用。

在谈及朝鲜半岛问题时，江泽民还说，作为近邻，中国关注半岛形势的发展变化，并始终致力于维护半岛的和平与稳定。他说，中国真诚希望半岛南北双方通过对话和协商解决分歧，以利于最终实现半岛的和平自主统一。

金守汉说，韩国希望朝鲜半岛局势能向着和平的方向发展，并对中国在半岛问题上所持立场表示感谢。

他说，韩中建交以来，双方高层互访不断，这对双边关系的发展起到了重要和积极的作用。韩国愿意进一步发展对华关系，希望双边关系的发展势头能继续保持下去。

全国人大常委会副委员长王丙乾在人民大会堂会见由司法和公司事务国务部部长拉马坎特·卡拉普率领的印度议会事务部代表团

中国政府和乌拉圭政府在蒙得维的亚签署 1997 年 7 月 1 日中国恢复对香港行使主权后乌拉圭保留驻香港特别行政区总领事馆的协议

两国政府还同意，自 1999 年 12 月 20 日中国恢复对澳门行使主权之时起，乌拉圭驻香港总领事馆在澳门特别行政区执行领事职务。

1997 年新春音乐会在北京世纪剧院举行

中共中央总书记、国家主席江泽民与首都上千名听众一起，在这里共同领略了中国民族音乐独具特色的艺术魅力。

为了弘扬中国的民族音乐，文化部和广电部决定，今后每年春节前都将举办民乐专场新春音乐会。今晚的演出属首届。

新闻出版署发布《关于严格禁止买卖书号刊号版号等问题的若干规定》

为了认真贯彻党的十四届六中全会精神，加强出版管理，树立行业新风，进一步繁荣出版事业，根据国务院颁布的《出版管理条例》和中宣部、新闻出版署的有关规定，现重申并补充关于禁止买卖书号、刊号、版号的若干规定如下：

一、严禁出版单位买卖书号、刊号、版号。凡是以管理费、书号费、刊号费、版号费或其他名义收取费用，出让国家出版行政部门赋予的权力，给外单位或个人提供书号、刊号、版号和办理有关手续，放弃编辑、校对、印刷、复制、发行等任何一个环节的职责，使其以出版单位的名义牟利，均按买卖书号、刊号、版号查处。

二、严禁任何单位和个人以任何名义直接或间接地购买书号、刊号、版号，并参与出版、印刷、复制、发行等活动。凡购买书号、刊号、版号从事的出版活动均属非法出版活动，坚决予以取缔。

三、出版工作者在组稿和编辑过程中，不得以任何名义，向供稿单位或个人索取和收受各种费用(如审稿费、编辑费、校对费等)，不得索取和收受礼品、礼金或有价证券等。

四、出版工作者不得在出版、印刷、复制、发行等经营活动中索取和收受回扣或提成。

五、严禁出版工作者参与各种非法出版活动。出版工作者不得为不法书商提供证明材料和办理有关手续，以掩盖买卖书号、刊号、版号的非法行为。

六、出版工作者不得利用职务之便在他人作品上署名，以谋取个人名利；不得利用职务之便以他人名义支取稿费、编审费、校对费等费用。

七、出版单位要严格财务管理，严格审计制度，不得在出版、印刷、复制和发行活动中以任何名义搞任何形式的“体外循环”或虚假的“体内循环”。

八、出版单位必须建立健全严格的书号、刊号、版号的管理制度，指定专人负责书号、刊号、版号的管理。不得将书号、刊号、版号和经济创收指标等承包到编辑部或个人，不得在异地设立编辑机构。

九、出版单位或个人不得以出版个人或企事业单位名录或约稿收费等名义，向供稿单位或个人以任何名义索取任何费用。

十、出版单位印刷、复制出版物必须到有印制许可证的印制厂印制；出版单位不得向没有一级批发权的任何发行单位转让或变相转让总发行权，也不得向非发行单位批发出版物。出版单位的一切印制业务和发行业务，必须严格遵守新闻出版署关于实行印刷委托书、复制委托书、书刊发行委托书的有关规定。

十一、出版单位的年度出版计划及涉及国家安全、社会安定等方面的重大选题，应严格按国家出版行政部门的具体规定，办理备案等手续。出版单位对书稿的初审、复审和终审工作要切实到位、严格把关，对编、排、校、印等环节进行全程监督。

十二、对违反上述规定的单位和个人，由国家出版行政部门，根据国务院颁布的《出版管理条例》和其他有关规定，视其情节轻重，给予行政处罚，触犯法律的，移交司法机关处理。

各出版单位必须严格执行上述规定，要根据本单位的实际情况，制定相应的实施细则或实施办法。各省、自治区、直辖市出版行政部门要向社会公布举报电话，以监督执行本规定。

本规定自发布之日起实行。

1月30日

《人民日报》发表新华社评论员文章《捍卫中英联合声明的必要措施》

最近，全国人民代表大会香港特别行政区筹委会法律小组提出了对港英制定的《香港人权法案条例》和依据该条例对香港原有法律作出重大修改问题的处理建议。这个建议是捍卫中英联合声明所采取的必要措施，为香港的平稳过渡和保持香港长期稳定繁荣提供了必要的法律环境。这个建议也引起了国际社会的关注，有些人是不明真相，产生了误解；有的人是故意把水搅浑，误导公众。对此，我们不能不依据事实作出评论，以正视听。

《香港人权法案条例》
是英方改变对港政策的产物

香港的人权问题本来早已解决，中英联合声明，特别是基本法已为香港居民的权利和自由提供了充分的保障，而且中方还妥善处理了《公民权利和政治权利国际公约》和《经济、社会与文化权利的国际公约》在香港特别行政区的适用问题。

众所周知，联合国颁布的这两个人权公约于1976年正式生效，英国于同年签署了这两个公约，除保留条文外也适用于香港。中国不是这两个人权公约的签署国，这就提出了一个问题，这两个公约1997年以后在香港是否还继续适用？为此，在中英关于香港前途问题的谈判中专门进行了讨论。英方曾向中方介绍，根据普通法制度，无论在英国还是在香港，这两个人权公约都是通过普通法、法例和行政措施来履行的，不需要制定专门的人权法。当时，英方还向中方作出保证，香港的法律完全符合两个人权公约的规定，对人权有充分的保障。早在 1978 年，英国在向联合国人权委员会提交的报告中就对此作出了清楚的说明：“英国的法律制度是在符合公约的规定下运行的，它通过现行的法律来实现公约规定的义务，……人人都可以从法律中找到保障权利的规定，没有必要把公约变成英国法律的一部分。”在这种情况下，中方同意在联合声明附件一载明：两个人权公约适用于香港的规定将继续有效。《基本法》第三十九条也作出了同样的规定，并根据香港适用两个人权公约的实际情况，进一步明确“通过香港特别行政区的法律予以实施”。这样，中国虽然没有参加这两个人权公约，但妥善解决了公约在 1997 年后如何在香港特别行政区适用的问题。

在香港进入过渡时期后的前五年时间里，英方未就上述问题表示任何异议，港英也没有提出过与两个人权公约不符的任何一个香港原有法例，英国自签署两个公约以来，至今也未制定专门的人权法。

1990 年 3 月，基本法即将在中国人大正式通过的前夕，英方把过去说过的话、向联合国人权委员会提交的报告完全置诸脑后，向中方提交一份《香港人权宣言条例草案》，声称要把两个人权公约之一的《公民权利和政治权利国际公约》制定为一项单行法律，使之“成为香港法律的一部分”。1991 年 6 月 5 日，英方不顾中方的一再反对，将草案定名为《香港人权法案条例》由港英立法局通过。6 月 6 日，中国外交部发表声明，严正指出“英方不顾中国政府多次申明的原则立场，执意要在香港制定一个将对香港特别行政区基本法的贯彻执行产生不利影响的人权法案。对此，中方表示遗憾，并保留在 1997 年后适当时候按基本法的有关规定，对香港的现行法律包括人权法案进行审查的权利”。

英方在 1990 年年初抛出人权法案不是偶然的，是英方自 1989 年春夏之交开始改变对香港政策的系列部署之一，这场延续至今的关于香港人权问题的争论，是由英方一手挑起的，《香港人权法案条例》是英方背信弃诺的产物。

《香港人权法案条例》的地位

抵触基本法，违反中英联合声明

《香港人权法案条例》的要害是赋予这个条例凌驾于香港原有法律之上的地位。《香港人权法案条例》第三条规定，所有先前法例凡与该条例抵触的，予以废除；第四条规定，以后制定的所有法例都必须符合该条例的规定。这就是说，《香港人权法案条例》不仅对先前的法律具有约束力，也对以后制定的法律具有约束力，赋予这个条例凌驾于其他法律之上的地位。这是违反中英联合声明和抵触基本法的。

中英联合声明附件一第二条规定：“香港特别行政区成立后，香港原有法律（即普通法及衡平法、条例、附属立法、习惯法）除与《基本法》相抵触或香港特别行政区的立法机关作出修改者外，予以保留。”基本法第八条作了同样的规定。《基本法》第十一条第二款规定：“香港特别行政区立法机关制定的任何法律，均不得同本法相抵触。”1990 年 4 月 4 日中国人大通过的决定中指出：“香港特别行政区设立后实行的制度、政策和法律，以香港特别行政区基本法为依据。”这些规定表明，在香港特别行政区的法律中，只有基本法的地位高于其他法律，此外任何法律都不能具有这样的地位。

英方曾极力否认《香港人权法案条例》具有凌驾地位。事实是，这种凌驾地位不是中方强加上去的，而恰恰是英方自己承认的。当英方提出人权法案条例草案时，原来第三条的标题就是“本条例凌驾于现行法律之上”，为了掩人耳目，英方后来将这一标题改为“对先前法例的影响”，但条文的内容未改。1995 年，英国政府在向联合国人权委员会的报告中，又公开承认《香港人权法案条例》凌驾于香港法律之上。该报告称：“在解释所有（香港）现有法例及日后制定的法例时，必须尽可能与人权法案相符；至于那些在解释方面未能与人权法案相符的任何现有法例，则人权法案会凌驾于其上。”那些至今还不承认人权法案条例具有凌驾地位的人们，请你们面对英国政府用白纸黑字写下的文字，自己做出解释吧！

港英正是利用《香港人权法案条例》这种不合法的凌驾地位，大肆修改香港的现行法律，现已涉及 50 多个条例，这种修改目前还在进行，这是直接违反中英联合声明关于“法律基本不变”的规定。1984 年 12 月 19 日中英两国政府签署的联合声明对中英双方都有约束力，英方不能单方面对香港原有法律作出重大修改。当然，香港现行法律基本不变，并不意味着 1984 年时的法律在过渡时期内都要冻结，但是对法律的重大修改，必须由中英双方磋商一致，这是恪守联合声明的必然要求。港英依据《香港人权法案条例》的“凌驾”地位来修改其他法律是另一种性质的问题，是一种非法行为。过去英方口口声声说，香港的法律都符合人权公约的要求，现在他们又像发现新大陆一样，突然发现有那么多香港法律抵触人权法，出尔反尔，朝三暮四，这究竟是一种什么逻辑呢？

此外，《香港人权法案条例》的凌驾性条款还赋予了香港各级法院根据该条例不执行或废除某些现行法律的权力，这也违反了联合声明附件一第三条和《基本法》第八十一条第二款关于“原在香港实行的司法体制，除因设立香港特别行政区终审法院而产生变化外，予以保留”的规定。香港一位大律师一针见血地指出：“由司法机构依据一个法例的规定宣布废除另一项法例或其中之一部分，这在香港是史无前例的。”

总之，《香港人权法案条例》凌驾于其他法律之上的地位，是在香港原有法律之外另加上去的一种具有特殊效力的法律，没有任何法律依据，它已导致许多原有法例的变更和失效，是对香港现行法律制度的重大改变，既不利于香港现行法律的相对稳定，也架空了基本法，将给未来特区的法治带来混乱，应予拨乱反正，恢复普通法系的本来面目。

筹委会法律小组的建议合理合法

筹委会法律小组建议，将违反中英联合声明、抵触基本法的《香港人权法案条例》中凌驾于香港其他法律之上的条款不采用为香港特别行政区的法律，该条例中有关抄自《公民权利和政治权利国际公约》的内容，因中英联合声明和基本法均规定该公约适用于香港的有关规定继续有效，可采用为香港特别行政区法律，而不是废除整个条例。对于依据《香港人权法案条例》的凌驾地位所修改的法律，法律小组经过慎重的考虑，建议只对修改过的《社团条例》和《公安条例》宣布不采用为香港特别行政区法律，其他大部分已修改的法律交由香港特别行政区自行处理。法律小组的上述建议，既捍卫了中英联合声明关于“现行法律基本不变”的原则，又体现了对特区高度自治的尊重，是完全合理合法的。

政府对社团的成立和活动实行适当管治，禁止外国政治性社团在本国或本地区进行活动，是世界上绝大多数国家和地区所实行的法律制度。香港作为一个世界贸易、金融中心，禁止外国政治性社团在香港活动，禁止本地政治性社团同外国政治性社团发生联系，对于保持香港的稳定繁荣是十分必要的。经港英修改后的《社团条例》废除了上述早已有之的规定，与《基本法》第二十三条的有关规定抵触，不采用为香港特别行政区的法律是理所当然的。

对集会游行实行必要的管制，是世界上大多数国家和地区的共同作法，即使在一些发达国家，集会游行一般都要经过申请和批准后才能举行。一百多年来，香港也是实行这种制度，没有人说这种法律规定违反什么人权公约。港英对《公安条例》的修改，将原有关集会游行须事先向警方提出申请，获准后才可举行的规定，修改为只需事先通知警方即可进行。这种修改，等于完全放开了集会游行，削弱了警务部门的管理权，只照顾到一部分人集会游行的自由，却漠视了大部分人正常生活的自由，没有法律保障使两者之间达到一个平衡。筹委会法律小组的建议不是取消集会游行的自由，而是主张将这种自由纳入行之有效的法律规范之中，保持香港能有一个良好的投资环境。

保障香港居民的权利和自由是中国政府对香港基本方针政策的重要组成部分，已经载入中英联合声明和基本法。人们可以比较一下基本法和《香港人权法案条例》的有关规定，基本法规定的香港居民的权利和自由比《香港人权法案条例》还要广泛。只要贯彻实施基本法，香港居民的基本权利和自由是有充分保障的。筹委会法律小组的建议，绝不是有些人所说的那样，是什么倒退，是什么损害人们对香港的信心，而恰恰是为了维护中英联合声明和基本法的严肃性，维护香港的法制。这将有利于香港的稳定繁荣，有利于增强人们对香港实行法制的信心。

中央台办 国台办在北京人民大会堂举行江泽民《为促进祖国统一大业的完成而继续奋斗》重要讲话发表两周年座谈会

中央台办、国务院台办主任陈云林在会上强调，我们将继续以邓小平同志关于解决台湾问题的基本思想为指导，全面、深入地贯彻江泽民主席重要讲话的精神，推动两岸关系发展和祖国统一进程。

陈云林指出，江泽民的重要讲话是两岸关系发展史上的一件大事。这个讲话精辟地阐释了邓小平同志“和平统一、一国两制”思想的精髓，提出了现阶段发展两岸关系、推进祖国和平统一进程的八项主张，在海峡两岸，在港澳地区和海外华人社会，在整个国际社会，都产生了广泛的影响，受到普遍热烈的欢迎。去年1月30日，李鹏总理在江泽民重要讲话发表一周年之际，发表《完成统一祖国大业是全体中国人民的共同愿望》的重要讲话，指出江泽民的重要讲话“充分体现了我们党和政府解决台湾问题的一贯性和连续性，体现了发展两岸关系、促进祖国统一的决心和诚意，也是解决台湾问题的纲领性文件。”两年来两岸关系发展的事实表明，江泽民的重要讲话对维护国家主权和领土完整、对推进两岸关系与和平统一进程，发挥了巨大的作用。

陈云林指出，解决台湾问题，完成中国统一大业，是全体中国人民的共同心愿和崇高使命。1997年是我们党和国家发展史上重要的一年。我们党将召开第十五次全国代表大会，为中华民族实现跨世纪的腾飞作出进一步的战略部署。我国政府将恢复对香港行使主权，不仅洗刷中华民族所遭受的历史屈辱，也为解决台湾问题，进一步完成祖国统一大业迈出重要一步。在新的一年里，我们将继续坚持“和平统一、一国两制”的基本方针，继续全面、深入地贯彻江泽民的八项主张，紧紧围绕香港政权交接和开好党的十五大，把握大局，积极稳妥地安排好各项对台工作，继续大力推动两岸关系发展。

陈云林指出，前不久，台湾当局召开的所谓“国家发展会议”，背离一个中国原则，不提国家统一，并以所谓“宪政改革”为名，决定冻结台湾省“省长”、“省议会”选举，朝着“废省”方向迈出了危险的一步。全体中国人民，包括台湾同胞在内，从来都认为台湾是我国的一个省。台湾当局竟然冒天下之大不韪，企图否定台湾是中国一个省的地位，以进一步割断台湾与祖国的联系，也进一步暴露了他们蓄意制造分裂、阻挠国家统一的用心。众所周知，尽管两岸尚未统一，但台湾作为中国的一部分、作为中国行政区划中的一个省的法律地位从未改变，也是任何势力所改变不了的。任何制造“两个中国”、“一中一台”和“台湾独立”的行径，必定遭到可耻的失败。

座谈会由中央台办、国务院台办副主任李炳才主持。中央国家机关、各民主党派、人民团体等有关方面的负责同志，首都各界知名人士代表共 100 余人出席会议。

全国政协主席李瑞环邀请全国性宗教团体负责人到中南海举行迎春座谈

李瑞环首先代表江泽民总书记、李鹏总理向全国爱国宗教界人士和信教群众祝贺新春佳节。

李瑞环说，我国爱国宗教团体和信教群众是建设四化、统一祖国、振兴中华的积极力量。我国各宗教倡导的伦理道德都有弃恶扬善的内容。佛教的“庄严国土，利乐有情”，基督教的“荣神益人”，道教的“慈爱和同，济世度人”，伊斯兰教的“两世吉庆”，都倡导服务社会，造福人群。宗教界可以在社会主义精神文明建设中发挥教义中的积极因素，作出应有的贡献。

李瑞环说，为了适应形势发展的需要，各爱国宗教团体要加强自身建设，抓紧培养中青年人才，建设好跨世纪的爱国宗教教职人员队伍和各级爱国宗教组织。他说，实践证明，党的宗教政策是正确的。各级党政领导和宗教工作部门要认真、全面、准确地理解和贯彻党的宗教政策。宗教界要在维护法律尊严，维护人民利益，维护民族团结，维护祖国统一中发挥积极的作用。

应邀参加座谈会的宗教团体负责人有：中国佛教协会会长赵朴初，中国基督教三自爱国运动委员会主席罗冠宗，中国基督教协会会长韩文藻，中国天主教爱国会、中国天主教主教团主席宗怀德，中国伊斯兰教协会会长安士伟，中国道教协会会长傅元天等。参加座谈会的还有有关部门负责人李德洙、郑万通、张左己、叶小文等。

中央军委副主席张万年在全军纪检工作会议上发表讲话

中央军委委员、总政治部主任于永波主持会议。

张万年指出，我们要认真贯彻落实江泽民同志在这次中纪委全会上的讲话精神，务必从战略和全局上深化对搞好反腐倡廉严重性、紧迫性的认识，务必提高坚持“两手抓、两手都要硬”方针的自觉性，务必切实加强对反腐败斗争和党风廉政建设的领导，决不能掉以轻心，决不能畏难止步，决不能松懈斗志。要以更大的决心、更大的力度和更扎实的工作，积极推进军队的党风廉政建设。

张万年强调，全军各级党委、纪委及纪检部门，任何时候都必须把维护政治纪律作为首要任务，一定要从维护党、国家和民族的根本利益出发，加强政治纪律的教育和检查，切实抓好维护中央权威这个重大政治原则问题。

张万年指出，军委在抓党风廉政建设上，要求领导干部尤其是高级领导干部率先垂范，做好样子。加强高中级干部的教育管理，当前特别要发扬艰苦奋斗精神，坚决反对奢侈浪费。发扬艰苦奋斗精神，抵制奢侈浪费之风，必须旗帜鲜明地反对拜金主义、享乐主义。要大张旗鼓地开展学革命前辈，学孔繁森、李国安等英雄模范的先进思想、革命精神和高尚情操的活动，在全军上下进一步叫响艰苦奋斗、勤俭建军的口号，努力形成“以艰苦奋斗、勤俭朴素为荣，以铺张浪费、奢侈挥霍为耻”的良好风尚，使我党我军在长期革命斗争实践中形成的优良传统不断发扬光大。张万年说，加强高中级干部的教育管理，必须十分重视领导干部的自律，加强学习，树立正确的世界观、人生观。各级党委、纪委要进一步强化从严治党、从严治军的意识，要加大执纪办案的力度，严肃查处各种违法违纪案件，下大力纠正群众反映强烈的不正之风。

甘肃省人大八届五次会议选举孙英为省长

全国矿产资源委员会第四次会议在北京召开

中共中央总书记、国家主席江泽民的题词是：“合理开发利用资源促进经济可持续发展”；国务院总理李鹏的题词是：“开发保护矿产合理利用资源”；中共中央政治局常委刘华清的题词是：“维护矿产资源国家所有促进地质勘查和矿业健康发展”；国家副主席荣毅仁的题词是：“全面加强矿产资源管理，促进矿产资源的开发和保护”。

国务院副总理、全国资源委主任邹家华在会议上强调，推动修改后的《矿产资源法》实施，维护矿产资源国家所有，逐步建立探矿权、采矿权市场机制，加快地质勘查业、采矿业结构调整和国有矿山企业转变经营机制,加大利用两个市场、两种资源力度,促进矿业持续、快速、健康发展。

邹家华说,全国资源委是在由计划经济向社会主义市场经济转变时期成立的,标志着我国矿产资源管理进入了一个新的阶段。

一年来,全国资源委在矿法修改、矿业秩序治理整顿、中西部地区和国外风险勘探政策调研等方面做了不少工作,推进了资源管理上一些重大问题的解决,也为今后的工作打下了基础。

邹家华说,编制《1996—2010 年全国矿产资源规划》,是一项新的开创性的工作。要根据国民经济和社会发展对矿产资源的需求,国内外矿产品市场的变化,以及我国矿产资源的基本状况、潜力和特点,本着有利于维护国家对矿产资源的所有权,兼顾当前和长远、中央和地方利益,统筹安排全国矿产资源,合理确定规划期内矿产资源的储备、国家安全和战略的需要,合理划定中央与委托省、自治区、直辖市人民政府规划矿产资源的范围,促进矿产资源的合理开采和综合利用,促进矿产资源和生态环境的保护。石油、天然气、铀三个特定矿种及钨、锡、锑、离子吸附型稀土四个保护性开采的特定矿种全部的矿区、油田由中央来统一规划;而地热、矿泉水全部由省、自治区、直辖市进行规划。除上述矿种以外的 38 个矿种列入本次规划的近 5000 个矿区中,从划定的结果来看,属于中央规划的占大多数,同时也相应把一定比例的矿区规划权委托给了地方,地方和部门的规划应上报中央批准,形成全国统一的矿产资源规划。这样做,有利于在确保中央宏观调控的基础上,更好地发挥地方的积极性,也为矿业秩序的长治久安打下了基础。对每一个矿区都要提出开发利用方向,开发规模、资源综合利用和资源保护、环境保护方面的要求,要尽早搞好资源型企业在资源枯竭后转产等方面机制的研究。在《规划》批准实施下达后,各地区、各部门都要根据批准后的《规划》制定本地区、本行业的资源开发规划。邹家华强调,要切实搞好各项政策调查,为国家关于矿产资源的决策提供可靠的依据和可行的建议,抓好实施矿法的监督检查,把我国矿产资源管理工作做得更好。

会议讨论了全国矿产资源委员会 1997 年工作要点,听取《关于搞活国有大中型老矿业企业的若干政策建议》的汇报;审议并原则通过《1996—2010 年全国矿产资源规划(草案)》,这个《规划》将作必要的补充和完善,报国务院批准后公布实施。

国务院总理李鹏在北京会见美国波音公司民用飞机集团总裁伍达德

国务院副总理兼外交部部长钱其琛在中南海会见即将离任的巴布亚新几内亚驻中国大使梅姆·拉卡诺

外交部发言人沈国放就台湾当局公开承认台湾同朝鲜民主主义人民共和国就在朝鲜境内贮存台湾核废料达成协议一事答记者问

沈国放说,台湾当局这次在处理核废料问题上的举措,是其在国际上制造“两个中国”、“一中一台”的具体表现,旨在破坏中国与有关国家的关系,继续为两岸关系的改善和发展设置障碍。中国政府和中国人民坚决反对台湾当局的这一行动。

沈国放还指出,处理核废料的技术要求极为严格,如处置不当或发生意外,会给周边国家和地区造成环境污染。中方对此表示十分关注。

1 月 31 日

中办 国办印发《关于领导干部报告个人重大事项的规定》

第一条 为加强对领导干部的管理和监督,促进党风廉政建设和领导干部思想作风建设,制定本规定。

第二条 本规定所称领导干部包括:

各级党的机关、人大机关、行政机关、政协机关、审判机关、检察机关担任领导职务和非领导职务的副县(处)级以上(含副县〔处〕级,下同)干部。

社会团体、事业单位中相当于副县(处)级以上干部,国有大型、特大型企业中层以上领导干部,国有中型企业领导干部,实行公司制的大中型企业中由国有股权代表出任或由国有投资主体委派(包括招聘)的领导干部、选举产生并经主管部门批准的领导干部、企业党组织的领导干部。

第三条 报告人应报告下列重大事项:

(一)本人、配偶、共同生活的子女营建、买卖、出租私房和参加集资建房的情况;

(二)本人参与操办的本人及近亲属婚丧喜庆事宜的办理情况(不含仅在近亲属范围内办理的上述事宜);

(三)本人、子女与外国人通婚以及配偶、子女出国(境)定居的情况;

(四)本人因私出国(境)和在国(境)外活动的情况;

(五)配偶、子女受到执法执纪机关查处或涉嫌犯罪的情况;

(六)配偶、子女经营个体、私营工商业,或承包、租赁国有、集体工商企业的情况,受聘于三资企业担任企业主管人员或受聘于外国企业驻华、港澳台企业驻境内代办机构担任主管人员的情况。

本人认为应当向组织报告的其他重大事项，也可以报告。

第四条 本规定第三条所列事项，应由报告人在事后一个月内以书面形式报告。因特殊原因不能按期报告的，应及时补报，并说明原因。按照有关规定需要事前请示批准的，应按规定办理。本人认为需要事前请示的事项，也可事前请示。

第五条 各级党委及其纪委，各级人大、政府、政协、法院、检察院党组，以及上述领导机关所属的部门和单位（包括事业单位，下同）的党组（党委），负责受理本级领导干部的报告（不设党组、党委的部门和单位，由相应的机构受理，下同）。各部门和单位内设机构的领导干部的报告，由本部门、本单位的组织人事部门负责受理。

本规定第二条中社会团体、企业事业单位的领导干部个人重大事项的报告，由本单位党委（党组）负责受理。

第六条 对于需要答复的请示，受理报告的党委（党组）或组织人事部门应认真研究，及时答复报告人。报告人应按组织答复意见办理。

第七条 对报告的内容，一般应予保密。组织认为应予公开或本人要求予以公开的，可采取适当方式在一定范围内公开。

第八条 领导干部不按本规定报告或不如实报告个人重大事项的，其所在组织应视情节轻重，给予批评教育、限期改正、责令作出检查、在一定范围内通报批评等处理。

第九条 各级党委、政府及纪检监察机关、组织人事部门要加强对本规定执行情况的监督检查。组织人事部门和纪检监察机关，要把领导干部执行本规定的情况作为考核干部的一项内容。负责受理领导干部报告的党委（党组）及相应机构每年要将执行本规定的情况向上级党委、纪委综合报告一次。

第十条 各省、自治区、直辖市，中央直属机关工委和中央国家机关工委，实行系统管理的部门、单位，可根据本规定结合实际制定具体办法。

第十一条 本规定由中共中央纪律检查委员会、中共中央组织部负责解释。

第十二条 本规定自发布之日起施行。

国务院举行第 54 次常务会议

会议讨论并原则通过《中华人民共和国公路法（草案）》和《中华人民共和国动物防疫法（草案）》。

国务院在中南海举行第五次反腐败工作会议

会议总结去年工作，对今年的工作提出新的要求，推动政府系统的反腐败斗争和廉政建设。

国务院副总理邹家华、钱其琛、李岚清、姜春云，国务委员李铁映、迟浩田、宋健、陈俊生、罗干出席会议。

中共中央政治局委员、中纪委书记尉健行应邀出席会议。

会议由国务委员李贵鲜主持。监察部部长曹庆泽首先介绍政府系统反腐败工作；国家经贸委主任王忠禹就治理向企业乱收费、乱罚款、乱摊派，减轻企业负担问题，财政部部长刘仲藜就进一步加强预算外资金管理工作，建设部部长侯捷就深入开展建设工程项目执法监察工作分别发言。

在听取了大家的发言后，国务院总理李鹏发表重要讲话。在充分肯定了过去一年反腐败斗争和勤政廉政建设取得的成绩后，李鹏指出，必须清醒地看到，反腐败工作的发展很不平衡，在一些地方和部门的领导工作中，还不同程度地存在一手硬、一手软的问题。一些领导干部艰苦奋斗的观念淡薄，讲排场、比阔气、挥霍浪费的现象比较突出。腐败现象仍很严重，有些方面还有滋长蔓延趋势。大案要案居高不下，金额巨大的犯罪案件还在增加，边反边犯的违法违纪仍然十分突出，减轻农民负担、制止乱收费等，虽然中央三令五申，也收到了一些效果，但未完全解决，而且还有发展的趋势；向企业乱收费、乱罚款、乱摊派的问题比较严重。因此，摆在各级政府面前的反腐败斗争的任务仍然非常艰巨。

李鹏说，在发展社会主义市场经济和对外开放的条件下，加强勤政廉政建设，深入开展反腐败斗争，是党和国家政权建设的一项重要历史使命，也是对各级政府工作的严峻考验。我们必须对反腐败斗争的长期性和艰巨性有足够的思想准备。在对反腐败形势的分析和估价上，既要注意防止对腐败现象估计不足，产生麻痹松懈情绪，也要注意把腐败现象估计得过于严重，从而对反腐败斗争存在着畏难、悲观的倾向。必须坚持历史的和辩证的观点，把反腐败斗争和勤政廉政建设放到改革开放的大背景中来考虑，放到社会主义现代化事业的历史进程中来考虑，放到改革、发展、稳定的大局中来考虑，要提高认识，统一思想，认真贯彻一要坚决、二要持久、三要抓阶段性成果的方针，增强反腐败斗争的自信心和责任感。

关于今年政府系统的反腐败工作，李鹏要求坚持抓领导干部廉洁自律、查办大案要案、纠正部门和行业不正之风的工作格局，结合政府工作的实际，突出重点，狠抓落实，使反腐败斗争在以往成果的基础上取得新的明显的成效。今年领导干部的廉洁自律工作，要落实廉政准则，重点抓好住房上以权谋私、用公款吃喝玩乐、利用职权为亲友经商办企业提供便利条件的问题，进一步落实收入申报、礼品登记、国有企业业务招待费向职代会报告的制度。要继续坚持以查办党政机关、行政执法机关、司法机关、经济管理部门和县(处)级以上领导干部的违法违纪案件作为办案的重点，认真总结经验，强调联合办案，重点突破一批大案要案，更加严厉地惩治腐败分子。今年要在减轻农民负担、清理预算外资金方面，抓出新的成效。在部门纠风方面，今年仍以抓好执法监督部门和公共服务行业管理部门为主。他说，今年专项治理新增加的一个重要内容，是治理向企业特别是向国有工业企业乱收费、乱罚款、乱摊派，以减轻企业不合理负担。这方面的问题大多是出自各级政府和部门的行为。清理工作一定要态度坚决，措施得力。凡属违反规定向企业乱伸手的，坚决予以查处，追究主要负责人的责任。

李鹏指出，在搞好政府机关反腐败斗争的同时，要加强国有企业的反腐倡廉工作。今年要对国有企业领导班子进行一次普遍的考核，问题严重的要及时调整。

李鹏说，对于腐败现象必须标本兼治，综合治理，采取教育、预防、监督、健全法制和深化改革相结合的办法，着力从源头上解决问题。必须加强对权力的监督制约；必须严格财经纪律；切实纠正当前在一些政府工作人员中滋长的形式主义和浮夸作风，树立勤政务实、艰苦奋斗的优良作风；把反腐败工作与深化改革结合起来，在改革措施出台时，要同步考虑反腐败斗争和廉政建设的要求，防止引发新的腐败现象和不正之风。

李鹏强调，深入持久地开展反腐败斗争并取得成效，关键在于加强领导。各地区、各部门要把反腐败工作作为一项基本职责，进一步健全反腐败工作机制。既要按照各自的职责范围，管好自己的事，建设好自己的队伍，又要加强协调配合，做到责任明确、分工合作、齐抓共管，形成整体合力，推动工作深入开展。

李鹏指出，一个地方、一个部门的廉政建设搞得好不好，风气如何，与这个地方、部门的主要领导有直接关系。各级领导干部特别是高级领导干部，要自重、自省、自警、自励，以身作则，言行一致，带头遵守党纪国法，带头执行廉洁自律的各项规定。李鹏还特别要求，各级领导在春节期间要减少应酬，深入到灾区、贫困地区和困难企业的群众中去，安排好群众特别是困难群众生活，使广大群众愉快地过好年。

国务院各部委、局，直属机构，办事机构，直属事业单位的有关负责人出席会议。

应邀出席会议的还有，中共中央有关部门、全国人大常委会办公厅、全国政协办公厅、中央军委办公厅、最高人民法院、最高人民检察院以及各人民团体、各民主党派、全国工商联的负责人和无党派人士代表。

香港特别行政区筹备委员会第八次全体会议在人民大会堂开幕

会议将就香港特区第一任行政长官和临时立法会等在1997年6月30日之前开展工作、关于设立香港特区临时性区域组织及处理香港原有法律问题，进行讨论并作出决定和建议。

国务院副总理、筹委会主任委员钱其琛在开幕中致辞。

会议由筹委会副主任委员王汉斌主持。筹委会法律小组召集人邵天任向会议作小组工作报告。

筹委会副主任委员兼秘书长鲁平就提交会议审议的关于香港特别行政区第一任行政长官、临时立法会在1997年6月30日之前开展工作的决定、关于设立香港特别行政区临时性区域组织的决定、关于处理香港原有法律的建议三个讨论稿作说明。

筹委会副主任委员安子介、霍英东、周南、王英凡、李福善、董建华，以及筹委会全体委员出席会议。

香港特别行政区筹委会主任委员钱其琛在香港特别行政区筹委会第八次全体会议上发表讲话

各位副主任委员、各位委员：

香港特别行政区筹备委员会第八次全体会议现在开幕。

在筹委会第七次全体会议以来的一个多月里，筹委会的工作又有了新进展。去年12月21日，推选委员会在深圳顺利地选举产生了香港特别行政区临时立法会的60名议员。议员的涵盖面广泛，既有工商界人士，也有来自于劳工、基层等界的代表，还有专业界的精英；既有一些有政治团体背景的人士，也有不少无政治团体背景的独立人士当选。报名参选的现任港英立法局议员，有33人当选。整个选举过程通过电视直播，面向香港广大居民进行。临时立法会的组成得到了香港社会和舆论的普遍认同。事实证明，在选举前一天，英国外相和港英政府所作的过分反应是没有道理的，也是没有必要的。

1月25日，在筹委会三位副主任委员的主持下，临时立法会在深圳选举了主席。范徐丽泰女士当选为临时立法会主席。我愿借此机会向范徐丽泰委员表示祝贺。我们相信，在临时立法会议员同舟共济、共同努力之下，临时立法会的各项工作一定能够有条有理地开展起来。临时立法会也一定能与第一任行政长官和他领导的主要官员、行政会议等保持积极的合作关系，为保障香港的平稳过渡和香港特别行政区成立后的有效运作作出贡献。

随着第一任行政长官和临时立法会的产生，人们对行政长官和临时立法会如何开展工作的问题比较关心。对于他们在 1997 年 6 月 30 日之前可以做哪些工作，尤其是临时立法会能不能审议、通过一些法案的问题存在着种种说法。对此，有必要加以明确。就第一任行政长官来说，1990 年 4 月 4 日七届全国人大第三次会议通过的《全国人民代表大会关于香港特别行政区第一届政府和立法会产生办法的决定》已明确规定："第一届香港特别行政区政府由香港特别行政区行政长官按香港特别行政区基本法规定负责筹组。"也就是说，在 1997 年 6 月 30 日之前，凡是属于筹组香港特别行政区第一届政府范围内的工作，都将由行政长官负责进行，包括提名主要官员，报中央人民政府任命；任命行政会议成员等等。同时，基本法赋予行政长官的其他职权，凡是需要在 1997 年 6 月 30 日之前履行的，就应当去做，如草拟政府的政策，提出财政预算、法案，提交临时立法会审议；任命司法人员推荐委员会并根据该委员会的推荐任命法官；与临时立法会主席、终审法院首席法官联合提名基本法委员会委员，报全国人大常委会任命等。我们筹委会将给董建华先生以全力的支持，同时不干预特区行政长官在其职权范围以内进行的各项工作。

就临时立法会而言，它之所以要设立，正是因为在"直通车"安排被破坏的情况下，有一些立法是香港特别行政区成立伊始就必不可少的，必须在 1997 年 6 月 30 日之前就做好有关的立法准备工作。为此，筹委会关于成立临时立法会的决定中规定，临时立法会在 1997 年 7 月 1 日之前审议通过的有关法律从香港特别行政区成立之日起实施。这里应当明确的是，临时立法会作为香港特别行政区的立法机关，与现在的港英立法局分别属于两个不同的法统。临时立法会何时开始工作及其工作的范围，要以全国人大和筹委会的有关决定为依据。为了进一步明确第一任行政长官、临时立法会及其他公职人员在 1997 年 6 月 30 日前的工作范围，以便于具体工作的顺利开展，筹委会主任委员会议决定采纳香港一些人士的建议，在这次全体会议上讨论香港特别行政区第一任行政长官、临时立法会等在 1997 年 6 月 30 日前开展工作的问题，并就此作一决定。

与港英最后一届立法局一样，根据全国人大常委会 1994 年 8 月 31 日通过的《关于郑耀棠等三十二名全国人民代表大会代表所提议案的决定》，港英最后一届市政局、区域市政局和区议会，到 1997 年 6 月 30 日也将随着英国对香港管治的结束而终止。为了保障香港的平稳过渡，继续发挥区域组织在香港社会生活中的作用，预委会政务专题小组曾提出关于设立香港特别行政区临时性区域组织的建议。筹委会及时地就设立临时性区域组织一事作出决定，并将有关建议提供给第一任行政长官参考，无疑将有助于临时性区域组织的筹组工作。

这次会议要讨论的一个主要问题是关于香港原有法律的处理问题。在预委会阶段，已对香港原有法律作了全面审查，在这个基础上，筹委会法律小组又作了研究，并提出了交本次全体会议审议的关于处理香港原有法律问题的建议。在提出这些建议时，我们总的指导原则是要体现基本法关于香港原有法律基本不变的规定，尽量少变；同时，对于现行法律中存在的与基本法相抵触的各种问题，又要区别不同情况，实事求是地提出处理的办法。最近几天西方媒介大肆渲染，似乎我们突然提出要大量修改香港法律，甚至说要把内地的法律搬到香港来。实际情况恰恰相反。这不是一个新提出的问题。从成立预委会开始，研究香港的原有法律已经有好几年了。讨论的结果是，在大约 600 多项香港的条例和 1000 多项附属立法中，除了有十来个条例和附属立法以及另有十来个条例和附属立法中的部分条款外，绝大多数的条例和附属立法都将保留下来，都将采用为特别行政区的法律。大家关注的《香港人权法案条例》也将予以保留，只是删除了有关凌驾于其他法律以上的条款。总之，在法律问题上，香港特别行政区只实行香港特别行政区基本法并保留原来的香港法律基本不变。将在香港特别行政区实施的全国性法律为数很少，只限于有关国防、外交和其他不属于香港特别行政区自治范围的法律。而且必须是列入基本法附件三的那些全国性法律。这样做是完全符合"一国两制"原则的。我相信，通过这次大会的讨论，将就处理香港原有法律的问题，形成一份实事求是、切实可行的建议，提交全国人大常委会审议。

各位委员，1997 年对于我们国家来说是影响重大、意义深远的一年。今年内有两件大事，一是中国共产党将召开第十五次全国代表大会；再一件事就是我国政府将对香港恢复行使主权。这两件大事均为世人所关注。我们在座的各位能有幸亲身参与对香港恢复行使主权的工作，这是无上光荣的。希望大家在新的一年里，"乘长风破万里浪"，把筹委会的工作不断推向前进！

在北京的老同志新春茶话会在人民大会堂举行

2000 多位在京老同志欢聚人民大会堂，喜迎 1997 年新春佳节。中共中央政治局常委、书记处书记胡锦涛代表党中央、国务院向出席迎春茶话会的老同志和全国离退休老干部及各条战线的老同志拜年，向他们致以亲切的问候和崇高的敬意。

出席茶话会的有：李岚清、尉健行、张震、雷洁琼、王丙乾、程思远、吴阶平、王兆国、孙孚凌等领导同志；

曾经担任过党和国家领导职务的老同志宋平、张劲夫、陈锡联、段君毅、谷牧、马文瑞、汪锋、郑天翔等;中央军委委员傅全有、于永波、王克,中央党政军各部门、北京市的负责人曾庆红、贾庆林等,以及在京的中央、国家机关及军队的老干部,已故老同志家属,北京市的老干部、老知识分子、老工人农民的代表,各民主党派的负责人和无党派人士等。

茶话会由中共中央组织部、解放军总政治部、北京市委共同举办。中央组织部部长张全景主持茶话会。

中央社会治安综合治理委员会在人民大会堂举行第二十次全体会议

会议总结过去一年的工作,部署1997年的社会治安综合治理工作。

中央社会治安综合治理委员会委员兼办公室主任陈冀平首先就今年的工作要点和全国社会治安综合治理先进集体、先进工作者的评选情况作说明。公安部、中组部、司法部、民政部等部门和北京市的负责人就有关问题发言。

在听取了大家的发言后,中共中央书记处书记、中央政法委书记、中央社会治安综合治理委员会主任任建新发表讲话。

关于1997年的任务,任建新从三个方面提出了具体要求。任建新说,各级党委、政府和各有关部门要继续下大力气抓好维护社会稳定的工作。要进一步落实社会治安综合治理领导责任制,一级抓一级,层层抓落实。要牢固树立全局观念,在安排本地区、本部门工作时,把维护社会稳定贯彻始终,毫不动摇。决不允许因一个地区、一个部门工作不力,酿成事端,影响社会稳定。

任建新指出,要毫不动摇地坚持"严打"方针,深入持久地开展"严打"斗争,把集中行动、专项斗争和经常性的"严打"工作有机地结合起来,把"严打"方针真正落实到打击犯罪的各个环节、各项工作中去。要加强对政法干警队伍的教育培训和纪律整顿,坚持以事实为依据,以法律为准绳,严格依法办事,继续保持高昂的斗志,以对党对人民高度负责的精神,保质保量地完成"严打"的各项工作任务。

任建新强调,要充分利用"严打"形成的有利时机,积极做好预防犯罪的各项工作。在抓好"严打"的同时,广泛深入地开展以创建"安全文明小区"为主的各种形式的创建活动,继续加大流动人口管理工作的力度,进一步加强治安防范工作,努力提高预防和控制犯罪的能力。要研究加强青少年法制教育的切实措施,把专门工作与群众工作紧密结合起来。组织动员更多的社会力量来关心、支持这项工作,为青少年的健康成长提供有效的保障。

任建新要求各地和有关部门认真做好春节期间的安全保卫工作。及时打击各种犯罪活动,整顿和维护好治安秩序,消除各种治安事故的隐患,确保人民群众过一个平安祥和的春节。

中央社会治安综合治理委员会副主任罗干、张思卿、曹志和中央综治委成员单位的委员、负责人出席会议。

共青团中央 全国青联决定设立"中国青年五四奖章"

日前,团中央、全国青联作出决定,对在社会主义现代化建设中表现突出、作出重大贡献的先进青年颁发"中国青年五四奖章",并将于今年"五四"纪念建团75周年之际首次颁授。

据团中央有关部门介绍,"中国青年五四奖章"是团中央、全国青联授予青年的最高荣誉。设立这一奖项,目的在于树立和宣传青年中的重大典型,激励和引导广大青年在新的历史时期继承和发扬"五四"光荣传统,积极投身改革开放和社会主义现代化建设。

团中央和全国青联规定了严格的"中国青年五四奖章"颁发条件,奖章的获得者必须是14周岁至40周岁的中国青年,必须是广大青年政治进步的楷模、建功成材的典范、精神文明的榜样。这项表彰将重点面向基层,面向生产第一线,授予那些艰苦创业、不懈奋斗、贡献突出,能够在当代青年中发挥时代精神和价值导向作用,能够产生较大社会影响的青年好典型。

"中国青年五四奖章"原则上每年"五四"青年节授予。有特殊贡献者,可以随时授予。奖章获得者的产生将采取各省级团委、青联申报,团中央和全国青联评选审定的办法。

中央统战部 国办联合举行春节招待会慰问国务院参事中央文史馆馆员

第一次全国农业普查现场登记工作基本结束

第一次农业普查现场登记工作自1997年1月1日起在全国各地全面开展,600万普查人员,深入农户进行现场调查登记,目前已初步完成了预定的任务。目前,农业普查已转入以普查质量控制为中心的登记复查和质量验收阶段。

在现场登记期间,党中央、国务院和各级地方党委、政府给予高度重视,姜春云副总理到北京郊区视察了农业普查现场登记工作。国务院办公厅及时下发了文件,明确第一次全国农业普查结果不与现行农业和农村政策挂钩,给广大群众吃了一颗定心丸。各级地方党委、政府的负责同志也都亲临农业普查现场检查指导工作，千方百计地为农业普查提供便利的条件。

全国农业普查办公室建立了农业普查值班制度，由专人负责解答各种疑难问题；并派出了十几个工作组，跑遍了全国除西藏、新疆和青海以外的所有省、区、市，进入农业普查第一线进行检查和指导。

国家计委主任陈锦华在达沃斯世界经济论坛第二十七届年会上发表讲话

我很高兴来到美丽的达沃斯，参加第二十七届世界经济论坛年会，介绍中国经济发展情况、“九五”计划和中国的对外开放。

一、中国经济发展的长期趋势

进入 90 年代以来，与总体趋向缓和的国际形势相适应，世界经济也开始复苏，呈现加快增长的势头。经济的全球化和信息网络化，将互相促进，共同发展。中国经济作为世界经济整体的一个重要部分，在加快发展、深化改革、扩大开放的主旋律下，出现了三个相互联系着的长期性趋势。

——经济持续快速增长的趋势。在过去的 17 年，中国经济步入快速增长期，1981—1995 年，中国 GDP 年均增长 10.2%。1991—1995 年的第八个五年计划期，经济增长达到 12%，这是新中国成立以来经济增长最快、波动幅度最小的五年，也是这一时期世界上经济增长最快的国家。中国经济的快速增长，对世界经济的复苏和国际贸易的扩大作出了贡献。

更为重要的是，这一趋势将在今后一个较长的时期内延续下去。预计到 2000 年，中国经济的年均增长率将保持 8%或略高于 8%，下个世纪前十年的增长也会保持在 7%左右。我们相信这种趋势将延续下去：收入水平和消费欲望不断提高的 12 亿人口，有着巨大的市场需求；高达 38%—40%的储蓄率和不断提高的储蓄趋向，加上外商来华投资不断增加，使经济建设的资金得到有效保证，可以保持适度的投资强度；社会主义市场经济体制的建立和扩大开放，为继续发展不断注入新的活力和动力。

——需求结构和产业结构变动加快的趋势。随着人民生活水平的提高，中国城镇居民的消费需求进入了一个新时期。从过去集中于对彩电、冰箱等耐用消费品的需求，开始转向住房、电话、汽车以及计算机等信息产品，以及教育、旅游等服务领域。农民消费需求随着近年的农业增产、收入增加，呈现出多样化，中档消费品开始在少数发达的农业地区行销。投资需求从过去集中于劳动密集型、初级加工的制造业，转向基础设施、深加工和高附加值的产业群组，如适应消费结构变动的电子、汽车、建筑和一些服务业，并更多地倾向于交通通信、电力、供水等基础设施和环境保护产业。出口需求结构也在发生变化，资源性的初级产品、劳动密集型产品出口比重下降，机电设备及高附加值工业制成品出口比重逐步上升。市场需求的变化，使产业结构调整成为当前和今后一个时期中国经济发展的重要课题。

——经济体制的市场化和国际化日益深化的趋势。中国确立社会主义市场经济体制的改革目标后，改革步伐加快，市场对资源配置的作用日渐增强。目前中国农产品的 85%、消费品的 95%和投资品的 80%由市场供求决定价格，资源也由市场机制配置。市场机制已扩展到消费、流通、生产、建设各个环节。在不断推进的市场化改革中，1994 年制定的财税、金融、外汇、外贸、投资、价格和流通体制等改革正在实施和完善中。宏观调控体系也在运行中不断完善。

与市场化相伴的是经济的国际化趋势。中国的对外贸易总额相当于 GDP 的 36%以上，在大国经济中处于较高的水平；外资占国内总投资的比重约 17%，外商直接投资流入量仅次于美国。未来五年，我国将进一步扩大对外开放，在更广泛的领域和深度上参与国际经济的分工与合作。

二、中国的“九五”计划和产业政策

面对跨世纪的世界形势和任务，中国政府制定了《“九五”计划和 2010 年远景目标纲要》。“九五”计划的奋斗目标是：GDP 年均增长 8%，到 2000 年，实现人均国民生产总值比 1980 年翻两番；物价上涨率低于 GDP 增长率；投资率 30%；城镇失业率 4%左右；基本消除贫困现象，人民生活达到小康水平；加快建立现代企业制度，初步建立社会主义市场经济体制。实现这些目标后，中国的综合国力将进一步加强，市场进一步扩大，经济体制和社会结构将发生更积极的变化。

这里，我想重点介绍政府鼓励投资的优先领域和产业政策。

1. 农业

中国政府有信心和力量，立足于国内供给能力满足 12 亿人口对粮食等主要农产品的需求。预计到 2000 年，粮食产量将达到 4.9 亿—5 亿吨，人均占有的粮食保持在目前的水平或略有提高；农民收入也将较快增加，生活达到小康水平。

农业领域的对外合作，我们持积极鼓励的态度，并已在这个方面取得了卓有成效的成果。利用世界银行贷款进行的黑龙江农业综合开发项目即将实施，中国西部的农业扶贫综合开发项目也已确定，黄淮海平原项目(二期)也正在酝酿中。今后在农业领域我们将更广泛地采取多种形式扩大利用外资，促进中国农业更快、更好地发展。

2. 基础设施和基础产业

今后一个时期，中国将继续优先发展基础设施和基础产业。

——交通运输业。以增加铁路运输能力为重点，以发展运输大通道为中心，发挥公路、水运、空运、管道等多种运输方式的不同优势，加快综合运输体系的建设。到2000年，铁路营业里程达到6.8万公里，年均增长4.5%，复线率达到34%，电气化率27%；公路通车里程123万公里，比1995年增加7万公里；沿海港口吞吐量达到10亿吨，年均增长4.6%；民航运输总周转量140亿吨公里，年均增长14.4%。

——通信业。适应全球经济社会信息化和网络化的趋势，中国政府高度重视优先发展通信业，在"九五"计划和2010年远景目标纲要中，我国对此曾作了战略规划。将采用国际先进技术装备，重点建设全国联网的光缆干线，推进信息高速网络建设。到2000年，长途光缆线路达到21万公里，长途自动交换机总容量600万路端，电话普及率由目前的4.6%提高到10%，大城市和沿海城市的普及率将达到40%。

——能源工业。电力工业要调整结构，在加快发展火电和水电的同时，适当发展核电，加快发展新能源。推广应用远距离高压输变电技术、清洁煤技术和单机容量在30万千瓦以上的高参数、高效率机组；煤炭工业将建设一批机械化程度高的特大型煤炭基地；石油工业主要是增加探明储量，稳住东部产量，重点开发西部，实行油气并举，合理利用国外资源。"九五"计划中国要新建发电能力7500万千瓦。到2000年，中国的发电装机总容量将达到2.9亿千瓦，发电量1.4万亿千瓦时，年平均增长7%左右。一次能源生产总量将由1995年的12.4亿吨标准煤增加到13.5亿吨。

中国政府将加快基础设施领域的各项改革，鼓励竞争，反对垄断，开拓投资新渠道，鼓励和引导社会各界参与基础设施建设，扩大利用外资的规模和领域，积极采用先进技术，禁止高污染项目，保护好资源和生态环境。

3. 支柱产业

中国政府把机械、电子、石油化工、汽车和建筑业确定为今后一个时期重点发展的支柱产业。

——机械工业。重点发展数控机床等重要基础机械、机械基础件和我国有优势的大型成套设备。

——电子工业。重点发展集成电路、新型元器件、计算机和通信设备。

——石油化工。重点是采用国际先进技术，实现生产装置的大型化、系列化，发展精细化工，提高产品质量。

——汽车工业。重点是通过加大投资和产业重组，加强产品研究开发，尽快形成若干个具有市场竞争力的生产基地，以及标准化、系列化、通用化的零部件生产基地。

——建筑业。重点发展城镇居民适用的住宅及配套设施，搞好不同类型的城镇建设规划，满足多层次的消费需求。

支柱产业的产业政策是，建立竞争秩序，扶持重点产品的研究开发，逐步建立健全投融资体系和企业直接融资机制，促进企业合作、兼并，形成规模经济的生产体制，在产业政策引导下，鼓励进行国际合作。

"九五"计划的一项重要内容是加快国有企业改革。中国政府提出了建立现代企业制度的改革方向，各级政府已经对国有企业改革进行了不同层次的试点和探索，并取得了积极的进展。近期，将针对一些重点和难点问题，抓好大的企业，放活小的企业，推进战略性调整和改组、改造，加强经营管理，加快建立适应市场经济的经营机制。

三、中国的对外开放

对外开放是中国的基本国策，今后中国政府将不断扩大对外开放领域，提高对外开放水平。

基础设施是中国对外开放和利用外资的重点。到1996年为止，中国共使用了1750亿美元的国外贷款，其中近一半用于基础设施建设；在1270亿美元的直接投资中，约有10%用于基础设施建设。世界银行发表的报告说，未来五年中国用于基础设施的投资需求将达到2800亿美元。我们的规划数字比世界银行的报告数要多。这意味着中国将成为世界上最大的基础设施投资市场之一。

中国政府在利用外资方面将创造良好的环境，实行经常项目下的可兑换，保证外国投资者的利润汇出；加快法制建设，提高政策的透明度和决策效率；在继续适当使用贷款加快基础设施建设的同时，扩大外商直接投资的比重，推进BOT等投资方式的试点，并逐步扩大范围。

中国制造业的对外开放已取得了全面进展，从轻工、纺织、机械、电子到原材料工业都实现了全面开放。今后中国政府将为国外投资者提供透明度高的市场信息；对国外投资者实行国民待遇；鼓励竞争、反对垄断，把外商投资、引进技术和加快中国产业结构现代化结合起来。

继续稳步推进服务业的对外开放。中国已全面开放了餐饮业、旅馆业。银行、保险、商业零售、外贸等领域的对外开放试点也在积极推进。服务业的扩大开放，将采取通过试点后积累经验，逐步推广的方式推进。

中国正在积极争取早日加入世界贸易组织。中国政府的基本立场是:第一,世界贸易组织如果没有中国参加是不完整的;第二,中国是一个发展中国家,而不是发达国家,对中国提出过高的要求是不合理的;第三,世界贸易组织的有关条件,我们将逐步加以满足,实现过渡需要一个过程。当然,中国政府愿意采取积极务实的态度,加快推进这一进程。我们由衷感谢许多国家对中国加入世界贸易组织给予的支持,也非常欢迎最近美国和其他发达国家对中国加入世界贸易组织问题所采取的灵活态度。中国加入世界贸易组织不但有利于中国经济的发展,也有利于世界经济的发展。我们希望能尽早地解决这个问题,并愿意与世界贸易组织的成员进行卓有成效的合作,共同促进全球经济贸易的繁荣发达。

1996 年是中国实施“九五”计划的第一年,从过去的一年执行结果看,我们达到了年初确定的“开好头、起好步”的目标,GDP 增长率达到 10%,商品零售价格指数降低到 6.5%以内,成功地实现了“软着陆”。去年中国农业生产形势良好。财政收入增加,财政赤字也控制在预算目标以内。外汇储蓄增加到 1010 亿美元。尽管我们还面临着经济结构不合理、经济效益不高、国有企业亏损增加等困难,但改革正稳步推进,我们对解决面临的困难充满信心。

2月1日

香港特别行政区筹委会第八次全体会议通过《关于香港特别行政区第一任行政长官临时立法会在一九九七年六月三十日前开展工作的决定》

根据《中华人民共和国香港特别行政区基本法》、《全国人民代表大会关于香港特别行政区第一届政府和立法会产生办法的决定》,全国人民代表大会香港特别行政区筹备委员会决定:

一、香港特别行政区第一任行政长官在1997年6月30日前按照基本法的规定负责筹组第一届香港特别行政区政府;提出财政预算案、拟定法案,提交临时立法会审议;依照基本法规定的程序任命终审法院法官、高等法院首席法官和其他各级法院法官;与临时立法会主席、终审法院首席法官联合提名基本法委员会香港委员,报全国人民代表大会常务委员会任命等。

二、香港特别行政区临时立法会在1997年6月30日前根据基本法有关香港特别行政区立法机关立法程序的规定,并依照《全国人民代表大会香港特别行政区筹备委员会关于设立香港特别行政区临时立法会的决定》的规定,制定议事规则和表决程序,审议通过法案等,在香港特别行政区成立时,对已通过的法案进行确认,并报行政长官签署,公布实施,完成立法程序。

香港特别行政区筹委会第八次全体会议通过《关于设立香港特别行政区临时性区域组织的决定》

全国人大常委会1994年8月31日通过的《关于郑耀棠等32名全国人民代表大会代表所提议案的决定》规定:"港英最后一届立法局、市政局和区域市政局、区议会于1997年6月30日终止,……香港特别行政区的区域组织的职权和组成方法由香港特别行政区的法律规定。"据此,在香港特别行政区第一届区域组织产生前,全国人民代表大会香港特别行政区筹备委员会决定:

一、在1997年7月1日香港特别行政区成立时设立香港特别行政区临时性区域组织,即临时市政局和临时区域市政局、临时区议会,由香港特别行政区政府负责筹组。

二、将全国人民代表大会香港特别行政区筹备委员会提出的《关于设立香港特别行政区临时性区域组织的建议》转交给香港特别行政区第一任行政长官,供筹组香港特别行政区临时性区域组织时参考。

全国人民代表大会香港特别行政区筹备委员会关于设立香港特别行政区临时性区域组织的建议

根据全国人民代表大会常务委员会1994年8月31日通过的《关于郑耀棠等32名全国人民代表大会代表所提议案的决定》的规定,"港英最后一届立法局、市政局和区域市政局、区议会于1997年6月30日终止","香港特别行政区的区域组织的职权和组成方法由香港特别行政区的法律规定"。鉴于香港特别行政区第一届区域组织难以于1997年7月1日及时产生,在香港特别行政区成立时成立临时性区域组织即临时区议会、临时市政局和临时区域市政局有利于平稳过渡。现就有关事宜提出如下建议:

一、临时性区域组织的组成和具体产生办法

临时性区域组织议员由香港特别行政区行政长官任命。建议行政长官在任命临时性区域组织议员时把原港英最后一届市政局、区域市政局和区议会的议员作为考虑的人选。

临时区议会、临时市政局和临时区域市政局的议员人数,分别比港英最后一届区议会、市政局和区域市政局的议员人数增加1/4左右。

二、临时性区域组织的任期

临时性区域组织的任期至第一届区域组织产生为止。第一届区域组织的产生时间由香港特别行政区政府决定。

三、临时性区域组织的职权

临时性区域组织的职权必须与基本法第九十七条的规定相符合。临时市政局和临时区域市政局得作为功能团体选举的组别参与选举产生第一届立法会议员。

香港特别行政区筹委会第八次全体会议通过《关于处理香港原有法律问题的建议》

全国人民代表大会常务委员会:

全国人民代表大会香港特别行政区筹备委员会根据《中华人民共和国香港特别行政区基本法》(以下简称《基本法》)第八条和第一百六十条第一款的规定,对香港原有法律中存在的与《基本法》相抵触的各种问题进行了研究。为保证香港原有法律在符合《基本法》的前提下采用为香港特别行政区法律,现提出以下建议:

一、香港原有法律,包括普通法、衡平法、条例、附属立法和习惯法,除同《基本法》抵触者外,采用为香港特别行政区法律。

二、列于本建议附件一和附件二的香港原有的条例、附属立法和部分条款,抵触《基本法》,不采用为香港特别行政区法律。

三、采用为香港特别行政区法律的香港原有法律,自1997年7月1日起,在适用时,应作出必要的变更、适应、限制或例外,以符合中华人民共和国对香港恢复行使主权后香港的地位和《基本法》的有关规定,如《新界土地(豁免)条例》在适用时应符合上述原则。

除符合上述原则外,原有的条例或附属立法中:

1. 规定与香港特别行政区有关的外交事务的法律,如与在香港特别行政区实施的全国性法律不一致,应以全国性法律为准,并符合中央人民政府享有的国际权利和承担的国际义务。

2. 任何给予英国或英联邦其他国家或地区特权待遇的规定,不予保留,但有关香港与英国或英联邦其他国家或地区之间互惠性规定,不在此限。

3. 有关英国驻香港军队的权利、豁免及义务的规定,凡不抵触《基本法》和《中华人民共和国香港特别行政区驻军法》的规定者,予以保留,适用于中华人民共和国中央人民政府派驻香港特别行政区的军队。

4. 有关英文的法律效力高于中文的规定,应解释为中文和英文都是正式语文。

5. 引用任何 1997 年 7 月 1 日前的英国现行法律的规定,如不损害中华人民共和国的主权和不抵触《基本法》的规定,在香港特别行政区对其作出修改前,作为过渡安排,可继续参照适用。

四、在符合第三条规定的条件下,采用为香港特别行政区法律的香港原有法律,除非文意另有所指,对其中的名称或词句的解释或适用,须遵循本建议附件三所规定的替换原则。

五、采用为香港特别行政区法律的香港原有法律,如以后发现与基本法相抵触者,可依照《基本法》规定的程序修改或停止生效。

以上建议,提请全国人民代表大会常务委员会审议。

香港原有法律中下列条例及其附属立法抵触基本法,不采用为香港特别行政区法律

1.《受托人(香港政府证券)条例》(《香港法例》第 77 章);

2.《英国法律应用条例》(《香港法例》第 88 章);

3.《英国以外婚姻条例》(《香港法例》第 180 章);

4.《华人引渡条例》(《香港法例》第 235 章);

5.《香港徽帜(保护)条例》(《香港法例》第 315 章);

6.《国防部大臣(产业承继)条例》(《香港法例》第 193 章);

7.《皇家香港军团条例》(《香港法例》第 199 章);

8.《强制服役条例》(《香港法例》第 246 章);

9.《陆军及皇家空军法律服务处条例》(《香港法例》第 286 章);

10.《英国国籍(杂项规定)条例》(《香港法例》第 186 章);

11.《1981 年英国国籍法(相应修订)条例》(《香港法例》第 373 章);

12.《选举规定条例》(《香港法例》第 367 章);

13.《立法局(选举规定)条例》(《香港法例》第 381 章);

14.《选区分界及选举事务委员会条例》(《香港法例》第 432 章)。

香港原有法律中下列条例及附属立法的部分条款抵触基本法,不采用为香港特别行政区法律

1.《人民入境条例》(《香港法例》第 115 章)第二条中有关"香港永久性居民"的定义和附表一"香港永久性居民"的规定;

2.《商船(海员招募)条例》(《香港法例》第 135 章)第Ⅶ部"皇家海军辅助队招募官员为皇家海军辅助队提供海员"的规定;

3. 任何为执行在香港适用的英国国籍法所作出的规定;

4.《市政局条例》(《香港法例》第 101 章)中有关选举的规定;

5.《区域市政局条例》(《香港法例》第 385 章)中有关选举的规定;

6.《区议会条例》(《香港法例》第 366 章)中有关选举的规定;

7.《舞弊及非法行为条例》(《香港法例》第 288 章)中的附属立法 A《市政局、区域市政局以及区议会选举费用令》、附属立法 C《立法局决议》;

8.《香港人权法案条例》(《香港法例》第 383 章)第二条第(三)款有关该条例的解释及应用目的的规定,第三条有关"对先前法例的影响"和第四条有关"日后的法例的释义"的规定;

9.《个人资料(私隐)条例》(《香港法例》第 486 章)第三条第(二)款有关该条例具有凌驾地位的规定;

10. 1992 年 7 月 17 日以来对《社团条例》(《香港法例》第 151 章)的重大修改;

11. 1995 年 7 月 27 日以来对《公安条例》(《香港法例》第 245 章)的重大修改。

采用为香港特别行政区法律的香港原有法律中的名称或词句在解释或适用时一般须遵循以下替换原则

1. 任何提及"女王陛下"、"王室"、"英国政府"及"国务大臣"等相类似名称或词句的条款,如该条款内容是关于香港土地所有权或涉及《基本法》所规定的中央管理的事务和中央与香港特别行政区的关系,则该等名称或词句应相应地解释为中央或中国的其他主管机关,其他情况下应解释为香港特别行政区政府。

2. 任何提及"女王会同枢密院"或"枢密院"的条款,如该条款内容是关于上诉权事项,则该等名称或词句应解释为香港特别行政区终审法院,其他情况下,依第1项规定处理。

3. 任何冠以"皇家"的政府机构或半官方机构的名称应删去"皇家"字样，并解释为香港特别行政区相应的机构。

4. 任何"本殖民地"的名称应解释为香港特别行政区；任何有关香港领域的表述应依照国务院颁布的香港特别行政区行政区域图作出相应解释后适用。

5. 任何"最高法院"及"高等法院"等名称或词句应相应地解释为高等法院及高等法院原讼法庭。

6. 任何"总督"、"总督会同行政局"、"布政司"、"律政司"、"首席按察司"、"政务司"、"宪制事务司"、"海关总监"及"按察司"等名称或词句应相应地解释为香港特别行政区行政长官、行政长官会同行政会议、政务司长、律政司长、终审法院首席法官或高等法院首席法官、民政事务局局长、政制事务局局长、海关关长及高等法院法官。

7. 在香港原有法律中文文本中，任何有关立法局、司法机关或行政机关及其人员的名称或词句应相应地依照《基本法》的有关规定进行解释和适用。

8. 任何提及"中华人民共和国"和"中国"等相类似名称或词句的条款，应解释为包括台湾、香港和澳门在内的中华人民共和国；任何单独或同时提及大陆、台湾、香港和澳门的名称或词句的条款，应相应地将其解释为中华人民共和国的一个组成部分。

9. 任何提及"外国"等相类似名称或词句的条款，应解释为中华人民共和国以外的任何国家或地区，或者根据该项法律或条款的内容解释为"香港特别行政区以外的任何地方"；任何提及"外籍人士"等相类似名称或词句的条款，应解释为中华人民共和国公民以外的任何人士。

10. 任何提及"本条例的条文不影响亦不得视为影响女皇陛下、其储君或其继位人的权利"的规定，应解释为"本条例的条文不影响亦不得视为影响中央或香港特别行政区政府根据《基本法》和其他法律的规定所享有的权利"。

香港特别行政区筹委会第八次全体会议新闻公报

全国人民代表大会香港特别行政区筹备委员会第八次全体会议于1997年1月31日至2月1日在北京举行。王汉斌副主任委员主持了会议。钱其琛主任委员致开幕词和闭幕词。

会议讨论通过了《关于香港特别行政区第一任行政长官、临时立法会在1997年6月30日前开展工作的决定》、《关于设立香港特别行政区临时性区域组织的决定》和《关于处理香港原有法律问题的建议》。

会议认为，香港特别行政区第一任行政长官和临时立法会产生之后，在1997年6月30日前须就筹备成立香港特别行政区的有关事宜开展一系列准备工作，这是确保香港特别行政区成立时的正常运作所必需的。为此，筹委会作出有关决定，明确香港特别行政区第一任行政长官和临时立法会在1997年6月30日前开展准备工作。

会议认为，在港英最后一届市政局、区域市政局和区议会随英国对香港管治的结束而终止，香港特别行政区第一届区域组织不能于1997年7月1日及时产生的情况下，设立临时性区域组织即临时市政局、临时区域市政局和临时区议会，有利于香港的平稳过渡。会议通过了《关于设立香港特别行政区临时性区域组织的决定》和筹建临时性区域组织的有关建议。依照该建议，临时性区域组织将由香港特别行政区政府负责筹组，其议员由香港特别行政区行政长官任命。

就香港原有法律提出处理意见，是筹建香港特别行政区的主要工作之一。《关于处理香港原有法律问题的建议》是筹委会对香港原有法律进行了全面审查后提出的。该建议体现了中英联合声明和基本法关于保持香港原有法律基本不变的原则，同时，对于现行法律中存在的与基本法相抵触的各种问题，实事求是地提出了处理的办法。依照该建议，香港现行的六百多项条例和一千多项附属立法，除极少数条例和附属立法外，绝大多数条例和附属立法都将保留下来，采用为香港特别行政区的法律。该建议将提交全国人大常委会审议。

会议认为，上述各项决定和建议充分体现了"一国两制"、"港人治港"、高度自治的原则。会议表示，筹委会今后将全力支持香港特别行政区第一任行政长官和临时立法会的工作。会议要求香港特别行政区第一届立法会产生办法小组尽快研究提出香港特别行政区第一届立法会的具体产生办法，提交全体会议审议。

会议决定，香港特别行政区筹备委员会第九次全体会议于1997年5月在北京举行。

中央台办 国台办发言人就台湾当局最近召开的所谓"国家发展会议"发表谈话

发言人说，前不久，台湾当局召开所谓"国家发展会议"，避而不谈"一个中国"和国家统一，将两岸关系定位为"两个对等政治实体"。这标志台湾当局进一步背离一个中国原则，拒绝统一，在分裂的道路上越走越远。台湾岛内的分裂势力还以所谓"宪政改革"为名，妄图否定台湾作为中国一个省的地位，以进一步割断台湾与祖国的联系。所有这些倒行逆施，必将进一步恶化两岸关系，已经遭到两岸同胞、港澳同胞以及海外侨胞的强烈反对。

发言人表示，众所周知，世界上只有一个中国，台湾是中国的一部分。尽管两岸今天暂时处于分离状态，但台湾作为中国的一部分、作为中国行政区划中一个省的法律地位是全中国人民包括台湾同胞在内的共识。这是任何势力都改变不了的。制造“两个中国”、“一中一台”和“台湾独立”的行径，绝不可能得逞。

我们注意到，“国发会”对于两岸会谈的问题又作出了一些表示，但并未改变台湾当局制造“两个中国”、阻碍两岸经济合作和三通进程的既定立场。我们一贯主张两岸进行政治性商谈，台湾当局只要停止制造“两个中国”、“一中一台”的活动，取消一切对两岸经济合作和直接“三通”的人为限制，就能为两岸恢复会谈营造适当的气氛。我们多次强调愿意通过各种形式与台湾各党派、各界人士就两岸关系和国家统一问题交换意见。今后将一如既往，继续在这方面作出努力。

发言人最后指出，1997 年中国政府将恢复对香港行使主权，海内外所有中国人都为之振奋。随着香港、澳门的顺利回归和“一国两制”在港澳的成功实践，解决台湾问题、实现祖国完全统一的使命将更加突出地摆在我们面前。国家的统一，民族的振兴是包括台湾人民在内的全中国人民的共同心愿，已经成为不可抗拒的历史潮流。台湾当局逆历史潮流而动，必将损害台湾同胞的切身利益，是没有出路的。

中共中央政治局候补委员温家宝来到河北省涞源县看望老区群众

涞源县是革命老区，也是贫困地区，去年遭受特大洪涝灾害。2 月 2 日，温家宝在中共河北省委副书记李炳良，省委常委、保定市委书记张士儒，副省长陈立友的陪同下，深入山区，走村串户，到生活比较困难的群众家中了解他们的生活情况，送去党中央、国务院的关怀和温暖。

在与当地群众座谈时温家宝强调，要继续加强农业基础地位，确保农业的持续稳定增长。贫困地区尤其要把解决群众温饱问题放在首位，努力改善农业生产条件，发展农业生产，增加农民收入，提高人民生活水平。要注意减轻农民负担，调动农民积极性，保持农村社会稳定。老区的广大干部群众要发扬艰苦创业的革命精神，自力更生，奋发图强，改变贫困面貌。

国家主席江泽民根据全国人大常委会的决定任免下列驻外大使

一、免去李景贤的中华人民共和国驻格鲁吉亚共和国特命全权大使职务。

任命张咏荃为中华人民共和国驻格鲁吉亚共和国特命权全大使。

二、免去关恒广的中华人民共和国驻乌兹别克斯坦共和国特命全权大使职务。

任命李景贤为中华人民共和国驻乌兹别克斯坦共和国特命全权大使。

三、免去孙延珩的中华人民共和国驻委内瑞拉共和国特命全权大使职务。

任命刘伯鸣为中华人民共和国驻委内瑞拉共和国特命全权大使。

四、免去江承宗的中华人民共和国驻巴巴多斯特命全权大使兼驻安提瓜和巴布达特命全权大使职务。

任命詹道德为中华人民共和国驻巴巴多斯特命全权大使兼驻安提瓜和巴布达特命全权大使。

五、免去卢秋田的中华人民共和国驻罗马尼亚特命全权大使职务。

任命刘古昌为中华人民共和国驻罗马尼亚特命全权大使。

六、免去梅兆荣的中华人民共和国驻德意志联邦共和国特命全权大使职务。

任命卢秋田为中华人民共和国驻德意志联邦共和国特命全权大使。

中国政府决定取消原先公布的暂停进口部分美国产品的报复措施

外交部发言人唐国强就美国借口人权问题干涉中国内政问题答记者问

有记者问：美国国务院 1996 年度的“人权报告”对中国的人权状况持批评态度，你对此有何评论？

唐国强说，中国政府一贯根据宪法和有关法律保护和促进中国各族人民的人权和基本自由，取得了有目共睹的成就。当前，中国政治稳定，经济发展，社会进步，民族团结，人民安居乐业。事实证明，将人民的生存权、发展权摆在首位，同时加强民主与法制的建设，在改革、发展、稳定的基础上全面促进人权，是符合中国国情和全体人民的根本利益的。

他指出，美国政府无视上述事实，对中国的人权状况进行歪曲和指责，严重违反国际关系基本准则，中方对此表示坚决反对。美方应当停止借口人权问题干涉中国内政的错误做法。

2 月 2 日

北京集会纪念全球第一个世界湿地日

今年的主题是“湿地的价值与人类对湿地的利用”。

中国横跨 5 个气候带，是亚洲湿地类型最齐全、数量最多、面积最大的国家。沼泽、湖泊、滩涂、盐沼地、稻田等湿地面积6300万公顷，居加、美、俄之后的第四位。湿地是"自然之肾"，能调节气候、地下水，防洪解污，还是野生动物赖以生存的环境。

林业部部长徐有芳在举行的纪念第一个湿地日会上说，我国于1992年成为《公约》缔约国，已建立湿地自然保护区130多处，有扎龙、向海、鄱阳湖、东洞庭湖、青海鸟岛、海南东寨港等6个保护区列入《湿地名录》。中国在湿地的保护、资源监测、防止污染、开发利用方面取得了很多成果。但是，破坏性利用，任意垦殖和排污，导致中国湿地资源受到威胁和破坏，湿地的效益得不到正常发挥。

徐有芳指出，中国的经济发展对湿地有着不可忽视的依赖关系，全面提高中国湿地保护与合理利用水平，对提高中国的国际地位，促进中国的可持续发展有着深远的意义。

中美两国在北京签署第五个双边纺织品协议

中国外经贸部部长吴仪和美国驻华使馆临时代办麦克海出席了中午的签字仪式。吴仪说，新的纺织品协议谈判是中美双方近几年来第一场在没有制裁和报复威胁的气氛下进行的贸易谈判，并希望这一情形能保持下去。她认为，事实已经证明，在解决双边贸易纠纷时任何制裁和报复措施都是徒劳无益的。

吴仪说，6天的谈判是紧张而富有成效的。两国代表团都充分表现出了既坚定维护本国利益又从两国经贸关系大局出发的精神，从而经过平等磋商，终于谈出了一个双方都满意的结果。

麦克海也说，双方在中国春节前达成新的纺织品协议对今年两国关系的发展来说，将是一个非常吉祥的先兆。

这次谈判自上月28日起在北京举行，它是双方就纺织品新协议举行的第四轮谈判。中美第四个纺织品协议是1994年签署、去年年底到期后经双方同意延期到上月底的。新协议的有效期限是4年。

中国代表队在韩国全州结束的世界大学生冬运会上以7金4银7铜成绩名列奖牌第三位

"新中国十大卫生成就"评选活动揭晓

由卫生部和健康报社联合举办的"新中国十大卫生成就"评选，日前在北京揭晓。评选出的"新中国十大卫生成就"为：广泛开展群众性的爱国卫生运动；计划免疫工作取得显著成绩；双氢青蒿素的研究开发；对外国际合作交流不断拓展；全面开展初级卫生保健；建立各类卫生机构，为广大群众提供了基本卫生服务；保护全国妇女儿童的健康；消灭天花——人类战胜疾病的丰碑；培养和造就一大批合格的医药卫生人才；强化卫生法制建设。

秦基伟逝世

全国人大常委会副委员长，原国务委员、中央军委委员、国防部部长秦基伟，因病在北京逝世，终年82岁。

秦基伟，湖北红安人，1914年11月出生。1927年参加黄麻起义，1929年参加中国工农红军，1930年加入中国共产党。土地革命战争时期，历任红四方面军经理处监护连排长，总部手枪营连长，少共国际团连长，警卫团团长，红三十一军第二七四团团长，红四方面军总参谋部补充师师长，参加了长征。抗日战争时期，任八路军一二九师游击支队司令员，晋冀豫军区参谋处长，一二九师新编第十一旅副旅长，太行军区第一军分区司令员兼中共地委书记。解放战争时期，任太行军区司令员，晋冀鲁豫军区第九纵队司令员，第二野战军第十五军军长。新中国成立后，任中国人民志愿军第十五军军长，云南军区副司令员，昆明军区副司令员、司令员兼云南省委书记处书记，成都军区司令员，北京军区第二政治委员、第一政治委员、司令员等职。1955年被授予中将军衔，1988年被授予上将军衔。是第三届国防委员会委员，中国共产党第十届、十一届、十二届、十三届中央委员会委员，第十二届中央政治局候补委员，第十三届中央政治局委员。

2月3日

中纪委 监察部召开特邀监察员会议

会议传达中纪委八次全会和国务院第五次反腐败工作会议精神，强调要狠抓反腐败各项任务的落实，充分发挥特邀监察员在反腐败斗争中的积极作用，努力取得反腐败斗争的新成效。

监察部现有特邀监察员35位，是从各民主党派、社会团体中聘请的兼职监察人员。监察部副部长冯梯云、李至伦、左连璧出席会议。

民政部和解放军总政治部联合作出表彰新时期爱民模范张金垠的决定

民政部和解放军总政治部日前联合作出决定，表彰新时期爱民模范张金垠。

国家主席江泽民在北京会见美国美林集团董事长谭力

江泽民说，美林集团是美国最大的金融公司之一，重视发展与中国的合作关系，积极参与中国债券及股票的融资发行，向中国金融证券业提供咨询服务，为促进中国金融业的发展做了大量工作。

国务院总理李鹏在人民大会堂会见在中国工作的外国专家

李鹏会见爱泼斯坦、沙博理、付莱等数十年与中国人民同甘共苦的外国老专家及20多位近年来在中国现代化建设中作出突出成绩的外国专家代表和他们的亲属。

国家科委主任宋健在中南海会见洪国藩 朱立煌 孙崇荣 顾红雅 郑康乐5位科学家

宋健对我国水稻基因组研究中取得的突出进展给予高度评价。宋健指出，水稻基因组研究的突破，是国家对水稻基因组研究计划给予相对高强度、持续、稳定支持的结果；是国家科委、中国科学院和上海市等有关部门共同支持，科学家通力合作的结果；是中国科学家采用独特创新的研究方法与技术，团结拼搏的结果。这一突破增强了我们的信心，对今后中国分子生物学发展产生了很好的推动作用。

中国中医药教育同世界接轨

目前，到我国学习自然科学的外国留学生中，学习中医药学的人数居第一位。近10年来，来华学习中医药的留学生、进修生人数达4700人，是此前30多年留学去进修生总数的36倍。

2月4日

党和国家领导人向老同志祝贺新春

春节前夕，江泽民、李鹏、乔石、李瑞环、朱镕基、刘华清、胡锦涛等同志分别看望了邓小平、彭真、杨尚昆、万里、宋平、薄一波等。受党中央委托，谢非看望了正在广东休息的宋任穷。

中共中央在中南海举行党外人士迎春座谈会

江泽民、李瑞环、胡锦涛等中共中央领导人与各民主党派中央新老领导人、全国工商联负责人和无党派人士欢聚一堂，就做好对香港恢复行使主权和中共召开十五大这两件大事，以及巩固壮大爱国统一战线和坚持完善共产党领导的多党合作等话题，亲切交谈，共叙友情，共话未来。

中共中央总书记、国家主席江泽民在会上作重要讲话，并向党外人士通报了中共中央1997年工作要点。

江泽民说，在过去的一年里，各民主党派、工商联和无党派人士，积极履行政治协商、民主监督、参政议政的职能，为国家的改革开放和现代化建设作出了重要贡献。我代表中共中央向大家表示衷心感谢！

江泽民指出，1996年，我国的各项事业和各方面工作都取得了新的成绩与进步。全国经济繁荣，社会稳定，民族团结，政通人和，实现"九五"计划和2010年远景目标有了一个良好的开端。实践证明，中央关于抓住机遇、深化改革、扩大开放、促进发展、保持稳定，以及加强宏观调控和促进社会全面进步的各项重要决策，都是正确的。随着实践经验的积累，我们对社会主义现代化建设的规律性认识逐步深化。同时也要看到，我们在前进过程中还有不少新的问题和困难。这些问题和困难，总的来说，是在改革开放和转变经济体制这种新的历史条件下出现的。以往我们解决前进中遇到的问题和困难的办法、经验，今天仍应注意学习和借鉴，但更为重要的是还应结合新的历史条件，去努力探索解决这些问题、困难的各种新办法、新措施和新经验。

江泽民说，今年，我国政府将对香港恢复行使主权，中国共产党将召开第十五次全国代表大会。这是我国发展史上具有重要意义的两件大事。实现香港回归祖国，洗雪民族耻辱，是中华民族和中国人民百年来梦寐以求的夙愿。香港问题的胜利解决，是我们坚持贯彻邓小平同志提出的"一国两制"方针的伟大成果，必将对完成祖国统一大业、振奋民族精神产生重大而深远的影响。中国共产党的十五大，将总结改革开放和现代化建设的实践经验，对改革、发展、稳定等重大问题进一步作出战略部署，继续深化改革和加强党的自身建设，更好地把建设有中国特色社会主义的伟大事业向新世纪全面推进。

江泽民指出，目前，各民主党派、工商联正处在新老交替的重要时期。各民主党派、工商联选好新一代领导人，对于坚持和完善中国共产党领导的多党合作和政治协商制度具有重大战略意义，也直接关系各民主党派自身光荣传统的继承、发扬和参政议政职能的充分发挥。这种新老交替，既是人事上的交替，也是政治上的重要交接。要着眼于各民主党派政治纲领更好地延续与发展，着眼于民主党派、工商联与中国共产党亲密合作关系更好地延续与发展，着眼于民主党派、工商联老一代领导人的坚定政治信念、优秀品质和优良作风更好地延续与发展。我们相信，各民主党派、工商联新一代领导人一定能够担负起历史赋予的重任，带领广大民主党派、工商联的成员，为坚持和完善中国共产党领导的多党合作和政治协商制度，为建设有中国特色社会主义事业作出新的更大的贡献。

中共中央政治局常委、全国政协主席李瑞环主持座谈会。民进中央主席雷洁琼、无党派人士代表程思远、民盟中央名誉主席费孝通、民革中央主席何鲁丽、民建中央主席成思危、致公党中央主席董寅初、全国工商联主席经叔平、九三学社中央主席吴阶平、台盟中央主席蔡子民、农工党中央常务副主席方荣欣先后在座谈会上发言。他们表示各民主党派、工商联紧密团结在以江泽民为核心的中共中央周围，自觉地服从、服务于全党、全国工作大局，进一步加强自身建设，开好各自的代表大会，实现新老交替和政治交接，带领广大成员为完成中共中央提出的1997年工作任务，实现跨世纪的宏伟目标，同心同德，再立新功。他们在发言中还就做好1997年工作发表了意见，提出了建议。

国务院召开第12次全体会议

国务院总理李鹏主持会议，布置讨论即将提请八届全国人大第五次会议审议的《政府工作报告》(征求意见稿)。

国务院研究室主任王梦奎对《政府工作报告》(征求意见稿)的起草经过和主要内容作说明。出席会议的人员围绕《政府工作报告》(征求意见稿)进行讨论。会议决定，将此稿发到各省、自治区、直辖市和有关部门、单位广泛征求意见。

解放军全军和武警部队为支援地方经济建设立新功

“九五”计划开局之年，全军和武警部队在完成教育训练和战备执勤任务的同时，为支援地方经济建设又建立了新功。

1996年，全军和武警部队认真落实中央军委和总部关于支援地方经济建设的有关规定，共投入劳动日2573万个，机械车辆157万台次，支援省以上交通、通信、能源、水利等重点工程建设500多项，主要有“京九”铁路，八达岭、京包、沪宁、太旧、厦漳高速公路，桂林、景德镇、临沂、双流、泸州等17个航空港，“京沈齐”、“京广九”、“沪宁汉”等大型光缆通信工程，三峡工程，黄河小浪底工程，陕西定边至西安天然气管道工程，山东东平湖固堤工程等，其中不少被评为优质工程。

全军院校和科研单位充分发挥人才、技术、设备等方面的优势，采取转让技术成果、协助科技攻关、帮助培训技术人员等多种形式，支援地方经济发展。总参所属科研院所向地方转让科技成果400余项；第二炮兵所属科研单位为驻地培训各类技术人员1万余名；国防科工委所属部队为地方修理各种机具1.1万多台，提供科技信息500多条。

去年夏天中国华南、华中、华北部分地区的特大洪水以及东南沿海的台风和热带风暴使16个省、自治区、直辖市遭受严重灾害，全军和武警部队共出动兵力25万多人，机械车辆3.2万台次，飞机460架次，舰艇4500艘次，投入抢险救灾工作。共抢修公路、铁路1000余公里，封堵较大溃堤决口800余处，抢救转移遇险群众2000余万人次，运送各种物资4100万吨，为减轻灾害损失，维护社会稳定作出了突出的贡献。

商检机关加强外资鉴定

国家商检局的最新统计资料显示，自1994年开展外商投资财产鉴定工作以来，商检部门累计鉴定外商投资财产22555项，核定出外商投资不实成分12.03亿美元，有效地维护了合资合作各方的合法权益。

丹麦女王玛格丽特二世授予林桦教授一枚骑士勋章以表彰他在中丹文化交流与合作中作出的杰出贡献

林桦曾先后将丹麦作家阿贝尔、尼克索、弗里茨·安德森、延森等人的诗、歌曲、短篇和长篇小说介绍给中国的文学爱好者。自1992年起，他花三年心血翻译了一套四卷的《安徒生童话故事全集》，其中包括了世界著名童话大师安徒生的157篇作品。

丹麦驻华大使白慕申代表丹麦女王玛格丽特二世为林桦授勋。他说，虽然中国读者对安徒生的许多童话故事早已熟知，但林教授是将其作品直接由丹麦文译成中文的第一人。

2月5日

首都举行春节联欢晚会

中央领导人与首都各界群众一万多人在人民大会堂喜迎1997年新春佳节。

中共北京市委书记尉健行等到武警北京第一总队九支队和北京市朝阳巡警支队驻地看望首都武警官兵和公安干警

首都专家学者举行评论美国《人权报告》座谈会

座谈会对美国国务院1月30日发表的《1996年度别国人权报告》进行评论。

中国人权研究会副秘书长田丹教授说，美国《人权报告》通篇充斥不实之词。例如，《报告》指责中国任意“拘留和搜查去西藏的外国旅游者”，称一位访问西藏的外国学者阿旺曲培在西藏因拍摄有关西藏舞蹈艺术的纪录片而遭中国当局拘留，并被判刑18年。而据我们了解，实际情况是，现年30岁的阿旺曲培原籍西藏阿里地区札达县，捕前系达赖集团“流亡政府”歌舞团舞蹈教师，1995 年 7 月受达赖集团派遣，携带某外国为其提供的经费和器材，以搜集西藏民间舞蹈艺术做掩护入境从事搜集情报活动。在西藏期间，他根据事先制定的《情报收集提纲》，先后在拉萨、山南、林芝、日喀则等地搜集情报，中国安全机关掌握了阿旺曲培进行间谍活动的确凿证据，依法对其进行逮捕。阿对他从事间谍活动供认不讳。日喀则地区中级人民法院依法以间谍罪判处阿旺曲培有期徒刑 18 年，剥夺政治权利 4 年。一审判决后，阿犯提出上诉；二审现正在审理中。对于这类危害国家安全、从事间谍活动的人，任何法制国家都是要依法惩处的。美国把从事间谍活动的人说成是访问学者，并作为中国“侵犯人权”的证据，完全是歪曲事实。又如，《报告》指责中国“不能容忍人权团体的存在”，说王丹因为“在 1994 年宣布要对中国人权状况进行调查”而于 1996 年被判 11 年徒刑。实际情况是，王丹被判刑是因从事一系列阴谋颠覆政府的活动，证据确凿，他本人也供认不讳。美国总是冷饭重炒，混淆视听，希图谎言重复多遍能成真理。与会专家对《报告》炮制者采用道听途说、歪曲事实，甚至凭空捏造等卑劣手法，大量使用毫无事实依据的材料表示愤慨。他们指出，《报告》的材料主要来源于某些西方报刊的报道、某些海外“民运分子”和反华势力的声明以及断章取义地引用某些匿名的中国官员的谈话或某些中国报刊的报道。根据这样的材料来炮制《报告》是极不负责任和别有用心的。

中共中央党校董云虎教授指出，美国的《人权报告》指责中国“违反国际公认的人权标准”、“缺乏保护基本自由的法律”。其实，中国宪法对人权的保护不但内容比美国全面得多，而且措施比美国切实得多。美国根本就没有资格对中国说三道四。美国宪法至今不承认经济、社会、文化权利是“人权”的组成部分，至今拒不规定民族平等、男女平等和公民权利平等的原则，至今不要求也不授权美国政府采取措施促进人权。连美国宪法学家路易斯·亨金都说，美国在人权的宪法保护方面“低于国际水平”。美国的暴力犯罪名列世界榜首，平均每年有 600 万人成为受害者，2.4 万人被谋杀，暴力致死率是中国的 10 倍。而据美国官方的最新统计，目前美国的服刑人数多达 536 万，占成年人口的 2.8%；监狱囚犯多达 163 万余人，占美国人口的 6.15‰，两项比例均比中国高出许多倍。这些都说明，美国司法制度在打击犯罪、保障人民基本自由方面远远不如中国。美国根本就没有资格在其《人权报告》中对中国的司法制度百般责难。

外交学院刘文宗教授和中国社会科学院刘楠来研究员说，世界是由各主权国家组成的，任何一个国家都无权凌驾于别国之上。美国国务院年复一年地发表报告，对别国进行指责，但从来没有说明是哪些国家、哪一个国际组织或哪一次国际会议批准或授予美国这种“世界人权法官”的资格。美国国务院既没有得到这种授权，又不是世界政府，根本没有权力对别国的人权状况品头论足。况且，美国自身存在着十分严重的人权问题。美国的种族歧视举世闻名，而且存在暴力恐怖、吸毒成灾、艾滋病泛滥、单亲家庭剧增、无家可归者以及对妇女的歧视、对儿童的虐待等一系列严重的社会问题。美国的《人权报告》喋喋不休地对别国人权状况进行“十字军征讨”，既无法律依据，也无道义基础，更无事实根据，理所应当地遭到越来越多的国家的反对和国际公正舆论的强烈谴责。

中国国际问题研究中心特约研究员田进指出，美国对中国的人权状况进行大肆攻击的这几年，正是中国人权事业取得全面进展的几年。中国作为人口最多、经济还不发达的国家，在保护人权方面作出了巨大努力，取得了举世公认的成就。1996 年，中国在经济持续、快速发展，人民生活进一步改善的基础上，加强了民主和法制建设，特别是农村基层民主建设方面的成就和对刑事诉讼法的修改，得到了世界的普遍肯定。美国无视这些基本事实，把中国歪曲成一个人权不断恶化的国家，是发人深思的。北京大学黄楠森教授指出，美国《人权报告》把中国描绘成暗无天日的人间地狱，是国际敌对势力“妖魔化中国的又一杰作”，是美国当局执意反华的“阴暗心理的写照”。北京师范大学张宏毅教授指出，美国这样做完全是出于政治偏见。只要中国不改变社会主义制度，在美国看来就永远是一个“集权国家”，就永远没有人权可言，这就是问题的症结所在。首都女新闻工作者协会副会长熊蕾也指出，美国真正感兴趣的，是把所谓人权问题强加给中国人民并妖魔化中国，以证明他们对中国的敌意是正当的。美国把它的民主模式强加给别人，这种做法本身就是极不民主的。

中国人权研究会副会长周觉同志主持座谈会并讲话。他说，美国的《人权报告》对中国整体人权状况不给予客观、公正的评价，却把极少数侵犯广大人民合法权益的刑事犯罪分子捧为“人权斗士”，为其鸣冤叫屈，这说明美国关心中国人权是假，借口人权干涉中国内政、丑化中国形象、遏制中国发展是真。美国国务院坚持每年发表报告，按照自己的标准和模式裁决世界各国的人权状况，这种在人权领域制造事端、挑起对抗的做法，违背了当今世界的发展潮流，阻碍了世界人权事业的健康发展，是不得人心的。

国家科委主任宋健同南极科学考察队员通话

宋健代表国务院和中国科技界，向远在万里以外的南极考察队员和“雪龙”号船的工作人员拜年，祝贺春节。

中国第十三次南极科学考察队130人是在去年11月18日，乘“雪龙”号船从上海出发的。这次考察主要是开展臭氧观测、地磁观测、地质演化和南大洋海洋学研究。经过近3个月的艰苦搏斗，考察队为“中山”站和“长城”站卸运了280吨燃油和几百吨物资，做了大量的科学考察工作。完成了首次考察南极内陆冰盖的任务。南极冰盖考察是一项国际计划。目的在于通过取得冰岩心，了解历史上环境的变化，以及预测冰盖的运动，对于环境的影响。据了解，冰盖厚达2000—4000米，采取冰岩心十分艰难。目前，世界上很少有人做这项工作。中国考察队在半个月时间内，行程326公里，爬上海拔2400米的高度，采得大量有科学价值的冰雪样品。科考队员将在2月20日左右凯旋。

宋健在慰问时称赞了科考队的精心组织，精心制订计划，在艰苦环境中，团结奋斗，顽强拼搏，无私奉献的精神，鼓励他们安全圆满地完成第十三次南极考察任务，为南极的科学考察事业，为祖国的现代化建设，为全人类和平利用南极作出更大的贡献。

江西吉安发现《中华苏维埃共和国邮政暂行章程》

由中华苏维埃临时中央政府内务部于1992年5月1日颁布，并于同日发生效力的《中华苏维埃共和国邮政暂行章程》，近日在江西省吉安市发现。

《中华苏维埃共和国邮政暂行章程》计有总则、组织、经费、工作时间、普通邮件、挂号邮件、快递邮件、红军信柜、包裹、禁寄物品、无法投递之件、欠资邮件、撤回邮件、邮件损失赔偿等17章共79条，对苏区邮政的组织机构、人员管理、通邮业务等方面，作了比较明确的规定。

中国政府代表团团长 国家环保局局长解振华在内罗毕举行的联合国环境规划署第十九届理事会部长会议上发言

解振华说，中国支持联合国环境规划署作为联合国系统内负责环境事务中不可替代的协调和领导机构，并高度评价其在协调全球环境事务、推动可持续发展方面发挥的积极作用，以及在监测和评估全球环境状况、推动国际环境立法、促进国际合作等方面所做的“大量富有成效的工作”。

解振华说，由于少数国家大幅减少或拖欠对环境规划署的捐款等原因，环境规划署在处理全球环境事务中的地位和作用正在被削弱。他呼吁发达国家不带任何附加条件地向环境规划署提供充足的资金。

解振华还向大会介绍了中国在1992年环发大会后为执行《21世纪议程》所作的大量工作。他说，近几年来，中国的环境立法步伐明显加快，环境执法力度进一步加强。1996年下半年，中国政府关闭了6万多家污染严重的企业，有效地削减了污染物的排放总量。这充分表明了“中国政府坚持走可持续发展道路的决心”。

2月6日

中共中央 国务院在人民大会堂举行春节团拜会

党和国家领导人江泽民、李鹏、乔石、李瑞环、朱镕基、刘华清、胡锦涛等同首都各界4000多人欢聚一堂，辞旧迎新，共庆中国人民的传统佳节。

中国首次向美国通用汽车公司提供大型机电设备

中国重型机械总公司与美国通用汽车公司为通用汽车泰国总装中心提供三条汽车冲压生产线合同，近日在北京举行签字仪式。

2月7日

中国共产党代表中国驻佛得角大使蒋元德在佛得角执政党民主运动第四次代表大会开幕式上宣读中共中央的贺词

中共中央政治局候补委员温家宝慰问中国气象局节日在岗职工

温家宝来到中国气象局，代表党中央、国务院看望坚守岗位的气象职工，并向全国5.6万名气象职工表示节日的问候和良好的祝愿。

温家宝考察了国家卫星气象中心运控室、国家气象中心天气预报会商室和国家气象中心计算机房，看望了在岗职工，听取了温克刚局长的汇报。

温家宝在与气象职工们座谈时强调，气象工作与国民经济、社会发展和人民生活的关系十分密切，经济越发展，现代科技越发展，对气象工作的要求越高，气象工作任重道远。我国气象工作要瞄准国际先进水平，大力推进现代化建设，使我国气象事业总体水平上新台阶。他提出三点希望：第一，加快气象工作的现代化建设步伐。要依靠科技进步，采用先进技术手段，逐步形成全国性的、多层次的网络；第二，提高服务水平。要增强服务观念，扩大服务领域，改善服务质量。按照主动、及时、准确、科学、高效的原则，提高服务水平；第三，搞好气象队伍的思想政治建设和业务建设，提高队伍的政治素质和业务素质。他说，气象队伍是支好队伍，职工们能甘于清苦，甘于寂寞，不计报酬，无私奉献。这种多年形成的良好传统要代代发扬下去，这是最宝贵的财富。

2月8日

中共中央政治局候补委员温家宝看望坚守岗位的中科院北京天文台怀柔太阳观测站的科技人员

温家宝观看了设在观测站的多通道太阳望远镜及控制系统，询问了这里的工作情况。他说，我今天来看望大家，是因为你们没有休息，在默默地工作。我们不要忘记有许多科技人员在默默无闻地埋头苦干，甘于清苦，甘于寂寞，不计报酬，不计名誉。我们要造成这样的气氛，让大家知道，还有这样一些人，天天守着仪器设备，天天整理资料，在默默地为人民作奉献。

中国运动员在加拿大多伦多结束的第六届特殊冬奥会上获10枚金牌6枚银牌4枚铜牌

2月9日

中国乡镇企业东西合作创办合作项目3万个

在横向联合和对口支援基础上发展起来的中国乡镇企业东西合作工程，实施两年来进展迅猛，蓬勃展开的东西合作大大加快了乡镇企业的地区间协调发展和整体推进步伐。

乡镇企业东西合作工程实施以来，中部地区把东西合作视为加快发展的一次良好机遇，在制定本地区具体实施规划的同时，主动到东部沿海地区寻找合作伙伴、洽谈合作项目。据农业部统计，目前国家已实施东西合作示范工程160个，由此带动东部沿海地区大批乡镇企业纷纷进入中西部，到1996年年底，全国乡镇企业东西合作项目已创办3万个，仅去年一年就签订项目2500个，为中西部地区引进资金300多亿元。

通过东西合作，中西部地区的资源、能源、劳动力等方面的优势得到进一步发挥，与东部地区的资金、技术、人才、管理等方面的优势有效结合，明显加快了中西部地区经济的发展。据农业部乡镇企业司提供的数据，1996年，我国中西部地区乡镇工业增加值分别增长18.7%—30.1%，比东部地区分别高5.1%—16.5%。据对中西部215个乡镇企业东西合作示范区（县）的统计，1996年示范区的投资增幅、发展速度分别高于中西部其他地区10个百分点以上，示范项目直接吸收农村剩余劳动力12万人，示范导向作用已初步显示出来。

乡镇企业东西合作的实施，还为东部沿海乡镇企业拓展新的发展空间提供了机会和条件，东部地区一批劳动密集型和资源加工型企业，通过东西合作使潜在的能量和优势在广大中西部地区得到重新释放和发挥，从而为东部地区乡镇企业的“二次创业”开辟了广阔的天地。上海市通过开展与中西部地区的经济技术合作，引导乡镇企业加快调整产品结构和工业布局；乡镇企业起步比较早的江苏、浙江、福建等地区也在积极调整产业结构，开辟乡镇企业发展的“第二战场”。

19时28分在青海省海西蒙古族藏族自治州格尔木市东南发生5.4级地震

2月10日

朝鲜政府在平壤万寿台向即将离任的中国驻朝鲜大使乔宗淮授予一级友谊勋章

2月11日

解放军总政治部发出关于加强军队新闻出版队伍职业道德建设的通知

解放军总政治部日前发出通知，要求进一步加强军队新闻出版队伍职业道德建设。通知指出，最近，中宣部等中央有关部门分别召开电视电话会议，号召全国新闻出版界加强职业道德建设，禁止有偿新闻，禁止买卖书号、刊号、版号行为，开展创建文明单位、树立行业新风活动。这是新闻出版界贯彻落实党的十四届六中全会精神，加强行业精神文明建设的重要措施。各单位要认真学习贯彻会议和有关文件精神，以禁止有偿新闻和买卖书号、刊号、版号为重点，进一步加强职业道德建设，把江泽民主席关于军队精神文明建设要走在全社会前列的指示精神，更好地贯彻到实际工作中去。

通知要求全军和武警部队的新闻出版单位在全体人员中进行一次普遍的职业道德教育。结合传达学习中宣部等中央有关部门制定的四个有关文件，组织全体人员深入学习江泽民视察人民日报、解放军报时的重要讲话，学习党的十四届六中全会《决议》和军委的《意见》，充分认识新闻出版队伍加强职业道德建设，对于促进本行业和全军部队精神文明建设的重要意义。

通知强调，各新闻出版单位在贯彻落实中宣部等中央有关部门制定下发的四个文件中，要结合军队和本单位的实际，认真研究制定实施细则，建立和完善检查、监督、举报、奖惩等措施，形成有效的约束机制。要按照总政不久前下发的《关于军队出版工作管理的若干规定》，针对书号、刊号、版号管理权限下放后的实际情况，提出具体的办法，使之真正落到实处。

各级党委、政治机关和新闻出版单位的领导，要把禁止有偿新闻，禁止买卖书号、刊号、版号，作为加强新闻出版队伍职业道德建设一项经常性的重要内容，坚持不懈地抓下去。新闻出版单位和主办、主管部门的领导要以身作则，成为带头贯彻执行各项规定的表率。

2月12日

《人民日报》发表评论员文章《大兴艰苦朴素勤俭节约之风》

最近，江泽民总书记在中纪委第八次全体会议上发表重要讲话，着重论述了大力发扬艰苦奋斗精神、坚决反对奢侈浪费的问题。这个讲话意义重大，是“把握大局，再接再厉，同心同德，开拓前进”，做好今年各项工作根本要求的题中应有之义。我们应当认真学习，切实贯彻，在全党和全国大兴艰苦朴素、勤俭节约之风。

改革开放18年来，以邓小平同志为核心的党中央第二代领导集体和以江泽民同志为核心的第三代领导集体，十分重视党风廉政建设和反腐败斗争，反复强调共产党员、领导干部必须艰苦奋斗，反对铺张浪费。我们的党员和干部队伍总体上说是好的，就是凭着那么一种精神，一股劲头，取得了改革开放事业的进展和成就。从一些优秀党员和干部的身上，人们看到党的优良传统在新时期得到了继承和发扬。但也应当看到，在新的形势下，有相当一部分党员和干部把党的艰苦奋斗、勤俭节约的好传统好作风淡忘了，有的甚至差不多丢光了。在不少地方、部门、单位，讲排场，比阔气，奢侈浪费成风。有的领导干部任意挥霍公款，吃喝玩乐；有的部门和单位不管条件是否允许，工作是否需要，竞相购买小轿车和手持电话；有的地方超标准修建办公楼，用巨额公款购买或装修领导干部住宅；至于名目繁多的纪念活动，多得成灾的各种会议，滥发礼品、纪念品，滥发各种补贴、津贴等，就更为常见。凡此种种，严重损害了党和政府的威信，削弱了党和政府同广大人民群众的联系，成为腐败问题得以藏身和蔓延的温床。如果任其发展，后果将不堪设想。必须引起高度重视，严加整治。

开创伟大的事业，必须有艰苦奋斗的创业精神。“历览前贤国与家，成由勤俭败由奢”，这是一个重要的历史经验。在领导我国革命和建设的长期斗争中，我们党之所以能够战胜一个又一个强敌，攻克一个又一个难关，夺取一个又一个胜利，重要原因之一，就在于我们一直保持着艰苦奋斗、自强不息的革命精神。要把建设有中国特色社会主义伟大事业全面推向新世纪，更要大力弘扬艰苦奋斗的创业精神。

提倡艰苦奋斗，反对奢侈浪费，是因为时代条件发生了重大的变化。事实表明，保持和发扬艰苦奋斗的作风，在和平建设时期要比战争时期难得多，在执政以后要比执政以前难得多，在对外开放和发展社会主义市场经济的新形势下要比在封闭的、实行计划经济的条件下难得多，唯其如此，就更需要增强自觉性、克服盲目性。“忧劳可以兴国，逸豫可以亡身”，我们应该记住这个至理名言。

提倡艰苦奋斗，反对奢侈浪费，是由我们的基本国情决定的，是密切联系群众，巩固党群关系、干群关系的需要。我们的国家大，人口多，底子薄，科学文化比较落后，在前进道路上还面临不少困难和问题，农村尚有6000多万人口没有解决温饱问题，城市也有相当一部分群众生活比较困难。而我们要在本世纪末完全脱贫，并在此基础上实现跨世纪的宏伟目标，只能励精图治，艰苦奋斗。如果不是这样，而是好逸恶劳，铺张浪费，势必损耗国力，涣散人心，引起群众的不满。我们各级领导干部必须头脑清醒，始终保持艰苦奋斗的作风，时刻把群众的冷暖挂在心上，尽心尽力为群众排忧解难，这样才能不断增强党和政府的凝聚力、向心力，团结和鼓舞亿万人民群众同心同德，开拓前进，不断夺取新的胜利。

提倡艰苦奋斗，反对奢侈浪费，是振奋民族精神，全面推进有中国特色社会主义事业的需要。全党同志必须从讲政治的高度，从全面贯彻党的基本理论、基本路线、基本方针的高度，从维护改革、发展、稳定的大局的高度，从实现党的伟大历史使命的高度，充分认识提倡艰苦奋斗、反对奢侈浪费的重大意义，以艰苦奋斗、勤俭朴素为荣，以铺张浪费、奢侈挥霍为耻，争做大兴艰苦朴素、勤俭节约之风的模范，以实际行动为建设有中国特色社会主义伟大事业作出切实的贡献！

解放军总参谋部 总政治部发出关于做好尊干爱兵工作的通知

解放军总参谋部、总政治部近日发出通知，要求全军和武警部队做好尊干爱兵工作，进一步密切官兵关系。

通知说，近年来，全军和武警部队认真贯彻军委主席江泽民关于开展四个教育和加强改进部队管理工作的指示精神，大力弘扬尊干爱兵优良传统，官兵团结不断增强。进一步密切官兵关系，是贯彻党的十四届六中全会精神、加强军队精神文明建设的实际步骤，对新形势下保持人民军队的性质宗旨，增强部队的凝聚力、战斗力具有重要意义。各部队要组织力量对本单位官兵关系的现状进行认真的调查分析，找准存在的问题，对尊干爱兵工作做出周密部署，紧密结合部队的训练、教育和管理,坚持不懈地抓下去。要组织官兵认真学习党的三代领导核心关于尊干爱兵的重要论述,熟悉了解我军尊干爱兵的优良传统。解决官兵关系中存在的问题,要着眼于提高认识、澄清是非、增进团结。要在普遍教育的基础上广泛开展谈心活动,旅团领导要同基层干部普遍谈心,营连干部要同带兵骨干普遍谈心,基层干部和带兵骨干要同战士普遍谈心,增进了解,密切感情。要健全旅团军人代表会议和连队军人大会制度,发扬三大民主,认真听取意见,发挥士兵的民主监督作用,保证士兵的合法权益。

通知要求各级领导机关要进一步端正工作指导思想,切实转变作风。要坚持按纲施训,科学练兵,不提不切实际的高指标,防止急于求成;要坚持按条令条例管理部队;要坚持从基层实际和承受能力出发安排部署工作,切实纠正形式主义和做表面文章等不良风气。要坚持重在教育、弘扬正气、调动积极因素的原则,大张旗鼓地宣传爱兵带兵的先进典型,营造尊干爱兵的浓厚舆论氛围。

公安部新闻发言人宣布经国务院批准我国又有 5 个旗县列入对外国人开放地区

至此,我国已有 1288 个县(市)对外国人开放。

此次对外国人开放的旗县是:内蒙古自治区奈曼旗、库伦旗、科尔沁左翼后旗、开鲁县、科尔沁左翼中旗。

汽车动态模拟国家重点实验室通过验收

汽车动态模拟国家重点实验室于日前在吉林工业大学通过国家验收。汽车动态模拟国家重点实验室是 1991 年 6 月开始建设的,总投资为 2282.2 万元人民币,其中世行贷款 116.4 万美元。其主体设备是开发型汽车动态模拟器,在中国尚属首创。这种模拟器可在室内生成类似汽车真实行车条件的模拟环境,使驾驶员在逼真于实际驾车的视觉、听觉、触觉和体感环境下,模拟操作汽车。利用这套设施,研究人员便能在可控的模拟闭环系统中,研究汽车基本性能的仿真、预测、评价与优化,汽车运动性能的控制理论与实现,人—车—环境系统的仿真优化等世界前沿课题。

国家文物局规定八种文物不能作为拍卖标的

《中华人民共和国拍卖法》自 1997 年 1 月 1 日起正式实施。记者日前就其中哪些文物不得作为拍卖标的等问题采访了国家文物局综合司负责人李晓东。

李晓东说:与《拍卖法》配套的《文物拍卖管理办法》目前尚未颁布。在这一阶段,由国家文物局负责制定文物拍卖标的鉴定、许可的管理办法和标准。为了规范管理文物拍卖标的鉴定、许可工作,根据国家有关法律法规,主要有以下几种文物不能作为拍卖标的:1. 依照法律应当上缴国家的出土文物;2. 依照法律应当移交文物行政管理部门的文物,包括国家各级执法部门在查处违法犯罪活动中依法没收、追缴的文物等;3. 依照法律应当作价移交文物行政管理部门的文物,包括银行、冶炼厂、造纸厂和废旧物资回收部门等从其回收、冶炼物中拣选的文物等;4. 国有博物馆、图书馆等文物收藏单位的文物藏品;5. 国有文物经营单位收存的一级和二级文物;6. 属于国有资产、未经文物行政管理部门和国有资产管理部门批准拍卖的文物;7. 物主处分权有争议的文物;8. 其他依法律规定不得投入流通的文物。

4 时 20 分(北京时间)新疆伽师县(震中位于北纬 39.5 度,东经 77.1 度)发生 5.3 级地震

2 月 13 日

八届全国人大常委会举行委员长会议

乔石委员长主持会议。

会议决定 2 月 19 日至 25 日召开第八届全国人大常委会第二十四次会议。

今天的会议听取曹志秘书长关于第八届全国人大常委会第二十四次会议议程草案和日程安排意见的汇报。根据委员长会议的建议,本次常委会会议将审议国务院关于提请审议设立重庆直辖市的议案,决定提请第八届全国人大第五次会议审议;将审议《中华人民共和国合伙企业法(草案)》、《中华人民共和国刑法(修订草案)》、《中华人民共和国公路法(草案)》、《中华人民共和国动物防疫法(草案)》。

这次常委会会议还将审议国务院关于提请审议批准《中华人民共和国和保加利亚共和国引渡条约》、《中华人民共和国和哈萨克斯坦共和国引渡条约》、《中华人民共和国和罗马尼亚引渡条约》、《中华人民共和国和摩洛哥王国关于民事和商事司法协助的协定》、《中华人民共和国和吉尔吉斯共和国关于民事和刑事司法协助的协定》等项议案。

委员长会议听取曹志秘书长关于八届全国人大五次会议议程草案和日程安排意见的汇报,关于八届全国人大五次会议主席团和秘书长、副秘书长、列席人员名单草案的说明。

会议还听取了全国人大常委会副秘书长刘政关于全国人大常委会工作报告(稿)的说明,听取布赫副委员长关于全国人大常委会关于检查农业法实施情况的报告(稿)的说明等。

会议最后听取全国人大法律委员会副主任委员项淳一关于合伙企业法草案修改意见的汇报，听取全国人大常委会法制工作委员会副主任胡康生关于刑法修订草案修改情况的汇报。

香港特别行政区行政长官办公室正式启用

香港特区行政长官办公室12时05分在香港亚太金融大厦7楼及11楼正式启用，结束了原在湾仔海港中心临时办公的工作。

《人民日报》发表评论员文章《大力抓好粮食系统扭亏增盈》

去年以来，国有粮食系统亏损严重，引起了各方面的关注。在前不久召开的中央经济工作会议上，党中央、国务院领导的重要讲话中，都重点提到粮食问题，并把扭转目前国有粮食系统严重亏损的局面列为今年的一项重要任务。所以，各级粮食主管部门应当立即行动起来，把粮食系统的扭亏增盈工作抓紧抓好。

抓好粮食系统的扭亏增盈，不仅是保持国民经济持续、快速、健康发展的需要，也是搞活和发展粮食企业的需要。去年以来的国民经济形势很好，既保持了较快的发展速度，又降低了通货膨胀率，成功地实现了"软着陆"。要保持住国民经济发展的良好势头，一是财政赤字要控制在能够承受的范围内；二是通货膨胀不能加剧，银行的信贷规模不能过度扩大。粮食企业亏损挂账的大幅度增加，将造成两个后果，一是影响银行对国家财政的上缴，增加国家控制财政赤字的难度；一是造成银行信贷资金的沉淀，迫使银行增加粮食收购资金贷款，增加货币发行量。另外，大量的亏损挂账形成了粮食企业的沉重包袱，如果任其增加，将严重影响到粮食企业自身的生存和发展。

造成粮食企业亏损的原因是多方面的，确实有改革不配套、体制不顺、政策不落实、补贴不到位等客观原因，但是，在分析亏损客观原因的同时，粮食部门也要把自身的问题找准，对症下药，通过改进自己的工作，把减亏的潜力充分挖掘出来。要改变这样的认识，一是认为今年粮食库存增加，资金占用多，利息开支大，亏损合理；二是看到别人挂，自己也挂，怕少挂账吃亏。从自身经营方面讲，粮食企业经营管理不善也是导致企业亏损严重的一个重要因素。有的粮食企业决策失误，经营无方，管理松懈，花钱大手大脚，企业费用支出大幅度上升，经营亏损急剧增长。对于现行粮食管理体制，国务院已决定今年进行改革。因此，各级粮食主管部门和粮食企业，一定要彻底消除亏损有理、亏损有利等一些片面的思想认识和侥幸心理，采取有力措施，扎扎实实地抓好扭亏增盈，坚决把亏损挂账的势头压下去。

国有粮食系统大力开展扭亏增盈活动，主要是减少流通环节，降低经营成本，开展综合经营，提高经济效益。这两年不少大中城市在这方面已经取得了一些成功的经验。例如打破独家垄断，实行多家竞争经营，千方百计减少环节，改进服务，降低成本；零售店一业为主，多种经营，向便民连锁方向发展，办成小型超级市场。这样竞争的结果，不仅市场粮价比较稳定，老百姓得到了实惠，而且国有粮食系统消除了经营性亏损。这些行之有效的经验，要认真总结和推广。

黄河上最大的水电站——青海黄南李家峡水电站一号机组发电

国家1997年投资28亿元搬迁安置三峡移民

今年三峡移民的投资重点，是围绕确保将在今年11月进行的大江截流，做好一线水位即截流后涉及淹没地区的移民搬迁和安置。除加大了农村移民、城镇搬迁、工矿企业搬迁、基础设施的投入外，今年的移民投资还考虑了相当数量的环境保护和文物保护投资。

中英联合联络小组在香港举行第十八次关于香港过渡时期财政预算案编制及有关问题的专家会议

会议完成全部议程。

双方代表会后均表示，香港过渡期的财政预算案编制已基本完成。

中方专家组组长、中英联合联络小组中方代表陈佐洱在会后的记者会上说，中英双方本着一贯的积极务实的精神，合作得很好。本次专家会议又解决了几个难题，因此，香港过渡时期财政预算案的编制基本完成。

陈佐洱表示，中英联合联络小组专家会议所达成的香港过渡时期财政预算案，最后将通过适当的立法程序来完成。

中国首次南极内陆冰盖考察获得成功

覆盖整个南极大陆的南极冰盖，平均厚度达2200米。中国考察队员在考察中，共行程666.66公里，深入南极内陆326公里，达到了海拔2400米的高度，采集到1300多个具有科研价值的冰雪样品。通过这些样品，中国科学家将对过去200年里全球气候环境变化的过程和细节进行分析，并且识别引起这些变化的自然和人为原因。

中国发现世界现存最早的木活字版印本实物

中国一批权威的文物考古和造纸术研究专家日前正

式确认,宁夏前几年发现的西夏文佛经《吉祥遍至口和本续》(以下简称《本续》),是世界现存最早的木活字版印本实物。这表明,木活字发明和使用的时间比传统说法提前了一个朝代,中国和世界印刷史的相关部分将改写。

2月14日

国办下发《关于认真办理人大代表建议和政协委员提案的通知》

人大代表提出建议、批评和意见(以下简称"建议"),是宪法和法律赋予代表的一项重要权利;政协委员提出提案,是人民政协发挥政治协商、民主监督、参政议政的一个重要形式。人大代表、政协委员通过提出建议、提案,对经济建设、社会发展和社会主义精神文明建设提出了许多重要的意见和建议,反映了人民群众的许多意见和要求。认真办理这些建议和提案,对于密切政府与人民群众的联系,增强政府决策的科学化、民主化,改进政府工作,都具有重要意义。总的来看,国务院各部门和地方各级人民政府对办理人大代表建议和政协委员提案是重视的,是认真负责的,许多地方和部门加强领导,健全制度,在办理工作中加强调查研究,注重解决实际问题,办理建议和提案的工作质量不断有所提高。但是,也有少数承办单位的领导对这项工作重视不够,对办理建议和提案不够认真,甚至存在敷衍塞责的现象;对一些建议和提案的办理,抓得不紧,答复不及时;对一些确实没有条件解决的问题,没有实事求是地解释清楚。对此,必须引起高度重视,严肃对待,切实加以改进。为了在总结经验的基础上进一步把办理建议和提案的工作做好,现通知如下:

一、要切实加强领导,把办理建议和提案的工作列入议事日程。各地方、各部门要有一位领导同志分管这方面的工作,对办理工作要有部署、有督促、有检查。对重要的建议和提案,领导同志要亲自过问、亲自主持办理。要指定机构和人员负责具体的承办工作;要认真总结经验,健全和完善承办工作的各项制度,从交办、催办、答复到监督检查等各个环节都要有章可循,使承办工作做到规范化、制度化。

二、对建议和提案的办理,要认真负责、积极主动、实事求是。要按规定的时限和要求抓紧办理,及时答复,不得拖延。凡是应该解决又有条件解决的,就要集中力量尽快解决;因条件所限暂时难以解决的,要订出计划,创造条件,逐步解决;确实解决不了的,要实事求是地解释清楚并及时作出答复。

三、有关承办单位之间要相互配合,积极主动地做好办理工作。凡建议和提案涉及几个部门的,主办单位要积极主动地与有关单位协商;会同办理的单位要在规定的期限内,将意见答复主办单位,共同做好办理工作。

四、要加强调查研究工作。承办中遇到不清楚的问题时,要及时与提出建议的代表或者提出提案的委员联系,了解建议、提案的意图和具体情况。对比较复杂的问题,要组织力量深入调查研究,本着从实际出发、实事求是的原则认真办理。

五、要不断提高对建议和提案的答复质量。答复函要符合政策,不说大话、空话,切忌答非所问、敷衍应付。对建议或提案要件件有答复;对重要的建议或提案的答复函,承办单位的领导要亲自把关,切实保证办理的质量。

国办发出要求进一步稳定成品油市场的通知

国务院办公厅近日发出通知要求各地和各部门要确保春运、春耕期间工农业生产和人民生活的柴油供应,保持全国成品油市场的稳定。

国家土地局监察部向各省土地管理部门和监察厅发出要求核实辖区内土地变更调查数据

国家土地管理局、监察部日前发出通知。通知要求各省土地管理部门与监察厅组织专门力量,成立联合工作组,在当地政府领导下,立即对 1996 年上报的土地变更调查数据,特别是耕地面积数据进行认真核实检查,要全面检查内业数据资料,并在此基础上,有针对性地对照实地核实、检查。对土地详查外业结束到 1996 年 10 月 31 日耕地减少面积数据与当地耕地总面积之比超过一定比例的地、县,要作为重点逐个核实检查。

通知强调,凡检查中发现数据不符、有出入的,要按照实际情况立即纠正,对故意虚报、瞒报或以其他借口干预土地变更调查的,要追究有关人员的责任,给予党纪政纪处分。

中国国际交流协会副会长万国权在人民大会堂会见由波兰家园协会监事会主席尤·沃伊涅科夫斯基率领的波兰家园协会代表团

2月15日

全国政协副主席万国权在北京会见泰国顺和成集团常务董事长张锦程

国务院副总理兼外交部部长钱其琛在新加坡召开的首次亚欧外长会议上发表讲话

钱其琛说,欧洲在经济上和科技上仍是世界上处于领先地位的地区之一。在历史上,欧洲和亚洲并不是平等的。现在,两大洲建立平等互利的伙伴关系,加强经济合作、政治对话和文化交流,有着巨大的潜力和广阔的前景。

钱其琛说:“我们高兴地看到,亚欧合作进程一年来取得一定的进展,基本保持了亚欧会议的势头。”

钱其琛说,中国积极参与了亚欧会议的各项后续行动,于去年6月在深圳主办了首届亚欧海关署长会议,对亚欧各国在简化海关手续、打击非法毒品贸易等领域的合作起到了推动作用。

中国还将在今年4月24日至25日在北京主办亚欧技术合作专家会议,深入讨论亚欧在农业、环保和企业技术改造等方面的合作,提出行动建议。希望得到各成员国的大力支持。

在谈到有关亚欧两大洲进行政治对话的原则时,钱其琛说,中国同意在亚欧会议的框架内开展政治对话。亚欧会议进程的重点应是经济合作。亚欧各国在平等相待、求同存异、尊重主权、不干涉内政、循序渐进和协商一致的基础上就共同关心的国际和地区问题交换看法。

钱其琛说,在有关对话的内容上,中国认为,双边关系问题不宜提到多边会议上来讨论。

在谈到今天正式成立的亚欧基金会时,钱其琛指出,中国政府支持新加坡倡议成立的亚欧基金会,并将积极参加基金会的活动。

刘靖基逝世

第八届全国政协副主席、中华全国工商业联合会名誉副主席、第八届上海市政协副主席、上海市工商业联合会主任委员、中国民主建国会中央委员会顾问刘靖基,因病在上海逝世,享年95岁。

刘靖基,1902年9月15日出生于江苏常州。早年就读于江苏省立第二工业专科学校,后在江苏苏纶纱厂、宝成纱厂任职员、经营部主任和上海裕靖棉织厂任经理。1930年与他人合作接办常州大成纱厂,并任经理。1938年在上海公共租界创设安达纱厂,任董事兼总经理。1942年任上海棉纱同业公会收花处常务理事、总经理。抗战胜利后,任南京江南水泥厂副董事长、董事长,全国纺织业联合会常务理事。1949年上海解放后,留在国内发展事业。“文革”中受到冲击和迫害。中共十一届三中全会后,先后担任上海市工商界爱国建设公司董事长、总经理,全国工商联第四届副常委、第五届副主席、第六届、七届名誉副主席,民建中央常委、顾问,上海市八大常委会副主任,上海市政协副主席,中国贸易促进会上海分会顾问,中国国际信托公司董事,上海市投资信托公司董事长、名誉董事长,中国和平统一促进会顾问等职。是第一届至第六届全国人大代表,第二届至第八届全国人大常委,第一届全国政协代表,第二届至第八届全国政协委员,第六届至第八届全国政协常委,1984年被增选为全国政协副主席。

2月16日

国办发出关于切实做好春运后期组织民工有序流动工作的通知

通知提出五点要求:

一、各主要民工输出地区要切实加强对民工外流的控制,重点抓好防止灾民外流和劝阻农民盲目外出的工作。春节后一个月内,一律停止向新民工发放外出人员就业登记卡。

二、各主要民工输入地区要加强对用工单位的监督检查,切实抓好春节后一个月内暂停招收外地新民工规定的落实。

三、各主要交通枢纽特别是已经出现客流积压的车站,要组织力量加强客流疏导,防止出现混乱和发生意外事故。

四、要进一步加强客运组织力度和工作协调。除铁路在可能的情况下继续增开长途直通临客外,还应进一步发挥公路客运的分流潜力,并进一步加强公路客运与铁路客运的衔接。

五、各有关部门和地区,要进一步加强情况交流和工作配合,切实抓好各环节的工作。劳动部门要继续加强民工流动的各项管理,铁道、交通部门要继续做好运输组织工作,公安部门要切实保证社会秩序的稳定,民政部门要进一步做好灾民救济和流浪乞讨人员的收容遣送工作。

香港特别行政区首任行政长官董建华在香港会见来访的英国外交大臣里夫金德

2月17日

国务院总理李鹏在中南海主持召开座谈会征求各民主党派全国工商联负责人和无党派人士对《政府工作报告》(征求意见稿)的意见

各民主党派中央、全国工商联负责人和无党派人士何鲁丽、丁石孙、成思危、雷洁琼、方荣欣、杨纪珂、吴阶平、蔡子民、经叔平、程思远、王光英、万国权等先后在会上发言,就《政府工作报告(征求意见稿)》发表了意见。大家普遍认为,1996年作为“九五”第一年开局良好,经济持续发展,物价涨幅下降,精神文明建设得到加强。《报告》实事求是地总结了过去一年各项事业取得的成就和存在的问题，对今年工作抓住了关键与重点，措施切实可行。大家表示赞同这个《报告》。

何鲁丽、成思危、方荣欣围绕搞好国有大中型企业问题发表了意见。他们认为，把国有企业改革作为今年经济体制改革的重点是非常正确的，希望在这方面取得突破性进展。何鲁丽提出，政企职责分开问题，还没有完全解决，建议予以重视。

雷洁琼、吴阶平、丁石孙提出，我国的教育事业成绩突出，但仍存在差距和不足。他们建议增加教育投入，调动社会力量发展教育与文化事业；重视普及义务教育和扫除青壮年文盲，加强素质教育。

雷洁琼说，改革面临的问题，既有体制上的原因，也有人们思想观念上的原因。在改革进一步深化的情况下，更要强调教育和引导干部、群众树立正确的世界观、人生观和价值观。

吴阶平、成思危等提出《报告》应强调对耕地的保护，从多方面入手，尽快遏制大量耕地被占的趋势。

雷洁琼、程思远、何鲁丽、杨纪珂等认为，要加强对地方基本建设的宏观调控，切实克服重复建设，并提出要切实加强国有资产的管理，实现保值增值。

蔡子民说，台湾是中国领土不可分割的一部分。反对分裂，反对“台独”，实现祖国的和平统一，实行“一国两制”，是我们坚定不移的基本方针。台湾当局应该回到一个中国的原则立场上来。

经叔平强调，要高度重视人口与劳动就业的问题，要进一步搞好计划生育，控制人口增长，并广开就业门路，动员全社会力量共同创造就业机会。

王光英就防止国有资产流失、打击文物走私犯罪，万国权就继续开展“严打”斗争、加大反腐败斗争力度等问题提出了意见和建议。王光英、万国权、何鲁丽等还就艰苦奋斗、资源保护等问题分别发表了意见。

在听取大家发言后，李鹏发表讲话。他说，大家对《政府工作报告(征求意见稿)》提出的建议，我们将在认真研究之后加以吸收和采纳。我们希望经过反复征求意见，认真修改，使这个《报告》更加全面，更加切合实际。

李鹏还就国有大中型企业改革、社会主义精神文明建设、防止重复建设、环境和资源保护、教育工作、“严打”斗争、反腐倡廉等问题与大家交换了意见。

监察部发出要求全面开展执法监察工作的通知

监察部日前发出通知，要求各级纪检监察机关突出重点加大力度，全面开展执法监察，为改革、发展和稳定的大局服务。通知要求，各级纪检监察机关 1997 年要加强对减轻农民负担情况的执法监察。纪检监察机关要带头学习、宣传和贯彻落实中共中央、国务院《关于切实做好减轻农民负担工作的决定》，加强监督检查，督促各地区、各部门不折不扣地贯彻执行《决定》，严肃查处不执行中央决定，继续加重农民负担的违法违纪行为。重点查处弄虚作假、欺上瞒下、顶风违纪或因农民负担过重引发的恶性案件。继续加强对农民负担预决算、监督卡和专项审计三项制度执行情况的监督检查，加强对种子、化肥、农药等农业生产资料生产经营情况的监督检查，严肃查处制售假种子、假化肥、假农药以及违反国家价格政策乱涨价等行为，保护农民利益。

通知强调，要继续搞好建设工程项目执法监察。要着重抓好自查、抽查和整改验收工作。加强对自查情况的监督检查，促使其认真自查自纠。要抓住重点单位、重点工程和重点问题，做好抽查工作。督促建设主管部门、建设单位和施工企业，建立健全规章制度，强化监督制约机制，进一步规范建筑市场行为。在开展建设工程项目执法监察工作中，要重点查处利用工程承发包贪污受贿，失职渎职造成工程质量低劣和重大人身伤亡事故，以及高估冒算、挥霍浪费国家资财等违法违纪行为，对重大案件线索要集中力量予以突破。

通知指出，各级纪检监察机关在抓好上述两个重点项目的同时，还要按照国务院的要求，协同有关部门对药品管理法等法律法规的执行情况，开展监督检查；积极开展对企业的效能监察，促使企业加强和改善管理，提高经济效益，保护国有大中型企业的合法权益，努力做好减轻企业负担工作；严肃查处因官僚主义、失职渎职造成重大经济损失和人员伤亡的事故，督促有关部门正确履行职责，落实安全责任制，减少各类恶性事故的发生。

通知要求各级纪检监察机关结合实际开展执法监察，把监察部统一部署的执法监察项目与本地区、本部门确定的执法监察项目结合起来，统筹兼顾，狠抓落实，切实抓出成效。

全国对外宣传工作会议在北京召开

会议于 2 月 17 日至 21 日在北京举行。这次会议的主要任务是，研究进一步围绕经济建设和今年的两件大事，加强对外宣传工作，增进世界人民对中国的了解，进一步树立我国的良好国际形象，为我国的改革开放和现代化建设创造良好的国际舆论环境。会议期间，李鹏总理会见了出席会议的代表并发表讲话。会前丁关根对开好这次会议提出希望和要求。

会上，中央对外宣传办公室、国务院新闻办公室主任曾建徽说，对外宣传的根本任务，就是让世界更多地了解中国。曾建徽说，要把经济宣传作为对外宣传的主体抓好。通过多种方式全面、准确、及时地向世界介绍我国经济建设的形势，阐释有关的方针政策，回答国外关心的问题，增进国外对中国的了解，促进同各国的经贸合作。

新华社香港分社在香港会展中心举行新春酒会

香港各界知名人士和外国驻港机构负责人等近3000人出席酒会。新华社香港分社社长及副社长向香港630万市民和外国驻港各界人员拜年。社长周南和香港特别行政区首任行政长官董建华发表讲话。

周南指出，当前国内外形势的发展愈来愈有利于香港的平稳过渡。一年来，香港的形势发生了重大变化。广大爱港同胞的爱国爱港热情空前高涨，港人和国际投资者对香港未来的信心不断增强，人为的阻力和障碍正在被逐个排除，对香港前途的一些消极悲观论调也正在烟消云散。现在我们可以完全有把握地说，不管出现什么样的干扰，都不能影响大局，香港一定会在祥和与繁荣的气氛中实现平稳过渡。

董建华在讲话中指出，香港广大市民正满怀信心，迎接香港回归祖国的伟大时刻的到来。现在国际国内条件都有利于香港的平稳过渡，中国内地突飞猛进的发展和日益强大，成为香港持续繁荣稳定的强大后盾，香港与国家前途息息相关。广大港人对香港回归祖国感到无比光荣，并以乐观积极态度迎接回归。

中国人民银行有关负责人指出印制买卖人民币放大微缩图样违法

以色列总统魏茨曼在耶路撒冷会见国务院副总理李岚清

国务院副总理李岚清和以色列副总理兼外长利维在耶路撒冷举行会谈

会谈结束后，李岚清出席中以双方关于海关行政互助和合作协议的签字仪式。

国防部部长迟浩田在马尼拉与菲律宾国防部部长德比利亚举行会谈

中英联合联络小组就香港机场管理局再委任董诚亨博士为行政总监在香港达成共识

2月18日

首都举行学习邓小平经济理论座谈会

在邓小平1992年视察南方发表重要谈话五周年之际，中央财经领导小组办公室在北京举行学习邓小平经济理论座谈会，并出版发行《邓小平经济理论学习纲要》、《邓小平经济理论(摘编)》。

中共中央总书记江泽民为《邓小平经济理论学习纲要》作了题为《坚持把邓小平建设有中国特色社会主义理论的学习引向深入》的序言。

中共中央政治局常委、国务院副总理朱镕基在学习邓小平经济理论座谈会上发表讲话。

朱镕基指出：我国进入社会主义现代化建设新时期以来，邓小平同志以马克思主义基本原理为指导，立足中国又面向世界，总结历史又放眼未来，创立了建设有中国特色社会主义理论。这一理论，是毛泽东思想的继承和发展，是马克思主义同中国实际相结合的第二次历史性飞跃。他在经济领域中提出的一系列重大论断、基本观点和战略思想，深刻地揭示了中国社会主义经济建设和发展的规律，形成了完整的经济理论体系，是邓小平建设有中国特色社会主义理论的重要组成部分。他的一系列划时代的经济思想的提出，充分反映了邓小平同志非凡的理论勇气、求实精神和政治胆略，是马克思列宁主义毛泽东思想在新时期的重大发展。

朱镕基强调，回顾近20年来我国改革开放和现代化建设的历程及取得的辉煌成就，我们深深感到邓小平经济理论是具有强大生命力的科学理论，是建设有中国特色社会主义经济的根本指导思想和行动指南。坚持学习和运用邓小平经济理论，我们就能够一往无前，不断开创社会主义现代化建设的新局面。

当前，我国正处于改革开放和社会主义现代化建设的重要历史时期。建立社会主义市场经济体制和实现社会主义现代化，任重而道远。朱镕基强调指出：要按照江泽民同志在《邓小平经济理论学习纲要》的序言中提出的要求，进一步深入学习邓小平同志博大精深的经济理论，完整、准确地掌握邓小平经济理论的科学内涵和精神实质。在学习中，要特别注意学习邓小平同志运用马克思主义的立场、观点和方法，研究新情况、解决新问题的科学态度和创造精神。我们要紧密地团结在以江泽民同志为核心的党中央周围，高举建设有中国特色社会主义理论的伟大旗帜，坚持党的基本路线，解放思想，实事求是，勇于探索，开拓前进，把改革开放和社会主义现代化建设的伟大事业更好地推向前进。

中共中央宣传部常务副部长郑必坚、中央党校副校长苏星、国家计委副主任佘健明、中央文献研究室主任逄先知等在座谈会上结合邓小平经济理论的学习作发言。

香港特别行政区行政会议在行政长官办公室举行首次正式会议

首任行政长官董建华主持会议。会议商讨行政会议议事程序规则等内容。

根据《基本法》,香港特区行政会议是协助行政长官决策的机构,由行政长官主持,行政长官作出重要决策、向立法会提交法案、制定附属法案和解散立法会前,须征询行政会议的意见,认为必要时可邀请有关人士列席会议。

国务院批转国家税务总局《关于加强个体私营经济税收征管强化查账征收工作的意见》

国务院同意国家税务总局《关于加强个体私营经济税收征管强化查账征收工作的意见》,现转发给你们,请遵照执行。

加强个体、私营经济税收征管,强化查账征收工作是规范个体、私营经济管理,促进个体、私营经济健康发展的重要措施。各级人民政府要高度重视,切实加强领导,协调税务、工商行政管理、公安和金融等有关部门,积极稳妥地做好这一工作,并帮助税务部门解决工作中出现的困难和问题。国家税务总局要结合深化税收征管改革,切实做好对这项工作的组织指导和监督检查。各有关部门要相互支持、密切配合,确保这项工作的顺利进行。

本通知的具体实施意见,由国家税务总局人同有关部门制定。本通知的贯彻执行情况,各省、自治区、直辖市和计划单列市人民政府应于七月底前报告国务院,同时抄送国家税务总局。

国家税务总局《关于加强个体私营经济税收征管强化查账征收工作的意见》(文略)

国内贸易部 国家粮食储备局就粮食安全保管工作召开电话会议

去年全国粮食生产获得丰收,粮食部门积极做好粮食收储工作,截至 1 月末,全国粮食收购总量达 1050 多亿公斤,比去年同期多收购了 200 多亿公斤,粮食库存比历史最高纪录多了 200 多亿公斤。在这种情况下,库存粮食的安全保管工作成为当前的突出矛盾。

会议要求各地粮食部门当前在抓好粮食收购的同时,下大力气抓好粮食安全保管。省区政府主要领导同志负总责,粮食部门的一把手要具体抓,层层落实安全保粮责任制,把高水分粮的烘晒处理和安全防火工作作为近期粮食工作的突出任务来抓。特别是东北三省及内蒙古自治区,更要采取得力的措施,派出工作组,分片包干,决不允许出现坏粮情况。烘干设施要保证满负荷运转,晾晒场地要充分利用。要加强粮情检查,特别是对露天存放的危险粮、烘干后的半安全粮和租用社会仓库储存的粮食,要派专人检查管理。烘干矛盾突出的省市,要通过政府发动群众,动员社会烘晒力量,调动人力、物力、运力处理高水分粮;要挖掘一切潜力,租借社会闲置场地和设施设备,以及机场、公路、操场等可利用的场地,加大烘晒高水分粮的力度和规模。要加强协调,保证烘晒燃料、电力的供应,保证交通运输和气象等服务,共同做好粮食安全保管工作。粮食主产区农户储粮较多的地方,粮食部门要派出有经验的保管员和技术人员深入农村、农户家指导安全储粮。

会议还要求粮食调出、调入省的粮食部门,要采取非常措施,打破常规,从大局出发,加快粮食调运进度,按时、按质、按量完成粮食调运任务。各地粮食部门要认真做好租用社会仓库储存粮食的工作,大力抓好扭亏增盈。

国务院总理李鹏在北京会见美国前参议员贝内特·约翰斯顿

国务院副总理邹家华在钓鱼台国宾馆会见日本经济企划厅事务次官糠谷真平一行

全国人大常委会副委员长布赫在人民大会堂会见莫桑比克议会第一副议长阿卜杜勒·伊萨一行

解放军总参谋长傅全有在北京会见土耳其空军司令乔雷克奇

第 16 届全国电视剧"飞天奖"颁奖大会在无锡举行《英雄无悔》《孔繁森》等获优秀电视剧奖

2 月 19 日

邓小平治丧委员会发布公告(第一号)

为了表达全党全军全国各族人民对邓小平同志的无比崇敬和深切悼念之情,现决定:

(一)自告全党全军全国各族人民书发布之日起到邓小平同志追悼大会举行之日止,首都天安门、新华门、人民大会堂、外交部和我驻外使领馆、新华社香港分社、新华社澳门分社下半旗志哀。这期间,我驻外使领馆、新华社香港分社、新华社澳门分社设灵堂,接待驻在国和港、澳地区的吊唁。

(二)按照我国惯例,不邀请外国政府、政党和友好人士派代表团或代表来华参加悼念活动。

特此公告。

邓小平同志治丧委员会

1997年2月19日

八届全国人大常委会举行二十四次会议

123位常委会组成人员出席，乔石委员长主持会议。

会议首先听取法律委员会副主任委员厉以宁关于合伙企业法草案审议结果的报告，听取全国人大常委会法制工作委员会副主任乔晓阳受委员长会议委托作的《关于根据〈香港特别行政区基本法〉第一百六十条处理香港原有法律的决定(草案)》的说明，王汉斌副委员长关于刑法修订草案修改意见的汇报。受国务院委托民政部部长多吉才让、交通部部长黄镇东、农业部部长刘江分别向会议作关于设立重庆直辖市、公路法草案、动物防疫法草案的说明。受国务院委托外交部副部长李肇星向会议作关于提请审议批准《中华人民共和国和保加利亚共和国引渡条约》、《中华人民共和国和哈萨克斯坦共和国引渡条约》、《中华人民共和国和罗马尼亚引渡条约》、《中华人民共和国和摩洛哥王国关于民事和商事司法协助的协定》、《中华人民共和国和吉尔吉斯共和国关于民事和刑事司法协助的条约》的说明。

会议还审议八届全国人大五次会议议程草案、八届全国人大五次会议主席团和秘书长名单草案、全国人大常委会工作报告稿、全国人大常委会关于检查农业法实施情况的报告稿、八届全国人大五次会议列席人员名单草案。

会议还听取并表决通过代表资格审查委员会主任委员孟连关于补选代表的代表资格的审查报告。

田纪云、陈慕华、费孝通、雷洁琼、李锡铭、王丙乾、王光英、程思远、卢嘉锡、布赫、铁木尔·达瓦买提、吴阶平副委员长和曹志秘书长出席会议。国务委员陈俊生、最高人民法院院长任建新、最高人民检察院检察长张思卿列席会议。

全国人大法律委员会副主任委员厉以宁向八届全国人大常委会第二十四次会议报告合伙企业法草案审议结果

这部法律草案曾在八届全国人大常委会第二十二次会议上进行初步审议。会后，又广泛征求了各省、自治区、直辖市、部分中等城市、经济特区以及中央有关部门、单位和有关法学研究机构的意见。

厉以宁说，法律委员会认为，为了规范合伙企业的行为，维护合伙企业及其合伙人的合法权益，促进社会主义市场经济的发展，制定这部法律很有必要。草案经过多次修改，已基本可行。

根据各方面意见，厉以宁对草案提出了进一步修改意见。

八届全国人大常委会二十四次会议开始审议处理香港原有法律的决定草案

八届全国人大常委会第二十四次会议开始审议《全国人民代表大会常务委员会关于根据中华人民共和国香港特别行政区基本法第一百六十条处理香港原有法律的决定(草案)》。

受委员长会议的委托，全国人大常委会法制工作委员会副主任乔晓阳就这一法律草案向今天的常委会全体会议作说明。他说，香港特别行政区基本法第一百六十条规定，“香港特别行政区成立时，香港原有法律除由全国人民代表大会常务委员会宣布为同本法抵触者外，采用为香港特别行政区法律，如以后发现有的法律与本法抵触，可依照本法规定的程序修改或停止生效。”全国人大常委会根据基本法第一百六十条的规定，对香港原有法律中抵触基本法的规定作出处理，是我国对香港恢复行使主权准备工作的重要组成部分。香港特别行政区筹备委员会预备工作委员会用两年多时间对香港原有法律进行全面的审查和研究，并提出有关处理建议；在此基础上，香港特别行政区筹委会又对香港原有法律作审查研究，向全国人大常委会提出关于处理香港原有法律问题的建议。

乔晓阳说，香港原有法律包括普通法、衡平法、条例、附属立法和习惯法。审查原有法律的重点是条例和附属立法。它们是由香港立法机关制定的成文法。目前，香港共有条例640多章，附属立法1160多项。经审查，原有法律中抵触基本法的情况大致可以分为四种：一是极少数整部条例及附属立法抵触基本法，这方面主要是一些体现英国对香港殖民统治的法律和港英根据“三违反”政改方案制定的有关三级架构选举的法律；二是在一些条例或附属立法中有部分条款抵触基本法；三是几乎在每一个条例中都存在用词和名称抵触基本法的情况；四是港英在过渡时期制定了《香港人权法案条例》，其中有专门的条款规定该条例对香港其他法律具有凌驾地位，这就等于架空基本法，从而抵触基本法。

他说，对于上述原有法律抵触基本法的几种情况，应区别加以处理。建议除极少数条例及附属立法由全国人大常委会宣布其与基本法相抵触，不采用为香港特别行政区法律外，其他绝大多数与基本法相抵触的情况可在符合一些解释和适用原则或名称、词句替换原则的前提下，本着原有法律基本不变的原则，采用为香港特别行政区法律。

乔晓阳就其中的几个主要问题作说明。

一、关于整部条例及附属立法与基本法相抵触的处理问题

香港现行成文法律中，整部条例及附属立法与基本法相抵触的，有两类，一类是体现英国对香港实行殖民统治的法律，包括《英国法律应用条例》等11件，与基本法相抵触，不采用为香港特别行政区法律；一类是有关港英当局三级架构选举的法律，包括《选举规定条例》等三件，规定了立法局、市政局、区议会的选举事项，这些规定是港英根据“三违反”政改方案制定的，与基本法的有关规定相抵触。1997年6月30日，随着港英三级架构的终止，应相应废止有关选举该三级架构的法律，并由特别行政区根据筹委会规定的有关第一届立法会的具体产生办法和基本法及全国人大常委会的有关决定，另行制定选举办法。

二、关于条例及附属立法的部分条款与基本法相抵触的处理问题

香港原有法律中有一些条例或附属立法在整体上不抵触基本法，可以采用为香港特别行政区法律，但这些法律中有部分条款与基本法相抵触。其中有的条款体现英国对香港的殖民统治，有的条款涉及港英三级架构选举等，不采用为特别行政区法律。关于英方单方面制定《香港人权法案条例》的问题。这个问题的核心是该条例对香港其他法律的凌驾地位，1990年4月4日全国人大关于基本法的决定明确规定：“香港特别行政区设立后实行的制度、政策和法律，以香港特别行政区基本法为依据。”基本法规定，香港原有法律同基本法相抵触者，不予保留；特别行政区立法机关制定的任何法律，均不得同基本法相抵触。这些规定表明，1997年7月1日以后，在香港特别行政区实行的任何法律，都必须符合基本法，只有基本法具有高于其他法律的地位。而《香港人权法案条例》第三条和第四条规定，该条例具有凌驾于所有香港法律之上的地位，这直接抵触了基本法。因此，《香港人权法案条例》中有关该条例凌驾地位的条款不采用为特别行政区法律。在废除这些条款的前提下，《香港人权法案条例》仍可采用为特别行政区法律。

三、关于采用为特别行政区法律的香港原有法律的解释和适用原则以及名称、词句的替换原则问题

根据上述意见，由全国人大常委会宣布抵触基本法的原有法律数量很少，绝大多数的原有法律均采用为香港特别行政区法律。对其中与基本法相抵触的条文或名称、词句，建议通过规定一些解释和适用原则以及名称、词句的替换原则，以确保这些原有法律在完全符合基本法的前提下得以继续适用。这既体现了原有法律基本不变的原则，又反映了香港成为我国一个地方行政区域后其原有的法律应作出必要改变的实际需要。待香港特别行政区成立后，再逐步地根据这些原则对原有法律作出修改，使之无论在个别条文上，还是名称、词句上都完全符合基本法的规定。

四、根据基本法第一百六十条的规定，在全国人大常委会作出决定后，如发现被采用为香港特别行政区法律的香港原有法律与基本法相抵触，可依照基本法规定的程序修改或停止生效。

全国人大常委会副委员长王汉斌受委员长会议委托向八届全国人大常委会二十四次会议作了关于《中华人民共和国刑法(修订草案)》修改意见的汇报

王汉斌说，经过审议修改，草案总结了刑法实施17年来的实践经验，针对同刑事犯罪作斗争的新情况、新问题，对刑法做了大量修改补充，内容详细、明确、具体，可操作性强，有利于加强惩罚犯罪，保护人民。根据全国人大常委会的审议意见和各方面的意见，有关部门对修订草案作了一些修改，并增加了军人违反职责罪和危害国防利益罪二章。修订草案的条文从384条增加为446条。王汉斌向会议介绍修改的主要内容。

一、关于正当防卫，有些委员提出，正当防卫的规定既要有利于同犯罪作斗争，保护公民的合法权益不受侵犯，同时，又要尽可能地规定明确、具体，以利于实际执行。因此，修改为“对正在进行行凶、杀人、抢劫、强奸、绑架以及其他严重危及人身安全的暴力犯罪，采取防卫行为，造成不法侵害人伤亡和其他后果的，不属于防卫过当，不负刑事责任。”同时将有关条款修改为“人民警察在依法执行盘问、拘留、逮捕、追捕逃犯或者制止违法犯罪职务的时候，受到暴力侵犯、人身安全受到威胁，依法使用警械和武器的职务行为，造成人员伤亡后果的，不属于防卫过当，不负刑事责任。”

二、关于反革命罪，大家赞同将反革命罪修改为危害国家安全罪。有些部门和地方提出，对于资助境内组织进行严重危害国家安全活动的行为，也应规定追究刑事责任。因此，草案增加规定“境内外机构、组织或者个人资助境内组织或者个人实施本章第一百零四条、第一百零五条、第一百零六条、第一百零七条规定之罪的，处五年以下有期徒刑、拘役或者剥夺政治权利；情节严重的，处五年以上有期徒刑。”

三、关于组织、领导、参加恐怖组织罪，有的部门提出，现在已经出现有组织进行恐怖活动的犯罪，危害很大。为了有力地打击这种犯罪，应在刑法中作出相应规定。因此，草案增加规定“组织、领导恐怖活动组织的，对首要分子处三年以上十年以下有期徒刑；其他积极参加的，处三年以下有期徒刑、拘役或者管制。”“犯前款罪并实施杀人、爆炸、绑架等犯罪的，依照数罪并

罚的规定处罚。”

四、关于洗钱罪，有些部门提出，现在已经出现有些毒品、走私的犯罪分子通过存款、投资等方式来掩饰、隐瞒犯罪所得财物的非法性质和来源的“洗钱”行为。很多国家有“洗钱”犯罪的规定。建议明确规定“洗钱”罪。因此，草案增加规定“明知是毒品犯罪、黑社会性质的组织犯罪、走私犯罪的违法所得及其产生的收益，为掩饰、隐瞒其来源和性质，有下列行为之一的，没收实施以上犯罪的违法所得及其产生的收益，处三年以下有期徒刑、拘役或者管制，并处或者单处洗钱数额一倍以上五倍以下罚金；情节严重的，处三年以上十年以下有期徒刑，并处洗钱数额一倍以上五倍以下罚金：(一)提供资金账户的；(二)协助将财产转换为现金或者金融票据的；(三)通过转账、承兑等结算方式协助资金转移的；(四)协助将资金汇往境外的；(五)以其他方法掩饰、隐瞒犯罪违法所得及其收益的性质和来源的。”“单位犯前款罪的，对单位判处罚金，并对其直接负责的主管人员和其他直接责任人员，依照前款的规定处罚。”

王汉斌还就洗钱罪、窃取国家秘密罪、走私罪、破坏自然资源的犯罪、贪污罪、军人违反职责罪、危害国防利益罪等问题作了说明。

国务院向八届全国人大常委会二十四次会议提交审议设立重庆直辖市议案

国务院总理李鹏在议案中说，重庆市是我国西南地区和长江上游流域最大的经济中心城市，1983 年国务院决定将重庆市列入全国首批经济体制改革试点城市和计划单列城市，赋予省级经济管理权限。为了有利于三峡工程建设和库区移民的统一规划、安排、管理，充分发挥重庆市作为特大经济中心城市的作用，进一步推动川东地区以至西南地区和长江上游地区的经济和社会发展，同时解决四川省由于人口过多和所辖行政区域过大、不便管理的问题，国务院经过反复研究、论证，拟将四川省的万县市、涪陵市和黔江地区所辖行政区域划入重庆市，设立重庆直辖市。经过这样调整，重庆直辖市总面积为 8.2 万平方公里，总人口为 3002 万人。重庆直辖市设立后，由国务院依据宪法和有关法律的规定，对其管辖的行政区域的建置和划分作相应的调整。

李鹏还在议案中说，设立重庆直辖市是本世纪末和 21 世纪初为加快中西部地区经济和社会发展所采取的一项重要举措。建议全国人民代表大会常务委员会审议并决定提请第八届全国人民代表大会第五次会议审议批准。

受国务院委托，民政部部长多吉才让就这一议案向全国人大常委会作了说明。他说，目前，设立重庆直辖市的条件已经具备：第一，重庆市作为长江上游最大的经济中心城市和与海外经济往来的重要内河口岸，经济基础好。第二，重庆市是西南地区重要的水陆交通枢纽和科技、文化、教育事业的中心。第三，重庆市是计划单列市，各项经济、财务指标容易与四川省划开，不存在难以解决的矛盾。1996 年 9 月，经国务院批准，四川省已将万县市、涪陵市、黔江地区委托重庆市代管；为了解决其管理农村人口多、面积大、移民任务重的问题，经国务院批准，重庆市已增设了移民、扶贫、农业和农村工作机构，从实践看，运行情况良好。

国务院总理李鹏向八届全国人大常委会二十四次会议提交审议公路法草案和动物防疫法草案

在提请审议公路法草案的议案中，李鹏说，公路是国民经济的重要基础设施。为了维护公路投资者、经营者和使用者的合法权益，保障和促进公路事业的发展，交通部在总结实践经验的基础上，经过反复调研、论证和广泛征求意见并借鉴国外好的做法，拟订中华人民共和国公路法草案。草案已经国务院常务会议通过。

李鹏在提请审议动物防疫法草案的议案中提出，为了加强对动物防疫工作的管理，预防、控制和扑灭动物疫病，促进养殖业生产，发展农村经济，加快“菜篮子”工程建设，保证广大人民群众吃上“放心肉”，保护人体健康，农业部在总结实践经验、广泛征求意见、深入调查研究的基础上，拟订了中华人民共和国动物防疫法草案。草案已经国务院常务会议通过。

受国务院委托，交通部部长黄镇东、农业部部长刘江上午分别就这两个法律草案向会议作了说明。

黄镇东在说明中说，公路是国民经济的重要基础设施。改革开放以来，我国公路事业发展很快。到 1995 年年底，全国所有的县、98%的乡(镇)和 80%的行政村都通有公路，总里程已达 115.7 万公里。但是，公路事业的迅速发展的同时，也存在一些突出问题，主要是：公路建设资金缺口大，公路的里程少、技术等级低、路况差；规划不够科学、合理，东西部的公路建设发展不平衡；在公路上“乱收费、乱罚款、乱设站”，严重影响公路的畅通；破坏、占用公路和公路附属设施，使公路效能得不到正常发挥。交通基础设施落后已成为制约我国经济发展的瓶颈。因此，制定公路法，规范公路建设、公路养护、公路保护以及对经营性公路的管理，促进公路事业的健康发展，是十分必要的。他还就公路规划、公路建设、公路养护、公路保护、经营性公路的管理等问题作了说明。

刘江在说明中说，动物防疫是综合运用多种手段预防、控制、扑灭动物疫病，保障动物健康及其产品安全的一项系统性工作，有其特定的科学规律，从动物引种、饲养、屠宰、加工到流通等环节都需要实施防疫和监督。随着改革的深入、开放的扩大和社会主义市场经济体制的建立，动物防疫工作遇到了不少新情况和新问题，主要是：随着市场经济的发展，动物及其产品的生产经营发生了很大变化，生产经营主体多元化，逐步走向市场，以经济效益为中心安排生产经营活动，出现了忽视动物防疫工作的倾向；动物防疫工作中存在一些薄弱环节，动物疫病流行和人畜共患病时有发生；一些地方染疫肉食上市，对人民健康的危害很大。这些问题的存在，危害人民健康，妨碍养殖业生产，损害消费者的合法权益。因此，有必要制定专门的法律。他还就本法的调整对象和适用范围，预防为主、从严管理的制度和措施作了说明。

中共中央 全国人大常委会 国务院 全国政协 中共中央军委 中央军委就邓小平逝世发布告全党全军全国各族人民书

中国共产党中央委员会、中华人民共和国全国人民代表大会常务委员会、中华人民共和国国务院、中国人民政治协商会议全国委员会、中国共产党和中华人民共和国中央军事委员会，极其悲痛地向全党全军全国各族人民通告：我们敬爱的邓小平同志患帕金森病晚期，并发肺部感染，因呼吸循环功能衰竭，抢救无效，于 1997 年 2 月 19 日 21 时 8 分在北京逝世，享年 93 岁。

邓小平同志是我党我军我国各族人民公认的享有崇高威望的卓越领导人，伟大的马克思主义者，伟大的无产阶级革命家、政治家、军事家、外交家，久经考验的共产主义战士，我国社会主义改革开放和现代化建设的总设计师，建设有中国特色社会主义理论的创立者。

邓小平同志是中国共产党早期的党员和积极活动家。第一次国内革命战争时期，在西北革命军队中负责政治工作，后来到武汉，参加决定对国民党反动派实行武装反抗方针的中共中央紧急会议即八七会议。第二次国内革命战争时期，发动和领导百色起义和龙州起义，创建红军第七军、第八军和右江、左江革命根据地；到中央革命根据地后，由于拥护毛泽东同志的正确路线而被当时党内“左”倾领导者撤职；随后到红军总政治部工作，参加了二万五千里长征，长征途中参加了党的历史上具有伟大转折意义的中共中央政治局扩大会议即遵义会议。抗日战争时期，同刘伯承同志一起，率部创建晋冀豫等根据地，任一二九师政治委员和中共中央北方局太行分局书记，后来代理北方局书记，并主持八路军总部的工作，担负起领导华北敌后抗日根据地的重任；在党的第七次全国代表大会上，被选为中央委员。解放战争时期，任晋冀鲁豫军区政治委员、中共中央中原局书记和后来辖区扩大了的中原局第一书记，以大无畏的英雄气概，坚决执行毛泽东同志关于从内线作战转向外线作战的战略决策，同刘伯承同志一起率领大军强渡黄河，千里跃进大别山，揭开了人民解放战争全国性战略进攻的序幕；在战略决战阶段，担任统一指挥中原野战军、华东野战军的总前委书记和中共中央华东局第一书记，同这两个野战军的领导同志一起，领导了三大战役中规模最大的淮海战役，领导了渡江战役，解放南京、上海及东南诸省，宣告国民党反动统治的覆灭；然后又率部进军大西南，参加领导了和平解放西藏，完成中国大陆的解放。邓小平同志为民族独立和人民解放，为新中国的诞生，建立了不可磨灭的功勋。

中华人民共和国成立后，邓小平同志任中共中央西南局第一书记，领导了西南全区的政权建设、社会改造和经济恢复。不久调到北京参加中央领导工作，1954 年任中共中央秘书长，1955 年被增选为中央政治局委员。1956 年在党的第八次全国代表大会上作关于修改党章的报告，提出和深刻论述了党在执政条件下加强自身建设的任务。在八届一中全会上当选为中共中央政治局常委、总书记，成为以毛泽东同志为核心的中央领导集体的重要成员。在担任总书记的十年间，他主持中央书记处的工作，为社会主义制度的建立和社会主义建设的展开，为探索适合中国国情的建设社会主义的道路，为总结经验、调整政策、克服困难，担负着繁重的任务，进行了卓有成效的工作。他还多次率代表团去莫斯科同苏联共产党进行谈判，坚决维护中国共产党独立自主的原则立场，反对党与党之间的不平等关系。“文化大革命”中，邓小平同志受到错误批判和斗争，被剥夺一切职务。1973 年复出，1975 年担任中共中央副主席、国务院副总理、中央军委副主席、中国人民解放军总参谋长，主持党、国家和军队的日常工作。他力挽狂澜，对“文化大革命”以来所造成的严重困难局面开始了大刀阔斧的整顿，同“四人帮”进行了针锋相对的斗争。这种整顿和斗争，反映了广大干部和群众的愿望，代表了党的正确领导，在短时间内就取得显著成效，得到了全国人民的拥护。虽然不久他再度被错误地撤销一切职务，但已经为粉碎“四人帮”准备了党内外广泛的群众基础。

粉碎“四人帮”、结束“文化大革命”后，在广大党员和人民的迫切要求下，邓小平同志恢复了原来担任的职务。当时中国面对的局势十分严峻，任务极为艰巨，不仅需要从“文化大革命”造成的深重灾难中摆脱出来，而且需要总结历史经验和教训，面对世界形势的发展，重新思考中国社会主义发展的道路，为中国在未来岁月中如何前进规划出新的蓝图。邓小平同志没有辜负党和人民的期望，他从千头万绪中首先抓住决定性的环节，从思想路线的拨乱反正入手，强调实事求是是毛泽东思想的精髓，反对"两个凡是"的错误观点，支持开展真理标准问题的讨论，重新确立解放思想、实事求是的思想路线。思想路线的拨乱反正，成为党的十一届三中全会的先导。

党的十一届三中全会，标志着新中国成立以来历史的伟大转折，开辟了改革开放和集中力量进行社会主义现代化建设的历史新时期。经过这次全会，邓小平同志成为第二代中央领导集体的核心。在新时期中，邓小平同志和中央领导集体一起，作出了关系党和国家前途命运的两大历史性贡献。一个是领导全党总结建国以来的历史经验，纠正"文化大革命"的错误，坚持科学地认识和评价毛泽东同志的历史地位和毛泽东思想的科学体系。另一个是创立和发展了建设有中国特色社会主义理论，制定了党在社会主义初级阶段"一个中心、两个基本点"的基本路线，确立了党在经济、政治、外交、教育、科技、文化、军事、祖国统一、党的建设等方面的一整套方针政策，成功地开辟了在改革开放中实现社会主义现代化的新道路。

在邓小平建设有中国特色社会主义理论和党的基本路线指引下，从拨乱反正到全面改革，从农村改革到城市改革，从经济体制改革到各方面体制改革，从在沿海兴办经济特区到形成全国范围对外开放格局，社会主义物质文明和精神文明建设一起抓，18年来中国的经济发展取得了前所未有的成就，人民生活得到很大提高，国家面貌发生深刻变化，广大群众衷心拥护。80年代末、90年代初国内国际发生政治风波，党和政府在邓小平同志和其他老同志坚决有力的支持下，依靠人民，旗帜鲜明地坚持四项基本原则，坚持维护国家的独立、尊严、安全和稳定，同时毫不动摇地坚持经济建设这个中心，坚持改革开放。由于党和政府坚定清醒的立场，由于改革开放和社会主义现代化建设的成就深入人心，我们经受住了严峻考验，有中国特色的社会主义显示出更加蓬勃的生机和活力，使人民高兴，世界瞩目。

邓小平建设有中国特色社会主义理论的一个重大创造，是按照"一国两制"的构想实现祖国的和平统一。根据中英、中葡协议，香港即将回归祖国，澳门将在1999年回归祖国。台湾问题也终将得到解决，祖国的完全统一必定会实现。

邓小平建设有中国特色社会主义理论的一个重要内容，是关于国际形势的分析和中国国际战略的决策。调整对日、对美、对苏关系，发展同周边国家和第三世界国家的友好关系，打开中国对外关系新局面，为集中力量进行现代化建设争取和创造了有利的国际环境。

邓小平建设有中国特色社会主义理论，是在和平与发展成为时代主题的历史条件下，在我国改革开放和社会主义现代化建设的实践过程中，在总结我国社会主义胜利和挫折的历史经验并借鉴其他社会主义国家兴衰成败历史经验的基础上，逐步形成和发展起来的。从世界范围来说，无产阶级领导人民取得政权以后如何建设社会主义，是一个需要很好总结和探索的重大历史性课题。社会主义在中国的新局面和新成就，使我们从历史的比较和国际的观察中认识到，邓小平建设有中国特色社会主义理论是正确的。这个理论，科学地把握社会主义的本质，第一次比较系统地初步回答了中国这样的经济文化比较落后的国家如何建设社会主义、如何巩固和发展社会主义的一系列基本问题。它是马克思列宁主义基本原理与当代中国实际和时代特征相结合的产物，是毛泽东思想的继承和发展，是当代中国的马克思主义。它是全党全国人民集体智慧的结晶，是中国共产党的指导思想和中华民族的精神支柱。没有邓小平同志创立的这个理论，就不会有今天中国改革开放的新局面和中国社会主义现代化的光明前景。

邓小平同志早就主张废除干部领导职务终身制。他本人几次恳切地表达了退休的愿望。党的十三大决定同意他不进入新的中央委员会和中央顾问委员会，留任中央军事委员会主席。十三届五中全会又决定同意邓小平同志辞去中央军事委员会主席的职务。邓小平同志为第二代中央领导集体向以江泽民同志为核心的第三代中央领导集体顺利过渡，保持党和国家的稳定，创造了充分的条件，发挥了决定性的作用。

从领导岗位退下来的邓小平同志，仍然以高度的历史责任感，关注着改革开放和现代化建设事业。1992年年初他视察南方发表重要谈话，科学地总结了十一届三中全会以来党的基本实践和基本经验，从理论上深刻地回答了长期困扰和束缚人们思想的许多重大认识问题，特别是社会主义与市场经济的关系问题，不仅对开好党的十四大具有重要指导作用，而且对整个社会主义现代化建设事业具有深远意义。以邓小平同志南方谈话和十四大为标志，中国社会主义改革开放和现代化建设进入新的阶段。1993年，89岁高龄的邓小平同志亲自主持编辑并逐篇审定《邓小平文选》第三卷。《邓小平文选》第三卷和第二卷，汇集了邓小平同志在形成和发展建设有中国特色社会主义理论中富有独创性的重要著作，是引导我们胜利前进的科学指南。

十四大以后，以江泽民同志为核心的党中央高举邓小平建设有中国特色社会主义理论的旗帜，领导全党全军全国各族人民按照十四大的部署，抓住机遇，深化改革，扩大开放，促进发展，保持稳定，在以经济建设为中心的同时一贯坚持物质文明和精神文明建设两手抓，实现了国民经济持续、快速、健康发展，提前达到了邓小平同志为我们确定的"三步走"发展战略中的第二步战略目标，经济和社会发展取得了重大新成就。现在，正在为迎接党的十五大的召开，努力做好各方面的工作。

邓小平同志在长期的革命实践中锤炼出鲜明的革命风格。他尊重实践，敏锐把握时代发展的脉搏和契机，既继承前人又突破陈规，既借鉴世界经验又不照搬别国模式，总是从中国的现实和当代世界发展的特点出发去总结新经验，创造新办法，寻找新路子。他尊重群众，时刻关注最广大人民的利益和愿望，总是把是否有利于发展社会主义社会的生产力、是否有利于增强社会主义国家的综合国力、是否有利于提高人民的生活水平作为制定路线、方针、政策的出发点和归宿。他目光远大，胸襟开阔，总是从大局着眼来观察和处理各种重大问题。他崇尚实干，行动果断，在关键时刻作出重大决策更是表现出非凡的胆略和勇气。他无私无畏，不屈不挠，把自己的一切献给党和人民，献给社会主义和共产主义事业。他的光辉一生充分表明，他不愧是中国人民的伟大儿子。他深情地爱着自己的祖国和人民，祖国人民也深情地爱戴他。

邓小平同志的逝世，对我党我军我国各族人民是不可估量的损失，定将在我国人民心中引起极大的悲痛。中央号召全党全军全国各族人民，化悲痛为力量，继承邓小平同志的遗志，以更加努力地做好各方面工作的实际行动，来表达我们的悼念。

我们一定要坚持十一届三中全会以来邓小平同志为我们确立的党的基本路线不动摇，坚持以经济建设为中心，坚持把经济体制改革和其他方面体制改革进行下去，坚持对外开放，坚持四项基本原则，在这条路线指引下，开拓创新，战胜一切困难，经受住各种风险，把社会主义现代化建设不断推向前进。

我们一定要坚持和维护党的团结和统一，更加自觉地团结在以江泽民同志为核心的党中央周围，加强党的思想建设、组织建设和作风建设。

我们一定要巩固工人阶级领导的、工农联盟为基础的人民民主专政，发展广大的爱国统一战线，加强全国各族人民的大团结，维护社会稳定，艰苦奋斗，勤俭建国。

我们一定要坚持独立自主的和平外交政策，在和平共处五项原则的基础上积极发展同世界各国的友好关系，为维护世界和平，促进世界发展，反对霸权主义和强权政治，建立国际政治新秩序和国际经济新秩序，作出自己的贡献。

我们一定要努力学习邓小平建设有中国特色社会主义理论，学习邓小平同志的革命风格，学习他运用马克思主义立场、观点和方法研究新情况、解决新问题的科学态度和创造精神，为把我国建设成为富强、民主、文明的社会主义现代化国家而奋斗。

在以江泽民同志为核心的党中央坚强领导下，全党全军全国各族人民高举邓小平建设有中国特色社会主义理论的旗帜，坚定不移，满怀信心，一定能够把邓小平同志开创的社会主义改革开放和现代化建设的伟大事业坚持下去，胜利地达到我们的目的地。

邓小平同志永垂不朽！

邓小平治丧委员会名单

主任委员：江泽民

委　员：李　鹏　乔　石　李瑞环　彭　真

朱镕基　刘华清　胡锦涛　荣毅仁　丁关根

田纪云　李岚清　李铁映　杨白冰　吴邦国

邹家华　姜春云　钱其琛　黄　菊　尉健行

谢　非　温家宝　王汉斌　杨尚昆　万　里

宋　平　薄一波　宋任穷　张　震　张万年

迟浩田　任建新　倪志福　陈慕华（女）　费孝通

孙起孟　雷洁琼（女）　李锡铭　王丙乾

帕巴拉·格列朗杰　王光英　程思远　卢嘉锡

布　赫　铁木尔·达瓦买提　吴阶平　宋　健

李贵鲜　陈俊生　司马义·艾买提　彭珮云（女）

罗　干　张思卿　叶选平　吴学谦　杨汝岱

王兆国　阿沛·阿旺晋美　赛福鼎·艾则孜

洪学智　杨静仁　邓兆祥　赵朴初　巴　金

钱学森　钱伟长　胡　绳　钱正英（女）　苏步青

丁光训　董寅初　孙孚凌　安子介　霍英东

马万祺　朱光亚　万国权　何鲁丽（女）　王　平

伍修权　刘澜涛　江　华　李德生　萧　克

余秋里　张劲夫　张爱萍　陈锡联　段君毅

耿　飚　姬鹏飞　黄　华　黄火青　习仲勋

彭　冲　叶　飞　廖汉生　王　芳　方　毅

谷　牧　马文瑞　王恩茂　杨成武　吕正操

汪　锋　郑天翔　杨易辰　刘复之　王鹤寿

（以下按姓氏笔画排序）

丁文昌　丁石孙　丁衡高　于　珍　于永波

万学远　马启智　马忠臣　王　占　王　克

王　涛　王　海　王　群　王广宪　王云龙

王云坤　王太华　王乐泉　王成斌　王如珍（女）

王志武　王启人　王忍之　王茂林　王茂润

王忠禹　王学萍　王荣生　王思齐　王洛林

王梦奎　王维澄　王朝文　王森浩　王瑞林
王德瑛　毛致用　丹　增　乌力吉
乌云其木格(女)　方荣欣　方祖岐　尹克升
邓鸿勋　艾知生　厉有为　石云生　石玉珍(女)
石兆彬　石宗源　卢荣景　卢瑞华　叶　青
叶连松　田凤山　田成平　田曾佩　史大桢
史玉孝　白立忱　白恩培　白清才　包叙定
兰保景　邢世忠　邢贲思　成克杰　成思危
吕　枫　吕培俭　回良玉　朱　训　朱开轩
朱丽兰(女)　朱育理　朱森林　朱敦法　伍绍祖
华国锋　全树仁　多吉才让　刘　江　刘　淇
刘　毅　刘云山　刘中一　刘方仁　刘正威
刘仲藜　刘华秋　刘安元　刘纪原　刘明祖
刘忠德　刘泽民　刘顺尧　刘剑锋　刘振华
刘精松　齐怀远　关广富　江村罗布　汝　信
汤洪高　安启元　许其亮　阮崇武　孙　英
孙　勇　孙文盛　孙同川　孙家正　孙维本
牟善初　克尤木·巴吾东　苏　荣　杜青林
杜铁环　李　景　李九龙　李长春　李文卿
李克强　李来柱　李伯勇　李希林　李际均
李其炎　李奇生　李泽民　李建国　李春亭
李继耐　李淑铮(女)　李新良　李嘉廷
李慧芬(女)　李德洙　李毅中　杨正午　杨永良
杨纪珂　杨怀庆　杨国屏　杨国梁　杨振怀
杨健强　杨德中　束怀德　肖　扬　肖　秧
吴　仪(女)　吴文英(女)　吴玉谦　吴光宇
吴亦侠　吴官正　吴贻弓　吴爱英(女)　吴基传
吴蔚然　何光远　何竹康　何其宗　何椿霖
佟宝存　谷善庆　邹世昌　邹竞蒙　汪家镠(女)
汪啸风　沙健孙　沈达人　沈滨义　宋汉良
宋宝瑞　宋清渭　宋瑞祥　宋德福　张　工
张　肖(女)　张丁华　张立昌　张全景　张孝文
张志坚　张连忠　张勃兴　张秋祥　张俊九
张彦仲　张美远　张健民　张帼英(女)　张皓若
张福森　张德江　阿不来提·阿不都热西提
陈云林　陈玉英(女)　陈玉杰(女)　陈邦柱
陈至立(女)　陈光毅　陈作霖　陈明义　陈奎元
陈炳德　陈敏章　陈焕友　陈舜礼　陈锦华
邵华泽　邵奇惠　奉恒高　范钦臣　林丽韫(女)
欧广源　固　辉　罗冰生　和志强　岳岐峰
岳海岩　周　南　周子玉　周文元　周玉书
周永康　周光召　周克玉　周坤仁　郑必坚
郑贤斌　郑斯林　房维中　经叔平　项怀诚
赵延年　赵志浩　赵金铎　赵南起　赵富林
郝　岩　郝建秀(女)　胡　平　胡启立　胡富国
钮茂生　侯　捷　侯宗宾　俞正声　逄先知
闻世震　姜永荣　姜福堂　姚振炎　贺国强
秦玉琴(女)　袁伟民　热　地　耿全礼　桂世镛
贾　军　贾庆林　贾那布尔　贾志杰　贾治邦
贾春旺　顾　浩　顾云飞　顾秀莲(女)　顾金池
柴松岳　钱运录　钱国梁　钱树根　徐　青
徐才厚　徐永清　徐匡迪　徐有芳　徐采栋
徐惠滋　栾恩杰　高　严　高天正　高祀仁
高昌礼　高德占　郭东坡　郭树言　郭振乾
郭超人　陶寿淇　陶伯钧　陶驷驹　桑结加
黄　瑶　黄　璜　黄启璪(女)　黄镇东　曹　志
曹双明　曹芃生　曹刚川　曹庆泽　曹伯纯
龚谷成　龚育之　盛华仁　崔乃夫　阎海旺
梁光烈　梁国庆　梁栋材　隋永举　彭清源
彭崑生　葛洪升　董良翮　董建华　蒋心雄
蒋民宽　蒋祝平　韩杼滨　程安东　程维高
傅全有　傅锡寿　舒圣佑　鲁　平　普朝柱
曾庆存　曾庆红　曾建徽　曾宪林　曾培炎
温宗仁　谢世杰　雷鸣球　路甬祥　蔡子民
廖　晖　廖文海(女)　廖锡龙　谭乃达　熊光楷
黎　明　戴相龙　魏金山

全国人大常委会发布公告

自第八届全国人民代表大会常务委员会第十八次会议以来，有15名代表逝世：北京杜德顺，辽宁孙尚清、李森茂，吉林安太庠(朝鲜族)，浙江朱祖祥、李成表、梁焕木，福建余宝笙(女)，河南饶潞，广东赵汝能、赵钟鸣，海南杨文贵(黎族)，甘肃李文成，解放军张文华、秦基伟。罢免2名：黑龙江韩国柱，河南毛兴中。辞职1名：福建韩玉琳。

最近，地方人大常委会补选了八届全国人大代表7名：福建李天森、贺国强，广东杨秀雯(女)，海南王家贤(黎族)，四川朱文明(女)、张德邻，甘肃陈守杰。全国人民代表大会常务委员会同意代表资格审查委员会关于补选代表的代表资格的审查报告，确认第八届全国人民代表大会代表李天森、贺国强、杨秀雯(女)、王家贤(黎族)、朱文明(女)、张德邻、陈守杰等7人的代表资格有效。特此公告。

现在第八届全国人民代表大会共有代表2963名。

国务院总理李鹏在中南海召开座谈会征求部分国有企业负责人对《政府工作报告》(征求意见稿)的意见

出席座谈会的企业负责人具有广泛的代表性，既有特大型企业，也有中小型企业；既有中央直属企业，也有地方企业；既有地处沿海地区的企业，也有内地的企业。从企业经营情况看，有搞得好的企业，有初步走出困境的企业，也有目前比较困难的企业。

他们在发言中认为，李鹏总理在《政府工作报告》中用了较大的篇幅阐述国有企业问题，充分说明党和政府对国有企业的高度重视。他们说，《政府工作报告》简明扼要，重点突出。在国有企业问题上，既肯定了国有企业改革的成绩，也指出了当前存在的主要问题，对形势分析实事求是，特别是企业改革措施得力，符合实际。作为企业的代表，他们对党和政府提出解决国有企业困难的思路和办法表示赞同，认为只要狠抓落实，搞好国有企业大有希望。

同时，他们还对集中力量搞好国有大型企业和企业集团，进一步放活国有小企业，转变企业领导与职工的观念，加大企业改革力度与配套改革，多渠道增资减债，加强企业经营管理，加快技术进步，切实减轻企业负担，做好富余人员分流与再就业等方面发表意见。

李鹏总理在认真听取各位企业代表发言之后说，国有企业改革是今年经济体制改革的重点，也是政府工作的重要任务。他感谢大家从实际出发，对《政府工作报告》（征求意见稿）提出的修改意见和建议，他表示要认真研究，把《政府工作报告》修改得更好。李鹏还就普遍关心的一些问题同企业的负责人交换意见。

国务院总理李鹏在中南海会见香港特别行政区第一任行政长官董建华

李鹏听取了董建华关于提名香港特别行政区第一届政府主要官员的情况报告，并和他就香港目前的形势交换意见。

李鹏对董建华被任命为香港特别行政区行政长官以来，为筹组香港特别行政区第一届政府所做的大量工作表示肯定。李鹏说，这些工作进展是顺利的，各方反应也是好的。中央人民政府将会继续对董建华的工作给予全力支持。

李鹏说，目前香港的形势继续向好的方向发展。香港的平稳过渡大局已定。广大港人应当在“爱国爱港”的旗帜下团结起来，为迎接香港的回归和实行“一国两制”、“港人治港”、高度自治的美好明天共同努力。

国务院总理李鹏在人民大会堂会见出席全国对外宣传工作会议的代表并发表讲话

李鹏说，对外宣传工作是我们党的宣传工作的重要组成部分，也是对外工作的重要组成部分。近几年来，对外宣传工作围绕全党全国工作大局，在大力宣传我国的改革开放、经济建设和社会发展成就，针锋相对地开展国际舆论斗争，维护国家利益和民族尊严等方面，做了大量工作，取得了显著成绩。

李鹏说，当前世界上一切没有偏见的人们都看好中国，认为中国经济会保持长期稳定发展的势头。但是，也有些人不愿看到中国的发展壮大，对中国搞“西化”、“分化”。这场斗争是长期的。要继续加强对外宣传工作，让世界上更多的人民了解中国，让更多的国家支持中国。希望对外宣传战线的同志们很好地总结经验，继续努力，把工作做得更好，为祖国繁荣富强作出更大贡献。

香港特别行政区区旗区徽国家标准颁布实施

受国务院港澳事务办公室委托、由国家技术监督局组织制定的《香港特别行政区区旗》、《香港特别行政区区徽》国家标准，近日颁布实施。这为规范区旗、区徽的生产制作、监督检验和使用提供了技术保证。

依据《中华人民共和国香港特别行政区基本法》制定的香港区旗、区徽国家标准，科学地规定了区旗、区徽各项技术要求，并对其内在质量作了详尽的规定。两项国家标准的显著特点是，区旗、区徽的颜色（白色除外）、规格系列和材质与国旗、国徽完全相同，目的在于区旗、区徽与国旗、国徽并列悬挂使用时，达到完全一致的视觉效果。鉴于区旗、区徽是一种特殊产品，按照《中华人民共和国标准化法》的规定，这两项标准确定为强制性国家标准。

香港区旗国家标准，规定了区旗的八种规格和尺寸允许误差、使用面料、颜色值及允许误差；旗杆套的颜色和色差；旗上悬挂装置的形式、颜色；旗布染色牢度的级别；旗面表面质量判定原则；以及上述技术内容的试验方法和检验规则等。香港区徽国家标准，规定了区徽的三种规格及尺寸允许误差、徽面红色色度及色差、徽面漆膜性能要求；材质及强度要求；徽面表面质量评定及各项技术内容的试验方法、检验规则、标志、包装等。这两项国家标准的颁布实施，使不同厂家或不同批次生产制作的区旗、区徽，规格、质量完全一致。同时也为供应、使用区旗、区徽的监督检查工作提供了检验依据，并防止不规范的区旗、区徽的生产制作、供应和使用，以维护区旗、区徽的尊严。

空军表彰先进师旅党委

35 个在空军现代化建设中做出显著成绩的先进师旅党委，日前受到空军领导机关的通报表彰。

它们中有被誉为“蓝天排头兵”的航空兵某师党委有“正气铸箭魂”的地空导弹某旅党委；有奉献在前，吃苦在先，带头扎根大漠戈壁的某试验基地党委。

《人民日报》发表《国家统计局第三次全国工业普查办公室关于第三次全国工业普查主要数据的公报》

中华人民共和国第三次全国工业普查于 1995 年开始准备，1996 年 1 月 1 日起实施普查登记，经过各级普查机构和全国500多万普查人员的辛勤工作，目前主要普查数据的处理工作已经完成。现将普查主要结果公布如下：

一、工业经济规模

工业经济总量规模不断扩大，工业发展速度明显加快。1995年年末，全国工业企业和工业生产单位为734.2万个，比1985年年末增加215.6万个；从业人员14735.5万人，比1985年年末增长56.8%；资产总额为88374.4亿元，比1985年年末增长8.2倍；1995年工业产品销售收入77231.2亿元，比1985年增长7.8倍；上交税金4643.6亿元，比1985年增长2.4倍；工业增加值为24353.7亿元，占国内生产总值的41.8%，按可比价格计算，比1985年增长2.5倍，平均每年增长13.4%；工业总产值为91893.7亿元，按可比价格计算，比1985年增长4.1倍，平均每年增长17.6%。这是中华人民共和国成立以来工业经济增长速度最快的十年。

工业产品产量大幅度增长，一些重要工业产品产量居世界前列(见表1)。

表1 主要产品产量及增长情况

	1995年产量	比1985年增长
原煤	13.61亿吨	56.1%
天然原油	15004.94万吨	20.4%
木材	6766.86万立方米	7.0%
发电量	10070.30亿千瓦小时	1.5倍
糖	558.64万吨	23.8%
布	260.18亿米	77.4%
机制纸及纸板	2812.30万吨	2.1倍
农用化肥	2548.14万吨	92.7%
水泥	47560.57万吨	2.3倍
平板玻璃	15731.71万重量箱	2.2倍
钢	9535.99万吨	1.0倍
十种有色金属	496.72万号	2.2倍
内燃机	15819.00万千瓦	1.5倍
金属切削机床	20.34万台	21.7%
汽车	145.27万辆	2.3倍
发电设备	1667.91万千瓦	2.0倍
家用洗衣机	948.41万台	6.9%
家用电冰箱	918.54万台	5.3倍
房间空气调节器	682.56万台	54.3倍
微型电子计算机	83.57万部	695.4倍
电视机	3496.23万台	1.1倍

工业品出口比重增加；在出口产品中，制造业产品比重上升。1995年乡及乡以上工业企业产品出口交货值达7792.6亿元，比1985年增长13.7倍；出口交货值占工业成品销售价值的比重由1985年的6.6%上升到15.0%；制造业产品出口交货值达7537.8亿元，占工业出口交货值的比重由1985年的87.1%提高到96.7%；矿业产品出口交货值197.7亿元，比重由12.8%降至2.5%。

二、工业经济类型结构

1985年以来，工业经济类型结构呈现出以公有制工业为主体，国有工业(指纯国有工业，下同)为主导，多种经济成分工业竞相发展的局面。在全部工业总产值中，国有工业的比重虽然逐年有所下降(1985年为64.9%，1990年为54.6%，1994年为37.3%，1995年为34.0%)，但公有制工业(即国有工业加集体工业)占主体地位的格局没有改变。1995年公有制工业占全部工业的份额，按工业总产值计算为70.6%，按资产总额计算为77.5%。

国有工业资产比重明显高于总产值比重，非国有工业的资产比重明显低于总产值比重(见表2)。

表2 工业经济类型结构变化情况

	按资产总额计算(%)		按从业人员计算(%)		按工业总产值计算(%)	
	1985	1995	1985	1995	1985	1995
国有工业	74.6	53.7	41.1	31.6	64.9	34.0
集体工业	24.0	23.8	49.5	39.8	32.1	36.6
私营工业		1.0		3.3		2.6
个体工业	0.5	1.9	8.9	17.5	1.8	10.5
股份制工业		5.0		1.7		3.5
其他工业	0.9	14.6	0.5	6.1	1.2	12.8
全部工业中：						
乡镇工业	12.0	20.3	32.9	49.7	17.7	42.5
三资工业	0.2	16.2	……	6.1	0.3	13.1

三、工业产业结构

轻重工业比例稳定。1985年轻重工业总产值比例为47.4∶52.6；1995年为47.3∶52.7。能源、原材料等基础工业有所加强，加工工业比重相对下降。基础工业与加工工业的比例，1985年为26.6∶73.4；1995年为29.1∶70.9，基础工业的比例上升了2.5个百分点。

工业内部产业结构演进的基本趋势是：一些新兴产业，如石油加工、电子及通信设备等的比重有所上升，一些传统产业，如纺织、橡胶等的比重开始下降，但产业结构的总体格局变化尚不显著(见表3)。

表 3　主要工业行业资产及产出的比重、位次变化情况

	固定资产原价和流动资产比重(%)		位次		工业总产值比重(%)		位次	
	1985	1995	1985	1995	1985	1995	1985	1995
煤炭采选	6.4	3.5	7	11	2.6	2.0	17	18
石油开采	3.7	3.9	10	10	2.3	2.1	18	17
森工	2.4	1.5	13	19	2.1	1.7	19	19
食品、饮料、烟草	6.0	8.3	8	4	12.0	10.9	2	1
纺织	7.7	6.8	4	6	12.1	8.2	1	4
服装、皮革	1.9	3.0	17	13	3.2	5.3	12	8
造纸、印刷	2.3	2.5	16	17	2.8	2.9	14	15
石油加工	1.5	2.5	19	16	2.7	3.2	16	14
化学	7.2	6.2	5	7	6.3	6.6	6	6
医药	1.0	1.6	21	18	1.4	1.5	20	20
化纤	1.1	1.5	20	20	0.9	1.3	21	21
橡胶及塑料制品	2.3	2.8	15	15	3.3	3.6	11	13
建材	7.1	7.1	6	5	6.9	7.7	5	5
冶金	10.6	11.0	2	2	8.6	9.5	4	2
金属制品	2.3	2.8	14	14	3.0	3.9	13	12
机械	13.2	8.7	1	3	10.9	8.2	3	3
交通运输设备	4.8	5.3	9	8	4.1	5.5	7	7
电气机械及器材	2.8	4.0	11	9	3.8	4.7	8	9
电子及通信设备	2.5	3.5	12	12	2.7	4.0	15	11
仪器仪表	1.0	0.9	22	22	0.8	0.7	22	22
电力、煤气、自来水	10.4	11.2	3	1	3.7	4.0	10	10
其他	1.8	1.4	8	21	3.8	2.4	9	16

四、工业地区结构

东部地区工业经济发展速度明显快于中、西部地区,“八五”时期与“七五”时期相比,这种区域差距呈扩大之势(见表 4)。

表 4　东、中、西部地区工业总产值增长速度及比重变化情况

	东部地区	中部地区	西部地区
1986—1995 平均每年增长(%)	18.8	14.9	13.3
“七五”时期平均每年增长(%)	14.3	11.2	10.9
“八五”时期平均每年增长(%)	23.4	18.7	15.8
1985 年比重(%)	60.3	27.2	12.5
1990 年比重(%)	62.7	25.4	11.9
1995 年比重(%)	66.0	23.8	10.2

从工业总产值看,1995 年占全国工业比重超过 5%的地区有 7 个,其中 6 个分布在东部地区,即:江苏 12.9%、广东 10.4%、山东 9.2%、浙江 8.8%、上海 5.6%、辽宁 5.4%,有 1 个分布在中部地区,即:河南 5.1%;比重不足 1%的地区有 7 个分布在中西部,即:甘肃 0.9%、新疆 0.9%、内蒙古 0.9%、贵州 0.6%、青海 0.2%、宁夏 0.2%、西藏 0.01%,仅有 1 个在东部地区,即:海南 0.2%。

从经济类型看,中、西部地区国有工业比重较高,而东部地区乡镇工业和“三资”工业的比重较高(见表 5)。

表 5　东、中、西部地区工业总产值经济类型结构对比(%)

	在总计中:						在总计中:	
	国有	集体	私营	个体	股份制	其他	乡镇工业	三资工业
东部地区	27.3	39.5	2.7	11.7	3.6	15.2	45.1	19.6
中、西部地区	46.9	30.9	2.2	15.0	3.2	1.8	37.1	4.4

从产业结构看,东部地区加工工业比重较高,而中、西部地区基础工业比重较高。1995 年,基础工业占地区工业总产值的比重,东部地区为 25.2%,中、西部地区为 36.4%。

五、工业劳动者

工业劳动者队伍进一步壮大。1995 年,全国工业企业和工业生产单位的从业人员为 14735.5 万人,比 1985 年增长 56.8%;工业从业人员占全社会劳动者比重由 1985 年的 18.8%,上升到 1995 年的 21.4%。

职工队伍中工程技术人员和管理人员比重升高。在乡及乡以上工业企业 8501.2 万职工中,工人和学徒占 70.7%,工程技术人员占 6.0%,管理人员占 10.6%,服务及其他人员占 12.7%。与 1985 年相比,工人和学徒比重下降 4.9 个百分点,工程技术人员比重上升 3.2 个百分点,管理人员比重上升 0.1 个百分点,服务及其他人员比重上升 1.6 个百分点。

以合同制为主的劳动用工制度改革取得长足进展。乡及乡以上工业企业中,合同制职工占 50.8%。国有工业的合同制职工占 60%,而 1985 年仅占 5%。

职工文化、技术素质明显提高。在职工队伍中,具有大专文化程度的占 5.7%,具有中专、技工和高中程度的占 34.1%,初中以下文化程度的占 60.2%。与 1985 年相比,大专程度的比例提高 2.8 个百分点,中专、技工、高中程度的提高 10.5 个百分点。有技术职务的专业技术人员达 990.6 万人,比 1985 年增加 5.2 倍。

从业人员平均劳动报酬为 5170 元,扣除物价影响,与 1985 年相比实际增长 58.6%;平均每年递增 4.7%,工业劳动者的生活条件普遍有所改善。

六、工业装备水平

工业装备水平提高,设备更新速度加快。1995 年末,乡及乡以上企业和年产品销售收入 100 万元以上的村及村以下企业固定资产原价为 47896.6 亿元,比 1985 年增长 5.7 倍;从业人员人均固定资产装备

47098 元，比 1985 年提高 3.4 倍。

1995 年年末，乡及乡以上工业企业机器设备净值率为 70.1%。据对 3200 多种主要工业生产设备的普查，进口设备占 47.1%，比 1985 年的 18.2%上升 28.9 个百分点；国产设备占 52.9%，比 1985 年的 81.8%下降 28.9 个百分点。各个年代出厂的设备比例(见表 6)。

表 6 设备出厂年代比例(%)

	90 年代出厂	80 年代出厂	70 年代及以前出厂
全部设备	36.4	54.1	9.5
其中：进口设备	26.1	69.7	4.2
国产设备	45.5	40.4	14.1

据对大中型工业企业 1180 种主要专业生产设备技术水平的普查，按设备原价计算，达到国际水平的占 26.1%，比 1985 年提高 13.2 个百分点；属国内先进水平的占 27.7%，提高 5.9 个百分点；属国内一般水平的占 33.4%，下降 13.6 个百分点；属国内落后水平需淘汰的占 12.8%，下降 5.5 个百分点。主要专业生产设备虽然较新，但设备技术水平偏低的问题仍比较突出。

七、工业科技活动

科技投入力度加大，技术创新卓有成效。1995 年全国大中型工业企业拥有技术开发机构 13107 个，平均每一企业拥有技术开发机构 0.6 个，比 1985 年增加 1.0 倍；技术开发人员 123.4 万人，占企业职工总数的 3.2%，比 1985 年增加 2.2 个百分点；当年投入技术开发经费 394.3 亿元，占产品销售收入的比重为 1.3%；用于新产品开发的经费 165.0 亿元，占当年投入技术开发经费的 41.8%；完成技术开发项目(课题)108052 个；获国家级技术开发成果奖 705 项，省部级技术开发成果奖 5654 项；申请专利 3935 件。1995 年新产品销售收入达 2620.2 亿元，占全部销售收入的 8.5%，比 1985 年提高了 1.1 个百分点；新产品实现利税 364.2 亿元，占全部实现利税的 9.8%。

八、工业经济效益

工业新创造价值总量增加。1995 年乡及乡以上工业增加值 15446.1 亿元，按可比价格计算，比 1985 年增长 1.6 倍；实现利润 1634.9 亿元，增长 73.2%；上交税金 4034.3 亿元，增长 2.0 倍。但从投入产出水平看，经济效益不理想，主要表现在：

产销衔接水平下降。1995 年工业产品产销率为 95.9%，比“七五”时期的平均水平 97.5%低 1.6 个百分点。

消耗水平持续上升。工业增加值率由 1985 年 36.0%下降到 24.0%，中间物质消耗和支付给非物质生产部门的劳务消耗上升 12.0 个百分点，平均每年上升 1.2 个百分点。

亏损增加、利润率下降。1995 年盈利企业盈利总额 2833.5 亿元，比 1985 年增长 1.9 倍；但亏损企业亏损总额增加 1158.1 亿元，增亏 28.6 倍；销售收入利润率 3.1%，比 1985 年下降 8.8 个百分点；总资产利税率 6.4%，下降 13.0 个百分点。

资产负债结构不合理。1995 年年末，工业企业资产总计为 79233.9 亿元，其中固定资产 38444.3 亿元，占 48.5%；流动资产 35561.0 亿元，占 44.9%；负债总计 51751.1 亿元，其中流动负债 35630.4 亿元，占 68.8%；流动资产周转天数 231 天，比 1985 年延缓 80 天；资产负债率高达 65.3%，流动比率为 0.9981，已属不良型。企业偿债能力较低，致使企业相互资金拖欠严重。

生产能力利用率低。据对 900 多种主要工业产品生产能力的普查，1995 年全国有半数产品的生产能力利用率在 60%以下。如照相胶卷仅 13.3%，电影胶片 25.5%，电话单机 51.4%，彩色电视机 46.1%，家用洗衣机 43.4%，内燃机 43.9%，自行车 54.5%。一些重要产品生产能力利用不充分，如大中型拖拉机为 60.6%，小型拖拉机 65.9%，钢材 62.0%。

产品质量总体水平稳中有升，大中型企业产品质量水平有所提高。据对大中型企业 770 种主要工业产品质量状况的普查，1995 年全部合格产品中，按产品价值计算，达到国际先进标准水平的优等品占 19.8%，达到国际一般标准水平的一等品占 41.5%。与 1985 年相比，优等品率提高 3.5 个百分点，一等品率提高 16.0 个百分点。但产品的实物质量水平在整体上与世界先进水平尚有一定的差距，有待进一步提高。

多数工业技术经济指标尚待改善。与 1985 年比较，主要能源、原材料消耗指标中，上升的占 50.9%，下降及持平的占 49.1%；主要原材料及设备利用率、实物劳动生产率等指标中，上升及持平的占 40.0%，下降的占 60.0%。与国外先进水平相比，多数技术经济指标仍有差距，进一步提高的潜力还很大。

九、国有工业

1995 年年末，国有工业资产总额达 47472.1 亿元，占全部工业的 53.7%；工业增加值 8307.2 亿元，占 34.1%；产品销售收入 26103.1 亿元，占 33.8%；上交税金 2563.2 亿元，占 55.2%。在能源、原材料等基础工业和一些高新技术行业中，国有工业仍占主导地位。如煤炭采选、石油和天然气开采业工业总产值中，国有工业占 66.5%和 95.4%，石油加工及炼焦业和化学原料及化学制品制造业占 83.1%和 48.5%，医药制造业占 47.9%，黑色和有色金属冶炼及压延加工业占 60.7%和 46.9%，专用设备制造业和交通运输设备制造业占42.8%和45.9%，电力、煤气、自来水生产和供应业分别占77.4%、88.6%和84.0%。

1995年，国有控股企业(包括相对控股)的资产总额为9340.4亿元，占全部工业资产总额的10.6%；工业总产值7381.4亿元，占全部工业总产值的8.0%。

国有工业发展速度较低，困难较多。1995年国有工业企业生产(按工业总产值计算)比上年增长8.2%，而同期集体工业增长15.2%，个体工业(含私营)增长51.5%，"三资"等其他经济类型工业增长37.2%；盈利企业盈利额1305.2亿元，比上年增长6.4%；亏损企业亏损额高达639.6亿元，占全部工业亏损额的53.4%，比上年增亏36.5%；盈亏相抵后实现利润665.6亿元，比上年下降12.3%。企业债务负担沉重，1995年年末国有工业企业资产负债率65.8%，高于工业化国家企业的平均负债率水平。国有工业社会性服务机构人员147.7万人，占职工总数的3.3%；离退休人员1023.4万人，相当于在职职工人数的23.1%；支付离退休金及福利费603.8亿元，占当年产品销售利润的15.0%，企业内部及社会负担都大大高于非国有工业。

十、"三资"工业

"三资"工业在改革开放中迅速发展壮大。1995年年末，"三资"工业企业和生产单位由1985年的282个增加到59311个；从业人员由7.8万人增加到898.3万人；工业总产值由27.1亿元增加到12021.2亿元。

在49559个乡及乡以上"三资"工业企业中，外商投资企业占40.7%，港澳台投资企业占59.3%；合资企业占68.6%，合作企业占10.8%；独资企业占20.6%。年末累计客商协议投资额3265.7亿元；其中，东部地区客商协议投资额为2952.4亿元，占全国的90.4%。在实收资本中，港澳台投资1492.1亿元，占32.6%，外国投资1028.8亿元，占22.5%，中方投资占42.3%。

"三资"企业主要分布在电子及通信设备(占14.2%，按工业总产值计算，下同)、纺织(7.7%)、交通运输设备(7.6%)、电气机械及器材(5.9%)和食品加工(5.8%)等行业。

乡及乡以上"三资"工业从业人员751.1万人，占全部乡及乡以上工业从业人员的8.8%；工业增加值为2586.4亿元，占16.7%；产品销售收入10116.3亿元，占19.1%(其中内销占61.8%，外销占38.2%)；实现利润400.4亿元，占24.5%；上缴税金398.2亿元，占9.9%；进口用汇450.5亿美元，出口创汇572.3亿美元，外汇收支差额为109.8亿美元。

十一、乡镇工业

乡镇工业发展规模急剧扩大，在全国工业中的份额显著提高。1995年年末，全国共有乡镇工业企业和生产单位651.8万个，比1985年增加190.9万个；从业人员7300.5万人，增加3512.3万人；工业总产值38933.3亿元，比1985年增长12.5倍，平均每年增长29.7%。在乡及乡以上工业企业和年产品销售收入100万元以上的村及村以下工业中，乡镇工业固定资产原价7121.4亿元，占14.9%；流动资产8576.8亿元，占21.8%；产品销售收入21330.5亿元，占33.4%；实现利润991.9亿元，占44.3%；上缴税金846.4亿元，占19.6%。

乡镇工业主要以轻纺和一般加工工业为主。1995年乡镇工业总产值中，非金属矿物制品业占8.2%；纺织业占6.0%；食品加工业占4.2%；金属制品业占4.2%；普通机械制造业占3.8%；化学原料及化学制品制造业占3.5%；电气机械及器材制造业占3.2%；服装及其他纤维制品制造业占2.9%。

1995年乡镇工业年产品销售收入超过500万元的有73369家；达到大中型企业标准的1832家；与港澳台及外国合资企业18257家。

乡镇工业在装备水平、职工文化素质等方面与国有、"三资"企业有明显差距。乡属企业人均固定资产装备24560元，比国有企业低45646元；比"三资"企业低61272元。乡属企业从业人员中，具有大专以上文化程度的仅占1.2%；初中以下文化程度占72.0%。

十二、大中型工业企业

普查结果表明，大中型工业企业是推动我国经济发展的骨干力量。1995年，大中型工业企业23007个，占全国工业企业单位数的0.3%，其中，特大型企业215个，大型企业6201个，中型企业16591个；从业人员3891.3万人，占全部工业从业人员的26.4%；资产总计52205.3亿元，占59.1%；工业增加值9651.2亿元，占39.6%；产品销售收入30847.1亿元，占39.9%；上缴税金2860.5亿元，占61.6%；实现利润1291.3亿元，占乡及乡以上工业的79.0%。

1995年，大中型工业企业拥有工程技术人员253.2万人，占其职工总数的6.6%，高于小型企业5.5%的比重；具有大专以上文化程度的占8.8%，中专、技工及高中文化程度的占38.3%；在已评定技术职务的专业技术人员中，具有高级技术职务的占6.7%，中级技术职务的占29.2%，初级技术职务的占64.1%。

国有大中型工业企业是我国国民经济发展的栋梁。1995年国有大中型工业企业为15668个，仅占全部工业企业单位数的0.2%；资产总计39346.4亿元，占44.5%；工业增加值7122.1亿元，占29.2%；产品销售收入21518.8亿元，占27.9%；上缴税金2265.5亿元，占48.8%；实现利润705.0亿元，占乡及乡以上工业的43.1%。

从生产规模的水平看，1995年年末，我国已拥有年产原煤1000万吨以上的煤矿21个；年产原油500万吨以上的油气田5个；年产木材30万立方米以上的林业局21个；装机容量1000万千瓦以上的电网7个；装机容量100万千瓦以上的电厂40座；年产钢800万吨以上的钢厂3个；年加工原油500万吨以上的石化企业22个；年产合成氨30万吨以上的化工厂19个；年产纯碱50万吨以上的化工厂5个；年水泥生产能力100万吨以上的建材企业29个；年产汽车20万辆以上的企业2个；年产电视机100万台以上的企业5个；年产电冰箱50万台以上的企业9个；拥有10万纱锭以上的纺织厂49个；年产乙烯30万吨以上的企业5个。这些大企业已经基本接近或达到合理的经济规模，是我国现代化工业企业的代表。

十三、普查数据误差

普查事后质量抽查结果表明，资产总计误差率为0.17%；产品销售收入误差率为0.03%；利润总额误差率为0.91%；年末从业人员误差率为0.17%；工业总产值误差率为0.44%；工业中间投入误差率为1.05%；总体误差为0.47%，达到了预期的质量控制目标，普查数据质量是可信的。

注：1. 第二次全国工业普查是1985年进行的，因而本次普查资料在反映工业总体规模时，多与1985年相比。

2. 本公报部分数据由于统计口径等原因与《中国统计提要1996》、《中国统计年鉴1996》已发布的有关数据不完全一致，引用时以本公报为准。

3. 本公报资料未包括香港、澳门地区和台湾省。

附：第三次全国工业普查获取的直接数据信息约5亿笔；除公报发布的主要普查数据外，第三次全国工业普查办公室将陆续编辑出版《中华人民共和国1995年第三次全国工业普查资料摘要》、《中华人民共和国1995年第三次全国工业普查资料汇编》、《中华人民共和国1995年大中型工业企业普查资料汇编》、《中华人民共和国工业企业基本概况》等资料和有关工业发展中重大问题的专题报告，分期分批向社会各界提供。

中共中央政治局常委胡锦涛在人民大会堂会见越南共产党中央政治局常委阮晋勇

菲律宾总统拉莫斯在马尼拉会见国防部部长迟浩田

国务院副总理邹家华在北京会见日本三菱商事株式会社会长诸桥晋六一行

新华社就黄长烨事件发表消息

朝鲜劳动党中央书记黄长烨此次去日本参加国际会议往返经停北京，中方事先没有得到朝方的通报。后据告知，黄长烨2月11日来京后住在朝鲜驻华使馆，12日上午从那里出走进入韩国驻华使馆。中方依据国际法和国际惯例对有关国家的驻华机构和人员采取了安全措施。中方不愿看到此次事件使朝鲜半岛局势出现新的紧张。希望有关各方以冷静、客观的态度，对事件的性质作出判断，寻求妥善的解决办法，以维护朝鲜半岛的和平与稳定的大局。

中央军委副主席刘华清在全国国防科技工业工作会议上发表讲话

刘华清强调要进一步加强国防科技工作，强化管理，确保质量，提高国防科技工业整体水平，实现国防科学技术新发展。

刘华清说，党中央、国务院、中央军委对国防科技发展一直非常关心和重视。"八五"期间国防科研生产取得了很大进展，是几十年来进步最大、新技术突破最多的时期之一。"九五"第一年，又取得了显著成效，为促进我军武器装备现代化，增强国防实力和综合国力作出了重大贡献。他说，当今世界科学技术飞速发展，形成了以高技术质量建军为主要标志的竞争新态势。各级领导要高度重视国防科技工作，要有强烈的责任感、紧迫感和使命感，发扬过去搞"两弹一星"的优良传统和作风，真抓实干，千方百计把我国国防科学技术提高到一个新水平。

刘华清指出，当前，国防科研生产的核心问题是要加强管理，特别是质量管理，没有质量就没有一切。在国防科研生产中，一定要全面贯彻落实"严肃认真，周到细致，稳妥可靠，万无一失"的方针，坚持高标准、严要求，严把质量关。各级要强化质量观念，建立健全质量责任制，加强培训，提高技能，使质量第一的方针成为国防科技工业战线全体人员的自觉行动。

在谈到国防科研经费管理时，刘华清指出，各级领导一定要把科研经费管理好、使用好，用于必需，用之得当。要把经费的管理使用作为一项系统工程，建立经费管理责任制。要牢固树立效益观念，提高决策的科学性和准确性，精打细算，在降低成本、减少消耗、提高费效比上下功夫。要严格财经纪律和审计监督，对违反规定使用经费要严肃查处。

刘华清强调，国防科技工业战线要加强精神文明建设，建立一支能吃苦、能攻关、能创新、能奉献的国防科技工业队伍。各级领导要大力加强政治思想工作，教育广大官兵和干部群众增强组织纪律观念，自觉反对和抵制拜金主义、享乐主义和极端个人主义。他强调，加强精神文明建设，一定要同加快跨世纪人才队伍建设结合起来，把培养中青年人才作为重点，保证国防科技事业后继有人,兴旺发达。

国务委员李铁映和文化部直属艺术表演团体负责人举行座谈

座谈主要就去年以来中直十个文艺院团的改革进展和今后的发展道路等多方面问题广泛听取意见、交流思想,并共同商讨进一步推进改革、扩大成果的具体措施和办法。

李铁映充分肯定文化部直属院团管理体制改革所取得的初步成效。指出进一步深化改革要从外部环境和内部机制两方面抓紧。从外部看,要解决新形势下国家和院团、演职员之间的权、利关系,彻底改变原来的拨款方式,国家财政的支持主要扶植艺术作品创作,并形成养艺术而不是养人的机制。要进行必要的艺术团体的排、演场所建设,将此作为贯彻六中全会精神、发展国家级艺术院团的具体措施,争取纳入国家计划,在五年至十年内基本解决。

李铁映说,艺术院团自己的主要精力应放在理顺自身内部关系、发展艺术生产力上来。李铁映说,国家给我们很多支持、扶植,就是要我们承担起发展民族文化、创作艺术精品、满足群众精神文化需求、把中国优秀文化传统弘扬到全世界并让国人了解世界文化艺术的职责。在这些方面,我们中央直属院团是主力军。他希望中直艺术院团能树立起国家意识,认识到自己的"国家队"位置,无论演出、创作以及精神面貌都应反映出"国家级"的水平。他特别提出,要贯彻六中全会精神,加强社会主义精神文明建设,对国家院团的演职员,应定期进行思想、理论培训,全面提高文艺工作队伍的素质。

文化部部长刘忠德在座谈会上表示,去年的改革为我们艺术院团的生存带来很大变化和希望,但今后的任务还很重,整个的改革之路可以说刚刚开始,特别是在发展艺术生产力、攀登艺术高峰方面还需要长久的努力。国务院有关部门负责同志刘奇葆、乌杰、谢旭人、潘震宙等和十个中央直属艺术院团的负责人参加座谈会。

2月20日

邓小平治丧委员会发布公告(第二号)

鉴于邓小平同志在党和国家历史发展中的特殊功绩,以及全党全军全国各族人民的共同愿望,现决定:

(一)2月25日,中共中央、全国人大常委会、国务院、全国政协、中央军委在北京人民大会堂隆重举行邓小平同志追悼大会,邓小平同志治丧委员会委员(京外委员派代表),中央党政军群机关各部门和首都各界代表,生前友好,家乡代表,共一万人参加。

在首都举行的邓小平同志追悼大会,是全党全军全国各族人民悼念邓小平同志的活动,中央人民广播电台、国际广播电台、中央电视台届时将现场转播追悼大会实况,各级党组织要认真组织广大干部群众收听和收看追悼大会的实况转播。

(二)2月25日,全国党政军机关,各边境口岸、海、空港口,企业、事业、学校等单位,我驻外使领馆、新华社香港分社、新华社澳门分社下半旗志哀。

(三)在追悼大会举行时,上午十时整,一切有汽笛的地方,如火车、轮船、军舰、工厂等,鸣笛三分钟志哀。

(四)根据邓小平同志的嘱托和亲属的意见,不举行遗体告别仪式。

特此公告。

邓小平同志治丧委员会

1997年2月20日

全国各族人民沉痛悼念邓小平逝世

今晨,敬爱的邓小平同志逝世的噩耗传开后,长城内外、大江南北的广大城市、农村、牧区、机关、工矿、学校沉浸在巨大的悲痛之中。全国各地、各族人民决心化悲痛为力量,继承邓小平同志的遗志,在以江泽民同志为核心的党中央坚强领导下,把社会主义改革开放和现代化建设的伟大事业不断推向前进。

解放军全军和武警部队官兵深切哀悼邓小平

人民解放军和武警部队广大干部、战士怀着无限沉痛的心情,深切哀悼敬爱的邓小平同志,追思邓小平同志在中国革命的各个历史时期所建立的丰功伟绩,缅怀邓小平同志为建设现代化、正规化革命军队所建树的不朽功勋,决心继续高举邓小平建设有中国特色社会主义理论的伟大旗帜,坚决听从以江泽民同志为核心的党中央、中央军委的指挥,更加坚定地贯彻执行党的基本路线,更好地完成党中央、中央军委赋予的任务,为改革开放和社会主义现代化建设提供坚强有力的安全保证。

党外人士缅怀邓小平光辉业绩

各民主党派中央、全国工商联领导人和无党派人士在北京沉痛悼念邓小平同志逝世,缅怀邓小平同志的丰功伟绩,表达各民主党派、全国工商联、无党派人士对邓小平同志的无比崇敬和深切悼念之情。

新华社香港分社向中共中央 全国人大常委会 国务院 全国政协 中央军委发出唁电沉痛哀悼邓小平逝世

香港各界沉痛哀悼邓小平

新华社香港分社今晨起下半旗志哀,设灵堂接待前来吊唁的香港各界人士和在港外国友人，以表达对邓小平的无比崇敬和深切悼念之情。

澳门总督韦奇立致国家主席江泽民对邓小平逝世表示哀悼唁电

台湾海基会董事长辜振甫致函海协会会长汪道涵对邓小平逝世表示哀悼

海外华人华侨留学生沉痛悼念邓小平

国际社会深切哀悼邓小平逝世

柬埔寨国王西哈努克、巴勒斯坦国总统阿拉法特、葡萄牙总统桑帕约、新加坡内阁资政李光耀、孟加拉国总理谢赫·哈西娜、日本天皇明仁和日本首相桥本龙太郎、越南党和国家领导人杜梅、黎德英、武文杰、农德孟、孟加拉国总统萨哈布丁、阿根廷共和国总统梅内姆、俄罗斯总统叶利钦、美国总统克林顿、英国首相梅杰、德国总理赫尔佐克、一些国家和地区的领导人分别致电或致函江泽民主席、李鹏总理以及卓琳同志，对邓小平逝世表示深切哀悼。

国务院任命香港特区首届政府主要官员

根据香港特别行政区行政长官董建华的提名，国务院任命了香港特别行政区第一届政府的23名主要官员。

名单如下：

政务司司长陈方安生，财政司司长曾荫权，律政司司长梁爱诗，公务员事务局局长林焕光，保安局局长黎庆宁，教育统筹局局长王永平，卫生福利局局长霍罗兆贞，规划环境地政局局长梁宝荣，文康广播局局长周德熙，运输局局长萧炯柱，民政事务局局长孙明扬，政制事务局局长吴荣奎，经济局局长叶澍，库务局局长邝其志，财经事务局局长许仕仁，工商局局长俞宗怡，工务局局长邝汉生，房屋局局长黄星华，廉政专员任关佩英，审计署署长陈彦达，警务处处长许淇安，入境事务处处长叶刘淑仪，海关关长李树辉。

以上官员将于1997年7月1日就职。

公安部发出《关于整顿废旧金属收购站点严厉打击盗窃生产性废旧金属犯罪活动的通知》

公安部日前发出《关于整顿废旧金属收购站点，严厉打击盗窃生产性废旧金属犯罪活动的通知》，要求各级公安机关在今年上半年集中一段时间，严格整顿废旧金属收购站点，严厉打击盗窃破坏冶金、油田、电力、通信、铁路、市政等器材设施的犯罪活动。

通知指出，近年来，一些地区盗窃破坏冶金、油田、电力、通讯、铁路、市政等器材设施的犯罪活动十分突出。有些犯罪活动已经造成极为严重的后果，导致通信线路中断，铁塔发生倒塌，危及列车行驶安全，甚至造成人身伤亡。这些问题严重危害国家经济建设，影响工农业生产，危及群众人身安全，必须下决心解决。

通知要求各地彻底清理整顿废旧金属收购业，自通知之日起，停止审批新建废旧金属收购站点。对现有的要下决心砍掉一批，扭转过多过滥的问题。对收购冶金、油田、电力、通信、铁路、市政等设施、器材、材料的，一律予以取缔，没收非法所得，吊销特种行业许可证，并对责任人依法从严处理，构成犯罪的，坚决追究刑事责任。

通知要求在企业周边设置禁设区。要以大中型钢铁、油田等企业为重点，在企业周边明确划定禁止设立废旧金属收购站、点的区域。

全军房改领导小组会议在北京召开

中央军委委员、总后勤部部长王克在会议上强调，军队住房制度改革要抓住机遇，积极、稳妥地向广度、深度发展。

王克指出，改革住房制度，是邓小平同志倡导，以江泽民同志为核心的党中央、中央军委高度重视的一件大事。解决军队干部、职工住房问题的根本出路，就在于深化改革，尽快建立起与社会主义市场经济体制相适应，与我军革命化、现代化、正规化建设相适应的新的住房制度。近年来，我们迈开了军产住房出售的步伐，实施了安居工程，使改革实现了突破性进展。因此，我们要更加广泛深入地宣传军委的房改政策，充分利用房改的成果，引导全军广大干部、职工从全局利益和长远利益深刻认识房改的意义，坚定房改的决心和信心。

王克强调，维护稳定是全党、全军工作的大局。我们的一切工作，包括房改工作，只能是促进稳定，而不能影响稳定。今年的全军房改工作，要坚持稳中求进的方针，在有利于稳定的前提下实施改革、推进改革。要切实把长远利益与眼前利益统一起来，防止急于求成，盲目行事，防止急功近利，短期行为，珍惜有限的军产土地。

王克强调，军队房改的目标和大政方针，军委已经明确。当前需要我们深入研究，搞出一整套切合实际的政策措施。我们要教育各单位和广大干部，从讲政治和加强党风廉政建设的高度，严格执行房改规定，严肃房改纪律。各级党委和房改领导小组，要加强监督检查，确保军委、总部各项房改政策规定的贯彻执行。

会议上，总后勤部副部长周友良传达了全国房改工作会议精神，总后基建营房部领导汇报了去年全军房改工作情况和今年的打算。

中国海军舰艇编队离开湛江出访美洲

应美国、墨西哥、秘鲁、智利等国海军邀请，在中国人民解放军广州军区副司令员兼海军南海舰队司令员王永国中将的率领下，由海军112号和166号导弹驱逐舰以及南运953综合补给船组成的舰艇编队，上午离开湛江前往上述四国友好访问。

国务院副总理兼外交部部长钱其琛在钓鱼台国宾馆同委内瑞拉外长布雷利·里瓦斯举行会谈

捍卫科学尊严破除愚昧迷信反对伪科学论坛第三次研讨会在中国科技会堂召开

研讨会由中国科协第五届常委会促进自然科学与社会科学联盟专门委员会主任、中央党校副校长龚育之主持，100多位专家学者出席。

这次研讨会的主题是"巫医神汉流行趋势、危害状况与对策"。与会专家从医学、心理学、宗教学、史学、社会学等多种学科出发，理论联系实际，揭示了当前社会上存在的假医行巫、以巫行骗的巫医神汉活动情况，分析了巫医神汉存在和繁衍的社会根源，指出了这种状况对社会发展造成的严重危害，提出了遏制巫医神汉活动的积极对策。

专家们呼吁，广大科技工作者要积极行动起来，大力普及科学技术知识，与广大人民群众一起，努力铲除现代巫医神汉和各种愚昧迷信活动滋生和蔓延的土壤。专家们建议，必须像"扫黄打非"一样，坚决持久地打击封建迷信活动，打击黑道势力，取缔一切利用封建迷信坑害老百姓的欺诈行为。

2月21日

新华社播发《邓小平伟大光辉的一生》

邓小平是全党全军全国各族人民公认的享有崇高威望的卓越领导人，伟大的马克思主义者，伟大的无产阶级革命家、政治家、军事家、外交家，久经考验的共产主义战士，中国社会主义改革开放和现代化建设的总设计师，建设有中国特色社会主义理论的创立者。邓小平的一生，是光辉的战斗的一生。在70多年波澜壮阔的革命生涯中，他为中国新民主主义革命的胜利和新中国的成立，为中国社会主义的创建、巩固和发展，建立了永不磨灭的功勋。

1904年8月22日，邓小平出生在四川省广安县协兴乡牌坊村。原名邓先圣，5岁进私塾发蒙，学名邓希贤，后转入新式小学。高小毕业后，考入广安县中学。1919年秋考入重庆勤工俭学留法预备学校。受五四运动的影响，这时他有了朴素的"工业救国"的爱国思想，他同全校同学一起参加抵制日货、声讨卖国贼的活动。1920年夏，赴法国勤工俭学。

邓小平到法国后，因生活所迫，只在中学学习过几个月，就先后到几个工厂做工，他体验到生活的艰辛，体验到资本家对工人的残酷剥削。当时，他和一批先进的中国留学生，在俄国十月社会主义革命的影响下，先后接受了马克思主义而走上革命道路。1922年他参加旅欧中国少年共产党(后改为中国社会主义青年团旅欧支部)，1924年转为中国共产党党员。从此，他走上无产阶级职业革命家的道路，成为一名共产主义战士。他担任青年团旅欧总支部的领导成员和中共党组织里昂区的特派员。他还作过青年团机关刊物《赤光》杂志的编辑。

1926年年初，邓小平离法赴苏，先后在莫斯科东方大学、中山大学学习。他在当时写的自传中说道："我能留俄一天，便要努力研究一天，务使自己对于共产主义有一个相当的认识。""我来莫的时候，便已打定主意，更坚决地把我的身子交给我们的党，交给本阶级。"

1927年春，邓小平受党的派遣回国，到西安冯玉祥国民军联军担任中山军事学校政治处处长兼政治教官，并任该校中共组织的书记。蒋介石在上海发动四一二反革命政变后，邓小平于6、7月间转赴汉口，在中共中央机关工作。不久，汪精卫主政的武汉政府也公开反共，严酷的白色恐怖笼罩全国，中国共产党被迫转入地下。为了适应秘密工作环境，他从此改名为邓小平。8月7日他参加中共中央紧急会议(即八七会议)，会议纠正和清算了陈独秀的右倾投降主义，确定了实行土地革命和武装反抗国民党反动派的总方针。年底，他随中共中央机关秘密迁往上海。1928年至1929年，任中央秘书长。1928年中国共产党在莫斯科召开第六次全国代表大会，他协助留在国内的中央领导人，处理中央的日常工作。

大革命失败以后，中国共产党为了挽救革命，发动了一系列的武装起义。1929年夏，邓小平作为中共中央代表前往广西领导起义。他化名邓斌，任中共广西前敌委员会书记，同张云逸等于12月发动百色起义，创建了红军第七军和右江根据地。次年2月，又发动龙州起义，建立了红军第八军和左江根据地。他出任红七军、红八军政治委员和前敌委员会书记。在邓小平等人的领导下，在四个多月的时间里，红军发展到七千人，红色区域扩展到二十多个县，拥有一百多万人口，成为当时较大的革命根据地之一。由于党内"左"

倾冒险主义错误的影响，部队作战连连受挫，不得不转战七千里，到江西中央革命根据地同中央红军会合。邓小平对“左”的错误指挥提出过不同意见，但未被采纳。1931 年 2 月，他受前委的委派，到上海向中央汇报工作。在这期间他写了《七军工作报告》，详细叙述了红七军的情况，总结了起义前后的经验教训。

1931 年夏，邓小平到达江西中央革命根据地，先后担任瑞金县委书记、会昌中心县委书记、江西省委宣传部长。这时，推行“左”倾冒险主义的中共临时中央从上海迁入中央革命根据地。邓小平同毛泽覃、谢唯俊、古柏等一直坚持从实际情况出发，执行以毛泽东为代表的正确路线。他们反对“城市中心论”，主张向敌人力量薄弱的广大农村发展；反对军事冒险主义，主张诱敌深入；反对用削弱地方武装的办法来扩大主力红军，主张两种武装力量都要发展；反对“左”的土地分配政策。临时中央开展了对邓、毛、谢、古的斗争。邓小平被撤销省委宣传部长的职务，受党内最后严重警告的处分，被派往中央苏区边远的乐安县所属南村区委当巡视员。这是他在党的政治生活中受到的第一次错误处分。后来，在军委政治部主任王稼祥等人的支持下，被调到总政治部担任秘书长。不久，负责主编总政治部机关报《红星》报。

1934 年 10 月，邓小平随中央红军长征，年底任中央秘书长。1935 年 1 月，他参加了在中国共产党历史上具有伟大转折意义的遵义会议，会议确立了以毛泽东为代表的新的中央的正确领导。红一、红四方面军会合后，他担任红一军团政治部宣传部长。后任红一军团政治部副主任、主任。

1937 年，日本帝国主义向中国发动了全面的侵略战争。大敌当前，国共两党实现了第二次合作。中国工农红军改编为国民革命军第八路军。1937 年 8 月，邓小平任八路军政治部副主任，奔赴华北抗日前线。1938 年 1 月，任八路军一二九师政治委员，师长是刘伯承。

邓小平和刘伯承率一二九师深入日本侵略军占领区的后方，以太行山为中心，依托山区，并向平原发展。他们率部进行了一系列战斗，在太行山站稳了脚跟后，分兵发动群众，组织抗日武装，建立抗日民主政权，创建了晋冀豫抗日根据地。接着，又率部越过平汉铁路，东进冀南平原，开辟了冀南抗日根据地；还先后建立了太岳和由鲁西等根据地合并而成的冀鲁豫抗日根据地。抗日战争进入相持阶段后，1939 年 12 月，国民党顽固派发动了第一次反共高潮，向八路军总部和一二九师所在的太行地区发动大规模军事进攻。1940 年 3 月，刘邓指挥部队，在晋察冀军区部队的配合下，奋起反击，全歼进攻太行地区的国民党顽固派军队一万余人。为粉碎日军对华北抗日根据地的“扫荡”，打击日军的“囚笼政策”，从 1940 年 8 月起，八路军向华北日军占领的交通线和据点发动了大规模的破击战役，即“百团大战”。刘邓率领所部 38 个团参加，进行大小战斗五百余次，给日、伪军以很大打击。

从 1941 年开始，华北敌后抗战进入了最艰苦的阶段。1942 年 9 月，邓小平兼任中共中央太行分局书记。彭德怀、刘伯承回延安参加整风后，他于 1943 年 10 月代理中共中央北方局书记，并主持八路军总部的工作，在艰苦的条件下，担负起领导华北敌后抗日根据地党政军的全面工作。他本着面向敌占区、面向交通线、敌进我进的方针，积极主动地开展游击战争，指挥部队粉碎日、伪军一次又一次的残酷“扫荡”，并领导全区进行建党、建军、建政活动，进行整风、精兵简政、减租减息和大生产运动，取得很大成绩。邓小平从实际情况出发，发表了《党与抗日民主政权》、《一二九师文化工作的方针任务及其努力方向》、《五年来对敌斗争的概略总结》、《太行区的经济建设》、《在北方局党校整风动员会上的讲话》等文章和讲话。他提出了对敌斗争的一系列具体的政策和策略，提出了从各方面积蓄力量、为战略反攻和战后建国作准备的方针。他在北方局党校的整风动员会上所发表的讲话，指出毛泽东思想即中国化的马克思列宁主义，党的事业要以毛泽东思想作指导。1945 年 6 月，邓小平在党的第七次全国代表大会上当选为中央委员。1945 年 8 月日本投降时，他和刘伯承率部开创的太行、太岳、冀南、冀鲁豫四块根据地已基本上连成一片，成为拥有 2400 万人口、30 万军队的全国最大的解放区。同月，中共中央决定成立晋冀鲁豫中央局和晋冀鲁豫军区，邓小平任中央局书记和军区政治委员，刘伯承任军区司令员。

抗日战争胜利以后，国民党在与共产党进行和平谈判的同时，不断地挑起局部战争。由刘邓领导的晋冀鲁豫解放区，横亘中原，正堵住国民党军队向华北、东北解放区进攻的通道，是军事上的战略要地，国民党军队的进攻矛头首先就指向这个地区。1945 年 9 月，邓小平和刘伯承指挥了著名的上党战役，全歼侵入解放区腹地的国民党军队，巩固了晋冀鲁豫解放区。接着，移师东进，阻击沿平汉铁路北犯的国民党军队，取得了邯郸战役的胜利。这两次战役的胜利，有力地遏制了国民党军队对解放区的进攻，大大加强了中国共产党在重庆谈判中的地位，对停战协定的达成，起了重要作用。1946 年 6 月，蒋介石发动全面内战。刘邓率晋冀鲁豫野战军主力在陇海铁路南北开展运动战，大踏步进退，连续进行了陇海、定陶、巨野等较大规模的战役，大量歼灭国民党军队的有生力量。

1947 年 5 月，邓小平任中共中央中原局书记。6

月，根据中共中央和毛泽东决定的由战略防御转入战略进攻，将战争引向国民党区域的战略部署，他和刘伯承率晋冀鲁豫野战军主力12万人，强渡黄河天险，在鲁西南地区，经过28天连续作战，歼敌5万6千余人，打开了南下的通路。接着，以迅雷不及掩耳之势，长驱直入，从几十万敌军前堵后追中杀开一条血路，千里跃进到大别山地区，由此揭开了中国人民解放战争战略进攻的序幕。刘邓大军进入大别山地区后，对国民党在长江以南的广大统治区形成了直接威胁，迫使国民党军队调动主力回援。围困大别山地区的敌军增加到约20万人，斗争极端艰苦。邓小平激励部队说：我们在大别山背重些，其他部队和地区就能大量歼灭敌人和深入开展工作，这对全局极为有利，我们再削弱再吃苦也要坚持住。刘邓领导大别山根据地军民，积极、灵活地打击敌人，不断粉碎国民党军队对大别山地区的重兵轮番“进剿”。刘邓大军挺进大别山，同相继南下的另外两支野战大军在中原地区布成“品”字形阵势，牵制和吸引了敌军南线160多个旅中的90个旅的兵力，把战线由黄河南北推进到长江北岸，使中原地区由国民党军队进攻解放区的重要后方变成了人民解放军夺取全国胜利的前进阵地。1948年5月，邓小平任辖区扩大了的中共中央中原局第一书记及中原军区和中原野战军政治委员。

在开辟中原新解放区的过程中，邓小平发表了《跃进中原的胜利形势与今后的政策策略》、《贯彻执行中共中央关于土改与整党工作的指示》、《关于今后进入新区的几点意见》等讲话和指示，根据中共中央的方针，从中原新解放区的实际情况出发，对整党、土改和工商业政策等问题，提出许多重要意见，受到中共中央和毛泽东的肯定和称赞。从1948年春起，中原野战军与华东野战军协同作战，相继发起洛阳、宛西、宛东、豫东、襄樊等战役，粉碎了中原国民党军队的防御体系。

1948年9月至1949年1月，人民解放军按照中共中央和中央军委的战略部署，进行了具有决战性质的辽沈、淮海、平津三大战役，基本上消灭了蒋介石赖以维持其反动统治的主要军事力量。

1948年11月，淮海战役开始。中共中央和中央军委决定，由刘伯承、陈毅、邓小平、粟裕、谭震林组成总前委，邓小平任书记，统一指挥中原野战军（后改称第二野战军）和华东野战军（后改称第三野战军）。淮海战役中，蒋介石先后集结近80万军队，而人民解放军参战部队只有60万人，在武器装备上国民党军队更是占有巨大的优势。总前委执行集中优势兵力，各个歼灭敌人的方针，经过66天的作战，共歼敌55万5千人，取得了淮海战役的完全胜利。1949年3月，邓小平出席中共七届二中全会，受命兼任华东局第一书记。4月21日，遵照毛泽东主席、朱德总司令发布的向全国进军的命令，以邓小平为书记的总前委统率第二、第三野战军发起京沪杭战役，一举突破国民党军队的长江防线，浩浩荡荡渡过长江，解放了南京、上海及苏、皖、浙、赣等省广大地区。南京的解放，宣告了国民党反动统治的覆灭。

1949年9月，中华人民共和国成立的前夕，邓小平在中国人民政治协商会议第一届全体会议上，被选为中央人民政府委员。他参加了开国大典。10月，任中国人民革命军事委员会委员。随后他和刘伯承率部进军大西南，迅速消灭了盘踞在云、贵、川三省的90多万国民党反动武装，把国民党反动统治势力最后逐出中国大陆。在西南期间，他任中共中央西南局第一书记、西南军政委员会副主席、西南军区政治委员。他和刘伯承、贺龙在指挥部队清剿土匪顽敌的同时，注意团结一切可能团结的人，分化争取敌人营垒中一切可能争取的人，调动各方面的积极因素；谨慎稳妥地消除历史遗留的民族隔阂，促成各民族的团结；发动和依靠群众，顺利完成土地改革和其他社会改革，加强各级政权建设；迅速恢复工农业生产，兴修成渝铁路等，很快改变了那里的混乱的面貌，开创了西南地区稳定、发展的新局面。他参加领导了进军西藏和西藏和平解放的工作，实现祖国大陆的完全解放。

1952年7月，邓小平调到中央，被任命为政务院副总理兼财政经济委员会副主任，后又兼任政务院交通办公室主任和财政部部长。他提出要把国家财政放在经常的、稳固的、可靠的基础上，财政工作要有全面观念。1954年任中共中央秘书长、组织部部长，国务院副总理，国防委员会副主席。在反对高岗、饶漱石阴谋分裂党、篡夺党和国家最高权力的重大斗争中，邓小平作出了重要贡献。1955年4月，在中共七届五中全会上，被增选为中央政治局委员。1956年9月，中国共产党召开第八次全国代表大会，邓小平在会上作了关于修改党的章程的报告，提出和深刻论述了执政党加强自身建设的任务，指出党面临新的考验，必须经常警惕脱离实际和脱离群众的危险，要求全党坚持群众路线和民主集中制，健全各级党组织的集体领导，避免个人专断和个人决定重大问题。在中共八届一中全会上，当选为中央政治局常委、中央委员会总书记，成为以毛泽东为核心的中国共产党第一代领导集体的重要成员。毛泽东在推荐邓小平当总书记时，说他比较顾全大局，比较有才干，比较周到和公道，是个厚道人。1959年他又担任中共中央军委常委。

邓小平主持中央书记处的工作，长达十年。这十年，是我国开始全面建设社会主义的十年，中国共产党领导全国人民在社会主义经济建设和文化建设中取得很大的成就，积累了重要的经验，同时也有过严重失误。邓小平一直处在中央领导工作的第一线，参加党和国家的重要决策，在许多方面提出过重要的正确主张。这是他工作最繁忙的十年。他积极贯彻八大的路线，指出今后的主要任务是搞建设，共产党要接受监督。1958年"大跃进"和人民公社化运动发动起来以后，"左"的错误严重泛滥开来，接着是三年国民经济困难时期。为了总结经验教训，恢复国民经济的正常发展，他到农村调查，在公共食堂、供给制等问题上提出了纠正错误的意见。他主持制定了《国营工业企业工作条例》(草案)，这个条例对恢复和建立必要的规章制度及正常的生产秩序，改进和加强企业管理，起了重大作用。他还主持制定了《教育部直属高等学校暂行工作条例》(草案)。1962年2月，为了总结经验，统一认识，加强团结，进一步纠正"大跃进"以来工作中的错误，中共中央召开了有七千人参加的扩大的中央工作会议。邓小平在大会上发表讲话强调，要坚持民主集中制，健全党的民主生活，恢复和发扬党的优良传统。同年5月，他提出要做好对受到错误处理的干部的甄别平反工作，用"一揽子解决"的办法，一次解决。由于"大跃进"和人民公社化运动使农村集体经济遭到严重破坏，1962年，许多农村的干部和群众要求实行包产到户。针对这种情况，邓小平在1962年7月提出这样一个原则，就是：哪种生产关系的形式在哪个地方能够比较容易比较快地恢复和发展农业生产，就采取哪种形式；群众愿意采取哪种形式，就应该采取哪种形式。

邓小平担任总书记期间，同各国共产党的领导人广泛接触。他曾多次率代表团去莫斯科同苏联共产党进行谈判，坚决维护中国共产党的独立自主的原则立场。

1966年，毛泽东领导和发动"文化大革命"。邓小平在这场长达十年的动乱中两次受到错误的批判和斗争，并被撤销一切职务，经历了他革命生涯中最艰难、最曲折的时期。1969年10月，他被送到江西省新建县。他每天到县拖拉机修造厂劳动半天，做钳工活。在这期间，他阅读了大量的马列著作和古今中外的书籍。

林彪反革命政变阴谋被粉碎后，毛泽东有意让邓小平出来工作，在周恩来支持下，邓小平于1973年恢复了国务院副总理职务。1974年他代表中国政府在联合国第六届特别会议上发言，系统地阐述了毛泽东关于三个世界划分的理论。在筹备四届人大和酝酿国务院领导人选时，毛泽东评价他"人才难得，政治思想强"。邓小平主持起草了周恩来在四届人大一次会议上的《政府工作报告》。1975年1月他担任中共中央副主席、国务院副总理、中央军委副主席、中国人民解放军总参谋长。周恩来病重以后，在毛泽东支持下，主持党、国家和军队的日常工作。在这期间，他力挽狂澜，同"四人帮"进行了针锋相对的斗争，对"文化大革命"以来所造成的严重混乱局面进行大刀阔斧的整顿。他强调全国要安定团结，把国民经济搞上去。他以铁路交通作为经济整顿的突破口。他指示有关部门先后起草了《关于加快工业发展的若干问题》、《关于科技工作的几个问题》(汇报提纲)、《论全党全国各项工作的总纲》三个文件。在短时间内，包括军队、工业、农业、交通、科教、文艺等在内的全面整顿，收到显著的成效，得到了全国人民的衷心拥护。起初，毛泽东对邓小平的工作是支持的，但是不能容忍他系统地纠正"文化大革命"的错误，又发动了所谓"批邓、反击右倾翻案风"运动。1976年1月周恩来逝世。4月5日，天安门广场发生悼念周总理，反对"四人帮"，拥护邓小平的群众运动，"四人帮"乘机诬陷邓小平，他再一次被错误地撤销党内外一切职务。9月，毛泽东逝世。10月，"四人帮"被粉碎，"文化大革命"结束。

在未来的岁月中，中国应该走怎样的一条路，这是亿万人民十分关切的重大问题。邓小平由于他在长期革命斗争中建立的历史功勋，由于他对"四人帮"的坚决斗争和在动乱中主持全面整顿取得的显著成效，在党和人民中享有很高的威望。在叶剑英、陈云等的积极推动下，1977年7月，中共十届三中全会决定恢复邓小平的中共中央副主席、国务院副总理、中央军委副主席、人民解放军总参谋长的职务。在1977年8月召开的中国共产党第十一次全国代表大会上，他当选为中共中央副主席。1978年3月，他当选为第五届全国政协主席。当时面临的形势十分严峻，整个国家问题成堆，亟待解决。他一出来工作，立即表现出作为战略家的远见卓识，在千头万绪中抓住具有决定意义的环节，首先推动思想路线的拨乱反正，领导和支持开展真理标准问题的讨论。他《在全军政治工作会议上的讲话》、《高举毛泽东思想旗帜，坚持实事求是的原则》等讲话和谈话中，反对"两个凡是"的错误方针，提出必须完整地准确地理解毛泽东思想，"实事求是，是毛泽东思想的出发点、根本点。"长期以来禁锢人们思想的僵化的局面被冲破。

1978年12月召开的中共十一届三中全会，是新中国成立以来党和国家历史上具有深远意义的伟大转折，开创了社会主义事业发展的新时期。邓小平在全会前夕的中央工作会议上作《解放思想，实事求是，团结一致向前看》的讲话，指出："解放思想是当前的一个重大政治问题。""一个党，一个国家，一个民族，如果一切从本本出发，思想僵化，迷信盛行，那它就不能前进，它的生机就停止了，就要亡党亡国。""民主是解放思想的重要条件”，“必须使民主制度化、法律化。”要研究新情况，解决新问题。强调“如果现在再不实行改革，我们的现代化事业和社会主义事业就会被葬送”。他还提出允许一部分地区、一部分人先富裕起来，带动其他地区、其他人，这样就会使整个国民经济不断地波浪式地向前发展，使全国各族人民都能比较快地富裕起来。这是一个大政策。这个讲话实际上是这次全会的主题报告。三中全会重新确立了解放思想、实事求是的思想路线，果断地停止使用“以阶级斗争为纲”的错误口号，把党和国家工作重点转移到社会主义现代化建设上来，并作出实行改革开放的战略决策。经过这次全会，形成了以邓小平为核心的中共第二代领导集体。

邓小平非常重视解决组织路线的问题。他在多次讲话中提出，思想路线、政治路线的实现要靠组织路线来保证。他采取一系列措施，解决干部的革命化、年轻化、知识化、专业化的问题，改变领导职务终身制，实行新老干部的合作和交替。

在拨乱反正、纠正“左”的错误的过程中，出现了摆脱共产党的领导、反对社会主义道路等右的思潮。为了在现代化建设中保持正确方向，1979 年 3 月邓小平在中共中央召开的理论工作务虚会上作《坚持四项基本原则》的讲话，旗帜鲜明地提出必须坚持社会主义道路、坚持人民民主专政、坚持中国共产党的领导、坚持马克思列宁主义、毛泽东思想，“这是实现四个现代化的根本前提”。“如果动摇了这四项基本原则中的任何一项，那就动摇了整个社会主义事业，整个现代化建设事业。”1981 年 6 月中共十一届六中全会，通过由他主持起草的《关于建国以来党的若干历史问题的决议》。这个决议，总结了新中国成立以来的历史经验，根本否定了“文化大革命”，维护了毛泽东的历史地位，科学地评价了毛泽东思想。随着国内局势的发展和国际局势的变化，越来越显示出他作出这个重大决策的勇气和远见。在这次中央全会上，他被选为中央军委主席。

1982 年 9 月，中国共产党召开第十二次全国代表大会。邓小平在开幕词中提出：“把马克思主义的普遍真理同我国的具体实际结合起来，走自己的道路，建设有中国特色的社会主义。”这次大会确定了全面开创社会主义现代化建设新局面的纲领。十二届一中全会选他为中央政治局常委，决定他任中央军委主席。十二大选举产生了中央顾问委员会。在顾问委员会第一次全体会议上，他当选为主任。

十一届三中全会以后，邓小平围绕什么是社会主义、怎样建设社会主义这个主题，第一次比较系统地初步回答了在中国这样的经济文化比较落后的国家，如何建设、巩固和发展社会主义的一系列基本问题，用新的思想、观点，继承和发展了马克思列宁主义、毛泽东思想。

我国处在社会主义初级阶段，是邓小平和中国共产党对当代中国基本国情的科学判断。十一届三中全会以后，他提出，我国底子薄，人口多、耕地少，搞建设，要适合中国情况，走出一条中国式的现代化道路。1980 年，他谈到我国社会主义建设的经验时指出：“不要离开现实和超越阶段采取一些‘左’的办法，这样是搞不成社会主义的。”十三大前夕，他指出：“我们党的十三大要阐述中国社会主义是处在一个什么阶段，就是处在初级阶段，是初级阶段的社会主义。社会主义本身是共产主义的初级阶段，而我们中国又处在社会主义的初级阶段，就是不发达的阶段。一切都要从这个实际出发，根据这个实际来制订规划。”中共十三大系统地论述了社会主义初级阶段理论。十三大对邓小平关于社会主义初级阶段的基本路线的论述作了概括，这就是：“领导和团结全国各族人民，以经济建设为中心，坚持四项基本原则，坚持改革开放，自力更生，艰苦创业，为把我国建设成为富强、民主、文明的社会主义现代化国家而奋斗。”

要实现现代化，真正体现社会主义的优越性，必须大力发展生产力。邓小平认为，社会主义阶段最根本的任务就是发展生产力。社会主义要消灭贫穷，贫穷不是社会主义，发展太慢也不是社会主义。1980 年他在《目前的形势和任务》的讲话中指出，80 年代的三件大事，核心是现代化建设。要求全党要始终如一地搞这件事，扭住不放。一切任务都要服从和围绕经济建设这个中心。在发展生产力中，他非常重视科学技术的地位和作用，提出“科学技术是第一生产力”的新观点。他认为实现现代化，关键是科学技术现代化。要尊重知识，尊重人才。强调科技人才的培养，基础在教育，抓科技必须同时抓教育。教育是一个民族最根本的事业。

邓小平高瞻远瞩，为我国制定了宏伟的经济发展战略。1979 年他提出在本世纪末国民生产总值翻两番，实现小康社会的目标。以后他在多次讲话中逐步形成了从 80 年代初到下世纪中叶分三步走的设想：第一步，从 1981 年到 1990 年，人均国民生产总值翻一番，解决人民的温饱问题；第二步，到本世纪末再翻一番，人民生活达到小康水平；第三步，到下个世纪中叶，人均国民生产总值达到中等发达国家水平，人民生活比较富裕，基本实现现代化。中共十三大确认了这一发展战略。

针对旧有体制严重束缚生产力发展的状况，邓小平提出，改革是中国发展生产力的必由之路。他认为，改革具有解放生产力的意义，“改革是中国的第二次革命”。他充分肯定和支持农村率先发起的以家庭联产承包责任制为主的改革，并及时总结经验，把改革的重点转移到城市。1984 年中共十二届三中全会作出经济体制改革的决定，涉及经济、政治、科技、教育等各个领域的改革全面展开。他对这个决定给予了高度评价。对这场前无古人、情况复杂的伟大试验，他确定了胆子要大、步子要稳的指导方针。他强调，“在改革中我们始终坚持两条根本原则，一是以社会主义公有制经济为主体，一是共同富裕”。他突破传统观念的束缚，把市场经济同社会主义联系起来。从 1979 年到 1992 年的多次谈话中，指出社会主义也可以搞市场经济，计划和市场都是手段，不是社会主义与资本主义的本质区别。他的这些谈话，为我们党确定建立社会主义市场经济体制的改革目标奠定了理论基础。

1980 年，邓小平在中共中央政治局扩大会议上作《党和国家领导制度的改革》的重要讲话，从领导制度、组织制度这一带根本性、全局性、稳定性和长期性的问题，来总结“文化大革命”的经验教训，对现行领导制度存在的各种弊端提出必须进行改革。1986 年，随着经济体制改革的深入，他提出，不改革政治体制，会阻碍经济体制改革，阻碍生产力的发展。他明确指出，政治体制改革的目标是：保持党和国家的活力，主要是指领导层干部的年轻化；克服官僚主义，提高工作效率；调动基层和人民群众的积极性。他特别强调，在社会主义现代化建设中，必须大力发展社会主义民主，健全社会主义法制，努力建设社会主义民主政治。

邓小平把对外开放作为我国的一项基本国策。他指出，任何一个国家要发展，孤立起来，闭关自守是不可能的。中国的发展离不开世界。要大胆吸收和借鉴人类社会一切文明成果。他主张全面开放，向所有国家开放。积极发展对外贸易，吸收外国资金、先进技术和管理经验，扩大对外经济合作。引进外国智力，大量派遣留学生到国外学习。他作出设立经济特区，开放十几个沿海港口城市，进而开辟沿海对外经济开放地带和开发开放上海浦东等一系列重大决策。1984 年和 1992 年他两次到特区视察，指出特区是个窗口，是技术的窗口，管理的窗口，知识的窗口，也是对外政策的窗口。特区的高速发展带动了全国的对外开放，形成了全面开放的新格局，有力地促进了改革和现代化建设事业。

搞改革开放，搞社会主义现代化建设，不会是一帆风顺的，会遇到各种干扰。对 1989 年春夏之交发生的政治风波，邓小平和其他老一辈革命家一道，坚决支持党和政府采取果断措施予以平息，维护了国家的独立、尊严、安全和稳定。他特别强调，改革和建设需要有一个稳定的政治环境，稳定压倒一切。他指出，党的十一届三中全会以来所制定的路线、方针、政策是正确的，不能因为这次事件的发生就说我们的战略目标错了。四个坚持和改革开放都没有错，错在四个坚持坚持得不够一贯，教育和思想政治工作太差。一手比较硬，一手比较软。他强调，原来制定的基本路线、基本方针、政策都不变，要坚定不移地干下去。

邓小平十分重视社会主义精神文明建设，强调要在建设高度物质文明的同时，建设高度的社会主义精神文明。两个文明都搞好，才是有中国特色的社会主义。要一手抓物质文明，一手抓精神文明。两手抓，两手都要硬。他指出，要教育全国人民做到有理想、有道德、有文化、有纪律。要发挥我们的优势，用坚定的信念把人民团结起来。1985 年在中国共产党全国代表会议上的讲话中，他告诫全党：“不加强精神文明的建设，物质文明的建设也要受破坏，走弯路。光靠物质条件，我们的革命和建设都不可能胜利。”以后他又说：“抓精神文明建设，抓党风、社会风气好转，必须狠狠地抓，一天不放松地抓，从具体事件抓起。”

邓小平作为中国人民解放军统帅，对新时期军队建设提出许多重要思想。他对当今时代和我国安全环境作了科学判断，使军队和国防建设指导思想实行了战略性转变。他提出，要把军队建设成为强大的现代化正规化的革命军队。要求军队以现代化建设为中心，走有中国特色的精兵之路，为保证国家安全，维护祖国统一，不断增强国防实力。军队要服从和服务于国家经济建设的大局，自觉地在这个大局下行动，积极支持和参与国家经济建设。在他领导下，人民解放军裁减员额一百万，这是我国维护世界和平的实际行动。1989 年在他辞去中央军委主席的时候，向参加中央军委扩大会议的同志深情地说：“我确信，我们的军队能够始终不渝地坚持自己的性质。这个性质是，党的军队，人民的军队，社会主义国家的军队。”

为了解决香港、澳门、台湾的问题，实现祖国统一，邓小平尊重历史和现状，从实际出发，创造性地提出了“一个国家，两种制度”的伟大构想，即在祖国大陆实行社会主义制度，在香港、澳门、台湾地区实行资本主义制度。1982 年 9 月，他在同英国首相会见时，阐述了中国解决香港问题的基本立场，维护了祖国的主权和尊严。在解决香港、澳门问题的整个过程中，他倾注了大量的心血。1997 年 7 月 1 日，我国将恢复对香港行使主权，他的伟大构想即将实现。1983 年他提出解决台湾问题的“六条”方针，强烈表达了和平统一祖国的愿望。他针对分裂中国的图谋，强调不能放弃用非和平方式解决台湾问题。“一国两制”不仅是建设有中国特色社会主义理论的一个重要内容，也为国际上解决类似问题提供了范例。

进行社会主义现代化建设，不仅需要一个稳定的国内环境，也需要一个和平的国际环境。邓小平审时度势，提出了一整套外交战略。他提出，和平和发展是当代世界的两大问题，要坚持独立自主的和平外交政策，反对霸权主义，维护世界和平。他主张以和平共处五项原则作为建立国际政治新秩序和国际经济新秩序的准则。他强调中国永远属于第三世界，永远不称霸。在他的主持下，实现了中美建交，缔结了中日和平友好条约，恢复了中苏两党两国的关系，发展了同周边国家和第三世界国家的友好关系。他对许多国家进行了访问，接待了许多国家的领导人。80年代末90年代初，国际风云变幻，社会主义事业出现严重曲折的局势，他提出要冷静观察，稳住阵脚，沉着应付，要把国家的主权和安全始终放在第一位。邓小平为我国现代化建设争取有利的国际条件，为维护世界和平和人类进步事业，作出了巨大贡献。

邓小平一贯重视党的建设。他提出四个坚持的核心是坚持党的领导，这是实现四个现代化的关键。为了坚持和加强党的领导，必须努力改善党的领导，改善党的工作状况、组织状况和领导制度。要聚精会神地抓党的建设，把党建设成为领导全国人民进行社会主义物质文明和精神文明建设的坚强核心。要重视马克思主义的理论学习，加强工作中的原则性、系统性、预见性和创造性。要坚持和健全民主集中制，维护中央的权威。他强调端正党风是端正社会风气的关键。要发扬艰苦奋斗、密切联系群众的作风。在整个改革开放过程中，都要反对腐败。廉政建设要作为大事来抓。

邓小平从党和国家的前途着眼，坚决主张废除干部领导职务终身制，并身体力行地作出了表率。他曾多次提出辞去领导职务。1987年11月中共召开十三大，他不再参加中央委员会和中央顾问委员会。1989年11月，在中共十三届五中全会上，他又辞去中央军委主席的职务，实现了他从领导岗位上完全退下来的夙愿。在以他为核心的第二代中央领导集体向以江泽民为核心的第三代领导集体顺利过渡、保持党和国家稳定的过程中，他起了关键的作用。他说，我们党第一代领导集体的核心是毛主席；第二代我算是个领班人；第三代的领导集体也必须有一个核心，就是江泽民同志，大家要维护这个集体和这个集体中的核心，这是我的政治交代。

从领导岗位退下来的邓小平，仍然以高度的历史责任感关注着改革开放和现代化建设事业。1992年初他视察了武昌、深圳、珠海、上海等地并发表重要谈话，总结了中共十一届三中全会以来实行改革开放的基本实践和基本经验，明确回答了经常困扰和束缚人们思想的许多重大认识问题。他指出："社会主义的本质，是解放生产力，发展生产力，消灭剥削，消除两极分化，最终达到共同富裕。"提出判断各方面工作的是非标准，"应该主要看是否有利于发展社会主义社会的生产力，是否有利于增强社会主义国家的综合国力，是否有利于提高人民的生活水平"。强调改革开放胆子要大一些，抓住时机，发展自己，关键是发展经济。党的基本路线要管一百年，动摇不得。他的这个谈话为开好中共十四大，做了充分的理论准备。1992年10月召开的中国共产党第十四次全国代表大会，提出必须用邓小平建设有中国特色社会主义的理论武装全党，确定以建立社会主义市场经济体制为改革目标。以邓小平南方谈话和十四大为标志，中国的改革开放和现代化建设进入了一个新阶段。

1993年，邓小平以89岁高龄亲自主持编辑和逐篇审定《邓小平文选》第三卷。《邓小平文选》共出版三卷。第二卷和第三卷汇集了邓小平在形成和发展建设有中国特色社会主义理论中富有独创性的重要著作，是我国进行社会主义改革开放和现代化建设的科学指南。

邓小平创立的建设有中国特色社会主义理论，是马克思列宁主义基本原理与当代中国实际和时代特征相结合的产物，是毛泽东思想的继承和发展，是当代中国的马克思主义，成为中国共产党和全国人民最可珍贵的精神财富，成为中华民族振兴与发展的精神支柱。中国人民正在这个理论指导下，在以江泽民为核心的中共中央领导下，胜利迈向21世纪。

邓小平夫人卓琳暨子女就邓小平后事安排致信中共中央总书记江泽民并党中央

江总书记并中央：

近来小平同志病重，作为他的亲人，我们的心情十分沉重。我们知道，中央的同志们都很关心小平同志，也与我们一样，已开始考虑有关后事安排。

小平同志是彻底的唯物主义者，对于生死问题的看法向来达观，关于他的后事，近年来曾对我们多有交待。为了体现小平同志一生的追求和信念，完美地完成他人生的最后一个篇章，根据他的嘱托，我们提出如下意见：

一、不搞遗体告别仪式。小平同志历来主张丧事从简，不搞遗体告别仪式符合他的看法。

二、追悼会在火化后举行。骨灰盒以中国共产党党旗覆盖，上方悬挂体现小平同志精神面貌的彩色照片，以表达庄重肃穆的气氛。

三、家中不设灵堂。

四、捐献角膜。解剖遗体供医学研究。

五、不留骨灰。根据小平同志本人的意愿，把骨灰撒入大海。

小平同志毫无保留地把毕生奉献给了祖国和人民，我们希望，我们为小平同志所做的最后一件事，既能体现小平同志的精神本质，又能以最朴素和最庄严的方式表达我们的哀思。

以上当否，请予考虑。

卓　琳　暨子女
邓　林　邓朴方
邓　楠　邓　榕
邓质方
1997 年 2 月 15 日

国家主席江泽民在中南海会见正在中国休假的哈萨克斯坦总统纳扎尔巴耶夫

全国政协八届常委会召开四十三次主席会议

全国政协主席李瑞环主持会议。

会议听取全国政协秘书长朱训关于政协第八届全国委员会第五次会议筹备工作情况的汇报，审议通过政协第八届全国委员会第五次会议日程（草案）、政协第八届全国委员会第五次会议分组办法和小组召集人名单（草案）和政协第八届全国委员会各专门委员会 1996 年工作总结（书面），并决定提交政协第八届全国委员会常务委员会第十九次会议审议。会议还审议通过政协第八届全国委员会第五次会议列席人员名单，政协第八届全国委员会第五次会议执行主席建议名单。

中共中央总书记江泽民在中南海会见越南共产党中央政治局常委阮晋勇

江泽民说，中越两国是山水相连的社会主义邻邦，两党、两国之间有着传统的友谊。我们感到高兴的是，近几年来两国的友好合作关系得到全面恢复和发展，中国党和政府高度重视发展同越南的关系，我们中越两党、两国要以长远和战略的眼光看待和处理相互之间的关系，着眼于 21 世纪，扎扎实实地把两国睦邻友好和互利合作关系搞得更好。

阮晋勇说，我们此次访华的目的就是要进一步了解中国改革开放的成就和经验。我们将根据两党、两国最高领导人所达成的共识继续致力于维护和进一步发展越中两国的传统友谊和友好合作关系。

国务院总理李鹏在中南海会见委内瑞拉外长布雷利·里瓦斯

全国人大常委会委员长乔石在人民大会堂会见东盟北京委员会成员

会见中，东盟北京委员会主席、马来西亚驻华大使马特阿米首先代表东盟各国政府对邓小平的逝世表示深切的哀悼。

乔石感谢客人表达的哀悼之情。乔石说，邓小平对亚太地区和世界的和平与发展作出了杰出的贡献。我们将继承他的遗志，进一步加强中国与亚太地区国家以及世界其他地区一切爱好和平的国家的友好合作。

乔石高度评价了中国与东盟各国的友好交往和传统友谊。乔石说，中国同东盟国家的友好合作关系不断向纵深发展，在政治和经济等领域的合作都取得了可喜的成果。他还说，东盟在促进地区合作和维护地区和平与稳定方面发挥着越来越重要的作用，中国与东盟在许多方面有着共同的利益和目标，中国全国人大与东盟各国议会组织也有着良好的关系。

乔石表示相信，东盟北京委员会的成立，必将进一步增进双方的相互了解，加深友谊，促进友好合作关系的发展。

东盟北京委员会是由马来西亚、菲律宾、越南、新加坡、印度尼西亚、泰国和文莱等 7 国驻华大使 1996 年 9 月在北京成立的。

葡萄牙总统若热·桑帕约在澳门会见新华社澳门分社社长王启人

全国国防科技工业工作会议在北京结束

中共中央政治局委员、国务院副总理邹家华在结束的全国国防科技工业工作会议上讲话，要求国防科技工业积极推进两个转变，进一步提高国防科研能力，加强管理，确保军工产品质量，加快保军转民步伐。

邹家华说，坚持以经济建设为中心，集中力量把经济建设搞好，是全国人民的首要任务。为了实现经济建设这项伟大的任务，就必须要有必要的国防作保障。国防科技工业战线承担着为我军提供性能先进、质量精良的武器装备的重任，这个任务非常艰巨，也非常光荣。他说，军工部门要加强科研，突出重点，积极跟踪世界高科技发展，不断提高科研生产能力，使我军的武器装备水平上一个台阶，使我国国防科技工业基础上一个台阶。

邹家华指出，国防科技工业要坚决贯彻质量第一的方针。质量是军工的生命，是武器装备发展的核心，一定要强化质量观念，认真检查总结质量方面存在的问题，充分听取部队使用部门的意见，切实加强质量管理和售后服务工作。

邹家华说，邓小平同志提出的“军民结合、平战结合、军品优先、以民养军”的方针，是国防科技工业全部工作的基本方针，也是和平时期军工发展的必由之路。

我们要坚决按照邓小平同志确定的方针，继续加快保军转民步伐，并通过军转民来推动国防科技工业结构调整，增强军工企业的市场竞争力和经济实力。他说，每一个军工企业都要发展民品，都要为国家经济建设作贡献。

文化部部长刘忠德在北京会见拉脱维亚文化部部长利哈尔德·比克斯并共同签署两国1997—1999年文化交流计划

22时29分新疆伽师县(震中位于北纬39.8度，东经76.9度)发生5.0级地震

2月22日

香港特别行政区临时立法会在深圳举行第二次全体会议

香港特区立法工作此后将开始运作。

会议通过成立行政事宜小组和议事规则小组两个专责工作小组的议案，两个小组分别由12名议员组成。叶国谦被推选为行政事宜小组召集人，周梁淑怡被推选为议事规则小组召集人。会议研究了两个专责工作小组召集人分别提出的所属工作小组获权决定其职责范围、行事方式及程序等事项；行政事宜工作小组商议了临立会秘书处的关于编制、办事处工作地点、人事和行政转授权力安排等内容；议事规则工作小组讨论了今后会议的议事规则等。

北京市人大十届五次会议选举贾庆林为市长

全国政协举行座谈会痛悼邓小平

政协第八届全国委员会在北京举行座谈会，深切缅怀邓小平同志的丰功伟绩，追思他为开创统一战线与人民政协工作的新局面所作出的巨大贡献。

全国政协副主席阿沛·阿旺晋美等在座谈会上发言。

座谈会由全国政协副主席叶选平主持，出席座谈会的还有全国政协副主席赛福鼎·艾则孜、钱正英、孙孚凌、何鲁丽，各民主党派中央、全国工商联负责人和无党派人士代表彭清源、丁石孙、成思危、雷洁琼、杨纪珂、徐采栋、蔡子民、经叔平，以及全国政协各专门委员会负责人和全国政协副秘书长等。

国务院副总理钱其琛在西双版纳召开的全国旅游工作会议上发表讲话

钱其琛最近在西双版纳召开的全国旅游工作会议上发表讲话。

钱其琛指出，当前旅游业要抓住机遇，努力解决发展中存在的问题，不断提高产业素质，使之真正成为国民经济中的支柱产业。

钱其琛说，去年我国国际旅游收入突破100亿美元，实现了小平同志1978年对中国旅游业发展的宏伟构想。目前国际国内形势都是好的，旅游业是改革开放中一个先行行业，是一个能够带动经济发展的产业，也是一个对外的窗口，要抓住有利的市场机会，争取有更大的发展。

钱其琛强调，旅游行业不能只靠接待人数的增长，还要想办法延长游客停留时间。为此要加强精神文明建设，用好的质量吸引大量回头客。要发展一批能产生长远效益的好产品。旅游业要改变单一观光型旅游的状况，要成为真正的骨干产业。

中央军委副主席张万年在北京会见土耳其空军司令阿赫迈特·乔雷克奇上将

2月23日

八届全国人大常委会二十四次会议闭幕

会议由乔石委员长主持。

会议经过表决，通过合伙企业法。国家主席江泽民签署第八十二号主席令，公布这部法律。这部法律将于1997年8月1日起施行。

经过表决，会议通过了全国人大常委会关于根据香港特别行政区基本法第一百六十条处理香港原有法律的决定。会议经过表决，决定将刑法修订草案和国务院关于提请审议设立重庆直辖市的议案，提请八届全国人大第五次会议审议。

会议经过表决，通过了全国人大常委会关于批准中国和保加利亚、哈萨克斯坦、罗马尼亚3个国家引渡条约的决定，通过全国人大常委会关于批准中国和摩洛哥关于民事和商事司法协助协定的决定，通过中国和吉尔吉斯关于民事和商事司法协助条约的决定。

经过表决，会议决定将八届全国人大第五次会议议程草案提请八届全国人大五次会议预备会议审议，决定将八届全国人大五次会议主席团和秘书长名单草案提请八届全国人大五次会议预备会议选举。

会议经过表决，原则通过全国人大常委会工作报告，并决定会后根据委员们提出的意见进行修改，由委员长会议审定后，提请八届全国人大五次会议审议。会议决定将全国人大常委会关于检查农业法实施情况的报告和全国人大香港特别行政区筹备委员会工作报告，提请八届全国人大五次会议审议。会议还决定八届全国人大五次会议列席人员名单。

副委员长田纪云、王汉斌、陈慕华、费孝通、雷洁琼、王丙乾、王光英、程思远、卢嘉锡、布赫、铁木尔·达瓦买提、吴阶平，秘书长曹志出席会议。国务委员彭珮云、最高人民法院院长任建新、最高人民检察院检察长张思卿列席会议。

八届全国人大常委会二十四次会议作出关于处理香港原有法律的决定

《中华人民共和国香港特别行政区基本法》（以下简称《基本法》）第一百六十条规定："香港特别行政区成立时，香港原有法律除由全国人民代表大会常务委员会宣布为同本法抵触者外，采用为香港特别行政区法律，如以后发现有的法律与本法抵触，可依照本法规定的程序修改或停止生效。"第八条规定："香港原有法律，即普通法、衡平法、条例、附属立法和习惯法，除同本法相抵触或经香港特别行政区的立法机关作出修改者外，予以保留。"第八届全国人民代表大会常务委员会第二十四次会议根据上述规定，审议了香港特别行政区筹备委员会关于处理香港原有法律问题的建议，决定如下：

一、香港原有法律，包括普通法、衡平法、条例、附属立法和习惯法，除同《基本法》抵触者外，采用为香港特别行政区法律。

二、列于本决定附件一的香港原有的条例及附属立法抵触《基本法》，不采用为香港特别行政区法律。

三、列于本决定附件二的香港原有的条例及附属立法的部分条款抵触《基本法》，抵触的部分条款不采用为香港特别行政区法律。

四、采用为香港特别行政区法律的香港原有法律，自1997年7月1日起，在适用时，应作出必要的变更、适应、限制或例外，以符合中华人民共和国对香港恢复行使主权后香港的地位和《基本法》的有关规定，如《新界土地（豁免）条例》在适用时应符合上述原则。

除符合上述原则外，原有的条例或附属立法中：

（一）规定与香港特别行政区有关的外交事务的法律，如与在香港特别行政区实施的全国性法律不一致，应以全国性法律为准，并符合中央人民政府享有的国际权利和承担的国际义务。

（二）任何给予英国或英联邦其他国家或地区特权待遇的规定，不予保留，但有关香港与英国或英联邦其他国家或地区之间互惠性规定，不在此限。

（三）有关英国驻香港军队的权利、豁免及义务的规定，凡不抵触《基本法》和《中华人民共和国香港特别行政区驻军法》的规定者，予以保留，适用于中华人民共和国中央人民政府派驻香港特别行政区的军队。

（四）有关英文的法律效力高于中文的规定，应解释为中文和英文都是正式语文。

（五）在条款中引用的英国法律的规定，如不损害中华人民共和国的主权和不抵触《基本法》的规定，在香港特别行政区对其作出修改前，作为过渡安排，可继续参照适用。

五、在符合第四条规定的条件下，采用为香港特别行政区法律的香港原有法律，除非文意另有所指，对其中的名称或词句的解释或适用，须遵循本决定附件三所规定的替换原则。

六、采用为香港特别行政区法律的香港原有法律，如以后发现与《基本法》相抵触者，可依照《基本法》规定的程序修改或停止生效。

全国政协八届常委会十九次会议开幕

本次会议主要是为即将召开的政协八届五次会议做准备。

会议由全国政协主席李瑞环主持。李瑞环说，在这次常委会开幕前夕，敬爱的小平同志不幸逝世。小平同志是全党全军全国各族人民公认的享有崇高威望的卓越领导人，伟大的马克思主义者，伟大的无产阶级革命家、政治家、军事家、外交家，久经考验的共产主义战士，我国社会主义改革开放和现代化建设的总设计师，建设有中国特色社会主义理论的创立者。小平同志是政协第五届全国委员会主席，是新时期人民政协事业的奠基人。李瑞环提议，全体常委起立，为敬爱的小平同志默哀。

这次会议为期两天，将审议通过政协第八届全国委员会第五次会议议程和日程、政协第八届全国委员会工作报告和报告人、政协第八届全国委员会提案委员会关于政协八届四次会议以来提案工作情况的报告、政协第八届全国委员会第五次会议分组办法和小组召集人名单以及审议各专门委员会年度工作总结和全国政协委员分赴山东、江苏、福建、天津、云南和四川等省、直辖市视（考）察情况的报告，全国政协代表团访问葡萄牙、埃及和沙特阿拉伯情况的报告，吴学谦副主席出席"二十一世纪来临：亚洲的崛起"论坛会和访问泰国情况的报告，全国政协代表团访问越南、老挝和泰国情况的报告等。

全国政协秘书长朱训在会上作关于政协第八届全国委员会第五次会议议程、日程（草案）的说明和关于政协第八届全国委员会常务委员会工作报告（草案）起草情况的说明。

会议开始前，与会者还对第十八次常委会议后，刘靖基副主席、高景德常委因病去世，表示悼念。

全国政协副主席叶选平、吴学谦、杨汝岱、王兆国、阿沛·阿旺晋美、洪学智、钱伟长、钱正英、丁光训、孙孚凌、朱光亚、万国权、何鲁丽出席会议。

国家主席江泽民签署第 82 号令发布《中华人民共和国合伙企业法》

江泽民签署《中华人民共和国合伙企业法》已由中华人民共和国第八届全国人民代表大会常务委员会第二十四次会议于 1997 年 2 月 23 日通过，现予公布，自 1997 年 8 月 1 日起施行。

中华人民共和国主席　江泽民

1997 年 2 月 23 日

中华人民共和国合伙企业法（文略）

2 月 24 日

党和国家领导人同首都群众送别邓小平

我党我军我国各族人民公认的享有崇高威望的卓越领导人，伟大的马克思主义者，伟大的无产阶级革命家、政治家、军事家、外交家，久经考验的共产主义战士，我国社会主义改革开放和现代化建设的总设计师，建设有中国特色社会主义理论的创立者邓小平同志的遗体今天在北京火化。党和国家领导人江泽民、李鹏、乔石、李瑞环、朱镕基、刘华清、胡锦涛、荣毅仁等到中国人民解放军总医院为邓小平同志送别，并护送邓小平同志的遗体到八宝山革命公墓火化。

解放军总医院南楼小礼堂布置得庄严、肃穆。洁白的花朵、黑色的挽幛表达着人们深深的哀思。黑底白字的横幅上写着："敬爱的邓小平同志永垂不朽"。横幅下方正中是邓小平同志的大幅彩色遗像。邓小平同志遗体静卧在鲜花和常青松柏中，面容安详，身上覆盖着中国共产党党旗。四名人民解放军礼兵持枪肃立，守护在两旁。邓小平同志遗体前摆放着邓小平同志的夫人卓琳率子女敬献的花篮。花篮的缎带上写着："我们永远爱你"。送别室内摆放着江泽民、李鹏、乔石、李瑞环、朱镕基、刘华清、胡锦涛、荣毅仁和中共中央、全国人大常委会、国务院、全国政协、中央军委、各民主党派、全国工商联、无党派人士、人民团体、首都各界群众敬献的花圈。

上午 9 时整，中共中央总书记、国家主席、中央军委主席江泽民，中共中央政治局常委、国务院总理李鹏，中共中央政治局常委、全国人大常委会委员长乔石，中共中央政治局常委、全国政协主席李瑞环，中共中央政治局常委、国务院副总理朱镕基，中共中央政治局常委、中央军委副主席刘华清，中共中央政治局常委、书记处书记胡锦涛，国家副主席荣毅仁等，胸佩白花、臂戴黑纱缓步来到送别室，在邓小平同志遗体前肃立。哀乐声中，他们向邓小平同志的遗体三鞠躬，表达对在七十多年波澜壮阔的革命生涯中，为中国新民主主义革命的胜利和新中国的成立，为中国社会主义的创建、巩固和发展，建立了永不磨灭功勋的邓小平同志的崇高敬意和深切缅怀之情。随后，江泽民等同志与邓小平同志的夫人卓琳及子女一一握手，向他们表示深切慰问。

9 时 28 分，合着哀乐的节奏，8 名人民解放军礼兵抬起安放着邓小平同志遗体的灵柩，缓缓走出送别室。江泽民等同志护送邓小平同志的遗体上灵车。

9 时 31 分，在江泽民、李鹏、乔石、李瑞环、朱镕基、刘华清、胡锦涛、荣毅仁等同志，邓小平同志亲属和治丧办公室成员的护送下，灵车徐徐驶向八宝山革命公墓。当灵车启动时，在场送别的同志悲痛肃立，向小平同志的灵车行注目礼。

长街恸哭，万众同悲。从人民解放军总医院到八宝山，短短两公里半的路途两旁，挤满了首都各界人士和从各地赶来的人民群众十多万人。他们举着一幅幅反映各族人民共同心声的横幅，表达对敬爱的小平同志深深的哀思，悲痛地挥泪为小平同志送别。

上午 9 时 51 分，灵车驶进八宝山革命公墓。在第二告别室，江泽民、李鹏、乔石、李瑞环、朱镕基、刘华清、胡锦涛、荣毅仁等同志和邓小平同志的亲属向小平同志作最后的诀别。

国家主席江泽民在人民大会堂与葡萄牙总统桑帕约举行会谈

桑帕约说，葡中建交后，双方领导人往来频繁，双方贸易关系有长足发展，此次随访的有一大批葡萄牙企业家，希望他们此次访华能够进一步加强两国的经贸合作。他说，葡萄牙作为欧盟成员国，一贯主张加强欧盟同中国的关系，并支持中国早日加入世界贸易组织。

江泽民对桑帕约总统此次访华表示欢迎。江泽民说，相信总统阁下这次访问为两国关系的进一步发展和双方在澳门问题上的合作注入新的活力。江泽民说，中葡建交 18 年来，两国在各个领域的友好合作关系顺利发展，特别是近几年两国高层领导人互访增多。这对加深相互了解、促进双边合作起了重要的推动作用。双方贸易额逐步上升，经济合作也有新的发展。总统阁下此次携企业家来访，并将亲自考察中葡合资企业，这将有助于推动两国经贸合作的进一步发展。在文化科技方面，双方已就 1997 年至 1999 年度两国文化交流执行计划达成协议。中国一向重视同葡萄牙发展友好合作关系，这不仅符合两国人民的根本利益，也有利于建立亚欧新型伙伴关系。我们赞赏葡萄牙政府坚持“一个中国”的立场，感谢葡萄牙支持中欧关系的改善。

在谈到澳门问题时，桑帕约说，邓小平先生创造性地提出了“一国两制”的伟大构想，为澳门问题的解决奠定了基础，他还为葡中签署关于澳门问题的联合声明作出了重大贡献。桑帕约表示对澳门问题的顺利解决满怀信心。他说，澳门问题的顺利解决将使葡中关系成为国家关系的典范，同时也有利于欧盟同中国关系的全面发展。

江泽民说，中国政府按照邓小平同志“一国两制”的伟大构想，一直高度重视妥善解决香港和澳门问题，实现港澳的平稳过渡和政权的顺利交接，保持港澳的繁荣和稳定。1997年是中国历史上重要的一年，中国人民恢复对香港行使主权的宿愿将成为现实。我们相信，借鉴解决香港问题的宝贵经验，加之中葡双方的良好合作，澳门问题的解决应该更顺利、更圆满。

江泽民说，中葡两国政府签署关于澳门问题的联合声明近十年来，双方为贯彻执行联合声明进行了良好的合作，中葡联络小组的工作也是有成效的。在澳门过渡期剩下不足三年的时间里，我们面临的工作还很多，双方应进一步加强合作，加快联络小组的工作步伐，把关系到政权顺利交接的主要问题，如公务员本地化、法律本地化、中文官方地位以及档案移交、资产移交等及时解决好。这将有利于保持澳门的稳定和发展，也符合中葡双方的共同利益。

会谈以后，两位领导人出席《中华人民共和国政府和葡萄牙共和国政府1997、1998、1999年度文化交流计划》的签字仪式。

国家主席江泽民和国务院总理李鹏在中南海分别会见美国国务卿玛德琳·奥尔布赖特

奥尔布赖特首先转达了克林顿总统对邓小平逝世的悼念。她还转交了克林顿总统致江泽民主席和卓琳女士的唁函。

奥尔布赖特说：“邓小平先生是令人钦佩和伟大的历史性领袖。他推动中国走上了经济改革的道路，对美中关系的发展也做出了极为重大的贡献。我本人对他的逝世表示哀悼。”

江泽民和李鹏对此表示感谢，并说，邓小平同志是我国全党、全军、全国各族人民公认的、享有崇高威望的卓越领导人。他为中国新民主主义革命的胜利和新中国的成立，为中国社会主义的创建、巩固和发展建立了永不磨灭的功勋。他生前为继续开创中国独立自主的和平外交新局面，为发展我国与世界各国的友好合作关系，为实现中美关系正常化和两国关系的发展做出了重大历史性贡献。中国人民将永远缅怀邓小平同志的伟大历史功绩，将沿着他所开创的道路继续走下去。

江泽民回顾他去年11月份在马尼拉同克林顿总统会晤的情景。江泽民说：“我和克林顿总统已经确定了继续改善与发展两国关系的原则，双方应为此做出努力。”

江泽民指出，当前国际形势发生了巨大变化，但中美作为世界上有重大影响的两个大国，彼此之间有着广泛的共同利益，特别是两国在发展互补互利的经贸合作、共同维护全球及地区和平、促进世界经济发展与繁荣方面，具有很大的合作潜力。这是两国关系发展的坚实基础，当然双方也存在着一些分歧。江泽民指出，双方应该站得高、看得远，从维护两国人民根本利益与促进世界与亚太地区和平、稳定和繁荣出发，增进了解，求同存异，扩大合作。

江泽民表示，在新的世纪即将到来之际，如何在中美三个联合公报基础上把一个健康稳定和持续发展的中美关系带入21世纪，是我们中美两国政府和领导人面临的重大任务。完成这一历史赋予的使命，需要我们拿出当年中美领导人打开关系时的胆略和远见卓识。江泽民表示愿与克林顿总统一起为实现这一目标而共同努力。

李鹏在会见奥尔布赖特时说，中美是世界上两个伟大的国家，双方加强合作建立良好的关系对维护世界和平与促进共同发展具有重要意义。中美两国间保持和加强高层互访与接触有利于增进双方的互相信任和理解。凡是有利于世界和平、安全和发展的事情，中国都愿意做；反之，中国都不做。在国际事务中，中国是讲原则的、负责任的、守信义的国家。

李鹏说，我们欢迎戈尔副总统3月份访华，我期待着同他就环境、能源领域的合作和可持续发展等问题进行讨论，探讨扩大在这些方面的互利合作，为中美两国的经贸合作开辟更广阔的前景。李鹏说，由于我们两国有着不同的历史传统、社会制度和经济发展水平，在一些问题上存在分歧是自然的，不足为怪。分歧和差异不应该成为妨碍发展两国关系的障碍。世界是多样性的，双方应该本着求同存异的精神进行建设性的对话，以对话代替对抗对双方都有利。

国务院副总理兼外交部部长钱其琛在钓鱼台国宾馆与美国国务卿奥尔布赖特举行会谈

钱其琛说，经过中美双方的共同努力，中美关系近来取得了一些积极进展。特别是江泽民主席和克林顿总统将在今、明两年进行正式国事访问，戈尔副总统不久将应李鹏总理的邀请访华，两国关系面临进一步改善和发展的机遇。中方愿与美方加强对话与合作，同时希望美方恪守中美三个联合公报的原则，谨慎、妥善处理台湾问题，以保持两国关系改善和发展的势头，保持两国在国际领域中合作的良好环境。双方还讨论了中国加入世界贸易组织、武器不扩散、香港等中美关系以及共同关心的国际问题。

奥尔布赖特在会谈、会见中说，美中两国是世界上重要的国家，我们面临着维护世界和平与稳定的共同任务，因此美国一直把美中关系视为最重要的双边关系之一。克林顿总统也多次表示要在他第二任期内进一步加强美中关系，建立起伙伴合作关系。他期待着同江泽民主席的国事互访。奥尔布赖特说，25 年前，我们基于共同的战略利益发表了美中《上海公报》。25 年以来，尽管国际形势发生了很大的变化，但是我们在许多问题上有共同点，而且进行了很好的合作。当然美中双方在一些问题上也存在分歧，我们应该加强高层对话和交流，缩小我们的分歧，这是非常重要的。美国愿意看到一个繁荣、稳定和安全的中国，愿意和中国一起努力来扩大双边合作。

奥尔布赖特在与钱其琛的会谈中强调，美方理解台湾问题在美中关系中的重要性和敏感性，美国政府将恪守三个联合公报的精神，坚持"一个中国"的立场。

奥尔布赖特向钱其琛通报了她亚欧之行的情况。

全国政协八届常委会十九次会议闭幕

李瑞环主席主持会议。李瑞环说，在两天的会议中，委员们对会议提交的文件进行了认真的讨论。主席会议听取了各组讨论情况的汇报。委员们在讨论中对常委会工作报告和提案工作情况的报告提出了许多好的意见和建议。

在下午的会议上，通过全国政协第八届全国委员会第五次会议议程和日程；原则通过政协第八届全国委员会常务委员会工作报告，这个报告将提请政协八届五次会议审议；通过叶选平副主席为政协第八届全国委员会常务委员会工作报告的报告人；原则通过政协第八届全国委员会提案委员会关于政协八届四次会议以来提案工作情况的报告，并将提请全国政协八届五次会议审议；通过全国政协八届五次会议分组办法和小组召集人名单；通过任命吴明熹为全国政协副秘书长的任命名单。

全国政协副主席叶选平、吴学谦、杨汝岱、王兆国、阿沛·阿旺晋美、钱伟长、钱正英、丁光训、孙孚凌、安子介、霍英东、马万祺、朱光亚、万国权、何鲁丽出席会议。

中共中央台办 国台办等举行座谈会深切缅怀邓小平丰功伟绩

中共中央台办、国务院台办今天邀请台盟中央、全国台联、海峡两岸关系协会、中国和平统一促进会、全国政协台港澳侨联络委员会、黄埔同学会、全国台湾研究会、中国社会科学院台研所举行座谈会，沉痛悼念敬爱的邓小平同志，深切缅怀他一生的丰功伟绩。

会议由中央台办、国务院台办主任陈云林主持。蔡子民、唐树备、林丽韫、张克辉、贾亦斌、郑鸿业、杨荫东、姜殿铭、许世铨在发言中以自己切身体会指出，邓小平作为中国共产党第一代领导集体的重要成员和第二代领导核心，亲自参与制定了解决台湾问题的许多重大决策。为解决台湾问题，实现祖国统一，作出了巨大的、不可磨灭的贡献。

2 月 25 日

邓小平追悼大会在人民大会堂隆重举行

上午，中共中央、全国人大常委会、国务院、全国政协、中央军委在人民大会堂隆重举行邓小平同志追悼大会。大会实况同时转播全国。辽阔大地，举国上下，12 亿各族人民沉痛悼念我国社会主义改革开放和现代化建设的总设计师，建设有中国特色社会主义理论的创立者邓小平同志。

党和国家领导人江泽民、李鹏、乔石、李瑞环、朱镕基、刘华清、胡锦涛、荣毅仁，邓小平同志的夫人卓琳和子女等亲属，首都各族各界人士 1 万人参加追悼大会。

追悼大会由中共中央政治局常委、国务院总理李鹏主持。

中共中央总书记、国家主席、中央军委主席，江泽民同志致悼词。

根据邓小平同志的遗愿和邓小平同志亲属的意见，邓小平同志的骨灰将撒入祖国的大海。

中共中央总书记江泽民在邓小平追悼大会上致悼词

同志们、朋友们：

今天，我们在首都人民大会堂隆重举行追悼大会，极其沉痛地悼念敬爱的邓小平同志。我国辽阔疆域各个地方的工厂、农村、商店、学校、连队、机关、街道的广大人民群众，此时此刻，也都同我们一道，缅怀邓小平同志的丰功伟绩和崇高风范，寄托我们的哀思。

几天来，全国各族人民，包括香港同胞、澳门同胞、台湾同胞以及海外侨胞，为中国失去了邓小平这样一位伟大人物，感到无限悲痛。世界人民，各国领导人和各方面国际朋友，也为世界失去了邓小平这样一位伟大人物，表示深切哀悼。

中国人民爱戴邓小平同志，感谢邓小平同志，哀悼邓小平同志，怀念邓小平同志，是因为他把毕生心血和精力都献给了中国人民,他为中华民族的独立和解放、为中国的社会主义现代化事业建立了不朽的功勋。他七十多年波澜壮阔的革命生涯,是同中国共产党的创建和发展,中国人民军队的创建和发展,中华人民共和国的创建和发展,紧密联系在一起的。他是人民共和国的开国元勋,新中国成立以后成为中国共产党以毛泽东同志为核心的第一代中央领导集体的重要成员。党的十一届三中全会以后,他成为中国共产党第二代中央领导集体的核心,领导我们开辟了建设有中国特色社会主义的新道路。在这条道路上,国民经济迅速发展起来,综合国力愈益强盛起来,人民生活逐步富裕起来,社会主义显示出前所未有的生机和活力。邓小平同志这样说过:如果没有毛泽东同志,我们中国人民至少还要在黑暗中摸索更长的时间。我们今天同样应当说,如果没有邓小平同志,中国人民就不可能有今天的新生活,中国就不可能有今天改革开放的新局面和社会主义现代化的光明前景。

邓小平同志是全党全军全国各族人民公认的享有崇高威望的卓越领导人,伟大的马克思主义者,伟大的无产阶级革命家、政治家、军事家、外交家,久经考验的共产主义战士,中国社会主义改革开放和现代化建设的总设计师,建设有中国特色社会主义理论的创立者。

在中国共产党历史上,党领导中国人民进行了一场把半殖民地半封建的旧中国变成社会主义新中国的伟大革命,十一届三中全会以来又领导人民开始了一场新的革命,要把中国由不发达的社会主义国家变成富强民主文明的社会主义现代化国家。在这两次伟大革命的进程中,实现了马克思主义同中国实际相结合的两次历史性飞跃,形成了两大理论成果,这就是毛泽东思想和邓小平建设有中国特色社会主义理论。

两次伟大革命,两次历史性飞跃,造就了两个伟大人物,这就是毛泽东同志和作为毛泽东同志的战友、事业继承者的邓小平同志。

在旧中国这样一个半殖民地半封建的东方大国,共产党人要领导革命取得胜利,没有现成的答案,必须在实践中开辟自己的道路。这是一条武装斗争的道路,是一条在农村建立革命根据地、以农村包围城市、最后夺取全国政权的道路。这条道路,是毛泽东同志领导我们党开辟出来的。邓小平同志坚定地走这条道路,在广西发动武装起义,创建红军和革命根据地。他到中央革命根据地后,由于拥护毛泽东同志的正确路线,被当时党内"左"倾领导者撤职,这是他政治生涯中的第一次挫折。在长征途中,他参加了标志着党的历史伟大转折的遵义会议。在抗日战争和解放战争中,他和刘伯承同志一起统率部队,总是处在战略全局中的关键位置,处在同敌人针锋相对斗争的最前线,坚决执行毛泽东同志的重大战略决策,不畏艰险,勇挑重担。他先后任一二九师政治委员和中共中央北方局太行分局书记,代理北方局书记,主持八路军总部的工作,开辟和领导华北敌后抗日根据地。在党的第七次全国代表大会上,被选为中央委员。国内战争爆发后,他先后任晋冀鲁豫军区政治委员、中共中央中原局第一书记、中原野战军政治委员,同刘伯承同志一起率领大军,以大无畏的英雄气概,从内线作战转向外线作战,强渡黄河,千里跃进大别山,揭开了人民解放战争全国性战略进攻的序幕。在战略决战阶段,担任统一指挥中原野战军、华东野战军的总前委书记和中共中央华东局第一书记,同这两个野战军的领导同志一起,领导了三大战役中规模最大的淮海战役,领导了渡江战役,解放南京、上海及东南诸省,宣告国民党反动统治的覆灭。然后又率部进军大西南,参加领导了和平解放西藏,完成中国大陆的解放。邓小平同志为新中国的诞生,建立了赫赫战功。

中华人民共和国成立后,我们党面临着怎样从新民主主义向社会主义过渡,以及探索一条在经济文化比较落后的条件下建设社会主义道路的任务。邓小平同志从西南调到北京参加中央领导工作,先后担任政务院副总理、党中央秘书长和国务院副总理,在七届五中全会上增选为政治局委员。他在党的第八次全国代表大会上作关于修改党章的报告,提出和深刻论述了党在执政条件下加强自身建设的任务。在八届一中全会上,他当选为中共中央政治局常委、总书记。在他担任总书记的十年间,为社会主义制度的建立和社会主义建设的展开,为探索适合中国情况的建设社会主义的道路,为总结经验,纠正失误,调整政策,克服主要由于"左"的错误而出现的三年经济困难,担负起繁重的任务,提出了许多正确主张,进行了卓有成效的工作。

"文化大革命"是社会主义时期我们党历史上的严重错误,邓小平同志受到错误批判和斗争,被剥夺一切职务,在他的政治生涯中,又一次受到严重挫折。林彪反革命政变阴谋被粉碎后,邓小平同志复出,1975年担任中共中央副主席、国务院副总理、中央军委副主席、中国人民解放军总参谋长,主持党、国家和军队的日常工作。他力挽狂澜,强调要"敢"字当头,横下一条心,对"文化大革命"以来所造成的严重混乱局面,大刀阔斧地进行整顿。他为了党和人民的利益,置个人荣辱安危于度外,冒着再一次被打倒的风险,同"四人帮"进行了坚决的斗争。这次整顿实质上是后来改革的实验,反映了广大干部和群众的愿望,代表了党的正确领导,在短时间内就取得显著成效。由于整顿的深入势必系统地纠正"文化大革命"的错误,邓小平同志又被指责为搞"右倾翻案风",再度被错误地撤销一切职务,这是他政治生涯中的第三次严重挫折。但是，整顿的业绩和他在整顿中表现出来的风骨，赢得了党心、军心、民心，为粉碎“四人帮”准备了广泛的群众基础。

粉碎“四人帮”、结束“文化大革命”后，中国面临着重大历史关头，就是能否扭转“文化大革命”十年内乱造成的严重局势，从困难中重新奋起，为中国社会主义发展开辟新的道路。在广大党员和人民的迫切要求下，邓小平同志恢复了原来担任的职务。在决定恢复他职务的中央全会上，他这样讲：我出来工作，可以有两种态度，一个是做官，一个是做点工作。我想，谁叫你当共产党人呢。既然当了，就不能够做官，不能够有私心杂念，不能够有别的选择。邓小平同志以他的远见卓识、丰富的政治经验和高超的领导艺术，在千头万绪中抓住决定性环节，从端正思想路线入手进行拨乱反正。他强调实事求是是毛泽东思想的精髓，反对“两个凡是”的错误观点，支持开展真理标准问题的讨论，为党的十一届三中全会的召开作了思想准备。

党的十一届三中全会，在邓小平同志的领导下，重新确立解放思想、实事求是的思想路线，确定把党和国家工作的中心转移到经济建设上来，作出实行改革开放的决策，随后又旗帜鲜明地强调必须坚持四项基本原则。党的“一个中心、两个基本点”的基本路线开始形成。这次全会，标志着新中国成立以来党和国家历史的伟大转折，开辟了改革开放和集中力量进行社会主义现代化建设的历史新时期。经过这次全会，邓小平同志成为党的第二代中央领导集体的核心。

邓小平同志领导我们党总结建国以来的历史经验，以巨大的政治勇气和理论勇气，坚持科学地评价毛泽东同志的历史地位和毛泽东思想的科学体系，根本否定了“文化大革命”的错误实践和理论，同时坚决顶住否定毛泽东同志和毛泽东思想的错误思潮。随着国内局势的发展和国际局势的变化，越来越显示出这个重大决策的魄力和远见。

在党的第十二次全国代表大会上，邓小平同志提出“把马克思主义的普遍真理同我国的具体实际结合起来，走自己的道路，建设有中国特色的社会主义”。这是总结我们长期历史经验得出的基本结论，成为新时期指明我们前进方向的基本口号。党的第十三次全国代表大会，根据邓小平同志的思想，系统地论述了社会主义初级阶段的理论，完整地概括了党在社会主义初级阶段的基本路线。

邓小平同志领导我们制定了分三步走基本实现现代化的发展战略，并且确定了改革开放的全面部署。他大力支持和推动了以家庭联产承包责任制为主的农村改革，热情赞扬了乡镇企业的异军突起。他最早提出了社会主义也可以搞市场经济的思想，推进以城市为中心的全面经济体制改革，为我们开辟了一条把社会主义同市场经济结合起来，以更好地解放和发展生产力的新道路。他倡议和推动了沿海经济特区的兴办，沿海城市的开放，上海浦东新区的开发开放，逐步形成全面对外开放的格局。他十分关心中西部地区和贫困地区的经济发展和人民生活，要求把解决这方面问题逐步提到更加重要的位置上来。他提出科学技术是第一生产力的新论断，提倡尊重知识、尊重人才，重视发展教育和科学、文化事业。他还反复强调，要高度重视和热情支持改革开放中群众的创造，认真总结和积极推广群众的经验。新时期以来，在以邓小平同志为核心的党中央领导下，我们国家经历了从农村改革到城市改革，从经济体制的改革到各方面体制的改革，从对内搞活到对外开放，社会主义物质文明和精神文明建设一起抓的伟大历史进程。中国的生产力得到突飞猛进的发展，人民生活得到很大的提高，国家面貌发生深刻变化，广大群众衷心拥护。

80 年代末、90 年代初国内国际发生政治风波，我们党面临着又一个重大历史关头。党和政府在邓小平同志和其他老同志坚决有力的支持下，依靠人民，旗帜鲜明地坚持四项基本原则，维护国家的独立、尊严、安全和稳定，同时毫不动摇地坚持经济建设这个中心，坚持改革开放。由于党和政府坚定清醒的立场，由于改革开放和社会主义现代化建设的成就深入人心，我们经受住了严峻考验，我们的事业继续沿着十一届三中全会确定的道路蓬勃发展。

邓小平同志早就主张废除干部领导职务终身制。他本人几次恳切地表达了退休的愿望。党的十三大同意他只留任中央军事委员会主席。十三届五中全会又同意他辞去中央军事委员会主席的职务。邓小平同志为第二代中央领导集体向新的中央领导集体顺利过渡，保持党和国家的稳定，创造了充分的条件，发挥了决定性的作用。

从领导岗位退下来的邓小平同志，仍然以高度的历史责任感，关注着改革开放和现代化建设事业。1992 年年初他视察南方发表重要谈话，科学地总结了十一届三中全会以来党的基本实践和基本经验，从理论上深刻地回答了长期困扰和束缚人们思想的许多重大认识问题，不仅对开好党的第十四次全国代表大会具有重要指导作用，而且对整个社会主义现代化建设事业具有深远意义。以邓小平同志南方谈话和十四大为标志，中国社会主义改革开放和现代化建设进入新阶段。89 岁高龄的邓小平同志，亲自主持编辑并逐篇审订《邓小平文选》第三卷。《邓小平文选》第三卷和第二卷，汇集了邓小平同志在形成和发展建设有中国特色社会主义理论中富有独创性的重要著作。

邓小平同志留给我们的最可宝贵的财富，就是他创立的建设有中国特色社会主义理论和在这个理论指导下制定的党在社会主义初级阶段的基本路线。邓小平建设有中国特色社会主义理论，是在和平与发展成为时代主题的历史条件下，在我国改革开放和社会主义现代化建设的实践过程中，在总结我国社会主义胜利和挫折的历史经验并借鉴其他社会主义国家兴衰成败历史经验的基础上，逐步形成和发展起来的。从世界范围来说，无产阶级领导人民取得政权以后如何建设社会主义，是一个需要很好总结和探索的重大历史性课题。社会主义在中国的新局面和新成就，使我们从历史的比较和国际的观察中认识到，邓小平建设有中国特色社会主义理论是正确的。这个理论，科学地把握社会主义的本质，第一次比较系统地初步回答了中国这样的经济文化比较落后的国家如何建设社会主义、如何巩固和发展社会主义的一系列基本问题。它是马克思列宁主义基本原理与当代中国实际和时代特征相结合的产物，是毛泽东思想的继承和发展，是当代中国的马克思主义。它是全党全国人民集体智慧的结晶，是中国共产党的指导思想和中华民族的精神支柱。

邓小平同志不仅以他创立的光辉的革命理论指引着我们，而且以他在长期革命实践中锤炼出来的鲜明的革命风格感召着我们。他的崇高品格和风范，体现在他全部革命实践活动中，体现在他“三落三起”的经历和他勇敢地开拓中国社会主义发展新道路的进程中。当他受到错误打击、处于逆境的时候，他从不消沉，总是无私无畏，不屈不挠，沉着坚韧，对党对人民无限坚贞，对我们事业的未来抱乐观主义。他总是由此更加深刻地思索中国革命的经验教训和根本规律问题，发愤要有新的更大作为。正因为这样，他才能顺应历史和时势的要求，在经历逆境之后重新起来担当重任。特别是他在“文化大革命”中的起落，更引起他对“什么是社会主义、怎样建设社会主义”的深刻反思，从而使他在十一届三中全会以后，毅然决然地领导全党全国人民开拓建设有中国特色社会主义的新道路。在开拓新道路的进程中，他尊重实践，敏锐把握时代发展的脉搏和契机，既继承前人又突破陈规，既借鉴世界经验又不照搬别国模式，总是从中国的现实和当代世界发展的特点出发去总结新经验，创造新办法。他尊重群众，时刻关注最广大人民的利益和愿望，总是把是否有利于发展社会主义社会的生产力、是否有利于增强社会主义国家的综合国力、是否有利于提高人民的生活水平作为制订路线、方针、政策的出发点和归宿。他目光远大，胸襟开阔，总是从大局着眼来观察和处理各种重大问题。他崇尚实干，行动果断，在关键时刻作出重大决策更是表现出非凡的胆略和勇气。他的风范同他的事业和思想一道，永远铭记在我们心中。

邓小平同志的逝世，对我党我军我国各族人民是不可估量的损失。中央号召全党全军全国各族人民，化悲痛为力量，继承邓小平同志的遗志，以更加努力地做好各方面工作的实际行动，来表达我们的悼念。

邓小平同志创立的建设有中国特色社会主义理论和在这个理论指导下制订的党的基本路线，是我们必须遵循的行动指南。在跨越世纪的新征途上，更高地举起邓小平建设有中国特色社会主义理论的伟大旗帜，更好地贯彻执行党的基本路线，是我们党中央领导集体坚定不移的决心和信念，也是全党全军全国各族人民的共识和愿望。我们一定要更加自觉地用这个理论武装头脑，统一认识，同心同德，开拓创新，战胜前进道路上的一切困难，排除各种错误倾向的干扰，在任何情况下坚持党的基本路线不动摇。

经济建设是我们全党全国各项工作的中心。确立以经济建设为中心，是邓小平同志领导我们实现的最根本的拨乱反正。我们一定要按照邓小平同志的教导，牢牢地把握这个中心，一切工作都要服从和服务于这个中心。发展才是硬道理。抓住机遇，发展自己，关键是发展经济。必须集中一切力量和智慧，艰苦奋斗，勤俭建国，把经济发展转到依靠科技进步和劳动者素质提高的轨道上来，在国民经济持续、快速、健康发展的基础上，促进社会的全面进步。

改革是中国实现社会主义现代化的必由之路。邓小平同志为我们的全面改革进行了总体设计。我们一定要按照邓小平同志的教导，把深化改革作为扫除生产力发展的障碍、进一步推进整个事业的关键。在社会主义公有制为主体、多种经济成分共同发展的基础上建立社会主义市场经济体制，是前人从来没有做过的伟大创举。必须在已经取得的成就基础上，把经济体制的改革坚持深入下去，与此相适应，把政治体制和其他方面体制的改革坚持深入下去。

对外开放是中国实现社会主义现代化的必要条件。邓小平同志一贯强调，现在的世界是开放的世界，中国的发展离不开世界，必须在坚持自力更生的基础上实行对外开放。我们一定要按照邓小平同志的教导，清醒地估量世界的发展，勇敢地迎接严峻的挑战，坚持对外开放的基本国策，发展全方位、多层次的开放格局，努力提高对外开放水平，广泛吸收和借鉴世界各国包括资本主义发达国家创造的一切先进文明成果，积极参与国际经济技术合作和竞争。

人民民主专政的国家政权是我们事业健康发展的政治保证。邓小平同志始终关注人民政权的巩固和发展。我们一定要按照邓小平同志的教导，坚持工人阶级的领导，巩固工农联盟，发展包括各民主党派的最广泛的爱国统一战线，加强全国各民族人民的大团结，发扬社会主义民主，健全社会主义法制，依法治国，不断发展安定团结、生动活泼的政治局面。

中国人民解放军是国家的柱石。邓小平同志的军事生涯，在他光辉一生中占有重要的位置。作为中央军委主席，他为新时期军队和国防建设指明了方向和道路。我们一定要按照邓小平同志的教导，在集中力量进行经济建设的大局之下，加强军队的革命化、正规化、现代化建设，走有中国特色的精兵之路，使我们的军队在维护国家主权和安全，保卫和参加社会主义建设方面不断作出新贡献。

物质文明和精神文明都搞好，才是有中国特色的社会主义。邓小平同志一贯强调两大文明一起抓，两手都要硬，在集中力量进行经济建设、实行社会主义市场经济和对外开放的条件下，尤其不能忽视精神文明建设。我们一定要按照邓小平同志的教导，以"有理想、有道德、有文化、有纪律"为目标，努力提高全民族的思想道德素质和科学文化素质，不断发展马克思主义为指导的，立足本国而又面向世界的，继承优良传统而又体现时代要求的社会主义精神文明。

祖国的完全统一是全中华民族的共同心愿。用"一国两制"方式实现和平统一，是邓小平同志的伟大创造。我们一定要按照邓小平同志的教导，努力实现祖国统一的目标。根据中英、中葡协议，香港即将回归祖国，澳门将在1999年回归祖国。台湾问题也终将得到解决，祖国的完全统一必定会实现。

集中力量进行社会主义现代化建设，需要和平的国际环境。邓小平同志科学地观察国际形势的变化，领导我们重新确定国际战略，调整对日、对美、对苏关系，发展同周边国家和第三世界国家的友好关系，打开新时期对外关系的新局面。我们一定要按照邓小平同志的教导，坚持独立自主的和平外交政策，在和平共处五项原则的基础上积极发展同世界各国的友好关系，为维护世界和平，促进世界发展，反对霸权主义和强权政治，建立国际政治新秩序和国际经济新秩序，作出自己的努力。

中国共产党是领导建设有中国特色社会主义事业的核心力量。邓小平同志一贯教导我们，我们全部事业的成败，关键在党。我们一定要按照邓小平同志的教导，坚持和维护党的团结和统一，更加自觉地团结在党中央周围，不断加强党的思想建设、组织建设和作风建设，加强反腐败斗争，把我们党建设成为用建设有中国特色社会主义理论武装起来、全心全意为人民服务、思想上政治上组织上完全巩固、能够经受住各种风险、始终走在时代前列的马克思主义政党。

同志们、朋友们！十四大以来，党中央高举邓小平建设有中国特色社会主义理论的伟大旗帜，领导全党全军全国各族人民，全面贯彻执行党的基本路线，抓住机遇，深化改革，扩大开放，促进发展，保持稳定，在以经济建设为中心的同时坚持物质文明和精神文明建设两手抓，实现了国民经济持续、快速、健康发展，提前达到邓小平同志为我们确定的"三步走"发展战略中的第二步战略目标，制订和开始执行国民经济和社会发展的"九五"计划和2010年远景规划。现在，正在为迎接党的十五大的召开，努力做好各方面的工作。

邓小平同志和我们永别了。他的英名、业绩、思想、风范将永载史册，世世代代铭刻在人民的心中。在党中央坚强领导下，全党全军全国各族人民一定能够继承邓小平同志的遗志，坚定不移，满怀信心，把邓小平同志开创的建设有中国特色社会主义的伟大事业推向前进，把我国建设成为富强、民主、文明的社会主义现代化国家。

邓小平同志永垂不朽！

国务院总理李鹏在人民大会堂会见葡萄牙总统桑帕约

全国人大常委会委员长乔石在人民大会堂会见葡萄牙总统桑帕约

国务院批转国家经贸委等部门《关于"九五"期间进一步扩大机电产品出口的意见》

各省、自治区、直辖市人民政府，国务院各部委、各直属机构：

国务院同意国家经济贸易委员会、国家计划委员会、国家经济体制改革委员会、财政部、中国人民银行、对外贸易经济合作部、机械工业部、电子工业部《关于"九五"期间进一步扩大机电产品出口的意见》，现转发给你们，请认真贯彻执行。

"九五"期间继续扩大机电产品出口，对调整我国出口商品结构，提高我国商品的国际竞争能力，振兴机电工业，加快实现两个根本转变，具有十分重要的意义。各地区、各有关部门要继续加强领导，密切配合，搞好组织协调，坚持不懈地抓好机电产品出口工作，推动我国机电产品出口和国民经济持续健康发展。

1997年2月25日

关于"九五"期间进一步扩大机电产品出口的意见

（文略）

国务院印发财政部等制定的《水利建设基金筹集和使用管理暂行办法》

各省、自治区、直辖市人民政府，国务院各部委、各直属机构：

国务院同意财政部同国家计委、水利部等有关部门制定的《水利建设基金筹集和使用管理暂行办法》，现印发给你们，请遵照执行。

水利建设基金筹集和使用管理暂行办法（文略）

国务院发出《关于对生产企业自营出口或委托代理出口货物实行"免、抵、退"税办法的通知》

各省、自治区、直辖市人民政府，国务院各部委、各直属机构：

为进一步搞活国有大中型企业，扩大外贸出口，推行代理制，国务院决定，对有进出口经营权的生产企业自营出口或委托外贸企业代理出口的货物实行"免、抵、退"税的办法。现将有关问题通知如下：

一、实行"免、抵、退"税的范围。凡有进出口经营权的各类生产企业自营出口或委托外贸企业代理出口的货物，除另有规定者外，一律实行"免、抵、退"税的办法。

对1993年12月31日前批准设立的外商投资企业出口货物实行免税办法继续执行到1998年12月31日。期满后也实行"免、抵、退"税的办法。

二、实行"免、抵、退"税办法的"免"税，是指对生产企业自营出口或委托外贸企业代理出口的货物，免征本企业生产销售环节增值税；"抵"税，是指生产企业自营出口或委托外贸企业代理出口的货物应予免征或退还的所耗用原材料、零部件等已纳税款抵顶内销货物的应纳税款；"退"税，是指生产企业自营出口或委托外贸企业代理出口货物占本企业当期全部货物销售额50％以上的，在一个季度内，因应抵顶的税额大于应纳税额而未抵顶完时，经主管出口退税的税务机关批准，对未抵顶完的税额部分予以退税。

三、实行"免、抵、退"税办法，仍执行《国务院关于调低出口货物退税率的通知》（国发〔1995〕29号）规定的退税率，并按照出口货物的离岸价计算"免、抵、退"税额。

四、本办法自1997年1月1日起实行。由财政部、国家税务总局制定具体实施办法。

对有进出口经营权的生产企业自营出口或委托外贸企业代理出口货物实行"免、抵、退"税的办法，是出口退税管理办法的重要改革。各级人民政府要从全局出发，加强领导，积极支持这项改革。各有关部门要注意密切合作，及时解决实施中出现的问题，同时要认真总结经验，为逐步扩大"免、抵、退"税办法的实施范围，进一步完善出口退税机制创造条件。

1997年2月25日

国家主席江泽民国务院总理李鹏分别在北京会见以色列第一副总理兼外长戴维·利维

国务院副总理兼外交部部长钱其琛在钓鱼台国宾馆同以色列第一副总理兼外长戴维·利维举行会谈

关于双边关系，钱其琛表示，中以建交五年来，两国先后签署了十余项协定，经贸、科技合作占有重要的地位。特别是两国的高层互访，为加强相互了解和促进双边关系奠定了坚实的基础。利维表示，两国关系已进入务实发展的新阶段，两国将共同探讨进一步合作的新途径、新领域，把一个友好合作的以中关系带入21世纪。双方同意成立由有关部门专家组成的委员会，讨论双边经贸合作问题。

利维介绍中东和平进程的最新发展。钱其琛表示，中国作为安理会常任理事国，一直主张在联合国有关决议基础上，通过政治谈判，全面、公正地解决中东问题，支持并参与中东和平进程。只要阿以双方达成公正合理的协议，我们都予以支持。国际社会希望看到中东地区逐步成为一个和平的地区，中国也愿为此作出力所能及的推动工作。

2月26日

《人民日报》发表社论《深切悼念敬爱的邓小平同志缅怀功绩继承遗志共创伟业》

1997年2月19日，我们敬爱的邓小平同志不幸与世长辞。神州震动，举国同悲。全党全军全国各族人民深切悼念，沉浸在极度哀痛之中。

邓小平同志是我党我军我国各族人民公认的享有崇高威望的卓越领导人，伟大的马克思主义者，伟大的无产阶级革命家、政治家、军事家、外交家，久经考验的共产主义战士，我国社会主义改革开放和现代化建设的总设计师，建设有中国特色社会主义理论的创立者。在长达70多年的革命生涯中，他为中国人民的解放和幸福，为中华民族的独立和强盛，为世界的和平与进步，倾注了毕生的心血和精力，建立了永不磨灭的历史功勋，为我们留下了极其丰富、极其宝贵的精神遗产。邓小平同志是功勋卓著的世纪伟人。他的逝世是中国共产党和中国人民不可估量的损失，他的英名将永垂中国史册，永垂世界史册。

邓小平同志光辉伟大的一生贯穿整个20世纪，犹如一部壮丽辉煌的史诗，一幅波澜壮阔的画卷，一部高亢激越的乐章。他的丰功伟绩、他的科学理论、他的革命风格，他所擘画的跨世纪宏伟蓝图，中国共产党和中国人民将永志不忘，将永远激励和鼓舞我们在开创中华民族伟大前程的事业中勇往直前。

邓小平同志的伟大业绩，我们永志不忘。在长期革命战争中，邓小平同志屡膺重任，不畏艰险，英勇奋斗，为创建新中国立下了不朽功勋。新中国成立后，他为社会主义制度的建立和社会主义建设的展开，进行了卓有成效的工作。"文化大革命"中，他坚持真理，同"四人帮"进行了针锋相对的斗争。特别是党的十一届三中全会以后，邓小平同志以 70 多岁的高龄，又挥写了他一生中最辉煌的新篇章。他以大无畏的革命精神拨乱反正，勇敢地重新确立解放思想、实事求是的思想路线，领导全党和全国人民实现了伟大的历史转折，开辟了改革开放和集中力量进行社会主义现代化建设的历史新时期。18 年来，我国的经济发展取得了举世瞩目的成就，综合国力得到显著增强，人民生活有了很大改善，国家面貌发生深刻变化，社会主义中国显示出蓬勃的生机和活力，国际地位空前提高。由于有邓小平同志这样富有政治远见的卓越领导人掌舵指向，我们党、我们国家既走出了"文化大革命"造成的深重灾难，又避免了陷入新的混乱和迷惘，成功地走上了建设有中国特色社会主义的康庄大道，这是中国共产党和中国人民的幸运和自豪。

邓小平同志的伟大理论，我们永志不忘。在和平与发展成为时代主题的历史条件下，在我国改革开放和社会主义现代化建设的实践过程中，邓小平同志把马克思列宁主义基本原理与当代中国实际和时代特征相结合，在总结我国社会主义胜利和挫折的历史经验并借鉴其他社会主义国家兴衰成败历史经验的基础上，继承和发展毛泽东思想，科学地把握社会主义的本质，第一次比较系统地初步回答了中国这样经济文化比较落后的国家，在无产阶级领导人民夺取政权以后，如何建设社会主义、如何巩固和发展社会主义的一系列基本问题，创立了建设有中国特色社会主义理论。邓小平同志是伟大的理论家，他所创立的理论，在马克思主义的发展史上具有重大意义。我国改革开放以来的一切成就，都是在这一伟大理论的指引下取得的。实践证明，这个理论符合我国社会主义初级阶段的实际，具有强大的生命力。要实现下一世纪的预定目标，就必须高举这一伟大理论的旗帜。邓小平建设有中国特色社会主义理论，是中国共产党的指导思想，是中华民族的精神支柱，是当代中国的马克思主义。

邓小平同志的伟大风格，我们永志不忘。邓小平同志无限忠于党、忠于祖国、忠于人民，他说："我的生命是属于党、属于国家的。""我是中国人民的儿子。我深情地爱着我的祖国和人民。"正因为如此，他尊重群众，全心全意为人民服务，时刻关注人民群众的利益和愿望，总是把是否有利于发展社会主义社会的生产力、是否有利于增强社会主义国家的综合国力、是否有利于提高人民的生活水平作为制定路线、方针、政策的出发点和归宿。正因为如此，他尊重实践，实事求是，善于把握时代发展的脉搏和契机，总是从中国的现实和当代世界发展的特点出发去总结新经验，创造新办法，探索新路子。正因为如此，他目光远大，胸襟开阔，无私无畏，不屈不挠，不顾个人安危，不计荣辱进退，总是以大局为重，从国家和人民的根本利益着眼来观察和处理各种重大问题。正因为如此，他信念坚定，意志坚强，崇尚实干，在关键时刻果断地作出科学决策，表现出非凡的胆略和勇气。具有崇高的鲜明的革命风格的邓小平同志，永远是中国共产党人的楷模。

邓小平同志的伟大理想，我们永志不忘。邓小平同志是忠诚的共产主义者。他高瞻远瞩，富有科学精神和创造精神，把远大的理想与我国社会主义初级阶段的实际相结合，提出了建设有中国特色社会主义理论，设计了振兴中华的宏伟蓝图，确定了我们国家从贫穷走向富强的"三步走"的发展战略，在本世纪末实现小康，在下个世纪中叶达到中等发达国家的水平，把我国建成富强、民主、文明的社会主义现代化国家。这已经成为全国各族人民的共同理想。邓小平同志善于把原则的坚定性与策略的灵活性紧密结合起来。他提出"和平统一、一国两制"，作为实现祖国统一大业的伟大构想。按照这一构想，今年 7 月 1 日，我国将恢复对香港行使主权，一雪百年国耻。邓小平同志生前曾深情地表示，香港回归祖国后，他要亲自到那里去看一看。现在，离香港回归祖国只有 120 多天时间了，而邓小平同志却不幸与世长辞。夙愿虽未偿，遗志必实现。我们的祖国一定会实现完全统一。

邓小平同志离开了我们，他的伟大理论、伟大理想、伟大风格将永远照亮中国人民前进的征程。在以江泽民同志为核心的党中央领导下，中国人民将坚定不移地沿着邓小平同志开辟的建设有中国特色社会主义道路前进。在这个时刻，我们更加深刻地感受到邓小平同志作为无产阶级革命家的广阔胸怀和远见卓识。是他为第二代中央领导集体向以江泽民同志为核心的第三代领导集体顺利过渡，保持党和国家的稳定，创造了充分的条件，发挥了决定性的作用。实践证明，以江泽民同志为核心的党中央不负重托，不负众望，是邓小平同志开创的建设有中国特色社会主义伟大事业的忠诚可靠、奋发有为的继承者。以江泽民同志为核心的党中央，确立了邓小平建设有中国特色社会主义理论在全党的指导地位，以这一理论武装全党，教育干部和人民，坚持党的基本路线一百年不动摇有了根本保证。以江泽民同志为核心的党中央，依据邓小平同志的理论和党的基本路线，分析新情况，总结新经验，提出"抓住机遇，深化改革，扩大开放，促进发展，保持稳定”的基本方针，为正确处理改革、发展、稳定三者关系，保证国家长治久安、兴旺发达指明了方向。以江泽民同志为核心的党中央，紧紧地依靠人民群众，全面坚持党的基本路线，在以经济建设为中心的同时，坚持物质文明和精神文明建设“两手抓、两手都要硬”，不断克服新困难，解决新问题，经济建设和社会发展都取得了新的重大成就，国家政治稳定，经济发展，民族团结，社会进步，人民高兴。以江泽民同志为核心的党中央，在“八五”期间取得辉煌成就，提前实现邓小平同志确定的第二步战略目标后，不失时机地制订了“九五”计划和2010年远景目标，正在领导全国各族人民朝着既定目标阔步前进。党的十三届四中全会以来，特别是党的十四大以来，以江泽民同志为核心的党中央励精图治、卓有成效的工作，赢得全党全军全国各族人民的信赖和拥护。有以江泽民同志为核心的党中央坚强有力的领导，全党全军全国各族人民对实现邓小平同志设计的跨世纪宏伟蓝图充满必胜的信心。

邓小平同志谆谆教导我们：“从现在起到下世纪中叶，将是很要紧的时期，我们要埋头苦干。我们肩膀上的担子重，责任大啊！”我们要牢记邓小平同志的嘱托，继承邓小平同志的遗志，化悲痛为力量，更加紧密地团结在以江泽民同志为核心的党中央周围，高举邓小平建设有中国特色社会主义理论的伟大旗帜，坚持党的基本路线、基本方针，为迎接党的十五大的胜利召开，为继续推进社会主义改革开放和现代化建设的伟大事业，为把我国建设成为富强、民主、文明的社会主义现代化国家而努力奋斗！

敬爱的邓小平同志永垂不朽！

敬爱的邓小平同志永远活在我们心中！

邓小平治丧委员会发布公告（第三号）

在我党我军我国各族人民公认的享有崇高威望的卓越领导人，伟大的马克思主义者，伟大的无产阶级革命家、政治家、军事家、外交家，久经考验的共产主义战士，我国社会主义改革开放和现代化建设的总设计师，建设有中国特色社会主义理论的创立者邓小平同志逝世后，承蒙许多国家的元首、政府首脑和议会、政府部门，政党，友好团体，各界友好人士，一些国际组织的负责人，许多国家的驻华使节，在华的外国友人，海外华侨、华人，港、澳、台同胞发来了大量唁电、唁函，发表声明、谈话，参加吊唁活动，表示深切的哀悼和慰问。对此，谨表示衷心的感谢。

全党全军全国各族人民决心在以江泽民同志为核心的党中央领导下，高举邓小平建设有中国特色社会主义理论的伟大旗帜，坚持党的基本路线不动摇，坚持独立自主的和平外交政策，化悲痛为力量，为实现“三步走”的发展战略，把我国建设成为富强、民主、文明的社会主义现代化国家而奋斗。

特此公告。

邓小平同志治丧委员会

1997年2月26日

全国政协八届五次会议新闻发言人梁金泉在人民大会堂举行新闻发布会

梁金泉介绍即将召开的全国政协八届五次会议的有关情况，并回答记者的提问。

梁金泉宣布，全国政协八届五次会议将于27日下午3时在人民大会堂开幕，预定于3月12日闭幕。

首都各界人士聚会人民大会堂举行纪念台湾省人民“二二八”起义50周年座谈会

中共中央政治局常委、全国政协主席李瑞环出席了座谈会。

中共中央政治局委员、国务院副总理钱其琛在会上发表重要讲话。他说，在纪念台湾省人民“二二八”起义50周年的时候，我们深切缅怀在“二二八”起义中英勇献身的烈士，倍加思念广大台湾同胞。“二二八”起义是台湾同胞第一次大规模地反抗国民党暴政的爱国民主运动，它作为全国人民反对国民党专制、独裁统治的重要组成部分，有力地配合了全国人民的解放战争。历史再一次证明，台湾同胞的命运是同整个中华民族的命运紧密相连、休戚与共的。值得指出的是，台湾岛内的分裂势力，出于把台湾从祖国分割出去的罪恶目的，把爱国民主、争取自由、反对国民党独裁专制统治的“二二八”起义歪曲成搞分裂、搞“台独”运动的开端。这完全是对历史的肆意歪曲。现在台湾当局的某些人与“台独”分裂势力相呼应，鼓吹什么“新台湾人主义”，攻击、诬蔑中华民族，试图抹掉台湾同胞的民族感情与意识，妄图从思想上、文化上割断台湾同胞同祖国的联系。不久前，台湾当局召开所谓“国家发展会议”，不提一个中国和国家统一，借“宪政改革”为名，加速进行分裂活动，企图否定台湾是中国一个省的地位，在分裂祖国的道路上又迈出了危险的一步。台湾当局还继续阻挠两岸直接“三通”，为两岸经贸交流和人员交往设置障碍。所有这些举动，进一步恶化了两岸关系的气氛，遭到了两岸同胞、港澳同胞以及海外侨胞的强烈反对。

钱其琛说，台湾同胞是我们的骨肉兄弟，两岸同胞的根本利益是完全一致的。“和平统一，一国两制”基本方针充分尊重台湾同胞的生活方式和当家做主的愿望，充分照顾台湾同胞的现实利益。江泽民总书记1995年年初提出的八项主张，倾注了我们对台湾同胞的骨肉亲情和殷切希望，充分体现了党和政府关怀、爱护、尊重台湾同胞，重视他们的民主要求，把台湾广大民众的利益和整个中华民族的利益结合起来的一贯立场。实践证明，搞分裂、搞“台独”，只能给台湾同胞带来灾难。只有坚持反对分裂、反对“台独”，促进统一，才能从根本上维护台湾同胞的利益。我们呼吁台湾当局顺应国家统一的潮流，改弦易辙，停止分裂祖国的活动。希望台湾各党派以理性、前瞻和建设性的态度推动两岸关系发展。我们竭诚欢迎台湾各党派、各界人士用各种形式就有关两岸关系与和平统一问题同我们交换意见。

钱其琛最后表示，1997 年是中华民族发展史上具有重要意义的一年。随着我国对香港和澳门恢复行使主权，实现台湾与祖国大陆统一，将更为突出地摆在全体中国人民面前。海峡两岸中国人、海内外一切爱国者进一步团结起来，为实现中华民族的全面振兴、为完成祖国统一大业努力奋斗。

座谈会由国务院台办、台盟中央、全国台联、海峡两岸关系协会、中国和平统一促进会、全国政协台港澳侨联络委员会共同主办。

台盟中央主席蔡子民、海峡两岸关系协会常务副会长唐树备、全国总工会副主席李奇生、中国社会科学院台湾研究所所长许世铨也在会上发了言。

国务院总理李鹏在中南海会见由主席米高·嘉道理率领的香港中华电力有限公司代表团

李鹏说，中华电力公司是一个有实力的、涉及领域很广的跨国公司，在电力及其他方面与中国有着良好的合作关系，特别是双方在大亚湾核电站一期工程及广东抽水蓄能电站的合作很有成效。希望中华电力公司继续在平等互利的基础上进一步扩大与中国的合作。

李鹏说，现在离香港回归祖国的日子已越来越近，香港居民对香港政权的顺利交接，对香港的繁荣和稳定的信心与日俱增。他希望中华电力公司和嘉道理家族一如既往，为香港的发展作出贡献。

李鹏说，邓小平同志生前十分关心大亚湾核电站的建设并多次给予重要指示。“我相信，大亚湾核电站二期工程的建设将在一期工程经验的基础上搞得更好。”

国务院副总理姜春云在全国农村信用社管理体制改革工作会议上发表讲话

姜春云强调，在社会主义市场经济条件下，金融的支持对于农业和农村经济的发展至关重要。而农村信用社由于生长在农村，熟悉农村情况，和农民利益最直接，服务最便捷，在支持农业和农村经济发展方面具有明显的优势和不可替代的作用。他希望全国从事农村金融工作的同志充分认识农村信用社在农业和农村经济发展中的重要地位和作用，增强使命感和责任感，认真搞好信用社体制改革，更好地为农民、农业和农村经济发展服务。

姜春云说，实践证明，国务院确定的农村金融体制改革的方向、目标和政策是完全正确的，前一段改革的进展是顺利的，要坚定不移地推进这项改革。他强调，深化农村信用社管理体制改革，最重要的是按合作制的原则，重新规范信用社，切实恢复信用社农民合作金融组织的性质。信用社主任必须由社员民主选举，贷款投向、财务收支等重要的事项必须定期向社员公布；信用社经营活动中的重大问题，必须由社员代表大会或理事会决定，不能由少数管理人员决定，也不能由县、乡政府决定。信用社的规范工作，在这些原则问题上，不能走过场，不能流于形式。

姜春云要求农村信用社必须坚持为社员服务的办社宗旨。为全体社员提供有效、及时、方便、优惠的金融服务，促进农村经济发展，改善农民生活，这是农村信用社的根本宗旨。坚持这一宗旨，尤其要做到以下几点：一是贷款主要贷给社员，用于扶持农业生产，同时要增加贷款的透明度；二是各项贷款要用在社员最急需的生产建设项目上；三是要主动、热情、及时、高效地提供服务。

国务委员陈俊生在北京召开的全国农业生产资料质量电话会议上发表讲话

国务委员陈俊生说，农业生产资料在“稳价、保供”的基础上，切实提高产品内在质量，是减轻农民负担、使农民从提高质量中得到真正实惠的重要措施，也是发展“优质、高产、高效”农业的一项重要保证，我们要像抓工业消费品的质量一样，狠抓农业生产资料质量，要形成一个全社会关心、支持和重视产品质量的良好社会风尚，促进农业稳定健康地发展。

陈俊生指出，要切实解决农业生产资料质量差和假冒伪劣的问题，关键的措施是要大力整顿农业生产资料的流通秩序。第一，要着力于发挥国有、供销合作企业的流通主渠道作用，在“稳价、保供”的基础上，进一步提高中央和地方化肥的统配、种子的统供比例，以及统配物资送货上门的比例。通过主渠道供应的农业生产资料，不允许个人承包经营或委托其他单位经营。第二，各地、各部门应按各自的职责和分工，对从事农业生产资料生产和经营的企业进行严格的审核，对无证生产和无证经营的单位和个人要依照法律、法规严肃查处。第三，要进一步加大打击假冒伪劣农业生产资料违法行为的力度，遏制以假种子、假化肥、假农药等农业生产资料坑农害农重大恶性事故的发生。第四，在农资流通领域建立有效的农资质量监督管理保证体系。强化进货检验制度、进货信誉卡制度、销售承诺制度、质量举报制度、质量监控抽查制度及产品标识和计量监督检查制度。第五，各级农业科技人员，特别是农业“三站”、基层供销合作社等部门的技术人员，要加强对农民的宣传指导，帮助农民提高识别能力，尽可能使广大农民群众不受骗、不上当。

全国花卉产业化工作会议在北京举行

公安部发出《关于加强民用爆炸物品安全监督管理的通知》

公安部近日发出《关于加强民用爆炸物品安全监督管理的通知》(以下简称《通知》)，要求各级公安机关在当地党委、政府的领导下，在今年上半年集中一段时间，全面进行民用爆炸物品安全大检查，进一步加大执法力度，严厉查处和打击非法生产经营等违法犯罪活动，切实扭转一些地区民爆物品管理失控的状态。

《通知》指出，当前，一些生产、销售、储存、运输、使用单位重效益、轻安全，爆炸物品管理混乱的问题很严重，特别是农村小煤窑、小矿山、小采石场等私买私卖、私拿私藏、乱存乱放和滥用的情况非常突出，丢失、被盗时有发生，还有一些单位和个人受经济利益驱动，非法生产、销售民用爆炸物品，造成爆炸物品大量流散社会，有的被犯罪分子用来作案，对社会治安稳定和公共安全危害极大。必须下决心解决。

《通知》要求，各地公安机关要组织专门力量，积极会同有关部门全面进行爆炸物品安全大检查。对爆炸物品的生产、销售、储存、使用单位逐个进行检查整顿，尤其要下大力气整治农村“三小”企业爆炸物品使用管理混乱的问题。发现违章行为要迅速纠正。依法督促有关生产、销售、储存、运输、使用爆炸物品单位进一步落实安全责任，建立、健全各项安全管理制度，落实管理措施。对非法生产、销售爆炸物品的厂点，要坚决予以查封取缔，彻底销毁其生产设备和成品、半成品及原材料。对违反爆炸物品管理规定的责任人员，要依法从严查处，构成犯罪或造成严重后果的，坚决追究刑事责任。同时，要大张旗鼓地收缴非法爆炸物品，切断流散社会的源头和渠道。各地公安机关还要严厉打击涉及爆炸物品的违法犯罪活动。

国家主席江泽民在中南海会见苏里南总统特使鲍特瑟

江泽民说，中苏建交以来，两国友好合作关系稳定发展，富有成果。在国际事务中，两国也相互支持，密切配合。中国政府赞赏苏里南政府奉行“一个中国”的政策，不同台湾发展官方关系，并感谢特使阁下作为苏里南资深政治家，为推动两国关系向前发展所作出的重要贡献。他说，中国人民愿同苏里南人民携起手来，为两国建立面向21世纪的长期稳定的友好合作关系而努力。

江泽民指出，苏里南是加勒比地区的重要国家。自独立以来，苏里南政府和人民为维护国家独立和主权、振兴民族经济进行了不懈的努力，并取得了可喜的成就。他说，苏里南奉行不结盟政策，努力发展同世界各国的友好合作关系，积极推动和参与拉美及加勒比一体化进程，为维护该地区的和平与稳定发挥着重要的作用。

鲍特瑟说，苏中之间有着深厚的传统友谊，两国人民早在150年前就开始交往。苏里南1975年独立后，中国是最早同苏里南建立邦交的国家之一。苏里南赞赏中国和平友好的外交政策，苏里南一贯坚持“一个中国”的政策。苏新政府成立后不久，韦登博斯总统就派我作为特使访华，这表明中国同苏里南有着非同寻常的、强有力的关系。

鲍特瑟说，他这次访华取得了圆满成功。苏里南今后愿同中国共同努力，把两国在政治、经济、文化等各个领域的友好合作关系提高到新的水平。

国家主席江泽民在中南海会见法国《国际政治》杂志驻亚洲地区负责人贝蒂埃

江泽民积极评价中法关系。他说，邓小平同志年轻时就在法国勤工俭学六年，中国许多领导人也曾在法国工作、学习过，两国有着很悠久的交往历史。中法建交30多年来，两国在政治、经济、科技和文化等各领域进行了富有成果的合作，“我本人于1994年9月对法国进行了国事访问，李鹏总理去年4月对法国进行了正式访问。我期待着希拉克总统对中国的访问，通过这次交流，促进两国在各个领域的友好合作关系。我希望两国能建立起面向21世纪的长期、稳定的友好合作关系。”

江泽民还就中国的政治体制、台湾和西藏等问题接受贝蒂埃的采访。

中共中央政治局常委李鹏在中南海会见由俄罗斯联邦国家杜马第一副主席 俄罗斯“我们的家园——俄罗斯”运动委员会副主席亚历山大·尼古拉耶维奇·绍欣率领的“我们的家园——俄罗斯”运动代表团

李鹏说，“我们的家园——俄罗斯”运动代表团此次来访，同中国共产党建立了联系和合作，这是一件有意义的事。中国共产党是执政党,党的对外活动目标与国家外交政策的目标是一致的。我们党愿在独立自主、完全平等、相互尊重、互不干涉内部事务的党际关系四项原则基础上,加强同"我们的家园——俄罗斯"运动的交往和合作,共同为发展中俄两国面向21世纪的战略协作伙伴关系做一些有意义的事。

绍欣对有机会再次访华感到高兴。他说,我们高度评价俄中两国关系的发展,两国高层领导人的会晤促进了双边友好合作。"我们的家园——俄罗斯"运动赞同中国共产党提出的党际关系四项原则,愿意加强同中国共产党的来往,以促进两国之间的全面友好合作。

中共中央政治局常委刘华清在钓鱼台国宾馆会见俄罗斯联邦国家杜马第一副主席"我们的家园——俄罗斯"运动委员会副主席绍欣

国务院副总理兼外交部部长钱其琛在北京与苏里南总统特使鲍特瑟举行会谈

钱其琛说,中苏建交21年来,两国关系稳步发展,中苏之间虽然相距遥远,国情不同,但两国同属发展中国家,过去有着类似和相同的经历,当前都面临着维护世界和平、促进本国经济发展和改善人民生活的共同任务。中苏进一步发展友好合作关系符合两国的根本利益。

钱其琛说,苏里南新政府成立不久,鲍特瑟就以总统特使身份访华,表明苏方对中苏关系的重视,中方愿与苏方共同努力,把两国在各个领域的友好合作关系提高到一个新的水平。

钱其琛说,江泽民主席欢迎韦登博斯总统在方便的时候访华,并相信访问将有利于加强两国业已存在的友好合作关系。他说,中苏经济技术合作近年来取得了可喜成果,中国把这种合作看成是互相学习,取长补短,共同发展的过程。目前,两国经贸交流与合作尚有较大潜力,中国愿意本着平等互利,互通有无,共同发展的原则与苏开展形式多样的合作。

鲍特瑟说,苏里南希望加强与中国在经济技术方面的合作,其中优先的领域有能源、采矿、贸易等,希望这些方面也是两国合作的重点。

国务院副总理兼外长钱其琛在钓鱼台国宾馆会见来北京出席中国—东盟联合合作委员会成立暨首次会议开幕式的东盟秘书长阿吉特·辛格

中国—东盟联合合作委员会在北京成立并举行首次会议

国务院副总理兼外交部部长钱其琛和东盟秘书长阿吉特·辛格出席开幕式并致辞。

钱其琛在致辞中说,在世纪之交的重要时刻,亚洲各国正面临着实现长久和平与经济振兴的历史性机遇。中国、东盟等亚洲发展中国家的崛起,有利于本地区和世界的和平稳定与经济繁荣。中国—东盟联合合作委员会的成立,是中国成为东盟全面对话国的重要后续行动,为中国—东盟合作提供了一个新的渠道,将对双方加强全面合作、促进共同发展起到推动作用。

钱其琛说,中国与东盟以及东盟各国之间存在着众多的共同点:双方都重视维护地区和世界的和平、稳定与发展,并为此进行着切实的努力;都致力于发展经济,以维护国家稳定,搞好经济建设,作为当前的中心任务;都需要维护发展中国家的正当权益,共同促进地区和全球平等互利合作;都遵循互不干涉内政的原则,主张加强对话与合作,和平解决国与国之间的争端。钱其琛表示相信,在这些共识的基础上,完全能够拓展中国—东盟全面合作,使合作的规模和深度与彼此的发展需要和潜力更加相称。钱其琛强调,发展同东盟睦邻互信伙伴关系,是中国外交政策的重要组成部分,中国将一如既往,为双方在各个领域合作的深入发展作出积极和切实的努力。钱其琛希望委员会本着平等互利、友好合作的精神,研究双方经济的互补优势,分析存在的问题和矛盾,提出深化合作的具体建议,将双方友好合作关系推向更加广泛的领域和更高的层次。

辛格在开幕词中首先对邓小平逝世表示哀悼。他说,东盟—中国的关系源远流长,对东盟来说,与中国的关系十分重要。他说,我们之间可能时有分歧,但是作为友好邻居,我们能够通过磋商和谈判,以和平友好的方式加以解决。他说,近年来,东盟与中国的经贸关系显著发展,并在国际性的论坛中也进行了合作,在不同层次上发展的东盟与中国关系是积极的和富有成果的。他说,频繁的接触,不断扩大的合作和日益加深的友好,将为联委会的工作提供坚实的基础。他表示,委员会要通过集中精力,多干实事,为巩固东盟与中国更紧密、更富有意义的关系进一步提供动力。

会议的开幕式由联委会两主席——外交部部长助理陈健和马来西亚外交部东盟司总司长马吉德共同主持。中国和东盟秘书处、东盟七国有关部门的官员80余人出席会议。

中央军委委员傅全有在北京召开的总参纪检工作会议上发表讲话

傅全有说,严格政治纪律,是坚持正确的政治方向,维护党的团结统一的重要保证,也是党风廉政建设和纪律建设的首要任务。各级党委和纪检部门务必把严格政治纪律作为重大的原则问题抓紧、抓好,以确保政令畅通,确保军事工作的正确方向,确保部队高度稳定和集中统一。

傅全有指出,维护政治纪律,最重要的是维护以江泽民同志为核心的党中央、中央军委的权威,一切行动听从党中央、中央军委的指挥,在政治上、思想上、行动上同党中央、中央军委保持高度一致。要严格遵守党的政治纪律和民主集中制原则,自觉遵守党内政治生活的基本准则,令行禁止,确保政令、军令的畅通。要不断增强政治上的原则性和警觉性,善于用政治眼光观察问题,坚决反对和克服政治上的自由主义。要加强总参高中级干部的管理,树立廉洁自律的良好形象。各级党委要紧紧围绕正确使用权力这个核心问题,加强管理监督,切实抓好高中级干部的教育管理。要贯彻从严治党的方针,抓大案要案的查处,认真解决群众反映强烈的问题。

全军高中级干部学习理论和现代科技知识汇报会在北京结束

在日前结束的全军高中级干部学习理论和现代科技知识汇报会上,中央军委委员、总政治部主任于永波强调,要全面理解和深入落实中央军委主席江泽民提出的要"用正确的思想理论武装人"、"用现代科技特别是高科技知识武装人"的要求,在全军部队迅速掀起一个新的学习热潮。

于永波指出,江主席"两个武装"的重要思想,科学概括和规定了全军学习的基本内容和所要达到的目标,一个是建军之本,一个是强军之举。正确的思想武装,最根本的是学习和掌握邓小平建设有中国特色社会主义理论。要始终保持人民军队的性质,保证党对军队的绝对领导,确保全军在任何情况下都坚定不移地与以江泽民同志为核心的党中央保持一致,坚决听从党中央、中央军委的指挥。另一方面,随着科学技术的发展,高科技已成为现代军队战斗力的基本要素和新的增长点,我军要有效地推进各项改革与建设,实现两个根本转变,加强质量建设,就必须用现代科技特别是高科技武装起来。

会上,全军和武警部队的15个单位和个人介绍了搞好学习的经验。

2月27日

全国政协八届五次会议在人民大会堂开幕

全国政协八届五次会议应出席委员2081人,实到1846人,符合法定人数。

下午3时,全国政协主席李瑞环宣布大会开幕。

李瑞环提议,全体起立,为敬爱的邓小平同志默哀。

全国政协副主席叶选平、吴学谦、杨汝岱、王兆国、阿沛·阿旺晋美、赛福鼎·艾则孜、洪学智、赵朴初、钱伟长、胡绳、钱正英、丁光训、董寅初、孙孚凌、安子介、霍英东、马万祺、朱光亚、万国权、何鲁丽和秘书长朱训,在主席台前排就座。

党和国家领导人江泽民、李鹏、乔石、朱镕基、刘华清、胡锦涛、荣毅仁在主席台就座,祝贺大会召开。

大会首先审议通过政协第八届全国委员会第五次会议议程。

全国政协副主席叶选平受常务委员会的委托,在会上作中国人民政治协商会议第八届全国委员会常务委员会工作报告。他在报告中回顾过去一年政协常委会的工作。

全国政协八届五次会议通过《中国人民政治协商会议第八届全国委员会第五次会议议程》

一、听取和审议政协第八届全国委员会常务委员会工作报告

二、列席第八届全国人民代表大会第五次会议

三、听取政协第八届全国委员会提案委员会关于政协八届四次会议以来提案工作情况的报告

四、审议通过政协第八届全国委员会第五次会议的各项决议和提案委员会关于政协八届五次会议提案审查情况的报告

全国政协副主席叶选平在全国政协八届五次会议上作工作报告

各位委员:

我受中国人民政治协商会议第八届全国委员会常务委员会的委托,向大会作工作报告,请予审议。

一

1996年是实施"九五"计划和2010年远景目标纲要的第一年。全国各族人民在邓小平建设有中国特色社会主义理论和中国共产党的基本路线指导下,在以江泽民同志为核心的中共中央领导下,团结奋斗,积极进取,改革开放和现代化建设事业取得新的成就,为实现跨世纪宏伟纲领开了一个好头。国民经济持续快速增长,通货膨胀得到有效抑制,经济体制改革稳步推进,对外开放继续扩大,科技教育和各项社会事业取得新成就,城乡人民生活进一步改善。我国政治稳定,经济繁荣,民族团结,社会进步。尽管在前进道路上还存在一些困难和问题,但中国人民有信心有能力抓住机遇,迎接挑战,克服困难,把建设有中国特色社会主义的伟大事业继续推向前进。

一年来,常务委员会认真贯彻政协第八届全国委员会第四次会议确定的工作方针,在各参加单位与全

体委员的共同努力下，在各有关方面的大力支持下，各项工作取得了新的进展，呈现出生动活跃的可喜局面。

围绕中心服务大局，履行职能成效显著

自觉服从和服务于大局，紧紧围绕党和国家的中心工作，找准位置，选好角度，发挥优势，切实履行政治协商、民主监督、参政议政主要职能，是政协工作的一个特点。去年，这方面取得显著成效。

八届四次会议讨论了国民经济和社会发展“九五”计划和 2010 年远景目标纲要草案、李鹏总理所作的报告以及其他报告。委员们以对国家、对人民高度负责的态度，提出许多很好的意见和建议。在搞好全委会议、常委会议参政议政的同时，注重发挥专门委员会和委员的作用。大会之后，各专门委员会围绕“九五”计划和 2010 年远景目标纲要的实施，根据自身特点，精心选择课题，有组织有计划地深入实际，调查研究，共提出调研报告或专项建议 41 份，受到中共中央、国务院及有关部门的高度重视，取得了良好的成效。

在经济建设和社会发展方面，本会提出的《关于实行“两个转变”的动态分析与看法》、《关于贯彻落实“九五”计划大政方针的几个问题》的专题报告，在国务院办公厅有关文件中全文刊载；《关于切实解决农民负担问题的建议》，中共中央和国务院领导同志作了重要批示，其中许多意见，被《中共中央、国务院关于切实做好减轻农民负担工作的决定》所吸收；《关于加快草原畜牧业发展的建议》，受到国务院领导的重视，有关部门正在研究实施方案；《关于卫生事业改革与发展中的若干问题和建议》，许多内容被纳入《中共中央、国务院关于卫生改革与发展的决定》之中。

在精神文明建设和民主法制建设方面，本会提出的《关于进一步加强社会主义精神文明建设的建议》，许多内容已被《中共中央关于加强社会主义精神文明建设若干重要问题的决议》所采纳；《关于查禁“黄、赌、毒”情况的调查报告》、《关于严厉打击制售假冒伪劣商品的违法行为，促进社会主义市场经济健康发展的建议》和《关于制止公款吃喝玩乐行为的建议》，较好地发挥了民主监督的作用，受到中共中央、国务院及有关部门的充分重视；此外，关于加强外事工作的有关建议，受到中共中央和国务院领导的重视。本会第十八次常委会议认真学习讨论了中共十四届六中全会决议和江泽民总书记的重要讲话，在统一思想、增进共识的基础上，为贯彻落实六中全会精神、推动社会主义精神文明建设，积极献计献策。本会还就广大群众普遍关心的社会治安问题举行协商座谈会。中共中央和国务院有关领导同志到会听取了委员们的发言，认为委员们提出的意见和建议非常及时，对继续深入搞好“严打”斗争具有重要意义。

本会通过组成视察团、考察团、参观学习团等多种形式，组织委员跨省区视察、考察、参观学习或就地视察，共提出视察和考察报告 18 份。委员视察工作的实效进一步增强，不少意见受到国务院和有关部门的重视。在考察和视察过程中，委员们还尽力帮助地方办实事，为促进东西部经济技术合作牵线搭桥，受到当地政府和群众的欢迎。

切实加强提案工作，及时反映社情民意

提案是政协各参加单位和委员履行主要职能的重要形式。本会高度重视各民主党派、人民团体和各界委员的提案，并适应新形势的要求，努力提高提案质量和提案办理质量，充分发挥政协提案在我国政治和经济生活中的作用。八届四次会议以来，共收到提案 2498 件，立案 2380 件，总数比上一年度有较大增加，其中各民主党派中央和全国工商联提出提案 30 件。提交提案的委员 1620 人，占委员总数的 77%。多数提案有分析、有建议、有对策，为党政领导机关把握群众脉搏、了解社会动态、进行科学决策提供了重要参考。提案办理工作更加扎实。对加快南水北调中线工程建设、防治松花江的污染、加速解决少数民族地区人民听广播看电视问题、加大《农业法》和《农业技术推广法》执行情况的检查力度、加快建筑立法等提案，组织承办单位与有关委员一起实地考察、专题调研或协商座谈，推动了提案的办理和落实。本会召开了优秀提案和先进承办单位第二次表彰会，对八届一次会议以来的提案工作进行总结，进一步推动了提案工作的开展。

积极负责地反映社情民意，为党和政府了解实际情况、体察群众情绪发挥桥梁作用，是本届政协新开辟的工作领域。一年来，反映社情民意的工作进一步加强。广大委员积极响应八届三次会议提出的每位委员每年至少提出一条建议、反映一条信息的号召，多形式、多渠道地反映情况，提出建议。各民主党派、各界委员、地方政协以及人民群众提供了大量信息，经过整理，共上报 1442 条。报送信息的数量和实效明显提高。中共中央和国务院领导同志及有关部委、省市负责人曾多次在反映社情民意的《政协信息》上作了重要批示，引起有关方面的高度重视。为便于委员反映社情民意，还开办了全国政协委员专用语音信箱，试开通了与部分省市政协的信息网络系统。

落实中央《通知》精神，继续推进规范化、制度化建设

本会把贯彻落实中共中央〔1995〕13 号《通知》精神作为本年度的主要工作，逐步将《通知》的各项要求付诸实践，进一步推动了履行职能的规范化、制度化。常务委员会认真学习老一代革命家关于人民政协的论述和以江泽民同志为核心的中共中央关于人民政协的指示,学习党和国家的有关方针政策,进一步提高了坚持和完善中国共产党领导的多党合作和政治协商制度的自觉性。在履行职能的各项活动中,始终坚持李瑞环主席提出的四条原则,即必须坚持中国共产党的领导,必须服从和服务于国家的大局,必须注意从实际出发,必须加强同有关部门的配合。坚持注重实践、用实践经验推动工作的思路,努力探讨在新形势下履行职能的方法和途径。本会进一步健全了有关制度,修订了《政协全国委员会常务委员会工作规则》。

本会还向地方政协及时通报全国政协的工作思路和工作要点,对一些地方政协落实中央《通知》精神、推进规范化、制度化建设的情况组织调研和交流。各专门委员会就一些重要课题同地方政协开展了联合调研。举办了17期有1400多名地方政协干部参加的培训班、研讨班。

举办重要纪念活动,弘扬爱国主义精神

在孙中山先生诞辰130周年之际,本会举行了一系列纪念活动,缅怀中国民主革命的伟大先行者。首都各界人士1万多人隆重集会,中共中央总书记、国家主席江泽民在会上发表重要讲话,号召学习、继承和发扬孙中山先生的爱国思想、革命意志和进取精神。举行西安事变60周年纪念大会,江泽民总书记发表重要讲话,高度评价张学良、杨虎城两位将军为中华民族解放事业建立的卓越功勋,号召全国人民进一步团结起来,海峡两岸、海内外一切爱国者进一步团结起来,为实现中华民族的全面振兴,为完成祖国统一大业而努力奋斗。同陕西省政协联合举办了纪念西安事变60周年学术讨论会,促进了海内外学者对这一历史事件的科学研究。本会还分别举行了纪念中国人民救国会成立60周年,纪念李维汉同志、李德全同志诞辰100周年等活动,宣传了中华民族团结爱国、英勇奋斗、忘我牺牲的精神和统一战线的光荣传统,在海内外产生了积极的影响。

广泛开展联谊工作,促进祖国和平统一

促进祖国统一大业的早日完成,是参加人民政协的各党派、各团体、各族各界人士的共同心愿。一年来,根据政协特点,按照"和平统一、一国两制"的方针,积极开展了促进祖国统一的多种活动。本会有关部门与国务院台办等7个单位联合举行江泽民主席《为促进祖国统一大业的完成而继续奋斗》重要讲话发表一周年座谈会,李鹏总理在会上发表题为《完成统一祖国大业是全体中国人民的共同愿望》的重要讲话。各民主党派、无党派民主人士的代表在会上发言,拥护中共中央关于促进祖国统一的正确主张,坚决反对任何制造"两个中国"、"一中一台"和"台湾独立"的图谋。本会还加强了与台湾同胞的联系,积极推动海峡两岸经济、文化等各个领域的交流与合作。进一步加强了同港澳地区全国政协委员和广大港澳同胞的联系,及时反映他们的意见和建议。组织港澳地区全国政协委员到内地视察,帮助他们了解国情,了解祖国经济建设和社会发展的成就。开展了港澳的文史资料工作。港澳委员团结各界人士,为促进香港澳门顺利回归、维护港澳地区的长期繁荣稳定作出了贡献。接待台港澳同胞和海外侨胞21个团组来访,促进了相互间的沟通和了解,增进了对祖国和平统一的共识。

根据人民政协特点,扩大对外友好交往

在国家外交总体格局下,根据国家对外工作的总体部署和政协的特点,本会继续拓宽对外交往途径,积极参加为我国现代化建设创造良好国际环境的工作,使人民政协的对外友好交往保持了活跃和发展的良好势头。"展望二十一世纪论坛"首次会议,是全国政协成立以来第一次举办的高层次国际性学术会议。18个国家的24位著名政治家、专家学者和30位国内知名人士、专家学者与会研讨。江泽民、李鹏、乔石、李瑞环等党和国家领导人分别会见了外方与会者。李鹏总理在开幕式上作了题为《中国的发展和亚洲的崛起对世界未来的影响》的重要讲话。与会人士就世界发展的大趋势特别是21世纪亚洲与中国的发展等问题,进行了广泛的交流和深入的讨论,并认为"论坛"架起了相互沟通与理解的桥梁,希望今后越办越好。会议取得圆满成功,获得与会者的好评,在国内外引起较大反响。

李瑞环主席访问了波兰、荷兰、奥地利、瑞士和俄罗斯,叶选平副主席访问了葡萄牙、埃及和沙特阿拉伯,吴学谦副主席先后赴加拿大出席国际行动理事会第14次年会、赴泰国出席法政大学举办的"21世纪来临:亚洲的崛起"论坛会,王兆国、钱伟长、孙孚凌副主席分别访问了越南、老挝、泰国、阿曼、叙利亚、巴基斯坦。应本会邀请,摩尔多瓦、奥地利、朝鲜、泰国、俄罗斯的议长及其他领导人相继访华。一年中,本会共组织8个团组出访15个国家,邀请6个外国团组来华访问。截至1996年年底,本会已同61个国家和4个国际组织的86个机构建立了联系,开展了友好交往。通过这些活动,宣传了中国改革开放和社会主义现代化建设的政策和成就,宣传了中国共产党领导的多党合作和政治协商制度,增进了同世界各国人民的相互了解和友谊,扩大了人民政协在国际上的影响。

搞好政协自身建设,努力创建文明机关

加强自身建设,是适应新的形势与任务、更好地服务大局的需要,也是切实履行政协职能的重要条件。为了配合委员更好地了解情况,熟悉政策,扩大视野,把握全局,不断提高参政议政水平,本会经常组织委员参加各种活动,举行报告会、座谈会,组织参观、视察、调研,印发《政协年鉴》、《政协会刊》和《学习参考资料》等。各专门委员会在完善活动方式、增强活动实效上下功夫,专门委员会作为政协工作基础的重要作用得到进一步发挥。

按照李瑞环主席提出的讲质量、讲效率、讲规范、讲协作和加强机关办公现代化建设的要求,以"搞好服务,当好参谋"为目标,进一步加强和改进了机关工作,提高了为全委会议、常委会议和委员活动服务的质量。召开全国政协机关首次思想政治工作座谈会,作出关于开展创建文明机关活动的决定,大力倡导和弘扬政协工作者的敬业精神、服务精神、协作精神、务实精神和创新精神,配合公务员制度的实施,在机关内部和面向社会公开招聘干部。文史资料征集工作进一步加强,召开了新中国成立后史料专题座谈会。加强对外宣传工作,制定了《政协全国委员会办公厅关于加强对外宣传工作的意见》。继续组织中央新闻单位记者采访地方政协,举办第六届中国共产党领导的多党合作和政治协商制度好新闻评选活动。《人民政协报》从今年 1 月 1 日起由周三刊改为日报,加大了人民政协的宣传力度。

各位委员,江泽民总书记在今年新年茶话会上的讲话中指出:"人民政协在过去的一年里,积极反映社情民意,为促进国家的改革和发展提出了很多好的意见和建议,工作是很有成效的。"对我们的工作给予很高的评价。但必须清醒地看到,我们的工作仍然存在许多缺点和不足。政治协商、民主监督、参政议政工作虽有较大进展,但总体上讲还需进一步加强,特别是民主监督仍很薄弱;如何进一步加强同各民主党派、人民团体和地方政协的联系,更好地发挥政协各界别的作用,还需继续进行探索;同京外委员经常性的联系与沟通工作,也需要继续加以改进,等等。我们相信,有中共中央的正确领导,有广大委员的共同努力,有社会各界和有关部门的大力支持,我们能够不断总结经验,扎实工作,把人民政协工作提高到一个新的水平。

二

各位委员:

1997 年是我国历史发展上的重要一年。我国将恢复对香港行使主权,迈出和平统一祖国的重要一步;中国共产党将召开第十五次全国代表大会,把建设有中国特色社会主义的伟大事业向新世纪全面推进。这是举世瞩目、具有深远影响的两件大事。人民政协要为顺利圆满地完成这两件大事作出应有的贡献。同时,我们还要为政协全国委员会换届做好准备。我们要在过去四年工作的基础上,把握大局,再接再厉,同心同德,开拓前进,把新一年的各项工作做得更好。

1997 年政协全国委员会的工作方针是:高举邓小平建设有中国特色社会主义理论的旗帜,坚持党的基本路线,坚持和完善共产党领导的多党合作和政治协商制度,服从和服务于全国工作的大局,继续推进政治协商、民主监督、参政议政的规范化和制度化,充分发挥人民政协在团结各界、协商问题、听取意见、协调关系中的重要作用,为我国的社会主义物质文明建设、精神文明建设和祖国和平统一大业作出新的贡献。

1997 年政协全国委员会工作的主要任务是:巩固发展爱国统一战线,促进在振兴中华、统一祖国共同目标下的大团结、大联合,充分发挥各民主党派、无党派民主人士、人民团体和各族各界代表人士在政协中的作用,努力调动一切积极因素,团结一切可以团结的力量,协助党和政府巩固与发展团结稳定的社会政治局面;发动与组织广大委员围绕实施"九五"计划与 2010 年远景目标纲要和加强社会主义精神文明建设的决议,选准角度,发挥优势,调查研究,献计献策,切实履行主要职能;对八届一次会议以来的工作进行认真总结,努力探索新形势下切实做好政协工作的新经验;按照中共中央部署,积极做好政协全国委员会换届的有关准备工作。

据此,提出政协全国委员会 1997 年度工作安排。

(一)高举邓小平建设有中国特色社会主义理论的旗帜,进一步巩固团结合作的共同政治基础

邓小平建设有中国特色社会主义理论,是在和平与发展成为时代主题的历史条件下,在我国改革开放和社会主义现代化建设的实践过程中,在总结我国社会主义胜利和挫折的历史经验并借鉴其他社会主义国家兴衰成败历史经验的基础上,逐步形成和发展起来的。这个理论,科学地把握社会主义的本质,第一次比较系统地初步回答了中国这样的经济文化比较落后的国家如何建设社会主义、如何巩固和发展社会主义的一系列基本问题。它是马克思列宁主义基本原理与当代中国实际和时代特征相结合的产物,是毛泽东思想的继承和发展,是当代中国的马克思主义。它是全党全国人民集体智慧的结晶,是中国共产党的指导思想和中华民族的精神支柱。没有邓小平同志创立的这个理论,就不会有今天中国改革开放的新局面和中国社会主义现代化的光明前景。邓小平同志是政协第五届全国委员会主席,是新时期人民政协事业的奠基人。邓小平同志关于统一战线与人民政协的一系列重要思想是建设有中国特色社会主义理论的重要组成部分,是新时期人民政协工作的理论基础、政策依据和科学指南。我们要积极组织和推动政协委员深入学习邓小平建设有中国特色社会主义理论,并同学习以江泽民同志为核心的中共中央关于统一战线与人民政协的论述相结合,同学习中共十四届五中全会、六中全会特别

是将要召开的中共十五大的精神相结合。通过学习，进一步巩固参加人民政协的各党派、团体和各族各界代表人士团结合作的共同政治基础，增强贯彻执行党的基本路线和基本方针的自觉性，增强贯彻执行中国共产党领导的多党合作和政治协商制度的自觉性，在以江泽民同志为核心的中共中央坚强领导下，继续把邓小平同志开创的社会主义改革开放和现代化建设的伟大事业推向前进。

（二）紧紧围绕实施“九五”计划与2010年远景目标纲要和加强社会主义精神文明建设决议，履行职能，建言献策

常委会议、主席会议根据中共中央1997年工作的全局部署，选择国民经济和社会发展中一些重大课题，有计划地组织座谈和调查研究，向中共中央、国务院提出建议案或专题报告。各专门委员会要根据自身特点，选择经济建设、社会发展和精神文明建设中一些重要问题，如加强农业基础地位、国有企业改革、经济结构调整、实施科教兴国战略和可持续发展战略、资源与环境保护、社会保障制度、民族地区经济的全面发展、加大扶贫力度、思想道德和文化建设、勤政廉政建设等问题，深入调查研究，缜密论证，提出可供党和政府决策参考的意见和建议。继续组织有关民主党派、人民团体就共同关心的课题开展联合调研，进行座谈。进一步做好提案和文史工作。努力提高提案质量和办理质量，使政协提案在国家的政治和经济生活中发挥更大的作用。有重点地抓好建国后史料和港澳文史资料的征集、研究和出版工作。认真组织好委员视察活动，努力提高视察实效。继续在东部地区与西部地区之间、中央有关部门与地方之间牵线搭桥，为两个文明建设多办实事。

（三）继续推进政治协商、民主监督、参政议政的规范化、制度化

进一步贯彻落实中共中央〔1995〕13号《通知》精神和《政协全国委员会关于政治协商、民主监督、参政议政的规定》，有组织有计划地把政治协商引向深入，切实有效地开展民主监督，进一步拓宽参政议政领域。完善同《规定》相配套的制度，逐步将《规定》的各项要求付诸实施。坚持以实践经验推动工作，注意总结交流地方政协落实中共中央通知精神、推动履行职能规范化制度化的成功做法。

（四）更加扎实有效地做好反映社情民意工作

继续加强反映社情民意的工作，运用会议、视察、提案、信访和座谈等多种形式，广辟信息来源。认真听取和如实反映委员及各界人士对我国政治、经济、文化和社会生活中普遍关心的重要问题与热点问题的意见和建议，为中共中央、国务院了解群众要求、体察群众情绪发挥桥梁纽带作用。继续提倡每个委员一年至少提出一条有质量的建议或提案，反映一条有价值的信息。健全反映社情民意的工作机构，抓紧配备现代化的办公设施，逐步形成反应快捷、渠道畅通的信息网络，更好地为委员履行职责服务，为党政机关科学决策服务，为人民群众反映意见服务。

（五）协助党和政府巩固与发展团结稳定的社会政治局面

认真贯彻“长期共存、互相监督、肝胆相照、荣辱与共”的方针，加强同参加政协的各党派、各团体和各族各界代表人士的联系，通过座谈、谈心等形式，沟通思想，交流情况，听取意见，探索更好地发挥界别作用的形式和方法。经常听取出列席全国政协主席会议、秘书长会议的民主党派、无党派民主人士和全国工商联负责人的意见和建议，充分发挥他们在政协中的作用。围绕大目标，促进大团结、大联合，切实做好协调关系、化解矛盾、增进共识的工作。积极协助政府贯彻执行国家的民族宗教政策，促进少数民族地区经济、文化事业的发展。

（六）进一步做好与台湾同胞、港澳同胞和广大侨胞的联谊工作

按照“一国两制”的方针和“港人治港”、“高度自治”的原则，积极支持和协助我国政府做好有关香港政权交接和庆祝回归的工作。加强同港澳地区的全国政协委员的联系，发挥他们参政议政的积极性，鼓励他们团结各界人士，为实现香港和澳门的顺利回归、保持港澳地区的长期稳定繁荣贡献力量。贯彻江泽民主席关于促进祖国和平统一的八项主张，继续开展与台湾同胞的联谊工作，积极推动海峡两岸直接“三通”和在经济、文化等领域的交往与合作。坚决反对任何制造“两个中国”、“一中一台”和“台湾独立”的图谋。协助有关部门维护归侨、侨眷的合法权益。多渠道地开展对广大侨胞的联谊工作。

（七）加强对地方政协工作的指导

通过组织研讨、交流经验、通报信息等多种方式和《人民政协报》、《政协会刊》等多种途径，加强对地方政协工作的指导。有重点地对部分地方政协工作进行调研，运用经验指导、推动工作。密切与地方政协的联系，制定政协全国委员会与地方委员会联系的办法。专门委员会要继续与地方政协就共同关心的重要课题进行联合调研。继续做好地方政协干部培训工作。

（八）积极开展对外友好交往活动

在国家外交总体格局下，根据我国对外工作的总体部署和政协特点，继续有计划、有重点地开展本会主席、副主席同有关国家高层人士的互访。广辟渠道，有计划、有重点、多层次发展同有关国家的相关机构和人

士的友好关系，为我国现代化建设创造和平稳定的国际环境作出贡献。加强和改进人民政协的对外宣传工作，扩大人民政协的对外影响。

（九）继续加强政协自身建设

政协委员要保持与群众的密切联系，经常反映群众的愿望和要求。要加强学习，充实知识，了解国家的重大方针政策和法律、法规。要认真履行委员职责，积极参加政协组织的各项活动，努力提高自身素质，不断提高参政议政水平。加强同京外全国政协委员的联系，要与地方政协通力合作，切实有效地发挥京外委员的作用。进一步加强专门委员会的建设，完善活动方式，提高活动效果。对专门委员会的工作进行总结，为专门委员会发挥作用创造更好的条件。继续搞好政协机关的思想建设、组织建设、作风建设和制度建设，讲质量、讲效率、讲规范、讲协作，搞好服务，当好参谋。深入开展创建文明机关活动。办好改刊后的《人民政协报》，把握中央精神，了解读者愿望，尊重新闻规律，勇于探索创新，使《人民政协报》成为政协委员参政议政的园地，联系社会各界的桥梁。

（十）认真总结经验，做好换届的准备工作

认真总结八届政协的工作经验，加强人民政协的理论研究。按照中共中央统一部署，积极做好政协全国委员会换届的准备工作。

各位委员：

在新的一年里，我们的任务更为艰巨，我们的责任更加重大。我们要继承邓小平同志的遗志，更加紧密地团结在以江泽民同志为核心的中共中央周围，高举邓小平建设有中国特色社会主义理论的伟大旗帜，同心同德，群策群力，励精图治，扎实工作，满怀信心地实现邓小平同志为我们规划的战略宏图，把邓小平同志开创的社会主义改革开放和现代化建设的伟大事业继续推向前进。

《人民日报》发表社论《发展大团结实现大目标——祝贺全国政协八届五次会议开幕》

中共中央印发《中国共产党纪律处分条例（试行）》的通知

各省、自治区、直辖市党委，各大军区党委，中央各部委，国家机关各部委党组（党委），军委各总部、各军兵种党委，各人民团体党组：

现将《中国共产党纪律处分条例（试行）》印发给你们，请贯彻执行。执行中有什么问题和建议，请及时报告中央。

中共中央

一九九七年二月二十七日

中国共产党纪律处分条例（试行）（文略）

联合国安理会举行正式会议对邓小平逝世表示哀悼

本月安理会主席、肯尼亚常驻联合国代表马胡古大使首先发言。他说，人们将永远记得邓小平作为中国改革和现代化总设计师的作用。他给中国带来了前所未有的经济发展。人们也将记得他为世界和平、安全和发展所作出的贡献。

在马胡古大使提议下，参加会议的全体人员起立默哀一分钟。然后安理会主席和全体安理会成员，包括尚未与中国建交的哥斯达黎加和几内亚比绍的代表，分别发表讲话，赞扬邓小平为中国的发展和世界和平所作的贡献。

中国常驻联合国代表秦华孙大使在会上对安理会主席和各国代表的悼念表示感谢。

外国领导人致电国家主席江泽民全国人大常委会委员长乔石对邓小平逝世表示哀悼

一些外国领导人近日致电江泽民主席、乔石委员长，对邓小平逝世表示深切的哀悼。

沙特阿拉伯国王法赫德·本·阿卜杜勒—阿齐兹在 26 日给江泽民主席的唁电中说："痛悉中国领导人邓小平逝世的噩耗，谨向阁下和逝者亲属，并向友好的中国政府和人民表示沉痛哀悼。"

给江泽民主席发来唁电的还有利比里亚国务委员会。

给乔石委员长发来唁电的有哈萨克斯坦议会马日利斯（下院）主席奥斯帕诺夫。

此外，塞拉利昂代外长凯比给钱其琛副总理兼外长发来唁电。

国务院批转财政部《关于加强国有企业财务监督的意见》

各省、自治区、直辖市人民政府，国务院各部委、各直属机构：

国务院同意财政部《关于加强国有企业财务监督的意见》，现转发给你们，请认真贯彻执行。

加强国有企业财务监督，完善企业财务约束机制，是落实和规范企业财务自主权，促进企业依法理财，维护国有权益，提高企业财务管理水平的一项重要工作。近几年来，随着财务管理权限的逐步下放，出现了一些企业国有权益被侵蚀，国家收入大量流失等不容忽视的问题，严重妨碍了经济发展和企业改革的顺利进行。各地区、各部门对此必须予以高度重视，要通过不断深化改革，建立健全企业外部财务监督与企业内部财务约束相结合的监督机制,把国有企业各项财务活动纳入法制化轨道。各级财政、审计、监察、税务等部门要在当地政府的领导下,按照既各司其责,又避免重复监督的要求,通过切实有效的财务监督工作,把企业财务管理提高到一个新水平。

财政部关于加强国有企业财务监督的意见

近几年来,随着经济体制改革的不断深入,国有企业(以下简称"企业")自主权特别是财务自主权得到了进一步扩大和落实,对提高企业经济效益,推进政企分开和社会主义市场经济体制的建立起到了积极作用。但是,由于在强调扩大企业自主权的同时,缺乏完善配套的企业外部财务监督和企业内部财务约束机制,相应的财务监督工作没有跟上,一些企业没有把国家赋予的财务自主权用在企业发展上,消费性支出失控,铺张浪费严重;更有甚者,一些不法分子利用手中掌握的财务管理权,把持购销活动,通过关联交易化公为私,肆意挥霍。这些行为严重干扰了企业改革进程,助长了奢侈腐败,企业的国有权益被侵蚀,国家收入大量流失。为了解决当前企业财务管理中存在的问题,必须加强国有企业的财务监督工作,为严肃财经法纪,维护国有权益,现提出以下意见:

一、加强企业财务监督的指导思想和原则

各地区、各部门要按照政府转变职能和企业转换经营机制的要求,把国家赋予企业的各项财务自主权真正落到实处,确保企业依法开展财务活动应当享有的财务自主权不受干扰。同时,通过对企业财务活动实施有效监督,规范财务行为,加强财务管理,提高经济效益,督促企业用好财务自主权。

加强企业财务监督应遵循以下原则:政企职责分开,充分落实企业财务自主权,促进企业转换经营机制,建立现代企业制度;严肃财经纪律,依法实施财务监督,维护国有权益,防止国家收入流失;企业外部财务监督与企业内部财务约束相结合。

二、企业财务监督的内容

企业财务是企业生产经营活动的综合反映,对企业财务的监督应包括企业财务管理各个环节,重点是以下几个方面:

(一)加强企业消费性资金使用的监督。企业应本着先生产、后消费的原则,合理安排各项支出。各项消费资金的使用,应编制项目预算和费用开支计划,报经职工代表大会或董事会审批,并据实向职工代表大会报告执行情况。企业购置小轿车要与企业的规模和盈利水平相适应,严格按有关规定执行;亏损企业不得购买小轿车。企业建造职工活动中心、宾馆、招待所等非生产性设施,必须按基本建设程序立项,限额以上的项目必须报国家计划主管部门审批,限额以下项目必须报企业主管部门审批;企业修建职工住宅以及其他非生产性设施,不得挤占生产经营资金,不得高标准修建和高档装修。企业人均工资增长超过劳动生产率增长幅度的,要相应扣减企业职工工资总额与效益挂钩比例或企业工资总额计划。

(二)加强企业生产经营资金使用的监督。企业必须在满足生产经营周转资金需要的基础上进行固定资产投资,并严格按照国家规定足额安排铺底生产经营资金。

(三)加强企业对外投资的监督。企业对外投资要做好可行性研究,坚持集体讨论,建立严格的审查和决策程序;重大投资项目应报经职工代表大会或董事会审批。除国家有特殊规定外,企业累计对外投资不得超过本企业净资产的50%,技术改造任务重和生产经营资金不足,以及对外投资报酬率预计达不到银行存款利率的,不得对外投资。

(四)加强对关联企业经营往来的监督。对企业与关联企业之间的原材料供应、商品销售、资金借贷、收入费用的核算以及管理机构和人员的经费开支等,要分账管理,独立核算,并建立必要的报表报告制度。

(五)加强企业购销活动的监督。企业应建立产品(商品)、原材料、设备等资产购销活动的内部控制制度。企业主要原材料、设备的购进价格以及主要产品(商品)的销售价格,与市场同类产品(商品)或企业以往购进及销售的同类产品(商品)价格差异较大的,应及时查明原因,并在企业财务报告中予以说明。

(六)加强企业资金调度的监督。企业要建立资金调度内部控制制度,确保资金调度安全。企业开设的银行账户以及按月编制的资金使用计划,必须报主管财政机关备案。对无有效合同、无合法凭证、无合规手续的,不得对外支付现金(包括支票、汇票等)。

(七)加强企业成本费用的监督。企业应严格执行国家规定的成本开支范围和费用开支标准,准确核算成本费用,建立健全内部成本控制制度,严禁少计少摊成本或乱挤乱进成本。

(八)加强企业资产处置的监督。对企业固定资产、流动资产盘亏、毁损、报废等净损失,坏账损失,被盗损失以及财产担保损失等,必须建立严格的鉴定和审批制度。对企业公司制改造、与外商合资合作及其他对外投资中的财产转移,要建立严格的评估和报批制度。

(九)加强企业利润分配的监督。企业依法缴纳所得税后的利润,必须按规定分配。除公益金可以用于职工集体福利设施支出外,企业留用的利润必须用于企业发展。

(十)加强企业财务报告的监督。企业应按国家规定的要求编制财务报告,有关重大事项必须在财务状况说明书中予以披露。有关部门要制定科学的财务指标评价考核体系。企业财务报告委托社会中介机构审查的，要建立必要的抽查制度，以确保财务报告的真实、准确。

三、企业财务监督的范围及方式

企业财务监督管理的范围，包括国有企业、国有独资有限责任公司、国家出资额所占比例超过 50%或实质上拥有控制权的公司制企业。

企业外部财务监督由国务院和地方各级人民政府主管财政机关负责。根据实际需要，主管财政机关可依据《国有企业财产监督管理条例》(国务院令〔1994〕159 号)向企业监事会派出监事，会同监事会中的其他监事开展监督工作。对尚未派出监事的企业以及国家出资额所占比例超过 50%或实质上拥有控制权的公司制企业，主管财政机关要切实加强外部财务监督。

企业内部财务监督在厂长(经理)领导下，由企业财务部门直接负责，重大财务决策必须报经职工代表大会或董事会审议决定。企业应按照财政部有关规定制定内部财务管理办法，健全内部审计制度，完善包括厂长(经理)、财务负责人以及财务部门和其他职能部门在内的企业内部财务监督管理责任制，自觉接受财政、税务、审计、监察等部门的监督。

四、企业财务监督的要求

企业应自觉接受主管财政机关依法实施的监督管理，如实提供完整的财务账目、凭证、报表和相关资料，不得拒绝、隐匿、谎报。企业生产经营活动中的重大决策和主要财务事项，应于当月及时向主管财政机关备案。

厂长(经理)对企业财务监督工作负有领导责任，应积极支持、保障财务部门履行好财务监督职责，严格遵守和执行国家财经法规，接受企业财务部门和职工代表大会或董事会、监事会的监督检查。企业财务部门要忠于职守，认真行使法律、法规赋予的监督职权，确保对企业内部各项经济活动和财务收支进行有效的财务监督和控制。

主管财政机关要严格履行职责，按照国家有关规定和财务监督要求，通过建立、健全企业财务报表信息网络，跟踪企业资金运动，监督企业银行账户资金的变化、购销价格的异常变动、主要资产的转移过程、消费性支出的使用等情况，及时发现问题，提出解决办法，切实提高财务监督的有效性。主管财政机关要严格执行有关规定，不得干预企业的经营自主权，不得泄露企业的商业秘密，不得以任何方式向企业索取费用和报酬。

本意见由财政部负责组织实施。各省、自治区、直辖市及计划单列市人民政府和国务院有关部门可根据本意见制定具体实施办法。

一九九七年一月五日

国务院副总理全国绿化委员会主任姜春云在全国绿化委员会第 16 次全体会议上发表讲话

近年来，我国城乡造林绿化事业取得了很大成绩。每年造林以 8000 万亩的速度发展，森林覆盖率提高到 13.92%，实现了森林面积和森林蓄积量的双增长；全国已有 12 个省(区)实现了基本消灭宜林荒山，一些地区的生态环境有了显著改善；城市环境面貌有所改观，绿化覆盖率达到 23.8%，人均共绿地面积达到 5.7%平方米。

姜春云指出，虽然我国生态环境局部地区有显著改善，但整体上恶化的趋势还未根本扭转，必须清醒地看到造林绿化的长期性、艰巨性。去年完成的全国荒漠化土地普查表明，我国荒漠化土地面积达 260 多万平方公里，每年仍然以 2400 多平方公里的速度在扩展。当前造林绿化工作还存在不少问题，地区发展不平衡，12 个灭荒的省(区)多处于我国东南部，中西部地区的造林绿化任务相当艰巨。随着造林绿化的不断推进，剩下的高山、远山造林绿化的难度越来越大。同时，一些地方乱采滥伐、毁林垦荒的现象还比较严重。因此，造林绿化工作必须进一步加大工作力度，不能有丝毫的松懈和削弱。

姜春云说，今年是实现《1989—2000 年全国造林绿化规划纲要》目标很重要的一年。要进一步抓好十大生态工程建设，特别是抓好中西部的工程建设，这对于全面完成规划纲要目标，促进中西部地区的生态优化和经济发展具有极为重要的意义。防治荒漠化工程是改善我国生态环境的迫切需要，一定要组织实施好。要狠抓薄弱环节，均衡推进造林绿化事业的发展。要开展多形式造林，加大飞播造林、封山封沙育林的力度。进一步广泛深入地开展全民义务植树运动，动员全社会力量参与造林绿化工作。

姜春云指出，我国人口众多，人均资源不足，必须坚持经济、社会与环境、人口、资源相协调的可持续发展方针。我国洪涝、干旱等自然灾害频繁，一个重要的原因就是植被稀少，生态环境脆弱。我们在强化水患意识的同时，必须进一步强化环境意识和绿化意识，增强造林绿化的使命感、紧迫感和责任感。造林绿化，发展林业，是脱贫致富的基础建设和优势产业。目前我国还有近 6000 万贫困人口，大都分布在自然环境恶劣的边远山区、沙区，下大力造林绿化，搞好以林为主的山区、沙区综合开发，是加快贫困地区摆脱贫困的根本出路。

姜春云说，植树造林、种草种花，既是物质文明建设，也是重要的精神文明建设，要认真总结推广全民义务植树运动15年来的基本经验，在提高义务植树尽责率和求实上下功夫。部门造林绿化是全社会办林业、全民搞绿化的重要组成部分。各个部门要结合各自的特点，抓好一批绿化龙头项目，带动部门、行业造林绿化的发展。要坚持科教兴林，提高林业的科技含量。要坚持以法管林，依法保护造林绿化的成果。

姜春云强调，加快造林绿化步伐，关键在领导。我们已经形成了领导干部造林绿化任期目标责任制、领导办绿化点等制度，这是我国造林绿化工作的一条基本经验，必须长期坚持下去。一个市、一个县，都要明确今后几年造林绿化工作的主攻目标。已经灭荒的地方，要向实现全面绿化进军，尚未灭荒的地方，要加快灭荒步伐，确保规划目标如期实现。各级绿化委员会是政府的参谋和助手，要充分发挥好绿化委员会组织协调、督促检查、评比表彰的职能。

会上林业部部长徐有芳总结1996年的造林绿化工作，并提出今年的工作任务。会议作出向在1996年植树造林、绿化祖国的伟大事业中作出突出贡献的539名同志颁发“全国绿化奖章”的决定。

中国—东盟联委会首次会议发表公报

公报说，会议是本着中国与东盟一贯的团结和友好的精神进行的，就广泛的问题进行了探讨。双方回顾了合作关系的发展，一致认为中国与东盟各国的关系取得了显著的进展。双方认为，中国与东盟合作基础良好，在资源、工业、技术构成和资金等方面存在着广泛的互补性，一致同意将着重在经济、贸易、科技和旅游领域开展合作，并逐步扩大在其他各个领域的合作。

这次会议决定，下一次会议在马来西亚举行。

联委会两位主席——中国外交部部长助理陈健和马来西亚外交部东盟司总司长马吉德在此间联合举行新闻发布会并回答记者的提问。

外经贸部部长吴仪在北京会见法国经济财政部负责财政和外贸问题的部长级代表伊夫·加朗

外交部发言人唐国强在记者招待会上就东耶路撒冷犹太人定居点问题答记者问

唐国强说：中国政府一贯主张耶路撒冷问题应由有关各方在联合国有关决议基础上，通过和平谈判加以解决。我们对以色列在东耶路撒冷修建犹太人定居点表示严重关切，认为这势必会给正在进行的巴以和谈制造障碍，不利于中东和平进程。

唐国强说，中国希望有关方面审慎行事，为推动中东和谈创造良好的气氛。

中国海军舰艇编队从上海启航出访东南亚三国

应泰国、马来西亚、菲律宾三国海军邀请，中国人民解放军海军东海舰队司令员杨玉书中将率领由海军113号导弹驱逐舰、542号导弹护卫舰组成的舰艇编队下午从上海起程，前往上述三国访问。

包括这次出访在内，中国海军已11次派出军舰访问了14个国家，其中东南亚国家占8个。

2月28日

八届全国人大五次会议在北京人民大会堂举行预备会议

会议由乔石委员长主持。他宣布，八届全国人大五次会议各项准备工作已经就绪，3月1日开幕。

出席预备会议的代表2531人，符合法定人数。

预备会议按照全国人大议事规则的规定，选举了本次大会的主席团和秘书长。大会主席团由157人组成，秘书长为田纪云。

预备会还通过本次大会的14项议程。

八届全国人大常委会副委员长田纪云、王汉斌、陈慕华、费孝通、雷洁琼、王丙乾、帕巴拉·格列朗杰、王光英、程思远、卢嘉锡、布赫、铁木尔·达瓦买提、吴阶平和秘书长曹志，出席预备会议并在主席台就座。

八届全国人大五次会议预备会议通过第八届全国人民代表大会第五次会议主席团秘书长名单

主席团（157人，按姓氏笔画排列）

丁关根　刀爱民（傣族）　于永波（满族）
于是之　马万祺　马思忠（回族）　王丙乾
王汉斌　王光英　王维山（蒙古族）
王朝文（苗族）　王群　韦　钰（女，壮族）
毛冬声　毛致用　亢龙田　方惠坚　尹　俊（白族）
艾斯海提·克里木拜（哈萨克族）
布赫（蒙古族）　卢功勋　卢嘉锡　叶公琦
田纪云　田期玉　田富达（高山族）　史来贺
生钦·洛桑坚赞（藏族）　曲格平　朱世保
朱　良　朱森林　乔　石　任现春（瑶族）
任继愈　全树仁　刘夫生　刘长瑜（女）
刘方仁　刘华清　刘国光　关山月　江泽民
阮崇武　孙起孟　孙鸿烈　孙维本
苏晓云（土家族）　李长春　李先猷（哈尼族）
李　后　李克强　李泽民　李绍珍（女）
李登海　李瑞环　李锡铭　李　灏
杨凤（纳西族）　杨代蒂（女，彝族）　杨白冰

杨汝岱 杨纪珂 杨初桂(女,侗族)
杨析综 杨明(白族) 杨泰芳 吴仁宝
吴阶平 何竹康 何 康 余秋里 张万年
张兴让 张克辉 张勃兴 张彦宁
张健民(满族) 张绪武 张 震 陆文夫
陆载德 阿木冬·尼牙孜(维吾尔族) 陈光健
陈作霖 陈明义 陈章良 陈焕友 陈舜礼
陈慕华(女) 陈邃衡 林兰英(女)
林丽韫(女) 罗尚才(布依族)
帕巴拉·格列朗杰(藏族) 周正庆 周 南
周 觉 周冠五 孟连崑 孟富林
赵东宛 赵志浩 赵梓森 郝诒纯(女)
荣毅仁 胡锦涛 柳随年 宦爵才郎(藏族)
费子文 费孝通 贺光辉 热 地(藏族)
耿昭杰 贾志杰 顾诵芬 顿珠多吉(藏族)
铁木尔·达瓦买提(维吾尔族) 倪志福
徐采栋 高德占 高 潮 唐佩珠(女,壮族)
陶大镛 黄保尧(壮族) 黄 菊
曹龙浩(朝鲜族) 曹 志 章师明
章瑞英(女) 阎海旺 梁广大 尉健行
屠由瑞 彭士禄 彭清源 董建华 惠永正
程思远 程维高 傅全有 傅铁山 曾庆红
温家宝 谢 军(女) 谢 非 谢铁骊
蓝丁寿(畲族) 雷洁琼(女)蔡子民 廖 晖
滕昭蓉(女,苗族) 滕 藤 颜龙安 薛明伦
薛 驹 霍英东
秘书长 田纪云

第八届全国人民代表大会第五次会议主席团第一次会议通过《第八届全国人民代表大会第五次会议副秘书长名单》

曹志 罗干 薛驹 周觉

八届全国人大会五次会议主席团第一次会议推定《八届全国人大五次会议主席团常务主席名单》

乔 石 田纪云 王汉斌 倪志福 陈慕华(女)
费孝通 孙起孟 雷洁琼(女) 李锡铭 王丙乾
帕巴拉·格列朗杰 王光英 程思远 卢嘉锡
布 赫 铁木尔·达瓦买提 吴阶平 曹 志

八届全国人大五次会议主席团举行第一次会议

会议推选八届全国人大常委会委员长、副委员长、秘书长为八届全国人大五次会议主席团常务主席。

会议通过本次大会的日程,3 月 1 日开幕,3 月 14 日闭幕,会议期间安排 6 次全体大会,3 月 9 日休会 1 天,会期预计 14 天。

会议通过逐项表决,通过本次大会的执行主席分组名单和会议表决议案方法,选举曹志、罗干、薛驹、周觉为大会副秘书长。会议通过表决决定 3 月 7 日下午 6 时为代表提议案截止时间。

八届全国人大五次会议预备会议通过第八届全国人民代表大会第五次会议议程

一、听取和审议国务院总理李鹏关于政府工作的报告

二、听取和审议国家计划委员会主任陈锦华关于 1996 年国民经济和社会发展计划执行情况与 1997 年国民经济和社会发展计划草案的报告

审查、批准 1996 年国民经济和社会发展计划执行情况的报告及 1997 年国民经济和社会发展计划

三、听取和审议财政部部长刘仲藜关于 1996 年中央和地方预算执行情况及 1997 年中央和地方预算草案的报告

审查 1996 年中央和地方预算执行情况的报告及 1997 年中央和地方预算草案

批准 1996 年中央预算执行情况的报告及 1997 年中央预算

四、审议《中华人民共和国刑法(修订草案)》

五、审议《中华人民共和国国防法(草案)》

六、审议《第八届全国人民代表大会第五次会议关于第九届全国人民代表大会代表名额和选举问题的决定(草案)》

七、审议《中华人民共和国香港特别行政区选举第九届全国人民代表大会代表的办法(草案)》

八、审议国务院关于提请审议设立重庆直辖市的议案

九、听取和审议全国人民代表大会常务委员会副委员长田纪云关于全国人民代表大会常务委员会工作的报告

十、听取和审议最高人民法院院长任建新关于最高人民法院工作的报告

十一、听取和审议最高人民检察院检察长张思卿关于最高人民检察院工作的报告

十二、听取和审议全国人民代表大会常务委员会副委员长布赫关于全国人民代表大会常务委员会检查《中华人民共和国农业法》实施情况的报告

十三、听取和审议全国人民代表大会香港特别行政区筹备委员会主任委员钱其琛关于全国人民代表大会香港特别行政区筹备委员会工作的报告

十四、其他

八届全国人大五次会议举行首次新闻发布会

中外记者 300 多人出席。

大会新闻发言人、本次会议副秘书长周觉在会上介绍刚刚结束的八届人大五次会议预备会议的情况，并回答记者提出的问题。

有记者问，近年来，虽然国家在减轻农民负担方面采取了很多措施，但农民负担一再出现反弹，请问如何保证国家的减负措施能够得到切实贯彻落实？

周觉说，近年来，国家采取一系列措施加大减轻农民负担工作的力度，取得了一定成效，但是一些地方农民负担过重问题还没有从根本上解决，农民仍不满意。为此，党和政府除了从加强对各级干部的思想教育入手外，中央最近还发了关于减轻农民负担的重要文件，要求由农民承担的村提留、乡统筹和劳务，不能超过农民上年纯收入的5%。要求各级党政主要领导负总责，使中央的政策逐条逐项落到实处；同时要专项监督，严厉查处加重农民负担的案件。各级人大近些年来也加强了执法检查的力度，督促农业法等有关法律得到落实。通过各方面的努力，农民负担过重的问题一定能够得到解决。

有记者问，本世纪末解决贫困人口的温饱问题能否如期实现？

周觉说，改革开放初期，我国有贫困人口2.5亿。1994年，我国开始实施“八七扶贫攻坚计划”，要求用7年时间，解决剩余8000万贫困人口的温饱问题。现在贫困人口还有将近6000万。为加快扶贫攻坚计划的实施进度，我国政府采取了一系列有效措施。经过多方面的艰苦努力，在本世纪末基本解决我国贫困人口的温饱问题，是完全可能的。

发言人在回答香港回归的提问时说，“一国两制、港人治港、高度自治”的伟大构想，是邓小平的夙愿，并在香港特别行政区基本法中作了明确规定。中国对“一国两制”的政策是始终如一、坚定不移的，不可能发生变化。

人民日报记者问，这次大会将审议刑法修订草案，请问修订的主要原则和特点是什么？

周觉说，刑法是国家的基本法律。这次对刑法的修订，是完善我国刑事法律和司法制度的一件大事，对进一步实行依法治国，建设社会主义法制国家有着十分重要的意义。这次刑法修改进一步明确了三个原则：罪刑法定、罪刑相当、法律面前人人平等，取消了类推的规定。同时将原来法律中一些笼统、原则的规定具体化，并适应形势的发展作了一些新的规定。修改刑法是客观形势发展的需要，是我国社会主义法制建设的重大发展。

周觉还回答了记者提出的其他问题。

国务院下发《关于调整金融保险业税收政策有关问题的通知》

各省、自治区、直辖市人民政府，国务院各部委、各直属机构：

为了发挥税收的调控作用，进一步理顺国家与金融、保险企业之间的分配关系，促进金融、保险企业间平等竞争，保证国家财政收入，国务院决定，从1997年1月1日起，调整金融保险业的税收政策。现将有关问题通知如下：

一、规范金融、保险企业的所得税税率，对目前执行55%所得税税率的金融、保险企业，其所得税税率统一降为33%。金融、保险企业所得税的预算级次不变。

二、修订《中华人民共和国营业税暂行条例》中有关金融保险业营业税税率的规定，将金融保险业营业税税率由现行的5%提高到8%。提高营业税税率后，除各银行总行、保险总公司交纳的营业税仍全部归中央财政收入外，其余金额、保险企业交纳的营业税，按原5%税率征收的部分，归地方财政收入，按提高3%税率征收的部分，归中央财政收入。

三、对经济特区内（包括上海浦东新区和苏州工业园区，下同）设立的外商投资和外国金融企业，凡来源于特区内的营业收入，继续执行自注册登记之日起，5年内免征营业税的优惠政策，免税期满后，按8%的税率征收；对来源于经济特区外的营业收入部分，不再执行特区内的免税优惠政策，按特区外设立的外商投资和外国金融企业的有关税收政策执行。

四、对1996年12月31日之前在特区外设立的外商投资和外国金融、保险企业，在1998年12月31日前，营业税减按5%征收，仍作为地方财政收入；自1999年1月1日起，按8%征收。对1997年1月1日后特区外新设立的外商投资和外国金融、保险企业，一律执行8%的营业税税率。

五、提高金融保险业营业税税率后，对国家政策性银行减按5%的税率征收。政策性银行交纳的营业税仍作为国家资本金投资返还给政策性银行。政策性银行资本金达到国务院规定金额之日起，返还政策停止执行。

六、提高金融保险业营业税后，对农村信用社营业税，在1997年12月31日前减按5%征收，仍作为地方财政收入；自1998年1月1日起恢复按8%的税率征收。

七、提高金融保险业营业税税率后，对随同营业税附征的城市维护建设税及教育费附加，仍按原税率5%计征，提高3%税率的部分予以免征。附征的收入仍归地方财政收入。

八、提高金融保险业营业税税率后，现由地方税务局所属征收机关负责征收的金融、保险企业营业税，改由国家税务局和地方税务局所属征收机构共同征收。其中按原5%税率计征的部分，由地方税务局所属征收机构负责征收，按提高3%税率计征的部分，由国家税务局所属征收机构负责征收。各银行部行、保险总公司交纳的营业税，继续由国家税务总局直属征收机构负责征收。随同营业税征收的城市维护建设税和教育费附加，由地方税务局所属征收机构负责征收。

调整金融保险业的税收政策，是国务院作出的一项重要决策，各地人民政府要高度重视，加强领导；各级国家税务局机关和地方税务局机关要密切合作，切实加强征管，堵塞"跑、冒、滴、漏"；各金融、保险企业要进一步强化纳税意识，按国家规定及时足额申报纳税，确保国家金融保险企业税收政策的贯彻执行。

国家主席江泽民　全国政协主席李瑞环到贵宾楼饭店看望出席全国政协八届五次会议的港澳委员

江泽民、李瑞环并同他们座谈，听取意见和建议。

委员们竞相发言，为实现香港的顺利回归、澳门的平稳过渡和保持港澳的长期稳定与繁荣建言献策。徐四民、杨孙西、曾钰成、马有礼、曹其真、梁钦荣、贺定一、张永珍、李国强、胡法光、朱莲芬、陈广生等委员先后发言。他们谈道，香港回归祖国是举世瞩目的大事，中华民族将洗刷百年的耻辱，这是海内外中国人的共同心愿。他们说，香港顺利回归祖国，归功于邓小平先生"一国两制"的科学构想。我们永远怀念邓小平对祖国统一作出的伟大贡献。我们都是中国人，是同根生，是一家人。我们拥护"一国两制"和"港人治港"、高度自治的方针。许多港澳委员说，作为政协委员，我们积极支持香港的回归和澳门的平稳过渡，实现香港政权的平稳交接，希望香港回归祖国庆祝活动顺利进行。他们表示要积极参政议政，团结港澳各界人士，进一步推进港澳与内地的合作和交流，并且相信在以江泽民总书记为核心的第三代中央领导集体的领导下，香港回归祖国，并保持长期的繁荣，一定能顺利实现，他们对前途充满了信心。委员们还就一些具体问题提出了建议。

在听取委员们的发言后，江泽民说，再过100多天，香港就要回归祖国，600万香港同胞就要行使自己当家做主的民主权利。香港回归祖国，标志着中国人民彻底洗刷上世纪中叶以来100多年的一段民族耻辱，标志着我们完成祖国统一大业迈出了重要一步。1999年，澳门也将回归。这是彪炳中华民族史册的重大事件。包括广大香港、澳门同胞在内的全体中国人民无不为之鼓舞，为之振奋。江泽民代表中共中央、国务院和全国人民对为促进香港、澳门的顺利回归和平稳过渡，为保持港澳地区的繁荣与稳定，为推进祖国的改革开放和现代化建设作出积极贡献的港澳委员表示感谢。

江泽民说，历史上遗留下来的香港问题和澳门问题，能够以这样一种和平方式顺利解决，关键是我们坚决执行了邓小平同志亲自确定的重要方针政策。"一国两制"的构想，是建设有中国特色社会主义理论的重要内容，是邓小平同志为中华民族完成祖国统一大业作出的独特的重大贡献，不仅为顺利解决香港、澳门和台湾问题指明了正确道路和提供了根本保障，也为国际上解决类似的历史遗留问题提供了范例。

江泽民说，小平同志虽然离开了我们，但他所确立的"一个中心、两个基本点"的基本路线和提出的一系列重大方针政策，我们将坚定不移地贯彻下去，小平同志开创的建设有中国特色社会主义的伟大事业，我们将始终不渝地推向前进。我们一定要继承小平同志的遗志，按照他为保持香港、澳门长期繁荣稳定所制定的各项方针政策，把香港、澳门的事情办好。

江泽民说，香港同胞的命运，同全体中国人民和中华民族的命运，始终是联系在一起的。香港地区的发展，同祖国的发展，也始终是紧密相关的。祖国改革开放和现代化建设取得日新月异的巨大成就，中华民族全面振兴的光明前景在望，为香港走向美好未来提供了可靠保障。

江泽民说，目前，香港总的形势是好的，经济、社会各方面的发展都是好的。从政治上看，中国政府对香港恢复行使主权，为香港走向民主创造了前提。"港人治港"、高度自治，使香港同胞的政治地位和政治生活发生了历史性转变。去年年底，香港同胞通过公开、公平、公正的民主程序，选出特别行政区首任行政长官，并得到中央人民政府任命。临时立法会经过选举也顺利产生。这是香港同胞历史上第一次真正行使自己当家做主的民主权利。最近，国务院又根据行政长官的提名，任命了香港特别行政区第一届政府的23名主要官员。其他方面的工作都在有计划、有步骤地平稳进行。香港顺利回归的大局已定。人们对中央政府贯彻"一国两制"、"港人治港"、高度自治方针的决心有了更深刻的认识。广大香港同胞对香港的前途充满信心。

江泽民指出，中国政府对香港恢复行使主权，是完成祖国和平统一大业的一个重要步骤。后面还有澳门平稳过渡和解决台湾问题。做好香港回归的工作，对1999年实现澳门回归，对最终解决台湾问题，实现祖国的完全统一，可以起到重要的促进作用。

江泽民希望广大香港同胞，在爱国爱港的旗帜下，实现最广泛的团结，继续按照基本法和全国人大的有关决定，把筹建香港特别行政区的各项工作做好，排除一切干扰，为实现政权的顺利交接，为特别行政区7月1日起正常运作，打下良好的基础。

江泽民说，过去，香港和澳门地区的各位委员在全国政协中参政议政，发挥了很好的作用。“九七”之后，将继续吸收香港同胞中有代表性的人士参加全国政协，为他们参政议政创造更好的条件，更多地听取他们的意见和建议，充分发挥他们在国家政治、经济、文化和社会生活中的重要作用。香港回归之后，港人参与国家事务的渠道将会更加畅通，各方面的事情也将会越办越好。

江泽民最后说，全国政协八届五次会议是一次重要的会议。希望各位港澳政协委员畅所欲言，多提建议，共同把我们国家建设得更好。

全国政协主席李瑞环在座谈会上说，今天离香港回归还有123天，大家对香港的前途充满信心，能以平静的心情聚集一堂共商国是，要归功于邓小平同志“一国两制”的伟大构想。如果没有这个构想，今天的香港会是什么样的局面，在座的各位会是什么样的心情？我们怀念邓小平同志，就要化悲痛为力量，继承他的遗志，在以江泽民总书记为核心的中共中央领导下，把国家的事情办好，把香港的事情办好，为实现香港平稳过渡和长期稳定繁荣多做贡献。

座谈会由全国政协副主席霍英东主持。

全国人大常委会委员长乔石在全国政协八届五次会议民主党派联组讨论会上就同民主党派的关系及台湾问题发表谈话（要点）

今天到政协来参加联组讨论，刚才委员们的发言对我很有启发。下面就几个问题谈一下我的想法。

第一，关于中国共产党与各民主党派的关系。共产党跟民主党派的关系，我们党说过十六个字：“长期共存、互相监督、肝胆相照、荣辱与共”。“长期共存”是多长时间？我认为，无论是从我们国家的历史来讲，还是从目前状况以及今后发展来讲，恐怕我们党有多长时间，各个民主党派跟中国共产党的合作也会有多长时间。民主党派跟中国共产党的合作，在1949年以前已经有相当长的时间了。从毛主席宣布中华人民共和国成立那一天起到现在，也已经快50年了。所以说共产党与民主党派的合作会是很长时间的。“互相监督”很重要，包括民主党派对共产党的监督和共产党对民主党派的监督。其中更重要的是要更好地发挥民主党派对共产党的兄弟般的监督、帮助作用。当然，要发挥这个作用，首先要共产党自己欢迎监督。共产党是全国最大的政党，而且处在执政的地位、领导的地位。如果处于领导地位而不太欢迎、不太希望、不太重视其他民主党派的监督，那么，这个监督就难搞了。所以，关键是我们共产党要有欢迎监督的态度。这种欢迎监督不是表面上的，而是很真诚地接受批评、帮助和监督，这样才能搞好中国共产党跟各民主党派之间的关系。至于“肝胆相照、荣辱与共”，那就要求更高了。真正“肝胆相照、荣辱与共”，是非常好的，也是非常不容易的。关键也在于中国共产党的同志特别是领导同志，对于民主党派要以诚相待。如果真正做到以诚相待，不是应酬一番，“肝胆相照、荣辱与共”就有基础了。比如同志之间谈心，要谈心就得以诚相待，否则就很难。同志之间是这样，政党之间也是这样。只要我们共产党能够很诚恳地对待各民主党派、无党派民主人士、群众团体，多党合作的局面就可以搞得比较好，整个政治协商的空气就会搞得比较浓。

第二，关于台湾问题。大家都知道，台湾老百姓是愿意统一的。台湾国民党当局长期渲染说共产党是洪水猛兽，还说我们要把台湾现在的财富分出来给大陆，这当然纯粹是捏造。如果说整个大陆12亿多人口要依靠台湾两千多万人口的财产来致富，那简直是笑话。中国要发展，还得靠我们在大陆上充分发挥各族人民、各个方面包括各政党的积极性，用各种办法逐步实现现代化，使国家富强起来。邓小平同志一个伟大的贡献，就是在他领导下把“文化大革命”后期中国的状况从根本上扭转过来，创造性地带领我们国家走上了建设有中国特色社会主义的道路，真正走上了繁荣富强的道路。这是很了不起的。邓小平同志很有创造性，很有政治勇气，敢于做前人没有做过的事情。比如他提出实行改革开放，而且不怕在这方面出现一些新的问题。中国实行改革开放的18年，取得了这么大的成就；我们继续沿着邓小平同志开辟的这条道路奋斗下去，再过10年、20年以至更长的时间，中国的情况还会有更大变化。最近几年，我每年都到上海去一次，了解一下国有企业改革的状况。上海的建设和改造速度比较快，很可能是世界上独一无二的。一个特大型城市，在短期内取得这么大的进步，而且成为带动全国发展的一个“龙头”，这是很不简单的。有这样的改革、这样的发展速度，大陆人民的生活水平还赶不上台湾？我们将来还要赶上世界发达国家的水平。

对台湾问题，总的来讲我们还是希望和平解决，实现“一国两制、和平统一”，统一后仍然保持它现在的社会制度。台湾当局没有什么理由不相信我们“一国两制”的承诺，因为很快香港就要实行了，接着澳门也要实行。至于说到打仗的问题，我们当然希望不打。去年为了反对李登辉搞“台独”，我们进行了军事演习。这次演习引起美国极大的重视，对“台独”势力是个打击。现在中美增加了接触，这次美国国务卿奥尔布赖特来，感到比较满意，谈得也是平心静气的。对台湾问题，我们诚心诚意地希望能够和平解决。最近我见了葡萄牙总统，我跟他讲，估计澳门问题好办一点，他也这样看。我说具体问题是会有的，但是经过中葡双方共同商量是可以得到解决的。我们的建设在不断发展，加上有香港和澳门回归的例子，台湾虽然隔着一个海峡，但统一是人心所向，再通过我们各个方面多层次长期地努力，我相信有可能争取实现"一国两制、和平统一"。当然这有大量的工作要做，要花时间，我们是有足够耐心的。

对实行"一国两制"，台湾当局很害怕，特别是李登辉很害怕。他连"三通"都害怕，不愿意"三通"，怕"通"多了，他控制不住，所以他还在阻挡"三通"。其实所谓不直接"三通"，就是要经过香港这个中间环节。现在香港很快就要回归祖国了，只要我们坚定地实行"一国两制"的方针，掌握好政策，切实保持香港的繁荣稳定，对台湾的影响就会相当大。经济上我们也不需要向台湾要什么东西，我们自己可以发展起来。对解决台湾问题，我们不承诺放弃使用武力，因为这关系到国家的主权，关系到国家的统一。我们既然没有承诺放弃武力，当然就得有所准备，毫无准备不行。

第三，关于进一步发挥政协在立法过程中的作用问题。我赞成政协应在立法过程中很好地、充分地发挥作用。立法的问题宪法有规定。人大的立法，每一次都广泛征求政协和其他各个部门的意见。全国人大对法律草案征求意见的工作基本上都是公开的，对各个省、自治区、直辖市也都是公开的。希望根据宪法充分发挥政协在立法中的作用，也发挥政协在民主监督方面的作用。我相信这是可以做到的。

国务院副总理姜春云在全国春季麦田管理电视电话会议上发表讲话

中共中央台办 国台办发言人就达赖将于近期访台一事发表谈话

台湾和西藏都是中国不可分割的领土。众所周知，达赖集团长期从事分裂祖国的活动，在国际上公开鼓吹"西藏独立"。最近，台湾方面公然邀请达赖访台，充分表明台湾当局与达赖分裂集团相互勾结利用，公开同流合污，在分裂祖国的道路上越走越远。中国共产党、中国政府和中国人民维护国家主权和领土完整的决心是坚定不移的，维护民族团结和宗教信仰自由的立场是坚定不移的，决不允许任何分裂祖国的图谋得逞。

国务院副总理李岚清在北京会见法国经济财政部负责财政和外贸问题的部长级代表伊夫·加朗

国务院副总理兼外交部部长钱其琛在钓鱼台国宾馆与贝宁外长皮埃尔·奥绍举行会谈

会谈后，双方就中国对香港恢复行使主权后贝宁保留驻香港特别行政区名誉领事馆事宜进行了换文。两国外长签署《中国政府和贝宁政府关于贝宁和香港特别行政区互免签证的协定》。

国家科委与农业部联合发出"九五"期间中国将每年对国家农作物育种科技攻关项目中的18种农作物新品种选育全面实行"后补助"的公告

国家科委与农业部日前联合发出公告，"九五"期间，我国将每年对国家农作物育种科技攻关项目中的18种农作物新品种选育全国实行"后补助"。目前，1996年度的"后补助"工作已经启动，有关单位和个人开始申报。

所谓"后补助"，是由国家科委组织农业部等有关部门编制"项目指南"，各育种单位和个人育出的农作物新品种只要符合项目指南要求，在应用面积、单位面积产量、品质、综合抗性、适应性等方面达到规定标准，均可通过各省、自治区、市农业厅和省科委向项目组织部门农业部申请后补助，并由国家科委和农业部组织有关专家进行评审。凡育成新品种、获得"后补助"的单位或个人，国家将给予一次性经费资助。

开展农作物新品种选育，是提高农作物单产水平、实现本世纪末我国粮食总产达到五千亿公斤宏伟目标的主要手段之一。

"八五"期间，国家农业科技攻关共选育出农作物新品种450多个，平均增加单产8%以上，品质和综合抗性均有很大提高。所选育的新品种累计推广17.68亿亩，新增粮食459.31亿公斤，新增效益732.7亿元，对我国农业生产和农村经济的发展起到有力的推动作用。

公告说，实行"后补助"，是为了引入竞争机制，调动农业科研、教学单位和全社会育种者的积极性，鼓励他们培育出更多的具有突破性的新品种，促进育种水平的提高。据悉，"八五"期间，国家科委和农业部曾对水稻、小麦等六种作物实行"后补助"，效果很好。

公告说，"九五"期间实行"后补助"的18种主要农作物是：水稻、小麦、玉米、棉花、大豆、大麦、谷子、油菜、花生、甘蔗、甜菜、甘薯、马铃薯、白菜、甘蓝、番茄、黄瓜、橡胶。评审工作将每年进行一次。

公告说，1996年度的"后补助"申报工作在3月10日前结束。有关情况可向农业部和国家科委查询。

3月1日

八届全国人大五次会议开幕

会议由大会执行主席、主席团常务主席乔石主持。上午9时许，乔石委员长宣布，本次会议应到代表2962人，因病因事请假缺席的154人，出席今天会议的代表2808人，符合法定人数。他宣布：中华人民共和国第八届全国人民代表大会第五次会议开幕。

今天大会的执行主席、主席团常务主席田纪云、王汉斌、陈慕华、费孝通、雷洁琼、王丙乾、帕巴拉·格列朗杰、王光英、程思远、卢嘉锡、布赫、铁木尔·达瓦买提、吴阶平、曹志和乔石一起在主席台前排就座。

江泽民、李鹏、李瑞环、朱镕基、刘华清、胡锦涛、荣毅仁等和主席团成员在主席台就座。

在乔石提议下，全体代表起立，为敬爱的邓小平同志默哀。

9时10分，国务院总理李鹏代表国务院向大会作《政府工作报告》。

在大会主席台上就座的还有丁关根、李岚清、李铁映、杨白冰、吴邦国、邹家华、姜春云、钱其琛、黄菊、尉健行、谢非、温家宝、张震、张万年、迟浩田、任建新、宋健、李贵鲜、陈俊生、司马义·艾买提、彭珮云、罗干、张思卿、叶选平、吴学谦、杨汝岱、王兆国、阿沛·阿旺晋美、赛福鼎·艾则孜、洪学智、赵朴初、钱伟长、胡绳、钱正英、丁光训、董寅初、孙孚凌、安子介、霍英东、马万祺、朱光亚、万国权、何鲁丽。

出席全国政协八届五次会议的委员列席了会议。

列席会议的还有中央党政军群领导机关负责人，各民主党派、全国工商联负责人和无党派人士。

各国驻华使节旁听了大会。

国务院总理李鹏在八届全国人大五次会议上作《政府工作报告》

各位代表：

现在，我代表国务院向大会作政府工作报告，请予审议，并请全国政协各位委员提出意见。

一、1996年国内工作的回顾

1996年是实施"九五"计划和2010年远景目标纲要的第一年。在中国共产党领导下，全国各族人民团结奋斗，积极进取，改革开放和现代化建设事业取得新的成就，为实现跨世纪宏伟纲领开了一个好头。

国民经济持续快速增长，通货膨胀得到有效抑制。这是去年经济发展的一个突出特点。物价上涨幅度过高，是前几年困扰我国经济发展的难题。去年政府工作报告提出，物价涨幅要从14.8%降到10%左右，经过上下各方面的努力，实际回落到6.1%，明显低于预定的调控目标。这改善了整个经济运行环境，保护了广大消费者利益，为降低利率和企业成本，减少国家财政补贴创造了条件。国内生产总值达到67700多亿元，按可比价格计算，比上年增长9.7%。全年财政收入有较多增加，地方财政收大于支，中央财政赤字控制在预算目标之内。金融形势平稳，货币发行得到控制。国家外汇储备超过1000亿美元，人民币汇价稳定。农村经济持续全面发展。全国粮食总产量在4800亿公斤以上，肉类、水产品、水果和蔬菜等主要农副产品的产量，都有较多的增加。粮食丰收，主要是加强农业的政策和措施得到落实，全年总的说还算风调雨顺，虽然部分地区遭受严重自然灾害，但抗灾救灾工作得力，减少了灾害带来的损失。棉花和油料因为播种面积减少而略有减产。乡镇企业继续发展。工交生产稳定增长。钢铁工业通过挖潜改造，品种结构有所改善，钢产量突破1亿吨。能源、交通运输、邮电、有色金属、水泥、化工原料、支农产品、船舶和电子信息产品，都有不同程度增长。地质勘探取得新的成果。全社会固定资产投资23600多亿元，比上年增长18.2%，投资结构得到改善，重点建设进一步加强，中西部地区基础设施建设加快。在新开工的国家重点项目投资总额中，中西部地区占全国的43%以上。贯穿南北的大通道京九铁路投入运行。高速公路建成通车1100多公里。新增发电装机1500多万千瓦，电话交换机容量增加2000多万门。一些大型化肥厂投产运营。南昆铁路即将全线铺通，宝钢三期扩建工程等重大项目正在顺利施工。新开工了南疆铁路、山西阳城坑口电厂、甘肃疏勒河农业综合开发等一批重点项目。这对调整产业结构，促进中西部地区经济发展，增加国民经济发展的后续力量，将起到重要作用。

经济体制改革稳步推进，对外开放继续扩大。宏观经济领域的改革进一步深化，新的财税和金融体制继续完善。在降低关税总水平的同时，调整了进口税收减免政策，降低了出口退税率。中央财政虽然比较困难，但对经济落后地区的财政转移支付仍然有所增加。组建城市合作银行的大中城市，由35个增加到100个，农村金融改革全面启动。金融机构的改革和监管得到加强。去年是国有企业改革力度较大的一年，各项试点工作全面展开。在一些城市进行了优化资本结构的试点，企业兼并破产、分流人员和分离社会职能的步伐加快。国家重点抓的大型企业和企业集团，产销率和利税额有所提高。企业增资减债取得进展，部分企业的负债率下降。许多小企业放活后改善了生产经营。养老保险、失业保险和医疗保障改革继续深化。在流通体制改革方面，发展多种营销方式，促进了产销衔接和商品销售。提高粮食定购价格，国家、地方和农户的粮食储备都有较多增加，这对今后以丰补歉，保证粮食稳定供应，将发挥重要作用。外贸和外汇管理体制改革继续深化，代理制逐步推进，又有一批生产企业获得自营出口权。实现了人民币在经常项目下的可兑换，投资环境进一步改善。在国际市场竞争激烈、国内出口退税率降低的条件下，外贸进出口总额达到 2890 多亿美元，比上年增长 3.2%，进出口基本平衡。国际旅游业创汇超过 100 亿美元。外商直接投资保持增长势头，实际到位 400 多亿美元，投向基础设施、基础产业和中西部地区的项目增多。关税征管和打击走私的工作得到加强。深化改革，扩大开放，有力地促进了我国经济的持续、快速、健康发展。

科技、教育和各项社会事业取得新成就。科技体制改革进一步深化，取得国家级重大科技成果 2000 多项，科技成果向现实生产力转化的步伐加快，高新技术产业迅速发展。粮棉新品种和一批农业先进适用技术得到推广，促进了农产品产量的增加。运用新的勘探开发技术，稳定了东部油田的产量，加快了西部石油天然气的开发。大容量光纤通信系统的应用，提高了通信技术水平。义务教育工作继续推进，到去去年底，全国已有 50%的县(市、区)基本普及九年义务教育，当年减少青壮年文盲 400 万人。职业教育取得可喜进展，高中阶段学生中，职业学校在校生达到 56.8%，各类职业培训机构达到 40 多万个。高等教育管理体制改革迈出新的步伐。社会主义精神文明建设进一步受到各方面重视，思想教育和宣传工作明显加强。文化事业的改革和发展取得新的成绩，广播电视覆盖面继续扩大，文学艺术、新闻出版和社会科学研究都有新的进步。文化、科技、医疗下乡为农民服务，受到普遍欢迎。全民健身运动逐步开展，我国体育健儿在第 26 届奥运会上取得优异成绩。计划生育工作稳步开展。环境保护得到重视，关停了一批污染严重的企业。勤政廉政建设和反腐败斗争继续深入，查处了一批大案要案。纠正行业不正之风继续进行，服务行业的承诺制初步开展。社会主义民主和法制建设得到加强。“严打”斗争促进了社会治安状况的好转。中国人民解放军、武装警察部队和公安干警，在保卫祖国、维护国家安全和社会稳定、支援经济建设等方面，作出了新贡献。

城乡人民生活进一步改善。城镇居民人均生活费收入达到 4300 多元，实际增长 3.3%。农村居民人均纯收入达到 1900 多元，实际增长 9%，是近年来增幅最高的一年。消费品供应丰富多彩，价格比较稳定，市场购销两旺，社会消费品零售总额实际增长 12.5%。城乡居民储蓄存款年末达到 38500 多亿元，比上年年末增加 8800 多亿元。城镇新增就业 700 多万人。城乡新建住房 11 亿平方米。城市居民社区服务和医疗保健进一步发展。卫生防疫工作取得新成绩。农村医疗卫生条件有所改善。以解决温饱问题为目标的扶贫工作步伐加快，全年农村贫困人口减少 700 万。

我们清醒地看到，在经济发展和社会生活中，还存在不少矛盾和问题，政府工作也有缺点和不足。宏观经济稳定的基础不巩固，经济结构不合理的矛盾突出。农业基础比较脆弱，科技和教育还不适应现代化建设的需要，国民经济整体素质和效益不高。人口和就业压力比较大。部分国有企业生产经营困难，亏损增加，停产、半停产企业和下岗失业人员增多。国家财政困难较大，收入分配关系还没有理顺。消极腐败现象仍然比较严重，一部分政府工作人员中的官僚主义、形式主义和浮夸作风有所滋长。一些地方的社会治安状况不好。所有这些问题，我们都要高度重视，在今后的工作中下大力气解决。

各位代表：

今年我国将恢复对香港行使主权，中国共产党将召开第十五次全国代表大会，这两件大事都将产生重大而深远的影响。我们要以邓小平建设有中国特色社会主义理论为指导，坚持中国共产党的基本路线和基本方针，切实推进经济体制和经济增长方式的转变，稳中求进，保持国民经济持续、快速、健康发展，促进社会全面进步。要保持宏观经济政策的连续性、稳定性和必要的灵活性，继续实行适度从紧的财政货币政策，控制物价上涨幅度；加强农业基础地位，加快改革特别是国有企业改革步伐，加大结构调整力度，积极开拓市场，提高对外开放水平；坚持两手抓、两手都要硬的方针，加强社会主义精神文明建设和民主法制建设。当前我国经济发展势头良好，政治稳定，民族团结，社会安定，国际环境也比较有利。我们要更加努力地做好各方面的工作，以实际行动悼念邓小平同志，坚定不移地把他所开创的改革开放和现代化建设事业继续推向前进。

二、保持国民经济发展的良好势头

今年要保持国民经济持续、快速、健康发展，经济增长速度的调控目标定为 8%，物价上涨幅度比去年的实际涨幅低一些。着重做好以下几方面的工作：

继续把加强农业放在经济工作的首位。我国人多地少，自然灾害频繁，任何时候对农业生产都不能有丝毫放松，丰收之后尤其要注意防止粮食生产下滑。必须多渠道增加农业投入，稳定粮棉播种面积，积极防御旱涝灾害，争取粮食再有一个好收成，保持棉花、油料、糖料、肉类和水产品稳定增长，促进农林牧副渔各业全面发展，增加农民收入。在农业中采用先进适用技术潜力很大，要坚持农科教相结合，稳定农业科技队伍，在“种子工程”、地膜覆盖、合理施肥、防治病虫害，以及推广农业技术和开展技术培训等方面取得新的进展。加强农田基本建设，改造中低产田。坚持和完善以家庭联产承包为主的责任制和统分结合的双层经营体制，发展农村社会化服务体系。进一步改革粮食流通体制。完善保护价制度，加强粮食收储，保护农民的生产积极性。坚持“一主多辅”的原则，以国有粮食部门为主，以用粮大户和供销合作社、农业、农垦等部门为辅，搞活粮食流通。做好农业生产资料的生产和供应工作，稳定价格。坚持“米袋子”省长负责制，“菜篮子”市长负责制。认真实行基本农田保护制度，城乡建设要千方百计少占土地，严格控制占用耕地。

加强水利建设是一项迫切任务。近几年水旱灾害比较严重，给我们敲响了警钟，要下决心把水利建设搞上去。建立中央和地方水利建设基金，增加水利投入。继续实行分级负责制，大江大河干流的治理以国家为主，中小河流的治理以地方为主，城市防洪由市政府负责，农村组织农民进行农田水利建设和小流域治理。水利建设必须标本兼治，综合治理，上游搞好水土保持、兴修水库，中下游加固堤防、疏浚河道，确保安全度汛。加强水资源的开发、综合利用与管理，逐步实行水的有偿使用，促进节约用水。大力发展节水灌溉和旱作农业，采取打井、拦蓄、回灌、雨水集流和人工增雨等措施，把防汛与抗旱结合起来。加强对现有水利设施的维护和管理。

积极促进乡镇企业、特别是中西部地区乡镇企业的发展。提倡乡镇企业发展农副产品加工，建立贸工农一体化的产业体系。引导乡镇企业相对集中，重视技术进步、环境保护和节约使用资源，提高产品质量和效益。

各位代表！这里我要强调一下减轻农民负担问题。去年农民收入增长较快，但一些地方农民负担加重的现象有所抬头，必须引起高度重视。要正确估计农民的实际承受能力，严禁出台农民合理负担之外的各种集资、收费项目，取消不切实际的“达标”、“升级”活动。基层也要精兵简政，减少开支。加强乡村财务开支的民主监督。要对农民负担进行一次清理，加强监督检查，违反国家规定的要严肃处理。

保持合理的投资规模，加大结构调整力度。综合考虑促进经济增长的需要和财力物力的可能，今年全社会固定资产投资调控目标为25300亿元，投资率为32%。投资要继续向农业和水利建设倾斜，向国家重点扶持的基础设施、基础工业和支柱产业倾斜，向中西部地区倾斜，向技术改造倾斜，向科技和教育倾斜。集中资金保重点，保竣工，保投产，建成一批对调整结构具有显著作用的国家重点工程。开工一批对优化产业结构、改善地区布局有重要意义的工程。三峡工程和小浪底工程的截流都将在今年实施，必须精心组织，精心施工，妥善安置库区移民。要加快普通住宅建设，这不仅是城镇广大居民的迫切要求，还可以带动相关产业发展，培育新的经济增长点。

切实贯彻转变经济增长方式的方针，严格控制一般加工工业项目，克服“大而全、小而全”和盲目重复建设。新上建设项目要认真进行可行性研究，看是否符合国家产业政策和行业发展规划，产品是否有市场，投资是否有合理的回报。切实把好项目审批关，凡属生产能力过剩的项目，一律不再批准建设，对在建项目也要进行认真清理。可以利用现有生产能力进行改组改造的，就不再铺新的摊子。加快投资体制改革，强化投资风险约束机制，所有经营性建设项目都要有一定比例的资本金。破除地区封锁和条块分割，积极发展多种形式的联合投资、合作经营，避免重复建设。整顿建筑市场，保证工程质量。

要制定结构调整和技术改造规划，引导企业以市场需求为导向，积极调整产品结构，努力提高产品质量，开发新产品，发展名优品牌，增强市场竞争能力。积极开拓市场特别是农村市场，为城乡提供适销对路的产品。支持产品有销路、效益比较好的企业发展。压缩、调整某些行业的过剩生产能力。重视发展服务、旅游和信息产业。合理引导消费，使生产和消费互相促进、协调发展。

继续实行适度从紧的财政货币政策。目前国家财政特别是中央财政仍然比较困难。要千方百计增收节支，逐步减少财政赤字，控制债务规模。一方面，要完善税制，公平税负，强化征管，严格依法征税，堵塞偷税、逃税、骗税的漏洞，做到应收尽收。另一方面，要严格控制财政支出，保证支出增长不高于收入增长幅度，并大力提高资金使用效益。各级预算都要量入为出，一是吃饭；二是建设。地方财政要收支平衡，留有余地。

继续实行适度从紧的货币政策，保持货币供应量的适度增长。根据国家产业政策、区域政策、技术发展政策和信贷原则，调整信贷结构，提高贷款质量，支持生产与建设。国家银行要努力降低成本，提高效益。规范证券、期货市场，增强风险意识。

现在通货膨胀的压力仍然存在，控制物价涨幅的工作绝不能放松。理顺价格关系是一项长期的任务，既要积极，又要稳妥。今年调价的项目和幅度要从严控制，根据各方面的承受能力确定有限目标，避免引起大的震动。继续实行价格调控目标责任制，加强市场物价监管。

严格整顿财经纪律,规范财政收支秩序。加强预算外资金管理,使预算内外资金结合使用。整顿金融秩序,严肃查处非法金融机构和违法违规经营活动,保障金融资产安全。严格结算纪律,维护信用制度。强化企业财务管理,逐步建立会计师事务所审核制度。加强审计监督。坚决查处各种乱收费、乱摊派、乱罚款、乱集资的行为。

努力提高对外开放水平。继续发挥经济特区、上海浦东新区和其他开放地区在全国改革开放和经济发展中的作用。更好地利用国内外两个市场和两种资源,促进对外贸易持续增长,保持进出口基本平衡。实施市场多元化战略,在巩固和扩大原有市场的同时,努力开拓新的市场,鼓励高附加值产品特别是机电成套设备出口。给更多的生产企业自营出口权,完善出口退税制度。大力推行外贸代理制。加强经济、科技、教育、文化等方面的国际交流与合作,重视智力引进工作。办好"'97 中国旅游年"。

继续积极合理有效地利用外资,鼓励外资投向农业综合开发、基础设施、资源综合利用、高新技术产业,投向中西部地区。借鉴符合国际规范的办法,维护国内市场竞争秩序。加强对外商投资企业的服务、管理和监督,重点抓好税收征管、合同履行和劳动者权益的保护。

继续改善城乡人民生活。要在经济发展的基础上,使城乡人民收入稳步增长,着力解决群众生活中的突出问题。积极推进城镇住房商品化,加快"安居工程"建设,确保质量,降低造价,改善居民住房条件。加强农村卫生基础设施建设,防治地方病。扩大广播电视覆盖面,改善城乡交通、通信等公共设施,发展社区服务,方便人民生活。重视老龄和残疾人工作。

做好农村扶贫工作,对城镇低收入者给予必要的帮助,是政府的重要职责,也是维护社会稳定所必需的。今年国家安排的以工代赈、扶贫贷款和支援不发达地区发展资金,都有较多的增加,地方也要增加扶贫资金。这些资金要及时足额到位,落实到贫困村、贫困户,帮助他们发展生产,解决温饱问题,不得挪作他用。贫困地区的广大干部群众要发扬自力更生、艰苦奋斗的精神,努力改变贫穷落后面貌。对积极完成脱贫任务的县,要给予表彰。切实安排好灾区群众的生活。关心停产半停产企业的职工、失业者和离退休人员,帮助他们解决生活困难。现在全国有 100 多个城市建立了最低生活保障制度,这是保障居民基本生活需要的重要措施,也是适合我国国情的一种社会保障办法,要逐步加以完善。

积极解决就业问题,是改善人民生活和维护社会稳定的重要途径。不少地方开辟多种渠道,扩大就业,走出了新路子,要推广这些经验。农村剩余劳动力首先要向农村经济的深度和广度进军。一部分人转向城市和经济发达地区,是经济发展的需要,但人口大量流动也带来一些社会问题,要加强疏导和管理,促进有序流动。鼓励学到技术和管理经验的农民回到家乡创业,促进当地脱贫致富。

这些年来城乡居民收入增长较快,生活明显改善,但在分配中也有一些不合理现象。国家的政策是允许一部分人、一部分地区先富起来,最终达到共同富裕的目标。要逐步理顺分配关系,解决某些行业个人收入过高的问题,清理整顿工资外收入。健全税收体系,加强和改进个人所得税征管,实行代扣代缴,推行法人支付与个人收入双向申报制度。保护合法收入,取缔非法收入,调节过高收入。

三、在国有企业改革方面迈出更大的步伐

国有企业改革是今年经济体制改革的重点,也是政府工作的突出任务。

国家财政收入的 60%以上来自国有企业,有 2/3 的城镇职工在国有企业就业,在基础设施、基础工业和高技术产业中,国有企业占绝对优势。国有经济为改革、发展、稳定作出了巨大贡献。目前部分国有企业确实面临不同程度的困难和问题。主要原因,一是企业管理体制、经营机制和思想观念不适应市场经济发展的要求。不少企业技术进步缓慢,经营管理落后,忽视市场营销,没有真正面对市场进行生产。二是结构调整不适应市场需求的变化。现在多数产品从过去的供不应求变为供求平衡,甚至供过于求,市场竞争日益激烈。加上长期"大而全、小而全"和盲目重复建设,导致一些行业生产能力过剩,而又缺乏优胜劣汰机制,该淘汰的难以淘汰,产销矛盾更加突出。也有一些企业由于资源枯竭而难以为继。三是国有企业特别是老企业和老工业基地,历史包袱和社会负担沉重,富余人员多,限制了市场竞争能力。这些问题是多年积累起来的,也是各方面矛盾的综合反映。江泽民同志指出:国有企业的改革和发展,是关系到整个国民经济发展的重大经济问题,也是关系到社会主义制度命运的重大政治问题。近几年,国有企业的改革力度不断加大,采取的一些措施开始见到成效。现在我国经济保持旺盛的发展势头,经济改革在继续深入,各方面对企业改革的紧迫性和艰巨性有广泛共识,我们完全有信心、有能力把国有企业的改革和发展搞好。要按照建立社会主义市场经济体制的要求,认真总结改革试点经验,继续推进现代企业制度试点。坚持"三个有利于"的标准,进一步解放思想,实事求是,着眼于搞好整个国有经济,把改革、改组、改造和加强管理紧密结合起来,抓好大的,放活小的,有针对性地采取措施,务求在国有企

业改革和发展方面取得实效。

第一,集中力量抓好国有大型企业和企业集团。大型国有企业是国民经济的骨干。国家决定首先集中力量抓好1000户,去年已经对其中近300户由银行提供资金支持,加强信贷监督,取得了比较好的效果,今年要扩大到511户。为了发展跨地区、跨行业、工技贸相结合的大型企业集团,提高它们的竞争能力,并带动相关企业发展,国家已经组织了57户企业集团试点,今年要扩大到120户。对试点企业集团要扩大经营决策权,赋予自营进出口权。积极推进和规范企业的股份制改革,促进其健康发展。各地区、各部门要相互配合,扶优扶强,抓好重点企业。

第二,进一步放活国有小企业。全国有24万多户国有小企业,绝大部分由市、县管理,改革工作由地方政府组织实施。近年来,一些地区采取改组、联合、兼并、股份合作制、租赁、承包经营和出售等形式,使一大批国有小企业焕发了生机。今年要加快这方面的改革步伐。有些地方对国有小企业实行股份合作制,职工参一些股,也保留一定公有股权,对企业改组、改造和转换机制都有好处。要注意严格资产评估和审核管理,防止国有资产流失。

第三,规范破产,鼓励兼并,推进再就业。对国有企业实行调整改组,促进资产重组,提高国有经济的整体素质。这几年,国家先后在58个城市进行了企业优化资本结构的试点,提供政策支持,推动了企业改组和结构调整,今年试点城市扩大到110个。兼并破产是企业优胜劣汰的重要途径。用于试点城市兼并破产的呆账、坏账准备金,今年要有所增加。企业破产要严格依法办事,变卖资产的收入先安置职工,再偿还债务。破产企业要真关闭,不准假破产、真逃债。鼓励企业兼并,对试点城市被兼并企业的银行债务,实行定期还本、免除利息的办法。提倡企业联合,通过优势互补扩大经营规模。企业兼并和联合,都要坚持经济合理原则。对符合条件的部分亏损企业,在实行以产定人、减员增效的前提下,可以适当减免贷款利息,帮助富余人员分流和下岗人员再就业。各地应结合具体情况,由地方财政、企业和社会保障基金各拿一点,建立再就业基金。要广开就业门路,加强就业培训,引导下岗职工转变择业观念,鼓励自谋职业。

第四,多渠道增资减债。负债率过高是影响国有企业活力的一个重要因素。为了帮助企业减轻债务负担,国家将采取一系列政策措施。一是把"拨改贷"形成的债务逐步转为国家资本金,煤炭、水利、水电、军工四个行业,今年要转完,其他行业也要抓紧进行。二是1989年以后的基本建设经营性基金形成的债务,逐步转为国家资本金。三是选择一些大型企业和企业集团,通过发行股票或可转换债券筹集资金。四是有条件的地方,可以运用本级财政资金,解决一些骨干企业资本金不足的困难。五是鼓励企业主动用自己的财力,积极补充公积金和资本金,提高资金使用效益,降低企业负债率。

第五,切实加强企业经营管理。科学的管理是搞好企业的基础,也是建立现代企业制度的重要内容。经营和管理不善,是目前不少企业效益不好的重要原因。企业要积极转变观念,真正面向市场,建立适应竞争环境的内部管理制度,扎扎实实抓好基础工作,全面加强生产、技术、成本、质量、财务、营销等各项管理,加快技术进步,改善售后服务,扩大产品销售。搞好企业,必须有一个好的领导班子,要把整顿和建设企业领导班子放在突出的位置,把那些有事业心、有开拓精神、善于经营管理、能够和职工群众同甘共苦的人才,充实到领导班子中去。牢固树立全心全意依靠工人阶级的思想,加强民主管理,发挥职工代表大会的民主评议和监督作用。重视安全生产,加强隐患治理,预防和减少各类事故发生。

第六,认真抓好企业扭亏增盈工作。现在困难大、亏损多的企业,大部分集中在纺织、煤炭、机械、森工和军工等行业。这些行业的广大干部和职工,为克服困难、搞好企业做了艰苦的努力。近年来,煤炭行业在国家给予定额补贴和贴息贷款的帮助下,积极发展多种经营、分流富余人员,减少亏损取得了明显成效。今年要再选择个别行业,参照这种办法,帮助它们走出困境。中央和地方对亏损企业要继续实行分级责任制,谁主管的企业,谁负责扭亏。各行各业都有一批经营管理搞得好,经济效益不断提高的企业,要认真总结和推广这些企业的经验。如果有更多的企业,经济效益达到本企业的历史最好水平,进而达到本行业的最好水平,国有经济的面貌就会有很大改观。

积极推进社会保障制度改革。这是经济体制改革的重要组成部分,也是深化企业改革的必要条件。要实行统一的职工基本养老保险制度,扩大覆盖面,同时对有条件的企业和行业,研究建立职工补充养老保险的办法。医疗保障制度改革重点抓好50多个城市的试点工作。继续完善失业保险和工伤保险。管好各项社会保险基金,提高服务水平。

其他方面的改革也要积极进行。继续推进流通体制改革,大力发展和规范连锁经营、代理制和配送等现代营销方式。严格控制大型高档商场建设,发展城乡便民商业网点。整顿市场秩序,反对不正当竞争,完善和规范各类市场。坚持政企职责分开的原则,转变政府经济管理职能。继续探索建立国有资产管理、监督和营运体制,切实加强国有资产管理,实现保值增值,防止国有资产流失。搞好航空、石油化工、有色金属三个国家控股公司的试点，并对电力、冶金等工业的管理体制进行改革。加强行业协会、商会等中介组织的建设，发挥它们的服务、自律、协调和监督作用。

各位代表！以公有制为主体，多种经济成分共同发展，是我们必须长期坚持的基本方针。公有制经济包括国有经济和集体经济，在搞好国有企业改革和发展的同时，要积极发展多种形式的城乡集体经济。继续鼓励和引导个体、私营和其他经济成分健康发展，发挥它们在现代化建设中的积极作用。

四、积极发展科技教育文化和各项社会事业

在我国现代化进程中，加强社会主义精神文明建设，促进经济与社会协调发展，具有重要意义。我们任何时候都不能忘记邓小平同志关于两手抓、两手都要硬的指导思想。要继续实施科教兴国战略和可持续发展战略，认真落实全国教育、科技、环保、卫生工作会议精神，深化改革，切实保证必要的投入，使这些工作取得新的进展。

在科技工作方面，要按照邓小平同志关于科学技术是第一生产力的思想，继续坚持面向经济建设主战场的方针，抓好技术开发和应用、高新技术及其产业、基础性科学研究三个层次的工作，促进经济增长方式的转变。要抓住应用技术研究和开发这个关键环节，按照市场需求和国家重点工程建设规划，确定科技攻关课题，加快新技术、新产品的开发和新产业的形成，适应企业技术改造、产业结构调整和社会发展的需要。在农业生产的各个领域推广先进适用技术。发展高新技术及其产业，关系我国经济整体素质的提高和未来的发展，要加快电子信息、生物工程、新材料、新能源、海洋、环境和航天、航空等领域的研究开发，促进科技成果商品化和产业化，用高新技术改造传统产业。继续办好国家高新技术产业开发区。完善专利、商标和著作权保护等制度，借鉴国际通行办法，保护知识产权。科学研究是人类认识世界的重要途径，也是技术进步的源泉，要加强基础性研究，特别是前沿领域的基础性研究，力争在我国具有优势的某些领域取得突破。继续深化科技体制改革，优化组织结构，推动人才分流，充分发挥现有科技力量的作用。在全社会大力加强科学普及工作，弘扬科学精神，破除迷信，形成学科学、讲科学、用科学的文明风气。

在教育工作方面，要认真贯彻国家的教育方针，全面提高学生素质，使学生在德智体等方面都得到发展。继续把基础教育作为教育工作的重点，大力普及九年义务教育，推进扫盲工作，全年再减少青壮年文盲 400 万人，扶持贫困地区的教育事业。加强中小学校长和师资队伍的建设，积极进行升学考试制度改革，减轻中小学生过重的课业负担。职业教育是经济发展的重要支柱，要大力发展中等职业教育，通过改革、改组、改制积极发展高等职业教育，农村的义务教育也要增加职业教育的内容，改变目前生产、建设、服务和管理第一线实用人才缺乏的状况。成人教育要与职业教育结合起来，以满足就业和在职提高的需要。高等教育要深化管理体制改革，通过联合、调整、合并、共建等形式，优化教育资源配置，上水平，出效益，求发展。今年要基本完成高等学校招生、缴费制度改革，进一步完善助学金、贷学金和奖学金制度。认真改革课程体系，更新教学内容，改进教学方法，提高教学质量。鼓励和引导社会力量办学。继续重视教职工住宅建设，推进学校后勤服务社会化。

在文化工作方面，要积极发展文学艺术、广播影视、新闻出版和哲学社会科学研究等各项事业，深化文化体制改革，促进社会主义文化全面繁荣。文艺工作者要深入群众，深入生活，努力创作出更多无愧于伟大时代的优秀作品。加强基层文化建设，发展健康文明向上的社区文化、村镇文化、企业文化和校园文化，丰富城乡群众的文化生活。切实关心和推进少年儿童文化艺术活动的开展。重视文化馆、图书馆、博物馆、科技馆、档案馆等公共文化设施的建设，充分发挥它们的作用。广播影视、新闻出版工作要坚持正确导向，着力提高节目和出版物的质量。哲学社会科学工作者要着重研究我国改革开放和经济社会发展的重大理论和实践问题，为社会主义现代化事业服务。重视文物保护。加强文化市场管理，继续"扫黄"、"打非"，促进文化事业健康发展。

在卫生体育工作方面，要推进职工医疗保障制度改革，发展农村合作医疗和初级卫生保健，完善城镇社区卫生服务，加强对重大疾病的防治。重视医德医风建设，提高医疗水平和服务质量。振兴中医药事业。加强医药管理，整顿、规范药品流通秩序。严格食品以及社会公共卫生的监督管理。继续推行全民健身计划，增强人民体质。提高体育队伍素质和竞技运动水平，办好第八届全国运动会。

认真实行环境保护和计划生育的基本国策，正确处理经济建设与环境、人口、资源的关系。依法加强环境监督管理，治理重点流域、地区和行业的严重污染，改善人畜饮水条件。重视城市防治污染设施的建设，采取有力措施，减少废水、废气、废物、噪声污染。依法保护和合理开发海洋、森林、草原、矿产和生物等自然资源，制止乱砍滥伐、乱挖滥采。大力开展植树造林，加快建设黄河、辽河、珠江和淮河太湖流域防护林，继续抓好"三北"(西北、华北、东北)和长江中上游等防护林工程。我国人口到 2000 年要控制在 13 亿以内，计划生育工作年年都要紧抓不放。要坚持和完善目标管理责任制，重点做好农村和流动人口的计划生育工作，把计划生育同帮助农民发展经济、脱贫致富、建设文明幸福家庭结合起来。为计划生育提供优质服务。

各位代表！社会主义思想道德建设是精神文明建设的核心部分，对我国现代化事业有巨大的能动作用。我们建设有中国特色的社会主义，不仅要有繁荣的经济，健全的民主法制，还必须有高尚的思想道德。我们要坚持不懈地用邓小平建设有中国特色社会主义的理论武装干部和人民。要深入持久地、扎扎实实地开展爱国主义、集体主义、社会主义教育，做好思想政治工作，发扬革命传统和中华民族优秀传统，加强社会公德、职业道德、家庭美德建设，树立建设有中国特色社会主义的共同理想。在我国改革开放和现代化建设中，各行各业都涌现出许多全心全意为人民服务的先进模范人物，在平凡的岗位上做出了不平凡的业绩，受到人民群众的广泛尊敬。孔繁森、马恩华、李国安、徐虎、邱娥国、李素丽、吴金印、田沛发、谭彦、吴天祥等同志，就是他们中的优秀代表。要学习他们的敬业精神和高尚情操，在全社会形成学先进、讲奉献、树正气的良好风尚。我国是一个发展中国家，要靠长期艰苦创业才能改变落后面貌，但现在铺张浪费现象相当严重，摆阔气、讲排场之风愈演愈烈，这是一个尖锐的矛盾。我们必须大力发扬勤俭建国，勤俭办一切事业的优良传统，这是加强精神文明建设的重要内容，也是推进现代化事业的重要保证。

五、巩固和发展团结稳定的社会政治局面

维护社会政治稳定，是我国现代化建设必不可少的重要条件。今年要继续做好这方面的工作，为人民群众安居乐业创造良好的环境，保障改革和发展顺利推进。

认真抓好社会治安综合治理。一年来开展的声势浩大的“严打”斗争，取得了较好的效果，但当前治安形势依然不容乐观。要继续采取有力措施，集中打击严重暴力犯罪、涉毒犯罪、带黑社会性质的犯罪团伙和流氓恶势力，提高大案要案侦破能力，把“严打”斗争深入持久地开展下去。坚决扫除“黄、赌、毒”等社会丑恶现象，查处卖淫嫖娼、制黄贩黄的组织者、经营者和保护者。经济犯罪近年来有增加的趋势，必须加强防范，严厉打击。依法惩处走私贩私、制售伪劣产品、金融诈骗及其他违法犯罪行为。要研究治安工作中的新情况、新问题，正确处理人民内部矛盾，依法调解处理各类民事纠纷和经济纠纷，化解社会不稳定因素。政府执法部门肩负着惩治犯罪、保护人民、维护稳定的重要使命，必须加强自身队伍建设，提高政治素质和执法水平，严肃纪律，秉公办事，严格执法。坚持社会治安综合治理的领导负责制，专门机关的工作与群众工作相结合，提高基层治安防范能力，争取社会治安状况进一步好转。

深入开展反腐败斗争，加强勤政廉政建设。近几年加大反腐败斗争的力度，取得一定成效，但问题仍然不少，必须继续努力做好这些方面的工作。领导干部要率先垂范，严格执行廉洁自律的有关规定，自觉接受监督检查。加大查处案件特别是大案要案的力度，重点查办领导机关、行政执法部门、经济管理部门和县(处)级以上领导干部的违法违纪案件。县(处)级以下干部也要勤政廉政，自觉接受监督检查。严肃查处国有企业负责人员挥霍和侵吞国家财产的案件，以及法人违法违纪、造成国有资产严重流失的案件。对以权谋私、贪赃枉法、行贿受贿的腐败分子，不论职位高低，都要绳之以法，决不姑息。对群众反映强烈的部门和行业不正之风，必须坚决治理，抓出新的成效。加强执法监察和监督工作，对严重失职、渎职的人员要追究责任。坚持标本兼治，预防与惩治相结合，加强法制建设和思想道德教育，健全监督制约机制。国家公务员是人民的勤务员，必须树立全心全意为人民服务的思想，学理论，学法律，学科学，学管理，不断提高思想政治水平和业务能力。要深入实际，调查研究，勤政务实，提高工作效率，克服官僚主义，做人民满意的公务员。

巩固和发展民族大团结。这是全国各族人民的根本利益和共同愿望。现在民族地区经济和社会发展步伐加快，人民生活显著改善，民族关系是好的，要十分珍视和继续发展这种好的局面。坚持和完善民族区域自治制度，保障自治地方的自治权利和民族平等权利，大力培养民族干部和各类人才，加快发展民族地区的经济和文化。坚定不移地维护祖国统一和民族团结，坚决反对一切分裂祖国和破坏民族团结的言论和行动。尊重公民宗教信仰自由，不得歧视信仰宗教的公民和不信仰宗教的公民。依法加强对宗教事务的管理，引导宗教与社会主义社会相适应。

加强国防现代化建设。这是经济建设和国家长治久安的重要保证。要支持和配合中国人民解放军，贯彻积极防御的战略方针，走有中国特色的精兵之路，进一步增强国防实力。重视边防海防建设，维护国家领土主权完整和海洋权益。加强国防科学研究、技术开发和产品研制。坚持平战结合、军民结合的原则，支持军工企业开发适销对路的民用产品，帮助亏损企业走出困境。广泛开展国防教育，增强全民国防意识，认真做好民兵预备役工作。发扬拥政爱民、拥军优属传统，巩固军政、军民团结，维护军人合法权益。切实加强人民武装警察部队、公安和国家安全部门建设，防范和打击危害国家安全和社会稳定的各种破坏活动。

各位代表！发展社会主义民主，健全社会主义法制，依法治国，是建设有中国特色社会主义的重要内容，也是巩固和发展团结稳定的社会政治局面的重要保证。要继续完善和发展基层民主制度，保障城镇居民自治和农村村民自治的各项民主权利，充分发挥人民群众当家做主、管理自己事务的积极性。政府工作人员要体察民情，努力解决关系群众切身利益的社会经济问题，竭尽所能为群众排忧解难。各级政府都要自觉接受同级人民代表大会及其常委会的监督，积极支持人民政协的工作，主动加强与民主党派的联系，认真听取各个方面的意见。发挥工会、共青团和妇联等人民团体的作用。做好侨务工作。总结以往机构改革的经验，根据精简、统一、效能的原则，今年将研究和制定国务院机构进一步改革的方案。抓紧起草一批法律草案，制定一批行政法规。各级政府都要依法行政，依法管理经济和社会事务，提高行政执法水平。继续在全社会普及法制教育，增强法制观念和公民意识，使改革和发展在法制化轨道上不断前进。

六、确保香港政权的顺利交接与平稳过渡，推进祖国统一大业

今年 7 月 1 日，我国将对香港恢复行使主权，成立香港特别行政区。这标志着香港历史新纪元的开始，海内外同胞无不感到欢欣鼓舞。80 年代初，邓小平同志提出“一国两制”的构想，为解决香港问题指明了方向。十多年来，中国政府为香港回归祖国做了大量工作。1984 年中英两国政府正式签署联合声明。1990 年七届全国人大三次会议通过《中华人民共和国香港特别行政区基本法》。1993 年 7 月成立香港特别行政区筹委会预备工作委员会。1996 年 1 月成立香港特别行政区筹委会，负责筹备成立香港特别行政区的有关事宜。去年年底，在香港历史上第一次由港人自己选举产生了行政长官人选董建华，随后国务院依法任命其为香港特别行政区行政长官。香港特别行政区临时立法会也已通过选举成立。现在，离香港回归祖国只有 122 天了，各项准备工作正在有条不紊地进行。我国对香港恢复行使主权以后，将坚持“一国两制”的方针，认真执行基本法，保证香港特别行政区享有高度的自治权，实行港人治港，现行的社会经济制度和生活方式不变，继续保持自由港和国际金融、贸易、航运中心的地位。我们相信，有全国人民作后盾，在 600 多万香港人的共同努力下，“一国两制”一定能够成功，香港一定能够长期保持繁荣稳定，香港的明天一定会更加美好。

现在，离 1999 年 12 月 20 日我国对澳门恢复行使主权还有两年多时间，有关澳门政权交接的准备工作正在顺利进行。我们相信，在中葡两国友好合作的基础上，澳门的平稳过渡一定会实现。

过去的一年，台湾海峡两岸人员往来增多，经济、文化交流继续发展，反分裂、反“台独”的斗争取得重大成果。但由于分裂势力的干扰和破坏，两岸交往也出现了一些曲折。我们将坚持“和平统一、一国两制”的基本方针，全面贯彻江泽民主席关于发展两岸关系、推进祖国和平统一进程的八项主张，在一个中国的原则基础上，通过两岸政治谈判解决双方的分歧，逐步走向和平统一。我们将继续促进两岸人员往来，推动各项交流与合作，争取早日实现直接“三通”。我们呼吁台湾当局回到一个中国的原则立场上来，停止在国际上制造“两个中国”、“一中一台”的活动，不要在两岸关系上制造新的障碍。台湾当局应该明白，无论对台湾政治体制作什么改变，都不可能改变台湾是中国一部分这样一个国际公认的事实。祖国统一是不可阻挡的历史潮流，任何制造分裂、企图把台湾从中国割裂出去的图谋，都将遭到包括台湾同胞和港澳同胞、海外侨胞在内的全体中国人民的坚决反对。我们相信，只要以中华民族的根本利益为宗旨，坚持统一，反对分裂，增加了解，化解歧见，两岸关系一定能够不断发展，祖国统一大业一定能够实现。

七、关于外交工作

当前，世界形势总体继续走向缓和。国际关系正经历着重大的调整，多极化趋势进一步发展。发展中国家在国际事务中的地位和作用继续上升。建立和平稳定、公正合理的国际政治经济新秩序，是世界各国人民的共同愿望。但霸权主义和强权政治还严重威胁着世界的和平、稳定与发展，局部冲突和地区紧张局势仍然存在。世界经济持续增长，但贫富国家之间的差距还在扩大。维护世界和平，促进经济发展，仍然是国际社会面临的主要任务。

过去的一年，我国奉行独立自主的和平外交政策，外交工作取得积极成果。同周边国家的睦邻友好关系进一步发展。与俄罗斯建立了面向 21 世纪的战略协作伙伴关系，与俄罗斯和中亚有关国家签署了边境地区加强军事领域信任协定。中国政府一贯重视并致力于朝鲜半岛局势的稳定。我国与东盟国家建立了全面对话的伙伴关系，与印度签署了在边境实际控制线地区军事领域建立信任措施的协定，同东南亚和南亚各国的友好关系持续发展。中国与发展中国家的团结合作明显加强。与非洲、拉美国家的关系取得新的进展。我国同西方国家的关系得到普遍改善。同欧洲各国在许多领域的互利合作都取得积极成果。中美关系在经历较大的波折之后，出现改善与发展的势头。中日关系曾经受到干扰，我们愿意看到两国关系得到正常发展。中国积极参与联合国和地区性组织的多边外交活

动，为维护世界和平，促进经济发展，作出了积极贡献。我国政府积极参加并推动了签署《全面禁止核试验条约》的进程。作为安理会常任理事国，在重大的国际问题上，中国一贯坚持原则，伸张正义，得到国际社会的广泛赞誉。我们对侵犯我国主权、干涉我国内政的行径进行了坚决斗争，有效地维护了国家主权和民族尊严。

在新的一年里，中国政府将坚定不移地奉行睦邻友好政策，进一步加强同周边国家的友好关系，扩大彼此在广泛领域的友好交往与合作，共同维护地区和平与稳定，促进区域经济合作，实现共同繁荣。

加强同广大发展中国家的团结与合作，是中国外交政策的基本立足点。中国将同广大发展中国家进一步增进往来，努力探索扩大经贸合作的新途径，并在国际问题上加强协调与合作，共同维护发展中国家的权益。

我们希望在和平共处五项原则的基础上，继续改善并发展同西方国家的关系。我们愿意看到中美关系继续改善，中欧关系得到加强。我们同西方国家改善和发展关系是互利的，在一些问题上的不同看法和分歧不应成为发展国家关系的障碍。我们反对干涉别国内政，主张求同存异，通过增加对话和交流，缩小分歧，扩大合作。

中国将坚定不移地实行对外开放政策，在平等互利的基础上进一步发展同世界各国的经贸关系。中国加入世界贸易组织，不仅是中国的需要，也是世界的需要。我国将根据权利与义务对应的原则，继续同有关国家谈判。

中国的发展需要长期稳定的国际和平环境。中国的发展不会对任何国家构成威胁。中国不参加军备竞赛，不搞军事扩张，永远不称霸，是维护世界和平的坚定力量。

值此世纪之交，国际社会在维护世界和平、促进共同发展方面，面临着众多问题，需要世界各国共同努力解决。世界事务不能由个别国家说了算，而应由各国平等参与。中国政府和人民愿意与世界各国政府和人民一道，为建设一个和平、稳定、繁荣、进步的新世界而努力。

各位代表！敬爱的邓小平同志不幸逝世，是全国各族人民不可估量的损失。邓小平同志的丰功伟绩，将永远铭记在中国人民的心中。让我们化悲痛为力量，继承邓小平同志的遗志，在邓小平建设有中国特色社会主义理论和党的基本路线指引下，在以江泽民同志为核心的党中央领导下，把握大局，再接再厉，同心同德，开拓前进，把邓小平同志开创的伟大事业坚持下去，夺取改革开放和社会主义现代化建设的新胜利！

《人民日报》发表社论《民主团结求实奋进——祝贺八届全国人大五次会议开幕》

全国政协副主席杨汝岱就扶贫问题接受记者采访

《人民日报》记者：全国各界都十分关心扶贫工作，您是全国政协副主席，又是中国扶贫基金会会长，能否请您谈谈扶贫攻坚方面的情况？

杨汝岱：很高兴接受采访。我国扶贫工作取得了历史性巨大成就。“国以民为本，民以食为天”，中央和地方政府每年都拨出专项基金用于贫困地区的经济开发，通过强有力的国家行动和经济改革，特别是农业领域的经济改革，没有解决温饱的人口已从1978年的2.5亿减少到1996年的6000万左右，而最近5年世界上的最贫困人口由10亿增加到13亿，我国扶贫工作取得了历史性的巨大成就有目共睹。

中央电视台记者：请问全国政协在扶贫攻坚中是怎样发挥作用的？

杨汝岱：江泽民总书记明确指出：“帮助贫困地区群众解决温饱问题，是党和政府的重要任务，也是全社会的共同责任。”团结组织社会各界参与扶贫，人民政协具有特殊的优势。全国政协积极参与扶贫攻坚，无论是组织视察，还是专题调研及重大问题的建言献策和反映社情民意，都把解决贫困人口的温饱问题和脱贫致富放在突出位置。各界的政协委员都挂念着贫困地区没解决温饱的群众。去年全国政协组织委员视察25次，写视察报告25份，有10份是关于或涉及贫困地区经济发展及社会发展问题的。去年，全国政协向中共中央提出六个建议，其中《关于加快草原畜牧业发展的建议》，是专就全国草原畜牧业地区经济发展而提出的。这些建议和意见，都不同程度地受到中央和地方各级政府及有关部门的重视和欢迎，在决策和制定有关政策中多数被吸纳或部分吸纳，有的已发挥出明显的经济和社会效益。

中国国际广播电台记者：全国政协今后在扶贫攻坚中还应做哪些工作？

杨汝岱：一是动员委员利用一切可利用的条件和优势，为贫困地区群众脱贫致富做贡献，在履行政治协商、民主监督、参政议政职能中，全方位地关注贫困地区的经济和社会发展。二是从宏观上对贫困地区脱贫致富进行专题调研，特别要注意对国家扶贫政策的贯彻和扶贫资金在使用过程中存在的难点、重点进行调研。三是请各界政协委员利用各自的专长，继续积极地为贫困地区献爱心、办实事。

中央人民广播电台记者：您作为中国扶贫基金会会长，对社会扶贫有什么希望？

杨汝岱：我们要利用各种形式动员各界广泛参与

扶贫。首先是要深入动员，使社会各界都积极行动起来，发挥各自的专长，人人献出一片情。二是各级党政机关带头搞好定点扶贫，给社会做表率。如各部门已开展的交通扶贫、文化扶贫、卫生科技扶贫等，成效明显。三是发达地区对口支援贫困地区，富帮穷，先富帮后富。随着社会财富的增加，帮助贫困人口有了基础，要讲实效，把社会上的每一份情和爱，都实实在在地洒向贫困群众。

中国扶贫基金会是民间非营利性慈善扶贫组织，其工作方式，一是扶贫到户，农户直接受益；二是开发式扶贫，农户直接参与。今年，基金会确定并正在实施三项扶贫到户项目：一是西南石山区搬石造地项目；二是西北干旱地区饮水项目；三是四川大凉山彝族住房项目。这三个项目花钱不多，效益较好，一次资助长期受益。

国办转发国家计生委 国务院扶贫开发领导小组《关于“九五”期间进一步做好扶贫开发与计划生育相结合工作的意见》

各省、自治区、直辖市人民政府，国务院各部委、各直属机构：

《国家计划生育委员会、国务院扶贫开发领导小组关于“九五”期间进一步做好扶贫开发与计划生育相结合工作的意见》已经国务院同意，现转发给你们，请结合实际情况认真贯彻执行。

国家计划生育委员会、国务院扶贫开发领导小组《关于“九五”期间进一步做好扶贫开发与计划生育相结合工作的意见》

为了深入贯彻落实中央扶贫开发工作会议精神和《中国计划生育工作纲要(1995—2000 年)》，进一步加强扶贫开发与计划生育相结合工作，确保“九五”期间完成《国家八七扶贫攻坚计划》和人口控制目标，加快贫困地区脱贫致富步伐，有效控制人口增长，努力实现人口与经济、社会、资源、环境的协调发展和可持续发展，现对“九五”期间进一步做好扶贫开发与计划生育相结合工作，提出如下意见：(文略)

3 月 2 日

邓小平骨灰撒入大海

受中央委托，胡锦涛等中央领导人和邓小平的夫人卓琳等亲属护送骨灰撒放。

上午，邓小平同志生前长期工作的中南海下半旗志哀。怀仁堂礼堂庄严肃穆，哀乐低回。蓝色的幕布上，挂着邓小平同志的彩色遗像，两侧低垂看黑白相间的挽幛。

邓小平同志治丧委员会办公室领导胡锦涛、丁关根、尉健行、温家宝、张万年、任建新，治丧办成员罗干、曾庆红、曹志、朱训、于永波、王瑞林、张全景、杨德中、胡光宝、曾建徽、何椿霖、刘华秋、贾庆林、徐光春、唐家璇，同邓小平同志的亲属一起向邓小平同志遗像三鞠躬。随后，在胡锦涛等领导同志和邓小平同志夫人卓琳等亲属及礼兵的护送下，邓小平同志的子女捧着遗像、骨灰盒和花圈，走出怀仁堂。

中共中央办公厅、国务院办公厅的工作人员和解放军指战员胸戴白花，聚集在道路两旁，为邓小平同志送别。

灵车驶入西郊机场。机场降半旗志哀。专机内悬挂着邓小平同志的遗像和“敬爱的邓小平同志永垂不朽”、“敬爱的邓小平同志永远活在我们心中”的横幅。遗像前摆放着邓小平同志的骨灰盒，上面覆盖着中国共产党党旗。机舱四周垂挂着挽幛，上面缀满了白花。

胡锦涛同志和邓小平同志的夫人卓琳及子女邓琳、邓朴方、邓楠、邓榕、邓质方等将邓小平同志的骨灰和花瓣一起撒向大海。

八届全国人大五次会议举行第二次全体会议

受国务院委托，国家计划委员会主任陈锦华向大会作《关于 1996 年国民经济和社会发展计划执行情况与 1997 年国民经济和社会发展计划草案的报告》，财政部部长刘仲藜作《关于 1996 年中央和地方预算执行情况及 1997 年中央和地方预算草案的报告》。

国家计委主任陈锦华在八届全国人大五次会议上作《关于 1996 年国民经济和社会发展计划执行情况与 1997 年国民经济和社会发展计划草案的报告》

各位代表：

我受国务院委托，向大会报告 1996 年国民经济和社会发展计划执行情况与 1997 年国民经济和社会发展计划草案，请予审议，并请全国政协委员提出意见。

一、1996 年国民经济和社会发展计划执行情况

1996 年是“九五”计划的第一年。按照第八届全国人民代表大会第四次会议通过的《中华人民共和国国民经济和社会发展“九五”计划和 2010 年远景目标纲要》、《关于 1995 年国民经济和社会发展计划执行情况与 1996 年国民经济和社会发展计划的决议》，经过全国各族人民的共同努力，比较好地实现了宏观经济调控目标，完成了国民经济和社会发展的主要任务。1996 年计划执行情况是好的，做到了为“九五”计划开好头、起好步。

国民经济持续快速增长，抑制通货膨胀取得显著成效。在 1995 年通货膨胀得到初步控制的基础上，

1996年继续把抑制通货膨胀作为宏观调控的首要任务，执行适度从紧的财政政策和货币政策，注意把握宏观调控力度，努力改善经济总量平衡状况，加强市场物价监管，既做到了物价上涨率进一步大幅度回落，又保持了国民经济适度快速增长。全国商品零售价格总水平上涨6.1%，明显低于计划确定的10%左右的调控目标，涨幅比上年回落8个多百分点；国内生产总值完成67795亿元，增长9.7%，实现了“九五”计划提出的物价上涨率低于经济增长率的调控要求。三次产业结构有所改善，第一产业增长5.1%；第二产业增长12.3%；第三产业增长8%。工交生产稳步发展。全国工业增加值完成28580亿元，增长12.7%。主要工业产品产量大都达到或超过计划目标。全国一次能源产量达到12.6亿吨标准煤，为计划的106.2%；发电量10750亿千瓦时，为计划的100.5%；钢产量10110万吨，为计划的105.3%；乙烯301万吨，为计划的118.0%；化肥2660万吨（折纯），为计划的108.8%；化纤308万吨，为计划的106.2%；数字程控交换机1934万门，为计划的101.8%。汽车产量149万辆，为计划的96.1%，主要是受市场销售的影响，没有实现计划。产业政策支持的电子、交通、通信等产业发展加快。集成电路43576万块，比上年增长39.3%；民航运输总周转量80.6亿吨公里，增长12.9%；国家铁路货运量16.2亿吨，增长1.9%；全社会公路货运周转量5000亿吨公里，增长6.5%；邮电业务总量1335亿元，增长35.4%。

粮食生产再创历史最高水平，农村经济全面发展。由于努力增加农业投入，扩大粮食种植面积，调整种植结构，推广先进适用技术，稳定农业生产资料价格，特别是再次较大幅度地提高粮食定购价格，增加储备粮收购，进一步调动了农民的生产积极性，加上气候条件总体上比较有利，粮食获历史最好收成，总产量在4800亿公斤以上，比上年增产134亿公斤以上。油料受市场供大于求和不利气候影响，总产量2200万吨，减少50万吨，仍为历史上第二个高产年。棉花播种面积减少近1000万亩，产量420万吨，减少57万吨。畜牧业和水产业保持较快增长，肉类总产量达到5800万吨，水产品2800万吨。乡镇企业继续发展，中西部地区发展加快。扶贫工作取得新的进展，农村贫困人口由6500万减少到5800万。

固定资产投资继续增长，国家重点建设得到加强。全社会固定资产投资完成23660亿元，比上年增长18.2%，投资率为34.9%。投资结构调整力度加大，农林水利、能源、交通通信和电子工业投资的增长幅度，均快于整个投资的增长。农林水利新增中央预算内投资占新增预算内投资总量的82.6%。国家重点基本建设和重大技术改造项目进度加快。全年建成投产的大中型基本建设项目由年初计划确定的97个增加到134个，是近几年重点建设项目完工最多的一年。限额以上更新改造项目完成340个。举世瞩目的三峡工程进展顺利，导流明渠堰内段已经完成，左岸大坝和电站进入第二阶段开挖，永久船闸一期工程全部完成，沟通工地两岸的西陵长江大桥建成通车。小浪底水利枢纽工程正在紧张施工，大坝开挖基本完成。陕西渭河、洛河治理工程和甘肃疏勒河农业灌溉等一批项目开始建设，黑龙江、内蒙古垦区商品粮基地和新疆棉花基地以及种子工程等项目进展顺利。京九铁路全线正式投入运营，对缓解南北运输紧张状况、加快沿线革命老区脱贫致富和迎接香港回归都具有重要意义。南疆铁路西段正式开工建设。沪宁高速公路全线通车。桂林两江机场投入使用。陕西渭河等8个大型化肥厂建成投产。无锡华晶大规模集成电路项目按进度施工。宝钢三期工程建成1580轧机和板坯连铸等一批单项工程。全年基本建设新增主要生产能力有：发电装机1525万千瓦；原油1973万吨；乙烯74万吨；铁路营运里程1954公里；铁路复线1522公里；高速公路1117公里；长途光缆2万皮长公里；微波电路1万公里；局用交换机容量2107万门。

财政收入增长较快，金融形势保持平稳。全国财政收入（不含债务收入）完成7366亿元，比上年增长18%；财政支出（不含债务支出）7914亿元，比上年增长16%；支大于收548亿元，其中，中央财政赤字610亿元，控制在预算目标之内，地方财政结余62亿元。国债发行按计划顺利完成。中央银行继续加强金融调控和监管，随着物价涨幅回落，适时停办新的保值储蓄，两次下调存贷款利率，减轻了国家债务和企业负担。居民储蓄存款保持稳定增长。全社会信用总量继续得到较好控制，全年现金投放917亿元，增长11.6%。

国有企业改革步伐加快，各项配套改革继续深化。建立现代企业制度试点工作全面展开。优化资本结构试点城市由18个扩大到58个。在企业的转机建制、增资减债、分流富余人员和分离社会职能等方面，取得积极进展。新的财税体制继续完善，顺利实施了进出口税制三项重大改革，加强了预算外资金管理。金融改革进一步深化。城市合作银行稳步发展，农村金融体制改革全面展开，统一了银行间同业拆借市场，改进了国债发行方式，开办了公开市场业务。实现了人民币经常项目可兑换。投资体制改革出台了固定资产投资项目资本金制度和建设项目法人责任制。以职工养老保险和失业保险为重点的社会保障制度改革取得了较大进展，医疗保障制度改革试点范围扩大。

对外贸易持续发展，利用外资进一步扩大。外贸进出口总额 2899 亿美元，比上年增长 3.2%。其中，出口 1511 亿美元，增长 1.5%；进口 1388 亿美元，增长 5.1%；顺差 123 亿美元。外商直接投资势头良好，全年实际利用外资 423.5 亿美元，比上年增长 12.2%。按全口径计划管理范围统计，借用国外贷款实际使用额 160 亿美元。外资投向基础设施、基础产业和中西部地区的项目增多。年末国家外汇储备 1050 亿美元，比年初增加 314 亿美元。人民币汇率继续保持稳定。

科技、教育和各项社会事业取得新成就，社会主义精神文明建设明显加强。科技攻关取得一批重大成果，科技成果的产业化和工程化加快。一些综合性状好的农业新品种进一步推广，促进了单产的提高。使用聚合物驱油的三次采油技术进入工业应用，成为稳定东部油田产量的重大技术措施。622 兆比特的同步数字系列光纤通信系统，在成都至攀枝花的 700 公里全线运行成功，使通信技术水平有了新的提高。曙光系列高性能计算机在国民经济信息化建设中发挥了积极作用。教育事业全面发展。全国已有 50% 的县(市、区)基本普及九年义务教育，当年减少青壮年文盲 400 万人。高校管理体制改革取得新进展。全国普通高校招生 96.6 万人，普通中等专业学校招生 137 万人。成人教育获得较大发展，成人高校和中等专业学校在校生分别达到 265.6 万人和 310 万人。各地加强了污染治理，全国已取缔、关闭和停产 15 种污染严重企业 57430 个，占应取缔、关闭和停产企业总数的 81.2%。

各项文化事业全面发展。继续实施"五个一工程"，涌现出一大批优秀的文艺作品。西藏图书馆、上海博物馆建成开馆。青海塔尔寺等一批重要古建筑抢救维修项目通过了验收。广播、电视人口覆盖率分别达到 83.7%和 86.1%。在第 26 届奥运会和其他重大国际比赛上，我国体育健儿取得了优异成绩。卫生事业繁荣发展，法定传染病总发病率继续下降。大力表彰和学习新时代先进典型的活动，收到了广泛的社会效果。

城乡人民生活进一步改善。农村居民人均纯收入 1926 元，实际增长 9%；城镇居民人均生活费收入 4377 元，实际增长 3.3%。安居工程建设继续加强，促进了居住条件的改善。城乡市场繁荣，全社会消费品零售总额达到 24614 亿元，实际增长 12.5%。新安排城镇就业 705 万人，城镇登记失业率 3%。一些城市实施再就业工程取得较大成效。人口自然增长率控制在 10.42‰。

以上成绩的取得，是三年多来深化改革、加强和改善宏观调控的重大成果，为 1997 年的经济和社会发展奠定了良好的基础。在好的形势下，一定要清醒地看到当前经济社会生活中存在的困难和问题。这主要是：在经济总量平衡状况明显改善的情况下，结构性矛盾日益突出。"大而全、小而全"和盲目重复建设问题相当严重，制约着国民经济整体素质和效益的提高。农业基础脆弱的状况没有根本改变。水利建设滞后，设施老化失修，抗灾能力薄弱，有些城市防洪能力不强。中央财政赤字较大，银行不良贷款继续增多，潜伏的风险加大。物价涨幅回落的基础还不很稳固。特别是部分国有企业生产经营困难，经济效益不好，停产、半停产企业和下岗待业人员增多，一些亏损企业的职工生活困难，成为影响经济发展和社会安定的重要因素。国有企业的困难，是多年积累起来的各种矛盾的综合反映。关键是国有企业的经营机制和管理体制不适应发展社会主义市场经济的要求，结构不合理，盲目重复建设，导致一些产品生产能力过剩，企业开工不足，产品技术水平低，能耗大，成本高，竞争力差，造成企业效益低下。这些问题，反映出体制改革必须继续深化，宏观调控必须继续改善，特别是对微观经济活动的引导更需进一步加强。我们要抓住当前的有利时机，下大力气做好各项工作，认真解决前进中的困难和问题，保持国民经济和社会发展的好势头。

二、1997 年经济社会发展的调控目标和主要任务

1997 年是中国历史上极为重要的一年。我国将恢复对香港行使主权，中国共产党将召开第十五次全国代表大会，这是举世瞩目的两件大事。做好 1997 年的计划工作，具有非常重要的意义。党中央对经济工作提出的总体要求是：坚持以邓小平建设有中国特色社会主义理论为指导，全面贯彻党的基本路线和基本方针，落实十四届五中全会、六中全会精神，切实推进两个根本性转变，继续实行适度从紧的财政货币政策，降低物价上涨幅度，加强农业基础地位，加快改革特别是国有企业改革步伐，加大结构调整力度，培育新的经济增长点，积极开拓市场，提高对外开放水平，促进国民经济持续、快速、健康发展和社会全面进步。制定和实施 1997 年的计划，要坚持稳中求进的原则，正确处理改革、发展、稳定的关系，保持宏观经济政策的连续性、稳定性和必要的灵活性，努力做到把总量控制与结构调整、宏观调控与微观搞活、深化改革与促进发展、经济发展与社会发展更好地结合起来。1997 年国民经济和社会发展的主要宏观调控目标是：

——经济增长率 8%；

——全国商品零售价格上涨幅度 6%；

——固定资产投资率 32%；

——财政赤字 570 亿元，比上年减少 40 亿元；

——进出口总额 3100 亿美元，进口与出口大体

平衡；

——货币发行 1200 亿元；

——人口自然增长率 11.44‰；

——城镇登记失业率 3%左右。

按照上述目标，1997 年国民经济和社会发展的主要任务有以下几个方面：

（一）继续加强农业基础地位，全面发展农村经济

坚持把农业放在经济工作的首位，确保主要农产品产量稳定增长。1997 年粮食播种面积要稳定在 16.8 亿亩，总产量保持 1996 年水平，并争取有所增长，重点增加小麦和水稻的产量。棉花种植面积力求恢复到 8000 万亩，总产量 425 万吨。油料 2250 万吨；糖料 8600 万吨；肉类总产量 6200 万吨；水产品 3100 万吨。要坚持和完善以家庭联产承包为主的责任制和统分结合的双层经营体制，积极发展农村社会化服务体系，推进贸工农一体化、农业产业化经营。动员全社会力量，多渠道增加水利建设投入。建立中央和地方水利建设基金。中央适当扶持西部地区和少数民族地区的水利设施建设。大力开展群众性的农田水利基础设施建设。搞好蓄洪滞洪区的安全设施建设，加强河道清淤除障，建立比较完整有效的防洪保障体系。依法加强耕地保护，严格执行建设用地计划，保持耕地面积的动态平衡。积极推进农产品流通体制改革，建立并完善重要农产品收购保护价制度。规范农村税费，切实减轻农民负担。强化科教兴农，抓好适用技术的推广，推进全国种子工程建设。在决不放松粮食生产的前提下，合理调整农业生产结构，全面发展农林牧副渔各业，发展多种经营，发展乡镇企业。进一步加大扶贫攻坚力度，认真落实中央扶贫开发工作会议确定的任务和措施。国家除继续安排以工代赈、扶贫贷款和不发达地区发展资金 108 亿元外，再增加 15 亿元财政扶贫款和 30 亿元扶贫贷款，支持贫困地区改善基本生产和生活条件。

（二）进一步搞好国有企业，保持工业适度增长

把搞好国有企业放在更加突出的地位。按照建立现代企业制度的改革方向，总结试点经验，扩大试点范围，完善改革措施，推进国有企业改革。继续扩大优化资本结构试点城市范围。以“三个有利于”为标准，坚持“抓大放小”的战略方针，把企业的改革、改组、改造和加强管理结合起来。集中抓好一批大企业，进一步放开放活小企业。鼓励发展跨地区、跨行业的工技贸相结合的企业集团，形成规模经营。积极推进国有企业战略性调整和改组，鼓励兼并，规范破产。通过深化改革，促进企业转换机制，加快技术进步，强化内部管理，切实抓好国有企业领导班子的整顿和建设。努力为深化企业改革创造有利的环境和条件。抓紧调整和完善有关经济政策和法规，促进企业公平竞争。进一步整顿和规范经济秩序。贯彻实施《票据法》，维护商业信用，严格结算纪律，促进资金的正常周转和循环。认真清理各种规费，坚决查处各种乱摊派、乱收费、乱集资等加重企业负担的行为。

工业生产要把主要注意力转到优化结构、提高效益上来。按照市场需求调整产品结构，不断开发新产品，鼓励工业企业和科研单位合作，把成熟的科研成果，转化为商品，满足市场的需要。要大力加强企业的营销工作，以销定产，搞好产销衔接。狠抓产品质量，提高重要原材料和机电产品按国际标准生产的比重。坚决制止和打击假冒伪劣产品的生产和销售。进一步学习和推广邯钢经验，加强基础管理，努力实现扭亏增盈目标。综合考虑市场需求和供给条件，1997 年工业增加值计划增长 11.5%。主要产品产量：煤炭 13.7 亿吨；原油 15350 万吨；发电量 11450 亿千瓦小时；钢 1 亿吨；化肥 2660 万吨（折纯）；化纤 310 万吨；汽车 160 万辆；乙烯 350 万吨；集成电路封装 10.3 亿块；微型电子计算机 155 万部；数字程控交换机 2200 万线。国家铁路货运量 16.4 亿吨。

（三）保持适度投资规模，大力优化投资结构

1997 年，全社会固定资产投资总规模计划 25300 亿元，其中国有单位 18070 亿元。在资金配置上，要体现优化投资结构和提高投资效益的要求，新增加的预算内投资和银行贷款，优先用于农业、水利、能源、交通、国防、高新技术产业和科学、教育、文化等精神文明建设。加快现有企业技术改造，增加技术改造投资比重。继续贯彻“保重点、保竣工、保投产”和严格控制新开工项目的原则，抓紧建成一批对调整结构具有显著作用的重点项目，进一步缩短建设战线。以有市场、有效益为前提，合理安排“九五”计划确定的重点项目建设。根据经济发展的需要，优先在中西部地区安排资源开发和基础设施建设项目。鼓励沿海地区同中西部地区联合投资。严格控制建设项目投资概算，加强建设工程管理，保证质量，缩短工期，控制费用，扭转大幅度超概算的状况。

1997 年计划建成投产 83 个大中型重点项目，一批重大续建项目进入施工的关键阶段。长江三峡和黄河小浪底两大水利枢纽工程都要截流。南昆铁路全线基本铺通。秦皇岛港煤码头四期工程建成投产。上海大规模集成电路工程进入建设阶段。“金桥工程”等一批国家信息化工程陆续开工建设。完成中国民航数据传输网络扩容改造。基本建设计划的主要新增生产能力有：大中型发电装机 1042 万千瓦；原油开采 731 万吨；原煤开采 4295 万吨；铁路营运里程 1544 公里；铁路电气化 1752 公里；高速公路 1100 公里；数字程控交

换机总容量1700万线；长途光缆24300皮长公里。

(四)加强价格调控监管，降低物价上涨幅度

进一步降低物价上涨幅度，巩固和发展三年多来抑制通货膨胀取得的积极成果。坚持社会总需求与总供给的大体平衡，继续做好物价调控和监管工作，做到稳中有降，防止物价涨幅出现反弹。进一步完善价格形成机制和调控体系，规范价格行为。充分发挥价格杠杆的调节作用，综合考虑经济发展需要和各方面的承受能力，适当解决一些突出不合理的价格矛盾。继续实行价格调控目标责任制、“米袋子”省长负责制和“菜篮子”市长负责制，巩固和完善价格调节基金制度。从严控制城镇居民消费价格，与居民生活关系密切、价格形成具有垄断性的公用事业收费项目，要逐步实行价格决策听证制度。加强价格监督检查，重点加强服务收费的监管，全面清理整顿各种行政事业性收费。继续严格执行国家有关明码标价、制止牟取暴利等法律法规，坚决查处和制止乱涨价、乱收费，维护企业和人民群众的合法权益。

(五)转变外贸增长方式，提高利用外资质量

坚持以效益为中心，重质量，重信誉，努力扩大对外贸易。积极推进市场多元化，在巩固发展现有市场的同时，下大力气开拓新市场，特别是开拓发展中国家和独联体、东欧、拉美、东南亚、非洲市场。增加出口信贷，支持成套设备出口。调整和优化出口商品结构，提高出口商品的技术含量、质量、档次和加工深度，增强出口商品的竞争力。加快外贸经营方式的转变和企业组织结构的调整，提高规模经营效益。搞好重要物资进出口的总量平衡，增加国内短缺的重要资源和技术设备的进口。从海关和销售市场两头，坚决打击走私。

继续积极合理有效地利用外资，提高利用外资的质量和效益。鼓励外资投向农业综合开发、基础设施、资源综合利用和高新技术等产业，积极引导外商向中西部地区投资。继续改善投资环境，依法加强外商投资项目审批，搞好对外商投资企业的服务、管理和监督。进一步完善国外贷款管理，优惠贷款要更多地用于支持中西部地区的农业、水利和基础设施建设。切实落实外债偿还责任制。加强对境外投资的引导和管理。

积极推进旅游事业发展，办好“’97中国旅游年”。

(六)进一步减少财政赤字，继续保持金融稳定

继续实行适度从紧的财政政策，努力增收节支，把财政赤字控制在调控目标之内。强化税收征管，严格依法治税，做到应收尽收，严禁乱开减免税的口子。进一步完善增值税的征收管理办法，堵塞利用增值税专用发票偷税骗税的漏洞。改进个人所得税的征收办法，实行法人支付与个人收入双向申报制度。坚持量入为出的原则，严格控制财政支出，支出增长不能高于收入增长，逐步做到收支基本平衡。妥善处理经济社会发展与财力可能的关系，区分轻重缓急，优化支出结构，保证重点需要。地方财政要保证收支平衡，力争略有结余。

保持金融形势的稳定，是搞好社会供求总量平衡、巩固和发展宏观调控成果的重要保证。按适度从紧的货币政策要求，合理确定货币供应量。根据产业政策和信贷原则，加大信贷结构调整力度。进一步完善金融调控方式，严格执行各项法律和规章制度。对金融机构进入市场的条件、业务状况、资产负债情况和风险控制程度等，进行全面监管。坚持实行分业经营，分业管理，改善银行的经营管理。依法加强监管，促进证券市场健康发展。

(七)努力发展科技教育和各项社会事业，推进社会主义精神文明建设

积极推进科技成果产业化。在农业的新品种选育和杂交优势利用等方面，力争取得新的突破。结合国家重点工程建设，进行重大技术装备的研制和开发。重要的有70万千瓦大型水电机组，60万千瓦压水堆核电站，30万吨合成氨装置，特高混凝土坝的设计和制造技术等。组织大尺寸硅晶抛光片规模化生产。加强科技成果工程化研究，积极推进科技成果的转化。鼓励和支持企业自办、联办技术开发中心。进一步加强基础科学研究。继续办好国家高新技术开发区。

大力发展教育事业。继续普及九年义务教育，着力扫除青壮年文盲，积极发展以中等职业教育为重点的各级各类职业技术教育，加快高等教育结构调整。1997年计划全国招收研究生6.1万人，普通高校本科和专科招生101万人，普通中专招生142万人。研究生教育要切实贯彻按需培养、保证质量的原则。普通高等学校招生实行分地区、分科类的统一学费标准和统一录取标准的办法。改革办学模式，积极发展高等职业教育。保持普通高中与中等职业技术学校的协调发展。进一步推进由应试教育向素质教育转变。

发展文化、广播电影电视、新闻出版和体育卫生事业。加强重点文化设施建设。广播、电视人口覆盖率分别达到84.2%和87.1%。出版835亿印张。大力改善农村医疗和饮水卫生条件，以县为单位的初级卫生保健达标率提高到65%以上，农村改水受益率达到88%。深入开展全民健身运动，不断完善体育竞赛和训练机制，办好第八届全运会。

坚持可持续发展战略。继续严格控制人口增长，健全农村计划生育服务网络，强化对流动人口计划生育的管理，不断提高人口质量。重点治理水资源污染，加强对大气污染的控制，提高工业污染的防治能力。

1997年，全国县以上工业废气处理率达到84.1%，工业废水处理率78.6%，工业固体废物综合治理率67.7%。继续搞好植树造林和水土保持，努力改善生态环境。合理开发利用资源，加强自然资源的保护。

切实加强社会主义精神文明建设。搞好爱国主义、集体主义、社会主义教育，加强新时期艰苦创业精神教育，大力宣传表彰先进集体和先进人物，不断提高全民族的思想道德素质。努力增加对社会主义精神文明建设的投入。适应社会主义市场经济的要求，建立规范有效的筹资机制，逐步形成多渠道的投入体制，运用税收、信贷、价格等经济手段，支持宣传文化事业，加强社会主义精神文明建设的物质保障。

（八）继续改善人民生活，加快实施再就业工程

1997年城镇居民人均生活费收入和农村居民人均纯收入实际增长5%左右。全社会消费品零售总额28700亿元，比上年增长16.6%。高度重视并积极采取措施，加快实施"再就业工程"，认真解决下岗职工和失业人员的再就业问题。采取多种形式，发展第三产业，广开就业渠道，创造更多的就业机会。积极探索失业救济与就业安置相结合的有效途径。切实抓好下岗职工和失业人员的再就业技能培训和信息咨询服务，提高再就业率。引导城镇劳动者适应社会主义市场经济的要求，破除传统意识，转变择业观念。1997年城镇新增就业岗位550万个。充分发挥农村劳动力资源丰富的优势，大力开展农村多种经营，开展治山、治水、治土，搞好小型农田水利建设。加强对农业剩余劳动力转移和流动的引导。

三、加大结构调整力度，培育新的经济增长点

实现1997年国民经济和社会发展计划，保持和发展"九五"开局的良好势头，关键是加大结构调整力度，提高国民经济增长的质量和效益。只有抓好结构调整，才能使经济工作的重点真正落实到推进两个根本性转变上来，使"九五"期间的经济发展走上新的轨道。抓好结构调整，也是缓解当前企业生产经营困难，实现宏观调控有效引导微观经济活动的重要途径。

（一）以增量带动和促进存量调整，努力解决经济生活中"大而全、小而全"和盲目重复建设问题

当前，"大而全、小而全"和盲目重复建设，是经济结构不合理的突出表现。企业规模不经济，专业化程度低，不符合社会化大生产分工协作规律的要求，阻碍了技术进步，造成产品质量差、档次低、成本高、竞争力不强。地区产业结构雷同，布局不合理，互补性差，低水平过度竞争，严重影响了经济的协调发展。产生这些问题的原因是多方面的，主要是思想认识和经济体制上的障碍。政企不分，条块分割，市场封闭，以及投资行为缺乏风险约束机制，忽视经济效益，使"大而全、小而全"和盲目重复建设的问题长期得不到解决。必须认真总结以往的经验教训，积极推进改革，做到科学决策，减少失误。1997年，要继续从严控制新开工项目。对"八五"期间已经建成和结转到"九五"时期的在建项目，进行一次认真清理。坚决停止建设那些规模不经济、技术落后，投产后必然出现严重亏损的在建项目。对已批立项尚未开工的项目也要清理，凡属全国生产能力过剩的重复建设和资金不落实的项目，坚决撤销立项，不再批准开工建设。加强和改善投资计划管理。以国家产业政策和项目规模为标准，合理调整审批权限。对一些热点投资项目，要严格按照"九五"计划和产业政策导向，合理确定项目布点。制止重复建设和盲目引进。加强投资法规建设，完善投资决策程序，依法规范投资管理。制定全国重点行业生产力布局的产业政策，引导各地根据各自条件，发展优势产业，形成特色经济。

坚持以增量调整带动和促进存量调整。结合国有企业改革，通过跨地区、跨部门的投资、联合、兼并，带动资产存量优化重组。加快老工业城市和老工业基地的调整改造。在基础产业和支柱产业中，以现有骨干企业或国家重点项目为核心，有选择地注入资金，重点扶持一批具有国际竞争力的企业集团，兼并和淘汰落后企业。加强信息导向工作，搞好信息的收集、整理、分析，及时向社会发布重要行业生产能力状况和产品的市场供求趋势等信息，引导企业投资行为，减少投资决策的盲目性。

（二）以市场需求为导向，培育新的经济增长点

积极培育新的经济增长点，是调整和优化经济结构的重要方面和必然选择。只有认真研究国内外市场，依靠科技进步，培育和形成新的经济增长点，才能为经济发展不断注入新的活力。培育新的经济增长点，要加快发展市场需求量大、产业关联度高、科技含量多、经济效益好的产业和产品。当前，从全国来看，电子信息等高新技术产业和城镇居民住宅建设可以成为重要的经济增长点。同时，积极开拓农村市场，带动相关产业的发展。

电子信息等高新技术产业，是当代生产力革命性发展的先导和基础。在未来的世界，电子等高新技术将日益广泛地应用于生产和生活的各个方面，对经济、科技、教育、卫生等产生革命性的影响，对综合国力和企业竞争力都有着极为重要的作用。我们必须抓住这个机遇，把电子工业和电子信息产业开发成新的经济增长点，成为改造传统产业、带动产业结构升级的重要手段。要尽快改变电子工业科研与生产脱节、管理分散、低水平重复建设的局面，加强基础元器件和适销对路的各类电子产品的研制开发，并迅速形成经济规模，

扩大市场销售。大力发展信息服务业，特别是加快发展电信、软件和各类咨询服务。积极发展生物工程、新材料、新能源、海洋、环保和航天、航空等高新技术产业。

积极发展住宅产业，带动相关产业发展。今后一个时期，城镇居民对住房的需求量会持续增长。要多方创造条件，采取综合性配套措施，引导城镇住宅业健康发展。加快城镇住房制度改革，全面推行住房公积金制度，逐步实行商品房租金，理顺租售比价，促进住宅上市流通。逐步建立住宅建设、销售、出租、信贷、保险、服务、物业管理相配套的运行机制，形成建设、销售、使用的良性循环。努力降低住宅建设成本，规范商品住宅价格构成，整顿建筑市场秩序，取消各种不合理收费，把住宅售价降下来。加大普通居民住宅的投资力度，严格控制高档商品房和高消费建筑设施的建设。

努力开拓农村市场，促进工业产品结构调整。随着农村经济发展和农民收入水平的提高，对农业生产资料和工业消费品的需求不断增加，农村市场潜力很大。开拓农村市场，有利于充分发挥现有工业生产能力，促进农村经济全面发展，形成城乡经济的良性循环。要适应农业生产发展和农业产业化的要求，搞好农业机械的开发和生产，提高产品质量，降低生产成本，合理确定价格，加强售后服务。积极开发符合农民需要的工业消费品。健全农村市场体系，加强大宗农副产品的批发市场建设，增加农村商业网点。加强农村水、电、路、通信、电视差转台等基础设施建设，为普及农村家电创造条件。

开发和形成新的经济增长点，要从各地的实际情况出发，根据城乡居民不同层次的消费需求，发挥本地优势，加快产品更新换代，形成各具特色的优势经济，克服地区间的结构雷同，防止出现新的低水平重复建设，增强我国经济的整体竞争能力。

（三）继续深化经济体制改革，形成有利于结构调整的体制环境

进一步完善财税金融体制，促进经济结构调整。配合国有企业改革和产品结构调整，继续做好“拨改贷”资金余额转为资本金的工作，着重减轻产品有销路、效益好的企业的债务负担。改进出口退税管理，对有进出口经营权的生产企业自营出口货物，实行免抵退的办法。继续推行重点企业的主办银行制度，扩大实施范围，落实银行和企业各自的权利、责任和义务。发挥银行信贷的调节作用，促进经济结构的调整。

加快投资体制改革，逐步形成有利于控制投资规模膨胀、改善投资结构和提高投资效益的机制。重点是建立健全投资风险约束机制，全面推行建设项目资本金制度、项目法人责任制、工程招标投标制和项目监理制度。结合企业股份制改造和试行建设项目股份投资，进行可转换债券试点。

积极进行分配制度改革，缓解分配不公的矛盾，为加快结构调整创造条件。规范收入分配秩序，建立和完善收入分配的微观约束和宏观调控机制，加强居民收入分配的税收调节。改进国有企业经营者的报酬制度，严格控制凭借行业垄断地位和国家给予的特殊条件获得过高的个人收入。

积极推进社会保障制度改革，保证结构调整的顺利进行。建立国家、用人单位和个人三方合理负担，失业救济与再就业紧密结合的新型失业保险制度。实行社会统筹与个人账户相结合，加快建立全国统一的职工基本养老保险制度，扩大医疗保障制度改革试点范围。继续完善职工最低工资和城镇居民最低生活保障制度。建立健全困难职工解困机制，动员社会各方面力量，切实做好帮危解困工作，并使之经常化、制度化。

各位代表，全面实现 1997 年的国民经济和社会发展计划，对于顺利实施“九五”计划，实现跨世纪的宏伟目标，是至关重要的。我们要以邓小平建设有中国特色社会主义理论为指导，在以江泽民同志为核心的党中央领导下，把握大局，再接再厉，同心同德，开拓前进，为全面完成 1997 年的各项任务而努力奋斗！

财政部部长刘仲藜在八届全国人大五次会议上作《关于 1996 年中央和地方预算执行情况及 1997 年中央和地方预算草案的报告》

各位代表：

我受国务院委托，向大会提出 1996 年中央和地方预算执行情况及 1997 年中央和地方预算草案的报告，请予审查，并请全国政协各位委员提出意见。

一、1996 年中央和地方预算执行情况

去年，在党中央、国务院的领导下，经过全国各族人民的共同努力，经济工作取得了很大的成绩，为实现“九五”计划开了一个好头。宏观调控成效显著，通货膨胀得到了有效抑制，国民经济继续保持快速增长，社会总供给和总需求趋于平衡；农业生产喜获丰收，工业生产稳定增长，改革开放进一步深化，财政金融形势平稳，人民币汇率稳定，外汇储备增加较多。

在此基础上，中央和地方预算执行情况较好。初步统计，全国财政收入 7366.61 亿元，完成预算的 107.2%，比上年增加 1124.41 亿元，增长 18%；全国财政支出 7914.38 亿元，完成预算的 105.7%，比上年增加 1090.66 亿元，增长 16%。收入与支出相抵，支出大于收入 547.77 亿元。上述数字在中央和地方决算编成后，还会有一些变化。

1996 年中央和地方财政各主要收入项目的完成

情况是：(一)各项税收 6901.35 亿元，完成预算的 103.6%。其中，消费税和增值税 3574.9 亿元，完成预算的 99.2%，主要是按政策先征后返的数额超过了预算；营业税 1042.63 亿元，完成预算的 108.6%；企业所得税 979.21 亿元，完成预算的 102%。(二)其他各项收入 817.77 亿元，完成预算的 139.4%。(三)企业亏损补贴 352.51 亿元，比预算减少 24.29 亿元。

1996 年中央和地方财政各主要支出项目的完成情况是：(一)基本建设支出 885.88 亿元，完成预算的 104.8%。(二)企业挖潜改造资金和新产品试制费 530.09 亿元，完成预算的 106.8%。(三)支援农业支出 518.42 亿元，完成预算的 103.4%。(四)城市维护建设支出 294.11 亿元，完成预算的 110.7%。(五)文教科学卫生事业费 1705.08 亿元，完成预算的 104.7%。其中教育事业费 1040.22 亿元，完成预算的 104.6%；科学事业费 109.85 亿元，完成预算的 102.1%。(六)行政管理费支出 642.9 亿元，完成预算的 116.3%。(七)公检法支出 375.31 亿元，完成预算的 118.7%。(八)支援经济不发达地区发展资金 47.52 亿元，完成预算的 158%。(九)政策性补贴支出 440.65 亿元，完成预算的 114.4%。

中央和地方财政收支按复式预算汇总的情况，报告里不再赘述，请各位代表按提交大会的预算情况表进行审议。

在 1996 年中央和地方预算执行中，地方财政本级收入 3717.54 亿元，完成预算的 112.9%，加上中央税收返还和补助收入 2716.28 亿元，地方财政总收入 6433.82 亿元，完成预算的 109.6%；地方财政本级支出 5768.4 亿元，完成预算的 109.5%，加上上解中央支出 603.19 亿元，地方财政总支出 6371.59 亿元，完成预算的 108.5%。地方财政收支相抵，结余 62.23 亿元。

为了便于各位代表审查和批准中央预算执行情况，我们根据《预算法》的要求，对 1996 年中央预算执行情况作了单独汇总。

1996 年，中央财政总收入 4252.26 亿元，完成预算的 101.7%。其中，中央财政本级收入 3649.07 亿元，完成预算的 102%；地方财政上解中央收入 603.19 亿元，与预算持平。中央财政总支出 4862.26 亿元，完成预算的 101.4%。其中，中央财政本级支出 2145.98 亿元，完成预算的 96.7%；税收返还和补助地方支出 2716.28 亿元，完成预算的 105.4%。中央财政收支相抵，赤字 610 亿元，比预算确定的数额减少 4.42 亿元。

1996 年中央财政各主要收入项目的完成情况是：(一)各项税收 3456.88 亿元，完成预算的 99%。其中，消费税和增值税 2835.01 亿元，完成预算的 99.4%，主要是按政策先征后退的数额超过了预算；外贸企业出口退税 824.57 亿元，完成预算的 126.9%；企业所得税 564.47 亿元，完成预算的 97.8%。(二)其他各项收入 263.6 亿元，完成预算的 169.7%。(三)企业亏损补贴 71.41 亿元，完成预算的 102.7%。

1996 年中央财政各主要支出项目的完成情况是：(一)基本建设支出 399.43 亿元，完成预算的 88.3%。(二)企业挖潜改造和新产品试制费 123.7 亿元，完成预算的 97.6%。(三)支援农业支出 52.65 亿元，完成预算的 95.3%。(四)文教科学卫生事业费 160.53 亿元，完成预算的 96.8%；其中，教育事业费 75.72 亿元，完成预算的 98.5%；科学事业费 58.4 亿元，完成预算的 100.7%。(五)国防费支出 715.03 亿元，完成预算的 102.4%。(六)政策性补贴支出 122.06 亿元，完成预算的 104.8%。在上述支出中，有些项目未完成预算，主要是在预算执行中按照需要将某些中央支出划转为地方支出，列入地方预算相关科目的执行数中。因此，1996 年中央补助地方支出完成 2716.28 亿元，完成预算的 105.4%。

此外，1996 年国家债务收入 1967.42 亿元，比预算增加 14.85 亿元，主要是国债由众多券商和网点分销，为确保国债发行计划的完成，增发了少量国债。1996 年国内外债务还本付息支出和利用国外借款安排的重点建设支出合计为 1314.3 亿元，比预算减少 23.85 亿元，主要是外汇汇率变化减少国外债务还本付息 18.97 亿元；国内短期国债利息支出减少 4.88 亿元。再加上 1996 年中央财政预算赤字减少 4.42 亿元，相应增加债务收入结余，以上三项因素共使 1996 年债务收入大于支出 43.12 亿元，将结转下年使用，相应减少 1997 年国家债务发行额。

1996 年中央和地方财政收入都超额完成了预算，特别是地方收入超收较多，其主要原因，一是宏观调控取得明显成效，在通货膨胀得到有效抑制的同时，国民经济继续保持了快速增长，进一步扩大了财源，使财政收入的稳定增长有了可靠的基础。二是随着财税新体制的确立和不断巩固完善，一个稳定的财政收入增长机制已初步形成。全国财政收入在连续三年大幅度增长的基础上，去年又增收 1124 亿元。三是为了进一步规范新税制，对一些行业和产品的增值税过渡性优惠政策进行了清理，取消了某些不规范的税收减免，增加了收入。四是强化了各项收入征管工作。各级征管部门积极改进征管方式和征管手段，加大了征管力度，严厉打击偷税、骗税和各种虚开、代开增值税发票等违法犯罪行为，严格审核出口退税，加强对加工贸易的税收管理，实施了加工贸易进口料件银行保证金台账监管制度，堵塞了漏洞，保证了收入的稳定增长。五是整顿财经秩序取得了初步成效。按照国务院的统一部署，去年在加强经常性监督检查的同时，重点开展了清理预算外资金、清理“小金库”、整顿会计秩序和财税大检查工作，查处了一批违反财经纪律的问题，相应增加了一些收入。

1996年支出超过预算，从中央支出看，主要是在执行中追加了一些补助地方必需的开支。例如，为支持地方消化粮食挂账，中央增加对粮食政策性停息挂账补贴14亿元；国家增加棉花储备，相应增加储备费用补贴4.2亿元；由于开发区增收较多，按政策中央对地方返还数额增加25亿元；为支持少数民族和贫困地区开发，增加转移支付支出14亿元；另外，中央还对灾情较重、财政又比较困难省份增加了一些救灾补助。从地方支出看，主要是地方政府在收入超额完成预算的情况下，按照第八届全国人民代表大会第四次会议通过的《关于1995年中央及地方预算执行情况和1996年中央及地方预算的决议》要求，加大了对农业、教育、救灾等重点支出的投入力度，增加了对困难地区的补助，缓解了部分地区公职人员欠发工资的现象，消化了一部分粮食企业亏损挂账和历年滚存赤字。此外，为配合全国范围内“严打”斗争的开展，中央和地方都较多地增加了公检法支出。

总的看，1996年财政收入保持了较高的增长，抑制了财政收入占国内生产总值比重下降的势头。财政支出总量有所控制，支出结构有所调整，支出增幅低于收入增幅两个百分点，中央财政达到了年初压缩赤字的目标，地方财政保持一定的结余。这一结果表明，党中央、国务院确定的实行适度从紧的财政政策得到了较好的贯彻执行。

在肯定成绩的同时，我们也清醒地认识到当前财政存在的现实困难和潜在风险：中央财政赤字仍然偏大，完成“九五”计划规定的压缩财政赤字的目标非常艰巨；中央财政的债务依存度偏高；税收流失仍然严重，随意减免税以及偷税、骗税、抗税、欠税等现象还时有发生；支出约束不严，增长较快，铺张浪费现象比较严重，国家掌握的有限财力与各项建设和事业发展需要之间仍有很大差距；财经秩序混乱的状况还没有根本改观；越权设立基金、乱收费的现象还很普遍，预算外收费侵蚀税基也比较严重，国家财力分散的势头还未得到扭转，收入分配关系还没有理顺。部分国有企业生产经营困难，亏损增加，停产、半停产企业和下岗人员增多，也将增加财政困难。这些问题需要在今年的工作中继续着力加以解决。

二、1997年中央和地方预算草案

1997年是我国历史发展上十分重要的一年。香港回归祖国和党的第十五次全国代表大会的召开，标志着我国的社会主义现代化事业进入了一个新的发展阶段。安排和执行好今年的预算，对于保持政治、经济和社会的稳定，推动改革和建设更好地发展，具有非常重要的意义。按照中央经济工作会议的精神和国家“九五”计划对财政工作的要求，今年财政收支预算安排和财政工作的指导思想是：认真贯彻落实党的十四届五中全会、六中全会和中央经济工作会议精神，继续实行适度从紧的财政政策，促进经济结构的调整和优化，全面强化税收征管，使财政收入继续保持较快的增长速度；坚持量入为出，控制支出总量，优化支出结构，保证重点需要，反对铺张浪费，使财政支出的增长幅度低于收入的增长幅度；进一步压缩财政赤字，控制债务规模；大力整顿财经秩序，继续深化财税改革。

根据上述指导思想，我们拟定了1997年中央预算草案，并汇总了各省、自治区、直辖市、计划单列市人民政府编制的地方预算草案。

1997年中央和地方预算草案的汇总情况是：全国财政收入安排8397.94亿元，比上年执行数增长14%，与国民经济保持了同步增长。全国财政支出8967.94亿元，比上年执行数增长13.3%；重点保证了国家明确规定需要增加的重点支出。其中，支援农业支出安排592亿元，比上年增加73.58亿元，增长14.2%；教育事业费安排1189.07亿元，比上年增加148.85亿元，增长14.3%；科学事业费安排125.5亿元，比上年增加15.65亿元，增长14.2%。几项重点支出的增幅均高于全国财政收入的增长。全国财政收支相抵，支出大于收入570亿元。

在1997年中央和地方预算草案中，地方财政本级收入4247.29亿元，比上年执行数增长14.3%，加上中央税收返还和补助收入2905.04亿元，地方财政总收入7152.33亿元；地方财政本级支出6549.14亿元，比上年执行数增长13.5%，加上上解中央支出603.19亿元，地方财政总支出7152.33亿元。地方财政收支平衡。

为了便于各位代表审查和批准中央预算，下面重点将1997年中央预算安排情况作一汇报。

1997年中央财政总收入安排4753.84亿元，比上年执行数增加501.58亿元，增长11.8%。其中，中央本级收入4150.65亿元，比上年执行数增加501.58亿元，增长13.7%；地方财政上解中央收入603.19亿元，与上年持平。中央财政总支出5323.84亿元，比上年执行数增加461.58亿元，增长9.5%。其中，中央本级支出2418.8亿元，比上年增长272.82亿元，增长12.7%；税收返还和补助地方支出2905.04亿元，比上年增加188.76亿元，增长6.9%。中央财政收支相抵，赤字570亿元，比上年执行数减少40亿元。

中央预算各主要收入的安排情况是:(一)各项税收4131.06亿元,比上年执行数增长19.5%,各项税收增长比例较高,除了正常的税收增长外,主要是外贸出口退税数额比上年减少,相应增加了收入。其中,消费税和增值税3153.4亿元,企业所得税447.6亿元,关税340亿元。(二)其他各项收入97.13亿元。(三)企业亏损补贴77.54亿元,比上年执行数增长8.6%。

1997年中央预算各主要支出项目的安排情况是:(一)基本建设支出425.63亿元,比上年执行数增长6.6%。(二)企业挖潜改造资金和新产品试制费147.34亿元,比上年执行数增长19.1%。(三)支援农业支出59.92亿元,比上年执行数增长13.8%。(四)文教科学卫生事业费180.95亿元,比上年执行数增长12.7%。其中,教育事业费86.16亿元,增长13.8%;科学事业费66.46亿元,增长13.8%。(五)国防支出805.7亿元,比上年执行数增长12.7%。(六)行政管理费14.68亿元,比上年执行数增长8.9%。(七)公检法支出22.36亿元,比上年执行数增长12.3%。(八)政策性补贴支出125.31亿元,比上年执行数增长2.7%。

除上述预算收支外,按照国务院决定,从1996年起将电力建设基金、铁路建设基金等主要建设性基金(收费)纳入财政预算管理。对这些基金(收费)收入要按现行体制及时上缴中央金库或地方金库,支出由主管部门提出计划,财政部门按规定拨付,实行收支两条线管理。同时,为加强大江大河治理,国务院决定,从各项建设性基金中集中3%,设立水利建设基金。这些基金(收费)的收支在预算上单独编列。财政部门按国家规定收取的各项税费附加,要统一纳入财政预算,不再作为预算外资金管理。

1997年中央政府性基金收入预算安排1155.01亿元。其中:电力建设基金39.71亿元,车辆购置附加费203.7亿元,铁路建设基金349.2亿元,邮电附加费97亿元,市话初装基金291亿元,水利建设基金31.37亿元。中央政府性基金支出预算安排1146.44亿元。其中:电力建设基金支出34.21亿元,车辆购置附加费支出203.7亿元,铁路建设基金支出349.2亿元,邮电附加费支出97亿元,市话初装基金支出291亿元,水利建设基金31.37亿元。收支相抵,结余8.57亿元。

为了便于代表们审议,现将中央预算草案编制中的几个有关政策问题作一些说明:

(一)关于中央财政收入预算安排问题。1997年中央本级财政收入比上年执行数增长13.7%,与国民经济增长基本同步。其中增值税、消费税安排比去年执行数增长12%,扣除政策性先征后退的数额,实际增长11.2%。做这样的安排,考虑的主要因素:一是今年宏观经济环境比较有利,国民经济将继续稳定健康发展,经济结构调整力度加大,经济增长质量也将有所提高,这些都为扩大财源基础,增加财政收入提供了有利条件。二是随着改革的不断完善和深化,新财税体制将更有效地发挥促进财政收入稳定增长作用。三是全面推行税收征管改革,建立新的征收管理机制,加大税务稽查力度,将进一步挖掘税收潜力,堵塞漏洞,减少税收流失。四是进一步整顿财经秩序也将有利于财政加强管理,增加收入。

(二)关于中央财政支出预算安排问题。1997年中央本级财政支出比去年执行数增长12.7%,比收入增长低1个百分点,在调整支出结构的同时,体现了适度从紧、总量控制和突出重点的方针,重点安排了国家明确规定需要增加的重点支出和正常的工资性支出。根据现在安排的中央预算草案,今年中央财政安排的支援农业支出、教育事业费和科学事业费,均比上年执行数增长13.8%,增幅都高于中央财政收入的增长。

(三)关于税收政策调整问题。为了发挥税收的调控作用,进一步理顺国家与企业、中央与地方之间的分配关系,增强中央政府宏观调控能力,国务院决定,从1997年1月1日起,调整金融保险业的税收政策,将国有金融保险企业的所得税税率,由目前的55%降为33%,与其他内资企业的所得税税率相统一;将金融保险业营业税税率由5%提高到8%。同时,调整证券交易印花税中央与地方分享比例,中央为80%;地方为20%。

(四)关于压缩财政赤字问题。按照"九五"计划关于基本消除财政赤字,控制债务规模的要求,今年财政赤字本应再多压缩一些。但今年必须增加的支出较多,从政治经济发展大局考虑,再压缩有很大难度。主要是去年农业丰收,为稳定农村经济发展,保护农民的积极性,国家要增加粮食和棉花储备,需增加中央财政支出40亿元;贯彻落实中央扶贫工作会议精神,加大扶贫攻坚力度,中央要增加扶贫支出和对少数民族及贫困地区的转移支付支出25亿元;今年机关和事业单位职工调整工资需要增加一些支出;香港回归祖国,中央财政也要相应增加一些支出。在这种情况下,今年中央财政赤字仍比去年压缩了40亿元,是作了很大努力的。

(五)关于1997年国家债务问题。1997年中央财政到期需归还的国内外债务本息为1959.08亿元,加上当年赤字570亿元,共需发行债券2529.08亿元,扣除上年债务收入结余43.12亿元;1997年国内外债券发行额为2485.96亿元。今年国债发行任务繁重,对保证国家重点建设和及时兑付债务本息意义重大。我们将进一步改进和完善发行办法,逐步建立高效率、低成本的国债发行机制，规范市场交易，保证今年国债发行任务的完成。

三、努力增收节支，整顿财经秩序，全面完成1997年的预算任务

今年的财政工作要服从和服务于大局，突出重点，保持财政政策的连续性、稳定性和必要的灵活性。在继续实行适度从紧财政政策的前提下，围绕经济生活中的突出问题，采取积极有效的措施，充分发挥国家财政的职能作用。在工作中要力求把发展经济与开辟财源结合起来，努力增加财政收入；把控制支出与调整结构结合起来，努力节减一切可节减的支出；把深化财税改革与振兴国家财政结合起来，逐步增强财政的宏观调控能力；把强化财税管理与整顿财税秩序结合起来，使财政工作逐步走上依法理财、依法管理的道路。

（一）牢牢把握大局，推动两个转变，促进经济发展，保持社会稳定。要继续把支持农业放在财政工作的重要位置上，按照《农业法》的要求，确保预算内支农支出的合理增长，保证资金及时足额到位。为加大扶贫攻坚力度，国务院决定，今年中央财政增加15亿元的扶贫支出拨款，地方也要相应增加扶贫投入。不论财力有多紧，要保证解决群众温饱问题的资金到位。在资金安排上要保证重点，集中使用，不能挤占和挪用。同时，要强化对扶贫资金的管理和监督工作，坚决查处扶贫资金使用中的违法乱纪行为。要切实推进两个根本性转变，加大经济结构调整的力度。各地在制定和实施"九五"计划时，必须充分考虑国家的整体布局和国内外市场容量，与国家的产业政策结合起来，把有限的财力用于优化和调整结构，着力发展那些市场需求量大，产业关联度高，科技含量多，经济效益好，带动作用强的产业和产品。特别要重视发展本地区优势明显的特色经济，开拓城乡市场。同时要加大技术改造的力度，走内涵和集约发展的路子，切实防止投资外延化和不顾可能、一哄而起的倾向。要切实加强企业经营管理，促进企业建立和完善适应市场竞争环境的内部管理制度，扎扎实实抓好基础工作。要积极推进社会保障制度改革，为深化企业改革创造必要条件。当前，部分国有企业生产经营困难，下岗待业人员增多，安置好停产半停产企业富余职工的就业和生活，对于维护改革、发展、稳定的大局，帮助企业扭亏增效，克服困难至关重要。对那些经营不下去，又不具备兼并破产条件的企业，应对富余职工实行下岗分流。下岗职工实在难以安置的，应采取有效措施保证下岗职工的最低生活费用。

（二）加强收入征管，继续保持财政收入快速增长的势头。各级财政要帮助和督促企业加强资金管理和成本核算，把降低管理费用作为重点来抓，严格控制企业成本费用，扭转企业工资奖金和福利开支的随意状态，建立严格的约束机制，扭亏增盈，提高效益。要继续加大税收征管力度，切实依法治税，应收尽收，严禁乱开减免税口子，严禁违反规定擅自批准缓税。要大力清理欠税，在继续压缩旧欠的基础上，确保今年不再发生新欠。对不顾国家利益有意欠税的企业，要依法采取强制措施，维护国家税法的威严。在个人所得税征管工作中，特别要注意抓好对高收入行业及高收入者应纳个人所得税的征管，试行注册会计师审核制度，制止非法减免个人所得税以及擅自提高扣除标准和扩大扣除范围的行为。目前土地出让金收入流失情况十分严重，今年要加强土地出让金的征收管理。对未按规定缴入财政的土地出让金，要坚决予以清缴、追回；对已上缴财政、未纳入预算的土地出让金，要坚决清理入库。

（三）建立严格的预算约束机制，遏制财政支出过快增长的势头。控制支出规模，调整支出结构，必须发扬勤俭建国，艰苦奋斗，厉行节约，反对浪费的优良传统和作风，在相当长的时间内要过"紧日子"。财政支出水平和标准必须与经济发展水平相适应，不能超前。支出的增长必须低于收入的增长。要调整支出结构，有保有压。在经济和社会发展中，每一项事业都很重要，但受财力的制约，就必须区分轻重缓急和主次先后。在预算执行中要坚持依法理财，严格预算约束。一是严格按照《预算法》的规定和各级人代会批准的预算办事。二是坚决执行国务院统一的工资政策。今年准备出台的几项调整工资和津贴的措施，各地区各部门都必须严格按规定执行，不得在国家规定之外，自行提高标准，或以其他名目变相发放奖金、补贴。同时要认真清理过去已经发放的各种津贴、补贴，不合理的要坚决取消。三是严格控制机构人员编制，科学界定财政支出的供给范围。未经国务院批准，不准增人增编，增设机构，不许通过乱收费、乱创收，把自行增设的机构人员转到预算外开支。对一部分已经取消行政管理职能的单位，应改变经费供给渠道，停止行政经费供给。那些主要从事生产经营活动的事业单位及一些学会、协会、报纸、杂志、中心等，都应自收自支。四是压缩公用经费开支。大力精简会议，从严控制和审批党政干部的出国经费，坚决刹住公款吃请、公款旅游等不正之风，严格控制社会集团消费。

（四）继续深化财税改革，完善财税立法，为逐步振兴国家财政创造良好的条件。要进一步完善增值税征收管理办法，扩大增值税发票交叉稽核的范围，坚决堵住利用增值税发票偷骗税的漏洞。改进个人所得税征收办法，严格实行代扣代缴和法人支付与个人收入双向申报制度。要继续深化税制改革，继续清理各类不

规范的税收优惠政策，巩固和扩大税源基础，抓紧制定或修订税收法规，进一步改革出口退税机制，对有进出口经营权的生产企业自营出口的货物，实行“免、抵、退”的办法。要进一步改革和完善过渡期转移支付办法，改进测算方法，调整标准支出的项目和因素，建立激励机制，逐步向规范化的转移支付过渡。中央用于转移支付的财力也将逐年增加。要加快财政支出改革的步伐，把改革的重点转到强化支出管理上来，组织力量抓紧研究建立科学严格的支出控制机制。要继续支持、配合国有企业改革试点，继续做好“拨改贷”资金余额转资本金的工作，为国有企业多渠道增资减债创造条件。要切实加强国有资产管理，积极做好国有企业清产核资的后续工作，继续开展城镇集体企业清产核资扩大试点工作。要按国务院规定，切实加强对社会保障基金的管理，严禁挤占挪用和挥霍浪费。

（五）进一步规范和整顿财经秩序，加强财政监督。去年整顿财经秩序工作取得了阶段性成果，但总的看，经济领域中大面积违法乱纪的势头尚未彻底得到遏制，因此，必须按照党中央、国务院的要求，继续加大治理整顿的力度。今年整顿财经秩序工作的重点：一是规范财政支出秩序。专门组织力量对预算支出，从资金的申请、拨付到使用进行重点检查和全方位监控，对那些挥霍浪费财政资金，擅自提高支出标准，挤占挪用重点支出的违纪行为，要坚决查处。二是继续开展打击偷税、骗税的专项斗争。目前，税务机构正结合财税大检查开展出口退税的专项检查，今年要视专项检查结果，继续对一些重点地区、重点行业和重点环节进行检查。同时，要进一步完善出口退税的事前审核和管理制度。三是强化企业财务约束机制。加快研究制定国有企业财务监督实施办法，对企业消费性资金使用、对外投资、关联企业往来、购销活动以及资产处置等依法进行监督。收入要全部入账，支出要有预算，并做好内部审计工作。四是加强预算外资金管理。继续贯彻落实国务院《关于加强预算外资金管理的决定》，行政事业性收费要严格执行中央、省两级审批制度，基金要严格执行中央一级审批制度，刹住越权设立基金，乱设收费项目的歪风。坚决制止向单位和农民乱摊派和乱收费。五是加强对会计工作的管理和指导。结合今年税收、财务、物价大检查，继续开展以强化基础管理和依法建账为中心内容的会计基础工作规范化活动，研究制定与企业会计制度相适应的成本核算办法及单位内部控制制度，加强对会计人员的基本技能教育和职业道德教育，并定期进行检查。逐步实行企业年度会计报表注册会计师审计制度，发挥社会中介组织在会计秩序建设中的作用。

各位代表：完成好今年的预算，任务相当艰巨。我们将以邓小平同志建设有中国特色的社会主义理论和党的基本路线为指导，在以江泽民同志为核心的党中央领导下，把握大局，再接再厉，同心同德，开拓前进，圆满地完成今年的预算任务，为巩固和发展当前的大好形势作出新的贡献。

民革中央主席何鲁丽 民盟中央主席丁石孙 民建中央主席成思危就加强多党合作答记者问

下午，八届全国人大五次会议和全国政协八届五次会议新闻中心在人民大会堂举行新闻发布会，去年新当选的三位民主党派负责人就多党合作问题回答了中外记者的提问。

关于中国共产党和各民主党派的相互关系，何鲁丽说，中国共产党领导的多党合作是我国一项基本政治制度，是符合中国国情的社会主义政党制度。在这个制度下，中国共产党是执政党，在多党合作中处于领导地位。各民主党派是参政党，是接受中国共产党领导的、与中国共产党通力合作的、以共同致力于中国的社会主义事业为目标的亲密友党。各民主党派参加国家政权，参与国家大政方针和国家领导人选的协商，参与国家事务的管理，在国家政治生活中发挥着重要作用。中国共产党与各民主党派的关系，根本不同于其他国家的两党制或多党制，也有别于一些国家的一党制。

谈到民盟今年在参政议政方面的新打算，丁石孙说，近年来，民盟在区域经济发展和扶贫方面做了许多工作，这项工作还要继续做下去。另外，民盟成员大多在教育界，因此我们非常关心中国的教育改革。我国教育在总体上还比较落后，不能适应加快改革开放和现代化建设的需要。基础教育是民族素质的奠基工程，也直接关系到其他教育的发展和提高。发展基础教育是一个带全局性的问题，需要各个方面来全面配套解决。高等教育在整个教育中起着先导的作用。面对世界科技的飞速发展和挑战，要求我国的高等教育从过去单纯的专业教育向加强基础理论和能力培养方向转变。民盟将在这些方面提出意见和建议。

对记者问及的即将于今年年底召开的民建第七次全国代表大会的主要任务，成思危说，这是本世纪民主建国会最后一次代表大会。我们将研究在世纪之交如何为国家的改革、发展和稳定作出新的贡献，促进有中国特色社会主义事业跨入新的世纪。根据客观形势的需要和我们在实践中取得的经验，大会将对会章进行必要的修改和调整，并根据各级领导班子的实际情况进行领导成员的新老交替。

何鲁丽和丁石孙在谈及如何加强民主监督问题时说，我国的民主监督目前还有一些有待完善的地方。

我国的社会主义民主法制建设在逐步发展，民主监督也在不断完善中。我们相信，随着社会主义民主法制的不断完善，民主监督将逐步走向制度化和规范化。

成思危在回答美国之音记者提出的关于民主党派的意见能否被采纳的问题时说，在中国，民主党派是参政党，有关国家大事我们都参与共同协商。一些大政方针的决策，比如重大人事安排、政府工作报告等，都充分尊重和反映了我们的意见。

成思危还回答了香港记者提出的关于香港回归后内地的民主党派是否会与香港的民主党派进行交流和合作的问题。他说，中国共产党领导的多党合作制是一种新型的社会主义政党制度。今年 7 月 1 日中国恢复对香港行使主权后，按照“香港特别行政区基本法”的规定，不在香港实行社会主义制度，香港将不实行内地的政党制度，内地的民主党派也不在香港建立组织、发展成员、开展活动。

国务院下发《关于在若干城市试行国有企业兼并破产和职工再就业有关问题的补充通知》

根据《中华人民共和国企业破产法（试行）》（以下简称《破产法》）、《国务院关于在若干城市试行国有企业破产有关问题的通知》的精神和有关规定，企业兼并破产工作已逐步展开，工作是有成绩的。但是，也出现了一些城市和地区违反适用范围实施企业破产的问题。国务院强调：《国务院关于在若干城市试行国有企业破产有关问题的通知》中有关破产方面的政策，只适用于国务院确定的企业“优化资本结构”试点城市（以下简称试点城市，名单见附件）范围内的国有工业企业。非试点城市和地区的国有企业破产，只能按照《破产法》的规定实施，即破产企业财产处置所得，必须用于按比例清偿债务，安置破产企业职工的费用只能从当地政府补贴、民政救济和社会保障等渠道解决。非国有企业的破产，要严格按照《中华人民共和国民事诉讼法》实施。为规范企业破产，鼓励企业兼并，对国有企业富余职工实施再就业工程，促进产业结构调整、企业优化资本结构和转换经营机制，现就试点城市国有企业（以下简称企业）兼并破产和职工再就业有关问题补充通知如下：（文略）

3 月 3 日

中央党校校长胡锦涛在中央党校春季开学典礼上发表讲话

胡锦涛强调，全党同志特别是各级领导干部要在以江泽民同志为核心的党中央坚强领导下，继承邓小平同志的遗志，更高地举起建设有中国特色社会主义理论的伟大旗帜，坚持党的基本路线和基本方针不动摇，以立足本职、扎实工作的实际行动和两个文明建设协调发展的优异成绩，迎接香港回归和党的十五大胜利召开，把邓小平同志开创的社会主义改革开放和现代化建设的伟大事业不断推向前进。

胡锦涛强调，各级党委特别是各级领导干部要按照中央的要求，牢牢把握大局，再接再厉，同心同德，开拓前进，努力做好今年的各项工作。胡锦涛说，确立以经济建设为中心，是邓小平同志领导我们实现的最根本的拨乱反正。我们要按照小平同志的教导，集中一切力量和智慧，促进国民经济持续、快速、健康发展。要切实推进两个根本性转变，稳中求进，在提高经济增长的质量和效益上下功夫。要继续加强农业的基础地位，加快国有企业改革的步伐，加大经济结构调整力度，进一步改善城乡人民物质文化生活，努力实现经济与社会协调发展。胡锦涛要求各级党委深入贯彻落实党的十四届六中全会精神，进一步提高对加强精神文明建设重要性和紧迫性的认识，真正把两个文明建设作为统一的奋斗目标，一起部署，一起落实，一起检查，采取有效措施切实解决当前精神文明建设中存在的突出问题，使社会主义精神文明建设取得新的明显进展。

胡锦涛说，保持社会稳定，是顺利推进改革开放和现代化建设的基本前提，是广大人民群众的根本利益所在，也是今年把握工作大局的首要着眼点和基本要求。邓小平同志反复强调，中国的问题，压倒一切的是稳定。没有稳定的环境，什么都搞不成，已经取得的成果也会丢掉。治理国家，这是一个大道理，要管许多小道理。他的话含义很深，分量很重。我们必须深刻领会，牢牢记住。现在，全党全国各族人民正在为实现跨世纪宏伟目标努力奋斗，在我们事业发展的关键时期，维护稳定意义尤为重大。胡锦涛说，当前，我国的政治、经济和社会环境是稳定的，改革开放和现代化建设的成就深入人心，人民高兴。同时必须看到，维护社会稳定是一项长期的任务，任何时候都松懈不得。要保持清醒的头脑，提高政治鉴别力和政治敏锐性，见微知著，防微杜渐，坚决排除一切可能影响稳定的因素。要正确处理好新形势下的人民内部矛盾，在发展经济的基础上统筹兼顾地调节好利益关系，多做深入细致的思想政治工作，坚持依法办事，把各方面的积极性发挥好、引导好、保护好。

胡锦涛要求各级党委牢固地树立办好中国的事情关键在党、关键在人的思想，紧密结合改革、发展、稳定的实践，从思想上、政治上、组织上、作风上全面加强和改进党的建设。要坚持新时期党的建设的总目标，贯彻从严治党的方针，抓住用邓小平建设有中国特色社会主义理论武装全党这个根本，突出建设高素质干部队伍这个重点，认真抓好党的基层组织建设，坚持不懈地加强党风廉政建设，深入开展反腐败斗争。胡锦涛在讲话中还对学员们完成好在党校的学习任务提出了要求。

冶金部部长刘淇等就钢铁工业的发展和国有大中型钢铁企业的改造问题答记者问

八届全国人大五次会议和全国政协八届五次会议新闻中心在人民大会堂举行新闻发布会。

出席新闻发布会的冶金部负责人有：冶金部部长刘淇和副部长徐大铨、毕群、王万宾、翁宇庆。

刘淇说，去年，我国钢铁工业实现了“九五”开好局、起好步的目标，钢产量首次突破1亿吨，产品适销对路，产销率达到99%以上，保持了产销平衡。钢产量的迅速增长，有效地改变了钢铁产品供不应求的局面。当然，钢铁工业还有一些亟待解决的问题，比如要进一步提高品种质量，降低能耗，为国家提供更多的效益等。

在回答中央电视台记者关于钢铁工业结构调整的成效问题时，刘淇说，从“九五”计划开始，冶金部就按照中央提出的加快推进两个根本性转变的要求，加强了结构调整工作，钢铁工业的产品结构、企业组织结构、工艺结构都发生了明显变化。如标志着炼钢工艺技术水平的连铸坯的产量，1996年比1978年增长了48倍，达到5328万吨。板管带材的产量有了大幅度提高。我国钢材自给率已经达到88%。市场需求量最大的建筑用钢材，从数量、品种、质量上完全可以满足国内需要。

在回答人民日报记者关于钢铁企业经济效益情况和对搞好国有钢铁企业的信心问题时，刘淇说，国有企业进入市场，是一个艰难的过程，也是一个必然的过程。经过几年的努力，我们已经有了一些适应市场体制、效益很好的钢铁企业典型，如邯钢、宝钢。鞍钢、武钢等老企业在适应市场方面也迈出了很大的步伐。去年冶金行业利税达到221亿元，这中间，国有大中型钢铁企业发挥了骨干作用。冶金行业效益水平在我国所有行业中排前五位，在世界钢铁工业中也是比较好的。因此，我们对搞好国有大中型钢铁企业充满信心。

在回答香港凤凰卫视中文台记者关于钢铁企业面临的困难和如何安置下岗职工问题时，刘淇说，去年，钢铁企业按照“精干主体、分离辅助”的原则，内部改革迈出了很大步伐。企业在改革时，不是把职工大量推向社会，而是在企业内部消化，主要办法是在企业内形成新的经济增长点，如为主业搞配套服务，面向社会发展三产，搞建筑安装等，进行多渠道的妥善安排。

有记者问：在政府工作报告中，关于今年国民经济增长速度安排为8%，为什么1997年钢铁产量安排仍为1亿吨，保持去年钢产量的水平？刘淇回答说，政府对企业的计划是指导性计划，具体生产多少，由企业根据市场需要安排。政府主要引导企业把注意力放在提高产销率和市场竞争力上，力争今年产销率达到100%。

在谈到技术进步对钢铁工业发展的作用时，刘淇说，科学技术是第一生产力的论断，在钢铁工业的发展中得到了证明，我国钢产量从1989年的6000万吨提高到去年的1亿吨，基本没有建设新厂，主要是依靠对现有企业的技术改造。在技术改造中，我们淘汰了一批工艺落后的平炉，建设了一批现代化的先进工艺生产线。

国务院副总理兼外交部部长钱其琛在北京举行的中美上海公报发表25周年座谈会上发表讲话

钱其琛指出，25年来，正是在这些基本原则的指导下，中美关系虽然历经波折，但总体上得到不断改善和发展。中美关系的发展给两国人民带来了实际利益，也促进了亚太乃至世界的和平、稳定与繁荣。他说：“历史一再证明，中美三个联合公报是有强大生命力的，是经得起时间考验的。只要中美三个联合公报的原则得到遵守，中美关系就会向前发展。”

钱其琛接着说，中美作为联合国安理会常任理事国和核大国，双方在维护全球及地区和平与稳定上负有重要责任。作为世界上最大的发展中国家和最大的发达国家，中美发展互利经贸合作不仅有利于两国经济的发展，而且将促进世界和地区的繁荣。他指出：在新的形势下，中美发展关系的需要不是减少了，而是在不断增多；两国加强各个领域合作的潜力不是缩小了，而是在不断扩大。

钱其琛说：“稳定发展中美关系的关键是妥善处理台湾问题。台湾问题关系到中国的主权、领土完整和统一大业，直接牵动着12亿中国人民的民族感情。中美三个联合公报确立了处理台湾问题的指导原则。我们希望这些原则得到切实遵守，避免使这一问题成为影响中美关系发展的障碍。”

由美中关系全国委员会主席、前世界银行行长小巴伯·科纳布尔和美国前国防部长、前世界银行行长罗伯特·麦克纳马拉率领的美方代表团，以及中方官员和专家学者参加了这次由外交学会举办的座谈会。

科纳布尔在讲话中也高度评价了上海公报的历史贡献。他说，25年虽然很短暂，但美中关系却已取得了令人瞩目的进展。上海公报为美中关系的发展奠定了坚实的基础。

他指出，今天的座谈会不仅要纪念25年前的历史事件，更重要的是为了进一步推动两国关系的发展。

人事部 中央综治委作出表彰全国社会治安综合治理先进集体和先进工作者决定

人事部、中央社会治安综合治理委员会最近作出决定，授予铁道部综治办等 102 个单位“全国社会治安综合治理先进集体”荣誉称号，授予陈保香等 88 名个人“全国社会治安综合治理先进工作者”荣誉称号。被授予“全国社会治安综合治理先进工作者”称号的人员，享受省部级劳动模范和先进工作者待遇。

《证券市场禁入暂行规定》颁布实施

国家教委等四部委联合颁发《农村教育集资管理办法》

国家主席江泽民致电伊朗总统拉夫桑贾尼对伊朗西北部遭受地震灾害的人民表示同情和慰问

国务院总理李鹏在中南海会见贝宁外交和合作部部长皮埃尔·奥绍

3 月 4 日

中央军委主席江泽民在出席八届全国人大五次会议的解放军代表团全体会议上发表讲话

江泽民在认真听取了几位代表的发言后作了重要讲话。他指出，党的十一届三中全会以来，我国经济和社会发展所以能够取得举世瞩目的伟大成就，我国社会主义事业所以能够迅速摆脱十年内乱造成的严重灾难而重新焕发出蓬勃的生机和活力，所以能够在国际风云变幻中立于不败之地，归根到底，是因为有了邓小平建设有中国特色社会主义理论，有了在这个理论指导下形成的党的基本路线。当前，我国总的形势是好的，在前进的道路上，我们还会遇到一些新的考验。这就要求我们保持清醒的头脑，牢牢把握经济建设这个中心，把坚持四项基本原则和坚持改革开放辩证地统一起来，保证我们的现代化事业始终在正确的轨道上顺利发展。我军作为执行革命政治任务的武装集团，一定要牢记小平同志的嘱托，模范地执行党的路线方针政策，为捍卫国家安全和促进国家发展作出更大的贡献。

江泽民指出，要组织广大官兵深入学习邓小平建设有中国特色社会主义理论，用这一科学理论武装全军。这是一项战略任务，必须长期不懈地抓下去，使之真正落到实处。我们要把对小平同志的深切怀念之情，化为学习、研究、宣传和运用小平同志这一科学理论的强大动力。要通过刻苦的学习钻研，深刻领会这一理论的基本原理和精神实质，同时要努力学习和掌握小平同志观察、分析和解决问题的立场、观点、方法，不断增强坚持党的基本路线的自觉性和坚定性。作为军队来说，很重要的是要学好邓小平新时期军队建设思想。邓小平新时期军队建设思想，是建设有中国特色社会主义理论的重要组成部分，是新的历史条件下我军建设的科学指南。我们要坚持以邓小平新时期军队建设思想为指导，积极探索在国际战略格局发生深刻变化的时期，在发展社会主义市场经济和对外开放的社会环境里，在科学技术迅猛发展给世界军事领域带来深刻变革的背景下，军队建设的特点和规律，全面加强部队建设，努力掌握打赢现代技术特别是高技术条件下局部战争的本领，提高部队的战斗力，完成党和人民交给的各项任务。

江泽民强调指出，我们的高级干部，一定要带头学习和实践党的基本理论和基本路线，不辜负党和人民的重托。小平同志历来对军队高级干部寄予厚望，现在军队建设的担子历史地落在了我们的肩上。能不能按照小平同志的嘱托，始终保持人民军队的性质，永远忠于党、忠于国家、忠于人民、忠于社会主义，完成自己的使命，就看我们这些人了。我们继承小平同志的遗志，实现小平同志的夙愿，必须落实到行动上，大家都要把自己的全部心思和精力用在党的事业上，用在抓好部队建设上。我们国家的改革和建设已经制定了跨世纪的宏伟蓝图，军队建设的各项大政方针已经明确。我们确定的目标能不能实现，制定的各项方针政策能不能落实，很大程度上取决于高级干部的政治素质、精神状态、领导作风和工作实践。

江泽民指出，同志们一定要看到在新的形势下，自己肩负的任务很重，责任很大，无论学习、工作和思想境界，都要坚持高标准、严要求，牢固树立密切联系群众，全心全意为人民服务的思想。小平同志的全部理论和全部实践都围绕一个根本目的，就是为人民谋利益。他考虑一切问题的出发点，就是看人民高兴不高兴、满意不满意、答应不答应。小平同志亲属给中央的信，充分体现了小平同志的高风亮节。什么是彻底的唯物主义者，什么叫鞠躬尽瘁、死而后已，怎样才算无私奉献，小平同志用自己的光辉一生作出了最有说服力的回答。我们既要努力学习小平同志的思想和理论，又要努力学习他的革命精神和高尚情操。每一个同志都要以小平同志为楷模，树立正确的世界观、人生观和价值观，不计名利地位，不计荣辱进退，时刻以党和人民的利益为重，在军队的革命化、现代化、正规化建设中建功立业。

江泽民说，要自觉维护全党全军全国各族人民的大团结，同心同德地把我们的事业推向前进。历史经验证明，团结是极其重要的，团结就是力量，团结就是胜利。只要全党全军是坚强团结的，全国各族人民是坚强团结的，我们就能经得起任何风浪的考验，我们的事业就无往而不胜。在全党全军全国各族人民的团结中，党政军各级领导班子的团结又是始终起带动和表率作用的。党的十四大以来，全军认真贯彻小平同志关于发扬优良传统、保持老红军本色的指示，军内外团结得到了进一步加强。我们要十分珍惜和维护这个来之不易的大好局面，继续做好增强团结的工作。

江泽民强调说，加强团结，最根本的是要维护党中央的权威，自觉地在思想上政治上行动上同党中央保持一致。像我们这样一个有5000多万党员的大党，这样一个幅员辽阔、有12亿人口和56个民族的大国，又在从事着改革开放和现代化建设这样伟大而艰巨的事业，如果没有党中央的统一领导，就不可能有全国的统一意志和统一行动，就会变成一盘散沙，就会一事无成。维护党中央领导集体的权威，是小平同志的政治嘱托，是党、国家和民族的根本利益所在。坚持党对军队的绝对领导，是我军的一项根本政治制度。70年来，我军所以能够从胜利走向胜利，不断发展壮大，经受住各种复杂环境和严峻斗争的考验，最根本的就是靠党的坚强领导。我们这个军队是听党的话的，是党和人民完全可以信赖的。在新的形势下，无论是从我军所处的重要地位、担负的历史使命，还是从人民军队的性质和宗旨来讲，都要求我们必须增强党的观念，始终不渝地坚持党对军队的绝对领导，一切行动听从党中央、中央军委的指挥。

江泽民说，小平同志早就讲过，一靠理想，二靠纪律，才能团结起来。没有铁的纪律，革命也好，建设也好，都不可能成功。加强纪律性，革命无不胜，什么时候都是这个道理。在改革开放和现代化建设的进程中，我们会遇到各种复杂的情况，要处理这样那样的矛盾和问题，强调个人服从组织，少数服从多数，下级服从上级，全党服从中央，进一步增强执行纪律的自觉性，显得尤为重要。我军历来是讲纪律的，视纪律为生命。讲纪律是讲政治的基本要求，是保持军队集中统一的重要保证。每一个同志特别是各级领导干部，在任何时候任何情况下，对党中央、中央军委的决策指示和规定要求，必须坚决贯彻执行，确保政令军令畅通，不容许讲价钱，打折扣。任何时候都要一切按照党中央、中央军委的指示要求办事，按照组织原则办事。

江泽民指出，今年是我们国家发展历史上很重要的一年。我国政府要恢复对香港行使主权，这对完成祖国统一大业、振奋民族精神，具有重大而深远的影响。我们党将要召开第十五次全国代表大会，这是团结和带领全国人民把建设有中国特色社会主义伟大事业向新世纪全面推进的历史性会议。这两件大事都是举世瞩目的。现在，我国经济发展，政治稳定，民族团结，社会进步。小平同志逝世后，全党全军全国各族人民极为悲痛，整个悼念活动秩序井然。这说明小平同志在全党全军全国各族人民中享有崇高的威望，说明党的基本理论、基本路线和各项方针政策深入人心，说明广大人民群众对党中央高度信赖，对改革开放和现代化建设的前途充满信心。

这也再一次表明，保持全国全社会的稳定有着坚实的政治基础和群众基础。我军是人民民主专政的坚强柱石，在保卫国家安全、维护社会稳定方面负有重要责任。各级领导干部特别是高级干部，一定要善于从政治上全局上观察和分析问题，进一步做好维护稳定的工作。

江泽民指出，改革开放以来，社会的深刻变革大大促进了军队建设。这几年，全军上下认真研究和解决新形势下如何治军的重大课题，取得了较为明显的成效。特别是近几年来，通过深入开展四个教育，坚持从严治军，加强经常性管理，注意改善物质文化生活条件，部队的全面建设有了新的进步，经受住了发展社会主义市场经济和对外开放的考验，出色地完成了各项任务。同时也要看到，在新形势下，部队建设也遇到许多新情况、新问题。各级领导一定要从保持人民军队的性质、宗旨和履行根本职能的高度，坚持依法从严治军，深入细致、扎实有效地做好经常性的思想工作和管理工作，进一步密切军队上下之间、官兵之间的关系，进一步巩固和发展军民同呼吸、共命运、心连心的大好局面。

全国政协在北京举行京外委员优秀提案获奖者颁发证书座谈会

全国政协副主席孙孚凌出席会议并讲话。孙孚凌说，全国政协表彰优秀提案和先进承办单位大会是去年12月18日召开的，共表彰125件优秀提案和36个先进承办单位。政协提案是政协委员履行政治协商、民主监督、参政议政职能比较集中的表现，已受到党中央、国务院和各地党政部门的高度重视。他希望全国政协委员继续发挥好的工作作风，深入实际，开展调查研究，反映社情民意，不断提高提案质量，为社会主义现代化建设和改革开放做出新的贡献。

在座谈会上，上海市政协副主席刘恒椽等16名京外优秀提案获奖者交流了提提案的经验体会。唯一获得两项优秀提案奖的叶维祯在座谈中提出，提提案要议大事，为百姓排忧解难。辜胜阻委员还建议办理提案要建立承办责任制，实行首长负责制和评估制，只有这样，才能使提案办理、落实进入良性循环，发挥更大作用。

建设部部长侯捷等就中国住宅和城市建设问题答中外记者问

八届全国人大五次会议和全国政协八届五次会议新闻中心在人民大会堂举行新闻发布会。

侯捷说，改革开放以来，我国城乡住宅建设迅猛发展，从 1979 年至 1996 年，全国城乡共建住宅 138 亿平方米，全国有 1.5 亿户城乡居民迁入新居，广大人民群众的住房条件和居住环境已得到了明显改善。中国城乡住宅建设取得的成就，引起了国际社会的广泛关注和重视。当然，我国城乡住宅紧缺的状况还未根本改变，居民住房困难的情况依然十分突出，中国政府及有关部门正在积极推进改革，抓紧解决这方面的问题。

在回答记者有关住房制度改革的提问时，侯捷说，中国住房制度改革是要改变住房实物福利分配制度，并将住房制度改革与工资制度、劳动制度的改革结合起来，走适合我国当前低工资国情下的住房商品化道路。公有住房要实行出售与调整租金相结合的办法，在出售公有住房的同时，合理调整公有住房租金，缩小租金与售价的比差，鼓励城镇居民个人买房。当前要加快建立和完善住房公积金制度，有条件的地方可以提高公积金的交缴率，没有建立公积金制度的地方要加快建立，逐步使住房公积金在职工购房、建房中起到重要作用。要大力发展个人购房担保贷款业务，使个人购买住宅的一次性集中支付变为长期分散支付，提高城镇居民购房能力。中国目前已经开始实行个人购房抵押贷款业务，只要是中国公民、有正当职业和固定收入、偿还能力，都可以向银行申请抵押贷款，全国个人购房抵押贷款的金额已达 100 多亿元，今年还将在全国 35 个大中城市推行个人购房抵押贷款业务，并逐渐向全国推开，与国际上的这类业务接轨。

在回答记者有关如何解决一方面商品房大量积压，一方面又有大量困难户急需住房的矛盾时，侯捷说，我国现有 3700 多万平方米空置住宅房，造成这一状况的主要原因是房价过高，房子配套设施不齐。根据党中央、国务院指示精神，为解决这个问题，决定采取国家让点税，地方让点费，银行让点息，房屋开发企业让点利的综合措施，合理安排这四个方面的利益，尽量把房价降下来。建设部有关负责人说，从对全国 200 多个城市住宅价格情况的调查看，不合理的负担和费用太多是造成房价偏高的一个重要原因，只要剔除这些不合理的负担和费用，降低房价是可以做到的。

侯捷强调说，中国政府十分重视改善中低收入家庭和住房困难户的住房条件，为了解决中低收入居民住房问题，从 1995 年起，国家实施“安居工程”，目前“安居工程”已在全国 163 个城市和系统单位进行了试点，截至去年年底竣工住房达 2000 万平方米。

八届全国人大五次会议和全国政协八届五次会议新闻中心在人民大会堂台湾厅举行“光彩事业”座谈会

应邀参加的人大代表、政协委员在会上交流他们两年来倡导、参与“光彩事业”的经验和体会，畅谈在新的一年里让光彩事业更加光彩的打算。

中国证监会发言人就公布实施《证券市场禁入暂行规定》接受记者采访

这位发言人说，从实际情况看，在去年 10 月份以后的股市暴涨过程中，一些机构大户违法违规现象十分严重，他们或利用资金、信息等优势操纵市场，恣意哄抬或打压股价，或与一些市场媒体勾结，不断散布虚假信息，欺骗其他投资者，或进行内幕交易为自己或他人谋取不正当利益。这些行为严重扰乱了证券市场的正常秩序，侵犯了广大投资者的基本利益。此外，上市公司在参与证券市场活动过程中的不规范行为，证券经营机构自律管理不够，以及从事证券业务的专业性机构违反职业道德等行为，都使得广大投资者利益受到不同程度的损害。这位发言人说，从已经查处的案件表明，这些违法违规行为的发生不少是与一些从业人员知法违法，甚至有意违法违规有关。因此，要维护市场正常秩序，保护广大投资者的利益，就必须对违法违规行为严厉查处，直至将这些证券市场的“害群之马”清除出去，否则，如果听任违法违规行为的存在，对那些对违法违规行为负有重要责任的人员不予严处，正常的市场秩序就无法建立，保护投资者利益就将是一句空话。

这位发言人指出，证券市场禁入制度的建立，标志着我国证券市场向规范化的方向又迈进了一步，但在证券市场不断规范化的过程中，还有很多工作要做。他表示，中国证监会将与各方面市场参与者共同努力，推动证券市场的规范化进程。

中国人民银行发出关于立即停止办理不记名式礼仪存单及储值卡的通知

国务院总理李鹏在北京会见由美中关系全国委员会主席 前世界银行行长小巴伯·科纳布尔和美国前国防部部长罗伯特·麦克纳马拉率领的美中关系全国委员会代表团

李鹏说，25 年前中美上海公报的发表对于中美关系具有重大意义，在世界上也产生了重大的影响。上海公报所阐述的各项基本原则对于今天的中美关系仍有重大的指导意义。他说，邓小平同志为中美关系实现正常化和两国关系的发展做出了重大的历史性贡献。他生前对中美关系的发展所提出的一系列主张和论述仍然是我们处理中美关系的重要依据。他还说，中方很高兴地看到，去年下半年以来，中美关系出现了改善的势头。中美之间进行高层互访将对两国关系的改善和发展起到推动作用，特别是江泽民主席和克林顿总统今年和明年将进行的国事互访，对两国关系的发展将具有重大意义。他希望双方做出共同努力，确保两国最高领导人的国事互访顺利进行，并取得圆满成功。

国务院总理李鹏致电巴基斯坦总理谢里夫对巴基斯坦遭受地震灾害的人民表示同情和慰问

3月5日

全国政协八届五次会议举行第二次全体会议

会议听取全国政协提案委员会关于全国政协八届四次会议以来提案工作情况的报告，并进行大会发言。中共中央政治局常委、全国政协主席李瑞环出席会议。

大会的执行主席是叶选平、丁光训、何鲁丽。会议由何鲁丽主持。中共中央政治局委员、书记处书记、国务院副总理吴邦国，国务委员李贵鲜和国务院一些部委的负责人到会听取了发言。

全国政协提案委员会副主任张文寿代表这个委员会报告了提案工作情况。张文寿说，政协八届四次会议以来，提案委员会共收到提案2498件，比第三次会议有较大增加，经提案委员会审查，立案2380件，占95.3%，有118件转作来信处理。参加提案的委员有1620人，占委员总数的77%。八个民主党派和全国工商联共提提案30件，比第三次会议有较大增加。2000多件提案内容广泛，质量较高，受到各承办单位的重视。他希望全体委员在新的一年紧紧围绕“九五”计划和2010年远景目标纲要的实施，围绕加强社会主义精神文明建设，继续提出有水平、有分量的提案。提案委员会将继续提高服务质量，推动提案质量和办理质量的不断提高，使提案工作再上一个新台阶。

在随后进行的大会发言中，成思危、王郁昭、徐展堂、胡政光、金鉴、经叔平、辜胜阻7位委员先后登上讲台，就国家的大政方针和一些难点热点问题发表意见。

民建中央主席成思危代表民建中央作了《抓住时机，加快步伐，进一步深化经济体制改革》的发言。他建议党和政府在1997年和今后两三年认真解决好几个问题：从改革体制入手，打破条块分割，克服利益局部化，减少重复建设；改革政府机构，转变政府职能，真正实现政企职责分开；正确实施抓大放小方针，促进国有企业经营机制转换和经济结构调整；以邓小平建设有中国特色社会主义理论为指导，把思想统一到建立社会主义市场经济体制的目标上来。

全国政协经济委员会常务副主任王郁昭、全国政协常委、香港北海集团有限公司董事长徐展堂、全国政协常委、深圳市人大常委会副主任胡政光、全国政协民族和宗教委员会常务副主任金鉴、全国工商联主席经叔平、湖北武汉大学经济学院社会经济研究中心主任辜胜阻等先后在会上发言。

江苏省政协主席孙颔 广东省政协主席郭荣昌 福建省政协主席游德馨就团结和民主问题答记者问

八届全国人大五次会议、全国政协八届五次会议新闻中心举行第四次记者招待会。

《人民政协报》记者问：去年，江苏省政协是如何履行职能，促进党委、政府决策的科学化、民主化的？

孙颔答：去年，江苏省政协围绕本省“九五”计划和2010年远景目标的制定与实施，以及加强精神文明建设的重要问题，开展了31项调查和视察，并写出调查、视察报告，供省委、省政府及有关部门决策参考。省委、省政府还对政协提出的关于推进农业现代化、加快建设徐连经济带、加强社会公德建设和加强社会主义文化建设四项建议案，批转到各市和各个部门，在有关工作会议、制定具体政策和工作部署中，充分予以采纳落实。

中央电视台记者问：据说，福建省政协在开展海外联谊，促进大团结、大联合方面的工作很突出，能否请游德馨主席谈谈这方面情况？

游德馨答：福建有“三个八”，即台湾同胞中80%祖籍在福建，福建籍的港澳同胞有80万，福建籍的海外侨胞有800万。福建省政协现有港澳侨委员111人，占委员总数的17%。开展海外联谊，促进祖国统一，发展福建经济，是福建省政协工作的一个重要特点。我们要大力宣传江泽民主席《为促进祖国统一大业的完成而继续奋斗》的重要讲话精神，团结各民主党派、工商联和各界人士，共同为推进海峡两岸的经贸合作、双向交流和直接“三通”，为早日实现祖国统一大业而努力工作。为了给台湾同胞、港澳同胞、海外侨胞办实事，省政协成立了“三胞”投资贸易服务中心，两年多来，共引进87个投资项目，已开业投产29项，引进资金1.6亿多美元，并为“三胞”投资企业排忧解难办实事1000多件。

《科技日报》记者问：广东省作为最早对外开放的省份之一，省政协是如何发挥在扩大对外开放中的职能作用的？

郭荣昌答：广东省对外开放起步较早，省政协十分注意发挥自身的优势，运用多种形式，提高履行职能的水平，为扩大对外开放服务。去年第三季度，政协常委会议专题讨论我省“三资”企业的巩固和发展问题。会前组织了 4 个调查组深入到 9 个市调查研究。在专题议政会上，省政府领导同志到会通报有关情况，并和省有关部门负责人一起听取各调查组汇报和常委们讨论的意见。去年，经省政协和有关部门的努力，国家实行的外经贸政策调整在我省已平稳过渡，全省外贸进出口总额达 1100 亿美元，比上年增长 5.8%，其中出口 593.5 亿美元，比上年增长 4.9%；投资环境得到进一步改善，全年实际利用外资 139 亿美元，比上年增长 14.9%；到年末，登记注册的“三资”企业达 60579 家，比上年末增加 997 家。

《人民日报》记者问：福建台湾直接通航，现在进展情况怎样？

游德馨答：厦门、福州两港区被确定为两岸间船舶直航试点口岸，这是推动直接“三通”的又一重要步骤。两岸直航是历史和经济发展的必然要求，也是两岸人民的共同愿望。海峡两岸实现直航对促进祖国和平统一进程，在客观上也将起到重要的作用。

他说，福建、台湾隔海相望，海上通航历史悠久。沿海海岸线长达 3324 公里，有 54 个海港，码头泊位 400 个，其中万吨级以上的深水泊位 22 个。除福州、厦门、泉州、东山等一类口岸外，还设有 32 个台轮停泊点。近年来，福建省委、省政府投入了大量财力进行海港、空港、通信、公路、电力等基础设施建设，仅“八五”期间就投入了 240 多亿元。可以说，福建省已做好充分准备，希望台湾航运界和工商界与我省有关部门加强联系，密切配合，共同推动直接通航，以利两岸经济的发展和繁荣。

国务院三峡工程建设委员会副主任郭树言等就三峡建设问题答记者问

八届全国人大五次会议和全国政协八届五次会议新闻中心举行的记者招待会，出席记者招待会的有：国务院三峡工程建设委员会副主任兼办公室主任、国家计委副主任郭树言，国务院三峡工程建设委员会副主任、中国长江三峡工程开发总公司总经理陆佑楣，国务院三峡工程建设委员会办公室副主任兼移民开发局局长漆林，国家电网建设有限公司总经理周小谦，湖北省副省长张洪祥，重庆市副市长甘宇平。

郭树言副主任首先介绍了三峡工程的进展状况，郭树言说，三峡枢纽工程进展顺利，将按计划在今年 11 月份实现大江截流，进度比计划略有提前，施工质量达到设计要求，工程费用控制在国家批准范围内，并略有结余，三峡库区移民工作全面展开，共开发土地 23 万亩，移民房屋竣工面积达到 198 万平方米，移民近 6 万人。

在回答记者关于文物保护问题时，郭树言说，三峡工程已于 1995 年上半年完成了对库区文物的抢救、发掘、保护工作，通过了国家文物局的验收，对地下文物还通过全面勘察，记录了它们所在位置、在地下埋藏深度、面积、文物所处时代、堆积厚度以及保存情况，目前正在编制四川、湖北两省文物保护规划，并组织全国文物专家进行审查，部分专家提出了一个 20 亿元的庞大资金计划，但必须先进行勘探性发掘，经过初步鉴定分析后有针对性地采取保护措施。

在回答记者关于三峡工程对环境的影响问题时，郭树言说，三峡工程本身就是一个巨大的生态工程，它解决了长江中下游 1300 万人口、2000 多万亩土地的水患威胁，防患能力从防十年一遇洪水提高到防百年一遇洪水，三峡工程由于利用了巨大的水能资源，代替了矿物燃料能源，对减少二氧化碳排放量，减少空气污染也有积极作用，这对世界环境改善，都有积极意义，理应得到世界的理解和支持。

有记者问，目前工程已投资多少？有无突破概算的可能？

陆佑楣说，三峡工程经四年建设，今年已进入第五个年头。由于工程巨大，要历经 17 年的工期才能全部完成，建设过程分为三个阶段。第一阶段，1993 年至 1997 年，要完成江水导流工程。陆佑楣说，按原预测，第一阶段工程需投入 310 亿元，但截至 1996 年已完成 191 亿元，加上 1997 年完成建设目标的计划投资为 78 亿元，这样第一阶段总投资才 270 亿元左右，比原预测大大降低。降低的直接原因就是国家实施宏观调控政策见成效，物价指数下降，第一期就节省了 40 亿元。从目前已掌握的工程技术水平看，在今年长江汛期之后的 11 月份实现大江截流是有把握的。

有记者问，长江是我国连接东中西部的黄金水道，对长江经济带形成有重要意义。三峡工程建设委员会对长江航运业的今天、明天、将来有何考虑？

陆佑楣回答，三峡整个枢纽工程有三大部分，拦河大坝、发电厂房和规模非常宏大的通航建筑。这个通航建筑包括两大工程，一个是五级双线永久船闸；另一个是垂直升船机。两个通航建筑的总设计能力是年通过能力为 5000 万吨。目前长江实际通过坝址的年航道能力为 1000 万吨。由于库区的形成，将明显改善航道条件，通航能力将大大提高，万吨级船队可从上海直达重庆，对长江上游乃至西南地区经济发展将起推动作用。陆佑楣继续介绍，有人担心三峡工程建设施工过程中会影响长江通航。事实上，在工程建设过程当中将采取临时过渡措施。就是从今年截流开始，直到2003年的6年之间，船舶将从350米宽的导流渠中通过。同时还将设一个临时船闸，可以说，能保证大小船只的正常运行。

有记者问，三峡工程要移民上百万，目前国家主要为安置这些移民采取了哪些措施？进展如何？

漆林说，整个移民工程从1993年开始以来，经湖北、四川、重庆多方努力，已使用移民资金59.75亿元，再加上国务院制定的有利于移民的政策措施，湖北巴东等三座搬迁县城的建设规模已露端倪，四川的奉节、云阳等新县城已初具规模。许多乡的搬迁工作也进展顺利。万县由于人多地少，正在组织部分劳务输出式的搬迁。

中宣部 国务院纠风办在北京联合召开“为人民服务、树行业新风”座谈会

参加座谈会的有来自交通、铁道、公安、卫生、建设、电力、民航、金融、邮电、内贸等十大“窗口行业”和部门的领导、部分示范单位及先进个人代表。他们分别从不同侧面介绍了近年来“窗口行业”学雷锋活动的基本情况，反映了十四届六中全会后，“为人民服务、树行业新风”活动的新成果和新经验。

中英联合联络小组发布关于香港交接仪式传媒采访安排的通告

中英联合联络小组上午开会就交接仪式新闻采访安排事宜进行了友好、务实的讨论，并达成一致的意见。会后在记者会上发布了《中英联合联络小组关于香港交接仪式传媒采访安排的通告》。通告说，中英双方欢迎世界各国各地区传媒机构的新闻从业人员前来采访报道香港交接仪式。为使传媒的采访报道顺利进行，中英双方商定，委托香港政府受理各传媒机构采访交接仪式的申请。香港政府将按照国际惯例来确认新闻从业人员的采访资格，处理、安排与传媒采访交接仪式有关的其他事宜。

中英联合联络小组中方首席代表赵稷华、英方首席代表戴维斯参加会议，并在会后回答了记者的提问。

解放军总参谋长傅全有访问比利时 法国 意大利和英国

3月6日

八届全国人大五次会议举行第三次全体会议

会议听取刑法修订草案、国防法草案、香港特别行政区选举九届全国人大代表办法草案、设立重庆直辖市议案的说明，审议九届全国人大代表名额和选举问题的决定草案。

根据全国人大常委会的决定，《中华人民共和国刑法(修订草案)》被提请八届全国人大五次会议审议。全国人大常委会副委员长王汉斌今天就这部法律草案向大会作了说明。

国务院、中央军委向八届全国人大五次会议提交议案，提请审议《中华人民共和国国防法(草案)》。受国务院和中央军委委托，中央军委副主席、国务委员兼国防部部长迟浩田向今天的大会作了这部法律草案的说明。

今天的会议还印发了八届全国人大五次会议关于九届全国人大代表名额和选举问题的决定草案，提请各位代表审议。根据这个草案的规定，九届全国人大代表的名额将不超过3000名，各民族在全国人大中都将有代表，九届全国人大代表应在1998年1月底以前选出。

根据全国人大常委会的决定，《中华人民共和国香港特别行政区选举第九届全国人民代表大会代表的办法(草案)》被提请八届全国人大五次会议审议。全国人大常委会秘书长曹志就这一草案向大会作了说明。

国务院向八届全国人大五次会议提交议案，提请审议设立重庆直辖市。受国务院委托，国务委员李贵鲜就这一议案向今天的大会作了说明。

全国人大常委会副委员长王汉斌就《中华人民共和国刑法修订草案》向八届全国人大五次会议作说明

王汉斌说，刑法是国家的基本法律，修订刑法是健全社会主义法制的一件大事，是完善我国刑事法律的重要步骤。1979年制定的刑法，经过17年的实践，总的看来，刑法规定的任务和基本原则是正确的，许多具体规定是可行的，同时，也反映出一些问题：一是制定刑法时对有些犯罪行为具体分析研究不够，规定得不够具体，不好操作，或者执行时随意性较大，如渎职罪、流氓罪、投机倒把罪三个“口袋”，规定得都比较笼统；二是有些犯罪行为现在已经发展得很严重，如走私犯罪、毒品犯罪，需要相应加重刑罚；三是随着十几年来我国政治、经济和社会生活的发展变化，出现了许多新情况、新问题，发生了一些新的犯罪行为。为了适应与犯罪斗争的实际需要，有必要对刑法进行修订、补充、完善。

王汉斌介绍说，1982年决定研究修改刑法，1988年提出了初步修改方案，到现在修订工作已经搞了15年。在这期间，由于来不及也没有条件对刑法进行全面的、完整的修改，对需要修改补充的，全国人大常委会陆续对刑法作出了 22 个修改补充规定和决定。另外，在一些民事、经济、行政法律中规定了“依照”、“比照”刑法的有关规定追究刑事责任的有 130 条。这次修订，在进行调查研究、广泛征求意见的基础上，会同公检法等有关部门和法律专家，认真总结 17 年来实施刑法的实践经验，研究国外有关刑事法律规定和现代刑事立法的发展趋势，草拟了刑法修订草案，两次印发各地各部门并召开座谈会征求意见。

王汉斌说，八届全国人大常委会二十三次会议初步审议刑法修订草案后，又专门召集公检法等有关部门负责同志开会，对修订草案中重大的、有争议的问题共同讨论研究修改。全国人大法律委员会、内务司法委员会还召开联席会议，根据常委会委员和各方面的意见，对刑法修订草案逐条进行审议、修改。刑法原来为 192 条，草案修改增为 449 条，增加 257 条。

王汉斌说，这次修订进一步明确规定了刑法的基本原则：第一，进一步明确规定罪刑法定原则，取消类推的规定。草案明确规定了罪刑法定原则：“法律明文规定为犯罪行为的，依照法律定罪处刑；法律没有明文规定为犯罪行为的，不得定罪处刑。”第二，明确规定了法律面前人人平等原则。这个原则宪法已有规定，在刑法中再明确规定是有实际意义的。第三，明确规定罪刑相当原则。罪刑相当，就是罪重的量刑要重，罪轻的量刑要轻，各个法律条文之间对犯罪量刑要统一平衡，不能罪重的量刑比罪轻的轻，也不能罪轻的量刑比罪重的重。

王汉斌还就这次修订中变动比较大的减刑和假释、在法定刑以下判处刑罚、正当防卫、自首和立功、反革命罪、投机倒把罪、流氓罪、贪污贿赂罪、渎职罪等问题作了说明。

王汉斌说，这次修订，对于新出现的需要追究刑事责任的犯罪行为，经过研究认为比较有把握的，尽量增加规定。他介绍了对黑社会犯罪，有组织进行恐怖活动的犯罪，煽动民族仇恨，破坏民族团结的犯罪，洗钱犯罪，计算机犯罪，证券欺诈犯罪等的定罪处罚。

关于死刑问题，王汉斌说，有些同志认为现行法律规定的死刑多了，主张减少。考虑到目前社会治安的形势严峻，经济犯罪的情况严重，还不具备减少死刑的条件，这次修订，对现行法律规定的死刑，原则上不减也不增加。经过同有关部门研究，大家同意将未满 18 周岁的未成年人犯罪的最高刑由可以判处死刑缓期执行改为无期徒刑。

王汉斌还就危害国防利益罪、军人违反职责罪作说明。

王汉斌最后说，对十几年来全国人大常委会制定的有关刑法的 22 个修改补充规定和决定以及惩治军人违反职责罪暂行条例，拟根据两类不同情况分别处理：一类是已纳入本法或者已不适用，予以废止；一类是需要予以保留的，其中有关行政处罚和行政措施的规定仍然有效，有关刑事责任的规定已纳入本法，适用本法规定，在附则中作了具体规定。

国务院中央军委向八届全国人大五次会议提交审议《中华人民共和国国防法(草案)》的议案

国务院、中央军委在议案中说，为了建设和巩固国防，保卫国家的主权、统一、领土完整和安全，保障社会主义现代化建设的顺利进行，国防法起草委员会以毛泽东军事思想、邓小平同志建设有中国特色社会主义理论和新时期军队建设思想为指导，以宪法为依据，总结我国国防建设的经验，适应社会主义市场经济条件下国防和军队建设的要求，在反复研究、调查论证、广泛征求意见的基础上，拟订了国防法草案。这个草案，国务院和中央军委已于 1996 年 4 月 2 日提请全国人民代表大会常务委员会审议。八届全国人大常委会第十九次、第二十三次会议审议后，决定提请第八届全国人民代表大会第五次会议审议。根据全国人大常委会委员和全国人大有关专门委员会在审议中提出的意见，国务院、中央军委对草案又作了修改。

受国务院、中央军委的委托，中央军委副主席、国务委员兼国防部部长迟浩田向八届全国人大五次会议第三次全体会议作了国防法草案的说明。

迟浩田说，国防是国家生存与发展的安全保障，把国防建设纳入法制轨道是加强和巩固国防的重大举措。长期以来，在以毛泽东、邓小平和江泽民同志三代领导人为核心的党中央集体领导下，我国的国防建设不断加强，已经形成了一整套具有中国特色的、符合中国国情的国防领导体制和防务政策。制定国防法，可以把党和国家在国防建设、军队建设中形成的优良传统及方针、政策，用法律的形式加以确认，上升为国家意志，长期稳定地付诸实施。

迟浩田说，国防建设要适应国家经济体制的转变，应当靠法律来调整和加强。制定国防法，可以充分发挥法律机制在国防建设中的规范、调节、保障和引导作用，使国防建设适应社会主义市场经济的要求，保证国防建设与经济建设协调发展。

迟浩田说，党的十一届三中全会以来，我国社会主义法制建设发展很快，国防立法也有长足的进步。但是，同国家法制建设的要求和国防现代化建设的实际需要相比，国防法制还不完备。特别是由于缺少一部国防方面的基本法律，影响了一些有关国防和军队建设的重要法律的制定；在制定其他法律时，有些涉及国防建设的问题也难以准确定位。制定国防法，可以为进一步完备国防法制提供基本的法律依据。

迟浩田说,通过立法阐明国家的防务政策、基本原则和制度,是世界各国通行的做法。制定国防法,可以用法律的形式向国际社会表明我国国防的基本原则和防务政策,有利于树立和维护我国爱好和平的国际形象,为国家的改革开放创造良好的外部环境。

关于国防法的适用范围,迟浩田说,国防是国家保卫主权、统一、领土完整和安全的活动。根据宪法对国家的根本制度、根本任务和武装力量任务的规定,国防活动不仅包括防备和抵抗外来的武装侵略,也包括制止国内企图分裂国家、颠覆国家政权、推翻社会主义制度的武装叛乱或者武装暴乱。因此,草案规定:"国家为防备和抵抗侵略,制止武装颠覆,保卫国家的主权、统一、领土完整和安全所进行的军事活动,以及与军事有关的政治、经济、外交、科技、教育等方面的活动,适用本法。"

迟浩田说,坚持中国共产党对武装力量的领导,是进行国防建设和武装斗争的成功经验,也是国家政权巩固、社会稳定、民族团结和国家安全的根本保证。虽然宪法序言已经规定了党在国家中的领导地位,但是在国防法中明确规定党对武装力量的领导,具有特殊重要的意义,这是国防法的中国特色和必须坚持的原则。据此,草案规定:"中华人民共和国的武装力量接受中国共产党的领导。武装力量中的中国共产党组织依照中国共产党章程进行活动。"这就确定了党的各级组织在武装力量中的法律地位,把"党指挥枪"的原则法律化。

迟浩田还就国家机构的国防职权、国防经费、国防资产、国防教育、国防动员、军人权益保护、特别行政区的防务等问题作详细说明。

国务院向八届全国人大五次会议提交审议设立重庆直辖市的议案

国务院在议案中说,重庆市是我国西南地区和长江上游最大的经济中心城市。1983 年国务院决定将重庆市列入全国首批经济体制改革试点城市和计划单列城市,赋予省级经济管理权限。为了充分发挥重庆市作为特大经济中心城市的作用,进一步推动川东地区以至西南地区和长江上游地区的经济和社会发展,并且有利于三峡工程建设和库区移民的统一规划、安排、管理,同时解决四川省由于人口过多和所辖行政区域过大、不便管理的问题,国务院经过认真研究、反复论证,拟将四川省的万县市、涪陵市和黔江地区所辖行政区域划入重庆市,设立重庆直辖市,总面积 8.2 万平方公里;总人口 3002 万人。重庆直辖市设立后,由国务院依据宪法和有关法律的规定,对其管辖的行政区域的建置和划分作相应的调整。

议案说,设立重庆直辖市是为加快中西部地区经济和社会发展所采取的一项重要举措。国务院于 1996 年 12 月 20 日提请全国人大常委会审议。八届全国人大常委会第二十四次会议审议后,决定提请第八届全国人民代表大会第五次会议审议。

受国务院委托,国务委员李贵鲜就这一议案向召开的八届全国人大五次会议第三次会议作了说明。他说,重庆市是我国特大城市之一,具有 3000 多年的悠久历史,是西南地区和长江上游最大的经济中心城市和重要的交通枢纽。1891 年辟为通商口岸,1929 年正式设市。新中国成立初期,曾是中共中央西南局和西南军政委员会所在地,为中央直辖市,1954 年改为省辖市。1983 年国务院决定将重庆市列入首批经济体制改革试点城市和计划单列城市,赋予省级经济管理权限并辟为外贸口岸。

李贵鲜说,重庆市与西南各省和长江上游地区有着密切的联系。以重庆市为中心,川、黔、滇三省部分地、市参加的重庆经济协作区多年来的工作,促进了这个地区的经济发展和商品流通。设立重庆直辖市,有利于进一步发挥它的区位优势、"龙头"作用、"窗口"作用和辐射作用。他说,四川省由于所辖人口过多和行政区域过大,给行政管理和经济、社会发展带来一定的困难。设立重庆直辖市,有利于四川省集中精力抓好其他地区,特别是西部少数民族地区的经济和社会发展工作。

李贵鲜说,现在的重庆市和万县市、涪陵市的移民任务,占三峡库区的 2/3 以上。设立重庆直辖市,将移民工作统一管起来,有利于国家对三峡库区开发性移民政策的落实、资金的统筹安排和管理,有利于把移民工作做得更好,促进三峡工程建设。

李贵鲜说,在方案酝酿过程中也提出过设省的方案。经过反复调查、论证、比较,从稳定全国行政区划的大局出发,认为四川省的格局不宜作大的变动。同时考虑到,如果设省,难免要建立一整套省级机构,增加编制,增加非生产性建设和行政、事业经费,势必耗费财力;设省后重庆作为省会城市,不但与省机构重叠,也不利于发挥它在长江上游和我国西南地区中心城市的作用。所以,在认真权衡各方面因素之后,选择了设重庆直辖市的方案。

八届全国人大五次会议提请审议第九届全国人民代表大会代表名额和选举问题的决定草案

根据这一草案的规定,近 3000 名九届全国人大代表将于 1998 年 1 月底以前选举产生。

《第八届全国人民代表大会第五次会议关于第九

届全国人民代表大会代表名额和选举问题的决定(草案)》,是根据宪法、选举法的有关规定制定的。它确定的九届全国人大代表的名额与八届全国人大代表名额基本相同,八届全国人大一次会议时,全国人大代表为2978名。

这个草案规定,各省、自治区、直辖市应选的九届全国人大代表名额,农村按人口每88万人选代表1人,城市按人口每22万人选代表1人。人口特少的省、自治区,代表名额不得少于15人。台湾省暂时选举代表13人。

在新的一届全国人大中,中国人民解放军代表团仍将是人数最多的代表团,其代表总数将为265人。根据草案的规定,少数民族代表的名额,应占全国人大代表总名额12%;人口特少的民族,至少应有全国人大代表1名,也就是说,我国56个民族在最高国家权力机关中都有自己的代表。

这个草案还规定,九届全国人大代表中,应选归国华侨代表35人,妇女代表的比例应高于八届的比例。在八届全国人大代表中,妇女代表所占比例为21.03%。

根据这个草案规定,为了保证人口特少的地区、人口特少的民族和各方面代表人士比较集中的地区都有适当的代表名额,在全国人大代表总名额中应有一定的名额由全国人大常委会根据情况分配给有关的省、自治区、直辖市进行选举。

香港特别行政区应选全国人大代表的名额和代表产生办法,将根据选举法的规定,由全国人大另行规定。

这个草案还有待八届全国人大五次会议审议通过。

八届全国人大常委会提请审议香港选举第九届全国人大代表办法草案

全国人民代表大会常务委员会秘书长曹志就这一草案向八届全国人大五次会议第三次全体会议作说明。

曹志说,香港将于1997年7月1日回归祖国。现在香港地区的全国人大代表是由广东省人大选出的。香港回归祖国后,按照香港特别行政区基本法的规定,将"根据全国人民代表大会确定的名额和代表产生办法,由香港特别行政区居民中的中国公民在香港选出香港特别行政区的全国人民代表大会代表,参加最高国家权力机关的工作。"全国人民代表大会和地方各级人民代表大会选举法第十五条第三款规定:"香港特别行政区、澳门特别行政区应选全国人民代表大会代表的名额和代表产生办法,由全国人民代表大会另行规定。"根据上述规定,全国人大常委会工作机构拟订了香港特别行政区选举第九届全国人民代表大会代表的办法草案并经八届全国人大常委会第二十三次会议审议。

曹志说,草案规定,香港特别行政区应选九届全国人大代表的名额为36名。这是考虑到香港特别行政区的特殊地位,并参照各省、自治区、直辖市应选全国人民代表大会代表的名额分配方案确定的。

曹志说,根据香港的实际情况,草案规定,香港特别行政区成立九届全国人大代表选举会议,在全国人大常委会的主持下选举第九届全国人大代表。考虑到香港特别行政区第一届政府推选委员会委员具有广泛的代表性,选举会议以推委会委员中的中国公民为基础组成是适当的。同时,根据多数香港地区全国人大代表和政协委员的意见,把选举会议成员扩大到不是推选委员会委员的香港居民中的政协委员和临时立法会议员中的中国公民,也是必要的。这个办法只适用于香港特别行政区选举第九届全国人大代表。

曹志说,草案对香港特别行政区选举会议选举全国人大代表的程序作了规定:由全国人大常委会召集选举会议第一次会议,推选主席团主持选举会议;选举会议成员十人以上联名,可以提出代表候选人;采用差额选举的办法;选举采用无记名投票方式。

国家主席江泽民根据全国人大常委会的决定任免驻外大使

一、免去张毅君的中华人民共和国驻加拿大特命全权大使职务。

任命查培新为中华人民共和国驻加拿大特命全权大使。

二、免去姜恩柱的中华人民共和国驻大不列颠及北爱尔兰联合王国特命全权大使职务。

任命马振岗为中华人民共和国驻大不列颠及北爱尔兰联合王国特命全权大使。

三、免去丁原洪的中华人民共和国驻比利时王国特命全权大使职务。

任命宋明江为中华人民共和国驻比利时王国特命全权大使。

四、免去张序江的中华人民共和国驻孟加拉人民共和国特命全权大使职务。

任命王春贵为中华人民共和国驻孟加拉人民共和国特命全权大使。

五、免去郑耀文的中华人民共和国驻丹麦王国特命全权大使职务。

任命杨鹤熊为中华人民共和国驻丹麦王国特命全权大使。

全国政协八届五次会议举行第三次全体会议

10名委员先后在大会上发言，就社会发展方面的一些问题发表意见和建议。

部分香港地区全国政协委员对香港保持繁荣和稳定的展望答记者问

“两会”新闻中心下午在人民大会堂举行记者招待会，香港地区全国政协常委徐四民、全国政协委员何世柱、朱莲芬、谭惠珠、施祥鹏在会上回答记者的提问。

有记者问，邓小平逝世后，香港市民深切哀悼，情景非常感人，这是为什么？

徐四民、施祥鹏回答说，邓小平先生制定了改革开放的大政方针，内地经济发展很快，香港同胞亲眼看到了这一巨大变化。同时，正因为邓小平先生提出了“一国两制”的伟大构想，才有香港的九七回归，才能实现香港的繁荣稳定。尤其是许多七八十岁的老人，饱受殖民统治，急切盼望回归。因此，香港同胞非常感谢邓小平，对于他的逝世非常悲痛，许多港人前往新华社香港分社和中银大厦设的灵堂吊唁邓小平，有的一家三代跪在他的遗像前痛哭不起，表现了他们对邓小平发自内心的敬仰和爱戴。

当记者问到香港原有法律基本不变问题时，谭惠珠说，《基本法》明确规定，香港原有法律，即普通法、衡平法、条例、附属立法和习惯法，除极少数与香港基本法相抵触的以外，绝大部分将予以保留。但是在今年7月1日以前还需要对香港原有的法律进行大量的法律适应化工作，如将原有法律中许多“英王”、“总督”等名称和涉及香港与英国关系的法律加以修改，使之适应“九七”后中国对香港恢复行使主权和香港特别行政区成立的情况和变化。

徐四民、何世柱、施祥鹏在回答记者提出的保持香港稳定繁荣的有利条件时说，保持香港的稳定繁荣主要有三个方面的因素：一、认真贯彻“一国两制”、“港人治港”的方针和香港基本法。经过实践证明，在香港实行“一国两制”、“港人治港”将取得成功，港人的信心也大大增强，许多过去外流的人大多已回流。二、内地的改革开放非常有利于香港经济的发展，内地对香港副食品、水、电等方面的大力支持。三、内地与香港互惠互利的经济关系。

有记者问，香港同胞应如何支持香港特区行政长官开展工作？

作为临时立法会议员的何世柱说，董建华先生是港人自己选出来的，全体港人都要用实际行动全力支持他的工作。董建华被任命后，遵循“一国两制”方针，按照基本法开展筹建特区政府的工作，工作进展很快，大家有目共睹。临立会将来要很好地配合，认真讨论行政长官提出的法案，落实“港人治港”，使香港更加繁荣稳定。临立会在未来的立法工作中，将会充分地咨询港人的意见。

作为工商界人士，如何看待香港与内地的经济合作前景，施祥鹏和朱莲芬都表示，对前景充满信心。他们说，内地改革开放以来，很多港商已从两地的经贸合作中获利。目前，连外国资本都积极投资内地，港商近水楼台，又熟悉内地情况，有很多优势，工商界将会有更大的作为。身为香港中华总商会副会长的何世柱说，“九七”后，商会的工作范围更广，将更有效率地开展工作，为香港的繁荣和内地的经济建设多做贡献。

朱莲芬在回答记者提出的前段香港股价为何上扬的问题时说，这表明投资者对中国继续执行邓小平的改革开放政策充满信心，同时也反映了香港证券市场更趋成熟。

五位委员还回答了记者提出的其他问题。

全国政协副秘书长陈进玉主持了记者招待会。

最高人民法院下发《关于当前人民法院审理企业破产案件应当注意的几个问题的通知》

各省、自治区、直辖市高级人民法院，解放军军事法院：

近几年来，人民法院受理的企业破产案件逐年增加，特别是国务院在若干城市进行企业优化资本结构，建立和完善企业优胜劣汰机制的试点工作以来，企业破产案件上升幅度较大。为了正确、及时审理好这类案件，现就人民法院当前审理企业破产案件应当注意的几个问题通知如下：

一、人民法院审理企业破产案件，既要积极又要十分慎重。要有利于促进调整产业结构，建立现代企业制度；要防止规避法律，逃避债务，造成国有资产流失；要摈弃狭隘的地方保护主义，依法保护债权人和债务人的合法权益；要维护社会稳定，为建立与完善社会主义市场经济体制服务。

二、人民法院受理企业破产案件，要认真审查当事人的破产申请是否符合《中华人民共和国破产法（试行）》（以下简称《企业破产法》）、《中华人民共和国民事诉讼法》（以下简称《民事诉讼法》）以及其他有关法律、法规、政策规定的条件，切实把好立案关。对不符合受理条件的；依法不予受理。要严防假破产、真逃债的情况发生。

三、国发〔1994〕59号《国务院关于在若干城市试行国有企业破产有关问题的通知》（以下简称《通知》）和国发〔1997〕10号《国务院关于在若干城市试行国有企业兼并破产和职工再就业有关问题的补充通知》（以下简称《补充通知》），以及经国务院批准由国家经贸委、中国人民银行发布的国经贸企〔1996〕492号《关于试行国有企业兼并破产中若干问题的通知》中有关破产方面的规定，只适用于国务院确定的"企业优化资本结构"试点城市（以下简称"试点城市"）内的国有工业企业，非试点城市的企业破产案件及试点城市中非国有工业企业破产案件，一律不得适用。在《补充通知》发布之前，试点城市人民法院按《通知》的有关规定确已受理的破产案件，仍按《通知》的规定执行。借用外国政府贷款或转贷款偿还任务尚未落实的国有工业企业，暂不受理其破产申请。

四、人民法院审理企业破产案件，要对破产企业的财产认真进行清算。清算组的成员要有代表性，由人民法院从破产企业的主管部门，当地经贸委（计经委、经委）、财政厅（局）、土地管理局、国有资产管理部门、中国人民银行或其分（支）行等有关部门和专业人员中指定。清算组组长由人民法院指定。清算组对人民法院负责，并报告工作。

清算组的主要职责是：保护破产财产，清理债权债务，编制财产明细表和资产负债表，编制分配方案，依法处理和分配破产财产，依法从事必要的民事活动，提交清算报告，办理企业注销登记等破产终结事宜，完成人民法院依法指定的其他事项。

五、债权人会议由依法申请债权的所有债权人组成。破产企业债权银行总行或分（支）行派人参加债权人会议。债权人会议主席由人民法院在有表决权的债权人中指定。债权人会议的主要职责是：审查有关债权的证明材料，确认债权有无财产担保及其数额；讨论通过和解协议草案；审阅清算组清算、审计和评估报告；讨论通过破产财产的处理和分配方案。

债权人会议成员均享有表决权，但有财产担保债权人未放弃优先受偿权利的除外；会议决议对全体债权人均具有约束力。清算组提出破产财产分配方案，经债权人会议多次协商难以通过的，由人民法院依法裁定。

六、人民法院审理企业破产案件，要注意防止债务人利用破产逃避债务。对于破产企业以逃避债务为目的从事的隐匿、私分或者无偿转让财产、压价出售财产、对未到期债务提前清偿及放弃债权等行为，应依法确认为无效，并追回财产。对于破产企业对外所享有的债权，要依法予以追回，纳入破产财产。

七、人民法院审理企业破产案件涉及抵押合同及担保债权的法律效力问题的，要按照《企业破产法》、《中华人民共和国担保法》（以下简称《担保法》）、《通知》、《补充通知》以及本通知的有关规定，认真审查并正确认定抵押合同的效力。对国有企业用已确认为关键设备、成套设备或重要建筑物设立抵押而未经政府主管部门批准的，以《担保法》第三十七条规定不得作抵押的财产设立抵押的，破产企业在法院受理企业破产案件前6个月至破产宣告期间，对原没有抵押的债务设立抵押的，在有多个债权人的情况下，债务人与个别债权人恶意串通将其大部分财产抵押给一个债权人，从而丧失履行其他债务能力的，均应认定抵押合同无效。

八、人民法院在处理破产企业财产前，应由国务院国有资产管理行政主管部门认可的资产评估机构进行资产评估。资产评估必须实事求是，严禁低值高估或者高值低估。处理破产企业的财产，要尽可能采取拍卖等方式，防止低价转让，避免国有资产流失或损害债权人合法利益；未经债权人会议通过或人民法院裁定，不得以实物作价抵还债务。

九、人民法院审理试点城市的国有工业企业破产案件，应当按照《通知》和《补充通知》的规定，以拍卖或者招标方式为主依法转让土地使用权。转让所得首先用于安置破产企业的职工。职工安置费用应当严格按照《通知》和《补充通知》的规定确定，不得随意提高标准和扩大范围。

十、人民法院在审理破产案件时，要努力降低破产成本，可视案件具体情况，适当减收免收诉讼费用；破产费用支付范围和原则应当经债权人会议审定，对于评估、审计等方面的收费，要认真审查，按保证工作需要的最低费用支付。

十一、上级人民法院要切实加强对下级人民法院审理企业破产案件工作的指导和监督。上级人民法院发现下级人民法院的裁定确有错误，应当通知其依法纠正；必要时可以作出裁定，指令下级人民法院重新作出裁定。

十二、本通知中有关审理试点城市国有工业企业破产案件的规定，也适用于国务院今后确定的试点城市的国有工业企业破产案件。

讨论中国加入世界贸易组织的中国工作组第三次会议在日内瓦结束

在正式会议上，中国代表团团长龙永图说，由于许多世贸组织成员对加快中国加入世贸组织谈判进程表现出积极支持的态度，同时中国和许多成员都在谈判中采取了灵活务实的态度，谈判取得了重要的进展。

龙永图表示相信，只要各方有解决问题的政治意愿，排除其他因素的干扰，谈判就能继续取得进展。

工作组主席吉拉德大使说，这次会议特别富有成果，尤其是在中国加入世贸组织议定书的一些重要条款方面达成了一致意见，谈判出现了向前发展的势头。吉拉德宣布，中国工作组第四次会议将在5月下旬举行。

欧盟委员会副主席布里坦在布鲁塞尔就中国加入世界贸易组织的正式谈判在日内瓦重新开始发表声明说,欧盟希望在今年年底前就中国加入该组织达成一致。

学习徐州下水道四班先进事迹座谈会在北京召开

阿根廷总统梅内姆在布宜诺斯艾利斯会见外交部副部长李肇星重申奉行"一个中国"政策

解放军军人保险办公室在北京正式成立

3月7日

八届全国人大五次会议新闻发言人周觉举行的记者招待会上国务院副总理兼外交部部长钱其琛就国际形势与中国对外政策答记者问

香港《文汇报》记者:现在香港临时立法会成立并将运作的大局已定,但是英国方面对此是持否定态度。英方这种态度是否会影响香港的平稳过渡?邓小平先生逝世后,香港的前途和地位怎样?

答:英国方面对香港临时立法会成立表示反对,而且作出了过分的反应,这是没有道理的,也是没有必要的。英国方面应该知道,目前的情况正是英方自己一手造成的。时至今日,临时立法会已顺利运转,英方再来反对临时立法会,对香港的平稳过渡毫无影响。我曾对英国人说,早知今日何必当初,识时务者为俊杰。现在离香港回归只剩100多天,在这短短的时间里,英方还是应该多做一些对香港回归有意义的事,这对香港有好处,对中国有好处,对英国也有好处。

邓小平同志的逝世不会影响香港的前途。他关于一国两制、港人治港、高度自治的遗志很快就要实现。

韩国《中央日报》记者:中国将如何解决黄长烨事件?

答:黄长烨事件从本质上来讲,是朝鲜半岛北南双方之间的事件,由于此事发生在中国北京,所以中国有管辖权。我们正在对这一事件进行调查,并且将根据国际法和国际惯例,同时考虑到有利于朝鲜半岛的和平稳定来解决这个问题。我们希望各方面都采取冷静态度,使这个问题早日得到解决。

中国国际广播电台记者:钱其琛副总理今年1月访问了法国,今年5月法国总统希拉克将要访华,请问中国同法国及欧盟关系的现状和前景?

答:中法关系现在处于很好的状态,特别是1994年1月中法两国达成协议,法国承诺不武装台湾,中法关系得到了迅速的发展。今年5月希拉克总统将要访问中国。我相信,这次访问对于推动中法两国之间的关系具有重大意义,中法双方正在为此进行充分的准备。

中国和欧盟之间的关系现在是比较好的。去年在曼谷亚欧各国领导人举行了第一次首脑会议。亚洲和欧洲的关系有了顺利的发展,中国和欧盟的关系也得到了顺利的发展。中国非常重视和欧洲之间的关系。这有利于世界的和平稳定和经济的发展,也有利于世界更加平衡。

俄通社-塔斯社记者:请问外长对北约东扩政策有何评论?

答:北约是欧洲的一个军事集团,它所采取的一切措施应该照顾并考虑到这个地区以及这个地区各个国家的安全利益。

台湾"中华电视台"记者:海峡两岸今年有可能回到谈判桌上来谈判解决相关的重大议题吗?

答:在海峡两岸关系上,我们一直主张进行"三通",广泛开展经济贸易关系,直接通航、通邮、通商。关键问题就是海峡两岸都应该在"一个中国"原则的认同上来开展两岸的关系。遗憾的是,台湾当局到目前为止,对"一个中国"这个问题似乎不愿意说,也不敢说,也怕说。在这种情况下,怎么能够进行两岸直接的谈判呢?两岸谈判的基础应该是"一个中国"。

美国《时代周刊》记者:最近美国出了一本书,预测中国和美国之间将不可避免地发生冲突和战争,你对这种意见怎么评论?它是否会对中国的外交政策和中美关系带来影响?

答:美国最近出的书认为中美两国发生冲突不可避免,我不认为这是一个正确的命题。中国和美国没有发生冲突的可能,除非美国对中国的领土和主权完整进行侵犯。美国出现的上述思潮是"中国威胁论"的进一步翻版。中国对美国的政策就是增加信任、减少麻烦、开展合作、不搞对抗,这是江泽民主席在克林顿就任总统时就提出的政策,美国也是认可的。美国总统克林顿前不久强调美国对中国的政策不是遏制,而是全面接触,我们对此表示欢迎。所以,从中美两国政府的政策来看,有共同之处,有共同的利益。我相信中美关系将会发展而不会发生冲突。

《中国日报》记者:外电报道达赖喇嘛将于本月下旬访问台湾,你对此有何评论?

答:达赖是何许人?大家都知道达赖是长期流亡国外进行分裂祖国活动的人。他访问台湾必然有其政治目的。我们反对任何人以任何方式从事分裂祖国的活动。我们希望台湾当局对此采取谨慎、明智的态度,不做损害国家统一、破坏民族团结的事情。

法国《欧洲时报》记者:美国国务卿奥尔布赖特访

问中国之后，美国仍将在联合国人权委员会提出批评中国的议案，对此法国和欧盟一些国家采取不同的看法，主张进行更有实质性意义的对话。请问您对此有何评价？

答：这不是什么新鲜事。90 年代以来，美国和欧盟国家已连续六次在日内瓦联合国人权会议上提出反华议案，但每一次都失败了。如果今年再提出来，我想也不会有别的结果。

对人权问题应该在平等基础上进行对话，而不应该对抗。对抗和对话是互相排斥的。既要对抗又要对话就很困难。我们主张还是对话好。

香港亚洲电视台记者：包括美国在内的西方国家一直表示关注 1997 年香港回归以后的情况，但是中国一直强调不允许外国干预中国的内政，你觉得他们以后对香港的关注会不会造成干预，这种关注是否是合理的？

答：香港是一个国际性城市，许多国家在那里从事商业、经济、金融等等活动，有着自己的利益，他们关心那里的局势，这是可以理解的。香港作为中国的一个特别行政区，实行一国两制、港人治港、高度自治。在过渡期中，有人担心而离开了，但现在大部分都回来了，说明他们对香港还是有信心。但是有些国家认为它有权干涉香港的事务，那就太过分了。任何外国都无权干涉香港的事务。

丹麦《基督教日报》记者：下个星期将会有几位部长从北京到台湾访问。我想问，您作为外长有否计划在什么时候去台湾访问？

答：作为外长我不会到台湾去访问，因为台湾是中国的一部分。海峡两岸的交流应该是很多的，我可以告诉你一个数字，1996 年从台湾到祖国大陆来的台胞约有 172 万人次，从祖国大陆去台湾的虽然受到台湾方面的很大限制，但是也有几千人。应该说，台湾海峡两岸的来往还是很多的。

中国新闻社记者：今年是中日邦交正常化 25 周年，近年来日本政治出现一些右倾化的趋势，作出一些伤害中国人民感情和亚洲人民感情的事情。请问你对目前的中日关系怎么评价？对中日关系的发展前景有哪些展望？

答：今年是中日邦交正常化 25 周年，这是一个值得中日两国共同纪念和祝贺的日子。遗憾的是中日关系经常受到一些干扰，我们希望这种干扰尽量减少，使得中日关系能正常发展。3 月底，日本的池田外相将要来中国访问，我们将进行很好的讨论，希望中日两国关系能够有一个积极的发展。

澳大利亚新闻社记者：本月下旬，澳大利亚总理霍华德将对中国进行访问，请问您对目前中澳关系的状况做何评价？

答：中澳关系去年发生一些曲折后，现在出现很好的发展机会，我希望澳大利亚总理霍华德对中国的访问取得成功。

新华社记者：请问钱副总理对目前朝鲜半岛的局势有何评价？您认为建立朝鲜半岛新的和平机制方面近期是否会取得进展？

答：中国一贯重视维护朝鲜半岛的和平与稳定，为此我们做出了不懈的努力。朝鲜半岛经常会出现一些事件，我们希望这些突发事件或者个别事件尽量能够得到合理处理，不至于妨碍朝鲜半岛的和平与稳定。关于建立朝鲜半岛的和平机制，确实是摆在国际社会面前一个很重要的课题。近期内还很难说能解决这个问题。

法国《解放报》记者：邓小平去世后，中国外交政策有何变化，有什么新的目标？

答：中国的外交工作都是遵循邓小平同志生前所制定的一系列政策开展的。基本目标是要为我们国家的现代化建设创造一个和平环境。比如说，维护世界和平，反对霸权主义，促进国际社会的合作，谋求共同发展。所有这些，都是邓小平同志外交路线的体现。他逝世以后，我们会继承他所制定的这些方针，不会有什么变化。

台湾联合报记者：请问是否可借两岸领导人的见面来解决两岸间存在的问题？

答：在海峡两岸的关系上，一个中国是一个非常重要的原则。海峡两岸曾达成协议，同意一个中国的原则，尽管解释有所不同。现在的问题是台湾改变了态度，不提一个中国，不提中国的统一，这就成了一个很大的问题。最近的台湾“国发会议”也不提国家的统一，不提一个中国，而且主张要“虚化”或“冻结”、“废除”台湾省的名称，实际上就是要改变台湾是中国的一个省的地位。关于进行两岸领导人见面，江泽民主席 1995 年 1 月 30 日的讲话中提出，两岸可先在一个中国的原则下，就消除两岸敌对状态进行谈判。不提一个中国和国家统一，这就是台湾当局为两岸谈判设置障碍。

香港无线电视记者：香港的民主党人一直希望参选全国人大代表，他们能不能够参加选举？

答：凡是承认中华人民共和国的宪法，符合第九届全国人民代表大会香港地区人大代表产生办法的人员都可以参选，没有限制。

埃及中东新闻社记者：目前以色列决定在东耶路撒冷重建以色列犹太人的定居点，请问中国准备发挥什么样的作用来消除中东的这一问题？

答：中国支持中东和平进程，而且希望这个进程能够持续不断一直到巴勒斯坦的地位得到最终解决。因此我们不赞成以色列在东耶路撒冷设置新的居民点。中国并不是中东和平谈判的任何一方,所以中国只能参与中东和会的国际合作这一部分。无论是以色列方面也好,阿拉伯国家也好,巴勒斯坦也好,我们都向他们转达了我们的主张。

新加坡《联合早报》记者:最近中国与东盟关系有很大进展,未来发展如何,对解决南沙问题是否有积极作用?

答:中国与东盟关系确实有很大发展,中国成为东盟的正式对话国,成立了中国与东盟之间的合作委员会,并举行了一系列活动。目前中国和菲律宾还共同举行关于建立信任措施的研讨会。对南沙问题,我们一贯的立场是"搁置争议,共同开发",我们和许多国家在这方面不同程度地取得了一些共识。

招待会在人民大会堂举行。500 多名中外记者参加了招待会。

首都各界纪念三八国际劳动妇女节大会在北京举行

会前,中共中央政治局常委、书记处书记胡锦涛等中央领导人会见了"巾帼系列行动"报告团成员和全国妇联系统先进集体、优秀妇联干部代表。胡锦涛代表党中央、国务院,向全国各族各界妇女致以节日的问候。

胡锦涛在讲话中充分肯定了各级妇联组织和广大妇女在建设有中国特色社会主义伟大事业中的重要作用。胡锦涛勉励受表彰的同志保持荣誉,谦虚谨慎,再立新功,再创佳绩,带动周围群众共同进步。他希望各级妇联组织认真总结经验,进一步深化"巾帼系列行动",努力做好各方面的工作,使更多的妇女人才脱颖而出,为改革、发展、稳定做出新的贡献。

胡锦涛强调,当前,我国社会主义现代化建设正处在一个重要的发展时期。摆在全党全国人民面前的任务,就是要高举建设有中国特色社会主义理论的伟大旗帜,把邓小平同志开创的社会主义改革开放和现代化建设的伟大事业继续推向前进。他要求各级妇联组织和广大妇女一定要继承邓小平同志的遗志,更加紧密地团结在以江泽民同志为核心的党中央周围,围绕大局,发挥优势,同心同德,扎实工作,以实际行动迎接香港回归和党的十五大召开,为把我国建设成为富强、民主、文明的社会主义现代化国家而不懈奋斗!

全国人大常委会副委员长、全国妇联主席陈慕华在会上作了题为《在社会主义物质文明和精神文明建设中再创新业》的讲话。

"巾帼系列行动"报告团成员:山东省泰安市郊区立静养殖场场长裴立静,上海血液学研究所副所长、博士生导师陈赛娟,内蒙古哲里木盟通辽市妇联主席李英华,河南省郑州市公安局车站公安局侦查员王玉荣先后在大会上演讲。

全国妇联作出"关于表彰全国妇联系统先进集体优秀妇联干部的决定"

全国妇联日前作出"关于表彰全国妇联系统先进集体、优秀妇联干部的决定"。决定授予北京市海淀区妇联等一百个单位"全国妇联系统先进集体"称号;授予王淑华等一百名同志"全国妇联系统优秀妇联干部"荣誉称号。

全国政协八届五次会议举行第四次全体会议

国务委员兼国家科委主任宋健在中南海会见印度气象局局长世界气象组织第二副主席森罗伊

中国 日本 蒙古 韩国 俄罗斯等五国高级官员和专家在北戴河联合发表《关于东北亚湿地保护和合理利用及合作的北戴河宣言》

《宣言》首先对中国政府在举办此次国际会议以及在湿地与水禽保护方面,特别是在制定国家湿地行动计划方面所作出的努力表示赞赏,并对五国今天同时启动东北亚鹤类保护网络及指定 16 个重要鹤类湿地表示祝贺。

《宣言》说,有关方面认识到东北亚湿地具有丰富的生物多样性并在许多物种和生命周期中起着关键的作用,同时在当地人民生活方面也起着重要作用。

《宣言》指出,这一地区的湿地生态系统正在受到诸如流域退化、污染、围垦,以及过度利用等人为因素的严重威胁,在此情况下,加强区域及国际合作尤显必要。《宣言》还强调了湿地的重要功能和价值,呼吁各国政府和人民通力合作以保护东北亚的湿地,并且就有关事项提出建议。

第十四届中国戏剧梅花奖评选在北京揭晓

本届梅花奖获得者是:戏曲演员:唐元才(上海)、倪惠英(广州)、谢涛(太原)、成凤英(忻州)、袁淑梅(石家庄)、翁国生(浙江)、张艳玲(河北)、赵一青(萍乡)、胡新中(潜江)、许娣(北京)、张建敏(浙江)、窦凤琴(甘肃)、刘丹丽(湖北);话剧演员:尹铸胜(上海)、扎西顿珠(西藏)、刘美华(大连)、吴京安(空政);儿童剧演员:齐丽华(天津);歌剧演员:车英(辽宁)、孙丽英(总政)、幺红(文化部);舞剧演员:张丹丹(广州)。

黑龙江队杨扬在北京举行的第八届全运会女子500米短道速滑赛中以46秒05夺得冠军

吉林队李佳军在北京举行的第八届全运会男子500米短道速滑赛中以45秒19夺得冠军

3月8日

中央计划生育和环境保护工作座谈会在中南海怀仁堂召开

中共中央总书记、国家主席江泽民主持座谈会并作重要讲话。党和国家领导人乔石、李瑞环、刘华清、胡锦涛出席了座谈会。中共中央政治局常委、国务院总理李鹏也在座谈会上讲话。

国家主席江泽民在中央计划生育和环境保护工作座谈会上发表讲话

刚才，彭珮云同志、宋健同志先后汇报了计划生育和环境保护工作的情况，上海、河南、贵州等省市以及中央社会治安综合治理委员会的同志作了发言，大家谈得都很好。下面，我讲几点意见。

一、计划生育和环境保护都是必须长期坚持的基本国策

计划生育和环境保护都很重要，都关系到我国经济和社会发展的全局，都是我们必须长期坚持的基本国策。邓小平同志在确定我国改革开放和现代化建设总体布局的过程中，很重视计划生育和环境保护问题。他多次强调，人口多、底子薄、耕地少是我国的基本国情，控制人口增长是我国的重大战略决策，要大力加强计划生育工作。他也多次强调要搞好环境保护，并提出要制定“环境保护法”。广大干部特别是各级领导干部要进一步学习邓小平建设有中国特色社会主义理论，学习邓小平同志关于计划生育和环境保护的重要论述，以邓小平同志的理论统一我们的思想、指导我们的实践，把计划生育和环境保护工作搞得更好。

计划生育工作和环境保护工作有着紧密的联系。如果计划生育工作抓得不好，人口增长控制不住，造成资源过度的开发，生态环境就难以得到有效保护，环境质量就难以提高；如果环境保护工作抓得不好，环境受到污染或者破坏，就会直接影响人民身体健康，影响生存的条件，甚至危及子孙后代的生存和发展。我国人口众多，人均资源相对不足，生态环境问题相当突出。我们进行社会主义现代化建设，必须毫不动摇地坚持以经济建设为中心，集中力量把国民经济搞上去。必须把经济发展与人口、资源、环境结合起来全盘考虑，统筹安排，努力控制人口增长，合理利用资源，切实保护好环境，确保国民经济持续、快速、健康发展和社会全面进步。

我们要通过教育、宣传和其他方面的工作，使这两项基本国策家喻户晓，人人皆知。要把这两项工作，作为经济和社会持续发展，作为物质文明和精神文明建设的重要组成部分，坚持不懈地抓紧抓好。

二、总结经验，突出重点，坚定不移地抓好计划生育工作

多年来，我国计划生育工作取得的成就是举世瞩目的。去年又顺利完成了人口计划，为实现“九五”人口控制目标开了一个好头。但是，必须清醒地看到，由于我国人口基数大，每年新生婴儿在2100万左右，人口净增1300万左右，人口增长的绝对量仍然很大。各地计划生育工作的发展还很不平衡。有一些省、自治区仍然处于人口出生的高峰期。计划生育工作的任务还很艰巨，不可稍有松懈，不可因为近几年完成了人口计划就盲目乐观。工作难度大的地方也要增强信心，不要产生消极畏难情绪。人口警钟必须经常敲。务必继续努力，确保在本世纪末把我国的人口控制在13亿以内。

在控制人口过快增长的实践中，我们已经走出了一条具有中国特色的解决人口问题的路子，创造和积累了许多宝贵经验。这些经验对于我们今后的计划生育工作，仍然是行之有效的。要坚持现行计划生育政策不变、既定的人口控制目标不变、党政一把手亲自抓和负总责不变；坚持贯彻以宣传教育为主、避孕为主、经常性工作为主的方针；农村的计划生育工作，要与发展经济相结合，与帮助农民勤劳致富奔小康相结合，与建设文明幸福家庭相结合；计划生育工作的机构、人员、报酬要做到“三落实”。这些实践证明是正确的做法和经验，要长期坚持下去，并不断加以完善和发展。要把计划生育作为社会主义精神文明建设的一项重要内容，纳入创建文明家庭、文明单位、文明村镇、文明社区的群众性精神文明创建活动。计划生育工作干部队伍要切实加强思想作风建设和职业道德建设，全心全意为人民服务。

抓好计划生育工作要突出重点。我国计划生育工作的重点在农村，难点也在农村，而贫困地区的计划生育工作最难做。去年我到贵州一个贫困县考察，走访了8家农村贫困户，只有1户是两个孩子，其余几家的孩子都在三四个以上。一些贫困地区普遍存在早婚早育多、计划外生育多、多孩家庭多的现象。贫困地区与其他地区相比，发展经济与控制人口的双重压力更大，推行计划生育也更难。贫困地区所以贫困，原因很多，其中人口增长过快是一个很重要的原因。不少贫困户解决温饱问题以后，由于多生孩子，生活水平又重新回

到贫困线以下。

“越穷越生、越生越穷”，是一种恶性循环。因此，必须把扶贫开发与计划生育结合起来，在积极搞好扶贫开发的同时，要坚定不移地贯彻落实计划生育政策，这一条很重要。各地和有关部门要按照中央的要求，结合实际情况进一步完善扶贫开发与计划生育相结合的政策。对实行计划生育的贫困户和计划生育工作搞得好的贫困县、贫困乡、贫困村，要在扶贫资金安排、异地搬迁、劳务输出、定点帮扶、技术培训等方面实行优先和优惠的政策，帮助他们率先脱贫，并通过他们带动其他贫困地方和贫困农户脱贫致富。

三、加强法制建设，增加投入，确保未来15年环境保护目标的实现

改革开放以来，我国在经济快速增长的条件下，环境保护工作取得很大进展，基本避免了环境质量急剧恶化的局面。实践证明，我国实施环境与经济协调发展的战略和保护环境的一系列方针政策，是正确的、有成效的。但应清醒地看到，由于我国经济以较快速度增长，人口继续增加，对资源的需求量越来越大，如果不抓紧抓好环保工作，污染物的排放量还会增加，生态破坏的范围将继续扩大。在温饱问题解决后，人民群众对环境质量的要求会越来越高。因此，资源和环境还面临着很大的压力，环境形势仍相当严峻，环境保护的任务还很艰巨。

国民经济和社会发展“九五”计划和2010年远景目标纲要明确提出了今后15年环境保护工作的要求：到2000年，力争使环境污染和生态破坏加剧的趋势得到基本控制，部分城市和地区的环境质量有所改善；到2010年，基本改变生态环境恶化的状况，城乡环境有比较明显的改善。这是我国环保工作跨世纪的奋斗目标。实现这个目标，不仅需要环保部门和其他部门的努力，而且需要全党全国人民的共同努力。

各级政府和有关部门一定要把环境保护目标纳入经济和社会发展年度计划和中长期规划。确定重大建设项目，要同时制定保护环境的对策措施。对区域和资源开发，要进行环境论证，建立有效的环境管理程序，使环境与发展综合决策科学化、规范化。要增加对环境保护的资金投入。国内外经验都表明，环保资金迟早总是要投入的，早投入就主动并花钱少，晚治不如早治。财税、金融部门要运用税收、信贷手段促进环保工作。要继续坚持并完善排污收费制度，切实执行《“九五”期间全国主要污染物排放总量控制计划》和《中国跨世纪绿色工程规划》，加强“三河”（淮河、辽河、海河）、“三湖”（巢湖、太湖、滇池）、“两区”（二氧化硫控制区、酸雨控制区）的污染防治。各级党委和政府要从人力、物力、财力上给予大力支持，确保环保任务的顺利完成。

我国已初步建立了符合国情的环境保护法律体系。这次八届全国人大五次会议将对《刑法》进行修改，其中一个内容，是准备增加有关环境犯罪的条款。通过以后，今后对造成严重污染和生态破坏的就要依法追究刑事责任。我们要不断完善社会主义市场经济体制下的环境保护法律体系，为加强环保工作提供强有力的法律武器。这几年，我们在环保执法方面也有了进展。去年取缔、关闭15种严重污染环境的小企业，各级政府行动坚决，收到了很好的效果。但环保执法仍然是一个薄弱环节，需要继续加强，提高执法效果。环境行政主管部门要依法对环境保护实行统一的监督管理。司法部门要加强环保司法工作，依法坚决打击破坏环境的犯罪行为。总之，全党全国人民要共同努力，保护好环境，造福子孙后代。

四、加强领导，狠抓计划生育和环境保护工作的落实

我国计划生育和环保工作的大政方针已定，目标要求很明确，工作思路也很清楚，关键是各级党政领导，特别是主要领导同志，要不断提高认识，认真抓好落实。

对计划生育和环境保护工作都要实行党政一把手亲自抓、负总责，把这两项工作摆上党委和政府的重要议事日程。各级党委和政府每年听取计划生育和环保工作的汇报，要形成制度，长期坚持。领导重视贵在自觉、贵在务实、贵在坚持。要建立严格的责任制，做到责任到位、投入到位、措施到位。同时，要完善计划生育和环保工作目标管理责任制，形成层层抓落实的工作局面。在考核干部的政绩时，要把这两项工作作为考核的重要内容。

要把计划生育和环境保护的正确决策变为广大人民群众的实际行动。在计划生育工作中，要普及有关的科学知识，经常表扬好的典型，健全服务网络，加强基层基础工作。在环境保护上，要普及有关的法律知识和科学知识，增强全民族的环境意识和环保法制观念。

党政主要领导要抓好协调，对人口和环保问题进行综合治理。要理顺各部门各方面的关系，明确各相关部门的责任，保证各有关部门对计划生育和环境保护工作各尽其职，各负其责，形成合力，齐抓共管。

计划生育和环境保护是亿万群众参与的大事，我们一定要相信群众，依靠群众，尊重群众，服务群众，充分发挥群众的积极性和创造性。各级领导要结合实际情况创造性地开展工作，要在加强和改进工作，特别是及时解决前进中出现的问题上多下功夫，务必做到真抓实干，使计划生育和环境保护工作卓有成效地向前

发展。

总之，全党同志和各级干部要坚持贯彻邓小平建设有中国特色社会主义理论和党的基本路线，更加紧密地团结在党中央周围，团结和带领群众努力做好各方面的工作，以实际行动迎接香港回归祖国和党的十五大胜利召开！

国务院总理李鹏在中央计划生育和环境保护工作座谈会上发表讲话

刚才江泽民同志作了很重要的讲话，我完全同意。现在，我再补充讲几点意见。

一、计划生育工作年年都要抓紧，不能放松

1996年是“九五”开局之年，计划生育工作也取得了新的成绩，全国人口出生率为16.98‰，自然增长率为10.42‰，比1995年略有下降，各省、自治区和直辖市都完成了年度人口计划。这些成绩的取得是和各级党政领导特别是做计划生育工作的同志辛勤努力分不开的。

在肯定成绩的同时，我们也要看到，我国人口形势依然十分严峻。一是人口基数大，新增人口多。去年全国总人口已经达到12.24亿，“九五”期间预计每年要净增1300万左右。这么多的人口，对我国经济和社会发展都形成巨大压力，人口与环境、人口与资源之间的矛盾越来越突出。二是地区之间的计划生育工作还不平衡，农村和贫困地区的计划生育工作还比较薄弱。三是流动人口多，控制人口的难度还比较大。各级政府必须充分认识控制人口的长期性与艰巨性，坚定不移地执行计划生育的基本国策。计划生育工作年年都要抓紧，不能放松，要确保2000年全国人口控制在13亿以内。

20多年计划生育工作的实践，使我国形成了一整套行之有效的政策与措施。比如提倡晚婚晚育，提倡一对夫妇生育一个孩子，实行人口与计划生育目标管理责任制，为群众提供计划生育优质服务，增强全民人口意识等等。这些政策措施都要稳定不变，并且在执行中不断加以完善和发展。农村是计划生育工作的重点和难点，要达到“九五”计划生育的目标，必须集中力量首先把农村抓好。要走“三结合”的道路，把计划生育同发展农村经济、帮助农民勤劳致富奔小康以及建设文明幸福家庭结合起来。实践证明，“三结合”的路子取得了好的效果，受到农民的欢迎。在贫困地区，还要把扶贫开发与计划生育结合起来，为实行计划生育的贫困家庭提供优惠，帮助他们率先脱贫，解决温饱问题。这样可以起到推动计划生育的示范作用，收到扶贫开发与计划生育的双重效益。

现在，农村流向城市和发达地区的人口越来越多。总的来说，这对发展经济是有利的，但也增加了人口管理的困难。在这些人中间，计划外生育的现象比较严重。当然，现在各地对流动人口的计划生育，已经有了一些管理办法，做了不少工作，但是还做得不够。这部分人还是计划生育工作的一个难点，还要继续努力。我在这里提一个建议，对流动人口计划生育的管理，涉及人口流出地区和流入地区，两方面都有关系，所以，双方要加强合作，共同管理；但是，我认为在这个工作中，流入地应负主要责任。流入地区的政府要负起责任，公安、工商、劳动、卫生、计划生育等部门要密切配合，齐抓共管，使流动人口的计划外生育得到有效的控制。

目前城市人口的生育率已经下降到较低的水平，有些地区已经出现了负增长，但工作仍然不能放松。独生子女教育是一个大问题，各级政府要为城乡独生子女的抚养和教育创造比较好的条件，使家长感到放心，以巩固计划生育的成果。

二、保护环境、生态要加大工作力度

我国人均耕地、水、森林和不少矿产资源不足，低于世界人均水平；现在经济又处在迅速发展阶段，粗放的生产经营方式使资源浪费和环境污染相当严重。近些年，环境和生态保护受到各方面重视，增加了投入，加大了治理力度，关闭了一批污染严重的企业，工作是有成效的。但总的来看，全民环境意识不强，环境保护能力比较差，环境质量还在恶化。我们既要实现国民经济的持续、快速、健康发展，又要把一个比较好的环境带入21世纪，任务是十分艰巨的。各级政府必须坚定不移地执行环境保护的基本国策，使经济建设与环境保护、资源利用相协调，决不能走先污染、后治理的老路，决不能以牺牲环境为代价去换取一时的发展。

根据“九五”计划要求，到2000年，要基本控制环境污染和生态破坏加剧的趋势，使部分城市和地区的环境质量有所改善。为此，要着重抓好以下几方面的工作：

第一，严格管理城市环境，重点治理工业污染。许多城市，特别是工业集中的城市，降尘量和总悬浮微粒超过环境标准，大气质量差，有些城市已经出现酸雨现象，危害环境，对建筑物和设备以及农林业造成损害。有些城市饮用水受到污染，直接威胁人民身体健康。我们应树立这样一个观念：人民生活要达到小康水平，不仅包括衣、食、住、行、用等物质生活的改善，也应该包括环境质量的提高。因此，各级地方政府必须提高环境保护意识，加强对这项工作的领导，要加快城市工业污染防治，减少废水、废气、固体废物、噪声污染，还要集中力量治理重点流域和地区的污染。淮河流域是污染较严重的地区之一，沿岸人民群众深受其害。流域四省要同心协力，打好治理污染这一仗。力争在今年年底重点地区工业污染源达标排放。无论是城市还是农村，都要把保护居民饮水作为大事来抓，控制和治理水质恶化，提高饮水的质量。

第二，发展生态农业，改善生态环境。各级政府都要从当地自然资源条件出发，充分估计资源和环境的承受能力，以促进经济和社会协调发展。各级政府要大力开展群众性的植树造林活动，对于国家已确定的长江中上游和黄河流域、“三北”防护林工程，要经过不懈的努力，逐年抓出成效来。要把草原建设同防沙治沙结合起来，防止沙漠化面积的扩大。

第三，严格控制占用耕地。城乡建设都要千方百计少占土地，能用劣地的不要用好地，能少占的不要多占。当前最有实效的是认真建立和执行基本农田保护制度，确保耕地面积的稳定。这项制度要落实到县，到乡、村和农户。中国是一个水资源缺乏的国家，特别是在西北干旱地区。因此，大力发展节水和旱作农业，是十分紧迫、重要的；工业用水合理使用，提高重复使用率，也显得十分重要。我们既要学习国外先进节水农业的经验，也要重视创造和推广适合中国国情的节水经验。在这方面是大有可为的。对矿产资源要加强管理，坚决制止乱采滥挖。在生产、建设和消费等领域，都必须节约资源，尽量减少各种资源的占用和消耗。

第四，确保资金投入，发展环境和生态保护产业。保护环境和生态，必须有必要的资金投入。“九五”期间，各级政府对这方面的投入，应有较大的增加，治理污染投资总额将达到四千五百亿元左右，要确实到位。造林工程、水利建设方面的投入也不少。这些资金一要确保；二要用好，这不仅会产生良好的社会效益，还能产生巨大的经济效益。例如：植树造林，既促进林业发展，又可以改善生态环境；建设草原，既有利于防止土地沙漠化，又能够促进畜牧业的发展；治理污染，既有利于保护环境，还会促进环保产业的发展（环保产业将会是一个新的经济增长点）；建设水利工程，既有利于防洪、抗旱，又可以发电和发展水产业。各级政府和企业都要有长远的战略眼光，抓住机遇，把加强环境、生态保护与发展生产结合起来，促进生态环境与社会经济协调发展。

三、积极实施可持续发展战略

在我国现代化建设的历史进程中，必须坚持不懈地实施可持续发展战略。实施这个战略，涉及经济、社会各个部门和各个方面。各级政府在制订计划时，都要把控制人口、保护环境和节约资源作为重要内容，要有明确的目标和要求，还要有配套资金和技改措施。在制定产业政策时，要鼓励发展污染小、效益好的产品，坚决限制和淘汰污染严重、效益差的产品。要优先发展利用本地资源、有利于生态环境保护的产业和产品，不再上污染严重、消耗资源大的项目。新建、改建、扩建项目的时候，都应该把保护环境、治理污染和降低消耗的内容考虑进去。

实施可持续发展战略，与实现经济体制和经济增长方式的转变是完全一致的。要通过深化改革，形成有利于节约资源、降低消耗的机制。转变经济增长方式，要依靠科技进步，提高劳动者素质，以达到提高资源利用率和增加效益的目的。

实施可持续发展战略，必须有法制作保证。省级以上人大、政府要重视节约资源和保护环境的立法（起草）工作，有的要提交本级人大审定，有的可先制定行政法规，在颁布实施过程中逐步加以完善。要加强执法司法力度，严格依法行政，实行执法监察。要充分发挥舆论监督在保护环境和节约资源方面的作用，对坏的要曝光，对好的要表扬。要在全社会深入开展可持续发展的宣传教育，增强全民族的可持续发展观念，使控制人口、节约资源和保护环境成为广大群众的自觉行动。

《人民日报》发表社论《坚定不移地贯彻男女平等的基本国策——纪念“三八”国际劳动妇女节》

八届全国人大五次会议主席团举行第二次会议

135名大会主席团成员出席会议。

大会执行主席、主席团常务主席乔石主持会议。

会议首先表决通过了《八届全国人大五次会议关于〈政府工作报告〉的决议（草案）》，并决定将决议草案印发各代表团审议，提请大会表决。

全国人大财政经济委员会主任委员柳随年向会议作了关于1996年国民经济和社会发展计划执行情况与1997年国民经济和社会发展计划草案的审查报告。会议随后表决通过了这个审查报告。这个报告将印发全体代表。

经过表决，会议通过了《八届全国人大五次会议关于1996年国民经济和社会发展计划执行情况与1997年国民经济和社会发展计划的决议（草案）》，并决定将决议草案印发各代表团审议，提请大会表决。

全国人大财政经济委员会副主任委员李灏向会议作了关于1996年中央和地方预算执行情况及1997年中央和地方预算草案的审查报告。会议随后表决通过了这个审查报告。这个报告将印发全体代表。

经过表决，会议通过了《八届全国人大五次会议关于1996年中央和地方预算执行情况及1997年中央和地方预算的决议（草案）》，并决定将决议草案印发各代表团审议，提请大会表决。

全国人大财经委员会主任委员柳随年在八届全国人大五次会议主席团第二次会议上作《关于一九九六年国民经济和社会发展计划执行情况与一九九七年国民经济和社会发展计划草案的审查报告》

(1997年3月8日第八届全国人民代表大会第五次会议主席团第二次会议通过)

第八届全国人民代表大会第五次会议听取了国家计划委员会主任陈锦华受国务院委托所作的《关于1996年国民经济和社会发展计划执行情况与1997年国民经济和社会发展计划草案的报告》,各代表团进行了审议。全国人民代表大会财政经济委员会根据代表们的意见进行了审查。现将审查结果报告如下。

一、1996年经过全国各族人民齐心协力,团结奋斗,以治理通货膨胀为首要任务的宏观调控基本上达到了预期目标,全年国民经济和社会发展计划的指标基本实现,主要是:在国民经济持续保持较高增长速度的同时,物价涨幅明显回落,宏观经济环境进一步改善。工业生产保持较快增长。农村经济全面发展,粮食产量创历史最高水平。国家重点建设进展顺利。财政收入持续增长,财政赤字控制在预算目标之内。货币发行量没有突破计划指标,金融调控方式有了改进,提前实现了经常项目下人民币可兑换。对外贸易保持增长,利用外资继续增加,国家外汇储备增加较多。国内市场繁荣稳定,城乡居民生活进一步改善,扶贫帮困工作取得新进展。中西部地区的发展步伐加快。科技、教育和各项社会事业的发展取得了显著成绩。总的来看,国家计划执行情况是好的,为实现"九五"计划和2010年远景目标纲要开了一个好头。

但是,经济生活中还存在不少矛盾和问题:农业的基础仍很薄弱,农产品流通体制有待完善,农民负担重的问题还没有解决;中央财政赤字和国家债务规模偏大,银行信贷质量不高,财政金融潜伏着不可忽视的问题;经济结构不合理的矛盾突出,资源配置效益不高;国有企业经济效益下降,货款和贷款拖欠现象仍较严重,下岗待业人员增多,部分离退休人员、停产半停产企业职工生活困难;物价涨幅回落的基础还不稳固,诱发通货膨胀的因素依然存在。这些虽然是前进中的问题,但必须引起高度重视。

二、财经委员会认为,1997年国民经济和社会发展计划草案的指导思想、方针和重点是正确的,各项指标的安排也是合适的,总的安排基本可行。财经委员会建议批准国务院提出的1997年国民经济和社会发展计划草案,批准国家计划委员会主任陈锦华受国务院委托所作的《关于1996年国民经济和社会发展计划执行情况与1997年国民经济和社会发展计划草案的报告》。

三、1997年我国将恢复对香港行使主权,中国共产党将召开第十五次全国代表大会,制订好和完成今年的国民经济和社会发展计划,具有重要意义。要坚决贯彻和认真落实中央经济工作会议确定的指导思想和方针政策,按照"九五"计划和2010年远景目标纲要的要求,把经济工作的着眼点切实放到推进两个根本性转变、提高经济增长质量和效益上来,稳中求进,加大经济结构调整力度,培育新的经济增长点,继续实行适度从紧的财政政策和货币政策,促进国民经济持续、快速、健康发展和社会的全面进步。根据代表们的审议意见,财经委员会提出以下建议。

(一)坚定不移地继续把农业放在经济工作的首位。在农业特别是粮食生产连续两年丰收的形势下,切不可对农业有丝毫放松。要继续加大对农业的投入,加强农田水利基础设施,特别是易旱易涝地区的水利建设,提高农业投资在总投资中的比重,加强中低产田的改造和水土保持,提高农业抗灾能力,改善农业生产条件,提高农业生产力总水平。依法保护耕地特别是基本农田。进一步深化农村改革,大力发展社会化服务体系,积极推进贸工农一体化和农业产业化经营。努力推进粮食、棉花流通体制的改革,一定要十分注意保护和进一步调动农民的生产积极性,搞好农产品特别是粮棉的收购和贮存,加强对农产品生产的指导,确保农民增产增收。切实减轻农民负担,改善干群关系。研究适当扩大"以工代赈"规模,加大农村扶贫力度,加快脱贫步伐。要把智力扶贫摆在重要位置,不断提高农民的文化素质。要狠抓农业科技的研究和推广,努力提高单产。在抓好粮棉生产的同时,大力发展农业多种经营,搞好综合开发,积极发展乡镇企业,促进农村经济不断发展,使农村成为广阔市场,促进工业和整个经济全面发展。

(二)进一步深化国有企业改革。国有企业改革是当前经济体制改革的关键。目前,部分国有企业困难的原因固然很多,但主要在于管理体制和经营机制不适应。要尽快转变政府经济管理职能,积极推进政企职责分开,切实落实企业经营自主权,加快企业经营机制转换,使企业领导有责、有权,同时强化和完善监督机制,让企业真正面对市场,并对国有资产的保值和增值负责。要集中搞好一批大企业,进一步放开放活小企业。要抓好对那些经营不善、长期亏损企业领导班子的整顿和建设,让善经营、懂管理、年富力强、有敬业精神、能和职工群众同甘共苦的人来管企业。通过体制改革和机制转换,发挥企业内在的积极性,强化管理,加大技术改造力度,挖掘潜力,提高效益。国家在政策和信贷上应对那些符合国家产业政策、有发展前途的企业给予帮助和支持。对那些困难较大一时无法挽救的企业，能兼并的鼓励兼并，实在不能兼并的依法破产。

（三）加大经济结构调整力度。当前经济中存在的一个突出问题是，一方面，许多产品滞销，供过于求，在国际国内市场上过度竞争，造成损失；另一方面，不少产品又十分紧缺，要靠进口来解决。原因在于结构不合理，品种和质量上不去。经济发展到现在的规模，要持续快速增长，必须下决心采取切实措施，调整结构，按照市场的需求安排建设，组织生产。在资金投入上应优先考虑农业、水利、能源、交通、通信和电子等高新技术产业的发展，优先考虑科学和教育的需要，优先考虑为增加适销对路产品、提高产品质量和增加产品品种技术改造的投入。在地区布局上，要增加对中西部地区的投资。在深化住房制度改革的同时，加快城镇中低收入居民的住宅建设，推进"安居工程"的实施。为了解决"大而全、小而全"、低水平盲目重复建设的问题，一方面，要把好项目审批关，对那些生产能力已经过剩的项目，不再批准建设；另一方面，要改进投资体制，建立投资风险约束机制，明确投资决策责任制，改变项目有人审批、出了问题造成损失却无人负责的弊端。还要从体制上研究解决部门和地方由于政企不分，受利益驱动，只顾自己的发展，很难考虑也不愿意考虑全局的问题。

（四）更好地发挥金融宏观调控的作用。目前，信贷资产质量不高，贷款结构不尽合理，现金流通量偏大，是必须注意解决的问题。要从紧掌握货币发行，积极推广现代结算制度，发展电子信用网络，尽量减少现金流通。今年计划确定的货币发行量要在执行中严格控制，力争有所减少。要高度重视防范和化解金融风险，加大贷款清偿力度，抑制不良贷款的上升，对违纪违规的金融活动，要给责任者以经济处罚，构成犯罪的，依法追究刑事责任。积极调整贷款结构，对那些符合产业政策、效益好、周转快的项目给予积极支持，加快资金周转速度。要进一步加强金融法制建设，加快金融立法步伐，加大执法力度。

（五）进一步提高对外开放水平。要研究和解决对外开放中出现的新情况和新问题，不断提高对外开放的质量和效益。要加快外贸增长方式的转变，转换外贸企业的经营机制，使出口由数量型转为效益型，由注重完成创汇指标向以提高经济效益为中心转变。进一步调整和优化出口商品结构，提高商品的质量和附加值，推行"以质取胜"战略。运用国际通行做法，例如反倾销等手段合理保护国内市场和国内企业。对进口要加强管理，注意做好和国内生产的衔接，坚决打击走私活动。要根据新的形势，对外资进入的领域、参与程度和外资控股和收购国有企业的审批权限作出明确的规定。要结合经济结构的调整，加强对利用外资的引导，鼓励外商向农业综合开发、基础设施、综合利用资源和高新技术等产业投资，向中西部地区投资。

（六）为改革和发展创造良好的社会经济环境。搞好经济总量平衡，继续降低物价上涨幅度，特别要加强对垄断行业和服务行业的价格和成本监管，严格控制提价项目的出台，制止垄断行业凭借垄断地位提价增效。这些行业价格高，常常会推动经济总成本的上升，不利于加强自身的管理，也会造成职工的福利待遇过高，增加与其他行业的矛盾。进一步规范和整顿经济秩序，严厉打击经济领域各种违法犯罪行为，建立统一、开放、竞争、有序的市场体系和市场秩序。当前经济往来中的资金相互拖欠比较严重，已影响到经济的正常运行，要运用经济、法律和必要的行政手段，切实解决拖欠"有理"、有利的问题，不仅不能让拖欠者在经济上得到好处，而且要让他们承担经济损失和民事责任。大力推行"再就业工程"，广开就业门路，转变择业观念，积极帮助下岗职工和失业人员再就业。对经济不发达地区的就业问题，尤其要予以重视。加强对居民收入分配的调节，缓解收入分配不公的矛盾，采取措施帮助解决部分企业职工和城市低收入人员的生活困难。各个城市首先是大中城市，要根据实际情况，逐步建立最低生活保障制度。

（七）把各项社会发展事业和社会主义精神文明建设搞得更好。1997年各项社会事业的发展指标及所需的投资经费，国家计划已作了安排，关键是要落实，同时有关部门要研究如何把现有条件用好，提高其实效。要认真落实科教兴国战略，深化科技体制改革，促进科技与经济相结合，推进科技成果转化。加速科技进步，发展高新技术及其产业。大力普及科学知识，提高全民族的科学文化水平。要采取有效措施，依法保证教育投入。继续深化各项教育改革，优化教育结构，提高办学质量。要积极发展社会主义文化事业，坚持一手抓繁荣，一手抓管理，促进文化市场的健康发展。要进一步推进卫生、体育事业的改革与发展，不断提高人民的健康水平。切实抓好计划生育工作，严格控制人口增长，提高人口素质。要加强环境、资源保护工作，狠抓资源节约和综合利用，控制和治理环境污染，保护和改善生活环境和生态环境，实现可持续发展。

全面实现1997年的国民经济和社会发展计划，对于顺利实施"九五"计划，实现跨世纪的宏伟目标，至关重要。各级领导干部一定要把握大局，再接再厉，同心同德，开拓前进，团结和带领全国各族人民，为全面完成1997年的国民经济和社会发展计划而努力。

以上报告，请予审议。

全国人大财政经济委员会副主任委员李灏在八届全国人大五次会议主席团第二次会议上作《关于一九九六年中央和地方预算执行情况及一九九七年中央和地方预算草案的审查报告》

(1997 年 3 月 8 日第八届全国人民代表大会第五次会议主席团第二次会议通过)

第八届全国人民代表大会第五次会议听取了财政部部长刘仲藜受国务院委托所作的《关于 1996 年中央和地方预算执行情况及 1997 年中央和地方预算草案的报告》,各代表团进行了审议。全国人民代表大会财政经济委员会根据代表们的意见进行了审查。现将审查结果报告如下。

一、国务院提出的 1996 年预算执行数,全国财政收入 7366.61 亿元,比预算数超收 494.43 亿元,超过 7.2%;全国财政支出 7914.38 亿元,比预算数超支 427.78 亿元,超过 5.7%;财政收支相抵,支出大于收入 547.77 亿元,其中,中央财政赤字 610 亿元,比预算数减少 4.42 亿元,地方财政结余 62.23 亿元;国家发债总额 1967.42 亿元,比预算数增加 14.85 亿元。

过去的一年,经过全国各族人民的努力,国民经济和社会发展取得了新的成就,比较好地实现了宏观经济调控目标。在深化改革和国民经济快速发展的基础上,财税工作成绩显著。财政收入有较大增长,超过现值国内生产总值的增长幅度,遏制了十年来财政收入占国内生产总值比重不断下降的局面。预算超收部分的使用注意了解决历史遗留挂账和欠发工资问题,并保证了其他一些必要的支出。预算执行情况总的看是好的。

1996 年中央及地方预算执行中存在的主要问题是:支出超过预算较多,约束不力,浪费严重;预算超收部分的使用有些不够妥当,一些地方非生产性基本建设、行政管理费支出等超过预算较多;部分国有企业经济效益下降,亏损增加,财政补贴数额较大;财经纪律松弛,税收流失严重,偷税、漏税、骗税、抗税、欠税、越权减免税以及包税等现象还比较多;有些地方和部门仍有将预算内收入转到预算外的情况。从整个财政看,主要问题仍然是:财政收入占国内生产总值和中央财政收入占全国财政收入的比重过低,收入分配关系没有理顺,中央赤字偏多,债务规模偏大。这些问题都需要引起高度重视。

二、根据《全国人民代表大会议事规则》和预算法的规定,财政部于 1 月 30 日向财经委员会汇报了 1996 年中央和地方预算执行情况及 1997 年中央和地方预算草案的主要内容,财经委员会进行了初步审议,对 1997 年预算安排主要提了两条意见:一是预算收入安排偏低,建议将财政收入的增长幅度提高一些;二是预算赤字压缩偏少,建议多压缩一些。国务院考虑了上述意见,对 1997 年预算安排作了一些调整。国务院提出的 1997 年中央和地方预算草案,全国财政总收入 8397.94 亿元,比上年执行数增长 14%;全国财政总支出 8967.94 亿元,比上年执行数增长 13.3%;收支相抵,赤字 570 亿元,全部为中央财政赤字,比上年执行数减少 40 亿元。

国务院提出的 1997 年中央预算草案,中央财政总收入安排 4753.84 亿元,比上年执行数增长 11.8%。其中,中央财政本级收入 4150.65 亿元,比上年增长 13.7%;地方上缴中央财政收入 603.19 亿元,与上年持平。中央财政总支出 5323.84 亿元,比上年执行数增长 9.5%,其中,中央财政本级支出 2418.8 亿元,比上年增长 12.7%;税收返还和补助地方财政支出 2905.04 亿元,比上年增长 6.9%。中央财政收支相抵,赤字 570 亿元。今年的预算赤字加上偿还到期的国内外债务本息,发债总额为 2485.96 亿元,比上年增加 518.54 亿元。

财经委员会认为,1997 年中央和地方预算安排的指导思想是正确的,预算收入增长幅度与现值国内生产总值增长幅度大体同步,预算支出注意了保证重点需要,为实现预算所提出的措施也是适当的,预算草案基本可行。财经委员会建议批准国务院提出的 1997 年中央预算,同意财政部部长刘仲藜受国务院委托所作的《关于 1996 年中央和地方预算执行情况及 1997 年中央和地方预算草案的报告》。地方预算分别由地方各级人民政府编制,提请同级人民代表大会审查批准。

三、1997 年我国将恢复对香港行使主权,中国共产党将召开第十五次全国代表大会,安排和执行好今年的中央及地方预算,具有重要意义。要继续实行适度从紧的财政政策,努力开源节流,增收节支。财政收入是政府行使职能和推行政策的物质基础,也是国家宏观调控的重要手段。“九五”计划提出要振兴国家财政,提高财政收入占国民生产总值的比重和中央财政收入占全国财政收入的比重,逐步减少财政赤字,实现财政收支基本平衡,控制国债规模。1996 年、1997 年两年共减少赤字 94 亿元,“九五”后三年还要压缩赤字 500 多亿元,任务相当艰巨,要研究提出切实有效的措施努力完成。为了实现上述要求和完成 1997 年中央及地方预算,根据代表们的审议意见,财经委员会提出以下建议。

(一)强化税收征管,努力增加财政收入

近年来,税收征管有比较大的进步,但流失情况仍然严重,增收的潜力还很大。要通过各种形式加强宣传教育,使广大群众认识到照章纳税是每个公民和企业应尽的义务,依法纳税光荣,偷税逃税可耻。要大力加强税收征管,坚决取消有些地方对一些企业包干征收增值税、营业税、所得税和越权减税、免税、缓税的错误做法。要认真清理欠税,对那些无故欠税者,要依法采取强制措施,维护国家税法的威严。要加强对个人所得税的征管,特别是要加强对高收入者和工资外收入的征管,对偷税逃税的要依法惩处。要加大缉私力度,加强对关税的征管。要严格审核和控制出口退税。要尽快建立税收稽核、征管、监控体系,开展税收执法检查,对违反税收法规的,要坚决纠正,严肃处理。要努力提高税务人员的素质,秉公执法,鼓励他们敢于向一切偷漏税现象作斗争,表现好的要给予表彰,徇私舞弊、收受贿赂的要依法惩处。各级审计部门要集中一定力量开展税收执法审计,加强对税收征管的审计监督。要强化企业财务成本管理,特别是一些垄断性行业要控制工资、福利的过快增长,努力提高效益,为国家多作贡献。

(二)贯彻勤俭节约方针,控制支出过快增长

预算支出控制不严、增长过快,是当前财政困难的一个重要原因。近几年来,财政收入增长较快,但支出增长也很快,特别是行政管理和事业费支出,1996 年比 1993 年增长了 83.4%,比同期收入增长 69.4%,高出 14 个百分点。现在各级行政事业机构设置重叠,人浮于事,吃"皇粮"的人过多,财政不堪负担。随着机构改革的深入,要下决心精简机构,压缩编制,减少人员,节约财政开支。不解决这个问题,不仅不能保障国家重点需要的支出,而且也难以减少赤字,控制债务规模。现在不该由国家负担的支出仍比较多,要研究分流。在预算中价格补贴和企业亏损补贴太多,1996 年为 793.16 亿元,1997 年预算又安排了 844.16 亿元,增长 6.4%,要进行整顿,逐项审查,严格控制,不合理的坚决取消,争取在执行中有所减少。现在挥霍浪费现象相当严重,摆阔气、讲排场之风愈演愈烈。各地方、各部门、各单位都要厉行节约,制定切实有效的措施,严格控制差旅费、会议费、接待费、节庆开支、出国经费和集团购置费,坚决刹住公费吃请、公费旅游等不正之风。目前这方面群众意见较多,反映强烈,今年要切实抓出成效来。

(三)整顿财经纪律,加强预算外资金管理

目前,预算外资金数额比较大,擅自设立的基金多,有的管理比较混乱,特别是有些地方、部门把一些该纳入预算内资金挪到预算外,这不仅不利于对这部分资金的管理和监督,而且也容易助长浪费,产生腐败行为。国务院《关于加强预算外资金管理的决定》发布以后,许多地方认真执行,效果显著,但也有些地方决心不大,措施不力。对各类基金、行政性收费等预算外资金要继续进行清理,把该纳入预算的一定要纳入预算,不纳入预算的要严格管理。对财政周转金的管理和监督也要切实加强,财政周转金重点用于扶持企业技术改造、开发与推广新技术和扶持农业生产等,严禁挪作他用。要对预算外资金和财政周转金实行年度审计,对审计发现的问题要严肃处理。

(四)深化财税体制改革,加强财税立法

目前,各省、市、自治区之间,各城市之间财政收入占国内生产总值的比重差异很大,这里有客观原因,但重要的是工作和体制问题。要进一步深化财税体制改革,完善税制,公平税负。要按照预算法的规定,抓紧对中央和地方事权和财权的划分,明确中央和地方的收支范围,逐步建立起规范、科学、合理的财政转移支付制度,进一步调动地方政府依法理财治税、增收节支的积极性。要加快支出管理改革的步伐,尽快建立科学严格的支出控制机制。要加强国有资产管理,从体制上解决国有资产保值增值无人负责的问题。有关部门要按照八届全国人大常委会立法规划的要求,加快税收立法进度。

(五)预算超收使用要有重点,债务规模要严加控制

今年预算收入要争取在执行中超过,特别是中央预算收入要尽量多超收一些。现在预算安排中央收入增长低于全国财政收入的增长,通过执行力争做到中央收入在全国财政收入的比重不下降。1997 年预算收入超收部分,中央收入应坚持主要用于减少财政赤字,并通过转移支付支援经济不发达地区和少数民族地区;地方收入主要用于解决历史遗留问题、增加对农业的投入等。各级人大常委会要加强对同级预算收入超收部分使用的监督。为了控制债务规模,除了努力减少赤字外,有关部门要做好利用债务安排投资的回收工作。

1997 年完成国家预算的有利条件很多,各级领导干部一定要把握大局,再接再厉,同心同德,开拓前进,严格执行国家预算和财税法律、法规。发扬艰苦奋斗、勤俭节约的优良传统,扎实工作,为更好地实现 1997 年中央和地方预算而努力。

以上报告,请予审议。

全国政协八届五次会议举行第五次全体会议

胡鸿烈委员在发言中认为,以"一国两制"实现香港回归,对解决台湾问题起到示范作用。林东海委员代表台盟中央以《进一步做好台湾人民工作》为题发言指出,随着香港和澳门的回归,台湾问题将更加突出地呈现在全国人民面前,只有做好台湾同胞的工作,才能遏制"台独"势力,才能从根本上挫败台湾当局分裂祖

国的图谋。马有礼委员在发言中认为，有中葡两国政府友好合作关系，有澳门居民的积极参与，澳门目前正朝着平稳过渡的方向发展，为政权交接的各项准备工作都在有条不紊地进行。

共青团中央在北京召开“青年志愿者行动与群众性精神文明创建活动”座谈会

为纪念毛泽东等老一辈无产阶级革命家为雷锋同志题词 34 周年，共青团中央近日在京召开“青年志愿者行动与群众性精神文明创建活动”座谈会，来自北京、济南、唐山、张家港等地的有关负责人参加座谈会。

国务院副总理李岚清在北京会见英国财政大臣肯尼思·克拉克

东盟地区论坛建立信任措施会议在北京结束

会期三天。会议就地区安全环境、安全观念和国防政策等问题交换了意见，还交流了本地区开展信任措施合作的情况。会议认为，当前亚洲出现了较为持久的和平时期，经济发展成为各国政府的中心任务。迅速发展的经济为地区政治稳定打下了坚实的基础。地区国家间日益扩大的经贸交往与合作形成了牢固的安全网络。对话与合作的势头不断加强，出现了通过磋商与合作等和平手段促进地区安全的趋势。

会议中方主席、外交部部长助理陈健在下午的新闻发布会上说：“会议取得不少进展，承认了一些基本原则，这将成为今后进一步对话合作的基础。”

陈健还指出，这次建立信任措施会议是中国第一次举办多边安全对话会议，中方对此十分重视，中方一直积极参与东盟地区论坛进程，支持东盟在论坛中发挥主要推动力的作用，与论坛各国在论坛中进行了很好的对话与合作。

东盟地区论坛于三年前成立，有东盟 7 国、中国、俄罗斯、美国、日本、印度、欧盟等 21 个成员，它是亚太地区第一个以政治、安全为主题的多边官方论坛。

国务院总理李鹏签署 212 号令发布《印刷业管理条例》

现发布《印刷业管理条例》，自 1997 年 5 月 1 日起施行。

总理 李 鹏

1997 年 3 月 8 日

印刷业管理条例（文略）

3 月 9 日

中办发出关于各级党委组织干部群众认真学习悼念邓小平的重要文献的通知

中共中央办公厅近日发出通知，要求各级党委组织干部群众认真学习悼念邓小平同志的重要文献。

通知说，邓小平同志是全党全军全国各族人民公认的享有崇高威望的卓越领导人，伟大的马克思主义者，伟大的无产阶级革命家、政治家、军事家、外交家，久经考验的共产主义战士，中国社会主义改革开放和现代化建设的总设计师，建设有中国特色社会主义理论的创立者。邓小平同志的逝世，对我党我军我国各族人民是不可估量的损失。我们要化悲痛为力量，继承邓小平同志的遗志，以更加努力做好各方面工作的实际行动，来表达对邓小平同志的爱戴和怀念之情。

通知说，为了把邓小平建设有中国特色社会主义理论的学习引向深入，中央决定，当前，各级党委要组织干部群众认真学习中央《告全党全军全国各族人民书》、《在邓小平同志追悼大会上江泽民同志致悼词》和《邓小平伟大光辉的一生》。这三篇重要文献，对于全党全军全国各族人民学习邓小平同志的业绩、思想和风范，坚持党的基本理论和基本路线不动摇，迎接党的十五大的召开，具有重要意义。各级党组织要把这个学习活动认真抓好。在以江泽民同志为核心的党中央坚强领导下，高举邓小平建设有中国特色社会主义理论的旗帜，把社会主义改革开放和现代化建设的伟大事业推向前进。

中组部 国家经贸委 人事部 全国总工会发出关于做好国有企业领导班子考核建设工作的通知

中共中央组织部、国家经贸委、人事部、全国总工会最近发出关于做好国有企业领导班子考核建设工作的通知。通知全文如下：

按照党中央、国务院的部署，今年要对国有企业领导班子进行一次普遍的、认真的考核，切实加强国有企业领导班子建设。现就做好这项工作的有关事项，通知如下：（文略）

致公党十届中常会十四次会议在北京召开

与会人员认真学习了中共中央、国务院、全国人大常委会、全国政协、中央军委《告全党全军全国各族人民书》和江泽民同志在邓小平同志追悼大会上致的悼词。

会议作出关于学习、贯彻“两会”精神的决议，要求全党同志牢牢把握国家工作大局，不断加强自身建设，充分发挥参政党的职能，围绕迎接香港回归和中共十五大召开这两件大事，作好各方面的工作。

民盟七届中常会十六次会议在北京举行

民盟中央主席丁石孙说，民盟全体盟员要进一步深入学习邓小平同志伟大理论、伟大思想、伟大风格，在以江泽民同志为核心的中共中央领导下，坚定不移地沿着邓小平同志所开创的建设有中国特色社会主义道路前进，为继续推进改革开放和现代化建设的伟大事业，为把我国建设成为富强、民主、文明的社会主义现代化国家而努力奋斗。

会议通过《民盟中央关于学习贯彻全国人大、政协八届五次会议精神的决定》。

会议还通过《民盟中央1997年工作要点》。

民革八届中常会十八次会议北京举行

民革中央主席何鲁丽说，我们以无比崇敬的心情缅怀邓小平同志为中国革命和建设事业，为爱国统一战线，为发展中国共产党领导的多党合作和政治协商制度所作出的伟大历史性贡献。她号召民革全党继承邓小平同志遗志，更加紧密地团结在以江泽民同志为核心的中共中央周围，高举邓小平同志建设有中国特色社会主义理论的旗帜，坚持党的基本路线和基本方针。

会议通过关于学习贯彻"两会"精神的《决议》。

民建六届中常会十五次会议在北京举行

会议认真学习了八届全国人大五次会议、全国政协八届五次会议精神，讨论了有关召开第七次代表大会的有关事项，并做出相应决议。

会议要求，全会各级组织和成员要认真学习《中共中央、全国人大、国务院、全国政协、中央军委告全党全军全国各族人民书》和江泽民在邓小平同志追悼大会上致的悼词。

农工党十一届中常会十四次会议在北京举行

全国人大常委会副委员长、农工党中央主席卢嘉锡说，邓小平同志十分重视我国各民主党派工作，他关于新时期统一战线、坚持和完善中国共产党领导的多党合作和政治协商制度的一系列重要思想，是建设有中国特色社会主义理论的重要组成部分，是我们做好统一战线工作的科学指南。我们要把邓小平同志开创的伟大事业坚持下去。

会议通过农工党《关于学习贯彻全国人大、全国政协八届五次会议精神的决议》。

民进九届十六次中常会扩大会议在北京举行

民进中央主席雷洁琼说，邓小平同志70多年来为中国新民主主义革命的胜利和新中国的成立，为中国社会主义的创建、巩固和发展，建立了永不磨灭的功勋。我们民进全体成员，要继承他的遗志，搞好我们的自身建设，更好地发挥参政党作用，不断开拓进取，为坚持和完善中国共产党领导的多党合作制度，为社会主义两个文明的建设做出更大的贡献。

会议通过向民进各级地方组织发出的《关于学习、贯彻八届全国人大五次会议和全国政协八届五次会议精神的通知》。会议还研究换届工作。

九三学社九届中常会十七次会议在北京召开

会议由全国人大常委会副委员长、九三学社中央主席吴阶平主持。

会议原则通过九三学社《关于学习贯彻八届全国人大五次会议和全国政协八届五次会议精神的决议》。

《决议》要求九三学社各级组织和广大社员认真学习贯彻"两会"精神，高举邓小平建设有中国特色社会主义的伟大旗帜，坚持中国共产党领导的多党合作和政治协商制度，更紧密地团结在以江泽民为核心的中共中央周围，为推进社会主义改革开放和现代化建设事业，为促进祖国统一大业而努力奋斗。

全国人大常委会副委员长布赫就中国在1996年所取得的成就等答记者问

全国人大常委会副委员长布赫日前就我国在1996年所取得的成就等答记者问。

记者：请问副委员长，您如何评价我国在1996年所取得的成就，如何分析成就取得的原因？

布赫：1996年是"九五"开局第一年，我国改革开放和现代化建设都取得了举世瞩目的成就。可以说，"九五"实现了"开门红"，为实现跨世纪的宏伟纲领开了一个好头。这些成绩的取得，首先是因为以江泽民同志为核心的党中央坚持以邓小平建设有中国特色社会主义理论为指导，坚持党的"一个中心、两个基本点"的基本路线，带领全国各族人民团结奋斗，改革进取。其次是因为我国社会政治稳定，改革开放和现代化建设事业有一个好的环境，也就是说我们正确处理了改革、发展、稳定的三者关系。实践再次证明，稳定是压倒一切的，是改革和发展的前提和基本条件，正如江泽民总书记指出的那样，"没有稳定的政治和社会环境，一切无从谈起，多么好的规划、方案都难以实现"。没有稳定，就不可能有"九五"开局的好形势、新成就。我们要把改革开放和现代化建设事业继续推向前进，就必须进一步巩固和发展社会政治稳定的大好局面，正确处理好经济发展和社会生活中的矛盾和问题，尤其是要处理好新时期人民内部矛盾，进一步调动全国各族人民的积极性，开创现代化建设事业新局面。

记者：那么，怎样正确处理新时期人民内部的矛盾呢？

布赫：首先，我们的各级领导干部要清醒地认识到，正确处理好人民内部矛盾，关系到社会政治稳定，关系到改革开放和现代化建设事业的成败。因而必须以高度的政治责任感来对待人民内部矛盾，一经发现，及时处理。我国地域辽阔，各个地方的条件不同，发展的速度不同，因而不可能在同一个时期都富起来。城乡之间、沿海发达地区与中西部欠发达地区的矛盾是正常的。认识了这个矛盾的性质，我们就可以采取切实可行的措施加以解决。比如建立有利于协调人民内部利益矛盾的、适合社会主义市场经济的政策、制度，从制度上协调利益矛盾。近年来，政府已经采取了向中西部地区倾斜的政策，沿海地区与中西部地区也加强了交流与合作；共同发展、共同繁荣的局面正在逐步形成。国家是这样，一个省，一个地区也应该是这样。这一点，我们应该向群众讲清楚，群众理解了，矛盾也就会缩小。再比如当前群众反映强烈，触及群众利益而且容易引起矛盾的农民负担问题，其实质是没有正确处理好利益关系。只要依照法律、法规，向农民讲清楚哪些是应承担的义务，同时严格控制向农民乱收费、乱罚款和乱摊派，问题是不难解决的。还有，对个人收入的差别，可以通过税收政策予以调节；对于干部的腐败问题，可以通过法制加以解决，等等。总之，处理和解决人民内部矛盾，关键是要认真对待，抓住实质，掌握规律，对症下药，采取正确的方针和政策，运用正确的方法去处理。同时，要通过加强思想政治工作，把广大人民群众的思想认识统一到邓小平建设有中国特色社会主义理论上来，树立共同的理想、信念，同心同德推动经济发展和社会进步。

记者：您认为民族团结对社会稳定有何特殊意义？

布赫：我国是一个统一的多民族国家，实现各民族的共同富强和繁荣，是我国社会主义制度的本质要求，是邓小平建设有中国特色社会主义理论的一个重要组成部分。应当看到，我国社会主义现代化的实现，离不开民族地区的发展，民族地区的发展也离不开国家和发达地区的帮助。稳定是各族人民的共同心声。因此，必须坚定不移地巩固全国各族人民的大团结，坚持民族区域自治制度，坚决反对一切分裂祖国和破坏民族团结的言论和行动。搞分裂、破坏民族团结的人，实质上是在破坏社会政治稳定，干扰民族经济发展，对国家对民族都是有害的。反过来，如果没有社会政治稳定，少数民族地区的经济发展也是不可能的。

中共中央政治局委员李铁映在钓鱼台国宾馆会见以党首土井多贺子为团长的日本社会民主党代表团

中国海军舰艇编队抵达泰国梭桃邑开始对泰国马来西亚和菲律宾进行访问

应泰国、马来西亚、菲律宾三国海军邀请中国人民解放军海军东海舰队司令员杨玉书中将率领的由海军113号导弹驱逐舰和542号导弹护卫舰组成的中国海军舰艇编队于3月9日至26日对上述三国进行友好访问。

全国计划生育工作会议在北京开幕

国务委员、国家计生委主任彭珮云主持开幕式。

国家统计局和国家计生委的有关资料报告，1996年我国人口的出生状况与1995年基本持平，全国都完成了人口计划，人口出生率为16.98‰、自然增长率为10.42‰、1996年年末总人口为12.24亿。1990年至1996年的6年间，各地的计划生育工作都有程度不同的进步。其中，北京、天津、上海、辽宁、吉林、黑龙江、山东、江苏、浙江、四川10个省、市的人口出生率持续下降，生育水平已接近当地生育政策的要求；1990年时出生率都在20‰以上的河南、广东、河北、湖南、安徽、湖北、江西、陕西、福建、山西、甘肃、内蒙古这12个省、区中，湖南、河南、福建、安徽、陕西5省人口出生率下降了约10个千分点，甘肃、内蒙古、江西3省、区1996年人口出生率下降幅度超过1.5个千分点，广东省多孩率较高。分析认为，这12个省、区的进步还不稳固；地处边远、少数民族聚居的广西、云南、贵州、新疆、海南、宁夏、青海、西藏8省、区的人口出生率由1990年的22.90‰，降至1996年的19.8‰，特别是多孩率降低幅度较大。

国家计生委常务副主任张维庆就1997年的计划生育工作任务安排讲了话。

9时07分40秒至9时09分30秒黑龙江省漠河县境内发生日全食罕见天象

3月10日

八届全国人大五次会议举行第四次全体会议

会议听取全国人大常委会工作报告、全国人大常委会关于检查《中华人民共和国农业法》实施情况的报告、全国人大香港特别行政区筹委会工作报告。

受全国人大常委会的委托，全国人大常委会副委员长田纪云首先向会议作了全国人民代表大会常务委员会工作报告。

根据全国人大常委会的决定，全国人大常委会副委员长布赫向大会作了全国人大常委会关于检查《中华人民共和国农业法》实施情况的报告。

全国人大香港特别行政区筹备委员会主任委员钱其琛向大会作了全国人大香港特别行政区筹委会工作报告。

今天的大会由大会执行主席、主席团常务主席费孝通主持。

全国人大常委会副委员长田纪云在八届全国人大五次会议上作《全国人民代表大会常务委员会工作报告》

各位代表：

我受第八届全国人民代表大会常务委员会的委托，向大会报告常委会的工作，请予审议。

八届全国人大四次会议以来，全国人大常委会在建设有中国特色社会主义理论和党的基本路线指引下，认真履行宪法赋予的职责，积极推进经济体制和经济增长方式的根本转变，促进物质文明、精神文明和民主法制建设的发展，各方面工作都取得了重要进展。

一、抓紧立法，在建立社会主义市场经济法律体系方面迈出重要步伐

一年来，常委会继续把立法工作放在首位，通过了20个法律和有关法律问题的决定，批准了12个同外国缔结的条约、协定和我国加入的公约，立法工作取得了重要成果。主要是：在市场经济方面，制定了合伙企业法、乡镇企业法、拍卖法，修改了统计法；在资源和环境保护方面，制定了煤炭法、环境噪声污染防治法，修改了矿产资源法和水污染防治法；在精神文明建设方面，制定了促进科技成果转化法、职业教育法和老年人权益保障法；在行政管理方面，制定了律师法、枪支管理法、人民防空法，修改了档案法；还制定了香港特别行政区驻军法、关于《中华人民共和国国籍法》在香港特别行政区实施的几个问题的解释、关于根据《中华人民共和国香港特别行政区基本法》第一百六十条处理香港原有法律的决定等。上述法律的制定和实施，对于促进国民经济持续快速健康发展、加强精神文明建设、保护资源和环境、规范行政行为，对于保障香港的平稳过渡和繁荣稳定，具有重要作用。

常委会还审议了信托法、建筑法、节约能源法、公路法、献血法、动物防疫法、行政监察法、专属经济区和大陆架法等法律草案。为了完善我国刑事法律制度和司法制度，有必要根据新的情况和需要对刑法进行修改。常委会审议了刑法修订草案，并决定提请本次大会审议。国防法是建设和巩固国防、加强军队建设的重要法律。常委会对国防法草案进行审议后，决定提请本次大会审议。常委会还审议了关于第九届全国人民代表大会代表名额和选举问题的决定草案、香港特别行政区选举第九届全国人民代表大会代表的办法草案，决定提请本次大会审议。

常委会一直把制定市场经济方面的法律作为立法的重点，积极实施立法规划，立法步伐明显加快。本届以来，全国人大及其常委会已制定96个法律和有关法律问题的决定，其中有关市场经济方面的法律和法律问题的决定39个。在规范市场经济主体和市场行为、维护市场秩序、加强宏观调控、完善社会保障制度、振兴基础产业和支柱产业、促进对外开放等方面，都制定了一些重要法律，社会主义市场经济法律体系框架已初具规模。这些法律正在有力地促进社会主义市场经济体制的建立和完善，保障社会主义市场经济的健康发展。

为了提高立法工作的效率和水平，常委会努力做到以下几点：一是注重立法的计划性、主动性。年初根据需要和可能，制定本年度审议法律草案的安排意见，对每次常委会会议审议哪些法律草案作出具体部署，突出重点，急需的先立。二是加强对审议法律草案中一些重大问题的协调工作。常委会组成人员认真审议法律草案，积极提出意见和建议。对重大的分歧意见，常委会及时进行协调，努力解决立法中的难点和问题。三是注意调动各方面的积极性。各专门委员会除完成所承担的法律起草任务外，还加强对其他起草单位的联系、督促和指导。常委会的工作机构尽职尽责，做了大量卓有成效的工作。这对完成立法工作任务起到了重要作用。

二、改进监督工作，促进法律的实施

常委会继续把对法律实施的检查监督放在与立法同等重要的位置。一年来，由8位副委员长负责，组织了21个执法检查组，检查了农业法、教育法、环境保护法、劳动法和关于加强社会治安综合治理的决定的实施情况，增强了执法检查的力度和深度。一是围绕经济和社会发展中的重大问题以及人民群众反映强烈的问题，确定执法检查的重点。在连续两年对农业法的执行情况进行检查监督的基础上，去年再次进行了检查，着重督促解决农业投入不足、粮食流通不畅和农民负担过重等问题。常委会决定将农业法的执法检查报告提请本次大会审议。这是全国人民代表大会会议第一次听取和审议执法检查报告，表明对法律实施检查监督的高度重视。实施教育法是落实科教兴国战略的重要措施。常委会组织检查组，重点检查教育经费的投入情况，这对于促进国家财政性教育经费支出占国民生产总值的比例逐步提高，进一步落实教育优先发展的战略方针，有重要作用。二是积极探索和改进执法检查的方式方法，采取自上而下检查同自查相结合，人大检查同群众监督、舆论监督相结合，全面检查与专题检查相结合等做法。对环境保护法实施情况的检查，还开设了热线电话，接受群众的来电、来信和来访五千多人次，督促有关部门和地方解决人民群众反映突出的一些问题，收到了较好的效果。三是进一步完善执法检查报告的审议制度和有关机关改进执法情况的报告制度。常委会把听取和审议执法检查报告列入会议议程，由主管的副委员长向常委会会议作执法检查报告，委员们进行认真审议。检查报告和审议中提出的问题及建议，由常委会办公厅交法律实施的主管机关，要求有关机关切实改进执法工作，并将改进措施和取得的效果向常委会作出书面报告。国务院及有关部门、最高人民法院、最高人民检察院对此很重视，及时向常委会提交了书面报告。本届以来，常委会已经对 17 部法律的实施情况进行了检查，有的连续检查两三次。通过检查，增强了广大干部群众的法律意识和法制观念，推动了行政机关依法行政、审判和检察机关公正司法，有效地促进了法律的实施。

常委会重视加强对行政、审判、检察机关工作的监督。去年 6 月，听取和审议了国务院关于 1995 年中央决算的报告，批准了 1995 年中央决算，并且按照审计法的规定，第一次听取和审议了关于 1995 年中央预算执行情况的审计工作报告。委员们认为，加强审计机关的工作，充分发挥审计监督的作用，是改进财政管理，加强宏观调控，建立社会主义市场经济监督机制的一项重要措施，今后要继续坚持下去。去年 8 月，常委会听取和审议了国务院关于当年国民经济和社会发展计划执行情况的报告。委员们对国民经济在保持快速增长的同时，通货膨胀得到有效控制，社会总供求趋于平衡，给予了肯定；同时对加快国有企业的改革与发展、加大经济结构调整的力度和做好劳动就业、解决部分国有企业职工生活困难等问题，提出了意见和建议。针对当前反映突出的农民负担过重问题，常委会听取和审议了国务院关于减轻农民负担情况的报告，督促有关部门采取有力措施，进一步解决农民负担过重的问题。国务院及有关部门对此很重视，正在采取切实措施加以解决。常委会还听取和审议了国务院关于体育工作情况的报告等。

各专门委员会还分别就渔业法、水土保持法、民族区域自治法、归侨侨眷权益保护法、技术合同法、著作权法、未成年人保护法、进出口商品检验法等 13 部法律的实施情况，进行了检查；对地方性法规中某些与宪法、法律不一致的规定，提出了纠正意见；听取了有关部门 40 余次工作汇报，促进行政、审判、检察机关改进工作。专门委员会在协助常委会开展监督方面，取得了新的进展，发挥了重要作用。

三、推进法制宣传教育，提高全社会的法制观念

常委会高度重视法制宣传教育工作，听取和审议了国务院关于“二五”普法规划实施情况和“三五”普法工作安排意见的报告，作出了《关于继续开展法制宣传教育的决议》，在肯定“二五”普法工作成绩的同时，要求从 1996 年到 2000 年，实施在公民中开展法制宣传教育的第三个五年规划，继续深入进行以宪法、基本法律和社会主义市场经济法律知识为主要内容的宣传教育。在各级人大常委会督促下，“三五”普法工作正在广泛展开。这对进一步增强全体公民的宪法观念和法律意识，不断提高各级干部依法办事、依法管理的水平和能力，推进民主法制建设的进程，有重要意义。

常委会还加强了对人民代表大会制度的宣传教育工作。继续开展了评选宣传人民代表大会制度好新闻活动，并首次开展了人大报刊好新闻的评选活动。对立法、监督等工作的宣传报道有所改进。《人大工作通讯》和中国民主法制出版社在宣传人民代表大会制度和人大工作方面，发挥了积极的作用。人大干部培训工作有了新的进展，首次举办了有全国人大各专门委员会和各省、自治区、直辖市人大常委会负责人参加的研讨班。通过培训和研讨，有助于提高人大干部的思想理论水平和法律素质，推动人大工作的开展。

四、认真办理代表的议案和建议，密切与代表和人民群众的联系

八届全国人大四次会议期间，共收到代表团和 30 名以上代表联名提出的议案 603 件。根据大会主席团的决定，其中 124 件议案交有关专门委员会审议。各专门委员会经过认真审议，向常委会提出了审议结果的报告，业经常委会批准。这些议案中有许多是涉及立法项目的，常委会在制定和修改法律中充分考虑了这些议案的要求，有的已付诸实施。代表提出的其他议案作为建议、批评和意见处理，连同代表提出的建议、批评和意见共 2894 件，已分别交有关部门和单位办理，都向代表作了答复。

常委会十分重视加强同代表和人民群众的联系。继续坚持邀请部分全国人大代表列席常委会会议的制度，认真听取代表的意见。先后组织部分全国人大代表于春、秋两季到农村视察，组织台湾省的全国人大代表到江苏视察，组织香港地区的全国人大代表到新疆视察，组织在京的全国人大代表在京津两地视察。通过视察，代表们增加了对经济建设、改革开放实际情况的了解，更多地听取了人民群众的呼声和要求，这对于参加代表大会审议各项议案很有好处。常委会高度重视信访工作。一年来，共接待人民群众来访 11547 人次，办理来信 67070 件，加强了催办工作，督促有关部

门和地方纠正了一批错案，帮助群众解决了一些问题和困难。

常委会加强了同地方人大的联系。委员长、副委员长到各地考察时，注意听取地方人大的意见，对地方人大的工作给予支持和指导。有关专门委员会和常委会办事机构与地方人大共同召开座谈会、研讨会，讨论和研究人大工作的问题。还对乡镇人大换届工作给予指导，召开了乡镇人大换届选举工作会议，及时答复了地方人大提出的有关选举工作的问题，保证了乡镇换届工作的顺利进行。

五、加强外事工作，开展同外国议会和议会国际组织的交往与合作

1996年9月，常委会和有关方面密切配合，成功地承办了各国议会联盟第96届大会。这是新中国成立以来政治级别最高的大型国际会议。参加会议的有118个国家的议会代表团和23个国际组织的代表。我国领导人在大会开幕式上的致辞和在全体会议上的演讲，产生了很好的反响。会议期间，全国人大代表团积极开展工作，同其他国家代表团密切合作，使大会的一般性辩论和通过的决议，反映了广大发展中国家要求平等、合作、发展和反对霸权主义、强权政治的呼声，反映了我国和发展中国家的立场和观点。委员长和多位副委员长还分别会见了34个国家的议会代表团，宣传改革开放的伟大成就和社会主义民主法制建设的重大进展，扩大了我国的国际影响，增进了我国与外国议会及议会国际组织的交往与合作。各国议会联盟负责人和许多国家的代表反映，中国全国人大和政府精心细致的筹备和热情周到的接待，给各国代表留下了难以忘怀的印象。

去年，乔石委员长先后两次出访了一些国家，取得了圆满成功，增进了相互了解，推动了友好合作和双边关系的进一步发展。常委会接待了34个外国议会代表团，专门委员会接待了23个外国议会的委员会或工作机构代表团。全国人大还新成立了6个与外国议会的友好小组，使双边友好小组的数量达到45个。由副委员长率领的全国人大代表团以及专门委员会、常委会办事机构派出的代表团，先后出访一些国家，参加了一些国际性会议。通过多层次、多渠道的外事活动，加强了全国人大同外国议会的交往，促进了中国人民同各国人民之间的友谊，推动了同这些国家在经贸、科技、文化、教育等领域的合作。

各位代表！

1997年，是我们国家发展史上非常重要的一年。中国共产党将召开第十五次全国代表大会，我国政府将恢复对香港行使主权，这是两件举世瞩目的大事。在新的一年，常委会要继续坚持以建设有中国特色社会主义理论和党的基本路线为指导，全面贯彻抓住机遇、深化改革、扩大开放、促进发展、保持稳定的基本方针，认真履行宪法赋予的职责，进一步完善人民代表大会制度，切实改进和加强立法、监督等工作，在推进依法治国、建设社会主义法制国家的进程中发挥更大的作用。

立法是依法治国、建设社会主义法制国家的前提条件。要进一步加强立法工作，努力完成立法规划。凡是列入立法规划又有条件完成的立法项目，必须加快起草和审议的进度。承担起草任务的部门要抓紧起草工作，尽快提出比较成熟的法律草案。要加强对法律起草工作的指导、督促和协调，进一步提高审议法律草案的效率和水平。要按照本届内大体形成社会主义市场经济法律体系框架的要求，继续把经济立法放在重要位置，抓紧制定有关市场经济方面的法律，如国有资产法、证券法、期货交易法等。同时，抓紧制定其他方面急需的法律，加快立法法和监督法的起草工作。

保证宪法和法律的实施，是依法治国、建设社会主义法制国家的关键环节。要认真总结近些年来开展监督工作的经验，重点抓好宪法和法律实施的监督，进一步促进行政机关依法行政，审判、检察机关公正司法。要深入开展对法律实施情况的检查监督，重点检查农业法、科学技术进步法、森林法、水法、产品质量法、食品卫生法等法律的实施情况，注重增强执法检查的效果。还要进一步完善常委会会议听取和审议国务院及其有关部门、最高人民法院、最高人民检察院工作报告的制度，加强对计划、预算执行情况的监督，加强对廉政建设的监督。对行之有效的监督形式，如代表评议、述职评议等，要认真总结、完善，继续坚持下去。要高度重视法制宣传教育工作，督促检查"三五"普法规划和全国人大常委会决议的实施情况，注意提高实际效果。各级人大常委会要坚持法制宣传教育与经济和社会发展的实际相结合，积极推进各地区、各行业的依法治理。

今年7月1日，香港将回归祖国。我们要按照"一国两制"的方针和香港特别行政区基本法的规定，做好有关工作，促进香港的平稳过渡和稳定繁荣。根据全国人大关于设立全国人大常委会香港特别行政区基本法委员会的决定，将在香港特别行政区基本法实施时设立该委员会，作为全国人大常委会下设的工作委员会。还要依照本次大会通过的香港特别行政区选举第九届全国人大代表的办法，主持好香港特别行政区的全国人大代表选举工作。

从今年下半年起，县、设区的市、省三级地方人大和全国人大将陆续进行换届选举。这是我国政治生活中的一件大事，对进一步完善人民代表大会制度，加强

政权建设,具有重要意义。常委会要加强对换届选举工作的指导,保证换届选举顺利进行。在换届选举中,要充分发扬民主,严格按照选举法、组织法和有关法律问题的决定办事,坚持选民或代表依法联名提出候选人和差额选举制度,尊重和保障选民、代表的民主权利,坚决纠正各种违反法律的行为,使换届选举成为广大人民群众参加的一次社会主义民主的生动实践。要通过这次换届选举,进一步加强人大及其常委会的组织建设。要努力改善人大代表和常委会组成人员的知识结构和年龄结构,在保证代表的广泛性、代表性的同时,注重代表的素质和议政能力,使选出的代表更好地履行职责;要使常委会的组成人员逐步专职化和比较年轻化,以适应新形势下加强人大常委会工作的需要。

各位代表!人民代表大会制度是符合我国国情的根本政治制度。邓小平同志创立的建设有中国特色社会主义理论特别是其中关于民主法制的论述,是新时期坚持和完善人民代表大会制度和做好人大工作的科学指南。在这一理论指导下,各级人大及其常委会日益发挥着重要作用。我们要继承邓小平同志遗志,在建设有中国特色社会主义理论和党的基本路线指引下,更加紧密地团结在以江泽民同志为核心的党中央周围,以高度的责任心和使命感,坚持不懈、尽职尽责地做好人大工作,为加强社会主义民主法制建设,推进依法治国、建设社会主义法制国家的进程,保障改革开放和现代化建设的顺利进行,做出新的贡献。

全国人大常委会副委员长布赫在第八届全国人民代表大会五次会议上作全国人大常委会关于检查《中华人民共和国农业法》实施情况的报告

各位代表:

根据全国人民代表大会常务委员会的决定,我向大会作关于检查《中华人民共和国农业法》(以下简称《农业法》)实施情况的报告,请予审议。

1993 年开始实施的《农业法》,是保障农业在国民经济中基础地位,维护农业生产经营组织和农业劳动者合法权益,促进农业和农村市场经济发展的重要法律。全国人大常委会十分重视这部法律的实施,自 1994 年以来,根据《全国人民代表大会常务委员会关于加强对法律实施情况检查监督的若干规定》的要求,组成执法检查组对《农业法》的实施情况进行检查监督,引起社会的广泛关注,深受广大农民的欢迎,对促进《农业法》的实施发挥了重要作用。

一是精心组织执法检查组。本着精干、效能、便于活动的原则,全国人大常委会连续三年组成了由一位副委员长负责,熟悉农业问题的常委会委员和专门委员会委员为成员,部分全国人大代表和有关省人大常委会负责人参加的执法检查组,保持了执法检查组组成人员的相对稳定和工作的连续性。

二是抓住突出问题进行重点检查和跟踪检查。1994 年执法检查组围绕农业投入、农业生产资料价格、主要农产品购销政策、农民负担等问题进行检查。1995 年对国务院及其有关部门改进执法、解决上述问题的情况进行跟踪检查。1996 年除继续检查前两年执法存在的问题外,又重点检查了保护基本农田、改革粮食流通体制和科技兴农等方面的执法情况。执法检查组抓住这些事关农业发展和农民合法权益保护的重大问题进行检查,增强了监督力度,取得了较好的效果,促进了农业发展中一些矛盾和问题的解决,体现了广大人民群众的愿望和要求。

三是采取切合实际的执法检查方式。执法检查组在执法检查过程中,实行对国务院有关部门的检查与对地方的检查相结合,自上而下的检查与地方自查相结合,听取汇报与实地检查相结合,事先安排的检查与临时抽查相结合,并注重发挥舆论监督和群众监督的作用。三年来,先后听取了国家计委、农业部、水利部、财政部、林业部、化工部、国内贸易部、中华全国供销合作总社、国家土地管理局、国家粮食储备局和中国气象局等 11 个部门关于《农业法》执行情况的汇报 25 次。同时,执法检查组分成 10 个小组,先后赴四川、山东、吉林、湖南、浙江、黑龙江、河南、安徽、湖北、陕西等 10 个重点农业省进行检查,还安排 12 个省、自治区自查。执法检查组召开各类座谈会 100 多次,实地检查了 76 个市县,走访了 200 多家农户,掌握了大量第一手材料。此外,还召集国务院有关部门就粮食流通、耕地保护和农业投入等问题听取专题汇报,提出了改进执法工作的建议和办法。

四是坚持执法检查报告的审议和反馈制度。执法检查组在深入分析执法中存在的问题及其原因的基础上,先后提出了 1994 年和 1995 年检查《农业法》实施情况的报告,并由负责这项工作的副委员长向常委会第十一次和第十七次会议作了汇报。常委会会议进行了认真审议,提出了一些建设性的意见,并将执法检查报告和审议意见送交法律实施主管机关。国务院对执法检查报告和审议中提出的问题及建议非常重视,责成农业部针对 1994 年执法检查报告中提出的问题和建议,制定了六项改进执法工作的措施,并狠抓落实。对 1995 年执法检查报告中提出的问题和建议,农业部会同国家计委、财政部、公安部、司法部、中华全国供销合作总社、国家土地管理局、国家粮食储备局等部门进行认真研究,在增加农业投入、提高粮食定购价格、控制生产资料价格上涨过猛、减轻农民负担、保护耕地等方面,提出了八项整改措施。国务院还专门就减轻农民负担问题向常委会第二十次会议作了汇报。最高人民法院就执法检查报告中提出的问题，制定了改进措施，并向各省、自治区、直辖市高级人民法院下发了《关于贯彻实施〈农业法〉加强涉农案件审判工作的通知》，促进了各地法院加强对涉农案件的审判工作。最高人民检察院就依法惩处违反《农业法》的各种犯罪活动，提出了改进办法，加大了打击破坏农业生产经营秩序的各种犯罪活动的力度。

总的来说，全国人大常委会的执法检查，推动了《农业法》的学习、宣传和贯彻实施，促进了《农业法》实施主管机关的执法工作，使执法检查中反映出的一些问题得到不同程度的解决。主要表现在：

(1)国务院和地方政府依法增加了对农业的投入。1994年至1996年，中央财政对农业的支出，基本上达到了《农业法》规定的"国家财政每年对农业总投入的增长幅度应当高于国家财政经常性收入的增长幅度"的要求。国家农业信贷资金规模有所扩大，农业利用外资情况较好。一些地方政府也千方百计筹措资金，增加对农业的投入。

(2)农业生产资料价格上涨过猛的势头有所遏制。国家在生产和流通领域采取了一系列措施，使农业生产资料价格，特别是化肥、农药价格逐步趋于稳定。

(3)加强了对主要农产品购销活动的宏观调控。近年来，国家几次大幅度调整粮、棉收购价格，改进了粮食定购价格管理办法。1996年粮食定购价格提高42%，中央和省级还建立了粮食分级储备制度和粮食风险基金制度，大幅度增加了中央和地方的粮食储备，实行粮食收购保护价政策，部分地区出现的粮食购销困难，农民手中余粮待售的情况，得到不同程度的解决。

(4)加大了减轻农民负担工作的力度。国务院及其有关部门连续下发了关于减轻农民负担的文件，开展了农民负担问题的专题调研，审核并取消了一些涉及农民负担的收费项目，还组织检查组到一些省检查减轻农民负担措施的落实情况。各地还陆续出台了一些减轻农民负担的地方性法规和规章，清理和废止了一批不合理的收费项目，并查处了一批涉及农民负担的恶性案件。

(5)依法实施科教兴农战略，大力推广农业先进科学技术。国务院有关部门下发了关于加速农业科技进步的决定、关于财政支持农业技术推广的若干意见、关于落实乡镇农技推广机构"三定"工作有关问题的通知等文件。各地根据这些文件的规定，逐步恢复和健全农技推广体系，开展多种形式的农技教育和培训，实施"丰收计划"、"星火计划"和"种子工程"，取得了一定效果。1996年，科技因素在农业增产中的贡献率达到39%。

(6)加强了对农业生产经营组织和农民合法权益的司法保护。审判、检察机关把盗窃、破坏或毁坏农业生产资料的犯罪，生产、销售伪劣种子、化肥、农药的犯罪，贪污、挪用农产品收购资金、农业资金、农业贷款和提留统筹款犯罪等，列为打击重点，依法予以严惩，保障了农业的健康发展，维护了农村社会稳定。

三年来，我国农业生产连续获得好收成，粮食产量创历史最好水平，农村集体经济不断壮大，城乡居民"菜篮子"日渐丰富，农民生活水平逐步提高。这些是与认真贯彻实施《农业法》，调动了农民的生产积极性分不开的。同时，应当清醒地看到，《农业法》实施过程中仍存在一些亟待解决的问题，特别是农业投入不足、农民负担过重、粮食调销不畅等问题在一些地方还比较突出。必须继续采取切实有效措施，进一步贯彻实施《农业法》，促进我国农业和农村经济的全面发展。

一、牢固树立农业法制观念，进一步提高执法水平

《农业法》的颁布实施，为我国农业发展提供了有力的法律保障，标志着我国农业和农村经济工作走上法制轨道。但长期以来，一些干部习惯于单纯依靠行政手段管理农业，缺乏依法治农的观念和能力。许多农民也不善于运用法律手段维护自己的合法权益。为此，各级干部特别是领导干部，应当从依法治国、建设社会主义法制国家的高度，充分认识贯彻实施《农业法》的重要性和必要性。要带头学好《农业法》及相关法律法规，熟悉和掌握农业法律知识，不断增强农业法制观念，转变作风，扎实工作，努力提高农业执法水平，使《农业法》的各项规定真正落到实处。各级政府要加强农业执法队伍建设，建立健全严格的内部执法监督机制和管理制度，及时纠正各种违法行为。要大力发展农村的文化教育事业，结合"三五"普法活动，加强和改进《农业法》的宣传普及工作，提高农民群众的文化素质和法律意识，使他们真正掌握法律武器，依法保护自身的合法权益。

二、采取坚决有力的措施，切实解决农民负担过重问题

减轻农民负担，不单纯是个经济问题，更是个政治问题。现在，农民负担过重虽然得到一定程度的缓解，但仍然是影响农民积极性和农村稳定的突出问题。一些地方和部门加重农民负担的行为屡禁不止，农民负担一再出现反弹。农村有的地方流传这样一句话："头税(农业税)轻；二税(村提留乡统筹)重；三税(乱集资、乱收费及摊派等)是个无底洞。"反映了农民群众对负担过重的强烈不满。乱收费、乱集资、乱涨价、乱罚款和摊派，超限额提取村提留乡统筹费等，势必会损害农民的合法权益，挫伤他们的生产积极性，影响党和政府同人民群众的关系，甚至妨碍农村的改革、发展和稳定。农民负担过重，很重要的原因是有些地方和部门

无视法律规定，有法不依，执法不严，甚至执法犯法。为此，各级政府应当从维护农村稳定和国家长治久安的高度，认识减轻农民负担的重要性和紧迫性，不折不扣地按《农业法》的规定办事，严格禁止乱收费、乱罚款、摊派和强制集资。没有法律、法规国务院授权的部门的决定或者省级人民政府的规章规定的依据，任何机关不得以办理公务为由向农民收费；没有法律法规规定的依据，任何机关不得对农民进行罚款；没有法律法规规定的依据，任何机关或单位不得以任何方式向农民进行摊派；任何机关和单位都不许作出违背农民意愿的集资决定，强制农民执行。对违反上述规定的单位或个人，要坚决予以查处。当前，要采取切实措施，取消一切加重农民负担的评比、达标、升级活动。

三、依法增加农业投入，提高农业综合生产能力

《农业法》对增加农业投入作出了明确规定，提出了具体要求。近年来，农业投入总量虽然有所增加，但与加强农业基础地位的要求还有较大的差距。国务院和地方各级政府要采取积极措施，继续增加对农业的投入，提高固定资产投资、财政预算内资金和信贷资金用于农业的比重；积极推进农业投入体制改革，大力开辟新的投资渠道，制定优惠政策，引导社会资金向农业流动，增加和扩大利用外资的数量、范围；完善农业投入的分配、使用和管理办法，确保支农资金及时、足额到位，坚决制止截留、挪用、挤占支农资金等违法行为。要充分发挥国家、集体、个人和社会各方面的积极性，下大气力改善农业生产条件，依法保护耕地和生态环境，加强农业基础设施建设，合理开发利用资源，不断提高农业综合生产能力。要切实增加对扶贫开发的投入，帮助贫困地区发展经济。

四、深化农村改革，推动农村经济体制和农业增长方式的根本转变

《农业法》对农村经济体制改革和农业增长方式的转变，有一系列规定和要求。当前在发展农村市场经济过程中遇到一些新的情况和问题。如农业宏观调控体系不完善，农业社会化服务体系不健全，主要农产品流通渠道不畅。投入产出率低，资源利用率低，劳动生产率低等问题，也比较普遍。国务院及其有关部门应当按照《农业法》的规定，加快农产品流通体制、供销体制和农村金融体制的改革步伐。尤其要加快粮食流通体制改革，建立、健全粮食保护价制度，保证粮食风险基金足额到位。要下大气力组织疏散和抢运粮食，缓解主产区粮食库存和收储压力。要加大国家的宏观调控力度，增强政府对粮食市场的吞吐调节能力，培育和形成统一、开放、竞争、有序的市场体系。要有计划地推进蔬菜批发市场的建设，逐步形成以区域性蔬菜批发市场为骨干的“菜篮子”产销体制。要坚持从实际出发，加快发展乡镇企业，充分发挥当地资源优势，选准和培育适应市场需要的主导产业和产品，扶持和发展有市场开拓能力、辐射面广、带动农户能力强的龙头企业，形成工业反哺农业、支持农业的良性循环机制。要积极培育各种新型的农民合作经济组织，发展连接农民与市场的中介机构，大力开展跨地区、跨行业、跨所有制的经济联合与协作，逐步建立与完善农业产业化体系。切实解决农技推广机构“网破、线断、人散”的问题，稳定科技队伍，大力实施科技兴农战略，增加农业科技含量，向结构优化、规模经济、技术进步、科学管理要效益，走高产、优质、高效的农业发展路子。

五、加快制定配套法律、法规，保障《农业法》的贯彻实施

经过多年努力，我国已经制定了一些农业方面的法律、行政法规和地方性法规。但要看到，有些规定过于原则、笼统，缺乏操作性，约束力不强，有些规定已不适应农村改革和农业发展的需要，有些方面还无法可依。因此，必须进一步加强农业法制建设，抓紧制定《农业法》的配套法律法规，建立健全农业法律体系。全国人大常委会要研究制定《种子法》和修订《草原法》、《渔业法》等法律。建议国务院加快制定与《农业法》相配套的行政法规。享有立法权的地方人大及其常委会要结合本地实际，针对农业发展中的突出问题，制定有关的地方性法规。法律、法规制定后，要坚决贯彻执行。各级人大常委会要把对农业方面法律法规实施情况的检查监督，放在重要位置，不断改进执法检查方式，加大监督力度，增强监督效果，切实保障《农业法》及有关法律法规的有效实施。

各位代表：

农业是国民经济的基础，关系到改革、发展和稳定的大局，任何时候、任何情况下对农业都不能麻痹松懈。三年来，八届全国人大常委会依照宪法和法律赋予的职责，对《农业法》实施情况的检查监督，取得了初步成效。今年还将继续组织执法检查组跟踪检查《农业法》的实施情况，进一步督促法律实施主管机关加强和改进农业执法工作。我们要高举邓小平建设有中国特色社会主义理论的伟大旗帜，更加紧密地团结在以江泽民同志为核心的党中央周围，进一步贯彻实施《农业法》，采取切实有效措施解决法律实施过程中存在的问题，促进我国农业持续、快速、健康发展。

全国人大香港特别行政区筹委会主任钱其琛在八届全国人大五次会议上作《全国人民代表大会香港特别行政区筹委会工作报告》

各位代表：

根据 1990 年 4 月 4 日第七届全国人民代表大会

第三次会议通过的《全国人民代表大会关于香港特别行政区第一届政府和立法会产生办法的决定》,1995年12月28日第八届全国人民代表大会常务委员会第十七次会议通过了全国人民代表大会香港特别行政区筹备委员会(以下简称"筹委会")组成人员名单,共计150名,其中香港委员94名,内地委员56名。1996年1月26日,筹委会正式成立并召开了第一次全体会议。一年来,筹委会按照《中华人民共和国香港特别行政区基本法》和全国人大及其常委会的有关决定,就筹备成立香港特别行政区的有关事宜紧张而有序地开展工作。到今年2月为止,筹委会共举行了8次全体会议,下设的6个工作小组共召开了31次会议。经过全体委员的共同努力,已经完成了组建香港特别行政区第一届政府推选委员会、选举产生香港特别行政区第一任行政长官人选和临时立法会议员以及就香港原有法律提出处理意见等重大任务。对于与香港政权交接和平稳过渡有关的重大经济问题、庆祝香港回归的有关活动安排等,筹委会也研究并提出了一系列的建议和意见。现在,我就筹委会一年来的主要工作报告如下。

一、组建香港特别行政区第一届政府推选委员会

筹委会成立后所进行的首要工作就是筹组由400名香港永久性居民组成的香港特别行政区第一届政府推选委员会。依照《全国人民代表大会关于香港特别行政区第一届政府和立法会产生办法的决定》,香港特别行政区第一任行政长官人选须由这个推选委员会推举产生,然后报中央人民政府任命。因此,组建推选委员会是整个筹建香港特别行政区工作的"龙头"。

去年4月,筹委会就推选委员会的具体产生办法在香港开展了广泛的咨询活动,先后举行了16场咨询会议,香港各界的336个团体、1000多位人士参加了咨询。在充分吸纳港人意见的基础上,筹委会制定了《中华人民共和国香港特别行政区推选委员会的具体产生办法》。办法规定,推选委员会的前三部分人士即工商、金融界,专业界,劳工、基层、宗教等界的委员以及第四部分人士中的原政界人士,均由筹委会委员以无记名投票和差额选举的方式产生,每部分差额比例不少于20%。第四部分人士中还包括香港地区全国人大代表和香港地区全国政协委员的代表。其中,具有香港永久性居民身份的26名香港地区全国人大代表,依照全国人大的决定自动成为推选委员会委员。香港地区全国政协委员的代表的产生办法由香港地区全国政协委员自行决定。推选委员会的委员采用公开和自愿报名参选的办法,受到了香港各界人士的欢迎。报名十分踊跃,参选人数多达5789人。在这5789人的范围内,筹委会委员以个人身份推荐,提出了2545名建议人选。由于委员们提出的建议人选已兼顾到香港各界、各方面之间的平衡,代表性相当广泛,筹委会主任委员会议决定完全按照委员们提出的建议人选所获推荐数多少的顺序,确定为推选委员会四部分人士的候选人名单。1996年11月2日,筹委会全体会议以无记名投票方式,从候选人名单中选出了340名推选委员会委员。他们与26名香港地区全国人大代表和经协商推举出来的34名香港地区全国政协委员的代表一起,组成了400人的香港特别行政区第一届政府推选委员会。

二、选举香港特别行政区第一任行政长官人选

香港特别行政区第一任行政长官人选如何产生是香港各界瞩目的一件大事。按照全国人大的有关决定,第一任行政长官人选由推选委员会以协商或协商后提名选举的方式产生。筹委会研究后认为,协商后提名选举的方式更易为广大港人所接受。筹委会第五次全体会议通过的《中华人民共和国香港特别行政区第一任行政长官的产生办法》采纳了协商后提名选举的方式。

按照上述办法,第一任行政长官人选的具体产生过程分为三个阶段。首先是提名,凡有意参选第一任行政长官的人先向筹委会主任委员会议表明参选意愿,经主任委员会议进行资格审查后,符合资格者成为第一任行政长官参选人;然后由推选委员会委员在参选人范围内提名第一任行政长官候选人人选。第二阶段是确定候选人,凡获得推选委员会委员50人或50人以上提名者,成为第一任行政长官候选人。最后是选举,以无记名投票方式进行。

在香港公开报名参加第一任行政长官人选选举的有31人。筹委会主任委员会议进行资格审查后,确定其中的8人为第一任行政长官参选人。1996年11月15日,推选委员会第一次全体会议在香港举行,由推选委员会委员进行第一任行政长官候选人的提名。结果,董建华、杨铁、吴光正3人都获得50人以上的提名,成为第一任行政长官候选人。之后,筹委会主任委员会议在香港组织了候选人答问会议,3位候选人分别介绍了各自的施政主张,并现场回答了各界别推选委员会委员的提问。1996年12月11日,推选委员会在香港以无记名投票方式选举香港特别行政区第一任行政长官人选。当天,400名推选委员会委员全部出席了会议。选举结果,在398张有效票中,董建华获320票,当选为第一任行政长官人选。

1996年12月16日,李鹏总理主持召开国务院第十一次全体会议,决定根据推选委员会选举产生的人选,任命董建华为香港特别行政区第一任行政长官。李鹏总理随即签署了任命董建华的国务院第207

号令。

香港特别行政区第一任行政长官的产生过程贯穿了民主的精神,体现了公开、公平、公正的原则。无论是候选人的提名,还是答问会议,以及最后的投票选举,投票后的开票、唱票和计票均对新闻媒体开放,全过程并通过电视用中文、英文、粤语现场直播。现场有数百名记者进行采访报道。香港社会和国际舆论对这次选举的透明度一致予以好评。

三、设立香港特别行政区临时立法会

关于设立临时立法会的问题,筹委会成立后,及时地进行了研究。委员们一致认为,设立香港特别行政区临时立法会既有实际需要,也有法理依据。

我国政府出于中英合作以利于香港政治体制的顺利衔接和平稳过渡的愿望,本来在香港特别行政区第一届立法会的产生办法方面特别作出了安排。1990年4月4日第七届全国人大第三次会议通过的《全国人民代表大会关于香港特别行政区第一届政府和立法会产生办法的决定》规定,香港最后一届立法局的组成如符合该决定和香港特别行政区基本法的有关规定,其议员拥护中华人民共和国香港特别行政区基本法、愿意效忠中华人民共和国香港特别行政区并符合香港特别行政区基本法规定条件者,经香港特别行政区筹备委员会确认,即可成为香港特别行政区第一届立法会议员。这就是通常所说的"直通车"安排。但是,英方不顾中英联合声明、与基本法相衔接的原则以及中英两国政府达成的有关协议,一意孤行地推行所谓"政改方案",毁弃了这一安排。在这种情况下,1994 年全国人大常委会作出决定,宣布港英最后一届立法局于1997 年 6 月 30 日随英国对香港管治的结束而终止。

按照 1990 年 4 月 4 日全国人大有关决定的规定,香港特别行政区第一届立法会的议员必须通过分区直接选举等三种方式选举产生,这在港英管治下无法进行,也不可能在香港特别行政区成立后很短的时间内完成。1997 年 7 月 1 日香港特别行政区成立时,有许多事项需要由立法机关来负责或参与,这是保证香港的平稳过渡和特别行政区的有效运作所必不可少的。因此,成立一个全部由香港永久性居民组成的临时立法会,作为第一届立法会产生前的一项临时性安排,是体现"港人治港"、高度自治原则的最合适的办法。

香港有一些舆论对筹委会决定设立临时立法会的权力表示质疑,实际上全国人大上述决定第二条已规定,筹委会"负责筹备成立香港特别行政区的有关事宜",设立临时立法会属于这个范畴。作为全国人民代表大会设立的一个权力机构,筹委会已被授权就筹建香港特别行政区的有关事项作出决定,设立临时立法会的有关权力已包含在授权之内。

根据香港特别行政区成立时必须有立法机构的实际情况和全国人大的上述决定,1996 年 3 月,筹委会全体会议通过了设立香港特别行政区临时立法会的决定;10 月,通过了临时立法会的产生办法,其中规定:香港特别行政区临时立法会由香港特别行政区第一届政府推选委员会以无记名投票方式选举产生。临时立法会在香港特别行政区第一任行政长官产生之后组成并开始工作,主要任务是为确保香港特别行政区的正常运作制定必不可少的法律和参与必要的人事安排。其工作至香港特别行政区第一届立法会产生为止,时间不超过 1998 年 6 月 30 日。筹委会关于设立香港特别行政区临时立法会的决定和上述办法是符合 1990年 4 月 4 日七届全国人大第三次会议通过的《全国人民代表大会关于香港特别行政区第一届政府和立法会产生办法的决定》的。

1996 年 12 月 21 日,推选委员会在深圳选举产生了临时立法会的 60 名议员。今年 1 月 25 日,临时立法会议员又以互选方式选举范徐丽泰为临时立法会主席。在临时立法会的 60 名议员中,既有工商界人士,也有不少来自劳工、基层的代表。报名参选的 34 名现任港英立法局议员,33 人当选。就是说,现任港英立法局的大部分议员已当选为临时立法会的议员。临时立法会的组成具有广泛的代表性,从而得到了香港社会的认同。

四、开展对与香港政权交接和平稳过渡有关的重大经济问题的研究

保持香港经济的稳定与发展,对实现香港平稳过渡、保持香港长期繁荣和稳定具有十分重要的意义。为此,筹委会设立了经济小组,充分发挥港人的参与作用,对涉及香港政权交接和平稳过渡的重大问题进行研究并提出建议或意见。筹委会就香港经济有关的问题做了以下工作。

(一)关于与平稳过渡和政权交接有关的问题

97/98 年度财政预算案跨越"九七",且执行的时间大部分在 1997 年 6 月 30 日以后,是一项关系到平稳过渡的重大事项,为此,中英联合联络小组成立了专家组,由中英双方共同编制该年度的财政预算案。筹委会经济小组提出,预算案的编制原则应符合基本法的有关规定,量入为出,力求收支平衡,避免赤字,预算开支的增长要与当地生产总值的增长相适应,要有利于香港经济的长远发展,社会福利的增长要与经济发展相适应。同时对预算案的多项开支、收入政策以及为成立特别行政区所需费用等问题提出了许多具体意见。这些意见已为我主管部门所接受并在对英磋商中提出。目前,中英双方已就预算案的开支部分、收入部分取得共识,编制出了一份涵盖 12 个月的预算案,为

特别行政区政府的正常运作提供了有力保障。

金融的稳定对香港经济、社会的稳定至关重要。筹委会在深入研究的基础上提出了保持香港金融稳定、发展香港的国际金融中心地位的许多意见和建议，并形成了书面材料。

政府资产交接是政权交接的重要组成部分。筹委会经济小组研究了政府资产的类别和管理体制，对应移交的资产的范围、方式提出了意见，并为我有关部门所接纳，目前通过中英联合联络小组与英方的磋商正在进行。

（二）关于香港的大型基建问题

大型基建对香港经济的长远发展有深远影响，保持其连续性，有助于香港经济的繁荣和社会的稳定。但是大型项目的投资巨大，影响深远，关系到未来特别行政区的责任承担和长远利益。为此，中方要求英方将多个跨“九七”的重大项目列入中英联合联络小组磋商的范围。筹委会经济小组先后研究了香港新机场第二条跑道计划和西北铁路计划等大型基建项目。根据经济小组提出的尽快兴建新机场第二条跑道具有必要性、有利于提高新机场的整体效益的意见，中英机场委员会经过磋商后，作出了兴建香港新机场第二条跑道的决定。对于耗资上千亿港元的西北铁路计划，经济小组对其方案的合理性、成本效益提出了许多中肯的意见，这些意见并得到了香港社会的广泛认同和支持。最近，港英政府决定对原方案进行大幅度的修改。

（三）关于香港长远发展的有关问题

筹委会经济小组对关系香港经济发展方向的若干具体问题开展了研究，并完成了研究报告。这些研究成果和建议将提供特别行政区政府参考。

五、关于法律方面的工作

在法律方面，筹委会首先研究了我国国籍法在香港特别行政区的具体实施问题。根据基本法的规定，我国国籍法将在香港特别行政区实施。由于历史形成的原因，国籍问题在香港具有一定的复杂性。如何根据国籍法确定香港居民的中国公民身份，香港社会各界以及国际社会都十分关注。筹委会根据基本法和国籍法的有关规定，以及我国政府对香港居民国籍问题的一贯政策，结合香港的历史和现实情况，提出了灵活宽松的处理方案，并向全国人大常委会提出了就国籍法在香港特别行政区具体实施的若干问题作出解释的建议。根据这一建议，1996 年 5 月 15 日全国人大常委会审议通过了《关于〈中华人民共和国国籍法〉在香港特别行政区实施的几个问题的解释》。

筹委会还研究了《基本法》第二十四条第二款，即哪些人可以成为特别行政区永久性居民的问题。这个问题虽已有原则规定，但在实施过程中还有一些需要进一步明确的具体问题。筹委会针对香港的具体情况，从稳定社会和人心的大局出发，本着有利于平稳过渡的原则，提出了《关于实施〈中华人民共和国香港特别行政区基本法〉第二十四条第二款的意见》，以供香港特别行政区制定有关实施细则时参考。

《国籍法》和《基本法》第二十四条的具体实施问题的解决，受到了广大香港同胞的好评，不仅起到了稳定人心的作用，而且为筹备成立香港特别行政区涉及的处理有关国籍和永久性居民身份问题的工作提供了依据。

法律方面的另一项主要工作是根据原有法律基本不变的原则，全面审查香港原有法律，以便在采用为特别行政区法律时对其中存在的与基本法相抵触的各种问题提出处理意见。筹委会完成了对所有香港现行成文法律共 640 多项条例和 1100 多项附属立法的审查和研究工作。根据审查的情况，原有法律中有几种抵触基本法的情况：一是体现英国对香港殖民统治的法律已全部不适用；二是在一些条例或附属立法中有部分条款抵触基本法；三是对法律中普遍存在的用词和名称抵触基本法。筹委会认为，应针对不同情况，分别处理。除极少数与基本法相抵触的法例不采用为香港特别行政区法律外，对于其他绝大多数的法律，可通过一些解释和适用原则或名称、词句替换原则解决问题，从而使这些法律均可采用为特别行政区法律。这样做完全符合香港原有法律基本不变的原则。

处理香港原有法律时遇到的一个重要问题是如何处理 1991 年 6 月英方不顾我方反对，未经双方磋商同意单方面制定的《香港人权法案条例》。根据基本法和全国人大关于基本法的决定，只有基本法才能具有凌驾于香港其他法律以上的地位。而《香港人权法案条例》包含有该法具有凌驾地位的条款，是抵触基本法的。不仅如此，港英根据该条例的凌驾地位，单方面对香港原有法律作出大面积、大幅度的修改。英方的这种行为，违反了中英联合声明及基本法中关于“现行的法律基本不变”的规定。筹委会建议，《香港人权法案条例》仍可采用为香港特别行政区的法律，但其中涉及其凌驾地位的条款应予以删除。极少数的条例，由于人权法案的凌驾条款而作出了重大修改，对这些重大修改，筹委会也建议不采用为香港特别行政区的法律。

根据以上情况，筹委会提出了《关于处理香港原有法律问题的建议》，提请全国人大常委会审议。1997 年 2 月 23 日，第八届全国人大常委会第二十四次会议通过了《关于根据〈中华人民共和国香港特别行政区基本法〉第一百六十条处理香港原有法律的决定》。

六、庆祝活动方面的有关安排

香港回归祖国，是包括香港同胞在内的全体中国人民的一件大喜事。届时举办各类活动庆祝回归，是广大香港同胞的共同愿望。为有利于香港社会各界的广泛参与，使各项活动得以良好组织和顺利进行，筹委会确定了香港回归祖国民间庆祝活动总体方案的大致框架，支持并推动成立了“香港各界庆祝回归委员会”（简称“庆委会”）。“庆委会”由逾千名香港人士组成，设主席团和执行委员会，主要任务是在筹委会统一部署下，发动香港社会各界人士积极参与香港回归祖国的庆祝活动，筹划、组织全港性民间的庆祝活动，推动各界别、各地区开展庆祝活动。“庆委会”得到香港各界人士的支持，目前正在积极筹划迎接香港回归的几个大型的民间庆祝活动。

为了永久纪念香港回归祖国这一历史盛事，筹委会通过了《全国人民代表大会香港特别行政区筹备委员会关于建立香港回归祖国纪念碑的决议》，建议在香港建立一座香港回归纪念碑，由香港特别行政区政府负责筹建。

鉴于在庆祝香港回归的各项活动中将大量使用香港特别行政区区旗、区徽，为了维护区旗、区徽的尊严，筹委会制订了《中华人民共和国香港特别行政区区旗、区徽使用暂行办法》，以便在香港特别行政区成立之前，通过这个暂行办法，对正确地使用区旗、区徽作出指引。

此外，筹委会还就香港文化领域内一些与平稳过渡相关并为广大港人所关注的问题提出了建议或作出了决定。例如，现行香港教科书中有些内容既不符合历史和现实，也与“九七”之后的变化不相适应，与“一国两制”的精神及基本法相抵触，需要进行修改。为此，筹委会通过了《全国人民代表大会香港特别行政区筹备委员会关于教科书问题的决议》，对“九七”后香港教科书的编订提出了原则性的指引。再如，在香港现有的公众假日中，有的是反映英国统治香港的事实的，带有殖民主义色彩，在“九七”之后应作出调整。为此，筹委会作出决定，对 1997 年下半年和 1998 年全年香港公众假日作出了过渡性安排，1998 年及其以后的公众假日则留待香港特别行政区自行决定。考虑到在香港所谓公众假日并不适用于全体市民，公众假日并不一定就是劳工有薪假日，筹委会主任委员会议还通过了《全国人民代表大会香港特别行政区筹备委员会主任委员会议关于 1997 年下半年香港劳工有薪假日安排的建议》，建议把中华人民共和国国庆日和香港特别行政区成立日列为劳工有薪假日。

各位代表：

“一国两制”是我国政府处理香港问题的基本方针。筹委会所进行的筹备成立香港特别行政区的各项工作，就是要落实“一国两制”的方针，为“港人治港”、高度自治创造条件，打好基础。为此，筹委会在制订有关办法、作出有关决定时，都是以“一国两制”的方针为指导，以基本法和全国人大及其常委会的有关决定为根据。同时，在开展工作的过程中，筹委会坚持面向港人，依靠港人，充分吸纳港人的意见，推动广大港人参与到筹建香港特别行政区的伟大事业中来。正因为如此，筹委会的工作取得了顺利进展。我们还高兴地看到，香港特别行政区第一任行政长官产生后，筹组香港特别行政区第一届政府的工作也在顺利进行。1997 年 1 月 24 日，董建华先生公布了香港特别行政区第一届行政会议的成员名单。2 月 20 日，董建华先生提名的香港特别行政区第一届政府的 23 名主要官员也获得了国务院任命。这两件事在香港也获得了广泛好评。目前，香港的回归大局已定，形势令人鼓舞。筹委会下一阶段的重要工作是抓紧制定香港特别行政区第一届立法会的具体产生办法，以便在 1998 年早些时候进行香港特别行政区第一届立法会的选举。

各位代表：以上是关于香港特别行政区筹备委员会一年多来工作情况的报告，请大会审议。

谢谢各位。

全国政协八届常委会举行二十次会议

会议由中共中央政治局常委、全国政协主席李瑞环主持。

受主席会议委托，全国政协副秘书长朱作霖在会上综合汇报了全国政协八届五次会议进展及各组讨论情况。朱作霖说，八届五次会议开幕以来，已举行 5 次全体会议，分别听取了政协常委会工作报告和提案工作报告，听取了 36 位委员的大会口头发言。列席人大全体会议 3 次，听取了政府工作报告和计划财政等方面的报告。49 个小组对“两会”的报告进行了 8 次分组讨论。委员们紧紧围绕“两会”主题，遵循大会的指导思想，畅所欲言，热烈讨论，发表了许多很好的意见和建议。

会议通过了政协第八届全国委员会第五次会议政治决议草案、政协第八届全国委员会第五次会议关于常务委员会工作报告的决议草案、政协第八届全国委员会提案委员会关于政协八届五次会议提案审查情况的报告草案。

台湾远东航空公司一架波音 757 飞机由台湾高雄飞往台北途中被劫持于 15 时 36 分安全降落在厦门机场

解放军全军车辆号牌“改挂与更换”工作会议在北京召开

经国务院、中央军委批准，人民解放军（含武警部队)车辆管理将实行改革:军队生产经营车辆改挂地方号牌;全军统一更换"97式"防伪军车号牌;全国道路桥梁和停车场免收军车通行费和停车费。

中国海军舰艇编队抵达美国夏威夷开始对美国墨西哥秘鲁和智利进行访问

应美国、墨西哥、秘鲁、智利等国海军邀请,在中国人民解放军海军南海舰队司令员王永国中将率领下,由海军112号和166号导弹驱逐舰以及南运953号综合补给船组成的中国海军舰艇编队于3月10日至4月22日对上述各国进行友好访问。

3月11日

八届全国人大五次会议举行第五次全体会议

会议听取最高人民法院工作报告和最高人民检察院工作报告。

最高人民法院院长任建新在八届全国人大五次会议上作《最高人民法院工作报告》

各位代表:

现将人民法院1996年的工作情况和1997年的主要工作任务报告如下,请予审议,并请全国政协各位委员提出意见。

1996年是实施"九五"计划的第一年。全国各级人民法院和军事、海事等专门人民法院在党的领导和人大的监督下,根据八届全国人大四次会议批准的《最高人民法院工作报告》确定的任务,全面开展审判工作,全年共受理刑事、民事、经济、行政、海事各类一审案件5264619件,审结5237544件,分别比上年上升15.82%和15.53%,上升幅度超过了前几年。通过审判工作,对维护社会稳定,保障改革开放和社会主义现代化建设事业的顺利进行,发挥了积极的作用。

一、集中力量严厉打击严重危害社会治安的犯罪,严惩贪污、贿赂等犯罪,全力维护社会稳定

保持社会稳定,是顺利推进改革开放和经济发展的基本前提。1996年,全国法院坚决贯彻执行党中央作出的在全国范围内开展"严打"集中统一行动的重大决策,集中力量,迅速投入"严打"斗争。全年共受理一审刑事案件572058件,审结570334件,分别比上年上升15.39%和14.97%。判决并已发生法律效力的614323人。其中,判处五年以上有期徒刑、无期徒刑和死刑(包括死缓)的265293人,占总数的43.18%,比上年上升2.84个百分点;判处五年以下有期徒刑、拘役、管制的338347人;免予刑事处分的8535人;宣告无罪的2148人。全国法院在"严打"和打击经济犯罪的斗争中,坚持依法从重从快和依法从严惩处的方针,始终把斗争的锋芒对准打击的重点;坚持严格依法办案,认真执行宽严相济的政策,注重办案质量;上级人民法院加强对下级人民法院的监督、指导;狠抓大案要案,并通过宣传舆论工具,及时公布审判结果。广大审判人员以高度的政治责任感,斗志昂扬,不怕疲劳,努力工作,依法判处了一大批严重危害社会治安和贪污、贿赂等犯罪分子,初步扭转了一些地方社会治安不好的状况,推动了反腐败斗争的深入开展。人民法院在打击严重危害社会治安和严重经济犯罪的斗争中,主要做了以下工作:

狠狠打击暴力犯罪、涉枪犯罪和集团犯罪。杀人、抢劫、爆炸、绑架勒索、强奸、重大盗窃等犯罪,特别是各种涉枪犯罪和带黑社会性质的集团犯罪以及流氓恶势力犯罪,严重侵犯公民的人身财产安全,危害社会治安,破坏社会稳定,是"严打"斗争的重点。人民法院与公安、检察、司法行政机关密切配合,不断强化打击力度,对那些犯罪集团的首要分子,犯罪手段残忍、社会危害大的犯罪分子,特别是那些在"严打"集中统一行动中继续作案的犯罪分子,坚决依法严惩。全年共判处严重危害社会治安的犯罪分子322382人。其中,判处五年以上有期徒刑、无期徒刑、死刑(包括死缓)的211900人,占总数的65.73%,比上年上升2.48个百分点。人民法院依法从重从快判处了一批在全国或者一些地方有重大影响的案件,犯罪分子受到法律的严厉制裁。

坚决惩治毒品等犯罪。同毒品犯罪作斗争,直接关系到民族的兴旺,国家的昌盛。人民法院把严厉打击毒品犯罪活动作为"严打"的一项重要任务,坚决执行全国人大常委会《关于禁毒的决定》,依法从重惩处犯罪分子。全年共判处毒品犯罪分子13773人。全国有27个省、自治区、直辖市人民法院还在"6·26"国际禁毒日开展了集中宣判活动,判处毒品犯罪分子1725人,教育和鼓舞了群众,震慑了犯罪分子。去年人民法院积极参加扫"黄"打"非"斗争,扫除各种社会丑恶现象,依法严惩组织、引诱、容留妇女卖淫,拐卖妇女,聚众赌博,制售淫秽物品,以及非法出版等犯罪,全年共判处这类犯罪分子11623人。

严厉打击贪污、贿赂、挪用公款犯罪。打击经济犯罪,惩治腐败,是巩固社会主义制度,确保国家长治久安的重要措施,是进行"两个文明"建设的重要保障。1996年,人民法院针对一些地方贪污、贿赂等犯罪严重,大案要案不断发生,犯罪数额越来越大的情况,认真执行中央关于深入开展反腐败斗争的指示精神,坚决贯彻依法从严惩处的方针,进一步加强对经济犯罪大案要案的审判,继续重点惩处发生在党政领导机关、行政执法机关、司法机关和经济管理部门中的贪污、贿赂、挪用公款、徇私舞弊等犯罪。全年共判处这类犯罪分子 65424 人，比上年上升 4.38%。在审结的案件中，贪污、贿赂、挪用公款等万元以上的案件 15827 件，比上年上升 9.89%。其中，100 万元以上不满 1000 万元的案件 397 件，上升 60.73%；1000 万元以上的案件 59 件，上升 20.41%。判处县(处)级以上干部 408 人，其中有省(部)级干部 1 人，司(局)级干部 43 人，县(处)级干部 364 人。这些犯罪分子都依法受到了严厉制裁。

严厉打击破坏经济秩序的犯罪。去年，一些地方金融诈骗、走私贩私、偷税抗税、利用增值税专用发票骗取国家出口退税、制售假冒伪劣商品等犯罪活动猖獗，严重破坏经济秩序，危害改革开放，损害人民利益。各级人民法院依照刑法和全国人大常委会关于惩治破坏金融秩序犯罪和惩治生产、销售假冒伪劣商品犯罪等决定，继续严惩各种破坏经济秩序的犯罪，全年共判处这类犯罪分子 17473 人，比上年上升 17.66%。

结合"严打"斗争，认真落实社会治安综合治理的各项措施。一年来，各级人民法院积极参加社会治安综合治理工作，结合各地实际情况，配合有关部门，针对本地区社会治安存在的突出问题进行集中整治，落实综合治理的措施。各地法院在审判工作中，妥善处理涉及群众切身利益的集团诉讼和群体性纠纷，及时化解矛盾，防止矛盾激化。进一步改进人民法庭工作，加强对人民调解委员会的业务指导，积极调解民间纠纷，促进了基层基础建设。许多法院采取电视直播、法庭传真等形式，开展法制宣传教育工作，扩大审判工作的社会效果。在审理未成年人犯罪案件的工作中，认真贯彻教育、感化、挽救的方针，配合有关部门和学校、家庭对青少年进行社会主义思想道德教育和法制教育，以预防和减少犯罪的发生。对审理案件中发现的有关单位和部门在管理制度中存在的问题，积极提出司法建议，促使有关部门堵塞漏洞，完善管理。做好减刑、假释工作，对那些认罪服法，确有悔改或立功表现的罪犯，依法给予减刑、假释。

二、依法调节经济关系和其他社会关系，保护公民、法人的合法权益

去年，全国法院在开展"严打"斗争的同时，进一步强化依法调节的职能，处理了大量与经济社会发展和人民安居乐业密切相关的民事、经济、海事、行政案件。共受理这几类一审案件 4692561 件，审结 4667210 件，分别比上年上升 15.87% 和 15.6%。在审结的案件中，有民事案件 3083388 件；经济纠纷案件 1500647 件；海事海商案件 3648 件；行政案件 79527 件。依法审理这些案件，有利于维护社会主义市场经济秩序，增强人民内部团结，消除不安定因素，促进社会主义精神文明建设。人民法院在这方面着重抓了以下几类案件的审判：

依法妥善处理涉及经济秩序与金融秩序的案件，促进经济持续快速健康发展。去年，全国法院紧紧把握国家宏观调控的大局，重点审理了涉及企业深化改革、整顿市场经济秩序和金融秩序方面的案件，坚决反对不正当竞争，制裁利用合同诈欺、故意违约、赖账不还、制售假冒伪劣商品等违法行为。通过妥善审理破产案件，促进产业结构调整，及时发现和制止一些地方假破产、真逃债的问题。对企业间因购销、建筑施工、加工承揽合同发生的债务纠纷案件，不仅考虑到办案的法律效果，而且注意到社会效果。去年，经济合同纠纷案件中出现的一个显著变化，是借款合同纠纷案件超过历年居首位的购销合同纠纷案件，达到 550887 件，跃居第一位；股票、债券、票据纠纷上升 87.81%；融资租赁合同纠纷也上升 32.06%。这反映出某些地区违法拆借资金、违规提供担保、不按规定贷款等问题还比较严重。各级人民法院积极采取措施，会同有关部门及时研究审判实践中遇到的问题，依法处理了一大批这方面的案件，对解开企业间的"债务链"，加速资金周转，维护金融秩序，落实国家宏观调控措施起了促进作用。

认真审理涉及农业和农民负担的案件，促进农业和农村经济发展。为了推进我国农业实现两个根本性转变，促进农业持续稳定增长，保护广大农民的合法权益，一年来，人民法院审理了大量涉及农业和农村经济的案件，如非法侵占耕地、坑农害农、破坏农业生产、拖欠农民卖粮款和卖棉款的案件等等。去年，全国法院共审结这类案件 116419 件。针对农村一些地方乱收费、乱摊派、乱罚款问题又有回升，农民负担又有加重的情况，对于向人民法院起诉的非法收取钱物，加重农民负担，侵害农民利益的"三乱"案件，及时立案，依法审理，坚决纠正。对于不属加重农民负担的合法行政决定，判决予以维持。人民法院还结合办案向群众讲解有关法律规定，教育人民群众依法纳税，依法承担费用和劳务，服从行政机关合法、正确的管理。

依法审理好房地产案件，促进房地产业的健康发展。随着国家宏观调控政策的实施和住房制度改革的进行，涉及房地产方面的纠纷不仅数量增多，而且内容也发生了很大变化。去年人民法院共审结这类案件 129054 件，比上年上升 15.43%，其中房地产开发经营案件占有相当比重。这些案件争议标的金额大，各地区差异大，法律关系复杂，很多纠纷发生在房地产管理法施行之前，加之规范房地产业的法律政策尚不健全，经营管理还不够完善，都给审理工作带来一些困难。

为了指导各地法院正确审理房地产案件，最高人民法院在调查研究的基础上，及时作出了《关于审理房地产管理法施行前房地产开发经营案件若干问题的解答》，并提出了审理房地产开发经营案件要贯彻有利于房地产业健康发展，有利于保护有效合同，有利于公平保护当事人合法权益的原则。各级人民法院遵循这一原则，从实际出发，依法办案，妥善处理，促进了房地产市场的正常发展。

依法审理知识产权案件，加强对知识产权的司法保护。我国十分重视对知识产权的司法保护，人民法院在这方面正发挥越来越重要的作用。去年共审结专利、商标、著作权等知识产权案件4009件。这些案件大多发生在经济、文化发展水平较高的地区，而且影响大，公众普遍关注。其中有些大案直接影响我国对外经济贸易关系和科技文化交流，涉及国家的重大利益。人民法院高度重视对知识产权案件的审判，有些高级人民法院和大中城市的中级人民法院设立了知识产权审判庭或者专门合议庭，培养了一批专业水平较高的法官，妥善审理了一批案件，公正地保护了知识产权案件中外当事人的合法权益。对知识产权领域中的抄袭、非法复制、假冒等故意侵犯知识产权，破坏科技文化市场秩序的侵权行为，构成犯罪的，依法追究了刑事责任；对其他严重侵权行为，依法对侵权人给予了民事制裁。

正确处理婚姻家庭案件，弘扬社会主义道德风尚。多年来，婚姻家庭案件在民事案件中一直居首位，尤其是离婚、抚育、赡养、继承等案件上升幅度较大。去年，全国法院审结婚姻家庭案件达1397668件，占民事案件总数的45.33％，比上年上升了6.31％。人民法院审理婚姻家庭案件，严格依照婚姻法、继承法、妇女权益保障法、老年人权益保障法和未成年人保护法等有关法律，不仅对当事人进行社会主义法制教育，而且进行社会主义伦理道德教育，促使当事人树立正确的婚姻家庭观和道德观。对破坏他人婚姻家庭，不尽赡养抚养义务，虐待遗弃老人、子女，侵害他人民事权利的违法行为，除依法责令其承担民事责任和民事义务外，对构成犯罪的，还依法追究刑事责任，依法保护了受害人特别是妇女、儿童和老人的合法权益。

依法审理涉外、涉港澳、涉台案件，平等保护各方当事人的合法权益。随着我国改革开放和对外经济贸易的发展，人民法院受理的涉外和涉港澳、涉台案件逐渐增多。去年，全国法院共审结涉外案件3287件，比上年上升24.98％；审结涉港澳、涉台案件3831件，比上年上升11.59％。人民法院审理涉外案件，严格执行我国法律，遵守我国缔结和参加的国际条约，重视合同约定，参照国际惯例，依法保护中外当事人的权益，努力为投资者提供司法保障。人民法院审理涉港澳、涉台案件，依照国家的法律政策，根据“一国两制”的方针，从有利于促进内地与港澳地区经济贸易关系的发展，有利于推动两岸经济文化交流与合作出发，秉公办案，切实维护当事人的合法权益。根据我国加入的国际公约和与有关国家签订的司法协助协定，我国法院还委托外国法院送达和接受外国法院委托送达司法文书700件。

三、坚持严肃执法、公正裁判

严肃执法是社会主义法制建设的重要内容，是党和国家对司法活动的根本要求。一年来，全国法院在坚持严肃执法、提高司法水平方面，采取了一些措施，主要是：

全面推进审判方式改革。去年，八届全国人大四次会议审议通过了《关于修改〈中华人民共和国刑事诉讼法〉的决定》，这是我国社会主义民主与法制建设的重大成果，也使人民法院改革和完善审判方式有了更好的条件。最高人民法院于去年7月召开了全国法院审判方式改革工作会议，确定以学习贯彻修正后的刑事诉讼法、推进刑事审判方式改革为重点，全面改革和完善民事、经济、行政审判方式，并进行了具体的工作部署。各地法院组织广大审判人员认真学习刑事诉讼法并进行了大规模的培训；还确定了一批试点单位，积极探索按照修正后的刑事诉讼法改革庭审方式的经验。与此同时，民事、经济、行政审判方式的改革和完善也得到进一步推进。改革的基本内容是依法强化庭审功能，强化合议庭和独任审判员的职责；加强对人民群众合法权益的司法保护。核心是进一步贯彻公开审判的原则，凡是依法应当公开审判的案件，都做到公开审判，把审判活动更好地置于社会监督之下。实践表明，积极改革审判方式，有利于保证严肃执法、公正裁判，提高办案质量和效率，促进法院廉政建设，提高法官队伍素质。

加强审判监督和业务指导。一年来，上级人民法院对下级人民法院的审判工作加强检查，发现问题，及时纠正。最高人民法院直接审理了二审、再审刑事、经济、民事、行政案件和国家赔偿案件4095件，比上年上升26.74％；针对审判工作中出现的新情况和如何具体应用法律的问题，作出有关新实施的法律的司法解释30件，规范司法活动，强化业务指导。各级人民法院进一步加强了处理告诉、申诉工作，共处理告诉、申诉信访520余万件（人）次。对告诉、申诉有理的，依法及时立案，决定再审或者提审；对其中原判确有错误的，按照“有错必纠”的原则，依法予以改判。去年，全国法院还审结了检察机关按照二审程序提起抗诉的刑事案件2248件，按照审判监督程序提起抗诉的刑事案件 167 件，共计 2415 件。其中，抗诉有理，原判确有错误，依法改判的 683 件；原判正确，抗诉理由不能成立，维持原判的 1089 件；撤回抗诉、发回重审或者作其他处理的 643 件。与此同时，还审理了一批检察机关按照审判监督程序提起抗诉的民事、经济和行政案件。

改进和加强执行工作。对人民法院生效的判决和裁定，大多数当事人能够自觉履行。但也确有一部分当事人拒不履行裁判确定的义务。为了推动执行工作的进一步开展，各级人民法院普遍实行审执分开，健全执行机构，强化执行措施，加大执行力度，对人民法院作出的已经发生法律效力的裁判坚决执行，以维护法律的严肃性。广大执行人员以对国家和人民高度负责的态度，克服困难，排除干扰，根据当事人的申请，全年共执行人民法院裁判的民事、经济、行政案件 1374012 件，执行金额 578 亿元；执行行政机关申请执行的行政决定 252538 件，对保护当事人的合法权益，支持行政机关依法行使职权，维护社会稳定，起了积极作用。同时，最高人民法院还针对一些法院违法执行、滥用强制措施、非法扣押当事人等现象，下发了《关于必须严格控制对被执行人采取拘捕措施的通知》，强调执行工作必须依法进行，绝不允许无管辖权办案，不允许超标的查封当事人的财产，不允许随意执行案外人或者第三人的财产，不允许以抓人促执行，严肃查处执行违法行为。对造成严重后果的直接责任人员要依法追究责任，直至追究刑事责任，进一步规范了执行秩序。

四、加强队伍建设，提高法官素质

为了保证严肃执法，司法公正，一年来，全国法院认真贯彻执行法官法，继续狠抓了队伍的思想政治建设、廉政建设和业务建设。

加强思想政治建设。各级人民法院组织全体法院工作人员深入学习马克思列宁主义、毛泽东思想和邓小平建设有中国特色社会主义理论，努力培养和树立公正无私、刚正不阿、依法办案、清正廉洁的良好职业道德，积极发扬恪尽职守、勤奋高效、奋发向上、甘于奉献的敬业精神和实事求是、深入扎实、文明执法、热情服务的职业作风。优秀法官谭彦公正廉洁、爱岗敬业、顽强拼搏、无私奉献的事迹在全社会宣传报道后，全体法官和工作人员受到巨大的激励和鼓舞，掀起了学习谭彦，争创优秀法院、争做优秀法官、争建优秀法庭的热潮。全国法院涌现出一批先进集体和先进个人。全年有 2953 个单位分别被授予集体一、二、三等功，9060 人分别荣立一、二、三等功，其中 46 人被授予全国法院模范称号。

加强自身廉政建设。各级人民法院在队伍建设中，重视自身的廉政建设，结合审判工作特点，把吃请受礼，办"关系案"、"人情案"，搞地方和部门保护主义，裁判不公，作为法院反腐败斗争的重点；进一步建立健全了内部监督机制，完善执法违法的追究制度；加大了查办案件的力度；普遍推行了廉政建设领导责任制，一级抓一级，层层抓落实。最高人民法院派出检查组，对一些高级人民法院领导班子廉洁自律的情况进行检查、督促；对违法违纪的典型案件作出严肃处理，并向全国法院发出通报，狠刹各种不正之风。许多法院还采取聘请廉政监督员、执法监督员等形式，积极建立外部监督机制，广泛听取社会各界的批评和建议。各级人民法院坚持从严治院，对于在办案中贪污受贿、徇私舞弊、枉法裁判等问题，一经发现，坚决查办。去年共处理各类违纪违法人员 1051 人，其中受刑事处分的 59 人，内有审判人员 50 人。

加强业务建设。为了适应审判工作发展的需要，提高法官队伍的业务素质，各级人民法院按照法官法的要求，采取办培训班、开研讨会等形式，大力开展岗位培训，不断补充和更新知识。最高人民法院制定、下发了《1996—2000 年全国法院干部教育培训规划》。在党中央、全国人大和国务院的重视、支持下，国家法官学院已经筹建完毕。国家法官学院的成立，为我们搞好法官的正规化培训创造了前所未有的条件。我们将以国家法官学院为基地，培养更多的高素质法官，进一步提高司法水平。

各位代表：最高人民法院和地方各级人民法院接受人民代表大会及其常委会的监督，对法院工作中的重大问题向人大常委会汇报；及时办理人大代表、政协委员的议案、提案；许多法院邀请人大代表视察、评议法院的工作，认真听取人大代表的批评、意见和建议。不少地方的人大常委会作出了加强法院审判工作和执行工作的决定，有力地支持了人民法院的工作。

各位代表：在过去的一年里，全国法院工作取得了进展，但也存在一些缺点和问题，主要是：一些案件审判质量不高，特别是少数经济、民事案件裁判不公；有些案件久拖不决，超过审限；有的法院滥用强制措施，甚至以抓人促执行；在自身廉政建设方面还有薄弱环节，少数工作人员违法乱纪；法官队伍的整体素质和司法水平尚不适应形势发展的需要；等等。出现上述问题，原因是多方面的，主要是各级人民法院思想认识不足，管理不严，制度不健全，少数人办案受"利益驱动"以及地方和部门保护主义的影响，特别是最高人民法院重视不够，采取措施不果断，查处不及时，以致有些问题在较长时间内未得到纠正。今后，最高人民法院和地方各级人民法院要进一步努力工作，针对存在的缺点和问题，采取积极有效措施，认真加以克服和解决。

五、1997年人民法院的主要工作任务

今年是我国历史发展上的重要一年，我国将对香港恢复行使主权，党的十五大将要召开。这是举世瞩目的两件大事。因此，必须维护社会稳定，保持经济持续快速健康发展。新的形势对人民法院的工作提出了更高的要求。1997年，全国法院工作的指导思想是：以邓小平建设有中国特色社会主义理论为指导，坚决贯彻党的基本路线和基本方针，认真贯彻落实党的十四届五中、六中全会精神，继续深入开展"严打"斗争，全面加强各项审判工作，深化审判方式改革，大力加强队伍建设，进一步提高法官队伍素质，努力提高司法水平，积极推进依法治国、建设社会主义法制国家的进程，为改革、发展、稳定服务，促进社会主义物质文明和精神文明建设的协调发展。为此，今年要着重抓好以下几个方面的工作：

第一，坚持不懈地开展"严打"斗争。要在认真总结去年"严打"集中统一行动成功经验的基础上，继续深入持久地开展"严打"斗争，把集中统一行动、专项斗争和经常性"严打"工作紧密结合起来，坚定不移地贯彻依法从重从快的方针，依法严惩杀人、抢劫、爆炸等严重危害社会治安的犯罪分子，坚决依法惩处危害国家安全的犯罪分子，巩固和发展"严打"的成果。各级人民法院要按照党的十四届六中全会的要求，依法严惩卖淫嫖娼、制黄贩黄、聚众赌博等犯罪分子，特别是要根据国家"九五"期间加强禁毒工作的部署，把严厉打击祸国殃民的毒品犯罪活动作为"严打"的一项突出任务，加大打击力度，坚决扫除"黄赌毒"等社会丑恶现象。切实落实社会治安综合治理的各项措施，加强法制宣传教育，努力消除不安定因素，预防和减少犯罪的发生，坚决维护社会稳定。

第二，继续依法严惩贪污、贿赂等犯罪分子。当前，反腐败斗争的形势仍然严峻。打击经济犯罪是反腐败的重要内容。各级人民法院要按照中央提出的反腐败和廉政建设的要求，把打击严重经济犯罪的斗争深入、持久地开展下去。坚持依法从严惩处的方针，重点惩处发生在党政领导机关、行政执法机关、司法机关和经济管理部门以及县(处)级以上领导干部贪污、受贿、挪用公款、徇私舞弊等犯罪分子。对于严重侵犯群众利益、国有企业领导干部肆意侵吞国家财产和法人违法违纪造成国有资产严重流失，构成犯罪的，坚决依法惩办。继续严惩走私、金融诈骗等严重破坏经济秩序的犯罪。特别是要抓好大案要案的审判，以推动反腐败斗争取得更大的进展。

第三，依法调节经济关系。要大力加强经济审判工作和执行工作，特别要注意审理好与加强农业基础地位、深化国有企业改革、整顿金融财税秩序、调整产业结构、完善社会主义市场经济体制、提高对外开放水平等密切相关的案件，规范市场行为，维护社会主义市场经济新秩序，推进现代企业制度的建立，保障和促进国民经济的持续快速健康发展。

第四，依法保护公民、法人的合法权益。要全面开展民事、行政等各项审判工作，依法审理好婚姻家庭、损害赔偿、民间债务、劳动争议、山林水利以及土地、治安等同群众生产、生活密切相关的案件，妥善处理经济转轨过程中产生的人民内部矛盾，保护公民、法人和其他组织的合法权益，及时化解和消除影响社会稳定的因素，维护和监督行政机关依法行政，密切政府与人民群众的关系。结合审判工作，开展以案讲法等生动活泼的法制宣传活动，积极弘扬社会主义道德风尚，促进全社会形成团结互助、平等友爱、共同前进的社会主义新型人际关系，促进社会的安定团结。

第五，进一步提高司法水平。为坚持严肃执法，确保司法公正，今年上半年，全国法院要集中力量开展一次执法大检查活动，切实解决地方和部门保护主义对审判工作的干扰和影响，严肃查处裁判不公、违法办案等违法违纪行为，发现一起，坚决纠正一起。进一步健全监督制约机制，加强经常性的执法检查。在执法检查中，各级人民法院应当邀请人大代表和政协委员参加。修正后的《刑事诉讼法》已于今年1月1日起实施，最高人民法院已制定下发了《关于执行〈中华人民共和国刑事诉讼法〉若干问题的解释(试行)》，各级人民法院要认真执行。要以刑事审判方式改革为重点，继续全面推进民事、经济、海事、行政审判方式的改革和完善。本次会议正在审议《中华人民共和国刑法(修订草案)》，如获通过，各级人民法院要认真学习，坚决贯彻执行。最高人民法院和高级人民法院要针对审判工作中出现的新情况、新问题，及时加强指导，监督、支持下级人民法院严格依法办案。在党委、人大和政府的重视、支持下，逐步解决人民法院办案经费不足、装备落后等困难，进一步改善执法条件。

第六，努力建设一支高素质的法官队伍。要按照党的十四届六中全会和江泽民同志在中纪委八次全会上的重要讲话精神，结合法院实际，在全国法院系统广泛开展一次以坚持严肃执法，加强廉洁自律，严守职业道德，改进审判作风为内容的思想政治教育和纪律作风整顿活动。各级人民法院要坚持全心全意为人民服务的宗旨，讲学习、讲政治、讲正气，继续深入开展学习优秀法官谭彦先进事迹的活动，树立正确的世界观、人生观、价值观。以解决裁判不公问题为重点，坚决纠正各种不正之风，严肃查处违法违纪行为，对徇情枉法、贪赃枉法的，坚决依法严惩。最高人民法院和各高级人民法院都要狠抓违法违纪的典型案件，一查到底，从严处理,以指导、推动法院自身反腐败斗争的深入开展。同时,要按照法官法的规定,严把进人关,对不符合法官条件的坚决进行清理,并进一步加强法官培训,为建设一支政治强、业务精、纪律严、作风正的人民法官队伍而努力。

各位代表:今年 7 月 1 日,我国将对香港恢复行使主权。根据宪法和香港特别行政区基本法的规定,将设立香港特别行政区,实行“一国两制”,“港人治港”,高度自治。香港特别行政区依照法律享有独立的司法权和终审权。香港回归后,香港法院与全国其他地区法院的交往和联系必将增多。最高人民法院将会同有关部门,根据香港特别行政区基本法第九十五条关于“香港特别行政区可与全国其他地区的司法机关通过协商依法进行司法方面的联系和相互提供协助”的规定,按照“一国两制”的原则,加强同香港法院的联系与协助。

各位代表:在新的一年里,人民法院的任务更加繁重和艰巨。我们要继承邓小平同志的遗志,高举邓小平建设有中国特色社会主义理论的伟大旗帜,坚持党的基本路线,在以江泽民同志为核心的党中央领导下,在人大的监督下,把握大局,再接再厉,同心同德,开拓前进,把人民法院的审判工作提高到一个新的水平,为改革、发展、稳定服务,保障和促进社会主义物质文明和精神文明建设的协调发展。

最高人民检察院检察长张思卿在八届全国人大五次会议上作《最高人民检察院工作报告》

各位代表:

现在,我就 1996 年检察工作的主要情况和 1997 年工作安排向大会作报告,请予审议,并请全国政协各位委员提出意见。

过去的一年,全国各级人民检察院自觉地把检察工作置于党和国家的工作大局之中,坚决贯彻党中央的总体部署,按照八届全国人大四次会议的要求,坚持为经济建设服务的指导思想,坚持“严格执法,狠抓办案”的工作方针,认真履行法律监督职责,坚决查办贪污、贿赂、徇私舞弊等国家工作人员职务犯罪大案要案,严厉打击严重刑事犯罪活动,大力加强执法监督,各项检察工作全面开展。

一、坚决查办贪污、贿赂、徇私舞弊等职务犯罪大案要案,促进反腐败斗争深入发展

1996 年,在党中央的领导下,各级党政机关加大了反腐倡廉的力度,人民群众积极支持、参与,反腐败斗争取得新的进展。查办贪污贿赂犯罪和国家工作人员徇私舞弊等职务犯罪案件,是反腐败斗争的一项重要任务,是法律赋予检察机关的重要职责。去年,检察机关共立案侦查贪污、贿赂、挪用公款、巨额财产来源不明等犯罪案件 61099 件;立案侦查徇私舞弊、非法拘禁、玩忽职守等渎职和侵犯公民人身权利、民主权利的犯罪案件 21257 件;为国家和集体挽回直接经济损失 67.8 亿元。总的看,工作逐步深入,取得一定成效。

(一)查办发生在党政领导机关、行政执法机关、司法机关和经济管理部门的犯罪案件特别是领导干部犯罪要案增多。去年查办的犯罪嫌疑人中,有党政领导机关工作人员 3622 人;行政执法机关工作人员 2134 人;司法机关工作人员 4471 人;经济管理部门工作人员 3303 人;合计 13530 人,比上年上升 3.5%。查办县处级以上领导干部 2699 人(属“三机关一部门”的 790 人),上升 10%,其中厅局级 143 人,省部级 5 人;已经侦查终结并向法院提起公诉 961 人。工作中,突出查办影响大、震动大的犯罪案件,注意挖窝案、串案。在北京立案侦查了铁英在担任市政府秘书长等职务期间涉嫌受贿犯罪案、黄纪诚在担任市长助理等职务期间涉嫌受贿犯罪案;在海南查办了韦泽芳在担任省委常委、政法委书记期间涉嫌受贿犯罪案、辛业江在担任省证券委副主任期间涉嫌受贿犯罪案;在山东泰安又挖出了原市委常委、常务副市长乔善泉,原市委常委、宣传部部长亓志文,原副市长刘仁安及 5 名县处级领导干部涉嫌贪污、贿赂犯罪案件。依法查办领导干部犯罪要案,充分表明了党和国家坚持不懈地抓反腐败斗争,加强党风政风建设的决心和行动,进一步巩固和发展了反腐败斗争的成果,得到了广大干部群众的拥护和支持。

(二)查办大案数上升幅度大。全年共立案侦查贪污、贿赂、挪用公款等犯罪大案 34879 件,渎职和侵犯公民人身权利、民主权利犯罪大案 4864 件,分别比上年上升 7.7%和 17.5%。在这些案件中,贪污、贿赂几十万、几百万元,挪用公款几百万、几千万元的犯罪案件占相当比例。贪污、贿赂 10 万元以上不满 100 万元的 2227 件,100 万元以上的 156 件;挪用公款 50 万元以上不满 100 万元的 383 件,100 万元以上不满 1000 万元的 417 件,1000 万元以上的 57 件,其中超亿元的 5 件。工商银行珠海市湾仔支行原副行长黄仲棠涉嫌挪用公款 1.28 亿元、贪污 35 万多元,被依法立案侦查。

(三)查办司法、行政执法人员贪赃枉法、徇私舞弊犯罪工作取得新进展。当前,司法机关和行政执法机关的少数工作人员利用执行法律、管理社会的职务之便,贪赃枉法、徇私舞弊的犯罪问题严重,引起群众强烈不满。检察机关把查办这类犯罪案件作为反腐败查办大案要案的一项重要内容来抓,全年共立案侦查 2592 件,涉嫌犯罪的 3303 人,分别比上年上升 26.9%

和 17.3%。

(四)突出打击了侵吞国有资产、危害改革的犯罪活动。近年来,少数国有企事业单位负责人,利用股份制改造、中外合资、联合、兼并、租赁、承包、出售等改制之机或在经营管理过程中,采取多种手段侵吞国有资产,化公为私,"搞肥了自己,搞穷了企业,搞散了人心"。这是导致国有资产严重流失,破坏国有企业改革,影响社会稳定的重要因素。检察机关深入到一些亏损严重的国有企事业单位,查办贪污、贿赂、挪用公款等犯罪案件。全年共查办涉嫌犯罪的国有企事业单位工作人员 30302 人。还在金融、证券、房地产、土地出租和建筑工程承包等重点行业、重点领域,查办贪污、贿赂等犯罪案件 6909 件。严惩破坏改革的犯罪,为保护和促进社会主义市场经济的健康发展发挥了积极作用。

(五)查办了一批国家工作人员滥用职权,严重渎职,给国家造成巨大损失的犯罪案件。当前,玩忽职守犯罪出现三个新的特点。一是国家工作人员玩忽职守,致使公共财产、国家和人民利益遭受重大损失的案件增多。二是商贸活动中公款被骗案件增多。主要是一些单位的负责人或业务人员依法经营意识差,有的不对市场进行综合分析和调查,轻信谎言;有的急功近利,有章不循;也有的对工作严重不负责任,等等,造成巨额财产被骗。三是金融信贷部门一些工作人员违章贷款、违章拆借、轻率担保,给国家造成重大经济损失,损失数额上亿元的已不是个别案件。针对玩忽职守犯罪的发展变化和给国家造成巨额财产损失严重的情况,检察机关加大查办力度,全年共立案侦查此类案件 4793 件,这些案件共给国家造成直接经济损失达 28 亿元。

(六)认真查办乡镇等农村基层干部犯罪案件。目前一些地方乡镇等农村基层干部贪污腐败现象严重。有的在土地开发征用、公益金提留、开办乡镇企业等活动中,贪污受贿、敲诈勒索;有的横行乡里,欺压百姓。农民群众为此集体上访的增多,直接影响到农村的稳定。基层检察院抓住这一突出问题,查办了乡镇等农村基层干部贪污、贿赂等犯罪案件 2209 件,保护了农民的合法权益,为巩固农村基层政权,维护农村稳定做出了积极贡献。

(七)进一步开展举报工作。开展群众举报工作是新形势下坚持专门工作和群众路线相结合的成功经验。这些年举报一直占查办的贪污贿赂等职务犯罪案件线索来源的 70%以上。去年检察机关的举报工作保持了较好的发展势头,初查工作力度加大。全年共受理举报线索 297175 件,对其中不属检察机关管辖的案件线索 44596 件,已转纪检、监察等有关部门处理;对线索较具体,有可能构成犯罪的,及时依法初查 124642 件。不仅从中查办了一批大案要案,也对错告案件予以澄清,排除了嫌疑,解脱了干部,还依法查办了一批打击报复举报人的案件和诬告陷害案件。最高人民检察院修订了《人民检察院举报工作规定》,使这项工作更加规范化。

(八)不断提高专门工作水平。各级检察机关及时研究和掌握贪污、贿赂等职务犯罪的发展变化情况和特点、规律,不断增强侦查意识和证据观念,坚持以事实为根据,以法律为准绳,抓住证据这一核心,严格依照法律程序查办案件。依法充分运用各种侦查手段和措施,挖大案、要案,挖窝案、串案,既重视查受贿的,也查行贿的,通过查行贿挖受贿,进一步提高了侦破案件、深挖犯罪的能力。虽然贿赂案件查办难度较大,但去年查办案件数和比例数继续上升,这是办案工作深入的一个标志。全年立案侦查贿赂案件 15945 件,占贪污、贿赂、挪用公款案件总数的 34.4%,是历年来最高的。

(九)加强了预防犯罪工作。各级检察机关坚持打防结合,标本兼治,积极探索减少和预防职务犯罪的新路子。一是结合办理案件,对发案单位有针对性地提出检察建议,协助搞好治理整顿,堵漏建制。上海市检察机关在深入到一些发案较多的重点行业和经济热点部门查办案件的同时,与有关部门和行业共同制定综合预防措施,把法律手段、行政手段、经济手段结合起来,开展个案预防、行业预防和同步预防,把预防工作落到实处。最高人民检察院已在全国检察系统推广他们的经验。二是注意分析一个地区或一个部门发生贪污贿赂犯罪的原因,及时向党委、政府及有关部门提出防范措施的建议。广东省普宁市人民检察院在办案中发现一些乡镇企业账目混乱甚至无账的问题严重,建议党委政府开展清账、建账工作,并组织企业领导干部学习法律知识,收到了很好的效果。三是采取多种形式开展法制宣传教育,增强国家工作人员的法制观念和拒腐防变能力。去年,一些地方检察机关举办反贪污贿赂成果展览 350 余场,参观的干部群众络绎不绝,达 400 余万人,各界反映很好,不少地方展期一延再延。

二、依法严厉打击严重刑事犯罪活动,维护社会稳定

各级检察机关坚决贯彻依法"从重从快"的方针,积极发挥职能作用,严厉打击严重刑事犯罪活动。特别是去年 4 月下旬以来,党中央直接部署,在全国开展了"严打"集中统一行动,以强大的声势和力度,沉重打击了犯罪分子的嚣张气焰,取得了重要成果,社会治安状况有了明显好转。各级检察机关把"严打"作为重大政治任务,精心组织,认真、扎实、有效地落实检察环节的各项"严打"措施,与公安、国家安全、法院、司法行政

机关密切配合，突出打击重点，狠抓、快办、严惩。广大检察人员夜以继日，顽强奋战，及时批捕、起诉了一大批严重刑事犯罪分子。全年共受理公安、国家安全机关移送审查批捕 469908 件 780086 人，经审查批准逮捕 416322 件 673733 人；受理移送审查起诉 503212 件 824634 人，经审查提起公诉 445507 件 707704 人。批捕人数比上年上升 17%，起诉人数上升 27.3%。

(一)集中打击严重刑事犯罪活动。各级检察机关按照“破大案、抓逃犯、打团伙”的要求，把“严打”的锋芒直指危害社会治安的严重刑事犯罪、恶性暴力犯罪、流窜犯罪和团伙犯罪，特别是带黑社会性质的犯罪团伙和流氓恶势力。全年共批捕重特大犯罪嫌疑人 254155 人，占批捕总数的 37.7%。其中涉嫌杀人犯罪 12427 人；抢劫犯罪 57298 人；强奸犯罪 11687 人；拐卖妇女儿童犯罪 1720 人；重大盗窃犯罪 109712 人；重大流氓犯罪 6053 人。批捕团伙犯罪嫌疑人 19329 人。起诉重特大刑事案犯 247010 人，占起诉总数的 34.9%。各级检察机关配合法院依法重判了一批严重刑事犯罪分子；配合公安、司法行政机关，加强对在押人犯的政策教育，促使人犯坦白交代犯罪线索 17176 件，检举揭发他人犯罪线索 73867 件。“严打”集中统一行动中，还注意查办司法人员与犯罪分子内外勾结的犯罪案件。在摧毁福建省惠安县以连希圣为首的犯罪团伙时，检察机关挖出了犯罪分子认作“干爹”的县公安局原局长郑妈魁等 6 名公安人员。他们与犯罪团伙内外勾结，为犯罪分子通风报信，充当“保护伞”，已被依法起诉。

(二)坚决打击破坏社会主义市场经济秩序的犯罪活动。一些犯罪分子利用各种手段侵吞、骗取资财，扰乱金融、税收秩序；为谋取不义之财，生产、销售假冒伪劣产品，致人伤残，致死人命，造成恶劣的社会影响。各级检察机关配合公安机关，依法打击这些犯罪活动。全年共批捕走私、金融诈骗和非法集资等犯罪案件 18442 件 28335 人，起诉 15469 件 22618 人。检察机关依法直接立案侦查偷税、抗税、骗取国家出口退税款、假冒商标、生产销售伪劣产品、销售伪劣种子、非法出售增值税发票犯罪案件 8676 件。

(三)严厉打击毒品犯罪。去年，检察机关进一步加强打击毒品犯罪工作，积极参与了在东南沿海、西南边境和西北等毒品犯罪严重地区开展的禁毒专项斗争，依法及时批捕、起诉了一批走私、贩卖、运输、制造毒品的犯罪分子。全年共批捕 12010 件 18860 人，起诉 11812 件 18501 人。深圳市人民检察院及时介入一起特大贩毒集团案，依法从快批捕、起诉了 10 名集团成员。该案共缴获海洛因 598.85 公斤，毒资 300 余万元人民币、31 万美元，以及一批用于贩毒活动的汽车、快艇、枪支等。

(四)坚决打击各种危害国家安全的犯罪活动。各级检察机关加强了国家安全检察工作，配合国家安全机关，运用法律武器同国内外敌对势力的破坏活动进行斗争，依法批捕、起诉阴谋颠覆政府、分裂国家以及间谍、窃密等危害国家安全的犯罪分子。

(五)积极参加“扫黄打非”专项斗争。检察机关把遏制一些地方淫秽、非法书刊音像制品及电子出版物的泛滥，扫除社会丑恶现象，作为促进社会主义精神文明建设的一项重要任务，积极参加“扫黄打非”专项斗争。全年共批捕制作、贩卖、传播淫秽物品及出版、印刷、销售非法出版物案件 756 件 1095 人；批捕强迫、组织、引诱、容留妇女卖淫等犯罪案件 2029 件 2933 人。起诉上述案件 2864 件 4010 人。在“扫黄打非”专项斗争中，还严肃查办了一些国家工作人员非法出版、盗版和非法倒卖书刊号，以及收受贿赂、渎职等犯罪案件。

(六)认真落实社会治安综合治理措施，巩固和发展“严打”成果。检察机关在“严打”的同时，积极参加社会治安综合治理，发挥检察职能，协助党委政府抓好基层基础工作，发动群众，开展群防群治；积极参与创建“安全文明小区”和“安全文明村镇”的活动；认真分析“严打”中暴露出来的问题，推动有关部门建立健全规章制度，完善防范机制；积极开展法制宣传教育；做好未成年人犯罪的预防工作；加强了派出检察机构建设。在工作中重视正确处理新形势下的人民内部矛盾，配合有关部门妥善处置群体性事件。

三、加大执法监督力度，维护司法公正和法制尊严

当前在有的地方有法不依、执法不严、违法不究，少数司法人员滥用职权，不依法办事的现象仍然严重，这是社会主义法制建设中存在的突出问题。检察机关按照依法治国，建设社会主义法制国家的要求，不断提高加强执法监督的自觉性，认真履行刑事诉讼法、民事诉讼法、行政诉讼法规定的监督职责，以维护司法公正和法制权威为目标，以办案为主要手段，重视查办司法和行政执法人员贪赃枉法、徇私舞弊等职务犯罪案件，加强执法监督，维护法律的统一和正确实施。

(一)加强对刑事诉讼的监督，重点纠正和防止打击不力。在侦查监督工作中，重点纠正有案不立、有罪不究、以罚代刑问题。共对侦查工作中的违法情况提出纠正意见 15565 件次。在审查批捕和审查起诉工作中注意发现遗罪漏犯，共依法追捕 8251 人，追诉 3228 人。河南省登封市人民检察院在审查一起强奸案过程中，发现有其他重大犯罪线索，在退回补充侦查没有结果的情况下，依法决定自行侦查，挖出一个特大盗窃犯罪团伙，追捕 39 人，追诉 34 人，其中 9 人被判处无期徒刑以上刑罚。

在刑事审判监督工作中,重点监督重罪轻判、有罪判无罪以及轻罪重判的问题。对审判活动中的违法情况提出纠正意见 2422 件次。对认为确有错误的刑事判决、裁定,按照上诉程序和审判监督程序提出抗诉 2405 件。

在对监狱、看守所、劳教所执法活动的监督工作中,重点监督不按法律规定交付执行以及办理减刑、假释、保外就医中以钱抵刑等违法问题。共书面或口头提出纠正违法意见 46706 件次。立案侦查监管人员徇私舞弊、贪污受贿等犯罪案件 929 件。

工作中,重视保护犯罪嫌疑人、被告人和其他当事人以及服刑人犯的合法权益,严肃查办司法、执法人员刑讯逼供、非法拘禁、私放罪犯等犯罪案件。

(二)加强对民事审判和行政诉讼的监督,突出抓了对认为确有错误的判决、裁定的抗诉工作。全年共受理不服法院生效民事、行政判决、裁定的申诉 32328 件,审结后,对确有错误的判决、裁定提出抗诉 3322 件;向法院提出纠正意见 1783 件;对裁判正确的申诉案件,认真做好息诉工作。还查办了审判人员在民事行政审判活动中索贿受贿、徇私舞弊等犯罪案件 237 件 264 人。四川省检察机关在审查一起经法院一审、二审、指令再审后仍维持原错误判决的贷款合同纠纷申诉案件时,发现并查办了中江县法院经济庭原副庭长李阳忠、原审判员刘晓东在案件审判中受贿、徇私舞弊案。起诉后,二人被判刑。人民法院也将原民事判决依法改判。

(三)强化内部制约,健全办案责任制。进一步加强了上级检察院对下级检察院的领导和检察机关内部业务的监督和制约。各级人民检察院不断完善侦查工作与审查决定逮捕、审查起诉工作分开的内部制约制度,健全和落实办案责任制、错案追究制和刑事赔偿制。做好申诉案件的复查工作,依法改变确有错误的批捕、免诉、撤案等决定 570 件。认真执行国家赔偿法,依法受理刑事赔偿案 379 件,已办结 110 件,决定给予赔偿 44 件。

四、狠抓检察机关精神文明建设,努力提高检察队伍素质

各级检察机关认真贯彻党的十四届六中全会精神,加强社会主义精神文明建设,坚持"依法建院,从严治检"的方针,认真执行检察官法,按照忠诚可靠、训练有素、精通业务、纪律严明、作风过硬、秉公执法的要求,努力建设检察队伍。

(一)坚持把思想政治建设作为检察队伍建设的首要任务。认真组织检察人员学习政治理论,用马克思列宁主义、毛泽东思想,特别是邓小平建设有中国特色社会主义理论武装头脑,提高坚持党的基本路线的自觉性。强调讲学习、讲政治、讲正气,解决好社会主义市场经济条件下理想、信念和世界观问题,提高广大干警的政治素质。

(二)重点抓了领导班子建设。强调各级检察长要做政治上的明白人,保持良好的精神状态,认真贯彻民主集中制,增强领导班子的凝聚力和战斗力,充分发挥在各项工作中的核心作用。协同地方党委对检察院领导班子普遍进行了届中考察。积极开展了干部易地交流和岗位轮换工作。调整充实了一些检察院的领导班子。重视培养优秀年轻干部,一批年富力强的中青年干部走上领导岗位。

(三)以全心全意为人民服务为核心,加强职业道德建设。结合检察职业特点和队伍建设的实际,开展了以"秉公执法,清正廉明"为基本内容的检察职业道德建设。大力表彰先进,树立典型。在全国检察系统开展了"建一流队伍,创一流工作"的活动。由中央新闻单位组织,人民群众广泛参与,评选出了第二届"十大杰出检察官"。全年,检察系统有 339 个单位和 602 人受到省级党政领导机关记功和命名表彰,105 个集体和 382 名个人受到最高人民检察院表彰。

(四)加强了教育培训工作,努力提高业务素质和执法水平。制定了《1996—2000 年全国检察系统教育培训规划》,抓紧干部教育培训工作,中央检察官管理学院和各培训基地共举办培训班 564 期,培训各级检察长 670 人,其他检察人员 33800 人。八届全国人大四次会议《关于修改〈中华人民共和国刑事诉讼法〉的决定》颁布以后,各级人民检察院按照"学懂、弄通、会用"的要求,有计划地组织广大检察人员认真学习、全面理解,共举办各类培训班、研讨班 1870 余期,普遍轮训了各级检察长和业务骨干。还积极开展了新的庭审方式的试点工作。最高人民检察院制定下发了《人民检察院实施刑事诉讼法规则(试行)》。

(五)坚持"从严治检",认真开展思想纪律作风整顿。去年在全系统严肃认真地开展了思想纪律作风整顿,重点解决违法乱纪和工作作风简单粗暴等问题,对照党纪、政纪和检察工作制度开展自查自纠,同时进行开门整风,广泛征求社会各界的批评、意见,健全制度,改进工作。加强自身廉政建设,坚决纠正不正之风,认真查处了不依法办案、以案谋私、以权谋私等违法乱纪问题。全年共查处 644 名违法违纪的检察人员,对其中涉嫌犯罪的 73 人立案侦查,已有 48 人受到刑事处罚。浙江省泰顺县人民检察院原检察长高建山、刑一科原副科长王毅,在办理一起强奸案过程中,收受贿赂,为犯罪嫌疑人亲友伪造证据出谋划策,使犯罪分子逃避法律制裁。上级检察机关依法查办并提起公诉后,高、王二人已被判刑。

各级检察机关主动接受人民代表大会及其常委会的监督，及时报告工作中的重大问题，邀请人大代表视察、评议检察工作，广泛征求并虚心听取人大代表的批评、意见和建议，认真办理人大交办的事项。去年年底，最高人民检察院组织各省级人民检察院邀请人大代表座谈，代表们对检察工作提出了很好的批评和意见。我们已经认真做了研究，制定了进一步改进的措施。各级检察机关还加强了与同级政协的联系，通报工作，征求意见。重视发挥特约检察员的作用。公开检察工作制度，公布检察工作情况，接受社会各界和广大人民群众的监督。

1996 年检察工作取得了显著成绩。这是在党中央和各级党委的正确领导、各级人大和广大人民群众的大力监督和支持下取得的，是全体检察干警开拓进取、艰苦奋斗的结果。我们也清醒地看到，检察工作还存在一些问题。主要是一些干警的执法观念、执法水平尚不适应新形势的要求；举报线索积压较多，有的向举报人反馈不及时；有的大案要案查办时间过长，一再延长羁押期限；执法监督工作仍然存在薄弱环节；有的检察院受地方和部门保护主义影响，越权插手经济纠纷；少数检察人员在办案中不文明执法、滥用职权、以权谋私、徇私舞弊等违法乱纪现象仍然存在。对这些问题，最高人民检察院负有领导责任，主要是对有的大案要案协调、督办不够有力；对工作中出现的问题调查研究和指导不够；对有些执法中遇到的问题不能及时作出司法解释；针对检察干警在办案中的违法违纪问题，建立的监督机制还不严格、不完善等。今后我们将努力改进工作，下大力认真研究解决这些问题。

各位代表：

今年是我们国家历史发展上的重要一年。我国将对香港恢复行使主权，迈出和平统一祖国的重要一步；将召开中国共产党的第十五次全国代表大会，把建设有中国特色社会主义的伟大事业向新世纪全面推进。目前，我国社会主义物质文明和精神文明建设正在蓬勃发展，改革开放和经济建设形势喜人，社会稳定。但影响稳定的因素还大量存在。国外敌对势力加紧对我“西化”、“分化”，国内敌对分子的颠覆、破坏活动以及民族分裂、非法宗教活动呈发展趋势。有些地区社会治安不好的状况尚未从根本上扭转，暴力犯罪、毒品犯罪、团伙和带黑社会性质的犯罪活动还很猖獗，治安形势不容乐观。消极腐败现象在某些方面仍在蔓延，有些地方还相当突出，反腐败作为关系党心民心、关系党和国家前途命运的严重政治斗争，是长期而复杂的。有法不依、执法不严、违法不究以及滥用职权、徇私舞弊，在执法活动中偏袒保护本地和本部门利益的现象仍相当严重，法律监督任务繁重。继续开展“严打”斗争，维护国家安全和社会稳定；深入反腐败查办大案要案，促进党风廉政建设；加强执法监督，推进依法治国，是检察工作为大局服务必须全力抓好的三项重点任务。我们要求各级人民检察院和广大检察干警认清形势，把握大局，从整体上处理好改革、发展、稳定的关系，十分注意保持社会和政治环境的稳定，坚持“严格执法，狠抓办案”的工作方针，扎扎实实做好各项检察工作。

第一，更加深入、扎实、有效地开展查办贪污、贿赂、徇私舞弊等国家工作人员职务犯罪大案要案工作，推动反腐败斗争向纵深发展。继续重点查办党政领导机关、行政执法机关、司法机关和经济管理部门发生的犯罪案件，特别是县处级以上领导干部犯罪要案；司法人员、行政执法人员贪赃枉法、徇私舞弊等犯罪案件；国有企事业单位领导干部损公肥私，造成国有资产大量流失的犯罪案件；乡镇干部滥用职权，贪污贿赂等犯罪案件。坚决打击在建立社会主义市场经济体制过程中发生的新的犯罪，严肃查办渎职和侵犯公民人身权利、民主权利的犯罪案件。凡是有贪污、贿赂、徇私舞弊等犯罪嫌疑的，不论涉及什么部门、什么人，都要一查到底。在查清案件事实和准确适用法律上下功夫，努力提高侦查工作水平。加强预防犯罪工作，打防结合、标本兼治，积极防范消极腐败现象。

第二，持之以恒地开展“严打”斗争，维护社会持续稳定。继续围绕“破大案、抓逃犯、打团伙”，重点打击严重暴力犯罪、流窜犯罪、毒品犯罪、带有黑社会性质的犯罪集团和流氓恶势力；积极参加禁毒和“扫黄打非”等专项斗争；严厉打击走私、金融诈骗以及其他破坏经济秩序的犯罪。根据实际，交替使用集中打击、专项斗争和经常性“严打”三种形式，进一步巩固和扩大“严打”斗争成果。加强国家安全检察工作。认真落实检察环节上的社会治安综合治理措施。

第三，全面开展执法监督工作。进一步加强刑事立案监督、侦查监督、审判监督和执行监督，重点监督和纠正有法不依、执法不严、违法不究等突出问题。对民事审判和行政诉讼活动的监督突出抓好对明显不公的生效判决、裁定的抗诉工作。坚决反对执法中的地方和部门保护主义，对因此导致的执法犯法的问题，严肃监督和纠正，构成犯罪的依法查办，维护法律的统一正确实施。

第四，严格执行修改后的刑事诉讼法，坚决打击各种刑事犯罪活动，依法办事，依法办案，注重保护诉讼当事人的合法权益。这次会议审议的《中华人民共和国刑法（修订草案）》通过以后，各级检察机关将坚决执行，充分运用这一有力武器，打击犯罪，保护人民，服务改革开放和现代化建设。

第五，大力加强调查研究。实事求是，深入基层，密切联系群众，及时研究新情况，解决新问题，总结新经验。重点研究解决在执行刑事诉讼法和刑法过程中遇到的新情况、新问题，加强业务指导，做好司法解释工作。加强检察法制建设，不断改革和完善有中国特色的社会主义检察制度。

第六，进一步加强社会主义精神文明建设，努力建设高素质的检察队伍。坚持把思想政治建设作为队伍建设的首要任务，把领导班子建设作为关键来抓。做好换届准备工作。加大培训力度，提高干警的素质和执法水平。加强职业道德建设，积极开展争创先进检察院，争当优秀检察官活动，严格执法，热情服务，树立人民检察官的良好形象。认真落实检察官法，依法管理检察官队伍。严肃查处违法违纪案件，推动检察队伍的廉政勤政建设。

各位代表！

在新的一年里，我们要继承邓小平同志的遗志，更加紧密地团结在以江泽民同志为核心的党中央周围，高举邓小平建设有中国特色社会主义理论的伟大旗帜，把握大局，再接再厉，同心同德，开拓前进，全面推进检察事业，为社会主义物质文明和精神文明的协调发展做出新的贡献！

中央统战部 全国人大民族委员会 国家民族事务委员会 全国政协民族和宗教委员会在人民大会堂举行"两会"少数民族人大代表和政协委员茶话会

党和国家领导人江泽民、李鹏、乔石、李瑞环、刘华清、胡锦涛晚上出席茶话会。

全国政协副主席、中共中央统战部部长王兆国主持茶话会。全国人大常委会副委员长铁木尔·达瓦买提在茶话会上发表讲话。

铁木尔·达瓦买提说，当前，民族地区同全国一样面临非常好的发展机遇。党和国家把加快中西部地区发展，逐步缩小与东部发达地区的差距，实现全国区域经济的协调发展作为我国重要的战略目标，作为"九五"计划和2010年远景目标纲要的一项重要部署，并提出和采取了一系列重大的政策措施。民族地区的广大干部群众要进一步解放思想，转变观念，抓住这个难得的发展机遇，切实落实好中央制定的政策措施，加快经济发展，进一步改善人民生活。

铁木尔·达瓦买提说，加强民族团结，维护祖国统一，是全国各族人民的根本利益所在，也是我们做好各项工作的重要保证。我国各族人民具有热爱祖国、维护祖国统一、团结友爱的光荣传统和美德。这是我们中华民族的巨大优势和精神财富。在建设社会主义现代化事业中，我们要更高地举起爱国主义和民族平等团结的旗帜，坚决抵制西方敌对势力利用民族、宗教问题对我实行"西化"、"分化"的图谋，反对一切破坏民族团结、分裂祖国的阴谋活动，坚决维护国家统一和民族团结。各族干部要牢固树立马克思主义民族观、宗教观，做维护民族团结和祖国统一的模范。

铁木尔·达瓦买提指出，我们的民族工作要服从和服务于党和国家的大局，为我国政府恢复对香港行使主权创造良好的环境和条件。我们要全面正确地贯彻党的民族政策，坚持和完善民族区域自治制度，正确处理人民内部矛盾，不断促进改革、发展和稳定，继续巩固和发展平等、团结、互助的社会主义民族关系。让我们更加紧密地团结在以江泽民同志为核心的党中央周围，继承邓小平同志遗志，高举邓小平建设有中国特色的社会主义理论的伟大旗帜，坚定不移地贯彻执行党的基本路线，进一步加强全国各族人民的大团结，同呼吸，共命运，心连心，为促进各民族的共同繁荣，为中华民族的振兴携手并肩，团结奋进。

出席茶话会的还有：田纪云、王汉斌、帕巴拉·格列朗杰、程思远、布赫、陈俊生、司马义·艾买提、罗干、阿沛·阿旺晋美、廖汉生等领导同志，以及中央国家机关有关部委的负责同志和部分长期从事民族工作的老同志。

全国总工会在人民大会堂召开纪念张浩诞辰100周年座谈会

中共中央政治局常委、书记处书记胡锦涛，中共中央政治局委员、书记处书记、全国总工会主席尉健行出席座谈会。

张浩原名林育英，1922年加入中国共产党，是我党早期的优秀党员，中国工人运动的先驱和卓越领导人之一。曾任中国共产党驻共产国际代表团成员，抗日战争爆发后，任一二九师政委。1942年3月6日，因积劳成疾，不幸病逝。

中国新任驻乌特命全权大使李景贤在塔什干向乌兹别克斯坦总统卡里莫夫递交国书

中共中央 国务院批转农业部《关于我国乡镇企业情况和今后改革与发展意见的报告》

党中央、国务院同意农业部《关于我国乡镇企业情况和今后改革与发展意见的报告》，现转发给你们，请结合实际，认真贯彻执行。

乡镇企业是中国农民的伟大创造。党的十一届三中全会以来，乡镇企业迅猛发展，取得了巨大成就。乡镇企业已成为农村经济的主体力量和国民经济的一大支柱，为转移农村富余劳动力，增加农民收入，增加农业投入，巩固和壮大集体经济，建设富裕、文明、繁荣的社会主义新农村做出了重大贡献；在增加社会有效供给、促进国家工业化、提高综合国力、巩固工农联盟和保障社会稳定等方面发挥了重要作用；为在我们这样一个农民占绝大多数的农业大国解决好农业、农村、农民问题，促进经济体制改革、国民经济和社会发展，探索出了一条成功之路。发展乡镇企业，是推进我国社会主义现代化建设和强国富民的一项重大战略抉择。

未来 15 年，是我国社会主义现代化建设的关键时期，乡镇企业肩负着新的历史重任。要按照党的十四届五中、六中全会精神，实施《中华人民共和国国民经济和社会发展“九五”计划和 2010 年远景目标纲要》和《中华人民共和国乡镇企业法》，坚持物质文明和精神文明一起抓，贯彻科教兴国和可持续发展战略，推进经济体制和经济增长方式的转变，努力提高经济运行的质量和效益。要适应社会主义市场经济和社会化大生产的客观要求，以“三个有利于”为标准，尊重农民的实践、创造和选择，总结经验，逐步规范，采取多种形式，积极支持和正确引导乡镇企业深化改革，明晰产权关系，确保乡镇企业资产特别是集体资产保值增值，完善经营机制，调动所有者、经营者、生产者的积极性和创造性，增强企业的生机和活力，提高企业的经济效益和竞争能力。要正确处理发展与提高的关系，既保持持续快速增长，又注重提高整体素质。要因地制宜，分类指导。东部地区要突出提高，在提高中发展；中西部地区要继续快速发展，在发展中提高。东部地区要积极发展技术密集型、资金密集型产业和外向型经济，推动企业扩大规模、提高技术水平和产品档次，逐步把劳动密集型、资源加工型产业向中西部地区转移，以加快中西部地区的发展步伐。积极实施东西合作战略。东中西部地区要按照优势互补、互惠互利、真诚合作的原则，加强联合与合作，走出以东带西，以西促东，携手共进的发展道路，逐步缩小地区间经济发展的差距。要不断完善以工补农建农带农政策，积极兴办以农副产品加工、流通为龙头的企业，实行种养加、贸工农一体化，促进农业的产业化、集约化经营，使农民和企业结成利益共同体，使农产品增值增效，使农民增加收入。要合理开发利用资源，积极防治污染，切实保护资源，保护环境，保护耕地。合理调整产业结构，优化企业布局，依靠科技进步，强化企业管理，切实解决一些地方和企业低水平重复建设、布局分散、经营粗放、管理不善、效益不高等问题。

党和国家对乡镇企业实行“积极扶持，合理规划，分类指导，依法管理”的方针。各级党政领导要站在改革开放和建设有中国特色社会主义的战略高度，充分认识发展乡镇企业的重大深远意义，坚定不移地促进乡镇企业的改革、发展和提高。要把乡镇企业纳入国民经济和社会发展的总体规划，制定切实可行的政策措施，加大扶持力度，为其创造良好的外部环境。各级党委和政府要切实加强领导，把发展乡镇企业作为繁荣农村经济和整个国民经济的一个战略重点，摆上重要议事日程，经常研究乡镇企业发展的新形势、新情况、新经验，对一些重要问题及时作出决策，解决改革和发展中的困难和问题。认真落实有关乡镇企业的法律法规和政策措施。要切实减轻乡镇企业负担，保护乡镇企业的合法权益。进一步健全乡镇企业的管理机构，充分发挥其规划、指导、管理、监督、协调和服务的职能作用。各有关部门要通力合作，协调配合，对乡镇企业的发展给予更有力的支持，促进、引导、保护和规范乡镇企业的发展，为实现我国国民经济和社会发展“九五”计划和 2010 年远景目标，为我国社会主义现代化建设做出新的更大贡献。

农业部《关于我国乡镇企业情况和今后改革与发展意见的报告》（文略）

中国人民银行总行对四家国有独资商业银行总行试办再贴现业务

自 3 月份起，中国人民银行总行已开始对中国工商银行、中国农业银行、中国银行和中国建设银行等四家国有独资商业银行总行开办再贴现业务。这是我国中央银行为加快改进金融宏观调控方式所采取的又一项重要政策措施。它的开办，也标志着再贴现由中国人民银行总行直接操作，与一级分行及部分中心城市分行在总行授权范围内操作相结合的再贴现业务操作体系已初步建成。

所谓再贴现是指商业银行将其贴现收进的未到期票据向中央银行再办理贴现的资金融通行为。它既是中央银行向商业银行融通资金的主要方式之一，也是实施金融宏观调控的主要手段，中央银行通过调整再贴现率可影响商业银行的可贷资金量和市场利率，从而达到调节市场资金可贷量和货币供应量的目的。

中共中央总书记江泽民在中南海会见日本社民党党首土井多贺子

江泽民在会见时说：“中国党和政府十分重视中日关系，一贯致力于维护和发展中日友好事业。我们希望中日双方都从长远和战略高度来认识和发展两国关系，以对两国和两国人民、对亚洲和世界和平高度负责的态度来对待两国关系。”

江泽民说：“土井党首及在座的一些朋友是我们的老朋友，长期以来为中日邦交正常化和促进两国关系健康发展作出了积极的贡献。我们不会忘记贵党长期以来为维护和发展中日友好所做的努力，相信你们会继续致力于中日友好这一崇高事业。”

土井多贺子对江泽民总书记的接见表示感谢。她说:“我们两党经过多年的交往,增进了了解和友谊。日本社民党重视日中两国的友好合作关系,并且认为,日中两国保持和发展友好合作,不仅对我们两国,而且对亚洲和世界的和平与发展都具有重要意义。”

国务院副总理李岚清在北京会见美国美中贸易全国委员会董事会高级代表团

全国人大常委会副委员长王光英在人民大会堂会见日本茶道里千家家元千宗室

国家计生委 国家经贸委 公安部 民政部 人事部 劳动部 卫生部 国家工商行政管理局发出《关于进一步做好城市计划生育工作的意见》

各省、自治区、直辖市、计划单列市计生委、经贸委(经委、计经委)、公安厅(局)、民政厅(局)、人事厅(局)、劳动厅(局)、卫生厅(局)、工商局:

伴随着经济发展和社会进步,我国计划生育工作取得了举世瞩目的成就,城市(主要指城区,下同)人口已基本实现了向低出生、低死亡、低自然增长的人口再生产类型的转变。城市居民的婚育观念发生了显著变化,计划生育已经成为大多数群众的自觉行为。卓有成效的城市计划生育工作不仅减轻了因人口增长过快对经济和社会发展的压力,促进了人口素质和居民生活质量的提高,而且为全国控制人口过快增长,平抑人口出生高峰做出了巨大贡献,对农村计划生育工作起到了示范、带动和辐射作用。随着改革开放的不断深化和社会主义市场经济体制的逐步建立,我国城市计划生育工作也面临着许多新情况和新问题。巩固与发展城市计划生育工作的成果,对于完成到本世纪末和到2010年控制人口的目标,促进两个文明建设具有重要意义。为此,提出以下意见。

一、进一步做好城市计划生育工作是一项长期的任务

当前,城市计划生育工作面临着许多新情况、新问题。城市数量增多,规模扩大,流动人口大量增加;不少企业在转换经营机制的过程中,撤并或削减了计划生育机构和人员;许多企业事业单位无行政主管部门;在市场竞争中出现了一大批下岗职工;在城市开发建设、旧城改造的过程中一大批居民处于人户分离状态,这都使计划生育工作的难度增加。街道办事处和居民委员会担负的计划生育工作任务越来越重,但机构、编制及干部队伍素质等都难以适应工作的需要。同时,随着生活水平和文化素质不断提高,城市居民对避孕节育、优生优育、生殖保健的需求也越来越高。而目前城市计划生育的宣传教育、技术服务以及管理方法还存在着一些薄弱环节和亟待解决的问题,不能满足人们的需求。还要看到,目前城市的低生育水平在一定程度上是依靠行政制约措施实现的。如果放松计划生育工作或者对某些问题处理不当,妇女生育水平仍有可能出现不正常的回升。因此,必须高度重视城市计划生育工作面临的新情况、新问题,充分认识进一步做好城市计划生育工作仍然是一项长期的任务。

二、城市计划生育工作的指导思想和目标

城市计划生育工作正处在一个重要的改革与发展时期。今后一个时期,城市计划生育工作的指导思想和目标是:以邓小平建设有中国特色社会主义理论为指导,坚持人口与经济、社会协调发展和可持续发展的战略,坚持全心全意为人民服务的宗旨,在全国率先实现计划生育工作思路、工作方法的“两个转变”,改革、完善管理体制,加强、充实基层基础工作,努力深化宣传教育,逐步扩大服务领域,不断提高管理水平和服务质量,使城市计划生育工作与改革开放和社会主义市场经济体制相适应,与广大育龄群众不断增长的需求相适应,以期稳定城市人口的低生育水平,提高人口质量,改善人口结构,促进人的全面发展和家庭的文明幸福,为城市的社会主义现代化建设创造良好的人口环境。

要从各地实际出发,通过改革,逐步建立适应社会主义市场经济体制的计划生育管理体制,形成单位负责、各部门参与,以市、区和街道为主管理的新局面;逐步完善能满足育龄群众需求的计划生育服务体系,形成依托社区,各相关部门、群众团体优势互补、密切协作的新局面;改进计划生育管理方法,逐步建立更加科学、合理的管理制度。在大中城市的城区,逐步做到符合条例规定的一孩生育不再申报审批,而由基层主动纳入人口出生计划;在加强宣传教育和指导的基础上,积极推广知情选择避孕措施;根据城市计划生育工作的特点,改进和简化人口计划管理程序和评估考核方法。改革要积极稳妥地进行,要通过试点取得经验以后再逐步推开。要坚持分类指导,对不同规模、不同类型、不同工作基础的城市,应提出不同的要求。

三、改革和完善城市计划生育工作管理体制

总结多年来的实践经验,城市计划生育工作要实行“单位负责,条条保证,以块为主,条块配合”的管理体制。

“单位负责”就是国家机关、企业事业单位、社会团体等都要依据宪法和有关法律、法规,认真贯彻落实计划生育基本国策,担负起做好计划生育工作的责任。这是做好城市计划生育工作的基础。“条条保证”就是要求各部门对本系统所辖单位的计划生育工作提出明

确的目标和要求，提供必要的条件，督促所属单位贯彻落实计划生育基本国策。这是多年来城市计划生育工作行之有效的经验。“以块为主”就是指市、区政府及其派出机关街道办事处，要按照行政区划对本辖区所有单位和居民委员会的计划生育工作切实负起领导的责任，主要承担下达任务、检查监督和协调、服务等职能。这是城市计划生育工作管理体制发展的必然趋势。“条块配合”就是指要处理好“条”、“块”之间的关系，“条”与“块”要在明确任务、各负其责的前提下，加强相互协调与配合。这是做好城市计划生育工作必不可少的条件。城市所有的“单位”、“条条”、“块块”都要主动地、认真地履行各自的职责，齐心协力把计划生育工作做好。

四、进一步加强城市基层计划生育工作网络建设

街道办事处负责管理本辖区内单位和居民委员会的计划生育工作，是做好城市基层计划生育工作的重要环节。街道办事处要实行人口与计划生育目标管理责任制。要建立健全本辖区人口与计划生育统计信息系统，做好计划生育管理与服务，落实计划生育政策；宣传党和国家的计划生育政策与法律、法规，开展人口与计划生育基础知识教育；负责本辖区避孕药具的管理和发放，组织辖区内的单位和居民委员会为育龄夫妇落实避孕节育措施；负责出具、查验本地流出和外地流入人员的计划生育证明，做好流动人口的计划生育工作；组织协调有关部门在社区开展与计划生育有关的服务工作。街道办事处应设立计划生育工作机构并配备必要的工作人员。

居民委员会是居民自我管理、自我教育、自我服务的基层群众性自治组织，有责任协助人民政府或者街道办事处做好计划生育工作。居民委员会主要负责做好本居住地区不属于机关、团体、部队、企业事业单位的育龄群众的计划生育工作；与企业事业单位共同做好下岗人员的计划生育工作；与原居住地区共同做好暂住本居住地区人户分离人员的计划生育工作。要逐步改变目前居民委员会干部人数偏少、年龄偏大、待遇偏低，以及一些居民委员会无人管理计划生育工作的状况。居民委员会应有专人负责计划生育工作；并保证必需的经费投入。

市、区政府各部门要指导本系统所辖单位根据实际情况，建设好基层计划生育工作网络。各单位都要有必要的人员负责计划生育工作。

要充分发挥工会、共青团、妇联等群众团体在城市基层计划生育工作中的作用，特别要重视和发挥计划生育协会组织群众自我教育、自我管理和自我服务的作用。要在集贸市场和流动人口集中的地方，在“三资”、私营和个体企业中建立计划生育协会，充分发挥其作用。

五、认真做好城市计划生育宣传教育和技术服务工作

计划生育是社会主义精神文明建设的重要组成部分。要根据党中央关于社会主义精神文明建设总的指导思想，把计划生育纳入社会主义精神文明建设的总体规划和部署之中，同各地广泛开展的各项群众性精神文明创建活动紧密结合起来，并作为创建文明家庭、文明单位、文明社区、文明城市的一项重要内容和重要考核指标。

要大力加强城市计划生育的宣传教育，认真贯彻落实中宣部、国家计生委等 13 个部门 1996 年联合发出的《关于进一步加强计划生育宣传教育工作的通知》，组织协调宣传、教育、广播电视、新闻出版、文化艺术以及科技、卫生等有关部门，制定城市计划生育宣传教育规划，充分利用社会各方面的力量和大众传媒开展计划生育宣传教育。要根据城市大众传媒和文化设施比较多、群众文化教育水平比较高的特点和人民群众不断增长的需求，进一步普及人口与计划生育基础知识教育，广泛开展以实现人口与经济、社会协调发展和可持续发展为主要内容的国情国策教育；以倡导晚婚晚育、少生优生、男女平等、生男生女都一样、计划生育丈夫有责和优育优教为主要内容的家庭美德教育；以提高育龄群众自我保健意识和自我保健能力，维护育龄妇女合法权益为主要内容的生殖健康教育；以保护环境、预防疾病、降低出生缺陷发生率、提高出生人口素质为主要内容的生命科学教育。要不断提高宣传教育的质量，讲求针对性、实效性。要把面对大众的宣传教育同面对个人的咨询服务结合起来。要重视向未婚青年进行性道德和性健康教育并提供必要的咨询服务。城市中学要开展人口教育和青春期教育。各级党校、干校要开设人口理论课。要办好各类人口学校、婚育学校。要在城市中形成广泛的计划生育宣传教育网络，满足不同人群多层次、多方面的需求。

要大力加强城市计划生育技术服务工作。大中城市城区的计划生育技术服务工作主要依靠医疗卫生机构。社区卫生服务网络要把做好避孕节育、优生优育、生殖保健的宣传、咨询和规定的技术服务当作自己的一项重要职责，努力提高辖区内育龄夫妇的避孕率，提高技术服务质量，降低人工流产率和节育手术并发症发生率。要改进工作方法和工作作风，提高服务质量，主动关心和了解育龄群众的避孕节育情况，结合技术服务搞好宣传、咨询，帮助育龄夫妇落实避孕节育措施。卫生部门要协助计划生育部门加强对城市计划生育技术服务工作的管理。在贯彻实施《母婴保健法》中努力做好提高出生人口素质的工作。各级医院和妇幼

保健院(所)都要设立计划生育科(室)或计划生育门诊,配备合格的技术力量和必要的设备,确保提供优质服务。

城市计划生育部门的服务机构着重做好避孕节育、优生优育、生殖保健的宣传、咨询和指导、提供有关人口与计划生育的知识和信息等综合服务工作,并在医疗卫生机构服务覆盖不到或比较薄弱的地区和人群中开展节育技术服务。要不断提高技术水平和服务质量。在力所能及的范围内,可以适当拓宽服务领域,依法围绕生育、节育、不育开展有关的妇幼保健工作。具体服务项目由县(区)级以上地方政府征求卫生部门和计划生育部门的意见后确定。大中城市视自身的条件和需要,可依托医疗卫生机构或计划生育科研所、技术服务机构设立计划生育技术服务指导中心或协调小组,承担技术指导、新技术推广、专业技术人员培训等工作。

计划生育部门要加强对计划生育技术服务工作的总体规划、组织协调和监督检查,充分发挥各方面卫生技术力量的作用,共同做好计划生育技术服务工作。要协调有关部门制定计划生育技术服务的工作职责、服务规范和考核办法,按国家有关政策规定,妥善解决从事计划生育技术服务的专业人员的职称、待遇等问题。要加强城市避孕药具的管理和供应,保证供应渠道畅通以满足群众的需求。进一步开发、完善、规范避孕药具市场。计划生育部门和卫生部门要建立联席会议制度,经常交流信息,通报情况,共同研究解决计划生育技术服务工作中的问题。

六、努力做好企业的计划生育工作

企业(包括国有、集体、私营、“三资”企业和其他企业)的计划生育工作是城市计划生育工作的重要组成部分。各类企业都要根据宪法和有关法律法规的规定,认真贯彻落实计划生育基本国策,担负起做好计划生育工作的责任。要把计划生育工作纳入企业管理之中,作为企业精神文明建设的一个重要方面,把计划生育工作同关心职工身心健康和家庭的文明幸福结合起来。企业党委一把手和企业法定代表人或行政领导要对计划生育工作亲自抓、负总责,并建立计划生育工作责任制。要根据本企业计划生育工作的需要,建立切实可行的工作制度,保证计划生育各项工作落到实处。

企业要做好各类下岗人员的计划生育宣传教育,向他们提出计划生育要求;加强与下岗人员所居住的街道、居民委员会的联系,及时通报情况,与街道、居民委员会密切配合,关心下岗人员的生产、生活、生育,帮助他们排忧解难,共同做好计划生育工作。

七、切实做好流动人口的计划生育工作

城市的各级政府要把流动人口的计划生育工作纳入对流动人口实行综合治理的总体方案之中,纳入人口与计划生育目标管理责任制之中。要根据中央办公厅和国务院办公厅《关于转发〈中央社会治安综合治理委员会关于加强流动人口管理工作的意见〉的通知》(厅字〔1995〕42号)精神,组织协调各有关部门实行统一领导,统一管理,统一收费,对流动人口的计划生育工作实行综合治理。公安、劳动、工商行政管理等部门在审批办理、查验有关证件时,要核查经现居住地计划生育部门查验过的流动人口计划生育证明。对没有计划生育证明或没有查验证明的,公安部门在按规定办理暂住登记、发放暂住证的同时,应要求其补办并通报当地计划生育部门;劳动部门暂不办理流动就业证;工商行政管理部门对申请从事个体经营的,暂不核发营业执照。卫生、交通、建设、民政等有关部门都要配合计划生育部门共同做好流动人口计划生育工作。各有关部门要建立协查、通报制度,或采取联合办公的形式,及时沟通情况,协调行动。

流动人口的计划生育工作由现居住地和户口所在地政府,各负其责,相互配合,共同管理。现居住地对流动人口计划生育工作的日常管理和服务负主要责任,要负责查验流动人口计划生育证明,掌握育龄人员的计划生育情况,帮助流动人口育龄夫妇落实避孕节育措施,做好经常性的管理工作。要增强为流动人口服务的意识,积极为流动人口提供良好的避孕节育和生殖保健服务,尽可能为他们排忧解难,注意保障他们的合法权益。户口所在地要对流动人口进行人口与计划生育宣传教育,帮助和指导流动人口中的育龄夫妇落实避孕节育措施,如实出具流动人口计划生育证明,努力提高发证率。流动人口现居住地和户口所在地要加强联系。要加强对流动人口计划生育工作的考核,既要考核流动人口现居住地,又要考核户口所在地。

计划生育部门要认真履行职责,担负起做好流动人口计划生育工作的重任。要做好党委、政府的参谋、助手,协助政府组织协调各有关部门各负其责,互相配合,共同做好流动人口计划生育的管理和服务工作。

八、坚持和完善城市人口与计划生育目标管理责任制

各级党委、政府要高度重视城市计划生育工作,坚持党政一把手亲自抓、负总责,坚持实行人口与计划生育目标管理责任制。要逐步完善人口与计划生育目标管理指标体系,使其切合实际、科学合理。城市计划生育工作的评估考核指标,要从以考核对人口数量的控制为主逐步转到以考核计划生育服务质量为主。要在稳定低生育水平的前提下,把考核重点放在提高工作水平和服务质量上,把广大育龄群众对计划生育工作的满意程度,作为评价工作效果的一项重要指标。考

核办法要简便务实,坚决反对形式主义和弄虚作假。对一个单位、一个地区计划生育工作的考核要采取平时检查和年终考核相结合的方法,做到评估客观、准确、公正,并兑现奖惩。要加快建立计算机管理系统的步伐,运用现代信息技术推进计划生育工作的科学管理。

九、建设高素质的计划生育干部队伍

各级党委、政府要切实加强计划生育干部队伍建设。要选派政治业务素质好、年富力强的干部到计划生育部门担任领导职务,把各级计划生育领导班子建设成为政治坚定、勤政廉洁、勇于改革、求真务实、结构合理、团结协作的领导集体;要选派懂政策、会管理、有文化、有能力、热心计划生育工作的同志到街道、居民委员会从事计划生育工作,努力建设一支思想好、作风正、懂业务、会管理的计划生育干部队伍。要采取切实措施,稳定计划生育干部队伍。

要加强计划生育系统干部职工的政治思想教育和业务学习,坚持用马克思列宁主义、毛泽东思想和邓小平建设有中国特色社会主义理论武装全体干部职工,深入持久地开展爱国主义和艰苦创业精神的教育,大力加强全心全意为人民服务的教育,还要不断拓宽知识面,掌握做好工作所需要的各种知识和技能。各地要做出规划,在几年内使现有干部普遍轮训一次,还要有计划地进行学历、岗位培训和专业技术培训。

要加强职业道德建设,大力倡导敬业爱岗、忠于职守、爱护群众、服务群众、脚踏实地、求真务实、尊重科学、钻研业务、遵纪守法、廉洁奉公的职业道德。要结合实际情况,采取多种方式,对广大干部职工经常深入地进行职业责任、职业道德、职业纪律的教育,切实加强思想政治工作,引导大家树立正确的世界观、人生观、价值观,培育优良的职业道德,坚决纠正行业不正之风,规范职业行为,树立行业新风。

3月12日

全国政协八届五次会议在人民大会堂闭幕

全国政协主席李瑞环在会上发表重要讲话。

会议由全国政协副主席叶选平主持。

党和国家领导人江泽民、李鹏、乔石、朱镕基、刘华清、胡锦涛、荣毅仁等在主席台就座。

叶选平在大会开始时宣布,政协第八届全国委员会第五次会议应出席委员2080人,今天出席会议1773人,符合法定人数。

今天的会议通过了政协第八届全国委员会第五次会议政治决议,通过了政协八届五次会议关于常务委员会工作报告决议,通过了政协提案委员会关于政协八届五次会议提案审查情况的报告。

历时13天半的会议分别听取了政协第八届全国委员会常委会工作报告和提案报告,听取了36位委员的大会口头发言;多次列席了八届全国人大五次会议的全体会议,听取政府工作报告和计划、财政以及最高人民法院、最高人民检察院的工作报告。参加人民政协的各党派、无党派爱国人士、各人民团体、各族各界代表人士,遵循大会的指导思想,畅所欲言,进行了热烈讨论,发表了许多很好的意见和建议。中共中央和国务院的领导同志还分别到小组看望委员,听取委员们的意见和建议。60多位国务院的部长、副部长听取了大会发言。

下午3时45分,大会在中华人民共和国国歌声中闭幕。

全国政协主席李瑞环在全国政协八届五次会议闭幕会上发表讲话

各位委员、各位同志:

中国人民政治协商会议第八届全国委员会第五次会议,已经完成各项议程。会议期间,委员们深切悼念敬爱的邓小平同志,缅怀他伟大光辉的一生,决心化悲痛为力量,继承小平同志的遗志,在以江泽民同志为核心的中共中央领导下,把小平同志开创的改革开放和现代化建设事业不断推向前进。会议审议通过了叶选平副主席代表政协第八届全国委员会常务委员会所作的工作报告,听取并讨论了李鹏总理所作的《政府工作报告》及其他重要报告。委员们贯彻了民主、求实、团结、鼓劲的精神,提出了许多宝贵的意见和建议。会议开得圆满成功。

一

落实李鹏总理《政府工作报告》,实施"九五"计划和2010年远景目标纲要,是全国人民面临的宏伟而艰巨的任务。现在条件很好,机遇难得,关键是要抓紧时间,埋头苦干。

改革开放18年来,我国社会生产力有了很大发展,综合国力有了显著增强,人民生活有了明显改善,整个国家充满生机与活力。对我们的成就,广大群众充分肯定,国际社会也评价很高。同时我们必须看到,我国人口多,底子薄,资源相对不足,地区发展不平衡;我国人均国民生产总值在世界上仍处于较低水平,不仅落后于发达国家,即便同有些发展中国家相比也有较大差距;世界各国都在致力于加快发展,经济、科技竞争日趋激烈,我们不加倍努力,差距还有拉大的可能;我们曾经失去许多宝贵时间,错过不少发展良机,今后不能再有丝毫的耽误。我们要始终保持清醒的头脑,充分认识所担负的历史重任,解放思想,大胆实践,抓紧时间,埋头苦干,一年一年地苦干,一代一代地苦干,一刻也不放松地苦干。

当前,我国国民经济持续快速健康发展,宏观调控收到很大成效,各项改革措施平稳出台,社会局面保持稳定,从总体上说,经济和社会发展是顺利的。同时我们必须看到,在前进过程中还存在不少困难和问题,如经济结构不合理,农业基础薄弱,数千万人口尚未脱贫,部分国有企业生产经营困难,下岗失业人员增多,等等。这些都是牵动全局、久拖不利但解决起来难度很大的问题。解决这些问题需要多方努力,需要多种措施,但最基本的是需要抓紧时间,埋头苦干。苦干可以出思路出办法,苦干可以出成绩出经验,苦干可以战胜困难,开拓前进。没有埋头苦干,一切无从谈起。

中共十一届三中全会以来,我们重新确立了解放思想、实事求是的思想路线,举国上下坚持以经济建设为中心,求实务实的精神得到发扬。这是我们的一大进步。同时我们必须看到,现实生活中确实存在着浮躁虚华的风气,存在着不扎实、不艰苦、不谨慎、不负责任、不讲实效、不思进取的现象。这些尽管是局部的,但影响甚坏,危害很大。人民群众希望我们少讲空话,多办实事;希望我们塌下心来,研究问题;希望我们抓紧时间,埋头苦干。

埋头苦干,是老一辈革命家的嘱托。早在革命胜利前夕,毛泽东同志就告诫全党:"中国的革命是伟大的,但革命以后的路程更长,工作更伟大,更艰苦。这一点现在就必须向党内讲明白,务必使同志们继续地保持谦虚、谨慎、不骄、不躁的作风,务必使同志们继续地保持艰苦奋斗的作风。"改革开放以来,邓小平同志反复强调要抓紧时间、埋头苦干。他说:"从现在起到下世纪中叶,将是很要紧的时期,我们要埋头苦干。我们肩膀上的担子重,责任大啊!"这是《邓小平文选》第三卷最后一段话,是小平同志对我们的殷切叮嘱。埋头苦干,是以江泽民同志为核心的中共中央的一贯要求。

江泽民同志指出:"过去干革命需要艰苦奋斗。今天搞社会主义现代化建设,同样要靠艰苦奋斗。衷心希望共产党员特别是我们的领导干部,要自觉地起来大兴艰苦奋斗之风。"埋头苦干,是我们的优良传统,是中国人民自强不息的民族精神。在建设有中国特色社会主义的伟大事业中,我们要大力弘扬这种精神。

二

政协第八届全国委员会已进入第五个即最后一个年头,今年要在继续推进履行主要职能各项工作的同时,把总结经验作为一项重要任务认真抓好。中共中央要求做好召开政协第九届全国委员会的各项准备,认真、全面、深入地回顾总结八届政协以来的工作,找出成绩和不足、经验和教训,就是很有意义的准备。

八届政协的工作,在邓小平建设有中国特色社会主义理论的指引下,在以江泽民同志为核心的中共中央的领导下,在有关部门的大力配合下,经过全体委员的共同努力,取得了多方面进展。我们修改了政协章程并把参政议政列入主要职能,拓宽了政协工作的领域;制定了关于政治协商、民主监督、参政议政的规定,促进了政协工作的规范化制度化;开展了反映社情民意的工作,为党和政府提供了基层和群众的大量实际情况;围绕党和国家的重大决策以及群众关心的问题调查研究,提出了许多重要的意见和建议;扩大同海内外爱国人士的联系,推进了在统一祖国、振兴中华共同目标下的大团结大联合;拓展对外友好交往,增进了同各国人民的相互了解和友谊;深化理论政策研究,增强了工作的自觉性和主动性;加强机关建设,为政协开展工作提供了有效的服务,等等。本届政协在工作过程中,始终坚持解放思想、实事求是,努力探索新形势下履行职能的途径和方法,使各项工作积极、稳步、活跃、有序地向前推进。我们一贯注意发扬政协优良传统,保持政协固有的性质和特点,不比不套,坚持政协就是政协;牢牢把握团结民主两大主题,广泛联系,求同存异,实事求是地推进民主政治建设;强调政协履行职能必须坚持中国共产党的领导,必须服从服务于国家的大局,必须注意从实际出发,必须加强同有关部门的配合;认真选好角度、发挥优势,做到尽职而不越位,帮忙而不添乱,切实而不表面;重视政协组织的界别特点,促进委员同本界群众的联系,把界别活动与政协统一活动结合起来,使政协成为各界各民主党派参政议政的场所;充分尊重政协委员的民主权利,努力探索调动委员积极性的途径,依靠广大委员活跃和深化政协工作,不断提高参政议政的水平;把专委会作为政协工作的重要基础,通过专委会联结和组织各方面人才,收集、整理散见于群众中的见解和建议,发挥下通各界、上达中央的桥梁作用;注重实践经验,加强同地方政协的联系,经常总结交流各级政协的好作法,用经验推动和指导工作。我们的工作还存在一些不足,与中共中央的要求、政协章程的规定和社会各界的期望还有差距。有的工作刚刚开始,还没有真正落实;有的工作缺少必要的制度,还不够规范;在新的历史条件下政协如何更好地发挥作用,还有许多尚待研究的课题。

总结经验是马克思主义认识论的基本要求,是事业兴旺的有效途径,也是个人进步的重要环节。希望各级政协组织和广大政协委员,把几年来做过的事情认真总结一下,冷静、深入地想一想本届政协工作有哪些得失,自己作为委员有哪些收获和缺憾,使我们用心血换来的经验教训,变成今后搞好工作的宝贵财富。

同时也希望大家努力养成总结经验的习惯，逐步提高总结经验的本领，使我们的认识日益自觉，工作不断进步。

三

今年是我国历史进程中重要的一年。我国政府将恢复对香港行使主权，中国共产党将召开第十五次全国代表大会。这两件大事，举世瞩目，振奋人心，关系全局，意义深远。顺利圆满地完成这两件大事，需要全国人民共同努力，需要各方面做好工作，特别需要维护团结稳定的局面。唯团结才能稳定，唯稳定才能发展，唯发展才能振兴。团结、稳定、发展、振兴是中华儿女的共同愿望。

当前，我国社会总体上是团结稳定的，但也存在一些妨碍团结、影响稳定的因素。我国正处在建立社会主义市场经济体制的深刻变革之中，会出现一些经济利益的摩擦、思想观念的碰撞，出现一些不公平、不合理的事情，出现一些消极、腐败的东西，我们的工作也会出现这样那样的问题甚至失误。尽管这些是难以完全避免的，但是，它确实给一些人带来生活上的困难，心理上的失衡，情绪上的不顺。对此，决不能忽视、回避、敷衍、推托。我们必须面对现实，负起责任，真心实意地关心群众疾苦，尽心竭力地解决各种问题，耐心细致地做好思想工作，这是保持团结稳定局面的重要基础。

维护团结稳定，最根本的是紧密地团结在以江泽民同志为核心的中共中央周围，高举邓小平建设有中国特色社会主义理论的伟大旗帜。建设有中国特色社会主义理论深刻总结了国际国内社会主义事业胜利与挫折的历史经验，是当代中国的马克思主义。我们之所以能够迅速摆脱“文化大革命”造成的深重灾难，走上强国富民的康庄大道，之所以能够冲破种种障碍，使祖国统一大业取得历史性进展，之所以能够经受住国际风云变幻的严峻考验，巍然屹立于世界东方，靠的就是邓小平同志以非凡胆识创立的正确理论。建设有中国特色社会主义理论代表了广大群众的根本利益，是全国各族人民的最大共识。它着眼于解放和发展社会生产力，把一切为了群众、一切依靠群众作为出发点和归宿，给广大群众施展聪明才智提供了充分的机会，使人民群众获得了实实在在的利益，因而得到了人民群众的由衷拥护。建设有中国特色社会主义理论开辟了一个崭新的时代，是历史发展和社会进步的集中反映。它深刻地影响着我国的政治、经济、文化等各个领域，广泛地渗透到人们的价值观念、思想方法、生活方式等各个方面，已经融入我们的民族精神之中。坚定地、全面地、创造性地坚持建设有中国特色社会主义理论，顺应历史，顺从民心，顺理成章，一顺百顺，我们的国家就会强盛，人民就会幸福，社会就会长治久安。

维护团结稳定，必须讲大局、讲历史责任感。从香港被占到香港回归，历经 150 余年。在新中国成立前的一个多世纪里，我们的民族蒙受了多少屈辱，遭受了多少苦难，令人痛心疾首；在新中国成立后的几十年中，我们的国家经历了多少曲折，付出了多少代价，真是刻骨铭心。为了把一个半殖民地半封建的旧中国变成独立自主的新中国，无数志士仁人前仆后继，浴血奋斗；为了找到一条符合中国国情的正确发展道路，我们的党和人民百折不挠，艰辛探索。今天的局面确实来之不易！我们这一代人正处在我国发展的重要时期，肩负着重大的历史责任。我们这一代人也是历史发展过程中的一段，也有一个上对祖先、下对子孙交代的问题。今天我们评价历史，将来历史也会评价我们。只要我们多想想这些，还有什么一己私利不可以割舍，还有什么个人恩怨不可以超越，还有什么缺点毛病不可以抛弃！我们完全应该同心同德，团结奋斗，共同创造更加美好的未来。

各位委员、各位同志：

我国的改革开放和现代化建设，是一项伟大的开创性事业，任重而道远。我们有革命前辈奠定的坚实基业，有邓小平同志创立的科学理论，有社会主义初级阶段的基本路线，有以江泽民同志为核心的中共中央的坚强领导，有亿万人民的团结奋斗，一定能够克服各种艰难险阻，沿着建设有中国特色社会主义的道路胜利前进。我们的事业充满希望，我们的前途无限光明！

现在我宣布：中国人民政治协商会议第八届全国委员会第五次会议闭幕！

全国政协八届五次会议通过《全国政协八届五次会议政治决议》

中国人民政治协商会议第八届全国委员会第五次会议，赞同李鹏总理所作的《政府工作报告》，赞同《关于 1996 年国民经济和社会发展计划执行情况与 1997 年国民经济和社会发展计划草案的报告》、《关于 1996 年中央和地方预算执行情况及 1997 年中央和地方预算草案的报告》，赞同最高人民法院工作报告和最高人民检察院工作报告。会议认为，过去的一年，全国各族人民坚持以邓小平建设有中国特色社会主义理论为指导，在以江泽民同志为核心的中共中央领导下，团结奋斗，开拓进取，取得了改革开放和现代化建设的新成就，实施国民经济和社会发展“九五”计划和 2010 年远景目标纲要开局顺利。我国经济发展势头良好，政治稳定，民族团结，社会安定。会议对加强农业基础地位、加快国有企业改革步伐、减轻农民负担、加大扶贫力度、促进中西部地区发展、加强精神文明建设、深入开展反腐败斗争、搞好社会治安综合治理等问题深为关注，提出了积极的意见和建议，希望政府继续采取有力措施切实加以解决。

会议对敬爱的邓小平同志逝世表示深切哀悼。邓小平同志是全党、全军和全国各族人民公认的享有崇高威望的卓越领导人，伟大的马克思主义者，伟大的无产阶级革命家、政治家、军事家、外交家，久经考验的共产主义战士，我国社会主义改革开放和现代化建设的总设计师，建设有中国特色社会主义理论的创立者。邓小平同志为中华民族的独立和人民解放，为我国社会主义制度的建立、巩固和发展，建立了不可磨灭的功勋。邓小平同志的丰功伟绩、科学理论和革命风格，将永远激励和鼓舞我们在开创中华民族伟大前程的事业中奋勇前进。

邓小平同志是政协第五届全国委员会主席，是新时期人民政协事业的奠基人。他在探索中国社会主义现代化建设发展道路的同时，对统一战线和人民政协提出一系列重要思想。这些重要思想，是建设有中国特色社会主义理论的重要组成部分，是新时期人民政协工作的科学指南。

参加人民政协的各党派、无党派爱国人士、各人民团体和各族各界代表人士，为我国即将对香港恢复行使主权感到欢欣鼓舞，坚决支持我国政府为实现香港和澳门的顺利回归、保持港澳地区的长期稳定繁荣所做的一切努力；坚决贯彻国家主席江泽民关于发展两岸关系、推进祖国和平统一进程的八项主张，坚持反分裂、反"台独"的斗争，积极促进台湾海峡两岸直接"三通"和在经济、文化等领域的交往与合作。会议坚信，在"一国两制"的正确方针指引下，在海内外所有中华儿女的共同努力下，祖国统一大业一定能够实现。

1997 年是我们国家历史发展上十分重要的一年。我国将恢复对香港行使主权，迈出和平统一祖国的重要一步。中国共产党将召开第十五次全国代表大会，把建设有中国特色社会主义的伟大事业向新世纪全面推进。这两件大事，关系全局，举世瞩目，意义深远，政协要为做好这两件大事做出应有的贡献。会议号召，参加人民政协的各党派、无党派爱国人士、各人民团体和各族各界代表人士，继承邓小平同志的遗志，在以江泽民同志为核心的中共中央坚强领导下，高举邓小平建设有中国特色社会主义理论的伟大旗帜，毫不动摇地坚持社会主义初级阶段的基本路线，坚持和完善中国共产党领导的多党合作和政治协商制度，把握大局，再接再厉，同心同德，开拓前进，切实履行政治协商、民主监督和参政议政职能，更好地促进中华民族的大团结、大联合，为把我国建设成为富强、民主、文明的社会主义现代化国家而努力奋斗。

全国政协八届五次会议通过《中国人民政治协商会议第八届全国委员会第五次会议关于常务委员会工作报告的决议》

中国人民政治协商会议第八届全国委员会第五次会议，同意叶选平副主席所作的常务委员会工作报告。会议对一年来常务委员会围绕国家中心任务履行政协职能所取得的成效表示满意，并对继续加强和改进今后工作提出了意见。会议同意报告提出的 1997 年度工作方针、工作任务和工作安排，要求常务委员会认真组织实施。

全国政协八届五次会议通过《关于政协八届五次会议提案审查情况的报告》

政协第八届全国委员会第五次会议截至 3 月 7 日下午 5 时，提案委员会共收到提案 2528 件。其中委员提案 2485 件，参加提出提案的委员 1476 人，占委员总数的 71%；民革、民盟、民建、民进、农工、致公、九三、台盟八个民主党派、全国工商联和科教文卫体、社会与法制等专门委员会共提出集体提案 39 件；委员小组提案 4 件。

提案委员会根据《中国人民政治协商会议全国委员会提案工作条例》的有关规定，对收到的提案进行了审查，共立案 2426 件，占收到提案的 96%，其中经济建设方面 1027 件，占 42.3%；科教文卫体方面 746 件，占 30.8%；政法、统战、人事方面 653 件，占 26.9%。其余 102 件经过与委员协商，作为委员来信转给有关部门处理。

委员们本着"民主、求实、团结、鼓劲"的精神，围绕中心，服务大局，发扬民主，认真履行人民政协政治协商、民主监督和参政议政职能，提出了许多有价值的意见和建议。提案的主要内容有：推进经济体制和经济增长方式的转变；保持宏观经济政策的稳定性和连续性；控制物价；加强农业的基础地位，科技兴农，促进农林牧副渔全面发展；加快国有企业的改革步伐；加快中西部地区经济发展；提高对外开放水平；发展科技教育事业；认真实行环境保护和计划生育基本国策；加强社会主义精神文明建设；深入开展反腐倡廉；巩固民族大团结；加强国防建设；保持香港的稳定和繁荣，以及实现祖国统一大业等。各民主党派和全国工商联继续积极运用提案履行职能，提案数量超过历次会议。

大会闭幕后将召开交办会议，对已立案的提案，分别送请中共中央有关部门，全国人大常委会办公厅、国务院有关部委、直属机构，政协全国委员会办公厅，中央军委办公厅，最高人民法院办公厅，最高人民检察院办公厅，各省、自治区、直辖市的中共党委和人民政府，有关人民团体等 148 个单位办理。会议期间，提案委员会召开了两次提案办理协商座谈会，分别邀请劳动部和国家计生委等单位的负责同志与有关民主党派和部分政协委员进行座谈，共同协商解决问题的办法。对提案中一些需要紧急处理的问题，已及时送交有关部门处理。

本次大会提案截止日期以后收到的提案，和大会提案一样，提案委员会将及时进行审查立案，送交有关单位办理。

以上报告，请审议。

联合国大会举行仪式追悼中国杰出的领导人邓小平

本届联大主席、马来西亚大使拉扎利主持了追悼仪式并首先发言。拉扎利发言后，各国代表起立默哀一分钟。然后，非洲国家代表埃及、亚洲国家代表阿曼、东欧国家代表摩尔多瓦、拉美国家代表巴拉圭、西欧国家代表芬兰和东道国美国的代表分别发表讲话，赞扬邓小平对中国的发展和世界和平所作的贡献。他们说，邓小平是世界的一位伟大人物，世界人民将永远怀念他。

最后，中国常驻联合国代表秦华孙大使发言，对联大主席和各国代表的悼念表示感谢。他说，邓小平伟大而光辉的一生，与中华民族的解放、发展和振兴紧密联系在一起。如果没有邓小平，中国人民就不可能有今天的新生活，中国就不可能有今天改革开放的新局面和现代化的光明前景。邓小平不愧是中国人民的伟大儿子。

秦华孙说，以江泽民主席为核心的中央领导集体，将领导全中国人民，继承邓小平的遗志，把他所开创的伟大事业推向前进，把中国建设成富强、民主、文明的社会主义现代化国家，并与世界各国继续发展友好合作关系，为人类的和平、发展与进步事业作出更多、更大的贡献。

孙中山先生逝世 72 周年纪念仪式在北京中山公园中山堂举行

中共中央政治局常委乔石在北京会见日本社民党党首土井多贺子

国务院副总理李岚清在中南海会见俄罗斯总统办公厅副主任沙赫赖

全国计划生育工作会议在北京结束

国务委员、国家计生委主任彭珮云在会议上讲话，她说，多年来，我们已经逐步摸索出了一条有中国特色的综合治理人口问题的道路。这些经验就是坚持“三不变”，落实“三为主”，推行“三结合”，努力实现工作思路和工作方法的“两个转变”。“三不变”是：坚持各级党政一把手亲自抓、负总责不变，现行计划生育政策不变，既定的人口控制目标不变。“三为主”是：计划生育工作要以宣传教育为主、避孕为主、经常性工作为主。“三结合”是：把计划生育工作与发展经济、帮助农民勤劳致富奔小康、建设文明幸福家庭结合起来。“两个转变”是：由孤立地就计划生育抓计划生育向与经济社会发展紧密结合，采取综合措施解决人口问题转变；由以社会制约为主向逐步建立利益导向和社会制约相结合，宣传教育、综合服务、科学管理相统一的机制转变。

彭珮云还强调，计划生育是一项长期而艰巨的任务，这些年工作虽取得很大成绩，但不能麻痹，要动员大家齐心协力、坚持不懈地把计划生育工作抓紧抓好。

北京王府井古人类活动遗迹时代确定

经过一个月的标本测定，北京大学考古专家日前确定，北京王府井东方广场工地旁的古人类活动遗迹其地质年代为距今 22000 年（正、负误差约为 1000 年）的旧石器晚期。

3 月 13 日

八届全国人大五次会议主席团举行第三次会议

主席团常务主席乔石委员长主持会议，首先通过了八届全国人大五次会议关于第九届全国人大代表名额和选举问题的决定草案。

全国人大法律委员会主任委员薛驹向主席团会议作了法律委员会关于刑法修订草案、国防法草案和香港特别行政区选举第九届全国人大代表的办法草案审议结果的报告。主席团会议表决通过了薛驹的审议结果报告，并决定将这一报告印发全体代表。

会议随后表决通过了刑法修订草案、国防法草案、香港特别行政区选举第九届全国人大代表的办法草案。

今天的会议还分别通过了关于批准设立重庆直辖市的决定草案、关于全国人大常委会工作报告的决议草案、最高人民法院工作报告的决议草案、最高人民检察院工作报告的决议草案、关于检查农业法实施情况的报告的决议草案、关于全国人大香港特别行政区筹备委员会工作报告的决议草案。

会议同时决定，将主席团会议通过的各项决定草案、决议草案和法律草案印发各代表团审议，提请大会表决。

八届全国人大五次会议副秘书长曹志向会议作了

关于八届全国人大五次会议代表提出的议案的处理意见报告。

会议随后表决通过了曹志的这个报告。

全国人大法律委员会主任委员薛驹向八届全国人大五次会议主席团作法律委员会关于刑法修订草案、国防法草案和香港特别行政区选举第九届全国人大代表的办法草案审议结果的报告

薛驹说，在本次全国人大会议上，各代表团于3月6日、7日、8日审议了刑法修订草案、国防法草案和香港特别行政区选举第九届全国人大代表的办法草案。代表们认为，修订刑法是健全社会主义法制，完善我国刑事法律制度的重要步骤，修订草案基本符合我国的实际情况，有利于打击犯罪，保护人民，维护社会主义改革开放和现代化建设事业的顺利进行；制定国防法对于加强和巩固国防建设，保卫国家的主权、统一、领土完整和安全，具有重要的意义。这两个草案基本可行，建议本次会议予以修改通过。香港特别行政区选举第九届全国人民代表大会代表的办法草案符合有关法律规定，符合香港特别行政区的实际情况，是可行的，建议本次会议予以审议通过。法律委员会召开会议，根据各代表团的审议意见，对三个法律草案进行了审议，对刑法修订草案和国防法草案提出了修改意见。

关于《中华人民共和国刑法(修订草案)》

(一)修订草案规定："人民警察在依法执行盘问、拘留、逮捕、追捕逃犯或者制止违法犯罪职务的时候，受到暴力侵犯或者人身安全受到威胁，依法使用警械和武器的职务行为，造成人员伤亡后果的，不属于防卫过当，不负刑事责任。"一些代表提出，《人民警察法》规定"人民警察依法执行职务，受法律保护"。《人民警察法》和根据《人民警察法》制定的《人民警察使用警械和武器条例》对人民警察在执行职务中，在什么情况下依法使用警械、武器不承担责任，违法使用警械、武器要承担责任，都已有规定，这个问题可以不在刑法中另作规定。因此，建议删去上述规定。

(二)修订草案规定："公司、企业、事业单位、机关、团体为本单位谋取非法利益，经单位集体决定或者由负责人员决定实施的犯罪，是单位犯罪。""单位犯罪，法律有规定的才负刑事责任。"有的代表提出，上述关于单位犯罪定义的规定不够全面，尚不能完全包括分则规定的所有单位犯罪。因此，建议将这一规定修改为："公司、企业、事业单位、机关、团体实施的危害社会的行为，法律规定为单位犯罪的，应当负刑事责任。"

(三)有的代表提出，对于军人、警察犯罪需要剥夺军衔、警衔的，可以依照《中国人民解放军军官军衔条例》、《人民警察警衔条例》的有关规定执行；根据宪法规定，授予国家的勋章，应当由国家权力机关决定，需要剥夺勋章的，也应当由国家权力机关决定，不宜由法院判处剥夺。因此，建议删去有关规定。

(四)有的代表提出，应当增加关于劫持船只、汽车的犯罪规定。因此，建议增加规定："以暴力、胁迫或者其他方法劫持船只、汽车的，处五年以上十年以下有期徒刑；造成严重后果的，处十年以上有期徒刑或者无期徒刑。"

(五)有的代表提出，目前，一些个人和单位从金融机构套取贷款转贷他人，谋取非法利益的情况比较严重，这种行为严重扰乱金融管理秩序，建议在刑法中增加相应的规定。因此，建议在破坏金融管理秩序罪中增加规定："以转贷牟利为目的，套取金融机构信贷资金高利转贷他人，违法所得数额较大的，处三年以下有期徒刑或者拘役，并处违法所得一倍以上五倍以下罚金；数额巨大的，处三年以上七年以下有期徒刑，并处违法所得一倍以上五倍以下罚金。""单位犯前款罪的，对单位判处罚金，并对其直接负责的主管人员和其他直接责任人员，处三年以下有期徒刑或者拘役。"

(六)有的代表提出，对在出版物中刊登侮辱少数民族风俗习惯内容，造成严重后果的行为，应当规定为犯罪。因此，建议增加规定："在出版物中刊载歧视、侮辱少数民族的内容，情节恶劣，造成严重后果的，对直接责任人员，处三年以下有期徒刑、拘役或者管制。"

(七)有的代表提出，会计法、统计法要求会计、统计人员必须严格依照法律的规定履行职责，单位领导人对依法履行职责、抵制违法干预的会计和统计人员实行打击报复的，应当规定为犯罪。因此，建议增加规定："公司、企业、事业单位、机关、团体的领导人，对依法履行职责、抵制违反会计法、统计法行为的会计、统计人员实行打击报复，情节恶劣的，处三年以下有期徒刑或者拘役。"

(八)根据有的代表的意见，建议将第六章第六节破坏环境保护罪的节名修改为破坏环境资源保护罪。

(九)有的部门提出，在毒品中甲基苯丙胺(冰毒)的危害十分严重，建议在修订刑法时明确规定走私、贩卖、运输、制造、非法持有甲基苯丙胺的具体处刑数量标准。因此，建议规定对走私、贩卖、运输、制造和非法持有甲基苯丙胺的，按照海洛因的数量标准处罚。

(十)有的代表提出，贪污罪的主体中未能包括受国家机关、国有公司、企业、事业单位委托管理、经营国有财产的人员，不利于对国有财产的保护。因此，建议在贪污罪中增加规定："受国家机关、国有公司、企业、事业单位、人民团体委托管理、经营国有财产的人员利用职务上的便利，侵吞、窃取、骗取或者以其他手段非法占有国有财物的，以贪污论。"

关于《中华人民共和国国防法(草案)》

(一)草案规定:“国防建设与经济建设互相兼顾、协调发展。”根据有些代表的意见,建议修改为:“国家在集中力量进行经济建设的同时,加强国防建设,促进国防建设与经济建设协调发展。”

(二)草案规定:“中华人民共和国的武装力量属于人民。它的任务是巩固国防,抵抗侵略,保卫祖国,保卫人民的和平劳动,参加国家建设事业,努力为人民服务。”根据有些代表的意见,建议将本条中“努力为人民服务”一句修改为“全心全意为人民服务”。

(三)草案规定:“中华人民共和国的武装力量接受中国共产党的领导。武装力量中的中国共产党组织依照中国共产党章程进行活动。”根据有些代表的意见,建议修改为:“中华人民共和国的武装力量受中国共产党领导。武装力量中的中国共产党组织依照中国共产党章程进行活动。”

(四)一些代表提出,对于学校开展国防教育,军事机关应当给予协助。因此,建议增加规定:“军事机关应当协助学校开展国防教育。”

(五)一些代表提出,许多军人长期在条件非常艰苦的边海防等地方或者岗位工作,国家对这些军人应当在生活福利等方面给予更加优厚的待遇。因此,建议增加规定:“对在条件艰苦的边防、海防等地区或者岗位工作的现役军人在生活福利等方面给予优待。”

(六)草案规定:“国家为现役军人设立人身伤亡保险,具体办法另行规定。”许多代表提出,军人保险应当包括哪些内容,现在还在研究之中,法律规定应留有余地。因此,建议修改为“国家实行军人保险制度。”

(七)有些代表提出,残疾军人退出现役后,人民政府应当及时接收安置。因此,建议将草案修改为:“因战、因公致残或者致病的残疾军人退出现役后,县级以上人民政府应当及时接收安置,并保障其生活不低于当地的平均生活水平。”

薛驹说,考虑到国防法是一部基本法律,不宜规定得太具体,全国人大常委会还要制定一些有关国防方面的单行法律。代表提出的具体意见,将来在制定有关法律时予以研究吸收。

关于《中华人民共和国香港特别行政区选举第九届全国人民代表大会代表的办法(草案)》薛驹说,代表们对草案表示赞同,法律委员会同意草案的规定,没有提出修改意见。

他说,法律委员会建议主席团审议决定,将这三个法律草案提请大会审议通过。

八届全国人大五次会议主席团第三次会议通过《第八届全国人大第五次会议副秘书长曹志作的〈关于第八届全国人民代表大会第五次会议代表提出的议案的处理意见报告〉》

大会主席团:

本次会议共收到议案 700 件,其中:代表团提出的议案 32 件,30 名以上代表联名提出的议案 668 件。这些议案以邓小平建设有中国特色社会主义理论为指导,坚持党的基本路线和基本方针,围绕实施“九五”计划和 2010 年远景目标纲要,为深化改革,扩大开放,稳中求进,推进经济体制和经济增长方式的转变,就健全社会主义市场经济体制,集中力量抓好国有大中型企业和企业经营管理,加强农业基础地位,建立健全社会保障制度,发展科技教育文化事业,加强社会主义精神文明建设和民主法制建设等,提出了许多重要的建议和意见。经大会秘书处同各专门委员会商议,建议将 140 件议案,交有关的专门委员会审议,提出是否列入全国人大或全国人大常委会的议程的意见,由全国人大常委会审议决定。其中,交民族委员会审议的 9 件;交法律委员会审议的 32 件;交内务司法委员会审议的 8 件;交财政经济委员会审议的 42 件;交教科文卫委员会审议的 32 件;交外事委员会审议的 1 件;交华侨委员会审议的 3 件;交环境与资源保护委员会审议的 13 件。另外 560 件,作为建议、批评和意见,由全国人大常委会办公厅交由有关机关、组织研究处理,并负责答复代表。

此外,截至 3 月 12 日,大会秘书处还收到代表对各方面工作提出的建议、批评和意见 1289 件。这些建议、批评和意见,全国人大常委会办公厅将会同国务院办公厅交由有关机关、组织研究处理,并负责答复代表。

以上处理意见是否妥当,请审议。

国家主席江泽民在中南海会见美国 IBM 公司董事长郭士纳

国务院副总理吴邦国在北京会见美国 IBM 公司董事长郭士纳一行

外交部发言人崔天凯在记者招待会上就美国国会通过有关香港的法案干涉中国内政答记者问

崔天凯在回答记者提问时说:“美国国会有些人根本不了解香港的情况,不了解中国的香港政策,也没有作必要的深入研究,却通过所谓法案无端质疑中国 1997 年 7 月 1 日后是否会遵守《中英联合声明》,煽动对中国执行有关政策的诚意和决心的怀疑,并威胁说

1997年7月1日后如香港的高度自治权和美政治经济利益受损时美将采取措施改变有关作法。这种粗暴干涉中国内政的错误做法是我们坚决反对和绝对不能接受的。”

崔天凯说:“香港问题在1997年7月1日之前是中英两国政府间的事,其后则是中国内政,任何外国政府和组织都无权干涉香港的事务。”他指出,在香港回归大局已定、人心所向的形势下,美国应该为香港的平稳过渡和长期繁荣稳定发挥积极作用,这不仅符合中国的利益,也符合美国的根本利益。

3月14日

《人民日报》发表国务院新闻办公室文章《利用人权制造对抗的又一表现——评美国国务院1996年〈人权报告〉中国部分》

今年1月30日,美国国务院发表1996年度《国别人权报告》(以下简称《报告》),再次对194个国家和地区的人权状况妄加评论。《报告》的中国部分不顾中国人民多年来的强烈反对,继续对中国造谣中伤,又一次暴露了其利用人权制造对抗、干涉中国内政的图谋。

一、冷饭重炒故技重演

《报告》的一个最大特点,就是冷饭重炒,并继续采用无中生有、歪曲事实的手法,对中国进行恶意攻击。

《报告》大量引用早已被戳穿的攻击材料,混淆视听,试图使谎言重复多遍能成真理。例如,《报告》明知中国已于1996年对1979年颁布的《刑事诉讼法》作了修改,却仍花大量篇幅,对修改前的《刑事诉讼法》再次进行歪曲攻击,说“该法规定,聘请辩护律师不能早于审判前七天”,而且“根据该法,法庭无须为被告人指定辩护律师”。事实是,中国的《刑事诉讼法》第110条规定,人民法院决定开庭审判后,应“将人民检察院的起诉书副本至迟在开庭七日以前送达被告人,并且告知被告人可以委托辩护人,或者在必要时为被告人指定辩护人”。明明是“至迟在开庭七日以前”,却被《报告》篡改成“不能早于审判前七日”;明明是“法院可以为被告人指定辩护人”,却被说成是“法庭无须为被告人指定辩护律师”!如此颠倒黑白、违背事实的所谓中国“侵犯人权”的材料,虽经中国方面多次严正指出,《报告》却不厌其烦地年年重复,这是发人深思的。

《报告》也提供了一些“新的”材料和个案,但大多仍是捏造、歪曲的不实之词。如《报告》指责“中国福建省当局在8月份拒绝为一位患了肺炎的76岁的天主教主教曾景牧提供医疗服务”,并称曾是“因为在自己家里举行非法宗教服务活动而受到拘禁的”。事实是:曾景牧,江西省崇仁县人,近年来频繁举行非法集会活动,严重扰乱社会秩序,屡教不改。1996年3月,当地劳动教养委员会决定依法对其劳动教养三年。目前,曾身体状况良好,根本未患肺炎。所谓曾“患了肺炎”、“当局拒绝为其提供医疗服务”之说,纯属无稽之谈。

又如,《报告》指责中国任意“拘留和搜查去西藏的外国旅游者”,称一位访问西藏的外国学者阿旺曲培在西藏因拍摄有关西藏舞蹈艺术的纪录片而遭中国当局拘留,并被判刑18年。实际情况是,现年30岁的阿旺曲培原籍西藏阿里地区札达县,捕前系达赖集团“流亡政府”歌舞团舞蹈教师,1995年7月受达赖集团派遣,携带某外国为其提供的经费和器材,以收集西藏民间舞蹈艺术做掩护入境从事搜集情报活动。在西藏期间,他根据事先制订的《情报收集提纲》,先后在拉萨、山南、林芝、日喀则等地搜集情报,中国安全机关掌握了阿进行间谍活动的确凿证据,依法对其进行逮捕。阿对他从事间谍活动供认不讳。日喀则地区中级人民法院依法以间谍罪判处阿旺曲培有期徒刑18年,剥夺政治权利4年。一审判决后,阿提出上诉;二审目前正在审理中。对于这类危害国家安全、从事间谍活动的人,任何法制国家都是要依法惩处的。《报告》把从事间谍活动的人说成是访问学者和外国旅游者,完全是歪曲事实。

《报告》还攻击中国随意逮捕或拘留外国商人,称“澳大利亚商人詹姆斯·彭1994年在澳门被中国公安人员绑架并押回国内受审”,“1995年9月被判长期监禁”。实际情况是:彭建东,原籍广东省揭西县,1991年12月入澳大利亚国籍。1989年3月,彭在担任深圳原野实业股份有限公司总经理期间,利用职务之便,将该公司向澳大利亚中澳绿屏公司投资汇款中的80万元港币转入其个人在香港的康雅公司。1989年11月彭担任原野公司董事长后,又于1992年2月利用职务之便,以向原野公司的下属公司原野物业公司借款为名,侵占该公司人民币29万元。1993年10月,彭因侵占、挪用公司资金案被依法逮捕。深圳市中级人民法院、广东省高级人民法院依法对该案进行了审理,以侵占、挪用公司资金罪,判处彭建东有期徒刑17年,附加驱逐出境。《报告》将触犯中国法律的经济犯罪分子说成是无辜遭绑架的“受害者”,纯属别有用心。

《报告》既要装出公正的姿态,又难以掩饰其横加责难的用心,因此破绽百出,多处自相矛盾。例如,《报告》一方面攻击中国“政府对消息严密封锁,不可能准确估计出被任意逮捕或拘留的人数”;另一方面又说中国最高人民检察院检察长“在3月份全国人民代表大会上报告说,在1995年间,最高检察院共调查了4627起非法拘留案件”。既然政府“严密封锁消息”,又怎么解释最高检察院在人大会议上公布非法拘禁案统计数字呢？既然最高检察院公布了准确的统计数字，又怎么说“不可能准确估计出”非法拘禁的人数呢？《报告》既要攻击中国又拿不出真凭实据的矛盾心态，由此可见一斑。又如，《报告》一方面攻击中国当局“不是按法律规范办事”，仿佛中国是一个没有法律秩序的国家；另一方面又攻击中国“1988年的《国家保密法》使拒绝公开审判合法化，符合该法的规定，案件的细节就经常保密”，这就等于说，中国依法办事又“侵犯了人权”。如此自相矛盾的例子在《报告》中比比皆是。

二、罗织罪名不择手段

《报告》为罗织中国“侵犯人权”的罪名，不择手段地把危害国家安全、扰乱社会秩序等违法犯罪分子说成是“持不同政见者”、“政治犯”、“良心犯”。

《报告》把王丹称为“政治犯”，说王丹因为“在1994年宣布要对中国人权状况进行调查”而于1996年被判11年徒刑。事实真相是：王丹1991年曾因煽动颠覆政府，触犯刑律，被依法判处有期徒刑4年，剥夺政治权利1年。1993年2月17日被假释以后，王丹与境外敌对组织秘密勾结，从事一系列阴谋颠覆政府、危害国家安全的活动，并于1996年10月3日被依法逮捕。北京市第一中级人民法院于1996年10月30日依法对此案开庭公开审理，以阴谋颠覆政府罪判处王丹有期徒刑11年，剥夺政治权利2年。王丹不服，提出上诉。北京市高级人民法院于1996年11月5日公开审判，驳回上诉，维持原判。王丹被判刑并不是因为他持有不同的政治观点和“宣布要对中国人权状况进行调查”的言论，而是因为他从事危害国家安全的行为触犯了中国的法律，构成了犯罪。事实上，在中国，根本不存在所谓“政治犯”，仅有思想和言论而没有触犯刑律的行为，不构成犯罪。任何人决不会仅仅因为持有不同的政治观点而被处以刑罚。《报告》不顾客观事实和国际通例，将各国都依法惩处的危害国家安全的刑事犯罪分子说成是“政治犯”，显然是毫无道理的。

《报告》诬蔑中国利用精神病医院控制“持不同政见者”，称“作家王万星，因1992年在天安门广场进行纪念八九年事件三周年的抗议活动而被捕。他精神状态很好，却被强行关押在上海的安康医院。”事实是：王万星只有初中文化，1992年6月因在天安门广场进行扰乱社会秩序的活动，被维护社会治安的民警带离广场，后发现其精神不正常，送到北京安康医院检查。经该院司法精神病医学鉴定科鉴定，王患有“偏执狂”，其危害行为受妄想支配，当时丧失正常的辨认能力，无行为责任能力，需住院治疗。经向医院了解，目前王的病情有所缓解。所谓王“精神状态很好，却被强行关押在上海的安康精神病医院”一说纯属造谣。《报告》为了罗织中国“侵犯人权”的罪名，竟然将精神病患者贴上“作家”、“持不同政见者”的标签，真可谓用心良苦。

《报告》还攻击中国迫害宗教徒，侵犯宗教信仰自由。为了搜集案例，《报告》把一些人打着宗教旗号从事违法犯罪活动依法受到惩处，说成是因为宗教活动，是“良心犯”。例如，《报告》称，“1996年，警方继续对一个名为‘呼喊派’的组织施加压力，其成员多次被拘留、罚款及至坐牢”。事实是，被正统基督教视为异端的“呼喊派”，是一个以宗教为名，从事反政府、反社会的违法犯罪活动的邪教组织。该组织公开扬言“要把教会组织起来，与政府对抗到底”，煽动受骗信徒哄闹政府机关，围攻政府干部，并进行奸污妇女、诈骗钱财等犯罪活动。其中，有的为首分子以宗教为名，骗奸、强奸、猥亵妇女达上百人，且长期霸占20多名年轻女信徒，是罪大恶极的犯罪分子。对这些严重的违法犯罪分子，中国政府依法予以惩处，这与宗教信仰无关。事实上，在中国，公民的宗教信仰自由和正常的宗教活动，依法受到国家的保护。任何人绝不会仅仅因为其宗教信仰和开展正常的宗教活动而受到处罚。同样，任何违法犯罪分子也绝不会因为其信仰宗教或打着宗教旗号而不受到惩罚。对“呼喊派”这样打着宗教旗号从事违法犯罪活动的邪教组织，世界各国政府都是依法进行打击的。《报告》一再将中国打击邪教和惩处扰乱社会秩序、强奸、流氓、诈骗等犯罪活动作为“侵犯人权”的证据是荒谬的。

三、曲解自由丑化中国

为了丑化中国，《报告》花了大量篇幅攻击中国没有言论、新闻和信息自由。

《报告》指责中国不允许“否定共产党领导下的社会主义国家的基本原则”侵犯了公民的言论自由；要求记者“保守‘国家秘密’”侵犯了新闻自由；对国际互联网络的使用进行管理，要求“不利用互联网络从事危害国家安全的活动”侵犯了公民的信息和通信自由。按照《报告》的逻辑，似乎中国只有允许公民否定合法的国家政权和现行的政治制度，允许公民危害国家安全、泄露国家秘密，才算是符合人权。不然，就是侵犯人权。很显然，这是对国际公认的人权和自由准则的肆意曲解，是十分荒唐的。

众所周知，世界上根本就不存在不受任何限制的言论、新闻和信息自由。法国1789年公布的《人权和公民权宣言》第10条和第11条即明确规定言论和新闻自由不得“扰乱法律所规定的公共秩序”，并依法得“对滥用此项自由负担责任”。联合国《公民及政治权利国际公约》第19条在规定言论自由包括寻求、接受和传播信息自由权利时，明文规定此项权利的行使“带有特殊的义务和责任”，依法要受到“为尊重他人权利或名誉”以及“为保障国家安全或公共秩序或者公共卫生或道德”所必需的限制。该公约第20条规定,“任何鼓吹战争的宣传”,“任何鼓吹民族、种族或宗教仇恨,构成煽动歧视、敌视或暴力的主张”,均应依法予以禁止。中国依法对言论、新闻和信息自由加以限定,是完全符合国际人权公约的精神和国际通例的。

事实上,美国法律对言论、新闻和信息自由的限制比中国要严厉得多。据统计,美国对一般性语言的限制就有18种之多。根据美国联邦法院历来在案例中的解释,言论自由的运用以不致妨碍美国宪法的规定为限,任何出版物的刊行以不得恶意诽谤政府或企图颠覆政府的存在为限。《美国法典》第18篇第2385条明文规定,任何蓄意“鼓吹、煽动、劝说或讲授”理应推翻或摧毁美国政府的行为,包括为此而“印刷、出版、发表、传递、出售、分发或公开展出任何书写或印刷品”,均要处20年徒刑或2万美元罚款或两者并罚。该法典第1717条还规定,“凡属鼓吹以暴力反抗美国任何法律的信函及手抄件均为非邮递品”,要依法加以处理。此外,美国还是一个对国际互联网严加管理和控制的国家。既然美国自己的法律都不允许利用言论、新闻和信息自由从事反政府和危害国家安全的活动,《报告》凭什么指责中国按照宪法和法律规定要求公民“保守国家秘密”并禁止“否定国家基本原则”和“从事危害国家安全的活动”呢?

其实,《报告》所关心的并不是中国公民是否真正享有言论、新闻和信息自由。任何不带政治偏见的人都不能否认,中国人民现在所享有的自由包括言论、新闻和信息自由是任何一个历史时期都无法比拟的。美国福特基金会负责中国事务的代表托尼·塞奇1997年2月就曾发表文章指出:“大多数中国人现在享有比过去任何时候多得多的个人自由。”美国前总统布什先生1997年2月24日也说:“中国现在比我当初离开时(注:布什1974年至1975年曾任美国驻中国联络处主任)要有多得多的人权和个人自由。”就言论、新闻和信息自由而言,就连《报告》都不得不承认,中国社会越来越开放,“获取外来信息变得更加自由,……卫星电视广播在广大地区可以收看到,……越来越多的公民可与互联网络联网”。那么,《报告》为什么还要攻击中国没有言论、新闻和信息自由呢?用《报告》的话来说,就是因为中国不允许“否定共产党领导下的社会主义国家的基本原则”;中国公民享有的自由还不足以“危及共产党的领导作用”。这就明白地告诉我们,《报告》所要求的并不是真正的言论、新闻和信息自由,而是反对社会主义制度和共产党执政地位的“自由”。只要中国仍然是共产党执政的社会主义国家,那么,不论中国如何民主,人民事实上享有多么充分的言论、新闻和信息自由,在《报告》的作者看来,中国永远是一个“不自由的国家”。这就是问题的症结所在。

四、“冷战”思维违背潮流

《报告》出于反华反共的政治需要,不顾事实地把一个不断发展的中国描绘成人权状况不断恶化的国家。

事实上,1996年是中国人权状况继续取得重大进展的一年。在这一年里,中国经济持续、快速、健康地发展,民主和法制建设明显加强,人民的生存权、发展权和其他各项人权都得到了进一步改善。据统计,1996年,国民经济比上年实际增长9.7%,城镇居民人均生活费收入达到4300元,实际增长3.3%;农村居民人均纯收入增至1900多元,实际增长9%,是近年来增幅最高的一年。城乡居民储蓄存款达到38500多亿元,比上年增加8800多亿元。中国是世界上贫困人口减少最快的一个国家,1996年农村又有700万人摆脱了贫困,农村贫困人口已由1978年的2.5亿人减少到1996年年底的5800万人,全国贫困人口占世界贫困人口的比例由1/4减少到不足1/20。1996年,全国又有26个省、自治区的457个县(市、区)实现了基本普及九年义务教育和基本扫除文盲的目标,其覆盖人口为1.9亿,占全国人口总数的16.4%。

与此同时,基层民主建设取得引人注目的进展。1995年至1996年,全国大部分省、自治区、直辖市的农村基层政权即村民委员会,采取村民直接选举的办法,进行了新一轮换届选举;全国98%以上的城市微型小区建立了居民委员会或居民小组,其中97%的居委会采取居民直接投票选举的办法,在1996年进行了换届选举。中国还于1996年颁布了《老年人权益保障法》、《律师法》、《行政处罚法》等多项有关人权的法律,并对原来的《刑事诉讼法》进行了重大修正,进一步完善了对人权的法律保障。特别是《刑事诉讼法》的修改,扩展了律师参与刑事诉讼的广度和深度,较多地规定了被害人的诉讼权利,加强了对传唤、拘留等强制措施的规范,从司法程序上为打击刑事犯罪,保护无罪的人不受刑事追究提供了更加有力的保障。事实证明,1996年,中国人权状况继续保持并进一步呈现出全面改善和不断发展的态势。

《报告》无视上述客观事实,热衷于搜集一些所谓“个案”,甚至不惜杜撰所谓“事实”,作为中国“侵犯人权”的证据,把中国的人权状况描绘成一团漆黑。这说明《报告》的作者并不希望看到中国的稳定、发展和强大,也不愿意看到中国全体人民人权的改善和发展。他们所真正关心的是利用人权丑化中国的国际形象、破坏中国的稳定和发展。

《报告》利用人权进行反华舆论战,并非偶然。它是美国顽固坚持冷战思维的十足表现。众所周知，始于“冷战”时代的美国国务院《人权报告》，作为美国“人权外交”政策的一个重要组成部分，本身就是适应“冷战”的政治需要而产生的。它从一开始就是美国当局向社会主义国家和发展中国家施压的政治工具。“冷战”结束以后，美国为了加紧推行霸权主义和强权政治，把坚持沿着自己的发展道路前进的社会主义中国视为假想敌，利用人权不断掀起反华恶浪。美国国务院一年一度的《人权报告》也就成了其攻击、丑化中国，干涉中国内政的一个重要工具。但是，正如美国连续6次在联合国人权委员会搞反华提案一再遭到失败一样，美国国务院《人权报告》的反华图谋也是不能得逞的。中国是一个拥有五千年文明史、充满活力和希望的国家，已经站起来的12亿中国人民决不会因为任何外来压力而改变自己的发展道路。

美国国务院发表《人权报告》，公然干涉别国内政，违背了《联合国宪章》的精神和时代的潮流。《联合国宪章》第1条第3款明确规定，国际社会促进人权的根本途径是“促成国际合作”。但是，在很长一段时间内，由于受“冷战”的影响，人权成了某些大国制造政治对抗、推行霸权主义和干涉别国内政的工具。“冷战”结束后，世界人民普遍要求国际人权活动摆脱“冷战”的阴影，走上合作与对话的健康轨道。1993年世界人权大会通过的《维也纳宣言和行动纲领》重申：促进人权“必须按照《联合国宪章》的宗旨和原则，特别是作为联合国首要目标的国际合作的宗旨”。1996年11月，第51届联合国大会专门通过了《加强人权领域的国际合作》的决议，再次强调：在人权领域“需要通过在各国相互尊重和平等的基础上的真正的和建设性的对话来促成国际合作”。这些都代表了当今国际社会在人权领域要求合作、对话，反对对抗和施压的时代潮流。美国既不是一个世界政府，又没有得到任何公认的国际组织或国际会议的授权，却要冒充“世界人权法官”，年复一年地发表报告，对别国进行指责。这种逆时代潮流而动，在人权领域人为地制造对抗的做法，违背了《联合国宪章》的精神和国际社会的人心所向，理所应当地遭到包括中国在内的世界越来越多国家的反对。

八届全国人大五次会议闭幕

会议号召：全国各族人民继承邓小平同志的遗志，高举邓小平建设有中国特色社会主义理论的伟大旗帜，更加紧密地团结在以江泽民同志为核心的党中央周围，万众一心，艰苦奋斗，夺取社会主义改革开放和现代化建设的新胜利。

2720名代表出席了今天的会议。主席团常务主席、大会执行主席乔石主持大会。

党和国家领导人江泽民、李鹏、李瑞环、朱镕基、刘华清、胡锦涛、荣毅仁和大会主席团常务主席田纪云、王汉斌、陈慕华、费孝通、雷洁琼、李锡铭、王丙乾、帕巴拉·格列朗杰、王光英、程思远、卢嘉锡、布赫、铁木尔·达瓦买提、吴阶平、曹志出席大会并在主席台就座。

在本次会议14天的会期中，代表们对政府工作报告进行了认真审议，同期举行的全国政协八届五次会议也对报告进行了讨论。根据代表和委员们的意见，国务院对报告进行了修改。李鹏总理向大会主席团提交了关于政府工作报告修改情况的说明。

在乔石委员长主持下，会议首先表决通过了关于政府工作报告的决议。决议说，报告对过去一年工作的总结是符合实际的，指出的当前存在的矛盾和问题是实事求是的，提出的新的一年的任务是可行的。会议决定批准这个报告。

经过表决，会议通过了关于1996年国民经济和社会发展计划执行情况与1997年国民经济和社会发展计划的决议，决定批准国务院提出的1997年国民经济和社会发展计划，批准陈锦华受国务院委托所作的报告；通过了关于1996年中央和地方预算执行情况及1997年中央和地方预算的决议，决定批准国务院提出的1997年中央预算，同意刘仲藜受国务院委托所作的报告。

两部法律在今天的会议上得到通过。这就是修订的《中华人民共和国刑法》和《中华人民共和国国防法》。

国家主席江泽民今天签署第83号、第84号主席令，公布了这两部法律。

今天的会议还表决通过《第八届全国人民代表大会第五次会议关于第九届全国人民代表大会代表名额和选举问题的决定》、《中华人民共和国香港特别行政区选举第九届全国人民代表大会代表的办法》。

大会通过《第八届全国人民代表大会第五次会议关于批准设立重庆直辖市的决定》，决定批准设立重庆直辖市，撤销原重庆市。这样，重庆市成为我国继北京、上海、天津之后的第四个直辖市。

经过表决，会议还分别通过了《关于全国人民代表大会常务委员会工作报告的决议》、《关于最高人民法院工作报告的决议》、《关于最高人民检察院工作报告的决议》、《关于全国人民代表大会常务委员会检查中华人民共和国农业法实施情况的报告的决议》、《关于全国人民代表大会香港特别行政区筹备委员会工作报告的决议》。

大会各项议程进行完毕后，乔石委员长发表了讲话。

下午4时30分，在军乐队高奏国歌后，乔石委员长宣布：第八届全国人民代表大会第五次会议闭幕。

全国人大常委会委员长乔石在八届全国人大五次会议闭幕会上发表讲话

各位代表：

八届全国人大五次会议，在全体代表的共同努力下，圆满完成了各项任务。会议审议和批准了李鹏总理的《政府工作报告》，审查批准了1997年国民经济和社会发展计划及中央预算，确定了今年经济和社会发展的主要任务、方针和措施。会议审议通过了经过修订的《中华人民共和国刑法》，审议通过了《中华人民共和国国防法》和其他有关法律问题的决定。这次对刑法的大量修改补充，使我们有了一部符合国情的刑法典。这是我国法制建设的一个重要成果。会议还听取和审议了其他几个方面的工作报告，作出了相应的决议。这次会议开得很成功，是一次民主、求实、团结、奋进的大会。它对于动员全国各族人民，坚定不移地沿着邓小平同志开创的建设有中国特色社会主义的道路继续前进，夺取改革开放和现代化建设事业的新胜利，具有十分重要的意义。

这次会议上，代表们很关注国有企业改革、经济结构调整以及农业稳定发展等方面的问题，提出了许多好的意见和建议。这些问题是改革和发展过程中深层次矛盾的反映，是前进中的问题，也是比较紧迫、亟待解决的问题。根本解决这些问题，关键在于深化改革，实现经济体制和经济增长方式的转变。国有企业改革，要切实作为今年经济体制改革的重点，迈出更大的步伐。已经确定的政策和措施要坚决落到实处，已被实践证明效果比较好的经验要结合实际积极加以推广，并要继续大胆探索，大胆实践，大胆试验，力求有新的创造，从而切实解决问题，取得明显成效。要坚持不懈地加强农业的基础地位，保护好广大农民生产和经营的积极性，采取有效措施减轻农民负担。要加大结构调整的力度，着重提高经济增长的质量和效益。我们要根据这次大会确定的目标，做好各方面的工作，继续推动国民经济持续、快速、健康地向前发展；同时大力加强精神文明建设，促进社会全面进步。

我国恢复对香港行使主权的历史性时刻越来越近，我们要认真做好工作，确保香港政权顺利交接和平稳过渡。在香港特别行政区成立后，要遵循邓小平同志提出的"一国两制"的方针，严格施行香港特别行政区基本法，实现"港人治港"、高度自治。我们相信，有日益强盛的祖国作后盾，有智慧、勤劳的六百万香港同胞的共同努力，一定能够保持香港的长期繁荣和稳定，这颗"东方明珠"一定会更加光彩夺目。

各位代表：

邓小平同志关于民主法制建设的思想，是建设有中国特色社会主义理论一个十分重要的部分。邓小平同志强调，坚持发展民主和法制是我们党长时期的坚定不移的目标和基本方针。他指出，没有民主就没有社会主义，就没有社会主义的现代化。民主化和现代化一样，也要一步一步地前进。社会主义愈发展，民主也愈发展。他强调，为了保障人民民主，必须加强法制。必须使民主制度化、法律化。他认为，制度方面的问题更重要，更带有根本性、全局性、稳定性和长期性。要制定一系列的法律、法令和条例，从制度上保证党和国家政治生活的民主化、经济管理的民主化、整个社会生活的民主化，用完备的法制保障整个社会有秩序地前进。邓小平同志的这些思想是非常深刻的，是极其重要的。我们一定要精心学习、深刻领会，更要毫不含糊地贯彻落实，真正变为实际行动，以改革的精神把社会主义民主法制建设推向一个新的阶段。

加强社会主义民主法制建设，关键在于坚决依照宪法和法律的规定办事，就是要依法治国。宪法规定，我国的一切权力属于人民。我们必须十分注意尊重和保障人民的政治权利，充分调动人民群众的积极性和主动性，努力为人民群众依法参与民主选举、民主管理、民主监督和民主决策创造条件，提供服务。人民群众越是关心国家大事，越是对我们的各项工作提出意见和建议，就越有利于我们国家的兴旺发达。宪法规定，人民行使国家权力的机关是全国人民代表大会和地方各级人民代表大会。我们必须在党的领导下坚持和完善这一根本政治制度。要坚决依法维护人大代表的权利，充分发挥人民代表大会及其常委会的作用，积极开辟人民群众管理国家事务和各项事业的途径与形式。我们党历来强调，任何组织、任何个人都没有超越宪法和法律的特权。所有的国家机关都必须严格依法行使权力。领导干部尤其要熟悉宪法，掌握履行职责所必需的法律知识，自觉依照法律规定和法定程序办事。在作出决定时，必须考虑是不是符合有关的法律规定。我们的有些工作习惯和工作方法，如果不符合宪法和法律，就一定要坚决地改过来。我们一定要在全社会树立起崇尚宪法、尊重法律、维护法制的风尚。

各级人大及其常委会，都要把加强社会主义民主法制建设，依法治国，建设社会主义法制国家，作为自己的根本任务。四年来，八届全国人大及其常委会努力加强立法工作，制定了一大批法律和有关法律问题的决定，立法规划实施的状况是好的。今年立法的任务仍很繁重，要继续加快步伐，提高质量，努力完成五年立法规划，建立起社会主义市场经济法律体系的框架。以后随着改革开放和现代化建设的发展，还需要继续抓紧制定和完善有关社会主义市场经济方面的法律、推进社会主义民主政治建设的法律以及其他方面的法律。经过若干年的努力，我们一定能够建立起比较完善的有中国特色的社会主义法律体系。

立法的目的是为了执行。我们一定要按照邓小平同志早在80年代初就提出的原则，坚决做到有法必依，执法必严，违法必究。要采取有力措施坚决纠正广大人民群众深恶痛绝的执法犯法、以言代法、以权压法、贪赃枉法的现象。这次会议上，代表们普遍要求加强监督工作，有的意见还很强烈。人大的执法检查监督要在已有基础上，加大力度，增强实效，长期坚持不懈地做下去。要加强对政府、法院、检察院工作的监督，对人大及其常委会选举或任命的所有国家工作人员的监督。地方人大在这方面作了一些很有益的探索。对监督工作实践中创造的新做法和新经验，要认真加以总结。要把人大监督和人民群众的监督、舆论的监督以及其他各方面的监督结合起来。全国人大常委会正在根据宪法的规定起草监督法，这项工作十分重要，要切实抓紧。要努力实现监督工作的制度化、法律化。

各位代表：

1997年是我国发展历史上很重要的一年，任务相当繁重。希望大家回到各自的工作岗位后，认真宣传和贯彻这次会议的精神，团结和带领广大人民群众，做好工作，以实际行动迎接香港的回归和党的十五大的召开。我们要继承邓小平同志的遗志，在建设有中国特色社会主义理论和党的基本路线指引下，更加紧密地团结在以江泽民同志为核心的党中央周围，继续抓紧机遇，深化改革，扩大开放，努力奋斗，扎实工作，把社会主义现代化建设的伟大事业不断推向前进。

八届全国人大五次会议通过关于《政府工作报告》的决议

第八届全国人民代表大会第五次会议，审议了李鹏总理代表国务院所作的《政府工作报告》。会议认为，1996年全国各族人民团结奋斗，积极进取，改革开放和现代化建设事业取得新的成就，为实现"九五"计划和2010年远景目标纲要开了一个好头。报告对过去一年工作的总结是符合实际的，指出的当前存在的矛盾和问题是实事求是的，提出的新的一年的任务是可行的。会议决定批准这个报告。

会议指出，1997年是我国历史发展上的重要一年。全国各项工作都要以邓小平建设有中国特色社会主义理论为指导，坚持中国共产党的基本路线和基本方针，牢牢把握大局，再接再厉，同心同德，开拓前进，正确处理改革、发展和稳定的关系，坚持稳中求进的原则，切实推进经济体制和经济增长方式的转变，保持国民经济持续、快速、健康发展，促进社会全面进步，努力完成本次会议确定的各项任务，坚定不移地把邓小平同志开创的社会主义改革开放和现代化建设事业继续推向前进。

会议要求，要继续把加强农业放在经济工作的首位，深化农村改革，全面发展农村经济。要采取有力措施，巩固和发展农村经济的大好形势，确保粮棉油糖肉等主要农产品的稳定增长，促进农林牧副渔各业全面发展。要坚持农科教相结合，抓好农业技术的推广。要认真实行基本农田保护制度，严格控制占用耕地，增加水利建设投入，下决心把水利建设搞上去。要做好防灾减灾工作。要坚持和完善以家庭联产承包为主的责任制和统分结合的双层经营体制，进一步改革农产品流通体制，建立并完善重要农产品保护价制度，切实减轻农民负担，确保农民增产增收，保护农民的生产积极性。要积极促进乡镇企业、特别是中西部地区乡镇企业的发展。要加大扶贫攻坚力度，确保完成年度脱贫任务。

会议指出，国有企业的改革和发展，是关系到整个国民经济发展的重大经济问题，也是关系到社会主义制度命运的重大政治问题。要坚持"三个有利于"的标准，进一步解放思想，实事求是，着眼于搞好整个国有经济，按照建立社会主义市场经济体制的要求，大胆实践，继续推进现代企业制度试点，全心全意依靠工人阶级，加快国有企业改革的步伐，务求在国有企业改革和发展方面取得实效。要集中力量抓好国有大型企业和企业集团，进一步放活国有小企业；规范破产，鼓励兼并，推进再就业；多渠道增资减债；加强企业的改革、改组、改造和管理，整顿和建设好企业的领导班子，认真抓好企业扭亏增盈工作，大力提高企业素质和效益。要积极推进社会保障制度改革。要坚持政企职责分开的原则，转变政府经济管理职能。要切实加强国有资产管理，实现保值增值。

会议要求，要保持宏观经济政策的连续性、稳定性和必要的灵活性，提高国民经济增长的质量和效益。要保持合理的投资规模，加快投资体制改革，加大经济结构调整的力度。要重视支持中西部地区经济的发展。要破除地区封锁和条块分割，建立统一、开放、竞争、有序的市场体系。要以市场需求为导向，积极培育新的经济增长点。要继续实行适度从紧的财政货币政策，完善税制，加强税收征管，严格控制财政支出，控制物价涨幅，严格整顿财经纪律和金融秩序。要努力提高对外开放水平，继续发挥经济特区、上海浦东新区和其他开放地区的作用，促进对外贸易持续增长，加强经济、科技、教育、文化等方面的国际交流与合作，积极合理有效地利用外资。要坚持以公有制为主体、多种经济成分共同发展的基本方针，在搞好国有企业改革和发展的同时，积极发展多种形式的城乡集体经济，继续鼓励和引导个体、私营和其他经济成分健康发展。要在经济发展的基础上，继续改善城乡人民生活，积极解决就业问题。

会议要求，要继续实施科教兴国战略和可持续发展战略。要继续坚持科技工作面向经济建设主战场的方针，加速科技进步，加快科技成果商品化和产业化的进程。要优先发展教育事业，继续深化各项教育改革，全面贯彻国家的教育方针，使学生在德智体等方面都得到发展，全面适应现代化建设的需要。要深化文化体制改革，促进社会主义文化全面繁荣。要积极发展卫生体育事业，提高人民健康水平。要继续认真实行环境保护和计划生育的基本国策，保护生态环境，合理利用资源，控制人口增长。

会议强调，要巩固和发展团结稳定的社会政治局面，坚持两手抓、两手都要硬的方针，继续加强社会主义精神文明和民主法制建设，积极推进依法治国、建设社会主义法制国家的进程。要大力加强社会主义思想道德建设，深入持久地、扎扎实实地开展爱国主义、集体主义、社会主义教育，加强社会公德、职业道德、家庭美德建设。要大力发扬勤俭建国，勤俭办一切事业的优良传统。要继续深入开展法制宣传教育，提高全民族特别是国家公务员的法律意识和法制观念。各级政府都要依法行政、依法管理经济和社会事务，提高行政执法水平。各级国家机关和国家机关工作人员，都要密切联系群众，全心全意为人民服务，克服官僚主义、形式主义，反对浮夸作风。要继续完善和发展基层民主制度，保障人民群众当家做主、管理自己事务的权利。要深入开展反腐败斗争，加强勤政廉政建设。要认真抓好社会治安综合治理，继续严厉打击严重危害社会治安的犯罪和经济犯罪活动。要坚持和完善民族区域自治制度，坚定不移地维护祖国统一和民族团结。要加强国防现代化建设，进一步增强国防实力。

会议强调，要认真做好香港政权交接的各项工作。我国对香港恢复行使主权后，将坚持“一国两制”的方针，认真执行香港特别行政区基本法，保证香港特别行政区享有高度的自治权，实行港人治港，现行的社会经济制度和生活方式不变。我们相信，“一国两制”一定能够成功，香港一定能够长期保持繁荣稳定。要继续做好我国对澳门恢复行使主权的各项准备工作。要坚持“和平统一、一国两制”的基本方针，全面贯彻江泽民主席关于发展两岸关系、推进祖国和平统一进程的八项主张，在一个中国的原则基础上，通过两岸政治谈判解决双方的分歧，逐步走向和平统一。坚决反对任何制造分裂、企图把台湾从中国割裂出去的图谋。

会议指出，我们将继续坚定不移地奉行独立自主的和平外交政策，进一步加强同周边国家的友好关系，加强同广大发展中国家的团结与合作，在和平共处五项原则基础上，继续改善并发展同西方国家的关系。继续坚定不移地实行对外开放政策，在平等互利的基础上进一步加强同世界各国的经贸合作。中国人民愿意与世界各国人民一道，为建设一个和平、稳定、繁荣、进步的新世界而努力。

会议号召：全国各族人民继承邓小平同志的遗志，高举邓小平建设有中国特色社会主义理论的伟大旗帜，更加紧密地团结在以江泽民同志为核心的党中央周围，万众一心，艰苦奋斗，夺取社会主义改革开放和现代化建设的新胜利！

八届全国人大五次会议通过《关于一九九六年国民经济和社会发展计划执行情况与一九九七年国民经济和社会发展计划的决议》

第八届全国人民代表大会第五次会议经过审议并根据全国人民代表大会财政经济委员会的审查报告，决定批准国务院提出的1997年国民经济和社会发展计划，批准国家计划委员会主任陈锦华受国务院委托所作的《关于1996年国民经济和社会发展计划执行情况与1997年国民经济和社会发展计划草案的报告》。

会议同意全国人民代表大会财政经济委员会在审查报告中为完成1997年计划提出的各项建议。会议要求各级人民政府坚决贯彻和认真落实中央确定的指导方针和政策，把经济工作的着眼点切实放到推进两个根本性转变、提高经济增长的质量和效益上来，稳中求进，促进国民经济持续、快速、健康发展和社会的全面进步。在计划执行过程中，要狠抓落实。要坚定不移地把农业放在经济工作的首位，继续增加农业投入，大力改善农业基本生产条件，提高农业生产力总水平。要深化农村改革，减轻农民负担，进一步保护和调动农民生产积极性。要加大国有企业改革力度，尽快改革企业管理体制和经营机制，转变政府经济管理职能，推进政企职责分开，抓好企业领导班子的整顿和建设，加强企业内部管理，努力提高经济效益。对国有企业要根据产业政策和经营状况区别对待，分类指导。要加大经济结构调整的力度，培育新的经济增长点。要继续实行适度从紧的财政政策和货币政策，努力增加财政收入，严格按预算支出，控制货币供应量，加强金融监管。要关心群众生活，使人民生活水平继续有所提高，做好扶贫帮困工作，认真实施“再就业工程”。要进一步做好社会发展工作，促进经济和社会协调发展。各级领导干部一定要把握大局，再接再厉，同心同德，开拓前进，动员和依靠广大人民群众，为全面完成1997年国民经济和社会发展计划而努力。

八届全国人大五次会议通过关于1996年中央和地方预算执行情况及1997年中央和地方预算的决议

第八届全国人民代表大会第五次会议经过审议并根据全国人民代表大会财政经济委员会的审查报告，决定批准国务院提出的1997年中央预算，同意财政部部长刘仲藜受国务院委托所作的《关于1996年中央和地方预算执行情况及1997年中央和地方预算草案的报告》。

会议同意全国人民代表大会财政经济委员会在审查报告中为完成1997年中央和地方预算提出的各项建议。会议要求各级人民政府严格执行《中华人民共和国预算法》，维护中央和地方预算的严肃性，强化预算约束。在预算执行中，要切实贯彻适度从紧的财政政策，深化财税体制改革，努力开源节流、增收节支，严格依法治税，强化收入征管，把该收的收入全部收上来。要严格预算管理，控制支出过快增长，提高资金使用效益。要整顿财经纪律，加强预算外资金管理。预算收入超收部分仍应坚持主要用于减少财政赤字、解决历史遗留的问题、增加对农业的投入、支援经济不发达地区和少数民族地区等。各级人大常委会要加强对同级预算收入超收部分使用的监督。各级领导干部一定要把握大局，再接再厉，同心同德，开拓前进，认真执行财税法律、法规，严格财经纪律，发扬艰苦奋斗、勤俭节约的优良传统，扎实工作，动员和依靠广大人民群众，更好地实现1997年中央和地方预算。

八届全国人大五次会议通过《关于第九届全国人大代表名额和选举问题的决定》

根据《中华人民共和国宪法》和《中华人民共和国全国人民代表大会和地方各级人民代表大会选举法》的有关规定，第八届全国人民代表大会第五次会议关于第九届全国人民代表大会代表名额和选举问题决定如下：

一、第九届全国人民代表大会代表的名额不超过3000人。

二、各省、自治区、直辖市应选的第九届全国人民代表大会代表的名额，农村按人口每88万人选代表1人，城市按人口每22万人选代表1人。

人口特少的省、自治区，代表名额不得少于15人。

台湾省暂时选举代表13人，由在各省、自治区、直辖市和中国人民解放军的台湾省籍同胞中选出，其余依法应选的名额予以保留。

三、中国人民解放军应选全国人民代表大会代表265人。

四、根据选举法的规定，香港特别行政区应选全国人民代表大会代表的名额和代表产生办法由全国人民代表大会另行规定。

五、全国人民代表大会代表中，少数民族代表的名额，应占全国人民代表大会代表总名额的12%左右。

人口特少的民族，至少应有全国人民代表大会代表1人。

六、全国人民代表大会代表中，应选归国华侨代表35人。

七、全国人民代表大会代表中，妇女代表的比例应高于八届的比例。

八、为了保证人口特少的地区、人口特少的民族和各方面代表人士比较集中的地区都有适当的代表名额，在全国人民代表大会代表总名额中，应有一定的名额由全国人民代表大会常务委员会根据情况分配给有关的省、自治区、直辖市进行选举。

九、第九届全国人民代表大会代表，应在1998年1月底以前选出。

八届全国人大五次会议通过《中华人民共和国香港特别行政区选举第九届全国人民代表大会代表的办法》

第一条 根据中华人民共和国宪法、中华人民共和国香港特别行政区基本法以及中华人民共和国全国人民代表大会和地方各级人民代表大会选举法第十五条第三款的规定，结合香港特别行政区的实际情况，制定本办法。

第二条 香港特别行政区选举第九届全国人民代表大会代表由全国人民代表大会常务委员会主持。

第三条 香港特别行政区应选第九届全国人民代表大会代表的名额为三十六名。

第四条 香港特别行政区选举的全国人民代表大会代表必须是香港特别行政区居民中的中国公民。

第五条 香港特别行政区成立第九届全国人民代表大会代表选举会议。选举会议由《全国人民代表大会关于香港特别行政区第一届政府和立法会产生办法的决定》中规定的第一届政府推选委员会委员中的中国公民，以及不是推选委员会委员的香港特别行政区居民中的中国人民政治协商会议第八届全国委员会委员和香港特别行政区临时立法会议员中的中国公民组成。但本人提出不愿参加的除外。

选举会议成员名单由全国人民代表大会常务委员会公布。

第六条 选举会议第一次会议由全国人民代表大会常务委员会召集，推选十一名选举会议成员组成主席团，主席团从其成员中推选常务主席一人。

主席团主持选举会议。

选举会议根据主席团的提议，依照本办法制定具体选举办法。

第七条 选举会议成员十人以上联名，可以提出代表候选人。每一名成员参加联名提出的代表候选人不得超过应选名额。

第八条 选举会议选举第九届全国人民代表大会代表的候选人应多于应选人数五分之一至二分之一，进行差额选举。

提名的候选人名额如果没有超过应选名额二分之一的差额比例，直接进行投票选举。提名的候选人名额如果超过应选名额二分之一差额比例，由选举会议全体成员进行投票，根据候选人得票多少的顺序，按照不超过二分之一的差额比例，确定正式候选人名单，进行投票选举。

第九条 选举会议选举第九届全国人民代表大会代表采用无记名投票的方式。

选举会议进行选举时，所投的票数多于投票人数的无效，等于或者少于投票人数的有效。

每一选票所选的人数，多于应选人数的作废，等于或者少于应选人数的有效。

第十条 代表候选人以得票多的当选。如遇票数相等不能确定当选人时，应当就票数相等的候选人再次投票，以得票多的当选。

第十一条 选举结果由主席团予以宣布，并报全国人民代表大会常务委员会代表资格审查委员会。

全国人民代表大会常务委员会根据代表资格审查委员会提出的报告，确认代表资格，公布代表名单。

八届全国人大五次会议通过《关于批准设立重庆直辖市的决定》

第八届全国人民代表大会第五次会议审议了国务院关于提请审议设立重庆直辖市的议案，决定：

一、批准设立重庆直辖市，撤销原重庆市。

二、重庆直辖市管辖原重庆市、万县市、涪陵市和黔江地区所辖行政区域。

三、重庆直辖市设立后，由国务院依据宪法和有关法律的规定，对其管辖的行政区域的建置和划分作相应的调整。

八届全国人大五次会议通过关于全国人大常委会工作报告的决议

第八届全国人民代表大会第五次会议审议了田纪云副委员长代表全国人民代表大会常务委员会作的工作报告，决定批准这个报告。会议要求，常务委员会要继续坚持以邓小平建设有中国特色社会主义理论和党的基本路线为指导，认真履行宪法赋予的职责，进一步加强社会主义民主法制建设和人民代表大会制度建设。要继续抓紧立法工作，努力完成立法规划，注重提高立法质量，争取本届内大体形成社会主义市场经济法律体系框架。要认真总结近些年来开展监督工作的经验，切实改进和加强监督工作，督促行政机关依法行政，审判、检察机关公正司法。要按照“一国两制”的方针和香港特别行政区基本法的规定，做好有关工作，促进香港的平稳过渡和繁荣稳定。要加强对换届选举工作的指导，保证换届选举顺利进行。要密切同代表和人民群众的联系，充分反映人民群众的意见和要求，自觉接受人民的监督，尽职尽责地做好各项工作，为加快依法治国、建设社会主义法制国家的进程，推进经济体制和经济增长方式的根本转变，促进经济发展和社会全面进步，做出新的贡献。

八届全国人大五次会议通过《关于最高人民法院工作报告的决议》

第八届全国人民代表大会第五次会议批准任建新院长作的《最高人民法院工作报告》。

八届全国人大五次会议通过《关于最高人民检察院工作报告的决议》

第八届全国人民代表大会第五次会议批准张思卿检察长作的《最高人民检察院工作报告》。

八届全国人大五次会议通过关于全国人大常委会检查《中华人民共和国农业法》实施情况的报告的决议

第八届全国人民代表大会第五次会议审议了布赫副委员长代表全国人民代表大会常务委员会作的关于检查《中华人民共和国农业法》实施情况的报告。会议认为，代表大会会议听取和审议执法检查报告，表明对法律实施检查监督的重视；常务委员会连续三年对农业法的实施情况进行检查，取得了显著成效。会议决定批准这个报告。

会议指出，认真实施农业法，对于保障农业在国民经济中基础地位，维护农业生产经营组织和农业劳动者合法权益，促进农业和农村经济持续、健康发展，具有十分重要的意义。各有关国家机关及其工作人员，要增强执行农业法的自觉性，进一步改进和加强农业执法工作，采取坚决有力的措施，切实解决农业法实施中存在的问题。全国人民代表大会常务委员会要组织好今年对农业法实施情况的跟踪检查，地方各级人民代表大会及其常务委员会也要加强对农业法实施的检查监督，保障和促进农业法的有效实施。

八届全国人大五次会议通过关于全国人大香港特别行政区筹备委员会工作报告的决议

第八届全国人民代表大会第五次会议审议了全国人民代表大会香港特别行政区筹备委员会主任委员钱其琛作的《全国人民代表大会香港特别行政区筹备委员会工作报告》。会议决定批准这个报告。

会议认为，全国人民代表大会香港特别行政区筹备委员会成立一年来，为筹建香港特别行政区所做的工作是富有成效的。筹备委员会根据《中华人民共和国香港特别行政区基本法》和全国人大及其常委会的有关决定中关于"一国两制"、高度自治、"港人治港"的方针，通过了《关于推选委员会产生办法的原则设想的决议》、《关于设立香港特别行政区临时立法会的决定》、《关于对〈中华人民共和国国籍法〉在香港特别行政区实施作出解释的建议》、《关于处理香港原有法律问题的建议》、《关于香港特别行政区第一任行政长官、临时立法会在 1997 年 6 月 30 日前开展工作的决定》等一系列决定、决议和建议；组建了香港特别行政区第一届政府推选委员会，主持推选委员会选举产生了香港特别行政区第一任行政长官和临时立法会议员，并对与香港政权交接和平稳过渡有关的重大经济问题、法律问题以及庆祝香港回归的有关活动安排等提出了建议和意见，为香港特别行政区的成立和香港的平稳过渡奠定了基础，并且有利于香港的长期稳定和繁荣。

会议希望香港特别行政区筹备委员会再接再厉，继续支持香港特别行政区第一任行政长官的工作，为圆满完成全国人民代表大会所赋予的任务而努力。

国家主席江泽民签署第 83 号令发布《中华人民共和国刑法》

《中华人民共和国刑法》已由中华人民共和国第八届全国人民代表大会第五次会议于 1997 年 3 月 14 日修订，现将修订后的《中华人民共和国刑法》公布，自 1997 年 10 月 1 日起施行。

中华人民共和国主席 江泽民

1997 年 3 月 14 日

中华人民共和国刑法(修正)

第一编 总 则

第一章 刑法的任务、基本原则和适用范围

第一条 为了惩罚犯罪，保护人民，根据宪法，结合我国同犯罪作斗争的具体经验及实际情况，制定本法。

第二条 中华人民共和国刑法的任务，是用刑罚同一切犯罪行为作斗争，以保卫国家安全，保卫人民民主专政的政权和社会主义制度，保护国有财产和劳动群众集体所有的财产，保护公民私人所有的财产，保护公民的人身权利、民主权利和其他权利，维护社会秩序、经济秩序，保障社会主义建设事业的顺利进行。

第三条 法律明文规定为犯罪行为的，依照法律定罪处刑；法律没有明文规定为犯罪行为的，不得定罪处刑。

第四条 对任何人犯罪，在适用法律上一律平等。不允许任何人有超越法律的特权。

第五条 刑罚的轻重，应当与犯罪分子所犯罪行和承担的刑事责任相适应。

第六条 凡在中华人民共和国领域内犯罪的，除法律有特别规定的以外，都适用本法。

凡在中华人民共和国船舶或者航空器内犯罪的，也适用本法。

犯罪的行为或者结果有一项发生在中华人民共和国领域内的，就认为是在中华人民共和国领域内犯罪。

第七条 中华人民共和国公民在中华人民共和国领域外犯本法规定之罪的，适用本法，但是按本法规定的最高刑为三年以下有期徒刑的，可以不予追究。

中华人民共和国国家工作人员和军人在中华人民共和国领域外犯本法规定之罪的，适用本法。

第八条 外国人在中华人民共和国领域外对中华人民共和国国家或者公民犯罪，而按本法规定的最低刑为三年以上有期徒刑的，可以适用本法，但是按照犯罪地的法律不受处罚的除外。

第九条 对于中华人民共和国缔结或者参加的国际条约所规定的罪行，中华人民共和国在所承担条约义务的范围内行使刑事管辖权的，适用本法。

第十条 凡在中华人民共和国领域外犯罪，依照本法应当负刑事责任的，虽然经过外国审判，仍然可以依照本法追究，但是在外国已经受过刑罚处罚的，可以免除或者减轻处罚。

第十一条 享有外交特权和豁免权的外国人的刑事责任，通过外交途径解决。

第十二条 中华人民共和国成立以后本法施行以前的行为，如果当时的法律不认为是犯罪的，适用当时的法律；如果当时的法律认为是犯罪的，依照本法总则第四章第八节的规定应当追诉的，按照当时的法律追究刑事责任，但是如果本法不认为是犯罪或者处刑较轻的，适用本法。

本法施行以前，依照当时的法律已经作出的生效判决，继续有效。

第二章 犯 罪

第一节 犯罪和刑事责任

第十三条 一切危害国家主权、领土完整和安全，分裂国家、颠覆人民民主专政的政权和推翻社会主义制度，破坏社会秩序和经济秩序，侵犯国有财产或者劳动群众集体所有的财产，侵犯公民私人所有的财产，侵犯公民的人身权利、民主权利和其他权利，以及其他危害社会的行为，依照法律应当受刑罚处罚的，都是犯罪，但是情节显著轻微危害不大的，不认为是犯罪。

第十四条 明知自己的行为会发生危害社会的结果，并且希望或者放任这种结果发生，因而构成犯罪的，是故意犯罪。

故意犯罪，应当负刑事责任。

第十五条 应当预见自己的行为可能发生危害社会的结果，因为疏忽大意而没有预见，或者已经预见而轻信能够避免，以致发生这种结果的，是过失犯罪。

过失犯罪，法律有规定的才负刑事责任。

第十六条 行为在客观上虽然造成了损害结果，但是不是出于故意或者过失，而是由于不能抗拒或者不能预见的原因所引起的，不是犯罪。

第十七条 已满十六周岁的人犯罪，应当负刑事责任。

已满十四周岁不满十六周岁的人，犯故意杀人、故意伤害致人重伤或者死亡、强奸、抢劫、贩卖毒品、放火、爆炸、投毒罪的，应当负刑事责任。

已满十四周岁不满十八周岁的人犯罪，应当从轻或者减轻处罚。

因不满十六周岁不予刑事处罚的，责令他的家长或者监护人加以管教；在必要的时候，也可以由政府收容教养。

第十八条 精神病人在不能辨认或者不能控制自己行为的时候造成危害结果，经法定程序鉴定确认的，不负刑事责任，但是应当责令他的家属或者监护人严加看管和医疗；在必要的时候，由政府强制医疗。

间歇性的精神病人在精神正常的时候犯罪，应当负刑事责任。

尚未完全丧失辨认或者控制自己行为能力的精神病人犯罪的，应当负刑事责任，但是可以从轻或者减轻处罚。

醉酒的人犯罪，应当负刑事责任。

第十九条 又聋又哑的人或者盲人犯罪，可以从轻、减轻或者免除处罚。

第二十条 为了使国家、公共利益、本人或者他人的人身、财产和其他权利免受正在进行的不法侵害，而采取的制止不法侵害的行为，对不法侵害人造成损害的，属于正当防卫，不负刑事责任。

正当防卫明显超过必要限度造成重大损害的，应当负刑事责任，但是应当减轻或者免除处罚。

对正在进行行凶、杀人、抢劫、强奸、绑架以及其他严重危及人身安全的暴力犯罪，采取防卫行为，造成不法侵害人伤亡的，不属于防卫过当，不负刑事责任。

第二十一条 为了使国家、公共利益、本人或者他人的人身、财产和其他权利免受正在发生的危险，不得已采取的紧急避险行为，造成损害的，不负刑事责任。

紧急避险超过必要限度造成不应有的损害的，应当负刑事责任，但是应当减轻或者免除处罚。

第一款中关于避免本人危险的规定，不适用于职务上、业务上负有特定责任的人。

第二节 犯罪的预备、未遂和中止

第二十二条 为了犯罪，准备工具、制造条件的，是犯罪预备。

对于预备犯，可以比照既遂犯从轻、减轻处罚或者免除处罚。

第二十三条 已经着手实行犯罪，由于犯罪分子意志以外的原因而未得逞的，是犯罪未遂。

对于未遂犯，可以比照既遂犯从轻或者减轻处罚。

第二十四条 在犯罪过程中，自动放弃犯罪或者自动有效地防止犯罪结果发生的，是犯罪中止。

对于中止犯，没有造成损害的，应当免除处罚；造成损害的，应当减轻处罚。

第三节 共同犯罪

第二十五条 共同犯罪是指二人以上共同故意犯罪。

二人以上共同过失犯罪，不以共同犯罪论处；应当负刑事责任的，按照他们所犯的罪分别处罚。

第二十六条 组织、领导犯罪集团进行犯罪活动的或者在共同犯罪中起主要作用的，是主犯。

三人以上为共同实施犯罪而组成的较为固定的犯罪组织，是犯罪集团。

对组织、领导犯罪集团的首要分子，按照集团所犯的全部罪行处罚。

对于第三款规定以外的主犯，应当按照其所参与的或者组织、指挥的全部犯罪处罚。

第二十七条 在共同犯罪中起次要或者辅助作用的，是从犯。

对于从犯，应当从轻、减轻处罚或者免除处罚。

第二十八条 对于被胁迫参加犯罪的，应当按照他的犯罪情节减轻处罚或者免除处罚。

第二十九条 教唆他人犯罪的，应当按照他在共同犯罪中所起的作用处罚。教唆不满十八周岁的人犯罪的，应当从重处罚。

如果被教唆的人没有犯被教唆的罪，对于教唆犯，可以从轻或者减轻处罚。

第四节 单位犯罪

第三十条 公司、企业、事业单位、机关、团体实施的危害社会的行为，法律规定为单位犯罪的，应当负刑事责任。

第三十一条 单位犯罪的，对单位判处罚金，并对其直接负责的主管人员和其他直接责任人员判处刑罚。本法分则和其他法律另有规定的，依照规定。

第三章 刑　罚

第一节 刑罚的种类

第三十二条 刑罚分为主刑和附加刑。

第三十三条 主刑的种类如下：

(一)管制；

(二)拘役；

(三)有期徒刑；

(四)无期徒刑；

(五)死刑。

第三十四条 附加刑的种类如下：

(一)罚金；

(二)剥夺政治权利；

(三)没收财产。

附加刑也可以独立适用。

第三十五条 对于犯罪的外国人，可以独立适用或者附加适用驱逐出境。

第三十六条 由于犯罪行为而使被害人遭受经济损失的，对犯罪分子除依法给予刑事处罚外，并应根据情况判处赔偿经济损失。

承担民事赔偿责任的犯罪分子，同时被判处罚金，其财产不足以全部支付的，或者被判处没收财产的，应当先承担对被害人的民事赔偿责任。

第三十七条 对于犯罪情节轻微不需要判处刑罚的，可以免予刑事处罚，但是可以根据案件的不同情况，予以训诫或者责令具结悔过、赔礼道歉、赔偿损失，或者由主管部门予以行政处罚或者行政处分。

第二节 管　制

第三十八条 管制的期限，为三个月以上二年以下。

被判处管制的犯罪分子，由公安机关执行。

第三十九条 被判处管制的犯罪分子，在执行期间，应当遵守下列规定：

(一)遵守法律、行政法规，服从监督；

(二)未经执行机关批准，不得行使言论、出版、集会、结社、游行、示威自由的权利；

(三)按照执行机关规定报告自己的活动情况；

(四)遵守执行机关关于会客的规定；

(五)离开所居住的市、县或者迁居，应当报经执行机关批准。

对于被判处管制的犯罪分子，在劳动中应当同工同酬。

第四十条 被判处管制的犯罪分子，管制期满，执行机关应即向本人和其所在单位或者居住地的群众宣布解除管制。

第四十一条 管制的刑期，从判决执行之日起计算；判决执行以前先行羁押的，羁押一日折抵刑期二日。

第三节 拘　役

第四十二条 拘役的期限，为一个月以上六个月以下。

第四十三条 被判处拘役的犯罪分子，由公安机关就近执行。

在执行期间，被判处拘役的犯罪分子每月可以回家一天至两天；参加劳动的，可以酌量发给报酬。

第四十四条 拘役的刑期，从判决执行之日起计算；判决执行以前先行羁押的，羁押一日折抵刑期一日。

第四节 有期徒刑、无期徒刑

第四十五条 有期徒刑的期限，除本法第五十条、第六十九条规定外，为六个月以上十五年以下。

第四十六条 被判处有期徒刑、无期徒刑的犯罪分子，在监狱或者其他执行场所执行；凡有劳动能力的，都应当参加劳动，接受教育和改造。

第四十七条 有期徒刑的刑期，从判决执行之日起计算；判决执行以前先行羁押的，羁押一日折抵刑期一日。

第五节 死　刑

第四十八条 死刑只适用于罪行极其严重的犯罪分子。对于应当判处死刑的犯罪分子，如果不是必须立即执行的，可以判处死刑同时宣告缓期二年执行。

死刑除依法由最高人民法院判决的以外，都应当报请最高人民法院核准。死刑缓期执行的，可以由高级人民法院判决或者核准。

第四十九条 犯罪的时候不满十八周岁的人和审判的时候怀孕的妇女，不适用死刑。

第五十条 判处死刑缓期执行的，在死刑缓期执行期间，如果没有故意犯罪，二年期满以后，减为无期徒刑；如果确有重大立功表现，二年期满以后，减为十五年以上二十年以下有期徒刑；如果故意犯罪，查证属实的，由最高人民法院核准，执行死刑。

第五十一条 死刑缓期执行的期间，从判决确定之日起计算。死刑缓期执行减为有期徒刑的刑期，从死刑缓期执行期满之日起计算。

第六节 罚　金

第五十二条 判处罚金，应当根据犯罪情节决定罚金数额。

第五十三条 罚金在判决指定的期限内一次或者分期缴纳。期满不缴纳的，强制缴纳。对于不能全部缴纳罚金的，人民法院在任何时候发现被执行人有可以执行的财产，应当随时追缴。如果由于遭遇不能抗拒的灾祸缴纳确实有困难的，可以酌情减少或者免除。

第七节 剥夺政治权利

第五十四条 剥夺政治权利是剥夺下列权利：

（一）选举权和被选举权；

（二）言论、出版、集会、结社、游行、示威自由的权利；

（三）担任国家机关职务的权利；

（四）担任国有公司、企业、事业单位和人民团体领导职务的权利。

第五十五条 剥夺政治权利的期限，除本法第五十七条规定外，为一年以上五年以下。

判处管制附加剥夺政治权利的，剥夺政治权利的期限与管制的期限相等，同时执行。

第五十六条 对于危害国家安全的犯罪分子应当附加剥夺政治权利；对于故意杀人、强奸、放火、爆炸、投毒、抢劫等严重破坏社会秩序的犯罪分子，可以附加剥夺政治权利。

独立适用剥夺政治权利的，依照本法分则的规定。

第五十七条 对于被判处死刑、无期徒刑的犯罪分子，应当剥夺政治权利终身。

在死刑缓期执行减为有期徒刑或者无期徒刑减为有期徒刑的时候，应当把附加剥夺政治权利的期限改为三年以上十年以下。

第五十八条 附加剥夺政治权利的刑期，从徒刑、拘役执行完毕之日或者从假释之日起计算；剥夺政治权利的效力当然施用于主刑执行期间。

被剥夺政治权利的犯罪分子，在执行期间，应当遵守法律、行政法规和国务院公安部门有关监督管理的规定，服从监督；不得行使本法第五十四条规定的各项权利。

第八节 没收财产

第五十九条 没收财产是没收犯罪分子个人所有财产的一部或者全部。没收全部财产的，应当对犯罪分子个人及其扶养的家属保留必需的生活费用。

在判处没收财产的时候，不得没收属于犯罪分子家属所有或者应有的财产。

第六十条 没收财产以前犯罪分子所负的正当债务，需要以没收的财产偿还的，经债权人请求，应当偿还。

第四章 刑罚的具体运用

第一节 量　刑

第六十一条 对于犯罪分子决定刑罚的时候，应当根据犯罪的事实、犯罪的性质、情节和对于社会的危害程度，依照本法的有关规定判处。

第六十二条 犯罪分子具有本法规定的从重处罚、从轻处罚情节的，应当在法定刑的限度以内判处刑罚。

第六十三条 犯罪分子具有本法规定的减轻处罚情节的，应当在法定刑以下判处刑罚。

犯罪分子虽然不具有本法规定的减轻处罚情节，但是根据案件的特殊情况，经最高人民法院核准，也可以在法定刑以下判处刑罚。

第六十四条 犯罪分子违法所得的一切财物，应当予以追缴或者责令退赔；对被害人的合法财产，应当及时返还；违禁品和供犯罪所用的本人财物，应当予以没收。没收的财物和罚金，一律上缴国库，不得挪用和自行处理。

第二节 累　犯

第六十五条 被判处有期徒刑以上刑罚的犯罪分子，刑罚执行完毕或者赦免以后，在五年以内再犯应当判处有期徒刑以上刑罚之罪的，是累犯，应当从重处罚，但是过失犯罪除外。

前款规定的期限，对于被假释的犯罪分子，从假释期满之日起计算。

第六十六条 危害国家安全的犯罪分子在刑罚执行完毕或者赦免以后，在任何时候再犯危害国家安全罪的，都以累犯论处。

第三节 自首和立功

第六十七条 犯罪以后自动投案，如实供述自己的罪行的，是自首。对于自首的犯罪分子，可以从轻或者减轻处罚。其中，犯罪较轻的，可以免除处罚。

被采取强制措施的犯罪嫌疑人、被告人和正在服刑的罪犯，如实供述司法机关还未掌握的本人其他罪行的，以自首论。

第六十八条 犯罪分子有揭发他人犯罪行为，查证属实的，或者提供重要线索，从而得以侦破其他案件等立功表现的，可以从轻或者减轻处罚；有重大立功表现的，可以减轻或者免除处罚。

犯罪后自首又有重大立功表现的，应当减轻或者免除处罚。

第四节 数罪并罚

第六十九条 判决宣告以前一人犯数罪的，除判处死刑和无期徒刑的以外，应当在总和刑期以下、数刑中最高刑期以上，酌情决定执行的刑期，但是管制最高不能超过三年，拘役最高不能超过一年，有期徒刑最高不能超过二十年。

如果数罪中有判处附加刑的，附加刑仍须执行。

第七十条 判决宣告以后，刑罚执行完毕以前，发现被判刑的犯罪分子在判决宣告以前还有其他罪没有判决的，应当对新发现的罪作出判决，把前后两个判决所判处的刑罚，依照本法第六十九条的规定，决定执行的刑罚。已经执行的刑期，应当计算在新判决决定的刑期以内。

第七十一条 判决宣告以后，刑罚执行完毕以前，被判刑的犯罪分子又犯罪的，应当对新犯的罪作出判决，把前罪没有执行的刑罚和后罪所判处的刑罚，依照本法第六十九条的规定，决定执行的刑罚。

第五节 缓 刑

第七十二条 对于被判处拘役、三年以下有期徒刑的犯罪分子，根据犯罪分子的犯罪情节和悔罪表现，适用缓刑确实不致再危害社会的，可以宣告缓刑。

被宣告缓刑的犯罪分子，如果被判处附加刑，附加刑仍须执行。

第七十三条 拘役的缓刑考验期限为原判刑期以上一年以下，但是不能少于二个月。

有期徒刑的缓刑考验期限为原判刑期以上五年以下，但是不能少于一年。

缓刑考验期限，从判决确定之日起计算。

第七十四条 对于累犯，不适用缓刑。

第七十五条 被宣告缓刑的犯罪分子，应当遵守下列规定：

(一)遵守法律、行政法规，服从监督；

(二)按照考察机关的规定报告自己的活动情况；

(三)遵守考察机关关于会客的规定；

(四)离开所居住的市、县或者迁居，应当报经考察机关批准。

第七十六条 被宣告缓刑的犯罪分子，在缓刑考验期限内，由公安机关考察，所在单位或者基层组织予以配合，如果没有本法第七十七条规定的情形，缓刑考验期满，原判的刑罚就不再执行，并公开予以宣告。

第七十七条 被宣告缓刑的犯罪分子，在缓刑考验期限内犯新罪或者发现判决宣告以前还有其他罪没有判决的，应当撤销缓刑，对新犯的罪或者新发现的罪作出判决，把前罪和后罪所判处的刑罚，依照本法第六十九条的规定，决定执行的刑罚。

被宣告缓刑的犯罪分子，在缓刑考验期限内，违反法律、行政法规或者国务院公安部门有关缓刑的监督管理规定，情节严重的，应当撤销缓刑，执行原判刑罚。

第六节 减 刑

第七十八条 被判处管制、拘役、有期徒刑、无期徒刑的犯罪分子，在执行期间，如果认真遵守监规，接受教育改造，确有悔改表现的，或者有立功表现的，可以减刑；有下列重大立功表现之一的，应当减刑：

(一)阻止他人重大犯罪活动的；

(二)检举监狱内外重大犯罪活动，经查证属实的；

(三)有发明创造或者重大技术革新的；

(四)在日常生产、生活中舍己救人的；

(五)在抗御自然灾害或者排除重大事故中，有突出表现的；

(六)对国家和社会有其他重大贡献的。

减刑以后实际执行的刑期，判处管制、拘役、有期徒刑的，不能少于原判刑期的二分之一；判处无期徒刑的，不能少于十年。

第七十九条 对于犯罪分子的减刑，由执行机关向中级以上人民法院提出减刑建议书。人民法院应当组成合议庭进行审理，对确有悔改或者立功事实的，裁定予以减刑。非经法定程序不得减刑。

第八十条 无期徒刑减为有期徒刑的刑期，从裁定减刑之日起计算。

第七节 假 释

第八十一条 被判处有期徒刑的犯罪分子，执行原判刑期二分之一以上，被判处无期徒刑的犯罪分子，实际执行十年以上，如果认真遵守监规，接受教育改造，确有悔改表现，假释后不致再危害社会的，可以假释。如果有特殊情况，经最高人民法院核准，可以不受上述执行刑期的限制。

对累犯以及因杀人、爆炸、抢劫、强奸、绑架等暴力性犯罪被判处十年以上有期徒刑、无期徒刑的犯罪分子，不得假释。

第八十二条 对于犯罪分子的假释，依照本法第七十九条规定的程序进行。非经法定程序不得假释。

第八十三条 有期徒刑的假释考验期限，为没有执行完毕的刑期；无期徒刑的假释考验期限为十年。

假释考验期限，从假释之日起计算。

第八十四条 被宣告假释的犯罪分子，应当遵守下列规定：

(一)遵守法律、行政法规，服从监督；

(二)按照监督机关的规定报告自己的活动情况；

(三)遵守监督机关关于会客的规定；

(四)离开所居住的市、县或者迁居，应当报经监督机关批准。

第八十五条 被假释的犯罪分子，在假释考验期限内，由公安机关予以监督，如果没有本法第八十六条规定的情形，假释考验期满，就认为原判刑罚已经执行完毕，并公开予以宣告。

第八十六条 被假释的犯罪分子，在假释考验期限内犯新罪，应当撤销假释，依照本法第七十一条的规定实行数罪并罚。

在假释考验期限内，发现被假释的犯罪分子在判决宣告以前还有其他罪没有判决的，应当撤销假释，依照本法第七十条的规定实行数罪并罚。

被假释的犯罪分子，在假释考验期限内，有违反法律、行政法规或者国务院公安部门有关假释的监督管理规定的行为，尚未构成新的犯罪的，应当依照法定程序撤销假释，收监执行未执行完毕的刑罚。

第八节 时 效

第八十七条 犯罪经过下列期限不再追诉：

（一）法定最高刑为不满五年有期徒刑的，经过五年；

（二）法定最高刑为五年以上不满十年有期徒刑的，经过十年；

（三）法定最高刑为十年以上有期徒刑的，经过十五年；

（四）法定最高刑为无期徒刑、死刑的，经过二十年。如果二十年以后认为必须追诉的，须报请最高人民检察院核准。

第八十八条 在人民检察院、公安机关、国家安全机关立案侦查或者在人民法院受理案件以后，逃避侦查或者审判的，不受追诉期限的限制。

被害人在追诉期限内提出控告，人民法院、人民检察院、公安机关应当立案而不予立案的，不受追诉期限的限制。

第八十九条 追诉期限从犯罪之日起计算；犯罪行为有连续或者继续状态的，从犯罪行为终了之日起计算。

在追诉期限以内又犯罪的，前罪追诉的期限从犯后罪之日起计算。

第五章 其他规定

第九十条 民族自治地方不能全部适用本法规定的，可以由自治区或者省的人民代表大会根据当地民族的政治、经济、文化的特点和本法规定的基本原则，制定变通或者补充的规定，报请全国人民代表大会常务委员会批准施行。

第九十一条 本法所称公共财产，是指下列财产：

（一）国有财产；

（二）劳动群众集体所有的财产；

（三）用于扶贫和其他公益事业的社会捐助或者专项基金的财产。

在国家机关、国有公司、企业、集体企业和人民团体管理、使用或者运输中的私人财产，以公共财产论。

第九十二条 本法所称公民私人所有的财产，是指下列财产：

（一）公民的合法收入、储蓄、房屋和其他生活资料；

（二）依法归个人、家庭所有的生产资料；

（三）个体户和私营企业的合法财产；

（四）依法归个人所有的股份、股票、债券和其他财产。

第九十三条 本法所称国家工作人员，是指国家机关中从事公务的人员。

国有公司、企业、事业单位、人民团体中从事公务的人员和国家机关、国有公司、企业、事业单位委派到非国有公司、企业、事业单位、社会团体从事公务的人员，以及其他依照法律从事公务的人员，以国家工作人员论。

第九十四条 本法所称司法工作人员，是指有侦查、检察、审判、监管职责的工作人员。

第九十五条 本法所称重伤，是指有下列情形之一的伤害：

（一）使人肢体残废或者毁人容貌的；

（二）使人丧失听觉、视觉或者其他器官机能的；

（三）其他对于人身健康有重大伤害的。

第九十六条 本法所称违反国家规定，是指违反全国人民代表大会及其常务委员会制定的法律和决定，国务院制定的行政法规、规定的行政措施、发布的决定和命令。

第九十七条 本法所称首要分子，是指在犯罪集团或者聚众犯罪中起组织、策划、指挥作用的犯罪分子。

第九十八条 本法所称告诉才处理，是指被害人告诉才处理。如果被害人因受强制、威吓无法告诉的，人民检察院和被害人的近亲属也可以告诉。

第九十九条 本法所称以上、以下、以内，包括本数。

第一百条 依法受过刑事处罚的人，在入伍、就业的时候，应当如实向有关单位报告自己曾受过刑事处罚，不得隐瞒。

第一百零一条 本法总则适用于其他有刑罚规定的法律，但是其他法律有特别规定的除外。

第二编 分 则

第一章 危害国家安全罪

第一百零二条 勾结外国，危害中华人民共和国的主权、领土完整和安全的，处无期徒刑或者十年以上有期徒刑。

与境外机构、组织、个人相勾结，犯前款罪的，依照前款的规定处罚。

第一百零三条 组织、策划、实施分裂国家、破坏国家统一的，对首要分子或者罪行重大的，处无期徒刑或者十年以上有期徒刑；对积极参加的，处三年以上十年以下有期徒刑；对其他参加的，处三年以下有期徒刑、拘役、管制或者剥夺政治权利。

煽动分裂国家、破坏国家统一的，处五年以下有期徒刑、拘役、管制或者剥夺政治权利；首要分子或者罪行重大的，处五年以上有期徒刑。

第一百零四条 组织、策划、实施武装叛乱或者武装暴乱的，对首要分子或者罪行重大的，处无期徒刑或者十年以上有期徒刑；对积极参加的，处三年以上十年以下有期徒刑;对其他参加的,处三年以下有期徒刑、拘役、管制或者剥夺政治权利。

策动、胁迫、勾引、收买国家机关工作人员、武装部队人员、人民警察、民兵进行武装叛乱或者武装暴乱的,依照前款的规定从重处罚。

第一百零五条　组织、策划、实施颠覆国家政权、推翻社会主义制度的,对首要分子或者罪行重大的,处无期徒刑或者十年以上有期徒刑;对积极参加的,处三年以上十年以下有期徒刑;对其他参加的,处三年以下有期徒刑、拘役、管制或者剥夺政治权利。

以造谣、诽谤或者其他方式煽动颠覆国家政权、推翻社会主义制度的,处五年以下有期徒刑、拘役、管制或者剥夺政治权利;首要分子或者罪行重大的,处五年以上有期徒刑。

第一百零六条　与境外机构、组织、个人相勾结,实施本章第一百零三条、第一百零四条、第一百零五条规定之罪的,依照各该条的规定从重处罚。

第一百零七条　境内外机构、组织或者个人资助境内组织或者个人实施本章第一百零二条、第一百零三条、第一百零四条、第一百零五条规定之罪的,对直接责任人员,处五年以下有期徒刑、拘役、管制或者剥夺政治权利;情节严重的,处五年以上有期徒刑。

第一百零八条　投敌叛变的,处三年以上十年以下有期徒刑;情节严重或者带领武装部队人员、人民警察、民兵投敌叛变的,处十年以上有期徒刑或者无期徒刑。

第一百零九条　国家机关工作人员在履行公务期间,擅离岗位,叛逃境外或者在境外叛逃,危害中华人民共和国国家安全的,处五年以下有期徒刑、拘役、管制或者剥夺政治权利;情节严重的,处五年以上十年以下有期徒刑。

掌握国家秘密的国家工作人员犯前款罪的,依照前款的规定从重处罚。

第一百一十条　有下列间谍行为之一,危害国家安全的,处十年以上有期徒刑或者无期徒刑;情节较轻的,处三年以上十年以下有期徒刑:

(一)参加间谍组织或者接受间谍组织及其代理人的任务的;

(二)为敌人指示轰击目标的。

第一百一十一条　为境外的机构、组织、人员窃取、刺探、收买、非法提供国家秘密或者情报的,处五年以上十年以下有期徒刑;情节特别严重的,处十年以上有期徒刑或者无期徒刑;情节较轻的,处五年以下有期徒刑、拘役、管制或者剥夺政治权利。

第一百一十二条　战时供给敌人武器装备、军用物资资敌的,处十年以上有期徒刑或者无期徒刑;情节较轻的,处三年以上十年以下有期徒刑。

第一百一十三条　本章上述危害国家安全罪行中,除第一百零三条第二款、第一百零五条、第一百零七条、第一百零九条外,对国家和人民危害特别严重、情节特别恶劣的,可以判处死刑。

犯本章之罪的,可以并处没收财产。

第二章　危害公共安全罪

第一百一十四条　放火、决水、爆炸、投毒或者以其他危险方法破坏工厂、矿场、油田、港口、河流、水源、仓库、住宅、森林、农场、谷场、牧场、重要管道、公共建筑物或者其他公私财产,危害公共安全,尚未造成严重后果的,处三年以上十年以下有期徒刑。

第一百一十五条　放火、决水、爆炸、投毒或者以其他危险方法致人重伤、死亡或者使公私财产遭受重大损失的,处十年以上有期徒刑、无期徒刑或者死刑。

过失犯前款罪的,处三年以上七年以下有期徒刑;情节较轻的,处三年以下有期徒刑或者拘役。

第一百一十六条　破坏火车、汽车、电车、船只、航空器,足以使火车、汽车、电车、船只、航空器发生倾覆、毁坏危险,尚未造成严重后果的,处三年以上十年以下有期徒刑。

第一百一十七条　破坏轨道、桥梁、隧道、公路、机场、航道、灯塔、标志或者进行其他破坏活动,足以使火车、汽车、电车、船只、航空器发生倾覆、毁坏危险,尚未造成严重后果的,处三年以上十年以下有期徒刑。

第一百一十八条　破坏电力、燃气或者其他易燃易爆设备,危害公共安全,尚未造成严重后果的,处三年以上十年以下有期徒刑。

第一百一十九条　破坏交通工具、交通设施、电力设备、燃气设备、易燃易爆设备,造成严重后果的,处十年以上有期徒刑、无期徒刑或者死刑。

过失犯前款罪的,处三年以上七年以下有期徒刑;情节较轻的,处三年以下有期徒刑或者拘役。

第一百二十条　组织、领导和积极参加恐怖活动组织的,处三年以上十年以下有期徒刑;其他参加的,处三年以下有期徒刑、拘役或者管制。

犯前款罪并实施杀人、爆炸、绑架等犯罪的,依照数罪并罚的规定处罚。

第一百二十一条　以暴力、胁迫或者其他方法劫持航空器的,处十年以上有期徒刑或者无期徒刑;致人重伤、死亡或者使航空器遭受严重破坏的,处死刑。

第一百二十二条　以暴力、胁迫或者其他方法劫持船只、汽车的,处五年以上十年以下有期徒刑;造成严重后果的,处十年以上有期徒刑或者无期徒刑。

第一百二十三条　对飞行中的航空器上的人员使用暴力,危及飞行安全,尚未造成严重后果的,处五年以下有期徒刑或者拘役；造成严重后果的，处五年以上有期徒刑。

第一百二十四条 破坏广播电视设施、公用电信设施，危害公共安全的，处三年以上七年以下有期徒刑；造成严重后果的，处七年以上有期徒刑。

过失犯前款罪的，处三年以上七年以下有期徒刑；情节较轻的，处三年以下有期徒刑或者拘役。

第一百二十五条 非法制造、买卖、运输、邮寄、储存枪支、弹药、爆炸物的，处三年以上十年以下有期徒刑；情节严重的，处十年以上有期徒刑、无期徒刑或者死刑。

非法买卖、运输核材料的，依照前款的规定处罚。

单位犯前两款罪的，对单位判处罚金，并对其直接负责的主管人员和其他直接责任人员，依照第一款的规定处罚。

第一百二十六条 依法被指定、确定的枪支制造企业、销售企业，违反枪支管理规定，有下列行为之一的，对单位判处罚金，并对其直接负责的主管人员和其他直接责任人员，处五年以下有期徒刑；情节严重的，处五年以上十年以下有期徒刑；情节特别严重的，处十年以上有期徒刑或者无期徒刑：

(一)以非法销售为目的，超过限额或者不按照规定的品种制造、配售枪支的；

(二)以非法销售为目的，制造无号、重号、假号的枪支的；

(三)非法销售枪支或者在境内销售为出口制造的枪支的。

第一百二十七条 盗窃、抢夺枪支、弹药、爆炸物的，处三年以上十年以下有期徒刑；情节严重的，处十年以上有期徒刑、无期徒刑或者死刑。

抢劫枪支、弹药、爆炸物或者盗窃、抢夺国家机关、军警人员、民兵的枪支、弹药、爆炸物的，处十年以上有期徒刑、无期徒刑或者死刑。

第一百二十八条 违反枪支管理规定，非法持有、私藏枪支、弹药的，处三年以下有期徒刑、拘役或者管制；情节严重的，处三年以上七年以下有期徒刑。

依法配备公务用枪的人员，非法出租、出借枪支的，依照前款的规定处罚。

依法配置枪支的人员，非法出租、出借枪支，造成严重后果的，依照第一款的规定处罚。

单位犯第二款、第三款罪的，对单位判处罚金，并对其直接负责的主管人员和其他直接责任人员，依照第一款的规定处罚。

第一百二十九条 依法配备公务用枪的人员，丢失枪支不及时报告，造成严重后果的，处三年以下有期徒刑或者拘役。

第一百三十条 非法携带枪支、弹药、管制刀具或者爆炸性、易燃性、放射性、毒害性、腐蚀性物品，进入公共场所或者公共交通工具，危及公共安全，情节严重的，处三年以下有期徒刑、拘役或者管制。

第一百三十一条 航空人员违反规章制度，致使发生重大飞行事故，造成严重后果的，处三年以下有期徒刑或者拘役；造成飞机坠毁或者人员死亡的，处三年以上七年以下有期徒刑。

第一百三十二条 铁路职工违反规章制度，致使发生铁路运营安全事故，造成严重后果的，处三年以下有期徒刑或者拘役；造成特别严重后果的，处三年以上七年以下有期徒刑。

第一百三十三条 违反交通运输管理法规，因而发生重大事故，致人重伤、死亡或者使公私财产遭受重大损失的，处三年以下有期徒刑或者拘役；交通运输肇事后逃逸或者有其他特别恶劣情节的，处三年以上七年以下有期徒刑；因逃逸致人死亡的，处七年以上有期徒刑。

第一百三十四条 工厂、矿山、林场、建筑企业或者其他企业、事业单位的职工，由于不服管理、违反规章制度，或者强令工人违章冒险作业，因而发生重大伤亡事故或者造成其他严重后果的，处三年以下有期徒刑或者拘役；情节特别恶劣的，处三年以上七年以下有期徒刑。

第一百三十五条 工厂、矿山、林场、建筑企业或者其他企业、事业单位的劳动安全设施不符合国家规定，经有关部门或者单位职工提出后，对事故隐患仍不采取措施，因而发生重大伤亡事故或者造成其他严重后果的，对直接责任人员，处三年以下有期徒刑或者拘役；情节特别恶劣的，处三年以上七年以下有期徒刑。

第一百三十六条 违反爆炸性、易燃性、放射性、毒害性、腐蚀性物品的管理规定，在生产、储存、运输、使用中发生重大事故，造成严重后果的，处三年以下有期徒刑或者拘役；后果特别严重的，处三年以上七年以下有期徒刑。

第一百三十七条 建设单位、设计单位、施工单位、工程监理单位违反国家规定，降低工程质量标准，造成重大安全事故的，对直接责任人员，处五年以下有期徒刑或者拘役，并处罚金；后果特别严重的，处五年以上十年以下有期徒刑，并处罚金。

第一百三十八条 明知校舍或者教育教学设施有危险，而不采取措施或者不及时报告，致使发生重大伤亡事故的，对直接责任人员，处三年以下有期徒刑或者拘役；后果特别严重的，处三年以上七年以下有期徒刑。

第一百三十九条 违反消防管理法规，经消防监督机构通知采取改正措施而拒绝执行，造成严重后果的，对直接责任人员，处三年以下有期徒刑或者拘役；后果特别严重的，处三年以上七年以下有期徒刑。

第三章 破坏社会主义市场经济秩序罪

第一节 生产、销售伪劣商品罪

第一百四十条 生产者、销售者在产品中掺杂、掺假，以假充真，以次充好或者以不合格产品冒充合格产品，销售金额五万元以上不满二十万元的，处二年以下有期徒刑或者拘役，并处或者单处销售金额百分之五十以上二倍以下罚金；销售金额二十万元以上不满五十万元的，处二年以上七年以下有期徒刑，并处销售金额百分之五十以上二倍以下罚金；销售金额五十万元以上不满二百万元的，处七年以上有期徒刑，并处销售金额百分之五十以上二倍以下罚金；销售金额二百万元以上的，处十五年有期徒刑或者无期徒刑，并处销售金额百分之五十以上二倍以下罚金或者没收财产。

第一百四十一条 生产、销售假药，足以严重危害人体健康的，处三年以下有期徒刑或者拘役，并处或者单处销售金额百分之五十以上二倍以下罚金；对人体健康造成严重危害的，处三年以上十年以下有期徒刑，并处销售金额百分之五十以上二倍以下罚金；致人死亡或者对人体健康造成特别严重危害的，处十年以上有期徒刑、无期徒刑或者死刑，并处销售金额百分之五十以上二倍以下罚金或者没收财产。

本条所称假药，是指依照《中华人民共和国药品管理法》的规定属于假药和按假药处理的药品、非药品。

第一百四十二条 生产、销售劣药，对人体健康造成严重危害的，处三年以上十年以下有期徒刑，并处销售金额百分之五十以上二倍以下罚金；后果特别严重的，处十年以上有期徒刑或者无期徒刑，并处销售金额百分之五十以上二倍以下罚金或者没收财产。

本条所称劣药，是指依照《中华人民共和国药品管理法》的规定属于劣药的药品。

第一百四十三条 生产、销售不符合卫生标准的食品，足以造成严重食物中毒事故或者其他严重食源性疾患的，处三年以下有期徒刑或者拘役，并处或者单处销售金额百分之五十以上二倍以下罚金；对人体健康造成严重危害的，处三年以上七年以下有期徒刑，并处销售金额百分之五十以上二倍以下罚金；后果特别严重的，处七年以上有期徒刑或者无期徒刑，并处销售金额百分之五十以上二倍以下罚金或者没收财产。

第一百四十四条 在生产、销售的食品中掺入有毒、有害的非食品原料的，或者销售明知掺有有毒、有害的非食品原料的食品的，处五年以下有期徒刑或者拘役，并处或者单处销售金额百分之五十以上二倍以下罚金；造成严重食物中毒事故或者其他严重食源性疾患，对人体健康造成严重危害的，处五年以上十年以下有期徒刑，并处销售金额百分之五十以上二倍以下罚金；致人死亡或者对人体健康造成特别严重危害的，依照本法第一百四十一条的规定处罚。

第一百四十五条 生产不符合保障人体健康的国家标准、行业标准的医疗器械、医用卫生材料，或者销售明知是不符合保障人体健康的国家标准、行业标准的医疗器械、医用卫生材料，对人体健康造成严重危害的，处五年以下有期徒刑，并处销售金额百分之五十以上二倍以下罚金；后果特别严重的，处五年以上十年以下有期徒刑，并处销售金额百分之五十以上二倍以下罚金，其中情节特别恶劣的，处十年以上有期徒刑或者无期徒刑，并处销售金额百分之五十以上二倍以下罚金或者没收财产。

第一百四十六条 生产不符合保障人身、财产安全的国家标准、行业标准的电器、压力容器、易燃易爆产品或者其他不符合保障人身、财产安全的国家标准、行业标准的产品，或者销售明知是以上不符合保障人身、财产安全的国家标准、行业标准的产品，造成严重后果的，处五年以下有期徒刑，并处销售金额百分之五十以上二倍以下罚金；后果特别严重的，处五年以上有期徒刑，并处销售金额百分之五十以上二倍以下罚金。

第一百四十七条 生产假农药、假兽药、假化肥，销售明知是假的或者失去使用效能的农药、兽药、化肥、种子，或者生产者、销售者以不合格的农药、兽药、化肥、种子冒充合格的农药、兽药、化肥、种子，使生产遭受较大损失的，处三年以下有期徒刑或者拘役，并处或者单处销售金额百分之五十以上二倍以下罚金；使生产遭受重大损失的，处三年以上七年以下有期徒刑，并处销售金额百分之五十以上二倍以下罚金；使生产遭受特别重大损失的，处七年以上有期徒刑或者无期徒刑，并处销售金额百分之五十以上二倍以下罚金或者没收财产。

第一百四十八条 生产不符合卫生标准的化妆品，或者销售明知是不符合卫生标准的化妆品，造成严重后果的，处三年以下有期徒刑或者拘役，并处或者单处销售金额百分之五十以上二倍以下罚金。

第一百四十九条 生产、销售本节第一百四十一条至第一百四十八条所列产品，不构成各该条规定的犯罪，但是销售金额在五万元以上的，依照本节第一百四十条的规定定罪处罚。

生产、销售本节第一百四十一条至第一百四十八条所列产品，构成各该条规定的犯罪，同时又构成本节第一百四十条规定之罪的，依照处罚较重的规定定罪处罚。

第一百五十条 单位犯本节第一百四十条至第一

百四十八条规定之罪的，对单位判处罚金，并对其直接负责的主管人员和其他直接责任人员，依照各该条的规定处罚。

第二节 走私罪

第一百五十一条 走私武器、弹药、核材料或者伪造的货币的，处七年以上有期徒刑，并处罚金或者没收财产；情节较轻的，处三年以上七年以下有期徒刑，并处罚金。

走私国家禁止出口的文物、黄金、白银和其他贵重金属或者国家禁止进出口的珍贵动物及其制品的，处五年以上有期徒刑，并处罚金；情节较轻的，处五年以下有期徒刑，并处罚金。

走私国家禁止进出口的珍稀植物及其制品的，处五年以下有期徒刑，并处或者单处罚金；情节严重的，处五年以上有期徒刑，并处罚金。

犯第一款、第二款罪，情节特别严重的，处无期徒刑或者死刑，并处没收财产。

单位犯本条规定之罪的，对单位判处罚金，并对其直接负责的主管人员和其他直接责任人员，依照本条各款的规定处罚。

第一百五十二条 以牟利或者传播为目的，走私淫秽的影片、录像带、录音带、图片、书刊或者其他淫秽物品的，处三年以上十年以下有期徒刑，并处罚金；情节严重的，处十年以上有期徒刑或者无期徒刑，并处罚金或者没收财产；情节较轻的，处三年以下有期徒刑、拘役或者管制，并处罚金。

单位犯前款罪的，对单位判处罚金，并对其直接负责的主管人员和其他直接责任人员，依照前款的规定处罚。

第一百五十三条 走私本法第一百五十一条、第一百五十二条、第三百四十七条规定以外的货物、物品的，根据情节轻重，分别依照下列规定处罚：

(一)走私货物、物品偷逃应缴税额在五十万元以上的，处十年以上有期徒刑或者无期徒刑，并处偷逃应缴税额一倍以上五倍以下罚金或者没收财产；情节特别严重的，依照本法第一百五十一条第四款的规定处罚。

(二)走私货物、物品偷逃应缴税额在十五万元以上不满五十万元的，处三年以上十年以下有期徒刑，并处偷逃应缴税额一倍以上五倍以下罚金；情节特别严重的，处十年以上有期徒刑或者无期徒刑，并处偷逃应缴税额一倍以上五倍以下罚金或者没收财产。

(三)走私货物、物品偷逃应缴税额在五万元以上不满十五万元的，处三年以下有期徒刑或者拘役，并处偷逃应缴税额一倍以上五倍以下罚金。

单位犯前款罪的，对单位判处罚金，并对其直接负责的主管人员和其他直接责任人员，处三年以下有期徒刑或者拘役；情节严重的，处三年以上十年以下有期徒刑；情节特别严重的，处十年以上有期徒刑。

对多次走私未经处理的，按照累计走私货物、物品的偷逃应缴税额处罚。

第一百五十四条 下列走私行为，根据本节规定构成犯罪的，依照本法第一百五十三条的规定定罪处罚：

(一)未经海关许可并且未补缴应缴税额，擅自将批准进口的来料加工、来件装配、补偿贸易的原材料、零件、制成品、设备等保税货物，在境内销售牟利的；

(二)未经海关许可并且未补缴应缴税额，擅自将特定减税、免税进口的货物、物品，在境内销售牟利的。

第一百五十五条 下列行为，以走私罪论处，依照本节的有关规定处罚：

(一)直接向走私人非法收购国家禁止进口物品的，或者直接向走私人非法收购走私进口的其他货物、物品，数额较大的；

(二)在内海、领海运输、收购、贩卖国家禁止进出口物品的，或者运输、收购、贩卖国家限制进出口货物、物品，数额较大，没有合法证明的；

(三)逃避海关监管将境外固体废物运输进境的。

第一百五十六条 与走私罪犯通谋，为其提供贷款、资金、账号、发票、证明，或者为其提供运输、保管、邮寄或者其他方便的，以走私罪的共犯论处。

第一百五十七条 武装掩护走私的，依照本法第一百五十一条第一款、第四款的规定从重处罚。

以暴力、威胁方法抗拒缉私的，以走私罪和本法第二百七十七条规定的阻碍国家机关工作人员依法执行职务罪，依照数罪并罚的规定处罚。

第三节 妨害对公司、企业的管理秩序罪

第一百五十八条 申请公司登记使用虚假证明文件或者采取其他欺诈手段虚报注册资本，欺骗公司登记主管部门，取得公司登记，虚报注册资本数额巨大、后果严重或者有其他严重情节的，处三年以下有期徒刑或者拘役，并处或者单处虚报注册资本金额百分之一以上百分之五以下罚金。

单位犯前款罪的，对单位判处罚金，并对其直接负责的主管人员和其他直接责任人员，处三年以下有期徒刑或者拘役。

第一百五十九条 公司发起人、股东违反公司法的规定未交付货币、实物或者未转移财产权，虚假出资，或者在公司成立后又抽逃其出资，数额巨大、后果严重或者有其他严重情节的，处五年以下有期徒刑或者拘役，并处或者单处虚假出资金额或者抽逃出资金额百分之二以上百分之十以下罚金。

单位犯前款罪的，对单位判处罚金，并对其直接负责的主管人员和其他直接责任人员，处五年以下有期徒刑或者拘役。

第一百六十条　在招股说明书、认股书、公司、企业债券募集办法中隐瞒重要事实或者编造重大虚假内容，发行股票或者公司、企业债券，数额巨大、后果严重或者有其他严重情节的，处五年以下有期徒刑或者拘役，并处或者单处非法募集资金金额百分之一以上百分之五以下罚金。

单位犯前款罪的，对单位判处罚金，并对其直接负责的主管人员和其他直接责任人员，处五年以下有期徒刑或者拘役。

第一百六十一条　公司向股东和社会公众提供虚假的或者隐瞒重要事实的财务会计报告，严重损害股东或者其他人利益的，对其直接负责的主管人员和其他直接责任人员，处三年以下有期徒刑或者拘役，并处或者单处二万元以上二十万元以下罚金。

第一百六十二条　公司、企业进行清算时，隐匿财产，对资产负债表或者财产清单做虚伪记载或者在未清偿债务前分配公司、企业财产，严重损害债权人或者其他人利益的，对其直接负责的主管人员和其他直接责任人员，处五年以下有期徒刑或者拘役，并处或者单处二万元以上二十万元以下罚金。

第一百六十三条　公司、企业的工作人员利用职务上的便利，索取他人财物或者非法收受他人财物，为他人谋取利益，数额较大的，处五年以下有期徒刑或者拘役；数额巨大的，处五年以上有期徒刑，可以并处没收财产。

公司、企业的工作人员在经济往来中，违反国家规定，收受各种名义的回扣、手续费，归个人所有的，依照前款的规定处罚。

国有公司、企业中从事公务的人员和国有公司、企业委派到非国有公司、企业从事公务的人员有前两款行为的，依照本法第三百八十五条、第三百八十六条的规定定罪处罚。

第一百六十四条　为谋取不正当利益，给予公司、企业的工作人员以财物，数额较大的，处三年以下有期徒刑或者拘役；数额巨大的，处三年以上十年以下有期徒刑，并处罚金。

单位犯前款罪的，对单位判处罚金，并对其直接负责的主管人员和其他直接责任人员，依照前款的规定处罚。

行贿人在被追诉前主动交代行贿行为的，可以减轻处罚或者免除处罚。

第一百六十五条　国有公司、企业的董事、经理利用职务便利，自己经营或者为他人经营与其所任职公司、企业同类的营业，获取非法利益，数额巨大的，处三年以下有期徒刑或者拘役，并处或者单处罚金；数额特别巨大的，处三年以上七年以下有期徒刑，并处罚金。

第一百六十六条　国有公司、企业、事业单位的工作人员，利用职务便利，有下列情形之一，使国家利益遭受重大损失的，处三年以下有期徒刑或者拘役，并处或者单处罚金；致使国家利益遭受特别重大损失的，处三年以上七年以下有期徒刑，并处罚金：

（一）将本单位的盈利业务交由自己的亲友进行经营的；

（二）以明显高于市场的价格向自己的亲友经营管理的单位采购商品或者以明显低于市场的价格向自己的亲友经营管理的单位销售商品的；

（三）向自己的亲友经营管理的单位采购不合格商品的。

第一百六十七条　国有公司、企业、事业单位直接负责的主管人员，在签订、履行合同过程中，因严重不负责任被诈骗，致使国家利益遭受重大损失的，处三年以下有期徒刑或者拘役；致使国家利益遭受特别重大损失的，处三年以上七年以下有期徒刑。

第一百六十八条　国有公司、企业直接负责的主管人员，徇私舞弊，造成国有公司、企业破产或者严重亏损，致使国家利益遭受重大损失的，处三年以下有期徒刑或者拘役。

第一百六十九条　国有公司、企业或者其上级主管部门直接负责的主管人员，徇私舞弊，将国有资产低价折股或者低价出售，致使国家利益遭受重大损失的，处三年以下有期徒刑或者拘役；致使国家利益遭受特别重大损失的，处三年以上七年以下有期徒刑。

第四节　破坏金融管理秩序罪

第一百七十条　伪造货币的，处三年以上十年以下有期徒刑，并处五万元以上五十万元以下罚金；有下列情形之一的，处十年以上有期徒刑、无期徒刑或者死刑，并处五万元以上五十万元以下罚金或者没收财产：

（一）伪造货币集团的首要分子；

（二）伪造货币数额特别巨大的；

（三）有其他特别严重情节的。

第一百七十一条　出售、购买伪造的货币或者明知是伪造的货币而运输，数额较大的，处三年以下有期徒刑或者拘役，并处二万元以上二十万元以下罚金；数额巨大的，处三年以上十年以下有期徒刑，并处五万元以上五十万元以下罚金；数额特别巨大的，处十年以上有期徒刑或者无期徒刑，并处五万元以上五十万元以下罚金或者没收财产。

银行或者其他金融机构的工作人员购买伪造的货币或者利用职务上的便利，以伪造的货币换取货币的，处三年以上十年以下有期徒刑，并处二万元以上二十万元以下罚金；数额巨大或者有其他严重情节的，处十年以上有期徒刑或者无期徒刑，并处二万元以上二十万元以下罚金或者没收财产；情节较轻的，处三年以下有期徒刑或者拘役，并处或者单处一万元以上十万元以下罚金。

伪造货币并出售或者运输伪造的货币的，依照本法第一百七十条的规定定罪从重处罚。

第一百七十二条 明知是伪造的货币而持有、使用，数额较大的，处三年以下有期徒刑或者拘役，并处或者单处一万元以上十万元以下罚金；数额巨大的，处三年以上十年以下有期徒刑，并处二万元以上二十万元以下罚金；数额特别巨大的，处十年以上有期徒刑，并处五万元以上五十万元以下罚金或者没收财产。

第一百七十三条 变造货币，数额较大的，处三年以下有期徒刑或者拘役，并处或者单处一万元以上十万元以下罚金；数额巨大的，处三年以上十年以下有期徒刑，并处二万元以上二十万元以下罚金。

第一百七十四条 未经中国人民银行批准，擅自设立商业银行或者其他金融机构的，处三年以下有期徒刑或者拘役，并处或者单处二万元以上二十万元以下罚金；情节严重的，处三年以上十年以下有期徒刑，并处五万元以上五十万元以下罚金。

伪造、变造、转让商业银行或者其他金融机构经营许可证的，依照前款的规定处罚。

单位犯前两款罪的，对单位判处罚金，并对其直接负责的主管人员和其他直接责任人员，依照第一款的规定处罚。

第一百七十五条 以转贷牟利为目的，套取金融机构信贷资金高利转贷他人，违法所得数额较大的，处三年以下有期徒刑或者拘役，并处违法所得一倍以上五倍以下罚金；数额巨大的，处三年以上七年以下有期徒刑，并处违法所得一倍以上五倍以下罚金。

单位犯前款罪的，对单位判处罚金，并对其直接负责的主管人员和其他直接责任人员，处三年以下有期徒刑或者拘役。

第一百七十六条 非法吸收公众存款或者变相吸收公众存款，扰乱金融秩序的，处三年以下有期徒刑或者拘役，并处或者单处二万元以上二十万元以下罚金；数额巨大或者有其他严重情节的，处三年以上十年以下有期徒刑，并处五万元以上五十万元以下罚金。

单位犯前款罪的，对单位判处罚金，并对其直接负责的主管人员和其他直接责任人员，依照前款的规定处罚。

第一百七十七条 有下列情形之一，伪造、变造金融票证的，处五年以下有期徒刑或者拘役，并处或者单处二万元以上二十万元以下罚金；情节严重的，处五年以上十年以下有期徒刑，并处五万元以上五十万元以下罚金；情节特别严重的，处十年以上有期徒刑或者无期徒刑，并处五万元以上五十万元以下罚金或者没收财产：

（一）伪造、变造汇票、本票、支票的；

（二）伪造、变造委托收款凭证、汇款凭证、银行存单等其他银行结算凭证的；

（三）伪造、变造信用证或者附随的单据、文件的；

（四）伪造信用卡的。

单位犯前款罪的，对单位判处罚金，并对其直接负责的主管人员和其他直接责任人员，依照前款的规定处罚。

第一百七十八条 伪造、变造国库券或者国家发行的其他有价证券，数额较大的，处三年以下有期徒刑或者拘役，并处或者单处二万元以上二十万元以下罚金；数额巨大的，处三年以上十年以下有期徒刑，并处五万元以上五十万元以下罚金；数额特别巨大的，处十年以上有期徒刑或者无期徒刑，并处五万元以上五十万元以下罚金或者没收财产。

伪造、变造股票或者公司、企业债券，数额较大的，处三年以下有期徒刑或者拘役，并处或者单处一万元以上十万元以下罚金；数额巨大的，处三年以上十年以下有期徒刑，并处二万元以上二十万元以下罚金。

单位犯前两款罪的，对单位判处罚金，并对其直接负责的主管人员和其他直接责任人员，依照前两款的规定处罚。

第一百七十九条 未经国家有关主管部门批准，擅自发行股票或者公司、企业债券，数额巨大、后果严重或者有其他严重情节的，处五年以下有期徒刑或者拘役，并处或者单处非法募集资金金额百分之一以上百分之五以下罚金。

单位犯前款罪的，对单位判处罚金，并对其直接负责的主管人员和其他直接责任人员，处五年以下有期徒刑或者拘役。

第一百八十条 证券交易内幕信息的知情人员或者非法获取证券交易内幕信息的人员，在涉及证券的发行、交易或者其他对证券的价格有重大影响的信息尚未公开前，买入或者卖出该证券，或者泄露该信息，情节严重的，处五年以下有期徒刑或者拘役，并处或者单处违法所得一倍以上五倍以下罚金；情节特别严重的，处五年以上十年以下有期徒刑，并处违法所得一倍以上五倍以下罚金。

单位犯前款罪的，对单位判处罚金，并对其直接负责的主管人员和其他直接责任人员，处五年以下有期徒刑或者拘役。

内幕信息的范围，依照法律、行政法规的规定确定。

知情人员的范围，依照法律、行政法规的规定确定。

第一百八十一条 编造并且传播影响证券交易的虚假信息，扰乱证券交易市场，造成严重后果的，处五年以下有期徒刑或者拘役，并处或者单处一万元以上十万元以下罚金。

证券交易所、证券公司的从业人员，证券业协会或者证券管理部门的工作人员，故意提供虚假信息或者伪造、变造、销毁交易记录，诱骗投资者买卖证券，造成严重后果的，处五年以下有期徒刑或者拘役，并处或者单处一万元以上十万元以下罚金；情节特别恶劣的，处五年以上十年以下有期徒刑，并处二万元以上二十万元以下罚金。

单位犯前两款罪的，对单位判处罚金，并对其直接负责的主管人员和其他直接责任人员，处五年以下有期徒刑或者拘役。

第一百八十二条 有下列情形之一，操纵证券交易价格，获取不正当利益或者转嫁风险，情节严重的，处五年以下有期徒刑或者拘役，并处或者单处违法所得一倍以上五倍以下罚金：

（一）单独或者合谋，集中资金优势、持股优势或者利用信息优势联合或者连续买卖，操纵证券交易价格的；

（二）与他人串通，以事先约定的时间、价格和方式相互进行证券交易或者相互买卖并不持有的证券，影响证券交易价格或者证券交易量的；

（三）以自己为交易对象，进行不转移证券所有权的自买自卖，影响证券交易价格或者证券交易量的；

（四）以其他方法操纵证券交易价格的。

单位犯前款罪的，对单位判处罚金，并对其直接负责的主管人员和其他直接责任人员，处五年以下有期徒刑或者拘役。

第一百八十三条 保险公司的工作人员利用职务上的便利，故意编造未曾发生的保险事故进行虚假理赔，骗取保险金归自己所有的，依照本法第二百七十一条的规定定罪处罚。

国有保险公司工作人员和国有保险公司委派到非国有保险公司从事公务的人员有前款行为的，依照本法第三百八十二条、第三百八十三条的规定定罪处罚。

第一百八十四条 银行或者其他金融机构的工作人员在金融业务活动中索取他人财物或者非法收受他人财物，为他人谋取利益的，或者违反国家规定，收受各种名义的回扣、手续费，归个人所有的，依照本法第一百六十三条的规定定罪处罚。

国有金融机构工作人员和国有金融机构委派到非国有金融机构从事公务的人员有前款行为的，依照本法第三百八十五条、第三百八十六条的规定定罪处罚。

第一百八十五条 银行或者其他金融机构的工作人员利用职务上的便利，挪用本单位或者客户资金的，依照本法第二百七十二条的规定定罪处罚。

国有金融机构工作人员和国有金融机构委派到非国有金融机构从事公务的人员有前款行为的，依照本法第三百八十四条的规定定罪处罚。

第一百八十六条 银行或者其他金融机构的工作人员违反法律、行政法规规定，向关系人发放信用贷款或者发放担保贷款的条件优于其他借款人同类贷款的条件，造成较大损失的，处五年以下有期徒刑或者拘役，并处一万元以上十万元以下罚金；造成重大损失的，处五年以上有期徒刑，并处二万元以上二十万元以下罚金。

银行或者其他金融机构的工作人员违反法律、行政法规规定，向关系人以外的其他人发放贷款，造成重大损失的，处五年以下有期徒刑或者拘役，并处一万元以上十万元以下罚金；造成特别重大损失的，处五年以上有期徒刑，并处二万元以上二十万元以下罚金。

单位犯前两款罪的，对单位判处罚金，并对其直接负责的主管人员和其他直接责任人员，依照前两款的规定处罚。

关系人的范围，依照《中华人民共和国商业银行法》和有关金融法规确定。

第一百八十七条 银行或者其他金融机构的工作人员以牟利为目的，采取吸收客户资金不入账的方式，将资金用于非法拆借、发放贷款，造成重大损失的，处五年以下有期徒刑或者拘役，并处二万元以上二十万元以下罚金；造成特别重大损失的，处五年以上有期徒刑，并处五万元以上五十万元以下罚金。

单位犯前款罪的，对单位判处罚金，并对其直接负责的主管人员和其他直接责任人员，依照前款的规定处罚。

第一百八十八条 银行或者其他金融机构的工作人员违反规定，为他人出具信用证或者其他保函、票据、存单、资信证明，造成较大损失的，处五年以下有期徒刑或者拘役；造成重大损失的，处五年以上有期徒刑。

单位犯前款罪的，对单位判处罚金，并对其直接负责的主管人员和其他直接责任人员，依照前款的规定处罚。

第一百八十九条 银行或者其他金融机构的工作人员在票据业务中，对违反票据法规定的票据予以承兑、付款或者保证，造成重大损失的，处五年以下有期徒刑或者拘役；造成特别重大损失的，处五年以上有期徒刑。

单位犯前款罪的，对单位判处罚金，并对其直接负责的主管人员和其他直接责任人员，依照前款的规定处罚。

第一百九十条 国有公司、企业或者其他国有单位，违反国家规定，擅自将外汇存放境外，或者将境内的外汇非法转移到境外，情节严重的，对单位判处罚金，并对其直接负责的主管人员和其他直接责任人员，处五年以下有期徒刑或者拘役。

第一百九十一条 明知是毒品犯罪、黑社会性质的组织犯罪、走私犯罪的违法所得及其产生的收益，为掩饰、隐瞒其来源和性质，有下列行为之一的，没收实施以上犯罪的违法所得及其产生的收益，处五年以下有期徒刑或者拘役，并处或者单处洗钱数额百分之五以上百分之二十以下罚金；情节严重的，处五年以上十年以下有期徒刑，并处洗钱数额百分之五以上百分之二十以下罚金：

（一）提供资金账户的；

（二）协助将财产转换为现金或者金融票据的；

（三）通过转账或者其他结算方式协助资金转移的；

（四）协助将资金汇往境外的；

（五）以其他方法掩饰、隐瞒犯罪的违法所得及其收益的性质和来源的。

单位犯前款罪的，对单位判处罚金，并对其直接负责的主管人员和其他直接责任人员，处五年以下有期徒刑或者拘役。

第五节 金融诈骗罪

第一百九十二条 以非法占有为目的，使用诈骗方法非法集资，数额较大的，处五年以下有期徒刑或者拘役，并处二万元以上二十万元以下罚金；数额巨大或者有其他严重情节的，处五年以上十年以下有期徒刑，并处五万元以上五十万元以下罚金；数额特别巨大或者有其他特别严重情节的，处十年以上有期徒刑或者无期徒刑，并处五万元以上五十万元以下罚金或者没收财产。

第一百九十三条 有下列情形之一，以非法占有为目的，诈骗银行或者其他金融机构的贷款，数额较大的，处五年以下有期徒刑或者拘役，并处二万元以上二十万元以下罚金；数额巨大或者有其他严重情节的，处五年以上十年以下有期徒刑，并处五万元以上五十万元以下罚金；数额特别巨大或者有其他特别严重情节的，处十年以上有期徒刑或者无期徒刑，并处五万元以上五十万元以下罚金或者没收财产：

（一）编造引进资金、项目等虚假理由的；

（二）使用虚假的经济合同的；

（三）使用虚假的证明文件的；

（四）使用虚假的产权证明作担保或者超出抵押物价值重复担保的；

（五）以其他方法诈骗贷款的。

第一百九十四条 有下列情形之一，进行金融票据诈骗活动，数额较大的，处五年以下有期徒刑或者拘役，并处二万元以上二十万元以下罚金；数额巨大或者有其他严重情节的，处五年以上十年以下有期徒刑，并处五万元以上五十万元以下罚金；数额特别巨大或者有其他特别严重情节的，处十年以上有期徒刑或者无期徒刑，并处五万元以上五十万元以下罚金或者没收财产：

（一）明知是伪造、变造的汇票、本票、支票而使用的；

（二）明知是作废的汇票、本票、支票而使用的；

（三）冒用他人的汇票、本票、支票的；

（四）签发空头支票或者与其预留印鉴不符的支票，骗取财物的；

（五）汇票、本票的出票人签发无资金保证的汇票、本票或者在出票时作虚假记载，骗取财物的。

使用伪造、变造的委托收款凭证、汇款凭证、银行存单等其他银行结算凭证的，依照前款的规定处罚。

第一百九十五条 有下列情形之一，进行信用证诈骗活动的，处五年以下有期徒刑或者拘役，并处二万元以上二十万元以下罚金；数额巨大或者有其他严重情节的，处五年以上十年以下有期徒刑，并处五万元以上五十万元以下罚金；数额特别巨大或者有其他特别严重情节的，处十年以上有期徒刑或者无期徒刑，并处五万元以上五十万元以下罚金或者没收财产：

（一）使用伪造、变造的信用证或者附随的单据、文件的；

（二）使用作废的信用证的；

（三）骗取信用证的；

（四）以其他方法进行信用证诈骗活动的。

第一百九十六条 有下列情形之一，进行信用卡诈骗活动，数额较大的，处五年以下有期徒刑或者拘役，并处二万元以上二十万元以下罚金；数额巨大或者有其他严重情节的，处五年以上十年以下有期徒刑，并处五万元以上五十万元以下罚金；数额特别巨大或者有其他特别严重情节的，处十年以上有期徒刑或者无期徒刑，并处五万元以上五十万元以下罚金或者没收财产：

（一）使用伪造的信用卡的；

（二）使用作废的信用卡的；

（三）冒用他人信用卡的；

（四）恶意透支的。

前款所称恶意透支,是指持卡人以非法占有为目的,超过规定限额或者规定期限透支,并且经发卡银行催收后仍不归还的行为。

盗窃信用卡并使用的,依照本法第二百六十四条的规定定罪处罚。

第一百九十七条 使用伪造、变造的国库券或者国家发行的其他有价证券,进行诈骗活动,数额较大的,处五年以下有期徒刑或者拘役,并处二万元以上二十万元以下罚金;数额巨大或者有其他严重情节的,处五年以上十年以下有期徒刑,并处五万元以上五十万元以下罚金;数额特别巨大或者有其他特别严重情节的,处十年以上有期徒刑或者无期徒刑,并处五万元以上五十万元以下罚金或者没收财产。

第一百九十八条 有下列情形之一,进行保险诈骗活动,数额较大的,处五年以下有期徒刑或者拘役,并处一万元以上十万元以下罚金;数额巨大或者有其他严重情节的,处五年以上十年以下有期徒刑,并处二万元以上二十万元以下罚金;数额特别巨大或者有其他特别严重情节的,处十年以上有期徒刑,并处二万元以上二十万元以下罚金或者没收财产:

(一)投保人故意虚构保险标的,骗取保险金的;

(二)投保人、被保险人或者受益人对发生的保险事故编造虚假的原因或者夸大损失的程度,骗取保险金的;

(三)投保人、被保险人或者受益人编造未曾发生的保险事故,骗取保险金的;

(四)投保人、被保险人故意造成财产损失的保险事故,骗取保险金的;

(五)投保人、受益人故意造成被保险人死亡、伤残或者疾病,骗取保险金的。

有前款第四项、第五项所列行为,同时构成其他犯罪的,依照数罪并罚的规定处罚。

单位犯第一款罪的,对单位判处罚金,并对其直接负责的主管人员和其他直接责任人员,处五年以下有期徒刑或者拘役;数额巨大或者有其他严重情节的,处五年以上十年以下有期徒刑;数额特别巨大或者有其他特别严重情节的,处十年以上有期徒刑。

保险事故的鉴定人、证明人、财产评估人故意提供虚假的证明文件,为他人诈骗提供条件的,以保险诈骗的共犯论处。

第一百九十九条 犯本节第一百九十二条、第一百九十四条、第一百九十五条规定之罪,数额特别巨大并且给国家和人民利益造成特别重大损失的,处无期徒刑或者死刑,并处没收财产。

第二百条 单位犯本节第一百九十二条、第一百九十四条、第一百九十五条规定之罪的,对单位判处罚金,并对其直接负责的主管人员和其他直接责任人员,处五年以下有期徒刑或者拘役;数额巨大或者有其他严重情节的,处五年以上十年以下有期徒刑;数额特别巨大或者有其他特别严重情节的,处十年以上有期徒刑或者无期徒刑。

第六节 危害税收征管罪

第二百零一条 纳税人采取伪造、变造、隐匿、擅自销毁账簿、记账凭证,在账簿上多列支出或者不列、少列收入,经税务机关通知申报而拒不申报或者进行虚假的纳税申报的手段,不缴或者少缴应纳税款,偷税数额占应纳税额的百分之十以上不满百分之三十并且偷税数额在一万元以上不满十万元的,或者因偷税被税务机关给予二次行政处罚又偷税的,处三年以下有期徒刑或者拘役,并处偷税数额一倍以上五倍以下罚金;偷税数额占应纳税额的百分之三十以上并且偷税数额在十万元以上的,处三年以上七年以下有期徒刑,并处偷税数额一倍以上五倍以下罚金。

扣缴义务人采取前款所列手段,不缴或者少缴已扣、已收税款,数额占应缴税额的百分之十以上并且数额在一万元以上的,依照前款的规定处罚。

对多次犯有前两款行为,未经处理的,按照累计数额计算。

第二百零二条 以暴力、威胁方法拒不缴纳税款的,处三年以下有期徒刑或者拘役,并处拒缴税款一倍以上五倍以下罚金;情节严重的,处三年以上七年以下有期徒刑,并处拒缴税款一倍以上五倍以下罚金。

第二百零三条 纳税人欠缴应纳税款,采取转移或者隐匿财产的手段,致使税务机关无法追缴欠缴的税款,数额在一万元以上不满十万元的,处三年以下有期徒刑或者拘役,并处或者单处欠缴税款一倍以上五倍以下罚金;数额在十万元以上的,处三年以上七年以下有期徒刑,并处欠缴税款一倍以上五倍以下罚金。

第二百零四条 以假报出口或者其他欺骗手段,骗取国家出口退税款,数额较大的,处五年以下有期徒刑或者拘役,并处骗取税款一倍以上五倍以下罚金;数额巨大或者有其他严重情节的,处五年以上十年以下有期徒刑,并处骗取税款一倍以上五倍以下罚金;数额特别巨大或者有其他特别严重情节的,处十年以上有期徒刑或者无期徒刑,并处骗取税款一倍以上五倍以下罚金或者没收财产。

纳税人缴纳税款后,采取前款规定的欺骗方法,骗取所缴纳的税款的,依照本法第二百零一条的规定定罪处罚;骗取税款超过所缴纳的税款部分,依照前款的规定处罚。

第二百零五条 虚开增值税专用发票或者虚开用于骗取出口退税、抵扣税款的其他发票的,处三年以下有期徒刑或者拘役，并处二万元以上二十万元以下罚金；虚开的税款数额较大或者有其他严重情节的，处三年以上十年以下有期徒刑，并处五万元以上五十万元以下罚金；虚开的税款数额巨大或者有其他特别严重情节的，处十年以上有期徒刑或者无期徒刑，并处五万元以上五十万元以下罚金或者没收财产。

有前款行为骗取国家税款，数额特别巨大，情节特别严重，给国家利益造成特别重大损失的，处无期徒刑或者死刑，并处没收财产。

单位犯本条规定之罪的，对单位判处罚金，并对其直接负责的主管人员和其他直接责任人员，处三年以下有期徒刑或者拘役；虚开的税款数额较大或者有其他严重情节的，处三年以上十年以下有期徒刑；虚开的税款数额巨大或者有其他特别严重情节的，处十年以上有期徒刑或者无期徒刑。

虚开增值税专用发票或者虚开用于骗取出口退税、抵扣税款的其他发票，是指有为他人虚开、为自己虚开、让他人为自己虚开、介绍他人虚开行为之一的。

第二百零六条 伪造或者出售伪造的增值税专用发票的，处三年以下有期徒刑、拘役或者管制，并处二万元以上二十万元以下罚金；数量较大或者有其他严重情节的，处三年以上十年以下有期徒刑，并处五万元以上五十万元以下罚金；数量巨大或者有其他特别严重情节的，处十年以上有期徒刑或者无期徒刑，并处五万元以上五十万元以下罚金或者没收财产。

伪造并出售伪造的增值税专用发票，数量特别巨大，情节特别严重，严重破坏经济秩序的，处无期徒刑或者死刑，并处没收财产。

单位犯本条规定之罪的，对单位判处罚金，并对其直接负责的主管人员和其他直接责任人员，处三年以下有期徒刑、拘役或者管制；数量较大或者有其他严重情节的，处三年以上十年以下有期徒刑；数量巨大或者有其他特别严重情节的，处十年以上有期徒刑或者无期徒刑。

第二百零七条 非法出售增值税专用发票的，处三年以下有期徒刑、拘役或者管制，并处二万元以上二十万元以下罚金；数量较大的，处三年以上十年以下有期徒刑，并处五万元以上五十万元以下罚金；数量巨大的，处十年以上有期徒刑或者无期徒刑，并处五万元以上五十万元以下罚金或者没收财产。

第二百零八条 非法购买增值税专用发票或者购买伪造的增值税专用发票的，处五年以下有期徒刑或者拘役，并处或者单处二万元以上二十万元以下罚金。

非法购买增值税专用发票或者购买伪造的增值税专用发票又虚开或者出售的，分别依照本法第二百零五条、第二百零六条、第二百零七条的规定定罪处罚。

第二百零九条 伪造、擅自制造或者出售伪造、擅自制造的可以用于骗取出口退税、抵扣税款的其他发票的，处三年以下有期徒刑、拘役或者管制，并处二万元以上二十万元以下罚金；数量巨大的，处三年以上七年以下有期徒刑，并处五万元以上五十万元以下罚金；数量特别巨大的，处七年以上有期徒刑，并处五万元以上五十万元以下罚金或者没收财产。

伪造、擅自制造或者出售伪造、擅自制造的前款规定以外的其他发票的，处二年以下有期徒刑、拘役或者管制，并处或者单处一万元以上五万元以下罚金；情节严重的，处二年以上七年以下有期徒刑，并处五万元以上五十万元以下罚金。

非法出售可以用于骗取出口退税、抵扣税款的其他发票的，依照第一款的规定处罚。

非法出售第三款规定以外的其他发票的，依照第二款的规定处罚。

第二百一十条 盗窃增值税专用发票或者可以用于骗取出口退税、抵扣税款的其他发票的，依照本法第二百六十四条的规定定罪处罚。

使用欺骗手段骗取增值税专用发票或者可以用于骗取出口退税、抵扣税款的其他发票的，依照本法第二百六十六条的规定定罪处罚。

第二百一十一条 单位犯本节第二百零一条、第二百零三条、第二百零四条、第二百零七条、第二百零八条、第二百零九条规定之罪的，对单位判处罚金，并对其直接负责的主管人员和其他直接责任人员，依照各该条的规定处罚。

第二百一十二条 犯本节第二百零一条至第二百零五条规定之罪，被判处罚金、没收财产的，在执行前，应当先由税务机关追缴税款和所骗取的出口退税款。

第七节 侵犯知识产权罪

第二百一十三条 未经注册商标所有人许可，在同一种商品上使用与其注册商标相同的商标，情节严重的，处三年以下有期徒刑或者拘役，并处或者单处罚金；情节特别严重的，处三年以上七年以下有期徒刑，并处罚金。

第二百一十四条 销售明知是假冒注册商标的商品，销售金额数额较大的，处三年以下有期徒刑或者拘役，并处或者单处罚金；销售金额数额巨大的，处三年以上七年以下有期徒刑，并处罚金。

第二百一十五条 伪造、擅自制造他人注册商标标识或者销售伪造、擅自制造的注册商标标识，情节严重的，处三年以下有期徒刑、拘役或者管制，并处或者单处罚金；情节特别严重的，处三年以上七年以下有期徒刑，并处罚金。

第二百一十六条 假冒他人专利，情节严重的，处三年以下有期徒刑或者拘役,并处或者单处罚金。

第二百一十七条 以营利为目的,有下列侵犯著作权情形之一,违法所得数额较大或者有其他严重情节的,处三年以下有期徒刑或者拘役,并处或者单处罚金;违法所得数额巨大或者有其他特别严重情节的,处三年以上七年以下有期徒刑,并处罚金:

(一)未经著作权人许可,复制发行其文字作品、音乐、电影、电视、录像作品、计算机软件及其他作品的;

(二)出版他人享有专有出版权的图书的;

(三)未经录音录像制作者许可,复制发行其制作的录音录像的;

(四)制作、出售假冒他人署名的美术作品的。

第二百一十八条 以营利为目的,销售明知是本法第二百一十七条规定的侵权复制品,违法所得数额巨大的,处三年以下有期徒刑或者拘役,并处或者单处罚金。

第二百一十九条 有下列侵犯商业秘密行为之一,给商业秘密的权利人造成重大损失的,处三年以下有期徒刑或者拘役,并处或者单处罚金;造成特别严重后果的,处三年以上七年以下有期徒刑,并处罚金:

(一)以盗窃、利诱、胁迫或者其他不正当手段获取权利人的商业秘密的;

(二)披露、使用或者允许他人使用以前项手段获取的权利人的商业秘密的;

(三)违反约定或者违反权利人有关保守商业秘密的要求,披露、使用或者允许他人使用其所掌握的商业秘密的。

明知或者应知前款所列行为,获取、使用或者披露他人的商业秘密的,以侵犯商业秘密论。

本条所称商业秘密,是指不为公众所知悉,能为权利人带来经济利益,具有实用性并经权利人采取保密措施的技术信息和经营信息。

本条所称权利人,是指商业秘密的所有人和经商业秘密所有人许可的商业秘密使用人。

第二百二十条 单位犯本节第二百一十三条至第二百一十九条规定之罪的,对单位判处罚金,并对其直接负责的主管人员和其他直接责任人员,依照本节各该条的规定处罚。

第八节 扰乱市场秩序罪

第二百二十一条 捏造并散布虚伪事实,损害他人的商业信誉、商品声誉,给他人造成重大损失或者有其他严重情节的,处二年以下有期徒刑或者拘役,并处或者单处罚金。

第二百二十二条 广告主、广告经营者、广告发布者违反国家规定,利用广告对商品或者服务作虚假宣传,情节严重的,处二年以下有期徒刑或者拘役,并处或者单处罚金。

第二百二十三条 投标人相互串通投标报价,损害招标人或者其他投标人利益,情节严重的,处三年以下有期徒刑或者拘役,并处或者单处罚金。

投标人与招标人串通投标,损害国家、集体、公民的合法利益的,依照前款的规定处罚。

第二百二十四条 有下列情形之一,以非法占有为目的,在签订、履行合同过程中,骗取对方当事人财物,数额较大的,处三年以下有期徒刑或者拘役,并处或者单处罚金;数额巨大或者有其他严重情节的,处三年以上十年以下有期徒刑,并处罚金;数额特别巨大或者有其他特别严重情节的,处十年以上有期徒刑或者无期徒刑,并处罚金或者没收财产:

(一)以虚构的单位或者冒用他人名义签订合同的;

(二)以伪造、变造、作废的票据或者其他虚假的产权证明作担保的;

(三)没有实际履行能力,以先履行小额合同或者部分履行合同的方法,诱骗对方当事人继续签订和履行合同的;

(四)收受对方当事人给付的货物、货款、预付款或者担保财产后逃匿的;

(五)以其他方法骗取对方当事人财物的。

第二百二十五条 违反国家规定,有下列非法经营行为之一,扰乱市场秩序,情节严重的,处五年以下有期徒刑或者拘役,并处或者单处违法所得一倍以上五倍以下罚金;情节特别严重的,处五年以上有期徒刑,并处违法所得一倍以上五倍以下罚金或者没收财产:

(一)未经许可经营法律、行政法规规定的专营、专卖物品或者其他限制买卖的物品的;

(二)买卖进出口许可证、进出口原产地证明以及其他法律、行政法规规定的经营许可证或者批准文件的;

(三)其他严重扰乱市场秩序的非法经营行为。

第二百二十六条 以暴力、威胁手段强买强卖商品、强迫他人提供服务或者强迫他人接受服务,情节严重的,处三年以下有期徒刑或者拘役,并处或者单处罚金。

第二百二十七条 伪造或者倒卖伪造的车票、船票、邮票或者其他有价票证,数额较大的,处二年以下有期徒刑、拘役或者管制,并处或者单处票证价额一倍以上五倍以下罚金;数额巨大的,处二年以上七年以下有期徒刑,并处票证价额一倍以上五倍以下罚金。

倒卖车票、船票,情节严重的,处三年以下有期徒刑、拘役或者管制,并处或者单处票证价额一倍以上五倍以下罚金。

第二百二十八条 以牟利为目的,违反土地管理法规,非法转让、倒卖土地使用权,情节严重的,处三年以下有期徒刑或者拘役,并处或者单处非法转让、倒卖土地使用权价额百分之五以上百分之二十以下罚金;情节特别严重的,处三年以上七年以下有期徒刑,并处非法转让、倒卖土地使用权价额百分之五以上百分之二十以下罚金。

第二百二十九条 承担资产评估、验资、验证、会计、审计、法律服务等职责的中介组织的人员故意提供虚假证明文件,情节严重的,处五年以下有期徒刑或者拘役,并处罚金。

前款规定的人员,索取他人财物或者非法收受他人财物,犯前款罪的,处五年以上十年以下有期徒刑,并处罚金。

第一款规定的人员,严重不负责任,出具的证明文件有重大失实,造成严重后果的,处三年以下有期徒刑或者拘役,并处或者单处罚金。

第二百三十条 违反进出口商品检验法的规定,逃避商品检验,将必须经商检机构检验的进口商品未报经检验而擅自销售、使用,或者将必须经商检机构检验的出口商品未报经检验合格而擅自出口,情节严重的,处三年以下有期徒刑或者拘役,并处或者单处罚金。

第二百三十一条 单位犯本节第二百二十一条至第二百三十条规定之罪的,对单位判处罚金,并对其直接负责的主管人员和其他直接责任人员,依照本节各该条的规定处罚。

第四章 侵犯公民人身权利、民主权利罪

第二百三十二条 故意杀人的,处死刑、无期徒刑或者十年以上有期徒刑;情节较轻的,处三年以上十年以下有期徒刑。

第二百三十三条 过失致人死亡的,处三年以上七年以下有期徒刑;情节较轻的,处三年以下有期徒刑。本法另有规定的,依照规定。

第二百三十四条 故意伤害他人身体的,处三年以下有期徒刑、拘役或者管制。

犯前款罪,致人重伤的,处三年以上十年以下有期徒刑;致人死亡或者以特别残忍手段致人重伤造成严重残疾的,处十年以上有期徒刑、无期徒刑或者死刑。本法另有规定的,依照规定。

第二百三十五条 过失伤害他人致人重伤的,处三年以下有期徒刑或者拘役。本法另有规定的,依照规定。

第二百三十六条 以暴力、胁迫或者其他手段强奸妇女的,处三年以上十年以下有期徒刑。

奸淫不满十四周岁的幼女的,以强奸论,从重处罚。

强奸妇女、奸淫幼女,有下列情形之一的,处十年以上有期徒刑、无期徒刑或者死刑:

(一)强奸妇女、奸淫幼女情节恶劣的;

(二)强奸妇女、奸淫幼女多人的;

(三)在公共场所当众强奸妇女的;

(四)二人以上轮奸的;

(五)致使被害人重伤、死亡或者造成其他严重后果的。

第二百三十七条 以暴力、胁迫或者其他方法强制猥亵妇女或者侮辱妇女的,处五年以下有期徒刑或者拘役。

聚众或者在公共场所当众犯前款罪的,处五年以上有期徒刑。

猥亵儿童的,依照前两款的规定从重处罚。

第二百三十八条 非法拘禁他人或者以其他方法非法剥夺他人人身自由的,处三年以下有期徒刑、拘役、管制或者剥夺政治权利。具有殴打、侮辱情节的,从重处罚。

犯前款罪,致人重伤的,处三年以上十年以下有期徒刑;致人死亡的,处十年以上有期徒刑。使用暴力致人伤残、死亡的,依照本法第二百三十四条、第二百三十二条的规定定罪处罚。

为索取债务非法扣押、拘禁他人的,依照前两款的规定处罚。

国家机关工作人员利用职权犯前三款罪的,依照前三款的规定从重处罚。

第二百三十九条 以勒索财物为目的绑架他人的,或者绑架他人作为人质的,处十年以上有期徒刑或者无期徒刑,并处罚金或者没收财产;致使被绑架人死亡或者杀害被绑架人的,处死刑,并处没收财产。

以勒索财物为目的偷盗婴幼儿的,依照前款的规定处罚。

第二百四十条 拐卖妇女、儿童的,处五年以上十年以下有期徒刑,并处罚金;有下列情形之一的,处十年以上有期徒刑或者无期徒刑,并处罚金或者没收财产;情节特别严重的,处死刑,并处没收财产:

(一)拐卖妇女、儿童集团的首要分子;

(二)拐卖妇女、儿童三人以上的;

(三)奸淫被拐卖的妇女的;

(四)诱骗、强迫被拐卖的妇女卖淫或者将被拐卖的妇女卖给他人迫使其卖淫的;

(五)以出卖为目的,使用暴力、胁迫或者麻醉方法绑架妇女、儿童的;

(六)以出卖为目的,偷盗婴幼儿的;

(七)造成被拐卖的妇女、儿童或者其亲属重伤、死亡或者其他严重后果的;

(八)将妇女、儿童卖往境外的。

拐卖妇女、儿童是指以出卖为目的,有拐骗、绑架、收买、贩卖、接送、中转妇女、儿童的行为之一的。

第二百四十一条 收买被拐卖的妇女、儿童的,处三年以下有期徒刑、拘役或者管制。

收买被拐卖的妇女,强行与其发生性关系的,依照本法第二百三十六条的规定定罪处罚。

收买被拐卖的妇女、儿童,非法剥夺、限制其人身自由或者有伤害、侮辱等犯罪行为的,依照本法的有关规定定罪处罚。

收买被拐卖的妇女、儿童,并有第二款、第三款规定的犯罪行为的,依照数罪并罚的规定处罚。

收买被拐卖的妇女、儿童又出卖的,依照本法第二百四十条的规定定罪处罚。

收买被拐卖的妇女、儿童,按照被买妇女的意愿,不阻碍其返回原居住地的,对被买儿童没有虐待行为,不阻碍对其进行解救的,可以不追究刑事责任。

第二百四十二条 以暴力、威胁方法阻碍国家机关工作人员解救被收买的妇女、儿童的,依照本法第二百七十七条的规定定罪处罚。

聚众阻碍国家机关工作人员解救被收买的妇女、儿童的首要分子,处五年以下有期徒刑或者拘役;其他参与者使用暴力、威胁方法的,依照前款的规定处罚。

第二百四十三条 捏造事实诬告陷害他人,意图使他人受刑事追究,情节严重的,处三年以下有期徒刑、拘役或者管制;造成严重后果的,处三年以上十年以下有期徒刑。

国家机关工作人员犯前款罪的,从重处罚。

不是有意诬陷,而是错告,或者检举失实的,不适用前两款的规定。

第二百四十四条 用人单位违反劳动管理法规,以限制人身自由方法强迫职工劳动,情节严重的,对直接责任人员,处三年以下有期徒刑或者拘役,并处或者单处罚金。

第二百四十五条 非法搜查他人身体、住宅,或者非法侵入他人住宅的,处三年以下有期徒刑或者拘役。

司法工作人员滥用职权,犯前款罪的,从重处罚。

第二百四十六条 以暴力或者其他方法公然侮辱他人或者捏造事实诽谤他人,情节严重的,处三年以下有期徒刑、拘役、管制或者剥夺政治权利。

前款罪,告诉的才处理,但是严重危害社会秩序和国家利益的除外。

第二百四十七条 司法工作人员对犯罪嫌疑人、被告人实行刑讯逼供或者使用暴力逼取证人证言的,处三年以下有期徒刑或者拘役。致人伤残、死亡的,依照本法第二百三十四条、第二百三十二条的规定定罪从重处罚。

第二百四十八条 监狱、拘留所、看守所等监管机构的监管人员对被监管人进行殴打或者体罚虐待,情节严重的,处三年以下有期徒刑或者拘役;情节特别严重的,处三年以上十年以下有期徒刑。致人伤残、死亡的,依照本法第二百三十四条、第二百三十二条的规定定罪从重处罚。

监管人员指使被监管人殴打或者体罚虐待其他被监管人的,依照前款的规定处罚。

第二百四十九条 煽动民族仇恨、民族歧视,情节严重的,处三年以下有期徒刑、拘役、管制或者剥夺政治权利;情节特别严重的,处三年以上十年以下有期徒刑。

第二百五十条 在出版物中刊载歧视、侮辱少数民族的内容,情节恶劣,造成严重后果的,对直接责任人员,处三年以下有期徒刑、拘役或者管制。

第二百五十一条 国家机关工作人员非法剥夺公民的宗教信仰自由和侵犯少数民族风俗习惯,情节严重的,处二年以下有期徒刑或者拘役。

第二百五十二条 隐匿、毁弃或者非法开拆他人信件,侵犯公民通信自由权利,情节严重的,处一年以下有期徒刑或者拘役。

第二百五十三条 邮政工作人员私自开拆或者隐匿、毁弃邮件、电报的,处二年以下有期徒刑或者拘役。

犯前款罪而窃取财物的,依照本法第二百六十四条的规定定罪从重处罚。

第二百五十四条 国家机关工作人员滥用职权、假公济私,对控告人、申诉人、批评人、举报人实行报复陷害的,处二年以下有期徒刑或者拘役;情节严重的,处二年以上七年以下有期徒刑。

第二百五十五条 公司、企业、事业单位、机关、团体的领导人,对依法履行职责、抵制违反会计法、统计法行为的会计、统计人员实行打击报复,情节恶劣的,处三年以下有期徒刑或者拘役。

第二百五十六条 在选举各级人民代表大会代表和国家机关领导人员时,以暴力、威胁、欺骗、贿赂、伪造选举文件、虚报选举票数等手段破坏选举或者妨害选民和代表自由行使选举权和被选举权,情节严重的,处三年以下有期徒刑、拘役或者剥夺政治权利。

第二百五十七条 以暴力干涉他人婚姻自由的,处二年以下有期徒刑或者拘役。

犯前款罪,致使被害人死亡的,处二年以上七年以下有期徒刑。

第一款罪,告诉的才处理。

第二百五十八条 有配偶而重婚的,或者明知他人有配偶而与之结婚的,处二年以下有期徒刑或者拘役。

第二百五十九条 明知是现役军人的配偶而与之同居或者结婚的，处三年以下有期徒刑或者拘役。

利用职权、从属关系，以胁迫手段奸淫现役军人的妻子的，依照本法第二百三十六条的规定定罪处罚。

第二百六十条 虐待家庭成员，情节恶劣的，处二年以下有期徒刑、拘役或者管制。

犯前款罪，致使被害人重伤、死亡的，处二年以上七年以下有期徒刑。

第一款罪，告诉的才处理。

第二百六十一条 对于年老、年幼、患病或者其他没有独立生活能力的人，负有扶养义务而拒绝扶养，情节恶劣的，处五年以下有期徒刑、拘役或者管制。

第二百六十二条 拐骗不满十四周岁的未成年人，脱离家庭或者监护人的，处五年以下有期徒刑或者拘役。

第五章 侵犯财产罪

第二百六十三条 以暴力、胁迫或者其他方法抢劫公私财物的，处三年以上十年以下有期徒刑，并处罚金；有下列情形之一的，处十年以上有期徒刑、无期徒刑或者死刑，并处罚金或者没收财产：

(一)入户抢劫的；

(二)在公共交通工具上抢劫的；

(三)抢劫银行或者其他金融机构的；

(四)多次抢劫或者抢劫数额巨大的；

(五)抢劫致人重伤、死亡的；

(六)冒充军警人员抢劫的；

(七)持枪抢劫的；

(八)抢劫军用物资或者抢险、救灾、救济物资的。

第二百六十四条 盗窃公私财物，数额较大或者多次盗窃的，处三年以下有期徒刑、拘役或者管制，并处或者单处罚金；数额巨大或者有其他严重情节的，处三年以上十年以下有期徒刑，并处罚金；数额特别巨大或者有其他特别严重情节的，处十年以上有期徒刑或者无期徒刑，并处罚金或者没收财产；有下列情形之一的，处无期徒刑或者死刑，并处没收财产：

(一)盗窃金融机构，数额特别巨大的；

(二)盗窃珍贵文物，情节严重的。

第二百六十五条 以牟利为目的，盗接他人通信线路、复制他人电信码号或者明知是盗接、复制的电信设备、设施而使用的，依照本法第二百六十四条的规定定罪处罚。

第二百六十六条 诈骗公私财物，数额较大的，处三年以下有期徒刑、拘役或者管制，并处或者单处罚金；数额巨大或者有其他严重情节的，处三年以上十年以下有期徒刑，并处罚金；数额特别巨大或者有其他特别严重情节的，处十年以上有期徒刑或者无期徒刑，并处罚金或者没收财产。本法另有规定的，依照规定。

第二百六十七条 抢夺公私财物，数额较大的，处三年以下有期徒刑、拘役或者管制，并处或者单处罚金；数额巨大或者有其他严重情节的，处三年以上十年以下有期徒刑，并处罚金；数额特别巨大或者有其他特别严重情节的，处十年以上有期徒刑或者无期徒刑，并处罚金或者没收财产。

携带凶器抢夺的，依照本法第二百六十三条的规定定罪处罚。

第二百六十八条 聚众哄抢公私财物，数额较大或者有其他严重情节的，对首要分子和积极参加的，处三年以下有期徒刑、拘役或者管制，并处罚金；数额巨大或者有其他特别严重情节的，处三年以上十年以下有期徒刑，并处罚金。

第二百六十九条 犯盗窃、诈骗、抢夺罪，为窝藏赃物、抗拒抓捕或者毁灭罪证而当场使用暴力或者以暴力相威胁的，依照本法第二百六十三条的规定定罪处罚。

第二百七十条 将代为保管的他人财物非法占为己有，数额较大，拒不退还的，处二年以下有期徒刑、拘役或者罚金；数额巨大或者有其他严重情节的，处二年以上五年以下有期徒刑，并处罚金。

将他人的遗忘物或者埋藏物非法占为己有，数额较大，拒不交出的，依照前款的规定处罚。

本条罪，告诉的才处理。

第二百七十一条 公司、企业或者其他单位的人员，利用职务上的便利，将本单位财物非法占为己有，数额较大的，处五年以下有期徒刑或者拘役；数额巨大的，处五年以上有期徒刑，可以并处没收财产。

国有公司、企业或者其他国有单位中从事公务的人员和国有公司、企业或者其他国有单位委派到非国有公司、企业以及其他单位从事公务的人员有前款行为的，依照本法第三百八十二条、第三百八十三条的规定定罪处罚。

第二百七十二条 公司、企业或者其他单位的工作人员，利用职务上的便利，挪用本单位资金归个人使用或者借贷给他人，数额较大、超过三个月未还的，或者虽未超过三个月，但数额较大、进行营利活动的，或者进行非法活动的，处三年以下有期徒刑或者拘役；挪用本单位资金数额巨大的，或者数额较大不退还的，处三年以上十年以下有期徒刑。

国有公司、企业或者其他国有单位中从事公务的人员和国有公司、企业或者其他国有单位委派到非国有公司、企业以及其他单位从事公务的人员有前款行为的，依照本法第三百八十四条的规定定罪处罚。

第二百七十三条 挪用用于救灾、抢险、防汛、优抚、扶贫、移民、救济款物，情节严重，致使国家和人民群众利益遭受重大损害的，对直接责任人员，处三年以下有期徒刑或者拘役；情节特别严重的，处三年以上七年以下有期徒刑。

第二百七十四条 敲诈勒索公私财物，数额较大的，处三年以下有期徒刑、拘役或者管制；数额巨大或者有其他严重情节的，处三年以上十年以下有期徒刑。

第二百七十五条 故意毁坏公私财物，数额较大或者有其他严重情节的，处三年以下有期徒刑、拘役或者罚金；数额巨大或者有其他特别严重情节的，处三年以上七年以下有期徒刑。

第二百七十六条 由于泄愤报复或者其他个人目的，毁坏机器设备、残害耕畜或者以其他方法破坏生产经营的，处三年以下有期徒刑、拘役或者管制；情节严重的，处三年以上七年以下有期徒刑。

第六章 妨害社会管理秩序罪

第一节 扰乱公共秩序罪

第二百七十七条 以暴力、威胁方法阻碍国家机关工作人员依法执行职务的，处三年以下有期徒刑、拘役、管制或者罚金。

以暴力、威胁方法阻碍全国人民代表大会和地方各级人民代表大会代表依法执行代表职务的，依照前款的规定处罚。

在自然灾害和突发事件中，以暴力、威胁方法阻碍红十字会工作人员依法履行职责的，依照第一款的规定处罚。

故意阻碍国家安全机关、公安机关依法执行国家安全工作任务，未使用暴力、威胁方法，造成严重后果的，依照第一款的规定处罚。

第二百七十八条 煽动群众暴力抗拒国家法律、行政法规实施的，处三年以下有期徒刑、拘役、管制或者剥夺政治权利；造成严重后果的，处三年以上七年以下有期徒刑。

第二百七十九条 冒充国家机关工作人员招摇撞骗的，处三年以下有期徒刑、拘役、管制或者剥夺政治权利；情节严重的，处三年以上十年以下有期徒刑。

冒充人民警察招摇撞骗的，依照前款的规定从重处罚。

第二百八十条 伪造、变造、买卖或者盗窃、抢夺、毁灭国家机关的公文、证件、印章的，处三年以下有期徒刑、拘役、管制或者剥夺政治权利；情节严重的，处三年以上十年以下有期徒刑。

伪造公司、企业、事业单位、人民团体的印章的，处三年以下有期徒刑、拘役、管制或者剥夺政治权利。

伪造、变造居民身份证的，处三年以下有期徒刑、拘役、管制或者剥夺政治权利；情节严重的，处三年以上七年以下有期徒刑。

第二百八十一条 非法生产、买卖人民警察制式服装、车辆号牌等专用标志、警械，情节严重的，处三年以下有期徒刑、拘役或者管制，并处或者单处罚金。

单位犯前款罪的，对单位判处罚金，并对其直接负责的主管人员和其他直接责任人员，依照前款的规定处罚。

第二百八十二条 以窃取、刺探、收买方法，非法获取国家秘密的，处三年以下有期徒刑、拘役、管制或者剥夺政治权利；情节严重的，处三年以上七年以下有期徒刑。

非法持有属于国家绝密、机密的文件、资料或者其他物品，拒不说明来源与用途的，处三年以下有期徒刑、拘役或者管制。

第二百八十三条 非法生产、销售窃听、窃照等专用间谍器材的，处三年以下有期徒刑、拘役或者管制。

第二百八十四条 非法使用窃听、窃照专用器材，造成严重后果的，处二年以下有期徒刑、拘役或者管制。

第二百八十五条 违反国家规定，侵入国家事务、国防建设、尖端科学技术领域的计算机信息系统的，处三年以下有期徒刑或者拘役。

第二百八十六条 违反国家规定，对计算机信息系统功能进行删除、修改、增加、干扰，造成计算机信息系统不能正常运行，后果严重的，处五年以下有期徒刑或者拘役；后果特别严重的，处五年以上有期徒刑。

违反国家规定，对计算机信息系统中存储、处理或者传输的数据和应用程序进行删除、修改、增加的操作，后果严重的，依照前款的规定处罚。

故意制作、传播计算机病毒等破坏性程序，影响计算机系统正常运行，后果严重的，依照第一款的规定处罚。

第二百八十七条 利用计算机实施金融诈骗、盗窃、贪污、挪用公款、窃取国家秘密或者其他犯罪的，依照本法有关规定定罪处罚。

第二百八十八条 违反国家规定，擅自设置、使用无线电台（站），或者擅自占用频率，经责令停止使用后拒不停止使用，干扰无线电通讯正常进行，造成严重后果的，处三年以下有期徒刑、拘役或者管制，并处或者单处罚金。

单位犯前款罪的，对单位判处罚金，并对其直接负责的主管人员和其他直接责任人员，依照前款的规定处罚。

第二百八十九条 聚众“打砸抢”，致人伤残、死亡的，依照本法第二百三十四条、第二百三十二条的规定定罪处罚。毁坏或者抢走公私财物的，除判令退赔外，对首要分子，依照本法第二百六十三条的规定定罪处罚。

第二百九十条 聚众扰乱社会秩序，情节严重，致使工作、生产、营业和教学、科研无法进行，造成严重损失的，对首要分子，处三年以上七年以下有期徒刑；对其他积极参加的，处三年以下有期徒刑、拘役、管制或者剥夺政治权利。

聚众冲击国家机关，致使国家机关工作无法进行，造成严重损失的，对首要分子，处五年以上十年以下有期徒刑；对其他积极参加的，处五年以下有期徒刑、拘役、管制或者剥夺政治权利。

第二百九十一条 聚众扰乱车站、码头、民用航空站、商场、公园、影剧院、展览会、运动场或者其他公共场所秩序，聚众堵塞交通或者破坏交通秩序，抗拒、阻碍国家治安管理工作人员依法执行职务，情节严重的，对首要分子，处五年以下有期徒刑、拘役或者管制。

第二百九十二条 聚众斗殴的，对首要分子和其他积极参加的，处三年以下有期徒刑、拘役或者管制；有下列情形之一的，对首要分子和其他积极参加的，处三年以上十年以下有期徒刑：

(一)多次聚众斗殴的；

(二)聚众斗殴人数多，规模大，社会影响恶劣的；

(三)在公共场所或者交通要道聚众斗殴，造成社会秩序严重混乱的；

(四)持械聚众斗殴的。

聚众斗殴，致人重伤、死亡的，依照本法第二百三十四条、第二百三十二条的规定定罪处罚。

第二百九十三条 有下列寻衅滋事行为之一，破坏社会秩序的，处五年以下有期徒刑、拘役或者管制：

(一)随意殴打他人，情节恶劣的；

(二)追逐、拦截、辱骂他人，情节恶劣的；

(三)强拿硬要或者任意损毁、占用公私财物，情节严重的；

(四)在公共场所起哄闹事，造成公共场所秩序严重混乱的。

第二百九十四条 组织、领导和积极参加以暴力、威胁或者其他手段，有组织地进行违法犯罪活动，称霸一方，为非作恶，欺压、残害群众，严重破坏经济、社会生活秩序的黑社会性质的组织的，处三年以上十年以下有期徒刑；其他参加的，处三年以下有期徒刑、拘役、管制或者剥夺政治权利。

境外的黑社会组织的人员到中华人民共和国境内发展组织成员的，处三年以上十年以下有期徒刑。

犯前两款罪又有其他犯罪行为的，依照数罪并罚的规定处罚。

国家机关工作人员包庇黑社会性质的组织，或者纵容黑社会性质的组织进行违法犯罪活动的，处三年以下有期徒刑、拘役或者剥夺政治权利；情节严重的，处三年以上十年以下有期徒刑。

第二百九十五条 传授犯罪方法的，处五年以下有期徒刑、拘役或者管制；情节严重的，处五年以上有期徒刑；情节特别严重的，处无期徒刑或者死刑。

第二百九十六条 举行集会、游行、示威，未依照法律规定申请或者申请未获许可，或者未按照主管机关许可的起止时间、地点、路线进行，又拒不服从解散命令，严重破坏社会秩序的，对集会、游行、示威的负责人和直接责任人员，处五年以下有期徒刑、拘役、管制或者剥夺政治权利。

第二百九十七条 违反法律规定，携带武器、管制刀具或者爆炸物参加集会、游行、示威的，处三年以下有期徒刑、拘役、管制或者剥夺政治权利。

第二百九十八条 扰乱、冲击或者以其他方法破坏依法举行的集会、游行、示威，造成公共秩序混乱的，处五年以下有期徒刑、拘役、管制或者剥夺政治权利。

第二百九十九条 在公众场合故意以焚烧、毁损、涂划、玷污、践踏等方式侮辱中华人民共和国国旗、国徽的，处三年以下有期徒刑、拘役、管制或者剥夺政治权利。

第三百条 组织和利用会道门、邪教组织或者利用迷信破坏国家法律、行政法规实施的，处三年以上七年以下有期徒刑；情节特别严重的，处七年以上有期徒刑。

组织和利用会道门、邪教组织或者利用迷信蒙骗他人，致人死亡的，依照前款的规定处罚。

组织和利用会道门、邪教组织或者利用迷信奸淫妇女、诈骗财物的，分别依照本法第二百三十六条、第二百六十六条的规定定罪处罚。

第三百零一条 聚众进行淫乱活动的，对首要分子或者多次参加的，处五年以下有期徒刑、拘役或者管制。

引诱未成年人参加聚众淫乱活动的，依照前款的规定从重处罚。

第三百零二条 盗窃、侮辱尸体的，处三年以下有期徒刑、拘役或者管制。

第三百零三条 以营利为目的，聚众赌博、开设赌场或者以赌博为业的，处三年以下有期徒刑、拘役或者管制，并处罚金。

第三百零四条 邮政工作人员严重不负责任，故意延误投递邮件，致使公共财产、国家和人民利益遭受重大损失的，处二年以下有期徒刑或者拘役。

第二节 妨害司法罪

第三百零五条 在刑事诉讼中，证人、鉴定人、记录人、翻译人对与案件有重要关系的情节，故意作虚假证明、鉴定、记录、翻译，意图陷害他人或者隐匿罪证的，处三年以下有期徒刑或者拘役；情节严重的，处三年以上七年以下有期徒刑。

第三百零六条 在刑事诉讼中，辩护人、诉讼代理人毁灭、伪造证据，帮助当事人毁灭、伪造证据，威胁、引诱证人违背事实改变证言或者作伪证的，处三年以下有期徒刑或者拘役；情节严重的，处三年以上七年以下有期徒刑。

辩护人、诉讼代理人提供、出示、引用的证人证言或者其他证据失实，不是有意伪造的，不属于伪造证据。

第三百零七条 以暴力、威胁、贿买等方法阻止证人作证或者指使他人作伪证的，处三年以下有期徒刑或者拘役；情节严重的，处三年以上七年以下有期徒刑。

帮助当事人毁灭、伪造证据，情节严重的，处三年以下有期徒刑或者拘役。

司法工作人员犯前两款罪的，从重处罚。

第三百零八条 对证人进行打击报复的，处三年以下有期徒刑或者拘役；情节严重的，处三年以上七年以下有期徒刑。

第三百零九条 聚众哄闹、冲击法庭，或者殴打司法工作人员，严重扰乱法庭秩序的，处三年以下有期徒刑、拘役、管制或者罚金。

第三百一十条 明知是犯罪的人而为其提供隐藏处所、财物，帮助其逃匿或者作假证明包庇的，处三年以下有期徒刑、拘役或者管制；情节严重的，处三年以上十年以下有期徒刑。

犯前款罪，事前通谋的，以共同犯罪论处。

第三百一十一条 明知他人有间谍犯罪行为，在国家安全机关向其调查有关情况、收集有关证据时，拒绝提供，情节严重的，处三年以下有期徒刑、拘役或者管制。

第三百一十二条 明知是犯罪所得的赃物而予以窝藏、转移、收购或者代为销售的，处三年以下有期徒刑、拘役或者管制，并处或者单处罚金。

第三百一十三条 对人民法院的判决、裁定有能力执行而拒不执行，情节严重的，处三年以下有期徒刑、拘役或者罚金。

第三百一十四条 隐藏、转移、变卖、故意毁损已被司法机关查封、扣押、冻结的财产，情节严重的，处三年以下有期徒刑、拘役或者罚金。

第三百一十五条 依法被关押的罪犯，有下列破坏监管秩序行为之一，情节严重的，处三年以下有期徒刑：

（一）殴打监管人员的；

（二）组织其他被监管人破坏监管秩序的；

（三）聚众闹事，扰乱正常监管秩序的；

（四）殴打、体罚或者指使他人殴打、体罚其他被监管人的。

第三百一十六条 依法被关押的罪犯、被告人、犯罪嫌疑人脱逃的，处五年以下有期徒刑或者拘役。

劫夺押解途中的罪犯、被告人、犯罪嫌疑人的，处三年以上七年以下有期徒刑；情节严重的，处七年以上有期徒刑。

第三百一十七条 组织越狱的首要分子和积极参加的，处五年以上有期徒刑；其他参加的，处五年以下有期徒刑或者拘役。

暴动越狱或者聚众持械劫狱的首要分子和积极参加的，处十年以上有期徒刑或者无期徒刑；情节特别严重的，处死刑；其他参加的，处三年以上十年以下有期徒刑。

第三节 妨害国（边）境管理罪

第三百一十八条 组织他人偷越国（边）境的，处二年以上七年以下有期徒刑，并处罚金；有下列情形之一的，处七年以上有期徒刑或者无期徒刑，并处罚金或者没收财产：

（一）组织他人偷越国（边）境集团的首要分子；

（二）多次组织他人偷越国（边）境或者组织他人偷越国（边）境人数众多的；

（三）造成被组织人重伤、死亡的；

（四）剥夺或者限制被组织人人身自由的；

（五）以暴力、威胁方法抗拒检查的；

（六）违法所得数额巨大的；

（七）有其他特别严重情节的。

犯前款罪，对被组织人有杀害、伤害、强奸、拐卖等犯罪行为，或者对检查人员有杀害、伤害等犯罪行为的，依照数罪并罚的规定处罚。

第三百一十九条 以劳务输出、经贸往来或者其他名义，弄虚作假，骗取护照、签证等出境证件，为组织他人偷越国（边）境使用的，处三年以下有期徒刑，并处罚金；情节严重的，处三年以上十年以下有期徒刑，并处罚金。

单位犯前款罪的，对单位判处罚金，并对其直接负责的主管人员和其他直接责任人员，依照前款的规定处罚。

第三百二十条 为他人提供伪造、变造的护照、签证等出入境证件，或者出售护照、签证等出入境证件的，处五年以下有期徒刑，并处罚金；情节严重的，处五年以上有期徒刑，并处罚金。

第三百二十一条 运送他人偷越国（边）境的，处五

年以下有期徒刑、拘役或者管制,并处罚金;有下列情形之一的,处五年以上十年以下有期徒刑,并处罚金:

(一)多次实施运送行为或者运送人数众多的;

(二)所使用的船只、车辆等交通工具不具备必要的安全条件,足以造成严重后果的;

(三)违法所得数额巨大的;

(四)有其他特别严重情节的。

在运送他人偷越国(边)境中造成被运送人重伤、死亡,或者以暴力、威胁方法抗拒检查的,处七年以上有期徒刑,并处罚金。

犯前两款罪,对被运送人有杀害、伤害、强奸、拐卖等犯罪行为,或者对检查人员有杀害、伤害等犯罪行为的,依照数罪并罚的规定处罚。

第三百二十二条 违反国(边)境管理法规,偷越国(边)境,情节严重的,处一年以下有期徒刑、拘役或者管制,并处罚金。

第三百二十三条 故意破坏国家边境的界碑、界桩或者永久性测量标志的,处三年以下有期徒刑或者拘役。

第四节 妨害文物管理罪

第三百二十四条 故意损毁国家保护的珍贵文物或者被确定为全国重点文物保护单位、省级文物保护单位的文物的,处三年以下有期徒刑或者拘役,并处或者单处罚金;情节严重的,处三年以上十年以下有期徒刑,并处罚金。

故意损毁国家保护的名胜古迹,情节严重的,处五年以下有期徒刑或者拘役,并处或者单处罚金。

过失损毁国家保护的珍贵文物或者被确定为全国重点文物保护单位、省级文物保护单位的文物,造成严重后果的,处三年以下有期徒刑或者拘役。

第三百二十五条 违反文物保护法规,将收藏的国家禁止出口的珍贵文物私自出售或者私自赠送给外国人的,处五年以下有期徒刑或者拘役,可以并处罚金。

单位犯前款罪的,对单位判处罚金,并对其直接负责的主管人员和其他直接责任人员,依照前款的规定处罚。

第三百二十六条 以牟利为目的,倒卖国家禁止经营的文物,情节严重的,处五年以下有期徒刑或者拘役,并处罚金;情节特别严重的,处五年以上十年以下有期徒刑,并处罚金。

单位犯前款罪的,对单位判处罚金,并对其直接负责的主管人员和其他直接责任人员,依照前款的规定处罚。

第三百二十七条 违反文物保护法规,国有博物馆、图书馆等单位将国家保护的文物藏品出售或者私自送给非国有单位或者个人的,对单位判处罚金,并对其直接负责的主管人员和其他直接责任人员,处三年以下有期徒刑或者拘役。

第三百二十八条 盗掘具有历史、艺术、科学价值的古文化遗址、古墓葬的,处三年以上十年以下有期徒刑,并处罚金;情节较轻的,处三年以下有期徒刑、拘役或者管制,并处罚金;有下列情形之一的,处十年以上有期徒刑、无期徒刑或者死刑,并处罚金或者没收财产:

(一)盗掘确定为全国重点文物保护单位和省级文物保护单位的古文化遗址、古墓葬的;

(二)盗掘古文化遗址、古墓葬集团的首要分子;

(三)多次盗掘古文化遗址、古墓葬的;

(四)盗掘古文化遗址、古墓葬,并盗窃珍贵文物或者造成珍贵文物严重破坏的。

盗掘国家保护的具有科学价值的古人类化石和古脊椎动物化石的,依照前款的规定处罚。

第三百二十九条 抢夺、窃取国家所有的档案的,处五年以下有期徒刑或者拘役。

违反档案法的规定,擅自出卖、转让国家所有的档案,情节严重的,处三年以下有期徒刑或者拘役。

有前两款行为,同时又构成本法规定的其他犯罪的,依照处罚较重的规定定罪处罚。

第五节 危害公共卫生罪

第三百三十条 违反传染病防治法的规定,有下列情形之一,引起甲类传染病传播或者有传播严重危险的,处三年以下有期徒刑或者拘役;后果特别严重的,处三年以上七年以下有期徒刑:

(一)供水单位供应的饮用水不符合国家规定的卫生标准的;

(二)拒绝按照卫生防疫机构提出的卫生要求,对传染病病原体污染的污水、污物、粪便进行消毒处理的;

(三)准许或者纵容传染病病人、病原携带者和疑似传染病病人从事国务院卫生行政部门规定禁止从事的易使该传染病扩散的工作的;

(四)拒绝执行卫生防疫机构依照传染病防治法提出的预防、控制措施的。

单位犯前款罪的,对单位判处罚金,并对其直接负责的主管人员和其他直接责任人员,依照前款的规定处罚。

甲类传染病的范围,依照《中华人民共和国传染病防治法》和国务院有关规定确定。

第三百三十一条 从事实验、保藏、携带、运输传染病菌种、毒种的人员,违反国务院卫生行政部门的有关规定,造成传染病菌种、毒种扩散,后果严重的,处三年以下有期徒刑或者拘役;后果特别严重的,处三年以上七年以下有期徒刑。

第三百三十二条　违反国境卫生检疫规定，引起检疫传染病传播或者有传播严重危险的，处三年以下有期徒刑或者拘役，并处或者单处罚金。

单位犯前款罪的，对单位判处罚金，并对其直接负责的主管人员和其他直接责任人员，依照前款的规定处罚。

第三百三十三条　非法组织他人出卖血液的，处五年以下有期徒刑，并处罚金；以暴力、威胁方法强迫他人出卖血液的，处五年以上十年以下有期徒刑，并处罚金。

有前款行为，对他人造成伤害的，依照本法第二百三十四条的规定定罪处罚。

第三百三十四条　非法采集、供应血液或者制作、供应血液制品，不符合国家规定的标准，足以危害人体健康的，处五年以下有期徒刑或者拘役，并处罚金；对人体健康造成严重危害的，处五年以上十年以下有期徒刑，并处罚金；造成特别严重后果的，处十年以上有期徒刑或者无期徒刑，并处罚金或者没收财产。

经国家主管部门批准采集、供应血液或者制作、供应血液制品的部门，不依照规定进行检测或者违背其他操作规定，造成危害他人身体健康后果的，对单位判处罚金，并对其直接负责的主管人员和其他直接责任人员，处五年以下有期徒刑或者拘役。

第三百三十五条　医务人员由于严重不负责任，造成就诊人死亡或者严重损害就诊人身体健康的，处三年以下有期徒刑或者拘役。

第三百三十六条　未取得医生执业资格的人非法行医，情节严重的，处三年以下有期徒刑、拘役或者管制，并处或者单处罚金；严重损害就诊人身体健康的，处三年以上十年以下有期徒刑，并处罚金；造成就诊人死亡的，处十年以上有期徒刑，并处罚金。

未取得医生执业资格的人擅自为他人进行节育复通手术、假节育手术、终止妊娠手术或者摘取宫内节育器，情节严重的，处三年以下有期徒刑、拘役或者管制，并处或者单处罚金；严重损害就诊人身体健康的，处三年以上十年以下有期徒刑，并处罚金；造成就诊人死亡的，处十年以上有期徒刑，并处罚金。

第三百三十七条　违反进出境动植物检疫法的规定，逃避动植物检疫，引起重大动植物疫情的，处三年以下有期徒刑或者拘役，并处或者单处罚金。

单位犯前款罪的，对单位判处罚金，并对其直接负责的主管人员和其他直接责任人员，依照前款的规定处罚。

第六节　破坏环境资源保护罪

第三百三十八条　违反国家规定，向土地、水体、大气排放、倾倒或者处置有放射性的废物、含传染病病原体的废物、有毒物质或者其他危险废物，造成重大环境污染事故，致使公私财产遭受重大损失或者人身伤亡的严重后果的，处三年以下有期徒刑或者拘役，并处或者单处罚金；后果特别严重的，处三年以上七年以下有期徒刑，并处罚金。

第三百三十九条　违反国家规定，将境外的固体废物进境倾倒、堆放、处置的，处五年以下有期徒刑或者拘役，并处罚金；造成重大环境污染事故，致使公私财产遭受重大损失或者严重危害人体健康的，处五年以上十年以下有期徒刑，并处罚金；后果特别严重的，处十年以上有期徒刑，并处罚金。

未经国务院有关主管部门许可，擅自进口固体废物用作原料，造成重大环境污染事故，致使公私财产遭受重大损失或者严重危害人体健康的，处五年以下有期徒刑或者拘役，并处罚金；后果特别严重的，处五年以上十年以下有期徒刑，并处罚金。

以原料利用为名，进口不能用作原料的固体废物的，依照本法第一百五十五条的规定定罪处罚。

第三百四十条　违反保护水产资源法规，在禁渔区、禁渔期或者使用禁用的工具、方法捕捞水产品，情节严重的，处三年以下有期徒刑、拘役、管制或者罚金。

第三百四十一条　非法猎捕、杀害国家重点保护的珍贵、濒危野生动物的，或者非法收购、运输、出售国家重点保护的珍贵、濒危野生动物及其制品的，处五年以下有期徒刑或者拘役，并处罚金；情节严重的，处五年以上十年以下有期徒刑，并处罚金；情节特别严重的，处十年以上有期徒刑，并处罚金或者没收财产。

违反狩猎法规，在禁猎区、禁猎期或者使用禁用的工具、方法进行狩猎，破坏野生动物资源，情节严重的，处三年以下有期徒刑、拘役、管制或者罚金。

第三百四十二条　违反土地管理法规，非法占用耕地改作他用，数量较大，造成耕地大量毁坏的，处五年以下有期徒刑或者拘役，并处或者单处罚金。

第三百四十三条　违反矿产资源法的规定，未取得采矿许可证擅自采矿的，擅自进入国家规划矿区、对国民经济具有重要价值的矿区和他人矿区范围采矿的，擅自开采国家规定实行保护性开采的特定矿种，经责令停止开采后拒不停止开采，造成矿产资源破坏的，处三年以下有期徒刑、拘役或者管制，并处或者单处罚金；造成矿产资源严重破坏的，处三年以上七年以下有期徒刑，并处罚金。

违反矿产资源法的规定，采取破坏性的开采方法开采矿产资源，造成矿产资源严重破坏的，处五年以下有期徒刑或者拘役，并处罚金。

第三百四十四条　违反森林法的规定，非法采伐、毁坏珍贵树木的，处三年以下有期徒刑、拘役或者管制，并处罚金；情节严重的，处三年以上七年以下有期徒刑，并处罚金。

第三百四十五条 盗伐森林或者其他林木，数量较大的，处三年以下有期徒刑、拘役或者管制，并处或者单处罚金；数量巨大的，处三年以上七年以下有期徒刑，并处罚金；数量特别巨大的，处七年以上有期徒刑，并处罚金。

违反森林法的规定，滥伐森林或者其他林木，数量较大的，处三年以下有期徒刑、拘役或者管制，并处或者单处罚金；数量巨大的，处三年以上七年以下有期徒刑，并处罚金。

以牟利为目的，在林区非法收购明知是盗伐、滥伐的林木，情节严重的，处三年以下有期徒刑、拘役或者管制，并处或者单处罚金；情节特别严重的，处三年以上七年以下有期徒刑，并处罚金。

盗伐、滥伐国家级自然保护区内的森林或者其他林木的，从重处罚。

第三百四十六条 单位犯本节第三百三十八条至第三百四十五条规定之罪的，对单位判处罚金，并对其直接负责的主管人员和其他直接责任人员，依照本节各该条的规定处罚。

第七节 走私、贩卖、运输、制造毒品罪

第三百四十七条 走私、贩卖、运输、制造毒品，无论数量多少，都应当追究刑事责任，予以刑事处罚。

走私、贩卖、运输、制造毒品，有下列情形之一的，处十五年有期徒刑、无期徒刑或者死刑，并处没收财产：

(一)走私、贩卖、运输、制造鸦片一千克以上、海洛因或者甲基苯丙胺五十克以上或者其他毒品数量大的；

(二)走私、贩卖、运输、制造毒品集团的首要分子；

(三)武装掩护走私、贩卖、运输、制造毒品的；

(四)以暴力抗拒检查、拘留、逮捕，情节严重的；

(五)参与有组织的国际贩毒活动的。

走私、贩卖、运输、制造鸦片二百克以上不满一千克、海洛因或者甲基苯丙胺十克以上不满五十克或者其他毒品数量较大的，处七年以上有期徒刑，并处罚金。

走私、贩卖、运输、制造鸦片不满二百克、海洛因或者甲基苯丙胺不满十克或者其他少量毒品的，处三年以下有期徒刑、拘役或者管制，并处罚金；情节严重的，处三年以上七年以下有期徒刑，并处罚金。

单位犯第二款、第三款、第四款罪的，对单位判处罚金，并对其直接负责的主管人员和其他直接责任人员，依照各该款的规定处罚。

利用、教唆未成年人走私、贩卖、运输、制造毒品，或者向未成年人出售毒品的，从重处罚。

对多次走私、贩卖、运输、制造毒品，未经处理的，毒品数量累计计算。

第三百四十八条 非法持有鸦片一千克以上、海洛因或者甲基苯丙胺五十克以上或者其他毒品数量大的，处七年以上有期徒刑或者无期徒刑，并处罚金；非法持有鸦片二百克以上不满一千克、海洛因或者甲基苯丙胺十克以上不满五十克或者其他毒品数量较大的，处三年以下有期徒刑、拘役或者管制，并处罚金；情节严重的，处三年以上七年以下有期徒刑，并处罚金。

第三百四十九条 包庇走私、贩卖、运输、制造毒品的犯罪分子的，为犯罪分子窝藏、转移、隐瞒毒品或者犯罪所得的财物的，处三年以下有期徒刑、拘役或者管制；情节严重的，处三年以上十年以下有期徒刑。

缉毒人员或者其他国家机关工作人员掩护、包庇走私、贩卖、运输、制造毒品的犯罪分子的，依照前款的规定从重处罚。

犯前两款罪，事先通谋的，以走私、贩卖、运输、制造毒品罪的共犯论处。

第三百五十条 违反国家规定，非法运输、携带醋酸酐、乙醚、三氯甲烷或者其他用于制造毒品的原料或者配剂进出境的，或者违反国家规定，在境内非法买卖上述物品的，处三年以下有期徒刑、拘役或者管制，并处罚金；数量大的，处三年以上十年以下有期徒刑，并处罚金。

明知他人制造毒品而为其提供前款规定的物品的，以制造毒品罪的共犯论处。

单位犯前两款罪的，对单位判处罚金，并对其直接负责的主管人员和其他直接责任人员，依照前两款的规定处罚。

第三百五十一条 非法种植罂粟、大麻等毒品原植物的，一律强制铲除。有下列情形之一的，处五年以下有期徒刑、拘役或者管制，并处罚金：

(一)种植罂粟五百株以上不满三千株或者其他毒品原植物数量较大的；

(二)经公安机关处理后又种植的；

(三)抗拒铲除的。

非法种植罂粟三千株以上或者其他毒品原植物数量大的，处五年以上有期徒刑，并处罚金或者没收财产。

非法种植罂粟或者其他毒品原植物，在收获前自动铲除的，可以免除处罚。

第三百五十二条 非法买卖、运输、携带、持有未经灭活的罂粟等毒品原植物种子或者幼苗，数量较大的，处三年以下有期徒刑、拘役或者管制，并处或者单处罚金。

第三百五十三条 引诱、教唆、欺骗他人吸食、注射毒品的，处三年以下有期徒刑、拘役或者管制，并处罚金；情节严重的，处三年以上七年以下有期徒刑，并处罚金。

强迫他人吸食、注射毒品的，处三年以上十年以下有期徒刑，并处罚金。

引诱、教唆、欺骗或者强迫未成年人吸食、注射毒品的，从重处罚。

第三百五十四条 容留他人吸食、注射毒品的，处三年以下有期徒刑、拘役或者管制，并处罚金。

第三百五十五条 依法从事生产、运输、管理、使用国家管制的麻醉药品、精神药品的人员，违反国家规定，向吸食、注射毒品的人提供国家规定管制的能够使人形成瘾癖的麻醉药品、精神药品的，处三年以下有期徒刑或者拘役，并处罚金；情节严重的，处三年以上七年以下有期徒刑，并处罚金。向走私、贩卖毒品的犯罪分子或者以牟利为目的，向吸食、注射毒品的人提供国家规定管制的能够使人形成瘾癖的麻醉药品、精神药品的，依照本法第三百四十七条的规定定罪处罚。

单位犯前款罪的，对单位判处罚金，并对其直接负责的主管人员和其他直接责任人员，依照前款的规定处罚。

第三百五十六条 因走私、贩卖、运输、制造、非法持有毒品罪被判过刑，又犯本节规定之罪的，从重处罚。

第三百五十七条 本法所称的毒品，是指鸦片、海洛因、甲基苯丙胺（冰毒）、吗啡、大麻、可卡因以及国家规定管制的其他能够使人形成瘾癖的麻醉药品和精神药品。

毒品的数量以查证属实的走私、贩卖、运输、制造、非法持有毒品的数量计算，不以纯度折算。

第八节 组织、强迫、引诱、容留、介绍卖淫罪

第三百五十八条 组织他人卖淫或者强迫他人卖淫的，处五年以上十年以下有期徒刑，并处罚金；有下列情形之一的，处十年以上有期徒刑或者无期徒刑，并处罚金或者没收财产：

（一）组织他人卖淫，情节严重的；

（二）强迫不满十四周岁的幼女卖淫的；

（三）强迫多人卖淫或者多次强迫他人卖淫的；

（四）强奸后迫使卖淫的；

（五）造成被强迫卖淫的人重伤、死亡或者其他严重后果的。

有前款所列情形之一，情节特别严重的，处无期徒刑或者死刑，并处没收财产。

协助组织他人卖淫的，处五年以下有期徒刑，并处罚金；情节严重的，处五年以上十年以下有期徒刑，并处罚金。

第三百五十九条 引诱、容留、介绍他人卖淫的，处五年以下有期徒刑、拘役或者管制，并处罚金；情节严重的，处五年以上有期徒刑，并处罚金。

引诱不满十四周岁的幼女卖淫的，处五年以上有期徒刑，并处罚金。

第三百六十条 明知自己患有梅毒、淋病等严重性病卖淫、嫖娼的，处五年以下有期徒刑、拘役或者管制，并处罚金。

嫖宿不满十四周岁的幼女的，处五年以上有期徒刑，并处罚金。

第三百六十一条 旅馆业、饮食服务业、文化娱乐业、出租汽车业等单位的人员，利用本单位的条件，组织、强迫、引诱、容留、介绍他人卖淫的，依照本法第三百五十八条、第三百五十九条的规定定罪处罚。

前款所列单位的主要负责人，犯前款罪的，从重处罚。

第三百六十二条 旅馆业、饮食服务业、文化娱乐业、出租汽车业等单位的人员，在公安机关查处卖淫、嫖娼活动时，为违法犯罪分子通风报信，情节严重的，依照本法第三百一十条的规定定罪处罚。

第九节 制作、贩卖、传播淫秽物品罪

第三百六十三条 以牟利为目的，制作、复制、出版、贩卖、传播淫秽物品的，处三年以下有期徒刑、拘役或者管制，并处罚金；情节严重的，处三年以上十年以下有期徒刑，并处罚金；情节特别严重的，处十年以上有期徒刑或者无期徒刑，并处罚金或者没收财产。

为他人提供书号，出版淫秽书刊的，处三年以下有期徒刑、拘役或者管制，并处或者单处罚金；明知他人用于出版淫秽书刊而提供书号的，依照前款的规定处罚。

第三百六十四条 传播淫秽的书刊、影片、音像、图片或者其他淫秽物品，情节严重的，处二年以下有期徒刑、拘役或者管制。

组织播放淫秽的电影、录像等音像制品的，处三年以下有期徒刑、拘役或者管制，并处罚金；情节严重的，处三年以上十年以下有期徒刑，并处罚金。

制作、复制淫秽的电影、录像等音像制品组织播放的，依照第二款的规定从重处罚。

向不满十八周岁的未成年人传播淫秽物品的，从重处罚。

第三百六十五条 组织进行淫秽表演的，处三年以下有期徒刑、拘役或者管制，并处罚金；情节严重的，处三年以上十年以下有期徒刑，并处罚金。

第三百六十六条 单位犯本节第三百六十三条、第

三百六十四条、第三百六十五条规定之罪的，对单位判处罚金，并对其直接负责的主管人员和其他直接责任人员，依照各该条的规定处罚。

第三百六十七条 本法所称淫秽物品，是指具体描绘性行为或者露骨宣扬色情的诲淫性的书刊、影片、录像带、录音带、图片及其他淫秽物品。

有关人体生理、医学知识的科学著作不是淫秽物品。

包含有色情内容的有艺术价值的文学、艺术作品不视为淫秽物品。

第七章 危害国防利益罪

第三百六十八条 以暴力、威胁方法阻碍军人依法执行职务的，处三年以下有期徒刑、拘役、管制或者罚金。

故意阻碍武装部队军事行动，造成严重后果的，处五年以下有期徒刑或者拘役。

第三百六十九条 破坏武器装备、军事设施、军事通信的，处三年以下有期徒刑、拘役或者管制；破坏重要武器装备、军事设施、军事通信的，处三年以上十年以下有期徒刑；情节特别严重的，处十年以上有期徒刑、无期徒刑或者死刑。战时从重处罚。

第三百七十条 明知是不合格的武器装备、军事设施而提供给武装部队的，处五年以下有期徒刑或者拘役；情节严重的，处五年以上十年以下有期徒刑；情节特别严重的，处十年以上有期徒刑、无期徒刑或者死刑。

过失犯前款罪，造成严重后果的，处三年以下有期徒刑或者拘役；造成特别严重后果的，处三年以上七年以下有期徒刑。

单位犯第一款罪的，对单位判处罚金，并对其直接负责的主管人员和其他直接责任人员，依照第一款的规定处罚。

第三百七十一条 聚众冲击军事禁区，严重扰乱军事禁区秩序的，对首要分子，处五年以上十年以下有期徒刑；对其他积极参加的，处五年以下有期徒刑、拘役、管制或者剥夺政治权利。

聚众扰乱军事管理区秩序，情节严重，致使军事管理区工作无法进行，造成严重损失的，对首要分子，处三年以上七年以下有期徒刑；对其他积极参加的，处三年以下有期徒刑、拘役、管制或者剥夺政治权利。

第三百七十二条 冒充军人招摇撞骗的，处三年以下有期徒刑、拘役、管制或者剥夺政治权利；情节严重的，处三年以上十年以下有期徒刑。

第三百七十三条 煽动军人逃离部队或者明知是逃离部队的军人而雇用，情节严重的，处三年以下有期徒刑、拘役或者管制。

第三百七十四条 在征兵工作中徇私舞弊，接送不合格兵员，情节严重的，处三年以下有期徒刑或者拘役；造成特别严重后果的，处三年以上七年以下有期徒刑。

第三百七十五条 伪造、变造、买卖或者盗窃、抢夺武装部队公文、证件、印章的，处三年以下有期徒刑、拘役、管制或者剥夺政治权利；情节严重的，处三年以上十年以下有期徒刑。

非法生产、买卖武装部队制式服装、车辆号牌等专用标志，情节严重的，处三年以下有期徒刑、拘役或者管制，并处或者单处罚金。

单位犯第二款罪的，对单位判处罚金，并对其直接负责的主管人员和其他直接责任人员，依照该款的规定处罚。

第三百七十六条 预备役人员战时拒绝、逃避征召或者军事训练，情节严重的，处三年以下有期徒刑或者拘役。

公民战时拒绝、逃避服役，情节严重的，处二年以下有期徒刑或者拘役。

第三百七十七条 战时故意向武装部队提供虚假敌情，造成严重后果的，处三年以上十年以下有期徒刑；造成特别严重后果的，处十年以上有期徒刑或者无期徒刑。

第三百七十八条 战时造谣惑众，扰乱军心的，处三年以下有期徒刑、拘役或者管制；情节严重的，处三年以上十年以下有期徒刑。

第三百七十九条 战时明知是逃离部队的军人而为其提供隐蔽处所、财物，情节严重的，处三年以下有期徒刑或者拘役。

第三百八十条 战时拒绝或者故意延误军事订货，情节严重的，对单位判处罚金，并对其直接负责的主管人员和其他直接责任人员，处五年以下有期徒刑或者拘役；造成严重后果的，处五年以上有期徒刑。

第三百八十一条 战时拒绝军事征用，情节严重的，处三年以下有期徒刑或者拘役。

第八章 贪污贿赂罪

第三百八十二条 国家工作人员利用职务上的便利，侵吞、窃取、骗取或者以其他手段非法占有公共财物的，是贪污罪。

受国家机关、国有公司、企业、事业单位、人民团体委托管理、经营国有财产的人员，利用职务上的便利，侵吞、窃取、骗取或者以其他手段非法占有国有财物的，以贪污论。

与前两款所列人员勾结，伙同贪污的，以共犯论处。

第三百八十三条 对犯贪污罪的，根据情节轻重，分别依照下列规定处罚：

（一）个人贪污数额在十万元以上的，处十年以上有期徒刑或者无期徒刑，可以并处没收财产；情节特别严重的，处死刑，并处没收财产。

（二）个人贪污数额在五万元以上不满十万元的，处五年以上有期徒刑，可以并处没收财产；情节特别严重的，处无期徒刑，并处没收财产。

（三）个人贪污数额在五千元以上不满五万元的，处一年以上七年以下有期徒刑；情节严重的，处七年以上十年以下有期徒刑。个人贪污数额在五千元以上不满一万元，犯罪后有悔改表现、积极退赃的，可以减轻处罚或者免予刑事处罚，由其所在单位或者上级主管机关给予行政处分。

（四）个人贪污数额不满五千元，情节较重的，处二年以下有期徒刑或者拘役；情节较轻的，由其所在单位或者上级主管机关酌情给予行政处分。

对多次贪污未经处理的，按照累计贪污数额处罚。

第三百八十四条 国家工作人员利用职务上的便利，挪用公款归个人使用，进行非法活动的，或者挪用公款数额较大、进行营利活动的，或者挪用公款数额较大、超过三个月未还的，是挪用公款罪，处五年以下有期徒刑或者拘役；情节严重的，处五年以上有期徒刑。挪用公款数额巨大不退还的，处十年以上有期徒刑或者无期徒刑。

挪用用于救灾、抢险、防汛、优抚、扶贫、移民、救济款物归个人使用的，从重处罚。

第三百八十五条 国家工作人员利用职务上的便利，索取他人财物的，或者非法收受他人财物，为他人谋取利益的，是受贿罪。

国家工作人员在经济往来中，违反国家规定，收受各种名义的回扣、手续费，归个人所有的，以受贿论处。

第三百八十六条 对犯受贿罪的，根据受贿所得数额及情节，依照本法第三百八十三条的规定处罚。索贿的从重处罚。

第三百八十七条 国家机关、国有公司、企业、事业单位、人民团体，索取、非法收受他人财物，为他人谋取利益，情节严重的，对单位判处罚金，并对其直接负责的主管人员和其他直接责任人员，处五年以下有期徒刑或者拘役。

前款所列单位，在经济往来中，在账外暗中收受各种名义的回扣、手续费的，以受贿论，依照前款的规定处罚。

第三百八十八条 国家工作人员利用本人职权或者地位形成的便利条件，通过其他国家工作人员职务上的行为，为请托人谋取不正当利益，索取请托人财物或者收受请托人财物的，以受贿论处。

第三百八十九条 为谋取不正当利益，给予国家工作人员以财物的，是行贿罪。

在经济往来中，违反国家规定，给予国家工作人员以财物，数额较大的，或者违反国家规定，给予国家工作人员以各种名义的回扣、手续费的，以行贿论处。

因被勒索给予国家工作人员以财物，没有获得不正当利益的，不是行贿。

第三百九十条 对犯行贿罪的，处五年以下有期徒刑或者拘役；因行贿谋取不正当利益，情节严重的，或者使国家利益遭受重大损失的，处五年以上十年以下有期徒刑；情节特别严重的，处十年以上有期徒刑或者无期徒刑，可以并处没收财产。

行贿人在被追诉前主动交待行贿行为的，可以减轻处罚或者免除处罚。

第三百九十一条 为谋取不正当利益，给予国家机关、国有公司、企业、事业单位、人民团体以财物的，或者在经济往来中，违反国家规定，给予各种名义的回扣、手续费的，处三年以下有期徒刑或者拘役。

单位犯前款罪的，对单位判处罚金，并对其直接负责的主管人员和其他直接责任人员，依照前款的规定处罚。

第三百九十二条 向国家工作人员介绍贿赂，情节严重的，处三年以下有期徒刑或者拘役。

介绍贿赂人在被追诉前主动交代介绍贿赂行为的，可以减轻处罚或者免除处罚。

第三百九十三条 单位为谋取不正当利益而行贿，或者违反国家规定，给予国家工作人员以回扣、手续费，情节严重的，对单位判处罚金，并对其直接负责的主管人员和其他直接责任人员，处五年以下有期徒刑或者拘役。因行贿取得的违法所得归个人所有的，依照本法第三百八十九条、第三百九十条的规定定罪处罚。

第三百九十四条 国家工作人员在国内公务活动或者对外交往中接受礼物，依照国家规定应当交公而不交公，数额较大的，依照本法第三百八十二条、第三百八十三条的规定定罪处罚。

第三百九十五条 国家工作人员的财产或者支出明显超过合法收入，差额巨大的，可以责令说明来源。本人不能说明其来源是合法的，差额部分以非法所得论，处五年以下有期徒刑或者拘役，财产的差额部分予以追缴。

国家工作人员在境外的存款，应当依照国家规定申报。数额较大、隐瞒不报的，处二年以下有期徒刑或者拘役；情节较轻的，由其所在单位或者上级主管机关酌情给予行政处分。

第三百九十六条 国家机关、国有公司、企业、事业单位、人民团体，违反国家规定，以单位名义将国有资产集体私分给个人，数额较大的，对其直接负责的主管人员和其他直接责任人员，处三年以下有期徒刑或者拘役，并处或者单处罚金；数额巨大的，处三年以上七年以下有期徒刑，并处罚金。

司法机关、行政执法机关违反国家规定，将应当上缴国家的罚没财物，以单位名义集体私分给个人的，依照前款的规定处罚。

第九章 渎职罪

第三百九十七条 国家机关工作人员滥用职权或者玩忽职守，致使公共财产、国家和人民利益遭受重大损失的，处三年以下有期徒刑或者拘役；情节特别严重的，处三年以上七年以下有期徒刑。本法另有规定的，依照规定。

国家机关工作人员徇私舞弊，犯前款罪的，处五年以下有期徒刑或者拘役；情节特别严重的，处五年以上十年以下有期徒刑。本法另有规定的，依照规定。

第三百九十八条 国家机关工作人员违反保守国家秘密法的规定，故意或者过失泄露国家秘密，情节严重的，处三年以下有期徒刑或者拘役；情节特别严重的，处三年以上七年以下有期徒刑。

非国家机关工作人员犯前款罪的，依照前款的规定酌情处罚。

第三百九十九条 司法工作人员徇私枉法、徇情枉法，对明知是无罪的人而使他受追诉、对明知是有罪的人而故意包庇不使他受追诉，或者在刑事审判活动中故意违背事实和法律作枉法裁判的，处五年以下有期徒刑或者拘役；情节严重的，处五年以上十年以下有期徒刑；情节特别严重的，处十年以上有期徒刑。

在民事、行政审判活动中故意违背事实和法律作枉法裁判，情节严重的，处五年以下有期徒刑或者拘役；情节特别严重的，处五年以上十年以下有期徒刑。

司法工作人员贪赃枉法，有前两款行为的，同时又构成本法第三百八十五条规定之罪的，依照处罚较重的规定定罪处罚。

第四百条 司法工作人员私放在押的犯罪嫌疑人、被告人或者罪犯的，处五年以下有期徒刑或者拘役；情节严重的，处五年以上十年以下有期徒刑；情节特别严重的，处十年以上有期徒刑。

司法工作人员由于严重不负责任，致使在押的犯罪嫌疑人、被告人或者罪犯脱逃，造成严重后果的，处三年以下有期徒刑或者拘役；造成特别严重后果的，处三年以上十年以下有期徒刑。

第四百零一条 司法工作人员徇私舞弊，对不符合减刑、假释、暂予监外执行条件的罪犯，予以减刑、假释或者暂予监外执行的，处三年以下有期徒刑或者拘役；情节严重的，处三年以上七年以下有期徒刑。

第四百零二条 行政执法人员徇私舞弊，对依法应当移交司法机关追究刑事责任的不移交，情节严重的，处三年以下有期徒刑或者拘役；造成严重后果的，处三年以上七年以下有期徒刑。

第四百零三条 国家有关主管部门的国家机关工作人员，徇私舞弊，滥用职权，对不符合法律规定条件的公司设立、登记申请或者股票、债券发行、上市申请，予以批准或者登记，致使公共财产、国家和人民利益遭受重大损失的，处五年以下有期徒刑或者拘役。

上级部门强令登记机关及其工作人员实施前款行为的，对其直接负责的主管人员，依照前款的规定处罚。

第四百零四条 税务机关的工作人员徇私舞弊，不征或者少征应征税款，致使国家税收遭受重大损失的，处五年以下有期徒刑或者拘役；造成特别重大损失的，处五年以上有期徒刑。

第四百零五条 税务机关的工作人员违反法律、行政法规的规定，在办理发售发票、抵扣税款、出口退税工作中，徇私舞弊，致使国家利益遭受重大损失的，处五年以下有期徒刑或者拘役；致使国家利益遭受特别重大损失的，处五年以上有期徒刑。

其他国家机关工作人员违反国家规定，在提供出口货物报关单、出口收汇核销单等出口退税凭证的工作中，徇私舞弊，致使国家利益遭受重大损失的，依照前款的规定处罚。

第四百零六条 国家机关工作人员在签订、履行合同过程中，因严重不负责任被诈骗，致使国家利益遭受重大损失的，处三年以下有期徒刑或者拘役；致使国家利益遭受特别重大损失的，处三年以上七年以下有期徒刑。

第四百零七条 林业主管部门的工作人员违反森林法的规定，超过批准的年采伐限额发放林木采伐许可证或者违反规定滥发林木采伐许可证，情节严重，致使森林遭受严重破坏的，处三年以下有期徒刑或者拘役。

第四百零八条 负有环境保护监督管理职责的国家机关工作人员严重不负责任，导致发生重大环境污染事故，致使公私财产遭受重大损失或者造成人身伤亡的严重后果的，处三年以下有期徒刑或者拘役。

第四百零九条 从事传染病防治的政府卫生行政部门的工作人员严重不负责任，导致传染病传播或者流行，情节严重的，处三年以下有期徒刑或者拘役。

第四百一十条 国家机关工作人员徇私舞弊，违反土地管理法规，滥用职权，非法批准征用、占用土地，或者非法低价出让国有土地使用权，情节严重的，处三年以下有期徒刑或者拘役;致使国家或者集体利益遭受特别重大损失的,处三年以上七年以下有期徒刑。

第四百一十一条 海关工作人员徇私舞弊,放纵走私,情节严重的,处五年以下有期徒刑或者拘役;情节特别严重的,处五年以上有期徒刑。

第四百一十二条 国家商检部门、商检机构的工作人员徇私舞弊,伪造检验结果的,处五年以下有期徒刑或者拘役;造成严重后果的,处五年以上十年以下有期徒刑。

前款所列人员严重不负责任,对应当检验的物品不检验,或者延误检验出证、错误出证,致使国家利益遭受重大损失的,处三年以下有期徒刑或者拘役。

第四百一十三条 动植物检疫机关的检疫人员徇私舞弊,伪造检疫结果的,处五年以下有期徒刑或者拘役;造成严重后果的,处五年以上十年以下有期徒刑。

前款所列人员严重不负责任,对应当检疫的检疫物不检疫,或者延误检疫出证、错误出证,致使国家利益遭受重大损失的,处三年以下有期徒刑或者拘役。

第四百一十四条 对生产、销售伪劣商品犯罪行为负有追究责任的国家机关工作人员,徇私舞弊,不履行法律规定的追究职责,情节严重的,处五年以下有期徒刑或者拘役。

第四百一十五条 负责办理护照、签证以及其他出入境证件的国家机关工作人员,对明知是企图偷越国(边)境的人员,予以办理出入境证件的,或者边防、海关等国家机关工作人员,对明知是偷越国(边)境的人员,予以放行的,处三年以下有期徒刑或者拘役;情节严重的,处三年以上七年以下有期徒刑。

第四百一十六条 对被拐卖、绑架的妇女、儿童负有解救职责的国家机关工作人员,接到被拐卖、绑架的妇女、儿童及其家属的解救要求或者接到其他人的举报,而对被拐卖、绑架的妇女、儿童不进行解救,造成严重后果的,处五年以下有期徒刑或者拘役。

负有解救职责的国家机关工作人员利用职务阻碍解救的,处二年以上七年以下有期徒刑;情节较轻的,处二年以下有期徒刑或者拘役。

第四百一十七条 有查禁犯罪活动职责的国家机关工作人员,向犯罪分子通风报信、提供便利,帮助犯罪分子逃避处罚的,处三年以下有期徒刑或者拘役;情节严重的,处三年以上十年以下有期徒刑。

第四百一十八条 国家机关工作人员在招收公务员、学生工作中徇私舞弊,情节严重的,处三年以下有期徒刑或者拘役。

第四百一十九条 国家机关工作人员严重不负责任,造成珍贵文物损毁或者流失,后果严重的,处三年以下有期徒刑或者拘役。

第十章 军人违反职责罪

第四百二十条 军人违反职责,危害国家军事利益,依照法律应当受刑罚处罚的行为,是军人违反职责罪。

第四百二十一条 战时违抗命令,对作战造成危害的,处三年以上十年以下有期徒刑;致使战斗、战役遭受重大损失的,处十年以上有期徒刑、无期徒刑或者死刑。

第四百二十二条 故意隐瞒、谎报军情或者拒传、假传军令,对作战造成危害的,处三年以上十年以下有期徒刑;致使战斗、战役遭受重大损失的,处十年以上有期徒刑、无期徒刑或者死刑。

第四百二十三条 在战场上贪生怕死,自动放下武器投降敌人的,处三年以上十年以下有期徒刑;情节严重的,处十年以上有期徒刑或者无期徒刑。

投降后为敌人效劳的,处十年以上有期徒刑、无期徒刑或者死刑。

第四百二十四条 战时临阵脱逃的,处三年以下有期徒刑;情节严重的,处三年以上十年以下有期徒刑;致使战斗、战役遭受重大损失的,处十年以上有期徒刑、无期徒刑或者死刑。

第四百二十五条 指挥人员和值班、值勤人员擅离职守或者玩忽职守,造成严重后果的,处三年以下有期徒刑或者拘役;造成特别严重后果的,处三年以上七年以下有期徒刑。

战时犯前款罪的,处五年以上有期徒刑。

第四百二十六条 以暴力、威胁方法,阻碍指挥人员或者值班、值勤人员执行职务的,处五年以下有期徒刑或者拘役;情节严重的,处五年以上有期徒刑;致人重伤、死亡的,或者有其他特别严重情节的,处无期徒刑或者死刑。战时从重处罚。

第四百二十七条 滥用职权,指使部属进行违反职责的活动,造成严重后果的,处五年以下有期徒刑或者拘役;情节特别严重的,处五年以上十年以下有期徒刑。

第四百二十八条 指挥人员违抗命令,临阵畏缩,作战消极,造成严重后果的,处五年以下有期徒刑;致使战斗、战役遭受重大损失或者有其他特别严重情节的,处五年以上有期徒刑。

第四百二十九条 在战场上明知友邻部队处境危急请求救援,能救援而不救援,致使友邻部队遭受重大损失的,对指挥人员,处五年以下有期徒刑。

第四百三十条 在履行公务期间,擅离岗位,叛逃境外或者在境外叛逃,危害国家军事利益的,处五年以下有期徒刑或者拘役;情节严重的,处五年以上有期徒刑。

驾驶航空器、舰船叛逃的，或者有其他特别严重情节的，处十年以上有期徒刑、无期徒刑或者死刑。

第四百三十一条 以窃取、刺探、收买方法，非法获取军事秘密的，处五年以下有期徒刑；情节严重的，处五年以上十年以下有期徒刑；情节特别严重的，处十年以上有期徒刑。

为境外的机构、组织、人员窃取、刺探、收买、非法提供军事秘密的，处十年以上有期徒刑、无期徒刑或者死刑。

第四百三十二条 违反保守国家秘密法规，故意或者过失泄露军事秘密，情节严重的，处五年以下有期徒刑或者拘役；情节特别严重的，处五年以上十年以下有期徒刑。

战时犯前款罪的，处五年以上十年以下有期徒刑；情节特别严重的，处十年以上有期徒刑或者无期徒刑。

第四百三十三条 战时造谣惑众，动摇军心的，处三年以下有期徒刑；情节严重的，处三年以上十年以下有期徒刑。

勾结敌人造谣惑众，动摇军心的，处十年以上有期徒刑或者无期徒刑；情节特别严重的，可以判处死刑。

第四百三十四条 战时自伤身体，逃避军事义务的，处三年以下有期徒刑；情节严重的，处三年以上七年以下有期徒刑。

第四百三十五条 违反兵役法规，逃离部队，情节严重的，处三年以下有期徒刑或者拘役。

战时犯前款罪的，处三年以上七年以下有期徒刑。

第四百三十六条 违反武器装备使用规定，情节严重，因而发生责任事故，致人重伤、死亡或者造成其他严重后果的，处三年以下有期徒刑或者拘役；后果特别严重的，处三年以上七年以下有期徒刑。

第四百三十七条 违反武器装备管理规定，擅自改变武器装备的编配用途，造成严重后果的，处三年以下有期徒刑或者拘役；造成特别严重后果的，处三年以上七年以下有期徒刑。

第四百三十八条 盗窃、抢夺武器装备或者军用物资的，处五年以下有期徒刑或者拘役；情节严重的，处五年以上十年以下有期徒刑；情节特别严重的，处十年以上有期徒刑、无期徒刑或者死刑。

盗窃、抢夺枪支、弹药、爆炸物的，依照本法第一百二十七条的规定处罚。

第四百三十九条 非法出卖、转让军队武器装备的，处三年以上十年以下有期徒刑；出卖、转让大量武器装备或者有其他特别严重情节的，处十年以上有期徒刑、无期徒刑或者死刑。

第四百四十条 违抗命令，遗弃武器装备的，处五年以下有期徒刑或者拘役；遗弃重要或者大量武器装备的，或者有其他严重情节的，处五年以上有期徒刑。

第四百四十一条 遗失武器装备，不及时报告或者有其他严重情节的，处三年以下有期徒刑或者拘役。

第四百四十二条 违反规定，擅自出卖、转让军队房地产，情节严重的，对直接责任人员，处三年以下有期徒刑或者拘役；情节特别严重的，处三年以上十年以下有期徒刑。

第四百四十三条 滥用职权，虐待部属，情节恶劣，致人重伤或者造成其他严重后果的，处五年以下有期徒刑或者拘役；致人死亡的，处五年以上有期徒刑。

第四百四十四条 在战场上故意遗弃伤病军人，情节恶劣的，对直接责任人员，处五年以下有期徒刑。

第四百四十五条 战时在救护治疗职位上，有条件救治而拒不救治危重伤病军人的，处五年以下有期徒刑或者拘役；造成伤病军人重残、死亡或者有其他严重情节的，处五年以上十年以下有期徒刑。

第四百四十六条 战时在军事行动地区，残害无辜居民或者掠夺无辜居民财物的，处五年以下有期徒刑；情节严重的，处五年以上十年以下有期徒刑；情节特别严重的，处十年以上有期徒刑、无期徒刑或者死刑。

第四百四十七条 私放俘虏的，处五年以下有期徒刑；私放重要俘虏、私放俘虏多人或者有其他严重情节的，处五年以上有期徒刑。

第四百四十八条 虐待俘虏，情节恶劣的，处三年以下有期徒刑。

第四百四十九条 在战时，对被判处三年以下有期徒刑没有现实危险宣告缓刑的犯罪军人，允许其戴罪立功，确有立功表现时，可以撤销原判刑罚，不以犯罪论处。

第四百五十条 本章适用于中国人民解放军的现役军官、文职干部、士兵及具有军籍的学员和中国人民武装警察部队的现役警官、文职干部、士兵及具有军籍的学员以及执行军事任务的预备役人员和其他人员。

第四百五十一条 本章所称战时，是指国家宣布进入战争状态、部队受领作战任务或者遭敌突然袭击时。

部队执行戒严任务或者处置突发性暴力事件时，以战时论。

附　则

第四百五十二条 本法自 1997 年 10 月 1 日起施行。

列于本法附件一的全国人民代表大会常务委员会制定的条例、补充规定和决定，已纳入本法或者已不适用，自本法施行之日起，予以废止。

列于本法附件二的全国人民代表大会常务委员会制定的补充规定和决定予以保留。其中，有关行政处罚和行政措施的规定继续有效；有关刑事责任的规定已纳入本法,自本法施行之日起,适用本法规定。

全国人民代表大会常务委员会制定的下列条例、补充规定和决定,已纳入本法或者已不适用,自本法施行之日起,予以废止:

1. 中华人民共和国惩治军人违反职责罪暂行条例

2. 关于严惩严重破坏经济的罪犯的决定

3. 关于严惩严重危害社会治安的犯罪分子的决定

4. 关于惩治走私罪的补充规定

5. 关于惩治贪污罪贿赂罪的补充规定

6. 关于惩治泄露国家秘密犯罪的补充规定

7. 关于惩治捕杀国家重点保护的珍贵、濒危野生动物犯罪的补充规定

8. 关于惩治侮辱中华人民共和国国旗国徽罪的决定

9. 关于惩治盗掘古文化遗址古墓葬犯罪的补充规定

10. 关于惩治劫持航空器犯罪分子的决定

11. 关于惩治假冒注册商标犯罪的补充规定

12. 关于惩治生产、销售伪劣商品犯罪的决定

13. 关于惩治侵犯著作权的犯罪的决定

14. 关于惩治违反公司法的犯罪的决定

15. 关于处理逃跑或者重新犯罪的劳改犯和劳教人员的决定

全国人民代表大会常务委员会制定的下列补充规定和决定予以保留,其中,有关行政处罚和行政措施的规定继续有效;有关刑事责任的规定已纳入本法,自本法施行之日起,适用本法规定:

1. 关于禁毒的决定

2. 关于惩治走私、制作、贩卖、传播淫秽物品的犯罪分子的决定

3. 关于严禁卖淫嫖娼的决定

4. 关于严惩拐卖、绑架妇女、儿童的犯罪分子的决定

5. 关于惩治偷税、抗税犯罪的补充规定

6. 关于严惩组织、运送他人偷越国(边)境犯罪的补充规定

7. 关于惩治破坏金融秩序犯罪的决定

8. 关于惩治虚开、伪造和非法出售增值税专用发票犯罪的决定

国家主席江泽民签署第 84 号令发布《中华人民共和国国防法》

《中华人民共和国国防法》已由中华人民共和国第八届全国人民代表大会第五次会议于 1997 年 3 月 14 日通过,现予公布,自公布之日起施行。

中华人民共和国主席 江泽民

1997 年 3 月 14 日

中华人民共和国国防法(文略)

国务院总理李鹏在人民大会堂会见采访八届全国人大五次会议和全国政协八届五次会议的中外记者并答记者问

李鹏总理是应八届全国人大五次会议副秘书长、新闻发言人周觉的邀请,同中外记者见面的。

下午 5 时,李鹏总理来到人民大会堂三楼大厅同记者们见面。他首先发表了简短的讲话。他说:刚才八届全国人大五次会议胜利闭幕,批准了我代表国务院所作的政府工作报告。在12 日闭幕的全国政协八届五次会议也对政府工作报告表示赞同。我想,这是代表和委员们对于政府一年来工作的肯定和对今后工作的支持。今后国务院和各级地方政府的任务,就是要按照这个报告所提出来的任务、目标和措施去加以落实,在全国人民的支持下,把今年的工作做得更好一些。

李鹏说:在这次会议开幕前夕,我们敬爱的邓小平同志与世长辞。全国人民在庄严、隆重、深情、有序的情况下进行了沉痛的追悼活动。从这次"两会"的全过程看,以江泽民同志为核心的中央领导集体是受到全国人民拥护和信赖的,中国的政局是稳定的。我们相信,邓小平同志所开创的建设有中国特色社会主义事业必将得到继承和发展,中国的形势会越来越好。

香港无线电视台记者:总理在报告里面说十五大和香港回归是今年中国的两件大事。请问,中央政府在 1997 年 7 月 1 日香港回归以后会采取什么措施防止一些部委插手香港的事务?你对中国今年加入世贸组织有何看法?

李鹏:中国作为世界贸易大国,当然希望早日加入世界贸易组织,我们为此作出了很大努力。比如从 1996 年 4 月起,决定把中国的进口关税从 35.3%降到 23%,并承诺到本世纪末关税进一步降到 15%,相当于发展中国家的平均水平。关于中国加入世界贸易组织的谈判最近有一些进展,我们对此表示欢迎。中国迟迟不能加入世界贸易组织,被排斥在外,我认为是不正常的,这里固然有利益关系,但是也有政治上的原因。中国政府愿再次表示,加入世界贸易组织后我们将享受世界贸易组织规定的权利,同时也愿意履行应尽的义务。众所周知,中国仍然是一个发展中国家,如果世界贸易组织要按发达国家的标准来要求中国,我们是不能接受的。事实上,不仅中国需要世界贸易组织,世界贸易组织也需要中国。我们希望有关国家能

采取实事求是的、明智的态度,为尽早解决这个问题作出切实的努力。不过我想告诉大家,中国有足够的耐心来等待。

今年7月1日香港回归以后,中国对香港将实行"一国两制"、"港人治港"的方针。

香港特别行政区将是一个高度自治的地区,中央政府的有关部委不会去干涉那里的事务。最近英方有人说7月1日以后它还要监督中英联合声明的实施情况,我想这是不现实的。因为7月1日以后中国已经恢复对香港行使主权,香港问题纯属中国内政。

法新社记者:朝鲜民主主义人民共和国官员黄长烨,已经在韩国使馆待了一个多月了,请问中国政府将如何以及在何时解决这一问题?

答:黄长烨事件发生在中国,中国作为主权国家,根据公认的国际法,对这一事件拥有管辖权。基于同样理由,中国不承认外国驻华使馆、领馆享有外交庇护权。对于黄长烨事件,中国政府的处理是非常慎重的,主要是从维护朝鲜半岛的和平与稳定出发来处理这一事件的。在处理过程中,我们当然也考虑到有关方面的立场。我们将按照国际惯例,尽快对黄长烨事件作出妥善处理。我认为,处理的条件已接近成熟。

新华社记者:海内外舆论普遍注意到政府工作报告用了1/6的篇幅谈了国有企业的问题。请问总理,当前部分国有企业程度不同地存在困难,下岗、待业人员增加,政府将如何加以解决?

答:中国是一个以公有制为主体的多种经济成分并存的国家,国有经济在整个经济成分中占有重要的位置,掌握着国民经济的命脉,是国家财政收入的主要来源,为改革开放和中国的经济发展作出了很大的贡献。我的报告里几乎用了1/6的篇幅来阐述国有企业改革的问题,分析了部分国有企业目前仍然存在困难的原因,同时提出了6条措施,如果加上社会保障制度改革,一共是7条措施。我想这7条措施是有针对性的,是可操作的,并且是这几年来国有企业改革经验的总结。今后的问题就是要加大改革的力度,扭转部分国有企业生产经营不好的状况。我们继续实行"抓大放小"的方针,希望能够取得比较明显的效果。但是国有企业的问题是多年形成的,解决需要一个较长的过程,不可能一蹴而就。中国政府有决心、有信心和国有企业的职工们共同努力改善目前的状况。

美国环球电视网记者:最近中美关系再次呈现出一些紧张的气氛,这是因为有报道说,中国政府也许参与了向美国的一些政客和政治竞选进行非法捐款的活动,请问您能否就这个问题谈一谈看法?您是否感觉这一困难的气氛对本月晚些时候戈尔副总统对中国的访问会产生一些影响?

答:我想用我自己思考问题的逻辑回答你的提问。戈尔副总统应我的邀请将于最近对中国进行访问。这是中美关系中的一个重要事件。戈尔副总统访华的一个重要任务,就是为将于今年晚些时候举行的中美两国最高领导人的会晤作准备。我们还将就环境和发展问题召开一个讨论会,并就其他双方感兴趣的问题交换意见。戈尔副总统在中国将会受到友好的接待。

中国是世界上最大的发展中国家,美国是世界上最发达的国家。两国在世界上都具有重大的影响,因此保持一种健康、稳定的关系十分重要。当然,两国由于社会制度和意识形态的不同存在着一些分歧。我们应努力使两国关系得到正常的发展,加强合作,不搞对抗。因为这对于世界和平和稳定是有好处的。

中国政府一贯主张国家不分大小,一律平等,反对干涉别国的内政。中国在这个问题上是受害者。中国既然反对一个国家干涉另一个国家的内政,中国政府自己当然也不会以任何方式去干涉和影响别国的内政。

中央电视台记者:李鹏总理,我们注意到最近一年江泽民主席和你本人、乔石委员长、李瑞环主席相继访问了俄罗斯,两国的高层互访不断,请问1997年中俄两国关系是否会有更大的进展?

答:去年4月中国与俄罗斯建立了面向21世纪的战略协作伙伴关系。在这里,我想就此作些解释。首先,中国和俄罗斯是两个有4000多公里共同边界的国家。我们希望两国长期睦邻友好。中国和俄罗斯的经济有很强的互补性,所以我们希望进一步发展两国经济贸易以及其他方面的合作。中国和俄罗斯是两个具有重要影响的国家,我们希望能对地区乃至世界的和平与稳定发挥积极作用。因此,两国的这种战略协作伙伴关系并不是针对任何第三者的。中俄关系将继续保持良好的发展势头。江泽民主席将于今年4月份对俄罗斯进行国事访问。两国的最高领导人将就国际形势等重大问题交换意见,并将发表一个重要的政治文件。中俄两国元首将和中亚的哈萨克斯坦、吉尔吉斯斯坦、塔吉克斯坦三国元首,共同签署边境裁军协定。这个协定的签署将不仅有利于中国同上述4国睦邻友好关系的发展,而且对亚太地区乃至整个世界的和平、安全和稳定产生深远影响。

500多名中外记者参加了会见。

中宣部内贸部发出关于表扬百家商业企业的通知

为了深入贯彻党的十四届六中全会精神,进一步推动"百城万店无假货"活动的开展,中宣部和内贸部近日联合发出通知,对北京百货大楼等100家积极参加"百城万店无假货"活动的商业企业予以通报表扬。

通报表扬的100家商业企业是：

北京市：北京市百货大楼、北京西单商场集团、北京贵友大厦有限公司、北京赛特购物中心

天津市：天津劝业场股份有限公司、天津津兴连锁公司、天津滨江商厦、天津华联商厦股份有限公司

河北省：石家庄市蓝天商厦、河北华鑫集团公司、保定商场股份有限公司、唐山百货大楼集团有限责任公司

山西省：太原天龙集团股份有限公司、太原五一百货大楼股份有限公司、大同市百货大楼

内蒙古自治区：内蒙古民族商场股份有限公司、包头市百货大楼集团公司、扎兰屯市百货大楼

辽宁省：大连百货大楼股份有限公司、中兴——沈阳商业大厦、大连商场股份有限公司、中兴——大连商业大厦、沈阳沁园春商场

吉林省：长春百货大楼集团股份有限公司、长春国际贸易中心、长春欧亚商都、吉林东方商厦股份有限公司

黑龙江省：哈尔滨第一百货商店股份有限公司、哈尔滨秋林股份有限公司、齐齐哈尔第一百货商店股份有限公司、大庆百货大楼股份有限公司、哈尔滨百货大楼股份有限公司

上海市：上海市第一百货商店、上海新世界城、上海老城隍庙金银珠宝公司、益民商厦

江苏省：南京新街口百货商店股份有限公司、苏州购物中心工业品商场、无锡商业大厦集团有限公司、徐州市百货大楼股份有限公司

浙江省：杭州解放路百货商店股份有限公司、宁波长发商厦、温州市第一百货商场

安徽省：合肥市百货大楼、安徽商之都、蚌埠市百货大楼

福建省：福州东街口百货大楼股份有限公司、厦门友谊商场、三明三元百货大楼

江西省：南昌亨得利钟表眼镜公司、南昌百货大楼股份有限公司、萍乡市百货商场

山东省：山东世界贸易中心银座商城、青岛国货股份有限公司、淄博公园商场、烟台市百货大楼、山东潍坊商业集团总公司

河南省：郑州市百货大楼、郑州市紫荆山百货大楼、平顶山商场

湖北省：武汉商场、武汉中商集团、武汉汉商集团

湖南省：长沙友谊集团有限公司、长沙阿波罗商业城、株洲百货大楼、湘潭南北特食品总公司

广东省：广州市友谊商店股份有限公司、广州市新大新公司、珠海市免税企业集团公司

广西壮族自治区：广西南方商业集团有限责任公司、桂林百货大楼股份有限公司、柳州工贸大厦股份有限公司

海南省：海南乐普生商厦

四川省：成都人民商场股份有限公司、成都市红旗商场、乐山市三八商场、成都市青羊区食品公司第四中心店、重庆百货大楼股份有限公司、重庆新世纪百货公司

贵州省：贵阳百货大楼集团有限公司、贵州华联集团股份有限公司、贵阳华侨友谊股份有限公司

云南省：昆明百货大楼集团公司、西南商业大厦、昆明樱花购物中心

西藏自治区：拉萨市工业品批发公司

陕西省：西安民生集团股份有限公司、西安唐城集团股份有限公司、西安太白商厦

甘肃省：兰州民百集团股份有限公司、兰州工贸商场股份有限公司、兰州锦华商厦

青海省：青海纺织品股份有限公司纺织品大楼、西宁市大十字百货商店

宁夏回族自治区：银川市新华购物中心、银川百货大楼

新疆维吾尔自治区：乌鲁木齐市红山商场、新疆百货大厦、乌鲁木齐市华盛商场。

中国文联第六届全国委员会第二次全体会议在北京举行

会议于3月14日至16日举行。会议认真学习了今年1月下发的《中共中央关于进一步做好文艺工作的若干意见》。中国文联主席周巍峙在讲话中强调，中央对社会主义精神文明建设和文艺工作高度重视。今后文联工作要以邓小平建设有中国特色社会主义理论为指导，认真学习和贯彻党的十四届六中全会决议，认真学习和贯彻江泽民同志在六次文代会和五次作代会上的重要讲话，以六次文代会确立的任务为目标，胸怀大局，充分发挥文联人才荟萃、出版物多、奖项齐全等优势，群策群力，为促进文艺事业的繁荣多做贡献。

中国文联党组书记高占祥受文联党组和主席团委托作工作报告。

高占祥回顾说，去年，在经费匮乏的情况下，中国文联和各团体会员共同努力，完成十件实事：举办读书班；组织千名文艺家万里采风活动；开展了纪念红军长征胜利60周年国产优秀影片万里行放映活动；“孔繁森艺术团”巡回演出，观众达3万余人次；举办了《曹禺全集》出版及曹禺艺术成就座谈会等。

中国文联提出今年要办新的十件实事，如举办大型文艺晚会《国旗颂》、《回归颂——中华诗词大赛》等等。为了更好地发挥中国文联全委会委员在繁荣文艺

中的作用，会议决定筹建艺术指导委员会、艺术开发委员会和文艺家著作权保护委员会等三个专门委员会。

会议增补李承淑、杨继国、邹友开、商钊、傅庚辰等为全委会委员；通过增聘马加、吴雪、张光年、罗工柳等老一代文艺家为中国文联荣誉委员的决定；通过主席团关于接纳中国煤矿文联、中国石油文联、中国铁路文联和重庆市文联为中国文联团体会员的决议。

3月15日

《人民日报》发表社论《同心同德共创伟业——祝贺八届全国人大五次会议、全国政协八届五次会议闭幕》

八届全国人大五次会议、全国政协八届五次会议完成了预定的各项议程，相继胜利闭幕。我们对“两会”的圆满成功表示热烈祝贺！

今年的“两会”是在敬爱的邓小平同志刚刚离开我们之后召开的。代表和委员们化悲痛为力量，以对国家对民族高度负责的精神，认真履行自己的神圣职责，使“两会”取得了丰硕成果。八届全国人大五次会议审议、批准了李鹏总理的政府工作报告，审查批准了1997年国民经济和社会发展计划及中央预算，审议通过了修订的《中华人民共和国刑法》、《中华人民共和国国防法》，通过了关于第九届全国人民代表大会代表名额和选举问题的决定、香港特别行政区选举第九届全国人大代表的办法、关于批准设立重庆直辖市的决定等一系列重要文件。全国政协八届五次会议积极发挥政治协商、民主监督、参政议政作用，集思广益，建言献计，为这些文件的制定做出了重要的贡献。“两会”取得的这些丰硕成果，对于促进社会主义经济建设、民主法制建设、国防建设和社会全面进步，对于保证香港平稳过渡、回归祖国，必将发挥重大的作用。“两会”的圆满成功，是一个鲜明的标志，表明全国各族人民有决心、有信心更紧密地团结在以江泽民同志为核心的党中央周围，把邓小平同志开创的建设有中国特色社会主义伟大事业胜利推向前进！

今年是实施“九五”计划和2010年远景目标纲要的第二年，我国政府将恢复对香港行使主权，中国共产党将召开第十五次全国代表大会，这是我们党和国家发展史上的盛事。我们要在去年“开局之年”取得成就的基础上，更好地坚持党的基本理论、基本路线、基本方针，把握大局，再接再厉，同心同德，开拓前进，办好两件大事，夺取社会主义改革开放和现代化建设的新胜利。

我们要全面落实政府工作报告提出的各项任务，切实推进经济体制和经济增长方式的转变，稳中求进，保持国民经济持续、快速、健康发展，促进社会全面进步。要保持宏观经济政策的连续性、稳定性和必要的灵活性，继续实行适度从紧的财政货币政策，控制物价上涨幅度；加强农业基础地位，加快改革特别是国有企业改革步伐，加大结构调整力度，积极开拓市场，提高对外开放水平；坚持“两手抓、两手都要硬”的方针，加强社会主义精神文明建设，努力开创各项工作的新局面。

我们要在党的领导下，坚定不移地推进依法治国、建设社会主义法制国家的进程。要进一步加强立法和执法监督，全面建立起社会主义市场经济所必需的法律体系，并严格依照宪法和法律的规定办事。对八届全国人大五次会议审议通过的修订的《刑法》和《国防法》，我们一定要认真学习，广为宣传，坚决贯彻执行。我们要以《刑法》为武器，打击犯罪，保护人民，维护国家的统一和安全，维护社会秩序，维护人民民主专政的政权和社会主义制度。要通过贯彻执行《国防法》，加快国防现代化建设，保障改革开放和现代化建设顺利进行，保证国家的长治久安。

实现香港回归祖国，是一百多年来无数志士仁人奋斗牺牲的崇高目标，是海内外中华儿女的共同愿望。我们一定要按照业已确定的法律、步骤，有条不紊地做好过渡期最后百余天的各项准备工作，迎接香港按时回归，保持香港长期的稳定和繁荣。我们要抓住有利时机，更加努力工作，使“和平统一、一国两制”的方针更加深入人心，推进祖国统一大业。中国政府和中国人民有决心、有能力维护国家领土和主权的完整，决不允许把台湾从祖国分裂出去，任何分裂祖国的图谋都是注定要失败的！

人民代表大会制度是我国的根本政治制度。中国共产党领导的多党合作和政治协商制度是我国的基本政治制度。事实证明，坚持这两项重要政治制度，对于保证和促进建设有中国特色社会主义事业的胜利发展具有重大意义。今年是本届人大和本届政协工作的最后一年，我们相信，各级人大和各级政协一定能够再接再厉，奋发努力，更好地行使自己的权力，发挥自己的职能，为迎接两件大事、全面完成今年的各项任务做出积极的贡献，为明年全国人大和全国政协的换届创造良好的条件。

我们的事业是伟大的，我们的任务是艰巨的，我们的前途是光明的。在以江泽民同志为核心的党中央领导下，全党同志特别是各级领导干部更高地举起邓小平建设有中国特色社会主义理论的伟大旗帜，发扬密切联系群众和艰苦奋斗等优良作风，励精图治，勤政廉政，就一定能把全国各族人民更紧密地团结起来，为实现跨世纪的宏伟目标而奋斗！

解放军总政治部发出关于解放军和武警部队官兵认真传达学习八届全国人大五次会议精神的通知

《通知》说，八届全国人大五次会议是在我国发展史上重要时刻召开的一次民主、团结、求实、奋进的大会，是动员全国各族人民继承邓小平同志遗志，把我国社会主义改革开放和现代化建设事业推向前进的大会。认真传达学习会议精神，对于教育引导全军官兵更加紧密地团结在以江泽民同志为核心的党中央、中央军委周围，高举建设有中国特色社会主义理论的伟大旗帜，把握大局，再接再厉，同心同德，开拓前进，推进我军的革命化、现代化、正规化建设，具有十分重要的意义。

《通知》强调传达学习会议精神，要按照军委领导提出的要求，组织官兵认真学习江泽民同志在解放军代表团全体会议上的重要讲话，学习李鹏总理的政府工作报告，了解掌握大会的基本精神，引导大家认清1996年我国经济建设和社会发展所取得的巨大成就，进一步坚定实现"九五"计划和2010年远景目标的信心；明确今年工作的主要任务和奋斗目标，切实把思想和行动统一到中央的部署与要求上来；正确理解把握大局、稳中求进的指导方针，牢固树立全局观念，积极支持国家改革开放和现代化建设；明确推进国防和军队现代化建设的基本要求，更加扎实地做好各方面的工作，为社会主义改革开放和现代化建设提供坚强有力的安全保证。

《通知》指出，这次会议审议通过的《中华人民共和国刑法》、《中华人民共和国国防法》是两部重要的法律，是国家加强法制建设的重大步骤，是治国治军的重要保证。各单位要把学习宣传贯彻这两部法律作为"三五"普法的重要内容，结合部队实际突出重点，做出具体安排，采取有效措施，认真抓好落实。

《通知》要求各级党委和政治机关要依据解放军代表团印发的传达提纲，尽快把会议精神传达到全体官兵、离退休干部、职工和家属。各级领导要结合自己的学习体会，深入部队进行宣讲，及时回答解决官兵关注的问题，帮助大家理解会议的基本精神。全军官兵要响应党中央、中央军委的号召，认真贯彻落实会议精神，以扎实工作的实际行动和部队建设的优异成绩，迎接香港回归祖国和党的十五大胜利召开。

中日两国外交国防当局第四次安全磋商在东京举行

由外交部亚洲司司长王毅率领的中方代表团和日本外务省亚洲局局长加藤良三率领的日方代表团，就亚太地区安全形势、日美安全条约等问题坦率、深入地交换了意见。

中方对日美加强军事合作的动向表示关注，敦促日本在此问题上慎重行事，不要逆历史潮流而动，希望日本恪守战后长期奉行的"专守防卫"政策，继续走和平发展道路。

加藤表示，日本鉴于历史的教训，决不再走军事大国道路，不发展进攻性军备，坚持"专守防卫"的既定政策，在国际上将主要在经济、文化领域发挥作用，日美安全条约的适用范围也将不做任何改变。

《中国人民解放军第三野战军战史》由解放军出版社出版首发式在北京举行

祖国大陆奥运金牌运动员访问台湾

代表团团长是中国奥委会主席伍绍祖，副团长是中国奥委会副主席李富荣和中国奥委会副秘书长屠铭德。代表团成员有：第26届奥运会金牌奖获得者伏明霞、熊倪、乐静宜、王军霞、孙福明、李对红、杨凌、占旭刚、唐灵生和他们的教练以及工作人员。

3月16日

全国森林防火工作现场会议在吉林省白河林业局黄松蒲林场召开

会议于3月16日至17日举行。

国务院总理李鹏对召开这次会议作了重要批示："森林防火事关重大，各级政府和林业部门务必抓紧抓好，并实行管区责任制，哪里发生森林火灾，又不及时扑灭，造成重大损失的，有关领导人要承担责任。要坚持'预防为主，积极灭火'的方针，严格森林防火管理和监视制度，进一步采用行之有效的先进适用灭火技术，提高消防人员的业务水平和政治素质，实行专业和群防相结合，把火灾消灭在萌芽状态，确保消灭特大火灾，把一般火灾的损失降低到最低限度，为保护森林资源和人民生命财产安全做出新的贡献。"

国务院副总理姜春云和与会同志听取了吉林省森林防火介绍，观看了森林武警扑火演练，考察了白河林业局的防火指挥中心，走访了林业职工。

姜春云强调，我国防火扑火综合能力比较低，一定要变被动扑火为主动扑火，把落实各项防火措施作为工作的重点。加大投入力度，本着先易后难、先急后缓的原则，有效提高全国各地森林防火、扑火能力。他说，今年开始，国家将森林防火基建投资从林业基本建设投资中单列，并在投资规模上力求有所扩大，各地应当比照中央的办法，把森林防火基础设施建设纳入地方经济和社会发展规划，统筹安排，适当倾斜。要重视强化科技防火，切实搞好森警部队和各类森林防火专业队伍的装备设施建设和更新改造。

姜春云强调，各级党政领导务必要进一步加强对森林防火工作的领导，严格实行森林防火工作行政首长负责制，把森林防火的各项措施真正落到实处。

国务院副总理邹家华在广西考察

邹家华于3月16日至22日在广西考察工作。邹家华在考察时指出，要积极完善南昆铁路基础设施配套工程，建设好西南出海大通道，致力发展优势经济和特色经济，把南昆铁路沿线地区培育成为大西南新的经济增长带，推动区域经济发展。

中国加快早稻生产现代化的步伐

针对早稻插播、收割劳动强度大，米质差、缺乏市场竞争力等制约我国早稻生产发展的不利因素，农业部日前提出，实现早稻栽培轻型化、育秧工厂化、品种优质化、用途多样化和收获机械化，是推进水稻生产由传统型向现代型发展的必然选择，早稻主产区要把"五化"工作抓紧抓好，促进早稻生产的持续稳定发展。

早稻是我国一季重要的粮食作物，产量占全国粮食总产量的1/10。近几年，早稻生产一直处于徘徊状态。1996年全国早稻总产440亿公斤，比1990年少了70亿公斤，成为我国粮食生产的一条短腿。造成早稻生产徘徊的主要原因是，早稻优质品种选育和栽培技术滞后，造成早稻适口性较差，销路不畅。早稻生产仍然是传统的"三弯腰"方式，劳动强度大，用工多。早稻生产期经常受到寒潮、暴雨、高温逼熟等灾害的影响，直接导致早稻生产成本高、产量低、效益差，影响了农民种早稻的积极性。

农业部副部长白志健日前在广东省召开的全国早稻"五化"现场会上说，实现早稻"五化"，有利于抗灾减灾，提高单产。水稻旱育秧、抛秧等轻型栽培技术具有明显的抗灾、节本和增产的效果，每亩可增产25公斤至50公斤。水稻工厂化育秧不受早春天气影响，确保不误农时，提高秧苗素质。实现"五化"有利于减轻劳动强度，提高效率。抛秧比插秧提高工效6倍至8倍。利用水稻收割机每天可收割水稻几十亩，比人工收割效率提高几十倍。通过改良品种，改善早稻米质，实现优质化，既可增加农民收入，又可提高早稻的市场竞争力。

白志健说，"九五"期间我国早稻"五化"的主要目标是：到2000年早稻旱育秧面积达到7000万亩，抛秧面积达到4000万亩，优质稻面积达到5000万亩，水稻机械收获面积达到2500万亩，工厂化育秧要有实质性进展，早稻总产达到500亿公斤。为实现上述目标，各级农业部门要对发展早稻"五化"制定切实可行的发展目标和规划，不断发现典型，总结经验，对成熟的技术措施，要加大推广力度。要力争把"五化"工作变成政府行为，争取政策、资金、技术的支持。

3月17日

《人民日报》发表中共中央总书记江泽民为《邓小平经济理论学习纲要》一书写的序言《坚持把邓小平建设有中国特色社会主义理论的学习引向深入》

伟大的实践需要伟大的理论。富于理论创造精神的中国共产党，在把马克思主义同中国实际相结合的过程中，实现了两次历史性的飞跃，产生了两大理论成果。第一次飞跃，找到了中国自己的革命道路，创立了毛泽东思想；第二次飞跃，找到了中国自己的社会主义建设道路，创立了邓小平建设有中国特色社会主义理论。党的十四大确定用邓小平建设有中国特色社会主义理论武装全党，强调学习马克思列宁主义、毛泽东思想，中心内容是学习邓小平建设有中国特色社会主义理论。这是党的思想理论建设的一项长时期的具有战略意义的重大任务。

党的十四大以来，中央多次强调，要紧密结合形势和任务的要求，把邓小平建设有中国特色社会主义理论的学习、宣传和研究引向深入。这是推进我国改革开放和现代化建设的需要，是夺取建设有中国特色社会主义事业新的更大胜利的需要。邓小平同志视察南方重要谈话发表五年来，全党同志的马克思主义理论水平有了新的提高，祖国大地发生了新的深刻而又巨大的历史性变化。这再一次证明，理论一经群众掌握，就会变成巨大的物质力量。

我们国家正处于建立社会主义市场经济体制和推进社会主义现代化建设的重要时期。到本世纪末，要全面实现第二步战略目标，初步建立社会主义市场经济体制。在此基础上，向第三步战略目标迈进，使建设有中国特色的社会主义在各方面形成一整套更加成熟更加完备的制度。我们要在深化经济体制改革的同时，继续推进政治体制改革，按照民主化和法制化紧密结合的要求，发展社会主义民主，健全社会主义法制，实行依法治国，维护社会稳定和国家长治久安。我们要继续贯彻两个文明一起抓的战略方针，进一步开创社会主义精神文明建设的新局面。新的形势和任务，要求我们一定要更加努力地把邓小平建设有中国特色社会主义理论的学习提高到新的水平，进一步用这一理论武装广大党员、干部特别是各级领导干部的头脑。

邓小平建设有中国特色社会主义理论，内容丰富，博大精深，涵盖我国现阶段经济、政治、文化、军事、外交和党的建设等各个方面的基本问题。把邓小平建设有中国特色社会主义理论的学习提高到新水平，就要组织广大党员、干部特别是各级领导干部从深度和广度两个方面下功夫，对这一理论有更加完整的准确的认识，善于学习、掌握和运用这一理论体系来指导我们的各项工作。既要注意从总体上和科学体系上领会和掌握这一理论的基本内容、基本观点和基本精神，又要注意从这一理论论述较多的若干重要领域，对有关的思想理论和方针政策进行系统的学习和理解。毛泽东同志历来十分重视把党的总路线、总政策同具体工作路线和政策相互结合、相互统一起来加以贯彻落实，他强调"必须在总路线指导之下，在工、农、商、学、兵、政、党各个方面，有一整套适合情况的具体的方针、政策和办法，才有可能说服群众和干部，并且把这些当作教材去教育他们"。他还说："得不到一整套的教材，得不到系统的政策教育，也就不可能真正有统一的认识和统一的行动。"邓小平同志十分重视毛泽东同志的这一观点，从新时期一开始就强调，为了更好地完成新的历史任务，必须认真贯彻毛泽东同志关于既要有总路线总政策、又要有具体工作路线和具体政策的指示精神。邓小平同志在 1992 年视察南方的重要谈话中指出："改革开放以来，我们立的章程并不少，而且是全方位的。经济、政治、科技、教育、文化、军事、外交等各个方面都有明确的方针和政策，而且有准确的表述语言。"现在，为了更好地贯彻落实党的基本理论、基本路线、基本方针和党在若干重要领域的基本政策，继中宣部编写出版《邓小平同志建设有中国特色社会主义理论学习纲要》之后，中央有关部门又相继编写包括邓小平经济理论、军队和国防建设理论及其他一些领域的理论学习纲要，是很有意义的。这是把邓小平建设有中国特色社会主义理论的学习引向深入的一项重要举措。

深入学习邓小平建设有中国特色社会主义理论，首先仍然是要坚持认真研读原著，在学好原著上下功夫。同时，把若干方面的理论学习纲要作为重要辅助材料，这也将有助于深入地理解和把握邓小平建设有中国特色社会主义理论的科学体系和精神实质，增强贯彻执行党的基本路线、基本方针、基本政策的自觉性和坚定性。

深入学习邓小平建设有中国特色社会主义理论，最根本的是认真学习邓小平同志运用马克思主义的立场、观点和方法，研究新情况、解决新问题的科学态度和创造精神。重点是学习邓小平同志坚持社会主义道路的坚定政治立场和实现共产主义崇高理想的使命感；学习邓小平同志解放思想、实事求是，以实践为检验真理的唯一标准，大胆探索、勇于创新的科学态度；学习邓小平同志相信群众，尊重群众首创精神，坚持从群众中来、到群众中去的工作路线和工作方法，从而不断提高我们的马克思主义的思想政治理论水平，加强工作中的原则性、系统性、预见性和创造性。

深入学习邓小平建设有中国特色社会主义理论，还要紧密结合本地区、本部门、本单位和个人的工作和思想实际，有力地推进改革开放和现代化建设的各项工作。为此，各级党员干部特别是高级干部要带头做好，并通过深入、系统的学习和勇于实践，积极探索认识和掌握有中国特色社会主义经济、政治、文化和各项事业的发展规律，承前启后，继往开来，把建设有中国特色社会主义的伟大事业全面推进到 21 世纪。

全国政协八届五次会议 2426 件提案移交 163 家单位承办

全国人大常委会委员长乔石在人民大会堂会见由议长阿尔弗雷德斯兹·切帕尼斯率领的拉脱维亚议会代表团

国务院副总理兼外交部部长钱其琛在钓鱼台国宾馆会见波兰外交部副部长罗伯特·姆罗杰维奇

国务院副总理李岚清在北京会见马来西亚著名企业家常青集团董事会主席张晓卿

《人民日报》发表记者采访的专文《一场深刻的变革——国家教委副主任周远清谈高校招生"并轨"大势》

自今年起，全国普通高等学校全部实行招生"并轨"，招生"并轨"改革是贯彻落实国务院《关于〈中国教育改革和发展纲要〉的实施意见》的举措，从招生开始，通过建立收费制度，改变学生上大学由国家包下来，毕业时由国家包就业的做法，同时建立相应的奖、贷学金以及与毕业生就业相挂钩的专项奖学金制度，鼓励学生努力学习，引导学生毕业后参与劳动力市场的竞争，国家不再以行政分配的办法安排毕业生就业，而是以方针政策指导、奖学金制度和社会需求信息引导毕业生择业。这是我国高等教育的一场深刻的变革，涉及很多问题。记者就此访问了国家教委分管高等教育的副主任周远清，请他谈谈这些问题。

记者：高校招生"并轨"、学生上学缴费、毕业生自主择业，这是重大的改革。请谈谈改革的进展情况。

周远清：这确实是重大改革。国家教委已连续三年将此列为重点工作。这项改革酝酿于 1992 年，开始试点于 1994 年。去年"并轨"高校达到 660 余所，占招生学校总数的 2/3。从目前的情况看，招生"并轨"改革正在显示着其生命力和优越性。改革虽大，但步伐平稳，非常顺利。今年全部高校招生“并轨”已是大势所趋。

记者：这些改革的目的和意义是什么？

周远清：从根本上说，是解决高等教育如何根据教育规律适应社会主义市场经济发展需要的问题。招生“并轨”、缴费、就业制度的改革这三件事，既有联系，但又不是一项改革，因此，改革的目的和意义要分开来说。首先说缴费。从法律上讲，非义务教育是可以收费的，国家不负担每个公民上大学的费用。公民接受高等教育，会得到较高的终生回报的，因此，要树立这样的观念：受高等教育学生自己也需要投入。其次，收取学费对学生也有激励作用，是一种机制，促使他们珍视接受高等教育的机会。最后，学费也是学校办学经费的一部分，尽管是很少的一部分。

记者：收费标准如何？

周远清：收费制度是高校转换机制的一个重要标志，是高等教育体制改革的一项重要内容。一方面，要充分认识这个问题的重要性，建立科学的教育成本补偿机制，树立高等教育是非义务教育的意识；另一方面，要建立科学的收费制度，制定合理的收费标准，防止高收费现象的出现。收费标准的制定要充分考虑教育成本，又要充分考虑学生家庭实际支付能力，因地、因校、因专业而异。目前，培养一名大学生，全国平均一年的培养费约1万元左右，有的专业要多，有的专业要少，不同地区也有所不同。而“并轨”后收取的学费，平均每人每年约2000元左右，平均为培养费的25%—20%。因此，我国公民上大学的培养费，实际上绝大部分仍是国家负担的，高校办学经费主要不是靠收取学费。

记者：“并轨”后会不会有很多学生因交不起学费而不能上大学？

周远清：贫困生问题不是招生“并轨”后出现的新问题，由于社会、经济、地理位置等因素的影响，这个问题长期以来客观存在。据我们了解，在近几年的招生“并轨”的高校中，因交不起学费报不了到的现象很少，因经济原因失学的也非常少。而招生“并轨”前，这种情况一度比较尖锐，有两方面原因。一是主要是“自费生”很困难。“自费生”缴费较多，一年要3500元以上，而且很多学校是四年一次收齐，因此，许多“自费生”完成学业有困难。二是前几年很多学校还没有建立起资助贫困生的制度。从“并轨”学校的情况看，学生中“贫困生”约占15%，其中“特困生”约占3%—5%。事实上学生最大的经济负担不是学费，而是生活费。“并轨”高校这几年已逐步建立起了资助贫困生的一套制度。除减、免学费外，还设立了补助专款、组织贫困生开展勤工俭学。现在一些大学里优秀生奖学金面过宽，奖励效果欠佳，一些学校已开始压缩优秀生奖学金，移出一些钱来帮助最需帮助的贫困生。有的学校发现新生没有来报到，就派人到新生家中去了解，如因经济困难未来报到，便立即帮助解决困难。至于“贷学金”，制度还不完善，贷款的学生有限。“并轨”后学校收取了学费，学校就更有能力来资助贫困生了。我们要求各校，不能让一个学生因经济贫困而不能完成学业。

记者：请再谈谈“并轨”问题。

周远清：“并轨”与缴费有关，但不是一回事。高校招生分公费生、“自费生”，而“自费生”多交钱就可以降分，这种状况不符合教育权利平等原则。以钱来抵分，很不公平。“并轨”首先是为了坚持教育的平等原则。这几年有些学校收“自费生”比例很高，达到招生数的40%，降分很多，造成生源质量下降，培养质量下降，学生心理也不平衡。生源质量差别大，使得很多教学改革迈不开步。“并轨”后学校的生源质量、教学质量都提高了，有利于教学改革。有一个更深层次的问题，很多人还没有看到，就是招收“自费生”隐含着生均经费的减少。国家只给公费生拨经费，不负责“自费生”的经费。而“自费生”缴的费实际上也不是全部培养费，只相当于培养费的一部分，其余大部分的培养费是靠学校来填补。这样，长期下去对学校来说全校生均经费就下降了。

记者：“并轨”后，是不是因为学生交了学费，毕业时择业的自主权就扩大了？

周远清：收学费与毕业生就业制度的改革也是两项改革，不是必然的联系。打破以前毕业生全部由国家包分配工作的制度，改为在国家政策指导下、在一定范围内自主择业，主要的目的是优化智力资源的配置，适应社会主义市场经济体制的改革，而不是因为收了学费。一方面，给毕业生增加了择业自主权；一方面，给用人单位增加了选择毕业生的自主权，这有利于智力资源的合理配置。高等教育是国家举办的事业，国家花不少钱举办高等教育，当然要合理使用其智力资源，以满足国家建设的需要。各国都是如此。因此，毕业生必须在国家的政策指导下、在一定范围内自主择业，不是无序的自由择业。这里，学校的指导和推荐起着重要作用。学校应当推荐毕业生到国家需要的地方、岗位去工作。很多国家包括发达国家在内，75%的大学毕业生也是学校推荐就业的。从人才成长来看，国家急需的岗位往往对成才最有利。以清华大学为例，该校很多毕业生都成了人才，不少人担任了重要职务，但他们几乎都是从基层做起逐步成长起来的。

3月18日

《人民日报》发表本报评论员文章《完善我国刑事法律和司法制度的重大举措》

八届全国人大五次会议对《中华人民共和国刑法》(以下简称《刑法》)进行了修订，这是健全我国社会主义法制的一件大事。这次修订《刑法》，是继去年3月全国人大通过修改刑事诉讼法的决定以后，进一步完善我国刑事法律和司法制度的重大步骤，对于进一步实行依法治国，建设社会主义法制国家，具有十分重要的意义。

我国第一部《刑法》是1979年制定的。经过17年的实践，总的看来，这部《刑法》规定的任务和基本原则是正确的，许多具体规定是可行的，对于惩罚犯罪，保护人民，维护国家的统一和安全，维护社会秩序、经济秩序，维护人民民主专政的政权和社会主义制度，保障社会主义现代化建设事业的顺利进行，发挥了重要作用。但在施行中也反映出一些问题，如《刑法》对有些犯罪行为规定得不够具体，不好操作，或者执行时随意性较大；有些犯罪行为现在已经发展得很严重，需要相应加重刑罚；随着我国政治、经济和社会生活的发展变化，出现了一些新的犯罪行为。为了适应与犯罪作斗争的实际需要，总结实践经验，对《刑法》进行修订、补充、完善是很有必要的。

修订后的《刑法》进一步明确规定了罪刑法定、法律面前人人平等和罪刑相当三个《刑法》基本原则。我国《刑法》原来基本上也是按照这三个基本原则的精神制定的，这次修订刑法，进一步明确规定这三个基本原则，特别是明确罪刑法定原则，取消了类推制度，这是我国民主法制建设的一大进步。

修订后的《刑法》是一部统一的、完整的、新中国成立以来最完备的刑法典。《刑法》原来只有192条，修订后的《刑法》增加为452条。其中一些条款将十几年来全国人大常委会作出的有关《刑法》的修改补充规定和决定修改后编入，或者将一些民事、经济、行政法律中涉及追究刑事责任的条款改为《刑法》的具体条款，并将军人违反职责罪纳入刑法典。根据加强国防建设，打击危害国防利益犯罪的需要，专门增加规定危害国防利益罪一章。同时在新出现的需要追究刑事责任的犯罪行为中，对比较有把握的，尽量增加规定，如黑社会性质的犯罪，组织进行恐怖活动的犯罪，煽动民族仇恨、民族歧视的犯罪，洗钱犯罪，计算机犯罪，证券犯罪，破坏土地资源的犯罪等等。修订后的《刑法》对危害社会的犯罪行为作了全面、具体的规定，是我国惩罚犯罪，保护人民，保障社会主义现代化建设顺利进行的依据和有力武器。

修订后的《刑法》将反革命罪一章修改为危害国家安全罪，是考虑到我们国家已经从革命时期进入集中力量进行社会主义现代化建设的历史新时期，从法律角度来看，对危害中华人民共和国的犯罪行为，适用危害国家安全罪比适用反革命罪更为合适。将反革命罪修改为危害国家安全罪，并对严重危害国家安全的犯罪作了更加明确、具体的规定，这将更有利于打击危害国家安全的犯罪活动。

修订后的《刑法》对原来一些比较笼统、原则的规定，尽量具体化。在刑法总则中，修改完善了关于正当防卫、减刑、假释、自首、立功等有关规定，使这些制度更加科学，更加具有可操作性，更有利于保护被害人的利益，鼓励见义勇为和更有力地打击犯罪。在刑法分则中，对许多犯罪的规定也进一步具体化，以避免司法中的随意性。

《刑法》是我国一部非常重要的法典。各级司法机关要认真组织学习，努力提高执法机关工作人员的执法水平，严格执法，正确运用法律武器，打击各种刑事犯罪活动。修订后的刑法典将从1997年10月1日起开始实施，要广泛开展对这部基本法的宣传教育工作，使广大公民加深对刑法的了解，自觉以法律规范自己的行为，积极同各种犯罪行为作斗争。各级司法机关要加强对新《刑法》实施情况的检查监督，保护人民的利益，保障社会主义改革开放和现代化建设事业的健康发展。

中央军委主席江泽民签署命令批准颁发《中国人民解放军团级以上领导干部职务任免暂行条例》

军委主席江泽民日前签署命令批准颁发《中国人民解放军团级以上领导干部职务任免暂行条例》(以下简称《条例》)。这个《条例》是适用于团级至大军区级领导干部职务任免的法规性文件。

《条例》共9章43条，主要规范了干部的职务晋升、职务免除、调整交流、任职回避和考核工作等内容，同时进一步规定了任免工作的程序和纪律。

《条例》指出，党委及其政治机关按照干部管理权限，履行领导干部职务任免的职责。任免应当遵循的原则是：坚持党管干部，由党委集体讨论决定；德才兼备，注重实绩，把政治标准放在第一位；公道正派，任人唯贤，坚持“五湖四海”；走群众路线，实行民主监督；合理配备，适时交流，优化领导班子整体结构；严格执行编制员额和编制职务等级的规定。

《条例》针对新形势下干部任免工作出现的新情况，在坚持交流、实行回避、扩大民主等方面做出了一些新的规定。其中任职资格制度规定，晋升团级以上领导职务的干部,应当在任职经历、任职时间、院校培训和文化程度等方面达到相应的要求;任期交流制度规定,除工作岗位特殊需要的外,应当定期交流任职;任职回避制度规定,有配偶关系、直系血亲和三代以内旁系血亲关系的干部必须实行回避;干部考核制度要求,考核应当采取民主推荐、民主评议、民主测评等方法,广泛听取意见。

《条例》强调干部职务任免必须按规定的程序办理。要在全面考核、广泛听取意见的基础上,由政治机关提名,同级党委集体讨论决定。任免工作必须严格遵守纪律,党委和政治机关应对干部职务任免进行检查监督。

解放军总政治部就贯彻执行《条例》发出通知,要求各级党委和政治机关严格用《条例》规范干部职务任免工作。

国防部部长迟浩田就《国防法》公布施行答记者问

迟浩田近日就《国防法》公布施行答记者问。

记者:请谈一谈制定国防法的重大意义。

迟浩田:大家知道,《孙子兵法》的第一句话就是"兵者,国之大事也。死生之地,存亡之道,不可不察也。"古人还说过,"夫安国之道,先戒为宝"。这些话在一定意义上说明了国防的重要性。以毛泽东、邓小平、江泽民同志为核心的党的三代中央领导集体高度重视我国的国防建设。新中国刚刚成立,毛泽东同志就告诫我们,取得战争胜利的人们,一定要建设强大的国防。党的十一届三中全会召开不久,邓小平同志又提出,我们一定要在国民经济不断发展的基础上、改善武器装备,加速国防现代化。在改革开放和现代化建设事业进入新的历史时期后,江泽民同志明确指出,我们是社会主义国家,绝不搞霸权主义和强权政治,但国防建设必须与我们这样一个大国地位相适应。要加强军队建设,增强国防实力,保障改革开放和经济建设的顺利进行。在党中央、国务院、中央军委的正确领导下,我们依靠自己的力量独立自主地建设和巩固国防,维护了民族独立、国家主权、领土完整和社会稳定,我国的国际地位和威望日益提高。历史的经验告诉我们,没有巩固的国防,就不可能有民族的独立、国家的安全和社会的稳定,特别是在当今以综合国力为后盾的世界舞台上,也就没有我国应有的地位。

"有国不能无防,有防不能无法。"在邓小平建设有中国特色社会主义理论指引下,我国确定了依法治国的方针,社会主义民主与法制建设迅速发展。制定《国防法》,将国防建设纳入法制轨道,就是依法加强和巩固国防,实现国防现代化的重大举措。我在八届全国人民代表大会第五次会议上已经向代表们作了说明,制定《国防法》可以把党和国家在国防建设、军队建设方面的方针、政策和优良传统,用法律的形式加以确认,上升为国家意志,长期稳定地付诸实施;可以充分发挥法律机制在国防建设中的规范、调节、保障和引导作用,使国防建设适应社会主义市场经济的要求,保证国防建设与经济建设互相兼顾、协调发展;可以进一步完善我国社会主义法律体系,为加快国防立法提供法律依据。

制定《国防法》,还可以用法律的形式向国际社会表明我国国防的基本原则和防务政策,树立和维护我国爱好和平的国际形象,为国家的改革开放创造良好的外部环境。《国防法》明确规定,国家独立自主、自力更生地建设和巩固国防,实行积极防御战略,坚持全民自卫原则。这些规定,把我国一贯坚持的国防政策上升为法律,是指导和规范今后国防行为的重要法律准则。《国防法》的这些规定,对于所谓的"中国威胁论"给予了有力的驳斥和回击。

记者:您曾提到,邓小平建设有中国特色社会主义理论是起草《国防法》的重要指导思想,请您谈谈这方面的情况。

迟浩田:邓小平建设有中国特色社会主义理论是"马克思列宁主义基本原理与当代中国实际和时代特征相结合的产物,是毛泽东思想的继承和发展,是当代中国的马克思主义"。在邓小平建设有中国特色社会主义理论指导下,《国防法》以宪法为依据,结合国防建设和军队建设的实际,突出地体现了小平同志的许多重要思想。比如,坚持了党对军队的领导。小平同志反复强调:"党要管军队,因为军队始终是党领导的。""军队是党领导的军队,当然也是国家的军队。""我们国家所以稳定,军队没有脱离党领导的轨道,这很重要。""军队是国防军,我们军队的传统历来是党领导的。""我确信,我们的军队能够始终不渝地坚持自己的性质。这个性质是,党的军队,国家的军队,人民的军队。"根据小平同志的这些重要论述,《国防法》规定了党、国家和军队的关系,这是非常重要的。我们必须学会运用法律手段来保障我们这支党领导下的人民军队永远不改变性质。又比如,小平同志非常关心和重视国防现代化建设,他指出:"现在我们搞的四个现代化就包括国防现代化,这是毛主席的思想。""如果不搞国防现代化,那岂不是三个现代化?""国防的现代化,只有建立在国家整个工业以及农业发展的基础上才有可能。但是不管怎么样,我们弄得好一些,就可以在现有的国力下加速改进军队的装备。"这些重要的思想,在《国防法》中得到了充分体现。还比如,《国防法》中有关国防科研生产的许多重要规定,就直接来源于小平同志的思想。他曾讲:"国防工业有四句话:军民结合,平战结合,以军为主,以民养军。其中,以军为主改为军品优先,其他三句不变。""一定要坚持质量第一。这个问题很重要,特别是军工产品。在战场上关键时刻有几发炮弹打不响,就可能影响整个战斗。现在的军工产品是现代化的武器,更要注意这个问题。"早在十多年前,小平同志就开始考虑军工体制的改革问题。他说:"我讲了好几年了,改成订货关系。将来恐怕必须是这个样子。因为责任制一搞,你不搞成订货关系,怎么行呢?订货,反正是国家出钱嘛;价格高,无非是军费增加一点嘛。最大的好处是这些设备、技术、人才综合利用起来,效益不止成倍增加。这是一个全局问题。"实践证明,小平同志的这些指示非常英明,在社会主义市场经济条件下,国防科研生产就是要按照小平同志指明的方向去搞。

此外,在依法治军、国防经费、国防动员、国防教育、对外军事关系等许多方面,《国防法》都贯彻了小平同志的重要思想,我不一一列举。

记者:《国防法》公布后,应当如何抓好贯彻实施?

迟浩田:《国防法》的贯彻实施,是一项长期的战略任务。我认为应当抓好三个方面。

第一,以爱国主义教育为核心,抓好国防教育,树立国防观念。我国的国防是全民国防,植根于全体公民热爱祖国、建设祖国、保卫祖国的思想和行动。长期的和平环境容易使人们的国防意识淡化,我们一定要大力加强国防教育,常抓不懈。增强全民的国防意识,一是靠教育;二是靠法制。要把国防教育作为社会主义精神文明建设的重要内容,以社会为课堂,以学校为基地,党、政、军、民通力协作,建立起国防教育制度,使各行各业、各部门和全体公民自觉地履行国防义务,关心、支持国防和军队的现代化建设。

第二,以各级国家机关、军事机关为重点,抓好贯彻落实,依法履行职责。《国防法》规定各级国家机关、军事机关对加强和巩固国防负有重要责任。各级国家机关特别是人民政府,各级军事机关特别是领导机关,都要以《国防法》为依据,明确自己的责任,依法履行职责,做好国防方面的各项工作。可以说,这是贯彻落实《国防法》的关键。

第三,以《国防法》为"龙头",抓好国防立法,完善国防法制。《国防法》是国家在国防方面的基本法律,或者叫国防方面的"母法",主要规定了国防和军队建设方面的方针政策和基本原则、基本制度。《国防法》公布后,要抓紧制定相配套的法律、法规,如国防教育法、国防科研生产法、国防动员法、军人抚恤优待法、退役士兵安置法、军人保险条例等,抓紧修改《兵役法》等,为《国防法》的全面贯彻实施提供具体的法律保障。

我相信,在以江泽民同志为核心的党中央、中央军委领导下,坚持依法治国、依法治军,我国的国防一定会更加巩固,为国家的社会主义现代化建设事业提供强有力的安全保障。

中宣部公安部江西省委在人民大会堂联合举行邱娥国先进事迹报告会

南(宁)昆(明)铁路全线铺通庆祝大会在广西百色举行

亚太经社会成立50周年研讨会在上海举行

以"21世纪亚太地区发展的挑战与机遇及亚太经社会的作用"为主题的纪念亚太经社会成立50周年研讨会上午在在其诞生地上海举行。来自日本、泰国、马来西亚、智利、新加坡、印度等100余名亚太经社会成员和准成员的代表参加会议。

上海市长徐匡迪主持开幕式,中国外交部副部长李肇星代表钱其琛副总理兼外交部部长致辞。

钱其琛在题为"抓住机遇,共同发展"的致辞中说,50年来,随着广大发展中国家政治上的独立,越来越多的亚太国家走上独立自主的发展道路,开始了经济腾飞。到90年代初期,亚太地区一些主要发展中国家的人均国民生产总值已超过2000美元。1995年亚洲国家制造业产品出口额占全世界总额的40%,超过了西欧和北美的总和。近十几年来,亚洲各国的经济年平均增长率达到8.1%,是发达国家同期的4倍。亚洲,特别是东亚已成为世界经济中最富有活力和增长最快的地区之一。

去年亚欧会议的召开反映了亚欧关系的历史性变化和世界多极化趋势的发展,促进了两大洲的经济联系,一改历史上亚洲国家和欧洲国家不平等的状况。

钱其琛指出,在人类即将跨进21世纪之际,亚太地区将面临着宝贵的历史机遇:

——"冷战"结束后,和平、发展与合作正在成为世界的主旋律,这为本地区与其他地区加强经济合作提供了良好的外部条件。

——亚太地区自身已步入一个持久的和平发展时期,这是本地区各国实现长期发展的政治基础。

——本地区过去二十多年中经济的迅速增长,也为发展中国家经济和社会发展在下个世纪迈上一个新台阶奠定了物质基础。

——亚太地区的区域内外多渠道、多层次的合作方兴未艾,为彼此之间开展互利合作开辟了广阔前景。

钱其琛强调,亚太地区也同时面临严峻的挑战,还存在着不稳定因素,地区内的经济发展也不平衡。世界上72%的贫困人口生活在亚太地区。这个地区的主体是发展中国家，它们科技基础较弱，尤其在信息技术等高新科技领域落后于欧美发达国家。随着经济的发展，环境压力、基础设施的制约、人口膨胀等许多制约因素也越来越突出。因此，如何迎接挑战，把一个长期稳定和繁荣的亚太地区带入21世纪，是亚太各国面临的重大历史任务。

钱其琛说，回顾过去50年探索的体会，可以归纳为以下几点：

——首先要维护和平。没有和平与稳定，经济发展只能是一句空话。

——各国要坚持走符合自身国情的发展之路，这是保持亚太地区各国经济成功发展的基础。

——要尊重亚太地区的多样性特点，将这种多样性转化为合作的动力。

——经济发展应是开放性的，亚太各国的经济既对区域内开放，又对区域外开放。

——要积极开展科技合作，以科技促进发展。亚太经社会成员在科技水平方面差距很大，互补性很强，大力加强科技合作，促进技术转让，有利于促进共同繁荣。

钱其琛说，亚太经社会把来自不同发展水平、不同政治、社会制度和文化传统的32亿人民连在了一起。亚太经社会作为本地区建立最早、代表性最为广泛的政府间多边经济、社会合作组织，为推动亚太地区的发展发挥了独特的作用。今天，亚太经社会根据需要进行必要的改革后，必将获得新的活力与效率，将为促进本地区的经济和社会发展作出更大的贡献。

他说，多年来，中国一直支持亚太经社会的工作，亚太经社会也为中国的经济建设和改革开放提供了有益的帮助，双方保持着良好的合作关系。中国今后将毫不动摇地坚持改革开放政策，不断迈出新的步伐；在各个领域不断加强与亚太经社会及其成员的合作。

亚太经社会执行秘书莫伊在研讨会上说，作为广大亚太地区一个独特的政府间论坛，通过亚太经社会的努力，目前已建立起一种地区意识。他说，“展望未来，我相信亚太经社会将在促进经济及社会领域地区合作方面发挥更大的作用。”

李肇星在会上作“为把一个和平、稳定、繁荣的亚太带入21世纪而共同努力”的主旨发言。

国务院副总理吴邦国在北京召开的煤炭工业扭亏增盈工作会议上发表讲话

吴邦国说，扭亏增盈、提高经济效益，是当前企业工作中的一个突出问题，也是实现两个根本性转变的具体要求。几年来，煤炭行业广大职工认真学习贯彻中央精神，结合煤炭工业实际，深化改革、转换机制，减人提效、转产分流，优化结构、强化管理，科教兴煤、依法办矿，作出了许多艰苦的努力，促进了经济效益的提高。全行业亏损额由1992年的57亿元减到1996年的不到6亿元，在93个国有重点煤矿中，盈利企业由9个增至55个。

吴邦国对今年煤炭工业的扭亏增盈工作提出了五点要求：一、继续转变观念，加快实现两个根本性转变；二、认真抓好以产定人和“三条线”管理，优化生产要素的配置，提高使用效率；三、优化产业结构，下大力提高非煤产业经济增长的质量和效益；四、认真学习推广邯钢经验，进一步强化企业内部管理；五、坚持稳中求进的方针，正确处理好改革、发展和稳定的关系，维护矿区稳定。

国家主席江泽民在人民大会堂会见拉脱维亚议长阿尔弗雷兹·切帕尼斯

国家主席江泽民在人民大会堂先后接受泰国新任驻中国大使倪·谭德萨和科特迪瓦新任驻中国大使科南·克拉莫递交的国书

中共中央政治局常委胡锦涛在人民大会堂会见由中央执委会委员塞耶·阿布拉哈率领的埃塞俄比亚人民革命民主阵线代表团

中共中央政治局常委胡锦涛在人民大会堂会见由第一副干事长太田诚一率领的日本自民党年轻议员代表团

国防部部长迟浩田上将在人民大会堂会见新西兰国防部秘书长杰罗德·汉斯莱

中英联合联络小组第三十九次会议在伦敦举行

会议于3月18日至21日在伦敦举行。会议继续就与香港政权交接有关的一系列问题进行磋商，并取得了一些具体成果。

联合联络小组这次讨论的问题包括：档案交接、政府资产、政权交接仪式等；与香港有关的国际权利与义务；香港民航协定；公务员问题；香港防务与治安；跨越1997年的专营权、合约和重要基建工程；香港与有关国家之间的投资保护协定；香港与有关国家之间的移交逃犯协定；香港与外国对等承认及执行民商事判决问题；移交被判刑人协定；香港与外国刑事司法协助协定；法律本地化；法律适应化；联合声明有关1997年后在香港居留权条款实施问题；免办签证问题；滞港越南船民和难民问题。

中方首席代表赵稷华在会议结束后举行的记者招待会上说，中英双方就邀请国际官方嘉宾参加政权交接仪式达成了共识，这些嘉宾将包括一些与香港有比较密切关系的国家和国际组织的代表，同时也要照顾到其他国家和国际组织。此外，中英双方还在法律和与香港有关的国际权利与义务等方面取得了比较多的具体成果。这些方面的进展对保持香港在国际上的金融和贸易中心的地位将起到有益的作用。

赵稷华指出，联合联络小组还面临一些需要解决的问题，有些还是比较困难的，如与政权交接有关的防务问题、档案和政府资产问题以及越南难民滞港问题等。

关于1997年后香港居留权问题，赵稷华强调，这一关系到广大香港人切身利益的问题，从本质上说是中方主权范围内的事情，属于将来特别行政区自己处理的问题。他说，这虽然是中方自己的事，但在整个磋商过程中，中方很愿意争取英方和香港现政府有关部门的充分合作。

中葡联合联络小组第二十八次会议在澳门举行

中葡双方代表在会上讨论了澳门过渡时期的公务员本地化、法律的翻译和本地化及中文的官方地位三大问题，还讨论了部分澳门居民的国籍问题和东方基金会等问题。

中共中央政治局委员李岚清和中共中央政治局候补委员温家宝等领导人出席院士系列报告会

中国科协、中国科学院和中国工程院会同党中央、国务院有关部委和一些省市，联合举办"百名院士百场科技系列报告活动"。上午，著名科学家朱光亚在中国科技会堂作科普报告《当代工程技术发展趋势及应引起重视的几个问题》。中央、国家机关，驻京部队及北京市有关方面的数百名干部出席发报告会。

国务院军队转业干部安置工作小组会议在北京召开

今年全军和武警部队将有4.6万多名干部转业到地方工作。会议审议了《关于做好1997年军队转业干部安置工作的意见》(以下简称《意见》)。《意见》提出，今年的转业干部原则上采取指令性的办法予以分配，师团职转业干部仍是安置的重点。各地要严格按照国家有关规定，落实好团职转业干部的工作职务。军队转业干部的工资待遇，仍按照国务院、中央军委《关于确定军队转业干部工资待遇问题的通知》的规定执行。要切实保障分配到企业的转业干部的合法权益，在签订劳动合同时，若本人提出签订无固定期限劳动合同，企业应与其签订；若本人提出签订有固定期限劳动合同，企业也应与其签订。同时，应将其军龄视为企业连续工龄，在办理养老保险时应视为缴费年限。《意见》对军转培训工作、转业干部住房等问题，也作了具体规定和要求。

中央军委委员、总政治部主任于永波参加会议并在会上讲话。

中宣部 文化部在北京召开京剧优秀青年演员研究班座谈会

座谈会于3月18日、19日在北京召开座谈会。中共中央政治局委员、书记处书记丁关根到会并讲话，

京剧优秀青年演员研究班于去年10月开学，来自北京、上海、天津等地的26名优秀青年演员参加了学习。

座谈会上，研究班学员和教师代表，著名京剧表演艺术家，文化部及中国戏曲学院有关负责人发言，总结了上学期教学经验，分析办学中存在的问题。座谈会就进一步办好研究班确定了改进措施，调整教学内容，增强艺术实践。中宣部副部长、文化部部长刘忠德主持座谈会，有关方面负责人高占祥、张百发出席会议。

首都绿化委员会召开大会表彰在首都绿化美化工作中作出突出贡献的先进单位和个人

全国人大常委会副委员长王丙乾、全国政协副主席孙孚凌和首都干部、群众6000余人参加大会，国务委员陈俊生在会上发表讲话。

996名绿化美化积极分子、236个绿化美化花园式单位在会上受到表彰。

3月19日

中共中央总书记江泽民等党和国家领导人为供应港澳鲜活冷冻商品的三趟快车开行35年题词

到3月20日，供应港澳鲜活冷冻商品的三趟快运货物列车(简称"三趟快车")已安全快捷、风雨无阻地奔驰了整整35周年。江泽民、李鹏、乔石、荣毅仁、李岚清、钱其琛欣然题词。

35年来，三趟快车长年、均衡、稳定地向港澳市场提供充足、优质的鲜活冷冻商品，丰富了当地的物资供应，满足了港澳同胞的生活需要，为促进港澳地区的经济繁荣、社会稳定提供了切实可靠的保障。据悉，35年里，通过三趟快车运往港澳地区的活猪达8700多万头，活牛520多万头，活家禽数十亿只，冻肉200多万吨，另外，还有不计其数的活鱼水产、瓜果蔬菜等。这些商品现已累计为国家创汇数百亿美元，其中活畜禽

在港澳市场所占比重几近100%。三趟快车迄今共开行3.7万多列,运行里程5400多万公里。

中共中央总书记江泽民政治局常委刘华清胡锦涛到军事博物馆参观《中华国门——全国海关反走私展览》

中央军委副主席迟浩田在北京接见"强我国防、兴我中华"系列活动代表

迟浩田接见时指出,今年7月1日,我国政府将恢复对香港行使主权,洗雪中华民族百年耻辱。8月1日,是人民解放军建军70周年纪念日。我们要充分利用这个时机,动员社会各方面的力量,在全国全军进行爱国主义教育和国防教育。

新华社发表闻铭文章《霸主心态的再现——评美众议院通过有关香港的法案》

财政部纪检组组长金莲淑就清查预算外资金工作问题答记者问

根据国务院第五次反腐败工作会议和中央纪委八次全会的决定,今年要在全国范围内继续开展清理检查预算外资金的工作。为此,记者就清理检查预算外资金工作的有关问题采访了财政部党组成员、纪检组长金莲淑。

问:1996年清理检查预算外资金工作取得了哪些成效?

答:在全国范围内清理检查预算外资金,是党中央、国务院整顿经济秩序和深入推进反腐败斗争的一项重要措施。为此,财政部、国家计委、审计署、中国人民银行、监察部等有关部门采取了许多行之有效的措施,加之地方各级党政领导的重视和社会各界的积极参与,形成了较大的声势,收到了较好的效果。从1996年5月至10月半年的时间里,全国有38万多个单位进行了自查,组织近13万名干部对问题反映较多的18万多个单位进行了重点清查,基本达到预期的工作目标。

第一,初步摸清1995年全国预算外资金收入为3843亿元,比年度决算收入数多出1437亿元,基本解决了长期以来预算外资金底数不清的问题。

第二,发现和纠正了一批擅自设立基金、收费项目的行为。其中仅地方各级政府及其所属部门越权设立的基金、收费项目达3474个,1995年违规征收金额345亿元。通过清查,一部分越权设立的基金、收费项目已经责令停止执行和予以纠正。

第三,依法查处了一批比较严重的挪用滥支预算外资金和私设"小金库"的违纪案件。1995年全国挪用滥支预算外资金102亿元,利用预算外资金私设"小金库"近4亿元。在纪检监察部门的有力支持和配合下,有470人受到党纪政纪处分,147人被移交司法机关依法处理。

第四,通过清查,有162亿元预算外资金纳入预算和财政专户管理,使预算外资金管理向规范化目标迈进了一步。

问:据了解,目前仍有一些部门和单位无论是对清查工作还是对规范和加强预算外资金管理,认识上都远未到位,您对此有何看法?

答:这是一个应当引起全社会足够重视的大问题。长期以来,有些同志思想上存在一个错误观点,认为预算外资金谁立项、谁收取,就归谁所有,可以随意支配,无视其国家财政性资金这一根本属性,脱离监督,拒绝管理,这是预算外资金收支管理中出现问题的重要思想根源。从清查工作本身来讲,由于涉及面广,工作量大,情况复杂,难以通过一次清查就把所有问题都解决。加上利益驱动和习惯势力的惯性,要真正达到规范和加强预算外资金管理的要求,无论在统一思想认识方面,还是建立健全管理和监督制约机制方面,都还有大量工作要做。这也是党中央、国务院决定1997年还要继续开展清查预算外资金工作的一个重要因素。

问:对1997年的清查工作有哪些打算和安排?

答:1997年清查预算外资金,是1996年清查工作的继续和深化。财政部、国家计委、审计署、中国人民银行、监察部根据中央纪委八次全会和国务院第五次反腐败工作会议精神,召开联席会议进行了认真的分析和研究。这次清查工作的总目标,就是要深化清查工作、巩固清查成果、促进制度落实,纳入规范管理。为了达到这个目标,必须紧紧把握四条:一是要在深度上下功夫,保证清查向纵深发展;二是要把治标与治本紧密结合起来,通过加大惩治违纪单位和违纪责任人员的力度,促进整改和保证规章制度的落实;三是清查工作组织格局不变,继续在各级政府统一领导下,由财政、计划(物价)、审计、人民银行、监察部门组织实施;四是要继续发挥群众监督和舆论监督的作用,形成全社会都关心、支持加强和规范预算外资金监督管理的舆论环境。

国务院副总理兼外交部部长钱其琛在中南海会见率法国经贸代表团来北京参加第三届中法经济研讨会的法中委员会主席让-皮埃尔·德乔治

国家教委就治理中小学乱收费问题作出部署

国务院副总理吴邦国在中南海会见法中委员会副主席杜侠都

全国人大常委会副委员长王光英在北京会见英联邦国家议会协会常务理事、马来西亚国会下议院副议长、赛诺威国际集团董事局主席翁诗杰

中国与俄罗斯国境河流航行联合委员会第三十九次例会在俄罗斯哈巴罗夫斯克市结束

会议于 19 日至 26 日举行。

双方就改善中俄国境河流黑龙江、乌苏里江、额尔古纳河的航行条件，提高航标航道维护质量和加强船舶管理、保证航行安全等问题进行了认真讨论，并达成了有关协议。双方代表团表示愿继续为搞好两国航运合作，发展睦邻友好关系做出新的贡献。

中国代表团团长中国常驻维也纳联合国和其他国际组织代表李长和大使在维也纳举行的联合国麻醉品委员会第 40 届会议上发言

李长和发言中指出，国际社会应进一步加强禁毒合作，更加有力和有效地打击毒品的非法供应和需求。

李长和在介绍中国政府认真执行联合国关于禁毒的《全球行动纲领》和联合国有关决议后指出，通过与有关国家缉毒执法部门的合作，中国破获了多起外国人在中国境内非法制造和贩运毒品的案件，中国将继续与有关国际组织和各国政府在这一领域开展密切合作。李长和最后说，定于 1998 年召开的联合国禁毒特别大会是一次重要的会议，中国将积极参与会议的筹备工作，为会议的成功作出自己的贡献。

卫生部部长陈敏章在卫生部组织的关于克隆动物的专家座谈会上说中国反对克隆人的试验

国家设立学术著作出版基金

3 月 20 日

中央军委主席江泽民批准颁布《中国人民解放军军事交通运输条例》

中央军委主席江泽民日前签署命令，颁布施行《中国人民解放军军事交通运输条例》。《中国人民解放军军事交通运输条例》（以下简称《条例》）是我军第一部全面规范军事交通运输工作的基本法规。《条例》的颁布施行标志着我军的军事交通运输工作进入了法制化管理的新阶段。《条例》对军事交通运输工作的基本任务、方针原则、职责分工以及主要业务工作进行了全面的规范。条例共设 9 章 50 条。

纪念著名的教育家法学家杨秀峰诞辰 100 周年座谈会在人民大会堂举行

外交部发言人崔天凯表示中国欢迎加拿大政府给予中国香港特别行政区护照持有人免办签证待遇

民盟中央在北京举行座谈会纪念周新民百年诞辰

外交部发言人就香港回归倒计时 100 天发表评论

有记者问：3 月 23 日是香港回归倒计时 100 天，请问你对此有何评论？

发言人答：3 月 23 日是香港回归祖国倒计时 100 天。再过 100 天，中国将对香港恢复行使主权。“这将是中国历史上一件举世瞩目的大事，海内外所有炎黄子孙正在翘首期盼这一天的到来。”香港回归将使邓小平同志“一国两制”的伟大构想付诸实践，是中华民族完成祖国统一大业的重要一步。《中英联合声明》和《香港特别行政区基本法》为香港问题的解决提供了法理依据和法律基础，同时香港问题的解决也为国际上通过和平谈判解决历史遗留问题和国际争端提供了范例。

发言人说，目前，香港回归的大局已定，各项准备工作正在有条不紊地进行。去年，通过公开、公平、公正的民主程序，选举并报请国务院任命了董建华先生为香港特别行政区第一任行政长官，并顺利产生了临时立法会。前不久，董先生组成了香港特区行政会议，后又提名和经中央政府任命确定了特区第一届政府班子主要官员。“现在，香港社会稳定，形势喜人。”

发言人说，过去的 100 多年中，香港同胞以中华民族特有的勤劳和智慧将香港建设成为一个重要的国际贸易、金融和航运中心。7 月 1 日以后，香港特区将继续保持其自由港和国际贸易、金融、航运和信息中心的地位。

发言人说，目前，港人对香港的前途十分乐观。有数据显示，73%的港人表示对香港继续繁荣稳定充满信心。申请移居国外的港人数量逐年减少，而移民外国的港人回流率逐年上升。1996 年，香港全年本地生产总值平均增幅为 4.7%。据估计，1997 年香港经济增长率将超过 5%。国际社会也看好回归后的香港。在港的许多外国商人都认为“九七”后香港仍是投资的好地方。到 1996 年 6 月底，在港设有分支机构的外国大公司、大企业和银行总数达 4523 家，比 1995 年同期增加 12%。

发言人表示，我们希望，在剩下的 100 天里，英方能与中方密切合作，把保证香港的平稳过渡和政权顺利交接的余下工作做好。这样做对香港、中国和英国都有好处。

发言人说，香港同胞的命运同全体中国人民的命运始终是联系在一起的，香港地区的发展同祖国的发展也是密切相关的。我们相信，实行"一国两制"、"港人治港"、高度自治的香港将是一个更加繁荣稳定的香港。香港的明天会更加美好。

海协会负责人就3月10日台湾远东航空公司客机被劫持到厦门一事发表谈话

3月10日下午，台湾远东航空公司一架客机由高雄飞往台北途中被劫持，降落在厦门机场。被劫持的飞机及149名乘客、8名机组人员已于当晚安全返回台湾。劫机犯刘善忠被厦门公安机关拘留审查。

海协负责人指出，海协一贯主张，应按1990年9月两岸达成的"金门协议"遣返劫机犯。后根据台湾方面的建议，海协又与台湾海基会就劫机犯遣返问题进行专项商谈，并达成了劫机犯应一律遣返等共识。由于台湾方面的原因，协议未能签署。因此，海协认为，仍应按"金门协议"遣返劫机犯。

国务院总理李鹏签署第二百一十三号令发布《植物新品种保护条例》

国务院副总理姜春云在吉林考察

姜春云近日先后视察了吉林省延边地区的林业建设、江河堤防、国际经济合作开发区、粮库和边境口岸，走访了农民家庭，同基层干部群众进行了亲切交谈，听取了吉林省和延边朝鲜族自治州工作汇报。姜春云充分肯定了吉林省农业、农村经济和社会发展所取得的成绩，希望他们保持良好的发展势头。姜春云强调，今年的农业和农村工作一定要完成党中央、国务院提出的任务要求，保证粮食生产稳定增长，农民收入有较多增加，大江大河安全度汛和农村社会稳定，特别是在减轻农民负担和扶贫攻坚方面取得较大进展。

国务院扶贫开发领导小组向各省自治区和直辖市扶贫开发领导小组发出《关于积极支持幸福工程——救助贫困母亲行动的通知》

国务院扶贫开发领导小组近日发出《关于积极支持幸福工程——救助贫困母亲行动的通知》(以下简称《通知》)。"幸福工程"——救助贫困母亲行动，是由中国人口福利基金会、中国计划生育协会和中国人口报社共同创办的"幸福工程"组委会于两年以前开始组织实施的。它从社会募集资金，以低息或无息贷款滚动投入的方式(即收回贷款后再资助其他贫困户)，由基层计划生育协会协助，选定投入少、收效快、效益高的养殖、种植和副业加工项目，对实行计划生育的贫困母亲进行开发性扶贫。它目标明确、措施具体，充分发挥了计划生育协会组织健全、会员众多、有多年项目实施经验和严格监督机制的优势，能够直接扶贫到户、到人。两年来，这个行动已通过多种渠道筹集资金2000多万元，先后在22个县的113个村，救助贫困母亲及家庭1.7万多户，社会反响很好。

《通知》要求"各地政府要把'幸福工程'纳入当地扶贫攻坚计划统筹安排整体推动"。实施"幸福工程"是动员社会力量参与扶贫的一项重要举措，不仅扶贫部门要高度重视，还要利用各种新闻媒介广泛宣传，使之成为全社会的共识和行动，支持"幸福工程"的开展。

全国人大环资委与水利部举行纪念第五个"世界水日"座谈会

国务院总理李鹏　副总理朱镕基　吴邦国在人民大会堂接见出席全国煤炭工业扭亏增盈工作会议代表

李鹏说，希望广大煤炭战线职工按照中央确定的方针，进一步巩固已经取得的成绩，加强管理，提高技术水平，在今年内实现全行业总体扭亏为盈的目标。

李鹏指出，煤炭战线广大职工是一支特别能战斗的队伍，解放以来，尤其是改革开放以来，为我国经济发展作出很大贡献。煤炭工业这些年困难大，压力也大，对此，党中央和国务院领导同志都非常关心，国家在政策上也给予了扶持。现在你们走出了一条发展的新路子，今年将可以实现扭亏为盈。这为其他一些困难行业扭亏解困提供了宝贵经验，为搞好国有企业起了带头作用，我代表党中央、国务院和江泽民总书记向你们并通过你们向煤炭战线广大职工表示慰问和祝贺。

李鹏说，煤炭战线这几年实行的"以煤为本、多种经营、综合发展"的方针是正确的。一方面，通过转变观念、深化改革、以产定人、减人增效、转产分流；另一方面，依靠技术进步和提高机械化综采水平、加强管理、注重安全，有力地推动了煤炭工业体制和经济增长方式的转变，促进了经济效益的提高。

李鹏说，煤炭生产要适应建立社会主义市场经济体制的要求，坚持以销定产，市场需要多少煤，就生产多少煤。要提倡煤矿和煤炭大用户直接挂钩，减少中间环节。同时要提高煤炭质量，增加洗煤，变输煤为输电，提高经济效益。最后，李鹏希望煤炭战线的广大职工在两个文明建设中取得更大成绩。

国务院总理李鹏在北京会见法国前总理巴尔

国务院总理李鹏在中南海会见欧洲空中客车工业公司总裁让·皮尔松

3 月 21 日

《伟大的军事家周恩来》出版发行座谈会在北京召开

由中共中央总书记、国家主席、中央军委主席江泽民题写书名并作序的《伟大的军事家周恩来》已出版发行。上午，中央军委在人民大会堂为这部书出版发行举行座谈会。中共中央政治局常委、中央军委副主席刘华清出席座谈会并发表讲话。

《伟大的军事家周恩来》是解放军陆军指挥学院完成的国家哲学社会科学“八五”规划的一项重点研究课题。全书 46 万多字，由军事科学出版社出版发行。这本书全面系统地阐述了周恩来的军事生涯、军事实践和军事思想，褒扬了他在创建和壮大人民军队，形成和完善人民战争战略战术的理论，建设强大的现代化国防等方面的伟大功绩。客观、准确地反映了周恩来在我党我军历史上应有的地位和作用，以及他对毛泽东军事思想的形成和发展作出的重要贡献。

国有企业领导班子考核建设工作座谈会在北京召开

全国人大常委会副委员长王光英在人民大会堂会见以林孝信为团长的香港潮州商会青年委员会访京团

香港《文汇报》新华社香港分社总编室联合举办的“迎接香港回归祖国倒数 100 天座谈会”在香港举行

国务院副总理姜春云在中宣部等单位举办的形势报告会上就农业和农村形势作报告

姜春云在报告中首先提出，要正确分析估价我国的农业和农村形势。他说，应当讲两句话，一句是，近几年我国农业和农村形势总的说是好的，呈现出良好的发展势头。再一句是，我国农业面临不少困难和问题，不可盲目自满。决不能以农业丰收、形势好，掩盖弱点、困难和问题。否则，就可能头脑发热，导致工作指导上的失误。他说，农业和农村形势比较好的主要标志是，主要农产品总量增加；农村经济全面发展；农民收入有较大幅度增长；社会主义精神文明建设和基层组织建设得到加强，农村社会稳定。

姜春云指出，近几年农业和农村经济的发展，是多种因素综合发挥作用的结果。既有天帮忙的因素，更有人努力的作用。

姜春云说，丰收了，有喜也有忧。对领导机关来说，更要看到忧的方面。突出问题是，有的地方出现了放松农业的苗头，准备减少对农业的投入，取消一些对农业的扶持政策，缩减粮棉油的种植面积；某些农产品销售不畅、价格下跌；一些地方和部门向农民乱伸手，不合理负担出现反弹；地区之间发展的不平衡性加大，还有 5800 万贫困人口没有解决温饱问题。这些问题都关系农业和农村工作全局，如果解决不好，农业发展的好势头难以保持。同时还要看到，制约我国农业发展的诸多因素，并没有因为两年丰收而得到根本改变。基于对我国农业形势的正确分析，中央及时地提醒全党同志，丰收之后要继续重视加强农业，加大抓农业和农村工作的力度，防止产生麻痹情绪，防止农业出现新的徘徊甚至滑坡。这是一个很重要的指导思想。新中国成立以来，我国农业出现的几次大的波动，尽管有不同的历史原因，但都与丰收之后忽视和放松农业有关。大丰收之后出现大波动，并不是农业发展的必然规律。关键是对丰收怎么看，丰收之后怎么干。只要我们头脑清醒，政策正确，措施得力，扎实工作，农业就能够步入持续稳定增长的轨道。

姜春云指出，实现农业的持续稳定增长，首要的是争取今年农业有一个好收成。为此，需要着力搞好四项工作：一、狠抓粮食生产不放松，确保粮食等主要农产品稳定增长。二、广开生产门路，调整优化结构，确保农民收入持续增加。三、强化抗灾减灾，确保大江大河安全度汛。四、搞好农村基层的组织建设、民主法制建设和精神文明建设，确保农村社会稳定。

姜春云强调，实现今年和今后一个时期我国农业的发展目标，必须在统一好思想认识的基础上，切实解决好以下几个问题：一是真正把农业放在经济工作的首位，继续加大抓农业的力度；二是深化农村改革，稳定完善党在农村的基本政策，增强农业和农村经济发展的活力；三是积极推进农业科技革命；四是下大力改善农业生产条件和生态环境；五是搞好农业的综合开发和农产品的加工增值，大幅度提高农业的比较效益和农民的收入；六是务必保护和调动好农民的积极性；七是坚持两个文明一起抓，获得双丰收。

财政部 国家税务总局对股分公司取得的新股申购冻结资金利息纳税作出规定

财政部和国家税务总局近日联合发出通知，对股份公司取得的新股申购冻结资金利息是否收企业所得税作了明确规定：股份公司取得的申购新股成功(中签)的投资者的申购资金被冻结期间的存款利息，可视为股票溢价发行收入处理，不并入公司利润总额征收企业所得税；股份公司取得的申购无效(未中签)投资者的申购资金被冻结期间的存款利息，应并入公司的利润总额，如数额较大，可在5年的期限内平均转入，依法征收企业所得税；如果股份公司取得的投资者申购新股资金被冻结期间的存款利息不能在申购成功和申购不成功投资者之间准确划分的，则一律并入公司利润总额，依法征收企业所得税。

中共中央总书记江泽民政治局常委胡锦涛在北京分别会见日本自民党前副总裁小渊惠三

国务院新闻办公室举行中外记者招待会外经贸部副部长孙振宇介绍中美经贸关系发展情况

孙振宇认为两国经贸往来的增多和经贸交流的扩大始终是主流，两国政府有责任为两国贸易的不断发展创造条件。他就有关问题回答了记者的提问。

问：中国承认中美存在明显的贸易不平衡，且在逐步扩大，中国将怎样采取措施解决中美贸易不平衡问题？

答：目前美国是中国第二大贸易伙伴，中国是美国第五大贸易伙伴，随着双方贸易额的扩大，发生贸易的分歧与摩擦是难免的，出现贸易的不平衡在国际贸易中是常有的事。中美贸易不平衡有其多方面原因，国务院新闻办公室将要发表的《关于中美贸易平衡问题》一书，有助于大家了解这些原因。

问：解决中美贸易不平衡问题，中国对美国有什么期待。这一问题解决前景如何？

答：解决这一问题，需要双方共同努力，美国也应该采取有力措施。

问：美国副总统戈尔下周将访问中国，这对中美贸易会产生什么影响，是否在此期间将签订一些向美国购买包括波音飞机在内的产品协议？

答：戈尔副总统下周访华，是中美关系中的大事，他是近几年来华访问的美国政府最高级的领导人。我们期待他的访问，相信他的访问将对进一步推动中美关系，特别是经贸关系的发展作出贡献。

戈尔副总统访问期间，双方将就环保、能源及其他经贸领域的合作广泛交换意见，不排除在条件成熟的情况下，签订一些同美国项目合作的协议。

问：香港回归后，将对中美贸易平衡状况产生什么影响？

答：香港回归祖国后，中国内地与香港之间的经贸关系仍视同对外经贸关系处理，两地经贸往来仍遵循国际贸易规则和惯例。因此，我们认为，“九七”后，中国内地与香港是两个相对独立的贸易统计单位，两地应根据各自的统计制度和规定，分别进行各自的对外贸易统计和对外提供统计数据资料。所以，香港回归祖国不会影响中美之间的贸易统计关系。香港回归后仍将在中美贸易关系中扮演目前的角色。

孙振宇还就中国加入世贸组织问题、中美纺织品协议、今年1月份中美贸易状况等回答了记者的提问。

部分在北京的藏学界人士就达赖喇嘛将要访台湾一事举行座谈

来自中国藏学研究中心、中国社科院、中央民族大学、中国藏学出版社、《中国西藏》杂志等单位的部分专家、学者参加了座谈。与会者在发言中指出，台湾当局公然邀请长期从事分裂祖国活动的达赖喇嘛访问台湾，为达赖喇嘛提供在中国领土上从事分裂中国活动的机会，这表明台湾当局与达赖集团相互勾结利用、同流合污，在分裂祖国的道路上越走越远。达赖喇嘛访台不仅有损于中国的统一事业，对台湾岛内真正的佛教活动，也会带来严重危害。

学者们在座谈时指出，广大台湾人民，包括在台湾的藏族同胞和佛教信徒是衷心希望祖国统一的。达赖喇嘛与“台独”势力互相呼应，制造分裂，不得人心。鼓吹分裂中国、宣传“西藏独立”，只能以碰壁告终。

第十五届世界石油大会中国组委会在北京接受美国埃克森公司为此届大会提供的40万美元赞助

中国与巴布亚新几内亚外交部官员第五次磋商在北京举行

会谈后，双方举行《中华人民共和国政府和巴布亚新几内亚独立国政府关于中华人民共和国香港特别行政区与巴布亚新几内亚独立国互免签证协定》的签字仪式。

第三届中法经济研讨会在北京闭幕

会议为期两天，中国国际贸易促进委员会会长郭东坡在闭幕词中说，两天来，中法两国经济、工业技术和商业界的朋友们就空间技术、工业自动化、电讯业的经营管理、利用储蓄来为建设服务、公共设施的投资问题进行了深入的交流和探讨。双方还就一些具体的合作项目进行了洽谈。研讨会达到了预期的效果，取得了圆满成功。他说：“今后一段时间内，中国将继续重点发展农业、能源、交通、通讯等基础设施以及发展普通民用住宅业，培育新的经济增长点，带动消费的发展。我们希望法国企业对中国的中西部地区和基础设施能够给予更多的关注，为中法两国经济合作开拓更广阔的领域。”

率领法国大型经贸代表团与会的法国前总理雷

蒙·巴尔和法国法中委员会主席让—皮埃尔·德乔治作总结发言。

3 月 22 日

香港特别行政区临时立法会第三次会议在深圳举行

香港特区临时立法会第三次全体会议，首次行使职能，审议通过了 4 项议案，并就 7 月 1 日前提交予临立会的法案三读程序及避免出现法律真空进行辩论。

临时立法会主席范徐丽泰主持了会议。临立会议事规则工作小组召集人周梁淑怡、行政事宜工作小组召集人叶国谦，分别就行政事宜工作小组职权范围、议事规则工作小组职权范围、采纳香港特别行政区临时立法会议事规则、财务委员会、内务委员会及议员个人利益监察委员会的运作等 6 项议案作动议说明。

会议审议通过的 4 项议案，包括《行政事宜工作小组职权范围》、《议事规则工作小组职权范围》、《议员个人利益登记》、《临时立法会议员提供其须予登记的个人利益详情》。依照决议，临立会议员必须在 4 月 5 日前，向临立会秘书处提供其须予登记的个人利益详细情况。

中共中央政治局候补委员温家宝在北京举行的第五届中国青年科技奖颁奖大会上发表讲话

中共中央政治局候补委员、书记处书记温家宝在为获奖者颁奖时说，青年科技工作者担负着发展祖国科技事业的历史任务，党和人民对你们寄予殷切的期望。希望你们树立远大理想，把个人的前途命运同国家和民族的命运紧密结合起来，立振兴中华的雄心壮志，为早日把我国建设成富强、民主、文明的社会主义现代化强国奋力拼搏。希望你们勇挑重担，努力攻克国民经济和社会发展的关键技术。希望你们大胆探索，勇于创新。希望你们刻苦学习，争当世界第一流的科学家和工程技术专家。

中国青年科技奖创立于 1987 年，由中央组织部、人事部和中国科学技术协会共同组织实施。本届获奖者共 100 名，男 97 人，女 3 人，平均年龄 33.57 岁，最小的 27 岁，最大的 37 岁。

北京举行活动纪念世界气象日

公路铁路两用芜湖长江大桥正式开工兴建

3 月 23 日

中共中央政治局常委胡锦涛在人民大会堂会见来京访问的香港青年访京团

应中华全国青年联合会的邀请，以李宗德为团长的香港青年访京团一行 44 人中午抵达北京，参加全国青联举办的迎香港回归倒计时 100 天活动。胡锦涛对香港青年朋友的来访表示热烈欢迎。他说，再过 100 天，香港就要回到祖国的怀抱了，这是一件彪炳中华史册的大事，是"一国两制"的伟大科学构想的成功实现，也是实现祖国统一大业的重要里程碑。希望香港青年弘扬爱国爱港精神，关心祖国的前途，加强与各界青年的团结，力争把自己培养成为未来建港、治港人才，为推动香港的进步，为香港的平稳过渡和长期繁荣贡献力量。同时，还要进一步促进香港与内地青年的交流和友谊，在香港历史即将翻开新的一页时，与内地青年携手共创中华民族 21 世纪的辉煌。

国务院新闻办公室　国务院港澳事务办公室公布"庆祝香港回归祖国"专用标志图案

国务院新闻办公室、国务院港澳事务办公室日前公布了"庆祝香港回归祖国"专用标志图案。

国务院新闻办、国务院港澳办负责人介绍，"庆祝香港回归祖国"标志图案造型为阿拉伯数字"97"，表明我国政府 1997 年对香港恢复行使主权。数字"9"主体为红色，象征中国的主体坚持社会主义制度；红色的"9"之中含有白色紫荆花图案，象征香港回到祖国怀抱；呈绿色的数字"7"未实写，表明香港正在回归过程中；绿色同时也意味着香港将保持原有的生机与活力，保持长期繁荣与稳定。

国务院新闻办、国务院港澳办负责人指出，"庆祝香港回归祖国"标志图案已经国家工商局核准注册，只在内地使用，主要用于举行庆祝香港回归活动的正式场合，如庆祝大会、展览会、文艺晚会等，亦可用于经过国务院新闻办和国务院港澳办批准生产的香港回归纪念品上。国务院新闻办、国务院港澳办已委托五洲传播中心管理使用"庆祝香港回归祖国"标志图案的有关事宜。

北京　香港等地庆祝香港回归祖国倒计时 100 天

3 月 24 日

全国人大常委会委员长乔石在人民大会堂会见由议长海因茨·菲舍尔率领的奥地利国民议会代表团

中宣部召开全国创建文明城市村镇示范点电话会议

会议部署创建文明城市、文明村镇活动示范点工作,会上公布了100个创建文明城市示范点和200个创建文明村镇示范点名单。上海黄浦区、大连市中山区、吉林梨树县等6家示范点单位代表发言,他们表示,要切实加强领导,加大工作力度,努力把示范点抓好,发挥表率作用。中宣部常务副部长刘云山主持会议并讲话。

中国和平统一促进会在北京举行第五届理事会

中国和平统一促进会日前在北京举行第五届理事会。与会人士表示将继承邓小平遗志,坚持"和平统一、一国两制"的方针,为促进祖国统一大业的完成而继续奋斗。

全国政协副主席、中国和平统一促进会执行会长钱伟长在会上作会务报告。他说,坚持一个中国的原则,是实现和平统一的基础,也是两岸关系稳定发展的基础。尽管反分裂、反"台独"斗争取得了阶段性重大成果,但还必须看到,国际反华势力仍然阻挠中国统一;台湾当局对内谋求把台湾变成一个"独立的政治实体",对发展两岸关系继续加以阻挠,对外继续在国际上从事制造"两个中国"的活动。

他指出,祖国统一要寄希望于台湾人民,一方面,要让台湾人民认清李登辉的本质;另一方面,要让他们完整准确地了解"和平统一、一国两制"的方针和政策。为此,要加强对台湾人民的宣传、介绍和交流工作。

全国政协副主席、中国和平统一促进会会长万国权主持会议并致闭幕词。

全国政协副主席万国权在北京会见以李宗德为团长的香港青年访问团

国务院副总理邹家华在中南海会见美国麦道公司董事长约翰·麦道

全国人大常委会副委员长王汉斌在人民大会堂会见由俄罗斯联邦总检察院总检察长尤里·斯库拉托夫率领的俄罗斯联邦检察代表团

国务院副总理吴邦国在钓鱼台国宾馆同西萨摩亚副总理图伊莱帕·塞莱莱·马列莱高伊举行会谈

会谈结束后,两位领导人出席了签署中国政府和西萨摩亚政府贸易协定和中国政府为西萨摩亚政府无偿援建一所小学项目的换文仪式。

全国政协副主席何鲁丽在人民大会堂会见以文化青年体育部部长阿尔缅·斯姆巴强为团长的亚美尼亚文化代表团

最高人民检察院检察长张思卿在北京与俄罗斯联邦总检察院总检察长尤里·斯库拉托夫举行工作会谈

国务委员兼国务院秘书长罗干在金边拜会柬埔寨代理国家元首国民议会议长谢辛

中国政府与特立尼达和多巴哥政府在加拉加斯签署两项有关香港回归后的协定

这两项协定是《中华人民共和国政府和特立尼达和多巴哥共和国政府关于特立尼达和多巴哥共和国在中华人民共和国香港特别行政区保留名誉领事馆的协定》以及《中华人民共和国政府和特立尼达和多巴哥共和国与中华人民共和国香港特别行政区互免签证的协定》。

中国代表团顾问王作安在日内瓦举行的联合国人权会上发言

王作安指出,中国重视尊重和保护宗教信仰自由,信仰宗教的公民和不信仰宗教的公民享有同等的政治权利。

王作安在介绍中国的宗教政策及情况时说,中国政府始终把尊重和保护宗教信仰自由,作为对待和处理宗教问题的基本方针,注意保护信仰宗教公民的权利,防止因为信仰不同而出现权利和义务的不平等现象。不允许因为信仰或不信仰宗教而在政治、经济、文化和社会生活等方面受到歧视、排斥。

王作安说,由于历史和文化传统不同,各国的情况存在差异并不令人奇怪。各国必须从本国、本民族的实际出发,从事保护人权的实践,同时加强各国、各地区间的交流与对话,避免傲慢和偏见。

1996年全国十名最佳运动员康威杯评选活动揭晓

全国十名最佳运动员:伏明霞、邓亚萍、刘国梁、李小双、王军霞、乐靖宜、占旭刚、熊倪、孙福明和李对红。

为培养十名最佳运动员作出突出贡献的教练员也受到了表彰,他们是:于芬、陆元盛、蔡振华、黄玉斌、毛德镇、周明、杨汉雄、张广仁、刘永福和许海峰。

1997年全国哲学社会科学规划工作会议在北京举行

会议于3月24日至28日在北京举行。这次会议从全国申报的4700多份申请书中评出拟立项的国家社科规划1997年度一般项目397个，青年项目110个，二者之中含自选项目35个。同时评出自筹经费项目20个。全国哲学社会科学规划领导小组成员朱开轩、汪家镠、王梦奎、谢旭人、陆百甫、秦怀保、邢贲思出席了开幕会。全国哲学社会科学学科规划评审组260多名专家学者参加了会议和评审工作。

卫生部在人民大会堂举行结核病防治工作座谈会

3月25日

国务院召开党外人士座谈会

受李鹏总理委托，中共中央政治局委员、国务院副总理邹家华、姜春云下午共同主持召开党外人士座谈会，就进一步加强土地管理，切实保护耕地问题，征求各民主党派中央、全国工商联负责人和无党派代表人士的意见。

座谈会上，九三学社中央主席、全国人大常委会副委员长吴阶平介绍去年国家土地管理局、中共中央统战部邀请各民主党派中央、全国工商联负责人及部分特邀国家土地监察专员在江苏、广东、北京等地进行耕地保护调研活动的情况。民革中央主席何鲁丽、民盟中央主席丁石孙、民建中央副主席万国权、民进中央副主席梅向明、农工党中央主席卢嘉锡、致公党中央常务副主席杨纪珂、九三学社中央常务副主席徐采栋、台盟中央主席蔡子民、全国工商联主席经叔平、全国人大常委会副委员长程思远在会上发言。他们在发言中一致表示，赞成中共中央、国务院就进一步加强土地管理、切实保护耕地已经采取和将要采取的重大部署和断然措施。同时，就完善土地管理的体制、机制、法制及加强土地管理、切实保护耕地的执法监督，加大土地基本国情的宣传教育等问题提出了意见和建议。

邹家华、姜春云代表国务院、代表李鹏总理向参加座谈会的各民主党派中央、全国工商联负责人及无党派代表人士表示感谢，并在座谈会上讲话。邹家华指出，党中央、国务院一直高度重视土地管理特别是耕地保护问题。邹家华指出，去年各民主党派中央、全国工商联负责人及部分特邀国家土地监察专员开展的耕地保护调研活动是一种参政议政的好形式，效果很好，应予总结。他希望各民主党派、全国工商联及无党派人士继续关注加强土地管理和耕地保护工作，参与这方面的监督检查，齐心协力，为子孙后代造福。姜春云指出，耕地是发展农业的基础，保持农业的可持续发展，必须以保护耕地资源为前提。根据我国国情，我们必须采取世界上最严格的耕地保护政策和措施，进一步健全土地管理体制。土地管理的权力必须相对集中，国家土地管理的职能必须强化，土地的执法监督体系必须有效。

全国政协副主席、中央统战部部长王兆国，各民主党派中央、全国工商联、无党派人士雷洁琼、王光英、孙孚凌、成思危、彭清源、李赣骝、罗涵先、姚峻、张克辉等出席会议。中共中央、国务院有关部门的负责人，人大常委会办公厅，全国政协办公厅的负责参加座谈会。

中纪委 监察部就江西省广丰县原县委书记郑元盛山西省汾西县原县委书记郑泽生等人受贿卖官案件发出通报

中共中央纪律检查委员会、监察部近日发出的通报指出，江西省广丰县原县委书记郑元盛在任职期间，利用职权，受贿卖官，共收受贿赂计人民币13万余元。1992年以来，郑元盛利用职务之便，接受他人贿赂，给他人以转干、提职，并从受贿给官发展到公开卖官。1994年4月，郑对广丰县十都乡乡长吴杰光透露，要他在十都乡书记、乡长“一肩挑”，然后又暗示下面对吴有反映等，吴杰光立即送给郑元盛3.5万元。后来吴当上了书记兼乡长。经江西省纪委批准，上饶地委决定，开除郑元盛党籍。最近，江西省高级人民法院依法判处郑元盛有期徒刑13年。

山西省汾西县原县委书记郑泽生等6名县级干部在提拔任用曾犯有贪污罪的乡镇企业局原局长孟永明时，大肆受贿，分别受到严肃处理。1994年以来，郑泽生多次收受孟永明的贿赂。根据孟的意愿，1995年8月，郑泽生等人决定任命孟永明为县检察院副检察长兼反贪局局长。上述安排引起汾西干部群众的强烈不满，由于地区检察院的反对未能得逞。后又改任孟为县计划委员会主任，为此“推磨”式地调整了三个部门领导人的职务。郑泽生因受贿罪被依法逮捕。山西省委、省纪委决定开除其党籍；原县委副书记、县长刘文贤，原县委副书记王亚平、王文平，原县委常委、副县长乔成喜受到开除党籍、撤销职务处分；原副县长梁集慧受到行政降级处分。

中央纪委、监察部的通报指出，郑元盛、郑泽生等人受贿卖官的丑恶行径，严重败坏了党和政府的形象和声誉，违反了党的干部人事政策，干扰和削弱了干部队伍和领导班子建设，造成了十分恶劣的政治影响。对这两起案件的严肃处理，显示了我们党维护自身肌体纯洁和健康的坚强决心，表明了我们党绝不容忍买官卖官这一腐败现象存在的坚定立场。

通报要求，各级党组织和各级领导干部都要从郑元盛、郑泽生卖官案件中吸取深刻教训，采取有力措施，坚决惩治买官卖官的腐败行为。

最高人民检察院检察长张思卿在全国检察机关第五次纪检监察工作会议上发表讲话

张思卿在会议上强调，全国各级检察机关要坚持“依法建院，从严治检”的方针，严格依法管理队伍。

张思卿说，检察队伍总的看来是好的，绝大多数干警政治上是坚强可靠的，工作中是奋力拼搏的，是严格执法的，也是清正廉洁的。但是，我们也必须清醒认识、高度重视并切实解决队伍中存在的问题。这些问题主要表现在：一是个别地方检察院的领导不注意讲政治，缺乏应有的政治理论素养；二是少数地方不正之风严重；三是不依法办案，不文明执法的现象越来越多；四是个别干警违法乱纪突出。各级检察院尤其是领导机关、领导干部，要结合本地区本部门的实际情况，实实在在找毛病，认认真真查原因，有针对性地采取有效措施加以解决。

张思卿强调，要加强检察机关的组织建设，把好进人关、用人关；要执纪必严，违纪必究，加大查处检察干警违法乱纪案件的力度；要依法办事，依法办案，坚决反对执法中的地方保护主义和部门保护主义；要强调领导机关、领导干部的责任，坚持检察长以身作则，率先垂范。

国务院总理李鹏签署第214号令发布《中华人民共和国反倾销和反补贴条例》

现发布《中华人民共和国反倾销和反补贴条例》自发布之日起施行。

总理 李 鹏

1997年3月25日

中华人民共和国反倾销和反补贴条例（文略）

中央军委主席江泽民在中南海会见葡萄牙国防部部长安东尼奥·维托里诺

国家主席江泽民在中南海会见奥地利国民议会议长海因茨·菲舍尔

国务院总理李鹏在人民大会堂同美国副总统艾尔·戈尔举行会谈

会谈结束后，李鹏总理和戈尔副总统出席了中美双方三个文件的签字仪式。这三个文件是：中美两国政府关于在香港特别行政区保留美国总领事馆的协定，上海汽车工业集团总公司与美国通用汽车公司合资建设轿车项目和汽车工业技术中心项目合同，中国国际航空公司订购波音777飞机协议。

俄罗斯总统叶利钦在克里姆林宫会见国务院副总理兼外交部部长钱其琛

双方还就国际形势交换了意见，一致认为冷战之后国际局势总的趋势走向缓和，世界多极化加快发展。中俄各自作为独立的一极，对于建立和平、稳定、公正、合理的国际新秩序可以发挥积极的作用。双方认为，加强合作、对话，增加信任，是有利于寻求解决国际争端维护安全与稳定的正确途径。即将签署的五国裁军协定代表了一种新的安全感。

国务院总理李鹏和美国副总统艾尔·戈尔共同主持在人民大会堂举行的“中美环境与发展讨论会”

国务院总理李鹏在中美环境与发展讨论会上发表讲话

戈尔副总统阁下，女士们，先生们，朋友们：

今天上午，我和戈尔副总统在坦诚友好的气氛中进行了会谈，就中美两国关系和共同关心的国际问题广泛深入地交换了意见，增进了相互了解，扩大了共识。现在，我很高兴同戈尔副总统共同主持中美环境与发展讨论会，并代表中国政府对这次会议的召开表示热烈的祝贺！

本世纪以来，人类赖以生存的地球发生了巨大的变化。在环境和发展领域中，特别引人注目的变化，一是科学技术突飞猛进，社会生产力极大提高，经济规模空前扩大，人类创造了前所未有的物质财富；二是人口激增，本世纪世界人口翻了两番，还在以每年8000多万的速度增长，给经济和社会发展带来了一系列新的挑战；三是自然资源过度开发与消耗，污染物质大量排放，导致全球性的资源短缺、环境污染和生态恶化。在世纪之交的历史时刻，把一个什么样的地球留给我们的子孙后代，这是世界各国人民共同关注的重大课题。

中国政府十分重视环境与发展问题。从自身的国情出发，中国选择了一条科教兴国和可持续发展的道路，正确处理经济建设与环境、人口、资源的关系，致力于经济和社会的相互协调发展，取得了令人瞩目的成绩。

——改革开放19年来，中国经济持续、快速发展，国民生产总值年均增长9%以上。我们始终坚持经济建设这个中心，将农业放在国民经济整体发展的优先地位，高度重视粮食生产，在人均耕地资源低于世界平均水平、自然灾害较为频繁的情况下，依靠自己的力量，基本解决了12亿人口的温饱问题，人民的生活质量得到不断改善。

——中国把环境保护作为一项基本国策，初步遏制了环境质量急剧恶化的状况。我们制定了经济和城乡建设、环境建设同步规划、同步实施、同步发展的“三同步”方针以及经济、社会和环境效益相统一的战略，加强环境管理，坚持预防为主、谁污染谁治理的原则，颁布了一系列有关环境保护的法律与法规，进行环保知识教育，大大增强了全民的环保意识。中国还开展了大规模的国土整治，仅北方防护林体系就长达4500多公里，它已成为阻止风沙南侵的绿色长城。中国已建立了600多处自然保护区，一大批野生珍稀动植物得到保护。

——中国努力解决人口问题，近年来一直把人口净增长率控制在11‰左右，初步控制了人口增长过快的势头。中国实施的计划生育政策是非强制性的，历来都是从转变人民传统的生育观念入手，把计划生育与发展经济、帮助农民勤劳致富、建设文明幸福家庭有机地结合起来，以达到使人民自觉自愿实行计划生育的目的。由于大力发展教育，改善医疗卫生条件，提高人口素质，中国的人均寿命不断延长，平均预期寿命已达到70岁。由于实施了正确的人口政策，人口对生态环境的压力得到逐步减缓。

——中国坚持资源节约和开发并举的方针，把节约放在首位，依靠科技进步，合理开发、利用和保护淡水、耕地和矿产等自然资源，提高资源综合利用的效率。

——中国积极推动国际环发合作，联合国环境与发展大会后，率先制定和实施了《中国二十一世纪议程》，在平等互利的基础上广泛开展国际合作。

中国在环发领域取得了显著的进展，同时也面临着艰巨任务和严峻挑战。中国是一个发展中国家，经济发展水平不高，还有几千万人尚未摆脱贫困。中国人口基数大，尽管实行了成功的计划生育政策，但每年新增人口仍在1300万左右，这都给中国经济的发展、生态环境的保护和自然资源的利用带来许多困难。但是，我们有信心、有办法去解决这些问题。这是因为我们已经找到了一条适合中国国情的发展道路，制订了行之有效的政策措施，积累了许多宝贵的经验，为实现可持续发展打下了坚实的基础。

人类的可持续发展需要世界各国的共同努力。当前，世界经济联系更加紧密，相互依存日益加深，发展中国家和发达国家经济的互补性不断增加。发展中国家的经济振兴，不仅有利于提高本国人民的生活水平，而且可以扩大世界市场的容量，为世界经济特别是发达国家经济的持续增长注入新的活力。无数事实证明，没有大多数发展中国家的发展，发达国家的经济繁荣也不会持久。大多数发展中国家的环境和发展问题不解决，全球的可持续发展也就成了一句空话。那么，广大发展中国家当前最关心的是什么呢？他们关心世界的和平与稳定，反对流血和冲突；他们关心经济的迅速发展，早日消除贫困落后；他们关心取得公平的贸易条件，改变不等价交换；他们关心获得资金和技术的支持，增强抵御环境恶化的能力；他们关心得到教育、培训、管理等方面的援助，提高国民素质。为实现这些目标，他们做出了艰苦的努力。令人遗憾的是，他们的正当要求没有得到国际社会应有的重视和积极响应。联合国环发大会召开5年了，时至今日，大多数发达国家还没有兑现向发展中国家提供资金、转让技术的承诺。发达国家官方发展援助占国民生产总值的比重已降到20年以来的最低点。这种状况应该改变。国际社会特别是发达国家应该认真倾听广大发展中国家的呼声，按照联合国环发大会确立的各项原则，切实履行自己应尽的责任和义务，为全球的可持续发展作出实际的贡献。

今年是中美上海公报发表25周年。25年前，中美两国领导人以政治家的胆略和远见卓识打开了中美关系的大门，结束了中美之间长期对抗与隔绝的状态。25年来，两国关系尽管经历了波折，但总的看来获得了较大的发展。我们高兴地看到，在双方的共同努力下，两国关系近来出现了一些积极进展，面临着进一步改善和发展的机遇。但也应该看到，两国关系中仍存在一些问题和困难，需要两国的政治家从两国和两国人民的利益出发，排除各种干扰，加以妥善处理。我相信，只要双方严格遵守中美之间三个联合公报所确定的各项原则，就能够把一个比较好的中美关系带入21世纪。

中美两国在环发领域的合作早已开始，并且取得了一定的成效。1979年1月，中国领导人邓小平访问美国，同卡特总统签署了中美两国政府间科技合作协定。19年来，两国在教育、农业、科技、管理、环保、能源、医药等30多个领域达成了部门间合作议定书，开展了大量的合作研究和共同开发项目，民间科技合作与交流也取得了进展。为了进一步加强中美两国在环发领域的合作，我提出以下原则主张：

一、相互尊重，求同存异。中美两国国情不同，在环发领域既有共同利益，也有一些不同的看法和主张。双方在环发合作中，要充分尊重对方的主权和自主选择的发展战略，不干涉对方的内部事务，不把自己的观点强加于人，避免使分歧成为合作的障碍。

二、平等互利，优势互补。中美两国在环发领域各有侧重和特长。美国资金雄厚，在环境保护方面有先进的技术。中国市场广阔，在环保领域对资金和技术存在巨大需求。同时，中国经过多年的实践，也拥有许多独特、适用的环保技术。双方可以取长补短、互通有无、共同受益。

三、借鉴经验，拓展合作。中美两国在农业、环境管理和环境无害化技术、洁净煤、新能源和可再生能源以及产业合作等领域，有着大量的合作机会，在科技、教育、培训等领域的合作可以继续拓宽。双方要加强环保技术、经验和信息的交换与交流，相互学习和借鉴。

四、立足当前，着眼未来。在环境与发展领域，中美两国既有长远的共同目标，又有各自的现实考虑。"千里之行，始于足下。"双方的合作要循序渐进，首先着重解决两国在环发领域的紧迫问题，做一些目前就可以做到、又可为长远合作打下良好基础的实事。

中美都是环境和能源大国，对人类的生存和发展负有重要的责任。加强在环境与发展领域的合作，不仅符合中美两国人民的根本利益，而且也符合世界人民的利益，有利于全球的可持续发展。我们希望，通过这次讨论会，能够增进彼此的了解，进一步推动双方在这一领域的合作取得更大的成果。

我预祝讨论会取得圆满成功！

国务院总理李鹏在中南海会见西萨摩亚副总理图伊莱帕·塞莱莱·马列莱高伊

国务院总理李鹏在中南海会见尼日利亚运输部部长易卜拉欣·古梅尔及工程和住房部部长阿卜杜勒·卡里姆·阿迪萨

国务院副总理朱镕基在人民大会堂会见美国众议院国家安全委员会军事研究与发展小组委员会主席科特·威尔顿

国务院副总理兼外交部部长钱其琛和俄罗斯外交部部长普里马科夫在莫斯科俄外交部举行会谈

双方在会谈中高度评价了一年来中俄关系的发展，一致认为，去年4月双方宣布建立平等信任、面向21世纪的战略协作伙伴关系，年底两国又正式启动了中俄总理定期会晤机制，有力地推动了两国在各个领域的合作，包括在国际问题上的合作。

钱其琛说，中俄关系的发展在国际上产生了广泛而积极的影响。这表明，建立在相互尊重、平等互利、互不干涉内政等原则基础之上的中俄关系是维护世界和平、促进国际合作和共同发展的积极因素，顺应了冷战后国际形势和国际关系发展的时代潮流和需要。

普里马科夫对此表示赞同。他说，当前世界正在向多极化方向发展，俄中两国在这一世界格局中都占有非常重要的位置。因此，积极发展面向21世纪的俄中战略协作伙伴关系决不是我们的权宜之计，我们应该稳定发展俄中关系。两国外长还就共同关心的地区和国际问题交换了看法。

中共中央政治局常委胡锦涛在人民大会堂会见由老挝人民革命党中央委员老挝党政监察委员会主任国会副主席翁佩·塞戈亚仲多率领的老挝党政监委代表团

全国人大常委会副委员长田纪云在人民大会堂会见美国副总统艾尔·戈尔

国务委员兼国防部部长迟浩田在钓鱼台国宾馆同葡萄牙总理府部部长兼国防部部长安东尼奥·维托里诺举行会谈

国防部部长迟浩田在北京会见由美国前助理国防部部长约瑟夫·奈率领的美国高级学者代表团

国务委员兼国家体改委主任李铁映在钓鱼台国宾馆会见阿尔及利亚财政部预算部长级代表卜拉希提

外交部发言人崔天凯就中国没有同伊拉克开展经贸合作的计划问题答记者问

有记者问：据报道，中国有关公司拟以食品和援助换取伊拉克石油。请问该合同是否在禁运期间签订？中方将于何时履行这一合同？

崔天凯答：所谓中国有关公司与伊拉克就以食品和援助换取伊拉克石油签订合同的报道是毫无根据的。中国一向严格遵守联合国有关伊拉克问题的各项决议，在当前对伊拉克的制裁尚未解除的情况下，我们没有同伊开展经贸合作的计划。

解放军总政治部在北京举办驻京部队领导干部系列现代科技知识报告会首场报告

中共中央政治局委员丁关根在北京召开的电影工作座谈会上发表讲话

中宣部、广电部于3月25日至27日在北京召开电影工作座谈会。

丁关根说，党中央对电影工作非常重视，江泽民同志近年来多次对电影工作作出重要指示，要求电影多出精品，促进繁荣，再上新台阶，迎接新世纪。我们确定实施电影"九五五〇工程"，经过一年努力，迈出重要一步，有了良好开端。但取得的成绩还是初步的，优秀影片还不够多，电影事业还面临一些不容忽视的困难和问题。我们要勤奋敬业，知难而进，加倍努力，扎实工作，走出一条振兴电影事业的新路。

丁关根强调，必须积极、全面、正确地理解和把握弘扬主旋律与提倡多样化的关系、社会效益与经济效益的关系。主旋律内涵丰富，形式多样，为文艺创作提供了广阔天地。多样化不仅指形式，也指内容。表现主旋律决不能降低艺术标准，多样化也不能对思想内容降格以求。我们的电影创作，要在追求思想性、艺术性、观赏性完美统一的艺术实践中取得新的成果。在社会主义市场经济条件下，电影的繁荣发展必须考虑市场问题，社会效益和经济效益的统一要在市场中实现。要赢得观众、赢得市场，关键要靠好片子，要寓教于乐，让群众爱看。要树立经营意识，增强经营本领。电影是一门有广泛群众性的综合艺术，具有独特的艺术表现力，大画面，立体声，真实感，其魅力是电视、录像、视盘不能取代的。中国有 12 亿人口，电影市场应该是世界之最，有很大潜力，就看我们能不能创作生产出更多的好影片去满足群众需求。

丁关根指出，在建立社会主义市场经济体制过程中，电影事业要继续发展，必须深化改革。电影企业的发展，电影资源的总体开发，电影设施装备的更新改造，电影的发行放映工作，要走改革开放之路，努力增强电影事业的活力。要认真贯彻执行《电影管理条例》，依法管理电影事业，促进繁荣健康发展。

参加这次电影工作座谈会的有电影艺术家、省（区、市）电影主管部门负责人和电影制片厂厂长等。广电部部长孙家正主持了座谈会。

3 月 26 日

国家主席江泽民在中南海接受法国《国际政治》杂志的采访就中国的政治体制 海峡两岸关系 西藏问题 中法关系等答记者问

在回答如何评价中国的政体以及如何看待中西方国家间的主要困难时，江泽民说，一个国家采用什么样的政治制度、政治体制，是由这个国家的国情决定的。所谓国情包括政治、经济、文化、历史传统和自然条件等多方面的情况。

江泽民说，中华人民共和国是社会主义国家。我们的宪法规定，国家的一切权力属于人民，人民行使国家权力的机关是人民代表大会。这是我国的根本政治制度。我们实行共产党领导的多党合作和政治协商制度，这是我国的基本政治制度。在少数民族聚集地方实行民族区域自治制度。实践证明，我国的政治制度是符合自己的国情的，保障了广大人民的基本政治权利，保证了国家统一、民族团结和社会稳定。

江泽民指出，西方国家采用的政治体制也不尽相同，有的实行总统共和制，有的实行议会共和制等等。把自己国家的政治制度、政治体制当作评判别国政治制度的标准，显然是不适宜的。我们积极进行政治体制改革，加强社会主义民主和法制建设。在这一进程中，我们既要坚持发扬我们自己的优良传统，也要积极吸收世界各国的一切优秀文明成果。

江泽民说，和平与发展是当今世界的两大主题。维护世界和平，加强友好合作，促进共同发展是各国人民的共同愿望。当前，贫困、失业、难民、犯罪、人口膨胀、环境恶化、毒品泛滥、恐怖主义等问题仍然严峻，影响着全球的稳定与发展。中国与西方国家虽然国情不同，但在一系列重大国际问题上具有广泛一致的利益。我对中国同西方各国关系的改善与发展感到高兴。中国政府和人民愿在相互尊重和平等互利的基础上，同包括西方国家在内的世界各国政府和人民一道，为和平与发展的崇高事业作出贡献。

江泽民说，中国同西方国家建立健康、稳定的关系，符合各自人民的愿望和根本利益，也有利于世界的和平、稳定与繁荣。双方领导人应"登高远望"，从战略高度、世界大局和面向 21 世纪的角度看待双方的关系，把握各自的现实和长远利益。为此，当前要处理好以下几个问题。

一是如何对待分歧。我认为应该在相互尊重、平等对话、求同存异的基础上来逐步缩小分歧，从而来维护和发展双方的共同利益。我们生活在一个丰富多彩的世界里，正是这种多样性为各国之间的交流与合作提供了基础。即使在西欧，各国在积极推进一体化的同时，也强调要保持各自的民族和文化特性。只有按照和平共处五项原则，承认和正视意识形态、社会制度以及经济文化发展状况的差异，彻底摈弃"冷战"思维和恃强凌弱的做法，才是处理国与国之间关系的正确途径。

二是如何看待中国的发展。中国是世界上最大的发展中国家。占世界人口 1/5 的中国保持政治稳定、经济繁荣，是对世界和平、稳定与繁荣的重要贡献。反之，如果中国不稳定、不发展，长期摆脱不了贫穷落后的状态，那才是对世界的稳定极为不利的。西方有些人蓄意夸大中国的经济实力，散布所谓"中国威胁论"，这是完全错误的。中国的改革开放和现代化建设，需要一个长期稳定的国际和平环境。即使中国将来强大起来了，也决不会对其他国家构成威胁。

三是如何看待经贸合作。中国与西方国家的合作是互利的。中国经济的发展，不仅改善了本国人民的生活，也为世界经济的增长提供了新的推动力，为发达国家提供了更多的商业机会。中国是一个潜力巨大的新兴市场，西方国家技术先进，资金雄厚，两者经济上具有很强的互补性。西方一些国家对华采取歧视性的贸易政策，不仅损人，最终也会损害自己的利益。

关于中国加入世贸组织问题，江泽民说："我们一直指出：世贸组织没有中国的参加是不完整的；中国是发展中国家，对我们要求过高是不适宜的。"

在谈到台湾海峡两岸关系中最主要的问题时，江主席说，我认为最重要的是坚持"一个中国"的原则。世界上只有一个中国，中华人民共和国政府是代表中国人民的唯一合法政府，台湾是中国不可分割的一部分。这是联合国和国际社会公认的事实。

台湾问题是关系到中国主权、领土完整和祖国统一大业的重大原则问题，结束海峡两岸的分离局面，实现台湾和祖国大陆的统一，是海内外中国人的共同愿望，也是中华民族的根本利益所在。在这个涉及中国主权的问题上，中国政府没有任何妥协的余地。

江泽民说，我们解决台湾问题的基本方针是"和平统一"、"一国两制"。我们一贯主张在一个中国的原则下，通过两岸政治谈判解决两岸间的政治分歧，实现台湾和祖国大陆的统一。我国政府和人民为此进行了长期不懈的努力。1995 年 1 月 30 日，我就推动两岸和平统一提出八项主张，其中提议，作为第一步，双方可先就在"一个中国"的原则下，正式结束两岸敌对状态进行谈判。中国政府这些主张不仅合情合理，而且切实可行。它表明了我们在一个中国前提下解决台湾问题的决心和诚意。我们将一如既往、坚定不移地坚持这一方针，推动两岸关系向前发展。

江泽民说，两岸关系能否得以稳定发展和改善，关键要看台湾当局是否坚持一个中国的原则，真正站到"一个中国"的立场上来，停止在国际上从事制造"两个中国"、"一中一台"等分裂祖国的活动。

在回答有关西藏问题时，江泽民说，自古以来，西藏就是中国领土的一部分。其间中国的政权历经变迁，但中央政府始终有效地行使着对西藏地方的管辖。中国有 56 个民族，藏族人民是中华民族大家庭中的一员。1959 年，达赖喇嘛和当时西藏地方政府的一些人发动武装叛乱，企图维护旧西藏政教合一的封建农奴制度，企图把西藏从中国分裂出去。武装叛乱失败后，达赖逃到国外去了。在一些外国势力的支持和怂恿下，达赖坚持其分裂祖国的立场，不断进行分裂祖国的活动，一面派人潜入国内藏区策划、煽动骚乱，一面企求国际上的支持，妄图使西藏问题国际化。外国有一些势力给达赖戴上各种桂冠，编造了许多关于西藏的耸人听闻的谎言。我们欢迎外国人士有机会去西藏，亲眼看看那里的真实的情况。凡是去过西藏的人都会看到，真实的西藏同以前他们所听到的一些传闻根本不是一回事。在西藏，如同在我国其他民族地区一样，实行民族区域自治制度。在中央政府和全国人民的支持和帮助下，这几十年西藏经济发展，社会进步，民族团结，人民安居乐业，生活水平不断提高，宗教信仰得到保障。

在谈到中法关系目前状况时，江泽民说，90 年代初，中法关系经历了一些曲折，这是我们所不愿看到的。我本人于 1994 年 9 月对法国进行了国事访问，李鹏总理于去年 4 月对法国进行了正式访问，这两次访问在政治和经贸方面都取得了重大成果，促进了两国在各个领域的友好合作。我们对两国关系的良好发展感到高兴和满意。希拉克总统即将对中国的访问是两国关系中的又一件大事。两国领导人保持经常性接触，对加深了解、发展友谊、增进信任、扩大合作，具有重要意义。我相信，希拉克总统这次访华将进一步推动中法两国关系的全面发展。当今世界正朝着多极化的方向发展，中法两国都是联合国安理会常任理事国，在国际事务中有着重要影响。中法两国加强磋商与合作，建立面向 21 世纪的长期、稳定的友好合作关系，符合我们两国的利益，也有利于亚欧建立新型伙伴关系，有利于世界的和平、稳定与发展。

全国人大常委会副委员长陈慕华在北京会见香港平等机会委员会主席张妙清

旅港台湾各界庆祝香港回归委员会举行成立典礼

它是由一批居港台胞社团、组织负责人自发筹组的。庆委会成立后，将在香港回归倒计时 50 天、20 天等重要日子举办各种庆祝活动。

中共中央政治局候补委员温家宝在山西农村调查研究

3 月 26 日至 30 日，温家宝到寿阳县的十几个乡村同基层干部和农民群众座谈，了解春耕生产情况，研究当前农业和农村工作存在的问题，探讨发展农村经济、提高农民生活水平的路子。

在座谈中，温家宝说，当前，我国农村形势很好，农村经济全面发展，农民收入显著增加，农村社会稳定。形势越好，越要重视农业，各级领导要始终把农业放在整个经济工作的首位，决不能有丝毫的松懈。要认真贯彻执行党在农村的各项方针政策，进一步调动广大农民的生产积极性，确保今年农业有个好收成。

温家宝指出，近年来，为了解决农村改革和发展中出现的新问题，中央出台了一系列关于加强农业和农村工作的政策措施，当前，关键是要抓好落实。要通过扎实深入的工作，解决农业和农村工作中存在的突出问题。要认真解决农产品流通中的购销储运等问题，保护农民切身利益。要减轻农民负担，密切党同农民的联系，调动农民积极性。要加强农田水利等农业基础设施建设，努力改善农业生产条件，增强农业发展后劲。要大力推广农业科学技术，提高农业和农村经济增长的科技含量。

寿阳县是国家重点商品粮基地县。温家宝说，粮食大县要充分发挥自己的优势，决不放松粮食生产，积极发展多种经营，发展乡镇企业，全面振兴农村经济。温家宝说，搞好当前的春季农业生产十分重要。要切实搞好春季麦田管理和备耕春耕工作，落实好粮食播种面积，适时早播，不误农时。要确保农资生产供应，提高农资供应的产品质量。

国家主席江泽民在北京会见美国副总统艾尔·戈尔

江泽民在会见戈尔时提出，为把一个健康、稳定的中美关系带入 21 世纪，中美双方应把握住三个原则。

这三个原则是：始终把握两国间共同利益；处理中美关系要站得高些，看得远些；切实遵守中美三个联合公报，妥善处理台湾问题。

关于“把握住两国间共同利益”的原则，江泽民说，在新的形势下，两国间保持和发展合作的需要不是减弱了，而是在不断加强。特别是两国在共同维护全球及地区和平，发展双边经贸关系，促进世界经济发展与繁荣等方面具有很大的合作潜力。对此，不仅两国政府和两国领导人应有充分的认识，而且应该使之成为两国人民的共识。

关于“处理中美关系要站得高些，看得远些”的原则，江泽民引用中国宋代改革家王安石的诗句说：“不畏浮云遮望眼，只缘身在最高层。”他说，我们要排除中美关系中的各种干扰和噪音，要站得高，看得远，把握住两国人民的根本利益，着眼于两国关系大局，着眼于世界大局，着眼于把一个繁荣、稳定、和平的世界带入 21 世纪。江泽民指出，至于在一些问题上的分歧，双方完全可以在相互尊重、互不干涉内政的基础上，通过平等协商加以解决。一时解决不了的，可以求同存异，而不应让它们干扰两国关系发展的大局。

关于“切实遵守中美三个联合公报，妥善处理台湾问题”的原则，江泽民说，中美三个联合公报的一个核心内容就是它确立了处理台湾问题的指导原则。美方在台湾问题上是作出严肃承诺的。在中美关系发展史上，台湾问题曾数度干扰，甚至破坏了中美关系改善和发展的进程。江泽民强调，我们反复谈这个问题，就是希望不再让它影响两国关系的顺利发展。

江泽民在会见中回顾了中美关系的发展历程。他指出，25 年来，中美关系尽管经历了波折，但总的看来，在中美三个联合公报所确立的原则的基础上，还是有较大的发展。在双方的共同努力下，两国关系近来取得了一些积极进展，面临着进一步改善和发展的机遇。但也存在一些问题和困难，需要妥善处理；还会出现一些新的干扰和障碍，需要排除。他表示相信，只要双方能从两国人民的根本利益和维护世界和平的大局出发，着眼于长远与未来，就能够排除各种人为的干扰，使中美关系保持长期稳定并不断发展。

国家主席江泽民在中南海会见美国华人迎香港回归访华团

国务院总理李鹏在中南海先后会见即将离任及到任大使

他们是即将离任的多哥驻华大使亚沃·布卢阿·阿博和葡萄牙驻华大使杜尔特·德·热苏斯，以及新到任的泰国驻华大使倪·谭德萨和科特迪瓦驻华大使科南·克拉莫。

全国人大常委会委员长乔石前往巴黎总理府会见法国总理阿兰·朱佩

法国外长德沙雷特赴巴黎露德西亚饭店会见下榻在那里的全国人大常委会委员长乔石

俄罗斯总理切尔诺梅尔金在莫斯科俄政府大厦会见国务院副总理兼外交部部长钱其琛

钱其琛说，两国领导人提出了到本世纪末将双边贸易额提高到 200 亿美元的大目标，只要双方共同努力，这一设想是不难实现的。中方愿意同俄方进一步探讨新的合作途径，扩大合作规模，鼓励有信誉、有实力的公司企业建立直接联系，加强合作，希望两国有关部门对此开始积极的研究。

切尔诺梅尔金对此表示同意。他说，俄中两国一定要建立起长期、稳定的贸易合作关系，我们两国有很好的合作前景，俄方愿积极参与中国大型工程项目的建设。俄方对开拓两国在石油、天然气、核电、机械、航运等领域的合作也持积极态度。在商品交易方面，俄方主张互通有无，逐步扩大俄中贸易额。俄中两国边境地区也有一些工业城市，两国政府要积极推动它们之间的合作。

国务院副总理李岚清在中南海会见加拿大参议员皮埃尔·德巴内和众议员阿尔比娜·瓜米厄里

国家环保局局长解振华在北京同来访的法国环境部部长科丽娜·莱芭举行会谈

双方就中法两国在有关全球环境问题方面的原则

与立场及两国在环境领域的合作等问题交换了意见。

会谈中双方就拟议的《中华人民共和国政府和法兰西共和国政府环境保护合作协定(草案)》的主要内容达成了一致,表示将报请各自政府审批,并提议在法国总统希拉克今年五月访华期间正式签署该协定。

会谈结束后,双方签署了会谈纪要。

国务委员宋健在中南海会见全球环境基金主席穆罕默德·阿什里

宋健说,全球环境基金给予中国很大的支持,在中国设立的8个项目已经开始发挥作用,在环境保护和实现可持续发展等方面起到了重要的示范和推动作用。中国在21世纪实现可持续发展,要着重解决好人口、粮食、水和环保等问题。中国政府希望继续与全球环境基金合作,得到基金更多的支持,以在环保示范项目和重要环保研究项目等方面取得更大成功。

中国报业协会面向21世纪中国报业经济发展研讨会在北京举办

3月27日

国家主席江泽民在人民大会堂与玻利维亚总统贡萨洛·桑切斯·德洛萨达进行会谈

会谈结束后,两国领导人出席了《中玻经济技术合作协定》、《中国向玻利维亚提供政府贴息优惠贷款的框架协议》和《中玻高原牧业领域科学技术合作补充协议》等文件的签字仪式。

法国总统希拉克在爱丽舍宫会见全国人大常委会委员长乔石

双方在谈到中法双边关系时,希拉克说,"我重申法国将进一步加强法中两国在政治、经济、文化、科技等领域的合作,为此,我将于今年5月访问中国。我相信这次访问一定能够取得圆满成功。"

乔石说,中法两国建交以来,两国关系进入了新的时期。近几年来,中法关系保持了良好的发展势头,双方在各个领域的友好合作不断扩大和加深,我希望通过这次访问,进一步加强中法之间的友好交流与合作。他说,中法两国有很多共同点,特别是两国都珍视自己的民族独立,反对霸权主义,在许多国际问题上有着相同的看法。作为安理会常任理事国,两国对国际事务都负有重要责任。在当今世界加速向多极化发展的形势下,两国应从战略高度出发,建立面向21世纪的长期、稳定的友好合作关系,共同推动世界多极化趋势。这不仅符合我们两国的根本利益,也有利于世界的和平与发展。乔石说,总统先生一贯重视对华关系,为中法关系的发展作出了积极贡献,我们对此给予高度评价。

在谈到人权问题时,乔石说,我们希望不要再在人权会上发生对抗。西方在人权会搞反华提案,伤害中国人民的感情,也有损有关国家同中国的关系。中国认为,对于人权问题上的分歧,可以进行对话,但不应将对话的进展情况作为是否继续搞对抗的先决条件。关于加入联合国两个人权公约的问题,我们正在以积极的态度加快研究。我们对希拉克总统和法国在人权问题上给予中国的支持表示感谢。

全国人大常委会委员长乔石在法国国民议会议长官邸会见法国国民议会议长塞甘

全国重点建设工程青年文明号活动推进大会在人民大会堂举行

国务院港澳事务办公室主任鲁平在北京会见香港特别行政区行政长官董建华和即将于7月1日就职的特区政务司司长陈方安生

国家经济体制改革委员会出台《一九九七年经济体制改革实施要点》

国家经济体制改革委员会最近出台了1997年经济体制改革实施要点,摘要如下:

按照"九五"改革和发展的战略目标,针对我国当前经济运行中的突出问题,今年经济体制改革的主要任务是:根据中央确定的经济工作的总体要求,紧密结合结构调整和增长方式转变,继续以国有企业改革为重点,广泛进行存量资产的流动和重组,探索建立国有资产监管和营运体系,积极推进社会保障和住房制度改革,以粮棉为重点深化流通体制改革,加大投融资体制改革力度,把城乡改革有机地结合起来,进一步搞好县域经济。改革措施的安排,要服从经济健康发展和社会稳定的大局,有利于贯彻执行适度从紧的财政货币政策,促进经济总量平衡、结构优化和效益提高。

一、加快国有企业改革步伐,加大结构调整力度

继续贯彻"抓大放小"的方针,实施大公司、大集团发展战略,进一步放开搞活国有小企业。按照《公司法》组建大公司、大集团,集中力量抓好国家确定的一批大型企业。扩大国家企业集团试点范围,规范和完善母子公司体制。各地区要立足本地优势,以市场和产业政策为导向,以主导产品为龙头,以资本为纽带,根据优势互补的原则,组建跨地区、跨部门、跨所有制的大公司、大集团,并在资产划转、企业重组过程中给

予必要的政策支持。小企业改革主要由地方负责。各地应从实际出发，以理顺产权关系为突破口，继续采取股份合作制、租赁、出售等多种形式，在放开搞活小企业方面迈出更大的步子。

推动存量资产流动重组，对国有经济实施战略性改组。把经济增长的着眼点转移到国有存量资产的调整、改组和优化配置上来。加快结构调整，关键在于通过公司制改造，以及联合、兼并、参股控股、收购、拍卖、破产等多种形式，真正使企业组织结构发生变化，带动产业结构的优化。

把存量调整与增量投入有机结合起来。重在盘活存量资产。用好用活增量，一要带动盘活更多的存量资产；二要注重构造多元投资主体，推动企业制度创新。

把市场机制的作用与政府的引导推动作用结合起来。经有关部门的协商认可，国有经济内部企业之间的国有资产可以无偿划转，有些可以跨地区、跨部门进行划转。对债务重、效益差但有挽救希望的企业，可采取转产或搬迁、联合、合并、托管、拍卖债权等途径，进行债务重组。稳步发展以兼并、收购、租赁为主要内容的产权交易市场，规范并推进企业存量资产产权的流动和重组。兼并和破产要认真执行国务院有关规定，防止利用破产、兼并、分立等方式逃债废债。无论实施兼并还是破产，都要妥善安置好企业职工，保证下岗职工的最低生活费用。

把企业重组与盘活国有土地结合起来。有条件的大中城市，应结合城市发展规划，利用级差地租收益，对市区的老企业进行搬迁改造或转产改造。

搞好现代企业制度试点，加快国有企业制度创新。中央和地方进行的现代企业制度试点，都要认真总结经验，加大实践探索的力度，在形成多元投资主体、建立企业内部治理结构、实现政企分离、解决企业历史包袱等方面迈出实质性步伐。利用存量资产调整的机遇，推动国有独资公司向多元投资主体的公司转换。继续搞好国家航空、石化、有色金属三家控股公司的试点。

全面搞好“三改一加强”，把推进企业改革与强化企业内部管理结合起来，抓好国有企业领导班子整顿和建设。采取各种措施增资减债。对于条件具备的企业，可以通过发行股票、设立专项投资基金等办法筹措资金，改善其资产负债结构。继续选择少数城市进行国有经济债务重组试点。对个别特别困难的行业，给予适当的政策扶持，帮助其加快调整和转轨步伐。加快分离国有企业办社会的职能。

抓紧建立权责明确的国有资本监管和营运体系，加快构造国有资本出资人制度，促进政企分开。明确国有资本营运主体及其权责，建立明确的国有资本营运责任制和国有资产保值增值的考核制度。选择具备条件的大公司、大集团进行试点，使其成为国有资本营运主体。选择少数国有投资公司，实行国有资本投资与营运相结合的试点。

有条件的专业经济管理部门和行业性总公司，在分离行政职能、人员、机构的基础上，可改组为资产经营公司或行业协会，改组中要防止搞行政性“翻牌”。有些可突破行业局限，组建综合性的资产经营公司。鼓励地方积极探索建立国有资本监管和营运体系的有效途径。

二、加大投资体制改革力度，改善投资结构

进一步缩减政府投资领域，使企业真正成为市场主体和投资主体。凡是经营性的项目都应鼓励企业去投资，各级政府的投融资活动应主要集中在公益性项目和基础领域。中央和地方都应选择重点建设项目进行面向社会的项目法人招标试点，以现有企业和企业集团为基础通过公开、公平竞争选择确定项目法人。积极鼓励多家企事业法人机构合资合股，实行多元投资，打破投资领域中的行业垄断和地区封锁，强化投资主体的责任和风险约束机制。

积极推行项目法人责任制，增强银行投资信贷的风险约束机制。进一步加大银行投资贷款的决策自主权，切实落实银行信贷的风险责任。进一步落实项目资本金制度。不允许搞无本企业。积极试行国际通行的基础设施投融资管理方式，包括“建设—运营—移交”方式和以预计资产收益作抵押的融资方式。

加强和改进固定资产投资的宏观调控和管理。各级政府部门主要管方针、管政策、管规划、管监督，而不应干预企业投资活动和生产经营活动。抓紧完善国家产业政策体系和行业发展规划，加强对地区经济布局的引导和调控，防止地区产业结构的趋同化。建立健全产业和产品供求信息发布制度，正确引导社会投资方向。加快投资立法步伐，规范投资决策、审批、监管和责任。

三、配合国有企业改制改组，加快社会保障制度改革

以养老、医疗、失业保险为重点，加快社会保障制度改革。各地及实行行业养老保险统筹的有关部门，要切实做好不同实施办法向统一制度平稳过渡的衔接工作。在统一基本养老保险制度的同时，要提高个人缴费比例，努力开展社会化服务工作。鼓励有条件的企业及行业建立和发展企业职工补充养老保险。

扩大职工医疗保障制度改革试点范围。试点城市要认真贯彻《国务院办公厅转发国家体改委等四部委关于职工医疗保障制度改革扩大试点意见的通知》，结

合实际制定本地区职工医改试点方案，并认真组织实施。职工医疗保障制度改革试点要坚持属地化原则。

尽快建立和完善失业保险制度。进一步规范失业保险基金的使用与管理。在全国200个重点城市全面实施再就业工程。

各地可以从实际出发，多渠道筹措社会保障基金，包括从存量资产和国有土地出让收益中划出一定比例，用于弥补城镇职工社会保障基金的不足。

在发挥家庭和集体保障功能的基础上，按照农民自愿原则，发展农村养老保险事业。

做好职工解困工作，推进社会救济制度改革。加强对社会低收入者的社会救济与保障，实施城市最低生活保障制度。

继续探索建立统一社会保障管理机构的有效途径。暂时不能统一管理机构的，可先建立统一的资金营运机构。探索建立专门的社会保险基金管理机构，按市场化原则营运和管理养老基金。

四、搞好住房制度改革，努力开拓住宅市场

加快住房分配货币化进程，逐步取消住房福利分配的做法，实行新房新制度。根据不同类型单位的实际情况，逐步将住房实物性补贴理入货币工资。各企事业单位新房应取消福利性分配，实行先售后租、新房新租金的政策。逐步改变国有单位特别是大中型企业建房、分房、管房的老办法。

全面建立和完善住房公积金制度，搞好国家安居工程建设。按照"房委会决策、中心运作、银行专户、财政监督"加强对住房公积金的归集和使用管理，完善监督体系，确保专款专用。

加快国家安居工程建设，适当增加国家安居工程贷款规模。试办住房专项储蓄，以保证安居工程贷款资金来源。

继续调整公房租金，稳步推进公房出售。1997年各城市公房租金水平按双职工家庭平均收入计算，提高两个百分点。对低收入居民、困难家庭、离退休职工等，制定详细、严格的减免和补助政策。

采取有力措施，启动住宅市场。清理商品房价格构成中的不合理因素，盘活积压商品房所占用的资金。积极发展住房金融，开办多种形式的住房储蓄业务。扩大住房信贷在银行贷款中的比重。积极开办个人购房的抵押贷款业务，鼓励居民购房。建立政策性抵押贷款制度，并可利用住房公积金，向购房者提供低息贷款，增强个人购房能力。

五、以粮棉为重点，积极推进流通体制改革

加大粮棉流通体制改革力度。按照"一并轨、四分开"的思路，稳步推进粮食流通体制改革。积极探索实行粮食定购价和市场价并轨的具体途径，进一步完善粮食储备和价格风险基金制度，提高国家调节和稳定粮食市场的能力。

继续改革棉花供应体制，完善棉花交易会制度，供需双方按照棉花调出、调入计划数量，本着自愿互利的原则，自主选择交易对象。积极探索棉花购销逐步走上市场化的途径。

对化肥、原油、成品油、茧丝、食糖、猪肉等重要商品，要进一步理顺产销关系，建立储备调节制度。

进一步完善批发市场体系，积极发展现代流通组织形式。逐步形成包括中心批发市场、主产区和主销区批发市场在内的全国性粮食、蔬菜批发市场网络。提高流通领域的组织化程度，建立全国农副产品批发市场信息网络。

努力搞好代理配送制试点，积极创造条件，发展佣金代理制。继续推进连锁经营的规模化、规范化，支持连锁企业跨地区、跨行业、跨所有制发展。着力开拓农村市场，稳步发展拍卖业、旧货市场。

以深化基层社和社属企业改革以及培育专业合作社为重点，把供销合作社真正办成农民合作经济组织。从理顺股金入手，努力探索多种入股形式，切实增强基层社的凝聚力和为农服务的实力。

六、进一步完善财税金融体制，增强宏观调控能力

继续完善分税制财政体制。改进过渡期转移支付办法。进一步加强预算外资金管理，规范行政事业性收费管理制度。对预算外资金要纳入财政专户，实行收支两条线管理。严格清理和制止各种乱收费、乱集资和乱摊派，强化政府行政性收费和基金管理，建立有效的监管机制。

巩固和完善新的税收制度。调整和完善消费税体系，适当调整部分行业的营业税负担。完善出口退税制度，对有进出口经营权的生产企业出口的货物，实行"免、抵、退"的办法。

按原定计划继续研究降低关税税率方案，改善关税结构。抓紧修订个人所得税法。整顿和规范收入分配秩序，着力解决某些垄断性强的行业和某些特殊行业收入过高的问题。

进一步推进税收征管改革。继续完善加工贸易进口料件银行保证金台账制度。

继续改进金融调控方式，增强中央银行的宏观调控功能。增强间接性货币政策工具的作用，注重多种间接工具的协调配套。加大公开市场业务操作的运用力度，扩大再贴现业务，完善同业拆借市场。灵活运用利率杠杆调控货币供应量。

深化商业银行改革，完善政策性银行的经营机制。稳步推进资产负债比例管理和风险管理。采取有效措施，提高国有商业银行的资本充足率。合理调整商业

银行分支机构的设置。抓紧在大中城市建立城市合作银行。落实"分业经营、分业管理"原则,所有银行要与所办金融机构脱钩。清理各类非银行金融机构。政策性银行要进一步完善经营机制,优化信贷结构,努力实现政策性和效益性的统一。

认真贯彻落实《国务院关于农村金融体制改革的决定》,增设农业发展银行的分支机构,抓好建立农村合作银行和农业保险合作社的试点。清理整顿农村合作基金会。

积极培育和发展金融市场。进一步完善银行间拆借市场,培育票据市场。继续规范证券市场,适当增加股票发行规模。逐步扩大企业直接进入市场发行企业债券的规模,拓宽企业发展的融资渠道。选择少数城市进行产业投资基金试点。加快利率市场化步伐。

此外,1997 年经济体制改革实施要点还就深化农村体制改革,搞好搞活县域经济;推进对外经济体制改革,提高对外开放水平;搞好城市和县级综合配套改革试点;加快立法步伐,加强对改革的领导等方面作了具体部署。

中国农业银行和中华全国供销合作总社在北京人民大会堂签署关于共同做好农业生产资料流通工作的合作协议书

中国证监会发出《关于进一步做好上市公司年度报告工作的通知》

国务院副总理李岚清在中南海会见美国参议员詹姆斯·杰福兹

全国妇联主席陈慕华在北京接受玻利维亚政府授予的"安第斯神鹰"国家勋章

国务院港澳办公室副主任陈滋英在北京会见葡萄牙国防部部长安东尼奥·维托里诺

外交部发言人崔天凯就解决中国和越南两国关系问题答记者问

崔天凯在记者招待会上说,中方珍视中越两国间的睦邻友好与互利合作关系,并愿与越方友好协商,妥善解决两国间的有关问题。

有记者问:越南近日就中国"勘探三号"钻探船在南海北部作业一事向中方提出了交涉,你对此有何评论?

崔天凯说,根据包括 1982 年《联合国海洋法公约》在内的国际法,中国享有大陆架和专属经济区的权利。中方"勘探三号"钻探船在南海北部中国主张的大陆架和专属经济区内进行正常作业,是无可非议的。

他说,中方一贯主张通过和平谈判解决国家间存在的问题和争端。中方珍视中越两国间的睦邻友好与互利合作关系,中方愿与越方友好协商,妥善解决中越之间的有关问题。

全国美术界代表 200 人在北京集会纪念中国画艺术大师潘天寿诞辰 100 周年

全国禁毒工作会议在北京闭幕

中共中央书记处书记、中央政法委书记任建新同志代表党中央、国务院到会作了重要讲话。

任建新指出,毒品问题决不仅仅是简单的治安问题,而是关系到社会安定、国家安危和民族兴衰的重大政治问题。我们国家曾是一个深受毒品之害的国家,决不能容忍毒品肆虐泛滥,让屈辱的历史重演,必须下更大的决心,果断彻底地解决毒品问题。

任建新要求,政法各部门以及海关、工商、卫生等各部门要明确职责,加强配合,以高度的政治责任感和历史使命感投入到禁毒专项斗争中去。对严重的毒品犯罪分子,要依法从重从快惩处,不得以任何理由擅自放宽刑罚标准或者以罚代刑。

任建新强调,各级党委、政府一定要自觉坚持"两手抓,两手都要硬"的方针,把禁毒工作作为责无旁贷的历史责任。加强对禁毒工作的领导,一个很重要的体现就是要切实解决工作中遇到的实际问题和困难。各级政府都要把禁毒经费、装备列入财政预算,增加投入,不断改善禁毒工作的条件。

任建新说,要最广泛地发动群众,进一步扩大禁毒宣传教育的覆盖面,搞好有毒必肃、贩毒必惩、种毒必铲、吸毒必戒的宣传,做到家喻户晓,人人皆知。禁毒宣传要从娃娃抓起,从小学生抓起,让我们的子孙后代从小就懂得毒品的危害,各有关职能部门、社会团体以及各行各业,都要积极行动起来,加强协作配合,依靠全社会力量,运用法律、行政、经济、文化等多种手段,实行综合治理,打好禁毒的人民战争。

国家禁毒委员会主任、公安部部长陶驷驹在会上作《认清形势,全力以赴,为彻底根除毒品危害而努力奋斗》的报告。

为认真贯彻中央领导人指示精神和去年年底召开的全国政法工作会议的要求,加大禁毒工作力度,遏制当前毒品犯罪发展蔓延的势头,国家禁毒委员会在结束的全国禁毒工作会议上决定,今年 4 月至 9 月在全国开展一场大规模禁毒专项斗争。

3月28日

中共中央发出关于印发《中国共产党党员领导干部廉洁从政若干准则(试行)》通知

现将《中国共产党党员领导干部廉洁从政若干准则(试行)》印发给你们,请贯彻执行。执行中有什么问题和建议,请及时报告中央。

中国共产党党员领导干部廉洁从政若干准则(试行)

执政党的党风关系党的生死存亡。党员领导干部廉洁从政是新时期从严治党、端正党风的重要前提,是贯彻落实路线、方针、政策,促进改革开放和经济建设,维护政治、社会稳定的重要保证。保证党员领导干部廉洁从政,要立足于教育,着眼于防范,筑起思想道德防线。党员领导干部必须在党员和人民群众中发挥表率作用,自重、自省、自警、自励;必须坚定共产主义信念,身体力行共产主义道德;必须清正廉洁,艰苦奋斗,全心全意为人民服务。

为进一步促进党员领导干部廉洁从政,根据《中国共产党章程》,结合近几年中央作出的《领导干部廉洁从政若干准则(试行)》。

第一章 廉洁从政行为规范

第一条 党员领导干部要廉洁奉公,忠于职守。禁止利用职权和职务上的影响谋取不正当利益。不准有下列行为:

(一)索取管理、服务对象的钱物;

(二)接受可能影响公正执行公务的礼物馈赠和宴请;

(三)在公务活动中接受礼金和各种有价证券;

(四)接受下属单位和其他企业、事业单位或者个人赠送的信用卡及其他支付凭证;

(五)以虚报、谎报等手段获取荣誉、职称及其他利益;

(六)用公款公物操办婚丧喜庆事宜和借机敛财。

第二条 党员领导干部要严防商品交换原则侵入党的政治生活和国家机关的政务活动。禁止私自从事营利活动。不准有下列行为:

(一)个人经商、办企业;

(二)违反规定在经济实体中兼职或兼职取酬,以及从事有偿中介活动;

(三)违反规定买卖股票;

(四)个人在国(境)外注册公司或者投资入股。

第三条 党员领导干部要遵守公共财物管理和使用的规定。禁止假公济私、化公为私。不准有下列行为:

(一)用公款报销或者用本单位的信用卡支付应由个人负担的费用;

(二)借用公款逾期不还;

(三)公费出国(境)旅游或者变相出国(境)旅游;

(四)用公款参与高消费娱乐活动和获取各种形式的俱乐部会员资格。

(五)以个人名义存储公款。

第四条 党员领导干部要遵守组织人事纪律,严格按照干部选拔任用工作的制度办事。禁止借选拔任用干部之机谋取私利。不准有下列行为:

(一)采取不正当手段为本人谋取职位;

(二)泄露酝酿讨论干部任免的情况;

(三)在工作调动、机构变动时,突击提拔干部,或者在调离后干预原地区、原单位的干部选拔任用;

(四)在干部考察工作中隐瞒或者歪曲事实真相;

(五)在干部选拔任用工作中封官许愿,打击报复,营私舞弊。

第五条 党员领导干部对涉及与配偶、子女、其他亲友及身边工作人员利害关系的事项,应当奉公守法。禁止利用职权和职务上的影响为亲友及身边工作人员谋取利益。不准有下列行为:

(一)要求或者指使提拔配偶、子女、其他亲友及身边工作人员;

(二)用公款支付配偶、子女及其他亲友学习、培训的费用;

(三)为配偶、子女及其他亲友出国(境)旅游、探亲、留学向国(境)外个人或者组织索取资助;

(四)妨碍涉及配偶、子女、其他亲友及身边工作人员案件的调查处理;

(五)为配偶、子女及其他亲友经商、办企业提供便利和优惠条件。

省(部)级以上领导干部的配偶、子女及其配偶,不准在该领导干部管辖的地区及管辖的业务范围个人经商、办企业和在外商独资企业任职。

第六条 党员领导干部要艰苦奋斗,勤俭节约。禁止讲排场、比阔气、挥霍公款、铺张浪费。不准有以下行为:

(一)在国内公务活动中接受超过规定标准的接待;

(二)违反规定用公款装修、购买住房;

(三)擅自用公款包租或者占用客房供个人使用;

(四)违反规定配备、使用小汽车;

(五)擅自用公款配备、使用通信工具。

第二章 实施与监督

第七条 各级党委(党组)负责本准则的贯彻实施。

党员领导干部要以身作则，模范遵守本准则，同时抓好主管地区、部门和单位的贯彻实施。

党的纪律检查机关协助同级党委（党组）抓好本准则落实，并负责对实施情况进行监督检查。

第八条 贯彻实施本准则，要发挥民主党派、人民团体、人民群众和新舆论的监督作用。

第九条 党员领导干部参加民主生活会，要对照本准则进行检查，认真开展批评和自我批评。

第十条 党员领导干部组织实施和执行本准则的情况，应列入干部考核的重要内容，考核结果作为对其任免、奖惩的重要依据。

第十一条 党员领导干部违反本准则的，依照有关规定给予批评教育、组织处理或者纪律处分。

第三章 附 则

第十二条 本准则适用于党的机关、人大机关、行政机关、政协机关、审判机关、检察机关中县（处）级以上党员领导干部；人民团体、事业单位中相当于县（处）级以上党员领导干部；国有大型、特大型企业中层以上党员领导干部，国有中型企业党员领导干部，实行公司制的大中型企业中由国有股权代表出任或者由国有投资主体委派（包括招聘）的党员领导干部、选举产生并经主管部门批准的党员领导干部、企业党组织的领导干部。

县（市）直属机关的科级党员领导干部，乡（镇）党员领导干部，基层站（所）的党员负责人参照执行本准则。

第十三条 本准则由中共中央纪律检查委员会负责解释。

第十四条 本准则自发布之日起施行。

全国人大常委会副委员长田纪云在北京会见美国众议院议长纽特·金里奇

国务院总理李鹏在人民大会堂会见美国众议院议长纽特·金里奇

国务院总理李鹏在北京会见玻利维亚总统贡萨洛·桑切斯·德洛萨达

国家主席江泽民在中南海会见美国众议院议长纽特·金里奇

江泽民说，中美两国国情不同，两国间存在一些分歧是自然的，重要的是双方都应努力避免让这些分歧影响两国关系发展的大局。

江泽民强调，“台湾问题始终是中美关系最重要最敏感的核心问题，妥善处理台湾问题是中美关系稳定发展的关键。我们重视美国领导人关于继续奉行‘一个中国’的政策、遵守中美三个联合公报的承诺。我们也注意到越来越多的美国议员意识到台湾问题的敏感性和重要性。我们希望美国政府和国会能按照中美三个联合公报的原则谨慎处理台湾问题，不要再让台湾问题干扰中美关系的改善和发展。”

江泽民表示，美国共和、民主两党都对中美关系做过重要贡献。我们高兴地看到，共和、民主两党主流就发展中美关系再次达成共识。

他说，美国国会对美国外交政策有重要的影响，希望美国国会在发展中美关系中发挥建设性作用。

金里奇表示，美国政府和国会致力于“一个中国”的政策，美国人民理解中国人民对香港回归感到的自豪和兴奋，希望“一国两制”的设想在香港得以实现，并为最终实现中国的和平统一树立一个成功的模式。

革命战争历史题材巨片《大转折》首映在北京人民大会堂举行

国家主席江泽民根据全国人大常委会的决定任免驻外大使

一、免去乔宗淮的中华人民共和国驻朝鲜民主主义人民共和国特命全权大使职务。

任命万永祥为中华人民共和国驻朝鲜民主主义人民共和国特命全权大使。

二、免去杨桂荣的中华人民共和国驻瑞典王国特命全权大使职务。

任命乔宗淮为中华人民共和国驻瑞典王国特命全权大使。

三、免去周兴兴的中华人民共和国驻苏里南共和国特命全权大使职务。

任命李建英为中华人民共和国驻苏里南共和国特命全权大使。

国务院总理李鹏副总理李岚清在北京会见香港特别行政区行政长官董建华政务司司长陈方安生

李鹏重申，中央人民政府全力支持行政长官按照香港基本法的规定组建香港特区第一届政府的各项工作，并对香港的平稳过渡、政权顺利交接和保持香港的长期繁荣稳定充满信心，希望各有关方面为实现这一目标继续共同努力。李鹏说，你们二位担子很重，中央人民政府充分信任你们，祝愿你们成功。

董建华和陈方安生表示，他们深知肩负的重任，愿竭尽全力，搞好香港特别行政区各项工作。衷心感谢中央人民政府的信赖和重托。

国务院副总理李岚清在中南海会见香港贸易发展局代表团

李岚清表示，希望他们发挥好为香港和内地经贸界牵线搭桥的作用，宣传香港形象，为促进两地经贸共同发展作出努力。

他说，中国政府毫不动摇地坚持"一国两制"、"高度自治"、"港人治港"的原则，这是保持香港繁荣稳定的保证。全面落实和执行基本法和有关香港的基本政策要靠内地和香港共同努力。

代表团团长、贸发局主席冯国经感谢中央政府对该局举办活动的支持。他说，香港工商界对香港未来的发展充满信心。贸发局将致力于向内地大众宣传"一国两制"的重要意义，介绍香港在服务业、基础设施、贸易网络等方面的优势。

代表团副团长俞宗怡说，香港公务员对"港人治港"、"高度自治"的原则坚信不移，并将努力为香港与内地的经贸合作创造有利环境。

香港贸发局是促进和拓展香港海外贸易的半官方团体，成员包括香港各大商会代表、工商界领袖和政府高级官员。

全国政协副主席万国权在北京会见以中兴大学行政系教授乔育彬为团长的"台湾行政科学交流参访团"

中宣部 中直机关工委 国家机关工委 解放军总政治部 司法部 全国普法办公室在北京联合举行部级干部刑法知识讲座

香港博览会在北京开幕

会期四天。国务院总理李鹏出席开幕式并致词。

本次博览会分三个主题展出，第一部分的主题为"风雨历程"，着重介绍香港的历史、我国政府对香港恢复行使主权的历史进程、香港与祖国内地唇齿相依的关系、普天同庆香港回归祖国的活动，宣传"一国两制"和《香港基本法》，展现香港回归祖国后的美好前景；第二部分的主题为"活力香港"，综合介绍香港的经济优势、特点及成就，展示香港各行业有代表性的企业；第三部分的主题为"香港万象"，主要从香港居民的衣食住行、文化娱乐、消闲休息等介绍香港社会生活的各个方面。

开幕式由国务院港澳事务办公室主任鲁平主持，李岚清、尉健行、王汉斌、迟浩田、雷洁琼、钱伟长、万国权以及周南、董建华和香港、内地的来宾出席了开幕式。

1997年国家安居工程工作电话会议在北京召开

国务委员、国务院住房制度改革领导小组组长李铁映说，自1995年实施国家安居工程以来，已竣工安居住房2377万平方米，解决了29万户居民的住房问题。

1997年国家安居工程在179个城市(单位)实施，建设规模2785万平方米，总投资248.75亿元。其中国家新安排贷款规模99.5亿元，地方自筹149.25亿元。此外，去年已安排但尚未贷出使用的约40亿元信贷规模，可结转今年使用。

李铁映对今年的安居工程提出六点要求：一是实施城市和承办银行要确保自筹资金和信贷资金及时到位；二是要搞好配套建设；三是要确保安居住房出售给中低收入家庭住房困难户和教师；四是要进一步规范和推动政策性抵押贷款制度的建立，搞好安居工程信贷资金的回收，不能出现呆账；五是要加强物业管理工作力度；六是各部门紧密配合，加强对国家安居工程的监督、检查和指导。

国务委员 全国供销合作总社主任陈俊生在全国供销合作社科技兴棉工作会议上发表讲话

陈俊生指出，棉花面积不能再减少，在棉花生产上不能有丝毫的动摇。棉花生产的出路在于科技，关键是提高单产。

陈俊生说，认真的调研、分析、统计表明，我国每年不直接掌握7000万担棉花总资源，就不能保证供求的基本平衡。鉴于此，除要保证棉花种植面积外，关键是提高种棉效益，调动棉农的种棉积极性。近两年，国家对棉花价格做了较大调整，已不可能再靠提高棉价来调动棉农的积极性，也难以单纯靠扩大棉田面积去增加棉农收入。所以棉花生产的出路在于科技，关键是提高单产，科技兴棉说到底就是提高棉花单产，从而增加效益，提高广大棉农的种棉积极性。

陈俊生说，为了抓好科技兴棉，供销社应实实在在抓好以下几项关键性的技术措施：切实解决种子问题。推广成熟的栽培技术和管理模式。发展规模种植。改进耕作制度，提高复种指数。解决治虫问题。供销社与农业部门要优势互补，联合攻关。搞好棉花收购工作。

最后，陈俊生强调，一定要向农民讲清楚，今年棉花收购价格继续保持稳定，国家保证收购。国家将继续执行由供销社统一收购、统一加工、统一经营的政策，其他任何单位和个人不准插手经营棉花。要进一步加强对棉花市场管理的力度，制止多渠道争收抢购棉花，保证棉花收购资金供应，不会出现"卖棉难"问题。今年将继续实行在国家计划指导下的供需直接见面、双向选择的纺棉供应办法。

国家主席江泽民在中南海会见美国参议员康尼·麦克、约瑟夫·利伯曼和詹姆斯·杰福兹

3 月 29 日

国务院发出关于 1996 年价格调控目标计划完成情况及 1997 年价格调控计划的通报

国务院日前发出关于 1996 年价格调控目标计划完成情况及 1997 年价格调控计划的通报。

通报说:1996 年是抑制通货膨胀取得明显成效的一年。在党中央、国务院的领导下,经过各地区、各部门的共同努力,国民经济保持了适度快速增长,物价涨幅明显回落。全国商品零售价格比上年上涨 6.1%,居民消费价格比上年上涨 8.3%,较好地实现了年初确定的商品零售价格涨幅 10%左右、居民消费价格涨幅 12%左右的调控目标。从各地实际执行情况看,除个别地区居民消费价格涨幅略有突破外,全国各省(区、市)都实现了商品零售价格和居民消费价格调控目标。其中,有 12 个省(区、市)商品零售价格涨幅控制在 6%以内,有 13 个省(区)居民消费价格涨幅控制在 8%以内。但是,个别省(区、市)价格涨幅还相对偏高,其中,新疆、陕西商品零售价格涨幅在 8%以上,北京、青海、河南、新疆、甘肃居民消费价格涨幅在 10%以上。

通报说:按照党中央关于 1997 年经济工作的总体要求,国务院确定 1997 年全国商品零售价格涨幅平均控制在 6%以内,居民消费价格涨幅平均控制在 8%以内,并以居民消费价格为主要考核目标。同时,根据各地的经济发展状况和物价水平,确定了分地区的价格调控目标计划。各地区、各部门要继续贯彻执行适度从紧的财政、货币政策,进一步认真做好抑制通货膨胀工作。要采取切实有效措施,严格控制新开工项目和消费基金的过快增长,努力搞好经济总量平衡;进一步完善"米袋子"、"菜篮子"责任制,切实加大农业投入,增加农产品的有效供给。1996 年价格涨幅相对偏高的地区,要认真分析原因,找出差距,进一步加强和改善价格调控工作。各地人民政府要继续实行价格调控目标责任制,切实抓好各项物价调控措施的落实,努力完成 1997 年的价格调控目标。

外交部发言人表示中国政府欢迎法国政府决定不参与针对中国人权问题的提案

外交部发言人说,中国政府欢迎并赞赏法国政府将不参与在今年联合国人权会针对中国人权问题的提案的决定。

他说,中国政府历来主张,各国应该通过对话而不是对抗的方式处理人权问题。我们支持联合国维护和促进人权的努力,我们也愿意在相互尊重和平等的基础上就人权问题进行对话,但反对把人权问题政治化和将人权问题作为施加政治压力的工具。我们的立场得到国际社会的广泛赞同和支持。一些西方国家提反华提案,不符合情理,越来越不得人心。它们提反华提案的目的不是什么真正关心人权,而是借口人权问题向中国施压,干涉中国内政。我们希望其他西方国家也能重新考虑它们的立场,不要继续在人权问题上进行对抗。

国务院副总理兼外交部部长钱其琛在钓鱼台国宾馆同日本外务大臣池田行彦举行会谈

钱其琛重申了中方对钓鱼岛问题的立场,强调日方应严格约束日本右翼团体在此问题上再次制造事端,不要让他们干扰两国关系的大局。

池田表示,日本政府在历史问题上的基本想法是,继承村山内阁承认侵略、对此诚挚道歉的立场,并在此基础上面向未来,发展日中友好关系。他同意两国在领土问题上的争议不应影响两国关系的大局,日方愿冷静处理,努力防止再次发生事端。为此,将进一步研究能够采取的措施。

两位外长认为,中日友好 21 世纪委员会为两国友好合作做了许多有益工作,鉴于目前中日双方委员会成员的调整工作已经完成,两国外长商定 4 月底在日本举行该委员会第十一次会议。

钱其琛和池田还讨论了两国的渔业关系。钱其琛表示,中方对于缔结两国间新的渔业协定持欢迎和积极态度,愿意加快进度,争取尽早达成一致。池田对此表示感谢。

国务院副总理兼外交部部长钱其琛在钓鱼台国宾馆会见美国众议院议长纽特·金里奇

国务院副总理兼外交部部长钱其琛在北京会见美国参议员康尼·麦克和约瑟夫·利伯曼

孟加拉国总理谢赫·哈西娜达卡会见国务委员兼国务院秘书长罗干

3 月 30 日

中国人民银行发布公告 4 月 1 日发行 1996 年版壹圆券人民币

《人民日报》发表评论员文章《要加快发展旅游业》

国家主席江泽民在北京会见日本外务大臣池田行彦

江泽民指出，今年是中日邦交正常化25周年，明年是中日和平友好条约缔结20周年，中日关系处在承前启后，继往开来的重要时期，两国要认真总结历史经验，共同开辟更美好的未来。

江泽民指出，日本是中国的近邻，中国始终把中日关系放在十分重要的位置，要使两国关系健康稳定地向前发展，重要的是要坚持中日联合声明和中日和平友好条约的原则。

江泽民说，中日两国人民曾有过两千年的友好交往，近代日本军国主义的侵略曾给中国人民带来深重灾难，也使日本人民深受其害。他说："我经常对日本朋友讲'前事不忘，后事之师'；'前车之覆，后车之鉴'这个道理，历史的经验教训值得经常汲取，这既是东方人的哲学观念，也是我们的责任。要教育年轻一代不忘过去的历史，世世代代友好下去。"

关于台湾问题，江泽民说，台湾问题的关键是外国不要干涉中国的内政，不要做有损于中国统一和伤害中国人民感情的事情。

池田重申了日本政府对侵略历史深刻反省和诚挚道歉的立场，并强调这一立场不会变化。关于台湾问题，他表示，日本将坚持"一个中国"的政策，希望台湾海峡两岸和平地解决统一问题。

江泽民指出，中日两国作为本地区和世界上有影响的国家，发展睦邻友好，推动互利合作，不仅符合两国根本利益，而且也是本地区及世界的和平稳定与发展的重要积极因素，特别是在我们即将迎来世纪之交的历史时刻，着眼21世纪，如何进一步扎实地推进两国友好关系，为人类和平与进步事业作出更大的贡献，既是中日两国和两国人民肩负的历史使命，也是摆在我们面前的重要的现实课题，为此，中日双方特别是两国领导人更应从长远角度和战略高度来看待和思考两国关系，正确把握两国关系的发展方向。

国务院总理李鹏在钓鱼台国宾馆会见日本外务大臣池田行彦

全国人大常委会委员长乔石在巴黎接受法国《费加罗报》社论委员会主席阿兰·佩雷菲特采访

乔石回答了有关中法关系、中国的民主法制建设、中国的人民代表大会制度以及香港回归后的前途等问题。

当佩雷菲特问乔石，您是抱着什么想法访问法国时，乔石说："我这次到法国访问，正值法国的春天。北京现在也是春天。春天是充满希望和生机的季节。在这样美好的季节访问法国，我感到很高兴。"中国和法国都是具有悠久历史和灿烂文化的国家，两国人民之间有着传统的友谊。本世纪初，周恩来、邓小平等曾在法国勤工俭学，这段生活对他们的革命生涯产生了重要影响。

"我这次作为中国全国人大常委会委员长访问法国，通过与希拉克总统、朱佩总理、莫诺里参议长、塞甘国民议会议长等贵国领导人的会谈、会晤及与各方面人士的广泛接触，加深了了解，增进了友谊，扩大了合作。正如您所知道的，在中国改革开放、实行社会主义市场经济、建设社会主义法制国家的事业中，全国人大及其常委会承担着十分繁重的任务。我们需要从自己国家的实际出发，借鉴世界各国的成功经验。通过这次访问，进一步加强了中国全国人大与法国议会之间的友好交往，也有助于我们了解、研究法国议会在立法等方面的经验。

"中法关系是非常重要的。中国与法国保持和加强友好合作，不仅对两国的发展有积极意义，而且对世界的和平与稳定也有重要意义。中国政府和人民正在期待着希拉克总统不久访问中国。我相信，通过双方的共同努力，中法关系一定会获得更大发展。"

当佩雷菲特问到中国的民主法制建设情况时，乔石说："建设富强、民主、文明的社会主义现代化国家，是我们的奋斗目标。邓小平同志早就指出，没有民主就没有社会主义，就没有社会主义现代化。为了保障人民民主，必须加强法制。必须使民主制度化、法律化，使这种制度和法律不因领导人的改变而改变，不因领导人的看法和注意力的改变而改变。改革开放近20年来，我们遵循邓小平同志的这些思想，把建设高度的社会主义民主作为一项根本任务，在扩大人民民主方面采取了一系列重大步骤，包括制定1982年宪法，改革选举制度，制定和修改刑法、刑事诉讼法、行政诉讼法、国家赔偿法等一系列法律。我们还制定了村民委员会组织法(试行)和城市居民委员会组织法，通过村民、居民自治，加强基层民主建设。总的看，我国的现代化建设和民主政治建设，大体上是相适应的。同时，我们深知，我国地域辽阔，人口众多，经济、文化发展水平还不高，而且有几千年封建社会的历史，发展民主的任务是艰巨的。我们将坚定不移地从中国实际情况出发，在发展经济的同时，踏踏实实地推进民主法制建设。经过努力，有中国特色的社会主义民主政治一定可以建设起来。"

关于中国目前亟须制定哪些法律的问题，乔石指出："我认为首先是经济方面的法律。要在八届全国人大任期剩下的一年时间里，再努一把力，大体形成社会主义市场经济法律体系的框架，然后再逐步完善。同时，我们将继续抓紧制定推进社会主义民主政治以及其他方面的法律。我们正在根据宪法的规定并总结实际工作中的成功做法，起草监督法，以便使各级国家权力机关对行政、审判、检察机关等其他国家机关的监督工作制度化、法律化。这将对加强我国的民主政治建设产生重要的影响。”

当佩雷菲特问到中国共产党和人大的关系，以及为何强调军队应服从于党时，乔石说：“中国共产党的领导地位和作用是在长期的历史过程中形成的。党对国家事务的领导，主要是政治原则、政治方向、重大决策的领导和向国家机关推荐重要干部。党组织关于国家事务的重大决策，凡是应当由人大或人大常委会决定的事项，都要经人大或人大常委会通过法定程序变为国家意志。

“中国共产党缔造和领导的人民解放军，在中华人民共和国成立以后，也就是国家的军队。根据宪法规定，国家设立中央军事委员会，领导全国武装力量。中央军委实行主席负责制。军委主席由全国人大选举，对全国人大及其常委会负责。这样恰当地规定军队在国家体制中的地位是必要的。但这并不改变党对军队的领导。我国宪法序言中明确肯定了中国共产党在国家生活中的领导地位，当然也包括党对军队的领导。”

当佩雷菲特问到今年 7 月 1 日后香港的前途时，乔石说，最近几个月来“香港证券指数和不动产投资的攀升，说明香港同胞和世界各地在香港的投资者对香港的未来是有信心的。现在距离我国政府恢复对香港行使主权的历史性时刻越来越近，我们正在认真做好各项工作，确保香港政权顺利交接和平稳过渡。在香港特别行政区成立后，我们将遵循邓小平同志提出的‘一国两制’的方针，严格施行香港特别行政区基本法，实现‘港人治港’、高度自治。香港一定能够长期保持繁荣和稳定，一定会建设和发展得更好”。

全国人大常委会委员长乔石在巴黎接受欧洲时报社社长杨永桔 总编辑梁源法和副社长张晓贝的采访

国务委员兼国务院秘书长罗干与孟加拉国财政部部长基布里亚就加强双边经贸合作举行会谈并签署《中孟两国政府经济技术合作协定》

中国电信和美国 日本 韩国 香港 新加坡等国家和地区的九家电信公司在北京共同签署《关于建设中国美国海底光缆系统的谅解备忘录》

中美海底光缆工程即将启动。中美海底光缆系统全长约 2.6 万公里，将采用现今最先进的技术建设。该系统在我国的登陆点为上海和汕头，美国为班顿和圣路易斯-奥比斯波。日本和韩国将以支线方式加入。整个系统计划投资 12 亿美元，计划在 1999 年年底建成并投入使用。

此项工程由签署《备忘录》的十家公司共同发起建设。这十家公司是：中国电信、美国 ATT、日本 KDD、韩国 KT、美国 MCI、日本 NTT、美国 SBC、美国 SPRINT、香港电信、新加坡电信。

以色列工党总书记兹维利在耶路撒冷会见中共中央候补委员 中共中央对外联络部部长李淑铮率领的中国共产党代表团

3 月 31 日

国务院总理李鹏在人民大会堂与澳大利亚总理约翰·霍华德举行会谈

国务院新闻办公室发表《1996 年人权事业的发展》白皮书

1996 年是中国实施国民经济和社会发展第九个五年计划的开局之年，也是中国人权事业继续取得进展的一年。在这一年里，中国国民经济持续、快速、健康发展，民主和法制建设明显加强，人权状况继续保持并进一步呈现出不断改善的良好态势。

一、人民的生存权和发展权

1996 年，中国国民经济继续高速发展，国内生产总值达到 67795 亿元，按可比价格计算，比 1995 年增长 9.7%。在此基础上，人民的生存权和发展权得到了明显的改善。

城乡居民收入稳步增长，生活水平普遍提高。1996 年，城镇居民人均生活费收入达到 4377 元，比上年实际增长 3.3%；农村居民人均纯收入 1926 元，实际增长 9%，是近年来增幅最高的一年。城乡居民储蓄存款 1996 年年末达到 38500 多亿元，比 1995 年年末增加 8800 多亿元。城乡新建住房 11 亿平方米，居民的居住条件显著改善。城乡市场繁荣，消费品供应丰富，价格比较稳定，全社会消费品零售总额达到 24614 亿元，实际增长 12.5%。据国家统计局抽样调查，1996 年全国城镇居民人均消费支出 3919 元，其中人均购买食品支出 1905 元，反映食品消费比重的“恩格尔系数”为 48.6%，比上年下降了 1.3 个百分点，向 2000 年所要达到的 45%的目标又前进了一步。“恩格尔系数”的下降，标志着人们的生活质量有了新的提高。

中国在普遍提高人民整体生活水平的同时，一直高度重视解决贫困人口的温饱问题。改革开放以来，中国政府在全国范围内着力开展扶贫开发工作，使贫困人口连年大幅度减少。1996年，中国农村又有700万贫困人口解决了温饱问题，全国农村贫困人口已由1978年的2.5亿减少到5800万，18年来脱贫人口近2亿；中国贫困人口占世界贫困人口的比例由70年代末的1/4减少到目前的不足1/20。通过10多年来的扶贫开发，贫困地区还累计解决了3961万人、4629万头大牲畜饮水困难，兴修公路25.8万公里，架设输变电线路27.4万公里，兴办乡镇企业5万多个。同时，贫困地区的文化、教育、卫生事业也有了较大的发展。仅1995年，贫困地区就新建小学2504所、卫生院587所。在这方面，社会各界开展的救助贫困母亲的“幸福工程”、帮助贫困地区失学儿童的“希望工程”、资助贫困地区失学女童的“春蕾计划”、提高贫困地区儿童医疗条件的“博爱工程”等，发挥了很大的作用。

有资料表明，中国是世界上贫困人口减少最快的国家。在过去的20年里，世界上最不发达的贫困国家，已经从27个增加到48个。在最近的5年里，全世界最贫困的人口从10亿增加到13亿，目前还在以每年2500万人的速度增加。在发展中国家，每年有1000万人以上的人口死于饥饿或营养不良。相比之下，自1978年以来，中国的贫困人口以平均每年1000万的速度减少，目前正致力于在本世纪末消除全国的贫困人口。尽管中国还面临很大困难，但中国政府和人民有决心有信心如期实现扶贫攻坚的目标。中国在扶贫开发方面所作出的努力和取得的成就受到有关国际组织和人士的普遍赞誉。世界银行认为：“中国政府为帮助最落后的农村地区摆脱贫困作了极大的努力，这种努力比其他许多发展中国家所作的努力要成功得多。”

二、公民的民主权利

中国在发展经济的同时，大力推进社会主义民主政治建设，巩固和完善了人民代表大会制度、中国共产党领导的多党合作和政治协商制度，加强了基层民主建设，从而使公民的民主权利得到了进一步的保障。

人民代表大会制度是中国的根本政治制度。全国人民代表大会是国家最高权力机关，决定国家的大政方针，制定国家基本法律。1996年，全国人民代表大会听取和审议了国务院、最高人民法院、最高人民检察院的工作报告；审查和批准了《国民经济和社会发展“九五”计划和2010年远景目标纲要》；审议通过了20个法律和有关法律问题的决定，加强了对公民权利的法律保护。与此同时，全国人大加强了执法检查监督工作。八届全国人大常委会先后对17部法律的实施情况进行了检查；各专门委员会分别对13部法律的实施情况进行了检查。1996年，由8位副委员长负责，组织了21个执法检查组，到全国各地进行执法监督和检查，检查了农业法、教育法、环境保护法、劳动法和关于加强社会治安综合治理的决定的实施情况，对有关法律的贯彻实施发挥了督促作用。全国人大注意保障代表的权利，对代表们提出的建议和意见认真及时地处理。1997年全国人大八届五次会议期间，共收到代表议案700件，其中140件根据大会主席团决定交有关专门委员会审议，其他560件议案连同代表提出的1289件建议和意见，已分别交有关部门和单位办理，并负责向代表作出答复。

中国共产党领导的多党合作和政治协商制度是中国民主政治制度的重要组成部分。各民主党派和政协组织在政治协商、民主监督和参政议政方面，发挥着日益重要的作用。从1989年中共十三届四中全会到1996年年底，中共中央就国家大政方针、国家领导人选以及各项重大决策、法律法规，同各民主党派中央、全国工商联和无党派人士举行了100多次各种形式的协商活动。1996年，全国政协提出的关于落实“九五”计划大政方针、减轻农民负担、草原畜牧业发展、卫生改革以及加强精神文明建设和民主法制建设的调查报告或建议共41条，分别被中共中央、国务院在制定有关政策、规章时采纳。

与此同时，全国政协切实加强提案工作，积极反映社情民意。全国政协委员们积极谏言献策，提案逐年递增，从八届一次会议的1900件增加到八届五次会议的2426件，5年共提出一万多件。全国政协八届四次会议委员提案2380件，截至1997年2月14日，办复2334件，占98.1%。问题得到解决和计划解决的1937件，占83%；因条件限制难于较快解决的问题，各承办单位作了认真的说明。中国积极推进城乡基层民主建设，保障城乡居民的民主权利。在农村，继续开展以村民民主选举、民主决策、民主管理、民主监督为主要内容的农村基层群众性自治活动。1996年，全国绝大部分省、自治区、直辖市的农村村民委员会，采取村民直接投票选举产生的办法，进行了新一轮选举。许多地方实行每一个有选举权的村民都有权提名候选人，由村民大会或村民代表无记名投票表决、进行预选的方式确定正式候选人；候选人进行竞选；划票时，设立秘密划票间。村民委员会将村务定期或不定期地向村民公开。如河北省，截至1996年，全省50430个村已有50191个村实行了不同形式、不同程度的村务公开，内容包括村级财务开支、征购提留、宅基地发放、电价电费、计划生育、干部任期目标等6项。村务公开，扩大了村民民主管理、民主监督村内事务的权利。在城市,继续建立健全了城镇居民委员会组织及其下属机构,全国 98%以上的居民区都按照法定程序建立了居民委员会。1996 年,绝大多数居委会采取由居民直接投票的办法,依法进行了换届选举。各地居民委员会进一步健全居民会议制度,居民区的重要事务由居民会议决定。据对 127 个城市抽样调查,每个居委会平均每年召开居民会议 10 次以上。基层民主建设是中国人民民主的一个重要体现,国际上了解中国实际情况而不带偏见的人,都对中国的基层民主建设作了充分的肯定。

三、人权的司法保障

一年多来,中国修改了《刑法》和《刑事诉讼法》,颁布实施了《律师法》、《行政处罚法》等法律,并采取其他许多措施,加强了人权的司法保障。

中国依法打击严重刑事犯罪活动,切实保障人民的人权和生命财产安全。1996 年,公安、司法机关在全国范围内对杀人、抢劫、强奸、绑架勒索、重大盗窃等严重危害社会治安的刑事犯罪,特别是对涉枪犯罪、带黑社会性质的集团犯罪以及流氓恶势力犯罪,依法进行了严厉打击。这些犯罪活动危害社会治安,严重侵犯公民的人身、生命和财产安全,为全国人民所深恶痛绝。公安、司法机关依法惩处了一批罪大恶极的犯罪分子。据统计,1996 年全国法院共判处暴力犯罪、涉枪犯罪、集团犯罪等严重危害社会治安的刑事犯罪分子 322382 人。"严打"维护了社会稳定和全国人民的人权,得到人民群众的热烈拥护。

1997 年 3 月,全国人大八届五次会议对 1979 年制定的《刑法》进行了修订,使《刑法》由原来的 192 条增加到 452 条,增加了 260 条。修订后的《刑法》进一步明确了罪刑法定、法律面前人人平等、罪刑相当三项基本原则,规定:"法律没有明文规定为犯罪行为的,不得定罪处刑";"对任何人犯罪,在适用法律上一律平等";"刑罚的轻重,应当与犯罪分子所犯罪行和承担的刑事责任相适应"。这三项原则进一步完善了中国的法治原则,有利于司法公正和保护当事人的合法权利。与此同时,修订后的《刑法》把一些原来没有规定的犯罪根据现实情况做了明文规定。如将原来的流氓罪分解为侮辱妇女、聚众淫乱、聚众斗殴、寻衅滋事四种犯罪,增加了黑社会犯罪、煽动民族仇恨罪、证券欺诈犯罪、危害国防利益罪等。另外,还把"反革命罪"修改为"危害国家安全罪",将原来"反革命罪"规定中实际属于普通犯罪性质的,都规定按普通刑事犯罪追究。《刑法》的修订和实施,为惩治犯罪,维护国家安全和人民的人权提供了更加有力的法律武器。

中国重视规范行政、执法部门的行为,保护公民的合法权利不受侵犯。继《行政诉讼法》、《国家赔偿法》颁布实施之后,1996 年 3 月中国又颁布了《行政处罚法》,从制度上规范了政府的行政处罚行为。检察机关十分重视查办发生在党政领导机关、行政执法机关、司法机关和经济管理部门的犯罪案件。据统计,检察机关 1996 年共立案侦查贪污、贿赂、挪用公款等犯罪大案 34879 件,渎职和侵犯公民人身权利、民主权利犯罪大案 4864 件。

为了加强在公安、司法工作各个环节中对人权的保障,1996 年,中国对 1979 年制定的《刑事诉讼法》作了重大修正,完善了刑事司法程序,增加了保护公民权利的规定。一是更加具体地保障了无罪的人不受刑事追究,规定"未经人民法院依法判决,对任何人都不得确定有罪"。人民法院对证据不足,不能认定被告人有罪的,应当作出指控犯罪不能成立的无罪判决。二是取消了作为行政强制措施的收容审查制度,进一步规范了传唤、拘传、拘留等强制措施,明确规定"传唤、拘传持续的时间最长不得超过十二小时。不得以连续传唤、拘传的形式变相拘禁犯罪嫌疑人"。三是扩大了律师的参与,规定"犯罪嫌疑人在被侦查机关第一次讯问后或者采取强制措施之日起,可以聘请律师为其提供法律咨询、代理申诉、控告"。"公诉案件自案件移送审查起诉之日起,犯罪嫌疑人有权委托辩护人"。四是强化了对被害人的权利保障,将被害人列为当事人,并赋予其一定的起诉权,请求立案监督权,申请回避、委托诉讼代理人的权利,请求抗诉权,庭审活动中的诉讼权利等。

各级法院以学习贯彻修正后的《刑事诉讼法》、推进刑事审判方式改革为重心,全面改革和完善审判方式,依法强化了庭审功能、合议庭和独立审判员的职责,加强了对人民群众合法权益的保护。与此同时,检察机关加大执法监督的力度,特别是加大了对少数公安、司法人员滥用职权、不依法办事现象的查处工作。在侦查监督工作中重点纠正有案不立、有罪不究、以罚代刑问题。1996 年共对侦查工作中的违法情况提出纠正意见 15565 件次。在刑事审判监督工作中,对审判活动中的违法情况提出纠正意见 2422 件次;对认为确有错误的刑事判决、裁定,依法提出抗诉 2405 件。检察机关在工作中,重视保护犯罪嫌疑人、被告人和其他当事人以及服刑人犯的合法权利,严肃查办司法、执法人员刑讯逼供、非法拘禁等犯罪案件。检察机关还依法改变确有错误的批捕、免诉、撤案等决定 570 件;依法受理刑事赔偿案 379 件,已办结 110 件,决定给予赔偿 44 件。

中国的律师队伍发展迅速,已成为维护公民合法权益的一支重要力量。1996 年 5 月 15 日通过的《中华人民共和国律师法》(以下简称《律师法》)明确规定,律师是"依法取得律师执业证书,为社会提供法律服务的执业人员”，并相应地规定了律师执业条件、业务、权利和义务等内容。《律师法》的颁布实施，对保障律师的合法权利和依法执业，维护当事人的合法权益和法律的正确实施，具有重要意义。据统计，1996年，全国律师行业从业人员已达到10多万人，比上年增加1.2万人，增长12.6%；律师事务所达到8265家，比上年增加1065家，增长14.8%。1996年，全国律师应聘担任政府和企业法律顾问25.4万多家，比上年增长8.7%；承办刑事辩护和刑事代理25.1万多件，比上年增长23.1%，是近年来增长最多的一年；承办民事诉讼代理38.9万件，比上年增长23.2%；承办经济诉讼代理案件38.1万多件，比上年增长17.2%；承办行政诉讼代理案件2.3万多件，比上年增长28.4%；办理非诉讼法律事务45.5万多件，比上年增长0.8%。

中国是犯罪率比较低的国家。1996年，全国刑事案件比上年下降5.4%，杀人、伤害、抢劫、盗窃等几类主要犯罪案件均比上年有所下降。

四、劳动者权利的保障

中国重视劳动者权利的保障。一年来，政府为保护《劳动法》规定的平等就业、取得劳动报酬、休息休假、获得劳动安全卫生保护、接受职业技能培训、享受社会保险和福利等权利，作出了新的努力。

目前，全国已有职业介绍机构31000所，就业服务中心2716所，失业保险机构2000多个，劳动就业服务企业20多万户，在劳动就业服务企业的从业人数达900多万人。1996年全国约有1000万人在职业介绍机构的帮助下走上就业岗位。中国的城镇失业率为3%左右。

为了保障劳动者的最低工资水平，近年来，政府颁布了《企业最低工资规定》和《关于实施最低工资保障制度的通知》，对最低工资标准的确定和调整、最低工资的支付以及违反该制度的法律责任等作了明确规定。目前，全国除西藏以外的各省、自治区、直辖市都颁布实施了本地区的最低工资标准，初步建立了适合中国国情的最低工资保障制度。此外，为确保劳动者按时足额取得合法收入，政府还颁布了《工资支付暂行规定》及其《补充规定》。

为切实保障劳动者的安全和健康，中国颁布实施了《〈矿山安全法〉实施条例》和《重大事故隐患管理规定》，增加了改善劳动条件的资金投入，每年投入2000多万元用于企业劳动保护技术改造，研制、开发新型劳动防护用品。同时，加强了对劳动安全的监察与管理，督促企业不断改善劳动条件，给劳动者创造安全卫生的劳动环境。近年来，中国企业伤亡事故，特别是重大、特大事故呈下降趋势。

中国政府十分重视劳动者的职业技能开发和职业培训工作，积极发展高级技工学校。目前，全国有技工学校4467所，每年招生70多万人。同时，充分利用社会力量培训各类人才，1996年共培训110多万人，其中培训军地两用人才1.8万人，就业前培训16.9万多人，培训乡镇企业人员4.5万多人。

社会保险事业也不断发展，全国参加养老保险的职工有8750万人，离退休人员有2250万人；建立了基本养老金正常调整机制，在全国范围内，连续两年按当地职工上一年平均工资增长率的40%至60%调整企业离退休人员的基本养老金，保障了企业离退休人员的基本生活。政府还颁布了《企业职工工伤保险试行办法》，使劳动者在生产过程中受到伤害后能得到应有的补偿。

为使保障劳动者合法权益的各项法律法规得到真正的贯彻落实，政府加强了对用人单位遵守劳动法律法规的执法监察，开展了多种形式的劳动监察执法活动。据不完全统计，1996年上半年，各级劳动行政部门检查用人单位17.8万个，查处劳动违法案件76834件，并对违法者追究了相应的法律责任，维护了劳动者的合法权益。

中国重视对老年人合法权益的保障，1996年8月通过了《中华人民共和国老年人权益保障法》，对老年人的家庭赡养与扶养、社会保障、参与社会发展以及侵害老年人合法权益行为的法律责任等作出了明确规定，使国家对老年人这一特殊群体的权益保护规范化、法律化。根据该法规定，国家建立养老保险制度，保障老年人的基本生活。老年人依法享有的养老金和其他待遇受到保障。国家根据经济发展、人民生活水平提高和职工工资增长的情况相应增加养老金。农村的老年人，无劳动能力、无生活来源、无赡养人和扶养人的，或者其赡养人和扶养人确无赡养能力或者扶养能力的，由农村集体经济组织负担保吃、保穿、保住、保医、保葬的五保供养。城市的老年人，无劳动能力、无生活来源、无赡养人和扶养人的，或者其赡养人和扶养人确无赡养能力或者扶养能力的，由当地人民政府给予救济。

五、公民的受教育权

近年来，中国公民的受教育水平不断提高。据统计，到1996年，全国共有小学64.6万所，在校学生13615万人，比1990年增长11.2%；普通中学8万所，在校学生5739.7万人，比1990年增长25.2%；普通高等学校1032所，在校学生302.1万人，比1990年增长46.5%；成人高等学校1138所，在校学生265.6万人，比1990年增长59.5%；各级各类中等职业学校1.86万所，在校学生1087.9万人，比1990年增长66.7%。可以说，中国已初步形成了一个能够基本保障公民受教育权利的教育体系。

中国有一套保障公民受教育权利的法律体系。继1995年颁布《教育法》后，1996年5月又颁布了《中华人民共和国职业教育法》，规定公民有依法接受职业教育的权利，进一步完善了教育立法。在此基础上，政府采取各种措施，促进公民受教育权利的实现。据国家统计局统计，1995年全国6岁至14岁儿童未在学校学习的人数为1836万，比1990年人口普查时下降了1451万，6岁至14岁未在校学习的儿童数量占同龄人口的比例由1990年的18.62%下降到1995年的8.38%，下降了10个百分点。目前，中国已在90%以上的人口地区普及了小学教育，小学学龄儿童入学率为98.81%；升入初中的为92.62%。到1995年，中国文盲人数已降到1.45亿，成人文盲率下降为16.48%，青壮年文盲率下降为6.14%。1996年，全国又减少了400万青壮年文盲。

中国政府重视帮助经济困难的高校学生完成学业，采取了奖学金、贷学金、勤工助学基金、困难补助和学杂费减免等措施。中央政府还拨出专款资助困难学生，1994年至1996年拨款达4.4亿多元。许多地区和部门也安排专项资金，资助困难学生。

为保障公民的受教育权利，提高全民族的科学文化素质，国家计划到2000年实现基本普及九年义务教育和基本扫除青壮年文盲。为此，中国政府积极采取措施，1996年又有26个省、自治区的457个县(市、区)基本达到了普及九年义务教育和基本扫除青壮年文盲的各项要求，覆盖人口1.9亿，占全国人口总数的16.4%。至此，全国累计已有1482个县(市、区)达到了要求，人口覆盖率达50%。

自1983年以来，中国政府相继设立老、少、边、穷地区普及义务教育、职业教育、师范教育、民族教育四项政府教育补助专款，加上政府掌握的城市教育费附加，每年资金达3亿元，主要用于扶持贫困地区教育事业的发展。政府还决定从1995年到2000年由中央财政集中投入39亿元专款，加上地方各级财政配套拨款，资金投入总量预计100亿元，重点投向《国家八七扶贫攻坚计划》中确定的贫困县，部分投向经济确有困难、基础教育发展薄弱的省定贫困县，优先投向少数民族地区。此外，已经实施多年的“希望工程”1996年又取得新的进展。据统计，1996年全国“希望工程”共接受捐款2.86亿元，援建希望小学1560所，资助失学儿童29万余名。至此，“希望工程”7年来已累计接受捐款9.78亿元，援建希望小学3634所，资助失学儿童154.9万名。

中国政府大力发展残疾人教育。到1996年年底，全国已建特殊义务教育学校1426所，在校的盲、聋、弱智学生32.11万人。特殊教育学校和在校残疾学生人数分别比1990年增长91.15%和345.97%。

六、妇女、儿童的合法权益

中国为促进男女平等、保障妇女合法权益，做出了积极的努力。妇女依法在国家政治生活中享有与男子平等的权利。到1996年年底，在机关、企事业等单位工作的女干部已达1328万人，占干部总数的33.8%，是建国初期的200多倍。在第八届全国人大代表中，有女代表626名，占代表总数的21.03%。政府各部门中女性担任领导职务的人数也有所增加。全国女副省长的人数已由1994年的18人增至1996年的21人，女正、副市长由174人增至225人，女正、副县长由1329人增至1540人。

妇女的经济、社会、文化权利得到保障。1995年，妇女从业人员已占社会从业人员总数的44%左右，高于世界平均34.5%的比例；城镇女职工由1994年的5465万人增至5755万人，占职工总数的38.6%；女科技人员由1993年的809.7万人增至988.1万人，占科技人员总数的36.91%。中国实行男女同工同酬。妇女劳动受到特殊保护，在经期、孕期、产期和哺乳期受到特殊照顾，职工中的生育妇女享有3个月的带薪产假。

妇女受教育的权利得到进一步保障。新中国成立40多年来，全国已累计扫除女文盲1.1亿，使妇女文盲比例由1949年的90%降到1995年的32%。1996年，全国女童入学率已由1990年的80%提高到98.63%，女童与男童入学率之差已由1991年的2.9%下降到1996年的0.35%。中学生、大学生中的女生比例分别由1990年的42.2%、33.7%上升到45.5%、36.4%。到1995年，全国已建立1679所女子中等职业学校和3所女子职业大学，开设了60多个适合妇女的专业，有1300多万妇女在成人学校学习。

妇女的健康状况有较大改善。城乡普遍建立了妇幼卫生保健服务网络。1995年，全国有妇幼保健院349所，妇幼保健站2832所，妇产医院49所，儿童医院35所；孕产妇死亡率由1993年的67.3/10万下降到61.9/10万；妇女的平均预期寿命已由1949年的36岁提高到72岁，比男性高3岁，比联合国提出的到2000年世界妇女平均预期寿命65岁的目标高出7岁。

中国重视对儿童权益的保护，目前已形成了以《未成年人保护法》为主体的较为完善的保护儿童权益的法律体系。自1992年2月中国颁布《九十年代中国儿童发展规划纲要》后，全国30个省、自治区、直辖市以及80%的地(市)、半数以上的县(区)，陆续制定了本地区的儿童发展规划。为切实保障儿童的健康成长，中国的立法、司法、政府各有关部门以及社会团体都建立了相应的机构，负责协调和推动政府有关部门做好维护妇女儿童权益的工作。国务院设有妇女儿童工作委员会，全国30个省、自治区、直辖市都建立了妇女儿童工作委员会或未成年人保护委员会，大部分地（市）、县（区）也都设立了妇女儿童工作委员会。

中国儿童的发展状况明显改善，现已达到国家规划的90年代儿童发展的中期目标。自1991年以来，中国开展了大规模的爱婴行动，至1995年年底已创建2957所爱婴医院。中国婴儿死亡率和5岁以下儿童死亡率连年下降，1995年分别降至36.4‰、44.5‰，1991年至1995年平均下降速度分别为7.7%、7.6%。据1995年多指标住户调查，按国际通用的评价标准，中国5岁以下儿童中、重度营养不良的比例为15.80%，比1990年的20.74%下降了23.83%。中国从1978年开始普及儿童计划免疫，1995年，卡介苗、百白破、脊灰和麻疹四苗报告接种率分别达到92.3%、92.1%、93.8%和92.9%。

中国政府一直高度重视残疾儿童的康复工作，到1995年，已在全国的大中城市建立残疾儿童康复站（点）2000多个。截至1995年年底，已完成聋儿听力语言训练6万多名；训练智残儿童10万名，提高了他们的生活自理能力和认知能力；为3万名低视力儿童配戴助视器，使他们提高了视力；还对儿童期的儿麻后遗症患者、先天性白内障患者进行了康复治疗，1991年至1995年共帮助20多万残疾儿童恢复健康。

中国社会福利事业机构主要收养失去双亲又无法定义务抚养人的孤儿。1990年至1994年，为了给孤儿提供生活、医疗、康复保障，地方财政用于福利院孤儿的养育费为5.15亿元，国家专门用于改善福利院孤儿生存条件的资金7.4亿元。近几年，许多儿童福利院还通过募集资金，为福利院的残疾儿童实施脱残手术。1995年全国开展“残疾儿童康复工程”，号召全国三级以上医院为福利院残疾孤儿实施医疗康复手术，使200多名福利院残疾儿童脱残。

中国政府大力发展妇幼保健事业，提高托儿所、幼儿园的卫生保障和教育水平。目前，全国共有幼儿园18.73万所，大中城市儿童的入园要求基本得到满足。

七、少数民族的权利保障

在中国，各民族一律平等，国家保障各少数民族的合法权利和利益，维护和发展各民族的平等、团结和互助关系。各少数民族聚居的地方，实行民族区域自治制度。各自治区主席、自治州州长、自治县县长，都由实行区域自治的民族的公民担任；自治地方人民政府的其他组成人员，都尽量配备实行区域自治的民族和其他少数民族的人员。民族自治地方的各民族都有使用和发展自己的语言文字的自由，有保持或者改革自己的风俗习惯的自由，并依法享有宗教信仰自由。

国家对少数民族聚居地区的经济发展继续实行扶助政策，提供资金、技术、人才等方面的支援，促进了少数民族聚居地区经济的快速发展和生活水平的提高。1996年，内蒙古、西藏、新疆、广西、宁夏这五大自治区的总体发展速度明显高出全国水平，国内生产总值增幅超过10%；城乡居民收入大幅度增加，农民人均收入增幅超过全国平均水平。内蒙古自治区国民生产总值983亿元，比上年增长12.4%；农牧民人均收入1602元，实际增长14.8%；城镇居民人均生活费收入3101元。西藏自治区国民生产总值达到64.53亿元，比1995年增长10%；全区城镇居民人均生活费收入5036元，增长25.9%；农民人均纯收入达到960元，增长9.3%。新疆维吾尔自治区1996年国民生产总值979亿元，比上年增长9%左右；农牧民人均纯收入1300元，增长14.4%；城镇居民人均生活费收入4250元，增长10.6%；全区城乡居民储蓄存款余额575.79亿元，增长20.8%。

1996年3月中国通过了《国民经济和社会发展“九五”计划和2010年远景目标纲要》，决定采取措施加速少数民族人口比较集中的中西部地区的发展。这些措施包括：优先在中西部地区安排资源开发和基础设施建设项目；调整加工工业的地区布局，引导资源加工型和劳动密集型产业向中西部地区转移；理顺资源性产品价格，增强中西部地区自我发展的能力；逐步增加对中西部地区的财政支持；加快中西部地区改革开放的步伐；提高国家政策性贷款用于中西部地区的比重；继续组织中央各部门、社会各界和东部沿海地区，以多种形式支援西藏等少数民族地区。1996年，民族地区一大批重点工程竣工或开工，如广西壮族自治区桂林两江国际机场竣工开通；5月，投资30多亿元、能解决100万回族聚居区贫困人口温饱问题的“宁夏扶贫扬黄灌溉工程”开工；9月，新疆维吾尔自治区南疆铁路西段建设拉开序幕。国家对西藏的发展继续给予特别照顾。1996年，国家对1994年确定的62个援藏工程项目增加投资14亿元，新增加援藏项目151个，总投资4.9亿元。中央有关部委和兄弟省市还派出150多个工作组进藏考察，制定了10年援藏规划。目前，全国援藏62项工程已交付使用56项，到位资金35.3亿元，改善了西藏的交通、能源、通信等基础设施落后的状况，使当地一百多万人直接受益。

中国政府历来关心少数民族地区教育文化事业的发展，尊重和重视维护少数民族的传统文化。1996年，西藏自治区加大了教育投入，新建和改扩建中小学87所，适龄儿童入学率达到73.5%，比1995年增长3.1个百分点；广西壮族自治区适龄儿童入学率达到

98.16%，在校小学生 639.5 万人。1996 年，世界上海拔最高的现代化的、多功能的大型图书馆——西藏自治区图书馆建成开馆；中国三大史诗之一、素有“国宝”之称的柯尔克孜族英雄史诗《玛纳斯》汉译基本完成。

1996 年中国人权事业的进展再一次证明，中国将人民的生存权和发展权置于首位，在改革、发展、稳定的条件下，加强民主法制建设，全面推进人权，是符合中国国情和全体人民的根本利益的，在实践中是卓有成效的。

人权状况的改善是一个随着社会政治、经济、文化的发展而不断发展的过程。中国是一个发展中国家，受历史和现实条件的限制，人权状况还存在着一些不尽如人意的地方。中国政府和人民将继续努力，使人民享受的人权在更广阔的领域和更高的层次上不断得到实现。

国务院新闻办公室举行记者招待会司法部常务副部长张秀夫介绍中国法制建设情况并答中外记者问

张秀夫说，改革开放以来，我们坚持一手抓经济建设，一手抓法制建设。1997 年以来，我国制定法律和有关法律问题的决定 311 部，制定法规 700 多件，制定行政规章近 4000 件。现在，我国政治生活、经济生活和社会生活的基本的、主要的方面，已经做到了有法可依。通过制定法律，特别是修订刑法、刑诉法等法律，我国公民的民主权利得到有效的保障。

张秀夫说，我国在加快立法步伐的同时，十分重视法律的实施，司法、行政执法工作不断加强。有计划、有组织、有领导地开展了大规模的普法活动。我们已经进行了两个五年普法，去年开展了第三个五年普法。法律专业人才的培养步伐加快。律师队伍不断扩大，到目前为止，全国共有律师事务所 8265 个，共有执业律师 10.2 人。同时我们批准 73 家外国律师事务所在华设立办事处，我国也有 7 家律师事务所在国外设立了办事机构。法律援助制度已初步确立，并显示了勃勃生机。今年实施的刑事诉讼法、律师法确立了法律援助制度，使社会的贫者、弱者和残者能够充分行使公民的合法权利，实现司法公正。到目前为止，全国已在大中城市建立法律援助中心 47 个，办理援助案件近千件，产生了广泛而积极的影响。我国法律监督和执法体系也正在进一步完善。

在回答记者提问时，张秀夫说，要逐步把中国的监狱建成社会主义的现代化的文明的监狱，目前我们在这方面已经取得明显进展，已经评出了北京市监狱等第一批现代化文明监狱。到 2000 年，中国的大多数监狱都将建成有较高水平的现代化文明监狱。中国的监狱工作有自己的特色，采取了惩罚与改造相结合的办法，以改造人为宗旨，把罪犯改造成对社会有益的守法的公民。我国监狱对罪犯的改造教育工作是卓有成效的，出狱后的重新犯罪率不到 10%。

张秀夫说，中国的监狱实行人道主义，凡确有疾病而在监狱中不能治疗的，我们都按规定允许其保外就医。每年我国监狱保外就医的人数都在 2.5 万人左右。修订后的刑法把反革命罪改为危害国家安全罪后，原来以反革命罪判决仍然有效。目前我国关押的危害国家安全罪犯 2026 人，约占我国总人口的 0.46%，占监狱关押犯人总数的 0.46%，其中还包括了从事爆炸等恐怖活动、在监狱中暴狱的犯罪分子。随着我国经济和社会的发展，建设有中国特色社会主义理论越来越深入人心，危害国家安全的犯罪率将呈进一步下降的趋势。

张秀夫说，我国的广大律师在保护公民的合法权利中发挥了积极作用，去年律师提供的法律咨询就达 20 多万件。但律师队伍的建设和发展中也出现了一些问题，如不同地区实行统一的收费标准等，这些问题正在逐步解决。张秀夫说，中国法律充分保护公民的基本权利，重视对少数民族和特殊群体的保护，加强了司法领域对公民的保护，同时，十分注意在公民和政府关系中保护公民的合法权利。我国在法律方面对公民的保护是充分的、有力的。

张秀夫还就法律援助制度的实施、律师从事证券业务的要求，以及劫机罪犯的惩处等问题，回答了记者的提问。

国务院副总理邹家华在闭会的全国土地管理厅局长会议上发表讲话

针对我国土地管理和耕地保护中存在的问题，邹家华强调，必须长期坚持“十分珍惜和合理利用每寸土地，切实保护耕地”的基本国策，从体制、机制和法制上采取治本之策，这是中央加强土地管理，切实保护耕地的指导思想。为落实这一指导思想，将采取冻结审批占用耕地一年、冻结审批县改市、实施建设用地大清查等坚决措施。

邹家华说，过去我们对土地利用缺乏总体安排和宏观控制，从而造成了土地乱占滥用的严重状况。针对这一问题，中央强调，土地利用总体规划是合理配置和有效利用土地资源的高层次规划。城市规划和各专项规划在土地利用上，特别是利用农地扩大城市规模，进行非农建设应服从土地利用总体规划。下级土地利用规划必须在上级土地利用规划的约束指导下编制实施。在修订的土地利用总体规划批准前，原则上不允许新占耕地。

邹家华指出，现行土地管理的“分级限额审批”制，尽管法律规定了地方政府只有一定限额的耕地占用审批权，但由于受利益驱动，普遍采用“化整为零”和下放土地审批权等办法非法批地用地，致使中央政府难以控制土地供应总量。为此，中央认为，必须改革现行土地“分级限额审批”制，实行农地与非农地的用途管制，把建设占用耕地的审批权限主要集中在省级以上政府。当务之急是要修改《土地管理法》，尽快实施土地供应总量控制、城乡建设用地区域管制、耕地用途管制。

根据我国耕地大量减少和土地粗放利用并存的现实，邹家华说，中央要求改革土地利用方式，以节地挖潜，推行土地整理为重点，实现土地利用从粗放向集约转变，努力提高土地产出率。要挖掘城市用地潜力，加快存量建设用地的再开发步伐，逐步改变城市矮、空的现状。要挖掘农村土地潜力，重点做好田、水、路、林、村的农村土地综合整理和规划，通过节流挖潜和土地整理，严格控制城乡建设用地规模，实现耕地总量动态平衡目标。

邹家华说，我国现行土地管理法律、法规不健全，执法手段软弱，难以控制对农地的随意征用，地方政府的土地违法行为难以查处，不适应社会主义市场经济体制的需要。中央强调，要修改完善有关法律、法规，制定和执行世界上最严格的土地管理和耕地保护法规，充分体现国家集中统一管理土地的原则，切实赋予国务院土地管理部门对土地违法的查处权，建立土地用途管制的法律制度。

我国现行“多卖地，多得益”的土地收益办法，是耕地大量减少的经济诱因。邹家华说，中央决定，今后农地转为非农建设用地的土地收益全部上缴中央，主要用于耕地开发。调整土地收益分配办法，是逐步建立耕地保护经济制约机制的有效手段之一。中央调整土地收益的真正目的，是调动地方政府利用存量土地的积极性，走内涵式发展道路。

邹家华说，下一步土地管理体制改革的方向，一是必须强化国家集中统一管理土地的职能，建立统一权威的管理机构。二是必须集中土地管理的权力。要加强各省(区、市)党委、政府管理土地的责任，原则上实行国家和省(区、市)两级管理，以省(区、市)级为主的模式。

邹家华最后强调，中央提出了加强土地管理，切实保护耕地的治本之策，关键在落实。各级党委、政府特别是土地管理部门要把落实治本之策建立在土地利用方式转变的基础上。如果再一味地以牺牲农业、牺牲耕地来搞建设，不仅严重影响着我国经济社会的可持续发展，而且也严重威胁着子孙后代的生存。各级领导同志一定要统一思想，提高认识，采取积极有效的措施，把党中央、国务院的重大决策落到实处，切实加强对土地管理工作的研究和领导，大力支持土地管理工作，尽快扭转耕地减少的严峻形势，力争今年全国实现耕地总量动态平衡。

国务院副总理朱镕基在中南海会见美国电话电报公司董事长罗伯特·艾伦

国务院副总理姜春云在路易港分别与毛里求斯总统乌蒂姆和总理拉姆古兰举行会谈

中央军委副主席迟浩田上将在人民大会堂会见刚果总统特别军事顾问邦戈·努瓦拉

国务院总理李鹏在中南海会见出席中国科学院跨世纪年轻人才代表会议的全体代表

李鹏指出，目前，在我国，中老年科技工作者仍是主力军，同时也有许多新的科研成果出自年轻人之手。你们正值年富力强的时期，思想解放，没有框框，勇于开拓创新，又有丰富的知识，科学技术进步的希望寄托在你们身上，要多发明，多创造，多做新贡献。我们要继续坚持鼓励优秀青年人才脱颖而出的政策，各级党委和政府也要继续重视对青年科技人员的培养，为21世纪造就出大批德才兼备的人才。

海协会就台湾暴发大范围猪口蹄疫疫情致函台湾海峡交流基金会

海协的函说，近悉，台湾西部沿岸暴发猪畜口蹄疫，疫区殃及14余县，且有向东部蔓延之势。我会对由此造成疫情地区民众的经济损失表示深切慰问，并衷心地希望疫区的疫情得到有效的控制，使台湾民众的经济损失减到最低限度。

海协的函说，据有关方面面告，在预防和控制猪口蹄疫病发处理技术方面，有充分的能力给予协助。拟提供最新研制的高效O型疫苗。考虑疫苗使用和保管须在严格的规范下才能发挥应有的效果，为确保疫苗快速、安全、有效地投入疫区，如贵会同意，请指定专业技术人员或相应团体与中国畜牧兽医学会接洽。

中国国际减灾十年委员会在北京召开第七次全会

会议原则通过了《中华人民共和国减灾规划》(送审稿)(以下简称《规划》)。国务委员、中国国际减灾十年委员会主任李贵鲜出席会议并讲话。

《中华人民共和国减灾规划》(送审稿)，是由中国国际减灾十年委员会与国家计委组织全体委员单位和有关专家共同编制的。《规划》从1994年年底开始编制，系统地描述了中国自然灾害与减灾工作的现状、中国的减灾战略，重点提出了中国的减灾对策，以及开展国际合作的方式和优先领域，从而体现了中国政府对减灾工作的重视和支持，为各单位深化减灾工作提供依据。

李贵鲜在讲话中说，《中华人民共和国减灾规划》是我国第一部综合性的减灾规划，它明确提出了我国减灾的发展战略和宏观目标，以及实现这些目标的行动原则。经国务院批准后的《规划》，将成为推动我国减灾事业持续发展的纲领性文件，也将成为我国向国际社会公布的中国减灾中长期规划和寻求减灾国际合作的蓝本。实施这个《规划》，会进一步推动我国减灾事业的发展。各地区、各部门特别是减灾委各成员单位要以此为契机，进一步做好工作，增强减灾意识，切实解决重发展、轻减灾的问题，按照《规划》确定的方针、政策、原则以及本地区、本部门、本单位的实际情况，制定并切实落实好减灾工作方案，力争在一个不太长的时期内，有效地减轻我国的自然灾害，为我国国民经济与社会的持续发展提供可靠的保证。

这次会议由民政部部长、中国国际减灾十年委员会副主任多吉才让主持。

4月1日

国家主席江泽民在钓鱼台国宾馆会见澳大利亚总理约翰·霍华德

广东省公安部门召开新闻发布会重申香港回归前后出入香港和前往深圳及边境地区管理问题的有关规定

广东省公安厅负责人说，所谓香港回归前后内地人员往来香港的政策将有许多变化的传言都不属实。我国政府及《香港特别行政区基本法》已明确规定，香港回归后仍实行严格的出入境管制，实行“五不变”：现行的内地与香港人员往来的规定及做法基本保持不变；内地符合条件的申请人须事先申请获批准后方可前往香港的规定不变；香港特别行政区和内地分别设关检查放行的做法不变；限额审批的原则不变；偷渡滞留香港人员一律遣返的原则不变。

广东公安部门强调，香港回归前后，凡通过非法途径外流至香港的人都没有居留权，即使偷渡外流，港方也会将其遣返回内地。警方将加大力度继续坚决打击和制止偷渡外流活动。传闻香港永久居民在内地所生子女只要到香港即可获定居、成为香港永久居民的说法也是毫无根据的。

香港回归后，广东省出入境管理部门仍将严格依照有关规定，受理和审批广东省公民因私往来港澳地区的申请。内地人员往港澳定居、探亲、旅游还是按照目前的做法须事先向户口所在地的公安出入境部门申请，获得批准后方能持证前往。

7月1日香港将举行政权交接仪式和庆祝活动，大批世界各地的嘉宾、记者将应邀赴港出席活动观礼。广东警方说，为维护香港的秩序，确保香港各项庆祝活动顺利进行，在6月15日至7月15日这段时间内，须严格控制内地人员赴港。单程赴港定居按定额照常批准前往；探亲的除特殊情况外，要避开这段时间安排；对前往旅游的按规定的团数安排；其中，6月30日至7月2日暂不安排。6月15日至7月15日出国旅游不准经停香港。内地人员除工作需要外，在这段时间一般不批准去深圳、珠海。

“澳门同胞庆祝香港回归祖国筹备委员会”成立

庆委会由澳门中华总商会、澳门工会联合总会、澳门街坊会联合总会、澳门妇女联合会、澳门归侨总会、澳门中华教育会、澳门新闻工作者协会、澳门中华学生联合总会等八个主要社团发起。委员包括各界人士共182人组成，主席团执行主席为马万祺。

《人民日报》发表社论《认真贯彻落实〈决定〉切实减轻农民负担》

《中共中央、国务院关于切实做好减轻农民负担工作的决定》今天全文发表了。这一决定，充分表明党中央、国务院对农民负担问题的高度重视，说明解决这一问题事关重大。我们必须深刻认识做好减轻农民负担工作的紧迫性和重要性，切实把《决定》的各项政策措施不折不扣地落到实处。

近年来，党中央、国务院针对农民负担重的问题，采取了一系列措施，各级党委、政府和有关部门做了大量工作，减轻农民负担工作取得了一定成效。但是，应该清醒地看到，农民负担过重的问题并未从根本上得到解决，一些地方的情况还相当严重。尤其是在丰收以后，巧立名目向农民乱收费、乱集资、乱罚款、乱摊派者有之；虚报农民纯收入，超限额提取村提留、乡统筹者有之；违法乱纪，挥霍、侵吞集体和农民资财者也有之。少数干部工作方法简单，作风粗暴，甚至严重地侵犯了农民的合法权益，挫伤了农民的生产积极性，伤害了农民对党和政府的感情。农民负担过重，已成为影响农民积极性和农村稳定的突出问题，到了非痛下决心彻底解决不可的时候了。

农民负担重的问题为什么总是禁而不止、减而不轻呢？客观上讲，与机构庞杂、人员过多有关；从主观上看，不外乎两条：一是背离了党的实事求是的思想路线；二是忘记了党的全心全意为人民服务的根本宗旨。农民负担加重的地方，相当多的是违背了党的实事求是、一切从实际出发的思想路线，部署工作不顾客观条件和可能，要求过高过急，动辄搞“达标升级”，经济条件不具备，就以各种名目向农民伸手。有的领导淡忘了党的宗旨，摆错了自己和农民群众的关系。不是将农民群众的利益放在首位，而是为了眼前利益和局部利益侵犯农民的合法权益；不是坚持对上级负责和对群众负责的一致性，而是把两者割裂开来，对立起来。这是问题的实质所在。这个问题真正解决了，农民的过重负担才可能真正减下来。至于少数以权谋私，随意收取农民财物，挥霍贪占提留摊派款项的，更是党的宗旨和法制纪律所不允许的。

《中共中央、国务院关于切实做好减轻农民负担工作的决定》（以下简称《决定》），深刻分析了农民负担的现状和造成农民负担过重的原因，明确了当前和今后一个时期减轻农民负担工作的指导思想和任务目标，从理论和实践的结合上，讲清了道理，理清了思路，明确了政策，既有原则性的阐述，又有具体的规定和要求，文件提出“三稳定”、“五禁止”、“三减”、“两加强”和干部思想作风的“十要十不要”，具有很强的现实针对性和可操作性，是指导我们做好减轻农民负担工作的一个纲领性文件。认真贯彻落实好这个文件,是当前农村工作中的一项非常重要的任务,也是做好减轻农民负担工作的关键之举。

做好减轻农民负担工作,首先各级领导干部的思想要真正统一到《决定》的精神上来。各级政府和有关部门一定要认真组织好对文件的学习领会,尤其要组织好对农村基层干部的培训。各级领导干部一定要从政治的、全局的高度来看待农民负担问题。我国人口的绝大多数是农民,农民的状况如何,党和政府同农民的关系如何,直接关系到社会的安定和政权的稳定。在农村工作中,我们想问题,办事情,都要以农民群众拥护不拥护,赞成不赞成,高兴不高兴,答应不答应作为检验的根本尺度。党的十一届三中全会以来,我们坚持的一条重要方针,就是尊重农民政治上的民主权力和经济上的物质利益。这是密切党群关系,调动农民积极性的根本原因。对这一点,做农村工作的同志切不可忽略和忘记。改革开放以来,我国农村发生了巨大变化,大多数农民的生活水平有了很大提高,但总的来看,农民的收入水平还比较低,而且地区间还有很大差异,还有 5800 万农民尚未摆脱贫困。对农民要尽可能多给予,少索取。在农村兴办一切事业,都要量力而行,尊重农民意愿。

贯彻《决定》精神,关键在于狠抓落实。有一个好的文件还不等于解决了问题,还需要扎扎实实地做好落实工作。要全面贯彻《决定》精神,把《决定》中的各项具体规定、要求逐项落到实处。各地各部门都要按照《决定》的要求对照检查,彻底清理,凡是与《决定》精神不一致的,都要坚决纠正。要做扎实细致的工作,决不允许走过场。同时又要加强对农民的引导和教育,管好合理负担。贯彻落实《决定》的各项工作,要有利于保护和调动农民的积极性,有利于促进农村改革和农村经济的发展,有利于保持农村社会的稳定。我们相信,只要认真贯彻执行党中央、国务院的《决定》,统一认识,真抓实干,下一番苦功夫,减轻农民负担工作一定会出现一个令人满意的新局面。

全国省自治区直辖市党委和中央部委机关报总编辑研讨班在北京召开

国家主席江泽民在中南海会见来华出席中美海底光缆系统工程签字仪式的美国电报电话公司(AT&T)董事长艾伦

全国政协主席李瑞环在人民大会堂会见美国摩托罗拉公司董事会主席罗伯特·高尔文

国务院副总理朱镕基在钓鱼台国宾馆会见澳大利亚总理约翰·霍华德

国家副主席荣毅仁在人民大会堂会见刚果总统特别军事顾问邦戈·努瓦拉

全国人大常委会副委员长王丙乾在人民大会堂会见美国林肯国民集团公司董事长兼首席执行官伊恩·罗兰

中国代表团副代表李保东在日内瓦举行的联合国人权委员会会议上对美国常驻联合国代表理查森无端攻击中国人权状况进行驳斥

理查森在当天的人权会上发言时大肆鼓吹美国人权观和价值观,扬言美国要保护世界一切公民的个人政治权利和基本自由,并点名攻击中国和其他一些发展中国家的人权状况。他的讲话当场被中国代表打断,并遭到中国代表的驳斥。

李保东在答辩发言中说,美国代表对中国进行无端攻击,中国代表团不得不进行答辩。李保东说,美国代表有一个坏习惯,就是喜欢对其他国家的事情指手画脚,好像美国是世界的主宰,大家都要听美国的。他犯了一个时代的错误,世界在变,世界是属于世界人民的,不是美国的。对各国人权状况最有发言权的是各国人民,而不是美国。美国代表大概忘记了,美国当前的人权状况并不好,种族主义问题非常严重,对此,连美国政府自己也不得不承认。美国应当多管自己国内的事情,还是先把自己国内的事情管好为好。

李保东指出,美国代表在发言中表示,不愿同中国进行对抗。中国欢迎不对抗的愿望,但是他在发言中,却公然挑起对抗,这是十分不幸的,也是自相矛盾的。对话与对抗是相互排斥的,二者不可兼得。如果美国真的愿意停止对抗的话,就应当采取实际行动,切实停止任何对抗,回到对话与合作的轨道上来。

中国代表团顾问龙学群在联合国人权委员会审议关于土著问题时发言指出中国没有土著人不存在土著问题

龙学群说,同其他亚洲国家的情况一样,中国各民族均世代居住在中国领土上。中国曾经遭受过殖民者和外国侵略者的入侵和占领,但经过各族人民艰苦卓绝的斗争,中国人民赶走了殖民者和入侵者。

龙学群指出,尽管中国没有土著人,也不存在土著问题,中国政府和人民仍十分关心国际上对土著人的权利保护问题,同情土著人的不幸历史遭遇,关注他们今天的处境。

龙学群说，土著问题是在特定历史背景下产生的，主要是欧洲国家在近代对其他地区、特别是美洲和大洋洲实行殖民主义政策的结果。时至今日，许多土著人仍处于被歧视和易受伤害的地位，不能平等享有所在国公民应该享有的所有经济、社会、文化、公民和政治权利。

龙学群认为，《土著人权利宣言》将是联合国在人权领域的又一重要文书。

中央军委主席江泽民签发给装甲兵指挥学院军务处副处长张全垠等记功通令

中央军委主席江泽民日前签发通令，批准给北京军区某步兵师记三等功；给总参装甲兵指挥学院军务处副处长张金垠追记一等功；给第二炮兵工程学院某教研室主任黄先祥记一等功；给空军政治部文工团编导室创作员阎肃记二等功。

科技扶贫工作会议在北京召开

由国家科委组织召开的科技扶贫会议，将总结科技扶贫十年经验，研究、部署为完成“八七扶贫攻坚计划”的科技扶贫工作思路、任务和措施，动员广大科技工作人员积极参加扶贫攻坚，充分发挥科学技术第一生产力的作用，全面促进贫困地区经济增长方式的转变。

改革开放以来，我国扶贫开发事业取得了历史性的伟大成就。从1978年到1996年间，我国农村贫困人口由2.5亿减少到5800万，占世界贫困人口的比例由1/4减到1/20。现在剩下的5800万贫困人口，主要集中在深山区、石山区、高寒山区、黄土高原区和自然灾害多发区等，这都是扶贫工作中难啃的硬骨头，扶贫开发任务依然十分艰巨。在今后三年多时间里，平均每年要解决1700万人口脱贫问题，必须下更大的决心，采取更有力的措施，才能确保如期完成扶贫攻坚这项艰巨的任务。

国务委员陈俊生在会议上提出，随着经济体制改革的不断深入和科教兴国战略的贯彻落实，扶贫开发工作向依靠科技进步和提高劳动者素质的轨道上转移，将日益显得紧迫和必要。要把科技扶贫作为扶贫开发的一项基本内容，科技界要为扶贫攻坚作出更大的贡献。

陈俊生说，科技扶贫已成为全国科技界的共同事业，科技扶贫的效果已在大多数贫困地区得到体现，其影响也已经大大超出了科技扶贫本身的范畴，这是符合科技和经济发展客观规律的。科技扶贫不能仅仅满足于为贫困地区送去科学技术，而是要着力在依靠科技进步培育贫困地区发展能力上下功夫。

陈俊生提出，要为贫困地区经济开发进行科学规划，引导区域经济朝着持续、快速、健康的方向发展。这一做法有助于贫困地区扬长避短，发挥自身优势，促使其克服各种短期行为。要对贫困地区传统产业进行技术结构和产品结构的大规模改造，使贫困地区资源优势转化为产品优势和经济优势。要进一步发展社会化科技服务，特别是培育各类以市场引导龙头企业、以龙头企业带动基地和农户的新型产业格局，为连接小生产和大市场开辟有效途径。同时，广泛开展技术培训，提高农民的科学文化素质，使广大农民逐步确立科技意识、人才意识和市场意识，增强依靠科技脱贫致富的信心和勇气。科技界要发挥优势，把先进实用的科学技术更广泛、更深入地应用到贫困地区生产中。同时，从组织、协调等方面入手，切实促进科技投入和贫困地区经济开发融为一体，加速扶贫攻坚的进程。

国家科委副主任韩德乾、中国科学院副院长陈宜瑜等先后在会上讲话。

中国驻瑞典哥德堡总领事馆开馆

4月2日

中宣部负责人就创建文明行业活动答《人民日报》记者问

为认真贯彻落实党的十四届六中全会精神，去年年底，中宣部和国务院纠风办会同铁路、邮电、卫生、民航、公安、金融、内贸、电力、交通、建设等十大行业和部门，共同组织“为人民服务、树行业新风”主题行动，先后推出了300个示范单位，公布了150项具体的服务标准和保证措施，产生了强烈的社会反响。为使读者更多地了解创建文明行业活动方面的情况，记者日前专门走访了中宣部负责同志。

问：十四届六中全会提出，今后群众性精神文明建设要着重抓好文明城市、文明村镇、文明行业三大创建活动，请您谈谈创建文明行业活动方面的具体设想。

答：创建文明行业活动，是社会各界普遍关注的一件事情。怎样把这个活动积极稳步地推向深入，我们的工作思路十分明确：就是要依靠各个行业、各个部门，坚持典型引路，舆论推动，由点到线，由线到面，抓好三百，带动万千。具体地讲，就是要通过300个示范单位的带动作用，推动“窗口行业”的创建活动；通过“窗口行业”的创建活动，影响和带动其他各个行业的创建活动，从而使整个创建活动相互影响，相互促进，相互提高。

问：我们注意到，创建文明行业活动是从十大“窗口行业”和部门抓示范单位开始的，工作力度很大。请问:创建文明行业活动为什么要从“窗口行业”抓起?

答:创建文明行业活动,选择“窗口行业”为突破口,主要是因为“窗口行业”直接面向社会,面向群众,与广大群众的工作和生活息息相关。工作搞得好不好,直接关系到老百姓的切身利益。实践证明,哪里“窗口行业”的工作做得好,做到了群众的心坎上,哪里的老百姓就高兴,就认为是党和政府在为他们办好事、办实事。可以说,“窗口行业”是我们党和政府联系人民群众的一条纽带。近几年,我们精心组织的一些活动,如“百城万店无假货”活动;总结推广的一些先进经验,如石家庄出租汽车“争做文明使者”、济南交警、济南工商银行、上海邮电系统的规范化服务等经验;集中宣传的一些重大典型,如赵雪芳、徐虎、李素丽、邱娥国等,都与“窗口行业”有关,与老百姓的衣食住行有关,与爱岗敬业、讲究职业道德有关。老百姓赞成的事情,我们就要多做,而且要在总结经验的基础上,越做越细,越做越实,越做越好。这样,才能不断改进工作,提高工作水平。

问:近几个月,“为人民服务、树行业新风”这个口号,已经在全社会叫响,得到了社会各界的认同。请您谈谈创建文明行业活动,为什么要以这个口号为主题?

答:为人民服务,是我们党的宗旨,毛泽东、邓小平等老一辈无产阶级革命家历来十分关心和重视这个问题。江泽民同志也反复强调,要把党和人民群众的关系提到讲政治的高度来认识,真心诚意地为人民服务。为人民服务是社会主义道德建设的核心,它不仅是对共产党员的要求,也是对全体人民的要求。在发展社会主义市场经济的条件下,在全体人民中大力提倡为人民服务的思想,具有重要的现实意义。因此,我们抓创建文明行业活动,一定要突出“为人民服务、树行业新风”这一主题,真正把这个口号叫响。这是我们整个创建活动的灵魂和根本。为人民服务,是树行业新风的前提和目的,树行业新风,是为人民服务的具体要求和体现。在创建文明行业活动中,只要我们面向实际,面向群众,开动脑筋,创造性地把两者统一起来,就能够使创建活动开展得更受群众欢迎。

问:这个口号喊响了,确实能够影响、激励和带动群众。从宏观角度看,怎样才能把工作落到实处?

答:“为人民服务、树行业新风”这个口号,之所以能够叫响,关键是它直接反映了广大群众要求各行各业全心全意为人民服务的强烈呼声,反映了广大群众对各行各业寄予的期望。叫响口号、突出主题,最终是要落实到行动上。这就要求我们有老老实实为人民服务的正确态度,有诚心诚意为人民服务的工作思路,有认认真真为老百姓办实事的具体措施。尤其是“窗口行业”的各项工作,必须以方便群众为出发点,以让群众得实惠为落脚点。这次铁路系统提出的解决群众买票难、旅客喝水难,卫生系统提出的解决门诊服务“三长一短”、不合理用药,邮电系统提出的解决装修电话难、邮件投递不及时等问题的措施,就很好地体现了这一点。只要我们坚持精神文明建设从具体事情抓起、从老百姓最关心的事情做起的原则,对群众关心的问题,真正下决心去抓,一件一件地去做,我们的创建活动,就一定能够收到好的效果。

问:创建文明行业活动,是不是也有一个调动群众积极性的问题?

答:的确是这样。人民群众既是精神文明建设成果的享受者,又是精神文明建设的参与者、贡献者。广大群众中不仅蕴藏着建设社会主义精神文明的极大热情,而且富有创造精神。在全国产生了很大影响的张家港、天津和平区、大连、湖北竹山等地的经验,无不凝聚着广大群众的聪明才智和创新精神。所以,我们抓示范单位的工作,推进创建文明行业活动,一定要发扬民主,认真听取群众的意见。各项创建措施,都要有群众基础,得到群众的支持。要善于发现、总结和推广职工群众创造的新鲜经验,因势利导,把他们的巨大热情和积极性引导好、保护好、发挥好,做到上下一条心,心往一处想,劲往一处使,保证创建活动的各项工作落到实处。

问:我们过去也曾开展过一些形式和内容都不错的活动,但有的没能长期坚持下去。您认为在创建文明行业活动中,应该如何避免和克服这种现象?

答:创建文明行业活动开展的时间不算长,但已显示出它的强大生机与活力。怎样把创建活动长期开展下去,避免“三月来、四月走”,刮一阵风,必须有一套好的工作机制作保障。从一些地方和行业实践的情况看,这种机制至少包括这样几个方面:一是明细具体的行业服务规范标准;二是自上而下的严格管理体系;三是便于接受社会检查的监督机制;四是赏罚分明的考核奖惩制度。烟台市实行社会服务承诺制,上海市开展全行业规范服务达标活动,都在这几个方面进行了积极的探索。各“窗口行业”主管部门的同志,应当深入基层单位,加强调查研究,注意总结提高,随着工作的进展,更多地摸索一些既体现行业特点,又富有时代特色;既有利于加强行业管理,又能充分调动基层积极性的好机制、好办法,以保证创建文明行业活动蓬勃健康地开展下去。

全国人大常委会委员长乔石在挪威首都奥斯陆会见挪威议长格伦达尔夫人

乔石说,中挪两国分处欧亚大陆两端,地理上相距遥远,但并没有妨碍我们在国际事务中进行友好的合作。我们一向认为，中挪之间没有根本的利害冲突，两国都致力于和平与发展事业，在许多国际问题上有相同或相似的看法，存在进一步密切合作的良好政治合作基础。近年来国际形势发生了巨大变化，但两国间的共同点并未减少。中国一贯主张，国家无论大小贫富强弱，都是国际社会的平等成员。我们赞赏挪威在国际事务中所起的积极作用，愿意加强两国之间的磋商与合作。当然，中挪两国国情差异很大，历史和文化传统也不一样，但只要双方遵循相互尊重、求同存异、互不干涉内政和平等互利的原则，就能建立起面向21世纪的长期稳定的中挪友好合作关系。

会见中，乔石应对方的要求，介绍了中国全国人大在立法等方面的工作情况。双方一致认为，中国全国人大与挪威议会之间的交流合作，加强了双方的联系，增进了互相了解，同时也为中挪双边友好合作的发展作出了积极的贡献。

国务院总理李鹏在人民大会堂与泰国总理差瓦立·永猜裕举行会谈

两位总理探讨了中泰在水力发电、铁路工程、远洋运输、相互投资、进出口贸易等方面拓展和深化合作的途径。李鹏表示，中国政府对在这些领域的合作持积极态度，并愿支持中国企业界为此作出更多努力。差瓦立对此表示感谢。他说，泰国企业界对于到中国投资有极大的兴趣，泰国也热烈欢迎中国企业参与泰国的经济开发活动。两国总理授权双方有关部长继续研究、落实合作事宜。

会谈结束后，李鹏和差瓦立出席了中泰两国间六个文件的签字仪式。这些文件是：两国政府关于互免持外交、公务（官员）护照者签证的协定，两国政府关于在香港特别行政区保留泰王国领事馆的协定，两国政府关于贸易、经济和技术合作的谅解备忘录，中国水利部与泰国农业与合作部科技合作谅解备忘录，中国农业部与泰国农业与合作部农业合作谅解备忘录，中国交通部与泰国运输和交通部关于发展和促进商业海运合作意向书。

国务院副总理钱其琛在人民大会堂会见以皇后洋行有限公司董事长汤国华为团长的香港九龙总商会北京工商访问团

国家计委国家旅游局召开“旅游业与新的经济增长点”专家座谈会

国务院总理李鹏在人民大会堂会见加拿大外长阿克斯沃西

外交部部长钱其琛在北京同加拿大外长阿克斯沃西举行会谈

关于香港问题，钱其琛说，中国政府对香港恢复行使主权后将坚定不移地执行“一国两制”方针，贯彻香港特别行政区基本法，在香港实行高度自治，“港人治港”。钱其琛说，自1997年7月1日起，中国政府允许短期赴港旅行的加拿大护照持有人免办签证进入香港特别行政区，有关具体事宜将由香港特别行政区政府自行作出安排。

阿克斯沃西表示，加拿大对香港的未来抱有信心，不久前，加方宣布允许香港特区护照持有者赴加短期旅行免办签证就是这种信心的具体体现。

双方一致认为，两国的这种互惠安排有助于增强相互信任，有利于人员往来和经贸关系的发展。

双方还就双方共同关心的国际问题交换了意见。

会谈结束后，两国政府签署了中加发展合作项目的两个备忘录和关于中加双方购买外交用途房地产的协议。

国务院副总理兼外交部部长钱其琛在钓鱼台国宾馆会见斯罗茨基主席率领的世界报业协会代表团

全国人大常委会副委员长王光英在人民大会堂会见由常任理事松尾敏男率领的日中文化交流协会代表团

国务委员兼国家科委主任宋健在人民大会会见美国国会众议院科学委员会主席詹姆斯·森森布伦纳

乌克兰总统库奇马总理拉扎连科在基辅分别会见国务院副总理吴邦国

中国科协负责人张玉台就做好大众科普工作接受记者采访

张玉台日前在接受记者采访时说，科协是一个由科技工作者组成的大团体，具有人才荟萃、地位超脱、网络健全等优势。纵向上到中央，下到乡、镇，横向各行业、各个领域，都有科协组织。科协是党联系科技工作者的纽带和桥梁，在为经济建设主战场服务中，同样也可以发挥巨大的作用。

最近，在全国反响很大的“百名院士百场科普系列报告会”就是由中国科协、中国科学院等单位发起组织的。一大批司局级以上干部通过听科普报告，了解了现代科学技术的发展态势以及对社会所产生的巨大影响，开阔了视野，对提高领导水平起了积极作用。按照江泽民主席关于部队指战员要学习现代科技特别是高科技知识的指示，从 3 月 20 日到 31 日，中国科协又积极组织著名科学家，为解放军三总部干部作了八场高科技与现代战争的报告。

“千厂千会协作”活动——这是中国科协今年推出的一个重头戏。该项活动计划组织全国 1000 个学会，与 1000 个国有大中型企业进行对口协作。

实施“8111 扶贫工程”——科协充分发挥科技力量雄厚的优势，在实施“8111 扶贫工程”过程中，他们把点子打在传播科技知识和实用技术上，在改变农村“观念落后、意识落后、信息落后”上下功夫。“8111 扶贫工程”包括：中国科协 1985 年起在山西吕梁地区扶持的八个贫困县，从今年开始，中国科协还将组织全国每个省科协扶持一个贫困县，每个地、市科协扶持一个贫困乡，2100 个县级科协各扶持一个贫困村。

发展农村专业技术协会——从 80 年代初开始，中国科协在我国广大的农村开始扶持发展专业技术协会。十多年来，这些农技协已发展到 13 万个，成为我国农村推进科技进步不可忽视的一支社会力量。这是继农村联产承包责任制之后，我国农民的又一伟大的创造。

实施“科学素质工程”——旨在加强科普工作的力度。科技下乡，群众很欢迎。许多农民站着一听就是几小时。现在他们把这项工作与科协十年前就开展的“讲精神文明、比科技致富、建科普文明乡、镇、村”活动结合起来，与在农村开展对党员干部的实用技术培训工作结合起来，与青少年社区科技教育活动结合起来。目前，农村已有 2440 多万党员干部接受了实用技术培训，成为科技致富的带头人。

做好大众科普——中国科协将继续开展以“捍卫科学尊严，破除愚昧迷信”为主题的活动，近期将要举办“《周易》与算命占卜”、“气功与健康养生”等专题研讨会，帮助大众区分真伪是非。

第三届全国优秀少儿读物评选揭晓

由新闻出版署、国家教委、全国妇联、中国儿童少年基金会、团中央、文化部、全国少工委、广播电影电视部联合主办的第三届全国优秀少儿读物评选活动已经揭晓。在 412 种参评图书中，评选出《中华英杰》、《光辉的历程——邓小平的故事》等 105 种获奖图书。其中，一等奖 10 种；二等奖 31 种；三等奖 64 种。

国家民委主任司马义·艾买提在云南省西双版纳傣族自治州首府景洪市召开的全国边境地区民委工作会议上发表讲话

司马义·艾买提说，党的十一届三中全会以来，边境地区的各级民族工作部门服从和服务于全党工作的大局，坚持以经济建设为中心，坚持改革开放，全面贯彻党的民族和宗教政策，坚定地维护国家统一和民族团结，促进民族进步，维护边境地区的社会稳定，为边境地区乃至全国的改革开放和现代化建设创造良好社会环境作出了自己的贡献。1995 年，全国边境县的工农业总产值达到 784 亿元，有 21 个县的农牧民人均纯收入超过了 2000 元，不少县摆脱了贫困，走上了富裕之路。当前，边境地区经济发展，民族团结，社会稳定，人民安居乐业。

司马义·艾买提指出，今后一个时期边境地区民族工作的总要求是：坚持邓小平建设有中国特色社会主义理论和党的基本路线，把握大局，正确处理改革、发展和稳定的关系，从边境地区的实际出发，全面贯彻党的民族政策，积极推进边境民族地区的改革开放和经济建设，发挥优势，加快发展，使边境地区政治上安定团结，经济上加快发展，教育事业欣欣向荣，文化事业多姿多彩，人民生活不断改善，使边境地区成为捍卫祖国主权和统一的坚固屏障，成为推进我国经济建设和改革开放的重要地带，成为展示我国各民族崭新风貌和伟大贡献的巨大窗口。司马义·艾买提还对今后一段时期的工作提出了要求。

国家环境保护局等四部门联合公布《关于加强乡镇企业环境保护工作的规定》

根据国务院的决定，国家环保局、农业部、国家计委、国家经贸委最近联合制定并公布了《关于加强乡镇企业环境保护工作的规定》。

国务院四部门联合出台的这一规定主要内容有：

一、地方各级人民政府要高度重视乡镇企业的环境保护工作，县长、乡(镇)长要对本地区的环境质量负责，要将辖区环境质量作为考核县、乡(镇)主要领导人工作的重要内容。以县为单位，实施污染物排放总量控制，把乡镇企业的排污量纳入区域污染物排放总量控制目标。地方各级人民政府要制定乡镇企业主要污染物排放总量逐年削减计划并落实到企业，采取有效措施，防治乡镇企业污染和破坏环境，保护和改善农村环境质量。到 2000 年，所有乡镇工业企业必须稳定达标排放污染物。

地方各级人民政府要切实加强乡镇企业环境管理，组织制定乡镇环境保护规划，对乡镇企业统筹安排，分类指导，合理布局。

二、对乡镇企业从事的下列生产项目，坚决予以取缔或关闭：对年产 5000 吨以下的造纸厂，年产折牛皮 3 万张以下的制革厂和年产 500 吨以下的染料厂，以及采用坑式和萍乡炉炼焦、天地罐和敞开式炼硫、马槽炉炼铅锌、混汞法和土氰化法及溜槽选金、马蹄窑烧砖、土窑烧水泥的企业，由县级以上人民政府责令取缔；对土法炼砷、炼汞、炼油、漂染、电镀以及土法生产农药、土法生产石棉制品、开采放射性矿产资源、利用放射性同位素的各类生产制品的企业，由县级以上人民政府责令其关闭或停产。对未按规定取缔或关闭的，要追究有关县、乡镇人民政府主要领导人及有关企业负责人的责任。严禁非法进口、加工、利用境外固体废物。

三、禁止乡镇企业新建国家法律法规和上述规定必须取缔或关闭的生产项目。在国家规定的淮河、海河、辽河、太湖、巢湖、滇池等水污染控制重点区域，禁止乡镇企业新建化学制浆造纸和小型制革、印染、酿造、电镀和重污染化工项目；符合国家规定上述生产项目的新建、扩建、改建和技术改造，必须符合区域水污染防治规划要求，污染物排放不得突破当地排污总量控制指标，其环境影响报告书（表）须经乡镇企业行政主管部门预审后报省级环境保护行政主管部门批准，并严格执行环境保护设施与主体工程同时设计、同时施工、同时投产的“三同时”规定，环境保护设施未经验收或验收不合格的不准投人运行。企业建成后必须稳定达标排放污染物。在水污染重点控制区域外新建、改建、扩建符合国家规定的上述生产项目，其环境影响报告书（表）必须由审批机关报请上一级环境保护行政主管部门复核，未经核准的，不得施工。

四、国务院环境保护行政主管部门会同有关部门根据不同地区经济发展水平和环境保护要求，公布乡镇企业污染控制的重点行业和地区。地方各级人民政府要加强对上述重点行业的乡镇企业环境保护的监督管理和重点地区的环境综合整治，切实增加环境保护投入，对超标排放污染物的乡镇企业，必须依法责令限期治理；对在经济或技术上不具备治理条件的要限期关停或转产。

此外，国务院四部门的规定还要求发展乡镇企业要与小城镇建设相结合；各级环境保护行政主管部门和有关部门对污染和破坏环境的乡镇企业建设项目要严格把关；地方各级人民政府要切实加强对乡镇企业的环境监督管理；国家和地方有关部门应对乡镇企业的污染防治示范工程在政策和资金上给予必要的支持，帮助乡镇企业提高污染防治的能力；乡镇企业必须严格遵守国家环境保护的法律、法规；地方各级政府要加强环境保护宣传教育，增强各级领导干部和人民群众的环境意识。

4月3日

国家主席江泽民在中南海会见泰国总理差瓦立·永猜裕

江泽民强调，中国的统一是人心所向，大势所趋，分裂祖国是不得人心的。一个稳定、发展和强盛的中国将对亚太地区乃至全世界的和平与发展作出更大贡献。他感谢差瓦立总理和泰国政府坚持“一个中国”的立场、支持中国的统一大业。

全国人大常委会委员长乔石到奥斯陆挪威首相府拜会挪威首相雅格朗

挪威国王哈拉尔五世在奥斯陆王宫会见全国人大常委会委员长乔石

大型画传《邓小平与现代中国》在人民大会堂举行出版座谈会

该画传共分中国之子、中华军魂、三落三起、历史转折、必由之路、走向世界、天才构想、放眼未来、小平您好等九章。全书通过近500幅珍贵的图片和15万字生动翔实的文字，真实地再现了邓小平同志伟大的一生。画传分别用中英文两种文字向海内外推出。

首都各界人士在人民大会堂举行香港基本法颁布七周年座谈会

4月4日是香港特别行政区基本法颁布7周年。

与会者一致认为，香港基本法是一部具有历史意义和国际意义的法律，座谈会的举行“对于宣传基本法，实施基本法，对于香港的平稳过渡和稳定繁荣都具有重要的意义”。他们表示要努力依照基本法把香港的事情办好，使邓小平的“一国两制”的伟大构想在香港特别行政区成功地变为现实。

全国人大常委会副委员长雷洁琼主持座谈会。全国人大常委会副委员长王汉斌、国务院新闻办公室主任曾建徽、新华社香港分社社长周南、国务院港澳事务办公室副主任陈滋英、原香港基本法起草委员会委员吴建等出席座谈会，并在会上先后发言。

全国口岸工作会议在北京召开

国务院副总理邹家华与部分代表座谈并作重要讲话。国务院副总理李岚清给会议发来贺信。

截至去年年底，我国已有一类口岸235个；二类口岸350个。邹家华强调，这些口岸的开放，一方面，缓解了能力与需要的矛盾；另一方面，在某些地区也出现了口岸开得过多过密，布局不尽合理的问题。现在应该把口岸综合管理工作的重点转移到管好用好现有口岸上，充分发挥已开口岸的综合功能和效益。各口岸综合管理机构，必须切实担负起综合管理的责任，协调好各方面的关系。同时，加强口岸管理需要各查验部门和有关口岸单位的密切配合，尤其需要各级人民政府的重视和支持。今后要严格口岸审批条件，规范审批程序，合理布局口岸。各省、自治区、直辖市人民政府在申请口岸开放时，要有全局观念，要从实际出发，讲求实效。

科技扶贫工作会议暨表彰颁奖大会在北京结束

在会议上，国家科委还表彰了在科技扶贫工作中作出突出成绩的先进集体和个人，并为荣获振华科技扶贫奖励基金和王义锡科技扶贫奖励基金 1996 年度的个人和项目进行颁奖。河北农业大学等 33 个单位获得科技扶贫先进集体称号，皇甫中泗等 10 位同志获得科技扶贫先进标兵称号，李仁岗等 137 位同志获得科技扶贫先进工作者，吴化芳等 301 位同志荣获振华科技扶贫奖励基金和王义锡科技扶贫奖励基金服务奖，大别山湖北地区板栗优质丰产综合技术及应用等 3 个项目荣获科技扶贫杰出贡献奖，宛志沪等 11 位同志荣获振华科技扶贫奖励基金和王义锡科技扶贫奖励基金“科技扶贫标兵”称号。

国务委员宋健在陕西考察

4 月 3 日至 6 日，宋健在西安先后听取了陕西省委、省政府关于建设国家杨陵农业高新技术产业示范区实施意见的汇报，出席了西北五省区党政主要领导联席会议第五次会议闭幕式，参观了’97 中国东西部合作与投资贸易洽谈会展览馆；并代表国务院参加了“丁丑年清明公祭黄帝陵”活动。宋健对建设国家杨陵农业高新技术产业示范区提出了明确的要求，并对实施过程中的步骤作了部署。

第五届北京国际博览会在北京国际展览中心开幕

国家主席江泽民在中南海会见美国摩托罗拉公司执行委员会主席罗伯特·高尔文

国务院总理李鹏在中南海会见以日本关西经济联合会会长川上哲郎和大阪商工会议所会长大西正义为共同团长的关西财界访华团

国务院副总理朱镕基在中南海会见白俄罗斯副总理鲁萨凯维奇

全国人大常委会副委员长王汉斌在北京会见菲律宾参议院议长埃内斯托·马塞达

国务院副总理兼外交部部长钱其琛在钓鱼台国宾馆与泰国外长巴蜀·猜耶讪举行会谈

双方就双边关系和共同关心的国际问题交换意见。

双方积极评价东盟地区论坛在增进本地区国家间信任和维护地区安全方面的作用。双方希望继续在东盟地区论坛范围内加强交流与合作，共同致力于维护本地区持久的和平与稳定。

在谈到亚欧会议时，钱其琛指出，一年前在曼谷举行的首届亚欧会议和不久前在新加坡举行的亚欧外长会议都取得了积极的成果，希望这一良好的势头继续保持下去，亚欧各国可以在亚欧会议上从多方面进行平等和相互尊重的交流和对话，但重点仍应是经济合作。

巴蜀表示，泰国赞成中国对于亚欧会议的主张，两国在这方面可以进一步开展合作。

双方还介绍了各自国家的对外关系情况，并就香港回归后为港泰人员来往提供便利、中泰共同打击国际犯罪、加强禁毒合作和区域航运合作等问题达成共识。

中央军委副主席迟浩田在钓鱼台国宾馆同泰国总理兼国防部部长差瓦立·永猜裕进行会晤

解放军总参谋长傅全有在人民大会堂会见瑞士军队总参谋长阿图尔·利纳尔

国家科委主任宋健在北京会见蒙古国水文气象和环境监测局局长赞宾·巴特扎尔嘎勒率领的蒙古气象代表团

外交部发言人沈国放在记者招待会上就中国与南非正就两国建交问题进行商谈答记者问

有记者问，南非外长恩佐最近在南非议会回答质询时表示，南非与台湾“断交”、与中国建交，是南非政府的必然选择。中国是否已与南非开始建交谈判？

沈国放说，去年年底以来，南非总统曼德拉和南非政府多次表示，南非将根据国际惯例与中国实现国家关系正常化，并在今年内与台湾“断交”，与中国建交。最近南非外长恩佐也强调南非断绝与台湾的“外交关系”，与中华人民共和国建立全面的外交关系是南非政府的必然选择。

沈国放说：“我们对南非领导人上述谈话表示赞赏

和欢迎。根据双方的愿望，我们正就两国建交问题进行商谈。我们愿与南非方面共同努力，以使两国关系正常化早日实现。”

曹谊林采用体外细胞繁殖复制人体器官在动物实验中取得成功

上海第二医科大学组织工程研究中心主任、第九人民医院整形外科副教授曹谊林，采用体外细胞繁殖复制人体器官已在动物实验中取得成功。这是世界首例研究成果。

国务院副总理李岚清在山东考察

李岚清于4月3日至7日考察了山东烟台、青岛、潍坊、济南等地的教育和内外贸等工作。李岚清强调，义务教育要由应试教育转向素质教育，县级外贸要走贸工农一体化、公司加农户、扩大出口的路子。

李岚清重点考察了招远市推行素质教育的经验。李岚清指出，在义务教育中推行素质教育，这不是个教学业务问题，是关系我们国家培养一代什么人的大问题，是事关我国教育全局指导方针的大事。李岚清说，招远的素质教育面向全体学生，使学生在德、智、体等方面生动活泼地全面发展，招远的经验其他中小学校可以借鉴。应试教育的危害甚大，往往是顾少失多，不能面向全体学生；高分低能，不能提高学生的社会实践能力，求偏弃全，不能促进学生的全面发展。要坚决克服这种以考试为唯一目的，以升学率为考核学校工作唯一标准的应试教育倾向。若干年来，各级政府在调整教育结构，大力发展职业教育，“千军万马挤过升学独木桥”的问题已逐步缓解，为实施素质教育的宏观环境正逐步形成。当前实施素质教育，关键还在领导首先要转变认识，也要取得学校、社会、家长对这个问题的共识。搞好素质教育，必须建立对各级领导、学校和教师的全面科学评估体系，提高学校领导和教师队伍的素质，还要与教学改革相结合，改进现有的教学大纲、教学方法和教材的内容。

关于义务教育高收费和乱收费，李岚清说，高收费、乱收费属于不正之风，要坚决纠正，违纪的要严肃查处。产生择校高收费主要原因是存在所谓重点学校与基础薄弱学校间的差距，解决这个问题，关键还是要大力提高基础薄弱学校管理水平和教学质量。在城市，基础薄弱学校主要不是硬件差，而是学校领导班子弱，教师队伍素质低。去年党中央、国务院提出要从各级党政机关和社会团体抽调政治素质好、文化水平高的年轻干部，到薄弱学校支教。实践证明，这是提高薄弱学校管理水平和教学质量的有效办法，而且对锻炼和培养干部很有好处。

对高等教育改革，李岚清认为，目前我国高校存在与现在的经济方面有些类似的问题，就是条块分割，小而全，低水平重复，教育资源分散、浪费。要深化高等教育管理体制改革，通过调整、联合、合作、合并、共建，合理配置和充分发挥教育资源，提高教学水平和办学效益。李岚清对山东省政府、济南市政府与山东大学共建，由省、市出资为山大建设博士生导师和院士住宅楼的做法表示赞赏，他要求山东大学为山东的经济建设和社会发展作出更大贡献。他还指出，办好教育关键在教师。要进一步加大教师住房建设力度，当前要更多关心一下青年教师住房困难问题，要新建和改建相结合，少花钱，快见效，使教师安居乐教。

李岚清充分肯定了诸城发展特色经济的经验。李岚清指出，诸城外贸总公司发挥本地的优势，以贸为龙头，实行贸工农一体化，面向国内国际两个市场，以公司带农户的方式把分散的千千万万农民组织起来，发展规模化的畜牧业生产、加工和出口，大大提高了农产品的附加值，取得良好的经济效益，促进了当地农村经济的发展，带动了农民致富，为县级外贸体制改革探索出了一条好路子。

国务委员宋健在全国企事业单位知识产权保护试点工作会议上发表讲话

宋健在会议上提出，加强知识产权保护是实施科教兴国战略、发展社会主义市场经济的一个重要环节，提高企事业单位的知识产权自身保护能力和运用能力，是当前加强知识产权保护的重要任务。

宋健说，任何一个竞争主体，拥有知识产权的多少，将在很大程度上决定其竞争优势的强弱。中国下个世纪要自立于世界民族之林，达到中等发达国家的水平，需要我国的企业和民族工业，掌握一批过得硬的知识产权，推出一批叫得响的民族品牌，在激烈的市场竞争中保持较强的竞争能力。

宋健说，我国知识产权法律体系已基本建立，我国知识产权法律实施中还存在一些薄弱环节，亟待加强。当前我们面临的紧迫任务，一是要进一步健全执法机构，提高执法力度，落实各项政策，继续严厉打击侵权盗版违法行为；二是增强大中企业、科研机构、高等院校的知识产权自我保护能力，提高知识产权的保护水平。

宋健说，我国企事业单位要成为保护自有知识产权的主体。既要十分重视技术进步和技术创新，充分发挥中国科技界的创造能力，又要运用知识产权武装自己的名牌产品，发展基础性产业、支柱性产业。

会议由国务院知识产权办公会议办公室主持召开。参加会议的有全国45个试点单位的负责人。

中宣部召开的文艺评论工作座谈会在北京结束

浙江大学举行建校 100 周年庆祝大会

中国七处风景名胜列入世界遗产名录

我国的峨眉山—乐山大佛、庐山两处风景名胜又被列入《世界遗产名录》。近日，联合国教科文组织代表在北京向四川省代表颁发了“世界文化和自然遗产证书”，向庐山代表颁发了“世界文化景观遗产证书”。至此，我国已有泰山、庐山等七处风景名胜，被列入了《世界遗产名录》。

目前我国作为人文景观被列入《世界遗产名录》的有：八达岭长城、承德避暑山庄外八庙、秦始皇兵马俑、武当山古建筑群、敦煌石窟等五处。

4 月 4 日

《人民日报》发表评论员文章《学习基本法贯彻基本法——纪念〈中华人民共和国香港特别行政区基本法〉颁布七周年》

7 年前的今天，七届全国人大三次会议通过并颁布《中华人民共和国香港特别行政区基本法》。从此，邓小平同志关于“一国两制”的伟大构想以国家法律的形式确定下来，在香港回归祖国的历史进程中迈出了重要的一步。到 7 月 1 日，在我国政府恢复对香港行使主权之时，基本法正式生效。在香港就要回归的时刻，纪念基本法颁布 7 周年，回顾和展望这部独特的有中国特色的法律为确保香港的平稳过渡和保持香港长期繁荣稳定所起的作用，具有重要意义。

基本法以国家法律的形式，落实“一国两制”的伟大构想，是一部全国性法律。邓小平同志生前高度评价这部具有历史意义和国际意义的法律。他指出：“说它具有历史意义，不只对过去、现在，而且包括将来；说国际意义，不只对第三世界，而且对全人类都具有长远意义。这是一个具有创造性的杰作。”7 年来，虽有风风雨雨，阴阴晴晴，但大势所趋，人心所向，主流健康。香港回归，大局已定。基本法显示出了无限的生机，香港前景鼓舞人心。

7 年来，为了实现香港的顺利回归，我国政府根据基本法的规定和原则做了大量卓有成效的工作，香港同胞在基本法所规定的框架下，和衷共济，同心协力，循序渐进，平稳过渡，使香港社会生活各方面的演进都同基本法相衔接，为香港的繁荣稳定作出了努力。实践充分证明，这部法律是一部合国情、得民心、顺潮流的好法律。

重温基本法很有必要。基本法旗帜鲜明，开宗明义：“香港自古以来就是中国的领土，1840 年鸦片战争以后被英国占领。”这是历史，是事实；基本法还指出：“香港特别行政区是中华人民共和国不可分离的部分。”这是原则，是主权；基本法的主要特征是将“一国”与“两制”紧密结合，明文规定：“香港特别行政区不实行社会主义制度和政策，保持原有的资本主义制度和生活方式，五十年不变。”这是特色，是创造。“一国两制”就是在一个国家实行两种制度。“一国”——一个统一的中华人民共和国；“两制”——社会主义制度、资本主义制度。这个创造充分体现了民族的根本利益、国家的根本利益，充分体现了建设有中国特色社会主义的特色。

当初基本法的起草，为港人参与过渡期事务开了个好头。7 年来，港人在参与过渡期事务的实践中，加深了对“一国两制”的认识，加深了对基本法的认识，参政议政能力大大增强，为香港回归后实行“港人治港”、高度自治奠定了坚实的基础。

基本法是一部保证香港实现繁荣稳定的神圣法律。有了法律就要严格执行，执法必严，违法必究。香港是香港人的香港，也是全中国人的香港。实现香港的平稳过渡，维护香港的繁荣稳定，人人有责。基本法是一部全国性的法律，香港居民要遵守，全国人民都要遵守。回归前夕，学习基本法，普及基本法，贯彻基本法，是一件事关祖国统一的大事。

香港回归祖国，是潮流，是必然。基本法颁布七年来，我国政府严格按照基本法的精神，一步一个脚印，步步向前。现在可以说是“万事俱备，只欠东风”，全国人民翘首以盼，只待五星红旗和紫荆花红旗在美丽的香港冉冉升起。

香港纪念基本法颁布七周年

香港基本法推介联席会议以“香港的未来——认识基本法迎回归”为题，举办大型研讨会，来自祖国内地和香港有关方面的负责人与香港各界人士就与基本法的推介和实施等有关问题进行研究探讨，发表意见。

特区首任行政长官董建华出席会议并致开幕词。董建华说，香港有今天的成就，法治乃重要因素。基本法是宪制性文件，它以法律的形式把“一国两制”、“港人治港”、高度自治等一系列方针政策固定下来，保证香港社会在政治制度、经济、财政、法律、司法以及生活方式等各方面维持不变。他指出，基本法颁布以来，香港基本法推介联席会议大力推介基本法，为港人认识了解基本法起了重要作用。香港各界和民间团体都通过不同的方式和途径推介基本法，其中小学还将基本法内容纳入常识课程里，希望在未来的日子有更多的学校重视推介基本法教育。他表示特区政府将来也会加强推介基本法。他希望在回归来临的时候，每一位市民都来充分认识基本法，为香港的平稳过渡献力。在基本法的指引下，我们对实现"一国两制"、"港人治港"、高度自治充满信心，对香港未来充满信心。

国务院港澳办副主任王凤超、中国人民解放军驻香港部队政委熊自仁、香港特区临立会主席范徐丽泰、新华社香港分社副社长郑国雄分别在会上发言。

国家主席江泽民在北京会见菲律宾参议院议长马塞达

国务院决定陕西杨陵为国家农业高新技术示范区

国务院近日决定，在以农业科教人才荟萃、科研成果丰硕而享誉海内外的杨陵，建立国内目前唯一的国家农业高新技术产业示范区，以推动中国西北地区农业高新技术的全面进步，并带动全国农业高新技术的发展。这是中国积极发展21世纪农业高新技术的重大战略决策。

位于陕西关中的杨陵，被誉为中国最大的农科城。目前这里共有中央及省属农、林、水科研教学单位10个，5个大型农业中心实验室和270多个常规实验室，集中了64个学科的科教人员4100多人。40多年来，这里累计取得5000多项科研成果，其中千余项获省部级以上奖励。特别在小麦育种、旱作农业和节水农业、家畜生殖内分泌与胚胎工程、黄土高原水土流失区域综合治理等方面研究，一直居国内领先水平，一些项目还达到了国际先进水平。其科研成果推广累计创造经济效益近2000亿元，为我国农业、特别是西北地区农业发展做出了重要贡献。

陕西省常务副省长贾治邦在此间宣布说，规划为20平方公里的杨陵农业高新技术产业示范区，由科学园区、集中新建区和若干试验基地组成，国家有关部委和陕西省联合共建。该示范区实行农科教、产学研、农工贸相结合，以应用型农业科研为主，以农业高新技术的产业化、商品化为目标，在政策、资金投入、项目安排等方面享有多种优惠。

国务院要求个体工商户和私营企业全面建账

国家统计局局长张塞在国务院新闻办举行的记者招待会上就经济问题答新华社记者问

张塞在回答记者时说，现在有一种说法是"宏观经济好，微观经济差"，这个论断是不能成立的；还有一种说法是"国有企业搞不好"，这也是不对的。事实证明，1996年我国国民经济发展呈现了高速度、低通胀、供求基本平衡的好形势，大部分国有企业的生产经营也是好的。

张塞解释说，"微观经济差"主要指的是部分国有企业生产经营困难。但是，国有工业经济在工业经济总量中只占32%，到1996年年末，这32%的国有工业中仅有37.7%的企业亏损。因此，可以说，亏损的国有工业企业仅占工业经济总量的12%，所以，这些不太好的企业不能从根本上动摇国民经济呈现好形势的全局。那么为什么有人说"微观经济差"呢？主要因为国有企业的经营好坏影响大，社会普遍比较关注。

张塞指出，"国有企业搞不好"的说法也是不能成立的。现在有60%以上的国有企业生产经营是好的，社会的供给，特别是基础产业主要由国有企业承担。一些国有企业当前面临的困难是改革中出现的问题，这些问题只能通过改革来解决。当然"微观经济不好"不仅在国有企业中有，其他企业也有。例如，乡镇企业每年都有几十万户破产，每年又有几十万户诞生，但它的社会影响不是很大。

张塞在介绍当前贫困人口和下岗职工问题时说，贫困是一种国际现象，任何国家相对而言都有贫困人口问题。到去年年底，我国农村有5800万贫困人口，比上年减少700万人，贫困率为6.7%；城市贫困人口1176万人，比上年减少66万人，贫困率为4.2%。城乡总和贫困率为5.7%。去年，城镇有1000多万职工下岗，其中有500多万人再就业。要逐步建立起优胜劣汰、下岗——再就业的新机制，使经济发展更加充满活力。

西北五省区党政主要领导联席会议第五次会议在西安结束

由陕西省牵头召开的第五次会议，以"突出难点，加强协作，促进发展"为主题，围绕西北五省区共同面临的扶贫攻坚、水资源开发利用、电力发展、铁路交通等问题进行讨论。

正在陕西考察工作的国务委员宋健在会议闭幕式上强调：西北地区目前还有1000多万人口没有解决温饱，按照"八七扶贫攻坚计划"的要求，在本世纪内要帮助他们摆脱贫困，一方面，中央要加大投入力度；另一方面，贫困地区也要建立一种自我发展的机制。

宋健指出，水的问题是西北地区最迫切需要解决的问题，要坚持大、中、小工程齐抓，工程措施和生物措施并重，开源与节流相结合，最大限度地开发利用地表、天上、地下各种水资源，缓解西北地区缺水的矛盾。在寻找新的水资源的同时，重视节约用水和合理用水的研究。

中央政策研究室、国家计委、国家体改委、国家经贸委、水利部以及地矿部等16个中央和国家部委的领导出席会议。

中共中央总书记国家主席江泽民在中南海会见越南共产党中央政治局委员内务部部长黎明香

国务院副总理朱镕基在中南海会见由美国共和党众议员众议院运输和基础设施委员会主席巴德·舒斯特率领的美国众议员代表团

中共中央政治局常委胡锦涛在人民大会堂会见巴西民主运动党主席前众议长帕埃斯·德·安德拉德及夫人

国防部部长迟浩田上将在人民大会堂会见瑞士军队总参谋长阿图尔·利纳尔中将

全国人大常委会副委员长王光英等赴日本出席第一届中日企业家会议

全国人大常委会副委员长雷洁琼在人民大会堂会见美国国会众议院科学委员会主席詹姆斯·森森布伦纳

4月5日

《人民日报》发表《国家统计局关于1996年国民经济和社会发展的统计公报》

1996年，在党中央、国务院的正确领导下，在党的十四届五中和六中全会精神鼓舞下，经过全国各族人民的共同奋斗，社会主义物质文明建设和精神文明建设协调发展，实现了“九五”开好局的预期目标。国民经济保持适度快速增长，抑制通货膨胀取得明显成效，社会总供求基本平衡，市场供应充足，国际收支状况良好，财政金融形势基本平稳，人民生活水平继续提高，各项社会事业取得新的成就。初步统计，全年国内生产总值67795亿元，比上年增长9.7%。其中第一产业增加值13550亿元，增长5.1%；第二产业增加值33148亿元，增长12.3%；第三产业增加值21097亿元，增长8%。人均国内生产总值5569元，全社会劳动生产率9902元，扣除价格因素，分别比上年增长8.6%和8.3%。但经济结构不合理、部分企业生产经营困难等问题仍然突出。

一、农业

种植业再获丰收。由于进一步加强农业、增加投入、提高农业科技推广应用水平，加上气候适宜，粮食产量再创历史新纪录，糖料、烤烟、蔬菜、水果、茶叶等农产品持续增产。受市场价格等因素影响，棉花、油料、麻类种植面积减少，产量下降。

主要农产品产量如下：

	1996年	比上年增长(%)
粮食	49000万吨	5.0
油料	2200万吨	−1.7
其中：花生	1010万吨	−1.0
油菜籽	910万吨	−6.0
棉花	420万吨	11.7
黄红麻	34万吨	−8.0
甘蔗	6700万吨	2.8
甜菜	1550万吨	10.6
烤烟	290万吨	26.0
茶叶	59万吨	0.4
水果	4570万吨	8.7

林业生产继续发展。全年完成造林面积470.9万公顷，林业结构得到调整，生态效益、社会效益、经济效益得到较好兼顾。林业投入进一步加大，“三北”防护林三期工程、国家重点生态造林项目进展较快；森林防火、病虫鼠害防治工作进一步加强，资源管理、保护工作有新进展，森林面积扩大，蓄积量继续增加。

畜牧业生产稳定增长，主要畜产品产量和牲畜存栏数量增加。

主要畜产品产量和牲畜存栏头数如下：

	1996年	比上年增长(%)
肉类	5800万吨	10.3
其中：猪牛羊肉	4760万吨	11.6
牛奶	625万吨	8.4
绵羊毛	30万吨	8.4
蚕茧	53万吨	34.1
猪年末存栏数	45700万头	3.6
羊年末存栏数	30500万只	10.3
大牲畜年末存栏数	16400万头	3.6

渔业生产保持较快增长。全年水产品产量2800万吨，比上年年增长11.2%。其中，淡水产品产量1215万吨，增长12.7%；海水产品产量1585万吨，增长10.1%。渔业资源保护工作得到加强。

农业生产物质装备水平进一步提高，农业投入增加。年末全国农业机械总动力38810万千瓦，比上年年末增长7.5%；大中型农用拖拉机68万台，增长0.7%；农用载重汽车85万辆，增长7.7%；化肥施用量(折100%)3849万吨，增长7.1%；农村用电量1834亿千瓦小时，增长10.8%。农田有效灌溉面积5000万公顷，增长1.5%。

二、工业和建筑业

工业生产保持稳定增长。全年完成工业增加值

28580亿元，比上年增长12.7%。其中：国有工业增长6.4%；集体工业增长17.4%；以中外合资、合作经营和外资企业为主的其他经济类型工业增长13.1%。大中型工业增长7.9%。

轻重工业生产大体同步增长。全年轻工业完成增加值11938亿元，比上年增长13.1%；重工业完成增加值16642亿元，增长12.4%。主要工业产品受市场供求关系变化的影响，产量有升有降。

主要工业产品产量如下：

	1996年	比上年增长(%)
纱	490万吨	−9.6
布	221.2亿米	15.0
糖	650万吨	16.4
卷烟	3442万箱	−1.2
彩色电视机	2109万部	2.5
家用电冰箱	928万台	1.0
能源生产总量(折标准燃煤料)	12.6亿吨	4.6
原煤	13.8亿吨	4.5
原油	1.58亿吨	5.3
发电量	10750亿千瓦时	6.7
钢	10110万吨	6.0
钢材	8611万吨	6.1
十种有色金属	470万吨	5.0
水泥	4.9亿吨	3.2
木材	6732万立方米	0.5
硫酸	1889万吨	4.3
纯碱	664万吨	11.2
乙烯	301万吨	25.4
化肥(折100%)	2660万吨	4.4
化学农药(折100%)	43万吨	3.2
发电设备	1569万千瓦	5.9
金属切削机床	16.5万台	19.0
汽车	149万辆	2.6
轿车	39万辆	15.7
拖拉机	8.37万台	32.2
集成电路	43576万块	39.3
程控交换机	1934万门	18.3

随着宏观经济环境进一步改善和企业改革的推进，企业资产负债结构有所改善，资本实现保值增值。工业企业资产负债率为65.2%，其中国有企业为65.6%，均比上年有所降低；资本保值增值率为119.6%，其中国有企业为118.8%。工业经济中的突出问题是结构不尽合理，部分企业生产经营困难加大。工业产销衔接水平虽然逐季提高，但全年产销率仍比正常水平低1—2个百分点；产品积压、资金拖欠未见缓解，年末产成品资金占用比年初增加750多亿元，应收账款净额增加1200多亿元；企业亏损比较严重，亏损面达到23%，上升1.7个百分点，亏损额占实现利税总额的比重为24.8%，上升6.2个百分点，工业经济运行质量有待提高。

建筑业生产经营平稳发展。全年建筑业完成增加值4568亿元，按可比价格计算，比上年增长8.6%。建筑业改革进一步推进，招投标制度逐步完善。招投标推行面进一步扩大。国有建筑业企业施工工程个数为21.4万个，实际招投标的工程个数为8.2万个，招投标面为38.2%，比上年增加4.5个百分点。建筑市场管理有所加强，建筑市场体系进一步完善。国有建筑业企业完成增加值1169亿元，增幅与上年基本持平；劳动生产率为15050元，增长5.2%；房屋建筑竣工面积为1.4亿平方米，比上年下降9.6%；实现利税总额为117.5亿元，人均利税为1600元，与上年基本持平。建筑业亏损面有所增加，经济效益仍有待提高。

地质勘查成果显著。全年新发现或新证实为工业矿床的矿产地152处。提交可供工农业建设利用的地质报告276份。有42种矿产新增探明储量，其中石油66109万吨，天然气1416.7亿立方米，煤矿35亿吨，金矿228吨(含E级储量)，铁矿8982万吨，硫矿2292万吨。地质勘查完成机械岩心钻探工作量545万米。

三、固定资产投资

固定资产投资规模基本适度。全年全社会完成固定资产投资23660亿元，比上年增长18.2%(扣除价格因素，实际工作量增长12.7%)。其中，国有经济投资12359亿元，增长13.4%；集体经济投资3490亿元，增长6.1%；城乡居民个人投资3330亿元，增长30.1%；其他各种经济类型投资4481亿元，增长37%。基本建设投资8399亿元，增长13.4%，比上年回落1.6个百分点；更新改造投资3745亿元，增长13.5%，上升0.4个百分点；房地产建设投资3825亿元，增长21.5%，回落1.8个百分点。

分行业看(不包括农村集体和城乡个人投资，分地区同)，农、林、牧、渔、水利业完成投资336亿元，比上年增长27.5%，占全部投资的比重由1.8%上升到1.9%；能源工业完成投资2938亿元，增长21.1%，所占比重由16.7%上升到16.9%；原材料工业完成投资1505亿元，增长2.9%，所占比重由10.1%下降到8.7%；机械电子工业完成投资872亿元，增长21.1%，所占比重与上年基本持平；轻纺工业完成投资999亿元，增长10.7%，所占比重由6.2%下降到5.7%；运输邮电通信业完成投资3012亿元，增长22.1%，所占比重由17%上升到17.3%。

分地区看，东部地区投资仍然快于中、西部地区。1996 年东部 12 个地区全年完成投资 10380 亿元，增长 17.4%；中部 9 个地区完成投资 3682 亿元，增长 16.6%；西部 9 个地区完成投资 2113 亿元，增长 11.2%。

全年建成投产大中型基本建设项目 134 个，其中国家重点建设项目 33 个；限额以上更新改造项目 340 个。全国基本建设新增的主要生产能力有：煤炭开采 1045 万吨；发电机组容量 1525 万千瓦；石油开采 1973 万吨；天然气开采 44 亿立方米（含更新改造和其他投资增加的能力）；炼铁 250 万吨；汽车制造 29 万辆；乙烯 74 万吨；化肥 151 万吨（折纯）；木材采运 29 万立方米；新建铁路正线交付运营里程 1954 公里；增建铁路复线交付运营里程 1522 公里；新（扩）建港口码头年吞吐量 340 万吨；局用交换机容量 2107 万门；长途光缆 2 万皮长公里；新建微波电路 1 万公里；新建高速公路 1117 公里。

全年基本建设、更新改造建成投产项目 81974 个，项目建成投产率为 54.2%，比上年降低 0.8 个百分点；新增固定资产 7238 亿元，固定资产交付使用率为 59.6%，提高 0.4 个百分点；全年竣工房屋面积 23523 万平方米，竣工率为 44.9%，比上年仅提高 0.2 个百分点。

四、交通运输和邮电通信业

交通运输及邮电通信业发展整体水平明显提高。全年完成交通运输和邮电通信业增加值 3814 亿元，比上年增长 9.1%。交通运输运量结构有较大变化：铁路货物周转量有所增长，客运周转量有较大下降；公路及航空货运、客运周转量均有较大幅度增长。全国公用通信网规模容量、技术层次迈上新台阶。

各种运输方式完成的客货运输周转量如下：

	1996 年	比上年增长(%)
货物周转量		
（亿吨公里）	36271	1.5
铁路	12895	0.5
公路	5000	6.5
水运	17760	1.2
航空	25	13.6
管道	591	－1.2
旅客周转量		
（亿人公里）	9337	3.7
铁路	3357	－9.4
公路	5060	9.9
水运	168	－2.3
航空	752	10.4
沿海主要港口		
吞吐量（万吨）	83500	4.1

全年完成邮电业务总量 1335 亿元，比上年增长 35.4%。全国城乡电话交换机容量达到 10864 万门；其中局用交换机容量达到 9318.5 万门，比上年增加 2107 万门，程控化比重达 99.49%。全国新增电话用户 1745 万户，达到 6179 万户。电话普及率达到 6.33%，比上年提高 1.67 个百分点；已通电话的行政村达到 39.4 万个，占行政村总数的 53.49%。新的业务不断发展。移动电话全年新增用户 322 万户，达到 685 万户，比上年增长近 1 倍；计算机互联网络用户比上年增长 3.7 倍；分组交换用户数增长 98%；数字数据用户数增长 2 倍。邮电通信服务水平和服务质量进一步提高；电话修机及时率达到 95%；移动电话全网忙时接通率达到 40.16%；长途自动来话接通率比上年提高 7 个百分点，达到 52.3%；城市具备条件的楼房通邮率达到 93.7%。

五、国内贸易和市场物价

国内消费品市场供应充足，销售稳定增长。全年社会消费品零售总额 24614 亿元，比上年增长 19.4%，扣除价格因素，实际增长 12.5%。

分城乡看，城市消费品零售额 14921 亿元，比上年增长 20.1%；县及县以下消费品零售额 9693 亿元，增长 18.3%，扣除价格因素，实际分别增长 13.5% 和 11.2%。

分经济类型看，国有经济零售额 6787 亿元；集体经济 4687 亿元；私营经济 791 亿元；其他经济 12351 亿元，分别比上年增长 9%、13.5%、40.6%和 27.4%。

分行业看，批发零售贸易业零售额比上年增长 17.4%；餐饮业零售额增长 27.2%。

集贸市场成交活跃，全年成交额 14695 亿元，比上年增长 26.8%。

抑制通货膨胀取得显著成效，市场物价涨幅持续回落。全年商品零售价格和居民消费价格分别比上年上涨 6.1%和 8.3%，涨幅分别回落 8.7 个和 8.8 个百分点，较好地完成了物价调控目标，但一些商品特别是服务性项目的价格涨幅偏大。

各类价格比上年上涨幅度（%）

1. 商品零售价格	6.1
其中：城市	5.8
35 个大中城市	5.7
农村	6.4
2. 居民消费价格	8.3
其中：城市	8.8
35 个大中城市	9.3

农村	7.9
其中:食品	7.6
粮食	6.5
肉禽及其制品	4.5
油脂	-7.9
蛋品	16.5
水产品	6.0
鲜菜	19.7
衣着	7.4
家庭设备及用品	3.8
医疗保健用品	9.3
交通和通信工具	-1.2
娱乐教育文化用品	10.4
居住商品	11.4
服务项目	16.0
3. 农业生产资料零售价格	8.4
4. 农产品收购价格	4.2
5. 工业企业能源、原材料购进价格	3.9
6. 工业品出厂价格	2.9
7. 固定资产投资价格	4.9

六、对外经济

对外贸易规模有所扩大。全年进出口总额达2899亿美元,比上年增长3.2%。其中:出口总额1511亿美元,增长1.5%;进口总额1388亿美元,增长5.1%。进出口商品结构进一步改善,机电产品出口比重由上年的29.5%上升到31.9%,保持了我国出口第一大类产品的地位。进口方面,国内紧缺的原材料、能源和交通设备进口增加较多。

外商投资企业进出口继续大幅度上升。全年达1371亿美元,增长24.8%,占全国进出口总额的比重由上年的39.1%提高到47.3%。市场向多元化方向发展,对大洋洲和拉丁美洲的进出口额分别增长19.7%和10%,高于对其他各洲的增长速度。

利用外资稳步发展。全年实际利用外资金额552.7亿美元,比上年增长14.2%。其中,外商直接投资423.5亿美元,增长12.2%。外商投资结构进一步改善,基础设施、基础产业和支柱产业项目以及资金、技术密集型项目增加。

对外经济技术合作继续增加。对外承包工程和劳务合作新签合同金额102.7亿美元,比上年增长6.2%;完成营业额77亿美元,增长16.8%。

国际旅游又有新发展。全年入境旅游、访问、从事商务及各项活动的外国人、华侨和港澳台同胞达5112.7万人次,比上年增长10.2%;旅游外汇收入102亿美元,增长16.8%。

七、金融和保险业

金融形势基本平稳。1996年,金融改革进一步深化,监管工作加强,调控手段进一步完善,利率调整取得积极成效,存款稳定增加,贷款结构有所调整。年末金融机构各项存款余额68596亿元,比上年年末增加14792亿元,增长27.3%。其中:企业存款余额为22450亿元,增加5026亿元,增长29.6%;城乡居民储蓄存款余额达38521亿元,增加8805亿元,增长29.9%。各项贷款余额为61157亿元,比上年年末增加10683亿元,增长21.2%。其中:短期贷款余额为40210亿元,增加6653亿元;中长期贷款余额为12673亿元,增加2041亿元。年末现金流通量(M0)为8802亿元,比上年年末增加917亿元,增长11.6%;狭义货币(M1)增长18.9%;广义货币(M2)增长25.3%。

证券市场比较活跃。国债发行和兑付工作顺利完成。股票市场有了新的发展,全年在上海、深圳证券交易所发行A股170只,共发行30.75亿股,筹资235.3亿元。

国家外汇储备增加较多。年年末国家外汇储备为1050亿美元,比上年年末增加314亿美元。

保险事业得以较大发展。全年全国承保金额156645亿元,比上年增长10.4%。保费收入756亿元,增长20.5%。其中:财产险保费收入445亿元;人身险保费收入311亿元。财产险赔款金额259亿元,人身险给付金额55亿元。

社会保险事业取得较大进展。年末全国有8760万职工参加了基本养老保险,2280多万离退休人员参加了离退休费社会统筹;1800万职工参加了大病医疗统筹,100多万离退休人员参加了医疗费用统筹。在过去的一年中,各级劳动保险机构为300多万失业职工提供了失业救济。全国已有34%的乡镇建立了农村社会保障网络,参加农村社会养老保险的达6266万人。

八、科技、教育、文化和卫生、体育

科技队伍继续壮大。年末国有企事业单位共有各类专业技术人员2759万人,比上年年末增长2%。全国县级以上国有独立研究开发机构5434个,高等院校办科研机构3400个,大中型工业企业办科研机构13744个,大中型建筑业企业办科研机构726个;从事科技活动人员280万人,其中科学家和工程师159万人。

科技经费投入增加。全年全国科研机构、工业和建筑业企业、高等院校等单位用于科技活动的经费支出为899亿元,按相同口径比上年增长8.6%。其中研究与发展经费支出327亿元,增长12.2%,相当于国内生产总值的0.5%。

科技事业取得新的成果。全年全国共取得省部级以上重大科技成果 3.1 万项；获国家奖励的成果 647 项，其中国家技术发明奖 111 项，国家科学技术进步奖 536 项。直接为经济建设服务的主要科技成果有：完成了 622 兆比特同步数字系列光纤通信系统、国际通信卫星测控天线、话音卫星通信系统、全天候实时航空遥感系统的研制并投入使用。280 千安大型槽铝电解工业性试验成功。在转基因农作物研究方面，首次在世界上获得抗青枯病转基因马铃薯株系。农作物新品种扬麦 158 号、中棉 19 号，已大面积推广。全年受理国内外专利申请 10.3 万件，授权专利 4.4 万件。

国家重大技术创新工作取得初步进展。全年完成重大科技攻关 180 项，重大科技成果产业化工程 8 项。国家组织完成技术开发、新技术推广、消化吸收、工业性试验 92 项。

企业、高校、科研机构的合作增强。全年参加合作的单位 4.5 万个，参加人数 67.5 万人，合作开发项目 15800 项。

科技基础建设加强。全年新建成国家工程(技术)研究中心 88 个，国家工业试验基地 5 个，国家级企业技术中心 40 个，对 26 个国家重点试验室进行了更新改造。

质量检验、标准化建设和天气预报服务进一步发展。1996 年全国共有产品质量监督检验机构 2400 个。国家监督抽查产品 411019 种，产品抽样合格率 76.9%。全年制定、修订国家标准 1387 个，其中新制定 818 个。全国共有法定计量技术机构 3378 个，全年强制检定计量器具 2432 万台件。全国共建立了城乡天气预报服务网发射站点 1441 个，卫星云图接收站点 190 个。测绘部门测绘各种比例尺地图 81396 幅，公开出版地图 983 种。

技术市场更加活跃。全国共签订技术合同 22.6 万份，成交金额 300 亿元，分别比上年增长 2.1% 和 11.8%。

各级各类教育事业取得新的发展。高等教育管理体制改革取得进展，学校布局进一步调整。年末普通高校为 1032 所，比上年减少 22 所；成人高校 1138 所，减少 18 所。普通高校招生 96.6 万人，比上年增加 4 万人，在校生 302 万人。成人高校招生 94.5 万人(含电大普通专科班 8 万人)，比上年增加 3.2 万人，在校生 265.6 万人(含电大普通专科班 18.7 万人)。全国招收研究生 5.9 万人，比上年增加 8345 人，在学研究生 16.2 万人，增加 1.7 万人。

中等职业教育规模继续扩大。各类高级中等职业学校在校生 1010 万人(含技工学校学生 192 万人)，占高中阶段在校生总数 1780 万人的 56.8%。

普及九年义务教育工作取得新进展。全国初中在校生 5048 万人，初中入学率达 82.4%，比上年提高 4 个百分点。小学在校生 13615 万人，小学学龄儿童入学率达 98.8%，比上年提高 0.3 个百分点。普通初中和小学学生辍学率分别为 3.5% 和 1.3%。希望工程取得可喜进展。全年接受海内外捐款 2.9 亿元人民币，救助 29.6 万名失学儿童重返校园，资助建设希望小学 1560 所。

成人中、初等教育获得较大发展。全年成人中等专业学校在校学生 310 万人，成人技术培训学校培训学员 8337 万人次。全年共扫除文盲 407 万人。

文化事业继续发展。年末全国共有艺术表演团体 2685 个，文化馆 2864 个，公共图书馆 2641 个，博物馆 1205 个，档案馆 3600 个。广播电台 1238 座，中、短波广播发射台和转播台 743 座，广播人口覆盖率 83.7%。电视台 880 座，一千瓦以上电视发射台和转播台 1245 座，电视人口覆盖率 86.1%。各类电影放映单位 6.9 万个。全年生产电影故事片 110 部，发行各种新片(长片)174 部，有 11 部(次)影片在国际电影节上获 14 项奖。全国性和省级报纸全年出版 181 亿份，各类杂志出版 24.4 亿册，图书出版 70.8 亿册(张)。

卫生事业稳定发展。年末全国共有卫生机构 18.9 万个，床位 310 万张，其中医院、卫生院 287 万张，增长 1.1%。卫生技术人员 431 万人，增长 1.3%。其中：医院、卫生院医生(含中西结合医生)138 万人，增长 6%；护师、护士 102 万人，增长 3.5%。预防保健和农村卫生工作得到加强。年末全国共有卫生防疫、防治机构 5887 个，卫生技术人员 21.4 万人，比上年增长 0.9%。妇幼卫生机构 3254 个，卫生技术人员 14 万人，增长 4.7%。农村乡(镇)共有卫生院 51277 个，床位 73.5 万张，增长 0.2%。卫生技术人员 94 万人，增长 2.5%。农村有医疗点村数占总村数的 89.1%，乡村医生和卫生员 132 万人。

体育事业成绩辉煌。在亚特兰大奥运会的激烈竞争中，我国运动员共获得 16 枚金牌，22 枚银牌，12 枚铜牌，金牌和奖牌总数均列第四位。在全年国内外重大比赛中，我国运动员在 17 个项目中获得 75 个世界冠军；17 人 1 队 30 次创 22 项世界纪录；18 人 1 队 37 次创 27 项亚洲纪录；74 人 17 队 125 次创 88 项全国纪录。群众性体育活动进一步活跃，有 89% 以上的在校学生达到《国家体育锻炼标准》。

九、人口、人民生活和环境保护

控制人口增长取得新的成绩。全年人口出生率为 16.98‰；死亡率为 6.56‰；自然增长率为 10.42‰。年末全国总人口 122389 万人，比上年末增加 1268 万人。其中城镇人口为35950万人,占全国总人口的29.4%;乡村人口86439万人,占70.6%。

家庭户平均户规模为3.70人,0—14岁人口比重为26.4%;15—64岁人口比重为67.2%;65岁以上老年人口比重为6.4%。

人口平均预期寿命为70.80岁,其中男性为68.71岁,女性为73.04岁。

城乡居民收支稳定增长。全年城镇人均可支配收入和生活费收入分别为4839元、4377元,比上年增长13%和12.4%,扣除价格因素,实际增长3.8%和3.3%。省会城市(含计划单列市)职工家庭可支配收入6235元,比上年增长14.4%,扣除价格因素,实际增长4.7%。农村居民人均纯收入1926元,增长22%,扣除价格因素,实际增长9%。但地区间、居民间不平衡问题仍较突出,部分省、区居民实际收入水平有所下降,一些低收入居民家庭生活还比较困难。

劳动就业形势基本稳定。年末全国从业人员68850万人,比上年年末增加900万人。其中:城镇职工14960万人,增加52万人;城镇私营个体从业人员2300万人,增加255万人。乡镇企业从业人员13140万人,增加278万人;乡村私营和个体从业人员4114万人,增加589万人。到年末,全国设立各类职业介绍机构3.1万多家,介绍890万人次就业,组织390万人参加了各类就业训练。全年通过实施再就业工程帮助200多万名失业者和企业下岗人员实现了再就业。年末全国城镇登记失业人数553万人,登记失业率3%。

职工工资水平继续提高。全年全国城镇职工平均工资6210元,比上年增长12.9%,扣除价格因素,实际增长3.8%。

城乡居民的居住条件又有改善。全年城镇新建住宅3.6亿平方米,农村新建住宅7.6亿平方米。

社会福利事业稳步发展。1996年年末全国各类社会福利院床位达102万张,收养77万人。城镇社区服务网络持续发展,已建立起各种社区服务设施13.6万个,其中社区服务中心4670个。社会救济改革进一步深化,全国建立最低生活保障制度的有101个城市,城乡居民得到国家救济的达3829万人次,国家抚恤、补助各类优抚对象450万人,妥善安置了退伍军人的生活和就业。

环境保护事业进一步加强。年末全国环境保护系统共有9.2万人,各级环境监测站2157个,环境监测人员3.6万人。全国自然保护区达799个,其中国家级自然保护区106个;自然保护区总面积7185万公顷,占国土总面积的7.19%。环境法制建设步伐加快。到年末,制定的各类环境保护标准已达374项。年内设立的建设项目的环境影响评价制度执行率86.7%,当年投产的建设项目"三同时"执行率89.7%。全年完成环境污染限期治理项目4869个,总投资41.5亿元。在全国534个城市中建成了3312个烟尘控制区,面积达14085平方公里,在426个城市中建成了2185个环境噪声达标区,面积达5673平方公里。到年末,全国已取缔、关闭和停产15种污染严重企业57430个,占应取缔、关闭和停产15种污染严重企业总数的81.2%。

注:1. 本公报各项统计数据为初步统计数,未包括台湾省和香港、澳门地区;

2. 公报中国内生产总值、各产业增加值绝对数和劳动生产率按现价计算,增长速度按可比价格计算。

党和国家领导人江泽民 李鹏 李瑞环 朱镕基 刘华清 胡锦涛等到北京天坛公园参加第13个首都全民义务植树活动

海内外炎黄子孙在陕西黄陵县桥山公祭黄帝陵

数万名海内外炎黄子孙聚集在黄帝陵前,共同缅怀中华民族的人文始祖轩辕黄帝。国务委员宋健、全国政协副主席王兆国参加了祭陵仪式。

国务院副总理钱其琛在福建考察

钱其琛于4月5日至8日在福建先后考察了南平、福州、厦门、泉州等地的一些旅游基础设施、开发区三资企业和华侨学校,会见了台港工商团体负责人,出席了首届厦门对台出口商品交易会暨'97台胞回乡旅游购物节的开幕式,并听取了福建省委省政府的工作汇报。钱其琛充分肯定了福建省委、省政府的工作。钱其琛说,福建过去由于大家知道的原因,没有多少建设,基础设施比较差。改革开放后,福建抓住了海峡两岸局势缓和的有利时机,发挥自身优势,选准发展外向型经济的路子,社会经济取得了快速发展,全国翻两番,福建已经实现了翻三番,精神文明建设也取得了进展。现在福建处于进一步发展的大好时机,天时、地利、人和,完全有条件实现经济和社会可持续发展。

钱其琛指出,海峡两岸的有识之士都盼望进一步发展两岸关系。多年来的实践已经证明,互惠互利、优势互补的经贸往来符合两岸同胞的共同利益。我们应该以更积极、更务实的态度去推动两岸关系的发展。我们一贯主张"三通","三通"有百利而无一害。台湾许多企业家已经感到,在岛内投资,困难越来越大,企业发展的前途在祖国大陆,找市场也在祖国大陆。我们将继续执行鼓励台商到祖国大陆投资的政策。无论什么情况,都要保护台商的合法权益。扩大两岸经贸往来是历史潮流,经贸往来中出现的一些问题,我们要努力去解决。要把现有的台资企业办好。同时，我们希望有更多的大企业来祖国大陆投资。台湾当局阻挠他们前来投资，不仅会损害台商的利益，也不利于台湾自身经济的发展。

全国人大常委会副委员长王汉斌在人民大会堂代表乔石委员长会见毛里塔尼亚国民议会代表团

4月6日

全国人大常委会委员长乔石在意大利首都罗马会见意大利参议院议长曼奇诺

阿尔及利亚总理乌叶海亚在阿尔及尔政府宫同国务院副总理姜春云举行会谈

埃及总统穆巴拉克在开罗总统府会见以中联部部长李淑铮为团长的中国共产党代表团

7 时 46 分和 12 时 36 分新疆伽师先后发生 6.3 级和 6.4 级地震

4月7日

国务院总理李鹏在北京会见毛里塔尼亚国民议会议长谢赫·巴巴

意大利总统斯卡尔法罗在罗马总统府会见全国人大常委会委员长乔石

全国人大常委会委员长乔石在罗马总理府会见意大利总理普罗迪

深化国有企业改革座谈会在北京召开

国家主席江泽民在中南海会见法国国防部部长夏尔·米永和法国驻中国大使毛磊

江泽民说，他高度评价希拉克总统作出的关于法国不参与今年联合国人权会反华提案的决定，对法国这一独立自主的行动表示赞赏。他说："这是一项具有远见卓识的明智决断，表明法国奉行独立自主外交政策和发展中法伙伴关系的决心。我深信，这必将对中法关系的全面发展产生重要和积极的影响。"

江泽民指出：中国一向积极参与联合国促进和保护人权的努力，并高度评价联合国人权公约在促进和保护人权方面的积极意义，已加入了 17 个国际人权公约。我们曾多次积极评价《经济、社会与文化权利国际公约》和《公民和政治权利国际公约》。经过认真研究，中国首先准备在今年年底之前签署联合国《经济、社会与文化权利国际公约》。目前，中国有关部门正在对该公约有关国内立法进行研究。

国务院副总理吴邦国在布拉格接受捷克《权利报》记者罗什科特和《经济报》记者涅麦茨采访

国防部部长迟浩田上将在钓鱼台国宾馆同法国国防部部长夏尔·米永会谈

智利总统弗雷在圣地亚哥会见由中央军委副主席张万年上将率领的中国军事友好代表团主要成员

中国国际商会(CCOIC)与东盟工商会(ASEAN—CCI)在上海共同签署谅解备忘录

该备忘录自下午 3 时 30 分起生效，有效期为 5 年。

备忘录规定双方将根据平等、互利的原则促进中国与东盟国家间包括双方中小企业在内的商务关系和合作的发展；双方定期交换经贸及其他信息；双方同意建立"中国—东盟商务理事会"，以促进双边贸易与投资；双方将互相提供协助以组织和参加在中国或东盟国家举办的国际博览会和展览会。

香港和美国在香港正式签署民用航空运输协定

卫生部在北京举行第 18 个世界卫生日座谈会

公安部部长陶驷驹在北京会见来京出席内地与香港国际刑警第二十五次会晤的国际刑警组织香港支局负责人香港警务处处长许淇安

4月8日

全国人大常委会委员长乔石到罗马众议院拜会议院议长维奥兰特

大型摄影画册《伟人周恩来》由人民美术出版社出版并在北京人民大会堂举行首发式

《伟人周恩来》收入了摄影家吕相友所拍摄的周恩来、邓颖超同志珍贵照片 141 幅，共分《伟人风采》、《战友之间》、《广交友朋》、《在群众中》、《可敬伴侣》五部分。画册通过这些新中国成立后不同时期的照片，从一个侧面再现了周恩来总理的魅力与风采，记录了这位伟人的不朽功勋。宋平为该书撰写前言。

三峡工程一线水位移民全面搬迁

将于今年11月进行大江截流的长江三峡工程，正全面展开一线水位的移民搬迁。

三峡水库总库容393亿立方米，正常蓄水位175米高程。第一次蓄水就是在大江截流之后，这次蓄水的淹没线，被称为“一线水位”。据调查，三峡水库一线水位涉及淹没湖北省的宜昌、秭归、兴山、巴东和重庆市的巫山、奉节、云阳等7个县，有5座县城和19个集镇将部分受淹，150个工矿企业将要搬迁。一线水位淹没区共有人口3.62万人。

在三峡移民中最早动迁的宜昌县，在全部完成三峡工程施工区移民任务后，立即转入一线水位移民搬迁。一线水位涉及的3000多移民已有半数搬出淹没区，600多移民的新房已经落成。一线水位移民任务较重的巫山、奉节、云阳三县一手抓搬迁，一手抓安置。到目前为止，这三个县一线水位淹没区的1.16万农村移民中，已有7400多人得到妥善安置。

一线水位所涉及的5座县城，都在紧张进行搬迁和新城建设。

国务院副总理邹家华在全国化工建设工作会议上发表讲话

邹家华在会上肯定了化工“八五”建设工作的成绩和经验。他说，我国农业之所以能够得到较快发展，其中一个重要原因，是依靠化学工业提供了化肥、农药等支农产品。除此，化学工业在其他方面，如乙烯生产等都取得了很大成就。许多化工产品都为满足国民经济新的增长点作出了贡献。今天，人们的生产和生活对化学工业的要求越来越高，化学工业在国民经济中的地位越来越重要。

邹家华指出，在国家今后15年的发展纲要中，农业将是非常重要的行业，我国必须依靠自己的力量满足人们对农产品的需求。作为农业的后盾，化学工业所担负的生产支农产品任务是极为重要的。

对“九五”化工建设，邹家华指出要从思想、方法、制度等方面尽快适应国家建设的新的形势和新的变化，以改革的精神完成建设任务，使“九五”化工建设走上更加健康的道路，取得更大的成绩。

全国城镇集体企业清产核资工作会议在北京召开

中国服装研究设计中心(集团)暨国家服装工程中心国家服装行业生产力促进中心在北京正式挂牌

国务院副总理邹家华在钓鱼台国宾馆会见美国埃克森公司副总裁罗伯特·威尔姆

全国人大常委会副委员长雷洁琼在人民大会堂会见美国雪佛龙石油总公司副董事长詹姆斯·苏里范

芬兰总统阿赫蒂萨里和总理利波宁分别在赫尔辛基总统官邸和总理府会见国务院副总理吴邦国

阿尔及利亚总统泽鲁阿勒在阿尔及尔会见国务院副总理姜春云

外交部发言人沈国放就欧盟酝酿香港问题声明等问题答记者问

沈国放在回答记者提问时指出，欧盟酝酿就香港问题发表声明的做法是不恰当的。利用香港问题干涉中国内政，“这是我们绝对不能接受的。”

沈国放说，香港问题在1997年7月1日前是中英两国政府之间的事，其后则完全是中国的内政，任何外国政府和组织都无权干涉香港的事务。

沈国放说，中国政府一贯严格按照中英联合声明和基本法办事。香港回归后，香港居民的各项民主权利和自由都将得到保障，各国在香港的合法利益也都会得到照顾。

沈国放表示：“我们希望欧盟了解香港的实际情况，了解中国对香港的政策，作必要的调查研究，不要听信某些人散布的不实之词，不要跟着某些人，在香港问题上打‘国际牌’。”

沈国放应记者要求评价丹麦等国仍将搞反华提案一事时说，中国希望那些仍坚持在人权会上搞反华提案立场的国家，认真对待人权会多数国家的呼吁，作出放弃搞对抗的决定。

沈国放说，法国、德国、意大利、西班牙、希腊和日本等国决定不参与联合国人权会反华提案的决定是“明智”的，“符合人权会多数国家主张对话、反对对抗的意愿”。

沈国放指出，西方国家已连续六次在人权会搞反华提案，均因人权会多数国家的反对而失败。事实证明，对抗无助于解决问题。

沈国放说，中国希望那些执意搞反华提案的国家，放弃这一立场；如果某些国家执意挑头提反华提案，必然会对双边关系和人权领域的正常交流造成损害。

沈国放说，中国对扎伊尔局势的发展一直十分关注，真诚希望扎伊尔冲突双方响应国际社会的和平呼吁，通过谈判尽快结束冲突，维护国家统一、民族团结、恢复社会安定，共同致力于国家的发展。

沈国放说，中国作为安理会常任理事国，积极参与了安理会有关扎危机的讨论和磋商，主张扎冲突应通过和平方式解决。

发言人指出，扎伊尔国内的冲突给扎人民和滞留在东扎的难民造成深重的灾难，并危及大湖地区乃至整个非洲大陆的和平与稳定。

沈国放说，最近，非统组织在多哥首都洛美就解决扎危机召开了特别首脑会议，十几个非洲国家的元首和政府首脑，以及联合国秘书长安南和非统秘书长萨利姆均与会。会议在各方努力下，促成了扎冲突双方同意和谈。目前，冲突双方代表正由南非领导人主持在比勒陀利亚进行直接谈判。

沈国放说，中国政府对非统组织、联合国和有关非洲国家为妥善解决扎危机所作的努力表示赞赏和支持，希望谈判取得成果，使扎伊尔尽快实现和平，地区人民尽快摆脱战乱的苦难。

中国裁军大使沙祖康在联合国举行的《不扩散核武器条约》2000 年审议大会第一次筹委会上发言

沙祖康在发言中全面阐述了中国对该条约和核裁军问题的立场。沙祖康强调，全面禁止核武器是国际社会的首要目标。应像全面禁止生物武器和全面禁止化学武器那样，谈判缔结全面禁止核武器公约。

沙祖康说，中国从不回避自己在核裁军方面应尽的责任。中国赞成加强《条约》的普遍性，重视国际原子能机构的保障监督作用，支持其采取适当措施，加强保障监督体系的有效性，提高其效益。

沙祖康表示，中国作为《条约》的缔约国，恪守《条约》关于核不扩散的各项规定。中国是负责的，从来不搞双重标准。中国一贯奉行不主张、不鼓励、不从事核扩散、不帮助别国发展核武器的政策。中国在与别国进行和平利用核能的合作时，坚持三项原则，即保证用于和平目的；接受国际原子能机构的保障监督；未经中方许可，不得转让第三国。中国不向未接受保障监督的核设施提供帮助。

沙祖康同时指出，防止核武器扩散应促进开展和平利用核能的国际合作，保障广大发展中国家和平利用核能的正当权利。在和平利用核能方面同样不应采取双重标准。

中国 法国 俄国 英国和美国的代表在联合国发表联合声明重申支持《不扩散核武器条约》

日本众议院议长伊藤宗一郎在东京会见前来参加第一届中日企业家会议的全国人大常委会副委员长王光英

财政部 国家科委联合颁布《科学事业单位财务制度》

中国航天工业总公司与美国 DIGITAL 公司联合开发生产网络计算机项目的协议书在北京签字

“中国留法勤工俭学运动展览”在中国革命博物馆举行

本次展览分为“适应时代潮流发起留法教育；探寻救国真理掀起留法高潮；勤工俭学生活两次求学波澜”等 6 个部分，共展出珍贵的历史照片、实物、档案资料 400 多件。其中包括：留法勤工俭学运动发起人李石曾、蔡元培等人及毛泽东的照片与信件；周恩来、李富春等赴法的介绍信及在法国的照片；邓小平在法国的照片及在施奈德工厂做工时的登记卡。本次展览由中国革命博物馆和北京市档案联合主办。

秦始皇兵马俑二号坑第一阶段发掘基本结束

被誉为“世界第八大奇迹”的兵马俑共有 3 个俑坑，位于西安市东 37 公里处。一、三号坑经过发掘并建展厅，分别于 1979 年秋和 1989 年秋对外开放。唯有步、骑、车、弩兵种齐全，被认为是秦俑精华部分的二号坑，直到 1994 年 3 月初才开始发掘，同年 10 月中建成展厅，边发掘边开放。

经过 3 年发掘，考古工作者弄清了二号坑平面呈曲尺形的俑坑上部的形制结构，包括边界四至和走向，找出了 11 个门道及门的三种封堵结构，并对棚木局部被焚和塌陷时间作出了判断。秦俑考古队对过去的十几处试掘方进行正式发掘清理，出土陶质将士 86 件，陶质车马、鞍马 44 件，其中如姿态独特的跪射俑，双足站成丁字形的立射俑，手牵鞍马的骑士俑，车后有四个车士俑的驷乘车等，都是一、三号坑没有或少见的，是我国古代雕塑艺术的典范作品。

还有一些意外发现引人注目。如发现了两座汉代残墓，其中一座置于一组陶俑陶马之上，可见早在 1800 多年前的东汉就有人接触过这个神秘的秦始皇地下御林军，从而改变了 1974 年春农民在这里打井才发现秦俑的认识。

中国红十字会第六届理事会第四次会议通过接纳香港红十字会为中国红十字会分会特别决议

随着香港的回归，中国红十字会将于 7 月 1 日正式接纳香港红十字会为这个大家庭一名新成员。届时，香港红十字会冠名为“中国香港特别行政区红十字会”，简称“香港红十字会（中国红十字会分会）”。

会上，还作出《关于增补郑栋材先生、林胡秀霞、董赵洪娉女士为第六届理事会理事的特别决议》。

4月9日

国际商会第三十二届世界大会在上海市展览中心开幕

国务院总理李鹏应邀在开幕式上发表讲话。

作为具有重要影响的世界性民间商业组织，国际商会成立于1919年。其宗旨是：在经济和法律领域里，以有效的行动促进国际贸易和投资的发展。目前，国际商会会员分布在世界140个国家和地区，在60多个国家设立了国家委员会。中国于1994年11月加入国际商会，并于1995年1月1日正式成立了国际商会中国国家委员会。

由国际商会和国际商会中国国家委员会共同主办的本次大会是国际商会历史上一次规模较大的会议，也是该组织首次在中国举行的大会。共有来自74个国家和地区的1000多名银行家、企业家、经济学家、商会代表、国际组织代表、政府高级官员出席会议。本次会议在"全球经济中的亚洲"的主题下，将就全球经济、亚洲企业家看全球市场、中国在亚洲和世界上不断增长的作用、香港和上海的经济发展以及有关国际商会的政策等问题展开讨论。

国务院副总理李岚清，国务委员李铁映，中共中央政治局委员、上海市委书记黄菊出席开幕式。开幕式上，国际商会主席赫尔穆特·莫赫致欢迎辞。上海市市长徐匡迪、中国国际贸易促进会会长郭东坡也分别致辞。

下午，李鹏总理在上海会见国际商会主席莫赫和国际商会其他主要负责人以及各国出席本次大会的主要外宾，并同他们进行交谈。

国务院总理李鹏在国际商会第三十二届世界大会开幕式上发表讲话

主席先生，各位来宾，女士们、先生们：

今天，国际商会第三十二届世界大会在上海隆重开幕，我代表中国政府和中国人民，向远道而来的各国商界代表、向各位来宾表示热烈的欢迎，并预祝大会获得圆满的成功！

国际商会已具有78年悠久的历史，在140个国家和地区拥有会员，是一个重要的世界性经贸组织。它在推动国际贸易、经济合作、资本流通方面所发挥的重要作用，以及它所具有的广泛性和务实性受到了国际社会的高度评价。选择上海这座充满生机和活力的城市举行年会，充分表达了国际商会对中国经济发展的重视，也说明具有远见卓识的国际商界对发展前景广阔的中国充满了巨大兴趣。我相信在与会商界人士和政府官员的共同努力下，会议在交流经验、开展合作方面一定会取得令人满意的成果。

环顾全球，多极化趋势正在加速发展。科学技术突飞猛进，世界经济持续增长，国际贸易和投资不断扩大，世界各国经济联系更加紧密，区域性的经济合作势头强劲。特别是一些发展中国家经济增长速度加快，经济实力增强，成为世界经济新的增长点。这都是令人高兴的事。同时，我们也应该看到，世界仍然充满矛盾，经济发展很不平衡，贫富差距仍在扩大，不等价交换还在损害广大发展中国家的利益。因此，建立一种公正、合理的国际经济新秩序，是世界人民的共同呼声。

亚洲这块饱经沧桑的古老大陆，经济的发展已取得了举世瞩目的成就。特别是东亚经济增长速度连续多年保持领先地位，成为亚太乃至整个世界经济增长的一个推动力。亚洲人民正在努力把一个和平、稳定、繁荣、进步的亚洲带入21世纪。

亚洲的发展潜力是巨大的，亚洲的前途是光明的。

——亚洲是和平共处五项原则的发源地。亚洲各国把这些原则作为处理国家关系的基本准则，从不把自己的观点强加于人，反对干涉别国的内政，致力于维护一个和平、稳定的周边环境，为经济发展创造不可缺少的条件。

——亚洲人民有摆脱贫困的强烈愿望。他们勤劳智慧，为提高自己的生活水平作出不懈的努力。

——亚洲有众多的人口，人力资源和自然资源极其丰富，市场潜力十分巨大，为保持经济持续增长提供了可靠的保证。

——亚洲各国都在努力探索自己的发展道路，制定不同的发展战略，并积累了成功的经验。同时主张互相借鉴，取长补短，尊重多样性。

——亚洲开展了卓有成效的国际合作。亚洲的发展主要依靠自身努力，也积极推动国际合作。亚洲的发展为世界经济稳定增长提供了有利的条件。去年3月，亚欧各国领导人聚会曼谷，共同探讨建立面向21世纪的新型伙伴关系，架起了亚欧合作的桥梁。

中国是亚洲的一员，中国的发展与亚洲的繁荣息息相关。70年代末期，在邓小平建设有中国特色社会主义理论指引下，中国进入改革开放和现代化建设的新时期。19年来，中国经济始终保持快速发展的势头，国民生产总值平均每年增长9.9%，人民生活得到改善，居民消费每年增长7.4%。教育、科技等各项事业全面发展，民主和法制建设得到加强。中国政治稳定，民族团结，人民安居乐业。去年我国国民经济增长9.7%，通货膨胀得到有效抑制，物价涨幅回落到

6.1%，今年一季度物价涨幅继续下降。中国制定了本世纪最后五年的发展计划和 2010 年远景目标。按照这个设想，本世纪最后五年，我国经济平均增长 8%，下一个世纪头十年，也将保持 7%左右的增长速度。实现这个目标，将使中国的综合国力和人民生活再上一个新台阶。现在，我国经济发展势头很好，全国人民对美好的未来充满信心和希望。

中国经济、社会发展取得的巨大成就，是和实行改革开放的政策分不开的。19 年来，我国的开放从经济特区、沿海开放城市，逐步扩大到沿江沿边地区和省会城市等内陆地区，已经形成了一个全方位、多层次的开放格局。开放领域从一般加工工业，逐步向基础产业和基础设施扩展，向贸易、金融、保险等服务行业延伸。中国的投资环境不断改善，各项涉外法规日趋健全。1996 年，中国进出口贸易总额达到 2899 亿美元，居世界第 11 位。外商直接投资累计 1700 多亿美元。中国实行进出口贸易基本平衡的政策。预计 2000 年，中国进出口贸易总额将达到 4000 亿美元。这也就是说，从今年到本世纪末的 4 年中，中国将向世界提供将近 7000 亿美元的市场，当然要进入这个市场，竞争也是激烈的。希望一切有远见的企业家和商界人士都不要失去进入中国市场的大好机遇。

香港是亚太地区重要的国际金融、贸易、航运、旅游、信息中心。今年 7 月 1 日，中国将对香港恢复行使主权。我国将坚持“一国两制”的方针，实行“港人治港”、高度自治，保持香港的长期繁荣和稳定。回到祖国怀抱的香港，必将在密切亚洲各国之间的经贸联系中，在密切亚洲与世界各国的经贸联系中，发挥更加积极的作用。

国际商会把“全球经济中的亚洲”作为这次会议的主题，具有重要的现实意义。我希望通过这次大会，能够加深大家对中国的了解，对亚洲的了解，对世界的了解。中国愿意在平等互利的原则基础上，进一步加强同亚洲各国，同世界各国的合作与交流，为亚洲经济的持续发展，为促进世界和平与发展的崇高事业，作出新的贡献。

谢谢大家。

最高人民法院 司法部下发《关于刑事法律援助工作的联合通知》

各省、自治区、直辖市高级人民法院、司法厅(局)，解放军军事法院：

为顺利实施《中华人民共和国刑事诉讼法》有关法律援助的规定，最高人民法院、司法部就有关刑事审判中的法律援助程序、各级人民法院同所在地的法律援助机构的工作衔接等有关事项通知如下：

一、人民法院指定辩护的刑事法律援助案件，由该人民法院所在地的法律援助机构统一接受并组织实施；尚未设立法律援助机构的地方，由人民法院所在地的同级司法行政机关接受并组织实施。

二、法律援助机构或者司法行政机关接到指定辩护通知书和起诉书副本后，对刑事被告人是盲、聋、哑、未成年人、可能被判处死刑而没有委托辩护人的，应于三日内指派承担法律援助义务的律师提供辩护。

三、对刑事被告人符合当地政府规定的经济困难标准，人民法院认为需要指定律师为其提供辩护的刑事案件，法律援助机构或者司法行政机关应于收到指定辩护的通知书三日内，指派承担法律援助义务的律师提供辩护。

四、对人民法院根据案情认为确需律师辩护、符合下列条件的刑事被告人，法律援助机构或者司法行政机关应于接受人民法院指定辩护三日内，指派承担法律援助义务的律师提供辩护：

(一)本人确无经济来源，其家庭经济状况无法查明的；

(二)本人确无经济来源，其家属经多次劝说仍不愿为其承担辩护律师费用的；

(三)共同犯罪案件中，其他被告已委托辩护人，而该被告没有委托辩护人的；

(四)外国籍被告人没有委托辩护人的；

(五)案件有重大社会影响的；

(六)人民法院认为起诉意见和移送的案件证据材料有问题，有可能影响法院正确定罪量刑的。

五、人民法院对需要指定辩护的案件，应在开庭十日以前，将指定辩护律师通知书和人民检察院的起诉书副本送交所在地的法律援助机构或者同级司法行政机关。同时，附送被告人符合法定或者本通知规定的法律援助条件的情况说明或经济困难的证明材料。

六、接受承办法律援助事务的辩护律师征得刑事被告人同意后，即可依照刑事诉讼法的有关规定履行辩护职责。

七、人民法院应当积极支持律师行使辩护职能所开展的法律援助工作，为其提供查阅、摘抄、复制本案所指控的犯罪事实的材料及同在押的被告人会见和通信等方面的便利条件。

国家计委确定 1997 年国家重点建设项目名单

国家计委下达了 1997 年国家重点建设项目名单，能源、水利、交通、原材料等方面的 129 项工程列入其中。

国家计委要求，各部门、地方、金融机构及有关单位，要按照“保重点、保竣工、保投产、严格控制新开工项目”的原则，积极落实国家重点建设项目资金，并保证及时到位，特别是各地方要积极调整投资结构，集中资金优先保证国家重点建设项目的需要。积极深化投资体制改革。要大力推行项目法人责任制、项目资本金制度和施工监理制度，充分发挥市场机制作用。各重点建设项目要进一步强化项目管理，严格搞好“三大控制”（工程质量、工期、造价），大力发扬艰苦奋斗、勤俭节约精神，努力降低工程造价，提高投资效益。严禁各部门、地方和有关单位向国家重点建设项目乱收费、乱摊派和乱集资。

在129项工程中今年新增的有32项。它们是煤炭项目：河北蔚县矿区、甘肃华亭矿区。电力项目：广州抽水蓄能电站二期、天生桥水电站一级、河北邯峰电厂、河北三河电厂、山西阳城电厂、内蒙古达旗电厂二期、吉林双辽电厂、湖北襄樊电厂、湖南湘潭新电厂、云南曲靖电厂、陕西宝鸡第二发电厂。水利项目：甘肃疏勒河农业灌溉及移民综合开发（地方项目）、淮河治理（怀洪新河、沂沭泗洪水东调南下近期工程）、万家寨水利枢纽工程。铁道项目：邯济线、安徽芜湖长江大桥、西安—安康线、南疆铁路。交通项目：厦门海沧大桥、广西西江航运二期工程（地方项目）、京沈高速公路（地方项目）宝坻—山海关段。民航项目：海南海口美兰机场（地方项目）。钢铁项目：广州珠江钢铁有限公司、梅山冶金公司炼钢工程。有色项目：江西铜业公司贵溪冶炼厂。化工项目：南京化学工业公司大化肥项目、广西鹿寨化肥厂。建材项目：天津振兴水泥厂。轻纺项目：吉林腈纶工程。教育项目：高等教育“211工程”。

中国证监会发言人在北京就非上市国有企业发行可转换公司债券问题发表谈话

证监会发言人说经国务院批准，国务院证券委员会发布了《可转换公司债券管理暂行办法》。根据办法规定，中国证监会负责组织可转换公司债券的试点工作。

证监会发言人说，李鹏总理在八届人大五次会议的《政府工作报告》中，将选择一些重点国有企业发行可转换公司债券作为促进国有企业改革和发展的重要措施之一。发行可转换公司债券是为了促进国有企业的改革和发展，解决其资本金不足的困难，现阶段只选择若干家重点国有企业进行试点，选择范围为国家确定的500家重点国有企业中未上市的公司，发行规模为40亿元。上市公司暂不列入试点范围。

这位发言人说，可转换公司债券兼有股票和债券的双重特性，是一种混合型的融资工具。在我国，仅有个别公司进行过试点，绝大多数国内证券市场的参与者，对于这一证券品种的性质和风险，还缺乏全面而深刻的了解，对于证券市场而言，推出这一新的证券品种，一方面，要求证券监管部门和证券交易所，积极做好可转换公司债券在发行、上市、转换股份等各个环节的技术准备和健全相应的交易制度，加强市场监管和风险控制。另一方面，投资者必须加强投资风险意识。投资者在进行投资决策前，应该认真阅读可转换公司债券募集说明书，对投资行为所获得的权利和承担的风险必须有一个清醒的认识。

证监会发言人说，重点国有企业发行可转换公司债券，一方面，取得了新的融资渠道，有利于改善资本负债结构；另一方面，面临改制和可能还本付息的压力。从国际经验看，衡量可转换公司债券发行成功与否的重要标志之一，是可转换公司债券到期的换股比例。而换股比例的高低，则取决于发行人经营业绩的成长性。就一般规律而言，发行人经营业绩越好，换股比例则越高，发行人还本付息的压力越小；反之，发行人经营业绩每况愈下，换股比例则越低，发行人或担保人承担还本付息的压力就越大；因此，试点企业应当努力做好企业的改组、改制、改造工作，切实转换经营机制，提高经济效益，积极创造股票发行和上市条件，以良好的业绩赢得投资者的信任。

发行可转换公司债券企业的推荐工作从即日以5月10日截止。

中共中央政治局委员李铁映在江苏调研

李铁映于4月9日至13日在江苏调研。李铁映指出，农业产业化是广大农民在农村改革中的创造，是在农村实现带有全局意义的两个根本转变的重要探索和实践。

李铁映指出，农业产业化的关键是要回答，在迈向社会主义市场经济体制、实现农业现代化过程中，农产品如何进入市场，农民如何成为市场主体的问题。农业产业化的基本特征，是生产的专业化、经营的一体化和管理的企业化。推动农业产业化，就要把农民带入市场，把市场引入农户，使农民与千变万化的市场紧密联系起来。这是发展社会主义市场经济的迫切需要，也是广大农民的强烈愿望。

国务院副总理朱镕基在中南海会见世界银行常务副行长卡奇和世行东亚及太平洋地区副行长塞韦里诺

国务院副总理李岚清在上海会见秘鲁共和国议会议长维克多·许会

中央军委副主席迟浩田在人民大会堂会见由越南人民军第二军区司令陶仲历少将率领的越南人民军军

区代表团

中国代表团团长黄瑜在海牙举行的禁止化学武器组织筹委会第十六次全会上发言希望有关国家为尽早全面有效地实施《禁止化学武器公约》创造必要条件

中科院常务副院长路甬祥就中科院实施跨世纪发展战略问题答记者问

在闭幕的中国科学院1997年度工作会议上，中科院常务副院长路甬祥接受记者采访时说，1996年是中国科学院"八五"成果丰收年，是全院团结奋斗，深化改革，向江泽民总书记提出的"三大基地"建设目标奋力迈进的一年。在谈到中科院今后如何进一步发挥科学人才团体的作用，怎样建设适应下世纪发展的科技国家队时，路甬祥从组织"九五"重大任务、加速结构调整、建设跨世纪科技和管理队伍等方面做了阐述：

大处着眼，重点实施——中科院此次组织的"九五"重大项目，在战略重点、选项原则和组织方式上都有新的突破。在基础研究的项目选择时，不是只按已有优势，而是注重分析科学前沿的发展趋势，着重考虑中国经济、社会发展的长远需求，选择那些一旦突破就会具有重要科学意义和对社会经济发展有战略性影响的项目，为中国科技和经济发展积累科学基础和后劲；在高技术研究领域，选择对国计民生关系重大的前沿方向，组织力量进行重大创新研究并加速产业化进程；在生态资源环境研究领域，把全院工作进一步融入我国社会可持续发展的主流，积极参与全球性科学问题的合作研究。此次组织重大任务的选项原则是，选择有综合优势又能够系统集成的重大项目，通过重大项目的带动，加速结构调整，并形成新的生长点。

精心遴选，分批启动——中科院已遴选出40个备选项目，正在进行可行性论证，目前一批院重大项目已经启动，今年年底前大部分项目均要启动。例如：在巩固黄淮海平原综合开发的基础上，重点抓好国家主要商品粮基地——东北地区的农业综合开发和配套技术的推广应用；在力学研究所建立YAG激光毛化研究开发与示范推广中心，与宝钢、鞍钢、攀钢等大中型企业密切合作；从市场需求出发，强化曙光大规模并行处理计算机的软件开发；组织有关力量集中进行包括超滤技术、微生物治理电镀废水技术等在内的清洁生产与污染治理的研究开发等等。

结构调整，分类定位——在当前我国科技体制改革处于从"计划有序"向"市场国家规划有序"转轨的过渡期，中科院正自觉地、坚定地坚持自身正确的战略定位。院党组决定用3年时间，在全院进行以研究所定位和重点开放实验室分类管理为中心的结构调整，使各研究所在改革中认清自我，找准适当的发展位置，保持特色，开拓创新。

新老交替，青中为主——在今后3年左右时间，全院有70％多的研究员将要退休，加速培养年轻学术带头人，顺利完成代际转移，是摆在中科院面前的最紧迫的任务。目前全院的科技队伍结构已从"八五"期间"以老带新，老中为主"转变为"九五"期间"新老交替，青中为主"，同时要建设一支高水平的科技管理和技术服务队伍。

中国记协中国扶贫基金会在北京召开新闻扶贫座谈会

中国记协在会上发出《关于在全国新闻界开展新闻扶贫活动倡议书》。全国政协副主席、中国扶贫基金会会长杨汝岱出席座谈会并讲话，对新闻界在扶贫工作中所做出的贡献给予高度评价。

人民日报、上海市记协、中央人民广播电台、工人日报、福建日报、闽东日报6家新闻单位在会上介绍了近年来开展新闻扶贫的做法和体会。

中国记协主席邵华泽在会上讲话。中国记协常务副主席郑梦熊宣读了倡议书。旅美华人实业家李玉玲女士出资1000万元人民币，在中国扶贫基金会设立科教扶贫基金，会上举行了捐赠仪式。首都各新闻单位的代表出席了座谈会。

中华全国新闻工作者协会发布《关于在全国新闻界开展新闻扶贫活动倡议书》

《骆玉笙暨北方鼓曲名家音配像选萃》座谈会在人民大会堂举行

吴作人逝世

中国杰出的艺术家和美术教育家、第六届全国人大常委、第七届全国政协常委、第四届全国文联副主席、中国民主同盟中央参议委员会副主任、中国美术家协会主席、中央美术学院原院长吴作人，因病在北京逝世，享年89岁。

吴作人，1908年生于苏州。1927年后，曾在上海艺术大学和南国艺术学院美术系学习。1930年后，赴法国、比利时等地留学。1935年回国，任教南京中央大学艺术系。抗战期间，当选为中华全国美术界抗敌协会理事。1946年任北平艺专教育长。新中国成立以后，历任中央美术学院副院长、院长，中国美术家协会副主席、主席。《齐白石像》、《三门峡工地》、《牧驼图》、《双熊猫》等不同时期创作的众多优秀作品，在现代中国美术发展历程中具有引领风气的意义。

4月10日

中纪委 监察部在北京召开中央国家机关执法监察工作经验交流会

中纪委副书记侯宗宾在中央国家机关执法监察工作经验交流会上发表讲话

侯宗宾在会议上指出,要认真贯彻江泽民总书记在中央纪委第八次全会上的重要讲话,把提倡节俭、反对奢侈浪费、发扬艰苦奋斗的优良传统和作风,作为今年领导干部廉洁自律工作的重点来抓。

侯宗宾强调,中央纪委要求,当前各级纪检监察机关要集中力量,突出解决借开会之机游山玩水、大吃大喝、铺张浪费的问题,务必在今年10月份以前,取得明显的阶段性成效。要严格控制会议数量,对既无明确目的又无实质内容或可开可不开的会议,一律不开;严格控制名目繁多的纪念会、研讨会、表彰会和新闻发布会等。要建立和推行会议费预算总额包干制度,坚决实现1997年会议经费的实际支出比上年至少压缩10%的目标。要坚决制止各种铺张浪费现象;党政机关召开的各类会议,不准赠送礼品和纪念品;不准组织高消费娱乐活动;不准以开会为名游山玩水。要严格控制各种庆典活动。党政机关除经上级批准举办有特殊重大意义的庆典活动外,不准举办其他庆典活动。经过批准举办的各种庆典活动要严格控制规模和开支,不准发礼品和贵重纪念品。各级纪检监察机关要运用专项治理的办法促进落实并加强督促检查,对有令不行、有禁不止,顶风违纪的,要从严执纪,典型的要公开曝光。

侯宗宾说,今年反腐败和党风廉政建设的任务相当繁重而艰巨,各级党委、政府和各级纪检监察机关一定要按照党中央关于"加大力度,狠抓落实,务求实效"和江泽民总书记提出的"旗帜必须鲜明,态度必须坚定,工作必须锲而不舍"的要求,扎扎实实地开展工作,狠抓反腐败各项任务的落实,以比较明显的阶段性成果,迎接党的第十五次全国代表大会的召开。

全国建设工程项目执法监察在北京召开电视电话会议部署下一阶段工作

国家工商局通知要求制止以调查采访形式发布广告

国家主席江泽民在中南海会见叙利亚副总统阿卜杜勒·哈利姆·哈达姆

中共中央总书记江泽民在北京会见由古巴共产党中央政治局委员国务委员会副主席兼内务部部长阿德拉多·科洛梅·依巴拉上将率领的古巴内务部代表团

国务院总理李鹏在中南海紫光阁会见叙利亚副总统阿卜杜勒·哈利姆·哈达姆

国家副主席荣毅仁在人民大会堂会见叙利亚副总统阿卜杜勒·哈利姆·哈达姆

国务院副总理兼外交部部长钱其琛在钓鱼台国宾馆与叙利亚副总统阿卜杜勒·哈利姆·哈达姆举行会谈

钱其琛在会谈时说,最近以色列在东耶路撒冷扩建犹太人定居点的行动违背了联合国有关决议,这是使目前中东和平进程再次陷入困境的重要原因。中国对此表示极大关注,并认为"土地换和平"的原则是中东各方达成的共识,应该坚持下去。在中东地区实现全面、公正的和平符合这一地区各国人民的根本利益,也有利于世界的和平和发展事业。他说,中国支持叙利亚致力于通过政治谈判收复戈兰高地的努力,认为叙利亚在叙以和谈已取得进展的基础上恢复谈判的要求是合情合理的。中国希望中东问题有关各方以现实、灵活的态度,在以"土地换和平"原则和联合国有关决议的基础上恢复谈判,使目前和平进程走出困境。中国愿同国际社会一道,为促进中东问题实现全面、公正解决而作出自己的努力。

哈达姆介绍了当前中东地区的形势。希望中国作为联合国安理会常任理事国,在促进中东地区的和平与稳定中发挥更大的作用。

双方还就进一步发展两国友好合作关系交换看法。

国际商会第三十二届世界大会在上海闭幕

国务院副总理李岚清在上午全体会议上发表题为《为了更美好的明天》的演讲。

中国外经贸部部长吴仪在全体会议上就贸易全球化问题发表讲话。与会代表还就中国的商业和投资环境、亚洲商业争端的解决、香港和上海的经济发展等议题展开了研讨。

国办 中央军委办公厅批转国务院军队转业干部安置工作小组等部门《关于做好1997年军队转业干部安置工作的意见》

各省、自治区、直辖市人民政府,国务院各部委、各直属机构,各大军区、省军区、集团军,军委各总部、各军兵种、军事科学院、国防大学、武警部队：

国务院军队转业干部安置工作小组、中央组织部、人事部、劳动部、总政治部《关于做好 1997 年军队转业干部安置工作的意见》已经国务院、中央军委同意，现转发给你们，请遵照执行。

1997 年是我国历史发展上的重要一年，我国将恢复对香港行使主权，中国共产党将召开第十五次全国代表大会。做好今年的军队转业干部安置工作，对于保持社会稳定、确保两件大事的顺利完成、促进改革开放和现代化建设事业的发展、加强国防和军队建设，都具有重要意义。各地区、各部门和军队各级组织要认真贯彻江泽民总书记关于做好军转工作的重要指示，落实《中华人民共和国国防法》的有关规定，充分认识妥善安置军队转业干部的重要性，继续坚持为经济建设和军队建设服务的指导思想，把接收安置军队转业干部作为一项政治任务，加强组织领导，认真执行安置政策，切实帮助转业干部解决实际困难，同时加强思想政治工作和宣传教育工作，互相支持，密切配合，共同安置好、培训好、使用好军队转业干部。

所有机关、社会团体、企事业单位都应当积极接收安置军队转业干部，按照当地人民政府下达的分配计划和要求，完成安置任务。任何单位不得拒绝接收军队转业干部。广大军队转业干部要顾全大局，体谅国家和地方的困难，听从组织安排，到最需要的地方去工作，为改革开放和社会主义现代化建设事业做出新的更大贡献。

今年安置工作结束后，各省、自治区、直辖市和军队各大单位要认真作出总结，分别报送国务院军队转业干部安置工作小组和总政治部。

关于做好 1997 年军队转业干部安置工作的意见（文略）

京九文化列车离开北京慰问演出活动拉开序幕

国家教委颁发《关于“九五”期间加强中小学教师队伍建设的意见》

最近国家教委颁发了《关于“九五”期间加强中小学教师队伍建设的意见》（以下简称《意见》）。

《意见》提出“九五”期间中小学教师队伍建设的具体工作目标是：

一、教师队伍管理的法制建设进一步加强。

二、教师队伍的总量需求得到满足，人员效益进一步提高。到 2000 年，全国中小学教师应达到 988 万人，小学、初中、高中师生比大体分别达到 1∶22.38、1∶16.67、1∶15.24。

三、教师队伍的素质有较大幅度提高。到 2000 年，全国小学、初中教师学历合格率应分别达到 95%、80% 以上；高中教师学历合格率争取达到 70% 左右；45 岁以下的中小学教师全部达到《教师法》规定的合格学历标准。

四、教师队伍的职务结构得到明显改善。到 2000 年，全国中小学具有中级职务和高级职务教师的比例应分别达到 34% 和 4.5% 左右。其中，小学教师中具有中级和高级职务的比例应分别达到 31% 和 1.5% 左右；初中的比例应分别达到 36% 和 6.5% 左右；高中的比例应分别达到 43% 和 22% 左右。大城市、中心城市经济发达且教育水平较高的地区，中高级教师的比例应高于平均水平。

五、青年骨干教师的培养工作得到进一步加强。到 2000 年，高级职务教师中 45 岁以下的应不低于 40%，特级教师达到中小学教师总数的 1.5‰。

六、教师待遇进一步提高并得到有效保障。

七、基本解决民办教师问题。1998 年民办教师占全国中小学教师的比例减少到 7%；到 2000 年完成合格民办教师转为公办教师的工作。

国家教委在印发《意见》的通知中强调，《意见》是“九五”期间全国中小学教师队伍建设的指导性文件。各地要根据《意见》的精神，结合当地的教育改革与发展情况，按照分区规划、统筹协调、分类指导、分步实施的原则，协商有关部门制定本地区“九五”期间教师队伍建设的实施意见。

4 月 11 日

中共中央总书记江泽民和李鹏询问新疆伽师地震灾情

中纪委负责人就《中国共产党纪律处分条例（试行）》的发布实施答记者问

中共中央纪律检查委员会负责人日前接受记者采访，就《中国共产党纪律处分条例（试行）》的发布实施，回答记者提出的问题。

问：今年 2 月 27 日，中共中央发布了《中国共产党纪律处分条例（试行）》（以下简称《条例》），要求全党自发布之日起贯彻执行，请您谈一谈起草制定这部《条例》的背景是什么？

答：在我们党的历史上，还没有制定过全面的党的纪律处分规定。全国解放以后至“文革”十年动乱之前，党中央和中央监察委员会曾发布过一些单项的党纪处分政策性规定。“文革”结束之后的十余年时间，在党纪处分方面没有具体的规定可以遵循，处理案件往往凭个人的政策水平和工作经验，纪律处分的畸轻畸重现象时有发生。这种状况很不利于维护党纪的严肃性。我们党需要有一个对于哪些行为应当追究党纪责任以及如何追究党纪责任的明确、具体的规定，以便统一执行纪律，防止党纪处理工作中的随意性。在党的十三大至党的十四大期间，中央纪委先后发布了八个单项的党纪处分规定。党的十四大以后，中央纪委又发布了四个关于违反领导干部廉洁自律规定的党纪处分规定。这些规定，对于教育广大党员增强纪律观念，统一执纪标准，发挥了重要作用。但是，这些规定比较零散，不够系统。同时，受文件体例的限制，对于党的纪律和纪律处分工作中的一些重大原则和具体运用规则等问题，难以作出详尽的规定。因此，中央纪委在制定发布一些应急的单项党纪处分规定的同时，于1988年3月开始起草《中国共产党纪律处分条例（试行）》，经反复征求意见和研究修改，将以前的零散规定加以集中、修订，对一些新出现的情况作出规定，历时9年，15易其稿，最近经党中央审定发布，并于发布之日起贯彻实施。

问：请您谈一谈《条例》的发布实施具有什么意义？

答：《条例》的发布是党的建设的一件大事，也是党中央加强党的纪律建设和党风廉政建设，使党的纪律建设逐步制度化、法制化的重要举措。《条例》的发布实施，在党的纪律建设发展进程中具有里程碑意义，它标志着党的纪律规范和纪律处分进入了科学化、规范化的阶段，使党的纪律规范和纪律处分工作进入了向依据党内法规来统一认识和处理问题的阶段。这部《条例》是开展反腐败斗争，维护党的纪律的有力武器，是党的各级组织和纪检机关处理违纪行为的基本依据。它的发布实施，将有力地推动党的各级组织和纪检机关提高处理违纪案件的工作水平。《条例》还将在预防违纪方面发挥重要作用，它以党内法规的形式明确地、集中地告诫党的组织和党员，哪些行为是违反纪律的，是禁止做的，如有违纪，必将受到纪律追究。因此，它是党的组织和全体党员的行为规范，是对广大党员进行纪律教育的重要教材。每个党员都必须熟知和遵守。

问：《条例》在党内发布后，各方面的反映是好的，但是也听到这样的议论，说《条例》是好的，就是担心落实不好，或者在执行中失之于宽。请您谈一谈这个问题应如何解决？

答：我们对这个问题非常重视，有了一个好的法规，关键是在执行。第一，要在全党加强学习和宣传教育。要采取多种方式组织党员学习，各级领导干部要带头学，做好表率。要采取各种形式深入宣传《条例》，新闻媒介如广播、电视、报纸、杂志也要广为宣传，要关注《条例》发布后的反应和动态。使广大党员熟知《条例》的内容，自觉地规范、约束自己的行为。第二，各级党的组织和纪检机关，都要认真严肃地按规定办。"从严治党"要体现在严肃执纪上，努力克服当前党纪处分工作中失之于宽的现象。要把贯彻执行《条例》的行动提高到在政治上、行动上同党中央保持一致的高度。第三，要加强督促检查。今年下半年要对《条例》的贯彻执行的情况集中进行一次检查，发现问题，及时纠正。

问：我们注意到，《条例》分则中对于各种违纪行为处分标准中的情节较轻、情节较重、情节严重以及造成损失的程度标准，未作出更具体的规定，这个问题在执行中应如何掌握？

答：这个问题《条例》第167条已经作了原则规定。中央纪委将就有关问题进一步作出具体规定。目前，仍按中央纪委的原规定标准执行，但其中与《条例》相抵触的，应以《条例》为准。对于难以作出具体规定的，中央纪委将采取案例指导的方式解决量纪幅度问题。还有一些处分幅度的掌握问题，应由各级党委、纪委根据案件的具体情况酌情裁量。

问：我们了解到，近几年来不少省市和部门单位在党纪处分政策标准方面，结合本地区本部门的实际情况，也作了一些规定，这些规定与《条例》是什么关系？

答：对有些问题，在中央未作出具体的统一规定的情况下，各地区各部门根据中央的政策精神和实际情况制定一些供本地区本部门适用的具体规定，是可以的，这些地区和部门的规定，增强了中央统一政策的可操作性，对于中央政策的落实是有益的。但是，各地区各部门在《条例》已经颁布实施的情况下，应当及时对这些规定进行清理，有的需要修改或废止，避免与《条例》发生抵触，以维护党内法规的统一性。

问：您刚才谈到，各级党的组织和纪检机关，都要认真学习和贯彻执行这部《条例》，这就是说，学习和贯彻这部《条例》是全党的共同任务，不仅是纪检机关和纪检干部的事，怎样才能做到这一点？

答：这部《条例》，是关于党的纪律和纪律处分方面的基本法规，全党都必须认真学习并坚决贯彻执行。全体共产党员都要增强纪律观念，自觉地用《条例》约束自己，并以《条例》为武器与违纪行为作坚决斗争。从一定意义上说，党的各级组织和党的各级领导干部的身体力行，起着决定性的作用。这就要努力提高法制观念，增强党内法规意识，摒弃经验主义、主观主义以及地方保护主义、部门保护主义等错误认识，坚决地贯彻执行《条例》的各项规定，以端正党风，使党的纪律真正成为铁的纪律。

中央军委副主席刘华清等在北京会见出席全军基层建设座谈会的代表时发表讲话

刘华清说，基层是军队建设的基础，无论打仗还是平时工作都要靠基层广大官兵去完成。我们做工作，出发点和落脚点都是基层，领导机关工作做得好不好，很重要的是看基层建设搞得怎么样。只有把基层建设好了，我们的工作才有坚实的基础。基层工作是很复杂的综合性的工作，加强基层建设是一项长期的任务，不能搞短期行为，要从打基础抓起，多做扎扎实实的工作。

刘华清强调，抓基层建设党委要统管，机关要形成合力。各级党委要统一思想，统一安排工作，统一使用力量，尤其是一把手要亲自抓。要重视发挥旅团"一线指挥部"的作用，旅团要做到指导到位，工作到位，抓连队到位。各级领导和机关要注意改进工作作风和工作方法，指导工作要下得去蹲得住，用解剖麻雀的办法，一个问题一个问题地解决，一个连队一个连队地抓，不抓好不走，不解决问题不放手。

刘华清说，加强基层建设，关键在支部、在干部。把连队党支部建设好，党支部"一班人"思想统一了，团结搞好了，党员和骨干队伍又能充分发挥作用，能够独立地解决问题，连队建设就有了保证。要特别重视连长指导员队伍建设，下决心选好配齐连队干部。要加强思想教育，帮助解决困难，保证基层干部安心工作。各级领导和机关要以自身良好形象影响和带动部队建设。要切实抓好经常性思想教育和经常性管理工作，保持和发扬我党我军的优良传统和作用，进一步密切官兵关系，增强官兵团结，提高部队的凝聚力和战斗力。

参加会见的还有张震、迟浩田、傅全有、于永波、王克、王瑞林等。

香港特别行政区行政长官办公室公布司法人员推荐委员会成员名单

这个委员会的成员有：黎守律、陈兆恺、李志喜、吴斌、冯国经、陈永棋、郑维健。他们的任期为两年，即从1997年7月1日至1999年6月30日。香港特别行政区律政司司长梁爱诗为委员会当然委员。

国务院副总理钱其琛在中南海紫光阁会见香港特别行政区临时立法会主席范徐丽泰

国家体改委在杭州召开现代企业制度试点暨原有股份公司规范工作会议

会议于11日至13日召开。会议总结交流了各地建立现代企业制度试点和股份制改革的经验，提出要加大现代企业制度试点力度，推进国有企业股份制改造，扎扎实实地搞好国有企业改革，搞活整个国有经济。

股份制是我国国有大中型企业建立现代企业制度的主要财产组织形式。经过多年试点，股份制在转换企业经营机制、落实企业经营自主权、提高企业经济效益等方面，显示出明显的优势。1996年，各地依照《中华人民共和国公司法》，基本完成了对原有股份公司的规范工作。到1996年年底，我国以国有企业为主改建或新建的股份有限公司达9200多家，股本总额达6000亿元。

关于建立现代企业制度的问题，会议强调，要认真贯彻江泽民总书记在中央经济工作会议上的讲话精神和李鹏总理在《政府工作报告》中提出的要求，认真总结改革试点经验，继续推进现代企业制度试点。国家体改委副主任洪虎在会议总结中指出，我们要坚持"三个不动摇"，就是要坚持建立现代企业制度的改革方向不动摇；坚持按照"产权清晰、权责明确、政企分开、管理科学"四句话的要求，进行制度创新的改革内容不动摇；坚持选择少数企业先行一步，率先对重点难点问题进行突破和探索，为企业改革提供经验和办法的部署不动摇。

关于国有企业股份制改造，洪虎指出，今年的重点是两个积极推进：积极推进国有企业股份制改造，积极推进《公司法》的贯彻实施。原有股份公司规范工作已基本完成，但不等于股份制企业的规范工作结束了。规范，是个长期的工作。洪虎强调，在股份制改造方面，要把握如下几个基本思想：一、股份制是符合社会主义大生产要求、适应发挥市场机制的作用、有利于增强企业活力的股权式合资的社会财产组织方式；二、股份制企业是符合建立现代企业制度的要求，有利于利用两种资源、两个市场，能够依法管理和规范的现代企业制度的典型组织形式。在我国条件下，股份制的财产组织方式和股份制企业组织形式是可以为社会主义服务的，因而它是社会主义的；三、把股份制改革与建立现代企业制度试点结合起来，现代企业制度试点本身就包含着股份制改造的任务。

国家主席江泽民在中南海会见日本电气公司董事长关本忠弘

江泽民肯定了日本电气公司在发展与中国电子工业领域的友好合作方面所做出的努力，并希望双方共同努力，继续发展互利合作。

关本忠弘在介绍同中国合作情况时表示，日本电气公司注重发展与中国的合作，愿意在已有的合作基础上，与中国建立长期、全面的合作关系。

国务院总理李鹏在中南海会见日本电气公司董事长关本忠弘

全国人大常委会委员长乔石在伦巴第大区企业家协会会见意大利工商界人士并发表讲话

女士们，先生们：

应意大利参议院议长曼奇诺的邀请，我带着中国人民的友好情谊来到贵国进行正式访问。几天来，我同曼奇诺参议长、维奥兰特众议长举行了富有成效的会谈，同斯卡尔法罗总统、普罗迪总理进行了亲切友好的会见；与各界人士进行了广泛的接触。米兰是我访意的最后一站，今天有机会在这里同工商界的朋友们见面，我感到很高兴。在座的诸位都是意大利知名的企业家，其中不少人已同中国产业界建立了良好的合作关系，有的正在积极探寻开展合作的途径。你们为中意经贸关系的发展作出了努力和贡献，我对此表示感谢，并愿借此机会，简要介绍一下中国当前改革开放和经济发展的情况，希望能有助于各位对我国情况的了解。

中国自本世纪70年代末实行改革开放以来，社会生产力迅速发展，现代化建设取得了举世瞩目的成就，国家面貌发生了翻天覆地的变化。原定2000年国民生产总值比1980年翻两番的目标，已于1995年提前实现。1996年我们又制定了国民经济和社会发展第九个五年计划和2010年远景目标纲要，规划了中国跨世纪发展的蓝图。按照我们确定的目标，到本世纪末，在我国人口比1980年增长3亿左右的情况下，实现人均国民生产总值比1980年翻两番，基本消除贫困现象，人民生活达到小康水平；下一个世纪的头十年，努力使国民生产总值比2000年再翻一番，显著提高国民经济的技术水平和整体素质，人民的小康生活更加宽裕，为下世纪中叶基本实现现代化奠定坚实的基础。去年，我国国民经济继续保持快速增长。国内生产总值按可比价格计算，比上年增长9.7%。工业增加值比上年增长12.7%，主要工业产品产量大都达到或超过计划目标。粮食生产再创历史最高水平，总产量达到4800亿公斤以上，其他农产品的生产情况良好，农村经济获得进一步发展。加强和改善宏观调控成效显著，我们在实现经济快速增长的同时，较好地控制了通货膨胀，明显降低了物价涨幅，去年全国商品零售物价总水平比前年上涨了6.1%。总的来说，“九五”计划已经有了一个好的开端。在3月召开的八届人大五次会议上，我们确定了今年国民经济和社会发展的主要任务、方针和措施。我们将继续保持国民经济持续、快速、健康地向前发展，今年经济增长的调控目标为8%，物价上涨幅度要低于去年的实际涨幅。当前，我国人民正在争取经济建设的新成绩，今年头几个月的发展势头也是比较好的。

我国的体制改革和对外开放取得了显著的成绩。我们以建立社会主义市场经济体制为目标，对原来的经济体制进行了广泛深入的改革。在所有制方面，形成了以公有制为主体多种经济成分平等竞争、共同发展的局面；企业改革取得进展，现代企业制度正在逐步建立，国有企业日益成为真正的市场竞争主体；我国的市场已形成体系，各种生产要素市场也有很大发展，市场在资源配置中的作用越来越大；政府管理经济的职能有了改变，经济手段和法律手段所起的作用日益增大。我们还在财政、税收、金融、投资、价格、流通体制等方面进行了重大改革。今年将把国有企业改革作为重点，迈出更大的步伐，其他方面的改革也将进一步深化。我国已经形成了从沿海到内地广大地区的全方位、多层次、多形式的对外开放格局。我国已同世界上220多个国家和地区建立了经贸关系。1996年外贸进出口总额达到2890多亿美元，进出口基本平衡。我国是发展中国家利用外资最多的国家，去年一年外商直接投资实际到位400多亿美元。我国在外贸、外汇、关税等方面的改革取得进展并将继续深化，我国的对外开放将进一步扩大。

我国重视社会主义民主法制建设，重视用法制来保障改革开放和现代化建设，保障整个社会有秩序地前进。改革开放以来，法制建设得到很大加强，经济立法也取得了显著的成就。1993年，我们提出在八届中国全国人大任期内形成社会主义市场经济法律体系的框架，同时加强其他方面的立法。四年来，我们以制定有关市场经济方面的法律为重点，努力实施立法规划，已经制定颁布了96个法律和有关法律问题的决定，其中有关市场经济方面的法律和法律问题的决定39个。在规范市场经济主体和市场行为、维护市场秩序、加强宏观调控、完善社会保障制度、振兴基础产业和支柱产业、促进对外开放等方面，都制定了一些重要法律，社会主义市场经济法律体系框架已初具规模。这里我还想专门向大家介绍一点，这就是我们的经济立法从中国的实际出发，同时也很注意同国外的有关法律和国际惯例的衔接，注意为外资创造良好的法律环境。我们按照国际上通行的做法制定了外资企业法、中外合资经营企业法、中外合作经营企业法；在保护知识产权方面，制定了商标法、专利法、著作权法；在合同、税收等方面，制定了涉外经济合同法、外商投资企业和外国企业所得税法、关于外商投资企业和外国企业适用增值税等税收暂行条例的决定；在民法通则、仲裁法、民事诉讼法、行政诉讼法等法律中，也有专门的涉外法律适用条款。我们还将继续搞好有关的立法，改进执法工作，认真解决投资环境方面存在的一些问题。总的来说，中国的法律在逐步走向完备，同时我们很重视提高公民的法律意识和法制观念，重视提高国家机关依法行政、依法办事的水平，外商在中国投资的法律保障将会不断改善。

中国经济的快速增长，体制改革的持续深化，对外开放的日益扩大，法制建设的不断加强，为发展同世界各国的合作开辟了广阔的前景。我们重视同各国发展经济贸易和科技文化等方面的合作，重视借鉴和吸收世界各国的先进经验和先进成果。同时，世界各国也十分重视中国这个大市场，普遍希望同中国建立长期稳定的互利合作关系。中国有着宏伟的奋斗目标，又是一个发展中的大国。我们不仅在沿海地区保持着巨大的建设规模和很快的发展速度，像上海浦东的开发、开放是历史上罕见的；我们还在加快中西部地区建设和开发、开放的步伐。在增强中西部地区自我发展能力、加强东部沿海地区与中西部地区的经济技术合作的同时，加大国家对中西部的财政支持和政策支持，吸引外资更多地投向中西部地区。中西部地区自然资源和劳动力资源非常丰富，可以预期，那里将会获得很大的发展。中国是一个农业大国，农业的现代化是一项非常巨大的任务；中国工业企业的技术改造也有很多工作要做。总之，我国同世界各国的经贸和科技合作，无论是沿海还是内地，无论农业、工业还是第三产业都将是大有可为的。

女士们，先生们：

我们很高兴地看到，在互惠互利的基础上，中意两国多年来开展了富有成效的经贸合作。贵国已成为我国在欧洲的第二大贸易伙伴。1996 年贸易额达 50.8 亿美元，贵国企业界在中国的直接投资也有较大幅度的增长，截至 1996 年年底，意大利在华投资项目共计 1010 个，实际投资 9.46 亿美元。意方还提供了贷款，支持意大利企业和产品进入中国市场。中意两国经济各具特色，在能源、交通、电讯、农业等中国经济发展的优先领域，意大利具有优势。中意进一步发展经贸合作的潜力是比较大的。中国愿在平等互利的基础上进一步扩大同意大利的合作，欢迎各位企业家去中国投资，创办企业，也欢迎大家去中国考察和旅游。我相信，在双方的共同努力下，中意两国经贸关系和其他领域的合作将获得更大发展。

谢谢大家。

国家副主席荣毅仁在人民大会堂会见莱索托王国外交大臣毛佩

国务院副总理兼外交部部长钱其琛在钓鱼台国宾馆与莱索托外交大臣毛佩举行会谈

国务院副总理李岚清在中南海会见德国滕格尔曼集团公司总裁卡尔·伊里文·澳德·霍伯

韩国国会议长金守汉在汉城国会议事堂会见由副委员长王光英率领的全国人大代表团

世界自然基金会(WWF)中国项目办公室在北京正式成立

中国银行发行 3 亿美元亚欧浮息债券的签字仪式在香港中银大厦举行

此次发债由摩根·士坦利和中银国际共同牵头组成债券承销团。

这次中国银行所发行的 3 亿美元亚欧浮息债券期限为 7 年，利率为 6 个月伦敦同业拆放利率加 0.375%。债券已于 4 月 9 日在亚洲和欧洲同时定价销售，并在香港、卢森堡股票交易所挂牌上市。这是中国发行体第一次在国际市场上发行此种债券。

亚欧债券是指债券在亚洲市场、欧洲市场两地同时发行、同时上市。4 月 9 日债券发行后，市场认购踊跃，投资者来自欧洲、香港、新加坡、日本等各主要金融中心，中国银行将发行量从 2 亿美元提高到 3 亿美元以满足投资者的需求。

中国银行此次发债所筹集的资金将用于中国的能源建设项目。

4 月 12 日

香港特别行政区临时立法会在深圳举行第四次会议

会议通过《香港特别行政区临时立法会议事规则》，并据此开始审议香港特区行政长官办公室提交的法案。

会议首先有议员提出动议，将上次会议审议并原则通过的《议员个人利益登记》议案中提及的议员“从外国政府、组织或人士所收受或代表外国政府、组织或人士所接受的款项、实惠或实利”必须登记，修改为“香港以外的政府或组织，或非香港永久性居民的人士处所收受或代表上述政府、组织或人士处所收受的款项、实惠或实利”必须登记。这一提议得到了大会通过。

会议继续审议《香港特别行政区临时立法会议事规则草案》。

这份关系到香港特区临立会运作的议事规则，包括临立会议员及临立会人员；临立会会期、会议及休会待续期间；呈请书及文件；向政府提出的质询；声明；议案；辩论规则；会议规程；表决；法案的处理程序；财政程序；委员会；其他事宜等内容。

根据上述议事规则的有关规定，会议首读、二读了香港特区行政长官办公室提交的《假日(1997年及1998年)条例草案》。

会议还审议通过《财务委员会、内务委员会及议员个人利益监察委员会的运作》的议案。

临立会全体会议后举行的“内务委员会和财务委员会”会议，选举梁智鸿为内务委员会主席，叶国谦为内务委员会副主席，夏佳理为财务委员会主席，胡经昌为财务委员会副主席。

全国人大常委会委员长乔石离开意大利米兰回到乌鲁木齐

中国驻朝鲜大使万永祥向朝鲜政务院副总理兼外长金永南通报中国政府再次向朝鲜提供粮食援助的决定

世界银行提供深圳中兴设备公司铁路项目430万美元贷款签字仪式在北京举行

南沙综合科学考察获三项国家重大成果

经国家计委、国家科委、财政部组织的国家“八五”科技攻关评审，“南沙群岛及其邻近海区海洋资源综合调查研究”、“南沙群岛及其邻近海区海洋环境综合调查研究”和“南沙群岛及其邻近海区海洋权益综合调查研究”被评为国家“八五”科技攻关重大科技成果。

“八五”国家重点科技专项“南沙群岛及其邻近海区综合调查研究”，圆满完成8个航次的海上调查和38座次岛礁考察，获取了大量多学科、综合性实测资料、数据和样品，围绕海洋资源、环境和权益等领域，组织开展“岛礁地理与自然地理”、“地质地球物理与油气资源”、“海洋生物多样性与生物资源”、“海洋化学过程与环境质量”、“海洋一大气物理分析与应用”、“海洋权益与划界”及“综合科学数据库与信息系统”等7个综合课题及49个专题的研究，取得了一大批在国内外具有重要影响的成果。在去年4月国家科委组织的、由10名院士组成的验收委员会认为：该成果具有综合性和系统性，有显著的应用价值，在若干关键性应用研究和基础研究方面有所创新，取得了突破性进展，总体上达到国际先进水平，部分达到国际领先水平。

人事部发出关于做好1997年度高校毕业生接收工作的通知

4月13日

全国人大常委会委员长乔石在乌鲁木齐接见新疆党政军现职副省级以上领导干部

在听取了新疆维吾尔自治区的工作汇报之后，乔石指出，我们要坚决反对民族分裂，反对宗教极端势力，维护法律尊严，维护各族人民的根本利益。他特别强调，反对宗教极端势力，是世界上大多数国家的一致行动，包括一些西方国家。对于分裂祖国统一、破坏民族团结的活动，我们要时刻警惕，要严厉打击，这是当前的突出工作和今后的长期任务。乔石说，新疆共有47个民族成分，是一个多民族聚居的地区，我们要切实加强民族团结，牢固树立“汉族离不开少数民族、少数民族离不开汉族”的思想，对于少数民族群众合法的正当的特殊的利益，应该予以照顾，使各族人民的生活水平明显提高，各项社会事业和精神文明建设取得新进展。

乔石说，新疆自然资源丰富，经济发展前景很好。要充分利用丰富的水土光热资源，通过扩大种植面积，加大农业投入，改善生产条件，搞好农业基础，大力发展粮食和棉花生产。把新疆建成国家重要的粮食生产基地，建成全国最大的商品棉生产基地，我看是有可能的。要根据矿产资源的分布情况，有计划地进行开采，抓住国家开发重点西移的机遇，依托石油和天然气等优势资源，发展以石油化工为主导的化学工业，以及石油天然气下游产品的加工业，建立支柱产业，培植新的经济增长点，为新疆经济的快速发展打好坚实基础。

得知新疆伽师县前天又发生了6.6级强烈地震，乔石委员长向地震灾区的各族人民表示慰问。

全国人大常委会委员长乔石在乌兰巴托蒙古国家宫拜会蒙古国家大呼拉尔主席贡其格道尔吉

国务院港澳事务办公室副主任王凤超就香港居民的国籍和居留权问题发表谈话

日前，国务院港澳办公室副主任王凤超在香港谈及1997年7月1日后解决香港居民的国籍和居留权问题的原则，广大港人对国家制定的这方面政策表示欢迎，同时也提出了一些他们还不很清楚的问题。为此，国务院港澳事务办公室发言人今天在此间全面介绍了有关香港居民的国籍和居留权问题的政策。

王凤超说，1997年7月1日，中国国籍法和香港特别行政区基本法将在香港实施。去年5月，全国人大常委会对中国国籍法在香港实施的有关问题做出了解释，全国人民代表大会香港特别行政区筹备委员会在此之后又提出了实施《基本法》第二十四条有关香港居留权规定的具体意见，为香港特别行政区政府据此制定有关的出入境条例打下了基础。

根据全国人大常委会对中国国籍法解释的规定，凡具有中国血统的香港居民，本人出生在中国领土，包括在香港出生的人，以及其他符合中国国籍法规定具有中国国籍条件的人，都是中国公民。其中有外国居留权的，如果本人不申报有外国国籍，可使用外国政府签发的有关证件去其他国家或地区旅行，但在香港特别行政区和中国其他地区不得享有外国领事保护。如果这种人愿以外国公民的身份在香港居住，可以凭有效的证明文件向特区入境处申报变更国籍，申报被批准后不再具有中国国籍。这样规定，既满足了广大香港同胞将自己视为中国人的愿望，同时也给予他们自愿选择以何种身份在香港居住的机会。中国公民，须按基本法对中国公民规定的条件取得香港居留权；非中国公民，包括已经批准变更国籍的人，就要按照基本法对非中国籍人规定的条件取得香港的居留权。下述六类人士是香港特别行政区永久性居民，享有香港居留权：

一、在香港特别行政区成立以前或以后在香港出生的中国公民，在出生时或出生后，其父亲或母亲是在香港定居，即享有香港居留权；如果父母当中只有父亲在香港定居，则该人须是其父亲的婚生子女或获确立婚生地位的子女。一名被发现遗弃于香港的具有中国血统的初生婴儿，如没有相反的证明，可视为由一名已在香港定居的中国公民所生的婚生子女，也享有香港居留权。

王凤超指出，“定居”是指一个人通常在香港居住并不受任何居留期限的限制，包括享有居留权的人和不受任何居留条件限制的人。

二、在香港特别行政区成立以前或以后在香港通常居住连续七年以上的中国公民。中国公民在香港通常居住连续七年的时间计算方法，是在香港特别行政区成立之前或之后的任何时间的连续七年。

所谓“通常居住”，发言人指出，一个香港居民，如在一个时期内去香港以外留学或被派往香港以外工作，这段在外地的时间，也应计算在“通常居住”的时间内。但某些情况下在港居住的人不属通常居住，例如，非法入境者、被法庭判决在港监禁或拘留的人、外来劳工和外籍家庭佣工等。

三、第一、二项所列居民在香港以外所生的中国籍子女。无论是在香港特别行政区成立之前或之后，在香港以外出生的中国籍子女，只要出生时其父亲或母亲是具有香港居留权的人，该子女即享有香港居留权；如果只有父亲具有香港居留权，则该子女须是其父亲的婚生子女或获确立婚生地位的子女。

四、在香港特别行政区成立以前或以后持有效旅行证件进入香港、在香港通常居住连续七年以上并以香港为永久居住地的非中国籍的人。非中国籍人在香港通常居住连续七年的时间计算方法，是紧接该人申请成为香港永久性居民的日期之前的连续七年。非中国籍人还须按法定方式作出以香港为永久居住地的声明，并在该声明表格中如实申报能证明自己以香港作为永久居住地的个人资料。如在香港有无住所（惯常居所）；家庭的直系成员（配偶及未成年子女）是否通常在香港居住；在香港有无正当职业或稳定的生活来源；是否在香港依法纳税；以及任何其他有关的资料。入境事务处处长在审核这些资料时将按照该人的具体情况来处理，并有权在需要时要求申报人提供必要的证明文件和资料，申报人须对提供资料的真实性负责。

五、香港永久性居民中的非中国籍人在香港特别行政区成立以前或以后在香港所生的未满 21 周岁的子女。在香港出生的非中国籍子女，在出生时或出生后，其父亲或母亲如已根据上述第四项具有香港居留权，该子女在未满 21 周岁前也可享有香港居留权；如果只有父亲是根据上述第四项具有香港居留权，则该子女必须是其父亲的婚生子女或获确立婚生地位的子女。一名被发现遗弃在香港的非中国血统的初生婴儿，如无相反的证明，可视为符合上述条件。根据本项规定获得香港永久性居民身份的人，当其年满 21 周岁时，需按照上述第四项规定取得香港特别行政区永久性居民身份，否则不继续具有香港特别行政区永久性居民身份。

六、上述一项至五项所列居民以外在香港特别行政区成立以前只在香港有居留权的人。这类人须按法定方式作出一项声明，表明自己在香港特别行政区成立以前只在香港有居留权，并对该项声明的真实性负责。如果有理由相信作出该项声明的人享有另一个国家或地区的居留权，该人须承担举证的责任。

关于在何种情况下会丧失香港居留权的问题，王凤超表示，根据基本法的规定，香港特别行政区的永久性居民中，既有中国公民，也有非中国籍人。中国公民在取得香港居留权后，如不发生国籍变更，是不会丧失香港居留权的；如发生国籍变更，就需按《基本法》第二十四条第二款第（四）项对非中国籍人的条件来衡量，如紧接其国籍变更之前在香港特别行政区连续居住不满七年，将丧失香港居留权。

基本法赋予具有外国籍的人享有香港居留权，是以其在港通常居住连续七年以上并声明将香港作为永久居住地为条件的。为此有必要规定，香港特别行政区永久性居民中的非中国籍人，如在任何时间内连续

36个月不在香港特别行政区居住，将会丧失香港特别行政区永久性居民身份；除非该人是只在香港特别行政区有居留权的人，或者是有正当理由（如就读或派往香港以外工作）暂居香港以外并同香港仍保持密切联系的人。但如果一个只在香港特别行政区有居留权的人，在取得香港永久性居民身份以后又取得了另一个国家或地区的居留权，该人在取得另一国家或地区的居留权之后的任何时间内连续36个月不在香港特别行政区居住，也将会丧失香港特别行政区永久性居民身份。

当问到对1997年6月30日前已持有香港永久性居民身份证的人如何作出过渡安排时，王凤超介绍了有关过渡安排的设想：

1. 在香港特别行政区成立前具有香港永久性居民身份的中国公民，其中包括，曾移居海外，但在1997年7月1日以后返回香港定居，而本人并未申报有外国国籍者。

2. 在香港特别行政区成立前具有香港永久性居民身份的非中国籍人，如果他们在紧接1997年6月30日以前已在香港定居或返回香港定居；或在自1997年7月1日起的18个月内返回香港定居；或在紧接其返回香港定居之日前连续不在香港居住不超过36个月，仍为香港特别行政区永久性居民。

对于上述过渡安排中提到的1997年7月1日在香港定居，王凤超表示，一个人虽有责任使入境事务处相信他在1997年7月1日在香港定居，但他不须当日身在香港。这位发言人还表示，为了不影响因上述规定和过渡安排而丧失永久性居民身份的非中国籍人在香港的生活和工作，将赋予其香港的入境权，他们可以自由进出香港，并可以不受居留条件限制地在港生活和工作。这位发言人表示，香港居民的国籍和居留权问题关系到每一位港人的切身利益，现在基本的法律和政策已经有了，希望香港特别行政区尽快制定具体的条例。王凤超还表示，中国政府在制定有关香港居民的居留权方面的政策时一直听取了英方的意见，我们继续欢迎英方就此提供意见。

内蒙古自治区首条跨国旅游线路——中国满洲里市至俄罗斯赤塔州客运旅游线路正式开通

抗癌生物新药白介素－2获准生产

由解放军军事医学科学院生物工程研究所等单位联合完成的国家“八五”重点攻关课题——基因重组白细胞介素－2，日前通过卫生部的审定获准生产。

白介素－2是一种多功能的人体淋巴因子，具有抗肿瘤、抗病毒、抗感染和提高机体免疫功能的作用，在癌症的治疗中具有良好的效果。

目前，这种由我国自行研制开发的名为“德路生”的白介素－2注射液，可以单独或与其他方法联合应用治疗癌症，对癌性胸腹腔积液也有较高的疗效，另外还进一步发现其对癌症病人同时患有的乙肝、结核病也有很好的疗效。

激光医疗中心在空军总医院建成

4月14日

国务院总理李鹏在人民大会堂与来访的毛里求斯总理纳文·拉姆古兰举行会谈

会谈后，两位总理共同出席签字仪式。两国有关部门签署了《中国政府和毛里求斯政府关于毛里求斯共和国政府在中华人民共和国香港特别行政区保留名誉领事馆的协定》、《中毛两国政府关于中华人民共和国香港特别行政区与毛里求斯共和国互免签证的协定》、《中华人民共和国政府与毛里求斯共和国政府关于经济合作的换文》、《中国国际贸易促进委员会与毛里求斯工商会的合作协议》等文件。

蒙古国总统奥其尔巴特在乌兰巴托国家宫会见全国人大常委会委员长乔石

奥其尔巴特说，我们很重视你的这次来访，相信这次访问一定会为进一步发展业已存在的蒙中睦邻友好关系做出贡献。

乔石说，中国政府历来十分重视发展同周边国家的睦邻友好关系。蒙古是中国北方的重要邻国，不断加强同蒙古的睦邻友好关系，符合两国和两国人民的共同愿望和根本利益。我们愿在和平共处五项原则的基础上，继续本着中蒙友好合作条约的精神，同蒙方一道，把一个充满活力、睦邻友好的中蒙关系带入21世纪。希望无论国际风云如何变幻，中蒙两国都永远做好邻居、好朋友，共享21世纪的繁荣。奥其尔巴特表示完全赞同乔石对两国关系的评价，并表示蒙古愿意在平等互利的基础上，不断发展同中国在各个方面的友好合作关系。

全国人大常委会委员长乔石在乌兰巴托拜会蒙古国总理恩赫赛汗

纪念澳门基本法颁布四周年暨中葡联合声明签署十周年座谈会在人民大会堂举行

雷洁琼、钱伟长、万国权、鲁平、王英凡、王启人以及澳门知名人士马万祺、何厚铧、何鸿、吴福、崔德祺等出席座谈会。

国务院港澳事务办公室主任鲁平在发言中说，自1988年1月15日中葡联合声明生效，澳门进入了回归祖国的过渡时期。十年来，中葡两国的友好关系不断发展，两国在澳门问题上的合作得到加强。澳门保持了社会稳定，经济继续发展，过渡时期各项工作有条不紊地进行，人们对澳门前途的信心大大增强。鲁平指出，联合声明和基本法的核心是澳门作为中国的一个特别行政区实行"一国两制"、"澳人治澳"、高度自治。人们对前途有信心，就是对"一国两制"有信心。

鲁平说，现在离澳门回归祖国只有两年半的时间了。今后的工作主要有以下几个方面：

一、继续深入学习和宣传澳门基本法。这是一项长期的任务。基本法是一部全国性法律，不但澳门居民要遵守，全国人民都要遵守。在内地的宣传要使大家充分理解"一国两制"的伟大意义和执行基本法的自觉性，使广大群众都知道，澳门回归之后，国务院各部门，各省、市、自治区都不得干涉属于澳门特别行政区自治权范围内的事务。

二、筹组澳门特别行政区筹备委员会。这是落实基本法和全国人大有关规定的一项重要工作。与香港不同的是，澳门不需要成立筹委会的预委会，所有与筹组特别行政区有关的事务从一开始就都要拿到筹委会上去研究，去讨论，时间是比较紧迫的。澳门在落实"一国两制"和基本法方面与香港是一致的，现在香港筹委会所做的工作，澳门筹委会大体上也都要做。为了使筹委会成立后能顺利运作，有些准备工作要提早进行。

三、关心、参与后过渡期的事务。中葡两国签署联合声明以来，双方在澳门问题上的合作总的是好的，但也应看到，在涉及政权交接的一些重要问题上，例如公务员本地化、法律本地化和中文的官方地位"三大问题"，进展还不够明显，特别是司、厅级公务员本地化的进展远远不能适应中国政府恢复行使主权的需要。这一状况如果不能得到尽快改善，将会给政权的顺利交接和未来澳门特别行政区政府的运作带来不利影响。

澳门的平稳过渡，与每一个澳门居民息息相关。过去十年间，澳门居民以各种形式参与过渡期各项事务，为澳门的平稳过渡作出了积极的努力。希望澳门各界人士，积极参与后过渡期各项事务。通过参与，为澳门回归后实行"澳人治澳"、"高度自治"打下坚实的基础。

四、稳定和发展经济。近年来，澳门经济遇到了一些困难，表现在出口加工业萎缩，楼宇积压较多，整体经济发展放缓，但澳门经济仍有许多优势可以发挥，仍存在着发展机遇。我们希望澳门政府为澳门经济发展多做实事，也希望澳门各界人士自强不息，继续努力。内地一向关注和支持澳门的经济发展，并在力所能及的范围内给予帮助，内地经济的蓬勃发展，将对澳门经济的发展提供广阔的空间。相信经过各方面的努力，澳门经济一定会得到更好地发展。

全国政协副主席、澳门中华总商会会长马万祺、新华社澳门分社社长王启人先后在会议上发言。

外交部副部长王英凡，新华社澳门分社顾问柯正平，原澳门基本法起草委员会副主任委员、澳门银行公会主席何厚铧，以及原澳门基本法起草委员邵天任、唐星樵、许崇德也在座谈会上发言。

座谈会由国务院港澳事务办公室主办。

国务院副总理兼外交部部长钱其琛在钓鱼台国宾馆会见前来参加纪念澳门基本法颁布四周年暨中葡联合声明签署十周年座谈会的澳门中华总商会会长马万祺和澳门知名人士

水利部 国家计委和国家科委共同组织专家聚会黄河入海口处山东省东营市寻求解决黄河断流问题对策

水利部、国家计委和国家科委日前共同组织专家，聚会黄河入海处的山东省东营市，寻求解决黄河断流问题的对策。

70年代以来，黄河下游开始出现断流。据统计，在1996年前的25年间，黄河下游就有19年发生断流。今年，黄河断流的时间提前到了2月7日。从1972年到1996年，黄河下游因断流和供水不足造成工农业累计直接经济损失约268亿元。

专家们建议，国家要加强黄河流域水资源的统一规划、调度和管理，兼顾人民生活、农业、工业生产和生态环境需要，统筹上、中、下游的关系，实行以供定需，合理利用有限的水资源。近期，各地要立足水资源的现状，在节约用水上有所突破，在节水中求生存、求发展。沿黄灌区还应充分合理地利用地下水，减缓引黄用水的紧张状况。河口地区近期可适当修建平原水库，增加调蓄能力，应付短期断流。从长远来说，国家应逐步建设黄河干流，特别是中游干流的控制性水利枢纽工程，进一步提高黄河的水沙调节能力，并积极促进建设向黄河流域调水的南水北调工程，同时，应加强水土保持，防治水污染，保护水资源，发展节水林业和防护林体系建设。

国家经贸委主任王忠禹在宁波召开的全国企业外经贸工作会议上发表讲话

王忠禹会上强调，开展企业外经贸工作是增强企业特别是国有企业国际竞争能力、进一步提高我国对外开放水平的根本要求，要积极创造条件推动企业进一步走向国际市场。

王忠禹指出，当今世界，国际经济竞争主要体现为企业之间特别是大企业之间的竞争。在我国大力发展社会主义市场经济和经济结构面临重大调整的新形势下，国有企业必须进一步深化改革，推动技术进步，努力开拓国际市场。加强企业外经贸工作必须与经济结构调整相结合，推动企业将有条件的产品及生产能力向国际市场转移，使部分生产设备、技术等得到充分利用。要通过企业自营进出口工作推动企业进出口体制改革，减少收购、买断的方式，逐步转向代理制。加强企业技术改造、经营管理，提高产品技术、质量、性质和档次，创一批具有国际竞争能力的名牌产品。

国务院发布关于一批外商投资企业进口设备和原材料免税延长宽限期的决定

国务院近日决定将3000万美元以下外商投资项目在其投资总额内进口设备和原材料的免税宽限期一律延长到1997年12月31日。

1995年12月28日，国务院决定改革和调整进口税收政策，在较大幅度降低进口关税总水平的前提下，取消绝大部分进口税收减免优惠，其中包括1996年4月1日后成立的外商投资企业进口设备和原材料一律照章纳税。与此同时，新政策对1996年3月31日前成立的外商投资企业在投资总额内进口设备和原材料给予1—2年的免税宽限期；其中3000万美元以下的项目，在1996年12月31日前进口设备和原材料，仍可按原规定免征进口关税和增值税。

考虑到有些企业因各种因素在原来规定的宽限期内不能完成进口，为使已成立的企业能按照预定的计划和可行性分析从事生产经营活动，保障投资者的权益，国务院决定对3000万美元以下的外商投资项目，包括1995年9月30日前地方审批报外经贸部备案的项目，1995年10月1日至1996年3月31日地方审批报外经贸部、国家计委、国家经贸委备案审核合格的项目，只要1997年度年检合格，进口设备和原材料的免税宽限期延长一年。

国务院副总理兼外交部部长钱其琛在钓鱼台国宾馆会见布隆迪总统特使对外关系和合作部负责合作事务的国务秘书莱昂尼达斯·哈夫亚里马纳

国务院副总理兼外交部部长钱其琛在钓鱼台国宾馆会见由议长安德烈·米隆戈率领的刚果国民议会代表团

国防部部长迟浩田上将在钓鱼台国宾馆同俄罗斯国防部部长伊戈尔·尼古拉耶维奇·罗季奥诺夫会谈

瑞典国王卡尔十六世·古斯塔夫在斯德哥尔摩王宫会见国务院副总理吴邦国

台湾花莲(震中位于北纬24.1度，东经121.4度)于1时45分(北京时间)发生5.2级地震

4月15日

国家主席江泽民在人民大会堂会见毛里求斯总理纳文·拉姆古兰

江泽民说："25年前，总理阁下的父亲和中国第一代领导人决定两国建立外交关系，为中毛友谊的发展奠定了基础。自那时以来，中毛在各个领域的友好合作富有成果。两国经贸关系不断发展，在国际事务中密切合作，相互支持。总理阁下此次访华对中毛关系的发展具有非常积极的意义。"

拉姆古兰说，自那时以来，毛里求斯一直坚持"一个中国"的政策，这一政策今后也决不会改变。在这次访问中，两国签署了关于保留毛里求斯驻香港名誉领事馆的协定，相信香港的回归有利于毛中经济合作的进一步发展。

浙江省人大八届常委会三十五次会议同意万学远辞去省长职务由柴松岳任代省长

中共中央 国务院发布《关于进一步加强土地管理、切实保护耕地的通知》

土地是十分宝贵的资源和资产。我国耕地人均数量少，总体质量水平低，后备资源也不富裕。保护耕地就是保护我们的生命线。但近年来，一些地方乱占耕地、违法批地、浪费土地的问题没有从根本上解决，耕地面积锐减，土地资产流失，不仅严重影响了粮食生产和农业发展，也影响了整个国民经济的发展和社会的稳定。对于土地管理特别是耕地保护这个事关全国大局和中华民族子孙后代的大问题，党中央、国务院高度重视，经过多次研究认为，从我国国情出发，我国的土地管理特别是耕地保护措施必须是十分严格的，必须认真贯彻"十分珍惜和合理利用每寸土地，切实保护耕地"的基本国策，必须采取治本之策，扭转在人口继续增加情况下耕地大量减少的失衡趋势。为此，特通知如下：

一、加强土地的宏观管理

各省、自治区、直辖市必须严格按照耕地总量动态平衡的要求,做到本地耕地总量只能增加,不能减少,并努力提高耕地质量。各级人民政府要按照提高土地利用率,占用耕地与开发、复垦挂钩的原则,以保护耕地为重点,严格控制占用耕地,统筹安排各业用地的要求,认真做好土地利用总体规划的编制、修订和实施工作。不符合上述原则和要求的土地利用总体规划,都要重新修订。土地利用总体规划的编制和修订要经过科学论证,严密测算,切实可行;土地利用总体规划一经批准,就具有法定效力,并纳入国民经济和社会发展五年计划和年度计划,严格执行。在修订的土地利用总体规划批准前,原则上不得批准新占耕地。

实行占用耕地与开发、复垦挂钩政策。要严格控制各类建设占地,特别要控制占用耕地、林地,少占好地,充分利用现有建设用地和废弃地等。农业内部结构调整也要充分开发利用非耕地。除改善生态环境需要外,不得占用耕地发展林果业和挖塘养鱼。非农业建设确需占用耕地的,必须开发、复垦不少于所占面积且符合质量标准的耕地。开发耕地所需资金作为建设用地成本列入建设项目总投资,耕地复垦所需资金列入生产成本或建设项目总投资。占用耕地进行非农业建设,逐步实行由建设单位按照当地政府的要求,将所占耕地地表的耕作层用于重新造地。在国家统一规划指导下,按照谁开发耕地谁受益的原则,以保护和改善生态环境为前提,鼓励耕地后备资源不足的地区与耕地后备资源较丰富的地区进行开垦荒地、农业综合开发等方面的合作。各地要大力总结和推广节约用地以及挖掘土地潜力的经验。

加强土地利用计划的管理。各级人民政府要根据国民经济与社会发展规划、国家产业政策和土地利用总体规划的要求,按照国民经济和社会发展计划的编报程序,制定包括耕地保护、各类建设用地征用、土地使用权出让、耕地开发复垦等项指标在内的年度土地利用计划,加强土地利用的总量控制。各项建设用地必须符合土地利用总体规划和城市总体规划,并纳入年度土地利用计划。年度土地利用计划实行指令性计划管理,一经下达,必须严格执行,不得突破。

严格贯彻执行《基本农田保护条例》。各地人民政府要以土地利用现状调查的实有耕地面积为基数,按照《基本农田保护条例》规定划定基本农田保护区,建立严格的基本农田保护制度,并落实到地块,明确责任,严格管理。要建立基本农田保护区耕地地力保养和环境保护制度,有效地保护好基本农田。

积极推进土地整理,搞好土地建设。各地要大力总结和推广土地整理的经验,按照土地利用总体规划的要求,通过对田、水、路、林、村进行综合整治,搞好土地建设,提高耕地质量,增加有效耕地面积,改善农业生产条件和环境。

二、进一步严格建设用地的审批管理

对农地和非农地实行严格的用途管制。自本通知下发之日起,冻结非农业建设项目占用耕地一年,确实需要占用耕地的,报国务院审批。解决城镇中低收入家庭住房困难户住房和安居工程以及经国家批准的重点建设项目用地,仍按原规定报批。

各项建设用地都必须严格按照法定权限和程序报批。在建设项目可行性研究报告评审阶段,土地管理部门就要对项目用地进行预审。凡不符合土地利用总体规划的、城市内的建设项目不符合城市总体规划的、未纳入年度土地利用计划的以及不符合土地管理法规和建设用地有关规定的建设项目,都不得批准用地,项目不得开工建设。

三、严格控制城市建设用地规模

城市规划、建设和管理必须严格执行《中华人民共和国城市规划法》和《国务院关于加强城市规划工作的通知》(国发〔1996〕18 号)等有关法律法规,严格控制大城市的用地规模,特别要严格控制中等城市和小城市用地。对城市建设规划规模过大的,要坚决压缩到标准控制规模以内。自本通知下发之日起,冻结县改市的审批。

城市建设用地应充分挖掘现有潜力,尽可能利用非耕地和提高土地利用率。城市的建设和发展要严格按照经批准的城市总体规划,从实际出发,量力而行,分步实施。城市建设总体规划要与土地利用总体规划相衔接,用地规模不得突破土地利用总体规划。

对城市总体规划进行局部调整或作重大变动,必须在得到审批机关认可后进行,并按照《国务院关于加强城市规划工作的通知》要求备案或报批。对各类城市的建设用地,要在城市规划中实行规定标准管理,从我国国情出发,统筹安排,确定人均占地标准,具体落实到每个城镇,不得突破。大城市的城市建设用地和人口规模,到 2000 年应控制在经批准的总体规划的近期规划范围内,不得再扩大。要加强对用地的集中统一管理,不得下放规划管理权和用地审批权。

四、加强农村集体土地的管理

要结合划定基本农田保护区,制定好村镇建设规划。村镇建设要集中紧凑、合理布局,尽可能利用荒坡地、废弃地,不占好地。在有条件的地方,要通过村镇改造将适宜耕种的土地调整出来复垦、还耕。

农村居民的住宅建设要符合村镇建设规划。有条件的地方,提倡相对集中建设公寓式楼房。农村居民建住宅要严格按照所在的省、自治区、直辖市规定的标准,依法取得宅基地。农村居民每户只能有一处不超过标准的宅基地,多出的宅基地,要依法收归集体所有。

严禁耕地撂荒。对于不再从事农业生产、不履行土地承包合同而弃耕的土地，要按规定收回承包权。鼓励采取多种形式进行集约化经营。

积极推行殡葬改革，移风易俗，提倡火葬。土葬不得占用耕地。山区农村可集中划定公共墓地。平原地区的农村，提倡建骨灰堂、集中存放骨灰。要在做好深入细致的思想工作、取得当事人支持与配合的前提下，对占用耕地、林地形成的坟地，采取迁移、深葬等办法妥善处理，以不影响耕种或复垦还耕、还林。

发展乡镇企业要尽量不占或少占耕地、节约使用土地。乡镇企业用地，要按照经批准的村镇建设规划的要求，合理布局，适当集中，依法办理用地审批手续。大力推广新型墙体材料，限制黏土砖生产，严禁占用耕地建砖瓦窑。已经占用耕地建砖瓦窑的，要限期调整、复耕。

除国家征用外，集体土地使用权不得出让，不得用于经营性房地产开发，也不得转让、出租用于非农业建设。用于非农业建设的集体土地，因与本集体外的单位和个人以土地入股等形式兴办企业，或向本集体以外的单位和个人转让、出租、抵押附着物，而发生土地使用权交易的，应依法严格审批，要注意保护农民利益。

集体所有的各种荒地，不得以拍卖、租赁使用权等方式进行非农业建设。

五、加强对国有土地资产的管理

严格控制征用耕地出让土地使用权。禁止征用耕地、林地和宜农荒地出让土地使用权用于高尔夫球场、仿古城、游乐宫、高级别墅区等高档房地产开发建设以及兴建各种祠堂、寺庙、教堂。

国有土地使用权有偿出让，主要采取公开招标拍卖的方式，鼓励公平竞争。建立土地基准地价和标定地价评估的公布制度。国有土地使用权拍卖底价须在科学估价的基础上，依照国家产业政策确定。成交价格应向社会公布。

涉及国防安全、军事禁区、国家重点保护区域等的国有土地使用权出让和外商投资进行成片土地开发的项目，一律报国务院审批。禁止对外出让整个岛屿的土地使用权。

国家对原以划拨方式取得国有土地使用权用于非农业经营的，除法律规定可以继续实行划拨外，逐步实行有偿有限期使用办法。国有企业改制为有限责任公司或股份有限公司涉及的原划拨土地使用权，必须经过地价评估，依法实行有偿使用。国有企业改组涉及的原划拨土地使用权，按国家有关规定办理。旧城区改造涉及的原划拨土地使用权，可由政府依法收回，除按法律规定的范围实行划拨外，其余一律依法实行有偿有限期使用。

规范土地使用权转让市场，严禁炒买炒卖“地皮”等非法交易。以出让方式取得的国有土地使用权，未按法律规定的期限和条件开发、利用的，其土地使用权不得转让。非法转让的，应依法处罚，没收其非法所得，直至终止其土地使用权。国有土地使用权转让，必须依法进行土地权属变更登记，未经登记的，属于非法转让，要依法查处。

今后，原有建设用地的土地收益全部留给地方，专款用于城市基础设施建设和土地开发、中低产田改造；农地转为非农建设用地的土地收益，全部上缴中央，原则用于耕地开发，具体办法国务院另行规定。国有土地使用权出让等有关土地收益全部纳入财政预算管理，各级人民政府及其财政、审计部门要加强对土地收益的监督管理，防止资产流失。

六、加强土地管理的执法监督检查

要在总结一些地方进行土地执法监察试点经验的基础上，建立和完善土地执法监察制度，强化土地管理的执法监督工作。

各省、自治区、直辖市人民政府要组织力量，对辖区内一九九一年以来各类建设（包括各类开发区建设）以及农村宅基地用地情况进行全面的清查，对发现的问题，要依法处理。清查工作要在一九九七年十月底之前完成，并向党中央、国务院报告清查及查处情况。

清查的主要内容包括：(1)凡未经国务院或省级人民政府批准的各类开发区一律撤除，并立即停止一切非农业建设活动，限期复垦还耕；对已经国务院或省级人民政府批准的各类开发区未按计划进行开发的土地，要依法处理。(2)全面清理整顿经营性房地产开发项目（包括高尔夫球场等）用地。对未按审批权限依法办理审批手续的用地，要逐个依法清理检查。对未按照合同规定期限进行开发的土地，也要依法清理检查，属于农田的，必须限期恢复农业用途。(3)依法全面清查土地使用权转让、出租、抵押等交易行为。对于非法炒买炒卖“地皮”牟取暴利的行为，要依法从严惩处。(4)全面清理整顿乡镇企业、村镇建设、农村宅基地等占用的土地，特别是要全面清理整顿占用的耕地。

国务院责成国家土地管理局、建设部、监察部会同有关部门，组织联合执法检查组，对各地的土地清查工作情况进行执法监察，并提出相应的监察建议。土地执法监察要形成制度，对发现的问题要从严查处。违反土地利用总体规划、破坏耕地的，国家工作人员滥用职权违法批地、严重渎职的，要依法追究刑事责任。

土地管理部门要抓紧建立全国土地管理动态信息系统，采用现代技术手段，加强对全国土地利用状况的动态监测。

七、加强对土地管理工作的组织领导

土地问题涉及全民族的根本利益，必须服从国家的统一管理。国家管理土地的职能只能加强，不能削弱。要进一步改革和完善土地管理体制，加强土地管理的法制建设。

各级党委、人民政府都要高度重视土地管理特别是耕地保护工作，支持土地管理部门依法行政。各级土地管理部门要切实履行职责，严格执法，依法管好土地。要将加强土地管理、切实保护耕地、合理利用土地资源工作情况，作为考核地方各级党委和人民政府及其负责人工作的重要内容，实施监督、监察，并接受社会的监督。

要加强全民的土地国情国策的宣传教育。重点是教育广大干部特别是领导干部增强土地忧患意识，提高保护耕地的自觉性。在干部教育中要增加土地国情国策的内容。发展经济要以保护耕地为前提，办一切事业都要十分珍惜和合理利用每寸土地。

各省、自治区、直辖市党委、人民政府，要认真学习和传达本通知精神，并研究贯彻落实的具体措施，在今年六月底前向党中央、国务院作出报告。国务院责成国家土地管理局会同监察部等有关部门监督检查本通知的贯彻执行情况。

国务院总理李鹏签署 215 号令发布《中国人民银行货币政策委员会条例》

现发布《中国人民银行货币政策委员会条例》，自发布之日起施行。

总理　李　鹏

1997 年 4 月 15 日

中国人民银行货币政策委员会条例

第一章　总　则

第一条　为了有助于国家货币政策的正确制定，根据中国人民银行法的规定，制定本条例。

第二条　货币政策委员会是中国人民银行制定货币政策的咨询议事机构。

货币政策委员会依照本条例组成。

第三条　货币政策委员会的职责是，在综合分析宏观经济形势的基础上，依据国家的宏观经济调控目标，讨论下列货币政策事项，并提出建议：

(一)货币政策的制定、调整；

(二)一定时期内的货币政策控制目标；

(三)货币政策工具的运用；

(四)有关货币政策的重要措施；

(五)货币政策与其他宏观经济政策的协调。

第四条　货币政策委员会通过全体会议履行职责。

第二章　组织机构

第五条　货币政策委员会由下列单位的人员组成：

中国人民银行行长；

中国人民银行副行长二人；

国家计划委员会副主任一人；

国家经济贸易委员会副主任一人；

财政部副部长一人；

国家外汇管理局局长；

中国证券监督管理委员会主席；

国有独资商业银行行长二人；

金融专家一人。

货币政策委员会组成单位的调整，由国务院决定。

第六条　中国人民银行行长、国家外汇管理局局长、中国证券监督管理委员会主席为货币政策委员会的当然委员。

货币政策委员会其他委员人选，由中国人民银行提名或者中国人民银行商有关部门提名，报请国务院任命。

第七条　货币政策委员会设主席一人，副主席一人。主席由中国人民银行行长担任；副主席由主席指定。

第八条　货币政策委员会委员应当具备下列条件：

(一)年龄一般在 65 周岁以下，具有中华人民共和国国籍；

(二)公正廉洁，忠于职守，无违法、违纪记录；

(三)具有宏观经济、货币、银行等方面的专业知识和实践经验，熟悉有关法律、法规和政策。

第九条　货币政策委员会中的金融专家除应当符合本条例第八条规定的条件外，还应当具备下列条件：

(一)具有高级专业技术职称，从事金融研究工作 10 年以上；

(二)非国家公务员，并且不在任何营利性机构任职。

第十条　货币政策委员会委员中的国有独资商业银行行长以及金融专家，任期 2 年。

第十一条　货币政策委员会委员有下列情形之一的，由中国人民银行报请国务院免去其货币政策委员会委员职务：

(一)本人提出书面辞职申请的；

(二)任职期间因职务变动，已经不能代表有关单位担任货币政策委员会委员的；

(三)不履行委员义务或者因各种原因不能胜任委员工作的。

第十二条　更换货币政策委员会委员，依照本条例第六条的规定办理。

第十三条　货币政策委员会设立秘书处，作为货币政策委员会的常设办事机构。

第三章 委员的权利与义务

第十四条 货币政策委员会委员具有同等的权利与义务。

第十五条 货币政策委员会委员为履行职责需要，享有下列权利：

（一）了解金融货币政策方面的情况；

（二）对货币政策委员会所讨论的问题发表意见；

（三）向货币政策委员会就货币政策问题提出议案，并享有表决权。

第十六条 货币政策委员会委员应当出席货币政策委员会会议，并就有关货币政策事项提出意见和建议。

货币政策委员会委员因特殊情况不能出席会议时，应当委托熟悉情况的有关人员作为代表携其书面意见参加会议，代表不享有表决权。

第十七条 货币政策委员会委员应当恪尽职守，不得滥用职权、徇私舞弊。

第十八条 货币政策委员会委员应当保守国家秘密、商业秘密，遵守货币政策委员会的工作制度，不得违反规定透露货币政策及有关情况。

货币政策委员会委员违反规定泄露国家秘密、商业秘密的，撤销货币政策委员会委员的职务，并依法追究法律责任。

第十九条 货币政策委员会委员在任职期内和离职以后一年内，不得公开反对已按法定程序制定的货币政策。

第四章 工作程序

第二十条 货币政策委员会实行例会制度，在每季度的第一个月份中旬召开例会。

货币政策委员会主席或者三分之一以上委员联名，可以提议召开临时会议。

第二十一条 货币政策委员会秘书处应当在货币政策委员会例会召开的10日前，将会议议题及有关资料送达全部委员；在会议召开时，向全部委员提供最新统计数据及有关技术分析资料。

第二十二条 货币政策委员会会议有三分之二以上委员出席，方可举行。

货币政策委员会会议由主席主持。主席因故不能履行职务时，由副主席代为主持。

第二十三条 货币政策委员会会议应当以会议纪要的形式记录各种意见。

货币政策委员会委员提出的货币政策议案，经出席会议的三分之二以上委员表决通过，形成货币政策委员会建议书。

第二十四条 中国人民银行报请国务院批准有关年度货币供应量、利率、汇率或者其他货币政策重要事项的决定方案时，应当将货币政策委员会建议书或者会议纪要作为附件，一并报送。

中国人民银行报送国务院备案的有关货币政策其他事项的决定，应当将货币政策委员建议书或者会议纪要，一并备案。

第二十五条 货币政策委员会的内部工作制度，由货币政策委员会制定。

第五章 附 则

第二十六条 本条例自发布之日起施行。

财政部就发行1997年第3号国债发布第4号公告

第八届中国外商投资企业出口商品交易会在广州开幕

国家主席江泽民在人民大会堂分别接受四国新任驻中国大使递交的国书

这四位大使是尼日尔大使博扎里·赛义杜、捷克大使亚历山大·卡里赫、葡萄牙大使佩德罗·卡塔里诺和巴基斯坦大使伊纳姆·哈克。

国家副主席荣毅仁在人民大会堂会见菲律宾前副总统 菲律宾纪念独立100周年全国委员会主席萨尔瓦多·劳雷尔

国务院副总理李岚清在中南海会见以花野坦为团长的日本朝日新闻综合研究中心代表团

全国人大常委会副委员长王汉斌代表乔石委员长在人民大会堂会见以安德烈·米隆戈议长为首的刚果国民议会代表团

中央军委副主席刘华清上将在钓鱼台国宾馆会见俄罗斯国防部部长伊戈尔·尼古拉耶维奇·罗季奥诺夫

美国等15国提出的“中国人权状况”议案在联大人权委员会第五十三届会议上第七次遭失败

由美国、丹麦、英国等15个西方国家提出的所谓“中国人权状况”议案，今天在联合国人权委员会第五十三届会议的审议程序中就被否决。这是自1990年以来，西方国家假借人权问题干涉中国内政的图谋第七次遭到失败。

下午，在美国的指使下，丹麦代表西方15国发言，将历年来西方国家诬蔑中国人权状况的陈言又复述了一遍，据此要求对“中国人权状况”进行审议。

中国代表团团长吴建民随即举手发言，义正词严地驳斥了这些西方国家对中国现实的肆意歪曲，揭露了西方妄图主宰中国命运的真实用心，并根据《议事规则》第六十五条第二款，提出对该议案“不采取行动”（即不予审议表决）动议。

西方国家与发展中国家针对中国提出的动议展开了一场壁垒分明的激烈争论。会议最终对中国提出的动议进行了表决，结果是：27 票赞成；17 票反对；9 票弃权。

赞成这一动议的国家有：中国、阿尔及利亚、安哥拉、孟加拉国、白俄罗斯、贝宁、不丹、佛得角、哥伦比亚、古巴、埃及、埃塞俄比亚、加蓬、几内亚、印度尼西亚、印度、马达加斯加、马来西亚、马里、莫桑比克、尼泊尔、巴基斯坦、斯里兰卡、乌干达、乌克兰、扎伊尔、津巴布韦；

反对这一动议的国家有：奥地利、保加利亚、加拿大、智利、捷克、丹麦、萨尔瓦多、法国、德国、爱尔兰、意大利、日本、荷兰、尼加拉瓜、南非、英国、美国；

投弃权票的国家有：阿根廷、巴西、多米尼加共和国、厄瓜多尔、墨西哥、菲律宾、韩国、俄罗斯、乌拉圭。

当大会主席宣布中国提出的动议获得通过时，场内立即爆发出阵阵掌声。

外交部发言人沈国放在记者招待会上宣布中国将推迟同丹麦拟议中的重要访问停止与丹麦在人权领域的交流与合作

沈国放说，中国一向重视中丹关系，为发展中丹关系作出了不懈的努力。但丹方置两国友好关系和国际关系准则于不顾，在今年的联合国人权会上变本加厉地带头发起搞反华提案，不遗余力地进行拉票活动，蓄意同中国进行对抗，干涉中国内政，伤害中国人民的感情，破坏两国关系的良好气氛，为两国关系的顺利发展设置障碍。他说，中方对此不能不作出必要的反应，包括推迟双方拟议中的重要访问，停止与丹麦在人权领域的交流与合作。

沈国放说，由于丹麦方面一意孤行，使中丹关系受到损害，这是中方不愿意看到的。“我们真诚希望，在人权问题上，丹方能改变同中国对抗的做法，回到平等对话和合作的道路上来，只有这样才符合两国和两国人民的根本和长远利益。”

《人民日报》发表评论员文章《违反出版法规必究》

最近，新闻出版署对严重违反出版管理规定，买卖书号、版号的八家出版单位分别给予停业整顿、吊销出版许可证的处分，有关部门还对责任人进行了严肃处理。这是维护出版秩序、促进出版事业健康发展的必要措施。

党的十四大以来，在党中央和国务院正确领导下，广大出版工作者坚持以邓小平建设有中国特色社会主义理论和党的基本路线为根本指针，坚持社会主义出版工作的基本方针和原则，一手抓繁荣，一手抓管理，出版工作保持健康繁荣向上的局面，一批重点出版工程相继实施，大批优秀图书不断推出，为建立社会主义市场经济体制，促进国民经济持续快速健康发展和社会全面进步作出了积极贡献。但是，近年来，出版工作中也出现了一些值得注意的问题，突出的是少数出版单位不顾国家的法令、法规和管理部门的三令五申，继续买卖书号、版号，造成了严重后果，引起了人民群众和社会各界的强烈不满。

买卖书号、版号行为是近年来出版界出现的严重不正之风，不仅导致少数不法分子利用买到的书号出版有严重政治错误、泄露国家机密、损害民族团结、违反外交政策、宣扬封建迷信以及色情淫秽内容的图书，而且破坏了出版工作的正常秩序，导致盗版盗印、侵犯知识产权猖獗，造成粗制滥造的出版物得以出版，出版物质量下降。同时还严重腐蚀出版队伍，一些出版单位和个人，为捞取经济上的好处，以权谋私，甚至贪污受贿，与不法书商内外勾结，走上犯罪的道路。

我国出版事业是有中国特色社会主义事业的重要组成部分，是宣传思想工作的重要阵地。出版工作者肩负着“以科学的理论武装人，以正确的舆论引导人，以高尚的精神塑造人，以优秀的作品鼓舞人”的重要使命，要进一步坚持为人民服务，为社会主义服务的方针，严格执行出版纪律，遵守职业道德，坚持把社会效益放在首位，力求经济效益同社会效益的统一，努力多出好的出版物。出版管理部门要加大管理力度，决不允许买卖书号、版号，破坏出版秩序，干扰出版事业的健康发展。对那些有令不行、有禁不止的出版单位和个人，要坚决依法严肃查处，决不姑息。

4月16日

国家主席江泽民在中南海会见秘鲁国会主席维克多·许会·罗哈斯

中纪委就《中国共产党党员领导干部廉洁从政若干准则(试行)》的公开颁布举行新闻发布会

国办 国家税务总局在中南海联合举办税法讲座

中国人民大学教授、博士生导师高培勇以《社会主义市场经济条件下的中国税收与税制》为题，讲解了社会主义市场经济条件下的税收理论，并分析了当前税收工作面临的主要问题及今后的政策选择。

国务院副总理朱镕基参加听课并在讲课结束时就进一步学习、宣传和执行税法以及提高全民依法纳税意识等问题发表讲话。

朱镕基在讲话中充分强调了税收征管工作的重要性。他称赞高培勇教授讲得很好。他说，高教授结合我国实际，言简意赅，深入浅出，使我们很受启发，讲课中提出的许多观点都值得我们认真研究。朱镕基说，希望财政部、税务总局和经济理论界共同研究，写出一批加强和完善税制改革的有理论、有实践、能操作的文章来。

朱镕基说，近几年，我国税收工作不断加强，人民群众的纳税意识不断增强。他提倡在全国要形成一个学习税法知识的气氛，做到知法懂法，把我国的税收征管工作搞得更好。他希望国务院办公厅要把学习问题系统抓一下，创造学习条件，形成理论联系实际的好学风。

国务院副总理李岚清、姜春云，国务委员李铁映、宋健、陈俊生、司马义·艾买提、罗干等领导同志，以及中央和国务院有关部门负责人听取讲座。

中纪委 监察部发出要求对农民减负工作要加强监督检查的通知

中央纪委、监察部日前发出通知，要求纪检监察机关对《中共中央、国务院关于切实做好减轻农民负担工作的决定》的贯彻落实情况加强监督检查。

援助西藏工作经验交流会在北京结束

交流会由中共中央办公厅、国务院办公厅召开，为期两天。中共中央政治局常委、全国政协主席李瑞环，中共中央政治局常委、书记处书记胡锦涛会见了出席会议的全体代表，李瑞环作了重要讲话。

姜春云、任建新、罗干、王兆国等领导人参加会见。

李瑞环指出，经济工作、经济发展是西藏各项工作的基础，经济搞不上去，西藏其他工作从根本上说就无从谈起。近几年援藏工作的实践充分证明，把西藏的经济搞上去，不仅是经济问题，而且是直接关系到西藏社会稳定与进步的重大政治问题；不仅是西藏本身的问题，而且是直接关系到同达赖分裂势力和国际反华势力作斗争、维护祖国统一的问题。

李瑞环说，在前一段援藏工作中，各有关单位取得了很大成绩，积累了很多经验。中央希望这次会议认真地总结交流前一段的工作经验，深入地研究一下援藏工作中的一些具体问题和困难，在此基础上把援藏工作搞得更好，使内地和西藏在经济等各方面建立起更加密不可分的联系。

这次援藏工作经验交流会的目的和任务是，汇报贯彻中央第三次西藏工作座谈会精神以来开展援藏工作的情况，总结交流援藏工作经验，宣传援藏工作的先进事迹，检阅和展示 62 项工程等援藏工作成果，研究进一步做好援藏工作的思路和措施。

中共中央书记处书记任建新在会议开始时发表讲话。任建新说，在全国各族人民的大力支持下，西藏自治区党委、政府带领全区各族人民团结奋斗，开拓进取，西藏的稳定和发展都取得了重要的进展，西藏工作出现了很好的势头。“中央关心西藏，全国支援西藏”的思想深入人心，各省市区、各部门援藏工作的部署行动有力，援藏工作成效显著。62 项援藏建设项目进展顺利，干部援藏、对口支援等方面的工作取得了新的进展。做好援藏工作对于加快西藏发展，维护社会稳定，发挥了重要的作用。

任建新指出，关心西藏、支援西藏是党和国家一贯方针，是全国各族人民共同责任。做好援藏工作，不仅关系到西藏的发展和稳定，而且是一项关系到维护祖国统一、加强民族团结、保障国家安全、保持社会稳定的重要政治任务，对于增强中华民族凝聚力，对于在社会主义市场经济条件下促进加快西藏的发展具有深远的意义。

国务委员、国务院秘书长罗干在会上作总结讲话。他说，这次援藏工作是新中国成立以来援藏工作中成绩最大的一次，效果最好的一次，影响最广的一次，到 1996 年年底，62 项援藏工程已全部开工，进展顺利。其中，已经竣工并交付使用的有 50 项；已基本完工，正在收尾的有 6 项；其余 6 项工程，计划今年完成 4 项，1998 年和 1999 年各完成一项。已经交付使用的 50 项工程对改变西藏地区相对落后的基础设施状况，改善投资环境，提高人民生活水平，正在发挥出可观的社会效益和经济效益。此外，对口援藏的中央国家机关各部门、各省区市和各社会团体，两年来共选派工业、农业、医务、教育等各类专业技术人员 615 名进藏；接受西藏赴内地挂职锻炼县以上干部 507 名；通过各种渠道，共培训西藏专业管理干部、专业技术人员 1870 余人。现在，干部援藏工作已形成新机制，西藏社会稳定，经济与社会发展步伐加快。

罗干总结了援藏工作的四条基本经验：中央国家机关各部门和各省区市党委、政府都能充分认识援藏工作的重要意义，高度重视援藏工作；加强领导，精心组织；积极筹措资金，确保建设项目顺利实施；西藏自治区党委、政府和各族人民的全力支持和配合。

罗干强调，各地方、各部门和人民解放军及武警部队要继续按照中央的要求，保持高度的政治责任感和历史使命感，做好本地区、本部门的援藏工作；继续按照“分片负责、对口支援、定期轮换”的办法，进一步做好干部援藏工作；西藏自治区党委、政府要按照中央的要求，把全国关心西藏、支援西藏作为动力，切实办好西藏的事情；同时要理直气壮地大力宣传西藏是中国不可分割的一部分，宣传西藏人民自力更生、艰苦奋斗的精神，宣传中央对西藏的关怀和全国各族人民对西藏的支援，宣传西藏和平解放特别是改革开放以来经济与社会发展的伟大成就。

会上，西藏自治区党委对中央第三次西藏工作座谈会以来在改革、发展、稳定和精神文明建设方面所取得的成就及援藏工作的情况作了介绍；中组部、国家计委、国家经贸委分别介绍了干部援藏、中央国家机关各部门和各省、自治区、直辖市的援藏工作情况；山东、吉林、上海、福建、陕西、四川、湖北、邮电部、交通部、中国气象局等十几个省、自治区、直辖市和部门介绍了他们的做法和经验。

来自全国35个省、自治区、直辖市及计划单列市和中央国家机关40多个部门及社会团体的代表出席了会议。

国务院副总理朱镕基在中南海会见由自由党众议员澳大利亚议会澳大利亚—中国友好小组主席布鲁斯·里德率领的澳大利亚议会澳中友好小组访华团

外交部发言人沈国放就西方少数国家在人权会搞反华提案的图谋第七次被挫败发表谈话

日内瓦时间4月15日晚，联合国人权委员会以27票支持、17票反对、9票弃权，决定对丹麦、美国等一些西方国家提出的所谓“中国的人权状况”提案不予审议。

沈国放说，中国政府历来重视人权问题，为了提高中国人民的公民、政治、经济、社会和文化等权利作出了不懈的努力并取得巨大成就。但美国、丹麦等少数西方国家置事实于不顾，顽固坚持将人权问题政治化的立场，妄图利用人权会搞反华提案，向中国施加压力，干涉中国内政，破坏中国的稳定，阻挠中国的发展和进步。这种做法违背《联合国宪章》的基本原则，理所当然地遭到人权会多数成员国的反对。

沈国放指出，中国一贯主张通过平等对话解决国与国之间在人权问题上的分歧，反对制造政治对抗。中国高兴地看到，相当一部分西方国家主张用对话和合作的方式解决同中方在人权问题上的分歧，未参与今年人权会反华提案。“我们希望美国、丹麦等少数坚持对抗立场的国家，能考虑国际社会要求合作、反对对抗的呼吁，吸取教训，改变搞反华提案的错误做法。”

外交部发言人沈国放就美国向台湾交付F-16战斗机事发表谈话

沈国放要求美国政府立即采取有效措施，纠正向台湾出售F-16战斗机的错误决定，重新回到中美三个联合公报的正确轨道上来，以避免给中美关系造成新的损害。

沈国放说，1992年，美国政府不顾中国政府和人民的坚决反对，决定向台湾当局出售150架F-16战斗机。他指出，“美方此举违反了中美‘八一七’公报，干涉了中国内政，严重损害了中国人民的和平统一祖国大业，也给中美关系带来了严重损害。”

沈国放还说，中国政府曾就此向美方提出了强烈抗议。现在，美方不顾中方的抗议和交涉，坚持将其错误决定付诸实施，中方对此表示强烈不满和坚决反对，并已就此向美方提出了严正交涉。

日本首相桥本龙太郎在东京首相官邸会见以全国妇联主席陈慕华为团长的中国妇女代表团

证监会国际组织亚太地区委员会会议及执法会议暨证券市场论坛在北京举行

会议于4月16日至18日在北京举行。包括中国证监会在内的亚太地区15个成员机构的代表以及有关方面人士共200人到会。

国务院副秘书长兼国务院证券委主任周正庆在开幕式上介绍中国证券市场的发展状况及现行政策，周正庆说：今后我国证券市场发展要继续坚持“法制、监管、自律、规范”的八字方针，一方面，要进一步发挥证券市场筹措资金和促进企业转换机制的功能，重点支持大型国有企业发行股票或可转换债券；另一方面，要进一步加强证券市场的规范化建设，完善法制，加强监管，防范风险，保持市场稳定。

在亚太证券市场论坛上，中国证监会主席周道炯从完善法制建设、加强市场监管、健全自律机制、增强风险意识四个方面对中国证券市场的规范化建设进行回顾和总结。周道炯说，借鉴国际经验，是进一步提高中国证券市场规范化水平的重要措施。

新疆伽师（震中位于北纬39.6度，东经76.9度）于2时19分（北京时间）又发生6.3级地震

4月17日

国家主席江泽民致电沙特阿拉伯国王法赫德对莫纳地区火灾造成340多人死亡2000余人受伤表示同情和慰问

全国人大常委会委员长乔石在人民大会堂会见秘鲁国会主席维克多·许会·罗哈斯

公安部出入境管理局负责人就内地人员往来香港的有关规定发表谈话

现在离我国恢复对香港行使主权的日期只有70多天了。祖国内地和香港居民自觉遵守有关出入境法律法规，两地之间人员往来正常有序。但近来社会上有人传言，1997年7月1日后香港特别行政区政府将对偷渡去港的妇女、儿童实行“大赦”，给予定居权利。一些境内外不法分子乘机策划组织一些不明真相的内地居民偷渡去港，从中牟取暴利。

针对以上情况，公安部出入境管理局负责人郑重指出，所谓香港在1997年7月1日后实行“大赦”，偷渡去港者会获得在港定居权利的说法纯属谣传，不可相信。根据我国出入境管理法律、法规和《中华人民共和国香港特别行政区基本法》的有关规定，内地人员赴港定居必须符合法律规定的条件，事先经公安机关批准，履行有关手续后持《前往港澳通行证》方能赴港定居。偷渡去港者不论是成年人还是儿童，也不论是1997年7月1日之前或之后，一经发现，一律遣返回原居住地，并将视情依法处理。

这位负责人再次强调指出，内地人员往来香港的有关规定和做法，今年7月1日后基本不变，即内地居民因私事往来香港应事先办理批准手续的规定不变；限额审批原则不变；内地和香港分别依据各自法律法规设关检查的做法不变；非法偷渡赴港、非法滞留香港的一律遣返回内地的原则不变。至于近期有关部门从严控制内地人员前往深圳、珠海等边境地区，适当减少去港旅游人数，推迟赴港探亲时间，只是在香港回归之际，为在此期间减少在港人员过多，保证各项活动顺利进行而采取的临时性管理措施。

这位负责人还表示，公安机关将坚决依法查处造谣惑众、组织偷渡去港的不法分子。同时希望广大群众不信谣不传谣，谨防上当受骗。

中宣部 中国石油天然气总公司 国家经贸委 全国总工会 国家科委 中共黑龙江省委在人民大会堂举行王启民先进事迹报告会

国务院副总理姜春云在中南海主持召开林业专家座谈会

姜春云向林业专家请教并一起探讨“科教兴林”大计。

在座谈会上，中国林科院院长江泽慧教授，南京林业大学教授、工程院院士王明庥，北京林业大学教授王九龄，全国政协委员、贵州农学院教授周政贤，国务院参事、中国林科院研究员盛玮彤，东北林业大学副校长杨传平教授，以及尹伟伦、施季森等林业专家先后就实施科教兴林战略畅所欲言，提出意见和建议。姜春云在认真听取各位专家的发言后讲话。

姜春云指出，当前林业、特别是造林绿化所面临的一些突出矛盾和问题，一是森林资源总量不足；二是森林经营管理水平低；三是营林的效益比较差。其原因是多方面的，最重要的是林业的科技含量低，林业发展的总体质量不够高。从我国林业的现状看，实施科教兴林战略，大幅度提高造林绿化的科技含量，是十分紧迫的任务，应当作为林业工作的一件大事，下决心、下大力气抓好。要在林业领域来一次新的科技革命。

姜春云强调，我国的林业建设、特别是造林绿化必须有一个更大的发展，才能适应经济、社会和优化环境的要求。林业部提出，要建立比较完备的林业生态体系和比较发达的林业产业体系。要实现这一目标，除了要有好的政策、好的机制和必要的投入以外，关键所在是实施科教兴林，坚持依靠科技进步，做到科学造林、营林，真正使林业由传统的粗放经营转向采用现代科学技术的集约经营。

姜春云强调，林业要加快发展，必须首先提高对发展林业重大意义的认识，把造林绿化摆上应有的重要位置；要进一步抓好造林营林，大力提高我们的森林覆盖率；坚持质量和速度并重，努力提高造林绿化成效，突出抓好树种、育苗、栽培、管护四个基本环节；重视林业科技成果和先进技术的推广应用；要紧紧围绕林业发展的关键问题进行科技攻关；要切实加强科技服务体系和科技队伍建设；要实行综合开发经营，走林业产业化的路子。

姜春云强调说，高新技术是当今世界上最具生命活力的科学技术，要结合造林绿化、尤其是林业重点生态工程建设的需要，研究利用遗传、基因等现代生物工程技术改良林木品种。在国家“攀登计划”等高科技研究方面，林业应占有一席之地，像《生物工程》领域的研究，林业很有条件靠进去，这是林业面向21世纪科技储备的需要。

在谈到加强领导、把科教兴林措施落到实处的问题时，姜春云强调必须做到：各单位的一把手要亲自抓第一生产力；千方百计增加科技投入；解决好生产与科研脱节问题；加强基层营林科技队伍建设。

有关部门负责人徐有芳、刘济民、韩德乾、祝光耀等出席了座谈会。

农业部节水灌溉技术推广会在内蒙古自治区赤峰市召开

国家主席江泽民在北京就中俄两国最高级会晤双边关系等问题接受俄通社—塔斯社记者采访

在谈到中俄最高级会晤的意义时，江泽民说，我应叶利钦总统的邀请，即将对俄罗斯进行国事访问。这是中俄两国决定建立平等信任、面向 21 世纪的战略协作伙伴关系后两国间首次最高级会晤。江主席说，我将与叶利钦总统讨论的主要问题是如何推进两国战略协作伙伴关系和对当今国际形势和国际关系的看法。我们将签署一个重要的政治文件，阐明我们两国对世界格局发展的共同看法和主张。访问的另一个重要内容是中国、俄罗斯、哈萨克斯坦、吉尔吉斯斯坦、塔吉克斯坦五国元首共同签署边境裁军协定。这对加强中国同上述四国的睦邻友好关系及保障长达 7000 多公里边境地区的安宁与稳定具有深远的意义。江主席认为，此次会晤无论是对推动两国关系的不断深化，还是对促进世界多极化趋势的发展与推动建立和平稳定、公正合理的国际新秩序，都具有非常重要的现实意义。江主席表示坚信，这次莫斯科之行一定会取得积极成果。

当谈到中俄两国在保障世界和平、稳定和发展方面所起的作用时，江泽民说，中俄两国是邻国，又都是联合国安理会常任理事国。加强两国在政治、经贸、科技、文化等各个领域的互利合作，有利于维护亚太地区乃至整个世界的和平、稳定与发展。双方都主张摈弃"冷战思维"，确立新的具有普遍意义的安全观。中俄实现睦邻友好、平等信任、互利合作、共同发展，符合两国和两国人民的根本和长远利益，顺应"冷战"后世界局势和国际关系发展的潮流和需要，是推动建立国际新秩序的实际行动。中俄双方愿本着对世界和平与发展和对人类未来的历史责任感，致力于同其他所有国家友好相处、平等合作，为巩固世界的持久和平和人类的共同进步作出应有的贡献。

在评价中俄两国在科学、教育和文化领域的合作意义时，江泽民说，中国人民和俄罗斯人民以自己的勤劳与智慧创造了各自灿烂的文化，为人类文明都作出了卓越的贡献。近年来，中俄两国在科学、教育、文化等领域的合作不断向深度和广度发展，取得了令人高兴的成果，为两国建立战略协作伙伴关系创造了良好的条件。我认为，要使中俄两国永远睦邻友好，除在政治上不断增进信任外，在科学、教育和文化等领域的合作还要加强和拓宽，以加深两国人民的传统友谊和对彼此国情的相互了解，充实两国战略协作伙伴关系的内涵。

在谈到如何看待目前被西方某些人广泛传播的所谓"中国威胁论"时，江泽民说，世界上有人不高兴看到中国的强大，说什么中国发展强大起来后，就会对别国进行威胁，鼓噪对中国要实行"遏制"。说穿了，散布所谓"中国威胁论"的目的在于挑拨中国和邻国的关系，企图阻止中国的发展。

江泽民说，中国是世界上最大的发展中国家，拥有 12 亿人口，经济基础薄弱，要达到中等发达国家的水平，还需要经过几代人的艰苦努力。现在，中国正致力于发展经济，继续提高人民的生活水平。中国的改革开放和现代化建设，需要一个长期稳定的国际和平环境，特别是良好的周边环境。中国将始终不渝地奉行独立自主的和平外交政策，努力发展和加强同世界各国的友好合作。中国反对霸权主义和强权政治，自己也永远不称霸，永远不对外扩张。这是中国坚定不移的国策。将来中国的经济发达起来了，这一政策也不会改变。中国的稳定与繁荣不仅不会对任何国家构成威胁，而且还将对世界的和平与发展作出更大的贡献。

江泽民还就中国国内经济改革形势回答记者的提问。

国务院副总理李岚清在中南海会见以社长熊本昌弘为首的日本株式会社神户制钢所代表团

全国政协副主席万国权在北京会见澳大利亚民主党领袖谢里尔·克尔诺特

外交部副部长唐家璇就中国—东盟第三次高官政治磋商会议情况及中国与东盟双边关系接受记者采访

关于此次会议的成果以及对今后中国与东盟关系的影响，唐家璇说"这次会议取得的最主要成果，就是双方都从长远的角度出发，进一步探讨了中国与东盟未来关系发展的目标与具体设想"。他说，此次会议是中国成为东盟全面对话伙伴国之后的第一次高官政治磋商，气氛友好、和谐，注重突出共识、强调合作。东盟方面对中国经济建设取得的成就感到高兴，希望中国继续在地区稳定与发展中发挥重要作用。中方支持东盟积极推进地区合作的努力，愿与东盟加强协调与配合。在磋商中，中方介绍了中国致力于和平统一、反对台独以及有关香港问题的原则立场。对东盟国家在人权等问题上对中国的理解与支持表示感谢。东盟国家重申将坚持"一个中国"的政策，认为今年 7 月 1 日中国恢复对香港行使主权标志着昔日殖民历史的结束，而且象征着亚洲的进一步复兴。东盟国还对中国第七次挫败西方国家人权问题反华提案表示祝贺。

关于中国同一些东盟国家在边界领土等方面存在的分歧，中方重申了原则立场。双方都表达了要努力保持地区和平与稳定的共同政治意愿，认为应该坚持和平协商，谋求妥善解决，不让存在的问题影响有关国家之间关系的正常发展。磋商中双方还就国际和地区形势以及今年7月即将举行的中国与东盟外长对话等问题交换了意见。唐家璇说，总的看，这次磋商“内容丰富，进展顺利，必将对今后中国与东盟关系的发展起到积极的作用”。

在回答关于在多极化加快发展的新形势下，中国与东盟关系将向什么方向发展的问题时，唐家璇说，中国与东盟国家都是发展中国家，都面临着发展经济的艰巨任务，也都有维护本地区和平与稳定的强烈愿望。在这些基本共识的基础上，近年来中国与东盟的关系取得长足进展，正在进入一个“长期稳定、日益成熟的新阶段”。

唐家璇说，东盟各国都是中国近邻，中国重视同东盟各国的友好合作并将此作为中国睦邻外交政策的重要组成部分。中国和东盟都有信心把现有的良好关系带入21世纪。为此，双方都认为，应从战略高度出发，着眼于共识和共同利益，超越具体的和暂时的分歧，在平等互利、相互尊重的基础上，充分利用业已形成的全面对话与合作机制，推动双方在各个领域的合作，建立面向21世纪的睦邻互信伙伴关系。

唐家璇强调，中方十分重视东盟在地区事务中发挥的作用。“冷战”之后，东盟在亚太地区正在成为一个活跃的、对地区事务有影响力的组织。“我们对东盟取得的成就给予积极评价。东盟今年将迎来成立30周年，我们在此预先表示热烈的祝贺。在这样一个重要的年头，东盟有可能进一步扩大，增加新的成员，我们对此感到高兴。我们支持东盟的进一步发展，认为这一趋势符合世界多极化的潮流，也有利于亚太地区长久的和平与发展。”

世界各地400多家新闻机构6300余名记者报名采访香港政权交接仪式

第三次中国—东盟高官政治磋商在安徽黄山召开

磋商会议于17日至18日举行。中国外交部副部长唐家璇和马来西亚外交部秘书长阿卜杜勒·卡迪尔·穆罕默德共同主持了有中国、马来西亚、印度尼西亚、菲律宾、新加坡、泰国、文莱、越南等国的政府代表参加的磋商。东盟秘书处也派代表与会。

中美两国经贸研讨洽谈会在美国南部城市休斯敦举行

会期一天。两国经济和贸易界人士200多人出席会议。中国经贸代表团团长、中国对外贸易经济合作部副部长孙振宇在研讨会上表示，中美两国最高领导人将进行富有历史意义的互访，中美之间的经贸交流与合作也将呈现出更为广阔的前景。

会上，来自中国许多省市的经贸界人士同美国同行们探讨了进一步扩大两国经贸合作的机会和前景，并向美国企业和贸易界人士介绍了各自地区的经济合作和扩大贸易的机会。在研讨会上，一些中国公司还同美国企业签订了有关经贸合同。

4月18日

《人民日报》发表新华社评论员文章《是要求谈判，还是假谈判之名搞分裂——评达赖近年来要求“谈判”的言论》

流亡在外的达赖近年来不断声称，要求与中央政府谈判。达赖要求“谈判”并非现在始。这十多年来，随着国际气候的变化，达赖时断时续地提出要与中央政府“谈判”，尤其是近年来，更是以此四处张扬，并倒打一耙，企图将这十多年来谈判不成的责任推到中央政府身上。因此，有关事实真相必须予以澄清。对达赖假谈判之名搞分裂的政治伎俩必须予以揭露。

1987年9月和1988年6月，达赖在美国众议院人权小组委员会会议和法国斯特拉斯堡欧洲议会大厦举行的记者招待会上，就西藏问题提出了所谓的“五点计划”和“新建议”，声称要以这“五点计划”和“新建议”为基础同中国政府谈判。中央政府指出“五点计划”和“新建议”，仍在鼓吹“西藏独立”和“西藏历史上是一个独立的国家”，其实质是否定西藏是中国领土的一部分，否定中国政府对西藏拥有完全的主权，同时，中央政府公开表明：一、随时欢迎达赖喇嘛和他的代表同中央谈判，但是对以“噶厦政府”名义派出的代表团或参观团不予接待，因为中央政府从不承认流亡国外的“噶厦政府”；二、因为达赖喇嘛的“五点计划”和“新建议”没有从根本上放弃“西藏独立”的主张，因此不能作为同中央政府谈判的基础；三、中央希望同达赖喇嘛直接对话，谈话的地点可以在北京，可以在香港，也可以在中国任何一个驻外使、领馆，如果这些地方达赖感到不方便，可以由他选择任何地方，只要没有外国人参加都可以。当中央政府声明将谈判的时间、地点选择权交给达赖后，达赖及其追随者却很快在报纸上宣布了准备于1989年1月在日内瓦同中央政府谈判的消息，而中央政府在此消息公布之后才得到正式通知。不仅如此，中央政府与达赖的联系自1978年起建立后，那时并没有中断，保持着联系渠道，如果达赖真有谈判的诚意，为什么不通过这些联系渠道来传递和安排呢？这不能不使人怀疑达赖所谓要求谈判的诚意：是真的要求谈判，还是把要求谈判作为一种宣传。

1989年年初，中国藏传佛教的一代宗师——十世班禅大师圆寂，中国佛教协会当时特邀达赖回国参加班禅大师的悼念活动，中国佛教协会会长赵朴初亲自将一封邀请信交到了达赖私人代表手中。这纯属宗教事务的邀请，但如果达赖确有诚意同中央政府对话，这也能成为他与中央政府的代表进行接触的机会。但是，达赖拒绝了这次邀请。

1988 年 3 月和 1989 年 3 月，拉萨先后发生了少数分裂主义分子策划、煽动的骚乱事件。有证据表明，达赖“流亡政府”不仅给分裂主义分子以财力支持，而且直接派人策划、组织和参与了这些旨在分裂祖国的骚乱。

80 年代末、90 年代初，国际上掀起了一股反华浊浪，达赖也趁机四处活动，呼吁西方对中国政府施加压力，并在谈判问题上改变了调门，声称中国政府不久就要“垮台”，他不急于同中央政府进行谈判。但是，中国国内的形势并没有按照达赖的意愿发展，他的预言、占卜并不灵验。由于我国经济发展、社会稳定和在国际上的地位不断提高，达赖又要求恢复与中央政府的联系。1992 年、1993 年中央政府有关部门两度接待了达赖的私人代表。达赖的私人代表此前承诺不对外公布接触和会谈情况，但事后却多次违背承诺，不仅向外公布接触情况，而且对谈话内容肆意歪曲，企图混淆视听。1993 年下半年，达赖单方面宣布中止与中央政府的联系，自己关上了接触和谈判的大门。

在达赖要求谈判的问题上，中央政府多次重申，只要达赖彻底放弃“西藏独立”的主张，承认西藏是中国不可分割的一部分，停止从事分裂祖国的活动，中央政府就可以同他谈判，并欢迎他早日结束流亡生活，回到祖国，为西藏人民做些有益的事情。中央政府的这一原则立场和基本态度是一贯的、明确的，达赖本人对此也是清楚的。而十几年来双方接触没有结果，现在谈判不能进行，责任完全是在达赖方面，在于达赖没有放弃“西藏独立”的立场，没有停止分裂祖国的政治活动。

达赖近年来四处奔走，又开始声称要与中国政府谈判，并说他只要求在西藏实行自治，不坚持要求西藏独立。可是，一、达赖在各种公开场合继续在歪曲西藏的历史，为“西藏独立”制造舆论。他到处宣扬“西藏自古以来是一个独立国家”，而事实上，西藏自古以来就是中国领土的一部分，公元 13 世纪中叶西藏正式成为中国的一个行政区域，七百年来，中央政府对西藏地方一直有效地行使着主权，达赖喇嘛的称号及其在西藏地方的宗教和政治地位是由中央政府赐予的，现在的十四世达赖丹增嘉措，也是在本世纪 40 年代经当时的中央政府批准而登位的。二、达赖在声称要求与中央政府谈判的同时，继续在外从事分裂祖国的活动。达赖及其追随者仍在不断地向西藏自治区进行分裂祖国的宣传煽动，在拉萨等地策动骚乱和爆炸等暴力恐怖事件，在境外策划所谓“和平挺进”和“全民公决”，并企图将所谓“西藏问题”国际化，呼吁一些国际势力插手“西藏问题”。不仅如此，今年 3 月下旬，达赖跑到台湾，公然与台湾岛内的“台独”势力勾结，并策划在台湾建立达赖“流亡政府”的办事处。台湾当局政要对达赖的到访则趋之若鹜，情有独钟。海外舆论指出，“表面上，达赖说此行访台是纯粹宗教活动，但其追求‘藏独’及摆脱北京政府的意图相当明显，口说一套，但内里却做了不少功夫”，并揭露达赖透过他的前任“政府官员”要求台湾正式撤销“蒙藏委员会”，“共同追求独立的理想”。

达赖为玩弄谈判伎俩，声称他只要求“自治”。这是在混淆视听。西藏自治区实行民族区域自治制度，已三十余年，西藏人民享受着民族区域自治的各项权利，这些权利是西藏人民在旧西藏达赖统治下从未享有的，达赖所要求的“自治”，只能是他以及流亡在外追随他的那些昔日农奴主的统治，以及他们所说的要“实现向独立方向发展的自治”。达赖声称，要求在西藏实行“一国两制”。这也是荒谬的。旧西藏实行的是政教合一的封建农奴制度，这一制度早已在 1959 年开始实行的“民主改革”中被废除，难道还要在西藏自治区恢复封建农奴制度？达赖标榜追求“民主”与“自由”，声称要恢复西藏的“民主”与“自由”，这更是荒唐离奇。达赖作为过去旧西藏三大领主的总代表，在旧西藏实行的是野蛮黑暗的封建农奴主统治，何曾有过民主与自由？现在他把自己打扮成“民主”与“自由”的卫士，只能是对民主与自由的莫大嘲弄和讽刺。

听其言，观其行，种种事实足以表明，达赖并非真想与中央政府谈判，他并没有丝毫谈判的诚意，而他声称谈判，只是幌子，是为欺骗舆论、骗取同情，从而为其分裂祖国活动壮声势而玩弄的伎俩。

国家主席江泽民在北京会见埃及总理詹卡迈勒·艾哈迈德·詹祖里

国务院总理李鹏在人民大会堂同埃及总理卡迈勒·艾哈迈德·詹祖里举行会谈

双方一致表示要继续发展长期稳定的中埃友好合作关系。

会谈结束后，两国总理出席了两国政府贸易谅解备忘录、两国有关部门关于电力领域技术合作备忘录和两国有关部门“星火计划”与“曙光计划”合作协议的签字仪式。

全国人大常委会委员长乔石在人民大会堂会见拉美议会主席辛赫尔

全国政协主席李瑞环在北京会见埃及总理卡迈勒·艾哈迈德·詹祖里

全国人大常委会《森林法》执法检查组与江西省委省人大省政府领导及有关部门负责人举行座谈会

全国人大常委会《森林法》执法检查组在江西结束历时10天的检查工作。在江西期间，检查组实地检查了南昌、九江、吉安、赣州等4个地、市9个县的《森林法》执法情况，察看了一些林区、自然保护区和林业企业，认真听取了各地政府及有关部门的汇报。

对江西省在森林资源保护方面取得的成就，检查组给予充分肯定。检查组组长曲格平在会上说，江西省在贯彻落实《森林法》方面做了大量卓有成效的工作，特别是在大力培育森林资源、依法保护森林资源、努力建设高效林业、改善自然生态环境等方面的进展十分喜人。

在充分肯定江西省认真贯彻执行《森林法》，取得显著成绩的同时，曲格平说，在林业建设和发展中江西省也存在一些问题。如江西省目前征占的林用地中，有50%以上未依法经林业行政主管部门审查；同时，非法采伐和经营林木的现象也比较严重，滥伐林木、无证经营和加工木材等现象屡禁不止；挤占林业资金、对林业实行扶持政策不落实等问题也较普遍。这些都对江西林业的进一步发展带来隐患。为此，检查组建议在江西的经济发展战略中，突出林业的重要地位，逐步把林业培育成新的经济增长点和重要支柱产业。

王丙乾副委员长在会上提出，希望江西省树立大林业观念，把大林业建设作为强省富民的根本大计来抓。王丙乾说，江西的造林绿化走在全国的前列，现在在基本消灭荒山后又及时提出使林业向更高层次迈步的“在山上再造一个江西”的目标，思路对头，决策有远见。他希望江西各级党政领导继续把保护森林和发展林业的责任担在肩上，落在实处，做到政策到位、投入到位、措施到位，推动全省林业再上新台阶。

国务院副总理邹家华在深圳举行的首次全国信息化工作会上发表讲话

邹家华指出，目前国家已经把信息化纳入了“九五”计划，并把国民经济信息化程度显著提高作为“九五”发展重要目标。

国家科委主任宋健在北京闭幕的CIMS(计算机集成制造系统)工作会议上讲话

宋健在会上提出，在大力推进国民经济信息化的同时，提高制造业的科学技术水平，是现在和今后一段历史时期内中国经济和社会发展的重要课题。以CIMS为主线的人工智能技术工程正是提高企业的管理技术、设计技术和生产技术水平，全面提高企业技术创新能力的一项急迫需要的技术群。

宋健说，我国企业目前的生产方式和运行方式仍然相当落后，科技工作者要勇敢地肩负起历史的重任，结合国家的重点，为我国工业现代化作出应有贡献。列入国家“八六三计划”的计算机集成制造系统主题，历经十余年的研究、开发和应用，取得了很大成绩。有一批企业通过实施CIMS工程，大大提高了工作效率、产品质量和市场竞争能力。我们通过科学研究和工程实践，探索出了一条适合中国国情的发展CIMS的技术路线。

在谈到今后如何推广CIMS的应用时，宋健提出，“九五”期间，CIMS主题工作应着重注意在CIMS总体设计思想的指导下，在大中企业中大力推广应用计算机辅助设计、计算机辅助制造、计算机辅助质量控制、制造资源管理系统及数控等自动化单元技术。在这个过程中要充分注重单项技术的可集成性，注意为下一步的发展打下基础。要注意通过重点产业的技术改造项目推广应用CIMS，转变企业的运行方式，提高其科技水平和新产品开发能力。

在这次会议上，代表们集中讨论了《关于实施计算机集成制造系统应用示范工程的若干意见》和《实施办法》，这两个文件将成为国家科委组织CIMS应用示范工程的纲领性文件。

国家主席江泽民会见俄罗斯国防部部长伊戈尔·尼古拉耶维奈·罗季奥诺夫

国务院副总理朱镕基在中南海紫光阁会见来京参加证监会国际组织亚太地区委员会会议及亚太地区委员会执法会议的国家和地区的主要代表团团长

朱镕基向大家介绍了中国证券市场的发展状况。朱镕基说，中国的证券市场是在邓小平建设有中国特色社会主义理论的指引下，随着中国改革开放的深入而逐步发展起来的。证券市场在筹集建设资金、促进企业经营机制转换等方面发挥了积极作用，但中国的证券市场发展时间不长，还很不成熟，要进一步完善立法，规范市场，加大监管力度，加强风险意识的教育。他希望亚太地区各国和各地区的证券监管机构之间不断加强交流与合作，共同促进亚太地区证券市场的健康发展。

国家副主席荣毅仁在人民大会堂会见拉美议会主席辛赫尔

国务院副总理李岚清在人民大会堂会见主席贾亚·普拉卡什·普拉萨得·阿南德率领的尼泊尔议会外事与人权委员会代表团

全国人大常委会副委员长布赫在人民大会堂会见由主席贾亚·普拉卡什·普拉萨得·阿南德率领的尼泊尔议会外事与人权委员会代表团

国防部部长迟浩田在人民大会堂会见西班牙陆军参谋长何塞·福拉·马丁

中国证券监督管理委员会与马来西亚证券委员会在北京签署中马证券期货监管合作谅解备忘录

中国和埃及经济贸易洽谈会在北京举行

何香凝美术馆在深圳华侨城正式开馆

美术馆建筑面积4000平方米展出的108帧绘画精品，包括了何香凝从本世纪初叶起至1992年临终前各个历史时期的作品。

4月19日

全国人大常委会委员长乔石在人民大会堂会见由议长布律诺·阿穆苏率领的贝宁国民议会代表团

国务委员陈俊生在贵阳召开的全国山区综合开发示范暨林业对口扶贫工作会议上发表讲话

国务委员陈俊生日前在贵阳召开的全国山区综合开发示范暨林业对口扶贫工作会议上指出，水旱灾害频繁发生的原因与生态环境破坏、森林减少，特别是大江大河上游山区植被破坏密切相关，由此导致水土流失，河道淤积，河床抬高，蓄泄洪能力减弱。实践证明：治水必重治山，治旱必须治山。

搞好山区综合开发，实施以山补田，是农村经济发展的一项重要内容。陈俊生说，国以民为本，民以食为天。开发山区的木本粮油，是缓解我国人多地少、粮食供应偏紧矛盾的有效途径。同时，搞好山区综合开发是确保“八七扶贫攻坚计划”的重要环节。目前5800万贫困人口主要集中在深山、石山、高寒地区，山区成为扶贫攻坚的主战场。加大山区综合开发和扶贫攻坚力度，事关老少边穷地区发展和民族团结。治山、富民，搞好山区综合开发，既是山区人民的生命线，又是平原人民的安全线，是关系国家安全、民族生存和消除贫困、解决温饱、人民富裕的一件大事。

陈俊生要求，以“改土、治水、植树、修路、通电”为内容的综合开发，要追求生态环境、结构优化、一定规模、资源配置和科技进步等五方面效益；要把深度开发和广度开发、自然资源开发与社会资源开发以及生产性开发与市场性开发结合起来。制定正确的政策和灵活的机制，把荒山开发引向市场，将荒山权交给农民，让农民放心大胆地去开发、去治理，要给予较为优惠的政策。准许荒山使用权有偿流转，准许兴办联营或私营企业、果场、牧场，鼓励基层农、林、水、供销社等部门利用多种形式与农民、集体经济组织联营开发，凡是新开发的土地，新改造的中低产田，在政策上给予优惠。

陈俊生强调，山区经济之所以发展相对缓慢，其中一个重要原因就是生产、生活条件十分恶劣。山区开发的经验有很多，但最重要也是最关键的一条就是自力更生、苦干实干。如果没有苦干实干的精神，仅靠外部的扶持是不能从根本上改变贫困面貌的。因此，各地在山区开发中，一定要发扬贵州大关村那种新时代愚公移山的精神，不等、不靠、不要，用自己的双手去改变贫困落后面貌。

全国山区综合开发协调小组副组长、林业部副部长李育才在总结一年来山区综合开发示范和林业对口扶贫工作的基础上，安排部署1997年工作任务：一是以改土为重点，大搞基本农田建设，提高山区粮食自给能力；二是以林果业为重点，大力发展种植业、养殖业及与其相关的加工业，不断增加山区群众的经济收入；三是以治水、修路、通电为主业，加强山区基础设施建设，改善山区生产条件；四是以贫困村、贫困户为重点，集中人力、物力、财力开展重点帮扶，如期完成扶贫任务；五是以探索山区开发路子为重点，研究山区开发政策，更好地发挥山区开发示范效应。李育才说，经中央农村工作领导小组批准，今年山区综合开发示范县增加到59个，示范范围扩大到30个省、市、自治区。今年国家又拨出7亿元专项贴息贷款用于山区综合开发。各示范县要充分利用好这些资金，要搞好基础建设，造就高效能的生态经济系统；基地建设坚持产业开发指导思想，建立特色型的区域产业。

财政部和国家税务总局决定部分行业和企业在1996年度和1997年度可继续享受企业所得税优惠政策

1994年我国实施新税制后，国家保留了部分行业、企业的所得税优惠政策。目前有些优惠政策已于1995年到期。为支持企业发展，经国务院批准，财政部和国家税务总局近日决定，部分行业和企业在1996

年度和1997年度可继续享受企业所得税方面的优惠。

获得免征企业所得税的行业和企业有：国家确定为贫困县的农村信用社，中国金币总公司。对社会福利有奖募捐的发行收入也免征所得税。对1993年国务院批准的到香港发行股票的上海石油化工股份有限公司、青岛啤酒股份有限公司、昆明机床股份有限公司、北人印刷机械股份有限公司、马鞍山钢铁股份有限公司、广州广船国际股份有限公司、仪征化纤股份有限公司、东方电机股份有限公司、天津渤海化工(集团)股份有限公司等9家股份制企业暂减按15%的税率征收企业所得税。

财政部和国家税务总局同时还规定，企业按财政税务机关审批核定的比例向其主管部门上交的行政管理费，在计算应纳税所得额时准予扣除。主管部门结余的管理费可结转下一年度使用，但应相应核减下年度的提取比例。

国务院副总理朱镕基在钓鱼台国宾馆会见埃及总理卡迈勒·艾哈迈德·詹祖里

中国国际交流协会副会长吴学谦在人民大会堂会见出席第三次亚太和平裁军与共生会议的外国代表

第三次亚太和平裁军与共生会议在北京开幕

会议由中国国际交流协会与日本、菲律宾两国有关方面联合举办。来自亚太地区10个国家近80位知名人士、学者和专家出席会议。全国人大常委会副委员长雷洁琼、全国政协副主席万国权出席开幕式。

万国权在开幕词中说，“冷战”结束后，世界加速向多极化方向发展，缓和成为世界形势的主要趋势，国际和平环境可望继续得到保持。他说，亚太地区作为全球新的经济增长点，随着其国际地位的上升，需要以民间交流的方式就共同关心的政治与经济问题交换意见，以促进本地区向着和平、稳定与发展的方向持续前进。他指出，这次会议在增进亚太地区民间交流与了解方面具有重要意义。

亚太和平、裁军与共生会议是一个地区民间论坛，它的宗旨是和平与发展、促进亚太地区各国之间的相互理解。第一、二次会议分别于1992年和1994年在日本东京和菲律宾马尼拉举行。

此次会议将着重讨论和平、安全与裁军和经济合作与可持续发展等议题。

《人民日报》发表评论员文章《加快推进国家信息化建设》

加快国民经济信息化进程，显著提高国家信息化程度，是党中央、国务院近年提出的一项重要战略任务，对于促进我国经济体制和经济增长方式实现两个根本性转变，加快我国社会主义现代化建设，有着十分重要的意义。国务院召开第一次全国信息化工作会议，总结信息化建设的经验和成就，明确指导方针和奋斗目标，全面部署主要任务，标志着我国信息化建设进入了新的发展阶段。

党和政府对国家信息化工作十分重视。早在1984年，邓小平同志就高瞻远瞩地提出：“开发信息资源，服务四化建设。”江泽民总书记强调：“四个现代化，哪一化也离不开信息化。”这就从战略的高度，为我国信息化建设指明了方向。党的十四届五中全会及时地提出，要“加快国民经济信息化进程”。八届人大四次会议把推进信息化纳入《国民经济和社会发展“九五”计划和2010年远景目标纲要》，“国民经济信息化的程度显著提高”，被列为国家“九五”计划的一项重要目标。

正是在这样的背景下，我国的信息化建设开始取得了较大进展。电子、邮电、广电行业迅速发展，为我国信息化建设奠定了基础；以“金”字工程为标志的国家信息化重大工程和各领域的信息化建设，已经在国家社会、经济生活中发挥重大作用；地方信息化建设各具特色，有了初步成效；新的运行机制正在探索，为信息化建设带来了新的活力；电子信息技术与产品的自主开发、推广应用和信息应用系统建设，取得了显著成绩；一支具有相当规模，从事专业科研开发、生产制造和应用服务的信息化人才队伍，初步形成；各级领导机构逐步健全，信息化工作开始走上了有领导、有组织、有计划的轨道。从总体上说，我国信息化建设发展很快，成绩很大，形势喜人。

同时，也应看到，在信息化建设过程中，还存在不少困难和问题。我国的信息技术、信息产业还很稚嫩，竞争力不强；信息化所需的高级专门人才缺乏，关键技术和设备尚不能满足社会、经济发展需要；在经济体制尤其在管理体制的某些方面，还很不适应实现信息化的要求，亟须深化改革；全民的信息化意识和利用信息的能力，有待进一步提高；有关信息化的政策、法规，还不尽完善；投入信息化建设的资金有限，等等。这些问题和困难，在不同程度上，制约了我国信息化的发展，应当在今后的工作中，逐步加以解决。

90年代以来，随着技术进步的加快，尤其是互联网络的出现和迅速发展，一个全球性的信息社会正在逐步形成。信息化已经成为世界各国普遍关注的焦点。与信息化相关的技术应用和产业发展，不仅标志着一个国家、地区的经济、技术实力，也是进一步形成和扩充这种实力的新的生长点。加快国家信息化建设，从根本上讲，也是提高我国综合国力的一项长期而又紧迫的战略任务。我们一定要从这个战略高度，进一步提高对国家信息化重要性的认识，把握大局，同心协力，加快推进国家信息化。

加快推进国家信息化，有很多工作要做，任务非常艰巨。要开发利用信息资源，加强国家信息网络建设和管理，大力培育我国信息产业的成长和发展，搞好已经启动的“金”字工程建设，鼓励和支持发展信息服务业，研究制定必要的法律、法规和标准，强化国民经济重点领域的信息化建设，尤其是科技、教育领域的信息化。为保证完成上述任务，应当认真贯彻我国信息化建设的指导方针，即：“统筹规划，国家主导；统一标准，联合建设；互联互通，资源共享”。在这个指导方针中，最重要的是统筹规划。一个地区、一个部门的信息化建设必须在国家规划的指导下进行，结合自己实际，制定规划，要注意同国家信息化规划衔接、协调，从而使国家信息化资源的配置更为合理和有效。

加快实现国家信息化，是当代中国人应当责无旁贷完成的历史重任。只要我们把握大局，大力协同，扎实工作，开拓前进，就一定能够走出一条有特色的中国信息化建设道路。

4 月 20 日

全国人大常委会委员长乔石在人民大会堂会见西萨摩亚立法议会议长托利富亚·法菲西和夫人

国家“九五”重点建设项目——南疆铁路西延工程铺轨开工仪式在新疆南疆新城库尔勒举行

这次新建的南疆铁路西延工程库尔勒至喀什 975 公里，北起库尔勒市，途径轮台、库车、新和、勒克苏、巴楚、阿图什等县市，穿过新疆南部 4 个地州。

国家教委颁发《普通高等学校毕业生就业工作暂行规定》

中国队在瑞典闭幕的第三届世界短池游泳锦标赛上以 6 金 5 银 2 铜成绩居奖牌总数第二位

4 月 21 日

国家主席江泽民在人民大会堂同乌拉圭总统胡利奥·玛丽亚·桑吉内蒂进行会谈

江泽民说：“阁下是目前拉美领导人中唯一与中国人民敬爱的邓小平同志晤谈过的国家元首。九年前，在阁下首次任总统期间，中国和乌拉圭实现了关系正常化，我们不会忘记阁下为此所作的努力。四年前，我与阁下在北京初次相识，现在老朋友重逢感到格外高兴。”

会谈后，江泽民和桑吉内蒂一起出席了中乌两国三个合作协议的签字仪式。

国务院总理李鹏在中南海会见乌拉圭总统胡利奥·玛丽亚·桑吉内蒂

全国人大常委会委员长乔石在人民大会堂会见由下院议长马拉特·奥斯帕诺夫率领的哈萨克斯坦议会代表团

全国十大杰出工人评出

这 10 名杰出工人是：谱写新时期石油工人壮丽篇章的天津大港油田钻井工程公司 45111 钻井队队长牛星壮；安徽铜陵有色金属公司凤凰山铜矿“出矿状元”胡绍水；岗位做贡献、真情为他人的北京公用局液化石油气公司工人范进卯；驾驭当代新技术、争做时代新工人的上海液压泵厂数控工段副段长李斌；以厂为家、默默奉献的鞍山市运输机械总厂冲压钳工班聋哑工人李少言；将青春无悔地献给三峡大坝的湖北葛洲坝集团公司第一工程公司女司机蒋再英；开好时代列车、献身边疆建设的呼和浩特铁路局临河机务段司机长邵玉镇；争做一流的新时代矿工的山西西山矿务局西曲矿综采一队采煤工亢龙田；兢兢业业、努力拼搏的山东济南成通纺织有限责任公司纺织女工王静侠；努力攀登技术革新高峰的甘肃兰州通用机器厂采机一厂车工芦巨才。

国务院副总理吴邦国在国家行政学院与参加“省部级干部加快企业技术进步专题研究班”的全体学员进行座谈

吴邦国指出，“八五”期间，我国企业技术进步取得了很大成绩，对促进国民经济持续、快速、健康发展发挥了积极作用。技术进步是转变经济增长方式的重要途径，也是企业生存发展和增强竞争力的重要条件。吴邦国说，加快企业技术进步，首先，要以市场为导向，以提高质量效益为中心，努力提高技改项目的投资质量。要认真搞好市场分析预测，加强项目可行性研究，选准项目。要结合各地区、各部门实际，避免重复建设，通过技改形成有特色的产业和产品。要集中力量重点支持国有大型企业和企业集团，促进企业技术进步，形成新的优势和经济增长点。其次，要充分发挥各方面的积极性，多渠道筹措资金。国家支持是必要的，但企业不能等、靠、要，要充分发挥主观能动性，进一步拓宽融资的渠道。企业要注意自我积累,把有限的资金投入到技术进步上去,走滚动式技改发展的路子。最后,要调动各方面力量,通过产学研联合,推动技术创新工程。企业要高度重视开发能力的培养,大型企业和企业集团要逐步建立健全自己的技术开发中心,要促进产学研联合,支持联合攻关,加速科技成果转化。

吴邦国强调,各级政府要切实加强对技术进步的领导,一把手要亲自过问。各有关部门要通力合作,把支持企业技术进步的工作落到实处。企业要加强技改项目管理,认真落实项目法人责任制,保工程质量、保工期、保投产达产,防止超概算,大大提高技改项目的成功率。

"省部级干部加快企业技术进步专题研究班"是由国家行政学院与国家经贸委联合举办的。来自部分省、自治区、直辖市和一些中央部委的负责人,以及一些大企业的负责人共48人参加了本期研究班的学习。

中共中央政治局候补委员温家宝在内蒙古考察

4月21日至25日,温家宝到赤峰市的宁城、敖汉、翁牛特、喀喇沁等旗(县)农牧区,深入田间地头和农户,调查农牧业生产情况,看望各族干部群众,探讨农村经济发展的路子。

温家宝指出,农业,特别是以粮食为主的种植业是国民经济发展的基础,要重视和加强农业,大搞农田水利基本建设,改善农业生产条件,增强抗御自然灾害的能力;推广农业先进适用技术,提高农业生产的科技含量,实现农产品稳定增产。

温家宝指出,发展畜牧业是内蒙古的一大优势,要在稳定发展粮食生产的基础上,调整农村产业结构,大力发展畜牧业和农副产品加工业。牧区要保护、建设和利用好现有草场,实行科学养殖,农区要搞好粮食转化,发展规模养殖,实现农牧业结合,全面发展农村经济,提高农民收入。

位于科尔沁沙地南缘的敖汉旗从70年代开始防沙治沙,造林种草,经过数十年努力,沙化土壤得到有效治理,生态环境明显改善,粮食产量大幅度提高,被评为全国生态建设示范县、科技兴林示范县。温家宝高度赞扬干部群众发扬愚公移山精神,彻底改变生态环境的顽强斗志。他说,在干旱地区和荒漠地区植树种草,大搞生态建设至关重要,这不仅是保护和改善生存环境的问题,而且关系到整个农村经济的持续发展,应当作为一项战略任务常抓不懈。各级领导要下定决心,合理规划,艰苦创业,把发展林业作为改善生存条件和发展农业的根本性措施,坚持不懈地抓下去,一代一代地干下去。

太平洋亚洲旅行协会(简称PATA)第四十六届年会在北京中国大饭店开幕

国务院总理李鹏应邀致开幕词。国务委员兼国务院秘书长罗干作《大力发展旅游业,共创美好新世纪》的主题发言。

年会组委会主席、国家旅游局局长何光玮致欢迎词。PATA会长德雷斯德尔在会上讲话。

本届年会会期四天,主题是"驾驭未来",代表们将围绕未来旅游业发展的许多重要问题,进行广泛、深入的讨论。

国务院总理李鹏在太平洋亚洲旅行协会第四十六届年会上致开幕词

各位代表,各位来宾,女士们,先生们,朋友们:

今天,太平洋亚洲旅行协会第46届年会在北京开幕了。我代表中国政府和中国人民,对各位代表、各位来宾,表示热烈的欢迎!对会议的召开表示热烈的祝贺!

旅游业是现代经济中综合性很强的产业,是全球经济的一个重要组成部分,也是当代社会人们生活质量提高的一个重要标志。发展旅游业,对增进各国人民之间的友好往来,加深彼此之间的相互了解和友谊,加快经济发展和社会繁荣,都具有十分重要的意义。

展望21世纪,旅游业具有广阔的发展前景,将为各国提供更多的就业机会,并将成为世界经济发展的一个重要推动力。近年来,亚太地区旅游业迅速发展,在世界旅游业中的地位日益突出。中国作为亚太地区的一成员,愿意为本地区和全世界旅游业的发展作出积极的贡献。

中国是一个地域辽阔,有着数千年悠久历史的多民族国家,有着秀丽的自然风光、众多的名胜古迹和丰富多彩的灿烂文化,旅游资源十分丰富。改革开放以来,中国经济以年平均近10%的速度持续增长,各项事业蓬勃发展,人民生活水平显著提高,为旅游业的兴旺奠定了坚实的基础。中国政治稳定,经济发展,市场繁荣,中国政府坚持对外开放,积极发展与世界各国的关系,也为旅游业的发展创造了极为有利的条件。中国政府十分重视旅游业的发展,将旅游业作为第三产业的重点,不断开发旅游资源,改善旅游设施,提高服务质量,促进了国际国内旅游业的快速发展。1996年,我国接待入境旅游者达5100多万人次,国内旅游人数达6.4亿人次。随着中国人民生活水平的提高,我国到国外旅行的人数也逐年增多,为国际旅游业的发展增添了新的活力。

在我国政府制定的本世纪最后五年和下世纪前十年的社会经济发展计划中,加快发展旅游业是一项重要内容。总的目标是，积极开发和充分利用旅游资源，搞好旅游景区开发和配套设施建设，加强管理，文明服务，加快国际旅游业和国内旅游业的发展。为实现这一目标：

——我们将继续把旅游业放在重要的位置，制定相应的扶持政策，充分调动各方面的积极性，推动有条件的地区加快发展旅游业；

——我们将进一步改善旅游交通，加强旅游基础设施建设，加快发展多种旅游产品，努力提高服务质量，全面提高旅游业的整体水平；

——我们将更加重视发挥旅游业的关联带动作用，围绕旅游业加快相关产业的发展，重视在旅游资源丰富的边远地区发展旅游，带动当地的经济社会发展；

——我们将积极开发各类旅游资源，并妥善处理好资源开发与环境保护、生态保护的关系，实现旅游、环境和经济的协调发展；

——我们将进一步加强与国际旅游组织及各国旅游界的交流与合作，特别是加强产品开发、市场促销、人员培训和旅游管理等方面的合作，互相学习，共同提高，促进国际旅游业的繁荣。

我们相信，随着我国经济的发展和社会的进步，我国旅游业的发展将不断开创新的局面。

今年是“’97 中国旅游年”，中国政府全力支持办好这一活动，为促进中国旅游业的发展，为促进中国旅游业与国际旅游业的合作，创造更加有利的条件。我们欢迎更多的海外朋友来中国旅游参观，亲眼看看中国的名山大川和名胜古迹，亲眼看看改革开放以来中国的巨大变化，进一步加深相互之间的了解和友谊。

太平洋亚洲旅行协会是重要的国际旅游组织，多年来为促进亚太地区和全世界旅游业的发展与合作，发挥了积极的作用。本次年会将围绕未来旅游业发展的许多重要问题，进行广泛、深入的讨论。我相信，在与会人士的共同努力下，会议一定会取得积极成果，进一步推动本地区和世界旅游业的发展！

最后，预祝太平洋亚洲旅行协会年会取得圆满成功！

谢谢大家。

《人民日报》发表评论员文章《规范破产鼓励兼并大力实施再就业工程》

为加快国民经济结构调整，进一步搞好国有企业，国务院于日前下发了《关于在若干城市试行国有企业兼并破产和职工再就业有关问题的补充通知》（以下简称《补充通知》），进一步规定了一系列政策措施。这是今年以来党中央、国务院为把搞好国有企业放在更加突出地位而采取的一项重大举措。

《补充通知》要求各级干部认真贯彻江泽民总书记关于搞好国有企业改革的重要讲话精神和李鹏总理在今年《政府工作报告》中提出的搞好国有企业的六项措施，坚决实施规范破产、鼓励兼并、推进再就业工程。

一、结构调整，势在必行

在改革深化、开放扩大的进程中，部分国有企业的困难有所加剧。对此，我们一方面要高度重视；另一方面也不要过分夸大。目前国有企业的困难是经济体制改革和产业结构升级过程中的必然现象，世界上几乎所有国家在经济结构大规模调整时期都发生过类似情况。只要我们坚定信心，转变观念，统一认识，对症下药，国有企业的困难就一定能够解决。

解决国有企业的困难，决不能再走外延扩张、增加投入的老路。我国已经告别了短缺经济时代，由于多年来重复建设的影响，目前，大部分工业产品的生产能力已经超过市场需求，市场约束已经成为国有企业面临的最硬约束。国有企业要摆脱困境，必须面向市场，实行“两个根本性转变”，重新配置存量资产和劳动力资源，加速结构调整。舍此别无他途。

二、规范破产，鼓励兼并，加速资产存量结构调整

对那些长期亏损、资不抵债而又扭亏无望的国有企业，按法定程序实施破产清算，既是加速结构调整的重要途径，也是保护债权人权益，主要是国有银行资产，免受更大损失的积极措施。这些企业每存在一天，都要占用和消耗社会的大量资源。如果总是怕国有资产受损失，不断增加投入进行“抢救”，不敢实行破产，结果就得长期受损失，而且会遭受更大的损失。为了实现资源的合理配置，最大限度地减少损失，只能对这些企业依法进行破产清算，使之从市场上完全退出。

在我国目前的条件下，国有企业破产决非易事。主要的难点在于社会保障体系尚不完善，标准也很低，致使破产企业的职工难以妥善安置。同时，破产企业一般都大量拖欠银行债务，而银行的信贷资金大部分来自居民储蓄，居民的存款是一定要还本付息的，因此，冲销银行债务等于增加国家财政负担。但是，如不冲销银行债务，使破产企业资产（包括土地使用权）变现的收入能首先用于安置破产企业职工，企业破产就几乎不可能。然而，用冲销银行债务的办法来安置破产企业职工，是不得已而为之，必须考虑国家的承受能力。因此，国有企业按这种办法破产，必须遵照国务院规定，在试点城市国有工业企业这个有限的范围内进行，冲销银行债务的数额必须实行总量控制。

必须注意的是，一个时期以来，在进行破产的试点工作中，一些非试点城市擅自利用试点城市破产政策，争先恐后搞破产，抹掉银行的债务，以至于许多不久前尚且“谈破色变”的地方骤然间也破产成风。此风不

剥，危害甚大。《补充通知》再次明确规定了破产政策的适用范围，是十分必要和及时的，各级政府要不折不扣地按国务院规定、规范破产。

按《补充通知》的要求规范破产的另一项重要任务，就是要坚决制止“整体接收”或“整体收购”。有些地方以“整体接收”为名，搞“破产解困”，“破产”企业的产品不变，班子不换，机器不停，职工不减，至多只是改换门庭，便堂而皇之地甩掉了企业原来的全部“债务包袱”。此种做法名曰“先破产、后兼并”，实为“假破产、真逃债”，若不坚决制止，后患无穷。不了解内情的人们可能觉得，企业破产后由另一企业连人带资产“整体接收”，不失为解决职工安置问题的捷径。实际上，这只是一种表面现象。这些借废债而“新生”的企业多数早已失去生命力，其存在价值已经被市场所否定。它们“新生”之后，机制没有转换，技术没有改造，产品没有更新，事实上根本不可能起死回生，更难在市场上找到一席之地，只能靠吃冲销国家银行资产的“好处”而暂时勉强维持，最后还是继续亏损下去。因此，国务院进一步明确不能搞“假破产、真逃债”的“整体接收”或“整体收购”，这是为保证破产试点成功而采取的一项重要措施，各地要坚决贯彻执行。企业破产必须按《补充通知》要求，做到“资产变现，关门走人”，彻底退出市场，停止浪费和消耗资源。有的地方把“关门走人”理解为对破产企业下岗职工推出不管，这是一种误解。妥善安排下岗职工，是企业能否实施破产的前提。“走人”不是一推了之，而是走入新的工作单位，或者进入本企业成立的“职工再就业服务中心”，按政策规定发给基本生活费用，然后再逐步就业。国务院《补充通知》已经规定一系列政策来帮助下岗职工再就业，而且要负责到底。

还有相当一部分企业负债率高、亏损严重，但没有完全失去生命力。这些企业若被其他优势企业兼并，可以使其有效部分恢复市场竞争力，收到减少社会震动、最大限度保护债权人利益的效果。因此，国务院一贯强调“多兼并、少破产”的方针。兼并与“整体接收”或“整体收购”的根本区别在于，兼并方要承担被兼并方的全部债务并负责人员安置。为了提高优势企业兼并困难企业的积极性，国务院有关部门已经出台了一系列政策措施。《补充通知》对这些政策措施进行了重申、补充和扩展，扩大了适用范围，加大了鼓励兼并的政策力度。

按《补充通知》规定，试点城市中的国有内贸、外贸、建筑、安装企业与工业企业一样可以适用兼并政策，兼并和被兼并企业有一方属于国务院确定的大中型重点企业或被兼并方属于试点城市的企业，也适用兼并政策。国有或国有控股企业兼并连续3年亏损的国有企业，经银行核准，可免除被兼并企业原欠贷款利息；被兼并企业原欠贷款本金分5年还清，如5年内还本仍有困难，可给予1年至2年的宽限期。应当说，这次出台的兼并政策是相当优惠的，力度是很大的，国家将要支付的改革成本也是很高的。各级政府对此要倍加珍惜，按照国务院的部署，积极完善配套措施，大力鼓励企业兼并。特别需要强调的是，兼并企业在享受国家优惠政策的同时，也必须对被兼并企业的富余人员实行下岗分流，这是使被兼并企业恢复竞争力的一项根本措施。富余人员减不下来，不仅被兼并的困难企业活不了，优势企业也会被拖垮，国家支出的成本将付之东流。富余人员下岗后，要进入再就业服务中心，由兼并方负责发给基本生活费，并由再就业服务中心组织培训，积极帮助他们寻找新的就业机会。

三、认清形势，转变观念，下决心实施再就业工程

富余人员过多是国有企业面临的普遍性问题。解决问题的根本途径就是要大力实施再就业工程。再就业工程是充分发挥政府、企业、劳动者和社会各方面的积极性，综合运用政策扶持和就业服务手段，通过多种渠道，帮助失业人员和企业富余职工再就业的社会工程，是我国经济实现持续、快速、健康发展所必需的一项基础性的伟大工程，不是权宜之计。对实施再就业工程的重要意义和深远影响，一定要有足够的认识，并且坚决而毫不动摇地进行下去。

改革开放以来，我国经济持续高速增长，随着收入水平的提高和社会全面进步，需求结构已经发生了很大的变化。目前，我国经济正处在体制改革和结构升级的重要时期。产品的更新，技术的进步，资本有机构成的提高，势必要求对大量富余劳动力和闲置资源进行重新配置。与此同时，居民收入的增长又在新兴产业和服务行业不断创造出新的需求和就业机会。因此，大批富余劳动力脱离传统产业，转向新兴产业和服务行业，是我国经济发展的一个必然阶段。1978年以来，我国第三产业的从业人数一直保持快速增长的势头；1992年以后明显加速。1994年，在全部从业人员中，第三产业所占比重超过了第二产业。

这种趋势说明，富余劳动力由传统产业向新兴产业和服务行业转移，已经成为经济发展的迫切要求。我们必须审时度势，把职工再就业工程作为推进体制改革和经济发展的一项根本性措施，提上各级政府的议事日程。

在已经建立社会保障体系的发达国家，产业结构的升级主要是通过优胜劣汰机制来实现的。在那里存在着庞大的失业大军，而且每天都有不能适应市场需要的企业破产，每天都有新的工人被裁减而失业。我国人口多，底子薄，社会保障体系还不完善，结构调整

中需要下岗的富余人员，难以得到妥善安置，如不实行有中国特色的“再就业工程”，富余人员就很难离开企业，结果只能是“优难胜，劣不汰”，结构不断恶化，困境日益加深。

当前，大力实施再就业工程的关键，是各级领导首先要认清形势，转变观念。必须清楚地看到，我国的经济发展已经进入了结构优化升级、企业优胜劣汰的新阶段，幻想别的什么轻巧的解困之路，最终只能是贻误时机，越拖越困难。唯一现实的出路是实行“两个根本性转变”，走兼并破产和职工再就业的路子。这既是经济结构调整的必由之路，也是国有企业摆脱困境的必由之路。

对于国有企业的许多富余职工来说，下岗分流，等待再就业，无疑是艰难的一步，是一个痛苦的过程。在计划经济体制下，不仅企业吃国家的“大锅饭”，职工也吃企业的“大锅饭”。由于这种体制的长期影响，很多职工的择业观念还不能适应市场经济的要求，对下岗、再就业还没有必要的思想准备。同时，由于长期在缺乏竞争的体制下工作，很多职工知识老化，技能单一，缺乏在劳动力市场上独立谋生的能力。但是，我们也要看到，及早下岗和再就业，是符合广大职工的长远利益的。产业结构升级和富余劳动力转移在我国的经济发展中是不可逾越的阶段。以牺牲国家经济发展和整体效益为代价来“照顾”部分职工的眼前利益，是注定没有出路的。富余职工早下岗、早转业，可以早主动，拖延下去，不仅年龄一年比一年大，就业岗位的竞争也会一年比一年激烈。国有企业职工再就业工程是在我国社会保障体系还不完善的情况下，国家为保护工人阶级的当前利益和长远利益而采取的、有中国特色的一项重大保障措施。各级党政部门和企业都要做好耐心细致的宣传解释工作，帮助广大富余职工走出这艰难的第一步。

四、精心组织，扎实工作，建立减人增效机制

为了大力实施再就业工程，各地要尽快建立起企业和行业的再就业服务中心。破产企业职工和被兼并企业的下岗职工都要进入再就业服务中心，领取基本生活费，通过再就业服务中心，实施再就业培训，逐步重新安置就业。不具备兼并、破产条件的企业也都要实施再就业工程。最近几年，煤炭行业在国家政策支持下，大力开展减员增效，下岗分流，取得了明显成效。今年，国务院决定在更大范围内推广煤炭行业的经验。对那些产品还有市场，但由于人多债务重而又缺乏兼并破产条件的亏损企业，可以在富余人员下岗分流、实施再就业的同时适当减免其贷款利息。对那些生产经营十分困难、确实无力支付下岗职工基本生活费的企业，还可采取“三家抬”的办法，即银行提供一部分工资性贷款、地方财政贴息、各种渠道调剂一部分资金来解决这些特困企业的待业职工生活问题。当然，在下岗分流、实施职工再就业的同时减免一些银行贷款利息，只是暂时缓解企业困难的办法，只能在国家规定的额度、范围、时间内进行。

推进再就业工程是一项难度很大的工作，各方面都需要有一个逐步适应的过程。这就更要求各级政府加强领导，做大量扎实细致的工作。一是要组织得力的工作班子，专门负责再就业工程的实施。二是要抓好机构和队伍的建设，分层建立再就业服务机构和再就业服务队伍。三是要制定必要的政策和措施，把握住国家政策力度加大所创造的机遇，加速本地区的结构调整。四是要尽可能运用地方财力，采取切实措施保障下岗职工的基本生活，保护国有企业厂长、经理开展工作的积极性。五是要具体情况具体分析，妥善解决职工的实际困难，如双职工家庭最好有一方暂不下岗。六是要加强对再就业工程的宣传，端正就业观念和择业意识，努力创造一个良好的舆论氛围。

当前，国有企业改革正处在一个关键时刻。一方面，随着改革开放的深入，多种经济成分迅速发展，国内外市场竞争日益加剧，国有企业多年积累起来的深层次问题充分暴露，到了非解决不可的时候。另一方面，改革开放的巨大成就和国民经济的持续、快速、健康发展也为解决这些问题创造了难得的有利条件。我们一定要不负历史重托，抓住时机，知难而上，把减员增效、下岗分流、规范破产、鼓励兼并和实施职工再就业工程作为当前加快国有企业改革和发展的重要措施，抓紧、抓好、抓出成效，为当前社会政治稳定和今后的长远发展奠定良好的基础。

国务院副总理李岚清在中南海会见世界贸易组织总干事雷那托·鲁杰罗

国务院副总理吴邦国在中南海会见来访的新日本制铁株式会社代表团

国防部部长迟浩田上将在钓鱼台国宾馆同芬兰国防部部长安内利·塔伊娜举行会谈

外经贸部部长吴仪在北京会见世界贸易组织总干事雷那托·鲁杰罗

中国人民解放军驻港部队首批先遣人员进入香港

四十名没有携带军事武器的中国人民解放军驻香港部队第一批先遣人员，在驻港部队副司令员周伯荣少将的率领下，下午 2 时 37 分抵达香港中环驻港英军

威尔斯亲王军营，开始为今年7月1日中国人民解放军驻港部队接管香港防务进行必要的准备。

第一届中国历史文化名城市长论坛在九朝古都洛阳举行

会议由《人民日报》海外版、中国历史文化名城大辞典编辑委员会、洛阳市人民政府、西北大学国家历史文化名城研究中心发起并主办。建设部、河南省政府等有关部门负责人出席会议并给予指导。

出席会议的名城管理者们结合各自的管理实践，在"中国名城走向世界"的大会主题下，就"城市发展与历史文化遗产保护"这一社会普遍关注的问题展开研讨。与会者通过充分交流，达成共识，向全社会发出倡议如下：

一、树立全民的名城意识，增强保护名城的责任感。

国务院公布的99座国家历史文化名城，是我国历代人民勤劳智慧的结晶，也是祖先留给后世子孙的引以为荣的珍贵遗产。名城属于全中国人民。每一位中国人应以名城为荣，不断增强保护名城的使命感。

二、保护名城，决不能脱离城市规划的科学先导和法律的有力保障。

城市规划是名城建设的龙头。科学的规划，勾画出名城的美好蓝图；若不按规划办事，名城建设则将无一例外地出现混乱无序的状况。

法律、法规是名城建设有序发展的有力保障。其作用应当贯穿名城建设的全过程。

三、正确认识名城功能定位，突出名城个性特色。

必须确认每座名城都有其鲜明的个性特征，并在此基础上确认名城定位。从而使诸多名城既能体现中华民族传统文化的统一性，又能显示各自的绰约风姿。只有突出名城的个性特色，才能发挥名城的资源优势。

四、多方筹资，建立名城保护基金，对名城保护给予政策倾斜。

资金短缺，已成为名城保护中共遇的一大困难。多方面筹集资金与必要的政策倾斜已成为迫在眉睫的现实需要。

建议国家建立"历史文化名城保护专项基金"，增加对文物保护的投入；呼吁海内外有识之士关心、资助文物保护工作；呼吁海外华人、华侨、台港澳同胞为保护中国名城做出贡献。

五、加强名城之间的合作交流，形成有机的名城体系。

名城的保护与发展，是一项系统工程，需要各方面人力、物力的协作，形成协调一致的合力。

名城之间应加强横向协作，互助互利，形成有机的合作体系和经济运作体系。

六、保护与发展，必须着眼于未来，立足于现代化。

保护与发展，片面地强调任何一方都不足取。强调"保护"，不是无视"发展"。恰恰相反，中国经济持续发展的喜人局面，已使各个名城不得不重新审视"保护"。

保护与发展，还必须着眼于未来。我们要对得起先人，更要对得起子孙后代。遵循可持续发展战略，坚持发展与保护并重的原则，同时加强与世界名城的交往与合作，才是我们真正迈步走向世界的正确途径。

北京、成都、承德、广州、杭州、景德镇、荆州、拉萨、洛阳、南京、曲阜、泉州、绍兴、苏州、扬州、遵义等16座名城市长、副市长莅临会议并登坛演讲。

4月22日

全国人大常委会委员长乔石在人民大会堂会见芬兰国防部部长安内利·塔伊娜

国务院总理李鹏在北京会见哈萨克斯坦下院议长马拉特·奥斯帕诺夫

中宣部等十部委提出保证文化科技卫生"三下乡"活动具体措施

去冬今春以来，"三下乡"活动在全国各地蓬勃展开，取得明显成效，受到广大农民的欢迎。近日，中宣部等十部委又提出45项措施，以保证这项活动能够经常化、制度化。

国家科委提出，在西北五省区，实施好科普工程；结合"星火计划"、"科技扶贫计划"和"重大成果推广计划"的实施，组织开展经常性的科技下乡活动；鼓励中央和省、市科研机构，选择一个县、一个乡或一个乡镇企业，同农村建立固定联系，持之以恒地开展对口支援；表彰科技下乡先进集体和个人，调动科研机构和科技人员常下乡的积极性。广泛开展调查研究，因地制宜地制定适合不同领域科研机构和科技人员下乡的政策措施。

农业部提出，各级农业部门领导要身体力行，亲自抓点，办好各种农业科技示范点、示范园区，带动农业科技的推广；农业部直属农业科研院所要有1/3左右，省级农科院要有2/5以上，县级农业科研单位要有2/3以上的科研人员深入农村，参加农业科技开发、示范、推广活动，帮助农民解决生产中的难题；多层次、多形式开展各类技术培训，抓好"绿色证书"工程实施，办好农民技术夜校、农业广播电视学校；积极筹措资金，增加科技投入，改善工作条件，保证把农业科技顺利送到农村。

文化部提出四条具体措施：各级文化主管部门，要同本地区的一个至三个贫困县、乡结成帮扶对子，定点进行文化扶贫；完善经常化的文化下乡规划和计划，把抓好农村文化和文化下乡结合起来；组织全国优秀艺术家到革命老区、贫困地区慰问演出，各地要组织本地重点艺术表演团体送戏下乡；制定文化下乡优惠政策，对长年下乡的文艺单位，给予必要的、切实的帮助，落实县级剧团下乡的补贴经费。

广电部提出的具体措施是：精心组织电影下乡，增加片源，做好农村节目和拷贝的供应、调度和排片工作，建立农村电影放映队，每年供应农村的 16 毫米的影片节目不少于 80 个，每两个月举办一次 16 毫米影片交易会，在全国设置四个至五个交易点；中央电视台“心连心”艺术团和中国广播艺术团要继续到革命老区、贫困地区进行慰问演出；中国广播电视出版社继续加大图书下乡的力度；进一步采取措施，扩大广播电视对农村特别是边远地区的覆盖率，到 2000 年全国广播电视的覆盖率分别达到 85％和 90％。

卫生部的五项措施是：继续开展卫生支农工作，以老、少、边、穷地区和农村卫生事业欠发达地区为主，开展对口支援，二、三级医院的对口支援对象，五年不变，继续深入开展“五个一”对口支援活动；抓好检查，把卫生下乡作为卫生工作的重要任务，长期坚持下去；表彰一批卫生支农工作的先进单位和个人；北京、合肥、昆明等十大城市要认真总结“城市卫生技术人员在晋升主治医师和副主任医师之前，必须分别到县或乡的卫生机构工作半年至一年”的经验，起好示范带头作用；深入持久地开展“九亿农民健康教育行动”。

国家计生委提出的措施是：把“三下乡”常下乡纳入各级计划生育宣传服务网络中，开展经常性的宣传服务活动；继续做好计划生育、优生优育宣传品进村入户工作；在农村人口学校和计划生育宣传室建立人口和计划生育图书角；组织开展群众性的人口和计划生育宣传活动；组织计划生育技术专家深入农村，开展技术服务和培训活动，提高农村基层科技服务水平；大力宣传基层计划生育先进典型和成功经验。

新闻出版署提出，做好对边远地区、少数民族地区捐赠图书工作，组织一些出版社到边远地区送书上门；每年组织 200 种适销对路的图书向农村发行，其中科技、科普类图书不少于 80％；在县以下中心乡镇建立新华书店的下伸网点，健全农村发行机构，充实发行人员，增加农村流动图书供应；建立图书发行基金，在经济政策上对农村发行予以支持；定期编制为农村读者服务的《农村书目》、《科技新书目》，及时传递出版信息；加快供销社售书网点建设，开辟农村发行渠道；加强边远地区编辑、发行人员的培训，对西藏的出版单位进行对口支援；总结推广经验，建立、健全规章制度，使送书下乡活动经常化、制度化。

共青团中央提出，推进“中国青年志愿者扶贫接力计划”的实施；促进农村青年科技图书站的建设和发展，开展读书、评书、技术培训推广、示范等活动；扶持各级团组织领办科技推广项目，带动农村先进实用技术推广；进一步深化中国大中学生志愿者扫盲和科技文化服务；继续组织中国青年志愿者扶贫服务团活动，加大科技和文化扶贫力度。

中国科协决定，从五个方面做好“三下乡”经常化工作。把科技下乡与经常性工作相结合，使科技下乡进入正常轨道，动员城市的科技工作者把先进实用的技术及时送到农村；把科技下乡和科普之冬、科普之春等经常性活动结合起来，使科技下乡融于经常性活动中；适应农民实际需要，出好科技书报刊，把发行网络建到农村；帮助农村技术协会和科研单位、大专院校和相关学会，建立起稳定的协作关系；调动各级科协和学会组织的积极性，在科技扶贫、金桥工程、农村先进科普单位和个人的评选等科协设立的各种奖项中，把科技下乡的成果和贡献作为重要条件，从机制建设上促进科技下乡经常化。

1996 年全国杰出青年岗位能手颁奖仪式在北京举行

江汉石油管理局采油厂王明华等 10 人被命名为全国杰出青年岗位能手，首钢总公司焦化厂邢振强等 205 人被命名为全国青年岗位能手。

全国政协副主席钱正英率领全国政协国有大中型灌区考察团考察河南省引黄灌溉工程

第二届中国国际农业科技年会在北京开幕

国务院总理李鹏在北京会见世界贸易组织总干事雷那托·鲁杰罗

李鹏会见时表示，中国加入世贸组织的政策是一贯的，但对中国的要求不能超越中国现在经济发展的水平，更不能把中国加入世贸组织的问题政治化。

李鹏对鲁杰罗访华表示欢迎，并感谢他对中国加入世贸组织问题的关注。李鹏指出，中国重视以世贸组织为代表的多边贸易体制，支持它在国际经济贸易中发挥的积极作用。

李鹏说，当前，世界各国经济联系日趋密切，区域合作不断发展，这有利于开展双边和多边的经贸合作，任何国家和地区要想获得经济的发展必须加强对外经济合作和贸易交流，中国通过深化改革和扩大开放加强与世界经济的联系，取得了可喜的进展。

李鹏说，中国关于加入世贸组织的政策是一贯的，没有变化，中国的发展离不开世界，世界的发展也离不开中国，中国加入世贸组织不仅是中国的需要，也是世界的需要。中国将根据权利与义务平衡的原则继续同有关国家谈判。

李鹏说，自从去年下半年以来，关于中国加入世贸组织的谈判已经取得了一些进展，这是好事，但是中国还是一个发展中国家。他说："听说你参观了北京附近的贫困村庄。在首都周围尚有一些贫困的地方，这足以说明中国的发展还不平衡，中国还是一个发展中国家。因此，对中国的要求不能超越中国现在经济发展的水平，更不能把中国加入世贸组织的问题政治化，否则是不公平的。"

李鹏说，在国际经济贸易方面还存在着不平等、不等价交换的现象，甚至还存在着动辄制裁别国的强权政治行为，这是不符合平等互利原则的，不符合当今国际形势和国际关系发展潮流和需要的。

鲁杰罗说，他一直关心中国加入世贸组织的进程，他将继续做出努力推动谈判进程，使中国早日加入世贸组织。

中共中央政治局常委李鹏在中南海会见以布巴卡尔总书记率领的毛里塔尼亚民主社会共和党代表团

国务院副总理朱镕基在北京会见德国萨克森州经济和劳动部部长卡约·绍默尔

国务院副总理李岚清在北京会见非洲高级外交官访华团

中共中央政治局委员李铁映在人民大会堂会见由总书记玛亚·贝尔霍率领的芬兰民族联合党代表团

全国人大常委会副委员长王光英在人民大会堂会见美国福特汽车公司副董事长韦恩·布克

解放军总参谋长傅全有在人民大会堂会见厄瓜多尔武装部队陆军司令塞萨尔·杜兰

《人民日报》发表评论员文章《打一场禁毒的人民战争》（文略）

4月23日

《人民日报》发表特约评论员文章《是"宗教领袖"，还是藏传佛教建立正常秩序的最大障碍——评达赖对藏传佛教的干扰和破坏》

有数千年历史的佛教包括藏传佛教讲究以戒为师，弘法利生。但是，纵观达赖的所作所为，他不仅没有实实在在地为西藏广大僧俗群众做一件好事，为西藏发展作出一点贡献，相反，出于其阴谋实现"西藏独立"、恢复昔日农奴制的政治需要，打着藏传佛教"宗教领袖"的旗号，进行各种企图分裂祖国的政治活动，将藏传佛教作为其进行分裂祖国活动的政治工具，祸藏祸教，做了许多肆意破坏正常的宗教秩序、违背藏传佛教宗教戒律的事情，干了许多离经叛道的坏事，从而成为不折不扣的建立藏传佛教正常秩序的最大障碍。

公然践踏历史定制、宗教仪轨，干扰和破坏十世班禅转世灵童寻访，就是达赖破坏藏传佛教最为明显的一例。了解西藏历史的人都知道，在藏传佛教的发展过程中，并通过中央政府的赐封而最终形成了达赖喇嘛、班禅额尔德尼等大活佛转世系统，这是藏传佛教独特的宗教传承方式。达赖和班禅等大活佛转世灵童的寻访、认定都有严格的程序和特定的制度，并最后无一例外都要经中央政府批准才能正式继位。1793 年中国清朝乾隆皇帝公布的《钦定藏内善后章程二十九条》明确规定：达赖、班禅及大呼图克图的转世灵童选认，须在中央政府驻藏大臣主持下，经由皇帝御赐的金瓶在释迦牟尼佛像前掣签，方能认定，杜绝受私妄指。西藏地方和中央政府许多历史档案对达赖、班禅转世灵童选认需中央政府批准也都有详细的记载。这体现了中央政府对西藏的主权，也是藏传佛教的重要历史定制。但这位当年本身是以上述宗教仪轨寻访认定，并经中央政府批准继位的十四世达赖，出于其分裂祖国、搞"西藏独立"的政治图谋，竟然不顾这一宗教仪轨和历史定制，与西藏地方的个别人秘密勾结，另搞一套，在国外擅自宣布"班禅转世灵童"，妄图将佛门盛事弄成"西藏独立"的政治闹剧。这不仅是企图否定中央政府的权威，也是对藏传佛教传统的背叛。

以宗教之名，行鼓吹"藏独"之实，大肆煽动不明真相的僧尼从事分裂祖国的活动，是达赖破坏藏传佛教的另一明证。达赖多次扬言，"认定一个活佛，控制一座寺庙，等于控制了一个地区"。为此，达赖及其追随者近年来加紧了对西藏境内及各寺庙的渗透，他在国外电台的"讲经"中，夹杂着大量鼓吹"藏独"、分裂国家的言论；他亲自撰写大量所谓"宗教经文"或宣传品，偷运进西藏境内，在寺庙中散发，其中包含大量诋毁政府的政治谣言和煽动分裂行动的蛊惑言论。在达赖的干扰破坏下,一些寺庙正常的宗教活动受到严重影响,风气日益败坏。受到达赖分裂言论蛊惑的寺庙、僧尼热衷于充当"政治寺庙"和"政治僧尼",肆意进行分裂国家的政治活动,不注重宗教修炼,戒律松弛,管理混乱,吸收新僧人没有章程,没有手续,不法、污秽行为盛行,搞得僧不像僧,寺不像寺。藏传佛教界的一些高僧大德对此无不忧心忡忡、深感痛心和不满。

从表面看,达赖似乎很热衷"宗教"活动,但明眼人很容易识穿,达赖的"宗教"活动不仅在形式上已变得十分荒唐,在宗旨上更离藏传佛教的本义相去甚远。据报道,近年来达赖频频举办"时轮灌顶大法会",特别是 1996 年一年竟达四次,这不仅违背了时轮法的时间概念——"天地时间,以年为时,四季交替,万物生来,周而复始,流转不息",即时轮大法会一般不超过一年一次,而且也违背了大型灌顶法会须严格遵循的宗教仪轨。更为严重的是,达赖不顾佛教以善为本戒训,总是在这类法会上大肆对中央政府进行攻击,散布各种谎言,煽动民族仇恨,把时轮大法会搞成政治集会,这充分暴露了达赖所谓"慈悲"、"善良"、"非暴力"的虚伪性,充分暴露其恣意违背宗教戒规,以宗教为幌子,为其分裂祖国的政治图谋服务的恶行。

从达赖与因在东京地铁制造毒气杀人事件而恶名昭著的日本奥姆真理教的关系来看,更说明他为达到扩大"藏独"宣传的目的,不惜损害藏传佛教的名声。据国外新闻传媒披露,达赖和日本奥姆真理教的头目麻原彰晃先后五次会晤,达赖并委托麻原两次去西藏"传教"。甚至日本东京地方法院因"毒气事件"公开审理麻原时,达赖仍称奥姆真理教是在宣扬佛教教义,麻原是他的"朋友"。难怪有报刊说,"没有达赖的支持,麻原根本不可能建立起他的教派帝国。他从一个江湖医生和小小的骗子,在短短的几年内火箭式地上升为日本一个教派领袖也不会如此顺利"。

西藏广大信教群众和宗教界人士通过事实,越来越清楚地认识到,达赖披着"宗教领袖"的外衣,实际上却是一个企图将藏传佛教引入歧途的流亡政客;达赖不是在发展宗教,而是把藏传佛教作为其进行分裂活动任意使用的政治工具。达赖的所作所为,给藏传佛教带来了严重的破坏性后果。

在我们国家,任何人、任何团体、包括任何宗教,都应当维护法律尊严,维护人民的利益,维护民族团结,维护国家统一;任何人、任何团体、包括任何宗教,都不允许违反国家法律,损害人民利益,制造民族分裂,破坏祖国统一。这是最基本的行为准则。达赖几十年的所作所为,完全背离了这些准则。达赖在国外到处喊冤叫屈,认为是中国政府在宗教上贬低他,损害了他的声誉,实际上,正是达赖自己的所作所为暴露了他利用宗教搞分裂的真实面目。事实证明,以宗教作为政治工具,从事危害人民利益、破坏民族团结的分裂祖国的活动,是一条走不通的死胡同。

国家主席江泽民和俄罗斯总统叶利钦在克里姆林宫举行会谈

叶利钦总统对江泽民主席的来访表示欢迎。叶利钦强调,江泽民主席的这次来访具有历史性的意义,两国领导人将共同确定 21 世纪两国关系的未来。叶利钦指出,双方对国际形势的看法是一致的,对许多重大国际问题持同样的立场。这说明,两国在各个领域有着牢固的合作关系。

江泽民积极评价了叶利钦总统为发展中俄两国的战略协作伙伴关系所作出的重要贡献。

江泽民说,80 年代末,深受中国人民爱戴并在国际上享有崇高威望的邓小平同志在谈到我们两国的关系时说:"结束过去,开辟未来。"现在,我们可以满怀信心地讲,中俄两个伟大的国家和人民已经成功地实现了这一历史使命。中俄关系已经摆脱历史的风风雨雨,踏上了一条面向 21 世纪的全面发展的广阔道路。

江泽民说,中俄建立和发展战略协作伙伴关系完全符合两国和两国人民的根本利益,顺应"冷战"后世界局势和国际关系发展的潮流和需要。中俄两大邻国成为战略协作伙伴,平等信任、睦邻友好、互利合作,这无疑会促进两国的共同发展和繁荣,直接造福于两国人民,同时对维护各自国家的独立、主权、民族尊严及正当权益,对保证世界力量的平衡和建立和平稳定、公正合理的国际政治经济新秩序都具有深远的历史意义。

两国领导人高度评价即将签署的《中华人民共和国和俄罗斯联邦关于世界多极化和建立国际新秩序的联合声明》。江泽民主席和叶利钦总统一致认为,这一文件阐述了中俄两国对"冷战"后国际形势基本发展趋势的共同看法和对一系列重大国际问题的一致立场,指出中俄建立战略协作伙伴关系不是要结成针对其他国家的联盟,而是建立一种严格以和平共处五项原则为准则的新型关系。中俄两国都愿意在相互尊重、平等互利的基础上同世界各国发展友好合作。叶利钦总统说,迄今为止,俄未同任何其他国家签署过类似的文件。

江泽民说,中国同俄罗斯发展战略协作伙伴关系的方针不是权宜之计,不会受一时一事的干扰和影响。我们愿意同俄罗斯一道不断作出努力,深化和加强两国在双边各个领域和国际舞台上的合作。

江泽民说,中俄高层定期会晤机制已经建立,双方领导人经常会晤，交换意见。这对推动两国关系的发展和加强在国际事务中的合作十分重要。

江泽民说，除了高层互访之外，双方还要加强多渠道的接触和往来，包括增加民间、地方、政党、军队及新闻界的来往。叶利钦总统不久前提出，我们要把中俄长期友好的战略传给年轻一代，使两国世代友好。这是一个非常有远见的建议。我们双方关于成立中俄友好、和平与发展委员会的准备工作已经就绪。他表示相信，这一组织和其他已有的交往渠道将会不断加深两国人民的传统友谊、相互了解和信任，使中俄友好合作关系的政治、经济和社会基础愈加扩大和牢固。

叶利钦总统还谈到了两国勘界问题。叶利钦说，鉴于我们两国是平等伙伴合作关系，这个问题应该不难解决。在双方的共同努力下，3000多公里的勘界工作业已完成。遗留下的几个问题，应由我们两位最高领导人来推动解决。俄方准备在友好磋商、互谅互让的基础上按双方达成的协议，于今年内结束勘界工作。

江泽民赞赏俄罗斯关于一个中国的立场。叶利钦总统说，俄罗斯将继续坚持这一政策。

在谈到经贸关系时，江泽民说，不久前，双方共同确定了本世纪末使中俄贸易额达到200亿美元的目标。我相信，只要不断发挥两国合作的巨大潜力，这一目标是完全可以实现的。作为第一步，双方应争取使今年的双边贸易额达到80亿—100亿美元。中俄两国完全有能力进行些大、中型合作项目。我相信，在我们两国领导人的直接推动下，中俄经贸关系一定能同政治关系一样不断向前发展。叶利钦总统对此表示同意，他责成参加会谈的切尔诺梅尔金总理推动解决双方在经济合作方面存在的问题。

叶利钦表示，俄方对中国经济改革的经验很感兴趣，双方可在这一领域加强交流。

江泽民说，明天我们将同哈萨克斯坦、吉尔吉斯斯坦和塔吉克斯坦三国元首一起签署五国边境裁军协定。这一协定意义重大，可以说是"冷战"后处理国与国关系、解决地区安全问题的一个创举。我想，我们的这一实际行动体现了一种不同于"冷战思维"的新的安全观和模式，会对地区及世界的和平、安全与稳定产生积极影响。

两国领导人还就共同关心的地区、国际问题交换了看法。

国家主席江泽民和俄罗斯联邦总统叶利钦在克里姆林宫签署《中华人民共和国和俄罗斯联邦关于世界多极化和建立国际新秩序的联合声明》

中华人民共和国和俄罗斯联邦（以下简称"双方"），基于发展相互平等信任、面向21世纪的战略协作伙伴关系，基于作为联合国安理会常任理事国对国际社会所负的责任以及对重大国际问题所持的一致态度，特声明如下：

一、双方将本着伙伴关系的精神努力推动世界多极化的发展和国际新秩序的建立。双方认为，20世纪末的国际关系发生了"冷战"结束、两极体制消逝的深刻变化。世界多极化的积极趋势加快发展，大国之间包括"冷战"时期敌对国之间的相互关系发生变化，区域经济合作组织显示出强劲的生命力，各国政治、经济、文化的发展呈现多样化，主张和平与广泛国际合作的力量进一步增强。要相互尊重与平等互利，不要霸权主义和强权政治；要对话与合作，不要对抗与冲突，已成为越来越多国家的共识。建立和平稳定、公正合理的国际政治经济新秩序成为时代的迫切要求和历史发展的必然。

二、双方主张，互相尊重主权和领土完整、互不侵犯、互不干涉内政、平等互利、和平共处及其他公认的国际法原则应成为处理国与国之间关系的基本准则和建立国际新秩序的基础。各国有权根据本国国情，独立自主地选择其发展道路，别国不应干涉。社会制度、意识形态、价值观念的差异不应成为发展正常国家关系的障碍。各国不分大小、强弱、贫富，都是国际社会的平等成员，任何国家都不应谋求霸权，推行强权政治，垄断国际事务。要排除经济关系中的歧视性政策和做法，在平等互利基础上加强和扩大经贸、科技、人文的交流与合作，促进共同发展和繁荣。

三、双方主张确立新的具有普遍意义的安全观，认为必须摈弃"冷战思维"，反对集团政治，必须以和平方式解决国家之间的分歧或争端，不诉诸武力或以武力相威胁，以对话协商促进建立相互了解和信任，通过双边、多边协调合作寻求和平与安全。双方认为独立国家联合体是欧亚地区稳定和发展的重要因素，指出中国、俄罗斯、哈萨克斯坦、吉尔吉斯斯坦、塔吉克斯坦签署的关于在边境地区加强军事领域信任和相互裁减军事力量的两个协定意义重大，可以成为"冷战"后谋求地区和平、安全与稳定的一种模式。双方愿意促进裁军进程，强调签署全面禁止核试验条约和执行不扩散核武器条约的重要性。双方对扩大和加强军事集团的企图表示关切，因为这种趋势有可能对某些国家的安全构成威胁，加剧地区和全球紧张局势。

四、双方一致认为，应加强联合国及其安理会的作用，积极评价联合国在维护世界和平与安全方面所作的努力。认为联合国作为由主权国家组成的最具普遍性和权威性的组织，在世界上的地位和作用是任何其他国际组织无法替代的，确信它应为建立和维护国际新秩序发挥重要作用。联合国维和努力的重点应放在防止冲突的发生和蔓延上。维和行动只能根据联合国安理会的决定并必须征得当事国的同意，严格按照安理会授权并在其监督下实施。联合国安理会根据宪章规定决定采取制裁时，应使制裁造成的损失以及给第三国和邻近地区带来的损失减少到最低程度，并根据联合国安理会决议执行的情况适时地减轻和取消制裁。双方愿意与联合国及其专门机构密切合作，为提高联合国的工作效率而努力。双方愿就联合国工作的有关问题保持经常磋商，并视情况协调在此方面的各自行动。

五、双方强调，广大发展中国家和不结盟运动是促进世界多极化、建立国际新秩序的重要力量。发展中国家联合自强意识增强，在国际政治中的作用增大，在世界经济中的比重增加，其崛起将有力地推动建立国际新秩序的历史进程。它们理应在未来的国际新秩序中占有自己应有的位置，平等地、不受任何歧视地参与国际事务。

六、双方满意地指出，中俄建立和发展平等信任、面向21世纪的战略协作伙伴关系，顺应"冷战"后世界形势和国际关系发展的潮流，完全符合两国人民的根本利益，有助于亚太地区及整个世界的和平与安全。中俄作为联合国安理会常任理事国，结成伙伴、睦邻友好、平等信任、互利合作、共同发展，恪守国际法原则，确立不针对第三国的新型长期国家关系，是对建立国际新秩序的重大实践。双方愿积极利用和加强业已形成的最高级和高层接触制度，两国国家元首、政府首脑和外长定期就双边关系和重大国际问题交换意见。双方本着对世界和平与发展和对人类未来的历史责任感，在国际事务中加强协调与合作。两国致力于同其他所有国家友好相处、平等合作，为巩固世界的持久和平和人类的共同进步作出自己应有的贡献。

七、人类即将步入新的纪元，下个世纪人们将生活在什么样的国际秩序之中，这一课题已日益尖锐地摆在各国人民的面前。双方呼吁世界各国就建立和平稳定、公正合理的国际新秩序问题开展积极对话，并愿共同讨论就此提出的所有建设性建议。

国家主席江泽民和俄罗斯总统叶利钦会见记者

江泽民和叶利钦在签署中俄联合声明后会见记者，就成立中俄友好、和平与发展委员会以及建立多极化世界等问题作了简短回答。

在回答本社记者提出的如何评价成立中俄友好、和平与发展委员会的意义时，江泽民说："一年前，我与叶利钦总统就成立中俄友好、和平与发展委员会达成了共识。我们的出发点是，互为最大邻国的中国和俄罗斯应着眼于21世纪，多做有利于巩固和加深两国和两国人民友谊的事。经过双方共同协商与认真筹备，这一委员会今天宣告成立。"

江泽民说，中俄友好、和平与发展委员会将植根于民间，发展于民间，为加深两国人民相互了解和增进传统友谊作出贡献。该委员会的成立对促进中俄发展面向21世纪的战略协作伙伴关系具有十分重要的意义。他说："我相信，中俄友好、和平与发展委员会将发挥积极的作用。我们的合作前景十分广阔。"

叶利钦总统在回答记者提问时说："俄罗斯以前没有同任何一个国家签署过关于国际问题和世界多极化的联合声明。当前，世界上有些大国总是要把世界单极化的模式强加给我们，总是要向其他国家发号施令。我们愿意建设一个多极化的世界，世界应该有多个极来作为国际新秩序的基础。"

叶利钦说，他同江泽民主席会晤时讨论的内容很丰富，涉及边界协定、边境裁军、原子能合作、经济技术合作、军事合作等20多个问题。双方还谈到了中国一些地区改革和发展的经验。他说，研究和借鉴中国改革的经验对俄罗斯是有好处的。

中俄两国友好和平与发展委员会成立

国家主席江泽民和俄罗斯总统叶利钦在莫斯科就中俄两国之间成立跨世纪的友好组织——中俄友好、和平与发展委员会达成一致意见，并宣布该委员会自今日起正式成立。

这是江泽民和叶利钦在当天上午举行中俄第四次最高级正式会晤后宣布的。两位领导人认为，互为最大邻国的中国和俄罗斯应着眼于21世纪，多做加深两国人民相互了解和友谊的工作。

中俄友好、和平与发展委员会的宗旨是积极促进中俄两国实现睦邻友好、平等信任、互利合作和共同发展，增进两国人民、特别是广大中青年之间的传统友谊和相互了解，加强彼此信任，巩固和扩大中俄面向21世纪的战略协作伙伴关系的社会基础。委员会的主要任务是总体协调和推动两国民间交往，组织开展各种群众性活动，并就中俄关系的发展提出意见和建议。

委员会中方主席为全国人大常委会财经委员会副主任委员黄毅诚，俄方主席为俄罗斯工业企业家联盟主席沃尔斯基。

委员会双方各设30名至35名委员，由两国热心并愿致力于中俄友好事业的有名望的社会活动家、科学家、外交家、实业家和知名人士组成。

双方商定，中俄友好、和平与发展委员会第一次全体会议于今年下半年在北京举行。

国家主席江泽民在俄罗斯联邦国家杜马发表题为《为建立公正合理的国际新秩序而共同努力》的演讲

尊敬的谢列兹尼奥夫主席，女士们、先生们、朋友们：

在叶利钦总统访华一年之后，我应邀对伟大的邻邦俄罗斯再次进行国事访问。今天有机会同尊敬的俄联邦国家杜马议员们见面，感到十分荣幸和高兴。我愿借此机会向你们，向俄罗斯人民转达中国人民的亲切问候和良好祝愿！

今天上午，我同叶利钦总统在诚挚友好的气氛中进行了第四次会晤，并签署了中俄联合声明。中国、俄罗斯、哈萨克斯坦、吉尔吉斯斯坦、塔吉克斯坦5国元首还将签署关于在边境地区相互裁减军事力量的协定。这次访问取得的重大成果，远远超出双边关系的范畴，对维护本地区和世界的和平与稳定将起到重要促进作用。

人类即将走完又一个百年之旅。回顾历史，本世纪人类饱尝战争与战争威胁之苦。上半叶发生两次世界大战，给包括中俄两国在内的世界各国人民带来巨大灾难。下半叶出现持续40多年的“冷战”，地区冲突连续不断，严重阻碍了世界和平与发展的历史进程。

历史的悲剧绝不能重演。人类为争取和捍卫世界和平付出了沉重的代价，深深认识到和平之可贵。在这世纪交替的时刻，如何推进21世纪的和平与发展的崇高事业，已成为各国政治家和全世界人民必须认真思考和解决的重大课题。

世界正在走向多极化，这是当今国际形势的一个突出特点。无论是在全球还是在地区范围，无论是在政治还是在经济领域，多极化趋势都在加速发展。极少数大国或大国集团垄断世界事务、支配其他国家命运的时代，已一去不复返了。大国关系不断调整，多个力量中心正在形成。广大发展中国家总体实力增强，地位上升，成为国际舞台上不容轻视的一支重要力量。各类区域性组织日趋活跃，显示出强劲的生命力。世界多极化格局的形成尽管还是一个长期的过程，但这种趋势已成为不可阻挡的历史潮流，对促进世界的和平、稳定与发展具有十分重要的意义。

随着“冷战”的结束，和平力量进一步增强。要相互尊重与平等互利，不要霸权主义与强权政治；要对话与合作，不要对抗与冲突，已成为越来越多国家的共识。

早在80年代，邓小平同志就科学地分析国际局势发生的重大而深刻的变化，及时提出必须建立公正合理的国际政治经济新秩序。这个高瞻远瞩、具有深远意义的重大倡议，受到国际社会的普遍赞赏。我们愿同各国政治家一道，为推动这种国际新秩序的建立而共同努力。

这种国际新秩序，是以和平共处五项原则为基础的。事实已经充分证明，这些原则符合联合国宪章的宗旨，反映了新型国际关系的本质特征，而且在实践中行之有效，已成为国际社会公认的准则。

这种国际新秩序，主张各国有权根据本国国情，独立自主地选择自己的发展道路，别国无权干涉。世界是多样化的，也是多姿多彩的。各国的历史条件、社会制度、发展水平、文化传统、价值观念都不尽相同。这些差异不应是发展正常国家关系的障碍，而应成为加强相互交流与合作、促进共同发展与进步的动力。在国际交往中绝不允许把自己国家的社会制度和意识形态强加于别的国家。强加于人是行不通的。只有尊重各国人民的自主选择，求同存异，互不干涉内政，大家才能和睦相处，我们这个世界才会有真正的和平与安宁。

这种国际新秩序，主张各国不分大小、强弱、贫富都是国际社会的平等成员，任何国家都不应该谋求霸权，推行强权政治。大国在维护世界和平与稳定，裁减军备，促进各国发展和保护人类生存环境等方面，应承担更大的责任与义务，但这绝不意味着大国就可以主宰世界，拥有垄断国际事务的特权。各国主权范围内的事情应由各国自己去办，世界事务应由各国平等协商来解决。

这种国际新秩序，主张以和平方式解决国家之间的一切分歧或争端，而不应诉诸武力或以武力相威胁，通过对话协商增进相互了解和信任，通过多边、双边协调合作逐步解决彼此间的矛盾和问题。坚决抛弃“冷战思维”和一切不利于世界和平与发展的做法。这次我们5国将要签署的裁减军事力量协定，就充分体现出完全不同于“冷战思维”的一种新的安全观，对于增进国与国之间的友好与信任、维护地区和世界和平，将会提供有益的启示和开辟新的途径。

这种国际新秩序，主张在平等互利基础上加强和扩大经济、科技、文化的交流与合作，促进共同发展与繁荣，反对经济贸易交往中的不平等现象和各种歧视性政策与做法；更不允许动辄对别国进行所谓经济制裁。世界经济是一个相互联系、相互依存的整体。发展中国家需要发达国家的资金和技术，发达国家需要发展中国家的原料和市场。发达国家应尊重发展中国家的利益和需要，增加对发展中国家的经济投入和技术援助。南北关系不改善，南北差距不缩小，对穷国不利，对富国无益，世界和平与稳定也无法保障。

在近代史上，中国曾经遭受列强的侵略和欺凌长达100多年，深知和平与独立来之不易。中国人民酷爱和平，珍惜和平。我们正在进行的改革开放和现代化建设需要有一个和平的国际环境。我们一贯奉行独立自主的和平外交政策，始终致力于维护世界和平与稳定，促进各国的共同发展。中国政府多次声明，中国不参加军备竞赛，不搞军事集团，不进行军事扩张，永远不称霸。中国单方面承诺无条件不首先使用核武器，无条件不对无核国家使用或威胁使用核武器，主张全面禁止和彻底销毁核武器，支持在拉美、亚太及非洲等地区建立无核区。中国已向乌克兰和哈萨克斯坦分别提供核安全保障。中俄双方已宣布不把各自的核弹头瞄准对方和互不首先使用核武器。中、俄、哈、吉、塔5国已在长达7000多公里的边境地区就裁减军事力量达成协议。

中国对外政策的实践充分说明，中国是维护地区与世界和平的积极因素和坚定力量。中国的发展有利于世界稳定，中国的强盛是和平力量的增长。历史已反复表明，一个国家对于世界和平是否构成威胁，不在于它的国力是否强大，而在于它奉行什么样的内外政策。中国对内一心一意致力于社会主义现代化建设，对外坚持奉行独立自主的和平外交政策，我们内外政策的根本原则决不会改变。我们将一如既往地为维护地区与世界和平作出不懈的努力。

俄罗斯是一个伟大的国家。它有横跨欧亚的辽阔疆土，有辉煌灿烂的历史文化，有丰富的自然资源，有勤劳智慧的人民，有巨大的发展潜力。俄罗斯人民为世界文明和人类进步作出过重大贡献，在世界反法西斯战争中建立过卓越的历史功勋。这样一个伟大的民族在世界上应该享有自己的地位和尊严。作为友好邻邦，我们衷心希望俄罗斯社会稳定，经济振兴，人民幸福。

中国政府十分重视发展同俄罗斯的睦邻友好关系，这是我国对外关系的重要方面。当前，中俄两国正致力于建立和发展平等信任、面向21世纪的战略协作伙伴关系，这是一种新型的国家关系。它的基本宗旨是：深入发展双边合作，保持长久的睦邻友好，促进两国共同发展与繁荣，造福于两国人民；密切双方在国际事务中的磋商与协调，维护各自的独立、主权和民族尊严，维护各自在国际上应有的地位和正当权益；通过双方合作和共同努力，促进国际局势的缓和与稳定，推动世界多极化趋势的发展和公正合理的国际新秩序的建立。中俄的这种新型关系，只是双方的协作友好关系，而不是结盟关系。它不针对任何第三国，更不对任何国家构成威胁。它有利于维护本地区和世界的和平与安全，完全符合世界局势与国际关系发展的潮流和需要。

经过中俄双方的努力，这种战略协作伙伴关系正在全面向前发展。中俄两国领导人的定期接触与交往已经制度化，政府间的热线电话很快就要开通，两国议会的联系与交往不断加强。中俄都拥有丰富的资源和广阔的市场，经济互补性很强，两国经贸与科技合作日益扩大，双方商定的本世纪末双边贸易发展目标一定能够实现。中俄两国拥有4000多公里的共同边界，其中绝大部分已经用法律的形式确定下来，历史遗留的边界问题正在逐步得到解决，这将为增进相互信任、促进睦邻友好奠定坚实的基础。中俄都是国际上有着重要影响的大国和联合国安理会常任理事国，肩负着维护世界和平与稳定的重大责任，双方对许多重大国际问题有着一致或相近的看法，在处理全球与地区事务中正在积极加强协调与合作。中俄友好、和平与发展委员会已经宣告成立，这对扩大两国民间的交往，增进两国人民的理解与信任将会发挥重要作用。

总之，中俄战略协作基础深厚，领域宽广，潜力巨大，前景光明。两国人民一定能够成为永久的好邻居、好伙伴、好朋友，中俄两国人民的友谊之树一定会世代常青。

中国实行改革开放19年来，经济有了很大发展，人民生活明显改善，各民族紧密团结，整个国家充满生机与活力。这些成就都是在邓小平建设有中国特色社会主义理论的指引下取得的。这一理论是中国共产党和中国人民最宝贵的财富。邓小平同志虽然离开了我们，但中国现行的内外政策不会改变，也不可能改变。因为这些政策是根据国家利益和人民意愿制定的，符合我国国情，深受人民拥护。我国人民将继承邓小平同志的遗志，高举建设有中国特色社会主义理论的伟大旗帜，坚定不移地把改革开放和现代化建设事业不断推向前进。

再过60多天，中国政府将对香港恢复行使主权。这是我们完成祖国统一大业迈出的重要一步。我们将继续坚持按照"一国两制"的方针，实现澳门顺利回归，并最终解决台湾问题。这是全体中国人民的共同愿望。

中国的发展离不开世界，世界的发展也需要中国。中国长期保持社会稳定和经济繁荣，无论对中国还是对世界都是至关重要的。中国将坚定不移地走符合自己国情的发展道路，同时积极吸收人类文明的一切优秀成果，在平等互利的基础上广泛开展国际合作，为促进世界的和平与发展作出更大的贡献。

新世纪的曙光已经出现在地平线上，我们大家正处在一个重要的历史时刻。中国人民愿同俄罗斯人民和世界各国人民一道，为推动建立公正合理的国际新秩序，为创造一个更加美好的世界而共同努力。

谢谢大家！

国家主席江泽民在莫斯科国家杜马大厦会见俄国家杜马主席谢列兹尼奥夫及国家杜马各主要党派领导人

国家主席江泽民在莫斯科联邦委员会大厦会见俄联邦委员会主席斯特罗耶夫

国务院召开第55次常务会议

国务院总理李鹏主持会议,讨论并原则通过《小城镇户籍管理制度改革试点方案》、《关于完善农村户籍管理制度的意见》和《中华人民共和国契税暂行条例(修订草案)》。

国办发出《关于指定北京印钞厂等四厂家为悬挂用国徽的制作企业的通知》

各省、自治区、直辖市人民政府,国务院各部委、各直属机构:

为了认真贯彻《中华人民共和国国徽法》(以下简称《国徽法》),维护国徽尊严,保证国徽制作质量,经国务院领导同意,现就指定悬挂用国徽的制作企业及有关事宜通知如下:

一、根据《国徽法》第十二条关于"悬挂的国徽由国家指定的企业统一制作"的规定,指定中国人民银行北京印钞厂、最高人民法院干部疗养所专用国徽制造厂、安徽省岳西县玻璃钢工艺制品厂、辽宁省沈阳市贝雕厂为悬挂用国徽的制作企业。

二、指定的企业要严格按照《国徽法》和国家技术监督局技监国标函〔1994〕95号文关于国徽国家标准的规定制作,认真做好售后服务工作。

三、国家技术监督局要对指定企业加强监督检查;中国人民银行、最高人民法院、安徽省人民政府、辽宁省人民政府要分别对指定企业加强管理。

四、未经指定的企业不得制作悬挂用国徽。

最高人民检察院下发《关于检察机关办理司法协助案件有关问题的通知》

各省、自治区、直辖市人民检察院,军事检察院:

随着我国改革开放的不断深入和民主法制建设的不断发展,自1987年我国开始同有关国家谈判、签订司法协助条约(协定)以来,我国已与23个国家签订了司法协助条约(协定)和引渡条约;其中司法协助条约已生效的17个,引渡条约生效的1个。这些条约均涉及检察院的职责,有些条约中还规定最高人民检察院是中方中央机关。最高人民检察院已经与波兰、古巴、乌克兰、哈萨克斯坦、印度尼西亚、罗马尼亚和俄罗斯联邦的总检察院签订了合作协议或议定书。为更好地履行职责,执行好我国参加或缔结的国际公约、双边条约和高检院与外国检察机关签订的协议,特通知如下:

一、各级人民检察院要认真学习和掌握有关条约、协议和修改后的《刑事诉讼法》、《人民检察院实施刑事诉讼法规则(试行)》中的有关规定,切实加以执行。要重视做好司法协助工作,认真、及时办理司法协助案件。

二、最高人民检察院外事局负责检察机关司法协助工作的管理、协调及对外联络。

三、高检院有关业务部门负责检察机关司法协助案件的审查和办理。

四、各省、自治区、直辖市人民检察院和军事检察院负责承办高检院交办的司法协助案件。根据案件情况,可指定下级检察院作为具体办理机关。

五、高检院外事局收到外国请求司法协助的案件后,对案件是否符合我国与外国签订的司法协助条约和引渡条约的规定进行审查。对不符合有关条约或法律规定的,退回外国有关请求机构;对符合规定的,按案件管辖分工移送有关业务部门就案件内容进行审查。案情简单的,外事局可直接办理。

六、有关业务部门收到移送的案件后,就案情及适用法律提出审查意见,与外事局会签后报请主管检察长审批。经主管检察长审批同意后,由有关业务部门以高检院函的形式交有关省级检察院办理,函件同时抄送外事局。

七、省级检察院接到高检院交办司法协助案件函后,可直接办理案件,也可指定下级检察院办理。在案件办结后,由省级检察院将案件材料及报告书上报高检院交办部门。交办部门对案件材料进行审查,制作答复请求国的文书,送外事局会签。

八、会签的答复文书呈报主管检察长审批同意后,由外事局将有关材料译成请求国文字或条约规定的文字,转交请求国有关部门。

九、我国其他司法机关作为条约规定的中方中央机关,移送检察机关办理外国请求提供司法协助的,应归口高检院外事局进行。

十、高检院有关业务部门办理的案件,需请求外国司法机关提供司法协助的,应当制作请求书,连同调查提纲和有关材料送外事局审核。

十一、各级地方检察机关办理的案件,需请求外国司法机关提供司法协助的,由省级检察院制作请求书,连同调查提纲和有关材料报高检院有关业务部门;有关业务部门审查提出意见后,送外事局审核。

十二、凡条约规定高检院为中央机关的,我国其他司法机关请求有关国家提供司法协助的,应通过其主管部门与高检院外事局联系。

十三、高检院外事局收到上述部门移送的请求外国提供司法协助的案件材料后，审查确认案件材料是否齐全，请求书和调查提纲的内容、格式是否符合条约的规定，提出书面意见，呈报院主管检察长审批。在主管检察长审批同意后，将有关文书翻译成被请求国文字或条约规定的文字，送被请求国有关司法机关。

十四、凡办理与我国尚未签订司法协助条约国家的司法协助案件，在检察系统内部仍按本通知规定程序办理。

十五、各有关业务部门审查案件一般应在 1 周内完成，负责具体调查取证的部门一般应在 3 个月内完成。由于案件复杂不能在 3 个月内完成的，应及时向交办部门说明理由。翻译、送达时间不计在内。

十六、各地在执行本通知中遇到的问题和有关意见，应及时报高检院外事局。

中纪委副书记侯宗宾在中纪委 监察部于江苏吴江召开的有中国特色社会主义与反腐败理论研讨会上发表讲话

会议于 4 月 23 日至 24 日召开。部分省(市)、部(委)纪检监察机关的同志和有关专家学者参加研讨会。与会人员从理论与实践的结合上，研究了有中国特色社会主义与反腐败的关系，着重探讨了坚持党的领导，坚持公有制经济主体地位，走共同富裕的道路，坚持深化改革，坚持两个文明协调发展，对于反对和遏制腐败的重要作用，以及深入开展反腐败斗争的对策。

中央纪委副书记侯宗宾在讲话中强调，邓小平建设有中国特色社会主义理论是新时期反腐败工作的指导思想，是深入开展反腐败斗争的强大思想武器；走有中国特色社会主义道路是我国现阶段的基本实践活动，也是新时期开展反腐败斗争必须沿循的基本途径。要在邓小平建设有中国特色社会主义理论指导下，通过建设有中国特色社会主义的经济、政治和文化，运用社会主义制度的力量，把反腐败斗争深入、持久、更有成效地进行下去。

侯宗宾指出，邓小平建设有中国特色社会主义理论科学回答了在新的历史时期为什么要反对腐败和如何反对腐败的问题。侯宗宾说，在反腐败这场严肃的政治斗争中，必须以建设有中国特色社会主义理论为指导思想和理论基础，要把反腐败的总体思路和基本战略放到建设有中国特色社会主义的大框架中去考虑，与经济和文化的发展、民主和法制的加强、社会各项事业的进步同步进行，并为改革、发展和稳定的大局服务。针对当前的实际，侯宗宾着重指出：腐败在本质上是剥削制度、剥削阶级的产物，社会主义公有制是遏制腐败的基本条件；党的领导是新时期反腐败取得成功的根本保证，“两手抓，两手硬”是保障社会协调发展的关键。

侯宗宾要求各级纪检监察干部深刻认识学习邓小平建设有中国特色社会主义理论的重要性，把这一理论的学习推向深入，并运用科学理论探索新形势下反腐败工作的特点和规律，正确回答新形势下有关反腐败的重大问题和“热点”、“难点”问题，批驳错误观点，澄清模糊认识；按照中央的要求和中央纪委第八次全会的部署，切实抓紧抓好今年反腐败各项任务的落实。

江苏省委书记陈焕友到会讲话。研讨会由中央纪委副秘书长彭吉龙主持。

中央军委副主席刘华清在陕西考察

刘华清于 4 月 23 日至 26 日在陕西考察中国航空工业总公司科研生产部门和解放军驻陕西某部时强调，要发扬艰苦奋斗和求真务实精神，将国防工业搞上去，将部队建设搞上去。

考察中，刘华清还就进一步提高军队的全面素质提出要求。刘华清说，人民军队一定要听从党的领导，政治上要过硬。无论部队的装备再怎么变化，忠于国家、忠于职守的无私奉献精神不能丢。

中国证监会发出关于在证券期货行业开展“证券期货市场防范风险年”活动的通知

中国证监会日前发出通知，决定在证券期货行业开展“证券期货市场防范风险年”活动，今年的工作重点是加强市场监管，规范市场行为，努力防范和化解市场风险，保持市场稳定。

全国人大常委会副委员长王光英在北京会见由中央会长姜信成率领的韩国青年会议所代表团

中国裁军事务大使沙祖康在联合国裁军审议委员会上就建立无核区等问题发言

谈到建立无核区问题，沙祖康表示，中国一向尊重和支持无核国家根据本地区的实际情况，在自行协商、自愿协议的基础上建立无核区的努力，并承诺无条件不对无核国家和无核区使用或威胁使用核武器。中国认为，核武器国家应尊重无核区的地位并承担相应的义务。

对常规军备控制和裁军的准则问题，沙祖康说，在审议这一议题时，应将范围严格限制在如何通过常规军控和裁军来巩固冲突和战乱地区的和平问题上。作为总的原则，我们主张要在冲突地区重建和巩固和平，首要的是遵循《联合国宪章》的宗旨和原则，以及和平共处五项原则。那些在冲突地区以外而对有关冲突和战乱具有重要影响的国家，对解决地区冲突、促进该地区的军控与裁军，以及重建和巩固地区和平应承担特殊的责任。

中德两国高技术对话论坛在波恩开幕

由江泽民主席和德国科尔总理倡议成立的中德高技术对话论坛，在波恩的彼得斯贝格国宾馆正式宣告成立，并举行第一次会议。由国家计委主任陈锦华率领的中国代表团和以德国联邦经济部长莱克斯洛特及联邦教育、科学、研究与技术部部长吕特格尔斯为团长的德国代表团出席了会议。

李鹏总理和科尔总理给会议发来贺信。李鹏总理的贺信说："由中国江泽民主席和德国科尔总理倡议成立的中德高技术对话论坛，不仅能够加强两国政府间的高技术政策交流，而且将为两国科研机构和企业提供一个磋商高技术研究项目及其成果产业化问题的场所。""中德加强这一领域的合作，必将带动两国经济、技术合作向纵深发展。"科尔总理的贺信说，成立这一论坛的目的是"尽可能地寻找和推动具体的经济项目，使双方获得利益"。

中德高技术论坛中方主席陈锦华在开幕式上说，中国和德国都是世界上有影响的国家，两国经济的发展和双边关系的进一步改善以及在高技术领域加强合作，对两国经济技术的发展都会产生积极的影响。双边的科研机构及企业，一定能本着"平等互利、长期可靠"的方针，加快推进高技术产业化的合作。莱克斯洛特部长说，我们应该鼓励两国的企业，在某些项目上共同进行基础研究、生产工艺的研究，直至合作推出产品，并推广成果。

第二届全国棉花交易会在北京开幕

国家副主席荣毅仁在人民大会堂会见国际知名人士

他们是：加拿大前总理布赖恩·马尔罗尼、美国前国务卿乔治·舒尔茨以及来自美国、英国、日本、荷兰、澳大利亚、新加坡、泰国等国的政界、企业界和金融界知名人士。

上海 14 岁运动员蒋林华在八届全运会上海赛区获国际 OP 级帆船赛冠军

梁黄胄逝世

第八届全国政协常委、炎黄艺术馆馆长、著名艺术家梁黄胄，因病在广州逝世，享年 72 岁。

梁黄胄原名梁淦堂，字映斋，艺名黄胄。1925 年 3 月生于河北蠡县，后迁居西安。他早年曾从赵望云、韩乐然学画。1942 年任蠡县中学美术教员。1946 年，任陕西省西安雍华图书杂志社主编。1949 年 5 月参加中国人民解放军，从事部队美术工作。任西北军区政治部文化创作员，美术组组长。1955 年，任总政治部文化部创作员。1959 年，任中国人民革命军事博物馆美术公司顾问。1981 年，任中国画研究院副院长。

4 月 24 日

国家主席江泽民在克里姆林宫同俄罗斯总统叶利钦 哈萨克斯坦总统纳扎尔巴耶夫 吉尔吉斯斯坦总统阿卡耶夫 塔吉克斯坦总统拉赫莫诺夫在克里姆林宫签署关于在边境地区相互裁减军事力量的协定

协定的主要内容是：中国与俄、哈、吉、塔双方将边境地区的军事力量裁减到与睦邻友好相适应的最低水平，使其只具有防御性；互不使用武力或以武力相威胁，不谋求单方面军事优势；双方部署在边境地区的军事力量互不进攻；裁减和限制部署在边界两侧各 100 公里纵深的陆军、空军、防空军航空兵、边防部队的人员和主要种类的武器数量，确定裁减后保留的最高限额；确定裁减方式和期限；交换边境地区军事力量的有关资料；对协定的执行情况进行监督等。协定的有效期至 2020 年 12 月 31 日，经双方同意可以延长。

在长达 7000 多公里边界线各自一侧 100 公里范围内，裁减后每一方保留的陆军、空军、防空军航空兵的人员不超过 13.04 万人。但这并不意味着中方的兵力会转移到其他地区，这个协定从内容到宗旨都不存在军事结盟问题，协定明确规定不针对第三国及其利益。

根据协定，双方定期交换边境地区的有关军事资料。这种资料对第三方具有保密性。

中国同俄、哈、吉、塔关于在边境地区相互裁减军事力量的谈判始于 1989 年 11 月，当时在中国和苏联两国之间进行。谈判旨在落实 1989 年 5 月中苏关系正常化时两国领导人达成的关于将部署在中苏边境地区的军事力量裁减到与两国正常睦邻关系相适应的最低水平、在边境地区保持安宁的协议。1990 年 4 月 24 日，中苏两国政府签署了《关于在边境地区相互裁减军事力量和加强军事领域信任的指导原则的协议》。

1991 年 12 月苏联解体后，俄、哈、吉、塔四国组成联合代表团与中国继续进行边境裁军谈判。双方根据"指导原则协议"，首先就《关于在边境地区加强军事领域信任的协定》达成了一致。1996 年 4 月 26 日，中、俄、哈、吉、塔五国元首在上海签署了这一协定。今年初，双方经过谈判，又完成了《关于在边境地区相互裁减军事力量的协定》的制定工作。

出席仪式的还有中国国务院副总理兼外长钱其琛

和国务委员兼国防部部长迟浩田等江泽民主席访俄的陪同人员。俄、哈、吉、塔四国的外交部部长和国防部部长等也出席了仪式。

国家主席江泽民在同俄罗斯等四国元首签署关于在边境地区相互裁减军事力量的协定后发表讲话

尊敬的女士们,先生们,朋友们!

1996 年 4 月,中国、俄罗斯、哈萨克斯坦、吉尔吉斯斯坦、塔吉克斯坦五国元首在上海签署了关于在边境地区加强军事领域信任的协定。一年后,我们五国元首又相聚莫斯科,共同签署了关于在边境地区相互裁减军事力量的协定。这两个重要文件将永远载入我们五国关系的史册,并将在国际上产生积极影响。

中国同俄、哈、吉、塔四国关于在边境地区相互裁减军事力量和加强军事领域信任的协定,是经历了 7 年多的谈判而达成的。这是中国同俄、哈、吉、塔四国睦邻友好、互利合作关系不断发展和巩固的结果,是五国之间相互信任的生动体现。

边境裁军协定作为亚太地区第一个关于相互裁减军事力量的国家间文件,具有重大的政治、军事意义。它的签署不仅有利于维护中国同俄、哈、吉、塔四国边境地区的和平、稳定与安宁,促进五国间睦邻友好、平等信任、互利合作关系的进一步发展,而且对维护亚太地区乃至世界的和平、安全与稳定提供了一种不同于“冷战思维”的安全模式,为增进国家间的相互信任开辟了一条有益的途径。

中国人民酷爱和平,渴望发展。中国将继续坚定不移地奉行独立自主的和平外交政策,愿意同世界各国人民一道,共同努力,为建立和平稳定、公正合理的国际政治经济新秩序作出积极的贡献,迎接更加美好的新世纪的到来。

国家主席江泽民在莫斯科克里姆林宫分别会见哈萨克斯坦总统纳扎尔巴耶夫吉尔吉斯共和国总统阿卡耶夫和塔吉克斯坦总统拉赫莫诺夫

江泽民和纳扎尔巴耶夫高度评价了即将签署的五国边境裁军协定,一致认为这是五国共同努力的结果,是一个伟大的创举,说明我们这一地区国家渴望和平,希望发展。

在谈到双边关系时,江泽民说,总统阁下已五次到过中国。我们高度赞赏总统阁下对发展中哈睦邻友好与互利合作所做的贡献。中哈进一步发展友好关系不存在任何障碍,我们愿与哈方携手努力,共同构筑两国面向 21 世纪的全面合作伙伴关系。

纳扎尔巴耶夫说,哈中关系不存在任何问题,两国高层互访频繁。我们对中国的经济建设很感兴趣,要进一步加强两国的经贸合作关系。我们已经在铁路、运输、石油等领域的合作进行了有效的探讨,希望能加快这些方面的合作进程,我们欢迎中国的企业到哈投资合作,中国企业在哈有竞争优势,这些合作对双方的经济发展都有好处。江主席说,中国政府对中哈两国企业间的直接接触与合作持积极态度。

江泽民说,我们高兴地看到,在阁下的领导下,哈萨克斯坦社会稳定,经济发展速度加快。我相信你们的经济会越来越好。

在谈到民族分裂问题时,纳扎尔巴耶夫总统说,我们反对民族分裂主义,反对任何组织利用哈领土进行分裂中国的活动。江主席对此表示赞赏,他希望哈政府在这方面采取行动,阻止反华分裂主义活动,以利于中哈两国社会稳定、经济发展。希望中哈两国政府有关部门在这一问题上加强合作,对国际恐怖主义一定要严厉打击。

江泽民在和阿卡耶夫谈话时说,继我们去年签署了五国边境地区加强军事领域信任协定以后,中吉两国又签署了中吉国界协定,今天我们五国元首又将签署边境裁军协定。这些文件的签署不仅有利于巩固和发展中吉睦邻友好关系,有助于两国边境地区的繁荣和稳定,而且为国与国之间建立相互信任开创了良好的范例。阿卡耶夫对此表示赞同,他说,这个文件的签署使欧亚大陆充满着和平友好的气氛。他感谢中国在维护该地区和平与稳定方面所发挥的重要作用。

阿卡耶夫总统说,江泽民去年对吉的访问非常成功,给吉人民留下深刻印象,强有力地推动了两国睦邻友好、互利合作的关系。自从去年两国签署国界协定后,吉中之间不存在任何问题,并为两国在这个领域中的合作开辟了宽阔的道路,中国已经成为吉的主要贸易伙伴。中国经济发展经验也值得吉借鉴。我们对目前吉中两国关系的发展是满意的,吉中两国关系是大国与小国平等相待、互利合作的典范。

阿卡耶夫说,吉尔吉斯斯坦毫无保留地谴责分裂主义,分裂主义只能给人民带来灾难和战争,因此反对分裂主义也是国际社会的职责,我们将会采取一切措施来阻止吉境内从事分裂中国的活动,吉今后会坚决地继续执行这一政策,吉在这方面也会同中国加强合作。

江泽民说,建交五年多来,中吉关系发展顺利。吉尔吉斯斯坦在台湾、西藏、反对民族分裂主义等一些重大问题上理解并支持中国的立场,我们对此表示赞赏和感谢,中吉两国在反对民族分裂主义活动问题上应继续加强合作。江泽民说,我们之间的共同利益越来越多,对许多重大问题的立场越来越接近。我深信,精心培育中吉两国的友好关系,使之长期稳定地发展下去，既是两国人民的强烈愿望，也是两国领导人肩负的崇高使命。中国愿意同贵国永远做好朋友、好邻居、好伙伴。

江泽民对时隔半年又同拉赫莫诺夫总统会晤感到十分高兴。他说，今天是中国同塔吉克斯坦、俄罗斯、哈萨克斯坦和吉尔吉斯斯坦关系中的一个重要日子。五国元首将在这里共同签署边境裁军协定，这是一个具有历史性意义的重要文件。拉赫莫诺夫对此完全赞同，他说，这一文件的签署不仅有利于促进塔中两国睦邻友好关系的进一步发展，而且必将为亚太地区的和平与安全事业做出重要贡献。江泽民说，中塔建交五年多来，总统阁下一直十分重视发展中塔友好合作，曾两次访华，极大地推动了两国关系，我们对总统阁下为发展中塔关系所做的贡献予以高度评价。我们高度重视与贵国的关系，相信在双方的共同努力下，两国关系会不断取得新的进展，最近，贵国决定在北京设立大使馆，将有利于两国关系的进一步发展。

拉赫莫诺夫赞同江泽民对两国关系的评价，他说，我们之间已进行过四次会晤，对推动塔中关系起到了很重要的作用，随着我们驻中国北京大使馆的开设，塔中两国在各个领域中的合作关系会得到进一步的发展。塔中两国努力改善了公路运输条件，这有利于促进塔中两国的经贸合作关系。拉赫莫诺夫向江泽民介绍了塔政府和反对派的和平谈判进程。江泽民表示，我们希望塔国内早日实现民族和解与国家振兴，他表示相信，塔国内和中亚形势会越来越好。拉赫莫诺夫对此表示感谢。

国家主席江泽民在俄罗斯联邦政府大楼会见俄总理切尔诺梅尔金

国务院副总理兼外交部部长钱其琛在俄罗斯外交部新闻中心举行记者招待会

钱其琛介绍国家主席江泽民访俄取得的成果，并回答了中外记者的提问。

钱其琛说，江泽民主席这次对俄罗斯的访问十分重要。这是江泽民主席与叶利钦总统的第四次正式会晤。双方签署的关于世界多极化和建立国际新秩序的联合声明，阐述了中俄两国对当今世界形势和国际关系的看法和主张。中国、俄罗斯、哈萨克斯坦、吉尔吉斯斯坦和塔吉克斯坦五国签署了关于在边境地区相互裁减军事力量的协定。协定的签署不仅对维护五国边境地区的和平、稳定与安宁具有重要意义，而且也是一种加强地区安全的创举。

访问期间，中俄还就加强经济和技术合作，在国际问题上协调双方立场，开展民间友好交流等问题交换了意见。这次访问取得了重要而丰硕的成果。

在回答中俄会否结盟以对抗北约东扩问题时，钱其琛说，不存在中俄结盟的问题。中俄历史上两国有过结盟，也有过对抗，但都不是成功的选择。目前的中俄关系既不是结盟，也不是对抗，而是建立了正常的不针对任何第三国的睦邻友好关系。这对双方最有利，对世界和平也有利。北约东扩问题涉及俄罗斯的安全利益，俄罗斯对此表示担忧是可以理解的。现在俄罗斯与有关国家及北约组织正在进行谈判，以寻求能照顾各方利益的方案，中国希望它们能取得积极进展。

在回答中国如何看待俄罗斯与台湾关系时，钱外长说，考虑到台湾经济发展的需要和台湾同胞的实际利益，中国对同中国建交的国家与台湾有一些民间的经济和文化往来不持异议，但坚决反对它们同台湾进行官方往来和发展官方关系。在中俄两国领导人的会晤中，俄罗斯政府表示将继续坚持一个中国的原则，并将妥善处理这一问题，不会同台湾发生任何官方性质的往来。

关于中俄边界问题，钱外长说，中国同俄、哈、吉三国都已经签署了边界协定，现在正按照这些协定进行勘界工作。中俄之间的勘界除了极少数地区还存在一些争议外，绝大部分地区的问题已经解决。在这次高级会晤中，中俄领导人一致同意，东段边界的野外勘界工作争取今年年底之前完成。

谈到中俄经贸合作现状和前景时，钱其琛说，去年中俄两国的贸易额超过 68 亿美元，双方计划在本世纪末达到 200 亿美元。此外，双方有一些重大的合作项目，比如在石油、天然气和电力方面的项目，其中有些已开始实施，有些正在考虑。在中国建立核电站的合作项目已进入签署合同的最后阶段。俄罗斯准备参加三峡工程的投标。俄罗斯方面还提出了从西伯利亚铺设管道将石油和天然气输往中国的设想。如果这些领域中的大型合作项目能够搞成，中俄两国经贸发展的前景将会很好。

关于反对民族分裂主义活动的问题，钱其琛说，江泽民主席在会见中亚三国总统时谈到了这一问题。各方的意见都是一致的，认为要保持中亚地区的和平与稳定，必须制止民族分裂主义分子的活动。对这种活动，特别是恐怖主义活动如果不打击，将不利于本地区的安全与稳定。哈、吉两国总统明确表示，他们绝不允许少数民族分裂主义分子在他们的国土上进行反华分裂活动。

在回答如何看待克林顿总统会见达赖的问题时，钱其琛说，达赖披着宗教的外衣，实际上是流亡国外进行分裂祖国活动的分裂主义者。有人说，达赖愿同中央政府谈判，实际上中央政府同达赖曾有过 10 多年接触，但从 1993 年起达赖方面中断了接触。中国希望有关国家不要支持达赖分裂祖国的活动。如果达赖公开宣布西藏是中国领土不可分割的一部分，而且不再从事分裂祖国的活动，谈判就能恢复。

有记者问：钱外长即将赴美国访问，是否同准备江泽民主席访美有关？钱其琛回答说，他是应美国国务卿奥尔布赖特的邀请前往美国访问的。他将同美方讨论推动中美关系发展的各种问题；江泽民主席访美将是访问中的主要议题。钱其琛希望这次访问是积极的和有进展的。

中组部负责人就《中国共产党党旗党徽制作和使用的若干规定》答记者问

《中国共产党党旗党徽制作和使用的若干规定》（以下简称《规定》）和中共中央组织部《关于中国共产党党旗党徽定点生产有关问题的通知》（以下简称《通知》）下发后，在各地引起很大反响。为了宣传、落实好《规定》和《通知》精神，新华社记者近日就有关问题采访了中组部有关负责人。

记者：为什么要制定《中国共产党党旗党徽制作和使用的若干规定》？

负责人：中国共产党党旗党徽是中国共产党的象征和标志。在党的生活中，各级党组织正确地使用党旗党徽，既体现出庄重、严肃，又有利于增强党组织的凝聚力和感召力，激励党员牢记党的纲领、宗旨和奋斗目标。

在实际工作中，党旗党徽的制作和使用存在一些问题，有的随意性较大，有的使用不严肃，影响不好。为使党旗党徽的制作和使用规范化，中央有关部门起草了《中国共产党党旗党徽制作和使用的若干规定》。一九九六年九月中央批准了这个《规定》，由中央办公厅下发全党贯彻执行。各级党组织应当以严肃认真的态度执行这一《规定》。

记者：党旗党徽产品为什么要定点生产？

负责人：《中国共产党党旗党徽制作和使用的若干规定》规定："党旗和用于悬挂的党徽，由中央组织部从生产国旗国徽的企业中指定企业，按照本规定所附的中国共产党党旗党徽制法说明制作。"根据这一要求，中央组织部在听取有关部门意见的基础上，指定了六家国家级的国旗国徽生产企业作为党旗党徽生产企业，并规定其他企业一律不得生产党旗党徽及其相关产品。

制作党旗党徽是一件十分严肃的事情。党旗党徽产品之所以要定点生产，主要是为了确保党旗党徽的制作质量，并做好售后服务工作。指定少数企业定点生产党旗党徽，也便于对产品质量进行监督检查，及时纠正出现的问题。

记者：今年七月一日后原有党旗党徽是否可继续使用？

负责人：为贯彻落实《中国共产党党旗党徽制作和使用的若干规定》精神，中央组织部于去年十一月发出通知，要求各级党组织在今年"七一"前将原有的党旗党徽更换完毕。根据这一通知精神，原有的党旗党徽，从今年七月一日起，不得继续使用。对党旗党徽的更换配备，各级党组织既要高度重视、认真对待，又要从实际出发，周到细致地做好工作。

记者：印制党旗党徽图案需要注意什么问题？

负责人：《中国共产党党旗党徽制作和使用的若干规定》指出："党内出版物上可以印党徽图案"，"党的各级组织颁发的奖状、证书和其他荣誉性文书、证件上，可以印党徽图案"。印制党旗党徽图案要注意以下两个问题：一是从《中国共产党党旗党徽制作和使用的若干规定》发布之日（1996 年 9 月 21 日）起，新印制的党旗党徽图案必须严格按照《规定》中确定的党旗党徽制法图案制作。二是印制的党旗党徽图案必须严肃、庄重，不得作为商标和广告。

国家防汛抗旱总指挥部在北京召开 1997 年第一次全体会议

中共中央政治局委员、国务院副总理、国家防汛抗旱总指挥部总指挥姜春云主持会议并作重要讲话。

会议上，专家组汇报了检查情况，提出了进一步整治建议。国家气象局副局长颜宏、水利部副部长周文智分别就今年气象预测情况和下一阶段防汛抗旱工作作了汇报和说明。

姜春云在讲话中充分肯定了各地区各部门去冬以来在防汛保安全、抗旱夺丰收方面所做的工作和取得的成绩。他着重指出，由于自然地理条件，我国洪涝干旱灾害的多发性、突发性，是不以人的意志为转移的。进入 90 年代以来，洪水干旱灾害频繁，发生大洪水的潜在危险有增无减。我国多数江河、水库的防洪工程先天不足，加上水土流失、人为设障严重、设施老化失修等原因，导致河流、湖泊、水库淤积，调蓄能力降低，河道行洪不畅。总的看，防汛形势是严峻的。

姜春云强调，搞好今年的防汛抗旱，夺取农业丰收，对保持国民经济持续、快速、健康发展，维护改革、发展、稳定大局，迎接党的十五大召开和香港回归祖国，具有特别重大的意义。各地区各部门一定要从全局的高度、政治的高度、战略的高度认清搞好防洪抗灾的极端重要性，尽管防洪工程存在这样那样的问题，但防汛抗旱的任务要求不能降低，一定要确保大江大河大湖大型水库安全度汛，万无一失。中小河流、中小型水库也要强化措施，力保安全，遇到标准以内洪水要保证安全，遇到超标准洪水，要采取非常措施，尽量减少灾害损失。务必做到大江大河大水库堤防不决口，大中城市保安全，重要交通干线不中断。同时要广辟水源，扩大灌溉面积，推广节水技术，发挥好抗旱服务组织作用，确保农业丰收。

姜春云强调，主汛期即将来临，各地各部门要紧急行动起来，抢时间，抓关键，切实做好八项工作。

第一，进一步增强全社会水患意识。整个说来，人们水患意识的增强远未达到防御特大洪水的要求，特别是多年没来大水的一些地区，对可能发生大的洪水估计不足。各地各部门要加大防汛抗旱的宣传力度，广泛宣传做好今年防汛抗旱工作的重大意义和防汛抢险任务的艰巨性，增强广大干部群众防汛保安全的责任感、使命感和紧迫感，踊跃参加防汛抗旱斗争。

第二，以只争朝夕的精神抓好防洪工程的除险加固和清淤除障。特别是影响今年安全度汛的重点险工险情，要按照防汛专家组提出的建议和意见，抓紧处理，汛前完成。同时，要抓紧防汛物资储备，组建好抢险队伍，加强与当地驻军的联系，加强军民联防，为战胜可能发生的洪水做好充分准备。

第三，重视做好行蓄洪区运用的准备工作。要抓紧研究出台行洪区外迁和蓄滞洪区运用后的补偿政策，加强蓄滞洪区的安全设施建设和管理，以最大限度减少灾害损失。

第四，坚持旱涝并防。要树立抗大旱、长期抗旱的思想，抓紧抗旱基础设施建设，总结推广抗旱保丰收经验，壮大抗旱服务队伍，做好水源的合理开发调度，努力实现今年的农业和粮食生产目标。

第五，尽可能加大防汛抗旱的资金投入。水利工程建设，大江大河干流的重点工程以国家为主，中小河流以地方为主，农田水利建设以群众为主，进一步发挥地方积极性和广大农民的积极性。各地要按照国务院的要求，切实增加水利投入，开辟投资渠道，抓紧建立地方水利建设基金，并尽早拨付到位，主要用于防洪重点工程除险加固和维护。

第六，充分发挥专家的作用，提高防汛抗旱的科技水平。落实党政领导防汛负责制时，要配备强有力的技术参谋。特别要针对抗洪斗争的洪水预报、工程除险加固、抢险技术、蓄滞洪区运用等关键问题，组织专家和科研部门研究攻关，努力增加防洪抗旱的技术含量。

第七，讲政治、讲大局，团结治水。开展防洪抗灾斗争，要坚持局部利益服从大局的需要，把团结治水精神贯穿到防汛抗洪全过程，体现社会主义制度的优越性。要严肃防汛纪律，在洪水调度和抢险救灾中，绝不允许任何单位和部门各行其是，各自为政。

第八，落实领导责任制，确保防汛抗旱斗争胜利。各级党政领导同志一定要认真履行防汛工作职责，确保江河水库安全度汛。特别在大江大河大水库的保安全上，如果有谁疏忽大意、措施不力而发生了重大事故，那将成为历史的罪人，不但要受到党纪政纪处理，而且要绳之以法。

国务委员陈俊生在太原开幕的全国交通扶贫工作会议上发表讲话

陈俊生在会议上说，改善交通条件是扶贫工作的一项重要内容，是一项长期艰巨的历史任务，在实现八七扶贫攻坚计划中具有重要战略意义。

陈俊生说，贫困地区的群众常讲这样一句话，“要想富，先修路”，“道路通、百业兴”。农民的话很朴素，但讲清了公路建设在贫困地区解决温饱中的作用，讲清了公路建设与区域经济发展的关系。

陈俊生说，目前是改善贫困地区交通条件、发展基础设施的一个非常重要的历史阶段。首先有党中央、国务院的高度关心和重视，同时贫困地区广大干部群众强烈的愿望和很高的积极性，此外，贫困地区有大量的剩余劳动力。这些是修建公路不可多得的历史机遇。

国务委员陈俊生在山西吕梁地区考察扶贫攻坚工作

吕梁地区是全国18个集中连片贫困地区之一。1995年有贫困人口110万。陈俊生于4月24日至28日赴吕梁地区，主要就贫困地区的扶贫开发与基层党组织建设相结合、基本农田建设、拍卖四荒及妇女连环脱贫等问题进行调查研究。与农民和基层干部进行座谈，听取他们的意见。陈俊生说，从吕梁的经验看，脱贫的方式有千条万条，但最根本的一条是必须有一个坚强的党支部。要把扶贫工作与基层党支部建设结合起来。抓扶贫不抓农村党支部建设，就没有抓住实质；抓农村党支部建设不抓扶贫工作，等于没有抓住根本。扶贫攻坚是一项艰苦的工作，必须从基础做起，一是基础设施建设；二是提高劳动者素质，这两条是改变贫困地区面貌的立本之策。

国务院总理李鹏在中南海会见加拿大前总理布赖恩·马尔罗尼、美国前国务卿乔治·舒尔茨以及北美、西欧和亚太地区的政界和商界知名人士

国务院副总理李岚清在中南海分别会见美国前国务卿乔治·舒尔茨、克罗地亚伊纳公司总裁什特尔恩

和美国可口可乐公司高级副总裁及中东及远东集团总裁杜达富

国务委员罗干在中南海会见由几内亚安全部部长穆萨·桑皮尔率领的几内亚安全部代表团

国防部部长迟浩田与俄罗斯国防部部长罗季奥诺夫在莫斯科俄国防部大厦举行会谈

亚欧技术合作专家会议在北京开幕

会议将就加强亚欧之间在农业、环境保护和企业技术改造与更新方面的技术交流与合作交换意见，并就如何加强合作提出具体建议。来自中国、日本、韩国、东盟七国、欧盟 15 国以及欧盟委员会的约 100 名负责国际科技合作的官员和有关方面的专家出席会议。

会议开幕式由外交部副部长唐家璇主持，国务院总理李鹏给会议发来贺信，国务委员兼国家科委主任宋健出席开幕式并发表题为“携手共进，迎接未来”的讲话。欧盟驻华大使魏根深和新加坡驻华大使郑东发也在开幕式上先后发言。

李鹏在贺信中指出：科学技术进步日新月异，为各国经济发展带来了新的机遇和挑战。亚欧会议的召开和亚欧新型伙伴关系的确立顺应了这一时代潮流。亚欧各国在经济领域各有优势，互补性很强，开展合作的潜力巨大，前景广阔。他在贺信中说，我相信，加强在农业、环境保护和企业技术改造领域的合作，将有助于亚欧国家更好地抓住机遇，迎接挑战，促进经济和社会发展。他希望本次会议为亚欧新型伙伴关系注入实质内容，为推动亚欧各国的共同发展作出贡献。

宋健在讲话中阐述了亚欧在互惠互利的基础上开展技术合作对促进两大洲经济发展的重要意义。宋健强调，在亚欧会议范围内给予技术合作以应有的重视，合作不应拘泥于短期考虑和商业利益，而应立足于长远，以促进所有成员国的可持续发展和共同繁荣。他还指出，中国政府十分重视科技在经济发展中的核心地位，并从中国国情出发选择了一条科教兴国和可持续发展的道路。最后他表示中国愿在平等互利和优势互补的基础上，进一步加强与亚欧各国的技术交流与合作。

新闻出版署在人民大会堂举行纪念新华书店成立 60 周年座谈会

国务院总理李鹏在中南海会见出席纪念新华书店成立 60 周年座谈会代表

李鹏提出，要在社会主义市场经济的条件下，继承发扬新华书店的光荣传统，把全国新华书店办成一流的图书流通体系，为提高全民族素质，加强社会主义精神文明建设作出更大的贡献。

李鹏说，新华书店是 60 年前在延安的窑洞里成立的。在漫长的岁月里，一代又一代新华书店的职工，为新中国的建立，为中国的社会主义革命和建设，为建设有中国特色社会主义，作出了重大的贡献。我代表党中央、国务院，向同志们，并通过你们向全国新华书店职工和新闻出版系统的同志们表示祝贺和感谢。

李鹏说，建设有中国特色社会主义，“要一手抓物质文明建设；一手抓精神文明建设”。图书的出版发行工作是社会主义精神文明建设的重要方面。新华书店覆盖全国、面向 12 亿人民，肩负着繁重的任务，要为广大人民群众提供更多、更好的精神食粮。

李鹏说，在社会主义市场经济中，新华书店要进一步提高服务质量，牢固树立为读者服务的观念，为建设有中国特色社会主义事业作出更大的贡献。

中国书刊发行奖首次颁布

新华书店总店张国明等 100 位书刊发行行业的优秀代表榜上有名，获得金质奖章、荣誉证书和奖金。还颁发了新华书店“双优奖”，310 家经营指标优良、服务优秀的新华书店获此殊荣。

国务院学位委员会第 15 次会议在北京举行

会议审议并原则通过修订后的《授予博士、硕士学位和培养研究生的学科专业目录》，通过新一届国务院学位委员会学科评议组成员名单。

会议还审议通过第七次博士和硕士学位授权审核、调整医学学位类型和设置医学专业学位、设置工程硕士专业学位等议题。其中，博士、硕士学位授权审核工作，将在巩固和加强已有授权单位及其授权点的基础上进行，强调把保证和提高质量放在更加突出的位置，强化学科结构的调整。学位授权体系以高等学校为主，提倡科研机构与高等学校共建学位授权点及联合培养研究生。

李岚清在听取了学位委员的意见和建议后讲话强调，要深化高等学校的管理体制，加强学位制度建设，促进研究生教育事业的发展。当前要重点抓好三个方面的工作。一是贯彻党的十四届六中全会决议精神，把高等学校的精神文明建设工作落到实处。要加强研究生的思想政治素质和道德素质教育；二是继续做好研究生培养类型的改革工作，进一步适应我国经济、科技、教育和社会发展的需要，在应用性较强的学科，应该增加有针对性的专业学位；三是抓好质量评估工作，促进学科建设，提高教育和人才培养质量，保证学位工作的健康发展。

国务院学位委员会副主任委员朱光亚、朱开轩、张孝文、汝信、周远清参加并分别主持了会议。

国家教委全面实施资助在外留学生短期回国服务的“春晖计划”

为更好地支持广大在外留学人员以多种方式报效祖国，国家教委拨出专项经费实施“春晖计划”，以资助他们短期回国服务。这一计划在1996年试行的基础上，今年将全面实施。

“春晖计划”的资助范围包括，应国内主办单位邀请回国参加国际性的系列会议或高水平的专业学术会议，并做大会主要发言；应邀参加国内举办的全国性系列科学会议或重要前沿科技和教育研讨会；应邀回国进行科研合作和学术交流；应邀回国进行专题研究和攻关，或组织短期研讨班、讲习班、联合指导博士生或引进技术对贫困地区进行扶贫开发等。

“春晖计划”的申请审批程序是，国家教委将领导小组确定的年度资助方案通知有关驻外使(领)馆教育处(组)，在外留学人员可直接向我驻外使(领)馆教育处(组)或国家教委外事司提出申请。

“春晖计划”1997年度资助的主要领域是，能源、电子信息技术、先进制造技术、生命科学与生物工程技术、材料科学与工程、可持续发展农业。主要资助的专业方向是，电子学与信息系统、微电子技术、生物医学工程、煤炭利用工程、计算机网络技术、信息安全保密技术、环境工程、化学工程、节水农业和设施农业、植物生物工程、汽车电子、核能利用、水气及固态废弃物处理技术、核心数学。

4月25日

《人民日报》就共青团中央向秦文贵等5位青年颁发“中国青年五四奖章”事发表评论员文章《向青年楷模学习》

全国机关党的建设工作座谈会在北京召开

北京通过举办图片实物展览和学术讨论会纪念中国共产党创始人之一李大钊英勇就义70周年

开幕的“李大钊就义70周年纪念展”分两个部分：第一部分为李大钊就义前后史料陈列，其中一部分珍贵史料第一次公开展出，主要有京师警察厅逮捕、杀害李大钊的档案原件，公葬李大钊时中国共产党散发的传单等。第二部分为李大钊研究成果，汇集了几十年来学习、宣传、研究李大钊取得的丰硕成果。展览有图片70余幅，实物110多件。

来自首都学术理论界、高等学校共50余位专家学者出席研讨会。

纪念章乃器诞辰100周年座谈会在北京人民大会堂举行

全国各级法院开展执法大检查

第四次全国学法用法依法治市经验交流会在广西柳州结束

国务院副总理朱镕基在中南海会见马来西亚独立电力公司董事会主席 原玻璃市州首席部长哈密德

中共中央政治局候补委员王汉斌在人民大会堂会见以中央常委国会议员奈北纳为团长的柬埔寨人民党代表团

全国妇联主席陈慕华在北京会见由会长日野丰率领的日本全国地域妇女团体联络协议会代表团

国务院副总理邹家华在中南海会见挪威克瓦纳集团公司总裁兼首席执行官艾瑞克·汤塞斯

中央军委委员傅全有在人民大会堂会见菲律宾国防部副部长费尔南多·坎普斯

中国常驻联合国代表秦华孙大使在联合国总部向联合国正式递交中国批准《禁止化学武器公约》的法律文书

中国成为第七十八个向联合国递交批准书的国家和该公约的原始缔约国。

中国是在1993年1月13日由钱其琛副总理兼外长在巴黎作为第一批签署国签署该公约的。根据第八届全国人大常委会第二十三次会议的决定，国家主席江泽民在今年4月7日签署批准了这一公约。在今天递交了批准书后，中国即完成了参加该公约的所有法律程序。这个重要的公约将于4月29日正式生效。

中国政府在正式批准《禁止化学武器公约》的同时，发表了五点声明：

1. 中国一贯主张全面禁止和彻底销毁化学武器。中国支持《禁止化学武器公约》的宗旨、目标和原则。

2. 中国呼吁拥有化学武器库的国家尽早批准《禁止化学武器公约》，以利于早日实现《禁止化学武器公约》的宗旨和目标。

3.《禁止化学武器公约》的宗旨、目标和原则应当得到严格遵守。关于质疑视察的规定不得被滥用，不得损害缔约国与化学武器无关的国家安全利益。中国坚决反对任何滥用核查规定，危害中国主权与安全的做法。

4. 在外国遗弃化学武器的国家应当切实履行《禁止化学武器公约》的有关规定，承担销毁这些化学武器的义务，尽快彻底销毁遗弃在别国领土上的化学武器。

5.《禁止化学武器公约》应当确实发挥促进化工领域为和平目的的国际贸易、科技交流与合作的作用。《禁止化学武器公约》应当成为规范缔约国之间在化工领域进行贸易、国际合作与交流方面的有效法律依据。

首都集会祝贺马少波文艺生涯65周年李瑞环等题词致贺

国务院副总理李岚清在中宣部等于北京举办的形势报告会上作关于中国教育改革与发展的报告

国务委员兼国务院秘书长罗干主持由中宣部、中直机关工委、中央国家机关工委、解放军、总政部和北京市委联合举行的形势报告会。出席报告会的有在京的党、政、军司局级以上干部1200余人。

李岚清的报告分为五个部分：我国教育改革与发展的形势；普及九年义务教育，提高中华民族整体素质；大力发展职业教育，推进经济增长方式的根本性转变；加大高等教育管理体制改革力度，提高教育质量和办学效益；尊师重教，建设一支高素质的教师队伍。

李岚清在报告中指出，改革开放以来，我国教育事业有了突飞猛进的发展。近年来，教育改革又不断取得新的进展，特别是中央作出“科教兴国”战略决策以后，各级各类教育都在深化改革、促进发展上迈出新的步伐，使教育进一步适应我国经济和社会发展的要求。他说，我国教育事业到本世纪末的发展宏观目标已经确定，首先是下决心基本普及九年义务教育、基本扫除青壮年文盲，为提高全民族的素质和培养跨世纪人才打好基础。通过大力发展职业教育，使60%—70%的初中毕业生受到中等职业教育和培训，30%—40%的初中毕业生进入普通高中，再使高中毕业生中的40%左右的人受到高等教育，其他的人也要创造条件尽可能使他们受到高等职业教育和培训。他强调，要实现这一目标，难度也很大，最大的矛盾是，我国是一个发展中国家，财力有限，却要办世界上规模最大的教育。如何用有限的资源办出高质量和高效益的教育？解决这个问题，除了依法逐步增加教育投入以外，主要出路在于改革，通过改革上水平、出效益、求发展。

李岚清强调，到本世纪末在全国要基本普及九年义务教育和基本扫除青壮年文盲，是党和国家作出的重大决策，对提高全民族的素质将起到奠基的作用。近几年，“两基”工作的进展形势令人鼓舞。东部沿海地区“两基”任务已经基本完成，从今年开始重点推进中西部12个省的“普九”和扫盲工作。实施义务教育是各级政府的责任，同时调动广大农村干部群众实现“两基”的积极性，增加投入，改善办学条件。但在这方面也要注意从实际出发踏踏实实地工作，防止形式主义，不能层层加码，提一些不切实际的过高要求。

李岚清指出，基础教育中的一个重大问题，是如何从“应试教育”向“素质教育”转变，这是基础教育领域的深刻变革，也是党中央、国务院向基础教育战线提出的一项紧迫任务。基础教育要彻底摒弃以“应试”为目的的片面教育观，面向全体学生，培养学生热爱祖国，热爱社会主义，热爱劳动，热爱集体的精神，为学生学会做人、求知、劳动、生活、健体和审美等打下扎实基础，使学生在德、智、体等方面得到全面发展。

李岚清说，职业教育是经济发展的重要支柱，对于提高广大劳动者的素质、为青年一代开辟更加广阔的成才之路、促进劳动就业和深化企业改革都有着重大意义，因此全社会都要大力支持职业教育的发展。依靠社会力量办职业教育，是许多国家的成功经验。我国的职业教育，要在政府的统筹和管理下，主要依靠行业、企事业单位以及社会各方面举办，政府给予适当资助和扶持。各部门、各行业要采取切实措施，推动职业教育的发展。发展高等职业教育要坚持“三个有利于”，即有利于高等教育的结构调整和已有教育资源的合理利用，有利于中等教育结构的调整和中、高等职业教育的相互衔接，有利于培养基层和农村需要的高等实用人才，为区域经济和科教兴业第一线服务。发展高等职业教育主要走同级专科院校改革、改制、改组、改造等内涵发展的路子，不能大兴土木又新建学校。

谈到高等教育正在进行的管理体制改革，李岚清指出，由于过去我国高校办学体制上的条块分割、教育资源不能优化配置和充分利用、“小而全”的重复办学，使许多院校在教育质量和办学效益方面都受到较大影响。近年来，高等教育通过深化管理体制改革，采取中央部门与地方政府实行学校共建、学校合并、合作办学和部分部委所属高校转由地方政府为主管理等方式，已取得重要进展和良好效果，使教育资源配置日趋合理，教育质量和办学效益正在提高，高等教育为经济和社会发展服务的功能得到加强。他强调，各地方、各部门以及各有关高校的领导，要进一步树立全局观念、统一思想，加强领导，把高等教育管理体制改革继续推向前进。

李岚清指出，要办好教育，必须依靠广大的教师。

建设一支高素质的教师队伍,我国的教育事业才有希望。目前,我国教师队伍的政治思想素质和业务水平,特别是从事基础教育的教师业务水平还有待提高,尤其是经济欠发达和贫困地区的教师业务水平差距还很大,城市中薄弱学校的领导班子和教师队伍也亟待充实和提高,解决这个问题,要进一步办好师范教育,培养更多的政治业务素质合格的教师,通过培训提高在职教师水平。还要动员和组织机关中部分政治素质好、文化水平高的青年干部去支教。中央国家机关一定要带头办好这件事。

李岚清强调,尊师重教,还要切实关心教师的工作和生活条件。现在在法律和制度上已经规定教师的平均工资不低于或高于同等条件的公务员的水平。虽然不少地区都做到了,但仍有拖欠教师工资的现象,据了解,有一些经济并不困难的地区还拖欠教师的工资,而一些经济比较困难的地区反而并不拖欠。这说明还有一个认识问题。当前教师的实际困难还有一个住房问题。近两三年来,由于各级领导的重视,旨在为教师住房解困的"广厦工程"取得了显著进展,1994 年到 1996 年,全国用于兴建教师住房的投入近 370 亿元,竣工面积近 5700 万平方米,建成住房近 74 万套,全国教职工家庭人均住房面积由 1992 年的 6.6 平方米提高到 8 平方米。国务院办公厅先后在大连、昆明、北京召开了三次全国教职工住房建设工作经验交流会,今后还要继续抓下去,再用两三年时间基本解困。还有一个民办教师转正问题,"九五"期间要基本解决。总之,我们一定要怀着对人民群众的深厚感情和历史责任感抓教育,带头尊师重教,为教师办实事,不仅要让人们愿意当教师,而且羡慕教师职业,这样,我们就能把教育事业进一步办好。

4 月 26 日

中共中央 全国人大常委会 国务院 全国政协 中央军委发布彭真逝世讣告

中国共产党中央委员会、中华人民共和国全国人民代表大会常务委员会、中华人民共和国国务院、中国人民政治协商会议全国委员会、中央军事委员会沉痛宣告:伟大的无产阶级革命家、政治家、杰出的国务活动家,坚定的马克思主义者,我国社会主义法制的主要奠基人,党和国家的卓越领导人彭真同志,因病医治无效,于 1997 年 4 月 26 日 23 时 40 分在北京逝世,享年 95 岁。

彭真同志的一生,是革命的一生,光辉的一生。他为中国人民的解放和新中国的诞生,为社会主义革命和建设事业,为最终实现共产主义,顽强奋斗,建树了不可磨灭的历史功勋。

彭真同志从青年时代起就投身反帝反封建的斗争。1923 年加入中国社会主义青年团,同年加入中国共产党,是山西省共产党组织的创建人之一。1924 年至 1929 年,他先后在太原、石家庄、天津、唐山等地从事革命活动,曾任中共太原支部书记,中国共产主义青年团太原地委书记,正太铁路总工会秘书,中共天津地委组织部部长,中共天津市委书记,中共顺直省委组织部部长、代理书记,是中国共产党在北方地区的主要领导人之一,领导了北方地区的工人运动、学生运动。1929 年由于叛徒出卖,在天津被捕,在狱中秘密组织党的支部,坚持狱中斗争。1935 年刑满出狱后,任中共北方局代表、组织部部长,支持刘少奇同志提出的白区工作基本方针和策略原则,为恢复和发展北方地区党的组织,巩固和发展"一二·九"爱国运动的胜利成果,推动抗日民族统一战线的建立,开创白区工作的新局面,发挥了重要作用。

抗日战争爆发后,彭真同志参与部署党在北方地区开展游击战争、创建抗日根据地的工作。1938 年他任中共中央晋察冀分局书记,同聂荣臻等同志一起,开辟了晋察冀抗日根据地,创造性地执行党中央关于抗日战争的战略方针和基本政策,放手发动群众,壮大人民力量,晋察冀边区被党中央誉为"敌后模范的抗日根据地及统一战线的模范区"。1941 年他在延安,任中央党校教育长、副校长,中共中央组织部部长、城市工作部部长,参加领导延安整风运动,为总结党的历史经验,把全党思想统一到以毛泽东同志为代表的正确路线上来,在全党确立毛泽东思想的领导地位,为培养党的领导骨干,为开展敌占区、国统区党的地下工作,作出了重大贡献。1945 年在党的七大和七届一中全会上,他当选为中央委员和中央政治局委员,同年 8 月被增补为中央书记处候补书记。

抗日战争胜利后,为实现党的七大作出的争取东北的战略决策,彭真同志任中共中央东北局书记、东北民主联军政治委员,在矛盾错综复杂、形势变化急剧的情况下,严肃执行中央、中央军委、毛泽东主席的决定、指示、命令,粉碎国民党反动派的军事进攻,放手发动群众,壮大人民力量,迅速扩大部队,建立根据地,为以后取得更大的胜利奠定了基础。1947 年回到中央,任中共中央工作委员会常委、组织部部长、政策研究室主任。

新中国成立后,彭真同志长期担任党和国家的领导职务。新中国成立初期,他任中央人民政府委员、政务院政治法律委员会副主任、中央政法小组组长。从 1954 年起,任第一届、第二届、第三届全国人大常委会副委员长和第二届、第三届、第四届全国政协副主席。

1956 年在党的八大和八届一中全会上，他当选为中央委员、中央政治局委员、中央书记处书记，在中央书记处协助邓小平同志负总责。他在北京和平解放前夕即兼任中共北京市委书记，从 1951 年起任北京市市长，直至 1966 年 5 月。新中国成立后 17 年中，他作为以毛泽东同志为首的党和国家领导集体的成员，为党的建设、政权建设、经济建设，政法工作、统战工作、思想理论工作、科学教育文化工作、外事工作，以及首都的建设和发展，呕心沥血，作出了重大贡献。

"文化大革命"中，彭真同志受到错误的批判，遭受林彪、江青一伙的残酷迫害，失去党内外一切职务和人身自由。他同林彪、江青一伙进行了坚决的斗争。党的十一届三中全会后，中共中央宣布："文化大革命"中"强加给彭真同志的种种罪名和一切诬蔑不实之词，均应予以推倒"。

彭真同志恢复工作后，1979 年 9 月在党的十一届四中全会上被补选为中央委员、中央政治局委员，之后连任党的第十二届中央委员、中央政治局委员。1980 年任中央政法委员会书记。1979 年 6 月在五届全国人大二次会议上被补选为全国人大常委会副委员长，并兼任全国人大常委会法制委员会主任。1983 年 6 月在六届全国人大一次会议上当选为全国人大常委会委员长。在新的历史时期，彭真同志作为以邓小平同志为核心的党和国家领导集体的重要成员，参与了党和国家一系列重大决策的制定，为拨乱反正，确立和贯彻党的以经济建设为中心，坚持四项基本原则，坚持改革开放的基本路线，建设有中国特色的社会主义，为祖国的统一和各民族的团结，作出了重大贡献。他长期主持全国人大常委会的工作，并分管政法战线的工作，对建立和完善人民代表大会制度，加强和巩固人民民主专政政权，发展社会主义民主、健全社会主义法制，作出了卓越贡献。1980 年他任宪法修改委员会副主任委员，直接主持了宪法修改工作。1979 年以来，他领导制定了一批基本的重要的法律，为我国社会主义法制奠定了坚实的基础。

1988 年彭真同志从领导岗位退下来之后，仍然一直关心着我国的改革开放和社会主义现代化建设事业，坚决支持以江泽民同志为核心的中央领导集体，高度评价 1992 年年初邓小平同志视察南方重要谈话和中央政治局全体会议精神，他说：小平同志讲，要坚持"一个中心，两个基本点"，这是我们党的基本路线。要集中精力把经济建设搞得更快更好，要发扬党的优良传统，坚持两手抓。改革开放是发展生产力，解放生产力，要坚持改革开放，一直到共产主义。他坚决支持和拥护党的十四大以来的各项方针和政策，对党的十四大以来所取得的成就给予高度的评价。

彭真同志在 70 多年的革命生涯中，对共产主义具有坚定的信念，对党、对人民、对无产阶级革命事业无限忠诚，百折不挠，坚韧不拔。他孜孜不倦地学习马克思主义，坚持理论联系实际，善于运用马克思主义的立场、观点、方法，敏锐地发现问题，实事求是地分析问题、解决问题，显示出创造性地开拓新局面和处理复杂问题的革命家的胆略和组织才能。在关系党和国家前途、命运的关键时刻和重大问题上，他一贯坚持原则。他始终不渝地坚持全心全意为人民服务的宗旨，以最大多数人民的最大利益为行为准则，始终保持人民公仆的本色。他坚持民主集中制原则，坚持党的集体领导制度，坚持群众路线，深入实际，调查研究，作风民主，重视倾听不同意见，集思广益，多谋善断。他谦虚谨慎，朴实无华，严于律己，坚持真理，随时修正错误。他胸怀坦荡，光明磊落，顾全大局，模范地遵守党的纪律。他关心同志，爱护干部，尊重知识，尊重人才，为党的事业培养了大批领导骨干。彭真同志不愧为德高望重，功勋卓著，深受全党和全国各族人民爱戴的老一辈无产阶级革命家。

彭真同志逝世是党和国家的巨大损失。全党和全国各族人民要化悲痛为力量，认真学习彭真同志的革命精神和崇高品德，紧密团结在以江泽民同志为核心的党中央周围，为建设有中国特色的社会主义而不懈奋斗。

伟大的无产阶级革命家、政治家彭真同志永垂不朽！

国务委员彭珮云在珠海调研职工医疗保障制度

4 月 26 日至 27 日，彭珮云在珠海进行职工医疗保障制度改革工作调研，听取广东、海南、山东三省和珠海、深圳、潍坊三市的医改情况汇报，与有关领导共同研究医改工作中的有关问题。

彭珮云指出，城镇职工医疗保障制度改革的目的，是建立社会统筹医疗基金和个人医疗账户相结合的适应社会主义市场经济体制要求的医疗保险制度。这一制度要逐步扩大到全体劳动者，保障职工的基本医疗，并有效地控制医疗费用的过快增长，同时有利于医疗卫生事业的发展。

彭珮云就当前医改中的难点、重点问题，与三省三市和国务院有关部门负责人进行了深入的研讨。彭珮云强调指出，医改是一项重大而又复杂的改革，是一项社会系统工程，各级领导要下定决心，统一思想，转变观念，加大力度，切实抓好这项工作。要按照《中共中央、国务院关于卫生改革与发展的决定》和国务院有关文件的精神，进一步搞好医改的宣传工作，动员社会各界支持、参与医改；要抓好各项配套改革，特别是医疗机构的改革；要合理确定医疗基金的筹资比例，做到以收定支，收支平衡，略有结余；要注意把医疗保障制度改革和卫生改革结合起来，医疗保障制度的改革应有利于发展社区卫生服务。

4月27日

中共中央政治局常委胡锦涛在听取出席全国机关党建工作座谈会代表汇报后发表讲话

这次全国机关党的建设工作座谈会，开得是好的。大家认真学习了江泽民同志关于“讲学习、讲政治、讲正气”和努力建设高素质干部队伍的讲话，交流了机关党建工作的经验，讨论了《中国共产党党和国家机关基层组织工作条例》(征求意见稿)，就加强机关党建工作提出了不少好意见。刚才几位同志的发言，也很好。

党的十四大以来，特别是四中全会以来，各级党委按照中央的总体工作部署，围绕全面、正确、积极地贯彻党的基本路线，牢牢把握全党全国工作的大局，全面加强和改进党的建设，机关党的建设工作取得了新的进展，对保证各项任务的完成发挥了重要作用。同时应当看到，机关党建工作总体上仍比较薄弱，还不适应新形势的要求，存在一些亟待解决的问题。关于如何加强机关党建工作，张全景同志在报告中已经作了部署，我都同意。我要强调的是，党和国家各级机关中党的建设，是新时期党的建设这个新的伟大工程的重要组成部分。在把建设有中国特色社会主义事业全面推向新世纪的关键时期，搞好机关党的建设，提高干部队伍素质，增强党组织的凝聚力、战斗力，有着十分重要的意义和作用。机关党建工作必须适应新形势新任务的要求，走在党的基层组织建设的前头。这里的关键，就在于认认真真地把中央强调的“讲学习、讲政治、讲正气”的要求进一步落到实处，抓出实效。下面，我着重就党和国家各级领导机关和领导干部要做讲学习、讲政治、讲正气的表率，讲几点意见。

一、要充分认识中央强调“三讲”的重大意义

我们党是用马克思主义武装起来的工人阶级先锋队。党一成立就以民族和阶级的解放为已任，把全心全意为人民服务作为自己的根本宗旨。讲学习、讲政治、讲正气，是我们党在领导中国革命和建设的长期斗争中培养起来并坚持发扬的一个好传统和重要优势。在这方面，以毛泽东同志为核心的第一代中央领导集体，以邓小平同志为核心的第二代中央领导集体，以江泽民同志为核心的第三代中央领导集体，是一脉相承、一以贯之的。从我们党走过的光辉历程看，尽管在不同的历史时期面临的形势、任务和所处的环境有所不同，但由于始终坚持发扬讲学习、讲政治、讲正气的传统和优势，才有力地凝聚和发挥了广大党员、干部的积极性创造性，保证了全党上下同心同德贯彻执行党的正确路线，保持了党同人民群众的血肉联系，不断克服前进道路上的艰难险阻，胜利实现了各个历史时期的任务。

那么，近两年中央为什么反复强调讲学习、讲政治、讲正气呢？

首先，这是实现我国经济和社会发展跨世纪宏伟目标的迫切需要。党的十四大以来，经过十四届三中、四中、五中、六中全会，党中央以邓小平建设有中国特色社会主义理论为指导，在科学分析国内外新形势和现实国情的基础上，对跨世纪推进我国改革开放和现代化建设以及党的建设，已经作出了全面规划和部署。现在，我们面临着难得的历史性机遇，也遇到严峻的挑战。当今世界格局呈现出向多极化发展的趋势。和平与发展成为各国人民普遍关心的两大课题。尽管国际竞争日益激烈，我们面临着发达国家经济、科技占优势的压力，面临着西方敌对势力对我实施“西化”、“分化”战略和国际关系中霸权主义与强权政治的压力，但是，国际经济、政治格局的新变化，使我们有了更大的发展余地。近二十年来，特别是“八五”期间，我国国民经济保持持续、快速发展的好势头，城乡人民生活普遍得到改善，现在政治稳定，民族团结，社会进步，人民安居乐业，使我们有了继续前进的更多有利条件。抓住机遇，做好本世纪最后几年的工作，解决好当前改革、建设中的突出矛盾和问题，特别是加强农业，改变国民经济基础薄弱的状况；搞好国有企业，帮助一部分亏损严重以至停产、半停产企业摆脱困境；有效地加强社会治安综合治理，根本扭转一些地方社会秩序和社会风气不好的现象，对于我们胜利迈向新世纪，迎接新挑战，实现跨世纪宏伟目标，至关紧要。这就需要进一步动员全党，首先是领导机关和领导干部，在党的基本理论、基本路线指引下，大兴讲学习、讲政治、讲正气之风，坚持正确的前进方向，全面提高自身素质，提高领导水平和工作效率，以更好地团结带领广大人民群众战胜困难，满怀信心地迈向未来。

讲学习、讲政治、讲正气，也是承前启后、继往开来的重要时期建设高素质干部队伍的迫切需要。当前，我们党既处在新旧世纪之交和社会主义现代化事业承前启后、继往开来的重要时期，又处在干部队伍新老合作与交替的重要阶段。党的十一届三中全会以来，随着“革命化、年轻化、知识化、专业化”方针的贯彻执行，干部队伍的结构和素质有了明显改善。但是，由于自然规律的作用，新中国成立前参加工作的老同志在职的已经很少了，新中国成立初参加工作的同志也在成批退下来，越来越多的中青年干部走上了各级领导岗

位。今后五年到十五年，这方面的变化将更为明显。在这种情况下，要保证我国改革开放和现代化建设事业继续顺利发展，保证党和国家长治久安，建设高素质干部队伍的任务极为突出和紧迫。党的十四届四中全会要求高级干部，不仅要努力成为有知识、懂业务、胜任本职工作的内行，而且首先要努力成为忠诚于马克思主义、坚持走有中国特色社会主义道路、会治党治国的政治家。去年“七·一”前夕，江泽民同志又提出党的各级干部都应具备五个方面的基本素质。按照以上这些要求解决好提高干部队伍素质问题，都离不开讲学习、讲政治、讲正气。年轻干部要发挥优势，弥补不足，健康成长，更需要重视和实践“三讲”。否则，就难以做到坚持党的基本理论、基本路线不动摇，难以真正接好老一辈革命家英勇斗争精神的班。

做到“三讲”，也是新形势下领导机关、领导干部更好地履行职责的迫切需要。我们党和国家的各级领导机关是经济、政治、文化和社会生活的组织者、管理者，是改革开放和现代化建设各方面工作的指挥部、参谋部，担负着以党的基本理论、基本路线为指导，制定和执行重要方针政策以及国家的法律、法规，推进有中国特色社会主义事业的历史重任。领导机关又是领导干部比较集中的地方，这些干部在工作中起着骨干和中坚的作用。社会主义市场经济的发展，党和国家领导制度的改革，政府机关职能的转变，对领导机关、领导干部治党治国的水平，特别是推进改革开放和现代化建设的能力，提出了更高的要求。县以上各级领导机关和领导干部必须认真而有效地讲学习、讲政治、讲正气，在迅速发展变化的客观形势下，正确认识自己，努力提高自己，这样才能适应新的形势任务的要求，履行好自己的职能。

总之，在邓小平建设有中国特色社会主义理论和党的基本路线指导下，坚持讲学习、讲政治、讲正气，是把我国社会主义现代化建设全面推向新世纪的需要，是加强、改进党的建设和政权建设的需要，也是时代和人民对党的干部的要求。各级党委一定要提高认识，增强责任感和紧迫感，把讲学习、讲政治、讲正气作为加强机关建设的突出任务，切实抓在手上，抓出成效。

二、领导机关和领导干部要做讲学习、讲政治、讲正气的表率

讲学习、讲政治、讲正气是一个完整的统一的要求，彼此紧密相连，不可分割。学习是基础，政治是大局，正气是保证。由于领导机关、领导干部的重要地位和职责，在讲学习、讲政治、讲正气三个方面，都应当严格要求，都要做得更好。

做讲学习的表率，就要在掌握邓小平建设有中国特色社会主义理论的科学体系和精神实质上，在运用理论解决实际问题上下功夫。推进伟大的事业必须有科学理论的指导，领导伟大事业的党必须有科学理论的武装。邓小平同志创立的建设有中国特色社会主义理论，是马列主义、毛泽东思想的继承和发展，是当代中国的马克思主义，是中国共产党的指导思想和中华民族的精神支柱。全党完整、准确地掌握了这个理论，建设有中国特色社会主义的事业就能始终沿着正确的方向蓬蓬勃勃地向前发展。这几年，领导干部带头，全党学习理论，用邓小平建设有中国特色社会主义理论武装全党的工作收到了良好效果，有力地推动了我们事业的发展。但是，应当如实地看到，仍有相当一部分领导干部缺少系统、深入的马克思主义理论学习和培训，还不善于运用科学理论去分析形势，驾驭全局，研究解决深化改革、扩大开放、发展社会主义市场经济中的突出问题。在相当一部分机关中，学习和钻研理论的空气还不够浓，理论脱离实际的倾向仍然存在。这些都程度不同地影响了党的路线和中央决策的有效贯彻。为了把各方面的工作做得更好，现在强调学习理论仍然十分重要和迫切，必须把学习邓小平建设有中国特色社会主义理论作为重中之重，坚持不懈地抓下去。绝对不能忽视，不能松懈，更不能搞形式主义。高级干部要率先垂范，起好带头作用。在深入学习钻研邓小平同志著作的同时，要有计划地选读马列和毛泽东同志的著作。当前，还要学习悼念邓小平同志的三篇重要文献和中宣部编的《讲学习、讲政治、讲正气》一书。为了履行好领导工作的职责，还要努力学习社会主义市场经济知识、现代科学技术知识、法律知识、历史知识和其他知识。社会在发展，时代在前进，特别是高新技术日新月异，新事物、新问题层出不穷。我们的干部，首先是在各级领导机关担负领导责任的干部，如果不努力掌握马克思主义理论，没有各方面知识的丰厚积累，不从改革开放和现代化建设实践中汲取智慧和营养，就不可能深刻认识当今的世界，不可能真正懂得建设有中国特色社会主义的深刻内涵和伟大意义，也就不可能正确执行党的路线方针政策和国家的法律法规，正确解决前进过程中遇到的各种问题，这样也就难以适应新的形势任务对领导工作的要求，甚至可能成为时代的落伍者。我们各级领导干部一定要学习、学习、再学习，努力、努力、再努力。

要把学习特别是理论学习广泛、深入、扎实、持久地开展下去，当前必须解决好一个基本问题，这就是要进一步明确学习的目的全在于应用，切实端正学风，坚持理论与实际相结合。江泽民同志指出，坚持理论联系实际是个重大的政治问题。为了党和人民的事业，为了自己更好地履行职责和求得进步，我们的同志，务必要勤奋刻苦、如饥似渴地学习，努力掌握科学理论和

做好工作所必需的各种知识。坚持为用而学，学以致用，既用于改造客观世界，解决促进改革、发展和保持稳定中的现实问题，又用于改造主观世界，坚定共产党人的理想和信念，提高鉴别重大原则是非、解决重大现实问题的能力。这样持之以恒，我们就可以把建设有中国特色社会主义事业和马克思主义理论本身推向前进，使党的建设水平和干部队伍素质不断得到提高。

做讲政治的表率，就要在全面、正确、积极地贯彻执行党的基本路线和各项方针政策，切实提高工作质量和效率上下功夫。我们讲的政治，是马克思主义的政治，是建设有中国特色社会主义的政治。以经济建设为中心，坚持改革开放和坚持四项基本原则这两个基本点，是党的基本路线的核心内容，也是邓小平建设有中国特色社会主义理论的核心内容。它是我们党坚持马克思主义的基本原理与社会主义现代化建设实践相结合，深刻分析中国的基本国情和发展规律得出的科学结论。坚持“一个中心”和“两个基本点”的基本路线，全面而集中地反映了我国人民在社会主义初级阶段的根本利益，充分体现了党的性质和根本宗旨。讲政治，最根本的就是要全面、正确、积极地贯彻执行党的基本路线，无论遇到什么困难，出现什么干扰，都不能有丝毫动摇。贯彻党的基本路线不能动摇，贯彻党的基本方针和基本政策也不能动摇。离开了党的基本路线和方针政策，离开了社会主义现代化建设这个大局，就谈不上讲政治。建设社会主义现代化，必须充分调动各方面的积极性，必须在坚持全局利益的前提下兼顾各方面的利益，否则将影响事业的发展。但是，地方和部门的同志、特别是领导同志，一定要站在全局的立场上对待和执行党的路线方针政策和国家的法律法规，正确处理全局和局部的利益关系。如果地方和部门忽视全局而过分强调局部利益，甚至对中央的决策和号令置若罔闻，我行我素，搞地方、部门保护主义，对严重违法犯罪的人和事也加以庇护，那就会严重损害全局，最终也会伤害局部利益，甚至会犯这样那样的错误。善谋一域者，必先谋全局。各地各部门的同志，必须从政治的高度审时度势，了解全局，维护全局，自觉防止和克服地方、部门保护主义。这一条做好了，才能有力地维护社会主义市场经济秩序和国家法制、政令的统一，保证改革开放和现代化建设的顺利进行。

民主集中制是我们党的根本组织原则和组织制度，也是根本的组织纪律和重要的政治纪律，任何机关和部门的干部都应毫无例外地遵守。这是我们党保持政治上组织上完全巩固、行动上高度统一、战斗力不断提高的必要条件。党的十四届四中全会以来，以健全党的民主集中制为主要内容的制度建设有了明显进步。中央和有关部门在总结党的建设经验和集中各方面智慧的基础上，相继制定并颁发了包括加强党的思想、组织、作风建设的一系列制度和规定。这些规定，既反映了充分发扬民主的要求，也反映了集中的要求，各方面反映都是好的，为解决党内存在的一些突出问题提供了制度保证，创造了条件和依据。现在的问题是，必须加强民主集中制和党的纪律教育，加强贯彻执行各项党内法规的监督、检查，以更好地调动广大党员、干部的积极性、创造性，使全党更加紧密地团结在以江泽民同志为核心的党中央周围。各级领导机关、领导干部，要以身作则，并通过扎扎实实的工作，使党内各项法规落到实处，付诸实施，坚决纠正有章不循、违纪不纠的现象。需要指出的是，在党政机关，不论是实行党委制，还是实行部门首长负责制，或者实行党组起核心领导作用的体制的地方和单位，都要根据各自的特点，认真贯彻民主集中制原则，建立起科学的工作和监督规范。凡属事关改革、发展、稳定大局的重大决策和重要干部的任免等，都必须坚持集体讨论决定，不能搞少数人或个人说了算，不能独断专行。凡是集体作出的决定，都必须执行，任何个人都无权改变。各级领导机关和领导干部，都要做贯彻民主集中制的模范，在党的基本理论、基本路线基础上，在以江泽民同志为核心的党中央领导下，自觉维护党的团结统一和政治上的高度一致，把党的思想政治优势和组织优势充分发挥出来。

政治问题，从根本上说，是同人民群众的关系问题，是对人民群众的态度问题。我们的国家是人民当家做主的国家，我们的政权是人民政权，我们党的唯一宗旨是全心全意为人民服务。人民拥护我们的党和政府，从根本上说，是他们真正感到党的路线反映了他们的利益和愿望，党领导的政权为人民办了好事。党和国家的各级领导机关，都必须牢固地树立为人民服务、为基层服务的思想，面向基层，面向群众，高质量高效率地做好工作。机关建设的好坏，贯彻执行党的路线方针政策成效的大小，都要用这一条来衡量。我们党是执政党，各级干部、特别是领导干部坚持为人民服务的宗旨，一个核心问题就是要为人民掌好权、用好权。是用权为民，还是以权谋私，这始终是对干部的严峻考验。我们的干部职位越高，权力越大，越要坚持党的根本宗旨，时刻把人民的利益摆在高于一切的位置上，坚持一切工作走群众路线，经常想群众之所想，急群众之所急，忧群众之所忧，全心全意为人民谋利益。我们的大多数机关和干部在这方面是做得好的或比较好的。但是，在新形势下，机关为群众和基层服务也面临不少新情况、新问题。对一些领导机关和领导干部中存在的脱离群众、脱离实际、官僚主义、形式主义等问题，各方面意见也不少。在机关落实讲政治的要求，就要抓住用权为民，服务基层，保持党同广大人民群众的血肉联系这个根本问题，努力端正指导思想，并把它贯彻到领导机关、领导干部的全部工作和行动中去，坚持经常抓、反复抓。坚决克服不倾听群众意见，不关心群众疾苦，不维护群众利益，作风飘浮，高高在上，"人难见、脸难看、事难办"等不良现象。

做讲正气的表率，就要在讲党性、讲原则，公正无私，刚直不阿，言行一致，扶正祛邪方面下功夫。古人说："政者，正也。"这是讲从政的人，要公道办事，不徇私情，身正行直，藉以服众。我们共产党人是为人民谋利益而执政的，更要有马克思主义政党的党性所要求的浩然正气。作为领导干部，不仅要做到政治上坚定正确，而且要做到作风上清正廉洁，用人上公道正派，执纪上扶正祛邪。在长期革命和建设历史上，在改革开放和发展社会主义市场经济的现实生活中，许多好党员、好干部克己奉公，正气凛然，成为可敬可佩、可歌可泣的英雄模范，留下了闪光动人的事迹。在他们身上，反映了我们党的党性特质，值得我们很好地学习。江泽民同志说："我们党的宗旨是全心全意为人民服务，这就是全党同志首先是各级领导同志必须坚持和发扬的最大的正气。大大发扬这个正气，以权谋私、拜金主义、享乐主义、极端个人主义的邪气就滋长不起来。"一些风气好、出问题少的地方和部门，一个重要的原因就是领导同志在以身作则、扶正祛邪上做得比较好。

但是，必须清醒地看到，在有些地方和部门歪风邪气仍严重存在，还没有得到有效制止。比如，有的为了追逐私利，竟然利用职权，徇私枉法，搞权钱交换，甚至敲诈勒索，索贿受贿。有的为了保官位，谋升迁，或实现其他个人目的，拉拉扯扯，吹吹拍拍，搞小圈子，排斥异己，对上跑官要官，对下封官许愿。有的为了明哲保身，在重大问题面前放弃原则，混淆是非，甚至向错误和邪恶妥协低头。有的为了自己或小团体利益，对党的决议口是心非，阳奉阴违，文过饰非。有的为了骗取名誉地位，不惜弄虚作假，欺上瞒下，甚至不择手段地损害群众利益。如此等等，还可以举出一些。这些现象，影响很坏，危害很大。如果任其发展，是非常危险的。为了党和人民的事业，为了搞好党和国家机关的建设和提高干部队伍素质，必须在各级领导机关、领导干部中旗帜鲜明地弘扬正气，反对邪气。当前，尤其要大力提倡忠心耿耿、不折不扣地贯彻执行党的路线、方针、政策和中央的决定，反对政出多门，各行其是；大力提倡模范实践党的全心全意为人民服务的宗旨，尽职尽责，秉公行事，反对以权谋私，假公济私，损公肥私，化公为私；大力提倡实事求是，光明磊落，做老实人，说老实话，办老实事，反对弄虚作假，欺上瞒下，言行不一，华而不实；大力提倡艰苦奋斗，勤奋敬业，与群众同甘共苦，反对铺张浪费，挥霍奢侈；大力提倡识大体，顾大局，维护团结，搞五湖四海，反对弄权渎职，投机钻营，拉帮结伙，搞小圈子。我们的广大干部和党员，是拥护弘扬正气，反对邪气的。只要领导带头，逐级负责，真正坚持这样去做，机关党的建设和干部队伍建设就会大大加强，机关的风气就会显著进步。

共产党员和党的干部讲学习、讲政治、讲正气，说到底，是个牢固树立马克思主义的世界观、人生观问题。树立正确的世界观和人生观，对于每一个干部和党员来说，无论什么时候都是首要问题。这个问题不解决，或者解决得不牢靠，不论在什么岗位、做什么工作，都不可能真正把事情办好。一些党员组织上入了党，但不注意思想入党，放松了世界观改造，即使一时做出成绩，得到重用，但经不起名、权、利和灯红酒绿的考验，很快就出问题，甚至弄得身败名裂。他们的教训，所有的干部都应认真记取。在开展"三讲"教育中，一定要把牢固树立马克思主义世界观、人生观这个管总的问题抓住，努力解决好。这样，也才能从根本上提高干部学习的自觉性，才能自觉坚持正确的政治方向，才能始终保持共产党人的革命本色和浩然正气。

三、加强领导，保证"三讲"教育收到实效

机关"三讲"教育搞得怎么样，机关党的建设和干部队伍建设抓得怎么样，关键在各级领导干部。主要负责同志首先要真正思想重视，工作到位，舍得用实劲，努力求实效。中央直属机关和中央国家机关各部门的领导同志，地方各级各部门的领导同志，要切实负起领导好"三讲"教育，促进机关党的建设和干部队伍建设的责任。

社会主义现代化建设的发展，要求领导机关和干部讲学习、讲政治、讲正气，"三讲"教育也必须围绕推进社会主义现代化建设来开展。一个地方、部门的"三讲"教育搞得好不好，不能只看党委(党组)开了什么会，领导干部讲了什么话，发了什么文件，主要应当看机关干部特别是领导干部的精神状态进一步振奋起来没有，工作效率和质量提高了没有，存在的突出问题解决了没有。归根到底，要看是否保证和促进了党的路线方针政策的贯彻落实和各项任务的完成。各级各类机关的情况不同，教育活动要从实际出发，密切结合机关业务工作，结合干部实际情况，解决好不符合"三讲"要求、影响机关履行职责的问题。决不能把"三讲"当作口号喊一阵了事，不能搞形式主义、做表面文章。教育活动的部署，要按照中央的要求，在深入学理论、学党章的过程中，相对集中一段时间，以整风的精神来进行。既用理论武装头脑，又用党章规范行为，把联系实际开展"三讲"，总结经验教训，开展批评和自我批评，

贯穿在全部教育活动之中。总之,要使机关干部思想理论水平有一个明显提高,在坚定理想信念、保证党的路线方针政策贯彻执行上有明显的进步,在精神风貌上有明显的变化,机关建设和机关工作都开创一个新的局面。

今明两年,将有17个省、自治区、直辖市党委领导班子换届,31个省、自治区、直辖市人大、政府、政协领导班子换届,任务十分繁重。地(市)、县(市)也有些党政领导班子将要换届。在换届前这段时间,干部的思想相当活跃,也容易暴露出一些不符合党性要求的不良思想行为。因而需要有针对性地提倡讲学习、讲政治、讲正气。各级党委和组织人事部门要坚持原则,一身正气,严格按党的政策和规矩办事。党委和组织部门的领导同志更要严格要求自己,坚决防止和查处人事安排工作中徇私舞弊、跑风漏气等违纪行为,抵制和克服跑官要官、投机钻营等歪风。对买官卖官的,一经发现,要坚决查处。同时,要及时给干部打招呼,要求大家正确对待个人职位进退,经受住名、权、位的考验。

这里,我想再强调一下贯彻从严治党方针问题。从严治党,是我们党加强自身建设的一条基本经验和一贯方针。我们党是一个有五千八百多万党员的执政党,肩负着领导社会主义改革开放和现代化建设的艰巨历史重任,又处在从未遇到过的错综复杂的国际环境之中。党的建设状况如何,干部队伍状况如何,直接关系到国家、民族的盛衰,关系到社会主义现代化事业的命运。各级党委和领导同志,一定要头脑清醒,坚决而正确地贯彻"从严治党"的方针,以保持党的先进性和纯洁性,提高党的执政水平和领导水平,增强党的凝聚力和战斗力。要把从严治党的要求纳入党委(党组)抓党建的责任制。党组织负责人和党员领导干部不抓党的建设,不对领导机关和领导干部严格要求、严格管理、严格监督,就是一种失职。要坚决改变一些机关部门组织涣散、纪律松弛、要求不严、管理软弱的状况。从严治党首先就要从领导机关和领导干部抓起。高级领导机关、领导干部,尤其要带头自重、自省、自警、自励,带头严以律已,用榜样的力量去影响和带动下面的机关和干部,带动基层和党员群众。既要深入持久地加强正面教育、正面引导,也要深入解剖一些反面典型,做到提倡什么和反对什么都旗帜鲜明,促使上上下下、方方面面,以高标准严格要求自己,使讲学习、讲政治、讲正气在全国机关和干部中蔚然成风。做到了这些,我们不论在前进中遇到什么困难和风险,都可以在广大群众的支持下得到解决。伟大的时代赋予我们以重任,全国人民寄予我们以厚望。各级领导机关特别是领导干部,一定要更好地担负起自己的使命和责任,努力为在新旧世纪之交胜利推进建设有中国特色社会主义事业,作出应有的贡献。

全国旅游行业管理工作会议提出加强对公民自费出国旅游管理

全国政协主席李瑞环在人民大会堂会见新加坡总理吴作栋

解放军总参谋长傅全有在北京会见芬兰国防部部长安内利·塔伊娜

4月28日

中共中央在人民大会堂举行纪念叶剑英诞辰100周年座谈会

中共中央总书记、国家主席、中央军委主席江泽民出席座谈会并作重要讲话。李鹏、乔石、李瑞环、朱镕基、刘华清、胡锦涛、荣毅仁等党和国家领导人出席座谈会。

中共中央政治局常委、中央军委副主席刘华清,中共中央政治局候补委员、全国人大常委会副委员长王汉斌,全国政协副主席霍英东先后在座谈会上发言。

座谈会由中共中央政治局常委、书记处书记胡锦涛主持。

中共中央总书记江泽民在纪念叶剑英同志诞辰100周年座谈会上发表讲话

同志们:

今天,我们在这里隆重举行纪念叶剑英同志诞辰一百周年座谈会,共同追忆叶剑英同志光辉的一生,学习他的崇高思想和革命品质。这是很有意义的。

叶剑英同志是久经考验的共产主义忠诚战士,坚定的马克思主义者,伟大的无产阶级革命家、政治家、军事家,中国人民解放军的缔造者之一,中华人民共和国的开国元勋,长期担任党、国家和军队重要领导职务的卓越领导人。在60多年的革命生涯中,他为中国人民的解放事业和社会主义建设事业殚精竭虑,作出了重大贡献,建立了丰功伟绩,深受全党、全军和全国人民的爱戴与敬重。

叶剑英同志从青年时代起就立志追求真理、救国救民。他投身于孙中山先生领导的民主主义革命,征讨桂系军阀,抗击陈炯明叛军,护卫孙中山脱险,参与创办黄埔军校,驰骋东征和北伐战场,成为国民革命军的名将。他从斗争实践中认识到,只有马克思列宁主义和中国共产党才能救中国。1927年,在蒋介石和汪精卫相继背叛革命、大批共产党人惨遭杀害的严峻时刻,他毅然通电反蒋,加入中国共产党,由一个爱国的民主主义者转变为共产主义者。从此他对共产主义这一人类社会发展的最高理想坚信不移,并为之执着地奋斗了一生。

叶剑英同志为实现中华民族的独立和中国人民的解放建立了光辉业绩。在大革命失败后的白色恐怖中,他坚定机敏地策应南昌起义的组织准备工作,参加领导广州起义。这两次起义和秋收起义一起,成为第二次国内革命战争和创建人民军队的伟大开端。在中央苏区,他拥护毛泽东同志的正确路线,参与第二、第三、第四次反"围剿"的作战指挥,为红军建设作出重要贡献。长征途中,他坚决维护全党全军的团结,机智勇敢地同张国焘分裂红军、危害党中央的阴谋作斗争,为党中央和红军胜利北上立了大功。毛泽东同志后来曾多次称赞叶剑英同志在这一关键时刻"救了党,救了红军"。红军到达陕北后,他为党的抗日民族统一战线的建立和发展,做了大量工作。根据党中央的方针,他协助周恩来同志,促成西安事变的和平解决,形成国共两党再次合作、一致抗日的局面。抗日战争爆发后,他先后到南京、武汉、长沙和重庆等地参加党的领导工作,坚持党的抗日主张和统一战线政策,积极扩大党的影响。回到延安军委总部后,他协助毛泽东、朱德同志指挥我军对日作战。抗战胜利后,他协助周恩来同志同国民党谈判,达成停止内战的协议。随后他领导中共代表团在北平进行军事调处,同国民党进行针锋相对的斗争,揭露国民党当局破坏停战、发动内战的真实面目。解放战争时期,他在晋西北领导中央后方委员会的工作,有力地保证了党中央和毛泽东同志转战陕北、指挥全军作战。他为北平的和平解放和接管做了大量工作。他指挥解放广东和海南岛的战役,夺取华南战场的最后胜利。叶剑英同志戎马一生,英勇善战,为中国革命的胜利建立了不朽的历史功勋。

新中国成立后,叶剑英同志为社会主义革命和建设事业作出了重要贡献。他主持华南、中南地区工作期间,胜利完成了剿匪、土改、建立人民政权和恢复发展生产等各项任务。1954 年后,他长期担任中央军委领导工作,创造性地运用毛泽东军事思想,领导和组织全军的教育训练,开拓军事科学研究,为建设现代化正规化的革命军队呕心沥血,成绩斐然。"文化大革命"期间,他坚决同林彪、江青反革命集团作斗争,为维护军队和全国的稳定,为抵制和纠正"文化大革命"的错误,奋不顾身,顽强努力。1976 年,叶剑英同志同中央其他领导同志一道,根据中央政治局多数同志的意见,代表党和人民的意志,一举粉碎了江青反革命集团,从危难中挽救了党、挽救了国家。在这场斗争中,他起了决定性的作用。叶剑英同志排除阻力,坚决主张请邓小平、陈云同志等老一辈革命家立即出来担任党和国家的领导工作,坚决主张平反一切冤假错案,坚决支持关于真理标准问题的讨论,为党的十一届三中全会确立正确的路线方针政策,实现党和国家工作的伟大历史性转折,作出了重要贡献。他全力支持邓小平同志开创的社会主义改革开放和现代化建设事业。他主持全国人大工作期间,有力地推动了新时期的民主法制建设。他在 1979 年 1 月主持全国人大常委会通过《告台湾同胞书》,又在 1981 年 9 月发表了著名谈话,进一步提出了实现和平统一的九条方针政策,对推动祖国统一大业的进程,起了重要作用。他以身作则地推动党和国家领导干部的新老交替与合作。叶剑英同志是以邓小平同志为核心的第二代中央领导集体的重要成员,他为建设有中国特色社会主义事业建立了新的历史功勋。

叶剑英同志所作的"矢志共产宏图业,为花欣作落泥红"的诗句,是他不懈奋斗的光辉一生的真实写照。他的崇高思想和高尚品质,是永远值得我们学习和发扬的宝贵精神财富。

叶剑英同志党性坚强,信念坚定。他对社会主义、共产主义事业矢志不渝,对党和人民无比忠诚。他无私无畏,有胆有识。在各种严峻的考验面前,他总是把党和人民的利益放在首位,坚决同一切危害党和人民利益的行为作斗争。在重大和紧要的历史关头,他总是挺身而出,力挽狂澜,表现出伟大的革命气魄和高超的斗争艺术。毛泽东同志给予他很高的评价,说他是"诸葛一生唯谨慎,吕端大事不糊涂"。周恩来同志也引用"疾风知劲草,板荡识诚臣"来赞誉他。

叶剑英同志胸怀宽广,谦逊质朴。他顾全大局,团结同志,严于律己,富于批评与自我批评精神。他不计浮名不畏难,能上能下,任劳任怨。他始终保持高尚的革命气节,为党为民,一身正气。他一生勋业卓著,但从不夸耀自己,把一切功劳归于党和人民。

叶剑英同志好学深思,实事求是。他孜孜不倦地学习马克思主义理论,坚持理论联系实际,注重向实践学习。他博览群书,熟谙历史。耄耋之年,仍坚持不断地吸取新知识,真正做到了"攻城不怕坚,攻书莫畏难"。他还是一位受毛泽东同志称赞的诗人。他的许多诗句,"人生贵有胸中竹,经得艰难考验时";"笃信马列依真理,不移不屈不苟同";"全心全意一为公","老骥仍将万里行";"应向青年寻后继","长征接力有来人"等等,都深含人生和社会发展的哲理,对我们一代一代的后继者都具有深刻的教育、启示和鞭策作用。我们党领导人民在祖国的大地上已经奋斗了 70 多年,依靠自己的力量,从根本上改变了国家和民族的命运,彻底地结束了旧中国的悲惨历史,不断地开创着新中国发展的壮丽篇章，现在我国人民正沿着建设有中国特色社会主义的康庄大道胜利前进。在伟大的革命实践中，产生了毛泽东、邓小平等时代巨人和伟大的无产阶级革命家。这是我们党、国家、民族和人民的骄傲。老一辈无产阶级革命家虽然大多已经离开了我们，但是他们的光辉业绩、宝贵思想、崇高风范、浩然正气，将长留天地，永垂史册，成为巨大的物质力量和精神力量，永远延续和闪耀在我们不断发展的伟大事业中，永远激励我们夺取前进道路上一个又一个胜利。

我们纪念叶剑英同志，纪念所有已故的无产阶级革命家，都是为了让我们的今人和后人更好地继承他们的革命遗志和未竟事业，学习他们的伟大思想和崇高风范，把我们的祖国建设得更加繁荣富强。距离实现祖国现代化的光辉彼岸途程尚远，全党同志全国人民仍须持续努力。让我们在党中央领导下，高举邓小平建设有中国特色社会主义理论的伟大旗帜，坚持党的基本路线，同心同德，奋发进取，把社会主义改革开放和现代化建设事业全面推向新世纪！

《人民日报》发表评论员文章《继续深入学习孔繁森》

国务院总理李鹏在人民大会堂与新加坡总理吴作栋举行会谈

会谈后，两位总理出席了中新两国关于民事和商务司法协助的条约以及中国远洋运输(集团)总公司和新加坡港务局集装箱码头服务协议的签字仪式。

中宣部 中直机关工委 中央国家机关工委 司法部全国普法办公室和解放军总政治部在北京举行《国防法》报告会

《人民日报》发表评论员文章《正确的政策调动了亿万农民积极性——评粮食连续两年丰收》

我国粮食连续两年获得丰收，这是来之不易的。这是党中央、国务院高度重视农业的结果，是各地各级政府和各有关部门共同努力的结果，是农村广大基层干部和农民辛勤劳动的结果。为了总结这来之不易的丰收的经验，正确认识粮食丰收在实现宏观调控目标，抑制通货膨胀，稳定经济大局等方面的重大作用，进一步发展农村大好形势，稳定粮食生产，我们组织采写了一组有关粮食问题的系列报道。报道分评论和述评两个系列。这里发表的是第一篇评论，其他将在此后陆续刊出。

——本报编辑部

《人民日报》就国有企业改革事发表评论员文章《减人增效是坦途》

全国第六次水土保持工作会议在北京召开

来自全国各地和有关部门的水土保持方面的领导干部和专家齐聚首都，总结多年来水土保持工作取得的成就，交流经验，研究如何加大水土保持工作力度。

新中国成立 40 多年来，累计完成综合治理面积 70 万平方公里，特别是近 5 年来，七大江河水土保持重点治理工程扩展到 27 片，带动了全国治理开发农村“四荒”资源和水土保持相结合的群众性活动。但水土保持面临的形势仍很严峻，防治水土流失的任务非常艰巨。

国务院总理李鹏向会议致信表示祝贺。

李鹏在信中说，我国人口多、耕地少、土地后备资源不足，同时又是一个水土流失比较严重的国家。保护水土资源，使之永续利用，对于中华民族的生存和发展具有十分重要的意义。

李鹏在信中强调，党中央、国务院一贯十分重视水土保持工作，并把它作为一项长期坚持的重要任务。40 多年来，我国水土保持工作取得了很大成绩。但也应当看到，防治水土流失的任务还十分艰巨，各级政府要把水土保持工作纳入国民经济和社会发展计划，作为实现可持续发展的重大战略任务来抓。要统一规划，突出重点，坚持不懈地抓下去，一片一片地把它搞好。要充分调动广大群众的积极性，把改善生态环境与帮助群众脱贫致富紧密结合起来。要认真贯彻执行《水土保持法》，加强水土保持监督管理，切实控制人为水土流失扩大的趋势。到本世纪末，防治水土流失的工作要取得明显的成效。

国务院副总理姜春云在全国第六次水土保持工作会议上讲话

姜春云高度评价了我国水土保持取得的成就。姜春云说，治理水土流失必须按自然规律和经济规律办事。全国各地在水土保持实践中探索了许多好经验。在肯定成绩的同时，还必须清醒地看到，我国水土保持面临的形势仍非常严峻，区域性、局部性治理成效显著，但治理进程较慢，边治理、边破坏的现象十分严重，从整体上看水土流失继续恶化的趋势还没有遏制住。为了落实《全国水土保持规划纲要》提出的任务，必须进一步认清水土保持工作的极端重要性，统一好思想认识。要从经济社会发展的战略高度、全局的高度，充分认识水土保持的重要性和紧迫性。全国上下、各行各业和全体公民，都应当对保护生态、保持水土问题来一次再认识、再深化、再提高。一定要把水土保持作为长期坚持的基本方针，坚持不懈、锲而不舍地抓下去。

姜春云要求各级领导真正把水土保持工作摆上重要议事日程，建立严格的责任制。要坚决执行《水土保持法》，从领导、机构、法制、投入、政策、科技、教育等方面予以加强，把水土保持的治理目标纳入国民经济和社会发展计划。地方各级政府要实行领导任期内的水土保持目标责任制，作为考核领导工作的一项重要内容，层层签订责任状。水土保持要统筹规划，综合治理。

姜春云指出，要多层次多渠道增加资金投入，加快治理步伐。各级政府要设法建立比较稳定的资金渠道。农业综合开发、以工代赈、扶贫开发、金融信贷和引进外资等，要制定有利于增加水土保持投入的政策和措施。财政金融应当安排一定数量的贴息贷款，用于小流域综合治理的开发性项目。坚持国家、集体、个人一起上，建立富有活力的水土保持投入机制，形成多层次、多渠道的水土保持投入体系。对于以拍卖、承包、租赁、股份合作等形式治理开发农村“四荒”资源所收回的资金，主要用于“四荒”的水土流失治理。还要积极利用外资。同时要强化预防保护和监督，做到有法必依、执法必严。

中国农业及农村科学技术专家咨询委员会在北京成立

国家谐波传动技术中心建立

国家科委日前批准由北京中技克美谐波传动有限公司组成国家谐波传动技术研究推广中心。

机械传动是机械工业的基础技术。传统的机械传动是刚性传动，由于其齿轮不能变形，只有少数的几个齿承受压力，为了防止齿的折断，因此需要粗大厚实。这样，使得传动机械体积大、噪声大、效率低、消耗材料多。谐波传动则是随着航天技术的发展而产生的一种高科技传动，它用柔性元件可控的弹性变形来实现运动的传递或动力的传递，可以有许多齿同时啮合，共同承受压力，因此与传统的齿轮传动相比，在传递相同扭矩下谐波传动的轮齿模数可减少很多，但不易折断，从而使机械传动体积减小 2/3 以上，重量减轻到 1/2 至 1/10，承载能力大，精度高，密封性能好，运动平稳，噪声小，是机械传动的重大突破。可广泛运用于各种机械以及工业机器人、航空航天、核电站等高新技术领域之中。

煤炭工业调整发展规划

全国煤炭基本建设工作会议在北京召开会议，根据今后一个时期煤炭产、运、需形势及煤炭工业发展环境的变化，新拟定的《煤炭工业“九五”计划和 2010 年规划》作了较大力度的调整。

根据乡镇煤矿发展趋势和中西部地区运力不足，“九五”期间国有重点煤矿产量调减 2000 万吨，开工规模调减 7300 万吨，除华东地区规划增加外，其他地区均作了调减。但“九五”期间煤炭产量不会减少，到 2000 年将达到 14.5 亿吨。

煤炭开发布局作了调整：优先开发东部缺煤地区经济效益好的矿井，特别是生产接续矿井；结合煤炭外运通道的建设，重点加强晋陕蒙（西）和贵州两个煤炭调出基地的建设；有条件的矿区实行煤电同步建设。凡是生产能力过剩、运输能力不配套的地区，不能再上新项目，不能扩大生产能力，凡是无运力、无用户、无还贷能力和开采高硫煤的煤矿，不能再建设。

国务院副总理兼外交部部长钱其琛在华盛顿与美国国务卿奥尔布赖特举行会谈

奥尔布赖特说，两国外长保持经常性的会晤象征着美中关系的重要性。美国人民已经相信，面向 21 世纪的美中关系是美国最重要的双边关系之一。美国政府非常重视继续保持并发展具有重要意义的美中关系。美中两国在许多问题上有着广泛、积极的合作，在一些问题上也有分歧。双方可以坦率地交换意见，美方同中国必须保持一种全面的、接触性的关系。希望双方为此进一步作出努力。

钱其琛说：正像国务卿所说，现在越来越多的人认识到中美关系的重要性，这不仅是我们两国之间的事，而且对 21 世纪世界格局也将产生广泛、深远的影响。我们认为，虽然中美两国的文化传统和社会制度不同，但我们两国之间存在的广泛和重大的共同利益超过我们之间的分歧。我们有责任从中美两国和两国人民的根本利益出发，以政治家的远见、决心和勇气来使友好与合作成为中美关系的主旋律。

两国外长回顾了今年以来中美关系的进展，认为两国高层互访不断，各个领域中的交往有所增强，而且两国在经贸、两军交往等一些具体领域取得了一些进展。中美关系所取得的积极进展是中美双方共同努力的结果。双方应该在此基础上继续推动两国关系进一步改善和发展。

在谈到经贸关系时，奥尔布赖特希望进一步扩大两国贸易额。钱其琛说，近年来，中美两国经贸关系保持了良好的发展势头，但是，目前中美双边经贸合作的潜力确实还远未发挥出来。中方愿意继续扩大开放市场，购买美国的产品，如飞机、通信等高科技产品，希望美方排除人为障碍，促进中美经贸合作迅速、健康地向前发展。

奥尔布赖特说，她将会很高兴地出席 7 月 1 日在香港举行的交接仪式，美方认识到香港回归是中国历史上非常重要的一件大事。美方相信中国关于“一国两制”、“港人治港”的政策不会有变化。钱其琛向奥尔布赖特介绍了中国政府关于在香港实行“一国两制”、“港人治港”的政策。钱其琛指出，确保香港的平稳过渡和长期繁荣稳定不仅符合中国自身的利益，也符合包括美国在内的各国在香港的利益，希望各国理解中国政府的这一政策，不要在香港问题上制造困难。

两国外长还就台湾问题、中国加入世界贸易组织、最惠国待遇、武器不扩散等问题深入地交换了意见。

国务院副总理李岚清在人民大会堂会见新加坡总理吴作栋

国务院副总理姜春云在中南海会见日本山口县知事二井关成一行

全国人大常委会副委员长布赫在人民大会堂会见日本《朝日新闻》“奔流中国”采访组

中共中央政治局委员李铁映在钓鱼台国宾馆会见并宴请以政调会会长山崎拓为团长的日本自民党代表团

全国人大常委会副委员长陈慕华在北京会见以检察长温腊·赛亚山为团长的老挝检察院代表团

全国人大常委会副委员长王光英在北京会见贝宁最高法院院长阿勃拉汉·津津道胡埃一行

白俄罗斯驻中国使馆新馆落成典礼暨开馆仪式在北京举行

中国常驻联合国副代表王学贤大使在安理会改革工作组会议上发言

王学贤强调，中国赞成加速安理会改革工作组的工作，但不赞成为改革设定时限或强行表决，这样做不但可能对安理会以及联合国工作产生不利影响，还可能激化成员国之间的矛盾。

王学贤说，自 1994 年 1 月以来，安理会改革工作组已就安理会改革问题进行了三年多的集中讨论，并提出了许多建议。有人认为，继续辩论已无意义，应立即作出政治决定，否则会给外界留下安理会无力改革的借口。中国认为，工作组经过长时间认真讨论并在一些问题上取得了进展，但在许多重大问题上各国依然存在着严重而深刻的分歧，这是任何人都无法否认的。对此，工作组必须有一个客观的估计。

王学贤指出，安理会扩大的关键在于纠正安理会组成中长期存在的地域代表性失衡和发达国家与发展中国家代表性失衡，任何改革方案都不应加剧这种不平衡。

1997 年高校国家级教学成果奖评出

共有 422 项成果获奖。其中清华大学高景德等人完成的《面向国民经济主战场培养高质量电子说科高层次人才》被评为特等奖。北京大学赵凯华、中山大学罗蔚茵等完成的《〈新概念力学〉面向 21 世纪教学内容和课程体系改革》等 53 项成果被评为一等奖。

4 月 29 日

国家主席江泽民在北京同巴基斯坦总统法鲁克·莱加里举行会谈

国家主席江泽民在中南海会见新加坡总理吴作栋

庆祝五一国际劳动节大会在人民大会堂举行

全国十大杰出工人、“五一劳动奖状”获得单位和“五一劳动奖章”获得者的代表，以及首都各界人士共 3000 余人，在北京人民大会堂集会，庆祝工人阶级和劳动群众的光辉节日——五一国际劳动节。中共中央政治局常委、书记处书记胡锦涛出席大会。

中共中央政治局委员、书记处书记、全国总工会主席尉健行代表党中央、国务院，作了《充分发挥工人阶级主力军作用，在改革开放和现代化建设中再立新功》的讲话。

尉健行说，国有企业改革是经济体制改革的重点。广大职工要认真学习邓小平建设有中国特色社会主义理论和社会主义市场经济知识，坚定搞好国有企业的信心，以“三个有利于”为根本标准，解放思想，扎实工作，以改革为己任，积极投身调整经济结构、企业“三改一加强”和“抓大放小”等各项改革中去，为加快国有企业改革和发展献计出力。要继承和发扬工人阶级的优良传统，用工人阶级的先进思想和模范行为影响和带动全社会，在社会主义物质文明和精神文明建设中，更好地发挥工人阶级的主力军作用。

尉健行指出，当前，我国安定团结的政治局面进一步得到巩固和发展。但也必须清醒地看到，在前进道路上还存在不少困难和问题。各级领导要时刻把职工群众的冷暖挂在心上，满腔热情、高度负责地解决好职工群众生产和生活中的实际问题，正确处理新形势下的人民内部矛盾。要深入职工群众，努力为职工群众排忧解难，尤其要倍加关心困难职工的生活，妥善安置下岗人员，搞好“送温暖工程”和“再就业工程”，加快社会保障制度改革步伐，维护职工合法权益，保持职工队伍的稳定。广大职工要以主人翁姿态正确处理国家、集体和个人的利益关系，加强工人阶级队伍的团结和统一，珍惜和维护安定团结的政治局面，做维护社会稳定的模范。

尉健行强调，实现我们的任务，必须全心全意依靠工人阶级。这是我们党一贯坚持的根本指导方针和基本政治原则。党中央最近发出的《关于进一步加强和改进国有企业党的建设工作的通知》，把全心全意依靠职工群众办好国有企业，作为加强党的建设的一个重要方面提了出来。把全心全意依靠工人阶级的方针落到实处，关键是按照江泽民同志所要求的，在政治上保证、制度上落实、素质上提高、权益上维护四个方面狠下功夫。我们必须牢固树立依靠职工群众办好企业的思想，建设一个全心全意依靠职工群众推进企业改革和发展的好的企业领导班子；必须坚持和完善以职工代表大会为基本形式的职工民主管理和民主监督制度；必须切实保障《劳动法》赋予劳动者的合法权益，建立平等协商和签订集体合同制度；必须在公司制企业实行职工董事和监事制度；必须尊重和支持工会依法独立自主地开展工作；必须重视和加强职工队伍建设，不断提高整体素质。各级工会要深入贯彻新时期工会工作的总体思路，履行好维护的基本职责，保护和调动职工群众的积极性和创造精神，并将其引导到推进企业改革和发展上来。

尉健行提出，劳动模范是工人阶级和广大劳动群众中的优秀代表。全社会都要学习、尊重、关心和爱护劳动模范，大力表彰和弘扬他们的先进思想和模范事迹，形成良好的舆论氛围和社会风尚，为劳动模范的成长和发挥作用创造更加有利的条件。

王光英、铁木尔·达瓦买提、罗干、阿沛·阿旺晋美、洪学智、何鲁丽及中央国家机关各部委、解放军三总部负责人出席了大会。香港工会联合会庆回归访京团和港澳工会“五一”参观团近 400 人也参加了大会。大会由全国总工会副主席、书记处第一书记张丁华主持。全国总工会副主席、书记处书记杨兴富代表全国总工会宣读了《关于颁发 1997 年“五一劳动奖状”、“五一劳动奖章”的决定》和《关于向全国十大杰出工人学习的决定》。全国十大杰出工人代表牛星壮、李少言、蒋再英在大会上发言。

中共中央政治局常委胡锦涛等在人民大会堂会见全国十大杰出工人等

胡锦涛等代表党中央、国务院会见“全国十大杰出工人”和“五一劳动奖状”、“五一劳动奖章”获得者代表，向这次受表彰的先进集体和先进个人表示热烈的祝贺，并向全国广大职工和其他劳动群众致以节日的问候。

胡锦涛等领导人还会见了香港工会联合会庆回归访京团与港澳工会“五一”参观团成员，并与大家合影留念。

全国人大八届常委会举行委员长会议

全国人大常委会委员长会议决定：八届全国人大常委会第二十五次会议将于 5 月 6 日至 10 日在北京举行。

乔石委员长主持会议。曹志秘书长首先向会议作了关于八届全国人大常委会第二十五次会议议程草案和日程安排意见的汇报。

曹志秘书长还向会议作了关于第九届全国人民代表大会少数民族代表名额分配方案草案、台湾省出席第九届全国人大代表协商选举方案草案、关于省区市人大代表名额的决定草案、关于成立重庆市第一届人民代表大会筹备组的决定草案的汇报。

全国人大法律委员会副主任委员项淳一向会议作了关于献血法草案修改意见的汇报。

中纪委副书记侯宗宾在中纪委 监察部于天津宝坻县召开“村务公开，民主管理”工作座谈会上讲话

座谈会于 4 月 29 日至 30 日举行。来自天津、河北、北京等省市的 16 个县、乡、村的代表介绍了他们推行“村务公开，民主管理”工作的经验。中纪委副书记侯宗宾在讲话中强调，各地要按照中纪委第八次全会的部署，采取有力措施，把“村务公开，民主管理”作为加强农村党风廉洁自律的重点工作，切实抓紧抓好。

侯宗宾说，目前，有些地方的农村干部违纪违法，党群干群关系紧张，经济搞不上去，其主要症结就是对村干部手中掌握的权力缺乏有效的监督制约，广大村民的积极性没有充分调动起来。

侯宗宾强调，要使“村务公开，民主管理”工作见到成效，必须从群众最关心、反映最强烈、与群众利益密切相关、容易引发矛盾和滋生腐败现象的问题入手。加强村级财务管理，认真开展村级财务和实物的清理，既是公开工作的重点，又是公开工作的基础。

侯宗宾要求从政治的、全局的高度，认识推广“村务公开，民主管理”工作的意义。各级党委要加强对这项工作的领导，注重调查研究，从实际出发，因地制宜，制定一套具体、周密、完善、可行的措施和办法。要加强督促检查，力戒形式主义。对于检查中发现的问题要及时纠正，对于工作落后的地方要加强指导，实行帮促。

国务院批转国家计委国家经贸委国家体改委《关于深化大型企业集团试点工作的意见》

国务院同意国家计委、国家经贸委、国家体改委《关于深化大型企业集团试点工作的意见》，现转发给你们，请认真贯彻执行。

深化大型企业集团试点工作，对推进经济体制和经济增长方式根本性转变至关重要。要按照建立现代企业制度和搞好整个国有经济的要求，重点抓好一批大型企业集团，联结和带动一批企业的改组和发展，促进结构调整，形成规模经济，提高国有资产的营运效率和效益，积极发挥大型企业集团在国民经济中的骨干作用。国家计委、国家经贸委、国家体改委要加强对这项工作的组织、指导，各地区、各有关部门要积极配合，为大型企业集团的发展壮大创造良好的外部条件。

国家计委、国家经贸委、国家体改委关于深化大型企业集团试点工作的意见（文略）

中国人民银行负责人就决定颁布实施《个人住房担保贷款管理试行办法》问题答记者问

日前，中国人民银行决定颁布实施《个人住房担保贷款管理试行办法》，为此记者就有关问题采访了该行负责人。

问：制定和颁布实施《个人住房担保贷款管理试行办法》（以下简称《办法》）有何积极意义？

答：《办法》的颁布，是推进我国城镇住房制度改革的一项重要内容。目前多数城镇家庭，特别是中低收入家庭，尚无能力一次性承担购房费用。要实现个人住房的潜在需求向现实购买力的转化，客观上需要银行信贷政策的支持。个人住房担保贷款从支持城镇居民购买自用普通住房出发，使城镇居民的住房消费得以提前实现，对提高城镇居民的购买能力，推进住房商品化的进程具有积极的作用。

此外，《办法》的颁布，也是支持和培育新的经济增长点的客观需要，是规范个人住房担保贷款业务的一项重要措施，是维护借贷双方合法权益的有力保障。借款人与银行一旦签订贷款合同，既享有相应的权利，也必须承担相应的义务，确保按期归还银行贷款的本金和利息。

问：城镇居民具备什么条件才可以申请个人住房担保贷款？

答：具有完全民事行为能力的自然人，同时具备以下条件的就可以向银行申请个人住房担保贷款。

一、具有城镇常住户口或有效居留身份；

二、具有稳定的职业和收入，信用良好，有偿还贷款本息的能力；

三、具有购买住房的合同或协议；

四、在商业银行或住房储蓄银行开立储蓄存款户或交纳住房公积金存款的，存款余额占购买住房所需金额的比例不得低于30%，并以此作为购房首期付款；

五、有贷款银行认可的资产作为抵押或质押，或有足够代偿能力的单位或个人作为偿还贷款本息并承担连带责任的保证人。

目前在国家确定的223个实施安居工程城市的商业银行和烟台、蚌埠住房储蓄银行都可以办理个人住房担保贷款业务。

问：个人申请住房担保贷款可以享受到什么优惠政策？

答：支持城镇居民购买自用普通住房是制定《办法》的一个主要目的，考虑到城镇居民的购房需要和经济承受能力，个人购房贷款具有期限长、额度大、利率优惠等特点。一是贷款的期限最长可到20年，有利于减轻借款人分期付款的负担。二是利率较为优惠。凡是缴纳住房公积金的城镇居民，可首先申请一部分用住房公积金发放的低利率贷款，而且，用住房公积金发放的贷款，无论期限长短，其利率不分档次。使用当年归集的住房公积金发放的贷款，贷款利率只在活期存款利率基础上加2个百分点；使用上年结转的住房公积金发放的贷款，贷款利率在3个月整存整取存款利率基础上加2个百分点。用商业银行信贷资金发放的个人住房担保贷款，利率在同档次固定资产贷款利率基础上，下浮一个档次执行，期限为5年的，执行3年期固定资产贷款利率；期限为5年以上至10年的，执行5年期固定资产贷款利率；期限为10年以上的，在5年期固定资产贷款利率基础上适当上浮，但上浮幅度最高不得超过5%。三是贷款的额度比较大，个人住房担保贷款的最高额为房价的70%。

问：《办法》下发后是否会引起新一轮的房地产热？

答：前几年出现的房地产热，主要是房地产盲目投资形成的，大量资金投向写字楼、豪华娱乐场所和高级别墅。不少地方虽然也投资盖了一些商品房，但价格严重脱离了普通居民的实际承受能力，造成一方面住房市场供给的相对过剩；另一方面有效需求不足，导致了大量的商品房积压。

个人住房担保贷款支持的是城镇居民购买用住房公积金建造的普通自用住房，对城镇居民修房、自建住房或购买高档豪华住房，银行不提供贷款。住房售出后，收回的资金还要用于居民普通住宅的建设，有利于加快住房建设资金周转，提高贷款的经济效益。而且个人住房担保贷款在实施安居工程的城市试行，还具有一定的示范效应，在一定程度上可以引导房地产开发商将资金投向民用住宅的建设，因此，不会引起新一轮的房地产热。

国家主席江泽民在中南海会见日本三菱企业集团社长访华团

中共中央政治局常委胡锦涛在人民大会堂会见以政调会长山崎拓为团长的日本自民党代表团

中共中央政治局常委胡锦涛在人民大会堂会见以日本新进党外交政策负责人、前副干事长冈田克也为团长的日本新进党年轻政治家访华代表团

国务院副总理李岚清在人民大会堂会见南非环境事务和旅游部部长保罗·乔丹

国务院副总理李岚清在中南海会见来华进行工作访问的日本外务审议官小仓和夫

全国人大常委会副委员长布赫在人民大会堂会见解放巴勒斯坦人民阵线政治局委员阿布·艾哈迈德·福阿德和塔伊西尔·库巴

国务院副总理兼外交部部长钱其琛在华盛顿发表《建立面向21世纪的中美关系》的讲话

感谢对外关系委员会、美中贸易全国委员会和美中关系全国委员会的邀请，感谢主席先生刚才热情友好的介绍。很高兴同在座的各界知名人士见面，我愿借此机会就大家关心的中美关系和香港问题谈一些看法。

我们的世界正处在世纪之交。国际形势总体上继续趋向缓和，谋求和平、发展与合作成为国际生活的主流。同时，世界形势仍存在一些不确定、不安定因素。一些地区动乱和冲突不断，穷国和富国的差距继续拉大，国际犯罪、恐怖主义与环境恶化对人类的生存与持续发展造成威胁与破坏。人们都在思考把一个什么样的世界带入 21 世纪。

中美都是联合国安理会常任理事国，一个是最大的发展中国家，一个是最大的发达国家，两国对维护亚太地区和世界的和平与稳定、促进全球经济繁荣、改善人类环境等许多重大问题负有共同的责任。双方保持接触的需要不是在减弱，而是在不断增强；加强各个领域的合作的潜力不是在缩小，而是在继续扩大。双方应把握两国的共同利益，加强合作，同其他国家一道，争取把一个和平、稳定、繁荣的世界带入 21 世纪。

我高兴地看到，中美关系近来得到了较大改善，高层往来不断增多，经贸合作不断扩大，两军交往稳步发展。在两国领导人的支持下，中美成功地首次举行了环境与发展讨论会，开辟了合作的新领域。目前，双方正为江泽民主席和克林顿总统今明两年相互进行国事访问作积极准备，两国关系面临着进一步发展的机遇。

但不能不指出，在中美关系的发展进程中，也不时听到一些不协调的声音，出现这种或那种干扰。有一种所谓“中国威胁论”的说法，似乎中国已取代前苏联成为对美国的主要威胁。有人预言，中国和美国将走上对抗的道路，甚至走向冲突，因此主张遏制中国。还有一些人甚至拿中国与 19 世纪末 20 世纪初的德国和日本相比，认为中国经济发展、国力增强了，就必然要对外扩张。我不得不指出，这些看法是十分错误的。

从历史的角度看，中国没有扩张的传统，相反却饱经列强的侵略、欺凌和宰割。中国从没有侵占别国一寸土地，也从没有向海外派驻一兵一卒。

从现实的角度看，中国作为一个发展中国家，其最大希望是保持一个和平的国际环境，以集中精力进行经济建设，不断提高 12 亿中国人民的生活水平。为此，中国始终不渝地坚持独立自主的和平外交政策，致力于同各国保持和发展友好合作关系。中国的国防政策完全是防御性的，中国国防开支的绝对数字是大国中最低的，按占国民生产总值的比例以及按人均计算也是世界上最低的国家之一。据统计，1996 年美国的国防预算超过 2600 亿美元，人均 996 美元；中国的国防预算约 87 亿美元，人均 7 美元，让我们给这些基本事实和数字一个说话的机会吧！

从发展的角度看，中国在进入 21 世纪后的相当长时间内，仍将是一个发展中国家，中国没有能力去威胁任何人，也不需要威胁任何人。即使今后中国强大起来了，也不会搞侵略扩张，不会谋求霸权，这一点已写进中国的宪法。

中国不是前苏联，中国不是过去的德国和日本，中国就是中国，中国绝不会走别的国家的老路。

那些散布“中国威胁论”的人，既没有兴趣去研究历史，也不想认真地去了解现实。他们感兴趣的是在苏联解体以后，为美国寻找新的“敌人”，即使找不到，也要制造一个。似乎只有这样，美国才能生存，才能维持超级大国的地位。这实际上是旧时代“冷战思维”在新形势下的反映，是很可悲的。

现在美国国内还有所谓中国在美从事“政治捐款”的说法，一时闹得沸沸扬扬。中国有句古语：“己所不欲，勿施于人。”中国政府在对外关系中一贯严格奉行互不干涉内政的原则，既反对别国干涉中国的内政，也决不会干涉别国的内政。中国深受内政被干涉之害,因而从不以任何方式干涉别国的内政。在美国有"政治捐款",有"金钱政治",但这和我们中国无关。有些人借题发挥,企图向中国栽赃,损害中国的形象,目的无非是发泄对中美关系改善的不满。我相信,中美关系总是要向前发展的,采取这种不正当的手法企图干扰中美关系的发展,是不会得逞的。

目前中美贸易存在不平衡问题,一些人担心中国会成为"又一个日本"。事实上,中方顺差的数字被大大夸大了。造成这一情况的主要原因,可以让两国的专家去继续讨论。但可以肯定地说,在对外贸易上中国也不会成为"又一个日本"。

日本是高度发达的工业化国家,经济竞争力很强,中国则是正在发展中的国家,工业底子薄。日本对美国出口主要是以高附加值的技术密集型产品为主,而中国对美出口主要是以纺织品、鞋、玩具等低附加值劳动密集型产品为主。特别是鞋和玩具等大宗商品,是美国已基本不生产或生产很少的商品,不会影响到美国就业,相反会给美国零售业和消费者带来巨大好处。

另外,中国从美进口大量为中国经济建设所急需的飞机、机械、电子、通讯等技术密集型产品。因此,中美之间的经贸关系是一种"优势互补"的关系,而不是一种竞争关系。中国的经济实力在可以预见的将来不会对美国构成挑战。

我高兴地看到,中美经贸合作一直保持了良好的发展势头。1996年中美贸易额达428亿美元,美国已成为中国第二大贸易伙伴。截至1996年年底,美国对华投资项目已达2.2万多个,实际投资额142.9亿美元。我们欢迎更多的美国企业参与中国经济建设进程,参与中国市场的竞争,使中美经贸合作的潜力进一步挖掘出来。

我愿告诉各位,随着中国经济的发展,中国将继续开放市场,进一步扩大从美国的进口。同时,我们也希望美方进一步放宽对中国技术出口和金融信贷的限制,排除各种限制美国产品进入中国市场的人为障碍。目前美方年度审议对华最惠国待遇不仅损害中美经贸关系,而且干扰了整个中美关系。美国的企业界和越来越多的有识之士呼吁一劳永逸地解决最惠国待遇问题,使中美经贸关系建立在长期稳定和坚实可靠的基础上。这是十分明智和有远见的。

中国愿意加入世贸组织,这是中国改革开放的需要,符合中国本身的利益,也符合美国和其他中国贸易伙伴的利益。最近,中美在日内瓦最新一轮谈判中取得一些进展,希望双方谈判代表加倍努力,在平等磋商的基础上,争取使这一问题早日得到解决。总之,不管是"最惠国待遇"也好,"加入世贸组织"也好,都应当是促进世界贸易,增加国与国之间合作的机制,而不应当成为利用来施加政治压力的工具。

当今世界是一个缤纷多彩的世界。中美之间由于社会制度、历史背景、文化传统、价值观念以及经济发展水平各异,双方在人权问题上看法各异,存在一些分歧是不足为怪的。美国有一些人,把中美在人权观上的不同作为划分中国是否民主的标志。这并不科学。中国有中国的国情,美国有美国的国情。在中国的民主制度下,人民享有广泛的自由和人权,只不过这种自由和人权的表现方式与美国的不同罢了。中国的民主制度是中国人民选择的,正如美国的民主制度是美国人民选择的一样。

中国政府十分重视人权问题,并根据人权的普遍性原则和具体国情,努力实现人民的生存权和发展权,极大地提高了人民享受经济、社会和文化权利的水平。与此同时,中国不断完善民主与法制建设,保障人民的公民权利和政治权利。

中国积极参与了联合国促进和保护人权的努力并加入了17个国际人权公约,比美国迄今加入的还多两个。中国曾多次积极评价《经济、社会和文化权利国际公约》和《公民和政治权利国际公约》,并经认真研究,准备于今年年底前首先签署《经济、社会和文化权利国际公约》。

对在人权领域存在的分歧,中方历来主张在平等和相互尊重的基础上,通过对话和交流加以处理。对抗不是好的选择,它无助于问题的解决,而只能使问题复杂化,影响两国在其他领域的合作。自1990年以来,西方国家连续7次在联合国日内瓦人权会上搞针对中国的提案均未被通过,说明这种做法不合情理,不得人心。

美国有些人担心中国扩散武器威胁美国的安全。事实上,中国一贯反对武器扩散,积极参与了各项国际裁军活动,提出了切实有效的裁军主张。中国加入了《不扩散核武器条约》和《禁止生物武器公约》,签署了《全面禁止核试验条约》和《禁止化学武器公约》。中国根据自己承担的国际条约义务制定和实施了相应的出口管制措施,并且还在不断完善。对于常规武器的出口,中国也一贯采取十分谨慎和负责任的态度。中国的武器出口十分有限,在国际武器市场上所占的比重是微乎其微的,与占国际武器市场近60%的美国是无法相比的。

中美两国在防止大规模杀伤性武器扩散问题上的目标是一致的,也有很多共同利益。近年来,双方在不扩散问题上进行了有益的对话,达成了一些共识,中方愿继续同美方就不扩散问题保持对话和磋商。中方在不扩散问题上最为关切的是美国向台湾出售武器问题。美国售台武器损害了中国的主权，并对中国大陆的安全构成威胁，也不利于台湾海峡地区的和平与稳定。我们希望美国政府认真对待中方的关切，严格遵守中美“八一七”公报的规定，减少并停止向中国台湾地区扩散武器与相关技术，以实际行动为中美在不扩散领域的合作创造有利的条件。

应当指出，台湾问题是中美关系中最重要、最敏感的问题，也是影响中美关系健康稳定发展的最大障碍。台湾自古以来是中国领土不可分割的一部分。结束台湾海峡两岸的分裂局面，是包括台湾同胞在内的全体中国人民的强烈愿望和不可动摇的民族意志。“和平统一、一国两制”，江泽民主席提出的关于推进祖国和平统一进程的八项主张，是中国政府解决台湾问题的一贯方针和具体纲领。其核心是坚持“一个中国”的原则，这是实现和平统一的基础和前提。我相信，不仅中国，任何国家的政府和人民都不会容忍分裂自己祖国的行为。经历过南北战争的美国人民，应当更能理解中国人民渴望统一、反对分裂的决心和意志。美国领导人多次重申美方将继续奉行“一个中国”政策，遵守中美三个联合公报。我们希望这些承诺能够得到遵守。

需要注意的是，台湾当局正在使用各种手段，包括使用金钱收买手段在内来推行他们分裂祖国、谋求独立的活动。要防止其图谋得逞，避免使台湾问题再度干扰中美关系的改善和发展。

现在距离中国政府对香港恢复行使主权只有两个月的时间。目前香港经济持续发展，社会信心更为加强，回流移民在增加；香港市民和国际投资者对香港的信心很强；筹备成立香港特别行政区的各项工作进展顺利。

中国政府对香港的基本方针政策是“一国两制”、“港人治港”、“高度自治”。香港特区将享有高度的自治权，包括行政管理权、立法权、独立的司法权和终审权，其自治程度在世界上可以说是独一无二的。香港现行的社会、经济制度不变，生活方式不变，法律基本不变。香港作为自由港、独立关税地区和国际金融中心的地位保持不变。香港继续使用港币，并同美元保持联系汇率，中央政府不从香港收取一元港币的税。香港特区政府全部由当地人组成，中央政府不派一官一吏。外国在香港的经济利益将得到保护。国际上有人担心将来香港的民主、人权和新闻自由会受到限制，实际上香港回归后，广大港人所享有的广泛的民主、自由和人权不是少了，而是更多了，其中许多项权利是在英国管治香港的情况下港人所无法企及的。届时中央政府只负责掌管防务和外交，中央政府各部门不干预香港特别行政区高度自治范围内的事务。实行“一国两制”，保持香港的繁荣稳定，符合香港的利益，符合中国的利益，也符合包括美国在内的与香港有广泛经济和贸易联系的其他国家和地区的利益。

今年是中美上海公报发表 25 周年。25 年前，中美领导人以政治家的勇气和胆略打开了两国关系的大门。25 年后的今天，中美关系再次面临改善和发展的历史性机遇。我们应拿出当年两国领导人打开中美关系的那种战略远见和胆识，排除各种干扰，向既定的目标前进。这样，在 21 世纪来临时，我们将看到一个造福于我们两国和全世界人民的健康、稳定、持续发展的中美关系。让我们为建立这样一个面向新世纪的中美关系而共同努力！

全国政协副主席钱正英在北京会见日本长江水利研究会会长日中友好议员联盟副会长木部佳昭

外交部发言人崔天凯就钓鱼岛及其附属岛屿自古以来就是中国固有领土一事答记者问

有记者问：据报道，日本领导人公开宣称，钓鱼岛是日本领土，在此问题上日本没有必要与别国磋商。此外，日本一名议员和一名《产经新闻》记者日前登上了钓鱼岛。中方对此有何评论？

崔天凯说：“钓鱼岛及其附属岛屿自古以来就是中国的固有领土。中方的这一立场是明确和一贯的。由于中日双方主张不同，两国在此问题上存在争议是不可否认的客观事实。我们一贯主张应在尊重事实的基础上，在时机成熟时通过谈判寻求解决。”

崔天凯说，我们注意到日本内阁官房副长官表示登岛行为与日本政府的政策相抵触。我们要求日本政府采取措施，防止再次出现侵犯中国主权和损害中日关系的事情。

中日友好 21 世纪委员会第十一次会议在东京开幕

国务院总理李鹏和日本首相桥本龙太郎分别向会议发来贺电和贺词。

中方首席委员符浩和日方首席委员冈部达味等双方 20 多名委员以及中国驻日本大使徐敦信、日本国际贸易促进协会会长樱内义雄等日本各界来宾出席了开幕式。

中方首席委员符浩和日方首席委员冈部达味在会上分别做了基调报告。符浩说，中日两国作为国际社会的重要成员，把一个什么样的中日关系带入新的世纪，不仅预示着我们两大民族的未来，而且对世界将产生重大而深远的影响。一个和平、稳定与发展的中国和一个坚持走和平道路的日本，长期睦邻友好下去，必将对世界和人类进步事业作出积极贡献。冈部达味说，随着日中两国的发展和国际形势的变化，日中关系不仅对两国，而且对亚太地区以及世界都具有重要影响。日方将继续坚持以《日中联合声明》和《日中和平友好条约》作为发展两国关系的基础，继续支持中国的改革开放，并愿为发展面向21世纪的日中友好合作关系作出努力。

会议将就文化、教育及青年交流等问题展开专题讨论。

国务院学术委员会第15次会议决定增设工程硕士学位

最近举行的国务院学位委员会对我国学位设置作了重要变更，调整原来的医学学位，分设医学科学学位和医学专业学位。这是完善我国学位设置的重要措施。

这次增设工程硕士专业学位，明确了它是与工程领域任职资格相联系的专业性学位，它与现行的工学硕士学位处于同一层次，但类型不同，各有侧重。工程硕士专业学位侧重于工程应用，主要是为工矿企业和工程建设单位等实际产业部门，特别是为国有大中型企业培养应用型、复合型的高层次工程技术和工程管理人才，强调学位获得者要掌握某一工程领域的坚实的理论基础和宽广的专门知识，以及解决工程问题的先进技术方法和现代化技术手段，具有独立承担工程技术或工程管理工作的能力。

为了更好地适应社会需求，调整后的医学门类授予学位的类型，将医学硕士、博士学位分为“医学科学学位”和“医学专业学位”两种类型。

医学科学学位，要求侧重于学术理论水平和实验研究能力，以培养从事基础理论或应用基础理论研究人员为目标，涉及的学科主要是：基础医学以及临床医学、预防医学、口腔医学和药学等有关的理论与实验研究的学科，属于这类学科，其合格者均授予医学科学学位。

医学专业学位要求侧重于从事某一特定职业实际工作的能力，以培养高级临床医师、口腔医师、卫生防疫和新药研制与开发的应用型人才为目标。合格者授予医学专业学位，根据不同学科及其职业背景特点，分为：“临床医学专业学位”、“预防医学专业学位”、“药学专业学位”和“口腔医学专业学位”等。

中国乒乓球女队在第四十四届世乒赛女子团体决赛中获世乒赛团体冠军

4月30日

国务院总理李鹏在钓鱼台国宾馆会见巴基斯坦总统法鲁克·莱加里

国家主席江泽民根据全国人大常委会的决定任免驻外大使

一、免去安国政的中华人民共和国驻摩洛哥王国特命全权大使职务。

任命穆文为中华人民共和国驻摩洛哥王国特命全权大使。

二、免去谢月娥(女)的中华人民共和国驻柬埔寨王国特命全权大使职务。

任命晏廷爱为中华人民共和国驻柬埔寨王国特命全权大使。

三、免去张德政的中华人民共和国驻加纳共和国特命全权大使职务。

任命李祖沛为中华人民共和国驻加纳共和国特命全权大使。

全国政协八届常委会举行四十六次主席会议

中共中央政治局常委、全国政协主席李瑞环主持会议。

会议听取朱训秘书长关于召开政协第八届全国委员会常务委员会第二十一次会议议程和日程安排意见的说明。主席会议决定政协八届全国委员会常务委员会第二十一次会议于6月下旬在北京举行，建议会议的主要议题为，学习邓小平同志关于人民政协的论述，进一步推动政协工作。

全国政协副主席叶选平、吴学谦、杨汝岱、王兆国、阿沛·阿旺晋美、洪学智、钱正英、孙孚凌、霍英东、朱光亚、万国权、何鲁丽出席会议。

纪念内蒙古自治区成立50周年理论座谈会在北京举行

座谈会由中国民族理论学会、国家民委民族研究中心和内蒙古自治区党委宣传部联合召开。内蒙古自治区是我国建立的第一个省级民族自治地方，成立于1947年5月1日。

与会者认为，作为我国民族区域自治制度的示范，内蒙古自治区的建立和发展，为党和国家确定以民族区域自治作为解决我国民族问题的基本政策进行了成功的先期实践。50年来，内蒙古自治区的经济、文化、教育、卫生等各项事业取得巨大成就，在民族区域自治建设、培养各民族干部、牧区民主改革、发展畜牧业等方面创造了一系列行之有效的措施、做法，为全国各民族自治地方的建立和发展提供了宝贵的经验。

与会人士指出，自内蒙古自治区建立以来，我国成功地实施了民族区域自治制度。到目前为止，我国已建立了 5 个自治区、30 个自治州、121 个自治县(旗),我国 55 个少数民族已有 44 个实行了区域自治,民族自治地方占国土面积 60%以上。事实证明,民族区域自治制度是适合我国国情的、完全正确的选择。

全国人大常委会副委员长布赫、国务委员兼国家民委主任司马义·艾买提出席会议。

全国总工会举办杰出工人与劳模代表座谈会

全国总工会邀请全国十大杰出工人、"五一劳动奖章"获得者和"五一劳动奖状"获得单位的代表到全总座谈,以进一步弘扬劳动模范的先进思想,激励广大职工为实现"九五"计划和跨世纪宏伟目标建功立业。

全国总工会副主席、书记处第一书记张丁华在座谈开始前说,劳动模范是中华民族的脊梁,是推动改革开放和现代化建设事业胜利前进的骨干,是工人阶级的优秀代表,是党和政府联系广大群众的桥梁。他们有着炽热的爱国热情和艰苦创业精神,高度的主人翁责任感和勇于改革创新的气魄,良好的职业道德和爱岗敬业风范,崇高的思想境界和无私奉献的高尚品格。各级工会要在党委领导和政府支持下,充分发挥劳动模范的作用,关心劳动模范的健康成长。要认真落实劳动模范的待遇,切实帮助劳模解决生活中的实际困难。要加强对工人阶级优秀群体和优秀人物的宣传,促进全社会形成尊重、支持、关心劳动模范的良好风尚。

全国十大杰出工人亢龙田、李斌,全国"五一劳动奖状"获得单位洞庭氮肥厂厂长罗明安,"五一劳动奖章"获得者赵志正以及邵玉镇、芦巨才、苏里唐、周保华、朱之午等在会上发言。全总副主席、书记处书记杨兴富主持会议。

福建省红十字会再次就遣返台湾劫机犯事致函台湾红十字组织

今年 4 月中下旬,海峡两岸关系协会和中国红十字会曾分别通过台湾海基会和台湾红十字组织,将我有关方面拟按金门协议遣返 3 月 10 日劫持台湾远东航空公司飞机至厦门的台湾居民刘善忠的决定转告台湾有关方面。

4 月 22 日,福建省红十字会致函台湾红十字组织,联系遣返具体事宜,告之我有关方面拟于近期从厦门至金门渠道遣返刘善忠,并随函附上有关资料。

台湾方面迄今未就上述通知做出任何答复。

4 月 30 日,福建省红十字会秘书长何钟生再次致函台湾红十字组织秘书长常松茂,告之我有关方面拟于 5 月 14 日在厦门市沙坡尾渔港码头将刘善忠移交台湾主管部门,从海上遣返回台湾。何钟生要求台湾主管部门于 5 月 7 日前,就上述安排尽快作出答复。

祖国大陆与台湾之间的试点直航开始启动

为促进两岸直航,祖国大陆的福州、厦门港与台湾高雄港之间的试点直航开始启动。经双方核准两岸各 6 家船舶公司共 12 艘挂方便旗的船舶将陆续投入试运行。

中共中央总书记江泽民在北京会见以政调会长山崎拓为团长的日本自民党代表团

中共中央政治局常委胡锦涛在人民大会堂会见以韩国执政党新韩国党前党务委员 国会议员 国会文化体育新闻委员长李世基为团长的新韩国党友好访华团

美国总统克林顿在华盛顿白宫会见国务院副总理兼外交部部长钱其琛

钱其琛说,我这次访美的一项主要任务就是为江泽民主席对美国进行国事访问作准备。

克林顿说,我期待着江泽民主席对美国进行国事访问。我们两国元首实现互访是极其重要的。美中两国可以在许多领域加强合作,进一步扩大经贸关系。我们双方从现在开始就应该作些具体的准备工作,解决两国关系中的一些具体问题。

钱其琛说,我完全同意总统阁下的看法。中国一贯重视中美关系,希望与美国共同努力建立起一种长期稳定的关系。

双方还就中国加入世界贸易组织、最惠国待遇、和平利用核能、台湾问题、武器不扩散等问题交换意见。

中国代表团团长司法部副部长张耕在维也纳举行的联合国预防犯罪和刑事司法委员会第六届年会上发言

张耕说,为了适应预防和控制犯罪活动的需要并与国际社会的刑事立法逐渐衔接,中国八届人大五次会议修订了刑法典,对有关有组织犯罪活动的许多问题首次作出了规定。此外,中国政府一贯积极支持关于引渡和刑事事项的国际合作,对有组织地偷运非法移徙者的犯罪活动也一直予以坚决打击。

中葡关于澳门与内地大型基建协调小组第一次会议新闻公报

中葡关于澳门与内地大型基建协调小组第一次会议于 1997 年 4 月 30 日在北京举行。会议回顾了小组成立的过程,确认了小组的性质、宗旨、工作内容和方式。会上,中葡双方分别介绍了珠海和澳门大型基建计划，就一些具体项目进行了讨论。双方商定第二次会议于 1997 年 9 月下旬在澳门举行。

本次会议是在友好、坦诚的气氛中进行的。

教育界人士座谈《高等教育法（草案送审稿）》

座谈会上，北京大学、清华大学、中国人民大学等一些高校的负责人、教授袁行霈、贺美英、李文海、许嘉璐、哈经雄、陆善镇、沈国舫、沈士图、王浒、罗豪才、钱玉昆等，分别就进一步完善、充实《高等教育法（草案送审稿）》提出许多意见和建议。他们认为，改革开放以来，我国的高等教育有了较大发展，《高等教育法》的制订，将对促进高等教育的改革，保障高等教育的健康发展起重要作用。

残疾人工作协调委员会第五次全体会议在北京召开

国务委员、国务院残疾人工作协调委员会主任彭珮云主持召开。

会议认为，我国残疾人事业经过十多年的发展已成为领域广阔、独具特色的综合性社会事业，为进一步推动这项事业的发展，必须将残疾人工作纳入经济、社会发展总体规划，建立持续发展运行机制，形成良性循环。

彭珮云在会上充分肯定了我国残疾人事业取得的成就，同时指出，残疾人工作面临的困难还很多，任务仍十分艰巨，希望大家再接再厉，狠抓落实，把残疾人工作做得更好。

中国残疾人联合会主席邓朴方在会上介绍去年我国残疾人事业的进展情况。邓朴方说，去年是《中国残疾人事业"九五"计划纲要》实施的第一年，以总结"八五"计划期间的工作，制订"九五"计划、召开首次全国残疾人事业工作会议为标志，残疾人事业进入新的发展阶段；以保障残疾人基本需求为重点，各项业务工作全面推进，超额完成年度任务指标；以进行机构改革、落实"三定"方案为契机，残疾人工作与地方残联建设进一步得到加强。我国残疾人事业开始向着可持续发展的方向迈进：全年完成了 25.7 万例白内障复明手术、收训聋儿 1.3 万名，为缺碘地区的 2400 万名特需人群补用碘油丸，肢体残疾矫治 5.1 万例；新增特教学校 114 所，累计达到 1493 所，在校学生达到 62.5 万人；建立残疾人职业教育培训机构 610 个，培养 27.4 万人次；226 个市、812 个县实施按比例安排残疾人就业，城镇新安排 16.2 万名残疾人就业；全国 93％的县（市）、72％的乡（镇）制定了扶助残疾人的规定；开始核发全国统一的残疾人证，得到了广大残疾人的普遍拥护。

5月1日

《人民日报》发表社论《深化改革与工人阶级——庆祝五一国际劳动节》

在改革开放和社会主义现代化建设的热潮里，在迎接香港回归祖国和党的十五大召开的喜庆气氛中，工人阶级和劳动群众迎来了五一国际劳动节。值此盛大节日，我们向全国各族工人、农民、知识分子和全体劳动者，向劳动模范、先进工作者、“五一劳动奖章”获得者和荣获“五一劳动奖状”的先进集体，致以热烈的节日祝贺和崇高的敬礼！向台港澳同胞、海外侨胞致以亲切的节日问候！

庆五一，看形势，鼓舞人心。去年是实施“九五”计划和2010年远景目标的第一年，开了一个好头。今年，势头很好。一个重要的标志是，我国既抑制了通货膨胀，又保持了经济较快地增长，避免了经济的大起大落，实现了“软着陆”，国民经济进入了适度快速和相对平稳的发展阶段。这是一个举世罕见的了不起的成就，不仅具有重大的经济意义，而且具有重大的政治意义。

“大江东去，浪淘尽，千古风流人物。”在社会主义中国，伟大的改革已成不可逆转的潮流。工人阶级作为国家的主人翁，站在潮头，充分发挥主力军作用，成为改革发展的强大推动力量。工人阶级支持了改革，改革也锤炼了工人阶级。19年来的改革，前无先例可借鉴，外无模式可照搬，完全靠自己反复试验与大胆探索。今天，人们欣喜地看到，改革开放和社会主义现代化建设历经千难万阻，正在逐步进入佳境，建设有中国特色社会主义的光明前景，实实在在地展现在中国人民面前。如果说，对于邓小平同志关于改革的意义、前景，以及改革代表工人阶级和劳动群众根本利益、长远利益的论述，前些年人们的认识还不够深刻、不够全面，那么，现在情况已大不相同，人们特别是工人阶级对走改革之路的认识越来越深刻，信心越来越坚定了。升华的观念，正在变成自觉推动改革深化的巨大物质力量。

当前，为了加快经济体制和经济增长方式的两个根本性转变，必须切实搞好国有企业。在深化改革、扩大开放的进程中，部分国有企业遇到不少困难。对此，我们既要高度重视，又要有正确的认识。在经济体制改革和产业结构调整过程中出现各种各样的矛盾，是难以避免的，是绕不过去的。世界上几乎所有国家在经济结构大规模调整时期都发生过类似的情况。要看到，国有企业改革，是经济体制改革中的一块“硬骨头”，是事关全局的一项重大战略任务，犹如解放战争时期决定中国命运的“三大战役”，只能进，不能退，只能胜，不能败。在改革进程中遇到的困难，只有进一步深化改革才能克服。有困难，更有办法；是险阻，更是突破口。我们既要看到，由于历史的原因，国有企业多年积累起来的深层次问题已经充分暴露，到了非改革不可的时候；又要看到，改革开放的巨大成就和国民经济的持续、快速、健康发展，也为国有企业的改革创造了难得的条件。

为了搞好国有企业的改革，必须全面贯彻落实“充分发挥企业党组织的政治核心作用，坚持和完善厂长（经理）负责制，全心全意依靠工人阶级”的指导方针。“三句话”，互为依存，不可分割，缺一不可。全心全意依靠工人阶级，是党一贯坚持的方针，是邓小平建设有中国特色社会主义理论的重要内容。邓小平同志在改革开放之初就提出：“为了社会主义的利益，为了四个现代化的利益，全国工人阶级一定会在这些改革中起大公无私的模范先锋作用，各工会组织一定会用深入群众的宣传组织工作积极协助各企业顺利地实现这些改革，为革命和建设的事业作出新的杰出贡献。工人阶级最重要的特点之一就是同社会化的大生产相联系，因此它的觉悟最高，纪律性最强，能在现时代的经济进步和社会政治进步中起领导作用。”我们要把全心全意依靠工人阶级的方针，贯彻于改革开放的全过程，越是改革开放越要坚定不移地依靠工人阶级。要做到政治上保证、制度上落实、权益上维护、素质上提高。

依靠工人阶级同关心工人阶级是一致的。我们的改革，目标是共同富裕，让人人受益。事实已经表明，大家都是改革的受益者，区别在于有先有后，有多有少。在改革中，由于经济结构新的调整，劳动关系新的组合，利益新的分配，地区新的差别，以及一些难以完全避免的失误，有可能使一部分职工利益暂时受到影响。要向广大职工讲清道理，使人们认清形势，懂得与其承受旧体制长期的煎熬，还不如承受转换体制中暂时的“阵痛”。从长远利益看，这是值得的。当然，我们要努力做好工作，千方百计地缩短这个“阵痛”的过程。对部分国有企业的富余人员和下岗职工，要从讲政治、顾大局的高度，满怀深情，通过实施再就业工程等途径，为他们排忧解难。能办的事，要快办，办好；暂时办不到的，也要讲清道理。总之，通过深化改革，终究要使工人阶级和全体劳动群众都过上好日子。这个目标一定要实现，也一定能够实现。

改革开放气象万千，工人阶级重任在肩。在以江泽民同志为核心的党中央领导下，工人阶级作为社会主义国家的主人翁，将更加充分地发挥主力军作用，再接再厉，同心同德，把邓小平同志开创的建设有中国特色社会主义事业继续推向前进。

中共中央总书记江泽民为《自强之歌》一书作序

六年前，表彰了吴运铎、张海迪等一批自强模范，我曾与部分代表座谈，记忆犹新。最近，又看了反映这次表彰的自强模范和助残先进事迹的书稿《自强之歌》，深为感动。这是一曲自强不息、团结友爱的精神文明之歌，具有鲜明的时代特征。

我们正处在改革开放和民族振兴的伟大时代。把我国建设成富强、民主、文明的社会主义现代化国家，是时代赋予我们的重任。实现这一宏伟目标，需要崇高的理想、坚定的信念和自强不息的奋斗精神。

人总是要有一点精神的。残疾人自强模范，以热爱祖国的情怀、百折不挠的毅力、顽强拼搏的精神，超越种种不幸，克服常人难以想象的困难，创造了可歌可泣的业绩。从他们身上，可以感受到一种巨大的精神力量。这种精神，就是自尊、自信、自强的民族精神。这种精神，是求生存、图发展的一种志气，一种自信力，是我们民族的灵魂。

正是靠这种精神，我们的祖先创造了灿烂辉煌的古代文明。正是靠这种精神，我们的前辈推翻三座大山建立了新中国。我们要实现祖国富强和民族昌盛，仍然要发扬光大这种民族精神。

我们建设有中国特色社会主义的伟大事业，是以经济建设为中心、全面发展的事业。人，既有物质的需求，又有精神的需求。在我们的社会里，人们在追求物质生活和精神生活进步的过程中，需要有平等友爱的人际关系和团结互助的社会环境。

助残先进集体和个人，他们理解、尊重、关心、帮助残疾人的事迹，平凡而伟大。最感人的是他们高尚的道德情操。这种道德，不是以个人为中心，而是心中有他人，心中有集体，心中有国家。

道德的力量是巨大的。经济的繁荣、社会的进步、人类的文明，需要道德的发展和完善。作为人，要讲人道；作为社会的一员，要有集体意识和团结意识；作为公民，要热爱自己的祖国；作为共产党人，还应有更高的标准。发展社会主义市场经济，要求加强民主和法制建设，也要求加强思想道德和科学文化建设。要坚持为人民服务的宗旨，坚持进行爱国主义、集体主义、社会主义教育，坚持发扬团结互助、平等友爱、共同前进的社会风尚。

自有人类，就有残疾人。残疾，是人类发展进程中不可避免要付出的一种社会代价。我们国家现有6000多万残疾人，涉及全国近1/5的家庭。关系到这么多人的重要社会问题，必须解决好，而不能回避。

残疾人，有人的尊严和权利，有参与社会生活的愿望和能力。历史和现实表明，他们同样是社会财富的创造者。因此，残疾人的问题也是关系到充分实现公民权利和生产力解放的问题，必须始终重视，而不容忽视。

人道主义，是处理人与人之间关系的一个道德规范。人权保障，是国家的责任。对残疾人这个社会脆弱群体给予帮助，是社会文明进步的标志。我们共产党人是以人类解放为最高宗旨，我们的社会主义国家是以实现全体人民的富裕幸福为建设的根本目的，更应尊重残疾人的公民权利和人格尊严，保护其不受侵害。同时，对这个特殊而困难的群体还应给予特别扶助，通过发展残疾人事业使他们的权利得到更好的实现，使他们以平等的地位和均等的机会，参与社会生活和国家建设，共享社会物质文化的成果。

我们党和政府历来关心残疾人。近十年来，为了残疾人的生存和发展，国家颁布了残疾人保障法，制定实施残疾人事业的三个五年计划，完善了各级残疾人组织，并响应《关于残疾人的世界行动纲要》，参与“联合国残疾人十年(1983—1992年)”、“亚太残疾人十年(1993—2002年)”行动，取得了举世瞩目的成就。全国各地的残疾人参与机会在增多，参与范围在扩大，自身素质也在提高，他们的生活状况进一步改善。从这个方面，也有力地表明了我国人权保障的广泛性、公平性、真实性，体现了我国社会主义制度的优越性。

残疾人事业是崇高的事业，是我们社会主义事业的一部分。我国是个发展中国家，由于历史原因和生产力水平的制约，残疾人事业还滞后于经济和社会发展。各级党委和政府要高度重视这一事业，给予更多的关心和支持。全社会要继续发扬扶残助残的良好风尚，为残疾人送去更多的温暖。

我殷切地希望广大残疾人以自强模范为榜样，热爱生活，继续投身改革开放和现代化建设的伟大实践，同全国人民一道，共创更加美好的未来。

香港特别行政区行政长官董建华在美国有线新闻电视网(CNN)发表演讲并答记者问

董建华表示，广大港人对未来充满信心，已经把眼光投向下个世纪的发展；香港回归祖国后全面落实“一国两制、港人治港”是毫无疑义的。

董建华说，多项调查显示，“九七”后香港的外商企业九成以上将留在香港；调查还显示，八成以上的香港人对香港的未来充满信心，相信香港将继续保持繁荣稳定。目前香港人已经把自己的眼光投向明、后两年以至下个世纪的发展。

董建华说，基本法对香港回归祖国后实行“一国两制”、“港人治港”、高度自治作出了法律保障。成立临时立法会是在“直通车”安排无法实现的情况下，不得已采取的做法。

董建华指出，英国统治香港150多年中，只有在6年前才进行了第一次立法局直接选举；统治香港的港督一直都是由英国指派，港人无权参与任何意见。而在1996年，港人自己选举产生了未来特别行政区的行政长官。香港回归后，港人将会享有更为广泛的民主和自由。

在回答外国记者有关保障个人自由的问题时，董建华表示，自由对于香港社会非常重要，必须加以保护。但公众享有个人自由的同时，也要保证社会有平稳的秩序。

中日友好21世纪委员会第十一次会议在日本仙台闭幕

中方首席委员符浩和日方首席委员冈部达味分别代表双方作了总结发言。

符浩在总结中说，本次会议在双方委员的高度重视和共同努力下开得友好、坦诚、务实并富有成果。这次会议加深了双方的理解，将有助于中日关系健康稳定地发展。双方回顾和总结了中日邦交正常化25年来两国关系发展的经验教训；就面向21世纪，如何进一步加强两国在政治、经济、科技和文教等领域的交流与合作提出了许多积极有益的建议。双方在许多问题上取得了共识。

符浩说，双方认为中日关系是重要的双边关系，两国关系的发展不仅对两国，而且对本地区乃至世界都将产生积极的影响。双方应共同努力，从长远和战略高度把握好发展两国关系的大方向。双方强调应坚持和恪守中日联合声明和中日和平友好条约所确立的各项原则，妥善处理好两国间存在的问题。双方主张要加强两国青年之间的交流，进一步拓展两国经济和科技合作的深度与广度，加强两国在亚太地区和国际事务中的协调与合作。

冈部赞同符浩对会议所作的评价。他说，通过双方坦率、深入地交换意见，加深了双方委员的相互理解和信赖。双方所取得的共识，将有利于日中关系的顺利发展。日方将重视21世纪委员会这一重要渠道，进一步努力，为日中关系的发展作出贡献。

5月2日

新华社播发《彭真光辉战斗的一生》

彭真同志是伟大的无产阶级革命家、政治家，杰出的国务活动家，坚定的马克思主义者，我国社会主义法制的主要奠基人，党和国家的卓越领导人。他的一生，是革命的一生，光辉的一生。他为中国人民的解放和新中国的诞生，为社会主义革命和建设事业，为最终实现共产主义，顽强奋斗，建树了不可磨灭的历史功勋。

彭真同志于1902年10月12日出生于山西省曲沃县侯马镇垤上村一个贫苦农民家庭，取名傅懋恭。参加革命后，他在地下斗争中使用过许多化名，1937年改名彭真。

彭真幼年时白天随父母下田劳动，夜晚全家纺线，饱尝生活艰辛之苦，曾随祖母愤起反抗恶霸欺压。由于家境贫寒，12岁才开始读私塾。1919年，考入曲沃县立第二高等小学，受五四运动影响，带领同学进行反帝爱国宣传。1922年考入山西省立第一中学，寻求救国救民的道路，参加进步组织青年学会，接受了马克思主义。1923年加入中国社会主义青年团，同年加入中国共产党，是山西省共产党组织的创建人之一。大革命时期，任中共太原支部委员、书记，中国共产主义青年团太原地委书记，中共天津地委二部（区）委、一部（区）委、三部（区）委书记，中共天津地委组织部部长、职工运动委员，在太原、石家庄、天津、唐山等地组织领导工人运动、学生运动。1923年，在太原主办以工人为主要学员的成人夜校，参与组织反对曹锟贿选的斗争和成立太原民权运动大同盟。1924年，参与筹建国民党山西省党部，开展国共合作工作，同国民党右派排斥共产党员的活动进行斗争，并参加领导成立了太原和山西省的国民会议促成会。1925年，指导成立山西工人联合会和太原总工会，发动工人群众和各界民众反对阎锡山强征房屋估价税的斗争，五卅惨案后发动山西各界声援上海工人、学生的反帝斗争。在石家庄领导恢复正太铁路总工会，任正太铁路总工会秘书。1926年，作为正太铁路总工会代表出席在天津召开的第三次全国铁路工人代表大会。先后组织领导了石家庄和天津的纱厂工人斗争。大革命失败后，任中共天津市委代理书记、书记，中共顺直省委（当时领导北平、河北、山西、山东、察哈尔、河南等省市党的工作）常委、组织部部长、代理书记，是中国共产党在北方地区的主要领导人之一。他在白色恐怖的严酷环境中，深入工人群众，继续坚持斗争，组织领导天津近郊农民开展反霸护佃斗争，在农民中发展党员。1929年由于叛徒出卖，他在天津被捕，遭受酷刑摧残，坚贞不屈，组织被捕同志同叛徒、敌特进行斗争，减少了党的损失。在狱中秘密组织党支部，任书记，组织学习、宣传马列主义，开展各种形式的斗争。1935年刑满出狱后，任中共天津工作组负责人，组织领导天津各界群众开展抗日救亡运动。1936年，任中共北方局代表、组织部部长，并直接领导中华民族解放先锋队总队部。他支持刘少奇同志提出的白区工作基本方针和策略原则，坚持党的抗日民族统一战线政策，批评和纠正关门主义、冒险主义及投降主义的错误倾向，为恢复和发展北方地区党的组织，巩固和发展“一二·九”爱国运动的胜利成果，推动抗日民族统一战线的建立，开创白区工作的新局面，发挥了重要作用。1937年5月，作为白区代表团主席参加在延安召开的党的全国代表会议，任大会主席团成员。他在会议上发言强调，党在白区的工作要充分运用统一战线形式，广泛组织发动群众抗日，同时必须坚持党的独立性。接着，又参加了中共中央召开的白区工作会议和中央政治局会议。他在聆听了毛泽东同志对中国革命基本问题和马克思主义哲学思想的深刻论述后，结合中国革命的经验和教训，认定毛泽东同志是中国共产党当之无愧的领袖。

抗日战争爆发后，彭真同志参与部署党在北方地区开展游击战争、创建抗日根据地的工作。1938年他任中共中央晋察冀分局（北方分局）书记，同聂荣臻等同志一起，发展、巩固晋察冀抗日根据地，创造性地执行党中央关于抗日战争的战略方针和基本政策，放手发动群众，壮大人民力量，提出并实施了根据地党的建设、政权建设、武装建设以及土地、经济、劳动、金融等方面的政策，主持制定了《中共中央北方分局关于晋察冀边区目前施政纲领》。他明确提出“要使马克思主义中国化”，在根据地“改造旧社会，建立一个新民主主义社会”。晋察冀边区被党的扩大的六届六中全会主席团誉为“敌后模范的抗日根据地及统一战线的模范区”。1941年，在延安向中央政治局和毛泽东同志汇报晋察冀边区各项具体政策及党的建设经验，分析了边区各阶级、阶层的政治动向，说明了确定边区党的各项基本政策的根据和不同时期执行政策的重点，从理论与实践的结合上全面系统地总结了边区建设的基本经验。这个汇报受到毛泽东同志的高度评价，称它“是马克思主义的”，由中央批转各根据地党委。此后，留在中央，任中央党校教育长、副校长，中共中央组织部部长、城市工作部部长，参加领导了延安整风运动。1944年参加扩大的党的六届七中全会，任历史报告委员会成员、组织委员会成员，参与起草《关于若干历史问题的决议》和《关于修改党的章程的报告》。在延安，他为总结党的历史经验，把全党思想统一到以毛泽东同志为代表的正确路线上来，在全党确立毛泽东思想的领导地位，为培养党的领导骨干，为开展敌占区、国统区党的地下工作，作出了重大贡献。1945年，出席党的七大，当选为主席团成员，并任代表资格审查委员会主任。他在会上作了《关于敌占区的城市工作》的发言，总结了我党进行地下斗争的历史经验，阐述了精干隐蔽，利用合法形式，团聚群众，蓄积力量的方针政策和斗争策略。在党的七大和七届一中全会上，当选为中央委员和中央政治局委员，同年8月，被增补为中央书记处候补书记。

抗日战争胜利后，为实现党的七大作出的争取东北的战略决策，彭真同志任中共中央东北局书记、东北民主联军政治委员，在矛盾错综复杂、形势变化急剧的情况下，严肃执行中央、中央军委、毛泽东主席的决定、指示、命令，粉碎国民党反动派军事进攻，放手发动群众，壮大人民力量，迅速扩大部队，建立根据地，为最后取得胜利奠定了基础。1947年，回到中央，任中共中央工作委员会常委，并以中央政治局委员身份指导晋察冀工作。1948年，任中共中央组织部部长、政策研究室主任，同年12月兼任中共北平市委书记。1949年9月，作为中国共产党的代表之一，参加中国人民政治协商会议第一次全体会议，当选为全国政协委员、中央人民政府委员。他为中国革命的胜利和中华人民共和国的诞生，建立了不朽功勋。

新中国成立后，彭真同志长期担任党和国家的领导职务。新中国成立初任中央人民政府委员、政务院政治法律委员会副主任、党组书记，后任中央政法小组组长。从1954年起，任第一届、第二届、第三届全国人大常委会副委员长和第二届、第三届、第四届全国政协副主席。1956年，在党的八大和八届一中全会上，当选为中央委员、中央政治局委员、中央书记处书记，在中央书记处协助邓小平同志负总责。新中国成立后一直兼任中共北京市委书记，从1951年起兼任北京市市长，直至1966年5月。新中国成立后十七年中，他作为以毛泽东为首的党和国家领导集体的成员，为党的建设、政权建设、经济建设，政法工作、统战工作、民族工作、思想理论工作、科学教育文化工作、外事工作，为首都的建设和发展，呕心沥血，作出了重大贡献。

在和平接管北京的过程中，彭真同志善于把原则的坚定性和策略的灵活性结合起来，依靠工人阶级和劳动群众，团结各民主党派、无党派民主人士、知识分子和其他一切可以团结的力量，使北京在很短的时间内，就荡涤了旧社会遗留下来的污泥浊水，建立了新的社会秩序，实现了翻天覆地的伟大社会历史变革。解放前，北京是一个民生凋敝、满目疮痍的消费城市。北京刚一解放，他就强调把恢复、改造与发展生产作为北京市党政军民的中心任务，其他一切工作都应该围绕并服从于这一中心任务；并明确提出，首都建设要为人民大众服务，为发展生产服务，同时又要为党中央和中央人民政府机关服务。到1951年，北京市的国民经济就得到全面恢复，并超过历史最高水平。随着生产资料所有制的社会主义改造，北京市的经济建设持续突飞猛进，由消费城市变成了生产城市。他从进城不久就开始抓首都城市规划，1956年提出“城市规划要有长远考虑，要看到社会主义的远景，要给后人留下发展的余地”的指导方针。1958年，他领导了十大建筑的建设和天安门广场的规划。在社会主义建设中，他既爱护人民群众建设社会主义的积极性，又强调必须也只能实事求是地、老老实实地按照客观规律办事。他提出社会主义建设不犯路线上的错误，根本的问题在于调查研究。他身体力行，深入农村、工厂，直接听取群众意见，进行调查研究。十七年中，他为把首都建设成为社会主义的现代化城市，精心擘划，呕心沥血，作出了卓越贡献。

彭真同志一向尊重知识，尊重人才，对于发展科学教育文化事业给予高度重视。他强调北京是全国的文化中心，又是高等学校集中的地方，努力办好这些高等学校具有十分重要的意义。他主持制定了提高北京市中小学教育质量的决定。他热忱关怀青年的健康成长，连续多年向首都高等院校毕业生讲话，勉励他们自觉地走历史必由之路，同工农相结合，坚决跟共产党走，全心全意为人民服务，为社会主义服务。他提出"发展城市人民大众的文艺"，号召文艺工作者像过去深入农村一样深入到工厂中去，反映我们取得全国胜利的新时代；并提出要"推陈出新"，对旧戏加以改造，从改造中提高。他经常深入教育界、科技界、文艺界，广交朋友，听取意见。他尊重、团结老的知识分子，关心、培养青年知识分子，重视发挥他们在社会主义建设中的作用。1965年，在文化领域中"左"的倾向已经相当严重的情况下，他明确提出：要区别政治问题和学术、艺术问题。真理要受社会实践检验。一切人，不管谁，都应该坚持真理，随时修正错误，在真理面前人人平等。

彭真同志把执政党的建设摆到突出的位置，认为这是关系社会主义各项事业成败的关键。1950年，他把新形势下防止党的腐化问题提到了全党面前，指出：保证党永不腐化，一靠政治上、组织上和思想上的纯洁；二靠跟群众密切联系和广大群众的监督；三靠批评与自我批评；四靠制度、法律和纪律。他强调，保证党在任何情况下都不发生严重问题，很重要的一条就是要靠集体领导，坚持民主集中制。他要求北京市的党组织和广大共产党员"站在革命和建设的最前线"，"以可能达到的最高标准要求我们的工作"。他说：要正视工作中的缺点和错误，老老实实，对就对，错就错，有多少就说多少，这是共产党的本色。不要说瞎话，不要掩盖缺点和错误，更不要文过饰非、讳疾忌医、报喜不报忧。他尖锐地指出，官僚主义害死人，是要亡国的；严肃地告诫广大党员干部特别是领导干部，必须坚决克服脱离群众的官僚主义作风。

"文化大革命"中，彭真同志受到错误的批判，遭受林彪、江青一伙的残酷迫害，失去党内外一切职务和人身自由。即使在这种情况下，他仍然坚持学习马列主义、毛泽东思想，总结历史经验，关心、思考党和国家的前途、命运，同林彪、江青一伙进行了坚决的斗争。党的十一届三中全会后，中共中央宣布："文化大革命"中"强加给彭真同志的种种罪名和一切诬蔑不实之词，均应予以推倒。"

彭真同志恢复工作后，在1979年4月第一次参加中央工作会议时，就旗帜鲜明地指出：我们必须坚持高举马列主义、毛泽东思想的旗帜。否则，必然造成全党、全军、全国各族人民的思想和整个革命战线的混乱，使亲者痛、仇者快。对自由化思潮必须严重注意。但不能动摇我们扩大党内民主和人民民主的决心，不能动摇我们坚持实事求是，解放思想，用社会实践作为检验真理的标准的正确思想路线的决心。

1979年9月，彭真同志在党的十一届四中全会上被补选为中央委员、中央政治局委员，之后连任党的第十二届中央委员、中央政治局委员。1980年，任中央政法委员会书记。1979年6月，在五届全国人大二次会议上被补选为全国人大常委会副委员长，并兼任全国人大常委会法制委员会主任。1983年6月，在六届全国人大一次会议上当选为全国人大常委会委员长。在新的历史时期，彭真同志作为以邓小平同志为核心的党和国家领导集体的重要成员，参与了党和国家一系列重大决策的制定，为拨乱反正，确立和贯彻党的以经济建设为中心，坚持四项基本原则，坚持改革开放的基本路线，建设有中国特色的社会主义，为祖国的统一和各民族的团结，作出了重大贡献。他反复强调：要"把国家的工作重点坚决转移到社会主义现代化经济建设上来。一切工作都要围绕这个重点，为这个重点服务"；"四项基本原则既反映了不以人们的意志为转移的历史发展规律，又是中国亿万人民在长期斗争中作出的决定性选择"，"在新的历史条件下坚持四项基本原则，必须把马克思主义的普遍真理同中国社会主义建设的具体实践结合起来，走出一条具有中国特色的社会主义建设的道路"；"马列主义、毛泽东思想本质是批判的、革命的，社会主义本质上就是不断改革、发展、完善的"，改革开放"是客观规律的反映，是从总结我国三十多年实践经验中得出的结论"，是不会改变的；"不发展商品经济，我们的经济就搞不活，要从战略上看准这一点，坚决干下去。"他不顾年事已高，经常到全国各地深入基层，调查研究。他十分关心经济特区建设，多次进行实地考察。1987年，他到深圳、珠海视察时，指出：特区办得成功，方向对头。应该允许特区先行试验，大胆改革。特区要紧紧抓住大力发展社会生产力和外向型经济，坚持四项基本原则，更加改革，更加开放，更加搞活。

彭真同志长期领导、主持社会主义民主与法制建设工作。1954年，他参加了新中国第一部宪法的制定工作，并在一届全国人大一次会议上就宪法确定的法律面前人人平等的基本法制原则作了深刻的论述。接着，又领导了刑法等法律的起草工作。在“文化大革命”中，身陷囹圄期间，他对我国的民主法制建设进行了深入的研究和思考。党的十一届三中全会后，他夜以继日地忘我工作，三个多月就主持制定了我国第一部刑法、刑事诉讼法等七部重要法律。1980年，他担任宪法修改委员会副主任委员，直接主持了宪法修改工作。1979年以来，他领导制定了一系列关于国家机构、民事、刑事、诉讼程序、经济、涉外等方面的基本的重要的法律，为我国的社会主义法制奠定了坚实的基础。他对社会主义法制建设提出了许多重要思想，指出：从革命战争时期主要依靠政策办事，到人民掌握全国政权以后，不仅依靠政策，而且依法办事，这是一个历史性的转变；健全社会主义法制，必须围绕经济建设这个中心，坚持四项基本原则，坚持改革开放，为建设有中国特色的社会主义服务；立法工作必须以马克思主义为指导，从中国的国情出发，总结自己的实践经验，同时吸取古今中外有益的东西；各级国家机关必须严格依法办事，同时通过宣传教育，把法律交给群众，这是法律得以遵守、执行的可靠保证；在我们国家，党领导人民制定宪法和法律，党也领导人民遵守、执行宪法和法律，党自己也必须在宪法和法律的范围内活动。坚持党的领导，严格依法办事，服从人民意志，三者是统一的。

彭真同志长期主持全国人大常委会的工作，对建立和完善人民代表大会制度倾注了大量心血。早在1951年，他就指出：人民代表大会制度是我们国家的根本政治制度，是全国人民管理国家的基本组织形式，是我们在政权工作中走群众路线的最好、最有效、最重要的形式。在新的历史时期，他提出：人民通过人民代表大会制度，把国家的、民族的前途和命运掌握在自己手里，这是维护人民的根本利益的可靠保证，也是我们的国家能够经得起各种风险的可靠保证；人大常委会依照宪法赋予的职责进行工作，一不要失职，二不要越权；在工作中必须严格遵守民主集中制的原则，集体行使权力，集体决定问题，在充分发扬民主的过程中统一思想，实行高度民主基础上的高度集中；要不断加强人大常委会的组织、制度建设，使它的工作逐步走向制度化、规范化。

彭真同志长期分管新中国政法战线的工作。他创造性地贯彻党中央关于政法工作的方针政策，为建立和健全政法战线的机构、制度和队伍，为维护国家安全和社会稳定、保障社会主义建设的顺利进行，作出了重大贡献。党的十一届三中全会后，他为消除“文化大革命”中“砸烂公、检、法”所造成的严重恶果，恢复、健全、加强政法工作和政法队伍，殚精竭虑。1980年，他任“两案”审判指导委员会主任，统一领导审判林彪、江青两个反革命集团的工作。他确定了“严格地把党内、人民内部的错误与反革命罪行分开”的根本原则，坚持以事实为根据，以法律为准绳，严格依法办事，从而保证了“两案”审判的巨大成功。他总结政法工作的历史经验，对新时期政法工作的任务、方针、政策和队伍建设作了全面论述，提出：新时期政法工作的根本任务是，在四项基本原则的指导下，为社会主义现代化建设服务；严厉打击严重危害社会治安的犯罪，严厉打击破坏经济的犯罪，坚决同危害社会主义精神文明的犯罪行为作斗争，保障改革开放和四化建设的顺利进行；对严重危害社会治安的刑事犯罪分子，必须依法从重从快处理；对轻微违法犯罪的青少年，则要像父母对待害传染病的孩子、医生对待病人那样，满腔热情、耐心细致地教育、感化、改造他们；政法工作必须紧密依靠党的领导，紧紧依靠群众，实行专门机关与群众路线相结合，反对和克服神秘主义；必须大力提高政法队伍的政治素质和业务素质。

彭真同志代表党和国家，会见过许多国家的朋友和同志，出访过许多国家，多次参加涉及国际共产主义运动重大问题的会议和会谈。在外事活动中，他坚持我们党和国家处理党与党、国与国之间关系的基本原则，坚决维护中国共产党独立自主的原则立场，为维护我们国家和民族的尊严和利益，增进中国人民和世界人民的友谊，推动世界和平与人类进步事业，作出了杰出贡献。

1988年彭真同志从领导岗位退下来之后，仍然一直关心着我国的改革开放和社会主义现代化建设事业。在1989年春夏之交的那场政治风波中，他发表了《用宪法和法律统一思想》的重要讲话，对统一思想、教育群众、分清是非，维护国家的独立、尊严、安全和稳定，起了重大作用。他坚决支持以江泽民同志为核心的中央领导集体，高度评价1992年年初邓小平同志视察南方重要谈话和中央政治局全体会议精神，他说：小平同志讲，要坚持“一个中心，两个基本点”，这是我们党的基本路线。要集中精力把经济建设搞得更快更好，要发扬党的优良传统，坚持两手抓。改革开放是发展生产力，解放生产力，要坚持改革开放，一直到共产主义。近十年来，彭真同志虽然年事已高，仍然以全部的精力读书、看报、阅读文件，外出调查研究，关心国有企业、农业、农村工作和党的建设，关心党和国家的前途、命运，关注国际的风云变幻。由于疲劳过度，1991年4月和1992年9月先后两次突患重病。他以钢铁般的意志，顽强地同疾病作斗争，两次战胜病魔，创造了奇迹。以江泽民同志为核心的党中央非常关心彭真同志，他也认真地向中央提出建议，坚决支持中央的工作，对党的十四大以来所取得的成就给予高度的评价。

1991 年 1 月，中共中央文献编辑委员会编辑出版了《彭真文选》。他的《论新时期的社会主义民主与法制建设》、《站在革命和建设的最前线》、《论新中国的政法工作》三本文集也已先后出版。这些是彭真同志留给我们的宝贵精神财富。

彭真同志在七十多年的革命生涯中，对共产主义具有坚定的信念，对党、对人民、对无产阶级革命事业无限忠诚，百折不挠，坚韧不拔。他孜孜不倦地学习马克思主义，坚持理论联系实际，善于运用马克思主义的立场、观点、方法，敏锐地发现问题，实事求是地分析问题、解决问题，显示出创造性地开拓新局面和处理复杂问题的革命家的胆略和组织才能。在关系党和国家前途、命运的关键时刻和重大问题上，他一贯坚持原则。他始终不渝地坚持全心全意为人民服务的宗旨，以最大多数人民的最大利益为行为准则，始终保持人民公仆的本色。他坚持民主集中制原则，坚持党的集体领导制度，坚持群众路线，深入实际，调查研究，作风民主，重视倾听不同意见，集思广益，多谋善断。他谦虚谨慎，朴实无华，严于律己，坚持真理，随时修正错误。他胸怀坦荡，光明磊落，顾全大局，模范地遵守党的纪律。他关心同志，爱护干部，尊重知识，尊重人才，为党的事业培养了大批领导骨干。彭真同志不愧为德高望重，功勋卓著，深受全党和全国各族人民爱戴的老一辈无产阶级革命家。

彭真同志为中国革命和社会主义建设所建树的历史功勋，将永载史册。他的革命精神和崇高品德，为全党和全国各族人民树立了学习的楷模。

彭真同志永远活在人民心中！

国家副主席荣毅仁在上海考察

5 月 2 日至 10 日，荣毅仁副主席先后考察浦东新区、上海宝山钢铁(集团)公司、上海家化联合公司、孙桥现代农业开发区、上海图书馆等地，他对上海近年来在物质文明和精神文明建设上所取得的成绩感到十分高兴。

荣毅仁副主席说，这些年来，上海城市建设变化很大，尤其是浦东新区，真是一年一个样。荣毅仁副主席指出，上海作为国家工业生产基地有着重要的作用，同时在金融、贸易、旅游等第三产业方面也有着广阔的发展前景，潜力很大。他希望上海在国际交往和国内交流中发挥更大的作用，带动长江三角洲和内地省市的经济发展和繁荣。

5月3日

香港特别行政区临时立法会第五次全体会议在深圳举行

会议审议香港特区《国旗及国徽条例草案》和《区旗及区徽条例草案》，并动议讨论 1997 年至 1998 年度过渡期预算案。

在临立会上，一读及二读通过的有关国旗及国徽、区旗及区徽条例草案指出，政府的主要建筑物必须展示国旗和国徽或其中之一，行政长官并获授权，规定哪些机构和场所必须使用或展示国旗、国徽和区旗、区徽。条例草案还规定了国旗及国徽、区旗及区徽的使用、制造、保护等，同时详细列明国旗、国徽、区旗、区徽的规格，并赋予法律上的保护，不得用于商标或广告、私人丧事活动等，必须受到尊重和爱护。

草案还规定，在香港特别行政区，凡国旗与区旗、国徽与区徽同时悬挂时，应当将国旗或国徽置于较突出位置。列队举持国旗和区旗行进时，国旗应在区旗之前。悬挂国旗、区旗时，国旗在右；区旗在左。这两项条例草案规定法例的生效期均为 1997 年 7 月 1 日。

国办发出关于切实做好抗旱双保工作的通知

国务院办公厅日前发出关于切实做好抗旱双保工作的通知。

在各地区、各部门和广大干部群众的努力下，今年农业生产开局不错，春耕生产进展顺利，夏粮作物面积扩大，长势良好。但是，从 4 月中旬以来，华北北部、东北西部、内蒙古东部、西北中西部及四川等地旱情大面积发生，且在持续发展，对夏粮作物的后期生长和当前春播生产极为不利。当前，正值夏粮生长和春播作物播种、出苗的关键时期。各级政府和有关部门要迅速行动起来，切实做好以抗旱保夏粮丰收、抗旱保春播出苗为主要内容的抗旱双保工作。为此，经国务院同意，现就有关问题通知如下：

一、充分认识夺取今年夏粮和全年农业丰收的重大意义。今年是我国历史发展进程中十分重要的一年。夺取今年农业丰收，有利于发展农业和农村经济的大好形势，有利于保持改革、发展和稳定的大局，有利于香港回归和党的十五大召开两件大事的顺利实现。各级政府和有关部门一定要充分认识夺取今年农业丰收的重大意义，牢固树立抗灾夺丰收的思想，紧急动员，迅速行动起来，加强领导，落实有效措施，坚决打好当前抗旱双保这一仗。

二、千方百计开辟水源，努力扩大灌溉面积。受旱地区要利用一切可以利用的水利设施，采取各种行之有效的措施，充分挖掘水源潜力，最大限度地扩大灌溉面积。要坚持开源与节流并重，计划用水，节约用水，科学用水，使有限的水资源发挥最大的效益。要合理调度大中型灌溉工程的水源，充分发挥小水库、小塘坝、小井、小泵站、小自流灌区的作用。有条件的地方要发动群众开展打新井、修旧井、筑塘坝、截潜流等小型水利工程建设，开辟新的水源。各地抗旱服务队要全力以赴，充分运用一切抗旱设施，积极投入抗旱第一线。

三、大力推广节水技术和旱作农业技术。各地要认真总结经验，因地制宜地推广各种节水灌溉技术和旱作农业技术，提高水资源利用率。要综合运用工程措施、生物措施、农艺措施、机械措施，保墒、抢墒、增墒，减少土壤水分蒸发，促进作物正常生长发育。要大力推广喷灌、滴灌、渗灌等抗旱节水技术，努力扩大坐水种面积，积极推广使用抗旱剂。在水源缺乏地区，要推广精细整地、深松镇压、地膜覆盖、育苗移栽等旱作农业技术。各地都要加强田间管理。

四、通力合作，全力支持抗旱双保工作。有关部门要在各级政府的统一领导下，紧紧围绕夺取今年农业丰收，明确责任，通力合作，为抗旱双保提供优质、高效的服务，确保抗旱双保所需资金、物资和各种技术措施的落实到位。农业部门要加强对农业生产的具体指导，做好技术推广和病虫害防治工作；水利部门要搞好水资源的合理调度和节水技术的推广工作；气象部门要及时做好天气的预测预报工作；计划、财政、金融部门要突出重点，组织好农业资金的供应工作；机械、电力、石化、内贸、供销等部门，要积极组织货源，做好有关设备、物资、电力及农业生产资料的供应工作；新闻单位要进一步做好抗旱双保工作的宣传报道。

五、加强领导，狠抓落实。各级政府要把抗旱双保作为当前农村经济工作中的一件大事来抓。各级政府和有关部门的负责同志要深入基层，深入农业生产第一线，加强对抗旱双保工作的组织领导，做好协调工作，确保抗旱双保各项措施的落实。

中国人民银行严令禁止公款私存

中国工商银行深化主办银行制度

近日，中国工商银行与一汽等 50 户重点企业签订了银企合作协议，承诺对这些企业流动资金贷款余额不低于 1996 年年末水平，1997 年新增流动资金贷款优先安排解决。此举表明该行自去年与国务院确定的 300 户重点企业中的 272 户企业签订主办银行协议后，今年将继续深化这项工作。

1996 年年末，工商银行各分行对 272 户重点企业共增加流动资金贷款 278.3 亿元，完成协议的 93.4%；累计开出承兑汇票 109.8 亿元，完成协议 106%；办理贴现贷款 72.3 亿元，完成协议 112%。据工商银行有关人士介绍，经过半年多的运行，主办银行制度取得了一定成效。

国务院副总理姜春云在海南考察

5 月 3 日至 7 日，姜春云在海南省考察。姜春云充分肯定了海南发展农业，尤其是特色农业所取得的成绩。姜春云指出，1995 年中央农村工作会议提出，要把海南建成全国热作瓜果菜园子。现在可以说，这一目标已初步实现。

姜春云指出，在发展社会主义市场经济过程中，各类产品如果没有自已的特色，就很难进入市场，更说不上占领市场，工业产品是这样，农业产品也是这样。海南发展热作瓜果和反季节瓜菜的实践就说明，只有研究市场，找到自已独特的优势，积极发展特色产品，形成特色产业，才能获得最佳效益，加快农业产业化、现代化的进程。

国务院副总理李岚清在德黑兰与伊朗总统哈希来共同主持召开中伊经贸和科技合作联合委员会第九次会议

李岚清在会议上发表讲话说，中国和伊朗的经贸合作具有很大的潜力，双方应当采取一切措施扩大双边贸易，推进两国间的经贸、科技合作。

李岚清指出，中国政府对中伊双边经贸合作表示满意。李岚清说，伊朗拥有丰富的石油资源，中伊两国加强石油领域的合作具有重要的意义。李岚清表示，由于伊朗石油含硫量高，因此中国接受伊方提出的关于改造中国炼油厂的建议，以便改造后可以炼制更多的伊朗原油，扩大伊朗对中国的原油出口。李岚清还表示，关于已经签订的经贸合同，双方政府应该推动本国企业按时、按质、按量地完成。

5月4日

国家主席江泽民在人民大会堂同科特迪瓦总统亨利·科南·贝迪埃举行会谈

双方就双边关系和共同关心的国际问题交换意见。

江泽民说，中国十分珍视与科特迪瓦的友谊，愿与科特迪瓦在"真诚友好、平等相待、团结合作、共同发展"的原则基础上，全面发展友好合作的国家关系。

江泽民还对科特迪瓦奉行"和平、中立、对话和不结盟"的外交政策表示赞赏。他说，中国愿与科特迪瓦保持和加强在国际事务中的磋商与合作。

贝迪埃说,科中建交以来,两国保持着友好合作的关系。作为第一个访华的科特迪瓦国家元首,他此次访华的目的是进一步加强两国间业已存在的友好合作关系。

江泽民说,中科两国开展真诚友好的经贸合作,并取得了具体成果,对此我们感到高兴。两国开展互利合作的领域广阔,潜力很大。中国政府愿本着平等互利、共同发展的原则,进一步拓展两国的经贸合作,并愿推动两国企业逐步成为双方合作的主体。

贝迪埃对此表示同意。他说,两国在经贸领域中的合作是多样化的,卓有成效的。科特迪瓦将与中方一起,努力发展各个领域的互利合作。

江泽民向客人们介绍中国对国际形势的看法。

贝迪埃说,科特迪瓦与中国在国际问题上有广泛的共识,都致力于建立国际政治、经济等秩序。

会谈后,江泽民主席和贝迪埃总统出席四个文件的签字仪式。这四个文件是:中科两国政府关于中国向科特迪瓦提供政府贴息优惠贷款的框架协议、中国政府和科特迪瓦政府经济技术合作协定、中国政府向科特迪瓦政府提供贷款的协定、两国有关部门关于科特迪瓦沿海盆地地震资料采集和处理合同。

中共中央总书记江泽民中共中央政治局常委胡锦涛在中南海怀仁堂会见“中国青年五四奖章”获得者和优秀青年代表

江泽民说,团中央、全国青联向在社会主义现代化建设中做出突出贡献的青年颁发“中国青年五四奖章”,是一件很有意义的事情。获奖者艰苦创业的先进事迹和无私奉献的精神,是值得广大青年和广大干部、群众学习的。榜样的力量是无穷的。要在全社会大力发扬崇尚先进、学习先进的良好风尚。

江泽民希望共青团员和广大青年,在党中央的领导下,高举邓小平建设有中国特色社会主义理论的伟大旗帜,坚持党的基本路线,继承和发扬“五四”的优良传统,努力学习,严于律己,扎根基层,艰苦奋斗,创造出无愧于时代、无愧于党和人民要求的辉煌业绩。

会见后,胡锦涛与“中国青年五四奖章”获得者和优秀青年代表座谈并讲了话。他在讲话中强调,当前,摆在全党全国人民面前的历史性任务,就是要高举建设有中国特色社会主义理论的伟大旗帜,把邓小平同志开创的社会主义改革开放和现代化建设的伟大事业继续推向前进。他希望广大青年进一步增强责任感、使命感和紧迫感,继承和发扬“五四”光荣传统,大力弘扬江泽民同志倡导的新时期创业精神,把爱国之情、报国之志化作艰苦创业的实际行动,做伟大时代的创业者。

胡锦涛指出,做伟大时代的创业者,必须掌握科学理论,全面提高素质。必须立足本职岗位,矢志艰苦奋斗。必须倡导文明新风,自觉维护稳定。胡锦涛强调,把青年一代培养成为伟大时代的创业者,共青团肩负着重要的职责。各级团组织要更好地团结和带领广大团员青年投身创业实践,努力开创共青团工作的新局面。全党全社会都要关心和支持青年工作,为青年一代健康成长、建功立业创造良好的社会环境。

共青团中央书记处第一书记李克强主持会议。

首次获得“中国青年五四奖章”的秦文贵、李斌、刘笑、公举东和宋芳蓉先后在座谈会上发言。

全国“巾帼扶贫行动”工作会议暨“双学双比”活动研讨会在太原召开

会议由全国妇联和国务院扶贫开发领导小组于5月4日至7日联合举行。

全国人大常委会副委员长、全国妇联主席陈慕华,国务委员、国务院妇女儿童工作委员会主任彭珮云参加会议并讲话。

“八五”期间全国妇联已帮助160万农村妇女脱贫。去年决定在全国开展“巾帼扶贫行动”后,一年来已取得明显成效:通过宣传,使先富起来的妇女增强了扶贫责任感,贫困妇女坚定了脱贫致富的信心;开展了多层次、多门类的文化技术培训,去年全国有300万文盲妇女脱盲,有1020万农村妇女接受了农业新技术、新品种推广培训,当年就有27.6万妇女脱贫;多种形式的城乡互助、东西互助等手拉手活动把扶贫工作落实到村、到户、到人,目前9个发达省、市妇联和一些女企业家参加东西互助手拉手活动,建立了11个妇女扶贫项目,有66万多名妇女与贫困地区妇女结成对子;争取资金兴办了一批有效利用当地资源,适合妇女特点的种、养、加项目等。

彭珮云在讲话中指出,把扶贫开发与计划生育结合起来,是一条解决贫困地区人口与发展问题的必由之路,控制人口数量,提高人口素质是扶贫开发的一项治本之策。她还要求各地的“巾帼扶贫行动”应与社会主义精神文明建设结合起来。

国办发出《关于立即停止地方自行审批外商投资商业企业的紧急通知》

各省、自治区、直辖市人民政府,国务院各部委、各直属机构:

1992年7月,国务院决定试办中外合资、合作商业零售企业以来,试点工作进展顺利,对我国商业企业的改革和发展起到了积极的作用。但当前有一些地方政府违背国务院的规定，擅自越权批准和自行举办了一批外商投资商业企业，造成商业利用外资项目审批管理无序、盲目发展，合作方式不符合国家政策等问题，给商业领域利用外资试点工作带来了混乱，对外也造成了不良影响。为了维护政策的统一性和严肃性，保证我国商业领域利用外资试点工作的进一步健康有序发展，经国务院同意，特作如下紧急通知：

一、商业领域利用外资工作尚属试点阶段，试点范围、数量和试点项目的审批管理，仍按《国务院关于商业零售领域利用外资问题的批复》（国函〔1992〕82 号）的规定执行。国务院重申，举办外商投资商业企业的审批权限在国务院。

二、从本通知下发之日起，地方各级政府必须立即停止自行洽谈和审批外商投资商业企业，正在审批的要立即停止办理一切手续，正在与外商谈判的要立即中止谈判。未经国务院批准，各级工商行政管理机关不得办理外商投资商业企业的登记注册手续。

三、国务院决定，近期对地方自行批准的外商投资商业企业和地方通过各种方式自行开办的外商投资商业企业，进行全面的清理整顿，具体办法另行下达。

四、地方各级政府要加强对商业领域利用外资工作的领导和管理，本通知下达后，如发现新的未经国务院批准的外商投资商业企业，除一律予以关闭外，还要追究有关负责人的责任。

塞舌尔副总统詹姆斯·阿里克斯·米歇尔到维多利亚宾馆拜会国务院总理李鹏

会见后，中塞双方签署《关于中华人民共和国政府向塞舌尔共和国政府提供无偿援助的换文》。

国务院副总理兼外交部部长钱其琛在北京会见葡萄牙议长阿尔梅达·桑托斯

中国和马尔代夫两国政府在马尔代夫首都马累签署关于中华人民共和国香港特别行政区与马尔代夫共和国互免签证的协定

伊朗总统拉夫桑贾尼在德黑兰总统府会见国务院副总理李岚清

5月5日

彭真遗体在北京火化

伟大的无产阶级革命家、政治家，杰出的国务活动家，坚定的马克思主义者，中国社会主义法制的主要奠基人，党和国家的卓越领导人彭真的遗体，在北京火化。江泽民、乔石、李瑞环、朱镕基、刘华清、胡锦涛等党和国家领导人，上午来到北京医院，沉痛送别彭真同志。

在低回的哀乐声中，中共中央总书记、国家主席、中央军委主席江泽民，中共中央政治局常委、全国人大常委会委员长乔石，中共中央政治局常委、全国政协主席李瑞环，中共中央政治局常委、国务院副总理朱镕基，中共中央政治局常委、中央军委副主席刘华清，中共中央政治局常委、书记处书记胡锦涛等，胸佩白花，臂戴黑纱，缓步走进告别室，向彭真同志的遗体三鞠躬，并与彭真同志的夫人张洁清及亲属一一握手，向他们表示亲切的慰问。

参加送别的还有尉健行、温家宝、王汉斌、杨尚昆、万里、薄一波、罗干等同志。

国务院总理李鹏在卢萨卡同赞比亚总统弗里德里克·奇卢巴举行会谈

会谈后，李鹏总理和奇卢巴总统出席了《中华人民共和国政府和赞比亚共和国政府经济技术合作协定》和《中华人民共和国政府和赞比亚共和国政府、坦桑尼亚联合共和国政府关于中国政府向坦赞铁路提供专项贷款的协定》签字仪式，并且共同会见了记者。

李鹏在会见时强调，中国政府鼓励企业家到赞比亚投资，特别是在铜矿开发和农业领域中与赞企业界开展互利合作。李鹏认为这种合作有利于合作双方，同时也为中赞经贸合作开辟了新的途径和方式。

李鹏说，赞比亚资源丰富，自然条件很好。李鹏表示相信，在赞政府领导下，通过人民的艰苦努力，赞比亚一定会繁荣富强。李鹏还说，中赞两国在很多问题上有相同或相似的观点，两国今后可以也应该继续互相帮助。

全国人大常委会委员长乔石在北京会见葡萄牙议长阿尔梅达·桑托斯

乔石会见时表示相信，澳门政权的顺利交接不仅不会损害中葡之间的友谊，反而会使两国在各个方面的友好合作关系得到进一步加强。

乔石说，中葡两国在澳门问题上有着很好的合作，两国在这个问题上的立场和态度是一致的。

乔石说，近年来，中葡两国高层领导人保持了经常互访，双边关系进入了一个新的发展阶段，中国全国人大和葡萄牙议会之间的交流也取得了长足的进展，相信代表团的这次访问将对增进全国人大与葡萄牙议会之间的友谊、促进两国友好合作关系的发展发挥积极的作用。

乔石还介绍了中国经济建设等方面的情况。

共青团中央全国青联在人民大会堂举行"中国青年五四奖章"获得者首场报告会

报告会上,五位获奖者——扎根柴达木荒漠戈壁15年,在生产、科研第一线为油田技术进步作出贡献的青海石油管理局高级工程师秦文贵;爱岗敬业、刻苦钻研、为国有企业扭亏增盈作奉献的上海液压泵厂工人李斌;自强不息,在贫困山区靠科技致富的山西省柳林县薛村乡农民刘笑;优秀大学生士兵、南京军区上海警备区"南京路上好八连"班长公举东和在艰苦的高寒山区办学8年,为土家族孩子奉献全部爱心的湖北省五峰土家族自治县三坪小学教师宋芳蓉,先后介绍了他们各自的奋斗经历。

全国机构编制工作座谈会暨邓小平行政管理体制和机构改革理论研讨会在北京召开

国务委员、中央编委副主任李贵鲜在会上要求各级机构编制部门要切实加强机构编制管理,防止机构编制再度膨胀。

会上,中编办表彰了近几年来在机构改革中做出突出贡献的机构编制系统先进集体和先进工作者。

中国纺织工会和中国纺织总会在北京联合召开全国纺织行业再就业先进事迹交流座谈会

国家主席江泽民在中南海会见伊拉克共和国副总理塔里克·阿齐兹

全国人大常委会委员长乔石在北京会见由会长林义郎率领的日中友好议员联盟代表团

国务院副总理朱镕基在中南海紫光阁会见奥地利国防部部长维尔纳·法斯拉本德

国务院副总理兼外交部部长钱其琛在钓鱼台国宾馆同伊拉克副总理塔里克·阿齐兹举行会谈

全国人大常委会副委员长吴阶平在人民大会堂会见由次长中川良一率领的日本总务厅青少年对策本部访华团

中共中央政治局委员黄菊率领中国共产党代表团抵达哈瓦那开始对古巴秘鲁和委内瑞拉进行访问

国务委员兼国防部部长迟浩田在钓鱼台国宾馆同奥地利国防部部长维尔纳·法斯拉本德举行会谈

国家科委主任宋健率领中国政府科技代表团出席在里斯本举行的中葡第二届科技混合委员会第二次会议

在会议上,中、葡两国确定了23个合作项目,内容涉及新材料、能源、环保、生物等十几个领域。

中科院常务副院长路甬祥获德国鲁道夫·狄塞尔金质奖章

路甬祥由于在机械工程领域,特别是在流体传动与机械电子控制自动化方面的突出贡献,获得德国鲁道夫·狄塞尔金质奖章。这是第一位中国人获此殊荣,也是第一位亚洲科学家获此殊荣。

中国乒乓球队在曼彻斯特第四十四届世界乒乓球锦标赛上获得六项冠军

男子团体冠军、女子团体冠军,邓亚萍获女子单打冠军,孔令辉、刘国梁获男子双打冠军,邓亚萍、杨影获女子双打冠军,刘国梁、邬娜获混合双打冠军。

5月6日

中共中央在中南海怀仁堂举办《"一国两制"与香港基本法》法制讲座

中共中央总书记江泽民主持并作重要讲话。中共中央政治局常委李瑞环、朱镕基、刘华清、胡锦涛听取了今天的法制讲座。

这次讲座是近年来中共中央举办的第五次法制讲座。今天的主讲人是中国社会科学院法学研究所研究员吴建,他曾参与起草香港特别行政区基本法和澳门特别行政区基本法。吴建以《"一国两制"与香港基本法》为题,重点讲了4个方面的问题:"一国两制"的伟大构想及其法律化;基本法是在香港实行"一国两制"的法律基础;实施香港基本法的若干问题;严格按照基本法办事,维护香港的长期繁荣稳定。

讲座中,江泽民等中央领导同志仔细听,认真记,并就一些问题和吴建研究员进行了探讨。

讲座结束后,江泽民发表重要讲话。他说,再过56天,我国政府就要对香港恢复行使主权,香港就要回到祖国怀抱。这是中华民族的一件盛事,也是举世瞩目的一件大事。实现香港回归祖国,将使中华民族彻底洗雪这段百年耻辱,使我们完成祖国统一的大业迈出重要一步。这将极大地增强我们民族的凝聚力,鼓舞全国人民奋发图强、建设现代化国家的热情。

江泽民说,保证香港的平稳过渡和香港回归后的长期繁荣稳定,关系到香港同胞的切身利益,关系到中华民族的根本利益,也关系到亚洲以至世界的和平与发展。我们一定要把这件事情办好。关键是要坚定不移地贯彻执行邓小平同志提出的"一国两制"的伟大构想，坚定不移地贯彻执行"港人治港"、"高度自治"的方针，坚定不移地贯彻执行香港特别行政区基本法。

江泽民指出，香港特别行政区基本法，是"一国两制"方针和中央关于香港的各项方针政策的具体化、法律化。邓小平同志曾高度评价这项法律，称它是"具有历史意义和国际意义的法律"，"具有创造性的杰作"。香港基本法颁布7年来的实践证明，小平同志的这一评价是完全正确的。香港基本法为保证香港的平稳过渡和长期繁荣稳定，维护香港同胞的利益和民主自由权利，奠定了坚实的法律基础，得到了包括600万香港同胞在内的全体中国人民的坚决拥护，也得到了国际社会的好评。只要坚持认真地贯彻香港基本法，就一定能够创造香港的美好未来。

江泽民强调，香港基本法是一部全国性的法律，不仅香港要严格遵守，各省、自治区、直辖市都要严格遵守。他要求广大干部特别是中央各部门和各地的领导同志，一定要认真学习邓小平同志关于香港问题的重要论述和中央的有关指示，充分认识贯彻执行香港基本法的重大意义，为确保香港的顺利回归和长期繁荣稳定而积极努力。

丁关根、吴邦国、温家宝、迟浩田、李贵鲜、司马义·艾买提、罗干、王兆国及中央有关部门负责人听取了这次法制讲座。

全国人大常委会委员长乔石在人民大会堂会见科特迪瓦总统亨利·科南·贝迪埃

全国政协主席李瑞环在北京会见葡萄牙议长阿尔梅达·桑托斯

在谈到澳门问题时，李瑞环说，用"一国两制"方针，解决香港、澳门及台湾问题，是邓小平同志的伟大创造。这个方针得到了香港同胞、澳门同胞以及台湾同胞的拥护，得到了国际社会的普遍赞赏。他指出，实行"一国两制"方针，就能保持这些地区的长期稳定与繁荣，也有利于中国内地的改革开放和现代化建设。中国政府贯彻这个方针是从包括港、澳、台地区同胞在内的全体中国人民的根本利益出发的，是真诚的，是坚定不移的。

李瑞环说，现在离澳门回归只剩下两年多时间，还有许多工作要做。我们希望并相信中葡双方能在已有成绩与经验的基础上，妥善处理过渡期中出现的问题，以确保澳门的平稳过渡及长期稳定与繁荣，并通过这种合作，进一步加深了解，增进友谊，为中葡长期友好创造条件。

中办 全国人大常委会办公厅 国办 全国政协办公厅 中央军委办公厅发表公告

伟大的无产阶级革命家、政治家、杰出的国务活动家，坚定的马克思主义者，我国社会主义法制的主要奠基人，党和国家的卓越领导人彭真同志逝世后，承蒙一些国家的元首、政府首脑和议会、政府部门，政党、友好团体，各界友好人士，驻华使节，海外华侨、华人，港澳台同胞发来唁电、唁函，表示深切哀悼和慰问。对此，中共中央办公厅、全国人大常委会办公厅、国务院办公厅、全国政协办公厅、中央军委办公厅奉命表示衷心的感谢。

八届全国人大常委会二十五次会议开幕

乔石委员长主持会议。

在这次会议上，审议了中华人民共和国行政监察法草案；听取了关于中华人民共和国献血法草案审议结果的报告。

会上，审议了第九届全国人民代表大会少数民族代表名额分配方案草案、台湾省出席第九届全国人民代表大会代表协商选举方案草案；听取了关于省、自治区、直辖市人民代表大会代表名额的决定草案的说明；审议了关于成立重庆市第一届人民代表大会筹备组的决定草案。

这次常委会还听取了关于提请审议批准就业政策公约的议案的说明；听取了关于提请审议批准国际电信联盟组织法和国际电信联盟公约的议案的说明；听取了关于提请审议批准万国邮政联盟组织法第五附加议定书的议案的说明；听取了关于提请审议加入维也纳条约法公约的议案的说明；听取了关于中华人民共和国和克罗地亚共和国领事条约的说明；听取了关于中华人民共和国政府和印度共和国政府关于在中印边境实际控制线地区军事领域建立信任措施的协定的说明。

会议还听取了国务委员陈俊生关于扶贫工作情况的报告；审议了乔石委员长访问法国、挪威、意大利和蒙古四国情况的书面报告；审议全国人大代表团出席各国议会联盟第九十七届大会的书面工作报告。

全国人大常委会副委员长田纪云、王汉斌、陈慕华、费孝通、雷洁琼、李锡铭、王丙乾、王光英、程思远、卢嘉锡、布赫、铁木尔·达瓦买提、吴阶平以及秘书长曹志出席会议。最高人民法院副院长唐德华、最高人民检察院检察长张思卿列席了会议。

八届全国人大常委会二十五次会议审议九届全国人大代表名额和选举有关事宜

会议开始审议由委员长会议提请审议的有关九届

全国人大代表名额和选举事宜的三个草案。这三个草案是：九届全国人大少数民族代表名额分配方案草案、台湾省出席九届全国人大代表协商选举方案草案和关于省、自治区、直辖市人大代表名额的决定草案。

全国人大常委会秘书长曹志受委员长会议委托就有关草案向大会作说明。草案规定，按照少数民族代表应占全国人大代表名额的12%左右的规定，中国55个少数民族，应选代表360人左右。对民族较多、人口较少的辽宁、广西、贵州、云南、新疆等省区共增加35个代表名额，对人口特少的35个少数民族各分配一个代表名额，保证全国每个少数民族至少有一个代表。

根据草案，台湾省暂选的代表13人由在各省、自治区、直辖市和中国人民解放军中的3.3万多名台湾籍同胞派代表到北京协商选举产生。参加协商选举会议的代表确定为120人，协商选举会议于明年1月在京召开，会期约7天。

国务委员陈俊生在八届全国人大常委会二十五次会议上作《关于扶贫工作情况的报告》

陈俊生说，改革开放以来，是我国经济发展最快的一个历史时期，也是贫困人口减少最快的历史时期，全国农村没有解决温饱的贫困人口，从1978年的2.5亿减少到1996年的5800万人。陈俊生强调，为保证我国的扶贫开发工作的连续性和稳定性，建议全国人大将扶贫纳入立法议程，制订全国性扶贫的法律。

陈俊生说，虽然全国的扶贫开发取得了很大成绩，贫困人口的数量越来越少，投入的力量越来越多，但是解决问题的难度却越来越大。他在会上提出了两点建议：其一，加强各级人大对扶贫开发工作的监督、检查和指导。希望今后人大继续关心和支持这项工作，组织经常性的专题视察，听取专题汇报，加强督促和指导。同时，建议贫困地区的各级人大机构在行使对政府的监督、检查职能时，把扶贫工作和解决温饱的进度作为考核当届政府的重要指标。其二，把扶贫工作纳入人大的立法议程。

目前，我国扶贫开发、解决温饱的标准是很低的。1995年是年人均纯收入530元，根据这样的标准，即使解决了温饱问题，仍然不能说解决了贫困问题。改变贫困地区经济文化的落后状态、帮助人民脱贫致富是一个长期的历史任务，是跨世纪的工作。从实现共同富裕的要求看，扶贫开发工作必须长期坚持下去。在最近几年的人大会上，每年都有代表要求尽快制定有关扶贫和促进落后地区发展的法律、法规。现在，一些省、区已经开始着手进行这项工作。为保证我国的扶贫开发工作的连续性和稳定性，建议全国人大将扶贫纳入立法议程，制订全国性扶贫的法律。

全国人大法律委员会副主任委员蔡诚向八届全国人大常委会二十五次会议报告献血法草案审议结果

蔡诚说，法律委员会认为，为了保证医疗临床用血，保障献血者和用血者身体健康，发扬人道主义精神，制定献血法是必要的，草案基本上是可行的。蔡诚还对草案提出了具体修改意见。

公安部制定内地居民赴港澳地区定居审批实行新办法

为进一步规范审批管理工作，增强审批工作透明度，公安部出入境管理局制定了《内地居民赴港澳地区定居审批管理工作规范》，于本月公布实施。按照这一规范，今后对申请赴港澳地区定居的人员将实行电脑计分，依照规定和得分高低顺序排队放行的新办法，并首先在广东、福建等15个省、自治区、直辖市试行。

规范对赴港澳地区定居申请办法、申请人资格、证明材料要求、审批条件、权限、时限作了明确具体的规定，要求在全国推行统一申请办法、统一审批条件、统一审批进度、统一收费标准的“四统一”工作制度。新办法明确规定各类申请人分别占用名额的比例，对各类申请人的条件进行具体的细化、量化，制定详细的计分标准，并由电脑操作管理，可减少人为因素，使审批工作更加科学客观。

考虑到夫妻团聚后，如留有年幼子女在内地将造成新的家庭和社会问题，规范允许夫妻团聚类的申请人获准前往港澳地区定居时可携带一名14岁以下的子女同行，以解决申请人家庭在年幼子女教育、抚养方面的实际困难。

新办法要求各地向社会公开赴港澳地区审批名额，公开审批条件，公开计分标准，公开得分结果，严格按得分高低顺序排队放行。被批准人名单公布15天后，群众无异议，方可办理有关证件手续赴港澳定居。

中宣部 广电部在北京举办全国省级广播电台电视台台长研讨班

国家体改委常务副主任张皓若和副主任洪虎 王东进在国务院新闻办公室举行的记者招待会上向中外记者全面介绍中国改革的进展情况

据介绍，在国有企业改革方面，从个别企业的改革发展到从整体上搞活国有经济。首先是实施大公司、大集团战略，放开放活国有小企业。国务院确定1000户重点企业，采取措施扶持发展，使其扩大规模，提高效益，增强竞争力。同时，采取多种形式，全面放开放活国有小企业，到去年年底，许多省市有50%以上的国有小企业进行了改革，尤为引人关注的是股份合作制企业的出现使许多改制后的企业普遍提高了经济效益。

其次是大力推进存量资产的流动和重组,通过存量资产的重组,进行国有资产分布结构和国有企业组织结构的调整,使国有经济真正适应市场经济,从而达到从整体上搞活国有经济的目的。这方面上海市创出了比较成功的经验。

国有企业改革的另一个突破性进展是股份制改革试点蓬勃发展。到去年年底,全国以国有企业为主改建或新建的股份有限公司 9200 家,股本金 6000 亿元,共向社会筹集资金 1500 亿元。

在社会保障制度改革方面,养老、医疗、失业保险制度和住房制度改革都取得了可喜的进展。

在宏观管理体制改革方面,金融体制改革不断深化,国有商业银行加快转制步伐。

有记者问,在推行股份制改革中,许多个人购买了国有上市公司的股票,这是否意味着缓慢地实行私有制?国家体改委负责人回答说,国有企业股份制改革是在国有股份不退出的前提下吸收新的出资者入股,在一些重要的行业国有企业改制后国家仍保持控股的地位。到去年年底,上市公司共有 530 户,其中 373 户国家控股,集体企业控股 83 户,国家和集体控股的企业总数占上市公司总数的 85%,坚持了以公有制为主的原则。因此,股份制改革与实行私有化没有任何关系。

全国政协副主席钱正英率领全国政协国有大中型灌区考察团在宁夏引黄灌区考察

5 月 6 日至 9 日,全国政协考察团一行先后考察银川、永宁、青铜峡、贺兰、平罗、惠农等地的引黄灌区和青铜峡水利枢纽工程及国家农业综合开发项目区,并看望水利战线的基层职工,了解了灌区农民生产和生活情况,还听取地方水利工作汇报。

国家主席江泽民在北京会见由日本众议员日中友好议员联盟会会长林义郎率领的日中友好议员联盟代表团

国务院副总理朱镕基在钓鱼台国宾馆会见科特迪瓦总统亨利·科南·贝迪埃

中共中央政治局常委胡锦涛在北京会见科特迪瓦总统科特迪瓦民主党主席亨利·科南·贝迪埃

全国人大常委会副委员长中国国际交流协会名誉会长雷洁琼在人民大会堂会见以主席凯末尔·巴依塔什为团长的土耳其增进了解基金会代表团

外交部发言人就日本国会议员西村真悟等人登上钓鱼岛一事发表谈话

外交部发言人指出,钓鱼岛及其附属岛屿自古以来就是中国的固有领土。他说,中方对身为日本国会议员的西村真悟等人非法登上中国领土钓鱼岛,严重侵犯中国主权的行径表示强烈愤慨和抗议。

同日,中国外交部副部长唐家璇紧急召见日本驻华大使,表明了中方对西村登岛事件的强烈愤慨和抗议,并阐述了中国政府的严正立场。他强烈要求日本政府采取果断有效措施,惩处肇事者,消除由此产生的恶劣后果和消极影响。

中国支持共同打击国际枪支犯罪

中国常驻联合国维也纳办事处和其他国际组织代表李长和大使在维也纳指出,中国支持进一步加强国际合作,共同打击国际枪支犯罪活动,尤其是打击跨国枪支走私贩运的犯罪活动。

5 月 7 日

国务院总理李鹏同莫桑比克总统希萨诺在马普托总统府举行会谈

会谈后,李鹏总理和希萨诺总统一起出席了《中华人民共和国政府和莫桑比克共和国政府经济技术合作协定》、关于中华人民共和国政府向莫桑比克共和国政府提供无偿援助的换文和中莫两国政府关于打井供水维修项目换文的签字仪式。

国务院举行第 56 次常务会议

国务院副总理朱镕基受李鹏总理委托,主持召开常务会议。

会议审议通过《中华人民共和国可持续发展国家报告》,决定将这个报告提交给今年 6 月在纽约召开的环境与发展事务特别联大会议。

会议原则通过了《中华人民共和国价格法(草案)》。

会议决定,这部法律草案,根据会议讨论提出的意见修改后提请全国人大常委会审议。

全国政协主席李瑞环在人民大会堂会见由会长罗康瑞率领的香港工商专业联会访京团

李瑞环会见时强调,“一国两制”方针是香港稳定繁荣的根本保证,中国政府有决心、有诚意全面贯彻落实这项方针。

李瑞环说，今天距离香港回归祖国还有 55 天，香港的回归是洗雪民族耻辱、普天同庆的历史性大事。人的一生中能遇上这样普天同庆的机会是不多的。我们老一辈人都记得，百年来中国仅有几件这样举国欢庆之事，包括抗日战争的胜利、新中国的成立、"四人帮"的垮台。香港回归也是普天同庆的大喜事。在这一重要的历史过程中，无论是香港同胞还是内地民众，都应该有良好的表现，都应该齐心协力把这件大喜事做好。

李瑞环说，在座的各位朋友都是在香港有影响的人物，在内地也有很好的声誉，并受到尊重。过去大家为香港回归祖国和内地经济建设作了许多有益的工作，希望珍惜已有的来之不易的成就，继续努力，为香港的稳定繁荣和内地的改革开放作出更大的贡献。

李瑞环说，我们对香港的未来是乐观的，是充满信心的。对香港实行"一国两制"方针，绝不是策略上的运用，而是从中华民族的根本利益出发的。他说，切实贯彻落实"一国两制"方针，香港有责任，内地有责任，中央政府和各部门都有责任。他希望大家共同努力，坚定不移地贯彻落实这一方针，继续保持香港的稳定与繁荣。

国务院副总理朱镕基在中南海紫光阁会见罗康瑞会长率领的香港工商专业联会访京团

中共中央政治局常委胡锦涛在北京会见全国机构编制工作座谈会暨邓小平行政管理体制和机构改革理论研讨会代表

胡锦涛说，自 1993 年以来，根据党的十四大和八届全国人大一次会议精神，围绕建立社会主义市场经济体制目标，中国自上而下陆续开展了行政管理体制和机构改革。由于各级党委、政府高度重视，各级机构编制部门做了大量卓有成效的工作，总的看，这次改革进展平稳、健康，在转变职能、理顺关系、精兵简政和提高效率方面取得了积极成效。胡锦涛代表党中央、国务院向机构编制部门的同志致以亲切的慰问，向受到表彰的先进集体和个人表示热烈的祝贺。

胡锦涛说，随着社会主义市场经济体制的建立与完善，必然要求进一步深化行政管理体制和机构改革。胡锦涛要求各级机构编制部门的同志特别是领导同志，一定要认真学习邓小平建设有中国特色社会主义理论，全面掌握邓小平同志关于行政管理体制和机构改革的重要论述，深刻领会邓小平同志创造性地解决中国行政改革问题的思想方法，用以观察、分析和解决改革实践中遇到的新情况和新问题，不断提高思想政治素质和管理工作水平，在实现跨世纪宏伟目标的伟大实践中，作出应有的贡献。

全国纠正行业不正之风工作会议在南京召开

国务院总理李鹏给大会来信祝贺并对全国纠风工作作了重要指示。

李鹏总理在信中说，纠正部门和行业不正之风是深入开展反腐败斗争的一项重要工作，也是我国政权建设的一个重要内容，对于促进改革、发展和稳定具有十分重要的意义。李鹏说，从 1990 年国务院决定成立纠风办以来，各级纠风办认真贯彻党中央、国务院的决策和部署，积极履行职责，作了大量有效的工作，发挥了重要作用。他指出，今年是我国历史发展上的重要一年。纠风工作要坚持纠建并举的方针和谁主管、谁负责的原则，坚持不懈地长期抓下去。今年要切实抓好减轻农民和企业负担等工作，积极开展创建文明行业的活动，大力倡导服务人民、奉献社会的行业新风，为树立良好社会风尚，加强精神文明建设做出新的贡献。

中央纪委书记尉健行也给大会写了信。他要求各级纪检监察机关和纠风办要把握大局，结合贯彻中央六中全会精神，开拓进取，狠抓各个纠风专项治理任务的落实；同时要立足于教育和防范，加强制度和机制建设，积极开展树立行业新风、创建文明行业的活动，以实际行动迎接香港回归和党的十五大的胜利召开。

中央纪委副书记、国务院纠风办主任徐青在讲话中说，今年纠风专项治理分三个层次进行，一是抓全国纠风专项治理的重点项目；二是要在全国范围内继续巩固深化的项目；三是各地区、各部门自行选题治理的项目。全国专项治理的重点项目有三个：减轻农民负担、减轻企业负担和清理预算外资金，其中又要把减轻农民负担和企业负担作为重中之重。

大会上，北京市、江苏省，以及烟台市、上海市邮电局等单位介绍了纠风经验。

国务院副总理 香港特别行政区筹备委员会主任委员钱其琛在中南海紫光阁会见香港特别行政区行政长官董建华

全国人大常委会副委员长陈慕华在山西考察

5 月 7 日至 8 日，陈慕华在山西省，先后到太原、阳泉、平定等地进行考察。陈慕华在考察了太原北固碾村妇女蔬菜大棚、山西安泰生物工程研究所后说，各级妇联组织要一如既往积极主动地参与扶贫开发工作。要在不断总结扶贫经验的基础上，最大限度地发挥自身优势，千方百计地为贫困妇女发展生产争取资金、物资、技术和信息等方面的支持。贫困地区妇联干部要动员妇女群众发扬自力更生、艰苦奋斗的精神，为改变贫困面貌贡献力量，发达地区妇联要积极帮助政府搞好对口扶贫工作，可在互惠互利、优势互补、共同发展的原则下，建立多层次、多形式的手拉手式扶贫关系。

国家主席江泽民在中南海会见斯洛伐克外长帕沃尔·哈姆齐克

国家主席江泽民在中南海会见来华参加北京上海贝尔实验室分部成立仪式的美国朗讯科技公司贝尔实验室总裁丹·史德扬博士

国务院副总理朱镕基在中南海会见英国怡和控股有限公司主席亨利·凯瑟克

国务院副总理兼外交部部长钱其琛在北京与斯洛伐克外长帕沃尔·哈姆齐克举行会谈

哈姆齐克重申，斯洛伐克政府将继续坚持"一个中国"的原则，不同台湾发生官方关系和进行官方往来，承认西藏是中国领土不可分割的一部分。

会谈中，双方就共同关心的国际问题交换意见。双方还介绍各自国家的情况和对外政策。

国务院副总理李岚清在巴西利亚举行的圣保罗商业联合会上发表讲话

李岚清在讲话时强调，中国政府十分重视发展和加强同巴西的友好合作关系，并把中巴合作视为南南合作的重要组成部分。中巴两国经济存在着较强的互补性，两国在矿业、能源、农业领域有着广阔的合作前景。

李岚清说，经过双方的共同努力，1996 年的两国贸易额达到 22.47 亿美元，比 1974 年建交时增长了 128 倍。双方还在经济、贸易、技术、航空、环保、文化教育等领域签订了 50 多项协议。他希望两国企业界本着"平等互利、互通有无、取长补短、共同发展"的原则，努力开拓中巴经济贸易合作的新途径和新领域。

国务院港澳事务办公室主任鲁平在北京会见美国新闻团

中共中央政治局常委全国政协主席中国乒乓球协会名誉主席李瑞环在人民大会堂接见从第四十四届世界乒乓球锦标赛回国的中国乒乓球代表团

5月8日

国家主席江泽民在中南海会见联合国秘书长科菲·安南

江泽民表示，希望联合国认真总结过去的经验教训，严格按照宪章的宗旨和原则行事，更多地关心经济和社会发展问题，为把一个更加美好的世界带入 21 世纪作出自己的积极贡献。

江泽民欢迎安南作为联合国秘书长首次访华，并感谢他在邓小平同志逝世后，亲自前往中国常驻联合国代表团进行吊唁并发来唁函。他说，相信秘书长阁下通过这次访问，必将进一步加深对中国的了解和认识。

安南说，他很荣幸能作为联合国秘书长首次访问中国，从而有机会当面感谢中国政府和人民对联合国的支持和贡献。

江泽民说，联合国是最有普遍代表性的重要的国际组织，半个世纪以来，为维护和促进全球范围内的持久和平和共同繁荣作出了重要的贡献。在人类即将跨入新世纪之际，希望联合国认真总结过去 50 多年正反两方面的经验教训，严格按照宪章的宗旨和原则行事，更多地关心经济和社会发展问题，为把一个更加美好的世界带入 21 世纪作出自己的积极贡献。

安南说，全世界越来越多的国家认识到联合国在新时期的重大作用，在一系列重大国际问题上，如环保、裁军、打击贩毒等，任何国家都无法单独处理这些问题，只有各国携起手来，在联合国的主持下共同努力，才能有效地对付这些挑战。

江泽民说，中国已于 4 月 25 日交存了《禁止化学武器公约》批准书，成为公约的原始缔约国。同时，中国希望其他国家，特别是拥有化学武器的国家也尽快批准公约，以利于早日实现公约全面禁止和彻底销毁化学武器的宗旨和目标。中国政府将一如既往，积极支持联合国及其开展的工作。

江泽民指出，中国作为安理会常任理事国，十分清楚自己对世界和平与安全所肩负的责任，我们将始终不渝地奉行独立自主的和平外交政策，努力发展和加强同世界各国的友好合作。我们反对霸权主义和强权政治，自己也永远不称霸，永远不对外扩张，这是中国坚定不移的国策。将来中国的经济发达起来了，这一政策也不会改变。国际上有人所鼓吹的"中国威胁"论是毫无根据的。中国的稳定与繁荣，不会对任何国家构成威胁，只会对世界和平与发展作出更大贡献。

八届全国人大常委会二十五次会议进行大会讨论

全国加强青少年普法教育座谈会在石家庄举行

国务院总理李鹏签署 216 号令发布《农药管理条例》

国务院总理李鹏致信祝贺第五次全国农区发展畜牧业座谈会在山东德州召开

贺信说，几年来的实践证明，充分利用秸秆养畜、过腹还田，实行农牧结合，形成节粮型的畜牧业生产结构，是一条符合我国国情的畜牧业发展道路。要加快秸秆养畜速度，大幅度提高草食家畜的肉类产量，为在本世纪末使我国肉类有较多的增加作出贡献。

李鹏的贺信说，国务院已批转《关于 1996—2000 年全国秸秆养畜过腹还田项目发展纲要》。当前的主要任务是，按照《纲要》提出的发展目标、战略布局和政策措施抓好落实。我相信，只要进一步调动广大农民饲养的积极性，我国畜牧业将会有一个更快、更大的发展。

第八十一届广交会成果丰硕

刚刚闭幕的第八十一届广交会取得了超出预想的好成绩。交易会成交旺盛，总成交额近 100 亿美元，比上届又有增长，为今年的外贸出口奠定了基础。

本届交易会"效益第一"，精算账细算账，坚持合理售价，合同质量提高，成交秩序良好。

同时，出口商品结构进一步优化，高新科技产品崭露头角，传统的原料性和粗加工产品出口比重下降，机电产品再次居出口成交第一位，占三成左右，轻工工艺产品以精、美、特、新而广受青睐，居出口成交第二位。

本届广交会出口商品档次水平明显提高，名牌系列化商品越来越多，引人注目。交易会历时 15 天，客商首次突破 6 万人，比去年春交会和秋交会分别增长 18.63%和 2.16%。客源更趋广泛，遍布 159 个国家和地区，其中罗马尼亚、南非、巴西、阿根廷、葡萄牙、印度、澳大利亚、新西兰、俄罗斯、台湾省、阿联酋等大洋洲、美洲和亚洲客商增幅较大。

与会成交的国别地区呈现多元化，欧盟、港澳、美国高居榜首，东盟、海湾 8 国、拉美、非洲等地区成交均有增长。

国务院副总理朱镕基在北京会见联合国秘书长科菲·安南

国务院副总理朱镕基在钓鱼台国宾馆会见澳大利亚前总理约翰·弗雷泽

中共中央政治局常委胡锦涛在人民大会堂会见由比扎诺夫主席率领的哈萨克斯坦人民统一党代表团

国务院副总理兼外交部部长钱其琛在钓鱼台国宾馆同联合国秘书长安南举行会谈

钱其琛对安南作为联合国秘书长首次访华表示欢迎，并对他在邓小平逝世后多次表达的哀悼之情表示感谢。钱其琛说，安南秘书长就任以来，积极致力于加强联合国的作用，为重新振兴联合国作出了不懈的努力。钱其琛表示相信，在联合国全体成员国的支持下，安南将继续为维护世界和平与安全，促进各国经济、社会发展和加强国际合作作出积极贡献。

钱其琛说，当前国际形势仍处于深刻的变化之中，这给联合国带来了难得的机遇，同时也加重了联合国的责任，使其面临更严峻的挑战。战后半个多世纪的历史表明，联合国在国际事务中的作用，是其他国际组织所无法代替的。在新的形势下，解决众多全球性问题更加需要联合国。联合国的成功也有赖于各国的支持和合作。钱其琛说，中国希望联合国更加重视经济和社会发展问题，为推动广大发展中国家实现经济、社会和文化发展作出更大的努力。

安南说，他赞同中国关于联合国作用的看法，同时他感谢中国对联合国一贯的、强有力的支持。他说，多年来，中国对联合国作出了重大的贡献，这特别突出地表现在中国积极参与联合国在促进经济、社会发展和消除贫困等领域的努力。他说，联合国期待着中国今后在广泛的领域内发挥更大的作用。

安南说，他作为联合国秘书长，将继续坚持联合国关于台湾问题的有关决议，坚持"一个中国"的原则。

钱其琛表示，中国作为安理会常任理事国之一，重视并支持联合国根据宪章的宗旨和原则在国际事务中发挥积极作用。他表示相信，随着中国经济建设的不断发展和综合国力的进一步提高，中国将在联合国事务中发挥更积极的作用，中国与联合国之间的良好合作关系将得到新的发展。钱其琛对安南秘书长坚持"一个中国"的原则、坚持联合国宪章和有关决议的立场表示感谢。

在谈到联合国改革问题时，钱其琛说，中国赞成联合国有关机构进行必要的和适当的改革，以适应形势的变化和时代的需要。他说，中国认为，改革的目的在于增强联合国维护和平、促进发展的能力，更好地为广大会员国服务。

安南表示赞同中方关于联合国改革应重视经济和社会发展的观点。他说，为此，联合国应在成员国的层次上建立有效的机制，从而更好地发挥联合国有限资金的作用。他说，促进“南南合作”对解决发展问题也很重要，中国在这方面的经验和贡献值得重视和借鉴。

在会谈中，双方还就广泛的国际问题交换看法，并在许多问题上持有相同和类似的观点。

中国常驻联合国代表秦华孙、外交部部长助理杨洁篪和联合国副秘书长金永健等会谈时在座。

巴西总统卡多佐在巴西利亚会见中国政府经贸代表团团长李岚清双方就加强两国关系和国际事务的合作进行谈话

外交部发言人沈国放在记者招待会上就圣多美和普林西比与台湾建立“外交关系”发表谈话

沈国放说，中国坚决反对与中国建交国再与台湾建立所谓外交关系。

沈国放说，圣多美和普林西比方面置中、圣普传统友谊和友好合作关系于不顾，与台湾建立所谓外交关系，这是一种背信弃义的短视行为。我们坚决反对与我建交国再与台湾建立所谓外交关系。世界上只有一个中国，中华人民共和国政府是代表全中国的唯一合法政府，台湾是中国不可分割的一部分。中国维护祖国统一，反对“两个中国”、“一中一台”的立场是坚定不移的。

首都文艺界举行座谈会纪念毛泽东《在延安文艺座谈会上的讲话》发表55周年

出席座谈会的有曾参加过延安文艺整风的老文艺家和中青年文艺工作者50余人。

商务印书馆建馆暨中国现代出版100周年座谈会在北京举行

党和国家领导人江泽民、李鹏、乔石、李瑞环分别为商务印书馆建馆100周年题词。江泽民的题词是：“承先启后继往开来”，李鹏的题词是：“辞源开新宇名著集大成”，乔石的题词是：“继承发扬我国出版事业优良传统为社会主义现代化建设再立新功”，李瑞环的题词是：“传播知识推进文明造福大众”。

中共中央政治局常委、国务院副总理朱镕基下午在中南海紫光阁会见出席商务印书馆建馆100周年座谈会的代表。

朱镕基说，我们党和国家历来非常重视出版事业，许多领导人都曾亲自主持过编辑出版工作，陈云同志就曾在商务印书馆工作和领导过革命斗争。商务印书馆对中国几代人的成长起了很大作用，是我国现代出版业的先锋。党的十一届三中全会以来的近20年，是我国出版事业发展最为迅速、成就最为显著的阶段。朱镕基希望商务印书馆和新闻出版界的同志，在新的历史条件下，按照江泽民同志提出的“承先启后，继往开来”的指导思想，很好地总结中国现代出版百年来的历史经验，全面完成党的十四届六中全会提出的各项任务，提高质量，精益求精，多出精品，为社会主义两个文明建设作出更大的贡献。

5月9日

国务院总理李鹏在利伯维尔总统府同加蓬哈吉·奥马尔·邦戈总统举行会谈

会谈后，在两位领导人的主持下，中国外经贸部部长吴仪和加蓬外交部部长姆巴交换了双方已经签署的《中华人民共和国政府和加蓬共和国政府投资保护协定》、《中华人民共和国政府和加蓬共和国政府关于中国向加蓬提供政府贴息优惠贷款的框架协议》、关于中国政府向加蓬政府提供无偿援助的换文等五个协议的文本。

国务院总理李鹏在利伯维尔同加蓬总理保兰·奥巴姆-恩圭马举行会谈

李鹏说，中加两国的长期合作卓有成效。在新的形势下，两国要探讨新的合作方式，在平等互利的基础上和经济上可行的条件下，加强在林业、渔业、资源开发等领域的合作。他表示相信经过共同努力，中加双方一定能够在互利合作方面开辟新途径，总结新经验，赋予两国经贸合作新的内容和活力，促进中加两国的共同发展。

恩圭马同意李鹏的看法。他表示相信，两国的合作一定会获得很大的成功。他表示，加蓬政府将为推进两国互利合作继续作出最大的努力。加方将派出有关部长和团组访华，进一步落实合作项目。

八届全国人大常委会二十五次会议闭幕

乔石委员长主持会议。

会议表决通过《中华人民共和国行政监察法》。会议通过第九届全国人民代表大会少数民族代表名额分配方案。会议通过台湾省出席第九届全国人民代表大会代表协商选举方案。会议通过全国人大常委会关于省、自治区、直辖市人民代表大会代表名额的决定。

会议还通过全国人大常委会关于成立重庆市第一届人民代表大会筹备组的决定。通过全国人大常委会关于批准《就业政策公约》、《国际电信联盟组织法》和《国际电信联盟公约》、《万国邮政联盟组织法第五附加议定书》的决定；通过全国人大常委会关于我国加入

《维也纳条约法公约》的决定，关于批准中国和克罗地亚领事条约、中国政府和印度政府关于在中印边境实际控制线地区军事领域建立信任措施的协定的决定。

会议还通过关于最高人民检察院的任命名单等议案。

国家主席江泽民签署85号令发布《中华人民共和国行政监察法》

《中华人民共和国行政监察法》已由中华人民共和国第八届全国人民代表大会常务委员会第二十五次会议于1997年5月9日通过，现予公布，自公布之日起施行。

中华人民共和国主席江泽民

1997年5月9日

中华人民共和国行政监察法(文略)

八届全国人大常委会二十五次会议通过《第九届全国人民代表大会少数民族代表名额分配方案》

根据第八届全国人民代表大会第五次会议关于第九届全国人民代表大会名额和选举问题的决定，提出第九届全国人民代表大会少数民族代表名额分配方案(草案)。(文略)

八届全国人大常委会二十五次会议通过《全国人民代表大会常委会关于成立重庆市第一届人民代表大会筹备组的决定》

第八届全国人民代表大会常务委员会第二十五次会议决定：

成立重庆市第一届人民代表大会筹备组，负责筹备重庆市第一届人民代表大会的有关事宜，主持重庆市第一届人民代表大会代表的选举，召集重庆市第一届人民代表大会第一次会议。

重庆市第一届人民代表大会的代表名额为870名，由原重庆市和万县市、涪陵市、黔江地区所辖的43个区、县(市)人民代表大会选举产生。

重庆市第一届人民代表大会筹备组下设代表资格审查委员会，审查重庆市第一届人民代表大会代表的选举是否符合法律规定，并报筹备组公布代表名单。

八届全国人大常委会二十五次会议通过《全国人民代表大会常务委员会关于省、自治区、直辖市人民代表大会代表名额的决定》

根据《中华人民共和国全国人民代表大会和地方各级人民代表大会选举法》的有关规定，对新一届省自治区直辖市人民代表大会的代表名额决定如下：(文略)

八届全国人大常委会二十五次会议通过《台湾省出席第九届全国人民代表大会协商选举方案》

根据第八届全国人民代表大会第五次会议关于第九届全国人民代表大会代表名额和选举问题的决定，“台湾省暂时选举代表13人，由在各省、自治区、直辖市和中国人民解放军的台湾省籍同胞中选出。”选举办法是，由在各省、自治区、直辖市和中国人民解放军的台湾省籍同胞派代表到北京协商选举产生。

全国31个省、自治区、直辖市和中央党政军机关中，现有台湾省籍同胞33000多人。参加协商选举会议的代表确定为120人。根据台湾省籍同胞(包括各地驻军中的台湾省籍同胞)的分布情况分配名额，由各省、自治区、直辖市人大常委会负责组织协商选定。选定工作于1997年12月底以前完成。

协商选举会议定于1998年1月在北京召开，会期约7天。

协商选举台湾省出席第九届全国人民代表大会代表，要发扬民主，酝酿代表候选人时要考虑各方面的代表人士，同时要适当注意到中青年、妇女、少数民族等方面的人选。

按照《中华人民共和国全国人民代表大会和地方各级人民代表大会选举法》的有关规定，选举采用差额选举办法和无记名投票的方式。

协商选举会议由全国人大常委会委员张克辉负责召集。

台湾省出席第九届全国人民代表大会代表协商选举会议代表分配方案单位(略)

台湾省籍同胞人数	参加协商会议代表数
33692	120

全国人民代表大会常务委员会通过关于我国加入《维也纳条约法公约》的决定

第八届全国人民代表大会常务委员会第二十五次会议决定，中华人民共和国加入《维也纳条约法公约》，同时声明如下：

一、中华人民共和国对《维也纳条约法公约》第六十六条予以保留。

二、台湾当局于1970年4月27日以中国名义在《维也纳条约法公约》上的签字是非法的、无效的。

全国人民代表大会常务委员会通过关于批准《就业政策公约》的决定

第八届全国人民代表大会常务委员会第二十五次会议决定：批准国际劳工组织1964年第四十八届大会通过的《就业政策公约》。

全国人民代表大会常务委员会通过关于批准《国际电信联盟组织法》和《国际电信联盟公约》的决定

第八届全国人民代表大会常务委员会第二十五次会议决定:批准中华人民共和国政府代表于1992年12月22日在日内瓦签署的《国际电信联盟组织法》和《国际电信联盟公约》。

全国人民代表大会常务委员会通过关于批准《万国邮政联盟组织法第五附加议定书》的决定

第八届全国人民代表大会常务委员会第二十五次会议决定:批准中华人民共和国政府代表于1994年9月14日在汉城签署的《万国邮政联盟组织法第五附加议定书》。

全国人民代表大会常务委员会通过关于批准《中华人民共和国和克罗地亚共和国领事条约》的决定

第八届全国人民代表大会常务委员会第二十五次会议决定:批准国务院副总理兼外交部部长钱其琛代表中华人民共和国于1996年2月5日在北京签署的《中华人民共和国和克罗地亚共和国领事条约》。

全国人民代表大会常务委员会通过关于批准《中华人民共和国政府和印度共和国政府关于在中印边境实际控制线地区军事领域建立信任措施的协定》的决定

第八届全国人民代表大会常务委员会第二十五次会议决定:批准国务院副总理兼外交部部长钱其琛代表中华人民共和国政府于1996年11月29日在新德里签署的《中华人民共和国政府和印度共和国政府关于在中印边境实际控制线地区军事领域建立信任措施的协定》。

第八届全国人民代表大会常务委员会第二十五次会议通过全国人民代表大会常务委员会批准任命的名单

批准任命宋孝贤为安徽省人民检察院检察长。

国务院决定调整证券(股票)交易印花税税率

国家主席江泽民在中南海会见美国有线新闻电视网总裁汤姆·约翰逊并接受该电视网驻北京记者陈梦兰采访

在谈到中美两国领导人高级会晤时,江泽民主席说,去年11月,我和克林顿总统在马尼拉会晤时共同商定,我今年秋天对美国进行国事访问,克林顿总统明年访华。这次访问将使我有机会接触美国各界人士,同美国领导人就中美关系和双方共同关心的问题交换意见。中国是世界上最大的发展中国家,美国是世界上最大的发达国家。两国领导人进行互访和接触,有助于共同寻求建立面向21世纪的健康、稳定的中美关系。

在记者问到中美是否要发生冲突时,江泽民主席说,我不认为中美两国要发生冲突。中国在历史上饱经外国侵略扩张之害。中国政府和人民热爱和平,一心一意致力于发展经济,提高人民生活水平。我们一贯奉行独立自主的和平外交政策,就是要努力为国内经济建设争取一个长期和平安全的外部环境。中国的军事力量完全是自卫性质的,今年我们的国防开支预算不到100亿美元,与美国和其他大国相比,中国的军费开支和军备水平是很低的。中国从来没有"扩张"的意图。至于有些人以"冷战思维"杜撰出来的所谓"中国威胁论",相信包括美国人民在内的世界各国人民对这样的论调,是能够作出正确判断的。

在谈到朝鲜问题时,江泽民主席说,我们一贯致力于促进朝鲜半岛的和平与稳定。中朝两国有着传统的友好合作关系。对于朝鲜国内暂时的粮食困难,我们力所能及地提供了一些援助。至于它的国内政治问题,我们一贯采取不干涉别国内政的立场。我们希望朝鲜半岛能保持和平与稳定的局面,这对各方都有利,中国政府会继续为此发挥建设性作用。

在谈到台湾问题时,江泽民主席说,台湾问题事关中国主权、领土完整和统一大业,始终是中美关系中最重要、最敏感的问题。台湾问题处理不当,中美关系就会出现波折,就难以得到健康、稳定的发展。中美三个联合公报构成了中美关系的基础,其核心问题就是台湾问题。美方在公报中承认世界上只有一个中国,台湾是中国的一部分,中华人民共和国政府是中国唯一合法的政府,承诺奉行"一个中国"的政策。我希望美国政府在台湾问题上谨慎处置,不再让这个问题干扰和影响中美关系的改善和发展。江主席还说,香港、澳门问题是中国与有关国家之间的历史遗留问题,而台湾问题是中国内战遗留问题,是个内政问题。随着香港、澳门问题的相继解决,我相信,台湾问题是一定能解决的,祖国统一大业是能够完成的。

在谈到香港问题时,江泽民主席说,7月1日,我国政府将对香港恢复行使主权,这是根据邓小平同志提出的"一国两制"构想,解决中英之间历史遗留问题的一种创造性方式。有些人对香港回归后有点担心,但事实将会证明,这种担心是没有必要的。我们已经颁布了《香港特别行政区基本法》,香港回归后,香港居民享有的各种权利和自由将会依法得到保障。如果没有外来势力的干预,我们坚信"一国两制"、"港人治港、高度自治”，是一定会顺利进行的。

国家主席江泽民在中南海会见英特尔公司总裁兼首席执行官贝瑞特博士

国务院副总理吴邦国在中南海会见美国波音公司民用飞机集团总裁罗纳德·伍达德

国务院副总理吴邦国在中南海会见美国全美人寿保险集团总裁兼首席执行官丘萨克

国务院副总理吴邦国在中南海会见巴林水电大臣阿卜杜拉·穆罕默德·朱马

葡萄牙总统桑帕约在总统府会见中国政府经贸代表团团长宋健希望两国在科技领域进一步扩大和加强合作

5 月 10 日

国务院总理李鹏在雅温得同喀麦隆总统保罗·比亚举行会谈

两位领导人就双边关系和国际问题深入地交换了意见，取得了广泛的一致。

李鹏指出，当前，各国人民盼望和平、谋求发展。但是世界上还有不少动荡不安的因素。非洲仍存在一些热点问题，同时在经济发展中面临严峻的挑战。过去殖民主义的长期统治和不公正、不合理的国际政治经济秩序是造成非洲贫困落后的主要根源。所以我们主张建立公正合理的国际政治经济新秩序，使包括非洲国家在内的世界各国人民早日实现和平与发展的愿望。

比亚赞赏中国作为联合国安理会常任理事国在国际事务中发挥的重要而积极的影响。

李鹏感谢喀麦隆在担任联合国人权委员会成员期间连续三年支持中国。

比亚说，喀麦隆政府和人民也坚决反对以人权为借口干涉发展中国家的内政。比亚还重申，喀麦隆政府将始终坚持“一个中国”的原则立场。

在谈到中喀两国经贸关系时，李鹏说，中国同非洲的经贸合作正从单纯的无偿援助转向以平等互利的经贸技术合作为主要渠道。中国同非洲国家共同开发资源、开展合作经营、创办合资企业的前景十分广阔。中国把喀麦隆看作扩大这种互利合作的重要伙伴。希望两国企业界加强交流，平等协商，共同发展。

比亚说，喀麦隆同中国的友好合作充满着活力，领域正在拓宽，形式走向多样，成效日益显著，堪称南南合作的模范。

国务院总理李鹏同喀麦隆总理彼得·马德尼·穆松格在雅温得总理府举行会谈

会谈后，两国总理出席了《中华人民共和国政府和喀麦隆共和国政府投资保护协定》和《中华人民共和国政府和喀麦隆共和国政府经济技术合作协定》的签字仪式。

全国纠正行业不正之风工作会议在南京结束

经国务院批准，国务院纠正行业不正之风办公室决定：对北京市城建系统纠风办等 105 个全国纠正行业不正之风工作先进集体和王仁根等 118 名长期从事纠风工作、事迹突出、贡献显著的同志分别予以表彰。国务委员李贵鲜、中央纪委副书记侯宗宾出席会议作重要讲话。

香港特别行政区临时立法会第六次全体会议在深圳举行

香港特区政府律政司司长梁爱诗、行政长官办公室政策统筹局局长孙明扬参加会议。

会议三读通过《假日（1997 年及 1998 年）条例草案》。

会议还就《公民自由和社会秩序》咨询文件的议案进行辩论，政策统筹局局长孙明扬解答议员的提问。

孙明扬称，《公民自由和社会秩序》咨询文件自 4 月初公布以来，香港社会反应踊跃。在为期三星期的咨询时间内，特首办听取了 70 多个代表香港社会各阶层、各团体的意见，并举办了两场简报会。特首办提出的建议修改有关条例的基本原则，获得了香港市民的普遍认同，认为这些原则是香港继续保持繁荣稳定的重要因素。

孙明扬指出，在香港的法律中，“国家安全”绝非新的概念。要确保香港不会受到外国政治势力的影响，不致成为对抗中国的政治活动基地，透过法律反映对国家安全的重视是合理的。

全国政协副主席钱正英率全国政协国有大中型灌区考察团在内蒙古考察

5 月 10 日至 15 日，钱正英率全国政协国有大中型灌区（北方）调查组先后在内蒙古乌海市和巴彦淖尔盟河套灌区进行了实地考察。

钱正英指出，内蒙古河套灌区土地资源丰富，灌溉条件便利，农牧产品商品率高，发展潜力大，完全有条件成为国家“两高一优”农业示范区。但是，这里也存在一些问题，其中严重的是土地盐碱化，这是影响灌区发展的最大制约因素。虽然近年来当地在治理盐碱化方面取得了比较成熟的经验，但已完成的排灌工程标准很低，渠道还没有衬砌，整个灌区仍处在积盐状态。

钱正英说，今后河套灌区发展的重点应放在提高渠系利用率，推广"以节水灌溉为目的的分干渠以上全面衬砌"上。这样整个灌区投入 17 亿元可节水 10 亿立方米。

全国人大常委会副委员长铁木尔·达瓦买提在人民大会堂会见以署长巴拉凯特·穆萨·哈瓦提为首的苏丹行政监察署代表团

5 月 11 日

国家主席江泽民致电伊朗总统拉夫桑贾尼对伊朗东北部地区 5 月 10 日发生 7.1 级强烈地震表示同情和慰问

国务院总理李鹏在阿布贾同尼日利亚国家元首临时执政委员会主席萨尼·阿巴查举行会谈

李鹏说，中尼两国建交以来，在政治、经贸、外交、文教等领域的友好合作关系一直稳步发展。两国对许多重大国际问题有着相同或相似的看法，在国际事务中一向相互理解、相互支持。中国重视同尼日利亚的真诚友好关系，重视尼日利亚在非洲和国际事务中的作用，愿同尼方共同努力，把两国关系推向新的水平。

阿巴查说，中国同非洲的关系是建立在互相信任、互相理解、互相等尊重和互利互惠基础之上的，中国是非洲可靠的朋友。阿巴查表示，尼日利亚继续坚持"一个中国"的政策，不与台湾发生任何具有官方性质的关系。李鹏对此表示赞赏。

在谈到两国经贸关系时，李鹏说，尼日利亚资源丰富，中国企业有适合非洲情况的技术和设备，双方存在着开展互利合作的巨大潜力。两国已经在铁路、港口等基础设施建设方面进行合作。今后还可以本着平等互利的精神，在住房、交通、电力、石油、能源、水利、渔业、钢铁、汽车装配等广泛领域开展合作。李鹏说，中国希望中尼两国的互利合作将为中国同非洲国家建立新型经贸合作积累经验。他说，只要双方都具有真诚的愿望和坚定的决心，并采取切实可行的措施，中尼之间的合作就一定会获得成功。

阿巴查说，早在 70 年代，尼中两国就开始了经济技术合作。中国向尼日利亚提供了有效的帮助，促进了尼日利亚许多经济部门的发展。他同意李鹏关于两国在新形势下开辟经贸合作新渠道的看法，赞成李鹏提出的在各个领域促进两国企业各种方式的合作。

两国领导人还讨论了联合国改革问题。

全国安全生产电视电话会议在北京召开

国务委员兼国务院秘书长罗干主持会议。劳动部部长李伯勇通报了最近发生的两起重大交通事故的情况。中共中央政治局常委、国务院副总理朱镕基，中共中央政治局委员、书记处书记、国务院副总理吴邦国讲了话。

朱镕基传达了江泽民总书记对当前安全生产工作提出的三点重要指示：一、坚决树立安全生产第一的思想。任何企业都要努力提高经济效益，但是必须服从安全第一的原则。要防止一切麻痹松懈的思想和骄傲自满的情绪，尤其是交通运输、煤炭、电力、石油、化工、林业等部门及其企业更要重视安全。二、认真完善安全生产的规章制度，并且坚决贯彻执行，改变那种纪律松弛、管理不严、有章不循的情况，对责任事故要严肃追查责任者，从严处理。三、提高政治警惕，严防政治破坏，各级政法部门要严厉打击破坏安全生产的犯罪活动，依法从严惩处。

朱镕基要求各地区、各部门尽快把江泽民总书记的重要指示精神传达到基层，认真贯彻落实。要立即行动起来，组织全国性的安全生产检查，消灭事故苗子，防患于未然，确保国民经济的正常发展和社会的安定团结，促进香港的顺利回归和党的十五大的胜利召开。

吴邦国在讲话中指出，要认清严峻形势，增强安全意识；客观分析事故原因，总结经验教训；采取切实有效措施，认真贯彻落实江泽民总书记的重要指示。他说，一、各地区、各有关部门要立即组织力量，开展一次全国性的安全生产检查；这次检查的重点是各类交通运输、矿山、建筑、石化、电力、化工等企业，特别是易燃易爆危险场所。二、抓紧落实各级安全生产责任制。要按照"企业负责、行政管理、国家监察、群众监督、劳动者遵章守纪"的体制，明确职责，各司其职，各负其责。三、加大执法力度，严肃事故查处。各级安全生产监督检查部门，要加大执法力度，特别要加强对重点行业和企业的安全生产监督检查工作。对事故隐患严重的企业，该停产的坚决停产，该关闭的坚决关闭。四、加强安全生产宣传教育。要加大安全生产的宣传力度，采取多种形式，广泛宣传安全生产工作的重要性，提高全民的安全生产意识。五、各级领导要提高政治敏锐性和警惕性。对于危险性大的企业、重要岗位和重点部位，一定要加强管理，堵塞漏洞；同时，要做好政治思想工作，及时化解矛盾，避免酿成人为事故。

国务委员陈俊生在山东德州召开的第五次全国农区发展畜牧业座谈会上发表讲话

国务委员陈俊生日前在山东德州召开的第五次全国农区发展畜牧业座谈会上发表讲话。陈俊生强调，要综合开发利用各类资源，大力发展秸秆养畜，从而加速推进我国畜牧业实现可持续发展，促进我国农业现代化进程。

陈俊生在考察了禹城市利用秸秆饲料资源发展草食家畜的村镇和企业以后指出，发达国家畜牧业产值占农业总产值的比重一般在50%以上，我国到1995年也只占31%，差距明显。他说，人均资源不足是我国的基本国情，但是人们对畜产品的需要日益增长也是摆在我们面前的现实问题。如何处理这二者之间的矛盾，关系到我国畜牧业的前途和我国人民的消费问题。他指出，适应社会主义市场经济体制的要求，合理地开发和利用现有资源，是推动畜牧业实现可持续发展的根本出路。

陈俊生说，相对粮食生产而言，畜牧业生产受耕地制约小，发展空间大。从我国的实践看，农区综合利用各类资源、特别是秸秆养畜，已成为促进畜牧业发展的成功路子。它不仅丰富了市场供给，同时可以通过青贮、氨化等措施，一年即可节约饲料用粮4000多万吨，此外，秸秆养畜在带动第二、三产业的发展、扩大城乡就业及减少环境污染等方面都可发挥积极作用。

在谈到如何落实秸秆养畜、推进草食家畜发展的问题时，陈俊生特别强调要走产业化的路子，具体而言，就是一要办好龙头企业；二要建立商品基地；三要培育和开拓市场；四要处理好贸、工、牧各方面在产、加、销各环节的经济利益关系。

陈俊生最后指出，要发挥科技在农区畜牧业中的作用，大力提高品种改良、防疫、畜牧业产值中的科技含量。

据了解，目前全国已建立了秸秆养牛国家级示范区13个，国家级、省级示范县392个，在全国范围内初步形成了中原、东北和华南三大肉牛带，取得了四年产生净效益161.48亿元、全国牛、羊肉产量大幅度增加的良好的经济效益和社会效益，畜牧业成为我国农村经济重要支柱产业和主要经济增长点。

中组部发出关于在农村基层组织建设中切实做好减轻农民负担工作的通知

中共中央组织部最近发出关于在农村基层组织建设中切实做好减轻农民负担工作的通知。通知强调各级党委、政府和有关部门，在加强农村基层组织建设中，一定要认真贯彻执行党中央、国务院《关于切实做好减轻农民负担工作的决定》精神，切实抓好减轻农民负担工作。

通知要求，各级党委要把减轻农民负担作为农村基层组织整顿和建设的一项重要内容，切切实实地把这项工作抓好。要从讲政治的高度，把减轻农民负担同加强农村基层组织建设紧密地结合起来，认真检查农民负担的情况，针对存在的问题，提出改进措施，通过工作队员和农村党支部的密切配合，坚决把一切不合理负担减下来。

通知说，在乡镇党委整顿和建设中，应专门安排一段时间，认真学习领会党中央、国务院《决定》精神，检查对照本乡镇减轻农民负担政策的执行情况，找出与中央提出的政策要求的差距和问题，制定贯彻执行中央决定的措施。对乡镇机构和人员超编问题，要进行认真的检查分析，提出精简意见，并认真抓好落实。切实转变领导作风、领导方式，从实际出发，创办多种服务基地，为农民服务。对村级补贴干部职数情况进行分类排队，提出整改意见。今后不得以任何名目随便向农民伸手，搞乱收费、乱集资、乱罚款、乱摊派，加重农民负担。

通知要求，各地派驻农村的基层组织建设工作队和部门驻点工作组，都要把减轻农民负担作为自己的一项重要工作任务。要认真学习和熟悉中央提出的各项政策措施，深入调查了解当地农民负担情况，找出加重农民负担的原因，对照国家政策的有关规定，分门别类地提出减轻农民负担的意见和措施。工作队在帮助村党支部修路、办电、办学等项活动时，要根据当地经济条件，量力而行，严禁以办好事为名加重农民负担。要把减轻农民负担任务的完成情况，作为农村基层组织建设和驻村任务检查验收的一条标准。违反农民负担政策问题不纠正，减轻农民负担政策不落实，工作队不能撤离，并要认真进行补课。

通知指出，对已经过整顿但未解决好农民负担问题的村以及未列入整顿计划的村，可由省（区、市）、地（市、州）委派地、县机关干部进村，结合了解农村基层组织建设情况，同乡镇党委一起，就减轻农民负担工作进行一次全面的督促检查。对乡村提留统筹费和劳务出工，要建立健全制度，并公布于众，让群众监督执行，使之制度化、规范化。

通知要求，各县（市）、乡（镇）党委和有关部门，要把坚决落实党中央、国务院《决定》提出的“五个严禁”作为在县处级以上领导干部中开展以“讲学习、讲政治、讲正气”为主要内容的党性党风教育的一项重要工作，作为检验县乡领导干部工作成效的一条重要标准。通过教育，使各级领导干部特别是县、乡领导干部，坚持实事求是的思想路线，纠正一切好大喜功、形式主义、虚报浮夸等不良作风。

通知强调，在加强农村基层组织和乡镇党委建设中，要千方百计地发展壮大村级集体经济，切实解决“有钱办事”的问题。通过增加集体经济收入，增强为农户服务的功能，创办集体福利事业，加强生产、生活和文化基础设施建设，从根本上减轻农民负担，为农民带来物质利益，增强党组织的凝聚力，进一步密切党群干群关系，更好地团结带领农民脱贫致富奔小康。

中国防治荒漠化协调小组提出遏制荒漠化扩展趋势基本对策

全国沙漠戈壁及沙化土地普查日前结束。普查结果表明：我国沙漠、戈壁及沙化土地总面积为168.9万平方公里，占国土面积的17.6%。近20年来，沙化土地平均每年以2460平方公里的速度持续扩展。为此，中国防治荒漠化协调小组提出了基本对策，以尽快遏制荒漠化扩大趋势。

我国是世界上荒漠化严重的国家之一，每年因荒漠化危害造成的损失高达540亿元。从1994年至1996年，林业部组织近万名专业技术人员在29个省、市、自治区进行沙漠、戈壁及沙化土地普查，并编写了《中国荒漠化报告》。报告表明，我国荒漠化土地面积达262.2万平方公里，占国土面积的27.3%。荒漠化地区主要分布在西北大部、华北北部及东北西部。

我国历来十分重视荒漠化防治工作，生物固定流沙、铁路固沙、引力拉沙、沙地飞播造林种草等许多成功的实用技术及开发治理模式，在干旱、半干旱区创造了一个个人工绿洲。1991年启动的全国治沙工程，把防治荒漠化纳入国民经济和社会发展计划。“八五”期间，全国防沙治沙工程完成综合治理开发面积428.7万公顷。局部地区出现了人进沙退的局面，区域性生态环境明显改善。但总体上看，荒漠化仍在扩展，且有加重的趋势。在利欲驱动下，乱垦滥牧、乱挖药材、乱采矿和乱樵滥采的现象仍有增无减。如不采取有力措施，荒漠化扩展的趋势将难以逆转。

中国防治荒漠化协调小组提出的防治荒漠化的基本对策，一是深化宣传教育，增强防治荒漠化意识；二是强化法制观念，加大执法力度，完善法律法规，使防治荒漠化工作逐步走上法治轨道；三是依靠科技进步，培养科技人才，提高防治成效，增加防治荒漠化工程的科技含量；四是合理利用资源，推动持续发展，一方面，要控制荒漠化地区人口的增长，减少因人口增长对资源需求的压力；另一方面，要贯彻保护与开发并重的方针，改变传统的掠夺式资源开发利用模式；五是制定优惠政策，加大资金投入，要实行“谁治理，谁开发，谁受益”的原则，采取荒沙拍卖、租赁、转让、股份合作等治理方式，充分调动群众的积极性，形成全社会共同参与的新格局。

全国总工会主席尉健行在北京会见由团长芦田甚之助率领的日本工会总联合会代表团

国务院副总理吴邦国考察西昌卫星发射中心

5月11日至12日，吴邦国在考察西昌卫星发射中心现场观看“东方红三号”卫星发射后指出，中国航天事业大有希望，航天事业要为经济建设作出贡献。

5月11日，吴邦国来到西昌卫星发射中心，立即听取国防科工委、航天工业总公司关于“东方红三号”卫星发射准备情况的汇报，之后来到火箭、卫星测试厂房，发射场等，详细询问火箭、卫星、发射场的情况，并亲切慰问了正在工作的科技人员和解放军官兵。

12日零时17分，吴邦国来到卫星发射指挥控制中心大厅，观看“东方红三号”卫星的发射实况后发表讲话。吴邦国说：20多年来，特别是改革开放以来，我国航天事业有了比较大的发展，先后成功地发射了多颗国内外通信卫星，特别是“亚星”、“澳星”的发射成功，迈出了我国航天事业走向世界的第一步。他指出，这次发射“东方红三号”卫星，航天工业总公司、国防科工委及参试部队在面临许多困难和很大压力的情况下，坚决贯彻党中央、国务院、中央军委关于提高发射成功率的一系列重要指示，精心准备，沉着应战，做了大量艰苦细致而又卓有成效的工作，为成功发射奠定了坚实基础。实践证明，我国航天事业前途光明，大有希望，航天队伍不愧是一支政治合格、技术精湛、作风顽强、敢打硬仗的队伍。

'97北京国际电视周在北京国际会议中心开幕

5月12日

国家主席江泽民在人民大会堂会见帕劳总统中村邦夫

江泽民说，中国政府和人民一贯同情和支持帕劳人民争取结束托管、实现独立并成为国际社会平等一员的合理要求。中帕同处亚太地区，都是发展中国家。我们之间没有根本的利害冲突，发展经济、改善人民生活是我们的共同任务。

中村邦夫说，他此次率领帕劳独立以来出访外国的最高级别的代表团访华，表明帕劳对发展帕中关系的重视，帕劳感谢中国对帕劳取得独立地位的支持，相信两国经贸关系及其他关系都将得到不断发展。

江泽民说，目前，亚太地区政治相对稳定，经济充满活力。这为该地区国家之间扩大合作与共同发展提供了良好的机遇。在人类面临世纪交替的重要时刻，中国愿与包括帕劳在内的南太各岛国携手共进，为本地区的稳定、繁荣作出自己的贡献。

全国人大常委会委员长乔石在人民大会堂会见帕劳总统中村邦夫

中国和尼日利亚在阿布贾签署四项有关两国经贸合作的文件

这四项合作文件是：《中华人民共和国政府和尼日利亚联邦共和国政府投资保护协定》，《中华人民共和国政府和尼日利亚联邦共和国政府开展钢铁项目合作议定书》，《中华人民共和国政府和尼日利亚联邦共和国政府关于电力工程建设合作议定书》和中尼石油工业合作协议。

中国和尼日利亚两国政府就国务院总理李鹏正式友好访问尼日利亚发表联合新闻公报

公报说，访问期间，李鹏总理与尼日利亚国家元首萨尼·阿巴查就双边关系和共同关心的其他问题交换了意见。他们的会谈是在相互尊重和亲切的气氛中进行的，反映了两国政府和人民之间的良好关系。访问结束前，双方签署了4个经贸协议和议定书。

公报说，中尼双方对两国建交以来友好合作关系的发展表示高兴，并认为，两国在国际事务中有着共同利益，经济上有较大的互补性。双方强调，进一步巩固和加强两国在各个领域的合作，符合两国的利益。两国领导人指出，有必要定期召开中尼经济混合委员会会议。

公报说，中尼两国领导人对世界，特别是非洲地区发生内战与冲突所引起的不安全和不稳定局面表示关切。他们重申坚守联合国宪章的宗旨和目标，并保证在为使联合国更加民主化和建立平等的世界秩序的努力中加强磋商与合作。双方认为，国家不分大小、强弱、贫富，都是国际社会平等的成员，国家之间的关系应建立在公平原则的基础上。

双方注意到，从整体上看，国际事务中的紧张状态正在走向缓和，但霸权主义、强权政治仍在国家关系中存在，不公正和不平等的国际政治经济秩序仍未改变。双方对富国与穷国之间差距的继续扩大表示遗憾。双方强调，和平与发展应继续是各国政府和人民面临的主要任务，两国将继续为实现这一目标而进行合作。访问期间，双方还相互介绍了各自国内的发展情况。

"东方红三号"通信卫星发射升空

零时17分，中国研制的新一代通信卫星"东方红三号"，由新型的"长征三号甲"运载火箭在西昌卫星发射中心发射升空。中共中央政治局委员、国务院副总理吴邦国在现场观看了发射，并代表党中央、国务院、中央军委向参加研制、生产、发射试验的全体人员表示亲切慰问和祝贺。

24分钟后，从西安卫星测控中心传来数据表明，卫星已顺利进入近地点209公里、远地点36194公里的地球同步转移轨道。由中国空间技术研究院研制的"东方红三号"卫星，是我国新一代实用广播通信卫星。星上装有24个C波段转发器，工作寿命为8年。这次发射的"东方红三号"卫星是这种型号的第二颗卫星。

用来发射"东方红三号"卫星的"长征三号甲"运载火箭，是我国自行研制的地球同步轨道运载能力较大的运载火箭，这种型号火箭此前已进行过两次成功发射，也是长征系列火箭第44次发射。"长征三号甲"运载火箭起飞质量为240吨，起飞推力为300吨，可将2.6吨的有效载荷送入地球同步转移轨道。同时，也可兼顾其他轨道卫星的发射，包括一箭双星或多星的发射。据有关部门介绍，"长征三号甲"火箭上新采用的大推力氢氧发动机、四框架挠性平台等多项新技术，目前世界上只有少数国家掌握。

民政部公布文明服务示范窗口单位

为了进一步贯彻党的十四届六中全会精神，把"为人民服务、树行业新风"落到实处，民政部于近日下发了《关于加强民政系统社会主义精神文明建设的意见》，确定了民政系统20个文明服务示范窗口单位，提出了文明服务的要求，从而更好地推动为党分忧、为民解难，树民政新风活动。

这20个文明服务示范窗口单位是：北京市海淀区四季青乡敬老院、吉林省延边朝鲜族自治州图们市红光乡敬老院、山东省烟台市莱山区莱山镇敬老院、广东省东莞市樟木头镇敬老院、湖北省孝昌县光荣院、河北省容城县光荣院、湖南省平江县长寿光荣院、四川省革命伤残军人休养院、河南省荣康医院、辽宁省抚顺市雷锋纪念馆、辽宁省沈阳市沈河区婚姻登记管理处、上海市杨浦区婚姻管理处、上海市黄浦区广场街道社区服务中心、天津市塘沽区新港街道社区服务中心、北京市第一社会福利院、江苏省南京市儿童福利院、湖北省武汉市三眼桥军队离退休干部休养所、新疆维吾尔自治区库尔勒市军队离退休干部休养所、黑龙江省牡丹江市殡仪馆、江西省南昌市殡仪馆。

民政系统文明服务示范窗口单位总的要求是：发扬全心全意为人民服务的"孺子牛"精神，把服务对象当亲人，向服务对象献爱心，为服务对象解疑难，给服务对象送温暖。建立健全各项规章制度，建设优美舒心的生活环境和比较完备的医疗、文化活动设施。服务人员对技术精益求精，对工作极端负责，切实做到爱岗敬业，乐于奉献，挂牌上岗，规范服务，言行文明，服务周到，以模范行动带动全民政系统的精神文明建设。

中共中央总书记江泽民在人民大会堂会见由会长芦田甚之助率领的日本工会总联合会代表团

国务院副总理兼外交部部长钱其琛在钓鱼台国宾馆同帕劳总统中村邦夫举行会谈

古巴国务委员会主席古共第一书记卡斯特罗在哈瓦那会见中国政府经贸代表团团长李岚清双方就发展双边友好合作关系等问题交换意见

中国和古巴两国政府与企业界代表在哈瓦那签署关于经贸合作协议和合同

国家计生委主任彭珮云在山东泰安结束的全国计划生育宣传教育工作会议上发表讲话

彭珮云在会上指出，深化计划生育宣传教育，是当前我国人口与计划生育工作面临的一个十分重要的任务。

彭珮云强调，在我们这样一个人口众多、经济尚不发达、旧传统观念影响较深的国家推行计划生育，如果没有广泛深入的宣传教育，没有深入细致的思想政治工作，没有亿万群众的参与和积极支持，要有效控制人口增长，提高人口素质是根本不可能的。同时要看到，我国的计划生育工作虽然取得了很大成绩，但是面临的人口形势并不乐观。因此，必须始终把宣传教育摆到计划生育工作的首位，把对广大群众进行耐心、深入、细致的思想工作作为一项重要的基础工作切实做好，在全社会倡导科学、文明、进步的婚育观念。

彭珮云还指出，要根据形势的变化，紧紧围绕“九五”时期我国计划生育工作的基本思路，要对各级领导和干部着重进行人口与经济、社会、资源、环境协调发展和可持续发展的教育。对广大群众要在继续宣传计划生育基本国策和有关法律法规的同时，深入宣传少生快富奔小康，宣传计划生育“三结合”，宣传扶贫开发与计划生育相结合，引导他们把国家、集体和家庭、个人的利益很好地结合起来，自觉实行计划生育。

全国政协副主席王兆国在人民大会堂会见以主席霍英东为团长的香港广东社团庆回归委员会访京团

日中友协日中友好会馆日本国际贸促会和中国对外文化交流协会联合主办的《邓小平生平摄影展》在东京日中友好会馆美术馆开幕

中国举重运动员王国华在韩国釜山举行的东亚运动会上以150公斤成绩打破抓举世界纪录

5月13日

党和国家领导人江泽民 乔石 李瑞环 朱镕基 刘华清 胡锦涛等在人民大会堂会见出席第二次全国自强模范暨扶残助残先进集体和个人表彰大会全体代表并同部分自强模范扶残助残先进座谈

会见结束后，江泽民、李瑞环等领导同志与部分代表座谈，江泽民作了重要讲话。

座谈会由国务委员、国务院残疾人工作协调委员会主任彭珮云主持。中国残疾人联合会主席邓朴方在会上介绍了“自强与助残”活动在全国开展的情况。20名自强模范、助残先进代表先后在会上发言。全国自强模范、上海聋人工艺美术设计师洪泽向江泽民、李瑞环赠送了自己制作的工艺品；全国自强模范、肢残青年、西藏阿里孔繁森小学名誉校长施纪平向江泽民总书记敬献了全校藏族师生签名的哈达。

江泽民在听取了大家的发言后说，你们业绩突出，精神更为感人。你们用自己的思想和行动，谱写了自强不息的奋斗之歌和团结互助的文明之歌。

江泽民指出，改革开放和现代化建设的实践，为广大干部和群众，也为残疾人发挥自己的聪明才干，提供了广阔舞台。你们身残志不残，面对人生的巨大磨难，坚持对理想的不懈追求，百折不挠，顽强奋斗，创造了可歌可泣的业绩。

江泽民说，人总是要有一点精神的。一个民族更要有自己的精神。自尊、自信、自强，是中华民族几千年来赖以生存和发展的伟大精神。正是依靠这种精神及其产生的巨大创造力，中华民族在人类历史上很早就兴旺发展起来，一直屹立于世界民族之林，为人类文明作出了不可磨灭的贡献。残疾人自强模范所坚持的顽强奋斗精神，正是中华民族精神的生动而具体的体现。我们要迎接21世纪的挑战，要把祖国建设成为富强、民主、文明的社会主义现代化国家，必须始终大力弘扬自强不息的民族精神。

江泽民指出，残疾人所以能作出不平凡的贡献，与普遍开展的扶残助残活动有着密切的关系。扶残助残，看似普通和平凡，但平凡中见伟大，细微处见精神。扶残助残，体现了我们中华民族助人为乐的传统美德，应在全社会大力倡导。我们是社会主义国家，在不断提高人们的物质文化生活水平的过程中，要努力促进人们相互间的理解、尊重和关心，发扬集体主义精神，创造一个平等、友爱、互助的社会环境。这是我们建设社会主义精神文明的重要内容。

江泽民说，关心和帮助残疾人克服困难和创造生活，是社会文明进步的标志。残疾人，有人的尊严和价值。希望残疾人坚持自尊自重，努力实现为人民服务、为社会服务的人生价值。希望全社会都要尊重和帮助他们，健全人在帮助残疾人实现人生追求中，也使自己的人生价值得到升华。

江泽民强调，我们共产党人以实现人类解放为最高宗旨。新中国的成立，使我国的人权保障从此有了根本的政治经济前提。随着社会主义事业的不断发展，我国人民的生存权和发展权越来越有效地得到保障。我们在发展残疾人事业、改善他们生活和工作条件方面，已经取得了显著的成绩。千千万万残疾人积极投身于社会活动和国家建设的事实，有力地证明了我国人权保障的广泛性、公平性和真实性。我们要坚持发扬社会主义的人道主义精神，充分尊重残疾人的公民权利和人格尊严，使他们以平等的地位和均等的机会，更好地参与社会生活和国家建设，共享我们社会的物质文化成果。

江泽民指出，我国有 6000 万残疾人，涉及全国近 1/5 的家庭。残疾人的工作，直接关系到群众的切身利益，关系到生产力的解放和发展，也关系到社会的安定团结。做好这项工作，是党和政府以及全社会义不容辞的责任。党和政府历来关心残疾人，重视残疾人事业，在立法、政策、规划、组织、宣传教育等方面作出了全面部署，为帮助残疾人康复、就学、就业、脱贫做了大量工作，充分体现了社会主义制度的优越性。但是也应看到，我国经济社会发展的总体水平还不高，残疾人工作仍面临着不少困难。发展残疾人事业是一项长期而艰巨的任务。各级党委和政府要继续积极推进残疾人事业，努力为他们解决实际困难，并动员社会各方面的力量来关心和帮助他们。

江泽民说，今年是杰出的音乐家贝多芬逝世 170 周年。他的著名交响曲《英雄》、《命运》、《田园》等，都是在失聪之后创作的。每当我们听到《命运》交响曲那激昂高亢的旋律时，就会想起他的一句名言："我是无畏的英雄，我要与命运抗争，扼住它的咽喉，决不向它屈服。"在贝多芬的时代，残疾人只能依靠个人的毅力来向命运挑战。而在今天的中国，残疾人得到党和政府以及全社会的热情关怀，真正掌握了自己的命运，一定能够谱写出无愧于时代的"命运交响曲"。希望广大残疾人继续发扬自强不息的奋斗精神，热爱生活，创造生活，满腔热忱地把自己的智慧和力量投入到祖国的伟大事业中去，为实现社会主义现代化作出应有的贡献。

国务院总理李鹏同坦桑尼亚总统姆卡帕在达累斯萨拉姆举行会谈

姆卡帕向李鹏介绍了坦桑尼亚的对外政策。他赞同李鹏关于建立国际政治经济新秩序的主张，表示愿意加强同中国在国际事务中的合作。

姆卡帕强调，坦桑尼亚政府将毫不动摇地坚持"一个中国"的立场。对中国政府即将对香港恢复行使主权表示祝贺。

关于两国经济合作，李鹏指出，中坦经济技术合作取得了很大成绩。中国曾经给过坦桑尼亚一些力所能及的帮助，这象征着中国人民对坦桑人民的友谊。随着形势的变化，两国的合作从内容到形式都要有所调整和改革，使之能够继续扩大和深化。这种合作要以平等互利为原则，发挥双方的优势，提高互补的程度，从而对合作双方都能产生效益。李鹏认为，两国企业之间开展合作的潜力很大。两国在汽车装配、纺织、农业、矿业、企业经营管理和共同开发资源等领域都可以探讨多种形式的合作，包括建立合资企业和开展合作经营。中国政府将对此予以积极鼓励和支持。

姆卡帕表示，坦桑政府将在法律和政策方面为双方企业界的合作提供必要的保障。

李鹏说，著名的坦赞铁路在坦桑尼亚和赞比亚的经济发展中发挥了积极的作用。为使这条友谊之路产生更大的经济效益，中方愿与坦、赞两国密切合作，增加投入，改善管理，搞好设备的维修和保养，扩大货源，提高运营能力，共同把坦赞铁路的事情办得更好。

姆卡帕对此表示感谢。他希望三国之间在资金、设备、管理和技术方面加强合作，并表示坦方将做出自己的努力，共同振兴坦赞铁路这条发展的大动脉。

会谈后，李鹏总理和姆卡帕总统出席了《中华人民共和国政府和坦桑尼亚联合共和国政府经济技术合作协定》、《中华人民共和国政府和坦桑尼亚联合共和国政府、赞比亚共和国政府关于中国政府向坦赞铁路提供专项贷款的协定》和《关于中华人民共和国政府向桑给巴尔政府提供无偿援助的换文》等三个文件签字仪式，并共同会见了记者。

李鹏说，形势发生了很大变化，探索新的合作模式势在必行。他说，中坦两国企业开展包括兴办合资企业和合作经营在内的多种形式的平等互利合作，有利于坦桑尼亚经济的发展，同时也可使参与合作的中方企业获得一定的利益。他表示，中国将毫无保留地向坦方提供技术和管理经验。

李鹏说，坦桑尼亚资源丰富，交通便利，市场广阔；如有较好的投资环境，中坦两国企业之间合作的路子就一定能够走下去并获得成功。

第二次全国自强模范暨扶残助残先进集体和个人表彰大会在人民大会堂举行

表彰大会由国务院残疾人工作协调委员会、中共中央宣传部、人事部、解放军总政治部和中国残疾人联合会共同召开。

丁关根、铁木尔·达瓦买提、罗干、万国权等领导同志,以及中央和国家机关、各民主党派、各人民团体、各地残疾人工作协调委员会负责人和首都各界人士7000多人出席大会。

会上首先宣读江泽民为汇集了本次表彰的“自强与助残”先进事迹的《自强之歌》一书所作的序言。

中国残疾人联合会主席邓朴方在会上介绍全国开展“自强与助残”活动的情况。

会上分别宣读国务院残疾人工作协调委员会关于表彰全国自强模范暨扶残助残先进集体和个人的决定,人事部、中国残疾人联合会关于表彰全国自强模范和全国残联系统先进工作者的决定;大会向120名残疾人“自强模范”,85个助残先进集体、81名助残先进个人、79个“残疾人之家”和32名残联系统先进工作者颁奖。

中宣部常务副部长刘云山代表主办单位致辞。

“自强模范”代表陈宁、李少言、丁铁军、朱彦夫、周婷婷、沈正兰先后发言。国务委员、国务院残疾人工作协调委员会主任彭珮云代表国务院向受表彰的集体和个人表示祝贺,向全国6000万残疾人及其亲属致以问候。彭珮云高度评价了“自强模范”和助残先进顽强的拼搏精神和高尚的道德情操。彭珮云在回顾了近10年来,我国为发展残疾人事业,改善残疾人状况所采取的重大措施及取得的举世瞩目成就后说,由于历史原因和生产力水平的制约,我国残疾人事业还滞后于经济和社会发展,残疾人还面临相当多的困难。各级政府和残疾人工作协调委员会,要按照江泽民总书记的指示,高度重视残疾人事业,认真贯彻残疾人保障法,全面完成《中国残疾人事业“九五”计划纲要》规定的各项任务。全社会要进一步发扬扶残助残的良好风尚,向残疾人伸出友爱之手,扶助他们与全国人民共同前进。

全国政协主席李瑞环在北京会见霍英东率领的香港广东社团庆回归委员会访京团

李瑞环说,在座的各位长期以来积极支持祖国的改革开放和经济建设,在投资办学、扶危济困、架桥修路、把先进技术引进国内等方面做了大量的工作,赢得了广大人民的信任,在香港和内地均享有很高的声誉。他希望大家珍惜这来之不易的成就,一如既往地为国家建设、为家乡的繁荣作出新的贡献。

全国政协副主席、香港广东社团庆委会主席霍英东说,中国人向来注重祖籍,热爱家乡。多少年来,无论国家还是家乡有什么困难,香港的广东社团都尽心尽力提供帮助。作为中国人,我们有责任把国家建设好。他说,香港广东社团庆委会是个新组织,为搞好7月1日香港回归祖国的庆祝活动,我们有责任作出贡献,协助特别行政区政府共同维护香港的稳定繁荣,实现平稳回归。

全国人大常委会副委员长田纪云在宁夏考察

田纪云考察了银川等地,并听取了中共宁夏回族自治区党委书记黄璜、自治区主席白立忱和自治区人大常委会主任马思忠关于宁夏经济发展和自治区人大工作情况的汇报。田纪云指出,近年来,在国家的关怀和支援下,经过宁夏回汉各族人民的团结奋斗,宁夏社会经济面貌发生了巨大的变化,全区社会政治稳定,经济稳步发展,民族团结,特别是引黄灌区开发的潜力得到了充分发挥,农业连年获得丰收,农业和农村经济呈现出良好的发展势头。

国家主席江泽民在中南海会见美国前总统布什

江泽民说,今年以来,中美关系保持了改善的势头,高层接触和往来不断增加,两国关系面临着进一步发展的良好机遇。

江泽民说,中美关系的发展史表明,只要中美双方切实遵守中美三个联合公报,登高望远,始终把握住两国的共同利益,着眼于21世纪,妥善处理两国关系中的问题,特别是台湾问题,两国就能够不断排除困难,保持双边关系长期稳定并不断向前发展。

江泽民希望布什能为推动中美关系的健康、稳定发展继续发挥积极作用。

布什说,他一贯认为美中关系是世界上最重要的双边关系。美中关系经常受到各种干扰。他认为,人们应该摈弃各种偏见,看清楚搞好美中关系符合两国人民的根本利益。他表示相信,美中关系会继续得到改善和发展。

国家主席江泽民在中南海会见以社长鸟海为团长的日本丸红公司高层访华团

中共中央政治局常委 中央党校校长胡锦涛在人民大会堂会见以越共中央委员 常务副院长苏辉惹为团长的越南胡志明国家政治学院代表团

国家副主席荣毅仁在人民大会堂会见由会长小普雷斯科特·布什率领的美国中美总商会代表团

国务院副总理兼外交部部长钱其琛在钓鱼台国宾馆会见美国前总统布什和夫人

国务院副总理兼外交部部长钱其琛在钓鱼台国宾馆会见冰岛外交部常务秘书长海·奥古斯特松

国务院副总理兼外交部部长钱其琛在钓鱼台国宾馆会见日本《中日新闻》会长大岛宏彦

国务院副总理姜春云在中南海会见以色列副总理兼农业和乡村发展部、环境部部长拉法尔·依坦

中央军委副主席迟浩田在北京会见美国参谋长联席会议主席沙利卡什维利上将

解放军总参谋长傅全有上将在钓鱼台国宾馆与美国参谋长联席会议主席沙利卡什维利举行会谈

外经贸部部长吴仪和坦桑尼亚工业与贸易部部长希贾共同主持中坦经贸会谈

陪同李鹏总理在坦桑尼亚进行正式友好访问的国务院有关部委领导同坦桑尼亚政府相应部长举行了对口工作会谈。

双方一致认为，30 多年来，中坦经贸关系不断发展，希望合作领域进一步扩大。吴仪说，中国政府十分珍惜由两国老一辈领导人所奠定和发展的中坦传统友谊。在新形势下，中国政府愿在平等互利的基础上将两国经贸关系提高到新水平。

希贾对 30 多年来中国在基础设施建设、医疗卫生、教育以及其他一些重大项目上给坦桑尼亚的帮助表示感谢。会谈中，两国有关部长就十几个领域的合作深入交换了意见。

韩杼滨、吴文英、周永康、陈同海等参加对口工作会谈。

亚洲防治荒漠化部部长级会议在北京举行

来自亚洲各国有关防治荒漠化的部长、国际组织以及经合组织国家的代表参加了会议。国务院副总理姜春云出席会议开幕式并作重要讲话。

姜春云介绍说，中国政府非常重视荒漠化的防治和生态环境建设，自 1992 年联合国环境与发展大会之后，中国政府率先签署了《联合国防治荒漠化公约》，成立了联合国防治荒漠化公约中国执行委员会。设立了中国防治荒漠化研究与发展中心、监测中心和培训中心，制定并实施了《防治荒漠化公约国家行动方案》。进行了全国沙漠、戈壁及沙化土地普查，编制了中国荒漠化图，提出了《中国荒漠化报告》，并正在制定《荒漠化防治法》。姜春云说，早在 50 年代中国人民就开始同荒漠化进行斗争，取得了显著的成绩。在 50 年代，中国组织了对荒漠化土地的考察。70 年代以来，中国先后启动和实施了“三北”防护林、沿海防护林、防沙治沙工程、平原农田防护林、黄河中游防护林等一批重点生态工程建设。目前，全国森林覆盖率由新中国成立初期的 8%上升到 13.92%；防沙治沙工程和“三北”防护林使 1600 多万公顷农田得到保护，1000 多万公顷草牧场得到恢复和保护；全国有 795 个平原县实现了绿化，生态环境得到了一定的改善。姜春云说，中国环境保护和荒漠化防治工作虽然有较大进步，但面临的形势仍然严峻。据 1996 年完成的全国荒漠化土地普查，中国荒漠化土地总面积达 262.2 万平方公里，占国土总面积的 27.3%，荒漠化危害已成为制约一些地区经济和社会发展、人民生活水平提高的重要因素，当前和今后保护环境和防治荒漠化的任务十分艰巨。

5 月 14 日

国家主席江泽民在人民大会堂会见以霍英东为团长的香港广东社团庆回归委员会访京团

江泽民主席首先对霍英东率团来访表示热烈欢迎。他说，我国政府将于今年 7 月 1 日恢复对香港行使主权，这是中华民族洗雪百年耻辱的一件大事，是我们按照邓小平同志提出的“一国两制”伟大构想，为完成祖国统一大业迈出的重要一步。江泽民强调，在香港实行“一国两制、港人治港、高度自治”是国家的一项长期国策。这些方针政策，既有利于香港六百万同胞，也是国家总体利益所在。

江泽民表示，“一国两制”伟大构想的成功实现和不断完善，离不开香港各界同胞的共同努力。他希望香港同胞继续努力，为建设香港更美好的明天做出新的贡献。

江泽民说，我们坚信，只要不折不扣地贯彻落实基本法的各项规定，有六百万爱国爱港、勤劳智慧的香港同胞的不懈努力，加上内地的全力支持，“一国两制”一定会全面贯彻实施，香港的长期繁荣稳定一定能够实现。

全国政协副主席霍英东表示，香港广东社团将继续努力，支持特别行政区政府的各项工作，开展多项有益活动，为确保香港平稳过渡、政权顺利交接和实现长期稳定繁荣作出贡献。

香港特别行政区筹委会主任委员钱其琛在中宣部举办的形势报告会上作关于香港回归的报告

中共中央政治局委员、中央书记处书记丁关根主持由中宣部中直机关工委中央国家机关工委解放军总政治部北京市委在人民大会堂联合举办形势报告会。

钱其琛在报告中回顾了香港问题由来、解决香港问题的历史过程，着重阐述了邓小平同志提出的“一国两制”的构想和我国政府对香港的基本方针政策。钱其琛指出，“一国两制”的方针是完成祖国统一大业的基本国策，是建设有中国特色的社会主义理论的重要组成部分。用“一国两制”方针政策解决香港问题，按照基本法的规定在香港特别行政区实行“港人治港”、高度自治，是保持香港繁荣稳定的最佳方案，对香港有利，对祖国内地的社会主义现代化建设有利，也符合英国以及其他国家在香港的利益。

钱其琛还介绍我国政府对香港恢复行使主权准备工作的情况。钱其琛说，经过民主程序和公平、公正、公开的选举方式，香港特别行政区第一任行政长官已顺利产生；特别行政区第一届政府的主要官员经行政长官董建华提名，中央人民政府已予任命；特别行政区临时立法会也正在有效地运作；特别行政区的终审法院正在筹建当中。为履行中央人民政府管理香港特别行政区的防务和外交事务的责任，中国人民解放军驻港部队和外交部驻港机构的有关准备工作也在顺利进行。这些都为香港政权的顺利交接和特别行政区成立后的正常运作创造了条件。香港特别行政区筹备委员会为筹建香港特别行政区做了大量工作。钱其琛指出，目前香港平稳过渡的大局已定，形势令人鼓舞，港人和国际社会对香港前途的信心不断增强。

钱其琛指出，各级干部尤其是领导干部必须完整、准确地领会“一国两制”的方针，认真学习并严格按照香港基本法办事。全国人民都要了解和遵守香港基本法。他强调，中央各部门、各省、自治区、直辖市必须尊重香港特别行政区依法享有的高度自治权，不得干预属于香港特别行政区自治权范围内的事务。内地与香港特别行政区之间的联系将实行统筹和归口管理，不能自行其是。

钱其琛说，江泽民同志最近强调指出，“依法治港，是我们实施依法治国的重要组成部分。维护香港基本法的权威，就是维护国家法制的权威。这是全国人民的共同责任。”在以江泽民同志为核心的党中央的领导下，“一国两制”的方针一定会在香港得到全面的贯彻落实，香港的明天一定会更美好。

中国红十字会根据两岸《金门协议》在厦门市东渡渔港码头将台湾劫机嫌疑犯刘善忠移交台湾有关方面

全国人大常委会副委员长田纪云在甘肃考察

5月14日至18日，田纪云深入到河西走廊灌区和中部干旱山区考察。

田纪云在考察了引大入秦工程、集雨节灌工程和小流域治理工程后说，引大入秦工程是功在当代、造福子孙的工程，是水利史上的丰碑。干旱山区农民利用公路、场院、荒坡做集雨面，挖水窖集蓄雨水，在干旱季节为生产和生活解燃眉之急，是群众的一大创造。今后要大力推广节水灌溉措施。

田纪云强调，当前要坚持稳定党在农村的基本政策。这些政策包括继续坚持以家庭联产承包为主要形式的双层经营体制；允许一部分人、一部分地区先富裕起来；允许农民务工经商，大力发展乡镇企业，等等。

首都规划建设委员会第十六次全体会议在北京举行

国务委员、首都规划建设委员会主任罗干在会上指出：北京要在贯彻落实土地基本国策，贯彻执行党中央、国务院关于加强土地管理、切实保护耕地的精神，严格控制城市建设用地范围，加强城市规划的集中统一管理等方面为全国带个好头。

会上，北京市市长助理郑一军、首都规委办公室主任赵知敬分别就城市交通、首都规划建设和管理中的几个主要问题和1996年首都城乡建设状况及1997年建设计划安排意见等问题作汇报。

会议认为，去年北京的城市规划、建设和管理工作确实取得了显著进展，主要表现在：对城市规划进行了深化，完成了部分控制性详细规划的编制和市区边缘集团总体规划调整工作；实施市区隔离地区的绿化工作取得了新的进展；加强了对重大规划设计的审核；加大了查处违法建设的力度。居民住宅建设1996年又竣工812万平方米，达到历史最高水平；落实安居工程建设计划60万平方米，可解决人均4平方米以下住房困难户1.1万户。

罗干在会议总结时强调四个方面的要求：第一，深化总体规划，控制首都城市建设规模。罗干指出，最近，党中央、国务院对加强土地管理、切实保护耕地、控制城市建设用地规模提出了更加明确而严格的要求。北京要在贯彻落实土地基本国策，贯彻执行党中央、国务院关于加强土地管理、切实保护耕地的精神，严格控制城市用地规模，加强城市规划的集中统一管理等方面为全国带个好头。要进一步深化城市总体规划。对近期建设规划，要按照严格控制和适当压缩建设用地规模的要求进行调整，确保到 2000 年北京的城市建设用地规模严格控制在现有规模内，不再扩大。

第二，加强设计评审，提高首都规划建设水平。要学习和借鉴国内外好的经验，利用首都的优势，让国内外更多的专家、学者参与北京的建筑规划设计，活跃和繁荣北京建筑艺术。要大力开展建筑评论，多方听取意见，提高决策水平。要把长安街和王府井、西单等重要街区作为重点，规划好、建设好、管理好。

第三，搞好统筹规划，缓解首都交通紧张状况。罗干指出，缓解首都城市交通紧张状况，应从完善发展战略，搞好统筹规划，落实具体措施，加快设施建设和加强交通管理等诸方面协调推进。罗干说，鉴于公共交通与个体交通相比具有运量大、占路少、整体效率高的优点，参考国外发达国家一些大城市的经验教训，应当把落实城市公共交通优先发展战略和加强交通秩序管理作为缓解北京市交通紧张状况的工作重点之一。

第四，查处违法建设，维护首都规划的严肃性。罗干最后说，世纪之交的这几年，北京的城市规划建设和管理工作正处在关键时期，任务很重，要求很高。希望中央党、政、军、群各部门和驻京各单位，北京市机关和企事业单位，都要增强首都意识，提高对城市规划重要性的认识，执行规划，服从规划管理，互相支持，通力合作，把首都规划、建设和管理工作做得更好。

"农技铁人"姜德明事迹报告会在人民大会堂举行

摩洛哥首相兼外交和合作大臣菲拉利在首相府会见中国科技代表团团长宋健表示愿意加强和中国在各个领域的合作

国家主席江泽民在人民大会堂会见来华出席亚洲区域防治荒漠化部部长级会议的各国代表团团长

江泽民说："防治荒漠化、保护环境、发展经济、消除贫困是亚洲各国人民面临的一项十分艰巨而紧迫的任务。"

江泽民指出，中国政府十分重视荒漠化的防治和生态环境建设，并把防治荒漠化和保护生态环境作为一项基本国策，纳入国民经济和社会发展计划。

江泽民指出，中国的防治荒漠化问题是全球性防治荒漠化问题的一个组成部分，中国深知自己在这方面的责任和可以发挥的作用。从这一点出发，中国积极参与了和批准加入了联合国防治荒漠化公约。中国愿意承担与其发展水平相适应的责任和义务，也愿意和包括亚洲各国在内的国际社会进行合作和交流，为改善全球生态环境、促进人类社会文明做出积极的贡献。

全国政协主席李瑞环在人民大会堂会见越南祖国阵线中央委员会主席黎光道

国务院副总理朱镕基在中南海紫光阁会见美国联邦储备体系理事会主席格林斯潘

国务院副总理兼外交部部长钱其琛在钓鱼台国宾馆同马来西亚外交部部长达图·阿卜杜拉·巴达维举行会谈

关于中国与东盟的关系，钱其琛说，今年是东盟成立 30 周年，中方对此表示热烈祝贺。马来西亚是今年东盟轮值主席和东盟地区论坛主席，也是东盟与中国对话的协调国。中方愿与马方密切配合，使中国和东盟的关系取得进一步发展。

巴达维提出，东盟愿邀请江泽民主席以及日本和韩国的首脑今年 12 月份在吉隆坡与东盟国家首脑举行非正式会晤。

钱其琛表示，这是一个很好的设想，如能实现，将是东亚首脑的首次聚会。江泽民主席愿意接受东盟方面的邀请出席这一聚会。

会谈后，双方就中国同意马来西亚保留驻香港领事机构进行换文。

国务院副总理兼外交部部长钱其琛在钓鱼台国宾馆会见美国参谋长联席会议主席沙利卡什维利

中央军委副主席张万年在人民大会堂会见美国参谋长联席会议主席沙利卡什维利

全国人大常委会副委员长王光英在人民大会堂会见由首席执行官维克多·莱斯率领的英国卢卡斯·法拉提集团公司代表团

全国人大常委会副委员长卢嘉锡在人民大会堂会见马达加斯加前外长塞泽尔·拉贝努鲁夫妇

全国政协副主席杨汝岱在北京主持全国政协与越南祖国阵线代表团座谈会

中国政府经贸代表团团长李岚清在圣菲波哥大同哥伦比亚外长梅希亚地行工作会谈并参加中国向哥伦比亚赠款换文签字仪式

中英联合联络小组就解放军驻港部队派出第二批和第三批共 156 名先遣人员进驻香港的有关安排达成协议

中英联合联络小组中方代表处消息：中英联合联

络小组双方已就中国驻香港部队派出第二批和第三批共156名先遣人员进驻香港的有关安排达成协议。加上第一批派出的人员，中方总计派出196名先遣人员提前进驻香港。中方先遣人员的任务是为中国人民解放军驻香港部队进驻香港担负防务责任做必要的准备工作。

第二批先遣人员共计66人，将于5月19日抵港，进驻威尔斯亲王军营、枪会山军营、石岗军营和昂船洲军营；第三批先遣人员共计90人，将于5月30日抵港，进驻威尔斯亲王军营、赤柱军营、新围军营、稼轩庐军营、奥士本军营和般咸阁。

在此之前中方已派出首批先遣人员共40人，由中国人民解放军驻香港部队副司令员周伯荣少将率领，于4月21日抵港，分别进驻威尔斯亲王军营和昂船洲军营。

中央军委副主席迟浩田在山东考察部队建设

迟浩田于14日至17日在山东参加了孟良崮战役胜利50周年纪念活动，并前往驻沂蒙部队考察。

迟浩田深入基层与官兵交谈，详细询问部队的学习、训练和生活情况。在某部训练场观看新技术装备展览，了解部分官兵掌握和使用新装备的熟练程度，并亲手操作了一些科技含量较高的新装备。

迟浩田强调，加强思想政治建设是我军的优良传统，是我军特有的政治优势。回顾我军70年的历史，从小到大，由弱到强，靠的就是这种优势。在新的形势下，江泽民主席反复强调要讲学习、讲政治、讲正气。我们一定要以江泽民主席这个重要指示为指导，把部队的思想政治建设摆在首位，切实抓紧抓好。讲学习最重要的是组织部队学好马列主义、毛泽东思想，学好邓小平建设有中国特色社会主义理论和新时期军队建设思想，学好江泽民主席关于军队建设的一系列重要论述。讲政治的根本点，是教育部队坚持党对军队的绝对领导，坚决听从以江泽民同志为核心的党中央、中央军委的指挥。讲正气，就是要弘扬共产党人、革命军人的浩然之气，继承和发扬优良传统，牢固树立共产主义世界观、人生观，自觉抵制腐朽思想文化和生活方式的侵蚀，真正做到富贵不能淫，贫贱不能移，威武不能屈，永远保持人民军队的政治本色。他指出，香港即将回归，要把江泽民主席关于加强爱国主义教育的重要指示落到实处，让爱国主义精神化为广大官兵的自觉行动。要认真贯彻落实党的十四届六中全会精神，大力加强社会主义精神文明建设，努力使军队精神文明建设走在全社会前列。

5月15日

国家主席江泽民在人民大会堂与法国总统雅克·希拉克举行会谈

中法两国政府间的协定及换文在人民大会堂签署

国家主席江泽民和来访的法国总统雅克·希拉克出席了签字仪式。

这些协定及换文是：关于法国保留驻香港总领馆的换文，中法两国政府环境保护合作协定，中法两国政府关于发展和平利用核能合作协定，中法两国政府关于卫生和医学科学合作协定，中国农业部和法国农渔食品部关于中国从法国输入的牛冷冻精液、种禽种蛋、猪、马的检疫和卫生条件议定书，中法两国政府关于研究与和平利用外层空间合作的协定。

双方签署的文件还有：中国航空器材进出口总公司预订30架空中客车飞机框架协议，关于100座级民用喷气客机合作项目的框架协议。

下午，中法两国经济企业界人士在人民大会堂还签署了六项经济贸易合同、协议。它们是：中国航空器材进出口总公司新疆航空公司订购10架ATR－72飞机合同、5.5吨直升机旋翼合作合同、ATR16段主供应协议、中法双方关于在中国建立航空紧固件股份有限公司责任公司的意向书、杭州农药总厂与罗纳普朗克农化公司关于在植物保护领域成立合资企业的议定书和中国航空工业总公司与法国斯奈克马集团公司在航空推进领域进行合作的协议书。

香港特别行政区行政长官董建华应邀在亚洲协会香港分会举行周年晚会上发表演讲

董建华认为香港是一个东西方文化汇聚的国际性城市，东西方文化和价值具有差异并互补性，希望西方传媒应客观公正报道香港事实。

董建华说，西方传媒近来对香港兴趣大增，对香港的后过渡期给予了密切关注，也出现了许多歪曲报道的问题。事实上，近年来多项民意调查表明，广大港人对特区政府具有信心，股市和楼市上扬、移民回流就是明证；香港经济持续发展，香港银行每年的储蓄率平均上升12.1%，香港外汇储备每年增长7%，香港人口每年增长12万人，其中很多是海外回流的，香港仍继续成为700多家跨国大公司和85家国际大银行的地区总部；香港人仍享受平等、自由、民主权利；根本不存在西方传媒所说的经济解体、金融灾难、失去公民自由的问题；香港特区政府将按照“一国两制”、“港人治港”、高度自治的原则处理香港事务，香港明天更加美好。

谈到西方传媒歪曲报道香港特区事实原因时，董建华认为，部分出于对祖国和香港特别行政区的误解，部分仍坚持原有错误看法而不肯正视现实。他表示，在未来的日子里，要加强香港的宣传工作，把一个真实的、繁荣稳定的、正平稳过渡的香港宣传到全世界。

国务院副总理钱其琛在人民大会堂会见以霍英东为团长的香港广东社团庆回归委员会访京团

中纪委监察部召开电视电话会议

中共中央政治局委员、书记处书记、中央纪委书记尉健行在电视电话会议上强调，各级党委、政府各部门、各行业一定要紧紧抓住大兴艰苦奋斗、勤俭节约之风这个重点，认真落实制止奢侈浪费行为的各项规定，以此带动党风廉政建设和反腐败斗争其他各项任务的进行。

全国人大《妇女权益保障法》执法检查组在山西检查

由全国人大常委会副委员长李锡铭率领的全国人大内务司法委员会《妇女权益保障法》执法检查组于 5 月 15 日至 28 日在山西执法检查。

检查组听取省内各有关部门的汇报，重点检查了太原、朔州、大同、晋中等 7 个地市。

检查组认为，山西保障妇女权益工作起步较早，工作较扎实深入。近几年保障妇女政治权利工作卓有成效，突出表现在“两高一突破”上：女干部比例高出全国平均水平 1.48 个百分点，各级女人大代表比例均高于全国平均水平，突破了多年来省政府没有女领导的空白。山西属“重型就业结构”，不利于妇女就业，但经过多方努力，妇女就业还是取得了可喜成绩。山西打击拐卖妇女儿童犯罪和查禁卖淫嫖娼活动比较有力，妇女的人身权利得到较好保障。各级人民法院成立审理维护妇女儿童合法权益案件的专门法庭——“维权”法庭 83 个，为建立和完善具有中国特色的妇女权益法律保障机制进行了积极探索。

检查组同时指出，山西保障妇女权益工作还存在这样那样的问题，男女平等这一基本国策的宣传还不够深入，妇女干部在文教、卫生、计划生育和妇联系统多，在党政机关、经济部门少；一般岗位上多，主要领导岗位上少；副职多、正职少的“三多三少”问题还没有得到根本解决。山西女工下岗比例高于男性，而女工下岗再就业比例又偏低。山西有的地方拐卖妇女儿童犯罪活动还没有得到彻底根除，一些地方的文化娱乐场所、服务行业卖淫嫖娼活动仍屡禁不止。

全国供销合作社思想政治工作暨劳动模范表彰大会在北京开幕

李鹏总理致信大会表示祝贺。李鹏总理在贺信中向获得供销合作社系统的劳动模范、先进工作者、先进集体代表表示热烈的祝贺，并通过他们向辛勤工作在供销社系统的广大干部职工致以亲切问候。

国务委员、全国供销合作总社理事会主任陈俊生在大会上讲话。陈俊生指出，由人事部和全国供销合作总社对全国供销合作社系统 261 名劳动模范、25 名先进工作者、257 个先进集体进行表彰，这是全系统 580 万干部职工政治生活中的一件大事。

国家计委 国务院证券委宣布 1997 年股票发行规模为 300 亿元

广东地区建设的第二座大型商用核电站——岭澳核电站的主体工程正式开工

国务院总理李鹏为此发来了贺信。

在为岭澳核电站奠基碑揭幕之前，国务院副总理吴邦国在开工典礼上讲话，对岭澳核电站建设提出了四条要求：“一是要搞好团结合作，相互学习，取长补短，共同把工程建设好。二是要坚持‘安全第一、质量第一’的方针，始终把保证工程质量放在第一位。三是设备供应各方，要严格按合同办事，按时提供质量优良的设备。四是有关银行要按照工程进度，及时提供建设所需的出口信贷和商业贷款。”

国家主席江泽民在人民大会堂会见美国联邦储备体系理事会主席格林斯潘

国务院副总理朱镕基在中南海会见美国《新闻周刊》主编梅纳德·帕克

中共中央政治局常委胡锦涛在人民大会堂会见由副总书记科菲·阿托尔率领的加纳全国民主大会代表团

全国政协副主席万国权在北京会见以中央执行委员会委员政府旅游和运输部部长西蒙娜·德·卡玛蒙为团长的塞舌尔人民进步阵线代表团

智利总统弗雷在总统府会见中国政府经贸代表团团长李岚清双方表示进一步加强两国在矿业和农业等领域内的合作

中央军委副主席张震考察解放军驻香港部队

5 月 15 日至 26 日，张震在副总参谋长隗福临，广州军区司令员陶伯钧、政委史玉孝的陪同下，深入驻香港部队调查研究，听取驻香港部队司令员刘镇武、政委熊自仁关于部队全面建设和进驻准备情况汇报，检阅驻香港陆、海、空三军部队，观看三军官兵精彩的军事表演，询问基层官兵的工作、生活和训练情况。

张震指出，在香港回归前夕，江泽民主席强调驻香港部队一定要以威武文明之师的良好形象进驻香港，具有特别重大的意义。我军进驻香港，举世瞩目，祖国和人民寄予厚望。驻香港部队一定要按照江泽民主席“五句话”的总要求，加强部队全面建设，树立起忠于祖国、热爱人民的形象，艰苦奋斗、一尘不染的形象，依法驻军、依法治军的形象，纪律严明、军容严整的形象，训练有素、武艺精湛的形象。要使香港同胞通过驻香港部队这个“窗口”，真切地感受到人民解放军是忠心耿耿为国家、为民族、为人民的军队，是艰苦朴素、道德高尚、品质高洁的军队，是忠于职守、依法履行职能的军队，是讲文明、守纪律、有礼貌、秋毫无犯的军队，是军事素质优良、战斗作风过硬、威武雄壮、无往不胜的军队。

张震强调，我军进驻香港，在特殊环境里履行防务，一定要永远坚持人民军队的性质和宗旨，永远保持老红军本色，永远做祖国和人民的忠诚卫士。要坚决听从以江泽民同志为核心的党中央、中央军委指挥，发挥我军特有的政治优势，大力加强思想政治建设，确保在政治上特别过硬。要认真学习邓小平建设有中国特色社会主义理论，深刻理解“一国两制”构想的伟大意义，坚决贯彻中央关于处理香港问题的方针政策，自觉肩负起祖国和人民赋予我们的神圣职责。

张震要求驻香港部队严格遵守香港特别行政区基本法和驻军法。要坚持依法治军，认真执行条令条例，强化监督机制，抓好各项规章制度的落实，加强部队正规化建设。

考察期间，张震还看望“深圳特区精神文明好六连”和武警“沙头角模范中队”的官兵，慰问广州的部分军队老干部。

中央军委副主席张万年在石家庄陆军参谋学院考察

张万年于5月15日至16日在陆军参谋学院考察。张万年观看了这个学院运用“师团首长机关作战指挥训练模拟系统”组织的演练，赞扬这个系统的研制成功为培养高素质人才提供了较先进的教学手段。他要求全军部队和院校进一步搞好模拟训练系统的研制和推广工作，力争2000年前基本实现我军作战指挥训练模拟化。

张万年强调，全军要认真贯彻江泽民主席的指示，把学习和掌握高科技知识，作为一项战略任务，下大力抓紧抓好。他指出，提高干部队伍高科技素质，基础在院校，干部的高科技基础要立足于在院校打牢。要进一步深化院校教学改革，不断提高人才培养质量，努力培养一大批适应世界新的军事发展挑战的优秀人才。

5月16日

国家主席江泽民和法国总统雅克·希拉克在北京签署《中法联合声明》

建立全面伙伴关系

应中华人民共和国主席江泽民的邀请，法兰西共和国总统雅克·希拉克从1997年5月15日起对中国进行国事访问。通过友好的会谈，双方就当今世界面临的重大问题深入交换了意见，并达成广泛共识。双方一致认为：

1964年1月27日，中法建交打开了通向建立超越对抗、发展合作的国际秩序的道路。

1996年3月曼谷首脑会议以来亚欧新型关系的发展，又为两大洲加强经济合作及开展政治对话，开辟了新的前景。

在21世纪即将来临之际，中法两国应承前启后建立长期的全面伙伴关系，从而使中法关系进入一个新的发展阶段。双方决定进一步密切合作，推动世界多极化进程，支持在尊重多样化和独立的基础上，为创造财富和福利所做的努力，致力于建立公正、合理的国际政治、经济新秩序，反对国际事务中任何进行支配的企图，以实现一个更加繁荣、稳定、安全和均衡的世界。

加强多极化

双方认为，当今世界处于深刻的变动之中，正在从原有的两极体制向多极化过渡。国际局势总体走向缓和，但仍然存在许多紧张根源。和平与发展仍然是人类社会面临的两大首要目标。

双方指出，两国作为联合国安理会常任理事国，对国际事务负有特殊责任，不断发展的中国和联合的欧洲将在新的多极格局中发挥重要作用。深化中法、亚欧关系将对整个国际局势产生积极影响。

在新的国际形势下，中法两国将努力促进小国与大国之间、世界各大地区之间、富裕国家和发展中国家之间在政治、经济、文化、语言、科技等方面的平衡。

双方将在各自地区发挥积极影响，进一步推动亚欧合作。

双方强调，两国都珍视自己的民族独立，奉行独立自主的外交政策。世界各国和各国人民之间应在相互尊重、平等互利、求同存异的基础上发展合作，和睦相处，增进信任，和平解决争端。

推动联合国改革

双方重视联合国在维护国际安全与和平方面发挥的重要作用，支持在保证效率和成员国公平代表性的情况下，并考虑到国际关系中所发生的变化，对安理会进行有限扩大。联合国宪章中有关常任理事国地位的规定应得到尊重。

促进裁军

双方认为在裁军道路上取得进展是可能的。两国决心为使《全面禁止核试验条约》早日生效而努力；呼吁关于"禁止生产核武器或其他核爆炸装置用裂变材料公约"的谈判能够尽快开始；欢迎《禁止化学武器公约》开始生效；希望在处理杀伤人员地雷问题方面取得进展，即通过裁谈会，在考虑各方正当安全关切的情况下，平衡地予以解决。

双方强调应防止核武器以及化学、生物武器扩散，应进一步加强关于防止大规模杀伤性武器扩散国际制度的普遍性和有效性。中法双方十分重视对可能导致大规模杀伤性武器及其运载工具扩散的敏感物品出口进行严格监督，愿加强在这方面的合作。

双方欢迎就加强国际原子能机构保障监督计划达成的一致，将尽快确定各自所能采取的措施，以对该计划的不扩散和效率目标作出贡献并符合各自根据《不扩散核武器条约》第一条所承担的义务。

环境保护

双方意识到环境问题是全球性问题，愿意在环境保护和合理利用自然资源方面开展长期的密切合作。双方将特别推动于环境无害型技术的转让，促进可持续发展。

反对毒品、犯罪和恐怖主义

双方将在反对贩毒、洗钱、非法移民和偷渡网，以及其他任何形式的有组织跨国犯罪方面开展合作。

双方谴责各种形式的国际恐怖主义活动，并将在反对国际恐怖主义活动方面加强合作。

加强发展援助

双方意识到经济全球化所带来的机遇和风险，认为发达国家向发展中国家提供发展援助是必不可少的；呼吁对最不发达国家——其中 2/3 是撒哈拉以南的非洲国家——给予优先照顾，包括通过"南北"和"南南合作"的办法。

支持多边贸易

双方重申重视建立一个有效、公平、开放的多边贸易体系，欢迎在中国加入世贸组织谈判中最新出现的势头，呼吁保持这一势头。双方坚决主张中国根据权利和义务对应的原则早日加入世贸组织。

尊重多样性

双方认为，历史、文化、经济、哲学和社会等方面的差异，是丰富人类共同财富的源泉。本着这一精神，双方认为，为解决分歧，应进行建设性和认真的对话，而不应对抗。

双方强调，促进和保护人权应遵守《联合国宪章》的宗旨和原则以及人权的普遍性，同时也要充分考虑各自的特殊性。

双方希望中国与欧盟在平等和相互尊重的基础上就人权问题进行建设性对话，开展加强法制方面的交流和合作。只有加深相互了解和信任，才能缩小分歧。

法方满意地注意到中方决定在 1997 年年底前签署联合国《经济、社会与文化权利国际公约》，并积极研究加入联合国《公民权利与政治权利国际公约》问题。中方赞赏法方在联合国人权委员会会议上采取的建设性立场。

建立交往和磋商机制

双方强调两国建交以来在各个领域的合作取得的成果，指出不断扩大和深化双方的友好互利合作是两国政府和人民的共同愿望。双方决心根据中法建交原则和 1994 年 1 月 12 日中法联合公报，努力推动双方的伙伴关系不断发展。

双方认为，保持两国领导人之间的密切接触和经常性联系，对于加深相互信任和了解，促进双边关系持续发展具有特别重要的意义。双方商定，每年至少安排一次双边高层会晤和至少两次外长会晤。

双方决定使外交部之间各个级别的磋商制度化：中方副外长和法方外交部秘书长之间每年进行磋商；两国常驻联合国代表团之间密切协商；两部高级官员保持定期磋商。

双方将共同努力增进亚欧在国家元首、政府首脑和外交部部长、财政部部长及经济部部长级别上的对话。

双方将继续深化有关战略问题的对话。中法两国关于安全问题的协商同时应包括防务问题。中法将采取具体措施，互相通报各自的防务政策，加强两军间的交流。中方注意到，欧洲为全面承担起安全和防务责任所作出的努力，有利于促进国际和平与安全。法方认为，中方发展睦邻友好关系的努力，是维护世界和平与稳定的积极因素。

双方鼓励两国议会、地方、团体和行业组织之间的交往与合作。

加强经贸合作

两国领导人高度重视双边经贸关系，认为加强两国在这些领域的合作是中法全面伙伴关系的重要组成部分，并有利于建立一个更加平衡的国际经济秩序。

法兰西共和国总统访华期间取得的成果表明，两国决心发展双方经济伙伴关系，同时也标志着两国企业加强合作关系的新阶段。这些成果是:双方签署了关于研究与和平利用外层空间、关于发展和平利用核能、环境保护和卫生方面的政府间合作协定,以及一些关于动物检疫的议定书。双方还签署了关于合作生产100座飞机、购买空客飞机等项目合同,同时批准法国保险集团在华开展保险业务,批准法国银行在华发展业务。

双方认为由于两国经济的互补性,贸易发展潜力很大。双方将特别重视消除市场准入方面的障碍,重视改善经济环境,尤其是改善法律和税制方面的规定及知识产权的保护,鼓励在对方的投资,加强技术和工业合作,并重视两国的中小企业参与双边贸易。

双方决定加强在航空和空间领域建立的工业和贸易伙伴关系。双方对中法航空业间长期合作以及中国民航总局和中国各航空公司与空中客车集团之间建立的关系感到高兴,并希望加强这些合作关系。双方对中法航空部门不久前达成的新的航空关系安排表示满意。双方同意进一步开展在卫星研制、发射服务及空间研究领域的合作。

双方高度评价两国多年来在能源领域进行的合作,对在大亚湾和岭澳核电站工程建设中取得的经验表示满意。中方欢迎法方企业家继续参与中国的核电发展计划。中法企业家将在这方面共同进行可行性研究。同时,双方将继续加强在其他能源领域,特别是水电、洁净煤、天然气方面的互利合作。双方决定成立能源合作专家小组。

双方将加强在农业和食品加工业方面的交流,特别是在种子、葡萄种植和葡萄酒生产、奶制品、畜牧业、动物基因和灌溉方面的产品和设备交流,同时加强在农副产品标准化、产品原产地名称的保护及打击仿冒产品方面的合作。双方将为尽快完成在兽医和植物卫生问题上的商谈作出努力。双方还将进一步协调两国在重要国际农业组织内的立场。双方确认将在粮食领域继续进行技术合作,持续不断发展粮食贸易。

双方将支持能够加强两国在工业、特别是化工、石化、钢铁、冶金、汽车、建材、电子、电讯及信息网络方面合作的一切行动。双方愿意在铁路和城市交通领域进行合作。

双方将努力促进其企业在对两国经济发展具有日益重要影响的服务行业领域的活动,包括在金融服务领域。

双方决定加强在职业继续培训方面的合作,以配合国有企业的改革。

双方将积极鼓励和支持两国政府机构、工业企业、团体间在环境保护和合理利用自然资源方面的交流与合作。

双方将加强在卫生和医学领域的合作,并注意发展在医药和医疗器械方面的交流。

加强文化、教育、科技交流

双方将进一步积极开展文化、教育、科技交流,在多样性世界中促进各种文化的发展。

双方愿意发展语言多样化的财富。双方将采取措施,在两国内加强教授对方语言,并在各自的教育体制及国际组织中增进双方的语言合作。

双方将加强法律和司法合作,并高度重视在人力资源培训和管理等行政方面的合作。

双方将扩大在视听领域的交流与合作,鼓励两国教育节目的制片者和电影专业工作者加强联系。

双方将继续加强高水平的科学、技术交流,尤其是在高科技和基础科学领域的交流。

双方决定把两国的技术合作扩展到城市规划、地区平衡发展和社会保障等领域,以迎接下个世纪的重大社会挑战。

为体现中法合作的新势头,法国将在北京建造一座新使馆,中国将在斯特拉斯堡增设总领馆,双方将相互提供必要的便利。法国还考虑在中国设立新的领事机构,中方对此表示欢迎。

双方深信,中法建立全面伙伴关系,将使两国之间的传统友好合作关系提高到新的水平,将加强世界的多极化,并对世界的和平、稳定与发展作出重要的贡献。

国务院总理李鹏在中南海紫光阁会见法国总统雅克·希拉克

全国人大常委会委员长乔石在人民大会堂会见法国总统雅克·希拉克

法国总统雅克·希拉克在国家行政学院就中法关系和两国在法律方面的交流与合作发表演讲

国务院副总理朱镕基在中南海紫光阁会见参加全国供销合作社思想政治工作暨劳动模范表彰大会的全国供销社系统劳动模范先进工作者和先进集体代表

纪念孟良崮战役胜利50周年大会在山东蒙阴举行

中央军委副主席、国务委员兼国防部部长迟浩田到会讲话。迟浩田指出,我们纪念孟良崮战役胜利,就是要继承和发扬坚决服从大局、一切为了全局胜利而牺牲、奉献的精神。革命战争年代形成的全党、全军、全国人民一切为了大局、一切服务于大局的优良传统,对于我们今天的事业，显得尤为重要。我们要牢固树立大局观念，坚决服从和自觉维护党和国家工作的大局，自觉在大局下行动，为实现国家富强和民族振兴而奋斗。

迟浩田说，我们纪念孟良崮战役的胜利，就是要继承和发扬艰苦奋斗、英勇顽强的革命精神。在新的历史条件下，我们仍然需要革命战争年代那么一股劲，那么一种革命热情，那么一种拼命精神。我们要牢固树立共产主义的世界观、人生观，自觉抵制腐朽思想文化和生活方式的侵蚀，永远听党的话，永远保持同人民群众的血肉联系，永远保持人民军队的性质和政治本色。

迟浩田指出，我们纪念孟良崮战役的胜利，就是要继承和发扬军民一致、军民团结的精神。我军要始终坚持全心全意为人民服务的宗旨，时刻牢记我们是人民的子弟兵，把人民的利益看得高于一切，自觉献身国防事业。部队要积极参加地方经济建设和精神文明建设，永远保持战争年代培育起来的军民之间的血肉联系，巩固与发展军民同呼吸、共命运、心连心的大好局面。

迟浩田强调，我们要继续发扬老区人民"立场坚定，爱党爱军，艰苦创业，无私奉献"的精神，紧密团结在以江泽民同志为核心的党中央周围，讲学习、讲政治、讲正气，沿着邓小平同志建设有中国特色社会主义理论指引的方向，奋发进取，把社会主义改革开放和现代化建设事业不断推向前进，把我军的革命化现代化正规化建设提高到新的水平。

总政治部副主任袁守芳、济南军区司令员钱国梁、山东省委书记吴官正以及参加过孟良崮战役的老将军、老战士出席纪念会。

中央军委副主席迟浩田在孟良崮烈士陵园为陈毅元帅粟裕大将的双人大型花岗岩雕像落成揭幕并敬献花篮

外交部就进入香港的国家及部分地区继续给予免办签证待遇一事发布公告

中华人民共和国政府恢复对香港行使主权后，为便利香港特别行政区同世界各国和地区人员往来，从1997年7月1日起，目前可免办签证进入香港的国家及部分地区的人员进入香港特别行政区旅游或从事短期经贸活动，原则上继续给予免办签证待遇。根据《基本法》第154条"对世界各国或各地区的人入境、逗留和离境，香港特别行政区政府可实行出入境管制"的规定，给予免办签证待遇的国家和地区及具体办法，将由香港特别行政区政府决定并予公布。

外国人前往中国其他地区，仍应按现行有关规定申请签证，办理必要的手续。

中方正在研究港英签证的过渡安排和中国驻外使、领馆受理外国人赴港签证申请问题，并将尽快公布。

国家主席江泽民在北京会见马来西亚外长达图·阿卜杜拉·巴达维

国家主席江泽民在中南海接受法国电视二台副主编阿卢阿尔·菲力普等记者的采访就中法关系等问题回答他们的提问

江泽民说："我与希拉克总统的会晤谈得很好，取得了广泛的共识。刚才我又与总统先生共同签署了《中法联合声明》，这是一份具有历史意义的文件，为中法两国建立全面伙伴关系奠定了坚实基础，是两国关系中的一个里程碑。"

江泽民说，当今世界正向多极化发展，中法作为联合国安理会常任理事国，在国际事务中有着重要影响，肩负着重要责任。两国建立面向21世纪的长期、稳定、友好的全面伙伴关系，不仅符合两国的根本利益，也有利于世界的和平、稳定与安全。

国务院总理李鹏在中南海会见马来西亚外长达图·阿卜杜拉·巴达维

国务院总理李鹏在北京会见日本海外经济协力基金总裁西垣昭

李鹏说，日本海外经济协力基金同中国外经贸部以及中国其他有关部门保持着良好的合作关系。在中日双方共同努力下，前三批日元贷款的使用比较顺利，对中国的经济建设起到了一定作用。

李鹏总理积极评价了日本海外经济协力基金作为日元贷款的执行机构为对华贷款所做的大量工作，并希望西垣昭总裁在这次访华期间能对贷款项目进行实地考察，作出评价，以便把贷款工作做得更好。

国务院副总理姜春云在中南海会见以菲律宾中华总商会理事长李逢悟为团长的菲律宾中华总商会和国际商会联合访华团

国务院副总理吴邦国在人民大会堂会见日本夏普公司社长晴雄

全国人大常委会副委员长王光英在人民大会堂会见以村松保雄为团长的日本《加藤大象画展》与《王传峰画展》随展团

外经贸部部长吴仪在北京会见日本海外经济协力

基金总裁西垣昭

西藏八宿北(震中位于北纬30.5度,东经97.1度)于19时18分(北京时间)发生5.3级地震

5月17日

中国科学院举行学习邓小平科技思想座谈会

来自理论界和科技界的有关专家学者聚集一堂,结合自己的工作实际,就邓小平科技思想进行了热烈座谈。中共中央政治局候补委员、书记处书记温家宝出席座谈会并发表讲话。

国家科技领导小组副组长温家宝在中国科学院举行的学习邓小平科技思想座谈会上发表讲话(摘要)

邓小平科技思想,是建设有中国特色社会主义理论的重要组成部分。这一思想对当今世界科技发展的趋势进行了深刻的分析和准确的判断,对新中国成立以来科技工作的经验和教训进行了全面的总结,提出科学技术是第一生产力的论断,为新时期我国制定科教兴国战略和发展科技事业,提供了最重要的理论和政策依据。

邓小平科技思想,同他关于社会主义革命和建设的其他重要思想一样,是我们党领导全国人民进行现代化建设伟大实践的产物。党的十一届三中全会以来科技事业欣欣向荣、蓬勃发展的事实,证明邓小平科技思想是完全正确的,是指引科技战线各项工作的指南,是推动我国新科技革命的强大武器。如果没有邓小平同志对科技事业和科技工作者的关心和爱护,如果没有他提出并经中央确定的关于科技工作的一系列正确的方针和政策,近18年我国科技战线团结、稳定的局面和所取得的巨大成就是无法设想的。我们学习邓小平科技思想,就要在全面理解、深刻领会的基础上,重点把握他富于创造性的、相互联系的基本观点。

——社会主义的根本任务是发展生产力。科学技术是第一生产力。科学技术水平不提高,国家的实力得不到加强,人民的物质文化生活得不到改善,我们的社会主义政治制度和经济制度就不能充分巩固,国家安全就没有可靠的保障。

——四个现代化的关键是科学技术现代化。没有科学技术的现代化,就不可能有现代农业、现代工业、现代国防。没有科学技术的高速发展,也就不可能有国民经济的高速发展。

——包括科技人员在内的知识分子是工人阶级的一部分,而且是工人阶级中掌握科学文化知识较多的一部分,是先进生产力的开拓者和发展科技事业的主力军。

——尊重知识,尊重人才。我们要有一支浩浩荡荡的科学技术大军。要有一大批世界一流的科学家、工程技术专家。必须打破常规去发现、选拔和培养杰出的人才。要创造一种环境,使拔尖人才能够脱颖而出。

——要解放科技生产力,必须相应改革科技体制和经济体制。新的经济体制,应该是有利于技术进步的体制。新的科技体制,应该是有利于经济发展的体制。双管齐下,长期存在的科技与经济脱节的问题,才有可能得到比较好的解决。

——基础研究是应用开发的先导和源泉,关系国家的长远利益。我们必须抓住时机,奋力在世界基础研究领域形成一定优势。要确定重点,集中力量,取得突破,攀登高峰。这是我们民族能力的重要标志,是中国长远发展的希望所在。

——下一个世纪是高科技发展的世纪。中国必须发展高科技,实现产业化,在世界高科技领域占有一席之地。发展高科技是关系到中华民族未来生存和兴旺发达的战略抉择,必须不失时机,尽管穷也要参与。搞科技,越高越好,越新越好。

——要通过对外开放,引进利用外国的先进科学技术成果和科学管理方法,加快我国的现代化建设。对外开放,利用外国智力,不是一时的权宜之计,而是我们民族进步必须坚持的长远方针。

——抓科技必须同时抓教育,经济发展得快一点,必须依靠科技和教育。科学技术人才的培养,基础在教育。

邓小平科技思想,不仅科学地阐明了科技发展的方针,以及科技与经济的关系,而且深刻地揭示了科技对政治、经济和社会生活带来的影响。他多次强调,科技革命的突飞猛进,对马克思主义的发展有重大影响。世界形势日新月异,现代科学技术发展很快。如果不以新的思想、观点去继承和发展马克思主义,就不是真正的马克思主义者。我们要准确把握这些基本观点及其内在联系,始终不渝地用这些观点观察问题、分析问题、解决问题,使我国的科技工作始终保持正确的方向,避免大的失误和曲折,不断取得新的成绩。

当前我国科技事业的形势是好的。在邓小平科技思想的指导下,我们党对发展科技事业、做好知识分子工作已经形成一整套正确的方针政策,并在实践中逐步贯彻落实。以江泽民同志为核心的党中央提出科教兴国和可持续发展两大战略,进一步把经济建设转移到依靠科技进步和提高劳动者素质的轨道上来,并作出在技术开发和应用、高新技术及其产业、基础性研究三个方面合理配置力量的战略部署,整个科技事业保持了良好的发展势头。我还要特别说到，经济和社会发展对科技工作提出了多方面的迫切要求，这是很大的压力，但同时也是巨大的动力。提高国民经济的整体素质和效益，加强农业基础，实现传统产业的技术改造和发展高新技术及其产业，消除几千万人口的贫困问题等，都对科学技术的发展提出了新的更高的要求。当然，我们工作中还有不少困难，科技系统本身在体制、人才、投入诸方面也存在许多亟待解决的问题。我们学习邓小平科技思想，必须同解决当前制约我国经济和科技发展的各项重大问题紧密结合起来，必须以这一思想为武器，不断探索和总结推动科技事业乃至整个社会主义现代化事业前进的新办法、新经验。

学习邓小平科技思想，要掌握科学的世界观和方法论，在纷繁复杂的社会变革中把握时代的脉搏，坚持把科学技术这个生产力中第一位的要素摆在现代化建设中最关键的战略位置上，贯穿到经济建设各项工作中去。

学习邓小平科技思想，要对科技事业深谋远虑，超前筹划，纵深部署。对于科技规划要考虑得更长远一些，不仅着眼 10 年，还要着眼 20 年、30 年的发展。要密切注视世界基础科学和高科技发展的态势及其对未来的影响，考虑中华民族的长远利益和可持续发展，制定基础性科学研究和高科技发展规划。

学习邓小平科技思想，要积极探讨解决国民经济和社会发展中现实问题的措施和办法，努力推进经济体制和经济增长方式两个根本性转变。要依靠科技进步解决农业、能源、生态环境、传统产业技术改造和高科技产业发展等重大和关键技术问题，不断为国民经济和社会发展提供新的科技动力和成果储备。

学习邓小平科技思想，要推进科技体制和经济体制变革，加快建立适应社会主义市场经济体制和符合科技自身发展规律的充满活力的新科技体制。要把科学技术渗透到经济建设的各个环节和领域，努力形成科学技术工作面向经济建设、经济建设依靠科学技术，努力攀登科技高峰的局面。

学习邓小平科技思想，要重视发展教育事业，努力造就一支有足够数量的高素质的科技队伍，特别是培养一批有创造性思维的人才。要认真贯彻党的科技政策和知识分子政策，进一步建立和完善有利于优秀人才成长的机制和环境，充分发挥广大科技人员的积极性和创造精神。

学习邓小平科技思想，要进一步扩大科技领域的对外开放。加强国际间的科技合作与交流，引进和吸收世界上一切先进的科学技术成果，进一步提高我国的自主创新能力，实现我国科技事业的跨越式发展，追赶世界先进水平。

学习邓小平科技思想，要促进各级领导作风的转变。小平同志甘当科技工作的"后勤部长"，为各级领导树立了光辉的榜样。各级党委和政府要加强和改善对科技工作的领导，增强服务意识，少说空话，多做实事，关心科技人员的学习、工作和生活，切切实实地为科技事业的发展解决一些实际问题。

全国人大常委会副委员长卢嘉锡在人民大会堂会见美籍华人美国国家工程学院院士黎念之博士

华欧航空培训及支援中心揭幕

法国总统雅克·希拉克和国务院副总理吴邦国为坐落在北京首都国际机场空港开发区的华欧航空培训及支援中心揭幕，并参观了飞行模拟机。中国各有关部委、航空公司、航空工业界约 260 名来宾参加揭幕仪式。

新疆伽师(震中位于北纬 39.6 度，东经 77.0 度)于 11 时 58 分(北京时间)发生 5.4 级地震

5月18日

国务院副总理朱镕基就优质服务规范化促进精神文明建设常态化的典型经验核实后作出批示

朱镕基最近就优质服务规范化促进精神文明建设常态化的典型经验核实后作出指示。

规范化的优质服务，是社会主义精神文明建设的重要内容，又是社会主义精神文明建设的具体体现。"中国服务质量大写真"活动《服务规范》课题组调研总结的中国建设银行吉林省四平市中心支行关于以优质服务规范化促进精神文明建设常态化的典型经验，受到了中央领导同志的关注和重视。朱镕基副总理在委托中国人民银行和吉林省委主要负责人核实后，作了重要批示："希望所有国家银行和其他金融机构都能从这个单位的事迹得到启发，并且认真改进自己的服务。"

朱镕基副总理特别指出："金融机构都属于服务行业，全心全意为人民服务是我们的根本宗旨。一切金融活动的资金来源主要是人民和客户的储蓄和存款。人民是我们的衣食父母，我们只有向他们提供热情、周到、文明服务的义务，而没有对他们冷面相向、恶语相加的任何权利。金融行业精神文明建设的目标，就是在全国任何金融机构都能得到规范化的优质服务。"

"银行和其他金融机构都是企业，必须保证资金运用的安全、可靠、效益。银行工作人员要坚持维护国家利益，排除任何局部利益的干扰，一切服从于提高贷款质量，增进银行效益，防范和避免金融风险。因此需要建立现代金融制度，运用现代金融管理技术手段，这就是金融行业精神文明建设和物质文明建设的高度结合。”

“国家银行工作人员是一支信得过的队伍，全国几乎每天都有银行职工，为了保护国家资产而光荣负伤，甚至献出自己的生命。金融系统的全体工作人员一定会在新的形势下，讲政治、抓改革、勇于奉献、力争效益，把精神文明建设落到实处。”

北京至九龙直通客车开行

北京至九龙的97次直通旅客列车，7时30分驶出北京西站。国务院副总理吴邦国出席开行典礼并剪彩。

国防部部长迟浩田在北京会见尼泊尔国防秘书阿亚尔

国家贫困地区义务教育工程取得明显效益

新中国成立以来，中央教育专项投资最大的“国家贫困地区义务教育工程”，自去年5月国家教委、财政部与12个省签约实施以来，进展顺利并取得明显效益。到去年底，12个省383个项目县已全部开始“工程”建设，共落实资金26.6亿元，占这些地区资金规划的一半以上。

据国家教委和财政部负责人介绍，在已落实的“工程”资金中，中央专款为6.1亿元，地方财政资金为12.37亿元，城乡教育费附加等其他渠道筹集资金8.25亿元，河北、河南、山西、黑龙江、安徽、江西、湖北、四川、陕西等9省地方资金均达到“工程”项目的要求。目前实施“工程”的项目乡为5133个，占规划的84.54%。项目学校数为22766所，其中修建学校9318所；13448所中小学购置了教学仪器和图书；82168名中小学校长和教师受到培训。

通过“工程”的实施，项目地区义务教育的普及程度得以普遍提高。383个项目县中，小学学龄儿童入学率由1994年的97.27%提高到1996年的98.7%；初中入学率由1994年的77.73%提高到1996年的85.3%。“工程”的实施，也使项目地区办学条件有了较大改善。

国家教委、财政部负责人指出，在“工程”项目实施过程中还存在着一些问题，有些省地方安排的资金尚未及时足额到位，学校修建、设备采购、师资培训等各方面的进展不平衡，存在着“重硬件，轻软件”的情况，师资培训效果也有待增强。

5月19日

国务院总理李鹏在中南海紫光阁会见以田北俊主席为团长的香港总商会理事会访京团

李鹏强调，香港回归祖国后实行“一国两制”并保持长期稳定繁荣，不仅是中国自身的需要，而且对维护亚太地区乃至世界的和平与稳定，都有积极和深远的影响。他表示希望，香港总商会作为香港具有影响的工商团体，应为香港的平稳过渡和政权顺利交接，以及今后香港的长期发展继续做出贡献。

李鹏说，世界上一切没有偏见的人都会得出这样的结论：中国将继续保持发展的势头。香港与内地经济上密不可分，内地的稳定与发展有利于香港的繁荣与稳定，香港的繁荣与稳定有利于内地的稳定与发展，也有利于世界各国、各地区同我国开展经济、贸易、技术等方面的交流与合作。香港回归后，在香港的一切符合基本法的商务活动，都将可以顺利发展，中资和外资都会享受同等的待遇。

田北俊表示，香港总商会是历史悠久的商务团体，有广泛的代表性，在国际上有广泛的联系。自1979年以来，随着中国内地的改革开放，大量企业来华投资，这种势头将会继续下去。香港回归后，总商会将为香港的稳定繁荣和内地的经济建设继续做出贡献。

贯彻实施行政监察法座谈会在人民大会堂举行

座谈会提出，行政监察法的制定和颁布，对完善我国社会主义法律体系和行政监察制度具有重要意义，要采取切实措施保证这部法律贯彻实施。

全国人大常委会副委员长布赫、国务委员李贵鲜出席由监察部、全国人大内务司法委员会、全国人大常委会法制工作委员会和国务院法制局联合举行的座谈会。

布赫在会上强调，在贯彻执行行政监察法过程中，要坚持法律的统一性，维护行政监察法的权威。有关行政法规、决定和命令，凡涉及行政监察内容的，应与行政监察法协调一致。要根据行政监察法的规定，对有关的现行法规、规章进行清理和修改。他说，行政监察法对有关机关、人员规定了相应的法律责任和义务，有关方面要做好协调工作，制定切实可行的办法，保证行政监察法的贯彻落实。

李贵鲜在讲话中指出，行政监察法的颁布实施是依法治国、依法行政的重要举措，也是推动和加强监察工作的一个重要措施，对保证政令畅通、维护行政纪律、改善行政管理、提高行政效能，以及提高各级领导干部决策能力和管理水平、履行领导职责、做好工作有重要意义。他要求各级政府把学习、宣传、贯彻行政监察法作为一项重要任务抓好，通过学习、宣传、贯彻这部法律，进一步推动勤政廉政建设，加强对监察工作的领导。

中央纪委副书记、监察部部长曹庆泽要求各级监察机关认真学习、宣传、贯彻这部法律，采取得力措施，保证这部法律的有效实施；既要认真履行法律赋予的职责，又要严格依法行使权力；认真做好现行监察法规、规章和有关文件的清理，保证行政监察法律、法规的统一性；以行政监察法的颁布为契机，强化监察职能，维护政令畅通，进一步推动反腐败斗争深入开展。

中共中央国务院发出《进一步加强土地管理切实保护耕地的通告》

中共中央近日发出关于进一步加强土地管理切实保护耕地的通知。

土地是十分宝贵的资源和资产。我国耕地人均数量少，总体质量水平低，后备资源也不富裕。保护耕地就是保护我们的生命线。但近年来，一些地方乱占耕地、违法批地、浪费土地的问题没有从根本上解决，耕地面积锐减，土地资产流失，不仅严重影响了粮食生产和农业发展，也影响了整个国民经济的发展和社会的稳定。对于土地管理特别是耕地保护这个事关全国大局和中华民族子孙后代的大问题，党中央、国务院高度重视，经过多次研究认为，从我国国情出发，我国的土地管理特别是耕地保护措施必须是十分严格的，必须认真贯彻“十分珍惜和合理利用每寸土地，切实保护耕地”的基本国策，必须采取治本之策，扭转在人口继续增加情况下耕地大量减少的失衡趋势。为此，特通知如下：

一、加强土地的宏观管理

各省、自治区、直辖市必须严格按照耕地总量动态平衡的要求，做到本地耕地总量只能增加，不能减少，并努力提高耕地质量。各级人民政府要按照提高土地利用率，占用耕地与开发、复垦挂钩的原则，以保护耕地为重点，严格控制占用耕地，统筹安排各业用地的要求，认真做好土地利用总体规划的编制、修订和实施工作。不符合上述原则和要求的土地利用总体规划，都要重新修订。土地利用总体规划的编制和修订要经过科学论证，严密测算，切实可行；土地利用总体规划一经批准，就具有法定效力，并纳入国民经济和社会发展五年计划和年度计划，严格执行。在修订的土地利用总体规划批准前，原则上不得批准新占耕地。

实行占用耕地与开发、复垦挂钩政策。要严格控制各类建设占地，特别要控制占用耕地、林地，少占好地，充分利用现有建设用地和废弃地等。农业内部结构调整也要充分开发利用非耕地。除改善生态环境需要外，不得占用耕地发展林果业和挖塘养鱼。非农业建设确需占用耕地的，必须开发、复垦不少于所占面积且符合质量标准的耕地。开发耕地所需资金作为建设用地成本列入建设项目总投资，耕地复垦所需资金列入生产成本或建设项目总投资。占用耕地进行非农业建设，逐步实行由建设单位按照当地政府的要求，将所占耕地地表的耕作层用于重新造地。在国家统一规划指导下，按照谁开发耕地谁受益的原则，以保护和改善生态环境为前提，鼓励耕地后备资源不足的地区与耕地后备资源较丰富的地区进行开垦荒地、农业综合开发等方面的合作。各地要大力总结和推广节约用地以及挖掘土地潜力的经验。

加强土地利用计划的管理。各级人民政府要根据国民经济与社会发展规划、国家产业政策和土地利用总体规划的要求，按照国民经济和社会发展计划的编报程序，制订包括耕地保护、各类建设用地征用、土地使用权出让、耕地开发复垦等项指标在内的年度土地利用计划，加强土地利用的总量控制。各项建设用地必须符合土地利用总体规划和城市总体规划，并纳入年度土地利用计划。年度土地利用计划实行指令性计划管理，一经下达，必须严格执行，不得突破。

严格贯彻执行《基本农田保护条例》。各地人民政府要以土地利用现状调查的实有耕地面积为基数，按照《基本农田保护条例》规定划定基本农田保护区，建立严格的基本农田保护制度，并落实到地块，明确责任，严格管理。要建立基本农田保护区耕地地力保养和环境保护制度，有效地保护好基本农田。

积极推进土地整理，搞好土地建设。各地要大力总结和推广土地整理的经验，按照土地利用总体规划的要求，通过对田、水、路、林、村进行综合整治，搞好土地建设，提高耕地质量，增加有效耕地面积，改善农业生产条件和环境。

二、进一步严格建设用地的审批管理

对农地和非农地实行严格的用途管制。自本通知下发之日起，冻结非农业建设项目占用耕地一年，确实需要占用耕地的，报国务院审批。解决城镇中低收入家庭住房困难户住房和安居工程以及经国家批准的重点建设项目用地，仍按原规定报批。

各项建设用地都必须严格按照法定权限和程序报批。在建设项目可行性研究报告评审阶段，土地管理部门就要对项目用地进行预审。凡不符合土地利用总体规划的、城市内的建设项目不符合城市总体规划的、未纳入年度土地利用计划的以及不符合土地管理法规和建设用地有关规定的建设项目，都不得批准用地，项目不得开工建设。

三、严格控制城市建设用地规模

城市规划、建设和管理必须严格执行《中华人民共和国城市规划法》和《国务院关于加强城市规划工作的通知》(国发〔1996〕18号)等有关法律法规,严格控制大城市的用地规模,特别要严格控制中等城市和小城市用地。对城市建设规划规模过大的,要坚决压缩到标准控制规模以内。自本通知下发之日起,冻结县改市的审批。

城市建设用地应充分挖掘现有潜力,尽可能利用非耕地和提高土地利用率。城市的建设和发展要严格按照经批准的城市总体规划,从实际出发,量力而行,分步实施。城市建设总体规划要与土地利用总体规划相衔接,用地规模不得突破土地利用总体规划。

对城市总体规划进行局部调整或作重大变动,必须在得到审批机关认可后进行,并按照《国务院关于加强城市规划工作的通知》要求备案或报批。对各类城市的建设用地,要在城市规划中实行规定标准管理,从我国国情出发,统筹安排,确定人均占地标准,具体落实到每个城镇,不得突破。大城市的城市建设用地和人口规模,到2000年应控制在经批准的总体规划的近期规划范围内,不得再扩大。要加强对用地的集中统一管理,不得下放规划管理权和用地审批权。

四、加强农村集体土地的管理

要结合划定基本农田保护区,制定好村镇建设规划。村镇建设要集中紧凑、合理布局,尽可能利用荒坡地、废弃地,不占好地。在有条件的地方,要通过村镇改造将适宜耕种的土地调整出来复垦、还耕。

农村居民的住宅建设要符合村镇建设规划。有条件的地方,提倡相对集中建设公寓式楼房。农村居民建住宅要严格按照所在的省、自治区、直辖市规定的标准,依法取得宅基地。农村居民每户只能有一处不超过标准的宅基地,多出的宅基地,要依法收归集体所有。

严禁耕地撂荒。对于不再从事农业生产、不履行土地承包合同而弃耕的土地,要按规定收回承包权。鼓励采取多种形式进行集约化经营。

积极推行殡葬改革,移风易俗,提倡火葬。土葬不得占用耕地。山区农村可集中划定公共墓地。平原地区的农村,提倡建骨灰堂、集中存放骨灰。要在做好深入细致的思想工作、取得当事人支持与配合的前提下,对占用耕地、林地形成的坟地,采取迁移、深葬等办法妥善处理,以不影响耕种或复垦还耕、还林。

发展乡镇企业要尽量不占或少占耕地、节约使用土地。乡镇企业用地,要按照经批准的村镇建设规划的要求,合理布局,适当集中,依法办理用地审批手续。大力推广新型墙体材料,限制黏土砖生产,严禁占用耕地建砖瓦窑。已经占用耕地建砖瓦窑的,要限期调整、复耕。

除国家征用外,集体土地使用权不得出让,不得用于经营性房地产开发,也不得转让、出租用于非农业建设。用于非农业建设的集体土地,因与本集体外的单位和个人以土地入股等形式兴办企业,或向本集体以外的单位和个人转让、出租、抵押附着物,而发生土地使用权交易的,应依法严格审批,要注意保护农民利益。

集体所有的各种荒地,不得以拍卖、租赁使用权等方式进行非农业建设。

五、加强对国有土地资产的管理

严格控制征用耕地出让土地使用权。禁止征用耕地、林地和宜农荒地出让土地使用权用于高尔夫球场、仿古城、游乐宫、高级别墅区等高档房地产开发建设以及兴建各种祠堂、寺庙、教堂。

国有土地使用权有偿出让,主要采取公开招标拍卖的方式,鼓励公平竞争。建立土地基准地价和标定地价评估的公布制度。国有土地使用权拍卖底价须在科学估价的基础上,依照国家产业政策确定。成交价格应向社会公布。

涉及国防安全、军事禁区、国家重点保护区域等的国有土地使用权出让和外商投资进行成片土地开发的项目,一律报国务院审批。禁止对外出让整个岛屿的土地使用权。

国家对原以划拨方式取得国有土地使用权用于非农业经营的,除法律规定可以继续实行划拨外,逐步实行有偿有限期使用办法。国有企业改制为有限责任公司或股份有限公司涉及的原划拨土地使用权,必须经过地价评估,依法实行有偿使用。国有企业改组涉及的原划拨土地使用权,按国家有关规定办理。旧城区改造涉及的原划拨土地使用权,可由政府依法收回,除按法律规定的范围实行划拨外,其余一律依法实行有偿有限期使用。

规范土地使用权转让市场,严禁炒买炒卖"地皮"等非法交易。以出让方式取得的国有土地使用权,未按法律规定的期限和条件开发、利用的,其土地使用权不得转让。非法转让的,应依法处罚,没收其非法所得,直至终止其土地使用权。国有土地使用权转让,必须依法进行土地权属变更登记,未经登记的,属于非法转让,要依法查处。

今后,原有建设用地的土地收益全部留给地方,专款用于城市基础设施建设和土地开发、中低产田改造;农地转为非农建设用地的土地收益,全部上缴中央,原则用于耕地开发,具体办法国务院另行规定。国有土地使用权出让等有关土地收益全部纳入财政预算管理,各级人民政府及其财政、审计部门要加强对土地收益的监督管理,防止资产流失。

六、加强土地管理的执法监督检查

要在总结一些地方进行土地执法监察试点经验的基础上,建立和完善土地执法监察制度,强化土地管理的执法监督工作。

各省、自治区、直辖市人民政府要组织力量,对辖区内 1991 年以来各类建设(包括各类开发区建设)以及农村宅基地用地情况进行全面的清查,对发现的问题,要依法处理。清查工作要在 1997 年 10 月底之前完成,并向党中央、国务院报告清查及查处情况。

清查的主要内容包括:(1)凡未经国务院或省级人民政府批准的各类开发区一律撤除,并立即停止一切非农业建设活动,限期复垦还耕;对已经国务院或省级人民政府批准的各类开发区未按计划进行开发的土地,要依法处理。(2)全面清理整顿经营性房地产开发项目(包括高尔夫球场等)用地。对未按审批权限依法办理审批手续的用地,要逐个依法清理检查。对未按照合同规定期限进行开发的土地,也要依法清理检查,属于农田的,必须限期恢复农业用途。(3)依法全面清查土地使用权转让、出租、抵押等交易行为。对于非法炒买炒卖"地皮"牟取暴利的行为,要依法从严惩处。(4)全面清理整顿乡镇企业、村镇建设、农村宅基地等占用的土地,特别是要全面清理整顿占用的耕地。

国务院责成国家土地管理局、建设部、监察部会同有关部门,组织联合执法检查组,对各地的土地清查工作情况进行执法监察,并提出相应的监察建议。土地执法监察要形成制度,对发现的问题要从严查处。违反土地利用总体规划、破坏耕地的,国家工作人员滥用职权违法批地、严重渎职的,要依法追究刑事责任。

土地管理部门要抓紧建立全国土地管理动态信息系统,采用现代技术手段,加强对全国土地利用状况的动态监测。

七、加强对土地管理工作的组织领导

土地问题涉及全民族的根本利益,必须服从国家的统一管理。国家管理土地的职能只能加强,不能削弱。要进一步改革和完善土地管理体制,加强土地管理的法制建设。

各级党委、人民政府都要高度重视土地管理特别是耕地保护工作,支持土地管理部门依法行政。各级土地管理部门要切实履行职责,严格执法,依法管好土地。要将加强土地管理、切实保护耕地、合理利用土地资源工作情况,作为考核地方各级党委和人民政府及其负责人工作的重要内容,实施监督、监察,并接受社会的监督。

要加强全民的土地国情国策的宣传教育。重点是教育广大干部特别是领导干部增强土地忧患意识,提高保护耕地的自觉性。在干部教育中要增加土地国情国策的内容。发展经济要以保护耕地为前提,办一切事业都要十分珍惜和合理利用每寸土地。

各省、自治区、直辖市党委、人民政府,要认真学习和传达本通知精神,并研究贯彻落实的具体措施,在今年 6 月底前向党中央、国务院作出报告。国务院责成国家土地管理局会同监察部等有关部门监督检查本通知的贯彻执行情况。

《人民日报》发表社论《保护耕地刻不容缓》

《人民日报》发表国务院副总理吴邦国为 1997 年"中国经济效益纵深行"活动而撰写的题为《国有企业必须走向市场》文章

国有企业要面向市场、开拓市场,提高产销率,提高经济效益,是实现"两个转变"的根本要求。"中国经济效益纵深行"大型系列调研宣传活动,在去年开展"堵管理漏洞,增经济效益"专题宣传,实施"管理效益工程"的基础上,今年把国有企业开拓市场、集约型经营,作为调研宣传主题,并总结了江苏春兰集团的典型经验,是很有针对性的。这对于推动国有企业改革和发展,将产生积极的作用。

强调国有企业要面向市场、开拓市场,是因为在从计划经济体制向社会主义市场经济体制转轨的过程中,相当数量的国有企业至今还不适应市场。这是国有企业当前面临困难的症结所在。外部环境的改善,固然十分重要,但最终要依赖企业经营思想、管理体制和方法的转变。在改革开放之初,我们就强调国有企业要面向市场,必须坚持不懈地一直抓下去。国有企业只有面向市场,积极开拓市场,摆脱困境才有可能真正成为现实。

国有企业的改革和发展是一个整体,相辅相成。转换机制是企业面向市场、促进企业发展的动力;而面向市场的经营管理,又是企业转换机制的基础和内容。当前,一些企业虽也强调转换机制,但往往停留在口头上,在产品已没销路的情况下,不是狠抓结构调整、新品开发、售后服务、降低成本,而是继续等靠要。这样,企业的机制转换就会成为一个空话。这是很值得我们注意解决的问题。

当前,我们面临的市场环境发生了很大变化。已从过去的卖方市场转为买方市场,随着国内市场与国际市场的接轨,市场主体也出现新的情况,竞争越来越激烈。任何一个企业要立稳脚跟,求得长足发展,就必须面向市场、开拓市场。舍此别无他路。

现在,全国工交系统正在学邯钢,涌现出包括春兰集团在内的一批先进典型。我认为，这些企业的根本经验有三点：一是企业的产品销售方式从依靠计划调拨转向面向市场、提高产品的产销率和市场占有率，不少企业的产销率达到100%，这是难能可贵的；二是企业的经济增长主要转向开发高科技含量、高附加值的产品，并不断依靠科技创新，实现产品升级换代；三是实现企业生产要素的最佳组合、合理使用，成本低，效益好。只有物美价廉的产品才是有竞争力的产品，企业没有适销对路的产品，也就失去生存的条件。我国企业尤其是国有企业进入市场，面临着机制、技术、产品等诸多问题，这些问题不解决，进入市场，开拓市场就是一句空话。因此，必须认真贯彻"三改一加强"的方针。"三改一加强"是一个有机联系的整体，我们要有步骤有目的地积极推进，促进企业转换经营机制，推动企业面向市场，开拓市场。

"中国经济效益纵深行"活动，根据企业改革的进展情况，每年都有侧重点，标志着这项活动越来越深入，也标志着我们对搞好国有企业的认识的深化。我祝愿"中国经济效益纵深行"活动，在新的一年里取得丰硕成果！

第一班从北京开出的97次"北京—九龙"直通旅客列车下午1时15分驶进九龙红磡火车站

国务院总理李鹏在北京会见韩国外务部部长官柳宗夏

国务院副总理兼外交部部长钱其琛在钓鱼台国宾馆与韩国外务部部长官柳宗夏举行会谈

双方就两国关系和相互关心的问题交换意见。

钱其琛说，中韩建交近5年来，两国在各个领域的友好合作全面迅速发展，政治上两国领导人多次互访和会晤，就共同关心的问题坦诚交换意见，增进了相互了解和信任。两国贸易额已从建交时的50亿美元上升至200亿美元，中国已成为韩国的第三大贸易伙伴，韩国也迅速上升为中国的第四大贸易伙伴。

钱其琛说，两国在维护朝鲜半岛的和平与稳定等重大问题上有着广泛共识，在国际事务中的合作与协调加强，这为东北亚乃至整个亚洲的和平与稳定做出了重要贡献。他说，中国对两国关系的发展现状和建交以来所取得的各项成果感到满意。

柳宗夏说，韩中建交给两国和两国人民带来了直接利益。韩国对两国经贸合作迅速发展感到满意。

双方还就在中韩建交5周年之际共同举行纪念活动达成原则一致。

关于朝鲜半岛局势，钱其琛说，中国希望朝鲜半岛保持长期和平稳定，这也是中国处理半岛有关事务的基本准则。他指出，半岛双方进行对话并改善关系，对缓和半岛局势和解决半岛存在的问题具有重要意义。中国赞成建立半岛和平机制，并认为以四方会谈形式讨论建立半岛和平机制问题是较为现实和可行的。中国希望有关各方就举行四方会谈达成一致，以推动半岛和平机制早日建立。

双方还讨论了台湾向外运送核废料问题，中方对此阐述了原则立场。

国务院副总理吴邦国在中南海会见科威特交通和水电大臣贾西姆·穆罕默德·奥恩

驻港解放军第二批先遣人员抵达香港

第二批66名先遣人员于中午经落马洲口岸抵达香港，分别驻扎于威尔斯亲王军营、石岗军营、昂船洲军营和枪会山军营。

中国第一个《科研条件发展"九五"计划和2010年远景目标纲要》正式发布

我国第一个《科研条件发展"九五"计划和2010年远景目标纲要》（以下简称《纲要》）已经正式发布。国家科委发言人说，《纲要》是一个面向21世纪的规划，旨在进一步贯彻《中共中央、国务院关于加速科学技术进步的决定》和《国务院关于"九五"期间深化科学技术体制改革的决定》精神。

科研条件指科学研究活动所必需的各种硬件和软件的支撑，主要包括科学仪器、实验动物、化学试剂、图书资料等基础物质手段。科研条件已成为衡量一个国家科技发展水平的重要指标。

《纲要》规定我国科研条件发展目标是：建立适应社会主义市场经济，为科技发展提供优质、高效、灵活、方便服务的科研条件保障体系；初步形成具有技术创新机制和较强竞争力的科研条件发展格局；逐步建立适应我国国情的科研条件的运行机制和管理模式。

针对中国科研条件投入少、科研设备严重老化、自我装备能力差、缺少好的发展机制等问题，国家科委、国家计委、财政部等12个部门成立了"科研条件发展协调小组"。首先集中力量办好北京、上海两个科学器材市场。为了使现有科研条件实现资源共享，国家科委等部门共同筹集资金建立北京地区科学仪器协作共同基金，用于共同仪器运行费的补贴。我国还将积极推动科研条件的产业化，瞄准市场，对使用量大、使用面广的科学仪器进行研究与开发，逐步形成我国科学仪器发展基地，力争经过三四年的努力，把国产科学仪器市场占有率提高到26%。

新中国成立40多年来，我国科研条件建设已取得了一定成绩。据统计，到1995年，科研单位和大专院校拥有的仪器总值达到280多亿元。目前全国已能生产各类实验动物1300万只，自行培育出多个我国特有的实验动物新品种品系。建立了一批综合、专业、地方图书、情报和档案机构，收集了亿万册图书、期刊、报告等文献资料。但从总体上讲，我国科研条件发展水平与科技发展需求之间仍存在较大缺口。

中国体育代表团在韩国釜山闭幕的第二届东亚运动会上夺得62金59银64铜的好成绩金牌总数和奖牌总数居各队之首

5月20日

国务院中央军委致电国防科工委航天工业总公司及参加“东方红三号”通信卫星研制发射工作的工作人员祝贺“东方红三号”通信卫星发射成功

首都纪念胡子昂诞辰100周年

全国工商联、民建中央上午在人民大会堂举行座谈会，纪念我国近代著名爱国民主人士、社会活动家、实业家、民族工商业者的杰出代表胡子昂先生诞辰100周年。

中共中央政治局常委、全国政协主席李瑞环出席座谈会。

中共中央政治局委员、国务院副总理邹家华代表中共中央、国务院在座谈会上讲话。他说，胡子昂先生一生致力于建设独立、民主、富强的新中国，为我国民族工商业的发展做出了积极贡献，成为全国工商界的楷模。

邹家华说，今天我们纪念胡子昂先生，就要学习他崇高的爱国主义精神，学习他对中国共产党、对社会主义事业的坚定信念，学习他勤奋务实、正直廉洁的优良品德，同心同德，为振兴中华，统一祖国而共同奋斗。

全国人大常委会副委员长、民进中央主席雷洁琼代表各民主党派中央讲话。

全国工商联主席经叔平、民建中央主席成思危及胡子昂先生的亲属也在会发了言。

中央统战部部长王兆国在统战部礼堂会见以郑苏薇为团长的香港慈善界人士访京团

全国政协副主席钱正英在全国政协礼堂会见香港慈善界人士访京团

供应港澳鲜活冷冻商品三趟快运货物列车开行35年纪念表彰大会在北京召开

国家主席江泽民在中南海会见韩国外务部部长官柳宗夏

全国人大常委会委员长乔石在人民大会堂会见由主席加尔·佐尔坦率领的匈牙利国民议会代表团

外交部发言人沈国放就美国总统克林顿宣布延长对华最惠国待遇发表谈话

沈国放在回答记者提问时，对克林顿总统宣布将延长对华最惠国待遇表示欢迎。沈国放说，克林顿总统的这一决定是明智的。中美在平等的基础上相互给予最惠国待遇是一种正常和互惠的贸易安排，是发展中美经贸关系的基础，符合中美两国人民的根本利益。

沈国放同时指出，美方一年一度审议对华最惠国待遇，不利于双方建立长期、正常、稳定的经贸关系。

沈国放表示希望美方采取积极措施，彻底解决对华最惠国待遇问题，为中美经贸关系的顺利发展创造良好的气氛和积极的条件。

外交部发言人沈国放就中国与扎伊尔新政府合作关系一事答记者问

沈国放在回答记者关于扎伊尔最新形势的提问时说，中国同扎伊尔有着长期的友好合作关系，愿同扎新政府在和平共处五项原则的基础上继续巩固和发展两国之间的友好合作关系。

沈国放说，中国政府一直十分关注扎伊尔局势的发展，并认为一个国家的事务应由本国人民自己解决。本月17日，解放刚果(扎伊尔)民主力量同盟领导人洛朗·卡比拉宣布担任刚果民主共和国国家元首，我们对扎局势日趋稳定感到高兴。

沈国放说，中国尊重扎伊尔人民的选择，衷心希望扎伊尔尽快全面恢复稳定，致力于国家的经济发展，改善人民生活。

国务委员李铁映在人民大会堂会见以角野周二为团长的日本民族团体代表团

国务委员陈俊生在人民大会堂会见以部长米哈伊·索林·斯德内斯库为团长的罗马尼亚政府青年和体育部代表团

国务院总理李鹏签署217号令发布《传统工艺美术保护条例》

现发布《传统工艺美术保护条例》，自1997年5月

20日起施行。

总理 李 鹏

1997年5月20日

传统工艺美术保护条例(文略)

中葡联合联络小组就澳门加入30多个政府和非政府性的国际组织问题达成共识

在今天的国际组织问题工作小组会议上,双方讨论了澳门加入统计和体育等领域国际组织的问题,葡方并向中方提交了一份有关的文件。

此外,会谈中中方还要求葡方就提供给中方的一份有关适用于澳门的国际公约清单作出解释。这一份清单包括200多个适用于澳门的协议,涉及的领域有人权、版权、工业产权和环境保护等。

中葡联合联络小组国际组织问题工作小组中方组长王西安说,中方正对葡方提出的适用于澳门的公约清单进行研究。双方就两国对公约的保留和声明情况交换了资料,这为下一步研究这些公约适用于澳门的方式打下基础。王西安说,中方愿意与葡方讨论这个问题,希望看到那些对澳门有好处的、澳门需要的、也符合国家主权原则的公约延伸至澳门。他说,葡方清单上的205个公约中有117个已从葡萄牙延伸至澳门。这117个公约中中国已加入了75个。中国对部分的公约有保留和声明,这是根据中国的法律、国家主权原则、中国的国情以及国际公约的规定所做出的。

葡方代表孟德智说,由于公约的数目很多,双方将就这些问题继续保持非正式会晤,以加快这些问题的解决进度。

中国和西班牙财政合作谅解备忘录在北京签字

根据备忘录,西班牙政府承诺在97/98年度向中国提供6亿美元的官方信贷。

国务院总理李鹏签署第218号令发布《国务院关于修改〈中华人民共和国计算机信息网络国际联网管理暂行规定〉的决定》

现发布《国务院关于修改〈中华人民共和国计算机信息网络国际联网管理暂行规定〉的决定》,自发布之日起实施。

总理 李 鹏

1997年5月20日

国务院关于修改《中华人民共和国计算机信息网络国际联网管理暂行规定》的决定

国务院决定对《中华人民共和国计算机信息网络国际联网管理暂行规定》作如下修改:

一、第五条中"国务院经济信息化领导小组"修改为"国务院信息化工作领导小组"。

二、第八条增加一款,作为第二款:"接入单位拟从事国际联网经营活动的,应当向有权受理从事国际联网经营活动申请的互联单位主管部门或者主管单位申请领取国际联网经营许可证;未取得国际联网经营许可证的,不得从事国际联网经营业务"。

第八条第二款改为两款,分别作为第三款和第四款并修改为:"接入单位拟从事非经营活动的,应当报经有权受理从事非经营活动申请的互联单位主管部门或者主管单位审批;未经批准的,不得接入互联网络进行国际联网。""申请领取国际联网经营许可证或者办理审批手续时,应当提供其计算机信息网络的性质、应用范围和主机地址等资料"。

第八条增加一款,作为第五款:"国际联网经营许可证的格式,由领导小组统一制定。"

三、第九条增加两款,分别作为第二款和第三款:"接入单位从事国际联网经营活动的,除必须具备本条前款规定条件外,还应当具备为用户提供长期服务的能力。""从事国际联网经营活动的接入单位的情况发生变化,不再符合本条第一款、第二款规定条件的,其国际联网经营许可证由发证机构予以吊销;从事非经营活动的接入单位的情况发生变化,不再符合本条第一款规定条件的,其国际联网资格由审批机构予以取消"。

四、第十四条修改为:"违反本规定第六条、第八条和第十条的规定的,由公安机关责令停止联网,给予警告,可以并处15000元以下的罚款;有违法所得的,没收违法所得。"

本决定自发布之日起施行。

《中华人民共和国计算机信息网络国际联网管理暂行规定》根据本决定作相应的修正并作必要的文字修改后,重新发布。

中国两艘考察船从广州启行开往东太平洋勘探

中国"大洋一号"和"海洋四号"科学考察船上午从广州启航开赴东太平洋开始"九五"期间我国大洋矿产资源领域最重要的一次调查勘探。

这次历时半年的考察,将重点进行资源勘探和物理、化学、生物及地质环境基线调查,为最终确定我国在夏威夷群岛东南海域主权所有的7.5万平方公里海底矿区疆界和未来的深海商业开发提供科学依据。

外经贸部新闻发言人就美国总统克林顿宣布延长对华最惠国待遇发表谈话

这位发言人说,5月19日,克林顿总统宣布延长中国1997年度最惠国待遇,对此我们表示欢迎。中美相互给予最惠国待遇，是维持正常中美经贸关系的基础，希望美方能早日采取措施，改变目前对中国最惠国待遇实行年度审议这种不合理和不合时宜的做法，永久解决中国的最惠国待遇，以使两国经贸关系稳定、顺利地发展。

中国社会科学院建院 20 周年大会在北京举行

首都千余名哲学社会科学界人士出席大会，中共中央政治局委员、国务委员李铁映出席庆祝大会，代表党中央、国务院表示祝贺，并向全国广大哲学社会科学工作者致以问候。

中国社会科学院是 1977 年 5 月在原中国科学院哲学社会科学部的基础上成立的。20 年来，社科院从原有的 14 个研究所、1700 多人发展到现在的 31 个研究所、2 个实体性研究中心、4000 多人，其中高级研究人员 1500 多人，博士生导师近 300 名。他们中的一大批科研人员在学术界享有盛名，一大批中青年在学术界崭露头角。建院以来，培养硕士近 2000 人、博士 460 多人，出版、发表了数以万计的学术专著和论文。许多科研成果在改革开放和现代化建设实践中产生了良好的社会效益，在学科发展中发挥了重要作用，一大批优秀成果获得各种奖励。

李铁映强调，伟大的时代需要繁荣的社会科学，而社会科学要满足飞速发展的社会实践的需要，必须有一个大的发展。他向哲学社会科学界的同志们提出：发展和繁荣哲学社会科学，必须坚持以马列主义、毛泽东思想和邓小平建设有中国特色社会主义理论为指导，坚持正确的政治方向和科学的思想方法；必须坚持理论联系实际的原则，以建设有中国特色社会主义为主要任务，为推进改革开放和现代化建设、为中华民族的全面振兴服务；必须坚持“百花齐放、百家争鸣”的方针，尊重社会科学发展的规律；必须高度重视指导社会科学在决策科学化过程中的作用，提高社会实践的自觉性、预见性和有效性；发展和繁荣哲学社会科学，还必须加强人才培养，努力建设高素质的社会科学理论队伍。

全国政协副主席、中国社会科学院院长胡绳，中国社会科学院副院长王忍之也在会上讲了话。有关方面负责人和中国社会科学院老同志出席庆祝会。

5 月 21 日

国家主席江泽民在中南海会见来访的匈牙利国民议会主席加尔·佐尔坦

江泽民说，中国尊重匈牙利人民自己选择的发展道路，愿在相互尊重、平等互利、互不干涉内政等原则基础上继续发展中匈两国在各个领域的友好合作关系。

江泽民说，匈牙利是中东欧具有影响的国家，近年来，匈牙利政府和人民在保持社会稳定、发展本国经济、改善人民生活方面作出了不懈的努力并取得了显著成就，中方对此感到高兴，并衷心祝愿匈牙利人民在建设自己国家的事业中不断取得新的进展。

加尔说，匈中政治友好关系的发展一直顺利，希望两国在经贸合作方面也有较快的发展。他说，匈牙利议会重视与中国发展友好关系，将进一步加强与中国全国人大及其各专门委员会的交往。他相信这会促进匈中两国在各个领域的友好联系与合作。

中共中央文献研究室编辑的《一国两制重要文献选编》由中央文献出版社出版并向全国发行

国务院证券委中国人民银行国家经贸委作出《关于严禁国有企业和上市公司炒作股票的规定》（文略）

中国林业实业开发集团在北京成立

国务院副总理朱镕基在中南海会见由总编辑彼特·斯多萨德率领的英国《泰晤士报》代表团

国务院副总理李岚清在马尼拉召开的太平洋盆地经济理事会第三十届国际大会上发表题为《迈向新世纪》的演讲

李岚清首先介绍了中国实行改革开放以来取得的伟大成就和 2010 年前的国民经济发展宏伟目标。

李岚清在谈到香港回归中国的问题时指出，我们对香港的平稳过渡充满信心，对香港未来的繁荣和稳定充满信心。香港现行的制度和生活方式将长期保持不变，它作为世界贸易中心、金融中心、航运中心、旅游中心、自由港、信息中心和单独关税区的地位不仅不会削弱，还会得到进一步加强。

李岚清说：“香港是中国其他部分与世界各国各地区交流合作的重要桥梁，中国政府将全力支持香港的发展。我们欢迎世界各地工商、金融等各界人士继续到香港发展事业。香港将为亚太地区的繁荣和发展、为世界的繁荣和发展做出新的贡献。”

关于加强区域经济合作问题，李岚清指出，中国重视太平洋盆地的经济合作，积极参加太平洋盆地经济理事会的各项活动。中国所进行的各项改革，既是自身发展的需要，也是中国对世界各国开放市场，积极参与全球经济、特别是亚太经济所采取的重大步骤。他说，中国将借鉴各国行之有效的各种经验，加快完善法制建设，维护国内市场的竞争秩序。我们鼓励我国企业积极开展国际贸易，到境外投资，开展各种合作和交流。中国愿意并将继续做出自己的努力。

关于中国加入世贸组织问题，李岚清说，亚太地区乃至全球经济的发展，离不开国与国之间、地区与地区之间相互承认的多样性、灵活性；离不开协商一致、自主自愿；离不开互利合作。中国是一个发展中国家，我们坚持权利与义务的平衡，不能作出超出自身承受能力的不公正允诺。

李岚清在演讲中说，我们注意到美国总统克林顿近日宣布无条件延长对华最惠国待遇的决定。我们对此表示欢迎。最惠国待遇是一个互惠的待遇。美国单方面一年一度审议的做法，对发展两国经贸关系产生消极影响。我们希望美国政府和国会，从发展两国关系特别是经贸关系的全局利益出发，一劳永逸地解决这个问题。

关于中国的对外政策，李岚清说，中国在国内坚持以经济建设为中心，在国际上奉行独立自主的和平外交政策，坚持改革开放。我们一贯致力于建立和平和稳定的国际环境，主张国与国之间平等友好相处，通过对话解决出现和可能出现的问题。对于国与国之间发生的争端，中国历来主张友好协商，和平谈判解决问题。

李岚清说："中国的发展只会对新世纪的和平、繁荣和稳定做出贡献。不可能，也绝对不会对世界其他国家构成威胁。事实已经并将继续证明，中国是和平的因素、稳定的因素、发展的因素。"

国务院副总理吴邦国在北京会见由主席加尔·佐尔坦率领的匈牙利国民议会代表团

国务院副总理兼外交部部长钱其琛在中南海会见德国联盟党议会党团第一副主席基督教社会联盟议会小组主席格洛斯

中央军委副主席迟浩田在人民大会堂会见以日本富士通综合研究所顾问寺岛泰三为团长的日本第二十一次"中国政经恳谈会"访华团

外交部发言人就巴哈马与台湾断"交"一事发表谈话

外交部发言人对巴哈马国同台湾断绝"外交关系"、决定同中华人民共和国建交表示欢迎。

最近，巴哈马国外交部部长珍妮特·博斯特威克对新闻界发表了关于巴哈马国同中华人民共和国建立外交关系、撤销对台湾"承认"的声明。她说，巴哈马政府经过深思熟虑已决定同中华人民共和国建立外交关系，并撤销对台湾的"外交承认"。这一决定符合巴哈马国家最高利益，因为巴已认识到中华人民共和国是个大国，经济实力雄厚，国际政治影响不断扩大。巴哈马政府期待尽早与中华人民共和国建立全面的外交关系。

对此，发言人表示欢迎，并表示，中国政府愿在和平共处五项原则的基础上同巴哈马国建立外交关系。

首都文艺界举行纪念毛泽东《在延安文艺座谈会上的讲话》发表55周年座谈会

国家民委主任司马义·艾买提在北京看望《民族文学》编辑部工作人员并与在京少数民族作家进行座谈

5月22日

中共中央总书记江泽民会见出席中共北京军区第七次党代会全体代表

江泽民在会见时强调指出，北京军区处于十分重要的战略地位，担负着重大的使命。党中央、中央军委对北京军区部队的建设历来十分关心。希望你们坚持把思想政治建设摆在首位，加强各级党组织建设，加强对高中级干部的教育管理，加强"四个教育"，保证党对军队的绝对领导，保持人民军队艰苦奋斗的政治本色，保持部队的高度稳定和集中统一，搞好军事训练和高科技知识学习，努力掌握打赢现代技术特别是高技术条件下局部战争的本领，圆满完成党中央、中央军委赋予的各项任务。

香港特别行政区筹委会第九次全体会议在人民大会堂举行

这次会议将制定香港特别行政区第一届立法会的具体产生办法，并就香港基本法附件三所列全国性法律的增减向全国人大常委会提出建议，以及就香港特区有关人员就职宣誓事宜作出决定。国务院副总理、筹委会主任委员钱其琛致开幕词。

钱其琛说，筹委会最近几个月来所做的一项主要工作就是制定香港特别行政区第一届立法会的具体产生办法。第一届立法会产生办法小组对有关问题进行了反复讨论和研究，小组还以书面咨询方式征询了香港各界人士对第一届立法会产生办法的意见，使小组在讨论有关问题时思路更加开阔。

钱其琛说，现在，香港和国际社会都很关注第一届立法会将如何产生，并把这件事情与"九七"后香港的民主、法治等问题联系起来。事实上，基本法和全国人大关于第一届立法会的规定正是基于在香港循序渐进地发展民主的原则作出的。第一届立法会的产生办法将体现民主、公平、开放的原则。在制定第一届立法会的具体产生办法时，不应着眼于有利或不利于某一部分人当选，主要的出发点应当是如何保证香港的长期繁荣稳定。凡有意参选立法会成员的，只要符合基本法和全国人大有关决定规定的议员资格和条件，都可以参选，都有平等的竞选机会。我曾经讲过，香港社会要讲包容性，“有容乃大”。在第一届立法会的组成上更应体现这个精神。

钱其琛指出，筹委会在制定第一届立法会的具体产生办法时要考虑的一个重要情况是，目前行政长官和特区的行政、立法班子已经产生，第一届立法会如何经过选举产生，不仅筹委会要考虑，拿出办法，而且，香港特别行政区的行政、立法机关也要考虑，并且要负责组织选举工作。特别行政区立法机关需要制定相应的选举法，以便具体操作。因此，筹委会在制定第一届立法会的产生办法时，宜粗不宜细。在某些具体问题上规定得原则一些，或留有一定余地，以便特别行政区政府根据具体情况自行作出选择，是完全必要的。这样做也体现出我们对行政长官为首的特别行政区行政、立法班子的尊重。

钱其琛说，这次会议还要就基本法附件三所列在香港特别行政区实施的全国性法律的增减问题向全国人大常委会提出一项建议。随着我国法制建设的发展，自 1990 年基本法通过以来，又制定了一批全国性法律。按照《基本法》第十八条的规定，对《基本法》附件三所列的全国性法律进行一些必要的增减是十分自然的。法律小组建议列入附件三的全国性法律包括国旗法、国徽法、领海和毗连区法、领事特权与豁免条例以及驻军法。这些法律都是属于国防、外交和按照基本法规定不属于特别行政区自治范围的法律。

筹委会向人大常委会提出将这些法律列入附件三的建议，也是筹备成立香港特别行政区工作的一个组成部分。

钱其琛指出，在预委会阶段，政务专题小组曾提出关于香港特别行政区有关人员就职宣誓的建议。香港特别行政区行政长官、主要官员、行政会议成员、临时立法会议员、终审法院法官和高等法院首席法官依法宣誓是这些人员就职时必须履行的手续，也是香港特别行政区成立仪式上的一项重要内容。这次会议审议的关于香港特别行政区有关人员就职宣誓事宜的决定通过后，将成为香港特别行政区有关人员届时就职宣誓的法律依据。

钱其琛说，在过去的几个月里，我们高兴地看到，董建华先生领导下的香港特别行政区的有关组建工作进展顺利。目前，行政长官正根据基本法的规定，履行任命香港特别行政区终审法院法官前的有关程序。由香港当地法官、法律界人士和其他方面知名人士组成的司法人员推荐委员会已经成立。这是按照基本法的规定作出的安排。我们期待着香港特别行政区的终审法院法官尽早得以任命。

钱其琛说，香港特别行政区临时立法会的运作也已步入正轨，临时立法会已制订了自己的议事规则，确立了在 1997 年 7 月 1 日前可三读通过有关法律草案、7 月 1 日后予以确认的立法程序，并成立了有关的委员会。《假日条例》、《国旗国徽条例草案》、涉及现行《公安条例》和《社团条例》修订的法案等一批法案已获得临时立法会审议通过或正在审议之中。我们相信，到 7 月 1 日，这些以及其他为香港特别行政区成立伊始的正常运作所必不可少的法律将会及时生效。

在上午的大会上，第一届立法会产生办法小组召集人许崇德、法律小组召集人邵天任分别向大会作工作报告，庆祝活动小组召集人、香港庆委会副主席邬维庸向大会作有关筹备庆祝活动的报告，筹委会副主任委员兼秘书长鲁平就提交本次大会讨论的三个文件的讨论稿和大会日程作了说明。

中组部　中宣部　统战部共同举办的“纪念邓小平同志倡导‘尊重知识，尊重人才’20 周年座谈会”在北京召开

外交部发言人沈国放就中国为部分驻港领事机构颁发证书发表谈话

沈国放在记者招待会上说，中国政府已向一些与中方达成有关协议的国家驻香港特别行政区领事机构的馆长颁发了领事证书。

沈国放说，迄今为止，绝大部分已在香港设领的国家与中华人民共和国政府达成了有关保留其驻香港特别行政区领事机构的协议，其中部分国家已将其 1997 年 7 月 1 日之前及之后连续在任的驻香港特别行政区领事机构的馆长人选和简历通过外交途径送交中国外交部。中国外交部从 5 月 19 日起已陆续为加拿大、澳大利亚、比利时等国驻港领事机构的馆长颁发了领事证书。

国办发出关于切实抓好夏季农业生产和粮油收购工作的通知

通知说，今年夏粮面积增加，夏季粮油作物长势良好，丰收在望。抓好夏季农业生产和夏季粮油收购工作，关系到夏粮丰产丰收和秋季乃至全年农业丰收，关系到保护农民的积极性和保持农业的持续稳定发展。各地区、有关部门要认真贯彻党中央、国务院有关指示精神，采取有效措施，切实抓好“三夏”生产和夏季粮油收购工作。

煤炭工业部国家经贸委劳动部地矿部监察部和全国总工会在北京联合召开“依法办矿、整顿煤炭生产秩序”电视电话会议

中共中央政治局委员、国务院副总理吴邦国在会上指出，必须集中一段时间，在全国范围内开展整顿煤炭生产秩序的活动。要依照有关法律法规，解决办矿失控、生产秩序混乱、浪费资源和安全状况不好等问题。

吴邦国说，这次整顿的重点，是那些无证非法开采的乡镇煤矿，特别是无证非法开采的个体煤矿以及在国有煤矿井田范围内滥采乱挖、非法违法开采的煤矿，要一律关闭；有采矿许可证但无煤炭生产许可证，并且威胁邻矿安全的要限期整改，逾期不改的也要关闭；越层越界开采的各类煤矿，要停产整顿，并退回到合法开采范围以内。在国有煤矿井田范围以外，无采矿许可证的集体煤矿，要限期按规定补办手续；有采矿许可证而无煤炭生产许可证的，要督促帮助其进行改造提高，其中有重大事故隐患的要停产整顿；有其他严重问题的，要限期整改，督促其依法生产。坚决制止党政机关及其干部职工参与办矿，已参与开办的合法经营煤矿必须限期与其脱钩，独立经营。

吴邦国要求，各级人民政府要提高对整顿煤炭生产秩序重大意义的认识，将这项工作纳入重要议事日程，切实加强领导。要针对本地区煤炭生产存在的主要问题，尽快制定整顿措施和方案。要把整顿的成效，作为考核县乡两级政府政绩的一个方面。司法、行政执法部门和有关专业部门要联合行动，组成联合执法队伍，必要时可采取强制措施。

煤炭部部长王森浩对整顿煤炭生产秩序进行了具体部署，经贸委、劳动部、地矿部、全国总工会的领导作了发言。

国务委员 中华全国供销合作总社理事会主任陈俊生致信在宜兴召开的全国供销合作社商场工作会议

陈俊生指出，改革开放以来，一批现代化的商厦在城镇拔地而起，商场已成为促进城乡商品流通的生力军，成为当地物质文明和精神文明建设的排头兵。供销合作社是农民的合作经济组织，作为供销合作社重要组成部分的商场，一定要以农业、农村、农民的需要为根本出发点，按照立足城镇，面向农村，城乡结合，协调发展的原则，充分发挥自己在管理、设施、市场、信息等方面的优势，积极参与大市场，开展大流通，促进城乡经济发展，为满足人民群众日益增长的物质和文化需要多做工作。

国务院副总理朱镕基在中南海会见新西兰反对党领袖前副总理海伦·克拉克

外交部发言人沈国放在记者招待会上就菲律宾对中国黄岩岛的侵犯发表谈话

沈国放指出，中国政府要求菲律宾立即停止对中国领土的一切侵犯活动，以维护南海地区的和平与稳定和中菲友好关系大局。

沈国放说，今年4月底以来，菲律宾方面多次出动军舰和军用飞机在中国黄岩岛及其附近海域先后对由中方民间机构组织、由中美日三国业余无线电爱好者参加的国际联合业余无线电探险活动进行无端跟踪、监视和干扰。菲方还派员数次登岛树旗立碑，并对中方人员进行无理指责。中方从维护两国友好大局出发，对菲方上述行径采取了极为克制的态度，同时通过外交渠道，要求菲方纠正错误，立即停止对中国领土的侵犯。

沈国放说：“然而连日来的事态表明，菲方正变本加厉地加剧对中国领土黄岩岛的侵犯。菲方甚至以200海里专属经济区为由，公然对中国领土黄岩岛提出所谓‘管辖权’。这是中国政府和人民绝不能接受的。”

沈国放指出，黄岩岛历来是中国的固有领土，其法律地位早已确定。根据《联合国海洋法公约》（以下简称《公约》）第一百二十一条，黄岩岛是“四面环水并在高潮时高于水面的自然形成的陆地区域”，并不是终年不能露出水面的沙洲或暗礁。历史上中国许多文献都有中国对该岛享有主权的记载。中国政府曾三次正式公布对该岛的命名或更改名称，这些都是对该岛行使有效管辖的国家行为。

沈国放说，国际社会也普遍承认黄岩岛是中国领土。许多国家的业余无线电爱好者经我国政府批准后登岛进行无线电探险活动，目前仍有许多国家向我国政府申请举行类似活动。该岛已作为中国岛屿被美国业余无线电联盟列入国际业余无线电 DXCC 呼号表。对黄岩岛属中国领土的立场，菲方并未表示过异议。

沈国放说，菲方最近突然提出黄岩岛位于菲200海里专属经济区内，菲对其有海洋管辖权。这一主张违反国际法，也违反《公约》的原则。《公约》序言中明文规定，《公约》应“妥为顾及所有国家的主权”。《公约》有关海洋管辖权的规定并不适用于解决领土主权问题。根据《公约》，沿海国在专属经济区内只享有以勘探和开发专属经济区内自然资源为目的的权利，他国领土的法律地位并不因此而受到任何影响。

沈国放说："黄岩岛的问题是领土主权问题，专属经济区的开发和利用是海洋管辖权问题，两者的性质和所适用的法律规则都截然不同，不能混为一谈。菲方试图以海洋管辖权侵犯中国领土主权的企图是完全站不住脚的。"

沈国放说，根据《公约》，在有关国家的专属经济区发生重叠的情况下，一国单方面宣布 200 海里专属经济区的行为是无效的。中菲之间各自专属经济区的范围也应由双方依据国际法原则和规则协商划定。

沈国放指出："中国政府强烈吁请菲律宾方面尊重历史事实，尊重国际法，尊重中国对黄岩岛的领土主权，立即停止对中国领土的一切侵犯活动，以维护南海地区的和平与稳定和中菲友好关系大局。"

中美合作兴建黄茅海大桥

美中经济技术文化发展中心日前与广东省珠海市正式签定合作协议，共同兴建广东珠海黄茅海大桥。该项目总投资 6.5 亿美元，合作期 30 年。美中经济技术文化发展中心受美国退休基金会和花旗银行委托，在我国重点投资符合国家产业政策的基础设施等。

1996 年度中国电影华表奖在北京揭晓

中国电影的政府奖——1996 年度中国电影华表奖近日在北京揭晓。

《大转折》、《红河谷》、《喜莲》、《夫唱妻和》、《离开雷锋的日子》、《男婚女嫁》、《彝海结盟》、《军嫂》、《青年刘伯承》、《一棵树》获得优秀故事片奖；《男孩女孩》、《我也有爸爸》、《滑板梦之队》获优秀儿童片奖；《徽商情缘》获优秀戏曲片奖；《挚爱情缘》获优秀对外合拍片奖；《勇敢人的游戏》获外国影片优秀译制奖；《山梁》、《东北虎野化训练》、《菊坛盛会》获优秀纪录片奖；《种子正传》、《毒品的危害》、《喷灌压碱洗盐造良田》获优秀科教片奖；《百鸟衣》、《大森林里的小故事——春天的歌》获优秀美术片奖。

《离开雷锋的日子》的编剧王兴东、《喜莲》的编剧郭中束、郝国忱获优秀编剧奖；《大转折》导演韦廉、《红河谷》导演冯小宁获优秀导演奖；在《大转折》中饰演刘伯承的傅学诚和在《离开雷锋的日子》中饰演乔安山的刘佩琦获得优秀男演员奖；在《喜莲》中饰演喜莲的于慧获优秀女演员奖；《红河谷》、《大转折》获优秀电影技术奖；《喜莲》的制片主任崔国明获优秀制片管理奖。

中国电影华表奖由广播电影电视部主办。

"夏衍电影文学奖"在北京评出

以一生倾注在我国电影事业的夏衍命名的中国电影剧本最高奖"夏衍电影文学奖"近日在京揭晓。陆柱国编剧的《西南凯歌》获首届这项大奖的一等奖。

由王兴东编剧的《离开雷锋的日子》、马卫军编剧的《四季》、芦苇编剧的《星塘阿芝》获二等奖；张子良编剧的《一棵树》、冯小宁编剧的《红河谷》等 6 部作品获三等奖；张惠生编剧的《旱舟》等 10 部作品获鼓励奖。

"夏衍电影文学奖"由广播电影电视部主办。

5 月 23 日

香港特别行政区筹备委员会第九次全体会议在人民大会堂闭幕

国务院副总理、筹委会主任委员钱其琛在闭幕词中指出，香港特别行政区第一届立法会的具体产生办法的制定，是备受各方关注的一件事情，也是本次筹委会会议作出的一项重要决定。鉴于香港特别行政区行政、立法班子等已经产生并工作，特别行政区第一届立法会的选举工作要由特区政府来进行，因此，筹委会通过的办法规定得比较原则，对几个具体问题均作了可供选择的规定，以便香港特别行政区自行作出选择。这是一种实事求是的做法。相信香港特别行政区的第一届立法会将会依照民主、公开、公平的原则顺利地产生。

钱其琛指出，可以这样来说，外界对香港的情况不了解的人，很难理解香港立法机构选举办法的复杂性。既有直接选举，也有功能团体和选举委员会的间接选举。我认为这是从香港的实际情况出发，逐步发展的一种选举制度，大概这也是人们所称的"香港的选举文化"的一个重要特色。从历史上来看，英国统治香港一百多年，香港根本没有什么选举，一直到 1985 年才开始了间接选举一部分立法局成员的做法。基本法不仅规定香港特别行政区的立法会由选举产生，并提出了根据实际情况和循序渐进的原则，最终达至全部议员由普选产生的目标。这次我们做的工作正是循序渐进地发展这种"香港的选举文化"。

钱其琛说，这次会议通过的关于对基本法附件三所列的在香港特别行政区实施的全国性法律的增减建议和香港特别行政区有关人员就职宣誓事宜的决定，对保证香港特别行政区成立时法律的完备和香港特别行政区有关人员在特别行政区成立时宣誓就职是十分必要的。

钱其琛说，随着本次会议的结束，筹委会的任务已基本完成。由筹委会负责筹备成立的香港特别行政区即将成立。筹委会是全国人大设立的机构，关于筹委会结束工作的问题，将报请全国人大常委会作出决定。

会议还通过了新闻公报。会后，香港特别行政区筹委会副秘书长陈滋英举行新闻发布会，并回答了记者的提问。

全国人大香港特区筹委会第九次全体会议通过《中华人民共和国香港特别行政区第一届立法会的具体产生办法》

第一条 为组建中华人民共和国香港特别行政区第一届立法会(以下简称“第一届立法会”)，根据《全国人民代表大会关于香港特别行政区第一届政府和立法会产生办法的决定》和《中华人民共和国香港特别行政区基本法》，规定本办法。

第二条 第一届立法会由60名议员组成。其中，分区直接选举产生20名议员，功能团体选举产生30名议员，选举委员会选举产生10名议员。

第三条 第一届立法会议员候选人必须是香港特别行政区永久性居民，拥护《中华人民共和国香港特别行政区基本法》，愿意效忠中华人民共和国香港特别行政区，并符合基本法规定的其他有关资格和条件。

第四条 第一届立法会的分区直接选举采取多议席单票制或比例代表制，办法分别如下：

(一)采取多议席单票制的选举办法。全香港划分为4个至9个选区，每个选区选举产生2名至5名议员。每位选民可在本选区内投票选举一名候选人。

(二)采取比例代表制的选举办法。全香港划分为3个至5个选区，各政治团体、选举组合根据其在各选区选举中所得票的总数，按法律规定的计算办法，确定各政治团体、选举组合所获的相应议席。

第五条 功能团体选举产生30个议席。其中21个议席分配如下：商界第一组(香港总商会)、商界第二组(香港中华总商会)、工业界第一组(香港工业总会)、工业界第二组(香港中华厂商会)、金融界、金融服务界、社会福利界、地产及建造界、旅游界、市政局、区域市政局、乡议局、医学界、卫生服务界、教育界、法律界、工程界、建筑、测量及都市规划界、会计界各1席；劳工界2席。其余9个议席由香港特别行政区从以下15个组别中选择9个组别予以分配：

体育演艺及文化出版界
劳工界
进出口界
纺织及制衣界
批发及零售界
资讯科技界
航运交通界
中国企业协会
渔农界
保险业界
酒店界
中医界
高等教育界
饮食界
香港雇主联合会

第六条 功能团体的选举方式根据各功能团体的组成情况决定。以法团为单位组成的功能团体选举，每个团体会员可投一票；由具有专业资格的个人组成的功能团体选举，每名个人会员可投一票；既有团体会员又有个人会员的功能团体选举，每个团体会员和每名个人会员均可投一票。

第七条 选举委员会由800名香港永久性居民组成。其中，工商、金融界200名；专业界200名；劳工、社会服务、宗教界200名；临时立法会议员、区域性组织的代表、香港地区全国人大代表、香港地区全国政协委员的代表200名。

选举委员会前三大界别的委员由第五条所列的除市政局、区域市政局、乡议局以外的17个功能组别和供香港特别行政区选择的15个组别以及宗教界按照所分配的名额选举产生。名额分配和具体产生办法，由香港特别行政区立法规定。

选举委员会的第四大界别中，临时立法会议员和香港地区全国人大代表均为当然委员，区域性组织的代表和香港地区全国政协委员的代表的名额分配和具体产生办法，由香港特别行政区立法规定。

选举委员会按香港特别行政区有关法律的规定提名第一届立法会议员候选人，然后由选举委员会委员以个人身份无记名投票，选举产生第一届立法会的十名议员。

第八条 香港特别行政区立法会由在外国无居留权的香港特别行政区永久性居民中的中国公民组成。但非中国籍的香港特别行政区永久性居民和在外国有居留权的香港特别行政区永久性居民也可以当选为香港特别行政区立法会议员，其所占比例不得超过全体立法会议员的20%即12名。香港特别行政区可采取下列办法之一以确保当选的非中国籍的香港特别行政区永久性居民和在外国有居留权的香港特别行政区永久性居民不超过12人：

(一)将20%的名额按比例分配在三类选举中，在分区直接选举中不得超过4名，在功能团体选举中不得超过6名，在选举委员会选举中不得超过2名。在这三类选举中，如果非中国籍的和在外国有居留权的当选人数超过分配名额，分别采取以下方式处理：

1. 在分区直接选举中，依照所有非中国籍的或在外国有居留权的当选者的得票率高低排序，得票率位于前4名者当选，其空出的议席由同一选区的在外国无居留权的中国籍参选者递补或补选。如采取比例代表制,处理办法由特别行政区另行规定。

2. 在功能团体选举中,依照非中国籍的或在外国有居留权的当选者的得票率高低排序,得票率位于前六名者当选,其空出的议席由同一组别的在外国无居留权的中国籍参选者递补或补选。

3. 在选举委员会选举中,依照非中国籍的或在外国有居留权的当选者的得票数多少排序,得票数位于前两名者当选,其空出的议席由在外国无居留权的中国籍参选者递补。

(二)将20%的名额全部限定在功能团体选举中。依照非中国籍的或在外国有居留权的当选者的得票率高低排序,得票率位于前12名者当选,其空出的议席由同一组别的在外国无居留权的中国籍参选者递补或补选。

(三)香港特别行政区在选举前以法律规定可以由非中国籍的香港特别行政区永久性居民和在外国有居留权的香港特别行政区永久性居民参选的12个议席的分配。

第九条 第一届立法会议员任期为两年。

第十条 第一届立法会的选举须在1998年6月30日前完成。

第十一条 香港特别行政区根据本办法制定有关第一届立法会选举的法例。

全国人大香港特区筹委会第九次全体会议通过《全国人民代表大会香港特别行政区筹备委员会关于对〈中华人民共和国香港特别行政区基本法〉附件三所列全国性法律作出增减的建议》

全国人民代表大会常务委员会:

根据《香港特别行政区基本法》第十八条的规定,"全国性法律除列于本法附件三者外,不在香港特别行政区实施。凡列于本法附件三之法律,由香港特别行政区在当地公布或立法实施。""全国人民代表大会常务委员会在征询其所属的香港特别行政区基本法委员会和香港特别行政区政府的意见后,可对列于本法附件三的法律作出增减,任何列入附件三的法律,限于有关国防、外交和其他按本法规定不属于香港特别行政区自治范围的法律。"筹委会认为,在基本法公布后全国人大常委会新制定了若干法律,其中有些法律属于国防、外交和其他按基本法规定不属于香港特别行政区自治范围的法律。为此,建议全国人民代表大会常务委员会按照《基本法》第十八条规定的程序,在基本法实施时,作出一项决定,对列于《基本法》附件三的全国性法律作出增减。具体建议如下:

一、在《基本法》附件三中增加下列全国性法律:

1.《中华人民共和国国旗法》

2.《中华人民共和国领事特权与豁免条例》

3.《中华人民共和国国徽法》

4.《中华人民共和国领海及毗连区法》

5.《中华人民共和国香港特别行政区驻军法》

二、在《基本法》附件三中删去下列全国性法律:

《中央人民政府公布中华人民共和国国徽的命令》(附:国徽图案、说明、使用办法)

全国人大香港特区筹委会第九次全体会议通过《全国人民代表大会香港特别行政区筹备委员会关于香港特别行政区有关人员就职宣誓事宜的决定》

根据《中华人民共和国香港特别行政区基本法》第一百零四条的规定,"香港特别行政区行政长官、主要官员、行政会议成员、立法会议员、各级法院法官和其他司法人员在就职时必须依法宣誓拥护中华人民共和国香港特别行政区基本法,效忠中华人民共和国香港特别行政区"。为此,全国人民代表大会香港特别行政区筹备委员会决定:

一、香港特别行政区行政长官、主要官员、行政会议成员、临时立法会议员以及终审法院常设法官和高等法院法官在1997年7月1日香港特别行政区政府成立暨就职宣誓仪式上宣誓就职。

二、香港特别行政区行政长官和主要官员在宣誓时,由国务院总理或其委托的代表监誓;行政会议成员、临时立法会议员和法官宣誓时,由行政长官监誓。

三、参加宣誓就职的有关人员中,凡身兼两项职务者,除香港特别行政区行政长官外,均应分别参加其所担任职务的宣誓。

四、香港特别行政区行政长官、主要官员、行政会议成员、临时立法会议员以及终审法院常设法官和高等法院法官的就职宣誓誓词如下:

1. 行政长官就职宣誓誓词

本人×××(姓名),谨此宣誓:本人就任中华人民共和国香港特别行政区行政长官,定当拥护中华人民共和国香港特别行政区基本法,效忠中华人民共和国香港特别行政区,尽忠职守,遵守法律,廉洁奉公,为香港特别行政区服务,对中华人民共和国中央人民政府和香港特别行政区负责。

2. 主要官员就职宣誓誓词

我谨此宣誓:本人就任中华人民共和国香港特别行政区政府××××(职务),定当拥护中华人民共和国香港特别行政区基本法,效忠中华人民共和国香港特别行政区,尽忠职守,遵守法律,廉洁奉公,为香港特别行政区服务。

宣誓人:×××(姓名)

3. 行政会议成员就职宣誓誓词

我谨此宣誓：本人就任中华人民共和国香港特别行政区行政会议成员，定当拥护中华人民共和国香港特别行政区基本法，效忠中华人民共和国香港特别行政区，尽忠职守，遵守法律，廉洁奉公，为香港特别行政区服务。

宣誓人：×××（姓名）

4. 临时立法会议员就职宣誓誓词

我谨此宣誓：本人就任中华人民共和国香港特别行政区临时立法会议员，定当拥护中华人民共和国香港特别行政区基本法，效忠中华人民共和国香港特别行政区，尽忠职守，遵守法律，廉洁奉公，为香港特别行政区服务。

宣誓人：×××（姓名）

5. 终审法院常设法官和高等法院法官就职宣誓誓词

我谨此宣誓：本人就任中华人民共和国香港特别行政区法院法官，定当拥护中华人民共和国香港特别行政区基本法，效忠中华人民共和国香港特别行政区，尽忠职守，奉公守法，公正廉洁，以无惧、无偏、无私、无欺之精神，维护法制，主持正义，为香港特别行政区服务。

宣誓人：×××（姓名）

香港特别行政区筹委会第九次全体会议发布新闻公报

全国人民代表大会香港特别行政区筹备委员会第九次全体会议于1997年5月22日至23日在北京举行。王汉斌副主任委员主持了会议。钱其琛主任委员致开幕词和闭幕词。

会议讨论通过《中华人民共和国香港特别行政区第一届立法会的具体产生办法》、《全国人民代表大会香港特别行政区筹备委员会关于对〈中华人民共和国香港特别行政区基本法〉附件三所列全国性法律作出增减的建议》和《全国人民代表大会香港特别行政区筹备委员会关于香港特别行政区有关人员就职宣誓事宜的决定》。

会议指出，制定香港特别行政区第一届立法会的具体产生办法是全国人民代表大会及其常务委员会的有关决定赋予香港特别行政区筹备委员会的一项重要任务。筹备委员会在制定该办法的过程中，对选举产生香港特别行政区第一届立法会60名议员的三种方式即分区直接选举、功能团体选举、选举委员会选举及其有关问题，广泛咨询香港各界人士的意见后进行了充分的讨论。考虑到香港特别行政区第一任行政长官、主要官员、行政会议和临时立法会已经产生并工作，而且，第一届立法会的选举工作将由香港特别行政区政府负责组织实施，该办法对直接选举的方式、选区的划分、新增功能组别的确定作了可供选择的规定，由香港特别行政区将来自行作出选择，并制定有关法律。

会议认为，这次会议通过的《全国人民代表大会香港特别行政区筹备委员会关于对〈中华人民共和国香港特别行政区基本法〉附件三所列全国性法律作出增减的建议》，是根据我国法制发展的情况而提出的，建议列入《基本法》附件三的全国性法律均属于国防、外交和按照基本法规定不属于香港特别行政区自治权范围内的法律。

会议根据《基本法》第104条的规定通过了关于香港特别行政区有关人员就职宣誓事宜的决定。

会议指出，筹备委员会成立一年多来，完成了与筹建特别行政区有关的一系列工作，至此筹备委员会的任务已基本完成，为香港特别行政区的成立奠定了基础。

会议决定，筹备委员会第十次全体会议于1997年7月11日在北京举行。

香港回归庆祝活动安排确定

今年7月1日香港回归祖国之际，在香港、内地的一些大城市以及世界各地的华人、华侨将举行各种形式、丰富多彩的庆祝活动。

1997年6月30日午夜，中英两国政府将在香港会议展览中心共同举行香港交接仪式。中国政府和英国政府都将派出代表团。中英双方还共同邀请了一些国家的政要和国际组织的高层代表。在香港交接仪式的同时，中国人民解放军驻香港部队将于7月1日零时起担负香港的防务任务。

在交接仪式之后，将举行香港特别行政区成立暨特区政府宣誓就职仪式，由中华人民共和国政府主持。香港特别行政区首任行政长官、政府主要官员、行政会议成员、临时立法会议员以及终审法院常设法官和高等法院法官分批宣誓就职。

7月1日上午10时，香港特别行政区政府在会议展览中心举行香港特别行政区成立庆祝大会。下午4时，香港特区政府举行庆祝香港特别行政区成立招待酒会。

在北京，7月1日下午4时30分，国务院将在人民大会堂举办有3500人参加的庆祝香港回归祖国盛大招待酒会；晚上8时，“首都各界庆祝香港回归祖国大会”将在北京工人体育场隆重举行。大会之后，举行大型文艺表演《欢庆香港回归》。7月2日晚，在人民大会堂将举行庆祝香港回归祖国的文艺演出。

北京市人民政府将于6月30日晚在天安门广场

举办"北京市人民迎接香港回归祖国联欢晚会"。北京各界群众将载歌载舞欢庆香港回归祖国。据有关方面预计,将有 6 万多人参加这一活动。

除北京外,上海、天津、重庆、广州、深圳、南京、东莞等地也将举行庆祝大会、群众联欢和焰火晚会等庆祝活动。

中华人民共和国和巴哈马国在纽约发表关于建立外交关系的联合公报

中华人民共和国政府代表、中国常驻联合国代理代表王学贤大使同巴哈马国政府代表、巴哈马国常驻联合国代表哈科特·罗·特恩科斯特下午分别代表两国政府在纽约签署了中华人民共和国和巴哈马国关于建立外交关系的联合公报,全文如下:

中华人民共和国政府和巴哈马国政府根据两国人民的利益和愿望,通过友好谈判,决定自 1997 年 5 月 23 日起相互承认并建立大使级外交关系。

两国政府同意,在互相尊重主权和领土完整、互不侵犯、互不干涉内政、平等互利、和平共处的原则基础上,发展两国之间的友好关系。

中华人民共和国政府支持巴哈马国政府维护国家独立和主权、发展民族经济的崇高事业。

巴哈马国政府承认世界上只有一个中国,中华人民共和国政府是中国的唯一合法政府,台湾是中华人民共和国的一个省。

中华人民共和国政府和巴哈马国政府商定,将根据 1961 年《维也纳外交关系公约》的规定和国际惯例,尽快互派大使,并在对等的基础上在各自首都为对方使馆的建立和履行职务提供一切必要的协助。

中纪委就王树文案转发山东省纪委的通报

中纪委日前就山东省日照市原市委书记王树文徇私舞弊、收受贿赂案件转发山东省纪委的通报,要求各级党组织特别是各级领导干部要从中吸取深刻教训,各级领导干部要加强政治修养,严于律己,管好自己的配偶和子女。

1994 年 1 月 26 日,山东省日照市桑托尔高新技术产业(集团)公司总裁徐峰丽伙同副总裁孙强等人走私的 350 辆日产旧摩托车,在岚山港被日照海关和边防检查站查获。因这起案件中的徐峰丽系王树文的妻子,省委领导明确要求王树文回避。王对省委的要求置之不理,反而利用职务之便,干扰对该案的侦查。1995 年 3 月,王树文为统一口径,掩盖徐峰丽、孙强等人的罪行,亲自为孙强代写了"关于我公司与深圳大威实业公司进行摩托车贸易的情况说明",故意隐瞒事实真相。1995 年 4 月,王树文得知省委要日照市全面汇报"1·26"走私案件查处情况,即指使他人按走私与桑托尔无关的调子向省委写汇报材料,为徐峰丽等人开脱罪责。王树文还先后 9 次收受外商贿赂,共计折合人民币 4.9 万余元。王树文因徇私舞弊、收受贿赂,受到开除党籍、开除公职的处分。司法机关依法判处其有期徒刑 9 年。徐峰丽因犯走私罪、受贿罪,被判处有期徒刑 4 年。

通报指出,王树文蜕化变质,沦为人民的罪人,主要是由于他在市场经济的大潮中,忽视了世界观的改造和思想道德修养,没能坚持和发扬艰苦奋斗的优良传统和作风,私欲膨胀,利用职务之便,大搞权钱交易。通报指出,王树文犯罪与他的妻子徐峰丽有密切关系,这是长期以来徐峰丽越权干政,王树文放纵支持的必然结果。1989 年,徐峰丽随王树文到日照工作,由原来一名副科级干部逐步升迁为日照市科学技术研究院筹委会副主任,而后又兼任桑托尔高新技术产业(集团)公司总裁。王树文不仅没有按照中央的要求,对妻子的违法行为严加制止,反而毫无原则地放纵妻子越权干政,胡作非为。他自恃特殊,不接受党组织的监督,对党组织的批评、教育,对班子成员和其他同志的提醒、劝告,置若罔闻,一触即跳。他党性观念和遵纪守法观念淡薄,完全为亲情所左右,在事关国家和人民根本利益的大是大非问题上,彻底背离了党的立场,在错误和犯罪的泥潭中越陷越深,以至不能自拔。

通报要求,各级党组织特别是各级领导干部都要从王树文一案中吸取深刻教训。各级领导干部要时刻注意世界观的改造和思想道德修养,活到老,改造到老,在思想上、道德上筑起拒腐防变的坚固防线。在任何时候、任何情况下都要模范遵守党的纪律和国家的法律法规,廉洁奉公,严格要求自己。同时,要管好自己的配偶、子女和身边的工作人员。要坚持民主集中制原则,自觉地把自己置于党组织和群众的监督之下。要坚持党性原则,带头维护党纪国法的严肃性,维护法律的权威和尊严。如果案件涉及自己的亲属,该回避的要回避,决不允许袒护、包庇。对于设置障碍,干扰、阻挠案件查处,甚至徇私舞弊的,一经发现,必须严肃处理。

国务委员司马义·艾买提在江苏考察

司马义·艾买提于 5 月 23 日至 28 日对江苏省进行为期六天的考察,司马义·艾买提提出,在社会主义市场经济条件下,必须高度重视和不断加强民族宗教工作,发达地区要充分发挥自身优势,继续为全国各民族的共同繁荣多作贡献。

国务院批转国家经贸委《关于一九九七年国有企业改革与发展工作的意见》

国务院同意国家经贸委《关于一九九七年国有企业改革与发展工作的意见》，现发给你们，请结合本地区、本部门实际，认真贯彻执行。

国有企业改革是1997年经济体制改革的重点，也是政府工作的突出任务。各地区、各部门要按照建立社会主义市场经济体制的要求，认真总结改革试点经验，坚持"三个有利于"的标准，进一步解放思想，实事求是，着眼于搞好整个国有经济，把国有企业改革、改组、改造和加强企业经营管理紧密结合起来，有针对性地采取措施，搞好大的，放活小的，做好国有企业减员增效、下岗分流、规范破产、鼓励兼并和职工再就业工作，务求在国有企业改革和发展方面取得实效。

国家经贸委《关于一九九七年国有企业改革与发展工作的意见》（文略）

国家体改委主任李铁映在全国城市综合配套改革试点工作会议上发表讲话

李铁映会议上讲话，充分肯定了上海、深圳等市改革与发展的经验和成果。

李铁映说，十四大以来我国城市经济体制改革取得了长足进步。其基本特点是：市场机制已在商品交换和资源配置等各经济领域发挥着广泛的调节作用，在部分领域已处于基础性地位，社会主义市场经济体制的框架已经显现。其中，上海、深圳等市已经走在全国的前面。社会主义市场经济已不仅仅存在于理论中和书本上，而且变成活生生的现实。上海、深圳的成功经验证明，中央关于建立社会主义市场经济体制的决定是完全正确的。社会主义与市场经济完全可以结合起来。城市经济体制改革的进展主要体现在六个方面：一、合理调整所有制结构，公有经济为主体、多种经济成分共同发展的格局基本形成。二、立足于从整体上搞活国有经济，国有企业改革取得新进展，运行机制正在发生质的变化。三、积极推进价格与流通体制改革，开放、竞争的市场体系初步建立，市场化程度大大提高。四、大力推进收入分配制度改革，社会保障体系的建设已经步入新的轨道。五、机构改革与政府职能转变力度加大，政企关系有了一定程度的改善。尤其是在国有资产管理、监督与营运体制的改革上进展明显。六、多方面促进对外开放，封闭的经济运行系统已被打破，开放而富有竞争力的城市功能正在形成。

谈到下一步的工作，李铁映指出，要立足于从整体上搞活国有经济，进一步改善生产资料所有制结构；以确立国有资产投资主体为重点，加快建立国有资产管理、监督和营运体系，促进政企分开；要以企业组织结构调整为重点，推动存量资产的流动和重组；以发展资本为重点，探索发展各种要素市场，拓宽直接融资的比例和渠道；要抓紧建立多层次的社会保障制度；以加快住房分配货币化为重点，加大城市住房制度改革力度；积极推进农业产业化，促进城乡经济一体发展；进一步加强法制建设，用法律手段巩固改革成果。

中国人民银行颁发关于《加强金融机构内部控制的指导原则》的通知

中国人民银行近日颁发关于《加强金融机构内部控制的指导原则》的通知。对金融机构内部控制的内容、原则、要求、管理和监督等都做了具体规定。

国务院治淮治太第四次工作会议在江苏徐州召开

会议于5月23日至24日在江苏徐州举行。国务院副总理姜春云在会议上强调，治理淮河、太湖事关流域内的防汛安全和发展，是国家的重点工程，有关省市要进一步统一认识，团结一致，齐心协力，强化措施，全面推进这一宏伟工程的建设。

国务院治淮治太第四次工作会议主要任务是，总结检查《国务院关于进一步治理淮河和太湖的决定》和几次治淮治太会议精神的落实情况，研究解决工程建设和管理中的问题，部署今年及今后一个时期的工作任务。

全国人大常委会委员长乔石在人民大会堂接受美国《世界观点》主编内森·加德尔斯的采访

乔石就中国的经济发展、民主与法制建设、香港回归、环境保护和国际关系等问题，回答了他的提问。

问：有一种观点认为：中国经济发展了不会对世界构成威胁，只有贫穷时才会构成威胁。对此，您如何看？下世纪前50年，中国在世界地缘政治中所起的作用将是怎样的？

答：中国人民爱好和珍惜和平。在和平共处五项原则的基础上发展同世界各国的友好合作关系，是我国一贯的方针。虽然历史上我国曾由于贫穷和落后屡遭列强侵侮，但无论是很贫穷、很困难的时候，还是日子好过一点的时候，我们都不会威胁别人。对内我们努力办好自己的事情；对外我们努力同一切国家和平共处。我们的目标是把中国建设成为一个富强、民主、文明的社会主义现代化国家。

改革开放以来，我国经济发展比较快，人民生活明显改善，国家面貌变化很大，但我国人口多，底子薄，发展不平衡，仍然是一个发展中的国家，实现现代化还需要几代人的艰苦奋斗。按照我们的发展战略，在下世纪中叶我国将基本实现现代化，赶上中等发达国家的水平。我国的发展需要一个长期稳定的和平国际环境,特别是良好的周边环境。当前,我们与周边国家、与世界各国的关系是好的;我们将同各国保持长期稳定的友好合作和睦邻友好关系,共同维护本地区和世界的和平与稳定。中国历来主张国家不分大小一律平等,反对任何形式的霸权主义、强权政治和侵略扩张。中国永远不做超级大国。中国永远是维护亚洲和世界和平、促进人类共同发展的力量。过去,中国为维护世界和平做了大量工作,现在仍在继续努力。将来中国发展起来,综合国力有了增强,将为世界和平与稳定作出更多贡献。

问:中国到 2050 年会变成什么样?中国会像日本在"二战"后的 30 年间的发展那样快吗?

答:我国早已确定了现代化建设"三步走"的战略,这就是:第一步,从 1980 年到 1990 年,国民生产总值翻一番,人民生活实现温饱,这一步在 1988 年就提前实现了;第二步,从 1991 年到本世纪末,国民生产总值比 1980 年翻两番,人民生活达到小康水平,其中翻两番的目标已经在 1995 年提前实现;第三步,到下个世纪中叶,人均国民生产总值达到中等发达国家水平,人民生活比较富裕,基本实现现代化。

在发展速度上,我们是从本国的实际出发的。改革开放以来,我国经济持续快速增长。1979 年以来,大约年均增长 9%多一些;"九五"期间,我们按年均增长 8%的速度把握宏观调控的力度;下个世纪头 10 年准备按年均增长 7%左右的速度来掌握。在保持一定经济增长速度的同时,我们十分重视经济增长的质量,强调通过国家宏观调控,避免因发展速度太快而造成有些国家曾经出现过的泡沫经济现象。另一方面,我国经济发展速度虽然较快,但经济总规模还不大,人均水平还很低。预计到本世纪末,按目前的价格和汇率计算,人均国民生产总值大约 800 美元,到 2010 年人均国民生产总值也才约 1500 美元,仍属于发展中国家。

问:目前,在国际关系方面有两种观点:一种观点认为,由于国家间经济联系日趋紧密,冲突所造成的损失和合作所获得的利益将比以往大得多;另一种观点则认为,一个国家与另一个国家的利益是冲突的,把重点放在国家间的竞争上。你认为如何?

答:世界正在发生重大而深刻的变化。随着科学技术的飞速发展和世界经济全球化、区域化趋势的不断加强,国与国之间的联系日益紧密,经济上的相互依存越发明显,需要国际上相互配合和密切合作才能解决的全球性问题越来越突出。当然,国与国之间有竞争是正常的,有时也难免会有一些矛盾或争端,只要有关各方不只考虑自己的利益,也尊重对方的利益和考虑世界各国共同的、长远的利益,总是可以通过平等协商,找到公正合理、切实可行的解决办法的。我们认为,对于国与国之间的分歧,应该通过对话解决,而不是对抗。不同的国家在社会制度、价值观念、经济发展水平、历史文化传统等方面可能存在差异,但又都处在同一世界之中,人类的命运休戚与共。各国可以而且应该一致努力,共同对付人类生存和发展所面临的挑战,共同缔造一个更加美好的世界。

问:有学者认为,"冷战"已被"文明的冲突"取代,在最深层次上,西方和中国对世界的看法是不同的、冲突的。您以为如何?还有一种观点认为,第三世界对美国在世界政治、文化中的霸权主义日益不满,并会越来越多地起来进行抵制。您是否同意这种观点?

答:每个国家、每个民族都有自己的文化传统和价值观念等,这是历史形成的,是客观存在;不同的国家对世界的看法有不同,也是完全正常的。我们觉得,文化传统、价值观念的不同,经济发展程度和模式的差异,对世界看法的分歧,都不应当成为国家间矛盾和冲突的根据。在处理国与国之间关系时,我们历来主张遵循和平共处五项原则,在这个基础上,求同存异,加强合作,共同为世界的和平、人类的进步和文明的发展做出贡献。如果企图把自己的意志和价值观念强加给别人,或者按照某种"文明"模式统一天下,肯定是行不通的。

"冷战"结束以后,世界多极化趋势加速发展,各国的独立自主意识增强,要求在相互尊重主权和领土完整、互不侵犯、互不干涉内政、平等互利、和平共处等原则基础上建立公平、合理的新型国际关系的呼声会越来越高,无论哪个国家搞霸权主义和强权政治,都会遭到越来越广泛的抵制和反对。

中国是世界上最大的发展中国家,美国是世界上最大的发达国家,两国都是联合国安理会常任理事国,在维护世界和平与稳定方面都负有重要责任。保持和发展良好的中美关系,包括加强双方在国际事务中的合作,对我们两国、对世界都有好处。我们希望从两国的根本利益出发,从整个人类合作和世界历史进步的要求出发,发展健康良好、长期稳定的中美关系,共同为开创和平、稳定、繁荣和美好的 21 世纪做出贡献。最近一个时期,在双方的共同努力下,两国关系得到改善,发展势头良好。实践证明,只要坚持和平共处五项原则,恪守中美三个联合公报,中美之间的友好合作关系是可以不断向前发展的。

问:是盎格鲁-撒克逊式的自由资本主义有前途,还是中国和古巴实行的社会主义经济体制更合适?

答:从近代以来世界历史发展和当前世界经济状况看,不可能有一种经济体制适合所有国家的情况。

各国只有从自己的实际出发，探索采取适合自身经济发展的体制，才是最佳选择。

我们共和国自建立以来，始终在探索适合中国情况的发展道路。经过几十年的实践，从本世纪70年代末开始，我国实行改革开放，走出了一条适合自己情况的路子，这就是发展社会主义市场经济。邓小平同志早在1979年就明确讲到“社会主义的市场经济”。在会见美国客人吉布尼和加拿大客人林达光时，他指出，说市场经济只存在于资本主义社会，只有资本主义的市场经济，这肯定是不正确的。市场经济在封建社会时期就有了萌芽，社会主义也可以搞市场经济。以后他还曾多次谈到这个问题。1992年视察南方发表重要谈话时，他进一步强调：“计划多一点还是市场多一点，不是社会主义与资本主义的本质区别。计划经济不等于社会主义，资本主义也有计划；市场经济不等于资本主义，社会主义也有市场。”同年，我们党的十四次代表大会明确宣布，把建立社会主义市场经济体制作为经济体制改革的目标。1993年，八届全国人大一次会议通过宪法修正案，规定“国家实行社会主义市场经济”。我们从本国的实际出发发展社会主义市场经济，同时也重视吸收和借鉴人类社会创造的一切文明成果，吸收和借鉴当今世界各国包括资本主义发达国家的一切反映现代社会化生产规律的先进经营方式、管理方法。改革开放以来，我国经济繁荣，社会进步，人民生活水平不断提高。实践证明，社会主义市场经济体制是适合我国国情的。

问：西方有些人认为，中国政府对香港恢复行使主权后，会过多地干预香港事务；另一些人则认为，这些舆论只是人为地制造出来的。那么，2000年以后的香港究竟会是什么样呢？

答：从我国的实际情况出发，用“一个国家，两种制度”的办法解决祖国统一问题，是邓小平同志的一个伟大创造。这为香港等问题的解决奠定了基础。1984年中英两国政府就香港问题签署了联合声明，1990年我国七届全国人大三次会议通过了香港特别行政区基本法。基本法从起草到通过用了五年时间，其间广泛征求了港人的意见。基本法贯彻了“一国两制”的构想，明确规定：香港特别行政区不实行社会主义制度和政策，保持原有的资本主义制度和生活方式不变。香港特别行政区实行高度自治，享有行政管理权、立法权、独立的司法权和终审权。香港回归后，我们将贯彻中英联合声明，严格按基本法办事，中央人民政府决不会干预香港特别行政区自治范围内的事务。2000年以后的香港将会继续保持繁荣和稳定，香港的未来会更加美好。

问：中国将如何解决人口增长和大城市的资源紧张（例如南水北调）问题，并改变以煤为主要能源所造成的全球变暖的状况？你们如何看待自己在全球环境保护方面负有的责任？

答：我国人口压力大，人均资源占有量比较低。我们坚持把计划生育作为基本国策，十分重视资源的合理开发和利用。为此，全国人大常委会已经制定了一系列有关的法律，八届全国人大四次会议审议通过的“九五”计划和2010年远景目标纲要也作了规定。我们还要建设一些大的工程，以缓解大城市资源紧张的问题，包括在下世纪的头10年着手建设跨流域的南水北调工程。

全球变暖，不只是燃烧煤造成的。至于因燃煤引起的一些环境问题，我们一直在努力解决。我们重视开展煤的液化、气化等科研和开发工作，重视坑口电站的建设，同时还十分重视开发利用其他的清洁能源。

中国把环境保护作为一项基本国策，认真实施可持续发展战略。这方面，中国全国人大及其常委会制定了一系列法律，如环境保护法、海洋环境保护法、大气污染防治法、水污染防治法、固体废物污染环境防治法、环境噪声污染防治法等，基本形成了保护环境的法律体系，并经常对这些法律的实施情况进行检查监督。我国重视支持低污染或无污染的产业，加大了国土绿化、生态环境保护和环境污染治理的力度。比如，我国建立了三北防护林带等规模宏大的防护林工程，关闭了一大批对环境造成严重污染的工厂，仅淮河流域的小造纸厂就关闭了1000多家，等等。中国积极参与国际环境事务，推进环境保护领域的国际合作，认真履行在环境保护方面所承担的国际义务，做了大量工作。

保护环境是全人类的共同任务，在这方面，发达国家在资金、技术等方面应当向发展中国家提供帮助和支持。

问：中国会出现介于西方式民主和“文革”式民主之间的民主吗？有中国特色的社会主义民主法制的含义是什么？

答：“文化大革命”不是民主，而是给我们国家和人民带来严重灾难的动乱。“文化大革命”的发生并持续十年，一个十分重要的原因就是过去重视民主法制建设不够。正是基于这一沉痛教训，我们党在70年代末就强调：要发展社会主义民主，健全社会主义法制；要使民主制度化、法律化，使这种制度和法律具有稳定性、连续性和极大的权威性。邓小平同志就此作出过系统的论述。他关于民主法制建设的思想是建设有中国特色社会主义理论的重要组成部分。

社会主义民主的核心是人民当家做主。我国宪法规定，我国的一切权力属于人民，人民行使国家权力的机关是全国人民代表大会和地方各级人民代表大会。

为了保证人民掌握国家权力，真正成为国家的主人，就一定要坚持和完善人民代表大会制度。为此，必须加强全国人大及其常委会的工作，必须充分发挥地方各级人大及其常委会的作用，必须坚决依法维护人大代表的权利。同时，在基层要加强群众性自治组织的建设，让人民群众自己管理自己的事情。改革开放以来，我们改革选举制度，适当扩大全国人大常委会的职权，实行农村村民和城市居民自治，都是为了扩大人民民主。

为了保障人民民主，保障整个社会有秩序地前进，改革开放以来我们高度重视法制建设，制定了一大批法律，现在我国社会生活的主要方面已基本有法可依。同时，我们还加强了对法律实施情况的监督，督促行政、司法机关严格依法办事，纠正违法行为，改进执法工作。

由于我国封建社会的历史比较长，以及还存在其他一些方面的原因，社会主义民主法制建设是一个长期的历史过程。我们将坚持从中国的实际情况出发，继续积极推进有中国特色社会主义民主法制建设的进程。

问：中国批评西方只注重中国的人权却不懂中国的现实。您认为西方媒体应当怎样报道中国的现状？

答：我们希望新闻媒体客观公正地报道中国的现状，在人权问题上也是一样。中国十分重视保护公民的权利，除宪法对公民的基本权利作了全面规定外，还制定了一系列有关的法律，如选举法、劳动法、工会法、消费者权益保护法、教育法、科技进步法等。为保障特殊群体的权利，我们制定了妇女权益保障法、未成年人保护法、残疾人保障法、归侨侨眷权益保护法、老年人权益保障法等。为保障少数民族的平等权利，我们制定了民族区域自治法。为保护公民的合法权益不受行政、司法机关的违法侵害，我们制定了行政诉讼法和国家赔偿法。即使对于受到司法追究的人和服刑罪犯，我们也注重刑事诉讼和监狱管理中的人权保护，这在刑事诉讼法和监狱法等法律中均有体现。今年 3 月，八届全国人大五次会议又系统修订了刑法，更好地贯彻了罪刑法定、罪刑相当和法律面前人人平等的原则，也进一步完善了保护人权方面的有关规定。至于国家与国家之间在人权问题上有不同看法，我们主张进行对话，不赞成搞对抗，不能利用人权问题干涉别国内政。

’96 中国电影华表奖首届“夏衍电影文学奖”颁奖典礼在北京举行

中共中央政治局常委、中央军委副主席刘华清，中共中央政治局委员、国务委员李铁映等领导和老中青三代电影工作者出席颁奖典礼。

国务院副总理兼外交部部长钱其琛在中南海会见古巴第一副外长博拉尼奥斯

国务院副总理兼外交部部长钱其琛在中南海紫光阁会见国际原子能机构总干事汉斯·布利克斯

中国和斯里兰卡两国政府在科伦坡签订关于中华人民共和国香港特别行政区与斯里兰卡民主社会主义共和国互免签证的协定

外交部发言人沈国放在答记者问时称美国凭借所谓国内法和国别政策对中国的公司和个人实行制裁毫无道理

沈国放说，中国表示坚决反对，并要求美方立即撤销对有关中国公司和人员的无理制裁。

5 月 22 日，美国方面宣布，有两家中国大陆公司和五名中国公民从事化学武器扩散活动，美国将根据国内法对有关公司和人员进行制裁。

沈国放说，中国认真履行自己作为《禁止化学武器公约》缔约国应尽的义务，确保公约的宗旨和目标得以实现，这既包括全面禁止和彻底销毁化学武器，也包括促进化工领域的国际贸易和科技交流，使化学领域的成就真正造福于人类。

他说，中国反对任何国家发展化学武器，更不帮助任何国家发展化学武器。对于敏感化学品和相关设备与技术，中国严格地按照《化武公约》的清单与有关规定实行出口控制，不出口以制造化学武器为目的的化学品及其生产技术和设备。根据《化武公约》的有关规定，应保证化工领域正常的国际合作与贸易顺利进行。有关中国公司和个人进行的化工贸易活动，是正常的国际贸易行为，不违反《化武公约》的宗旨和规定。

中国和美国都是《化武公约》的缔约国。双方均有义务严格遵守公约的国际法义务，全面、准确地按照公约的规定行事。中国不承认任何国家有权把自己的国内法置于国际法之上。

全国人民代表大会外事委员会就欧洲议会外委会邀请章孝严去访发表严正声明

声明敦促欧洲议会的领导人切实履行其一再表示的要改善同中国关系的承诺，制止任何破坏中国统一大业和损害中欧关系事件的发生。

声明说，5 月 22 日，欧洲议会外交、安全与防务政策委员会不顾中方的一再交涉，执意邀请章孝严以所谓“中华民国政府成员”的身份到欧洲议会活动，为其搞“两个中国”、“一中一台”提供讲坛。这是一起侵犯中国主权、干涉中国内政、蓄意向中国人民挑衅的严重事件。中国全国人大外委会就此向欧洲议会外委会表示极大愤慨和强烈抗议。

华夏英才基金正式启动并首批资助中国科学院和中国工程院两院10位院士出版学术著作资助仪式在北京举行

首批获得华夏英才基金资助的两院院士是：张时新、於崇文、张广学、唐守正、陈茹玉、钱易、田波、邱竹贤、徐端夫，以及原中科院学部委员钱宁。

天津纪念杨石先诞辰100周年

中国科协、南开大学联合在天津南开大学举行我国著名教育家、科学家、我国现代化学早期最富成效的播种人杨石先教授诞辰100周年纪念活动。杨石先教授巨幅大理石雕像落成揭幕仪式同时在南开大学敬业广场举行。

党和国家领导人李瑞环、李岚清、邹家华、卢嘉锡、吴阶平、宋健、朱光亚等发来贺电或题词，对杨石先教授的光辉一生给予了高度评价。全国人大常委会副委员长雷洁琼从北京专程前来参加纪念活动，高度称赞杨石先教授“教泽广布，高山景行”，为我国教育、科学事业作出了巨大功绩。天津市党、政领导和杨石先教授亲属也参加纪念活动。

中国建立国家级软件产业基地

首批在东北大学、齐鲁、西部、创智等软件园组建“国家火炬计划软件基地”命名授牌仪式在北京举行。

5月24日

“迎回归，爱祖国”万人歌咏大会在北京工人体育馆举行

江泽民、李瑞环、刘华清、胡锦涛等党和国家领导人同首都各界群众欢聚一堂。参加大会的万名群众和部队战士用一曲曲发自内心的歌，纵情歌唱伟大的祖国，表达各族人民迎接香港回归的喜悦心情。歌咏大会结束时，江泽民总书记对参加演出的人员发表了热情洋溢的讲话，热烈祝贺歌咏大会演出成功。

全国政协主席李瑞环 中共中央政治局常委胡锦涛在人民大会堂会见出席中华海外联谊会成立大会暨第一届理事会的全体代表和理事

李瑞环对中华海外联谊会的成立表示祝贺，对来自海内外各方面的朋友表示欢迎。他说，中央十分重视联谊会的成立，海外许多朋友也很关心。我们成立这个会的目的，就是为了高举爱国主义的旗帜，加强海内外的联系，促进中华儿女的大团结，为统一祖国、振兴中华做出贡献。

李瑞环说，各位朋友能够参加联谊会，这是你们多年贡献的结果，是具有社会影响的标志。参加联谊会也为今后再做贡献、发挥影响提供了更好的条件和机会。希望本着联谊会的宗旨，积极工作，为实现统一祖国、振兴中华作出更大的贡献。

中华海外联谊会正式成立。这是一个以联系港、澳和台湾同胞，以及海外华侨为主要工作的社会团体，成立的宗旨是：高举爱国主义旗帜，团结热爱中华民族的海内外同胞，加强联系，增进友谊，扩大交流，促进合作，为统一祖国、振兴中华服务。

中华海外联谊会在北京成立并召开第一届理事会会议

联谊会以加强海内外同胞的联系与交往，促进祖国统一、振兴中华为宗旨。

雷洁琼、王光英、程思远、阿沛·阿旺晋美、万国全、何鲁丽、丁石孙、蔡子民、经叔平等有关方面负责人出席成立大会。

全国政协副主席、中共中央统战部部长王兆国在开幕式上致词。

王兆国说，海内外各界朋友都对中华海外联谊会寄予了厚望。中华海外联谊会成立之后，一定要抓住当前有利时机，紧紧依靠、团结和联系各方面力量，积极开展工作，担负起时代所赋予的使命。中华海外联谊会今后的主要工作目标和任务是：第一，加强同台湾同胞、港澳同胞、海外侨胞的联系与交往，增进了解，发展友谊，巩固和发展最广泛的爱国统一战线。第二，在交往联谊活动中，广泛宣传党和国家的有关方针、政策，宣传社会主义现代化建设取得的巨大成就，争取广大港澳台和海外同胞对“一国两制”方针政策的认同与共识，促进祖国和平统一。第三，加强祖国大陆与港澳台及海外在经济、科技、教育和文化等方面的交流合作，促进祖国的社会主义现代化建设。为经济建设服务，是中华海外联谊会开展活动的工作重点。第四，积极配合有关方面，努力为台港澳同胞和海外侨胞办实事，提供切实有效的服务。

成立大会由中共中央统战部副部长刘延东主持。中共中央统战部副部长郑万通、张廷翰先后就联谊会《章程》等作了说明。

中华海外联谊会是全国性的社会团体，实行团体会员制。第一届理事会理事共408人，包括中央和国家机关有关部门负责人，各省、自治区、直辖市及部分计划单列市海联会负责人，各民主党派中央、全国工商联和有关团体负责人，以及经济、科技、文化、民族、宗教等各界知名人士，港、澳地区和海外知名人士。

香港特别行政区临时立法会在深圳举行第八次全体会议

会议一致同意任命 49 岁的李国能为香港特区终审法院首席法官。

中共中央政治局常委乔石在河南考察

乔石于 5 月 24 日至 29 日在河南考察。乔石在河南考察工作时强调，要继续大胆探索，敢于突破，加快改革开放步伐；要紧紧抓住机遇，充分发挥自身优势，依靠群众，努力奋斗，推动经济发展，争取现代化建设事业的更大成绩。

乔石说，像河南这样的农业大省、人口大省，尤其要保持粮食等基本农产品生产长期稳定地向前发展，任何时候都不要放松。要十分注意保护耕地，注意抓好农田水利基本建设，提高抵御水旱等自然灾害的能力。要不断培育和推广优良品种，改进耕作方式，改善农业生产条件，提高劳动生产率，提高产品质量，同时对农产品的加工也要大力发展。要积极推进农业的产业化，在经营上努力实现农工贸、产加销一体化，把农户的生产与国内外市场更好地连接起来。

28 日上午，乔石来到黄河小浪底水利枢纽工程建设工地。乔石说，小浪底水利枢纽是治理黄河、开发黄河水资源的一项重大工程，对黄河下游的经济发展和人民生活具有重要意义，一定要高度重视。在各有关方面的大力支持配合下，保质保量按计划完成。并要通过工程的建设掌握先进技术、工艺和管理经验，为提高我国水利工程建设的水平做出贡献。

在谈到国有企业改革时，乔石说，对国有企业改革，就是要真抓实干，决不能停留于文件，停留于一般号召。具体形式可以灵活多样，各种办法都可以探索，都可以在实践中试验，效果好就积极加以推广。他还说，企业要积极面向市场，转变机制，盘活资产，搞好经营，加强管理。同时要切实转变政府职能，实行政企分开，为企业的发展提供更好的服务。要加快建立社会保障制度，为企业改革创造有利的条件。

乔石强调，科技进步是企业生存和发展的根本，在激烈的市场竞争中，必须切实加大技术改造的力度。要增加投入，集中人才，持续攻关，不断进步。要进一步加强企业和科研机构的联系，加速科研成果的产业化。要增强企业的技术创新意识，提高新技术、新产品的开发能力。有条件的企业，要建立研究开发机构并不断提高水平。对引进的先进技术，要注意消化吸收。总之，要下大决心，采取实际措施，尽快使企业的技术水平有一个大的提高。

中国羽毛球队在英国格拉斯哥举行的第五届苏迪曼杯羽毛球赛上获得混合团体冠军

5月25日

中共中央国务院关于党政机关厉行节约制止奢侈浪费行为的若干规定

坚持和发扬艰苦奋斗、勤俭节约的优良传统和作风，对于加强党和政府同人民群众的血肉联系，促进党政机关的廉政建设，推动我国改革开放和社会主义现代化建设事业的顺利进行，具有十分重要的意义。近年来，党中央、国务院多次强调，各级党政机关都要厉行节约，反对奢侈浪费，并就此作出过一系列规定。总的看，这些规定的执行情况是好的。但是，讲排场、比阔气、挥霍公款等奢侈浪费现象仍然存在，在有的地区、部门和单位还呈蔓延之势。为了树立艰苦奋斗、勤俭节约的良好风气，进一步制止奢侈浪费行为，党中央、国务院决定重申和制定如下规定：

一、严格控制新建和装修办公楼。党政机关现有办公楼已达到规定建筑面积指标的，不准改扩建、新建或购买办公楼。现有办公楼未达到规定建筑面积指标的，从 1997 年起三年内原则上不准新建或购买办公楼；因危房或新增机构办公用房等确有必要新建或购买办公楼的，须按国务院发布的《楼堂馆所建设管理暂行条例》中的规定程序报批。经批准新建或购买办公楼的，要严格执行规定标准。新建或购买办公楼不准贷款或挪用其他资金。贫困地区的党政机关一律不准新建或购买办公楼。党政机关不得以建业务楼等名义新建办公楼。除正常维修外，现有办公楼从 1997 年起三年内不准进行装修。正常维修不得提高原装修标准。

本规定颁布前已立项尚未动工兴建的办公楼，一律暂停，经重新审查后，根据不同情况作出处理；已经动工的，应严格按规定的建筑标准施工。

党政机关新建的已达到规定建筑面积指标的办公楼投入使用后，应及时交出超面积标准的旧办公楼供调剂使用。

二、严格控制各种会议。党政机关召开会议要坚持务实、节俭、高效的原则，既无明确目的又无实质内容的会议或可开可不开的会议，一律不开。确有必要召开的会议，应严格控制数量、会期和参加会议的人数。要严格控制各种类型的纪念会、研讨会、表彰会、新闻发布会等。要建立健全会议审批制度。党政机关召开的各类会议，不准赠送礼品和纪念品，不准组织高消费娱乐活动，不准以开会为名游山玩水，不准向企业事业单位摊派会议费。要提倡就地开会，提倡开电话会议。要逐步建立和推行会议费预算总额包干制度。1997年会议经费的实际支出应比上年至少压缩10%。要减少对会议的新闻报道。

三、严格控制各种庆典活动。党政机关除经上级批准举办有特殊重大意义的庆典活动外，一律不准举办其他庆典活动。凡举办全国性的庆典活动，须经中共中央办公厅或国务院办公厅审批，必要时报党中央或国务院审批；地方性的庆典活动，须经省、自治区、直辖市党委或政府审批，必要时报党中央、国务院审批。要本着节俭的原则严格控制庆典活动的规模和开支。庆典活动不准发放礼品和贵重纪念品，不准向企业事业单位摊派各种费用。

党政机关领导干部参加庆典活动要由负责安排领导干部活动的部门统一安排，不准擅自应邀参加庆典活动；举办庆典活动的部门对参加庆典活动的人数要严格控制。

四、严禁用公款大吃大喝、挥霍浪费。党政机关召开会议和公务接待要严格执行食宿接待标准，不准超标准接待。各地区、各部门制定的接待标准应当公开。有关部门必须严格执行接待制度，加强管理和监督。不准到上级领导机关所在地宴请领导机关工作人员，不准利用各种学习、培训之机互相宴请，不准参加用公款支付的高消费娱乐活动。对违反规定的要严肃处理，情节严重的还要公开曝光。

五、严格控制用公款安装住宅电话或购买移动电话。党政机关要严格按规定安装住宅电话，住宅电话费实行对个人规定限额、超额自负的制度。党政机关工作人员除工作特殊需要并经部门主管领导批准外，不准配备移动电话；不准占用企业事业单位和其他单位的移动电话。对现已配备和占用的移动电话以及用公款安装的住宅电话，要认真清理，登记注册，对违反规定的一律收缴，并责令补交公款支付的一切费用。

六、严格控制各种检查，禁止形式主义的评比和达标活动。除按法律、法规规定和经党中央、国务院批准外，不准举办全国性或行业性的企业评比活动。经批准举办的活动，不准向被检查、评比、达标单位和个人收费或变相收费，不准借检查、评比、达标活动之机大吃大喝和敛财。

七、严格按规定配备和更换小汽车。党政机关领导干部在任同一职务期间配备的小汽车，五年之内不准更换。使用五年以上，能够使用的要继续使用；按照国家汽车报废更新的有关规定，经交通管理部门鉴定如已达到报废更新标准，可申请更换。有关主管部门要从严审批。领导干部变动工作岗位，能在现有车辆中配备小汽车的，不准配备新车。

党政机关工作人员不得以任何理由私自借用下级机关或企业事业单位的车辆，对现已借用的车辆要一律清退。

八、严格管理公费出国（境）。严禁借考察、学习、培训、研讨、招商、参展等名义用公款变相出国（境）旅游，不准违反规定跨地区、跨部门组织出国（境）活动，不得以任何理由擅自增加访问国家、绕道或延长在国（境）外停留时间。党政机关要严格控制领导干部出访，一般性考察和没有明确目的及实质内容的出国（境）活动要坚决制止。地方党政机关的领导干部一般不得单独组团出国（境）进行立法、司法、财税等领域的考察和交流。党政机关的省（部）级领导干部，未经党中央或国务院批准，不得在国（境）外主持和参加经贸洽谈会、展销会、招商会等经贸活动，不得出国（境）进行股票发行的推介活动，不得参加企业事业单位团组出国（境）。

九、各级党委、政府要认真贯彻执行本规定。对广大党员干部和机关工作人员，要经常进行艰苦奋斗、勤俭节约的教育。各级纪检监察机关要协助党委、政府贯彻落实本规定，并对规定的执行情况进行监督检查。有关业务主管部门应根据本规定精神制定实施细则，建立健全管理制度，严格审批，严格把关。财政、金融、审计等部门对本规定中涉及经费开支的项目要严格管理和监督。各级宣传部门要抓好本规定贯彻落实的宣传报道，积极发挥舆论监督作用。对违反本规定的党政机关，同级财政部门要相应核减其预算经费。对违反本规定的单位和个人，要视情节轻重追究直接责任人的责任和有关领导的责任，直至给予党纪政纪处分。

十、本规定所称党政机关，是指党的机关、人大机关、行政机关、政协机关、审判机关、检察机关。工会、共青团、妇联等各人民团体适用本规定。国有企业事业单位参照执行本规定。

中共中央总书记江泽民等党和国家领导人在北京接见电影“华表奖”部分电影工作者和老电影艺术家

上午10时，江泽民、刘华清及丁关根、李铁映等领导同志在中南海同部分电影工作者亲切会见，座谈我国电影事业的繁荣与发展。

党中央十分重视电影事业的繁荣，自去年实施“九五五〇工程”精品战略以来，国产影片出现了一批思想性、艺术性、观赏性统一的优秀作品。座谈会上，广播电影电视部部长孙家正首先汇报了这方面的有关情况。随后，一些获奖的电影工作者纷纷发言。

听了大家的发言后，江泽民发表讲话。他首先向获得'96 中国电影"华表奖"的同志表示祝贺,向在座的和所有从事电影工作的同志们表示亲切的问候。他说,从这些优秀影片中,可以看出我们的电影工作者对国家和人民负责、对历史和未来负责的精神以及精益求精、甘于奉献的艺术追求。

江泽民强调,始终面向中国人民,充分反映中华民族创造的历史性功业,歌颂中华民族为祖国的发展进步和繁荣昌盛不断艰苦奋斗、自强不息的伟大精神,应当是中国电影的立身之本。中国电影只有从中国人民的需要出发,首先赢得中国广大观众的喜爱,具有中国特色、中国风格、中国气派,才能堂堂正正地走向世界。一个民族既努力实现自己的经济腾飞,又努力繁荣自己的民族文化,才能真正自立于世界民族之林。

江泽民还强调,我国的工人、农民、知识分子是社会主义现代化建设的主体力量,他们的劳动实践是社会生活的主流。要多拍一些表现他们的高尚品质和丰富的精神世界,反映他们从事改革和建设的生动实践,赞美他们创造美好生活的聪明才智和精神风貌的优秀影片,为他们提供更多更好的精神食粮。要高扬爱国主义、集体主义、社会主义和革命英雄主义的旗帜,给人民以信心和向上的力量。这是电影工作者的神圣职责,应该成为电影艺术的自觉追求。

江泽民说,对于世界各国包括西方国家的一切优秀的、进步的文化艺术成果,要积极学习和借鉴,目的在于博采众长,为我所用,丰富自己的民族文化。如果拒绝学习和借鉴外国的好东西,盲目自大,是错误的;如果把这种学习和借鉴变成一味模仿照搬,丧失自己的创造性,甚至成为外国文化的附庸,那也是错误的和危险的。

江泽民认为,电影事业的繁荣,需要广大电影工作者发挥个人的创造精神,进行不倦的艺术实践与探索。全党和全社会都要尊重和爱护他们的辛勤劳动。要坚持"为人民服务、为社会主义服务"的方向,贯彻"百花齐放、百家争鸣"的方针,鼓励电影工作者在正确思想指导下自由选择电影的题材和主题,自由探索电影的风格和样式。历史与现实,雄伟与细腻,严肃与诙谐,抒情与哲理,喜剧与悲剧,只要是能够使人们得到教育和启发,得到娱乐和美的享受,都应受到欢迎。

江泽民指出,广播影视部门的领导干部,要虚心向电影工作者学习,同他们交朋友,努力使自己成为行家里手,用符合电影规律的办法领导和管理电影事业。

江泽民最后说,即将到来的 21 世纪,必定是我们建设有中国特色社会主义取得辉煌胜利的世纪。我国的电影事业也必将出现新的繁荣局面。他衷心祝愿所有从事电影工作的同志们用自己的艺术实践为祖国为人民做出更大的贡献。

中华海外联谊会成立大会暨第一届理事会会议在人民大会堂结束

会议审议通过《中华海外联谊会章程》,推举产生了该会的领导机构,确定了近一个时期的工作指导思想和基本工作思路。

全国人大常委会副委员长雷洁琼、王光英、程思远出席闭幕式。

本次大会上,全国政协副主席、中共中央统战部部长王兆国当选为中华海外联谊会会长;全国人大常委会副委员长费孝通、雷洁琼、王光英、程思远为名誉会长;副会长为刘延东、李德洙、郑万通、张廷翰、朱作霖、蔡子民、经叔平、彭清源、路甬祥、庄世平、李东海、何厚铧;秘书长为覃志刚。大会还推举出 42 名常务理事。

全国农业产业化研讨会在北京召开

5 月 26 日

国家主席江泽民在人民大会堂与尼日尔总统易卜拉欣·迈纳萨拉·巴雷举行会谈

迈纳萨拉表示很高兴能访问中国,他说,我们两国复交不久,中国就全面恢复了两国间的合作项目。中国援助的医疗卫生、水利、纺织等项目在发展尼日尔经济方面起了十分重要的作用。尼中两国之间有很好的合作关系,我们希望这种关系在现有的基础上进一步巩固和发展,并将这种合作关系扩展到新的领域。

江泽民说,中尼在政治、经贸、卫生、文教等领域重新建立起真诚友好的合作关系,这充分表明我们两国有着发展双边友好合作关系的良好基础和条件。恢复和发展两国关系符合两国人民的共同愿望。目前,中尼关系呈现良好的发展势头,中尼友好合作关系正步入一个崭新的发展时期。我们对此感到满意。中尼同是发展中国家,有很多共同利益,对许多重大国际问题有着相似的立场和观点。在联合国等国际场合,两国也有着很好的合作关系。

江泽民表示,国家间良好的政治关系可以为经贸合作提供有力保障,中尼关系正常化,为发展两国经贸关系奠定了基础。中尼复交以来,两国在经贸等领域的合作得到迅速恢复和发展。中尼合作是长期的,中方愿与尼方在加强政府间合作的同时,积极推动地方和企业间开展交往与合作,拓展两国经贸合作的渠道,为两国经贸关系开辟更为广阔的前景。

会谈后,两国元首参加了《中尼两国政府经济技术合作协定》和《中尼两国政府关于尼日尔共和国与中华人民共和国香港特别行政区互免签证的协定》两个文件的签字仪式。

全国政协主席李瑞环到里斯本总理府拜会葡萄牙总理安东尼奥·古特雷斯总理

中央精神文明建设指导委员会召开第一次全体会议

根据党的十四届六中全会决议，中央决定成立中央精神文明建设指导委员会。中央精神文明建设指导委员会是党中央指导全国精神文明建设工作的议事机构，主要职责是督促检查各地、各部门贯彻落实党的十四届六中全会精神和中央关于精神文明建设的一系列方针、政策的情况，协调解决精神文明建设主要是思想道德和文化建设方面的有关问题，总结推广交流先进经验。

中共中央总书记、国家主席江泽民在中央精神文明建设指导委员会第一次全体会议上发表讲话。

江泽民指出，党的十四届六中全会以后，各级党委和政府加大了精神文明建设的工作力度，深入进行爱国主义、集体主义、社会主义教育，广泛开展群众性精神文明创建活动，宣传表彰了一大批先进典型，收到良好的效果。总的说来，宣传舆论导向正确，社会正气得到弘扬。精神文明建设出现了党政加强领导、各方齐抓共建、群众积极参与的可喜局面。

江泽民强调指出，精神文明建设工作必须服务于经济建设，服务于现代化建设。社会主义的根本任务是解放和发展社会生产力。经济建设是我们一切社会事业发展的基础，在我国现代化建设中始终处于中心地位。只有牢牢把握经济建设这个中心，把精神文明建设同改革开放和现代化建设紧密结合起来，做到相互促进，才符合社会全面进步的要求，才能得到人民群众的广泛支持。必须坚持用党的基本理论、基本路线教育干部和群众，在全体人民中牢固树立建设有中国特色社会主义的共同理想，深入开展爱国主义、集体主义、社会主义和艰苦创业精神的教育，加强以为人民服务为核心的社会公德、职业道德和家庭美德建设，大力培育“四有”新人，提高全民族的思想道德和科学文化素质，努力为改革开放和现代化建设提供强大的精神动力和智力支持，创造良好的社会环境。

江泽民要求，精神文明建设工作着眼点一定要放在紧贴群众利益、为群众所欢迎的事情上，这样才能动员广大人民群众积极参与，也才会有利于密切党和政府同人民群众的关系。要深入群众，深入实际，每年办几件作用大、影响大的实事。办实事，务必求实效，实事要办得更好，好事要办得更实，切忌“一阵风”，严禁搞形式主义。搞好精神文明建设关键在党，必须全党重视，全党动手，各级党委特别是党政主要领导必须亲自抓。要及时研究新情况、新问题，努力把握新形势下精神文明建设的特点和规律，增强工作的指导性、主动性，不断提高精神文明建设工作的水平。

中共中央政治局常委、国务院总理李鹏也作了重要讲话。中共中央政治局常委、书记处书记胡锦涛出席会议。

会议讨论了中央精神文明建设指导委员会及其办公室的主要职责、工作制度和年内的主要工作安排。中共中央政治局委员、书记处书记、中央精神文明建设指导委员会主任丁关根，中共中央政治局委员、国务委员、中央精神文明建设指导委员会副主任李铁映在会上作了讲话。

出席会议的还有李岚清、尉健行、宋健、罗干及中央有关部门的负责同志。

中国法律援助基金会在北京成立司法部法律援助中心同时揭牌

国家防汛抗旱总指挥部在郑州召开黄河淮河海河流域防汛工作现场会议

会议于5月26日至27日举行。

据气象部门预报，今年我国汛期雨区有可能集中偏向黄淮海流域，而黄淮海流域防汛事关大局，为此，国家防总决定召开现场会议，对这三个流域的防汛抗洪工作进行再认识、再发动、再落实，进一步做好防大汛、抗大洪准备。与会同志察看了郑州花园口至中牟县九堡黄河河防工程、大坝防渗加固工程施工现场，观看了防洪抢险演习。

中共中央政治局委员、国务院副总理姜春云在会议上讲话。他充分肯定了前一段防汛准备工作取得的成绩。同时指出，必须看到，黄淮海流域防汛形势十分严峻。黄淮海流域防汛的突出特点是，暴雨强度大，地形陡，坡度大，支流源短流急，一旦降大暴雨，洪水来得急，预见期短，如果汛情不灵，决策迟缓，势必延误抗洪抢险行动。特别是河道淤积严重，泄洪能力大大降低，加之干流多年来没有经过大洪水考验，堤防险工险段多，中小洪水就可能出大险。如遇特大洪水需要分洪，启用蓄滞洪区的准备工作非常艰巨。

姜春云说，黄淮海地区是我国的心腹地区，这里有首都北京和许多重要城市，有重要的交通干线、粮棉生产基地和大型工矿企业。保障这些地区的防洪安全，事关我们国家的大局。我们各级党政领导、各行各业务必要高度警惕，严密防范，充分准备，立足防大汛，抗大灾，确保安全度汛，万无一失。姜春云说，国家防总要求，黄河防汛要确保花园口发生22000立方米每秒洪水安全度汛，发生大于22000立方米每秒洪水时，要运用北金堤等滞洪区，尽量减少损失。黄河大堤在任何情况下都不能溃堤，不能决口。海河流域南系各河以防御 1963 年洪水为标准，北系各河以防御 1939 年洪水为标准，确保骨干工程安全。在任何情况下，都必须确保北京、天津、石家庄的安全。淮河干流和沂沭泗水系分别以防御 1954 年和 1957 年洪水为标准，确保沿河重点堤防安全。

为了胜利实现各项任务，姜春云要求：进一步增强水患意识，克服麻痹思想和侥幸心理。黄淮海流域各级领导要充分认识到搞好今年防汛工作的极端重要性。要明确确保大江大河大水库安全度汛、万无一失是死任务、硬指标，不能有丝毫的含糊。要抢在大汛到来之前，抓紧完成水毁工程修复和防洪工程除险加固任务。今年中央已增加了这方面的投入，各地也要积极筹措资金、舍得投入，确保这些工程今年汛期发挥防洪效益。

中共中央总书记江泽民在人民大会堂会见新韩国党代表委员李会昌

江泽民在会见时说，改善朝鲜半岛南北关系、保持朝鲜半岛的和平与稳定符合南北双方的根本利益以及东北亚各国的利益。中国愿为朝鲜半岛的和平与稳定继续发挥建设性作用。

江泽民说，中国党和政府十分重视与韩国的睦邻友好关系。中韩建交五年来，在双方的共同努力下，两国友好互利合作关系发展顺利，势头很好。中韩两国执政党也建立了良好的交流关系，促进了两国关系的健康发展。他说，中韩面向 21 世纪，发展长期睦邻友好关系，对两国和两国人民有利，对维护朝鲜半岛的和平与稳定有利，对整个亚洲乃至世界的和平、稳定和发展也将产生重要的积极影响。

李会昌说，中国的繁荣与稳定对朝鲜半岛的和平和稳定具有重要作用，也有利于亚洲和世界的和平与发展。

国务院总理李鹏在中南海会见伊朗石油部部长阿加扎德

李鹏积极评价了阿加扎德与中国石油天然气总公司就油气田的勘探开发和油品贸易达成的合作协议。李鹏说，合作协议的签署使中伊两国经贸关系取得了新的进展。

中共中央政治局常委胡锦涛在人民大会堂会见由古巴共产党中央委员霍尔赫·古埃瓦斯·拉莫斯率领的古共中央纪检代表团

中共中央政治局常委胡锦涛在人民大会堂会见新韩国党代表委员李会昌

国务院副总理兼外交部部长钱其琛在人民大会堂会见前来参加中菲年度外交磋商的菲律宾副外长鲁道夫·塞韦里诺

国务院副总理李岚清在中南海会见美国众议员英格利希和恩辛

中央军委副主席迟浩田在人民大会堂会见澳大利亚空军参谋长费希尔中将

外交部副部长唐家璇同菲律宾副外长鲁道夫·塞韦里诺进行年度磋商

双方主要就两国关系中近期发生的问题坦诚地交换意见。中方重申，黄岩岛是中国的固有领土，要求菲方尊重历史，尊重事实，尊重包括《联合国海洋法公约》在内的国际法，尽快停止对中国领土黄岩岛的一切侵犯行径。中方并从历史和法律角度通过摆事实、讲道理对菲方的无理主张进行批驳。

中宣部 文化部 广电部发出《关于举办中国近现代史题材优秀电影戏剧电视剧展映展演展播活动的通知》

为了迎接香港回归，广泛开展爱国主义宣传教育，激发爱国热情，振奋民族精神，中宣部、文化部、广电部近日发出《关于举办中国近现代史题材优秀电影戏剧电视剧展映展演展播活动的通知》。

《通知》指出，这项活动要以爱国主义教育为主题，通过优秀的电影、戏剧、电视剧，反映爱国志士特别是中国共产党人在祖国遭受外国列强侵略和欺凌的时期，领导全国各族人民救亡图存、前赴后继、不屈不挠的斗争业绩；表现中国人民从来不在侵略者面前低头、酷爱自由、追求进步、维护民族尊严和国家主权的光荣传统；表现中华民族对外来侵略者无比痛恨、对卖国求荣的民族败类无比鄙视、对爱国志士无比崇敬的民族性格。通过这项活动，进一步提高全国人民的民族自尊心和自豪感，把爱国主义热忱转化为推动改革开放和现代化建设、振兴中华的强大力量。

公安部发布命令给河北省邯郸市公安局“5·26”特大拐卖儿童案专案组记集体一等功

5月27日

国务院总理李鹏在中南海会见尼日尔总统迈纳萨拉

中共重庆市第一次党代会开幕

会议将选举产生重庆直辖市第一届市委，确定重庆今后的大政方针。

中共重庆市第七届委员会负责筹备重庆直辖市的第一次党代表大会。出席大会的代表750名。讨论党代会报告和《重庆市委关于制定国民经济和社会发展“九五”计划和2010年远景目标纲要的建议》，是重庆直辖市第一次党代会的重要内容。

国务院港澳事务办公室主任鲁平在人民大会堂举办的迎接香港回归专题报告会上介绍香港问题的由来香港回归祖国的历史进程和中英关于香港问题斗争过程

国务院发出《关于严格执行我国核出口政策有关问题的通知》

金融机构经营人民币业务和外汇业务于7月1日统一发放许可证

全国政协主席李瑞环在里斯本议会大厦会见葡萄牙议长阿尔梅达·桑托斯和议会党团

澳大利亚总督迪恩和总理霍华德在首都堪培拉分别会见国务院副总理朱镕基

迪恩总统强调澳大利亚真诚希望保持的友好合作关系。

朱镕基表示，这次访问使我更加坚信中澳关系的前途是光明的。

霍华德总理在会见朱镕基时说，澳大利亚致力于在广泛的领域加强与中国的合作。霍华德表示，澳大利亚坚持一个中国的立场，澳大利亚不认为中国的强大会对其他的国家构成威胁。中国经济的不断发展，将为澳中的互利合作关系创造良好的前景。

朱镕基说，中国政府十分重视中澳关系，两国建交二十五年来，双边关系总体上发展顺利，各个领域的交流和合作不断得到加强和深化。实践证明，中澳开展互利合作，具有坚实的基础和广阔的前景。我们愿同澳方共同努力，在和平共处五项原则的基础上，把中澳关系提高到一个更高的水平。中国进一步的改革开放，和澳大利亚的面向亚洲的长期政策，将使我们两国互为重要的贸易和投资伙伴，使两国的经济得到共同的发展，这符合两国人民的利益，也有利于亚太地区的和平和发展。

朱镕基对澳大利亚政府坚持一个中国的立场表示赞赏，双方还就加强两国经贸联合委员会机制、扩大两国经贸合作的途径交换了意见。

国务院副总理兼外交部部长钱其琛在钓鱼台国宾馆会见美国亚洲协会会长尼古拉斯·普拉特

中共中央政治局委员吴邦国在中南海紫光阁会见新韩国党代表委员李会昌

中央军委委员王克在北京结束的解放军总后勤部党代会上发表讲话

王克指出，改革开放和发展社会主义市场经济，为军队建设和发展注入了活力，但也遇到了许多新情况、新问题、新矛盾。各级党委一定要紧紧把握部队建设的正确方向，坚定不移地与以江泽民同志为核心的党中央、中央军委保持高度一致，用新时期军事战略方针指导和统揽各项工作，把领导重心切实放在中心工作上。党委“一班人”特别是“领班人”要有政治意识、战略意识、全局意识，始终保持清醒头脑，努力提高驾驭全局的能力和领导素质，确保政治合格和各项工作顺利进行。

王克在谈到加强党委领导班子团结时说，加强党委班子团结关键是靠“三性”：党性、德性和原则性。要靠党性打牢团结的基础，靠德性增强团结的素质，靠原则性保证团结的质量。

王克要求各级党委要认真做好党管干部工作，认真研究加强干部思想教育的措施，引导干部树立正确的人生观、价值观。要落实江泽民主席对高中级干部管理提出的要求，要严在平时、严在制度、严在执纪上。各级党委要把领导干部管住管好，形成一级抓一级、一级管一级、一级带一级的局面，真正把党管干部工作落到实处。

全国地震科技工作会议在北京举行

中国环境管理体系认证指导委员会在北京成立

张君秋逝世

中国共产党优秀党员、中国著名京剧艺术大师、戏曲教育家、第八届全国政协常委、中国文学艺术界联合会副主席、中国戏曲学院顾问张君秋，因病在北京逝世，享年77岁。

张君秋，13岁开始学习京剧青衣。1951年从香港回到内地。1956年与马连良、谭富英、裘盛戎组建北京京剧团（现北京京剧院）。“文革”十年，他的身心受到严重摧残。粉碎“四人帮”后，恢复舞台生活。任中国戏曲学院副院长。1981年6月加入中国共产党。

先后担任第五届全国政协委员，第六、七、八届全国政协常务委员，第五、六届全国文联副主席，全国剧协主席，中国京剧艺术基金会名誉会长。1990 年年底，应邀赴美讲学，被授予“人文学”荣誉博士学位，并获得“终身艺术成就奖”。1994 年，接受中央领导人的委托，担负起《中国京剧音配像精粹》的工作。

5 月 28 日

全国政协主席李瑞环前往里斯本总统府拜会葡萄牙桑帕约总统

宾主着重就澳门问题交换了看法，一致认为共同努力解决好澳门问题具有多重意义。

李瑞环指出，澳门问题是历史遗留下来的问题。解决此类问题，一要正视历史，以史为鉴。历史上的事无论是对还是错，后人是喜欢还是不喜欢，都是客观存在的。重要的是善于从历史中汲取对当前和今后有益的东西。二要面对未来，着眼大局。中国有句俗话叫“借机成事”，就是说借办某件事的机会也成就其他的事情。我们应充分利用处理澳门问题这个机会，增进了解，加深理解，消除误解，达成谅解，找到更多的新的利益结合点，为发展中葡关系，为扩大各个领域的交流合作，为子孙后代的友好创造条件。

桑帕约说，解决好澳门这样一个历史问题，对我们两国都很重要。葡方将尽最大努力同中方密切合作，确保澳门的平稳过渡和继续保持繁荣稳定，使澳门问题的圆满解决成为世界其他国家解决类似问题的典范。

李瑞环说，用“一国两制”的办法和平解决中国的统一问题，是邓小平同志的伟大创举。它体现了中国人讲求大度、融合的传统品德，以及世界各有关方面的现实利益。中葡签署关于澳门问题联合声明十年来，双方进行了富有成效的合作。现在离澳门回归仅有两年半时间了，要办的事情还很多，需要中葡双方增进信任，加强合作，加快各项工作的进度。再过一个多月香港就要回归了，目前香港的形势很好，我们可以有把握地说，香港的政权交接将顺利实现，香港一定会保持长期稳定和繁荣。借鉴香港回归的经验，加上中葡双方的真诚合作，我们有理由相信澳门问题一定会解决得更加圆满。

桑帕约说，我们非常赞赏邓小平创造性地提出的“一国两制”的构想。在这一伟大构想的指引下，不仅葡中两国人民对澳门的前途充满信心，而且葡中关系也将得到进一步的促进和全面发展。

全国人大常委会副委员长陈慕华和全国人大内务司法委员会执法检查组结束对四川省实施妇女权益保障法情况的检查

陈慕华和检查组半个月内先后对四川省成都市、德阳市、绵阳市、乐山市、凉山州、阿坝州妇女权益保障法实施情况进行检查。检查组认为，四川省这些年对贯彻实施妇女权益保障法是重视的、认真的，在保障妇女的各项权益方面取得了可喜进步。目前全省县级以上政府全部建立了保障妇女权益的工作机构，部分乡镇也建立了相应机构，基本形成了保障妇女权益的执法工作网络。全省妇女参政议政情况逐步得到改善，省、县、乡三级人大女代表比例比上届人大提高 1—2 个百分点，省级领导班子和 19 个市、地、州以及 83.7%的乡镇党政领导班子都配备了女干部。全省女童入学率 1996 年比 1992 年提高近 3 个百分点。全省城乡妇女普遍参加了“双学双赛”和“巾帼建功”活动，整体素质进一步提高。

检查也表明，四川省在贯彻实施妇女权益保障法工作中还存在一些不可忽视的问题。四川省的全国、省、县、乡四级人大女代表比例均低于全国平均水平，女干部比例也低于全国平均水平。全省女童入学率虽然有所提高，但仍低于全国平均水平。全省还有 120 万青壮年妇女文盲，此外，就业上的男女不平等现象在有的地方仍然存在，下岗女工生活困难及再就业难问题也比较突出。

陈慕华在检查中强调，为推动我国妇女权益保障和妇女事业的发展，我们今后要进一步在全党、全社会大力宣传马克思主义妇女观和男女平等的基本国策，宣传妇女权益保障法的基本内容及其重要意义。同时，要把实施妇女权益保障法与实施《中国妇女发展纲要》密切结合，努力实现《纲要》规定的到本世纪末妇女在参政、就业、教育、保健等各方面应达到的目标。各地在加强妇女权益保障工作中，要特别注意提高女性参政比例。各级党委、人大、政府、政协以及妇联等群众团体都要在这方面加强努力，为妇女干部的成长创造条件。

国务院副总理姜春云在全国农牧渔业“丰收计划”工作会议上发表讲话

由农业部和财政部共同组织的“丰收计划”自 1987 年实施以来，有计划、有组织地在全国大面积、大范围推广农业科技成果和先进适用技术，取得丰硕成果。10 年来共完成农牧渔业技术推广项目 257 项，累计增产粮食 310 亿公斤，皮棉 8 亿公斤，油料 30 多亿公斤，新增产值 400 多亿元，为促进农村经济发展和增加农民收入做出了重要贡献。

国务院副总理吴邦国在全国企业职工解困暨再就业工作经验交流会上发表讲话

吴邦国说,保障困难职工基本生活,妥善安置下岗失业职工,是党和政府必须考虑和解决的事关全局的大问题。近几年,各地、各有关部门根据党中央、国务院的部署,加强组织领导,多渠道筹措资金,出台了一些政策措施,探索多渠道、多形式安置职工的路子,动员社会各方面力量,开展解困和再就业工作,取得了明显进展。但是,应当清醒地看到,解困和再就业工作的形势依然很严峻,任务仍然十分紧迫和艰巨。

据统计,到今年一季度末,全国31个省、自治区、直辖市的国有企业和城镇集体企业中,停减发工资的职工人数为1096万人;停减发离退休金的离退休人员227万人。全国下岗职工已达900多万人,困难职工和下岗人数达到历年来最高点。这成为制约我国社会经济健康发展的一个严重问题。

分析产生这些问题的原因时,吴邦国认为,首先,国有企业的困难是过去几十年计划经济体制下长期形成的,解决起来也需要一个长期的过程。其次,国有企业要走向市场,提高竞争力,走高效率、低成本道路,必然要加快结构调整和分流富余职工的步伐。目前,国有企业富余人员过多,人浮于事,严重影响了企业经济效益的提高。特别是今年,我们要加大企业改革力度,大力推进企业兼并破产,下岗失业和困难职工将进一步增多,这就给我国的就业工作带来更大压力。最后,我国劳动力资源从总量上看,将长期处于供大于求的状况。

吴邦国说,当前,为保障困难职工生活,促进下岗失业职工再就业,正在做两个方面的工作:一方面,千方百计筹集资金,采取各种措施,对困难职工进行扶困救助,保障他们的基本生活;另一方面,实施再就业工程,促进下岗失业职工再就业。

在谈到保证最低生活费的发放时,吴邦国提出,要贯彻"谁主管、谁负责"的要求,在明确解困工作对象和救助标准的基础上,层层抓落实,不留空当。

吴邦国强调,关于抓好再就业工作,当前要重点解决好四个方面的问题:一是采取切实措施,促进择业观念转变;二是大力开发就业岗位;三是组织下岗失业职工转业培训;四是加强劳动力市场建设。

吴邦国特别强调,解困和再就业工作是涉及方方面面的系统工程,各级党委、政府必须加强领导,更加重视这项工作,列入重要议事日程。他说,解困和再就业工作,单靠哪一个部门是做不好的,各有关部门和社会各界都要关心这项工作,相互配合,协同工作。一要加强综合协调,宏观管理。二要在资金和政策上支持。三要开展助帮活动。四要做好舆论引导工作。

1996年查出违纪金额220亿元人民币

今年3月结束的全国1996年税收财务物价大检查共查出各种违纪金额两百220.35亿元,其中应入库金额186.93亿元,已入库172.90亿元。结合大检查,各地还清理收回各种欠税32.34亿元。

财政部有关负责人介绍,去年11月开始的1996年财税大检查,共抽调55.29万人,组成16万多个工作组和检查组,对505.66万个企业、单位和个体工商户进行了重点检查,重点检查面近一半。查出的违纪金额、应入库金额和已入库金额增幅均在三成以上。全国有82.81万个单位、近1.4万人受到经济处罚,321人受到党纪政纪处分,349人被移交司法机关立案处理。

财政部这位负责人指出,我国财经秩序混乱的状况还未根本好转,整顿财税秩序任重道远。各职能部门要重视改进监督方法,提高监督效率,建立健全事前、事中的监督防范机制和事后的检查处理机制;建立健全职能监督部门之间的互相监督、互相制约机制,促进经济监督逐步走上规范化、法制化轨道。

国务院副总理姜春云致信在杭州召开的全国森林病虫害防治工作会议要求采取措施扭转森林病虫害严重发生势头

贵阳新机场正式通航

国务院副总理李岚清在中南海会见美国参议员马克斯·鲍克斯

全国人大常委会副委员长王光英在人民大会堂会见捷克宪法法院院长兹德涅克·凯斯列尔

全国人大常委会副委员长吴阶平在人民大会堂会见以墨西哥众议院卫生委员会主席埃韦拉多·马丁内斯·桑切斯为团长的墨西哥众议院卫生委员会代表团

最高人民检察院检察长张思卿在北京会见加蓬共和国司法法院总检察长皮耶雷特·朱阿萨

中英联合联络小组第四十次会议在香港举行

中英双方首席代表赵稷华、戴维斯出席会议。

赵稷华在会议开始前表示,这是香港政权交接前的最后一次会议,双方都希望这次会议能使联络小组圆满完成中英联合声明赋予的任务。他指出,目前离7月1日只有30多天的时间,但是双方仍还有一些议题没有完成,特别是与政权交接有关的议题,其中有一些是很重要的议题,希望这次会议能解决这些问题。

英方首席代表戴维斯表示,12 年来双方进行了很好的合作,完成了许多议题,这次英方也准备给予合作。

中国和马达加斯加两国政府在塔那那利佛签署马达加斯加在中国香港特别行政区保留名誉领事馆的协定

上海华虹微电子有限公司与日本电气公司成立合资公司合同签字仪式在人民大会堂举行

国务院总理李鹏、副总理邹家华出席签字仪式并在签字仪式前会见关本忠弘及其一行。

该合资公司设在上海浦东金桥出口加工区,总投资额约 10 亿美元,引进日本电气公司最先进的半导体生产工艺,面向国内外两个市场,设计、制造和销售以存储器、逻辑芯片为主的多种半导体产品。

在签字仪式上,电子工业部部长胡启立与关本忠弘还签署了电子工业部与日本电气公司关于成立全面合作委员会的协议书。

国家教委加强高校定向招生管理

国务院批转卫生部等部门关于发展和完善农村合作医疗若干意见

各省、自治区、直辖市人民政府,国务院各部委、各直属机构:

国务院同意卫生部、国家计委、财政部、农业部、民政部《关于发展和完善农村合作医疗的若干意见》,现发给你们,请认真贯彻执行。

关于发展和完善农村合作医疗的若干意见

国务院:

为贯彻《中共中央、国务院关于卫生改革与发展的决定》,做好农村卫生工作,促进农村经济和社会的发展,要积极、稳妥地发展和完善农村合作医疗。为此,提出以下意见:

一、农村合作医疗制度是适合我国国情的农民医疗保障制度

目前,在我国农村,传染病和地方病仍严重威胁着农民的健康,慢性非传染性疾病的危害日益加重,因病致贫、因病返贫的现象比较严重。我国农村人口多,经济还不够发达,解决农民的基本医疗保障问题,不可能由国家和集体全包下来,也不能完全靠农民个人自费医疗,只能走互助共济的合作医疗道路。党中央、国务院对发展和完善农村合作医疗十分重视,《中共中央关于建立社会主义市场经济体制若干问题的决定》提出“发展和完善农村合作医疗制度”。八届全国人大四次会议批准的《关于国民经济和社会发展“九五”计划和2010 年远景目标纲要》要求因地制宜地发展和完善不同形式的农村合作医疗制度。《中共中央、国务院关于卫生改革与发展的决定》指出:“合作医疗对于保证农民获得基本医疗服务、落实预防保健任务、防止因病致贫具有重要作用”,“力争到 2000 年在农村多数地区建立起各种形式的合作医疗制度,并逐步提高社会化程度”。实践证明,农村合作医疗制度是适合我国国情的农民医疗保障制度。一些坚持实行农村合作医疗的地区,不仅使农民的基本医疗保健需求有了保障,减轻了医药费用负担,减少了因病致贫,而且促进了农村三级医疗预防保健网的建设和农村基层卫生队伍的巩固与发展,有利于农村的经济发展和社会稳定。

二、坚持民办公助、自愿量力、因地制宜

农村合作医疗制度是农民通过互助共济,共同抵御疾病风险的制度。举办农村合作医疗,要坚持民办公助、自愿量力、因地制宜的原则。筹资以个人投入为主,集体扶持,政府适当支持。农民个人缴纳的费用是农村合作医疗资金的主要来源。要通过宣传教育提高农民自我保健和互助共济意识,积极引导农民自愿交纳农村合作医疗资金。要因地制宜地根据当地的经济水平和群众的承受能力,确定合作方式、筹资标准和报销比例,经村民会议讨论后写入当地农村合作医疗章程,由农民群众照章办理。在经济发达地区,筹资数额和报销比例可以高一些,使农村合作医疗具有较高的保障水平并可逐步向社会医疗保险过渡。在经济欠发达地区,筹资数额和报销比例可以根据当地实际情况从低点起步,随经济发展和农民生活水平的提高而逐步提高。

乡、村集体经济的投入是农村合作医疗资金的重要组成部分,起到扶持的作用。村提留公益金中应有一定数额用于农村合作医疗。具体比例由集体经济组织依据实际情况确定,应随着经济的发展逐步提高。

地方各级人民政府应根据各自财力,以不同方式引导、支持农村合作医疗的建立和发展。

农村集体经济组织应适当资助农村优抚对象和特困户交纳农村合作医疗资金。

农民自愿交纳的农村合作医疗费用,属于农民个人消费性支出,不计入乡统筹、村提留。

三、注重科学管理,实行民主监督,使农民真正受益

办好农村合作医疗,必须注重科学管理,实行民主监督。要管好用好农村合作医疗资金,专户储存,专款专用,取之于民,用之于民,使农民真正受益。要做到以收定支,量入为出,略有结余。要按照管理和监督

分开的原则，加强对农村合作医疗的管理和监督工作。要建立资金筹集、报销、卫生服务、管理监督等制度并认真执行。各级农村合作医疗管理机构应定期向同级人民政府汇报工作并接受同级人民代表大会的监督。

四、加强领导，积极稳妥地推动农村合作医疗的健康发展

（一）地方各级人民政府要加强对农村合作医疗的领导。开展农村合作医疗涉及广大农民的切身利益，涉及农村工作的全局，涉及各有关部门，政策性强，难度大，只有政府高度重视，切实加强领导，把组织、引导、支持农村合作医疗作为政府行为，才能推动农村合作医疗顺利开展。县、乡（镇）两级政府要有领导同志分管农村合作医疗。各级卫生行政部门作为政府主管卫生工作的职能部门，要充分发挥好参谋助手作用。农业、财政、计划、民政、教育、计划生育等有关部门应各负其责，密切配合，共同做好这项工作。

（二）切实做好宣传教育工作。首先要提高各级干部对农村合作医疗重要意义的认识，纠正各种错误和模糊的认识，鼓励他们克服困难、积极推动农村合作医疗的开展。要在农民群众中做好深入细致的宣传教育工作，使他们认清农村合作医疗的重要作用，了解农村合作医疗的方针政策和基本原则。要通过学习和借鉴农村合作医疗搞得好的地区的经验，采取摆事实、讲道理、受益群众现身说法等多种形式，扭转一些农民怕吃亏的思想，引导他们树立互助共济观念、积极参加农村合作医疗，不要搞强迫命令。

（三）认真抓好试点工作，由点到面，逐步推开。各地要抓紧试点，创造出适合本地实际情况的典型，及时总结经验，逐步推广。举办农村合作医疗，要求办成一个、巩固一个，切忌一哄而起、一哄而散。各地要对农村合作医疗管理人员进行培训，组织有关专家深入现场，加强指导。

（四）加强三级医疗预防保健网和农村卫生队伍建设。三级医疗预防保健网和农村卫生队伍是为农民群众提供基本医疗卫生服务的组织基础和技术力量，是办好农村合作医疗的重要保证。办好农村合作医疗也有助于发展、巩固三级医疗预防保健网和农村卫生队伍。应该把这三者密切结合起来，配套改革和建设。

各地要从实际出发，合理调整乡（镇）卫生院的布局、功能和规模。重点加强中心卫生院的建设。村级卫生组织以集体办为主。乡、村卫生组织的管理形式可根据各地实际情况确定。要健全农村的药品供应渠道，保证用药安全有效。

乡（镇）卫生院和村卫生室要改善服务态度，提高服务水平，积极开展社区和家庭医疗预防保健服务，扩大群众受益面。要加强管理，建立健全各项规章制度，农村合作医疗的账目要张榜公布，以便群众监督。要规范医务人员的医疗行为，合理用药，合理检查，降低成本。农村合作医疗的资金不得用于解决乡（镇）卫生院的“一无三配套”（无危房，房屋、人员、设备配套）问题和农村合作医疗章程规定以外的其他开支项目。

要合理解决农村卫生人员的待遇，村集体卫生组织的乡村医生收入不低于当地村干部的收入水平。通过多种形式搞好培训，到2000年使全国80%的乡村医生达到中专水平。禁止非卫生技术人员进入卫生机构的业务技术岗位。

（五）要支持贫困地区发展和完善农村合作医疗。贫困地区农村卫生工作较其他地区面临更多的困难，因此，政府应给予更多的关心和支持。地方各级人民政府要尽可能安排必要的资金，帮助贫困地区重点解决基础卫生设施，改善饮水条件和防治地方病、传染病。对乡、村两级卫生组织基础较差的贫困地区，要组派扶贫医疗队进行对口支援和扶持。

健康是人类生存和发展的前提。良好的健康素质，是消除贫困，实现小康，国富民强的基本标志。为了实现本世纪末“人人享有初级卫生保健”的目标，各地要把发展和完善农村合作医疗当成农村工作的一件大事来抓，力争到2000年在农村多数地区建立起各种形式的农村合作医疗制度。

吴作人艺术馆在江苏省苏州市开馆

5月29日

中共中央总书记江泽民在中央党校省部级干部进修班毕业典礼上发表讲话

江泽民在讲话中阐述了四个问题：关于邓小平建设有中国特色社会主义理论；关于社会主义初级阶段；关于经济发展和经济体制改革；关于党的建设。

江泽民指出：旗帜问题至关紧要。旗帜就是方向，旗帜就是形象。我们说坚持十一届三中全会以来的路线不动摇，就是高举邓小平建设有中国特色社会主义理论旗帜不动摇。在邓小平同志逝世后，我们全党，特别是高级领导干部，在这个问题上尤其要有高度的自觉性和坚定性。无论遇到什么困难，什么风险，都不动摇。把我们的事业全面推向21世纪，就是要在世纪之交的历史时刻，抓住机遇而不可丧失机遇，开拓进取而不可因循守旧，经济体制改革要有新的突破，政治体制改革要继续推进，精神文明建设要切实加强，这三个方面围绕现代化经济建设这个中心，相互配合，相互促进。

江泽民指出：邓小平建设有中国特色社会主义理论作为马克思主义同当代中国实践和时代特征相结合的产物，是毛泽东思想在新的历史条件下的继承和发展，是当代中国的马克思主义，是马克思主义在中国发展的新阶段。为什么这样说呢？第一，这个理论坚持解放思想、实事求是，在新的实践基础上继承前人又突破陈规，开拓了马克思主义的新境界。第二，这个理论坚持科学社会主义理论和实践的基本成果，抓住搞清楚"什么是社会主义、怎样建设社会主义"这个基本理论问题，深刻地揭示社会主义的本质，把对社会主义的认识提高到新的科学水平。第三，这个理论坚持用马克思主义的宽广眼界观察世界，对当前时代特征和国际形势变化进行正确分析，作出了新的科学判断。第四，总起来说，这个理论总结近20年我国改革开放和社会主义现代化建设的新鲜经验，总结新中国成立以来我国社会主义发展成功和失误的历史经验，总结国际经验，第一次比较系统地初步回答了中国这样经济文化比较落后的国家如何建设社会主义、如何巩固和发展社会主义的一系列基本问题，形成了新的建设有中国特色社会主义理论的科学体系。在当代中国，只有这个理论而没有别的理论能够解决社会主义的前途和命运问题。

马克思主义之所以是科学，就因为它始终严格地以事实作为自己的根据。而实际生活总是在不停地变动中，这种变动的剧烈和深刻程度，在近一百多年来达到了前人难以想象的程度。因此，马克思主义必定随着实际生活发展而不断发展，不可能一成不变。这里有个学风问题：究竟是单纯从马克思主义书本里的片言只语找答案还是真正坚持马克思主义的立场观点方法来研究当代中国和世界实际的问题。马克思列宁主义、毛泽东思想一定不能丢，丢了就丧失根本，就会走到邪路上去。同时一定要以当代中国社会主义改革开放和现代化建设实际问题为中心，以我们正在做的事情为中心，着眼于马克思主义理论的运用，着眼于提高对实际问题的理论思考，着眼于新的实践和新的发展。离开本国实际和时代发展来谈马克思主义，没有意义。孤立静止地研究马克思主义，把马克思主义同它在现实生活中的生动发展割裂开来、对立起来，没有出路。马克思列宁主义、毛泽东思想、邓小平建设有中国特色社会主义理论，是统一的科学体系。在当代中国，坚持邓小平建设有中国特色社会主义理论，就是真正坚持马克思列宁主义、毛泽东思想；高举邓小平建设有中国特色社会主义理论的旗帜，就是真正高举马克思列宁主义、毛泽东思想的旗帜。

在谈到社会主义初级阶段问题时，江泽民说：十一届三中全会以来，党正确地分析国情，作出了我国还处于社会主义初级阶段的科学论断。这是邓小平建设有中国特色社会主义理论的重要基础，是我们制定路线、方针、政策的根本出发点。今天所以有必要重新强调这个问题，是因为：面对前所未有的机遇和挑战，面对改革攻坚和开创新局面的艰巨任务，我们解决种种矛盾，澄清种种疑惑，认识为什么必须实行现在这样的路线和政策而不能实行别样的路线和政策，关键还是在于对所处社会主义初级阶段的基本国情要有统一认识和准确把握。

我们讲一切从实际出发，最大的实际就是中国现在处于并将长时期处于社会主义初级阶段。十一届三中全会前我们在社会主义建设方面出现失误的根本原因之一，就在于提出的一些任务和政策超越了社会主义初级阶段。近20年改革开放和现代化建设取得成功的根本原因之一，就是一切从社会主义初级阶段的实际出发，克服了那些超越阶段的错误观念和政策，又拒绝了抛弃社会主义基本制度的错误主张。实践证明，我们这样做，没有离开社会主义，而是在脚踏实地建设社会主义，使社会主义在中国真正活跃和兴旺起来了，广大人民从切身感受中更加拥护社会主义了。

在社会主义初级阶段，社会的主要矛盾是人民日益增长的物质文化需要同落后的社会生产之间的矛盾。这个主要矛盾，贯穿我国社会主义初级阶段的整个过程和社会生活的各个方面，决定了我们的根本任务是集中力量发展社会生产力。只有牢牢抓住这个主要矛盾，才能清醒地观察和把握社会矛盾的全局，有效地促进各种社会矛盾的解决。社会生活的全面进步，归根到底取决于主要矛盾的解决，取决于社会生产力的发展。

全党要保持清醒头脑，排除各种干扰，毫不动摇地坚持党在社会主义初级阶段的基本路线，把以经济建设为中心，同坚持四项基本原则、坚持改革开放，统一于建设有中国特色社会主义的全过程。

在谈到经济发展和经济体制改革时，江泽民指出：社会主义的根本任务是解放和发展生产力，中国解决所有问题的关键在于依靠自己的发展，改革开放是发展的强大动力。从现在起到下世纪前十年，是我国向第三步战略目标迈进的关键时期。在这个时期，能不能成功地建立起比较完善的社会主义市场经济体制，能不能保持国民经济持续快速健康发展，是我们必须解决好的两个关键性课题。为此，必须在转换经济体制、优化经济结构、发展科学技术以及提高对外开放水平等方面，取得突破性进展。

完善以公有制为主体、多种所有制经济共同发展的所有制结构，具有重大意义。要坚持生产关系一定要适合生产力发展水平的马克思主义基本观点，以是否有利于发展社会主义社会的生产力、有利于增强社会主义国家的综合国力、有利于提高人民的生活水平为标准，努力寻找能够极大促进生产力发展的公有制实现形式，一切反映社会化生产规律的经营方式和组织形式都可以大胆利用。

国有经济是我国国民经济的支柱。加快国有企业改革，是摆在全党面前的重要而又十分艰巨的任务。中央历来十分重视国有企业的改革和发展问题，提出了一系列正确的指导思想和方针政策。现在的关键，是要进一步统一认识，狠抓落实。要继续抓好建立现代企业制度的试点，集中力量搞好一批关系国民经济命脉、具有经济规模、处于行业排头兵地位的国有大型企业的改革和发展。要下决心打破条条、块块的分割，切实解决“大而全、小而全”和不合理重复建设问题。要以资本为纽带，通过市场组建跨地区、跨行业、跨所有制和跨国经营的，竞争力较强的大企业集团。要继续采取改组、联合、兼并、租赁、承包经营和股份合作制、出售等形式，加快放开搞活国有小型企业的步伐。要把深化企业改革同产业结构调整、政府机构改革以及整个城市改革结合起来进行。

在谈到党的建设时，江泽民强调：我们党肩负着带领全国各族人民把有中国特色社会主义事业全面推向21世纪，建设富强、民主、文明的社会主义现代化国家的历史重任。加强和改善党的领导，进一步把我们党建设好，是完成这项伟大使命的根本保证。

党的建设任务还很繁重，需要做好多方面的工作。深入、扎实、持久地用邓小平建设有中国特色社会主义理论武装全党，是党的建设的首要任务。党内一定要努力创造一种认真学习的风气，民主讨论的风气，积极探索的风气，求真务实的风气。

大力加强各级领导班子建设，努力建设一支高素质的干部队伍，是党的建设又一项重大任务。要以思想政治建设为重点，把各级领导班子建设成为坚决贯彻党的基本理论和基本路线、全心全意为人民服务、具有领导现代化建设能力的坚强领导集体。我们的领导干部，不仅要有胜任工作的理论政策水平和业务能力，而且要有政治上的坚定性，有良好的思想作风和道德品质。高级干部更要在这方面做出好样子。

反腐败是关系党和国家生死存亡的严重政治斗争，必须进一步加大力度，坚持不懈地进行下去。既要树立持久作战的思想，又要一个一个打好阶段性战役。要坚持标本兼治，多管齐下。各级领导干部能否以身作则，对加强党风廉政建设，推动反腐败斗争的深入发展，至关重要。各级党组织要切实加强对干部的日常管理和监督。

最后，江泽民特别强调维护和增强党的团结。他说：我国的改革开放和现代化建设正处在承前启后、继往开来的重要时期，任务十分繁重和艰巨，尤其需要全党同志加强团结。我们讲团结，是在邓小平建设有中国特色社会主义理论和党的基本路线基础上的团结。讲团结，必须讲大局。要正确处理全局利益和局部利益的关系，把党和国家的利益放在首位又充分兼顾各方面的利益。各级领导干部首先是高级干部，要带头贯彻民主集中制原则，严守纪律，维护大局，加强团结。

香港特别行政区行政长官董建华就特区筹组及其他各界关心的问题答记者问

董建华回顾了获中央政府任命以来的工作。董建华表示，5个多月的工作使他有3点体会：第一，香港的基本环境很好，为平稳过渡提供了很好的基础；第二，大部分香港市民对香港前途很有信心，使香港可以实现顺利回归；第三，中央政府对落实“一国两制”、“港人治港”、高度自治的方针政策很有决心，对港人、对特区政府非常信任，因此，虽然筹组特区的工作非常多，也有英方不合作造成的困难，但整个特区筹组工作进展还是比较顺利的。

董建华说，从推选委员会的产生、行政长官的推举和任命、临时立法会的选举产生、行政会议的产生、主要官员的委任，到最近终审法院首席法官人选的产生，都可以清楚地看到，“一国两制”、“港人治港”、高度自治的方针政策正在得到具体落实。他表示，总结过去几个月的工作，对香港的前景就更加充满信心。

董建华说，“一国两制”、“港人治港”、高度自治是一项重大的国策，符合国家利益和民族利益。香港回归后，与自己的国家关系更加密切，所以香港人必须加强国家的观念。加强国家观念与维护高度自治并没有矛盾，事实上，愈加强国家观念，愈能落实“一国两制”，维护高度自治。

董建华还就临时立法会问题、第一届立法会产生办法、香港特区的工业政策等问题回答记者提问。

中国人权发展基金会第一届理事会在北京人民大会堂召开

国务院总理李鹏为大会题词，全国人大常委会委员长乔石、国务院副总理朱镕基分别打电话向大会表示祝贺。

全国人大常委会副委员长雷洁琼、王光英也分别为会议写了贺信和题词。全国人大常委会副委员长程思远出席了会议。

李鹏总理的题词是：“寻求世界人权观共同点，维护发展中国家人权观，主张对话，不搞对抗，反对以人权为借口干涉别国内政。”

中国人权发展基金会名誉会长黄华、会长吕东、顾问朱穆之等在会上讲话

国务院新闻办公室主任曾建徽应邀在会上作了关于国际人权舆论形势的报告。他指出，在人权问题上，各国之间既有共同点，又有不同点，要在平等基础上求同存异。我们主张对话，不搞对抗，不能用一种模式到处搬用，强加于人。他希望我国重视和加强对人权的宣传和教育工作，使人们自觉地促进人权事业的发展，增进国外对中国人权状况的了解。

中国人权发展基金会副会长兼秘书长王彦峰在会上作工作报告时提出，今后一段时期中国人权发展基金会的主要任务是，广交朋友，办好实事，树立形象，加快发展。目前，已有 20 多家企业、事业单位向中国人权发展基金会捐赠，到位基金已达 1000 多万元。

《人民日报》转载《求是》1997 年第十一期国务院总理李鹏的文章《中国的能源政策》

能源为国民经济发展提供动力，也是人民生活的必需品，煤炭和石油天然气还是重要的工业原料。国际上往往以能源人均占有量、能源构成、能源使用效率和对环境的影响，来衡量一个国家的现代化程度。建国以来我国能源工业有很大发展，1996 年生产的一次能源，包括原煤、原油、天然气、水电，不包括农家用的薪柴、沼气、风力等类能源，折合标准煤 12.6 亿吨，居世界前列。但是，我国人口众多，按人口平均每人每年消耗的能源折合标准煤为 1.14 吨，仍低于世界平均水平。能源使用效率不高，存在许多浪费现象。

我国有丰富的能源资源，但结构不尽合理，地域分布很不平衡。我国煤炭资源十分丰富，水电资源居世界第一位。但是，从已探明的储量看，石油和天然气资源相对不足。随着经济发展和人民生活水平的提高，对油气的需求必将大幅度增加。我们在努力开发本国石油天然气资源的同时，还要利用部分国外资源。

电力是一种先进的和使用方便的能源。过去电力经常供应不足，“拉闸限电”、“停三开四”，是长期困扰我国经济发展和人民生活的问题。改革开放以来，电力工业得到较快发展，现已拥有两亿三千多万千瓦装机容量，居世界第二位。大部分地区供电紧张状况已经缓解，一些地区电力仍然不足，也有少部分地区出现了电力供大于求的暂时现象。

我们已经制订了“九五”计划和 2010 年远景发展规划。“九五”计划开局不错。纵观国内和国际条件，我国经济将会保持长期稳定发展的势头。其中一个重要因素，是能源工业能否适应国民经济发展的需要。回答是肯定的，因为我国有丰富的能源资源，已经建立起开发各种能源资源的完整体系，有一支经验丰富，素质较高的从科研、勘探、设计、建设到生产经营的能源大军，已经摸索出一套合乎中国国情的能源政策。在前进的道路上虽然还会遇到困难，但我们对中国的能源发展前景充满信心。

一、煤炭工业要坚持大中小并举的方针

煤炭工业是支持经济发展和保障人民生活的基础产业。中国 70%以上的能源来自煤炭，在相当长时期内，这种能源构成状况不会发生大的变化。但煤炭将更多地转化为电力和煤气，甚至转化为水煤浆和液化油等液体燃料，为社会提供更清洁的能源。

改革开放前我国经济出现过几次大的波动，原因是多方面的，但每次经济增长速度下滑都与煤炭生产供不应求有直接关系。“以煤定电、以电定产”，整个经济工作整天忙于煤电的运输与调度。改革开放以来，煤炭工业得到快速发展，逐渐改变了这种状况。“七五”期间煤炭产销已基本达到平衡。“八五”期间产略大于销，而且有一定数量出口。国民经济由“以煤定产”转变到煤炭“以销定产”，这是多么大的变化啊！1996 年我国原煤产量 13.8 亿吨，是世界第一产煤大国。这主要得益于执行一条适合中国国情的发展煤炭工业的方针，就是发挥中央和地方两个积极性，实行大中小并举。

现在中央和地方煤矿的产量，比例大体上是四六开，地方占大头。在地方煤矿中，又以中小型为主，以乡镇办的集体煤矿为主。中小型乡镇煤矿可以利用零星分散的煤炭资源和丰富的农村劳动力，还具有农民自己出资办矿，投资省、投产快、投入产出比高的特点，有利于农村经济发展和农民脱贫致富。现在乡镇煤矿的总产量已达到 6.1 亿吨，约占全国煤炭总产量的 47%。乡镇中小煤矿也有弱点，有的甚至是严重的。这主要表现在恶性事故多，煤炭资源回收率低，资源浪费比较大，环境保护意识差，环境污染严重。有些中小乡镇煤矿还与国有大矿争资源，在大矿井田范围内开小矿，对大矿的安全生产造成威胁，有的大矿甚至由此而发生过淹井和巷道、矿井塌方等严重事故。各级地方政府对中小矿的无序开采问题已经引起重视，通过制定管理条例，划分开采范围，整顿采矿秩序，情况已经有所好转。去年颁布了《煤炭法》，要引导乡镇煤矿增强法制观念，依法办矿。根据我国具有零星分散煤矿资源的国情，相当长时期内还有条件保持中小煤矿的发展，继续发挥它们的作用。对于它们的不足，要给予足够的重视，主要通过规模经营和技术改造加以解决。在“九五”时期，各级地方政府要制定规划，抓好重点地区重点中小煤矿的改造，使单井的经营规模逐步达到年产 10 万—15 万吨以上。要大力改善安全生产

条件，使技术装备逐步达到半机械化水平，提高煤炭资源回收率，培训一批具有较高水平的管理人才和技术骨干，把乡镇煤矿提高到一个新的水平。就全国而言，在“九五”期间要求有一半以上的乡镇煤矿能达到半机械化和一定的经营规模。现在有些地方对乡镇煤矿乱收费、乱摊派，四面八方吃煤矿的情况相当严重。也有的煤矿对盈利采取吃光分净的办法，不注意积累资金，不重视技术改造。这些不好的做法阻碍了中小煤矿的进步。各级地方政府对乡镇煤矿要采取保护政策，取消那些不合理的收费，切实减轻它们的负担，同时建立必要的乡镇煤矿发展基金，以利于乡镇煤矿的健康发展。

国有大中型煤矿是煤炭工业的主力军，为国民经济的发展作出了重大贡献，是煤炭工业先进生产力的代表，煤矿工人是一支特别能战斗的队伍。虽然由于乡镇煤矿的崛起，国有重点煤矿在煤炭生产总量中的比重有所下降，但是去年产量仍达到5.3亿吨，占全国煤炭总产量的39%，仍具有举足轻重的地位。国有大中型煤矿设备比较先进，安全措施比较齐全，有较高的劳动生产率，煤炭质量较高，品种较全，生产也比较稳定。它们生产的煤炭是跨省区外调和出口的主要来源，是国家进行宏观调控的一种重要物质手段。由于先进综合采煤设备的广泛应用，许多大型煤矿生产效率和安全水平有了很大的提高。一台综采设备由100多名矿工操作，年生产原煤可以达到100万—200万吨，个别已达到300万吨。现在我国已具备制造全套综采设备的能力，今后可以更多地装备煤矿，更有力地推进煤炭工业的技术改造。

国有大中型煤矿也遇到不少困难。原因是多方面的：有些煤矿，或者因为资源枯竭，或者因为退休人员多、富余人员多、社会负担重，或者因为经营管理不善，或者因为受到国家限制煤炭价格的影响，处于亏损状态。煤炭部直属国有大中型煤矿一度全行业亏损，1992年全行业亏损达到57.5亿元之多。为了帮助煤矿企业摆脱困境，国家采取亏损补贴、转产贴息贷款、增值税返还和增加技术改造资金等一系列政策措施，为扭亏增盈创造了必要的外部条件。但煤矿企业的根本出路，在于深化改革。煤炭部实行了以经济效益为中心，以扭亏增盈为目标和以煤为本、多种经营、综合发展的方针，实行以产定人、减人增效、转产分流、优化结构、强化管理等措施。实践证明，这些方针和措施是行之有效的。1992年国家给煤炭行业亏损包干款58亿元，1996年实际亏损额下降到4亿元，预计今年全行业将扭亏为盈。这种转变充分说明，国有煤矿企业是可以搞好的，其他目前尚有困难的国有企业也是可以搞好的。

国有大中型煤矿生产必须保持一定的增长速度，但更重要的是实行两个根本性的转变。现有矿井要通过技术改造，挖掘潜力，提高劳动生产率，来增加产量。煤炭供销体制要进行彻底改革，实行产销直接见面，减少中间环节，降低流通费用。铁路运输掌握在国家手中，绝大部分外调出省煤源掌握在国有煤矿手里，加上国家和地方在用煤地区建立必要的储备，就能够调节市场煤炭的价格，保持煤矿和广大用户的利益。煤矿要增加品种，提高质量，多生产优质煤、无烟块煤和洗精煤，大幅度增加煤炭的附加值和企业的效益。发电厂是煤炭的主要用户，要积极发展坑口电站，变输煤为输电，这样可以节约铁路运输能力，又能够改变产煤地区经济结构单一的状况，成为新的经济增长点。

为了保持经济发展的后劲，国家要加大大型煤矿建设的力度，但必须树立适合社会主义市场经济体制的新思路，建立符合现代企业制度的新体制。要采用先进的生产技术，实行严格的成本核算，用人要少，分配要向生产第一线职工倾斜，实现高效率、高效益，走出一条煤矿自我发展、良性循环的路子。新建成的安徽新集煤矿为建设现代化煤矿提供了经验。这个矿建设周期只有5年，三年半就开始出煤，滚动发展，全矿只有800名职工，形成年原煤生产能力300万吨，总投资5.7亿元，吨煤单位造价191元。这是煤矿建设中投资省，造价低，建设快的范例。

我国煤炭工业将继续得到发展。根据预测，“九五”期间煤炭年平均增长速度为2.3%，到2000年总产量达到14.5亿吨，其中出口5000万吨。由于技术的进步，煤炭使用上的节约，其他类型能源的替代，以及环境保护的要求，煤炭在一次能源中的比重将有所下降。煤炭增长的弹性系数，即煤炭增长与国内生产总值增长的比例，由现在的0.38将下降到0.32。这无疑是一个巨大的进步。

二、石油工业要坚持稳定东部、发展西部的方针

我国的石油和天然气工业基础薄弱，新中国成立以后几乎是从无到有发展起来的。1996年我国原油产量达到1.58亿吨，天然气产量达到201亿立方米。大庆油田的“三老四严”、“四个一样”的工作作风和艰苦奋斗的精神，是我们全民族宝贵的精神财富。石油战线广大职工为我国现代化建设做出了突出的贡献。

但是，必须清醒地看到，随着国民经济的迅速发展，社会需求不断增加，原油和天然气的增长跟不上经济发展的需要。现在我国已经成为石油进口国，估计在“九五”期间，进口数量将进一步增加。解决油气供应不足的问题，首先要立足于开发利用自己的油气资源。根据我国已探明的石油、天然气资源状况和油田生产布局，石油工业应该坚持“稳定东部、发展西部”的

方针。从1996年生产情况来看，东部大庆、胜利、辽河等油田产量合计1.2亿多吨，西部新疆克拉玛依、塔里木等油田产量合计2000万吨，海上石油产量为1500多万吨。大庆是中国最大的油田，稳产原油5000万吨以上已达21年之久。油田虽已进入中后期开采阶段，由于采用先进技术，并不断发现新的储量，大庆人有志气有决心，也有充分的科学依据，争取在5000万吨水平上再稳产15年。其他东部油田也要依靠技术进步，提高资源采收率，并不断寻找新的储量，努力保持现有的产油能力，达到稳产的目标。为此，石油职工特别是工程技术人员需要付出极大的努力，石油生产成本也会相应有所增加。

在我国西部已经发现丰富的油气资源。新疆塔里木、准噶尔、吐鲁番和青海柴达木等盆地都有良好的前景，现已形成一定油气生产能力，是未来石油增产的希望所在。兰新铁路复线的修通，为西部原油外运创造了良好条件。产量增加到一定程度，就可以修建输油输气管道，除满足当地需求外，把油气输送到东部和南方地区。西部油田的开发，将给西部欠发达地区和少数民族地区带来新的发展机遇。

天然气是一种高效、清洁的燃料和优质化工原料。我国天然气开发程度比较低，生产规模比较小，油气产量之比远远低于世界平均水平。经过几年的努力，现已在陆上基本形成重庆、陕甘宁和新疆三个新气区，累计已探明天然气储量1.3万亿立方米，具备了加快发展的基础。要坚持油气并举的方针，加大对开发天然气的投入，搞好天然气的勘探、开发和加工利用，促进天然气工业的发展。陕北至北京输气管道正在紧张施工，今年可望把气送到北京，这将极大地方便群众生活，改善首都环境。用天然气代替汽油、柴油做汽车的燃料，技术上已比较成熟，只要在产气地区建立起分布在城市和公路两旁的换气站系统，以气代油逐步可以推广利用。

我国海洋石油和天然气的开发，是改革开放的产物。80年代中期实行海上石油对外开放，引进国外资金和技术，采用风险勘探方式，与外国公司合作开采中国海洋油气资源。外国石油企业在中国，有的成功了，有的运气不佳，没有找到油气资源。中国海洋石油天然气事业在与国外合作中，学到了技术，积累了经验，逐步成长起来，并且按照国际通行的现代企业制度，建立起自己的海上油气企业，走上了良性循环的发展道路。

无论是陆上或海上石油天然气企业，都应该根据实际情况，因地制宜地适当建立一些石油加工和石油化工企业，搞一些下游加工产品。这样做，一方面是为了充分利用当地油气资源，同时也可增加油气企业的实力，为扩大勘探开发积累必要的资金。由于油气化工项目投资巨大，这项工作必须在国家统一规划下，严格按照基本建设程序进行，避免搞盲目建设和重复建设。

发展石油工业要立足国内，走向世界，利用好两种资源、两个市场。在平等互利的基础上，积极与国外实行多种形式的合作，如参与国外油气资源的勘探与开发，承包对外工程或劳务服务，建立稳定的进出口原油市场，以保障国家油气的长期稳定供应。

三、多家办电，多渠道筹资办电

电力工业是国民经济的先行，现代社会生活的标志。根据我国能源资源分布的状况，电力工业应实行因地制宜、水火(电)并举，适当发展核电，同步发展电网的方针。1979—1996年，我国发电量平均每年递增3.8%，大体上与国民经济保持了同步增长。“八五”期间，每年增加装机容量1500万千瓦以上。发展速度之快，在世界电力发展史上也是少有的。我国电力工业能够保持较快的增长速度，根本原因是执行了一整套发展电力工业的正确政策。集中到一点，就是改变了过去独家办电的格局，调动了中央、地方、企业，内资和外资等各个方面办电的积极性，形成多家办电，多渠道集资办电的新格局。这是符合社会主义市场经济原则的，是改革开放的一个明显成果。

电力工业有其自身的客观规律。电力工业是带有一定垄断性的社会公益性事业，电力产品具有产供销同时完成的特点。单独运行的发电厂很难有效完成向用户稳定供电的任务，必须通过电网向广大用户供电。因此，在鼓励大家办电厂的同时，必须由国家办电网，集中管理电网。要依法办电，依法管电，不断提高电网的安全可靠程度，保护电力投资者、经营者和用户的合法权益。

这些年电力工业的发展，也得益于电力建设基金的建立。经中央批准，“七五”开始每千瓦时电费中加收2分钱(约占平均电价的7%)，作为电力建设的资金来源，缓解了电力建设资金不足的矛盾。但是有个别地方，擅自加大电力建设资金的征收标准，增加企业和居民的负担，甚至把这笔基金挪作他用，这种状况亟待整顿和规范。

在“九五”期间和下个世纪头十年，电力工业仍然应该保持一定的增长速度。考虑到经济增长方式的转变，节约用电措施的广泛采用，电力的弹性系数(即电力增长速度与国内生产总值增长速度的比例)可略低一些，“九五”期间预计将保持在0.8左右。按此推算，“九五”期间需要新增装机容量8000万千瓦，每年1600万千瓦左右，才能基本适应国民经济、社会发展和人民生活对电力的需求。发展电力工业应该采取以下方针：

继续实行水火(电)并举的方针。火电建设投资省、周期短，“九五”期间火电仍将占有75%的比例。但火电带来环境污染，又需要大量运输煤炭，今后不宜在大中城市继续大量发展。应该多建设坑口电站，同时研究和开发洁净煤发电技术。我国有极其丰富的水力发电资源，水电又是一种清洁的再生能源，应该充分开发利用。由于水电建设周期长，投资大，往往伴随复杂的移民搬迁问题，以致一段时期以来水电在我国电力工业中的比重不断下降，这种状况必须改变。发展水电的关键，是实行合理的电价政策，实行新电新价和同电同价，即水电与火电实行相同的上网电价，这样水电不但具有还款能力，而且可以做到滚动开发。三峡水电站全部建成之日，就是还清贷款之时，之后的利润就可作为其他大型水电站的开发资金。要逐步提高水电的比重，逐步使水电的比重达到30%左右。

国家办电网，大家办电厂。大电网的形成和不断发展是电力工业现代化的必然趋势。现在我国已经形成六个跨地区电网和若干独立的省级电网。在部分跨地区电网之间及省级电网之间要建立输电线的联系，以增加电力供应的安全可靠程度和取得联网的经济效益。以三峡水电站的建设为契机，将逐步形成建立全国统一联合电网的局面。大电网的建设有许多优越性，可以统一规划合理布局，避免电力建设“大而全”、“小而全”的局面。采用大容量高参数的机组，具有单位投资省、效率高、建设周期短的优势。大电网是电力工业规模经营的体现，合乎增长方式转变的要求。大电网的形成也带来管理上的难度，需要用先进的技术装备来管理电网，以保证安全。信息工程必将在电网管理上得到广泛应用，对保证电网的安全和提高经济效益发挥重要的作用。

大规模电力建设需要大量资金。办法还是多渠道筹集资金办电，国家出一点，地方出一点，企业(包括电力以外的企业)出一点，银行贷一点。由于电力企业有良好的信誉和稳定的市场，可以进入国内外资金市场筹集资金。欢迎国外和境外资金来办电厂，方式灵活多样，可以是合资企业，也可以是合作企业，也可以用BOT方式。电力工业是国家的基础产业，又有比较稳定的投资回报率，对于中外合资的大型电站，中方一般要保持必要的控股权。

今后利用外资办电，特别是利用国际金融组织的资金或市场筹集的资金，要尽可能购买国产发电设备。同时，国产设备要努力提高质量和配套能力，做好售后服务，提高竞争能力。

在电力建设中，存在不重视输变电建设，“重发、轻供、不管用”的毛病。建了电厂，输电线路不能同步建设，有电送不出来。供电设备是一个系统工程。许多地区电网的发电能力充足，但城乡供电设备的建设不配套，使供电受到限制。有的供电网络可靠性不高，存在单路供电的情况。因为一个用户或一条线路发生意外事故造成大面积停电的事，时有发生。用户内部的配电设备和线路不能满足日益增长的电力需求，是一个很普遍的问题，在一些老的居民区、居民楼更为突出。人民生活水平提高了，家用电器增加了，空调和电冰箱都是用电较大的装置，原有的线路容量不足或设备老化，经常发生用户内部的停电事故。今后除重视增加发电能力外，必须采取国家、单位、个人共同负担的办法，加强电网建设和供配电设备的配套建设。

目前电价还比较混乱，不太合理。也存在腐败现象，有些供电部门利用手中掌握的权力，向用户索取高价电费、价外加价，增加了用户负担。由于电源结构不同，输电距离不同，不能要求全国只有一种电价。由于各行各业用电性质不同，所收取的电费也应该有所不同，应该实行合理的电费差价。为了整顿目前电力收费的混乱现象，国家要根据合理成本，合理收益，计入税金和公平负担的原则制定电价，任何地方和电力部门都不得随意加价。为提高电力利用效率，应该逐步实行用电的峰谷差价、季节差价和节日差价。电力是一种公益事业，电力行业要加强精神文明建设，发扬人民电业为人民的良好职业道德，纠正行业不正之风，推广对用户的承诺制，提高服务水平和质量，接受广大用户的监督。

国家已对电力工业管理体制进行了重大改革，成立了国家电力公司，实行政企分开，逐步把政府管电的职能转交给综合部门。国家电力公司是国务院授权的投资主体和资产经营主体，是经营跨区送电的经济实体和统一管理国家电网的企业法人。要发挥中国电力协会作为电力企业自愿参加的行业联合组织的作用。由于水电和煤炭资源多在西部，而用电负荷多在东部，将长期存在西电东送的格局。进一步形成全国电网是一种必然趋势，国家电力公司要承担起这个任务。对于所属跨区电网和省电力公司，要放手让它们独立经营，自负盈亏，不能收回电网已有的管理权力和承担的责任。电网和省电力公司对所属电厂和供电局，包括自备电厂、合资电厂在内，都要按经济原则实行管理，在服从电网统一调度的前提下自主经营。

小水电是边远山区一种重要的能源资源。改革开放以来，按照“自建自用自营”的原则，小水电有了快速发展，为发展农村和地方经济，帮助农民脱贫致富，发挥了重要作用。目前已完成了两批以小水电供电为主的200个初级电气化试点县任务，“九五”期间将继续完成第三批300个试点县任务。这项试点计划是由水利部门负责，电力部门配合实施的。今后各级电力部门仍然要大力支持小水电的建设，在小水电联网方面给予大力支持，双方按合同办事，以促进小水电事业进一步发展。

四、核电是一种安全可靠清洁的能源

世界核电运行记录证明，有几种核电堆型，如压水堆、沸水堆、重水堆都是安全可靠的。有的国家或从资源考虑，或从环境保护考虑，核电所占的比重已经很大。如法国核电已占总发电量的76%；日本占33%；美国占20%以上。中国是一个有核国家，但核电站建设起步比较晚，已选择世界各种核电堆型中占比例较大的压水堆作为主要堆型，目前已有秦山、大亚湾三套核电机组在运行，总装机容量210万千瓦，只占全国发电总量的1%左右。"九五"期间，由于受资金的限制，核电不可能有大的发展。正在建设和准备建设的4个核电项目、8台机组，总装机容量约660万千瓦，将在"十五"期间建成。到那时，核电在中国电力总量中的比重，大体上占2%。从近期来看，核电在电力工业中只是一个适当的补充。

我国有丰富的核能资源。中国的天然铀及其加工能力已初具规模，核燃料循环工业的各个环节相互配套，有一批经验丰富的核能科研技术人才，能够自行设计制造30万千瓦压水堆核电站的成套设备，正在建造60万千瓦的核电站。这为我国核电的设计自主化和设备国产化打下了基础，目前采用30万千瓦一个环路，便于扩大到90万千瓦、120万千瓦。从长远看，我国的核电事业具有广阔的发展前景。

发展核电事业要稳定前进，采取以下措施：一是利用国外的资金购买国外的设备和技术，作为中国核电的起步。中外合资的广东大亚湾核电站是一个成功的范例。它的发电量70%输往香港，既有较好的经济效益，又学习了大型核电建设技术。二是核电站采取滚动发展的方针。核电站投资大，建设周期长，但发电成本不高，在还本付息后期就可以产生较多的利润，还本付息之后利润更多，可以利用所获取的利润，进行核电滚动发展，这与水力发电有相似之处。三是实行规模经营。核电站址的选择要适当，既要选择在靠近用电负荷中心的地方，又要与城市保持适当距离。这并不是对核电安全可靠性有什么怀疑，而是考虑到建设期和运行期核电站能实行封闭式管理，以防止意外的干扰与破坏。站址要留有发展的余地，尽可能有进行二期、三期扩建的条件，以便利用已形成的公用设施，最大限度地降低造价，缩短工期，简化管理机构。四是在建设中一定要贯彻安全第一的方针，实行严格的质量管理，如果发现有质量不合格的地方，宁可推倒重来，延长工期，也不马虎迁就。要注意核电运行人员的培养与训练，从严治厂，树立一丝不苟的工作作风。五是通过引进外资和技术，密切跟踪下世纪国际核电技术发展趋势，增强自我发展能力。充分利用我国现有的核电科研、设计、建设、管理和设备制造能力，通过学习、消化、吸收、创新，努力实现设计自主化和设备国产化，以迎接下世纪中国核电较大发展局面的到来。

我国还有其他发电资源，如风力发电、太阳能发电、潮汐发电和地热发电等，有的项目尚处于试验阶段，有的项目已正式投入运营。虽然目前还是属于局部性质的，只能因地制宜，根据经济效益加以应用，但不可忽视它们的作用，要给予适当的扶持。

五、能源开发与节约并重，把节约放在优先地位

这是中国能源政策中一条重要的方针。随着经济发展和人民生活水平的提高，能源消耗必然随之增加。如何节约能源，提高能源使用效率，是摆在我们面前的重要课题。以较少的能源消耗，产生更多的物质财富，是转变经济增长方式的一项重要内容。

近十年来，我国节能工作取得明显成效。能源消耗的弹性系数由0.59下降到0.39，累计节约标准煤4.7亿吨。但是，我国能源利用效率与国际先进水平相比，还有很大差距。由于产业结构和产品结构不合理，许多行业生产设备和工艺落后，管理不善，这种差距弄不好还有可能进一步加大。目前我国能源利用效率只有32%左右，比国际先进水平平均低10%以上。每消耗一吨标准煤所创造的国内生产总值，只有发达国家的1/2—1/4。由此可见，我国节约能源的潜力是巨大的。节约能源需要对现有的落后设备进行技术改造，需要投入资金，但往往能够收到投资省、见效快，事半功倍之效。实行能源节约与开发并重、把节约放在优先地位的方针，最重要的是各级政府和企业领导者提高认识，加强对节能工作的领导，并从政策上给予引导和鼓励。

工业节能潜力很大。火力发电是用煤第一大户，要进一步提高煤耗低的高效大型机组的比重，淘汰和禁止那些已建和在建的煤耗高的中小机组，鼓励发展供热机组，实行热电联产，进一步降低煤耗。钢铁节能也大有可为，我国每生产一吨钢综合煤耗为976公斤标准煤，而国际先进水平仅650公斤左右。节约炼钢能耗主要是采用先进技术，以转炉代替平炉炼钢，提高钢材连铸连轧的比例。水泥由炉外分解工艺代替传统的湿法，可以节能40%。在所有工业生产行业，都应该采用高效节能的风机、水泵和锅炉。用计算机技术来控制生产流程以求得最佳耗能效益。对能源的消耗实行严格的科学管理，把能耗作为考核企业管理水平的一项重要指标。在交通运输方面，节能的潜力也很大。我国汽车运输每百吨公里的综合耗油量为4.4公

升(柴油车),比国际先进水平高25%左右。大家都懂得"要想富,先修路"的道理,却很少考虑节约用油、降低运输成本的问题。拖拉机和农用运输车每吨公里的油耗,比同类型柴油汽车的油耗,平均高45%和36%。今后要逐步对高耗能的交通工具实行限制。农村是交通运输业的广阔市场,大力降低运输油耗,是我国交通运输业节能的重要方向。

以煤代油工作已经取得很大成绩,累计压缩用油2亿吨。这不仅是对宝贵的石油资源的合理使用,也降低了企业的燃料成本。目前还有4000万吨烧油量,以煤或以天然气代替油的工作,要在巩固成绩的基础上坚持下去。

我国在节约人民生活用燃料方面,采取因地制宜方针,取得一定的成绩。在全国农村普遍推广了省柴灶,热效率比传统炉灶高出一倍。以燃烧型煤代替散煤,效率一般可以提高20%,现在型煤已成为城乡居民生活用煤的主要来源。节约生活用煤的工作还要进一步提高。

提高电力在终端能源消耗中的比重,是工农业生产和社会生活现代化的重要标志,也是节能的重要措施,在这方面我国与国际先进水平相比差距很大。大力发展电力作为终端能源,是节能的一条不可忽视的途径。

六、能源开发与可持续发展战略

能源大量消耗带来环境污染和生态破坏。以煤炭为燃料的工业锅炉和民用炉是大气中产生二氧化碳、烟尘排放的主要来源。各种机动车的废气污染空气。燃用高硫煤和高硫油形成酸雨。锅炉排放的粉煤灰污染江河与大地。煤炭和石油的开采给周围的生态环境带来影响。因此,在开发和利用能源的同时,必须重视污染的治理,实行能源开发、利用与环境治理同步发展的方针。

治理污染已经有许多成熟的经验。使用高效率电气除尘装置可以把锅炉除尘效率提高到99%。粉煤灰可以作为建筑材料、公路以及填海造地的材料。高硫油和高硫煤在使用前或使用中经过处理可以减少硫的排放。这样做,可能增加发电厂和石化厂的建设投资,为了保护环境,是必要和值得的。机动车要使用无铅汽油,同时要研制和采用对环境危害较小的电动汽车。要大力开展治理能源污染的科研工作,促进能源环保技术装备的配套和产业的形成。

能源资源是宝贵的财富,必须十分珍惜。矿产资源即使地下蕴藏量丰富,也要注意节约使用。何况,我国有的矿产资源至今发现的蕴藏量有限,更要注意节约使用。对于可再生资源,如水力发电、风力发电、太阳能等,应加大科研开发和使用的力度。在开发和使用能源的时候,必须兴利除弊,保护环境和生态平衡,实行可持续发展战略。我们不仅要考虑当代人对能源的利用,而且要把一个可持续利用能源的条件留给子孙后代。我们相信,随着科学技术的进步,一些新的能源将会得到发现和利用。

中共中央政治局委员姜春云在江苏 河南农村考察

姜春云近日在江苏、河南考察夏季农业生产时强调,各地要把夏收、夏管、夏种作为当前农村工作突出的中心任务,集中精力,加强领导,全力以赴,坚决打好"三夏"这一仗,夺取夏粮丰收,并为全年农业丰收打好基础。

国务院副总理李岚清在北京召开的全国春茧收购工作电视电话会议上发表讲话

李岚清说,回顾我国茧丝绸行业的发展历史,最深刻的教训是多次出现大起大落,特别是这次起落,已带有破坏性影响。1995年蚕茧产量达76万吨,缫丝生产能力达450万绪,总量供过于求,结构严重失调。这种违背市场供求规律的"大发展",本身就隐藏着大落的危机。结果当年下半年以后茧价大幅下跌,蚕农开始毁桑,工业亏损扩大,外贸出现亏损,导致1996年全行业陷入前所未有的困境。

李岚清指出,我国茧丝绸业是具有五千多年历史的传统产业,是为国民经济发展做过重大贡献的产业,是在国际市场处垄断地位的优势产业。国务院十分重视茧丝绸行业的历史功绩和当前遇到的困难,去年7月成立了国家茧丝绸协调小组。协调小组成立以来,做了大量工作,目标就是要走出一条我国茧丝绸行业协调稳定健康发展的道路。

分析我国茧丝绸行业出现大起大落的原因时,李岚清说,最主要原因之一就是宏观管理薄弱。他将加强茧丝绸行业宏观管理和调控工作归纳为三个方面。第一,要有一个从战略高度出发的中长期发展规划以及根据发展规划制定的年度工作计划。第二,要强化宏观调控手段,实行强有力的管理措施。第三,要建立健全法律法规。

李岚清在讲话中谈到,茧丝绸行业必须加大结构调整力度,推动技术进步,才能提高经济效益,推进经济增长方式的转变。他说,要加强茧丝绸行业"农"的基础地位,调整生产布局。各地在恢复和发展蚕桑生产中,要注意产区结构调整,使各种生产要素得到优化配置。要加快调整缫丝和绢纺企业结构。各地要按照国务院办公厅转发国家茧丝绸协调小组和中国纺织总会《关于调整缫丝绢纺加工能力的意见》,坚决关停并转一批规模小、浪费资源、产品质量差、长期亏损的企业。

论及茧丝绸经营管理体制改革时，李岚清提出，解决现行体制上的贸工农分割、产供销脱节、经营过度分散的问题，根本的出路在于改革，实行贸工农一体化、产供销一条龙的经营管理体制。他说，目前大部分主产省已制定出改革方案并抓紧实施，一些地、市、县已组建贸工农一体化的丝绸公司。但也有一些地区改革进展缓慢，没有达到预期要求。希望这些省（市、区）人民政府采取有力措施，加快改革步伐。今年要在推进地方改革的同时，根据社会主义市场经济体制和现代企业制度的要求，组建"中国茧丝绸集团"，形成全国性农工贸和产供销的整体优势，使改革上下结合，相互促进。

国务院副总理吴邦国致信祝贺全国消灭无标生产工作暨试点县经验交流会在江苏无锡召开

吴邦国在贺信中指出，县以下工业企业是国民经济的一支重要力量。在推进两个根本性转变中，加强企业技术基础工作，强化企业管理，提高企业整体素质，是发展中小企业、乡镇企业的重要任务。在县以下工业企业中开展消灭无标生产工作，有利于促进企业基础工作的加强，有利于促进企业技术进步，有利于促进产品质量的提高。技术监督部门组织开展的消灭无标生产工作取得明显效果，今后应当搞得更好。

国家经贸委外经贸部内贸部发出《关于赋予商业、物资企业进出口经营权有关问题的通知》

经国务院同意，国家经贸委、外经贸部、内贸部最近发出《关于赋予商业、物资企业进出口经营权有关问题的通知》，将赋予商业、物资企业进出口经营权工作由试点阶段转入正常审批，审批原则、条件及申报程序仍按国务院（国发〔1993〕76 号）文件有关规定办理，各级主管部门要按规定条件从严掌握。

1993 年 11 月，国务院为深化流通体制改革、扩大对外开放、加快发展第三产业，批转了国家经贸委、外经贸部、内贸部《关于赋予商业、物资企业进出口经营权试点意见的通知》（国发〔1993〕76 号）。在试点工作中，共批准了 206 户商业（含粮食、供销）、物资企业进出口经营权。3 年来，试点企业运转顺利，进出口业务发展迅速，为促进内外贸结合、生产与流通结合起到了积极的作用。

近日，三部委根据国发〔1993〕76 号文件精神，对赋予进出口经营权的条件作出了明确规定，凡符合条件的地方商业、物资企业，可通过省市经贸委、外经贸厅（直属企业通过主管部门）申报进出口经营权。

中国决定参加联合国维和待命安排

中国常驻联合国代理代表王学贤在纽约联合国总部宣布，中国政府决定原则上参加联合国维和待命安排，并将在适当时候向联合国维和行动提供军事观察员、民事警察和工程等后勤保障分队。

王学贤说，中国十分重视联合国在维和方面的工作。中国不仅从多方面支持符合联合国宪章精神的维和行动，并向联合国中东停战监督组织、联合国伊拉克科威特观察团、联合国西撒哈拉全民投票特派团、联合国利比里亚观察团等维和行动派遣了军事观察员。此前，中国还向联合国柬埔寨权力机构派遣了工程大队，向联合国莫桑比克行动派遣了观察员。

国家主席江泽民在北京会见美国参议员马克斯·鲍克斯

关于最惠国待遇问题，江泽民说，最惠国待遇实际上是一种正常的、非歧视性的贸易安排。中美在平等的基础上相互给予最惠国待遇是两国发展正常经贸关系的基础，符合两国人民的根本利益。

他指出，"我们希望这一问题能早日得到彻底解决。我们注意到越来越多的美国国会议员认识到这一问题的重要性，许多议员支持无条件延长对华最惠国待遇，一些议员主张永久性延长。我们希望美国国会在发展中美关系和两国经贸合作上发挥积极和建设性的作用。"

国家主席江泽民在中南海会见德国大众汽车集团公司董事长费迪南德·皮埃希

国务院副总理吴邦国在中南海会见加拿大善美集团执行主席丁谓

国务院副总理吴邦国在中南海会见孟加拉国邮电部部长穆罕默德·纳西姆

西萨摩亚总理托非劳在阿皮亚总理府会见国务院副总理朱镕基

托非劳说，两国建交以来，西萨一直把中国看作是国家发展中最重要的伙伴之一，中国的援助十分有助于西萨提高人民生活水平和加快国家经济建设。

朱镕基表示，他很高兴在西萨独立 35 周年之际来访，他带来了中国人民对西萨人民的祝贺和友谊。他说，中国和西萨摩亚建交以来，两国友好合作关系一直在健康、稳步发展，已形成一种友好合作、相互信任、相互支持的伙伴关系。朱镕基对西萨政府长期以来坚持奉行"一个中国"的政策表示赞赏，并说中国政府愿同西萨政府共同努力，将一个长期稳定、友好共处、平等互利的双边关系带入21世纪。

农村科技带头人李常水事迹报告会在人民大会堂堂举行

5月30日

“洗雪百年国耻喜庆香港回归”大型展览在北京中国革命博物馆开幕

展览由文化部、国务院港澳办、国务院新闻办、国家档案局和国家文物局主办，中国革命博物馆、中国第一历史档案馆和中国第二历史档案馆承办，香港《文汇报》协办。

庆香港回归展览分“痛失香港”、“休戚与共”、“走向繁荣”、“回归之路”、“喜迎回归”五个部分，共展出210余张图片、400余件实物、文献档案，以及20余件图表、模型、景观、蜡像、电脑喷绘和大屏幕电视音像资料。

这次展览首次展出了国家级博物馆、档案馆收藏的大量文物档案珍品，其中有“林则徐著各国商人呈交鸦片谕稿”、“林则徐等奏销毁鸦片已一律完竣折”，中英《南京条约》、《北京条约》、《展拓香港界址专条》条约的稿本和原始抄本，“兵部奏请给阵亡提督陈化成赏银的奏折”；有反映19世纪香港市景的挂屏，省港大罢工的工友证书、证章、罢工凭证、纠察队符号、纪念章和出版的《罢工画报》，有抗日战争和解放战争时期香港出版的部分进步报纸、期刊和书籍。

展览还展出了江泽民、李鹏等党和国家领导人为供应港澳三趟快车的题词；中国常驻联合国代表黄华致联合国非殖民地委员会的函；《中英联合声明》中、英文本；《香港特别行政区基本法》中、英文本；《中英两国政府关于新机场建设及有关问题的谅解备忘录》；还有香港特别行政区筹备委员会委员任命书、香港特区政府护照样本等。

展览还首次展出了一代伟人邓小平的蜡像。

这些弥足珍贵文物资料和展品，真实形象地展示了百多年来香港历经的沧桑，记载了香港顺利回归祖国的历史进程，表现了香港与内地血浓于水的密切关系，反映了香港社会的各个侧面。

国务委员陈俊生在甘肃考察

陈俊生于5月30日至6月7日深入到甘肃中部干旱山区和河西走廊进行了考察。他说，干旱半干旱地区修梯田、打水窖、铺地膜是广大群众在实践中总结出的开展节水农业的成功经验，也是发展农业生产、促进农村经济振兴的重要措施。对此，各地要进一步提高认识，认真总结，大力推广，积极走符合当地实际的节水农业之路。

国家主席江泽民在人民大会堂会见苏丹第一副总统祖贝尔·穆罕默德·萨利赫

江泽民说，中苏两国均为文明古国，相互间很早就建立了友谊，建交以来，两国一直保持着传统的友谊。在政治、经济、文化等各个领域的友好合作关系得到了全面发展。中国愿与包括苏丹在内的广大阿拉伯和非洲国家共同努力，全面发展两国面向21世纪的友好合作关系，为在新世纪建立一个繁荣、稳定、和平的世界作出我们的贡献。

江泽民说，中国支持苏丹政府通过和谈解决苏丹南方问题的立场，最近苏丹政府与南方四个组织签署的《和平协议》符合苏丹人民的和平意愿，我们对此表示欢迎和支持。

祖贝尔说，他这次访华正值中国政府即将恢复对香港行使主权之际，苏丹政府和人民对此表示热烈祝贺。苏丹坚定地支持中国政府关于“一个中国”、台湾是中华人民共和国不可分割的一部分的原则立场，支持中国为实现国家统一所做的各种努力。

国家主席江泽民在人民大会堂先后接受津巴布韦新任驻中国大使卢卡斯·潘德·塔瓦亚和多哥新任驻中国大使诺拉纳·塔-阿马递交的国书

国务院总理李鹏在中南海会见日本日中友好会馆会长前副总理后藤田正晴和夫人

西萨摩亚国家元首马列托亚殿下在阿皮亚会见国务院副总理朱镕基

中英联合联络小组第四十次会议在香港结束

中英联合联络小组中方首席代表赵稷华在会议结束后召开的记者招待会表示，中英关于香港政权交接仪式的总体安排的磋商取得了重要进展，在邀请国际嘉宾的范围、交接仪式现场布局安排以及仪式的具体程序方面，双方取得了一致意见。他指出，我们可以有信心地说，香港政权交接将有一个隆重、得体的，标志着平稳过渡的仪式。

赵稷华说，虽然现在还不能全面回顾总结中英联合联络小组12年来的工作，但双方所谈的30多项议题，大多数已经得到解决。可以说在联络小组中讨论解决这些问题，为香港平稳过渡和繁荣稳定作出了贡献。他说，在保持香港作为国际金融中心、贸易中心、航运中心地位方面，联络小组通过多年的工作，为保证香港的权利和义务打下了坚实的基础。

在谈到滞港越南船民和难民问题时，赵稷华表示，虽然在遣返问题上港府作了努力，取得了一些进展，但又称不能保证 7 月 1 日之前全部遣返，这样就会给特区政府留下包袱，中方对此表示极大关注。

赵稷华表示，联络小组双方过往讨论了大量跨越“九七”的经济事务。随着香港特区政府行政长官和主要官员的产生，这些问题将会逐步交与特区政府去解决，因为这些经济事务都是特区政府职权范围内的事。但中方向英方表示，如果在剩下的 30 多天内，英方要采取什么重大措施，则仍需与中方磋商。

中英联合联络小组发表新闻公报

中英联合联络小组第 40 次会议于 1997 年 5 月 28 日至 30 日在香港举行。

联合联络小组讨论了香港政权交接问题，包括档案交接、政府资产、政权交接仪式等；与香港有关的国际权利与义务；香港民航协定；香港防务与治安；香港排污计划；香港与有关国家之间的投资保护协定；香港与有关国家之间的移交逃犯协定；香港与外国对等承认及执行民商事判决问题；移交被判刑人协定；香港与外国刑事司法协助协定；滞港越南船民和难民问题。

下次联合联络小组会议将在北京举行，会议的具体时间将由双方另行商定。

国务院副总理吴邦国在人民大会堂与苏丹第一副总统祖贝尔·穆罕默德·萨利赫举行会谈

会谈后，吴邦国和祖贝尔出席中苏政府间《经济、贸易和技术混合委员会第四次会议会谈纪要》、《经济技术合作协定》及《鼓励和相互保护投资协定》等文件的签字仪式。

国家副主席荣毅仁在人民大会堂会见苏丹第一副总统祖贝尔·穆罕默德·萨利赫

全国人大常委会副委员长全国妇联主席陈慕华在人民大会堂会见以土耳其妇联名誉主席塞温克·卡罗尔为团长的土耳其妇女代表团

国务委员兼国家计划生育委员会主任彭珮云在钓鱼台国宾馆会见日本家族计划国际协力财团理事长泽木正男

中美科技商品化研讨会在北京召开

中美科技商品化研讨会日前开幕。国务委员、国家科委主任宋健在研讨会上说，科学技术成果只有在商品化之后，才能发挥其直接的、第一生产力的重大作用。

宋健说，科学技术在创造人类文明、推动社会进步中一直发挥着革命性的、巨大的作用，是第一生产力。怎样加速科技商品化并使其直接服务于人类，已成为世界范围内各界人士共同探讨的重点问题。

宋健说，中国作为一个发展中国家，十分需要和平的国际环境，以集中精力进行经济建设，尤其是大力发展高新技术产业，使我国的高新技术及其产业在下个世纪中叶能有更快进步，使我国国民经济水平能达到中等发达国家水平。

这次研讨会是由国家科委火炬中心同美国得克萨斯州大学的创新、创造和资本（IC2）研究所联合举办的。

中国人民解放军驻香港部队第三批进港先遣人员共 90 名下午 1 时经深圳皇岗口岸进入香港

全国科研条件工作会议在北京闭幕

由中国科学院主办的“李政道星”命名典礼在北京人民大会堂举行

经国际小行星中心和国际小行星命名委员会批准，国际编号为 3443 号的小行星被正式命名为“李政道星”。李政道教授专程从美国前来参加命名典礼。中科院院长周光召出席典礼并代表科学院作讲话。吴阶平、宋健、钱伟长、朱光亚等出席命名典礼。

全国防台风工作会议在福州举行

5月31日

香港特别行政区临时立法会第九次全体会议在深圳华夏艺术中心举行

行政长官办公室政策统筹局局长孙明扬向大会提交了《1997 年立法局行政管理委员会（修订）条例草案》，这是自临立会运作以来，行政长官办公室向其提交的第九条法案。该条例草案在进行首读和二读后，由临立会主席范徐丽泰宣布，根据议事规则程序，交临立会内务委员会处理。

立法局行政管理委员会是一个法定实体，主要督导秘书处的运作，包括聘任秘书处职员，为立法局及其辖下的委员会提供行政支援和服务等。根据《基本法》第 8 条规定，《立法局行政管理委员会条例》在 1997 年 6 月 30 日后继续生效。为确保该条例与《基本法》的一致性，行政长官办公室修订其有关条例供临立会审议，其中包括对“立法局”的提法，会以“立法会”替代；在临立会于1997年6月30日后的存续期内，行政管理委员会亦名为“临时立法会行政管理委员会”，而立法会秘书处则为“临时立法会秘书处”。

继而，临立会内务委员会召开第七次会议。会上讨论了7月1日之后临立会会议议员的座位编排、英文版的《内务守则》草拟本，并对国旗、国徽条例草案及区旗、区徽条例草案委员会提交的有关报告进行了讨论。此后，1997年市政局(修订)条例草案、1997年区域市政局(修订)条例草案及1997年区议会(修订)条例草案委员会主席陈鉴林议员，汇报了该会的工作进展情况；1997年社团(修订)条例草案及1997年公安(修订)条例草案委员亦举行会议，讨论行政长官办公室就该会成员提出的关注问题作出的回应，行政长官办公室代表出席了会议。

《中华娃喜迎香港回归》文艺演出晚上在中南海怀仁堂举行

参加这次文艺演出的小演员分别来自北京、吉林、西藏、甘肃、福建、河南、云南、湖南、海南、内蒙古等11个省、区、市和香港、澳门地区以及美国晶晶合唱团。

国务院妇女儿童工作委员会在中南海举行儿童工作座谈会

国务委员、国务院妇女儿童工作委员会主任彭珮云在会上指出，目前我国儿童工作的环境、条件以及儿童的发展状况，都处于历史发展的最好时期之一。我们已经探索出一条有中国特色的社会主义儿童事业发展的路子，今后各级党委和政府要进一步提高对儿童工作重要意义的认识，自觉贯彻“儿童优先”的原则，把儿童发展规划纳入国民经济和社会发展的总体规划，列入党委、政府的重要议事日程。

来自北京市、甘肃省等18位全国儿童工作先进市(区)、县代表和在各条战线上有突出贡献的优秀儿童工作者代表参加了今天的座谈会。

会上还表彰了全国儿童工作先进市(区)、县及全国优秀儿童工作者。

“鸦片战争与香港”国际学术研讨会在深圳举行

内地、香港、澳门、台湾以及加拿大、日本、葡萄牙的120多名专家学者参加研讨会。中国社科院、广东省及深圳市的有关领导出席研讨会的开幕式。

与会者提交了60多篇研究论文，从政治、经济、军事、教育、文学等方面对香港的历史作了认真的梳理和探索，旨在为香港即将翻开的历史新篇章提供有益的借鉴。

中国今年船舶出口创汇比去年同期翻一番

据有关部门最新统计，今年头5个月中国船舶出口创汇比去年同期增长110%。

中国船舶工业目前已基本形成包括开发设计、建造总装、设备配套、修理在内的比较成熟的产业，造船技术已达到相当水平，船舶设计及船用关键配套设备均已实现自主创新。建造船舶的品种从一般散货船、油船、干货船发展到具有国际先进水平的成品油船、化学品船、滚装船、大型冷风集装箱船、液化石油气船和高速水翼客船等，船舶吨位从万吨级提高到15万吨级，并具备了30万吨大型船舶的造修能力。中国建造的出口船舶受到国际航运界的好评，在国际市场上保持了一定的竞争力。

中国出口船舶在国际市场所占份额正逐步上升，出口创汇额逐年增加，1995年实现创汇8.7亿美元，1996年增加为11.5亿美元。中国船舶工业已发展成为国际市场上的一支劲旅和中国机电产品出口的支柱产业。

中共中央政治局常委乔石在山西考察

乔石于5月31日至6月4日在山西省考察。

乔石说，山西是能源大省，是我国最大的煤炭工业基地，几十年来，为国家做出了重要贡献。要继续发挥以能源、原材料为主的基础工业的优势。要在国家的支持下，继续探索深化改革，完善有关政策。要继续努力提高基础工业的水平，比如变单纯输煤为输煤输电并重，根据实际情况适当增加输电，就可以获得较大的经济效益。

乔石说，加强交通、通信等基础设施的建设，对于扩大对外开放、带动城乡经济发展，十分必要。近几年，山西在这方面取得显著成绩。山西水资源紧缺，严重制约着经济发展和人民生活的提高。乔石专程来到位于偏关县万家寨村西的枢纽工程施工现场。他登上黄河东岸高地俯视了枢纽工程全貌，听取了情况介绍；随后来到大坝基坑，察看了大坝主体和电站基础的施工情况，他说，改变严重缺水的局面，对山西来说至关重要，要搞好规划，要抓紧干。引黄工程是从山西的实际出发的，也是符合国家发展需要的，具有重大的经济和社会效益。他还强调，引黄工程技术含量高，施工难度大，要继续精心组织，精心施工，努力采用先进技术和工艺，严格把好质量关，按计划建设好，以促进发展，造福人民。

在谈到发展农业和农村经济时，乔石说，山西地处黄土高原，自然条件比较差，发展农业的困难比较大，要继续根据山西的特点，采取有针对性的实际措施，加强农业基础。要坚持不懈地抓农田基本建设，提高抵御自然灾害的能力。利用冬闲时间，把劳动力动员、组织起来造田、修水利等，大有好处。要继续加强河流滩涂开发、盐碱地改造，要大力发展节水农业、旱作农业。在黄土沟壑地区、干石山区、高寒地区等，都要因地制宜地采取有效的办法。要大力发展多种经营，对广大丘陵和山区要加大开发力度。沿途看到晋北一些山区植树造林下了很大功夫，效果明显，乔石很高兴。他说，这很不容易，但要坚持下去。植树造林，持之以恒，必有成效。这有利于改善山西的气候和生态，有利于保持水土，对治理黄河也有极大的好处。他说，无论是粮食等基本农产品的生产，还是其他种植业、养殖业等，都要重视采用先进技术，不断提高水平，提高产品质量。乔石强调，要继续积极发展乡镇企业，努力上档次、上水平，在农产品的深加工、在促进农村经济发展和满足群众生活需要等方面做出更大成绩。在大寨，乔石听取了他们这些年面向市场，农工贸一起上发展经济的情况介绍，表示希望他们继续解放思想，开拓进取，发扬艰苦奋斗精神，把大寨建设得更好。

乔石对山西坚持开发性扶贫的方针表示赞赏。他说，扶贫就是要把功夫下在提高生产能力、提高人的素质、树立艰苦奋斗精神上，这样才能真正实现脱贫，才能巩固住。希望山西把工作做得更好，使贫困人口逐步实现温饱，走向小康。

乔石肯定山西在国有企业改革上进行的积极探索。乔石希望山西在国有企业改革上继续加快步伐，勇于突破，取得新的进展。他还强调要加大企业技术改造的力度，加强高新技术的开发和应用。

01时54分(北京时间)新疆皮山县(震中位于北纬37.6度东经78.5度)发生5.3级地震

14时51分在福建省连城县和永安市之间发生5.2级地震(震中位于北纬25.6度东经117.0度)

6月1日

国务院总理李鹏电贺第三十三届非洲统一组织首脑会议在津巴布韦首都哈拉雷召开

中共中央政治局常委胡锦涛等领导人在人民大会堂会见全国好少年好儿童代表

胡锦涛会见全国儿童工作先进市(区)、县和全国优秀儿童工作者代表及全国好少年、好儿童代表,同孩子们一起欢度“六一”国际儿童节。

胡锦涛在会见时首先代表党中央、国务院向全国的小朋友和少年儿童工作者致以节日的问候,同时向获得“中国好少年、好儿童”称号的小朋友们表示热烈的祝贺。他说,你们小小年纪,就在大家的帮助下,发奋努力,取得了出色的成绩,表现出良好的道德品质,全国的小朋友们都要向你们学习。希望你们树立远大志向,热爱祖国,勤奋学习,关心集体,团结互助,和小伙伴们一起共同进步,努力成长为有理想、有道德、有文化、有纪律的社会主义事业合格建设者和接班人。

胡锦涛在讲话中向受到表彰的全国儿童工作先进单位和先进个人表示崇高的敬意。他说,你们不负重托,辛勤工作,用心血浇灌着祖国的花朵,为少年儿童事业做出了突出贡献,得到了党和人民的充分肯定。希望同志们保持荣誉,再接再厉,继续提高工作水平,创造新的经验和成果,并带动更多的单位和少年儿童工作者跨入先进行列。

胡锦涛指出,“百年大计,育人为本。”少年儿童是祖国的未来、民族的希望。今天的少年儿童,十年、二十年后,将成为我国社会主义现代化建设的生力军。他们的健康成长,直接关系到我们国家在下个世纪的发展,关系到现代化建设宏伟目标的实现,关系到中华民族的前途命运。全党全社会都要从战略的高度认识少年儿童工作的重要性,大力加强对少年儿童的教育,特别要注重对他们思想道德品质和整体素质的培养。要关心少年儿童事业的发展,为广大少年儿童多办实事,多办好事。要切实保护他们的合法权益,坚决打击危害少年儿童身心健康的各种丑恶现象,努力为少年儿童的健康成长创造良好的社会环境。

胡锦涛最后祝全国各族小朋友节日快乐,愿广大少年儿童在党的阳光雨露哺育下茁壮成长。

会见结束后,胡锦涛等领导同志在孩子们的簇拥下,兴致勃勃地观看了儿童的小制作、小手工成果展示等。

中共重庆市第一次党代会选举张德邻为市委书记

第十届世界羽毛球锦标赛在格拉斯哥闭幕中国选手夺得三项冠军

叶钊颖获女单冠军、葛菲和顾俊获女双冠军、刘永/葛菲获混双冠军。

胡乔木塑像在江苏盐城落成

柯受良驾车飞越黄河壶口瀑布

13时19分7秒,来自台湾的“亚洲第一飞人”柯受良驾一辆白色三菱跑车从晋陕峡谷东侧凌空而起,飞越黄河壶口瀑布,平稳地落在50米开外峡谷西侧的接车台上,从而完成了华夏儿女征服大自然的又一壮举,也为他近30年的特技生涯增添了辉煌篇章。

6月2日

国家主席江泽民在人民大会堂会见杨振宁 丁肇中和江崎玲於奈等中外知名科学家

这批70余位科学家应清华大学的邀请,于上午出席了清华大学高等研究中心成立大会暨21世纪基础科学的展望研讨会。

江泽民首先对清华大学高等研究中心的成立表示祝贺。江泽民说,中国过去在实行计划经济时期,科技发展取得了相当的成就,但也有脱节的地方。中国现在搞社会主义市场经济,如何把科技成果转化为现实生产力是一个重要的课题。他说:总的说来,我们的企业还比较缺乏既适合市场需求又比较先进的新产品,有些科研单位的研究成果也还没有很好地应用;科技成果如果不能适时地转化为现实的生产力,也不利于科技本身的进一步发展。

江泽民指出,把科技成果转化为现实生产力并不意味着忽视基础科学的研究。他说:“我多次说过对于基础研究我们要有所为,有所不为,而发达国家理应投入更多的人力物力。”

在场的科学家们对江泽民的讲话表示赞同。杨振宁说,我们很高兴看到中国政府一贯重视和支持基础科学的研究;未来国际间的竞争主要是科技的竞争,而要提高科技竞争力,除了发展应用科学外,还必须重视基础科学的研究。

国务院副总理李岚清,国务委员、国家科委主任宋健,全国政协副主席、中国工程院院长朱光亚等参加会见。

全国政协主席李瑞环到雅典议会大厦拜会希腊议长卡克拉马尼斯

香港特别行政区首任行政长官董建华在香港接受香港记者联合采访

董建华表示,香港特区的筹组工作正按部就班地进行。他呼吁香港市民抱着同根同心的精神,携手共谱香港新篇。

董建华回顾了过去几个月来特区筹组工作的进展情况。他说,港府现任所有主要官员基本留任的安排,确保了现时高效率的公务员体制得以延续;特别行政区行政会议的组成,既秉承了过往委任制度的优点,同时又扩阔了代表性,尤其包括了基层的代表,这是百多年来从未有过的。特区政府在行政上的人事安排,得到了香港社会的普遍支持和国际的认同。在立法方面,临时立法会一直同行政长官办公室紧密合作,迅速展开了立法工作,其工作非常逼切,非常重要。司法方面,司法人员推荐委员会已经推选了终审法院首席法官人选。这一推选获得香港和海外各界的一致嘉许,被誉为保持未来香港法治制度信心的标志,特区司法机构的筹组也由此可以迅速展开。董建华说,特区筹组工作正按部就班地进行,行政、立法、司法方面的筹组工作,已经为将来特区政府的运作奠定了一个非常巩固的基础。

董建华表示,拥有高达5000多亿港元的外汇基金,绝对足够在过渡时期稳定香港的货币。由国家以受托方式为特区政府收取和保管的土地基金也达到了约1700亿港元。这些财富给特区政府留下了好大的空间,去改善香港的竞争能力。

董建华说,除此之外,我最关心的工作莫过于改善民生,尤其是房屋、教育和老人福利。这几个月来,我约见了好多专家、学者,又委任了三位行政会议成员会同特区司级官员作专案研究。经过大大小小的咨询和不断地思考,我大致已经掌握到这些问题的症结。

董建华强调,回归后,香港人将是堂堂正正的中国人。“我们要认识到回归后的新身份,香港不单只在经济上与内地唇齿相依,在血缘上、文化上,我们和内地的同胞是一脉相承。”他呼吁香港市民在这个历史性时刻处处为大局着想,团结起来,抱着同心同根的精神,携手共谱香港新篇。

采访情况进行了电视现场直播。

中共中央政治局常委刘华清在四川考察

刘华清于6月2日至7日先后考察了成都飞机工业公司、成都飞机设计研究所、西昌卫星发射中心等承担国防科研生产试验任务的单位,会见了成都军区机关师以上干部和驻蓉陆、空军、武警部队军以上干部。

刘华清指出,当今世界高新技术迅猛发展,引起了经济和军事的巨大变革,在军事领域形成了以高技术质量建军为主要标志的竞争新态势。迎接这一挑战的任务已历史地落到了全体国防科技工作者的肩上。“九五”期间是我国国防科技工业发展的关键时期,各级领导和广大科技工作者要以强烈的使命感、责任感和紧迫感,认真抓好各项工作。要加强质量管理,尤其像航天发射这样的高科技、高风险事业,一定要做到严肃再严肃、谨慎再谨慎、仔细再仔细、认真再认真,确保万无一失。

“三西”地区扶贫开发工作会议在兰州结束

会议总结第二阶段扶贫开发的经验,明确下一步“三西”地区解决温饱的任务和措施。

国务委员、国务院扶贫开发领导小组组长陈俊生在会上说,“三西”地区不仅必须如期解决温饱问题,而且完全有条件、有可能率先解决温饱问题。“三西”地区应该先行一步,成为全国率先解决温饱问题的榜样。因为中央在财政十分困难的情况下,每年拿出2亿元专项资金集中用于“三西”地区的扶贫开发,这在全国是绝无仅有的;甘、宁两省区党委和政府高度重视、精心组织,特别是在去年中央扶贫开发工作会议之后,两省区党委政府对扶贫开发工作更关心、更重视,领导力度更大;“三西”地区没有解决温饱的贫困人口数量越来越少,随着扶贫资金的增加,人均投入强度越来越大;同时社会各界和国际组织给予了大力帮助和支持。经过连续14年的开发建设,“三西”地区的农业生产条件和基础设施有了很大改善,扶贫开发的路子越来越宽,创造和积累了大量新鲜适用的成功经验。只要上下一心,艰苦奋斗,扎实工作,实现率先解决温饱的目标,不仅大有希望,而且是有把握的。

财政部宣布中国近期发行欧洲马克债券

财政部宣布,继去年6月成功发行10亿美元全球债券之后,财政部代表我国政府将于近期进入欧洲资本市场,发行一笔欧洲马克债券。

中共中央总书记江泽民在人民大会堂会见以社长胡进毅为团长的越南通讯社代表团

国务院副总理兼外交部部长钱其琛在中南海会见拉脱维亚外交部国务秘书马里斯·列克斯廷付

国务院副总理李岚清接受英国《金融时报》采访

李岚清近日在中南海接受了英国《金融时报》的采

访，就香港经贸发展前景、中国经济形势、国有企业改革、中国加入世界贸易组织等问题回答记者的提问。

全国人大常委会副委员长田纪云在人民大会堂会见以新西兰国民党高级督导约翰·迈克格里格·卡特为团长的新西兰议员团

全国人大常委会副委员长王光英在人民大会堂会见加蓬司法法院总检察长皮耶雷特·朱阿萨

中央军委副主席张万年在人民大会堂会见葡萄牙空军参谋长奥莱利奥·贝尼托·科尔巴尔

全国政协副主席钱正英在人民大会堂会见由会长赛宋蓬·丰威汉率领的老挝中国友好协会代表团

全国政协副主席钱正英在人民大会堂会见由贾西姆·穆萨率领的叙利亚中国友好协会代表团

白俄罗斯总统卢卡申科在明斯克总统府会见中央军委副主席迟浩田上将

清华大学高等研究中心成立大会暨21世纪基础科学展望研讨会在清华大学召开

国务院副总理李岚清到会祝贺并讲话。

李岚清在讲话中说，我国提出了“科教兴国”的战略方针，经济建设要转到依靠科技进步和提高劳动者素质的轨道上来。基础研究是产生知识的重要源泉，它的突破性进展将对新技术的形成产生革命性的影响。基础研究的人才和成果是国家综合实力和社会文明进步的重要标志之一。只有拥有并保持基础研究的高水平，才有持久的力量去参与国际经济和科技的竞争。

李岚清强调，我们必须充分重视基础研究对未来经济和社会发展的巨大影响，加强对基础研究的支持和引导。要集中优势力量，保证重点；要充分发挥科学家的作用，调动老、中、青科技人才的积极性；要加强研究基地的建设，创造先进的研究条件和宽松的学术环境；要大力开展国际交流和合作，在科学研究的国际环境中培养和造就高水平的人才。李岚清称赞清华大学成立高等研究中心“非常有意义、有远见”。

国务委员宋健，全国政协副主席朱光亚，中国科学院院长周光召等，与来自美国、日本的3位诺贝尔奖获得者，近50名中国科学院、工程院院士以及清华大学师生代表共400多人出席大会。

清华大学校长、中科院院士王大中在会上表示，这个高等研究中心要努力发展成为具有国际水平的基础科学研究基地，同时积极推动基础科学与其他相关学科的交叉、渗透，促进清华大学整体学术水平的提高。

成立大会上，著名物理学家、诺贝尔奖获得者杨振宁教授，物理学家聂华桐教授，分别从王大中手中接过了研究中心名誉主任、主任的聘书。

6月3日

国务院总理李鹏在人民大会堂会见全国引智工作会议代表

李鹏指出，利用国外智力，加快四化建设，是我国对外开放的一个重要组成部分。引智工作花钱较少，效果很好，事半功倍，大有可为。

李鹏说，引进智力工作是一项政策性很强的工作，中央对这项工作十分重视。各地、各部门要继续提高认识，加强领导，采取多种形式，加强与外国专家的合作和交流。要注意充分调动他们的积极性，使他们把对中国有用的技术和知识带进来，在产品开发、技术进步、改善经营管理、重点工程建设和培养人才方面，充分发挥各自的特长。

李鹏指出，引进外国智力与派人出国培训，都是对外开放的组成部分，都要有利于科教兴国战略。要注意总结经验，继续努力，把这两项工作搞得更好。

全国政协主席李瑞环前往雅典总统府拜会希腊总统康斯坦丁·斯特凡诺普洛斯

宾主着重就人类文明发展问题深入地交换了意见，取得了广泛的共识，一致认为在处理不同文明之间的关系问题上，要相互尊重，相互学习，又要保持特色，不能把某一国的做法作为唯一模式强加于人。

李瑞环说，再过两天就是中希建交25周年。两国建交以来，在政治、经济、文化和科技等领域的友好合作关系得到不断发展。特别是近年来，双方高层互访频繁，相互了解和友谊不断加深，在国际事务中也保持着良好的合作。他说，希腊在很多重大问题上给予中国支持和帮助，希望坚持“一个中国”、台湾是中国不可分割一部分的立场，支持中国加入世界贸易组织，在今年联合国人权会议上不参加西方少数国家对中国的提案。中国政府对此表示赞赏。

李瑞环说，今年三月，在阿尔巴尼亚政局发生动荡时期，希腊政府应中国政府的请求，专门派出军舰协助中国驻阿人员的撤离。希腊政府和人民的这一义举在中国人民中引起强烈的反响，“我代表中国政府和人民向您和希腊人民表示衷心的感谢”。

国务院港澳办公室副主任陈滋英在北京会见澳门高等法院院长马道诺一行

国务院总理李鹏在人民大会堂会见日本先驱新党干事长园田博之

国务院总理李鹏在人民大会堂先后会见五国大使

他们分别是：即将离任的厄立特里亚大使厄米亚斯、尼日尔新任大使博扎里、捷克新任大使卡里赫、葡萄牙新任大使卡塔里诺和巴基斯坦新任大使哈克。

中共中央政治局常委胡锦涛在人民大会堂会见由法维奥·瓦伦西亚主席率领的哥伦比亚保守党代表团

新西兰总督博伊斯在惠灵顿总督府会见国务院副总理朱镕基

新西兰总理博尔格在惠灵顿会见国务院副总理朱镕基

双方就双边关系以及共同感兴趣的国际和地区问题友好、坦诚地交换了看法。

朱镕基说，中新双边关系发展势头良好，经贸关系取得显著进展。中国是新西兰羊毛最大买主，新西兰是迄今中国在海外投资额最大的国家，中新两国已成为重要的贸易伙伴。新在农、林、畜牧业等方面具有优势，中新两国开展互利合作具有广阔的前景。朱镕基还指出，中新同属亚太国家，双方在国际和地区问题上也进行了良好的合作。中国政府重视发展同新西兰的关系，愿与新西兰拓展并深化在各个领域的合作与交流。

博尔格表示同意朱镕基有关双边关系的评价，认为双方在很多领域存在着进一步合作的潜力。新西兰继续欢迎包括中国在内的外国到新投资，这有助于促进新与各国的关系。博尔格说，随着亚太地区、特别是中国的发展，新对亚太的兴趣和了解在不断上升和加强。新西兰重视亚太，重视对华关系，他本人期待着在今年年底的亚太经合组织领导人非正式会议上与江泽民主席会晤。他还表示，新西兰积极支持中国早日加入世界贸易组织。

双方同意，为了进一步发展两国经贸关系，将扩大两国经贸联委会的职责范围。

国务院副总理吴邦国在中南海紫光阁会见韩国全国经济人联合会副会长 高合集团会长张致赫

最高人民检察院检察长张思卿在北京同土耳其上诉法院共和国总检察长伍拉尔·萨瓦什举行会谈双方就两国司法方面的问题交换意见

中央军委副主席张万年在人民大会堂会见由古巴革命武装力量总政治部主任内斯托尔·洛佩斯·库巴中将率领的古巴革命武装力量军事代表团

解放军总政治部主任于永波在北京会见葡萄牙空军参谋长奥莱利奥·贝尼托·科尔巴尔

国务院信息化工作领导小组办公室在北京举行中国互联网络信息中心成立暨《中国互联网络域名注册暂行管理办法》发布会

根据国务院信息化工作领导小组授权，国务院信息办在会上宣布中国互联网络信息中心工作委员会成立，并授权中国科学院计算机网络信息中心运行及管理中国互联网络信息中心；授权中国教育和科研计算机网网络中心运行及管理中国互联网二级域名 EDU；发布《中国互联网络域名注册暂行管理办法》及《中国互联网络域名注册实施细则》。

1994 年 4 月，中国利用国际专线正式接入国际互联网络。同年 5 月，开始在国内建立和运行中国的域名体系。几年来，中国先后建成了中国科学技术网、中国公用计算机互联网、中国教育和科研计算机网、中国金桥信息网 4 个互联网络。目前接入网络的计算机有 5 万多台，用户超过 15 万人。

为了保证国际互联网络的正常运行，国际上设立了国际互联网络信息中心，为所有互联网络用户服务。中国互联网络信息中心的成立，标志着中国互联网络的发展、管理、运行和服务进入了更加有序、完善、规范的发展轨道，是中国互联网络发展中的一件大事。

中国互联网络信息中心的主要任务是，为中国境内的互联网络用户提供域名注册、提供网络技术资料、提供网络通信目录等各种有关服务。

国家环保局发布《一九九六年中国环境状况公报》

国家环保局发布的《一九九六年中国环境状况公报》表明，去年我国的环保工作取得较大进展，但环境状况依然严峻。以城市为中心的环境污染仍在发展，并向农村蔓延；生态破坏的范围仍在扩大，程度在加重。环境问题已成为制约经济发展和影响人体健康的重要因素之一。

公报指出，去年是我国环境保护事业取得重大进展的一年，全国各地认真贯彻落实国务院《关于环境保护若干问题的决定》，取缔和关停了 15 类污染严重的小企业达 6 万多家。为制止“洋垃圾”污染转嫁，国家环保局等部门认真查处了北京平谷、上海、新疆、天津等地发生的非法进口“洋垃圾”事件。“三河三湖”(海河、辽河、淮河、巢湖、滇池、太湖)的水污染防治工作取得了重要进展,个别河段的污染程度有所减轻。去年淮河流域关闭了一批污染严重的小企业,解决了部分地区167万居民的饮水问题,有近百家重污染企业实现了达标排放,从而完成了当年削减污染负荷15%的目标。

公报表明,我国环境污染和生态破坏仍相当严重。大气仍以煤烟型污染为主,二氧化硫在较高污染水平徘徊。全国城市空气中总悬浮颗粒物浓度普遍超标,北方城市污染重于南方城市。全国大城市汽车尾气污染趋势加重,氮氧化物已成为少数大城市空气中的首要污染物,从总体上看,氮氧化物污染突出表现在100万人口以上的大城市和特大城市。去年酸雨降水污染普遍加重,分布区域有所扩展。

江河湖库水域污染呈加重趋势,工业较发达城镇附近的水域污染突出。城市地下水供需矛盾有所缓和,北京、哈尔滨、石家庄、保定、沈阳、常州等市地下水位有所回升,但淄博、沧州等市地下水超采仍很严重。四大海域污染有加重趋势。

去年全国约3/4的城市道路交通噪声超标。乡镇工业污染物的排放已成为环境污染的重要因素,并呈迅速增长的趋势。

第三次全国殡葬工作会议在北京举行

6月4日

国务院召开第57次常务会议

李鹏总理主持会议,讨论并原则通过《中华人民共和国高等教育法(草案)》和《中华人民共和国防洪法(草案)》,审议并原则通过了《公安机关督察条例(草案)》。

会议决定,前两部法律草案将根据会议讨论提出的意见修改后,提请全国人大常委会审议。

会议决定,《公安机关督察条例(草案)》经进一步修改后,将由国务院发布施行。

国务委员司马义·艾买提在浙江考察

司马义·艾买提于6月4日至15日先后考察了杭州、嘉兴、丽水、温州、舟山、宁波等地市,途中访问了华东地区唯一的少数民族自治县——景宁畲族自治县,看望了浙江省少数民族师范学校师生,察看了普济禅寺等宗教活动场所。

司马义·艾买提指出,在市场经济条件下,各地要重视帮助少数民族发展经济文化事业。他说,就整个国家而言,没有少数民族地区的现代化,就不会有整个国家的现代化;一个省也是如此,全省的发展离不开少数民族地区的发展和进步。在发达的省份内,不能让少数民族长期落在后面,应努力使少数民族发展得更快些。

司马义·艾买提说,在市场经济条件下,发达地区与民族地区要加强合作,共同发展,但形式和内容不能同过去的支援简单等同,应通过优势互补、平等互利、联合开发这些形式来进行。要鼓励发达地区到民族地区创业,为东西部的协调发展和各民族的共同繁荣作贡献。

在宗教事务方面,司马义·艾买提要求各地加强依法管理,认真贯彻国务院已经颁布的宗教法规。同时,各省、直辖市、自治区可根据实际需要制定相应的关于宗教事务管理的规定。他同时指出,不论信仰何种宗教,都应高举爱国主义旗帜,拥护社会主义制度,遵守国家的政策法律。

国务院副总理兼外交部部长钱其琛在中南海会见美国前国家安全事务助理兹比格涅夫·布热津斯基

国务院副总理吴邦国在中南海会见美国前总统国家安全事务助理兹比格涅夫·布热津斯基

国家科委和欧洲联盟共同举行的“中欧智能交通系统研讨会”在北京开幕

国家科委副主任徐冠华,欧洲联盟主管工业事务、信息和通信技术的委员马丁·班格曼先生共同出席并主持开幕式。

所谓智能交通是将信息技术应用于交通的管理与控制,从而达到最终改善通路交通秩序的目的。

下午,国务委员、国家科委主任宋健,国家科委副主任徐冠华和班格曼委员举行会谈,并签署了有关加强中欧信息技术合作的联合声明。

国家科技领导小组召开第三次会议

国务院总理、国家科技领导小组组长李鹏主持会议。会议听取了国家科委《关于加强我国重点基础研究及发展高技术产业的汇报》和国家计委《关于实施国家重大科学工程情况的汇报》。

会议认为,改革开放以来,特别是1989年全国基础研究和应用基础研究工作会议以来,我国先后制定了一系列加强基础研究的政策和措施,基础研究工作得到较快的发展。目前,我国经济和社会的发展对基础研究提出了越来越高的要求,按照我国科技工作总体部署，制定国家重点基础研究发展规划，将有利于促进我国基础研究工作的发展，从而提高我国科学技术的整体水平。

会议确定，组织力量制定国家重点基础研究发展规划，要按照“有所为、有所不为”的方针，瞄准科学前沿，面向21世纪，重点选择对我国经济建设和社会发展有重大意义的基础研究领域，如农业、能源、信息、环境、人口与健康等，力争有所突破。

中国运动员在第三届世界青年女子举重锦标赛和第二十三届世界青年男子举重锦标赛上共获得18块金牌3块银牌和2块铜牌金牌总数第一

国家环保局发布《1997长江三峡工程生态与环境监测公报》

举世瞩目的长江三峡工程是否会对生态与环境造成不利影响？国家环保局日前发表的《公报》表明：三峡工程尚未对自然生态产生直接影响，生态环境基本维持原有状态。目前工程的影响仅局限在施工区范围，大量土石方开挖造成局部地区植被破坏和水土流失，但随着植被恢复工作的加速，这一局面将会得到改善。

中国十分重视三峡工程对生态与环境的影响，除进行长期大量调查研究外，还专设了长江三峡工程生态与环境监测中心，并由移民、水质、污染源、水文等13个子系统组成了监测网络，对三峡工程生态与环境影响进行全过程跟踪监测，及时发布监测公报，使工程获得最佳的经济、社会和环境效益。监测网络为环境与资源管理服务，对三峡工程建设依法实施监督监测，对工程中可能发生的环境污染或资源破坏事故进行应急预报，为环保执法提供科学依据。

去年三峡工程进展顺利，全年监测结果表明：库区移民安置按计划展开，共完成移民搬迁4.23万人，尚未对生态环境产生明显的不良影响，库区目前已初步形成卫生保健体系，尚不存在主要流行病被忽视而导致扩大流行的可能。库区气候基本正常，森林覆盖率为27.3%，对陆生动植物尚无明显影响。三峡影响区有6种国家珍稀濒危水生生物，即白鳍豚、白鲟、中华鲟、长江鲟、江豚和胭脂鱼。近年来，白鳍豚、白鲟、江豚种群密度下降，中华鲟雌雄比例失调，胭脂鱼繁殖群体的规模逐渐变小。长江三峡库区水质良好，均为2米至3米。工程施工只对施工区内干流水质略有影响，尚未对长江干流水质构成威胁。渔业功能水域水质总体良好。

但是，三峡施工区生产废水悬浮物普遍超标，施工区空气质量以总悬浮颗物污染为重。库区各城市江段普遍形成污染带，城市生活污染和石油类污染表现突出。同时，工程对库区农业造成压力，耕地面积减小，库区土地承载力下降，农业生态环境脆弱。

国家环保局公布中国环境状况林木生长量大于消耗量

国家环境局发布的一份公报说，中国林木生长量继续大于消耗量。

根据这份最新的《中国环境状况公报》，中国现有森林面积1.337亿公顷；森林覆盖率为13.92%；林木蓄积量117.85亿立方米。而1995年全国林木资源消耗量为3亿立方米左右，毛竹消耗量4.9亿多根。

这份由国家环保局和林业部等部委联合编写的公报说，去年中国共造林近492万公顷，参加义务植树总人数达5.53亿人次，植树2.4亿株。

报告同时显示，1996年全国发生森林火灾5055起；受害森林面积18.6万余公顷。全国只有不到0.75‰的森林受火灾影响，连续9年保持历史最低水平。森林病虫害发生面积也较上年有所下降。

这份公报分环境状况和环境建设与保护两大部分，详细介绍了中国去年在环境保护方面存在的问题和取得的成绩。

国家环保局副局长张坤民说，发布上述公报旨在提高环境状况的透明度，增强公众的环境意识的参与程度，促进国际合作和交流。

6月5日

国务院总理李鹏同意大利总理普罗迪在人民大会堂举行会谈

会谈后，两国总理出席签字仪式，两国有关部门签署了《一九九七年七月一日后在中华人民共和国香港特别行政区保留意大利总领事馆协议的照会换文》、《中国国家经贸委中小企业对外合作协调办公室与意大利工业企业联合会备忘录》、《中国石油天然气总公司与意大利阿吉普公司共同组建海外联营公司的协议》、《建设天津二十一世纪国际展览中心协议》等文件。

国务院总理李鹏签署219号令发布《国务院关于在香港特别行政区同时升挂使用国旗区旗的规定》

《国务院关于在香港特别行政区同时升挂使用国旗区旗的规定》已经1997年6月5日国务院第58次常务会议通过，现予发布，自1997年7月1日起施行。

总理　李　鹏

1997年6月5日

国务院关于在香港特别行政区同时升挂使用国旗区旗的规定

根据《中华人民共和国国旗法》的有关规定，自1997年7月1日起，在香港特别行政区同时升挂、使用国旗和区旗时，按照下列规定执行：

一、凡国旗和区旗同时升挂、使用时，应当将国旗置于中心、较高或者突出的位置。

二、凡国旗和区旗同时或者并列升挂、使用时，国旗应当大于区旗，国旗在右，区旗在左。

三、列队举持国旗和区旗行进时，国旗应当在区旗之前。

外交部发言人崔天凯在北京宣布将设立外交部驻香港特区特派员公署

根据《中华人民共和国香港特别行政区基本法》规定，中央人民政府决定于1997年7月1日在香港设立“中华人民共和国外交部驻香港特别行政区特派员公署”，并任命马毓真为特派员。

全国引进国外智力工作会议在北京闭幕

国务委员李贵鲜在会议上要求有关部门进一步提高对引进国外智力工作的认识，将引进国外智力作为一项长期的、重要的战略方针坚持不懈地贯彻执行，使引进智力工作在更大的范围内、更高的起点上为经济发展服务。

据国家外国专家局局长万学远介绍，在过去的两年中，在华工作的外国文教专家、技术管理专家、经济专家、外商投资企业中的外国专家总计16万多人次。其中，外国文教专家2.9万多人次，技术管理专家1.4万多人次，经济专家和外商投资企业中的外国专家12万多人次。

万学远表示，今明两年引智工作将把为农业服务和为国有大中型企业的改革和发展服务放在突出的地位，同时为“科教兴国”战略服务，加速高层次人才的培养。

据外专局预计，今明两年中国聘请国外各类专家的规模将为17万人次左右，派出培训人员的规模为9万人左右。

中国人民银行发出《关于禁止银行资金违规流入股票市场的通知》

国办转发《中国人民银行关于进一步做好农村信用社管理体制改革工作的意见》

各省、自治区、直辖市人民政府，国务院各部委、各直属机构：

《中国人民银行关于进一步做好农村信用社管理体制改革工作的意见》已经国务院同意，现转发给你们，请认真贯彻执行。

国务院办公厅

一九九七年六月五日

关于进一步做好农村信用社管理体制改革工作的意见（文略）

1997年国债发行工作电视电话会议在北京召开

国务院副总理邹家华在北京举行的全国统计执法大检查电视电话会议上发表讲话

邹家华指出，我们应当清醒地看到，目前违反《统计法》的现象仍然存在，在有些地方和单位虚报瞒报、弄虚作假的问题还比较严重，致使有些统计数字存在着较大的水分。对这种在统计数据上弄虚作假的统计违法行为决不能任其继续滋长蔓延，必须坚决加以制止。

邹家华副总理对这次全国统计执法大检查工作提出四点要求：第一，要通过这次大检查，加强和促进统计普法教育，为统计工作创造一个良好的社会环境。第二，要通过这次大检查，制止和纠正统计违法行为，使统计数据准确性和及时性有较大的提高。第三，要通过这次大检查，深入研究统计改革和建设中的经验和问题及贯彻实施《统计法》过程中出现的新情况，尽快完善统计法律体系。第四，各级人民政府和各部门，特别是主管统计工作的各级领导干部，要充分认识开展这次全国统计执法大检查的重要意义和作用，把这项工作列入重要议事日程。

国家主席江泽民在中南海会见美国前总统国家安全事务特别助理布热津斯基

江泽民说，世界正在向多极化发展，这一趋势对促进世界的和平、稳定与发展起着重要的作用。但同时，国际社会仍存在诸多不稳定因素，面临着一系列挑战。在这样一个全球战略格局下，中美作为两个世界大国和联合国安理会常任理事国，和十几年前中美建交时相比，两国间的共同利益更加广泛，两国共同承担的责任也增加了。新世纪即将到来，把一个什么样的中美关系带入下个世纪是中美两国领导人面临的重大历史使命。我们有责任共同努力，把一个健康稳定的中美关系带入21世纪。

江泽民说，自去年下半年以来，中美关系出现了改善的势头，能否抓住机遇，推动两国关系健康稳定地发展，不仅需要两国政府的共同努力，也需要两国各界有识之士的积极推动。江泽民希望布热津斯基先生继续为促进中美关系进一步改善和发展发挥积极作用。

布热津斯基说，美中关系是当今世界最重要的双边关系之一，美中两国存在着广泛的共同利益，两国领导人应就战略问题加强对话，努力使两国人民了解和支持这些共同利益，使两国关系建立在更坚实、广泛的基础上。

国务院总理李鹏在人民大会堂会见随意大利总理普罗迪访华的意大利企业家

李鹏对意大利企业家随普罗迪总理访华表示欢迎。李鹏说："中意两国在经济合作方面有着良好的记录，如在石化、钢铁、航空以及汽车工业等领域。今天，我们双方又签订了一些合作协议，除了大项目和重点项目外，中意两国中小企业方面的合作还有很大潜力。意大利在轻工、纺织、皮革等方面的技术和工艺处于世界领先水平，而中国有丰富的原料和广阔的市场。我们的合作不应局限于贸易方面，我们应该开办更多的合资企业，如在制革和丝绸印染方面进行更广泛的合作。我相信这样搞下去，我们合作的前景是十分广阔的。"

中共中央政治局常委胡锦涛在人民大会堂会见由俄共中央第一副主席 俄罗斯国家杜马 俄共议员团副主席瓦连京·库普佐夫率领的俄罗斯联邦共产党代表团

国务院副总理李岚清在烟台会见前来参加第二届亚太经合组织国际贸易博览会的亚太经合组织各成员代表团负责人

中共中央政治局委员李铁映在人民大会堂会见由葡萄牙共产党中央政治委员会委员热罗尼莫·德·索萨率领的葡共干部代表团

全国政协副主席民革中央主席中国人民争取和平与裁军协会会长何鲁丽在人民大会堂会见维也纳国际和平研究所执委会主席奥地利联邦前外长埃尔温·兰茨及夫人

国家体改委和美国恒康相互人寿保险公司在北京签署养老保险合作协议

1996 年度中国国际科技合作奖在北京颁奖

中国政府在北京钓鱼台国宾馆举行仪式，为获奖人美籍物理学家丁肇中、俄罗斯航空专家格·比施根斯颁奖。

国务委员、国家科委主任宋健为两位外籍专家颁发了奖牌和证书。

第五次全国文化先进县经验交流会在甘肃酒泉开幕

第三次全国殡葬工作会议在北京闭幕

6月6日

中共中央总书记中央军委主席江泽民在人民大会堂会见出席中共武警部队党代会代表暨武警部队党委扩大会议代表

江泽民强调说，今天是 6 月 6 日，离我们恢复对香港行使主权只有 25 天了。下半年我们还要召开党的十五大。保证我们国家的社会稳定，武警部队负有重要的责任。希望大家遵循邓小平建设有中国特色社会主义理论和新时期军队建设思想，加强部队党的建设和思想政治建设，深入扎实地开展"四个教育"；坚持从严治警，切实抓好部队的管理；抓好各项工作的落实，不断提高部队执勤能力。

武警部队党代表会议暨武警部队党委扩大会议于 6 月 4 日在北京召开。

中共中央总书记中央军委主席江泽民会见出席中国人民解放军第二炮兵第五次党代会全体代表

江泽民强调，要坚持以邓小平建设有中国特色社会主义理论和新时期军队建设思想为指导，坚持用新时期军事战略方针统揽各项工作。

江泽民强调指出，二炮作为一支高技术战略部队，在维护国家主权和安全中肩负着重要的使命。党中央、中央军委对你们寄予厚望。希望你们坚持以邓小平建设有中国特色社会主义理论和新时期军队建设思想为指导，坚持用新时期军事战略方针统揽各项工作。要大力加强思想政治建设，进一步提高官兵的思想政治素质。要着眼于打赢现代技术特别是高技术条件下的局部战争，加强军事训练，加快装备技术现代化建设步伐，全面提高部队作战能力，圆满完成党中央、中央军委赋予的各项任务。

第二炮兵第五次党代会 6 月 5 日在北京召开，来自二炮各部队 300 多名代表参加会议。

国家主席江泽民在人民大会堂会见意大利总理普罗迪

江泽民对有机会结识普罗迪感到十分高兴。

江泽民说，自 1970 年建交以来，中意两国关系发展迅速，两国领导人保持经常交往，政治、经济、贸易、科技、文化交流与合作不断加深,合作领域不断拓宽。两国经济各有特色,在不少中国优先发展的领域,意大利有独到之处,许多先进的技术和管理经验值得中国借鉴,两国友好合作关系的发展有广阔的前景。

江泽民说,中国一贯重视发展与意大利的友好合作关系,中意两国虽然社会制度不同,历史文化传统与经济发展水平各异,但双方在许多重大国际问题上有着相同或相似的看法,在谋求和平与促进发展问题上,有广泛的共同利益。在当前世界走向多极化的新形势下,各国应当相互尊重,求同存异,加强合作,共同发展。中国同意大利建立长期稳定的关系不仅符合两国人民的愿望和根本利益,也有利于世界的和平、稳定与繁荣。我们两国应面向21世纪,共同努力,积极推动在各个领域的友好合作关系。

普罗迪说:"我是第一次以总理的身份访华,意大利同中国的友好合作关系以前一直走在欧洲其他国家前面,只是近几年发展的速度减慢了。我此次访华将是两国之间恢复和密切合作关系的新契机。这次,我与中国领导人就两国在政治、经贸、科技、文化等领域双边合作的发展趋势,进行了广泛深入的探讨;与中国有关部门也进行了对口会谈,会谈十分有益,富有成果。意大利与其他欧洲国家不同,有自己的特点。因此,意中发展合作关系也应该有特色。意大利在中小企业方面技术先进,并且愿意与中国各省市,特别是与意大利有些城市情况相似的中西部地区的企业进行合作。此外,双方还可以进一步加强在能源、交通、通信等方面的合作。"

全国人大常委会委员长乔石在人民大会堂会见意大利总理普罗迪

《毛泽东评点二十四史》线装影印本出版发行

中国共产党台湾省籍党员代表会议在北京闭幕

会期3天。出席会议的代表以差额选举的方式,选举产生了出席党的十五大的8名台湾省籍党员代表。中共中央政治局委员、国务院副总理钱其琛,全国政协副主席、中共中央统战部部长王兆国等代表党中央会见与会代表,同代表合影留念,并出席闭幕式。

中纪委就韦泽芳受贿案发出通报

中央纪委日前就海南省人大常委会原副主任韦泽芳受贿案件发出通报,要求各级领导干部要自觉加强世界观改造,加强学习和思想道德修养,保持革命晚节。

韦泽芳在担任海南省委常委、省政法委书记期间,利用职务之便,先后两次收受因涉嫌非法经营土地、诈骗等经济犯罪问题的海南滨海大酒店总经理罗海平(已被判刑)贿赂6万元,并亲自出面干预罗案侦查,包庇罪犯。根据韦泽芳的严重违法违纪问题,经中共中央批准,中央纪委已开除了韦泽芳的党籍。海南省人大常委会也已依法撤销了其省人大常委会副主任职务。鉴于韦泽芳严重触犯刑律,构成受贿罪,最近,海南省高级人民法院依法判处其有期徒刑5年。

通报说,韦泽芳作为党的高级干部,有着39年党龄和47年的工作经历。他在长期的革命工作中,曾为党和人民做过一些有益的事情。然而,韦泽芳人至暮年,却晚节不保,收受贿赂,包庇罪犯,落得个阶下囚的可悲下场,教训十分沉痛,值得各级领导干部深思和汲取。

通报指出,韦泽芳蜕化变质的根本原因,在于他忽视和放松了世界观的改造和思想道德修养,共产主义理想和为人民服务的宗旨发生动摇,纪律观念和法制观念越来越淡薄,党的艰苦奋斗、勤俭节约的优良传统和作风渐渐被淡忘,最终成为拜金主义、个人主义、享乐主义的俘虏,在权力和金钱的考验面前打了败仗。

通报强调,在改革开放、发展社会主义市场经济的新的历史条件下,如何抵御各种腐朽思想的侵蚀,保持晚节,永葆共产党人的纯洁性,这是对党员领导干部的一个严峻考验。通报要求各级领导干部尤其是即将退离领导岗位的领导干部,要从韦泽芳一案中认真吸取教训,自重、自省、自警、自励,严于律己,防微杜渐。各级党组织要加强对党员干部特别是高级领导干部的教育、管理和监督,认真执行民主集中制,不断建立健全各项规章制度和监督制约措施。对党员干部中的一些不良倾向和苗头性问题,要及时开展认真的批评与自我批评,努力把问题解决在萌芽状态;对于严重违法乱纪、蜕化变质的腐败分子,必须坚决予以查处。

最高人民法院公布三起涉外走私毒品案判处结果

最高人民法院近日依法复核3起走私毒品案件,辉学华、张银富、陈家喜、鲁小发4名缅甸籍被告人均被核准死刑。这4名犯罪分子已在云南被执行枪决。

被告人辉学华、张银富共谋向我国境内走私毒品。1993年1月1日晚两人携带1.2万余克海洛因和手枪一支、手榴弹一枚,进入我云南省境内。在遇我警方检查时,辉学华、张银富分别持手枪和手榴弹抗拒,开枪打伤我一名民警。被告人陈家喜,1993年11月3日晚伙同肖太文、余家红携带海洛因进入云南省,在我警方对其进行检查时,向我警方人员扔出一枚手榴弹(未炸),肖太文和余家红脱逃,陈家喜被抓获,当场缴获海洛因共计1.08万余克。被告人鲁小发,1993年1

月伙同他人走私海洛因 2800 克到我国境内贩卖，得赃款 6 万余元。1993 年 3 月 17 日，再次与其同伙携带 1.5 万余克海洛因进入我国境内，在云南省永德县被我警方抓获。

云南省临沧地区中级人民法院依法对上述 3 起走私毒品案件进行了公开审理，并依照全国人大常委会《关于禁毒的决定》和《中华人民共和国刑法》的有关规定，以走私毒品罪，分别判处辉学华、张银富、陈家喜、鲁小发死刑。

一审宣判后，辉学华等分别提出上诉。云南省高级人民法院二审裁定，驳回上诉，维持原判，并依法报请最高人民法院复核。最高人民法院复核认为，上述 3 起案件认定的犯罪事实清楚，证据确实、充分。辉学华、张银富、陈家喜、鲁小发等人依法应予严惩。

全国十佳受理投诉工作者受表彰

国家工商行政管理局和中国消费者协会日前在北京举行表彰大会，授予张忠信等 10 位从事消费者投诉工作的同志“全国十佳受理投诉工作者”称号。中共中央政治局候补委员、全国人大常委会副委员长王汉斌会见了“全国十佳受理投诉工作者”。

这“十佳”是：河北省石家庄市消费者协会的张忠信、江苏省徐州市消费者协会的张体银、山东省寿光县消费者协会的李同亮、湖南省衡山县消费者协会的任征、广东省深圳市罗湖区消费者协会的杨剑昌、黑龙江省消费者协会的刘爱芝、辽宁省锦州市消费者协会的张竹林、甘肃省消费者协会的裴凤英、内蒙古自治区消费者协会的乌力吉、山西省消费者协会的郭全芳。

中宣部等单位在北京联合举办形势报告会国务院副总理吴邦国作国企改革与发展报告

中共中央宣传部、中直机关工委、中央国家机关工委、解放军总政治部、北京市委联合举办形势报告会。

中共中央政治局委员、书记处书记丁关根主持了今天的报告会。

吴邦国指出，国有企业改革与发展已取得重大进展，活力增强，实力壮大，继续在国民经济中发挥着主导作用。同时多年积累的矛盾与问题也暴露出来。我们要认真学习和贯彻江泽民同志关于搞好国有企业的重要指示，树立信心，坚定不移地推进国有企业的改革与发展。

吴邦国在讲话中谈了五个问题：一是国有企业改革进入新阶段；二是改革方向是明确的，力度正在加大；三是怎样看待企业经济效益状况；四是充分认识改革的艰巨性和长期性；五是今年加快改革与发展的几项工作。

吴邦国简要回顾了改革的历史过程，指出十几年来改革走过的道路可分为两个阶段，党的十四大之前为第一阶段，国有企业改革经历了放权让利、两步利改税、承包经营责任制等几个不同过程，取得了一定成绩，但这个阶段改革还没有摆脱传统经济体制的束缚。党的十四大确定了建立社会主义市场经济体制的目标，十四届三中全会进一步明确了国有企业改革的方向是建立现代企业制度。这标志企业改革从此进入了一个新的阶段。在这个新阶段，改革的着眼点和工作重点发生了五个方面的变化：从搞活每个企业转向搞好整个国有经济；从减税让利转向制度创新；从主要抓企业改革转向与配套改革同步推进；从分别抓单项工作转向“三改一加强”；从分散经营转向实施大公司战略。这些变化为进一步推进国有企业改革与发展奠定了坚实的基础。

吴邦国说，当前国有企业改革的方向已经明确，思路基本理清，在重大问题上已经取得共识。改革的方向，是建立产权清晰、权责明确、政企分开、管理科学的现代企业制度。改革的目标，是到“九五”末在大多数国有大中型骨干企业中初步建立现代企业制度。改革的基本方针，是江泽民总书记讲的关于国有企业改革的八条。改革的路子，就是抓大放小、三改一加强、减人增效、分离分流、兼并破产、建立社会保障体系、实施再就业工程等。判断改革是非得失的标准，就是小平同志提出的三个“有利于”。这几年我们就是这样做的。现在，改革力度正在加大，步伐加快，在现代企业制度试点、“优化资本结构”城市试点、“抓大放小”、增资减债、企业集团试点、典型企业示范带动以及配套改革等若干方面，均已取得明显进展。通过改革，国有企业实力增强，在国民经济中继续居于主导地位，涌现出一大批优势企业。如果没有国有企业的发展和主导地位，没有国有企业创造的大量财富，没有国有企业作为国家财政的主要承担者，没有国有企业为改革承担巨大成本，我国经济建设不可能取得这样大的成就，其他经济成分也不可能取得这么快的发展。

吴邦国指出，这几年国有企业效益不理想，部分企业困难加重。面对严峻形势，有些同志出现了一些模糊认识，对改革缺乏信心。我们要客观分析国有企业遇到的问题。国有企业的经济效益不应只看账面利润，要全面看一定时期内企业投入产出关系的总和。能比较准确反映企业经济效益的指标是工业增加值。1991 年至 1996 年，独立核算国有工业企业工业增加值年均增长 15.53%，速度是相当高的。至于一部分企业盈利水平低甚至亏损，首先要看到企业自身存在的问题，如观念陈旧，机制转换慢，经营粗放，管理落后，不适应经济体制转轨和增长方式转变的要求等。

同时，也要看到一些客观的和政策的因素，如国家初次分配改变而带来的企业利润向国家、职工个人、其他行业和社会的转移。这种转移，有的是不合理的，如职工工资超过劳动生产率的增长，各种乱收费乱摊派等，这些问题应当逐步加以解决。但大部分是合理的，是为建立社会主义市场经济体制而进行的改革和利益调整，如税制改革、价格改革、社会保障制度改革等，是改革必须付出的代价和成本。随着改革的深入，国有企业还要承受更大的改革成本。

吴邦国说，目前企业存在的问题，有企业机制问题，有外部环境问题，也有历史遗留问题。就企业本身而言，主要是两个不适应：一是企业改革滞后，不适应宏观经济体制的转变；二是对增长方式的转变和激烈的市场竞争不适应。国有企业的困难从深层次上讲有三个原因，一是结构不合理；二是社会负担重；三是技术进步慢。这些问题是历史形成的，不是今天突然出现的，更不是改革造成的。现在矛盾暴露出来，是改革深化和经济发展达到一定阶段的客观反映。解决这些问题需要综合考虑和妥善处理改革、稳定和发展的关系，充分考虑国家、企业和社会的承受能力。既要深化国有企业改革，又要同步推进配套改革。这需要一个比较长的过程。要充分认识国有企业改革的长期性、复杂性和艰巨性，否则，欲速不达。

吴邦国在谈到推进国有企业改革与发展的几项重要工作时说：一要继续推进现代企业制度建设。试点企业要加大工作力度，务求在转换机制和探索建立现代企业制度的途径上取得实效，今年要总结试点经验，结束试点工作，同时在其他企业进行现代企业制度建设。二要加大企业改组和结构调整力度。结构调整要立足于治“散”，立足于扶植优势企业和名牌产品，立足于企业的技术进步。要从搞好整个国有企业出发，加大“抓大放小”工作的力度，对国有企业实施战略重组。三要规范破产，鼓励兼并，实施再就业工程，国家要在资金和政策上对破产、兼并和再就业工程进行支持。四要切实加强企业管理和领导班子建设。企业管理要面向市场，以质量效益为中心，从严治厂。要对企业领导班子进行一次普遍的认真的考核，对不适应改革发展要求的要调整充实。五要努力改善企业的外部环境。要在转变政府职能，实行政企分开，国有资产管理体制改革，建立和完善社会保障体系，培育各种要素市场，禁止向企业摊派等方面进行配套改革。

吴邦国最后强调，当前国有企业改革处于攻坚阶段。我们既要看到困难，更要看到希望。只要我们在以江泽民同志为核心的党中央领导下，坚定不移地推进国有企业的改革与发展，国有企业是一定能够搞好的。

第二届亚太经合组织(APEC)国际贸易博览会在烟台开幕

博览会以“友谊、合作、发展、繁荣”为主题。国家主席江泽民为大会题词：“平等互利，彼此开放，共同繁荣。”

全国人大常委会副委员长费孝通，国务院副秘书长张克智，本届博览会主席团名誉主席、外经贸部部长吴仪，山东省委书记吴官正，本届博览会主席团主席、山东省省长李春亭等，同澳大利亚前总理霍克、亚太经合组织秘书处执行主任杰克·威特里顿及亚太经合组织成员代表团负责人出席了开幕式。

国务院副总理李岚清宣布博览会开幕。亚太经合组织18个成员的代表及其商贸界人士进入5万平方米展示大厅参观和展开交易。

由中国政府和亚太经合组织主办的本届博览会，是继1994年10月在日本大阪举办首届亚太经合组织国际贸易博览会后，亚太经合组织成员之间开展经济合作和扩大投资贸易的又一次盛会，也是这个组织在我国的第一次实际性经贸活动。

第二届亚太经合组织国际贸易博览会集商品贸易、投资贸易、服务贸易、经贸合作、文化交流于一体，参展商品种类涉及30多个行业、4000多种产品，其中高精尖、名特优产品占60%以上。

国务院副总理朱镕基在钓鱼台国宾馆会见意大利总理普罗迪

朱镕基说，中国的许多中小企业都需要进行改造，可以借鉴意大利的经验。80年代，中意进行了很有成效的合作；90年代，我们可以进一步拓展合作的领域、途径和形式，使两国的友好合作关系上一个新的台阶。

普罗迪说，对意大利政府来说，今年是“中国年”，要大力发展两国在政治、经济、贸易、科技、文化等各方面的合作关系，把意中关系提高到新的水平。今年年底，意大利将在中国举办大型的展览会，全面地向中国人民介绍意大利。意中发展经贸合作还有很大的潜力，双方可以利用互补性，以新的方式、途径进行更深入、全面的合作。意大利在中小企业方面技术先进，双方可以在这方面加强技术合作。

中国向联合国通报香港回归后适用国际多边条约清单

中国常驻联合国代理代表王学贤向联合国秘书长安南递交了外交照会和中国首批拟自今年7月1日起适用于香港的24项国际多边条约清单。这是我国对香港实行“一国两制”，在国际法律方面的体现。

中国将于1997年7月1日起对香港恢复行使主

权。自该日起，香港将成为中国的一个特别行政区。根据中英关于香港问题的联合声明和《中华人民共和国香港特别行政区基本法》，凡中国已参加的国际多边条约，将根据香港特区的情况和需要，在征询香港特区政府的意见后，适用于香港特区；凡中国没有参加，但已适用于香港的国际协定，仍可继续适用。

向联合国通报的首批 24 项国际多边条约中，有 10 项是中国已经参加，同时适用于香港的。它们是《1961 年麻醉品单一公约》、《精神药物公约》、《防止及惩治灭绝种族罪公约》、《关于防止及惩处侵害应受国际保护人员包括外交代表的罪行的公约》、《反对劫持人质国际公约》、《承认及执行外国仲裁裁决的公约》、《1972 年集装箱关务公约》、《关于登记射入外层空间物体的公约》、《联合国班轮公会行为守则公约》、《保护臭氧层维也纳公约》及有关的《蒙特利尔议定书》和后来的修正案。

其余 14 项是中国尚未参加，但继续适用于香港的。这 14 项是：《简关手续国际公约》和签约议定书、《关于进口教科文用品协定》、《关于便利进口商业样品和广告材料国际公约》、《关于便利旅游海关公约》及《关于进口旅游宣传资料和材料附加议定书》、《关于临时进口私人车辆海关公约》、《关于临时私用飞机、游艇海关公约》、《关于临时进口商用车辆海关公约》、《关于国际运输中使用货盘海关处理措施的欧洲公约》、《关于过境自由的公约和规约》、《关于国际性通航水道制度国际公约和规约》、《承认无海岸国家悬挂船旗权利宣言》、《国际海港管理制度公约和规约》、《关于消耗臭氧层物质的蒙特利尔议定书的哥本哈根修正案》和《道路交通公约》。

全国人大常委会副委员长王光英在人民大会堂会见由前州长亨利·休斯率领的美国马里兰州友好经贸访华团

国务院副总理兼外交部部长钱其琛在中南海会见日本前外相自民党外交调查会会长中山太郎

国务委员兼国防部部长迟浩田在基辅同乌克兰国防部部长库兹穆克举行正式会谈双方就发展两国和两军关系等问题交换意见

中国选手周小菁在悉尼举行的四大洲艺术体操锦标赛中夺得两枚金牌一枚银牌

6 月 7 日

香港特别行政区临时立法会在深圳举行第十次全体会议

会议审议、通过由行政长官办公室提交的几项条例草案。

香港特区行政长官办公室律政司司长梁爱诗向临立会呈交了《1997 年人民入境(修订)(第三号)条例草案》、《1997 年香港终审法院(修订)条例草案》、《1997 年司法人员叙用委员会(修订)条例草案》。这 3 项草案在首、二读之后，转交临立会内务委员会处理。

在临立会全体会议上，行政长官办公室早些时候提交的《1997 年市政局(修订)条例草案》、《1997 年区域市政局(修订)条例草案》、《1997 年区议会(修订)条例草案》及《1997 年立法局行政管理委员会(修订)条例草案》，经过议员们辩论之后，三读并获通过。会议还就行政长官办公室支持 1997—1998 年度过渡期预算案的动议案恢复辩论。

解放军总参谋长傅全有在中共总参谋部党代会上发表讲话

傅全有说，高举邓小平建设有中国特色社会主义理论的伟大旗帜，必须用科学的理论武装头脑，在深化学习上狠下功夫，切实掌握科学体系和精神实质，用理论上的清醒保证行动上的自觉，始终坚持坚定正确的政治方向。要发扬理论联系实际的学风，把学习同贯彻党的路线方针政策的实践结合起来，同指导军事工作的实际结合起来，同加强本单位建设的实际结合起来，同个人思想改造的实际结合起来，牢固树立正确的世界观、人生观和价值观，始终保持清醒的政治头脑、高尚的道德情操、良好的精神状态，增强贯彻执行党的基本路线的自觉性和坚定性。

傅全有说，高举邓小平建设有中国特色社会主义理论的伟大旗帜，必须坚定地维护以江泽民同志为核心的党中央的权威，在任何时候、任何情况下，都要与以江泽民同志为核心的党中央、中央军委保持高度一致，更加紧密地团结在以江泽民同志为核心的党中央、中央军委周围，坚决听从党中央、中央军委的指挥。

傅全有强调，高举邓小平建设有中国特色社会主义理论的伟大旗帜，必须牢牢把握大局，自觉围绕党和国家大局开展工作，自觉在经济建设大局、社会稳定大局和国家安全大局下行动。总参谋部作为中央军委的军事工作部门，要紧紧围绕党中央、中央军委的决策意图想问题、搞筹划、抓落实，以邓小平新时期军队建设思想为指导，按照军委主席江泽民“五句话”总要求，深人贯彻新时期军事战略方针,不断探索建军治军规律,加强军队质量建设,努力实现军事过硬。

傅全有要求总参各级党委和领导干部,要发扬艰苦奋斗的优良传统,进一步提高党风廉政建设水平,做艰苦奋斗的模范,做反腐倡廉的模范。要在思想上加强修养,坚决反对个人主义和拜金主义,在为党的事业的奋斗中实现个人的理想和人生价值。在用权上要公正无私,努力实践全心全意为人民服务的根本宗旨。在生活上要艰苦朴素,坚决刹住奢侈浪费之风。

外经贸部部长吴仪在北京与意大利外贸部部长奥古斯托·凡托齐举行会谈

会谈后,吴仪会见意企业家。吴仪和凡托齐还出席中意合资培训中方管理干部协议的签字仪式。

中国驻德国慕尼黑总领事馆正式开馆

大兴安岭火灾区森林资源基本恢复

林业部部长徐有芳日前宣布,大兴安岭特大火灾森林资源已经基本恢复。今后更艰巨的任务是全面恢复火灾区的森林资源和生态环境。在火灾区森林资源恢复工作中作出突出贡献的一批先进单位和个人受到表彰。

1987年5月6日大兴安岭林区发生特大森林火灾,涉及西林吉、图强、阿尔木和塔河4个林业局,过火有林地面积104.3万公顷,森林生态系统遭到严重破坏。灾后,按照党中央、国务院的指示,林业部组织了火灾区森林资源恢复工程。国务院专家组考察火灾区后提出决策建议,林业部组织专业人员编制了火灾区森林资源恢复更新规划方案,并组织北京林业大学等8个林业科研院所对口科技支援,科研人员取得了80多项技术研究成果,解决了种苗、更新造林等技术难题,建立了一套适合大兴安岭条件的营林生产技术体系。采取人工更新、人工促进天然更新和封山育林相结合的办法开展资源恢复工作。10年来,人工更新林地面积18.7万公顷,保存率达85%,每年2万公顷的人工更新林地面积是火灾前的75倍,改变了大兴安岭林区主要依靠天然更新的局面。

据林业专家地面核查和卫星遥感普查,火灾区目前已经更新造林面积96.4万公顷,占工程规划面积的92.4%。10年前的一片焦土,如今被郁郁葱葱的森林覆盖,生态景观逐步恢复,水土流失和森林病虫害明显减少,野生动物也逐渐迁回。

徐有芳指出,大兴安岭林区是国家重要的木材和林产品生产基地,是维护黑龙江、松花江流域和三江平原经济发展的天然屏障。大兴安岭这座绿色宝库建设的好坏,直接关系到这一地区生态环境和物种资源的保护,关系到三江平原农业的稳产高产和林区的繁荣稳定,也关系到我国抗灾自救的国际形象。因此,林业部决定,进一步做好火灾区森林资源培育和生态环境恢复工作,完成14.4万公顷人工更新任务,改造培育38.8万公顷杨桦低价林分,建设可持续发展的国家商品用材林基地,全面恢复大兴安岭火灾区的森林资源和生态环境。

6月8日

ISO 9000认证使500家企业受益

1992年8月,国内17个部委成立了中国进出口企业质量体系(ISO 9000)工作委员会,几年来,作为委员会成员之一的商检部门在出口企业积极推行质量体系认证,使认证注册企业数量逐年增加,迄今已达500家。

许多企业获证后,经营状况大有好转,走上了良性循环的发展道路,与未获证企业相比,在很多方面有着明显优势。长沙远大空调集团获证后,在下料工序中板材利用率提高5个百分点,仅此一项一年就节约100万元。济南洗衣机厂曾因没有贯标认证而痛失进军国际市场的良机,自1994年通过认证以来,外商订货逐年上升,去年完成销售额1660万美元,相当于获证当年的6倍。

解放军副总参谋长熊光楷在钓鱼台国宾馆同津巴布韦陆军司令奇温加举行会谈

中国人民争取和平与裁军协会会长何鲁丽在人民大会堂会见由会长外交部外交安保研究院教授柳锡烈率领的韩国东亚研究会访华团

兰州军区总医院专家级教授黎秀芳荣获第三十五届南丁格尔奖章

6月9日

国家主席江泽民同马其顿共和国总统基罗·格利戈罗夫在人民大会堂举行会谈

关于双边关系,江泽民说,中马两国和两国人民之间有着传统的友谊,1993年建交以来,中马关系又有新的发展。

江主席指出:“马其顿是巴尔干地区的重要国家,中国十分重视发展同贵国的关系,我们尊重贵国的独立、主权和领土完整,尊重贵国人民根据本国国情对自己发展道路和内外政策的选择，愿在和平共处五项原则基础上进一步同贵国发展关系，加深合作。”

格利戈罗夫说，两国建交以来，高层互访频繁，这证明两国在发展友好关系方面有很大的潜力。马中两国对国际事务有相同或相似的看法，两国都为维护世界和平而努力，为平等的国际合作而努力。马其顿对中国作为联合国安理会常任理事国，在国际事务中对马的支持表示感谢。

江泽民表示，中国重视同马其顿的经贸关系，两国经济上有不小的互补性，经贸合作的潜力和机会是很大的。为推动两国的经贸关系向前发展，双方要鼓励和支持公司、企业和地方之间加强了解和接触，开展多种形式的合作，双方要进一步加强两国政府经贸混委会等职能部门的作用。相信通过双方的共同努力，经贸关系一定会取得进展。格利戈罗夫同意江主席的意见。

格利戈罗夫重申，台湾是中国领土的一部分，台湾问题是中国的内政，马其顿支持“一个中国”的立场，支持中国统一祖国的努力。江泽民对此表示赞赏。

江泽民说，世界正在走向多极化，这有利于广大发展中国家、中小国家独立自主地在国际事务中发挥作用。我们主张在和平共处五项原则和其他公认的国际关系准则基础上，建立公正合理的国际政治经济新秩序。中马两国在许多重大国际问题上有着相同或相似的看法。我们愿同贵国加强在国际事务中的磋商和合作。

会谈后，两国领导人出席签字仪式并签署了《中华人民共和国和马其顿共和国公报》，中马两国有关部门签署了《两国政府关于鼓励和相互保护投资协定》、《两国政府关于对所得和财产避免双重征税和防止偷漏税的协定》、《两国文化部 1997—1999 年文化合作协定执行计划》、《中国贸促会、国际商会和马其顿经济联合会的合作协议》等合作文件。

中共中央政治局委员吴邦国在中央党校重点国有企业领导干部进修班开学典礼上发表讲话

吴邦国指出，中组部、国家经贸委等部门决定用三年时间，分期分批在中央党校和国家行政学院，对 1000 户重点国有企业领导干部进行培训，这是加强企业领导班子和党的建设的一项重要措施，一定要把这件事情办好。

吴邦国在分析了国有企业改革和发展的形势后，强调指出，加强企业领导班子建设，既是坚持党对企业政治领导的保证条件，也是企业改革和发展的必然要求。他着重就对国有企业领导班子进行考核、抓好企业领导干部的培训和对领导班子的监督讲了三点意见。

吴邦国说，对国有企业领导班子进行一次普遍考核，这是今年的一项重要工作。考核企业领导班子，要走群众路线，充分发扬民主，认真听取广大职工和企业主管部门的意见，坚持上级考察与职代会民主评议相结合的原则。对企业领导班子的要求，胡锦涛同志曾经明确过五条：一是要有坚定的理想，能够坚决贯彻执行党的路线方针政策和国家的法律法规；二是要有丰富的社会主义市场经济知识、较强的经营管理能力和开拓进取精神；三是坚定地依靠党组织和广大职工办企业，善于走群众路线，自觉接受各方面的监督；四是清正廉洁，艰苦奋斗，扎实工作，不怕困难，勇于奉献；五是谦虚谨慎，勤奋学习，善于同领导班子成员合作共事。这些要求确实是不低的，但是要把国有企业办好，没有这样的素质是不行的。在认真考核的基础上，调整充实国有企业领导班子，重点抓好近两年亏损严重、内部矛盾突出、职工意见大的大中型企业领导班子的调整、充实，实行优胜劣汰。

他指出，要切实抓好企业领导干部的培训工作。采取多种形式和途径，认真学习邓小平同志建设有中国特色社会主义理论和党的基本路线，学习党中央、国务院关于国有企业改革和发展的一系列方针政策。同时，要学习社会主义市场经济、科学技术、经营管理的新知识，全面提高领导班子政治、业务素质。各地、各部门也要结合实际情况做好这项工作。

吴邦国强调，加强对企业领导班子的监督。目前，大多数国有企业的领导是好的和比较好的，但是也有一些观念陈旧、素质不高、班子不团结，少数甚至贪污腐化，以权谋私。因此，如何健全企业领导班子的约束机制和监督机制，是亟须解决的问题。要充分发挥党委会的作用，按组织制度召开民主生活会，开展批评与自我批评。充分发挥董事会、监事会的作用，对企业的经营者进行监督。充分发挥职工民主监督作用，加强职工代表大会对领导班子的民主评议和监督。评议监督企业领导班子，既是职工的权利，也是我们全心全意依靠工人阶级，搞好国有企业的一个具体体现。

国务委员宋健在江西考察

宋健于 6 月 9 日至 13 日在参加国家科委、国家计委联合在江西召开的山江湖工程经验交流会期间，专程对山江湖工程的建设进行了考察。

宋健指出，以科技为依托是山江湖工程获得成功的重要保证。山江湖工程从一开始，便应用现代科学理论指导治理开发的实践，大量采用适用技术，组装配套应用于山水资源的系统开发和生态环境的综合治理。山江湖工程的构想充分体现了系统工程和可持续发展思想的结合。随着山江湖工程的深入，基本形成了一个多学科、多部门、多层次联合作战，协同攻关的科技网络。在实践中创造了大量适合不同区域可持续发展的综合技术体系，其成果具有很高的推广价值。

宋健说，赣南山区全面发展林、果、禽、渔、农、牧、副业等有利于生态的农业，是农村走可持续发展的一条好路子，要继续以科技为先导，发展高新技术绿色产业；要合理规划，加强科学研究和人才培养；要保护好生态环境，严格控制污染企业，把赣南山区建设成为中国的绿色产业州；要鼓励一批掌握科学技术、有志为农村经济发展作贡献的年轻机关干部，深入农村第一线。

中国最大的悬索桥——广东虎门大桥正式通车

大桥全长4688米，连接广深、广珠高速公路，加引桥全长15.76公里，主跨达888米，使深圳与珠海间的陆路距离缩短100公里。

国家经贸委 国家技术监督局发出关于查处“中国名牌商品介绍活动委员会”的通报

国家经贸委、国家技术监督局日前联合向社会发出通报，对“中国名牌商品介绍活动委员会”及组织者多次搞变相评比活动作出处理决定。

“中国名牌商品介绍活动委员会”对外宣称由几家新闻单位组成，实际上是由经办单位北京铁流广告有限责任公司一手策划的。这个委员会既未经民政部注册批准，也未在工商部门注册登记，在无民事权利能力和无法律资格的条件下，便与生产企业及质检机构等单位签订名牌产品介绍合同。自1996年起，通过几家报纸的广告版面，给一些被介绍的产品冠以“名牌商品”，并颁发“名牌商品”证书和奖牌，同时向每个被介绍企业收取审核费和广告费2.6万元。其介绍的“名牌商品”生产企业参差不齐，有的甚至是国家质量监督抽查判为不合格的产品。

根据中共中央办公厅、国务院办公厅《关于严格控制评比活动有关问题的通知》规定，国家经贸委、国家技术监督局对上述违反国家规定的活动作出严肃处理：一、“中国名牌商品介绍活动委员会”应立即停止变相评比活动。二、以“中华国产精品推展会”、“中华科技精品推展活动组委会”、“中国名牌商品介绍活动委员会”名义评选出的“中华国产精品”、“中华科技精品”、“名牌商品”一律无效。三、“中国名牌商品介绍活动委员会”的经办单位，即北京铁流广告有限责任公司在上述活动中，向企业收取的费用立即如数退还企业。四、对策划、举办中国名牌商品介绍活动的有关责任单位和个人，由工商行政管理和技术监督等部门依照各自的职权严肃查处。五、对参与中国名牌商品介绍活动的有关新闻单位进行通报批评，并由其上级主管部门进行处理。

国务院港澳事务办公室和广播电影电视部在人民大会堂联合举办历史巨片《鸦片战争》首映式

影片《鸦片战争》是中国电影工作者为迎接香港回归祖国献上的一份厚礼，影片用历史唯物主义的观点，高屋建瓴地表现了150多年前的鸦片战争的始末，生动地展示了我国人民抗击外来侵略、不屈不挠的英雄气概。同时，也展现了中华民族曾经蒙受过的屈辱。

国务院总理李鹏在中南海会见日本通商产业大臣佐藤信二

全国政协主席李瑞环到波恩国宾馆会见德国副总理兼外长金克尔

在谈到国际上某些人散布所谓的“中国威胁论”时，李瑞环指出，所谓“中国威胁论”是完全没有根据的。中国自1840年后的100多年中饱受帝国主义列强的侵略欺凌，并为反抗这种侵略欺凌付出了沉重的血的代价。中国人民憎恶霸权主义、反对霸权主义。中国有句成语叫“己所不欲，勿施于人”，中国决不会以霸权主义加害于别的民族。所谓“中国威胁论”是某些人遏制中国的一个借口。这些人不愿看到中国走自己选择的道路，不希望中国迅速发展，实际上是害怕中国强大起来妨碍他们搞霸权主义。他说，中国是个发展中国家，经济文化还很落后，就是赶上中等发达国家水平，也得艰苦奋斗50年到100年。中国需要专心致志地发展经济，改善人民生活。进一步说，中国将来就是富强了，也不会去欺侮别人，威胁别人。不称霸，是毛泽东同志的名言；不当头，是邓小平同志的叮嘱。

国务院副总理李岚清在中南海会见日本日绵株式会社社长渡利阳

国务院副总理吴邦国在人民大会堂会见马其顿副总理波波夫斯卡

全国人大常委会副委员长王丙乾在人民大会堂会见意大利众议院财政委员会主席乔治·本韦努托

外经贸部部长吴仪在北京会见日本通产大臣佐藤信二

中宣部在哈尔滨市召开多出优秀作品工作座谈会

座谈会于6月9日至12日在举行。会议围绕多出优秀作品，交流情况，分析形势，总结经验，研讨措施。

中共中央政治局委员、书记处书记、中宣部部长丁关根在座谈会上指出，要坚持为人民服务、为社会主义服务的方向和百花齐放、百家争鸣的方针，充分尊重文艺规律，充分尊重作家艺术家的劳动，着力提高文艺作品质量，把最好的精神食粮奉献给人民。

墨西哥参议院议长赫诺韦沃·菲格罗亚在墨西哥城会见由中国全国人大常委会副委员长布赫率领的全国人大代表团

中宣部文化部等九部委共同组织的“知识工程”正式启动

6 月 10 日

国务院总理李鹏在中南海会见马其顿总统·基罗·格利戈罗夫和夫人

全国人大常委会委员长乔石在人民大会堂会见马其顿总统基罗·格利戈罗夫

乔石说，中国全国人大同马其顿议会之间的合作是中马友好关系的重要组成部分，中国全国人大对此十分重视。他说，加强中国全国人大同马其顿议会之间的交往有利于加深两国人民的友谊，对持续、稳定、全面地发展中马友好合作具有重要的促进作用。中国全国人大愿同马其顿议会一道，通过各种形式的交往和合作，为推动中马友好合作关系的发展继续作出努力。

全国政协主席李瑞环到波恩总理府拜会科尔总理

国务院批转公安部《小城镇户籍管理制度改革试点方案》和《关于完善农村户籍管理制度的意见》

各省、自治区、直辖市人民政府，国务院各部委、各直属机构：

国务院同意公安部《小城镇户籍管理制度改革试点方案》和《关于完善农村户籍管理制度的意见》，现转发给你们，请认真贯彻执行。

逐步改革小城镇户籍管理制度，完善农村户籍管理制度，是国家一项重要的基础性工作，事关经济发展、社会进步和维护社会稳定的大局。各级政府要加强领导，按照国家的统一规定，精心组织实施，积极稳妥地把这项工作做好。

国务院

1997 年 6 月 10 日

小城镇户籍管理制度改革试点方案（文略）

全国纪检监察机关查办案件工作电视电话会议在北京召开

向香港供水 32 周年纪念报告会在北京举行

国务院副总理姜春云受李鹏总理委托代表国务院到会祝贺并讲话。

姜春云说，1962 年秋天至 1963 年初夏，香港发生严重“水荒”。人们的生活受到了严重威胁，香港的经济遭受了严重损失。香港同胞的困难，牵动着祖国人民的心，受到了我们党和政府的高度重视。周恩来总理亲自了解并过问香港供水问题，作出重要批示，要求有关部门把工程作为援外专项项目，由国家举办，为香港同胞分忧解难。1963 年周总理批准兴建东深供水第一期工程，经过上万名水利工作者日夜奋战，于 1965 年建成。后来，在党中央、国务院尤其是李鹏总理的亲切关怀下，先后经过三次扩建，供水能力提高 10 倍以上。目前东深供水工程对香港年供水量已达 7 亿多立方米，占香港淡水年需水量的 70%以上，32 年来累计向香港供水近 100 亿立方米，成为维护香港地区长期繁荣稳定的一个至关重要的因素。香港同胞深情地将这源源不断地流入香港的水称之为“生命水”。

姜春云说，90 年代初，广东、香港同时发生严重干旱，广东省、深圳市各级政府和人民，从大局出发，作出了很大牺牲，每天压缩深圳、东莞等地用水 30 万立方米，保证了向香港的供水需要。事实证明，中国政府和人民是真正希望香港保持长期繁荣稳定的，是真正关心 600 多万名香港同胞切身利益的。

会上，水利部授予广东省东江——深圳供水工程管理局“向香港供水先进集体”称号，授予关宗枝等 10 名同志“向香港供水先进个人”称号。水利部部长钮茂生，广东省委常委、广东省副省长欧广源出席会议并讲话，广东省水利厅和香港水务署负责人也到会发言。

解放军总政治部主任于永波在中共总政治部党代会上发表讲话

于永波说，今天距离我国政府对香港恢复行使主权还有 21 天，党的十五大的召开也越来越临近。为这两件大事顺利进行创造良好的社会、政治环境，是当前全党、全国工作的大局。总政治部作为全军政治工作的领率机关，一切工作都要紧紧围绕这个大局，服从、服务于这个大局。

于永波强调，要完成总政肩负的重大责任，必须进一步搞好自身党的建设，用邓小平建设有中国特色社会主义理论武装全体党员的头脑，用这个旗帜凝聚党心军心。当前要学习好邓小平新时期军队建设思想，更加坚定、自觉地维护以江泽民同志为核心的党的第三代领导集体的权威。

于永波指出，加强党的建设，要继承和发扬我党我军的优良传统作风，始终保持共产党人的政治本色。要发扬爱国主义和艰苦奋斗精神。每一个党员干部都要把党的利益、国家的利益、人民的利益看得高于一切，以个人利益无条件地服从革命利益。

于永波要求全军要进一步发挥党委、支部在思想政治领导方面的作用，切实加强对党员干部的教育管理。要把思想作风纪律建设作为经常性的重要内容来抓，引导广大党员自觉抵制个人主义、拜金主义、享乐主义和资本主义腐朽文化的影响，牢固树立正确的世界观、人生观和价值观。要严格落实党的组织生活制度，切实提高党内生活的质量，进一步增强党组织的凝聚力和战斗力。

中宣部 国家经贸委召开国企改革和发展座谈会

以“深化改革，振兴国企”为主题，中宣部和国家经贸委邀集各有关方面人士聚会座谈，对搞好国企改革发展路数作了进一步探讨。

与会者从当前国有企业改革形势和任务出发，围绕近期集中宣传的十家国有企业经验的启示，交流了深化改革、促进企业发展中最深切的体会，并探讨了把党中央、国务院关于搞好国企改革的方针、政策和措施落到实处的办法。

会议认为，国有企业改革和发展，是当前经济工作中的重点和难点，也是新闻宣传的热点和关注点。从今年4月中旬到5月下旬，中宣部和国家经贸委组织中央主要新闻单位和地方新闻单位，集中报道了邯郸钢铁公司、长虹电子集团等十家国有企业改革发展的成功经验，产生了良好的社会效果。

会议指出，随着宏观管理体制改革和市场供需关系的变化，国有企业正经历走向市场的严峻考验。十家国有企业改革和发展的经验十分丰富，各具特色，归结到一点是义无反顾地走向市场，勇敢地投身市场竞争。这现实地说明，国有企业能够在市场经济中重振雄风。

与会同志结合实际，认真分析这些企业带来的启示，普遍认为，十家国有企业的迎难而上、曲折发展的经历是国有企业走向市场的缩影，其成功的经验给人们的启示很多。由于历史的原因，国有企业在走向市场过程中遇到了巨大的困难，但潜力也很大。国有企业一旦转变了观念，调整了思路，下决心自主自立，坚定不移地走向市场，转变经济增长方式，埋藏于国有企业的潜力就会变成现实的市场竞争力。

会议强调，企业改革已进入关键时期和攻坚阶段。宣传十家国有企业经验，是希望推动产生更多的适应市场经济的国有企业。企业的情况千差万别，搞好企业有多种途径，但下决心走向市场，适应市场，提高市场竞争力，这一点却是所有国有企业面临的共同课题。榜样的力量是无穷的，十家企业做到的，各个国有企业也可以做到。各级政府部门有责任为企业转机建制创造必要的外部条件。

会议还希望新闻宣传要继续坚持正确导向，用事实说话，抓带有本质意义的典型经验，总结带有规律性、普遍性的东西，才能在面上产生对整个国有企业改革的推动作用。

座谈会由中宣部副部长徐光春主持。国家经贸委副主任陈清泰在会上讲了话。武钢(集团)公司总经理刘本仁、大庆石油管理局常务副局长梅江、无锡锅炉厂厂长华金荣、山东省电力公司总经理刘振亚、大连市经委主任韩世福、中国人民大学教授邓荣霖、冶金部副部长王万宾、煤炭部副部长朱登山、机械部副部长姚明伟、纺织总会副会长杜钰洲等在会上相继发言。人民日报、新华社、中央电台、中央电视台、光明日报、经济日报、工人日报等新闻单位的负责人，以及经济理论界人士出席了座谈会。

国家科委 国家计委在南昌联合召开江西山江湖工程经验交流会

会议的主要目的是总结交流江西山江湖工程和全国各地实施可持续发展的经验，探讨如何进一步将中西部特别是欠发达地区的可持续发展工作引向深入，落到实处。国务委员、国家科委主任宋健出席会议并讲了话。

宋健指出，山江湖工程是利在当代、功在千秋的系统工程，完全符合科教兴国和可持续发展战略的要求。山江湖工程之所以取得初步成功，主要原因在于领导重视、科学规划和常抓不懈，江西山江湖工程为全国特别是中西部地区做出了一个好的示范。

宋健强调，为了保证实现下一世纪的可持续发展，必须在三个方面努力奋斗。第一，要坚决控制人口的增长，坚决执行中央确定的计划生育政策，才能保证后代的幸福。第二，要努力保证和建设好环境，这是实施可持续发展战略的基本保证。第三，抓住机遇，寻求持续、快速、健康的发展。各地要针对当地具体情况，对照学习江西山江湖的经验，认真贯彻执行落实党中央提出的可持续发展战略和科教兴国战略，促进我国的可持续发展。

江西省委书记、山江湖开发治理委员会主任舒惠国在会上介绍了江西省山江湖工程实施的经验。1983

年以来，江西省委、省政府始终把山江湖开发治理作为一个系统工程来抓，经济发展与保护生态环境并举，经济效益与社会效益、生态效益同步，取得了令人瞩目的成绩。全省先后建立了山区综合开发、红壤丘陵治理、沙化土壤改造、农林系统建设、水土流失控制等 9 大类 26 个示范基地，辐射到 127 个推广点、112 个大型农业开发基地和 6 个小流域治理样板。山江湖工程的艰苦努力换来了经济环境协调发展的丰厚回报。1985 年到 1996 年，江西省国民生产总值从 207 亿元上升到 1664 亿元，400 万人口摆脱了贫困，森林覆盖率从 80 年代的 31.5%上升到 1995 年的 54.3%。

中央组织部和国家经贸委联合发出《“九五”期间全国企业管理人员培训纲要》

中共中央组织部和国家经贸委近日联合发出《“九五”期间全国企业管理人员培训纲要》。《培训纲要》提出，“九五”期间对企业管理人员普遍进行一次工商管理培训，国有大中型企业领导人员及其后备人员，“九五”期间都应参加不少于 3 个月的工商管理培训，经认定院校培训合格者发“工商管理培训证书”。

全国企业管理人员培训主要分 5 种形式：一是岗位适应性短期培训。企业管理人员就国家新出台的法律法规，方针政策，及企业改革与发展的重点问题，每年接受不少于 7 天的短期培训，并成为制度。二是工商管理培训。“九五”期间对企业管理人员普遍进行一次为期 3 个月，以特色理论、企业财务、市场营销、技术开发、国际贸易与金融、经济法规、人力资源开发等 12 门课程及 1 门专题讲座组成的工商管理培训。由国家经贸委负责制订指导性教学计划。国有企业，特别是大中型企业领导及其后备人员都应参加这种培训。培训分级管理和实施，国家经贸委着重抓好国务院重点联系的 1000 户企业领导人员的培训。三是对财会、法律、审计、安全、统计等专业管理人员进行职业资格培训。四是进一步提高企业管理人员文化教育水平的培训。大中型企业厂级管理人员一般应达到大专以上学历。五是开拓新的国际合作培训项目和渠道。如建立完善出国培训效果评估制度等。

《培训纲要》提出，各级党委、政府要把企业管理培训工作，作为“九五”期间实现“两个根本性转变”的一项基础性工作，作为深化企业改革、促使企业走向市场的根本性措施，切实加强对企业培训工作的领导。培训工作实行国家统一规划、行业指导、企业自主培训、中央和地方分级管理、分工负责的原则。在管理和组织实施中，原则上按企业隶属关系和干部管理权限进行。乡镇企业和三资企业可参照《纲要》精神开展培训工作。国家经贸委归口管理全国企业管理人员的培训工作。

全国财政扶贫工作经验交流会在成都召开

国务院扶贫开发领导小组组长陈俊生在四川考察

陈俊生于 6 月 10 日至 15 日深入到阿坝藏族羌族自治州的一些贫困地区进行考察，听取了四川省、阿坝州及茂县、松潘、南坪、小金、若尔盖等省地县负责人的汇报并实地察看了一些贫困农户。

陈俊生在充分肯定了四川省和阿坝州开展扶贫工作的成绩时指出，改变这些地区的贫困面貌，首先要搞好农田基本建设和农业基础设施建设。他指出，贫困地区一定要因地制宜，建立起有当地资源特点的支柱产业。陈俊生特别强调，各级干部带领群众扶贫攻坚应苦干实干，不能光停留在一般号召上。县、乡干部应扶贫到村到户，并定期检查措施落实情况。陈俊生在考察时说，阿坝州是藏、羌、汉等民族聚居地区，加强民族团结，保持全州的政治稳定是繁荣经济的先决条件。各级干部在带领群众抓好经济工作的同时，应对海外民族分裂的敌对活动提高警惕。

国务院总理李鹏在中南海会见阿曼苏丹国卡布斯苏丹特别代表苏韦尼·本·谢哈布·赛义德殿下

全国政协主席李瑞环在波恩接受德国《世界报》记者施玛尔茨采访

李瑞环回答施玛尔茨提出的有关中德关系、人权问题以及香港回归等问题。

关于中德关系，李瑞环说：“中德关系总体上是好的。去年一度出现一些波折，但经过双方共同努力，又重新走上了健康发展轨道。对此，我们要总结经验，汲取教训，避免再发生类似不愉快的事情。”他说，“德国是世界上最发达国家之一，中国是世界上最大的发展中国家，两国经济上互补性很强，合作的潜力巨大。德国是目前我国在欧洲的最大经贸伙伴，也是我国从欧洲引进技术项目最多的国家。中国十分重视同德国的友好合作。我们希望在经贸、科技、文化等各个领域继续加强同德国的全面合作，取得更大的成效。”

当记者问到中国对于人权问题的态度以及中国在司法方面所取得的成就时，李瑞环回答：中国对于人权问题的态度，西方国家许多人并没有全面的了解，我们自己解释得也不够。当然，也有人故意歪曲事实。中国对于人权问题的态度，概括地讲，主要有三个观点：

“第一，人权普遍性原则应当得到尊重。国际社会公认的关于人权的正确原则是人类文明发展的结果，对于人类发展和进步具有积极意义，适用于国际社会大家庭的每个成员。中国共产党从成立那天起，就坚定不移地致力于实现和维护中国人民的各项基本权利，始终不渝地为人民群众在政治上享有民主、在生活上走向富裕而斗争。中国是联合国人权委员会的成员国，积极参加了联合国人权领域的各项活动，包括参与了一系列人权文书的起草和制定工作。中国加入了17个国际人权公约，并准备于今年年底签署《经济、社会和文化权利国际公约》。中国对人权普遍性原则的确认和实施是真诚的、一贯的。”

“第二，人权普遍性原则必须与各国具体情况相结合。由于历史背景、文化传统和经济发展水平不同，各国在实施人权普遍性原则时，从内容到形式，从方法到步骤都会有所不同。即使是世人公认的最一般的原则，如果脱离了具体情况，也未必行得通。比如妇女生孩子，生多少，是妇女的基本权利。然而在有着12亿人口的中国，如果没有计划和倡导，过不了多久就会翻一番——24亿，再翻一番——48亿，再翻一番……，那时中国将是什么局面？给世界将带来什么后果？我们认为，贯彻人权普遍性原则必须从实际出发，必须着眼于多数人的利益，必须坚持循序渐进，必须注重客观效果。只是高唱一些动听的言辞，简单照抄照搬别国的做法，是不可能成功的，甚至会带来相反的结果。”

“第三，人权普遍性原则的实现是一个过程。人权原则的内容是随着经济和社会生活的发展而发展的，这个过程永远不会完结。昨天看已近于完善，今天看还远未完善；今天看已近于完善，明天看可能又远未完善。正是在这个不断追求、不断变化、不断发展的过程中，人类所享有的基本权利不断被推向更高的阶段。世界上的国家都处于这个过程之中，处于前后左右不同的位置上，不同步的现象总是存在的。但各个国家无论处于什么位置，都有一个不断提高本国人民享有人权程度的任务。各国应当通过平等的对话和交流，共同促进人权事业的发展。有的人对自己国家人权状况的感觉过于良好，对别国特别是发展中国家动辄横加指责，这对人权普遍性原则的实现不会带来任何好处。”

“健全的司法可以更好地保护人权。邓小平同志早就说过，‘为了保障人民民主，必须加强法制’。改革开放以来，我们在健全社会主义法制方面做了大量工作，先后制定和颁布了一系列重要法律，并全面加强了执法力度，今后我们还将在这方面继续努力。与此同时我们也认为，一个国家的人民所享有人权的程度，有赖于这个国家的经济和文化发展。中国把富强、民主、文明三者作为自己的综合发展目标，努力使人民所享有人权的程度随着国家经济、社会的总体发展而不断提高。”

当记者问到香港回归后将在哪些方面保持不变以及香港对内地将产生哪些影响时，李瑞环说：“按照邓小平同志提出的‘一国两制’的伟大构想，香港回归后仍将保留资本主义制度。具体说来，就是实行三个不变，即现行的社会、经济制度不变；生活方式不变；原有的法律基本不变。我们认为，‘一国两制’有利于继续保持香港的稳定繁荣，有利于促进我国的改革开放和现代化建设，有利于最终完成祖国统一大业，也有利于扩大各国的经贸合作与世界和平。”

“最近十几年来，香港对中国的改革开放和经济建设作出了重大贡献。讲引进外资，约一半是从香港过来的，或是经过香港进来的，讲出口贸易，一半以上是从香港转口出去的，或是直接出口香港的。此外香港还给内地带来了大量的信息、技术和人才。可以肯定地讲，香港回归之后，随着内地经济的进一步发展，香港的作用将会更大。”

李瑞环还就中欧、中美关系以及台湾问题回答了记者的提问。

国家副主席荣毅仁在人民大会堂会见阿曼苏丹国卡布斯苏丹特别代表苏韦尼·本·谢哈布·赛义德

国务院副总理兼外交部部长钱其琛在北京会见阿曼苏丹特别代表苏韦尼

国务院副总理兼外交部部长钱其琛在北京会见南非副外长阿齐兹·帕哈德

国务院副总理李岚清在中南海会见日本长崎县知事高田勇

外经贸部部长吴仪在北京与古巴外贸部部长里卡多·卡布里萨斯·鲁伊斯签署中国—古巴经济贸易混合委员会第九次全体会议会谈纪要和其他有关双边经贸合作关系文件

中央军委副主席张万年在北京会见津巴布韦陆军司令奇温加

中国就适用于香港的国际公约再次照会联合国

中国常驻联合国代理代表王学贤向联合国秘书长安南再次递交外交照会和中国拟于1997年7月1日起适用于香港特别行政区的国际多边条约清单，共16项条约。这是中国向联合国递交的第二批适用于香港地区的国际条约清单。

10日交存的照会说，根据中英联合声明，中国从1997年7月1日起对香港恢复行使主权。自该日起，香港将成为中国的一个特别行政区，除外交和国防事务属中央政府管理外，该行政区将享有高度自治权。

根据中英联合声明和香港基本法，凡中国已经参加的国际协定，将根据香港地区的情况和需要，在征询香港特别行政区政府的意见后适用于香港；凡中国没有参加但已适用于香港的国际协定，仍可继续适用。

据中国常驻联合国官员介绍，当天递交联合国的16 项国际多边条约清单中，6 项是中国已经参加的，其余 10 项中国尚未参加但拟继续适用于香港地区。这一做法也是“一国两制”的具体体现。王学贤大使在外交照会中要求作为这些条约保存人的联合国秘书长将中国政府的这一决定通知有关条约的所有缔约方。

在当天递交的清单中，中国已经加入并从 7 月 1 日起适用于香港地区的条约包括：《消除一切形式种族歧视国际公约》，《消除对妇女一切形式歧视公约》，《禁止酷刑和其他残忍、不人道或有辱人格的待遇及处罚公约》，《儿童权利公约》，《联合国禁止非法贩运麻醉品和精神药物公约》，《控制危险废物越境转移及其处置的巴塞尔公约》。

清单所涉及的中国尚未加入，但已适用于并将继续适用于香港地区的 10 项国际条约是：《制止贩卖白奴国际协定》，《制止贩卖白奴国际公约》及 1949 年修订议定书，《废止奴隶制、奴隶贩卖及类似奴隶制的制度与习俗补充公约》，《妇女政治权利公约》，《禁奴公约》及1953 年修订议定书，《制止贩卖妇女及儿童国际公约》，《关于婚姻同意、结婚最低年龄及婚姻登记公约》，《关于无国籍人地位公约》，《禁止流通淫亵性刊物协定》及1949 年 5 月 4 日修订议定书，《禁止流通和贩卖淫亵性刊物国际公约》及 1947 年 11 月 12 日修订议定书。

外交部发言人崔天凯在就日方日前派员来华向中方通报日美发表的修改防卫合作指针中期报告情况一事答记者问

崔天凯说，日方在通报中强调日美根据日美安保条约及有关协议确定的权利和义务以及日美同盟的基本框架不变；日本的一切行动应在日本宪法的制约范围内，遵循专守防卫及无核三原则等基本方针进行；日美双方的行动将依据联合国宪章和国际法准则行事。

崔天凯说，中方重申对日美安全合作的基本立场和看法，指出日美安全同盟是“冷战”时代形成的双边安排，在“冷战”格局崩溃后，这种安排更不应超出双边范畴，以免给亚太邻国带来不安，并给地区安全形势增加复杂因素。特别是由于历史原因，日本在安全政策上的取向对亚洲邻国一直是一个十分敏感的问题，希望日本汲取历史教训，慎重行事，坚持走和平发展道路。

刚果民主共和国总统洛朗·卡比拉在金沙萨会见中国驻刚果(民)大使黄舍骄表示愿在平等互利的基础上发展同中国的良好关系

墨西哥总统塞迪略在墨西哥城会见由全国人大常委会副委员长布赫率领的全国人大代表团

劳动部部长李伯勇在日内瓦举行的第八十五届国际劳工大会上发言

李伯勇阐述了中国政府关于劳工标准活动有关问题的意见。他指出，中国政府一贯重视国际劳工标准活动，严格遵守劳工组织章程规定的基本原则。他说，近年来，中国政府根据建立社会主义市场经济体制的需要，参照国际劳工标准和国外经验，制定了《劳动法》以及一系列专项法规，使中国的劳动工作走上法制化轨道。李伯勇向大会介绍了中国批准有关国际公约的情况。

李伯勇说，中国政府坚决反对任何把劳工组织变成国际法庭的企图。李伯勇在发言中呼吁，劳工组织在推动劳工标准活动的同时，把主要精力放到促进就业、消除贫困的历史使命上来。

“风云二号”气象卫星发射成功

晚上 8 时零 1 分，中国在西昌卫星发射中心用“长征三号”运载火箭，成功地将第二代气象应用卫星“风云二号”发射升空。23 分钟后，星箭分离，卫星准确入轨。

这次发射是长征系列运载火箭第 45 次发射。

由中国航天工业总公司上海航天技术研究院为主研制的“风云二号”气象卫星，是我国重点建设工程项目。卫星重量为 1.38 吨，星上装有扫描辐射计、云图广播和数据收集转发器等，设计寿命为 3 年。与 1988 年和 1990 年发射的两颗“风云一号”太阳同步轨道气象卫星不同，“风云二号”是地球静止轨道气象卫星。它的视野更为广阔，能覆盖以我国为中心的约 1 亿平方公里的地球表面，可以观测和提供我国及邻国的云图、温度、水气、风场等气象动态，对准确进行中长期天气预报及灾害预报具有重要的作用。

目前，卫星运行正常，今后一段时间，西安卫星测控中心和海上航天测量船将对“风云二号”卫星进行跟踪和测控，最后定点于东经 105 度赤道上空。

《周恩来年谱(1949—1976)》由中共中央文献研究室编写中央文献出版社出版

中国登山协会运动员李致新和王勇峰于北京时间 17 时 26 分成功地登上了坐落于俄罗斯高加索地区的海拔 5642 米的欧洲最高峰——厄尔布鲁士峰

6月11日

中共中央总书记江泽民会见出席中共空军党代会代表

江泽民在讲话中说，空军组建48年来，经过几代人的努力，形成了英勇顽强、艰苦奋斗，高标准、严要求，雷厉风行、令行禁止等优良传统和作风。在抗美援朝和国土防空中，作出过许多重要贡献。在新的历史时期，部队全面建设得到进一步加强，出色地完成了战备值班、军事斗争准备、抢险救灾、专机保障等重大任务。

江泽民强调指出，空军是一个技术密集的军种，肩负着维护国家主权和安全的神圣使命，具有十分重要的地位和作用。党中央、中央军委对空军建设十分重视，寄予厚望。希望大家认真学习邓小平建设有中国特色社会主义理论和新时期军队建设思想，大力加强思想政治建设，始终坚持党对军队的绝对领导，坚决听从党中央、中央军委的指挥，牢牢把握部队建设的正确方向；坚持用新时期军事战略方针统揽各项工作，加强高新技术知识学习，掌握好、维护好新装备，培养高素质人才，提高部队在高技术条件下的作战能力；发扬我军优良传统，从严治军，严格教育和管理部队，加强全面建设，为建设一支强大的现代化人民空军而奋斗。

全国政协主席李瑞环到波恩总统府拜会德国总统赫尔佐克

李瑞环向主人介绍了中国的情况。他说，了解中国当前的情况，主要看三个方面的问题：一是坚持邓小平建设有中国特色社会主义理论不能变。二是维护团结稳定的社会局面不能乱。三是努力解决经济和社会生活中的一些难点问题，不能拖。中国人民有充分信心解决好这三个方面的问题，把一个充满勃勃生机的中国带入即将来临的新世纪。

全国政协主席李瑞环到波恩议会大厦拜会德国联邦议院议长聚斯穆特

双方就民主和人权问题坦诚地交换了意见。

《人民日报》发表《百个爱国主义教育示范基地名单》

《人民日报》发表新华社评论员文章《陶冶爱国之情激扬报国之志》

随着中华民族一个神圣的日子——香港回归祖国之日的临近，爱国主义热情在神州大地激荡，在海内外亿万华夏子孙心中涌流。当此之时，中宣部公布了100个爱国主义教育示范基地，昭示中华民族悠久历史瑰宝，展现近代中国人民血火抗争史实，反映中国共产党人波澜壮阔的革命伟业，陶冶全民爱国之情，激扬奋进报国之志，这是进一步开展爱国主义教育，推进改革开放和社会主义建设事业的一项重大工程。

爱国主义是中华民族最为深厚的历史情感，是凝聚和鼓舞各族人民团结奋斗的一面旗帜。在改革开放的今天，开展爱国主义教育，是提高全民族整体素质，加强社会主义精神文明建设的宏大事业。正如江泽民同志指出的："爱国主义教育是精神文明建设的一个重要内容。加强爱国主义教育，要贯穿社会主义现代化建设的整个过程。"中央颁布《爱国主义教育实施纲要》两年多来，爱国主义教育在全社会广泛开展，形式多样，高潮迭起，爱国主义意识日益深入人心。

百个爱国主义教育示范基地，上下五千年，浓缩了中华民族古老而又年轻的灿烂文明；纵横遍神州，舒展开一幅华夏子民奋发进取的壮丽长卷；伟业惊天地，是中华民族不可磨灭的精神丰碑。

从浙江河姆渡，到陕西黄帝陵，从莫高窟盛唐遗韵，到八达岭巍巍长城，这类以古代史实为主要内容的教育基地告诉我们，我们的祖先披荆斩棘，历尽艰辛，开垦神州亘古荒原，创立生生不息华夏文明，也为整个人类文明作出了重大贡献。

鸦片战争博物馆，中英《南京条约》签约旧址，圆明园遗址，林则徐纪念馆，三元里人民抗英斗争纪念馆，这类以近代史实为主要内容的爱国主义教育基地，记录着中华民族遭受外敌入侵的耻辱，记载着中国人民追求自由，不畏强暴，维护民族尊严和国家主权的英勇抗争。

中国共产党第一次全国代表大会会址纪念馆，中国抗日战争纪念馆，重庆红岩革命纪念馆，延安革命纪念地，这类以现代中国人民和中国共产党人革命斗争业绩为主要内容的教育基地，形象地告诉人们，只有社会主义能够救中国，中国共产党人继承和发扬中华民族的优秀传统，在争取民族独立、维护国家主权的斗争中，付出了最大的牺牲，作出了最大的贡献。中国共产党的爱国主义，是中华民族爱国主义的最高风范。

铁人王进喜纪念馆，孔繁森纪念馆，林州红旗渠，这类以新中国建设事业为主要内容的教育基地告诉人们，在共和国轰轰烈烈的创业史上，在建设有中国特色社会主义的征程中，我们国家的经济建设和各项事业取得了举世瞩目的成就。这些事实说明，只有社会主义才能发展中国，只有改革开放才能使中国走向富强。在此，爱国主义与社会主义统一在一起。在改革开放和现代化建设事业中，涌现出一个个创造了光辉业绩的模范人物,走出一个个爱国爱民、无私奉献的英雄方阵,使中华民族的爱国主义传统焕发出新的光彩。

凡此种种,通过百个爱国主义教育示范基地,以丰富的史实,生动地告诉人们,中华民族爱国主义传统代代相传,不断发扬光大。中华民族以贡献全部力量建设和保卫祖国为最大光荣,以损害国家利益、国家尊严为最大耻辱。"苟利国家生死以,岂因祸福避趋之",这是我们高尚的民族情操,这是我们最可珍贵的民族财富,这是我们民族生存和发展的力量源泉。

靠着这种爱国主义精神,我们的国家战胜了一个又一个侵略者,我们建立起独立自主的新中国,使社会主义中国巍然屹立于世界民族之林。在改革开放的今天,更要通过包括建设爱国主义教育基地在内的各种形式,弘扬爱国主义传统,高扬起爱国主义旗帜,振奋民族精神,凝聚全民力量,致力振兴中华。

高举起爱国主义旗帜,有利于我们坚定不移地实施对外开放的基本国策,以开放和谦逊的胸怀,广泛吸收世界各民族文明的精华,积极引进先进的科学技术和经营管理经验,去粗取精,为我所用,加快祖国的发展和进步。

高举起爱国主义旗帜,使我们在困难和挫折面前,不是妄自菲薄,而是不屈不挠,保持中华民族的自尊和自信,把对祖国深沉的爱,化作无私的奉献,化作励志图强的内在动力。

高举起爱国主义旗帜,就能使我们辽阔疆域各族人民,通过爱国主义的纽带,凝聚在一起,团结在一起,任凭国际风云变幻,坦然面对各种挑战,把国家主权和安全放在第一位,自觉地维护国家的统一、民族的团结和人民的利益,自强自立于世界。

要在广大青少年中大力弘扬爱国主义精神,让他们了解祖国和民族的光荣历史,以生动活泼的形式,耳濡目染,润物无声,把爱国主义意识,化作报效祖国的高远之志。

当前,全国各地要以中宣部公布 100 个爱国主义示范教育基地为契机,建设和保护好爱国主义教育基地。这是各级政府的一项光荣任务,也是全社会应尽的义务,是每个华夏子孙义不容辞的历史责任。它功在当代,利在千秋。要动员方方面面的力量,采取实实在在的措施,使爱国主义教育基地发挥应有的作用。

"我是中国人民的儿子,我深情地爱着我的祖国和人民。"一代伟人邓小平的爱国情怀,是亿万中华儿女共同心声,他的伟大实践,更成为全民族的光辉榜样。让我们像他那样,把爱国之志化作报国之行,为实现建设有中国特色社会主义宏伟大业,在各自的岗位上作出应有的贡献。

《邓小平新时期军队建设思想学习纲要》出版座谈会在北京举行

中共中央政治局常委、中央军委副主席刘华清出席座谈会并作讲话。中央军委副主席张震、张万年,中央军委委员傅全有、于永波、王克、王瑞林出席座谈会。

刘华清在讲话中强调,邓小平建设有中国特色社会主义理论是指引我们进行社会主义现代化建设的伟大旗帜。邓小平新时期军队建设思想,是邓小平建设有中国特色社会主义理论的重要组成部分。这一科学的军事理论,是在新的历史条件下继承发展毛泽东军事思想的产物,是新时期军队与国防现代化建设的根本依据和指导思想,是保证我军建设沿着正确方向不断发展,夺取新的更大胜利的行动指南。

刘华清说,现在我们国家和军队的建设都处在承前启后、继往开来的重要时期。我们军队肩负着党和人民赋予的重大的历史使命,必须更加努力地学习邓小平建设有中国特色社会主义理论,进一步用这一理论武装全军官兵。

刘华清指出,学习邓小平新时期军队建设思想,一定要在认真研读原著上下功夫,完整准确地掌握理论的科学体系和精神实质;要坚持学以致用,发扬理论联系实际的学风,积极探索军队建设和改革的规律;要同学习贯彻以江泽民同志为核心的党中央、中央军委关于军队和国防建设的重大决策结合起来,全面加强部队建设,圆满完成党和人民赋予的各项任务,为把我军建设成强大的现代化、正规化的革命军队而努力奋斗。

中央军委委员、总政治部主任于永波主持会议。中央文献研究室主任逄先知,中央党校副校长龚育之和军队驻京有关大单位领导徐自强、侯树栋、马凤桐等在座谈会上发言。

中华全国台湾同胞联谊会在北京奥林匹克饭店举行宴会欢迎台湾红典中华文化交流访问团

全国刑事侦查工作会议在河北石家庄结束

中共中央政治局常委李鹏在四川考察

6 月 11 日到 14 日,李鹏先后在四川凉山、攀枝花、成都等地进行了考察。李鹏到彝族聚居的凉山州普格县,走访了生活困难的农户家庭;实地考察了正在兴建的二滩水电站、攀钢冷轧机厂、成都市府南河整治工程;听取了四川省委、省政府的工作汇报。

6 月 12 日上午,李鹏来到二滩水电站工地。李鹏逐一察看了工程的施工情形,向工程负责人和中外专家详细了解了各项建设情况。经过近 6 年的建设,昔日沉寂的山谷河道上,一座雄伟的混凝土大坝已浇筑到了170多米;沿隧道而入的巨型山洞中,发电机组正在紧张的安装之中;施工现场,先进的施工设备和严格的监测管理确保工程高质量地按计划进行。目前整个工程进展顺利,质量良好,预计1998年7月,第一台55万千瓦的水轮发电机组将投产发电。

目睹这一切,李鹏总理十分高兴。他对电站利用包括世界银行以及国际财团在内的贷款,全面实行国际竞争性招标,并按国际上先进的工程管理方式进行建设予以充分肯定。当了解到工程静态投资与他当初在报告中估算的数目基本吻合时,李鹏表示宽慰。考察中,他强调,要继续坚持改革方针,按照现代企业制度的要求,继续切实做好工程质量、造价、工期的管理,把二滩建设成一流工程,为国家作出贡献。

在四川考察期间,李鹏多次提醒各地要把水资源的节约与开发放到同等重要的位置。

针对四川省有400多万贫困人口的现状,李鹏要求切实抓好扶贫工作。他指出,贫困地区一定要结合实际,发展农业,利用当地的资源,开发种植业、养殖业。在此基础上,进一步发展农产品的深加工,提高经济效益,增加农民的收入,逐步改变落后面貌。

李鹏指出,四川省"九五"开局不错,今年以来也取得了好成绩,各项工作是令人满意的。在制定未来发展规划时,要与《纲要》相吻合,尽力而为,量力而行。四川在人口、土地、资源、经济、科技人才等诸多方面都是全国的大省,要两手抓、两手都要硬,实现物质文明建设与精神文明建设同步发展。

国家主席江泽民在人民大会堂会见来访的阿曼苏丹特别代表苏韦尼殿下

国务院副总理李岚清在中南海会见古巴外贸部部长里卡多·卡布里萨斯·鲁伊斯

国务院副总理李岚清在北京会见德国《经济周刊》主编施泰方·伯龙回答有关我国经济发展和国有企业改革等方面的问题

全国妇联主席陈慕华在人民大会堂会见以非洲经济委员会顾问联合国第四次妇女大会秘书长格特鲁德·蒙盖拉夫人为团长的坦桑尼亚妇女代表团

中共中央政治局委员李铁映在北京会见由巫统最高理事会成员妇女组主席卫生部副部长茜蒂·莎哈拉·苏莱曼率领的马来西亚国民阵线代表团

中央军委副主席张万年解放军总参谋长傅全有在北京分别会见由副总参谋长李奉竹率领的朝鲜人民军友好参观团

国防部部长迟浩田与哈萨克斯坦国防部部长穆赫塔尔·卡帕金维奇·阿尔滕巴耶夫在阿拉木图举行会谈

解放军总政治部主任于永波在钓鱼台国宾馆会见由越南人民军总政治局副主任黎海率领的越南人民军总政干部代表团

中共中央政治局常委胡锦涛在中南海怀仁堂同中组部第二期青年专家国情考察团成员座谈

参加中组部第二期青年专家国情考察团活动的29位专家,最近赴四川先后考察了成都高技术开发区、攀枝花钢铁基地、二滩水电站、西昌中国航天城和中国工程物理研究所,参观了冕宁红军纪念馆,走访了普格县彝族村寨,听取了省、地、县、乡各级党政领导的情况介绍,并与当地群众进行了交谈。在上午的座谈会上,交通部公路规划设计院高级工程师张剑飞等9位同志先后发言,谈了他们参加国情考察活动的感受和体会。

胡锦涛在讲话中对这期青年专家的国情考察活动给予了充分肯定。

在谈到认识国情时,胡锦涛指出,以马克思主义为指导,正确认识我国的国情,是我们党制定路线方针政策的根本依据和出发点,也是我们正确理解和执行党的路线方针政策的基础和前提。现阶段我国的国情是什么?最大的国情就是中国现在仍然处于并将长期处于社会主义初级阶段。我们要正确认识和解决前进中的种种问题和矛盾,把建设有中国特色社会主义事业继续推向前进,就必须始终坚持一切从实际出发,做到解放思想、实事求是,关键在于对所处社会主义初级阶段的基本国情要有统一的认识和准确地把握。他说,从事哪一领域的研究,要想更快、更好地成长、成熟起来,要想为祖国作出更多、更大的贡献,都必须始终胸怀国家现代化建设这个大局,都必须面向实际、研究社会、了解国情,都必须坚定地走同工农相结合、同实践相结合的道路。

在谈到坚定信念时,胡锦涛说,共同的理想和信念,是全党全国人民团结的思想基础,是激励我们勇往直前的精神力量。

在谈到扎实奋斗时,胡锦涛指出,建设有中国特色社会主义事业的成功,需要一代又一代人的不懈努力,需要各行各业的人们立足本职做好工作,需要大力倡导求真务实、艰苦奋斗的作风。他希望青年知识分子和青年专家把爱国之心和报国之志变成实际行动，用所学的知识报效祖国，为社会主义现代化建设贡献自己的聪明才智。他还对青年知识分子和青年专家如何提高自身素质，充分发挥作用提出了具体要求。

国务院总理李鹏在四川西昌会见参加“风云二号”卫星发射工作的有关人员

中午，“风云二号”气象卫星成功地进行了远地点发动机点火和二次分离，卫星进入准同步轨道。李鹏听取了有关单位负责人的汇报。他代表党中央、国务院向航天工业总公司、国防科工委以及所有参加这次卫星研制、试验任务的单位和同志们表示祝贺和慰问。

在听取了有关汇报后，李鹏说，“听到你们成功的消息，江总书记很高兴，我也很高兴，全国人民同样高兴。特别是这次发射任务是在火箭加注后推迟发射的极为困难的情况下完成的，胜利来之不易。这是你们顽强拼搏、团结奋战的结果。党和人民感谢你们”。

李鹏指出，在不到一个月的时间里，“东方红三号”、“风云二号”相继发射成功，不仅具有重大的经济意义，而且具有重大的政治意义，对于巩固我国在国际航天市场的地位，适应现代化建设事业发展的需要，都将起到重大作用。卫星发射成功，壮了国威，是航天战线广大科技工作者为迎接香港回归献上的一份厚礼。他说：“你们没有辜负党和政府的殷切期望，没有辜负祖国和人民的重托。”

李鹏强调，自 70 年代初我国第一颗卫星发射成功以来，我国的航天事业取得了举世瞩目的伟大成就，在竞争十分激烈的国际航天市场，赢得了一个大国应有的地位。展望未来，我国的航天事业前途光明，任重道远。他勉励航天战线的同志们认真总结过去成功和失败的经验与教训，严格要求，精益求精，万无一失，一丝不苟。要牢记使命，不负重托，继续发扬连续作战、顽强拼搏的精神，努力把后续任务完成好，以全胜战绩向党和人民报捷，为重振我国航天事业的雄风，作出新的贡献。

国家副主席荣毅仁为中央电视台《香港百题》节目集册出版作序

中共中央总书记江泽民会见第六次全国高校党建工作会议和全国中小学德育工作会议代表

江泽民提出，教育战线的同志们要坚持用马列主义、毛泽东思想和邓小平建设有中国特色社会主义理论武装干部、党员和全体师生，不断加强党的建设和精神文明建设，坚持社会主义办学方向，努力培养德、智、体等方面全面发展的社会主义事业的建设者和接班人。这是学校工作的一项根本任务，直接关系到科教兴国战略的成功，关系到国家的前途和命运。

江泽民强调，发展社会主义精神文明，是建设有中国特色社会主义事业的重要目标和基本保证。教育系统是精神文明的重要阵地，应该为全社会的精神文明建设发挥带头、示范和辐射的作用。各级党委、政府都要加强对学校工作的领导。学校党的组织和广大党员要团结带领广大教职员工，结合新的形势和学校实际，切实搞好思想政治工作和德育工作。首先要把教师的思想道德建设摆在突出地位，努力建设一支政治坚定、思想过硬、知识渊博、品格高尚、精于教书、勤于育人的教师队伍。在广大学生中，要大力加强爱国主义、集体主义、社会主义教育，引导学生树立正确的世界观、人生观和价值观，把他们培养成有理想、有道德、有文化、有纪律的社会主义新人。

江泽民说，我们既不要妄自尊大，也不能妄自菲薄，要学习各方面的知识，继承和发扬中华民族的优秀文化传统。当前，要抓住香港回归这一契机，在广大学生中深入开展爱国主义教育，使他们了解祖国的悠久历史和灿烂文化，特别是近代以来中国人民为争取独立解放、实现民族振兴的奋斗历史，进一步激发他们努力学习、为祖国的社会主义现代化贡献力量的使命感和责任感。江泽民指出，我们要把改革开放和现代化建设的伟大事业全面推向 21 世纪，就必须始终不渝地把我国的教育事业办好。中央相信，教育战线的同志们一定能够以高度的政治责任感，承担起党和人民赋予的光荣使命，高举邓小平建设有中国特色社会主义理论的伟大旗帜，团结一心，开拓前进，为发展我国教育事业，为培养一批又一批合格的社会主义建设者，作出更大的贡献。

中共中央政治局常委、书记处书记胡锦涛，中共中央政治局委员、国务院副总理李岚清参加了会见。

第六次全国高校党的建设工作会议是中组部、中宣部和国家教委联合召开的。这次会议将总结 1990 年以来高校党建工作的基本经验，研究深入贯彻党的十四届六中会议精神，推动高校社会主义精神文明建设，进一步加强高校党的建设，促进高等教育事业的改革和发展。国家教委召开的全国中小学德育工作会议，将认真研究落实《中共中央关于进一步加强和改进学校德育工作的若干意见》，总结成绩，交流并推广经验，进一步明确今后一个时期中小学德育工作的任务。

第六次全国高校党的建设工作会议在北京召开

全国中小学德育教育工作会议在北京召开

中共中央政治局委员国务院副总理李岚清在第六次全国高校党的建设工作会议和全国中小学德育工作会议上讲话

李岚清强调，当前和今后一个时期学校党建和德育工作的中心任务，就是要继续高举邓小平同志建设有中国特色社会主义理论伟大旗帜，紧密团结在以江泽民同志为核心的党中央周围，坚持党的基本路线，全面贯彻党的十四届六中全会《决议》精神和《中共中央关于进一步加强和改进学校德育工作的若干意见》，进一步加强党的建设、思想政治工作和德育工作，促进青少年学生健康成长。

李岚清在讲话中代表党中央和国务院，向为国家和民族培育了一代又一代社会主义事业的建设者和接班人的广大教育工作者，向支持教育事业、关心青少年健康成长的社会各界人士表示敬意。

李岚清指出，青少年是跨世纪的一代，代表着我们国家和民族的未来。他们的理想信仰、思想道德和文化科学素质，不仅是当前社会文明程度的重要标志，而且关系到我国社会主义现代化建设战略目标是否能实现，关系到能否坚持党的基本路线一百年不动摇，关系到21世纪中国的面貌。教育和培养好青少年，是社会主义建设事业的奠基工程。李岚清充分肯定了近几年来在以江泽民同志为核心的党中央领导下，教育战线党的建设和德育工作取得的成绩。

如何进一步做好学校的党建和德育工作，李岚清要求，要高举邓小平建设有中国特色社会主义理论的伟大旗帜，用这个理论统一思想，教育师生，指导工作；要把邓小平同志的教育理论始终贯穿于党建和德育工作之中；要整体规划学校的德育体系，把德育的总体目标与大、中、小学不同阶段的德育要求结合起来，增强德育工作的针对性；要重视利用我国特有的革命传统和五千年优秀传统文化、传统道德的德育资源对青少年进行教育，把实现德育总目标与继承中华民族优良传统结合起来，把中华民族优良道德传统和在人民革命、社会主义建设实践中形成的革命传统结合起来，赋予其新的时代内容；要加强实践环节，联系社会实际，把德育理论的灌输教育与活生生的现实教育结合起来；要坚持教育与生产劳动相结合，把组织学生适当参加一定的生产劳动作为一门必修课。

李岚清指出，学校领导和教师的德育意识、教育方法，直接关系到德育的教育实效。校长、书记都要重视德育工作，具备正确的教育思想，懂得教育规律，全面贯彻党的教育方针，要在实际工作中克服“两张皮”的做法，把德育渗透到教学、管理、后勤等工作之中，不重视德育工作的学校领导是不合格的领导。他说，教师的职责是既教书又育人，只教书而忽视育人的教师不能算是合格的教师。当前要特别重视师德建设，高尚的师德就是一本好的教科书，就是一股强大的精神力量，对青少年学生潜移默化的教育往往是巨大的、深远的，甚至是终身的。

李岚清强调，关心和支持学校党建和德育工作，是全党全社会的共同责任。各级党委和政府主要领导都要在千头万绪的工作中抽出足够的精力，关心和支持学校党建工作和德育工作。教育行政部门要加大推行素质教育的改革力度。宣传、理论、文艺、影视广播、出版、新闻界要以爱国主义、集体主义和社会主义为主旋律，以科学的理论、正确的舆论、高尚的情操和优秀的作品引导青少年追求高尚的道德情操、健康的审美情趣，倡导青少年确立正确的生活方式。文化、出版和工商管理部门一定要继续加大查禁力度，杜绝精神毒品的流传。要建立健全学校、家庭、社会三结合的教育网络，指导家长施行正确的家庭教育，适应现代化教育和现代化社会的要求。街道、居委会等组织要努力建设良好的社区环境，负起青少年学生校外德育工作的责任。

李岚清要求教育战线的党建工作者和德育工作者以及全体干部和职工，都要认真学习和深刻领会江泽民同志最近在中央党校的重要讲话精神，以这个讲话为指导，推动教育的改革和发展。

6月12日

《陈云同志关于评弹的谈话和通信(增订本)》由中央文献出版社出版

1983年出版的该书，收入陈云自1959年至1983年有关评弹部分的谈话、通信共40篇。这次再版，又增补陈云有关评弹的文稿11篇。

国务院副总理朱镕基在中央党校就巩固和发展当前好的经济形势完善宏观调控和解决当前经济运作中存在的问题作报告

中共中央政治局委员吴邦国在广西海南考察

吴邦国于6月12日至18日在广西、海南考察。

吴邦国在分析了当前工业经济运行形势后强调：要进一步抓好国有企业的扭亏增盈，努力使今年国有企业的效益明显好于去年。他说：今年各方面条件比去年要好，一是市场条件，包括消费品市场、投资市场、出口市场形势都比去年好；二是今年的信贷资金结构逐步优化；三是国有企业对市场的适应能力有了进一步的增强。我们要抓住这些有利条件，做好各方面的工作，努力提高经济效益。他指出，抓扭亏增盈要注意两头：一头是抓好盈利大户，采取更多倾斜措施，让其放开手脚去盈利、去发展；另一头是抓好亏损大户，采取切实措施，真正实现减亏、扭亏。抓好了这两头，扭亏增盈就一定能够见到成效。

吴邦国说：今年国务院确定用于兼并破产、再就业冲销银行呆账准备金为 300 亿元，各试点城市一定要把这笔资金用好。资金使用要有利于结构调整、大集团的形成，有利于扭亏增盈，有利于职工再就业。现在企业存在的矛盾和困难比较多，不可能一天解决，要分别轻重缓急，把资金用在刀刃上，如以产定人、减人增效资金，要集中使用于产品有市场、班子比较好、能尽快实现扭亏的企业。他说：要通过兼并、破产，使优势企业得到低成本扩张，同时，使劣势企业得以解困，促进试点城市结构调整，促进存量资产的优化配置，重要的一点是有利于大集团的发展。

国务院证券委等单位依法处理一批违规银行证券公司上市公司及其负责人

日前国务院证券委会同中国人民银行、审计署、中国证监会等有关部门在经过深入调查取证后，依法对证券市场一批违规机构及其负责人作出了严肃处理。

深圳发展银行在 1996 年 3 月至 1997 年 4 月长达一年多的时间里，先后动用 3.11 亿元巨额资金直接炒作本公司股票，非法获利 9034 万元。这一行为违反了商业银行法关于商业银行不得从事股票业务的规定，也违反了国家关于上市公司不得买卖本公司股票的规定。更为严重的是，直到今年 4 月深圳发展银行仍然继续炒作本公司股票，严重干扰了正常的市场秩序，对投资者起了误导作用，影响恶劣。有关部门决定给予深圳发展银行行长贺云撤职处分，认定贺云为金融、证券市场禁入者，5 年内不得从事金融、证券业务；给予负有相关责任的原深圳发展银行证券营业部负责人李卫记大过处分；对深圳发展银行处以罚款，没收非法所得，将其非法持有的深发展股票全部卖出，盈利全部上缴国库。

中国工商银行上海分行于 1996 年 9 月至 12 月，给一些证券公司拆借和透支巨额资金用于炒股。其中，累计为海通证券公司拆借资金 9.1 亿元，为申银万国证券公司拆借资金 63.1 亿元；同时，给海通证券公司日均透支额 10 月下旬为 12 亿元，11 月份为 10 亿元；给申银万国证券公司日均透支额 9 月份为 5.8 亿元，10 月份为 8.3 亿元，11 月份为 9.1 亿元。在 1996 年 12 月 16 日人民日报特约评论员文章发表之后，仍给有关证券经营机构透支，12 月 25 日一天即达 3.95 亿元。工商银行上海分行的行为严重违反了国家关于任何金融机构不得为股票交易拆借资金和透支的规定，助长了股票市场的投机活动，对股票市场的规范和稳定产生了恶劣影响。为此，有关部门决定给予工商银行上海分行行长沈若雷撤职处分。

广深铁路股份有限公司是在香港上市的公司，其董事长葛闻安未经董事会决定，于 1996 年 12 月擅自将募股资金中的 3 亿元，委托给不具备在境内从事金融业务资格的君安国际金融有限公司进行“资产管理”，后者将该笔资金转到君安证券公司炒作股票，非法获利 4000 万元。这些行为严重违反了国家有关证券法规和会计制度。有关部门将通过法定程序给予公司董事长葛闻安、总会计师曾宪钊免职和记大过处分，并责成公司收回违规使用的募股资金 3 亿元。

另经查实，去年 9 月份以来，海通证券公司、申银万国证券公司、广发证券公司违规获取银行巨额资金，采用连续买入卖出和大量对敲等方式，分别操纵上海石化、陆家嘴、南油物业等股票价格，造成上述公司股价的异常波动，扰乱了证券市场正常秩序，损害了其他投资者的利益，推动了股票市场的过度投机。有关部门决定对海通证券公司董事长兼总经理李惠珍、申银万国证券公司总裁阚治东、广发证券公司总经理马庆泉作出免职和记大过处分。对上述 3 家证券公司分别处以罚款，并暂停股票自营业务 1 年。君安证券公司也因违规被暂停股票自营业务半年，并没收其非法所得。

全国财政扶贫工作经验交流会议在成都闭幕

国务院副总理兼外交部部长钱其琛在中南海会见黎巴嫩外交部秘书长扎菲尔·哈桑

钱其琛说，中黎建交 26 年来，在两国领导人的关怀下，两国在各方面的友好合作关系发展顺利，在重大国际和地区问题上有着相同或相似的看法，在国际事务和双边领域一直相互支持，进行着良好的合作。在谈到中东问题时，钱其琛表示，中国支持黎巴嫩希望执行联合国安理会 425 号决议的立场。中国认为中东和平进程应该在土地换和平的原则和联合国有关决议基础上继续进行下去，有关各方应在谈判已取得的进展基础上恢复和谈，直至最终实现中东地区的全面公正和平。实现中东地区的和平既符合中东地区各国人民的根本利益，也有利于世界的和平与发展。

哈桑说，黎巴嫩将继续坚持“一个中国”的立场，支持中国的统一大业。他说，黎巴嫩政府对黎中关系的不断发展表示满意。哈桑强调，黎巴嫩赞赏和感谢中国政府一贯支持中东和平进程的立场。

中央军委副主席张万年在人民大会堂会见以越南人民军总政治局副主任黎海中将为团长的越南人民军总政干部代表团

全国政协副主席吴学谦在北京会见以俄罗斯联邦委员会国际事务委员会主席普卢萨克·米哈伊尔·米哈伊洛维奇为团长的国际事务委员会代表团

中美最大合资项目上海通用汽车有限公司和泛亚汽车技术中心有限公司宣告成立并在上海浦东奠基

该项目总投资15.7亿美元，将于1998年开始生产通用汽车公司1997年最新上市的别克中高级轿车及其变型车，年产能力为10万辆。

中宣部 国家教委 共青团中央全国学联发出大中学生暑期志愿者“三下乡”活动的通知

中宣部、国家教委、团中央、全国学联日前发出通知，要求在全国范围内组织开展大中学生志愿者暑期文化、科技、卫生“三下乡”活动。

通知要求，大中学生志愿者暑期文化、科技、卫生“三下乡”活动主要集中在7月上旬至8月中旬进行。按照文化、科技、卫生三个领域的不同特点开展服务，具体内容为：

一、大中学生志愿者扫盲行动。今年暑期，全国要组织千支以扫盲为主要任务的大中学生志愿服务队，面向国家教委确定的近期要达到基本扫除青壮年文盲的二片地区和三片地区，通过“一助一”和开办扫盲班、大中学生接力扫盲等形式进行扫盲工作，培训扫盲人员。

二、大学生业余文艺演出队下乡。全国组织300支大学生业余文艺演出队，到农村特别是农村贫困地区，深入田间地头，走村串户为农民演出。

三、乡镇青年科技图书站建设。每所大专院校应在捐赠、募集图书、报刊的基础上，帮助一个农村乡镇建立一个具有出租、阅览功能的图书站，全国建立1000个左右乡镇青年科技图书站。

四、农业科技服务队乡村传技。以高、中等农林院校及其他院校相关专业学生为主，在全国组织千支农业科技志愿服务队，带技术下乡，帮助解决农村生产和经济发展中遇到的技术问题。

五、千家困难乡镇企业咨询会诊。以高、中等理工类和财经类院校学生为主，结合经济类专业的学生，根据乡镇企业的实际需要，跨专业配套组织志愿服务队，发挥各地青年乡镇企业家协会的作用进行选点，重点为中西部地区的千家困难乡镇企业开展服务。促进中西部地区乡镇企业发展。

六、千名博士、硕士农村发展讲座。针对农村发展的实际需要，在全国组织千名博士、硕士研究生志愿者，到贫困地区县城、乡镇，就农村经济发展、经济管理、法律法规普及、农村应用科技、绿色农业与可持续发展战略等方面开办讲座，开阔农村干部的视野，提高农村干部的知识水平。

七、百万农民健康状况调查。组织医疗志愿服务队，深入农村特别是农村贫困地区，为百万农民进行健康状况调查和简单的健康检查。

八、乡村卫生常识普及。深入1000个村，通过举办卫生常识咨询和展示，向农民普及医疗卫生常识，宣传健康的生活方式。

通知还要求各有关部门充分认识大中学生志愿者“三下乡”活动的重要意义，加强对这一活动的领导。各地要成立由党委宣传部门、教育部门、团委、学联和有关部门负责人参加的活动组织领导机构，结合本地实际，本着办实事、求实效的原则，对活动进行规划，制定具体的活动方案，并精心实施。

全国文化扶贫委员会新闻出版署共青团中央等联合在成都召开全国“万村书库”工程表彰会

在实施“万村书库”工程和组织农民开展读书、用书活动中表现突出的100个先进集体和100个先进个人受到表彰。

表彰会上，北京市房山区东营乡曹章村等单位荣获“万村书库”工程先进集体称号，北京市密云县溪翁庄镇立新村王淑荣等人被授予“万村书库”工程先进个人称号。四川省德阳市、河北省辛集市的代表在大会上作经验交流发言。

第二届“全国百佳新闻工作者”评出

第二届“全国百佳新闻工作者”评选结果近日揭晓，100名记者、编辑、评论员和主持人、播音员获得这一荣誉。获奖者中，记者56人，编辑35人，评论员3人，新闻节目主持人、播音员6人。

6月13日

中华人民共和国和马其顿共和国发表联合公报

应中华人民共和国主席江泽民的邀请，马其顿共和国总统基罗·格利戈罗夫于1997年6月9日至13日对中华人民共和国进行了国事访问。

中华人民共和国主席江泽民同马其顿共和国总统格利戈罗夫举行了会谈。两国领导人就加强双边关系和共同关心的国际问题深入交换了意见，并达成了广泛共识。会谈是在诚挚友好的气氛中进行的。双方对会谈结果感到满意，一致认为这次访问将对中马友好合作关系继续向前发展产生重要影响。

中国和马其顿是友好国家，两国人民之间有着传统的友谊。双方对建交以来两国在政治、经济、文化、教育等领域的合作表示满意，认为长期、稳定、全面地发展两国友好合作关系是两国人民的共同愿望，符合两国的根本利益，也有利于亚洲与欧洲的和平与发展。

双方决心在平等互利的原则基础上不断加强两国在各个领域，特别是经贸方面的合作，鼓励两国公司、企业和地方之间加强接触，增进了解，开展多渠道、多形式的合作，推动两国经贸关系长期、稳定地向前发展。

马方重申将继续坚持"一个中国"的原则立场，承认世界上只有一个中国，台湾是中国不可分割的一部分，中华人民共和国政府是代表全中国人民的唯一合法政府。马其顿共和国不与台湾建立任何官方关系和进行任何官方往来。马方表示，重视中国在亚洲地区和国际社会发挥的重大作用，高度评价中国奉行的独立自主的和平外交政策，对中国改革开放取得的成就表示赞赏。

中方表示，尊重马其顿的独立、主权和领土完整，尊重马其顿人民选择的发展道路，对马其顿在发展经济、提高人民生活水平方面取得的成就表示赞赏。中方高度评价马其顿奉行的和平外交政策和为稳定巴尔干地区局势做出的积极努力，对马其顿加入欧洲一体化进程表示理解。

马其顿共和国总统格利戈罗夫对中方热情友好的款待表示感谢，邀请中华人民共和国主席江泽民在方便的时候访问马其顿，江泽民主席对此表示感谢并愉快地接受了邀请。

中华人民共和国主席 江 泽 民

马其顿共和国总统 基罗·格利戈罗夫

1997 年 6 月 9 日于北京

全国人民代表大会常务委员会授权外事委员会就欧洲议会通过对华关系决议发表严正声明

6 月 12 日，欧洲议会通过了《关于欧盟委员会对华关系长期政策文件的决议》。该决议虽然表示支持欧盟的对华长期政策，希望发展对华关系，加强在经贸、文化等领域的合作，但却用大量篇幅对中国的司法制度、民族宗教政策、国内经济政策和对外关系等进行无理指责和诬蔑，并在人权、西藏、台湾、港澳等问题上粗暴干涉中国内政，鼓吹台湾应加入国际组织，公然声称目前促进海峡两岸统一"将引起冲突"。欧洲议会的决议毒化了中欧关系的气氛，干扰了中欧关系的正常发展。中国全国人民代表大会常务委员会对该决议的反华叫嚣表示极大愤慨。

当今世界的主流是促进和平与发展。要相互尊重与平等相待，不要强权政治和霸权主义；要对话与合作，不要对抗与冲突，越来越成为国际社会的共识。欧洲议会中的某些人从"冷战"思维和老殖民主义心态出发，不愿看到中国的发展和强大，一再鼓动欧洲议会通过反华决议，干涉中国内政，损害中国的形象，伤害中国人民的感情，蓄意同中国进行对抗，妄图阻遏中国的发展。这些人的倒行逆施损害了欧盟及其成员国改善和发展对华关系的愿望和努力，也损害了欧洲议会自身的形象，最终必将损害欧盟各国人民的根本和长远利益。

再过十多天，中国将对香港恢复行使主权。这是我们完成祖国统一大业迈出的重要一步。两年之后澳门将顺利回归，台湾也终将回到祖国怀抱。中国人民早已站起来了，并坚定地走上了建设有中国特色社会主义的康庄大道。欧洲议会某些人试图按照自己的意志，通过施压的办法来改变中国，完全是打错了算盘。中国的统一和富强是谁也阻挡不了的。

中国一贯奉行独立自主的和平外交政策，愿同包括欧盟国家在内的世界各国发展友好合作关系。中国全国人大重视发展同欧洲议会的关系，但这一关系只能建立在相互尊重、平等相待和互不干涉内政的基础上。我们正告欧洲议会一些人应该摒弃"冷战"思维，顺应时代潮流，为中欧关系的健康发展，为世界和平与进步多做一些有益的事情。

全国人大内务司法委员会在北京召开妇女权益保障法执法检查组第二次全体会议

会议听取分赴山西、四川、广东的 3 个检查组检查情况的汇报和辽宁等 5 省(市)自查情况的介绍。全国人大常委会副委员长陈慕华在会上强调，要向全社会大力宣传妇女权益保障法，进一步推动我国妇女权益保障事业的发展。

陈慕华指出，自 1992 年妇女权益保障法颁布以来，全国人大对这部法律的贯彻实施情况进行了 3 次检查，对推动法律的有效执行起了很大作用。从这次检查的结果看，这几年，各地在保障妇女权益方面取得了较大成绩，妇女各方面状况都有所改善。为进一步推动妇女权益保障事业发展，今后要更广泛开展有关法律的普及普及宣传，大力提高领导干部对妇女权益保障问题的重视程度，促使各级政府把有关工作做得更好、更扎实。

今年 5 月中下旬，全国人大内司委派检查组对山西、四川、广东贯彻实施妇女权益保障法的情况进行检查，同时委托辽宁、天津、安徽、江苏、青海5省（市）人大对当地有关情况进行自查。检查表明，这部法律的有效贯彻，对各地妇女权益保障事业的发展起了极大的促进作用。5年来，各地妇女参政情况明显改善，女干部、女人大代表比例逐年提高，妇女政治权利得到进一步保障。各地着眼本地产业特点，采取有力措施，努力解决妇女就业和再就业问题，努力保障妇女劳动权益。各地政法部门还加强工作力度，有效打击侵害妇女儿童权益的犯罪活动。此外，各地还采取各种措施保障女性受教育权利，女性受教育程度逐步提高，文盲率明显下降。

检查中也发现，各地在保障妇女权益方面还存在一些不足，有的问题还比较突出。妇女权益保障法宣传教育的广度、深度还不够，一些边远山区和农村贫困地区还存在死角，一些领导干部对实施这部法律重要意义的认识还有待提高。有些地方妇女参政水平还不够高，女领导干部特别是高层次女领导干部比例仍然偏低。一些地方妇女劳动就业问题还比较突出，下岗女工在生活、再就业方面存在一定困难。一些农村地区在划分责任田、口粮田，批准宅基地上对妇女有歧视现象。各地还不同程度地存在拐卖妇女儿童等社会丑恶现象，个别领导对这些丑恶现象的严重性认识不足，对这些违法犯罪活动所采取的打击措施还不够有力。

国务院副总理钱其琛在钓鱼台国宾馆会见香港《南华早报》行政总裁年鹤伟总编辑范力恒 顾问冯锡良等并接受该报采访

国办发出关于加强外商投资勘查开采矿产资源管理紧急通知

国务院办公厅发出紧急通知，要求各省、自治区、直辖市人民政府，国务院各部委和各直属机构加强外商投资勘查、开采矿产资源的管理工作。

通知说，改革开放以来，外商在我国投资勘查、开采矿产资源规模不断扩大，取得了明显的成绩。但是，近来一些地方、部门和单位在外商投资勘查、开采矿产资源的立项、用地、企业设立、办理勘查和开采许可证等方面，存在着不按国家法律、法规规定的程序审批，越权审批等问题。为保证我国矿产资源勘查、开采工作的有序进行，经国务院领导同志批准，特紧急通知如下：

一、各地区、各部门要进一步加强对外商投资勘查、开采矿产资源的管理工作，严格按照国家有关法律法规规定的程序和要求进行审批管理，维护矿产资源国家所有权益。

二、自6月6日通知发布之日起3个月内，各地区要对本辖区内的外商投资勘查、开采矿产资源项目进行全面检查，凡属手续不全或未按法定程序审批的，必须依法补办有关手续；凡属越权审批和无证勘查、开采矿产资源的，必须依法处理。

三、国家对石油、天然气资源的勘查、开采审批发证实行国家一级管理。只有国家石油公司报经国务院批准，才能申请进行对外合作勘查、开采石油、天然气资源。任何单位和地方都不得擅自与外商合作勘查、开采石油、天然气资源。地方各级人民政府及其有关部门均无权受理国内外单位勘查、开采石油、天然气资源的申请，无权办理审批登记手续及颁发勘查许可证、开采许可证；违反上述规定的，其办理的审批登记手续和颁发的勘查许可证、开采许可证一律无效。

海关总署与国家外汇管理局在北京签署合作备忘录联手打击利用假报关单骗取外汇的违法活动

近几年，一些企业利用假进口报关单骗取银行售付汇核销活动日趋猖獗，严重损害了国家利益。仅去年，各地海关协助外汇管理局、银行等部门鉴别出骗汇用假报关单1570份，涉及骗汇金额42.46亿美元。

为严厉打击骗汇活动，保护国家利益。两部门在备忘录中规定，双方及时沟通售付汇核销过程中出现的问题。海关负责将外汇、银行部门结售汇必需的各地海关进出口报关信息，每周一次传送到国家外汇管理局。对外汇、银行部门提供的有骗汇行为的企业，各地海关要严密监控，海关在审价中发现的伪、瞒报价格偷逃税等情况，通报给进口单位所在地外汇局，由外汇局对其进口付汇核销情况进行重点核查。国家外汇管理局严格执行凭进口报关单售、付汇核销，负责收集、汇总全国各地银行部门“出口收汇核销单”及“进口售、付汇核销单”信息，每周一次传送到海关总署，作为海关业务现场审查企业报关的参考依据。外汇、银行部门将需鉴别真伪的报关单原件送海关，对海关鉴定出的假报关单，要及时反馈查办结果，对有骗汇行为的企业列出名单，向海关反馈。

全国政协主席李瑞环在人民大会堂会见由俄罗斯联邦委员会国际事务委员会主席普卢萨克·米哈伊尔·米哈伊洛维奇率领的俄罗斯联邦委员会国际事务委员会代表团

外交部部长钱其琛在北京会见马来西亚外交部秘书长阿卜杜尔·卡迪尔·穆罕默德

国务院副总理兼外交部部长钱其琛在钓鱼台国宾馆会见菲律宾联盟银行董事长菲律宾航空公司董事长陈永栽

中央军委副主席张万年在全军部队后勤管理工作座谈会上发表讲话

张万年指出，我们党的三代领导核心，都十分重视军队后勤管理工作。军队的现代化建设为部队的管理工作提出了新的更高的要求，后勤战线的同志要认清社会发展的大趋势，进一步增强管理意识，提高管理水平，努力做好后勤管理工作。我们要树立长期过紧日子的思想，发扬艰苦奋斗、勤俭建军的优良传统，精打细算，厉行节约，制止奢侈浪费，在克服困难中有所作为。

张万年强调，各级领导要严格按照规章制度抓后勤管理。要不断完善法规制度，使后勤工作的方方面面都有章可循、有法可依。要增强各级的法规意识，教育大家知法、懂法、依法办事、依法管理，用法规制度规范各项军事经济活动。要强化监督制约机制，严格执行纪律，对有法不依、有章不循、滥用职权、以权谋私的行为，一定要严肃查处。

张万年指出，当前，后勤管理工作面临许多新情况、新问题。我们既要坚持过去好的传统、好的做法，同时又要加强对新情况、新问题的研究，以改革创新的精神，积极探索科学有效的后勤管理手段和办法，走出一条与社会主义市场经济相适应、符合部队实际的管理路子。

张万年强调，后勤战线的同志一定要坚持把思想政治建设摆在首位，树立正确的世界观、人生观和价值观，努力建设一支思想红、作风好、业务精、会管理的高素质的后勤管理队伍。

学习陈竺先进事迹座谈会在北京举行

中科院院士、上海第二医科大学附属瑞金医院血液学研究所所长陈竺，在出国留学、学有所成后，毅然返回祖国，率领一群年轻人，艰苦创业，勇攀科学高峰，争创国际“金牌”，在血液学研究尤其是白血病的分子机理研究上，取得了一系列世界一流的成就：在国际上首次阐明了全反式维甲酸治疗急性早幼粒细胞性白血病的机理，实现了我国克隆人类基因“零”的突破，并且从分子水平上阐明了砒霜治疗早幼粒细胞性白血病的机理，在中国人类基因研究中也取得了令人瞩目的成绩。

来自北京医科大学、中国医学科学院、北京医院等单位的代表出席座谈会。座谈会由中组部等单位联合召开。

6月14日

香港特别行政区临时立法会在深圳举行第十一次全体会议

会议三读通过了香港特区《国旗及国徽条例》、《区旗及区徽条例》、《1997年社团(修订)条例》和《1997年公安(修订)条例》；通过了支持委任香港特别行政区终审法院常任法官及香港特别行政区高等法院首席法官的议案。

今天的会议首先由香港特区临立会“国旗及国徽条例草案和区旗及区徽条例草案委员会”和“1997年社团(修订)条例草案及1997年公安(修订)条例草案委员会”的召集人，向会议报告审议有关条例草案的情况。接着会议首读、二读了《1997年宣誓及声明(修订)条例草案》。

随后进行了4个条例草案的二读辩论。

最后通过了一项“临时立法会支持委任列显伦、沈澄、包致金为香港特别行政区终审法院常任法官及陈兆恺为香港特别行政区高等法院首席法官的建议”的动议。香港特区律政司司长梁爱诗在向临立会作该项动议时，就特区终审法院常任法官及特区高等法院首席法官的推荐、任命及有关问题作了说明。梁爱诗表示，香港特区司法机关的主要职位，将由最胜任的人选出任，这不但能确保香港司法机关以至法律制度的顺利过渡，更有助于香港在迈进充满挑战的新纪元之际，继续发展普通法制度。

香港特别行政区临时立法会第十一次全体会议三读通过香港特区《国旗及国徽条例》和《区旗及区徽条例》

香港特区《国旗及国徽条例》规定，香港特区政府的主要建筑物必须展示国旗和国徽，或其中之一。条例授权特区行政长官规定香港特区必须展示国旗、国徽的具体地点。条例同时订明，不得使用破损、污损、褪色或者不合规格的国旗、国徽；国旗、国徽必须由指定的企业制造。条例规定，国旗、国徽不得用于商标、广告或私人丧事活动，国徽更不得用于日常生活的陈设、私人的庆祝或吊唁活动。条例还规定了蓄意污辱或违例使用国旗、国徽的罚责，以维护国旗和国徽的尊严。

香港特区《区旗及区徽条例》授权特区行政长官规定必须展示或使用区旗、区徽的机构、场合和场所，以及展示或使用区旗、区徽必须遵从的方式和条件。条例订明，不得展示和使用破损、污损、褪色或不合规格的区旗、区徽，同时订明蓄意污辱或违例使用区旗、区徽的罚责。条例规定，区旗、区徽不得用于广告、商标等。

香港特区《国旗及国徽条例》和《区旗及区徽条例》，将于7月1日由临立会确认后，交特区行政长官签署生效。

香港特别行政区临时立法会第十一次全体会议三读通过《1997 年社团(修订)条例》和《1997 年公安(修订)条例》

香港会议展览中心新翼晚上正式启用

总投资 48 亿港元,历时 3 载完成的这座建筑,通过 100 米长的天桥与原有的会展中心连为一体,整个会展中心所能提供的会议及展览设施面积因此增加到 63580 平方米,成为亚洲第二大会议及展览中心。

国办发出进一步做好夏粮收购工作通知

国务院办公厅近日发出了《关于进一步做好夏粮收购工作的通知》(以下简称《通知》)。

《通知》说,《国务院办公厅关于切实抓好夏季农业生产和粮油收购工作的通知》下发后,各地政府十分重视,及时传达贯彻并对夏收工作做了部署。为了切实保护农民利益,调动农民的生产积极性,必须进一步做好夏粮收购工作。《通知》要求:(文略)

第六次全国高校党建工作会议和全国中小学德育工作会议在北京结束

会议提出,面对中国跨世纪发展的宏伟目标,学校党的建设和德育工作要提高到新水平,在社会主义精神文明建设的伟大事业中发挥基础工程的作用。

全国人大环境与资源保护工作座谈会在北京召开

全国人大常委会副委员长王丙乾在座谈会上说,全国人大常委会在本届任期内,加快了环境与资源保护的立法步伐,努力提高立法质量。至此,已制定了 6 部环境保护法律,9 部资源法律;连同国务院制定的 120 多部和地方制定的 600 多部环境与资源保护的行政法规和地方性法规,以及国务院制定的 300 多项规章和近 400 项国家环境标准,一个基本适合我国国情、适应两个根本性转变的环境与资源法律体系框架已初步形成。

王丙乾说,在本届人大期间,国家综合运用多种手段,使环境执法有了实质性的加强,对环境执法实施检查和监督,执法力度显著加强。环境与资源保护的宣传活动有声有色,扎扎实实,收效良好。中华环保世纪行活动主题明确,覆盖面大,全国有 29 个省、自治区、直辖市也开展了这项活动,在全社会产生了很大的影响,受到了中央领导同志的充分肯定,得到了人民群众的普遍好评。

王丙乾指出,在肯定成绩的同时,我们还必须清醒地看到,当前全国环境与资源形势仍相当严峻。长期粗放型经济增长方式和落后的管理方式,对资源和环境造成很大的压力,自然生态恶化的趋势仍在继续,环境污染仍在加剧,资源形势不容乐观。因此,坚持可持续发展战略就显得格外紧迫,具有现实和长远的意义。在社会主义现代化建设中,发展经济要与环境和资源保护相结合,自然资源的开发利用要与保护相结合,环境与资源保护工作要与党和国家的中心工作相结合,做好环境与资源保护工作需要中央与地方、主管部门和有关部门相结合。

全国人大环资委主任委员曲格平在会上作了报告。

6 月 15 日

人民大会堂香港厅竣工

国家主席江泽民近日为香港厅题写的“执行一国两制方针保持香港繁荣稳定”题词镶嵌在香港厅主厅内的巨型屏风中。

香港厅将于 7 月 1 日后正式启用。这个厅坐落在大会堂西南方,总建筑面积为 1728 平方米,是大会堂内 32 个以行政区划命名的厅堂中面积最大的一个。

香港厅的设计别具匠心,体现了香港回归祖国的深远历史意义。大厅采用双门双厅,风格为中西合璧。“来到这里,就像回到了家一样。”在香港厅施工期间参观过这个厅的香港同胞对香港厅表示满意。香港厅包括主厅和多功能厅。进入雕刻着紫荆花图案的正门,迎面是一座花梨木与石材组合的巨型屏风,屏风正面中央以海蓝色大理石为背景,镶嵌着江泽民主席的金箔题词;两旁是表现灿烂中华文明的《华夏颂》木浮雕。主厅面积 700 多平方米,采用了西方古典大型公共建筑常见的石结构,仿古罗马雕刻和水晶大吊灯等,给人以宏伟、典雅、华贵的印象。主厅西壁上将悬挂一幅《维多利亚港湾夜景》的绒绣,北侧通向屋顶花园。从主厅东北角穹门拾阶而下,便来到了与主厅风格迥异的多功能厅。这里将是举办展览、宴会、新闻发布的场所。多功能厅结构简单,以大尺度的起伏和对比强烈的色彩,体现了时代感和香港多姿多彩的特色。厅内一幅题为《协调一致、同心同德》的巨型立体抽象图案引人注目,设计者反复运用了美学上的黄金分割比例,构成了多种“向心”几何图形,表现的是包括香港同胞在内的祖国人民喜迎香港回归的热切愿望。多功能厅楼梯间的墙壁,饰有一组庆祝香港回归吉祥物中华白海豚的浮雕,厅内的铜浮雕壁画,则再现了香港自鸦片战争以来的百年沧桑。

香港厅的建设是香港同胞多年的夙愿,得到历届全国人大常委会委员长的重视。1985 年,费彝民等香港地区全国人大代表提出修建香港厅的建议。去年

“两会”期间，霍英东委员牵头组建了香港厅筹建小组，人民大会堂也成立了以全国人大常委会副秘书长兼大会堂管理局局长苏秋成为总指挥的工程指挥部，具体负责香港厅的设计和施工。筹建小组先后在珠海、北京等地听取内地和香港方面建筑、美术专家的意见，集思广益，反复研究，最后与香港厅设计者、73 岁高龄的清华大学建筑系教授王炜钰确定了香港厅的设计构想。

今年 4 月 30 日，香港厅通过了施工验收，5 月 23 日通过了北京建筑工程质量监督总站的评估。

香港厅的建设也得到了来自全国各地的积极配合：水晶灯具来自福建；巨型铜门来自浙江；工艺屏风由北京承制；“维多利亚港湾夜景”绒绣正在上海日夜赶制；主厅和多功能厅大地毯则由北京和香港分别负责制作；山东送上一对雕有 99 条龙的“香港回归瓶”。可以说，香港厅是大江南北中华儿女心血的结晶。

国务院总理李鹏在重庆考察

李鹏于 6 月 15 日至 18 日在重庆市考察，考察期间，李鹏听取了重庆市委、市政府的汇报，并就重庆市的改革与发展问题发表了重要讲话。他指出，设立重庆直辖市，是党中央、国务院为加快中西部地区经济和社会发展所采取的重大决策。江泽民总书记对设立重庆直辖市非常关心，对重庆的发展提出了“要把重庆建设成为长江上游的经济中心”的要求。李鹏说，重庆市委、市政府认真贯彻中央的部署和“思想领先、平稳过渡”的方针，在直辖市成立的三个阶段中做了大量艰苦细致的工作，制订了《重庆市国民经济和社会发展“九五”计划和 2010 年远景目标纲要》，选举产生了重庆直辖市第一届市级领导班子。中央对重庆市委、市政府在筹建直辖市过程中所做的工作是满意的。

李鹏指出，当前，广大干部、群众精神面貌很好，重庆面临着难得的发展机遇。要从自身的实际情况出发，抓住机遇，深化改革，开发三峡，振兴重庆。他说，重庆市可以发展得快一些，但必须是有效益的。要量力而行，尽力而为，稳中求进。从今后的工作看，要特别注意处理好以下四个方面的关系：要处理好“大重庆”与“小重庆”的关系，树立“大重庆”的全局观念。要从指导思想上确立搞好 3000 万各族人民、8 万平方公里的“大重庆”。这不仅是一个城乡关系问题，也是一个把移民工作摆在什么位置的问题。移民的任务是艰巨的，百万移民 85％在重庆市。要在移民过程中对库区进行开发，使三峡库区的发展成为“大重庆”新的经济增长点。没有三峡工程的建设，就没有库区经济的振兴；没有库区经济的振兴，就没有繁荣发展的“大重庆”。在搞好库区开发移民的同时，要注意抓好扶贫工作，特别是要解决“二市一地”贫困人口的温饱问题。

李鹏说，要处理好“新重庆”与“老重庆”的关系，建设团结、奋进的领导班子和廉洁勤政的干部队伍。为了加强重庆市的领导力量，中央从外省市和中央的部委抽调了一些干部来重庆工作。大家来自四面八方，五湖四海，集思广益，对重庆的发展是有利的，是件好事情。好事要办好，最重要的一条就是新老干部要团结。只要新老干部齐心协力，互相尊重、互相支持，重庆的事情就能办好，困难、问题也能克服和解决。对老重庆市委、市政府的工作，我们应给予充分肯定。新重庆的四套领导班子同样要注意搞好团结，要在市委的统一领导下，紧密配合开展工作，带领重庆人民开创新的事业。

李鹏强调，要处理好新建与改造老企业的关系，走出老工业基地振兴的新路子。重庆是全国老工业基地之一，无论过去和现在对全国的经济发展都起了重要作用。当然，目前也确实存在一些困难和问题，但这是我们在向社会主义市场经济迈进过程中的暂时困难，是前进中的问题，只要我们坚持改革，积极推进经济体制和经济增长方式的根本转变，这些困难和问题是一定能够克服的。对于重庆来说，利用天然气资源优势建立和发展天然气化工工业，还要新建一些企业。

但对众多的老企业来说，还是要以技术改造为主，走滚动发展的道路。这里的关键是要有市场。有了市场，产品有了销路，才能出效益，才能不断扩大生产，滚动发展壮大起来。李鹏说，重庆的土地资源十分宝贵。搞建设，搞改造，都要特别珍惜用地，要给子孙后代留有余地，切不可大手大脚占用有限的土地，盲目上马搞易地改造。

李鹏指出，要处理好中央支持、各地支援与自力更生的关系。重庆的发展是机遇与困难并存，是机遇大于困难。对新重庆，中央要给予支持，各兄弟省、自治区、直辖市也会给予大力支援。但是，最重要的还是要处理好各方面支持和自力更生的关系。要靠埋头苦干，把立足点放在自力更生上，这是最可靠的发展基础。对于中央和各方面的支持，要正确对待，不要过分依赖。要看到国家这么大，底子又薄，困难的地方多，还有比重庆更困难的地方需要国家的帮助和支援。在建设新重庆的过程中，重庆人民要继续发扬“红岩精神”、“黔江精神”。

李鹏说，处理好以上四个关系，重庆的工作就大有希望。

李鹏表示相信，在邓小平建设有中国特色社会主义理论和党的基本路线指引下，在以江泽民同志为核心的党中央领导下，经过重庆人民艰苦奋斗，齐心协力，一个繁荣富裕、文明进步的新重庆一定会屹立在祖国的大西南。

中共中央政治局委员姜春云在北京会见中国青年乡镇企业家协会第四届会员代表会代表

姜春云指出,乡镇企业的兴起,为发展农业、富裕农民、繁荣农村,为促进全国经济和社会的发展,促进农村两个文明建设,做出了巨大的贡献。实践证明,发展乡镇企业是我国农民走有中国特色社会主义道路的伟大创造,是富国强民的一项重大战略抉择。

姜春云说,在新的形势下,乡镇企业既面临良好发展机遇,又面临严峻的挑战。当前和今后一个时期的任务,就是要认真贯彻落实今年年初召开的全国乡镇企业工作会议精神,贯彻执行《乡镇企业法》,积极推进两个根本性转变,实行战略性的调整,正确处理发展与提高的关系,努力提高乡镇企业的整体素质,把企业的经营、管理、技术、产品、销售和服务提高到一个新的水平,使之与市场需求和市场竞争相适应。

中国青年乡镇企业家协会成立于1988年,是团中央和全国青联领导下的由优秀青年乡镇企业厂长(经理)组成的全国性组织。目前,据不完全统计,协会会员所在的企业中进入国家和省级集团或达到大中型乡镇企业规模的有392家,约占会员总数的40%。

全国政协副主席万国权在北京会见香港企业家访京研修团

中国人民银行发布《银行间债券回购业务暂行规定》

6月16日

香港特别行政区行政长官办公室公布香港特区临时区议会议员委任名单

原港英18个区议会的议员全部获得留任。

根据临时立法会今年6月7日三读通过的《1997年区议会(修订)条例草案》,香港特区临时区议会每个由不超过40名议员组成,由特区行政长官委任。

香港特区行政长官办公室今天宣布,原港英区议会议员继续留任为特区临时区议会议员。同时,行政长官董建华还为每个临时区议会分别委任了不同数量的新任议员。

这些新任议员是:

中西区:林乾礼　张有洪　欧艳龙　钟荫祥;

东　区:何小湛　岑才生　李广林　林德安　梁秀志　赵承基;

九龙城:胡诶纪　徐红英　梁英标　梁　庭　劳国雄　詹勋宪;

观　塘:吴克进　姚卓雄　胡国祥　马志强　张胜权　杨锦珍　黎树濠;

南　区:高锦祥　许湧钟　郭伟明　陈思诵;

深水埗:周君廉　郭振华　陈东　潘兆平　谢凌淑贤;

湾　仔:陈德明　廖荣定　卢锦华;

黄大仙:李思泌　倪锦辉　陈振发　廖国辉　卢伟强　简志豪;

油尖旺:成元兴　麦宜全　黄瑞文　赵汝熙;

离　岛:余丽芬　陈景麟　温东林　释智慧;

葵　青:王国灿　梁伟浩　曾其巩　黄国强　黄锦辉　潘发林　卢恩成;

北　区:张根贵　廖正亮　潘萱蔚　苏满长;

西　贡:阮陈宝馨　张镇海　陈伟强　黄玉山;

沙　田:王　津　何永全　凌刘月芬　袁贵才　陈卢燕冰　董惠明　卢伟国　卢德丰;

屯　门:李　莹　柯伟国　英汝兴　陈湖清　陶鉴筹　杨少伟　庞　创;

大　埔:孔令文　文暮良　丘颂云　林惠玲　温学濂;

荃　湾:朱茂琳　周镇荣　陈恩良　廖翔显　钟伟平;

元　朗:宋伟澄　杨毓照　郑树明　邓英喜　邓伟明　戴耀华　罗建平。

区议会是香港三级政制架构中最低一级的咨询机构。由于港英当局单方面推行"政改方案",违反了中英联合声明、违反了与基本法相衔接的原则、违反了中英双方已达成的有关协议和谅解,1993年8月,全国人大常委会通过决定规定,港英最后一届区议会于1997年6月30日终止;香港特别行政区的区域组织的职权和组成方法由香港特别行政区的法律规定。1997年2月,香港特区筹委会通过了设立香港特区临时区议会的决定,并规定由香港特别行政区政府负责筹组。

香港特别行政区行政长官办公室公布香港特区临时市政局临时区域市政局议员委任名单

原港英市政局、区域市政局的议员全部获得留任。

根据临时立法会今年6月7日三读通过的《1997年市政局(修订)条例草案》和《1997年区域市政局(修订)条例草案》,香港特区临时市政局和临时区域市政局各有不超过50位议员组成,由特区行政长官委任。

香港特区行政长官办公室今天宣布,原港英市政局、区域市政局的议员继续留任为特区临时市政局、临时区域市政局的议员。此外,行政长官董建华还分别委任了9位和11位来自不同界别的人士，为临时市政局、临时区域市政局的新任议员。

获得委任加入临时市政局的9位新任议员是(以繁体字姓氏笔画为序)：王敏刚、伍淑清、何志平、李瑞成、胡经昌、徐是雄、徐尉玲、陈炳焕、张宇人；获得委任加入临时区域市政局的11位新任议员是(以繁体字姓氏笔画为序)：吕苏绮丽、李崇德、周厚澄、林国昌、陈永华、麦桂圃、彭学端、邓兆棠、欧阳宝珍、蒋丽芸、罗文钰。

市政局、区域市政局是香港三级政制架构的一个组成部分。

由于港英当局单方面推行"政改方案"，违反了中英联合声明、违反了与基本法相衔接的原则、违反了中英双方已达成的有关协议和谅解，1994年8月，全国人大常委会通过决定规定，港英最后一届立法局、市政局和区域市政局、区议会于1997年6月30日终止；香港特别行政区的区域组织的职权和组成方法由香港特别行政区的法律规定。1997年2月，香港特区筹委会通过了设立香港特区临时市政局、临时区域市政局和临时区议会的决定，并规定由香港特别行政区政府负责筹组。

《人民日报》为发表《血脉永相连——香港自古就是中国的领土》配发开篇的话

开篇的话说：

今天，《人民日报》"迎接香港回归特稿"专栏与读者见面了。

香港回归，是中华民族洗雪百年耻辱的一件大事，是按照邓小平同志提出的"一国两制"伟大构想，为实现祖国统一大业迈出的重要一步。在香港回归的佳期越来越临近时，举国欢腾，普天同庆，世界瞩目。

为使广大读者更好地了解香港问题的由来，更好地了解党中央三代领导核心在完成香港回归，实现祖国统一大业历史进程中所作的英明决策和倾注的大量心血，更好地了解祖国内地和香港同胞为迎接这一天的到来，进行的长期努力和取得的骄人成就，本报组织记者采写了这组报道：

历史篇 (上)：《血脉永相连》
(下)：《不懈的斗争》
地位篇 (上)：《与祖国同行》
(下)：《港人的骄傲》
决策篇 (上)：《非凡的胆略》
(下)：《精心绘蓝图》
回归篇 (上)：《平稳的过渡》
(下)：《明天会更好》

《人民日报》就各条战线推选出的六个优秀共产党员和五个先进基层党组织的突出事迹事发表新华社评论员文章《为党旗增添光彩》(文略)

中组部副部长李铁林在北京召开的参照国家公务员制度管理工作座谈会上发表讲话

李铁林在日前召开的参照国家公务员制度管理工作座谈会上强调，党群机关和人大、政协机关参照国家公务员制度管理工作要加大力度、加快步伐，确保今年年底前使新制度"入轨"运行。

李铁林说，党群机关和人大、政协机关的工作人员参照国家公务员制度管理，是党中央整体推进干部人事制度改革的一项重大决策。3年多来，各地各部门按照中央及有关部门的安排部署，精心组织，大胆改革，做了大量卓有成效的工作，对于党群机关和人大、政协机关进一步分清职责，理顺工作关系，提高工作效率；对于改善机关干部队伍结构，提高机关干部素质；对于加强机关干部人事管理的制度建设，都起到了积极的促进作用。

国家体改委制定《关于发展城市股份合作制企业的指导意见》(以下简称《意见》)

近些年来，在城市小企业改革中，各地借鉴农村改革的经验，积极试行股份合作制。党的十四届三中全会的《决定》明确提出国有小企业和集体企业可以实行股份合作制。各地着眼于从整体上搞好国有和集体经济，从明确投资主体、落实产权责任入手，大胆探索，逐步加快了小企业改革的步伐，股份合作制成为城市小企业改制的重要形式，使一大批小企业焕发了生机。股份合作制企业迅速发展，目前已经具有了相当的规模。为了总结实践经验，明确若干重要问题，推动股份合作制健康发展，提出如下意见。

一、股份合作制适应社会主义市场经济的要求，促进了生产力的发展。股份合作制符合社会主义初级阶段的生产力发展水平，符合目前国有小企业和集体企业的实际状况，符合建立现代企业制度要求的产权清晰、权责明确、政企分开和管理科学的改革方向，在实践中收到了明显的效果。实行股份合作制，落实了企业资产经营责任，提高了职工对企业资产的关心程度和风险意识，增强了企业的凝聚力，调动了职工的积极性；促进了政府职能的转变和政企分开，加快了企业成为自主经营、自负盈亏、自我约束、自我发展的法人实体和市场竞争主体的进程；为企业开辟了一条新的融资渠道，促进了企业的技术改造、结构调整、机制转换和企业管理的改进，提高了企业经济效益。同时，实行股份合作制对发展地方经济、增加财政收入、保障职工就业和保持社会稳定起到了积极作用。股份合作制的实践为深化企业改革提供了有益的启示。

二、股份合作制是采取了股份制一些做法的合作经济，是社会主义市场经济中集体经济的一种新的组织形式。在股份合作制企业中，劳动合作和资本合作有机结合。劳动合作是基础，职工共同劳动，共同占有和使用生产资料，利益共享，风险共担，实行民主管理，企业决策体现多数职工的意愿；资本合作采取了股份的形式，是职工共同为劳动合作提供的条件，职工既是劳动者，又是企业出资人。劳动合作与资本合作相结合有利于共同劳动条件的改善、企业竞争能力的提高和劳动者长远利益的增加。股份合作制是能够促进生产力发展的公有制实现形式，是现阶段劳动者创造就业机会、走向共同富裕的一条重要途径。

三、股份合作制是在改革中群众大胆探索、勇于实践的重大成果。股份合作制企业既不是股份制企业，也不是合伙企业，与一般的合作制企业也不同，是在实践中产生并不断发展完善的新型的企业组织形式。发展股份合作制企业要尊重群众的实践，尊重群众的意愿，尊重群众的选择；要按照积极支持，总结经验，正确引导，健康发展的方针，依靠群众在实践中积极探索创新。

四、股份合作制企业是独立法人，以企业全部资产承担民事责任，主要由本企业职工个人出资，出资人以出资额为限对企业的债务承担责任。

五、职工投资入股。在自愿的基础上，鼓励企业职工人人投资入股，也允许少数职工暂时不入股。未投资入股的职工可以在企业增资扩股时投资入股。职工之间的持股数可以有差距，但不宜过分悬殊。不吸收本企业以外的个人入股。职工离开企业时其股份不能带走，必须在企业内部转让，其他职工有优先受让权。

六、职工个人股和职工集体股应在总股本中占大多数。企业应当设置职工个人股，还可根据情况设置职工集体股、国家股、法人股。职工个人股是职工以自己合法财产向本企业投资所形成的股份。职工集体股是本企业职工以共有的财产折股或向本企业投资所形成的股份。国家股、法人股是国家、法人单位已经投入的资产折股或新增投资入股所形成的股份。股东不能退股。企业是否设置国家股、法人股和职工集体股，国家股、法人股的出资人如何保障投资收益，由企业出资人协商议定。

七、坚持职工民主管理，职工享有平等权利。股份合作制企业实行职工股东大会制度，职工股东大会是企业的权力机构，应当实行一人一票的表决方式。职工股东大会选举产生董事会和监事会成员。企业也可不设董事会，由职工股东大会选举产生或聘任总经理。企业的年度预、决算和利润分配方案、重大投资事项、企业分立、合并、解散等重大决策必须经职工股东大会批准。股份合作制企业必须制定章程，章程经出资人同意、职工股东大会批准，对出资人、职工股东大会、董事会、监事会、总经理等具有约束力。

八、董事会是职工股东大会的常设机构，向职工股东大会负责。董事长是企业法定代表人，由董事会选举产生。除董事长外其他董事应为兼职。总经理可以由董事会聘任，也可以由董事长兼任。总经理负责企业日常工作，向董事会报告工作。不设董事会的企业，总经理是企业法定代表人，负责企业经营管理，向职工股东大会负责并报告工作。监事会负责对董事会和总经理及其他管理人员的工作进行监督，直接向职工股东大会报告工作。是否设立监事会由股东大会决定，不设立监事会的企业应设1名至2名监事。

九、企业实行按劳分配与按股分红相结合的分配方式。职工工资、奖金分配要遵循“效率优先，兼顾公平”的原则，工资总额的增长幅度应低于企业经济效益的增长幅度，职工实际平均工资增长幅度应低于本企业劳动生产率增长幅度。企业的税后利润应按规定提取法定公积金和公益金，有条件的企业还应该提取任意公积金。余下的部分为可分配利润，实行按股分红。经职工股东大会同意，还可以在可分配利润中提取一部分进行按劳分红，用于奖励对企业有特殊贡献的职工。职工集体股的红利也可以用于按劳分红，还可以用于补充职工社会保障费用，或用于职工集体股的增资扩股。

十、企业改制应取得职工代表大会、出资人和主管部门的同意，由企业提出申请，经政府指定的部门审批。

十一、企业清产核资按国家有关规定进行，同时应有企业出资人和职工代表参加。资产评估要由有国家认可资格的评估机构进行，评估结果要经过出资人的认可和有关部门的确认。

十二、原有企业非经营性资产可以进行剥离，独立运作或委托改制后的企业代管，减轻企业的负担。经政府批准，可以采取多种途径，解决企业改制前离退休人员养老统筹和医疗费用不足等问题。

十三、按照谁投资谁享有产权的原则，搞好原有企业产权的界定工作。国家、法人单位等出资人在企业中的投资及投资收益所形成的所有者权益归出资人所有。企业原有奖金节余、工资储备基金，可以折成个人股投入企业，也可以用于企业改制前职工的个人补充养老保险及医疗保险。

十四、切实保障国有和集体权益，防止公有财产流失。属于国家和集体所有的净资产，在改制时应按市场原则有偿转让，不能将国有、集体的净资产无偿分给个人。转让企业国有资产、集体资产的收入，要实行专项管理，用于国有经济和集体经济的投入，可留在改制后的企业有偿使用，也可以作为资本金投入其他企业。

十五、完成改制或新设立的企业，应到工商管理部门办理登记。符合条件、手续齐全的，工商部门应准予登记，企业类型为股份合作。已完成股份合作制改造的企业，但未登记为股份合作类型的，应按要求变更登记。

十六、各地要加强发展股份合作制企业工作的领导，解放思想，大胆探索。实行股份合作制是一项重要的制度创新，各地要积极制定实行股份合作制的办法，抓好组织落实。各级体改部门要主动做好工作，在政府领导下，认真搞好调查研究，协调好有关方面的关系，及时解决实际工作中出现的问题。要采取措施，降低各项收费，减少改制成本。

十七、切实搞好教育和引导工作。企业改制过程中，要教育职工树立集体主义和劳动合作观念，增强主人翁责任感和参与意识；树立市场竞争观念，增强风险意识；树立法制观念，增强规范意识。要对企业领导和有关人员进行培训，学习国家有关政策和股份合作制的基本规则，按照国家有关规定进行股份合作制的运作。

十八、企业改制后，要围绕市场需要制定企业发展规划，抓紧进行改组和技术改造工作，搞好劳动、人事、工资、社会保险等制度改革，加强企业内部管理，制定正确的营销策略，提高市场竞争能力和经济效益。企业要正确处理好积累和分配的关系，采取有效措施，增加积累，增强企业发展后劲。

十九、股份合作制是小企业改革的一种有效形式，但不是唯一形式，搞活小企业可以采取多种形式。各地推进股份合作制，要从实际出发，扎扎实实地进行，不能盲目追求数量。有条件的企业可实行股份合作制，但要做好有关方面的工作，保证改制效果。

二十、城市及县属国有小企业和集体企业可以按照本《意见》的精神，实行股份合作制。各地应在不违背股份合作制基本特征的前提下，参照国家现行有关规定，结合企业的实际，制定有关配套政策，采取措施积极解决企业改制中遇到的问题，促进股份合作制企业健康发展。

国家科委中科院中国科协联合提出的《关于依靠科技进步加速扶贫攻坚进程的意见》开始实施

《意见》针对贫困地区科技滞后、劳动者素质低的状况，提出要大力推广普及先进实用技术，努力促进科技成果向贫困地区转化；针对严重贫困地区支柱产业发展中普遍存在的产品质量差、品种单一、市场竞争力弱、产业布局分散等问题，提出要努力优化支柱产业结构，培育和发展新兴产业，提高产业的技术水平，形成合理、有序、高效的产业分工和布局；针对严重影响和制约贫困地区温饱问题解决和脱贫致富进程的关键技术，组织科技力量，联合攻关，解决一批“瓶颈”技术问题，为扶贫攻坚开辟新的突破口；要广泛开展技术培训及科普宣传活动，组织动员各级各类科技人员深入贫困地区乡村，向农民传授科技知识，大力宣传普及科学思想和科学方法；要切实健全社会化科技服务体系，保障科技成果向贫困地区生产的顺利转化；要大力鼓励和支持科技人员参与扶贫攻坚，各地应建立切实可行的激励机制，对长期在贫困地区工作的科技人员，要从各方面给予关心和帮助。

为了加大贫困地区推广普及先进实用技术力度，努力促进科技成果向贫困地区转化，国家科委还筛选确定了种植业、养殖业、农副产品加工业、资源开发利用等方面的200项先进适用技术，准备有针对性地向贫困地区推广。国家科委扶贫办公室还把十年来各地科技扶贫经验汇编成《科技扶贫100例》供贫困地区借鉴。

中国林学会在北京举行纪念成立80周年大会

《港台海运商谈纪要》7月1日生效

海协与台湾海基会就《港台海运商谈纪要》相互发函，予以确认，《港台海运商谈纪要》自今年7月1日起正式生效。

海协给海基会函全文如下：

海峡交流基金会：

根据我会委托，香港船东会赵世光先生等人经与财团法人海峡交流基金会张良任先生等人协商，拟定并签署《港台海运商谈纪要》，全文如下：

港台海运商谈纪要

香港船东会赵世光先生等人与财团法人海峡交流基金会张良任先生等人经协商，就今年7月1日后在香港注册的商船进入台湾开放港口，及在台湾登记的商船进入香港港口的有关事宜，达成以下共识：

一、在香港注册的商船自进入台湾港口至出港期间，在船艉旗杆，只悬挂香港特别行政区区旗；在船舶主桅杆，暂不悬挂旗，待双方协商确定后，再行悬挂。

二、在台湾登记的商船自进入香港港口至出港期间，在船艉旗杆，暂不悬挂旗，待双方协商确定后，再行悬挂；在船舶主桅杆，也暂不悬挂旗。

三、在两地注册（登记）的商船自进入对方港口至出港期间，还可悬挂各自的公司旗和信号旗。此外，在两地注册(登记)的商船增悬挂任何旗帜或变更上述旗帜,应由双方协商确定。

四、本商谈纪要经海峡两岸关系协会、财团法人海峡交流基金会核可并换文确认,于今年7月1日起正式生效。

五、本商谈纪要于5月24日签署,一式四份,双方各执两份。

我会同意上述商谈纪要。请贵会对上述纪要回函予以确认。

中共中央政治局常委胡锦涛在人民大会堂会见以政治委员会常务委员会委员马里奥·佩雷拉·西尔瓦为团长的佛得角争取民主运动代表团

中国国际交流协会副会长万国权在北京会见亚美尼亚国民会议代表亚共中央第一书记谢·格·巴达良

国务院副总理兼外交部部长钱其琛和夫人周寒琼在钓鱼台国宾馆会见以色列已故总理伊扎克·拉宾的夫人莉·拉宾

全国人大常委会副委员长王汉斌在人民大会堂会见以日本青年会议所会长村冈兼幸为团长的日本青年会议所代表团

外交部发言人崔天凯就中国对日本右翼分子再次登上钓鱼岛一事答记者问

有记者问:6月11日,日本3名右翼分子登上钓鱼岛北小岛,中方对此有何评论?

崔天凯回答:钓鱼岛及其附属岛屿自古以来就是中国的固有领土,中方在此问题上的立场是明确和一贯的。我们对日本右翼分子无视中方立场,再次登上钓鱼岛,严重侵犯中国主权的非法行径表示愤慨。中国外交部已向日本政府提出严正交涉,中方要求日本政府切实尊重中方的立场,信守承诺,以中日关系大局为重,采取措施杜绝今后再次发生类似事件。

外交部向美国 泰国 韩国颁发驻港领事证书

中华人民共和国外交部领事司司长张宏喜上午约见了美利坚合众国驻华大使尚慕杰、泰王国驻华大使倪·谭德萨和大韩民国驻华使馆公使文俸柱,为这些国家驻中华人民共和国香港特别行政区领事机构的馆长颁发领事证书。

中英机场委员会任务基本完成

中英联合联络小组中方首席代表赵稷华大使说,中英联合联络小组中英机场委员会的任务已基本完成,应于6月30日结束工作,从7月1日起,香港新机场的后续建设将属于香港特别行政区自治范围内的事务。

中英联合联络小组中英机场委员会双方的成员和有关专家6月16日到赤角新机场和机场铁路的主要建设工地进行了一次现场查看,随后又举行了最后一次会议。

农业部制定农业生物基因工程安全管理实施办法

农业部最近制定了《农业生物基因工程安全管理实施办法》,以规范、促进我国农业生物基因工程的研究与开发。

该办法适用于利用基因工程技术改变基因组构成的农业生物。其范围包括与农业生产有关的植物、动物、微生物和水生动植物。凡在我国境内进行农业生物基因工程的实验研究、中间试验、环境释放或商品化生产,包括国有、集体和私人企业的,均应由项目主持人(即申请人),按有关规定申报。农业部设立农业生物基因工程安全管理办公室,每年受理两次安全性评价申报书,截止日期分别为3月31日和9月30日。

据了解,农业部今年已首次收到26项申报书,其中国内22项,国外4项。从类别看,植物占大多数,为20项,微生物5项。从项目来源看,有一半来自“863计划”,其他来自国家攻关项目和农业部等。经专家评审,最后批准中间试验8项,环境释放14项,商业化生产1项。

国家计委等九单位联合发布通告为保护臭氧层气雾剂产品禁用氯氟化碳

国家计委、国家环保局、中国轻工总会等九单位日前联合发布通告:为保护臭氧层,我国将于今年年底全行业淘汰氯氟化碳,从明年开始所有生产气雾剂产品的企业(医用除外)不得使用氯氟化碳作为推进剂。

6月17日

中国政府公布赴港出席香港回归政权交接仪式人员名单

中共中央总书记、国家主席、中央军委主席江泽民将率中国政府代表团赴港出席香港回归政权交接仪式。代表团成员由国家领导同志,老同志,中共中央、全国人大、国务院、全国政协、中央军委有关部门负责同志,香港特别行政区第一任行政长官,各民主党派、全国工商联、无党派代表人士和人民团体的代表组成。代表团成员名单如下:

江泽民 李 鹏 钱其琛 王汉斌 张万年
费孝通 雷洁琼(女) 程思远 吴阶平
罗 干 吴学谦 董寅初 安子介 霍英东
马万祺 何鲁丽(女) 姬鹏飞 卓琳(女)
(以下按姓氏笔画排序)
马毓真 王凤超 王英凡 王梦奎 王维澄
方荣欣 邓 楠(女) 甘子玉 田曾佩
成思危 朱 训 朱开轩 伍绍祖 刘云山
刘延东(女) 刘华秋 刘名启 刘忠德
刘积斌 刘镇武 李克强 李国光 李国华(女)
李树文 束怀德 何椿霖 张丁华 张伟超
张浚生 陈 元 陈明枢 陈滋英 周 南
周子玉 郑国雄 经叔平 赵地(女) 赵稷华
胡光宝 俞晓松 姜恩柱 秦文俊 钱树根
唐树备 唐家璇 曹 志 隗福临 董良驹
董建华 鲁 平 曾庆红 曾建徽 温光春
蔡子民
秘书长:罗 干
第一副秘书长:曾庆红
副秘书长:胡光宝 李树文 王英凡 王凤超
张浚生

出席香港回归政权交接仪式及庆祝活动赴港观礼团组成

经中共中央、国务院批准,将赴港出席香港回归政权交接仪式、出席香港特别行政区成立暨特别行政区政府宣誓就职仪式及在香港举行的有关庆祝活动的观礼团已经组成。观礼团由各省、自治区、直辖市政府代表,与香港事务有关部门的负责同志,军队和人民团体的代表,长期从事香港工作老同志的代表组成。陈滋英任观礼团团长,郑国雄、唐家璇任副团长,姜恩柱任秘书长,秦文俊、刘名启任副秘书长。

外交部发言人崔天凯在记者招待会上就香港特别行政区适用国际条约问题发表谈话

崔天凯说,中国政府最近就自7月1日起有关多边国际条约适用于香港特别行政区的问题向各有关条约的保存机关递交了照会。中国政府还将于近期通过联合国秘书长,向国际社会全面阐述有关国际条约适用于香港特别行政区的原则和做法。

崔天凯说,通过上述行动,现时适用于香港的绝大部分多边国际条约自7月1日起都将继续适用于香港特别行政区。这些条约涉及经贸、海关、科技、民航、商船、知识产权、资源、环保、邮政、人权、劳工、国际犯罪、国际私法等不同类别,共计200余项,其中有80余项中国目前尚未参加。

崔天凯说,上述行动是为了落实"一国两制"的方针和《香港特别行政区基本法》的有关规定所采取的,对于实现香港的平稳过渡和保持其长期繁荣稳定具有重大意义。

国务院总理李鹏在北京会见斯里兰卡总理西丽玛沃·班达拉奈克夫人

中英双方就香港特区继续适用国际公约问题达成一致意见

中英联合联络小组中方代表处消息:经过双方的共同努力,中英双方已就目前适用于香港的国际公约自1997年7月1日起继续适用于香港特别行政区问题达成一致,并就为确保这些国际公约继续适用于香港特别行政区所采取的有关法律和外交行动的照会稿达成一致。

目前,双方正在向有关国际公约的保存机关和联合国秘书长递交照会。

中共中央政治局委员田纪云在湖南考察

田纪云在听取了湖南省省委、省人大和省政府的汇报后说,改革开放以来,湖南的面貌发生了很大变化,取得的成就是十分显著的,这是全省人民在省委、省政府的正确领导下,齐心协力抓住机遇努力奋斗的结果。在新旧世纪之交的关键时期,我们国家面临着如何继续深化改革、开放的挑战,这迫切需要我们思想更解放一点,胆子更大一点,步子更快一点。在冲破旧的条框束缚、搞好国有企业改革攻坚的同时,要放手发展股份制合作企业和非国有企业,放手利用外资和发展对外贸易,放手发展旅游业等无烟工业。只要符合"三个有利于"的原则,就应鼓励去试、去闯。

田纪云指出,稳定党在农村的基本政策不变是国家长治久安的重要因素。农村稳定了,改革开放的进程就能稳步发展,从而才会实现真正意义上的国泰民安。当前农村工作的主要任务是继续稳定党在农村的现行各项政策,尤其是家庭联产承包责任制要长期不变。土地是农民的命根子和"铁饭碗",任何时候都不能在这方面打主意;以家庭联产承包责任制为基础的双层经营体制,实际上也是集体经济的一种形式。事实证明,承包责任制形式并不影响规模经营。发展集体经济必须着手培植新的生产力、经济增长点,要通过在农业开发和兴办第二、第三产业等方面做文章,中国农业未来的希望就在于实现真正意义上的贸工农一体化,农科教相结合,走产业化和集约化相得益彰的新路子。田纪云还说,湖南省人大工作近些年来搞得有声有色,很有成绩。

澳门航空公司将开辟内地6个城市的新航线谅解备忘录在澳门签署

这6个城市是：杭州、桂林、重庆、南京、福州和昆明。这样，连同现在澳门航空公司开通的北京、上海、厦门、青岛和武汉航线，澳门航空公司到内地的航线将达11条。

国务院副总理朱镕基在中南海会见美国前国务卿亨利·基辛格博士

国务院副总理兼外交部部长钱其琛在钓鱼台国宾馆会见美国前国务卿亨利·基辛格博士

全国人大常委会副委员长王汉斌在人民大会堂会见由署长路易斯·马约拉诺率领的阿根廷国家监察专员署代表团

全国政协副主席朱光亚在人民大会堂会见由主席何塞·纳达利率领的阿根廷激进青年团代表团

中央军委委员傅全有在北京会见尼日利亚临时执政委员会成员、国防大学校长加鲁巴

"风云二号"气象卫星定点成功

6月10日从西昌卫星发射中心发射升空的"风云二号"气象卫星，今天上午10时20分，在地面测控系统的精确控制下，成功定点于东经105度赤道上空。

这是中国自行研制的第一颗静止气象卫星。它可以观测和提供我国及邻国的云图、温度、水气、风场等气象动态，对准确进行中长期天气预报及灾害预报具有重要作用。据有关部门介绍，"风云二号"气象卫星的整体性能达到了国际90年代同类卫星的技术水平，它的定点成功及投入使用，开辟了我国地球静止卫星对气象观测的新领域，是我国气象现代化建设新的里程碑。

西安卫星测控中心、航天工业总公司试验队和海上航天测量船，连续7天对卫星进行跟踪、观测和控制，完成了卫星转移轨道段测控、星上远地点发动机点火、二次分离和六次定点捕获控制及相应的转速、姿态调整等工作，保证了卫星准确定点成功。

据了解，"风云二号"气象卫星定点后，将经过一段时间的在轨测试和调试，不久便可投入正式使用。

国家教委召开高校电视会议

会议针对部分高校在学风、考风方面存在的问题，要求各地高校整顿考试纪律，严格考试管理。

据了解，自1993年以来，各地教育主管部门和高校加强了对学风、考风的管理，使学校中的学风、考风有了明显好转。但是，目前仍有少数学校对考试管理、考风学风建设抓得不力；一些教师责任心不强，对教学工作不投入，在考试前划定考试范围，降低考试标准，在监考中不认真履行职责，甚至透露、泄露考题；有的学生平时不努力学习，考试时投机取巧，弄虚作假。

国家教委在电视会议上指出，考试风气的好坏，是衡量学校办学水平、管理水平、教学质量和学生素质的重要标志之一，是学校学风、校风的具体体现。因此，各高校要花大力气认真治理，切实加强学生的思想教育和校规校纪教育工作。要严格考务管理，完善监考、监督和巡视制度，健全考试程序。对少数放弃原则，透露、泄露考题以及对学生作弊行为不管不问的教师要进行批评、教育，情节严重的要严肃处理。要完善和健全惩处制度，严肃查处违纪作弊行为。要改革现行考试制度，牢固树立教学的中心地位，切实提高课堂教学质量，充分调动学生的学习兴趣。

国务院环委会主任宋健在国务院第三届环委会第十一次会议上发表讲话

宋健强调，1997年年底沿淮工业污染企业实现达标排放是国务院的明确要求，是淮河流域1.5亿人民的呼声。达标排放的目标不变，期限不变，必须采取有力措施，继续奋斗，治理淮河流域的水污染。

宋健说，做好环境保护工作，是与实现两个根本性转变、实施科教兴国战略和可持续发展战略有关的大事。以治理淮河、海河、辽河和滇池、太湖、巢湖"三河"、"三湖"污染，关停污染严重、浪费资源的"十五小"企业等为标志，我国的环境保护工作已进入了新阶段。不同流域、不同地区的情况不同，污染治理的阶段性任务也应有所区别，不搞"一刀切"。要采取各种办法，引导和帮助贫困地区人民发展绿色产业。

宋健说，淮河流域水污染防治工作在国务院领导的高度重视下，经过沿淮河南、安徽、江苏、山东四省和国务院各部门两年来的共同努力，取得了很大进展，现在已进入了全面攻坚阶段。重点治理项目进展明显，规划确定的303个项目、淮河流域水资源保护领导小组确定的19家重点污染企业，以及日排水量在100吨以上的超标排污企业，有55%的治理工程已经开工，有的已经完成。四省各级政府在筹集治理资金，制定有关法规、政策，督促检查项目进展，关停达标无望的企业方面做了许多工作。国务院有关部门也制定、实施了一系列经济政策，推动治污问题的解决。

宋健说，1997年年底淮河流域工业污染企业实现达标排放，以法规的形式写进了《淮河流域水污染防治暂行条例》(以下简称《条例》),对淮河流域所有工业污染源都具有法律效力,必须坚决贯彻执行。现在时间比较紧迫,任务相当艰巨。淮河流域四省各级政府要进一步把认识统一到《国务院关于环境保护若干问题的决定》上来,统一到《条例》规定的目标上来,认真总结经验,巩固成果,进一步督促各工业企业认真治理水污染,按期达标排放。逾期不能达标的,坚决实行关停并转。四省政府和国务院有关部门,要对照《条例》的要求,认真检查尚未完成的工作任务,明确责任,抓紧落实,团结治污,造福人民。

宋健指出,《国务院关于环境保护若干问题的决定》中提出的取缔、关停十五类污染严重的小企业,有利于实现两个根本性转变和调整产业结构的要求,有利于实施可持续发展战略,也有利于城乡人民生活质量不断提高对环境和资源保护提出的要求。在取缔、关停"十五小"工作中,各级政府认识比较统一,综合运用行政、法律、经济等手段,措施是有力的。实践证明,关停"十五小"企业,对一些地区经济发展和人民生活的负面影响较小,各级政府要注意做好企业关停后的善后工作。

6 月 18 日

"邓小平'和平统一、一国两制'理论与实践座谈会"在人民大会堂举行

国务院副总理兼外交部部长钱其琛在"邓小平'和平统一、一国两制'理论与实践座谈会"上发表讲话

在香港回归祖国的前夕,我们怀着激动的心情在这里举行"邓小平'和平统一、一国两制'理论和实践座谈会",回顾、讨论、研究和学习邓小平同志"一国两制"的思想,这对做好当前香港回归的工作,特别是对香港回归后,维护长期繁荣稳定有着重要的现实意义。

邓小平同志创造性地提出了"一国两制"的伟大构想,通过中英谈判,圆满地解决了香港问题。在长达13 年的香港过渡期内,我们高举"一国两制"的旗帜,逐步开展了筹组香港特别行政区的工作。在这个历史过程中,小平同志"一国两制"这个独创性的理论,经过实践的检验,充分显示了它的科学性和所具有的强大生命力。

香港回归后,摆在我们面前的一个重要的课题是坚定不移地维护香港的长期繁荣稳定。这是我们一项重要的战略任务,也是国际社会普遍关注的一个问题。我想,关键的一点就是坚持"一国两制"方针长期不变。中英联合声明和基本法中已明确规定我们对香港的方针政策"五十年不变",这里所说的"五十年不变",它的含义是长期不变。

为什么"一国两制"要长期不变呢?有什么根据呢?

第一,坚持"一国两制"长期不变,是从中国长期发展战略抉择出发作出的判断。小平同志曾多次强调坚持"一国两制"方针"五十年不变"的根据和理由,他说:"这也是从中国的实际出发的。中国现在制定了一个宏伟的目标,就是国民生产总值在两个十年内,即在本世纪末翻两番。"这就是说,中国人均国民生产总值将达到 800 美元至 1000 美元,那时人口是 12 亿至 12.5 亿,国民生产总值就是 1 万亿美元至 1.2 万亿美元。去年 3 月全国人大批准了《中华人民共和国国民经济和社会发展"九五"计划和 2010 年远景目标纲要》,提出了到 2000 年,按 1995 年价格计算的国民生产总值从 5.75 万亿元人民币增加到 8.5 万亿元人民币。这就是说国民生产总值将超过 1 万亿美元,那时候邓小平同志的预计目标将基本上实现。在中国改革开放、繁荣经济、现代化建设的过程中,香港作为通向国际市场的桥梁起了极为重要的作用。因此保持香港的繁荣稳定是符合中国的切身利益的。邓小平同志说过"'五十年'不是随随便便、感情冲动而讲的,是考虑到中国的现实和发展的需要"。"一国两制"五十年不变的道理,就是从我国的长远发展和当前社会主义现代化建设的实际需要出发的,是完全建立在科学的实事求是的分析上的。

第二,我国政府提出"一国两制"的方针的根本目的是为实现祖国的和平统一大业。香港问题的解决,使祖国统一大业迈出了重要的一步。在香港回归后,还要解决澳门问题,最后还要用"和平统一、一国两制"的方针实现海峡两岸的统一。因此,我们实行"一国两制"方针也是着眼于国家统一的长远考虑。邓小平同志在谈到"一国两制"的构想时说过,实现国家的统一,"是社会主义吞掉台湾,还是台湾宣扬的'三民主义'吞掉大陆?谁也不好吞掉谁"。"怎么解决这个问题,我看只有实行'一个国家,两种制度'。"又说:"我们采取'一个国家,两种制度'的办法解决香港问题,不是一时的感情冲动,也不是玩弄手法,完全是从实际出发的,是充分照顾到香港的历史和现实情况的。"

江泽民主席不久前曾讲过,香港回归后要纳入法制化的管理,成为我们国家依法治国的一个重要组成部分。这就是说,在香港问题上坚持"一国两制"方针政策,根本的一点是要依法办事。现在我们已有国家宪法和香港基本法来保证"一国两制"政策的实施,也为"一国两制"方针政策长期不变提供了法律上的保障。

第三,我们坚持"一国两制"方针政策不变,不是一

个方面不变，而是两方面不变，即不改变内地的社会主义制度，也不改变香港现行的资本主义制度，保留原来的两种制度在一国之内的并存。实际上我们坚持走有中国特色的社会主义道路，实行有中国特色的社会主义制度，这个中国特色很重要的一个内容就是“一国两制”。邓小平同志说过，“一国两制”是个新事物，“不是美国提出来的，不是日本提出来的，不是欧洲提出来的，也不是苏联提出来的，而是中国提出来的，这就叫作中国特色”。他又说：“讲不变，应该考虑整个政策的总体、各个方面都不变，其中一个方面变了，都要影响其他方面。”“试想，中国要是改变了社会主义制度，改变了中国共产党领导下的具有中国特色的社会主义制度，香港会是怎样？香港的繁荣和稳定也会吹的。五十年以后也不变，就要大陆这个社会主义制度不变。”

第四，在香港实行“一国两制”长期不变，必须实行“港人治港”。在英国殖民主义统治下，港人并没有当家做主的权利。香港回归后，实行资本主义的社会制度，原有生活方式不原有法律基本不变，港人是完全能够治理好香港的。鸦片战争以来一个多世纪里外国人看不起中国人。不相信中国人有能力管好香港，这是老殖民主义遗留下来的心态。香港过去的繁荣主要是以中国人为主体的香港人干出来的。当然，“港人治港”有个界限和标准，就是必须由以爱国者为主体的港人来治理香港。既然是主体，还会容纳别的人，还可以聘请外国人当顾问。邓小平同志在谈到爱国者的标准时，提出要“尊重自己民族，诚心诚意拥护祖国恢复行使对香港的主权，不损害香港的繁荣和稳定”，又说“我们不要求他们都赞成中国的社会主义制度，只要求他们爱祖国，爱香港”。

第五，“一国两制”长期不变，香港特别行政区需要实行高度自治。国家主权的统一是实行“一国两制”方针的前提和基础。邓小平同志说过，中国的主体、10亿人口的地区坚定不移地实行社会主义，这是个前提。在这个前提下，在小地区和小范围内实行资本主义，更有利于发展社会主义。“一国两制”概念中的“一国”体现了国家的统一和国家主权的不可分割，中央人民政府负责管理与香港特别行政区有关的外交事务和防务；“两制”体现了香港特别行政区作为中央政府直辖的地方行政区域享有高度自治权，包括行政管理权、司法权、终审权。中央各部门和各省、自治区、直辖市均不得干预香港特区自行管理的事务。用形象的话来说，国家主体实行社会主义，香港实行资本主义，是“井水不犯河水，河水不犯井水”。中央的政策是不损害香港利益的，我们也希望香港不会出现损害香港利益、国家利益的事。邓小平同志说过，中央确实是不干预香港特别行政区的具体事务，也不需要干预。难道香港就不会出现损害香港根本利益的事情？能够设想香港就没有干扰，没有破坏力量吗？所以保持中央的某些权力，对香港有利无害。

第六，“一国两制”的伟大构想如果提高到理论高度来分析，有两个主要的特点。

一是“一国两制”的构想来源于解放思想、实事求是的思想路线。邓小平同志在1984年曾经说过，近几年来，中国一直在克服“左”的错误，坚持从实际出发、实事求是来制定各方面的工作政策，正是在这种情况下，才提出“一个国家、两种制度”的构想。这就是说，“一国两制”的提出是考虑到历史和现状，要照顾到各方面的利益，使各方面都能够接受。我们说有中国特色的社会主义，这个中国特色很重要的一个内容就是“一国两制”。由此可见“一国两制”的构想是个新思想，是前人未曾说过的，它是来源于中国的革命实践，来源于解放思想、实事求是的思想路线，是社会主义学说和理论的新发展。

二是用“一国两制”解决国家统一问题，是用和平的方法解决矛盾的新方法。邓小平同志说，我们用“一国两制”的办法来解决中国的统一，这也是一种和平共处。列宁最早提出不同社会制度国家之间和平共处的论点。毛泽东同志把这个原则扩展到处理同一社会制度的国家之间的关系。邓小平同志提出了和平共处的原则不仅可以用在国际上，也可以用在一个国家之内。邓小平同志在提到国家和平统一时说，并不是我吞掉你，你吞掉我。谁也不好吞掉谁。这是用和平共处的方法化解矛盾的新方法、新观点。“一国两制”是从中国的实践提出来的，但是这个思路可以延伸到某些国际问题的处理上。香港问题的成功解决可为国际上许多问题的解决提供一些有益的线索。

香港回归，“一国两制”的伟大构想即将成为现实。香港历经百年沧桑终于回到祖国的怀抱，这是整个中华民族为之欢欣鼓舞的大事。香港回归后实行“一国两制”能否成功，国际上也非常关注。我们坚定不移地执行“一国两制”的方针长期不变，这是摆在我们面前的艰巨任务，也是一场新的挑战。让我们团结在以江泽民同志为核心的党中央周围，努力工作，来迎接这一庄严的历史时刻的到来。（本文为钱其琛同志在“邓小平‘和平统一、一国两制’理论与实践座谈会”上的讲话）

第八届全国人大常委会举行委员长会议

会议决定，第八届全国人大常委会第二十六次会议将于6月27日至7月3日在京召开。

全国人大常委会委员长乔石主持会议。会上，全国人大常委会秘书长曹志作了关于第八届全国人大常委会第二十六次会议议程草案和日程安排意见的汇报;作了关于香港特别行政区基本法附件三所列全国性法律增减的决定草案的说明;作了关于县级人民代表大会代表选举时间的决定草案的说明。全国人大常委会副秘书长刘镇作了关于批准全国人民代表大会香港特别行政区筹备委员会结束工作的决定草案的说明。全国人大法律委员会副主任委员项淳一作了关于公路法草案和动物防疫法草案修改情况的汇报。

重庆直辖市牌揭幕仪式在重庆人民大礼堂举行

全国棉花生产暨棉铃虫防治现场会在新疆乌鲁木齐市闭幕

会议强调,为了完成今年棉花生产任务,保证有效供给,必须在提高棉花单产上下功夫。

农业部汇总全国 17 个产棉省(区、市)农业部门提供的情况,今年全国棉花播种面积为 6848 万亩,比去年略减,是"八五"以来最少的一年。在这种情况下,增加科技含量,提高植棉水平,就成为增加总产最关键的措施。为此,农业部副部长白志健要求各级农业部门一定要组织大批农技人员深入棉区,把各种实用技术组装配套,传授给农民。

当前,我国棉花生产已进入生长旺盛的现蕾期,这阶段棉铃虫发生危害的可能性最大。据农业部全国农技中心监测和专家会商,今年棉铃虫发生总体上将比去年严重。积极有效地防治棉铃虫,是保障棉花丰收的关键。白志健强调,各地一定要进一步加大虫情监测力度,搞好田间调查,及时准确测报虫情,狠抓综合防治措施的落实,在治理策略、综合措施的科技含量和关键技术覆盖面及到位率等方面都要有新的提高。同时要继续抓好统防统治,努力提高防治效益。

财政部负责人就 1997 年继续开展清查预算外资金工作答记者问

根据国务院和中纪委的部署,今年要继续在全国范围内开展清查预算外资金工作。为此,记者就有关问题采访了财政部党组成员、纪检组组长金莲淑。

问:去年清理检查预算外资金工作取得了哪些成效,今年为何继续开展这项工作?

答:由于党中央、国务院的高度重视,财政、计划(物价)、审计、人民银行、监察等有关部门的积极参与、密切配合,去年的预算外资金清理工作取得了比较明显的成效:初步摸清了 1995 年预算外资金收入总规模为 3843 亿元,其中违规征收金额 345 亿元,违规支用金额 102 亿元,利用预算外资金私设"小金库"金额 4 亿元。通过检查,查出地方各级政府及所属部门越权设立的基金和收费项目达 3474 个,有 470 人受到党纪政纪处分,147 人被移交司法机关依法处理。

在肯定去年清查工作取得成绩的同时,应当看到预算外资金管理中存在的问题仍然很多。据了解,去年在预算外资金清查中发现的一些比较重大的违法违纪问题,部分地区和部门迟迟不予纠正,该上缴国家预算和缴入财政专户的资金,至今尚未上缴;该取消的基金和收费项目拒不取消,甚至继续违规设立新的基金和收费项目;该追究领导人员或直接责任人员党纪政纪责任的,有的未积极予以追究,而是避重就轻,敷衍了事,等等。因此,国务院第五次反腐败工作会议和中纪委八次全会决定,今年继续进行预算外资金清查,对一些比较突出的问题予以集中清查治理,以巩固成绩,扩大成果,逐步把预算外资金纳入规范管理的轨道。

问:今年清查工作的时间安排和目前的进展情况怎样?

答:今年开展重点清查的时间是 6 月初至 8 月底。财政部、国家计委、审计署、中国人民银行和监察部为此已于 3 月中旬发出《关于继续开展清理检查预算外资金工作的通知》。目前,清理工作已在全国各地陆续展开,各级政府和有关部门对这项工作都很重视,工作措施扎实有力。有的省区动手较早,行动较快,内蒙古自治区、北京、天津、河北、山东、辽宁、吉林、黑龙江、安徽、山西、湖北、福建、厦门、甘肃等省区、市提前进行安排部署,制定了开展清查工作的具体实施方案,以确保清查工作扎实有效,不走过场。但也有个别地区和部门行动迟缓,措施不力,希望尽快采取措施把工作迎头赶上来。

问:请谈谈今年开展清查工作的组织领导、清查重点和清查方法。

答:今年的清查工作是去年工作的继续和延伸,其组织领导的格局保持不变。国务院和中纪委责成财政部会同国家计委、审计署、中国人民银行、监察部共同负责完成清查工作任务,地方各级政府都要成立清查预算外资金领导小组及其办事机构,组织抽调财政、物价、审计、人行和监察等方面的力量,共同搞好清查。清查的重点是公安、工商行政管理、民政系统和 1996 年清查中发现违法违纪问题较多、清理检查不彻底的部门和单位。各地可以结合当地实际增加清查重点。今年清查工作采取同级抽查和上级抽查下级相结合的方式进行,财政部等五部委要组织抽调力量检查一些在京的中央部门,并将组派联合工作组到部分地区督促开展工作,同时选择一部分重点单位直接进行检查;地方各级清查预算外资金领导小组及办事机构,都要组派抽查组,直接对下级单位进行抽查。

问:这次检查主要内容是什么?

答：通过抽查，要集中解决以下一些问题：一是1996年的预算外资金清查工作是否深入扎实，有无瞒报、漏报重大违法违纪问题；二是1996年清查出的问题是否按国家规定予以纠正，有无继续越权设立基金、收费项目等问题；三是应当纳入预算管理的行政性收费和政府性基金是否按规定及时、足额地缴入财政预算，有无该缴不交的问题；四是预算外资金账户是否按规定清理归并，该缴入财政专户的预算外资金是否按规定及时、足额上缴，有无拖欠截留、坐收坐支的问题；五是收取的预算外资金是否严格按规定使用，有无挪用、挥霍乱支、私设“小金库”的问题；六是其他比较重大的违法违纪问题。

国家主席江泽民在中南海会见美国前国务卿亨利·基辛格博士

江泽民说：“中美之间存在着重要的共同利益。去年我和克林顿总统在马尼拉会晤时，双方都表示要求同存异、共同努力，建立面向21世纪的稳定、健康的中美关系。近来，中美关系基本上保持了去年下半年出现的改善势头。”

江泽民说，抓住机遇，把两国关系推向一个新的高度，不仅需要两国政府的共同努力，也需要各界有识之士的积极推动，“希望基辛格先生运用自己的影响，继续为促进中美关系的进一步改善和发展，发挥积极作用”。

基辛格说，美中关系是当今世界最重要的双边关系，我们两国保持健康稳定的关系，不仅对世界的和平与稳定有利，而且将影响下个世纪世界的走向。我同许多美国人民一样，期待着江主席今秋对美国的国事访问，相信这一重要访问会把美中关系带入一个崭新的阶段。基辛格表示相信，香港回归后将会继续保持繁荣、稳定。

全国政协主席李瑞环在人民大会堂会见纳米比亚全国委员会主席坎迪·内霍瓦

国家副主席荣毅仁在人民大会堂会见由印度尼西亚最高审计委员会主席苏马林博士率领的印度尼西亚审计代表团

国务院副总理兼外交部部长钱其琛在人民大会堂会见文莱外交部无任所大使哈贾·玛斯娜公主

国务院副总理李岚清在中南海会见马达加斯加工业化和手工业部部长马纳塞·埃苏阿韦卢曼德鲁索

国务委员兼国家科委主任宋健在中南海会见美国国家工程院院士美籍华人李耀滋教授

吉尔吉斯斯坦总统阿卡耶夫在比什凯克会见中央军委副主席国务委员兼国防部部长迟浩田

全国人大环境与资源保护工作座谈会在北京结束

全国人大常委会委员长乔石在座谈会上发表讲话。乔石提出，环境与资源保护工作必须纳入法制轨道。各级人大及其常委会，都要把加快环境与资源保护的法制建设，作为一项重要任务，坚持不懈地抓紧抓好。

乔石说，改革开放以来，我国的环境保护工作取得了比较大的进展，增加了投入，加快了法制建设，加大了治理力度，有些地区的环境状况有了明显改善。但总的来看，环境保护的任务仍然十分艰巨。因此，必须把环境保护工作作为根本大计来抓，一年接一年，一代接一代地抓下去。我们必须十分珍惜资源，没有资源的永续利用，就没有经济的可持续发展。要依法保护和合理开发海洋、草原、矿产和生物等自然资源，特别要保护好事关国计民生的土地、水、森林等重要资源。对非法采矿、乱占耕地、滥伐森林、污染水源等各种破坏和浪费资源的现象，必须采取有效措施坚决禁止。

乔石强调，各级人大及其常委会要切实加强环境与资源保护的执法监督。要把人大监督与群众监督、舆论监督结合起来，切实提高监督工作的水平。要把亿万名群众的积极性调动起来，在全社会形成一个保护环境、节约资源的良好风气，全面实现经济和社会的可持续发展。

全国人大环境与资源保护工作座谈会提出，在今后一段时期，在抓好环保执法检查的同时，要着重抓好土地、森林、水资源保护的执法检查，坚决刹住乱占耕地、乱砍林木、污染水体的现象。地方人大也要进一步加强环境与资源保护的执法检查，特别是要注意检查一些没有经过环境影响评价而确定的大工程和大项目，谁违反了法律法规，谁审批的，都要追究工作责任直至刑事责任。地方人大要继续坚持述职评议等监督形式，把环境与资源保护工作做得如何，作为考核领导干部政绩的重要内容。对于那些重发展、轻环境、不珍惜资源而导致经济片面发展，环境资源状况严重恶化地区的领导干部，不仅不能提拔重用，而且还要批评教育，直至弹劾罢免。

会议指出，要高度重视、善于运用司法手段，确保环境与资源保护工作的顺利开展。新近颁布的新刑法，设立了“破坏环境资源罪”，这对维护环境与资源管理秩序，提供了强有力的武器。各级法院、检察院要积极受理环境与资源保护方面的案件，严厉打击各种破坏环境与资源的犯罪行为，震慑破坏环境资源的不法分子。各地人大要督促司法部门狠抓一两个大案要案，惩一儆百，抓出实效。

会议认为，环境问题很多都是由于资源开发利用不当引起的，而资源问题很多也是由于环境污染和破坏造成的。比如水污染引发了水资源的紧缺，水土流失造成了耕地资源的紧缺，等等。今后，各级人大在狠抓环保的同时，要在资源保护方面多下功夫，多下力气。全国环保工作的重点是“三河”、“三湖”和“两区”的污染治理、乡镇工业污染的治理、城市水污染治理和垃圾污染治理等。同时，对黄河断流，长江上游水土流失、中下游严重污染，渤海湾近海海域污染等问题，也要引起高度重视。各地要根据实施有本地特色的可持续发展战略的要求，抓住一两个重点问题，用集中优势打歼灭战的办法加以解决，共同为实现我国经济和社会的可持续发展作出贡献。

全国人大常委会副委员长王丙乾参加座谈会。会议由全国人大环资委主任曲格平主持，副主任委员林宗棠作总结发言。

6 月 19 日

粤港边界范围会谈在深圳举行

广东省政府外事办副主任肖锦哲和香港政府副政治顾问艾士诚分别代表粤港政府正式签署粤港边界管理范围线谅解备忘录。

为了明确粤港边界管理范围，便于双方相互配合，促进两地的繁荣稳定，双方于 1988 年 4 月 8 日举行了第一轮会谈。本着认真务实和互谅互让的精神，经过 13 轮会谈，双方就粤港边界管理范围达成了原则共识，即：在深圳湾和大鹏湾，以海面的中线来划分管理范围（个别地方作特殊处理，如平洲岛）；在南面海域，以大屿山西南部、索罟群岛南部、蒲台群岛南部沿岸一海里为基础来划分，个别地方水域狭窄，则取其中点；陆地上基本是以河流、山谷、沟渠、道路的中线来划分管理范围。双方团长于今年 1 月 17 日在深圳草签了粤港边界管理范围线谅解备忘录。

粤港双方专家组进行联合测量，以世界大地系统 84 地理坐标表明粤港边界管理范围线 35 个编号点，确定谅解备忘录所述管理线的准确地理位置。

中共中央政治局委员邹家华考察陕京输气管道工程涿州段施工现场

陕京输气管道工程是我国陆上第一条大口径、长距离、全自动的输气管线工程，西起陕西省靖边县，东至北京石景山区衙门口，途经陕西、山西、河北、北京四省、市，全长 840 公里。

工程建设总指挥杨承志首先向邹家华介绍了工程的总体情况。随后，邹家华来到施工现场，向奋斗在一线的职工表示慰问，并仔细观看了流水作业焊接、超声波检测、喷砂除锈、防腐补口、现代化机械挖管沟、管线下沟等工序。他对石油系统广大职工的艰苦奋斗精神表示钦佩，并肯定了工程建设所采取的项目法人责任制、招标制、监理制和严格的质量监督制度。他要求建设单位要严格按照新的体制进行建设，切实做到高水平、高质量、高速度、高效益。

中国国际交流协会副会长万国权在北京会见俄罗斯总统政治助理顾问斯图帕里

解放军总参谋长傅全有在北京会见日本防卫厅防卫局局长秋山昌广

外交部发言人崔天凯在记者招待会上宣布中国外交部已同意邝富劭为英国驻中国香港特别行政区总领事

崔天凯说，中英联合声明已就英国在香港设立总领馆做出原则规定。据此，中英两国政府于 1996 年 9 月 26 日达成了中国政府同意英国在香港特别行政区设立总领事馆的协议。1997 年 6 月 13 日，英国驻华大使馆照会中国外交部，英国女王已任命邝富劭先生为英首任驻香港特别行政区总领事。根据《维也纳领事关系公约》及中国有关规定，中国外交部已于今日复照英驻华使馆，同意邝富劭先生为英国驻中国香港特别行政区总领事，并准其自 1997 年 7 月 1 日起在领区内执行领事职务。

崔天凯说，中国外交部领事司参赞叶明朗今日下午向英国驻华使馆公使兼总领事施安颁发了中国政府准予邝富劭先生在香港特别行政区执行领事职务的《领事证书》。

中葡联合联络小组第二十九次会议在里斯本举行并发表新闻公报

会议于 19 日至 21 日举行。讨论有关澳门平稳过渡和发展的主要议题。

会议结束后发表的新闻公报说，会议是在友好合作的气氛中进行的。双方研究了公务员本地化、法律本地化及确定中文官方地位等工作的进展情况，并表示将在这些方面继续作出努力。

公报说，双方完成了对澳门地区幸运博彩专营合约的审议，并通过了新的附加部分；双方结束了关于东方基金会问题和关于成立新基金会的磋商，并分别签署了会谈纪要。

公报指出，双方同意加紧关于1999年后在澳门保留一所葡文学校问题的磋商，同意加快关于档案移交问题的磋商。

双方在会议上还审议通过了澳门—菲律宾航空协议，并签署了会谈纪要。

双方商定，中葡联合联络小组第三十次会议将于1997年11月4日起在澳门举行。

中国政府欧洲债券发行签字仪式在法兰克福举行

财政部在法兰克福欧洲资本市场成功地发行5亿马克（约合2.9亿美元）的欧洲债券。这是继1996年发行美元全球债券之后中国政府在国际资本市场上取得的又一次成功。

中国此次在欧洲资本市场发行的债券期限为5年，票面利率为5%。债券投资者主要来自欧洲，其中德国约占32%；英国约占21%；意大利占10%；瑞士占9%；欧洲其他地区约占13%；其余来自亚洲和中东地区。这次发行的债券受到了欧洲投资者的欢迎，由于需求量大大超过发放量，当天的二级市场交易价格迅速上升。

国防科技大学计算机研究所研制的“银河—Ⅲ”百亿次巨型计算机系统在北京通过国家技术鉴定

第五届“毕昇奖”授奖大会在北京举行

我国已经举办四届“毕昇印刷奖”，从本届起更名为“毕昇奖”。由新闻出版署主办。

第五届“毕昇奖”获奖者是：原上海新闻出版局副局长励万启盈；宁夏考古研究所研究员牛达生；陕西省印刷厂厂长华炜；北京新华彩印厂厂长关志祥；人民日报印刷厂厂长刘炳振；中国印刷公司总经理武文祥；北京大学计算机研究所教授陈堃銶（女）；解放军七二一二工厂厂长臧怀玉和北京印刷学院教授魏志刚。

6月20日

纪念中国共产党成立76周年座谈会在中南海怀仁堂举行

中共中央政治局常委、书记处书记胡锦涛在座谈会上发表讲话。丁关根、吴邦国、尉健行、温家宝、罗干等领导同志出席座谈会。

座谈会上，中共中央组织部授予18名同志“全国优秀共产党员”称号。胡锦涛为这些优秀共产党员颁发了奖牌和证书。优秀共产党员代表王启民、吴天祥、樊代明，老党员代表白治民、焦裕禄妻子徐俊雅先后在座谈会上发言。

中共中央政治局常委胡锦涛在纪念中国共产党成立76周年座谈会上发表题为《共产党员要站在时代前列充分发挥先锋模范作用》的讲话

同志们：

7月1日是我们党的生日。今年的这一天，我国政府将恢复对香港行使主权。不久，我们党还将召开第十五次全国代表大会。这两件举世瞩目的大事，极大地激发着全国各族人民的爱国热情，振奋着全党面向新世纪全面推进建设有中国特色社会主义事业的历史责任感和奋斗精神。在这样的形势下，中央组织部今天召开座谈会，纪念中国共产党成立76周年，表彰优秀党员，是很有意义的。在今天的会议上被授予优秀共产党员称号的王启民等18位同志，来自企业、农村、科研、教育、卫生、政法等各条战线，大家在各自的岗位上坚决贯彻党的路线方针政策，努力实践党的全心全意为人民服务的宗旨，开拓进取、扎实工作，做出了优异成绩，得到党组织的充分肯定，深受广大群众的衷心爱戴。在同志们身上，体现了新时期共产党员的优良品质和时代风范，值得广大党员很好地学习。我代表党中央，向受到表彰的优秀共产党员表示热烈的祝贺。

中国共产党从诞生到现在，已经走过了76年光辉的历程。76年来，我们党从小到大，由弱到强，历经艰难险阻，领导中国人民取得了新民主主义革命的彻底胜利，取得了社会主义革命和社会主义建设的辉煌业绩，特别是近20年来又取得了社会主义改革开放和现代化建设的伟大成就。历史和现实充分证明，我们党是善于把马克思主义基本原理同中国具体实际相结合，在实践中丰富和发展马克思主义的党；是继承中华民族优良传统，富有创造精神，不断开拓进取的党；是重视总结历史经验，经得起各种考验，勇于从困难和挫折中重新奋起的党；是始终放眼未来、脚踏实地为实现国家和民族的根本利益奋斗不息的党。我们党完全能够领导各族人民，把中国建设成为富强、民主、文明的社会主义现代化国家。回顾历史，还可以清楚地看到，我们党之所以坚强有力，党领导的事业之所以能够不断胜利前进，不仅在于党坚持以马克思主义为指导，深刻认识历史发展的客观规律，制定和执行顺应时代潮流、符合本国国情、代表人民利益的正确路线，而且在于我们党作为工人阶级的先锋队，集中了中华民族众多的先进分子，在领导革命、建设和改革中不断加强自身建设，发挥了党员的先锋模范作用。

从现在起到21世纪前10年，是我国全面完成社会主义现代化建设第二步战略目标、向第三步战略目标迈进的重要时期。摆在全党全国人民面前的历史任务，就是高举邓小平建设有中国特色社会主义理论伟大旗帜，抓住机遇，开拓进取，把改革开放和现代化事业全面推向新世纪。最近，江泽民同志在中央党校省部级干部进修班毕业典礼上的重要讲话，进一步表明了党中央在世纪之交带领全党和全国人民继往开来，坚定地沿着邓小平同志开创的建设有中国特色社会主义道路胜利前进的决心。在实现跨世纪宏伟目标的征程中，我们党肩负着光荣而又艰巨的领导重任。紧密结合新的形势和任务，加强和改善党的领导，继续全面推进党的建设这一伟大工程，充分发挥党组织的核心领导作用和党员的先锋模范作用，是进一步凝聚全国各族人民的力量共创美好未来的迫切要求，是完成伟大使命的根本保证。全党同志都要认清形势，明确任务，增强使命感和责任感，努力锻炼自己、提高自己，更加自觉地团结带领广大群众为实现党的任务而奋斗。

下面，我主要就共产党员要在新的历史时期坚定地站在时代前列，发挥先锋模范作用问题，讲几点意见。

一、新形势新任务迫切要求提高党员队伍素质，充分发挥党员的先锋模范作用

中国共产党是领导建设有中国特色社会主义事业的核心力量。党的十四届四中全会明确提出，在当代世界风云变幻的条件下，在当代中国改革开放和现代化建设的伟大变革中，要把我们党建设成为用建设有中国特色社会主义理论武装起来、全心全意为人民服务、思想上政治上组织上完全巩固、能够经受住各种风险、始终走在时代前列的马克思主义政党。这是新时期党的建设的总目标，也对共产党员发挥先锋模范作用提出了更高要求。我们党是一个统一的整体，党员是党的肌体中的细胞。切实提高党员队伍的整体素质，充分发挥广大党员的先锋模范作用，是实现党的坚强领导必不可少的条件。充分发挥先锋模范作用的党员越多，党的凝聚力和战斗力就越强，党的核心领导作用就会实现得越好。

党的十四大以来的五年，是我们党把改革开放和现代化建设推进到历史新阶段的五年，是全党全国人民团结奋斗，我国经济建设和各项事业不断发展并取得重大成就的五年。当前，我国物质文明建设、精神文明建设和民主法制建设的任务很重。按照中央的总体部署，各项工作正在展开。在迈向新世纪的征程中，尽管面临着激烈的国际竞争，面临着国际霸权主义与强权政治的压力；我们的改革和建设，在前进中还面临着不少困难和问题，但重要的是，我们面对着前所未有的历史机遇，拥有许多发展的有利条件。特别是我们有邓小平建设有中国特色社会主义理论和党的基本路线的正确指导，有以江泽民同志为核心的党中央的坚强领导，有新中国成立以来尤其是改革开放以来创造的较好物质基础。只要我们把党的自身建设进一步搞好，使广大党员的素质有一个新的提高，党员的先锋模范作用能够充分发挥，党同人民群众的关系更加密切，就能调动一切积极因素，团结一切可以团结的力量，使各项工作取得更大的成就，使中国跨越世纪的发展搞得更好更快。

提高党员素质，充分发挥先锋模范作用，也是加强和改进党员队伍建设的迫切要求。党的十一届三中全会以来，随着我们党的事业蓬勃发展，党员队伍发展壮大，已经达到5800多万人。其中近20年内入党的，占总数一半以上。改革开放和现代化建设是我们党领导的一场新的伟大革命，它使我们国家焕发出新的生机，使我们党增添了强大活力，为广大党员充分发挥作用提供了新的广阔舞台。同时也要清醒地看到，随着改革开放的深入发展、社会主义市场经济体制的逐步建立，共产党员所处的环境和条件与过去相比发生了很大变化。特别是在所有制结构和利益格局的调整中，经济、社会生活出现了许多未曾遇到的新情况。这些都对共产党员在新形势下保持先进性、发挥好先锋模范作用提出了新的要求，也使共产党员的党性面临着新的考验。我国近20年来改革开放和现代化建设的伟大成就，是同广大共产党员的努力奋斗、积极奉献密不可分的，实践证明我们的党员队伍主流是好的，大多数党员是能够发挥先锋模范作用的。孔繁森、张鸣岐、李国安、吴天祥、陈金水、吴金印、王启民等一大批深受群众爱戴的好党员、好干部，就是新时期优秀共产党员的突出代表。但在党员队伍中，也确有相当一部分同志的素质程度不同地不适应形势、任务和环境变化的要求，有少数人经受不住新的历史性变革的考验，丧失了先进性，有的甚至蜕化变质，走向党和人民的对立面。我们必须正视存在的问题，把大力提高党员队伍素质摆到加强党的建设的重要工作日程上来，把保持共产党人的先进性、充分发挥先锋模范作用的任务鲜明地提到全党面前。邓小平同志指出："党要管党，一管党员；二管干部。"干部是关键，党员是基础。加强党的建设，既要抓住干部队伍建设这个关键，也要抓住党员队伍建设这个基础，使这两方面工作紧密结合，相互促进。

二、共产党员要用实际行动保持先进性，站在伟大时代前列，发挥先锋模范作用

始终保持工人阶级先锋队性质，这是我们党在国家政治生活中处于领导核心地位的一个基本条件。我们党的先进性，体现在党的纲领宗旨、理论路线、方针

政策中，体现在各级党组织的全部活动中，也体现在共产党员发挥先锋模范作用的行动中。每个共产党员从入党那一天起，就应当时刻牢记自己是工人阶级先锋队战士，自觉按照党章的要求去学习、去工作、去生活。共产党员不同于普通群众的地方，主要就在这里。

新时期共产党员的先锋模范作用，应当具有鲜明的时代特征。作为共产党人，既要把握人类社会历史发展的总趋势，胸怀共产主义远大理想，又要立足中国处于社会主义初级阶段的实际，尽心竭力地为建设有中国特色社会主义伟大事业而奋斗。忘记或动摇了共产主义理想，不可能成为合格的共产党员；不积极贯彻执行党在现阶段的方针政策，自觉献身于社会主义改革开放和现代化建设，也不可能成为合格的共产党员。我们党的党章对共产党员的义务和权利的规定，是党员标准的具体化，体现了新时期共产党员的先进性，集中反映了我们党对广大党员站在伟大时代前列、发挥先锋模范作用的要求。全体党员都应当无条件地付诸实践。

第一，必须高举邓小平建设有中国特色社会主义理论的伟大旗帜，坚定不移地走有中国特色社会主义道路。对于我们这样一个执政的，又处在承前启后、继往开来时期的党来说，举什么旗帜，特别重要。江泽民同志指出：旗帜就是方向，旗帜就是形象。我们说坚持党的十一届三中全会以来的路线不动摇，就是高举邓小平建设有中国特色社会主义理论的旗帜不动摇。这是一个意义十分重大而深远的科学论断。邓小平建设有中国特色社会主义理论作为马克思主义同当代中国实践和时代特征相结合的产物，是毛泽东思想在新的历史条件下的继承和发展，是当代中国的马克思主义，是马克思主义在中国发展的新阶段，是中国共产党的指导思想和中华民族的精神支柱。这个理论坚持解放思想、实事求是，在新的实践基础上继承前人又突破陈规，开拓了马克思主义的新境界，把对科学社会主义的认识提高到了新的水平，形成了新的科学体系。从历史经验的认真总结中，从近20年来我国改革开放成功实践的深切体验中，从对世界社会主义运动的观察和一些社会主义国家及其执政党盛衰兴亡的对比分析中，我们可以得出一个明确的结论，就是：邓小平建设有中国特色社会主义理论，是指导中国人民在改革开放中胜利实现社会主义现代化的唯一正确的理论；只有走建设有中国特色社会主义的道路，才能实现国家富强、民族振兴和人民幸福。马克思列宁主义、毛泽东思想、邓小平建设有中国特色社会主义理论，是一个统一的科学体系。在当代中国，坚持邓小平建设有中国特色社会主义理论，就是真正坚持马克思列宁主义、毛泽东思想。只有坚持邓小平建设有中国特色社会主义理论，才能真正坚持“一个中心，两个基本点”的基本路线，才能解决好改革开放和现代化建设进程中的各种矛盾和问题，才能保证我国的社会主义事业沿着正确的道路前进。全党高举邓小平建设有中国特色社会主义理论的伟大旗帜，是历史发展的必然要求，是国家民族的根本利益，是我们党更加坚强有力、党领导的事业更加兴旺发达的根本保证。

一个合格的共产党员，应当是坚定地站在时代前列，在错综复杂的斗争中保持政治上的清醒，在推动生产力解放和社会全面进步的实践中发挥先锋模范作用的先进分子。在新时期要做到这些，首要的根本的条件，就是必须用邓小平建设有中国特色社会主义理论武装自己。党的十四大以来，这方面工作取得了明显效果，广大党员学理论、学党章的活动有了新的进展。但是必须看到，把科学理论变成全党的共同认识和指导实践的思想武器，是一项艰巨的任务，需要付出长期不懈的努力。要在我们党内努力创造一种认真学习的风气，民主讨论的风气，积极探索的风气，求真务实的风气。广大党员特别是领导干部，要增强学习理论的责任感和自觉性，发扬刻苦钻研的精神。马克思主义是科学真理，只有站在正确的立场上来学习它、掌握它，才能够真正学懂、学好。要认真学习邓小平建设有中国特色社会主义理论的基本观点和精神实质，学习邓小平同志观察、分析和解决问题的立场、观点、方法，坚持理论联系实际的原则，着眼于理论的运用，着眼于对实际问题特别是我们正在做的事情的理论思考，着眼于新的实践和新的发展。这样持之以恒，我们就能通过学习，提高解决改革和建设中各种实际问题的能力，提高政治敏锐性和政治鉴别力，牢固树立正确的世界观、人生观、价值观，在前进道路上，保持头脑清醒，排除各种干扰，坚持党的基本理论和基本路线不动摇，真正成为思想上、政治上、行动上的先进分子。

第二，必须站在社会主义改革开放和现代化建设的前列，努力创造无愧于共产党员称号的业绩。建设有中国特色社会主义的事业，是一项伟大的创造性事业，是需要众多的先进分子带动亿万群众顽强拼搏才能完成的事业。新时期共产党员的先锋模范作用，应当集中体现在带头参加改革开放和现代化建设，带动群众为经济发展和社会进步艰苦奋斗。经济建设是我们党的中心工作，抓住机遇，发展经济，是解决中国一切问题的关键所在；改革开放是促进发展、克服困难的必由之路；保持稳定是搞好改革和发展的前提，这一切都需要全体共产党员在群众中发挥先锋模范作用，才能把事情办好。我们每一个党员，大都在一定的岗位上承担一定的任务，这些看来平凡的工作和任务，都是同党在现阶段的奋斗目标和整个党的事业紧密联系在一起的。一个党员的先锋模范作用发挥得怎么样，经常的是反映在本职工作上。我们说共产党员要站在改革开放和现代化建设的前列，很重要的一条，就是要爱岗敬业，勤奋学习，开拓进取，埋头苦干，为周围的群众作出表率，努力创造出一流的工作业绩。在深化改革、建立社会主义市场经济体制中，要胸怀全国大局，坚决贯彻党的路线方针政策，勇于实践，大胆探索，正确处理国家、集体、个人三者之间的利益关系，团结和引导群众推动改革深入发展。在遇到困难时，不悲观失望，不怨天尤人，而是同群众一起，迎难而上，群策群力，分析困难，积极克服困难。在面对错误思潮干扰时，要明辨是非，立场坚定，旗帜鲜明。在危急时刻，要不怕艰险，挺身而出，冲锋在前，自觉维护国家、人民和集体的利益。总之，共产党员发挥先锋模范作用，不是空洞的口号，而是实实在在的行动要求。各行各业，各条战线的共产党员都在各自的岗位上出色地完成任务，做出显著成绩，就会成为一种巨大的带动和鼓舞力量，影响和激励广大群众，共同推动改革开放和现代化建设事业向前发展。

第三，必须认真实践全心全意为人民服务的宗旨，密切联系群众。这始终是我们党保持工人阶级先锋队性质，党的组织增强凝聚力和战斗力，共产党员保持先进性的一个根本问题。无论我们党所处的环境发生什么样的变化，党的全心全意为人民服务的宗旨决不能变，群众观点、群众路线决不能丢，相信和依靠群众、虚心向群众学习、尊重群众的创造、倾听群众的呼声、与群众同甘共苦等优良传统决不能忘。党的十一届三中全会以来，我们党提出建设有中国特色社会主义的奋斗目标，制定正确的路线和方针政策，把有利于发展社会主义社会的生产力、有利于增强社会主义国家的综合国力、有利于提高人民的生活水平作为全部工作的出发点和归宿，体现了人民群众的根本利益。改革开放和现代化建设开辟了中国人民的新生活，广大人民群众实实在在地得到了共同奋斗的成果，所以人民拥护我们党，党同人民群众的关系总的是好的。但是，少数党员特别是有些领导干部，不同程度地滋长了官僚主义、形式主义等脱离群众的不良作风。他们高高在上，脱离实际；工作消极，追名逐利；贪图安逸，害怕艰苦；弄虚作假，欺上瞒下；不执行党的方针政策，不为基层服务，不为群众办事；有的甚至滥用职权，欺压群众，无视党纪国法。对这类现象的严重性和造成的危害，绝不可低估，一定要高度重视，坚决加以克服。这样，我们党才能保持同群众的血肉联系，才能在新时期获得新的强大的力量源泉，党领导的社会主义现代化事业才能无往而不胜，我们的国家才能经受住各种困难和风险的考验，实现长治久安。

共产党员如何对待群众，是一个根本立场问题、世界观问题、党性问题。人民群众为实现自身利益而奋斗，需要有先进分子的引导，然而，先进分子只有始终扎根于群众之中，不断吸取营养和智慧，真正代表和坚决维护群众的利益，具有奉献精神，才能取得群众信任，发挥引导群众前进的作用。否则，就会失去自己活动的根基，就不是合格的先锋队战士。正在向新世纪全面推进的建设有中国特色社会主义的事业，是我们党在新时期服务于人民的伟大事业，是人民自己的事业。如果离开了人民，我们将一事无成。全党同志务必牢固树立马克思主义的群众观点，掌握党的群众路线，始终保持同群众的密切联系，摆正自己在人民群众中的位置，老老实实向人民学习，全心全意为人民服务，时刻警惕不要犯脱离人民群众的错误，要坚决纠正一切高踞于群众之上，做官当老爷，不关心群众疾苦，不维护群众利益的不良作风；坚决反对一切欺压群众、损害群众合法权益的违法乱纪行为；坚决制止一切不顾大局，在路线方针政策问题上自行其是，损害人民群众根本利益的错误做法。

第四，必须自觉抵御剥削阶级腐朽思想的侵蚀，带头弘扬社会主义道德风尚。我国是封建社会历史很长的国家，封建主义和其他剥削阶级腐朽思想的影响将长期存在。由计划经济体制向社会主义市场经济体制转变，必然引起经济和社会生活的许多重大变化，而体制、法律、政策和管理制度的完善又需要一个较长的过程，在这个过程中消极腐败现象会乘机滋长。对外开放为我们吸收借鉴外部世界好的东西创造了有利条件，同时资本主义腐朽的东西也会乘隙而入。在这样的国内外环境中搞社会主义现代化建设，我们党面临着反对腐败的严重政治斗争。在这场复杂、艰巨、长期的斗争中，一切坚定的共产党员，都应当成为拒腐防变的先锋、反腐倡廉的模范，身体力行社会主义、共产主义思想道德，大力发扬爱国主义精神和艰苦奋斗精神，大兴艰苦朴素、勤俭节约之风，坚决抵制损人利己、唯利是图、“一切向钱看”等腐朽思想的侵蚀，坚决反对铺张浪费、奢侈挥霍等消极颓废之风，理直气壮地弘扬正气，坚决同各种腐败现象作斗争。我们党是执政党，许多党员手里都有一定的权力。能否坚持用权为民，反对以权谋私，杜绝权钱交易，是对担负一定领导责任的共产党员在新形势下能否保持思想上、政治上、作风上的先进性的严峻考验。大量事实表明，干部的职位和权力，很容易成为那些靠搞权钱交易、牟取暴利的人攻击的目标，拜金主义、享乐主义、个人主义以及阿谀奉承、吹吹拍拍等腐朽庸俗的思想习气，也会包围有一定地位和权力的干部。如果放松警惕，自己解除思想武装，那就迟早要出问题，甚至出大问题。各级党员领导干部务必保持高度警惕，牢记全心全意为人民服务的宗旨，正确对待名利、地位和权力，严于律己，防微杜渐，时时自重、自省、自警、自励，以共产党人一心为公、无私无畏、光明磊落、驱邪除恶的浩然正气，坚决有力地抵制一切腐朽思想的侵蚀和金钱、物欲的诱惑。

三、各级党组织要加强对党员的教育管理，为党员充分发挥先锋模范作用创造条件

共产党员保持先进性，发挥先锋模范作用，要靠党员自身的努力，同时必须有党组织的正确引导和帮助。党的各级组织要按照工人阶级先锋队战士的标准，把加强党员队伍的教育管理作为一项经常性、基础性工作，认真抓起来。要坚持对党员严格要求，经常开展党的基本理论、基本路线、基本方针教育，党的基本知识教育，形势任务教育。正在进行的党员"学理论、学党章"活动，是一种好形式，要进一步抓出成效。在县以上领导干部中，要以"讲学习、讲政治、讲正气"为主要内容，结合实际情况，推动党性、党风教育的深入开展。要坚持正面引导为主，满腔热情、高度负责地关心爱护每一个党员，支持和保护为党、为人民、为社会主义现代化事业努力工作的每一个党员，及时发现和总结、宣传优秀共产党员的先进事迹和思想品德，努力在全党造成珍视共产党员的光荣称号，努力为党旗增光添彩，做名副其实的先进分子的浓厚风气。同时，要批评错误思想和行为，深入解剖一些反面典型，引起全党同志的警惕。

从严治党，是我们党加强自身建设的优良传统和宝贵经验，是增强党的凝聚力和战斗力、保持党的先进性和纯洁性的关键，也是帮助党员增强党性、不断进步的重要环节。在新的历史时期，我们党坚持从我国处于社会主义初级阶段的实际出发，制定和执行适合于生产力发展水平、适用于全体社会成员的政策，这是完全正确的，每个共产党员都应当模范贯彻执行。但是不能忘记，共产党员还要严格遵守和执行党章的规定，以党员标准严格要求自己，用党的纪律严格规范自己。那种把执行党在现阶段的经济和社会政策与共产党员遵守党章、按党的要求行事对立起来，认为在社会主义初级阶段可以降低共产党员的标准，可以淡化共产党员先锋模范作用的观点和做法，是不对的、有害的。坚持从严治党，首先就要坚持用工人阶级先锋队战士的标准教育、管理党员，并把从严治党作为一条指导方针，贯穿到党的思想、组织、作风建设的各项工作中去。治党不严，降低对党员的要求，放松教育管理，组织涣散，纪律松弛，只会误党误国。哪里出现这类问题，哪里党组织就要负起责任，坚决加以纠正。要通过建立健全制度，保证做好发展优秀分子入党，及时处置不合格党员，坚决清除腐败变质分子等工作，进一步形成增强党组织的活力、提高党员队伍素质的有效机制。从严治党，要从领导机关做起，对各级党员领导干部严格要求、严格管理、严格监督，坚决防止和纠正对干部重提拔使用、轻监督管理的现象。要严格执行党的纪律，坚持在纪律面前人人平等。对于违反党纪国法的事，不论涉及谁，都要坚决严肃处理。

建设有中国特色社会主义事业，是顺应时代潮流、合乎人民意愿的宏伟事业。历史把领导这个事业的重任赋予我们党。我们党完全有力量把正在蓬勃发展的伟大事业不断推向前进。让我们紧紧团结在以江泽民同志为核心的党中央周围，高举邓小平建设有中国特色社会主义理论的伟大旗帜，密切联系贯彻执行党的基本路线的实践，继续全面推进党的建设这个新的伟大工程，为抓住机遇，深化改革，扩大开放，促进发展，保持稳定，推进我国的社会主义现代化建设，提供坚强的组织保证，以优异的成绩迎接党的十五大胜利召开！

中组部授予王启民等 18 人"全国优秀共产党员"称号

中共中央组织部关于授予王启民等 18 名同志"全国优秀共产党员"称号的决定：

党的十四大以来，在建设有中国特色社会主义的伟大实践中，全国各条战线涌现了一大批优秀共产党员。他们坚定不移地贯彻执行党的基本路线，始终牢记全心全意为人民服务的宗旨，在社会主义改革开放和现代化建设中艰苦奋斗，开拓进取，无私奉献，发挥了先锋模范作用，受到广大党员和群众的称赞。为了表彰他们的先进事迹，弘扬他们的崇高精神，激励广大共产党员奋发进取，建功立业，中央组织部决定：对做出优异成绩和突出贡献的大庆石油开发研究院院长、教授级高级工程师王启民，北京市公交总公司公汽一公司第一运营分公司 21 路公共汽车售票员李素丽，江西省南昌市西湖分局筷子巷派出所户籍民警、一级警督邱娥国，上海市市委委员、上海港龙吴港务公司经理、高级工程师包起帆，河南省卫辉市委副书记、唐庄镇党委书记吴金印，辽宁省大连市经济技术开发区人民法院审判委员会委员、刑事审判庭副庭长谭彦，山西省长治市人民医院副院长、妇产科主任兼党支部书记、主任医师赵雪芳，福建省永春县一都镇党委副书记、美岭村党总支书记苏新添，山东省沂源县荣军所特等伤残军人、原沂源县张家泉村党支部书记朱彦夫，解放军第四军医大学第一附属医院消化内科主任、教授、主任医师樊代明，江苏小天鹅集团董事长、总经理、高级经济师朱德坤，湖北省京山县石龙乡党委书记胡忠诚，广东省深圳市布吉镇南岭村党支部书记兼村委会主任张

伟基,呼和浩特铁路局临河机务段司机长邵玉镇,河北省丰宁县窟窿山乡计划生育助理员姜淑琴,武警四川省总队绵阳市支队平武县中队中队长刘昌建,四川省甘孜公路养护总段甘孜段雀儿山五班班长陈德华,中国人民银行山东省聊城地区分行保卫科副科长邹宪光18名同志,授予"全国优秀共产党员"的称号。

王启民等18名同志长期工作在企业、农村、科研、教育、卫生、公安等各行各业的第一线。他们在各自的岗位上,认真学习邓小平建设有中国特色社会主义理论,努力实践全心全意为人民服务的宗旨,集中体现了在新的历史条件下共产党员为党和人民的事业生命不息、奋斗不止的理想追求。他们的共同特点是:坚持党性,心系人民;解放思想,勇于实践;埋头苦干,艰苦创业;清正廉洁,克己奉公;吃苦在前,无私奉献。他们是新时期共产党员的杰出代表,是全党同志学习的榜样。广大共产党员都要向他们学习,胸怀共产主义远大目标,脚踏实地为建设有中国特色社会主义的伟大事业不懈奋斗,在改革和建设中建功立业。

国务院总理李鹏签署220号令发布《公安机关督察条例》

《公安机关督察条例》已于1997年6月4日国务院第57次常务会议通过,现予发布施行。

总理 李 鹏

1997年6月20日

公安机关督察条例(文略)

"回归颂"中华诗词演唱会在全国政协礼堂举行

中央军委在北京举行迎接香港回归祖国座谈会

中共中央政治局常委、中央军委副主席刘华清出席座谈会,中央军委副主席张震在座谈会上讲话,中央军委副主席张万年主持座谈会。伍修权、叶飞、杨成武、吕正操、张廷发等老同志和中央军委委员傅全有、于永波、王克、王瑞林等出席座谈会。

张震说,香港回到祖国怀抱,必将极大地激发中华儿女的爱国热情。全军部队要认真贯彻落实江泽民主席关于加强爱国主义教育的重要指示精神,广泛开展爱国奉献教育,进一步激励广大官兵把强烈的爱国热情转化为保卫祖国、建设祖国的实际行动。

张震强调说,我军将于7月1日零时担负起香港防务。人民解放军进驻香港,是我国政府恢复对香港行使主权的重要标志。党中央和中央军委对驻香港部队的建设高度重视,江泽民主席曾亲临驻香港部队视察,并题词勉励驻香港部队官兵"保持人民军队本色,维护香港繁荣稳定"。目前,驻香港部队官兵已经做好了进驻香港的一切准备。我们相信,驻香港部队进驻香港后,一定能忠实履行基本法和驻军法赋予的神圣职责,保持人民军队的性质和宗旨,发扬我军的优良传统,树立起威武之师、文明之师的良好形象,以实际行动向世人宣告,人民解放军是忠于职守、依法履行职能的军队,是讲文明、守纪律、有礼貌、秋毫无犯的军队,是训练素质优良、战斗作风过硬、威武雄壮、无往不胜的军队。

张万年在会议结束时说,江泽民主席最近强调指出,要把香港回归这件事办好,关键是要坚定不移地贯彻执行邓小平同志提出的"一国两制"的伟大构想,坚定不移地贯彻执行"港人治港"、"高度自治"的方针,坚定不移地贯彻执行特别行政区基本法。全军部队要认真落实江泽民主席这一重要指示,深入学习邓小平同志关于香港问题的重要论述和中央的有关方针政策,深入学习、坚决贯彻香港特别行政区基本法,为确保香港的顺利回归和长期繁荣而积极努力。全军要按照党中央和中央军委的部署,精心组织好庆祝香港回归的各项活动,进一步激发广大官兵的爱国热情,以实际行动迎接香港的顺利回归。

驻香港部队代表、老同志代表、英模代表和国防大学代表先后在会上发了言。

中国和平统一促进会在人民大会堂举行"迎香港回归,促祖国统一"座谈会

中国人民银行将发行香港回归金银纪念币

经国务院批准,中国人民银行将于7月1日发行香港回归祖国金银纪念币(第三组)和庆祝香港特别行政区成立流通纪念币一套。

此次发行的金银纪念币共4枚,其中金币2枚,银币2枚;其成色均为99.9%,规格和发行量分别为:5盎司精制金币,面值500元,发行228枚;1/2盎司精制金币,面值50元,发行11800枚;1盎司精制银币,面值10元,发行88000枚;1盎司普制银币,面值10元,发行80万枚。以上纪念币均由中国金币总公司总经销。

这组金银纪念币的正面图案均为天安门、华表、牡丹花。5盎司精制金币背面图案,上方为邓小平肖像,下方为香港海景。其他3枚币的背面图案,上方均为香港特别行政区区旗,下方为香港会议展览中心及海景,中间为礼花。本组4枚币背面图案的周围,均标有"中华人民共和国香港特别行政区成立纪念"中英文字。

将于同日发行的"庆祝中华人民共和国香港特别行政区流通纪念币"一套共2枚,每枚面额10元,与

10元人民币等值流通，发行量为2000万套。

中国就香港特别行政区适用的国际条约向联合国递交照会

中国常驻联合国代表秦华孙向联合国秘书长安南递交外交照会，全面阐述了中国政府关于香港特别行政区适用国际条约的原则立场。照会的两个附件列明了自1997年7月1日起适用于香港特别行政区的214项国际条约。

中国政府的这一行动，是为了落实中英联合声明和香港特别行政区基本法的有关规定，充分体现了"一国两制"、"港人治港"和"高度自治"的精神，既维护了国家的主权统一，同时也考虑到了香港的特殊情况和需要，有利于确保香港的社会、经济制度和生活方式50年不变及原有法律基本不变，也有利于维持和发展香港与外国业已建立起来的互利合作关系。这不仅有利于香港特别行政区的持续繁荣与发展，也符合世界各国、各地区的利益。

照会特别提到，《公民权利和政治权利国际公约》和《经济、社会与文化权利的国际公约》适用于香港的规定，自1997年7月1日将继续有效。未列入照会附件的、中国是当事方或将成为当事方的其他条约，如决定将继续适用于香港特别行政区，中国政府将另行办理有关手续。对属于外交、国防类或根据条约的性质和规定必须适用于国家全部领土的条约，中国政府无须办理有关手续。

外交部发言人崔天凯就香港领事问题发布通告

随着中华人民共和国政府对香港恢复行使主权日期的临近，涉及香港的领事问题受到香港居民以及国际人士的广泛关注，外交部发言人崔天凯就有关问题通告如下：

一、自1997年6月23日起，中华人民共和国驻外使领馆将开始受理外国人7月1日起进入香港特别行政区的签证申请。

二、自1997年6月23日起，中华人民共和国驻外使领馆将开始受理香港特别行政区护照的申请。

三、对港英当局以及英国驻外使领馆在6月30日前颁发的进入香港的签证，作如下过渡安排：

(一)6月30日前由港英人民入境事务处颁发的签证，原则上可使用到签证期满，但最长不得超过1998年6月30日；

(二)6月30日前由英国驻外使领馆颁发的签证，不论一次或多次有效入境，持证人在6月30日或之前入境且不出香港，经香港人民入境事务处批准入境后，原则上允许逗留至停留期满为止；持证人在7月1日后入境香港，将不得继续使用。香港特别行政区入境事务处将在持证人入境时改办手续，提供入境方便。

(三)中华人民共和国各驻外使领馆将参照申请人所持原签证的有效期限和种类，为申请人更换相同类型的签证。有效期与停留期将与原持签证相符。

国务院发出关于进一步加强在境外发行股票和上市管理的通知

各省、自治区、直辖市人民政府，国务院各部委、各直属机构：

1992年以来，国务院和国务院证券主管部门在一系列法规和文件中，对在境外发行股票和上市的有关政策作了明确规定。但最近一个时期，一些机构和企业违反规定，未经批准，擅自将境内资产以各种形式转移到境外上市，造成了不良影响。在境外发行股票和上市是一项政策性很强的工作，必须依照国家有关规定有组织、有步骤地进行。针对目前境外上市中存在的问题，为进一步加强管理，保证境外发行股票和上市工作有序进行，现将有关规定通知如下：

一、在境外注册、中资控股(包括中资为最大股东，下同)的境外上市公司(以下称境外中资控股上市公司)，进行分拆上市、增发股份等活动，受当地证券监管机构监管，但其中资控股股东的境内股权持有单位应当事后将有关情况报中国证监会备案，并加强对股权的监督管理。

二、在境外注册的中资非上市公司和中资控股的上市公司，以其拥有的境外资产和由其境外资产在境内投资形成并实际拥有三年以上的境内资产，在境外申请发行股票和上市，依照当地法律进行，但其境内股权持有单位应当按照隶属关系事先征得省级人民政府或者国务院有关主管部门同意；其不满三年的境内资产，不得在境外申请发行股票和上市，如有特殊需要的，报中国证监会审核后，由国务院证券委审批。上市活动结束后，境内股权持有单位应当将有关情况报中国证监会备案。

三、凡将境内企业资产通过收购、换股、划转以及其他任何形式转移到境外中资非上市公司或者境外中资控股上市公司在境外上市，以及将境内资产通过先转移到境外中资非上市公司再注入境外中资控股上市公司在境外上市，境内企业或者中资控股股东的境内股权持有单位应当按照隶属关系事先经省级人民政府或者国务院有关主管部门同意，并报中国证监会审核后，由国务院证券委按国家产业政策、国务院有关规定和年度总规模审批。

四、重申《国务院关于暂停收购境外企业和进一步加强境外投资管理的通知》(国发〔1993〕69 号)规定的精神,禁止境内机构和企业通过购买境外上市公司控股股权的方式,进行买壳上市。

五、对违反上述规定的,以擅自发行股票论处,对负有责任的主管部门领导,由有关部门给予行政处分;对当事单位的主管人员和直接责任人员由该单位上级主管部门给予撤职直至开除的处分;对构成犯罪的,移交司法机关依法追究刑事责任;对当事单位和有关中介机构及责任人员由中国证监会按照《股票发行与交易管理暂行条例》等有关规定,给予处罚。

各地方、各部门要严格执行本通知的规定,采取切实有效措施,监督所属企业认真遵守国家有关法规和政策。境内企业到境外证券市场融资应主要采取直接上市的方式,国务院证券委要继续指导好这项工作,选择符合国家产业政策和境外上市条件的国有企业到境外直接上市。

本通知自发布之日起施行。

中国光彩事业促进会在北京召开全国光彩事业工作座谈会

座谈会于 20 日至 21 日召开,总结交流三年来各地开展光彩事业工作的经验,研究部署推动下一步工作的思路和措施。与会者认为,今后光彩事业的工作要逐步形成以项目推动为主的工作格局,建立起完整的重点项目工作的体系。

全国政协副主席、中共中央统战部部长王兆国出席会议并讲话。王兆国说,光彩事业是统一战线部门为党的中心工作服务的一项开创性工作,现已从起步阶段进入平稳发展阶段,工作方式应该及时从"考察推动"转向"项目推动",尽快形成以项目推动为主的工作格局。光彩事业要继续加强与政府扶贫开发项目的结合,把光彩事业纳入到社会扶贫中去。他希望大家进一步高举邓小平建设有中国特色社会主义理论的伟大旗帜,在以江泽民同志为核心的党中央的坚强领导下,不断总结经验,扎实工作,开拓进取,为最终解决全国 5800 万贫困人口的脱贫问题作出更大的贡献。

在座谈会上,与会者回顾了三年来各级统战部、工商联采取各种措施推动光彩事业发展的历程。包括吸引许多非公有经济人士及港澳台和海外投资者到贫困地区发展种植业、养殖业和相关加工服务业,兴办了一些能够充分发挥贫困地区资源优势、又能大量安排贫困劳动力就业的资源开发型和劳动密集型企业;进行了贫困地区的荒山、荒地、荒滩的开发工作;开设了提高贫困地区劳动力素质的培训项目,协助当地开展劳务输出等。到目前为止,全国已有 4000 多位民营企业家投身光彩事业,开始实施的光彩事业项目达到 820 多个,投资到位资金 30 多亿元。

与会者认为,实践证明,光彩事业不仅开辟了一条先富帮后富,最终共同富裕的社会扶贫新途径,也为非公有经济人士的成长锻炼、施展才干提供了一个社会大舞台,有利于非公有制经济的健康发展,是一项德行并重、义利兼容的民间扶贫举措,其意义和社会影响都是十分重要而深远的。

国务院副总理吴邦国致信祝贺海洋石油工业改革与发展战略高级研讨会在北京举行

中国海上钻井跨入世界先进水平

50 多天钻一口井,两年多前在中国海洋石油总公司渤海公司被认为是这个海域常规钻井的高水平。然而,还是这支队伍,还是那些装备,现在打一口井的时间平均仅为 3.71 天,最快一口井只用了 2.66 天,这标志着我国海上钻井已跨入世界先进水平。

国家主席江泽民在人民大会堂会见由众议员新进党政策审议会会长野田毅率领的日本新进党国会议员代表团

江泽民说,中日两国老一辈的政治家为开拓和发展中日关系倾注了心血,作出了卓越的贡献。今天的中日关系来之不易,年青的一代有责任接好中日友好的班。希望日本的年轻国会议员多了解中国,为发展中日友好关系多作贡献。

江泽民说,今年是中日邦交正常化 25 周年,明年还将迎来中日和平友好条约缔结 20 周年。希望中日两国政治家登高望远,以长远的战略观点着眼未来,坚持中日联合声明和中日和平友好条约的原则,把一个健康稳定的中日关系带进 21 世纪。

江泽民说,要实现中日两国人民世世代代的友好,正确认识和对待过去那段不幸的历史十分重要。日本军国主义侵略中国,不仅给中国人民带来了深重灾难,也使日本人民深受其害,这一历史教训值得汲取。"前事不忘,后事之师;前车之覆,后车之鉴。"我们双方都有必要加强对年青一代的教育,让他们正确了解那段历史。只有这样,才能真正做到向前看,才能名副其实地实现中日两国人民世世代代友好下去。

江泽民还向日本客人介绍了我国国内情况。

野田毅感谢江泽民主席拨冗会见。他表示将把江泽民主席上述谈话铭记在心,为中日关系发展和亚洲的和平作出贡献。野田毅对中国即将对香港恢复行使主权、恢复民族尊严表示衷心的祝贺。

国家主席江泽民在中南海会见纳米比亚全国委员会主席坎迪·内霍瓦

国家主席江泽民在人民大会堂先后接受塔吉克斯坦首任驻中国大使贾姆舍德·希洛洛维奇·卡里莫夫和厄立特里亚新任驻中国大使特沃尔德布尔汗·沃尔德米卡埃尔递交的国书

国务院总理李鹏在中南海会见马来西亚教育部部长纳吉布·敦·拉扎克和夫人

李鹏对拉扎克说："您的父亲在担任马来西亚总理时实现了中马建交。您本人也曾多次访华，现在您又偕夫人和孩子再次来访。你们全家都致力于中马友好，是中国人民的老朋友。您这次同中方签署了中马两国教育交流与合作谅解备忘录，我对此感到高兴。教育是一个很重要的领域，它直接关系到国民素质的提高和科学技术的进步。中马两国在这一领域加强合作很有意义。"

联合国儿童基金会世界卫生组织爱婴市评估报告会在北京召开

国际组织官员称赞中国创建爱婴市是对国际爱婴医院活动的创新和发展。

评估报告指出："世界上没有哪一个国家能像中国这样，让全社会都来支持母乳喂养这一重要的促进、保护和支持母亲和儿童健康与发展的关键策略。"官员们还称赞中国的爱婴行动是世界的典范，将对全球爱婴行动起到积极的推动作用。

中国初级卫生保健基金会在北京人民大会堂举行成立大会

全国人大常委会副委员长卢嘉锡出任基金会理事长，全国人大常委会副委员长王光英、吴阶平，国务委员彭珮云等到会祝贺。

中国初级卫生保健基金会由中国农工民主党中央主办，卫生部业务主管。基金会旨在动员社会各界共同关心中国农村地区尤其是贫困地区的医疗卫生保健事业，联络海内外友好团体和个人，为实现"2000 年人人享有卫生保健"的目标争取资金和物质支持。

彭珮云说，基金会将工作重点放在贫困地区，通过募集基金来帮助贫困地区农村实现"2000 年人人享有卫生保健"的目标，意义重大。

6 月 21 日

李先念纪念馆在湖北红安举行开馆仪式

共和国第三任国家主席李先念逝世五周年，李先念纪念馆在他的故乡湖北省红安县开馆。

党和国家领导人江泽民、李鹏、乔石、李瑞环等分别为李先念纪念馆题词。江泽民的题词是："光辉业绩留芳千古，革命精神激励后人。"李鹏的题词是："李先念同志光辉业绩永垂青史，革命精神激励后人。"乔石的题词是："赤胆忠心功冠千秋，光明磊落德昭后世。"李瑞环的题词是："伟业长存。"陈云同志生前为纪念馆题写了馆名。

全国政协副主席洪学智在开馆仪式上致辞。

李先念纪念馆分为序厅和"从木匠到将军"、"从深入敌后到中原经略"、"从领导湖北到为国理财"、"党和国家卓越领导人"四个单元，以丰富的文物史料、生动活泼的陈列形式，展现了李先念革命家的风采，政治家的胸怀，军事家的胆略，经济管理家的才华。

香港特别行政区临时立法会第十二次会议在深圳举行

会议三读通过《1997 年人民入境（修订）（第 3 号）条例草案》、《1997 年香港终审法院（修订）条例草案》、《1997 年司法人员叙用委员会（修订）条例草案》、《1997 年宣誓及声明（修订）条例草案》四部条例草案，香港特区律政司司长梁爱诗在会上作了《1997 年香港回归条例草案简介》的发言。这是临立会在香港过渡期内举行的最后一次会议。

梁爱诗在今天的发言中表示，制定香港回归条例的主要目的，是为了使临立会在 1997 年 7 月 1 日前通过的法例得以完成立法程序，同时向公众作出交代；实施全国人民代表大会常务委员会有关香港现行法例适应化的决定；就各项过渡事务作出规定。梁爱诗并就这部条例的背景及论据、主要内容、立法程序等作了说明。

以上条例草案将在 7 月 1 日举行的临立会大会上进行确认，并提交特区行政长官签署生效，予以实施。

会议还通过了周梁淑怡议员提出的一项动议，对"香港特区临立会议事规则"作了修订。

香港特别行政区立法会第十二次会议三读通过《1997 年人民入境（修订）（第 3 号）条例草案》

根据《1997 年人民入境（修订）（第 3 号）条例草案》。1997 年 7 月 1 日后，将有六类人可成为香港特区的永久性居民。

这六类人是：(1)在香港特区成立以前或以后在香港出生的中国公民，而在其出生时或其后任何时间，其父亲或母亲已在香港定居或已享有香港居留权；(2)在香港特区成立以前或以后通常居于香港连续 7 年或以上的中国公民；(3)前两项的香港特区永久性居民在香港以外所生的中国籍子女，而在该子女出生时，其父亲或母亲已享有香港居留权；(4)在香港特区成立以前或以后持有效旅行证件进入香港、通常居于香港连续7年或以上并以香港为永久居住地的非中国籍的人；(5)香港特区成立以前或以后，上述第四类香港特区永久性居民在香港所生的未满21岁的子女，而在该子女出生时或年满21岁前任何时间，其父亲或母亲已享有香港居留权；(6)前五类以外，在香港特区成立以前只在香港有居留权的人。

根据这部条例草案，第四、第五类人在不再通常居于香港后，有连续36个月或以上不在香港，将丧失香港特区的居留权；第六类人在取得香港以外任何其他地方的居留权后，有连续36个月或以上不再通常居于香港，也将丧失香港特区的居留权。

条例草案同时订明，上述六类人中所指的“中国公民”，是指根据《中华人民共和国国籍法》具有中国国籍的人；“在香港定居”是指通常居于香港及并不受任何居留香港期限的限制。草案还规定，以输入家庭佣工身份、在政府输入雇员计划下、以领事馆人员身份或以香港驻军成员身份留在香港工作期间，不可计算为通常居于香港的时间，以取得香港特区的居留权。

照顾到香港的现实情况，条例草案还专门列出了过渡条文，规定：在1997年7月1日以前是香港永久性居民的任何非中国籍人，如在紧接1997年7月1日以前已在香港定居；或在紧接1997年7月1日以前不再在香港定居，但在自1997年7月1日起计的18个月内返回香港定居；或在紧接1997年7月1日以前不再在香港定居，但在自1997年7月1日起计的18个月后返回香港定居，而且必须没有连续36个月或以上不在香港，可被视为前述六类人中的第四类人，成为香港特区永久性居民。

条例草案还对如何证明某人的永久居住地、丧失居留权人士在香港特区境内的权利、如何证明某人为中国公民等问题作出了详细规定。

香港特区临立会议员在对这部条例草案进行辩论时，普遍认为这一条例草案的规定非常宽松、灵活、公平，既符合基本法的有关规定，又充分照顾了香港的实际情况，充分考虑了香港的整体和长远利益。议员们认为，1997年7月1日后，香港市民的出入境自由是有充分法律保障的。

香港特别行政区行政长官办公室向特区临时立法会第十二次会议提交香港回归条例草案拟本

特区律政司司长梁爱诗在向临立会议员简介拟本时表示，拟订这一拟本的主要目的是便于7月1日香港特别行政区成立后，向临立会提交《香港回归条例草案》，以确认临立会在7月1日前所通过的法例，完成立法程序。

梁爱诗说，根据香港基本法和特区筹委会的决定，临立会在7月1日前通过的法案，须经过确认，才算完成立法程序。因此，行政长官办公室决定在7月1日特区成立后，向临立会提交《香港回归条例草案》。她表示，制定香港回归条例的目的，是为了使7月1日前临立会审议通过的各项法例得以完成立法程序，并向公众作出交代；实施全国人大常委会有关香港现行法例适应化的决定；就各项过渡事务作出安排。

梁爱诗说，除与基本法相抵触外，香港的原有法律、司法体系、司法制度等基本不变，7月1日之前所作的裁决、命令、判令、决定等，会继续有效。

梁爱诗表示，今后数天内，行政长官办公室将收集各方面的意见和建议，并形成《香港回归条例草案》，交7月1日举行的临立会会议审议通过。由特区行政长官签署后，公布实施。

国务院副总理邹家华在福建考察

邹家华于6月21日至25日先后考察了福州、厦门、泉州的部分能源、交通、石化、机械企业以及厦门海沧投资区和泉州肖厝经济开发区，参加了福州长乐国际机场首航庆典，并听取了福建省委、省政府的工作汇报。

邹家华在考察中指出，研究经济发展，不管是工业还是农业，都要以市场为基本出发点。我们的整个生产活动，正如邓小平同志所精辟概括的那样，是为了国力的提高，为了社会生产力的提高，为了人民生活水平的提高。市场有需要，生产才有意义。要努力提高产销率，要按经济规律办事，认真了解、分析、开拓市场，提高市场占有率。目前要大力开拓农村市场，进一步开拓国内市场和国际市场。

关于帮助亏损企业扭亏，邹家华讲了两条意见。一是要建立责任制。对于亏损企业，有的省里抓，有的地、市抓，有的县里抓，落实到部门和人头，分期分批去抓。要针对不同企业具体分析，找出原因，有什么问题就帮助解决什么问题。二是要帮助企业开发市场需要的产品，满足市场需要，使企业尽快扭转亏损局面。

“风云二号”气象卫星发回清晰云图

13时30分，北京气象卫星地面站收到“风云二号”气象卫星发回的第一张可见光云图，云图非常清晰。这是继6月10日卫星发射成功，并于6月17日定点成功之后，又一个重要进展。可见光云图成功说明“风云二号”气象卫星遥感仪器多通道扫描辐射仪工作正常，“风云二号”指令和数据接收站运行良好。

这一张云图是由中国气象局、航天工业总公司试验队进行在轨测试任务时取得的。扫描辐射仪从35800公里高空,俯视地球,分辨率高,能覆盖1/3地球面积。由于每隔半小时可出一张云图,故可以连续监测天气变化情况。

中国长城工业总公司总裁张新侠和美国休斯空间及通信国际公司副总裁多夫曼在北京签订美方使用中国长征系列运载火箭发射卫星的长期协议

6月22日

九三学社九届十八次中常会在北京举行

九三学社第九届中央常务委员会第十八次会议,于6月22日至24日在北京举行。

全国人大常委会副委员长、九三学社中央主席吴阶平在开幕会上讲话。副主席徐采栋、郝诒纯、安振东、王文元、杨、陈明绍、陈学俊、赵伟之、洪绂曾、金开诚、王选、黄其兴,秘书长刘荣汉,中常委及中央参议委员副主委共36人出席会议。

6月23日

中央军委主席江泽民签署命令颁布施行解放军六部司令部工作条例

江泽民近日签署命令,颁布施行《中国人民解放军后勤司令部工作条例》、《中国人民解放军国防科工委司令部工作条例》、《中国人民解放军海军司令部工作条例》、《中国人民解放军空军司令部工作条例》、《中国人民解放军第二炮兵司令部工作条例》、《中国人民武装警察部队司令部工作条例》。

上述六部司令部工作条例是我军新一代司令部法规体系的重要组成部分,是对《中国人民解放军司令部条例》的具体化。这些条例有的是在原条例的基础上修改的,有的是新编制的。各条例主要规范了各系统、各军种领率机关及其各业务部门的职责,组织战备、军事训练、行政管理、装备工作、动员准备和国防后备力量建设、军事科学研究等军事建设和组织指挥作战、其他军事行动的具体工作内容和方法。

民进九届十七次中常会在北京召开

民进中央主席雷洁琼在开幕式上说,这次中常会是在喜迎香港回归的形势下举行的一次重要会议。我会6.5万名会员目前正与全国人民一道深入开展爱国主义教育,为推进改革开放和现代化建设,为早日实现祖国统一,努力做出应有的贡献。

民进中央名誉主席赵朴初,副主席陈舜礼、楚庄、梅向明、冯骥才、邓伟志、许嘉璐、张怀西出席会议。

九三学社中央在北京召开座谈会纪念著名心理学家社会活动家潘菽100周年诞辰

国务院副总理吴邦国在国家试点企业集团工作会议开幕式上发表讲话

吴邦国在讲话中阐述了在我国发展大企业、大集团的重要意义,并指出,我国经济目前已发展到相当水平,而且连续十几年保持高速、稳定增长态势,当前正是发展大企业、大集团的有利时机。我们要抓住机遇,学习和借鉴世界经济发展的历史经验,大力推进大企业、大集团的形成和发展,充分发挥其在实现现代化和建立社会主义市场经济体制中的主导和骨干作用。

吴邦国说,我国开展企业集团试点工作六年来,试点企业集团的实力普遍增强,一些集团在经济发展和结构调整中已经发挥了重要作用;试点企业集团不断深化改革,在建立现代企业制度方面迈出了新的步伐。与此同时,各部门积极配合,制定并实施了一系列配套改革政策,为企业集团的发展创造了较好的外部条件;企业集团试点对全国起到了示范作用,从整体上促进了"抓大"的工作。

吴邦国说,经过几年的探索,我们对企业集团试点的方向、方针和需要解决的问题有了进一步的认识,国务院的有关文件精神也对深化企业集团试点提出了进一步的要求。今后,我们要在深化企业集团试点中切实做好六个方面的工作:一、加快大型企业集团的现代企业制度建设。在这项工作中,关键是要抓好试点企业集团母公司的现代企业制度建设,使其按照《公司法》进行规范和改建,要明确出资人,建立出资人制度。二、建立企业集团真正的市场优势。企业集团要发展,必须在国内外市场竞争中处于优势地位,而这种优势的获得,必须依靠企业集团具有独特的产品、独特的技术。三、在结构调整中促进企业集团的发展。要充分发挥试点企业集团在结构调整中的作用,积极支持它们对国有资产存量进行重组。当前,试点企业集团要把注意力放在存量资产的结构调整上来,不要再盲目铺新摊子、上新项目。在兼并、联合、收购之后,企业集团要注意盘活内部的存量资产,把调整存量资产与企业转换机制结合起来,使存量资产发挥出更高的效益。四、加强企业集团内部管理制度的建设。五、加强试点企业集团经营者队伍的建设。六、进一步推进各项配套改革。

国务院副总理吴邦国致信祝贺全国家用电器工业工作会议在北京召开

吴邦国说，中国家电工业是我国改革开放以来发展最快的新兴行业之一。经过十几年的发展，我国家电工业从无到有、从小到大，产品品种不断增加，质量水平和技术水平明显提高，涌现出了一批名牌产品，形成了一批具有一定经济规模和开发能力的企业集团。国产品牌不仅占据了我国家电市场的主导地位，而且还远销到世界 100 多个国家和地区。

吴邦国指出，随着国内市场国际化、国际竞争国内化的加剧，家电工业将面临更高层次和更高水平的竞争。他希望我国家电工业在新的机遇和挑战面前，加快技术开发步伐，加大结构调整力度，以优势品牌为龙头，以现有存量为基础，通过改组联合进一步提高生产集中度和市场竞争能力。

《黄河治理开发规划纲要》审查会在北京举行

会议于 23 日至 25 日举行。中共中央政治局委员、国务院副总理姜春云在会见与会代表时强调，黄河的问题很复杂，治理黄河的实践永远不会完结，希望广大治黄工作者紧密结合黄河的实际，按照自然规律和经济规律，不断探索，深化认识，努力把黄河的事情办得更好。

国家计委、水利部主持召开的审查会议原则通过《黄河治理开发规划纲要》，修改后将报国务院审批。

中国水利经济年收入近千亿元

从日前在杭州召开的全国水利经济工作会议上获悉：在许多地方，水利已经成为一个既有社会效益又有自身经济效益的大产业，1996 年全国水利经济总收入达 979.6 亿元，水利经营纳税 48 亿元，税后利润反哺公益水利建设 5.6 亿元，两者与 1996 年中央财政水利拨款基本持平。

"国家投资，群众投劳"，长期以来，成了水利建设的定势。而有限的国家财力，致使水利建设滞后于经济和社会发展的需要。水利发展的出路何在？1993 年始，水利部推出了"投资、经营、收费、法制、服务"等五大体系为主的水利经济体制改革方案，旨在广辟资金渠道，实现资产保值增值，最大限度地发挥投资效益。经过 4 年的探索，水利经济出现了全方位发展的可喜局面：

——自我积累，自我发展能力增强。全国水利企业已发展到 32690 家，从业人员 106 万人，有 101 个县水利经济收入超过亿元。江苏、四川、广东等 6 个省，水利经济总收入超过 50 亿元。

——产业结构日趋合理。由传统的"枣核形"结构向"金字塔形"转变，并有部分企业实行了股份制，组建了集团化公司。1996 年水利行业经营性资本保值增值率比全国国有企业的平均水平高出 3 个百分点；水利行业经营性资产负债率比全国工业行业的平均水平低 32 个百分点。

——水利投入不足的局面有所改观。形成了多渠道、多元化、多层次的水利投资体系。目前，水利投资渠道达 30 多种。"八五"期间，水利投资较"七五"增加了 6 倍。

中国银行在新加坡同日本大和证券公司等国际金融机构签订发行两亿美元亚洲浮动利率债券协议

中国银行与以日本大和证券公司、中国银行国际有限公司和新加坡华侨银行为联合主干事、共由 17 家国际大银行和证券公司组成的承销银团签署了此项债券发行协议。

中国银行发表的文告说，此次发行债券筹集的资金将用于能源、原材料等国家重点基础设施建设项目。

全国人大常委会委员长乔石在人民大会堂会见由众议员野田毅率领的日本新进党国会议员代表团

国务院副总理朱镕基在中南海会见美国得克萨纳环球公司首席执行官 前联邦众议员杰克·菲尔兹

国务院副总理朱镕基在中南海会见墨西哥前总统埃切维里亚·阿尔瓦雷斯

国务院副总理吴邦国在中南海会见以部长尤里·拉夫里年科为团长的哈萨克斯坦交通运输部代表团

国务院副总理吴邦国在北京会见美国陶氏化学公司总裁斯塔夫波罗

吴邦国说，中国政府支持美国陶氏化学公司与中国石化总公司在平等互利、共同发展、优势互补的基础上合作，支持在天津建设一体化乙烯这一世界级项目。

第一座地方政府自筹资金兴建的大型现代化国际机场——福建长乐国际机场正式通航

中国代表团团长国家科委主任宋健在纽约召开的联合国专门审议环境与发展问题第十九届特别大会上发表讲话

宋健就加强环发国际合作问题提出了中国的几点主张：

1. 大力推进环发领域的科技合作。国际社会应共同努力，用灵活多样的合作方式，拓展科学技术在环发领域的开发与应用。发达国家有能力也有义不容辞的历史责任与发展中国家分享新一轮科技革命的成果。

2. 按照《里约宣言》和《21世纪议程》的原则，为发展中国家的经济发展与环境保护创造更有利的条件，使它们能通过扩大贸易和利用外资增强自身的发展能力。当前最重要的是克服形形色色的贸易保护主义倾向，建立公平、合理、完整的多边贸易体系，从而有利于贸易与环境的相互促进。

3. 采取强有力措施，扭转当前向发展中国家提供的资金急剧下降的趋势。希望发达国家尽快采取行动，切实兑现在环发会议上作出的承诺。

4. 发展中国家在积极争取国际支持与援助的同时，要充分发掘自身的潜力。发展中国家不能也不应重蹈发达国家"先污染、后治理"的覆辙，在发展的起步阶段就要走可持续发展之路。

宋健说，我们的目标是在21世纪实现全球的可持续发展。要完成这一历史使命，加强国际合作是唯一的选择。合作要取得成效，就必须坚持发展与环境密不可分，就必须充分考虑发展中国家的特殊情况和需求，就必须承担"共同但有区别的责任"。人类的发展与进步要求我们携起手来，本着"同舟共济"的精神建立起富有成效的新的全球伙伴关系，共同克服困难，在实施《21世纪议程》的进程中最终实现全人类的可持续发展。

宋健还向大会介绍了中国在环境保护与经济社会发展方面所取得的重大进展。他说，中国作为世界上最大的发展中国家，把自己的事情办好，是对世界环境保护与经济发展的重要贡献。

中英土地委员会举行第三十五次会议

这是中英土地委员会举行的最后一次会议。会后双方共同发表了新闻公报。

公报说，中英双方就土委会成立12年来的工作进行了回顾。双方认为，土委会成立以来，认真履行联合声明附件三赋予的职责，为香港的平稳过渡、经济持续发展和市民生活素质的改善作出了积极贡献，圆满地完成了其历史使命。根据联合声明附件三规定，土委会将于1997年6月30日解散。特区政府成立后，有关土地契约问题，将按照基本法的规定，由香港特别行政区自行制定法律和政策处理。

中英联合联络小组双方已就中国人民解放军驻港部队先头部队7月1日零时前进驻香港问题达成协议

中国人民解放军驻港部队先头部队总共509名军事人员和39台车辆，将于6月30日晚9时进入香港，分别进驻石岗军营(146人)、昂船洲军营(183人)、威尔斯亲王军营(78人)和赤柱军营(102人)。

另外，进驻威尔斯亲王军营的人员将于6月30日午夜前后，参加一个简单、得体的交接仪式。

中英联合联络小组中方代表处表示，此协议的目的是为了确保中国人民解放军能够自7月1日零时起，在香港履行防务责任。相信中英双方驻军能够实现香港防务责任的顺利交接。

6月24日

《人民日报》发表徐日彪文章《为顺利解决香港问题奠定扎实基础——党的第一代中央领导集体与香港回归》并配发编者按

编者按说，1997年7月1日，这个在中国乃至世界现代史上留下光辉一页的伟大日子正向我们走来；中华民族洗雪百年耻辱的时刻指日可待。在这个时候，我们深切怀念以毛泽东同志为核心的党的第一代中央领导集体为解决香港问题所作出的努力。事实证明，中央当时的决策是正确和有远见的。

香港是中国固有的领土。香港问题是19世纪英国政府对华实行炮舰政策、强权外交的产物。非法行为不能产生合法权利。收回香港、结束香港与祖国长期分离的局面，是中国人民的共同愿望。新中国的第一代领导人为此作出了坚持不懈的努力，并采取了一系列正确的政策措施，促进了香港的繁荣稳定，使香港与内地越来越密切地联系在一起，为今天我们顺利解决香港问题打下了扎实的基础。

用和平方式解决历史遗留的香港问题

早在1949年年初，以毛泽东同志为核心的党中央第一代领导集体在研究新中国成立后的大政方针时就已确定：在原则上，帝国主义在华的特权必须取消，中华民族的独立解放必须实现，但在实施的步骤上，要按问题的性质及情况，分别处理，以对我有利为主；必须将原则性与灵活性紧密地结合在一起，方能在战略上立于主动地位。毛泽东主张从东西方斗争的全局出发，用和平的方式解决香港、澳门问题。其主要依据：一是国内战争尚未结束，广大地区和许多海岛仍为国民党政府控制，尽早结束国民党反动统治，这是当务之急。同时，我们在香港有深厚的群众工作基础，民主革命时期香港曾发挥过特殊作用。在这种情况下，急于解决香港、澳门问题，并无重大意义；反之，利用香港、澳门原有的地位，对我们发展海外关系和进出口贸易更为有利。二是第二次世界大战开始以来，"中英关系已经根本改变"。抗日战争结束后，英国政府对中国革命基本上持“中立”态度。在香港问题上与英国不以兵戎相见，于大局有利。

关于如何对待旧中国与外国政府签订的各项条约和协定问题，党中央也主张区别情况，分别处理。1949年9月，由周恩来主持起草、经全国政协第一次会议审议通过的《共同纲领》规定：“对于国民党政府与外国政府所订立的各项条约和协定，中华人民共和国中央人民政府应加以审查，按其内容，分别予以承认，或废除，或修改，或重订。”至于国民党政府成立前历届中国政府包括清政府与外国政府订立的各项条约和协定，有的已经失效(或部分失效)，有的已经废除，有的已被新的条约和协定所取代，其余的大多与领土边界问题有关，情况复杂。毛泽东主张对于这类历史上遗留下来的国际关系中的问题(诸如香港问题等)，要留待时机成熟时，经过谈判和平解决。

这样，主要出于政治上的考虑，挺进粤南的中国人民解放军奉中央军委之命，于1949年10月在粤港边境中方一侧止步，以实际行动向世人表明：新中国无意以武力改变香港现状。同时，我驻港机构负责人公开表示：中国共产党无意用群众运动的方式来解决香港问题。上述决策，富有远见，不留后遗症，对香港、对中国内地、对整个远东地区的和平与稳定，都有好处。

新中国成立后的最初几年，百废待举，国力不足。面对战争创伤和朝鲜战争爆发后美国对中国采取的孤立、遏制政策及在台湾海峡制造的紧张局势，中国政府为巩固来之不易的独立，争取一个有利于建设的国际环境，审时度势，区别轻重缓急，集中力量处理一系列更紧迫的大事，不搞四面出击。维持香港现状，不使香港成为远东地区的另一个热点，有利于稳定局势，安定人心，保持与英国的对话关系，保留香港这条与西方国家联系的通道，突破帝国主义对中国的封锁、禁运。

对香港“长期打算，充分利用”

1957年4月，周恩来提出了保持香港特殊地位、“为我所用”的正确决断，指出：香港总有一天我们是要收回的，这连英国也可能这样想。中国内地“要进行社会主义建设，香港可作为我们同国外进行经济联系的基地，可以通过它吸收外资，争取外汇”，所以，“保持和扩展香港这个阵地有好处”。

50年代后期到60年代末，中国面临美苏的侵略威胁与军事压力，香港作为中国从国外引进资金、技术的渠道，开展进出口贸易的窗口，沟通中外民间(包括海外华侨、华人)往来的桥梁，其作用更加突出。同时，英国企图借助美国的军事力量，防止中国收复香港。1957年10月，英国首相麦克米伦与美国总统艾森豪威尔在华盛顿就英美“协防”香港达成默契：美国同意把防卫香港作为双方联合防御的一个问题，英国作为回报同意不急于支持中国恢复在联合国的席位。如何“稳住”英国，消除美国插手香港问题的危险，遂成为中国政府面临的新课题。有鉴于此，毛泽东从世界战略的全局出发，于1959年提出“香港还是暂时不收回来好，我们不急，目前对我还有用处”，要有一些耐心。其后，他在同外宾的谈话中又说，我们现在不谈香港问题。1960年，周恩来结合新的形势，总结过去10多年的经验，对港、澳工作提出了“长期打算，充分利用”的方针，即暂时不考虑收复香港，但应充分利用香港的有利地位，为中国的社会主义建设、外交战略以及对台工作服务。1963年针对国外有人对我国港、澳政策提出的责难，毛泽东对外宾说：“至于香港，英国没有多少军事力量，我们要占领是可以的。但过去有条约关系，小部分是割让的，大部分是租的，租期是99年，还有34年才满期。这是特殊情况，我们暂时不准备动它”，“我们不动它并不是永远不动它，英国现在安心，将来会不安心的”。

中国政府暂不收回香港，是以不失民族尊严和国家安全不受侵害为前提的。对于港英当局采取“两个中国”的做法，纵容台湾当局在香港从事破坏活动，中国政府进行了多次交涉，并严正要求英方不得把香港变成国际反华军事基地，不准任何人在香港从事颠覆中国政府的活动，依法保护中国驻港人员及财产的安全。对此，英方承诺“无意让香港被利用为对任何人进行敌对活动的基地”。

香港要实行有别于内地的特殊政策

早在新中国成立之初，周恩来即已指示驻港工作人员，我们暂时不收回香港，不是放弃香港，也不是撤出香港，要长期生根，坚守阵地，支持国内工作；要承认香港同胞是在英国统治下，香港和内地的社会制度不同，这在短期内是不可改变的。1957年4月，即中国基本上完成对资本主义工商业的社会主义改造后，周恩来在上海工商界座谈会上又指出：“我们不能把香港看成内地。对香港的政策同内地是不一样的，如果照抄，结果一定搞不好。因为香港现在还在英国统治下，是纯粹的资本主义市场，不能社会主义化，也不应该社会主义化。香港要完全按资本主义制度办事，才能存在和发展，这对我们是有利的。”“至于将来怎么办？我们是不会来个七反八反的，不会像‘三反’、‘五反’那样的搞法。”“香港的企业家是我们的朋友，他们搞的是资本主义，不是帝国主义。过去我们同民族资产阶级合作过，将来同香港的企业家还是可以合作的。港澳的同胞不要担心前途。”这是中国政府对香港前途的基本考虑。

与此同时，中国政府采取了一系列有利于香港繁荣稳定的政策和措施，主要有：一是保持粤港边界平静，避免边境纠纷。边境军民厉行“不挑衅，不示弱”；“后发制人，人不犯我，我不犯人，人若犯我，我必犯人，有理、有利、有节”的方针。二是不干预香港内部事务，不允许内地的政治运动波及香港，影响香港社会的安定(1967年“文革”期间一度失控，但很快就得到了纠正)。三是敞开门户，开展经贸往来，以富有竞争力的价格大量供应香港必需的食品、淡水、日用品、燃料、工业原料和半制成品，即使在60年代初中国经济困难时期，这种供应也源源不断。周恩来为此曾多次指示：“各地凡是有可能，对港澳供应都要负担一些，不能后退。这个阵地越搞越重要，对港澳供应确实是一项政治任务。”据统计，1954年至1963年香港进口的食品43%是由内地提供的，1964年至1973年增至50%。在价格上，70年代初香港从内地进口的食品价格平均较国际市场低50%以上，原料约低30%，衣服等消费品便宜25%，这对香港的稳定发展，抑制通货膨胀，降低生产成本，增强出口货物在国际市场上的竞争能力，起着重要作用。同时，香港成为内地吸收外汇的基地之一。据统计，70年代后期每年从香港获得的现汇收入约占全国外贸外汇收入的30%左右，且呈增长之势。内地与香港互惠互利、两受其益，为中国政府对香港恢复行使主权创造了有利条件。

1997年香港应有一个平稳的交接

以和平方式收复香港，是用外交谈判来解决历史遗留的香港问题。由于英国政府在台湾问题上追随美国，拒绝采取尊重中国主权和领土完整的正确态度，致使中英关系裹足不前，解决香港问题无从谈起。进入70年代，中美关系趋于缓和，美国的西欧盟国包括英国可以无顾忌地发展同中国的关系。这样，继1971年10月中国恢复在联合国的合法席位之后；1972年3月中英两国政府达成了正式建交的协议。香港问题遂成为中英双边关系中唯一悬而未决的政治问题。

香港问题是中英两国间的历史遗留问题，中国政府历来反对国际组织或其他任何国家插手其事。但是，联合国非殖民化特委会根据英国和葡萄牙的意见，把原属中国、从来不是独立国也不是“无主地”的香港、澳门，与殖民地国家及殖民大国占有的原先未形成国家的“无主地”即通常所说的殖民地混同，将其列入《给予殖民地国家和人民独立宣言》(即所谓“反殖宣言”)适用的《非自治领土名单》之内，置于该特委会的监督之下。针对这一错误，1972年3月即中国恢复在联合国的席位后不久，中国常驻联合国代表奉命致函联合国非殖民化特委会主席，阐明了港、澳问题的由来、性质和中国政府解决港、澳问题的一贯主张，指出：“香港和澳门是被英国和葡萄牙当局占领的中国领土的一部分，解决香港、澳门问题完全是属于中国主权范围内的问题，根本不属于通常的所谓‘殖民地’范畴。因此，不应列入反殖宣言中适用的殖民地地区的名单之内。”信函强调，港、澳问题与通常的殖民地问题有别，其前途应由中国政府来决定，“联合国无权讨论这一问题”。中国政府的这一立场获得第三世界各国的同情和支持。1972年11月，联合国大会以99票对5票(美、英、法、葡和南非)的压倒多数通过了相应的决议，确认了中国对港、澳问题的立场与要求，从而排除了联合国或其他任何国家干预这一问题的可能性。

由于制约香港的国际格局发生了有利于中国的变化，1971年后周恩来在会见外国客人时多次指出：香港的前途必须确定；租约届满时中英双方必须进行谈判；英国人知道，没有“新界”，香港岛和九龙便不能生存；中国的政策是不会在这些事情上仓促行事。1974年5月，毛泽东、周恩来会见英国前首相希思，双方表示1997年香港应有一个平稳的交接。毛泽东说，“到时候怎么办，我们再商量吧”。这就是说，英国对香港问题不能再避而不谈，中国仍进行必要的等待，但1997年将是最终解决香港问题的临界点和分水岭。

为和平解决香港问题奠定思想基础

以和平方式解决香港问题，是祖国统一大业的重要组成部分。中国大陆解放后，中国政府立即把解决台湾问题作为实现国家统一的首要任务，放在优先考虑的位置。从50年代中期起，毛泽东、周恩来就已产生了用和平方式解决台湾问题的初步设想。1956年10月，毛泽东表示台湾只要断绝与美国的关系，与大陆和平统一，“一切可以照旧”。台湾现在可以实行三民主义，可以同大陆通商，但是不可派特务来破坏，我们也不派人去破坏，双方谈好了可以订个协议公布。1963年年初，周恩来把毛泽东关于和平解决台湾问题的方针概括为“一纲四目”。“一纲”是台湾必须回归祖国。“四目”是：台湾回归祖国后，除外交必须统一于中央外，所有军政大权人事安排由蒋决定；所有军政及建设经费不足之数，悉由中央拨付；台湾的社会改革可以从缓，俟条件成熟后协商解决；双方互约不派人进行破坏对方团结之事。周恩来表示中国整个是社会主义，有那么一块地方处于民主革命阶段未尝不可。虽然台湾问题与港、澳问题的性质不同，前者纯属中国内政，后者涉及中英、中葡关系，但台湾回归祖国与收复香港、澳门，同属祖国统一的范畴。因此，中国政府对台港澳的大政方针大体相同。1963年后，由于某些外国势力干预等原因，和平统一台湾的主张未能付诸实施。但是，正如周恩来所说：我们这一辈子如看不到祖国统一，下一代总会看到的。“我们要播好种，把路开对了就行。”

香港回归祖国的历史进程，凝结着党的第一代中央领导集体的坚定意志、深谋远虑和非凡魄力。我们深信，香港回到祖国的怀抱后，必将更加繁荣稳定。

民政部 解放军总政治部发出八一期间双拥工作通知

民政部、解放军总政治部日前发出通知，要求各地、各部队认真贯彻党中央、国务院、中央军委关于加强军政军民团结的指示，结合全国性的隆重纪念活动，扎扎实实做好双拥工作，为国家的改革、发展、稳定和军队的现代化建设作出新的贡献。

民政部、总政治部的通知要求各地军民在节日期间做好以下几个方面的工作：（文略）

国务院总理李鹏在中南海与出席试点企业集团工作会议代表举行座谈

李鹏在座谈时说，深化大型企业集团的试点是贯彻中央关于“抓大放小”方针的具体体现。发展企业集团不仅是我国经济发展的需要，也是世界经济发展的趋势。要按照建立现代企业制度的方向，把企业改革同改组、改造和加强管理结合起来，使企业集团在国民经济发展和结构调整中发挥更大的作用。

李鹏听取宝钢集团公司等 8 个企业集团的负责人有关企业改革和发展情况。李鹏指出，自 1991 年国务院批准了第一批 57 家企业集团试点以来，到今年已扩大到 120 家。试点工作取得了积极进展，成效显著，目前进入了新的阶段。这项试点工作，对推动结构调整，优化资源配置，实现规模经营，提高市场竞争力，起到了很大作用。他指出，试点企业集团的不断发展壮大也说明，我国的对外开放及引进外资政策是正确的。120 家试点企业集团在全国独立核算国有工业企业中，资产、销售收入、实现利税的比重均在 1/4 左右，而实现利润超过半数。这表明，试点企业集团在国有经济和整个国民经济中处于举足轻重的地位；在关系国民经济命脉的重要部门和关键领域占有支配地位。

李鹏强调说，搞好企业集团最重要的是转变观念，以市场为导向，切实推进两个根本性转变。企业要面向市场、研究市场、开拓市场，要有紧迫感和危机感。许多产品只有进入家庭，推向农村市场，才有广阔前景。

李鹏说，要根据企业的发展需要，采取多种形式来组建企业集团，不要搞“拉郎配”，但国家要进行宏观调控和政策引导。

李鹏指出，企业集团要处理好母公司与成员企业的关系。集团母公司和成员企业都是独立法人。在发挥母公司主导作用的同时，调动成员企业的积极性，不能统得过死。

李鹏说，搞好企业集团，要有一个好机制、一个好产品，而关键是要有一个好的领导班子。领导班子要带头贯彻党中央、国务院的方针、政策，进一步提高自身素质，认真对待和正确使用手中的权力，接受群众的监督。

国务院副总理吴邦国，国务委员李铁映、罗干及国务院有关部门的负责人参加会见和座谈会。

国务院房改办领导小组组长李铁映在内蒙古包头召开的全国部分省市房改工作座谈会上发表讲话

李铁映近日在内蒙古包头市召开的全国部分省市房改工作座谈会上提出，要抓住机遇，围绕加快城镇居民的住宅建设，进一步深化房改，促进民用住宅成为新的经济增长点和新的消费热点。

李铁映在听取有关省市房改情况的汇报后，充分肯定了今年以来全国各地认真贯彻落实国务院房改会议精神，积极稳妥推进房改所取得的新进展：住房公积金的缴交率普遍有了提高，规范化管理进一步加强；租金改革从各地实际出发，有计划地向前推进；在公有住房出售中，加快了标准价向成本价的过渡；国家安居工程进展顺利，今年规模计划下达早，资金到位、开工及销售情况都好于往年。

李铁映强调，房改是一项重大改革任务，要坚持国务院已确定的各项方针政策，保持政策的连续性和稳定性。要按照中央的指示，把民用住宅培育成为新的经济增长点和新的消费热点，关键是继续推行各项房改政策，引导人民群众住房消费观念的转变，以全面加快住宅的建设。当前，要坚持全面建立住房公积金制度的决心不变，认真执行“房委会决策、中心运作、银行专户、财政监督”的原则，充分发挥公积金在住房机制转换中的地位和作用。要坚持公有住房租金改革的目标不变，坚持逐步取消标准价、实行成本价售房的做法不变，使购房者拥有全部产权。要坚持加快建立经济适用住房供应体系的任务不变，在实践中总结安居工程的成功经验，使之成为房改的示范工程、政府的德政工程、人民的满意工程。

李铁映指出，当前经济形势很好，是加快房改的大好时机，各地要抓住机遇，深化改革，加快实现住房商品化、建房社会化和住宅分配货币化。要扩大住房公积金的实施范围，强化管理，规范运作。要探索对少数特殊人群和困难人群进行减免补的方案，在此基础上进一步加快租金改革步伐。有条件的企业、单位和城市要尽快取消福利分房，实施新房新制度。要迅速建立起适应社会主义市场经济要求的物业管理制度，鼓励业主委员会通过招标方式选聘物业管理公司，全面实行以住户为中心的物业管理制度。要结合实施国家安居工程，加快社会主义精神文明建设，创建一批文明小区，使之成为创建文明城市的基础和示范。

外交部发言人崔天凯在记者招待会上就香港特别行政区将继续参加有关国际组织活动一事发表谈话

发言人说，香港目前以不同身份参加了30多个政府间国际组织的活动。根据中英联合声明和香港特别行政区基本法的有关规定，自今年7月1日起，香港特别行政区可以适当方式继续参加有关国际组织的活动。

发言人说，为了实现香港的平稳过渡，自1985年起，中英双方就香港与上述国际组织的关系问题进行了磋商，并就香港今后继续参加34个政府间国际组织的活动问题达成了共识。自今年7月1日起，香港特别行政区可以以中国政府代表团成员身份参加国际民航组织、国际货币基金组织等19个政府间国际组织的活动和出席有关会议，香港特别行政区还可以成员、联系成员等身份以“中国香港”名义参加亚洲开发银行、国际海事组织等15个政府间国际组织的活动。上述有关安排符合中英联合声明和香港特别行政区基本法的有关规定，符合有关国际组织的章程，也符合香港的地位和实际需要。

发言人说，中国外交部已先后向34个国际组织采取外交行动，递交照会，说明今后香港特别行政区与这些国际组织的关系以及参加其有关活动的方式。他表示，香港特别行政区继续以适当方式参加有关政府间国际组织的活动，有利于香港的平稳过渡，并将有力地促进香港特别行政区对外经贸关系的发展和长期经济繁荣。

中英联合联络小组商定适用于香港特区的国际公约有204条

香港宪制事务司吴荣奎向中外记者介绍《中英联合声明》及其实施情况，吴荣奎介绍，中英联合联络小组从1985年成立以来，已举行了40次全体会议，其中有16次在香港举行，13次在伦敦举行，11次在北京举行。中英双方达成了多项协议。双方至今已协定，共204条国际公约可于1997年6月30日后继续适用于香港。这些公约共有22类，包括4条民航公约，9条自然保护公约，14条海关公约，3条药物公约，1条经济及金融公约，2条卫生公约，15条人权公约，5条知识产权公约，10条国际罪行公约，46条国际劳工公约，5条海洋污染公约，22条商船公约，8条政治及外交公约，3条邮政公约，7条国际私法公约，5条科学及技术公约，2条电讯公约，1条贸易公约，1条运输公约，8条战争及裁军公约，24条建立国际组织的国际文书，9条从1997年7月1日起由中华人民共和国沿用于香港的外交及国防条约。

吴荣奎还介绍，中英联合联络小组还同意让香港与各国签订一系列双边协定，这些协定于1997年6月30日后继续有效。

国务院副总理李岚清在钓鱼台国宾馆与来访的俄罗斯第一副总理鲍里斯·叶菲莫维奇·涅姆佐夫举行会谈

关于双边贸易问题，李岚清说，为实现两国领导人确定的到本世纪末贸易额达到200亿美元的目标，双方首先要落实去年年底两国总理第一次定期会晤时达成的原则协议，同时要充分发挥两国经济互补和地缘的优势，进一步挖掘合作潜力，寻求新的合作途径和方式，切切实实地把两国经贸关系搞上去，以适应中俄战略协作伙伴关系的要求。

外交部部长钱其琛在北京会见哥伦比亚外交部副部长皮拉尔·盖坦·德庞博

6月25日

全国政协八届四十七次主席会议在政协礼堂举行

全国政协主席李瑞环主持了会议。

会议听取了全国政协秘书长朱训关于第八届全国政协第二十一次常委会议筹备情况的汇报，听取了副秘书长朱作霖关于全国政协举行迎接香港回归座谈会准备情况的汇报。八届全国政协二十一次常委会议将于6月27日至29日在北京召开，会议的主要议题是：学习邓小平同志关于人民政协的论述，进一步推动政协工作。

全国政协副主席叶选平、吴学谦、杨汝岱、王兆国、阿沛·阿旺晋美、钱伟长、孙孚凌、马万祺、朱光亚、万国权、何鲁丽出席会议。

中国民主同盟第七届中央常务委员会第十七次会议在北京举行

民盟中央主席丁石孙作工作总结，秘书长俞泽猷汇报省民盟省级组织换届工作情况。

国务院副总理朱镕基在河南安徽农村考察

6月25日至30日，朱镕基先后到河南省商丘、周口、开封和安徽省蚌埠、滁州、宿县等地（市），详细询问和察看了今年的夏粮生产和收购、储存情况，并就如何搞好今年的夏粮收购工作，与省、市（地）、县及基层干部、农民进行了座谈。朱镕基对河南、安徽两省高度重视农业，狠抓粮食生产所取得的显著成绩予以充分肯定。他勉励各级干部和群众：农业是基础，农业尤其是粮食生产在经济发展的任何阶段都不能放松。我们国家大，人口多，还有几千万贫困人口未达温饱，什么时候都不能说粮食多了。他反复告诉农民：粮食不怕多，收购价格不会降低，种粮不会吃亏，希望大家放心发展粮食生产。

朱镕基指出，今年夏粮丰收，但是出现了市场粮价下跌的趋势，这就给我们提出了一个新问题，那就是在粮食连年丰收的情况下，如何稳定粮价，保护农民利益。他说，最近国务院为此专门发了文件，明确规定国家定购粮按去年中央确定的定购价收购不变，议购粮按保护价敞开收购。保护价就是国务院确定的基准价。例如，在河南，每斤小麦定购价 0.76 元，基准价 0.69 元；在安徽，每斤小麦定购价 0.75 元，基准价 0.675 元。这是党中央为了保护农民利益、保证农民增产增收所采取的必要措施。去年以前，市场粮价高于定购粮价，当时规定议购粮价随行就市，否则收不上来。但是，当前市场粮价远低于定购价，每斤小麦只有 0.5 元左右，如果议购粮价仍然“随行就市”，那就必然要挫伤农民种粮的积极性。现在国务院规定的保护价，即基准价，虽然低于定购价，但是由于今年风调雨顺，化肥价格下降，生产成本降低，因此，按基准价收购议购粮，农民仍然感到满意，增产可以增收。朱镕基这次在河南、安徽，多次在粮站、粮库、农户家中，向基层干部和农民宣布：请大家放心，议价粮一定按基准价敞开收购，你有多少余粮，粮食部门就保证收购多少，无论你什么时候卖，这个保护价也不会变。他的讲话使在场群众欢欣鼓舞，爆发出阵阵掌声。

按保护价敞开收购粮食，必须统一粮食系统干部的认识。朱镕基说，目前市场粮价出现下跌，不是粮食太多了，主要是一些地方没有根据国务院决定及时出台保护价，没有组织粮食部门按保护价敞开收购议价粮造成的。他提醒各级干部和粮食系统职工，要认真记取 1994 年年初粮价上涨时，中央决定抛售储备、适当进口，平抑市场粮价的成功经验。当时也有一些地区的粮食系统盲目参与抢购粮食，抬高了市价，实际上是反向运作。当前在粮食连续丰收，粮价下跌时，中央决定实行保护价敞开收购，稳定市场价格，粮食系统切不可低价收购、低价销售。国家粮食系统是粮食流通的主渠道，“随行就市”就是“随”国家粮食政策之“行”，“就”国家宏观调控之“市”，不要再犯反向运作的错误。经过这次稳定粮价的实践以后，可以说，在歉收和丰收两种情况下出现的粮价波动，我们都有了解决的经验和办法。

公民自费出国旅游管理有法可依

由国家旅游局和公安部共同制定、国务院批复的《中国公民自费出国旅游管理暂行办法》将于 7 月 1 日起在全国正式施行。

第七届孙冶方经济学奖颁奖大会在北京举行

《中国贫困山区发展的道路》等 5 部著作和《论我国经济的三元结构》等 11 篇论文获奖。

国务院总理李鹏在人民大会堂会见俄罗斯第一副总理鲍里斯·叶菲莫维奇·涅姆佐夫

国务院总理李鹏在北京会见日本大藏大臣三塚博

李鹏说，中国财政部和日本大藏省有着良好的合作关系，中国的现代化建设规模很大，吸收、利用外部资金是我们的一项长期政策。总的来说，中日两国在资金方面的合作是好的。日方向中国提供的各类贷款对中国经济建设的发展是有益的，贷款项目也取得了良好的效益。

三塚博向李鹏总理通报了八国首脑丹佛会议的情况，并表示日本将在中国加入世贸组织问题上继续发挥积极推动作用。

中央军委副主席刘华清在钓鱼台国宾馆会见俄罗斯联邦政府第一副总理鲍里斯·叶菲莫维奇·涅姆佐夫

全国妇联主席陈慕华在人民大会堂会见由津巴布韦民盟妇女联盟主席滕吉韦·莱萨贝女士率领的津巴布韦妇女代表团

中国人民对外友好协会在北京举行仪式授予美国友人弗兰克·佩斯塔纳“人民友好使者”称号

国务院港澳办公室发言人就港英立法局突击修订法律问题发表谈话

新华社记者就港英立法局最近几日突击通过条例问题，采访了国务院港澳事务办公室发言人。

发言人指出，1997 年 2 月 23 日全国人民代表大会常务委员会通过了《关于根据〈中华人民共和国香港特别行政区基本法〉第一百六十条处理原有法律的决定》，在此之后，尤其是临近 7 月 1 日的两个星期，港英单方面对已经人大常委会宣布采用为香港特别行政区法律的原有法律进行了一些重大的修改，对此，香港特别行政区行政长官办公室已发表声明，表示将对这些法律修订作出处理，我们赞同特区行政长官办公室的立场，以维护基本法和全国人大常委会有关决定的严肃性。

中外合资合肥第二发电厂项目融资贷款合同签字仪式在北京人民大会堂举行

国务院副总理吴邦国及国务院有关部委负责人、安徽省和合肥市负责人等出席签字仪式。

该项目由华东电力集团公司、安徽省能源投资总公司、合肥市建设投资公司、安徽省电力公司及新加坡联合电力（私人）有限公司共同组建的中外合资安徽省合肥联合发电有限公司负责建设、经营管理及债务偿还。中外方分别出资51%和49%。

国务院学位委员会和国家教育委员会联合发出通知正式颁布实施修订后的《授予博士、硕士学位和培养研究生的学科、专业目录》

近日，国务院学术委员会和国家教育委员会联合发出通知，正式颁布实施修订后的《授予博士、硕士学位和培养研究生的学科、专业目录》。

新目录的颁布实施，是我国学位与研究生教育改革的一项重要举措，对于拓宽口径培养研究生，促进学科建设及其发展，推动学位审核办法的改革，提高研究生培养和学位授予质量，使学位与研究生教育更好地适应我国社会主义现代化建设的需要都具有重要意义。

这次专业目录的修订工作始于1995年10月，整个修订过程历时一年半。这次修订增加了“管理学”学科门类；一级学科坚持按学科体系设置，力争做到宽窄适度；二级学科进行了较大的拓宽和调整。新的专业目录中，授予学位的学科门类由原来的11个增加到12个；一级学科由原来的72个增加到88个；二级学科由原来的654种调整为381种，减少了41.74%。

新的专业目录认真遵循教育规律，不仅有利于引导研究生培养单位告别旧的培养模式，按较宽口径培养研究生，全面提高研究生教育的质量与效益，促进学科建设与发展，而且有利于进一步扩大国际交流与合作。

国务院学位委员会和国家教委要求各学位授予单位均应按新目录对应调整已有的博士、硕士学位授权点，并开始按新目录进行学位授权审核及学位与研究生教育评估工作；同时，1998年研究生招生工作仍按原目录进行，入学后按新目录进行培养。各学位授予单位的研究生培养都应尽快按新目录运作。

6月26日

《人民日报》发表龙平平文章《担负起中华民族的历史重任——党的第三代中央领导集体与香港回归》

中共中央台湾工作办公室国务院台湾事务办公室在北京举行迎香港回归座谈会

中共中央台办、国务院台办主任陈云林在座谈会上发表讲话。陈云林说，香港回归祖国，一洗百年耻辱，这是中华民族的盛事，对于我们从事对台工作的人来说，则更具有特殊的意义。“一国两制”最早是为解决台湾问题提出来的，它在香港的成功实践，必将对解决台湾问题产生巨大的示范作用，增强台湾同胞对按照“和平统一、一国两制”实现统一的信心，进一步促进两岸统一的进程。近来，台湾某些人竭力诋毁香港实行“一国两制”、高度自治对台湾的影响，这完全是徒劳的。

与会的台胞和对台工作人员畅谈对香港即将回归祖国的喜悦和感想，以及“一国两制”方针对促进祖国和平统一的重大意义。与会者一致认为，香港回归是“和平统一、一国两制”的首次成功实践，实现祖国的完全统一是中华民族的共同愿望。希望台湾当局认清形势，采取切实措施改善和发展两岸关系。

中国国民党革命委员会第八届中央常务委员会第十九次会议在北京举行

会议听取民革省级组织换届工作情况和民革成立50周年纪念活动安排的汇报。

国务院召开全国抗旱电视电话会议

中共中央政治局委员、国务院副总理姜春云在会议上讲话。

近一两个月，长江以北大部分地区出现持续高温少雨天气，致使土壤失墒加快，库塘蓄水减少，旱情迅速发展。截至6月23日，全国作物受旱面积2.6亿亩，其中重旱面积8702万亩。据气象预测，6月下旬西北大部、华北、黄淮和东北大部地区降雨仍然偏少，北方的夏旱将会进一步发展，长江中下游地区也可能出现夏旱，整个旱情有进一步发展的趋势。姜春云指出，对此，我们要有充分的估计和必要的思想准备。

姜春云说，面对严重的旱情，各地按照党中央、国务院抗灾夺丰收的指示和抗旱防汛的部署，积极主动地发动组织广大干部群众开展抗旱抢种保苗斗争，并取得了较好的成绩。目前，全国日投入抗旱劳力2000多万人，已完成抗旱夏灌及造墒面积6000多万亩。他指出，在充分肯定抗旱成绩的同时，一定要看到，目前抗旱工作的力度是不够的，投入抗旱的人财物力和采取的抗旱措施，与日益加重的旱情、战胜干旱的要求是不相适应的。现在正是夏种夏管的关键时刻。夏至已过，玉米等夏播作物如果近期种不上，势必错过了播种季节；北方地区大面积的大秋作物，如果长时间干旱缺水，势必影响生长，以致减产、绝收。搞好抗旱抢种保苗工作，是当前农村的一项十分重大而又紧迫的任务。

姜春云指出，战胜面临的旱灾，确保全年农业丰收，事关农民增产增收，事关改革、发展、稳定的大局。干旱地区各级党委、政府务必要认清做好当前抗旱抢种保苗工作的重要性和紧迫性，牢固树立抗灾夺丰收的思想，真正把抗旱抢种保苗作为当前农村工作压倒一切的中心任务来抓，摆上重要领导日程，切实抓紧抓实，一抓到底，抓出应有的成效。各级领导同志要减少外出，精简会议，能不开的会就不开，取消一切不必要的应酬、接待，把主要精力放在抗旱工作上。

姜春云指出，在抗旱斗争中，多数干部群众有良好的精神状态，奋起抗灾。但是却有相当一部分同志，存在种种与抗旱斗争不相适应的思想情绪。有的满足于夏粮丰收，产生了盲目乐观情绪；有的存在靠天等雨思想，迟迟不见抗旱行动；有的消极畏难，没有下定战胜干旱的决心。这种种思想认识问题解决不好，势必影响抗旱斗争的全面开展。因此，各地有必要进一步做好抗旱的思想发动工作。要教育引导广大干部群众正确看待当前的抗旱斗争，提高对抗旱抢种保苗重大意义的认识。要发扬天大旱、人大干、自力更生、艰苦奋斗、旱情不除、抗旱不止的精神；要发扬“千里百担一亩苗”的精神，利用一切水源，采取一切措施，多保一亩是一亩，多播一分是一分，确保夏播任务完成和早秋作物的正常生长。

姜春云强调，要挖掘一切水源，充分发挥现有各类水利工程设施的作用，努力扩大灌溉面积。要选用耐旱的优良品种，组织群众抢墒播种，必要时还可以“干种湿出”，宁让种子下地等雨，或育苗待种，也不要雨后误播。夏玉米实在种不上的，要改种其他作物，做到不留空闲地。对已出苗的作物，要加强田间管理。要把推广节水灌溉、旱作农业、施用“旱地龙”抗旱剂，作为科技防旱、抗旱、减灾的重要措施，下大力抓好。有条件的地区要适时搞好人工增雨，以缓解旱情。

姜春云要求各行各业、各部门发挥自身的优势，积极主动地支援抗旱，为夺取农业丰收作出应有的贡献。

姜春云指出，要搞好抗旱工作、夺取全年丰收，确保农业持续稳定发展，最根本的是靠广大农民的积极性。各地各部门要认真贯彻落实国务院有关指示精神，严格执行夏粮收购政策，切实做好夏粮收购工作。各地各部门要不折不扣地贯彻执行党中央、国务院关于切实做好减轻农民负担工作的决定。所有地区的农民负担必须严格限制在规定的比例之内；对乱集资、乱收费、乱罚款，要坚决禁止、纠正；各种不切实际的“达标”、“升级”活动，要一律取消。中央和地方已明令取消的收费项目，不得恢复，仍在执行的要坚决停止。擅自设立的收费项目，要坚决取消。严禁出台新的收费项目。在中央《决定》发布后还在增加农民不合理负担的，要追查责任，严肃处理。一定要稳定土地承包政策。第一轮土地承包到期的，要抓紧进行第二轮土地承包，承包期要按照中央规定，再延长 30 年。任何地方不能以任何借口随意变动农民承包的土地。推行适度规模经营和土地使用流转制度，必须具备条件，充分尊重农民的意愿，不能强制。不准随意抽回农民承包田、多留机动地，也不能随意提高土地承包费，加重农民负担。

姜春云强调，各级领导干部要转变工作作风，改进领导方法，深入抗旱第一线，实行现场指挥，及时了解情况，帮助群众解决实际问题。要组织机关干部和科技人员下乡，实行包村、包片，参加抗旱斗争，加强具体指导。开展抗旱斗争，一定要扎扎实实，讲求实效，防止和克服强迫命令、形式主义。

姜春云指出，尽管当前旱情严重，但历史上先旱后涝，先涝后旱，旱涝交替的情况屡见不鲜。各地在抓抗旱斗争的同时，绝不可放松防汛抗洪工作，要做到抗旱防汛两手抓。

国务委员陈俊生主持了今天的电视电话会议。党中央、国务院有关部门负责同志，各省、自治区、直辖市人民政府分管农业的负责同志及有关单位的负责同志出席了会议。

国务院副总理姜春云作关于陕北地区治理水土流失建设生态农业的调查报告

最近，我同有关部门的同志到陕西省的榆林地区和延安市，就治理水土流失、建设生态农业问题作了一些调查，感到他们的经验、做法很好，效果显著，颇受启发。

榆林地处毛乌素沙漠与黄土高原过渡带。过去这里生态环境恶劣，风沙危害极其严重，大片农田、牧场和村庄被流沙侵蚀，新中国成立初期林草覆盖率仅为 1.8%。由于生态环境恶化，经济发展极为缓慢，群众生活困难。新中国成立以来，特别是改革开放以来，榆林地区在国家的支持下，坚持不懈地开展固沙治沙，取得了明显的生态效益、经济效益和社会效益。到 1996 年年底，沙区造林保存面积达 1460 万亩，林草覆盖率达到 38.9%，沙漠腹地营造万亩以上的成片林 165

块，建成总长1500公里的4条大型防风固沙林带，固定半固定流沙600万亩，受风沙危害的150万亩农田基本实现林网化。与50年代相比，沙丘高度平均降低30%—50%，沙丘年移速从5—7.7米降为1.68米，每年流入黄河的泥沙减少了一半以上，全区实现了由沙进人退到人进沙退的历史性转变。生态环境的改善，促进了农业综合生产能力的提高。目前全区建成基本农田587万亩，农民人均超过2亩，去年粮食总产达到25.1亿斤。5年建设高产农田50万亩，累计增产粮食10亿斤，多种经营发展较快，去年沙区农民人均纯收入1220元，多数农民解决了温饱问题。这次我看的元大滩村，原为榆林市18个最大的荒沙滩之一，经过综合治理，去年全村粮食总产104万公斤，人均600公斤，农民人均纯收入1450元。

延安市是典型的黄土高原丘陵沟壑区。80年代初，全市水土流失面积2.88万平方公里，占总面积的78.4%，每年流入黄河的泥沙达2.58亿吨。这些年来，他们发扬"延安精神"，把治理水土流失作为脱贫致富的战略措施来抓，成效显著。到去年年底，全市累计完成综合治理面积1.67万平方公里，占水土流失面积的58%，林草覆盖率达到42.9%，农村人均占有2.4亩基本农田和1.5亩经济林，粮食总产达到8.9亿公斤，人均产粮基本稳定在400—500公斤。烟、果、羊、薯四大主导产业形成一定规模，多种经营产值13.6亿元，占农业总产值的68%。农民人均纯收入1120元，贫困人口从1985年的67万人下降到23.6万人。该市的宝塔区80年代初水土流失还十分严重，群众形容这里"山是和尚头，沟里干丘丘，三年两头旱，十种九难收"。1991年全区按照"林果、草牧、粮农"生态农业模式开始进行综合治理，到去年，治理水土流失面积841.2平方公里，治理程度达到61.6%，林草覆盖率达到50%，粮食总产达到2.6亿斤，人均产粮1344斤，农民人均纯收入达到1320元，比1990年增长2.2倍。在宝塔区枣花流域的徐寨村，群众告诉我，治理前，亩产粮食80—100斤，人均产粮600斤，人均纯收入不足400元；治理后，平常年景亩产粮食600斤左右，人均产粮1360斤，人均收入1450元。

榆林和延安地区的发展变化，充分展示了沙区和黄土高原治理开发的潜力和希望，为治理沙区和黄土高原的水土流失，改善生态环境，建设生态农业，提供了可贵的经验和路子。

在调查中了解到，他们搞水土保持、治沙防沙的决心和思路，来自对自然规律认识的飞跃。千百年来，战乱和无休止的毁林垦荒，严重破坏了自然生态。黄土地的人们，也一向把单纯向大自然索取，作为维持自身生存的唯一选择，这种掠夺式的开发，不但经济没有上去，而且把生态给毁坏了，陷入了"越垦越荒、越荒越穷、越穷越垦"的恶性循环。通过对历史经验教训的深刻反思，他们逐步认识到，生态是经济、社会发展的基础，保护生态环境就是保护生产力，改善生态环境就是发展生产力；生态环境是经济、特别是农业发展的生命线，是人类生存的生命线。要在黄土高原上实现可持续发展，决不能再走破坏生态、掠夺自然资源、追求短期效益的老路了，必须走恢复优化生态、建设生态农业的新路子。

他们的具体做法是：

由毁林开荒、广种薄收，变为退耕还林还草、精种多收。延安市宝塔区5年来，退耕72万亩，造林88.2万亩，种草58万亩。人均耕地由9.3亩下降到5.3亩，粮食总产不但没有减少，反而3年连上3个台阶，由调入变为调出。1991年前，全区每年吃返销粮100万斤以上，最多达500万斤，去年出售商品粮5000多万斤。

由单一发展粮食生产，变为因地制宜，农林牧副渔全面发展。榆林地区通过积极发展林果、畜牧、经济作物和农产品加工，有效地促进了粮食生产，走上了农林牧副工良性循环的轨道。延安宝塔区近几年抓了调整农业结构，改变单一种粮食的习惯，实行梯田种粮食，缓坡种林果，陡坡种草木，还增加了经济作物，做到了宜粮则粮，宜林则林，宜果则果，宜草则草，宜菜则菜，多种经营全面发展，效益倍增。去年农民人均纯收入2/3来自多种经营。

由单项治理，变为综合治理。过去零打碎敲，单项治理，收效甚微。现在以小流域为单元，统一规划，集中连片综合治理，效果明显。榆林地区采取工程措施和生物工程措施相结合，种树种草、兴修水利、建设基本农田、修筑道路一齐抓，沙化问题基本得到控制。宝塔区坚持规模治理，打破乡、村行政区划界线，把每个流域作为一个完整的单元，沟、坡、塬、峁、综合治理，林、草、果、粮、菜全面开发，点、片、带、网配套组合，山、水、田、林、路一步到位。目前，全区连片万亩以上的大型流域治理区达72个，取得生态、经济和社会的规模效益。枣花流域横跨枣园、万花、桥沟3个乡33个行政村，总面积73平方公里，从1993年起，3个乡联合行动，进行了6次集中治理会战，共投工30万个，完成治理面积76650亩，使全流域累计治理程度达70%。

发挥机械作用，推广先进实用技术，提高治理水平。延安市重视机械作业，机械治理占到全市每年治理任务的30%以上。一台机械每天可完成80—100个劳动力的工作量，速度快，标准高，质量好。在治理开发中，榆林、延安都注重采用先进实用技术，如推广优良品种、"旱作保墒种植技术"、"大垄沟耕种法"、"地膜技术”、“宽幅高标准梯田”以及果树栽培技术等，取得了增产增收的良好效果。

榆林和延安还有一条重要经验，就是靠一套好的政策调动广大农民和社会各方面搞水土保持、综合开发的积极性。他们特别强调，稳定土地承包政策，实行“增人不增地，减人不减地，一次承包到位，30年不变”。“四荒”地实行“谁购买，谁治理，谁受益，可继承，可转让，50年不变”（榆林地区规定，风沙侵蚀严重的草场，承包期70年甚至100年不变）。并允许城镇企事业单位、居民和外地农民承包“四荒”地。在集中连片治理会战中，宝塔区改变过去“一平二调”的做法，坚持互惠互利的原则。以村为单位的会战，实行“出工记账、折价入股、按股受益”的办法，把农民的投工与受益联系起来；在跨村、跨乡镇的会战中，采取“出工记账、以工还工、大体平衡”的办法，使各村、各乡镇都觉得不吃亏，有好处，齐心协力搞治理。正确的政策调动了农民的积极性，加快了治理速度。宝塔区枣花流域治理任务原计划用4年时间完成，由于农民积极性高涨，采取联村会战、人机结合的办法，苦干8个月，治理程度就达到了60.6%。由于政策稳定，长期不变，农民舍得投资投劳。宝塔区已完成的工程折算资金7.5亿元，其中90%多是农民群众的投资投劳。

通过考察榆林地区和延安市，我有三点想法：

一、这两个地区的实践证明，只要观念更新，认识上去了，路子对头，政策正确，苦干实干，多数地方的水土流失和沙化状况是可以改变的。建议对他们的经验加以总结，因地制宜在水土流失、沙化地区推广。这对治理我国的水土流失和荒漠化，将起到积极的推动作用。

二、国家加大对陕西等黄土高原和沙区治理水土流失的支持力度。就陕西来说，全省水土流失面积13.75万平方公里，占土地总面积的2/3；年均输沙量9.2亿吨，占全国水土流失总量的1/5；每年输入黄河泥沙8亿吨，占黄河三门峡以上总输沙量的1/2。如果陕西的水土流失状况有大的改变，黄河下游防汛就有了保障，治理好黄河也有了希望。另外，陕北土地和光热资源丰富，开发潜力巨大。陕西的同志提出，通过综合治理，陕北可增加50亿公斤粮食生产能力，发展林果、畜牧业也有很大的潜力。加快黄土高原的治理开发，对陕北人民脱贫致富和陕西全省的发展，都大有益处。建议组织有关部门协助陕西等省，对黄土高原和沙区的治理开发问题作进一步调查，制定出一个好的规划。在地方自身加大投入的同时，国家也加大支持的力度。

三、建议今年全国农田水利基本建设会议在陕北召开，以现场会的形式，学习推广榆林、延安等地的经验。

回归殿在北京大运河起始地落成

由香港爱国人士、全国政协副主席霍英东投资建设的香港回归纪念性建筑回归殿在北京通州区大运河畔落成。回归殿外形酷似天坛祈年殿，直径为祈年殿的三分之二，殿顶略高于祈年殿。

6月27日

国家主席江泽民在中南海会见俄罗斯总理维克多·斯捷潘诺维奇·切尔诺梅尔金

江泽民表示相信，中俄两国发展战略协作伙伴关系一定会把一个良好的中俄关系带入21世纪，在下个世纪两国关系会发展得越来越好。江泽民愉快地回忆起两个月前对俄罗斯的访问。他接着说，近几年来，在双方的共同努力下，我们两国关系有了很大的发展，双方共签署了四个联合声明，确定了中俄面向21世纪长期合作关系的原则和道路。可以说，无论在深化双边关系还是在加强各个领域的合作方面，我们都有了一套可以遵循的准则。他表示相信，只要双方本着平等信任、睦邻友好、互利合作、共同发展的精神，始终把握住这个方向，不断开拓进取，中俄关系一定会继续平稳健康地向前发展。

切尔诺梅尔金说，坚定不移地发展俄中关系是俄对外关系中的优先领域。中国正在进行改革开放，俄罗斯正在发展经济，两国间有很多共同合作的可能性，这种合作有利于双方的利益。目前两国在经贸领域正在进行有效的合作，希望两国的合作项目更多、更好。

江泽民指出，中俄总理定期会晤机制很好。可以着眼长远统筹规划，扎扎实实地推动双边合作，包括一些具有战略意义的重大项目。这符合中俄建设战略协作伙伴关系的要求和方向，我完全赞成。会晤机制启动后，工作很有成效，显示出蓬勃的生机和活力。只要双方都从战略高度看待，并坚持务实、协商的精神，就能不断地取得进展。

国务院总理李鹏与俄罗斯总理维克多·斯捷潘诺维奇·切尔诺梅尔金举行两轮会谈

会谈后，两国总理出席签字仪式并签署了《中华人民共和国政府与俄罗斯联邦政府关于建立中俄总理定期会晤机制及其组织原则的协定》，两国有关方面签署了以下合作文件：两国政府1997年至2000年贸易协定、两国政府1997年经济贸易合作议定书、两国政府关于保留俄罗斯联邦在中华人民共和国香港特别行政区总领事馆的协定、两国政府1997年至1998年文化合作计划、两国铁路合作协定、两国关于组织实施石油天然气领域合作项目的协议等。

八届全国人大常委会二十六次会议开幕

乔石委员长主持会议。

根据议程，今天的常委会会议首先表决通过了全国人大常委会香港特别行政区基本法委员会名单，其组成人员共12人，由全国人大常委会任命内地和香港人士各6人组成，任期5年。会议还听取了曹志秘书长受委员长会议委托作的关于中华人民共和国香港特别行政区基本法附件三所列全国性法律增减的决定草案的说明。今天的会议还审议了关于批准全国人大香港特别行政区筹委会结束工作的建议的决定草案和关于县级人大代表选举时间的决定草案。

全国人大法律委员会副主任委员厉以宁、王叔文分别向会议作了公路法、动物防疫法两草案审议结果的报告。李鹏总理代表国务院向会议提请审议高等教育法、防洪法两草案，国家教委主任朱开轩、水利部部长钮茂生受国务院委托分别向会议作了这两项法律草案的说明。会议还听取了外交部副部长李肇星受国务院委托所作的关于提请审议加入《关于从国外调取民事或商事证据的公约》的议案、关于提请审议批准《非洲无核武器区条约》第一号议定书、第二号议定书的议案的说明。

八届全国人大常委会二十六次会议审议香港特区基本法附件三所列全国性法律增减的决定草案

受委员长会议委托，全国人大常委会秘书长曹志就这个草案作说明。曹志说，香港特别行政区基本法第十八条规定："全国性法律除列于本法附件三者外，不在香港特别行政区实施。凡列于本法附件三之法律，由香港特别行政区在当地公布或立法实施。""全国人民代表大会常务委员会在征询其所属的香港特别行政区基本法委员会和香港特别行政区政府的意见后，可对列于本法附件三的法律作出增减，任何列入附件三的法律，限于有关国防、外交和其他按本法规定不属于香港特别行政区自治范围的法律。"

曹志说，1990年通过的香港特别行政区基本法附件三中列有六项全国性法律。在这之后，全国人大及其常委会又陆续制定了一些涉及国防、外交和其他按照香港特别行政区基本法规定不属于特别行政区自治范围的法律，其中，有些法律需要在香港特别行政区实施。全国人大香港特别行政区筹备委员会向全国人大常委会提出的关于对香港特别行政区《基本法》附件三所列全国性法律作出增减的建议中，建议增加五项法律，即：国旗法、领事特权与豁免条例、国徽法、领海及毗连区法及香港特别行政区驻军法；建议删去一项法律，即：《〈中央人民政府公布中华人民共和国国徽的命令〉附：国徽图案、说明、使用办法》。委员长会议审议了全国人大香港特别行政区筹备委员会的建议，认为这个建议是适当的，决定向全国人大常委会本次会议提出全国人大常委会关于香港特别行政区基本法附件三所列全国性法律增减的决定草案。

曹志说，决定草案从基本法附件三中删去《〈中央人民政府公布中华人民共和国国徽的命令〉附：国徽图案、说明、使用办法》，是因为国徽法已经包括了这个法律的内容。决定草案把国旗法列入附件三后，没有把国都、纪年、国歌、国旗的决议从附件三中删去，是因为该决议还就国都、纪年、国歌作出了规定，其有关国旗的规定可与国旗法一并适用，以国旗法为准。

曹志说，领海及毗连区法是国家对领海行使主权及对毗连区行使管辖权的重要法律，需要列入基本法附件三。根据《领海及毗连区法》第十五条关于我国的领海基线由国务院公布的规定，国务院于1996年5月15日公布了中国政府关于中国领海基线的声明。这个声明属于领海及毗连区法的组成部分，香港特别行政区在公布或立法实施该法时，应包括国务院公布的关于领海基线的声明。

领事特权与豁免条例和香港特别行政区驻军法是中央人民政府负责管理香港特别行政区的外交和防务所必需的法律，从今年7月1日起，我国就要对外国驻香港领事机构及人员提供领事特权与豁免，我驻港部队也将于7月1日进驻香港，因此，需要列入香港基本法附件三。

此外，全国人大常委会于1996年5月15日通过的关于国籍法在香港特别行政区实施的几个问题的解释，属于国籍法的组成部分，香港特别行政区在公布或立法实施国籍法时，也应包括这一解释。

根据《香港基本法》第十八条的有关规定，全国人大常委会还将就决定草案征询香港特别行政区基本法委员会和香港特别行政区政府的意见，然后再作出决定。

八届全国人大常委会二十六次会议听取全国人大法律委员会关于公路法草案和动物防疫法草案审议结果的报告

全国人大法律委员会副主任委员厉以宁在报告公路法草案审议结果时说，第八届全国人大常委会第二十四次会议对国务院提请审议的公路法草案进行了初步审议。会后，法律委员会和法制工作委员会征求有关部门、专家的意见，根据常委会委员的审议意见和各地方、部门、专家的意见，对草案进行了审议。法律委员会认为，为了适应社会主义现代化建设和人民生活的需要，加强公路的建设和管理，促进公路事业的发展，制定本法是必要的，草案基本上是可行的。厉以宁还就法律草案提出了具体修改意见。

全国人大法律委员会副主任委员王叔文向本次会议作了关于动物防疫法草案审议结果的报告。他说，第八届全国人大常委会第二十四次会议对动物防疫法草案进行了初步审议。会后，法律委员会、法制工作委员会听取了各方面的意见，根据全国人大常委会委员、全国人大财经委员会和部门、专家的意见，对草案进行了审议。法律委员会认为，为了加强对动物防疫工作的管理，预防、控制和扑灭动物疫病，促进养殖业发展，保护人体健康，制定动物防疫法是必要的，草案基本上是可行的。王叔文还就法律草案的具体条款提出了修改意见。

国务院向八届全国人大常委会二十六次会议提交审议《高等教育法草案》和《防洪法草案》

国务院总理李鹏在关于提请审议《高等教育法草案》的议案中指出，高等教育是国家教育事业的重要组成部分。为了保障高等教育事业的健康发展，促进社会主义物质文明和精神文明建设，国家教委在总结实践经验的基础上，经过反复调研、论证和广泛征求意见，拟订了高等教育法草案。草案已经国务院常务会议通过。

受国务院委托，国家教委主任朱开轩作关于高等教育法草案的说明。他说，为了把我国的教育事业纳入法制轨道，1995 年 3 月 18 日八届全国人大三次会议通过了教育法。但是，教育法是解决各级各类教育的共同性问题的，不可能对高等教育的特殊的、具体的问题都作出规定。而这些问题又恰恰关系着高等教育培养什么人以及如何进一步提高高等教育的质量和效益。因此，制定高等教育法，以巩固高等教育改革的成果、保障高等教育的健康发展，是迫切需要的。

在国务院关于提请审议《防洪法草案》的议案中，李鹏总理指出，为了防治洪水，防御、减轻洪涝灾害，维护人民的生命和财产安全，保障社会主义现代化建设顺利进行，水利部在总结实践经验、广泛征求意见、深入调查研究的基础上，拟订了防洪法草案。这个草案已经国务院常务会议通过。

受国务院委托，水利部部长钮茂生作关于防洪法草案的说明。他说，我国是一个多暴雨洪水的国家，历史上洪水为患十分严重。随着国家经济的迅速发展、人口的不断增长、城市规模的日益扩大，防洪工作遇到了许多新情况、新问题，为了解决这些问题，迫切需要制定防洪法，将防洪工作进一步纳入法制化轨道。

八届全国人大常委会二十六次会议通过《全国人民代表大会常务委员会香港特别行政区基本法委员会名单》

主　任　项淳一

副主任　黄保欣

委　员　（按姓名笔画排列）

王英凡、乔晓阳、邬维庸、刘　政、吴建璠、吴康民、陈弘毅、陈滋英、梁定邦、谭惠珠（女）

全国政协八届常委会二十一次会议开幕

这次常委会议的主要任务是：学习邓小平同志关于人民政协的理论，总结八届政协工作，进一步推动人民政协工作的开展并为换届做准备。

中共中央政治局常委、全国政协主席李瑞环主持了会议。会议通过了本次常委会议的议程。

全国政协副主席叶选平在开幕会上讲了话。他说，为了开好这次常委会，会前召开了多次座谈会，大家对如何搞好本届政协工作的总结，提出了很好的建议。大家认为，八届政协在中共中央的领导下，始终坚持围绕中心，服务大局，选准角度，发挥优势，扎扎实实地履行职能，做好工作，使人民政协事业有了新的发展。如：进一步巩固和发展了爱国统一战线，促进了社会主义民主政治建设；把参政议政列入主要职能，拓宽了政协工作领域；建立和健全规章制度，推进了政协工作的规范化、制度化；提案、视察和专题调研等工作不断改进，各项经常性工作更加活跃；开展了反映社情民意的工作，体现了政协各界联系广泛的特点；扩大了同海内外爱国人士的联系，为推进祖国和平统一做了大量有益的工作；拓展了对外交往领域，活跃了人民外交工作；加强了政协自身建设，形成了良好的工作运行机制；加强了对地方政协工作的指导，同地方政协的联系更加密切；重视理论政策研究，增强了工作的自觉性和主动性。

叶选平指出，八届政协的工作领域更加宽广，内容更加丰富，形式更加多样，成效更加显著，在国内外的影响都进一步扩大。人民政协正以积极进取的新姿态迈向 21 世纪。

叶选平接着说，综合几次座谈会上的意见，大家认为，在大的方面至少有这样几条经验和体会，第一，必须始终坚持正确的政治方向，这是我们做好政协工作的基本经验。第二，必须始终坚持服从和服务于大局，紧紧围绕党和国家的中心任务开展工作，这是人民政协的性质所决定的。八届政协之所以能够取得一些成绩，很重要的一条就是自觉地、主动地围绕全国工作的大局协商讨论、建言献策，在经济建设和社会发展中想实招、鼓实劲、办实事，积极贡献力量。第三，必须始终坚持发挥人民政协的特点和优势。人民政协不是权力机关和行政机关，而是最广泛的爱国统一战线组织和政治协商的重要机构。八届政协一开始就着眼于找准位置，选好角度，发挥优势。第四，必须始终坚持依靠广大委员活跃和深化政协工作。我们在政协工作的各个层面、各个环节上特别注意了调动和发挥全体委员的作用。在全委会、常委会闭会期间，把各专委会作为开展经常性工作的重要基础，组织委员深入调研，为国家建设建言献策；采取多种形式组织委员视察、考察，为委员知情出力、参政议政提供条件；开辟反映社情民意的渠道，通过政协的组织网络和界别联系，使党政机关听到更多的声音，得到更多的信息；把提高提案质量和办案质量作为工作的一个重点，使各民主党派和委员充分运用这一独特的参政议政形式，为国家的两个文明建设服务。同时，我们还注意用委员和基层政协的经验推动工作，将局部的经验汇合到整体之中。第五，必须始终坚持用正确的原则规范政协工作。最后，叶选平希望大家通过学习，提高认识，集思广益，总结好八届政协以来的工作，以便圆满地做好本届工作，为召开九届政协做好准备。

全国政协副主席吴学谦、杨汝岱、王兆国、阿沛·阿旺晋美、洪学智、赵朴初、钱伟长、胡绳、丁光训、孙孚凌、霍英东、马万祺、朱光亚、万国权、何鲁丽和秘书长朱训出席会议。

中宣部 司法部 武警部队政治部在中国革命博物馆举行《国旗法》颁布7周年纪念活动

全国人大常委会委员长乔石在人民大会堂会见以副议长苏特佐为团长的印度尼西亚议会代表团

国务院副总理李岚清在钓鱼台国宾馆会见俄罗斯第一副总理鲍里斯·叶菲莫维奇·涅姆佐夫

随后，双方签署了《中俄总理定期会晤委员会第一次会议纪要》。

国务院副总理李岚清在人民大会堂会见由主席斯蒂芬·佩里率领的英中贸易48家集团俱乐部代表团

国务委员司马义·艾买提在人民大会堂会见以秘书长艾哈迈德·阿卜杜·拉赫曼·穆罕默德为团长的苏丹世界人民友好理事会代表团

全国政协副主席何鲁丽在北京会见瑞典社会民主党代表团

第三届中国民族图书奖颁奖大会在北京举行

25家出版社的50种图书分别荣获第三届中国民族图书奖一、二、三等奖。其中获一等奖的是：《中华通史大历典》、《中国回族史》、《藏文〈大藏经〉丹珠尔》（第一卷）、《甘珠尔》（蒙古文）、《维吾尔多朗木卡姆》（维吾尔文）、《医药志》（哈萨克文）、《彝文典籍目录》（彝文）、《语言史》（朝鲜文）。

中国红十字会发布公告接纳香港红十字会为分会

日前中国红十字会常务副会长顾英奇在日内瓦向红十字会与红新月会国际联合会、红十字国际委员会两个国际组织正式提交了《中国红十字会公告》。

公告说，随着1997年7月1日零时中华人民共和国政府恢复对香港行使主权，设立香港特别行政区，香港红十字会也将自1997年6月30日24时起正式与英国红十字会脱离隶属关系。中国红十字会第六届理事会第四次会议已通过决议：依据《中华人民共和国香港特别行政区基本法》以及《国际红十字与红新月运动章程》、《红十字会与红新月会国际联合会章程》，接纳香港红十字会为中国红十字会的一个享有高度自治权的地方分会，其名称为“香港特别行政区红十字会”，英文名称为：The Red Cross of the Hong Kong Special Administrative Region of the People's Republic of China，简称：“香港红十字会（中国红十字会分会）”，英文简称为：Hong Kong Red Cross (Branch of the Red Cross Society of China)。同时决议现任香港红十字会主席郑栋材先生、总监董赵洪娉女士、林胡秀霞女士将自1997年7月1日起成为中国红十字会第六届理事会理事。

香港红十字会将使用中国红十字会会徽。凡以国家红十字会为单位参加的国际组织和会议，由总会代表中国红十字会参加，必要时可吸收香港红十字会适当人员作为代表成员。香港红十字会将根据《中华人民共和国香港特别行政区基本法》和香港特别行政区的有关法律，自行制定或修改香港红十字会的章程，负责处理会内一切事务，包括内设机构、行政决策、运作模式、人事任命、资产管理、服务内容与方式等。《中华人民共和国红十字会法》和《中国红十字会章程》不应用于香港红十字会。香港红十字会在遵守统一性的基本原则下，可与国际和各国、各地区红十字组织保持和发展适当的业务往来和联系。

中国残疾人福利基金会第十三次理事会在北京举行

6 月 28 日

国务院举行第 59 次常务会议

国务院决定:授权中华人民共和国香港特别行政区政府自 1997 年 7 月 1 日起接收和负责审核原香港政府的全部资产和债务,并根据香港特别行政区有关法律自主地进行管理。

中国人民银行行长戴相龙表示香港回归后中国人民银行将不干预香港金融市场运作

中国人民银行行长戴相龙接受记者采访时表示,香港回归后,中国人民银行将不干预香港金融市场的运作,必要时可应香港金管局的要求对香港的货币稳定提供配合与支持。随着内地改革开放的深入,香港作为国际金融中心的地位将不断巩固和发展。

戴相龙说,香港回归后,内地与香港的金融关系可概括为"一个主权国家内,不同经济、社会制度下的两种货币、两种货币制度及两个金融管理当局"之间的关系。中国人民银行在香港回归后处理两地金融关系将遵循的五条主要原则:

一是人民币和港币分别作为内地与香港的法定货币,分别在内地与香港流通。港币在内地视同外币,人民币在香港也视同外币。

二是两地实行不同的货币制度。香港回归后,保持单独的货币发行和管理制度。港币自由兑换,不实行外汇管制。中国人民银行支持香港实行联系汇率制度;人民币实行经常项目下可兑换,国家外汇管理局依法对外汇进行管理。

三是两地金融管理部门保持相对独立的关系,并将保持和扩大合作关系。香港金管局对特区政府负责;中国人民银行不会取代香港金管局的地位,也不会在香港设立分行。

四是特区政府将继续按照国际惯例负责对香港金融机构,包括内地在港金融机构的监督管理。两地金融机构互设时,将视同外资金融机构进行审批和管理。香港金融机构在内地继续享受等同外资金融机构的各种优惠,内地金融机构在港不享受任何特权,必须遵守当地法律法规,并接受香港金融管理局同一标准的监管。

五是所有两地间的金融事务完全按照国际金融惯例进行。两地银行和企业间的债权债务关系,将继续作为对外的债权债务处理。内地企业到香港证券市场上市,视同在海外上市,必须遵守香港的法律规定。

中英联合联络小组在香港签署《关于香港政府资产和负债交接安排问题的会议纪要》

纪要写明,1996 年 11 月 13 日,中英双方已就香港外汇基金的交接作出安排,中英双方现就香港政府其他资产和负债的交接安排达成一致意见;该等资产和负债包括财务及非财务资产和负债;根据中英联合声明和香港基本法关于香港特别行政区实行高度自治的规定,中国政府决定:香港政府的资产与负债,除外汇基金另有会议纪要规定外,将于 1997 年 7 月 1 日开始时即全部交由香港特别行政区政府,根据香港特别行政区的有关法律自主地进行管理;香港特别行政区政府负责审核香港政府资产和负债。

根据这份纪要,英国政府按照中英联合声明在把香港交还给中国时,将香港政府的资产和负债一并全部移交;中国政府则根据基本法的有关规定,授权香港特区政府接收并按香港特区的有关法律自主地进行管理。

中英联合联络小组中方首席代表赵稷华在会议纪要签署后表示,香港政府资产和负债的交接是香港政权交接的一个重要组成部分,是中英双方落实联合声明的实际行动。他表示相信,会议纪要的签署将有助于香港的平稳过渡。

中英联合联络小组在香港签署《中英关于香港档案移交的纪要》

这是中英双方通过长期努力完成的又一项与香港政权交接直接有关的重要工作。

《中英关于香港档案移交的纪要》载明了中英双方就外交档案、防务档案、地方档案等所达成的协议。纪要写明,中方确认已收到英方提交的外交事务档案复制件;中方确认已收到英方根据第十九次防务与治安专家会议双方达成的共识所提交的、供中国人民解放军驻香港部队使用的军营产业档案资料;双方同意,地方档案移交无须移动档案本身,英方承诺,为将来香港特别行政区正常行政管理的需要而必须移交的一切档案都将移交。中国政府决定,所有地方档案将于 1997 年 7 月 1 日开始时即全部移交给香港特别行政区政府。

纪要列明,英方已将部分香港档案的复制件运回伦敦,以供历史研究之用,并承诺在复制工作结束后提供有关内容的清单,中方确认收到有关清单;由于部分复制并运回伦敦的档案涉及中英两国关系,双方同意,英方在该等档案公开前不少于三个月通过中国驻英国大使馆通知中方,并在对建议公开的档案作决定时,就中国政府对具体项目所表达的意见作出认真考虑。

纪要还订明,中英双方通过共同努力,已结束香港档案的移交工作。今后如发现英方应移交而未移交的档案,双方将协商解决。

中共中央政治局常委胡锦涛在人民大会堂会见以总书记议会党团主席阿布巴卡尔·松巴雷为团长的几内亚统一进步党代表团

国务委员兼国家体改委主任李铁映在钓鱼台国宾馆会见即将离任的世界银行驻中国办事处首席代表鲍泰利

财政部提供的数字表明,截至今年6月,中国使用世行贷款项目达184个,承诺贷款金额总计近280亿美元,其中无息贷款92亿多美元。

杨易辰逝世

原中共中央顾问委员会委员,最高人民检察院原检察长杨易辰因病在北京逝世,享年83岁。

杨易辰,原名杨振九,1914年3月生于辽宁省法库县。曾任中共十一届、十二届中央委员,中共中央顾问委员会委员,第二、第三、第四、第五、第六届全国人大代表。1935年在北平中国大学读书时,杨易辰参加著名的"一二·九"学生运动,担任中国大学"中华民族解放先锋队"大队长,多次参与并组织领导学生抗日救国游行示威活动。1936年9月加入中国共产党。1937年抗日战争爆发后,组织北平学生移动剧团,南下宣传抗日救亡,辗转天津、济南、南京、武汉、郑州、西安等地,于1938年到达延安,入马列学院学习。1939年9月离开延安,奔赴抗日前线,到冀南抗日根据地工作,先后担任中共冀南区第三地委宣传部部长、中共中央平原分局第七地委副书记。抗日战争胜利后,根据党中央建立巩固的东北根据地的指示,率地方干部团赴东北工作,先后担任中共铁岭中心县委书记、辽吉省第一地委书记、辽北省第二地委书记。东北全境解放以后,先后担任辽北省政府副主席、中共辽西省委副书记、辽西省政府主席等职务。新中国成立以后,杨易辰任中共辽西省委副书记、省政府主席。1953年1月,任中共辽西省委书记。1954年8月,杨易辰调任黑龙江省委常委、副省长,1956年起任省委书记处书记,长期主管黑龙江省财经工作。杨易辰任黑龙江省委第一书记、省革委会主任、省政协主席、省军区第一政委、省顾问委员会主任。1978年6月,杨易辰提出"文革"前的省委是红的不是黑的;1978年8月,杨易辰在《人民日报》上发表了"拨乱反正必须解放思想"的文章。1983年4月以后,杨易辰先后担任中共最高人民检察院党组副书记、书记等职务。1983年6月,在第六届全国人民代表大会第一次会议上,当选为最高人民检察院检察长。

6月29日

党和国家领导人为中国政府代表团赴香港举行送行仪式

在由中共中央总书记、国家主席、中央军委主席江泽民率领的中国政府代表团赴香港出席香港政权交接仪式前夕,党和国家领导人在人民大会堂为代表团送行。

李鹏、钱其琛、王汉斌、张万年、费孝通、雷洁琼、程思远、吴阶平、罗干、吴学谦、董寅初、霍英东、马万祺、何鲁丽、卓琳等代表团成员出席了送行仪式。

为代表团送行的党和国家领导人有:乔石、李瑞环、朱镕基、刘华清、胡锦涛、荣毅仁。

江泽民在送行仪式上说,香港回归祖国,是永载中华史册的民族盛事。中央决定组成具有广泛代表性的代表团赴港参加庆典活动。这一重大行动,显示了全国各族人民和一切爱国人士的紧密团结,体现了举国上下欢庆香港回归的喜悦心情,表达了中央人民政府和全国人民对香港特别行政区政府和香港同胞的巨大支持,表明了我们对保持香港长期繁荣稳定具有坚强的信心。

江泽民说,香港就要回归祖国了。在这举国欢腾、普天同庆的伟大时刻,我们不会忘记敬爱的邓小平同志,是他提出的"一国两制"的伟大构想,使得香港这样一个历史遗留的问题得到圆满解决。我们不会忘记毛主席、周总理等老一辈无产阶级革命家,他们提出的关于解决香港问题的长远方针是完全正确的。"一国两制",不仅得到包括600多万名香港同胞在内的12亿中国人民的拥护,也得到世界上一切爱好和平的人们的广泛支持。我们将永远铭记老一辈革命家的丰功伟绩。

江泽民说,香港回归,举世瞩目。世界各国各地区的政治家和著名人士云集香港。代表团在这次赴港活动中,一定要体现我国各族人民对香港回归祖国的光荣感和自豪感,体现我们泱泱大国的礼仪和气度,体现我们不卑不亢的外交风格。

江泽民指出,这次庆典,也是祖国内地人民和香港同胞、澳门同胞、台湾同胞、海外侨胞的一次盛大聚会,必将极大地激发全体中国人民的爱国主义精神。这对保持香港长期繁荣稳定、促进祖国现代化建设和实现祖国完全统一,一定会产生深远影响。

江泽民强调,代表团这次赴港一个很重要的任务,是要通过我们的活动,向回到祖国怀抱的600多万名香港同胞表示亲切的问候,并向他们以及澳门同胞、台湾同胞、海外侨胞和各国人士，充分阐明我国政府为保持香港长期繁荣稳定而确定的大政方针。我们将坚定不移地实行“一国两制”、“港人治港”、高度自治的基本方针；坚决支持香港特别行政区行使基本法赋予的各项职权，保障广大香港居民依法享有的各种权利和自由；中央人民政府依法管理香港特别行政区的外交事务和防务，中央各部门、各地区绝不干预属于香港特别行政区依法自行管理的事务；世界各国各地区在香港的正当经济活动和投资利益都将受到法律保护。我们要把这些基本方针政策进一步宣示中外。

江泽民说，代表团在港期间，我国领导人还将分别会见有关国家领导人和各国各界知名人士，这将有助于增进相互了解和友好合作关系的发展。

江泽民最后说，代表团这次赴港是很光荣的，肩负着全国各族人民的重托。我相信，经过大家的共同努力，代表团一定能够胜利完成这次赴港的崇高使命。

国务院副总理兼外交部部长钱其琛从北京抵达香港参加香港政权交接仪式和香港特别行政区成立暨特区政府宣誓就职仪式

台湾海基会董事长辜振甫及夫人抵达香港将参加香港政权交接仪式及香港特别行政区成立暨特区政府宣誓就职仪式

全国政协八届常委会二十一次会议闭幕

中共中央政治局常委、全国政协主席李瑞环主持闭幕会，全国政协副主席叶选平作会议小结。

李瑞环主席对这次常委会议的成果给予充分肯定，并结合这次会议的主题，就学习理论、总结经验、研究工作的内在联系和关系，以及如何实现三者的有机结合作了重要讲话。

全国政协副主席叶选平在讲话中说，几天来，按照常委会议预定的议程，各位常委认真学习了老一代革命家特别是邓小平同志关于人民政协的重要论述，学习了以江泽民同志为核心的党中央领导同志关于人民政协的重要论述。在此基础上，大家全面回顾了八届政协的工作，围绕总结经验，进一步推动今后工作展开了热烈讨论。不少常委作了高质量的发言，提出了有价值的意见；通过学习、讨论，在许多重要问题上进一步提高了认识。

叶选平说，八届政协根据自身特点，坚持正确方向，服务国家大局，履行主要职能，加强自身建设，在许多方面取得显著进展，并形成了一些好的经验和做法。对于这些好经验、好做法，值得认真地加以分析和总结。希望我们共同努力，把八届政协最后一年的工作做好，为我们的国家和人民尽到应尽的责任。

全国政协主席李瑞环在八届全国政协常委会第二十一次会议闭幕时发表讲话。

国家重点工程南京禄口机场通航

800 多位嘉宾将应邀出席中英两国政府举行的香港政权交接仪式

800 多位来自世界五大洲的 40 多个国家和地区、30 多个国际组织和地区性组织的代表和其他嘉宾将应邀出席中英两国政府于 6 月 30 日午夜在香港会议展览中心新翼举行的香港政权交接仪式，目睹这一具有历史性意义的盛事。

他们当中有哥伦比亚总统、不结盟运动主席埃内斯托·桑佩尔，秘鲁部长会议主席潘多尔菲·阿武卢，法国参议院议长莫诺里，德国副总理兼外长金克尔，新西兰副总理兼财政部部长彼得斯，美国国务卿奥尔布赖特，日本外相池田行彦，俄罗斯外长普里马科夫，葡萄牙外长伽马，澳大利亚外长唐纳以及其他一些国家的代表和澳门总督韦奇立。

60 多位来自 30 多个国际和地区性组织的代表包括联合国秘书长安南以及联合国粮农组织、世界卫生组织、世界贸易组织、世界银行、国际货币基金组织、非洲国家统一组织、阿拉伯国家联盟、东南亚国家联盟、欧洲委员会的代表。

出席交接仪式的前政要中有：墨西哥前总统埃切维里亚，坦桑尼亚前总统尼雷尔，英国前首相希思、撒切尔夫人，澳大利亚前总理弗雷泽、霍克，日本前首相村山富市等。

90 多个国家驻香港领事机构代表和一些国际组织驻香港办事处代表，一些国家的经济、教育、文化、社会及民间组织和团体的负责人等也将出席交接仪式。

出席交接仪式的还有具有广泛代表性的 33 个国家和地区的近 300 位海外侨领及华人代表。

外国领导人来电来函祝贺香港回归中国

一些国家领导人近日分别致电致函中共中央总书记、国家主席、中央军委主席江泽民，全国人大常委会委员长乔石，国务院总理李鹏，热烈祝贺中国即将对香港恢复行使主权。

巴基斯坦总统法鲁克·莱加里在给江泽民主席的贺电中说：“中国领导人和中国人民值得对这一历史事件感到自豪。我相信，香港回归祖国后将继续保持繁荣。在这历史性时刻，我们与友好的中国人民同样感到欢欣喜悦。”

巴布亚新几内亚总督维瓦·科罗维在给江泽民主

席的贺信中说:“祝香港的回归为你们伟大国家的政府和人民带来巨大的经济繁荣和成功。”

韩国总统金泳三在给江泽民主席的贺电中说:“中华人民共和国自1997年7月1日起恢复对香港行使主权,这将成为划时代的历史事件。”

贺电说:“香港在东亚经济发展中起着带动作用,我相信,在回归中国之后,香港仍能保持稳定与发展,为该地区的共同繁荣作出贡献,在21世纪的亚太时代中发挥重要作用。”

斯洛伐克共和国总统米哈尔·科瓦奇在给江泽民主席的贺电中说:“我相信这一对贵国具有重要意义的事件预示着香港及中华人民共和国的进一步繁荣昌盛。”

斯里兰卡总统库马拉通加夫人在给江泽民主席的贺电中说:“斯里兰卡人民欢迎中国政府恢复对香港行使主权,并对中国和香港未来更加富强充满信心。”

苏丹总统巴希尔在给江泽民主席的贺信中说:“目前,阁下正准备迎接1997年7月1日香港回归祖国历史时刻的到来,并坚忍不拔地为实现中国人民的夙愿——1999年澳门回归,继而在不久的将来统一全部中国国土而努力。我非常高兴地向阁下致以我本人和苏丹共和国政府及人民最诚挚的祝贺。我们认为这一欢庆时刻是友好贵国历程中的重大历史事件。”

贺电说:“我们祝愿友好的中华人民共和国实现其进步、发展与稳定的愿望;祝愿在不久的将来,在一个中国的旗帜下实现中国各部分的统一。”

塔吉克斯坦共和国总统埃莫马利·拉赫莫诺夫在给江泽民主席的贺电中说:“谨就20世纪末和21世纪初的历史性事件——中华人民共和国政府恢复对香港行使主权致以真诚的祝贺。”

贺电说:“借此机会,愿再次重申,我们将努力进一步加强多方面合作,以巩固两国和两国人民间业已存在的如此美好的传统睦邻友好关系。”

土耳其共和国总统德米雷尔在给江泽民主席的贺信中说:“值此中国统一香港的幸福时刻,我高兴地代表土耳其人民,并以我个人的名义,向阁下致以衷心的祝贺。”

贺电说:“香港于1997年7月1日和平回归中国,无疑是一个历史性的进步。我深信,按照‘一国两制’原则,香港将进一步繁荣昌盛,同时将为中国经济注入新的活力。”

南非总统纳尔逊·曼德拉在给江泽民主席的贺信中说:“中国恢复对香港行使主权这一历史性的第一步,标志着一个历史阶段的结束,预示着一个新时代的开始,也是中国政府和人民将在新纪元里实行的‘一国两制’政策的首次体现。”

孟加拉国总理谢赫·哈西娜在给李鹏总理的贺电中说:“在这令人高兴的重大时刻,孟加拉国人民与中国和香港特区人民一道感到欢欣鼓舞。我深信,这一事件标志着中国人民将开始一个更加幸福昌盛的新时代,并将进一步促进本地区的和平与繁荣。”

印度总理因德尔·库马尔·古杰拉尔在给李鹏总理的贺电中说:“经历过殖民地历史的印度人民充分理解此刻中国人民的喜悦心情,这是殖民统治在亚洲最后残余的终结。”

贺电说:“香港是重要的国际贸易和金融中心。它对促进和加强印中两国的经贸合作发挥了独特作用。香港特别行政区的继续繁荣将使我们两国受益。”

哈萨克斯坦总理阿克然·卡热格尔金在给李鹏总理的贺信中说:“我确信,在这个重大事件的鼓舞下,伟大的中国人民将在社会和经济发展中取得巨大成就。”

巴基斯坦总理纳瓦兹·谢里夫在给李鹏总理的贺电中说:“香港回归祖国是一重大的历史事件。我们同中国人民一样感到欢欣鼓舞。我们深信,中国恢复对香港行使主权后,香港将继续保持繁荣和发展。”

巴布亚新几内亚总理朱利叶斯·陈在给李鹏总理的贺信中说:“值此你们伟大国家欢庆香港回归的时刻,我谨代表巴布亚新几内亚政府和人民向中华人民共和国政府和人民表示衷心的祝贺。”

贺电说,香港回归中国后,“在你们伟大的国家令人自豪和悠久的历史上增添了新的篇章”。

斯洛伐克共和国政府总理弗拉迪米尔·梅恰尔在给李鹏总理的贺电中说:“祝愿香港的稳定与繁荣以及中华人民共和国的发展与进步不断得到加强。”

斯里兰卡总理班达拉奈克夫人在给李鹏总理的贺电中说:“值此中华人民共和国恢复对香港行使主权这一喜庆的历史时刻,我谨代表斯里兰卡政府和人民,向阁下致以最热烈的祝贺和真诚的祝愿。”

贺电说:“我深信,香港回归中国预示着中国人民以及香港人民未来的繁荣幸福。”

泰国总理差瓦立·永猜裕在给李鹏总理的贺电中说:“香港回归中华人民共和国是中国的一个重大历史事件,我对回归平稳进程甚感欣慰。泰王国政府相信,在中国领导人倡导的‘一国两制’政策指导下,回归中华人民共和国的香港将保持其独特的活力,其经济中心地位也将得到进一步发展。”

贺电说:“我确信,在泰中两国密切友好关系不断发展的同时,泰港关系将通过贸易、投资、旅游和经济等地区和国际间的合作得到进一步加强。”

南斯拉夫总理拉多耶·孔蒂奇在给李鹏总理的贺信中,祝中国政府和人民的统一大业取得更大成就。

贺电说:“香港回归祖国是中国当代史上的重要事

件。我相信'一国两制'政策将被证明是切实可行的，它将确保香港特别行政区经济的进一步发展和繁荣，并将极大地促进贵国的全面发展、团结和稳定。"

一些国家外长来电致函祝贺香港回归中国

在中国政府即将恢复对香港行使主权这一历史时刻，一些国家的外长致电致函国务院副总理兼外长钱其琛，对香港回归中国表示热烈祝贺。

阿根廷外长迪特利亚在贺电中说，香港回归中国"这一结果的取得主要是由于中国政府通过和平途径收复这片领土的坚忍不拔的精神，这为整个国际社会树立了榜样"。

孟加拉国外长阿扎德在贺电中说，香港回归中国"这一历史事件宣告中国人民将开始一个充满希望和繁荣的新时期"。

哥伦比亚外长梅希亚的贺电说："香港回归使中英联合声明中确定的承诺得到履行。这一令人钦佩的成就对国际社会具有深远的意义，它表明，国与国之间可以通过谈判解决争端。"

塞浦路斯外长卡苏利季斯在贺信中说："以和平的方式对香港这一中国领土不可分割的部分恢复行使主权，是国际事务中的一个转折点，也是朝着结束殖民主义时代迈出的重要一步。我确信，这一事件将促使中国经济走向更加辉煌的发展与繁荣，并以此造福于中国人民。"

波兰外长罗萨蒂在贺信中说："我深信，中国人民的这一历史性壮举定将有助于保持香港作为该地区重要经济中心的地位，并将增进未来香港的繁荣和居民的福祉。"

越南外长阮孟琴在贺电中说："1997年7月1日对中国人民和香港人民具有重大的历史意义，标志着外国对香港一百多年殖民统治的结束。这也是中国外交创造性运用'一国两制'方针所取得的巨大成就，既符合中国的国情和利益，也符合香港的实际情况和利益。"

6月30日

中华人民共和国中央军事委员会主席江泽民发布《中国人民解放军驻香港部队进驻香港特别行政区的命令》

中国人民解放军驻香港部队全体官兵：

根据中华人民共和国宪法赋予中国人民解放军的使命，依照《中华人民共和国香港特别行政区基本法》、《中华人民共和国香港特别行政区驻军法》有关规定，命令你们进驻中华人民共和国香港特别行政区，于1997年7月1日零时开始履行香港防务职责。

中国政府对香港恢复行使主权，是实现"一国两制"、完成祖国统一的一个重要里程碑。中国人民解放军驻香港部队担负香港特别行政区的防务，是中国政府对香港恢复行使主权的重要标志，任务神圣，责任重大。你们进驻香港后，要坚持人民解放军全心全意为人民服务的宗旨，发扬优良传统，忠实履行职责，遵纪守法，依法治军，把部队建设成"政治合格、军事过硬、作风优良、纪律严明、保障有力"的威武之师和文明之师，为维护祖国的主权和领土完整，保持香港长期繁荣稳定作出积极的贡献。

中国人民解放军驻香港部队进驻香港欢送大会在深圳举行

中共中央政治局常委、中央军委副主席刘华清上将，代表党中央、中央军委向即将启程的驻香港部队官兵表示欢送，并发表重要讲话。

中央军委委员、总参谋长傅全有上将宣读中华人民共和国中央军事委员会主席江泽民关于《中国人民解放军驻香港部队进驻香港特别行政区的命令》。

广州军区司令员陶伯钧、广东省省长卢瑞华和中共深圳市委书记厉有为分别在会上发表讲话。

驻香港部队政委熊自仁少将代表驻香港部队全体官兵向祖国和人民表示：我们一定牢记使命，不负重托，永远忠于祖国，严格履行防务职责，坚决维护祖国的主权和尊严，维护香港的长期繁荣和稳定，请党中央放心，请中心军委放心，请祖国人民放心。

欢送大会由广州军区政委史玉孝上将主持。中共中央政治局委员、广东省委书记谢非出席欢送大会。参加大会的还有解放军三总部、军委办公厅、海军、空军、广州军区、外交部、国务院港澳办、国务院新闻办、新华社香港分社、中英联合联络小组中方代表处、广东省和广州、深圳、珠海、汕头、东莞、惠州市的负责同志，以及驻香港部队官兵和深圳市各界代表，共6000多人。

中央军委副主席刘华清在欢送解放军驻港部队大会上发表讲话

驻香港部队全体官兵同志们：

遵照中央军委江泽民主席的命令，你们就要雄赳赳、气昂昂地进驻香港，担负起香港防务的神圣使命。在这庄严的时刻，我代表党中央、中央军委，代表全军官兵，向同志们表示热烈的欢送和亲切的慰问！

香港回到祖国的怀抱，五星红旗和香港特别行政区区旗在这块土地上庄严升起，百年民族耻辱终于洗雪，香港将从此开辟历史的新纪元。这是中国人民一百多年来前赴后继、英勇斗争的结果，是中华民族振兴的历史丰碑，是本世纪具有深远影响的重大事件。此时此刻，全党全军全国各族人民，包括广大的港澳台同胞、海外侨胞，无不欢欣鼓舞，扬眉吐气。

香港顺利回归祖国，是邓小平同志"一国两制"构想的胜利，是以江泽民同志为核心的党的第三代中央领导集体坚持"一国两制"方针，成功推进香港回归的胜利。这一伟大胜利，生动体现了中华民族强大的凝聚力和创造力，象征着我国的综合国力正日益强盛，中国人民正以崭新的面貌自立于世界民族之林。

香港顺利回归祖国，实行"一国两制"、"港人治港"、高度自治，保持长期繁荣稳定，将有力地促进祖国统一大业和社会主义现代化建设，将为国际社会解决类似历史遗留问题提供一个成功范例，将对维护亚太地区以及世界的和平与稳定发挥重要作用。

中国人民解放军进驻香港，是中国政府对香港恢复行使主权的重要标志，是维护国家主权和安全，保持香港繁荣稳定的重要保证。驻香港部队是具有光荣传统的部队组建起来的，曾经屡建战功，英雄辈出。组建以来，坚持高标准，严要求，艰苦创业，团结奋斗，精心做好进驻的各项准备工作，取得了出色的成绩。现在，驻香港部队即将开赴香港，祖国和人民对你们寄予厚望。

希望你们坚定不移地贯彻邓小平同志"一国两制"的伟大构想，增强维护香港繁荣稳定的使命感和责任感。深入学习邓小平建设有中国特色社会主义理论，结合实际深刻理解"一国两制"构想的重大意义，把官兵的思想真正统一到"一国两制"的方针上来。认真执行中央关于处理香港问题的一系列方针政策，坚决服从命令，听从指挥，忠实履行防务职责，为香港的繁荣稳定贡献力量。

希望你们牢记全心全意为人民服务的宗旨，忠于党，忠于祖国，忠于人民，忠于社会主义。深入地开展爱国主义教育，增强民族自尊心和自豪感，激发广大官兵献身国防事业的政治热忱。继续保持谦虚谨慎、不骄不躁的作风，尊重香港特别行政区政府，尊重香港的社会制度和生活方式，热爱香港人民，时时处处维护香港人民的利益，以实际行动赢得香港人民的拥护和爱戴。

希望你们坚持从严治军，依法履行职责，严守纪律，秋毫无犯。严格遵守香港特别行政区基本法和驻军法，严格遵守香港特别行政区的法律、法规，处处依法办事。认真落实我军条令条例和规章制度，加强部队管理，保持高度稳定和集中统一。自觉执行三大纪律八项注意，做到军容严整，文明礼貌，充分展示我军优良的作风和奋发向上的精神面貌。

希望你们切实加强精神文明建设，引导官兵树立高尚的道德情操。发挥我军政治工作的优势，保持部队官兵政治上的坚定和思想道德上的纯洁。教育官兵树立正确的世界观、人生观和价值观，艰苦奋斗，淡泊名利，无私奉献，大力弘扬正气，抵制歪风邪气，确保部队能够经受住特殊环境和复杂情况的考验，永葆人民军队的政治本色。

希望你们大力加强军事训练，强化官兵全面素质。深入贯彻新时期军事战略方针，居安思危，常备不懈。认真学习高科技知识，熟练掌握手中武器装备，打牢技术战术基础。根据香港防务和驻军特点，增强训练的针对性，提高部队合成作战能力和在各种复杂情况下遂行任务的能力。

我相信，驻香港部队一定能够按照邓小平新时期军队建设思想和江主席关于军队建设的一系列重要论述，继承和发扬人民军队的优良传统，始终保持我军威武之师、文明之师的良好形象，不负重托，不辱使命，圆满完成各项任务，让党中央、中央军委放心，让全国人民放心。

祝同志们顺利进驻香港，为祖国和人民再立新功！

中国人民解放军顺利接管香港防务

21时，由509名官兵组成的中国人民解放军驻香港部队先头部队分乘39辆军车顺利通过落马洲口岸进入香港。

驻香港部队先头部队晚上进驻香港，是根据中英联合联络小组事先达成的协议进行的。至此，连同此前进入香港的三批先遣人员，驻香港部队在香港人员已达705人。他们将于午夜与驻港英军在添马舰军营举行防务事务接管仪式，7月1日零时开始正式履行香港特别行政区防务职责。

国家主席江泽民率领中国政府代表团抵达香港出席香港政权交接仪式

这是中国最高领导人首次踏上香港的土地。

下午5时许，中国政府代表团乘坐的两架专机徐徐降落在香港启德机场。5时28分，江泽民主席和李鹏总理等走出机舱，挥手向前来欢迎的人们致意。

先期到达香港的代表团成员、国务院副总理兼外交部部长钱其琛，新华社香港分社社长周南，香港特区首任行政长官董建华等特区政府主要官员和香港各界代表数百人欢迎代表团的到来。英国外交国务大臣德里克·法彻特也到机场迎接。

据悉，代表团在港期间，将出席定于今天午夜和明天凌晨举行的香港政权交接仪式、香港特别行政区成立暨特别行政区政府宣誓就职仪式以及其他庆祝活动。江泽民、李鹏等领导人还将会见出席香港政权交接仪式的各国政府代表、国际组织负责人和各国知名人士，并会见香港特别行政区政府的主要官员。

江泽民主席率领高规格的具有广泛代表性的代表团来港出席香港回归庆典活动，受到国际社会的广泛关注。舆论普遍认为，这一重大行动体现了中国对香港回归的高度重视，显示了中央政府坚定不移地执行“一国两制”、“港人治港”、高度自治这一基本方针的决心，具有重大的历史意义和现实意义。

以陈滋英为团长的观礼团今天也已到达香港。

国家主席江泽民在香港会展中心新翼会见英国王储查尔斯

江泽民表示很高兴能与查尔斯王子共同主持香港政权交接仪式。

查尔斯王子说，我也很高兴能与江主席会晤。英国和中国一直有着特殊的关系，我们愿意继续保持并发展这种关系。

江主席说，香港问题的顺利解决是邓小平先生“一国两制”伟大构想的成功实践，是中英双方共同努力的结果，它符合中英两国的利益。

江主席还请查尔斯王子转达他对英国女王伊丽莎白二世陛下的问候。查尔斯王子对此表示感谢，他说，伊丽莎白女王陛下曾经访问过中国，那次中国之行给她留下了美好的印象。

江主席说，“一国两制”的伟大构想绝非权宜之计。“一国两制”也是着眼于中国国家统一的长远考虑，符合中华民族的根本利益。香港回归后，中国政府对香港将坚定不移地贯彻执行“一国两制”、“港人治港”和高度自治的基本方针。我们对香港的长期繁荣稳定充满信心。在中国的对外开放中，香港将进一步发挥独特的窗口、桥梁和渠道作用。

江主席说，随着香港的顺利交接，中英两国间历史遗留的问题解决了，我们希望中英关系出现新的良好开端。

国务院总理李鹏和英国首相布莱尔也参加了会见，均表示希望香港回归中国后，中英两国关系应该有一个发展的新起点。

国家主席江泽民和国务院总理李鹏在香港海逸酒店会见英国首相托尼·布莱尔

江泽民说，在 21 世纪即将来临之际，中英两国领导人应“登高望远”，从战略高度、世界大局和面向 21 世纪的角度看待中英关系。

江泽民主席说，李鹏总理和我本人很高兴与布莱尔首相在香港交接这一历史性时刻见面。

布莱尔首相说，今夜对于中国、英国和香港来说，是一个历史性的时刻。随着两国关系中旧的一章的终结，我们可以掀开新的一页，成为发展两国关系的新的起点，今后的香港也应成为两国关系中的桥梁。

江泽民说，发展中英两国友好合作关系，增进相互了解和信任非常重要。我们一向认为，只要双方遵循互相尊重、平等相待、求同存异、互不干涉内政等基本原则，就能够建立和发展一种长期稳定的互利合作关系。随着香港问题的解决，工党政府在发展两国关系方面应该说没有什么包袱。我相信，在双方共同努力下，我们应该而且能够揭开两国关系的新篇章。

江泽民指出，香港回归祖国是举世瞩目的历史性事件。香港的顺利交接和平稳过渡离不开邓小平先生提出的“一国两制”的伟大构想。13 年前，中英两国政府签署了关于香港问题的联合声明。13 年来，遵循中英联合声明，在两国政府共同努力下，通过谈判解决了香港交接的有关问题。可以说，香港的顺利交接是中英双方共同努力的结果，值得我们两国政府和人民共同庆贺。

布莱尔对此表示同意。他说，英中联合声明是两国关系稳定发展的基础，我们着眼于发展面向 21 世纪的英中关系，我们应该共同努力，结束过去，开辟未来。

江泽民说，我相信，香港回归中国以后将会更加繁荣稳定，这要归功于邓小平先生当初提出的“一国两制”的伟大构想。我们正是从稳定世界局势、缔造一个长期的和平国际环境的战略全局出发，考虑到香港的历史和现状，并照顾到各方面的利益，而制定了解决香港问题的一系列方针政策。保持香港长期稳定和繁荣也为我们发展中英关系提供了一个良好的基础。英国工党政府面临的是一个很好的机遇，我们双方应为创造美好的未来共同努力。

布莱尔对此表示赞同。他说，我们一直高度评价“一国两制”的政策。

李鹏说，中国在经济上一直保持了强劲发展势头，为世界提供了一个巨大的市场，各国和中国的经贸关系有了长足发展。尽管英国政府以前在这方面有所落后，但我们希望英方会采取措施，迎头赶上。经贸关系有其自己的规律，然而良好的政治关系能推动经贸关系的发展。布莱尔对此表示同意。他说，英国新政府愿意同中国发展在政治、经贸、科技等各个领域中的合作关系。

江泽民和李鹏邀请布莱尔在方便的时候访问中国，布莱尔愉快地接受了邀请。他说，我于 1988 年访问过中国，现在中国发生了巨大的变化，我非常愿意再去访问。国务院副总理兼外交部部长钱其琛、香港特别行政区行政长官董建华和外交部副部长王英凡等会见时在座。

国务院副总理兼外交部部长钱其琛在香港会见英国外交大臣库克

钱其琛说，今天我们在香港回归的前夕进行会见具有特殊的意义，这是一个结束过去、开辟未来的历史性时刻。我们相信，7 月 1 日以后，香港一定会保持长期的繁荣和稳定。

库克说，今天晚上是中国值得自豪的一夜，中国政府将收回香港，我对此表示祝贺，我们两国为这一回归作出了明智、很好的安排，香港今后应该成为英中两国的桥梁。

钱其琛说，回顾香港问题解决的历程，从 1982 年到今天整整 15 年。这期间，我们有合作、有分歧，甚至还有对抗。道路并非平坦。但是，最终我们还是以和平方式解决了两国之间这一重大历史遗留问题。这是中英双方顺应历史潮流，求同存异、务实合作的结果。我们应该向前看，继续保持香港的繁荣与稳定不仅符合中国的利益，也符合英国乃至整个国际社会的利益。

库克表示赞同钱其琛的看法，他说，英国在香港有巨大的商业利益，我们希望通过香港进一步发展同中国的关系，我们之间应继续保持良好的对话与接触，使香港政权的交接成为英中两国关系的新起点。

两国外长一致认为，中英今后应作出进一步努力，发展双方在各个领域中的合作关系。两国外长还就共同关心的问题交换了意见。库克说，英国支持中国加入世界贸易组织，中国与世界的经济贸易关系发展迅速，中国成为世贸组织成员是一件好事。库克希望英中两国加强磋商，为明年欧亚会议的成功举行作出共同努力。钱其琛说，亚欧领导人保持定期会晤，加强经济合作，对世界的和平与稳定是有益的。中英两国官员可以就此加强接触。

国务院副总理兼外交部部长钱其琛在香港会见美国国务卿奥尔布赖特

双方就共同关心的问题举行了会晤。

钱其琛表示很高兴在中国政府即将恢复对香港行使主权这一重要历史时刻在香港与美国务卿再次见面。

钱其琛向奥尔布赖特介绍了中国政府在香港问题上的政策。他说，中国政府保持香港的长期繁荣和稳定的政策不会改变，这不仅是中方的愿望，也符合包括美国在内的国际社会的共同利益。

在谈到双边关系时，两国外长表示，中美两国政府都把中美关系视为最重要的双边关系，都认为保持和发展健康、稳定的中美关系，不仅符合中美两国的利益，而且有利于亚太和世界的和平与稳定。近来，两国关系总的情况是好的，双方都为此做了不少工作，双方的往来和接触增加，经贸合作不断发展，两国在一些国际和地区问题上进行了很好的合作。所有这些都说明我们两国在建立面向 21 世纪的合作关系方面具有共识，同时也为两国关系的进一步发展打下了基础。

双方认为，中美两国元首相互进行国事访问具有重大意义，将会对双边关系的发展注入新的活力，为两国关系开辟新的篇章，为此，双方应继续共同努力，积极进行各项准备工作，两国有关部门的官员要加强接触与磋商，争取在政治、经贸等领域中达成一些共识和协议，确保江主席的访问取得成功。

钱其琛强调，台湾问题仍是中美关系中最重要、最敏感的问题。奥尔布赖特表示，美国将继续遵守中美三个联合公报，坚持“一个中国”的政策。

两国外长还就其他共同关心的问题交换了看法。

《人民日报》发表社论《统一祖国振兴中华的核心力量——庆祝中国共产党成立七十六周年》

明天，7 月 1 日，是中国共产党成立 76 周年纪念日，也是香港回归祖国、一洗百年耻辱的大喜日子。一日双庆，在我国政治生活中是一件难得的盛事。全党同志和全国各族人民以无比激动的心情，热烈欢庆香港回归，热情歌颂伟大的党！

香港回归祖国，是 100 多年来无数志士仁人为之奋斗、为之牺牲却又壮志未酬的夙愿，只是在中国共产党的领导下，百年梦想才一步一步变成现实。中国共产党自成立之日起，就把实现祖国的独立、统一、民主、富强作为自己矢志不渝的奋斗目标。76 年来，党领导全国各族人民经过长期艰苦卓绝、英勇顽强的斗争，推翻了三座大山，赢得了国家的独立、人民的解放，建立了人民当家做主的中华人民共和国。新中国成立以来，党总结了“落后就要挨打”、“弱国无外交”的沉痛历史教训，带领中国人民自力更生、奋发图强，取得了社会主义革命和社会主义建设的辉煌业绩。特别是党的十一届三中全会以来，我们国家进入蓬勃发展的历史新时期。党领导全国人民紧紧抓住经济建设这个中心，坚持四项基本原则，坚持改革开放，促进了社会生产力的大发展，综合国力显著增强，人民生活水平迅速提高，社会主义现代化建设的成就举世瞩目，国际威望空前提高，为统一祖国、振兴中华奠定了坚实的物质基础，创造了有利的条件。新中国的第一代领导人毛泽东、周恩来等同志十分关心香港问题，远见卓识地提出了一系列解决香港问题的重大战略决策。第二代中央领导集体的核心邓小平同志以超人的智慧和胆略，高瞻远瞩，创造性地提出“一国两制”的伟大构想，为推进祖国和平统一大业指明了最佳途径，作出了重大贡献。历史以无可辩驳的事实昭告世人，没有中国共产党，就不可能有社会主义的新中国，也不可能有香港的顺利回归。

香港回归，是一部百余年屈辱历史的终点，又是一个全新构想付诸实施的起点。坚定不移地贯彻“一国两制”、“港人治港”、高度自治的方针，贯彻落实基本法，保持香港的长期繁荣稳定；继续按照“一国两制”的方针，为解决澳门问题和台湾问题，最终实现中华民族的大团圆而奋斗——是摆在我们面前的新的历史课题。中国共产党是统一祖国、振兴中华的核心力量。把我们的党建设得更加伟大、更加坚强，是把统一祖国、振兴中华的伟大事业继续胜利推向前进的根本保证。

进一步加强党的建设，首要的一条就是要高举邓小平建设有中国特色社会主义理论的伟大旗帜，坚持党在社会主义初级阶段的基本路线不动摇。江泽民同志最近在中央党校发表的重要讲话中强调指出，旗帜问题至关紧要，旗帜就是方向，旗帜就是形象；在社会主义改革开放和现代化建设的新时期，在跨越世纪的新征途上，一定要高举邓小平建设有中国特色社会主义理论的伟大旗帜，用这个理论来指导我们的整个事业和各项工作。邓小平建设有中国特色社会主义理论是当代中国的马克思主义，是中华民族振兴和发展的强大精神支柱，对我国社会主义现代化建设中的一系列重大问题作了深刻的分析和科学的回答。改革开放近 20 年来我国社会主义建设的巨大成就，雄辩地证明这个理论符合中国的实际，是振兴中华的科学指南；香港的顺利回归，雄辩地证明这个理论符合中国的实际，是统一祖国的科学指南。再接再厉，深入、扎实、持久地用邓小平建设有中国特色社会主义理论武装全党，我们的改革大业、建设大业、统一大业就能够克服一切艰难险阻，不断取得新的胜利。

政治路线确定之后，干部就是决定的因素。进一步加强党的建设，关键是要大力加强各级领导班子建设，建设一支高素质的干部队伍。我们要继续落实党中央关于党的建设这个“伟大的工程”的战略部署，以思想政治建设为重点，把各级领导班子建设成为坚决贯彻党的基本理论、基本路线、基本方针，全心全意为人民服务，具有领导现代化建设能力的坚强领导集体。各级领导干部，不仅要有胜任工作的理论政策水平和业务能力，而且要有政治上的坚定性，有良好的思想作风和道德品质。在对外开放和发展社会主义市场经济的新形势下，尤其要切实加强党风廉政建设，加强社会主义精神文明建设。反腐败是关系到党在人民群众中的威望，关系到党与人民群众的密切联系，关系到党的生死存亡、国家的长治久安的严重政治斗争，大得党心民心，必须进一步加大力度，坚持不懈地进行下去。各级领导干部要以身作则，牢记党的全心全意为人民服务的根本宗旨，坚决抵制拜金主义、享乐主义和个人主义等腐朽思想的侵蚀，大力发扬艰苦奋斗的优良作风，淡泊名利，埋头苦干，为党和人民建功立业。这样，才能永远立于不败之地。

我们的事业是伟大的，我们的旗帜是辉煌的，我们的任务是艰巨的，我们的前程是灿烂的。今年秋天，将召开党的第十五次全国代表大会，这将是一次把建设有中国特色社会主义的伟大事业包括祖国统一大业全面推向 21 世纪的历史性盛会。团结就是力量，团结就是生命。让我们在以江泽民同志为核心的党中央坚强领导下，在邓小平建设有中国特色社会主义理论和党的基本路线指引下，进一步加强全党的团结，加强全国各族人民的团结，加强海内外中华儿女的团结，抓住机遇，开拓进取，以改革开放和两个文明建设的新成就迎接党的十五大召开！

中央统战部部长王兆国在北京会见欢迎庆祝香港回归澳门知名人士赴京代表团

国务院发布《关于中国互联网络域名注册暂行管理办法》

第一章 总 则

第一条 为了保证和促进我国互联网络的健康发展，加强我国互联网络域名系统的管理，制定本办法。在中国境内注册域名，应当依照本办法办理。

第二条 国务院信息化工作领导小组办公室（以下简称国务院信息办）是我国互联网络域名系统的管理机构，负责：

（一）制定中国互联网络域名的设置、分配和管理的政策及办法；

（二）选择、授权或者撤销顶级和二级域名的管理单位；

（三）监督、检查各级域名注册服务情况。

第三条 中国互联网络信息中心（以下简称 CNNIC）工作委员会，协助国务院信息办管理我国互联网络域名系统。

第四条 在国务院信息办的授权和领导下，CNNIC 是 CNNIC 工作委员会的日常办事机构，根据本办法制定《中国互联网络域名注册实施细则》，并负责管理和运行中国顶级域名 CN。

第五条 采用逐级授权的方式确定三级以下（含三级）域名的管理单位。各级域名管理单位负责其下级域名的注册。二级域名管理单位必须定期向 CNNIC

提交三级域名的注册报表。

第六条 域名注册申请人必须是依法登记并且能够独立承担民事责任的组织。

第二章 中国互联网络域名体系结构

第七条 中国在国际互联网络信息中心(InterNIC)正式注册并运行的顶级域名是CN。在顶级域名CN下,采用层次结构设置各级域名。

第八条 中国互联网络的二级域名分为"类别域名"和"行政区域名"两类。

"类别域名"6个,分别为:AC适用于科研机构;COM适用于工、商、金融等企业;EDU适用于教育机构;GOV适用于政府部门;NET适用于互联网络、接入网络的信息中心(NIC)和运行中心(NOC);ORG适用于各种非营利性的组织。

"行政区域名"34个,适用于我国的各省、自治区、直辖市,分别为:BJ——北京市;SH——上海市;TJ——天津市;CQ——重庆市;HE——河北省;SX——山西省;NM——内蒙古自治区;LN——辽宁省;JL——吉林省;HL——黑龙江省;JS——江苏省;ZJ——浙江省;AH——安徽省;FJ——福建省;JX——江西省;SD——山东省;HA——河南省;HB——湖北省;HN——湖南省;GD——广东省;GX——广西壮族自治区;HI——海南省;SC——四川省;GZ——贵州省;YN——云南省;XZ——西藏自治区;SN——陕西省;GS——甘肃省;QH——青海省;NX——宁夏回族自治区;XJ——新疆维吾尔自治区;TW——台湾;HK——香港;MO——澳门。

第九条 二级域名的增设、撤销、更名,由CNNIC工作委员会提出建议,经国务院信息办批准后公布。

第十条 三级域名的命名原则。

(一)三级域名用字母(A—Z,a—z,大小写等价)、数字(0—9)和连接符(—)组成,各级域名之间用实点(.)连接,三级域名长度不得超过20个字符;

(二)如无特殊原因,建议采用申请人的英文名(或者缩写)或者汉语拼音名(或者缩写)作为三级域名,以保持域名的清晰性和简洁性。

第十一条 三级以下(含三级)域名命名的限制原则。

(一)未经国家有关部门的正式批准,不得使用含有"CHINA"、"CHINESE"、"CN"、"NATIONAL"等字样的域名;

(二)不得使用公众知晓的其他国家或者地区名称、外国地名、国际组织名称;

(三)未经各级地方政府批准,不得使用县级以上(含县级)行政区划名称的全称或者缩写;

(四)不得使用行业名称或者商品的通用名称;

(五)不得使用他人已在中国注册过的企业名称或者商标名称;

(六)不得使用对国家、社会或者公共利益有损害的名称。

第三章 域名注册的申请

第十二条 申请人有选择上一级域名的权利。在"类别域名"下申请域名的单位,应当根据其单位的性质在相应的二级域名下申请注册域名。

第十三条 申请域名注册的,必须向上一级域名管理单位提出申请。

第十四条 申请域名注册的,必须满足下列条件:

(一)申请注册的域名符合本办法的各项规定;

(二)其主域名服务器在中国境内运行,并对其域名提供连续服务;

(三)指定该域名的管理联系人和技术联系人各一名,分别负责该级域名服务器的管理和运行工作。

第十五条 申请域名注册的,应当提交下列文件、证件:

(一)域名注册申请表;

(二)本单位介绍信;

(三)承办人身份证复印件;

(四)本单位依法登记文件的复印件。

第十六条 域名注册申请表至少应当包含以下内容:单位名称(包括中文名称、英文和汉语拼音全称及缩写),单位所在地点,单位负责人,域名管理联系人和技术联系人,承办人,通信地址,联系电话,电子邮件地址,主、辅域名服务器的机器名和所在地点,网络地址,机型和操作系统,拟申请的注册域名、理由和用途,以及其他事项。

第十七条 申请人的名称要与印章、有关证明文件一致。

第十八条 可以用电子邮件、传真、邮寄等方式提出注册申请,随后在30日内以其他方式提交第十五条中列出的全部文件,其申请时间以收到第一次注册申请的日期为准。如在30日内未收到第十五条中列出的全部文件,则该次申请自动失效。

第十九条 申请人的责任。

(一)申请人必须遵守我国对互联网络的有关法规;

(二)申请人对自己选择的域名负责;

(三)申请人应当保证其申请文件内容的真实性,并且在申请人了解的范围内,保证其选定的域名的注册不侵害任何第三方的利益;申请人应当保证此域名的注册不是为了任何非法目的;

(四)在申请被批准以后,申请人就成为该注册域名的管理单位,必须遵照本办法对该域名进行管理和运行。

第四章 域名注册的审批

第二十条 按照“先申请先注册”的原则受理域名注册,不受理域名预留。

第二十一条 若申请注册的域名的提交的文件符合本办法的规定,域名管理单位应当在收到第十五条所列文件之日起的10个工作日内,完成批准注册和开通运行,并发放域名注册证。

第二十二条 若申请注册的域名或者提交的文件不符合本办法的规定,域名管理单位应当在收到第十五条所列文件之日起的10个工作日内,通知申请人。申请人应当在30日内对其申请文件进行修改。如果逾期不答复或者提交的文件仍然不符合本办法的规定,则该次申请自动失效。

第二十三条 各级域名管理单位不负责向国家工商行政管理部门及商标管理部门查询用户域名是否与注册商标或者企业名称相冲突,是否侵害了第三者的权益,任何因这类冲突引起的纠纷,由申请人自己负责处理并承担法律责任。当某个三级域名与在我国境内注册的商标或者企业名称相同,并且注册域名不为注册商标或者企业名称持有方拥有时,注册商标或者企业名称持有方若未提出异议,则域名持有方可以继续使用其域名;若注册商标或者企业名称持有方提出异议,在确认其拥有注册商标权或者企业企业名称权之日起,各级域名管理单位为域名持有方保留30日域名服务,30日后域名服务自动停止,其间一切法律责任和经济纠纷与各级域名管理单位无关。

第五章 注册域名的变更和注销

第二十四条 注册域名可以变更或者注销,不许转让或者买卖。

第二十五条 申请变更注册域名或者其他注册事项的,应当提交域名注册申请表和第十五条中所列文件,并且文回原域名注册证。

经域名管理单位核准后,将原域名注册证加注发还,并且在10个工作日内予以开通。

第二十六条 申请注销注册域名的,应当提交域名注册申请表和第十五条中所列文件,并且交回原域名注册证。

经域名注册单位核准后,停止该域名的运行,并且收回域名注册证。

第二十七条 注册域名实行年检制度,由各级域名管理单位负责实施。

第六章 附 则

第二十八条 在中国境内接入中国互联网络,而其注册的顶级域名不是CN的,必须在CNNIC登记备案。

第二十九条 域名注册和办理其他域名事宜的,应当缴纳运行管理费用,具体收费标准另定。

第三十条 本办法由国务院信息办负责解释。

第三十一条 本办法自发布之日起施行。

国务院副总理邹家华在钓鱼台国宾馆会见德国建设和城市规划部部长克劳斯·特普费尔

国务院副总理兼外交部部长钱其琛在香港会见葡萄牙外长伽马

全国政协副主席杨汝岱在北京会见以主席团成员侯赛因·阿穆为团长的孟加拉国执政党人民联盟代表团

外国领导人致函致电祝贺香港回归

又有一些国家领导人近日分别致电致函中共中央总书记、国家主席、中央军委主席江泽民,全国人大常委会委员长乔石,国务院总理李鹏和国务院副总理兼外交部部长钱其琛,热烈祝贺中国对香港恢复行使主权。

巴西总统卡多佐在致江泽民主席的贺电中说:“中国收回自己领土的重要组成部分,结束了历史上痛苦的一章。在这个美好的时刻,我谨代表巴西人民向阁下和伟大的中国人民致以最热烈的祝贺。”

希腊总统斯特凡诺普洛斯在致江泽民主席的贺电中说:“值此中华人民共和国政府于1997年7月1日恢复对香港行使主权之际,我谨向阁下致以最热烈的祝贺。”

贺电说:“中国对香港恢复行使主权是具有历史意义的事件。香港特别行政区的成立将成为中华人民共和国历史上一个新的转折点。我坚信,在香港新领导班子的领导之下,香港作为非常重要的金融和经济中心必将继续保持稳定和繁荣,香港的生活方式将保持不变。”

贺电说:“请阁下接受我个人最良好的祝愿并衷心祝贵国进步、繁荣昌盛。”

尼泊尔国王比兰德拉在致江泽民主席的贺电中说:“值此中华人民共和国恢复对香港行使主权之际,我谨代表尼泊尔王国政府和人民向您并通过您向中国政府和人民表达最诚挚的祝贺,并衷心祝愿您健康幸福、中华人民共和国安定繁荣。我们坚信,在未来岁月中,中尼两国之间的睦邻友好关系必将得到进一步加强。”

南斯拉夫塞尔维亚共和国总统米洛舍维奇在致江泽民主席的贺电中说:“香港回归是中国人民为维护祖

国统一所取得的伟大历史性胜利，不仅对中国及中国人民意义重大，同时也具有重大的国际意义。这一伟大目标的实现得益于中国领导人的远见卓识和耐心执着。”

贺电说：“我坚信‘一国两制’在不远的未来将促成中国的全面统一，使中华人民共和国更加强大。”

向江泽民主席发来贺电（函）的还有阿尔巴尼亚总统贝里沙和柬埔寨代理国家元首谢辛。

日本众议院议长伊藤宗一郎在致乔石委员长的贺电中说：“值此香港回归贵国之际，我谨代表日本国众议院向阁下表示衷心的祝贺。”

贺电说：“我期待着在国际社会中占有重要地位的贵国，今后将一如既往，对世界和平和繁荣作出贡献。”

向乔石委员长发来贺电的还有阿尔巴尼亚人民议会议长阿尔布诺里。

日本内阁总理大臣桥本龙太郎在致李鹏总理的贺电中说：“贵国经过漫长的历史顺利实现了香港回归，我对此表示由衷的祝贺。”

贺电说：“我们殷切期望香港今后在‘一国两制’之下，作为国际经济中心之一，继续保持繁荣与稳定。”

尼泊尔首相昌德在致李鹏总理的贺电中说：“值此1997年7月1日中华人民共和国恢复对香港行使主权的喜庆时刻，我谨向阁下表示衷心的祝贺和良好的祝愿，并通过您祝愿中国政府和人民不断取得进步和繁荣。”

向钱其琛副总理兼外长发来贺电（函）的有阿塞拜疆外长哈桑诺夫、老挝外长宋萨瓦·凌萨瓦和尼泊尔外交大臣塔帕。

中国首例活体肝部分移植在第四军医大学西京医院获得成功

7月1日

中英两国政府香港政权交接仪式在港隆重举行

1997年7月1日零点，中华人民共和国国旗与香港特别行政区区旗在香港升起，经历了百年沧桑的香港回到祖国的怀抱，中国政府开始对香港恢复行使主权。

1997年6月30日午夜至7月1日凌晨，香港会议展览中心新翼灯火辉煌，举世瞩目的中英两国政府香港政权交接仪式在这里的五楼大会堂隆重举行。

历史的时钟指在1997年7月1日零点那一刻，大会堂全场肃立，几千双眼睛向鲜艳的五星红旗和紫荆花区旗行注目礼。这是中华民族长久期盼的一个瞬间，这是永载世界史册的一个瞬间。

零时4分，中华人民共和国主席江泽民在这里庄严宣告：根据中英关于香港问题的联合声明，两国政府如期举行了香港交接仪式，宣告中国对香港恢复行使主权。中华人民共和国香港特别行政区正式成立。经历了百年沧桑的香港回归祖国，标志着香港同胞从此成为祖国这块土地上的真正主人，香港的发展从此进入一个崭新的时代。

这一庄严宣告在大会堂4000多位中外嘉宾中激起经久不息的掌声。这一宣告通过电波传向祖国的长城内外、大江南北、澳门和台湾，传向世界的四面八方。

中英两国政府香港政权交接仪式于6月30日午夜举行。23时42分，交接仪式正式开始。

在中英仪仗队入场后，双方礼号手吹响礼号。23时46分，国家主席江泽民、国务院总理李鹏、国务院副总理兼外交部部长钱其琛、中央军委副主席张万年和香港特别行政区首任行政长官董建华步入会场登上主席台主礼台。英国方面同时入场并登上主席台主礼台的有查尔斯王子、首相布莱尔、外交大臣库克、离任港督彭定康和国防参谋长查尔斯·格思里。

在仪仗队行举枪礼之后，查尔斯王子讲话。他说，这一重要而特殊的仪式标志着香港在150多年英国统治之后，交还给中华人民共和国。他向那些把“一国两制”构想变为《中英联合声明》的人致敬，并对那些为谈判《联合声明》的实施细节而辛勤工作的人们表示敬意。

查尔斯说，香港向世界表明，生机勃勃和稳定可以成为成功社会的明显特征。

他说，香港将从此交还给中国，在“一国两制”的框架下，香港将继续拥有其明显的特征，继续成为世界上许多国家的重要国际伙伴。1984年的《联合声明》对全世界做出庄严承诺，保证香港继续它的生活方式。对英国来说，她将继续坚定不移地支持《联合声明》。

23时56分，中英双方护旗手入场，象征两国政府香港政权交接的降旗、升旗仪式开始。出席仪式的中外来宾全体起立。全场的目光都集中到竖立在主席台主礼台前东西两侧的旗杆上。

23时59分，英国国旗和香港旗在英国国歌乐曲声中缓缓降落。随着“米字旗”的降下，英国在香港一个半世纪的殖民统治宣告结束。

7月1日零点整，激动人心的神圣时刻到来了：中国人民解放军军乐队奏起雄壮的中华人民共和国国歌，中国国旗和香港特区区旗一起徐徐升起。

接着，江泽民主席走到镶嵌着中华人民共和国国徽的讲台前发表讲话。

随后，中英两国领导人走到主席台前，握手合影。凌晨0时12分，香港政权交接仪式结束。

中国政府代表团王汉斌、费孝通、雷洁琼、程思远、吴阶平、罗干、吴学谦、董寅初、安子介、霍英东、马万祺、何鲁丽、姬鹏飞、卓琳等成员出席了交接仪式并在主席台上就座。出席交接仪式的还有观礼团成员。

出席交接仪式的有40多个国家和地区的代表，30个国际和地区组织的负责人以及国际知名政界人士，90多个国家驻香港领事机构的代表和一些国家的民间组织、地区与国际组织驻港办事处的代表。

香港各界人士，澳门、台湾同胞，以及来自30多个国家和地区的华侨、华人也出席了交接仪式。

来自世界各国700多家新闻媒体的8000多名记者采访报道了这历史性的一幕。

国家主席江泽民在中英两国政府举行的香港交接仪式上发表讲话

查尔斯王子，
布莱尔首相，
尊敬的各位嘉宾，
女士们、先生们：

中华人民共和国国旗和中华人民共和国香港特别行政区区旗，已在香港庄严升起。此时此刻，世界各国人民都把目光投向香港。根据中英关于香港问题的联合声明，两国政府如期举行了香港交接仪式，宣告中国对香港恢复行使主权。中华人民共和国香港特别行政区正式成立。这是中华民族的盛事，也是世界和平与正义事业的胜利。

1997年7月1日这一天，将作为值得人们永远纪念的日子载入史册。经历了百年沧桑的香港回归祖国，标志着香港同胞从此成为祖国这块土地上的真正主人，香港的发展从此进入一个崭新的时代。

历史将会记住提出“一国两制”创造性构想的邓小平先生。我们正是按照“一国两制”伟大构想指明的方向，通过外交谈判成功地解决了香港问题，终于实现了香港回归祖国。

值此庄严的时刻，我向中英两国所有为解决香港问题作出贡献的人士，向世界上所有关心和支持香港回归的人们，表示感谢！

值此庄严的时刻，我向回到祖国怀抱的600多万名香港同胞，表示亲切问候和良好祝愿！

香港回归后，中国政府将坚定不移地执行"一国两制"、"港人治港"、高度自治的基本方针，保持香港原有的社会、经济制度和生活方式不变，法律基本不变。

香港回归后，中央人民政府负责管理香港的外交事务和防务。香港特别行政区依据基本法享有行政管理权、立法权、独立的司法权和终审权。香港居民依法享有各项权利和自由。香港特别行政区将循序渐进地发展适合香港实际情况的民主制度。

香港回归后，将继续保持自由港的地位，继续发挥国际金融、贸易、航运中心的作用，继续同各国各地区及有关国际组织发展经济文化关系。所有国家和地区在香港的正当经济利益将受到法律保护。

我希望，世界上一切在香港有投资与贸易利益的国家和地区，继续为促进香港的繁荣稳定作出努力。

香港同胞具有光荣的爱国主义传统。香港今日的繁荣，归根到底是香港同胞创造的，也是同祖国内地的发展和支持分不开的。我相信，有全国人民作坚强后盾，香港特别行政区政府和香港同胞一定能够管理和建设好香港，保持香港长期繁荣稳定，创造香港更加美好的未来。

谢谢各位！

中华人民共和国香港特别行政区政府暨特区政府宣誓就职仪式在香港会议展览中心举行

位于维多利亚海湾之畔的会展中心新翼8400多平方米的七楼三号大厅，洋溢着热烈的喜庆气氛。主席台中央，悬挂着鲜艳的中华人民共和国国旗和香港特别行政区区旗。

江泽民主席、李鹏总理和钱其琛、王汉斌、张万年、费孝通、雷洁琼、程思远、吴阶平、罗干、吴学谦、董寅初、安子介、霍英东、马万祺、何鲁丽、卓琳等中央代表团成员在主席台就座。

国务院副总理、全国人民代表大会香港特别行政区筹备委员会主任委员钱其琛主持仪式。

1时30分，雄壮、激越的中华人民共和国国歌在大厅里响起。随后，江泽民主席宣布：中华人民共和国香港特别行政区政府现在成立。这时，整个大厅响起长时间的雷鸣般掌声。

1时35分，全部由港人组成的香港特别行政区政府开始宣誓就职。

香港特区首任行政长官董建华健步走到主席台前第一个宣誓就职，国务院总理李鹏监誓。面对中华人民共和国国旗和香港特别行政区区旗，董建华举起右手庄严宣誓：本人就任中华人民共和国香港特别行政区行政长官，定当拥护中华人民共和国香港特别行政区基本法，效忠中华人民共和国香港特别行政区，尽忠职守，遵守法律，廉洁奉公，为香港特别行政区服务，对中华人民共和国中央人民政府和香港特别行政区负责。

宣誓毕，李鹏总理和董建华亲切握手。

1时38分，在李鹏总理监誓下，由董建华提名、中央人民政府任命的香港特别行政区第一届政府23名主要官员，走上主席台宣誓就职。政务司司长陈方安生领誓。

接着，香港特区第一届行政会议14名成员，香港特区临时立法会59名议员，香港特区终审法院常设法官、高等法院法官36人，分批走上主席台宣誓就职。行政会议召集人钟士元、临立会主席范徐丽泰、终审法院首席法官李国能分别领誓。在香港特区行政长官董建华的监誓下，他们依次作出庄严承诺：定当拥护中华人民共和国香港特别行政区基本法，效忠中华人民共和国香港特别行政区，尽忠职守，遵守法律，廉洁奉公，为香港特别行政区服务。终审法院常设法官、高等法院法官还宣誓：尽忠职守，奉公守法，公正廉洁，以无惧、无偏、无私、无欺之精神，维护法制，主持正义，为香港特别行政区服务。

随后，李鹏总理发表了讲话。

香港特别行政区第一任行政长官董建华接着讲话。

仪式结束后，江泽民、李鹏等国家领导人会见了香港特区政府官员，并和他们合影留念。

以陈滋英为团长的观礼团成员，出席了今天的仪式。

应邀出席今天仪式的还有来自40多个国家和地区的代表，30多个国际和地区组织的负责人，以及各国知名政界人士。

香港各界人士，澳门和台湾同胞，以及来自30多个国家的华侨、华人，同聚一堂，目睹了这一中华民族的盛事。

出席今天仪式的还有各国驻香港领事机构的代表和一些国家的民间组织、地区与国际组织驻港办事处的代表。

国务院总理李鹏在香港特别行政区成立暨特别行政区政府宣誓就职仪式上发表讲话

各位嘉宾，女士们、先生们：

在这庄严的时刻,我代表中华人民共和国中央人民政府,对香港特别行政区政府的成立,表示热烈的祝贺!

借此机会,我向今天出席仪式的各位嘉宾表示深切的谢意!向香港特别行政区筹备委员会委员,向香港特别行政区第一届政府推选委员会委员,向一切关心和支持香港回归的人们,表示衷心的感谢!

从今天起,《中华人民共和国香港特别行政区基本法》开始实施。香港特别行政区第一任行政长官、特别行政区政府主要官员、行政会议成员、临时立法会议员、终审法院和高等法院法官,已经宣誓就职。历史赋予你们重任,香港人民对你们寄予厚望。希望你们本着爱国爱港的精神,认真贯彻执行基本法,恪尽职守,不负众望。中央人民政府将全力支持行政长官董建华先生和特别行政区政府的工作。我相信,在祖国大家庭中,香港同胞一定会以自己的勤劳和智慧,为保持香港长期繁荣稳定作出积极的贡献。

香港回归祖国,香港特别行政区政府成立,标志着邓小平先生"一国两制"伟大构想在解决香港问题上获得了成功,标志着中国人民为实现祖国完全统一而进行的努力取得重大的成果,也是对世界和平与进步事业的重要贡献。香港历史从此进入了一个新纪元。香港的未来一定会更加美好。

谢谢各位。

香港特别行政区第一任行政长官董建华在香港特别行政区成立暨特区政府宣誓就职仪式上发表讲话

江泽民主席

李鹏总理

同胞们

朋友们:

这是一个崇高而庄严的时刻:1997 年 7 月 1 日。香港,经历了 156 年的漫漫长路,终于重新跨进祖国温暖的家门。我们在这里用自己的语言向全世界宣告:香港进入历史的新纪元。

中华民族近代历史的荣辱兴衰,值得我们铭记:一个国家和民族最可贵的是,能够掌握自己的命运。一个半世纪以来,中国有无数的仁人志士,为了国家富强,为了疆土完整,前仆后继,奋发图强。正是由于他们作出了巨大牺牲和努力,国家出现了百年未曾有过的繁荣和良好机遇,国际上确立了我们的尊严,香港得以顺利回归。

今天,我们幸运地站立在先贤梦寐以求的理想高地。身为中华民族一分子,一个生活在香港的中国人,我谨代表所有香港同胞,向所有为此作出贡献的中华儿女,献上深深的敬意和感激。

中国对香港恢复行使主权,实行"一个国家、两种制度",是超凡政治智慧的创举。香港在世界各国的目光注视下,接受了一项开创历史先河的殊荣。我们深信不疑,一定能够克服历史新事业带来的一切挑战,香港的将来会更加美好。我们的信念如此坚定,不仅是因为这个构想出自一位爱国者和政治家的睿智和远见;不仅是因为这是一个伟大国家的庄严承诺;也不仅是由于香港同胞秉承了中华民族的智慧、勤劳和特有的适应能力。最重要的是:"一国两制"的事业,完全掌握在我们中国人自己手里。

国家以严肃的法律形式,授予了香港举世无双的高度自治权。我们非常珍惜这权力,我们会负责任地运用这权力。香港新时代的巨轮,此刻在祖国尊重香港人、相信香港人、爱护香港人的旭日辉映下,满怀信心,升锚启航,向着振兴中华,祖国统一的宏伟目标乘风奋进。

香港人在历史上第一次以明确的身份主宰自己的命运。香港特别行政区政府将竭尽全力,保持香港一贯的生活方式,维持香港的自由经济体系,坚守法治精神,发展民主,建立富于爱心的社会,确保国际大都会的活力。

本人受国家和人民重托,出任中华人民共和国香港特别行政区首任行政长官。在这个历史时刻,我感到无上光荣,更感到责任重大。我亲身体会过创业成功的艰辛和欢愉;我清楚地知道香港人的需要和期望。同时,我更深信同心协力的重要。我将以忠诚的心志,坚决执行法律赋予香港高度自治的神圣责任,带领 650 万名富于创业精神的香港市民,坚定地按照"一个国家、两种制度"的路向前进。

我坚信,香港回归祖国,实行"一国两制",前途必定更加辉煌。

外交部驻香港特派员公署举行升旗仪式

作为中国政府在香港恢复行使主权的重要标志,零时零分,五星红旗升起在中华人民共和国外交部驻香港特别行政区特派员公署的办公大楼前。从这一历史性的时刻起,英国殖民统治者 150 多年来把持香港对外交往事务的历史,将永不复返。

从 6 月 30 日深夜开始,坐落在香港太平山麓的外交部驻港公署大楼内外,沉浸在庄严、肃穆的气氛中。这座高 20 层、建筑面积达 2.5 万多平方米的现代化办公大楼的外面,通体亮丽的巨大玻璃幕墙在千百盏华灯的照耀下,放射出耀眼的光芒。6 月 30 日 23 时 50 分,在外交部驻香港特别行政区特派员公署副特派员刘鸿晓的率领下,公署工作人员和外交部派驻香港机构的工作人员整队肃立在公署办公大楼前。零时零分，在雄壮的国歌声中，中华儿女用鲜血染红的五星红旗，带着祖国的荣耀、带着民族的希望，缓缓地沿着笔直的旗杆上升。随着报时的钟声响起，一个屈辱的旧时代结束了，一个新纪元诞生了，人民共和国的旗帜开始在我们固有的土地上飘扬、舒展。

中华人民共和国国旗在香港添马舰威尔士军营等14处军营升起

6月30日晚11时59分55秒，最后一名英方士兵步出军营。

7月1日零时零分零秒，在雄壮的中华人民共和国国歌声中，在香港会展中心新翼升起五星红旗的同一时刻，在添马舰威尔士亲王军营等14处军营也都升起五星红旗，这标志中国人民解放军已经顺利接管香港防务。

中国人民解放军驻港主力部队抵达各自营区担负香港防务

中国人民解放军驻港主力部队7月1日晨6时开始，冒着大雨分别自陆路、空中、海面向香港开进。7时24分，由新型导弹护卫舰、巡逻艇、交通艇等10艘艇船组成的驻港部队舰艇编队，在大雨中破浪前进，驶入维多利亚海湾，停靠在昂船洲海军基地码头，停泊在这里的许多船只鸣笛致敬。7时45分，驻香港部队三军指挥部到达位于维多利亚海湾南岸的添马舰军营。这里原是驻港英军三军司令部所在地，现在成为驻港部队三军指挥部所在地。8时35分，驻港部队空军航空兵团团长李国喜上校轻压操纵杆，将国产“直九”直升机平稳降落在石岗机场。随后迷彩色的5架直升机依次降落。至8时38分，各路部队安全顺利地抵达各自营区，担负起香港防务的任务。

《人民日报》发表社论《中华民族的百年盛事——热烈庆祝香港回归祖国》

1997年7月1日零点，全世界都在谛听从东方响起的庄严钟声。它响彻环宇，向五洲四海郑重宣告：中华人民共和国政府恢复对香港行使主权的时刻到来了！中华民族洗雪百年耻辱、扬眉吐气的时刻到来了！

以中英两国政府完成交接仪式，香港特别行政区宣布成立为标志，圆了中华民族期盼了一个多世纪的香港回归梦，实现了几代人的夙愿。这一天，举世瞩目，永载史册。

香港回归，百年盛事，普天同庆，举国欢腾。在960万平方公里国土上，热血沸腾的中国人民，以千歌万曲、千言万语表达着自己欢乐、自豪、振奋的感情。

在欢庆香港回归的时候，我们决不能忘记，为了这一天，中国人民走过的不平凡的道路：

为了这一天，无数中华民族的英雄儿女御外侮、争主权，前赴后继，同殖民统治进行不屈不挠的斗争，充分显示了维护民族尊严和国家主权不可动摇的信念，表现出崇高的爱国主义情怀。但是，由于当时的祖国积弱积贫，由于当时的政府腐败无能，斗争是壮烈的，结局是悲哀的。一代又一代仁人志士壮志难酬。

为了这一天，新中国成立后，我国政府多次庄严申明，香港自古以来是中国领土不可分割的一部分，不承认英帝国主义强加给中国的三个不平等条约；对于这一历史遗留问题，将在条件成熟的时候通过和平谈判解决；未解决之前维持现状。新中国第一代领导人毛泽东、周恩来等，十分关心香港的前途，关怀香港同胞。在新中国成立前后，毛泽东同志先后提出了“暂不收回香港”、“长期打算、充分利用”和“一九九七年平稳交接”等一系列解决香港问题的战略决策，为保持和促进香港的繁荣稳定，为香港回归祖国奠定了坚实的基础。党的十一届三中全会以后，我国进入改革开放和社会主义现代化建设新的历史时期，社会生产力蓬勃发展，综合国力显著增强，国际地位日益提高。中国作为一个最具发展活力的国家，巍然屹立在世界的东方，为香港的顺利回归创造了决定性条件。

为了这一天，中国政府以统一祖国的大局为重，以保持香港繁荣稳定的大局为重，按照“一国两制”的构想，为解决香港、澳门、台湾问题，最终实现祖国的完全统一，提供了一条现实可行的途径。实践表明，“一国两制”、“港人治港”、高度自治的基本方针，符合香港的利益，符合全民族的根本利益，得到了广大香港同胞和全国各族人民的拥护，也得到了国际社会的赞同。这是一个高瞻远瞩的伟大创造，是人类文明进步史上的一个创举。

在欢庆香港回归的时候，我们深切怀念敬爱的邓小平同志。他作为一个伟大的革命者、爱国者和中国改革开放的总设计师，毕生以祖国的解放、振兴、统一为己任。他作为第二代中央领导集体的核心，以罕见的政治勇气、恢宏气度、高超智慧，创造性地提出了“一国两制”的伟大构想，为香港顺利回归祖国起到了巨大作用。“一国两制”构想将作为他对中华民族的伟大贡献而功垂青史、光照中华。

在欢庆香港回归的时候，我们更加深刻地体会到，没有中国共产党的领导，没有祖国的日益强盛，没有改革开放的伟大成就，没有新中国三代领导人的不懈努力，特别是没有邓小平建设有中国特色社会主义理论的指引，就不可能有今天的香港回归。这就是100多年历史写下的庄重结论。

香港回归，是落实“一国两制”方针的第一步。更重要的，是确保香港长期繁荣和稳定。《中华人民共和国香港特别行政区基本法》是根据“一国两制”的构想而制定的一部全国性法律，是今后香港特别行政区一切运作的法制基础，更是香港长期繁荣稳定的根本保证。香港回归祖国以后，《基本法》即开始实施，从中央到地方，广大干部和群众都要认真学习、严格遵守《基本法》。香港特区政府和广大港人也会认真贯彻、执行《基本法》，以主人翁的责任感，肩负起“港人治港”的重任，把香港管理好、建设好。

现在，在党的基本理论和基本路线指引下，在以江泽民同志为核心的党中央的坚强领导下，我们国家政治稳定，经济发展，民族团结，社会进步。世界将看到，中国的明天会更好，具有5000年文明史的中华民族在新世纪的征途上，将向着现代化的宏伟目标昂首阔步前进，中国的完全统一、中华民族的全面振兴，将成为辉煌灿烂的现实。

中华人民共和国香港特别行政区成立庆典在香港会议展览中心新翼举行

国家主席江泽民代表中央人民政府和全国各族人民，对香港特别行政区成立表示热烈祝贺，向回到祖国大家庭的600多万香港同胞表示亲切的问候，向为香港回归作出贡献的港澳台同胞、海外侨胞和一切拥护祖国统一的爱国人士表示感谢，向所有关心和支持香港回归的国际朋友表示谢意。

钱其琛、王汉斌、张万年、费孝通、雷洁琼、程思远、吴阶平、罗干、吴学谦、董寅初、安子介、霍英东、马万祺、何鲁丽、姬鹏飞、卓琳等中央代表团全体成员，来自内地的观礼团全体成员，香港各界人士，澳门和台湾同胞，海外华侨、华人等4000多人，欢聚一堂，共同庆祝中华人民共和国香港特别行政区成立。

庆典在庄严的国歌声中开始。国家主席江泽民发表讲话。

接着，香港特别行政区行政长官董建华也讲了话。

在随后举行的土地基金移交仪式上，国务院副总理钱其琛代表中央人民政府向特区行政长官董建华移交了土地基金的有关文件。

为庆祝香港特别行政区的成立，中央人民政府和31个省、直辖市、自治区向香港特区赠送各具特色的礼品。10时47分，主席台两侧的彩色大屏幕上同时播放介绍礼品录像。当大型雕塑《永远盛开的紫荆花》在屏幕上出现时，全场又一次响起了热烈的掌声。

10时57分，文艺会演开始。交响乐1997《天地人》、香江组曲《回归颂》等精彩节目，把人们的思绪带到了远古、近代和未来。作曲及指挥谭盾、大提琴独奏马友友、特别献唱张学友等和亚洲青年管弦乐团、叶氏儿童合唱团、中华编钟乐团登台献艺，向世人展示了香港土生土长的音乐和歌唱演员的骄人成就。

演出结束后，江泽民主席在董建华的陪同下登上舞台，与演出人员一一握手，向全体嘉宾挥手致意。这时，少年儿童向观众展示江泽民主席亲笔题写的“香港明天更好”6个大字横幅，全场报以热烈的掌声。

国家主席江泽民在中华人民共和国香港特别行政区成立庆典上发表讲话

女士们、先生们、同胞们：

今天，中英两国政府举行了香港交接仪式，庄严宣告中国政府恢复对香港行使主权。中华人民共和国香港特别行政区正式成立。这是对香港、对全国以至对世界都具有重要意义和深远影响的重大事件。今天是香港同胞的盛大节日，也是全体中国人民和中华民族的盛大节日。

在这个庄严的历史时刻，我代表中央人民政府和全国各族人民，对香港回归祖国和香港特别行政区成立，表示热烈的祝贺！向回到祖国大家庭的600多万名香港同胞，表示亲切的问候！向为香港回归作出贡献的港澳台同胞、海外侨胞和一切拥护祖国统一的爱国人士，表示感谢！向所有关心和支持香港回归的国际朋友，表示谢意！我还要代表中国政府，向出席这次庆典的各国嘉宾和朋友们，表示欢迎！

香港回归祖国，是彪炳中华民族史册的千秋功业。香港同胞从此成为香港的真正主人，香港历史从此揭开了崭新的篇章。

自古以来，我们的先人就在香港这块土地上劳动、生活和繁衍。从秦代到清代道光年间，中国一直对香港实行管辖，行使主权。19世纪中叶，英国两次发动鸦片战争，迫使腐败无能的清政府签订《南京条约》和《北京条约》，1898年又迫使清政府签订《展拓香港界址专条》，从而侵占了整个香港地区。香港虽然被长期同祖国割离开来，但祖国人民与香港同胞血肉相连的民族之情始终没有被割断，祖国人民与香港同胞同甘苦共命运的民族之义始终没有被割断。中国人民从来不承认一切不平等条约，从来没有忘记香港被侵占的这一国耻，也从来没有停止为维护国家主权和争取自身解放而进行的不屈不挠的斗争。

斗转星移，沧桑巨变。天安门广场升起的第一面五星红旗，宣告中国实现了民族独立和人民解放，走上了社会主义的发展道路。改革开放又带来了中华民族振兴的崭新局面，大大提高了中国的国际地位。正是在这样的历史条件和时代背景下，香港终于回到了祖国怀抱。

在举国上下欢庆香港回归的日子里，我们以崇敬的心情深切怀念不久前辞世的邓小平先生。他以伟大政治家的非凡智慧提出“一个国家、两种制度”的创造性构想，为我们通过外交谈判解决香港问题和保持香港长期繁荣稳定，指明了正确的方向。

在我国政府对香港恢复行使主权后，在国家主体坚持实行社会主义制度的条件下，香港继续实行资本主义制度，保持原有的社会、经济制度不变，生活方式不变，法律基本不变。

香港作为中华人民共和国的特别行政区，享有基本法赋予的高度自治权，包括行政管理权、立法权、独立的司法权和终审权。中央人民政府依法管理香港特别行政区的外交事务和防务。我们对今天宣誓就职的香港特别行政区行政长官董建华先生表示诚挚的祝贺，我们对他领导的特别行政区政府充分信任和完全支持。香港特别行政区基本法，不仅香港要遵守，中央各部门和各省、自治区、直辖市也都要遵守。中央各部门和任何地方，都不会也不允许干预香港特别行政区依据基本法规定自行管理的事务。

香港回归祖国后，原有的法律绝大多数予以保留，香港居民依法享有各项权利和自由，在法律面前人人平等。《公民权利和政治权利国际公约》、《经济、社会与文化权利的国际公约》和国际劳工公约适用于香港的有关规定继续有效，通过香港特别行政区法律予以实施。逐步完善适合香港实际情况的民主制度，是香港社会政治稳定的重要保障。香港将根据基本法的规定循序渐进地发展民主，最终达到特别行政区行政长官和立法会由普选产生的目标。

香港回归祖国后，将继续保持其自由港地位和国际金融、贸易、航运中心的地位，继续同世界各国各地区以及有关国际组织保持和发展经济文化关系，使这个国际经济大都市始终具有生机勃勃的发展活力。香港特别行政区依法保护私有财产权，依法自行制定经济、贸易、金融货币、教育、科技、文化和体育政策，保持财政独立，实行独立的税收制度，作为单独的关税地区。世界各国各地区在香港的经贸活动和投资利益都将受到法律保护。

这些方针政策，是中央人民政府为了维护香港同胞的切身利益和中华民族的根本利益而深思熟虑地提出来的。坚持这些方针政策，于香港有益，于全国有益，于世界有益，因而是没有任何理由去改变的。我在这里重申，“一国两制”、“港人治港”、高度自治，50年不变，这是一项长期的基本方针。

香港今日的成就，归根到底是香港同胞创造出来的。香港同胞的开拓进取和艰苦创业精神深受世人钦佩。香港同胞一定会进一步发扬这种可贵的精神，创造香港的美好未来。邓小平先生说得好：“香港人是能治理好香港的，要有这个自信心。”

香港今日的成就，是与祖国的发展和内地人民的支持分不开的。新中国成立后，中国政府一贯支持香港的社会稳定和经济发展。内地实行改革开放以来，香港从祖国得到更为强劲的支持和依托。香港作为我国同世界各国进行经济、科技、文化交流的重要桥梁而获得巨大的利益。今后随着祖国现代化建设的不断推进，香港与内地的经济联系将更为密切，其桥梁作用将更为增强，从而为香港经济增长提供新的更大的动力。

香港今日的成就，也还有其他多种因素的作用。优越的地理位置，全面开放的自由港政策，比较完备的法制，素质较高的公务员队伍，有效的经济管理和市政管理，这些都为香港的经济发展提供了有利的条件。香港回归后，这些条件将会继续发挥积极作用。

香港同胞有着光荣的爱国主义传统。无论是在争取民族解放的斗争中，还是在实现祖国现代化的进程中，香港同胞都作出了重要贡献。香港同胞一定会进一步激发爱国爱港的热忱，把保持香港的长期繁荣稳定，维护国家和民族的根本利益当作自己的最大光荣。

在香港生活着许多外国人，有些已经以香港为家，香港今后仍将是他们安居乐业的家园。未来的香港，无分种族，无分肤色，人人都有平等竞争的机会，人人都享有法律保障的各种权利与自由。

中英两国政府通过谈判解决了香港问题，为国际社会提供了一个和平解决国家之间的历史遗留问题的范例。在这里，我要向所有为香港平稳过渡作出贡献的英国朝野人士表示感谢。我们相信，香港问题的成功解决，将使中英两国人民之间的友谊进一步得到发展。

改革开放和现代化建设的伟大实践，使我们国家的经济和社会生活发生巨大变化。这一切成就的取得，最根本的是由于我们成功地走上了建设有中国特色社会主义的道路。我们将坚定不移地坚持以经济建设为中心，继续深化改革，扩大对外开放，推进社会全面进步。我们将坚定不移地按照“一国两制”方针继续推进祖国的和平统一，确保澳门顺利回归，并最终解决台湾问题。我们将坚定不移地坚持独立自主的和平外交政策，同各国人民一道，为维护世界和平，促进共同发展，为推动建立一个和平稳定、公正合理的国际新秩序而积极贡献力量。

21世纪的到来已经进入倒计时的进程。我们国家的发展正处在重要的历史时期。包括香港同胞、澳门同胞、台湾同胞和海外侨胞在内的全体中国人民团结起来，一切拥护祖国统一、关心祖国建设的爱国人士团结起来，齐心协力，只争朝夕，紧跟时代前进的步伐，为实现祖国的完全统一和中华民族的全面振兴而共同奋斗！

谢谢各位。

香港特别行政区行政长官董建华在中华人民共和国香港特别行政区成立庆典上发表题为《追求卓越 共享繁荣》的演讲

江泽民主席

各位国家领导人

各国嘉宾

香港全体市民和

朋友们：

今天，是一个全中国普天同庆的日子，是全球华人举杯同贺的日子。1997 年 7 月 1 日，中华人民共和国香港特别行政区正式成立。在刚刚过去的午夜凌晨，中英两国政府举行了香港政权交接仪式；中央人民政府主持了中华人民共和国香港特别行政区成立和宣誓仪式。在和平和秩序中，香港走过了历史上的一个里程碑，迈进了一个新纪元。

在香港举步迈向这新纪元的时候，我们怀着无限敬意，追念尊敬的邓小平先生。80 年代初，经济增长迅速，香港人生活满足之余，却焦虑不安地关注着与自己息息相关的香港前途。邓小平先生从国家和民族根本利益出发，以驾驭时代的宏大气魄，创造性地提出了“一个国家、两种制度”的构想，圆满解决了香港前途问题。

同时，我们衷心感谢以江泽民主席为核心的国家领导层。在过去十几年变化多端的过渡时期，为了香港的顺利回归，为了给香港的未来发展创造更好条件，国家为我们作了大量艰巨的工作，使香港成功地实现平稳过渡，这是一个举世瞩目的成就。

现在，我们要在香港过去成功的基础上，在香港特别行政区基本法的指引下，开创香港的将来。基本法是香港宪制性的法律文件，把国家授予香港的各项高度自治权，以法律形式郑重规定下来。它清楚确定了香港实行不同于内地的社会制度、经济制度和政治体制；保障了香港居民习惯的生活方式和权利，也界定了香港居民的义务。

香港是当今世界上最自由和最具活力的经济体系，因为我们一直实行自由企业和自由贸易，坚持稳健理财政策和低税制，讲求法治精神，强调行政主导和高效率的公务员体系。所有这些成功要素，在基本法内都一一得到了保障。

国家领导人多次重申：国家的现代化建设需要香港的繁荣稳定；在香港实行“一国两制”、“港人治港”和高度自治是最终完成祖国统一大业的开端。

各位香港市民，这就是我们的使命。任重道远。国家已经将高度自治的权力交给了我们，也在全力地支持我们。现在是发挥我们的聪明才智，为更加美好的将来而努力的时候了。

我和所有香港市民一样，不是香港的一个匆匆过客。我们的家庭，我们的事业，我们的希望都在香港。我们对香港，有一份深厚的感情，持久的责任。我知道大家共同关心的是什么，大家迫切希望解决的又是什么？我相信，大家正期待我先从你们最关心的经济问题、教育问题，以及房屋和老年人福利等民生问题，讲述香港的未来发展。

毫无疑问，经过将近 30 年的发展，香港已取得了足以自豪的成就。但是，我们必须居安思危。我们正面对强劲的竞争对手，以及高通胀对香港竞争力的威胁，因此必须保持警觉，不能有丝毫松懈；此外，市民迫切的房屋需求，经济转型带来的就业困难，以及人口增长与老化引发的社会问题，也必须慎重处理，认真对付。香港繁华之下的隐忧，考验着我们前进的决心和勇气。

提高香港经济活力，推动经济持续增长，是我们的首要任务。只有不断创造财富，我们才能继续改善香港人的生活，继续为国家作出贡献。特区政府有责任创造良好的商业环境，规划和培养人力资源，并一如既往奉行自由市场和公平竞争的原则，不干预市场的正常运作。我们将致力提高香港作为国际财经金融中心的地位；充分发挥香港作为国际大都会的作用；促进服务业的增长，推动高增值制造业和高科技工业。世界正进入资讯新时代，我们必须采取积极措施，鼓励资讯工业和基建的投资，培养这方面的人才。只有这样，香港才能生机勃勃，走在时代的前端。

教育主宰着香港的未来；为市民提供平等参与社会竞争的机会，为香港的经济发展培育人才。香港的教育制度必须立足香港、贡献祖国、面向世界；兼收中西文化所长，保持多元化特色。为此，我们将制订全面的计划，投入充分资源，以达致提高教育质素的目标。

我们政策的重点是建设优良的基础教育，因此，需要培养优秀及有使命感的校长和教师，提高教师的专业资格。在可见的将来，中、小学新入职教师应全部具有大学学位和师资训练，以及尽快实现所有小学全日制及取消中学浮动班；提高中英语言教学水平；制定有关教育的资讯科技政策；改善考试制度和学校管理；促使办学模式多元化。我们鼓励大专院校发展杰出学科；进一步检讨学制，研究各阶段的衔接和修读年期，以确保教育制度切合香港长远的需要。

我们要培养青年人对家庭、社会、国家和世界的责任感；使他们具备坚强意志、奋斗精神和应变能力，并在德、智、体、群、美各方面获得充分发展。要成功培育下一代，学校、家庭和社会必须紧密合作，共同承担责任。

安居乐业是全港市民的共同愿望，对于维系香港市民的归属感和社会稳定至关重要，与保持香港的经济活力亦息息相关。房屋问题的症结，是供不应求，引致楼价飙升，令投机炒卖者有机可乘。

事实上，香港有足够的土地应付房屋需求。只要我们拿出坚定的决心，必定可以彻底解决香港的房屋问题。我们将拟订十年房屋发展计划，包括加速移山填海，开发土地；大规模发展集体运输系统与基建设施；全面检讨与房屋发展有关部门的组织架构和工作程序，提高工作效率。我们将大量兴建居屋，积极落实出售公屋的计划并照顾夹心阶层的需要；我们以每年不少于85000个单位，为增加整体房屋供应目标，使到十年后，全港70%的家庭可以拥有自置居所。我们也要加速旧区重建，清拆所有临屋和平房区，安置笼屋居民；致力把轮候公屋的时间缩短至平均三年。

近期炽热的楼宇炒卖活动，已经对香港经济和民生造成严重的负面影响。我们会针对炒卖活动，准备多项相应措施，密切注视物业市场的情况，在必要时采取果断行动。

我们的长者，为香港的成就写下了光辉的一页。他们理所当然要受到社会的尊重和爱护。特区政府将以"老有所养、老有所属、老有所为"为目标，制定全面的安老服务政策，照顾老年人各方面的需要。我们将成立"安老事务委员会"，广泛吸纳社会各界人士参与，制定安老政策和统筹有关服务。

我们将加速推行强制性公积金计划，要深入检讨社会保障综合援助金计划，为有需要的长者，提供协助及改善生活，令我们的长者"老有所养"。为做到"老有所属"，我们将通过公屋编配政策鼓励家人与长者共住，为护老人士提供支援，并会增加长者住屋和院舍服务。同时，要改善基层健康服务，加强对长期病患者的照顾。此外，我们将提供有助发展身心健康的活动，推动长者义务工作计划，使到长者感到"老有所为"，能够继续在社会上发挥作用。

香港回归祖国，是香港发展的一个契机。要使到"一国两制"的事业成功实现，我们需要正确认识国家，发展香港与内地的关系；建立我们的价值观；维护法治制度；保障自由的空间；推动民主进步；和确立长远的奋斗目标。

香港与祖国一脉相连，唇齿相依。由于香港在相当长的一段时间和祖国分离，香港同胞往往对国家缺乏了解。在"一国两制"的新环境下，我们将会有许多机会和充分条件，去认识国家，认识民族；去热爱国家，热爱民族。只有这样，我们才能够重新接上中华民族的根，"一国两制"的事业才能成功。所以，我们要在政治上互信、经济上互利、文化上互通、生活方式互相尊重等基础上，全面加强香港与内地的沟通和关系，努力开创一个融洽相处，共同发展的局面。

任何社会都需要有自己的价值观，这样整个社会才有凝聚力，才会有共同目标。香港居民大多数是中国人，也有不少非中国籍居民。长时期以来，中西方文化在香港相互辉映，相互交融。我们会继续鼓励香港文化多元化发展，但亦需要加强对中国优秀传统价值观的尊重和认同，包括孝顺父母、重视家庭、谦逊厚道、自强不息。我们重视多元，但避免对立；我们崇尚自由，但讲求法治；我们尊重少数人的意见，但处处应以大局为重；我们维护个人权利，但更要承担社会责任。我希望这些理念可以成为香港团结的基石。

维持和发展香港的法律制度和法治精神，对香港十分重要。我们将保持行政、立法和司法机关独立运作；大力推动肃贪倡廉；为香港市民及投资者提供良好的环境，确保在法律面前人人平等。

我们会致力维护香港市民现有的自由和生活方式，确保市民依法充分享受言论、集会、结社、新闻和《公民权利和政治权利国际公约》所保障的种种自由。

民主，是香港新时代的重要标志。特区政府将坚定地按照基本法的规定发展民主，使到香港各个阶层，包括所有不同意见的合法政治团体，都有机会参与。特区政府一定以开放的态度，听取社会上各种不同的意见，并向公众问责。

香港有一支优秀及廉洁的公务员队伍，他们在"港人治港"中担任着重要角色。我将和他们携手合作，为广大市民提供最佳的服务。

在历史上，我们第一次有机会自己管理香港，自己创造香港的未来。在"一国两制"之下，我们将以坚定的信念，踏实的步伐，和旺盛的斗志，朝着高远的理想前进。我们的香港将会是：

一个为其祖国和文化根源感到自豪的社会；

一个安定、公平、自由、民主、有爱心、方向明确的社会；

一个富足和生活质素优良的社会；

一个廉洁、机会均等、公平竞争的法治地区；

一个中外交流的窗口；

一个蜚声国际，举足轻重的金融、贸易、运输、资讯中心；

一个国际性的文化、科研和教育中心。

各位嘉宾，各位市民：

再过两年多的时间，中国就将庆祝共和国50周岁的诞辰；而人类将喜迎一个新世纪的千岁新年。我深信不疑，香港将在那个双喜临门的时刻，用更加美好的生活，向祖国献礼；带着更加辉煌的成就，跨进新世纪。

祝愿祖国繁荣昌盛！

祝愿香港迈向成功！

1997年7月1日

中央人民政府和31个省自治区直辖市人民政府向香港特别行政区赠送礼品仪式中午在会展中心举行

中央人民政府赠送给香港特别行政区的珍贵礼物——大型雕塑《永远盛开的紫荆花》，当天矗立在香港会展中心海畔。这一贺礼是由国务院副总理钱其琛代表中央人民政府转交给今天刚成立的特区政府的。

在香港警察乐队演奏的雄壮音乐声中，钱其琛将"中华人民共和国中央人民政府赠香港特别行政区政府礼品证书"交给特区行政长官董建华，两人的双手紧紧地握在一起。董建华将一本印有国徽的红色证书向全场作了展示。

巨雕《永远盛开的紫荆花》重70吨，长、宽、高均为6米，它以青铜铸造，表面贴着金箔，并用暖红色的花岗岩基座承托。基座圆柱方底，寓意九州方圆，环衬的长城图案象征祖国永远拥抱着香港。整座雕塑昭示着香港永远繁荣昌盛。

刚参加完香港特别行政区成立庆典活动的中央代表团成员董寅初、安子介、霍英东、马万祺等，与香港特别行政区政府官员共100余人出席了礼品赠送仪式。

31个省、自治区、直辖市人民政府赠送的贺礼是：

北京：景泰蓝瓶《普天同庆》一对。

天津：栽绒壁毯《天津黄崖关》一幅。

河北：花丝镶嵌、水晶内画《九州同庆》一座。

山西：核桃木雕《应县木塔》一座。

内蒙古：石雕《骏马奔腾向未来》一座。

辽宁：雕塑《国风》一尊。

吉林：松花砚《松花紫荆情系根》一方。

黑龙江：福桃花瓶《紫荆归春》一尊。

上海：玉雕《浦江庆归》一座。

江苏：苏绣《归程》一幅。

浙江：木雕屏风《航归》一座。

安徽：铁画《霞蔚千秋》一幅。

福建：漆画屏风《闽港情》一座。

江西：瓷板画《紫归牡怀图》一幅。

山东：泰宝石金银镶嵌红木屏风《巍巍泰山喜迎港归》一座。

河南：钧瓷瓶《豫象送宝》一对。

湖北：雕塑《黄鹤归来》一座。

湖南：湘绣屏风《洞庭春色》一座。

广东：玉雕《一帆风顺》一座。

广西：红木雕刻《同心桥》一座。

海南：大型贝雕《天涯共此时》一座。

四川：红木镂空雕刻艺术屏风《蜀港同庆》一座。

重庆：雕塑《吉祥彩练》一座。

贵州：彩色蜡染木雕座屏《苗岭欢歌庆港归》一座。

云南：斑铜花雀瓶《吉祥》一尊。

西藏：纯羊毛挂毯《山高水长》一幅。

陕西：铸铜雕塑《三秦庆回归》一尊。

甘肃：洮砚《九九归一》一方。

青海：挂毯《青海潮涌庆回归》一幅。

宁夏：贺兰石雕《牧归》一座。

新疆：手工毛织壁毯《天山欢歌》一幅。

国家主席江泽民等党和国家领导人会见香港特别行政区政府官员

香港特别行政区成立暨特区政府宣誓就职仪式结束后，中共中央总书记、国家主席、中央军委主席江泽民，中共中央政治局常委、国务院总理李鹏在香港会展中心新翼7楼会见了香港特区政府官员，并和大家合影留念。

接受会见的官员包括：香港特别行政区行政长官董建华、政务司司长陈方安生等23名特区首届政府主要官员；以钟士元为召集人的特区行政会议14名成员；以范徐丽泰为主席的60名临时立法会议员；以及终审法院首席大法官李国能为首的终审会议常设法官、高等法院的36名大法官等。

国家主席江泽民国务院总理李鹏在会展中心会见各国政要

香港政权交接仪式结束后，国家主席、中央军委主席江泽民，国务院总理李鹏于凌晨0时45分，在香港会展中心新翼7楼贵宾室会见了前来出席香港政权交接仪式等香港回归活动的贵宾。

这些贵宾包括：40多个国家的政府代表团团长、30多个国际和地区性组织的代表，以及20多位国际非官方嘉宾和政界知名人士，他们当中有：哥伦比亚总统、不结盟运动主席桑佩尔，秘鲁部长会议主席阿尔弗托·潘多尔菲·阿武卢，法国参议院议长莫诺里，联合国秘书长安南，德国副总理兼外长金克尔，新西兰副总理兼财政部部长彼德斯，还有墨西哥前总统埃切维里亚，坦桑尼亚前总统尼雷尔，葡萄牙前总理席尔瓦，日本前首相海部俊树、羽田孜、村山富市等。

国务院在人民大会堂隆重举行庆祝香港回归招待会

党和国家领导人同全国56个民族的代表及首都各界人士等共4000多人出席。

在欢快的乐曲声中，党和国家领导人李鹏、乔石、李瑞环、朱镕基、刘华清、荣毅仁等步入会场，全场响起热烈的掌声。

下午5时，招待会在庄严的国歌声中开始。国务委员、国务院秘书长罗干主持招待会。中共中央政治局常委、国务院总理李鹏致辞。

出席招待会的领导同志和老同志有：丁关根、田纪云、李岚清、李铁映、杨白冰、吴邦国、邹家华、姜春云、尉健行、温家宝、王汉斌、杨尚昆、宋平、张震、迟浩田、任建新、陈慕华、费孝通、雷洁琼、王丙乾、帕巴拉·格列朗杰、王光英、程思远、布赫、铁木尔·达瓦买提、吴阶平、宋健、李贵鲜、陈俊生、司马义·艾买提、彭珮云、张思卿、叶选平、杨汝岱、王兆国、阿沛·阿旺晋美、洪学智、钱伟长、胡绳、钱正英、丁光训、孙孚凌、朱光亚、万国权、伍修权、刘澜涛、李德生、萧克、张劲夫、陈锡联、段君毅、黄华、黄火青、彭冲、叶飞、廖汉生、王芳、谷牧、马文瑞、王恩茂、杨成武、汪锋、郑天翔、刘复之、王鹤寿、邓力群、张廷发、韩光等。

中共中央直属机关和中央国家机关主要负责人，中央军委委员、解放军各总部、各军兵种和北京军区、北京卫戍区、武警总部主要负责人，各民主党派、全国工商联主要负责人和无党派人士，各人民团体负责人，北京市主要负责人，在京的劳动模范和人民解放军、武警部队、公安干警英模代表，来自香港以及澳门、台湾的人士，海外华侨、华人，各国驻华使节等参加了招待会。

国务院总理李鹏在人民大会堂庆祝香港回归招待会上发表讲话

各位来宾，各位朋友，各位同志：

今天，中英两国政府顺利地举行了香港交接仪式，香港特别行政区已经宣告成立。历尽沧桑的香港，终于回到了伟大祖国的怀抱！这是中华民族的盛大节日，这一天将永远载入史册！今天又是中国共产党76周年生日，的确是一个双庆的大喜日子。

在这举国同庆的日子里，我们欢聚一堂，隆重庆祝香港回归。这不仅是庆祝香港新纪元的开始，庆祝中国和平统一大业的重大胜利，也是庆祝人类正义和进步事业的重大胜利！

在香港回归之际，我们不会忘记近代以来中华民族屈辱和抗争的历史。100多年来，无数中华民族的优秀儿女，为了国家的独立和民族的解放，前仆后继，英勇奋斗，在图存救亡、振兴中华的历史上写下了光辉的篇章。香港回归，洗雪了百年国耻，极大地激发了全国各族人民的爱国热忱。此时此刻，我们深切缅怀革命先烈和前辈们的丰功伟绩，更加珍惜伟大祖国日益强盛的今天，决心把中国的社会主义现代化事业继续推向前进。

香港的未来不仅为全中国人民所关心，也为国际社会所瞩目。中国对香港的基本方针，是“一国两制”、“港人治港”、高度自治，保持香港原有的资本主义制度和生活方式不变，法律基本不变。这已经明确载入香港特别行政区基本法，并郑重宣告中外。香港特别行政区直辖于中央人民政府，享有基本法赋予的行政管理权、立法权、独立的司法权和终审权。中央人民政府支持香港特别行政区政府依法行使职权。中央各部门与香港特别行政区政府相应的部门之间不存在行政隶属关系，不干预香港依法自行管理的事务。我们相信，认真贯彻这些基本方针政策，香港一定能够保持长期繁荣稳定。

香港特别行政区基本法是根据中华人民共和国宪法，并充分考虑香港的历史和现实制定的。依照基本法的规定，适应香港实际情况的民主制度一定能够循序渐进地发展。香港同胞一定会享有殖民统治时期无法比拟的、广泛的权利和自由。随着香港的回归，香港同胞已经成为这片土地的真正主人，一定能够充分发挥自己的聪明才智，创造更加美好的未来。

香港回归祖国，为香港经济注入了新的活力。香港经济发展具有得天独厚的优势。中国内地坚持改革开放政策，国民经济持续、快速、健康发展，为香港经济发展提供了有力的支持。香港进一步发挥连接内地与国际经济的桥梁和纽带作用，有利于祖国的现代化建设。内地在香港的企业，为加强内地同香港的经济联系与合作发挥了积极作用，今后将继续平等地参与市场竞争，为香港的繁荣与稳定作出贡献。

一个繁荣稳定的香港，不仅符合中国的利益，也符合世界各国的利益。香港将继续作为单独的关税区，保持自由港地位不变，保持国际金融、贸易和航运中心的地位，发挥它在亚太地区和世界经济中的独特作用，并将保持和改善业已形成的良好投资环境。我们相信，一切有远见的工商界人士，都能看到香港经济发展的光明前景，加强同香港的经贸往来。世界各国在香港的正当利益，都将受到法律的保护。

中国对香港恢复行使主权，香港事务从此即属中国内政。按照基本法的规定，中央人民政府负责管理香港的外交事务和防务。外交部驻香港特派员公署已经设立。驻港部队已经进驻香港。凡是按照基本法应由港人做主的事，中央都不加干预。

香港特别行政区经中央人民政府授权自行处理的对外事务非常广泛。在经济、贸易、金融、航运、通信、旅游、文化、体育等领域，香港特别行政区可以“中国香港”的名义，单独同世界各国、各地区及有关国际组织保持和发展关系，签定和履行有关协议，以适当方式参加国际组织和国际会议，可在外国设立经贸办事机构，可实行出入境管制等。香港将继续参加 30 多个国际组织的活动，200 多项国际公约在香港继续适用。我国已经同 94 个国家就保留驻港领事机构达成协议。中英通过谈判达成了英国在香港设立总领事馆的协议。一些与我国没有外交关系的国家，在香港的机构也以适当方式得到保留。香港继续单方面给予 170 多个国家和地区免办签证的待遇，一些国家已经给予香港特别行政区护照免办签证的待遇，我们希望更多的国家这样做。有强大的祖国作后盾，香港在国际活动中的地位将进一步得到加强。

香港回归为实现祖国完全统一树立了一个重要的里程碑。邓小平同志关于"一国两制"的科学构想，在香港已经成为现实。澳门回归的准备工作正在有条不紊地进行。"一国两制"在香港和澳门行得通，在台湾也能够行得通。无论在前进道路上有多少困难，祖国的完全统一一定要实现，也一定能够实现。

我们即将进入 21 世纪。当今世界，多极化趋势加速发展，和平与发展仍然是时代的主题。中国经济发展的目标是，在本世纪末达到小康水平，到下世纪中叶基本实现现代化。中国是一个发展中国家，实现现代化还需要几代人的艰苦奋斗，需要一个长期的和平国际环境和良好的周边环境。中国人民热爱和平，永远是维护世界和平与地区稳定的重要力量，不会对任何国家构成威胁。中国坚持奉行独立自主的和平外交政策，愿意在和平共处五项原则的基础上，不断发展同世界各国的友好合作关系，为推动建立公正合理的国际政治经济新秩序作出不懈的努力。

放眼神州大地，政治稳定，经济发展，民族团结，社会进步，一派繁荣景象。中国人民正满怀信心地高举邓小平建设有中国特色社会主义理论的伟大旗帜，在以江泽民同志为核心的党中央领导下，为实现祖国的完全统一和中华民族新的伟大振兴，奋勇前进！

我提议：

为香港回到祖国的怀抱和长期繁荣稳定，

为中国的富强、国家的统一和人民的幸福，

为世界的和平与发展，

为各位来宾、驻华使节和夫人的健康，

为在座的朋友们和同志们的健康，

干杯！

外交部驻香港特别行政区特派员公署开署仪式在特派员公署办公大楼大厅举行

国务院副总理兼外交部部长钱其琛主持开署仪式。

香港特别行政区行政长官董建华，国务院港澳办主任鲁平，外交部驻香港特派员公署特派员马毓真，近 100 个国家驻香港特别行政区领事机构的领事官员，以及香港各界人士共 500 多人出席了当天的开署仪式。当天凌晨刚刚宣誓就职的香港特别行政区政府各司署高级官员和大法官，也应邀出席了开署仪式。

钱其琛指出，中国政府恢复对香港行使主权，是中华民族的历史盛事。保持香港繁荣稳定，是香港同胞的强烈愿望，也是内地 12 亿中国人的共同愿望。中央人民政府贯彻执行"一国两制"、"港人治港"、高度自治的方针，是坚定不移的。

钱其琛强调，根据香港基本法，中央人民政府负责管理与香港特别行政区有关的外交事务，同时中央人民政府授权香港特别行政区依法处理有关的对外事务。

钱其琛希望外交部驻港特派员公署同香港特区政府保持密切联系，通力合作，为维护国家主权和利益，为维护香港同胞的合法权益作出积极贡献。

外交部驻港特派员公署特派员马毓真在致辞中指出，在香港回归祖国后的第一天，外交部驻香港特别行政区特派员公署宣告成立，这是中国政府对香港恢复行使主权的重要象征。公署是处理由中央人民政府负责管理与香港特区有关的外交事务的机构，也是香港特区政府就此类外交事务与中央政府联系的渠道。他表示，公署将坚定不移地贯彻中央人民政府的有关方针，严格遵守香港基本法，并为维护国家主权和利益，保护香港同胞的合法权益，增进香港的繁荣稳定而努力工作。

香港特别行政区首任行政长官董建华也在仪式上致辞，他代表香港特别行政区政府，对外交部驻香港特区特派员公署正式开署，表示热烈的欢迎和衷心的祝贺。董建华表示，香港特区政府一定会全力配合外交部驻香港特区特派员公署的工作，同时为各国驻港的领事机构提供最大的便利。

仪式结束后，钱其琛邀请董建华、鲁平和马毓真，一同在外交部驻港特派员公署的牌匾前合影留念。

八届全国人大常委会二十六次会议举行全体会议

乔石委员长出席会议并在会上发表重要讲话。

乔石说，今天，我国政府已经对香港恢复行使主权，香港重新回到了祖国的怀抱。在这举国同庆的日子，我们谨对香港特别行政区的成立表示热烈的庆贺。乔石说，从今天起，香港特别行政区基本法开始实施。全国人大及其常委会将为不折不扣地实施香港基本法作出应有的努力。乔石说，香港特别行政区基本法委员会的组成人员已经全国人大常委会任命。希望香港基本法委员会认真履行自己的职责，为香港基本法的实施，为香港的繁荣和稳定，努力作出贡献。

乔石向基本法委员会组成人员颁发了任命书。随即，基本法委员会在人民大会堂香港厅召开会议，讨论关于香港特别行政区《基本法》附件三所列全国性法律增减的决定草案，并一致同意这个草案。

下午 4 时，常委会继续举行全体会议，通过了全国人民代表大会常务委员会关于《中华人民共和国香港特别行政区基本法》附件三所列全国性法律增减的决定。

八届全国人大常委会二十六次会议通过《中华人民共和国香港特别行政区基本法》附件三所列全国性法律增减的决定

一、在《中华人民共和国香港特别行政区基本法》附件三中增加下列全国性法律：

1.《中华人民共和国国旗法》；

2.《中华人民共和国领事特权与豁免条例》；

3.《中华人民共和国国徽法》；

4.《中华人民共和国领海及毗连区法》；

5.《中华人民共和国香港特别行政区驻军法》。

以上全国性法律，自 1997 年 7 月 1 日起由香港特别行政区公布或立法实施。

二、在《中华人民共和国香港特别行政区基本法》附件三中删去下列全国性法律；

《中央人民政府公布中华人民共和国国徽的命令》附：国徽图案、说明、使用办法。

中共中央全国人大常委会国务院全国政协中央军委在北京工人体育场举行"首都各界庆祝香港回归祖国大会"

江泽民在大会上发表重要讲话。

中共中央政治局委员、书记处书记、中共北京市委书记尉健行在讲话中代表中共北京市委、北京市人民政府和首都各界人民，对香港回归祖国和香港特别行政区的成立，表示热烈的祝贺，对回到祖国怀抱的 600 多万名香港同胞表示亲切的问候。尉健行说，改革开放以来，北京与香港两地为发挥各自的优势，促进共同发展，开展了广泛的交流与合作。香港同胞为祖国的繁荣作出了积极的贡献。我们要进一步加强首都和香港之间的经济、贸易、文化、教育、科技、旅游和城市建设与管理等方面的合作与交流，以利于首都的改革开放和现代化建设，促进香港的长期繁荣稳定。

费孝通代表各民主党派中央和全国工商联、无党派人士讲话说，千言万语说不尽我们的感慨，我们的心头凝聚着一个坚定的信念，只有中国共产党领导的社会主义祖国，才能实现中华民族的百年期盼，洗雪香港被侵占的历史耻辱。中国共产党和中央人民政府实现香港回归的决心和所采取的各项方针，代表了全国各族人民、各民主党派和所有爱国人士的意志，因而得到了最广泛的拥护和支持。我国各族人民紧密团结，形成伟大力量，正在走向祖国完全统一和伟大复兴的光辉前程。

各人民团体代表黄启璪在大会上发言。

晚 9 时，大型文艺团体歌舞《欢庆香港回归》开始。由"序曲："天涯共此时"、"火篇——血火百年祭"、"水篇——归帆踏浪来"、"土篇——情满五色土"和"尾声：世纪钟声"组成这台晚会。

晚会即将结束时，巨大的五星红旗在工人体育场展现，在世纪钟声的回响中，紫荆花焰火又一次盛开，1997 响礼花把全国各族人民庆祝香港回归之夜的喜悦，怒放在神州的天空。

国务院总理李鹏签署第 221 号令公布《中华人民共和国香港特别行政区行政区域图》

根据 1990 年 4 月 4 日第七届全国人民代表大会第三次会议通过的《全国人民代表大会关于设立香港特别行政区的决定》，《中华人民共和国香港特别行政区行政区域图》已经 1997 年 5 月 7 日国务院第 56 次常务会议通过，现予公布。

中华人民共和国香港特别行政区行政区域界线文字表述

总理 李　鹏

1997 年 7 月 1 日

中华人民共和国香港特别行政区行政区域界线文字表述

区域界线由陆地部分和海上部分组成。

一、陆地部分

陆地部分由以下三段组成：

(一)沙头角镇段

1. 由沙头角码头底部东角(1 号点，北纬 22°32′37.21″，东经 114°13′34.85″)起至新楼街东侧并行的排水沟入海口处，再沿排水沟中心线至该线与中英街中心线的交点(2 号点，北纬 22°32′45.42″，东经 114°13′32.40″)；

2. 由 2 号点起沿中英街中心线至步步街与中英街两街中心线的交点(3 号点，北纬 22°32′52.26″，东经 114°13′36.91″)；

3. 由 3 号点起以直线连接沙头角河桥西侧河中心桥墩底部的西端(4 号点，北纬 22°32′52.83″，东经 114°13′36.86″)。

(二)沙头角镇至伯公坳段

由 4 号点起沿沙头角河中心线逆流而上经伯公坳

东侧山谷谷底至该坳鞍部中心止(5 号点,北纬 22°33′23.49″,东经 114°12′24.25″)。

(三)伯公坳至深圳河入海段

由伯公坳鞍部起沿该坳西侧主山谷谷底至深圳河伯公坳源头,再沿深圳河中心线直至深圳湾(亦称后海湾)河口处止。

深圳河治理后,以新河中心线作为区域界线。

二、海上部分

海上部分由以下三段组成:

(一)深圳湾海域段

由深圳河入海口起,沿南航道中央至 84 号航灯标(亦称"B"号航灯标)(6 号点,北纬 22°30′36.23″,东经 113°59′42.20″),再与以下两点直线连成:

1. 深圳湾 83 号航灯标(亦称"A"号航灯标)(7 号点,北纬 22°28′20.49″,东经 113°56′52.10″);

2. 上述 7 号点与内伶仃岛南端的东角咀的连线与东经 113°52′08.8″经线的交点(8 号点,北纬 22°25′43.7″,东经 113°52′08.8″)。

(二)南面海域段

由 8 号点起与以下 13 点直线连成:

1. 由 8 号点沿东经 113°52′08.8″经线向南延伸至北纬 22°20′处(9 号点,北纬 22°20′,东经 113°52′08.8″);

2. 大澳北面海岸线最突出部向西北 1 海里处(10 号点,北纬 22°16′23.2″,东经 113°50′50.06″);

3. 大澳西面海岸线最突出部向西北 1 海里处(11 号点,北纬 22°16′03.8″,东经 113°50′20.4″);

4. 鸡公山西南面海岸线最突出部向西北 1 海里处(12 号点,北纬 22°14′21.4″,东经 113°49′35.0″);

5. 大屿山鸡翼角西面海岸线最突出部向西 1 海里处(13 号点,北纬 22°13′01.4″,东经 113°49′01.6″);

6. 大屿山分流角西南面海岸线最突出部向西南 1 海里处(14 号点,北纬 22°11′01.9″,东经 113°49′56.6″);

7. 索罟群岛大鸦洲南面海岸线最突出部与大蜘洲银角咀北面海岸线最突出部间的中点(15 号点,北纬 22°08′33.1″,东经 113°53′47.6″);

8. 索罟群岛头颅洲南面海岸线最突出部向南 1 海里处(16 号点,北纬 22°08′12.2″,东经 113°55′20.6″);

9. 以索罟群岛头颅洲南面海岸线最突出部为中心之 1 海里半径与北纬 22°08′54.5″纬线在东面的交点(17 号点,北纬 22°08′54.5″,东经 113°56′22.4″);

10. 以蒲台群岛墨洲西南面海岸线最突出部为中心之 1 海里半径与北纬 22°08′54.5″,纬线在西面的交点(18 号点,北纬 22°08′54.5″,东经 114°14′09.6″);

11. 蒲台岛南角咀正南 1 海里处(19 号点,北纬 22°08′18.8″,东经 114°15′18.6″);

12. 以蒲台岛大角头东南面海岸线最突出部为中心之 1 海里半径与北纬 22°08′54.5″纬线在东面的交点(20 号点,北纬 22°08′54.5″,东经 114°17′02.4″);

13. 北纬 22°08′54.5″,东经 114°30′08.8″(21 号点)。

(三)大鹏湾海域段

由 21 号点与以下 10 点和 1 号点直线连成:

1. 北纬 22°21′54.5″,东经 114°30′08.8″(22 号点);

2. 大鹿湾北面海岸线最突出部至石牛洲导航灯间的中点(23 号点,北纬 22°28′07.4″,东经 114°27′17.6″);

3. 水头沙西南海岸线最突出部至平洲岛更楼石间的中点(24 号点,北纬 22°32′41.9″,东经 114°27′18.5″);

4. 秤头角至平洲岛的洲尾角间的中点(25 号点,北纬 22°33′43.2″,东经 114°26′02.3″);

5. 背仔角海岸线最突出部至白沙洲北面海岸线最突出部间的中点(26 号点,北纬 22°34′06.0″,东经 114°19′58.7″);

6. 正角咀海岸线最突出部至吉澳鸡公头东面海岸线最突出部间的中点(27 号点,北纬 22°34′00.0″,东经 114°18′32.7″);

7. 塘元涌海岸线最突出部至吉澳北面海岸线最突出部间的中点(28 号点,北纬 22°33′55.8″,东经 114°16′33.7″);

8. 恩上南小河入海口处至长排头间的中点(29 号点,北纬 22°33′20.6″,东经 114°14′55.2″);

9. 官路下小河入海口处至三角咀间的中点(30 号点,北纬 22°33′02.6″,东经 114°14′13.4″);

10. 1 号点正东方向至对岸间的中点(31 号点,北纬 22°32′37.2″,东经 114°14′01.1″)。

注释:上述坐标值采用 WGS84 坐标系。

九龙海关更名深圳海关挂牌庆典仪式在深圳举行

由江泽民总书记题写的"中华人民共和国深圳海关"关牌挂在深圳海关门前。

九龙海关建于 1887 年 4 月,原称九龙关,总部设在香港,其边境关卡设在九龙界限街和靠近香港的小岛。1898 年英国殖民主义者逼迫清政府将九龙半岛"新界"地区租与英国后,九龙关的边境关卡被迫移至深圳盐田、沙头角一带。1949 年 10 月 21 日,中国人民解放军接管九龙关在深圳的缉私总部,同日,九龙关香港总部宣布接受中央人民政府领导。

1950年12月14日，周恩来总理签发命令，决定设立九龙海关（设在深圳），保留“九龙海关”作为关名，总关从香港迁回深圳，另在香港设“九龙海关驻香港办事处”。这是新中国成立后唯一一不按所在地名命名的海关。这一决定体现了中国政府反对殖民主义侵略、维护民族尊严和国家主权的政治主张，也显示了中国政府一定要收回香港的决心。

海关总署署长钱冠林在挂牌庆典仪式上说，九龙海关更名，体现了我国政府信守“一国两制”、“港人治港”的庄严承诺。

7月2日

八届全国人大常委会二十六次会议举行第二次全体会议

听取1996年中央决算报告、中央预算执行和其他财政收支的审计工作报告和检查食品卫生法实施情况的报告。乔石委员长出席会议。

财政部部长刘仲藜受国务院委托，首先向会议作了1996年中央决算报告。他说，1996年中央财政收入和支出基本实现了八届全国人大四次会议批准的预算，财政收入保持了较高增长，财政支出结构有所调整，总支出增长低于总收入增长，财政赤字比预算确定的数额有所减少。

国家审计署审计长郭振乾受国务院委托，向会议报告了1996年中央预算执行和其他财政收支的审计情况。他说，从审计的情况看，1996年中央预算执行情况是好的，财税工作取得显著成绩。中央财政收入保持了较高的增长，超过国内生产总值的增长幅度，遏制了十年来财政收入占国内生产总值比重不断下降的局面。财政支出总量有所控制，支出结构有所调整，较好地完成了八届全国人大四次会议审查批准的中央预算任务。但中央预算执行过程中也还存在一些问题。

吴阶平副委员长在关于检查食品卫生法实施情况的报告中说，各省、自治区、直辖市在食品卫生监督和管理，提高食品卫生质量，保障公民食用卫生等方面做了大量工作。全国食品抽检合格率不断上升。同时，食品卫生法的贯彻实施工作还存在一些问题和薄弱环节，有待于国务院及有关部门抓紧研究解决。

王光英副委员长主持了今天的会议。

财政部部长刘仲藜受国务院委托向八届全国人大常委会二十六次会议报告1996年中央决算

刘仲藜说，1996年中央财政收入和支出基本实现了八届全国人大四次会议批准的预算，财政收入保持了较高增长，财政支出结构有所调整，总支出增长低于总收入增长2.7个百分点，财政赤字比预算确定的数额有所减少。1996年，中央财政总收入4264.95亿元，比预算增加83.68亿元，完成预算的102%，比上年增长10.3%。其中，中央本级收入3661.07亿元，完成预算的102.3%；地方上解中央收入603.88亿元，完成预算的100.1%。预算超收部分主要用于增加对中西部地区的转移支付、解决粮食企业亏损停息挂账、救灾和弥补赤字等方面。中央财政总支出4873.79亿元，比预算增加78.1亿元，完成预算的101.6%，比上年增长7.6%。其中，中央财政本级支出2151.27亿元，完成预算的97%；税收返还和补助地方支出2722.52亿元，完成预算的105.6%。中央财政收支相抵，赤字608.84亿元，比预算确定的614.42亿元减少5.58亿元。

刘仲藜说，1996年中央预算执行情况是好的，但也存在一些问题，主要是中央财政赤字数额仍然偏大，债务依存度偏高；税收流失仍然比较严重，越权减免税以及偷税、骗税、抗税、欠税等现象还时有发生；支出约束不严，支出结构也有待进一步调整；财经秩序混乱的状况还没有根本改观。这些问题需要在今后工作中继续妥善解决。

审计署审计长郭振乾受国务院委托向八届全国人大常委会二十六次会议报告1996年中央预算执行和其他财政收支的审计情况

郭振乾说，从去年10月至今年4月，审计署在国务院的领导下，对1996年中央预算执行和其他财政收支情况进行了审计。从审计的情况看，1996年中央预算执行情况是好的。财税工作取得显著成绩，中央财政收入保持了较高的增长，财政支出总量有所控制，支出结构有所调整，较好地完成了八届全国人大四次会议审查批准的中央预算任务。中央财政总收入完成预算的102%，总支出完成预算的101.6%，收支相抵，赤字比预算确定的数额减少5.58亿元。中央预算执行过程中存在的主要问题是：有些部门执行国家财政制度不够严格，预算收支管理不够规范，预算收入征管不力，一些地方和部门违反规定减免税收，造成中央收入流失。审计署依照有关法律法规，对这些问题分别作了处理，各有关部门采取了相应的整改措施。

郭振乾说，1996年财政部在具体组织执行中央预算过程中，继续贯彻执行适度从紧的财政政策，在建立稳定的财政收入增长机制，增加收入，控制支出，规范中央预算管理，实现财政收支平衡方面做了大量工作。国家税务局系统认真执行国家税收政策，强化税收征管，取消了一些不规范的税收减免，保证了税收任务的完成。海关系统认真执行国家关税政策,加强关税征收,严厉打击走私和偷税、骗税等违法犯罪行为,严格审核出口退税,加强对加工贸易的税收管理,实施了加工贸易进口料件银行保证金台账监管制度,堵塞了漏洞,实现了关税收入的较大增长。中央国库认真履行监管职责,较好地完成了预算资金的收纳、划分和支拨任务。国家计委在参与中央预算分配和下达投资计划中,认真执行国家的有关规定,确保重点建设项目,取得了较好成绩。这次审计国务院其他部委查出的主要问题是:有些部门挪用预算资金用于非生产性建设项目;有的预算收入应缴未缴。还有一些部委违反规定将财政性资金转作有息存款,有的将获得的利息转到预算外,有的因存入资信度不高的金融机构而造成损失。审计署已对这些问题作出处理,要求有关单位追回被挪用的资金,补交应上缴中央财政的预算收入。

针对去年中央预算执行中存在的主要问题,郭振乾提出了 1997 年加强中央预算管理的意见。他说,1997 年,要进一步加大税收征管力度,堵塞税收流失漏洞。要逐步规范中央财政对地方的专项拨款,按照分税制的改革方向,根据事权和财权相统一的原则,对目前中央财政对地方的专项拨款支出过多的问题进行清理规范。要严格管理中央基本建设预算内专项投资计划,提高计划的科学性,并及时安排投资,待安排资金比例不宜过高。要完善掌握中央财政资金分配权的部门对本部门、本系统预算安排的审批制度。同时,还要进一步规范预算单位银行开户。

全国人大常委会副委员长吴阶平向八届全国人大常委会二十六次会议报告人大常委会执法检查组食品卫生法执法检查情况

吴阶平说,今年 4 月、5 月,全国人大常委会对食品卫生法实施情况进行了检查,检查组听取了卫生部、国家工商行政管理局关于食品卫生法实施情况的汇报,分别对湖北、湖南、浙江、江苏和北京、天津四省两市进行了检查。综合执法检查的情况,检查组认为,食品卫生法颁布以来,法律的学习、宣传和贯彻实施工作取得了明显成效。各省、自治区、直辖市在食品卫生监督和管理,提高食品卫生质量,保障公民食用卫生食品等方面做了大量工作。全国食品抽检合格率不断上升。各地通过广泛的学习和宣传食品卫生法,提高了食品生产经营者守法意识,增强了人民群众自我保护能力。各地制定及健全配套法规,增强了法律的可操作性。各地加强日常监督执法和重点整治工作,有力地打击了违法行为。各地还建立保健食品管理制度,整顿了保健食品和婴幼儿食品市场。此外,各地还重视卫生监督员队伍建设,提高执法人员的执法水平。

吴阶平指出,从这次执法检查情况看,目前我国食品卫生方面存在一些较为突出的问题。相当一部分人食品卫生意识较差,存在着“不干不净吃了没病”的旧观念,不注意“病从口入”,对非法制售伪劣食品的不法行为,不能运用法律武器维护自身健康权益。城乡结合部和街头巷尾的食品摊点的食品卫生监督工作薄弱,普遍存在着散、乱、脏、流动性大、管理无序的现象。有些地方对非法制售假冒伪劣食品的黑窝点打击不力,致使违法生产经营假冒伪劣食品的现象屡禁不止。一些老的食品生产经营企业,工艺落后,设备陈旧,技术水平和卫生管理水平较低,影响了食品的卫生质量。食品卫生执法主体与执法队伍相分离;部门之间职责交叉,影响了执法效果和行政管理效率,造成了食品卫生监督工作的重叠和矛盾,加重了食品生产企业和经营单位的负担。

吴阶平提出,为更好地贯彻实施食品卫生法,各地应进一步学习、宣传食品卫生法,抓好普法教育,切实提高人民群众的食品卫生法律意识和法制观念;要加大执法力度,各级政府应把贯彻实施食品卫生法列入重要议事日程,要把食品卫生工作的好坏作为评价各级政府政绩,政府是否真正关心老百姓、为人民办实事的重要指标;加快卫生监督体制改革步伐,健全食品卫生执法队伍;进一步完善食品卫生配套法规,健全食品卫生法律体系;坚持监督与服务相结合,努力扶持我国食品行业上台阶。

国务院总理李鹏在中南海紫光阁会见国际奥委会主席萨马兰奇

李鹏总理首先对萨马兰奇主席在参加了香港政权交接仪式后访问北京表示欢迎,并对萨马兰奇主席为促进中国与国际奥委会的友好合作关系所作的努力表示感谢。

他说,中国政府和人民对参与国际奥林匹克运动一贯持积极的态度,我们高兴地看到国际奥委会这一世界最大的体育组织所取得的巨大成就。

李鹏说,这些年来我国体育健儿在国际比赛中取得了不少成绩,为国家争得了荣誉,促进了我国人民和运动员与其他国家人民和运动员之间的友谊。但是我们也清醒地看到,在不少体育运动项目上,中国同世界运动水平相比还存在着差距。我们要虚心向外国运动员学习,进一步提高体育竞技水平。他强调说,我们的根本目标是发展体育运动,提高全民的身体素质。

李鹏总理对国际奥委会坚持“一个中国”的立场表示赞赏。他说,香港特别行政区今后以“中国香港”的名义参与国际体育组织的各项活动,香港人民和体育界将会继续为促进国际奥林匹克运动的发展作出自己的努力。

萨马兰奇对香港的顺利回归再次表示热烈祝贺。他说，国际奥委会将保证香港特别行政区按照《基本法》的规定充分参与国际奥林匹克运动。

萨马兰奇说，国际奥委会高度评价中国为促进国际体育运动的发展和各国体育界的交流所作的重要贡献。他这次专程前来参加香港回归的庆祝活动，表明国际奥委会同中国保持着非常友好的关系。国际奥委会在台湾问题上的立场也非常明确，即世界上只有一个中国，这就是中华人民共和国。国际奥委会将一如既往，本着这一基本立场，妥善处理台湾问题。

香港特区行政长官董建华向安子介霍英东等12位颁授大紫荆勋章

香港特别行政区政府在原香港总督府举行仪式，特区行政长官董建华向安子介、霍英东等12位对香港回归祖国作出卓越贡献的香港知名人士，颁授香港特区政府最高荣誉奖章——大紫荆勋章。

国务院副总理钱其琛出席颁授典礼，并同12人合影留念。

董建华将一枚枚紫荆花图案的勋章分别挂在安子介、杜叶锡恩、李福善、利国伟、查济民、徐四民、黄克立、曾宪梓、庄世平、霍英东、钟士元、罗德丞12位人士的胸前。

由国务院港澳办和新华社香港分社聘请的香港事务顾问在香港会展中心举行任期结束仪式

国务院副总理兼外交部部长钱其琛在仪式上讲话时，赞扬港事顾问在香港后过渡期为确保平稳过渡而作出的历史性贡献。

钱其琛说，为了更好地做好与香港政权交接和平稳过渡有关的工作，从1992年起，国务院港澳事务办公室和新华社香港分社共同聘请香港各界、各方面有代表性的人士担任香港事务顾问。几年来，各位港事顾问就香港后过渡期的重大问题建言献策，做了大量务实、有益的工作。事实证明，港事顾问是香港社会一支重要的爱国爱港力量。随着香港过渡时期的终结和香港特别行政区政府的成立，港事顾问所承担的光荣使命已经胜利完成。你们作出的历史性贡献将载入史册，感召后人。

为了表彰各位港事顾问作出的贡献，国务院港澳办和新华社香港分社特赠送给每人一个象征香港回归祖国怀抱的纪念品。

国务院副总理姜春云在北京考察航天育种基地

姜春云在航天育种基地的实验田，仔细察看了空间育种的黄瓜、西红柿、青椒和花木等的生长情况，详细了解了小麦、玉米等粮食作物的育种情况，听取了有关方面的汇报后，姜春云对航天育种取得的良好成果给予充分肯定，并向从事航天育种的科技人员表示敬意。

他指出，我们党和政府一向十分重视农业，为加快农业的发展，采取了一系列政策措施，取得了举世瞩目的成就。要确保农产品持续稳定增长，必须按照江总书记的指示使农业科技有一个大的发展，进行一次新的农业科技革命。这也是邓小平同志“科技是第一生产力”科学论断的具体体现。通过科技进步，提高技术含量实现农业增产、增收、增效。其中最重要的、起带头作用的是优良品种。多年来的实践表明，航天育种是种子工程的一个组成部分，在良种培育方面具有特殊的优势，开拓了一条科学育种的新途径，对农业和农村经济的发展和环境美化，都有积极重要的意义。他希望航天专家和农业科技专家及有关方面密切配合，把航天育种试验、繁育工作搞得更好，并逐步推广应用，尽快形成现实的生产力。要加大航天育种试验投入力度，加强对推广应用的规范化管理，扩大航空育种知识的宣传，让更多的人了解、关心、支持航天育种事业。

文化部广播电影电视部解放军总政治部在人民大会堂联合举行《回归颂》大型文艺晚会

党和国家领导人江泽民、李鹏、乔石、李瑞环、朱镕基、刘华清、胡锦涛、荣毅仁和万名观众出席晚会。

7月3日

八届全国人大常委会二十六次会议在北京闭幕

乔石委员长主持会议。

会议首先听取了法律委员会主任委员薛驹关于公路法和动物防疫法两草案修改稿修改意见的汇报，还听取了财经委员会副主任委员李灏关于1996年中央决算的审查报告。

会议还进行了大会讨论。潘季和滕藤委员就高等教育和高等教育法草案、杨振怀委员就防洪工作和防洪法草案作了发言。

会议最后表决通过了《全国人大常委会关于批准全国人大香港特别行政区筹委会结束工作的建议的决定》、《全国人大常委会关于县级人大代表选举时间的决定》、《中华人民共和国公路法》、《中华人民共和国动物防疫法》、《全国人大常委会关于我国加入〈关于从国外调取民事或商事证据的公约〉的决定》、《全国人大常委会关于批准〈非洲无核武器区条约〉第一号议定书、第二号议定书的决定》、《全国人大常委会关于批准1996年中央决算的决议》。会议还表决通过了有关任免名单。

全国人大财经委员会副主任委员李灏向八届全国人大常委会二十六次会议作关于1996年中央决算的审查报告

李灏说，全国人大财经委员会对财政部部长刘仲藜受国务院委托在本次常委会议上所作的关于1996年中央决算的报告和1996年中央决算草案，根据委员们的审议意见和国家审计署审计长郭振乾受国务院委托在本次会议上所作的关于1996年中央预算执行和其他财政收支的审计工作报告，进行了审查。

李灏说，国务院提出的1996年中央决算，中央财政总收入4264.95亿元，比预算增加83.68亿元，完成预算的102%。中央财政总支出4873.79亿元，比预算增加78.1亿元，完成预算的101.6%。收支相抵，赤字608.84亿元，比预算确定的614.42亿元减少5.58亿元。国务院向本次会议提出的中央决算数，与向第八届全国人民代表大会第五次会议报告的预计执行数比较，中央财政总收入增加12.69亿元，中央财政总支出增加11.53亿元，赤字减少1.16亿元。

李灏说，1996年中央预算执行中的主要问题是：财政赤字仍然偏大，债务依存度偏高；有些地区税收征管不严，流失较多，越权减免税、包税、漏税、少征、缓征的情况还比较严重，增值税、企业所得税没有完成预算任务；对有些资金的使用监督不力，有些资金没有按规定的用途使用；金库管理不严，越权退库、混级交库的情况时有发生；行政管理费超过预算较多。

财经委员会认为，1996年中央预算执行中虽然存在一些值得重视的问题，但总的说是好的，财政收入有较快增长，支出总量有所控制，预算超收部分主要用于处理历年粮食亏损挂账，增加对不发达地区的转移支付和减少财政赤字，符合第八届全国人大第四次会议提出的要求，较好地完成了第八届全国人大第四次会议审查批准的中央预算任务。财经委员会建议本次会议批准1996年中央决算，批准财政部部长刘仲藜受国务院委托所作的《关于1996年中央决算的报告》。

李灏说，国家审计署在审计1996年中央预算执行和其他财政收支中，做了大量工作，发现了不少问题，其中有些问题的性质是严重的。财政部和国务院其他有关部门应高度重视，认真对待，总结经验教训，认真加以改正，建议国务院责成有关部门和地方政府对严重违法违纪的行为认真查处，并将结果于年底前提出报告。我们认为，审计署对于加强中央预算管理的几点意见是切合实际的，各有关部门应认真加以研究。

李灏说，国务院提出的1996年中央决算报告中，还通报了1997年1月至5月的中央及地方预算执行情况。1月至5月，全国财政收入3091.04亿元(不含债务收入，下同)，完成预算的36.8%，比去年同期增加667.02亿元，增长27.5%，其中中央财政收入1603.95亿元，比去年同期增长35.9%。全国财政支出2675.73亿元，完成预算的29.8%，比去年同期增长17.9%，其中中央财政支出834.59亿元，完成预算的34.5%，比去年同期增长16.3%。全国财政收支相抵，收入大于支出415.32亿元。

总的来看，今年前5个月预算执行情况比较好。但同时要看到，税收流失还比较多，增收的潜力还很大，要认真加强依法治税的工作，强化税收征管，严厉打击偷税、逃税、走私等违法犯罪行为，堵塞税收流失漏洞。对越权减免税、包税等违法行为的责任人也要严肃查处。今年1月至5月的财政收入虽然增长较快，但仍有潜力，应继续努力，争取多收一些。同时，对支出要加强预算约束，厉行节约，反对铺张浪费，控制支出过快的增长。对超收部分的使用要从严控制，主要要用于减少财政赤字，处理历史遗留的财政问题和通过转移支付支援经济不发达地区和少数民族地区。必须认真对待财政赤字，八届全国人大第四次会议通过的“九五”计划和2010年远景目标纲要已明确提出，“九五”期间，要逐步减少财政赤字；实现财政收支基本平衡，这个决心不能动摇。根据今年上半年预算执行情况，一定要使今年的财政赤字比预算多压缩一些。要继续抓好预算外资金的清理、整顿工作，加强对各部门、各地方资金使用的监督和金库管理。各预算执行部门应按照《预算法》和八届全国人大五次会议的要求，严格财经纪律，继续抓紧组织收入，从严控制各项支出，为更好地实现1997年中央和地方预算而努力。

八届全国人大常委会二十六次会议通过关于批准全国人大香港特别行政区筹委会结束工作的建议的决定

第八届全国人民代表大会常务委员会第二十六次会议审议了全国人民代表大会香港特别行政区筹备委员会关于建议筹委会结束工作的报告。会议认为，全国人民代表大会香港特别行政区筹备委员会自1996年1月成立以来，按照《中华人民共和国香港特别行政区基本法》和全国人民代表大会及其常务委员会的有关决定，圆满地完成了筹备成立香港特别行政区的各项工作。会议决定，批准全国人民代表大会香港特别行政区筹备委员会关于筹委会结束工作的建议。

八届全国人大常委会二十六次会议通过关于县级人民代表大会代表选举时间的决定

第八届全国人民代表大会常务委员会第二十六次会议决定:根据《中华人民共和国宪法》第九十八条关于县级人民代表大会每届任期的规定,县级人民代表大会代表应在1998年年底以前进行换届选举。

八届全国人大常委会二十六次会议通过关于我国加入《关于从国外调取民事或商事证据的公约》的决定

第八届全国人民代表大会常务委员会第二十六次会议决定,中华人民共和国加入1970年3月18日订于海牙的《关于从国外调取民事或商事证据的公约》(以下简称《公约》),同时:

一、根据《公约》第二条,指定中华人民共和国司法部为负责接收来自另一缔约国司法机关的请求书,并将其转交给执行请求的主管机关的中央机关;

二、根据《公约》第二十三条声明,对于普通法国家旨在进行审判前文件调查的请求书,仅执行已在请求书中列明并与案件有直接密切联系的文件的调查请求;

三、根据《公约》第三十三条声明,除第十五条以外,不适用《公约》第二章的规定。

八届全国人大常委会二十六次会议通过关于批准《〈非洲无核武器区条约〉第一号议定书、第二号议定书》的决定

第八届全国人民代表大会常务委员会第二十六次会议决定:批准《〈非洲无核武器区条约〉第一号议定书、第二号议定书》。

八届全国人大常委会二十六次会议通过关于批准一九九六年中央决算的决议

根据《中华人民共和国预算法》的规定,第八届全国人民代表大会常务委员会第二十六次会议,听取了财政部部长刘仲藜受国务院委托所作的《关于1996年中央决算的报告》,经过审议并根据全国人民代表大会财政经济委员会的审查报告,决定:批准国务院提出的1996年中央决算,批准财政部部长刘仲藜所作的《关于1996年中央决算的报告》。

八届全国人大常委会二十六次会议通过任命名单

一、任命周成奎为全国人民代表大会常务委员会副秘书长。

二、任命张春生为全国人民代表大会常务委员会法制工作委员会副主任。

八届全国人大常委会二十六次会议通过批准任命的名单

批准任命秦信联为重庆市人民检察院检察长。

八届全国人大常委会二十六次会议通过任免名单

一、免去权增德的中国人民解放军军事法院院长职务。

二、任命姜吉初为中国人民解放军军事法院院长。

国家主席江泽民签署86号令公布《中华人民共和国公路法》

《中华人民共和国公路法》已由中华人民共和国第八届全国人民代表大会常务委员会第二十六次会议于1997年7月3日通过,现予公布,自1998年1月1日起施行。

中华人民共和国主席 江泽民

1997年7月3日

中华人民共和国公路法(文略)

国家主席江泽民签署87号令发布《中华人民共和国动物防疫法》

《中华人民共和国动物防疫法》已由中华人民共和国第八届全国人民代表大会常务委员会第二十六次会议于1997年7月3日通过,现予公布,自1998年1月1日起施行。

中华人民共和国主席 江泽民

1997年7月3日

中华人民共和国动物防疫法(文略)

国务院总理李鹏签署223号令发布《中华人民共和国烟草专卖法实施条例》

国务院总理李鹏在中南海紫光阁先后会见六国离到任驻中国大使

他们分别是:即将离任的芬兰大使李斯蒙和加纳大使戈特弗里德;新到任的津巴布韦大使塔瓦亚、多哥大使塔—阿马、塔吉克斯坦大使卡里莫夫和厄立特里亚大使特沃尔德布尔汗。

国务院总理李鹏在中南海紫光阁会见德国德累斯顿银行集团董事长于尔根·萨拉青

李鹏对萨拉青一行来华主持德累斯顿银行北京分行的开业仪式表示欢迎。

国务院发出关于改革和加强医药储备管理工作的通知

为保证灾情、疫情及突发事故发生后对药品和医疗器械的紧急需要，国家于 70 年代初建立了国家医药储备制度。多年来，国家医药储备在满足灾情、疫情及突发事故对药品和医疗器械的紧急需要方面，发挥了重要作用。但是，由于现行国家医药储备采取中央一级储备、静态管理的体制和管理工作不完善等原因，目前国家医药储备数量减少、救急水平下降，已很难适应保证灾情、疫情及突发事故等紧急需要。为适应社会主义市场经济发展需要，提高国家医药储备能力和管理工作水平，保证灾情、疫情及突发事故发生后所需药品和医疗器械的及时、有效供应，现就改革和加强医药储备管理工作的有关问题通知如下：（文略）

7 月 4 日

中共中央政治局常委胡锦涛为《党建研究》杂志撰写寄语

中共中央政治局常委、书记处书记胡锦涛近日为中共中央组织部主办的《党建研究》杂志创刊 100 期撰写寄语，强调继续加强党建研究，全面推进党建工作。

胡锦涛指出，当前，我国正处在承前启后、继往开来的重要发展时期。摆在全党全国人民面前的历史性任务，就是要坚定不移地沿着邓小平同志开辟的正确道路，继续推进社会主义改革开放和现代化建设，把建设有中国特色社会主义的伟大事业全面推向 21 世纪。中国共产党是领导建设有中国特色社会主义事业的核心力量。我们全部事业的兴衰成败，关键在党。只要我们党的领导是坚强有力的，全党同志是紧密团结的，各级党组织是完全巩固的，我们国家的长治久安和民族的富强振兴，就有了最根本的保证，我们的伟大事业就一定能够从胜利走向新的胜利。

胡锦涛进一步阐明了党的建设的形势和任务，指出，这些年来，全党上下遵循党在社会主义初级阶段的基本路线和新时期党的建设的总目标，全面推进党的建设这一新的伟大工程，党的思想、政治、组织、作风等各方面建设都取得了明显进步，积累了新的经验。但也要清醒地看到，在新旧世纪之交，在新旧体制之交，党的建设面临着十分复杂的新环境，也存在着这样那样的新问题，迫切要求我们从理论与实践的结合上去认识、去研究、去解决。按照党中央关于新形势下党建工作的整体部署，继续大力加强党的建设，最重要的是用马列主义、毛泽东思想，特别是邓小平建设有中国特色社会主义理论武装全党，着力提高党员、干部的思想政治素质；坚持党的全心全意为人民服务的宗旨，保持和发展党同人民群众的血肉联系，增强党员、干部的拒腐防变能力；继续下大力气落实党的十四届四中全会明确的任务，坚持和健全民主集中制，加强和改进党的基层组织建设，培养和选拔德才兼备、堪当跨世纪历史重任的优秀年轻干部，努力建设高素质的干部队伍。

胡锦涛强调，新时期党的建设是在改革开放和现代化建设过程中展开的，党内思想、组织、作风方面存在的问题，以及这些问题的解决，要放到深化改革、促进发展、保持稳定的进程中来研究。要坚持理论联系实际的方针，一方面要继续加强邓小平建设有中国特色社会主义理论包括新时期执政党建设理论的学习、研究和宣传，加深对理论的理解和把握；一方面要运用科学理论研究解决存在的实际问题，实事求是地总结、推广各地在党的建设实践中创造的新鲜经验，抓住事物的本质，寻求规律性的认识，作出理论性的概括，有效地指导和服务实践。

胡锦涛指出，今年，我们党将召开十五大。全党全国人民正在以江泽民同志为核心的党中央领导下，高举邓小平建设有中国特色社会主义理论的伟大旗帜，满怀信心地朝着跨世纪宏伟目标迈进。党建理论研究和宣传工作者要牢牢把握大局，自觉肩负重任，扎实做好工作，努力为党的十五大的胜利召开创造良好的思想舆论环境，为推进党的建设这一新的伟大工程作出自己应有的贡献。

全国人大常委会委员长乔石在人民大会堂会见肯尼亚军队总参谋长达乌迪·通杰上将

中央军委副主席迟浩田在人民大会堂会见来访的肯尼亚军队总参谋长达乌迪·通杰上将

国务委员李铁映等在中南海会见新疆“达瓦孜”传人阿地力

中华民族振兴学术研讨会在广东东莞举行

研讨会由中国海外交流协会、中华海外联谊会、海峡两岸关系协会、洛杉矶华夏政略研究会联合组织。来自海峡两岸、香港特区和澳门以及海外的近 70 名专家、学者和关心祖国统一大业的人士聚集一起，共同就“和平统一、一国两制”方针与祖国统一、香港回归对解决台湾问题的影响和启示、中华民族的振兴等问题进行了广泛的探讨。

全国政协副主席、中国和平统一促进会会长钱伟长到会并作了重要讲话。钱伟长强调，按照“和平统一、一国两制”方针解决香港、澳门、台湾问题，是包括香港特区和澳门、台湾同胞在内的全体中国人民的共同夙愿。我们希望台湾当局顺应民意，顺应历史潮流，停止制造“两个中国”、“一中一台”的分裂活动，取消对两岸直接“三通”、经济合作和其他各项交流的限制，创造适当气氛,开始就“在一个中国原则下,正式结束两岸敌对状态”就两岸关切的其他政治议题进行谈判,为改善和发展两岸关系拿出实际行动。我们愿与台湾同胞、香港特区和澳门同胞以及海外侨胞共同努力,为进一步加速和促进两岸关系向着有利于和平统一的方向发展做出新的努力。

与会代表普遍认为,香港的顺利回归,为民族振兴与祖国的完全统一提供了新的契机和启示,并将对海峡两岸的最终统一产生正面效应。实践证明,“和平统一、一国两制”的方针是科学的、可行的。

国家教委办公厅发出要求各地加强对招生工作的管理和纪检监察工作的通知

国家教委办公厅近日发出通知,要求各地的招生部门、教育行政部门和高等学校加强对招生工作的管理和纪检监察工作。(文略)

7月5日

全国省市妇联主席工作会议在上海召开

会议以协助党委做好培养选拔女干部、组织妇女参与社会主义精神文明建设和培养高素质妇联干部队伍为主要内容。中共中央政治局委员、上海市委书记黄菊,全国人大常委会副委员长、全国妇联主席陈慕华出席会议并讲话。

陈慕华说,本次会议着重研究三个问题,一是积极协助党委在今明两年各级领导班子换届选举中,做好培养选拔女干部工作;二是积极参加精神文明建设,重点推进家庭美德建设;三是进一步加强妇联自身建设,为建设一支高素质的妇联干部队伍和迎接明年妇女八大做好准备。

会上,陈慕华代表全国妇联授予黄菊和上海市市长徐匡迪“妇女之友”杯,以感谢他们对妇女事业的支持。

上海市就如何培养选拔女干部、加强精神文明建设和妇联自身建设工作介绍了经验。

中共中央党校重点国有企业领导干部进修班在北京举行结业式

中共中央政治局常委、书记处书记、中央党校校长胡锦涛出席结业式并为学员颁发了毕业证书。中共中央组织部部长张全景在结业式上讲话。

全国人大常委会副委员长王光英在人民大会堂会见由第一副议长颂蓬·派沙旺率领的泰国下议院代表团

7月6日

新华社发表评论员文章《警惕荒谬历史观作祟——纪念“七七卢沟桥事变”六十周年》

今年是日本军国主义为发动全面侵华战争而挑起的“七七卢沟桥事变”60周年。“前事不忘,后事之师。”此时此刻,回顾日本军国主义侵略中国的历史,并深刻汲取教训,很有必要。这是因为日本国内一直存在着一小股否定日本侵略历史的右翼势力。近年来,他们更加活跃,变本加厉地为军国主义歌功颂德,为日本侵略亚洲和中国的历史翻案,宣扬什么日本当年提出“二十一条要求”和发动“九一八事变”是“为了维护日本的正当权益”,胡说“七七卢沟桥事变”“不是日方挑起的,而是中国军队干的”,声称“南京大屠杀是捏造的”。这些极端荒谬的言论颠倒历史到了无以复加的程度,严重地伤害了中国人民的感情。这不能不引起人们的高度警惕。他们这样做意欲何为?!

翻一下尚未尘封的历史,就会发现日本军国主义妄图侵占中国的野心由来已久。臭名昭著的《田中奏折》标志着日本早在本世纪20年代就已经把鲸吞中国纳入其称霸世界的战略中了。正是在所谓“欲征服支那,必先征服满蒙;欲征服世界,必先征服支那”的战略思想指导下,日本军国主义者一手挑起了“九一八事变”,炮制了一个伪满洲国,后经精心策划,又于1937年7月7日发动“卢沟桥事变”,将战火燃遍大半个中国。日本侵略者在中国的土地上,疯狂地实行“烧光、杀光、抢光”的“三光”政策,还使用细菌、化学武器,犯下了人类历史上最野蛮、最残酷的罪行。侵华战争延续时间之长、规模之大、造成的损失之惨重都是空前的。据统计,在日本侵华战争中死伤的中国人达3500万之众。按1937年的比值计算,日本给中国造成的直接经济损失达1000亿美元,间接经济损失达5000亿美元。

日本军国主义在中国犯下的滔天罪行,人证、物证俱在,且有许多重要的国际文献记录在案,绝不是日本极少数人可以抵赖的。他们的丑行,只能欲盖弥彰,使本来就极不光彩的历史愈描愈黑。岂不知这伙为侵略历史翻案的人正在起着反面教员的作用。它擦亮了人们的眼睛,使大家看到,日本确有一小股右翼势力怀着不可告人的目的蠢蠢欲动。他们虽然人数很少,但能量不小,其影响不可低估,值得警惕。

正确对待历史是发展中日关系的政治基础,是建立中日信赖关系的起点,是实现中日世代友好必不可少的前提。承认而不是否认那一段给中国人民造成深重灾难的历史是一个重大的原则问题。近年来,日本有人明里暗里指责中国方面揪住日本的历史问题不放,实际上，战后以来，中国方面一直主张中日关系要向前看，强调日本人民在过去的侵略战争中也深受其害，主张将日本军国主义者与广大日本人民区别开来。25 年前，中国捐弃前嫌，同日本复交，希望从此把不愉快的历史之页翻过去。遗憾的是，"树欲静而风不止"，日本极少数人其后在历史问题上一再挑起事端，使《中日联合声明》的精神遭到亵渎，中国人民的民族感情受到严重伤害，中方不得不做出必要的反应。事实说明，历史问题一再出现，并非因为中国人喜欢旧事重提，更不是中国人抓住日方的辫子不放，问题的症结所在应该是十分清楚的。

日本极少数人至今仍在宣扬反动的军国主义历史观，为侵略历史翻案，给日本和日本人民也制造了麻烦，因为这不符合日本人民的历史观和要求日中友好的普遍意愿，干扰和损害了日中关系。中日双方应共同努力反对和制止这种破坏中日友好的行为，严格遵循中日联合声明与中日和平友好条约，使中日关系得以健康、稳定地发展下去。

国家级珠宝艺术珍品《巨龙迎珠》问世

为迎接 1997 年香港回归，北京和光国际珠宝有限公司投入设计制作的大型国家级珠宝艺术珍品《巨龙迎珠》近日隆重问世。

该珍品由工艺美术大师纪书国设计，工艺美术大师庄庆、李连锁领衔制作。

《巨龙迎珠》以雄健巨大翱翔于天空中的神龙迎接明珠为主体，高 1800 毫米，身长 1997.71 毫米，以金银珠宝名贵材料构成。主体采用金工镶嵌工艺，龙眼用直径 24 毫米宝石镶嵌，龙角用上等玉石随型雕刻，以中国传统最为讲究的"金镶玉"工艺制作。

龙脊两边各镶嵌直径 18 毫米、56 粒名贵宝石，色彩斑斓，此举象征着共和国 56 个民族大家庭喜迎香港回归。巨龙的鳞片镶嵌有上万粒钻石，使整个龙体呈现出一条闪光的亮线，神采飘逸。

在珍品上有近千条 9 毫米雕錾精美的微龙。龙腿的火焰自由飘逸，龙爪雕錾结合，矫健有力，闪光的明珠光彩夺目。在水浪和祥云之间镶嵌着《巨龙迎珠》四个金光闪闪的大字。

这是一项载入史册的艰巨艺术工程，珍品首创历代工艺界之先河，耗资巨大，工艺设计高超，制作宏大而精美，它集名贵材料而成，耐观赏、耐琢磨、耐思考，极具收藏价值。

中央宣传部 国家教委 共青团中央在北京西客站举行大中学生志愿者暑期文化科技卫生"三下乡"出征送行仪式

从今天起，全国 100 多万名大中学生志愿者将陆续启程，大中学生志愿者"三下乡"活动拉开帷幕。

国务委员彭珮云在内蒙古考察

国务委员、国家计生委主任彭珮云先后考察了内蒙古呼伦贝尔盟的海拉尔市、满洲里市、鄂温克族自治旗和内蒙古大兴安岭莫尔道嘎林业局。她深入到蒙古包、医院、计划生育服务站和幼儿园，详细考察了各地的计划生育、医疗卫生和妇女儿童工作，并听取了内蒙古自治区领导关于医疗、卫生、计划生育等工作的汇报。近几年来，内蒙古根据地广人稀、民族众多的实际，用多种文字语言宣传计划生育工作的方针政策，用综合流动服务车等形式把计划生育服务送到偏远的敖特尔（流动游牧点）和蒙古包。现在，不但汉族群众实行计划生育，各少数民族群众也积极实行计划生育。这使得内蒙古自治区 1996 年年末人口出生率和自然增长率分别降到 16‰和 10‰以下。彭珮云说，内蒙古是个边疆少数民族地区，在计划生育工作中取得这么好的成绩，是了不起的。这说明各级领导重视计划生育工作，宣传有力，方法得当。今后要继续加强计划生育宣传教育工作，让各族人民都认识到计划生育工作的重要性和好处，自觉自愿地实行计划生育达到控制人口数量，提高人口素质。

在谈到卫生工作时，彭珮云指出，卫生事业的发展虽然不能不受到经济的制约，但是，各级领导同志应该牢固树立经济和社会协调发展的观念，常常想着干这件关系人民群众切身利益的事，给予必要的投入，并随着财政收入的增长逐步增加投入。卫生事业发展了，人民群众身体健康了，反过来对经济有促进作用。医疗保障制度改革势在必行，内蒙古自治区要抓好试点，为逐步推行新的职工医疗保障制度取得经验。彭珮云要求医改试点城市，率先搞好区域卫生规划，努力做到医疗机构设置合理，服务良好，方便群众。

彭珮云指出，农村三级卫生网、合作医疗和乡村医生队伍，是中国农村卫生事业的三大支柱。各地要重视农村合作医疗工作，先试点、后铺开，稳步推进。在广大农村牧区建成一个作用显著，队伍稳定，医疗水平和服务水平较高的卫生网络，为提高各族人民的健康水平，提供良好的医疗保障。

7 月 7 日

首都各界在中国人民抗日战争纪念馆集会纪念"七七事变"60 周年

中共中央总书记、国家主席、中央军委主席江泽民为抗日战争纪念馆题词："高举爱国主义旗帜以史育人弘扬中华民族精神振兴祖国。"

中共中央政治局常委、中央军委副主席刘华清，中共中央政治局委员、中央书记处书记、中宣部部长丁关根，中共中央政治局委员、书记处书记、中共北京市委书记尉健行为抗战馆二期工程落成开馆剪彩。

中国人民抗日战争纪念馆前的会场庄严隆重，会场正中悬挂着“纪念‘七七事变’60周年暨中国人民抗日战争纪念馆二期工程落成开馆仪式”的会标。

尉健行在大会上发表了讲话。他指出，1937年7月7日，日本帝国主义在制造“九一八事变”侵占我国东北后，又蓄意制造了震惊中外的“卢沟桥事变”，开始了全面侵华战争。在中华民族最危险的时刻，在中国共产党倡导的抗日民族统一战线旗帜下，形成了空前广泛的统一战线和民族大团结。全国人民万众一心，同仇敌忾，与侵略者展开了殊死搏斗，充分显示了中华民族不畏强暴、不可战胜的英雄气概。八年的浴血奋战，彻底打败了日本侵略者，取得了抗日战争的全面胜利。尉健行说，中国人民的抗日战争，是中国近代史上中国人民反对外敌入侵第一次取得完全胜利的民族解放战争，为国家独立、民族解放奠定了基础，为世界反法西斯战争的胜利作出了巨大的历史性贡献；对于打破帝国主义奴役和压迫，推动全世界一切殖民地和附属国争取国家独立和民族解放的斗争，产生了巨大和深远的影响。

尉健行说，“前事不忘，后事之师。”我们永远不会忘记，落后就要挨打。当年，日本帝国主义之所以敢于悍然发动侵华战争，就是因为我们的经济落后、国弱民穷。今天，我们要以强烈的民族使命感和责任感，把祖国建设成为一个富强、民主、文明的社会主义现代化国家，使中华民族永远屹立于世界民族之林。

尉健行提出，我们一定要充分利用抗战馆这个阵地，深入持久地开展爱国主义教育，大力弘扬中华民族的团结爱国精神，以百倍的信心和坚忍不拔的努力，为实现社会主义现代化建设的伟大目标而奋斗。

会议由北京市市长贾庆林主持。北京市民主党派代表、群众代表和中国人民抗日战争纪念馆代表在大会上发言。

全国人大常委会委员长乔石在人民大会堂会见玻利维亚参议院议长劳尔·莱马·帕蒂尼奥

莱马说，今天下午他同中国全国人大常委会副委员长布赫的工作会谈很重要。

全国政协主席李瑞环在人民大会堂会见香港其士集团周亦卿

外交部驻香港特别行政区特派员公署特派员马毓真在特区行政长官办公室拜会特区行政长官董建华

马毓真和董建华都表示，相信特区政府与外交部驻港特派员公署一定能配合得很好，建立起良好的工作关系。

拜会中，马毓真向董建华转交了国务院副总理兼外交部部长钱其琛的一封授权函。授权函通知，中央人民政府已授权香港特别行政区政府在航班过境、促进和保护投资、移交逃犯、移交被判刑人和刑事司法协助五个领域与有关国家就双方协定展开谈判。

国务院总理李鹏签署224号令发布《中华人民共和国契税暂行条例》

《中华人民共和国契税暂行条例》已经1997年4月23日国务院第55次常务会议通过，现予发布，自1997年10月1日起施行。

总理 李 鹏

1997年7月7日

中华人民共和国契税暂行条例（文略）

中共中央国务院发出《关于治理向企业乱收费乱罚款和各种摊派等问题的决定》

近年来，党中央、国务院针对一些地区和部门出现的向企业乱收费、乱罚款和各种摊派等问题，多次发布文件加以制止，各地区、各部门按要求做了一些工作，但问题一直没有得到很好解决。向企业乱收费、乱罚款和各种摊派，严重干扰了企业正常的生产经营，加重了企业负担，助长了不正之风，损害了党和政府同人民群众的关系，已经到了非解决不可的时候。各地区、各部门一定要从政治和全局的高度，充分认识抓好这项工作对于推进企业改革和发展、加强廉政建设、保持社会稳定的重要意义，下决心进行专项治理。为此，党中央、国务院决定：（文略）

国务院副总理朱镕基在粮食购销工作电视电话会议上发表讲话

朱镕基在会议上强调，在各省、自治区、直辖市党委、政府的统一领导下，全国粮食系统一齐行动，有关部门通力合作，尽快把按保护价敞开收购议购粮的政策落到实处，切实保护农民的生产积极性，保持农业和整个国民经济的大好形势持续发展。

朱镕基说，今年夏粮丰收，出现了市场粮价下跌的趋势，各地在完成国家定购粮的收购任务后，对议购粮的收购就不能“随行就市”了。否则，农民就有可能增产不增收，必然挫伤农民种粮积极性。他要求各地要按照最近国务院发出的《关于进一步做好夏粮收购工作的通知》精神，明确宣布国家定购粮按去年确定的定购价收购不变,议购粮按保护价敞开收购。保护价就是国务院确定的基准价。这是党中央、国务院为了保护农民利益、保证农民增产增收所采取的重要措施。现在,对夏粮按保护价敞开收购,秋粮多了也要按保护价敞开收购,今年如此,明年如此,年年如此,这是我们必须坚持的一项基本政策。

朱镕基说,对粮食形势始终必须保持一个清醒的认识。我们 12 亿人口要能够吃得饱,又吃得好一点,现在这些粮食是不够的,任何时候都不能放松粮食、放松农业,这是大局。历史上每当一两年丰收之后,往往脑袋发热,就放松农业,农民积极性没有了,接着就是粮食紧张,又转过来搞治理整顿,这个历史教训是深刻的。

朱镕基指出,我国粮食生产连年丰收,国家粮食储备已超过历史最高水平,这是国民经济持续快速健康发展的重要保证。目前全国旱情严重,如果在这个时候粮价有大的波动,就会影响农民抗旱的积极性,秋粮生产就会出问题。国务院决定对议购粮按保护价收购,就是为了保持政策的连续性,保护粮食生产的稳定发展,这个政策一定要坚决贯彻执行。他要求国有粮食系统以保护价敞开收购议购粮,一定要取信于民,任何时候都要做到不拒收、不停收、不限收、不打白条。各个粮站要把定购价、保护价张榜公布。要告诉农民,无论什么时候卖粮,这个价格也不会变。朱镕基说,当前夏粮市场价格出现的下跌趋势,由于发现和解决得比较及时,还没有造成谷贱伤农,只要粮食系统紧急行动起来,认真总结经验,吸取教训,不折不扣地贯彻执行国务院的通知精神,不仅可以很快稳定市场粮价,而且收购的粮食还可以顺价出售,销量也会增加,对农民、对粮食企业都是有利的。

朱镕基强调,按保护价敞开收购议购粮,必须全国各地一齐行动,没有例外。有关部门要通力合作,大力支持国有粮食系统把这件事办好。首先要保证粮食部门收购议购粮的资金,要多少给多少,拿多少钱就要收购多少粮食,严禁挪用。其次要对增加收购而暂时销售不了的粮食库存的保管费用和资金占用利息给予财政补贴。这项补贴从中央和地方财政共同建立的粮食风险基金中开支。最后要解决仓储设施。现有粮库可以采取多种办法增加库容,还应大力利用社会闲置仓库和空余厂房。国家将增加仓储改造的贴息贷款。

在谈到如何增加农民收入和保护农民利益的问题时,朱镕基说,要注意根据市场需求变化,合理调整粮食种植结构,要鼓励粮食产区发展养殖业,发展粮食的转化、加工,增加市场上肉禽蛋鱼的供应,提高人民健康水平。他明确指出,发展农畜产品的加工,不要一哄而起,不要乱上一些小项目,要统筹规划,发展现代化的规模加工。针对当前有的地方将农民的责任田收上来,然后再招标包给农民,收取高额承包费的做法,朱镕基指出,这种做法改变了农村的基本经营制度,是违背中央精神的。这既加重了农民负担,又影响了农民在土地上进行投入的积极性,必须予以制止。

国务院副总理李岚清主持了会议,各省、自治区、直辖市和计划单列市,以及中央、国务院有关部门负责人出席了电视电话会议。

全国连锁经营工作会议在北京召开

会议由国内贸易部、国家经贸委和国家体改委联合召开。会议要求各地认真总结经验,深化改革,转换机制,以优势企业为龙头,打破部门、地区界限,通过资产重组、企业兼并、特许(加盟)连锁等方式,尽快提高连锁企业的组织化程度,实现规模经营;强化管理,搞好配送中心和信息管理系统的建设,加强人才培训和行业指导,进一步提高连锁企业的规范化水平。

据统计,到 1996 年年底,我国连锁企业已发展到 700 多家,店铺总数超过 1 万个,分别比 1995 年增加了 3.7 倍和 3 倍。1996 年连锁企业实现的销售额,约占社会商品零售总额的 1.2%,在 35 个大中城市,连锁企业的销售额占到社会商品零售总额的 3%以上。由于我国连锁企业从一开始就坚持"为民便民利民"宗旨,通过统一采购和规模经营,降低了流通成本,据调查,连锁店经营的日常生活必需品价格,一般比百货店低 5%左右;连锁经营还促进了流通体制改革和企业效益的提高,促进了商品生产企业和相关产业的发展。1996 年,大部分连锁企业的销售额比上年提高 20%—50%,其中上海市连锁企业的销售额增幅达 81%。

全国政协主席李瑞环在人民大会堂会见由总监田长霖和会长邓兆祥率领的美国百人会代表团

李瑞环对美国百人会在庆祝香港回归期间来京访问表示欢迎。他说,香港回归是中国近现代史上意义深远的一件盛事,作为中华儿女,不论身居何地,都为能赶上这一普天同庆的盛事感到由衷的高兴。

在谈到中美关系时,李瑞环说,从总体上讲,中美两国关系在曲折中向前发展。他指出,由于历史背景、社会制度、意识形态的不同以及某些历史原因,中美之间存在一些分歧是正常的,重要的是寻找更多的机会,采取更多的形式,创造良好的气氛,加强接触,促进交流,以增进理解,消除误解,达到谅解。中美双方都有这个需要,也存在这个条件。李瑞环对中美关系的前景表示乐观。他说,发展良好的中美关系有广泛的社会基础,是不以人的意志为转移的历史趋势,符合两国人民的愿望,也符合世界各国的利益。他对美国百人会为促进中美两国关系所作的努力表示赞赏。

田长霖表示，美国百人会作为民间团体愿为促进海峡两岸之间的交流和促进中美关系的不断发展作出贡献。

国家科委和美国犹他州政府合作建立生产力中心签字仪式在北京人民大会堂举行

犹他州是美国第二大软件开发产业集中地，首府盐湖城被称为“掌握计算机灵魂”的城市。我国国家科委和犹他州政府合作建立生产力中心，目的是为了促进两国企业尤其是中小企业间的经济技术交流合作。这一服务性机构的业务范围包括为双方企业进入两国市场提供咨询服务，为双方企业及相关人员提供产品培训、管理培训、语言培训，为双方贸易交流牵线搭桥，应用美国先进软件技术和中国人才资源共同推进中国软件进入国际市场等。中心合作网络的美方单位有犹他州软件谷内的1400家高科技企业及州内高校，中方有国家科委下属的65个生产力促进中心及中国科技促进发展研究中心、北京国际交流中心等。

签字仪式上，美国犹他州考瑞尔软件公司向中国600所高校赠送价值2000万美元的最新软件技术产品，用于学校教学、科研和管理。国务委员、国家科委主任宋健和美国犹他州州长麦克·李维特出席了签字仪式。

首届全国CAD应用工程博览会开幕

全国CAD应用工程协调指导小组组长、国家科委副主任徐冠华在开幕式的讲话中强调，计算机辅助设计(英文缩写CAD)技术作为电子信息技术的一个重要组成部分，是实现智能劳动自动化、保证国家整体工业水平上一个新台阶的关键性高技术，是提高产品与工程设计水平、降低消耗、缩短产品开发与工程建设周期、大幅度提高劳动生产率的重要手段；是科研设计单位提高研究与开发能力，企业提高创新能力和管理水平，增强市场竞争和参与国际竞争的必要条件。CAD技术开发与应用水平已成为衡量一个国家科技现代化和工业现代化程度的重要标志之一。

这次博览会是由国家科委、全国电子办、国家技术监督局、机械工业部和建设部联合主办的。12个行业展团、32个省市展团及百余家CAD软件厂商在博览会上展示各自的CAD应用和开发成果。它展现了我国CAD应用的巨大成就以及国内外最先进的CAD技术成果，显示出发展高新技术及其产业，并用其改造传统产业的广阔前景。

云南屏边苗族自治县发现蜂猴

最近，有关专家在云南屏边苗族自治县发现一种罕见的蜂猴。这种生活在南亚热带海拔1600米至2200米山林中的蜂猴，颈部、背部及腰部中央有一条黑色脊纹，平均体重283.6克。

7月8日

国家主席江泽民在人民大会堂会见马来西亚最高元首端古·贾阿法

江泽民感谢马来西亚对中国恢复对香港行使主权的支持。他说中方欢迎马来西亚继续保持和发展同香港特别行政区的交往与合作。

贾阿法说，马来西亚和中国是近邻，两国人民的友好交往源远流长，他此次访华的主要目的就是要促进马中之间业已存在的友好合作关系继续发展，特别是加强双边的贸易关系。马来西亚是东盟成员国，马方将尽力推动中国同东盟合作关系有一个新的发展。

江泽民说，中马是友好邻邦，两国人民之间有着深厚的传统友谊。近年来，两国关系发展很好，在各个领域的交流与合作都取得了积极进展。他说，中国十分重视发展同周边国家的睦邻友好合作关系，重视东盟在维护地区和平与稳定、促进区域经济合作方面发挥的积极作用。中国希望进一步发展与东盟的友好合作关系。

全国检察长座谈会在北京召开

今年1月至5月，全国检察机关立案查办党政领导机关、行政执法机关、司法机关和经济管理部门涉嫌贪污、贿赂、挪用公款、徇私舞弊等职务犯罪的人员5431人，其中查办涉嫌犯罪的县处级以上干部1011人，包括厅局级干部65人、省部级干部1人；立案侦查涉嫌徇私舞弊等渎职、“侵权”犯罪的司法人员1152人，同比上升5个百分点。

最高人民检察院副检察长梁国庆在会议上指出，认真解决干部的腐败和司法的腐败，关系到人民民主专政政权的稳定。检察机关要针对这两方面的腐败现象，抓住重点，依法对跑官要官、买官卖官中进行贿赂犯罪的案件，特别是党政主要领导干部利用职权搞“卖官鬻爵”构成犯罪的案件；以及司法人员贪赃枉法、徇私枉法、徇情枉法、徇私舞弊、滥用职权等犯罪案件，坚决查办，一查到底。

梁国庆强调，严厉打击司法腐败，对检察机关也不能例外。各级检察机关不但要查外部，也要查内部；不但要查别人，也要查自己。八届全国人大五次会议后，针对代表们对检察工作和检察队伍建设的意见和建议，全国检察机关采取了一系列改进措施，已严肃查处了违法违纪的检察人员212人。

全国农业厅局长座谈会在福建漳州结束

座谈会于 7 月 5 日召开。与会代表分析了今年夏粮获得丰收后出现的一些新问题和新情况，并对今年秋粮生产形势作出客观判断。

今年上半年我国农村经济运行良好，夏粮增产幅度较大，早稻也可望增产；"菜篮子"产品丰富，肉蛋奶、水果、水产业都有增长；乡镇企业今年上半年产值比去年同期增长 15.3%，实现利税增长 15.1%，出口交货值增长 28.1%，销售收入增长 19.7%。但是，由于受气候等因素的影响，我国今年秋粮生产形势不容乐观。

会议全面分析了农业经济形势后认为我国是一个长期受干旱困扰的国家，人均占有水资源较少。因此，要千方百计、想方设法保证今年秋季粮食产量与去年持平，要确立抗灾夺丰收的思想，通过在北方地区大面积推广节水技术和旱作农业技术，提高粮食单产。同时要大力发展养殖业，使养殖业在农业中的比重进一步提高，改善我国人民的膳食结构，提高生活水平。

会议指出，当前一方面要以市场为导向，优化农业结构，通过农业龙头企业，带动农民增收；另一方面农业部门要正确引导农民消费，使农民吸收资金发展产业，获得更多的利润；让农民在农业产业化中，采取农业股份合作制等形式，发展农副产品加工企业，提高农产品的附加值，确保农民收入有一个稳步的增加。

会议指出，从 1979 年开始实行的以家庭联产承包为主的责任制，仍然适应现阶段我国农村生产力发展的水平，是我国农村的一项基本经营制度，要不断地巩固完善。规模经营一定要在条件允许的地区实施，不能不顾客观实际，人为地去搞规模经营。土地承包按照中央文件的规定，要认真做好承包期再延长 30 年的工作，这一工作将是各地农业部门今冬明春的主要工作之一。

国务院总理李鹏在中南海会见出席"21 世纪亚太地区经济科技文化发展和国际交流研讨会"的主要外宾

李鹏说，亚太各国乃至全人类将面临新的机遇和挑战。如何建立一种稳定的国际和平环境，如何做到各国都享有平等参与国际事务的权利，如何建立互利互补、共同发展的新型国际经济关系，如何共同恪守互不干涉内政、尊重各国人民根据本国国情选择发展道路的原则，如何通过国际合作有效对付人类面临的环境保护和可持续发展等种种挑战和问题，都是各国必须作出回答的问题。李鹏指出，就东亚和东北亚各国来说，它们应该努力保持经济持续增长的势头，并适应科技高速发展的挑战。李鹏说，中国是亚洲和太平洋地区的一员，奉行独立自主的和平外交政策。中国历来重视同亚太各国的交流与合作，一贯致力于亚太地区乃至世界的和平与稳定。

日本国际研修交流协会理事长、日本东北电力株式会社董事长明间辉行代表与会外宾表示，完全同意李鹏总理所发表的见解，各国都应以新的姿态迎接 21 世纪。他说，中国在亚太乃至世界正发挥非常重要的作用。因此，以 21 世纪发展前景为主题的研讨会在北京举行具有重要意义。

全国人大常委会委员长乔石在人民大会堂会见由下议院第一副议长颂蓬·派沙旺率领的泰国下议院代表团

"21 世纪亚太地区的经济文化科技发展与国际交流"研讨会在北京开幕

会议为期 4 天，国务院总理李鹏和日本首相桥本龙太郎分别向研讨会发来贺词表示祝贺。李鹏的贺词是："共商经济科技文化发展大计，加强亚太人民友好合作。"桥本在贺词中指出，在香港回归中国和日中实现邦交正常化 25 周年的时候，召开这次研讨会"意义深远"，他衷心祝愿研讨会达到预期目的。

这次研讨会由日本国际研修交流协会和中国教育国际交流协会共同举办，将讨论 21 世纪中日建立什么样的合作关系以及如何保持亚太地区的稳定与发展等问题。来自中国、日本、美国、德国、加拿大等国的 80 多名学者、知名人士出席。

我国研制成功新型紫外氦氖激光器

国内首台 316.4nm 紫外氦氖激光器，已由北京大学李新章教授、赵绥堂高工带领研究生钟灿涛和康志锋研制成功，日前在北京通过国家教委组织的鉴定。

该激光器是研究人员根据晶体在强光下的非线性光学效应，巧妙地将晶体置于常规的632.8nm氦氖激光器谐振腔内，进行腔内倍频而获得的。文献查新结果表明，国际上未发现同类产品。专家们认为，这项成果将氦氖激光输出波段扩展到了紫外区，其功率指标达到国际领先水平。

国办发出关于各地做好资助高校经济困难学生工作的通知

国务院办公厅日前发出通知，要求各地做好资助高校经济困难学生工作。

通知指出，做好资助普通高等学校中经济困难学生工作，是高校工作的重要内容，体现了党和国家对教育和人才培养的高度重视和关心。目前，以奖学金、学生贷款、勤工助学基金、特殊困难补助和学费减免为主体的资助高校经济困难学生政策体系已经形成。各地区、各有关部门要高度重视这项工作,加强领导,从支持我国教育改革和发展,体现我国社会主义制度优越性的高度出发,提高认识,统一思想;要从所属高校的实际出发,不断总结、完善资助政策措施和各项具体规定,并认真落实。

通知说,1994年以来,中央财政已经拨出数亿元专款用于资助中央部委所属高校经济困难学生。今年国家仍将下达专款资助中央部委院校经济困难学生。各省(自治区、直辖市)人民政府也要结合当地高校实际情况,相应地拨出专款资助经济困难学生,保证所属高校每一个学生不因经济困难而辍学。

中国选手在扬州举行的第十届女子亚洲举重锦标赛上以17金6银4铜奖牌获团体冠军

中国选手在扬州举行的第二十九届男子亚洲举重锦标赛上以23金7银奖牌获团体冠军

7月9日

国务院总理李鹏在钓鱼台国宾馆会见马来西亚最高元首端古·贾阿法

李鹏说,中马关系发展顺利,两国领导人经常互访为两国关系不断注入新的活力。双方有许多合作项目,两国经贸合作不断取得实质性进展。中马两国在国际和地区事务中有着广泛的共识,相互同情,相互支持,互相配合,合作得很好。中国政府高度重视发展中马关系。马来西亚在农业、水利等方面的发展经验值得中方借鉴。中马睦邻友好符合两国和两国人民根本利益,也有利于本地区的和平与稳定。

贾阿法说,中国顺利实现了香港回归,特别值得祝贺。这体现了中国领导人的英明和远见。马来西亚同中国和香港地区的关系都很密切,香港的回归为双方的合作开辟了更为广阔的前景。贾阿法说,马来西亚政府和人民期待着李鹏总理在不久的将来访问马来西亚,李鹏表示感谢。

中共中央总书记江泽民在中南海会见日本前首相太阳党党首羽田孜

江泽民时指出,"前事不忘,后事之师",日本只有正确认识过去,才能正确把握未来,走和平发展的道路。江泽民对羽田孜率太阳党代表团来访表示欢迎。他说,中日邦交正常化25年来,两国关系在各个领域得到了长足的发展。这个友好局面来之不易,双方都应倍加珍惜。江泽民强调,中日两国领导人和政治家应高瞻远瞩,从战略高度去看待和处理两国关系,使两国关系能在健康的轨道上长期、稳定地发展下去。江泽民对羽田孜先生在推动中日关系的发展方面所作的努力和积极贡献表示赞赏,希望羽田孜和太阳党继续为推动两国睦邻友好发挥更积极的影响和作用。

羽田孜说,今年是日中邦交正常化25周年。对日本来说,有必要进一步反省过去,正确认识历史,以保证日中两国关系的健康、稳定发展。

国务院在北京召开全国粮食购销工作会议

会议于7月9日至11日在北京举行。中共中央政治局常委、国务院副总理朱镕基在会议总结讲话时指出:对于党中央、国务院作出的按保护价敞开收购议价粮的重要决策,各地区、各部门要统一思想,明确政策,统一行动,贯彻落实,为保持农业发展的良好势头和国民经济持续、快速、健康的发展,打下稳固的基础。

这次会议是为了进一步贯彻执行国务院关于做好当前粮食购销工作的重要决定,具体落实按保护价敞开收购议价粮的有关政策措施而召开的。中共中央政治局委员、国务院副总理李岚清在会议开幕时讲了话。国务委员兼国务院秘书长罗干主持会议。各省、自治区、直辖市、计划单列市以及国务院有关部门的负责人出席了会议。

会议指出,今年粮食的宏观调控政策,是在总结了正反两方面历史经验教训的基础上制定的,体现了党中央、国务院关于改革粮食流通体制的一贯思路,是改革在实践中的进一步深化和完善。这项工作做好了,我们就有了在歉收、丰收两种不同情况下解决市场粮价波动问题的办法和经验,今后调控粮食市场的工作就可以做得更好。

与会代表一致拥护中央制定的关于做好粮食购销工作的一系列政策措施,包括:以保护价(基准价)敞开收购议价粮,不拒收,不限收,不停收,不压级压价,不打白条;对某些质量较差、不适销对路的品种,其保护价可以在基准价基础上适当下浮,要给农民一个明白的信号,促使农民改良品种、调整粮食种植结构,但也不能下浮过多,影响农民收入;对粮食收购资金保证供应,但绝不允许挪用、扣留,要积极回笼粮食调销资金;对按定购价和保护价收购的粮食,其超过正常周转库存部分,财政对按原粮计算的利息和保管费用进行补贴;补贴从中央和地方财政共同建立的粮食风险基金中支出。

会议认为,实行以保护价敞开收购议价粮,稳定市场粮价,关键是国有粮食企业要在各级党委、政府领导和支持下,充分发挥粮食购销的主渠道作用和市场粮价形成的主导作用。

朱镕基在总结时强调，要对农民反复宣传“储粮备荒”的思想。“敞开收购”议价粮，是指收购余粮，切不要把农民自己的口粮、种子粮、饲料粮、必要的储备粮都卖给国家。要告诉农民，如果卖了过头粮，将来需要用粮时，还要以较高价格买回来，自己反而多花钱。要告诉农民，国家的粮食储备已经很多了，保管不易，希望农民多储备一些粮食，以丰补歉，对国家、对自己都有利。请农民兄弟放心，你什么时候要用钱，就什么时候去卖粮，任何时候都是这个保护价，绝不会吃亏。

按保护价敞开收购余粮，市场粮价就会很快回升到合理区间，也就是去年国家出台的，按定购粮价加上合理费用的销售价，这不仅可以保护农民种粮的积极性，而且可以使粮食企业恢复正常经营，消灭经营性亏损。全国粮食系统当务之急是敞开收购，同时停止降价出售，收起来以后就能顺价促销，下大力气改善经营管理。

朱镕基最后要求，各地区、各部门要认真传达和学习党中央、国务院的有关文件，统一思想，掌握政策，吃透精神，按照国务院的部署一齐行动。所有粮食收购站都要迅速挂出定购价和保护价的牌子，全面展开收购。各新闻单位要加强粮食购销工作的宣传，安定民心。各级计划、财政、银行、物价、工商、铁路、交通等有关部门，要同粮食部门密切配合，协调行动，并加强监督检查，狠抓各项配套措施的落实。希望粮食销区在丰收年多购进一些粮食，多增加一点库存，一方面储粮备荒，同时也给粮食产区以支持。现在粮食主销区的粮食风险基金都有结余，多增加一些库存的费用可以从粮食风险基金中开支，这也能更好发挥全国一盘棋的作用。各省、自治区、直辖市的负责同志要把这件大事情切实抓好，做好协调工作，及时解决各种问题，保证国务院的部署顺利实施。各级粮食部门的工作是努力的，成绩是显著的，希望继续鼓足干劲，增强信心，发扬成绩，克服困难，把工作做得更好，坚决完成党中央、国务院交给的这项重大任务。

国务院副总理李岚清在全国连锁经营工作会议上发表讲话

由内贸部、国家经贸委和国家体改委联合召开的全国连锁经营工作会议，已经进行了两天，今天就要结束了。会议总结了连锁经营发展的情况和经验，对今后工作进行了具体部署。几个典型单位的发言，听了很有启发。

下面，我根据近年来的实践和会上讨论的情况，就进一步发展连锁经营的问题，讲几点意见。

一、连锁经营是流通领域深化改革和结构调整的主要方向

1995 年 3 月，内贸部、国家经贸委、国家体改委在上海召开部分省市连锁商业座谈会，我当时在会上讲话中提出，连锁经营是我国流通领域带有方向性的重大改革。经过两年多的实践，我国的连锁经营有了很大的发展，我们对于连锁经营的认识也产生了一个飞跃，现在可以这样说，连锁经营是流通领域深化改革的核心问题，是结构调整的主要方向。

连锁经营的本质，是把现代化工业大生产的原理应用于商业流通领域，通过实现采购、配送、销售、经营决策等职能上的专业化，店名、店貌、商品、服务方面的标准化，商流、物流、信息流的集中化，把每个环节、每个岗位上的商业活动，变得像工业生产流水线那样尽可能的简单，因而能够取得良好的规模效益。自 1995 年上海会议以来，连锁经营在我国得到很大发展。据不完全统计，目前全国已有连锁公司 700 多个，各种形式的直营店和加盟店近 1 万个，分别比 1995 年增长 3 倍和近 4 倍，据 35 个大中城市统计，连锁商店的销售额，已经占到全社会消费品零售总额的 3% 以上。尽管目前我国连锁商店的销售额，在整个市场份额中的比例还不大，但其“便宜、放心、方便”的优越性已经明显地发挥出来，受到社会各界的普遍欢迎。在一些连锁经营发展较快的大城市中，连锁商店的销售额增长幅度，已经明显超过了传统的零售商店，显示出良好的发展前景。现在已经看得越来越清楚，连锁经营作为国际上通行的一种先进的经营方式和企业组织形式，正在全世界得到普遍应用和蓬勃发展，不仅发达国家普遍采用这种流通形式，不少发展中国家也相继开办了连锁商店。实践证明，内贸部把发展连锁经营作为流通领域深化改革的主要方向之一，是完全符合实际的。各地要坚定信心，明确方向，把连锁经营这项利国利民也有利于企业的改革，深入持久地抓下去。

去年年底召开的中央经济工作会议，把“加大结构调整力度，培育新的经济增长点”，作为今年经济工作总体要求的重要内容。江泽民同志指出：“调整经济结构，培育新的经济增长点，必须确立市场经济思想，以市场为导向，走集约经营路子，发展规模经济”。而连锁经营的本质正是集约经营，其目的是实现流通的规模化。因此，发展连锁经营也是流通领域结构调整的主要方向。当前，我国各种形式的商业网点总数，已经达到 1500 万个，平均每千人 12 个以上，和发达国家相比也不算少了。但是，我们的商业网点不仅普遍规模很小，而且是只有“点”而不成“网”，分散经营，规模小，成本高，效益低，流量有限。最近几年，随着流通领域的对外开放，一些外国的连锁集团开始进入我国市场，由于他们的连锁规模大，显示出了强大的竞争力。如果我们缺乏紧迫感，仍停留在“小而全”的阶段，肯定会在竞争中败下阵来。尽管如此，改革也必然有阻力，如

购销分离就必然会触犯一部分人的利益(应当说是不正当的利益),还有谁当领导,还有“面子”问题等等。我们要从大局出发,抓住国家把企业兼并优惠政策扩大到商贸企业的大好时机,推动流通企业兼并联合,发展规模经营的连锁网络,加速联合的步伐,尽快形成大型连锁企业。如果我们不能抓住这个机遇,大力推动流通组织结构的调整,就会更加被动,将来后悔莫及。

二、抓住连锁经营的本质内容,实现规模化和规范化经营

我国的商业连锁经营,起步虽然只有短短几年,但由于社会的强烈需求和各级政府的高度重视,发展速度很快。由于连锁经营在我国还是个新的事物,当前发展中也存在着一些问题,其中比较突出的是对连锁经营的认识还不够,没有抓住连锁经营的本质,只知皮毛不知根本,经营运作不规范。有的只有一两个店铺,也自称为“连锁店”;有的虽然统一了商店名称,但没有实行总部统一采购和配送,还是各个店铺甚至店中的商品部、柜组自行采购进货。这些做法都不符合连锁经营的规律,这样的商店根本不能称为连锁店,当然更不可能取得良好的效益。

连锁店最明显的外部特点,可以用“相同”二字来概括。一个连锁公司所属的店铺,店名相同,店铺内外设计相同,销售的商品也相同。这些特点可以归纳为若干个“统一”,如统一店名店貌,统一采购配送,统一经营管理,统一质量标准,统一财务管理,统一广告促销,统一服务规范等。这些个“统一”都很重要,但各自的重要程度却不相同。在连锁经营的发展过程中,绝不能舍本求末,只抓皮毛不抓本质。连锁经营的核心,是必须做到统一采购配送商品,统一经营管理。由于总部大量集中采购和配送,才能够有效地减少中间环节,降低进货成本,降低零售价格;总部采购和店铺销售分离,才有利于杜绝假冒伪劣商品,净化流通秩序;实行专业化、科学化的经营管理,才有利于降低成本费用,提高企业经济效益。同时,通过统一进货可以直接大量向生产企业反馈市场需求信息,还有利于促进生产者调整产品结构,提高产品质量,发挥规模化生产,更好地发挥流通引导生产的作用。如果缺乏这方面的知识,只是简单地统一商店名称,但仍实行单店经营、购销合一的体制,还不是真正的连锁经营。

目前,国内的连锁店在很多方面还很不规范,为此,内贸部经过长时间的调查研究,于今年3月发布了《连锁店经营管理规范意见》。这是连锁商店在我国蓬勃发展以来,由商品流通行政主管部门制定并发布的第一个法规性的文件。当前,为提高我国连锁经营的规模化和规范化水平,应重点在以下两个方面有所突破:

一是在规范化的基础上,扩大每个连锁企业中的店铺数量,提高规模经营水平,实现规模效益。从国外经验看,多数国家都通过立法或行业规范,规定连锁企业的店铺数量应在10个以上,以保证其规模效益。但是,我国现有的连锁企业店铺数量普遍不多,其中店铺数量在10个以下的不在少数,使得规模效益无从发挥。出现这种情况,有思想认识上的原因,有行政管理、财政税收等体制上的原因,说到底还有个眼前利益和局部利益问题。现在,副食店、粮店、菜店系统,都在发展连锁超级市场或便利店,结果在一个很小的范围内,出现几家经营内容相同的连锁店,引起过度竞争,两败俱伤。因此,一定要打破行业、区域和经济成分的界限,在对现有连锁企业进行调整、兼并、重组的基础上,增加连锁企业中店铺的数量,扩大经营规模。不然,总是搞“割据”、“小而全”、“小天地”、“躲进小楼成一统”,我们的连锁店是没有前途的。

二是完善连锁企业的功能,提高经营管理规范化的水平。要完善总部功能,重点是发展总部在采购配送、经营指导、市场开发、促销策划、教育培训等方面的职能。要坚持实行总部统一采购配送,取消店铺的采购进货权。所谓统一配送,并不是每件商品都必须经过配送中心的仓库周转一下,例如部分商品根据物流合理和保质保鲜原则,可由供应商直接送货到门店。但即使这样,也不是店铺自己采购而是由总部统一采购组织供应的,还是属于统一配送的范畴。要完善连锁企业内部各个环节的管理,建立、健全各个岗位、各道工序、各项作业的规章制度,并形成文字规范,实现各项作业的系统化、制度化和手册化。

实现连锁经营的规模化和规范化,必须重视培训工作,这是保证连锁经营顺利、健康发展最重要的基础性工作。不然,连锁经营这本好“经”,很可能让“歪嘴和尚”给念歪了。重点要抓好连锁总部的经理层和管理人员的培训,让他们弄懂连锁经营的原理,还要逐步培训基层管理人员。在培训中,要充分发挥商业院校和社会各方面的力量,还可以聘请国外专家,多层次地培训人员。

三、运用经济手段,加强配送中心的建设和管理

连锁经营发展到一定规模,配送中心的建设问题就十分突出了。配送中心是连锁经营得以正常运作的关键设施,在一定意义上说,没有配送中心根本谈不上真正的连锁经营。配送中心是连锁企业商流、物流、信息流的交汇点,承担着连锁企业各门店所需商品的进货、库存、分拣、加工、配货、运输、送货、信息处理等任务,其性质完全不同于传统的仓储设施。目前,我国大部分连锁企业在配送环节上都非常薄弱。同发达国家相比,我们在装备自动化程度上固然存在很大的差距,

但更主要的差距在于，我们很多企业并不了解、不懂得配送中心的功能，或是把配送中心看作可有可无，或是简单地当成仓库的翻版，或是只重视配送设施的建设，而忽视物流过程背后的商流和信息流运行。这个问题不解决，不可能实现真正的连锁经营。

在配送中心建设中，一定要注意防止大兴土木，搞新一轮的"基建热"。现在我们不少商品流通部门和企业的传统观念和思维方式还没有转变，一说发展连锁经营，建配送中心，就要求国家拨款、贷款或自筹资金新建，其实社会上有很多闲置的仓库、厂房，不用新增多少投资，稍加改造就可以使用。要用经济的办法，通过对原有流通仓储设施的改组、改制、改革、改造，使之成为连锁企业的配送中心，起到事半功倍的作用。

配送中心的建设，还要注意同连锁企业的组织结构调整结合起来，防止"小而全"促进规模经营。发达国家的配送中心，一般有两种类型：一种是大型连锁集团自用的配送中心，只为本公司的连锁店配送；另一种是批发主导型的社会化的配送中心，同时为多个连锁企业及其他零售店送货。我国目前的连锁企业普遍规模偏小，店铺数量不多，需要在结构调整中进一步联合、兼并，以取得规模效益。因此，当前在配送中心建设中，一定要坚持效益原则。店铺数量较多的连锁企业，可以建设自己企业专用的配送中心，其他连锁企业务必不要盲目追求"小而全"。各地政府及有关部门可根据合理布局的原则，适当发展若干个社会化的配送中心，为规模较小的连锁企业提供配送服务。目前有些大型百货商场经营滑坡，也可以考虑利用大商场的仓库设施和进货渠道，开展配送业务，扩大批发经营，同时也提高了自身的效益。

四、从国情出发，重点发展适应我国消费水平的便民连锁店

连锁经营是一种先进的营销形式和商店组织形式，主要特征是统一采购、集中配送、分散销售，因此特别适合于大批量、标准化商品的经营。而对于以个性化、高档化的消费者为服务主体的百货店等业态，并不十分适合，国际上目前这方面的成功范例也不多。无论是从连锁经营的一般规模，还是从我国的实际国情出发，当前都应该把发展连锁超级市场和连锁便利店放在优先地位。

我国是个发展中的社会主义国家，城镇人口的恩格尔系数(指家庭用于食品的支出占全部支出的比重)刚刚下降到50%以下。按照联合国粮农组织制定的标准，刚刚由温饱型进入小康型经济。尽管随着国民经济的发展，我国的消费水平已经开始出现多元化、多层次的现象，但消费的主体和主流仍然是大众消费。特别是最近几年，城市商业设施建设趋向于大型化、高档化，而位于居民区的副食店、粮店却因经营方式陈旧大量萎缩，结果造成商业营业面积扩大与居民购物不便同时并存的不正常的现象。因此，当前连锁商品的发展重点，应该以"为民、便民、利民"为指导思想，以中等收入的工薪阶层为基本顾客，以满足人民群众基本生活需求为经营宗旨，以大众化生活用品和"菜篮子"、"米袋子"食品为主体商品，以超级市场、便利店为发展重点。同时，还要大力发展为居民生活密切相关的快餐业、服务业连锁店，发挥"老字号"的优势，在市场上同"洋快餐"进行竞争。

发展连锁超级市场、便利店，一定要把"为民、便民、利民"作为出发点和立足点，强调贴近社会、贴近群众、贴近生活。首先要有全心全意为人民服务的指导思想，想老百姓之所想，急消费者之所急，千方百计满足顾客的消费需求，这样才会有开办超级市场、便利店的动机和愿望。连锁超级市场和便利店，要开设在居民区，特别是商业网点稀少的城郊结合部和郊区居民新村，逐步做到出门步行5分钟到10分钟内就有商店，解决居民购物不便的问题。还要下农村，进大专院校的校园，方式可以多种多样，如可以用流动商店到农村去销售。在大城市的郊区，也可以尝试把连锁便民店开到农村，为农民提供物美价廉的商品和良好周到的服务。连锁超级市场和便利店的商品配置，应以能满足当地大多数居民日常生活需要为原则，顾客来店后可将所需物品一次购齐，不必再多跑其他商店。在经营品种上，应以肉类、禽蛋、蔬菜、水果、水产品及粮油食品(包括上述商品的活体、鲜品、冻品、半成品、熟制品等)为主，营业时间也应适当延长，并根据群众的实际需要，增加服务项目和内容。由于超级市场、便利店营业面积有限，要做到"一次购齐"并不容易，需要在对市场作大量调查研究的基础上，精心筛选并及时更换商品目录。把超级市场和便利店开设到居民区，可以解决便民的问题，但如果不能迅速扩大连锁店数量，商品价格就降不下来，做不到利民。因此，要通过发展店铺数量，迅速扩大连锁规模，依靠规模效益实现薄利多销，降低商品零售价格，使广大消费者得到实实在在的利益。

五、政策扶持，推动我国连锁经营健康发展

为了推动我国连锁经营的健康成长，在发展初期，政府部门应该给予一定的政策扶持和引导。在1995年上海会议上，我提出应在连锁商业的发展资金、税收、用房、工商登记、经营专营商品等方面予以支持。两年来，国务院有关部门和各地政府，采取各项政策扶持措施，不仅上述几个方面都有所前进，而且还有新的突破。例如，国家技术监督局发文，对连锁商店总部统一采购的商品不再进行重复检查；外经贸部对符合条

件的十九家连锁企业，授予了进出口经营权。前不久，国家工商行政管理局，就连锁商店简化工商登记手续问题，也颁布了有关政策。这些政策措施，对推动我国连锁经营的健康发展，已经产生并将继续发挥重要作用。今后，要在以下几方面继续加大力度，给我国连锁经营的发展创造一个良好的外部环境。

第一，国务院有关部门要一如既往，继续从各方面支持规模化和规范化的连锁商业的发展。国家经贸委、国家体改委作为宏观经济综合部门，要进一步加强调查研究，提出引导和扶持连锁经营健康发展的政策建议，并协调和督促有关部门加以实施。财政、税务、建设、工商和金融部门，也要进一步关心连锁经营的发展，结合各自的职责范围，进行扶持。内贸部作为连锁经营的行业主管部门，要继续把发展连锁作为中心工作之一，加强指导，统筹规划，搞好培训，工作要抓紧、抓实，抓住不放，一直抓它几年。在工作中，要有“超越”意识，一方面努力学习国外的先进经验；一方面认真总结自己的成功做法，指导我国连锁经营沿着正确的道路前进。

第二，各地政策，特别是 35 个大中城市政府，要进一步提高对连锁经营重要意义的认识，把发展连锁作为一项事关全局的大事来抓。连锁经营不仅是深化流通体制改革的主要方向，而且是“菜篮子”、“米袋子”工程的重要内容，是“民心工程”不可分割的组成部分。几年来，北京、上海、天津、广州等地方政府从本地实际出发，制定了一系列扶持连锁经营发展的政策，许多方面比国务院有关部门出台的政策力度更大，在全国起到了示范作用。由于各方面的原因，有些政策一时难以在全国统一解决，希望各地政府不要等待，尽量在各自的权限范围内，力所能及地制定一些扶持连锁经营发展的政策，推动连锁经营的发展。同时还要注意，各地条件不同，经济发展水平差异很大，发展连锁经营要从各自的实际出发，不要盲目攀比，更不能搞形式主义，盲目刮风，一哄而上。因为连锁的发展也是逐步的，也不可能代替其他商业业态和个体商业网点。

第三，要集中力量，扶优扶强，尽快形成几个有市场竞争力的大型连锁企业。当前，无论是中央政府还是地方政府，扶持连锁经营发展的能力都是有限的。在这种情况下，绝不要搞平均主义，撒芝麻盐，继续吃大锅饭。面对越来越激烈的国内外市场竞争，各地政府必须头脑清醒，提高紧迫感和危机感，制定跨地区、跨部门、跨行业发展连锁经营的政策措施，集中有限的力量，尽快扶持几个有市场竞争能力的大型连锁企业。上海市政府决定加大连锁企业联合、兼并的力度，限期减少连锁公司的数量，以促进每个连锁企业内部店铺数量的扩大。这个决定是很有远见的。

国家体改委主任李铁映在北京召开的建立社会主义市场经济法律体系座谈会上发表讲话

李铁映说，建立完备的社会主义市场经济法律体系，关系到我国社会主义市场经济体制能否顺利建立和顺利实行，因此要加快这个法律体系的建设步伐，为改革开放和现代化建设创造良好的社会环境。

李铁映说，依法治国，加强社会主义法制建设，是邓小平建设有中国特色社会主义理论的重要组成部分。随着形势的发展，加快建立适应新经济体制的法律体系，已经成为一项历史性任务摆到我们面前。

李铁映指出，市场经济的充分发展有赖于市场关系的法制化。从某种意义上讲，社会主义市场经济是法制经济。建立社会主义市场经济体制，必须建立与之相适应的所有制结构、现代企业制度，建立宏观经济调控体系和统一开放、竞争有序的市场体系，建立效率优先、兼顾公平的分配制度和社会保障体系，以及建立符合国际惯例、积极参与国际竞争与合作的对外开放体制，这些都需要制定有关的经济法律加以引导、规范和保障。建立社会主义市场经济法律体系，就是从“三个有利于”出发，坚持解放和发展生产力的原则，坚持以公有制为主体、多种经济成分共同发展的原则，坚持勤劳致富和共同富裕的原则，坚持与市场经济规律相适应的原则。

李铁映说，建立和完善我国市场经济法律体系是一项跨世纪的宏伟系统工程，是法律制度的创新。要贯彻既定的法制建设方针，要充分认识这项重要任务的长期性、复杂性和艰巨性。与经济体制改革的特点相适应，构建社会主义市场经济法律体系框架，先从解决专项的、特殊的经济和社会问题入手，急改革所急，及时实现改革措施的法律化、制度化。在为改革近期需要做好服务的同时，又要为改革的中期和远期目标服务，根据我国生产力、生产关系、社会关系发展变化的趋势，采用专门的科学方法和手段，科学地揭示社会关系的发展变化与法律调整的相互关系，正确预见法律的近期、中期和远期的变化趋势及其社会效果。

他指出，深化改革，建立社会主义市场经济体制，涉及利益格局的调整，就必然会触及原有体制中的深层次矛盾。解决这些矛盾，又需要用法律的形式及时推进整体的和配套的改革。

国务院总理李鹏在中南海会见日中经济协会会长渡里杉一郎和前会长河合良一

南海东部公司打成一口 9238 米开发井创几项新纪录

中国海洋石油总公司海南东部公司最近在西江油

田打一口对外合作的开发井时，创下几项新纪录。这口井定为西江 24—3—A14 井，钻探中应用了十几项新工艺、新技术，完钻井深达 9238 米，居世界第二位；水平位移 8062.7 米，井眼裸眼段达 5032 米，均创世界新纪录。

此外，该井费用比预算节省 30%，为我国经济有效地开发和利用边际小油田提供了新技术和新经验，标志着我国运用高新钻井技术开发海上油田已进入世界先进行列。

中央军委授予北京军区某团三连"基层建设模范连"黑龙江省军区某团八连"黑河好八连"荣誉称号

中华人民共和国军事委员会最近发布命令，授予北京军区步兵某团三连"基层建设模范连"荣誉称号。授予黑龙江省军区边防某团八连"黑河好八连"荣誉称号。

中央军委发布通令给王成琪记一等功

中华人民共和国军事委员会最近发布通令，给济南军区第八十九医院副院长兼外二科主任王成琪记一等功。

中国基因干扰素因特芬达到国际先进水平

被列入国家"火炬计划"项目研制生产的基因工程干扰素—2"因特芬"，已完成三期临床验证工作，日前获得卫生部颁发的正式生产文号。专家们认为，这项重要科技成就的取得，标志中国生物技术产品质量已达到国际先进水平。

中国拍卖师颁证工作全面展开

我国拍卖师颁证工作已全面展开，全国共有 281 人将成为经人事部、内贸部认定的具有法律地位的拍卖师。这批拍卖师是在通过全国拍卖师执业资格考试委员会和中国拍卖协会共同举办的考试后取得执业资格的。为了提高我国拍卖师的总体水平，人事部、内贸部去年联合颁布《拍卖师执业资格制度暂行规定》，决定从今年起对拍卖专业人员实行执业资格制度，并纳入全国专业人员执业资格制度统一规划范围。

7 月 10 日

国务院副总理李岚清在全国大中城市"菜篮子"工作会议上发表讲话

李岚清指出，要毫不动摇地坚持"菜篮子"市长负责制，抓好新一轮"菜园子"建设，进一步完善国合企业主渠道作用，逐步完善适应社会主义市场经济体制要求的"菜篮子"产销体系，满足人民群众的消费需求。

李岚清说，"菜篮子"工作直接关系到城市居民的基本生活和社会稳定。自 1994 年国务院明确提出"菜篮子"工作实行市长负责制以来，"菜篮子"工作取得了显著成效，但还存在着产品总量增长和品种结构调整任务艰巨、产品科技含量低、市场组织化程度不高、市场体系不够健全等问题，需要继续引起各级政府和有关部门高度重视，采取切实有效措施逐步予以解决。

李岚清指出，各大中城市政府要进一步加强对"菜篮子"工作的领导、建立适应社会主义市场经济发展，开放式、少环节、可调控的"菜篮子"产销体系。第一，要以提高生产的规模化和科技水平为中心，搞好新一轮的农副产品生产基地建设。要做好基地的布局规划和调整工作，巩固和适当增加菜田面积，认真执行新菜地开发建设基金征收、管理和使用规定。要大力加强良种培育、开发和引进工作，提高产品质量，优化品种结构。要把分散的农户生产组织起来，提高抗风险能力。第二，要深化流通体制改革，坚持多渠道平等竞争，走产供销、贸工农一体化道路，坚持发展"大市场"、搞活"大流通"，从加强综合服务入手，把生产、加工、流通紧密结合起来。第三，要建设和完善农副产品批发市场，在统一规划、合理布局、避免重复建设的同时，对现有市场加以改革和改造，增加配套服务设施，制定合理可行的交易规则，充分发挥批发市场集散、结算、信息、配送等多方面的服务功能。第四，要积极发展蔬菜、副食品的连锁经营和配送，以新的营销方式搞活"菜篮子"商品流通。第五，要进一步加强和完善宏观调控体系，规范和完善市场秩序。各地政府要继续加强对"菜篮子"等商品市场的管理，保护经营者和消费者的合法权益。要保证跨区域"菜篮子""绿色通道"畅通无阻。

生猪定点屠宰要持之以恒地抓下去，认真解决大中城市定点过多，标准过低问题，充分发挥现代化屠宰设施的作用，实现工厂化屠宰、加工，实行科学严格的检验，确保消费者真正吃上"放心肉"。

李岚清最后指出，各地要认真贯彻国务院刚刚下发的进一步加强"菜篮子"工作的通知，继续毫不动摇地坚持"菜篮子"市长负责制。要由市长牵头统一领导、协调，要有助手协助，事要有人办。各大中城市政府要继续根据当地资源的特点，制定保障"菜篮子"生产持续发展，基地与市场合理布局，产销密切衔接，供求总量平衡的具体方案和措施，制定有力的政策扶持办法，建立有效的价格监管制度，落实重要副食品的储备，继续确保副食品风险基金足额到位。要千方百计巩固和发展"菜篮子"生产，依靠集约经营和科技进步，使"菜篮子"生产的总量、结构和质量适应市场需求变化。要继续坚持发挥国合流通企业的主渠道作用，对国合流通企业予以扶持，创造平等竞争的环境，帮助国合流通企业摆脱困境，求得发展。“菜篮子”工作涉及方方面面，各部门要相互配合，密切合作，共同促进“菜篮子”工作迈上新台阶。

国务院总理李鹏在中南海会见由日本三和银行董事长渡边滉率领的日本三和企业集团第五次访华代表团

李鹏向客人介绍了中国的经济形势和中西部地区的发展前景。他说，现在有不少日本企业在积极探讨加强同中国内陆省市的合作，这是有远见的。他希望日本企业根据这些省市的各自优势和发展重点来确定合作项目。

李鹏说，三和集团是日本最大的企业集团之一，同中国的许多地区和企业有着广泛的联系。他希望三和集团所属企业为推动中日关系健康、稳定的发展和两国在经济技术方面的互利合作发挥积极作用。

渡边表示，今后三和集团不仅要把现有的合作项目搞好，还要逐步加强同中国内陆省份的合作。

国务院总理李鹏在中南海会见日本著名水稻种植专家原正市

李鹏对原正市多年来在中国传授、推广水稻旱育稀植栽培技术，为中国水稻增产作出的突出贡献表示感谢。他说，原正市先生为在中国推广这一水稻增产技术付出了辛勤的劳动，效果十分显著，可以说“英雄有了用武之地”。

原正市说：“我已经80岁了，愿将余生贡献给中日友好合作事业。只要中国朋友说一声需要我，我就会随时到中国来，为中国农民兄弟服务。”

国务院批准的首家中外合资外贸公司东菱贸易有限公司在上海成立

由上海东方国际集团与日本三菱商事株式会社、美国大陆谷物及上海外贸公司四方合资组建的东菱贸易有限公司日前经国务院批准成立，这是新中国成立以来我国政府批准成立的第一家中外合资外贸公司，它标志着我国外贸体制改革有了新的突破，也表明中国进一步扩大对外开放，促进我国对外贸易发展的决心。

东菱贸易有限公司注册资本为1250万美元，其中中方出资比例为51%，日本三菱和美国大陆谷物公司分别占27%和22%。合资公司成立后，将本着加强国际经济合作与技术交流、促进国际贸易和我国对外贸易多元化发展的目标，充分利用合资各方的优势条件，扩大符合国家产业导向政策的机电设备、电子和高科技产品的出口，积极拓宽出口商品的销售渠道，扩大经营规模，逐步实现跨国经营。

音像作品座谈会在北京举行

来自全国37家音像出版社和10省、市音像部门及中央有关部门的负责人近日聚会北京，座谈贯彻落实党中央、国务院领导同志关于抓音像出版繁荣的多次重要指示精神和不久前在哈尔滨召开的多出优秀作品座谈会精神，为繁荣音像出版工作出主意想办法。

中共中央政治局委员、国务委员李铁映参加了座谈会并指出，音像出版工作要在繁荣中改革，在繁荣中发展。党的六中全会决议要求一手抓繁荣，一手抓管理，实施精品战略，多出优秀作品，这是音像出版战线最重要的工作任务。他希望音像出版界要精心组织、精心策划、精心编辑、精心制作，努力推出一批反映社会主义精神文明建设的最新成就的优秀作品，向党的十五大献上一份厚礼。音像出版单位要抓住难得的机遇发展自己，造就一批大型出版集团。造大船，创名牌，占领国际国内大市场。同时，繁荣音像出版的工作要与扫黄、打非、禁盗结合起来，与治散治滥结合起来。新闻出版署已经制定了“九五”国家重点音像出版规划，这是世纪之交的规划，是决定我国音像业以什么面貌进入下个世纪的规划，要把它真正落在实处。

新闻出版署署长于友先在座谈会上讲话。

1996年，全国共出版音像制品16222种，今年1月至5月，全国生产光盘4666万张，已接近去年全年的产量，其中VCD前5个月已生产3920万张，超过去年3749万张的产量。

与会代表在讨论中就唱响时代的主旋律，多出优秀音像作品达成了共识。

'97中国庐山国际旅游节开幕

'97中国庐山国际旅游节日前开幕。成千上万名来自海内外的旅游客商及游客云集庐山，参加这次规模宏大的国际性旅游盛会。举办这项活动的目的，是以庐山为龙头，带动江西旅游业的全面发展。

为期3天的庐山国际旅游节，将举办一系列旅游活动：京九江西旅游展示洽谈会，江西民间艺术交流会，旅行社联谊会，庐山电影、电视片回顾展，九江、庐山书画、摄影展，并组织游览不久前联合国专家实地考察的庐山新旅游观光路线。同时，九江市还将在九江组织“招商项目展示及洽谈会”等。

来自美国、加拿大、澳大利亚、日本和台湾、澳门地区等地的旅游客商和旅游开发商200多人参加旅游节。

国务院批转卫生部等五部委《关于发展和完善农村合作医疗的若干意见》

国务院日前批转了卫生部、国家计委、财政部、农业部、民政部《关于发展和完善农村合作医疗的若干意见》(以下简称《意见》),要求各省、自治区、直辖市人民政府,国务院各部委、各直属机构认真贯彻执行。

《意见》指出,农村合作医疗制度是适合我国国情的农民医疗保障制度。目前,我国农村因病致贫、因病返贫的现象比较严重,而农村人口多,经济还不够发达,解决农民的基本医疗保障问题,只能走互助共济的合作医疗道路。实践证明,坚持实行农村合作医疗的地区,不仅使农民的基本医疗保健需求有了保障,减轻了医药费用负担,减少了因病致贫,而且促进了农村三级网的建设和基层卫生队伍的巩固与发展,有利于农村的经济发展和社会稳定。

《意见》指出,举办农村合作医疗,要坚持民办公助,自愿量力、因地制宜的原则。筹资以个人投入为主,集体扶持,政府适当支持。农民个人交纳的费用是农村合作医疗资金的主要来源。要宣传、引导农民自愿交纳资金。乡、村集体经济的投入是合作医疗资金的重要组成部分,村提留公益金中应有一定数额用于农村合作医疗。地方各级政府应根据各自财力,以不同方式引导、支持农村合作医疗的建立与发展。农民交纳的费用,属于个人消费性支出,不计入乡统筹、村提留。

《意见》强调,办好农村合作医疗,必须注重科学管理,实行民主监督。合作医疗资金取之于民,用之于民,使农民真正受益。

《意见》要求,各级政府要加强领导,把组织、引导、支持农村合作医疗作为政府行为,农业、财政、计划、民政、教育、计划生育等有关部门应各负其责,密切配合,共同做好这项工作。要首先提高各级干部的认识,共同做好这项工作。要首先提高各级干部的认识,用成功的事实教育农民群众,不要搞强迫命令。要抓好试点,以点带面,逐步推开,切忌一哄而起、一哄而散。要加强三级网及队伍建设,把合作医疗、三级网、基层卫生队伍三者密切结合起来,配套改革和建设。对于贫困地区,政府应更多地关心和支持其发展与完善农村合作医疗。

7 月 11 日

香港特别行政区筹备委员会第十次全体会议在人民大会堂举行

这是筹委会的最后一次会议。随着香港特别行政区的成立,筹委会已经圆满完成了历史使命,将根据全国人大常委会的决定结束工作。

全国人大常委会委员长乔石出席会议并发表讲话。

国务院副总理、筹委会主任委员钱其琛主持会议并讲话。

会议听取筹委会副主任委员兼秘书长鲁平关于筹委会工作完成情况的报告,并通过了本次会议的新闻公报。

下午 5 时,筹委会第十次全体会议结束。

香港特别行政区筹委会副主任委员鲁平在香港特区筹委会第十次会议上作关于筹委会工作完成情况的报告

主任委员、各位副主任委员、各位委员:

筹委会自 1996 年 1 月 26 日成立以来,按照全国人大及其常委会的有关决定,就筹备成立香港特别行政区的有关事宜开展了一系列工作。在此之前,筹委会预备工作委员会已进行了两年半的前期准备工作,就涉及香港政权交接和平稳过渡的各项问题进行了研究,各专题小组共形成了 46 份比较系统的书面建议和意见。筹委会成立后,就是在这个基础上开展工作的。到今年 5 月为止,筹委会先后举行了 9 次全体会议、31 次小组会议,完成了香港特别行政区的筹建工作以及其他须由筹委会负责的任务。钱其琛主任委员已于今年 3 月向全国人大报告了筹委会的主要工作情况。现在,我受主任委员会议的委托,就筹委会完成有关工作的总体概况报告如下。

一、组建香港特别行政区第一届政府推选委员会

筹组由 400 名香港永久性居民组成的香港特别行政区第一届政府推选委员会,是筹委会的一项重要任务,也是筹建香港特别行政区的"龙头"。为此,筹委会制定了《中华人民共和国香港特别行政区第一届政府推选委员会的具体产生办法》。预委会政务专题小组原来建议,由筹委会主任委员会议在广泛征询香港各界意见的基础上,提出一份推选委员会委员人选名单草案,供筹委会全体委员决定。筹委会经反复讨论后决定,采取各界人士自愿报名、然后由筹委会委员各自以无记名方式,从合资格的报名人范围内提出建议人选,最后再进行差额选举的办法。事实证明,这种办法更为民主和开放,受到香港各界人士的欢迎,并调动了广大港人的参与热情。

关于推选委员会的产生时间,预委会政务专题小组原来建议在 1996 年第二季度。筹委会从中英合作的大局考虑,决定把行政长官产生的时间后推。1996 年 11 月 2 日,筹委会第六次全体会议举行了推选委员会委员的选举,并在随后的一个月多一点的时间里完

成了第一任行政长官人选和临时立法会的选举。

二、选举香港特别行政区第一任行政长官人选

按照全国人大的有关决定，第一任行政长官人选由推选委员会以协商或协商后提名选举的方式产生。究竟采取何种方式，在预委会阶段没有形成确定的意见。筹委会研究后认为，协商后提名选举的方式更易为广大港人所接受。所以，筹委会第五次全体会议通过的《中华人民共和国香港特别行政区第一任行政长官人选的产生办法》采纳了这一方式，并对有关办法和程序作了具体的规定，即经过提名、确定候选人、举行候选人答问大会等过程，最后由全体推选委员会委员无记名投票选举产生。可以说，第一任行政长官人选产生的每一个环节、每一个阶段，都体现了公开、公平、公正的原则，透明度高。而且，选举办法符合香港的社会实情，因而获得了“创造香港的选举文化”的赞誉。按照这个办法，董建华先生当选为第一任行政长官，各方面对他的当选均表示欢迎，这证明筹委会制定的这个办法，是有利于产生众望所归的人选的。

三、设立香港特别行政区临时立法会

关于设立临时立法会的问题，在预委会阶段已经进行了充分的咨询、研究，形成了比较成熟的意见。筹委会成立后，又成立了专门的小组加以研究，并在第二次全体会议上及时作出了关于设立香港特别行政区临时立法会的决定。该决定就临时立法会的组成、议员资格、产生办法、任期等的规定都采纳了预委会政务专题小组的建议。对临时立法会的任务，筹委会的决定中作了一些限定。例如，在立法方面，仅限于制定为确保香港特别行政区的正常运作所必不可少的法律等。1996 年 10 月，筹委会通过了临时立法会的产生办法，规定临时立法会由香港特别行政区第一届政府推选委员会以无记名投票方式选举产生。12 月 21 日，推选委员会在深圳选举产生了临时立法会的 60 名议员。

对于临时立法会以及第一任行政长官等在 1997 年 6 月 30 日前如何开展工作的问题，香港社会各界也比较关注。考虑到筹备成立香港特别行政区的许多工作需要由临时立法会处理或参与，临时立法会在 1997 年 7 月 1 日宣誓就职前开展工作，对确保特别行政区一成立就能有效运作十分重要，筹委会第八次全体会议专门通过了《关于香港特别行政区第一任行政长官、临时立法会在 1997 年 6 月 30 日前开展工作的决定》，从而进一步明确了有关问题，消除了社会上的一些疑虑。据此，临时立法会在 6 月 30 日前可制定议事规则和法案表决程序，审议通过法案等，在香港特别行政区成立时，对已通过的法案进行确认，并报行政长官签署，公布实施，整个立法程序即告完成。临时立法会后来就是这样运作的。

四、制定香港特别行政区第一届立法会的产生办法

在香港特别行政区第一任行政长官和临时立法会产生后，香港以及各个方面的关注点都转移到第一届立法会具体产生办法的制定上。筹委会首先对预委会政务专题小组的有关意见进行了认真讨论，并在港开展了为期一个月的书面咨询活动。鉴于香港特别行政区第一任行政长官、主要官员、行政会议和临时立法会等已经产生并工作，而且，第一届立法会的选举将由香港特别行政区政府负责组织，筹委会制定的第一届立法会的产生办法对直接选举的方式、选区的划分、新增功能组别的确定等作了比较原则或留有余地的规定，留待香港特别行政区去作出选择，并制定有关法律。这样做更好地体现了“港人治港”、高度自治的精神，也是切实可行的。有关办法已在筹委会第九次全体会议上通过，特区政府并已据此向临时立法会提出了法律草案。

五、开展对与香港政权交接和平稳过渡有关的重大经济问题的研究

对与香港政权交接和平稳过渡有关的重大经济问题，在预委会阶段就进行了大量研究，提出了许多有益的建议和意见。筹委会经济小组对其中的一些问题，包括 1997/1998 年度财政预算案、保持香港金融稳定、发展香港的国际金融中心地位、政府资产交接、香港新机场第二条跑道计划和西北铁路计划等大型基建问题、有关香港经济发展方向的若干具体问题等进一步作了研究。关于 1997/1998 年度财政预算案、政府资产交接、大型基建等问题的意见，已为我有关主管部门所接纳，并在对英磋商中提出。其他许多建议和意见以及一些研究报告对香港特别行政区政府、中央人民政府及其有关主管部门都有参考价值。这些建议将分别或同时转交内地有关主管部门和香港特别行政区政府参考。

六、法律方面的准备工作

在预委会法律专题小组对香港的 640 多章条例和 1100 多项附属立法全面审查的基础上，筹委会从香港原有法律基本不变的原则和能不变尽量不变的考虑出发，进一步审查和研究了香港原有法律中存在的各种抵触基本法的问题，并提出了处理意见。筹委会采纳了预委会法律小组的意见，建议香港原有法律除极少数与基本法相抵触的条例及其附属立法和部分条款不采用为特别行政区法律外，其他绝大多数的原有法律，在符合一些解释和适用原则及名称、词句替换原则的前提下，均采用为特别行政区法律。这一处理方式完全符合基本法的有关规定，保证了香港原有法律的连续性、稳定性和完整性。

处理香港原有法律时遇到的一个重要问题，是如何处理1991年6月英方不顾我方反对，未经双方磋商单方面制定的《香港人权法案条例》，以及依据该条例的凌驾地位对一大批原有法律所作出的重大修改。经过反复讨论、研究，筹委会同意预委会法律专题小组的研究意见和建议，认为《香港人权法案条例》第三条和第四条赋予该条例凌驾其他法律之上的地位，架空了基本法，建议不采用为特别行政区法律。在废除这几项条款以后，《香港人权法案条例》仍可采用为特别行政区法律。对于依据该条例而作出的重大法律修改，筹委会认为，这些重大修改违反了中英联合声明和基本法所确定的香港原有法律基本不变原则，并建议对于直接影响到香港平稳过渡和政权交接的两项重大法律修改，即1992年7月17日以来对《社团条例》和1995年7月27日以来对《公安条例》的修改，不采用为特别行政区法律。

为此，筹委会向全国人大常委会提出了《关于处理香港原有法律问题的建议》。1997年2月23日，第八届全国人大常委会第二十四次会议通过的《关于根据〈中华人民共和国香港特别行政区基本法〉第一百六十条处理香港原有法律的决定》，采纳了筹委会的建议。

此外，筹委会还研究了我国国籍法在香港特别行政区的具体实施、《基本法》第二十四条第二款涉及的香港特别行政区永久性居民身份的问题、基本法附件三所列适用于香港特别行政区的全国性法律的增减等重大法律问题。香港社会各界以及国际社会对如何根据国籍法确定香港居民的中国公民身份都十分关注。从有利于保持香港的国际金融、贸易中心地位，有利于港人的旅行自由出发，筹委会提出的处理方案，比预委会的有关建议更为灵活宽松，赢得了香港社会的普遍欢迎，妥善解决了这一复杂问题。根据筹委会的有关建议，1996年5月15日全国人大常委会审议通过了《关于〈中华人民共和国国籍法〉在香港特别行政区实施的几个问题的解释》。筹委会关于《基本法》第二十四条第二款，即哪些人可以成为特别行政区永久性居民的问题的意见，也是从稳定社会和人心的大局出发，本着有利于平稳过渡的原则提出的，受到了广大港人的好评。上述两个问题的解决，也为筹备成立香港特别行政区所涉及的有关国籍和永久性居民身份问题的工作提供了条件。

七、其他有关的准备工作

在庆祝香港回归祖国的活动组织方面，筹委会确定了香港回归祖国民间庆祝活动总体方案的大致框架，支持并推动成立了"香港各界庆祝回归委员会"。在香港回归祖国之际，"庆委会"出色地组织或推动了丰富多彩的庆祝活动。

基于举办香港特别行政区成立暨特区政府宣誓就职仪式和有关庆祝活动的需要，筹委会还通过了《关于香港特别行政区有关人员就职宣誓事宜的决定》、《中华人民共和国香港特别行政区区旗、区徽使用暂行办法》、《关于建立香港回归祖国纪念碑的决议》等。

上述各项工作的完成标志着筹委会筹建香港特别行政区的任务已经完成。在预委会阶段，各专题小组还研究了其他许多问题，并提出了相应的书面建议和意见。如：政务专题小组提出的《关于组建香港特别行政区司法机关的建议》、《关于设立香港特别行政区临时性区域组织的建议》、《关于保持香港公务员队伍和制度稳定的意见》等。此外，还有一些有关经济、文化、社会等方面的建议和意见。这一类的建议和意见，有的在当时就起到了应有的作用和影响。例如，政务专题小组就组建终审法院问题提出的八点原则性建议在中英联合联络小组关于香港终审法院问题的谈判中已得到采纳，中英双方在此基础上已达成协议。依照基本法的有关规定，终审法院的具体筹组工作是由香港特别行政区行政长官等负责，所以，后来司法人员推荐委员会的筹组、终审法院法官和高等法院法官的任命等，也都是由香港特别行政区行政长官等负责进行，筹委会无须再作出任何决定。香港特别行政区临时性区域组织的筹组也是香港特别行政区自治范围内的事务。现在，香港特别行政区临时性市政局、区域市政局、区议会议员均已由行政长官任命产生。香港特别行政区在筹组临时性区域组织的过程中，已参考了预委会的有关建议。至于《关于保持香港公务员队伍和制度稳定的意见》，在预委会阶段已公开发表，并在当时产生了积极影响，也无须再作处理。

预委会各专题小组提出的其他大多数建议和意见属于香港特别行政区自治范围内的事务，这些建议将转供香港特别行政区政府参考；还有一些涉及中央人民政府管理的事务，将转供内地有关主管部门处理；既涉及内地有关主管部门又涉及香港特别行政区的有关建议和意见，将同时提交或转给内地有关主管部门和香港特别行政区政府参考。

以上是关于筹委会各项工作完成情况的报告。鉴于筹委会的工作任务已圆满完成并结束工作，主任委员会议决定，筹委会秘书处和筹委会秘书处香港办事处在本次大会后也同时结束工作。

筹委会秘书处在过去的一年半时间里做了大量的事务性工作，但工作中存在不少的缺点。我愿借此机会感谢主任委员会议以及全体委员对秘书处和秘书处香港办事处工作的支持、关心和理解。

全国人大常委会委员长乔石在香港特区筹委会第十次全会上发表讲话

各位委员,同志们,朋友们:

10天前,根据中英关于香港问题的联合声明两国政府举行了香港政权交接仪式,中华人民共和国香港特别行政区宣告成立,特区的行政、立法、司法机关开始行使职权。全国人大香港特别行政区筹备委员会已经圆满完成了自己的历史使命。第八届全国人大常委会第二十六次会议根据筹委会的建议,作出了关于筹委会结束工作的决定。自1996年1月筹委会成立以来,各位委员认真负责,不辞辛劳,卓有成效地进行了筹建香港特别行政区的有关工作,为实现香港的平稳过渡作出了重要贡献。我代表全国人大常委会向各位委员表示衷心的感谢!

香港能够实现平稳过渡,关键在于认真执行了邓小平同志确定的方针,坚持按照香港特别行政区基本法规定的原则和精神办事;今后的50年乃至更长时间,要保持香港的繁荣稳定,关键仍在于坚定不移地、不折不扣地实施基本法。基本法贯彻了邓小平同志"一国两制"的伟大构想,确定在维护国家主权的前提下,保持香港原有的社会、经济制度和生活方式不变,实行"港人治港",高度自治,一切香港特别行政区自治范围内的事务都由香港特别行政区自行管理,一切应由香港人自己做主的问题都由香港人自己决定。根据基本法,中央各部门,各省、自治区、直辖市均不干预香港特别行政区自行管理的事务。基本法规定香港特别行政区居民享有广泛的权利和自由,包括政治、经济、文化、社会、人身和家庭各个方面。贯彻执行好基本法,香港同胞当家做主、管理香港事务的渠道必将越来越宽广,适合香港实际情况的民主制度一定会不断发展和完善。进入历史新纪元的香港,通过600多万人民的团结奋斗,一定能够管理和建设得更好。

全国人大及其常委会一直非常重视香港的平稳过渡和繁荣稳定。继七届全国人大三次会议通过香港特别行政区基本法之后,又陆续通过了其他一些有关的法律和决定,先后设立了预委会和筹委会,为实现香港回归做出了应有的努力。7月1日,全国人大常委会又成立了香港特别行政区基本法委员会。今后,我们将继续坚决维护基本法的权威,积极支持香港特别行政区的工作,努力促进香港各项事业的发展。香港回到有12亿人口、经济不断发展的伟大祖国的怀抱,前景是非常美好的。香港将获得更多的机遇;作为祖国对外开放的前沿窗口,将发挥更大的作用;作为国际金融经贸中心、国际大都市的地位将更加重要。香港也将对全国的现代化建设起更大的促进作用,并将对实现祖国的完全统一产生深远的影响。保持香港的长期繁荣稳定,对于香港、对于我们国家、对于整个中华民族都有着非常重要的战略意义。

希望大家继续为香港的繁荣稳定和发展进步贡献自己的力量。

党和国家领导人江泽民李鹏 乔石在人民大会堂会见出席香港特别行政区筹备委员会第十次全体会议的筹委会全体委员

国家主席江泽民发表了重要讲话。

江泽民说,在我国政府恢复对香港行使主权,香港特别行政区正式成立,筹委会已经完成自己的光荣使命之后,今天我们大家再次相聚,感到非常高兴。

江泽民说,在实现香港回归祖国和香港政权平稳过渡中,筹委会各位委员没有辜负全国人民的重托,大家和衷共济,辛勤工作,出色地完成了筹建香港特别行政区的崇高任务。这是历史性的贡献,可谓功德圆满!我代表中国共产党和中央人民政府向你们表示衷心的感谢!

江泽民强调,要建设香港更加美好的未来,要胜利到达祖国现代化的彼岸,仍然任重而道远。实现澳门顺利回归,并最终解决台湾问题,完成祖国统一的历史使命,仍然在召唤我们努力前行。我衷心希望诸位,继续运用你们的经验和智慧,为祖国的完全统一和中华民族的全面振兴再立新功!

香港特区筹委会第十次全会新闻公报

全国人民代表大会香港特别行政区筹备委员会第十次全体会议于1997年7月11日在北京举行。全国人大常委会乔石委员长和田纪云、王汉斌、陈慕华、费孝通、雷洁琼、王丙乾、王光英、程思远、卢嘉锡、布赫、铁木尔·达瓦买提、吴阶平12位副委员长以及曹志秘书长出席了这次会议。乔石委员长在会上作了重要讲话。

本次会议是筹委会结束工作前的最后一次会议。会议由钱其琛主任委员主持。筹委会副主任委员兼秘书长鲁平就筹委会各项工作的完成情况作了报告。香港特别行政区第一任行政长官董建华、临时立法会主席范徐丽泰在会上发言。最后,钱其琛主任委员作了重要讲话,并宣布筹委会的工作结束。

会议总结了筹委会所做的全部工作。会议指出,筹委会自去年1月成立以来,根据1990年4月4日七届全国人大三次会议通过的《全国人民代表大会关于香港特别行政区第一届政府和立法会产生办法的决定》,为筹备成立香港特别行政区进行了一系列工作,包括:组建香港特别行政区第一届政府推选委员会;主持推选委员会选举产生香港特别行政区第一任行政长官人选并报中央人民政府任命；主持推选委员会选举产生香港特别行政区临时立法会；制定香港特别行政区第一届立法会的具体产生办法；全面审查香港原有法律，就香港原有法律的处理和《中华人民共和国国籍法》在香港的具体实施等重大法律问题向全国人大常委会提出建议；对涉及香港政权交接和平稳过渡的重大经济问题进行研究并提出意见和建议；筹办香港特别行政区成立暨特区政府宣誓就职仪式及统筹、协调、推动庆祝香港回归的有关活动等。随着1997年7月1日中华人民共和国香港特别行政区的成立，筹委会的各项任务已圆满完成。

会议认为，香港回归祖国和香港特别行政区的成立，是彪炳中华民族历史的千秋功业，也是具有国际意义的重大事件，必将对澳门的顺利回归和台湾问题的最终解决产生积极的影响。会议指出，建设香港特别行政区的新征程才刚刚起步，“一国两制”是建设有中国特色的社会主义的重要组成部分，需要包括600多万名香港同胞在内的全国人民的继续努力。

全国人民代表大会香港特别行政区筹备委员会主任委员会议在北京召开

会议根据《中华人民共和国香港特别行政区临时立法会的产生办法》和有关决定，确认蔡素玉当选为香港特别行政区临时立法会议员。

国务院召开第60次常务会议

国务院总理李鹏主持会议，讨论并原则通过《中华人民共和国殡葬管理条例(草案)》、《中华人民共和国防御与减轻地震灾害法(草案)》。

制定殡葬管理条例的目的，在于加强殡葬管理，推进殡葬改革，促进社会主义精神文明建设。殡葬管理条例草案主要包括殡葬设施管理、遗体处理和丧事活动管理、殡葬设备和殡葬用品管理及罚则，条例经进一步修改后，由国务院发布施行。

我国是一个多地震的国家。为了防御和减轻地震灾害，保护国家财产和人民生命财产的安全，有必要制定防御与减轻地震灾害法。防御与减轻地震灾害法(草案)共7章50条，会议确定作进一步修改后提请全国人大常委会审议。

国务院批转国家计委等部门《关于进一步加强汽车工业项目管理的意见》

各省、自治区、直辖市人民政府，国务院各部委、各直属机构：

国务院同意国家计委、国家经贸委、机械部、公安部、外经贸部、海关总署和国家工商局《关于进一步加强汽车工业项目管理的意见》，现转发给你们，请认真贯彻执行。

各地区、各部门要严格执行《国务院关于印发〈汽车工业产业政策〉的通知》(国发〔1994〕17号)，并就贯彻落实情况进行一次认真检查。凡违反国家规定，自行审批汽车、摩托车及发动机项目的，一经发现要严肃处理，并追究主要领导人的责任。国家计委要会同有关部门按照本通知精神进行检查，发现问题要及时处理，并报告国务院。

国务院

1997年7月11日

关于进一步加强汽车工业项目管理的意见(文略)

中国政府决定中止同圣多美和普林西比外交关系

中国驻圣多美和普林西比使馆临时代办杨乃谦在圣多美就圣普同台湾当局建立所谓“外交关系”事向圣普提出严正交涉，指出，圣普与台“建交”的行动，违背了中、圣普建交公报的有关原则和圣普方所作关于“承认中华人民共和国政府是代表全中国人民的唯一合法政府”的郑重承诺，严重损害了两国之间友好合作关系的基础。中华人民共和国政府向圣多美和普林西比民主共和国政府提出强烈抗议，并决定自即日起中止同圣多美和普林西比民主共和国的外交关系。两国政府间的一切协议也随即停止执行。

国家科委发布关于加强科技人员流动中技术秘密管理和若干意见

随着社会主义市场经济体制的逐步建立和完善，科技、经济体制改革的不断深入和发展，我国的科技人员流动工作有了新的发展，对促进科技成果转化，科研结构调整、人才分流，实现在社会主义市场经济体制下科技人才和技术资源的优化配置，深化科技体制改革，发挥了积极的作用。当前，随着社会主义经济生活的日益活跃，经济、技术竞争日益加剧，在科技人员流动中，也出现了一些值得重视的问题，如少数承担国家重点科技计划项目或者在科研、国防、军工等关键岗位上工作的科技人员擅自离职，给国家利益造成重大损失，科技人员在离职后侵犯原单位的知识产权和技术权益，特别是将原单位拥有的技术秘密，甚至经法定程序确定的国家科技秘密擅自披露、使用和允许他人使用；一些单位采取不正当手段挖走人才，破坏正常的科研秩序和市场竞争秩序，等等，因此，如何正确处理科技人员流动中所涉及的国家、单位和个人三者的利益关系，鼓励正当的人才流动活动，制止在流动中对国家科技秘密和单位技术秘密的侵犯行为，是当前科技体制改革中待解决的一个重要问题，需要明确有关具体的政策界限和管理措施，为此，提出11条意见。

7月12日

最高人民检察院检察长张思卿在北京结束的全国检察长座谈会上发表讲话

最高人民检察院检察长张思卿在今天结束的全国检察长座谈会上强调，广大检察干警要讲学习、讲政治、讲正气、讲纪律，为人民掌好权、执好法。

张思卿说，检察队伍总体上看是忠于职守、作风过硬、坚强可靠的，但存在的问题也必须高度重视。这些问题主要表现在：少数干警不讲政治，受地方和部门保护主义影响和利益驱动，随意插手经济纠纷，追款讨债，甚至非法扣押人质；少数地方不正之风严重，干警在群众面前耍威风、摆架子，使群众告状无门、告了没用，有的在发案单位吃拿卡要，有的接受当事人宴请泄密，有的甚至敲诈勒索；个别干警以权谋私、以案谋私、收受贿赂、徇私舞弊、办关系案、办人情案、办私案。这些问题多发生在办案部门，而驱动力则是利益，我们队伍中个别人经不住金钱利诱。

张思卿指出，检察干警的违法乱纪现象虽然是少数的，个别的，但影响极其恶劣。各级检察长必须清醒认识、冷静分析、高度重视。人民检察官的权力是人民赋予的，必须坚定不移地坚持全心全意为人民服务的宗旨，讲学习，讲政治，讲正气，讲纪律。要坚持世界观的改造，始终不渝地增强党性锻炼。在新情况、新问题层出不穷的情况下，要自觉修身养性，拒腐防变，牢牢把握住自己的一言一行，对一切非党性行为首先是自己不做，同时要坚决斗争。要严格执法，热情服务，切实防止"门难进、脸难看、话难听、事难办"的衙门习气，为群众排忧解难，把维护广大人民群众的利益作为执法工作的立足点和出发点。

张思卿强调，检察机关是法律监督的职能机关，正人必须首先正己，对于队伍内部的违法乱纪现象，必须加大查处力度，决不护短。一是严查，发现一起，坚决查办一起，查出问题，就要严肃处理；二是重点案件重点查，对以权谋私、以案谋私，利用检察职权贪赃枉法、徇私舞弊、索贿受贿、刑讯逼供、泄露案情秘密等违法违纪案件，特别是领导干部案件，必须严查严办；三是处理要严，问题查清了，触犯党纪、政纪和法律的哪一条规定，就按哪一条追究，绝不姑息迁就，更不能袒护。

中共中央政治局委员田纪云在江西考察

田纪云于7月12日至18日在江西省先后考察了南昌市的工业企业和农村的种植业和养殖业。田纪云对南昌市引进技术、人才发展高新技术产业，开发新产品满足国内市场需求，占领国际市场的做法给予了充分肯定。

在"江西产粮售粮第一乡"蒋巷乡，田纪云深入田间地头，与正在夏收的农民和基层干部进行了广泛交谈。田纪云强调，粮食连年丰收之后，更要重视粮食工作，要防止谷贱伤农现象发生。农民的生产积极性降下去很容易，但重新调动起来就很难了。按保护价敞开收购农民交售的余粮，是党中央、国务院作出的重要决策，各级政府和粮食部门一定要抓好落实。

田纪云指出，尽快实现国有企业改革的突破，是当前经济工作中面临的一项十分紧迫而又艰巨的任务。这要求我们不但要进一步解放思想，摆脱旧的条框束缚，更要具备改革者应有的毅力、决心和勇气，只要符合小平同志所说的"三个有利于"，就应该大胆地去试、去闯。在搞活国有企业，大力发展国有经济的同时，还要充分发挥其他经济成分的积极作用，把包括乡镇企业、集体企业、个体私营企业以及各种合资合作企业在内的非国有经济，作为新的经济增长点来培育好、扶持好。田纪云指出，要大胆地利用外资，放手发展对外贸易；要不断引进人才、技术和国外先进的设备和管理经验，挖掘当地的资源优势，壮大自己的支柱产业，创造自己的名牌产品。

7月13日

国办发出《关于中国人民银行货币政策委员会组成人员的通知》

各省、自治区、直辖市人民政府，国务院各部委、各直属机构：

根据《中国人民银行货币政策委员会条例》的有关规定，经国务院批准，现将中国人民银行货币政策委员会组成人员通知如下：

主　席：戴相龙　中国人民银行行长

副主席：陈　元　中国人民银行副行长

成　员：（文略）

中国企业管理协会　中国企业家协会第六届理事会选出

在两个协会全国会员代表会议上，共选出第一届理事会理事439人。在企业界的232名理事中，国有企业理事为133人，占企业理事的57.3%；股份制企业理事77人，占33%；非国有企业理事22人，占9.5%。一批经济界领导干部及国内知名企业负责人当选为副会长。薄一波、袁宝华分别再次当选为名誉会长和会长，张彦宁任副会长兼理事长。

亚洲最大储煤仓在大同云冈矿建成

直径为 40 米、高度为 38 米，储煤能力达 6 万吨的亚洲最大的储煤仓在大同云冈矿建成，使这个矿告别了煤场露天作业的历史。

7 月 14 日

中共中央总书记江泽民在人民大会堂同越南共产党中央总书记杜梅举行会谈

两位领导人在亲切、友好和诚挚的气氛中就双边关系和共同关心的问题深入地交换了意见，取得了广泛的共识。

关于历史遗留下来的一些问题，江泽民表示，中越两党两国友好合作关系的深入发展为解决问题提供了良好的条件，双方只要站得高、看得远，以大局为重，互谅互让，公平合理，友好协商，两党两国领导人大力加以推动，问题是可以尽早得到妥善解决的。江泽民指出，中国党和政府十分重视维护和发展同越南党和国家的关系。在 21 世纪即将来临的时候，中国党和政府愿意同越南共产党和越南政府一起，在和平共处五项原则和党际关系四项原则的基础上，把中越两党和两国睦邻友好和互利合作关系继续推向前进。

关于两国关系，杜梅说，越南始终把发展同中国的睦邻友好关系作为自己对外政策的重要部分。越方十分重视越中两党两国间经常举行的高级会晤，越南愿意通过和平协商加快解决两国间遗留问题。

杜梅还重申了中华人民共和国政府是中国唯一合法政府，台湾是中国领土不可分割的一部分，越南决不同台湾发生官方关系。江泽民对此表示感谢。会谈中，两位领导人还介绍了各自党内和国内情况，探讨了推进各自国家社会主义建设的一些理论和实践问题，并就共同关心的国际和地区问题交换了意见。

江泽民重申，中国党和政府将继续坚定不移地奉行独立自主的和平外交政策，谋求同世界各国友好相处，加强交流，特别是重视并将继续致力于同周边国家发展长期稳定的睦邻友好和互利合作关系。中国希望亚洲的和平发展局面得以发展，世界得以长期保持稳定与和平。

中组部负责人就继续贯彻《党政领导干部选拔任用工作暂行条例》答记者问

在《党政领导干部选拔任用工作暂行条例》（以下简称《条例》）公开发表两周年之际，中共中央组织部负责人接受本报记者采访，就如何进一步学习贯彻《条例》，回答了本报记者的提问。

问：《条例》发布两年来贯彻落实的情况如何？

答：两年来，《条例》贯彻执行情况总的来说是好的。各级党委和组织部门对《条例》的贯彻十分重视，做了大量工作。一是狠抓了《条例》的宣传和学习。为增强学习的针对性和实效性，有的地方专门举办了“一把手”学习培训班，有的地方开展了“学《条例》、讲正气”教育活动。通过学习，各地各部门普遍加深了对《条例》的理解，增强了按照《条例》办事的自觉性。二是加强了配套制度建设。在实践中，一些地方和部门根据《条例》精神，从实际出发，制定了相应的《细则》及配套制度，有力地保障了《条例》的贯彻落实。三是坚持按照《条例》规定的选人用人的原则、标准和程序办事，选拔了一大批坚持党的基本路线、政绩突出、群众公认的领导干部。四是加强检查监督，坚决查处了违反《条例》规定的违纪行为。各地各部门注意把上级检查与自查自纠结合起来，把组织监督与群众监督、社会监督结合起来，加大了对领导干部选拔任用工作检查监督的力度。在检查监督中，一些地方和部门还揭露和处理了在干部工作中严重违法违纪的人和事，从而维护了《条例》的权威性，维护了干部选拔任用工作的严肃性。两年来的实践证明，《条例》对于全面贯彻执行党的干部路线、方针、政策，加强领导班子和干部队伍建设，防止和纠正用人上的不正之风，发挥了重要作用。

但是，应该看到，对《条例》的学习贯彻还不够深入。在一些地方和部门还存在着贯彻《条例》走过场，甚至明显违反《条例》规定的情况。干部选拔任用工作中的不正之风虽然有所遏制，但任人唯亲、跑官要官等不正之风和腐败现象仍然不同程度地存在着。有些问题虽属个别现象，但危害极大，必须引起我们的高度重视，在今后贯彻实施《条例》的过程中，继续认真加以解决。

问：中组部对进一步贯彻《条例》有何措施？

答：全面贯彻落实《条例》，是一项长期而艰巨的任务，需要各级党委和组织部门切实负起责任，坚持不懈、扎扎实实地做好工作。下一步贯彻落实《条例》要突出抓好三个方面：一是结合学习贯彻江泽民同志在中央党校省部级干部进修班毕业典礼上的重要讲话精神，继续广泛宣传《条例》，认真学习《条例》；二是抓住关键环节，把领导干部带头与组织部门把关结合起来，确保《条例》的落实；三是认真贯彻中央《关于对违反〈党政领导干部选拔任用工作暂行条例〉行为的处理规定》，进一步加强组织监督和广大干部群众的监督，加大查处违纪违法案件的力度。

问：组织部门应如何严格按照《条例》办事，把好用人关？

答：组织部门是党委管理干部工作的职能部门，在贯彻执行《条例》，严格把好用人关方面，负有重要责任。一方面，要严格按《条例》规定办事。对干部选拔任用的原则必须认真贯彻，不能动摇；对干部选拔任用的标准必须严格掌握，不能走样；对干部选拔任用的程序必须切实遵守，不能变通。另一方面，要以《条例》为武器，坚决同选人用人上的不正之风作斗争。要有大无畏的精神，不计较个人荣辱得失，不怕得罪人。对违反《条例》的各种行为，要敢于抵制，敢于斗争，毫不调和，毫不妥协，毫不退缩。打铁先要自身硬。贯彻执行好《条例》，组织部门必须加强自身建设。

问：如何发挥各级主要领导干部在贯彻执行《条例》中的作用？

答：认真贯彻落实《条例》，选好用好干部，切实防止和纠正用人上的不正之风，关键在于各级党委，在于各级领导干部，特别是主要负责同志。为政之要，在于用人。各级领导干部要从维护和巩固党的执政地位，保证国家长治久安的高度出发，深化对贯彻执行好《条例》的重要性的认识，增强按《条例》办事的自觉性。要做到"四个带头"：带头学习《条例》，深入钻研，切实掌握选拔干部的原则、标准和工作程序；带头执行《条例》，不折不扣地按规定办事，不搞个人说了算；带头纠正用人上的不正之风，对违反《条例》的人和事，敢抓敢管，绝不姑息迁就；带头接受党组织和群众的监督，自觉把自己在选拔任用领导干部方面的言行，置于党组织和群众的监督之下。各级党委领导同志要关心组织部门的工作，支持组织部门严格按照《条例》办事。今后，要把贯彻执行《条例》的情况，作为考核各级领导班子和领导干部的重要内容。

问：应当如何加强对《条例》贯彻执行情况的检查监督？

答：各级党委和组织部门，要在认真总结经验的基础上，进一步加大对《条例》贯彻落实情况检查监督的力度。一要搞好自查自纠；二要抓好上对下的检查监督；三要加强群众监督；四要加大对违反《条例》行为的查处力度。最近，中央下发了《关于对违反〈党政领导干部选拔任用工作暂行条例〉行为的处理规定》。这是中央为保证《条例》的贯彻实施所采取的一个重要举措，再次表明了中央维护《条例》的严肃性和权威性、防止和纠正用人上的不正之风的坚定决心。各级党委和组织部门要充分运用好这个有力武器，坚决查处违反《条例》的人和事，切实解决有章不循、违章不纠的问题。同时，要对违反《条例》的一些典型案例，在一定范围内予以曝光，发挥反面典型的教育、警示作用。这里需要特别强调一下，今年下半年，部分地方党委领导班子要进行换届选举；明年，从中央到地方各级人大、政府、政协也要换届。做好换届调整工作，必须严格按《条例》规定办事，坚决防止和纠正用人上的不正之风。同时，要教育各级党政领导干部增强党性，自觉服从党和人民的利益，服从组织安排，保证换届选举工作的顺利进行。

国务院港澳办公室发言人发表谈话内地因公人员赴香港"七一"起不再持用因公类别护照改持由国务院港澳办签发的《往来香港特别行政区通行证》

康克清文集出版座谈会在北京举行

全国妇联举行《康克清文集》出版座谈会，纪念康克清逝世5周年。

由中国妇女出版社出版的《康克清文集》，收入了她在各个时期最具代表性的作品110篇。这些作品不仅记录了她的革命经历和崇高思想，同时也从一个侧面反映了中国革命和建设的历史进程。

全国人大常委会副委员长、全国妇联主席陈慕华在座谈会上讲话。

雷洁琼、钱正英、黄启璪等领导，长期与康克清并肩战斗过的老同志、妇女工作者及亲属代表共100余人出席座谈会。

国务院总理李鹏到河北保定中国乐凯胶片(集团)公司进行考察

李鹏指出，作为我国重要的感光材料企业，乐凯集团要充分利用社会力量，大力建设适应市场机制的营销机构，搞好售后服务，进一步开拓国内外市场；要根据市场需求，走滚动发展的道路；要加大科技开发的力度，增强企业发展的后劲，在激烈的市场竞争中求发展，为我国感光工业的腾飞作出更大的贡献。

李鹏在讲话中说，中央确立了我国感光材料工业发展的方针，一方面要通过引进技术、引进资金，与国外企业合资经营。另一方面，国家要采取一系列优惠措施大力支持有前途、有市场的乐凯感光材料的发展。当前，乐凯既面临激烈的市场竞争的挑战，也面临着难得的发展机遇。要迎接挑战，抓住机遇，再上一层楼，归根到底还是要靠乐凯人自己的努力，自己的奋斗。

李鹏指出，在制定乐凯未来发展规划时，要以市场为导向，注重经济效益；根据市场的需求，走滚动发展的道路。

李鹏特别强调，一个企业要发展，要立足于不败之地，最关键的是要开拓市场、占领市场。乐凯公司要牢牢树立市场观念，集中精兵强将，把重点放在市场的开拓上，使广大人民群众、广大消费者接受、喜爱乐凯产品。在开拓市场过程中，既要建立自己的销售系统，更要利用社会力量，形式多样地合资、合作，提高乐凯产品的市场占有率。他说,要确立自己的服务对象。要大力开拓国内、国际两个市场。他希望乐凯的干部职工艰苦奋斗,努力拼搏,不负党和人民的重托。

目前,乐凯主要产品在国内市场占有率分别为彩色胶卷 24%、彩色相纸 20%、彩色电影正片 35%,印刷胶片 78%,PS 版 30%。同时有 26 个产品出口到 40 多个国家和地区。

国务委员陈俊生在黑龙江省富锦市召开的部分地区供销合作社深化改革座谈会上发表讲话

陈俊生在听取了黑龙江部分地区供销合作社干部的座谈发言后指出,从我国经济发展的需要和许多发达国家的经验看,合作经济是社会经济发展的重要形式,有很强的生命力。供销合作社是引导农民进入市场的纽带和桥梁,抓住了供销合作社的改革就抓住了农村经济流通的关键,这是发展农村经济,建设农业强市、强县的重要组成部分。我国供销合作社发展的目标就是要办成农民自己的合作社,坚持为农民服务,为农村服务,为农业服务的原则。供销合作社再不能走“租壳卖瓤”的路子。

陈俊生强调,加快供销合作社的改革,首先要调整、完善和加强基层供销合作社的建设,提高他们的整体水平。基层供销社是供销合作社的基础,也是供销合作社改革的关键。基层供销社要大力推进民主办社,让农民参与管理决策。其次要大力发展专业合作社,这是完善、发展基层社的重要内容。发展专业合作社要坚持自愿的原则,坚持不以营利为主要目的的根本原则,真正与农民结成利益共同体。在此基础上,因地制宜地发展供销合作社联社,使这一组织逐步由按行政区域建社向按经济区域建社方向发展。

劳动部就实行劳动预备制度就业方式举行新闻发布会

新闻发布会宣布,我国今后将实行劳动预备制度就业方式,城乡初、高中毕业后不能升入更高一级学校学习的青年,必须在就业前参加 1 年至 3 年职业培训和相关教育,取得相应的职业证书资格后才能实现就业。这是我国就业制度从安置就业向素质就业转化的重大变化。

劳动部已选择就业任务较重、职业培训和就业工作基础较好的 36 个试点城市开始了这项工作,目前他们正在进行招收第一届学生的准备工作。明年 4 月,这项制度将在全国推行。

这项改革措施为城乡初、高中“落榜生”提供了一个好消息。他们可以到有关劳动部门登记报名,9 月免试入职业培训学校培训 1 年至 3 年,取得相应的职业资格后,在国家政策的指导和帮助下实现就业。这项制度明确规定,今后的初、高中毕业生只有在取得相应的培训证书和职业资格证书后,才可就业。

国家主席江泽民在人民大会堂会见美国西屋公司董事长兼首席执行官麦克尔·乔丹先生

中共中央政治局常委乔石在人民大会堂会见由乍得爱国拯救运动主席、议会第一副议长马尔东·巴达·阿巴斯率领的乍得爱国拯救运动代表团

中共中央政治局常委乔石在人民大会堂会见德国社会民主党副主席赫塔·多伊布勒·格梅林

《中国古籍善本书目》出齐

新中国成立以来对我国古籍善本进行全面整理、编录工作的结晶——《中国古籍善本书目》最近由上海古籍出版社全部出齐。《中国古籍善本书目》囊括了我国现存的明朝及明朝以前的已知古籍善本,也包括清朝的有价值的大部分古籍善本。它采用中国传统的经、史、子、集、丛五部分类法,著录了古籍善本的书名、卷数、作者、著作方式及版本时代等。

7月15日

中共中央政治局常委李鹏在钓鱼台国宾馆会见越南共产党中央总书记杜梅

中共中央政治局常委乔石在人民大会堂会见越共中央总书记杜梅

中共中央政治局常委李瑞环在人民大会堂会见越共中央总书记杜梅

国务院副总理李岚清在沿海地区打击走私工作会议上发表讲话

李岚清要求把强化行业主管部门反走私斗争的责任作为当前反走私标本兼治、综合治理的新的重点,力争年内在打击法人走私方面取得明显成效。

据全国打击走私领导小组办公室统计,去年 1 月至今年 6 月,全国共查获走私贩毒案件 20908 起,案值人民币 155.2 亿元。李岚清指出,尽管前一阶段全国反走私斗争取得重大成果,但当前的反走私斗争形势依然严峻,沿海各地区、各执法部门要结合当地实际,要把打击成品油等重点走私商品作为突破口,全面安排好下半年反走私工作。

李岚清强调,各级领导必须进一步提高对反走私斗争的艰巨性、复杂性、长期性的认识。各级党委和政府必须从讲政治、讲全局、反腐败和维护国家长治久安的高度,深刻认识走私的危害性,切实落实反走私领导责任制。针对当前法人走私严重的局面,李岚清指出,极少数国有企业、集体企业、外商投资企业走私案值巨大,危害严重。各级党委和政府要按照中央的要求,加大办案力度,严肃查处法人走私案件,对案值巨大、内外勾结、情节严重、影响恶劣的企事业单位走私案件,各地区、各部门要一查到底,决不手软。对企事业单位和党政机关领导干部组织、策划、参与走私的,行政执法部门执法犯法、内外勾结护私的,以及行政执法部门、经济管理部门"以罚放私"、"收费放私",借打私谋取个人、部门或地方利益,给国家造成重大经济损失的,其决策者和主要责任人是党员的,应一律开除党籍,构成犯罪的,应移送司法机关依法追究刑事责任,决不姑息。力争年内在打击法人走私方面取得明显成效。

李岚清强调,要把强化行业主管部门反走私斗争的责任作为当前反走私标本兼治、综合治理的新的重点。今年要在成品油、汽车、烟草、交通运输行业率先推行行业反走私责任制,加强综合治理的力度。公安、海关、工商等部门要加强与行业主管部门的配合,及时交流情况,互通情报,形成打私合力。各级纪检、监察部门要把反走私工作作为一项重要任务,必要时直接介入大要案查办工作。

国务院总理李鹏在北京会见老挝副总理本扬·沃拉吉

李鹏说,两国圆满解决了历史遗留的边界问题,中老边界已成为一条和平、友好、合作的边界。两国在国际和地区事务中相互支持和配合。

李鹏说,老挝政府始终坚持"一个中国"的原则立场,支持中国人民的和平统一大业,我们对此表示赞赏。老挝党和国家领导人就中国政府对香港恢复行使主权发来了热情洋溢的贺电,中方对此表示感谢。

国务院副总理李岚清在钓鱼台国宾馆同老挝副总理本扬·沃拉雷会谈

会谈后,李岚清和本扬出席了中老两国政府经济技术合作协定的签字仪式。

中国风洞性研究达到国际先进水平

国防科工委空气动力研究基地某室因在攀登国防科技新高峰中所取得的突出成绩荣获集体二等功。

中央精神文明建设指导委员会召开全国电话会议

会议部署在全国开展"讲文明、树新风"活动。会议要求,这次活动要在集中解决文明言行、环境卫生、服务质量、交通秩序四个方面存在的突出问题上见成效,推动群众性精神文明创建活动扎实深入地开展,为改革开放和经济建设创造良好氛围,为党的十五大召开创造文明环境。中共中央政治局委员、书记处书记、中央精神文明建设指导委员会主任丁关根,中共中央政治局委员、国务委员中央精神文明建设指导委员会副主任李铁映出席会议并讲话。

丁关根在讲话中指出,"讲文明、树新风",是贯彻落实十四届六中全会精神的一项重要举措,是为迎接党的十五大创造文明环境的一项重要工作,中央十分重视。开展这项工作,有利于形成崇尚文明、弘扬正气的社会风尚,有利于展示中华民族积极进取、奋发向上的精神风貌,有利于更好地促进改革、发展和稳定的工作大局。我们要从推进两个文明协调发展的高度,从服务大局的高度,从树立中华民族良好形象的高度,深刻认识"讲文明、树新风"活动的重要意义,加强领导,精心组织,认真落实。

丁关根说,文明言行、环境卫生、服务质量、交通秩序,同人民群众的工作、生活息息相关。做好这四个方面的工作,一定会得到社会各界、人民群众的欢迎。要下功夫去做,好事办实,实事办好,使广大人民群众确实感受到有了好的变化,有了比较明显的进步。这就是为人民服务,为人民谋利益。

丁关根指出,"讲文明、树新风",既是改造环境的过程,也是思想道德教育的过程。要弘扬爱国主义、集体主义、社会主义和艰苦创业的精神,加强社会公德、职业道德和家庭美德建设。大力倡导礼貌待人、助人为乐、关心集体、热心公益,大力倡导爱护公物、保护环境、遵纪守法、维护秩序,大力倡导爱岗敬业、诚实守信、服务群众、奉献社会,形成追求真善美、抵制假恶丑的良好氛围,形成团结互助、平等友爱的人际关系,形成文明健康、规范有序的社会环境,促进公民素质和城乡文明程度的不断提高。"讲文明、树新风",是创建文明城市、文明村镇、文明行业的一项重要内容。要把"讲文明、树新风"的目标要求融入各种群众性精神文明创建活动,形成整体效应。要依靠群众,动员群众,积极参与,自觉遵守,共建优良秩序,共创文明氛围。各级领导机关要做表率,领导干部要以身作则。已公布的文明创建活动示范点要很好地发挥作用。

丁关根强调,创建活动重在落实,贵在坚持。良好行为的养成,文明素质的提高,社会风气的改善,需要日积月累,持之以恒。这次活动要着力解决的问题,都是经过努力可以做到的。要从实际出发,确定阶段性目标，一个问题一个问题地解决，务求取得实实在在的效果，严禁形式主义。他希望各地各部门按照会议部署，结合各自实际，抓紧工作，以整洁的环境、良好的秩序、文明的风尚迎接党的十五大胜利召开。

李铁映就如何开展“讲文明、树新风”活动作了讲话。他强调，这次活动要通过扎实的工作，让人民群众切实感到四个方面存在的突出问题有了明显改善，并使公民的社会公德、职业道德有所提高。这次活动要着力抓好的重点地区是大中城市，重点部位是公共场所、服务窗口、居民社区。

李铁映指出，工作中要充分依靠群众，服务群众。群众关心的事，想办的事，就是这次活动要着力做好的事。要动员群众自愿参与、自觉行动、自己动手，从我做起、从身边做起、从一言一行做起、从遵章守纪做起。要把加强领导与动员群众结合起来，把政府行为与群众参与结合起来，形成全社会关心、支持、参与的良好局面。要精心设计和组织活动，使活动适宜群众参加，为群众所喜闻乐见。要引导群众提高社会公德、职业道德水平，增强遵纪守法意识，养成良好行为习惯，形成文明健康的生活方式。要注重群众自我教育，使群众在参与中得到提高。各级政府部门一定要强化管理意识，明确管理责任，提高管理水平。要以改革的精神理顺管理体制，使管理同两个文明建设发展的需要相适应。要把加强管理与为群众服务结合起来，为群众生活提供便利条件，努力满足群众的合理需求。要制定公民行为规范，引导人们逐步养成良好的行为习惯。要通过建立一批规章制度，形成解决几个方面突出问题的工作机制，使这方面工作逐步走向科学化、规范化、经常化。

李铁映强调，各级党委政府以及文明委、有关主管部门，要根据活动的整体目标和工作重点，结合本地本部门的实际情况和突出问题，明确工作重点，切实加强领导，搞好组织协调，做到统一研究，统一部署，督促检查，及时指导，把这次活动扎扎实实地抓好。

会上，北京、上海、天津、广州、西安、成都、大连、厦门八城市党委、政府和建设部、团中央的负责同志围绕解决文明言行、环境卫生、服务质量、交通秩序四个方面存在的突出问题交流了经验。中央文明委全体委员和有关部门领导出席了会议。中宣部常务副部长、中央精神文明建设指导委员会办公室主任刘云山主持会议。

7 月 16 日

《求是》杂志第 14 期发表评论员文章《高举邓小平建设有中国特色社会主义理论的伟大旗帜奋勇前进——学习江泽民同志在中央党校的重要讲话》

我们敬爱的邓小平同志逝世后，人们都在观察中国的走向，关注着我们党将以什么样的形象，展现在全中国人民面前，展现在全世界面前。在这个历史关键的时刻，江泽民总书记于 5 月 29 日在中央党校省部级干部进修班毕业典礼上发表了重要讲话。这个讲话站在跨世纪的历史高度，以马克思主义的敏锐洞察力，准确地把握历史发展规律，并以无产阶级政治家的革命胆略和伟大气魄，抓住关系我国社会主义前途命运的根本性问题，作了全面、深刻、科学的论述，充分表明了以江泽民同志为核心的第三代党中央领导集体把邓小平同志开创的建设有中国特色社会主义的事业全面推向 21 世纪的决心和信念，集中反映了全党全国人民的共识和心愿。这个讲话具有重大的现实意义和历史意义，它将在目前和今后相当长的时期内对建设有中国特色社会主义的伟大实践产生深远影响和具有巨大的指导作用。我们必须认真学习，掌握讲话实质，联系实际，把思想和行动统一到全面贯彻这个讲话精神上来。

江泽民同志在讲话中强调指出，在社会主义改革开放和现代化建设的新时期，在跨越世纪的征途上，一定要高举邓小平建设有中国特色社会主义理论的伟大旗帜，用这个理论来指导我们的整个事业和各项工作。这是党从历史和现实中得出的不可动摇的结论。

伟大的事业，必须有伟大的理论指导。我们正在从事的建设有中国特色社会主义的事业是开创性的事业，只有用马列主义、毛泽东思想，特别是邓小平建设有中国特色社会主义理论来指导，才能不断取得成功。党的十一届三中全会以来，我们改革和建设的巨大成就，就是在党的基本理论、基本路线指引下取得的。应该看到，我们的现代化建设是在一种复杂的国际环境中进行的。我们既面临着良好的历史机遇，也面临着严峻的挑战。世界范围内的科技革命突飞猛进，世界经济继续增长，东亚成为世界经济最有活力的增长带。世界战略格局加速走向多极化，而霸权主义、强权政治的威胁依然存在，国际敌对势力千方百计对我们进行渗透和颠覆活动。在国内，我们正处在一个承前启后、继往开来的重要时期，在前进中面临着许多复杂的新矛盾、新问题，需要正确处理。我们党的干部，特别是各级领导干部，只有不断提高马克思主义理论水平，才能够驾驭全局，掌握改革和建设的主动权，抓住机遇，促进发展；才能够在变幻的国际形势中保持清醒的头脑，在任何风浪中站稳脚跟。党员和干部首先是各级领导干部，必须坚持不懈地学习马列主义、毛泽东思想，中心内容是学习邓小平建设有中国特色社会主义理论。通过学习，掌握其基本观点，领会精神实质，把握科学体系，提高运用马克思主义的基本立场、观点、方法解决改革开放和社会主义现代化建设进程中的各种实际问题的能力。

科学的革命理论是共产党人的灵魂和指南。我们党从创建之日起，就确立了马克思列宁主义在党内的指导地位。经过遵义会议和延安整风，我们党召开了七大，总结了建党24年的经验，形成和发展了毛泽东思想，并确立毛泽东思想在党内的指导地位。这说明我们党把马克思列宁主义基本原理同中国革命具体实践相统一，产生了我们党自己的理论。这并不意味着我们党要抛弃或贬低马克思列宁主义在党内的指导地位，而是强调毛泽东思想是我们党自己的理论，是马克思列宁主义在中国的运用和发展，从而更高地举起了马克思列宁主义的旗帜。我国进入社会主义新的历史发展时期，经过党的十一届三中全会、十二大、十三大的实践，我们党的十四大，总结了改革开放以来的经验，形成和发展了邓小平建设有中国特色社会主义理论，确立了这一理论在全党的指导地位，并提出用这一理论武装全党的战略任务。这说明我们党把马克思列宁主义、毛泽东思想基本原理同我国社会主义的具体实践结合得更加紧密，产生了我们党怎样建设、巩固和发展社会主义的理论。同样，这并不意味着我们党要抛弃或贬低毛泽东思想在党内的指导地位，而是强调邓小平建设有中国特色社会主义理论，是毛泽东思想在新的历史条件下的继承和发展，是马克思主义同当代中国实践和时代特征相结合的产物，是当代中国发展了的马克思主义，是马克思主义在中国发展的新阶段，是我们党在新时期各项工作的根本指针和中华民族振兴的强大精神支柱，从而更高地举起了毛泽东思想的旗帜。这个理论的科学体系，十四大报告从九个方面列举了二十几个重要思想、观点。这些新的思想、观点，第一次比较系统地初步回答了中国这样经济文化比较落后的国家如何建设社会主义、如何巩固和发展社会主义的一系列基本问题。它是一个贯通哲学、政治经济学、科学社会主义等几个科学领域，涵盖经济、政治、科技、教育、文化、军事、外交、党的建设等各个方面的比较完备的体系，又是需要进一步丰富发展的科学体系。在这个理论指导下，我们党制定了“一个中心、两个基本点”的基本路线和一整套各方面工作的方针政策。

马克思列宁主义、毛泽东思想和邓小平建设有中国特色社会主义理论，是通过积极吸收人类社会包括资本主义社会创造的一切科学的进步的思想文化成果，认真总结党和人民在革命、建设和改革实践中的新经验、新创造，而不断地得到丰富、充实和发展的。同时，也是在克服各种错误思想包括封建主义思想、资本主义思想的过程中，而不断地巩固和加强自己指导地位的。马克思列宁主义、毛泽东思想、邓小平建设有中国特色社会主义理论，是统一的科学体系。对这一科学体系，任何割裂或对立的言行，都是极端错误的、有害的。毛泽东同志在1960年读苏联政治经济学教科书的时候，说过这样的话：马列的书必须读。这是第一。但是单靠这些是不行的。任何国家的共产党人，任何国家的无产阶级思想家，都要创造自己的理论，写出新的著作。他还说：现在我们已经进入社会主义时代，出现了新的一系列的问题，如果不适应新的需要，写出新的著作，形成新的理论，也是不行的。邓小平同志指出：“世界形势日新月异，特别是现代科学技术发展很快。现在的一年抵得上过去古老社会几十年、上百年甚至更长的时间。不以新的思想、观点去继承、发展马克思主义，不是真正的马克思主义者。”这些科学的论述，十分明确地告诉我们，马克思主义是发展的学说，马克思主义一定要同时代发展和各国实际相结合，这是它具有无限生命力的根本原因。因此，我们要正确地认识和看待邓小平建设有中国特色社会主义理论同马克思列宁主义、毛泽东思想的统一关系。

确立邓小平建设有中国特色社会主义理论在全党的指导地位，是十四大最大的历史性贡献之一。实践已经证明并将继续证明，这一理论是指导中国人民建设有中国特色的社会主义事业的“主心骨”，是保证中国在改革开放中胜利实现社会主义现代化的唯一正确的理论。在当代中国，只有这一理论而没有别的理论能够解决社会主义的前途命运问题。坚持邓小平建设有中国特色社会主义理论，我们开辟了建设有中国特色的社会主义道路，开创了现代化建设的新局面，取得了举世瞩目的伟大成就；我们经受住了国内国际风波的考验，在国际社会主义运动的严重曲折中站稳了脚跟，国际地位日益提高。一句话，坚持邓小平建设有中国特色社会主义理论，我们才有今天经济发展、政治稳定、民族团结、社会进步的好形势，全党全国人民紧密地团结在以江泽民同志为核心的党中央周围，满怀信心地奔向新的世纪。因此，在当代中国，坚持邓小平建设有中国特色社会主义理论，就是真正坚持马克思列宁主义、毛泽东思想；高举邓小平建设有中国特色社会主义理论的伟大旗帜，就是真正高举马克思列宁主义、毛泽东思想的伟大旗帜。

要把以科学的理论武装人的任务落到实处。一个时期以来，江泽民同志反复强调的一个精神，就是领导干部一定要讲政治。讲政治，核心是坚持正确的政治方向、政治立场。讲政治的目的，就是为了使全党同志更好地掌握党的基本理论和全面正确积极地贯彻执行党的“一个中心、两个基本点”的基本路线。经济是基础，我们坚持以经济建设为中心，这是绝对不能动摇的。以经济建设为中心，并不是说其他工作不重要了，也不是说经济搞上去了，其他事业就会自然而然地发展。我们应学会辩证地认识和处理经济同政治，经济同其他各项工作的关系。没有强有力的政治保证，经济建设是搞不好的。我们搞的现代化是社会主义现代化，我们搞的市场经济是社会主义市场经济。在这些根本问题上，中央历来是十分明确的。江泽民总书记曾经指出，现在我们有些干部埋头于事务，很少考虑政治方向、政治立场问题，缺乏应有的政治辨别力和政治敏锐性。为什么有的干部不去认真学习和贯彻党的方针政策，甚至在执行中打折扣？为什么一些明显违背马克思主义、违背党的基本路线的东西得不到抵制？为什么不认真学习马克思主义和党的文献反而轻信和传播来自国外和境外的流言蜚语，相信那些奇谈怪论？为什么在一些地方和部门出现损害国家和人民利益的事情，而那里的领导干部却熟视无睹？问题的症结就在于不讲政治，头脑里缺乏马克思主义的政治、缺乏社会主义的政治。我们要解决这些问题，最根本的是要学习马克思主义理论，落实以科学的理论武装人的任务。理论坚定是政治坚定的基础。有坚实的理论根底，有理论上的坚定，政治上才能坚定，才能过得硬。因此，我们必须始终不渝地把用邓小平建设有中国特色社会主义理论武装党员、教育干部和人民，作为思想政治教育的首要任务，精心组织，运用各种有效形式，狠抓落实，使这一理论在人们头脑中扎下根，在全社会形成共同认识，成为精神支柱。江泽民同志在讲话中指出，一定要以当代中国社会主义改革开放和现代化建设实际问题为中心，以我们正在做的事情为中心，着眼于马克思主义理论的运用，着眼于提高对实际问题的理论思考，着眼于新的实践和新的发展。离开本国实际和时代发展来谈马克思主义，没有意义。这就告诉我们，一定要贯彻理论联系实际的原则，切实地把党的基本理论、基本路线、基本方针贯彻落实到各项工作中去，有力地推动建设有中国特色社会主义的各项事业蓬勃发展。

落实以科学的理论武装人的任务，很重要的一个方面是引导广大党员和干部树立正确的世界观、人生观和价值观。面对改革开放和现代化建设这场深刻而伟大的历史变革，我们必须在改造客观世界的同时努力改造主观世界，坚定社会主义、共产主义的理想信念，坚持全心全意为人民服务的宗旨，发扬为人民的利益甘于奉献的精神。只有这样，才能经得起各种风浪的考验，经得起权力、金钱、美色的考验，我们的党组织才能增强战斗力、凝聚力。

江泽民同志在讲话中还强调指出：旗帜问题至关紧要。旗帜就是方向，旗帜就是形象。我们说坚持党的十一届三中全会以来的路线不动摇，就是高举邓小平建设有中国特色社会主义理论旗帜不动摇。无论遇到什么困难、什么风险，都不动摇。我们全党，特别是各级党的领导干部，一定要遵循江泽民同志的要求，坚定不移地高举起邓小平建设有中国特色社会主义理论的伟大旗帜，高度自觉地紧密团结在以江泽民同志为核心的党中央周围，抓住机遇，开辟未来，把建设有中国特色社会主义事业全面推向新世纪，不断取得新的成功和胜利，为把我国建设成富强、民主、文明的社会主义现代化国家奋斗不息！

人民日报社与《求是》杂志社在北京就学习江泽民在中央党校重要讲话联合召开座谈会

人民日报社和《求是》杂志社在京联合召开座谈会，邀集部分中央和国家部委负责人和理论工作者学习江泽民同志在中央党校的重要讲话。

与会者一致认为，江泽民同志在中央党校的重要讲话，是在我国历史发展的重要时刻发表的，这是以江泽民同志为核心的党中央高举邓小平建设有中国特色社会主义理论伟大旗帜，带领全国人民奔向 21 世纪的纲领性文件，是党中央的伟大战略部署。讲话高屋建瓴，总揽全局，观点鲜明，分析透彻，为全党进一步指明了前进方向。讲话阐明的四个问题，是全党和全国人民普遍关心的重大问题，是事关全局事关长远的战略性问题，是推进建设有中国特色社会主义伟大事业必须解决的关键问题。讲话的核心是高举邓小平建设有中国特色社会主义理论的伟大旗帜，解放思想、实事求是。讲话表明了我们党高举邓小平建设有中国特色社会主义理论伟大旗帜的坚定信心，反映了我们党政治上、理论上的清醒和成熟，为党的十五大作了重要的思想理论准备，对统一全党、全国人民的思想，把建设有中国特色社会主义伟大事业全面推向 21 世纪，有着极其重大的现实意义和深远的历史意义。

关于经济发展和经济体制改革问题，来自经济管理职能部门的领导同志说，江泽民总书记在讲话中深刻地阐述了经济体制改革特别是国有企业改革的形势和任务，使我们深受鼓舞。贯彻落实讲话精神，加快国有企业改革，当前要继续推进现代企业制度建设。国有企业改革需要搞好三个结合：一是改革要与优化经济结构，推动企业技术进步，加强企业管理，提高经济效益紧密结合起来；二是企业改革要与配套改革紧密结合起来，同步推进社会保障体系建设、政府机构改革、资本和劳动力市场培育等；三是改革要与加强企业精神文明建设紧密结合起来。只要我们按照邓小平同志提出的“三个有利于”标准，按照江泽民同志重要讲话精神，大胆探索，勇于实践，努力寻找能够极大促进生产力发展的公有制实现形式，大胆利用一切反映社会化生产规律的经营方式和组织形式，国有企业改革就一定能取得新突破，国有企业就一定能搞好。

与会者认为，加强和改善党的领导，是把有中国特色社会主义事业全面推向21世纪的根本保证。党的建设任务十分繁重，首要任务是深入、扎实、持久地用邓小平建设有中国特色社会主义理论武装全党。各级领导干部首先是高级干部，要带头贯彻民主集中制原则，遵守纪律，维护大局，加强团结。反腐败是关系党和国家生死存亡的严重政治斗争，必须坚持不懈地开展下去，使我们党永远立于不败之地。

劫机犯罪嫌疑人黄树刚韩凤英遣返祖国大陆

台湾有关方面在金门将劫持客机前往台湾的劫机犯罪嫌疑人黄树刚、韩凤英遣返移交给中国红十字会代表，这是符合两岸红十字组织1990年9月签署的《金门协议》的。

黄、韩二人分别伙同他人，于1993年4月6日和1993年9月30日劫持南方航空公司和四川航空公司两架客机前往台湾。

参与遣返见证的中国红十字会代表表示，劫机犯罪是举世公认的严重刑事犯罪行为，应予严处。我们对台湾方面在我5月14日遣返台湾劫机犯罪嫌疑人刘善忠之后，遣返黄树刚、韩凤英的行动表示欢迎。希望台湾有关方面从有利于共同打击劫机犯罪、维护两岸人民生命财产安全的大局出发，遣返全部在台湾的内地劫机犯罪嫌疑人。

国务院作出《关于建立统一的企业职工基本养老保险制度的决定》

近年来，各地区和有关部门按照《国务院关于深化企业职工养老保险制度改革的通知》要求，制定了社会统筹与个人账户相结合的养老保险制度改革方案，建立了职工基本养老保险个人账户，促进了养老保险新机制的形成，保障了离退休人员的基本生活，企业职工养老保险制度改革取得了新的进展。但是，由于这项改革仍处在试点阶段，目前还存在基本养老保险制度不统一、企业负担重、统筹层次低、管理制度不健全等问题，必须按照党中央、国务院确定的目标和原则，进一步加快改革步伐，建立统一的企业职工基本养老保险制度，促进经济与社会健康发展。为此，国务院在总结近几年改革试点经验的基础上作出如下决定：（文略）

第三次全国“打假”工作电话会议在北京召开

国务院副总理吴邦国向会议发来贺信，要求战斗在“打假”工作第一线的同志，再接再厉，把“打假”工作深入开展下去。

吴邦国在贺信中指出，“九五”是我国推进社会主义市场经济的重要时期，各部门、各地方要继续采取有力措施，切实加强对“打假”工作的组织领导。“打假”工作涉及地方和部门的利益，各地区、各部门一定要顾全大局，克服地方保护主义。要逐级建立“打假”目标责任制，各有关部门要协调一致，相互支持，相互配合。要充分运用法律武器，加大打击力度，对制售假冒伪劣商品的重点地区、市场进行彻底治理，对重点案件要公开曝光。要进一步加强对生产企业和市场流通环节的管理和监督，加大对名优产品的保护，继续以“查大案、端窝点、整市场、抓专项、清柜台”等多种形式，推动“打假”工作深入开展。

这次“打假”工作电话会议是由国家经贸委、国家工商局和国家技术监督局联合召开的。

国家防汛抗旱总指挥部召开第二次办公会议

会议分析我国当前面临的旱情和汛情，研究需要采取的措施和对策，对抗旱防汛工作作出进一步部署。

据国家防汛抗旱总指挥部办公室介绍，今年以来，我国气候的显著特点是北旱南涝。从6月份开始，长江以北大部分地区持续少雨高温，降雨量比往年少40%至60%，旱情发展很快，全国受旱面积达3亿亩以上，对夺取秋粮丰收构成严重威胁。在北方干旱的同时，南方汛情来得早。5月上旬、6月上旬和7月上旬，南方部分地区连续三次发生暴雨洪涝灾害，受灾面积6218万亩。

中共中央政治局委员、国务院副总理姜春云在听取了国家防办的汇报后，指出要狠抓各项防灾抗灾措施的落实。防汛要重点抓好工程的除险加固，物资、队伍的落实到位，蓄滞洪区安全设施建设和制订转移方案。一旦发生汛情，要全力抗洪抢险，确保大江大河大水库安全度汛，万无一失。抗旱要坚持开源与节流并举，扩大水源，节约用水，力争多浇地、保好苗，做到旱情不除，抗旱不止。各行各业、各部门要继续大力支持当前的抗灾斗争。水利部门要加强调度，对各地的防汛抗旱工作进行检查指导。农业部门要针对旱涝灾害对农作物造成的影响，及时研究补救措施。电力部门要保证抗灾用电。石油化工、铁路、交通和供销社等部门，要搞好农用物资的供应、运输。民政部门要做好灾区的救灾工作。

国办发出关于禁止非法买卖人民币的通知

中共中央政治局常委胡锦涛在人民大会堂会见日本自民党干事长加藤纮一

中央军委副主席刘华清在解放军成都军区考察时会见西藏工布江达县人武部部长单杰

刘华清最近在成都军区考察工作期间，会见了西藏自治区工布江达县人武部部长单杰，赞扬他全心全意为藏族同胞谋利益，为驻地经济发展和社会进步，为部队建设作出了贡献，值得全军官兵学习。

刘华清在听取成都军区政治部领导汇报单杰的简要事迹后，详细询问了单杰的身体、年龄、家庭和工布江达县的情况。刘华清对单杰说，你在西藏一干就是28年，为西藏人民做了很多工作，很有成绩。你的老人和妻子、孩子全家在上海，困难不少，你能正确对待，一心为西藏、为藏族人民、为部队建设作贡献，很可贵，值得全军官兵学习。他还语重心长地对单杰说，我赞成你讲的“当兵为国，吃苦为民”这句话，当兵就是要为人民服务。你过去做得不错，今后还要继续努力，做出更大成绩。

单杰在担任工布江达县人武部部长 9 年间，积极配合县委、县政府开展工作，带领人武部和广大民兵参加两个文明建设。在他的组织倡导下，全县 80％的耕地由种春小麦改为种冬小麦，平均亩产由过去不足百公斤提高到 225 公斤；建起了全县第一个种植、养殖基地，把现代科学技术引进了古老的牧场，成立了生产专治风湿、类风湿特效药“雪山金罗汉”的西藏康达实业有限公司，使县里有了第一个支柱产业。他连续几年组织发动人武干部和广大民兵开展扶贫攻坚，使西藏 18 个贫困县之一的工布江达县，第一个摘掉了贫困帽子。为表彰单杰的先进事迹，成都军区党委给他记了一等功，并从去年 10 月起组织单杰事迹报告团，在西南 5 省、市、区和上海市作报告 22 场，直接听众 2.6 万余人，在军队和地方引起了强烈反响。

会见时，单杰向刘华清副主席表示，一定要继续实践“当兵为国，吃苦为民”的誓言，发扬老西藏精神，全心全意为人民服务，为巩固西藏边防和西藏的繁荣稳定作出新的贡献。

最高人民法院举行新闻发布会公布五起知识产权审理情况

最高人民法院副院长李国光介绍，一年多来人民法院审理的知识产权民事案件具有如下特点：收案总量呈上升趋势，其中侵权纠纷案件上升幅度较大；收案数量地区差别较大，案件多发生在经济、科技、文化发展水平较发达的地区；新类型案件不断涌现；案件中涉及的法律关系日益复杂；集团诉讼有所增多，争议标的额增大，加之知识产权的高科技性、专业性，及其保护客体种类的复杂多样性，使得知识产权案件审判的难度明显增加。

最高人民法院公布的 5 起知识产权民事案件：

中国建筑材料工业地质勘探中心广西总队诉来宾县莆田石膏矿、钟有和、陈宇棠等地质勘探资料成果侵权纠纷案；钱钟书、人民文学出版社诉胥智芬、四川文艺出版社著作权纠纷案；8 家美国电影公司分别诉北京市先科激光商场、北京市文化艺术出版社音像大世界侵犯著作权纠纷案；北京市轻工业品进出口公司诉上海华兴鞋业有限公司、金狮贸易(香港)公司、上海市崇明县向化镇丕林村村民委员会商标侵权纠纷案；瑞士英特莱格公司、丹麦乐高海外公司诉南京宝高国际实业有限公司专利、商标、著作权侵权及不正当竞争纠纷案。这五个案件均是被告违反法律，实施侵犯他人知识产权行为而承担了侵权的法律责任的典型案件。

李国光最后强调，知识产权的司法保护是一项长期艰巨的任务，判定对知识产权权利人的侵权损害赔偿是人民法院对侵权案件加大执法力度的一个重要方面，人民法院将一如既往地坚持为两个文明建设服务的方针，继续加强知识产权司法保护，为依法保护正当市场竞争，维护社会主义市场经济秩序作出应有的贡献。

全国图书出版治理工作会议在长沙举行

会议于 16 日至 18 日举行。会议提出：要通过综合治理、加强宏观调控、深化改革、实施精品战略等手段和措施，坚决、稳妥地解决目前图书出版中存在的散、滥问题，逐步实现从扩大规模数量为主向以提高质量效益为主的转变，促进图书出版事业的进一步繁荣。

改革开放以来，我国图书出版事业发展迅速，取得了重大成就。至 1996 年年底，全国共有图书出版社 564 家，出版图书 12813 种，重版率达到 45％，总印数 71.58 亿册，总印张 360.45 亿。出版事业的发展，对促进社会主义物质文明和精神文明建设，满足人民群众日益增长的精神文化需求，发挥了积极作用。但是，由于规模数量增长过快，人员素质和管理工作跟不上，在当前图书出版中也存在一些突出问题，如买卖书号、重复出版、超专业分工范围出书、忽视质量、内容不健康、违规出版等有令不行、有禁不止的问题。

今年 3 月以来，各地新闻出版部门根据中央的要求，结合本地的实际情况，提出了各地的治理重点、治理目标，采取了有效措施，贯彻一手抓繁荣，一手抓管理的方针，提出了改进、提高、发展的措施和办法。

新闻出版署副署长杨牧之就下一阶段的图书出版治散治滥和繁荣图书出版问题提出了 10 项措施：一、继续严肃查处买卖书号的行为；二、把好年检关；三、逐步解决超专业分工问题；四、加强书号管理；五、实行重大选题报批制度；六、加强非正式图书和自费出书的管理；七、继续进行图书质量检查；八、坚决打击非法出版活动；九、严格规范，查处名为自费出书、实际变相买卖书号的行为；十、加强宏观调控，及时、正确引导热点问题。

中国民族歌舞团抵达美国参加北卡罗来纳州国际民间艺术节

7月17日

中纪委 监察部就中共广东省纪委省监察厅查处的三起领导干部顶风违纪购买和乘坐超标准小汽车案件向全党发出通报

中央纪委、监察部近日就广东省纪委、省监察厅查处的三起领导干部顶风违纪购买和乘坐超标准小汽车案件向全党发出通报，要求各级党委、政府和领导干部严格执行中央的有关规定，坚决查处顶风违纪案件，巩固清车工作成果。

被通报的三起案件如下：

一、广东省教育厅几名领导干部挪用教育事业经费购买超标准小汽车。1993年下半年，广东省教育厅办公室主任周育安、副主任房雨林以厅领导乘坐的车辆破旧和机关用车紧张为由，多次向厅长兼党组书记许任之和副厅长林受之、陈锦铎建议购买新车。1994年年初，房雨林征得许任之、林受之、陈锦铎、周育安、李庆源（原计财处处长，现任副厅长）同意后，购回两辆无合法手续和发票的皇冠3.0小汽车，共支出82.6万元，其中挪用教育事业专项经费79.6万元。此后，这两辆车分别供许任之、陈锦铎乘坐。广东省纪委、省监察厅报广东省委批准，决定给予许任之党内严重警告处分；给予林受之、陈锦铎、李庆源、周育安、房雨林党内警告处分；将挪用教育事业经费购买的两辆小汽车予以收缴和拍卖。

二、河源市和平县农机总公司原总经理周序传、副总经理杨春益挪用有偿扶贫贷款购买小汽车和移动电话。1997年1月，这家公司原总经理周序传挪用有偿扶贫贷款22.4万余元，购买新桑塔纳轿车一辆。并以工作需要为由，挪用有偿扶贫贷款2万余元，购买移动电话2部，供本人和副总经理杨春益使用。和平县纪委、县监察局报和平县委、县政府批准，决定给予周序传留党察看一年、行政撤销县农机总公司总经理职务的处分；给予杨春益党内严重警告、行政记大过处分；将违反规定购买的小汽车、移动电话予以拍卖。

三、清远市副市长廖斌违反规定乘坐超标准小汽车。1997年1月，清远市政府车队副队长李光平（廖斌的司机），趁帮助清远市政府下属浩荣公司曾某办理新购买的皇冠3.0轿车牌照之机，提出将这部车借给廖斌乘坐，同时将廖斌乘坐的车借给市财委使用。从1997年1月开始到3月12日，廖斌在清远市范围内基本上是乘坐这辆超标准小汽车。目前此案正在查处之中。

公安部出入境管理局负责人就香港特区临时立法会通过《1997年入境（修订）（第五号）条例发表谈话》

日前，公安部出入境管理局负责人就香港特别行政区临时立法会7月9日通过了《1997年入境（修订）（第五号）条例》问题发表了谈话。这位负责人说，根据《香港特别行政区基本法》规定，香港永久居民中的中国公民在内地所生子女在港享有居留权，可遵循合法的渠道有序赴港定居。根据香港特区政府《1997年入境（修订）（第五号）条例》规定，香港特区政府入境事务处将为经审核确认身份的香港永久居民子女签发居留权证明书。内地此类人员只有持居留权证明书和内地公安机关签发的前往港澳通行证赴港定居，方可取得在港居留权。

这位负责人表示，这一规定有利于正确实施基本法关于香港居留权的有关规定，依法保障符合条件人员的正当权益；有利于维护来往内地与香港之间正常秩序，为及时遣返非法偷渡滞留在港人员提供了法律依据。这是一个遵循基本法规定，既能有效保障申请人依法享有的权利，又能有效维护香港正常出入境秩序的合法、合理的办法。内地公安机关将积极协助香港特区政府全面有效地实施这一条例。

这位负责人强调，香港永久居民中的中国公民在内地所生子女在港享有居留权是基本法明确规定的。不论现在或将来，也不论已核实身份正在轮候赴港定居或正在核实身份，只要符合基本法规定的条件，经过有关部门审核确认身份后，都会安排他们有序地赴港定居。香港人口密度高，社会承受能力有限，因此，赴港定居必须实行限额审批、分期分批安排的办法。对此，请广大申请人充分理解，并自觉遵守有关法律，循合法渠道赴港定居。

这位负责人说，香港永久居民中的中国公民在内地所生子女向公安机关出入境管理部门申请赴港定居，即被视为同时申请居留权证明书，不需另外申请。对符合资格的，香港特区入境事务处签发居留权证明书，并将该证明书送交内地公安机关。公安机关出入境管理部门在为他们签发前往港澳通行证，安排赴港定居时，会将居留权证明书贴于该证上一并发给申请人。

这位负责人强调说，凡偷渡去港或滞留在港的内地人员，一经发现，一律遣返。请申请人不要听信传言,不要违反有关法律,不要参与偷渡活动,以避免不必要的人身、财产损失。最后,这位负责人表示,公安机关将继续严厉打击组织、运送他人偷渡的"蛇头",以维护往来香港的正常秩序。

中国政府向蒙古国赠送价值 2000 万元人民币的食品援助交接仪式在乌兰巴托举行

中国科学家在世界上首次配制出转基因杂交稻

中国水稻研究所研究员黄大年和他的科研合作者经过多年攻关,成功地将抗除草剂基因转水稻应用于杂交稻制种生产,在世界上首次配制出转基因杂交稻。

抗除草剂水稻成功地应用于杂交稻制种生产,能有效地解决杂交稻制种纯度问题,尤其对二系杂交稻制种有重要意义。多年来,由于二系杂交稻中光温敏不育系不稳定,制种纯度难以保证,采用这项技术可彻底解决二系杂交稻制种纯度低的难题,使杂交稻的纯度达到 100%,充分发挥杂交稻的增产潜力。

据介绍,这项技术可以快速检测杂交稻制种纯度。过去,检测杂交稻制种纯度需 3—4 个月,而今天只需 3—4 天就能得知纯度。而且,这项技术的应用可结合施用除草剂,能杀死杂草而对基因水稻无害。

落叶松根腐病生物防治获成功

一个世界性森林病害防治难题——落叶松根腐病生物防治研究,最近被我国黑龙江省逊克县一个基层森林病防治站攻破。这种以菌治菌的方法,已连续 3 年在东北大面积推广使用,使根腐病得以控制。

林业部、黑龙江省林业厅于 1994 年至 1997 年首先在东北大面积推广这一以菌治菌的生物技术,3 年实践证明,这一科研成果达到世界先进水平。

清华大学副校长关志成与美国中西部大学国际活动集团董事长威廉·弗林在华盛顿签署关于信息高速公路国际教育交流项目协议

根据协议,清华大学将同美国中西部十所著名大学进行合作,在中国开展信息高速公路讲座活动,以推动中国信息高速公路技术的发展和运用。这个合作项目是中国"金桥工程"的一部分。

7 月 18 日

中共中央总书记江泽民在中南海会见日本自民党干事长加藤纮一

江泽民在会见时说,中日双方尤其是两国的政治家应当以史为鉴,面向未来,共同致力于两国关系健康、稳定的发展。

江泽民欢迎加藤纮一率自民党代表团来华访问。他说,在中日邦交正常化 25 周年之际,我们愿与日本执政党以及日本的各界朋友共同维护和发展来之不易的中日友好局面,共同构筑更有成效的、面向 21 世纪的中日关系,为亚洲及世界和平、稳定与发展作出更大的贡献。江泽民强调指出,历史是不能改变的,但可以把历史作为一面镜子,正确地认识历史和总结经验教训,以便正确把握今后的发展方向,创造中日关系更加美好的未来。

加藤纮一说:"江主席多次谈到'前车之覆,后车之鉴',我很赞成。日本要坚持走和平发展道路,坚持和平外交政策。我们要加倍努力,使日中两国年青一代建立起面向未来的友好关系。"

中央党校校长胡锦涛在中央党校夏季毕业典礼上发表讲话

中共中央政治局常委、书记处书记、中央党校校长胡锦涛在举行的中央党校夏季毕业典礼上强调,各级领导干部要自觉肩负历史责任,全面提高自身素质,做高举伟大旗帜、推进伟大事业的模范。

胡锦涛在讲话中分析了我国当前的形势和面对的发展机遇,要求各级领导干部从全局、战略和历史的高度,紧紧围绕坚持党的基本理论、基本路线不动摇这个事关党和国家前途命运的问题,认真学习、深入领会和坚决贯彻江泽民同志今年 5 月 29 日在中央党校的重要讲话精神。

胡锦涛指出,各级领导干部特别是中青年干部在中国跨世纪发展中担负的历史责任,就是要坚定不移地高举邓小平建设有中国特色社会主义理论伟大旗帜,全面、正确、积极地执行党的基本路线,全身心地投入改革开放和现代化建设,为把我们的伟大事业全面推向新世纪,把我国建设成为富强、民主、文明的社会主义现代化国家,艰苦奋斗,开拓进取,建功立业。这是继往开来的历史责任,是异常光荣、豪迈的历史责任。中国共产党成立以来,一代又一代共产党人和无数仁人志士前仆后继、英勇奋斗,才有了中国今天的大好局面。我们一定要把老一辈无产阶级革命家开创的社会主义伟大事业继承和发展下去,不断推向前进,这样才无愧于先烈,无愧于人民,无愧于后代。

胡锦涛指出,领导干部要肩负起历史责任,必须坚持高标准严要求,反复锤炼自己,全面提高自身素质。一定要认真学习邓小平建设有中国特色社会主义理论,不断提高理论素养;一定要全面正确积极地贯彻执行党的基本路线,努力提高领导工作的原则性、系统性、预见性和创造性;一定要坚持解放思想、实事求是,积极探索、大胆实践，认真研究新情况、解决新问题；一定要坚持全心全意为人民服务的根本宗旨，保持同人民群众的血肉联系；一定要认真贯彻民主集中制的原则和制度，自觉增强和维护党的团结统一；一定要自觉拒腐防变，坚决反腐倡廉，作严于律己的表率。

胡锦涛强调，邓小平建设有中国特色社会主义理论，是我们全党的指导思想和中华民族的精神支柱，也是我们每个干部做好工作的根本思想武器。高举伟大旗帜，是实实在在的行动要求。领导干部只有掌握了这个伟大理论，才能始终站在时代前列，履行好自己的历史责任。

胡锦涛指出，共产党员如何对待广大群众，这不单是个思想作风问题，更是一个根本立场问题、世界观问题、党性问题。中央反复强调领导干部一定要讲政治，从根本上说就是要正确认识和处理好同人民群众的关系。领导干部必须坚持正确的政治方向，这个方向就是代表人民群众根本利益的建设有中国特色社会主义的方向。领导干部必须坚定正确的政治立场，这个立场就是工人阶级和人民大众的立场。领导干部必须牢固树立正确的政治观点，这个观点最基本的就是马克思主义的群众观点。领导干部必须严格遵守政治纪律，这个纪律最重要的就是要维护全党全国人民的最高利益，在思想上政治上同以江泽民同志为核心的党中央保持高度一致。领导干部必须具有政治鉴别力和政治敏锐性，主要就表现为从人民群众的利益和意志出发，及时而正确地识别政治上的大是大非。我们的领导干部一定要深刻认识到，政治的根本在人民，政治的血脉在人民；得民心则兴，失民心则衰。我们想问题，办事情，作决策，必须把人民利益摆在高于一切的位置上，把对上级负责和对群众负责统一起来，做到思想上尊重群众，感情上贴紧群众，行动上深入群众，工作上依靠群众。要听取群众的呼声，了解群众的情绪，关心群众的疾苦，体贴群众的困难，努力为群众办实事、谋实利。要关心群众长远的、根本的利益，舍得为此花力气，不达目的不罢休；也要关心群众眼前的、切身的利益，特别要关心灾区、贫困地区群众和企业下岗职工的生活困难，帮助解决实际问题，多做“雪中送炭”的事情。

胡锦涛说，是用权为民，还是以权谋私，这始终是对领导干部的严峻考验。在新的历史条件下，面对物质利益的诱惑，面对各种复杂的社会关系，领导干部如果站在小圈子里考虑问题，那么在索取与奉献、个人利益与国家和人民利益的关系等问题上，就可能想不清、理不透，在一定条件下就可能导致滥用职权谋取私利，甚至徇私枉法，执法犯法。只有出以公心，站在党和人民的立场，从完成社会主义现代化事业历史使命的高度，来看待权力，认识和思考问题，才会眼光远大，心胸开阔，自觉奉献，永葆人民公仆的本色。

国务院总理李鹏在贵州考察

李鹏于 7 月 18 日至 20 日走访了息烽县贫困苗族农户，参观了革命传统教育基地“息烽集中营”，考察了贵阳高新技术开发区和振华集团永光电工厂、建新机械厂、新云器材厂，听取贵州省委、省政府的工作汇报。

李鹏在贵州考察工作时指出，改革开放以来，贵州面貌发生了很大变化，要看到进步，树立信心，振奋精神。作为中西部地区，中央要予以支持，但振兴贵州，归根到底要靠贵州各族人民自己的努力。

李鹏强调指出，作为农业省，贵州要全神贯注抓农业，始终把农业放在各项工作的首位。他说，贵州山多地少，发展农业困难很多，要继续抓住“坡（地）改梯（田）”这个主要环节，推广运用适合贵州特点的各项农业技术，大力发展种子工程，搞好以小水窖、小山塘、小水库为主的农田水利基本建设，增加粮食产量。要重视农产品深加工，开发品种丰富的山货资源，增加农民的收入。李鹏高度赞扬了罗甸县云干乡大关村坚忍不拔、苦干实干、摆脱贫困的精神。他说，要大力弘扬大关人抠山挖土造地、石头山上夺高产的精神，自力更生，改变家乡贫穷的面貌。

李鹏说，贵州地处云贵高原，交通建设是经济发展的关键。“九五”期间，中央和地方要共同努力，完成几项公路干线和铁路的建设。特别是大西南的内昆铁路和重庆至北海的高等级公路，都将通过贵州境内，也是中央开发中西部地区的战略措施。这些交通干线的完成必将使全省的交通状况得到很大改善，为今后的发展奠定坚实的基础。

李鹏说，贵州资源丰富。要使资源优势转变为经济优势，必须以市场为导向，靠自己的努力。贵州山清水秀，又是岩溶地区，旅游资源也是一个强项。发展旅游关键在于交通。旅游资源要开发硬件，也要搞好软件。

扶贫工作是李鹏总理这次贵州之行的考察重点。几天来，他多次叮嘱各级干部要全力以赴做好扶贫工作。7 月 18 日下午，李鹏来到息烽县永靖镇河坎村上寨村民组，看望慰问了生活还十分贫困的苗族农户，了解了他们在贫瘠薄瘦的土地上努力摆脱贫困的措施。当他看到全村将要搬迁的新村落已基本建成时，十分高兴。在一座由新华社出资建设的解决人畜饮水困难的引水工程前，李鹏对作为息烽县扶贫对口单位的新华社在扶贫工作中做出的努力予以肯定。

李鹏指出，贵州还有 600 多万人没有脱贫，他们又大多集中在山区和少数民族聚居的地方。因此，贵州的扶贫任务十分艰巨。他说,扶贫工作要扎扎实实地去做,要落实到村、到户、到人。要重视文化教育扶贫和科技扶贫。没有文化知识,没有科技知识,即使一时脱了贫,一遇天灾人祸就很容易返贫,更谈不上开发性脱贫。贫困地区更要加大计划生育工作的力度,多做动员宣传工作,使群众理解生育越多,负担越重,脱贫越难的道理。同时,贫困地区各级党政机关要注意精兵简政,减轻农民的负担。

考察过程中,李鹏得知黔西南布依族苗族自治州和六盘水市盘县等地遭受严重洪涝灾害,造成人员伤亡和财产损失,十分关心。他请省委、省政府转达对灾区人民的慰问,并指示要抓紧做好救灾工作。

国务院副总理朱镕基在辽宁考察国有企业

朱镕基于 7 月 18 日至 24 日先后实地考察了鞍钢、辽化、抚顺铝厂等近 10 家国有大型企业,分别召开了目前处于困境和经营管理较好的 30 多个企业负责人的座谈会,深入了解国有企业改革和发展的情况,就如何扭转亏损、进一步搞好国有企业问题进行探讨。在考察期间,朱镕基还听取了辽宁省委、省政府及所到城市政府的工作汇报。朱镕基对辽宁近两年来在搞好国有企业工作方面所取得的成绩给予了充分肯定。他认为,辽宁的国有大中型企业状况有了新的变化,正在向好的方向发展。已经出现了一批有活力、有实力的大型企业和企业集团,并在国内外市场竞争中不断发展壮大。一批处于亏损和困难状况的企业有的已经、有的开始走出困境。他特别赞扬辽宁各级政府对国有企业下岗职工的热情关心和妥善安排,从多种渠道筹集资金,以各种方式扶贫帮困,用不同办法介绍转业,取得了稳定职工队伍,推动企业减员增效的效果。朱镕基强调指出,辽宁这两年的实践证明,尽管当前国有企业仍面临很多困难,但这是经济体制改革和转轨过程中必定会遇到的困难,只要认真贯彻落实江泽民同志关于搞好国有企业的多次讲话精神和党中央、国务院确定的一系列方针、政策,在宏观环境不断改善的形势下,完全能够用 3 年左右的时间,使大多数国有大中型亏损企业走出困境,进而建立现代企业制度。

朱镕基指出,推进国有企业的改革和发展大政方针已定,现在的主要工作是要从以下三个方面入手。一是继续加强国有企业领导班子的建设,尤其是要选好企业的厂长、经理。朱镕基说,一个好的企业领导班子要有强烈的事业心和责任感,政治上过硬,懂生产、会管理、善管理、能够认真贯彻落实党中央、国务院关于搞好国有企业的一系列方针政策。企业一方面眼睛向内,切实搞好“三改一加强”;另一方面要面向市场,深入研究营销战略,生产适销对路的产品,而不是怨天尤人,固循苟且。事实证明,下决心调整好长期亏损企业的领导班子是解决亏损企业问题的有效办法,是建立新的经营机制、新的管理秩序的必要条件,也是企业和职工的迫切要求。

二是必须坚决走“鼓励兼并、规范破产、下岗分流、减员增效、实施再就业工程”的路子。朱镕基强调,国有企业都要制订以产定人、下岗分流、减员增效和实施再就业工程的计划,逐步将富余职工减下来。这是煤炭行业几年实践证明了的行之有效的办法。他说,下岗的富余职工都要进人本企业成立的再就业服务中心,领取基本生活费,实施再就业培训,逐步重新安置就业。再就业工程是充分发挥政府、企业、劳动者和社会各方面的积极性,综合运用政策扶持和就业服务手段,通过多种渠道,帮助企业富余人员再就业的社会工程,不是权宜之计。朱镕基强调,在辽宁的中央直属企业比较多,中央企业特别是军工、冶金、有色、石化等企业要借鉴煤炭企业的经验,做好艰苦细致的思想工作,教育职工树立新的择业观,大力实施再就业工程。

三是要利用多种方式,包括直接融资的办法,帮助国有企业增资减债。这次考察表明,处于困境的亏损企业,大多是由于没有资本金,硬要上项目,搞“无本买卖”所造成的。建设资金完全使用银行贷款,使企业背上了沉重的债务负担,后果是企业在市场上毫无竞争力,无力还本付息,债务越欠越多。考察期间,朱镕基反复告诫各级党政领导干部和企业经营者,决不能再追求外延扩张、盲目增加投人,走“大而全、小而全”,重复建设的老路。没有按国务院规定筹集一定比例的资本金,就不能上项目。现在大部分工业产品的生产能力都已经超过市场需求,如果再继续热衷于铺摊子、上项目,不仅现有困难企业永无解困之日,还将不断产生新的困难企业,这种局面绝不能再出现。朱镕基指出,为了帮助国有企业增资减债,国务院已经采取了一些政策措施,例如今年还要将“拨改贷”债务 300 亿元转为国家资本金;冲销银行呆、坏账准备金增加到 300 亿元,明年还会增加,以减轻企业债务。现在看来,随着中国股票市场的日益规范和稳定发展,通过股市直接融资,可以成为国有企业筹集资本金的重要来源。要鼓励上市企业兼并有发展前景、但目前还亏损的企业,从而壮大上市企业的实力,又使被兼并企业重新焕发出新的优势。

朱镕基说,用 3 年左右时间使大多数国有大中型亏损企业走出困境是一项十分艰巨的任务,需要中央、地方、政府、企业坚定信心,齐心协力,扎扎实实地工作,一个一个企业地抓,这个目标是一定能够实现的。

解决辽宁煤矿职工住房困难问题是朱镕基这次考察的重点之一。在抚顺矿务局,朱镕基召开了有 8 个矿务局负责人参加的煤炭企业座谈会，他对辽宁至今仍有5万多名煤矿职工住在日伪时期“劳工房”问题非常重视，他要求各级政府和矿务局采取特别措施，在2年内解决这一问题。同时要通过深化住房制度改革，加快住房建设，逐步解决企业职工住房问题。关键是要建立住房公积金制度，并与银行抵押贷款、分期付款等办法相结合。他强调，安居工程的住房必须出售给住房困难的中低收入职工、离退休职工和教师。7月21日下午，朱镕基顶着烈日来到抚顺矿务局南窑地街煤矿工人居住集中的“棚户区”，看望了两户困难职工家庭，实地了解他们的住房、收入和生活情况，向他们表示亲切慰问。

粮食的储存和收购情况是朱镕基此次考察的又一重点。他沿途察看了农作物生长情况，专程到辽宁粮食主产地之一的铁岭，考察粮库和农业多种经营情况，并召开了粮食企业座谈会。他对粮食系统的干部强调，国有粮食企业必须发挥主渠道作用，坚决按保护价敞开收购农民的余粮，切实保护农民利益，坚决按国家定价销售粮食，不准降价出售，以稳定市场粮食价格，改善粮食企业经营管理。

外交部发言人唐国强就联合国改革和中国与科威特关系等问题答记者问

有记者问：你对联合国秘书长日前提出的《革新联合国：改革方案》有何评论？

唐国强说，中国一贯赞成对联合国进行必要、适当的改革，以提高其效率，增进其活力，增强其维护世界和平与安全、促进经济社会发展的能力，迎接21世纪的挑战。人们期待着联合国在各个领域，特别是广大发展中国家所关注的经济、社会发展领域发挥更积极、有效的作用，更好、更全面地为广大会员国服务并实现《联合国宪章》的宗旨和原则。

他还说，中国赞赏秘书长为联合国改革所作出的努力，将认真研究秘书长提出的有关改革方案，并期待着与广大会员国一道就此进行深入审议。

有记者问：据报道，科威特购买了中国的自行榴弹炮，中国还在对科的军火贸易方面附加了与伊拉克有关的政治条件。请证实。

唐国强说，中国与科威特之间的友好关系是建立在相互尊重及和平共处五项原则基础上的。中国一贯支持科威特维护其独立、主权和领土完整的立场。中科发展友好互利合作关系从未以涉及第三国的事项为先决条件。

中央军委主席江泽民题写书名的大型画册《中国人民解放军驻香港部队》在香港举行首发式

7月19日

内蒙古自治区党委 自治区人民政府在自治区政府礼堂举行干部大会庆祝自治区成立50周年

中共中央政治局委员、国务院副总理、中央代表团团长邹家华，全国人大常委会副委员长、代表团副团长布赫，国务委员兼国务院秘书长、代表团副团长罗干，全国政协副主席、代表团副团长万国权，中央军委委员、总后勤部部长、代表团副团长王克和内蒙古自治区党政军主要领导刘明祖、乌力吉、千奋勇、彭翠峰等出席大会。

会上，中央代表团向内蒙古自治区赠送科技奖励基金300万元和绣有青松翠柏的壁挂作为纪念。

内蒙古自治区政府主席乌力吉主持大会。邹家华在大会上讲话。内蒙古自治区党委书记刘明祖代表内蒙古自治区党委、人大常委会、人民政府、政协和内蒙古军区，向以邹家华为团长的中央代表团表示欢迎。

中央代表团全体成员，各省、自治区、直辖市的代表，内蒙古自治区党政军主要负责人和自治区直属机关、各盟市及企事业的负责人共1600余人参加大会。

中央代表团团长邹家华在庆祝内蒙古自治区成立50周年干部大会上发表讲话

同志们：

在全国各族人民欢庆我国政府对香港恢复行使主权和迎接党的十五大召开之际，迎来了内蒙古自治区成立50周年。我们中央代表团受江泽民、李鹏等中央领导同志的委托，来看望大家，与内蒙古各族干部群众一起，共同庆祝这个重要的节日。在这里，我代表中共中央、全国人大常委会、国务院、全国政协、中央军委和中央代表团的全体同志，代表全国各族人民，向内蒙古各族干部群众，向驻内蒙古人民解放军、武警部队官兵和公安干警，致以热烈的祝贺和亲切的慰问！

内蒙古各族人民具有光荣的革命传统，为我们伟大祖国的统一和中华民族的发展作出过重要的贡献。中国共产党成立后，内蒙古各族人民在党的领导下，同全国各族人民一道，为推翻“三座大山”，进行了艰苦卓绝的斗争。早在第一次国内革命战争时期，中国共产党就在内蒙古建立了党的组织，开展党的工作，培育了党的第一代蒙古族共产主义战士。第二次国内革命战争时期，党坚持了内蒙古地区的革命斗争。抗日战争时期，党培养了一大批蒙古族、汉族等干部，并且建立了大青山革命根据地。在解放战争时期，我国老一辈无产阶级革命家把马克思主义的基本原理同我国的民族实际相结合，在1947年5月1日，宣布成立内蒙古自治政府，实现了内蒙古民族区域自治。50 年来，在党的民族政策的光辉照耀下，自治区历届党委、政府带领全区各族人民，团结奋进，艰苦创业，取得了社会主义革命和社会主义建设的伟大成就，全区政治、经济、社会面貌发生了翻天覆地的变化。特别是党的十一届三中全会以来，内蒙古各族人民在邓小平建设有中国特色社会主义理论和党的基本路线指引下，解放思想，抓住机遇，开拓进取，使改革开放和现代化建设迈出了新的步伐，全区政治稳定、经济发展、民族团结、社会进步，到处呈现出欣欣向荣的景象。

——建立和巩固了人民政权。自治区成立后，在党的领导下，内蒙古各族人民走上了社会主义道路，实现了内蒙古的历史性跨越。各族人民彻底摆脱了受奴役、受剥削的地位，成为国家和社会的主人，充分享有管理本地区、本民族事务的权利。目前，全区少数民族干部达到 16.9 万人，占全区干部总数的 23.4%，他们在保证各民族享有平等权利和推进内蒙古建设等方面起到了重要作用。

——经济建设蓬勃发展。50 年来，内蒙古经济建设成就显著。农牧业生产稳步发展，是国家重要的农、畜、林产品基地。工业从无到有，从小到大，逐步形成了具有一定优势的工业体系，成为国家重要的能源、原材料生产基地。交通、通信等基础设施建设发展迅速。1996 年，全区国内生产总值达到 983 亿元，比自治区成立时的 1947 年增长了 49 倍；牲畜总头数达到 6697.7 万头（只），比 1947 年增长了 6.2 倍；粮食总产量达到 1300 万吨；财政收入达到 93.2 亿元。城乡人民生活有了很大改善。1996 年，社会消费品零售额达到 331.1 亿元，比 1947 年增长了 400 倍，城镇居民人均生活费收入 3102 元，农牧民人均纯收入 1602 元。随着经济的发展，教育、科技、文化、卫生、体育等社会事业也得到长足发展。

——改革开放成效显著。自治区党委、政府坚持以改革开放促发展的方针，在农村牧区改革、国有企业改革以及财税、金融、计划、投资、外贸改革等方面，都取得了明显的成果。对外开放不断扩大，从“北开南联”方针的确定到沿边开放战略的实施，全区初步形成了全方位开放的格局。目前，已开辟 18 个陆路口岸，同 80 多个国家和地区建立了经贸关系，1996 年全区外贸进出口总额达 12.5 亿美元。与国内兄弟省区的经济技术交往也日趋活跃。

——社会主义精神文明建设硕果累累。自治区党委、政府始终坚持一手抓物质文明建设，一手抓精神文明建设，用邓小平建设有中国特色社会主义理论武装全体党员和广大干部群众，深入进行党的基本路线教育和爱国主义、集体主义、社会主义思想教育，在城乡普遍开展创建文明单位活动，提高了全区党员和干部群众的思想道德素质和科学文化素质，为改革开放和现代化建设提供了有力的思想保证和智力支持。

——民族团结日益巩固。自治区党委、政府认真贯彻落实民族区域自治法和党的民族政策、宗教政策，坚持用马克思主义民族观教育各族干部群众，广泛持续地开展民族团结进步表彰活动，及时、妥善处理影响民族关系的各类问题，巩固和发展了平等、团结、互助的社会主义民族关系，保持了内蒙古的社会稳定，巩固了祖国的北部边疆，为国家的稳定、发展和安全作出了贡献。

自治区 50 年来所取得的巨大成就，在内蒙古历史上写下了光辉的一页。50 年的实践充分证明：要保持内蒙古的稳定和发展，就必须坚持马列主义、毛泽东思想和邓小平建设有中国特色社会主义理论，在中国共产党的领导下，坚定不移地走社会主义道路；必须坚持以经济建设为中心，深化改革，扩大开放，集中力量发展经济，不断提高人民群众的生活水平；必须坚持党的民族政策、宗教政策，努力维护民族团结、社会稳定和祖国统一；必须坚持解放思想、实事求是的思想路线，把中央的政策同本地实际结合起来，创造性地开展工作；必须坚持“两手抓、两手都要硬”的方针，大力加强社会主义精神文明建设，提高各族人民的思想道德素质和科学文化素质；必须依靠各族干部群众，充分调动一切积极因素，自力更生，艰苦创业。同时，50 年的实践也证明：民族区域自治制度，是完全符合中国国情的，是解决我国民族问题的唯一正确选择，具有强大的生命力。

我国是一个统一的多民族的国家，如何解决民族问题，关系到国家和各民族的命运。内蒙古自治区成立 50 年来的成功实践，为解决我国民族问题，巩固和发展我国各族人民的团结，提供了经验，树立了榜样。总结包括内蒙古自治区在内的我国实施民族区域自治的经验，主要有以下几点：

一是实施民族区域自治，必须正确处理中央与自治地方的关系。中国统一的历史悠久，各民族交错分布，各民族之间的联系不可分割，这就决定了中国必须建立一个统一的政权。同时，各少数民族又有自己的特征，有管理本民族内部事务的愿望，这又决定了需要在少数民族聚居的地方实行区域自治制度。既要统一，又要自治，民族区域自治制度很好地处理了这两者的关系。民族自治地方必须维护国家的统一，服从中央的领导，保证宪法和法律在本地的执行，把国家的整体利益和中华民族的利益放在首位。同时，国家必须依照宪法和民族区域自治法的规定，保障民族自治地方充分享有自治权力。

二是实施民族区域自治，必须加快民族自治地区经济和社会事业发展。实行民族区域自治的根本目的之一，是促进少数民族和民族地区经济和社会的发展，促进各民族的共同繁荣。它通过实现各民族政治上的平等，赋予民族自治地方的自治权和特殊政策，调动各族人民建设社会主义的积极性。因此，坚持民族区域自治制度，必须抓住经济建设这个中心，全面发展经济和社会事业。地区经济和社会的发展，在地区党委和政府的领导下，要充分相信和依靠地区的人民群众。国家也应该努力地予以帮助。

三是实施民族区域自治，必须坚持各民族平等团结。坚持各民族平等和各民族团结，是经济发展、社会稳定和祖国统一的根本保证，也是我们党和国家解决民族问题的根本政策。民族区域自治制度，就是我国各民族在平等基础上的一种很好的团结合作形式。我们既要加强少数民族与汉族的团结，也要加强蒙古族与其他民族团结，既要加强各族群众之间的团结，也要加强各族干部之间以及干部与群众之间的团结。既要加强军政团结，也要加强军民团结。同时，要旗帜鲜明地反对民族分裂，坚决打击一切破坏民族团结、危害社会稳定和祖国统一的犯罪行为。对各民族间人民内部矛盾，要从团结愿望出发，妥善解决，达到新的团结。

四是实施民族区域自治，必须把中央的大政方针与民族自治地方的特点结合起来。我国少数民族和民族地区的情况千差万别，所以，实行民族区域自治制度一定要因地制宜、分类指导，具体问题具体分析，一切从实际出发。无论是研究经济建设和社会进步的方针、措施，还是制定民族区域自治的政策法规，各级领导机关都要充分考虑自治地方的地区特点和民族特点，从本地的实际出发，创造性地贯彻执行中央的方针、政策。在建立社会主义市场经济体制的新形势下，情况更为复杂，任务更加艰巨，坚持一切从实际出发显得更为重要。

五是实施民族区域自治，必须大力培养和使用少数民族干部。少数民族干部作为党和政府紧密联系少数民族人民群众的桥梁和纽带，在贯彻党的路线、方针和政策，做好各项工作方面，能够起到不可替代的特殊作用。多年来，由于党和国家的重视，少数民族干部数量不断增加，干部队伍的结构明显改善，干部的素质日益提高，这对于实现少数民族当家做主是非常必要的。

同志们，我们正处在世纪之交的重要历史时期。从现在起到下个世纪初，是我国经济和社会发展的关键时期，也是内蒙古发展和繁荣的关键时期。党的十四届五中全会为我国的经济和社会发展绘制了跨世纪的宏伟蓝图，也为内蒙古的现代化建设指明了前进的方向。党中央十分关心内蒙古的建设。邓小平同志曾预言，内蒙古今后发展起来，很有可能走进前列。江泽民、李鹏等中央领导同志曾先后视察内蒙古，对内蒙古的发展和稳定作了许多重要指示。我们相信内蒙古各族人民在党中央、国务院的领导下，在自治区党委、政府的直接领导下，认真贯彻落实党的基本路线和各项方针、政策，再接再厉，团结奋斗，一定能再创内蒙古经济、社会发展的新局面。下面，我对内蒙古今后的工作讲几点意见。

一、加快发展内蒙古经济

加快发展内蒙古经济，提高城乡人民生活水平，是内蒙古面临的紧迫任务。50 年来，内蒙古经济虽然有了很大发展，但由于历史、地理、自然等方面的原因，内蒙古的经济发展水平与全国特别是发达地区相比，还存在着差距。努力缩小这种差距，逐步实现各民族共同富裕和共同繁荣，是我们党在民族政策上的根本立场，也是摆在各族干部群众面前的首要任务。因此，我们要树立时代的紧迫感，紧紧抓住经济建设这个中心，千方百计加快发展，努力实现各族人民的共同发展和繁荣。应该看到，目前内蒙古的经济发展尽管存在着一些困难，但同时面临许多有利的条件：社会主义市场经济体制的逐步建立，国家沿边开放战略的实施，为内蒙古的发展提供了难得的机遇和有利条件；内蒙古 50 年来经济建设所取得的成就，为今后的发展奠定了较好的基础；全区社会稳定、民族团结、政通人和及各族人民加快发展的强烈愿望，为经济发展提供了重要保证。

内蒙古幅员辽阔，资源丰富，发展潜力巨大。要继续实施资源转换战略，发展资源性工业，重点抓好以农畜林产品为原料的加工业，以煤炭为基础、以电力输出为骨干的能源工业，以钢铁为主的冶金工业，逐步形成具有地方特色的工业体系。同时，要全面实施名牌战略，从整体上提高全区经济增长的质量和效益。在工作指导上，要转变增长方式，由粗放经营转变为集约经营，加快全区经济增长的步伐。

要坚持以农牧业为基础，促进农村牧区经济的发展。今后一个时期，要继续加强以水为中心的农牧业基础建设，加大对农牧业的投入，进一步改善生产条件，增强农牧业发展的后劲。要进一步依靠科技兴农兴牧，提高农牧业的科技含量，发展"高产、优质、高效"的农牧业。要大力推进农村牧区的产业化、集约化进程，调整和优化农村牧区产业和产品结构，积极培养新的经济增长点，大力发展非农产业，使农村牧区经济有一个更快的发展。

要继续做好扶贫工作。50 年来，内蒙古城乡各族人民的生活水平有了很大的改善，但目前全区仍有 220 万人口尚未完全解决温饱问题。要把扶贫工作作为一件大事来抓,按照中央的部署和要求,集中人力、物力和财力,打一场扶贫攻坚战,力争在本世纪末基本解决现有贫困人口的温饱问题。同时,要重视城市解困工作,实施再就业工程,多渠道、多形式地解决城镇贫困居民的基本生活问题,普遍提高城镇居民的收入水平。

制约内蒙古经济发展的一个自然因素就是水源不足。水资源问题,不仅制约农业、工业的发展,而且直接影响城乡人民的生活和社会稳定。为了解决这个问题,必须认真贯彻用水统筹规划、开发水源和节约用水并重的方针,以水资源的可持续利用,保证国民经济的可持续发展。一方面,要积极努力开发新的水源,改善生态环境;另一方面,要发展节水工业、节水农业和城乡节水产业。

发展内蒙古的经济,主要靠内蒙古各族干部群众自力更生、艰苦奋斗,但也离不开国家的支持和帮助,离不开省区市之间的相互支援和协作。在这里,我代表党中央、国务院重申:中央帮助内蒙古加快发展的基本方针不变;随着财政收入的增加和综合国力的增强,中央将进一步加大对内蒙古自治区的扶持力度。

二、大力推进改革开放

改革开放是经济发展的强大动力,是强国富民的必由之路。要加快内蒙古经济发展,就必须坚持以改革开放促发展的方针,不断深化改革,扩大开放。内蒙古的改革开放,要坚持积极稳妥、循序渐进、结合地方具体情况的原则,着眼于从整体上建立新体制。要围绕建立社会主义市场经济体制的目标,全面推进改革。要深化国有企业改革,建立现代企业制度,切实提高经济效益;农村牧区要继续坚持家庭联产承包责任制、草畜双承包责任制和统分结合的双层经营体制;要发展农牧业的产业化,以农牧产品为原料的加工工业,采用龙头公司加农牧户的形式,建立农村和牧区的社会主义市场经济机制。加快建设统一、开放、竞争、有序的市场体系,加强市场设施建设和市场管理;建立健全经济调控体系,制定地方性经济调控的政策和法规等,为经济发展注入新的生机和活力。

内蒙古具有独特的地缘优势,内与"三北"八省区特别是京津地区相临相近,外与俄罗斯和蒙古国接壤,有 4000 多公里的边境线,是我国重要的沿边对外开放省区。内蒙古要充分利用这一地缘优势,进一步加大对外开放力度,促进经济发展。要制定宽松、灵活的开放政策,创造更加有利的投资环境,不断扩大对外贸易往来和经济技术合作,引进国外的资金、先进技术和管理经验,推进内蒙古的对外开放向更高层次和更宽领域发展。内蒙古要继续与沿海、内地发达省市进行横向联合,实现优势互补、互惠互利、共同繁荣。

三、努力维护安定团结的政治局面

加强民族团结,维护社会稳定,实现边疆的长治久安,不仅是内蒙古各项事业发展的前提,而且对巩固边防、维护祖国统一、确保社会主义现代化建设顺利进行具有十分重要的意义。因此,一定要把维护和发展安定团结的工作作为一件大事来抓。内蒙古是一个多民族居住的边疆地区,搞好各民族之间的团结十分重要。长期以来,内蒙古各族人民坚持国家利益和中华民族利益高于一切的原则,高举爱国主义和社会主义的旗帜,始终不渝地维护内蒙古各民族的团结和社会稳定,旗帜鲜明地反对分裂,为维护祖国统一和巩固全国各民族的团结,为我国改革开放和现代化建设,作出了重要贡献。内蒙古各族人民要继承和发扬这一光荣传统,不断发展安定团结的政治局面。我们一定要团结在以江泽民同志为核心的党中央周围,坚持党的基本路线,把各族人民的主要精力集中到经济建设上来,通过发展经济,增强各族人民的团结。要进一步加强马克思主义民族理论和党的民族政策的宣传教育,深入开展热爱社会主义祖国、维护祖国统一的教育,大力表彰为民族团结进步作出贡献的模范集体和模范个人,使各族干部群众牢固树立马克思主义民族观,提高民族团结的自觉性。要严格区分和正确处理两类不同性质的矛盾,对于人民内部矛盾,要用耐心说服、改进工作的办法来解决。要切实解决在改革开放过程中群众普遍关注的一些热点问题、难点问题,多做深入细致的思想工作,化消极因素为积极因素。要加强法制建设,维护法律尊严,巩固人民民主专政,防范和打击任何破坏国家统一、分裂民族团结和破坏社会稳定的犯罪活动,粉碎敌对势力对我国进行"西化"、"分化"的图谋。

维护团结,保持稳定,各级党政干部负有重要的责任。今天在座的,有老干部,也有年轻干部;有本地干部,也有从外地调来的干部;有汉族干部,也有少数民族干部;有地方干部,也有军队干部。长期以来,大家为内蒙古的稳定和发展,团结合作,呕心沥血,无私奉献,作出了宝贵的贡献。希望大定继续努力,团结奋斗,共同把内蒙古的各项事业搞上去。内蒙古底子薄,经济发展水平与发达地区相比,还存在一定差距。因此,一定要认真贯彻江泽民总书记关于大力发扬艰苦奋斗精神的重要指示和《中共中央、国务院关于党政机关厉行节约制止奢侈浪费行为的若干规定》,保持和发扬我们党密切联系群众的优良传统,正确认识和对待手中的权力,廉洁奉公,艰苦创业,全心全意为人民服务。

驻内蒙古的人民解放军、武警部队是人民民主专政的坚强柱石,多年来为祖国和内蒙古的稳定与发展,洒下了汗水,付出了心血,建立了功绩。在新的历史时期，要继续发扬我党我军的光荣传统，进一步加强军政、军民、警民团结，同各族人民一道，为内蒙古的稳定和发展作出新的贡献。

四、坚持和完善民族区域自治制度

加快内蒙古经济和社会的发展，增强民族团结，保持社会稳定，必须认真贯彻执行民族区域自治法，坚持和完善民族区域自治制度。邓小平同志指出："解决民族问题，中国采取的不是民族共和国联邦的制度，而是民族区域自治的制度。我们认为这个制度比较好，适合中国的情况。"要坚持和完善民族区域自治制度，就要进一步加强法制建设。1984 年颁布的民族区域自治法，是我国实施民族区域自治的基本法律。今后在继续贯彻这部法律的同时，根据建立社会主义市场经济体制的新情况，要逐步完善民族区域自治法律法规体系，依法保障民族自治地方的自治权。坚持和完善民族区域自治制度，还要加强自治机关的自身建设，使其成为高效、统一、廉洁的机关，更好地行使自治权。要做到这一点，就必须造就一支高素质的干部队伍，特别要大力培养和使用少数民族干部。按照"四化"要求，既要培养党政管理干部，又要培养各类专业人才，以适应民族自治地方改革开放和现代化建设的需要。

五、进一步加强社会主义精神文明建设

建设有中国特色的社会主义，必须坚持"两手抓、两手都要硬"的方针，在搞好社会主义物质文明建设的同时，切实搞好社会主义精神文明建设。长期以来，内蒙古在社会主义精神文明建设方面，采取了许多措施，做了大量工作，取得了显著的成绩，为促进内蒙古的稳定和发展，起到了重要作用。今后，要进一步贯彻落实党的十四届六中全会精神，推动内蒙古的社会主义精神文明建设再上新台阶。要对全区各族干部群众进行马列主义、毛泽东思想和邓小平建设有中国特色社会主义理论的教育，进行爱国主义、集体主义、社会主义的教育，开展创建文明单位、文明行业、文明城镇等活动，提高人民的思想道德素质。要大力表彰在改革开放和现代化建设中涌现出来的先进集体和先进人物，并给予必要的荣誉和待遇，弘扬正气，树立良好的社会风尚。

加强社会主义精神文明建设，必须大力发展科技、教育、文化事业，提高全区各族干部群众的科学文化素质。要大力推进"科教兴国"战略。归根到底，两个根本性的转变、经济的发展、效益的提高，必须在各行各业大力发展新科技、新产品，必须培养高素质的人才，所以内蒙古的经济发展必须进一步加大科技进步和提高劳动者素质工作的力度，实行对新发明，采用新技术，开发新产品的奖励政策。要进一步发展教育，增加对教育的投入，合理调整教育结构，提高教育质量，以培养更多的合格人才。要大力发展文学艺术，满足全区各族人民群众日益增长的精神文化需求。

同志们，21 世纪即将来临。全面实现跨世纪的宏伟目标，时间紧迫，任务艰巨。我们相信，内蒙古各族干部群众，一定会以自治区成立 50 周年为新的起点，在以江泽民同志为核心的党中央的领导下，坚持邓小平建设有中国特色社会主义理论和党的基本路线，同心同德，努力开拓，把内蒙古的改革开放和现代化建设推向前进，以优异的成绩，迎接党的十五大的胜利召开。

国务院环委会主任宋健在山东安徽 河南 三省考察水污染防治工作情况

宋健带领国务院有关方面负责人察看了阜阳种子酒厂、漯河造纸厂、周口味精厂等企业的污水治理工程的进展和淮河干流、支流涡河、沙颍河、泉河的水质情况，听取了淮河流域山东、河南、安徽、江苏四省政府关于治理淮河水污染情况的汇报。

宋健说，经过广大干部、群众三年来的艰苦努力，治理淮河水污染第一战役的序幕阶段已取得了可喜的成绩，关闭了污染严重的 15 种小企业和年产 5000 吨以下的造纸厂化学制浆设备，已使淮河污染负荷减少了 25%。今年下半年是攻坚阶段，要求全流域工业污染源达标排放，困难不少，任务艰巨，但序幕阶段的成绩使我们增强了信心，看到了希望。

宋健说，国务院决定全面开展淮河水污染防治工作，是由于淮河的水污染问题已经严重影响沿岸地区经济发展和社会稳定，危害人民群众的基本生存条件，成为广大人民群众迫切要求解决的问题。1994 年和 1995 年淮河连续两年发生水污染灾害，使两岸人民蒙受巨大的痛苦和损失。治理淮河污染关系到淮河流域 1.5 亿人民的切身利益。由于第一阶段水污染治理工作重点在取缔、关闭"十五小"，相当一部分大的工业污染源还没有得到有效治理。到目前为止，全流域日排废水 100 吨以上的超标排污企业还有 551 家没有进行治理；本世纪的第二战役，把淮河水污染负荷再减少 30%左右，计划到 2000 年建设的 53 家城市污水处理厂，经过努力到年底以前开工建设的只有 16 座。淮河水质还没有根本改善。

宋健指出，当前，要采取坚决措施，加快水污染治理进度；对污染严重、治理无望的企业实行关、停、并、转；抓紧城市污水设施的建设；国务院有关部门要抓紧落实有关政策，落实贷款计划；认真贯彻执行淮河《条例》，加强淮河流域水污染防治的法律监督。淮河流域是一个整体，每一个地区、每一个企业都必须从自己做起，相互配合，相互支持，才能取得成功。还淮河碧水清风的本来面目是我们这一代人肩负的历史使命。有党中央、国务院的正确领导,有淮河两岸人民积极支持和参与,四省各级政府携手奋斗,我们一定能够实现淮河流域污染防治的目标。

国家计委、国家经贸委、国家环保局、水利部、建设部、农业部、中国轻工总会、化工部、财政部、中国人民银行、国家开发银行和淮河流域山东、安徽、河南、江苏四省政府负责同志参加了第三次淮河流域环保执法检查现场会,并对"决战阶段"各自所采取的办法和措施作了承诺。

文物出版社在北京举行成立 40 年专家座谈会

中共中央政治局常委、全国人大常委会委员长乔石,中共中央政治局委员、国务委员李铁映等出席座谈会。

乔石在讲话中指出,中国的文物资源在世界上独一无二。文博考古界的老专家是"国宝",许多人已进入高龄期,做好文博考古工作,要特别关心这些老专家。

文化部部长刘忠德、新闻出版署署长于友先、国家文物局局长张文彬等以及启功、任继愈、张政烺、周绍良、史树青、李学勤、金维诺、冯其庸、宿白等近 30 余位专家学者参加座谈会。

7 月 20 日

中共中央　全国人大常委会　国务院　全国政协　中央军委电贺内蒙古自治区成立 50 周年

中共内蒙古自治区委员会、内蒙古自治区人大常委会、内蒙古自治区人民政府、内蒙古自治区政协、内蒙古军区:

值此内蒙古自治区成立 50 周年之际,中共中央、全国人大常委会、国务院、全国政协、中央军委向内蒙古自治区各族工人、农牧民、知识分子、干部和各界爱国人士,向驻内蒙古人民解放军、武警部队官兵和公安干警,向所有关心和支持内蒙古自治区建设的同志们和朋友们,致以热烈的祝贺和亲切的慰问!

50 年前,在人民解放战争的节节胜利中,诞生了我国第一个民族自治区内蒙古自治区。内蒙古自治区的成立,是中国共产党把马克思主义基本原理同我国的民族实际相结合的一个创举,为在我国实施民族区域自治制度提供了范例。

50 年来,尤其是党的十一届三中全会以来,内蒙古各族人民在党中央、国务院及自治区党委、政府的正确领导下,坚持国家利益和中华民族利益高于一切的原则,始终不渝地高举爱国主义和社会主义的旗帜,团结进取,艰苦创业,使社会主义革命和社会主义建设取得了伟大的成就。这主要体现在,建立和巩固了人民政权,各族人民真正当家做了主人;彻底结束了民族歧视和民族压迫的历史,建立了平等、团结、互助的社会主义民族关系;国民经济持续发展,人民群众的物质文化生活水平得到明显提高;改革开放不断深化,形成了对外开放的新格局,社会主义市场经济体制正在逐步建立;社会主义精神文明建设硕果累累,教育、科技、文化、卫生、体育等各项社会事业得到长足发展。今日的内蒙古,政治稳定、经济发展、民族团结、社会进步,呈现出一派兴旺发达的景象,为全国各民族的大团结,为祖国北部边疆的巩固和安全,为我国的改革开放和现代化建设,都作出了重要的贡献。

内蒙古自治区 50 年来所取得的巨大成就,是内蒙古各族人民自力更生、艰苦奋斗的结果;是驻内蒙古人民解放军、武警部队官兵和公安干警努力拼搏、无私奉献的结果;是内蒙古各级党委、政府和广大干部锐意进取、勤奋工作的结果。内蒙古自治区的光辉历程充分说明:要保持内蒙古的稳定和发展,就必须坚持马列主义、毛泽东思想和邓小平建设有中国特色社会主义理论,在中国共产党的领导下,坚定不移地走社会主义道路;必须坚持以经济建设为中心,深化改革,扩大开放,集中力量发展社会生产力,促进社会全面进步,不断提高人民群众的物质文化生活水平;必须全面贯彻党的民族政策和宗教政策,坚决维护民族团结、社会稳定和祖国统一;必须坚持解放思想、实事求是的思想路线,把中央的政策同内蒙古的实际结合起来,发挥自身的优势和特色,创造性地开展工作;必须坚持两手抓、两手都要硬的方针,大力加强社会主义精神文明建设,提高各族人民的思想道德素质和科学文化素质;必须依靠各族干部群众,充分调动一切积极因素,自力更生,艰苦创业。

当前,我国正处在一个非常重要的历史发展时期。党的十四届五中全会为我们国家描绘了"九五"时期和到 2010 年经济与社会发展的宏伟蓝图,也为内蒙古的现代化建设指明了方向。党中央、国务院对内蒙古的发展历来十分重视,今后将继续从各方面给予关心和支持。希望内蒙古自治区各级党委、政府和各族干部群众、驻内蒙古人民解放军、武警部队官兵和公安干警,在邓小平建设有中国特色社会主义理论和党的基本路线指引下,在以江泽民同志为核心的党中央领导下,正确处理改革、发展、稳定的关系,坚持和完善民族区域自治制度,发扬自力更生、艰苦奋斗的精神,抓住机遇、发挥优势、同心同德、开拓进取,加快经济和社会的发展,以崭新的面貌迈向 21 世纪,为祖国的繁荣富强和各民族的团结进步作出新的更大贡献。

祝内蒙古自治区繁荣昌盛!

祝内蒙古各族人民生活美满幸福!

内蒙古各族各界在呼和浩特集会庆祝内蒙古自治区成立50周年

来自草原各地的各族各界近5万人在内蒙古赛马场集会庆祝内蒙古自治区成立50周年。以邹家华为团长,布赫、罗干、万国权、王克为副团长的中央代表团全体成员,各省、自治区、直辖市、香港特别行政区和澳门、台湾的客人,以及内蒙古党政军领导刘明祖、乌力吉、千奋勇、彭翠峰等出席大会,共庆佳节。

国务委员兼国务院秘书长、中央代表团副团长罗干宣读中共中央、全国人大常委会、国务院、全国政协和中央军委为庆祝内蒙古自治区成立50周年发来的贺电。许多省、自治区、直辖市和国务院有关部委也向大会发来贺电。

中共中央政治局委员、国务院副总理、中央代表团团长邹家华,代表党中央、国务院向内蒙古自治区赠送了江泽民总书记亲笔题词的大幅锦旗:"庆祝内蒙古自治区成立50周年",并发表了讲话。

邹家华首先代中共中央、全国人大常委会、国务院、全国政协、中央军委,向内蒙古各族工人、农牧民、知识分子、干部和各界爱国人士,向人民解放军驻内蒙古部队指战员、武警部队官兵和公安干警,向所有关心和支持内蒙古建设的同志们和朋友们,致以热烈的祝贺和亲切的慰问。

中国农科院推出改革新举措

中国农业科学院在兰州召开科技体制改革经验交流现场会。中国农科院院长、党组书记吕飞杰说,召开这个现场会是为了更好地贯彻落实江泽民总书记关于中国的农业问题、粮食问题,要靠中国人自己解决。这就要求我们农业科技必须有一个大的发展,必然要进行一次新的农业科技革命的指示精神,坚定不移地全面深化改革,为此推出以下几个新举措:

——立足国情,加快结构调整。在学习、借鉴国外先进经验时要准确地分析各国模式,博采众长,坚持中国特色,改革应着重于挖掘内部潜力,不要寄希望于增加新的机构或编制,而要在集合、集成上下功夫,适应农业向产业化发展的趋势。

——优化学科结构,加快发展新兴学科。"九五"期间,将40多个研究机构调整为35个左右。同时,把发展新的学科看作结构调整改革的一个重要方面,合理配置产前、产中、产后科研力量,着力发展生物技术、农业减灾防灾、农业资源与环境、节水农业等新兴学科,建立适应现代化的农业学科体系。

——积极推动联合,组织重大项目攻关。经过两年努力,兰州中兽医所和畜牧所合并为兰州动物与兽药研究中心;饲料所与饲料中心联合管理;廊坊基地划归植保所管理;宏观室与计算中心划归文献中心管理,使全院直属单位从49个减少到43个,近期还将对一些有关联的单位进行调整。对外,要加强与兄弟科研单位、高等院校的联合,形成"集团军"优势。

——以"三三"制配置科技力量。全院直接从事科研活动的科技人员,1/3从事基础性研究和国家科技攻关、部门重点项目研究;1/3从事一般性应用研究和技术推广;1/3从事兴办科技企业和经营实体、开展科技咨询服务等科技开发工作,"三条腿"一齐走路。

——把科研经费落到实处。院里规定主持和承担国家科技三项费用项目的院、研究所提取的管理费不得超过项目经费的5%,单个专题管理费的提取额最高不得超过5万元。

——提高人员素质,建设跨世纪人才队伍。"九五"期间要实施"三百一千"人才培养工程,即培养100名跨世纪所、局级管理干部;100名跨世纪学科带头人;100名科技企业家或推广专家;1000名跨世纪学术骨干。在大力选拔优秀年轻人才时,必须坚持德才兼备的原则。要搭好"台",让年轻人经风雨,增才干。

第五届"桃李杯"舞蹈比赛在广州举行

"桃李杯"舞蹈比赛于20日至26日举行。文化部副部长潘震宙,广东省委常委、宣传部部长于幼军及有关部门领导和舞蹈界专家出席闭幕晚会。

本届"桃李杯"舞蹈比赛分为中国古典舞、中国民间舞、芭蕾舞三个类别,共决出一等奖15名、二等奖21名、三等奖33名。其中,黄豆豆、叶波、柯志勇、华雯、阎红霞获中国古典舞一等奖,董华兴、吴佳琦摘取中国舞(少年乙组)桂冠,崔涛、毕妍、蔡骞、丁然获中国民间舞一等奖,获得芭蕾舞一等奖的是杜佳音、金佳、王弋、王启敏。此外,《萋萋长亭》等剧目获优秀创作奖,《巴》等剧目获创作剧目奖,《漫漫草地》等获优秀音乐创作奖,杨贝儿等选手获得评委会特别奖。

本届比赛共有306名选手参赛,是历届比赛中规模最大、参赛选手最多、水平最高的一次。回到祖国怀抱的香港首次派选手参赛,使比赛更加引人注目。

"桃李杯"舞蹈比赛自1985年创办以来,已逐步发展成为海内外艺术界广为关注的重要赛事之一。经中宣部批准,"桃李杯"舞蹈比赛从本届开始已升格为由文化部主办的十大艺术比赛之一。

7 月 21 日

中纪委 监察部就全国供销合作总社棉麻局巡视员(正局级)汪树春用公款旅游的案件发出通报

中央纪委、监察部近日就全国供销合作总社棉麻局巡视员(正局级)汪树春用公款旅游的案件发出通报。通报要求各级领导机关和领导干部从自身做起,带头执行中央的有关规定,严格禁止用公款旅游。

1996 年 7 月下旬,全国供销合作总社派出由汪树春负责的评审验收组,对武汉棉花质量监督检验测试中心进行评审和验收。工作完成后,评审验收组置当地全力以赴抗洪救灾于不顾,提出要去神农架参观。汪树春等一行 7 人乘车前往神农架,途中发生交通事故,1 人受重伤,其余人员轻伤,车辆严重损坏。为处理此事故,武汉棉花质量监督检验测试中心支付 13 万多元。同年 10 月,汪树春再次去湖北检查棉花收购和仓储工作,湖北省棉花总公司在与汪树春商量后,又安排他绕道去神农架参观两天。此外,汪树春还在湖北棉花总公司报销 3 张私人用餐发票,共计 628 元。汪树春的行为违反了中共中央办公厅、国务院办公厅《关于坚决制止干部用公款旅游的通知》的规定。鉴于汪树春对所犯错误有比较深刻的认识,并退回了所报销的钱款,中央纪委、监察部决定,给予汪树春党内严重警告、行政记大过处分。

国务院副总理吴邦国在湖南考察

7 月 21 日至 25 日吴邦国在湖南省委书记王茂林、省长杨正午陪同下,考察了长沙、湘潭、株洲等地的 9 家国有大中型企业。吴邦国充分肯定了湖南省经济工作取得的成绩。他希望湖南要进一步解放思想,继续推进改革开放,扬长避短,促进全省经济有更大的发展。

株洲市是吴邦国此次考察的第一站。近几年,株洲市在企业改革和发展方面取得了很大进展。吴邦国副总理对株洲市大力抓扭亏增盈工作,给予充分的肯定,并指出,今年 1 月至 5 月,全国 6.8 万户国有企业盈亏相抵净利润为 60.3 亿元,比去年同期增长 2.66 倍。这是由于全国各方面努力的结果,尤其是企业广大职工和干部积极推进“三改一加强”,面向市场,加强管理,努力提高效益的结果。下半年,我们要一手抓盈利大户的增盈,一手抓亏损大户的减亏,力争使国有工业企业效益明显好于去年。

近年来,湖南在企业兼并破产工作方面作了有益探索,使一批劣势企业焕发了生机,优势企业迅速扩大。吴邦国副总理在听取省委、省政府工作汇报后强调,要把兼并破产和再就业工程,作为今年国有企业深化改革的一项重要工作,按照国务院 10 号文件精神,加快企业兼并破产和再就业工作的实施。现在关键是要把国家已确定的银行呆、坏账准备金用好。要多兼并少破产,促进国有资产向优势大企业集中,向重点行业集中。要把资金集中用到那些产品有市场、企业经营管理比较好、今年能够见到实效的企业上,使有限的资金发挥最大的效益,促进国有工业结构的调整和企业效益的提高。

在考察中,吴邦国强调,结构调整是今年经济工作的重点。搞好结构调整,必须立足于现有企业,抓大放小,择优扶强,推进存量资产重组和优化。结构调整要着力于治散,扶植优势企业和名牌产品,促进企业技术进步。他多次对企业负责人说,要把结构调整和企业技术改造、技术创新结合起来,形成有利于推进技术进步和技术创新的机制,增强企业的市场竞争能力和应变能力。对那些拥有名牌产品和先进技术的优势企业,各方面都要给以支持,使之不断发展壮大,在国内外市场竞争中处于优势地位。

吴邦国十分关心困难企业和困难职工生活。他说,各级干部一定要按照江泽民总书记的要求,努力转变作风,求真务实,把工作做在前头。各地在推进企业破产兼并的同时,必须保证困难企业职工最低生活费的发放,同时切实减轻企业负担,解决好下岗职工的再就业问题,确保社会的稳定,为迎接党的“十五大”的胜利召开创造良好的社会环境。

《中国军事百科全书》首发式在北京人民大会堂举行

中央军委副主席张震讲话,中央军委委员、总参谋长傅全有等出席。

《中国军事百科全书》(以下简称《全书》)是我国第一部大型专业性军事百科全书,是一项宏伟的军事文化工程。1986 年 3 月,以宋时轮和现已 90 高龄的萧克同志为主任的《全书》编审委员会组成,展开了全面的编纂工作。《全书》以当代军事科学体系为基础,内容涉及军事思想、军事学术、中国人民解放军政治工作、军事后勤、军事技术、军事历史、军事地理观测气象,共选收条目 1.1 万余个,配图片近万幅,释文 1500 万余字。

国务院总理李鹏签署 225 号令公布《殡葬管理条例》

《殡葬管理条例》已经 1997 年 7 月 11 日国务院第 60 次常务会议通过,现予发布,自发布之日起施行。

总理 李 鹏

1997 年 7 月 21 日

殡葬管理条例（文略）

7月22日

中国代表秦华孙在纽约约见联合国秘书长安南并递交信函谴责尼加拉瓜等国家企图再次把所谓台湾在联合国的“代表权”问题塞入第五十二届联大议程

我国常驻联合国代表秦华孙今天会见了联合国秘书长安南，就尼加拉瓜等极少数国家在台湾当局的唆使下，企图再次把所谓台湾在联合国的“代表权”问题塞入第五十二届联大的议程一事，当面向安南递交了一封信，阐述了中国政府的严正立场。

秦华孙指出，1993年以来，尼加拉瓜等极少数国家在台湾当局的唆使下，逆历史潮流而动，对联大第2758号决议提出挑战，并企图误导大会审议所谓台湾“代表权”问题。今年7月14日，尼加拉瓜等国又致函联合国秘书长安南，要求“把台湾不能参加联合国活动”一事列入第五十二届联大议程。这是明目张胆地利用联合国这一庄严的组织，公然从事分裂一个主权国家的阴谋活动。这不仅是对中国主权的严重侵犯和对中国内政的粗暴干涉，也是对联合国宪章和联大第2758号决议的恣意践踏。中国政府和人民对此表示强烈愤慨和谴责。

秦华孙在回顾了台湾自古以来就是中国不可分割的一部分的历史事实后说，不论台湾的社会、经济、政治情况如何变化，都改变不了台湾是中国领土不可分割的一部分，是中国的一个省，台湾当局是中国一个地区当局的事实。因此，台湾根本没有资格以任何形式加入联合国，以及联合国系统所有由主权国家代表参加的政府间国际组织。在谈到具有历史意义的第2758号决议时，秦华孙说，恢复中华人民共和国在联合国的合法权利和把台湾当局驱逐出联合国是一个问题不可分割的两个方面。不把台湾当局驱逐出联合国，就不可能妥善解决中国在联合国的代表权问题。这一决议确认了“一个中国”的原则，从而公正、彻底地解决了中国在联合国的代表权问题。它体现了联合国宪章的宗旨和原则，体现了联合国绝大多数成员国的意愿。

秦华孙说，世界上没有任何人比中国政府和人民更关心2150万名台湾同胞的利益和前途。早在十几年前，邓小平先生就针对台湾问题提出了“和平统一、一国两制”的方针。今年7月1日，“一国两制”的构想首先在香港开始实施。这是中国在完成祖国统一大业的道路上迈出的重要一步，受到包括2150万名台湾同胞在内的全体中国人民的热烈欢迎和全世界所有国家的赞赏和认同。秦华孙说，为结束海峡两岸的分离局面，实现祖国统一，1995年1月30日，中国国家主席江泽民根据“和平统一、一国两制”的方针发表重要讲话，提出了发展两岸关系、推进祖国和平统一进程的八项主张。这些主张既考虑到全体中国人民的长远利益，也照顾和维护了台湾同胞的切身利益，受到了包括台湾同胞在内的全体中国人民的热烈拥护，国际社会也给予了广泛的好评。中国政府将长期坚持这些主张和方针政策，推动两岸关系发展，为和平统一创造更为有利的条件。事实将会证明，“一国两制”的构想不仅是解决香港、澳门问题的好办法，在台湾也一定能行得通。国家统一才是台湾同胞利益的根本保障。随着祖国实现和平统一，台湾同胞才能与全国各族人民一道，真正充分地共享伟大祖国在国际上的尊严和荣誉。

秦华孙还说，中国重视与联合国所有会员国的关系。愿在和平共处五项原则基础上积极发展与各国的友好合作关系。我们从未做过伤害尼加拉瓜等国家的事，但他们的所作所为却严重损害了中国的根本利益。如果尼加拉瓜等极少数国家继续自我孤立，坚持站在绝大多数会员国的对立面，他们终将为此付出代价。

赞比亚中国银行在卢萨卡开业

这是中国银行在非洲开设的第一家分支机构，也是中国在非洲建立的第一家营业性金融机构。

中共中央总书记江泽民在《国家科技领导小组第三次会议纪要》上作出批示

基础研究很重要。人类近现代文明进步史已充分证明，基础研究的每一个重大突破，往往都会对人们认识世界和改造世界能力的提高，对科学技术的创新、高技术产业的形成和经济文化的进步，产生巨大的不可估量的推动作用。

新中国成立以后特别是改革开放以来，我国基础科学研究取得了举世瞩目的重大成就。但是，由于国家财力毕竟有限，我们不可能一时在各个领域都投入更多的力量。必须从社会和经济的长远发展需要出发，统观全局，突出重点，实行“有所为有所不为”的方针，继续加强基础科学研究。同时，我们必须改革科技体制，从政策上支持和鼓励企业从事科研、开发和技术改造（即提高R&D的比重），加强应用技术的开发和推广，促进科技成果更快、更好地向实现生产力转化，不断解决经济建设中的重大和关键技术问题，推动经济体制和经济增长方式的根本转变。

小平同志明确提出中国在世界高科技领域要占有一席之地，其意义极为深远。这个奋斗目标在我们这一代人手里一定要力争实现。要面向21世纪，选准对我国经济和社会发展具有战略意义的一些高新技术项目,集中必要的人力、财力、物力,建立重点基地,组织精干队伍,加强统一领导,齐心协力攻关。既要积极学习国外的先进科学技术,又要坚持扬长避短,自主创新,努力形成和发展我国自身的科学技术优势。

捋穗式免割脱收台试制成功

一种捋穗式免割脱收台日前在江苏省海马收割机厂试制成功。这种新型收割台的收获速度比普通切割式联合收割机提高 40%以上,含杂率低于 0.5%,降低油耗 20%至 30%,每小时收割稻麦 20 亩至 40 亩。

中国西部创业中心协作网成立

一个覆盖我国西北、西南的高新技术服务中心协作网络——中国西部创业中心协作网,近日在银川成立。这是西部地区为加强高新技术发展,推进高新技术成果的商品化、产业化、国际化进程而采取的一个重大步骤。

参加这一协作网的省份,有西北的陕西、甘肃、宁夏、青海、新疆和西南的四川、贵州、云南、西藏、广西、重庆 11 个省、自治区、直辖市。

中国湿地保护和利用前期项目启动

由全球环境基金(GEF)资助的"中国湿地生物多样性保护与可持续利用"项目前期工作日前启动。这是我国首次争取 GEF 赠款开展湿地保护与合理利用。该项目前期工作的启动,将有利于继续争取更多的国际援助,推动我国湿地保护与合理利用事业的发展。

"中国湿地生物多样性保护与可持续利用"项目,将对黑龙江兴凯湖和三江平原、江苏盐城、四川和甘肃若尔盖、湖南东洞庭湖等示范区进行可行性研究。这几个湿地区域的生物多样性保护具有全球意义。此次 GEF 的赠款总额为 1800 万美元。

以张燮林为团长的中国乒乓球代表团抵达纽约参加纪念中美"乒乓外交"25 周年纪念活动

7 月 23 日

平津战役纪念馆建成开馆仪式在天津举行

中共中央总书记、国家主席、中央军委主席江泽民,中共中央政治局常委、国务院总理李鹏,中共中央政治局常委、中央军委副主席刘华清,中央军委副主席张震、张万年、迟浩田,分别为纪念馆题词。中央军委副主席张万年出席了开馆仪式并为纪念馆开馆剪彩。

江泽民的题词是:平津战役中英勇牺牲的烈士永垂不朽。李鹏的题词是:加强革命传统教育,激发爱国爱党热情。刘华清的题词是:平津战役的胜利是人民战争的伟大胜利。张震的题词是:平津战役的伟大功绩将永载史册。张万年的题词是:平津战役,历史丰碑。迟浩田的题词是:伟大的决策,历史的丰碑。

张万年在讲话中首先代表党中央、国务院、中央军委对平津战役纪念馆开馆表示热烈祝贺,向所有参加过平津战役的老同志表示崇高的敬意,向京津两市党委、政府和人民表示衷心的感谢,对为修建平津战役纪念馆付出辛勤劳动的同志们表示亲切的慰问。

平津战役纪念馆位于天津市红桥区子牙河畔,建筑面积 1.28 万平方米,前区是斗拱造型的三层展馆,后区是巨大的银灰色球体建筑。展馆的牌楼式门额上,镶嵌着聂荣臻元帅生前题写的"平津战役纪念馆"七个金色大字。

纪念馆开馆仪式由平津战役纪念馆建馆领导小组组长、北京军区司令员李来柱主持。

开馆仪式上宣读了洪学智、杨成武同志的贺信。当年参加平津战役的东北野战军和华北军区部队老战士代表发了言。天津市和北京市领导同志分别致辞。

民政部 解放军总政治部在北京召开表彰拥军优属拥政爱民先进单位和模范个人电视电话会议

国务委员李贵鲜,中央军委委员、总政治部主任于永波出席会议并讲话。

民政部部长多吉才让在会上宣读了民政部、总政治部关于表彰拥军优属、拥政爱民先进单位和模范个人的决定。授予胡玉萍、庄印芳、凌智、于肖兰、毛兆祥、杨凤玲、方庭旺、傅映柏、宋福民、光克尼 10 人"爱国拥军"模范荣誉称号,表彰在拥军优属、拥政爱民工作中做出突出成绩的 227 个先进单位和 126 名模范个人。

中共中央政治局委员姜春云在四川考察

姜春云于 7 月 23 日至 27 日先后深入凉山、雅安、乐山、成都等市、地、州,着重调查了解连续两年丰收之后农村面临的新情况,出现的新问题,以及解决这些问题的新经验。姜春云对四川省的工作给予充分肯定,他指出,四川是一个农业大省,这些年来,省委、省政府一直把农业放在经济工作的首位,形成扶持和加强农业的合力,全省农业和农村经济持续发展,农业连年丰收,今年小春粮食生产创历史最高水平,大春作物长势良好。四川在农村改革和发展方面积极探索,积累了不少好的经验,值得学习借鉴。

姜春云说,从目前的情况看,要实现农业增产增收、持续发展,必须解决一系列新的问题。首先在抓紧发展种植业的同时,有必要把农民增收放在更加重要的位置，这是一个牵动全局的大问题。实现农民增收的主要途径是面向市场需求，调整农村产业结构，实现第一、第二、第三产业协调发展。要在保证粮食稳定增长的基础上放手发展多种经营，这是增加农民收入的重要举措。这方面要注意发挥优势，形成特色，打出品牌。农业大省能否变成农业强省，关键是看农产品加工业是否发达。应当狠抓农产品加工，以实现增产增值增效。农村的第三产业要有更大的发展，重点是发展农产品的运销和商业服务业。要积极稳妥地推进农业产业化经营，把生产、加工、销售连接起来，把城乡生产要素组合起来，大幅度提高农业的经济效益。

姜春云指出，农产品流通情况如何对农业和农村经济发展影响很大。指导农业和农村经济工作必须坚持生产流通并重，目前要有更大的精力抓流通，使各种农产品能够及时卖出去，卖个合适的价钱。特别要按国家的规定，下大力抓好粮食的购销调存。要以综合性批发市场为中心，以专业市场为骨干，以遍布城乡的集贸市场为基础，形成比较健全的农产品市场网络。

姜春云强调，实现农业可持续发展，还要切实加强农田水利基本建设，大力治水、改土、兴林、修路、办电，改善农业生产条件；要加快科技进步，狠抓先进适用技术的推广应用，提高农业的科技含量。姜春云说，任何时候都要把保护好、调动好、发挥好农民积极性作为农村工作的基本出发点，要稳定完善党在农村的基本政策。

国务院扶贫开发领导小组组长陈俊生在西安结束的中央国家机关赴陕西定点扶贫工作座谈会上发表讲话

陈俊生在中央国家机关 11 个单位赴陕西定点扶贫工作座谈会上强调，进一步搞好扶贫工作，提高中央国家机关和企事业单位定点扶贫工作的水平，关键是要深刻理解和贯彻落实江泽民总书记 5 月 29 日在中央党校省部级干部毕业典礼上的重要讲话精神，提高对扶贫开发工作和中央国家机关定点扶贫工作的认识，加大工作力度，确保本世纪末基本解决我国农村贫困人口的温饱问题。

陈俊生指出，到目前为止，我国还有相当一部分地区经济发展缓慢，文化教育落后，基础设施薄弱，还有 5800 万贫困人口没有解决温饱问题。因此，扶贫开发，消除贫困，任重道远。

陈俊生强调，中央国家机关定点扶贫，积极参与扶贫开发，深入基层与贫困地区的干部群众同甘苦、共患难，是加强我们党的组织建设、思想建设的一个非常重要的途径和有效措施。它不仅有利于提高干部全面认识、深入了解我们的国情，有利于密切党和群众的血肉联系，而且有利于提高我们的干部特别青年干部的政治素质，有利于锻炼和培养青年干部继承和发扬艰苦奋斗精神。因此，我们必须从战略高度来认识和对待这一问题。

从 1994 年开始，中组部、中宣部等 11 个单位赴陕西 21 个国家级贫困县开展定点扶贫工作，3 年来累计使这些县 77.13 万人告别了贫困，农民人均纯收入和人均占有粮食分别达 909.48 元和 389 公斤。陈俊生对此给予了充分的肯定。

陈俊生说，今后中央国家机关定点扶贫工作一定要明确责任，处理好与地方的关系。要重视调查研究，协助地方制定扶贫规划，选择扶贫项目，提出政策建议，搞好扶贫工作的监督检查；同时要重视发挥本部门、本行业的优势，千方百计为贫困地区多办一些好事、实事。选派干部，要和本单位考查、培养、锻炼干部结合起来，要特别注意选拔党性强、素质高、有能力、肯吃苦的干部蹲点扶贫。对于扶贫过程中出现的好办法、好经验要及时认真地总结，优秀典型也要大力表彰。

中国加入《国际统一私法协会关于被盗或者非法出口文物的公约》

中国日前正式加入国际上最重要的保护文物公约——《国际统一私法协会关于被盗或者非法出口文物的公约》。这意味着今后我国能够利用国际法律的武器，加强打击文物被盗和走私犯罪活动的力度，更好地保护祖国文化遗产；意味着中国将在国际范围内开展更广泛的合作，共同推动国际文物保护的进程。

近年来，世界范围内的文物被盗及非法出口现象严重，每年全世界被盗文物价值 45 亿美元，为此国际社会一直致力于制定一部国际公约，以聚集国际社会的力量，反击国际间文物盗窃和走私活动。1970 年，联合国教科文组织通过了"关于禁止和防止非法进出口文化财产和非法转让其所有权的方法的公约"。1995 年 6 月，在意大利举行的关于通过国际范围内归还被盗或者非法出口文物公约外交大会，通过了最后的文件和公约文本，我国政府代表签署了最后的文件。目前 30 多个国家正式成为缔约国。

该公约使用范围包括两个方面：一、国际范围内返还被盗文物的请求；二、为了保护文化遗产的目的，在国际范围内归还违反文物出口法律运出国境的文物的请求。被盗文物的返还有 3 个原则：非法发掘也被视为被盗；被盗文物的拥有者应该归还被盗文物；被盗文物的善意持有人在归还文物时，有权得到公平合理的赔偿金。公约对请求时效分别规定为 50 年和 75 年。中国加入公约后，凡馆藏、寺庙、考古挖掘等文物，从被盗或非法出口之日起,75 年内具有提出返还请求的权利。

中国是一个文物大国,近年来文物被盗、走私情况严重,仅今年上半年海关就查获了 7500 件走私文物。为充分利用国际法律的武器,保障中国在文物保护工作中的利益,有效地开展国际合作,我国政府对公约的实施作出了 3 项重要声明:我国加入公约,并不意味着放弃对公约生效前被掠夺和非法出口的文物要求归还的权利;由于中国主要是一个文物出口国,中国被盗文物主要是特定纪念地或者考古遗址组成部分的文物、或者属于公共收藏的文物,较长的时效有利于中国请求返还被盗的文物;为有效地开展有关国际合作,中国政府对有关接受请求的程序问题作出更明确的声明。

7 月 24 日

全国妇联七届九次常委会在北京举行

会议听取全国妇联上半年工作汇报,研究部署下半年工作,重点讨论协助党委做好培养选拔女干部的工作。

全国人大常委会副委员长、全国妇联主席陈慕华主持会议并讲话。她说,妇女参政从来都是社会文明进步的重要标志,而做好培养选拔女干部工作,促使更多的优秀女干部进入各级领导班子,是推动妇女参政水平不断提高的关键。我国已明确规定了本世纪末妇女参政的目标,各级妇联要协助党委进一步明确这个目标,抓住今明两年各级领导班子换届的有利时机,切实做好推荐女干部的工作,确保女性参政比例有新的突破。

通过讨论会议决定,今年下半年将组织全国妇女开展"讲文明、树新风"活动,在窗口行业创建"中国文明示范岗",在社区开展"家庭志愿者"服务活动,在中秋节万家团聚之际表彰"五好文明家庭"。

中宣部等七部委在北京联合召开第九次全国"扫黄"工作电视电话会议

会议由中宣部、中央政法委、全国"扫黄"工作小组、公安部、文化部、广电部、新闻出版署七个部委联合召开。会议,总结 1996 年冬季以来的"扫黄"打非集中行动,部署下一阶段的扫黄打非工作,并表彰了 1996 年冬季扫黄集中行动中成绩突出的 40 个先进集体和 20 名先进个人。

中宣部副部长、文化部部长、全国扫黄工作小组组长刘忠德总结了 1996 年冬季集中行动以来扫黄打非工作取得的主要成果。据不完全统计,集中行动期间,全国各地共出动 64 万多人次,收缴非法音像制品 648 万多盒(盘),其中淫秽色情内容的 18 万多盒,非法数码激光视盘(VCD)186 万多盘。收缴非法电子出版物 6 万多张,非法书刊 1261 万多册,其中淫秽色情的 35 万多册,实现了 1996 年冬季扫黄打非集中行动的阶段性目标。特别是此次集中行动先后破获了 40 条非法光盘生产线,沉重打击了境内外不法分子的嚣张气焰;集中行动中全国共端掉制作、贩卖、储藏黄色和非法出版物的重要窝点 378 个,查处有关案件 4688 起,其中列为省级和省级以上大案要案 130 多起,打掉了一批有影响的"制黄"、"贩黄"和非法出版犯罪团伙;集中行动期间,全国共取缔非法出版物市场和集散地 1150 多个,曾经祸害全国的山东临沂非法书刊市场、山西临汾非法教辅读物市场、湖北武汉武胜路书刊批发市场和浙江义乌,广东广州、深圳、潮阳、虎门等地的非法音像市场及违法设立的郑州"第二图书城"都已被关闭或取缔;集中行动期间还严肃处理了一批违规生产单位,打击了内外勾结从事非法出版活动的不法分子,全国共查处违规印刷企业 1053 家,查处违规音像出租、放映点 12485 家,查处图书音像出版单位 8 家。扫黄打非有效地促进了出版物市场的繁荣,全国正版图书的订货量明显上升,上海有 10 家出版社年销售码洋超亿元,全国新华书店总销售额比上年增长 50%。集中行动期间建成并试营业的广东音像城和北京电子出版物软件批发市场初步呈现购销两旺的态势,广东音像城日营业额达 200 万元左右。

刘忠德指出,虽然这次集中行动取得了显著成果,但出版物市场还存在一些不容忽视的问题。他强调要继续贯彻党的十四届六中全会精神,扫黄打非要坚持不懈,反复抓,抓"反复",坚持"守土有责"的原则,进一步落实扫黄、打非领导责任制,采取更加有力的措施,确保出版物市场的平稳、健康、繁荣、有序,维护安定团结的大局,迎接党的十五大的胜利召开。

中央政法委秘书长束怀德在讲话中要求各级政法部门按照扫黄、打非集中行动方案和这次电视电话会议的要求,抓紧对制作、贩卖、传播淫秽物品、反动出版物和侵权盗版案件的侦破、起诉、审判工作。尤其是对中央确定的六大案件,有关省市的政法部门要高度重视,涉案重要犯罪嫌疑人尚未抓获的,公安机关要抽调力量,组织专门追捕小组,尽快将涉案人员抓捕归案,依法惩处。要通过办案把那些幕后操纵者、组织经营者、犯罪的庇护者、团伙为首分子深挖出来,依法从严惩处。

新闻出版署署长、全国扫黄工作小组副组长于友先宣读了中宣部、中央政法委、全国"扫黄"工作小组等七部委关于表彰 1996 年冬季"扫黄"打非集中行动先进集体和先进工作者的决定。出席这次会议的还有龚心瀚等各有关部门负责同志，各省、自治区、直辖市有关负责人在各地收看收听了电视电话会议。会议由国务院副秘书长、全国“扫黄”工作小组副组长刘奇葆主持。

国家主席江泽民在北戴河会见美国前总统吉米·卡特

江泽民对卡特再次访华表示欢迎，并赞赏卡特在担任总统期间和卸任后为中美关系发展所作的贡献。

国家主席江泽民在北戴河会见日本前首相细川护熙

江泽民指出，历史是一面镜子，历史的教训值得记取。我们一贯主张在正确认识和对待历史的基础上，面向未来，发展两国人民的世代友好关系。江泽民赞扬了细川在任首相期间对历史问题所表现的鲜明态度，并指出，细川首相敢于正视历史的勇气体现了一个政治家的远见卓识。

国务院总理李鹏在北戴河会见美国前总统吉米·卡特和夫人

李鹏对卡特再次访华表示欢迎。

李鹏指出，中美关系出现了改善的势头，双方应继续努力，把两国关系置于更加稳定和健康的基础上。他说，江泽民主席今年秋季将对美国进行国事访问，这是两国关系中的重大事件。他表示相信这一访问将有力地推动中美关系的发展。李鹏向客人介绍了中国的经济和政治形势，特别是国有企业的改革和发展。

国务院总理李鹏在北戴河会见日本前首相细川护熙

李鹏说，在日本历届政府领导人和政治家中，细川先生是较早对日本侵华历史作出正确评价，并表明鲜明态度的，这是难能可贵的，希望细川先生今后为推动中日关系的发展继续作出努力。

7月25日

中央政府授权香港特别行政区与有关国家谈判互免签证协定

外交部驻香港特别行政区特派员公署特派员马毓真今天下午向香港特区行政长官董建华转交了国务院副总理兼外交部部长钱其琛签署的授权书。中央人民政府授权香港特别行政区政府与有关国家谈判互免签证协定，或就互免签证问题作出行政安排。

国务院总理李鹏在北戴河会见全国政协常委香港永兴企业公司总经理张永珍女士和她的儿子郑建山博士

国家体改委发布《关于城市国有资本营运体制改革试点的指导意见》

国家体改委近日发布《关于城市国有资本营运体制改革试点的指导意见》(以下简称《指导意见》)，在总结各地实践经验的基础上，《指导意见》提出了进行城市国有资本营运体制改革的思路，并决定选择少数城市进行国有资本营运体制改革试点。

目前已被选择开展此项试点的城市有10个，包括重庆、武汉、西安、合肥、苏州、平顶山、扬州、南通、岳阳和铜陵。

此项试点针对国有资本出资人缺位、政府与国有企业间关系不明确，投入企业的国有资本的保值增值无人负责等问题，试点的任务是建立国有资本出资人制度、企业法人财产制度和具有中国特色的、适应社会主义市场经济要求的国有资本营运体系，形成高效的、充满活力的国有资本投入产出良性循环的新机制。

《指导意见》指出，国有资本是资本性质的经营性国有资产，是国家投资的企业中属于国家所有的净资产。县以上各级地方政府是该级政府所属或所投资企业国有资本的出资人。

国有资本营运则是指国有资本出资人和由其投资设立的国有资本营运机构进行的配置和运用国有资本、维护国有资本权益，实现国有资本保值增值的行为。国有资本营运体系由国有资本出资人和国有资本营运机构共同组成，营运机构是企业法人，和出资人共同承担国有资本保值增值的责任，不承担政府的行政职能。

政府行使出资人职能的组织形式根据《指导意见》，由政府主要负责人、分管经济工作的负责人、有关党政部门负责人、国有资产行政主管部门负责人及政府聘请的专家组成。“国有资本营运决策会议”履行本级政府的国有资本出资人职能，成员均为兼职，参照董事会的议事规则议事，主要职责是制定本地国有资本营运战略，组建并监督考核营运机构的营运情况。

《指导意见》还规定了组建营运机构的途径：或把符合条件的集团公司、投资公司改建而成，或把专业经济部门分解改组为营运机构，或是建立新的营运机构。

《指导意见》要求按市场经济的要求进行国有资本的营运。强调政府与营运机构之间、营运机构与被投资企业之间，是出资人与被投资企业的关系，主要依照《民法通则》、《公司法》等法律、法规规范各自的行为。它还要求统筹安排、综合协调，推进相关的各项改革，同时明确资产行政主管部门的职责是帮助建立健全国有资产管理、监督体系。

中国同库克群岛在惠灵顿签署两国建交联合公报

中华人民共和国驻新西兰特命全权大使黄桂芳与库克群岛驻新西兰高级专员雅维塔·肖特在惠灵顿分别代表各自政府在中、库两国建立外交关系的联合公报上签字，决定自 1997 年 7 月 25 日起建立大使级外交关系。

中国政府支持库克群岛人民为全国实现社会、经济和文化发展目标所作的努力。库克群岛政府承认中国政府关于世界上只有一个中国、台湾是中华人民共和国领土不可分割的一部分的立场，承认中华人民共和国政府是中国的唯一合法政府并重申不与台湾发生任何形式的官方关系的一贯政策。两国政府同意根据实际可能尽早互派大使。

全国人大常委会委员长乔石在人民大会堂会见美国前总统吉米·卡特和夫人

全国人大常委会副委员长王光英在人民大会堂会见以部长哈约诺·伊斯曼为团长的印度尼西亚青年和体育部代表团

中国人民解放军新时期建设成就展览在中国人民革命军事博物馆开幕

解放军新时期建设成就展由解放军总参谋部、总政治部、总后勤部主办。

中共中央总书记、国家主席、中央军委主席江泽民为展览题词："加强军队的革命化现代化正规化建设走有中国特色的精兵之路。"中共中央政治局常委、中央军委副主席刘华清，中央军委副主席张震、张万年、迟浩田分别为展览题词。

刘华清、张震、张万年、迟浩田、老同志李德生、王恩茂，中央军委委员傅全有出席开幕式。刘华清、张震为展览开幕剪彩。

中央军委委员、总政治部主任于永波主持开幕式。

展览的序以"英明的领导光辉的历程"为题，展示在以毛泽东、邓小平、江泽民为核心的党的三代领导集体的领导下，我军从无到有，从小到大，从弱到强，从胜利走向胜利的光辉历程。展览主体内容按照政治、军事、后勤、国防科技、军政军民关系和对外军事交往等六个部分进行编排。第一部分，把思想政治建设摆在全军各项建设的首位，经受住和平环境和改革开放的考验；第二部分，贯彻新时期军事战略方针，提高现代技术特别是高技术条件下的防卫作战能力；第三部分，以改革促进后勤建设，提高现代条件下作战的综合保障能力；第四部分，加速国防科技工业改革与发展，提高武器装备研制能力与水平；第五部分，牢记人民军队宗旨，服从服务于国家建设大局；第六部分，扩大军事交往，促进和平与友谊。展览结尾着重展现我军紧密团结在以江泽民同志为核心的党中央、中央军委周围，阔步迈向 21 世纪。

展览规模宏大、内容丰富。3300 多平方米的展览大厅内，使用了声光电、多媒体、模拟、仿真等多种现代化展示手段，共展出各类展品 2500 多件，其中照片 1137 幅，实物 1128 件，模型、沙盘 200 多个，题词、图表、文摘 80 多幅，灯光片 240 幅。

纪念建军 70 周年暨毛泽东军事思想与新时期军队建设学术讨论会在北京举行

纪念建军 70 周年暨毛泽东军事思想与新时期军队建设学术讨论会日前在国防大学召开。

会议认为，毛泽东军事思想是中国革命胜利的旗帜，是一个科学的理论体系。这个理论体系过去、现在和将来都是我军建设和作战的理论基石和指导思想。邓小平新时期军队建设思想，是毛泽东军事思想的科学体系在新的历史条件下坚持和发展的最新成果。坚持和发展毛泽东军事思想，必须深入研究、贯彻邓小平新时期军队建设思想和江泽民关于军队建设的一系列重要论述。

会议强调，以江泽民同志为核心的第三代领导集体，结合新形势下我军具体实际，从总体目标、发展道路、保障措施等方面全面勾画了我军走向 21 世纪的蓝图。军队理论工作者要深刻领会江泽民关于军队建设的一系列重要指示，研究新情况，解决新问题，解放思想，实事求是，不断推进我军的改革和建设。

电视片《背负民族的希望》拍竣

中国科协在中国科技会堂开会欢迎参加国际中学生物理化学生物奥林匹克竞赛中国代表队归来

这三支代表队的成绩是：参加第二十八届国际物理学奥林匹克竞赛的我国 5 名选手中，广西南宁二中赖柯吉、福建三明市一中连乔和天津南开中学王晨扬 3 人获得金牌，辽宁沈阳东北育才学校倪欣来和湖北黄冈中学王新元分别获得银牌；参加第八届国际生物学奥林匹克竞赛的 4 名选手中，清华大学附中杨翔宇、湖南师大附中夏凡和上海华东师大二附中徐承远分别获得金牌，福建师大附中范捷获得银牌；参加第二十九届国际化学奥林匹克竞赛的 4 名选手，获得 4 枚银牌。生物学竞赛还获得了总分第一的好成绩。

针对学科竞赛中暴露出的理论水平强、实验能力弱问题，中国科协主席周光召说，实验能力，是涉及整个中国将来经济建设和科技发展水平的重要问题。要在科学上有所创新和突破，必须重视实验，因为所有的理论都是以实验为基础。

7 月 26 日

大型电视纪实片《将军世纪行》首映座谈会在钓鱼台国宾馆举行

中共中央政治局常委、中央军委副主席刘华清，中央军委副主席张震、张万年、迟浩田，老同志李德生、萧克等出席首映座谈会。

《将军世纪行》以纪实的风格，通过人物专访或实地拍摄，撷取了洪学智、邓兆祥、李德生、萧克、张爱萍、陈锡联、叶飞、廖汉生、王恩茂、杨成武、吕正操、孙毅、莫文骅、杨秀山、杜平、高厚良、傅崇碧、向守志等 18 位将军军事生涯中最为辉煌的历史片段，讴歌了人民军队成长和战斗的光辉历程。座谈会上，萧克代表老将军发了言。

这部电视片是由中华炎黄文化研究会、上海东方电视台、成都军区电视艺术中心联合摄制的。大连成吉思汗国际集团承办了这次座谈会。

7 月 27 日

国务院副总理兼外交部部长钱其琛在马来西亚必代灵查亚举行的第四届东盟地区论坛会议上就亚太形势阐述中国观点和立场

主席先生，

对亚太地区的形势，各国都十分关注。对本地区最近发展的趋势，我想强调以下几点：

——随着老挝、缅甸的加入，东盟组织扩大。作为一支新兴力量，东盟在地区事务中发挥着独特而重要的作用。

——朝鲜半岛形势出现积极变化，四方会谈进程即将启动，这有助于朝鲜半岛乃至亚太地区的和平与稳定。

——中国对香港恢复行使主权，是国际瞩目的一件大事。香港的回归进一步加强了中国与亚洲和世界的联系，将更大地促进亚太地区的和平与繁荣。

——各国之间对话与合作的势头上升，维护地区稳定，以和平手段处理争端的政治意愿不断增强。

——区域内和区域间的经济联系日益广泛和密切，亚太经合组织、亚欧会议等正在将合作的共识转化为实际行动。

当然，本地区仍存在一些不安定因素。一些旧的热点问题再度突出，柬埔寨国内发生武装冲突令人关切。新兴的跨国性问题提出了新的挑战。这些问题如果不能得到妥善处置，将对地区和平与稳定产生不利影响。

主席先生，

作为亚太地区讨论安全问题的重要渠道，东盟地区论坛在增进各国相互了解与信任、促进地区和平与稳定方面作出了积极的贡献。

目前，论坛进入了一个承上启下的重要时期。对论坛的发展存在多种期望。我们认为，论坛应始终从本地区的实际出发，以维护地区和平与安全为目标，以平等相待、和平相处为宗旨，以建立信任为核心，以对话合作为手段。

论坛 21 方聚合一起，不是为了对付一个共同的威胁，而是为了实现一个共同的目标，即维护地区和平与稳定。这是我们各国的共同利益之所在。为此，我们应当摒弃“冷战思维”，着眼这一共同目标，根据亚太地区的现实和特点，在论坛的活动中坚持尊重主权、不干涉内政的原则，超越差异，扩大共识，增加信任，兼顾各方的安全关切。

过去一年，论坛各个会间工作组的活动富有成效，建立信任措施的对话更加坦诚，一些具体领域的合作进一步深化。事实证明，由于本地区多样性和历史上不同的安全经历，增进了解和信任，消除疑虑和不安在相当一段时间里应是论坛的中心工作。行之有效的建立信任措施有助于本地区各国保持良好关系和维护地区和平与稳定，也是开展安全合作的基础。这方面还有大量工作可做，潜力远未开发。

回顾三年多的探索与实践，我们不难发现，论坛已初步形成了独具特色的合作方式，概括起来为：平等参与、求同存异、协商一致、循序渐进。这四点是行之有效的，并得到了各方的认同。我们相信，只要坚持这一“东盟地区论坛方式”，论坛将会随着亚太地区形势的发展以及各国彼此信任的增强，逐步扩大活动范围，为促进地区和平与稳定发挥更大作用。

主席先生，

在人类即将进入 21 世纪的时候，本地区各国普遍关心的一个问题是：如何维护地区的持久和平与安全？在新的国际形势下，应当有新的安全观。安全不能依靠增加军备，也不能依靠军事同盟。安全应当依靠相互之间信任和共同利益的联系。人类在 20 世纪经历了两次世界大战和持续了 40 多年的“冷战”，付出了惨重的代价。为了避免重蹈历史的覆辙，我们认为加强地区安全有四个重要的方面：

——国家之间平等、友好、稳定的关系是地区和平与稳定的重要政治基础。要相互尊重与平等相待,不搞强权政治和强加于人;要对话与合作,不搞对抗与冲突。

——各国经济持续发展,经济交流与合作不断扩大,从而加深各国利益的相互依存,为地区安全提供坚实的经济基础。

——通过和平方式解决争议,是维护地区和平与稳定的正确途径。

——对话与合作是促进地区和平与发展的主要支柱。亚太经合组织、东盟地区论坛等代表了以对话和合作为特征的多边努力。

总之,我们应在上述方面加强努力,共同构筑一个持久和平与稳定的亚太。我们应共同努力培养一种适合本地区多样性特点的新型地区安全观。

主席先生:

作为亚太一员和安理会常任理事国,中国高度重视维护亚太地区的和平与稳定,并为此作出了自己的贡献。

中国自身的稳定和繁荣是对地区和平与繁荣的强有力支持。

中国奉行独立自主的和平外交政策,不结盟、不对抗,与亚太各国睦邻友好,平等相处。

中国历来主张以和平手段解决国家间争议,与有关国家进行了友好坦诚的对话与磋商,以增加信任,解决问题。中英通过谈判解决了香港问题是这方面的一个范例。中葡之间的澳门问题也将于 1999 年获得解决。

我们与本地区有关国家根据各自的需要和具体条件,开展双边和次区域的建立信任措施。不久前,中俄哈吉塔五国签署了《边境地区裁军协定》,这是五国继去年签署《边境地区军事领域建立信任措施协定》后,相互加强政治信任,促进地区和平与稳定的又一重大步骤。

中国积极参与地区安全对话与合作,对东盟地区论坛的建立和发展给予了关注和支持,发挥了自己的影响和作用,支持东盟在论坛中发挥主要推动作用。

谢谢各位。

中国西藏艺术团离开北京开始对意大利 瑞士和希腊三国进行为期 40 天的访演

中国运输机械进出口公司和埃及西奈投资公司在开罗签署一项兴建西奈水泥厂合同

根据合同规定,西奈投资公司将出资引进中方这家公司的两条日产 2000 吨水泥熟料的生产线。

中技—鲜京贸易有限公司设立

作为我国首批中外合资外贸公司之一的中技—鲜京贸易有限公司日前已获外经贸部批准设立,由中国技术进出口总公司与韩国株式会社鲜京合资组建,这也是外经贸部所属大型企业第一次与国外著名综合商社进行的合资试点。

中技—鲜京贸易有限公司注册资本为 1 亿元人民币,其中中技总公司投资占 51%,韩国株式会社鲜京投资占 49%,注册地点和办公地点均设在上海浦东。

星火计划产品商标正式启用

全国文物援藏考察座谈会在拉萨举行

来自国家文物局和 13 个省市的文化、文物单位的人士参加座谈会。

西藏有着悠久、灿烂的民族传统文化和极其丰富多彩的文物古迹。改革开放以来,在党中央、国务院的关心和支持下,西藏确立了"保护为主、抢救第一"的文物工作方针,圆满地完成了布达拉宫的重点维修,并先后对扎什伦布寺、萨迦寺、江孜宗山抗英遗址、罗布林卡等重要古建筑、古遗址进行或正在进行抢救性维修;在内地有关省区的大力协助下,完成了全区文物普查,基本摸清了文物的底数;对昌都卡若、拉萨曲贡和山南昌果沟等新石器时代遗址进行了科学发掘,填补了西藏史前考古的空白;博物馆事业也已开始起步,西藏文物事业步入了积极发展的轨道。根据国家文物局张柏副局长的介绍,近十几年来国家文物局为了帮助西藏文物事业的发展,先后拨付给西藏文物专项补助经费达 1 亿多元。

由于受历史和自然条件限制,西藏经济还相对落后,专业技术人才仍然匮乏,难以完全满足西藏浩大的文物资源保护的需要。所以,张柏副局长希望,来自全国各地的文物部门和单位,通过这次到西藏实地调查,了解西藏的文物保护现状,通过与西藏文物部门座谈、协商、洽谈,提出力所能及、有的放矢、注重实效的援助项目,把国家对西藏实行的特殊优惠政策的优势,西藏的文化、文物资源的优势与内地的人才、资金、技术、物资和管理经验等方面的优势结合起来,使西藏的文物事业迈向一个新的台阶。

据了解,这次文物援藏活动将具体落实一些援藏项目,包括培养西藏的考古发掘和遗址维修保护等文博人才,帮助西藏进行古建筑维修、考古发掘,支援文物登记建档和安全保卫方面的物资设备,支持西藏建立完善自治区博物馆,援助资金建立西藏文物保护基金,解决一些亟待解决的问题,介绍内地先进的文物保护技术和管理经验,共同合作开发西藏的文物资源等等。

7月28日

国务院副总理姜春云在全国节约用水工作电视电话会议上发表讲话

姜春云在会议讲话中强调,科学合理地开发利用现有水资源,大力节约用水,具有重大的经济、社会意义,各行各业都要认真贯彻江泽民总书记、李鹏总理关于节约用水的重要指示和党中央、国务院有关节约用水的重大决策,从全局和战略的高度充分认识节约用水的极端重要性和紧迫性,牢固树立节水意识,积极行动起来,珍惜水,节约水,保护水。

姜春云在讲话中首先阐明了节约用水的极端重要性和紧迫性。他说,我国是一个水资源短缺的国家,又是一个人口众多的国家,水资源的供需矛盾尤为突出。全国人均水资源占有量只相当世界人均水平的1/4,被列为世界上13个贫水国之一。我国一方面水资源非常紧缺;一方面用水的浪费又十分严重。目前,大部分地区农业灌溉方法落后,管理粗放。全国农业灌溉用水有效利用率只有30%—40%,而发达国家为70%—80%。工业用水浪费也很严重,水的重复利用率只有50%—60%,发达国家则为70%以上。城市生活用水"跑、冒、滴、漏"现象相当严重。不少水龙头和抽水马桶是"长流水"。如何开辟水源,节约用水,已成为我国经济、社会持续发展的战略性问题。

姜春云强调,要充分调动各行各业节约用水的积极性,把节约用水落到实处,必须制定相应的政策和措施,建立促进节水的制度和机制。要真正把水利建设放在基础设施建设的首位。这是解决我国水资源短缺的根本途径。中央已经建立了水利建设基金,各地也要按照国务院的规定,加快建立水利基金的进度。要采取优惠政策,鼓励扶持修建节水设施。

全国物价局长会议在深圳召开

国家中医药管理局宣布中国西洋参生产加工居世界前列

纪念解放军建军70周年驻京部队老干部座谈会在人民大会堂举行

部分在职领导干部和参加过土地革命战争、抗日战争、解放战争的老同志欢聚一堂,共同回顾我军70年来所走过的光辉历程和建立的丰功伟绩,畅谈国家和军队建设的大好形势,展望祖国更加美好的未来。

中共中央政治局常委、中央军委副主席刘华清在座谈会上发表讲话,中央军委副主席张震主持座谈会,中央军委副主席张万年、迟浩田出席座谈会。老同志伍修权、李德生、张廷发和中央军委委员傅全有、于永波、王克、王瑞林也出席座谈会。

老同志代表郭林祥、史子才、岳振华在会上发了言。

中央军委副主席刘华清等领导人会见空军第六试飞大队大队长邹延龄事迹报告团

中共中央政治局常委、中央军委副主席刘华清,中央军委副主席张震、张万年、迟浩田,中央军委委员傅全有、于永波、王克、王瑞林,上午在人民大会堂会见了空军第六试飞大队大队长邹延龄和邹延龄先进事迹报告团成员。

当空军领导向军委领导同志一一介绍了报告团四名成员后,刘华清握着邹延龄的手亲切地说:"你的事迹很生动、很感人。我看了有关材料,社会上的反响是很强烈的。电视播放的首场报告会新闻,那么多人在流泪,你是人民群众心目中的英雄。"刘华清说,在邹延龄身上,突出反映了全军部队认真落实江泽民主席指示,用正确的思想理论和现代化科技特别是高科技知识武装头脑的成果;突出反映了我军"一不怕苦、二不怕死"的英雄气概和勇于献身的高尚品质。既充分体现了我党我军的优良传统和作风,又具有极其鲜明的时代特色。

刘华清强调指出,我们正处在世纪之交的重要历史时期。随着高科技的迅猛发展并广泛运用于军事领域,未来战争对军事人才的要求越来越高。全军同志特别是各级领导干部都要积极响应江泽民主席的号召,像邹延龄同志那样,学习高科技,钻研高科技,掌握高科技,立志献身国防现代化,在以江泽民同志为核心的党中央、中央军委领导下,为实现邓小平同志所确定的新时期军队建设的总目标,振奋精神,努力工作,以实际行动迎接党的十五大的胜利召开。

张震对邹延龄说,你的先进事迹体现了老红军的传统和延安精神,如果全军指战员都像你这样,我军的现代化一定能搞上去。

邹延龄表示,一定不辜负军委领导的殷切期望,谦虚谨慎,继续努力工作,为党为人民为国防现代化作出新的贡献。

全国艺术表演团体工作会议在北京召开

这次会议以邓小平建设有中国特色社会主义理论为指导,学习党的十四届六中全会《决议》和《中共中央关于进一步做好文艺工作的若干意见》,总结了近年来特别是今年上半年以来艺术表演团体改革与建设的基本情况,提出今后一个时期艺术表演团体改革的指导思想、目标以及主要任务。

中宣部副部长、文化部部长刘忠德在开幕式上的讲话中指出，前一阶段各地艺术表演团体的改革呈现出健康发展的良好态势。全国 31 个省、市、自治区借鉴中直院团改革的成功经验，制定出各自的改革方案，并不拘一格地付诸实施，形成确保重点、多轨并存、科学调整布局结构，全面考评、聘任上岗、建立充满活力的用人机制和积极落实文化经济政策、建立长期稳定的经费来源渠道的趋势。

刘忠德在谈到当前艺术表演团体改革与发展进程时强调，艺术表演团体改革从 1979 年首次提出至今，走过 18 年的改革历程。当前，紧紧围绕艺术生产这个中心，深化内部机制改革，是艺术表演团体的一项根本性工作。全国艺术表演团体要坚持把社会效益放在首位，力求实现社会效益和经济效益的最佳结合。逐步形成国家保住重点、鼓励社会办团的发展格局；逐步形成国家与剧团、剧团与演职员间的新型关系；逐步形成产权明晰、责权明确、政事分开、自主经营、自我调节、自我发展的新体制，充分调动和发挥广大文艺工作者的积极性和创造性，多出优秀作品，多出优秀人才，提供丰富精美的精神食粮，满足人民群众日益增长的文化生活需要，促进两个文明建设的协调发展和社会的全面进步。

7 月 29 日

国务院在北京召开统一企业职工基本养老保险制度工作会议

这次会议的主要任务是学习贯彻《国务院关于建立统一的企业职工基本养老保险制度的决定》（以下简称《决定》），部署企业职工养老保险制度改革工作。中共中央政治局委员、国务委员李铁映指出，要认真贯彻落实国务院决定，进一步完善企业职工养老保险制度。

李铁映说，养老保险改革试点为统一制度奠定了基础。1994 年年底，国务院召开了全国城镇企业职工养老保险改革试点工作会议，会后下发了《国务院关于深化企业职工养老保险制度改革的通知》，各地区、各部门按照国务院的部署和要求，普遍实施了社会统筹与个人账户相结合的改革办法，进行了企业职工养老保险制度改革试点。

李铁映说，两年多的改革实践告诉我们，在社会主义市场经济条件下，必须加快社会保障制度改革，建立全国统一的基本养老保险制度。建立、健全社会保障制度，为城乡居民提供同我国国情相适应的社会保障，促进经济发展和社会稳定，是建立社会主义市场经济体制的重要组成部分和基本要求。统一企业职工基本养老保险制度，既是解决目前存在的多种方案并行、基金征收和养老金支付标准参差不齐等问题的需要，又是建立统一、开放、竞争、有序的劳动力市场的客观要求，有利于劳动力资源的合理配置，有利于企业改革，促进经济与社会健康发展。

李铁映说，要全面把握《决定》的基本原则。一是社会统筹与个人账户相结合的原则。这个原则是从我国实际出发，在总结国内外经验的基础上发展形成的，是有中国特色的社会保障制度的重要标志，也是我国新的养老保险制度的核心内容。二是基本养老保险要保障基本生活的原则。养老保险待遇水平必须同我国社会生产力发展水平及各方面的承受能力相适应。政府强制实行的基本养老保险只能保障人们的基本生活。至于提高待遇水平问题，要通过建立多层次的养老保险体系来解决。三是新老办法平稳衔接、待遇水平基本平衡的原则。四是确保养老保险基金安全与完整的原则。基本养老保险基金实行收支两条线管理，保证专款专用，必须全部用于职工养老。五是逐步提高养老保险统筹层次的原则，逐步由县级统筹向省级统筹过渡。

李铁映在谈到认真落实《决定》的有关政策规定时指出，统一制度的要点一是统一企业和职工个人的缴费比例。二是统一个人账户的规模。三是统一基本养老金的计发办法。规定基本养老金包括基础养老金和个人账户养老金两部分。

李铁映指出，要扩大企业职工基本养老保险制度的覆盖范围。目前，我国养老保险制度覆盖了全部城镇企业职工的 78.4％。外商投资企业、私营企业的职工多数还没有参加养老保险，他们的权益没有得到保证。如果社会统筹的范围只限于国有企业，不仅使国有企业和非国有企业负担畸轻畸重，而且不能满足非国有企业职工养老的需要，也难以在更大范围内筹集资金，以适应人口老龄化高峰的客观要求。因此，在这次统一企业职工基本养老保险制度中，要把非国有企业也纳入进来，努力扩大养老保险的覆盖范围。

李铁映说，要完善多层次的养老保险体系。基本养老保险主要是满足职工基本生活需要。体现按劳分配原则和地区发展水平、企业经济效益的差异，主要是通过企业补充养老保险来实现。为满足职工不同层次、不同水准的多种保障需求，要充分发挥商业保险的作用。

李铁映指出，养老保险制度改革的一个重要目标就是要减轻企业负担，支持企业改革，为企业改革服务。《决定》对企业缴纳基本养老保险费的比例做了限制性规定，超过限额的必须履行报批手续，并要求通过提高个人缴费比例，逐步降低企业费率，减轻企业负担。同时,要加快社会保险管理服务社会化的步伐,尽快将企业发放养老金的办法改为社会化发放,积极创造条件,将离退休人员的管理服务工作逐步由企业转向社会,以减轻企业的社会事务负担,增强企业的竞争能力和发展活力。

李铁映强调指出,要确保困难企业离退休金的发放。当前我国正处在经济体制转轨的过程中,一部分企业经营困难,不少职工和离退休人员不能按时足额领到工资和离退休金的现象比较突出。党中央、国务院对此十分关心,多次进行研究,采取了建立帮困资金等一系列措施。各级政府及社会保险机构要从大局出发,千方百计地保证按时足额支付养老金,保证离退休人员的基本生活,维护社会稳定。

国务院副秘书长张左己主持会议。劳动部部长李伯勇、国家体改委副主任王东进也在会上讲话。各省、自治区、直辖市和计划单列市、部分省会城市代表和国务院有关部门共 250 人参加会议。

杨凌农业高新技术产业示范区在陕西杨凌农科城成立

外交部驻香港特别行政区特派员公署发言人在答记者问时表示对居住海外的台湾居民申请入港安排无变化

发言人表示,居住海外的台湾居民申请入境香港特区的安排与今年 7 月 1 日前的安排没有变化,因而不存在比以前手续更繁杂的问题。

发言人表示,根据香港特区基本法的有关规定,香港特区政府负责香港的出入境管制。有关居住海外的台湾居民申请入境香港特区的问题,香港特区政府入境事务处与我国驻外使领馆已作出如下安排:如果在海外台湾居民来港逗留不超过 48 小时,他们可向中国驻外使领馆申请。使领馆可签发不超过 48 小时的过境入境许可,而无须转给香港特区入境事务处审核。如逗留期超过 48 小时,使领馆将申请转交香港特区入境事务处审核。申请人亦可选择直接以邮政方式向香港特区入境事务处提出申请,或委托在港的咨询人向入境事务处直接递交有关申请。这些安排与今年 7 月 1 日以前的安排没有变化,因而不存在比以前手续更繁杂的问题。

国务院副总理兼外长钱其琛在马来西亚必打灵查亚举行的中国与东盟国家对话会议上发表讲话

钱其琛说,在这世纪之交,中国和东盟都面临着实现长久和平与发展的历史机遇。同为发展中国家,中国和东盟有着广泛的共同利益和共识。希望进一步加强合作关系。

他说,双方都重视促进地区与世界和平;致力于维护国家稳定和搞好经济建设;遵循不干涉内政的原则;主张加强对话与信任,和平解决国与国之间的争端;致力于维护发展中国家的权益,共同促进地区与国际平等互利合作。

钱其琛说:"在这些共识的基础上,我们期待着与东盟共同努力,建立面向 21 世纪的睦邻互信伙伴关系。"

他说,中方的基本想法是"从战略高度出发,着眼于共识与共同利益,全面深入地发展双方关系;在平等互利的基础上,推进双方在各个领域的合作;通过友好协商,妥善处理彼此间存在的问题;相互协调与支持,共同维护发展中国家的利益"。

在谈到合作领域和方向问题时,钱其琛指出,双方应保持和加强高层互访、外长对话、高官政治磋商及其他对话机制,增进相互信任与合作;充分利用东盟扩大和香港回归中国的更加有利的条件,充分发挥中国—东盟经贸、科技联委会和中国—东盟联合合作委员会的作用,拓展和深化双方在经贸、科技、金融、工商等具体领域的互利合作;加强双方人员交流,加深中国和东盟各国人民之间的相互了解与友谊。

他说,双方还应在湄公河盆地开发、泛亚铁路网等次区域合作中加强相互协调与合作;加强双方在东盟地区论坛、亚太经合组织、亚欧会议及联合国中的相互支持与配合。

钱其琛在讲话中还积极评价了东盟的作用。他说,东盟已经成长为具有独特影响力的组织,成为在国际舞台上促进和平与发展的重要力量。中方支持扩大了的东盟在地区和国际事务中发挥更大的积极作用。

在谈到东盟提出的今年 12 月与中、日、韩三国首脑进行会晤问题时,钱其琛说,这将为东亚国家增进信任、加强合作开辟一个新的渠道。

他说,江泽民主席与东盟首脑首次会晤将是中国和东盟关系史上具有深远意义的事件。他表示相信,双方首脑一定能够就中国与东盟关系的长远发展很好地交换意见,双方睦邻友好关系将更上一层楼。

国防部部长迟浩田在中宣部等单位于北京联合举办的形势报告会上作关于加强国防现代化报告

迟浩田说,建设强大的国防,是以毛泽东、邓小平、江泽民同志为核心的党的三代中央领导集体的一贯思想。在党中央、国务院、中央军委的正确领导下,经过几十年的努力奋斗,我国的国防和军队建设取得了历史性的伟大成就,保卫了国家的主权、统一、领土完整、海洋权益和安全。迟浩田说,人民解放军已经发展成为一支诸军兵种合成的强大军队；国防科研和武器装备达到了一个新的水平；全军官兵的政治、军事、科学文化素质有较大提高；国防动员和后备力量建设有了很大加强；国防法制体系进一步健全；为社会主义两个文明建设作出了应有的贡献。

迟浩田在谈到我国国防建设面临的新形势时指出，当前我国的安全环境是新中国成立以来非常好的时期，有利于我们集中精力进行社会主义现代化建设，也给我们的国防和军队建设带来难得的发展机遇。但是应该看到，天下并不太平，霸权主义和强权政治依然存在，世界军事技术革命的发展对我国国防和军队建设提出了严峻挑战，我们要有洞察世界的战略眼光，始终保持清醒的头脑，团结一致，艰苦奋斗，加快国防现代化建设步伐。

迟浩田强调指出，把国防实力提高到一个新水平，关键是实行军队建设的"两个转变"。一是在军事斗争准备上，由准备打赢一般条件下的局部战争向准备打赢现代技术特别是高技术条件下的局部战争转变；二是在军队建设上，逐步由数量规模型向质量效能型、由人力密集型向科技密集型转变。这就要求我们，必须坚持科技强军的思想，国家靠科教兴国，军队靠科技强军，这是一个应当密切予以关注的大战略，一定要采取坚决果断的措施，提高军队建设的科技含量。必须坚持以改革求发展的思想，坚持服从服务于国家经济建设大局的思想，积极推进国防和军队现代化建设。

迟浩田阐述了当前和今后一个时期国防和军队建设上要着重把握的几个问题。他强调指出，要高举邓小平建设有中国特色社会主义理论的伟大旗帜，始终保持国防和军队建设的正确方向。我们要按照江主席的指示，坚持把思想政治建设摆在首位，保证军队建设始终沿着正确的方向前进。要坚决维护以江泽民同志为核心的党中央、中央军委的权威，自觉贯彻执行党的基本理论和基本路线，确保军队的高度稳定和集中统一，确保政令、军令畅通，确保枪杆子永远掌握在忠于党、忠于祖国、忠于人民、忠于社会主义的人手中。要引导官兵顾全大局，严守纪律，讲学习、讲政治、讲正气，永葆人民军队的政治本色。要坚持把人民解放军办成培养人、锻炼人的大学校、大熔炉，在社会主义精神文明建设中走在全社会的前列。

迟浩田说，要加紧国防科研和武器装备建设，尽快提高武器装备的现代化水平；要加强部队训练和院校教育，培养和造就现代军事人才；要按照"精兵、合成、高效"的原则，搞好军队体制编制调整改革；要面向世界，着眼未来，繁荣发展军事科学理论；要坚持"军民结合、平战结合、寓兵于民"的方针，完善具有中国特色的国防动员体系；要加强国防法制建设，使国防建设走上法制化轨道。

报告会由中宣部、中直机关工委、中央国家机关工委、总政治部、北京市委联合举办，中央军委委员、总政治部主任于永波主持，在京党政军机关司局级以上干部 1200 多人参加报告会。

中共中央政治局委员李铁映在同参加全国艺术表演团体工作会议的文化厅(局)长和中直及地方艺术表演团体负责人座谈时发表讲话

李铁映强调，文化事业面临着进一步深化改革促进发展的重要契机，广大文艺工作者要振奋精神，统一思想，自觉投入到深化改革和繁荣文艺的实践中去，促进艺术事业的不断发展。

李铁映指出，国办艺术表演团体是我国社会主义文艺事业的主力军。全国现有 1901 个全民所有制剧院团和 764 个集体所有制剧团，共有演职人员 14 万余人。这支队伍每年为国内外 4 亿多名观众提供 40 余万场舞台演出，举办数百个大中型文艺庆典活动，参与拍摄数千部(集)的影、视文艺片。他们是弘扬中华民族文化、建设有中国特色社会主义精神文明不可缺少的重要力量。近几年来，全国艺术表演团体体制改革的力度进一步加大，改革的步伐明显加快，取得显著成效，积累了宝贵经验。

李铁映强调，艺术表演团体改革的本质是社会主义方向下的制度创新，必须坚持社会主义方向，适应社会主义市场经济体制的要求，遵循文化艺术自身的发展规律，最终建立起有中国特色社会主义国办艺术院团为主体的，多层次、多形式的表演艺术事业新体系。

谈到深化改革需要解决的问题时，李铁映说，深化内部机制改革是改革深入发展的关键，用人制度和分配制度是其中的重点和难点；艺术表演团体体制改革一定要紧紧围绕艺术生产这个中心，"出人出戏多演出"是改革取得成效的重要标志；国办院团还必须树立市场意识，研究市场规律，参与市场竞争，因为繁荣演出市场是深化改革的重要任务；法制建设是深化改革的有力保障；由经费来源、设施建设、社会保障组成的艺术表演团体的外部环境是深化改革的必要条件，转变观念是深化改革的内在要求，要通过细致的思想工作来提高人们对改革的认同。

李铁映指出，各级党委和政府要担负起艺术表演团体改革的领导责任，认真落实有关文化经济政策，想方设法增加对文化的投入，使党的六中全会决议精神真正落到实处。同时，要做好文化系统各级领导干部和广大文艺工作者的培训工作，以提高整个文化队伍的素质和文化工作的管理水平，全面开创艺术表演团体工作的新局面。

7月30日

国务院总理李鹏会见全国统一企业职工基本养老保险制度工作会议代表

李鹏指出，当前我国正处在由计划经济向社会主义市场经济转轨的重要时期，因此，建立健全社会保障体系意义重大。各地要认真贯彻《国务院关于建立统一的企业职工基本养老保险制度的决定》及其部署，逐步建立起适应社会主义市场经济和中国国情的社会保障制度。

李鹏说，我国要建立多层次的社会保障体系，由政府强制实行的基本养老保险是最重要、最基本的部分。最近，国务院又发出文件，决定统一企业职工的基本养老保险制度。贯彻好这个文件，对于促进企业改革、维护社会稳定、建立社会主义市场经济体制具有十分重要的意义。

李鹏指出，当前我国处在转轨时期，在这个阶段会出现一些问题，其中之一就是有的企业生产经营状况不好，有的企业发不出工资，也发不出养老金，有的企业甚至会倒闭，造成了社会不稳定的因素。面对这些问题我们应当有一个正确的认识，要看到这是转轨过程中的暂时现象。我们要面对困难，克服困难，迎接挑战。除了搞好企业外，就是要建立一个比较完善的社会保障体系。经过这几年的试点，我们对建立养老保险制度的认识基本统一，这就是我们的养老保险要实行社会统筹与个人账户相结合，基本的养老保险标准不可能定得很高。各地区要按照国务院的部署和要求，尽快统一企业职工基本养老保险制，逐步提高统筹层次，原则上实现省级统筹。为了贯彻按劳分配原则，还可以建立企业补充保险，个人也可以投保，而且还要发展商业保险，形成多层次的保险制度。我们相信，这个制度的建立，能使我们企业职工的晚年生活有保障。

李鹏说，由于诸多原因，当前有些企业生产状况不好，职工的生活遇到了一定的困难。党中央、国务院对此十分重视，想了很多办法。很重要的一点，就是要求各地建立最低生活保障制度，这个措施是非常必要的。各级政府要拿出一部分钱，办好这件事，保障城镇居民基本生活的需要，确保社会稳定。然后，通过企业重组，通过培训，使下岗职工可以重新就业。各地要逐步扩大最低生活保障制度的实施范围，不断完善这个制度。

李鹏强调说，现在有的地方建立起了职工最低生活保障制度，要保证把这笔钱如数发到职工的手里，决不能克扣。有的地方党政领导与困难企业和职工建立了联系制度，帮助职工克服困难，产生了很好的社会效果。我们是社会主义国家，当前又处在转轨时期，我们要发扬党的优良传统和团结互助的精神，这样就能克服当前所面临的困难。

国办在北京召开全国小城镇及农村户改工作电话会议

国务委员罗干在会上强调，各地要从全局和战略的高度，充分认识改革、完善小城镇和农村户籍管理制度的重要意义，积极稳妥地做好这项工作。

罗干在讲话中强调，改革、完善小城镇和农村户籍管理制度，涉及面广，政策性强，各级人民政府必须高度重视，切实加强领导，严格按照国务院文件精神，结合本地实际，精心组织实施。省级人民政府分管领导要亲自过问此事，并指定一名副秘书长具体负责。公安、计划、建设等有关部门要在各自的职责范围内各尽其责，互相配合，及时调整有关政策和规定，共同努力，确保改革和完善户籍管理制度工作顺利进行。

公安部部长陶驷驹在会上提出，为配合户改工作的进行，各地公安机关要按照“一乡(镇)一所”的原则，在今后几年把乡镇公安派出所逐步建立起来，同时配足相应警力。在户改中，各地公安机关还要进一步转变工作作风，改善服务态度，提高办事效率和服务质量，认真落实便民利民措施，简化落户审批手续。

《人民日报》发表社论《齐心协力推进养老保险改革》

在认真总结各地养老保险制度改革试点的基础上，近日国务院作出了统一企业职工基本养老保险制度的重大决策。这是我国社会保障制度改革的一个重要里程碑。

企业职工养老保险制度直接影响群众切身利益，涉及国家、企业、职工三者利益关系调整。对这一关系改革、发展、稳定的重大经济社会问题，党和国家历来十分重视，随着改革的进程，曾多次进行过政策调整。1994年年底，国务院召开了企业职工养老保险试点工作会议，会后下发了《国务院关于深化企业职工养老保险制度改革的通知》，明确在基本养老保险制度方面实行社会统筹和个人账户相结合的原则，并推荐了两种实施方案，供各地在试点中参考。两年多来，各地和有关部门认真贯彻国务院会议和文件的精神，分别制定了具体实施方案，初步形成了企业缴纳养老保险费的激励机制，提高了养老保险的管理水平，增强了职工的自我保障意识，推动了这项改革。目前，基本养老保险制度已覆盖城镇企业8758万名职工和2358万名离退休人员；1996年，全国基本养老保险基金收缴1170多亿元，支出1030多亿元，历年结余已达570多亿元。

通过两年多的试点，养老保险制度改革取得了成绩，同时也暴露出新的问题。主要是各地及一些行业实施社会统筹与个人账户相结合的具体办法不统一，造成地区与地区之间、地区与部门之间职工个人账户比例不同，职工跨地区、部门调动困难，不利于劳动力的合理流动，不利于建立统一的劳动力市场。为此，国务院在去年年初责成有关部委对统一基本养老保险制度问题进行了调研和协调。在此过程中，各地、各有关部门统一了认识、统一了思想，统一制度已是水到渠成。这再次说明，从计划经济向社会主义市场经济转轨的过程中，许多重大而复杂问题的解决，只要通过改革试点和实践检验，就能逐步统一思想。

这次颁布的《国务院关于建立统一的企业职工基本养老保险制度的决定》明确指出，到本世纪末，要基本建立起适应社会主义市场经济体制要求，适用于城镇各类企业职工和个体劳动者，资金来源多渠道、保障方式多层次、社会统筹与个人账户相结合、权利与义务相对应、管理与服务社会化的养老保险体系。它勾画出社会主义市场经济体制下具有中国特色的企业职工养老保险制度的基本轮廓，描绘了"九五"时期和下个世纪初我国养老保险制度发展的蓝图。

《决定》立足我国国情，借鉴国际经验，坚持了"社会统筹与个人账户相结合"和效率优先、兼顾公平的原则，体现了国家、企业、职工共同承担养老责任，是一项影响深远的制度创新。它统一了职工个人养老保险账户的规模，统一了基本养老保险的计发办法，规范了企业和职工的缴费比率，从而进一步均衡了企业之间的养老保险负担，保障了职工老有所养的基本权益，并对老年化高峰来临时的沉重养老负担作了预先防范，体现了广大群众的根本利益和共同心愿。它实现了我国养老保险由企业福利向社会保险的根本性变革，为我国经济和社会的持续、快速、健康发展建立起一道安全网。

统一企业基本养老保险制度，必须做好新老制度的衔接工作，实行"老人老办法"、"新人新制度"，对于新制度实施前参加工作的在职职工，要设计合理稳妥的过渡办法，通过二三十年的努力，逐步达到统一制度所确定的基本养老保险目标水平。要建立和完善养老保险基金的各项管理制度，基本养老保险基金实行收支两条线，全部用于养老保险，严禁挤占挪用和浪费。基本养老保险制度要逐步从现在的市、县级统筹提高到省级统筹，并逐步扩大到城镇所有企业及职工，以便在更大的范围内调剂基金，发挥社会共济、分散风险的保障作用。考虑到我国当前的生产力发展水平，政府承诺的基本保险只能保障退休人员的基本生活，为体现按劳分配原则和地区发展水平与企业经济效益的差异，要在国家政策的指导下，发展企业补充养老保险，同时发挥商业保险的积极作用。

社会保障制度改革，是整个经济体制改革的重要组成部分。统一企业职工基本养老保险制度，有利于职工的合理流动，完善劳动力市场；有利于深化企业改革，建立现代企业制度；有利于国家宏观调控，保持社会稳定和国民经济持续发展；有利于加快经济体制改革的步伐，实现两个根本性转变。对这项涉及亿万名职工切身利益、影响极其深远的制度规范工作，各级党委和政府要切实加强领导。各有关部门要通力合作，尽快制定相应配套文件。要切实做好舆论宣传、干部培训和组织实施工作，充分利用已有的群众基础、管理组织、信息数据和试点经验，高起点地开展统一制度工作，尽早实现统一企业职工基本养老保险制度的目标。

7 月 31 日

中共中央 国务院 中央军委在人民大会堂举行庆祝中国人民解放军建军 70 周年大会

中共中央总书记、国家主席、中央军委主席江泽民在会上发表重要讲话。李鹏、乔石、李瑞环、朱镕基、刘华清、胡锦涛、荣毅仁等党和国家领导人出席庆祝大会。

中共中央政治局常委、中央军委副主席刘华清主持大会。

军队老干部代表、原某部一级战斗英雄魏来国，部队官兵代表、空军特级飞行员邹延龄，地方"双拥"代表、上海市副市长冯国勤在会上发了言。

出席庆祝大会的还有：丁关根、田纪云、李岚清、李铁映、杨白冰、吴邦国、邹家华、姜春云、钱其琛、尉健行、温家宝、杨尚昆、张震、张万年、迟浩田、任建新、雷洁琼、李锡铭、王光英、卢嘉锡、铁木尔·达瓦买提、宋健、李贵鲜、陈俊生、彭珮云、罗干、张思卿、杨汝岱、王兆国、赛福鼎·艾则孜、洪学智、钱伟长、孙孚凌、朱光亚、万国权、何鲁丽；伍修权、李德生、张劲夫、段君毅、黄火青、廖汉生、马文瑞、王恩茂、吕正操、郑天翔、张廷发、韩光；

中央军委委员傅全有、于永波、王克、王瑞林。

一些国家驻华大使馆武官应邀参加了庆祝大会。中央国家机关有关部门和北京市的主要负责同志，解放军三总部、驻京各大单位和武警部队负责同志，在京的军队和地方老同志，以及首都军民共 6000 多人出席了庆祝大会。

中央军委主席江泽民在庆祝中国人民解放军建军 70 周年大会上发表讲话

同志们、朋友们：

在举国上下刚刚欢庆香港回归祖国之后，我们又满怀喜悦地迎来了中国人民解放军建军70周年。

我代表中共中央、国务院、中央军委，向守卫在祖国各地和奋斗在国家建设各条战线的解放军指战员、武警官兵、预备役军人和广大民兵，致以节日的祝贺！向转业退伍军人、革命伤残军人和烈军属，致以亲切的问候！向辛勤工作在国防科技工业战线的科学家、工程技术人员和广大干部职工，表示衷心的感谢！向在革命战争中出生入死、建立功勋和为国防建设作出重要贡献的广大离退休同志，表示崇高的敬意！

此时此刻，我们深切怀念敬爱的毛泽东同志和邓小平同志，深切怀念周恩来、刘少奇、朱德同志和彭德怀、刘伯承、贺龙、陈毅、罗荣桓、徐向前、聂荣臻、叶剑英同志等老一辈无产阶级革命家和军事家，深切怀念为中国人民的解放事业和社会主义建设事业英勇献身的人民军队的革命烈士们！

70年前，中国共产党发动和领导南昌起义，打响了武装反抗国民党反动派的第一枪，这个伟大事件标志着我们党开始创建自己的革命军队，肩负起独立领导武装斗争的历史使命。随后，我们党又发动和领导了秋收起义、广州起义等一系列武装起义。一支中国历史上从未有过的新型人民军队，在战火中逐步成长壮大起来。

我军从诞生之日起，就英勇奋战在争取民族独立和人民解放的革命斗争的最前列。由于中国政治经济发展不平衡和农民占人口的绝大多数，由于敌我力量对比悬殊以及反革命武装集中控制大中城市，党领导的武装斗争，只能走农村包围城市这样一条持久的艰苦的、也是唯一正确的道路。其时间之长，规模之大，战斗之激烈，在世界革命史上是罕见的。经过十年土地革命战争、八年抗日战争和三年解放战争，我军在人民群众真心实意的支持下，以无与伦比的英雄气概、超乎寻常的革命毅力和灵活机动的战略战术，克服了各种难以想象的艰难困苦，战胜了异常强大和残暴的敌人，最终取得了夺取全国政权的胜利。

新中国成立后，我军继承和发扬战争年代的革命精神，胜利地进行了抗美援朝战争和多次边境自卫防御作战，捍卫了国家的独立、主权和尊严，促进了亚洲及世界和平事业。我军广大官兵警惕地保卫着祖国的边疆，用青春和热血筑起坚不可摧的钢铁长城。许多部队常年驻守在自然环境恶劣、甚至属于生命禁区的地方，默默地作出奉献和牺牲。我军在平息武装叛乱和制止社会动乱的斗争中，发挥了重大作用，为维护祖国统一和社会稳定建立了功勋。

我军积极支援和参加国家的经济建设。很多部队担负着关系国计民生的重点工程建设，有些部队成建制地转业到地方，成为发展经济的重要力量。在重大灾害发生时，我军官兵总是奋勇当先，赴汤蹈火，全力抢救国家和人民的财产，维护群众的生命安全。改革开放以来，各部队千方百计地帮助驻地群众发展生产、脱贫致富，努力培养和输送军地两用人才，尽量腾出一些港口、机场、铁路专线、仓库等军事设施给地方或军地联合使用，同时把国防科技工业转向平战结合、军民兼容的轨道。所有这些都有力地促进了国民经济的发展。

我军在长期的斗争实践中形成了自己的优良传统和作风，它集中体现为革命加拼命精神，严守纪律和自我牺牲精神，大公无私和先人后己精神，压倒一切敌人、压倒一切困难的精神，坚持革命乐观主义、排除万难去争取胜利的精神。这些革命精神，是我军宝贵的精神财富和不可战胜的力量源泉，不仅保证了人民军队的性质、政治本色和战斗力，而且对于提高全民族的思想道德素质，推动社会主义精神文明建设，发挥了重要作用。

我军是一所革命的大学校。70年来，这所大学校为中国革命和建设事业培养了一批又一批文武双全、德才兼备的干部。他们不仅懂军事，能治军，会打仗，而且懂政治，会做党的工作、群众工作和社会工作。在战争年代，他们是党宣传群众、组织群众、武装群众，帮助群众建立革命政权的骨干力量。在和平时期，他们又成为党政机关以及各条战线干部的重要来源。这是人民解放军的一个特殊贡献。

70年的光辉历史证明，人民解放军是一支忠于党和人民事业的军队，是一支敢于战胜一切困难和压倒一切敌人的军队，是一支有理想、有道德、有文化、有纪律的军队。

人民解放军所以成为一支伟大的军队，是由于始终坚持党对军队绝对领导的根本原则。我军是执行党的政治任务的武装集团，从诞生之日起，就坚定地站在党的旗帜下，一切听从党指挥。在70年的战斗历程中，党对军队绝对领导的观念在全军官兵中深深扎根，并形成了一整套保证党的绝对领导的制度。全军各级党委发挥着核心领导作用，基层党支部发挥着战斗堡垒作用，广大共产党员发挥着先锋模范作用，从而使我军成为经得起任何考验的战斗集体。

人民解放军所以成为一支伟大的军队，是由于始终坚持全心全意为人民服务的宗旨。我军官兵来自人民，是为着中国最大多数人的利益而结合、而战斗的。他们是人民的子弟兵，把人民的利益放在高于一切、重于一切的位置。他们和人民群众打成一片，赢得了人民群众的衷心爱戴和全力支持。

人民解放军所以成为一支伟大的军队，是由于始终坚持革命的政治工作。我军把政治工作视为自己的生命线,把思想政治建设摆在全军各项建设的首位,通过强有力的思想工作和组织工作,把马克思主义理论和党的路线、方针、政策,贯注到广大官兵中去,落实到部队各项任务中去,保证广大官兵具有崇高的理想、坚定的信念、高尚的情操和严明的纪律,充分发挥他们的积极性与创造性。

人民解放军所以成为一支伟大的军队,是由于始终不断地提高部队的军事素质和战斗力。战争年代,我军从战争中学习战争,掌握了克敌制胜的本领。进入和平时期,我军适应新形势新任务的需要,大力加强现代化建设,建立新的军种和兵种,发展先进的武器装备,从难从严从实战需要出发进行军事训练,不断增强部队在现代条件下的防卫作战能力。

人民解放军所以成为一支伟大的军队,是由于始终维护内部的团结统一。全军在党中央和中央军委的领导下,以党的科学理论和正确路线为思想政治基础,实现高度的团结统一。各个部队之间大力协同,密切配合。官兵之间、上下之间,互相爱护,互相帮助。正是这种团结统一,成为我军战斗力的重要源泉。

人民解放军 70 年的光辉历史,是同毛泽东同志和邓小平同志的伟大名字分不开的。

毛泽东同志是我军的主要缔造者。他在领导中国革命斗争的过程中,提出了建设新型人民军队的一整套方针和原则。他开辟了以农村包围城市,最后夺取全国政权的武装斗争道路。他阐明了以人民军队为骨干,依靠人民、武装人民进行人民战争的思想。他制定了在敌强我弱的情况下,革命军队以劣势装备战胜优势装备之敌的一系列战略战术。新中国成立以后,他又及时提出加强国防建设,实现国防现代化的指导方针。毛泽东同志善于从马克思主义认识论的高度总结和概括中国革命战争的丰富经验,形成了光辉的军事辩证法思想。毛泽东军事思想,是毛泽东思想的重要组成部分,是我们党对马克思主义军事理论的创造性发展。

邓小平同志对我军的创建和发展特别是新时期的军队建设,作出了卓越的贡献。在战争年代,他率领部队南征北战,功勋卓著。在开创建设有中国特色社会主义道路的历史进程中,他领导我军进入了新的发展阶段。他深刻分析世界形势的特点和军事发展的趋势,从我国改革开放和现代化建设的大局出发,在关于战争与和平,关于军队建设与经济建设的关系,关于军事战略方针,关于军队建设总目标,关于军队质量建设,关于国防科技工业发展和国防后备力量建设,以及在新形势下如何发扬优良传统保持人民军队性质等重大问题上,作出了一系列科学论断,提出了许多重要思想。邓小平新时期军队建设思想,是毛泽东军事思想的继承和发展,是建设有中国特色社会主义理论的重要组成部分,是我军现代化建设长期的指导方针。

21 世纪即将来临,我国正处在全面推进改革开放和现代化建设的重要历史时期。要实现我们的宏图大业,要维护我们国家的统一和安全,要促进世界的和平与稳定,我们必须有一支强大的军队,有一个巩固的国防。全军同志一定要高举邓小平建设有中国特色社会主义理论伟大旗帜不动摇,进一步认清国际国内形势,居安思危,增强责任感和使命感,全面加强军队建设,按照“政治合格、军事过硬、作风优良、纪律严明、保障有力”的总要求,努力开创我军革命化、现代化、正规化建设的新局面。

当前世界格局正在走向多极化,形势复杂多变;世界科学技术迅猛发展,在军事领域引起革命性变革;我国正在加快建立社会主义市场经济体制,对外开放进一步扩大。这些对我军建设都会产生广泛而深刻的影响。这就要求全军同志认真学习和努力掌握马列主义、毛泽东思想和邓小平建设有中国特色社会主义理论,深入研究和认识我军在新时期所处的社会历史条件,深入研究和认识我军建设中的新情况新问题。我们要积极探索新形势下治军的特点和规律,军事斗争准备的特点和规律,国防建设的特点和规律,着力解决新形势下部队政治工作、军事工作、后勤保障工作和国防科技工业面临的突出矛盾和问题,不断总结新经验,有所创造,开拓前进,进一步丰富、发展毛泽东军事思想和邓小平新时期军队建设思想。

军队现代化建设和国家经济建设的关系,是我们在社会主义现代化建设过程中必须始终正确认识和处理的一个重大课题。我们必须坚持以经济建设为中心,集中力量发展社会生产力。军队现代化建设要以国家经济建设为依托,服从和服务于经济建设的大局。经济发展了,才能为军队现代化提供雄厚的物质技术基础。而发展经济离不开坚强有力的安全保障,国防现代化是整个国家现代化建设的重要组成部分,经济建设和国防建设要协调发展。国家要随着经济的增长,逐步增加国防经费的投入,使军队的武器装备和生活条件逐步得到改善。军队要发扬艰苦奋斗的优良传统,坚持勤俭建军的方针,努力提高军事经济效益,在克服困难中有所作为。

加强质量建设,走有中国特色的精兵之路,是实现我军现代化的正确选择。随着高新技术广泛运用于军事领域,争取质量优势已成为世界上许多国家军队建设的一个共同趋势。减少数量,提高质量,是我军现代化建设的一条基本方针。在这个问题上,认识要更加明确,行动要更加坚决。必须把加强质量建设全面具体地贯彻到部队各项工作中去。全军官兵要以极大的热情和高度的自觉性，学习革命理论，学习高科技知识，学习现代战争知识。武器装备建设要进一步加强，不断提高现代化水平。要按照新时期军事战略方针的要求，改革和完善我军的体制编制，改进部队的训练和院校教育的内容与方法。全军部队任何时候都要坚持从严治军，认真贯彻落实条令条例，切实加强管理，加强作风建设，加强组织纪律性。总之，要使部队的思想政治素质、军事技术素质、科学文化素质得到全面提高。

军队建设和国防建设，是全党和全国各族人民的共同事业。依靠人民建设军队、建设国防，是我们的优良传统。要深入持久地开展国防教育，增强全民国防观念，完善国防动员体制，加强国防后备力量建设。各级党委、政府和人民群众，要关心和支持军队建设，帮助军队完成各项任务，妥善安置军队转业干部、退伍军人和离退休干部，做好优抚工作。军队要发扬拥政爱民的优良传统，一如既往地积极参加社会主义物质文明和精神文明建设。只要我们军政军民团结一致，同呼吸，共命运，心连心，我们就会无往而不胜。

同志们，朋友们！我们党不久就要召开第十五次全国代表大会，对我国改革、发展和稳定等重大问题将作出全面战略部署。我们的前途是美好的，我们的任务是光荣而又艰巨的。让我们紧密地团结起来，在邓小平建设有中国特色社会主义理论和党的基本路线指引下，为把我军建设成为一支强大的现代化、正规化革命军队，为把我国建设成为富强、民主、文明的社会主义现代化国家而努力奋斗！

国防部在人民大会堂举行庆祝建军 70 周年招待会

江泽民、李鹏、乔石、李瑞环、朱镕基、刘华清、胡锦涛、荣毅仁等党和国家领导人出席招待会。

中央军委副主席、国务委员兼国防部部长迟浩田上将主持招待会并致祝酒词。他首先代表党中央、国务院、中央军委向中国人民解放军、人民武装警察部队全体指战员，预备役官兵、广大民兵和国防科技战线的同志们，致以热烈的节日祝贺。向为我军发展壮大立下丰功伟绩的老一辈无产阶级革命家和所有为军队建设作出卓越贡献的军队离退休老同志、英雄模范，致以崇高的敬意。向始终关心和大力支持军队建设的各级党政机关、社会团体和全国各族人民，表示衷心的感谢。向广大复员退伍转业军人、伤残军人、烈属、军属，致以亲切的问候。向出席招待会的各国使节、武官和夫人以及各位来宾表示热烈的欢迎。

在讲到今后任务时，迟浩田强调，我们一定要在以江泽民同志为核心的党中央领导下，坚持马列主义、毛泽东思想，高举邓小平建设有中国特色社会主义理论的伟大旗帜，把国防和军队建设全面推向 21 世纪。一定要坚持党对军队的绝对领导，在思想上、政治上、行动上同以江泽民同志为核心的党中央保持高度一致，一切行动听从党中央、中央军委的指挥。要永远忠于党、忠于祖国、忠于人民、忠于社会主义，全心全意为人民服务，确保人民军队的性质永远不变。

迟浩田说，一定要按照邓小平新时期军队建设思想和江泽民主席关于军队建设的一系列重要论述，奉行防御性的国防政策，贯彻积极防御的军事战略方针，走有中国特色的精兵之路，依法从严治军，注重质量建军和科技强军，不断提高现代条件特别是高技术条件下的防卫作战能力，全面提高部队战斗力，更好地担负起保卫国家主权和领土完整，维护祖国统一和安全的神圣使命。

迟浩田说，全军一定要抓好部队训练和院校教育，培养造就大批高素质的军事人才，发展军事科学理论，发展高新技术，改善武器装备，改革编制体制，加强后勤建设。要大力发扬我军的优良传统，广泛开展爱国主义教育和国防教育，完善国防动员体系，做好民兵、预备役工作。要积极参加社会主义物质文明和精神文明建设，巩固军政、军民团结。要切实加强人民武装警察部队建设。

迟浩田指出，人民解放军进驻香港，是我国政府对香港恢复行使主权的重要标志，一定要严格依照香港特别行政区基本法和驻军法，忠实履行防务职责，为维护祖国的主权和领土完整，保持香港长期繁荣稳定作出积极的贡献。

在谈到台湾问题时，迟浩田强调，要坚持按"和平统一、一国两制"的基本方针处理台湾问题。我们绝不承诺放弃使用武力，是为对付台独势力分裂祖国和外来势力干涉的。我们将同包括台湾同胞在内的全国人民一道，共同战胜前进道路上的一切困难，最终实现祖国的完全统一。

迟浩田指出，中国人民和中国人民解放军热爱和平，永远是维护世界和平的坚定力量。我们一贯奉行独立自主的和平外交政策，愿在和平共处五项原则的基础上，同世界各国人民和军队发展友好关系。我们将一如既往地同世界上一切爱好和平的国家和人民一道，为世界的和平、稳定、发展与进步而努力奋斗。

国办发出《关于印发〈国家扶贫资金管理办法〉的通知》

根据《中共中央、国务院关于尽快解决农村贫困人口温饱问题的决定》（中发〔1996〕12 号）和《国务院关于印发国家"八七"扶贫攻坚计划的通知》（国发〔1994〕

30 号)精神,为了切实加强对国家扶贫资金的管理,国务院扶贫开发领导小组拟订了《国家扶贫资金管理办法》,经国务院批准,现予印发,自 1997 年 8 月 1 日起施行。

国家扶贫资金管理办法(文略)

国务院总理李鹏在人民大会堂会见尼日利亚临时执政委员会成员国防参谋长阿卜杜勒-萨拉姆·阿布巴卡尔少将

中国人民银行货币政策委员会在北京召开第一次会议

货币政策委员会主席戴相龙主持会议,货币政策委员会全体委员出席了会议。会议讨论通过了货币政策委员会议事制度,决定货币政策委员会将在每季度的第一个月召开例会,讨论有关货币政策的制定、调整,一定时期内货币政策控制目标,货币政策工具的运用,货币政策与其他宏观经济政策协调等问题,并提出有关政策建议。

货币政策委员会委员尚福林向全体委员介绍了当前金融形势。会议一致认为,当前经济保持适度快速增长,物价涨幅持续回落,金融形势保持平稳发展,企业通过银行贷款、结汇和股票市场融通了大量资金,货币供应总量适度增加。因此,当前应继续认真执行适度从紧的货币政策。同时,委员们对如何正确运用各种货币政策工具,加强金融监管,改进金融服务,促进经济结构调整等问题提出了许多好的建议。

这是我国货币政策委员会第一届委员会的首次会议。

国办发出《关于对在我国境内举办对外经济技术展览会加强管理的通知》

国务院总理李鹏签署 226 号令发布《社会力量办学条例》

现发布《社会力量办学条例》自 1997 年 10 月 1 日起施行。

总理 李 鹏

1997 年 7 月 31 日

社会力量办学条例(文略)

8月1日

中共中央在中南海怀仁堂召开党外人士座谈会征求他们对中共十五大报告征求意见稿的意见

中共中央邀请各民主党派中央、全国工商联负责人和无党派代表人士出席。

中共中央总书记江泽民主持会议并发表了重要讲话。李瑞环、胡锦涛、温家宝和王兆国等同志出席了会议。

会议开始时，江泽民总书记首先介绍了中共十五大报告征求意见稿的形成过程，并就报告的主要内容作了说明。他欢迎党外人士畅所欲言，对《报告》征求意见稿提出修改意见。

民进中央主席雷洁琼，农工党中央主席卢嘉锡，无党派代表人士程思远，民革中央主席何鲁丽，民盟中央主席丁石孙，民建中央主席成思危，台盟中央主席蔡子民，全国工商联主席经叔平，致公党中央常务副主席杨纪珂，九三学社中央常务副主席徐采栋先后在会上发言。他们一致认为，《报告》是以江泽民同志为核心的中共中央高举邓小平建设有中国特色社会主义理论伟大旗帜，带领全国人民奔向21世纪的纲领性文件；是中共第三代领导集体的郑重宣言；是中共中央的伟大战略部署；是统一全国人民思想和行动的强大思想武器。《报告》高屋建瓴、总揽全局、主题突出、观点鲜明、分析透彻，进一步指明了前进的方向，反映了全国人民的共同心愿，表示完全赞同，衷心拥护。

党外人士在会上还就进一步提高对邓小平建设有中国特色社会主义理论历史地位和指导意义的认识，加强党风和廉政建设，加大反腐败斗争的力度，加强爱国主义教育，重视科技、教育、扶贫和环保工作等提出了建议和修改意见。

江泽民总书记在听取大家的发言后讲了话。他感谢大家提出许多中肯的意见。江泽民说，大家的发言从国家和人民利益的大局出发，既着眼于实现我国现代化这个宏伟目标，又紧密联系当前经济和社会发展中一些难点和热点问题，敞开思想，献计献策，对进一步修改好十五大报告有很大帮助。他表示，对大家的意见，要逐条研究，认真吸取。

江泽民指出，中国共产党领导的多党合作和政治协商制度，是我国的一项基本政治制度，是我国政治制度的一大特色，是我国社会主义民主政治的重要形式。在长期的革命和建设进程中，我们形成了一个重要的政治共识，这就是邓小平同志深刻表述的：没有民主，就没有社会主义，没有社会主义现代化。多年来的实践证明，在制定关系国家和社会发展的大政方针的过程中，广泛听取各民主党派和无党派人士的意见，进行充分的政治协商，积极发挥民主监督的作用，对实现决策的科学化、民主化，具有十分重要的意义。他表示今后要继续坚持这样做，并且努力做得更好、更有实效，发挥我国这一政治上的优势。

江泽民说，当前，我国改革和建设进入了一个新的关键时期，要求我们进一步把各个方面的力量团结起来，凝聚起来，为实现共同的目标而努力。这就需要进一步巩固和发展新时期的爱国统一战线，巩固和发展全体社会主义的劳动者、一切拥护社会主义的爱国者和一切拥护祖国统一的爱国者的最广泛联盟。民主党派和无党派人士是新时期爱国统一战线的重要力量。中国共产党将坚定不移地贯彻“长期共存、互相监督、肝胆相照、荣辱与共”的方针，支持民主党派和无党派人士参政议政，尊重和发挥他们在参与政治协商、民主监督和管理国家事务、社会事务中的积极作用，进一步发展我们党同民主党派和无党派人士平等相待、团结共进这样一种亲密合作关系。民主党派和无党派人士，自觉接受中国共产党的领导，可以根据自己的特点和优势，积极开展工作，为推进有中国特色社会主义的伟大事业，为完成祖国统一大业，作出更大贡献。

江泽民指出，中共十五大将对我国改革开放和现代化建设跨越世纪的发展提出奋斗纲领，作出战略部署。它既是对中国共产党具有重大历史意义的大会，也是对我们国家、民族的发展具有重大历史意义的大会。全国人民期待着这次大会，世界各国也高度关注。开好这次大会，是中国共产党的庄严责任，也需要各民主党派和工商联以及无党派人士的大力支持，需要全体人民的大力支持。让我们共同努力，团结一致，齐心协力，做好各个方面的工作，迎接中共十五大的胜利召开。

《人民日报》发表社论《走有中国特色的精兵之路——庆祝中国人民解放军建军七十周年》

中国人民解放军走过了70年的光辉历程。在隆重庆祝建军节之际，我们谨向英雄的、功勋卓著的人民解放军和武警部队全体指战员，向民兵、预备役人员致以亲切的问候和节日的祝贺！

中国人民解放军是中国共产党领导的、执行革命的政治任务的武装集团，是人民民主专政的坚强柱石，是国家安全、社会稳定和祖国统一的重要保障。70年来，在以毛泽东同志、邓小平同志、江泽民同志为核心的三代中央领导集体的领导下，人民解放军始终以党的纲领为纲领，以党的路线为路线，以党的宗旨为宗旨，以党的任务为任务，为推翻三座大山，建立新中国，为保卫祖国的神圣领土，保卫社会主义现代化建设和改革开放事业，促进祖国和平统一，实现香港顺利回归，发挥了重要作用。人民解放军在各个历史时期建立的丰功伟绩与日月同辉，与山河同在。

中国人民解放军是“两个文明”建设的忠实保卫者，也是两个文明建设的积极参加者。在国防军工生产中，在攻克科技尖端中，在工厂矿山建设中，在屯垦戍边工作中，在支援贫困地区的任务中，特别是在历次抗震救灾、抗洪抢险等抗击自然灾害的斗争中，人民军队所展现的英雄气概和牺牲精神，都足以惊天地、泣鬼神，都将彪炳千秋。可以说，哪里有危难，哪里有艰险，哪里就有解放军，哪里就有胜利。在社会主义精神文明建设中，人民解放军作出了突出贡献，他们当中涌现的大批英雄模范人物，成为全国人民学习的光辉榜样。与此同时，军队自身的革命化、现代化、正规化建设也取得了巨大成就。在风云变幻的国际环境中，我们之所以能站稳脚跟，打开局面，坚持改革开放，开创了建设有中国特色社会主义的新局面，巍然屹立在世界东方，一个重要原因，就是我们拥有一支忠于党、忠于人民、忠于社会主义的强大武装力量。

中国人民解放军发展壮大的历史证明，坚持党指挥枪的原则，坚持全心全意为人民服务的宗旨，坚持实事求是的思想路线，坚持思想政治工作的光荣传统，是我军建设的基本经验，是我军的政治优势，也是我军同其他军队相区别的特点。在新的历史时期，我们一定要继承和发扬我军的光荣传统，走出一条有中国特色的精兵之路。

走有中国特色的精兵之路，就一定要高举邓小平建设有中国特色社会主义理论的伟大旗帜。邓小平同志关于新时期人民军队建设的理论和一整套方针原则，为军队和国防建设指明了方向和道路，是对毛泽东军事思想的继承和发展，是建设有中国特色社会主义理论的重要组成部分。我们一定要认真学习邓小平同志的建军思想，全面贯彻落实江泽民同志提出的“政治合格、军事过硬、作风优良、纪律严明、保障有力”的要求，全面提高部队的战斗力。

走有中国特色的精兵之路，就一定要坚持党指挥枪的原则。要不断教育全军指战员认识坚持党对军队绝对领导的重大意义，坚决反对西方敌对势力关于军队“非党化”、“非政治化”意识的渗透，保证枪杆子永远掌握在忠于党的人手里，保证人民军队在任何时候、任何情况下都同以江泽民同志为核心的党中央在政治上保持高度一致，服从党中央、中央军委的指挥。

走有中国特色的精兵之路，就必须加强军队的质量建设、现代化建设。我们一定要适应现代科学技术在军事领域广泛应用的发展趋势，努力提高部队的现代科学技术水平，特别是在高技术条件下的防卫作战能力，尽快实现我军由数量规模型向质量效能型的转变，由人力密集型向科技密集型的转变。

走有中国特色的精兵之路，就要进一步加强军政军民团结。没有一个人民的军队，就没有人民的一切。没有人民群众的拥护和支持，就没有人民军队的生存和发展。战争年代是这样，和平建设时期也是这样。我们一定要更加珍惜鱼水情深的军民关系，进一步发展这种军民关系，真正做到“同呼吸，共命运，心连心”。同时，要认真抓好国防教育，增强全民的国防意识。

走有中国特色的精兵之路，就必须正确处理经济建设和国防建设的关系。我们国家的安全，归根到底要靠增强我们的综合国力。国防建设和军队建设必须以经济建设为依托，同国家经济实力相适应。我们一定要始终坚持以经济建设为中心。军队一定要积极参加经济建设，军队建设一定要服从和服务于经济建设这个大局。

现在，和平与发展是世界的主流。我们国家政治稳定、经济发展、民族团结、社会进步。但国际上霸权主义和强权政治依然存在。我们要居安思危，进一步加强我军的革命化、现代化、正规化建设，加强我们的国防建设，为保卫祖国的主权和安全，为促进建设有中国特色社会主义的伟大事业，维护世界和平，作出更大的贡献！

国务院举行第61次常务会议

国务院总理李鹏主持常务会议，审议并原则通过了《中华人民共和国核出口管制条例(草案)》、《广播电视管理条例(草案)》和《营业性演出管理条例(草案)》。会议决定，对上述三个条例草案作进一步修改后，由国务院发布施行。

江西省和南昌市党政军民在南昌集会纪念中国人民解放军建军暨“八一”南昌起义70周年

《保税区海关监管办法》开始实施

90年代初，党中央、国务院批准建立我国第一个保税区——上海外高桥保税区。目前，全国已设立了15个保税区。

为支持和促进我国保税区的健康发展，完善和规范海关对保税区的管理，经国务院批准的《保税区海关监管办法》，于8月1日起正式实施。

《保税区海关监管办法》规定海关将实行更简便、更有效的监管方式，对进出口货物实行“备案制”与“报关制”相结合的通关制度，区内企业与海关实行电子计算机联网，对保税区内的进出境货物通过电子数据交换(EDI)方式进行有效监管，将有利于推动我国的保税区管理向国际惯例靠拢。

8月2日

重大革命历史题材影视创作座谈会在北京闭幕

中共中央政治局委员、书记处书记、中宣部部长丁关根到会看望了参加会议的全体人员。

丁关根向对重大革命历史题材影视创作作出贡献的文艺工作者表示亲切问候和诚挚的敬意。他充分肯定10年来重大革命历史题材影视创作取得的显著成绩,强调重大革命历史题材影视创作的重要意义。

据统计,重大革命历史题材影视创作领导小组已审查通过的重大革命历史题材电影剧本共有45部69集,已摄制完成或即将完成的有25部40集,正在摄制或筹拍的有3部5集。已审查通过的重大革命历史题材电视剧本共有123部1006集,其中已录制完成并播映的有89部570集。这些作品内容丰富、风格多样,大部分作品既有思想深度,又有艺术魅力。从1921年中国共产党成立,第一、第二次国内革命战争,八年抗战,三年解放战争,到新中国成立,抗美援朝,以及社会主义革命和社会主义建设时期的重大斗争和重大历史事件,都得到了不同程度、不同侧面的反映。电影《开国大典》、《周恩来》、《刘少奇的四十四天》、《大决战》、《大转折》,电视剧《中国出了个毛泽东》、《秋白之死》、《巨人的握手》、《宋庆龄和她的姊妹们》第一大批重大革命历史题材优秀影视作品的出现,不但赢得了广大观念的喜爱,也标志着重大革命历史题材影视创作正在走向成熟。这些影视片较为成功地塑造出李大钊、瞿秋白、毛泽东、周恩来、刘少奇、邓小平、刘伯承、宋庆龄等几十位领袖人物的银幕和荧屏形象,既表现了他们的丰功伟绩,又揭示了他们丰富的精神世界和情感世界。重大革命历史题材的影视创作,已成为有中国特色社会主义文艺的重要组成部分,并为文艺唱响主旋律作出了突出贡献。

与会代表学习了中央领导同志关于做好文艺工作的重要讲话和有关文件,回顾了10年来的创作成绩,总结并交流了成功的创作经验,广电部部长孙家正在会上作了题为《关于重大革命历史题材影视创作的几个问题》的讲话。广电部副部长、重大革命历史题材影视创作领导小组组长杨伟光作了《总结经验再创辉煌》的讲话。中共广西壮族自治区区委宣传部部长潘琦、中国文联副主席李准、八一电影制片厂厂长王晓棠以及编剧张笑天,导演李前宽、潘霞,演员谢伟才、唐国强等12位代表作了大会发言。

座谈会为期三天。

郑律成作品音乐会在北京音乐厅举行

郑律成是当代继聂耳、冼星海之后又一位优秀音乐家,是我国无产阶级革命音乐事业的开拓者之一。他1914年出生于朝鲜,1933年来到中国。在几十年的革命生涯中,他用感染力极强的音乐作品为中国人民的革命事业作出了不可磨灭的贡献。

音乐会演出了郑律成的成名作《中国人民解放军军歌》、《延安颂》,他在社会主义建设时期创作的《采伐歌》、《江上的歌声》,为部队创作的《炮艇大队出动了》、《强大的舰队在海上行进》,为孩子们创作的《我们多幸福》、《绿色的祖国》以及为毛主席诗词谱曲《十六字令》等22首作品。

'97上海国际少儿文化艺术节开幕

来自14个国家和地区的1500多名中外小朋友欢聚一堂,展示世界少年儿童艺术精华。

这届国际少年儿艺术节,节目品种有器乐、声乐、民间舞蹈、芭蕾、歌剧、话剧、马戏杂技等。

8月3日

国务院总理李鹏签署227号令公布《国务院行政机构设置和编制管理条例》

现发布《国务院行政机构设置和编制管理条例》,自发布之日起施行。

总理 李 鹏

1997年8月3日

国务院行政机构设置和编制管理条例(文略)

国务院批转国防科工委等部门《关于加强军工科研院所与企业结合进一步促进军转民工作若干的意见》

各省、自治区、直辖市人民政府,国务院各部委、各直属机构:

国务院同意国防科工委、国家计委、国家经贸委、国家科委、财政部、外经贸部《关于加强军工科研院所与企业结合,进一步促进军转民工作的若干意见》,现转发给你们,请认真贯彻执行。

关于加强军工科研院所与企业结合进一步促进军转民工作的若干意见(文略)

全国革命文物工作会议在南昌召开

国务院总理李鹏为会议发去贺信,国务委员李铁映发表了书面讲话。

李鹏在贺信中向大会的召开表示热烈的祝贺,并向勤奋工作在革命文物工作战线的同志们致以亲切的问候。

李铁映在书面讲话中指出，革命文物事业是在老一辈无产阶级革命家的关心支持下逐步发展起来的。在党和政府的关怀下，全国已建立革命博物馆、纪念馆300多座，各级革命文物保护单位近8000处，革命烈士陵园等纪念性设施7000余个，仅文博系统就收集革命文物40余万件。大批革命纪念地和革命纪念建筑，得到妥善保护，革命文物工作在社会主义精神文明建设中发挥了重要作用。

公安部消防局要求开展专项治理

公安部消防局昨天向各省、自治区、直辖市消防部门发出紧急通报，要求立即集中力量开展一次以石油化工企业和易燃易爆场所为重点的消防安全专项治理活动。

8月4日

全国妇联发出关于各界妇女积极参加“讲文明树新风”活动的通知

全国妇联近日发出通知，要求全国各级妇女组织、各族各界妇女姐妹，坚决响应中央精神文明建设指导委员会的号召，积极参加“讲文明、树新风”活动。

通知提出，7月15日，中央精神文明建设指导委员会召开电话会议，对在全国开展“讲文明、树新风”活动作出全面部署。根据中央文明委的要求和妇联组织自身的特点、优势，以及各级妇联近年来参与精神文明建设的经验，全国妇联决定，将参与“讲文明、树新风”活动的侧重点放在服务窗口、居住社区和家庭，并将其作为“巾帼文明行动”的重点。

1. 在窗口行业创建“巾帼文明示范岗”，促进窗口行业服务质量的提高。商业、饮食服务、医疗卫生、邮电、金融、旅游、铁路、公交、航空、城建等系统是女性就业比较集中的地方，因此，抓好窗口行业的“巾帼文明示范岗”是发挥典型示范作用，提高服务质量的重要环节。创建“巾帼文明示范岗”的重点是加强职业道德教育，帮助女职工在规范服务上下功夫，使女性集中的窗口行业在服务态度、服务质量、服务环境等方面有明显改善，并持之以恒。全国妇联将于明年“三八”节期间推出100个“巾帼文明示范岗”，予以宣传和表彰。

2. 在社区开展“家庭志愿者”活动，把家庭美德建设和社区建设结合起来。要在社区内叫响“人人参与、人人分享、人人受教育”的口号，组织家庭成员积极参与社区清洁、绿化美化环境、便民利民公益活动以及维护社区治安秩序等，还要组织开展好以“妇女·家园·环境”为主题的环境卫生、垃圾分类等环保行动，充分发挥妇女在家庭管理、家庭教育、社区建设中的特殊作用，帮助家庭成员在社区建设中增强社会责任感，提高社会公德水平。

3. 在中秋节万家团聚之际表彰“五好文明家庭”。要运用多种媒体广为宣传，以先进家庭典型激励千家万户讲文明、树新风，吸引更多的家庭成员参加创评活动，形成颂家庭美德，创文明家庭的氛围。

通知说，根据中央文明委的部署，妇联系统的创建活动，从现在起到今年9月底为第一阶段。各级妇联要在当地党委、政府的领导下，精心组织，精心设计，广泛发动，从妇女、家庭和社区建设的实际需要出发，办实事，办好事。从10月份至1998年2月春节前后为第二阶段。要在巩固前一阶段成果的基础上将活动引向深入，在城乡家庭中，把庭院美、居室美、语言美、心灵美与“五好文明家庭”创建结合起来，改变户容户貌。

全国妇联在通知中要求各级妇联把握时机，加强领导，认真研究部署，制订实施方案，抓好贯彻落实，并及时总结开展活动的情况。各级妇联干部在“讲文明、树新风”活动中要带头学习，以身作则；妇联机关要做榜样，率先建成文明单位。

国家主席江泽民根据全国人大常委会的决定任免驻外大使

一、免去陈宝鎏（女）的中华人民共和国驻缅甸联邦特命全权大使职务。

任命梁栋为中华人民共和国驻缅甸联邦特命全权大使。

二、免去傅学章的中华人民共和国驻新加坡共和国特命全权大使职务。

任命陈宝鎏（女）为中华人民共和国驻新加坡共和国特命全权大使。

三、免去金桂华的中华人民共和国驻泰王国特命全权大使职务。

任命傅学章为中华人民共和国驻泰王国特命全权大使。

四、免去吴克明的中华人民共和国驻土耳其共和国特命全权大使职务。

任命姚匡乙为中华人民共和国驻土耳其共和国特命全权大使。

五、免去谢佑昆的中华人民共和国驻坦桑尼亚联合共和国特命全权大使职务。

任命张宏喜为中华人民共和国驻坦桑尼亚联合共和国特命全权大使。

六、免去徐绍海的中华人民共和国驻赤道几内亚共和国特命全权大使职务。

任命陈怀龙为中华人民共和国驻赤道几内亚共和

国特命全权大使。

七、免去张大勋的中华人民共和国驻塞舌尔共和国特命全权大使职务。

任命王信石为中华人民共和国驻塞舌尔共和国特命全权大使。

八、免去谢锡勤的中华人民共和国驻克罗地亚共和国特命全权大使职务。

任命李国邦为中华人民共和国驻克罗地亚共和国特命全权大使。

九、免去鲁培新的中华人民共和国驻斯洛文尼亚共和国特命全权大使职务。

任命吴俊峰为中华人民共和国驻斯洛文尼亚共和国特命全权大使。

十、免去王弄笙(女)的中华人民共和国驻萨摩亚独立国特命全权大使职务。

任命王新元为中华人民共和国驻萨摩亚独立国特命全权大使。

十一、任命温西贵为中华人民共和国驻波斯尼亚和黑塞哥维那共和国特命全权大使。

中国轻武器发展跻身世界先进行列

中国研制的新一代轻武器,经中央军委批准首先装备驻香港部队,并将陆续装备全军。以自动步枪和班用机枪为主的我军新一代轻武器,与目前国内外同类产品相比,具有体积最小、重量最轻、直射距离最远和威力最大等特点,处于世界先进水平。刘华清、张震、张万年、迟浩田等军委领导同志实地检验了这种轻武器,给予了充分肯定和高度评价。

经过科研人员20年的不懈努力,我国新一代轻武器,已经形成具有中国特色的系列产品,包括:新型枪族、新型狙击步枪、重机枪、新型榴弹发射器及弹等。最具代表性的小口径枪族,设计合理、性能先进、结构新颖、使用可靠、操作方便、造型美观,总体性能和主要战术技术指标已达到世界领先水平,这标志着我国轻武器研制发展已实现历史性跨越。

8月5日

中共中央总书记江泽民在国务院副总理姜春云《关于陕北地区治理水土流失建设生态农业的调查报告》上作出批示

看了这个调查报告,感到很高兴。陕北地区治理水土流失,改善生态环境的措施和经验是好的。

我国是一个有几千年历史的文明古国。包括甘肃、陕西在内的黄河流域,是我们中华民族的主要发祥地。陕西曾经是周、秦、汉、唐等13个王朝的建都之地,在古代历史上相当长的时间内,陕西、甘肃等西北地区,曾经是植被良好的繁荣富庶之地,所谓“山林川谷美,天材之利多”就是古来描绘陕西一带的自然风物的。司马光的《资治通鉴》中描述盛唐时期陕、甘的发展情景是“闾阎相望,桑麻翳野,天下称富庶者无如陇右”。后来由于历经战乱的破坏,加上自然灾害和乱砍滥伐造成的损失,导致了陕、甘等西北地区的严重沙化、荒漠化,经济文化的发展也因此受到极大制约。

历史遗留下来的这种恶劣的生态环境,要靠我们发挥社会主义制度的优越性,发扬艰苦创业的精神,齐心协力地大抓植树造林,绿化荒漠,建设生态农业去加以根本的改观。经过一代一代人长期地、持续地奋斗,再造一个山川秀美的西北地区,应该是可以实现的。

江泽民

1997年8月5日

《经济日报》发表国务院总理李鹏文章《建设统一的交通运输体系》

交通是国民经济的基础产业,也是社会发展和人民生活水平提高的基本条件,中国自古以来就把衣食住行列为人们生存的四大基本要素。交通运输的发达程度是衡量一个国家现代化程度的标志之一。

中国是一个发展中国家,过去交通运输业十分落后。新中国成立以来,特别是改革开放以来,交通运输业有了长足的发展。“八五”期间是交通运输业发展速度最快、技术水平提高最快的时期。现在已经初步形成横贯东西、沟通南北、联系世界、水陆空并举的综合运输体系。但是,它的发展仍然不能满足国民经济快速增长的需要。因此,在“九五”计划和十五年远景规划中,仍然把发展交通运输业列为经济建设的重点。

我国的交通运输业应该以铁路为骨干,公路为基础,充分发挥水运,包括内河、沿海和远洋航运的作用,积极发展航空运输,适当发展管道运输,建设全国统一的综合交通运输体系。

发展交通运输业任重而道远,要充分发挥中央和地方两个积极性。实行交通运输业体制的转变和运输能力增长方式的转变极为重要,这是交通运输业能否快速健康发展的关键。

一、铁路要发挥骨干作用

这是我国国情所决定的。中国疆域辽阔,人口众多,资源分布不均,经济发展不平衡,需要铁路长途运输大宗货物。现在是西煤东运、北煤南运,北粮南调,南矿北运,西棉东送,都适于铁路运输。由于铁路票价低廉,也适合中途和长途客运,在客运方面仅次于公路的地位。

铁路事业已具备相当规模。“八五”末期,铁路营业里程达到6.26万公里，货物周转量达到12870亿吨公里，旅客周转量达到3546亿人公里，分别占全国的36%和39.4%。技术水平也有很大提高，蒸汽机车几乎完全被内燃机车和电气机车所代替，复线率达到27%，电气化率达到15.5%。新建的京九线开辟了贯通南北的又一条大通道，南昆铁路成为连接大西南的出海通道，对国民经济的发展和相关地区人民脱贫致富，具有重要意义。

不能简单以营业里程来衡量铁路运输的发展程度，同时要考核复线率、自动化和电气化水平，考核铁路的通过能力。一条国家一级标准的铁路，除承担一定的客运量外，单线运行的年货运通过能力为1500万吨左右，复线使用自动闭塞装置，通过能力可提高到6000万吨，甚至更高一些。电气化较之内燃机车牵引还可以提高通过能力。对老线进行技术改造是提高通过能力的重要途径，也是转变增长方式在铁路的体现。

为了适应大宗物资运输和地区经济发展的需要，“九五”期间还要建设一批新的铁路，如西北煤炭外运的新通道神(木)黄(骅)线，连接西北和西南的安康线和内昆线，横跨琼州海峡和渤海湾的轮渡，以及发展民族经济的南疆铁路等。现在各地对新建铁路的呼声很高，但往往对新线能否达到必要的运输量缺少具体分析。一条铁路如果长期达不到设计规定的运输能力，就不会有效益。我们实行社会主义市场经济，建设铁路必须考虑它的可行性，严格按建设程序办事，减少盲目性。

“九五”期间铁路将以建设大能力客货运输通道，打通主要限制口，强化路网结构为目标，实行技术改造与新线建设同时并举的方针。预计将新建铁路6000多公里，增建复线3000多公里，电气化改造4000多公里。2000年，铁路总营业里程将达到6.8万公里，技术水平将有明显提高，复线率达到34%，电气化率达到27%，铁路货物周转量达到15300亿吨公里，旅客周转量达到4700亿人公里。

铁路建设需要大量资金。“八五”期间采取设立铁路建设基金的办法，也就是从铁路货运每吨公里价格中增加2.7分钱，作为建设基金，财政列收列支，几年逐步到位，监督使用。现在每年已有300亿元左右，以后还会有所增加，可以作为铁路建设的资本金。再加上使用银行贷款和发行债券，铁路建设资金就有了稳定的来源。从铁路运价中提取建设基金，会增加铁路用户的负担，特别是发电、钢铁以及民用煤的成本，并转嫁到各行各业的成本和人民生活费用上去。因此，增加铁路建设基金必须量力而行，考虑各方面的承受能力，不可操之过急。应该看到，中国铁路货运的价格，与水运和公路运价相比还是偏低的，以致产生了货物向铁路集中，长江黄金水道和一些公路不能充分发挥作用的不合理状况。

短途运输应该发挥公路的优势。办法是提高铁路短途运输价格，关闭一些货运量和客流量很少的车站。这样不但可以支持公路运输发展，也有利于提高铁路运行速度，降低运输成本，对铁路公路双方都有好处。

随着人民生活水平的提高和双休日的实施，旅游事业迅速发展起来。铁路要抓住机遇，积极为客运服务。现已实施的双层列车、快速列车和“夕发朝至”列车，都是有益的探索，受到旅客的欢迎。

安全、正点运行和优质服务是铁路运营应该长期坚持的方针。自动化水平的提高无疑会为铁路带来效益的增长，对铁路人员素质也提出更加严格的要求。必须建立一支讲政治、精通业务、纪律严明、责任心强、有为顾客服务思想的铁路运行队伍。

铁路建设队伍是一支能打硬仗的队伍。他们克服艰难险阻，逢山凿洞，遇水搭桥，在罕见的复杂地质条件下建成了许多山区铁路。今后要进一步增强市场意识，提高技术装备和科学施工管理水平。要立足铁路，面向全国，进入国际，参与有关工程项目的竞争，在承包工程中不断壮大自己。

铁路装备制造业是一个很大的行业，生产能力能够满足我国铁路建设的要求，能够伴随承包国外工程进入国际市场。国家铁路管理部门要按照政企分开的原则，给制造企业更多的自主权，使它们真正成为市场主体。

铁路管理体制改革总的方向是向企业集团发展，保持铁路营运的全国统一调度。铁路是国家的经济命脉，主要干线建设以国家投资为主，某些干线和支线可以实行中央和地方共同投资建设，也可以适当吸收外资。

二、公路要发挥基础作用

公路是交通运输行业的基础，也是人们最普遍使用的交通运输方式。“要想富，先修路”，这一句致富名言，最初的意思就是指兴修公路。“八五”末期，全国公路通车里程达到116万公里。全国公路网已经形成，实现了县县通公路，97%的行政乡镇、80%的行政村通公路。昔日牛车、马车和人力车大多已被各种类型的机动车所代替。公路运输业也存在不足和落后的地方，高等级公路不多，县、乡公路大多等级很低，还不能满足经济发展和人民生活水平提高的需要。

要继续大力发展公路运输，特别注重质量的提高，通过对现有公路的改造，提高公路的等级，实现公路运输能力增长方式的转变。同时新建一批新的公路，包括高速公路和高等级公路。预计“九五”期间新增加公路里程约11万公里，其中高速公路6000公里。新建公路60%在中西部地区。要通过新建和改造,形成以高等级公路为骨架,纵横全国的国家级干线道路。主要是进行三纵两横和两条干线的建设。三纵,一是同江至三亚的公路,即从黑龙江的同江开始,贯穿东北地区,在大连跨海至烟台,沿东南部海岸直至广东湛江,再跨琼州海峡至海口,到终点三亚,这条线路"十五"才能完成;二是北京至珠海的公路,途经京冀豫鄂湘粤六省市,是一条贯穿南北的干线;三是从重庆开始,途经贵州至广西北海,是大西南通向出海口的通道。两横,一是连云港至新疆霍尔果斯的公路,与欧亚铁路大陆桥走向基本一致,贯穿中原和西北地区,直达中哈边界,对缩小东西部差距和发展民族经济具有重大意义;二是上海至成都的公路,穿越苏皖鄂三省,经过三峡库区到重庆,再经成渝高速公路至成都。两条干线,一是北京经天津、济南到上海;一是北京经山海关到沈阳。

建设高等级公路要认真进行可行性研究,严格按建设程序办事。要重视现有公路的改造,发挥现有公路的通行能力。尚未通车的乡镇和行政村要积极修建公路,但也要看经济效益,不能单纯追求通公路的百分比。公路上存在的乱设卡、乱收费、乱摊派现象,虽经专项治理有所好转,但仍未完全杜绝,仍有再度蔓延的可能。交通部门要把加强管理,依法治路,坚持不懈地抓下去,以保证路畅其流。

在公路上用拖拉机跑运输,消耗燃料多,损害路面严重,降低公路车辆速度,应逐步淘汰。在拖拉机基础上发展起来的农用柴油车,性能虽然比拖拉机好一些,但也存在这种缺点,不宜继续发展。农村是广阔的市场,生产价格比较低、客货兼用的农用汽车是大有可为的。

建设和改造公路需要大量资金。这要依靠中央和地方两个积极性,依靠广大人民群众的支持。现在公路建设基金是由车辆购置附加费和养路费的一部分组成的,对公路发展起到了重要作用。今后要继续收好、管好、用好,财政列收列支,由审计部门监督使用。对其他的公路收费,应该整顿和取消。从购买汽油和柴油费中征收公路维修和建设基金是合理的,已在海南省试行,要在总结经验的基础上逐步推广。

公路和其他运输方式应合理分工。公路适合短途和中途运输,具有客货运输机动灵活、从门到门、中间环节少的优势。运送时鲜蔬菜果品和其他一些特殊商品,公路甚至优于铁路。一般说,在800公里半径之内,公路的经济性可以与铁路竞争。发挥各种不同运输方式的优势,主要依靠价格调节。根据各方面的承受能力,对铁路运输和大宗货物水运实行国家定价,公路则完全按市场需求调节运输价格。

城市交通以公路为主,有它的特殊性。公路干线途经市镇的路段不宜穿越市区,以避免交通堵塞和影响行车速度。在大城市和特大城市,可以在外围建设环路、高架公路和立交桥,以缓解交通的压力。地下铁路对于特大城市是一种方便的交通工具,但造价甚高,只能量力而行。城市铁路应采取地下与地上线相结合的方式,只在人口特别稠密和交通量特别大的区段使用地下铁路,以降低造价。根据目前消费水平,城市应以公共交通为主,小汽车只能作为补充。像自行车这样传统的交通工具还应该保留,并开辟专门的自行车路线。但自行车速度慢,占用路面大,也不宜过分发展。

三、进一步加强水运建设

水运在我国有悠久历史,并不因为铁路、高速公路和航空等运输方式的发展而降低它的作用。远洋运输和沿海运输是水运发展的重点,它承担着我国相当数量的煤炭、矿石、粮食、化肥、原油和成品油等大宗货物以及集装箱和杂货的运输任务。90%以上的外贸物资是由远洋运输完成的。"八五"末期,沿海港口已建成万吨级以上深水泊位438个,吞吐能力达到7亿吨,其中集装箱达550万标准箱。过去港口长期存在的压船、压港的被动局面已经初步改变,港口设施进一步向现代化方向迈进,使用了大能力起重设备、计算机控制系统,吞吐能力明显提高。

海洋运输任务是繁重的。深水泊位的吞吐能力需要进一步扩大。"九五"期间计划新建万吨级以上的泊位100个,新增吞吐能力2亿多吨。煤炭是沿海运输的重点,为适应西煤东运、北煤南运的需要,将重点扩大秦皇岛、天津等港的装船能力,新建河北的黄骅港。到"九五"末期,煤炭装船能力将达到1.8亿吨。为满足东南沿海对煤炭的需求,将由货主建设自用码头,地方建设公用卸煤码头。为了缓解煤炭运输与港口装卸能力不平衡的矛盾,在大型煤港附近建立煤炭储运基地和销售中心。现在流通领域的中间环节太多,有一批以倒卖煤炭牟取暴利的公司,增加了用户的负担。提倡煤矿和大用户直接订货,实行水陆联运、产销联营,以减少中间环节,降低售价。集装箱运输很有发展前途。"九五"期间准备新建和改建集装箱泊位30个,使全国港口集装箱的吞吐能力达到1000万标准箱。为进一步扩大铁矿石卸船能力,拟在青岛、宁波、舟山等港建设深水泊位,新增接卸能力3000万吨;在远洋航线上,逐步采用20万—30万吨级大型船舶,以大幅度降低运输成本。我国粮食供应基本立足国内,也需要在国际间进行品种调剂,在沿海港口,进口粮食的接卸和仓储能力已基本形成。为了适应东北玉米南运和出口的需要,将在大连和营口新增粮食装卸泊位。为适应原油和成品油进口的需求,要相应增加油港的吞吐能力。

南方有丰富的内河水运资源。随着上海浦东新区开发和长江三峡工程的建设，长江黄金水道将更加显示出它的魅力。三峡水库形成后，万吨级船队可以沿江直达重庆。通过长江出海口的整治，第一期工程将使航道水深达到 8.5 米，3.5 万吨级船舶可进出上海港，也将使长江下游港口进一步发挥作用。上海国际航运中心的建设和组合港的形成，以及上海航运交易所的成立，将会促进长江航运的发展。内河航运，除大力开发长江及其支流外，建设重点放在西江、京杭运河以及江南水网和珠江水网的建设。内河港口要采用先进设施，干线航道要采用标准化船舶，以提高运输效益。为适应客运和旅游事业的发展，要制造一些舒适、快速的新型船舶。"九五"期间，预计改善内河航道 2400 公里，新建泊位 160 个，新增加吞吐能力 4200 万吨。整治内河航道和建设泊位的资金，一方面依靠国家和地方政府的投入；一方面建立内河航运建设基金。水运基本实行国家宏观调控下的市场定价体系。

远洋运输对扩大对外开放、加强国际经济技术交流与合作，具有举足轻重的作用。2000 年，我国进出口总额将达到 4000 亿美元，远洋运输任务艰巨。现在，我国从事国际航运的船舶总量已达 2350 万载重吨。中国远洋运输集团所拥有的船舶总量已达 1609 万载重吨，是世界最大的航运企业之一。目前国际远洋运输能力过剩，我国远洋运输企业必须提高经营管理水平，改进技术装备，提供优质服务，增强竞争能力。开辟远洋班轮是招揽客户的有效手段，除巩固原有的班轮航线外，还要建立和增加对拉丁美洲和非洲的班轮航线，以促进我国与这些地区的贸易和经济技术合作。

四、民航要以新的姿态迎接大的发展

航空运输是先进的交通运输方式，有着广阔的发展前途。"八五"期间民航事业得到快速发展，客运量年均增长 25%，1995 年旅客起降达到 5100 万人次。预计 2000 年旅客将达到 1 亿人次。一向不为人们所重视的航空货运业，也将会有较大发展。

经过近十年的努力，我国干线机场布局已经基本完成。各直辖市、省会城市和自治区首府，大都建设了专供民航使用的大、中型机场，有的承担了国际航线的任务。

多年来，军民合用机场为民航运输的发展发挥了重要作用。随着民航运量的增加，需要在重点城市建设民用机场。当然，在个别经济欠发达地区，旅客不多，军民合用机场仍不失为有益的补充。"九五"，民航建设的重点，主要是北京、广州、上海浦东三大机场，省会、自治区首府和旅游发达城市的机场，以及航管工程和人员培训。有的省、区地域辽阔，交通不便，适当发展省、区范围内的支线航空是必要的，但要量力而行，不可一哄而起。

民航系统进行了政企分开的改革，国际航空公司和其余五个骨干航空公司已经成为自主经营、自负盈亏的航空企业。在飞行航线上，既为各公司划分了一定范围，又彼此有所交叉，这有利于展开竞争，促进经济效益和服务质量的提高。

我国民航事业发展很快，大中型飞机可以用租赁的方式引进。我国自行生产的运 7 型、运 12 型中小型客机也飞行在国内若干支线上。最近中国航空工业公司与欧洲空客公司协议建立合资公司，共同生产 100—120 座的国内干线飞机。民航要加快飞行人员的培养，使他们精通业务、忠于职守、能驾驶现代化飞机全天候飞行，这是民航的当务之急。

空中交通管理体制的改革正在进行。在民航实施管理的航路，对军用飞机执行任务和飞行训练要给予保障和方便。在民用航空飞行次数不多的地区，航线可仍由军队管理，不必强求一致。空管系统要配备现代化的通信导航设备，以拓展飞行航路，降低飞行的高度层间隔，最大限度地利用空域资源。

机场建设资金由中央和地方共同解决。国家已决定把机场费作为建设机场的资本金。现在许多机场还没有摆脱经营亏损的状况，除加强管理、精简机构以节省开支外，还要利用机场的优势，开展多种经营，逐步扭亏为盈。

民航的经营方针是"安全第一，正常飞行，优质服务"。不论在国际市场或在国内市场，民航公司都面临着激烈的竞争，只有执行这个方针，并在价格上具有竞争力，才能立于不败之地。在诸多因素中，飞行安全是第一位的。

民航管理体制的改革，把行政、机场和航空公司三者分开，方向是对的。行政部门要进一步精简机构，减少管理层次，加强空中交通管制的职能。在现阶段，中央与地方联合建设和管理机场可以更好地发挥中央和地方两个积极性。重要的枢纽机场由中央管理，其他机场原则上可以由地方管理。现在一些地方和部门成立了独立的航空公司，飞机不多，规模偏小，缺乏飞行人员培训和地勤服务的手段，虽然在民航大发展初期起到一定补充作用，从长远看是难以为继的。地方航空公司与国家骨干航空公司按平等自愿的原则进行联合，组成航空集团，是发展的必然趋势。

五、适当发展管道运输，开辟新的运输方式

管道是运输石油、天然气等流体货物的重要运输方式，也是一个国家能源运输现代化程度的标志。到 1996 年年底，我国共建成原油天然气管道 19000 多公

里,包括海上天然气管道900多公里。

“九五”期间要重点调整运输管道的网络结构。随着我国石油天然气生产能力的提高,还要新建一批管道。东部现有的管道要进行改造,调整原油流向和满足进口的要求。配合西部油田的开发,要重点建设新疆至内地的输油管道。正在建设的陕北天然气至北京输气管线将与华北天然气管网连接,这对缓解北京乃至华北地区供气紧张状况,改善环境,都将发挥重要作用。随着四川盆地和海南岛气田的开发,还要建设相应的输气管路。

用管道输送水煤浆是一种运送发电用煤的有效方式,在国外已有一些成熟的经验,在我国也可以进行这方面的尝试。

随着国民经济的持续增长,交通运输业进入一个新的发展时期,无论铁路、公路、水运、航空和管道运输都有广阔的发展前景。各种交通运输方式应该发挥各自的特长,优势互补,在国家的宏观调控下,运用市场机制,形成全国统一的综合交通运输体系。

国办发出《关于清理整顿非试点外商投资商业企业有关问题的通知》

为维护我国商业领域吸收外商投资试点政策的统一性和严肃性,保证试点工作健康有序地进行,国务院决定从即日起对地方、部门擅自越权批准设立的非试点外商投资商业企业进行清理整顿。现将有关事项通知如下:

一、凡在《国务院办公厅关于立即停止地方自行审批外商投资商业企业的紧急通知》下发前,由地方、部门自行批准设立的外商投资商业企业,包括采取中外合资、中外合作、外商独资方式,或者采取委托管理、租赁、承包以及其他变通方式经营百货店、连锁店、仓储店、物流中心、邮购业务等各类外商投资商业企业,以及未经国务院批准擅自设立分店的试点外商投资商业企业,一律进行清理整顿。经国务院批准设立和经营的试点外商投资商业企业不在清理整顿之列。

二、各省、自治区、直辖市及计划单列市人民政府和国务院有关部门清理整顿非试点外商投资商业企业,要按照《国务院关于商业零售领域利用外资问题的批复》(国函〔1992〕82号)等有关规定,重点对自行批准设立的外商投资商业企业的股东情况、合同条款、经营范围、经营方式、技术转让与技术提成费情况、经营现状与年检情况等进行认真调查和审核,在此基础上写出清理整顿报告,并认真填写清理整顿登记表(见附表)。

三、各省、自治区、直辖市及计划单列市人民政府和国务院有关部门要在1997年9月10日前将被清理整顿项目的可行性研究报告、合同和章程及其批准文件、批准证书、工商执照副本、清理整顿报告和登记表等一式四份分别报国家计委、内贸部、外经贸部和国家工商局,由国家计委会同内贸部、外经贸部、国家工商局提出处理意见后报国务院。

四、各省、自治区、直辖市及计划单列市人民政府和国务院有关部门要加强对该项工作的领导,成立有计划、内贸、外经贸、工商等部门或相关单位参加的清理整顿小组,根据本通知要求,实事求是,认真开展工作,按时按质完成任务。对弄虚作假、隐瞒或遗漏的非试点外商投资商业企业,除一律予以关闭外,还要追究有关责任人及其领导的责任。

附:非试点外商投资商业企业清理整顿登记表(文略)

中华农业科学基金会1997年资助项目评定

日前,1997年度中华农业科教基金资助项目已经确定并进入签订合同阶段。资助项目共35项,涉及种植业、畜牧业、渔业等领域。基金会此次将划拨出500万元资助资金。

广东查获特大假币案

广东汕头市公安机关不久前在汕头附近海域查获一起新中国成立以来最大的假人民币案,抓获犯罪嫌疑人4名(均系台湾人),缴获面额一百元的假人民币7400万元。

现初步查明,被截获的运载假人民币的“永载鸿7号”渔船系台湾省台南市的一艘渔船。据船长林镜川等供认,他们是受台湾犯罪团伙的雇佣偷运这批假人民币到粤东海域交货的。

经有关部门鉴定,缴获的这批假人民币均为1990版的百元面额伪钞。

8月6日

《毛泽东邓小平江泽民论世界观人生观价值观》一书出版发行

中共中央文献研究室编辑的中国共产党三代中央领导集体核心的专题文献集《毛泽东邓小平江泽民论世界观人生观价值观》一书,由人民出版社出版,近日开始在全国各地公开发行。

这本书收录毛泽东、邓小平、江泽民的文稿共154篇。其中江泽民同志《讲学习,讲政治,讲正气》等文稿是第一次公开发表。这些文稿,系统地阐述了马克思主义世界观、人生观、价值观的基本要求、主要内容和精神实质;科学地总结了我们党经常开展世界观、人生观、价值观教育的历史经验和方式方法;深刻地剖析了在世界观、人生观、价值观问题上的各种错误观点和模糊认识。是我们党认识世界改造世界,特别是改造主观世界和加强党的建设的强大思想武器,是进行思想道德教育的基本教材。

国务院发出《关于按保护价敞开收购议购粮的通知》

各省、自治区、直辖市人民政府,国务院各部委、各直属机构:

为了切实保证农民增产增收、保护农民生产积极性,国务院决定,在农业丰收情况下,要按保护价敞开收购议购粮。各地区、各部门必须统一思想,明确政策,统一行动,贯彻落实,为保持农业发展的良好势头和国民经济持续、快速、健康发展,打下稳固的基础。现将有关问题通知如下:(文略)

中国和新西兰在北京草签关于结束中新两国加入世贸组织进行的双边市场准入谈判协议

国家重点工程浙江安吉天荒坪电站上水库竣工

位于浙江省安吉县境内的国家重点工程天荒坪抽水蓄能电站上水库8月6日竣工。整个库盆用沥青混凝土浇筑,形成厚20.2厘米、总面积达28.5万平方米的防渗护面,为国内最大的沥青混凝土防渗护面水库。

民政部 外交部发布《出国人员婚姻登记管理办法》

民政部、外交部日前发布《出国人员婚姻登记管理办法》,就依法出境、在国外合法居留6个月以上未定居的我国公民的婚姻登记工作作出规定。

高级人民法院公布两起破坏油田设备案

最高人民法院公布两起破坏油田设备盗取凝析油,导致国家天然气井严重损坏案件的终审结果:主犯赵建勋、周华被依法判处死刑,今天在当地伏法;郭建刚等25名罪犯分别被判处死缓、无期徒刑或有期徒刑。

河北省永清县农民赵建勋、周华等人,于1993年6月4日在华北油田霸33号天然气井场西侧,将气井阀门的防护钢套锯开,先后8次开井放气,盗窃天然气凝析油168桶,销赃获利5万余元。6月8日,以郭建刚为首的另一伙犯罪分子,也采用同样手段,将霸33号天然气井的东侧阀门打开,6次开井放气,盗窃天然气凝析油101桶,销赃获利3万余元。6月23日晚上,赵建勋、周华和郭建刚等又分别到霸33号天然气井场东西两侧盗油。周华在井场吸烟,引起霸33号天然气井爆炸起火并导致井喷。华北油田和廊坊市各有关部门先后组织近万人次、动用车辆5000多台次,经过21天的奋力抢救,才将井喷彻底制服,但这口高产气井整个报废,造成直接经济损失3300万余元。

廊坊市中级人民法院经审理,以破坏易燃易爆设备罪,判处赵建勋、周华死刑,剥夺政治权利终身;判处郭建刚等3人死刑,缓期两年执行,剥夺政治权利终身;其他22名罪犯分别被判处无期徒刑或有期徒刑。河北省高级人民法院二审裁定维持了一审法院的判决,并根据最高人民法院的授权,依法核准赵建勋、周华死刑,剥夺政治权利终身。

8月7日

国家主席江泽民致电东南亚国家联盟(东盟)主席国菲律宾拉莫斯总统祝贺东盟成立30周年

铁英黄纪诚犯受贿罪被判刑

北京市高级人民法院宣布,被告人铁英于1992年至1995年在分别担任北京市政府秘书长兼办公厅主任、北京市法制办公室主任和市人大常委会副主任等职务期间,先后接受他人贿赂的实物和钱币总价值折合人民币43万余元(赃款、赃物已全部追缴),并为行贿者提供便利。北京市第一中级人民法院前不久依法判处铁英有期徒刑15年,剥夺政治权利3年,没收个人财产。铁英没有提出上诉。

被告人黄纪诚在1992年至1994年分别担任北京市市政管理委员会主任、市长助理和北京市政协副主席、市政府顾问等职务期间,先后接受他人的实物,总价值人民币22万余元(赃物已部分追缴),并为行贿者提供便利。北京市第一中级人民法院前不久依法对黄纪诚判处有期徒刑10年,剥夺政治权利2年。黄纪诚提出上诉后,北京市高级人民法院于6日依法驳回其上诉,维持原判。

中国国际友好联络会会长黄华在人民大会堂会见前来参加纪念中美"乒乓外交"25周年活动的前美国乒协国际部部长哈里森率领的乒乓球代表团

国际《红楼梦》研讨会在人民大会堂举行

来自祖国各地和美国、法国、日本、澳大利亚、挪威等国家、地区的专家学者120余人,济济一堂,共同回顾本世纪红学研究的重大成果,讨论下一个世纪红学研究的方法和研究重点,并展望红学的发展趋势。大会共收到论文80余篇。

8月8日

全国人大常委会委员长乔石在北京会见美国参议院临时议长斯特罗姆·瑟蒙德

乔石指出，中美之间存在一些分歧，但与两国的共同利益相比，这些分歧毕竟是局部的。他强调，中国将不会对美国构成任何威胁，在21世纪即将来临之际，中美两国应该从维护两国人民的根本利益和促进亚太地区与世界的和平、稳定和繁荣出发，严格遵守中美三个联合公报确立的原则，使中美关系保持长期稳定并不断发展，从而为新世纪作出贡献。乔石还就全国人大的机构、职能和立法工作等情况向客人作了介绍。

国家体改委副主任洪虎就积极推进股份合作制发展接受记者采访

记者：在近年的企业改革中，有一种企业组织形式发展很快，就是股份合作制。在人们的印象中，这种形式好像是乡镇企业的发明，什么时候进城了呢？

洪虎：的确，股份合作制80年代初期起源于浙江、广东等沿海地区的农村，后来被城市企业改革采用。先从城市二轻系统的集体企业等搞起，这些企业大多数是原来的手工业合作社。后来在"抓大放小"中，很多地方自发地采用了股份合作制的方式，向小企业职工出售本企业资产，以达到对企业进行改制的目的。

现在股份合作制企业的数量很大，早已不是局部试点的事情了。根据有关部门1995年的统计，在农村有300多万个，在城市有14万多个。

记者：股份合作制企业如此遍地开花，原因是什么呢？

洪虎：浙江省的一位领导曾经对我说："真没有想到股份合作制对解放生产力有这么大的作用！"他告诉我，浙江金华有一个纺织厂一直亏损，厂长曾经向职工们建议改成晚上生产，每度电费比白天便宜六毛钱。职工坚决不同意，说晚上上班没有公共汽车，不安全。后来企业改成股份合作制，职工们主动提出要改成晚上工作，女工们有的让丈夫骑车接送，有的让父兄陪同。职工对资产关切程度大大提高，工厂一下扭亏为盈。这样的事情在各地可以找到许多。企业改制后，职工动员起来，一个简单的措施就使企业盈利上千万元！

当然，也有少数股份合作制企业搞得不成功，主要原因是选领导人不当，市场预测不准、信息不灵等等。

记者：职工对企业实行股份合作制是有热情的，地方政府对它的态度怎么样呢？

洪虎：地方政府对搞不搞股份合作制也有过争论，但搞活国有企业、搞好地方经济的压力是实实在在的。在事实面前，政府和企业的积极性很快就统一起来了。比如，广东肇庆的明珠特种纸有限公司，改制前是县里的亏损大户，扣除土地价值，企业资不抵债。1995年改为股份合作制后，当年产值、销售收入、税利分别比上年增长了52%、30%和75%。这样的企业多了，地方政府的财政收入增长了，就业压力减轻了，社会能够保持稳定，经济结构也得到调整，还有一些城市用出售股权的资金搞了城市基础设施建设，进一步促进了经济发展，这何乐而不为呢？

大家都知道，山东诸城市的小企业改革主要采取的是股份合作制，1996年年底，诸城所在的潍坊市有85%的县属企业实行了股份合作制改造，全市乡以上工业增加值比上年增长27%；实现利税增长32.9%；财政收入增长23%；城镇人均收入增长17%。

黑龙江的宾县、浙江的金华和台州、四川的宜宾、广东的顺德等地，股份合作制对地区经济发展也具有积极作用。这恐怕是股份合作制推广得很快的一个主要原因。

记者：我想回过头来问您一个ABC的问题。大家对诸城等地的股份合作制改造似乎都很熟悉，但到底什么是股份合作制，它和股份制、合作制的区别是什么，好像说法不一。

洪虎：股份制的基础是资本合作，虽然有些企业也有本企业职工持一些股，但本质是股权式合资的一种财产组织方式，按出资额的比例来分享权利，承担义务。合作制的基础是劳动合作，有的也有少量的资本合作，但分量很小。

股份合作制是劳动合作和资本合作的有机结合。劳动合作是基础，职工既是劳动者，又是出资人，共同劳动，共同占有和使用生产资料，利益共享，风险共担，实行民主管理。它采取了股份制的一些做法，分配上既有按劳分配，也有按股分红。职工的按劳分配体现在工资中，按股分红在税后利润提取公积金、公益金等后进行，有些企业在分红时还对有特殊贡献的企业职工进行按劳分红。

记者：为什么股份合作制在小企业改革中有这么大的作用？

洪虎：我们认为，这是因为股份合作制符合社会主义初级阶段的生产力发展水平，符合目前国有小企业和集体企业的实际状况。小企业生产社会化程度不高，技术水平不高，又多是劳动密集型、加工型企业。在变化很快、竞争激烈的市场条件下，只有最大限度地调动本企业职工的积极性，企业才能最密切地关注市场，做出最灵敏的反应。

此外，这些小企业多是县属企业，在整个国有经济中所占比重不大，在改革中，国家无暇顾及它们，也不可能给什么优惠政策来扶持它们。只有靠本企业职工的关注和努力，来使企业快速发展。

股份合作制符合建立现代企业制度要求的产权清晰、权责明确、政企分开和管理科学的改革方向，又符合中小企业的实际情况，所以在中小企业改革中发挥了这么大的作用。

记者：国家体改委最近印发了《关于发展城市股份合作制企业的指导意见》，这个意见的目的是什么？

洪虎：对股份制企业、合伙企业，现在国家已经颁布相关法律来规范，而股份合作制企业还没有立法。现在人们对股份合作制的认识很模糊，常常把它同股份制、合作制相混淆。前几年，农业部、轻工业部和中华全国手工业合作总社曾经发布过有关文件，指导这些领域中的股份合作制工作，在这些基础上，我们搞了这个指导意见，目的是总结经验，明确一些悬而未决的问题，防止一些弊病，促进股份合作制健康发展。

记者：对股份合作制的性质一直议论纷纷，现在也还有人认为它是私有制。您怎样看这个问题？

洪虎：一种情况是，现在我们对股份合作制企业的统计还不太严密，把一些私人企业、合伙企业甚至股份制企业都计算进去了。认为股份合作制就是股份制企业，或者就是私营企业，这不准确。

在理论上，有些人单纯从生产资料的归属上来看待股份合作制，认为既然把企业资产卖给了职工个人，就是私有化。这样认识也不准确。

党的十四届三中全会之前对股份制姓“公”姓“私”，确实争议很大，三中全会的《决定》把它作为一种改革形式给予充分肯定。《决定》中有三处提到了股份合作制。在提到国有小企业改革时：“一般小型国有企业，有的可以实现承包经营、租赁经营，有的可以改组为股份合作制，也可以出售给集体或个人。出售企业和股权的收入，由国家转投于急需发展的产业。”

在提到集体企业改革时：“现有城镇集体企业，也要理顺产权关系，区别不同情况可改组为股份合作制企业或合伙企业。”

对农村的乡镇企业提法是：“乡镇企业是农村经济的重要支柱。要完善承包经营责任制，发展股份合作制……”

今年，李鹏总理在政府工作报告里提到，股份合作制对小企业的改组改造和转换机制都有好处。这就进一步肯定了股份合作制的积极作用。现在我们在《指导意见》中明确提出，股份合作制是社会主义市场经济中集体经济的一种新的组织形式，是能够促进生产力发展的公有制实现形式，是现阶段劳动者创造就业、走向共同富裕的一条重要途径。

记者：股份合作制在发展中有些什么问题需要注意呢？

洪虎：大家都很关心，也是需要很好把握的一个问题是，在改制过程中怎样对公有资产正确地评估，防止国有资产流失。另外，还有转让价格如何确定，也有待探讨，因为转让价格不完全取决于评估的价值，还要看市场供求关系。在转让收入的使用上，一定要坚持由国家转投于急需发展的产业的原则。

还有一些问题是需要在今后的实践中进一步探索，如：职工持股数额的差别不要过于悬殊；在分红上怎样既保持企业发展的后劲，又使职工基本满意；改制企业怎样建立社会保障，等等。

股份合作制还处于不断发展完善的过程中，有些股份合作制企业进一步改组成股份制企业了，也有新的企业进入到股份合作制的行列中了。我们要本着尊重群众的实践的精神，积极地引导它向健康的方向发展。

国务院副总理吴邦国在秦皇岛接见参加交通部搞好国有大中型企业座谈会全体代表

吴邦国说，交通是国民经济的基础产业，是国民经济发展的先行。近几年，交通企业尽管遇到了很大困难，但从总体上看，交通企业无论是改革还是发展都取得了很大成绩，有力地保证了我国商品流通和对外进出口贸易运输的需要，保证了国家重点物资运输的需要。

吴邦国对在国民经济发展中作出重要贡献的交通行业的全体干部职工表示慰问。吴邦国说，今年以来，中央为进一步深化国有企业改革，召开了一系列会议，出台了很多措施，国家对国有企业改革的方针、政策和目标都已明确，改革的力度也在不断加大，当前最关键的是要抓住机遇，抓好落实。

吴邦国强调，要搞好国有交通企业，首先必须使国有交通企业面向市场，更新观念。他指出，过去计划经济体制下，我国交通行业是垄断行业，市场主体只有国有企业，现在这种情况已发生很大变化，改革开放以来全国已出现了几千家各类交通运输企业。国际航运市场是开放的，外国船公司也进入了中国市场。目前国际市场运力过剩，特别是集装箱运输供需平衡失调，交通运输市场已由原来的“卖方市场”转变成了“买方市场”。因此，国有交通企业只有丢掉幻想，更新观念，面向市场，搞好服务，提高效率，才能求得发展。

吴邦国要求交通大中型企业在深化改革中认真抓好减人增效工作。他指出，当前我国国有大中型企业竞争力差，除有观念不适应的问题外，一个重要原因是人多效益差,国有企业改革必须解决好减人增效问题。吴邦国希望交通行业的国有大中型企业要积极开展多种经营,分流人员,提高效益。

全国烟草行业援藏座谈会在拉萨举行

为进一步加大援藏力度,全国烟草系统对口援藏工作座谈会日前在拉萨召开。来自国家烟草专卖局和云南、上海、福建、浙江、北京等18个省市烟草专卖局的负责同志向西藏捐款820万元,用于西藏的商贸基础设施建设。

这次援藏工作,旨在利用全国烟草行业的经济优势,加快西藏商贸流通体制改革。西藏自治区副主席孙岐文表示,要按照中央第三次西藏工作座谈会的要求,抓住机遇,推动西藏国有商贸企业改革,促进西藏经济发展。

中国第一条内地和香港合资建设的地方铁路金(华)温(州)铁路全线铺通

金温铁路,横贯金华、丽水、温州三市(地)10个县(市、区),全长251.51公里,动态总投资30亿元左右。

第一个内陆铁路货运口岸——哈尔滨铁路货运口岸正式开通

国务院批准建立的内陆铁路货运口岸——哈尔滨铁路货运口岸,日前通过国家验收并正式开通。这样,我国第一个内陆一类铁路货运口岸正式对外开放。

8月9日

国家"九五"重点建设项目兰(州)西(宁)拉萨通信光缆西藏段敷设完毕

兰西拉通信光缆西藏段拉萨至唐古拉山口854公里沿途,均在平均海拔4400米以上的"生命禁区"。

8月10日

国家主席江泽民在北戴河会见美国参议院临时议长斯特罗姆·瑟蒙德

国务院总理李鹏在北戴河会见出席全国转变经济增长方式经验交流会的代表

李鹏强调说,要切实按照市场导向,合理配置资源,降低生产消耗,加强技术改造,对资产进行优化组合,积极开拓市场,努力实现经济增长方式的转变。

李鹏说,我们已经制定并正在实施国民经济和社会发展的"九五"计划和2010年远景目标纲要,如何保持经济的良好发展势头,关键是要实现经济体制和经济增长方式的两个根本性转变。李鹏总理强调指出:

第一,要合理配置资源。我国经济发展速度比较快,但经济结构不合理的矛盾也比较突出,多年形成的不合理重复建设,导致资源难以合理配置。

第二,要下大力气降低消耗,提高经济效益。现在国际竞争越来越激烈,国内市场上一些商品供过于求,降低人力、物力、财力等各种资源消耗,降低成本,是提高产品竞争力的一条重要措施。

第三,要少铺新摊子,少上新项目,要多搞技术改造。技术改造也一定要做到产品有市场、有效益,不能盲目扩大生产能力。企业要走滚动发展之路,技术改造也要注重经济增长方式的转变。

第四,要打破地区、行业、部门限制,通过兼并、破产、联合、组建企业集团等方式,对资产进行优化组合,以利经济增长方式的转变。

第五,要切实以市场为导向,农村市场有着很大的开发潜力,城市市场也有很多领域需要积极开拓。要在加快房改的同时,多建造价廉适用的普通居民住宅。

李鹏最后说,要抓住当前经济形势大好的有利时机,积极推进结构调整和两个根本性转变,切实提高经济增长的质量和效益。

国家"八五"重点建设工程中钞信用卡厂生产基地建成

生产2000万张信用卡、1.2亿枚全息标识的中钞信用卡厂日前在京通过国家验收,正式投入生产。这项国家"八五"重点建设工程的竣工,对于促进我国金融事业的电子化进程,推动"三金"工程具有重要意义。今后我国境内使用的信用卡都可以立足国产。

大连国际园林花卉博览会开幕

博览会由国家建设部主办。美国、英国、荷兰、法国等9个国家的22个花木公司和我国的北京、上海、南京、深圳等54个城市及其138家园林花卉公司参展。6天的博览会将举办国际花卉交易洽谈、国际园林机械展销、插花艺术表演、国际花卉业发展研讨会。

甘肃发现一处大熊猫栖息地

日前,甘肃省野生动物保护局公布一项重大发现,在甘肃省甘南藏族自治州迭部县阿夏乡发现一个大熊猫的"生活乐园"。据初步推算,这片面积约100平方公里的森林中,大约生活着30只大熊猫。

8月11日

财政部 国家税务总局负责人解释香港回归后内地与香港的税收关系

随着香港的回归，外界特别是香港工商界对香港回归后，内地与香港之间的税收关系越来越关注。为此，记者走访了财政部、国家税务总局负责人，他们对“九七”后内地与香港之间的税收关系问题作了如下说明：

一、内地税法与香港税法的关系

根据《基本法》的规定，香港回归后，香港将是中华人民共和国的一个特别行政区，按“一国两制”的构想，继续实行原有的政治、经济制度，实行独立的税收制度，自行立法规定税种、确定税目税率、税收宽免和其他税务事项。1997 年 7 月 1 日中华人民共和国对香港恢复行使主权后，内地实行的税收法律法规将不适用于香港特别行政区。

二、在对外签订税收协定及协定执行方面，内地与香港的关系

1. 中华人民共和国与外国政府签订的税收协定可否适用于香港问题。

《基本法》第一百五十三条规定：“中华人民共和国缔结的国际协议，中央人民政府可根据香港特别行政区的情况和需要，在征询香港特别行政区政府的意见后，决定是否适用于香港特别行政区。”

从目前我国已同外国签订的 56 个税收协定的具体操作来看，由于税收协定依双方具体税制的特点进行谈签，协定所列我国税种仅适用于内地，所以，这些税收协定均不能在香港特别行政区适用。

2. 香港可以以“中国香港”名义单独同世界各国、各地区及有关国际组织签订和履行税收协定、保持和发展税务关系。

根据《基本法》第一百五十一条规定：“香港特别行政区可在经济、贸易、金融、航运、通信、旅游、文化、体育等领域以‘中国香港’的名义，单独地同世界各国、各地区及有关国际组织保持和发展关系，签订和履行有关协议”，香港特别行政区可以“中国香港”名义单独同世界各国、各地区及有关国际组织签订和履行税收协定、保持和发展税务关系。

三、香港同胞来内地投资、或从内地取得收入的税收问题

“九七”后，香港同胞来内地投资、或从内地取得收入，继续比照适用我国现行对外国公司、企业和其他经济组织以及外籍个人的税收政策不变；中央人民政府将继续鼓励香港同胞到内地投资，凡依照有关税收法规履行纳税义务者，均可继续比照享受我国对外国投资者的税收优惠政策。

四、内地与香港间开展贸易的税收问题

香港回归后，内地与香港间的贸易（指货物买卖，不包括服务贸易）属于一个主权国家内的两个不同关税区之间的贸易。对香港的贸易仍视同与外国公司、企业或其他经济组织和个人间的进出口贸易，继续执行现行的税收政策。即：内地从香港地区进口的货物，应按税法的规定征收（或减免）进口关税、进口增值税和消费税；内地出口到香港地区的货物，符合规定的，可享受出口退（免）税的待遇。

五、解决香港回归后内地与香港可能产生的重复征税的基本原则

关于香港回归后解决两地间可能产生的重复征税的基本原则是：

1. 香港回归后，内地与香港两地间可能产生的重复征税问题是一个主权国家内部不同制度地区之间的问题，不宜采取两个主权国家之间采用的签订避免双重征税协定的方式解决。

2. 由于香港实行单一的来源地税收管辖权，对其居民来源于香港以外的所得不征税，内地税法中也有对在内地以外缴纳税收抵免的规定。因此，事实上已经基本解决了两地间的双重征税问题。

3. 由于两地法律运作标准以及具体规定在操作上的不同，不能排除在个别方面产生重复征税的可能。如在个别情况下产生了重复征税，可通过中央人民政府财政税务主管当局同香港特别行政区税务主管当局协商解决。

六、关于我国与外国签订的税收协定中有关优惠政策能否形成港商与外商的税收差别待遇问题

我国与外国签订的税收协定优惠待遇并不等于事实上的减免税。避免双重征税协定的宗旨是协调划分缔约双方的税收管辖权，即基于大多数国家同时行使来源地和居住地两种税收管辖权，为了避免对同一所得或财产的重复征税，按照国际通行原则，缔约双方在承认来源地管辖权优先行使的基础上保留居民管辖权。一般来说，纳税人要受到双重税收管辖，来源国的税收减让意味着居民国征税权的保留，纳税人在来源国享受的协定优惠待遇并不代表其最终的税负水平。

从现实情况看，来内地投资的港商的实际税负并不高于其他外商（指与内地签有协定国家的投资者）。外商来内地投资，要受到内地及其居民国的双重税收管辖，而由于香港实行地域管辖原则，港商在内地经营只需在内地纳税。一般来说，外商在来源国纳税后，其居民国还要就其该项所得在居民国征税，但允许抵免其在内地已缴纳的税款。也就是说，外商的实际税负

往往取决于其本国的税收政策。港商来源于内地的所得在香港不征税,其实际在内地的税负就成为其最终的负税水平。

因此,港商与其他外商于内地投资在税收上是否有不同的待遇,不应简单地将内地税制与税收协定待遇加以比较,而应结合其在居民国征税的情况看纳税人的实际税收负担。

中国运量最大的海(运)铁(路)集装箱联运站——青岛铁路港站在青岛港集装箱码头正式投产

中国科学院院长路甬祥在新闻发布会上宣布优秀青年学术带头人"百人计划"从1997年度开始扩大招聘规模

"百人计划"原计划在2000年前按学科领域需要,通过高强度资助,从海内外招聘选拔100名左右优秀青年学者,将其培养成跨世纪高层学术带头人。该计划自1994年推出以来,已进行了三批公开招聘。先后有近400位国内外年轻学者应聘,其中59名入选。入选者中44%来自海外,12%来自高校。这些人如今有的已成为中科院有关研究所的领导,在科研管理岗位上初显将帅之才;有的已担任国家重点实验室负责人和国家重点项目主持专家,被公认为前途远大的学术技术带头人。目前,在他们周围已形成一支近300位固定人员和近400位流动人员组成的科技团队,工作已全面展开。

基于已经取得的成绩,中科院决定将该计划的招聘规模,由过去每年的20人扩大到每年100人左右,但总原则保持不变。

具体来说,一是招聘标准不变,坚持高起点。中科院强调该计划不是博士后计划,也非一般科技骨干培养计划,而是要造就一批科学道德水准高、组织协同能力强、活跃于学科前沿的学科领域带头人。二是资助的标准不变,坚持高强度。100个招聘岗位中,研究所资助经费和项目科研费合计超过100万元的有26项,60万元以上的占81.3%,同时院级资助的12万元住房补贴和18万元生活、科研补助费仍保持不变。三是管理方式不变,坚持高要求。对不能按时到位者和不胜任者实行淘汰制。

同时,本次招聘也体现出一些新特点:招聘岗位明确,职称职务和科研任务公开;应聘者享受的住房条件和配置的经费额度均张榜公布;科研经费由过去院级单一拨款改为由院、所和重大项目共同支持,强度也有所增大。

中科院目前45岁以下的研究人员达3万余人,"文革"后的人才断层已基本填平。

国务院总理李鹏签署第228号国务院令发布《广播电视管理条例》

国务院总理李鹏签署第229号国务院令发布《营业性演出管理条例》

8月12日

国务院总理李鹏在副总理姜春云《关于陕北地区治理水土流失建设生态农业的调查报告》上作出批示

春云同志:

调查报告已看过,陕北水土保持经验值得重视。

抗日战争年代,延安的山是光秃秃一片,一发大水,延河泥浆就滚滚而来。今日延安已变了模样,满山遍野种植了苹果树,宝塔山周围松柏常青,乔儿沟进行了小流域治理,谷子亩产有的达到1000斤。

榆林本是不毛之地,沙漠化十分严重。日本农业专家原正市告诉我,榆林已种上了水稻,这得益于防护林的营造和地下水源的开发。陕北蕴藏着丰富的煤炭和天然气资源,随着铁路建设和能源开发,昔日荒凉的陕北可能成为全国富饶繁荣地区之一。

"黄河之水天上来,奔流到海不复回。"然而黄河经过黄土高原,夹带着大量泥沙,淤积下游河床,迫使黄河决口改道,成为中华民族心腹之患。新中国成立以来黄河经过综合治理,已做到50年岁岁安澜,成绩巨大。然而黄河并未根治,对下游人民造成重大灾难的危险依然存在。

小浪底有较大的死库容,它的建成为我们开展黄土高原水土保持提供了良好的机遇。我建议,根据江泽民总书记关于"大抓植树造林,绿化荒漠,建设生态农业","再造一个山川秀美的西北地区"的指示精神,请您组织有关部门,提出一个治理黄土高原水土流失的工程规划,争取15年初见成效,30年大见成效,为根治黄河作出应有的贡献。

上次谈到的小浪底水库建成后,下游河道整治和堤防加固工程也一并考虑进去。《规划》制定出来后,报党中央、国务院审批。

李　鹏

1997年8月12日

国家主席江泽民在北戴河会见来访的美国总统国家安全事务助理塞缪尔·伯杰

国家主席江泽民在北戴河会见由本杰明·吉尔曼率领的美国众议院国际关系委员会代表团

国务院总理李鹏在北戴河会见美国总统国家安全事务助理塞缪尔·伯杰

李鹏指出，包括美国的一些人在内，国际上仍然有人在散布“中国威胁论”，这种论调是毫无根据的。中国经济虽然发展很快，但中国毕竟是一个有12亿人口的发展中国家，要达到中等发达国家的水平至少还需要30年时间。发展经济是我国一切工作的中心，中国实行独立自主的和平外交政策，坚持睦邻友好，不威胁任何人。李鹏说，中美关系是充满活力的最大的发展中国家和世界上最大的发达国家之间的关系。中美关系健康、稳定、正常发展的意义不仅限于双边范畴，对世界和平与发展也将产生深远影响。

伯杰说，他很高兴受克林顿总统的委托来到中国为江泽民主席访美作准备工作。美方十分重视江泽民主席访美，并认为此访意义重大，影响深远。伯杰说，环保和能源是美中合作的重要领域，两国在这方面各有长处，互补性强。戈尔副总统年初访华时，双方在这方面已建立了良好的合作基础，相信江泽民主席访美将进一步促进两国在这一领域的合作。伯杰强调，美国政府不赞同“中国威胁论”，认为一个强大的而不是弱小的中国对世界更为有利。美国一贯支持中国加入世界贸易组织，并愿为此继续作出自己的努力。

全国人大常委会委员长乔石在北戴河会见由主席本杰明·吉尔曼率领的美国众议院国际关系委员会代表团

1997年公派留学人员选拔工作结束

1997年度国家公费出国留学人员的选拔工作近日结束。经各地和有关部委的99个申请受理机构初审，共有3420名申请者初审合格，比去年增加1000多人。

据国家留学基金管理委员会负责人介绍，今年是国家公费出国留学选派工作实行新办法的第二年。本年度实际申报和选拔结果表明，在数量和质量方面均比去年有较大提高；在学科、国别、类别比例和兼顾部门、地方需要等方面，基本符合总体选派计划比例，其中高级访问学者占23%，访问学者占77%；理科占15.2%；工科占32.2%；医科占15.2%；农科占12.4%；经济、管理占9.9%；文科占15.2%。初审合格者中具有硕士学位以上者达72%；具有副高以上职称者占60%。这位负责人介绍说，今年的选拔录取工作既保证了国家对急需人才的需求，又体现了国家对边远地区、少数民族地区的适当倾斜政策。

8月13日

国家体改委 中宣部在北京召开经济体制改革成就座谈会

国家有关部委和部分省市的负责同志及专家学者，畅谈了党的十四大以来我国经济体制改革取得的成就。

国家体改委副主任张皓若总结了5年来经济体制改革的三大突破。一是理论突破，随着改革实践深化而产生的社会主义市场经济理论，从根本上解除了把计划经济和市场经济看作属于社会基本制度范畴的思想束缚。近年来，围绕建立社会主义市场经济体制，在许多问题的认识和探索上有新的进展，诸如在所有制和所有制的实现形式、股份制和股份合作制、按劳分配和按资分配、投融资体制和要素市场建设、企业改革和整体搞活国有经济等方面都有新的突破。二是实践的突破，在企业改革、价格改革等方面取得了重大进展，宏观调控的体制新框架初步形成。三是改革方法上的突破，各项改革措施紧紧围绕抑制通货膨胀、调整经济结构、提高经济效益和增加有效供给来进行，正确处理改革、发展、稳定三者的关系，较好地处理了经济转轨与体制转轨的关系。

国家经贸委副主任张吾乐说，十四大以来国有企业改革取得了一系列新进展。第一，改革的方向已经明确，思路基本理清，在一些重大问题上形成了广泛的共识。第二，改革的着眼点和工作的着重点发生了深刻变化，一是从搞活每个企业转向搞好整个国有经济；二是从减税让利转向制度创新；三是从主要抓企业改革转向与配套改革同步推进；四是从分别抓单项工作转向“三改一加强”、综合治理；五是从分散经营转向实施大公司战略。第三，现代企业制度试点、“优化资本结构”城市试点、“抓大放小”、增资减债、企业集团试点等各项试点全面展开，改革的力度加大，步伐加快。第四，国有企业的综合实力得到提高，在国民经济中继续居于主导地位，涌现了一批优势企业。

财政部副部长刘积斌说，5年来国家财税改革取得重大进展。这次改革，建立了以增值税为主体，以消费税和营业税为补充的新型流转税制度；实行分税制财政体制，建立了转移支付制度，理顺了中央与地方的分配关系；改革国有企业利润分配制度，规范了国家与企业的分配关系。一个适应社会主义市场经济要求的财税体制的框架基本确立，并已发生积极效应。首先是建立了较为合理的中央与地方财政收入机制，促进了国家财政收入的稳定增长。其次是修正了不合理的利益导向，促进了经济结构的调整。最后是营造了公平的竞争环境。同时,财政宏观调控和财税管理工作得到改善和加强。

中国人民银行副行长殷介炎说,1992 年以来,金融改革开放成绩显著。中央银行宏观调控体系初步建立,调控方式有较大改进;以国有商业银行为主体、政策性金融与商业性金融分离、多种金融机构并存的金融组织体系初步形成;统一开放、有序竞争、严格管理的金融市场体系稳步发展;金融监管力度加强,防范和化解金融风险取得成效;金融对外开放呈现全新格局;金融服务取得了新的进步;保持了人民币汇率的持续稳定和国际收支平衡,实现了在没有发生系统性、区域性金融风波条件下的金融业稳健运营,有力地支持了国民经济的稳定、快速、健康发展。

农业部副部长万宝瑞把 5 年农村改革的成就概括为"一稳定四突破"。稳定以家庭联产承包为主的责任制,完善统分结合的双层经营体制。在农产品流通体制上有突破,一是 90%以上的农产品放开经营,农产品商品率提高到 60%以上;二是改革了粮棉流通体制;三是改革了农业生产资料流通体制;四是健全了农产品市场体系。农村产权制度改革有突破,以股份合作制和股份制为主要形式的乡镇企业产权制度改革步伐加快;承包、租赁、兼并、出售、拍卖、破产等项改革向纵深发展。农业宏观调控体系建设、农业和农村经济法制建设也实现了突破。

国内贸易部总经济师丁俊发说,党的十四大以来流通体制改革取得九大成绩:绝大部分商品已进入市场自由流通,计划管理的生产资料与生活资料品种从过去的 1000 多种下降到 30 多种;形成了多元化的流通所有制结构;基本形成了市场形成价格的机制,全国 90%—95%的商品价格放开;商品市场体系得到发展完善;初步建立了重要商品的宏观调控体系;发展了外向型流通;新的流通方式与流通业态蓬勃涌现,连锁经营、代理制、配送制、公司加农户等新的流通方式不断涌现,零售商业从单一的百货店向超市、便利店、专卖店、仓储式商场、购物中心等多种业态发展;国合流通企业改革取得进展;流通法制建设不断加强。

山东省副省长韩寓群、深圳市市长李子彬、上海市政府副秘书长周太彤在发言中介绍了为建立社会主义市场经济体制所作的有益探索。

国务委员宋健在甘肃考察

宋健一行 8 月 13 日抵达甘肃后先后考察了核工业总公司所属部分工厂和黑河流域科技兴农的情况以及中科院兰州分院和一些部委在兰州的部分研究所,考察和询问了引大入秦工程的后续建设情况。宋健充分肯定了甘肃省这几年发展高科技农业和科技产业的成绩,同时提出了新的要求。

宋健说,甘肃省完全有条件按照党中央、国务院的精神,发挥优势、加强后劲,率先在西部地区把科技兴省工作搞好。甘肃在发挥科技实力,建设科技产业时,要在科技兴农、高新技术开发区建设、科研体制改革上步子迈大些,要以更大的气魄在产业化方面做一两件大事,使高科技在工农业生产中创造更高的生产率,产生更大的经济、社会效益。

宋健指出,引大入秦工程的后续开发建设应注意采取各种方式,充分利用水资源,把引大灌区建成一个高技术农业产业化示范区,积极发展节水农业。他说,甘肃目前人均占有粮食虽然达 300 多公斤,但面临下个世纪的人口压力,必须发展高科技农业,使农业发展得更快些。在生活有了一定保障后要以经济手段推广先进科学技术,逐步把农业向更高层次引导,提高农业劳动生产率和技术含量。

宋健强调,高技术产业是引导潮流的产业,是唯一能大幅度提高劳动生产率的产业,要加强对兰州高新技术开发区的领导,建设进度要快,政策要放活放宽,解放思想,积极引进资金发展多种经济成分。要解决科技人员的后顾之忧,争取多留住一些人才,并使人才在本区域内充分流动起来,在保证有一支精干的科研队伍的基础上,允许并促进人员的分流,使人才走向市场,走向发展经济的第一线。

中国杂交水稻研究国际领先

近几年,国家高科技项目之一的两系法杂交水稻研究正朝着优质、高产、抗性强的方向发展,这充分显示我国杂交水稻在科研和生产上继续保持国际领先地位。近几年,我国每年推广种植杂交稻 2.3 亿亩左右,新增粮食 200 亿公斤,相当于一个中等省份的年粮食总产量。

国务院总理李鹏在北戴河会见由代理国家元首谢辛亲王率领的来华觐见诺罗敦·西哈努克国王的柬埔寨高级代表团

8 月 14 日

国务院副总理邹家华在秦皇岛考察企业

邹家华近日先后考察了秦皇岛正大有限公司和鹏泰(秦皇岛)有限公司。他在听取秦皇岛市领导和两家企业的情况汇报时指出,企业的生产、经营活动都要面向市场、面向用户,要根据市场的发展变化来调整企业的行为。企业发展的当务之急是转变增长方式,从过去的重生产、轻营销,重数量、轻质量,重规模、轻效益的状态中改变过来，依靠科学技术提高产品质量，降低生产成本，提高经济效益。要以市场需求为导向，千方百计适应和满足不同层次的用户需要。同时还要随着城乡人民生活条件的改善，不断开发适应市场需要的各种不同种类和档次的产品。

考察期间，邹家华还强调指出，通过培植龙头企业，实行公司加农户带领农村千家万户进入市场，是在我国农村实行社会主义市场经济的重要方式。龙头企业一定要与农户联利连心，产加销结合，贸工农一体，加快农村经济的产业化进程。龙头企业要在瞬息万变的市场竞争中，依托广大农户，改善经营和服务，积极开拓城乡市场，发展外向型经济，不断取得新的效益，同时又使合作的农户获得新的利益。

邹家华指出，各地要认真做好农副产品加工这篇大文章，走精深加工、层层增值之路，要让广大农民从中得到实惠，从而在社会主义市场经济条件下，调动和保护亿万农民的生产积极性。

中国人民银行行长戴相龙在中外记者招待会介绍当前中国金融形势并就金融运行中的有关问题答记者问

戴相龙说，中央银行将坚持执行适度从紧的货币政策，同时要适当调节宏观调控的力度，改进金融服务，促进国民经济持续、快速、健康发展。

戴相龙行长首先介绍了我国近年来金融业改革的基本情况。5年来，我国金融业在改革中稳步、健康地发展，主要表现在以下五个方面：

一是金融宏观调控能力明显加强。实行适度从紧的货币政策，运用各种货币政策工具调节货币供应量，使广义货币(M2)增长从1994年的34.4%，降到1996年的25.3%，今年可降到20%以内。货币供应增长过猛的势头得到有效控制，对治理严重的通货膨胀起到了重要作用。

二是金融监管工作有重大改进。已经形成中央银行法、商业银行法、保险法、票据法等金融法律体系，对金融机构的市场准入、日常管理明显加强，银行与信托、证券分业管理，金融秩序好转。

三是金融体制改革不断深入。原国家专业银行划分为国家政策性银行和国有独资商业银行；在100个城市成立城市合作银行。农村信用社正在逐步改革成合作金融组织。建立了外汇市场、同业拆借市场，试办公开市场业务。实现了人民币经常项目下可兑换。

四是金融业对外开放扩大。引进外资金融机构已扩大到23个城市和海南省，目前已有161家营业性金融机构，资产330亿美元，允许外资银行试办人民币业务。

五是金融业务不断创新，金融资产不断扩大。截至今年6月底，全国各类金融机构总资产为13.28万亿元，比今年初增加6800亿元，比1990年增加近10万亿元。1990年到1996年，全国金融机构总资产每年递增24.4%。金融业在加强宏观调控和支持国民经济发展中发挥越来越大的作用。

在谈到当前的金融情况时，戴相龙说，今年以来，金融部门继续执行适度从紧的货币政策，防范和化解金融风险，促进经济结构调整，金融运行继续保持平稳发展。其主要表现为：

一是货币供应量增长适度。到今年7月，广义货币(M2)为83450多亿元，同比增长18.1%，比上年年末回落7.2个百分点；狭义货币(M1)为31100多亿元，同比增长18.4%，和上年年末基本持平。流通中现金占广义货币(M2)的比例，1994年为19.8%，1997年6月底降为10.9%。

二是贷款增加基本适应经济发展的合理需要。7月底，全部金融机构贷款为68700亿元，比年初增加4503亿元，比去年同期少增加156亿元。同期，上市公司在境内外筹资折合人民币770亿元，商业银行开出承兑汇票和办理贴现多增加500多亿元。7月底，全部金融机构存款为76100亿元，其中企业存款余额为25733亿元，同比增长25.6%，企业总体支付能力增强。以上各种资金是在物价增长大幅度下降情况下增加的。总的看，企业借入资金增长适度，与当前经济发展基本适应。

三是中央银行基础货币得到较好控制，货币市场交易平稳。7月末，基础货币为27500亿元，同比增长18.8%；外汇储备占用人民币比年初增加175.4亿元，同比多增加335亿元。1—7月，中央银行收回对金融机构贷款1070亿元，同比多收回637亿元。7月末，国有独资商业银行存款备付率为7.7%，有充足的支付能力。7月底同业拆借市场平均利率为10.5%，比年初下降1个百分点。

四是外汇储备继续增加，人民币汇率稳定，7月底，国家外汇储备约1260亿美元，比年初增加210亿元，人民币汇率基本稳定在8.29元的水平。相对我国物价下降来说，实际汇率有一定幅度升值。

戴相龙在谈到当前我国金融运行中存在的问题时指出，由于国有企业负债率过高，部分国有企业经营亏损增加，加之银行内部管理不善，导致国家银行逾期贷款增加，收息率下降。到6月底，国有独资商业银行逾期2年以内贷款应收未收利息比年初增加246亿元。非法设立金融机构或非法从事金融业务现象比较严重。

戴相龙说，中央银行将主要从三个方面采取措施，保证国民经济持续、快速、健康发展。一是合理掌握贷款增量。国家银行要严格控制信贷规模，切实加强现金管理。同时，要安排好产品有市场、有效益、还款付息能力有保证企业的流动资金贷款，支持产品有市场、经济效益好的在建工程加快建设进度，适当扩大科技贷款的投入。二是加大对经济结构调整的力度。对一些效益好的、还款付息有保证的基础建设项目，可由借外债改为适当增加人民币贷款。积极按条件发放"安居工程"贷款，适当增加居民购房抵押贷款，促进中低档商品房的销售。支持企业横向联合，培育企业集团，支持经济区内大型企业的战略性改组。按照有关法规用好国家银行呆账准备金，支持企业兼并、破产和再就业。三是及时研究和完善信贷政策。国有独资企业银行在重点支持国有企业的同时，也要按信贷和产业政策，支持在市场中有竞争能力的中小企业的发展。

戴相龙强调，为防范和化解金融风险，创造良好的金融环境，中央银行将进一步加强对金融机构的监管力度，坚决取缔非法设立的金融机构和非法金融活动，防范和打击各种金融犯罪活动。

国家副主席荣毅仁在人民大会堂会见以总监图穆纬西杰为团长的乌干达政府监察署代表团

中国决定向泰国提供10亿美元贷款

中国人民银行行长戴相龙上午在今天上午国务院新闻办举行的中外记者招待会上宣布：中国政府决定参加国际货币基金组织的一揽子援泰融资方案，向泰国提供10亿美元3年至5年中期贷款，以帮助泰国摆脱目前的经济困难。贷款利率按市场利率计算。

8月15日

外交部发言人沈国放就中止中国同乍得外交关系发表谈话

沈国放说，乍得政府同台湾当局宣布于1997年8月12日恢复所谓"外交关系"。乍得政府这一决定违背了1972年11月28日中乍两国建交公报原则和乍得政府作出的"中华人民共和国政府是代表全中国人民的唯一合法政府"的承诺。乍得政府的错误决定严重损害了中国的主权，破坏了中乍两国的友好合作关系，有悖于两国人民的根本利益和愿望。为此，中华人民共和国政府决定自1997年8月15日起中止同乍得的外交关系。两国政府间的一切协议也随即停止执行。需要指出的是，长期以来，中国政府向乍得提供了无私援助，为乍得经济建设和社会发展作出了积极贡献。中国人民同乍得人民有着传统友谊，中国政府并不愿看到中乍关系发生逆转。乍得政府应对其错误决定所产生的一切后果承担全部责任。

今天，中国驻乍得大使高如铭在恩贾梅纳就乍得政府同台湾恢复所谓的"外交关系"事向乍方提出严正交涉，指出，乍得与台湾的"复交"行动，背弃了中、乍1972年建交公报的原则和乍方作出的"中华人民共和国政府是代表全中国人民的唯一合法政府"的承诺，严重损害了中国的主权，破坏了两国间的友好合作关系。中华人民共和国政府向乍得政府提出强烈抗议，并决定自即日起中止同乍得共和国的外交关系。两国政府间的一切协议也随即停止执行。

国务院副总理兼外交部部长钱其琛在北京会见美国常驻联合国代表比尔·理查森

钱其琛说，中美同为联合国安理会常任理事国，对维护国际和平与安全负有重要责任，在联合国事务中处于举足轻重的地位。双方在不少问题上存在着共同或相似的利益和主张，也有分歧和不尽相同的看法。中方愿与美方在联合国各个领域，特别是在安理会的工作中继续加强磋商与合作。

国务院副总理兼外交部部长钱其琛在钓鱼台国宾馆会见以越南外交部副部长武宽为团长的越南政府边界谈判代表团全体成员

钱其琛指出，中越第五轮政府级边界谈判是在两国领导人不久前就加快边界谈判进程达成重要共识的情况下举行的，具有重要意义。相信通过双方的积极努力，两国之间存在的这一历史遗留问题一定会早日得到妥善解决，并推动中越两国面向21世纪的睦邻友好合作关系进一步发展。

共轴式载人直升机首飞成功

北京航空航天大学研制出我国第一架共轴式载人直飞机，又研制出我国第一架共轴式载人直升机，被命名为"蜜蜂十六"，并于最近在京外某直升机大队帮助下首飞成功。共轴式载人直升机主要特点是在同心轴上有两组反向转动装置，不需要尾桨，结构紧凑，外形尺寸小，悬停和中速飞行效率高、安全系数大。

首飞结果表明，该机有良好的操纵性和机动性能，该机可用于空中巡视、摄像、通信、森林防护等。

国办发出《关于保障教师工资按时发放有关问题的通知》

近年来，由于党中央、国务院领导同志的关心和重视，各级人民政府及全社会的共同努力，以"数额大、范围广、时间长”为特征的拖欠教师工资的严峻形势一度得到一定程度遏制。但是,目前许多地区又出现了新的拖欠,并且出现了教师工资“拖欠又克扣”等新问题,已经影响到教师生活、教学秩序和政府的形象。为保障教师工资按时发放,经国务院同意,现将有关问题通知如下:(文略)

国家禁毒委员会领导成员会议在北京举行

会议总结了前一段禁毒专项斗争的成绩,部署下一步的工作,并决定将禁毒专项斗争结束,日期由原定的 9 月底延长至今年年底。

今年 4 月禁毒专项斗争开展以来,各地积极投身于禁毒专项斗争,“三禁并举”,广泛发动,打防结合,取得了明显成绩,在一定程度上遏制了毒品迅速蔓延的势头,初步形成了全民动手扫毒魔的氛围。据不完全统计,截至 6 月底,各地公安机关共新办了强制戒毒所 187 个,强制戒毒近 3 万人;全国共破获各类毒品违法犯罪案件 39015 起;抓获涉案人员 55211 名;缴获海洛因 1623 千克,“冰毒”400 多千克,“摇头丸”2 万余粒,制毒化学品 100 多吨;摧毁了 499 个毒品分销网络和 1196 个地下销售市场;2888 名毒品违法犯罪分子投案自首。

虽然禁毒专项斗争取得了一定的成绩,但是,随着专项斗争的进一步深入,毒品问题也越来越严重。为此,会议要求,各地要进一步提高认识,加强领导;充分发挥各有关职能部门的作用,狠抓工作落实,努力推进禁毒专项斗争向纵深发展;动员全社会力量开展戒毒,力争取得更大的实效;严格执法,加大打击毒品犯罪力度;进一步加大宣传力度,再次掀起禁毒宣传高潮。

全国社会保险工作会议在北京召开

会议提出,要全面推进社会保险制度改革,建立和完善养老保险、失业保险、医疗保险、工伤保险和女职工生育保险制度,扩大覆盖范围,努力保障广大职工的基本生活,切实维护社会安定。劳动部部长李伯勇在会上对下一阶段的社会保险工作进行了部署。

李伯勇说,养老保险要以制度并轨为中心,保证平稳过渡,企业职工基本养老保险制度统一工作最迟在 1998 年年底前完成。要继续扩大养老保险覆盖面,把非公有制企业也尽快纳入进来。

在谈到失业保险工作时,李伯勇指出,要尽快出台《失业保险条例》,进一步健全和完善失业保险制度。巩固和加强失业保险与就业统一管理的工作体制,失业保险要和职业介绍、转业训练和生产自救等促进再就业工作相结合,做到政策统一、制度衔接、工作统筹安排。加强失业保险基金的收缴和管理工作。进一步细化失业职工的管理工作。

李伯勇说,要继续推进职工医疗保险制度改革试点。各省及参加扩大试点城市的劳动部门要积极完善医疗保险改革方案。要加大对试点城市以外的地区医疗保险改革工作的指导力度。

工伤保险制度改革要完善工伤保险工作机制,扩大覆盖范围。各地要抓紧建立健全劳动鉴定机构,贯彻落实《企业职工工伤保险试行办法》,大力推进工伤保险费用社会统筹;利用好差别费率和浮动费率这个经济杠杆,把工伤保险与安全生产、事故预防、减少职业危害紧密结合起来,推动安全生产;要把过多的基金结余降下来,切实减轻企业负担。

生育保险制度改革要加大推进全国生育保险社会统筹力度,已经开展统筹的地区要科学规范生育医疗服务费用项目和标准,把需要纳入统筹的都纳入进去。

李伯勇最后指出,各地要严格执行《国务院关于建立统一的企业职工基本养老保险制度的决定》,加强社会保险基金管理,切实做好资产清退和回收工作,研究制定基金收支两条线的具体管理办法,保障基金安全。同时要继续推动养老保险社会化管理服务工作,努力减轻企业的事务性负担。

8 月 16 日

李大钊纪念馆落成开馆仪式在河北乐亭举行

中共中央政治局常委、书记处书记胡锦涛出席仪式。

胡锦涛代表党中央对纪念馆的落成开馆表示热烈祝贺,向前来参加仪式的李大钊同志的亲属和冀东老同志表示亲切问候。他说,李大钊同志是中国共产主义运动的先驱,是伟大的马克思主义者,是中国共产党的主要创始人之一。他为我们党的建立和发展、为中国人民的革命事业建立了不朽功勋,作出了卓越贡献。李大钊纪念馆的落成使我们多了一个爱国主义教育基地,让广大党员和干部群众受到生动具体的爱国主义教育。

李大钊纪念馆经中共中央批准于 1996 年 8 月 18 日动工兴建,坐落于乐亭新城区中心,占地面积 100 亩,建筑面积 4680 平方米,是全国一百个爱国主义教育示范基地之一。纪念馆展出的李大钊生平事迹分 12 个部分,共展出图片和文物 500 多件。

江泽民总书记题写的“李大钊纪念馆”6 个大字镶嵌在正方大门之上;李鹏、乔石、李瑞环、刘华清等中央领导同志分别为李大钊纪念馆题了词。

8月17日

澜沧江上兴建第二座大型水电站

澜沧江上第二座梯级电站——云南大朝山水电站建设工程，日前正式获国家批准。

大朝山电站是澜沧江中游继漫湾电站之后在建的又一梯级电站，设计装机容量135万千瓦，建成后初期年均发电量59.31亿千瓦时，最终年发电量可达70.21亿千瓦时。动态投资概算88.7亿元，按规划2001年首台机组建成发电，到2003年6台机组全部投产。大朝山电站的开工建设，对缓解云南2000年后的缺电局面和带动边疆少数民族地区脱贫致富意义重大。

全国政协副主席何鲁丽率政协森林防火考察团在内蒙古考察

全国政协森林防火考察团一行近日考察了内蒙古自治区呼伦贝尔盟、大兴安岭林管局等林区、草原的防火工作。

内蒙古自治区地域辽阔，林牧交错，春旱风大，春夏之交雷暴易形成雷击火，边境防火线长达2000公里，受境外火威胁大，加之基础设施薄弱，森林草原防火难度很大。近几年曾连续发生了5起比较大的火灾。这些火灾都被及时扑灭，避免了更大的损失。比起1987年以前，内蒙古林区森林火灾成灾率下降了56.5%，受害率下降了93.4%，森林、草原火灾当日扑灭率提高了89.6%和75.2%。

考察团团长、全国政协副主席何鲁丽说，这些成绩的取得，是自治区党委、政府的领导、广大林区干部职工和各族人民多年不懈努力的结果，这得益于行之有效的森林草原防火工作制度，才使得内蒙古森林火灾成灾率由80年代的5‰下降到90年代的1‰左右，达到世界平均水平。近年来，内蒙古森林火灾的受害面积有所回升，森林防火任务艰巨，形势不容乐观。何鲁丽指出，要加强宣传工作，从保护环境和国民经济持续发展的高度，提高对林业建设和森林防火工作的认识。

中国选手在芬兰拉赫蒂市第五届世界运动会上共得38枚奖牌

中国体育代表团和中国人民解放军体育代表团分别参加了女子举重、蹼泳、跳伞、技巧、单人跳跃、保龄球的比赛和军事五项表演赛。一共夺得19枚金牌、12枚银牌和7枚铜牌，并刷新3项女子举重世界纪录。

8月18日

中共中央总书记江泽民国务院总理李鹏致电慰问在抗风抢险第一线的浙江 上海 福建的干部群众解放军指战员武警官兵公安干警

晚9时30分，今年11号台风在浙江温岭登陆，正中心最大风力在12级以上，上海及福建均受到台风袭击。当晚，江泽民总书记、李鹏总理委托国务院秘书长罗干打电话给正在指挥抢险救灾的浙江、上海、福建的领导同志询问灾情，转达党中央、国务院对奋战在抗风抢险第一线的广大干部群众、解放军指战员、武警官兵、公安干警亲切的慰问。同时希望灾区各级党委政府认真组织抗风抢险工作，全力以赴，努力把灾害造成的损失减少到最低程度，尽快恢复生产、重建家园。

八届全国人大常委会举行委员长会议

会议由乔石委员长主持，决定第八届全国人大常委会第二十七次会议于8月25日至29日在京召开。

会上，全国人大常委会秘书长曹志汇报了第八届全国人大常委会第二十七次会议议程草案及日程安排意见。委员长会议建议的第二十七次常委会会议的主要议程有：审议《中华人民共和国防洪法(草案)》；审议国务院关于提请审议《中华人民共和国价格法(草案)》的议案；审议国务院关于提请审议《中华人民共和国防御与减轻地震灾害法(草案)》的议案；审议国务院关于提请审议批准《中华人民共和国和哈萨克斯坦共和国、吉尔吉斯斯坦共和国、俄罗斯联邦、塔吉克斯坦共和国关于在边境地区相互裁减军事力量的协定》的议案；审议国务院关于提请审议批准《中华人民共和国和塔吉克斯坦共和国关于民事和刑事司法协助的条约》的议案；听取和审议国务院关于今年以来国民经济和社会发展计划执行情况的报告；听取和审议国务院关于气象工作情况的报告；听取全国人大常委会执法检查组关于检查《中华人民共和国产品质量法》实施情况的报告；审议全国人大环境与资源保护委员会关于第八届全国人大第五次会议主席团交付审议的代表提出的议案审议结果的报告；审议第八届全国人民代表大会常务委员会代表资格审查委员会关于补选代表的代表资格的审查报告；审议全国人大代表团访问特立尼达和多巴哥、玻利维亚、墨西哥三国情况的书面报告。

会议还听取了全国人大法律委员会副主任委员项淳一关于《防洪法(草案)》修改意见的汇报。

出席会议的副委员长有：田纪云、王汉斌、费孝通、李锡铭、王光英、程思远、布赫、铁木尔·达瓦买提、吴阶平。

人事部发布《人事争议处理暂行规定》

为适应人事制度改革深化的要求和人事争议处理工作法制化建设的需要，人事部近日发布了《人事争议处理暂行规定》。

《人事争议处理暂行规定》共 7 章 33 条，包括总则、组织机构、管辖、处理程序、执行与监督、法律责任和附则。

根据《人事争议处理暂行规定》，人事部设立人事仲裁公正厅，省、自治区、直辖市、副省级市、地（市）、县（市、区）设立人事争议仲裁委员会，处理国家行政机关与工作人员之间因录用、调动、履行聘任合同发生的争议，事业单位与工作人员之间因辞职、辞退以及履行聘任合同或聘用合同发生的争议，企业单位与管理人员和专业技术人员之间因履行聘任合同或聘用合同发生的争议以及依照法律法规、规章规定可以仲裁的人才流动争议和其他人事争议。

按照《人事争议处理暂行规定》，当事人应当在争议发生之日起 60 日内，以书面形式向仲裁委员会申请仲裁，仲裁委员会收到仲裁申请书后，应当在 15 日内作出受理或不予受理的决定。人事争议案件一般应在仲裁庭组成之日起 60 日内结案，案情复杂的可以延长 30 日。

人事部流动调配司负责人对记者说，人事争议仲裁是由人才流动争议仲裁发展来的。目前已有 29 个省、自治区、直辖市和 12 个副省级市成立了仲裁机构，8 个省、自治区、直辖市和 8 个副省级市以政府名义发布了仲裁规章。近年来，各级仲裁机构受理的案件逐年增多，1994 年为 2538 件；1996 年则达到 9737 件。

人事部有关负责人对记者表示，人事争议仲裁是人事管理体制的重要组成部分，也是一种有效的人事执法监督机制。制定《人事争议处理暂行规定》，对保证执法的公正性，促进人事管理法制化具有重要意义。

1996 年中国国有资产总量达 65894.6 亿元

从在北京召开的全国国有资产统计工作会议上获悉，截至 1996 年年底，我国国有资产总量达 65894.6 亿元，比上年增长 15.4％，继续实现稳步增长。

据介绍，在全部国有资产总量中，经营性国有资产为 49938.9 亿元，占 75.8％；非经营性国有资产为 15955.7 亿元，占 24.2％；中央部门辖管国有资产为 30969.8 亿元，占 47％，地方辖管国有资产为 34924.8 亿元，占 53％。

中国海运集团在上海成立

“国家贫困地区义务教育工程”扶贫重点转向西部地区

中国规模最大的国家教育扶贫工程——“国家贫困地区义务教育工程”的主战场开始转向西部 9 省区。中央在今后 3 年内，将拨出 24 亿元专款，重点扶持这类地区的义务教育事业。8 月 16 日至 18 日，国家教委和财政部在新疆维吾尔自治区伊宁市召开会议，对工程在 9 省区的实施进行部署，并对工程管理人员进行了培训。

“国家贫困地区义务教育工程”自 1995 年在“二片”地区 12 个省实施以来，取得了显著成效，促进了当地教育、经济和社会发展，预计今年年底即可基本完成。从明年起，工程的“主战场”将转向“三片”地区，即新疆、内蒙古、宁夏、青海、甘肃、西藏、广西、云南、贵州 9 省区。

9 省区是我国少数民族人口最集中的地区，少数民族人口约 6100 万，占全国少数民族人口总数的 67％；我国有陆地边境线近 2.3 万公里，其中 9 个省区就有 1.9 万公里；与我国接壤的国家有 15 个，其中 14 个与 9 省区接壤。9 省区有 273 个国家级贫困县。据专家测算，9 省区每个工程项目县平均得到的中央专款比“二片”地区 12 省高出 76.4％，人均得到中央专款约为“二片”地区的 3 倍。在资金投向上如此大幅度倾斜，充分体现了中央对“三片”地区义务教育的重视和关怀，将会使贫困地区的教育事业迈上一个新台阶，并对当地经济和社会发展产生巨大的推动作用。

中华口腔保健促进（扶贫）计划启动

为推动我国广大农村和贫困地区牙病防治工作开展，促进“我国 2000 年人人享有初级口腔保健”的规划实现，卫生部接受上海联合利华牙膏有限公司的 500 万元资助，从现在开始，用 4 年时间在 12 个省（区）的老少边穷地区，开展以口腔健康教育为主要内容的“中华口腔健康促进计划”活动。

辽吉线勘界协议书签字仪式在长春举行

辽宁省副省长徐文才、吉林省副省长杨庆才等出席签字仪式，国务院勘界工作领导小组办公室主任、民政部副部长李宝库到会祝贺。

据介绍，1996 年全国共勘定 15 条省界、约 9922 公里，占 1996 年度下达任务的 96.7％，确定三省交会点 22 个。其中，皖鲁、晋蒙、川藏、藏新、冀辽、浙赣、京津 7 条省界全线勘定，13 条省界按国家的有关要求完成了划界、埋桩、测绘和勘界成果资料的汇总工作。各省、自治区、直辖市境内的勘界工作也取得了可喜成果，1996 年共勘定县界约 9 万公里，占县界总任务的

1/5。在界线勘定取得成绩的同时，1996年国家和地方还相继召开了勘界工作会议，部署了省县两级勘界任务；中央和地方政府先后出台了有关的勘界政策；中央和地方财政还分别解决了省县两级勘界经费，落实了部分勘界专用车辆指标；全国各级勘界机构共培训各级勘界人员6200余人次。

8月19日

外经贸部 中宣部在北京联合召开对外开放成就座谈会

座谈会上有关部门负责人和专家回顾、交流了党的十四大以来我国对外开放取得的新成就、新经验，展望了今后我国对外开放和整个社会主义建设的光明前景，决心以更扎实有效的工作迎接党的十五大的胜利召开。

外经贸部副部长石广生说，以1992年邓小平同志重要谈话和党的十四大为标志，我国的对外开放步入崭新的历史阶段。1992年至1996年，我国对外贸易额达11686亿美元，年均增速16.4%，明显高于我国国民经济增长速度，也大大高于世界贸易发展速度。1992年至今，我国外贸进出口总额在世界上排名第11位，开始跻身于世界贸易大国。

谈到我国利用外资情况，石广生说，截至今年6月底，我国累计批准外商投资企业29万多家，其中1992年以来批准的占八成以上。自1993年至今，我国已连续4年成为仅次于美国的世界上吸引外资第二大国；包括国际直接投资、借用外资和证券投资，我国利用外资累计金额达3000亿美元。

国家计委对外经济贸易司司长包克辛说，党的十四大以来全国性对外开放加上财政转移支付和经济建设重心的逐步西移，使中西部地区与沿海经济增长速度的差距明显缩小。1996年中部地区经济增速已超过东部地区0.7个百分点。近5年，我国对外开放的产业范围扩大，种植养殖、勘探采掘、能源、交通、原材料、工程承包、货运代理、零售商业、外贸、金融保险、会计师事务所等行业，已先后成为外商投资新的热点。

包克辛说，这五年我国对外开放的法制建设得到加强，政策透明度提高。颁布了第一部《对外贸易法》，修订、发布了《外汇管理条例》，制定、修改了财税、金融、外资、海关、商检、知识产权等涉外法律法规，清理、公布了大量以前的内部文件。在政策导向方面，发布了《九十年代国家产业政策纲要》、《指导外商投资方向暂行规定》、《外商投资产业指导目录》，引导外商投资农业、能源、交通、原材料等基础产业、基础设施，以及高新技术和出口创汇型企业。

中国人民银行副行长陈元谈到我国金融对外开放的情况时说，我国已有23个城市和海南省允许外国银行设立营业机构，基本覆盖了所有经济发达地区，上海、广州搞了保险开放试点，9家外资银行获准试点开办人民币业务。截至今年6月底，我国共批准各类外资金融机构在华设立代表处540家，外资营业性金融机构162家，外资银行的总资产为329.6亿美元，贷款余额230.8亿美元，存款余额39.9亿美元。

陈元说，外资银行是资金的净输入者，其营运状况符合我国引进外资的总体政策。1996年外资银行发放的贷款中，89%发放在我国境内，49%用于中长期项目；而吸收的存款余额为39亿美元，其中在境内吸收的为33亿美元。同时，我国金融机构有计划、有步骤地走向国际金融市场，至1996年年底，我国海外金融机构达658个，境外中资银行海外资产总额1638.55亿元。

国务院特区办副主任赵光华在发言中认为，党的十四大以来，党中央作出了一系列重大部署，把对外开放格局从沿海地区逐步推进到广大中西部地区，基本形成全方位、多层次、宽领域的对外开放格局。经济特区、浦东新区和经济技术开发区，按照江泽民总书记提出的要"增创新优势，更上一层楼"的总体要求，加大改革力度，加强结构调整，加快开放步伐，增强了活力、动力，示范作用进一步增强。1996年，5个经济特区国内生产总值达2169亿美元，是1991年的4.8倍；1996年进出口总额591.35亿美元，占全国1/5。上海浦东现代化工业和高新技术产业功能已经启动，金融、贸易等服务功能逐步增强。32个国家级经济技术开发区迅速发展，从1992年至1996年实际吸收外资132.3亿美元。

国家口岸办公室主任叶剑、海关总署副署长刘文杰、国家商检局局长田润之在发言中介绍，党的十四大以来，我国对外开放的一类口岸增至235个；二类口岸发展到350个。口岸开放已初步形成了从沿海到沿江，从沿边到内陆，多层次，多功能，水陆空立体交叉的新格局，基本适应了国家对外开放形势的需要。全国海关深化进出口监管制度改革，加大税收征管力度，从1992年至1996年，征收关税和进口调节税2989亿元。商检部门加强检验把关，堵住不合格进口商品8.6万批，货值94.4亿美元，查出不合格出口商品6.8万批、金额19.4亿美元，有力地维护了国家对外贸易的信誉。

邮电部副部长杨贤足发言说，1992年以来的五年，是我国邮电通信事业发展最快、变化最大的时期。目前全国已建成具有相当规模、多种先进手段并存的国家公共通信网。到今年7月底，长途光缆干线达到

15万公里，局用电话交换机总容量已达7900万门，全国电话普及率由1991年的1.29%提高到7.3%，城市电话普及率达到25%，移动电话实现全国联网，并对世界12个国家和地区实现自动漫游，用户数量突破1000万户。数据通信网覆盖地市以上城市和2000多个县市及部分乡镇，用户数达到25万户。改革开放以来，邮电部门共利用外资66亿美元，其中1992年以来为45亿美元，占68%。这些资金大量用于通信重点工程建设和高新技术设备的引进。

国家旅游局党组成员佟华龄介绍说，1992年以来，我国旅游业确定了“国内抓建设，海外抓促销”的方针，有力地推进了旅游业全面发展。到1996年年底，我国旅游接待入境人数为5112.8万人次，比1992年增长34.14%，我国旅游接待入境人数在世界的位次，由1992年的第9位上升到1996年的第5位。旅游外汇收入达到102亿美元，比1992年增长159.42%，我国旅游外汇的收入在世界的位次，由1992年的第15位升到1996年的第9位，提前实现了邓小平同志关于本世纪末旅游创汇100亿美元的构想。

国务院副总理姜春云在黑龙江省考察

8月19日至22日，姜春云在黑龙江省先后到双城、肇东、兰西等市县，重点察看了大秋作物长势、农业综合科技开发区、农副产品加工企业，走访了农户。在听取省委、省政府关于农业和农村工作汇报时，姜春云对黑龙江省连续7年获得农业丰收，粮食产量连上几个台阶，去年总产达到300多亿公斤的历史最高水平，农村经济全面发展，给予了充分肯定。

姜春云强调，在发展粮食生产的同时，要搞好农业产业化经营，加快富民强省步伐。贸工农一体化、产业化经营，可以使农业增值增效，使农民和地方财政得到实惠，还能有效地解决农产品的加工转化销售。

国办印发《关于跨地区跨部门因公出国(境)团组的管理办法》的通知

为加强对跨地区跨部门因公出国(境)团组的管理，经国务院批准，现将《关于跨地区跨部门因公出国(境)团组的管理办法》印发给你们，请结合实际认真贯彻执行。

关于跨地区跨部门因公出国(境)团组的管理办法

随着我国对外交往的不断扩大以及地区、部门间横向联系的加强，各地区、各部门组织少量跨地区跨部门出国(境)团组(以下简称双跨团组)，是开展对外业务工作所需要的。但是近年来，双跨团组明显增多，不同程度地存在着审批不严、组织和管理混乱的现象，发生了不少问题，对内对外均造成不良影响。有些双跨团组出访无实质内容，只是进行一般性考察、培训或参加各种名目的研讨会、交流活动等，收效不大，形成公费出国(境)旅游。少数单位不顾国家利益，把组织双跨团组作为本单位“创收”手段，甚至组织与其主管业务无关的双跨团组出访，从中牟利。为了健全规章制度，进一步加强对双跨团组的管理，特作以下规定：(文略)

一汽大众15万辆轿车项目通过验收

外交部发言人沈国放就日本内阁官梶山静六房长官发表侵犯中国主权的言论答记者问

有记者问，日本官房长官梶山静六8月17日在朝日电视台访谈节目中明确表示，日美安全合作的范围中所谓“周边地区”“理所当然包括台湾海峡”。中方对此有何评论？

沈国放说：“我们对作为日本政府主要成员的梶山静六官房长官的上述发言表示严重关切，要求日本政府对此作出明确澄清。”

他指出，关于日美安全合作问题，中方的立场是明确和一贯的。众所周知，台湾是中国领土不可分割的一部分，台湾问题纯属中国内政，这已成为国际社会的共识。日方在中日联合声明和中日和平友好条约中已就此做过庄严承诺，应严格遵循。这位发言人表示，中方强烈希望日方言行一致，不要再做干涉中国内政、损害中日关系的事情。

蒙古国总理恩赫赛汗在乌兰巴托国家宫会见国务院副总理兼外交部部长钱其琛

国务院副总理兼外交部部长钱其琛在乌兰巴托同蒙古外长阿勒坦格列尔举行会谈并签署《中华人民共和国和蒙古国引渡条约》

8月20日

全国人大常委会委员长乔石致电慰问受今年第11号台风袭击的浙江灾区军民

国务院副总理吴邦国在江西考察

8月20日至25日，吴邦国在江西省考察了南昌、九江、景德镇等地的10家国有大中型企业，并听取了省委、省政府的工作汇报。吴邦国对江西省各项工作取得的成绩给予了充分肯定。

吴邦国强调，必须紧紧围绕市场需求，加大企业结构调整力度，增加适销对路的产品。考察中他反复指出，要搞好企业发展规划，走以市场为导向，滚动开发的路子，不能盲目扩大生产能力，乱铺摊子。国有企业尤其是大中型企业要充分利用技术、人才等方面的优势，努力开发新产品，大力增强技术开发能力和市场开拓能力，逐步形成独具特色、适销对路的主导产品。要把结构调整和企业的技术改造、技术创新结合起来，形成一个有利于推进技术发展的新机制，不断增强企业的市场竞争能力和适应能力。只有这样，才能使企业长盛不衰。

吴邦国指出，要积极推进企业兼并破产，用好兼并破产资金。对这笔资金的使用，要注意做到三个结合，即与企业的产品结构调整相结合，与存量资产的重组相结合，与企业的减员增效相结合。通过兼并破产，使优势企业得以低成本扩张，同时，使劣势企业得以解困。吴邦国在考察企业过程中反复强调，要继续推进“抓大放小”工作。国有小企业很多，亏损面比较大，县及一些经济规模较小的城市，要更多地在“放小”上做文章，按照邓小平同志“三个有利于”的标准，大胆实践，积极探索公有制经济的多种实现形式，从整体上使国有企业活起来，好起来，强起来。在“放小”的过程中，注意总结股份合作制的经验，使其在改革中不断完善发展。

振兴国有企业报告会在北京举行

国家计委等部门发出清理整顿金银饰品检验收费通知

中共中央政治局常委胡锦涛在人民大会堂会见日本工会访华团

“长征三号乙”运载火箭发射菲律宾马部海卫星成功

中国自行研制、目前运载能力最大的新型捆绑式运载火箭“长征三号乙”，今天在西昌卫星发射中心成功地将美国劳拉空间系统公司为菲律宾制造的马部海卫星送入预定轨道，这表明长征系列运载火箭具备了能把5000公斤的有效载荷送入高轨道的能力，同时中国长城工业总公司承揽发射马部海卫星的合同也圆满完成。

全国地方志奖颁奖大会在宁波举行

中共中央政治局委员、国务委员、中国地方志指导小组组长李铁映在会上讲话，并向获奖的志书编纂者颁奖。

本次评奖范围是1993年7月1日以后至1996年12月31日之前出版的志书，共1718部。有178部志书获奖，其中一等奖51部，二等奖127部。

8月21日

中国大力发展可持续农业

从’97北京可持续农业技术国际研讨会上获悉，近几年，我国在推进可持续农业和农村发展方面做了许多基础性工作，在合理利用资源，积极推广对环境无害的可持续农业生产的技术措施，保护和改善生态环境等方面取得了一定进展。

注重农业资源的合理开发，永续利用是世界农业的发展趋势。我国农村人口多，人均资源少，生态环境脆弱，发展可持续农业是一项紧迫而长期的任务。1994年我国政府颁布的《中国二十一世纪议程》中，把可持续农业和农村发展作为持续发展的根本保证与优先领域，一系列基础性工作全面展开。

国家制定和颁布了保护资源和环境的各种法律、法规和条例，农业法、土地管理法、水法、水土保持法、森林法、草原法、渔业法等正在实施。资源管理的机制与体系正逐步健全和完善，资源环境保护和监测力度也在加大。

在对国土环境的整治工作方面，重点加强了对大江大河治理和营造沿海、长江中上游防护林，北方风沙地区绿化工程，扶持贫困山区和生态环境差的地区，山、水、林、田、草、路综合治理，逐步控制资源环境破坏加剧的趋势。近两年加强了重点河流、湖泊的环境管理和污染防治工作。

总结推广高产优质、高效低耗，有利于持续发展的耕作制度和技术措施。80年代起推广生态农业，90年代以来倡导高产优质高效农业和可持续农业，在不同类型地区都进行布点试验和示范，摸索不同的模式与经验。特别是我国近年推广的水稻旱育秧和抛秧技术，省工节水节肥又增产，是高产、优质、高效、低耗的技术典型。

国家主席江泽民在人民大会堂会见美国参议院商业科学及运输委员会主席约翰·麦凯恩

国家主席江泽民在人民大会堂分别接受智利新任驻中国大使奥克塔维奥·埃拉苏里斯·吉利萨斯蒂和加纳新任驻中国大使伊曼纽尔·奥斯卡·阿梅耶多沃递交的国书

中国工程院院士著名水稻杂交育种专家袁隆平在墨西哥城举行的农作物杂交问题国际研讨会上获得

"国际杂交先驱科学家"奖

国家教委制定《全国幼儿教育事业"九五"发展目标实施意见》

为贯彻《全国教育事业"九五"计划和 2010 年发展规划》所确定的幼儿教育事业发展目标，国家教委制定的《实施意见》对幼教事业的发展提出基本要求。

实施意见提出，"九五"期间要继续贯彻国家、集体和公民个人一起办园（班）的方针，多种形式地发展幼儿教育事业，为更多的幼儿提供学前教育的机会，要全面提高保育、教育质量，促进幼儿体、智、德、美诸方面全面和谐地发展。实施意见提出，1996 年已经基本普及九年义务教育及沿海经济发达的省（市）学前三年幼儿入园（班）率要达到 75％以上，其中大中城市应基本普及学前三年教育，农村积极发展学前两年或三年教育；1998 年基本普及九年义务教育和经济发展中等的省（市）学前三年幼儿入园率达到 55％，其中大中城市应基本满足适龄幼儿入园的要求，农村普及学前一年教育；2000 年基本普及九年义务教育和经济欠发达的省（区）学前三年幼儿入园率达到 35％左右，其中大中城市积极发展学前三年教育，农村巩固和发展学前一年教育。实施意见要求，到 2000 年，所有幼儿园（班）都要达到县以上教育行政部门规定的办园标准，农村绝大多数的乡（镇）应建立一所中心幼儿园。

实施意见强调，各级政府要切实加强对幼儿教育工作的领导和管理，按照"地方负责，分级管理和有关部门分工负责"的原则，在地方政府举办幼儿园的同时，积极鼓励和大力支持企事业单位、社会团体、街道居委会、农村乡镇和村委会、公民个人举办幼儿园或捐资助园。要积极稳妥地进行幼儿园办园体制改革，逐步推进幼儿教育社会化。

公安部发出关于要求各地公安机关严厉打击卖淫嫖娼活动的通知

公安部日前发出通知，要求各地公安机关，进一步加大工作力度，严厉打击卖淫嫖娼活动。

8 月 22 日

马来西亚最高元首端古·贾阿法和王后在吉隆坡王宫会见国务院总理李鹏和夫人

国务院总理李鹏在吉隆坡总理府与马来西亚总理马哈蒂尔举行会谈

李鹏说，中马关系已进入一个成熟的全面发展时期。我们愿同马来西亚政府共同努力，建立面向 21 世纪的长期稳定的睦邻互信友好关系。在谈到经贸合作时，李鹏总理和马哈蒂尔总理对近几年来两国在经贸领域的合作关系表示满意。双方认为，合作应继续持积极态度。望双方克服困难，努力解决合作中存在的问题，在一些有长远影响的大项目上取得更多实质性进展。

李鹏说，中方将继续推动有实力的中央和地方企业来马来西亚开展合作，逐步扩大对马投资。同时也欢迎马来西亚更多的工商界人士到中国开展合作。随着中马两国经济进一步发展，双方互为市场的潜力将进一步得到开拓，从而为两国经贸合作创造更多的机会和条件。我们与马方积极探索发展经贸合作的新思路、新办法，共同推动两国的互利合作向更加深入和广阔的方向发展。马哈蒂尔总理对此表示同意。他说，马来西亚政府将会为此和中方共同作出努力。

李鹏总理和马哈蒂尔总理还表示要进一步加强两国金融领域的合作。促进中国银行和马来西亚银行在对方国家互设附属行和分行的工作，具体问题可由两国有关部门进一步商谈。

在谈到中国与东盟关系时，李鹏说，中国重视东盟在地区事务中的积极作用。东盟扩大复合多极化发展潮流，也有利于亚太地区的和平与发展。中方支持东盟在本地区发挥更大的积极作用。

李鹏和马哈蒂尔认为，当前世界形势的最大特点是世界加速向多极化方向发展，这一趋势有利于本地区乃至世界的和平与稳定。马哈蒂尔总理说，由一两个国家主宰世界的时代已一去不复返了，在这一形势下，国际上各种力量、国家间应相互加强磋商与协调，这有利于抵制霸权主义。李鹏赞同马哈蒂尔总理的这一观点。

双方还就共同关心的地区和国际问题交换意见。

国务院总理李鹏在马来西亚外交和国际关系学院发表《发展面向 21 世纪的睦邻友好关系》演讲

外长阁下，女士们、先生们、朋友们：

应马哈蒂尔总理的邀请，我前来马来西亚进行正式友好访问。今天我能有机会同大家见面，在享有盛名的马来西亚外交和国际关系学院举行的欢迎会上发表讲演，感到非常高兴。借此机会，我谨向会议的东道主、尊敬的巴达维外长阁下，以及与会的全体来宾表示衷心的感谢，并致以亲切的问候。

这里，我要向大家介绍一下中国经济发展情况，并就中国同东盟国家进一步发展友好合作关系谈一点看法。

从 70 年代末开始，中国进入了改革开放和现代化建设新的历史时期。19 年来，中国经济一直保持着良好的发展势头，人民生活得到显著改善。以建立社会主义市场经济体制为目标的经济体制改革取得突破性进展，对外开放的格局基本形成。最近几年，中国通过加强国家对经济的宏观调控，抑制了一度出现的较为严重的通货膨胀，形成了经济增长快、物价涨幅低、国民经济平稳协调发展的良好局面。

中国制定了本世纪最后五年的发展计划和2010年远景目标纲要，两年来执行情况良好。我们的目标是通过经济体制和经济增长方式两个转变，实施科教兴国战略和可持续发展战略，坚定不移地执行对外开放政策，实现经济发展和社会全面进步。在本世纪的最后五年，中国经济将保持8%以上的发展速度，在下一个世纪前十年将保持7%以上的发展速度，国家综合实力进一步增强，人民生活水平将有更大的提高。同过去相比，中国取得的进步是巨大的。但我们也清醒地看到，在前进的道路上还有许多困难，特别是中国人口多、底子薄，即使和亚洲一些发展中国家相比，我们的人均发展水平也是比较低的。中国实现现代化，达到世界中等发达国家的水平，还需要几十年的艰苦努力。我们相信，在邓小平建设有中国特色社会主义理论的指引下，中国现代化的目标一定能够实现。

中国与东盟国家历史上有着长期遭受外来侵略的共同遭遇，现在又面临着发展民族经济的共同任务，有着维护地区与国际和平的共同需要。我们愿意同东盟国家一道，为发展面向21世纪的睦邻友好关系作出不懈的努力。为此，我提出以下看法：

一、要相互尊重，平等相待。我们一贯主张，世界上每一个国家都有权根据本国的国情选择自己的政治体制和发展道路，别的国家都不得以任何方式加以干涉。我们认为，国家不分大小、贫富、强弱，都是国际社会的平等成员，都有平等参与地区和国际事务的权利，这种权利应该得到充分尊重。

二、要加强对话，密切磋商。中国与东盟建立的全面对话伙伴国关系，是我们加强对话、密切磋商的重要渠道。我们要进一步加强国家领导人和各界人士之间的交往，就共同关心的问题广泛交换意见，加深了解，扩大共识。

三、要互利互惠，共同发展。经济因素在国际关系中的地位正在日益上升，经济合作已成为发展国家关系的重要基础。中国和东盟国家各有长处，在资源、技术、资金、市场等领域可以优势互补。我们之间经济合作的潜力是巨大的，领域是广阔的，前景是光明的。各国在发展经济的过程中都积累了不少好的经验，可以相互借鉴，取长补短，求得共同发展。

四、要相互支持，扩大合作。我们应进一步加强在联合国、亚太经合组织、亚欧会议及东盟地区论坛中的相互支持与配合，以维护发展中国家的共同权益。

五、要着眼大局，求同存异。我们在发展国家关系的过程中有着广泛的共同利益，同时也难免出现个别差异和分歧。我们应该本着向前看的精神，通过平等友好协商，寻求问题的逐步解决。一时解决不了的，可以求同存异，不要让彼此间的差异和分歧妨碍国家关系的正常发展。

大家都知道，五六十年代，国家要独立、民族要解放是不可阻挡的历史潮流。现在，多极化趋势正在加速发展，世界要和平、国家要发展、社会要进步也已成为不可阻挡的历史潮流。我们高兴地看到，东盟作为世界上重要的地区组织，在维护地区和平、促进经济发展等方面发挥着日益重要的作用。中国愿意同东盟国家继续进行卓有成效的合作。

今年年底，东亚首脑会议将在吉隆坡举行，中国国家主席江泽民将应邀参加这一盛会。这是中国与东盟关系发展史上的一件大事。让我们携起手来，为推动建立和平稳定、公正合理的国际政治、经济新秩序而努力奋斗。

谢谢各位！

司法部在北京召开全国司法行政系统学习侯殿禄先进事迹电视电话会

会议号召全国司法行政系统开展“向侯殿禄学习，努力化解民间纠纷，百县千乡创‘四无’活动”。司法部、人事部分别授予侯殿禄“司法行政系统一级英雄模范”、“模范公务员”称号。

国务院副总理姜春云在长春主持召开辽宁 吉林黑龙江和内蒙古四省区农业座谈会

辽宁、吉林、黑龙江和内蒙古4省区分管农业的领导同志参加座谈会。会上认真分析了当前农业特别是粮食生产形势，研究了减灾增产措施。姜春云说，东北3省和内蒙古是我国的粮食主产区，4省区粮食的丰歉，对全国粮食供应有举足轻重的作用。今年，4省区遭受了严重旱灾，由于抗灾措施得力，大大减轻了灾害损失，仍然可望获得较好收成。

姜春云指出，要从今年严重旱灾造成危害的事实中，认真吸取经验教训，进一步认清加强农田水利建设的重要性和紧迫性。同样的旱灾，没浇上水的庄稼基本绝收；浇上“救命水”的，有一半收成；全程灌溉的就呈现一派丰收景象。有水无水，大不一样，形成鲜明的对比。要用事实教育干部群众，做到“旱了个明白”、“旱了个清醒”，下决心大搞农田水利建设，改变农业生产条件。

姜春云在座谈会上要求：第一，要狠抓大秋作物后期管理，并为明年增产增收做好准备工作。要抓紧秋收前一个月的时间，搞好以促早熟、防早霜为主要内容的农作物后期田间管理。庄稼长势好的地区，力争多增产，以丰补歉；受灾重的，要尽量少减产。要广开生产门路，搞好生产自救，安排好灾区群众生活。同时，及早做好明年的备耕工作。第二，大搞农田水利建设，提高农业的综合生产能力。要不失时机地发动群众开展秋冬季以深耕改土、广辟水源、采用节水灌溉技术为重点的农田水利建设。要地上、地下水并用，在地下水丰富的区域，多打抗旱井，尽力扩大灌溉面积。同时要狠抓植树造林，积极推进农业科技革命，搞好农业综合开发。第三，要十分注重保护调动农民的积极性。切实做好粮食收购工作。稳定完善党在农村的各项基本政策，特别要搞好土地第二轮承包，把承包期再延长30年。切实减轻农民负担。坚持物质文明和精神文明一起抓，促进农村经济、社会协调发展。

国家主席江泽民在中南海会见纳米比亚副总理亨德里克·维特布伊及其主要随行人员

国家主席江泽民在中南海会见由韩国副总理兼财政经济院院长官姜庆植率领的韩国代表团

中共中央政治局常委胡锦涛在人民大会堂会见以日本原社会党总书记久保亘为团长、原社会党委员长、总书记田边诚为顾问的日本超党派国会议员代表团

中国杰出科学家吴有训百年诞辰纪念报告会在中国科技会堂举行

中共中央政治局常委、中央军委副主席刘华清出席并讲话。

吴有训是我国近代物理学实验研究的奠基人之一，主要从事近代物理学特别是 X 射线散射光谱方面的实验研究、教学和组织领导工作。早在 20 年代初，他以高超的实验技术为康普顿效应的确认和完善，作出了重大贡献。作为教育家，他在从事的各项工作中，都高度重视人才的培养，在不同时期为我国科技、教育事业造就了一大批高质量的科技人才。

全国政协副主席、中国工程院院长朱光亚主持报告会。中国科学院院长路甬祥宣读了中共中央政治局委员、国务院副总理李岚清给会议发来的贺信。

中国科协主席、中国科学院前任院长周光召，清华大学校长王大中，著名物理学家杨振宁以及吴有训先生家乡江西省高安市代表分别在会上讲话，著名物理学家王淦昌院士作了书面发言。

《邓小平新时期军队建设思想研究丛书》出版发行座谈会在北京举行

中共中央总书记、国家主席、中央军委主席江泽民为丛书题写总书名并题词。江泽民的题词是："努力学习邓小平新时期军队建设思想，积极探索新形势下军队建设的特点和规律。"

《丛书》共分为 10 个分册，近 200 万字，由国防大学出版社出版。

全国 500 名优秀音乐 美术教师表彰会在人民大会堂举行

表彰会由国家教委艺术教育委员会、中国中小学幼儿教师奖励基金会、中国艺术教育促进会联合举办国家教委艺教委专家讲学团于今天宣布成立。据悉，在全国评选中小学优秀艺术教师是新中国成立以来第一次。

中共中央政治局委员、国务院副总理李岚清出席会议并讲话。

国务院批转《全国综合治理血吸虫病"九五"计划》

以到 2000 年，在血吸虫病疫情较大幅度下降基础上力争实现基本控制血吸虫病为总体目标的《全国综合治理血吸虫病"九五"计划》，近日经国务院同意转发全国。

8月23日

全国政协副主席霍英东率全国政协代表团离开香港赴加拿大和俄罗斯进行友好访问

中国队在布达佩斯结束的第四届世界青年蹼泳锦标赛上夺得 8 块金牌 7 块银牌和 5 块铜牌

8月24日

第十届世界烟草或健康大会在人民大会堂举行

国家主席江泽民出席会议并发表重要讲话。

来自世界 103 个国家和地区的 1800 多名代表参加了本届大会。这次大会的主题为"烟草：不断蔓延的瘟疫"，大会将围绕这个主题开展世界烟草流行趋势、控制烟草有效策略等问题的研讨与交流，提出可行的"行动纲领"。本届大会由中国主办并由中国吸烟与健康协会和中华医学会承办。大会由本届大会主席、全国人大常委会副委员长吴阶平主持。

在开幕式上，世界卫生组织总干事中岛宏、世界卫生组织西太区主任韩相泰致辞并颁奖。中国卫生部部长陈敏章、宋庆龄基金会荣获了世界卫生组织颁发的烟草或健康纪念奖。

联合国儿童基金会东亚及太平洋地区主任科尔博士也在开幕式上讲了话。

钱其琛、彭珮云、钱正英、何鲁丽出席大会。

国家主席江泽民在第十届世界烟草或健康大会开幕式上发表讲话

中岛宏博士,主席先生,女士们,先生们,朋友们:

今天,第十届世界烟草或健康大会在北京开幕了。我代表中华人民共和国政府,并以我个人的名义,对这次大会的召开表示衷心的祝贺!对来自世界各地的朋友们表示热烈的欢迎!

近些年来,世界卫生组织在全球范围内,卓有成效地推动了控制烟草的工作,为保障人类健康作出了积极的贡献。这次大会将进一步推动这方面的工作。我预祝大会取得圆满成功。

中国是一个地域辽阔、人口众多的发展中国家。烟草在我国流行有比较长的历史,各地区烟草的产量、吸烟的人数以及人们对吸烟的认识,都有很大的差别。我国政府从实际情况出发,在控烟工作方面作了很大的努力。在广泛、深入进行宣传的同时,颁布了有利于保障健康、推动控烟工作的法规,并加强了控烟的科学研究和国际学术交流。我们对成年人积极进行正面教育和引导,提倡文明、健康的生活方式。对中小学生、未成年人吸烟采取了严格限制的措施。

当前,我国经济形势很好,社会稳定,人民安居乐业。精神文明建设不断加强。我们坚持把讲究环境卫生,提倡文明习惯,提高国民素质和健康水平,纳入经济发展和社会进步的总体目标。

健康,是人类生存与发展的前提条件,是各国人民共同追求的目标。中国将继续与世界各国一道,为提高人民的健康水平进行不懈的努力。让我们携起手来,为迎接21世纪的到来,为建设人类更加美好的生活环境,促进人类的文明进步事业而共同奋斗。

谢谢大家!

出席中国共产党第十五次全国代表大会的2048名代表已经全部选出

这些代表是由31个省、自治区、直辖市和中共中央直属机关、中央国家机关、全国台联、人民解放军、武警部队等36个选举单位,分别召开党代表会议或党代表大会经差额选举产生的,整个选举工作进行顺利。

2048名十五大代表,代表了全党5800多万名党员,具有广泛的代表性。代表中,各级党员领导干部占75.9%,在工交、农业、财贸、科技、教育、文化、卫生、体育、政法、国防等第一线工作的劳动模范、先进工作者、有突出贡献的专家、英模等占24.1%;妇女代表占16.8%;少数民族代表占10.7%;具有大专以上文化程度的代表占83.5%;55岁以下的代表占63.5%。代表中,各个历史时期入党的党员都占有一定的比例,有入党六七十年的老党员,有近几年在改革开放和社会主义现代化建设中入党的中青年优秀党员,新中国成立后入党的占绝大多数。

《毛泽东诗词集》线装本《毛泽东诗词手迹》线装本由线装书局出版

江泽民题写书名的《毛泽东诗词集》繁体字线装本和《毛泽东诗词手迹》线装本两书,已由线装书局出版,将陆续在海内外发行。

《毛泽东诗词集》线装本是根据中共中央文献研究室编辑、中央文献出版社1996年9月出版的《毛泽东诗词集》刊印的。《毛泽东诗词集》共收入毛泽东创作的旧体诗词67首,是历年来出版的毛泽东诗词集中所收诗词最多的版本,也是目前国内最具权威性的毛泽东诗词集。这次出版繁体字线装本,又对这本书作了一些修订。

中共中央文献研究室和中央档案馆合编的《毛泽东诗词手迹》线装本,收入的大都是毛泽东书写他所喜爱的自作诗词的手迹,是他的书法瑰宝。本书共收毛泽东46首诗词的手迹112篇,绝大部分是中央档案馆的馆藏珍品,其中约1/3是第一次公开发表。

《毛泽东诗词集》线装本和《毛泽东诗词手迹》线装本,用特制宣纸精印,各分上、下两册,配有函套,装帧精美,不仅具有很高的文献、学术、鉴赏价值,而且具有珍贵的收藏价值。

中国防化专家化学裁军国际实验室比较测试九连冠

在日前结束的联合国化学裁军特设委员会第九次"国际联试"中,我国防化研究院分析化学实验室以检出率、准确率均100%的成绩,再次名列各参试国之首。这是我国防化专家连续8年9次取得这样的好成绩,表明我国分析化学测试技术跻身世界先进行列。

第三十届国际汉藏语及语言学大会在北京召开

来自美国、英国、法国、俄罗斯等18个国家和地区及我国170余名汉藏语专家参加会议。

大会收到论文150余篇,会议代表将就汉藏语系语言的分类问题,汉语方言的分区问题,语言规划、语言政策以及汉语和各民族语言之间的关系等国际汉藏语界关心的重要问题进行研讨,同时还将就国际汉藏语界最新的研究成果进行交流。

8 月 25 日

新加坡总统王鼎昌和夫人在总统府会见李鹏总理

国务院总理李鹏与新加坡总理吴作栋在总统府举行会谈

两国总理回顾了近几年来中新关系的发展，对两国在各个领域中卓有成效的合作表示满意。

李鹏说，中新两国建交七年来，双边关系发展迅速。两国领导人频繁接触和互访，为中新关系的发展奠定了坚实基础；经贸合作成果显著。两国贸易额不断上升，新加坡对华投资比以前增加，两国最重要的合作项目苏州工业园区的建设正在取得进展。目前，双方合作已逐渐向通信、航空等科技含量高的领域拓展；两国还在许多重大国际、地区问题上保持相互理解和支持。

吴作栋总理对此表示赞同。他说，我们两国关系非常好，不存在任何悬而未决的问题，双方应进一步拓展合作领域，特别是苏州工业园区，这是一个长期项目，双方应共同努力，使这个重要项目继续获得成功。

两国总理均认为有必要继续保持两国领导人之间的接触和对话，推进两国友好合作深入发展，充分发挥各自优势，利用各种形式，把双方之间的合作扎扎实实地搞上去。要充分利用两国文化背景相似，语言、文字容易相互沟通的优势，推进卫生、文教、旅游等领域的交流与合作。双方还强调要继续在国际和地区问题上保持良好的磋商与协调，共同为维护地区和平、稳定和发展作出贡献。

在谈到中新经贸合作关系时，李鹏说，在目前形势下，如何充分利用两国各自优势，拓展合作领域，是我们双方应认真研究的课题。李鹏强调，中国的市场是稳定的，同中国进行投资合作不仅可使新方享受较高回报率，更可以做到互惠互利。

吴作栋完全赞同李鹏的看法，他说，我们还要鼓励新中两国企业、公司间的合作，促进相互投资，或到第三国投资，这种方式有利于我们的经济发展。

李鹏向吴作栋介绍了香港回归后的情况。他说，香港与本地区有着密切的联系，香港的持续繁荣与稳定对东南亚国家是有利的。

吴作栋说，新加坡一贯支持香港回归中国，我很高兴地看到香港回归后情况良好，新加坡在香港有很大的投资，今后也会继续进行投资，我们对香港的繁荣稳定充满信心。

在谈到中国与东盟关系时，两国总理认为，东南亚一体化进程的发展符合全球多极化潮流，也有利于亚太地区长久的和平与稳定。中国东盟双边关系非常重要，双方应进一步加强在各个领域的合作。吴作栋说，今年年底东盟、中国、日本、韩国领导人将在吉隆坡举行会晤，希望通过我们的共同努力，使这次会晤取得成功。

两国总理还就共同关心的地区和国际问题交换了看法。

八届全国人大常委会二十七次会议开幕

乔石委员长主持了今天上午的全体会议。

大会听取了全国人大法律委员会副主任委员蔡诚作关于中华人民共和国防洪法草案审议结果的报告。在今天上午的会议上，受国务院委托，国家计委主任陈锦华作关于中华人民共和国价格法草案的说明，国家地震局局长陈章立作关于中华人民共和国防御与减轻地震灾害法草案的说明。外交部副部长李肇星作关于提请审议批准中华人民共和国和哈萨克斯坦共和国、吉尔吉斯共和国、俄罗斯联邦、塔吉克斯坦共和国关于在边境地区相互裁减军事力量的协定的议案的说明和关于提请审议批准中华人民共和国和塔吉克斯坦共和国关于民事和刑事司法协助的条约的议案的说明。

国家计委主任陈锦华在八届全国人大常委会二十七次会议上就价格法草案作说明

陈锦华说，国务院于 1987 年 9 月发布的《中华人民共和国价格管理条例》，对于加强价格管理、推动价格改革、促进商品经济发展，起了积极作用。但是，随着改革深化，条例的许多内容已不能完全适应改革和发展的需要。根据社会主义市场经济的要求制定一部价格法，对价格活动作出系统的、全面的规范，是必要的。

他说，起草价格法的指导思想是：适应社会主义市场经济体制要求，建立和完善宏观经济调控下主要由市场形成价格的机制；力求把 18 年来价格改革的成功经验和做法，用法律形式确定下来，巩固价格改革成果，促进价格改革深化；规范价格行为，发挥价格合理配置资源的作用，稳定市场价格总水平，保障社会主义市场经济健康发展。

陈锦华还就价格的范围、价格的基本形式、定价目录和定价权限、政府对价格的调控等作了说明。

全国人大法律委员会副主任委员蔡诚向八届全国人大常委会二十七次会议报告防洪法草案的审议结果

蔡诚说，为了防治洪水，防御、减轻洪涝灾害，维护人民的生命和财产安全，保障社会主义现代化建设顺利进行，制定防洪法是必要的，草案基本上是可行的。

第八届全国人大常委会第二十六次会议对防洪法草案进行了初步审议。会后，法律委员会、法制工作委员会将草案印发各省、自治区、直辖市和中央有关部门征求意见，并联合邀请中央有关部门座谈征求意见。法律委员会多次召开会议，根据各方面意见，对草案进行了审议。

蔡诚说，有些委员、地方和部门提出，防洪规划是江河、湖泊治理和防洪工程设施建设的基本依据，关系重大，应当分别不同层次的防洪规划，对编制机关、审批机关作出更加明确的规定。为此，草案作出了修改。

蔡诚说，有些委员、地方和部门提出，依照水法的规定，紧急防汛期调用的物资、设备等，在汛期结束后应当及时归还，或者给予适当的补偿，建议增加关于适当补偿的规定，并建议增加规定，取土占地、砍伐林木的，应当在汛期结束后依法补办手续，并进行土地复垦和林木补种。为此，草案作了进一步修改。

彭雪枫军事文选暨画册出版座谈会在北京举行

中共中央总书记、国家主席、中央军委主席江泽民为《彭雪枫军事文选》暨《彭雪枫将军》画册出版题词。

中央军委副主席张震、张万年、迟浩田，全国政协副主席钱正英，老同志叶飞、张廷发，中央军委委员于永波、王克、王瑞林等出席了座谈会。

张震在讲话中说，彭雪枫同志是中国工农红军、八路军、新四军的著名将领。在长期的中国革命战争中，他努力学习并创造性地运用毛泽东军事思想，在军事理论方面有不少精辟论述和独到见解。他既是出色的军事指挥员，又是优秀的政治委员。他的军事理论和军事实践，对毛泽东军事思想的运用和发展作出了重要贡献。

《文选》从搜集到的300余篇文稿中，选定收入其中的112篇。画册编入179幅珍贵的图片资料。

中宣部 司法部 中共甘肃省委在人民大会堂联合举行侯殿禄先进事迹报告会

来自首都各界及司法行政系统的代表共3000多人参加了报告会。

侯殿禄是甘肃省武威地区古浪县黑松驿乡的司法助理员。他几十年如一日，扎根贫困山区，在平凡的岗位上做出了不平凡的业绩。特别是担任司法助理员以来，他认真履行职责，秉公执法，无私奉献，一心一意为民排忧解难，尽职尽责化解民间纠纷，维护一方安宁，赢得人民群众的尊敬和爱戴，谱写了一曲一心服务人民、真情回报社会的精神文明之歌。

全国人大常委会委员长乔石在人民大会堂会见德国联邦议会副议长安特耶·福尔默

外交部发言人唐国强就美国众议员弗兰克·沃尔夫的所谓“西藏见闻”发表评论

唐国强指出：沃尔夫众议员戴着有色眼镜，无视西藏在各方面取得的巨大进步，对中国肆意进行诋毁，这种行径是可悲的，也是不会得逞的。

有记者问：最近美国众议员沃尔夫举行记者招待会，以其所谓在西藏的见闻称西藏人没有宗教自由，中国中央政府对西藏实行“文化灭绝”政策，你对此有何评论？

唐国强说，中国政府实行保护和发展少数民族文化和传统的政策。西藏人民在国家宪法和法律的保护下，享有从事宗教活动的充分自由。近年来，中国政府拨专款对布达拉宫等1700多座寺庙和宗教场所进行了维修，对西藏文化遗产和民间艺术进行了全面系统的普查、收集、整理、研究和出版，还对学习、使用藏语和（汉、藏）双语教学作了明确规定。西藏文化不是面临毁灭，而是在全面发展。最近在北京召开的有美国学者参加的西藏文化国际研讨会就此作出了充分肯定。

唐国强指出，凡是尊重事实的人都会看到，今天的西藏与旧西藏相比具有天壤之别。旧西藏一直处于封建农奴制社会。占西藏90%以上的广大农奴政治上受压迫、经济上受剥削，旧西藏是世界上最黑暗、最落后、侵犯人权最严重的地区之一。西藏实行民主改革后，废除了农奴制，藏族人民真正获得了人身自由，享有了我国宪法和民族区域自治法保障的一切政治权利。

西藏首次发现藏羚羊繁殖区

中美合作考察队在西藏海拔5000多米的无人区—昆仑山南麓、可可西里湖畔、多布扎拉山脉，首次发现中国特有的珍稀动物藏羚羊繁殖区，藏羚羊的迁徙路线也已被摸清。

8月26日

八届全国人大常委会二十七次会议举行第二次全体会议

乔石委员长出席会议。

在会上，受国务院的委托，国家计划委员会主任陈锦华、中国气象局局长温克刚分别作关于今年以来国民经济和社会发展计划执行情况的报告和关于气象工作情况的报告。会议听取了王光英副委员长作关于检查《中华人民共和国产品质量法》实施情况的报告、全国人大环境与资源保护委员会副主任委员杨纪珂作关于第八届全国人大第五次会议主席团交付审议的代表提出的议案审议结果的报告、全国人大常委会代表资格审查委员会主任委员孟连作关于补选代表的代表资格的审查报告，会议还审议了全国人大代表团访问特立尼达和多巴哥、玻利维亚、墨西哥三国情况的书面报告。

全国人大常委会副委员长布赫主持全体会议。全国人大常委会副委员长田纪云、王汉斌、陈慕华、费孝通、雷洁琼和秘书长曹志等出席会议，国务院副总理邹家华、最高人民法院副院长唐德华、最高人民检察院检察长张思卿列席会议。

国家计委主任陈锦华在八届全国人大常委会二十七次会议全体会议上报告 1997 年以来国民经济和社会发展计划执行情况

陈锦华表示，今年以来，国民经济和社会发展计划执行情况总体上是好的。

陈锦华说，根据中央经济工作会议确定的"稳中求进"的整体要求和八届全国人大五次会议审查批准的 1997 年国民经济和社会发展计划，全国各地方、各部门努力为我国政府恢复对香港行使主权和迎接党的十五大召开，创造良好的宏观经济环境，加大企业改革和经济结构调整的力度，国民经济继续保持了适度快速和相对平稳发展的好势头，物价回落到较低水平。上半年实现国内生产总值 33180 亿元，同比增长 9.5%。生产、建设、流通和财政金融等各个领域都取得了新的成绩。

陈锦华从八个方面作了说明：农民生产积极性得到保护，夏粮早稻获得丰收；国有企业改革加快，工业生产稳定增长；固定资产投资增长基本适度，投资结构继续改善；消费品市场繁荣稳定，物价涨幅继续回落；产品结构继续得到调整；外贸出口大幅度回升，利用外资结构有所改善；财政收入增长较快，金融运行相对平稳；城乡居民生活继续改善，各项社会事业稳步发展。

陈锦华强调，今年前七个月的经济运行继续保持了"九五"开局以来的良好势头，经济形势确实是近几年来最好的。他同时指出，目前经济生活中仍然存在一些需要高度重视的矛盾和问题。主要表现在四个方面：(一)粮食生产连年丰收，供求关系明显改善，市场粮价回落，粮食购销和经营中的矛盾更为突出。(二)部分国有企业机制转换和开发创新能力不适应市场需求变化的矛盾更加突出，企业总体经济效益差的状况还没有根本扭转，资金周转慢、产成品库存继续上升，相互拖欠资金的问题还很严重。(三)随着国有企业改革和结构调整力度的不断加大，就业和再就业问题越来越突出。(四)国有商业银行和非银行金融机构的不良资产所占比重偏高，非法设立金融机构或非法从事金融业务的现象屡禁不止。

陈锦华说，为全面完成今年国民经济和社会发展计划确定的各项任务，今后几个月要继续贯彻落实中央确定的"稳中求进"的总体要求和八届全国人大五次会议通过的各项决议，努力做好八个方面的工作：搞好粮食收购和抗灾减灾工作，争取全年农业好收成；继续深化国有企业改革，做好"抓大放小"工作；加快结构调整的步伐，努力开拓新的经济增长点；进一步调整投资结构，严格审批新开工项目；防范金融风险，抓好财政增收节支；认真做好再就业工作，保持社会稳定；继续扩大外贸进出口，提高利用外资的水平；加强价格监督管理，保持价格稳定。

全国人大常委会副委员长王光英在八届全国人大常委会二十七次会议全体会议上报告检查产品质量法实施情况

王光英表示，我国产品质量取得了很大进步，但目前在人们的认识上和执法方面还存在一些问题，与当前经济形势的发展和中央提出的两个转变不相适应，产品质量工作还需进一步加强。为了提高我国的产品质量，切实保护用户和消费者的合法权益，促进产品质量法全面贯彻实施，全国人大常委会组成 4 个检查组，于今年 6 月分别到广东、浙江、河北、河南 4 省，对贯彻实施产品质量法的情况进行了检查。根据全国人大常委会的安排，天津、内蒙古、辽宁、黑龙江、福建、湖南、陕西、甘肃、四川、云南等 10 省、自治区、直辖市对本行政区贯彻实施产品质量法的情况进行了自查，并向全国人大常委会提交了书面报告。

王光英说，从检查的情况看，各级政府贯彻执行产品质量法的指导思想明确，措施得力，做了大量工作，促进了产品质量的提高，遏制了制售"假冒伪劣"商品的行为，总结出一些好的经验和做法，出现了一批质量效益型企业和优质名牌产品。

王光英同时指出，当前我国产品质量总体水平仍然不高，执法的任务相当艰巨；有些地方和企业的领导质量法制观念淡薄；部分企业技术管理基础薄弱，产品质量得不到保证；假冒伪劣商品屡禁不止的状况尚未得到根本扭转。

王光英指出，认真贯彻产品质量法，努力提高我国产品质量的总体水平，是关系到推进经济增长方式的转变，提高国民经济增长的质量和效益，确保"九五"计划和 2010 年远景目标纲要实现的重大战略问题。他提出，要增强质量法制观念，将严格执法变成全社会特别是各级领导的自觉行动；切实加强企业内部管理，强化质量基础工作；高度重视并认真解决流通领域的产品质量问题；加大打击假冒伪劣犯罪行为的力度，搞好综合治理；加强执法队伍建设，提高执法水平；尽早修改、完善产品质量法。

国家气象局局长温克刚向八届全国人大常委会二十七次会议报告气象工作情况

这是新中国成立以来气象部门首次向全国人大常委会汇报工作。

温克刚说，我国气象业务技术的总体水平，在发展中国家已处于领先水平，相当一部分已达到发达国家80年代中期或后期的水平，某些方面已接近发达国家90年代初的水平。

温克刚说，新中国成立以来，特别是党的十一届三中全会以来，中国气象局在国务院的直接领导下，在各级政府的大力支持下，认真抓了气象工作的现代化建设，开创了我国气象事业蓬勃发展的新局面。

温克刚说，目前，气象部门已建立了符合气象工作特点和中国国情的领导管理体制；初步建成了门类齐全、布局合理、自动化程度较高的气象综合探测系统，至今已有2600个地面、高空气象探测站，是世界上气象探测站最多的国家之一；初步建成了以计算机通信网络联通国家气象中心，区域气象中心，省、地气象台的信息网络系统，大大增强了国内外气象信息的交换处理能力；建立了结构合理的气象业务技术体系，基本气象信息的加工分析预测能力上了一个大台阶，已能比较准确地作出短、中期天气预报，可以发布7天天气预报，是世界上为数不多的能发布中期数值天气预报的国家之一；初步建成了比较现代化的气象服务体系；气象科研面向现代化、面向经济建设、面向未来，取得了一批重要成果；气象教育迅速发展、气象队伍素质明显提高；增进了国际气象科技合作与交流。

温克刚从气象在国计民生中的地位和作用、气候资源开发利用和保护、气象事业发展中面临的问题几个方面作了汇报。

第八届“中国十大杰出青年”评出

由中华全国青年联合会、中国青少年发展基金会与人民日报等首都十家新闻单位联合主办的第八届“中国十大杰出青年”评选活动，经投票正式揭晓。他们是(以姓氏笔画为序)：乌兰(内蒙古自治区中蒙医医院蒙医五疗科主任)、叶龙(福建省实达电脑集团股份有限公司总裁)、冯巩(中国广播艺术团演员)、李永波(国家体委训练局中国羽毛球队总教练)、李建保(清华大学材料科学与工程系教授)、吴国迪(浙江省中国中轻工业集团公司董事长)、沈方泉(第二炮兵某部副营长)、赵满堂(甘肃省天水市北道区科委科技开发中心主任)、战连传(武警山东总队济南市支队三大队副大队长)、简纯林(海南省国营西联农场场长)。当选的“十杰青年”具有较为广泛的代表性、先进性和鲜明的时代特征。

中国天主教爱国会成立40周年纪念会在人民大会堂举行

中共中央政治局委员、国务院副总理钱其琛，全国政协副主席、中央统战部部长王兆国，全国政协副主席赵朴初等出席了会议。

钱其琛在会上讲话。他首先代表党中央、国务院向中国天主教爱国会成立40周年表示祝贺。他说，40年前，中国天主教内有识之士经过对天主教历史的深刻反思，开展了轰轰烈烈的反帝爱国运动，成立了中国天主教爱国会，表现出可贵的爱国热忱和民族正义感，中国天主教从此成为中国教徒独立自主自办的宗教事业。40年来，中国天主教爱国会在维护国家主权和尊严，保护天主教界合法权益，协助教会开展教务活动，提高教会自养能力，带领广大信教群众参加社会主义两个文明建设等方面做了大量工作。钱其琛希望中国天主教会今后要继续高举爱国主义旗帜，坚定不移地走独立自主自办教会道路。同时，希望他们要在法律法规和政策的范围内开展宗教活动，坚决抵制敌对势力干涉我国宗教内部事务和利用宗教进行分裂、渗透活动。

全国棉花工作会议在北京结束

国家计委和中宣部在北京联合召开经济建设成就座谈会

来自国务院有关部门的代表畅谈党的十四大以来我国经济建设取得的主要成就。

参加座谈会的代表一致认为，党的十四大以来，在以江泽民同志为核心的党中央领导下，在邓小平建设有中国特色社会主义理论和党的基本路线指引下，经过全国各族人民的共同努力，我国改革开放和社会主义现代化建设取得了举世瞩目的伟大成就。国民经济呈现出快速、稳定增长的勃勃生机，综合国力显著增强，社会生产力水平得到进一步提高，人民生活水平又迈上了一个新台阶，对外经济取得突破性进展，宏观调控取得积极成果。

国家计委副主任王春正说，十四大以来的5年，是我国国民经济持续快速健康发展的5年，是社会生产力明显提高的5年，是综合国力显著增强的5年。

1996 年我国国内生产总值达到 67795 亿元，按可比价格计算，比 1991 年增长 77.1%，年平均增长 12.1%，而且年度间没有出现大的起伏。5 年间，我国农村贫困人口由 1992 年的 8000 万人减少到 1996 年的 5800 万人，贫困人口占农村总人口的比重下降到 6.7%。5 年间，我国外贸进出口总额累计达到 11686 亿美元，年均增长 16.4%，我国在世界贸易中的位次已由 1990 年的第 15 位上升到目前的第 11 位。

国家经贸委副秘书长孟宪刚在发言中指出，党的十四大以来，我国国有企业按照建立适应社会化大生产和社会主义市场经济体制的要求，积极进行改革并取得了成效。一是通过改革，国有企业得到进一步发展，发展势头越来越平稳。1992 年到 1996 年，国有工业增加值年均增长 6.1%；实现利税从 1944 亿元增加到 2733 亿元，年均增长 8.9%。二是总体实力进一步增强，继续在国民经济中居于主导地位。三是综合经济效益得到提高，在一些方面仍保持一定优势。四是国有企业对国民经济的发展、人民生活水平和综合国力的提高发挥了重要作用。五是有一批国有企业迅速得到发展和壮大，涌现出了邯钢、宝钢、深圳石化、长虹等一大批先进典型。

农业部副部长刘成果把十四大以来我国农村经济发展成就概括为“一跨越、三增长、两改善”。“一跨越”是指粮食生产实现了历史性跨越，1996 年全国粮食总产量达到 4900 亿公斤，比 1992 年增产 470 多亿公斤，提前 4 年实现了“九五”粮食总产计划下限目标；人均占有粮食产量首次突破 400 公斤大关。“三增长”是指“菜篮子”产品、乡镇企业和农民收入成倍增长。1996 年全国肉类总产量达到 5915 万吨，比 1992 年增加 2484 万吨；水产品产量达到 2813 万吨，比 1992 年增加 1256 万吨；乡镇企业增加值达到 17659 亿元，比 1992 年增长 2.9 倍。“两改善”是指工农关系、城乡关系有所改善。

5 年来，我国铁路、交通建设取得了历史性成就。铁道部副部长傅志寰说，十四大以来的 5 年，是铁路建设投资最多、规模最大、速度最快的时期。5 年总计完成基建投资 1484.2 亿元，铺轨 11338 公里，交付运营新线 5515 公里，复线 6200 公里，电气化 2108 公里，分别相当于“七五”的 3.5 倍、2.7 倍和 2.0 倍。交通部副部长胡希捷说，5 年来，我国公路、水运交通建设进入了历史上最好的发展时期，共新增公路 14.5 万公里，桥梁 3 万座。到 1996 年年底，我国公路通车里程已达 118.6 万公里，全国汽车专用公路总里程已达 1.9 万公里，比 1991 年年底增加 2.8 倍，其中高速公路总里程已达 3422 公里，5 年中增加了 5 倍。5 年来，新增万吨级以上深水泊位 103 个，新增吞吐能力 1.2 亿吨。

电子工业部副部长张今强介绍，1992 年到 1996 年这 5 年间，电子工业系统的工业总产值、销售收入和利税均保持了 27%左右的年均增长速度，是全国发展最快的产业之一。1996 年全国电子工业系统实现工业总产值比 1992 年增长了 1.8 倍，在全国工业总产值中所占的比重也由 2.2%增长到 4.6%。

邮电部副部长杨贤足说，党的十四大以来，国家公用通信网容量、技术层次和服务水平跃上了一个台阶。1992—1996 年，邮电业务总量年均增长 45.6%，主要通信能力在 1991 年基础上接近翻 3 番。到今年 7 月底，全国光缆总长度 82 万公里，其中长途光缆 15 万公里。目前我国电话交换机总容量已由 1991 年的 1445 万门发展到 1 亿多门，成为世界第二大电话网。

国内贸易部总经济师丁俊发总结了十四大以来商品流通产业取得的五个方面成就：初步实现了全社会商品供需的基本平衡，商品市场繁荣稳定，买方市场逐步形成；流通设施更新改造加快，商品市场建设得到加强；加快了商品流通的产业化进程；加快了物流、商流、信息流的现代化步伐，商品流通产业的科技含量进一步提高；商品流通结构得到调整，整体素质得到提高。

电力工业部副部长赵希正说，5 年来，我国电力工业跃上了一个新台阶。从 1991 年到 1996 年年底，电力基建投资完成 3807.32 亿元，每年新投产大中型发电设备均超过 1000 万千瓦，这样快的建设速度在我国和世界电力发展史上都是前所未有的。到 1996 年年底，装机容量达到 23654 万千瓦，发电量达到 10794 亿千瓦时，均达到世界第二位。我国已成为世界电力生产和消费大国。5 年来，我国石油天然气的勘探、开发也取得显著进展。中国石油天然气总公司副总经理张轰介绍说，在东部地区基本保持产量稳定的同时，西部地区正逐步成为我国石油工业的战略接替地区，特别是新疆三大盆地原油年产量由 877 万吨增至 1433 万吨。1992—1996 年，我国原油年产量由 1.38 亿吨增至 1.41 亿吨，使我国继续保持世界第五产油大国地位。同时，天然气的开发进入历史最好时期。

建设部常务副部长叶如棠说，我国城市建设发展迅速，到 1996 年年底，城市数已达 666 个，5 年间城市住宅建设持续快速发展，每年新建住宅连续突破 2 亿平方米，1996 年超过 3 亿平方米，创历史最高水平。5 年新建住宅 12.6 亿平方米，解决了近 500 万户住房困难户的住房，使近 1/4 的城镇居民迁入新居。乡村住宅也以每年 6 亿平方米左右的速度持续稳定增长。

中国轻工总会副会长杨志海说，5 年来，轻工总产值平均增长 27.2%，1996 年达到 28520 亿元，比 1992 年增长了 2.3 倍。主要产品产量大幅度增长，电冰箱、洗衣机、电风扇、电熨斗、电饭锅、自行车、农地膜、陶瓷、皮鞋的产量已跃居世界第一。在产量增长的同时，花色品种也从22万种增至26万种。

人们衣着水平的改善人人都深有体会。中国纺织总会副会长许坤元说，目前，我国已成为名副其实的纺织生产大国，纱、布、毛织品、丝织品、服装的产量均居世界首位，化纤产量位居世界第二。自1993年纺织品出口位居世界第一以来，已数年保持这个优势。

国家统计局副局长卢春恒认为，经过几年的努力，我国从1993年下半年起实行的宏观调控，目前已成功地实现了经济的"软着陆"，创造了世界经济发展的又一个奇迹。宏观调控取得的成功表明我们党和政府很好地把握了社会主义市场经济条件下经济运行的客观规律，驾驭宏观经济的技巧和能力有了明显提高。

中宣部副部长徐光春主持了昨天的座谈会。

国务院总理李鹏在新加坡贸易发展局和中国驻新加坡大使馆联合主办的演讲会上发表题为《加强互利合作促进共同繁荣》的演讲

尊敬的李显龙副总理，

女士们，先生们，朋友们：

今天，我有机会与新加坡工商界人士见面，感到十分高兴。我感谢李显龙副总理刚才发表的热情洋溢的讲话。现在我愿意就中国的改革开放以及中国与东盟国家的经贸合作关系，发表几点看法。

一、中国经济将长期保持良好的发展势头。实行改革开放政策近20年来，中国的面貌发生了巨大的变化。经济体制改革和其他方面的改革正在深入进行。社会主义市场经济体制正在逐步建立。对外开放总体格局已经形成。国民经济市场化、社会化程度显著提高。经济建设保持较高的发展速度。城乡人民生活都有明显改善。中国制定了本世纪最后五年的发展计划和2010年远景目标纲要。种种因素说明，中国的经济将保持良好的发展势头。香港顺利回归以来，特区政府运作正常，香港特别行政区基本法得到切实贯彻执行，包括香港同胞在内的全体中国人民乃至国际社会都对香港的长期繁荣稳定充满信心。即将召开的中国共产党第十五次代表大会，对中国改革开放和现代化建设，特别是对如何发展社会主义市场经济将作出重要部署，对中国未来的发展必将产生重大而深远的影响。中国在经济建设方面虽然已经取得了明显的成就，但总的来看，发展还不平衡，人均水平还比较低，在前进道路上还存在着不少问题和困难。中国要实现现代化，达到中等发达国家的水平，还需要再经过几十年时间的艰苦奋斗。我们顺利地度过了邓小平逝世的悲痛时期。现在，中国政治稳定，经济发展，民族团结，人民安居乐业。中国人民正在以江泽民主席为核心的中央领导下，满怀信心地沿着邓小平开辟的建设有中国特色社会主义的道路，向着现代化的目标前进。

二、中国将坚定不移地实行对外开放政策。我们的对外开放政策是全方位的，不仅对发达国家开放，也对发展中国家开放。中国一贯奉行睦邻友好的政策，特别重视同东盟国家发展友好合作关系，并取得了令人满意的成果。去年，中国与东盟国家的贸易总额达到204亿美元，是1990年的3倍多。东盟已经成为中国的第五大贸易伙伴。在投资、劳务、技术等方面，中国与东盟国家也进行了卓有成效的合作。中国与东盟国家都处在经济快速发展时期。展望未来，我们为共同发展的前景感到乐观。

三、中国和东盟国家要拓宽合作领域，做到优势互补。中国同东盟国家的经济各有特点和优势，有较强的互补性。东盟国家资源丰富，在发展经济的过程中积累了不少有益的经验，许多产品适合中国的需要。中国的市场潜力巨大，许多产品和技术也适合东盟国家的需要。双方要从各自的实际情况出发，扬长避短，优势互补，开展平等互惠的合作，谋求共同发展。

中国同东盟的经济合作要不断开辟新的渠道，合作的领域要进一步拓宽，合作的方式要更加灵活多样。目前，中国与东盟多数国家已经签订了双边贸易、投资与科技合作协议，中国—东盟联委会业已成立。企业是经济合作的主体，政府要为企业界的合作提供支持，创造更为有利的条件。双方已经在经贸、科技、金融、信息、管理等领域进行了良好的合作，今后还可以在基础设施建设、技术转让、消除贫困、环境保护等领域开展合作。我们欢迎东盟国家继续到中国来投资办厂，中国的市场继续向东盟国家开放。现在中国也有能力通过技术与贸易结合的方式，向东盟国家投资建厂，建立独资或者合资、合作企业，并为中国的成套设备出口提供信贷。

四、中国和东盟国家要加强金融领域的协调与合作。多年来，包括中国和东盟国家在内的许多亚洲国家和地区，经济保持快速增长的势头，受到世界的瞩目和好评。我们清醒地看到，我们这些国家和地区经济力量比起发达国家还是比较薄弱的，金融机制还不很健全，存在一定的金融风险，在发展过程中容易受到国际金融市场投机风波的冲击。今后，我们应该加强在金融领域的协调与合作，加强信息交流，互通情况，抵御国际金融投机。我们应该认真总结、吸取国际上曾经发生的金融危机的经验教训，保持高度警惕，强化金融管理，完善金融制度，最大限度地防范和减少金融风险，保证经济的健康发展。

五、中国和东盟国家的合作要着眼于21世纪。我们都把发展国民经济、提高人民生活水平作为长远的战略目标，有着广泛的共同利益。我们需要牢牢把握双方利益的共同点，把互利合作提高到一个新的水平。中国和东盟开展互利合作，不是权宜之计，而是面向21世纪的长远大计；不是仅仅着眼于本地区，而是面向世界的；不仅对双方的经济发展有利，而且有利于亚太地区乃至全世界的和平与稳定，也是世界政治多元化的基础。可以预言，中国与东盟国家的互利合作关系在今后的岁月里，将一定会更加充满生机和活力。

中国同新加坡自1990年建交以来，相互了解不断加深，友谊不断增进，经济合作不断得到加强。去年两国贸易额已经突破70亿美元。投资日趋活跃。苏州工业园区等重点合作项目的建设正在顺利进行。这些成绩的取得，得益于两国政府的支持，也是与新加坡工商界朋友的积极参与分不开的。我们欢迎你们继续同中国开展经济、贸易和技术合作与交流，推动中新经贸互利合作再上一个新的台阶。

我这次来新加坡访问，有机会与王鼎昌总统、吴作栋总理进行了令人满意的会晤和会谈，今天中午我还要同李光耀资政会见并共进午餐。我和我的同事还利用这次访问的机会，会见了许多老朋友，结识了许多新朋友。访问达到了预期的目的。我相信，中国同新加坡的睦邻友好关系将会得到新的发展。中国与新加坡建立在平等互利基础上的经贸合作，将展现出更加美好的前景！

谢谢各位！

首届中国农村科学技术"绿色论坛"在北京举行

绿色论坛由国家科委组织的"中国农业和农村科学技术专家咨询委员会"举办。

首届"绿色论坛"将就新的农业科技革命的目标、内容、对策与措施；21世纪16亿人口食物安全的关键技术的选择；21世纪中国农业现代化道路；中国农业水资源利用的现状与对策；中国乡镇企业持续快速发展的障碍与对策等12个涉及农业主要领域和重大问题展开讨论，每月举行一次。

国务院新闻办公室就中国县以上城市全部开通程控电话事在北京召开新闻发布会

随着四川省普格彝族自治县开通程控电话，全国所有县以上城市，电话交换全部实现程控化。同时，我国国家公众电信网电话交换机总容量也已突破1亿门，总量超过了德国、日本，成为仅次于美国的世界第二大电话网。

中国和韩国就中国加入世界贸易组织问题在汉城达成协议

8月27日

中共中央政治局召开全体会议建议党的十五大于9月12日在北京召开将提请十四届七中全会审议决定

中宣部 解放军总政治部就表彰军民共建先进单位在北京召开电视电话会议

经党中央、国务院、中央军委批准，中宣部、总政治部召开电视电话会议，联合表彰了北京市西城区厂桥街道办事处和驻军某部等231对军民共建社会主义精神文明先进单位。会上向这些单位颁发了中共中央总书记、国家主席、中央军委主席江泽民题写的"军民共建社会主义精神文明先进单位"奖匾。

中央军委委员、总政治部主任于永波在会上宣读了中宣部、总政治部《关于表彰军民共建社会主义精神文明先进单位的决定》。

中宣部常务副部长刘云山在会上宣读了中宣部、解放军总政治部《关于组织部队参加创建文明城市文明村镇文明行业活动的意见》。

受表彰单位代表在会上发言表示，要更加深入扎实地开展军民共建活动，为进一步加强社会主义精神文明建设，巩固和发展军政军民团结的大好局面做出新的更大的贡献。

解放军总政治部副主任周子玉主持了会议，中宣部、解放军总政治部有关部门负责同志，北京市委、市政府和驻京部队各大单位政治部领导，北京地区受到表彰的先进单位代表参加了今天的会议。各省、自治区、直辖市设立了分会场，收看收听电视电话会议实况。

中办国办发出《关于进一步稳定和完善农村土地承包关系的通知》

当前，农村的土地承包关系总体上是稳定的。各地区贯彻落实中央关于延长土地承包期的政策，做了大量工作，保持了党的农村基本政策的连续性和稳定性，有效地保护和调动了农民的积极性。但是，在土地承包政策的具体执行过程中，也出现了一些值得注意的问题。有的地方在第一轮承包到期后没有及时开展延长土地承包期的工作；有的地方随意改变土地承包关系，以各种名义强行收回农民的一部分承包地，重新高价发包，加重农民负担；有的地方在实行土地适度规模经营过程中，违背农民意愿，搞强迫命令，引起群众不满。尽管这些问题发生在少数地方，属于局部性、苗头性的，但必须高度重视，认真加以解决。根据党中央、国务院的指示，现作如下通知：

一、切实提高对稳定农村土地承包关系重要性的认识。我国农村人多地少，大部分地区经济还比较落后，在相当长的时期，土地不仅是农民的基本生产资料，而且是农民最主要的生活来源。以家庭联产承包为主的责任制和统分结合的双层经营体制，是我国农村经济的一项基本制度。稳定土地承包关系，是党的农村政策的核心内容。做好延长土地承包期的工作，直接关系到亿万农民的生产积极性，关系到农村经济的发展和农村社会的稳定。各级党委和政府要充分认识稳定土地承包关系的重大意义，全面、准确地理解中央制定的土地承包政策，坚决贯彻执行，切实保护和发挥好农民的积极性，进一步发展农业和农村的好形势。

二、认真做好延长土地承包期的工作。在第一轮土地承包即将到期之前，中央就明确宣布，土地承包期再延长30年不变，营造林地和"四荒"地治理等开发性生产的承包期可以更长，并对土地使用权的流转制度作出了具体的规定。各地区一定要按照中央的政策规定执行。在具体工作中，必须明确以下几点：

(一)在第一轮土地承包到期后，土地承包期再延长三十年，指的是家庭土地承包经营的期限。集体土地实行家庭联产承包制度，是一项长期不变的政策。

(二)土地承包期再延长30年，是在第一轮土地承包的基础上进行的。开展延长土地承包期工作，要使绝大多数农户原有的承包土地继续保持稳定。不能将原来的承包地打乱重新发包，更不能随意打破原生产队土地所有权的界限，在全村范围内平均承包。已经做了延长土地承包期工作的地方，承包期限不足30年的，要延长到30年。

(三)承包土地"大稳定、小调整"的前提是稳定。"大稳定、小调整"是指在坚持上述第二条原则的前提下，根据实际需要，在个别农户之间小范围适当调整。做好"小调整"工作还应坚持以下几条原则：一是"小调整"只限于人地矛盾突出的个别农户，不能对所有农户进行普遍调整；二是不得利用"小调整"提高承包费，增加农民负担；三是"小调整"的方案要经村民大会或村民代表大会2/3以上成员同意，并报乡(镇)人民政府和县(市、区)人民政府主管部门审批；四是绝不能用行政命令的办法硬性规定在全村范围内几年重新调整一次承包地。

(四)延长土地承包期后，乡(镇)人民政府农业承包合同主管部门要及时向农户颁发由县或县级以上人民政府统一印制的土地承包经营权证书。

三、认真整顿"两田制"。80年代中期以来，一些地方搞"两田制"，把土地分为"口粮田"和"责任田"，主要是为了解决负担不均和完成农产品定购任务难等问题。但在具体执行过程中，也出现了一些问题。有些地方搞的"两田制"实际上成了收回农民承包地、变相增加农民负担和强制推行规模经营的一种手段。中央不提倡实行"两田制"。没有实行"两田制"的地方不要再搞，已经实行的必须按中央的土地承包政策认真进行整顿。

(一)对原来为了平衡农户负担而实行的"动账不动地"形式的"两田制"，无论是"口粮田"还是"责任田"，承包权都必须到户，并明确30年不变，不能把"责任田"的承包期定得很短，随意进行调整。

(二)对随意提高土地承包费，收回部分承包地高价发包，或脱离实际用行政命令的办法搞规模经营而强行从农户手中收回"责任田"等做法，要坚决予以纠正。农民要求退回的，应退还给农民承包经营。纠正的具体办法要稳妥，由乡(镇)人民政府经过深入细致的调查研究，充分听取各方意见后提出，一般问题报县(市、区)人民政府审批，重大问题报省、自治区、直辖市人民政府审批。方案审批后，由县(市、区)人民政府主管部门和乡(镇)人民政府共同组织实施。

(三)少数经济发达地区，农民自愿将部分"责任田"的使用权有偿转让或交给集体实行适度规模经营，这属于土地使用权正常流转的范围，应当允许。但必须明确农户对集体土地的承包权利不变，使用权的流转要建立在农民自愿、有偿的基础之上，不得搞强迫命令和平调。

四、严格控制和管理"机动地"。在延长土地承包期的过程中，一些地方为了增加乡、村集体收入，随意扩大"机动地"的比例，损害了农民群众的利益。因此，对预留"机动地"必须严格控制。目前尚未留有"机动地"的地方，原则上都不应留"机动地"。今后解决人地关系的矛盾，可按"大稳定、小调整"的原则在农户之间进行个别调整。目前已留有"机动地"的地方，必须将"机动地"严格控制在耕地总面积5%的限额之内，并严格用于解决人地矛盾，超过的部分应按公平合理的原则分包到户。

五、严格加强对土地承包费的管理。延长土地承包期和进行必要的"小调整"，不得随意提高承包费，变相加重农民负担。除工副业、果园、鱼塘、"四荒"等实行专业承包和招标承包的项目外，其他土地，无论是"口粮田"、"责任田"、"经济田"，还是"机动地"，其承包费都必须纳入农民上缴的村提留乡统筹费的范围，按中央关于减轻农民负担的有关规定严格管理。

六、加强对农村土地承包工作的领导。鉴于绝大多数地方第一轮土地承包将在今明两年到期，各地区要将延长土地承包期工作作为近期农业和农村工作的一个重点，认真抓好。各级党委和政府要按照中央的政策规定，在充分考虑农时季节和保证农业生产正常进行的前提下，结合当地的实际情况，认真做好新一轮土地承包工作。各地区制定的关于土地承包问题的政策性文件，都要报上级党委和政府主管部门备案。已经开展延长土地承包期工作的地方，要进行一次普遍检查，对不符合本通知规定的做法，要坚决予以纠正。尚未开展延长土地承包期工作的地方，要做好政策宣传和干部培训工作，加强具体指导。各地区要充实加强农村土地承包管理部门的力量，充分发挥他们的作用。要重视农村土地承包关系问题的调查研究，及时发现新问题，研究新情况，总结新经验，逐步形成更加完善、规范的土地承包管理制度和管理办法。

为了稳定党在农村的基本政策，长期坚持并不断完善以家庭联产承包为主的责任制和统分结合的双层经营体制，各地区在实际工作中要注意处理好以下几个重要关系：第一，要处理好稳定土地承包与发展壮大集体经济的关系。任何时候都要坚持发展壮大集体经济实力。但发展壮大集体经济实力，不能在农民的承包地上打主意，更不能把农民的承包地收回来归大堆。要积极寻求新的经济发展门路，培育新的经济增长点，通过清理并管好用好集体的资产、财务，开发新的农业资源，根据市场需要和资金可能发展农产品加工、储存、运输和销售，开展对农户的生产、技术服务等途径逐步增加集体经济积累，壮大乡、村集体经济实力。第二，要处理好农户承包经营与发展适度规模经营的关系。人多地少是我们的基本国情，农业劳动力只有大规模转移到第二、第三产业后，才有可能逐步发展土地的规模经营，而这种条件在现阶段的绝大多数农村还并不具备，因此，绝不能不顾客观条件和农民意愿，用行政命令的办法强制推行土地规模经营。从我国的国情出发，实现适度规模经营，适应性广泛而又可行的途径是，在不改变农户承包经营的基础上，通过发展农工贸一体化的产业化经营，来实现农业生产的专业化、社会化，以取得规模效益。发展农工贸一体化的产业化经营，既巩固充实发展了家庭承包经营，又使农户分散的经营纳入了社会化大生产的轨道，是我国农业逐步实现现代化的一条重要途径。第三，要处理好大规模土地整治和农民家庭承包经营的关系。一些地方为了改善生产条件、发展农业生产，开展了大规模的土地整治，包括兴修农田水利设施、建设基本农田、改土、围垦、治沙、建设大面积丰产方、搞小流域综合治理等，使耕地面积扩大了、连片了，便于大规模机械化作业。但生产的基础仍然应当是分户承包、家庭经营，集体主要是在土地整治中发挥统一组织、在生产中发挥统一服务的作用。家庭经营与集体经济组织的统一服务相结合，可以在农业生产的开发建设中更好地发挥作用。

以上通知，各地区要认真贯彻。贯彻执行情况，由各省、自治区、直辖市党委和人民政府向党中央、国务院写出书面报告。

国务院副总理李岚清致信在大连召开的全国饮食服务工作会议

中共中央政治局委员、国务院副总理李岚清致信大会指出，饮食服务业要适应时代的要求，坚持为人民服务的宗旨，在做好传统业种业态经营服务的同时，根据市场和人民群众需求的变化，积极开拓新的领域，提供更加广泛的服务，努力满足不同层次消费者的需要。特别要重视做好大众化的餐饮服务工作，保证早点、中式快餐、理发、沐浴等群众日常生活必需的服务供应，让广大的工薪阶层和中低收入的消费者生活得更加方便、更加满意。

李岚清在信中说，我国的烹饪技艺和饮食文化，是我们民族宝贵的文化遗产。饮食服务业拥有众多的名茶、名品、名店和名师，应该充分加以发掘开发，既要坚持继承和发扬，更要倡导创新和发展，注入时代的活力。饮食服务行业生产服务的技术性强，要注意汲取科学技术发展的成果，不断提高科技含量，提高生产效率、清洁卫生和产品服务质量。要适应现代生活、工作节奏和流通现代化的要求，在餐饮行业的生产和推销方面，要提高行业的组织化程度，有条件的企业要加快集团建设，有的可以采用连锁经营方式，以更加价廉物美的商品和服务进一步扩大市场占有。

粟裕指挥艺术与战争理论研讨会在北京举行

中共中央总书记、国家主席、中央军委主席江泽民为研讨会题词："出奇制胜的军事指挥艺术，创造性地运用毛泽东军事思想。"

中国与国际狮子会共同实施的"视觉第一中国行动"项目签字仪式在人民大会堂举行

国务委员、国务院残疾人工作协调委员会主任彭珮云出席签字仪式并讲话。

彭珮云在讲话中说，中国政府十分重视防盲治盲工作。50年代，国家就曾制定防盲治盲规划。80年代以来，将白内障复明手术作为抢救性康复工作列入国家计划。国务院相继制定的3个残疾人事业5年工作计划中，都明确规定了白内障复明的任务目标。9年来，已为175万白内障患者施行复明手术，取得了显著的成效。但是，我们也清醒地认识到：由于中国人口多，经济发展水平有限，眼科技术力量不足，目前全国因白内障致盲的人数有400多万，而且每年还在以40万人增长，防盲治盲任务十分艰巨。大力开展白内障复明手术，降低白内障致盲，仍然是我国当前防盲治盲的主要任务。“视觉第一中国行动”这一合作项目的实施,对于贯彻实施我国的防盲治盲工作计划,提高我国眼科技术服务能力,改善眼科基本设施条件,都将起到积极的促进作用。

国际狮子会作为联合国经社理事会所联系的世界上最大的慈善服务组织,于1990年开始在全球推行防治失明的“视觉第一”行动。此次资助1500万美元,与中国合作开展“视觉第一中国行动”的主要任务是:从1997年至2001年,5年内施行175万例白内障复明手术;组派250批医疗队赴农村、边远、贫困地区;培训4000名农村眼科医生及7000名眼科辅助人员;在100个县医院建立眼科;改建一个人工晶体厂,提供质优价廉的人工晶体;在全国进行眼病筛查,摸清眼疾在人群中的患病情况及其发生、发展和分布规律;广泛开展宣传教育,普及防盲治盲知识。

中国残疾人联合会主席邓朴方和国际狮子会会长霍华德·拉蒙特·帕特森分别代表双方在合作协议上签字。吴阶平、何鲁丽等领导出席了签字仪式。为此合作项目做了大量卓有成效工作的国际狮子会港澳303区160位代表也专程来京参加了签字仪式。

中国 坦桑尼亚和赞比亚三国在卢萨卡签署一项新的坦赞铁路技术合作议定书

国办厅发出通知要求各地保障按时发放教师工资

国务院办公厅日前发出通知,要求各地保障按时发放教师工资。《通知》要求,各级人民政府要对教育经费特别是教师工资实行全额预算,足额拨款,不留缺口。

8月28日

八运会“奔向新世纪”火炬传递点火起跑仪式在北京举行

中共中央总书记、国家主席江泽民在北京点燃中华人民共和国第八届运动会主火炬,揭开了遍布全国、声势浩大的八运会“奔向新世纪”火炬传递活动的序幕。

八运会“奔向新世纪”火炬传递点火起跑仪式下午在北京人民大会堂东门外广场举行,中共中央总书记、国家主席江泽民,中共中央政治局常委、书记处书记胡锦涛等领导同志及2000名各界人士出席了仪式。

下午4时,国务委员兼国务院秘书长罗干宣布八运会“奔向新世纪”火炬传递点火起跑仪式开始。曾分别在香港和上海采集火种的香港少女寇璐和上海少女王慧婷从火种盒里引燃手中的引火棒,随后用引火棒点燃中华鼎内的火源。

下午4时5分,江泽民从燃烧着八运会圣火火种的中华鼎内点燃手持的主火炬,高举火炬环顾四周,向会场人群致意。江泽民随后把主火炬传授给国家体委主任、八运会组委会主任伍绍祖,又由伍绍祖把该火炬传递给主火炬手、为我国获得第一枚奥运会金牌的射击运动员许海峰。

许海峰和两名女子副火炬手又依次引燃了火炬队队员手中的传递火炬。这些火炬手分别来自并代表全国32个省、自治区、直辖市和香港特别行政区。

八运会圣火火种分别采自中国共产党诞生地上海和今年7月1日回归祖国的香港。8月16日,18岁的寇璐在香港会议展览中心新翼采集了八运会圣火火种。8月23日,14岁的王慧婷在上海中共一大会址采集了另一路圣火火种。两路圣火火种运抵北京后,于今天汇集一处,引燃八运会主火炬。

八运会火炬传递活动将在全国各地举行。各路火炬将在八运会开幕前传抵上海,并在10月12日点燃八运会圣火。

八届全国人大常委会二十七次会议举行第三次全体会议

乔石委员长出席会议。会议由程思远副委员长主持。

全国人大法律委员会副主任委员蔡诚首先汇报了防洪法草案修改稿修改意见。他说,本次会议对防洪法草案修改稿分组进行了审议。委员们认为,草案修改稿吸收了常委会委员和地方、部门的意见,比较成熟,建议本次常委会通过,同时也提出了一些修改意见。法律委员会召开会议,逐条研究委员们的意见,提出了7个方面的修改意见。

会议还进行了大会发言。厉以宁委员就国有企业改革的几个问题发表了意见。他认为,我国的市场化程度归根结底依存于大型国有企业改革的进展情况;不谈产权的明确与界定,只谈政企分开,大型国有企业的改革无法深入;效益好的企业可以“中外合资”;正确对待产权交易中出现的问题,才有可能盘活国有资产;股份制改造的主要目的是转换企业经营机制;我国的股份制改革与私有化不是一回事。

秦仲达委员在发言中建议,解救困难企业要从领导干部的选拔任免上下功夫。孙廷芳委员发言强调,加速制定各地的行业协会管理条例,为行业协会法出台创造条件。夏家骏委员发言指出,坚决维护党的权威,坚持依法办事。全国人大华侨委员会委员古宣辉就香港回归有关情况作了发言。吴长淑委员书面发言的题目是:纠正执法机关的地方保护主义,维护法律尊严和司法统一。

中共中央政治局常委胡锦涛对全国总工会在河北邯郸钢铁公司召开的全心全意依靠职工办好企业经验交流会作重要指示

胡锦涛指出，当前，我们正处在把建设有中国特色社会主义的伟大事业全面推向 21 世纪的重要历史时期。要更好地推进改革开放和社会主义现代化建设事业，顺利实现跨世纪的宏伟目标，必须毫不动摇地坚持全心全意依靠工人阶级的方针。尤其是在深化国有企业改革的进程中，更应该坚定不移地贯彻这一方针。无论是转机建制、资产重组、加强管理、技术改造，还是下岗分流、减员增效、实施再就业工程，都是为了实现工人阶级的根本利益和长远利益，都必须相信和依靠广大职工群众，充分发挥他们的积极性和创造性。

他强调，要注重研究新形势下贯彻全心全意依靠工人阶级方针遇到的新情况、新问题，积极探索依靠职工办好企业的途径和办法，采取有力措施，保证职工群众对企业管理的民主参与和对企业领导人员的有效监督，保障职工群众的各项合法权益。要通过政治、经济、法律、行政、舆论等手段，使全心全意依靠工人阶级的方针在国家政治、经济和社会生活的各个方面切实得到体现。

他希望各级工会组织紧密结合实际，充分发挥自身的特点和优势，在推动全心全意依靠职工办好企业方面不断做出新的成绩，为促进企业的改革和发展发挥更大的作用。

中共中央政治局委员邹家华在河南考察

邹家华于 8 月 28 日至 30 日在参加了郑州新郑机场首航仪式之后，考察了小浪底水利枢纽、义马煤气化等重点工程。

黄河小浪底工程是邹家华此次考察的重点。

邹家华说，小浪底工程是国家的重点工程，党中央、国务院都非常重视和关心，工程建成后将具有防洪、防凌、减淤及供水、灌溉等方面功能，可发挥巨大综合效益。我们建设一项大工程，一定要保证质量，同时还要建立一套良好的机制，小浪底工程建管局“建设一流工程，总结一流经验，培养一流人才”的路子走得很对。现在重点工程都在推行项目法人负责制，从策划、筹资、建设、经营、管理到还贷一条龙负责，这个改革要继续坚持，百年大计，质量第一。工程的监理工作非常重要，一定要抓实、抓好，要建立一支独立于施工队伍之外的监理队伍，切实负责，为工程质量提供有效保证。

邹家华还深入到义马市郊的小浪底移民村，看望了搬到这里的移民群众。当他看到许多移民已搬进新居，生产、生活得到妥善安置，感到很高兴。他特别强调，移民不仅是工程建设的需要，而且是一项关系到稳定和群众切身利益的重要工作，一定要做好。当地群众为工程建设作出了很大贡献，各级政府一定要把移民工作当作一件大事来抓，切实解决他们生产、生活中的实际困难，走开发性移民的路子。

国务院总理李鹏在中南海会见老挝外长宋沙瓦·凌沙瓦

李鹏对近年来中老两党、两国友好关系顺利发展表示满意。李鹏说，中老传统友谊源远流长，两国人民一直和睦相处，两国早已圆满解决了边界问题，此次两国政府又签署了两国边界制度条约补充议定书，这将使两国边界管理更加规范有序。中国政府十分重视发展同老挝的睦邻友好关系，中国愿同老方一起，努力把更加密切的中老睦邻友好合作关系带入 21 世纪。

宋沙瓦说，老中两国是山水相连的友好邻邦，两国之间不存在任何敏感问题，老挝党、政府和人民对两国关系的顺利发展感到高兴，并愿同中方一起为建立面向 21 世纪的两国睦邻友好关系作出不懈努力。

8 月 29 日

八届全国人大常委会二十七次会议闭幕

乔石委员长主持上午的全体会议。

会议通过了《中华人民共和国防洪法》；通过了《全国人民代表大会常务委员会关于批准〈中华人民共和国和哈萨克斯坦共和国吉尔吉斯共和国俄罗斯联邦塔吉克斯坦共和国关于在边境地区相互裁减军事力量的协定〉的决定》；通过了《全国人民代表大会常务委员会关于批准〈中华人民共和国和塔吉克斯坦共和国关于民事和刑事司法协助的条约〉的决定》；通过了《全国人民代表大会环境与资源保护委员会关于第八届全国人大第五次会议主席团交付审议的代表提出的议案审议结果的报告》；通过了《第八届全国人民代表大会常务委员会代表资格审查委员会关于补选代表的代表资格的审查报告》。

全国人民代表大会常务委员会关于批准《中华人民共和国和哈萨克斯坦共和国吉尔吉斯共和国俄罗斯联邦塔吉克斯坦共和国关于在边境地区相互裁减军事力量的协定》的决定

第八届全国人民代表大会常务委员会第二十七次会议决定：批准国家主席江泽民代表中华人民共和国于 1997 年 4 月 24 日在莫斯科签署的《中华人民共和

国和哈萨克斯坦共和国、吉尔吉斯共和国、俄罗斯联邦、塔吉克斯坦共和国关于在边境地区相互裁减军事力量的协定》。

全国人民代表大会常务委员会关于批准《中华人民共和国和塔吉克斯坦共和国关于民事和刑事司法协助的条约》的决定

第八届全国人民代表大会常务委员会第二十七次会议决定:批准外交部副部长张德广代表中华人民共和国于1996年9月16日在北京签署的《中华人民共和国和塔吉克斯坦共和国关于民事和刑事司法协助的条约》。

全国人民代表大会常务委员会公告

自第八届全国人民代表大会常务委员会第二十四次会议以来,有7名代表逝世:河南左明生、赵志吉,广东廖瑶珠(女),四川曾恒华,甘肃陶进美(女),新疆马木提·卡德尔阿吉(维吾尔族),解放军邓小平。

最近,辽宁省人大常委会补选刘相荣为八届全国人大代表。全国人民代表大会常务委员会同意代表资格审查委员会关于补选代表的代表资格的审查报告,确认第八届全国人民代表大会代表刘相荣的代表资格有效。

现在第八届全国人民代表大会共有代表2957名。

国家主席江泽民签署第88号主席令发布《中华人民共和国防洪法》

《中华人民共和国防洪法》已由中华人民共和国第八届全国人民代表大会常务委员会第二十七次会议于1997年8月29日通过,现予公布,自1998年1月1日起施行。

中华人民共和国主席 江泽民

1997年8月29日

中华人民共和国防洪法(文略)

国家主席江泽民发布中华人民共和国第89号主席令任命陈耀邦为林业部部长

根据中华人民共和国第八届全国人民代表大会常务委员会第二十七次会议1997年8月29日的决定:

免去徐有芳的林业部部长职务。

任命陈耀邦为林业部部长。

国家主席江泽民在中南海会见香港特区第一届政府推选委员会委员前港事顾问香港永新企业有限公司董事长曹光彪及其子女等

江泽民主席说,曹先生一贯爱国爱港,积极支持内地经济建设和科教事业的发展。希望曹先生的子女们继承和发扬香港老一辈工商界人士爱国爱港的光荣传统,为香港的繁荣稳定和祖国的经济建设多作贡献。

国务院副总理李岚清在钓鱼台国宾馆会见各地台资企业协会会长

李岚清说,中华民族的全面振兴是海峡两岸同胞的共同心愿,在平等互利、互补互惠的基础上,发展海峡两岸经济交流与合作是两岸同胞福祉之所在。我们历来主张不以政治分歧影响、干扰两岸经济合作。近年来,在海峡两岸同胞的共同努力下,两岸经济交流和合作有了很大发展。

李岚清说,祖国大陆改革开放不断深入,经济持续发展,政治社会稳定。香港已顺利回归祖国,并将继续保持稳定和繁荣。即将召开的中国共产党第十五次全国代表大会,将继续高举邓小平建设有中国特色社会主义理论的伟大旗帜,对我国改革开放和社会主义现代化建设跨世纪的发展作出战略部署,这都为海峡两岸经济交流与合作提供了更为广阔的发展空间。他表示,面向21世纪世界经济的发展,我们将继续鼓励台湾同胞来祖国大陆投资,在任何情况下,都将切实保护台商的一切正当权益,大力发展两岸经济交流与合作,推动两岸早日实现直接“三通”,以利于两岸经济共同繁荣,造福整个中华民族。

来自各地的39位台资企业协会会长和副会长,是专程来京参加由国务院台湾事务办公室召开的台资企业协会会长座谈会的。

中纪委决定开除陈希同党籍

中共中央纪律检查委员会作出决定,开除陈希同党籍。检察机关已对其依法立案侦查。

根据党的十四届五中全会决定,中央纪律检查委员会会同有关部门对陈希同的问题继续进行了审查。现已查明,原中央政治局委员、北京市委书记陈希同利用职务之便,收受、侵吞大量贵重物品;腐化堕落,大量挥霍公款;利用职权支持亲属和身边工作人员等经商,谋取非法利益;严重失职,对王宝森违法犯罪活动负有重大责任。陈希同严重违反了党的纪律,给党和国家造成了极其恶劣的影响,完全丧失了一个共产党员的条件。根据《中国共产党章程》和《中国共产党纪律处分条例(试行)》的有关规定,中纪委决定并经中央批准,开除陈希同党籍。

鉴于陈希同的有些问题已触犯刑律,中纪委建议司法机关依法处理。检察机关已对其依法立案侦查。

国务院在陕北召开全国治理水土流失建设生态农业现场经验交流会

交流会于8月29日至9月1日在陕北举行。交流会传达贯彻江泽民总书记、李鹏总理关于治理水土流失、建设生态农业的重要批示，总结交流经验，动员全社会的力量，加快我国生态环境建设的步伐。中共中央政治局委员、国务院副总理姜春云在会上讲话。

来自全国各省、自治区、直辖市和国家有关部门的负责同志，通过参观榆林、延安治理水土流失、建设生态农业的现场，听取全国其他地区先进单位的经验介绍，深受启发、教育和鼓舞，看到了再造秀美山川的希望和前景，增强了生态环境建设的信心和决心，加深了对江泽民、李鹏批示精神的理解。

姜春云在讲话中强调了5个问题：一、深刻领会江总书记、李鹏总理的批示精神，统一思想认识，增强治理水土流失、荒漠化的紧迫感和责任感；二、总结实践经验，探索治理路子，坚定生态环境建设的信心和决心；三、制定和完善生态环境建设规划，明确今后的奋斗目标；四、采取有效的政策措施，确保生态建设工程的顺利实施；五、实行强有力的领导，组织打好治山治水治沙这场硬仗。

姜春云指出，榆林、延安和其他地方的先进典型说明，再造秀美的山川，无疑是十分艰巨的，但也是完全能够实现的。

加快水土流失和荒漠化的治理步伐，关键在解放思想，转变观念，认识把握自然规律和经济规律，不断探索符合客观实际的治理路子。要以大流域重点治理为骨干，小流域综合治理为单元，生物措施和工程措施相结合，实现生态效益、经济效益、社会效益相统一。由片面追求短期效益，掠夺自然资源，转变为恢复优化生态环境，建设生态农业；由注重治理下游，转变为上下游兼治，从上游治起；由单一工程措施，零散治理，转变为以流域为单元，全面规划、综合治理、集中连片治理；由偏重搞大中型工程转变为大中小微型工程相结合；由单纯防护性治理转为防护与开发相结合，与农民脱贫致富相结合。

姜春云强调，实现党中央、国务院提出的生态环境建设的宏伟目标，是一项规模巨大的系统工程，必须制定科学、周密的总体规划。他谈了这一规划的初步设想，提出了应当采取的政策措施：

一要切实加强现有林木植被的保护，坚决把破坏林木植被的势头制止住。积极开展封山封沙、育林育草；继续搞好退耕还林还草，切实制止森林过度采伐和草场过度放牧。

二要认真抓好生态建设重点工程。尤其是抓好林业建设、农田建设、水利建设和草原建设工程。林业生态工程建设，要继续抓紧抓好在建的十大重点林业生态工程。农田建设，要把“坡改梯”作为治理水土流失的一项大工程来抓。水利建设，按照“上蓄下疏”的方针，在搞好大中型控制性水利工程的同时，要发动群众，大搞小型微型拦蓄水工程。草原治理，要搞好人工草地建设，实行轮封轮牧制，尽快恢复草地植被。

三要建立、健全稳定的投入保障机制和政策扶持体系。坚持国家、地方、集体、个人一起上，多渠道、多层次、多方位筹集建设资金。国家重点大型生态保护治理工程，要纳入国家基本建设计划，立项投资，地方按比例安排配套资金。地方性的建设项目，由地方负责投入。小流域治理、荒漠化防治、草库伦建设等，主要依靠广大群众的劳务投入和国家以工代赈，并广泛吸引社会各方投资治理开发。

四要落实“四荒”的有关政策，有计划地推动“四荒”使用权承包和拍卖，调动广大群众的积极性，加快治理进程。

五要依靠科学技术。治理水土流失和荒漠化，必须讲究科学，提高治理工程的科技含量。要强化先进适用技术的推广应用。

姜春云最后强调，防治水土流失，建设生态农业，是改造大自然的一场硬仗，是造福子孙后代的伟大事业。要实施好这项跨世纪的宏伟工程，各级党委、政府必须加强领导，各有关部门通力合作，各级干部带头实干，把全社会的力量动员起来，把群众中蕴藏的积极性充分调动起来，打一场生态建设的总体战。

陕西省委书记李建国、省长程安东，各省、自治区、直辖市政府分管农业的负责同志及有关部门的同志，刘济民、刘江、陈耀邦等中央、国务院有关部门的负责同志和部分专家、学者出席会议。

中宣部　解放军总政治部发出《关于组织部队参加创建文明城市文明村镇文明行业活动的意见》

中共中央宣传部、解放军总政治部日前下发《关于组织部队参加创建文明城市文明村镇文明行业活动的意见》(以下简称《意见》)。

《意见》指出，开展创建文明城市、文明村镇、文明行业活动，是群众性精神文明创建活动的基本形式，是长期的战略任务和宏大的社会系统工程，需要全国党政军民的共同参与和坚持不懈的努力。组织部队积极参加三大创建活动，是落实江泽民同志关于军队要在精神文明建设中努力走在全社会前列要求的具体体现，是推进群众性精神文明创建活动的重要措施。各部队要在搞好自身精神文明建设的同时，把参加三大创建活动作为一项重要的政治任务来抓，地方各级党委、政府和有关部门要把驻军部队作为群众性精神文明创建活动的骨干力量，充分发挥其优势，形成军民广泛参与、齐抓共建的格局。

《意见》强调，组织部队参加三大创建活动，要以邓小平建设有中国特色社会主义理论和党的十四届六中全会《决议》、中央军委关于加强军队精神文明建设的《意见》为指导，在地方党委、政府的统一领导下，以部队驻地为重点，以军民共建为基本形式，以思想道德建设和科学文化建设为主要内容，本着因地制宜、量力而行、优势互补、注重实效的原则，开展多种多样的共建活动。要围绕创建文明城市、文明村镇、文明行业目标，开展军民共建活动。组织军民共同学习宣传党的基本路线、基本方针，进行爱国主义、集体主义、社会主义教育和国防教育，开展讲文明、树新风活动，普及法律常识，传播科技文化知识，提高广大军民的思想道德素质和科学文化素质。

《意见》指出，在三大创建活动中，要坚持军民相互学习、相互促进。部队要以社会为课堂，及时了解改革开放的大好形势和经济建设的巨大成就，学习各条战线涌现出的先进典型，学习人民群众的先进思想和优秀品质，不断促进自身的精神文明建设。地方在学习借鉴部队优良传统和政治工作经验的同时，要热情关心和支持部队的精神文明建设。

《意见》要求，地方各级党委、政府对部队参加三大创建活动要高度重视，纳入当地精神文明建设总体规划，实施统一领导。省军区系统要积极做好驻军部队参加三大创建活动的组织协调工作。部队团以上政治机关和地方县以上精神文明建设指导机构，要对部队参加三大创建活动的情况进行及时检查指导，总结经验，宣扬典型，不断推动三大创建活动的广泛深入开展。

国务院总理李鹏在中南海会见南斯拉夫外长米兰·米卢蒂诺维奇

李鹏说，中国政府重视发展对南关系，尊重南斯拉夫奉行的独立自主的内外政策，愿与南政府共同努力，积极推动两国友好合作关系长期稳定地向前发展。

在谈到双边经贸关系时，李鹏总理强调，中国政府重视同南斯拉夫的经贸关系，愿本着平等互利的原则进一步加强同南的经贸合作，相信中南经贸关系将会不断得到加强。

国务院总理李鹏在中南海会见日本自民党总务会长森喜朗

李鹏指出，保持中日关系继续健康稳定发展，重要的是要严格遵守中日联合声明和中日和平友好条约的精神，妥善处理好两国关系中的敏感问题。

中国和世界银行在华盛顿签署援建中国第二国道高速公路项目和山西万家寨引水项目贷款协议

这两个项目的贷款金额各为4亿美元，共计8亿美元。其中中国第二国道项目主要是建设从湖南南部到广东粤北山区约280公里的高速公路。这段公路是从北京到珠海国道主干线中工程难度最大的一段。

山西万家寨引水项目将通过建设144公里的引水渠道以及一系列抽水泵站等工程，把黄河水引入山西省会太原市，以满足经济发展和人民生活需要。

8月30日

黑龙江垦区开发建设50周年庆祝大会在哈尔滨举行

江泽民总书记为黑龙江垦区开发建设50周年题词："发扬北大荒精神，继续开创农垦事业发展的新局面。"李鹏总理为大会发来贺信并题词。李鹏的题词是："发挥黑龙江垦区优势，加快商品粮基地建设"。国务委员陈俊生出席大会并讲话。

陈俊生在大会上说，黑龙江垦区50年开发建设的辉煌历程，充分体现了党中央、国务院对这一地区大片国土进行开发建设决策和部署的无比英明，有力地证明了社会主义能够集中力量办成大事的优越性，展示了我国现代农业的美好前景。50年来，在黑龙江省委、省政府和农业部的领导下，黑龙江垦区广大干部职工艰苦创业、开发建设，建成了我国耕地规模最大、机械化程度最高的国有农场群，累计为国家生产粮食近1000亿公斤，上缴利税近60亿元，有力地支援了国家经济建设。黑龙江垦区的开发建设，始终坚持推广先进的科学技术，加快产业结构调整，按照"一水二路三开荒四造林"的路子，加快农业综合开发，为我国实现农业现代化进行了积极的探索，提供了宝贵的经验。黑龙江垦区成功地进行了以兴办家庭农场为主要内容的农业改革，完善了统分结合的双层经营体制；按照集约化、规模化、现代化的发展方向使垦区经济建设步入了高速高效发展时期。

陈俊生说，黑龙江垦区在创造了巨大的物质财富的同时，还创造并培育出以"艰苦奋斗、勇于开拓、顾全大局、无私奉献"为主要内容的北大荒精神。这种精神集中体现了几代拓荒者高度的政治觉悟、崇高的思想境界和奋发向上的精神风貌，是解放军的光荣传统和南泥湾精神在新的历史时期的发扬光大。北大荒精神不仅激励了一代又一代北大荒人，而且在全国也产生了广泛影响，已经成为全社会共同拥有的一笔永恒的精神财富。

50 年前，根据党中央、毛主席的指示，以一批复员军人为骨干，在黑龙江省创办了第一批国有机械化农场，拉开了北大荒开发建设的序幕。新中国成立以后，王震将军率 10 万转业官兵奔赴北大荒，开始了北大荒第一次大规模开发建设。为响应党中央号召，先后有 5 万知识分子、20 万支边青年、54 万城市知识青年加入了垦荒大军。经过三代北大荒人的艰苦奋斗，昔日人迹罕至的荒原已变成我国耕地规模最大的国有农场和国家重要商品粮基地。50 年间，黑龙江垦区累计开垦耕地 3000 多万亩，建设了 103 个国有农场，资产总额达 238.7 亿元。

国务院副总理邹家华、姜春云，国务委员陈俊生，也分别为黑龙江垦区开发建设 50 周年题词。

在农业部和黑龙江省政府共同召开的黑龙江垦区开发建设 50 周年庆祝大会上，开发建设黑龙江垦区 40 年以上的老垦荒战士代表被授予“功勋章”。黑龙江省委书记徐有芳，农业部副部长刘成果、白志健以及有关部委和农垦系统的代表出席了庆祝大会。

中国又有 18 个县列入对外国人开放地区

公安部新闻发言人宣布，经国务院批准，我国又有 18 个县列入对外国人开放地区。至此，我国已有 1306 个县(市)对外国人开放。

此次对外开放的县是：施甸县、昌宁县、镇沅彝族哈尼族拉祜族自治县、永平县、南涧彝族自治县、云龙县、漾濞彝族自治县、永德县、永善县、鲁甸县、巧家县、牟定县、双柏县、维西傈僳自治县、德钦县、寻甸回族彝族自治县、贡山独龙族怒族自治县、福贡县。

外交部发言人沈国放就圣卢西亚宣布同中国建交发表谈话

沈国放表示，中国政府对圣卢西亚决定同台湾“断交”、同中华人民共和国建交表示高度赞赏。

沈国放指出，中圣建交符合两国人民的根本利益和愿望，中国已决定在和平共处五项原则的基础上于 9 月 1 日同圣卢西亚建立外交关系，相信两国在各个领域的友好合作关系有着广阔的发展前景。

圣卢西亚总理肯尼·安东尼 8 月 29 日向全国发表广播、电视讲话，宣布圣卢西亚决定断绝同台湾所谓的“外交关系”，并将于 1997 年 9 月 1 日与中华人民共和国建立全面外交关系。安东尼说，世界上绝大多数国家已同中华人民共和国建立了外交关系。从国际法的角度看，一个国家不能有两个政府。圣卢西亚决定顺乎当今世界潮流，与中华人民共和国建交，希望圣中两国在各个领域发展友好合作关系。

全国政协主席李瑞环在人民大会堂会见以瑞士外交部乌尔斯·基斯维勒大使为团长的瑞士代表团

李瑞环对瑞士客人访问中国西藏表示欢迎。他说，请大家到西藏去看看，是希望通过你们的亲自观察和体验，对西藏所发生的一切作出客观、公正的评价和报道。他指出，正确认识今天的西藏需要从两个不同的角度看：一是要从当前的现实看，就是要看到由于自然和历史方面的原因，西藏的经济和社会发展比内地还有不小的差距，还存在许多有待解决的困难和问题；二是要从历史的发展看，就是要看到新中国成立后，由于西藏人民的努力和全国的支持，西藏各方面工作取得了很大成绩，发生了翻天覆地的变化。这些变化鼓舞了包括西藏人民在内的全中国人民建设新西藏的信心。

客人们表示，西藏在经济、教育、卫生、人口、司法等方面取得的成就给他们留下深刻的印象，同时也提出一些意见和建议。

李瑞环说：讨论西藏问题，涉及一个根本立场，这就是要把西藏看作是中国不可分割的一部分。只要是从这个立场出发，无论是肯定成绩还是提出批评，我们都容易取得一致；只要是从这个立场出发，你们指出我们工作中不足之处愈多，对我们帮助愈大。中国有 56 个民族，每个民族都是中华民族大家庭的一员，我们没有任何理由去歧视、压制哪一个民族。加快藏族地区的发展，是藏族同胞的愿望，是中国政府的愿望。我相信，这也是所有愿意中国人民幸福的外国朋友的愿望。

在谈到宗教问题时，李瑞环说：我们讲宗教信仰自由，讲宗教信仰问题是个人的私事，讲宗教信仰上互相尊重，是真诚的。在我们看来，宗教具有群众性、民族性、国际性，因而是一个具有长期性、复杂性的问题，必须十分慎重地对待。我们是无神论者，与有神论者在信仰上存在差异，但这种差异并不意味着人与人之间的对立。当前建设富强、民主、文明的现代化国家，是摆在全中国人民面前的共同任务，在这个大目标下，人们在信仰上的差异是次要的。

李瑞环最后说：当前中瑞两国关系很好，希望你们的来访为两国友好合作关系的进一步发展起到推动作用。

基斯维勒对代表团在华所受到的热情款待表示感谢。他说，他们非常希望了解西藏的情况，中国有句话“百闻不如一见”，瑞士也有句话“人无完人”。因此，双方应该互相学习、互相交换看法，以避免误解。他们此行收获很多，看到西藏在许多方面有了很大进步。

国务院副总理吴邦国在北京召开的’97 国际质量管理小组大会开幕式上致辞

吴邦国说，我国政府对质量工作一直非常重视。

为了全面振兴我国的质量工作，国务院于 1996 年 12 月颁布了《质量振兴纲要》(以下简称《纲要》)。《纲要》提出了到本世纪末和 2010 年我国质量工作的奋斗目标和配套措施，按照市场经济的要求，建立市场质量规则和相应的激励约束机制，引导企业严格质量管理，建立健全质量保证体系，从根本上提高企业的质量管理水平。我国各级政府和广大质量工作者目前正认真贯彻实施《纲要》，推动全国质量管理向深层次发展，引导企业强化内部质量管理，走质量效益型发展道路，全面提高产品质量、工程质量和服务质量。

吴邦国说，我国通过开展 QC 小组活动，逐步掌握了质量管理知识，同时掌握了一套科技业务本领，适应了现代管理和四化建设的需要。

第十一世班禅额尔德尼·确吉杰布在著名藏传佛教寺庙——北京西黄寺主持庆祝法会

西黄寺是 1652 年清世宗为接待进京朝见皇帝的五世达赖喇嘛而修建的。1780 年，第六世班禅进京为乾隆皇帝祝寿时曾下榻于此。位于寺内的中国藏语系高级佛学院是第十世班禅大师生前倡导和创建的，是藏传佛教的最高学府。

为庆祝中国藏语系高级佛学院建院 10 周年在这里举行法会。

第十一世班禅首先朝拜了第六世班禅衣冠塔，并敬献了哈达。

9 时 30 分，第十一世班禅在雍和宫佛乐队演奏的佛教音乐声中登上西黄寺大殿的法座，主持法会并为僧众讲经说法。第十一世班禅大师说："我们要把佛学院办得越来越好，培养更多的爱国爱教佛学人才。"随后，第十一世班禅接受了中国藏语系高级佛学院全体学僧、教职员工以及从西藏、青海、甘肃、四川、内蒙古等地专门前来参加院庆活动的藏传佛教界活佛、高僧等 200 余人的朝拜，其中包括西藏拉萨三大寺、扎什伦布寺、甘肃拉卜楞寺、青海塔尔寺的活佛、高僧和寺庙民主管理委员会主任等。

8 月 31 日

国务院副总理吴邦国致信在北京举行的全国重点产煤县工作会议

吴邦国在贺信中指出，各地要全面贯彻国务院确定的对乡镇煤矿"扶持、改造、整顿、联合、提高"的十字方针，适应市场经济发展要求，搞好战略性结构调整，促进乡镇煤矿依法办矿，正规生产，改造联合，规模经营，健康发展。

吴邦国在贺信中指出，实践证明，建设重点产煤县，是引导乡镇煤矿联合改造、规模经营、提高经济增长质量的有效途径。党的十五大即将召开，这是一次具有重大历史意义的盛会。各地要以此为动力，进一步搞好重点产煤县建设。要深化改革，大力推进有利于煤矿发展的生产经营方式。

中央统战部 中宣部 中央对外宣传办公室发出"关于大力加强统一战线宣传工作的意见"

中共中央统战部、中共中央宣传部、中共中央对外宣传办公室近日发出"关于大力加强统一战线宣传工作的意见"。

文件指出，统一战线是我们党在革命和建设各个不同历史时期取得胜利的一个重要法宝。巩固和发展最广泛的爱国统一战线是我们党坚定不移的战略方针和政治优势。党的十一届三中全会以来，我国统一战线进入了一个新的历史发展阶段，担负着团结一切可以团结的力量，调动一切积极因素，为把我国建设成为社会主义现代化强国，完成祖国统一大业而共同奋斗的历史使命。为充分发挥爱国统一战线的特殊优势和作用，必须广泛、深入、持久地开展新时期爱国统一战线的宣传工作，动员全党全社会更加卓有成效地开展统一战线工作。

文件强调，要充分认识新时期统一战线宣传工作的重要意义。各级党委要从建设有中国特色社会主义事业全局和实现祖国和平统一的战略高度，充分认识做好统一战线宣传工作的重要性和紧迫性，摆到应有的位置，列入党的宣传工作的议事日程，加强规划，制定措施，明确目标，抓好落实。各地要从实际出发，确保开展统战宣传工作的机构、人员、经费三落实。要把统战宣传工作纳入目标管理体系，作为考评部门工作和领导干部实绩的重要内容。

文件指出，统一战线的宣传工作要高举邓小平建设有中国特色社会主义理论的伟大旗帜，要紧紧围绕统一战线的工作重点，利用各种新闻媒体和宣传、出版工具，积极主动地开展社会宣传和对外宣传，全面准确地展示统一战线的精神风貌，增强统一战线的凝聚力和影响力，为做好新时期爱国统一战线工作提供有力的精神动力、思想保证和舆论支持。

文件对中央各部门和各省、自治区、直辖市以及各大中城市的主要新闻单位、各级统战部主办的刊物、统战系统各出版单位如何做好统一战线宣传工作，以及如何利用各级党校、社会主义学院和行政干部管理学院宣传普及统一战线的基本理论和基础知识，提出了具体要求。

文件指出，在加强统一战线对外宣传工作的同时，还要加强对统一战线宣传工作的领导。各级党委要统筹兼顾，协调各方，建立统战宣传队伍和工作的有效机制。统战部门和宣传部门要加强与各民主党派、工商联和团体宣传部门的联系，及时向他们通报情况，传达中央有关精神，主动征求他们对加强和改进统一战线宣传工作的意见，帮助他们解决宣传工作中遇到的实际困难和问题。

中国选手在意大利西西里岛卡塔尼亚第十九届世界大学生运动会上获得 10 枚金牌

9月1日

全国人大常委会委员长乔石在人民大会堂会见特立尼达和多巴哥参议院议长加纳塞·拉姆迪亚尔

中央党校校长胡锦涛在中央党校秋季开学典礼上发表讲话

胡锦涛在中央党校秋季开学典礼上强调，领导干部要自觉高举邓小平建设有中国特色社会主义理论的伟大旗帜，坚持用这一理论指导实践，坚定站在时代前列，为推进伟大事业而不懈奋斗。

胡锦涛指出，我们的党和国家正处在一个十分重要的历史时期。这是我们在改革开放近20年特别是十四大以来五年取得巨大成就的基础上，承前启后、继往开来，夺取社会主义现代化建设新胜利的历史时期；是进一步高举邓小平建设有中国特色社会主义理论的伟大旗帜，把我们的事业全面推向21世纪的历史时期。目前总的形势是好的。胡锦涛在回顾了十四大以来取得的成就和今年以来的形势发展后指出，五年来的实践再次证明，邓小平建设有中国特色社会主义理论和党的基本路线是完全正确的，高举这一理论的伟大旗帜，坚持党的基本路线不动摇，这是我们的事业不断从胜利走向胜利的根本政治保证。

胡锦涛说，我们党即将召开的十五大，是在我国改革开放和社会主义现代化建设事业承前启后、继往开来的重要时期召开的历史性会议。大会将高举邓小平建设有中国特色社会主义理论的伟大旗帜，对我国跨越世纪的发展，作出战略部署。目前十五大的筹备工作已基本就绪。我们要以努力做好各方面工作的实际行动，迎接十五大的胜利召开。

胡锦涛指出，高举邓小平建设有中国特色社会主义理论的伟大旗帜，关键在于用这一理论武装广大党员干部首先是领导干部。在邓小平同志逝世后，在世纪之交的重要时刻，我们的领导干部在这个问题上，尤其要有高度的自觉性和责任感。要坚持用邓小平建设有中国特色社会主义理论武装头脑，完整准确地理解和掌握理论的科学体系和精神实质；全面正确积极地贯彻党的基本路线和各项方针政策；坚持解放思想、实事求是，创造性地开展工作。胡锦涛强调，学习马克思主义理论，必须弘扬好的学风，坚持理论联系实际，做到学以致用。马克思主义是不断发展的科学真理，只有站在正确的立场、采取科学的态度才能学懂它、掌握它。我们一定要坚持以当代中国社会主义改革开放和现代化建设实际问题为中心，以我们正在做的事情为中心，着眼于马克思主义理论的运用，着眼于提高对实际问题的理论思考，着眼于新的实践和新的发展。他强调，学习邓小平建设有中国特色社会主义理论，要努力养成认真的而不是敷衍的、切实的而不是表面的、理论联系实际的而不是彼此脱离的学习风气，紧密结合自己的思想实际和工作实际，在掌握马克思主义立场、观点、方法上下功夫，在改造世界观上下功夫，在提高解决实际问题的能力上下功夫，顽强学习，持久学习，真正使自己成为学习伟大理论、高举伟大旗帜、推进伟大事业的模范。

胡锦涛在讲话中还回顾了十四大以来党的建设所取得的明显进步，总结了党建工作新的特点和成功经验，并结合新的形势和任务，对进一步加强党的建设提出了要求。

解放军全军高级干部《邓小平文选》轮训班开学

经解放军总政治部批准，全军正军职以上领导干部《邓小平文选》轮训班在国防大学开学。来自全军各大单位和武警部队的44名高级干部参加了今年秋季的第二期轮训班。

全国第四次刑事审判工作会议在北京举行

中共中央书记处书记、中央政法委书记、最高人民法院院长任建新在会上作重要讲话。

任建新说，自刑法、刑事诉讼法实施以来，全国各级法院在党的领导下，在人大的监督下，在广大人民群众的积极支持下，严格用刑法、刑事诉讼法和全国人大的补充规定和有关决定，坚持“严打”方针，依法从重从快严厉打击各种严重危害社会治安的犯罪活动，坚决惩治危害国家安全，贪污受贿，破坏社会主义经济建设的各种犯罪分子。这些年来，全国法院共审结各类一审刑事案件640多万件，判处犯罪分子750多万人；其中，审结严重危害社会治安的犯罪案件230多万件，审结贪污、受贿等经济犯罪案件42万多种。各级法院还积极进行刑事审判方式的改革，进一步提高了刑事审判的水平。刑事审判队伍经历了实践的锻炼和考验，政治素质和业务素质有了明显的提高。

面对全国推进社会主义现代化建设事业的新形势和依法治国的新要求，任建新要求全国各级法院的审判人员要树立正确的世界观、人生观和价值观，坚决与一切腐朽思想和行为划清界限，保持人民法官清正廉洁、秉公办案的本色。加强对修改后的刑法和刑诉法的学习和研究，同时注重对相关法律的学习和掌握，注意学习有关市场经济的知识和其他方面的知识，不断增强驾驭刑事审判的能力，努力开创刑事审判工作跨世纪的新局面。

来自全国各省、自治区、直辖市及各专门法院负责刑事审判工作的领导及中央有关部门负责人160人，将在为期6天的时间里，回顾刑法、刑诉法实施以来的刑事审判工作，学习贯彻修改后的新刑法、刑诉法，部署今后一个时期刑事审判工作任务。法、刑诉法，部署今后一个时期刑事审判工作任务。

全国对口支援西藏干部座谈会在拉萨召开

来自对口选派进藏干部的15个省市、近30个中央机关、人民团体和西藏自治区有关部门参加了这次会议。

据介绍，这次会议旨在深入贯彻中央第三次西藏工作座谈会和中央援藏工作交流会精神，认真总结实施"分片负责、对口支援、定期轮换"办法以来，干部对口支援西藏工作的经验。

中央第三次西藏工作座谈会后，30多个中央国家机关和十几个省市选派了600余名干部赴藏工作。这些援藏干部到岗后，在当地党委和政府的领导下，以孔繁森同志为榜样，与西藏人民同甘苦、共命运，促进了西藏经济和各项事业的发展，赢得了西藏各族人民的信赖和拥护。同时，西藏当地党委、政府对援藏干部政治上信任、工作上支持、生活上关心，为他们在西藏发挥才能、建功立业创造了良好环境。两年多来的实践表明，中央制定的"分片负责、对口支援、定期轮换"办法是正确的，实施是成功的。

西藏自治区党委常务副书记、人大常委会主任热地在座谈会上讲话。

他说，内地干部对口支援西藏，是西藏经济社会发展的强大动力。这些干部以建设、发展、稳定西藏为己任，特别是在44个受援县里工作的干部，克服高寒缺氧、生活工作条件差、交通不便、语言不通等困难，与当地干部一起研究制定发展规划、探索发展的路子，使当地经济社会面貌发生了显著的变化。同时为加强西藏与祖国内地的密切联系架起了一座金色的桥梁。目前西藏政通人和，民族团结得到进一步加强，人民安居乐业。

中国同圣卢西亚在卡斯特里签署建交联合公报

中华人民共和国政府和圣卢西亚政府根据两国人民的利益和愿望，通过友好谈判，决定自1997年9月1日起相互承认并建立大使级外交关系。

两国政府同意，在互相尊重主权和领土完整、互不侵犯、互不干涉内政、平等互利、和平共处的原则基础上，发展两国之间的友好关系。

圣卢西亚政府承认世界上只有一个中国，中华人民共和国政府是中国的唯一合法政府，台湾是中华人民共和国的一个省。

中华人民共和国政府支持圣卢西亚政府维护国家独立、主权和发展民族经济的崇高事业。

中华人民共和国政府和圣卢西亚政府商定，将根据1961年《维也纳外交关系公约》的规定和国际惯例，尽快互派大使，并在对等的基础上在各自首都为对方使馆的建立和履行职务提供一切必要的协助。

中华人民共和国政府代表 秦华孙

圣卢西亚政府代表 乔治·奥德伦

1997年9月1日于斯特里卡

国务院总理李鹏在中南海会见马耳他副总理兼外长乔治·韦拉

国务院总理李鹏在中南海紫光阁会见以美国斯普林特公司董事长威廉·埃斯瑞德国电信公司董事长罗恩·佐默尔法国电信公司董事长米歇尔·彭为首的三国电信公司高级代表团

国务院副总理兼外交部部长钱其琛在钓鱼台国宾馆同马耳他副总理兼外长乔治·韦拉会谈

中马双方正式签署《中华人民共和国政府和马耳他政府民用航空运输协定》和《中华人民共和国政府和马耳他政府文化交流合作协定1998—2000年度执行计划》。

"长二丙"改进型火箭在太原发射成功

晚上10时整，我国制造的"长征二号丙"改进型运载火箭在太原卫星发射中心首次发射升空，成功地将美国摩托罗拉公司制造的两颗"铱星"模拟卫星送入预定轨道。

这是"长征"系列运载火箭的第四十七次飞行。据西安卫星测控中心传来的数据表明，"长二丙"火箭飞行约11分钟后，火箭第二级与分配器按预定设计分离成功，分配器携卫星进入近地点181.8公里、远地点674.7公里的停泊轨道。此后，分配器经过40多分钟滑行后成功变轨，并按合同要求将两颗卫星释放于预定轨道，整个发射试验获得成功。

这次发射是为美国摩托罗拉公司正式发射"铱星"而进行的一次模拟星发射试验，用以检验改进后的"长二丙"火箭的性能和质量，检验太原卫星发射中心的综合发射能力。模拟星发射试验获得成功，美方对正式发射"铱星"充满信心。

"铱星"系统是美国摩托罗拉公司设计的一种新型的全球卫星个人移动通信系统，它是在地球低轨道上，依6个运行面布放66颗卫星，实现全球卫星通信。由于其分布接近化学元素“铱”的排序，便称之为“铱星”系统。按照有关合同，从今年起，这 66 颗卫星将由美国、俄罗斯、中国的运载火箭分别发射 22 颗。目前，美国用德尔塔火箭、俄罗斯用质子号火箭已开始实施发射“铱星”计划。

中国运载火箭技术研究院为“铱星”发射研制了“长二丙”改进型运载火箭。该火箭共有三级，全长约 40 米，直径 3.35 米，起飞质量为 213 吨，是在“长二丙”火箭的基础上增加了一级分配器，主要用于将卫星由初始停泊轨道送入最终圆轨道并释放卫星。改进后的火箭运载能力增大，结构和性能实施了调整，并成功运用了“长征三号甲”运载火箭的卫星整流罩技术。

9 月 2 日

中共中央总书记江泽民在人民大会堂会见尼泊尔共产党(联合马列)主席尼泊尔前首相阿迪卡里

国务院发出《关于在全国建立城市居民最低生活保障制度的通知》

妥善解决城市贫困人口的生活困难问题，是当前我国经济和社会发展中的一个重要任务。为此，国务院决定在全国建立城市居民最低生活保障制度。现就有关事项通知如下：

一、要把建立城市居民最低生活保障制度当作一项重要工作抓紧抓好

建立城市居民最低生活保障制度，是《中华人民共和国国民经济和社会发展“九五”计划和 2010 年远景目标纲要》提出的一项重要任务，是改革和完善传统社会救济制度、建立健全社会保障体系的重大举措。它的建立和实施，充分体现了社会主义制度的优越性，体现了党和政府全心全意为人民服务的根本宗旨，有利于维护社会稳定、促进经济体制改革的顺利进行。各级地方人民政府要高度重视这一工作，采取有力措施，抓紧抓好。

为了确保“九五”期间在全国建立起城市居民最低生活保障制度，使城市居民的基本生活得到保障，要求：1997 年年底以前，已建立这项制度的城市要逐步完善，尚未建立这项制度的要抓紧做好准备工作；1998 年年底以前，地级以上城市要建立起这项制度；1999 年年底以前，县级市和县政府所在地的镇要建立起这项制度。各地要根据当地实际情况，逐步使非农业户口的居民得到最低生活保障。

二、要合理确定保障对象的范围和保障标准

城市居民最低生活保障制度的保障对象是家庭人均收入低于当地最低生活保障标准的持有非农业户口的城市居民，主要是以下三类人员：1. 无生活来源、无劳动能力、无法定赡养人或抚养人的居民；2. 领取失业救济金期间或失业救济期满仍未能重新就业，家庭人均收入低于最低生活保障标准的居民；3. 在职人员和下岗人员在领取工资或最低工资、基本生活费后以及退休人员领取退休金后，其家庭人均收入仍低于最低生活保障标准的居民。

城市居民最低生活保障标准由各地人民政府自行确定。各地要本着既保障基本生活、又有利于克服依赖思想的原则，按照当地基本生活必需品费用和财政承受能力，实事求是地确定保障标准。保障标准由各地民政部门会同当地财政、统计、物价等部门制定，经当地人民政府批准后向社会公布，并且随着生活必需品的价格变化和人民生活水平的提高适时调整。所定标准要与其他各项社会保障标准相衔接。

各地在发放最低生活保障金时，对第一类保障对象要按最低生活保障标准全额发放，如其原来享受的生活救济标准高于最低生活保障标准的，则按原救济标准发放；对其他保障对象均按其家庭人均收入与最低生活保障标准的差额发放；根据国家有关规定享受特殊待遇的优抚对象等人员，其抚恤金等不计入家庭收入。

三、要认真落实最低生活保障资金

实施城市居民最低生活保障制度所需资金，由地方各级人民政府列入财政预算，纳入社会救济专项资金支出科目，专账管理。每年年底前由各级民政部门提出下一年的用款计划，经同级财政部门审核后列入预算，定期拨付，年终要编制决算，送同级财政部门审批。各地财政部门要认真落实城市居民最低生活保障资金，加强保障资金的管理和监督，保证保障资金专款专用，不被挤占、挪用。保障资金的使用要接受财政和审计部门的定期检查、审计及社会监督。目前最低生活保障资金采取由财政和保障对象所在单位分担办法的城市，要逐步过渡到主要由财政负担的方式上来。

四、倡导社会互助，鼓励保障对象劳动致富

在建立和实施城市居民最低生活保障制度的过程中，各地要教育群众体谅国家的困难，鼓励和支持有劳动能力的保障对象自谋职业、自食其力，通过劳动增加收入，逐步改善生活状况。对从事个体经营的保障对象，应给予必要的扶持。要充分发扬中华民族尊老爱幼、互助互济的传统美德，广泛发动社会力量，大力开展扶贫济困送温暖等活动，注重发挥家庭保障的作用。同时，各地可根据本地实际，在可能的情况下对保障对象在有关方面给予必要的照顾。

五、加强领导，确保城市居民最低生活保障制度顺利实施

各级政府要把建立城市居民最低生活保障制度作

为当前正确处理改革、发展、稳定三者关系的一件大事，摆上议事日程，加强领导，统一部署，认真研究解决工作中的重大问题。民政部门要充分发挥职能部门的作用，精心组织，周密安排，加强管理，建立、健全各项规章制度，坚持公开、平等、民主的原则，做到保障对象、保障资金和保障标准三公开，实行动态管理，切实做好各项具体工作。财政部门要积极配合民政部门的工作，落实保障资金，加强对保障资金的管理和监督，保证资金得到合理、有效的使用。劳动、人事、统计、物价等有关部门要积极支持、密切配合此项工作。基层民政部门、街道办事处和居委会是实施最低生活保障制度的基层组织，在实施这项制度过程中，这些单位责任很重，各级政府要加强对这些机构的领导，为其工作创造必要的条件，确保城市居民最低生活保障制度的顺利实施。

国务院副总理朱镕基在中南海会见厄立特里亚国防部部长塞巴特·埃弗雷姆上将

三峡工程左岸电站水轮发电机组国际招标采购合同和贷款协议签字仪式在人民大会堂举行

国务院总理李鹏、副总理邹家华出席签字仪式。签字仪式前，李鹏总理和邹家华副总理会见了两大中标集团的法国阿尔斯通、瑞士 ABB、挪威克瓦纳、加拿大 GE、德国伏伊特和西门子的代表，以及相关国的驻华使馆代表和为合同提供贷款的银行代表。

此次国际招标采购的三峡左岸电站 14 台水轮发电机组是三峡工程的重要设备，首批机组将于 2003 年发电，届时将实现三峡工程的第二个建设目标。

在签字仪式上，三峡工程建设业主——中国三峡总公司法人委托代表，三峡国际招标公司法人委托代表，分别代表中方的业主和买方在合同文本上签字。两大中标集团的企业代表也分别代表各自企业签了字。同时签字的还有国家开发银行的代表与两大中标集团所在国的贷款银行之间的贷款合同以及国家开发银行代表与中国三峡总公司的代表签署的转贷合同。

第十九届国际警察高度专业化研讨大会在北京召开

研讨会由公安部和国际社会学、刑罚与罪犯教养研究中心共同举办。来自中国、美国、比利时等 70 余个国家和地区，以及国际刑警组织、联合国犯罪预防和刑事司法司、联合国禁毒署 3 个国际组织的 300 余名高级警官、专家、学者参加了会议。

本次大会以“社会治安管理与犯罪预防”为主题，分为社会治安管理的基础、犯罪预防、社会治安面临的国际威胁、社会治安面临的内部威胁 4 项议题。

开幕式上，公安部部长陶驷驹向大会的召开表示热烈祝贺，并简要介绍了我国在犯罪预防工作上的成就。

国际社会学、刑罚与罪犯教养研究中心主席克劳迪奥·赞奇在开幕式上致辞。

联合国协会世界联合会(世联会)第六次亚太地区会议在北京开幕

会议由中国联合国协会承办，亚太地区 16 个国家的联协派代表出席了会议。

国务院总理李鹏和联合国秘书长科菲·安南分别向会议发来了贺信。国务院副总理兼外长钱其琛在开幕式上发表了讲话，阐述了我国对国际形势、亚太合作、联合国改革等问题的看法。

会议的主要议题是：亚太地区合作、亚太地区国家加强在联合国包括亚太经社理事会的作用、联合国协会在地区经济、社会和文化合作中的作用。

会议由世联会会长哈利姆主持，中国联协会长谢启美在开幕式上致辞。

世联会是世界上唯一以支持联合国为宗旨的非政府国际组织，在联合国经社理事会中享有甲级咨询地位，其宗旨是普及联合国知识、促进联合国宪章宗旨和原则的实现。中国联合国协会是世联会的创始成员之一。

中宣部在北京召开精神文明建设“五个一工程”第六届工作会议暨颁奖大会

中共中央政治局委员、书记处书记、中宣部部长丁关根出席会议并讲话。中共中央政治局委员、国务委员李铁映出席会议。

第六届“五个一工程”评选，共有 53 个省、自治区、直辖市党委宣传部和中央单位参评，报送参评作品 726 件。上海、吉林、北京、天津、四川、广东、陕西等省、自治区、直辖市党委宣传部和解放军总政治部等共 24 个参评单位获本届“五个一工程”组织工作奖；227 件作品获本届“五个一工程”入选作品奖。

中宣部副部长、文化部部长刘忠德在会上作了工作总结。连续 6 年获组织工作奖的吉林省、上海市以及北京、广西、江西和总政的有关负责同志在工作会议上介绍了他们组织实施“五个一工程”的做法和体会。文艺、理论、出版界参加评审工作的胡可、刘继贤、刘杲三位专家在会上作了发言。

中国红十字会代表红十字国际委员会在北京举行南丁格尔奖章颁奖大会

中国五位在护理界作出杰出贡献的白衣使者，最近荣获国际护理界最高荣誉奖——南丁格尔奖章。国家主席、中国红十字会名誉会长江泽民出席大会并为五位获奖者颁奖。

荣获第三十六届南丁格尔奖章的是:安徽省护理学会荣誉理事长汪赛进、上海市第六人民医院护理部主任陆冰、河南省护理学会副理事长孔芙蓉、天津市护理学会理事长关小瑛、解放军兰州军区总院专家组成员黎秀芳。

9月3日

中纪委印发《中国共产党党员领导干部廉洁从政若干准则(试行)》实施办法

第一章 总 则

第一条 为贯彻实施《中国共产党党员领导干部廉洁从政若干准则(试行)》(以下简称《廉政准则》),正确处理违反《廉政准则》的行为,制定本实施办法。

第二条 党员领导干部对违反《廉政准则》的行为,应当主动检查纠正。能够主动检查纠正,情节较轻的,可以不予处分或者免予处分,但应给予批评教育;情节较重的,从轻或者减轻处分。不主动检查纠正的,依照本实施办法处理。

第三条《廉政准则》的适用范围,包括已到退(离)休年龄尚未办理退(离)休手续,以及已办退(离)休手续但返聘后又担任相应领导职务的党员领导干部。

国有小型企业的党员领导干部,参照执行《廉政准则》。

第二章 廉洁从政行为规范

第一节 禁止利用职权和职务上的影响谋取不正当利益

第四条《廉政准则》第一条第一项所称“管理、服务对象”,是指行政机关的工作对象、司法机关和执纪机关查处的案件当事人、组织(人事)部门的工作对象以及其他领导干部所在部门和单位法定职责范围内管理和服务的对象。

利用职权和职务上的影响,索取管理、服务对象钱物的,依照《中国共产党纪律处分条例(试行)》(以下简称《纪律处分条例》)第六十一条的规定处理。

对变相索要物品或者索要物品后象征性地付少量钱款的行为,依照《纪律处分条例》第五十九条的规定处理。

第五条《廉政准则》第一条第(二)项所称“接受可能影响公正执行公务的礼物馈赠和宴请”,是指接受管理和服务对象及其亲属的礼物馈赠和宴请。

接受可能影响公正执行公务的礼物馈赠的,所接受的礼物应当一律登记、交公。不登记、交公的,依照《纪律处分条例》第六十三条的规定处理。

接受可能影响公正执行公务的宴请的,依照《纪律处分条例》第八十五条的规定处理。用公款宴请的,宴请费用由宴请者和受请者个人负担。

第六条《廉政准则》第一条第(三)项所称“公务活动”,包括国内公务活动和对外公务活动。

《廉政准则》第一条第(三)项所称“在公务活动中接受礼金和各种有价证券”,包括接受用公款以各种名义赠送的礼金和各种有价证券,以及接受个人赠送的可能影响公正执行公务的礼金和各种有价证券。

在公务活动中接受礼金和各种有价证券的,所接受的礼金、有价证券,一律登记、交公。不登记、交公的,依照《纪律处分条例》第六十三条的规定处理。

第七条《廉政准则》第一条第(四)项所称“其他支付凭证”包括支票、本票、汇票及各种有价识别磁卡等支付凭证。

利用职权和职务上的影响,接受下属单位和其他企业、事业单位或者个人赠送的信用卡及其他支付凭证的,依照《纪律处分条例》第六十三条的规定处理。所接受的信用卡及其他支付凭证应当退还或者上缴,已经支付的费用由个人负担。

第八条 以虚报、谎报等手段获取荣誉的,依照《纪律处分条例》第一百二十七条的规定处理;以虚报、谎报等手段获取职称的,依照《纪律处分条例》第五十一条的规定处理。所获取的荣誉、职称及其他利益予以取消或者纠正。

第九条《廉政准则》第一条第六项所称“喜庆事宜”,包括本人及家庭成员职务升迁、过生日、迁新居等喜庆事宜。

用公款公物操办婚丧喜庆事宜和借机敛财的,依照《纪律处分条例》第一百二十八条的规定处理。所用公款公物应当退赔。

第二节 禁止私自从事营利活动

第十条《廉政准则》第二条第(一)项所称“个人经商办企业”,是指个人独资经商办企业,与他人合资、合股、合作、合伙经商办企业,私自以承包、租赁、受聘等方式经商办企业。

个人经商办企业的,依照《纪律处分条例》第八十八条的规定处理。

第十一条《廉政准则》第二条第(二)项所称“经济实体”,包括各种企业、公司、营利性的事业单位和民办学校、医院、文艺团体等民办非企业单位。

《廉政准则》第二条第二项所称“违反规定”,是指违反1993年10月5日《中共中央国务院关于反腐败斗争近期抓好几项工作的决定》等中共中央、国务院及中共中央办公厅、国务院办公厅制定的有关规定。

违反规定在经济实体中兼职(包括名誉职务)或者兼职取酬的,依照《纪律处分条例》第八十九条的规定处理,并应当辞去一方职务,所领取的报酬(包括各种经济利益)应当上缴。

党和国家机关、人民团体中的县(处)级以上党员领导干部从事有偿中介活动的,依照《纪律处分条例》第八十八条的规定处理。国有企业、事业单位的党员领导干部个人从事有偿中介活动的,比照《纪律处分条例》第八十八条的规定处理。所收取的钱物应当上缴。

第十二条 《廉政准则》第二条第三项所称"违反规定",是指违反1993年10月5日《中共中央国务院关于反腐败斗争近期抓好几项工作的决定》,1993年4月22日国务院发布的《股票发行与交易管理暂行条例》,1993年4月3日《国务院办公厅转发国家体改委等部门〈关于立即制止发行内部职工股不规范做法意见〉的紧急通知》以及国务院有关部门,各省、自治区、直辖市制定的有关规定。

党和国家机关、人民团体以及具有行政管理职能的企业、具有行政管理职能的事业单位的县(处)级以上党员领导干部买卖股票的,依照《纪律处分条例》第九十一条的规定处理。所持有的股票,依照《股票发行与交易管理暂行条例》的规定处理。

党和国家机关、人民团体、事业单位以及具有行政管理职能的企业的县(处)级以上党员领导干部购买企业内部职工股的,或者《廉政准则》第十二条所列企业党员领导干部购买所在企业以外的其他企业内部职工股的,依照《纪律处分条例》第九十一条的规定处理。所持有的企业内部职工股,依照《国务院办公厅转发国家体改委等部门〈关于立即制止发行内部职工股不规范做法意见〉的紧急通知》的规定处理。

第十三条 个人在国(境)外注册公司或者投资入股的,依照《纪律处分条例》第八十八条的规定处理,并责令纠正。

擅自以个人名义用公款在国(境)外注册公司或者投资入股,构成贪污的,依照《纪律处分条例》第五十七条的规定处理;构成挪用的,依照《纪律处分条例》第八十条的规定处理。

第三节 禁止假公济私、化公为私

第十四条 利用自己主管、管理、经手公共财物的权力及其便利条件,用公款报销或者用本单位的信用卡支付应由个人负担的费用的,依照《纪律处分条例》第五十七条的规定处理。

利用职务上的便利,为他人谋取利益,由他人用公款报销应由个人负担的费用的,依照《纪律处分条例》第六十一条第一款的规定处理。

除本条第一款、第二款所列行为之外,利用职务或者工作上的便利,用公款报销或者用本单位的信用卡支付应由个人负担的费用的,依照《纪律处分条例》第五十九条的规定处理。

第十五条 借用公款逾期不还,情节严重的,依照《纪律处分条例》第八十二条第一款的规定处理,并追还所欠公款。

借用公款供个人进行营利活动或者非法活动的,依照《纪律处分条例》第八十二条第二款、第三款的规定处理。所借用的公款应当立即归还并按银行同期贷款利率付息,所获利润和其他非法所得,责令上缴。

第十六条 公费出国(境)旅游或者变相出国(境)旅游的,依照《纪律处分条例》第八十六条的规定处理。旅游费用由个人负担。

第十七条 《廉政准则》第三条第四项所称"高消费娱乐活动",包括营业性的歌厅、舞厅、夜总会和高尔夫球等娱乐活动。

用公款参与高消费娱乐活动和获取各种形式的俱乐部会员资格的,依照《纪律处分条例》第八十六条的规定处理。所用公款由个人负担。国有企业党员领导干部在业务招待中用公款参与高消费娱乐活动,未违反业务招待费使用规定的除外。

第十八条 本人或者指使他人以私人名义存储公款的,依照《纪律处分条例》第一百条的规定处理。

第四节 禁止借选拔任用干部之机谋取私利

第十九条 采取不正当手段为本人谋取职位的,依照《中共中央办公厅关于对违反〈党政领导干部选拔任用工作暂行条例〉行为的处理规定》(以下简称《处理规定》)第十五条的规定处理。

第二十条 泄露酝酿讨论干部任免情况的,依照《处理规定》第八条的规定处理。

第二十一条 在工作调动、机构变动时,突击提拔干部,或者在调离后干预原地区、原单位的干部选拔任用的,依照《处理规定》第九条的规定处理。

第二十二条 在干部考察工作中隐瞒或者歪曲事实真相的,依照《处理规定》第十一条的规定处理。

第二十三条 在干部选拔任用工作中打击报复或者营私舞弊的,依照《处理规定》第十二条的规定处理。

第二十四条 在干部选拔任用工作中封官许愿的,依照《处理规定》第十三条的规定处理。

第二十五条 违反《廉政准则》第四条和第五条第一项的规定,所作出的干部任免决定依照《处理规定》第二条的规定处理。

第五节 禁止利用职权和职务上的影响为亲友及身边工作人员谋取利益

第二十六条 要求或者指使提拔配偶、子女、其他亲友及身边工作人员的,依照《处理规定》第七条的规定处理。

第二十七条 利用自己主管、管理、经手公共财物的权力及其便利条件,用公款支付配偶、子女及其他亲友学习、培训费用的,依照《纪律处分条例》第五十七条的规定处理。

利用职务上的便利,为他人谋取利益,由他人用公款支付配偶、子女及其他亲友学习、培训费用的,依照《纪律处分条例》第六十一条第一款的规定处理。

除本条第一款、第二款所列行为之外,利用职务或者工作上的便利,用公款支付配偶、子女及其他亲友学习、培训费用的,依照《纪律处分条例》第五十九条的规定处理。

第二十八条 利用职权和职务上的影响,为配偶、子女及其他亲友出国(境)旅游、探亲、留学向国(境)外个人或者组织索取资助的,依照《纪律处分条例》第六十一条第一款、第二款的规定处理。

第二十九条 妨碍涉及配偶、子女、其他亲友及身边工作人员案件调查处理的,依照《纪律处分条例》第一百四十六条的规定处理。

第三十条 为配偶、子女及其他亲友经商、办企业提供便利和优惠条件的,依照《纪律处分条例》第八十八条的规定处理。对其配偶、子女及其他亲友获取的经济利益依法予以处理。

第三十一条《廉政准则》第五条第二款所称"个人经商办企业",除包括本实施办法第十条第一款规定的外,还包括在国(境)外注册公司回国(境)内经商。

《廉政准则》第五条第二款所称"在外商独资企业任职",是指受聘于外商独资企业或者外商独资企业驻国(境)内的办事机构。

省(部)级以上领导干部的配偶、子女及其配偶,在该领导干部管辖的地区及管辖的业务范围个人经商办企业和在外商独资企业任职的,领导干部应要求其配偶、子女及其配偶限期纠正。拒不纠正的,领导干部应当辞去现任职务或者由组织上调整其职务,并比照《纪律处分条例》第八十八条的规定处理。

第六节 禁止讲排场、比阔气、挥霍公款、铺张浪费

第三十二条 在国内公务活动中接受超过规定标准接待的,依照《纪律处分条例》第八十六条的规定处理。

第三十三条《廉政准则》第六条第二项所称"违反规定",是指违反1989年12月19日《国务院机关事务管理局关于中央国家机关部级干部宿舍修缮标准的规定》以及国务院及其有关部门,各省、自治区、直辖市制定的有关规定。

违反规定用公款装修、购买住房的,依照《纪律处分条例》第八十三条的规定处理。超过规定标准的装修费用,由个人负担。所购买的住房依照国家关于住房制度改革的规定处理。

第三十四条 擅自用公款包租或者占用客房供个人使用的,依照《纪律处分条例》第八十六条的规定处理。所用公款由个人负担,所包租、占用的客房立即退出。

第三十五条《廉政准则》第六条第四项所称"违反规定",是指违反1994年9月5日《中共中央办公厅国务院办公厅关于党政机关汽车配备和使用管理的规定》以及中共中央、国务院,中共中央办公厅、国务院办公厅,国务院有关部门,各省、自治区、直辖市制定的有关规定。

违反规定配备、使用小汽车的,依照《纪律处分条例》第八十四条和《中共中央纪律检查委员会关于党政机关县(处)级以上党员领导干部违反廉洁自律规定购买、更换小汽车行为的党纪处理办法》的规定处理。

第三十六条 擅自用公款配备、使用通信工具的,依照《纪律处分条例》第八十六条的规定处理。通信工具应当上缴。

第三章 附 则

第三十七条 本实施办法由中共中央纪律检查委员会负责解释。

第三十八条 本实施办法自发布之日起施行。

《廉政准则》发布后,本实施办法发布前,违反《廉政准则》行为尚未处理的,也适用本实施办法。

列于本实施办法附件一的规定,已纳入《廉政准则》和本实施办法,自本实施办法施行之日起,予以废止。

列于本实施办法附件二的规定,予以保留,继续有效。

中共中央纪律检查委员会制定的下列规定已纳入《廉政准则》和本实施办法,自本实施办法施行之日起,予以废止:

1. 关于党政机关县(处)级以上领导干部廉洁自律"五条规定"的实施意见。

2. 关于党政机关县(处)级以上干部违反廉洁自律"五条规定"行为的党纪处理办法。

3. 关于中央纪委三次全会重申和提出的党政机关县(处)级以上领导干部廉洁自律"五条规定"的实施意见。

4. 关于党政机关县(处)级以上领导干部廉洁自律补充规定的实施和处理意见。

中共中央纪律检查委员会制定的下列规定予以保留,继续有效:

1. 关于党政机关县(处)级以上党员领导干部违反廉洁自律规定购买、更换小汽车行为的党纪处理

办法。

2. 关于国有企业领导干部廉洁自律"四条规定"的实施和处理意见,但其中与《廉政准则》及其《实施办法》、《纪律处分条例》有抵触的,应以《廉政准则》及其《实施办法》、《纪律处分条例》的规定为准。

全国人大常委会副委员长铁木尔·达瓦买提在新疆区级机关干部大会上发表讲话

铁木尔·达瓦买提说,维护社会稳定,保持安定团结的政治局面,是新疆改革开放、经济建设和各项事业顺利进行的基本前提。近年来,极少数人出于破坏新疆社会政治稳定的目的,阴谋制造了一些犯罪事件,引起了全区各族人民的极大义愤。目前,自治区党委和人民政府团结和依靠各民族广大干部群众与各种犯罪活动进行了坚决斗争,有力地保障了全区的社会政治稳定,促进了经济建设和社会进步事业的健康发展。

铁木尔·达瓦买提强调,当前新疆面临着极好的历史发展机遇,经济建设和社会发展呈现出前所未有的发展势头。他希望,全区各民族人民万众一心,步调一致,把一个团结、富裕、文明的新疆带入21世纪。

全国职工道德"双十佳"评出

中宣部、国家经贸委、国务院纠风办、全国总工会在北京联合举行全国职工职业道德先进事迹报告会,会上宣布第三届全国职工职业道德"双十佳"名单。

获得第三届全国职工职业道德"十佳标兵"称号的是:上海西部企业(集团)有限公司水电工徐虎;北京公交总公司21路车队售票员李素丽;山西西山矿务局西曲矿综采一队副队长亢龙田;太原铁路分局太原站客运值班员史改梅;沈阳市大东市政工程公司汽车司机梁鸿义;河南许昌市环卫处清洁工冀丙祥;重庆市万县市精神卫生中心护士王凡;天津市百货大楼股份有限公司营业员邱汝舜;福建华安县新圩邮电支局乡邮员邹甲乙;广东湛江市惠珍联合医院院长梁惠珍。

获得"十佳单位"称号的是:济南市交警支队;大连第一公共汽车公司;安徽淮北市运输管理处;徐州铁路分局565/566次车队;黑龙江牡丹江心血管医院;武汉中心百货集团股份有限公司;深圳工商管理(物价)局福田公司;甘肃省刘家峡化工总厂;连云港新海发电厂;长春电业局。

国务院就部署在全国建立城市居民最低生活保障制度工作召开全国电视电话会议

妥善解决城市贫困人口的生活困难问题,是当前我国经济和社会发展中面临的一个重要任务。为此,国务院近日发出通知,决定从今年起到1999年年底以前,在全国建立起城市居民最低生活保障制度,使城市居民的基本生活得到保障。

国务委员李贵鲜在电视电话会议上代表国务院就贯彻落实这一通知精神提出了意见。李贵鲜说,在全国建立城市居民最低生活保障制度,是我国"九五"计划和2010年远景目标纲要提出的一项重要任务,对促进我国经济发展和社会稳定具有重要意义。目前,我国经济正处于转轨时期,在实行两个根本转变和进行产业结构调整的进程中,必然有相当部分的职工要下岗分流,减人增效,在再就业以前也会遇到种种生活困难。所以,要推动企业改革不断深化和发展,就必须从制度上解决职工的生活困难问题,这就要求我们尽快建立城市居民最低生活保障制度。同时,建立这一制度,也是建立健全社会保障体系的重大举措,是改革传统的社会救济制度,使其适应社会主义市场经济新形势的需要。李贵鲜指出,解决人民群众的生活困难,是各级人民政府的责任,建立城市居民最低生活保障制度,就是要把解决人民群众生活困难问题制度化、规范化。

李贵鲜说,建立城市居民最低生活保障制度,不仅迫切需要,而且切实可行。随着经济的发展,我国综合国力明显增强,财政收入逐年增加,为从制度上解决居民生活困难问题提供了一定的物质基础。近几年来,全国已有206个城市建立了城市居民最低生活保障制度,为在全国建立这项制度提供了经验。他要求各地政府根据国务院通知精神,结合当地实际情况,以高度的政治责任感和对人民群众的深厚感情,尽快把城市居民最低生活保障制度建立起来。

国务院副总理邹家华主持会议,要求各地、各有关部门在这次电视电话会议后认真传达、贯彻国务院通知,增强责任感和紧迫感,尽快开展建立和完善城市居民最低生活保障制度的工作,并建议各地在实施这一工程时,可以和职工消费合作社的经验以及再就业工程相结合。他提出国务院有关部门要加强对这一工作的指导,要密切配合,通力合作,认真解决工作中遇到的问题,共同把这项工作做好。

《人民日报》发表社论《再造壮丽秀美新山河》

在21世纪将要到来的历史时刻,在党的十五大胜利召开的前夕,江泽民总书记、李鹏总理等党和国家领导人就大抓植树造林,治理我国水土流失,建设生态农业问题作出重要指示,要求"再造一个山川秀美的西北地区"。这是党的第三代领导集体高瞻远瞩做出的又一重大战略部署,它关系到我们民族的兴旺发达,关系到我国经济社会的可持续发展,关系到我国社会主义现代化建设目标的全面实现;是我国发展战略整体推进的一个重要方面，是保护我们中华民族生存空间的一场伟大斗争。实施好这项跨世纪的伟大工程，是中华民族历史上的一个壮举，也是对世界文明的一个重大贡献。对此，我们一定要有足够的认识，以饱满的政治热情和坚韧不拔的毅力，积极投入到这场改造山河的伟大斗争中去。

生态环境是人类生存和发展的基本条件，是经济和社会发展的基础。但是，随着人口的增加和人们对自然资源特别是林草植被的不合理开发利用，导致世界上许多地方水土流失加剧，荒漠化面积扩大。生态环境急剧恶化，已对人类生存和发展构成了严重威胁。目前，无论发展中国家还是发达国家都在关注这一问题，并正在为改善生态环境做出积极的努力。我国经过40多年的艰苦奋斗，在这方面取得了很大成绩。全国累计人工造林保存面积3425万公顷，治理水土流失面积70万平方公里，治理荒漠化面积3000万公顷，对改善生态环境，促进农业持续发展和农民脱贫致富，发挥了重要作用。

但是，我们必须清醒地看到：全国水土流失、土地荒漠化的形势仍很严峻，边治理边破坏的现象十分严重；从整体上看，生态环境继续恶化的趋势尚没有完全控制住。目前，全国水土流失面积已达360万平方公里，占国土面积的38%；土地沙漠化面积已达262万平方公里，占国土面积的27.3%，而且每年还以2460平方公里的速度在扩展，相当于每年损失一个中等县的土地面积。仍在继续恶化的生态环境，给经济和社会发展带来了极大危害，严重制约了可持续发展，加剧了自然灾害的发生，影响了农村和城市现代文明进程。以上情况说明，提高林草覆盖率，治理水土流失，防治沙漠化，改善生态环境，已成为全党全民面临的一项紧迫的战略任务，成为中华民族谋求生存与发展的根本大计。我们必须从战略的全局的高度，深刻认识实施这项宏伟工程的重大意义。

实现再造壮丽秀美新山河，尤其是实现“再造一个山川秀美的西北地区”，是完全有可能的。因为西北地区在我国历史上相当长一段历史时期内，曾经是植被良好的繁荣富庶之地。

据考证，西周时期黄土高原森林覆盖率达50%以上，其余是一望无际的肥美草原。秦汉时期则以“山多林多、民以板为室”著称。后来，由于人口增加，刀耕火种、战争及统治者大兴土木，尤其是近代，人类活动对生态环境的破坏加剧，致使黄土高原森林越来越少，植被越来越稀，支离破碎，沟壑纵横，由“民以板为室”变成“民以窑而居”，生态环境严重恶化。首先，从黄土高原的历史演变可以看出：这一地区有成为水草丰美、林茂粮丰、山川秀美的基础。其次，我国西北各地多年来在治理水土流失、建设生态农业方面积累了丰富经验，涌现出不少成功典型。从榆林、延安等地的实践来看，再造一个山川秀美的西北地区也是可以实现的。榆林位于毛乌素沙漠南缘，延安地处黄土高原丘陵沟壑区，都是生态环境严重恶化的地方，有的是不毛之地。经过40年坚持不懈地努力，特别是近十几年大规模植树种草，综合治理，生态环境发生了显著变化，从恶性循环开始步入良性循环的轨道。最后，西北及其他一些水土流失严重的地区，人民群众有改变目前生存环境和条件的迫切要求，有重造山河脱贫致富的强烈愿望和气魄。只要我们积极发动，科学引导，充分调动群众治山治水治沙的积极性，就能焕发出无穷的力量。有了广大群众的积极参与和支持，就能攻无不克战无不胜，就能改变贫穷落后的状况和山河旧貌。

大抓植树造林，治理水土流失，建设生态农业，再造壮丽秀美的新山河，必须统一思想认识，牢固树立保护生态环境就是保护生产力，改善生态环境就是发展生产力，生态是经济社会发展的基础，是农业发展和人类生存的生命线的思想。必须充分发挥社会主义制度的优越性，集中力量，齐心协力，艰苦奋斗，进行大规模综合性治理。要按照自然规律和经济规律办事，不断探索符合实际的治理路子，以大流域重点治理为骨干，以小流域综合治理为单元，生物措施、工程措施和农业技术措施相结合，实现生态效益、经济效益、社会效益相统一。必须坚持治理与开发相结合，当前利益与长远利益相结合，治理水土流失与农民经济利益和脱贫致富相结合，充分调动农民群众的积极性。要克服追求短期效益的倾向，走培育资源、优化生态、建设生态农业的路子。必须制定科学周密的总体规划，明确奋斗目标和具体措施，分步骤实施，并运用行政的、经济的和法律的手段，加强对现有植被的保护管理，做到治理一片，巩固一片。要依法查处破坏林草植被，造成水土流失和土地荒漠化的案件，坚决把破坏生态环境的势头遏制住。建立健全稳定的投入保障机制和政策扶持体系，坚持国家、集体、个人一起上，多渠道、多层次、多方位筹集建设资金。农民群众是生态环境建设的主力军，要依靠亿万群众的力量，坚持“谁治理，谁受益”的政策，激发广大群众植树造林、治理水土流失、建设生态农业的积极性。要针对治理中的技术难题，组织好科技攻关。

再造壮丽秀美新山川，是改造大自然的一场硬仗，是造福子孙后代的伟大事业。实施好这项工程，关键在各级党委、政府切实加强领导。各级党政领导干部必须率先垂范，真抓实干。主要领导要亲自抓，主管领导集中精力抓，几套班子合力抓。各有关部门要通力合作，协同作战，把全社会的力量动员起来，把群众中蕴藏的积极性充分发挥出来，坚持不懈地打一场总体战。各省（区、市）、地、市、县，要根据中央的要求和各地实际，制定总体规划和年度计划，提出明确的奋斗目标、清晰的治理路子、有效的政策措施。把加强植被建设，治理水土流失，防治荒漠化，改善生态环境，建设生态农业作为本地经济和社会发展规划的重要组成部分，一任接着一任干，一代接着一代干，一张蓝图干到底。要实行目标责任制，逐级签订责任状，对完成和超额完成目标的干部给予表彰奖励；对消极畏难、无所作为的干部，要进行批评教育。治理水土流失、建设生态农业，是一项长期的艰巨任务，但从现在起就要紧急行动起来，今冬明春就要取得新的进展。我们坚信，经过各级领导和广大人民群众的艰苦努力，江泽民总书记提出的宏伟奋斗目标一定能够实现，我国的生态环境必将有一个大的改观。

国务院总理李鹏在中南海会见巴基斯坦外长古哈尔·阿尤布·汗

国务院副总理朱镕基在钓鱼台国宾馆会见由日本众议院外务委员会委员长逢泽一郎率领的日本年轻议员代表团

国务院副总理兼外交部部长钱其琛在北京与巴基斯坦外长古哈尔·阿尤布·汗会谈

双方还讨论了联合国改革问题。双方认为对联合国应进行必要的适当的改革，以提高其维护世界和平与安全、促进经济发展的能力。

香港特别行政区行政长官董建华离开香港前往马来西亚 新加坡 美国 日本 欧盟 比利时和英国进行访问

中日投资促进机构第七次联席会议在大连召开

对外贸易经济合作部部长吴仪说，我国欢迎多层次、多渠道、多种形式和多种类型的外商投资。

吴仪说，今后两国在资金、技术密集型领域以及中西部地区的资金合作可望有更大的发展。吴仪强调，要想使中日经贸关系顺利发展，就必须把两国的共同利益放在首位，在解决问题时要平等协商，任何带有歧视性的做法都只能破坏合作，损害双方的利益。

日中投资促进机构会长池浦喜三郎表示，日本企业在华投资潜力很大，但如何按中国利用外资政策将潜力发挥出来，尚须努力。中国政府有关部门负责人和松下、岩谷、三洋、佳能、三菱等日本 48 个团体的高层官员共 300 余人参加了联席会议。

“八六三计划”重点项目 6000 米水下机器人远洋深海资源考察汇报表彰会在北京举行

中科院沈阳自动化所、中国船舶科研中心等 7 家单位受到表彰。

“6000 米水下机器人工程化”是“863 计划”的重中之重项目，是“6000 米自治水下机器人”课题的延续。这次考察从 1997 年 5 月 20 日到 6 月 27 日，历时 39 天，在北纬 9 度 20 分、西经 154 度 14 分的太平洋海域，圆满完成了各项调查任务。考察结果表明，经过高技术工程化改进后的 6000 米无缆自治水下机器人性能卓越，可靠性高，实现了从手编程序向监控型的转变。有关专家和权威人士认为，该水下机器人是目前世界上最先进的洋底探测设备。

专家们说，深海洋底是人类有待开发的新空间，是一个资源丰富的疆域。因此，洋底的探测和太空探测类似，同样具有极强的吸引力和挑战性。与航天相比更困难的是，6000 米洋底的压力高达 600 个大气压；水中电磁波很难传播，母船与水下机器人之间的通信联系难度大；海底海况复杂，因而要求水下机器人能高度自主地处理各种问题。结果表明，此次出海对水下机器人进行了全面考验，从深潜、遥控、自主航行到浅剖测量、测扫测量以及录像、照相等各方面均达到原设计要求。

智能机器人专家组对该项目进行验收认为，该项目完成了合同中规定的全部技术指标，显示了我国水下机器人多学科综合技术的高水平，大家把 6000 米水下机器人的试验应用看作是成功地发射了一颗返回式海洋“卫星”。

国务委员、国家科委主任宋健代表国务院向所有参加研制和实验的人员表示祝贺。他说，水下机器人项目在短短数年间取得这样大的成绩，再次表明中国科技工作者有能力赶超世界科技前沿。发展高科技要有勇气和信心，善于抓住机遇，促成大的飞跃；要讲求实效，实现工程化，许多成果不仅要有，而且要用；要大力协同，加强合作，善于吸收和利用全人类的知识财富。

9月4日

国务院总理李鹏在人民大会堂同来访的日本内阁总理大臣桥本龙太郎举行会谈

李鹏表示，我们希望通过首相阁下这次访问，双方就中日关系及共同关心的问题坦诚地交换意见，使访问取得积极成果，在《中日联合声明》和《中日和平友好条约》的原则基础上，进一步推动两国关系健康、稳定地向前发展。

李鹏指出，今年是中日邦交正常化 25 周年，回顾 25 年来中日关系的发展历程，我们认为总的是好的。

两国领导人利用双边和多边等各种形式保持了较密切的接触和对话。两国在政治、经贸、技术合作方面都取得了许多进展，给双方带来了重要利益。中日关系发展到今天，是两国老一辈政治家和各界友好人士长期不懈努力的结果，来之不易，值得共同珍惜。

李鹏说，由于历史和现实的原因，中日两国间一直存在着一些不容忽视的问题。随着两国关系深入发展，我们也会遇到一些新问题。只要恪守《中日联合声明》和《中日和平友好条约》的原则，本着相互尊重、求同存异的精神，坦诚对话，友好协商，这些问题就能够得到妥善处理。

李鹏指出，我们正处在世纪之交的重要时期，中日两国要面向21世纪，进一步发展睦邻友好合作关系，实现两国人民的世代友好。我们双方要为此共同努力，从长远利益和战略高度对待两国关系，正确把握两国关系的方向，严格遵循《中日联合声明》和《中日和平友好条约》的原则，切实维护中日关系的政治基础。

桥本表示，这次访华是面向未来、发展日中关系的重要一步。在遵循《日中联合声明》和《日中和平友好条约》的基础上发展同中国的关系是日本政府的一贯立场。稳定的日中关系不仅对两国十分重要，也有助于亚太地区和世界的和平与繁荣。两国邦交正常化25年来，双边关系有了很大的发展，中国的改革开放为日中各方面的合作提供了广阔的机会。他强调，日本将继续致力于日中友好，支持中国的改革开放事业。

在谈到中日历史问题时，李鹏强调，在历史问题上，中方一贯主张“前事不忘，后事之师”，在此基础上面向未来、开辟未来，发展两国人民的世代友好。我们注意到，日方主要领导人近来多次明确表示“愿正视历史，承认侵略，并对此表示深刻反省和诚恳道歉”。日本在历史问题上采取正确态度有利于维护中日关系的政治基础，也有助于增进日本与亚洲邻国之间的理解和信任。我们希望日本政府以对历史负责的态度，用正确的历史观加强对青少年的教育和引导。

桥本说，1995年8月15日，日本村山内阁就历史问题发表了正式谈话，即承认“由于日本的侵略和殖民统治给许多亚洲国家带来了损害和痛苦，对此表示深刻反省和由衷道歉”，这是日本政府的正式立场。桥本表示，他作为当时的内阁成员参与了上述立场的决策，至今仍坚持这一立场。这次作为首相，将首次访问中国的东北地区，其目的就是为了显示他愿在正视历史的基础上面向未来。

桥本表示，日本今后将会继续走和平发展道路，这是日本全体国民的共同意志。桥本强调，日本决不会走军国主义道路或成为军事大国。

李鹏重申，台湾问题完全是中国的内政，任何国家都无权干涉，中国政府关于台湾问题的立场是明确和一贯的。任何直接或影射把台湾纳入日美安全合作范围的做法，中国政府和中国人民都是不能接受的。日本政府在此问题上应有一个明确的态度，我们希望日方高度重视和尊重中方的有关立场。

桥本表示，日本政府在日中邦交正常化时，明确表示充分尊重和理解中国政府关于“台湾是中华人民共和国不可分割的一部分、中华人民共和国政府是代表全中国的唯一合法政府”的立场。日方的这一态度现在没有、今后也不会有任何变化。桥本强调，日本同台湾只发展非官方关系，不支持“两个中国”和“台湾独立”。日本认为，台湾问题是中国人内部的问题，应由海峡两岸谋求和平解决。桥本明确表示，在台湾问题上，日本将坚持遵循《日中联合声明》和《日中和平友好条约》的原则，在此基础上慎重行事。

李鹏对两国经济关系的发展给予积极评价，希望双方在平等互利的基础上进一步提高合作水平。桥本对此表示完全赞同。两位领导人对中日已就缔结新渔业协定的主要内容达成一致感到高兴。李鹏希望双方继续本着务实合作的态度，进一步努力争取尽早签订新渔业协定。

在谈到中国加入世界贸易组织问题时，桥本表示，日中双边有关谈判最近取得突破性进展，值得高度评价。日本将继续努力，积极支持中国尽早加入世界贸易组织。

李鹏说，中日双边谈判取得突破是一件好事，希望日方继续发挥积极作用，本着务实和建设性态度解决尚待谈判的问题。双方同意进一步深入谈判，争取尽快达成中日双边协议。

桥本还向李鹏介绍日方关于两国在环保和能源领域开展合作的构想。

李鹏说，中国是一个环境和能源大国，也是一个农业大国，我们一向重视在这些领域的国际合作与交流，中日双方的官员和专家可就此共同探讨。

两位领导人一致认为，中日两国领导人经常来往，就共同关心的问题及时交换意见，对增进相互了解，促进两国关系顺利发展有重要意义。

会谈后两位领导人一起出席了《中华人民共和国政府和日本国政府关于修改航空运输协定附件的换文》和《中华人民共和国政府和日本国政府关于日本向中国提供1997年度日元贷款的换文》的签字仪式。

全国贫困地区实施《中国妇女发展纲要》《九十年代中国儿童发展规划纲要》县长培训班在兰州举行开班仪式

培训班由国务院妇女儿童工作委员会举办。

国务委员、国务院妇女儿童工作委员会主任彭珮云到会并讲话。

彭珮云说，实施两个纲要的重点、难点在农村，尤其是贫困地区。我国3/4的妇女儿童在农村，农村没有实现两个纲要，就不能说全国实现了两个纲要。在贫困地区实施两个纲要，对于提高人口素质，促进农村经济发展和社会进步具有重要的战略意义。彭珮云强调，在贫困地区实施两个纲要首先要发动与组织广大妇女参加社会生产劳动，使她们增加收入，改善经济和社会地位，同时也要抓好教育、计划生育和卫生工作，控制人口过快增长，努力提高人口素质。

谈到贫困地区如何实施两个纲要，彭珮云说，一要加强党委和政府对实施两个纲要的领导，各级党委和政府要把实施两个纲要的工作摆到议事日程，纳入当地国民经济和社会发展的总体规划，为实施两个纲要提供必要的人、财、物保证。二要善于争取各方面力量，利用多种形式的扶贫活动，为实施两个纲要服务。三要深入进行调查研究，抓住本地妇女儿童发展中最迫切需要解决的问题，实事求是地制定实施两个纲要分年度计划，明确工作重点，一步一步将工作推向前进。

来自西南、西北10省区的80多个县的县长参加这次为期6天的培训活动，内容主要包括交流试点工作情况，考察甘肃省渭源县实施两个纲要的工作情况，研究探讨在贫困地区实施两个纲要的对策和措施。

全国矿产资源委员会在北京举行第五次全体会议

中共中央政治局委员、国务院副总理、全国矿产资源委员会主任邹家华在听取全国矿产资源委员会有关工作情况介绍后发表讲话。邹家华充分肯定了今年以来全国矿产资源委员会做的工作。他强调，矿产资源是人类生存和发展不可缺少的重要资源，是能源、原材料工业的源头，而且不可再生。我们对资源的利用不仅要考虑当前的需要，更要考虑子孙后代的需求。我们要从这样的高度来认识中央提出的利用两种资源和两个市场方针的战略意义。在资源的开发利用上，要开源节流，防止乱采滥挖、采富弃贫等浪费行为；同时要利用国外资源。他说，在利用国外资源的问题上，态度要积极，步子要稳妥。

邹家华说，矿产资源管理要体现三个原则：一是矿产资源国家所有；二是区块登记，实行勘查许可证和开采许可证两证管理；三是有偿使用。矿产资源管理要依法行政，切实解决执法难的问题，强化执法。各级人民政府要切实负起责任，有关方面要相互配合，各司其职，共同做好矿业秩序整顿工作，促进我国矿业经济发展。

国家体改委主任李铁映在郑州召开的国家五部委商贸中心改革试点工作会议上发表讲话

在中西部地区进行商贸中心改革试点，是落实党中央、国务院关于加快中西部地区经济发展，逐步缩小东西部差距的重要措施。其基本出发点是，在中西部地区选择几个有一定基础和区位优势的中心城市，通过加快市场流通体制改革，转变国有流通企业经营机制，发展以商贸业为重点的第三产业，推动全面改革和第一、二产业的发展，从而对中西部地区经济的整体发展产生积极影响。根据建立社会主义市场经济的要求，国家体改委、国家计委、国家经贸委、国内贸易部和外经贸部经过实地调研和论证，自1994年起，先后把兰州市、郑州市和成都市确定为进行商贸中心改革试点城市。试点工作进行三年来已取得初步成效，以起步最早的兰州市为代表，以商贸服务业为主的第三产业比重不断提高，商品市场的框架已初步形成，企业改革不断深化，在结构调整中已初步形成了若干个具有一定规模的商贸企业集团。实践证明，在中西部地区进行商贸中心的改革试点，是加快发展中西部经济的一种正确选择。

李铁映在听取兰州、郑州、成都三个城市进行商贸中心改革情况的汇报后指出，中央始终高度重视中西部的发展问题。解决地区发展差距，坚持区域经济协调发展，是今后改革和发展的一项战略任务。随着两个根本性转变的逐步实现，中西部将成为我国经济发展的重要地区。中西部迫切需要探索加快改革、加快发展的新路子，寻求新的经济增长点和体制增长点，跟上全国改革与发展的总体步伐。在一些中心城市进行商贸中心改革试点，大胆探索体制改革，带动第一、二、三产业和周边城乡经济的共同发展，不仅符合区域经济的发展规律，而且有利于尽快建立起统一高效、竞争有序的市场体系，使市场配置资源的基础性作用得到充分发挥，为实现东西部经济的协调发展提供经验。

李铁映在讲话中强调，中西部地区的同志，要认真学习江泽民总书记5月29日在中央党校的重要讲话，高举邓小平建设有中国特色社会主义理论的伟大旗帜，进一步解放思想，从本地区的实际情况出发，以“三个有利于”为标准，大胆探索一切有利于解放与发展生产力的经营方式和组织形式，实现公有制与市场经济的有机结合，加快中西部地区的改革发展步伐。

李铁映指出，作为中西部地区经济发展的一个探索，建设商贸中心城市关键靠改革，靠开放，必须实现体制上的新突破。中西部地区经济发展相对落后，原因是多方面的。经济落后不意味着体制改革也要相应落后。要把中西部地区的资源优势尽快转变为经济优势，就必须加大改革的力度，加快国民经济市场化进程，实现制度创新。

李铁映要求各试点城市以商贸中心改革为契机，按照“抓大放小”的原则，对流通领域的国有资本进行优化性重组，实行大公司战略，积极发展现代流通产业。要重点支持大型连锁集团跨地区发展，发展规模经营基础上的现代批发业和物资配送中心，积极推行代理制，以降低成本，保证质量，提高效益，扩大市场，进一步放开放活国有小型流通企业。要加紧培育市场体系，保护公平竞争，规范市场中介组织，健全市场法规。要引进现代科技手段建立市场信息网络，提高市场透明度，降低交易成本。市场流通体制改革要做好规划，不要刮风，不要盲目建高档商场。要真正有利于把当地工农业产品带入市场，把本地的资源优势、产品优势变为商品优势和市场优势，促进农业产业化的进程，实现第一、二、三产业共同发展。

中日两国代表团团长就中国加入世界贸易组织(WTO)的双边谈判问题发表联合声明

联合声明宣布，经过8月27日至29日及9月2日至3日分别在东京和北京的双边磋商，两国关于中国加入世贸组织的谈判已经取得了重大实质性进展。

声明说，中日双方结束了有关关税、非关税措施以及商品标准和认证制度的谈判，从而全面达成了货物贸易市场准入的框架协议。双方决定加紧努力，以尽快就服务贸易问题达成双方共同满意的结果。双方认为，这一系列双边谈判的进展，将进一步加强两国之间业已存在的强有力的友好关系。双方还重申，将继续在日内瓦的中国工作组谈判中紧密合作，使中国早日加入世界贸易组织。

国务院副总理李岚清在烟台召开的全国中小学素质教育经验交流会上发表讲话

再过几年，人类社会就跨入21世纪。我们要把一个什么样的基础教育带入21世纪？一个关键的问题，就是要积极推进素质教育，培养全面发展的一代新人。这是基础教育的一项紧迫任务。这两年各地涌现出一批实施素质教育的好典型，积累了好经验。例如，汨罗市的经验就在全国产生了很大影响，烟台市进行综合改革，整体推进中小学素质教育，搞得也不错；上海、江苏、浙江、辽宁、山西等省市也都取得了比较好的经验。一些地区已开始制定全面推进素质教育的方案。国家教委也在统筹考虑。我们要加大推进中小学素质教育的力度，力争在本世纪结束前取得明显成效。

一、实施素质教育的根本目的是全面贯彻党的教育方针，培养全面发展的跨世纪人才，迎接21世纪的挑战

新中国成立以来，党和政府一贯重视教育，尤其重视基础教育，我国的教育事业发展很快。可是后来“文化大革命”带来巨大灾难，教育受到了严重破坏。打倒了“四人帮”，邓小平同志复出后，首先对教育拨乱反正，并身体力行，亲自抓科技和教育，做了许多重要指示。在邓小平同志的关怀下，教育事业很快得到恢复和发展，基础教育也有了很大发展。改革开放以来，我国经济和社会发展取得的巨大成就和教育是分不开的。基础教育为培养人才奠定了基础。在肯定成绩的同时，也应当看到，我们的基础教育还不适应培养现代化人才的需要。最大的一个问题，就是存在着“为考试而教，为应试而学”的倾向，也就是通常所说的“应试教育”，影响了学生的全面成长，不利于培养高素质的人才。

本世纪末和下世纪初叶，我国要全面实现第二步战略目标，并向第三步战略目标迈进。我国未来的发展，要转到主要依靠科技进步和提高劳动者素质上来，转到以提高效益为中心的轨道上来。这就要求我们实施科教兴国战略和可持续发展战略，实行经济体制和经济增长方式的两个根本性转变。面对这样的转变，江泽民同志指出，我国的教育也要实行两个转变，这就是教育要全面适应现代化建设对各类人才培养的需要，全面提高办学质量和效益。实施素质教育，就是要全面贯彻党的教育方针，培养德、智、体、美全面发展的一代新人。要使学生具有创新精神和实践能力，生动活泼地得到健康发展。这是实现“两个转变”的具体要求。进一步推进中小学素质教育，决不是否定基础教育已取得的成绩，而恰恰是教育所取得的巨大成绩为全面推进素质教育打下了良好的基础。要在总结的基础上，针对存在的问题，更全面地贯彻党的教育方针，贯彻邓小平同志教育思想，落实江泽民同志的重要指示，使基础教育更好地适应新形势的要求。国家的繁荣，民族的昌盛，根本的在于人的素质和人才。我们实施素质教育就是要培养德、智、体、美等方面全面发展的跨世纪人才，迎接新世纪的挑战。

社会主义精神文明建设和民主法制建设也对实施素质教育提出了迫切要求。树立建设有中国特色社会主义的共同理想，正确的世界观、人生观、价值观，良好的社会公德、职业道德、家庭美德，自尊、自信、自强的民族精神，依赖于人的文明素质的提高。形成依法办事。依法律己的行为习惯和扶正祛邪、扬善惩恶的社会风气，发扬唯物的科学精神，也离不开人的全面素质的提高。

从世界范围来看，近十几年来，国际竞争日趋激烈，经济竞争、综合国力的竞争，实质是科学技术的竞争，归根到底是民族素质和人才的竞争。科学技术迅速发展，学科间不断的融合与渗透，开拓出许多新的科学领域，出现了许多新的科技方面的突破，这对人的综合素质提出了更高的要求。我在出访以色列与佩雷斯谈及教育时，他认为现代教育要教会学生三大本领：一是会继续学习；二是会与不同的人一起共事；三是在不同的环境下都能生存发展并作出贡献。以色列资源贫乏，自然条件差，但他们靠教育、靠培养大量人才、靠科学技术，发展了经济。本世纪涉及教育的最大变化有两个：一是各国对人力资源的开发越来越重视，教育被提上了前所未有的战略地位；二是教育观念的深刻变化，人们不再认为智力是成功的唯一因素，事业的成功还要取决于非智力因素，例如正确的世界观、人生观、方法论，与人合作、自我激励、处理事情的应变能力以及思考问题的科学方法等。1995年世界上最重要的科学成果之一——发现第六个夸克（顶夸克）存在的证据，就是由两个实验组的八百多人共同努力取得的，其中的每一个人都要与他人密切合作。个人的作用是重要的，但靠单枪匹马取得重大成果的时代已经过去了。智力是重要的，但智力本身，也有个知识面问题。综观有成就的科学家，一般不但在专业领域有极高的造诣，往往有丰富的知识面。知识面也是个人素质的组成部分。这些都要求我们转变教育观念。中国还有自己特殊的问题，这就是独生子女问题。独生子女当然比以前的孩子有更好的生活条件、学习条件，但也带来了家庭和社会对孩子的娇惯和放纵。我们比任何国家都更需要对这些孩子进行全面的素质教育。

教育本身的目的和教育功能也要求我们实施素质教育。《教育法》确定的教育方针是我国新时期教育的总的指导方针，也是我们实施素质教育的总的指导方针，这就是“教育必须为社会主义现代化建设服务，必须与生产劳动相结合，培养德、智、体等方面全面发展的社会主义事业的建设者和接班人”。这里面有两个问题是必须强调的：

一是面向少数学生，还是面向全体学生。《教育法》规定公民“依法享有平等的受教育机会”，《义务教育法》规定“国家、社会、学校、家庭依法保障适龄儿童、少年接受义务教育的权利”。受教育机会平等是国家用法律规定的一项基本的教育原则，因此，我国的基础教育必须是面向全体学生的教育。对政府和教育行政部门来说，应当为所有适龄儿童、少年提供平等的教育；对学校和教师而言，要努力使每个班和学生都得到全面而健康的发展。基础教育特别是义务教育的根本宗旨，是为提高全民族的素质打下扎实基础，为全体适龄儿童、少年今后的学习和参与社会生活打下良好基础。实施素质教育要求面向全体儿童、少年，促进每个学生的发展，与这一根本宗旨是一致的。而“应试教育”只是着眼于选拔能进入高一级学校继续学习的学生，忽视对大多数学生的教育，只重视应付考试的知识而忽视提高学生的整体素质。“应试教育”使基础教育成为面向少数人的教育，为了少数而在一定程度上影响、甚至牺牲多数。实施素质教育，就是要淡化选拔意识，特别在义务教育阶段，应强化普及意识。

二是片面发展，还是全面发展。全面发展，是我国教育方针的核心部分，它提出了教育所要培养的人的合理素质结构，包括思想的、文化的、生理的、心理的素质，应当说是一个素质结构系统。教育是要教给学生文化知识，考试也是必要的。“应试教育”的问题在于，它主要是为应付考试而教和应付考试而学，忽视教育对象的全面发展，在教育实践上，不仅智育本身有很大局限，而且因忽视德育、体育、美育和学生身心健康，造成学生的片面发展。有的人书念得很好，考分很高，但是没有正确的人生观、世界观、价值观，道德修养很差，这不能认为是好人才。有的只有书本知识，没有创造性，不会解决实际问题，“高分低能”，也不能认为是好人才。道德修养好和本事大的人，身体不好也派不了大用场。当然，在学校不好好学习，文化知识差，也不能担起社会主义现代化建设的重任，我们决不能重犯“文化大革命”中不学好知识，甚至提倡交白卷那种极其荒谬的错误。实施素质教育就是要培养学生品德高尚、身心健康、知识丰富、学有专长、思路宽广、实践能力强，使学生学会做人、学会求知、学会劳动、学会创造、学会生活、学会健体、学会审美，成长为有理想、有道德、有文化、有纪律的社会主义事业的建设者和接班人。实践表明，素质教育能更好地激发学生的学习兴趣和主动性，有利于学生更好地掌握科学文化知识。实施素质教育也更有利于各个领域拔尖人才的成长。素质教育不仅不应降低学习质量，而应更有助于学生的全面成长。

中华民族能否在21世纪胜利地迎接世界综合国力竞争的严峻挑战，能否全面实现以江泽民同志为核心的党中央所绘制的跨世纪的宏伟蓝图，最终取决于全民族素质的提高，取决于我们培养出一代全面发展的“四有”新人。我们讲“科教兴国”，但不是什么样的教育都能兴国，“科举教育”能兴国吗？“应试教育”能兴国吗？不能。只有素质教育才能提高中华民族素质，才能兴国。因此，按照国家的教育方针，积极而认真地推进素质教育，全面提高教育质量，已经是摆在我们面前的刻不容缓的重大任务。

二、抓住关键环节，采取有力措施，扎实推进中小学实施素质教育

推进素质教育，是一项艰巨的任务，不光要讲道理，更要有切实有效的措施。事实上，从1985年中央作出教育体制改革的决定后，我国基础教育的改革始终处在不断深入的过程中，从思想转变到体制转变，在教育结构、课程教材、考试制度及教学方法等许多方面都做了有益的探索。各地在推行素质教育中也积累了很多成功的经验。我在这里讲几点意见，提出来请大家研究。

第一，加快薄弱学校建设，缩小学校间办学水平的差距。过去由于我们的教育在“文化大革命”中遭到严重破坏，“文化大革命”后拨乱反正，为了加速教育的恢复和发展，当时集中力量办一些示范性的重点中小学是必要的。在这个阶段已经过去的今天，也就是要实现普及九年制义务教育的今天，如果我们继续人为地把人力、物力、财力、各种捐助还集中往重点学校投，势必会拉大学校之间的差距，影响多数学校的发展，甚至使一些学校成为新的薄弱学校。今后在义务教育阶段不搞重点学校，各级政府和教育行政部门要努力办好每所学校。提高薄弱学校的办学水平，增加投入、改善条件、均衡生源都是必要的，但关键是校长和老师。一个好校长、好的领导班子带一批好老师就能办出一所好学校。因此要下决心提高校长和老师的素质，加强师资培训，抽调优秀校长和教师到薄弱学校工作。采取校长、教师流动以及学校联办等多种形式，使好的办学经验迅速推广到薄弱学校去。还有一个比较好的办法，从县里、市里、省里以及中央机关的青年干部中选拔一批政治素质好、文化水平较高的同志，经过培训后到中小学当校长、当老师。对于这个办法的落实，中央办公厅、国务院办公厅已转发了国家教委、中组部、人事部的一个文件，希望各级党委和政府认真执行。有的省还实行了一种制度，即把分配到政府机关的大学毕业生先集中到人事部门，派到学校去支教，当教师甚至当校长、副校长，经过一段锻炼，再根据其支教的表现回来正式分配工作。这样不增加基层负担，既支援了教育，又使本人得到基层工作的锻炼。青年人到基层锻炼是很有必要的，我们过去已经有这个经验。恢复高考后的两届学生因为经过较长时间的实践锻炼，不仅在学校受欢迎，后来在工作岗位许多人的表现也很出色。北京、上海在加强薄弱学校建设上制定了一些措施，各地特别是大中城市也应根据本地实际，制定相应措施和规划，争取在几年内使本地中小学校的办学水平有明显的提高，以缩小校际之间的差距。

第二，改革课程、教材、教学方法，这是推进素质教育的核心。中小学应构建和完善适应素质教育要求的课程体系和改革教材。现行的课程门类过偏，有的教材内容偏深、偏多，有的过于陈旧，与国家现代化建设需要不相适应。课程教材的改革应以促进学生全面发展为目标，要符合不同年龄段少年儿童的认知能力和接受能力。应适当减轻学生过重的课业负担，使学生有时间接受全面素质教育，有条件接触自然，接触社会，参加公益活动。请国家教委集中力量，抓紧组织好这项工作，对此要有紧迫感。

第三，加快升学考试制度改革。现在，升学考试成了评价中小学教育工作的“指挥棒”。其他工作做得再好，升学考试制度不改革，素质教育叫得再响也会落空。已经普及九年义务教育的地区应实行小学生就近免试升初中，以缓解应试的压力，为小学推行素质教育创造外部环境。高中会考要认真总结经验，兴利除弊，不断完善。扩大高中招生规模，积极发展中等职业教育，为整个义务教育阶段推行素质教育创造宽松的环境。高校招生和考试的改革，在积极创造条件扩大普通高校招生的同时，发展高等职业教育要加快步伐。我赞成有的地方已经实行的把高考报名与学校脱钩的做法。由教育行政部门在社会上设立报名站报名，组织高考，录取后公布和直接通知学生。这样可以模糊高中升学率的概念，以利改变目前把升学名次作为考核学校教育的唯一指标的状况。上海高校招生和考试改革的经验要认真总结，可取之处要逐步推行。

第四，建立符合素质教育要求的科学的评估机制。长期以来，社会和家长评估学校的标准实际上就是一个升学率，评价学生就看分数，而且还是百分制，差一分都会给学生造成很大压力，这很不科学。评价学生要按照全面发展的要求，看学生是否在原有基础上得到生动活泼、主动地发展，而不是单纯看文化考试的分数的高低；评价一个学校的教育，归根到底要看能否全面贯彻党的教育方针，使学生在德、智、体、美等方面得到全面发展。现在全国许多地方的小学，如上海、北京、烟台、鞍山、汨罗等地，进行了评价改革实验，取消百分制，实行等级加评语，淡化分数。还有的探索“素质学分制”，用正面、积极和充满情感的语言给学生写评语，激励学生努力向上。这些改革的方向是对的，要不断加以总结、完善，有步骤地予以推行。

第五，充分发挥中小学校长和教师在推进素质教育中的主力军作用。实施素质教育，最终都要通过中小学校长、学校领导班子和教师落实到学生身上。必须全心全意地依靠广大教师，充分调动教师的积极性、主动性和创造性。全面推进素质教育，对校长、学校领导班子和教师队伍的素质要求更高了，既要转变教育思想和观念，提高教学水平，又要在教育手段、方法上有创新和突破。教师要不断地学习和提高自己，才能

适应培养21世纪人才的需要。每个地区都应在教育改革的实践中,努力树立优秀教师典型,培养更多的骨干教师。在大力培养数、理、化、语文、外语等知识课程教师的素质和水平的同时,尤其要注意培养比较缺少的德育、美育、体育、劳作等方面的教师,发挥他们在素质教育中的作用和对其他教师的积极影响。师范院校更要率先进行素质教育。现在师范院校的学生就是未来的教师,他们现在的素质决定了未来素质教育的水平。师范院校的教学也对这些学生未来的教学方法起着潜移默化的作用。总之,我们要建设一支积极推进素质教育,积极投身教育改革的教师队伍,去完成这项艰巨任务。

第六,进一步调整教育结构,积极发展高等和中等职业教育,拓宽升学就业渠道。在中小学推行素质教育,并不是在基础教育自身的封闭系统内就能实现的。还有一个重要的问题,就是要从教育的整体改革、教育结构的调整来统盘考虑。我们讲我国教育要实行"三级分流",现在中等职业教育有了长足发展。但最终还有一个前面所提到的考大学的"指挥棒"问题,这对素质教育的影响最大。因此,这一级的分流对推行素质教育也是至关重要的。大学固然应创造条件扩大招生,但毕竟不是都能上大学。我多次讲过发展高等职业教育的问题,虽然主要是从培养各种类型和层次的人才来讲的,是从推迟就业压力来讲的,也是从缓解千军万马过一座上大学的独木桥的角度来讲的。这件事抓好了,也是一种强有力的导向,有利于推进中小学的素质教育。办高等职业教育,决不是重新铺多少新摊子,而是着眼于对现有大专和相同水平的成人院校的改组、改革,人们说现在不少的大专是本科的浓缩,既没有大学本科的理论优势,也没有职业学校的实践优势。专科院校在就业方面已连续几年发生困难,要引起我们的高度重视。总之,"三级分流"也是为中小学实施素质教育创造有利条件。同时,我们还要创造条件,使职业教育与普通教育相互沟通,全社会逐步形成适合公民终身学习的现代教育体系。

这里,我还要强调一下,推进素质教育要因地制宜,不同的地区要有不同的要求。如,大城市和小城镇,城市和农村,就不能完全一样。广大的农村学校,当前主要还应当大力推行教科农相结合、"三教"统筹,基础教育要为农村的发展、为脱贫致富服务。

上面,我从六个方面讲了如何推动素质教育。上次我到汨罗市考察时,了解到他们推行素质教育,全市中小学音体美课程开出率为100%,毕业生体育合格率达到99.8%,并出现了大量具有特长的学生。13年来,汨罗市在校中小学生犯罪率为零,没有一个人被追究刑事责任或劳动教养,而且并没有降低学生的智力开发水平。我对此感到很高兴。这说明素质教育正在开花结果。类似这种情况,有不少地方已经做到了,我相信,其他地方和学校也能够做到。

三、党政推动和支持,家庭与社会共同努力,为实施素质教育创造良好的社会大环境

在中小学实施素质教育,不但需要全体教育工作者的积极努力,而且需要各级政府、社会各界以及学生家庭共同创造一个良好的大环境。现在可以说是新中国成立以来经济发展最快、政治形势最好的时期之一。应该看到中国的基础教育所面临的不仅仅是挑战,更面临着改革与发展的大好机遇,一个有利于实施素质教育的大环境正在逐步形成。我们要抓住机遇,开拓进取,积极推进素质教育。

实施素质教育,关键在领导。各级领导要高瞻远瞩,走在时代的前面,树立正确的教育观、人才观和质量观,深刻认识实施素质教育的必要性和紧迫性。要成为推行素质教育的倡导者和先行官,而决不能拖后腿,帮倒忙。有的领导同志对学校压升学率,甚至采取经济奖惩或人事升迁等手段来达到此目的,这是错误的。我到地方搞调查研究,有的先向我介绍奥林匹克竞赛拿了多少奖。拿奖是好事,但只着眼于拿奖,恐怕指导思想就有问题。提高教育质量,眼睛要看着全体学生,要在促进学生的全面发展上下功夫,在提高师资水平、改善校舍环境、充实仪器设备、改进教学手段和教学方法、加强学校领导班子和学校管理、改善社会大环境这些方面下功夫,近几年,各级政府在解决教师住房、工资待遇、民办教师等问题上,做了许多工作,对稳定教师队伍,调动教师积极性起了很好的作用。今后这些方面的工作还要继续抓紧抓好。各级政府还应保障教育投入,统筹协调各部门、社区的教育资源支持教育改革,按照国家教育方针的要求全面评价学校的办学行为。只有做好了上面这些工作,才能真正做到全面贯彻教育方针,全面提高教育质量。从各地推进素质教育成功的经验看,凡是比较好的、在较大范围内产生了积极影响的,首先是这些地方的党政领导树立了正确的教育观念,为教育的改革创设了一个比较宽松的大环境。例如,汨罗用加强管理、全面评估和督导的办法代替单纯以分数评估教育的办法,既评估学校,也督导政府的有关部门。他们还在全市范围内统筹配置教育资源。烟台加大教育投入,调整教育结构,并在小学生免试就近入初中、中考招生指标与办学水平挂钩、小学取消百分制等许多方面进行改革,努力建立符合素质教育要求的运行体制。他们的改革都是在地方党委和政府的推动、支持下进行的,产生了较好的效果。各级政府在指导教育工作时,要有科学的态度和科学的工作方法,要通过建立正确的奖励机制、督导执法机

制来推动中小学实施素质教育。今后,对各级部门和领导干部的考核,也应当包括教育思想、观念和推行素质教育的政绩。

全面改革社会用人制度,转变传统的人才观念,将有力地促进从"应试教育"向素质教育转变。脱离中国国情和教育实际,片面和盲目追求高学历的倾向应当引起注意。我们知道,恰恰是在发达国家,选拔人才并不唯学历是用。尤其是近年来,越来越注重人的综合素质,就是重视所谓"智商"以外的因素。他们的公司、政府机构录用新人,必经面试,用人条件注意全面素质和特长,学历只是个选拔的因素之一。事实上,许多优秀人才并不一定有显赫的学历。从我国的实际情况出发,我们既需要大量学有专长的高级专门人才,也需要数以亿计的、高素质的、在普通岗位上的工作人员和劳动者。要在全社会造成重实际、重素质的良好风气。人事部门考核、录用新职工,要做到既讲学历,又不唯学历,"不拘一格降人才"。要给有才能的人以同等的竞争机会,使学生对今天的学习和生活充满自信和热情,对明天的社会和工作充满理想和希望,使每一个青少年都能在将来的社会中找到自身发展和为人民服务的岗位。

我们讲积极推进素质教育,不能不对广大家长讲几句话。现在的少年儿童是独生子女,家长"望子成龙"的心情可以理解。但是有了这种心情,如果没有教育子女的科学方法和正确的教育观念,就很可能出现适得其反的效果。现实中这样的例子不少,有的甚至酿成悲剧。最近的一项调查表明,我国的家庭中大量的家长缺少科学的教育理论指导,面对孩子的教育问题感到无所适从。很多人把追求孩子获得高分摆在家庭教育的首位,而不懂得训练孩子的全面素质的提高。还有的把素质教育走向另一个极端,逼迫孩子非要通过钢琴几级考试,会几种乐器等,以为这就是素质教育。素质教育当然包括美育的内容,这主要是树立正确审美观和启迪孩子对艺术的爱好和理解。我们的孩子每日背着沉重的书包,心理承受着沉重的压力,真是苦不堪言,怎么能求得生动活泼、主动的发展呢?解放孩子,除了学校和社会作努力以外,家长要想通。教育孩子是一门科学,也是一门艺术,违反孩子身心健康成长的客观规律,教育必然失败。这就要求家长们必须学点教育学、心理学知识,了解现代教育的特点、规律和发展趋势。在这些方面,专业的教育工作者要提供帮助。总之,我们希望家长成为推行素质教育的积极支持者,努力配合学校促进孩子的全面发展。

在推进素质教育的进程中,宣传舆论也发挥着重大作用,它能正确地引导学生、家长和社会各界,在教育观念上形成共识,有助于形成全社会关心、支持、参与实施素质教育的良好环境。我们希望新闻工作者要深入学校,及时发现和宣传报道实施素质教育的好典型、好经验;作家、艺术家、教育研究工作者都要从各自的角度,为推行素质教育作出努力。这一切都是为了我们能够培养出真正合格的跨世纪的一代新人。我想,这一点全社会都责无旁贷。

实施素质教育是一项广泛涉及教育方向、教育功能、教育制度以及教育内容、教育方法等各个方面的综合性改革,是涉及价值观念、人才观念、教育质量观念的思想观念大变革,是涉及劳动人事制度、招生考试制度的社会性改革,是我国教育为实现经济工作的两个转变,实现社会可持续发展,实施科教兴国战略而必须进行的具有根本性意义的重大转变。即将召开的党的十五大必将进一步推动我国教育事业的改革和发展。我们一定要抓住机遇,按照邓小平关于建设有中国特色社会主义理论和邓小平同志的教育思想,在以江泽民同志为核心的党中央领导下,勇于开拓,扎实工作,大力推进中小学素质教育。如果这项工作能够取得实质性进展,到了下个世纪,具有全面优良素质的中华民族必将以崭新的面貌自立于世界民族之林,为人类的文明和进步做出更大的贡献。

武警部队向"春蕾计划"捐款319万元仪式在人民大会堂举行

中国队在洛桑举行的第三十三届世界体操锦标赛中获得男子团体冠军

9月5日

国家主席江泽民在中南海会见日本国内阁总理大臣桥本龙太郎

江泽民指出,以史为鉴,可以知兴替;以铜为镜,可以正衣冠。中日两国应严格遵循《中日联合声明》和《中日和平友好条约》的原则,面向21世纪,发展世代友好的中日关系。

江泽民说:"去年11月,我同阁下在马尼拉举行了重要会晤,对两国关系的改善和发展起了十分重要和积极的作用。此次阁下作为首相正式访华,时值中日邦交正常化25周年,希望此次访问有助于中日关系健康、稳定地向前发展。"

桥本表示,日中两国领导人保持经常的接触,对于两国关系具有重要意义。他希望这次访华能成为两国关系进一步发展的新起点。

江泽民指出,中日关系现正处在承前启后、继往开来的重要时期,中日关系不仅对中日两国,而且对本地区及世界都将产生重要影响。当年毛泽东主席、周恩来总理就曾提出过要中日两国人民世世代代友好下去，如今面向21世纪，这仍是我们的追求目标。我们认为，双方继续严格遵循《中日联合声明》和《中日和平友好条约》的原则，本着相互尊重、求同存异的精神，妥善处理好两国间存在的问题，是实现上述目标的重要保障。同时，两国领导人更应从长远和战略角度认识和把握两国关系，把一个健康、稳定的中日关系带入21世纪。

桥本表示，由于先贤的努力，日中两国在1972年实现了邦交正常化。25年来，两国友好关系发展的基础是《日中联合声明》和《日中和平友好条约》，这两个政治文件的原则今后仍然是两国关系的指导方针，日方愿在坚持这两个文件精神的基础上，发展同中国的长期友好关系。

江泽民强调，回顾中日两大民族的交往史，2000年的友好是主流。但近代以来，日本军国主义对中国发动侵略战争，给中国人民带来了深重的灾难，日本人民也深受其害，正确认识和对待这段历史是两国面向未来的重要前提。否认历史、干扰中日关系正常发展的势力在日本国内虽然只是极少数，但他们的错误思潮影响很坏，我们应该"见微知著"，"防微杜渐"。日本在历史问题上采取正确的态度，特别是用正确的历史观教育和引导年青一代十分重要，这有利于中日关系的长远发展，也有利于日本自身的发展。

桥本表示高度重视江泽民对历史的见解。他说，广大日本人民要求和平、反对军国主义，这一决心是不会改变的，他本人也将坚持正视历史的态度，认为只有正确对待历史，才能真正迎接未来。

在谈到台湾问题时，江泽民强调指出，台湾是中国领土不可分割的一部分，台湾问题完全是中国内政，任何国家都无权干涉。日本政府在《中日联合声明》和《中日和平友好条约》中已就台湾问题承担了政治义务，作出了庄严承诺。由于历史经纬，日本在台湾问题上的举动牵动中国人民的感情，事关中日关系的政治基础，希望日本尊重中方在台湾问题上的立场，信守承诺，慎重行事。

桥本强调，日本不支持"两个中国"，也不支持"台湾独立"。日本认为台湾作为中国的一个地区，根本没有资格进入联合国，日本政府对此持明确的立场。桥本代表日本政府再次邀请江泽民主席于明年《日中和平友好条约》缔结20周年之际对日本进行国事访问，江泽民对此表示感谢。

全国人大常委会委员长乔石在人民大会堂会见日本首相桥本龙太郎

国务院副总理朱镕基在人民大会堂会见日本首相桥本龙太郎

部分省区市乡镇企业党的建设工作座谈会在苏州结束

中国人民银行就加强企业集团财务公司资金管理发出通知

中国人民银行近日就加强企业集团财务公司（以下简称财务公司）资金管理等问题发出通知。

通知强调，财务公司应定位为支持集团企业技术改造、新产品开发及产品销售的、以中长期金融业务为主的非银行金融机构，而不能办成全功能的企业内部商业银行和信托投资公司的混合体。

通知重申，财务公司的自营存贷款比例不得高于75％。凡该指标超过75％的公司，一律不得增加新的贷款，重点应放在调整结构、盘活存量、降低存贷款比例上，其新增存款应主要用于减少超量拆入的资金。这些公司，必须制订压缩贷款比例的计划，报经中国人民银行批准，限期压回到规定的比例之内。

中日科技经济交流学术讨论会在北京举行

全国对非洲经贸合作工作会议在大连闭幕

会期三天。会议期间，国务院副总理李岚清致信大会，表示祝贺。

此次会议是中国召开的第一次专门研究和部署加强对非洲经贸合作工作的全国性会议，与会代表就全面加强与非洲国家的经贸合作进行了有益的探讨。

国务院副总理兼外交部部长钱其琛在钓鱼台国宾馆同圣卢西亚外交和国际贸易部长乔治·奥德伦举行会谈

第二届全国最佳集邮品评选活动在大连揭晓

《抗日战争及世界反法西斯战争胜利五十周年》邮票首日封，《九华胜境》邮票首日封，《上海浦东》邮票首日封，《中国工农红军长征胜利六十周年》邮票首日封，从15万张群众投票中脱颖而出，获得1995年、1996年中国集邮总公司最佳首日封奖。

国家教委　中宣部在北京联合召开教育改革与发展成就座谈会

部分省（市）教委、高等学校和国家教委有关负责同志在会上回顾、总结教育改革与发展新成就时指出，党的十四大以来的五年，是我国教育改革全面推进，教育事业蓬勃发展的五年，是全党重视教育，全社会尊师重教可喜局面逐步形成的五年，为我国21世纪教育事业奠定了坚实的基础。

国家教委主任朱开轩在座谈会上说，党的十四大以来，我国教育事业的改革与发展取得了历史性的成就，突出体现在：党中央、国务院先后颁布了《中国教育改革和发展纲要》及"《纲要》实施意见"，绘制了中国教育事业未来发展与改革的宏伟蓝图，国家教委制订了《全国教育事业"九五"计划和2010年发展规划》；教育法制建设进一步加强，全国人大颁布了《教育法》、《教师法》和《职业教育法》，国务院颁布了多项法规，初步形成了中国教育法律法规体系的基本框架；确立了"基本普及九年义务教育，基本扫除青壮年文盲"为教育发展"重中之重"的方针，"两基"工作取得重大进展。1996年底通过"普九"验收的人口地区覆盖率达52%，全国扫除青壮年文盲2440万人，青壮年文盲率为6.1%，比1992年下降4个百分点；积极发展职业教育和成人教育，宏观教育结构进一步得到调整。1996年年底全国已有中等职业学校1.7万所，在校生1010万人，占高中阶段在校生人数的56.8%，比1992年增长10.1个百分点。有1.8亿职工和近3亿农民接受各种形式的岗位培训和文化技术教育；高教管理体制改革与教育教学改革取得突破性进展，普通高校招生收费并轨改革今年已如期完成。全国25个省（自治区、直辖市）、42个中央部委所属614所高校积极稳妥地进行了共建、合作、合并、划转、协作等多种形式的管理体制改革。五年来，各级各类学校为国家输送大专以上人才650万，中专生770.7万人；国际教育交流也不断发展，五年间派出各类留学人员近10万人，1994年后每年国家公派留学回国人数已超过当年派出数；社会关注的"国家贫困地区义务教育工程"、高等教育的"211工程"和教职工住房建设的"广厦工程"得到了顺利实施。

座谈会上，各地代表从不同角度畅谈了党的十四大以来的各地教育改革和发展成就。

五年来，全国教职工住房建设总投资达456亿元，竣工面积近7678万平方米，建成住房近118万套，使城镇教职工家庭人均居住面积由1992年年底的6.6平方米提高到1996年年底的8.4平方米。与会代表还谈道，《教师法》颁布以来，各地制定了许多提高教师地位和待遇的政策与措施。全国已有12个省（区、市）颁布了《教师法》实施办法，其他省份也陆续完成了起草和征求意见工作。近几年来，教师的工资待遇、退休金待遇、医疗保健都有了明显改善。

国家教委科技委员会主任、中国科学院院士唐有祺说，现在高校的科技队伍不断壮大，在理工农医学科中就有60万人参加科技活动。一批高水平的科研基地陆续建成，目前高校已建立了100个国家重点实验室，20个国家工程研究中心，8个国家工程技术研究中心，承担的各层次科研课题已达9万项左右，有的已经产生了重大效益和重大影响。

9月6日

"辉煌的五年——十四大以来经济建设和精神文明建设成就展"在北京展览馆开幕

胡锦涛、丁关根、李岚清、李铁映、吴邦国、邹家华、姜春云、尉健行、温家宝、王汉斌、张万年、宋健、罗干、王兆国等中央领导同志出席开幕式并参观了展览。

下午3时，中共中央政治局委员、国务院副总理邹家华宣布展览正式开幕。

中共中央政治局常委、书记处书记胡锦涛发表讲话。

"辉煌的五年——十四大以来经济建设和精神文明建设成就展"由中央宣传部、国家计委、国家经贸委、国家体改委和国家统计局联合主办，中央、国务院60多个部委和全国31个省、自治区、直辖市参加展览。展览面积共1.8万平方米，分综合、地方两大部分，形象、直观、生动地展示了五年来各行各业、各地区在两个文明建设中的突出成就。展览将持续到10月5日。

中共中央政治局常委胡锦涛在"辉煌的五年"成就展开幕式上发表讲话

同志们：

"辉煌的五年——十四大以来经济建设和精神文明建设成就展"，今天开幕了。我代表党中央、国务院，对展览的开幕表示热烈的祝贺！并借此机会，向五年来为创造两个文明建设的辉煌成就付出辛勤劳动和智慧的广大工人、农民、知识分子、干部，解放军指战员、武警官兵、公安干警，以及各民主党派、各族各界爱国人士，表示崇高的敬意！向五年来关心、支持祖国的经济发展，为促进祖国统一大业而努力的海内外中华儿女，表示亲切的问候！向五年来关心和帮助我国现代化建设的国际友人，表示衷心的感谢！

党的十四大以来的五年，是不平凡的五年，是全党全国各族人民继续沿着建设有中国特色社会主义道路阔步前进的五年。五年来，以江泽民同志为核心的党中央团结带领全党全国各族人民，高举邓小平建设有中国特色社会主义理论的伟大旗帜，坚持党的基本路线，抓住机遇，深化改革，扩大开放，促进发展，保持稳定，使我们党和国家经受住了新的考验，把改革开放和社会主义现代化建设推进到了一个历史新阶段，各个领域都取得了举世瞩目的巨大成就。国民经济持续快速健康发展，改革开放取得新的突破，精神文明建设出现新的局面，党的建设、民主法制建设和国防现代化建设进一步加强，我国的国际地位日益提高。特别令中国人民振奋的是，历经沧桑的香港回到祖国怀抱，中华民族洗雪百年耻辱，祖国统一大业迈出重要一步。经过全国各族人民团结奋斗，艰苦创业，五年来，我国的社会生产力、综合国力、人民生活水平又上了一个新的台阶，建设有中国特色社会主义事业展现出更加光明的前景。

五年来的实践再次证明，建设有中国特色社会主义道路是实现国家富强、民族振兴的唯一正确的道路。在中国共产党的领导下，坚定不移地沿着这条道路前进，是历史的选择，人民的选择。回顾改革开放以来的历程，我们最可宝贵的经验，就是坚定不移地高举邓小平建设有中国特色社会主义理论的伟大旗帜，坚持用这一理论武装全党，教育干部和人民，指导我们整个事业和各项工作。在跨越世纪的新征途上，只要坚持高举这一伟大旗帜，无论遇到什么困难，什么风险，都不动摇，我们的事业就一定能够从胜利走向新的胜利，我们的目标就一定能够达到。

同志们，我国改革开放和社会主义现代化建设事业正处在承前启后、继往开来的重要时期。即将召开的党的第十五次全国代表大会，将高举邓小平建设有中国特色社会主义理论的伟大旗帜，对我国改革开放和现代化建设跨越世纪的发展提出奋斗纲领，作出战略部署。我们的任务光荣而又艰巨，我们的责任神圣而又重大。我们一定要紧密地团结在以江泽民同志为核心的党中央周围，高举邓小平建设有中国特色社会主义理论的伟大旗帜，解放思想，实事求是，艰苦奋斗，开拓进取，为进一步促进物质文明建设和精神文明建设的发展，为把建设有中国特色社会主义的伟大事业全面推向 21 世纪，为把我国建设成为富强、民主、文明的社会主义现代化国家而努力奋斗。

最后，祝展览圆满成功！

国办转发国家计委《关于进一步调整食糖生产和流通有关政策的意见》

各省、自治区、直辖市人民政府，国务院各部委、各直属机构：

国家计委《关于进一步调整食糖生产和流通有关政策的意见》已经国务院同意，现转发给你们，请认真贯彻执行。

关于进一步调整食糖生产和流通有关政策的意见

（文略）

第三届国家图书奖在北京揭晓

《韬奋文集》、《世纪伟人邓小平》、《中国农业百科全书》，作为 1995 年到 1996 年 12 万种新版图书的优秀代表，109 种图书获第三届国家图书奖。

全国 340 多家出版社共向本届图书奖报送了 672 种参加评选的图书，经过初评、复评，共评出国家图书奖荣誉奖 8 种，国家图书奖 30 种，国家图书奖提名奖 71 种。

第三届国家图书奖获奖图书有以下特点，一是高举旗帜，注重导向，如《世纪伟人邓小平》、《毛泽东传》等；二是重视当代重大理论问题和实际问题的研究，如《中国农业现代化建设理论、道路与模式》、《特区经济丛书》等；三是重视文化积累，如《曹禺文集》、《中华大藏经》等；四是关注优秀长篇小说和少儿读物，如《杨度》、《人间正道》、《神脑聪仔卡通系列丛书》等；五是积极扶持科普读物，如获奖的《蓝天绿地丛书》、《现代科学技术博览丛书》等。

9月7日

国办发出《关于解决民办教师问题的通知》

民办教师是我国中小学教师队伍的重要组成部分。长期以来，广大民办教师为发展我国农村教育事业作出了重大贡献。党中央、国务院十分重视和关心民办教师，提出了“争取到本世纪末基本解决民办教师问题”的目标，这是党中央、国务院推进农村教育发展的一项重大决策，是加强农村学校教师队伍建设、保“两基”、促“两全”的重大举措。为保证这一目标的顺利实现，经国务院同意，现将有关问题通知如下：（文略）

中国代表团团长监察部副部长冯梯云在利马开幕的第八届国际反贪大会上发言

冯梯云向与会代表介绍了中国反腐败斗争的措施和成果。他指出，为了保障经济的快速健康发展，必须开展反腐败斗争，创造稳定的政治和社会环境。中国自改革开放以来，坚持物质文明建设和精神文明建设并重，促进了社会和经济的协调发展。

冯梯云说，为防止腐败，中国政府制定了一系列法律，并实行权力分解、岗位轮换、人员交流和对重点领域和岗位加强监控等行之有效的措施。中国最高人民检察院还建立了反贪污总局。冯梯云在发言中表示，中国愿意同世界各国的反腐败机构进行合作与交流。

9月8日

国家主席江泽民在北京与罗马尼亚总统埃米尔·康斯坦丁内斯库会谈

江泽民在会谈时表示，中国愿同罗马尼亚一起，把一个健康、全面发展的中罗友好合作关系推向21世纪。两国领导人对两国关系的顺利发展感到满意。

江泽民说，近几年来，尽管国际风云变幻，我们两国都发生了很大变化，但中罗人民的友谊经受住了时间的考验。两国高层交往频繁，双方在政治、经济、文化教育等各个领域的合作不断加深，在国际事务中相互支持，密切配合。江泽民指出，中罗之所以能够长期友好，主要是由于双方都能超越意识形态的差异，相互尊重，平等相待，相互理解，相互支持。两国之间没有根本的利害冲突，双方在维护世界和平、促进经济发展等方面有许多共同利益，坚持中罗友好是两国领导人的共识，也是两国人民的共同愿望。

江泽民说，罗马尼亚是中国在中东欧地区重要的友好合作伙伴。中国一向重视与罗马尼亚的关系，“我们尊重罗马尼亚人民选择的发展道路和罗马尼亚根据本国国情制定的内外政策，支持贵国为维护国家的独立、主权和领土完整所做的努力。我们愿在相互尊重、平等互利、互不干涉内政等原则基础上，长期、稳定、全面地发展同罗马尼亚的关系”。

康斯坦丁内斯库表示，罗马尼亚重视与中国的友好合作关系，罗外交的一个重要目标是与中国建立新的、长期的紧密合作的伙伴关系。中国是世界上一个重要的政治经济大国，罗马尼亚不仅希望与中国发展密切的政治经济关系，而且还希望了解中国在人类面临重大问题上的看法，共同为人类的进步和发展而努力。

康斯坦丁内斯库说，罗马尼亚承认世界上只有一个中国，中华人民共和国政府是代表全中国人民的唯一合法政府。罗方坚持“一个中国”的原则立场，承诺不同台湾建立和发展任何形式的官方关系，罗马尼亚的这一立场是坚定不移的。在西藏问题上，罗马尼亚也不会做任何有损中国人民利益的事。江泽民对此表示赞赏和感谢。

关于经贸关系，江泽民说，中国政府重视发展同罗马尼亚的经贸关系，两国经贸关系有着良好的基础。近年来，两国经济贸易体制发生很大变化，双方可采取一些切实有效的措施，建立多层次、多渠道的联系，开展灵活多样的直接合作，积极探索各种形式的经济技术合作，推动两国经贸关系不断向前发展。江泽民表示相信，经过双方的共同努力，完全可以把两国的经济合作关系提高到一个新的水平。

康斯坦丁内斯库向江泽民介绍了罗马尼亚国内经济的发展情况和对外经贸合作的远景规划，并表示，罗中扩大经贸合作存在着巨大的潜力，两国有关部门可进一步探讨合作的新形式、新途径，罗马尼亚欢迎中国向罗投资。

两位领导人还就国际形势交换了看法。江泽民说，当前国际形势仍处于巨大和深刻的变化之中，多极化趋势加速发展，各国的独立自主倾向进一步加强，要相互尊重与平等互利，不要霸权主义与强权政治，要对话与合作，不要对抗与冲突，已经成为越来越多国家的共识。但种种不稳定因素依然存在，和平与发展仍然面临挑战。中国奉行独立自主的和平外交政策，中罗两国在许多重大国际问题上有着相同或相似的看法，中国愿与罗继续加强在国际事务中的磋商与合作。

康斯坦丁内斯库说，罗马尼亚重视中国在国际上的地位和在重大国际问题上的立场，罗愿经常与中国就国际问题交换看法，相互支持。

会谈后，两位领导人一起出席签字仪式。江泽民主席与康斯坦丁内斯库总统签署了《中华人民共和国和罗马尼亚联合公报》；两国有关部门负责人签署了《中华人民共和国政府与罗马尼亚政府1997—2000年文化合作计划》、《中华人民共和国政府与罗马尼亚政府兽医、卫生、动物检疫和动物卫生合作协定》、《中华人民共和国国家环保局和罗马尼亚水利、森林和环境保护部环境保护合作协定》和《中国国际贸易促进会(中国国际商会)和罗马尼亚工商会合作协议》等文件。

中华人民共和国与罗马尼亚在北京签署联合公报

一、应中华人民共和国主席江泽民的邀请，罗马尼亚总统埃米尔·康斯坦丁内斯库于1997年9月8日至12日对中华人民共和国进行了国事访问。

中华人民共和国主席江泽民同罗马尼亚总统康斯坦丁内斯库举行了富有成果的会谈。两国领导人就加强双边关系和共同关心的国际问题深入地交换了意见，达成了广泛共识。会谈是在诚挚友好的气氛中进行的。访问期间，双方还签署了《中华人民共和国政府和罗马尼亚政府1997年至2000年文化合作计划》、《中华人民共和国政府和罗马尼亚政府兽医卫生、动物检疫和动物卫生合作协定》、《中华人民共和国国家环境保护局和罗马尼亚水利、森林和环境保护部环境保护合作协定》和《中国国际贸易促进委员会(中国国际商会)和罗马尼亚工商会合作协议》等文件。

双方对访问结果感到满意，一致认为这次访问将对中罗友好合作关系持续向前发展作出重要的积极贡献。

二、中华人民共和国和罗马尼亚之间、两国人民之间存在着悠久的友谊。双方对在新的国际形势以及两国所发生的变化和改革的背景下，两国友好合作关系的顺利发展表示满意，一致认为，长期、稳定、全面地继续发展两国在各领域的紧密合作是两国人民的共同愿望,符合两国的根本利益,也有利于亚洲和欧洲的和平与发展。中罗紧密合作关系的基础是双方相互尊重国家的独立、主权和领土完整,平等互利,互不干涉内政等公认的国际法基本原则。

双方同意加强和扩大政治对话,包括高层对话,支持两国政府、议会、民间组织和机构、地方部门代表之间的接触,以不断增进相互了解,促进互利合作。

三、双方认为,大力拓展经济贸易合作是双边关系的重要目标。为此,双方将根据两国的潜力和可能,积极支持两国公司、企业和贸易界人士之间的直接接触,促进双边贸易关系并开展新的工业及技术项目的合作,促进和支持双方感兴趣的共同投资,鼓励在第三国市场进行合作及在金融和银行领域进行合作。双方积极评价中罗政府经济贸易合作委员会的工作。双方将继续支持两国在科学研究、技术发展、环境保护、文化、艺术、教育、新闻、旅游和体育等方面的相互联系与合作。

双方将继续遵守和履行中华人民共和国和罗马尼亚之间签订的协议和其他文件,鼓励在双方感兴趣的领域商谈和签署新的协议。

四、中华人民共和国和罗马尼亚重申尊重各自对经济—社会发展道路的选择。

中方理解并尊重罗马尼亚与欧洲——大西洋机制一体化的选择,赞赏罗马尼亚继续奉行发展同包括亚洲和太平洋地区国家在内的世界各国合作的政策,并高度评价罗马尼亚在维护中东欧乃至欧洲和世界和平方面的作用和贡献。

五、罗方重申,罗马尼亚承认世界上只有一个中国,台湾是中国不可分割的一部分,中华人民共和国政府是代表全中国人民的唯一合法政府。

罗方赞赏中华人民共和国在维护亚洲和世界和平与安全中的作用和贡献,高度评价中国奉行的独立自主的和平外交政策。

六、双方主张在公认的国际法原则基础上,根据各国人民争取和平、安全、发展、民主和繁荣的愿望,与世界各国开展广泛的合作。双方表示完全支持加强联合国在维持地区及世界和平与稳定,促进各国共同发展以及通过谈判解决人类面临的各种问题方面的作用。双方愿就共同关心的国际问题加强磋商,在反对国际恐怖主义、有组织犯罪、非法贩卖毒品和武器以及维护世界和平与稳定的斗争中积极合作。

中华人民共和国主席 江泽民
罗马尼亚总统 埃米尔·康斯坦丁内斯库
1997 年 9 月 8 日于北京

农业部下发《关于进一步深化乡镇企业改革的意见》(文略)

国务院总理李鹏在北京会见澳大利亚副总理兼贸易部长蒂姆·费希尔

国务院总理李鹏在钓鱼台国宾馆会见圣卢西亚外交和国际贸易部长乔治·奥德伦

国务院副总理朱镕基在钓鱼台国宾馆会见澳大利亚副总理兼贸易部部长蒂姆·费希尔

中联部部长戴秉国在国际广播电台发表讲话

戴秉国说,中国共产党适应"冷战"后世界政党格局变化的新形势,把握时机,积极开拓,党的对外工作有了新的作为。

到目前为止,中国共产党已同世界 130 多个国家和地区的 300 多个不同类型的政党和组织建立了不同形式的联系和交往,其中十四大以来新建立联系的政党就有 77 个,包括了中国周边和世界其他地区一些有影响的政党和政治组织。戴秉国说,"我们党的对外工作不但没有因世界政党格局的新变化而停滞和萎缩下来,反而进入了一个更加活跃的时期,有了新的重要发展。"

在欧洲,面对东欧剧变、苏联解体以后这一地区各国执政党更迭,同时衍生出各种新的政党和组织的新情况,中国共产党恪守互不干涉内政的原则,尊重这些国家对本国发展道路的选择,不失时机、顺乎自然地逐步同各国的政党建立接触,本着求同存异的精神谋求交往与合作,先后同这一地区的大部分国家的各种性质的政党、政治组织建立了不同程度、不同形式的联系和交往。

在非洲,中共本着不忘故交、广交新友、突出重点、多方联系的精神,适时地同非洲 36 个国家的 50 个执政党、参政党和有影响的在野党建立了形式多样的关系。

在亚洲,1993 年,日本政党格局发生引人注目的重大变化,日本政界群雄并起,中共也不失时机地与日本几乎所有党派广泛建立和发展了关系。

他说,中国共产党坚持党际交往四项原则和求同存异精神,着力同政治态度和意识形态各异的各国政党广交朋友。十四大以来,中国共产党继续本着邓小平关于不计较社会制度和意识形态差异去发展国与国、党与党之间关系的精神,在继续发展同意识形态基本相同或相近的共产党、工人党的友好关系的同时,加强同世界各国其他类型的合法政党和政治组织在党际关系四项原则基础上的联系和交往，并且取得了令人可喜的进展。

十四大之后，随着中国同周边国家关系的发展，相互了解和信任的增加，中共本着党际关系的四项原则，同这些国家的党际交往取得了进展。1989 年以后，发达国家中的一些右翼保守政党和社会党基于意识形态原因，一度中断或冻结了与中共的交往。这几年来，通过积极努力，既坚持了原则，又同一些政党成功地超越分歧，开展了相互尊重、平等互利基础上的友好合作。

他说，中国共产党恪守政党外交宗旨，为推动国家之间的友好合作关系和维护国家主权和利益尽心竭力。十四大以来，中国的政党外交为增进中国同各国之间的相互了解、推动中国同各国友好合作关系发展做了大量工作。近几年中共在同亚、非、拉发展中国家执政党的交往过程中，继续积极争取它们在人权、台湾、西藏等涉及中国主权的问题上的同情和支持，配合了国家的外交斗争。针对台湾当局近年加紧推行"弹性外交"的情况，党的对外交往中还加强了宣传工作，得到了许多国家执政党的理解和支持。

同时，他说，中共同各国主要参政党和合法在野党保持往来，对于保持国家关系的稳定和连续性起到了重要作用。中共还发挥党际交往的优势，同未建交国的政党建立和发展关系，为增进彼此了解、促进建立国家间的关系做了许多积累工作。例如，在拉丁美洲 15 个与中国未建交的国家中，中共同大部分国家共 20 多个政党建立了联系，并在这些国家的政党、政府和议会的一些高层领导人中结交了一批朋友。

他说，中国共产党注重在党际交往中注入经济因素，加强经贸交流合作，为国内经济建设服务，促进各国的共同繁荣和发展。在党际交往中，中共增加了对外国经济建设发展战略等方面经验、教训的考察和研究，先后就农业的可持续发展、大中型企业改造、治理通膨、引进和利用外资、社会保障制度、环保、就业培训、劳动就业等方针政策性问题，组织了实地考察和研讨交流活动，从中吸取有益的经验。

戴秉国指出，中国共产党对外交往之所以能够取得重要进展和成就是因为，中国社会稳定、经济发展、综合国力不断增强，国际地位进一步提高，影响日益扩大。与此同时，中国共产党在国际上赢得了越来越高的声望，其治党治国的方略、经验越来越强烈地引起各国政党的关注和兴趣。

他说，以江泽民为核心的党中央第三代领导集体像第一代、第二代领导集体一样，对党的对外工作始终给予了高度的重视、关心和支持，倾注了大量心血。党中央主要领导人同外国政党领导人的直接接触和交谈，极大地增进了外国政党对中共的认识、了解和情谊，提高了中国共产党和党的领袖人物在国际上的声望，有力而鲜明地展示了中共在国际上的良好形象。

戴秉国最后说，在新世纪即将来临之际，中国共产党将不断探索如何更好发挥党的对外工作的特点和优势，同世界各国友好政党和政治组织加强交往、加深合作，为增进各国人民之间的了解和友谊，为国与国之间更好地和睦相处与平等互利合作，为中国的改革开放和现代化建设，为世界的持久和平、稳定、发展与人类的进步事业，继续作出新的贡献。

中华扫盲奖在北京颁奖

国家教委举行座谈会，纪念第三十二届"国际扫盲日"，并举行"中华扫盲奖"颁奖仪式，表彰 199 名获奖个人、98 个农村中小学和成人学校等单位。

党的十四大以来，我国的扫盲工作取得了显著成绩。五年来，全国扫除文盲 2440 万人，青壮年文盲率从 10.38％下降到 6.14％。北京、天津、上海、吉林、黑龙江、辽宁、广东、江苏、山东、浙江等 10 个省(市)通过了国家教委的抽查评估，实现了基本扫除青壮年文盲的目标。

老教授科教兴国贡献奖在北京颁发

全国人大常委会副委员长雷洁琼、国家教委副主任周远清等出席颁奖仪式并向获奖者颁奖。

吴良镛、吴树青、陈琳、陈太一、欧阳山尊、郑小瑛、徐风翔、梁思礼、潘家铮、潘承孝 10 位教授获"老教授科教兴国贡献奖"。为创建中国老教授协会做出贡献的李正文、云光被授予"老教授事业荣誉奖"。

9月9日

中国共产党第十四届中央委员会第七次全体会议公报

(1997 年 9 月 9 日中国共产党中央委员会第七次全体会议通过)

中国共产党第十四届中央委员会第七次全体会议，1997 年 9 月 6 日至 9 日在北京举行。

出席会议的有中央委员 182 人，候补中央委员 123 人。中央纪律检查委员会委员和有关负责人列席会议。

会议由中央政治局主持。中央委员会总书记江泽民同志作了重要讲话。

会议决定，中国共产党第十五次全国代表大会于 9 月 12 日在北京召开。

全会讨论并通过了中央委员会向党的第十五次全国代表大会的报告，讨论并通过了《中国共产党章程修正案》，一致决定将这两个文件提请党的第十五次全国代表大会审议。

全会按照党章规定，决定递补中央候补委员克尤木·巴吾东同志为中央委员。

全会审议通过了中央纪律检查委员会关于陈希同问题的审查报告。

全会在民主、团结的气氛中，就我国改革开放和社会主义现代化建设跨世纪发展的若干重大问题，进行了热烈讨论，为十五大的胜利召开作了充分的准备。

中国共产党中央纪律检查委员会第九次全体会议公报

（1997 年 9 月 9 日中国共产党中央纪律检查委员会第九次全体会议通过）

中国共产党中央纪律检查委员会第九次全体会议，于 1997 年 9 月 6 日至 9 日在北京举行。中央纪律检查委员会委员 105 人出席了会议，在此期间列席了中国共产党第十四届中央委员会第七次全体会议。

中央纪律检查委员会常务委员会主持会议。中共中央政治局委员、中共中央纪律检查委员会书记尉健行在会上讲话。

全会审议并通过了《中共中央纪律检查委员会向党的第十五次全国代表大会的工作报告》，同意提请党的第十五次全国代表大会审议。

会议要求，各级党委、纪委和全体党员要高举邓小平建设有中国特色社会主义理论的伟大旗帜，在以江泽民同志为核心的党中央领导下，进一步加强党风廉政建设，深入开展反腐败斗争为实现党的十五大的战略部署做出新的贡献。

中央纪律检查委员会第九次全体会议通过向党的第十五次全国代表大会的工作报告

党的第十四次全国代表大会以来，中央纪律检查委员会和各级纪律检查委员会以邓小平建设有中国特色社会主义理论和党的基本路线为指导，坚持从严治党的方针，依靠党的各级组织、广大党员和人民群众，认真履行党章规定的各项职责，按照党的十四大的要求和党中央的部署，进一步加强党风廉政建设，着重开展反腐败斗争，对加强党的建设，维护全党全国工作大局起到了积极作用。现将五年来的工作情况和对今后工作的建议，向党的第十五次全国代表大会报告如下，请予审议。

党的十四大以来党风廉政建设和反腐败工作的基本情况

以邓小平同志 1992 年"南方谈话"和党的十四大为标志，我国改革开放和社会主义现代化建设事业进入了新的阶段。在新的历史条件下，我们党面临着提高领导水平、执政水平和增强拒腐防变能力的严峻考验。以江泽民同志为核心的党中央在领导全党和全国人民进行经济建设的同时，把党风廉政建设和反腐败斗争作为关系党和国家生死存亡的大事来抓，实行了坚强有力的领导。党中央 1993 年作出了加大反腐败斗争力度的重大决策，以后每年对党风廉政建设和反腐败工作专门进行研究，通过中央纪委全会向全党作出部署，并及时解决反腐败工作中的重大问题。国务院每年召开反腐败工作会议，部署工作，提出要求。各级党委、政府认真贯彻党中央、国务院的部署，落实反腐败各项工作。中央纪委和地方各级纪委在与监察部和地方各级监察机关合署办公的新体制下，履行党的纪律检查和行政监察两项职能，加强了党风廉政建设和反腐败工作。五年来，经过全党的共同努力，反腐败斗争力度不断加大，保持了健康发展的势头，各项工作取得了阶段性成果，有些方面成效明显。我们党初步探索出一条在发展社会主义市场经济的条件下，围绕经济建设这个中心，把反腐败同改革、发展、稳定有机结合起来，依靠党的自身力量和人民群众的参与，有效开展反腐败斗争的路子。实践证明，党中央关于反腐败的指导思想、基本原则、领导体制、工作格局和各项部署是完全正确的。

五年来，主要做了以下工作：

（一）加强领导干部廉洁自律工作，增强了领导干部拒腐防变意识

领导干部带头廉洁自律是加强党风廉政建设的关键。针对新形势下党员干部中出现的新情况、新问题，党中央先后制定了党员领导干部廉洁自律若干规定。绝大多数党员领导干部认真执行廉洁自律的规定，各级党委和纪委加强对廉洁自律规定落实情况的监督检查，对重点问题进行了专项清理。从 1993 年 1 月至 1997 年 6 月，全国党政机关县（处）级以上干部有 263000 多人（次）在专题民主生活会上检查纠正了违反廉洁自律规定的问题。清理领导干部违反规定乘坐小汽车工作成效明显，全国党政机关共清理出超标准小汽车 21000 多辆，其中现职省（部）级领导干部乘坐的 456 辆；共取消领导干部违反规定使用军警车号牌、外籍车号牌 14000 多个。清理领导干部住房方面以权谋私等问题的工作取得进展，全国有 586000 多名科级以上干部检查、纠正了住房方面的问题。通过开展制止用公款"吃喝玩乐"的工作，全国党政机关及国有企业和事业单位的招待费普遍减少。今年以来，各地区各部门认真贯彻落实党中央、国务院关于厉行节约、制止奢侈浪费行为的规定，初见成效，停建、缓建了一批办公楼，取消、压缩了一些会议、庆典和检查评比活动

等，节约了大量资金，改进了机关作风，产生了积极影响。通过开展廉洁自律工作，各级领导干部普遍受到了党风廉政和纪律教育，增强了廉洁自律的自觉性。

（二）严肃查办违纪违法案件，惩处了一批腐败分子

中央纪委和各级纪委坚持把查处党员干部违纪违法案件，作为从严治党、惩治腐败的重要环节来抓，以查办党政领导机关、行政执法机关、司法机关、经济管理部门和县（处）级以上领导干部的违纪违法案件为重点，着重查处了贪污、贿赂、挪用公款、走私、失职渎职、贪赃枉法、腐化堕落等方面的案件，加大了对发案率较高、大案要案较多的金融、证券、房地产、土地批租出租、建筑工程等领域案件的查处力度。各执纪执法机关密切配合，坚决排除阻力，查处了一大批违纪违法案件，特别是突破了一批大案要案。党的十四大以来，从1992年10月至1997年6月，全国纪检监察机关共立案731000多件；结案670100多件；给予党纪政纪处分669300多人，其中开除党籍121500多人；被开除党籍又受到刑事处分的37492人。在受处分的党员干部中，县（处）级干部20295人，厅（局）级干部1673人，省（部）级干部78人。

查处的大案要案主要有：原中央政治局委员、北京市市委书记陈希同和北京市原市委常委、常务副市长王宝森严重违纪违法案，广东省人大常委会原副主任欧阳德在兼任东莞市市委书记期间受贿案，中国民航总局原副局长边少斌收受非法所得案，中国煤炭销售运输总公司原总经理郭子文受贿案，山东省泰安市原市委书记胡建学等市级领导干部贪污受贿案，贵州省原计委副主任、省国际信托投资公司董事长阎健宏受贿、挪用公款案，海南省政府原副秘书长李善有诬陷、嫖娼以及重大经济犯罪案，无锡新兴实业总公司非法集资案，广东省惠东县罚款放行走私物品和暴力抗拒缉私案，黑龙江省哈克森企业集团重大经济犯罪案等。通过查办案件，为国家挽回经济损失159.8亿多元。在查办案件中，各级党委和纪委坚持实事求是原则，通过调查核实，既惩处了一批违纪违法者，又为358400多名受到失实举报的党员、干部澄清了是非。对有一般性问题的党员、干部，及时予以批评帮助，促其主动改正。

各地区各部门加强了信访举报工作，群众举报积极性不断提高。1992年10月至1997年6月，各级纪检机关共受理群众来信来访、举报电话755万件（次），其中反映县（处）级以上领导干部问题的有93万多件（次），为查办违纪违法案件提供了一批重要线索。

通过查办违纪违法案件，惩处了违纪者，清除了腐败分子，维护了党纪国法的严肃性，教育了广大党员干部，振奋了党心民心。

（三）认真纠正部门和行业不正之风，解决了群众反映强烈的一些突出问题

针对群众反映强烈的问题，这几年在全国范围内先后将制止公路“乱设卡、乱收费、乱罚款”等八个方面作为纠风工作的重点，统一部署，认真进行专项治理，取得了不同程度的效果。治理公路“三乱”成效明显，全国共撤除违反规定设置的收费站、检查站8700多个，占治理前站卡总量的58%，实现了国道、省道基本无“三乱”的目标。全国共清理出党政机关无偿占用企业资金19亿多元，汽车等交通工具1万余辆（艘）。制止用公款出国（境）旅游的团组4000多批、24900多人，清理出违反规定用公款出国（境）旅游的71800多人（次），收缴了应由个人支付的费用。制止中小学校乱收费，减轻农民负担，清理预算外资金和“小金库”，治理医药用品购销中收取回扣等工作也取得进展。在纠风工作中，坚持纠建并举，加强了职业道德建设，促进了行业风气的好转。

（四）严格党的政治纪律，维护了中央权威和政令统一

严格政治纪律，对于实现党的基本路线至关重要。在新的历史条件下，党中央就遵守政治纪律对各级党员领导干部提出了更加严格的要求。几年来，中央纪委和各级纪委把维护党的政治纪律放在突出位置，着重对各级党组织和领导干部贯彻党的路线、方针、政策和决议，维护全党团结统一，维护中央权威的情况；执行民主集中制原则，坚持重大决策、重要干部任免集体讨论决定的情况；发扬党内民主，健全党内政治生活，保障党员权利，支持党员干部改革创新的情况；坚持党的宗旨，维护人民群众利益的情况，加强了监督检查，并有针对性地进行思想教育，制定了一些规定。对反对党的基本路线、传播政治谣言的行为；对有令不行、有禁不止，搞地方和部门保护主义的行为；对违反民主集中制原则，个人或少数人决断重大问题造成严重后果的行为；对阳奉阴违、弄虚作假的行为；对侵犯人民群众合法权益的行为等，坚决予以纠正和处理。1992年10月至1997年6月，各级纪委查处了违反政治纪律的党员干部3700多人。

（五）深入开展党性党风党纪教育，提高了党员干部的思想政治素质

各级党委和纪委认真组织广大党员干部学习马列主义、毛泽东思想，特别是深入学习邓小平建设有中国特色社会主义理论，学习党章，进行以讲学习、讲政治、讲正气为主要内容的党性党风党纪教育；广泛开展了学习宣传孔繁森、李国安、吴天祥等先进模范人物的活动；采取宣传讲解法规、剖析典型案例等多种形式对广

大党员干部进行反腐倡廉和遵纪守法教育。中央纪委1996 年统一组织了党纪政纪条规教育，全国有 3800 多万名党员、干部参加了答卷活动，取得较好效果。通过各种教育，使广大党员干部进一步树立正确的世界观、人生观和价值观，提高了思想政治素质，增强了抵御资产阶级腐朽思想侵蚀的能力。

（六）制定了一批党风廉政法规制度，规范了党员干部的从政行为

针对新形势下党员干部中出现的新情况、新问题，五年来制定了一批加强党风廉政建设的法规和制度。主要有：《中国共产党纪律处分条例（试行）》、《中国共产党党员领导干部廉洁从政若干准则（试行）》、《关于党政机关县（处）级以上领导干部收入申报的规定》、《关于领导干部报告个人重大事项的规定》、《中共中央、国务院关于党政机关厉行节约制止奢侈浪费行为的若干规定》和《中华人民共和国行政监察法》。各地区各部门结合实际，制定了领导干部党风廉政建设责任制度、领导干部离任审计制度、重大问题集体决策制度等。各省、自治区、直辖市和中央、国家机关各部委制定了 1400 多项领导干部党风廉政规章制度。这些法规制度的制定与实施，对于规范党政机关和党员领导干部的行为，增强领导干部的纪律观念，起到了积极作用。

五年来，各级党委、政府和纪委在党风廉政建设和反腐败斗争的实践中，解放思想，实事求是，努力研究新情况，探索新经验，主要有以下认识和体会：

党风廉政建设和反腐败斗争必须紧紧围绕经济建设这个中心来进行，服从和服务于全党全国工作大局。各级党委、政府和纪委坚持两手抓、两手都要硬的方针，始终把党风廉政建设和反腐败斗争放在改革开放、经济建设的进程中来认识和把握，紧紧围绕经济建设中心开展工作。坚持反腐败任务的提出、政策的制定、工作的部署，都以服从和服务于经济建设这个中心为出发点和落脚点；坚持把反腐败同改革开放和经济建设重大措施的实施紧密结合起来，针对妨碍改革、发展、稳定的突出问题，及时研究、制定党风廉政建设和反腐败的对策；坚持按照邓小平同志提出的“三个有利于”的标准，判断是非，掌握政策，正确处理改革开放、建立社会主义市场经济体制中出现的新情况、新问题，既旗帜鲜明地支持、保护广大党员干部改革创新的积极性，又严肃惩处打着改革旗号，严重干扰破坏改革开放、经济建设的违纪违法行为。实践表明，坚持围绕经济建设中心来开展党风廉政建设和反腐败工作，就能够保证两个文明建设的协调发展，促进社会的稳定和进步。

反腐败既要有战略上的总体考虑，又要有阶段性的具体部署，坚持三项工作格局，在取得成效上狠下功夫。反腐败是一项长期的战略任务，既要树立持久作战的思想，又要有现实的紧迫感，把长期性任务与阶段性目标紧密结合起来，不断取得阶段性成果。注意从群众反映强烈、干扰改革开放、阻碍社会主义市场经济健康发展、政策界限比较清楚和经过努力能够取得成果的问题入手，提出明确、具体的阶段性要求和目标，作为全党全国必须共同完成的任务，集中力量进行整治，力求抓一项成一项。许多地方和部门结合实际，在整体部署、全面要求的基础上，确定重点任务和目标，狠抓落实。这样做，能够取得反腐败的实际成果，增强党内外干部群众的信心，并通过阶段性成果的积累，达到总体性的目标要求。

在开展反腐败斗争中，党中央确定了领导干部廉洁自律、查处违纪违法案件、纠正部门和行业不正之风的三项工作格局，并根据情况的变化适时赋予新的内容。反腐败三项工作相互联系，相互促进，基本涵盖了当前反腐败的主要内容，体现了标本兼治、综合治理的要求，具有很强的现实针对性和可操作性，有利于反腐败工作整体推进、协调发展。

开展反腐败斗争，既要惩处腐败分子，又要立足教育、着眼防范，在全党筑起拒腐防变的思想道德防线。加强党风廉政建设，深入开展反腐败斗争，从根本上说，是为了增强全党拒腐防变的能力，保持党的先进性和纯洁性，提高党的战斗力。在这几年的工作中，既坚决同腐败分子作斗争，严肃查处违纪违法者，筑起惩治腐败的党纪国法防线；又坚持对党员干部进行思想政治教育和法制教育，提高其抵御资产阶级腐朽思想和生活方式侵蚀的能力，筑起拒腐防变的思想道德防线。把反腐败工作同建立、健全法规制度和加强监督管理结合起来，形成有效的监督制约机制；把惩治腐败与加强思想政治建设结合起来，引导广大党员干部牢固树立正确的世界观、人生观、价值观。同时，针对新形势下党员干部中出现的或可能出现的问题，见微知著，防微杜渐，制定道德和行为规范，明确哪些行为是允许的，哪些行为是禁止的，及时教育，防范于先，体现了党组织对广大党员干部的严格要求和关怀爱护。

反腐败斗争要健康有序地进行，必须加强党的领导，建立和坚持反腐败领导体制和工作机制。各级党委按照党中央的统一部署，切实加强对党风廉政建设和反腐败斗争的领导，尤其是在实践中探索并建立了党委统一领导、党政齐抓共管、纪委组织协调、部门各负其责、依靠群众的支持和参与的反腐败领导体制和工作机制，为反腐败斗争的顺利进行提供了有力的组织保证。凡是认真坚持这一领导体制和工作机制的，那里的党委、政府和主要负责同志就能够切实负起领

导责任，把反腐败摆上重要议事日程，作为关系全局的大事来抓；纪委就能够积极发挥组织协调作用，协助党委抓好党风廉政建设和反腐败工作；司法机关、行政执法机关及其他有关部门就能够各负其责，密切配合，提高工作的整体效能。各地区各部门还积极探索依靠人民群众反腐倡廉的形式，推广政务公开、群众评议等有效做法，把专门机关的监督与群众监督结合起来，取得了良好效果。

反腐败面临的形势和对今后工作的建议

反腐败斗争取得了新的进展，但面临的形势依然严峻。有些腐败现象没有得到遏制，甚至还在一些党政机关、司法机关蔓延；党员领导干部贪污贿赂、失职渎职、贪赃枉法、腐化堕落等案件增多，县（处）级以上领导干部的案件增加；大案要案、共同违纪违法案件上升；铺张浪费、奢侈挥霍等歪风严重存在。腐败现象的滋生蔓延，严重影响党群关系和干群关系，干扰改革开放和经济建设的顺利进行。

当前，一些腐败现象的滋生蔓延有其历史和现实的原因。腐败现象从本质上说是剥削制度、剥削阶级的产物。我国正处在社会主义初级阶段，封建主义、资本主义腐朽思想和小生产习惯势力在社会上还有广泛影响。随着改革开放的深入发展，社会主义市场经济体制的逐步建立，我们所处的环境和条件与过去相比发生了很大变化。对外开放有利于我国吸收和借鉴世界各国先进的科学技术、经营管理方法以及一切优秀的文明成果，有利于在自力更生的基础上发展壮大社会主义经济，同时资本主义腐朽东西也会乘机而入。发展社会主义市场经济有利于解放和发展社会主义社会的生产力，增强社会主义国家的综合国力，提高人民的生活水平，同时也出现一些新情况、新问题。由计划经济体制向社会主义市场经济体制转变，体制、法制和政策的完善需要一个过程，在教育、管理和监督工作中存在着一些薄弱环节，消极腐败现象容易乘机滋长。一些党员干部经受不住新的历史性变革的考验，丧失理想和信念，世界观发生蜕变，腐化堕落。以上情况表明，当前我国一些腐败现象的滋生蔓延有其土壤和条件，反腐败是一场复杂、艰巨、长期的斗争。

在反腐败斗争中，我们的工作还存在不少问题。有的地区、部门和单位党政领导对腐败现象的严重性和反腐败斗争的重要性、紧迫性认识不足，工作不得力，任务不落实。有些单位领导干部廉洁自律专题民主生活会质量不高，流于形式；有些案件特别是大案要案查处不力，执纪执法不严；有的地方和部门纠风工作时紧时松，出现反复。有的放松对党员干部的教育、管理，对高中级领导干部及各级党政机关主要负责人，对掌握人、财、物实权的干部缺乏严格有效的监督。党风廉政建设的一些规定和制度没有得到落实，尤其对违反规定的行为执行纪律不够严格。在一些地方和部门，纪委在反腐败工作中的组织协调和监督作用发挥得不够好。这几年，中央纪委致力于遏制正在蔓延的一些消极腐败现象，对新形势下反腐败斗争的特点和规律研究不够，从源头上预防、治理腐败提出措施和组织协调不够。从总体上说，反腐败工作同党中央的要求和人民群众的期望还有不小的差距。对于工作中存在的问题，我们要高度重视，认真研究解决。

在新的形势下加强党风廉政建设和深入开展反腐败斗争具有许多有利条件。我们的党员和干部队伍主流是好的，大多数党员发挥了先锋模范作用，是坚决同腐败现象作斗争的。尤其是，我们有邓小平理论和党的基本路线的正确指导，有以江泽民同志为核心的党中央的坚强领导，有建国以来创造的较好物质基础，有社会主义民主法制建设和精神文明建设不断加强的政治环境，有广大人民群众的支持和参与。党的十五大的胜利召开，必将为反腐败斗争提供强大的动力。我们党在成功地进行改革开放和现代化建设的同时，完全有能力成功地进行反腐败斗争。

在跨越世纪的新征途上，我们党肩负着带领全国各族人民把建设有中国特色社会主义事业全面推向21世纪的历史重任。新的形势对党的纪律检查工作提出了更高的要求。我们要坚决贯彻党的十五大精神，高举邓小平理论伟大旗帜，坚持党的基本路线，坚持从严治党的方针，坚持党中央确定的反腐败的指导思想、基本原则、领导体制和工作格局，进一步加大工作力度，强化监督制约机制，实行标本兼治、综合治理，力争在今后五年内使党政机关和干部队伍中腐败现象蔓延的势头得到遏制，党风廉政建设和反腐败工作取得新的明显成效，保证党的十五大确定的目标和任务顺利实现。

（一）严肃政治纪律，保证党的路线、方针、政策和决议的贯彻执行

党的各级组织要把维护政治纪律作为从严治党的重要任务认真抓好，各级纪委要加强对遵守政治纪律情况的监督检查，保证党的十五大提出的各项任务的全面完成。

要坚决维护党的章程，维护中央权威，在思想上、政治上同中央保持一致，保证党的路线和中央的决策顺利贯彻执行。对违反党的基本路线，反对四项基本原则、搞资产阶级自由化的行为和反对改革开放方针的行为，对有令不行、有禁不止，搞地方和部门保护主义的行为，对制造和传播政治谣言、破坏党的团结和统一的行为，要严格依照党的纪律予以追究。

要认真执行民主集中制，坚持集体领导。各级党

委要结合实际,制定具体制度,规范执行民主集中制的程序。领导干部要带头遵守民主集中制的各项规定,讨论决定问题,特别是涉及重大决策、重要干部任免等问题,必须按照民主集中制的程序作出决定。要加强对民主集中制执行情况的监督检查,对严重违反民主集中制的行为,对侵犯党员民主权利、压制党员批评、进行打击报复或诬告陷害的行为,要严肃查处。

要严格执行党的干部路线、干部政策和组织人事纪律。选拔干部必须全面贯彻德才兼备的原则,坚持任人唯贤,反对任人唯亲,防止和纠正用人上的不正之风。要加强对领导干部选拔任用工作的监督检查,对违反组织人事纪律的行为,要坚决查处。

要坚持实事求是原则,对弄虚作假、虚报浮夸、骗取荣誉和职位的行为,对瞒案不报、压案不查的行为,对包庇、袒护违纪违法的行为,对严重官僚主义、欺压群众的行为,坚决追究责任。

(二)切实加强领导,进一步加大反腐败工作力度

我们党同腐败现象的斗争是关系党和国家前途命运的严重政治斗争。邓小平同志深刻指出:"要整好我们的党,实现我们的战略目标,不惩治腐败,特别是党内的高层的腐败现象,确实有失败的危险。"各级党委、政府必须认真学习、深刻领会邓小平关于新时期党风廉政建设的重要论述,进一步提高认识,把党风廉政建设和反腐败斗争列入党的建设、政权建设和经济、社会发展的总体规划之中,与党的思想建设、组织建设结合起来,与改革开放、发展经济结合起来,与民主法制建设、精神文明建设结合起来,同经济工作和其他业务工作统一部署、统一落实、统一检查、统一考核。要进一步健全反腐败的领导体制和工作机制。要完善党风廉政建设责任制,明确领导集体和领导个人对党风廉政建设工作应负的责任。各级党政机关要按照党风廉政建设责任制的要求,管好领导班子,对领导干部严格要求,严格管理,严格监督,督促他们对主管地区、部门和单位的党风廉政建设和反腐败工作切实负起责任;督促他们以身作则,作廉洁自律的表率;督促他们管好自己的配偶、子女和身边工作人员。

加大反腐败工作力度,首先要着力抓好党中央近几年部署的各项任务的落实。要坚持不懈地抓好领导干部廉洁自律工作,围绕《中国共产党党员领导干部廉洁从政若干准则(试行)》的贯彻实施,解决领导干部在廉洁从政方面存在的问题。要狠抓《中共中央、国务院关于党政机关厉行节约制止奢侈浪费行为的若干规定》的落实。要继续加强查办案件工作,集中力量突破一批有影响的大案要案。坚持在纪律和法律面前人人平等,对违纪违法者,不管涉及什么人,都要严肃查处,决不姑息。要深入开展纠正部门和行业不正之风工作,针对群众反映强烈的突出问题,集中力量进行专项治理。坚持纠建并举,把纠风工作纳入部门和行业管理之中。

加大反腐败工作力度,必须强化监督制约机制。重点是强化党内监督机制,加强党委会内部的监督和纪委的监督,特别要加强对高中级干部和各级党政机关主要负责人的监督,任何人都没有不受监督的特权。要建立健全依法行使权力的制约机制,防止滥用权力,以权谋私。要加强民主监督,充分发挥人民群众、各民主党派、无党派人士和群众团体的监督以及舆论监督的作用。继续加强信访举报工作,推行群众评议等制度。城乡基层政权机关和基层群众性自治组织,都要健全民主选举制度,实行政务和财务公开,由群众参与讨论和决定基层公共事务和公益事业,对干部实行民主监督。坚持和完善以职工代表大会为基本形式的企事业民主管理制度,组织职工参与改革和管理,充分发挥职工的民主监督作用。要加强干部管理工作,建立健全对领导干部的组织考核、民主评议和测评等制度,推行干部交流、岗位轮换、任职回避等制度。要加强民主和法制建设,切实保障党员和人民群众的民主权利,支持他们依照党内法规和国家法律进行民主选举、民主决策、民主管理和民主监督。

加大反腐败工作力度,必须标本兼治,综合治理,从源头上抓起。解决滋生腐败现象的深层次问题,根本出路在于改革。在严厉惩治腐败的同时,要通过深化改革,逐步减少和不断铲除滋生腐败的条件和土壤。要深入研究在体制、政策、管理等方面存在的漏洞和问题,努力消除导致腐败发生的因素。加快转变政府职能,做到政企分开,政府不要直接干预企业的生产经营管理,防止权钱交易。加快建立社会主义市场经济体制以及与之相适应的法律体系,规范市场行为,逐步完善分配制度,保护合法收入,取缔非法收入,减少因分配不合理而诱发的腐败现象。继续落实党政机关与所办经济实体脱钩的规定和行政性收费、罚没收入实行"收支两条线"的规定,制止党和国家机关违反规定搞"创收"。严肃财经纪律,严格财经制度,加强业务管理,堵塞产生挥霍浪费、贪污贿赂的漏洞。

(三)加强党性党风党纪教育,提高党员干部的素质

加强党性党风党纪教育,增强广大党员干部抵制资产阶级腐朽思想和生活方式侵蚀的能力,是搞好党风廉政建设和反腐败的基础性工作。各级党委要按照党中央关于讲学习、讲政治、讲正气的要求,有计划有组织地在全党首先在县级以上领导干部中深入开展学习马列主义、毛泽东思想,特别是邓小平理论的活动,进行党性党风党纪教育和廉政法规教育,加强思想政

治工作,提高广大党员干部的政治素质,使广大党员特别是领导干部牢固树立正确的世界观、人生观、价值观,坚定共产主义理想和信念,身体力行共产主义道德,正确对待和行使人民赋予的权力,坚持自重、自省、自警、自律、自励,经受住权力、金钱、美色的考验。要把对领导干部的教育特别是对高中级干部的教育作为重点,把党性党风党纪教育作为培训党员、干部的必修课。要坚持正确的舆论导向,弘扬富有时代特点的新风尚,把惩治腐败与扶持正气结合起来。

要教育广大党员干部特别是领导干部加强党性锻炼,结合新的实践,大力发扬党的优良传统和作风。坚持和发扬实事求是、理论联系实际的作风,反对弄虚作假、言行不一;坚持和发扬密切联系群众的作风,反对官僚主义、形式主义;坚持和发扬批评与自我批评的作风,反对好人主义、阿谀奉承;坚持和发扬廉洁奉公、勤政为民的作风,反对以权谋私、敷衍塞责;坚持和发扬艰苦奋斗、勤俭节约的作风,反对铺张浪费、奢侈挥霍。

(四)强化纪律检查机关的职能作用,加强纪检干部队伍建设

为适应社会主义市场经济条件下党风廉政建设和反腐败斗争的需要,党的纪律检查工作及其工作机构只能加强,不能削弱。要健全纪检机构的管理体制,加强上级纪检机关对下级纪检机关的领导,强化纪检机构包括企业、事业单位纪检组织的职能作用。各级纪委在同级党委的领导下负责党风廉政建设和反腐败的组织协调工作。严格执行党中央批准的关于加强党内监督的五项制度:中央纪委和省、自治区、直辖市纪委建立巡视制度;党的地方和部门纪委发现同级党委或它的成员有违反党的纪律的情况,有权进行初步核实并向上级纪委报告;党的地方和部门的纪委接到对下一级党委成员的检举和控告,必须报告上一级纪委;地方和部门主要领导干部的提拔任用,党的组织部门在提请党委讨论决定前,应征求同级纪委的意见;各级纪检监察机关领导干部的提名、任免、兼职、调动,组织人事部门必须事先征得上级纪检监察机关的同意。各级政府要认真实施《中华人民共和国行政监察法》,支持监察机关对国家行政机关、国家公务员和国家行政机关任命的其他人员进行监察。

在建设有中国特色社会主义伟大事业的实践中,我们党培养了一支政治和业务素质比较高、党和人民信赖的纪检干部队伍。广大纪检干部为维护党的先进性和纯洁性进行了艰苦的努力,做了大量工作,为改革、发展、稳定作出了应有的贡献。同时要看到,纪检干部处在反腐败斗争的前沿,担负着繁重的任务,面临着腐蚀与反腐蚀的严峻考验,加强队伍建设十分重要。各级纪委领导班子要严格执行民主集中制,坚持原则,加强学习,提高政治素质和领导水平。各级纪委要加强理论研究和工作调研,努力探索新时期党风廉政建设和反腐败斗争的特点和规律,不断提高纪检干部的政策和业务水平,增强做好纪检工作的本领。广大纪检干部要用马列主义、毛泽东思想和邓小平理论武装头脑,指导工作,做到恪尽职守、公正严明、依法办事、不徇私情。对纪检干部要严格要求,加强培养,实行定期交流。要积极选拔优秀中青年干部进入各级领导班子。对作出突出成绩的要给予表彰,对违纪违法的要从严惩处。各级党委要继续加强对党的纪律检查工作的领导,关心、爱护纪检干部,为纪检机关履行职责创造条件。

新的世纪就要到来,我们党肩负重大的历史责任。各级党委、纪委和全体党员要高举邓小平理论伟大旗帜,在以江泽民同志为核心的党中央的领导下,同心同德,开拓进取,为实现党的十五大的战略部署作出新的贡献!

国务院总理李鹏在钓鱼台国宾馆会见罗马尼亚总统埃米尔·康斯坦丁内斯库

全国人大常委会委员长乔石在人民大会堂会见罗马尼亚总统埃米尔·康斯坦丁内斯库

中国中止同利比里亚外交关系

中国驻利比里亚大使谢志衡9日在此间宣布,中华人民共和国政府决定自即日起中止同利比里亚共和国的外交关系,两国政府间的一切协议也随即停止执行。

当天,谢志衡大使就利比里亚政府发展同台湾的官方关系,公然制造“两个中国”向利方提出严正交涉。他指出,利比里亚政府的错误决定严重侵犯了中国的主权,干涉了中国的内政,破坏了中利两国正常外交关系的基础。中华人民共和国政府就此向利比里亚政府提出强烈抗议。

中国教育工会全国委员会在北京召开“送温暖工程”暨农村教师家属扶贫工作总结表彰大会

80个农村教师家属扶贫工作先进集体、98名先进工作者,“送温暖工程”工作62个先进集体、41名先进工作者受到表彰。同时受到表彰的还有16个支持农村教师家属扶贫工作的单位和个人。

中共中央政治局委员、国务院副总理李岚清向大会发来贺信。

李岚清在贺信中说:各级教育工会在社会各界的支持下,筹集扶贫基金8.1亿元,创造经济效益11.94

亿元,使 52 万个教师家庭脱贫。这对稳定教师队伍,促进农村教育的改革和发展,推动农村的两个文明建设起了重要作用。

9 月 10 日

党和国家领导人江泽民李鹏 乔石 刘华清 胡锦涛等参观北京展览馆展出的"辉煌的五年——十四大以来经济建设和精神文明建设成就展"

陕京天然气输气管道工程竣工典礼在北京举行

中共中央政治局委员、国务院副总理邹家华、吴邦国在陕京天然气输气管道工程北京控制中心,按下了总控制室的电源和点火按钮,为陕京输气工程通气点火。

吴邦国代表中共中央、国务院对陕京天然气输气工程竣工,表示热烈的祝贺,对参加陕京天然气输气工程的建设者们表示亲切慰问。吴邦国说,在中共十四届七中全会刚刚胜利结束、十五大即将召开之际,陕京天然气输气工程竣工、通气点火,对改善北京的燃料结构,提高首都市民的生活质量,促进输气工程沿线地区经济发展有着重大的意义。邹家华、吴邦国还兴致勃勃地参观了陕京天然气输气工程北京控制中心,并通过卫星电视会议系统,听取了远在 860 多公里外的长庆石油勘探局局长史兴全关于长庆油田开发建设情况的汇报。

陕京输气管道工程是党中央、国务院为发展我国的天然气事业,改善首都的环境状况,提高首都人民生活质量而实施的国家"九五"重点工程。它于 1996 年 5 月开始建设,总投资 39.5 亿元人民币。工程西起陕西省靖边县,东至北京市石景山区衙门口,途径陕西、山西、河北、北京三省一市的 22 个县、区,沿线自西向东先后穿越或跨越 230 条河流、21 条铁路和 131 条公路,输气干线全长 860 公里,是我国目前陆上第一条大口径、长距离、全自动的输气管线。

出席当天陕京输气工程竣工典礼的还有中国石油天然气总公司党组书记、总经理周永康,北京市委书记、市长贾庆林,陕西省省长程安东,山西省副省长彭致圭,河北省副省长刘作田,天津市副市长王德惠和国家计委副主任郭树言等。

国家主席江泽民在人民大会堂会见日本前首相海部俊树暨日本第九次"长城计划"友好交流使节团

国家主席江泽民在人民大会堂分别接受三国大使国书

这三位大使是:巴林大使穆罕默德·哈马德·穆罕默德·马哈米德,巴布亚新几内亚大使巴尼·龙加普和芬兰大使鹿达宁。

国务院总理李鹏签署第 230 号令发布《中华人民共和国核出口管制条例》

《中华人民共和国核出口管制条例》已经 1997 年 8 月 1 日国务院第 61 次常委会议通过,现予发布施行。

总理 李 鹏

1997 年 9 月 10 日

中华人民共和国核出口管制条例(文略)

国内最大的单晶炉——TDR－80 单晶炉在西安通过鉴定

由西安理工大学晶体生产设备研究所研制成功的直径 200 毫米的大直径单晶硅生产设备,结束了中国同类产品依靠进口的历史。

9 月 11 日

中国共产党第十五次全国代表大会在人民大会堂举行预备会议

江泽民同志主持会议。由 36 个选举单位选举产生的党的十五大代表实有 2048 名,中央特邀代表 60 名,共有 2108 名。出席今天预备会议的代表 2041 名。

会议以举手表决方式,通过了由 19 人组成的代表资格审查委员会名单,通过了由 217 人组成的大会主席团名单,通过胡锦涛为大会秘书长。会议通过了大会秘书处的工作任务和机构设置。

会议还通过了十五大的议程。大会的议程为:听取和审查十四届中央委员会的报告,审查中央纪律检查委员会的工作报告(书面),审议通过《中国共产党章程修正案》,选举中央委员会,选举中央纪律检查委员会。

中国共产党第十五次全国代表大会主席团在人民大会堂举行第一次会议

江泽民同志出席会议并作了重要讲话。

会议首先在大会秘书长胡锦涛主持下,以举手表决方式通过了由江泽民同志等 33 人组成的主席团常务委员会名单。

随后,会议在江泽民同志主持下进行了各项议程。会议以举手表决方式通过了丁关根、温家宝、曾庆红为大会副秘书长。

会议听取了中国共产党第十五次全国代表大会代表资格审查委员会关于代表资格审查的报告。

报告说，中央确定党的十五大代表名额为2050名，分配到各选举单位的名额为2049名。各选举单位共选举产生代表2049名，其中一人因犯严重错误，经所在选举单位建议并报中央批准，撤销了代表资格，实有代表2048名。

报告说，党的十五大代表选举工作，认真贯彻了党的民主集中制原则，充分发扬了党内民主，整个工作进展顺利。各选举单位的推荐、选举工作严格按中央规定的程序进行。全国参与推荐酝酿的基层党组织达到95%以上，党员达到85%以上。各选举单位严把政治素质关，对代表人选的政治表现、思想品德、工作业绩和廉洁自律等方面情况进行了认真考察。

报告说，当选的党的十五大代表既具有先进性，又具有广泛性。他们具有坚定的共产主义信念，认真学习邓小平建设有中国特色社会主义理论，坚决贯彻执行党的基本路线，在改革开放和社会主义现代化建设中做出了显著成绩。代表中有各个时期入党的党员。报告说，代表资格审查委员会认为，全国36个选举单位的代表选举工作符合中央规定的程序，2048名代表资格有效。参照十四大的做法，中央邀请了60名特邀代表出席党的十五大。特邀代表具有正式代表同样的权利。

会议通过了中国共产党第十五次全国代表大会选举办法(草案)，提交各代表团酝酿。

会议还通过了大会列席和来宾的事项。中央决定，邀请党内有关负责同志和党外人士列席这次大会。列席这次大会的有：不是十五大代表的十四届中央委员会委员、候补委员和中央纪律检查委员会委员；不是十五大代表、特邀代表的原中央顾问委员会委员；不是十五大代表或特邀代表的党内部分老同志，以及其他有关的同志，共296人。还邀请了国家副主席、全国人大常委会党外副委员长、全国政协党外副主席，各民主党派、全国工商联负责人和无党派人士，以及全国人大、全国政协常委中在京党外人士和部分少数民族、宗教界人士等，共140位，作为来宾列席大会开幕式和闭幕式。

主席团会议还通过了十五大大会日程。

中国共产党第十五次全国代表大会主席团成员名单

共217名(按姓氏笔画为序)

丁文昌　丁关根　于　珍　于永波(满族)
万　里　习仲勋　王　克　王丙乾　王乐泉
王汉斌　王兆国　王启人　王启民　王茂林
王忠禹　王梦奎　王森浩　王瑞林
乌力吉(蒙古族)　方祖岐　尹克升　邓朴方
左焕琛　布　赫(蒙古族)　卢荣景　卢瑞华
叶选平　田成平　田纪云　史大桢　史玉孝
白立忱(回族)　白清才　令狐安　包叙定
司马义·艾买提(维吾尔族)　邢世忠　邢贲思
成克杰(壮族)　朱　训　朱开轩　朱光亚
朱丽兰(女)　朱育理　朱镕基　乔　石　伍绍祖
伍修权　任仲夷　任建新　多吉才让(藏族)
刘　江　刘　英(女)　刘　淇　刘云山　刘中一
刘方仁　刘延东(女)　刘仲藜　刘华秋　刘华清
刘纪原　刘明祖　刘忠德　刘精松
江村罗布(藏族)　江泽民　汝　信　阮崇武
孙晋芳(女)　孙家正　杜铁环　李　鹏　李长春
李克强　李岚清　李伯勇　李国安　李泽民
李建国　李贵鲜　李素丽(女)　李铁映　李瑞环
李锡铭　李新良　杨白冰　杨汝岱　杨怀庆
杨尚昆　杨国庆　杨静仁(回族)　束怀德
肖　扬　萧　克　吴　仪(女)　吴邦国　吴金印
吴学谦　吴官正　吴贻弓　吴基传　邱娥国
何添发　何椿霖　邹家华　汪家镠(女)　宋　平
宋　健　宋任穷　宋瑞祥　宋德福　迟浩田
张　震　张丁华　张万年　张立昌　张全景
张志坚　张思卿　张俊九　张维庆　张皓若
张德江　张德邻
阿不来提·阿不都热西提(维吾尔族)　陈　虹
陈云林　陈邦柱　陈光毅　陈明义　陈奎元
陈俊生　陈敏章　陈焕友　陈锦华　陈慕华(女)
邵华泽　罗　干　周永康　周光召　郑必坚
项怀诚　胡　绳　胡启立　胡思得　胡富国
胡锦涛　钮茂生(满族)　侯　捷　侯宗宾
逄先知　闻世震　姜春云　姜恩柱　洪学智
贺美英(女)　耿　飚　耿昭杰　桂世镛　贾　军
贾庆林　贾志杰　贾春旺　顾秀莲(女)
钱正英(女)　钱其琛　钱学森
铁木尔·达瓦买提(维吾尔族)　倪志福　徐才厚
徐永清　徐匡迪　徐有芳　徐惠滋　徐鹏航
高占祥　郭东坡　郭振乾　郭超人　唐家璇
陶驷驹　黄　菊　黄火青　黄启璪(女)　黄镇东
曹　志　曹刚川　曹庆泽　曹伯纯　龚育之
盛华仁　阎海旺　尉健行　隋永举　彭珮云(女)
葛洪升　蒋心雄　韩杼滨　程维高　傅全有
舒惠国　曾庆存　曾庆红　曾建徽　曾培炎
温家宝　谢　非　谢世杰　路甬祥　廖　晖
赛福鼎·艾则孜(维吾尔族)　翟泰丰　滕文生
薄一波　戴秉国(土家族)　戴相龙

中国共产党第十五次全国代表大会主席团常务委员会成员名单(共33名)

江泽民　李　鹏　乔　石　李瑞环　朱镕基

刘华清　胡锦涛　丁关根　田纪云　李岚清
李铁映　杨白冰　吴邦国　邹家华　姜春云
钱其琛　黄　菊　尉健行　谢　非　温家宝
王汉斌　杨尚昆　万　里　宋　平　薄一波
宋任穷　张　震　张万年　迟浩田　任建新
叶选平　吴学谦　侯宗宾

中国共产党第十五次全国代表大会秘书长名单

秘书长　胡锦涛
副秘书长　丁关根　温家宝　曾庆红

中国共产党第十五次全国代表大会代表资格审查委员会名单(共 19 人)

主　任:尉健行
副主任:张全景、周子玉
委　员:(按姓氏笔画为序)
毛致用　乌力吉(蒙古族)　尹克升　尹凤岐
关壮民(满族)　李长春　李克强　李铁林
张丁华　张德江
阿不来提·阿不都热西提(维吾尔族)
热地(藏族)　贾　军　贾庆林
黄启璪(女)　曹庆泽

中国共产党第十五次全国代表大会新闻发言人徐光春在人民大会堂举行首次新闻发布会

在新闻发布会上,徐光春首先代表党的十五大欢迎中外记者采访大会。在谈到十五大的重大意义时,他说,党的十五大是在我国改革开放和现代化建设取得重大成就的新时期召开的,是世纪之交以江泽民同志为核心的党中央高举邓小平建设有中国特色社会主义理论的伟大旗帜,带领全国各族人民把建设有中国特色社会主义的伟大事业全面推向 21 世纪的历史性会议;是承前启后、继往开来,保证党继承邓小平同志遗志,坚定不移地沿着十一届三中全会以来的正确路线胜利前进的会议。

徐光春向 600 多名中外记者介绍了下午召开的党的十五大预备会议的情况和预备会议确定的十五大的议程以及十五大主席团第一次会议的内容,并回答了中外记者的提问。

在回答新华社记者提出的有关十五大筹备工作的问题时,徐光春说,去年 10 月,党的十四届六中全会作出《关于召开党的第十五次全国代表大会的决议》之后,在党中央的直接领导下,经过深入调查研究,广泛征求意见,充分发扬民主,反复研究讨论,拟就了十五大报告的征求意见稿。这个征求意见稿在党内约 4000 人的范围内讨论,并听取了党外人士的意见。从去年 11 月开始,按照党章规定,认真贯彻执行党的民主集中制,坚持自下而上、上下结合、充分酝酿、反复协商的原则,进行了党的十五大代表的选举工作,到今年 6 月底全部结束。

中央电视台记者问:您认为人们对党的十五大的主要期望是什么?

徐光春说,党的十五大召开是全党全国政治生活中的一件大事,受到广大干部群众的普遍关注,许多人通过多种方式表达了对大会的期望。概括起来主要是,希望我们党更高地举起邓小平建设有中国特色社会主义理论的伟大旗帜,坚持党的基本路线不动摇,进一步解放思想,实事求是,在经济体制改革上有新的突破,在政治体制改革上要继续深入,切实加强社会主义精神文明建设,实现经济发展和社会全面进步;希望我们进一步加强党的建设,从严治党,反腐倡廉。

徐光春在回答香港记者关于推行股份制的提问时说,股份制是一种现代化企业的资本组织形式,不能笼统地说股份制是公有还是私有,关键看控股权掌握在谁手中。有人认为推行股份制是走向私有化,这完全是一种误解。相信十五大会总结这几年国有企业改革的经验,提出新的决策,开创国有企业改革和发展的新局面。

法国记者问:十五大后,中国政治体制改革将有什么新进展?

徐光春说,政治体制改革是一个十分重要的问题。十四大以来,我们在政治体制改革方面取得了不少进展。随着我国经济体制改革的深入和社会主义现代化建设跨越世纪的发展,必然要继续推进政治体制改革。建设社会主义民主政治,是我们坚定不移的目标。

在回答人民日报记者关于反腐败问题的提问时,徐光春说,腐败现象从本质上说是剥削制度、剥削阶级的产物。在我国,腐败现象滋生有复杂的因素,这些因素的存在,决定反腐败斗争是一项长期的任务,要坚持不懈地进行下去。加强民主监督是克服腐败现象的重要措施,但我们绝不会照搬西方的政治制度。

台湾记者问:在十五大上对台湾政策是否会有变化,你对两岸高层会晤前景有何展望?

徐光春说,按照"和平统一、一国两制"的原则解决台湾问题,实现祖国统一,是我们长期的一贯的方针。这一方针不会改变。江泽民同志在 1995 年 1 月 30 日讲话中明确表示:"我们欢迎台湾当局的领导人以适当身份前来访问;我们也愿接受台湾方面的邀请,前往台湾。"但是,两岸领导的任何会晤,必须在"一个中国"的原则立场上进行,并采取实际措施推动两岸关系的发展,这样两岸领导人的互访才有实际意义。

徐光春还就有关党的十五大的其他问题,回答了中外记者的提问。

发布会由十五大新闻中心主任王哲人主持。

国务院总理李鹏在钓鱼台国宾馆会见联合国前秘书长布特罗斯·布特罗斯·加利

国务院副总理朱镕基在中南海会见美国前国务卿劳伦斯·伊格尔伯格和美国标准公司董事长兼首席执行官伊·坎普利斯

全国考古新发现精品展在中国历史博物馆展出

全国101个单位呈送的600余件文物精品几乎全部都是首次在北京公开展出。

南京汤山镇雷公山出土的直立人化石，体质特征与周口店出土的"北京人"基本相似。"南京人"是我国旧石器时代考古的最新、最重要的发现。站在河南新郑郑韩故城出土的"八鼎九簋"面前，眼见这套周天子才有资格使用的青铜礼器竟堂而皇之地出现在郑国国君的手中，则春秋时期礼崩乐坏的情形自然就呼之欲出了。特别令人绝倒的是前不久在长沙出土的17万枚三国孙吴时期的简牍，其数量超过了以往出土的全部简牍的总和，被誉为本世纪继甲骨卜辞、敦煌文书之后的又一重大考古发现。

中国男排在卡塔尔多哈举行的第九届亚洲男排锦标赛中重新获得冠军

9月12日

中国共产党第十五次全国代表大会在北京人民大会堂开幕

中共中央总书记江泽民代表第十四届中央委员会向大会作报告。报告的题目是《高举邓小平理论伟大旗帜，把建设有中国特色社会主义事业全面推向二十一世纪》。

在主席台前排就座的大会主席团常务委员会成员有江泽民、李鹏、乔石、李瑞环、朱镕基、刘华清、胡锦涛、丁关根、田纪云、李岚清、李铁映、杨白冰、吴邦国、邹家华、姜春云、钱其琛、黄菊、尉健行、谢非、温家宝、王汉斌、杨尚昆、万里、宋平、薄一波、张震、张万年、迟浩田、任建新、叶选平、吴学谦、侯宗宾。

大会由李鹏主持。上午9时，会议开始时，在军乐团雄壮的乐曲声中，全场起立，高唱《中华人民共和国国歌》。随后，全体同志为毛泽东、周恩来、刘少奇、朱德等已故的老一辈无产阶级革命家和革命先烈，为不久前逝世的邓小平、陈云、彭真等老一辈无产阶级革命家默哀。

李鹏宣布，中共十五大的代表2048人，特邀代表60人，今天到会的代表和特邀代表共2074人。他还对列席大会的党外朋友和有关方面负责同志表示热烈的欢迎。

江泽民同志在热烈的掌声中向大会作报告。

应邀列席大会的有国家副主席荣毅仁，全国人大常委会党外副委员长，全国政协党外副主席，各民主党派中央、全国工商联负责人和无党派人士费孝通、孙起孟、雷洁琼、帕巴拉·格列朗杰、王光英、程思远、卢嘉锡、阿沛·阿旺晋美、赵朴初、钱伟长、丁光训、孙孚凌、安子介、霍英东、马万祺、万国权、何鲁丽、丁石孙、成思危、蔡子民、杨纪珂、徐采栋等，他们在主席台贵宾席就座。党内有关负责同志也列席了今天的大会。

中共中央总书记江泽民在中国共产党第十五次全国代表大会上作题为《高举邓小平理论伟大旗帜把建设有中国特色社会主义事业全面推向二十一世纪》的报告

同志们：

现在，我代表第十四届中央委员会向大会作报告。

中国共产党第十五次全国代表大会是一次极为重要的大会，是在世纪之交，承前启后，继往开来，保证全党继承邓小平同志遗志，坚定不移地沿着十一届三中全会以来正确路线胜利前进的大会。

大会的主题是：高举邓小平理论伟大旗帜，把建设有中国特色社会主义事业全面推向二十一世纪。

旗帜问题至关紧要。旗帜就是方向，旗帜就是形象。坚持十一届三中全会以来的路线不动摇，就是高举邓小平理论的旗帜不动摇。邓小平同志逝世后，全党在这个问题上尤其要有高度的自觉性和坚定性。

把我们的事业全面推向二十一世纪，就是要抓住机遇而不可丧失机遇，开拓进取而不可因循守旧，围绕经济建设这个中心，经济体制改革要有新的突破，政治体制改革要继续深入，精神文明建设要切实加强，各个方面相互配合，实现经济发展和社会全面进步。

确定这样的主题，是时代的要求，人民的愿望。

一、世纪之交的回顾和展望

在二十世纪即将过去的时候，举行党的全国代表大会，大家有一种共同的认识：我们党对中华民族的命运担负着崇高的历史责任。

从一九〇〇年八国联军占领北京，中华民族蒙受巨大屈辱，国家濒临灭亡边缘，到二〇〇〇年中国在社会主义基础上进入小康，大踏步走向繁荣富强，是中国发生翻天覆地变化的一百年。

鸦片战争后，中国成为半殖民地半封建国家。中华民族面对着两大历史任务：一个是求得民族独立和人民解放；一个是实现国家繁荣富强和人民共同富裕。前一任务是为后一任务扫清障碍，创造必要的前提。

一个世纪以来，中国人民在前进道路上经历了三次历史性的巨大变化，产生了三位站在时代前列的伟大人物：孙中山、毛泽东、邓小平。

第一次是辛亥革命，推翻统治中国几千年的君主专制制度。这是孙中山领导的。他首先喊出"振兴中华"的口号，开创了完全意义上的近代民族民主革命。辛亥革命未能改变旧中国的社会性质和人民的悲惨境遇，但为中国的进步打开了闸门，使反动统治秩序再也无法稳定下来。

第二次是中华人民共和国的成立和社会主义制度的建立。这是中国共产党成立后，在以毛泽东为核心的第一代领导集体的领导下完成的。经过北伐、土地革命、抗日战争和解放战争，推翻了帝国主义、封建主义、官僚资本主义三座大山，中国人民从此站起来了，并且从新民主主义走上社会主义道路，取得建设社会主义的巨大成就。这是中国从古未有的人民革命的大胜利，也是社会主义和民族解放的具有世界意义的大胜利。

第三次是改革开放，为实现社会主义现代化而奋斗。这是在以邓小平为核心的第二代领导集体的领导下开始的新的革命。在建国以来革命和建设成就的基础上，我们党总结历史经验和教训，成功地走出了一条建设有中国特色社会主义的新道路。社会主义在中国显示的蓬勃生机和活力，为全世界所瞩目。

百年巨变得出的结论是：只有中国共产党才能领导中国人民取得民族独立、人民解放和社会主义的胜利，才能开创建设有中国特色社会主义的道路，实现民族振兴、国家富强和人民幸福。

在新世纪将要到来的时刻，我们面对着严峻的挑战，更面对着前所未有的有利条件和大好机遇。必须清醒地看到：国际竞争日趋激烈，经济、科技上同发达国家的差距给我们很大压力，我们自身还有许多困难。同时必须充分地看到：第一，和平与发展已成为当今时代的主题，世界格局正在走向多极化，争取较长时期的国际和平环境是可能的。世界范围内科技革命突飞猛进，经济继续增长。这为我们提供了有利的外部条件。第二，新中国成立后特别是近二十年来我国已经形成可观的综合国力，改革开放为现代化建设创造了良好的体制条件，开辟了广阔的市场需求和资金来源，亿万人民新的创造活力进一步发挥出来。第三，更重要的是，我们党确立起已被实践证明是正确的建设有中国特色社会主义的基本理论和基本路线。这些都是今天拥有而过去不曾或不完全具备的条件。

能否抓住机遇，历来是关系革命和建设兴衰成败的大问题。过去我们抓住了重要历史机遇，也丧失过某些机遇。现在全党一定要高度自觉，牢牢抓住世纪之交的历史机遇，迈出新的步伐。

展望下世纪，我们的目标是，第一个十年实现国民生产总值比二〇〇〇年翻一番，使人民的小康生活更加宽裕，形成比较完善的社会主义市场经济体制；再经过十年的努力，到建党一百年时，使国民经济更加发展，各项制度更加完善；到世纪中叶建国一百年时，基本实现现代化，建成富强民主文明的社会主义国家。正如邓小平所说："现在，我们国内条件具备，国际环境有利，再加上发挥社会主义制度能够集中力量办大事的优势，在今后的现代化建设长过程中，出现若干个发展速度比较快、效益比较好的阶段，是必要的，也是能够办到的。我们就是要有这个雄心壮志！"

二、过去五年的工作

一九九二年邓小平南方谈话和党的十四大以来的五年，是很不寻常的五年。这是我们党领导全国各族人民，经受住八十年代末、九十年代初国际国内政治风波的严峻考验，继续沿着有中国特色社会主义道路阔步前进的五年；是进一步解放思想，开拓进取，改革开放和现代化建设事业进入新阶段的五年；是在建立社会主义市场经济体制的深刻变革进程中，妥善处理改革、发展、稳定的关系，在各个领域取得巨大成就的五年；也是在世界格局的剧烈变动中，我国国际地位显著提高的五年。

党的十四大作出三项具有深远意义的决策：一是抓住机遇，加快发展；二是明确我国经济体制改革的目标是建立社会主义市场经济体制；三是确立邓小平建设有中国特色社会主义理论在全党的指导地位。为贯彻十四大精神，中央先后召开七次全会，分别就建立社会主义市场经济体制、加强党的建设、制定国民经济和社会发展"九五"计划和二〇一〇年远景目标、加强社会主义精神文明建设等一系列关系全局的重大问题，作出了规划和部署。五年来全党工作的突出特点是，全面贯彻党的基本理论和基本路线，认真实施十四大的重要决策，提出并牢牢把握"抓住机遇、深化改革、扩大开放、促进发展、保持稳定"的基本方针，物质文明和精神文明建设全面推进。我国的社会生产力、综合国力和人民生活水平，又上了一个新的台阶。

五年来，经济发展取得显著成绩。从一九九二年到一九九六年，国内生产总值年均增长百分之十二点一，既实现了经济快速增长，又有效抑制了通货膨胀，避免了大起大落。经济结构调整取得明显进展。农业得到加强，粮食等农产品稳定增长。水利、交通、通信等基础设施和钢铁、能源等基础工业迅速发展。东部地区经济快速增长,中西部地区经济发展加快。“八五”计划胜利完成,“九五”计划的实施有了良好开端。

改革开放取得新的突破。按照建立社会主义市场经济体制的要求,大步推进了财政、税收、金融、外贸、外汇、计划、投资、价格、流通、住房和社会保障等体制改革,市场在资源配置中的基础性作用明显增强,宏观调控体系的框架初步建立。国有企业改革在试点基础上积极推进。以公有制为主体、多种经济成分共同发展的格局进一步展开。对外经济、技术合作与交流继续扩大,对外贸易和利用外资大幅度增长,国家外汇储备显著增加。

精神文明建设迈出新的步伐。科技、教育、文化、卫生、体育和计划生育等各项社会事业取得可喜成绩。宣传舆论工作和思想道德建设进一步加强。社会主义民主和法制建设取得重大进展,制定了一系列适应社会主义市场经济发展的法律和法规,加强了执法和司法工作。爱国统一战线发展壮大,各民族的大团结进一步巩固和发展。团结稳定的社会政治局面为改革和发展提供了重要保证。

国防现代化建设取得新的进展。军队战斗力进一步提高。在保卫国家安全、维护祖国统一和参加国家经济建设、完成抢险救灾等任务中,人民军队作出了重要贡献。

人民生活水平显著提高。城镇居民人均生活费收入年均实际增长百分之七点二,农村居民人均纯收入年均实际增长百分之五点七,是增长最快的时期之一。市场商品丰富,人民的衣食住用行条件明显改善。城乡居民储蓄大幅度增长。全国农村贫困人口减少了三千二百万。

五年来,我们为实现祖国和平统一做了大量卓有成效的工作。我国政府恢复对香港行使主权,洗雪了中华民族的百年屈辱,可以告慰无数的革命先烈和前辈。这是每个中国人都感到欢欣鼓舞的盛事,也受到国际社会的普遍赞扬。

我们坚定不移地贯彻独立自主的和平外交政策,进一步改善了我国改革开放和现代化建设的外部环境。我国的国际影响日益扩大。

我们大力加强了党的建设。全党学习邓小平建设有中国特色社会主义理论逐步深入。领导班子建设和干部队伍建设取得新进展,大批优秀年轻干部走上领导岗位。党风廉政建设和反腐败斗争的力度加大,取得了阶段性成果。基层组织建设得到加强,广大共产党员发挥了先锋模范作用。党内生活向制度化、规范化迈出新的步伐。

我们清醒地看到,在前进道路上还有不少矛盾和困难,工作中也有缺点和不足。主要是:国民经济整体素质和效益不高,经济结构不合理的矛盾仍然比较突出,特别是部分国有企业活力不强;党风、政风、社会风气和社会治安的状况人民群众还不满意,贪污腐化、奢侈浪费等现象仍在蔓延滋长,官僚主义、形式主义、弄虚作假的问题较为严重;收入分配关系尚未理顺,地区发展差距还明显存在,城乡部分群众生活比较困难;人口增长、经济发展给资源和环境带来巨大的压力等。我们要高度重视存在的问题,扎扎实实地加以解决。

回顾五年的工作,总的看这是改革和发展都比较好的时期。我们党的领导集体顺利实现了新老交替,保持了路线、方针、政策的连续性和全国社会政治稳定的局面,妥善处理了国内和对外关系中的一系列重大问题,巩固和发展了十一届三中全会以来的大好形势,全国人民高兴,也获得国际舆论的普遍好评。五年的实践证明,党的十四大作出的决策是正确的,我们党具有在国内外复杂形势下驾驭局势的能力。五年来的成就,是全党和全国人民团结奋斗的结果。这为今后继续前进打下了更为坚实的基础,积累了十分宝贵的新鲜经验,必将极大地鼓舞我们以更大的信心和热情去夺取新的胜利。

三、邓小平理论的历史地位和指导意义

在社会主义改革开放和现代化建设的新时期,在跨越世纪的新征途上,一定要高举邓小平理论的伟大旗帜,用邓小平理论来指导我们整个事业和各项工作。这是党从历史和现实中得出的不可动摇的结论。

中国共产党是非常重视理论指导的党。中国人民找到了马克思列宁主义,中国革命的面貌为之一新。马克思列宁主义同中国实际相结合有两次历史性飞跃,产生了两大理论成果。第一次飞跃的理论成果是被实践证明了的关于中国革命和建设的正确的理论原则和经验总结,它的主要创立者是毛泽东,我们党把它称为毛泽东思想。第二次飞跃的理论成果是建设有中国特色社会主义理论,它的主要创立者是邓小平,我们党把它称为邓小平理论。这两大理论成果都是党和人民实践经验和集体智慧的结晶。

党从诞生之日起,就把马克思列宁主义确立为自己的指导思想。经过遵义会议和延安整风,党的七大又把马克思列宁主义的理论与中国革命的实践之统一的思想——毛泽东思想,确立为党的指导思想。这是总结建党二十四年经验作出的历史性决策。现在,在十一届三中全会和十二大、十三大、特别是十四大的基础上,中央建议十五大在党章中把邓小平理论确立为党的指导思想,明确规定:中国共产党以马克思列宁主义、毛泽东思想、邓小平理论作为自己的行动指南。这是我们党经过近二十年改革开放和社会主义现代化建设的成功实践作出的历史性决策。作出这个决策,表明中央领导集体和全党把邓小平开创的建设有中国特色社会主义事业全面推向新世纪的决心和信念，也反映了全国人民的共识和心愿。

实践证明，作为毛泽东思想的继承和发展的邓小平理论，是指导中国人民在改革开放中胜利实现社会主义现代化的正确理论。在当代中国，只有把马克思主义同当代中国实践和时代特征结合起来的邓小平理论，而没有别的理论能够解决社会主义的前途和命运问题。邓小平理论是当代中国的马克思主义，是马克思主义在中国发展的新阶段。

邓小平理论之所以能够成为马克思主义在中国发展的新阶段，是因为：

第一，邓小平理论坚持解放思想、实事求是，在新的实践基础上继承前人又突破陈规，开拓了马克思主义的新境界。实事求是是马克思列宁主义的精髓，是毛泽东思想的精髓，也是邓小平理论的精髓。一九七八年邓小平《解放思想，实事求是，团结一致向前看》这篇讲话，是在“文化大革命”结束以后，中国面临向何处去的重大历史关头，冲破“两个凡是”的禁锢，开辟新时期新道路、开创建设有中国特色社会主义新理论的宣言书。一九九二年邓小平南方谈话，是在国际国内政治风波严峻考验的重大历史关头，坚持十一届三中全会以来的理论和路线，深刻回答长期束缚人们思想的许多重大认识问题，把改革开放和现代化建设推进到新阶段的又一个解放思想、实事求是的宣言书。在走向新世纪的新形势下，面对许多我们从来没有遇到过的艰巨课题，邓小平理论要求我们增强和提高解放思想、实事求是的坚定性和自觉性，一切以是否有利于发展社会主义社会的生产力、有利于增强社会主义国家的综合国力、有利于提高人民的生活水平这“三个有利于”为根本判断标准，不断开拓我们事业的新局面。

第二，邓小平理论坚持科学社会主义理论和实践的基本成果，抓住“什么是社会主义、怎样建设社会主义”这个根本问题，深刻地揭示社会主义的本质，把对社会主义的认识提高到新的科学水平。新时期的思想解放，关键就是在这个问题上的思想解放。我国社会主义在改革开放前所经历的曲折和失误，改革开放以来在前进中遇到的一些困惑，归根到底都在于对这个问题没有完全搞清楚。拨乱反正，全面改革，从以阶级斗争为纲到以经济建设为中心，从封闭半封闭到改革开放，从计划经济到社会主义市场经济，近二十年的历史性转变，就是逐渐搞清楚这个根本问题的进程。这个进程，还将在今后的实践中继续下去。

第三，邓小平理论坚持用马克思主义的宽广眼界观察世界，对当今时代特征和总体国际形势，对世界上其他社会主义国家的成败，发展中国家谋求发展的得失，发达国家发展的态势和矛盾，进行正确分析，作出了新的科学判断。世界变化很大很快，特别是日新月异的科学技术进步深刻地改变了并将继续改变当代经济社会生活和世界面貌，任何国家的马克思主义者都不能不认真对待。邓小平理论正是根据这种形势，确定我们党的路线和国际战略，要求我们用新的观点来认识、继承和发展马克思主义，强调只有这样才是真正的马克思主义，墨守成规只能导致落后甚至失败。这是邓小平理论鲜明的时代精神。

第四，总起来说，邓小平理论形成了新的建设有中国特色社会主义理论的科学体系。它是在和平与发展成为时代主题的历史条件下，在我国改革开放和现代化建设的实践中，在总结我国社会主义胜利和挫折的历史经验并借鉴其他社会主义国家兴衰成败历史经验的基础上，逐步形成和发展起来的。它第一次比较系统地初步回答了中国社会主义的发展道路、发展阶段、根本任务、发展动力、外部条件、政治保证、战略步骤、党的领导和依靠力量以及祖国统一等一系列基本问题，指导我们党制定了在社会主义初级阶段的基本路线。它是贯通哲学、政治经济学、科学社会主义等领域，涵盖经济、政治、科技、教育、文化、民族、军事、外交、统一战线、党的建设等方面比较完备的科学体系，又是需要从各方面进一步丰富发展的科学体系。

邓小平是伟大的马克思主义者。他为中华民族的独立和解放，为中国社会主义制度的建立，为中国改革开放和现代化建设，建立了不朽的功勋。他把毕生心血都献给了中国人民，一切以人民的利益为出发点和归宿。他对党、对人民、对马克思主义的最大贡献，他留给我们的珍贵遗产，就是邓小平理论。这个理论，集中体现在十一届三中全会以来邓小平著作以及党和国家的重要文献中。

马克思主义是科学，它始终严格地以客观事实为根据。而实际生活总是在不停的变动中，这种变动的剧烈和深刻，近一百多年来达到了前人难以想象的程度。因此，马克思主义必定随着时代、实践和科学的发展而不断发展，不可能一成不变。对待马克思主义，有个学风问题：究竟是从本本出发，还是用马克思主义的立场观点方法来研究和解决中国的现实问题。毛泽东在延安整风时就强调：“应确立以研究中国革命实际问题为中心，以马克思列宁主义基本原则为指导的方针，废除静止地孤立地研究马克思列宁主义的方法。”现在提出用邓小平理论武装全党，提出学习马克思列宁主义、毛泽东思想，中心内容是学习建设有中国特色社会主义理论，就是发扬这个优良传统。马克思列宁主义、毛泽东思想一定不能丢，丢了就丧失根本。同时一定要以我国改革开放和现代化建设的实际问题、以我们正在做的事情为中心，着眼于马克思主义理论的运用，着眼于对实际问题的理论思考，着眼于新的实践和新的发展。离开本国实际和时代发展来谈马克思主义，没有意义。静止地孤立地研究马克思主义，把马克思主义同它在现实生活中的生动发展割裂开来、对立起来，没有出路。在当代中国，马克思列宁主义、毛泽东思想、邓小平理论，是一脉相承的统一的科学体系。坚持邓小平理论，就是真正坚持马克思列宁主义、毛泽东思想；高举邓小平理论的旗帜，就是真正高举马克思列宁主义、毛泽东思想的旗帜。

四、社会主义初级阶段的基本路线和纲领

十一届三中全会以来，党正确地分析国情，作出我国还处于社会主义初级阶段的科学论断。我们讲一切从实际出发，最大的实际就是中国现在处于并将长时期处于社会主义初级阶段。我们讲要搞清楚"什么是社会主义、怎样建设社会主义"，就必须搞清楚什么是初级阶段的社会主义，在初级阶段怎样建设社会主义。十一届三中全会前我们在建设社会主义中出现失误的根本原因之一，就在于提出的一些任务和政策超越了社会主义初级阶段。近二十年改革开放和现代化建设取得成功的根本原因之一，就是克服了那些超越阶段的错误观念和政策，又抵制了抛弃社会主义基本制度的错误主张。这样做，没有离开社会主义，而是在脚踏实地建设社会主义，使社会主义在中国真正活跃和兴旺起来，广大人民从切身感受中更加拥护社会主义。

这次大会进一步强调这个问题，是因为：面对改革攻坚和开创新局面的艰巨任务，我们解决种种矛盾，澄清种种疑惑，认识为什么必须实行现在这样的路线和政策而不能实行别样的路线和政策，关键还在于对所处社会主义初级阶段的基本国情要有统一认识和准确把握。

社会主义是共产主义的初级阶段，而中国又处在社会主义的初级阶段，就是不发达的阶段。在我们这样的东方大国，经过新民主主义走上社会主义道路，这是伟大的胜利。但是，我国进入社会主义的时候，就生产力发展水平来说，还远远落后于发达国家。这就决定了必须在社会主义条件下经历一个相当长的初级阶段，去实现工业化和经济的社会化、市场化、现代化。这是不可逾越的历史阶段。

在党的纲领中明确提出社会主义初级阶段的科学概念，这在马克思主义历史上是第一次。邓小平在谈到建设初级阶段的社会主义时特别强调："我们现在所干的事业，是一项新事业。马克思没有讲过，我们的前人没有做过，其他社会主义国家也没有干过，所以，没有现成的经验可学。我们只能在干中学，在实践中摸索。"这就是说，在中国，真要建设社会主义，那就只能一切从社会主义初级阶段的实际出发，而不能从主观愿望出发，不能从这样那样的外国模式出发，不能从对马克思主义著作中个别论断的教条式理解和附加到马克思主义名下的某些错误论点出发。

社会主义初级阶段，是逐步摆脱不发达状态，基本实现社会主义现代化的历史阶段；是由农业人口占很大比重、主要依靠手工劳动的农业国，逐步转变为非农业人口占多数、包含现代农业和现代服务业的工业化国家的历史阶段；是由自然经济半自然经济占很大比重，逐步转变为经济市场化程度较高的历史阶段；是由文盲半文盲人口占很大比重、科技教育文化落后，逐步转变为科技教育文化比较发达的历史阶段；是由贫困人口占很大比重、人民生活水平比较低，逐步转变为全体人民比较富裕的历史阶段；是由地区经济文化很不平衡，通过有先有后的发展，逐步缩小差距的历史阶段；是通过改革和探索，建立和完善比较成熟的充满活力的社会主义市场经济体制、社会主义民主政治体制和其他方面体制的历史阶段；是广大人民牢固树立建设有中国特色社会主义共同理想，自强不息，锐意进取，艰苦奋斗，勤俭建国，在建设物质文明的同时努力建设精神文明的历史阶段；是逐步缩小同世界先进水平的差距，在社会主义基础上实现中华民族伟大复兴的历史阶段。这样的历史进程，至少需要一百年时间。至于巩固和发展社会主义制度，那还需要更长得多的时间，需要几代人、十几代人，甚至几十代人坚持不懈地努力奋斗。

从五十年代中期我国进入社会主义初级阶段开始到现在，经过四十多年特别是近二十年的发展，我国生产力有了很大提高，各项事业有了很大进步。然而总的说来，人口多、底子薄，地区发展不平衡，生产力不发达的状况没有根本改变；社会主义制度还不完善，社会主义市场经济体制还不成熟，社会主义民主法制还不够健全，封建主义、资本主义腐朽思想和小生产习惯势力在社会上还有广泛影响。我国社会主义社会仍然处在初级阶段。

社会主义的根本任务是发展社会生产力。在社会主义初级阶段，尤其要把集中力量发展社会生产力摆在首要地位。我国经济、政治、文化和社会生活各方面存在着种种矛盾，阶级矛盾由于国际国内因素还将在一定范围内长期存在，但社会的主要矛盾是人民日益增长的物质文化需要同落后的社会生产之间的矛盾，这个主要矛盾贯穿我国社会主义初级阶段的整个过程和社会生活的各个方面。这就决定了我们必须把经济建设作为全党全国工作的中心，各项工作都要服从和服务于这个中心。只有牢牢抓住这个主要矛盾和工作中心，才能清醒地观察和把握社会矛盾的全局，有效地促进各种社会矛盾的解决。发展是硬道理，中国解决所有问题的关键在于依靠自己的发展。

在社会主义初级阶段，围绕发展社会生产力这个根本任务，要把改革作为推进建设有中国特色社会主义事业各项工作的动力。改革是全面改革，是在坚持社会主义基本制度的前提下，自觉调整生产关系和上层建筑的各个方面和环节，来适应初级阶段生产力发展水平和实现现代化的历史要求。把社会主义同市场经济结合起来，是一个伟大创举。这就需要积极探索，大胆试验，尊重群众的首创精神；需要深化改革，解决体制转变中的深层次矛盾和关键问题；需要扩大开放，吸收和借鉴世界各国包括资本主义发达国家的先进技术和管理经验。

在社会主义初级阶段，正确处理改革、发展同稳定的关系，保持稳定的政治环境和社会秩序，具有极端重要的意义。没有稳定，什么事也干不成。必须坚持党的领导和人民民主专政，坚持物质文明和精神文明两手抓、两手都要硬的方针，排除一切破坏稳定的因素，反对资产阶级自由化，警惕国际国内敌对势力的渗透、颠覆和分裂活动。必须把改革的力度、发展的速度和社会可以承受的程度统一起来，在社会政治稳定中推进改革、发展，在改革、发展中实现社会政治稳定。

在把我们的事业全面推向二十一世纪的历史时刻，必须郑重指出：全党要毫不动摇地坚持党在社会主义初级阶段的基本路线，把以经济建设为中心同四项基本原则、改革开放这两个基本点统一于建设有中国特色社会主义的伟大实践。这是近二十年来我们党最可宝贵的经验，是我们事业胜利前进最可靠的保证。要警惕右，但主要是防止“左”，保持清醒头脑，克服各种干扰，坚持邓小平理论和基本路线不动摇。根据这个理论和基本路线，围绕建设富强民主文明的社会主义现代化国家的目标，进一步明确什么是社会主义初级阶段有中国特色社会主义的经济、政治和文化，怎样建设这样的经济、政治和文化，是必要的。

——建设有中国特色社会主义的经济，就是在社会主义条件下发展市场经济，不断解放和发展生产力。这就要坚持和完善社会主义公有制为主体、多种所有制经济共同发展的基本经济制度；坚持和完善社会主义市场经济体制，使市场在国家宏观调控下对资源配置起基础性作用；坚持和完善按劳分配为主体的多种分配方式，允许一部分地区一部分人先富起来，带动和帮助后富，逐步走向共同富裕；坚持和完善对外开放，积极参与国际经济合作和竞争。保证国民经济持续快速健康发展，人民共享经济繁荣成果。

——建设有中国特色社会主义的政治，就是在中国共产党领导下，在人民当家做主的基础上，依法治国，发展社会主义民主政治。这就要坚持和完善工人阶级领导的、以工农联盟为基础的人民民主专政；坚持和完善人民代表大会制度和共产党领导的多党合作、政治协商制度以及民族区域自治制度；发展民主，健全法制，建设社会主义法治国家。实现社会安定，政府廉洁高效，全国各族人民团结和睦，生动活泼的政治局面。

——建设有中国特色社会主义的文化，就是以马克思主义为指导，以培育有理想、有道德、有文化、有纪律的公民为目标，发展面向现代化、面向世界、面向未来的，民族的科学的大众的社会主义文化。这就要坚持用邓小平理论武装全党，教育人民；努力提高全民族的思想道德素质和教育科学文化水平；坚持为人民服务、为社会主义服务的方向和百花齐放、百家争鸣的方针，重在建设，繁荣学术和文艺。建设立足中国现实、继承历史文化优秀传统、吸取外国文化有益成果的社会主义精神文明。

上述建设有中国特色社会主义的经济、政治、文化的基本目标和基本政策，有机统一，不可分割，构成党在社会主义初级阶段的基本纲领。这个纲领，是邓小平理论的重要内容，是党的基本路线在经济、政治、文化等方面的展开，是这些年来最主要经验的总结。

五、经济体制改革和经济发展战略

从现在起到下世纪的前十年，是我国实现第二步战略目标、向第三步战略目标迈进的关键时期。我们要积极推进经济体制和经济增长方式的根本转变，努力实现“九五”计划和二〇一〇年远景目标，为下世纪中叶基本实现现代化打下坚实基础。在这个时期，建立比较完善的社会主义市场经济体制，保持国民经济持续快速健康发展，是必须解决好的两大课题。要坚持社会主义市场经济的改革方向，使改革在一些重大方面取得新的突破，并在优化经济结构、发展科学技术和提高对外开放水平等方面取得重大进展，真正走出一条速度较快、效益较好、整体素质不断提高的经济协调发展的路子。

(一)调整和完善所有制结构。公有制为主体、多种所有制经济共同发展，是我国社会主义初级阶段的一项基本经济制度。这一制度的确立，是由社会主义性质和初级阶段国情决定的：第一，我国是社会主义国家，必须坚持公有制作为社会主义经济制度的基础；第二，我国处在社会主义初级阶段，需要在公有制为主体的条件下发展多种所有制经济；第三，一切符合“三个有利于”的所有制形式都可以而且应该用来为社会主义服务。

十一届三中全会以来，我们党认真总结以往在所有制问题上的经验教训，制定以公有制为主体、多种经济成分共同发展的方针,逐步消除所有制结构不合理对生产力的羁绊,出现了公有制实现形式多样化和多种经济成分共同发展的局面。继续调整和完善所有制结构,进一步解放和发展生产力,是经济体制改革的重大任务。

要全面认识公有制经济的含义。公有制经济不仅包括国有经济和集体经济,还包括混合所有制经济中的国有成分和集体成分。公有制的主体地位主要体现在:公有资产在社会总资产中占优势;国有经济控制国民经济命脉,对经济发展起主导作用。这是就全国而言,有的地方、有的产业可以有所差别。公有资产占优势,要有量的优势,更要注重质的提高。国有经济起主导作用,主要体现在控制力上。要从战略上调整国有经济布局。对关系国民经济命脉的重要行业和关键领域,国有经济必须占支配地位。在其他领域,可以通过资产重组和结构调整,以加强重点,提高国有资产的整体质量。只要坚持公有制为主体,国家控制国民经济命脉,国有经济的控制力和竞争力得到增强,在这个前提下,国有经济比重减少一些,不会影响我国的社会主义性质。

集体所有制经济是公有制经济的重要组成部分。集体经济可以体现共同致富原则,可以广泛吸收社会分散资金,缓解就业压力,增加公共积累和国家税收。要支持、鼓励和帮助城乡多种形式集体经济的发展。这对发挥公有制经济的主体作用意义重大。

公有制实现形式可以而且应当多样化。一切反映社会化生产规律的经营方式和组织形式都可以大胆利用。要努力寻找能够极大促进生产力发展的公有制实现形式。股份制是现代企业的一种资本组织形式,有利于所有权和经营权的分离,有利于提高企业和资本的运作效率,资本主义可以用,社会主义也可以用。不能笼统地说股份制是公有还是私有,关键看控股权掌握在谁手中。国家和集体控股,具有明显的公有性,有利于扩大公有资本的支配范围,增强公有制的主体作用。目前城乡大量出现的多种多样的股份合作制经济,是改革中的新事物,要支持和引导,不断总结经验,使之逐步完善。劳动者的劳动联合和劳动者的资本联合为主的集体经济,尤其要提倡和鼓励。

非公有制经济是我国社会主义市场经济的重要组成部分。对个体、私营等非公有制经济要继续鼓励、引导,使之健康发展。这对满足人们多样化的需要,增加就业,促进国民经济的发展有重要作用。

要健全财产法律制度,依法保护各类企业的合法权益和公平竞争,并对它们进行监督管理。

(二)加快推进国有企业改革。国有企业是我国国民经济的支柱。搞好国有企业改革,对建立社会主义市场经济体制和巩固社会主义制度,具有极为重要的意义。

建立现代企业制度是国有企业改革的方向。要按照"产权清晰、权责明确、政企分开、管理科学"的要求,对国有大中型企业实行规范的公司制改革,使企业成为适应市场的法人实体和竞争主体。进一步明确国家和企业的权利和责任。国家按投入企业的资本额享有所有者权益,对企业的债务承担有限责任;企业依法自主经营,自负盈亏。政府不能直接干预企业经营活动,企业也不能不受所有者约束,损害所有者权益。要采取多种方式,包括直接融资,充实企业资本金。培育和发展多元化投资主体,推动政企分开和企业转换经营机制。

把国有企业改革同改组、改造、加强管理结合起来。要着眼于搞好整个国有经济,抓好大的,放活小的,对国有企业实施战略性改组。以资本为纽带,通过市场形成具有较强竞争力的跨地区、跨行业、跨所有制和跨国经营的大企业集团。采取改组、联合、兼并、租赁、承包经营和股份合作制、出售等形式,加快放开搞活国有小型企业的步伐。要推进企业技术进步,鼓励、引导企业和社会的资金投向技术改造,形成面向市场的新产品开发和技术创新机制。要加强科学管理,探索符合市场经济规律和我国国情的企业领导体制和组织管理制度,建立决策、执行和监督体系,形成有效的激励和制约机制。要建设好企业领导班子,发挥企业党组织的政治核心作用,坚持全心全意依靠工人阶级的方针。

实行鼓励兼并、规范破产、下岗分流、减员增效和再就业工程,形成企业优胜劣汰的竞争机制。随着企业改革深化、技术进步和经济结构调整,人员流动和职工下岗是难以避免的。这会给一部分职工带来暂时的困难,但从根本上说,有利于经济发展,符合工人阶级的长远利益。党和政府要采取积极措施,依靠社会各方面的力量,关心和安排好下岗职工的生活,搞好职业培训,拓宽就业门路,推进再就业工程。广大职工要转变就业观念,提高自身素质,努力适应改革和发展的新要求。

积极推进各项配套改革。建立有效的国有资产管理、监督和营运机制,保证国有资产的保值增值,防止国有资产流失。建立社会保障体系,实行社会统筹和个人账户相结合的养老、医疗保险制度,完善失业保险和社会救济制度,提供最基本的社会保障。建立城镇住房公积金,加快改革住房制度。

深化国有企业改革,是全党重要而艰巨的任务。要坚定信心,勇于探索,大胆实践,力争到本世纪末大多数国有大中型骨干企业初步建立现代企业制度,经营状况明显改善，开创国有企业改革和发展的新局面。

（三）完善分配结构和分配方式。坚持按劳分配为主体、多种分配方式并存的制度。把按劳分配和按生产要素分配结合起来，坚持效率优先、兼顾公平，有利于优化资源配置，促进经济发展，保持社会稳定。依法保护合法收入，允许和鼓励一部分人通过诚实劳动和合法经营先富起来，允许和鼓励资本、技术等生产要素参与收益分配。取缔非法收入，对侵吞公有财产和用偷税逃税、权钱交易等非法手段谋取利益的，坚决依法惩处。整顿不合理收入，对凭借行业垄断和某些特殊条件获得个人额外收入的，必须纠正。调节过高收入，完善个人所得税制，开征遗产税等新税种。规范收入分配，使收入差距趋向合理，防止两极分化。

集中财力，振兴国家财政，是保证经济社会各项事业发展的重要条件。要正确处理国家、企业、个人之间和中央与地方之间的分配关系，逐步提高财政收入占国民生产总值的比重和中央财政收入占全国财政收入的比重，并适应所有制结构变化和政府职能转变，调整财政收支结构，建立稳固、平衡的国家财政。

（四）充分发挥市场机制作用，健全宏观调控体系。要加快国民经济市场化进程。继续发展各类市场，着重发展资本、劳动力、技术等生产要素市场，完善生产要素价格形成机制。改革流通体制，健全市场规则，加强市场管理，清除市场障碍，打破地区封锁、部门垄断，尽快建成统一开放、竞争有序的市场体系，进一步发挥市场对资源配置的基础性作用。

宏观调控的主要任务，是保持经济总量平衡，抑制通货膨胀，促进重大经济结构优化，实现经济稳定增长。宏观调控主要运用经济手段和法律手段。要深化金融、财政、计划体制改革，完善宏观调控手段和协调机制。实施适度从紧的财政政策和货币政策，注意掌握调控力度。依法加强对金融机构和金融市场包括证券市场的监管，规范和维护金融秩序，有效防范和化解金融风险。

（五）加强农业基础地位，调整和优化经济结构。要根据我国经济发展状况，充分考虑世界科学技术加快发展和国际经济结构加速重组的趋势，着眼于全面提高国民经济整体素质和效益，增强综合国力和国际竞争力，对经济结构进行战略性调整。这是国民经济发展的迫切要求和长期任务。总的原则是：以市场为导向，使社会生产适应国内外市场需求的变化；依靠科技进步，促进产业结构优化；发挥各地优势，推动区域经济协调发展；转变经济增长方式，改变高投入、低产出，高消耗、低效益的状况。

坚持把农业放在经济工作的首位，稳定党在农村的基本政策，深化农村改革，确保农业和农村经济发展、农民收入增加。要多渠道增加投入，加强农业基础设施建设，不断改善生产条件。大力推进科教兴农，发展高产、优质、高效农业和节水农业。积极发展农业产业化经营，形成生产、加工、销售有机结合和相互促进的机制，推进农业向商品化、专业化、现代化转变。综合发展农林牧副渔各业，继续发展乡镇企业，形成合理的产业结构。搞好小城镇规划建设。长期稳定以家庭联产承包为主的责任制，完善统分结合的双层经营体制，逐步壮大集体经济实力。改革粮棉购销体制，实行合理的价格政策。建立健全农业社会化服务体系、农产品市场体系和国家对农业的支持、保护体系。要尊重农民的生产经营自主权，保护农民的合法权益，切实减轻农民负担，使广大农民从党在农村的各项政策和工作中得到实惠。

改造和提高传统产业，发展新兴产业和高技术产业，推进国民经济信息化。继续加强基础设施和基础工业，加大调整、改造加工工业的力度，振兴支柱产业，积极培育新的经济增长点。把开发新技术、新产品、新产业同开拓市场结合起来，把发展技术密集型产业和劳动密集型产业结合起来。鼓励和引导第三产业加快发展。

促进地区经济合理布局和协调发展。东部地区要充分利用有利条件，在推进改革开放中实现更高水平的发展，有条件的地方要率先基本实现现代化。中西部地区要加快改革开放和开发，发挥资源优势，发展优势产业。国家要加大对中西部地区的支持力度，优先安排基础设施和资源开发项目，逐步实行规范的财政转移支付制度，鼓励国内外投资者到中西部投资。进一步发展东部地区同中西部地区多种形式的联合和合作。更加重视和积极帮助少数民族地区发展经济。从多方面努力，逐步缩小地区发展差距。各地要从实际出发，发展各具特色的经济，加快老工业基地的改造，发挥中心城市的作用，进一步引导形成跨地区的经济区域和重点产业带。加快改革投融资体制，完善国家产业政策，切实解决“大而全”、“小而全”和不合理重复建设问题。

（六）实施科教兴国战略和可持续发展战略。科学技术是第一生产力，科技进步是经济发展的决定性因素。要充分估量未来科学技术特别是高技术发展对综合国力、社会经济结构和人民生活的巨大影响，把加速科技进步放在经济社会发展的关键地位，使经济建设真正转到依靠科技进步和提高劳动者素质的轨道上来。要从国家长远发展需要出发，制定中长期科学发展规划，统观全局，突出重点，有所为、有所不为，加强基础性研究和高技术研究，加快实现高技术产业化。强化应用技术的开发和推广，促进科技成果向现实生产力转化,集中力量解决经济社会发展的重大和关键技术问题。有重点有选择地引进先进技术,增强自主创新能力。我国是发展中国家,应该更加重视运用最新技术成果,实现技术发展的跨越。

深化科技和教育体制改革,促进科技、教育同经济的结合。充分发挥市场和社会需求对科技进步的导向和推动作用,支持和鼓励企业从事科研、开发和技术改造,使企业成为科研开发和投入的主体。有条件的科研机构和大专院校要以不同形式进入企业或同企业合作,走产学研结合的道路,解决科技和教育体制上存在的条块分割、力量分散的问题。鼓励创新、竞争和合作。实施保护知识产权制度。人才是科技进步和经济社会发展最重要的资源,要建立一整套有利于人才培养和使用的激励机制。积极引进国外智力。鼓励留学人员回国工作或以适当方式为祖国服务。

我国是人口众多、资源相对不足的国家,在现代化建设中必须实施可持续发展战略。坚持计划生育和保护环境的基本国策,正确处理经济发展同人口、资源、环境的关系。资源开发和节约并举,把节约放在首位,提高资源利用效率。统筹规划国土资源开发和整治,严格执行土地、水、森林、矿产、海洋等资源管理和保护的法律。实施资源有偿使用制度。加强对环境污染的治理,植树种草,搞好水土保持,防治荒漠化,改善生态环境。控制人口增长,提高人口素质,重视人口老龄化问题。

(七)努力提高对外开放水平。对外开放是一项长期的基本国策。面对经济、科技全球化趋势,我们要以更加积极的姿态走向世界,完善全方位、多层次、宽领域的对外开放格局,发展开放型经济,增强国际竞争力,促进经济结构优化和国民经济素质提高。

以提高效益为中心,努力扩大商品和服务的对外贸易,优化进出口结构。坚持以质取胜和市场多元化战略,积极开拓国际市场。进一步降低关税总水平,鼓励引进先进技术和关键设备。深化对外经济贸易体制改革,完善代理制,扩大企业外贸经营权,形成平等竞争的政策环境。积极参与区域经济合作和全球多边贸易体系。

积极合理有效地利用外资。有步骤地推进服务业的对外开放。依法保护外商投资企业的权益,实行国民待遇,加强引导和监管。鼓励能够发挥我国比较优势的对外投资。更好地利用国内国外两个市场、两种资源。完善和实施涉外经济贸易的法律法规。正确处理对外开放同独立自主、自力更生的关系,维护国家经济安全。

进一步办好经济特区、上海浦东新区。鼓励这些地区在体制创新、产业升级、扩大开放等方面继续走在前面,发挥对全国的示范、辐射、带动作用。

(八)不断改善人民生活。提高人民生活水平,是改革开放和发展经济的根本目的。在经济发展的基础上,使全国人民过上小康生活,并逐步向更高的水平前进。努力增加城乡居民实际收入,拓宽消费领域,引导合理消费。在改善物质生活的同时,充实精神生活,美化生活环境,提高生活质量。特别要改善居住、卫生、交通和通信条件,扩大服务性消费。逐步增加公共设施和社会福利设施。提高教育和医疗保健水平。实行保障城镇困难居民基本生活的政策。国家从多方面采取措施,加大扶贫攻坚力度,到本世纪末基本解决农村贫困人口的温饱问题。

同志们!我们提出的经济改革和发展的目标和任务,反映了人民的根本利益,要依靠人民的积极性和创造精神,依靠人民的艰苦奋斗来实现。只要我们坚持正确的政策,把各方面的积极性引导好、保护好、发挥好,就一定能够在我国成功地建立起社会主义市场经济体制,实现国民经济持续快速健康发展。

六、政治体制改革和民主法制建设

我国经济体制改革的深入和社会主义现代化建设跨越世纪的发展,要求我们在坚持四项基本原则的前提下,继续推进政治体制改革,进一步扩大社会主义民主,健全社会主义法制,依法治国,建设社会主义法治国家。

发展社会主义民主政治,是我们党始终不渝的奋斗目标。没有民主就没有社会主义,就没有社会主义现代化。社会主义民主的本质是人民当家做主。国家一切权力属于人民。我国实行的人民民主专政的国体和人民代表大会制度的政体是人民奋斗的成果和历史的选择,必须坚持和完善这个根本政治制度,不照搬西方政治制度的模式,这对于坚持党的领导和社会主义制度、实现人民民主具有决定意义。

发展民主必须同健全法制紧密结合,实行依法治国。依法治国,就是广大人民群众在党的领导下,依照宪法和法律规定,通过各种途径和形式管理国家事务,管理经济文化事业,管理社会事务,保证国家各项工作都依法进行,逐步实现社会主义民主的制度化、法律化,使这种制度和法律不因领导人的改变而改变,不因领导人看法和注意力的改变而改变。依法治国,是党领导人民治理国家的基本方略,是发展社会主义市场经济的客观需要,是社会文明进步的重要标志,是国家长治久安的重要保障。党领导人民制定宪法和法律,并在宪法和法律范围内活动。依法治国把坚持党的领导、发扬人民民主和严格依法办事统一起来,从制度和法律上保证党的基本路线和基本方针的贯彻实施,保证党始终发挥总揽全局、协调各方的领导核心作用。

推进政治体制改革，必须有利于增强党和国家的活力，保持和发挥社会主义制度的特点和优势，维护国家统一、民族团结和社会稳定，充分发挥人民群众的积极性，促进生产力发展和社会进步。当前和今后一段时间，政治体制改革的主要任务是：发展民主，加强法制，实行政企分开、精简机构，完善民主监督制度，维护安定团结。

(一)健全民主制度。共产党执政就是领导和支持人民掌握管理国家的权力，实行民主选举、民主决策、民主管理和民主监督，保证人民依法享有广泛的权利和自由，尊重和保障人权。发展社会主义民主，制度更带有根本性、全局性、稳定性和长期性。坚持和完善人民代表大会制度，保证人民代表大会及其常委会依法履行国家权力机关的职能，加强立法和监督工作，密切人民代表同人民的联系。要把改革和发展的重大决策同立法结合起来。逐步形成深入了解民情、充分反映民意、广泛集中民智的决策机制，推进决策科学化、民主化，提高决策水平和工作效率。坚持和完善共产党领导的多党合作和政治协商制度。坚持"长期共存、互相监督、肝胆相照、荣辱与共"的方针，加强同民主党派合作共事，巩固我们党同党外人士的联盟。继续推进人民政协政治协商、民主监督、参政议政的规范化、制度化，使之成为党团结各界的重要渠道。巩固和发展广泛的爱国统一战线。全面贯彻党的民族政策，坚持和完善民族区域自治制度，切实加强民族工作，巩固和发展平等、团结、互助的社会主义民族关系，促进各民族共同繁荣进步。认真贯彻党的宗教政策、侨务政策。工会、共青团、妇联等群众团体要在管理国家和社会事务中发挥民主参与和民主监督作用，成为党联系广大人民群众的桥梁和纽带。

扩大基层民主，保证人民群众直接行使民主权利，依法管理自己的事情，创造自己的幸福生活，是社会主义民主最广泛的实践。城乡基层政权机关和基层群众性自治组织，都要健全民主选举制度，实行政务和财务公开，让群众参与讨论和决定基层公共事务和公益事业，对干部实行民主监督。坚持和完善以职工代表大会为基本形式的企事业民主管理制度，组织职工参与改革和管理，维护职工合法权益。坚决纠正压制民主、强迫命令等错误行为。

(二)加强法制建设。坚持有法可依、有法必依、执法必严、违法必究，是党和国家事业顺利发展的必然要求。加强立法工作，提高立法质量，到二〇一〇年形成有中国特色社会主义法律体系。维护宪法和法律的尊严，坚持法律面前人人平等，任何人、任何组织都没有超越法律的特权。一切政府机关都必须依法行政，切实保障公民权利，实行执法责任制和评议考核制。推进司法改革，从制度上保证司法机关依法独立公正地行使审判权和检察权，建立冤案、错案责任追究制度。加强执法和司法队伍建设。深入开展普法教育，增强全民的法律意识，着重提高领导干部的法制观念和依法办事能力。法制建设同精神文明建设必须紧密结合，同步推进。

(三)推进机构改革。机构庞大，人员臃肿，政企不分，官僚主义严重，直接阻碍改革的深入和经济的发展，影响党和群众的关系。这个问题亟待解决，必须通盘考虑，组织专门力量，抓紧制订方案，积极推进。要按照社会主义市场经济的要求，转变政府职能，实现政企分开，把企业生产经营管理的权力切实交给企业；根据精简、统一、效能的原则进行机构改革，建立办事高效、运转协调、行为规范的行政管理体系，提高为人民服务水平；把综合经济部门改组为宏观调控部门，调整和减少专业经济部门，加强执法监管部门，培育和发展社会中介组织。深化行政体制改革，实现国家机构组织、职能、编制、工作程序的法定化，严格控制机构膨胀，坚决裁减冗员。深化人事制度改革，引入竞争激励机制，完善公务员制度，建设一支高素质的专业化国家行政管理干部队伍。

(四)完善民主监督制度。我们的权力是人民赋予的，一切干部都是人民的公仆，必须受到人民和法律的监督。要深化改革，完善监督法制，建立健全依法行使权力的制约机制。坚持公平、公正、公开的原则，直接涉及群众切身利益的部门要实行公开办事制度。把党内监督、法律监督、群众监督结合起来，发挥舆论监督的作用。加强对宪法和法律实施的监督，维护国家法制统一。加强对党和国家方针政策贯彻的监督，保证政令畅通。加强对各级干部特别是领导干部的监督，防止滥用权力，严惩执法犯法、贪赃枉法。

(五)维护安定团结。随着改革开放的深入和经济关系的调整，经济和社会生活中的各种矛盾，出现了不少新情况和新变化，其中一些涉及群众切身利益的矛盾比较突出。各级党委和政府必须认真负责、满腔热情地解决人民群众生活和工作中的实际问题。对人民内部矛盾，要深入实际，调查研究，做好思想政治工作，区别不同情况，正确运用经济、行政和法律等手段加以处理，防止矛盾激化。

搞好社会治安，是关系人民群众生命财产安全和改革、发展、稳定的大事。要加强政法工作，依法严厉打击各种犯罪活动，坚决扫除黄赌毒等社会丑恶现象。加强社会治安综合治理，打防结合，预防为主，加强教育和管理，落实责任制，创造良好的社会治安环境。

建设社会主义民主政治，是逐步发展的历史过程，需要从我国的国情出发，在党的领导下有步骤、有秩序地推进。社会主义愈发展,民主也愈发展。我们要在实践中积极探索规律,不断推进有中国特色社会主义民主政治的发展,使它在二十一世纪展现出更加蓬勃的生命力。

七、有中国特色社会主义的文化建设

有中国特色社会主义的文化,就其主要内容来说,同改革开放以来我们一贯倡导的社会主义精神文明是一致的。文化相对于经济、政治而言。精神文明相对于物质文明而言。只有经济、政治、文化协调发展,只有两个文明都搞好,才是有中国特色社会主义。

社会主义现代化应该有繁荣的经济,也应该有繁荣的文化。我国现代化建设的进程,在很大程度上取决于国民素质的提高和人才资源的开发。面对科学技术迅猛发展和综合国力剧烈竞争,面对世界范围各种思想文化相互激荡,面对小康社会人民群众日益增长的文化需求,全党必须从社会主义事业兴旺发达和民族振兴的高度,充分认识文化建设的重要性和紧迫性。

有中国特色社会主义的文化,是凝聚和激励全国各族人民的重要力量,是综合国力的重要标志。它渊源于中华民族五千年文明史,又植根于有中国特色社会主义的实践,具有鲜明的时代特点;它反映我国社会主义经济和政治的基本特征,又对经济和政治的发展起巨大促进作用。建设有中国特色社会主义,必须着力提高全民族的思想道德素质和科学文化素质,为经济发展和社会全面进步提供强大的精神动力和智力支持,培育适应社会主义现代化要求的一代又一代有理想、有道德、有文化、有纪律的公民。这是我国文化建设长期而艰巨的任务。

在全社会形成共同理想和精神支柱,是有中国特色社会主义文化建设的根本。要始终不渝地用邓小平理论教育干部和群众。深入持久地开展以为人民服务为核心、集体主义为原则的社会主义道德教育,加强民主法制教育和纪律教育,引导人们树立正确的世界观、人生观、价值观。大力弘扬爱国主义、集体主义、社会主义和艰苦创业精神。提倡共产主义思想道德,同时把先进性要求和广泛性要求结合起来,鼓励一切有利于国家统一、民族团结、经济发展、社会进步的思想道德。发扬社会主义的人道主义精神。青少年是祖国的未来、民族的希望,要十分重视青少年思想道德建设。

发展教育和科学,是文化建设的基础工程。培养同现代化要求相适应的数以亿计高素质的劳动者和数以千万计的专门人才,发挥我国巨大人力资源的优势,关系二十一世纪社会主义事业的全局。要切实把教育摆在优先发展的战略地位。尊师重教,加强师资队伍建设。发挥各方面的积极性,大力普及九年义务教育、扫除青壮年文盲,积极发展各种形式的职业教育和成人教育,稳步发展高等教育。优化教育结构,加快高等教育管理体制改革步伐,合理配置教育资源,提高教学质量和办学效益。认真贯彻党的教育方针,重视受教育者素质的提高,培养德智体等全面发展的社会主义事业的建设者和接班人。努力提高科技水平,普及科技知识,引导人们树立科学精神,掌握科学方法,鼓励创造发明。消除愚昧,反对封建迷信活动。积极发展哲学社会科学,这对于坚持马克思主义在我国意识形态领域的指导地位,对于探索有中国特色社会主义的发展规律,增强我们认识世界、改造世界的能力,有着重要意义。

发展文学艺术、新闻出版、广播影视等事业,是文化建设的重要内容。新闻宣传必须坚持党性原则,坚持实事求是,把握正确的舆论导向。对新闻出版业要加强管理,优化结构,提高质量。深化文化体制改革,落实和完善文化经济政策。坚持为人民服务、为社会主义服务的方向,贯彻百花齐放、百家争鸣的方针,弘扬主旋律,提倡多样化,创作出更多思想性和艺术性统一的优秀作品。

营造良好的文化环境,是提高社会文明程度、推进改革开放和现代化建设的重要条件。要深入持久地开展群众性精神文明创建活动,大力倡导社会公德、职业道德和家庭美德。一手抓繁荣,一手抓管理,促进文化市场健康发展。加强文化基础设施建设。重视科学、历史、文化的遗产和革命文物的保护。积极推进卫生体育事业的改革和发展。提倡健康文明的生活方式,不断提高群众精神文化生活的质量。

我国文化的发展,不能离开人类文明的共同成果。要坚持以我为主、为我所用的原则,开展多种形式的对外文化交流,博采各国文化之长,向世界展示中国文化建设的成就。坚决抵制各种腐朽思想文化的侵蚀。

知识分子是工人阶级的一部分,在现代化建设中起着重要作用。要认真贯彻党的知识分子政策,充分发挥他们的积极性和创造性。知识分子要加强学习,提高自己,努力成为先进思想的传播者、科学技术的开拓者、"四有"公民的培育者和优秀精神产品的生产者,同广大工人、农民一起,为中华民族的振兴建功立业。

中国文化有着辉煌的历史。在社会主义现代化建设的伟大实践中,我们一定会创造出更加绚丽多彩的有中国特色社会主义的文化,对人类文明作出应有的贡献。

同志们!在讲了经济、政治和文化任务之后,这里要专门讲一讲国防和军队建设。加强国防和军队建设,是国家安全和现代化建设的基本保证。邓小平新时期军队建设思想,是对毛泽东军事思想的继承和发展,是我军建设和国防建设的科学指南。要按照政治合格、军事过硬、作风优良、纪律严明、保障有力的总要求，积极推进军队的建设和改革，把人民解放军的革命化、现代化、正规化建设提高到一个新水平。我军在七十年的光辉历程中，所以能够经受住各种考验，不断发展壮大，最根本的是靠党的坚强领导。在新的历史条件下，军队必须始终不渝地坚持党的绝对领导，在思想上、政治上同党中央保持一致，一切行动听从党中央指挥，坚持人民军队的性质和宗旨。贯彻积极防御的军事战略方针，加强质量建设，走有中国特色的精兵之路。从严治军，大力加强思想政治建设，发扬我军优良传统，在精神文明建设方面走在全社会前列。适应世界军事领域的深刻变化，加强教育训练，提高现代技术特别是高技术条件下的防卫作战能力。在八十年代裁减军队员额一百万的基础上，我国将在今后三年内再裁减军队员额五十万。要重视科技强军，加强国防科技研究，建立和完善与社会主义市场经济体制相适应的国防工业运行机制，逐步更新武器装备。军队要服从和服务于国家经济建设大局，勤俭建军，积极支持和参加国家经济建设。各级党组织、政府和人民群众要关心、支持国防和军队建设。加强国防教育，增强全民国防观念。要深入持久地开展拥政爱民、拥军优属工作，进一步巩固军政、军民团结。加强民兵、预备役部队建设，完善国防动员体制。继续加强中国人民武装警察部队和公安、国家安全等部门的建设。

八、推进祖国和平统一

实现祖国完全统一，是海内外全体中国人的共同心愿。中国共产党人把完成祖国和平统一大业作为自己的历史重任，并为此进行了长期不懈的努力。邓小平“一国两制”的科学构想，有力地推动了祖国和平统一的进程。

香港回归祖国，标志着“一国两制”构想的巨大成功，标志着中国人民在完成祖国统一大业的道路上迈出了重要一步。香港回归后，“一国两制”、“港人治港”、高度自治的方针得到切实贯彻执行，保持了繁荣稳定的局面。事实必将证明，香港特别行政区政府和香港同胞一定能够依照香港特别行政区基本法治理好香港。

澳门将于一九九九年回到祖国怀抱，这是中华民族的又一盛事。澳门回归的各项准备工作正在积极有序地进行。澳门完全可以实现平稳过渡、顺利交接，并保持长期发展和稳定。

“一国两制”构想是邓小平理论的重要组成部分。其基本内容是在祖国统一的前提下，国家的主体坚持社会主义制度，同时在台湾、香港、澳门保持原有的资本主义制度和生活方式长期不变。这一构想，既体现了实现祖国统一、维护国家主权的原则性，又充分考虑台湾、香港、澳门的历史和现实，体现了高度的灵活性，是推进祖国和平统一大业的基本方针。实行“一国两制”，有利于祖国统一和民族振兴，有利于世界的和平与发展。

在“和平统一、一国两制”的基本方针和各项政策的推动下，海峡两岸关系有了很大发展。香港顺利回归并保持长期繁荣稳定，必将为解决台湾问题创造有利的条件。但是，台湾岛内分裂倾向的发展和某些外国反华势力的干涉，严重地阻碍着和平统一的进程，理所当然地遭到包括台湾同胞在内的中国人民的坚决反对。

要坚持“和平统一、一国两制”的基本方针和发展两岸关系、推进祖国和平统一进程的八项主张。要坚持一个中国的原则，反对分裂，反对“台独”，反对制造“两个中国”、“一中一台”，反对外国势力干涉，绝不允许任何势力以任何方式改变台湾是中国一部分的地位。要努力用和平方式实现统一，但不能承诺放弃使用武力，这决不是针对台湾同胞，而是针对外国势力干涉中国统一和搞“台湾独立”图谋的。要大力发展两岸经济交流与合作，加速实现两岸直接通邮、通航、通商，继续加强两岸人员往来和科技、文化等各个领域的交流。我们寄希望于具有光荣爱国主义传统的台湾同胞。除了极少数顽固坚持“台独”立场的人以外，欢迎台湾各党派、各界人士同我们交换有关两岸关系与和平统一的意见。

我们再次郑重呼吁：作为第一步，海峡两岸可先就“在一个中国的原则下，正式结束两岸敌对状态”进行谈判，并达成协议；在此基础上，共同承担义务，维护中国的主权和领土完整，并对今后两岸关系的发展进行规划。希望台湾当局认真回应我们的建议和主张，及早同我们进行政治谈判。在一个中国的前提下，什么问题都可以谈。只要是有利于祖国统一的意见和建议，都可以提出来。祖国统一的问题，应当由两岸中国人自己解决。

台湾的前途系于祖国统一，分裂是绝对没有出路的。我们完全有决心、有能力最终解决台湾问题。不管在实现祖国完全统一的道路上还有多少艰难险阻，海峡两岸全体中国人和所有中华儿女，从中华民族的根本利益出发，携手共进，祖国的完全统一和民族的全面振兴，一定能够实现。

九、国际形势和对外政策

当前国际形势总体上继续趋向缓和。和平与发展是当今时代的主题。多极化趋势在全球或地区范围内，在政治、经济等领域都有新的发展，世界上各种力量出现新的分化和组合。大国之间的关系经历着重大而又深刻的调整。各种区域性、洲际性的合作组织空前活跃。广大发展中国家的总体实力在增强。多极化趋势的发展有利于世界的和平、稳定和繁荣。各国人民要求平等相待、友好相处的呼声日益高涨。要和平、求合作、促发展已经成为时代的主流。维护世界和平的因素正在不断增长。在相当长的时期内,避免新的世界大战是可能的,争取一个良好的国际和平环境和周边环境是可以实现的。

但是,“冷战”思维依然存在,霸权主义和强权政治仍然是威胁世界和平与稳定的主要根源。扩大军事集团、加强军事同盟,无助于维护和平、保障安全。不公正、不合理的国际经济旧秩序还在损害着发展中国家的利益。贫富差距不断扩大。利用“人权”等问题干涉他国内政的现象还很严重。因民族、宗教、领土等因素而引发的局部冲突时起时伏。世界仍不安宁。

要坚持邓小平的外交思想,始终不渝地奉行独立自主的和平外交政策。对于一切国际事务,我们都要从中国人民和世界人民的根本利益出发,根据事情本身的是非曲直,决定自己的立场和政策,不屈从于任何外来压力,不同任何大国或国家集团结盟,不搞军事集团,不参加军备竞赛,不进行军事扩张。

要反对霸权主义,维护世界和平。国与国之间应通过协商和平解决彼此的纠纷和争端,不应诉诸武力或以武力相威胁,不能以任何借口干涉他国内政,更不能恃强凌弱,侵略、欺负和颠覆别的国家。我们不把自己的社会制度和意识形态强加于人,也决不允许别国把他们的社会制度和意识形态强加于我们。

要致力于推动建立公正合理的国际政治经济新秩序。这种国际新秩序是以和平共处五项原则为基础的,符合联合国宪章的宗旨和原则,反映了和平与发展的时代潮流。

要尊重世界的多样性。当今世界是丰富多彩的。各国都有权选择符合本国国情的社会制度、发展战略和生活方式。各国的事情要由各国人民自己做主,国际上的事情要由大家商量解决。

要坚持睦邻友好。这是我国的一贯主张,决不会改变。对我国同邻国之间存在的争议问题,应该着眼于维护和平与稳定的大局,通过友好协商和谈判解决。一时解决不了的,可以暂时搁置,求同存异。

要进一步加强同第三世界国家的团结与合作。发展中国家维护国家独立、实现经济发展的根本目标是一致的。中国将一如既往,同广大发展中国家在各个方面相互支持,密切配合,共同维护正当权益。

要在和平共处五项原则的基础上,继续改善和发展同发达国家的关系。国与国之间应超越社会制度和意识形态的差异,相互尊重,友好相处。要寻求共同利益的汇合点,扩大互利合作,共同对付人类生存和发展所面临的挑战。对彼此之间的分歧,要坚持对话,不搞对抗,从双方长远利益以及世界和平与发展的大局出发,妥善加以解决,反对动辄进行制裁或以制裁相威胁。

要坚持平等互利的原则,同世界各国和地区广泛开展贸易往来、经济技术合作和科学文化交流,促进共同发展。

要积极参与多边外交活动,充分发挥我国在联合国以及其他国际组织中的作用。

要坚持在独立自主、完全平等、互相尊重、互不干涉内部事务原则的基础上,同一切愿与我党交往的各国政党发展新型的党际交流和合作关系,促进国家关系的发展。

中国是维护世界和平和地区稳定的坚定力量。我们进行社会主义现代化建设,需要一个长期的和平国际环境特别是良好的周边环境。中国的发展不会对任何国家构成威胁。今后中国发达起来了,也永远不称霸。中国人民曾经长期遭受列强侵略、压迫和欺凌,永远不会把这种痛苦加之于人。

世界的前途是光明的,道路是曲折的。中国人民愿意同世界各国人民一道,为促进和平与发展的崇高事业,为开创人类更加美好的未来,作出不懈的努力。

十、面向新世纪的中国共产党

高举邓小平理论伟大旗帜,实现这次大会确定的任务,把我们的事业全面推向二十一世纪,关键在于坚持、加强和改善党的领导,进一步把党建设好。

中国共产党是全国各族人民的领导核心。党的领导地位是由党的工人阶级先锋队性质决定的,是经过长期斗争考验形成的。在中国,从来没有任何一个政治组织像我们党这样集中了那么多先进分子,组织得那么严密和广泛,为中华民族作出了那么多牺牲,同人民保持着密切的联系,在前进中善于总结经验、郑重对待自己的失误,以形成并坚持正确的理论和路线。历史把重大责任赋予我们党,人民对我们党寄予厚望。党领导人民在二十世纪写下了光辉篇章,也一定能在二十一世纪写下新的光辉篇章。

党的领导和党的建设,历来是同党的历史任务,同党为实现这些任务而确立的理论和路线联系在一起的。以毛泽东为核心的第一代领导集体,以马克思列宁主义为指导,联系党的政治路线,成功地实施党的建设的伟大工程,建设了一支领导人民夺取新民主主义革命胜利、建立社会主义制度的工人阶级先锋队。以邓小平为核心的第二代领导集体,把马克思列宁主义、毛泽东思想创造性地运用于当代中国,围绕在改革开放和现代化建设条件下建设一个什么样的党、怎样建设党的问题,开创了党的建设新的伟大工程。面向新世纪，党中央领导全党正在继续推进这个新的伟大工程，就是要把党建设成为用邓小平理论武装起来、全心全意为人民服务、思想上政治上组织上完全巩固、能够经受住各种风险、始终走在时代前列、领导全国人民建设有中国特色社会主义的马克思主义政党。全党要按照新的伟大工程的总目标，从思想上、组织上、作风上全面加强党的建设，不断提高领导水平和执政水平，不断增强拒腐防变的能力，以新的面貌和更强大的战斗力，带领人民完成新的历史任务。

加强党的思想建设，根本的是坚定不移地用邓小平理论武装全党，充分发挥党的思想政治优势。邓小平理论为我们党认识世界和改造世界提供了新的强大思想武器。全党要重视学习，善于学习，兴起一个学习马列主义、毛泽东思想特别是邓小平理论的新高潮。高举邓小平理论伟大旗帜，各级领导干部尤其是几百名中央委员、几千名省部级干部负有特殊重要的责任，首先要带头学好邓小平理论，完整、准确地把握理论的科学体系，从总体上领会理论的基本观点和基本精神，又从各自工作的领域对理论的有关内容进行系统钻研和理解。继续在县级以上领导干部中深入进行以讲学习、讲政治、讲正气为主要内容的党性党风教育。在全党造成认真学习的风气，民主讨论的风气，积极探索的风气，求真务实的风气。坚持理论联系实际，学以致用，提高马克思主义的理论水平，提高解决实际问题的能力，在改造客观世界的同时改造主观世界。

加强党的组织建设，根本的是把党建设成坚强的领导核心，充分发挥党的组织优势。我们党有五千八百万党员，有三百四十万个基层党组织，在马克思主义指导下按照民主集中制组成统一的整体，为实现共同的目标而奋斗，这是巨大的组织优势。在改革开放和发展社会主义市场经济的条件下，民主集中制不仅不能削弱，而且必须完善和发展。要进一步发扬民主，保障党员的民主权利，疏通和拓宽党内民主渠道，充分发挥全党的积极性和创造性；要维护中央权威，在思想上、政治上同中央保持一致，保证党的路线和中央的决策顺利贯彻执行；要完善党的代表大会制度，健全各级党委集体领导和个人分工负责相结合的制度，更好地发挥地方党委在同级各种组织中的领导核心作用。领导干部要带头遵守民主集中制的各项规定，维护大局，严守纪律，防止个人专断和各自为政，反对有令不行、有禁不止。按照革命化、年轻化、知识化、专业化方针，建设一支适应社会主义现代化建设需要的高素质干部队伍，是我们的事业不断取得成功的关键。要以思想政治建设为重点，把各级领导班子建设成为坚决贯彻党的基本理论和基本路线、全心全意为人民服务、具有领导现代化建设能力、团结坚强的领导集体。加快干部制度改革步伐，扩大民主、完善考核、推进交流、加强监督，使优秀人才脱颖而出，尤其要在干部能上能下方面取得明显进展。选拔干部，必须全面贯彻德才兼备原则，坚持任人唯贤，反对任人唯亲，防止和纠正用人上的不正之风。要把群众公认是坚决执行党的路线、实绩突出、清正廉洁的干部及时选拔到领导岗位上来。那些背离党的路线的人，那些贪图私利、弄虚作假、跑官要官的人，决不能进入领导班子。培养和选拔大批能够跨世纪担当重任的优秀年轻干部，是一项战略任务，必须抓紧做好。要重视培养和选拔妇女干部、少数民族干部和非党干部。完善干部离退休制度，更好地从政治上关心、生活上照顾老干部，发挥他们的作用。党的基层组织是党的全部工作和战斗力的基础。加强和改进党的基层组织建设，要围绕党的基本路线，为党的中心任务服务；用改革的精神研究新情况新问题，改进工作方法、工作作风和活动方式；认真做好对党员的教育、管理和监督，增强解决自身矛盾的能力。党的基层组织都要从各自的特点出发，认真履行党章规定的职责，努力成为贯彻党的路线方针政策、团结和带领群众完成本单位任务的坚强战斗堡垒。

加强党的作风建设，根本的是坚持全心全意为人民服务的宗旨，充分发挥党密切联系群众的优势。党在长期斗争中形成的理论联系实际、密切联系群众、批评和自我批评的优良作风，是党的性质和宗旨的体现，一定要结合新的实践在全党发扬光大。我们党来自人民，植根于人民，服务于人民。建设有中国特色社会主义全部工作的出发点和落脚点，就是全心全意为人民谋利益。共产党员要倾听群众呼声，关心群众疾苦，为群众办实事、办好事。党的干部特别是领导干部，必须认真执行党的路线方针政策，决不能有任何偏离；必须正确行使人民赋予的权力，决不能以权谋私；必须把对上级负责和对群众负责统一起来，决不能把二者割裂开来、对立起来；必须在工作中坚持群众路线，深入实际调查研究，决不能搞官僚主义、形式主义、强迫命令。一切为了群众，一切相信群众，一切依靠群众，我们党就能获得取之不尽的力量源泉。

反对腐败是关系党和国家生死存亡的严重政治斗争。我们党是任何敌人都压不倒、摧不垮的。堡垒最容易从内部攻破，绝不能自己毁掉自己。如果腐败得不到有效惩治，党就会丧失人民群众的信任和支持。在整个改革开放过程中都要反对腐败，警钟长鸣。既要树立持久作战的思想，又要一个一个地打好阶段性战役。要继续抓好领导干部廉洁自律、查处大案要案、纠正部门和行业不正之风的工作。各级党委务必做到旗帜鲜明，态度坚定，工作锲而不舍。坚持标本兼治，教育是基础，法制是保证，监督是关键。通过深化改革，不断铲除腐败现象滋生蔓延的土壤。党委统一领导，党政齐抓共管，纪委组织协调，部门各负其责，依靠群众的支持和参与，坚决遏制腐败现象。领导干部首先是高级干部要以身作则，模范地遵纪守法，自觉接受监督，抵制腐朽思想的侵蚀，做艰苦奋斗、廉洁奉公的表率，带领群众坚决同腐败现象作斗争。要把反腐败斗争同纯洁党的组织结合起来，在党内决不允许腐败分子有藏身之地。

从严治党，是保持党的先进性和纯洁性，增强党的凝聚力和战斗力的保证。我们现在的努力是朝着最终实现共产主义的最高纲领前进的，忘记远大目标，不是合格的共产党员；不为实现党在社会主义初级阶段的纲领努力奋斗，同样不是合格的共产党员。在新的历史条件下，共产党员保持先进性，要体现时代的要求，做到：胸怀共产主义远大理想，带头执行党和国家现阶段的各项政策，勇于开拓，积极进取，不怕困难，不怕挫折；诚心诚意为人民谋利益，吃苦在前，享受在后，克己奉公，多作贡献；刻苦学习马克思主义理论，增强辨别是非的能力，掌握做好本职工作的知识和本领，努力创造一流的成绩；在危急的时刻挺身而出，维护国家和人民的利益，坚决同危害人民、危害社会、危害国家的行为作斗争。各级党委要坚持"党要管党"的原则，把从严治党的方针贯彻到党的建设的各项工作中去，坚决改变党内存在的纪律松弛和软弱涣散的现象。这就要严格按党章办事，按党的制度和规定办事；就要对党员特别是领导干部严格要求，严格管理，严格监督；就要在党内生活中讲党性，讲原则，开展积极的思想斗争，弘扬正气，反对歪风；就要严格按照党章规定的标准发展党员，严肃处置不合格党员；就要严格执行党的纪律，坚持在纪律面前人人平等。全党纪律严明，朝气蓬勃，我们党就能够从胜利走向新的胜利。

同志们！从这次大会到十六大，将是我们经受新的考验、夺取新的胜利的五年；将是用新的实绩显示我们党能够继承邓小平同志遗志，肩负起人民的希望，打开事业新局面的五年；将是全面完成"九五"计划，为实现二〇一〇年远景目标奠定基础的五年。现在完全可以有把握地说，我们党在改革开放初期提出的本世纪末达到小康的目标，能够如期实现。在中国这样一个十多亿人口的国度里，进入和建设小康社会，是一件有伟大意义的事情。这将为国家长治久安打下新的基础，为更加有力地推进社会主义现代化创造新的起点。

我们这次大会的灵魂，就是高举邓小平理论的伟大旗帜。十五大无疑将以这一点为标志载入史册。我们已经走出了一条光明大道，但前面的路并不都是平坦的，还会有各种困难和风险，包括可以预料的和难以预料的，来自国内的和来自国外的，经济生活中的和社会政治生活中的。无论什么困难和风险，都不能动摇我们对邓小平理论的坚定信念，而只会使我们更加自觉地运用这个理论去克服困难，战胜风险，胜利前进。坚持邓小平理论，在实践中继续丰富和创造性地发展这个理论，这是党中央领导集体和全党同志的庄严历史责任。

我们这次大会的任务，就是动员全党和全国各族人民团结奋斗，全面推进建设有中国特色社会主义的伟大事业。团结就是大局，团结就是力量。首先是党的团结，全党各级组织都要加强团结，同时要加强党同各民主党派、各方面朋友的亲密合作，加强党同广大群众的紧密联系，巩固和发展全国人民的大团结。这个团结，是建立在中华民族实现全面振兴的共同利益基础之上的，是建立在建设有中国特色社会主义的共同理想基础之上的。全党同志和全国各族人民不断维护和加强这种团结，我们的事业就无往而不胜。

让我们高举邓小平理论伟大旗帜，紧密团结在党中央周围，同心同德，不屈不挠，艰苦奋斗，把建设有中国特色社会主义伟大事业全面推向二十一世纪！

《人民日报》发表社论《承前启后继往开来——热烈祝贺党的十五大开幕》

今天，中国共产党第十五次全国代表大会在北京隆重开幕。我们对大会的召开表示热烈的祝贺！

党的十五大，是在我国改革开放和社会主义现代化建设的重要时期召开的具有重大意义的大会，是承前启后，继往开来，保证全党坚持党的基本理论，坚定不移地沿着十一届三中全会以来正确路线胜利前进的历史性大会。大会将高举邓小平建设有中国特色社会主义理论的伟大旗帜，回顾一个世纪以来中国人民的奋斗历史，展望下世纪50年的发展前景，认真总结党的十一届三中全会以来特别是十四大以来的实践经验，对我国改革开放和社会主义现代化建设跨世纪的发展作出全面部署，将选举产生新的中央领导机构，动员全党和全国各族人民进一步解放思想，实事求是，抓住机遇，开拓进取，把建设有中国特色社会主义事业全面推向21世纪。

党的十五大，是在建设有中国特色社会主义伟大事业取得新的进展和胜利的形势下召开的。党的十四大以来，全党和全国各族人民在以江泽民同志为核心的党中央领导下，坚持邓小平建设有中国特色社会主义理论和党在社会主义初级阶段的基本路线，贯彻"抓住机遇、深化改革、扩大开放、促进发展、保持稳定"的基本方针，各条战线都取得了巨大的成就。社会主义市场经济体制的框架加速构建，国民经济持续、快速、健康发展，社会生产力、综合国力、人民生活水平都上了一个大的台阶。党的建设、廉政建设、民主法制建设和社会主义精神文明建设大大加强。文化、科技、教育事业取得新的成绩。军队建设有了新的进展，国防更加巩固。外交工作成绩卓著，我国的国际地位日益提高。香港顺利回归，祖国统一大业迈出了历史性的一步。放眼神州大地，经济发展，政治稳定，民族团结，社会进步，到处呈现出欣欣向荣的景象。

回顾过去的五年，是团结奋进、成就辉煌的五年，是邓小平建设有中国特色社会主义理论大放光彩的五年，是中国共产党和中国人民值得自豪的五年。历史证明，党的十四大作出的各项重大决策是完全正确的，以江泽民同志为核心的党中央的领导是卓有成效的。历史也进一步证明，中国共产党开创的建设有中国特色社会主义的道路，是实现民族振兴、国家富强和人民幸福唯一的康庄大道。

展望未来的五年，对于中国的改革、发展与稳定至关重要。在这五年里，围绕经济建设这个中心，推进经济体制改革、政治体制改革和精神文明建设，实现经济发展和社会全面进步，任务十分艰巨。我们能不能实现本世纪末的奋斗目标、进而实现 2010 年远景目标，要看这五年；能不能为实现下个世纪中叶的宏伟目标开好头、起好步、奏响雄壮的序曲，要看这五年。这五年，将是新的机遇与挑战并存的五年，也必将是中国共产党和中国人民有更大作为，改革开放和社会主义现代化建设迈出更大步伐的五年。

我国社会主义改革开放和现代化建设的总设计师邓小平同志，曾高瞻远瞩地指出："下个世纪中国是很有希望的。"这一预言大气磅礴，铿锵有力，表达了一个伟大的爱国者对祖国母亲的挚爱，表达了一个伟大的马克思主义者对社会主义事业的信心，是世纪伟人对中国共产党人的重托与期待。

中国共产党人和中国人民对自己的未来充满必胜的信心。我们的民族是自强不息、富于进取精神的民族，我们的人民是勤劳智慧、勇于艰苦创业的人民，我们有马列主义、毛泽东思想和邓小平建设有中国特色社会主义理论的科学指导，有党的"一个中心、两个基本点"的基本路线的正确指引，有以江泽民同志为核心的中国共产党第三代领导集体坚强有力的领导，任何困难都阻挡不了我们前进的步伐。邓小平建设有中国特色社会主义理论，是当代中国的马克思主义，是我们党在新时期各项工作的根本指针，是中华民族振兴和发展的强大精神支柱。由这样的科学理论武装起来的党，是大有希望的党；由这样的党领导的民族，是大有希望的民族；由这样的党领导的国家，是大有希望的国家。

中国兴旺发达的关键在党，民族全面振兴的关键在党。我们党所肩负的使命重于泰山，党的十五大所承担的任务光荣重大。我们相信，出席这次大会的两千多位代表，一定能够不辜负全党同志的重托，不辜负全国各族人民的期望，把这次大会开成一个团结的大会，胜利的大会，动员全党和全国各族人民以改革发展的新业绩迎接新世纪的大会。

预祝大会圆满成功！

国务院总理李鹏在中南海会见联合国粮农组织总干事雅克·迪乌夫

宾主就当前世界粮农形势、中国与联合国粮农组织的合作等问题交换了看法。

李鹏在向客人介绍了中国的粮农形势后说，中国是农业大国，农业的稳定对经济的发展和社会的稳定起着极其重要的作用。中国发展农业，一靠政策；二靠科技；三靠投入，将来要实现农业产业化。中国的农业前景是光明的。他说，中国用占世界 7% 的耕地养活了占世界 22% 的人口，这是对世界粮食安全的最大贡献。中国人民不仅能养活自己，而且是维护世界粮食安全的重要力量。

李鹏对联合国粮农组织与中国的长期友好合作表示赞赏，对联合国粮农组织为中国农业发展提供的技术援助表示感谢。

中国常驻联合国代表团人士在纽约就中国在联合国的会费分摊比额问题向新华社记者发表谈话

这位人士表示，中国不反对在适当的时候对联合国会费分摊比额表进行适当的修正或调整，但中国坚持认为，任何修改或调整都应以支付能力原则为基础。

他指出，最近有些报纸在这个问题上对中国态度的报道是不符合事实真相的。这些报道称，美国已要求中国政府考虑将中国在联合国的会费分摊比额增加到 4% 以上，中国政府没有拒绝，并说会考虑美方的建议。

这位人士强调说，中国不会接受任何违反支付能力原则、任意提高中国在联合国会费比额的建议和要求。

他重申，随着中国经济的发展，中国愿意对联合国作出更大的贡献。他认为，根据联合国会费委员会的报告，中国 1998 年的会费比额有所提高是可以接受的。但应当指出的是，中国目前的经济并不像有些人所说的那样强大。中国人口多，经济基础差，起点低，目前的人均产值和收入都还很低。即使保持目前的发展速度，中国至少也要过 30 年才能达到世界中等发达国家的水平。

9月13日

中英两国互认注册结构工程师资格

中国全国注册结构工程师管委会与英国结构工程师学会近日正式签订工程师资格考试互认协议。这是中国第一次与外国签署执业资格互认协议。

中国现有13类执业资格考试。这次与英国签订结构工程师资格互认,表明从即日起,两国结构工程师在经过双方组织的有关考试后,便可获取相应资格,为两国结构工程师最终进入对方建筑市场打下了至关重要的基础。

9月14日

中国共产党第十五次全国代表大会主席团在人民大会堂举行第二次会议

江泽民主持会议。

会议分别通过了关于十四届中央委员会报告的决议(草案)、关于中央纪律检查委员会工作报告的决议(草案)、关于《中国共产党章程修正案》的决议(草案),决定将这3个决议草案提交各代表团讨论。

会议通过了大会选举办法,并完成了其他议程。

中国共产党第十五次全国代表大会就中国经济发展经济体制改革和国企改革等问题在梅地亚新闻中心举行第一场记者招待会

记者招待会由大会新闻发言人徐光春主持。国家计委党组书记、主任陈锦华,国家经贸委党组书记、主任王忠禹,国家体改委党组书记、副主任张皓若就我国经济发展和经济体制改革情况及国企改革等问题回答了中外记者的提问。

有记者问:最近有人提出社会有效需求不足的问题,应该如何看待我国经济增长的速度?

陈锦华答:今年上半年,我国的国民生产总值增长9.5%,预计全年有可能达到10%;支撑经济增长速度的社会商品销售总额,上半年增长14.5%,预计全年可达到16%;投资上半年增长14%,预计全年要达到16%;出口上半年增长26%(这与去年的基数有关),预计全年可能是17%。从这些数字可以看出经济保持了比较高的增长速度,而且拉动经济增长速度的上述几个方面都保持了较高的水平。因此,不能讲是需求不足。现在有一种看法,认为应该放松银根扩大投资,刺激需求,进而拉动经济增长。实际上我们的投资已相当高,全年的投资率预计要达到36%,如果不注意,很可能又会形成新一轮重复建设,造成新的产品积压。当前10%的速度还是比较合适的。当前经济生活中还存在一些矛盾和问题,主要是国民经济整体素质和效益不高,经济结构不合理的矛盾还比较突出,部分国有企业活力不强,收入分配关系还未理顺,地区发展差距明显等。这些都是前进中发展中的问题,也只有依靠进一步推进改革和经济持续发展才能解决。

有记者问:现在,有相当一部分国有企业比较困难,如何看待这个问题?

王忠禹答:从十四大到十五大,是国企改革非常重要的5年。国企改革进入了制度创新的阶段,改革的方向、目标、方针更加明确,改革的思路更加清晰,改革的重点更加突出,改革的力度进一步加大,改革的成效更加显著。目前,国有企业的困难,突出表现为亏损增加、效益下降、相当一部分企业经营困难。

造成困难的原因,主要有三个方面:一是企业自身的原因,包括管理粗放,机制不活等;二是地理历史遗留的问题,如冗员多,债务重;三是在上述两个问题尚未解决的情况下,企业的外部环境已发生了很大的变化。

国有企业的困难,不是今天才有的,是传统体制留下来的。改革加剧了矛盾的爆发。不改革,矛盾迟早也会暴露。建立社会主义市场经济体制,必然会有优胜劣汰。对有希望搞好的企业,要尽快采取措施,使其走出困境。对困难企业、困难职工,国家要千方百计给以特别的关注。通过改革,力争用3年左右的时间,使大多数国有大中型亏损企业走出困境。

有记者问:在股份制和股份合作制改革的过程中准备采取哪些措施,应注意哪些问题?

张皓若答:我们要继续对国有大中型企业实施规范的公司制改革,使更多的国有企业改制成为有限责任公司或者股份有限公司。但其中只会有少数公司成为上市公司。上市公司必须要具备相应的条件,必须经过审查,不合乎条件的公司将不允许上市,公司上市后业绩不好也要把它的牌子摘掉。股份合作制是国有小型企业和集体企业改制的一种重要形式,但不是唯一的形式。目前全国股份合作制企业在城市中已达16万多家,在农村则远远超过这个数字。股份合作制的原则是劳动的联合与资本的联合相结合,职工既是劳动者又是股东。股份合作制企业中,股份不能继承也不能转让,企业不能向社会发行股票。

陈锦华、王忠禹、张皓若还回答了记者提出的其他问题。

国务院总理李鹏在中南海会见加纳国家安全顾问兼国务委员科乔·齐卡塔

中国队在墨西哥城举行的第十届世界杯跳水锦标赛上获得6块金牌并获得男女团体总分第一名

中国选手王楠在上海举行的世界杯女子乒乓球赛上夺得冠军

9月15日

中国共产党第十五次全国代表大会就中国对外经贸发展情况在梅地亚新闻中心举行第二场记者招待会

对外贸易经济合作部副部长孙振宇介绍五年来我国对外经贸发展情况并回答中外记者的提问。

孙振宇说，从1992年到1996年，是我国对外经济贸易发展最快的时期，对外贸易总额达11686亿美元，平均年增速为16.4%。我国在世界贸易排位自1992年升至第十一位以来，连续五年保持了这一位次。

有记者问：江泽民主席下月访美期间，中美双方是否会就中国加入世贸组织达成协议？

孙振宇答：中美双方在就中国加入世贸组织的谈判中已取得一定进展，但是双方在服务贸易和农产品贸易方面还存在差距。在江主席访美之前和之后，中美双方还将就有关问题继续进行谈判。中国在加入世贸组织上已取得一系列进展，最近已同新西兰、韩国、日本等国就双边市场准入和货物贸易问题达成协议，与澳大利亚的双边谈判也取得重大进展。中国希望世贸组织的其他缔约方、缔约国也能像上述国家一样，对中国加入世贸组织问题采取积极合作态度。中国加入世贸组织，最大受益者是世贸组织和各缔约方。

有记者问：大规模引进外资是否会对中国企业产生冲击，中国今后引进外资趋向如何？

孙振宇答：企业转换经营机制与扩大利用外资并不矛盾，企业转换机制搞得越好，社会保障制度越完善，越有利于进一步扩大利用外资，而不是把利用外资速度放慢。利用外资是中国对外开放的重要组成部分，今后中国将继续积极、合理、有效地利用外资，鼓励外商把资金投向中国最需要的产业上去。同时，将继续大力改善投资环境，提高办事效率，推动利用外资工作上一个新台阶。

有记者问：中国政府对外商投资企业设备进口实行征税后，会不会对中国的产业调整和技术引进带来负面影响？

孙振宇答：中国对三资企业进口设备征税，主要是考虑到国内的企业进口设备都是要征收关税的，为的是让两者在同一个起跑线上展开竞争。此外，对三资企业进口设备进行征税，是在大幅度地降低关税的前提下进行的。在征税的同时，我们对三资企业在所得税方面的优惠以及在其他方面的优惠，仍然继续保持。这种征税政策的执行情况总的看是好的，但同时也对一些高科技设备的引进产生了一定的不利影响。现在我国正在研究如何对高科技项目采取配套措施，给予一定的优惠待遇，进一步提高利用外资的档次。

有记者问：中国已经开展外商投资外贸领域的试点，请问今后这种试点会不会得到进一步的扩展？

孙振宇答：目前，我国在上海浦东和深圳试办几家中外合资外贸公司，目的是取得经验。在总结经验的基础上，我们将进一步扩大范围，吸引更多的外国公司来华试办外贸合资企业。

有记者问：目前台商在祖国大陆的投资有多少？有何进一步鼓励台商在祖国大陆投资的措施？

孙振宇答：目前，香港特别行政区和台湾在祖国大陆的投资约占引进外资总额的60%。我们非常重视台商来祖国大陆投资，正在草拟《台商投资保护法》实施条例，以进一步保护台商的投资利益。现在台湾当局实行所谓“戒急用忍”的方针，在海峡两岸投资及经济技术合作方面起了消极作用。我们希望台湾当局放弃这个政策，鼓励台商积极到祖国大陆来投资，为祖国的统一大业多做一点实事。

国务院副总理朱镕基在钓鱼台国宾馆会见澳大利亚国库部长彼得·科斯特洛

首届亚太经济合作组织科技工业园区网络会议在北京召开

国务委员、国家科委主任宋健出席开幕式并宣读了江泽民主席的贺信。

江泽民主席在贺信中说：“亚太经合组织成立的时间虽然不长，但已经取得较大的发展。它在地区和国际经济合作活动中起着重要作用。”“科技工业园区诞生近半个世纪以来，有力地推动着科技研究成果的商品化、产业化和国际化，推动着世界新技术革命的进程。世界上许多科技工业园区已经成为当地经济新的增长点和社会发展新的起点。”江泽民还说：“此次会议的召开标志着亚太经合组织科技工业园区网络开始启动。该网络将促进亚太地区科技工业园区之间的交流与合作，从而对亚太地区经济持续发展作出贡献。为了有效推动科技工业园区之间的合作，中国政府将北京、苏州、合肥、西安4个国家高新技术产业开发区作为向亚太经合组织成员特别开放的第一批科技工业园区，以扩大同亚太经合组织成员之间的合作。”

亚太经济合作组织科技工业园区网络是江泽民主席在去年11月25日亚太经合组织领导人非正式会议上提议建立的，以鼓励亚太地区科技工业园之间的经验交流与信息沟通。

国家科委副主任、中国科学院院士徐冠华在会上介绍了中国科技工业园区的发展情况。他说，从1988年5月中国政府批准建立北京新技术产业开发试验区为国家级园区以来，至今已在全国建立了110多个科技工业园区，其中国家级园区53个。徐冠华还说，中国国家级科技工业园的发展显示出极其旺盛的生命力。从1991年到1996年，国家级园区总收入平均增长率为92.4%，利税平均增长率为82.1%，出口额平均增长率为118.9%。1996年国家级园区总收入为2300亿元，年人均劳动生产率为17.5万元。事实表明，科技工业园区已成为中国发展高新技术产业的重要基地和经济发展的新的增长点。同时，也成为中国科技和经济体系中对外开放的重要窗口和外商投资的理想场所。此次会议由国家科委和外交部联合主办。

中国代表团团长李景贤在乌兹别克斯坦首都塔什干举行的“中亚无核区”国际会议上发表讲话

李景贤指出，中国对建立无核区一向持尊重和支持态度，承诺无条件地不对无核国家和地区使用或威胁使用核武器。他说，中国与中亚毗邻，与中亚五国保持着良好的合作关系，中国赞赏并支持该地区国家为促进地区和平与安全所做的建立无核区的努力，中国愿同包括五国在内的所有国家一道，为实现全面禁止和彻底销毁核武器的最终目标做出不懈努力。李景贤还重申了中国政府关于建立无核区应该遵循的7项原则。

联合国国际农业发展基金会和联合国世界粮食计划署向中国两项农业扶贫项目提供4400多万美元的贷款和援助协议签字仪式在北京举行

根据协议，农发基金将向“安徽皖西南山区农业综合开发项目”提供2653万美元贷款，计划署将为“青海海东地区农业综合开发项目”提供1762.4万美元的援助。

9月16日

各民主党派中央和全国工商联分别致函致电祝贺中国共产党第十五次全国代表大会召开

在中国共产党第十五次全国代表大会开幕之际，各民主党派中央和全国工商联分别发来贺信、贺电和贺词，热烈祝贺大会的召开，并预祝大会取得圆满成功。

中国共产党第十五次全国代表大会就民主法制建设问题在梅地亚新闻中心举行记者招待会

司法部部长肖扬、全国人大常委会法制工作委员会主任顾昂然就我国民主法制建设的情况回答了中外记者的提问。

有记者问：外界曾有报道说，中国司法人权保障方面有一些问题，请问对此有何评论？

肖扬答：中国对罪犯是有司法人权保障的，罪犯的人格不受污辱，人身安全、合法财产和辩护、申诉、控告、检举以及其他未被依法剥夺或者限制的权利不受侵犯。我国还规定罪犯有不受体罚虐待权、申诉权、通信权、会见亲属权、接受教育权、获得劳动报酬权、获得劳动保护和劳动保险权、医疗权以及刑满释放后享受与其他公民平等的权利等。这些都说明了我们对罪犯正当权利的有效保护。全国人大常委会制定了监狱法，对监狱人民警察也提出了严格的要求，违反要求的要给予行政处分，构成犯罪的要依法追究刑事责任。

有记者问：我国立法工作取得了巨大成就，现在群众比较关注的问题是，我们如何从法律制度上监督和保证国家行政机关和行政机关工作人员依法行政？

顾昂然答：依法治国，建设社会主义法制国家，有法可依是前提，严格依法执法是关键。一切国家机关和国家机关工作人员要严格遵守宪法和法律，一切行政机关和行政机关工作人员应依法行政，遵照法律规定行使行政管理权。实现行政管理法制化要解决三个方面的问题：一是行政管理要有比较完备的法律；二是行政机关和行政机关工作人员在执法的时候，行政程序也要有法可依；三是我们已经制定了行政处罚法，对行政处罚的种类、设立、实施行政处罚的主体和程序等都作了明确的规定。

我们现在有行政复议的权力，国务院已经建立了行政复议的行政法规，我们准备在这个基础上把它制定成法律。同时，全国人大常委会制定了行政监察法，监察机关要受理和处理公民和法人对行政机关和公务人员违法事情的控告和监督。这些对于保障和监督国家行政机关和行政机关工作人员依法行政起到了重要作用。

有记者问：最近几年中国建立了法律援助制度，请问这一工作的进展如何？

肖扬答：我国1994年提出建立法律援助制度。法律援助制度是对贫者、弱者、残疾者，以及其他需要提供法律援助的人提供法律援助。我国的刑事诉讼法、民事诉讼法、律师法、老年人权益保障法对法律援助都有规定，目前从中央到地方已经建立了各级法律援助机构60多个，这项工作正在迅速地发展。法律援助制度是我国司法制度的重要内容，是完善社会保障体制的重要步骤，也是我国社会制度所决定的国家对贫者、弱者和残疾者权利的保障。它对促进经济和社会改革措施顺利出台，对实施司法公正，有效地缓解社会矛盾,保持社会稳定都会发挥重要作用。现在全国已经办理 5000 多个法律援助案件。

有记者问:股份合作制现在的立法进展怎样?证券法何时可以出台?

顾昂然答:建立社会主义市场经济需要有完备的法律规范,制定有关方面的法律是我们立法的重点。为了规范和保障社会主义市场经济的建立和完善,我们已经制定了一系列有关市场经济的法律。在规范市场主体方面,制定了公司法、合伙企业法等;在加强宏观调控方面,制定了预算法、审计法、中国人民银行法;在完善社会保障制度方面,制定了劳动法。股份合作制的法律正在研究起草,也是列入规划中的。在规范市场行为、维护市场秩序方面,我国已经制定了反不正当竞争法、消费者权益保护法、产品质量法等。关于证券法,国务院现在已有这方面的法规,在此基础上还需要进一步总结经验。

肖扬、顾昂然还回答了记者提出的其他问题。

兰州—西宁—拉萨光缆工程全线铺通

国家重点通信工程—兰西拉通信光缆线路于日前全线铺通。兰州—西宁—拉萨光缆工程全长 2739 公里,途经甘肃、青海、西藏三省区的 23 个县、市,穿过柴达木盆地,翻越昆仑山和唐古拉山,沿线平均海拔 4000 多米,是目前世界上海拔最高、施工难度最大的光缆工程,建成开通后初期可提供长途话路 2.1 万多路。

海峡两岸空管界首次接触

日前,应中国民航协会邀请,台湾飞航管制协会一行 6 人组成航行技术交流团,在北京等地进行了为期 6 天的访问,实现了海峡两岸空管界的首次接触。

台湾航行技术交流团先后参观访问了北京、上海、厦门、广州四地的空中交通管制部门。双方就空中交通管制方式、方法等技术问题,以及空中交通管理体制等共同感兴趣的话题进行了愉快的交流。双方表示,这次交流有利于两岸的进一步了解,共同维护两岸空中飞行安全,提高空中交通管制的服务质量。据悉,台湾飞航管制协会对祖国大陆有关部门也发出了访台邀请。

国务院副总理兼外交部部长钱其琛在钓鱼台国宾馆会见由《外交》杂志主编小詹姆斯·霍格率领的美国外交政策编辑代表团

9月17日

中国共产党第十五次全国代表大会主席团在人民大会堂举行第三次会议

江泽民主持会议。

会议以举手表决的方式,通过了差额预选后的中央委员会委员、中央委员会候补委员、中央纪律检查委员会委员候选人名单,提请各代表团酝酿。

从 9 月 15 日开始,各代表团对大会主席团通过的中委、候补中委、中纪委委员候选人预备人选名单进行了充分的酝酿。9 月 16 日下午和 17 日上午,十五大各代表团分别进行了中央委员会委员、中央纪律检查委员会委员和中央委员会候补委员的预选。预选采用差额选举办法。整个预选工作在预选监票人的监督下,完全按照大会选举办法进行。

18 日上午,十五大将进行大会正式选举。

中国共产党第十五次全国代表大会就少数民族地区问题在梅地亚新闻中心举行最后一场记者招待会

中共西藏自治区党委书记陈奎元,西藏自治区党委常务副书记、人大常委会主任热地,中共新疆维吾尔自治区党委书记王乐泉,新疆维吾尔自治区党委副书记、自治区政府主席阿不来提·阿不都热西提就本地区的经济和社会发展情况回答了中外记者的提问。

有记者问:从去年开始,在西藏的寺庙先后进行了一次爱国主义教育,请问为什么要进行这次教育?西藏的宗教界人士对此有何看法?

热地答:西藏现有寺庙 1700 多座,僧尼 4.6 万多名。有一段时间,个别寺庙的管理工作没有跟上,加上达赖利用宗教大肆进行分裂祖国的活动,使之出现了一些问题。因此,对广大僧尼进行爱国主义教育很有必要。教育的内容主要是法制教育、民族宗教政策教育、维护祖国统一教育等。整个教育活动进展顺利,广大僧俗群众都很欢迎。国外有些人认为这是干涉宗教信仰自由,试问哪个国家允许有不受法律约束的社会组织和个人?哪个国家允许利用宗教从事违法活动?通过爱国主义教育,目的是提高僧尼爱国爱教、遵纪守法的自觉性,建立正常的宗教秩序,更好地保护广大信教群众的合法权益和正常的宗教活动。

有记者问:去年和今年年初以来,在新疆某些地区发生了一些骚乱事件。请问目前新疆社会稳定的形势怎么样?

王乐泉答:改革开放以来,新疆各项建设都有了很大发展。去年和今年年初以来在新疆发生的事件,是极少数民族分裂主义分子等所为。这些人影响不了新疆的大局。他们蓄意制造民族仇恨,煽动宗教狂热,妄图颠覆人民政府,危害国家安全,必须按照国家的有关法律进行处置。他们的所作所为不得人心。新疆各族人民是坚决反对分裂、维护祖国统一和民族团结的,总的看,社会是稳定的。

有记者问:对僧尼进行教育,是不是印证了美国人沃尔夫所报道的西藏的情况,就是说中国正在用宣传来扭转西藏的局势?

陈奎元答:我们听到了一些有关沃尔夫先生在国外报道西藏的情况。经了解,今年8月此人以游客的身份在拉萨转悠了几天,回去散布了一些言论,这些言论是毫无根据的,也不符合常识。例如,他过去没有到过西藏,怎么知道汉人越来越多?他说拉萨的建筑被汉式的建筑所淹没,现代化的楼房、街道、广场,有什么汉式藏式或者洋式的区别?这使我想起近年来在国外的某些场所,常常传出一些令西藏人感到莫名其妙的言论。他们反对改革旧西藏遗留下来的危害人民利益的习俗和事物,企图在世间留下一块以达赖的政教合一制度为特征的中世纪的保留地,他们为了在政治上支持达赖集团,蓄意捏造骇人听闻的谣言,丑化现在的西藏,不断大量地向西藏干部和人民的头上泼脏水,误导公众,导致许多不了解西藏实情的人士产生迷惑和误解。我想沃尔夫先生的言论就属此类。

有记者问:能否谈谈新疆当前民族团结、民族关系的情况?

阿不来提·阿不都热西提答:新疆是少数民族聚居地区,长期以来,在党的民族政策的指引下,各族人民是团结的。近年来,新疆在经济上有了很大发展,人民生活不断改善,各民族之间建立了亲密的关系,党的民族政策得到了落实。根据党的民族政策,我们大力培养少数民族干部,据统计,少数民族干部在新疆干部总数中占48%,由1949年的3000人,发展到1996年的27万人。此外,在新疆,宗教信仰自由得到了尊重和保护。新疆的今天,可以说是新疆各族人民共同建设、共同发展、共同保卫的结果。新疆各族人民热爱社会主义,热爱共产党,共同维护安定团结。在新疆搞分裂,过去不得人心,现在不得人心,将来也不得人心。

中共台湾省籍十五大代表就“如何加强两岸民间交流”在梅地亚宾馆接受中外记者采访

代表们就两岸民间交流的进展情况、对江泽民报告的第八部分、“一国两制”构想的意义等问题回答了记者的提问。

全国台联副会长杨国庆说,居住在祖国大陆的台湾同胞有3万多人。全国台联的主要工作任务之一,就是团结、联络国内外台湾同胞及其民众团体,帮助他们了解政府对台湾的方针政策和祖国大陆的情况;向政府反映台湾同胞的愿望和建议,维护台湾同胞的正当权益,促进两岸民间的各项交流。作为台联的工作人员,我亲眼看到近年来两岸的民间交流越来越频繁。全国台联在最近短短的两年半时间里,先后接待了来自台湾和海外的台胞2400多位,举行各项交流活动68次。每年邀请香港和台湾、澳门以及海外的台胞回国参加国庆活动,许多台胞踊跃报名,去年回祖国大陆的台胞达到140人;每年与台湾研究所、台湾研究会联合主办的两岸关系研讨会,目前已经举办了七届;举办台湾文学研讨会、台湾大中学校教师中国传统文化研习会,开展青年台胞夏令营、冬令营活动、“和平小天使活动”,台湾一些较大的企业还陆续到大陆举办文化交流活动等。另外还组织祖国大陆台籍青年大学生、台籍医学专家、台籍妇女赴台访问,全国台联几乎每天都要接待一批台湾来的客人。

辽宁省台联会长孙桂芬、中国侨联副主席林丽韫、浙江省台联会会长陈昭典等人也接受了记者采访。

《邓小平理论研究文库》一书由中央党校出版社出版

为学习贯彻十五大精神,推动邓小平理论学习研究和宣传教育更加广泛深入地开展,中央党校出版社近日出版《邓小平理论研究文库》。

这部收文2000余篇1200余万字的大型文集,系统回顾和集中展示了邓小平南方谈话,以及党的十四大以来全国邓小平理论学习研究的丰硕成果。所收论文主要为1992年以来省级以上书报刊发表的优秀理论文章,其中包括历次全国邓小平理论研讨会入选论文和部分全国“五个一工程”获奖理论文章。所收论文的作者有中央领导同志、著名专家学者、党政军领导干部和理论工作者。

《邓小平理论研究文库》按邓小平理论体系分为5卷18编,附录《邓小平理论形成和发展大事记》、《国外邓小平理论与中国改革发展研究辑要》和《邓小平理论研究部分著作目录索引》。

国务院关税税则委员会办公室负责人在北京就中国再次降低进出口商品关税水平答记者问

近日,国务院关税税则委员会办公室负责人,就我国于1997年10月1日起又一次较大幅度地降低进出口商品关税水平一事,回答了记者的有关问题。

问:这次降低关税水平所依据的基本原则是什么?

答:首先需要强调的是,这次降低关税,是实现江泽民主席在1996年亚太经合组织首脑会议上提出的到2000年将我国关税总水平争取降低到15%左右的一个重要步骤，是根据我国国民经济发展需要进行的一次自主降税。江泽民同志在十五大报告中又提到“进一步降低关税总水平”。降低关税的主要原则是要有利于保持和促进我国国民经济快速、健康、持续发展，有利于深化改革、扩大开放。具体的降税原则，可以用三句话来概括，即：降低关税水平，理顺税率结构；扩大征税税基，稳定进口税收；削减税率峰值，实行适度保护。

问：这次降税有哪些特点？请对这次降低关税的基本情况作一简要介绍。

答：这次降税的显著特点是：降税幅度大，降税面宽，明显减少高税率税目。资源性产品、原材料和我国需求有缺口的商品以及高科技产品的降税幅度尤其显著，整体税率结构更加合理。

通过这次降低关税，我国关税总水平由 23%降低到 17%，平均降幅为 26%。共有 4874 个税号商品的税率作了不同程度的下调，占总税目的 73.48%。其中，有近 2000 个税号商品的降幅高于平均降幅。降税后，按产品的资源属性和加工深度划分，几个主要大类产品的税率平均水平由低向高依次为：矿产品 6.94%、化工原料及产品 11.45%、木材及纸制品 12.88%、机电零部件及产品 14.59%、轻工产品 17.9%、农产品 20.43%、纺织品 27.2%，这几大类产品的降税幅度大约在 17%至 35%之间，同时，形成了较合理的税级差。另外，这些产品本身也形成了较合理的税率结构，如：机电产品的原材料、零部件和整机的平均税率分别为 8.94%、10.76%和 14.92%。降税后，我国税则中的最高税率由 120%降低到 100%，税率在 30%以上的税目个数约减少了 45%。

问：这次降低关税具有什么意义？对我国国民经济发展将起到什么样的影响？

答：这次降低关税水平，是自 1993 年以来我国又一次较大幅度的自主降税，是我国深化改革、扩大开放的一项重要举措。关税水平的降低，充分表明了我国以更加开放的姿态参与国际竞争和国际合作的决心和信心。降低关税水平，有利于我国适度增加进口，有利于进出口贸易健康、稳步地发展，从长远看，有利于企业降低生产成本、提高产品质量；有利于充分利用国际、国内两种资源、两个市场，促进社会扩大再生产过程，实现有限资源的最佳配置；有利于引进世界上的先进产品和先进技术，促进我国产业结构和产品结构的调整，促进企业技术进步。

当然，降低关税水平，使国外商品进入我国市场的机会增加了，不可避免地对国内企业产生一定的影响，国内某些缺乏竞争力的产品，可能会受到进口产品的挑战。但是，只要我们的企业加大改革力度，努力提高竞争意识，切实加大结构调整力度，不断提高产品质量，把压力变为动力，我们的产品和企业完全可能在激烈的市场竞争中取得主动。

这里需要说明的是，在一定的时期内，对新兴产业和幼稚工业提供必要的保护，是世界上工业化国家都经历过的，无疑也应是发展中国家的选择之路。只有有效地运用关税杠杆，把进出口贸易的规模和结构调节到与国内经济发展水平相适应的程度，同时又对国内幼稚工业给予适度的保护和引导，才能达到优化资源配置，促进国民经济快速、健康、持续发展的目的。因此，这次降税，对国内正处于发展阶段的产品，给予了适度、合理的保护。

问：此次降低关税对老百姓的日常生活有何影响？

答：在世界经济发展到当今水平的情况下，进口商品关系到广大消费者。从总体上说，关税水平下降，有利于进口，一些质量上乘的国外日用商品，会因关税的降低在价格上增强竞争力，更多地进入我们的市场。从消费的角度来看，降低关税对广大消费者来说是有实惠的。

问：这次降低关税对我国加入世界贸易组织是否有推动作用？

答：自从 1986 年中国正式提出恢复关贸总协定缔约国地位以来，关税减让就成为中国和各缔约方谈判的重点之一。尽管谈判至今没有结束，但中国降低关税的步骤却一直没有停顿。从 1993 年关贸总协定乌拉圭回合谈判签字到 1997 年的 4 年间，中国多次大幅度自主降低关税，加上这次降税，关税降低幅度已达 60%。同时，在非关税措施、外贸管理、服务贸易等诸多方面，中国都采取一系列与世界贸易组织原则相一致的重要步骤。世人可看到，中国已经采取的包括降低关税在内的各种措施是主动的、积极的，也是务实的、负责的。虽然这次降税是根据我国经济发展的自身需要而采取的自主降税，但也为中国加入世界贸易组织的谈判创造了良好的气氛。

国务院总理李鹏在中南海紫光阁会见美国休斯电子公司董事长兼最高执行官迈克尔·阿姆斯特朗

国家副主席荣毅仁在人民大会堂会见意大利商业银行总裁法乌斯蒂

台湾“重返”联合国图谋再次破产

第五十二届联合国大会总务委员会作出决定，不将尼加拉瓜等极少数国家提出的所谓台湾“重返”联合国的提案列入本届联大会议的正式议程。这是自 1993 年以来联大总务委员会连续第五年挫败台湾当局在联合国内制造“两个中国”和“一中一台”的图谋。

上述决定是由新当选的第五十二届联大主席乌多文科宣布的。在当天下午举行的联大总务委员会会议上，巴基斯坦、巴西、墨西哥、埃及、塞浦路斯、俄罗斯、古巴、意大利和阿富汗等国的常驻联合国代表发言，表示坚决反对在本届联大会议上重新审议所谓台湾“重返”问题。他们指出，如果将尼加拉瓜等国的提案列入联大议程，将严重损害联合国的庄严形象，是对中国内政的粗暴干涉。

联大总务委员会的28个成员国中，没有一国表示支持所谓台湾“重返”的提案。

中国常驻联合国代表秦华孙在会上发言时指出，这个提案歪曲事实，明目张胆地利用联合国这个庄严的组织，从事分裂一个主权国家的活动，企图制造“两个中国”、“一中一台”或“一国两府”，这不仅是对中国主权的严重侵犯和对中国内政的粗暴干涉，而且也是对《联合国宪章》和联大2758号决议的肆意践踏。中国政府和人民对此表示强烈的愤慨和谴责。

秦华孙说，台湾自古以来就是中国领土不可分割的一部分。台湾问题纯属中国内政，只能由中国人民自己解决。早在十几年前，邓小平先生就针对台湾问题提出了“和平统一、一国两制”的方针。为结束海峡两岸的分离局面，实现祖国统一，中国国家主席江泽民在1995年1月30日根据“和平统一、一国两制”的方针发表重要讲话，提出了发展两岸关系、推进祖国和平统一进程的八项主张。五天前，江泽民在中国共产党第十五次全国代表大会上进一步表示，“一国两制”构想是邓小平理论的重要组成部分，是推进祖国统一大业的基本方针。

他指出，正当我们期待着台湾当局作出善意回应的时候，台湾当局却变本加厉地在国际上进行制造“两个中国”、“一中一台”的分裂祖国活动，唆使极少数国家在联合国继续坚持所谓“台湾代表权”问题的提案。我们希望台湾当局以民族大义为重，回到“一个中国”的原则立场上来，停止一切分裂祖国的活动。

求是科技基金会1997年杰出颁奖典礼在杭州浙江大学举行

这是“求是奖”第四次颁奖，两个科研集体获“杰出科技成就集体奖”，20名学者获“杰出青年学者奖”。李鹏、乔石委托专人打电话向颁奖典礼表示祝贺，李岚清向颁奖典礼发来贺电。

李岚清在贺电中向全体获奖者表示祝贺，向求是基金会的创立者查济民先生及各位顾问表示谢意。李岚清在贺电里希望求是基金会弘扬求是传统，爱国重教，为科学昌明、民族振兴作出更大的贡献。

来自中国科学院生物化学所、有机化学所和北京大学的邢其毅、汪猷等9人因对人工全合成牛胰岛素的突出贡献获“杰出科技成就集体奖”，奖金150万元人民币；中国科学院南京地质古生物所的朱茂炎、李国祥等8人因对研究早期生命演化与寒武纪大爆发的突出贡献获“杰出科技成就集体奖”，奖金100万元人民币；文兰、王炜、吴奇、王志新等20人获得数学、物理、化学、生物医学4个学科的“杰出青年学者奖”，每人每年奖金1万美元，为期4年。

求是科技基金是香港著名实业家查济民先生及其家族1994年捐资2000万美元设立的，“求是”之名是查先生根据浙江大学前身“求是书院”而取的。

王光英、钱伟长、朱光亚等向大会发来贺信。杨振宁、简悦威，求是科技基金会董事长查济民先生，董事查刘璧如女士、查懋成先生，作家查良镛，中国科学院、中国工程院、新华社香港分社及国家自然科学基金会负责人等出席了颁奖典礼。

9月18日

中国共产党第十五次全国代表大会闭幕

中国共产党第十五次全国代表大会在选出新一届中央委员会、中央纪律检查委员会，并通过关于十四届中央委员会报告等决议后，在人民大会堂胜利闭幕。

这是一次团结的大会，胜利的大会。大会号召，全党同志高举邓小平理论伟大旗帜，在党中央的领导下，团结和带领全国各族人民，满怀信心地把建设有中国特色社会主义伟大事业全面推向21世纪。

江泽民主持大会。

江泽民、李鹏、乔石、李瑞环、朱镕基、刘华清、胡锦涛、丁关根、田纪云、李岚清、李铁映、杨白冰、吴邦国、邹家华、姜春云、钱其琛、黄菊、尉健行、谢非、温家宝、王汉斌、万里、宋平、薄一波、张震、张万年、迟浩田、任建新、叶选平、吴学谦、侯宗宾等大会主席团常务委员会成员在主席台前排就座。

会议首先通过了由36人组成的总监票人和监票人名单。

在总监票人和监票人的监督下，到会的2074名代表以无记名投票方式，选举出由193名委员、151名候补委员组成的十五届中央委员会。选举出中央纪律检查委员会委员115名。

随后，大会通过了关于十四届中央委员会报告的决议。大会批准江泽民同志代表十四届中央委员会所作的报告，高度评价十四届中央委员会的工作。大会认为，报告确定高举邓小平理论伟大旗帜，把建设有中国特色社会主义伟大事业全面推向21世纪的主题，完全符合时代的要求和人民的愿望。一致赞同把邓小平理论确立为我们党的指导思想,明确写进党章。同意报告提出的党在社会主义初级阶段的基本纲领;同意报告关于我国经济、政治、文化领域改革和发展的部署;同意报告关于国防和军队建设的部署;强调要坚持"一国两制"的方针,最终实现祖国的完全统一;同意报告对国际形势的分析和提出的对外工作的各项方针。强调实现报告确定的战略目标和各项任务,关键在于坚持、加强和完善党的领导。大会强调,全党要高举邓小平理论的旗帜不动摇,抓住机遇,开拓进取,围绕经济建设这个中心,经济体制改革要有新的突破,政治体制改革要继续深入,精神文明建设要切实加强,各个方面相互配合,实现经济发展和社会全面进步。

大会通过了关于《中国共产党章程修正案》的决议,决定这一修正案自通过之日起生效。大会认为,在党章中把邓小平理论确立为党的指导思想,明确规定中国共产党以马克思列宁主义、毛泽东思想、邓小平理论作为自己的行动指南,这对于保证我们党领导人民坚定地走有中国特色社会主义道路,把我国建设成为富强民主文明的社会主义现代化国家,具有重大而深远的意义。

大会通过了关于中央纪律检查委员会工作报告的决议,充分肯定中央纪律检查委员会的工作。

大会完成各项议程后,江泽民发表讲话。

大会选举后,国家副主席荣毅仁,全国人大常委会党外副委员长,全国政协党外副主席,各民主党派中央、全国工商联负责人和无党派人士费孝通、孙起孟、雷洁琼、帕巴拉·格列朗杰、王光英、程思远、卢嘉锡、吴阶平、阿沛·阿旺晋美、赵朴初、钱伟长、丁光训、孙孚凌、霍英东、马万祺、万国权、何鲁丽、丁石孙、成思危、蔡子民、经叔平、杨纪珂等,应邀列席会议并在主席台贵宾席就座。党内有关负责同志也列席了大会。

中午,大会在《国际歌》声中圆满结束。

中共中央总书记江泽民在中国共产党第十五次全国代表大会闭幕会上发表讲话(节选)

同志们:

中国共产党第十五次全国代表大会的各项议程到今天已经全部进行完毕。在全体代表的共同努力下,这次大会开得很成功,是一次团结的大会,胜利的大会。

这次代表大会具有重大的历史意义。大会通过的十四届中央委员会的报告,从世纪之交的历史高度,科学地总结过去,筹划未来,对我国改革开放和社会主义现代化建设跨世纪的发展作出了全面部署,对国际国内若干重大问题提出了鲜明主张、指导原则和方针政策。这个报告是集体智慧的结晶,是我们党面向新世纪的政治宣言和行动纲领。大会一致赞成把作为毛泽东思想的继承和发展的邓小平理论确立为我们党的指导思想,明确写进党章。这对于全党全国各族人民在改革开放中胜利实现社会主义现代化,必将长期发挥巨大的指导作用。大会选举产生的新的一届中央委员会,使党的中央领导集体向着革命化、年轻化、知识化、专业化的方向又迈进了一步。这一切,必将极大鼓舞和动员全党、全国各族人民,高举邓小平理论的伟大旗帜,满怀信心地把建设有中国特色社会主义伟大事业全面推向 21 世纪。

大会期间,许多国家的政党和组织来电来函对我们的大会表示祝贺,国内各民主党派、工商联和各界人士也向大会表示祝贺,广大人民群众通过各种方式向大会表示祝贺,大会主席团谨向他们表示衷心的感谢。

全体起立,奏《国际歌》。

(《国际歌》毕)

现在我宣布,中国共产党第十五次全国代表大会胜利闭幕!

中国共产党第十五届中央委员会委员名单

共一百九十三人(按姓氏笔画为序)

丁文昌　丁关根　于永波(满族)　马忠臣
王　克　王云坤　王乐泉　王兆国　王茂林
王茂润　王忠禹　王洛林　王梦奎　王瑞林
云布龙(蒙古族)　毛如柏　方祖岐　石云生
卢荣景　卢瑞华　叶连松　田凤山　田成平
田纪云　白立忱(回族)　白恩培　令狐安
包叙定　司马义·艾买提(维吾尔族)　邢世忠
回良玉(回族)　朱丽兰(女)　朱育理　朱镕基
伍绍祖　华国锋　多吉才让(藏族)　刘　江
刘　淇　刘云山　刘方仁　刘书田　刘仲藜
刘华秋　刘纪原　刘明祖　刘忠德　刘顺尧
刘剑锋　刘精松　江泽民　孙　英　孙文盛
孙家正　杜青林　杜铁环　李　鹏　李长春
李兆焯(壮族)　李克强　李岚清　李良辉
李金华　李泽民　李建国　李春亭　李贵鲜
李铁映　李继耐　李盛霖　李瑞环　李新良
李德洙(朝鲜族)　杨正午(土家族)　杨怀庆
杨国屏　杨国梁　肖　扬　吴　仪(女)　吴邦国
吴亦侠　吴官正　吴基传　何　勇　何椿霖
汪啸风　宋　健　宋宝瑞　宋瑞祥　宋德福
迟浩田　张　工　张丁华　张万年　张文岳
张文康　张立昌　张志坚　张国光　张思卿
张俊九　张维庆　张福森　张德江　张德邻
阿不来提·阿不都热西提(维吾尔族)　陈云林
陈邦柱　陈至立(女)　陈光毅　陈明义　陈奎元

陈炳德　陈焕友　陈耀邦　邵华泽　林丽韫(女)
罗　干　周子玉　周永康　周光召　周坤仁
郑必坚　郑斯林　项怀诚　郝建秀(女)　胡富国
胡锦涛　钮茂生(满族)　俞正声　闻世震
姜春云　姜恩柱　姜福堂　洪　虎　贺国强
热　地(藏族)　桂世镛　贾庆林　贾志杰
贾春旺　顾秀莲(女)　柴松岳　钱其琛　钱国梁
钱树根　倪志福　徐才厚　徐永清　徐匡迪
徐有芳　高　严　郭东坡　郭伯雄　郭超人
唐天标　唐家璇　陶伯钧　陶驷驹　黄　菊
黄启璪(女)　黄镇东　曹刚川　曹伯纯　盛华仁
阎海旺　梁光烈　尉健行　隋明太
隗福临(满族)　彭珮云(女)　蒋祝平　韩杼滨
程安东　程维高　傅全有　傅志寰　舒圣佑
舒惠国　曾庆红　曾培炎　温宗仁　温家宝
谢　非　谢世杰　蒲海清　雷鸣球　路甬祥
廖　晖　廖锡龙　滕文生　戴秉国(土家族)
戴相龙

中国共产党第十五届中央委员会候补委员名单

共一百五十一人(按得票多少为序,得票相同的按姓氏笔画为序)

欧泽高(藏族)　岳海岩　黄智权　王正福(苗族)
石兆彬　汤洪高　杨健强(白族)　高祀仁
储　波　蔡长松　赵金铎(满族)　桑结加(藏族)
黄寅逵　乌云其木格(女,蒙古族)　任启兴
苏　荣　张华祝　陆　浩　郭金龙
管国忠(傣族)　王学萍(黎族)
艾斯海提·克里木拜(哈萨克族)
石玉珍(女,苗族)　张定发　贾治邦
黄　瑶(布依族)　龚谷成　葛东升
马庆生(回族)　王　占　王广宪
全哲洙(朝鲜族)　刘镇武　周声涛　胡永柱
石宗源(回族)　吕飞杰　刘泽民　吴玉谦
张宝明　钱冠林　高宜新　王武龙　王建民
许运鸿　李元正　季允石　房凤友　秦玉琴(女)
王云龙　杨永良　宋照肃　张祥林　范钦臣
崔林涛　王启人　王启民　列　确(藏族)
许其亮　孙春兰(女)　李清林　李嘉廷(彝族)
陈建国　秦光荣　高中兴　谢企华(女)
丹　增(藏族)　朱成友　刘振华　沈滨义
宋秀岩(女)　梁国庆　王金山　孙淑义　李乾元
赵忠贤　徐自强　石万鹏　陈佳洱　牛绍尧
杨晓堂　宋法棠　巴特尔(蒙古族)　李肇星
李毅中　袁守芳　聂卫国　黄洁夫　陈良宇
陈梅芳(女)　徐鹏航　卢展工　刘　玠　刘廷焕
许永跃　李　克(壮族)　王如珍(女)　钱运录
黄晴宜(女)　刘海燕　吴爱英(女)　倪润峰
于　珍　孟建柱　高昌礼　白春礼(满族)
陈玉杰(女)　岳喜翠(女)　李纪恒　吴铨叙
克尤木·巴吾东(维吾尔族)　乔传秀(女)
杜宇新　栾恩杰(满族)　熊光楷　罗保铭
韩桂芝(女)　吴光宇　金银焕(女)　贾　军
郭树言　缪合林　黄华华　金人庆　李国安
吴贻弓　李志坚　武连元(回族)　夏宝龙
王旭东　陶建幸　苏新添　欧广源　沈跃跃(女)
王太华　周正庆　裴怀亮　张高丽　王春正
马启智(回族)　王　刚　厉有为　吴金印
王太岚　王岐山　由喜贵　刘延东(女)　王雪冰
袁伟民　邓朴方　习近平

中国共产党第十五届中央纪律检查委员会委员名单

共一百一十五人(按姓氏笔画为序)

于友先　于洪葆　马　驶(女)　马　凯　马世昌
王成铭　王同琢　王华元　王众孚　王国章
王胜俊　王莉莉(女)　王唯众　王德顺
尤仁(蒙古族)　乌兰木伦(蒙古族)　方嘉德
布　穷(藏族)　田淑兰(女)　田聪明　白志健
冯芝茂　朱增泉　刘　锷　刘丰富　刘文杰
刘丽英(女)　刘学斌　刘峰岩　刘积斌
刘雅芝(女)　刘锡荣　祁培文　许中田　孙　淦
孙载夫　李有慰　李成仁　李至伦　李英唐
李虎林　李国光　李宝祥　李建玉　李铁林
李继松　李雪莹(女)　李焕政　李惠仁　李登柱
杨贤足　杨惠川　杨德清　吴广才　吴定富
吴润忠　吴野渡　何　勇　冷　宽　闵耀中
沈国俊　张　轰　张　黎　张　毅　张天保
张凤楼　张玉芹(女)　张左己　张华林　张吾乐
张柏林　张钰钟　张惠新　陈光琳　陈福今
范新德　罗　锋　罗清泉　金道铭(满族)
周子玉　周可仁　郑万通　郑坤生　赵　荣
赵　虹(满族)　赵春兰(女)　赵洪祝　赵海渔
胡家燕(女)　贺邦靖(女,白族)　贺美英(女)
袁纯清　夏国华　夏赞忠　徐光春　徐承栋
曹庆泽　曹克明　曹和庆　曹洪兴　曹惠臣
康成元　梁绮萍(女)　尉健行　彭　钢(女)
董　雷　董宜胜　韩　灵　韩杼滨　程世峨(女)
傅　杰　解振华　谭乃达　翟月卿　濮洪九

中国共产党第十五次全国代表大会通过《关于十四届中央委员会报告的决议》

中国共产党第十五次全国代表大会批准江泽民同

志代表十四届中央委员会所作的报告。报告科学地总结历史，规划未来，对我国改革开放和现代化建设的跨世纪发展作出全面部署，是我们党带领全国各族人民迈向新世纪的政治宣言和行动纲领。

大会认为，报告确定高举邓小平理论伟大旗帜，把建设有中国特色社会主义伟大事业全面推向21世纪的主题，完全符合时代的要求和人民的愿望。大会强调，全党要高举邓小平理论的旗帜不动摇，抓住机遇，开拓进取，围绕经济建设这个中心，经济体制改革要有新的突破，政治体制改革要继续深入，精神文明建设要切实加强，各个方面相互配合，实现经济发展和社会全面进步。

大会高度评价十四届中央委员会的工作。十四大以来，以江泽民同志为核心的党中央领导全党和全国各族人民，继续沿着有中国特色社会主义道路阔步前进，把改革开放和现代化建设推进到新阶段，取得了巨大成就。党的十四大作出的决策是正确的，我们党具有在国内外复杂形势下驾驭局势的能力。

大会一致赞同把邓小平理论确立为我们党的指导思想，明确写进党章。邓小平理论是毛泽东思想的继承和发展，是马克思主义在中国发展的新阶段，是当代中国的马克思主义。全党一定要自觉地运用邓小平理论来指导我们整个事业和各项工作，在实践中继续丰富和发展这个理论。

大会认为，报告进一步强调我国处在社会主义初级阶段，具有极其重要的意义，同意报告提出的党在社会主义初级阶段的基本纲领。全党要毫不动摇地坚持党的基本路线，全面实施党的基本纲领。

大会同意报告关于我国经济、政治、文化领域改革和发展的部署。大会指出，从现在起到下世纪的前十年，是我国社会主义现代化建设的关键时期。必须积极推进经济体制和经济增长方式的根本转变，建立比较完善的社会主义市场经济体制，保持国民经济持续快速健康发展，为下世纪中叶基本实现现代化打下坚实基础。必须在坚持四项基本原则的前提下，继续推进政治体制改革，进一步扩大社会主义民主，健全社会主义法制，依法治国，建设社会主义法治国家。必须加强思想道德建设，切实把科技和教育摆在优先发展的战略地位，积极发展各项文化事业。大会认为，加强国防和军队建设是国家安全和现代化建设的基本保证，同意报告关于国防和军队建设的部署。大会强调，要坚持"一国两制"的方针，最终实现祖国的完全统一。

大会同意报告对国际形势的分析和提出的对外工作的各项方针，指出要始终不渝地奉行独立自主的和平外交政策，反对霸权主义，维护世界和平，促进人类进步事业。

大会强调，实现报告确定的战略目标和各项任务，关键在于坚持、加强和改善党的领导。要努力推进党的建设新的伟大工程，全面加强党的思想、组织、作风建设，不断提高领导水平和执政水平。坚持党要管党、从严治党。坚持不懈地开展反腐败斗争。

大会号召，全党同志高举邓小平理论伟大旗帜，在党中央的领导下，团结和带领全国各族人民，满怀信心地把建设有中国特色社会主义伟大事业全面推向21世纪！

中国共产党第十五次全国代表大会通过《关于中央纪律检查委员会工作报告的决议》

中国共产党第十五次全国代表大会审查、批准中央纪律检查委员会的工作报告。大会充分肯定了中央纪律检查委员会的工作。

大会要求，中央和地方各级纪律检查委员会要高举邓小平理论伟大旗帜，按照党章赋予的职责和党的十五大精神，进一步做好纪律检查工作，严格政治纪律，保证党的路线和中央的决策顺利贯彻执行；切实加强党风廉政建设，深入持久开展反腐败斗争，为改革、发展、稳定服务。各级党委要继续加强对党的纪律检查工作的领导，坚持从严治党的方针，进一步加强党性党风党纪教育，保持党的先进性和纯洁性，把党建设成为用邓小平理论武装起来、全心全意为人民服务、思想上政治上组织上完全巩固、能够经受住各种风险、始终走在时代前列、领导全国人民建设有中国特色社会主义的马克思主义政党。

中国共产党第十五次全国代表大会通过关于《中国共产党章程修正案》的决议

中国共产党第十五次全国代表大会审议并一致通过十四届中央委员会提出的《中国共产党章程修正案》，决定这一修正案自通过之日起生效。

大会认为，在党章中把邓小平理论确立为党的指导思想，明确规定中国共产党以马克思列宁主义、毛泽东思想、邓小平理论作为自己的行动指南，这对于保证我们党领导人民坚定地走有中国特色社会主义道路，把我国建设成为富强民主文明的社会主义现代化国家，具有重大而深远的意义。

中共中央关于党章修正案的说明

中国共产党十四届七中全会决定，对党章进行修改，将修正案提请第十五次全国代表大会审议。

这次修改，集中在一个重大问题上，即在党章中明确规定，把邓小平理论确立为党的指导思想。

党的七大把马克思列宁主义的理论与中国革命的

实践之统一的思想——毛泽东思想,确立为中国共产党的指导思想,这对于中国革命和建设的胜利发展具有极重要的意义。党的十五大,在十一届三中全会和十二大、十三大特别是十四大的基础上,进一步把作为毛泽东思想的继承和发展的邓小平理论,确立为党的指导思想。经过改革开放以来近二十年实践的检验,在邓小平同志逝世后,通过党的全国代表大会作出这样的决策,对于建设有中国特色社会主义事业的胜利发展必将发挥极重要的作用。

修改后的党章总纲规定:“中国共产党以马克思列宁主义、毛泽东思想、邓小平理论作为自己的行动指南。”

修改后的党章总纲在原来关于马克思列宁主义的论述和关于毛泽东思想的论述之后,对原来有关建设有中国特色社会主义理论的内容加以调整补充,形成了关于邓小平理论的论述:“十一届三中全会以来,以邓小平同志为主要代表的中国共产党人,总结建国以来正反两方面的经验,解放思想,实事求是,实现全党工作中心向经济建设的转移,实行改革开放,开辟了社会主义事业发展的新时期,逐步形成了建设有中国特色社会主义的路线、方针、政策,阐明了在中国建设社会主义、巩固和发展社会主义的基本问题,创立了邓小平理论。邓小平理论是马克思列宁主义的基本原理同当代中国实践和时代特征相结合的产物,是毛泽东思想在新的历史条件下的继承和发展,是马克思主义在中国发展的新阶段,是当代中国的马克思主义,是中国共产党集体智慧的结晶,引导着我国社会主义现代化事业不断前进。”

修改后的党章条文规定,党员和党的干部要认真学习马克思列宁主义、毛泽东思想、邓小平理论。

党的十五大,以高举邓小平理论伟大旗帜、把建设有中国特色社会主义事业全面推向21世纪作为主题。马克思列宁主义、毛泽东思想、邓小平理论,是统一的科学体系。在当代中国,坚持邓小平理论,就是真正坚持马克思列宁主义、毛泽东思想;高举邓小平理论的旗帜,就是真正高举马克思列宁主义、毛泽东思想的旗帜。

中国共产党章程

总纲

中国共产党是中国工人阶级的先锋队,是中国各族人民利益的忠实代表,是中国社会主义事业的领导核心。党的最终目标,是实现共产主义的社会制度。

中国共产党以马克思列宁主义、毛泽东思想、邓小平理论作为自己的行动指南。

马克思列宁主义揭示了人类社会历史发展的普遍规律,分析了资本主义制度本身无法克服的固有矛盾,指出社会主义社会必然代替资本主义社会、最后必然发展为共产主义社会。《共产党宣言》发表一百多年来的历史证明,科学社会主义理论是正确的,社会主义具有强大的生命力。社会主义的本质,是解放生产力,发展生产力,消灭剥削,消除两极分化,最终达到共同富裕。社会主义制度的发展和完善是一个长期的历史过程。社会主义在发展过程中会有曲折和反复,但是社会主义必然代替资本主义是社会历史发展不可逆转的总趋势。社会主义必将通过各国人民自愿选择的、适合本国特点的道路,逐步取得胜利。

以毛泽东同志为主要代表的中国共产党人,把马克思列宁主义的基本原理同中国革命的具体实践结合起来,创立了毛泽东思想。毛泽东思想是马克思列宁主义在中国的运用和发展,是被实践证明了的关于中国革命和建设的正确的理论原则和经验总结,是中国共产党集体智慧的结晶。

中国共产党领导全国各族人民,在毛泽东思想指引下,经过长期的反对帝国主义、封建主义、官僚资本主义的革命斗争,取得了新民主主义革命的胜利,建立了人民民主专政的中华人民共和国;建国以后,顺利地进行了社会主义改造,完成了从新民主主义到社会主义的过渡,确立了社会主义制度,发展了社会主义的经济、政治和文化。

十一届三中全会以来,以邓小平同志为主要代表的中国共产党人,总结建国以来正反两方面的经验,解放思想,实事求是,实现全党工作中心向经济建设的转移,实行改革开放,开辟了社会主义事业发展的新时期,逐步形成了建设有中国特色社会主义的路线、方针、政策,阐明了在中国建设社会主义、巩固和发展社会主义的基本问题,创立了邓小平理论。邓小平理论是马克思列宁主义的基本原理同当代中国实践和时代特征相结合的产物,是毛泽东思想在新的历史条件下的继承和发展,是马克思主义在中国发展的新阶段,是当代中国的马克思主义,是中国共产党集体智慧的结晶,引导着我国社会主义现代化事业不断前进。

我国正处于社会主义初级阶段。这是在经济文化落后的中国建设社会主义现代化不可逾越的历史阶段,需要上百年的时间。我国的社会主义建设,必须从我国的国情出发,走有中国特色的社会主义道路。在现阶段,我国社会的主要矛盾是人民日益增长的物质文化需要同落后的社会生产之间的矛盾。由于国内的因素和国际的影响,阶级斗争还在一定范围内长期存在,在某种条件下还有可能激化,但已经不是主要矛盾。我国社会主义建设的根本任务,是进一步解放生产力,发展生产力,逐步实现社会主义现代化,并且为此而改革生产关系和上层建筑中不适应生产力发展的方面和环节。必须坚持以生产资料公有制为主体、多种经济成分并存的所有制结构，实行以按劳分配为主体、其他分配方式为补充的分配制度，鼓励一部分地区和一部分人先富起来，逐步消灭贫穷，达到共同富裕，在生产发展和社会财富增长的基础上不断满足人民日益增长的物质文化需要。各项工作都要把有利于发展社会主义社会的生产力，有利于增强社会主义国家的综合国力，有利于提高人民的生活水平，作为总的出发点和检验标准。我国经济发展的战略目标，是实现本世纪末国民生产总值比一九八〇年翻两番，下世纪中叶人均国民生产总值达到中等发达国家水平。

中国共产党在社会主义初级阶段的基本路线是：领导和团结全国各族人民，以经济建设为中心，坚持四项基本原则，坚持改革开放，自力更生，艰苦创业，为把我国建设成为富强、民主、文明的社会主义现代化国家而奋斗。

中国共产党在领导社会主义事业中，必须坚持以经济建设为中心，其他各项工作都服从和服务于这个中心。要抓紧时机，加快发展，充分发挥科学技术作为第一生产力的作用，依靠科技进步，提高劳动者素质，做到效益好、质量高、速度快，努力把经济建设搞上去。

坚持社会主义道路、坚持人民民主专政、坚持中国共产党的领导、坚持马克思列宁主义毛泽东思想这四项基本原则，是我们的立国之本。在社会主义现代化建设的整个过程中，必须坚持四项基本原则，反对资产阶级自由化。

改革开放是解放和发展生产力的必由之路。要从根本上改革束缚生产力发展的经济体制，建立社会主义市场经济体制；与此相适应，要进行政治体制改革和其他领域的改革。

开放包括对外对内的全面开放。要发展对外经济技术交流与合作，更多更好地利用外来资金、资源和技术，吸收和借鉴人类社会创造的一切文明成果，包括西方发达国家的一切反映现代社会化生产规律的先进经营方式、管理方法。改革开放应当大胆探索，勇于开拓，在实践中开创新路。

中国共产党领导人民在建设物质文明的同时，努力建设社会主义精神文明。社会主义精神文明建设为经济建设和改革开放提供强大的精神动力和智力支持，创造良好的社会环境。应当大力发展教育、科学、文化事业，尊重知识，尊重人才，提高全民族的思想道德和科学文化素质，弘扬民族优秀传统文化，繁荣和发展社会主义文化。应当用党的基本路线和爱国主义、集体主义、社会主义思想教育党员和人民群众，增强民族自尊、自信和自强精神，对党员还要进行共产主义远大理想教育，抵御资本主义和封建主义腐朽思想的侵蚀，扫除各种社会丑恶现象，努力使我国人民成为有理想、有道德、有文化、有纪律的人民。

中国共产党领导人民发展社会主义民主，健全社会主义法制，巩固人民民主专政。坚持人民代表大会制度，坚持共产党领导的多党合作和政治协商制度。积极支持人民当家作主，切实保障人民管理国家事务和社会事务、管理经济和文化事业的权利。广开言路，建立健全民主决策、民主监督的制度和程序。加强国家立法和法律实施工作，使国家各项工作逐步走上法制化轨道。加强社会治安综合治理，保持社会长期稳定。坚决打击各种危害国家安全和利益、危害社会稳定和经济发展的犯罪活动和犯罪分子。严格区分和正确处理敌我矛盾和人民内部矛盾这两类不同性质的矛盾。

中国共产党坚持对人民解放军和其他人民武装力量的领导，加强人民解放军的建设，充分发挥人民解放军在巩固国防、保卫祖国和参加社会主义现代化建设中的作用。

中国共产党维护和发展国内各民族的平等、团结、互助关系，坚持实行和不断完善民族区域自治制度，积极培养、选拔少数民族干部，帮助各少数民族地区发展经济、文化，实现各民族的共同繁荣和全面进步。

中国共产党同全国各民族工人、农民、知识分子团结在一起，同各民主党派、无党派民主人士、各民族的爱国力量团结在一起，进一步发展和壮大由全体社会主义劳动者、拥护社会主义的爱国者、拥护祖国统一的爱国者组成的最广泛的爱国统一战线。不断加强全国人民包括台湾同胞、港澳同胞和海外侨胞的团结。按照“一个国家、两种制度”的方针，完成祖国统一的大业。

中国共产党主张积极发展对外关系，努力为我国的改革开放和现代化建设争取有利的国际环境。在国际事务中，坚持独立自主的和平外交政策，维护我国的独立和主权，反对霸权主义和强权政治，维护世界和平，促进人类进步。在互相尊重主权和领土完整、互不侵犯、互不干涉内政、平等互利、和平共处五项原则的基础上，发展我国同世界各国的关系。不断发展我国同周边国家的睦邻友好关系，加强同发展中国家的团结与合作。按照独立自主、完全平等、互相尊重、互不干涉内部事务的原则，发展我党同各国共产党和其他政党的关系。

中国共产党要领导全国各族人民实现社会主义现代化的宏伟目标，必须紧密围绕党的基本路线加强党的建设，坚持从严治党，发扬党的优良传统和作风，提高党的战斗力，把党建设成为领导全国人民沿着有中国特色的社会主义道路不断前进的坚强核心。党的建设必须坚决实现以下四项基本要求：

第一，坚持党的基本路线。全党要用建设有中国特色社会主义的理论和党的基本路线统一思想，统一行动，并且毫不动摇地长期坚持下去。必须把改革开放同四项基本原则统一起来，全面落实党的基本路线，反对一切“左”的和右的错误倾向，要警惕右，但主要是防止“左”。加强各级领导班子建设，选拔使用在改革开放和社会主义现代化建设中政绩突出、群众信任的干部，培养和造就千百万社会主义事业接班人，从组织上保证党的基本路线的贯彻落实。

第二，坚持解放思想，实事求是。党的思想路线是一切从实际出发，理论联系实际，实事求是，在实践中检验真理和发展真理。全党必须依据这条思想路线，积极探索，大胆试验，创造性地开展工作，不断研究新情况，总结新经验，解决新问题，在实践中丰富和发展马克思主义。

第三，坚持全心全意为人民服务。党除了工人阶级和最广大人民群众的利益，没有自己特殊的利益。党在任何时候都把群众利益放在第一位，同群众同甘共苦，保持最密切的联系，不允许任何党员脱离群众，凌驾于群众之上。党在自己的工作中实行群众路线，一切为了群众，一切依靠群众，从群众中来，到群众中去，把党的正确主张变为群众的自觉行动。党风问题、党同人民群众联系问题是关系党生死存亡的问题，党坚持不懈地反对腐败，加强党风建设和廉政建设。

第四，坚持民主集中制。民主集中制是民主基础上的集中和集中指导下的民主相结合。它既是党的根本组织原则，也是群众路线在党的生活中的运用。必须充分发扬党内民主，发挥各级党组织和广大党员的积极性创造性。必须实行正确的集中，保证全党行动的一致，保证党的决定得到迅速有效的贯彻执行。加强组织性纪律性，在党的纪律面前人人平等。党在自己的政治生活中正确地开展批评和自我批评，在原则问题上进行思想斗争，坚持真理，修正错误。努力造成又有集中又有民主，又有纪律又有自由，又有统一意志又有个人心情舒畅的生动活泼的政治局面。

党的领导主要是政治、思想和组织的领导。党要适应改革开放和社会主义现代化建设的要求，加强和改善党的领导。党必须集中精力领导经济建设，组织、协调各方面的力量，同心协力，围绕经济建设开展工作。党必须实行民主的科学的决策，制定和执行正确的路线、方针、政策，做好党的组织工作和宣传教育工作，发挥全体党员的先锋模范作用。党必须在宪法和法律的范围内活动。党必须保证国家的立法、司法、行政机关，经济、文化组织和人民团体积极主动地、独立负责地、协调一致地工作。党必须加强对工会、共产主义青年团、妇女联合会等群众组织的领导，充分发挥它们的作用。党必须适应形势的发展和情况的变化，不断改进领导方式和方法，提高领导水平。共产党员必须同党外群众亲密合作，共同为建设有中国特色的社会主义而奋斗。

民革中央八届六十五次主席会议(扩大)在北京举行学习贯彻中共十五大精神

民革中央主席何鲁丽主持会议并发表了讲话。她说，我们一定认真学习和领会这次大会的精神，把全党思想统一到十五大精神上来，在政治上、行动上同中共中央保持高度一致，为保证十五大精神的贯彻落实贡献我们的力量。

会议学习座谈了中共十五大文件，通过了《关于学习贯彻中共十五大精神的决议》。民革中央在京副主席李赣骝、沈求我、童傅、胡敏，秘书长朱培康，名誉副主席贾亦斌，中央监察委员会在京副主席，中央常委会在京委员及中央各工作部门主要负责人参加了会议并围绕中共十五大精神进行了座谈。

九三学社中央在北京召开主席会议学习贯彻中共十五大精神

大家一致认为，中共十五大是在我国改革开放和社会主义现代化建设事业承前启后、继往开来的重要历史时期召开的一次团结胜利的大会，是一次开辟新世纪的盛会。九三学社要组织成员深入学习十五大精神，特别是江泽民总书记的报告，学习邓小平理论，用以统一我们的思想，指导我们的工作，切实加强自身建设，努力提高成员的整体素质，更好地坚持和完善共产党领导的多党合作和政治协商制度，为建设社会主义民主政治做出新贡献。

农工民主党十一届中常委十五次会议在北京举行学习贯彻中共十五大精神

全国人大常委会副委员长、农工党中央主席卢嘉锡在会上讲话。他说，中共十五大的灵魂是高举邓小平理论的伟大旗帜。农工党对中共十五大作出的重大战略部署、对以江泽民同志为核心的新的中共中央领导集体表示坚决拥护。卢嘉锡说，近几年来，农工党坚持“一个中心、两个基本点”的基本路线，认真学习贯彻中共五中、六中全会精神，紧紧围绕国家的中心工作，履行参政党职能，为社会主义两个文明建设做出了自己应有的贡献。同时，加强了自身建设，增强了组织活力。农工党所取得的成绩和发展，从根本上说都是以邓小平理论为指导，在中共各级党委的领导下取得的。

所以，农工党对中共十五大胜利召开和圆满结束，更感到由衷的高兴和拥戴。

民建中央在北京召开主席会议学习贯彻中共十五大精神

民建中央主席成思危说：只有中国共产党保持稳定，中国的革命和建设事业才能从胜利走向胜利。十五大明确了我国改革开放和社会主义现代化建设跨世纪发展的奋斗纲领和战略部署，选举产生了以江泽民同志为核心的新的中共中央领导集体，增添了中国人民实现宏伟目标的信心。民建表示完全赞同和拥护。

全国政协副主席、民建中央副主席万国权说：民建是一个与经济界密切联系的参政党，江泽民同志在报告中明确提出要以公有制经济为主体、多种所有制经济共同发展，这更有利于发挥民建联系经济界的特点和优势，更好发挥参政党职能。

民建中央副主席黄大能、白大华、朱元成、刘珩等出席了会议。

中国亚太经济合作组织环境保护中心主办的"APEC可持续城市化环境与经济政策研讨会"在北京举行

来自14个APEC（亚太经济合作组织）成员的官员和专家60余人出席了本次研讨会。

国家主席江泽民向本次研讨会发了贺词。在贺词中，江泽民主席表达了对中国APEC环境保护中心首次研讨会的祝贺，同时强调了可持续城市化是城市建设和发展的必由之路。

国务委员宋健向本次研讨会开幕式发来书面讲话。他指出：亚太地区人口已占世界人口的55%，伴随着工业化的快速发展，向城市地区移民的趋势日益明显。可持续城市化是APEC成员共同关注的题目。在城市化快速发展的今天，如何采取有效的政策措施来解决环境与经济协调发展的问题，从而达到城市的可持续发展目标，是各成员正在研究的热点问题，也正是这次研讨会的主题。

本次研讨会为期3天，代表们将围绕与可持续城市化有关的环境与经济管理政策、指标体系、城市污染控制对策、清洁生产与废物无害化等方面的问题进行广泛深入的探讨。

9月19日

中国共产党第十五届中央委员会第一次全体会议公报

中国共产党第十五届中央委员会第一次全体会议，于1997年9月19日在北京举行。

出席会议的有中央委员191人，候补中央委员151人。江泽民同志主持会议并作了重要讲话。

全会选举了中央政治局委员、候补委员，中央政治局常务委员会委员，中央委员会总书记；根据中央政治局常务委员会的提名，通过了中央书记处成员；决定了中央军事委员会组成人员；批准了中央纪律检查委员会第一次全体会议选举产生的书记、副书记和常务委员会委员人选。名单如下：

一、中央政治局委员、候补委员

中央政治局委员（按姓氏笔画为序）

丁关根　田纪云　朱镕基　江泽民　李　鹏
李长春　李岚清　李铁映　李瑞环　吴邦国
吴官正　迟浩田　张万年　罗　干　胡锦涛
姜春云　贾庆林　钱其琛　黄　菊　尉健行
温家宝　谢　非

中央政治局候补委员（按得票多少为序）

曾庆红　吴　仪（女）

二、中央政治局常务委员会委员

江泽民　李　鹏　朱镕基　李瑞环　胡锦涛
尉健行　李岚清

三、中央委员会总书记

江泽民

四、中央书记处书记

胡锦涛　尉健行　丁关根　张万年　罗　干
温家宝　曾庆红

五、中央军事委员会主席、副主席、委员

主　席　江泽民
副主席　张万年　迟浩田
委　员　傅全有　于永波（满族）王　克
　　　　王瑞林

六、中央纪律检查委员会书记、副书记、常务委员会委员

书　记　尉健行
副书记　韩杼滨　曹庆泽　何　勇　周子玉
　　　　夏赞忠　刘丽英（女）

常务委员会委员（按姓氏笔画为序）

马駇（女）　刘丽英（女）　祁培文　李至伦
李登柱　何　勇　周子玉　赵洪祝　袁纯清
夏赞忠　曹庆泽　尉健行　彭　钢（女）　韩杼滨
傅　杰

中央纪律检查委员会第一次全体会议公报

中国共产党第十五次全国代表大会选举产生的中央纪律检查委员会，于1997年9月19日在北京举行第一次全体会议。

中央纪律检查委员会委员113人出席了这次会议。尉健行同志主持了会议。全会选举了中央纪律检查委员会书记、副书记和常务委员会委员，报中央委员会批准。

与会同志列席了中国共产党第十五届中央委员会第一次全体会议。

江泽民等七位中央政治局常委会见中外记者

上午，中国共产党第十五届一中全会结束后，新当选的中共中央政治局常委江泽民、李鹏、朱镕基、李瑞环、胡锦涛、尉健行、李岚清，在人民大会堂会见了采访十五大的中外记者。

江泽民首先对与中外记者见面表示高兴，并感谢他们对中国共产党第十五次全国代表大会的报道。接着，他逐一介绍了新当选的中共中央政治局常委：国务院总理李鹏，国务院常务副总理朱镕基，全国政协主席李瑞环，中央书记处书记胡锦涛，中央纪委书记尉健行，国务院副总理李岚清。

江泽民在讲话中说，党的十五大完成了预定的任务，圆满结束，大会开得很成功。在新世纪即将到来的时刻，在我国改革开放和社会主义现代化建设发展的关键时期，我们召开这样一个承前启后、继往开来的大会，具有极为重要的意义。

江泽民说，高举邓小平理论伟大旗帜是这次大会的灵魂，把邓小平理论确立为全党的指导思想，是这次大会的最主要成果。这对于我们实现邓小平同志提出的“三步走”的战略目标，在下个世纪把中国建成富强民主文明的社会主义国家，必将产生重大而深远的影响。

江泽民说，在世纪之交，面对前所未有的挑战和机遇，我们对实现下个世纪的宏伟目标，充满信心。虽然在前进的道路上还会有许多困难，但是只要我们高举邓小平理论的伟大旗帜，坚持党的基本路线不动摇，按照十五大确定的路线、方针和政策，团结一致，艰苦奋斗，建设有中国特色社会主义目标就一定能够实现。

江泽民最后说，我们相信，中国将更加美好。我们也祝愿，世界将更加美好。

中共中央总书记中央军委主席江泽民在中南海怀仁堂会见解放军和武警部队出席党的十五大的全体代表

中共中央政治局委员、书记处书记、中央军委副主席张万年，中共中央政治局委员、中央军委副主席迟浩田参加了会见。刘华清、张震同志也参加了会见。

参加会见的还有洪学智、朱光亚、李德生、陈锡联、叶飞、廖汉生、王恩茂、吕正操、张廷发等同志和中央军委委员傅全有、于永波、王克、王瑞林。

江泽民说，党的第十五次全国代表大会，经过全体代表的共同努力，开得很成功。我们军队和武警部队共有290名正式代表、16名特邀代表出席了十五大，还有部分同志列席了会议。同志们带着全军和武警部队广大党员的重托，认真履行自己的职责，圆满完成了大会赋予的各项任务。我代表党中央、中央军委，向身经百战的老同志致以亲切的问候！向同志们并通过你们向全军和武警部队广大官兵，表示亲切的问候！

江泽民强调说，十五大是我们党在世纪之交召开的一次非常重要的会议。它必将成为我们党的奋斗史上、中华民族的振兴史上一个新的里程碑。在十五大精神的指引下，我们一定能够沿着邓小平同志开创的建设有中国特色社会主义的道路，把我国的改革开放和现代化建设事业全面推向新世纪和新的发展阶段。

江泽民说，要把十五大精神变成推动国家发展的强大动力，关键在于抓好贯彻落实。希望同志们回去以后，把大会精神传达好、宣传好、学习好、落实好，团结和带领全军和武警部队官兵以更加积极的姿态，投入建设有中国特色社会主义事业的伟大实践。大家作为十五大的代表，要时时处处严格要求自己，做群众的表率，发挥好带头作用，为加强军队的革命化、现代化、正规化建设作出新的贡献。

《人民日报》发表社论《高举邓小平理论伟大旗帜阔步前进——热烈祝贺党的十五大胜利闭幕》

具有划时代意义的中国共产党第十五次全国代表大会于9月18日在北京胜利闭幕。我们表示热烈的祝贺！这次大会开得很成功，全党高兴，全国人民高兴。

党的十五大，是在我国改革开放和社会主义现代化建设发展的关键时刻召开的一次承前启后、继往开来的大会；是高举邓小平理论伟大旗帜，坚定不移地沿着十一届三中全会以来正确路线胜利前进的大会；是动员全党和全国各族人民团结奋斗，把建设有中国特色社会主义事业全面推向21世纪的大会。大会的最大贡献，是把邓小平理论确立为全党的指导思想。这对于我们胜利实现本世纪末的奋斗目标，进而在下一世纪开创更加壮丽、更加辉煌的前程将产生极其重大而深远的影响。十五大作为一座重要的里程碑，在我们党和国家的发展史上将永放光辉！

江泽民同志代表第十四届中央委员会所作的报告，高瞻远瞩，气势恢宏，总揽全局，振奋人心，得到大会代表的一致赞同和高度评价，得到全党和全国各族人民的热烈拥护。报告深刻论述了邓小平理论的历史地位和指导意义，提出高举邓小平理论的伟大旗帜，充分反映了时代的要求、人民的心愿。报告根据邓小平理论和党的基本路线，认真总结改革开放近20年特别是十四大以来的丰富经验，第一次系统地、完整地提出并论述了党在社会主义初级阶段的基本纲领，对跨世纪的伟大事业作出了战略部署。江泽民同志的报告是具有重大理论和实践意义的马克思主义的光辉文献，是中国共产党领导人民迈向新世纪的政治宣言，是全党和全国各族人民为实现现代化建设宏伟目标而奋斗的行动纲领。报告充分显示，以江泽民同志为核心的党的第三代领导集体，是邓小平理论和邓小平同志所开创的伟大事业忠实可靠的继承者，完全能够在任何复杂的形势下驾驭全局，团结人民，开拓进取，胜利前进。

党的十五大选举产生了中央委员会和中央纪律检查委员会。十五届中央委员会有一批经历过革命斗争考验、有丰富领导经验、保持党的优良传统和作风的老同志，也有一批建国后成长起来的、经过长期党内生活锻炼、忠诚党的事业的中年干部，还有一批德才兼备、年富力强的年轻干部，充分显示了我们党新老交替与合作正在有序进行，我们党的事业兴旺发达，后继有人。新一届中央委员会是一个值得全党和全国各族人民信赖的坚强领导集体，是我们党保持生机和活力，国家保持团结稳定，各项事业蓬勃发展的强有力的组织保证。

十五大的光辉文献，凝聚着全党的智慧；把十五大制定的宏伟蓝图化为亿万人民的实践，需要全党同志的共同努力。现在，摆在党的各级组织和全党同志面前的头等大事，就是认真学习和贯彻大会精神，提高认识，统一思想，励精图治，尽心尽责，为实现大会提出的宏伟目标而奋斗。

贯彻十五大精神，首要的是高举邓小平理论的伟大旗帜，进一步用邓小平理论武装全党，教育干部和人民。党的十五大修改的党章明确规定：中国共产党以马克思列宁主义、毛泽东思想、邓小平理论作为自己的行动指南。把邓小平理论正式写在党的旗帜上，这是我们党经过近20年改革开放和社会主义现代化建设的成功实践作出的历史性决策。邓小平理论是毛泽东思想的继承和发展，是当代中国的马克思主义，是马克思主义在中国发展的新阶段，是振兴中华民族的强大精神支柱。历史已经证明并将继续证明，只有把马克思主义同当代中国实践和时代特征结合起来的邓小平理论，才能够正确解决我国社会主义的前途和命运问题。江泽民同志的报告，高举邓小平理论的伟大旗帜，对当前改革开放和社会主义现代化建设中的许多重大问题进行了精辟的分析，作出了新的概括、新的结论，坚持和丰富了邓小平理论，为全党同志学习和运用邓小平理论树立了光辉的典范。我们要积极响应大会的号召，把学习邓小平理论的活动深入、持久地开展下去。各级领导干部要做学习的模范，完整、准确地把握这一理论的科学体系，深刻领会、牢牢掌握精神实质。要发扬理论联系实际的优良学风，用邓小平理论指导我们的整个事业和各项工作。我们相信，随着十五大精神的深入贯彻，一个学习邓小平理论的新高潮必将出现。

贯彻十五大精神，就要进一步坚持解放思想、实事求是的思想路线，抓住机遇，开拓进取，全面落实十五大提出的各项任务。解放思想、实事求是是邓小平理论的精髓，是中国共产党人的传家宝，是万古长青的马克思主义真理。党的十五大的一个显著特点，就是坚持解放思想、实事求是，从历史发展的高度认真考察和分析当代中国的国情，进一步强调中国现在处于并将长期处于社会主义初级阶段的科学论断，提出了党在社会主义初级阶段的基本纲领，制定了有中国特色社会主义经济、政治、文化的基本目标和基本政策。江泽民同志的报告，自始至终贯穿着解放思想、实事求是，充分体现革命热情和科学精神。应当看到，摆在我们面前的任务是非常光荣的也是十分艰巨的。全党同志要进一步解放思想，实事求是，从社会主义初级阶段的实际出发，以“三个有利于”为根本判断标准，深化改革，扩大开放，促进国民经济持续快速健康发展，实现社会全面进步。党的各级领导干部要加强调查研究，把锐意进取和脚踏实地、远大目标和实干精神更好地结合起来，不搞一哄而起，不做表面文章，兢兢业业，务求实效。

贯彻十五大精神，就要进一步加强党的建设，增强党的凝聚力和战斗力，提高党的领导水平和执政水平。中国共产党是我们国家的执政党，是全国各族人民的领导核心，党对国家、对民族承担着极其重大的历史责任。国家的兴旺发达，民族的繁荣昌盛，人民的富裕幸福，同我们的党息息相关。现在，我们党肩负着新的伟大历史使命，新的考验、新的挑战，要求我们把党的建设提高到一个新水平。我们要按照十五大的要求，继续推进党的建设这一新的伟大工程，从思想上、组织上、作风上全面加强党的建设。我们党之所以有力量，之所以不可战胜，就在于党同人民群众有密切的联系，得到人民群众的支持和拥护。加强党的建设，就要牢记全心全意为人民服务的根本宗旨，一切为了人民，一切相信人民，一切依靠人民。腐败现象，是党的大敌，人民的大敌，社会主义事业的大敌。我们一定要从严治党，同腐败现象进行坚决有效的斗争。各级领导干部要讲学习、讲政治、讲正气，不断增强拒腐防变的能力，做廉洁奉公、勤政为民的表率。

处在世纪之交的中国共产党和中国人民，面临着难得的历史机遇。党的十五大为我们抓住机遇，在下个世纪实现中华民族的伟大振兴，指明了方向，规划了蓝图，吹响了号角。前程似锦，任重道远。5800万共产党员，12亿各族人民，在党的十五大精神指引下，在十五届中央委员会领导下，高举邓小平理论伟大旗帜，坚持党的基本路线不动摇，团结起来，同心同德，不屈不挠，艰苦奋斗，把建设有中国特色社会主义伟大事业全面推向21世纪！

西藏最大的电站——羊卓雍湖抽水蓄能电站4台机组全面投入运行

羊湖电站的勘查设计工作始于1973年。1989年8月，羊湖电站正式批准建设，被列为国家“八五”重点建设项目。

在羊湖电站8年的建设中，国家计委、电力部、国家开发银行、武警水电指挥部等部门给予了大力支持。西藏自治区也把电站建设列为西藏经济建设重中之重的工程。电力部成都勘测设计院、四川省电力局、东北电管局、电力部援藏办公室等单位，为电站建设提供了宝贵的技术支援、人员培训和协调服务。

西藏自治区政府常务副主席江措说，羊湖电站能顺利投入全面运行，离不开党中央、国务院的亲切关怀，离不开国家有关部门和内地人民的真诚援助，离不开武警水电部队官兵的顽强拼搏以及西藏各族各界群众的大力支持。它是中央关心西藏、全国人民支援西藏的又一生动写照。

羊湖电站水头落差高达840米，引水隧洞长5600多米，是我国目前海拔最高、水头最高、隧洞最长的抽水蓄能电站，是西藏装机容量最大、装备水平最先进的发电站。电站投产后，主要担负拉萨电网、拉泽电网乃至藏中电网的调峰、调频任务，近期内将明显缓解拉萨地区缺电局面，对藏中电网的形成将发挥重要促进作用。

国务院在为羊湖电站全面投产发来的贺电中说，党中央、国务院将一如既往地关心和支持西藏的电力事业，继续采取有力措施，力争从根本上改变西藏电力供应不足的状况，以促进西藏的经济发展，造福于西藏人民。

国务院副总理朱镕基在钓鱼台国宾馆会见新西兰副总理兼国库部部长温斯顿·彼得斯

国家副主席荣毅仁在人民大会堂会见来访的新西兰副总理兼国库部部长温斯顿·彼得斯

全国电脑教育联盟成立

近日，国家教委、部分地方教委以及国内四家著名电脑厂商：联想、方正、长城、同创，与英特尔公司联合宣布成立全国电脑教育联盟，旨在为各地中小学教师提供学习电脑知识、交流电脑学习心得、参加周末电脑培训的机会，从而使青少年电脑教育系列活动在国内又迈出了实质性的一步。

全国电脑教育联盟在成立大会上宣布：首先将在北京、上海、广州、南京等四城市推出周末教师电脑讲座，由联想、方正、长城、同创提供教学场地、电脑和主讲人员，由英特尔提供目前市场上最先进的电脑软件、专门编写的培训教材。

9月20日

《人民日报》发表社论《跨世纪的坚强领导核心》

中国共产党第十五届中央委员会第一次全体会议，选举产生了新的中央领导机构，江泽民同志再次当选为中央委员会总书记和中央军事委员会主席。选举结果合乎党心，顺乎民意，说明以江泽民同志为核心的党的第三代领导集体，在全党和全国人民中享有崇高的威望；说明我们的党团结一致，跨世纪大业有稳固的政治基础和可靠的政治保证；说明邓小平同志开创的伟大事业后继有人，前程远大。

党的十五大，把邓小平理论确立为全党的指导思想，提出高举邓小平理论伟大旗帜，把建设有中国特色社会主义伟大事业全面推向21世纪，这是历史性的贡献。十五大选举产生了党的中央委员会，十五届一中全会选举产生了以江泽民同志为核心的中央领导机构，全党和全国人民高举邓小平理论伟大旗帜，推进建设有中国特色社会主义伟大事业，有了坚强的领导核心，这是又一历史性的贡献。十五大和十五届一中全会向世人展示，我们党是一个政治上理论上成熟的党，是思想上组织上高度统一的党。

旗帜问题，领导核心问题，对于党和国家的前途命运至关重要。党的历史告诉我们，要取得革命和建设的胜利，必须有正确的理论、正确的路线，必须有坚持正确理论、正确路线的坚强的党中央领导核心。党的十三届四中全会以来，以江泽民同志为核心的党中央，在国内外复杂的形势下，坚决贯彻党的基本理论、基本路线，领导全党和全国人民坚定不移地沿着建设有中国特色社会主义道路前进；党的十四大以来，改革开放和社会主义现代化建设进入更加蓬勃发展的新阶段，取得了举世瞩目的巨大成就。八年来不寻常的实践考验，证明以江泽民同志为核心的党中央领导集体，成熟坚强，奋发有为，求真务实，善于运用马列主义、毛泽东思想特别是邓小平理论解决我国经济、政治、文化、军事、外交等各方面的重大问题，完全有能力驾驭全局，把社会主义现代化事业胜利推向前进。我们党有了邓小平理论这一伟大、光辉、胜利的旗帜，有了以江泽民同志为核心的党中央这个跨世纪的坚强领导集体，我们的事业一定能无往而不胜。

民主集中制是我们党的根本组织制度和领导制度。党员个人服从党的组织，少数服从多数，下级组织服从上级组织，全党各个组织和全体党员服从党的全国代表大会和中央委员会，这是民主集中制的重要原则。邓小平同志深刻指出："任何一个领导集体都要有一个核心，没有核心的领导是靠不住的。"党的各级组织和全体党员要紧密团结在以江泽民同志为核心的党中央周围，坚决维护党中央的权威，在思想上政治上同党中央保持高度一致，保证党的路线和中央的决策顺利贯彻执行。这是党的力量所在，是社会主义现代化建设的大局所在，是全国各族人民的根本利益所在。

在我们这个经济文化基础还比较落后的国家建设有中国特色的社会主义，马克思没有讲过，前人没有做过，其他社会主义国家没有干过，是空前伟大而艰巨的事业。对光明灿烂的前景，我们有无比坚定的信念；对战胜困难和风险，我们有充分的精神准备。时不我待，重任在肩。让我们在以江泽民同志为核心的党中央领导下，高举邓小平理论的伟大旗帜，坚持党的基本路线不动摇，解放思想，实事求是，同心同德，抓住机遇，开拓进取，为实现党的十五大提出的战略目标和各项任务，为把我国建设成为富强、民主、文明的社会主义现代化国家而努力奋斗！

中办发出关于认真学习党的十五大精神的通知

党的第十五次全国代表大会，是在我国改革开放和社会主义现代化建设事业承前启后、继往开来的重要时期召开的一次历史性会议。江泽民同志在会上作的《高举邓小平理论伟大旗帜，把建设有中国特色社会主义事业全面推向二十一世纪》的报告，高举邓小平理论的伟大旗帜，对我国经济、政治、文化等各方面的建设和党的思想、组织、作风建设作出了新的战略部署，是我们党带领全国各族人民迈向新世纪的政治宣言和行动纲领。大会对《中国共产党章程》所作的部分修改，确立了邓小平理论在全党的指导地位。认真学习十五大文件，把广大干部群众的思想统一到十五大精神上来，把全国各族人民的力量凝聚到实现十五大确定的各项任务上来，是当前和今后一个时期的一项重要任务。各级党委对此要高度重视，精心组织，切实抓好。

一、要重点抓好江泽民同志报告的学习。学习十五大精神，重点是学习江泽民同志的报告。县以上领导干部特别是高级干部要认真研读江泽民同志的报告，全面准确地领会精神实质，牢牢把握十五大的主题，明确十五大提出的纲领、任务和方针政策。在此基础上，要组织广大党员学习，向群众进行宣传。最根本的是，全党同志一定要高举邓小平理论旗帜不动摇，在思想上和工作中牢固确立邓小平理论的指导地位。只有在这个问题上清醒和坚定，才能动员和带领全体人民振奋精神，完成十五大提出的各项任务。

二、学习要紧密联系实际。各级党组织要把学习贯彻十五大精神同本地区、本部门的实际密切联系起来，同推进改革开放和现代化建设的各项工作密切结合起来。坚持理论联系实际，多做艰苦踏实的工作，认真解决当前经济和社会生活中的突出矛盾和问题。注重工作实效，不做表面文章，不搞形式主义。江泽民同志的报告创造性地运用邓小平理论，阐述了一系列重大的理论问题和实际问题，对我国改革开放和现代化建设具有深刻的长远的指导意义。要真正把十五大确定的任务落到实处，需要从各方面进行长期的努力。因此，学习十五大精神也是一个长期的任务，要不断学习，不断落实。要把学习江泽民同志的报告同系统地学习邓小平理论结合起来，把报告列为学习邓小平理论的基本文件之一，并把这个学习贯穿于全面实现十五大各项任务的全过程。

三、各级党委要切实加强对学习的领导。要制订切实可行的学习计划，精心组织实施，加强督促检查。学习中，要以学好十五大文件特别是江泽民同志的报告原文为主，把功夫下在领会文件精神上。要重点组织好县(处)级以上领导干部的学习，采取党委中心组学习、集中轮训、组织研讨班、举办报告会等多种形式，把集中学习与个人自学、通读文件与专题研讨结合起来，不断把学习引向深入。党的宣传部门、理论队伍和新闻单位首先自己要学好，同时要在党委的统一领导下，加强对十五大精神的宣传。新闻媒介要及时反映广大干部群众的学习情况，注意推广各地区、各部门好的学习经验，并搞好舆论导向。

解放军总政治部发出要求全军和武警部队认真学习党的十五大精神的通知

通知指出，举世瞩目的党的第十五次全国代表大会已胜利闭幕。这次大会，以高举邓小平理论伟大旗帜，把建设有中国特色社会主义事业全面推向 21 世纪为主题，是在我国社会主义改革开放和现代化建设承前启后、继往开来的重要时期召开的历史性会议，是我们党历史上又一个重要的里程碑。江泽民同志代表十四届中央委员会所作的报告，总结历史，规划未来，对我国经济、政治、文化领域的改革和发展作出了全面部署，是我们党带领人民迈向新世纪的政治宣言和行动纲领。大会把邓小平理论确立为党的指导思想，并明确写进《中国共产党章程》，体现了全党的意志，人民的心愿。大会选举产生了以江泽民同志为核心的新的中央领导集体，为我们的宏伟事业不断从胜利走向新的胜利提供了坚强的组织保证。认真传达学习这次大会精神，对于教育和激励全军官兵高举邓小平理论伟大旗帜，更加紧密地团结在以江泽民同志为核心的党中央、中央军委周围，团结一心，开拓进取，实现跨世纪的宏伟目标，把我军的革命化、现代化、正规化建设提高到一个新的水平，具有极其重大的意义。

通知指出，党中央、中央军委对十五大精神的学习贯彻非常重视，江泽民主席提出要传达好、学习好、贯彻好、落实好；张万年副主席代表军委就传达学习作了具体部署，提出了明确要求。各级党委和政治机关要把传达学习十五大精神作为当前和今后一个时期部队首要的政治任务，精心部署，抓好落实。从现在起到年底，传达学习分两步进行：第一步，按照中央和军委的要求，尽快把大会精神传达到全体官兵和职工、家属。第二步，以江泽民同志的报告为主要内容，集中时间，进行深入学习。团以上领导和机关采取党委中心组学习、办班轮训等形式，原原本本地学习报告，领会精神实质。

基层的学习主要是了解报告的基本内容，把握基本观点。院校要把十五大精神贯穿到政治理论课教学中去。各单位在传达学习的同时，要及早动手培训学习骨干，为明年的深入学习教育做好充分准备。

通知要求各部队要紧密联系我国改革开放的生动实践和部队的思想实际，深刻领会精神实质，切实把官兵思想统一到十五大精神上来。引导官兵认清高举邓小平理论伟大旗帜是党从历史和现实中得出的不可动摇的结论，懂得这一理论是唯一能够解决中国社会主义前途命运的科学真理，增强用这一理论武装头脑、指导工作的自觉性，做伟大旗帜的忠诚维护者；认清中国现在处于并将长时期处于社会主义初级阶段，懂得为什么必须实行现在这样的路线和政策而不能实行别样的路线和政策，坚定地贯彻执行党在初级阶段的基本路线和基本纲领；认清党中央关于深化改革的一系列重大决策的正确性和科学性，解放思想，更新观念，正确对待利益关系调整，自觉服从大局，积极拥护和支持改革，为经济发展和社会全面进步作贡献；认清坚持、加强和改善党的领导，是实现跨世纪奋斗目标的根本保证，进一步搞好军队各级党组织的思想作风和廉政建设，进一步增强党组织的战斗力；认清国防和军队建设的任务和要求，按照邓小平新时期军队建设思想和江泽民主席“五句话”的总要求，积极推进军队的建设和改革，走有中国特色的精兵之路，在精神文明建设中走在全社会前列，为国家的改革开放和现代化建设提供坚强有力的安全保证；认清以江泽民同志为核心的党的第三代领导集体是邓小平同志开创的建设有中国特色社会主义事业忠诚可靠、奋发有为的继承者，是具有卓越领导能力的坚强成熟的领导集体，更加自觉地坚持党对军队的绝对领导，坚决维护以江泽民同志为核心的党中央、中央军委的权威，坚定不移地在思想上、政治上、行动上同党中央保持一致。

通知指出，传达学习要注重实效，不做表面文章，不搞形式主义。要把高举旗帜，坚定信念，振奋精神，做好工作，做好新情况，解决新问题作为传达学习的着眼点。要深入调查研究，掌握部队的思想情况，有针对性地加强对学习的指导。要突出抓好团以上领导和机关这个重点，带动和促进部队的学习。领导干部要结合自己的学习体会搞好宣讲辅导。要围绕十五大报告阐述的重要观点，加强理论研究、理论宣传和理论指导，不断把学习引向深入。要抓好落实，见诸行动，圆满完成十五大赋予军队建设和改革的各项任务。

闽东南建设大型石化基地

继齐鲁、燕山、上海、金陵、扬子等大型石化基地的建设之后，我国又一大型石化基地正在闽东南沿海地区崛起。

这个总投资达千亿元以上的新型石化基地，以湄洲湾畔的肖厝为起点，沿福建东南沿海经济最为活跃的黄金海岸线延伸，直到厦门经济特区的海沧投资区，绵延数百公里，主要发展炼油、乙烯、聚乙烯、聚丙烯等燃料、化工原料以及中下游深加工系列产品。

著名数学家苏步青执教 70 周年庆祝会在上海举行

全国政协、国家教委、中科院、复旦大学等部门和单位分别发来贺电或派代表出席庆祝会，向这位享誉国内外的著名数学家表示祝贺。

苏步青院士在数学领域享有很高的名望，创立了国内外公认的微分几何学派。他从 1927 年起从事教学工作，至今已整整 70 年。苏步青认为，要使自己的教学取得好的效果，“除了教学经验的积累之外，主要是依靠科学研究，对新学科发展加强了解”。在从事教学的过程中，他不断出版新著。《射影曲线概论》、《射影曲面概论》、《射影共轭网概论》、《仿射微分几何》等都是他从事研究和教学的硕果。至今他已有专著 10 多部，发表论文 150 多篇。德国、英国、美国等数学界同行称苏步青是“东方第一个几何学家”。他在仿射微分几何方面令人瞩目的高水平成果，至今在国际数学界仍占有无可争辩的地位。他开辟了微分几何研究的新局面，建立了一系列新理论，在世界数学发展史上留下了一座丰碑。

95 岁高龄的苏步青在答谢辞中说："我之所以有今天，完全是党和人民培养教育的结果，我时刻铭记党的恩情，牢记人民对我的厚爱。"

9 月 21 日

国务院总理李鹏在香港分别会见前来参加世界银行和国际货币基金组织理事会 1997 年联合年会的乌克兰副总理季吉普科日本大藏大臣三塚博和非洲开发银行行长卡巴杰

国务院总理李鹏在香港会见世界银行行长沃尔芬森和夫人

李鹏对世界银行和国际货币基金组织理事会在香港召开 1997 年联合年会表示欢迎和祝贺，并预祝会议取得成功。双方对目前中国与两金融机构的合作状况表示满意。

李鹏说，多年来，中国与世界银行在相互尊重、相互信任、相互谅解的基础上进行了卓有成效的合作，取得了有目共睹的成绩。世界银行的许多项目在支持我国消除贫困、发展基础设施和开发人力资源等方面发挥了重要的作用。世界银行在帮助中国引进国外先进的管理经验、提供技术援助等方面也作出了积极的贡献。这是双方共同努力的结果，同时也要感谢行长先生上任以来所做的努力。

关于今后的合作，李鹏说，中国仍然属于人均收入低的发展中国家，经济发展不平衡，还有相当数量的贫困人口，改革与发展的任务都很艰巨。因此，在今后一个相当长的时期内，我们希望同世界银行继续保持互利合作。

沃尔芬森说，世界银行与中国之间在相互信任和相互了解的基础上保持着友好的合作关系，世界银行希望与中国进一步加强合作。

沃尔芬森说，世界银行和基金会很高兴能有机会在香港召开年会，回归中国后的香港给人们留下深刻的印象，在中国政府和香港特别行政区政府有关部门的大力协助下，这次年会的安排是极其出色的。

中国人民银行行长戴相龙在香港举行的国际货币基金组织第四十九届临时委员会会议上发言

戴相龙指出，一个国家采取的外汇体制应符合其国情，现实中并没有一种放之四海而皆准的外汇体制。无论是实行固定汇率体制，还是浮动汇率体制，各国面临的根本挑战是努力实现并维持良好的经济基本要素，坚持实行健全的宏观经济政策以及改善银行体系。储备货币国家在制定和实施经济政策时应考虑对外部的影响，并加强相互间的政策协调，防止和减少主要货币之间汇率的急剧波动。

戴相龙表示，中国基本赞成基金组织工作人员和执董会对世界经济形势的乐观评价和预测，当然也不忽视世界经济发展中存在的风险和问题。

戴相龙说，发展中国家在世界经济中的分量越来越大，它们相互之间及与世界其他国家之间的联系日趋紧密。许多亚洲发展中国家近些年成功地抑制了需求压力，经济增长率回落到可持续的水平。尽管最近东南亚地区部分金融市场出现动荡，但我们认为困难是暂时的，通过加强实施稳健的经济政策，加快结构改革，这些困难会得以克服，信心会重新恢复。尤其值得指出的是，国际社会，特别是亚太国家的合作，对减轻此次动荡的负面影响起了重要作用。

戴相龙表示，中国支持基金组织加强监督职能，尤其应加强对具有体系性影响的国家的监督。并且，基金组织在行使监督职能时，应加强与成员国的坦诚对话，充分考虑成员国的具体国情。

戴相龙再次重申，中国政府坚定不移地维护"一国两制"基本方针，确保香港特别行政区享有高度自治。他说，在东南亚货币动荡中，虽然港币曾在一定程度上受到冲击，然而，由于香港拥有良好的经济基本要素，健全的金融管理，审慎的财政政策和充足的外汇储备，港元币值一直保持稳定。如有必要，中国人民银行将全力支持香港金融管理局为维护港元币值稳定所作的努力。

中国队在曼彻斯特举行的 1997 年世界技巧比赛中获得 5 块金牌 1 块银牌和 4 块铜牌

中国队在德黑兰举行的第五届男子击剑锦标赛中夺得 4 项冠军 2 项亚军

9 月 22 日

全国政协八届常委会二十二次会议开幕

会议主要议程是学习和贯彻中国共产党第十五次全国代表大会精神。

中共中央政治局常委、全国政协主席李瑞环主持会议并作重要讲话。中共中央政治局委员、书记处书记温家宝受中央委托，在会上介绍了中国共产党第十五次全国代表大会精神。

温家宝说，党的十五大开得很好，开得很成功。江泽民同志代表十四届中央委员会向大会作的报告，是我们党带领全国人民迈向新世纪的政治宣言和行动纲领。十五届一中全会选举产生了以江泽民同志为核心的新的中央领导机构。当前最重要的工作就是要抓好十五大精神的学习宣传和贯彻落实，把全党思想统一到十五大精神上来，把全国各族人民的力量凝聚到实现十五大确定的各项任务上来。

温家宝指出，要认真学习大会文件，全面领会大会精神，紧密联系实际，狠抓工作落实。要牢牢把握大会的主题，明确大会提出的纲领、任务和方针政策。最根本的是，一定要高举邓小平理论的伟大旗帜不动摇，在思想上和工作上牢固确立邓小平理论的指导地位，在以江泽民同志为核心的党中央领导下，加强全党的团结，加强中国共产党同各民主党派、各界朋友的团结，加强全国各族人民的团结，同心同德，艰苦奋斗，满怀信心，把建设有中国特色社会主义事业全面推向 21 世纪。

温家宝介绍中共十五大精神后，李瑞环在讲话中指出，十五大是中国共产党在本世纪召开的最后一次代表大会，是以江泽民同志为核心的党中央在邓小平同志逝世后召开的第一次代表大会，是一次具有重大历史意义的大会。大会以高举邓小平理论伟大旗帜，把建设有中国特色社会主义事业全面推向 21 世纪为主题，科学地总结过去，筹划未来，对我国改革开放和社会主义现代化建设作出了全面部署。江泽民同志的报告，集中了全党、全国人民的智慧，总结了新时期以来我们建党治国、进行改革开放和现代化建设的基本经验，阐述了许多关系我国社会主义事业跨世纪发展的根本性问题，是一个指导我们今后工作的纲领性文件。

李瑞环指出，十五大的报告和各项决议，对我国各条战线、各个部门的工作都具有普遍的指导意义。各级政协组织要把学习贯彻中共十五大精神，作为当前和今后一个时期的重要任务。要用十五大的精神总结政协几年来的工作，指导政协今后的各项工作，特别是指导政协的换届工作，为新一届政协以新的姿态、新的风貌开展各项工作奠定一个好的基础。

李瑞环说，中共十五大为人民政协发展提供了新的机遇，展示了良好的前景。让我们在邓小平理论的指引下，在以江泽民同志为核心的中共中央领导下，同心同德，为全面完成十五大提出的各项任务，把人民政协的工作提高到一个新的水平而努力奋斗。

这次为期 3 天的会议，还将审议通过政协第八届全国委员会常务委员会第二十二次会议《关于学习和贯彻中国共产党第十五次全国代表大会精神的决议》以及其他事项。

全国政协副主席叶选平、吴学谦、杨汝岱、王兆国、阿沛·阿旺晋美、洪学智、赵朴初、钱伟长、胡绳、钱正英、孙孚凌、马万祺、朱光亚、万国权、何鲁丽，秘书长朱训出席了会议。

国家主席江泽民在中南海会见芬兰总统马尔蒂·阿赫蒂萨里

江泽民说，中国对芬兰政府多年来为促进中芬关系的顺利发展所作的努力表示赞赏，对两国关系的良好发展势头感到满意。

江泽民指出，中芬双边关系一直正常良好。特别是近几年来，双方在政治、经贸等领域的合作不断发展，文化、教育和司法等领域的交流也日益广泛和深入。江泽民强调，中国重视发展同芬兰的经贸合作。他认为，中芬经济有互补性，合作渠道宽广。江泽民希望两国政府继续鼓励双方企业进一步加强合作，并表示相信在双方的共同推动下，中芬贸易一定能得到更大的发展。

阿赫蒂萨里强调，芬兰一贯重视与中国的关系，对两国近年来经贸关系的发展表示满意。他说，芬兰愿同中国共同努力，进一步加强两国在各个领域的友好合作关系。

国务院总理李鹏副总理朱镕基在香港会见香港特别行政区行政长官董建华以及陈方安生曾荫权梁爱诗等特区政府高级官员

李鹏说，香港回归以后，实行“一国两制”、“港人治港”、高度自治的政策。中央政府支持你们，但不干涉你们。现在特区政府运作得很好，你们可以自主地、放心地去干。

董建华表示，香港回归祖国两个多月来，一切都很顺利。我们国家很大，发展很快，取得很大成绩。我们感到回归以后对外讲话响亮了。

李鹏总理、朱镕基副总理与特区政府高级官员还就香港的发展、与内地的交流与合作等进行了交谈。

全国人大常委会委员长乔石在人民大会堂会见来访的加蓬国防部部长伊德里斯·恩加里上将

国防部部长迟浩田上将在北京同加蓬国防部长伊德里斯·恩加里举行会谈

国务院总理李鹏在香港会见出席世界银行和国际货币基金组织 1997 年联合年会的各国政要

他们是：圣卢西亚总理安东尼、韩国副总理姜庆植、俄罗斯第一副总理丘拜斯、德国财政部长魏格尔、法国财政和工业部长卡恩。

国务院总理李鹏在香港会见来港举办世界银行和国际货币基金组织理事会 1997 年联合年会的国际货币基金组织总裁康德苏

李鹏首先对两国际金融机构在香港召开年会表示欢迎和祝贺,并预祝会议取得成功。

李鹏说,在过去的近 20 年时间里,中国与基金组织一直保持着良好的合作关系。双方在资金、贷款、政策对话和技术援助等方面的合作是卓有成效的。基金组织一直关注我国经济的发展,就我国的经济形势与政策同我有关部门磋商,并积极提出政策建议,为我经济发展起到了咨询作用。同时,基金组织对我国经济发展的评估也对国际社会正确了解中国起到了积极作用。李鹏说,我们相信,随着我国社会主义市场经济体制的逐步建立和与世界经济联系的进一步加深,中国与基金组织的合作和业务往来将更加广泛、更加深入,中国在基金组织中的作用也将进一步提高。

康德苏说,实践证明,基金组织与中国的合作是成功的,已经为今后的合作奠定了牢固的基础。基金组织对进一步密切与中国的关系是充满信心的。康德苏还说,中国通过基金组织对世界上最贫穷的国家给予了很大的帮助,受到世界舆论的好评。基金组织对中国在这方面的努力表示高度赞赏,希望今后进一步扩大与中国的合作。

李鹏介绍了中国共产党第十五次代表大会的有关情况和确定的经济战略及各项政策。

康德苏表示,十五大的决定是明智的、及时的,为基金组织与中国的合作开辟了良好的前景。康德苏说,基金组织很高兴能在香港回归后与世行一起在这里召开联合年会,与会者亲眼看到"一国两制"在香港是可行的,香港是充满希望的。

国务院总理李鹏在香港会见前来参加世界银行和国际货币基金组织理事会 1997 年联合年会的美国前总统布什

李鹏说,我们在香港实行"一国两制"、"港人治港"、高度自治,香港保持了繁荣和稳定。我们将坚定不移地、长期地执行这一政策。

布什说,香港回归前,世界上不少人对香港的前途持怀疑态度。事实证明,这种态度是没有道理的。布什说,江泽民主席即将对美国进行正式国事访问,相信这次访问将会增进美国人民对中国的了解。

李鹏应布什的要求介绍了中国共产党第十五次全国代表大会的情况和大会作出的跨世纪的战略部署。李鹏说,这次会议开得很成功、很好。第一,确立了邓小平理论为我们的行动指南;第二,在经济改革方面有了新的突破;第三,选出了以江泽民同志为核心的新的中央领导集体。这就保持了中央领导集体的稳定性和政策的连续性。

国务院副总理朱镕基在香港举行的世界银行和国际货币基金组织理事会 1997 年年会举办的"21 世纪中国经济展望"研讨会上发言

朱镕基介绍中国的经济形势和发展前景,并回答了与会代表提出的问题。

朱镕基表示,沿着邓小平开辟的建设有中国特色社会主义的道路,在以江泽民为核心的党中央领导下,21 世纪的中国必将更加开放、更加繁荣,必将对世界和平与发展事业作出更大贡献。

朱镕基说,改革开放以来中国的面貌发生了巨大的变化。最近几年,中国扭转了经济发展过程中一度出现的过热,成功地控制了通货膨胀,同时又保持了经济的快速增长。可以说,现在中国经济发展的好形势是多年来没有的。我们采取的主要措施是:加强农业;整顿金融秩序,实行适度从紧的财政货币政策;不失时机地对财政、税收、金融、外贸等体制进行了根本性的改革,引导企业面向市场生产,逐步形成商品的买方市场。由于我们已经找到了防范和解决通货膨胀的办法,坚持这些办法,经济的好形势就可以巩固和长期保持下去。

朱镕基说,刚刚闭幕的中国共产党第十五次全国代表大会,对中国改革开放和社会主义现代化建设跨世纪的发展,作出了全面部署。按照我们的设想,本世纪最后几年,中国经济预计平均每年增长 8%,从现在的实际情况看还可能会更高一些;下个世纪头十年将保持 7%的年增长速度。在以江泽民为核心的党中央领导下,我们的目标是一定可以达到的。

朱镕基说,近 20 年来中国经济发展取得显著成就,根本原因在于实行改革开放。经过长期探索和实践,我们积累了一些具有中国特色的、行之有效的改革经验。这些经验是:一、保障政治和社会的稳定,为改革和发展创造一个良好的环境;二、在加强经济宏观调控和经济体制改革中保持经济的稳定增长;三、坚持实事求是的方针,一切从中国的国情出发,不照抄书本,不照搬别国模式;四、改革分阶段进行,先易后难,先试验后推广,采取"渐进"方式。

朱镕基说,当前中国经济体制改革的重点是国有企业改革。江泽民在中国共产党第十五次全国代表大会上,对社会主义市场经济理论作了深刻而全面的阐述,有了新的发展。中国实行以公有制为主体、多种经济成分共同发展的基本方针。公有制经济不仅包括国有企业和集体企业，还包括混合所有制经济中，例如股份制企业中的国有成分和集体成分。国有经济为主导，主要体现在对国民经济的控制力上，而不简单在于要达到多大比重。理论上新的突破，必将使企业改革在一些重大方面得到突破性进展。他表示，当前迫切需要改革和建立新的政企分开的投资体制，改革和完善现代化的金融体系，建立和完善一整套社会保障体系。我们将进一步加大这些改革的力度，争取用三年左右的时间，使大多数国有大中型亏损企业走出困境。

朱镕基表示，加快金融体制改革，重点是强化中央银行货币调控职能和金融监管体系，促进国有银行的商业化，改善商业银行资产结构和质量，发展和规范金融市场，完善法规，提高管理水平，防范金融风险，逐步建成高效、安全的现代化金融体系。他强调指出，目前中国外汇储备比较充裕，人民币币值稳定，整个金融形势是稳定的，发展是健康的。

朱镕基说，中国将继续坚定不移地实行对外开放政策，以更加积极的姿态走向世界。从今年10月1日起大幅度降低进出口商品关税税率，是中国根据深化改革、扩大开放的进程，以及经济发展的需要做出的，是逐步开放市场的重要步骤。我们还承诺到本世纪末，将关税率降低到发展中国家的平均水平。中国还将对符合条件的外商投资项目的设备进口重新实行一定的优惠政策。他表示，今后我们将根据改革和发展的需要，继续稳步开放市场，加快能源、交通等基础设施对外开放的步伐，有步骤地开放金融、贸易等服务领域；依法保护外资企业的权益，实行国民待遇，为中外企业创造平等的竞争条件；健全涉外法规体系，提高贸易体制透明度，保护知识产权，改善贸易投资环境，并欢迎各国的工商界朋友参与中国市场的竞争。

国家计委主任陈锦华在香港举行的世界银行和国际货币基金组织理事会1997年年会举办的“21世纪中国经济展望”研讨会上发言

持续一天的会议，分别在三个会场举办了10个专题讨论会。

陈锦华在香港会展中心举办的研讨会上发表了题为《21世纪的中国面临的机遇与挑战》的演讲。

陈锦华说，中国“九五”计划实施顺利，目前经济运行初步呈现出“高增长、低通胀”的良好态势，宏观经济环境堪称历史最好时期，只要坚持执行中共十五大制定的方针、政策，认真而又妥善地解决好前进中的问题，中国经济一定能在快车道上继续平稳运行，也一定能够成为推动世界经济发展的一支重要力量。

陈锦华在回顾了改革开放以来我国经济和社会发展取得的巨大成就后说，我们有信心将这一良好态势保持到下个世纪初甚至更长，从各方面的因素分析预测，中国经济增长保持在8%左右，物价上涨控制在5%以下是可以实现的。

陈锦华说，中国经济的持续、快速发展，将形成巨大的进口和投资需求，为世界各国扩大与中国的贸易和投资合作带来多方面的机会。“九五”计划后三年，中国的固定资产投资总额预计将达11万亿元，按今年的价格和汇率折算，约合1.3万亿美元，且这个增长势头将持续下去；到2000年，中国进出口总额预计约4000亿美元，进出口基本平衡的势头也将持续下去。这样大的建设规模和进出口贸易，将有力地带动世界贸易和经济的增长，成为中国与世界广泛合作的良好机遇。

谈到中国产业发展的重点，陈锦华说，未来十几年，中国将大力加强农业、水利建设，促进农业的产化业、现代化；继续加强基础设施和基础工业，电信、铁路、公路、港口、机场以及城市公用设施等建设，将保持较大的规模和较快的增长速度；电力计划每年投产1500万千瓦装机，这在当今世界上是空前的。此外，电子信息产业、机械工业、石油化学工业、汽车制造业和建筑业，将成为带动产业结构升级的支柱产业和新的经济增长点，第三产业也将得到较快发展。中国鼓励外资投向技术和资金密集型产业，投向中西部地区的基础设施建设和资源开发。

陈锦华强调，中国经济发展所带来的良好机遇，不仅属于中国的企业和企业家，也属于愿意同中国发展贸易关系、积极到中国投资办厂的外国企业和企业家。中国市场已成为世界市场的一个最具吸引力的重要组成部分，无论是过去、现在还是未来，这个大市场都热诚欢迎前来经商和投资的商家和企业。

在研讨会上，中国人民银行副行长陈元、国家开发银行行长姚振炎、国务院证券委副主任陈耀先、中国银行行长王雪冰、国家环保局局长解振华、国务院发展研究中心副主任孙晓郁等也分别就电力和交通、“一国两制”在金融领域的含义、证券市场、香港和内地金融合作、环境保护、粮食生产等专题，作了发言。世行和基金组织官员以及一些外国专家学者、金融家、企业家也在研讨会上发言。

财政部部长刘仲藜在香港举行的世界银行和国际基金组织第五十六届联合发展委员会会议上作书面发言

刘仲藜在书面发言中说，当前，发展中国家总的来看处于一个高增长、低通胀、低利率的有利国际经济环境之中。大多数发展中国家正抓住时机进一步改革开放，加快与世界经济接轨的进程。但同时，也面临更大的风险和挑战。近年来，区域性金融危机频繁发生，给发展中国家的开放进程和全球的经济发展带来了不稳定因素。最近在东南亚部分国家发生的货币危机就是一例。他认为，克服这些不稳定因素固然主要靠发展中国家自身提高宏观经济管理能力，采取适当的宏观经济政策，但国际社会，特别是发达国家也应当为稳定国际经济环境、维护国际金融秩序，采取积极的措施，在制定本国宏观经济政策时，特别是金融政策时，应更多考虑对发展中国家的潜在影响。

刘仲藜还就本届发展委员会的议题谈了看法。刘仲藜说，鼓励私人部门投资基础设施建设，并不意味着政府应当退出这一领域。在低收入发展中国家，期望私人部门完全取代政府来提供基础设施，是不符合市场经济发展一般规律的。另外，中国支持世界银行提出的多边投资担保机构增资的建议，对重债贫困国减债计划所取得的进展感到高兴。刘仲藜表示，反腐败与改进政府管理从根本上说是各主权国家的责任。世界银行和国际货币基金组织要尊重主权国家在本国反腐败行动以及为此开展的国际合作中的主导地位。两机构的行动要严格限定在章程规定的范围内，不应笼统地将“反腐败”口号作为业务附加条件。

中国医学科学院建院 40 周年中国协和医科大学建校 80 周年庆祝活动在北京举行

江泽民、李鹏、乔石、李瑞环、李岚清等为院、校庆题词或发来贺信。

9月23日

中共中央政治局常委胡锦涛在中组部召开的学习贯彻十五大精神暨中组部党建研究所成立 10 周年座谈会上发表讲话

胡锦涛指出，刚刚闭幕的党的十五大，是我们党和国家发展进程中具有划时代意义的盛会。大会通过的江泽民同志所作的报告，是十一届三中全会以来全党和全国人民共同奋斗的实践经验的总结，是全党意志的体现和集体智慧的结晶，是我们党带领全国各族人民迈向 21 世纪的政治宣言和行动纲领。十五大在我们党的奋斗史上，在我们事业的发展史上，在中华民族的振兴史上，树立起又一座光辉的里程碑，必将对社会主义中国跨越世纪的发展产生重大而深远的影响。

胡锦涛指出，学习、贯彻十五大精神，就是要高举邓小平理论伟大旗帜，坚持党在社会主义初级阶段的基本路线和基本纲领，抓住机遇，开拓进取，夺取改革开放和社会主义现代化建设的新胜利，把建设有中国特色社会主义事业全面推向 21 世纪。他说，贯彻十五大精神，首先必须认认真真地学。要下功夫认真研读江泽民同志的报告，全面准确地领会精神实质，牢牢把握这次大会的主题，明确这次大会提出的奋斗纲领、目标任务和方针政策，增强高举邓小平理论伟大旗帜，坚持党的基本路线不动摇的坚定性和自觉性。学习贯彻十五大精神还必须实实在在地干。要紧密联系本地区、本部门的实际，多做艰苦踏实的工作，认真解决当前经济和社会生活中的突出矛盾和问题，切实把改革开放和现代化建设事业推向前进。

胡锦涛强调，要实现十五大确定的各项任务，坚定不移地高举伟大旗帜、卓有成效地推进伟大事业，需要我们从各方面做好工作，关键在于坚持、加强和改善党的领导，围绕新时期党的建设的总目标，从思想上、组织上、作风上全面加强党的建设。最根本、最重要的一条就是要高举邓小平理论的伟大旗帜，坚持不懈地用这一理论武装全党，首先是武装领导干部，在思想上和工作中牢固确立邓小平理论的指导地位。不仅要深入学习掌握理论，更重要的是切实用理论武装头脑，统一思想，指导工作，提高解决实际问题的能力。

胡锦涛指出，正确的思想路线和政治路线要靠正确的组织路线来保证，要由人来具体地执行。十五大明确了我们事业跨世纪发展的奋斗纲领、战略部署和目标任务，大政方针已定，干部就是决定的因素。要充分认识加强各级领导班子建设和高素质干部队伍建设的极端重要性和现实紧迫性，认真总结成功经验，紧密联系事业发展的需要，针对存在的突出问题，切实做好这方面工作，为贯彻十五大精神，高举伟大旗帜、推进伟大事业，提供坚强的组织保证。

胡锦涛还对党建理论工作者带头学习、宣传和贯彻十五大精神提出了要求。

全国“五好文明家庭”和全国“五好文明家庭标兵户”表彰大会在人民大会堂举行

100 户全国“五好文明家庭”和 10 户全国“五好文明家庭标兵户”受到表彰。这次表彰活动是由中宣部、全国妇联、民政部、广电部、中直机关工委、中央国家机关工委、解放军总政治部等 18 个部委联合发起的。

丁关根、陈慕华、彭珮云、刘云山等出席了表彰大会，并为 10 个全国“五好文明家庭标兵户”颁了奖。

获得首届全国“五好文明家庭标兵户”的是：热爱公益事业，乐于助人的北京孙茂芳、叶宝娣一家；下岗不失志，艰苦创业的内蒙古自治区刘焕梅、张青一家；用母爱和真情撑起一个不同血缘却充满情义和温馨家庭的吉林杨秀珍一家；几十年如一日无私奉献于山村教育事业，热心妇女扫盲的江西胡雪英、余新福一家；

自筹资金办孤儿教养院，给失去父母的孩子一个温暖家的湖北徐永富、姚忠英一家；齐心合力挽救、帮教失足青年的陕西陈秀芝、廖振一家；冲破世俗观念，用真挚情感谱写爱情之歌的武警山西总队关安民、宋雅静一家；从农民到留学生、科学家，地位虽变，爱情如初的中国农业科学院金继运、曹桂荣一家；为祖国乒乓事业尽心尽力的国家体委张燮林、殷佳珍一家；爱岗敬业、科技成才的建设工业（集团）有限责任公司胡久序、徐福亮一家。在表彰会上，标兵户作了演讲报告。

国务院总理李鹏在珠海会见新华社澳门分社负责人

李鹏询问了澳门后过渡期的工作和社会情况。在听取新华社澳门分社社长王启人汇报后，李鹏总理说，在邓小平同志“一国两制”伟大构想的指引下，我们已顺利实现香港回归祖国，下一步就是实现澳门回归祖国。他指出，澳门回归有不少有利条件，但工作也很艰巨。澳门既有机遇，也面临一些挑战和困难，总的来说机遇大于挑战，大于困难。他要求新华社澳门分社在以江泽民同志为核心的党中央领导下，继续团结和依靠澳门广大居民，在广东省和珠海市的大力支持下，把澳门平稳过渡的各项工作做好，把澳门回归祖国的这一民族盛事办好。他说，澳门完全可以实现平稳过渡、顺利交接，并保持长期发展和稳定。对此我们充满信心。

新华社澳门分社社长王启人，顾问柯正平，副社长宗光耀、柯小刚、王今翔参加会见。

中国人民银行和国家工商局联合发出关于严禁擅自批设金融机构非法办理金融业务的通知

近一时期，一些地方和部门擅自批设金融机构和非法金融机构擅自办理金融业务的情况日益严重，高息吸收存款、发放贷款，非法从事保险中介业务活动，造成了巨大的金融风险。一些地方已多次发生挤兑风波和机构负责人卷款而逃，给社会稳定造成了极大危害。为严肃金融纪律，维护正常的金融秩序，保护广大群众的切身利益，中国人民银行和国家工商行政管理局近日联合发出了《关于严禁擅自批设金融机构、非法办理金融业务的紧急通知》。

两部门在通知中重申，中国人民银行是审批金融机构的主管机关，任何地方政府、部门和个人均无权批准设立金融机构或金融机构筹备组织。凡未经中国人民银行批准设立的金融机构均属非法金融机构，必须坚决予以取缔。各地工商行政管理部门在登记时要严格把关，对没有中国人民银行批准文件的坚决不予登记注册，不予核发营业执照。

通知强调，对未经人民银行批准，已擅自设立的金融机构和非法从事金融业务的机构，各地工商管理部门应在中国人民银行配合下进行清理，依法取缔或依法吊销其营业执照。未经人民银行批准，已核准的应予以取消。保险、证券、货币和期货等金融类经纪人组织应先获得中国人民银行的经营许可后，再向工商管理部门申领营业执照，没有中国人民银行批准已设立的从事保险经纪、代理业务的保险等金融经纪人、代理人公司，各地工商管理部门应在中国人民银行的配合下进行清理，立即取消保险经纪、代理业务。个人不得从事金融经纪活动。

通知要求人民银行各分行和各地工商管理部门通过当地新闻媒介，公布各自的举报电话，建立起社会监督机制。对未经人民银行批准设立的金融机构和非法从事金融业务的机构，中国人民银行各分行和各地工商管理部门在查实后，要严格按《全国人民代表大会常务委员会关于惩治破坏金融秩序犯罪的决定》配合司法部门处理。对在今年 10 月 1 日后再发生擅自设立金融机构和非法从事金融业务的，要按《中华人民共和国刑法》有关规定，提请司法机关查处。

世界银行和国际货币基金组织理事会 1997 年年会在香港会议展览中心开幕

国务院总理李鹏出席年会开幕式并发表讲话。

这次年会是香港回归祖国后在港举办的规模最大的国际会议，也是世界银行和国际货币基金组织第一次在中国举行年会。

上午 10 时，中国财政部部长刘仲藜向与会的两组织理事和客人介绍承办这次年会的香港特区行政长官董建华，并请董建华致辞。

随后，两组织理事会主席兼本届年会大会主席卡巴什宣布年会正式开始。世界银行行长沃尔芬森和国际货币基金组织总裁康德苏先后发表讲话，就当前国际经济金融问题、世界银行和国际货币基金组织的工作进行了阐述。

出席开幕式的有近 4000 人。年会理事会主席卡巴什、世界银行行长沃尔芬森、国际货币基金组织总裁康德苏、世界银行秘书长章晟曼、国际货币基金组织秘书长孟兹博格，以及香港特别行政区行政长官董建华、中国财政部部长刘仲藜、中国人民银行行长戴相龙在主席台上就座。

国务院总理李鹏在香港举行的世界银行和国际货币组织理事会 1997 年年会开幕式上发表讲话

主席先生，沃尔芬森行长先生，康德苏总裁先生，女士们，先生们，朋友们：

今天，世界银行和国际货币基金组织1997年度年会在中华人民共和国香港特别行政区隆重开幕了。我代表中国政府和中国人民，对年会的召开表示热烈的祝贺，向各位代表和来宾表示诚挚的欢迎。我相信，在大家的共同努力下，这次大会一定能够取得丰硕的成果。

这次年会是香港回归祖国后在港举办的一次规模最大的国际会议，也是世界银行和国际货币基金组织第一次在中国举行年会。这对于增进相互了解，促进各方的交流与合作，具有重要的意义。

中国有句名言：百闻不如一见。各位来到香港，可以亲眼见到，中国政府关于"一国两制"、"港人治港"、高度自治的方针得到了切实的贯彻，以董建华先生为首的特区政府正在按照基本法正常而有效地运作。我们相信，香港特区政府和人民一定能够管理好香港，建设好香港。可以预言，香港的前途会更加美好。香港将继续保持自由港的地位，作为国际金融、贸易和航运的中心，为加强中国内地与世界各国在经济方面的合作，发挥更为积极的作用。

刚刚结束的中国共产党第十五次全国代表大会，是在世纪之交，承前启后，继往开来的一次极为重要的大会。我给你们带来的主要信息是：大会总结近20年来改革开放和现代化建设的经验，确立邓小平理论为我们进行的指南。以江泽民同志为核心的党中央领导集体是强有力的，是有驾驭全局能力的，得到全党和全国人民的拥护。中国的政局是稳定的，改革开放政策不但不会改变，而且会有更大的发展，邓小平开创的事业将会继续进行下去，并将取得更大的进展。

从现在起到下世纪前十年，是中国现代化进程中的关键时期。我们要解决好两大课题；一是建立比较完善的社会主义市场经济体制；一是保持国民经济持续快速健康的发展。预计本世纪最后几年，中国经济增长将保持在8%以上，通货膨胀将控制在5%以下。下世纪前十年，中国经济仍将以7%左右的速度增长。再经过三四十年的努力，到下世纪中叶，中国将实现全面的现代化，建成富强民主文明的社会主义国家。我们要积极推进经济体制和经济增长方式的根本性转变，使改革继续深化，特别是在国有企业的改革和改造方面，在公有制实现多种形式方面，将取得突破性进展。最新的统计资料表明，改革开放以来，中外合资企业等混合经济有了长足的发展，已占国内生产总值的20%，其中7%是属于公有制经济成分。一般来说，这种混合经济技术先进、管理科学、经济效益较高。在发展混合经济的过程中，公有制经济也得到了同步发展。我们还将实施科教兴国和可持续发展战略，促进经济社会协调发展和社会全面进步。我们的目标是宏伟的，经过努力是可以实现的。

财政部部长刘仲藜在世界银行和基金组织1997年年会上发言

刘仲藜说，中国政府支持世行关于切实提高工作效率，为借款国提供更好、更及时服务的基本目标。希望世行在设计和实施改革措施时，充分考虑不同借款国的实际需求，继续把向发展中国家转移资金、消除贫困、促进可持续发展作为基本业务。

刘仲藜指出，1996年世界经济形势继续令人鼓舞，但仍存在各种风险和脆弱因素。尤其令人忧虑的是，发达国家继续推卸其应尽的国际义务，官方发展援助占其国民生产总值的比例已跌至50年来的最低点；国际贸易中出现了以环保和劳工标准为掩护的新的保护主义。刘仲藜表示，中国政府一如既往地支持基金组织通过加强结构调整贷款帮助发展中国家进行经济改革与调整，并参与贫困重债国减债动议。我们赞赏基金组织当局为落实资金所做的努力。我们认为主要工业国家应率先作出具体承诺，在此前提下，中国也愿作出力所能及的贡献。他说，中国支持扩大基金组织对资本账户的管辖权，并将推动资本账户可兑换作为基金组织的宗旨之一；支持基金组织第十一次份额总检查实现增资，并欢迎最新达成的一致意见。

第十一届世界肉类大会在北京开幕

这是首次在中国也是首次在亚洲召开的世界肉类大会。国务院副总理李岚清出席了开幕式并致辞。

来自世界35个国家和地区的600名代表参加了本届大会。大会的主题是：提高肉类质量，让消费者满意。大会议题有：世界经济展望；世界肉类贸易前景；亚洲、太平洋地区肉类贸易的发展；中国专题：创造肉类进出口机会；21世纪问题：影响现在与未来世界肉类贸易的环境与人类问题。国内贸易部部长陈邦柱出席大会并致辞。本届大会组委会主席为国内贸易部副部长何济海。

李岚清在开幕式上说，世界肉类组织是一个致力于促进世界肉类生产与加工、肉类科学和肉类贸易流通发展的世界性组织，在国际上具有一定影响。这次世界肉类大会在中国举办，共同研究世界肉类生产、肉类加工、肉类科技与贸易所涉及的经济政策、法规及环保等方面的问题，交流世界肉类生产经验，促进肉类贸易的发展，这是一次让世界同行进一步了解中国肉类情况，使中国肉类企业加速走向世界的良好机会，必将推进中国肉类企业实现现代化的步伐。

李岚清说，近几年，我国政府在全国范围内实施旨在改善和满足城镇居民副食品供求为主要目的的"菜篮子"工程，采取许多有效的政策和措施，发展肉类和禽蛋生产，对稳定全国副食品市场和价格起到了积极的作用。目前，我国城乡市场肉类禽蛋商品货源充足，供应明显改善，肉类和禽蛋的人均占有量已超过世界平均水平，价格基本稳定。

李岚清指出，近年来，在国内外同行的共同努力和有关国家与地区政府的支持下，我国肉类对外贸易和经济技术合作也很活跃，产品贸易、技术合作、资本流通都有很大发展。一批国际知名企业集团进入中国市场，我国也有许多肉类企业进入国际市场。中国经济持续发展和坚持实行改革开放政策，为肉类生产与流通提供了良好的机遇和条件。中国政府将继续支持有关企业进一步发展与国外同行的合作，共同开拓国际肉类市场；同时也希望与其他国家进一步加强合作与交流，共同开发中国肉类生产与加工，促进中国肉类流通的发展与市场的稳定。

中国长城工业总公司与美国劳拉空间系统公司关于用“长城三号乙”运载火箭发射“中星8号”卫星的发射服务合同在北京签订

国务院副总理兼外交部部长钱其琛在纽约与美国国务卿奥尔布赖特举行会晤

这是中美两国外长今年第六次会晤，是中国国家主席江泽民今年秋天对美国进行国事访问准备工作的一部分。

奥尔布赖特强调，美国政府坚持三个联合公报的原则，明确无误地奉行一个中国的政策，将此作为对华政策和处理台湾问题的基础。美国承认中华人民共和国政府是中国唯一的合法政府，台湾是中国的一部分。美国不支持“两个中国”、“一中一台”或台湾独立，也不支持台湾加入联合国。美国同台湾只保持非官方的关系。

双方回顾了两国关系近期在许多领域取得的积极进展，一致认为应加紧工作，积极努力，争取在双方关心的领域取得更大的进展，确保江泽民主席的访问获得圆满成功，推动中美关系进入一个新的发展阶段。

钱其琛和奥尔布赖特深入讨论了中美关系的有关问题，认为两国外长之间保持经常性的这种讨论对于中美关系改善和发展是十分有益的。双方认为，中美开展和平利用核能合作符合两国的共同和长远利益。双方愿继续共同努力，推动中美和平利用核能合作协定早日执行。

关于中国加入世贸组织问题，双方同意两国有关部门应加紧工作，解决双边谈判中尚待解决的问题，推动谈判取得实质性进展。

钱其琛重申了中方在台湾问题上的原则立场。他强调，台湾问题始终是中美关系中的核心问题，我们希望美方遵守中美三个联合公报，恪守承诺，谨慎处理台湾问题，避免再让台湾问题干扰中美关系的改善和发展。他说，江泽民主席在最近举行的中共十五大上再次阐述了对于台湾问题的基本立场。“和平统一、一国两制”仍然是我们解决台湾问题的方针。奥尔布赖特表示，美方理解中方对台湾问题的重视，愿谨慎处理此问题。

钱其琛和奥尔布赖特还就联合国改革问题和共同关心的其他国际和地区问题交换了意见。

香港“何梁何利基金”第四届颁奖典礼在香港举行

国务院副总理朱镕基和香港特区行政长官董建华出席并为获得“科学与技术成就奖”的科学家颁奖。

“何梁何利基金”旨在奖励祖国内地杰出科学家。国务院副总理镕基和香港特区行政长官董建华出席并为获得“科学与技术成就奖”的科学家颁奖。

“何梁何利基金”是香港恒生银行四位资深董事——荣誉董事长何善衡博士、梁琚博士(已故)、何添博士及董事长利国伟博士共捐资4亿港币于1994年在香港成立的，目的是奖励内地杰出学者。

获基金前三届奖的内地科学家共121人。上海大学校长、力学与应用数学家钱伟长教授、北京神经外科研究所所长王忠诚教授和中国空气动力研究与发展中心研究员张涵信等65人分别获得本届基金的“科学与技术成就奖”和“科学与技术进步奖”。

朱镕基副总理向得奖者表示祝贺，向基金的创立人及其家属致以衷心的敬意，同时也向许多为发展祖国经济、文化、教育、科技事业而作出很大捐献、成立很多基金的香港同胞表示敬意。朱镕基说，非常高兴这一次颁奖典礼在回归祖国后的香港举行，在中国的土地上，由中国人成立的基金，奖励中国的科学家，这是一件非常有意义的事情。

朱镕基说，在人口众多的中国发展经济，就要发展教育，提倡科技。教育和科技发展了，中国人的聪明才智充分发挥出来了，任何问题都可以解决。他还指出，世界的科学技术突飞猛进，如果我们不在科技上下功夫，迎头赶上，我们就只有永远落后。

出席在恒生银行总行举行的颁奖典礼的还有新华社香港分社社长姜恩柱、外交部驻港特派员公署特派员马毓真、国家科委副主任惠永正、国家教委副主任韦钰和美国纽约州立大学教授杨振宁等。

9月24日

国务院总理李鹏在阿拉木图总统府与哈萨克斯坦总统纳扎尔巴耶夫举行会谈

李鹏说，很高兴再次应邀访问哈萨克斯坦并参加两国石油合作等协议的签字仪式。中国石油天然气总公司先后在哈两个油田的招标中中标，这是两国关系发展进程中迈出的重要步骤，标志着中哈经济合作中的大项目已经起步。我们相信，只要双方共同努力，密切合作，中哈在石油领域的合作一定会取得进展，为两国开展平等互利合作开创成功的范例。两位领导人对中哈建交5年多来的两国关系顺利发展表示满意，并一致认为两国关系已进入一个崭新的发展阶段，两国合作具有巨大潜力。

李鹏说，两国在各个领域的交流与合作正得到全面发展，领导人保持着频繁的往来和接触，彼此的了解和信任不断加深。过去几年间，中哈签署了两国联合声明、国界协定、在边境地区加强军事领域信任协定和裁军协定等重要文件，这是两国睦邻友好关系的生动体现。李鹏说，中哈发展经贸关系具有地缘相近和经济互补的独特优势。今后双方可继续发挥各自优势，扩大合作规模，相信经贸合作一定能达到与两国友好关系及经济潜力相适应的高水平。中国将为保持和发展同哈萨克斯坦的长期稳定的睦邻友好与互利合作关系作出自己的努力。

纳扎尔巴耶夫首先对香港顺利回归和中国共产党成功地召开第十五次全国代表大会表示热烈祝贺。他说，哈方高度评价李总理的这次访问。双方在一系列双边合作问题上达成了一致。特别是双方签署了跨世纪的石油合作协议，这对于两国关系的发展具有重要意义。他还表示相信，李鹏总理的这次访问必将进一步推动两国关系的发展。

会谈结束后，两国领导人出席了三个重要文件的签字仪式。李鹏总理与纳扎尔巴耶夫总统签署了中哈国界补充协定；李岚清副总理与舒克耶夫副总理签署了中哈石油天然气政府协定；两国有关部门负责人签署了石油合同协议。两国领导人还会见了记者，并回答了他们的提问。

全国政协八届常委会二十二次会议在北京闭幕

中共中央政治局常委、全国政协主席李瑞环出席会议。全国政协副主席叶选平主持会议。

会议听取了各小组讨论情况的汇报，审议通过了政协第八届全国委员会常务委员会第二十二次会议《关于学习贯彻中国共产党第十五次全国代表大会精神的决议》。

会议期间，常委们结合温家宝同志在开幕式上所作的关于十五大精神的报告，认真学习了中共十五大报告，在小组会上进行了热烈的讨论，并就如何贯彻十五大精神提出了很好的建议。

常委们普遍认为，中共十五大是一次承前启后、继往开来的历史性会议，大会把邓小平理论确立为全党的指导思想写进中国共产党章程，具有重大的现实意义和深远的历史意义。常委们表示，要把学习贯彻中共十五大精神作为当前和今后一个时期的重要任务，要用十五大的精神总结政协几年来的工作，指导政协今后的各项工作，使人民政协事业更加兴旺发达，蒸蒸日上。

全国政协副主席吴学谦、杨汝岱、王兆国、阿沛·阿旺晋美、洪学智、赵朴初、胡绳、孙孚凌、马万祺、朱光亚、万国权、何鲁丽，秘书长朱训出席了会议。

全国政协八届常委会二十二次会议通过《关于学习贯彻中国共产党第十五次全国代表大会精神的决议》

中国人民政治协商会议第八届全国委员会常务委员会第二十二次会议，完全拥护江泽民同志在中国共产党第十五次全国代表大会上所作的报告和大会通过的各项决议，衷心拥护以江泽民同志为核心的新的中共中央领导机构。

会议认为，中共十五大是在我国改革开放和社会主义现代化建设发展的关键时刻召开的一次承前启后、继往开来的历史性会议。大会把邓小平理论确立为全党的指导思想，写进中国共产党章程，充分反映了时代的要求、人民的心愿，具有重大的现实意义和深远的历史意义。邓小平理论是毛泽东思想的继承和发展，是当代中国的马克思主义。在当代中国，只有把马克思主义同当代中国实践和时代特征结合起来的邓小平理论，而没有别的理论能够解决社会主义的前途和命运问题。高举邓小平理论的伟大旗帜，对于团结和动员全国各族人民进一步解放思想，抓住机遇，开拓进取，把建设有中国特色社会主义的伟大事业全面推向21世纪，必将产生巨大而深远的影响。

会议指出，江泽民同志在中共十五大所作的报告，是带领全国各族人民迈向新世纪的政治宣言和行动纲领，对于各条战线、各个方面的工作具有普遍的指导意义。人民政协的各级组织和广大委员，要把学习贯彻中共十五大精神作为当前和今后一个时期的重要任务，认真学习领会大会的精神实质，牢牢把握大会的主题，明确大会提出的纲领、任务和方针政策，用十五大精神统一认识；要把学习江泽民同志的报告同系统地学习邓小平理论特别是关于统一战线和人民政协的论述结合起来，紧密联系实际，坚持和完善共产党领导的多党合作和政治协商制度，坚持“长期共存、互相监督、肝胆相照、荣辱与共”的方针，继续推进人民政协政治协商、民主监督、参政议政的规范化和制度化，使政协成为中国共产党团结各界的重要渠道，巩固和发展广泛的爱国统一战线；要紧密围绕十五大提出的各项任务，根据政协组织的特点和优势，切实履行职能，积极协助党和政府，为推进社会主义民主政治建设，实现跨世纪的发展战略作出贡献；要用十五大的精神认真总结人民政协工作的经验，切实做好换届的各项准备，把人民政协事业生机勃勃地向前推进。

会议认为，中共十五大的召开，为政协工作的发展提供了新的机遇，展示了良好的前景。会议号召，人民政协的各级组织和广大委员，坚定不移地高举邓小平理论的伟大旗帜，坚持社会主义初级阶段的基本路线，在以江泽民同志为核心的中共中央领导下，团结一致，同心同德，艰苦奋斗，为全面完成十五大提出的各项任务，为实现祖国的完全统一和民族的全面振兴而努力奋斗！

农业系统召开有关部门负责人会议学习贯彻十五大精神研究安排当前农业和农村工作

会议由中共中央政治局委员、国务院副总理姜春云和国务委员陈俊生主持召开。

姜春云说，十五大报告强调加强农业基础地位，坚持把农业放在经济工作的首位，对农村的改革和发展提出了明确要求，为今后农业和农村工作进一步指明了方向，我们一定要认真贯彻落实。当前要着重做好五件事：一、抓紧抓好“三秋”工作，尤其是秋冬种。目前正值秋收季节，要切实做好秋收的组织工作，保证精收细打，颗粒归仓。重点要抓好小麦抗旱播种，确保面积、质量，为明年夏粮丰收打好基础。北方的大棚菜生产，南方的冬闲田开发，也要及早做好准备，要按照国务院的部署，积极主动地搞好粮食、棉花等农产品收购工作，切实保护好农民的积极性。二、大搞农田水利基本建设。今年我国北方地区的严重旱灾，再次证明，水利是农业的命脉。搞好农田水利建设至关重要。要把农田水利基本建设尤其是抗旱设施建设，放在提高农业综合生产能力的突出的位置上，今冬明春要取得更大的成效。同时，要大力推广节水灌溉技术。对黄河断流问题，要抓紧组织专家研究，提出对策。三、积极推进农业产业化经营。十五大报告对农业产业化作了充分肯定，要认真总结农业产业化经营的经验，作为引导和扶持工作，使这种新的农业经营形式得到顺利健康发展。四、抓紧制订全国治理水土流失、优化生态的总体规划。五、大力推进新的农业科技革命，有效地提高农业的科技含量。

陈俊生就农业系统如何贯彻十五大精神讲了意见。

中共中央政治局委员温家宝在吉林农村调查研究

9月24日至28日，温家宝到吉林省西部今年旱情严重的长岭、通榆、扶余等县市农村，调查了解农业生产和农民生活情况，看望受灾地区的农民群众，和基层干部群众研究打井抗旱，增加粮食生产，发展农村经济的措施，就如何联系农村实际贯彻十五大精神发表了意见。

温家宝说，要从改革开放和整个国民经济发展的全局高度看待农业问题。近几年来我国农村经济的稳定发展，农业的连续丰收，有力地保证了改革开放和国民经济的发展。今后，实现经济体制改革和经济发展的战略目标，基础还在农业，还需要农业的大力支撑。要认真学习十五大文件，全面领会精神，紧密联系农业和农村实际，认真解决当前农业和农村工作中的突出矛盾和问题，真正把十五大确定的任务落到实处。

国务院副总理兼外交部部长钱其琛在第五十二届联大发表讲话

主席先生：

请允许我对你荣任本届大会主席表示祝贺，相信你将以自己的智慧和经验出色地完成这一崇高使命。同时我对拉扎利·伊斯梅尔先生在担任上届大会主席期间所作的贡献表示赞赏。

主席先生：

今年，1997年，对于中国来说，是不寻常的一年。

2月，中国改革开放的总设计师邓小平的逝世使12亿中国人民陷入了深深的悲痛之中。人们化悲痛为力量，决心继承邓小平的遗志，深化改革，扩大开放，促进祖国的发展，维护世界的和平。我谨代表中国政府和人民再次感谢联合国及其成员国，你们对邓小平逝世的诚挚哀悼分担了我们的悲伤，增添了我们的力量。

几天以前，中国共产党第十五次全国代表大会在北京胜利闭幕。这次大会继往开来，高举邓小平理论伟大旗帜，指引着中国前进的方向，绘制了中国未来的蓝图，决心把建设有中国特色社会主义事业全面推向21世纪。

今年7月1日，中国恢复对香港行使主权，洗雪了一个半世纪的国耻，揭开了祖国和平统一进程的新篇章。回归两个多月来，香港社会稳定，经济繁荣，香港人、中国人、全世界的人都为之高兴。

邓小平“一国两制”的构想在香港变成了现实，其意义无比深远。我们将坚定地按照这一构想继续推进祖国的和平统一，确保澳门顺利回归，并最终解决台湾问题。台湾是中国领土不可分割的一部分，台湾问题纯属中国内政。任何国家企图利用台湾问题对中国施压，甚至鼓吹“两个中国”、“一中一台”，完全违背了联合国宪章的宗旨和原则，违背了联大的有关决议，是中国人民和所有主持正义的国家绝不能接受的。

主席先生：

当前国际形势继续在发生深刻的变化，和平与发展已经成为当今时代的主题。世界格局正在走向多极化，各国政治、经济、文化的发展越来越多样化。这种趋势已成为不可阻挡的历史潮流。

20 世纪上半叶发生了两次世界大战，人类遭受空前的浩劫；下半叶持续 40 多年的“冷战”，使人类一直处在战争威胁的阴影下。回顾历史，展望未来，世界人民正期盼着建立公正、合理的国际政治、经济新秩序，希望在新世纪里人类能共享持久的和平与繁荣。

——“冷战”时期以军事联盟为基础、以军备竞赛为手段的安全体制已被证明不能营造和平。在新的形势下，扩大军事集团、加强军事同盟也无助于保障安全。

——国与国的关系应建立在相互尊重主权和领土完整、互不侵犯、互不干涉内政、平等互利、和平共处五项原则的基础上。各国有权根据自己的国情选择发展道路。任何国家都不应以任何借口干涉别国内政。这是全球和地区安全的政治前提。

——各国应在经济领域加强互利合作，消除经贸交往中的不平等现象和歧视政策，以逐步缩小国家之间的贫富差距，谋求共同繁荣。这是全球和地区安全的经济基础。

——各国应在安全领域加强磋商与合作，增进相互了解与信任，承诺以和平方式解决分歧和争端。这是全球和地区安全的现实途径。

今年上半年，中、俄、哈、塔、吉五国签署了在边境地区相互裁减军事力量的协定；关于朝鲜半岛新的和平机制问题的“四方会谈”已经启动；东盟地区论坛在安全问题上初步形成了平等参与、协商一致的合作方式。这些都是寻求安全合作新模式的试探和取得的初步进展。

我们对中东和平进程受阻表示关切。我们认为，联合国的有关决议应当遵守，和平进程中有关方面达成的协议应当遵守，“土地换和平”的原则应当坚持，恐怖主义活动应当制止。希望有关各方在这个基础上共同努力使在马德里开始的中东和会早日恢复。我们对今年以来非洲不断发生冲突和动乱也深表关注，希望非洲国家在和平与发展的道路上不断取得进展。

主席先生：

一年来，国际军控和裁军工作取得了新的进展。《禁止化学武器公约》已经生效；《全面禁核试条约》筹委会工作已经启动；无核武器区范围进一步扩大；加强《禁止生物武器公约》有效性的谈判有所前进。

我们认为，谁也不应以防扩散为名，行垄断市场之实，干涉别国，特别是发展中国家的经济技术合作。在普遍参与的基础上改造歧视性和排他性的防扩散制度与安排是必要的。联合国在这一领域应有所作为。

我们主张：应继续推动多边军控与裁军进程；加强国际军控条约的普遍性，确保它们得到全面遵守；裁军与军控应当增进，而不是减损安全；裁军目标不应引向发展中国家，拥有最大和最先进武库的国家对裁军负有特殊责任。

我还愿提请大会注意，中国最近宣布了单方面的裁军行动，即在 80 年代裁减军队员额 100 万的基础上，将在今后三年内再裁减军队员额 50 万。这是裁军领域里的一项重大行动。

主席先生：

一年来，世界经济总体态势良好。各国和各地区经济间相互联系与渗透在不断加深。应重新认识国际合作的重要性，并使合作更广泛、更紧密、更富有成效。

发展中国家经济基础比较薄弱，最容易遭受不利环境的影响和打击。当前国际金融市场全球化程度高，风险也大。应维护金融市场的稳定、保证发展中国家经济的稳定增长。

应全面、忠实、平衡地实施乌拉圭回合协议，反对将环境、劳工标准与贸易挂钩。

环境与发展是人类面临的共同挑战。联合国在 90 年代召开过两次重要大会，对这一问题的解决提出了指导原则。我们希望国际社会，特别是发达国家，兑现向发展中国家提供资金和转让技术的承诺，把建立伙伴关系的宣言变成行动。

贫困、失业、难民、毒品、犯罪等许多跨越国界的问题，需要国际社会协调解决。联合国在社会领域的工作亟待加强。各国应遵循相互尊重、平等互利的原则，推动国际合作，多做实事，首先帮助发展中国家解决最紧迫的问题。我们希望明年的禁毒问题联大特别会议将取得积极成果，确定加强国际合作、打击毒品犯罪的跨世纪战略和有效措施。

中国将继续支持联合国社会领域的工作，为促进全球社会发展多作贡献。

主席先生：

实现人权是全人类的共同理想。各国为此作出了巨大努力，既有成就，也有教训。我们认为，人权的普遍性原则应得到尊重，它的实现又必须与各国的具体情况相结合。回顾联合国 50 多年来的实践，不难发现，凡是这样做的国家和地区，社会就稳定，经济就发展，人民就满意。反之，社会则动荡，人民失去最基本的人权和自由，甚至出现大规模侵犯人权的战乱。

在人权问题上存在一些分歧是自然的。问题是如何对待分歧。是对话，还是对抗？还是对话好，对话才能增进相互了解与合作；对抗只会增加隔阂，不会给任何人带来好处。我们高兴地看到，越来越多的国家赞同以对话的方式处理人权问题。

中国政府重视人权，致力于促进和保护本国人民的人权。中国人民在历史上多次遭受外国侵略，深知国家主权和领土完整是实现人权的根本保证。中国有12亿人要吃饭、穿衣、住房、旅行、受教育，深知生存权和发展权至关重要。为使自己的人民生活得更加民主、自由、幸福，我们集中力量发展经济，加强民主和法制。

中国不久将签署《经济、社会和文化权利国际公约》，并正在认真研究《公民权利和政治权利国际公约》。我们愿与各国一道，继续努力促进国际人权领域里的合作。

主席先生：

联合国作为最重要的政府间组织，在国际事务中享有不可替代的地位。同时，形势的变化也对联合国提出了改革的要求。

今年7月，安南秘书长就联合国改革问题提出了一项内容广泛的报告。我们对他的努力表示赞赏。

我们赞成对联合国进行改革。改革的目的是加强联合国的作用，提高工作效率。改革的措施必须体现会员国的共同利益，改革的成果必须经得住时间的考验。我们认为：

改革是会员国的共同事业。应充分发扬民主，听取各方意见，照顾各方利益。改革方案应为会员国所普遍接受。

为了提高效率，适当裁人减员、削减经费是必要的。重要的是，改革应着重解决发展问题，以加强而不是削弱联合国在促进经济与社会发展方面的职能。

改革应有助于保持联合国的多样性。联合国是世界多样性的一个缩影，而承认和尊重世界的多样性，不同的国家才能和睦相处，共同进步。

改革应讲求实效，注重质量，循序渐进。

安理会的扩大应遵循公平地域分配原则，确保发展中国家与发达国家之间的适当平衡，一个有更广泛代表性的安理会才会更好地履行宪章赋予的崇高职责。

缴纳会费是成员国应尽的宪章义务。我们呼吁有关国家尽早无条件地偿清欠款，以确保我们的联合国能在健康的财政基础上正常运作。

世界各国需要联合国，联合国也需要世界各国的支持。

谢谢主席先生。

国务院副总理吴邦国在中南海紫光阁先后会见马达加斯加运输和气象部长纳伊沃·拉马蒙吉苏瓦和几内亚总统私人顾问纳比·尤拉

外交部发言人沈国放就新日美防卫合作指针正式出台答记者问

沈国放说，日美安全合作是在特定历史背景下形成的一种双边安排，这种安排应严格限制在双边范畴内。否则，势必会引起亚洲邻国不安，也会给地区安全形势带来复杂因素。我们认为，在亚太地区政治相对稳定、经济持续增长、安全对话活跃的形势下，强化军事同盟、扩大军事合作的做法显然有悖于时代潮流。

沈国放说，鉴于上述立场，我们一直要求日美两国在包括修改防卫合作指针在内的安全合作问题上慎重行事，不要扩大同盟合作范围，不要做令周边国家担忧的事情。特别是由于历史原因，日本在安全政策上的取向对亚洲邻国一直是十分敏感的问题，希望日本汲取历史教训，坚持走和平发展道路。

沈国放强调指出，中方关注日美防卫合作指针问题的一个重要原因就是涉台问题。众所周知，台湾是中国不可分割的一部分，无论是直接还是间接把台湾海峡列入日美安全合作范围，都是对中国主权的侵犯和干涉，这是中国政府和人民决不能接受的。我们希望日美双方信守在台湾问题上对中方作出的承诺，尊重中方关于台湾问题的严正立场，不要做损害中国利益和伤害中国人民感情的事。

9月25日

全国政协主席李瑞环在北京会见香港管理专业协会企业管理发展中心访京团

李瑞环对以全国政协常委、香港企业管理发展中心主席张永珍为团长的访京团表示欢迎，对他们近年来与内地合作，在管理人才的培训方面所做的大量工作给予了高度评价。

受中共中央委托中央统战部部长王兆国向民主党派工商联无党派人士少数民族首都知识界等各方面代表人士传达中共十五大会议精神

王兆国指出，中共十五大进一步强调了我国处在社会主义初级阶段这一科学论断，指出这是一个相当长的不可逾越的历史阶段。强调这个问题，对于我们认识国情，认识社会主义事业长期性和艰巨性，坚持党的基本路线不动摇，对各民主党派正确认识参政党的历史地位和作用，正确履行自己的职责，促进振兴中华、统一祖国大业，推动社会主义民主政治建设，有着十分重要的意义。

王兆国指出，中共十五大再次强调要坚持和完善共产党领导的多党合作和政治协商制度，强调要继续推进政治协商、民主监督、参政议政的规范化、制度化，使之成为中国共产党团结各界人士的重要渠道；强调要坚持党的民族政策、宗教政策、侨务政策、知识分子政策，强调非公有制是我国社会主义市场经济的重要组成部分，强调要继续推进祖国和平统一大业。我们要认真学习、深刻领会这些重要精神，落实中共十五大对统一战线工作的要求，团结一切可以团结的力量，调动一切积极因素，为夺取建设有中国特色社会主义伟大事业的新胜利作出新的贡献。

参加会议的有：全国人大常委会副委员长、民盟中央名誉主席费孝通，全国人大常委会副委员长、民进中央主席雷洁琼，全国人大常委会副委员长、全国工商联名誉主席王光英，全国人大常委会副委员长、无党派代表人士程思远，全国人大常委会副委员长、农工民主党中央主席卢嘉锡，全国政协副主席、无党派代表人士阿沛·阿旺晋美，全国政协副主席、民盟中央名誉主席钱伟长，全国政协副主席、全国工商联名誉副主席孙孚凌，全国政协副主席、民革中央主席何鲁丽，民盟中央主席丁石孙，民建中央主席成思危，台盟中央主席蔡子民，全国工商联主席经叔平，致公党中央常务副主席杨纪珂，九三学社中央常务副主席徐采栋，各民主党中央、全国工商联副主席和部分常委，少数民族代表和全国性宗教团体领导人，中国科学院、中国工程院部分党外人士等。中央统战部副部长刘延东、李德洙、郑万通参加了会议。

中国再次大幅降低进口关税

根据国务院决定，自1997年10月1日起，中国将再次较大幅度自主降低进口关税税率。据海关总署介绍，这次降税涉及4874个税号(现行税则共6633个税号)的商品，降幅达26%，关税算术平均税率从23%降至17%。

经过这次调整税率，我国各类产品的算术平均税率为：

按工农业产品分：农产品为21.2%，其中原料为16.5%，半制成品为24.2%，制成品为27%；工业产品为16.4%，其中原料为7.3%，半制成品为13%，制成品为19.2%；石油产品为7.9%，其中原油为1.5%，成品油为8.4%。

按税则21类货品分：活动物和动物产品为20.6%；植物产品为16.9%；油脂类为22.7%；食品、饮料、烟、酒类为28.7%；矿产品为4.5%；化工产品为10.9%；塑料、橡胶类为15.2%；皮毛及其制品、箱包制品18.1%；原木及木制品10.4%；木浆、纸浆纸及纸制品为14.3%；纺织原料及纺织制品为26.6%；鞋帽类为24.3%；石料、水泥、陶瓷、玻璃类材料及其制品为18.3%；贱金属及其制品为10.5%；机电产品类为15%；车辆、船舶、飞机等运输工具27%；仪器、钟表类为15.2%；杂项制品为21.4%。

许多重要商品的税率在此次税率调整中都有较大幅度的降低。机电产品中：彩电从50%分别降为45%(大屏幕)和35%(小屏幕)，冰箱和空调器均从40%分别降为35%和25%，洗衣机从40%降为35%，微波炉从50%降为35%，激光唱机从60%降为35%，高档小轿车从120%降为100%，普通小轿车从100%降为80%；日常生活用品中：箱包从45%降为25%，香水等若干化妆品从55%降为35%，鞋帽类从40%至60%降为25%，化纤布、西服从45%降为36%；食品中：鱼类从25%至35%降为15%至20%，奶粉从30%降为25%，蒸馏酒从70%降为65%；化工原料中：聚酯切片从18%降为16%，聚乙烯从20%降为18%，聚丙烯、聚苯乙烯、丙烯腈等从18%降为16%，丙二醇、丁醇从10%降为6%，苯从8%降为6%；其他原材料中：铜从3%降为2%，锌从10%降为5%，木浆从2%降为1%，三合板从20%降为15%，生牛皮从7%降为5%，羊皮、猪皮从12%降为9%，牛皮革从15%降为9%；矿渣从10%降为6%，炼焦煤从6%降为3%。但粮、棉等某些关系重大的农产品税率仍维持现行税率不变。

我国自1992年以来，已四次大范围地自主降低关税税率：1992年底降低了2898个税号的关税税率；1993年底降低了3371个税号的关税税率；1996年4月降低了4900个税号的关税税率，这次又大范围地调整税率，加上这中间还有几次局部降低税率，我国的关税税率已大幅度降低，与1992年相比，算术平均税率从43.2%降为17%，降幅为60.6%，加权平均税率从32.7%降低到13.3%，降幅为59.3%。在4年多的时间里，如此大范围、大幅度地持续降低关税税率，表明了我国扩大开放、深化改革的决心。它已经并将继续对我国进出口贸易的发展、社会主义市场经济的建立以及产业结构的合理调整、增强国际竞争力产生积极的影响。

这次调税，还对暂定税率进行了调整，即对光纤拉丝塔、制冷压缩机上置轴承自动安装机等87种生产设备，农药原药精禾草克、压缩机零件的精密铸件等其他38种商品实行了较低的暂定税率；对铝材(包括铝制条、杆、丝、板、片、带及型材、异型材等三个税号)20%的出口税率予以豁免。另外，针对新闻纸国际市场近年来价格波动过大，影响国内生产或使用的实际情况，为适当减少国际市场价格大起大落造成的国内新闻纸剧烈变化，既照顾到国内新闻纸生产企业的利益，又保障新闻纸使用单位的正常进口，对新闻纸实行滑准税，即随进口价格不同实行不同的税率，进口价高时税负低，进口价低时税负高。

1997 年《海关进出口税则》的普通税率、实施关税配额商品的税率此次未作调整，仍按原税率执行。

新中国第一张《供电营业许可证》由电力工业部颁发给华北电力集团公司

华北电力公司取得《供电营业许可证》后，将向工商行政管理部门申请领取营业执照，正式获准合法经营京津唐地区供电的权利。

国务院副总理朱镕基在人民大会堂会见美国财政部部长罗伯特·鲁宾

国务院副总理朱镕基在人民大会堂会见贝宁计划经济调整和促进就业部长阿尔贝·特沃杰雷

国务院副总理李岚清与哈萨克斯坦代总理叶西莫夫在阿拉木图举行会谈

中国首台 BT8.3 型铁路起重机出口

我国第一台 BT8.3 型全液压伸缩臂铁路起重机由兰州机车厂制造成功，经调试出口巴基斯坦，填补了我国小吨位全液压伸缩臂铁路起重机领域的空白。据介绍，兰州机车厂的设计方案是在和美、英等国的 5 家工厂竞标中一举中标的。经过不到 7 个月的奋战，完成了各项技术设计和生产任务。BT8.3 型起重机根据巴方的要求设计制造，技术含量高，可在 16‰ 的坡道上牵引 100 吨的重量，能以每小时 40 公里的自力走行速度行驶。

9 月 26 日

国家主席江泽民在中南海会见巴哈马国总理休伯特·英格拉哈姆

国务院总理李鹏在北京与巴哈马国总理休伯特·英格拉哈姆举行会谈

李鹏说，中国与巴哈马建交为两国发展经贸合作奠定了政治基础。李鹏欢迎英格拉哈姆访华。他说："阁下是巴哈马独立以来访问我国的第一位总理。此次访问必将加深双方的相互了解，推动中巴在各个领域的互利合作。"

李鹏说，中巴两国今年 5 月正式建交，标志着两国关系从此进入一个新的阶段。中国赞赏英格拉哈姆总理作出的同中国建交的决断。这体现了阁下的远见卓识。李鹏说，中巴两国贸易已经起步。中国香港地区和内地的一些企业已在巴哈马有相当规模的投资，中国愿同巴方一道按照国际通行的做法积极探索发展经贸合作的领域和途径。李鹏说，近年来，中国同加勒比地区各国的关系有了新的发展，先后同贵国和圣卢西亚建交，与海地和多米尼加共和国互设商务代表处，并加入了加勒比开发银行。他认为，进一步扩大与拉美和加勒比国家的友好合作关系是中国政府的一贯方针，加强这种友好合作关系符合双方的共同利益。

英格拉哈姆说，中国作为一个大国，一贯尊重其他国家，特别是尊重包括巴哈马在内的小国的主权和独立，不干涉其内政。巴哈马政府和人民对此深表赞赏。

英格拉哈姆重申，巴哈马将坚持"一个中国"的立场，不与台湾当局发生任何形式的官方关系。

会谈后，双方签署了关于经济技术合作的协议。

全国人大常委会委员长乔石在人民大会堂会见巴哈马国总理休伯特·英格拉哈姆

国办发出关于要求各地切实抓好秋季农业生产的通知

各省、自治区、直辖市人民政府，国务院有关部门：

今年我国北方地区发生了罕见的严重干旱，给农业生产特别是秋季生产带来很大困难。现在，秋收、秋种即将全面展开，各地、各部门要把努力争取今年农业有一个好收成，并为夺取明年夏季粮油丰收打下坚实的基础，作为贯彻落实党的十五大精神的实际行动，当前最重要的是切实抓好农业生产的秋收、秋种工作。经国务院同意，现就有关问题通知如下：（文略）

国务院批准上海浦东地区外高桥造船基地项目建议书

地处上海浦东地区的外高桥造船基地的项目建议书，不久前已获国务院批准，本世纪末我国又将崛起一个现代化造船基地。

外高桥造船基地项目从提出、论证、先期准备到终获批准，历时已近 10 年。"八五"期间，中船总共投资 1.57 亿元，完成了推填土地和材料码头建设工程。此次获国务院批准的项目建议书，其生产纲领为：年造船能力将达到 180 万载重吨，大体相当于 1996 年中船总系统的造船完工量；年产低速柴油机 45 万千瓦，柴油机曲轴 65 根。"九五"期间先实施一期工程，在 3 年至 4 年内形成年造船 180 万吨和曲轴 65 根的生产能力。

该项目一期工程总投资 47.17 亿元，其中资本金

13.2亿元,分别由中船总、上海市和宝钢集团出资。一期工程完成后,外高桥将成为我国造船规模最大、设备最先进、管理一流、高效率运转的现代化造船总装厂。

国家主席江泽民在北京会见来访的美国财政部长罗伯特·鲁宾

江泽民对鲁宾率团来华与中方共同主持召开中美联合经济委员会第十次会议表示欢迎。他说,中美联合经济委员会是1979年邓小平和美国前总统卡特商定的,至今已成功地举办了十届会议,对增进相互了解,促进经贸合作发挥了积极的作用。

哈萨克斯坦总统纳扎尔巴耶夫在阿拉木图总统府会见国务院副总理李岚清

双方强调指出:李鹏总理刚刚结束的阿拉木图之行对中哈关系具有非常重要的意义,两国在石油大项目上开展合作具有重要意义和深远影响,必将有力地推动两国各个领域的合作向前发展。

纳扎尔巴耶夫总统说,哈方最近认真研究了江泽民总书记在中共十五大上的报告,对中国奉行的睦邻友好、反对霸权主义和维护世界和平的外交政策表示赞赏。目前,哈中两国均面临发展经济的相同任务,这需要有一个长期和平、稳定的周边环境。哈政府相信,哈中两国一定会不断加强面向21世纪的睦邻友好、平等互利关系。

纳扎尔巴耶夫强调指出,李鹏总理对哈萨克斯坦的访问对两国关系具有非常重要的意义。在李岚清副总理访问期间,中方又与哈方认真研究了具体的合作项目,提出了很好的建议,从而进一步增加了双方的信任,使两国关系变得更加密切。我们可以向外界宣布,哈中合作取得了重大进展。他表示,哈政府将以积极的态度加紧工作,具体落实签署的协议。

李岚清说,李鹏总理此次访哈虽然时间短,但却内容丰富,成果巨大。双方积极评价近年来中哈关系的迅速发展,并就进一步加强两国关系达成了广泛共识。中哈关于石油项目合作协议的签署是中哈两国睦邻友好关系长期不断发展结出的硕果,具有重要的意义和深远的影响,必将有力地推动两国各个领域的合作,使双边经贸合作关系更全面、更深入地向前发展。

李岚清还表示,中哈经贸合作发展势头很好,双边贸易额呈连年上升趋势。中方将继续支持和鼓励中国实力强、信誉好的企业与哈方建立直接联系和合作,在平等互利的基础上促进两国经济技术合作和相互投资。

会见后,纳扎尔巴耶夫总统和李岚清副总理出席了两国海关互助协定和关于两国有关部门成立油气股份公司合同的签字仪式。

中美联合经济委员会第十次会议发表联合公报

应中华人民共和国财政部部长刘仲藜的邀请,美利坚合众国财政部长罗伯特·鲁宾来华访问,并与刘仲藜部长共同主持召开了中美联合经济委员会第十次会议(以下简称联委会)。鲁宾财长访华期间,中国国家领导人会见了他,同他在友好的气氛中就促进中美双边关系及其他共同关心的问题进行了讨论。鲁宾财长向江泽民主席转交了克林顿总统的信,并就江主席即将赴华盛顿进行国事访问的有关经济问题,与江主席交换了意见。

联委会期间,双方高层官员就广泛的经济问题进行了深入的讨论。两位财长指出,通过联委会及其他形式的国际和区域论坛的定期对话,双方增进了在经济、金融及执法领域的相互了解和合作。同时,他们还强调了进一步加强两国之间关系及加强彼此合作的共同愿望。

联委会在全体会议之后就宏观经济政策和贸易、金融部门及执法问题进行了分组讨论。

关于宏观经济政策和贸易问题,双方回顾了促进各自经济增长及保持较低通货膨胀率的政策,并讨论了为保持这种势头所面临的挑战。中方谈到了在深化改革过程中保持总供需平衡及财政、金融稳定的情况。美方指出,近年来,美国产业实行了重大的调整,同时实行了谨慎的财政、货币政策。双方讨论了在改革及持续经济增长的框架下社会保障政策及国有企业的改革等复杂问题。双方还就两国外来投资的受益之处,及为确保投资环境具有吸引力所采取的措施进行了讨论。

双方讨论了各自的国际收支情况及两国间的贸易不平衡问题,也讨论了中国的汇率及外汇储备增长的有关情况和美国的汇率政策。此外,双方讨论了中国加入世界贸易组织问题,包括金融服务的作用,以及如何根据世贸组织的规则及义务加快这一进程。双方还讨论了两国在区域及国际金融体系中的作用。

双方讨论了如何发展两国的金融市场和加强金融监管,以及两国如何加强合作以改进金融监管问题。中方指出,中国已经并将继续采取措施加强银行监管体制。双方还讨论了各自金融机构的市场准入及资本市场信息流动的重要性等问题。

在执法问题方面,双方讨论了在打击金融犯罪、反洗钱及海关方面加强合作的问题。双方注意到中美两国适用于劳改产品进口或出口的法律。双方讨论了如何根据现有的协议加强合作,以便强化在这一领域的法律实施力度。

刘仲藜部长指出了继上届联委会后取得的进展：

中国决定加快国有企业的改革并调整和完善所有制结构；

中国政府接受国际货币基金组织的第八条款，表明中国在经济开放的进程中又迈出了重要步伐。中国在未来将实现人民币完全可兑换，从而使中国与世界经济进一步融合；

中国在上海浦东向一些外国银行发放了经营人民币业务许可证，这表明中国政府采取了实际行动，向符合从事这项业务要求的国际金融机构进一步开放了中国的金融市场；

中国海关总署与美国海关已恢复了海关互助协议的谈判，通过双方共同努力，这项协议可望在下届联委会召开之前签署。

鲁宾财长对这些均表示欢迎，并就下列问题发表了看法：

对中国承诺保护外国投资企业的权益，并将给予他们国民待遇使其能够在平等的水平上参与竞争表示欢迎；

欢迎中国积极参与国际金融系统的活动。他注意到中国最近在援助泰国方案中所作的贡献，并对中国有意加入泛美开发银行及中东北非经济合作与发展银行表示欢迎；

希望美国财政部与中国财政部之间继续发展关系。他注意到两个部门之间的交往在日益扩大，并注意到美国财政部及其他机构与中方机构的技术合作一直在进行，他希望这种合作应该继续下去。

刘仲藜部长和鲁宾财长同意下届联委会将在华盛顿举行。

中方参加本届联委会的代表来自财政部、中国人民银行、国家计委、国家经贸委、外交部、对外贸易经济合作部、海关总署、国家外汇管理局和中国证监会等。美方代表团成员包括财政部、美国贸易代表办公室、美国海关总署、联邦储备银行和美国驻北京使馆的官员。

国务院副总理朱镕基在钓鱼台国宾馆会见乌拉圭经济和财政部部长路易斯·莫斯卡

国务院副总理朱镕基在钓鱼台国宾馆会见巴西财政部部长佩德罗·桑帕约·马兰

国务院副总理朱镕基在钓鱼台国宾馆会见加拿大前总理皮埃尔·埃利奥特·特鲁多和蒙特利尔银行董事长兼首席执行官马修·巴雷特以及该银行董事会全体成员

中共中央政治局常委胡锦涛在人民大会堂会见以副主席何塞·罗德里格斯为团长的委内瑞拉基督教社会党代表团

全国中小学教材审定委员会部分委员在北京召开揭露批判台湾当局编写出版《认识台湾》教科书中的歪曲历史宣扬分裂祖国图谋座谈会

今年2月，台湾当局推出了一套初中一年级新教材《认识台湾》，分“历史篇”、“社会篇”和“地理篇”三册，于9月开始在岛内各学校试用，并将于明年正式使用。

出席座谈会的委员指出，新编教材《认识台湾》歪曲历史，蓄意割裂台湾与祖国大陆的联系，美化日本在台湾的殖民统治，企图向台湾青少年灌输所谓“脱中国化的台湾意识”，为少数人把台湾作为“独立政治实体”张目，是岛内分裂和“台独”意识的一种表现。

委员们指出，台湾自古以来就是中国不可分割的一部分，台湾当地的少数民族也是中华民族大家庭中的一员。两岸中国人骨肉相连，中华文化一脉相传。长期以来，祖国大陆各族人民和台湾同胞一道为开发台湾、建设台湾作出了不可磨灭的贡献。然而，新编教科书却无视历史，只字不提中华民族，不谈中华文明，妄图以所谓的“台湾人”、“台湾精神”取而代之。教材污蔑两岸人民的正常交往，竟把历史上祖国大陆人民移居、开发台湾与历史上荷兰、西班牙及日本对台湾的侵占相提并论，称之为“国际竞争”。在论述有关日本对台湾的侵占和殖民统治时，教材不仅贬低和否定两岸中国人民共同为台湾回归祖国前赴后继、浴血奋战的艰苦历程，反而却对日本帝国主义在台湾的残酷统治、野蛮掠夺歌功颂德，把日本侵占台湾时期美化为“促进”台湾现代化的时期。

委员们指出，教科书《认识台湾》以乡土教材为名，打着引导学生了解台湾乡土文化传承的幌子，实际上进行的却是宣扬分裂祖国的活动，完全违背了学术的良知和中国人的良心。教科书在许多方面混淆概念，歪曲历史，本末倒置，而且逻辑混乱，错误百出。用这样的教科书去教育学生，只能在知识传授上制造错误，在学生观念形成上制造混乱，误人子弟，后果严重，影响恶劣，教材编写者的用意昭然若揭。

委员们指出，台湾少数人企图用教科书实施分裂祖国的阴谋遭到了广大台湾人民的强烈反对。不少有识之士纷纷发表文章揭露其分裂阴谋，要求对教科书进行修改。委员们希望台湾当局尊重历史，正视错误，顺从民意，对《认识台湾》教科书进行彻底修改；也呼吁台湾教育界的同行们本着实事求是的精神，抱着对青少年负责任的态度，抱着对中华民族前途负责任的态度，认真编写教科书，还历史、地理、社会的本来面目，维护祖国的统一。

出席座谈会的有来自北京大学、北京师范大学、首都师范大学、中央教育科学研究所、人民教育出版社、中国地理出版社及全国台联、中国社会科学院台湾研究所的有关专家学者。

9 月 27 日

民盟 民进 致公党台盟和全国工商联学习座谈中共十五大精神

各民主党派中央和全国工商联连日来分别召开会议，学习座谈中共十五大精神。

民盟中央举行七届第四十次主席会议，民盟中央主席丁石孙主持。会议认为，在为实现跨世纪宏伟目标奋斗的进程中，高举邓小平理论旗帜不动摇，我们的事业就一定能够从胜利走向胜利，我们的目标就一定能够达到。这是中国共产党从历史和现实中得出的重要结论，也是中国民主同盟长期和中国共产党亲密合作中体会到的重要经验。我们深信，具有光荣传统和丰富经验的中国共产党，一定能领导全国人民胜利迈向 21 世纪，把我国建设成为富强民主文明的社会主义现代化国家。

民进中央举行第四十八次主席会议和第十八次常委会。全国人大常委会副委员长、民进中央主席雷洁琼说，中共十五大进一步强调了中国现在处于并将长期处于社会主义初级阶段的科学论断。社会主义初级阶段是邓小平理论的基石，我们制定一切方针政策都要从这一中国最大的国情出发。十五大报告多次讲到爱国统一战线、坚持和完善共产党领导的多党合作和政治协商制度问题。中共中央在就各民主党派中央、全国工商联向中共十五大发出贺信、贺电的感谢信中指出，各民主党派、工商联是发展爱国统一战线，维护安定团结和建设有中国特色社会主义的重要依靠力量。我们一定要高举邓小平理论的伟大旗帜，为民族的振兴，国家的富强和祖国的统一做出新的贡献。

致公党中央举行主席（扩大）会议，全国政协副主席、致公党中央主席董寅初说，中共十五大把邓小平理论确定为中国共产党的指导思想，这一历史性决策，反映了包括我们民主党派在内的全国各族人民的共识和心愿。中共十五大提出的我国今后一个时期建设有中国特色的社会主义的一系列方针符合中国国情，既鼓舞人心，又是完全可以实现的。会议要求致公党各级组织和广大党员认真学习、热情宣传中共十五大，在以江泽民同志为核心的中共中央领导下，高举爱国主义和社会主义两面旗帜，积极履行参政党职能，为早日完成祖国统一大业作出应有的贡献。

台盟中央主席蔡子民在台盟中央召开的主席会议上说，江泽民同志的报告谈到祖国统一问题，要点明确，对推动和实现祖国完全统一有着重大的指导意义。蔡子民表示，作为台湾同胞，他特别注意到江泽民同志报告中提出“寄希望于具有光荣爱国主义传统的台湾同胞”。他说，祖国统一不仅不会影响台湾同胞的利益，相反会给他们带来更好的发展机会。他表示期望与台湾同胞一道，为发展两岸关系，实现祖国统一共同努力。

全国工商联举行主席扩大会议，会议由全国工商联主席经叔平主持。全国人大常委会副委员长、全国工商联名誉主席王光英在会上说，通过学习江泽民同志在中共十五大上作的报告，对中国发展方向更明确了，更有信心了。学习报告有三个核心内容必须牢牢把握住：一是邓小平理论；二是初级阶段理论；三是以经济建设为中心的指导方针。他说，几十年前，我选择了跟党走，走社会主义道路。几十年后的今天，虽然历经风风雨雨，但我仍然无怨无悔，更坚定了自己当初的选择。

国务院发出《关于开展 1997 年税收财务物价大检查的通知》

各省、自治区、直辖市人民政府，国务院各部委、各直属机构：

国务院决定 1997 年继续在全国范围内开展税收财务物价大检查（以下简称大检查）。现将有关事项通知如下：（文略）

北京大学纳米科学与技术研究中心成立

纳米是一种度量单位，一纳米等于百万分之一毫米。纳米技术是 80 年代初迅速发展起来的前沿学科，它使人们认识、改造微观世界的水平提高到前所未有的高度。近年来，北大在纳米科技领域取得了很大成绩：电子学系的超高密度信息存储研究，其成果处于国际领先水平；朱星教授在国内较早地开展了近场光学显微技术的研究等。

据介绍，北大纳米科学与技术研究中心主任为中科院院士、北大电子学系教授吴全德。中心目前包括纳米化学、纳米电子学、纳米生物学、介观物理和微电子机械系统等 5 个研究室。

朱光亚、韦钰等 20 多位两院院士参加了这个中心的成立大会。

中国轻工总会授予中国工艺美术大师称号大会在北京召开

在会上被授予中国工艺美术大师称号的 108 位同

志，多年来用自己的艺术才能和丰富的表现技巧，设计、制作了许多艺术珍品，同时培养了大批优秀人才。从50年代到80年代，原轻工业部已分别授予96人以中国工艺美术大师称号，同时对150位优秀创作设计人员进行了表彰奖励。

9月28日

中办 中联部发表感谢对中共十五大新当选领导人电贺的公告

全文如下：

中共中央办公厅、中共中央对外联络部公告

在中国共产党召开第十五次全国代表大会期间和江泽民同志当选为中共中央总书记以后，承蒙许多国家政党、政府、民间团体及其领导人，驻华使节、友好人士以及旅居国外的华侨、华人，香港同胞和澳门、台湾同胞等向大会、向中共中央、向新当选的领导人发来贺电贺信，表示热烈祝贺和良好祝愿。中共中央办公厅、中共中央对外联络部受中共中央和江泽民总书记的委托，谨表示衷心的感谢。

全国政协办公厅中央统战部在人民大会堂举行国庆招待会

香港特区临立会审议通过《立法会条例》

按照《立法会条例》(以下简称《条例》)的规定，香港特区第一届立法会共设60个议席，其中分区直选产生20名议员，功能团体选举产生30名议员，由4个界别、800人组成的选举委员会选举产生10名议员。年满18岁，通常在香港居住的香港特区永久性居民，经登记成为选民后，才有权投票。参与功能团体选举和选举委员会选举的选民还必须符合其他一些条件。

《条例》规定，年满21岁、已登记为分区直选选区选民、在紧接提名前的三年内通常在香港居住的人士才合资格获提名为分区直选议员候选人；功能团体选举的候选人必须是分区直选选区的选民，同时为有关功能组别的选民或与该功能组别有密切关系者；所有分区直选选民均可角逐选举委员会的10个议席。所有候选人在提交提名书时，必须签署一份表格，声明拥护基本法、效忠香港特别行政区。

《条例》还对选举委员会的组成、功能组别及选举委员会选民划分、第一届立法会及以后各届立法会任期、有关选举的上诉程序等作出了规定。

这次临立会会议还审议通过了《1997年香港终审法院(修订)(第3号)条例》。

中国人民对外友好协会和中国日本友好协会在人民大会堂举行庆祝中日邦交正常化25周年招待会

出席招待会的有：国务院副总理李岚清，全国人大常委会副委员长王光英，全国政协副主席吴学谦、钱正英，原全国人大常委会副委员长黄华，以及中国各有关部门负责人、从事中日友好工作的各界人士、文化艺术界代表；应邀来华参加中日邦交正常化25周年庆祝活动的以日本前首相竹下登为最高顾问、日本经济团体联合会名誉会长平岩外四为团长的日本文化经济交流代表团和日本国际贸易促进协会会长、前众议院议长樱内义雄，日中友好会馆会长、前副首相后藤田正晴，日中友好议员联盟会长林义郎，日中友协会长平山郁夫，日中协会理事长野田毅等日本对华友好团体的负责人，以及日本驻华大使佐藤嘉恭等。

对外友协会长齐怀远在致辞中说，中日邦交正常化25年来，经过两国政府和人民的共同努力，中日关系在政治、经济、科技、文化以及地方政府之间的交流等各个方面都取得了全面深入的发展。中日友好合作不仅为两国的繁荣与发展带来了切实利益，也为亚太地区的和平、稳定、繁荣作出了世人瞩目的贡献。“饮水不忘掘井人”，在欢庆邦交正常化25周年之际，我们十分怀念那些为打开两国关系披荆斩棘、开路架桥的先驱者和奠基人。他说，中日关系已经进入了承前启后，继往开来的新时期，中日两国要遵循中日联合声明和中日和平友好条约的原则，共同努力，把一个健康、稳定的中日友好关系推向21世纪。中日两国是亚洲大国，也是国际社会的重要成员，把一个长期健康、稳定的中日关系带进21世纪是中日两国人民的共同心愿，也是维护亚洲和世界和平的重要因素。

竹下登在致辞中说，日中邦交正常化25年来，两国关系取得了巨大发展。他说，日中关系对于亚太地区乃至世界的和平与稳定都是至关重要的。他表示愿与在座的各位朋友一道为今后日中关系构筑新的桥梁而努力，特别要为增进包括年轻政治家在内的日本年轻人对中国的了解和加强日中文化等领域的交流继续作出自己的贡献。他祝愿日中两国世世代代友好下去。

樱内义雄说，25年前，由于两国领导人的英明果断决策，并通过日中两国先辈们的努力，实现了两国邦交正常化。自此，两国在政治、经济、文化、体育等广泛领域发展了交流与合作。他说，我们要站在25年前确定的原则立场上，正视历史、吸取教训、展望未来。他表示要为继承日中友好事业付出全部力量。

全国人大常委会委员长乔石在钓鱼台国宾馆会见由海外投资集团(澳洲)有限公司董事长许荣茂太平绅

士为团长前来参加国庆活动的澳大利亚友好访华团

外经贸部部长吴仪在日本千叶县召开的首届亚欧经济部长正式会议上就亚欧贸易和投资合作问题发表讲话

吴仪阐述了中国在亚欧贸易和投资合作问题上的立场和原则。

吴仪说，随着世界经济全球化进程的加快、全球多边贸易体系的形成以及区域经济合作的蓬勃发展，贸易和投资在一个国家的经济发展过程中所发挥的作用日趋突出。她认为，亚洲和欧洲间贸易与投资的潜力尚未充分发挥，应当充分利用现有的合作渠道，积极开展卓有成效的合作。吴仪指出，“亚欧间的贸易与投资合作只有建立在相互尊重、承认差别、求同存异的基础上，采取实事求是的态度，才能取得实际的成果。过分强调步调一致和统一行动是不现实的”。

吴仪强调，今后亚欧两地区在贸易和投资领域开展合作应遵循以下原则：首先，平等互利，相互尊重。在推进贸易与合作过程中，必须考虑到不同发展水平成员国的利益，并在采取实际行动时体现利益均衡的原则。其次，非歧视原则。亚欧成员国在贸易和投资领域采取的任何优惠措施，应该无条件地对其他成员国以及非亚欧会议成员国平等实施。现存的歧视性贸易作法与投资壁垒应尽快予以取消。最后，循序渐进，注重实效。建议先从分歧较少的贸易与投资便利化工作入手开展合作，逐步消除阻碍两地区贸易与投资正常发展的种种壁垒及障碍，最终达到促进贸易发展和资本流动的目的。

吴仪说，虽然目前亚欧间贸易往来与投资流动已具有相当规模，未来进一步发展也存在巨大潜力，但由于一些成员国内部仍然存在歧视性贸易壁垒，成员间正常的贸易秩序受到人为破坏。这些贸易壁垒如继续存在下去，必将严重影响亚欧贸易与投资合作的深入发展。她建议就成员内部存在的阻碍贸易和投资发展的壁垒进行定期磋商、交流意见、加深理解，以期尽早消除障碍。

解放军驻香港部队决定两军营国庆向公众开放

中国人民解放军驻香港部队决定在国庆日开放昂船洲和赤柱两个军营，让香港市民参观。这是驻港部队进驻香港后，部队军营首次向公众开放。

驻港部队负责人表示，驻港部队进驻香港后，已经为开放军营做准备工作。这次在国庆日开放军营，让香港市民与部队官兵一起庆祝中华人民共和国成立48周年这个喜庆日子。

这次开放的昂船洲军营是驻港部队的海军基地，驻港部队海军舰艇大队驻守在这里；另一个开放的赤柱军营，驻港部队步兵旅的英雄连队——“大渡河连”驻守在这里。

国务院总理李鹏在中南海会见108位中国工艺美术大师

国务院总理李鹏等到北京故宫博物院考察

李鹏来到故宫博物院，就文物保护和管理以及故宫周边环境整治等有关问题进行考察。李鹏指出，要继续贯彻有效保护，合理利用，加强管理的原则，建立与社会主义市场经济体制相适应的文物保护体制，使我国丰富的文化遗产在两个文明建设中发挥积极作用。

李鹏和国务委员李铁映首先参观故宫藏品库，察看库中的珍贵藏品及保护情况。随后，李鹏登上故宫神武门上的城墙，察看城墙外护城河的污染情况。

在参观一些馆、殿后，李鹏在漱芳斋听取了国家文物局局长张文彬关于我国文物博物馆事业和故宫情况的汇报。张文彬介绍说，我国现有文物保护管理机构1836个，全国重点文物保护单位750处，博物馆1205所。全国文物系统共有馆藏文物1100余万件，每年举办陈列展览5000个以上，观众达1.5亿人次，在向人民群众进行爱国主义、社会主义的国情教育方面，发挥了重要作用。

故宫博物院是在明清两代皇宫及其收藏基础上建立的，创建于1925年，解放后获得了很大发展，是我国规模最大、藏品最丰富、一级品文物最多、工作人员中获得高级职称最多的博物馆。现有藏品93万多件。1987年联合国教科文组织《保护世界文化和自然遗产公约》世界遗产委员会将故宫列入“世界遗产名录”。

在听取了有关汇报后，李鹏就文物保护和管理及故宫周边环境整治等问题与大家进行了讨论。李鹏说，我国是一个文明古国，历史文化遗产非常丰富，保护和利用好祖国的珍贵文物，是我们义不容辞的责任和义务。各级政府对文物工作要给予应有的重视。文物保护部门更要尽心尽力，认真工作，加强管理和保护。

李鹏说，故宫是一个在国内外都有很大影响的博物馆，是广大人民群众特别是青少年实地了解历史的场所，也是我们文物保护工作的重中之重。多年来，故宫在文物管理、保护和利用等方面作了很大努力。他说，随着旅游业的发展，中外游客到故宫参观的人数会越来越多。一方面要使广大游客尽可能多地看到文物；另一方面要加强对文物的管理和保护。

李鹏指出，对故宫周边的环境，中央有关部门、北京市政府和故宫博物院要加强协调,密切配合,从保护故宫的大局出发,进行整治。

第八届冰心奖颁奖大会在北京举行

雷洁琼、胡絜青等出席颁奖大会。

北京少儿出版社的《自画青春丛书》、海燕出版社的《中国大百科全书青少年版》等42种图书获第八届“冰心儿童图书奖”。木片儿的小说《老骥》、陆政英的散文《小姐姐的故事》、尹慧文的童话《会唱歌的被子》等13篇作品获第五届“冰心儿童图书新作奖”。梁宇、李昊瑜等81人获第四届“冰心艺术奖”。

中国女排在马尼拉举行的第九届亚洲女排锦标赛中夺得冠军

9月29日

中共中央在中南海怀仁堂召开党外人士座谈会

下午,在党的十五届一中全会上新当选的七位中共中央政治局常委江泽民、李鹏、朱镕基、李瑞环、胡锦涛、尉健行、李岚清,在中南海怀仁堂与各民主党派中央、全国工商联负责人、无党派代表人士亲切见面座谈,共同庆祝中共十五大的胜利召开和即将到来的国庆佳节,畅谈祖国的建设和发展。

江泽民在讲话中说,中国共产党刚刚召开了第十五次全国代表大会。这是在我国改革开放和社会主义现代化建设承前启后、继往开来的重要时期召开的具有重大意义的会议。大会圆满完成了确定的各项任务。大会通过的报告,站在世纪之交的历史高度,总结中华民族百年来的奋斗历程,展望未来,对我国改革和建设的跨世纪发展作出全面部署,是我们党带领全国各族人民迈向21世纪的政治宣言和行动纲领。大会选出了中国共产党新一届中央委员会,十五届一中全会又选出了新的中央领导机构,这也是跨世纪的。对这次大会取得的成果,全国人民衷心拥护,国际舆论也高度评价。

江泽民说,这次大会的灵魂,就是高举邓小平理论的伟大旗帜。旗帜问题至关紧要。小平同志逝世后,举什么旗,走什么路,是个政治方向问题,举国关注、举世瞩目,它直接关系建设有中国特色社会主义事业的巩固和发展,关系全国各族人民的根本利益。这次大会鲜明地回答了这个问题,在党章中明确邓小平理论为党的指导思想,进一步强调全党要毫不动摇地坚持邓小平理论。这充分表明了我们走邓小平同志开创的建设有中国特色社会主义道路的坚强决心和信念,也充分反映了全国各族人民的共同心愿。在跨越世纪的征途上和振兴中华的历史进程中,我们要始终不渝地坚持用邓小平理论来指导我们的整个事业和各项工作。

在介绍了十五大的有关情况后,江泽民说,这次大会的成功,是中国共产党全党努力的结果,也是全国各族人民共同努力的结果。大会准备期间,在座的各位朋友,从国家和人民的利益出发,提出了许多很好的意见,我们都认真研究并加以吸取。大会开幕后,各民主党派中央和全国工商联还发来了贺信。他代表中共中央向大家表示衷心感谢。

江泽民强调,统一战线是我们党的一大法宝。巩固和发展新时期爱国统一战线,是我们事业发展的必然要求。中国共产党同各民主党派有着长期团结合作的优良传统。十五大报告强调,要继续坚持和完善中国共产党领导的多党合作和政治协商制度,坚持“长期共存、互相监督、肝胆相照、荣辱与共”的方针,加强同民主党派合作共事,巩固我们党同党外人士的联盟。这是我们党的一贯方针。今年第四季度各民主党派将召开各自的代表大会。中共中央预祝你们取得成功,顺利完成换届工作,实现组织上的新老交替和政治上的交接。各民主党派新的领导同志,要认真学习老一辈领导人的革命风范,把民主党派同中国共产党亲密合作的优良传统坚持下去,并不断发扬光大。

江泽民指出,各民主党派、工商联和无党派人士,经常就国家的大政方针,同我们党进行协商,提出了不少很好的意见、建议和批评,这对于促进决策科学化、民主化起了重要的作用。今后要继续坚持这样做,大家出主意想办法,共同把国家和人民的事情办好。在贯彻十五大精神的过程中,我们党和国家有关部门还要进一步认真听取大家的意见和建议,以利集思广益,把各方面的工作做得更好。相信各民主党派、工商联、无党派代表人士,一定会进一步发挥自己的积极作用,在维护全国安定团结的政治局面,促进改革开放和经济发展,加强社会主义精神文明建设和民主法制建设,推进祖国和平统一等方面,作出新的更大的贡献。

江泽民最后说,小平同志说过:“下个世纪中国是很有希望的。”让我们团结一致,同心同德,为中华民族的伟大复兴,为祖国的繁荣昌盛而努力奋斗。

江泽民讲话后,各民主党派中央、全国工商联负责人和无党派人士雷洁琼、程思远、吴阶平、卢嘉锡、何鲁丽、丁石孙、成思危、经叔平、杨纪珂、蔡子民先后发言。他们对中共十五大的胜利召开表示热烈祝贺。他们在发言中认为,中共十五大是一次成功的大会。十五大最大的贡献是确立了邓小平理论的历史地位,深得党心军心民心,这也是我国社会主义伟大事业一定能够取得胜利的根本保证。他们表示,大会选举产生的以江泽民同志为核心的新的领导集体,是邓小平开创的建设有中国特色社会主义伟大事业的继承者和开拓者，是中国人民跨世纪发展的坚强核心，深受人民群众的信任和拥护，是众望所归。他们在讲话中一致表示，将与全国人民一道认真学习贯彻中共十五大精神，坚持完善共产党领导的多党合作，巩固壮大爱国统一战线，为把建设有中国特色社会主义伟大事业全面推向新世纪而努力奋斗。

座谈会由中共中央政治局常委、全国政协主席李瑞环主持。李瑞环说，具有划时代意义的中国共产党第十五次全国代表大会开得很成功，是一次承前启后、继往开来的大会；是高举邓小平理论伟大旗帜，动员全党和全国各族人民团结奋斗，把建设有中国特色社会主义全面推向 21 世纪的大会。大会科学地总结过去的实践经验，对我国的跨世纪发展作出全面部署，必将对中国未来的发展产生重大而深远的影响。

在座谈会结束时他说，今天这个会再一次生动体现了中国共产党和各民主党派、工商联、无党派人士团结合作的亲密关系，生动体现了我国社会主义政党制度的优越性。在新的历史条件下，我们要进一步发扬优良传统，加强多党合作，充分发挥各民主党派、工商联和各界人士的作用，不断推进社会主义民主政治建设。让我们在以江泽民同志为核心的党中央领导下，同心同德，为实现十五大提出的战略目标，为把我国建设成为富强、民主、文明的社会主义现代化国家而努力奋斗。

中共中央政治局候补委员、书记处书记，中央办公厅主任曾庆红，全国政协副主席、中央统战部部长王兆国等有关方面负责人出席座谈会。

出席座谈会的党外人士还有：费孝通、王光英、阿沛·阿旺晋美、钱伟长、孙孚凌、万国权等 80 余人。

国务院侨办 港澳办 台办在人民大会堂联合举办国庆招待会

乔石、朱镕基、李瑞环、尉健行、李岚清出席了招待会。

中共中央政治局委员、国务院副总理钱其琛致祝酒词，他首先代表中国政府和人民，向远道而来的同胞们、朋友们表示热烈的欢迎，并通过他们向广大海外侨胞、港澳同胞、台湾同胞和华人朋友，致以亲切的问候和良好的祝愿。

《共和国十大将》画册出版座谈会在北京举行

中共中央总书记、国家主席、中央军委主席江泽民为画册题写书名。

中共中央政治局委员、书记处书记、中央军委副主席张万年出席座谈会并讲话。张万年说，画册《共和国十大将》收录了十位大将戎马生涯中各个时期的历史图片，生动地反映了他们光辉的军事实践。江泽民主席在百忙中为画册题写了书名，刘华清同志为画册写了前言。这是全军部队进行爱国主义和革命英雄主义教育的好教材，对于学习老一辈无产阶级革命家的革命精神和军事实践，发扬我党我军的优良传统，必将起到重要作用。

出版座谈会由中央军委委员、总政治部主任于永波主持。

画册《共和国十大将》主要反映 1955 年 9 月被授予中国人民解放军大将军衔的粟裕、徐海东、黄克诚、陈赓、谭政、萧劲光、张云逸、罗瑞卿、王树声、许光达的戎马生涯和辉煌业绩。画册共精选 417 幅图片，并配有相关的文字。画册由长城出版社出版。

李德生、廖汉生等军队老同志，解放军三总部、军委办公厅、中央国家机关有关部门的领导隗福临、袁守芳、王太岚、董良驹、龚心瀚、于友先以及十位大将的亲属出席了座谈会。

国务院副总理姜春云在北京邀请专家举行商讨黄河断流对策措施座谈会

据了解，黄河从 1972 年开始出现断流，到 1997 年的 26 年中，下游共有 20 年发生断流。进入 90 年代，从 1991 年到 1997 年连年断流。今年断流 9 次，共计 169 天，断流河段约 700 公里，而且首次出现汛期断流。黄河断流对这一流域的工农业生产和人民生活造成严重困难；由于影响排沙入海，也降低了防洪能力，还对黄河下游的生态环境带来了不利影响。

在今天的座谈会上，20 多位水利、生态专家，分析了黄河断流的情况、原因，以及对经济社会发展、人民生活造成的困难，提出了解决这一问题的对策建议。

专家们认为，造成黄河断流既有自然因素，也有人为因素，主要原因是：来水量减少，而用水量大幅度增加；生产生活用水浪费严重；对黄河流域水资源缺乏科学、有效的调度管理；水污染也是加剧供水矛盾的原因之一。

听取了各位专家的发言后，姜春云指出，黄河是中华民族的摇篮，是我国西北和华北地区的主要水源，担负着流域内及下游沿黄地区约 1.4 亿人口、2.4 亿亩耕地、50 多座大中城市、晋陕宁蒙接壤的能源基地和中原、胜利两大油田的供水任务，为沿黄经济和社会发展做出了重大贡献。他强调，对黄河断流所带来的困难和问题，一定要有充分的估计和清醒的认识。

姜春云根据专家和有关部门的建议，提出采取以下六条措施：

一、加强管理，科学调度。要从黄河实际来水量出发，重新修订完善黄河水资源合理分配方案，并加强全流域水资源管理。特别要搞好今冬和明年的供水调度，以确保今年的秋种、明年的春播和夏粮丰收。

二、增强全社会的水忧患意识。要把黄河断流、缺水的情况告诉沿黄所有农民、职工和城市居民，发动广大群众积极参加以“开源节流”为主要内容的水利建设，开展群众性的节水爱水活动。

三、积极开辟水源，增加供水量。要下大力搞好上游的水土保持，种树种草，整治土地，恢复植被，优化生态，涵养水源，这是一项根本性措施。这项工作，江泽民总书记、李鹏总理作了重要批示，国务院也召开会议作了部署，各地要认真抓好贯彻落实。在黄河中游修建必要的水利调控骨干工程，以掌握开发利用黄河水的更大的主动权。沿黄各地要多做一些小微型蓄水截流工程，尽可能多蓄一些天然降水。要打一批抗旱井，适当开采地下水，以弥补黄河水的不足。

四、广泛深入地开展节水活动。严格节约用水，扭转水资源粗放利用、严重浪费的状况，是解决黄河断流、缺水问题的关键性措施。农业、工业和生活用水，都要厉行节约，大力推行各种节水技术和措施。

五、大搞农田水利基本建设。为了确保明年适时春播和夏粮丰收，沿黄各地要集中力量搞好冬春农田水利建设。各地要根据蓄水减少的情况做最困难的打算，抓紧制订增水计划，尽量多搞一些应急水利工程，把天上水、地表水、地下水最大限度地开发利用起来。

六、深化水利改革，充分发挥市场机制在水资源配置中的基础作用，合理确定水价。

姜春云强调指出，解决黄河断流、缺水问题涉及沿黄上下游、左右岸以及部门间的利益调整，关联因素多，任务十分艰巨。各地、各部门要顾全大局，团结一致，坚持远近结合，标本兼治，旱涝并防，综合治理，采取经济、法律、行政、科技、宣传等多种措施，形成强大合力，以期取得应有的成效。

中央军委副主席迟浩田看望进京参加“共和国不会忘记——老英模相聚在北京”系列活动的老英模

迟浩田对老英模们说:“你们为共和国作出了巨大贡献，党和人民不会忘记你们，全军官兵不会忘记你们。”迟浩田说，你们当中有男英雄、女英雄；有抗日战争时期的英雄，有解放战争时期的英雄，有抗美援朝时期的英雄，有支前模范。希望你们把好思想、好作风、好传统一代代传下去，教育后代把国家建设好，把国家保卫好，使中华民族永远屹立于世界民族之林。

这次进京的老英模中，有华东一级人民英雄刘奎基、智取华山侦察英雄刘吉尧、辽沈战役中闻名全国的机枪大王梁荣保；有昔日让日本侵略军闻风丧胆的雁翎队队长赵波、樊庄地道战领头人苑祥，《地雷战》中赵虎原型之一于化虎、民兵杀敌英雄张小保；有《小兵张嘎》原型之一燕秀峰、支前模范“沂蒙六姐妹”代表杨桂英；还有电影《上甘岭》中卫生员王兰原型王清珍、现代京剧《奇袭白虎团》严伟才原型之一杨育才等 11 人。这些老英模中的许多人在 1950 年进京参加过全国战斗英雄代表大会，受到毛泽东主席接见。

国务院扶贫开发领导小组组长陈俊生在国务院扶贫开发领导小组全体会议上发表讲话

陈俊生说，党的十五大明确把扶贫攻坚作为全党的一项重大任务写入了报告，对扶贫开发工作提出了新的更高的要求。这充分说明了党中央对扶贫开发工作的高度重视，扶贫开发已经成为全党工作的一项重要内容。在今后的扶贫开发工作中，必须继续坚定不移、毫不动摇的坚持邓小平理论。要进一步统一思想，提高对扶贫开发工作的认识，坚定信心，确保到本世纪末基本解决我国农村贫困人口的温饱问题。第一，要继续抓好改变贫困地区基本生产条件的工作，当前要做好缺水地区的小型水利工程建设，为当地脱贫创造条件。第二，扶贫开发工作要抓重中之重，贫中之贫。要重点抓好西南、西北等重点地区的重点省（区），在扶贫到村到户的基础上，重点抓好对特困村特困户的帮扶工作。第三，要加强扶贫开发工作的调查研究，分地区分项目找出典型，有针对性地研究一些解决温饱问题的措施。第四，要进一步加大东西扶贫协作工作的力度，对这项工作进行再认识、再动员，使之见到更大的成效。同时要继续加强与国际组织在扶贫开发领域的合作。第五，要团结协作，苦干实干，把贯彻十五大精神，落实到扶贫工作的具体行动中去。

跨上海 浙江 江苏等省市港口集装箱码头的行政管理机构——上海组合港在上海成立

中共中央政治局委员、国务院副总理吴邦国为上海组合港揭牌。交通部部长黄镇东主持仪式。中共中央政治局委员、上海市委书记黄菊，国务院副秘书长石秀诗，上海市市长徐匡迪，浙江省副省长叶荣宝，江苏省副省长季允石等出席组合港成立暨揭牌仪式。

李鹏总理为上海组合港题写了“发挥综合优势，组建上海组合港”的题词。邹家华副总理为上海组合港题写了牌名。

吴邦国副总理在讲话中指出，建设上海国际航运中心，是党中央、国务院作出的重要决策。交通部和上海市、浙江省、江苏省为落实这项决策做了大量的工作。去年 6 月，宁波北仑至美东航线开航；11 月，上海航运交易所顺利开业；今年 4 月，上海外高桥集装箱码头建造项目付诸实施；前不久，国务院批准长江口深水航道治理一期工程正式立项，并力争年内开工建设。今天，又举行上海组合港成立暨揭牌仪式，这标志着建设上海国际航运中心的工作，又向前迈进了一大步。

吴邦国指出，建设上海国际航运中心，不仅对于上海的发展有着重要意义，而且关系着长江流域的发展乃至全国的发展。组建上海组合港，是建设上海国际航运中心的重要措施。上海组合港以上海为中心，以浙江、江苏为两翼，扬长避短、优势互补，这不仅有利于资源优化配置，而且可以避免重复建设，更好地为长江流域、长江三角洲经济发展和对外开放服务。

吴邦国要求上海组合港成立后，要认真学习贯彻党的十五大精神，在资产重组、体制创新、扩大开放等方面，力争有所突破，把上海组合港的事情办好。

国务院总理李鹏和日本首相桥本龙太郎互致贺电祝贺中日邦交正常化 25 周年

李鹏在贺电中表示，中日邦交正常化 25 年来，经过两国政府和各界人士的共同努力，两国关系在各个领域都取得了长足发展，不仅给两国带来重要利益，也为本地区和世界的和平、稳定与发展作出了重要贡献。中日关系发展到今天这种良好局面来之不易，值得双方共同珍惜。李总理指出，中日两国互为重要邻国和主要经济合作伙伴，在世界多极化趋势加速发展的形势下，两国加强面向 21 世纪的睦邻友好合作关系，意义重大，前景更加广阔。衷心希望中日双方以邦交正常化 25 周年为契机，在中日联合声明和中日和平友好条约的基础上，不断努力，推动两国关系更加健康稳定地向前发展。

桥本首相在贺电中表示，25 年前的今天，日中两国实现了历史性的邦交正常化，此后双方超越社会体制的不同，在各个领域发展了友好合作关系。他本人在不久前的访华期间，与中国领导人共同回顾了邦交正常化以来两国关系的发展，一致认为面向新的 25 年，双方应加强对话，深化合作。桥本表示，今年 11 月李鹏总理将应邀访问日本，他确信通过两国领导人的往来将使日中关系向深度和广度发展，日方愿与中方一道，为进一步推进日中两国人民面向 21 世纪的友好关系而作出努力。

国务院总理李鹏在中南海紫光阁会见日本前首相竹下登率领的日本各界人士代表团和日中友好团体负责人

他们是：竹下登夫、日本国际贸易促进协会会长樱内义雄、日本经济团体联合会名誉会长平岩外四和夫人、日中议员联盟会长林义郎和夫人、日中协会理事长野田毅等。日本客人是专程前来参加中日邦交正常化 25 周年纪念活动的。

国务院总理李鹏电贺国际原子能机构成立 40 周年

全国人大常委会委员长乔石在人民大会堂会见加拿大里贾纳大学校长唐纳德·威尔斯夫妇

1997 年“友谊奖”颁奖大会在北京举行

45 位为中国经济建设和科教、文化事业作出突出贡献的外国专家荣获 1997 年度“友谊奖”。邹家华、宋平、李贵鲜向他们颁了奖。

在获奖的 45 人中，有文教专家 12 名，经济技术及管理专家 29 名，国外专家组织代表 4 名。

对外贸易经济合作部国家工商行政管理局发布《中外合资经营企业合营各方出资的若干规定》的补充规定

（1997 年 9 月 2 日国务院批准 1997 年 9 月 29 日外经贸部、国家工商行政管理局发布）

为了对外商投资企业投资者（含收购国内企业资产或股权设立的外商投资企业）出资加强管理，现就《中外合资经营企业合营各方出资的若干规定》作如下补充规定：

一、对通过收购国内企业资产或股权设立外商投资企业的外国投资者，应自外商投资企业营业执照颁发之日起 3 个月内支付全部购买金。对特殊情况需延长支付者，经审批机关批准后，应自营业执照颁发之日起 6 个月内支付购买总金额的 60% 以上，在 1 年内付清全部购买金，并按实际缴付的出资额的比例分配收益。控股投资者在付清全部购买金额之前，不能取得企业决策权，不得将其在企业中的权益、资产以合并报表的方式纳入该投资者的财务报表。

二、中外合资经营企业的投资者均须按合同规定的比例和期限同步缴付认缴的出资额。因特殊情况不能同步缴付的，应报原审批机构批准，并按实际缴付的出资额比例分配收益。对中外合资经营企业中控股（包括相对控股）的投资者，在其实际缴付的投资额未达到其认缴的全部出资额前，不能取得企业决策权，不得将其在企业中的权益、资产以合并报表的方式纳入该投资者的财务报表。

三、中外合作经营企业和外商独资经营企业比照本规定执行。

全国远程会诊骨干网联通典礼在北京举行

全国政协副主席钱正英出席联通典礼并按下电键。

中国远程医疗会诊骨干网，是中国医学基金会受国际医学互联网络协会和国内外企事业单位的委托组建起来的。它和基层网共同组成了中国医学互联网。

目前,骨干网已包括全国 25 个省市区的 40 家重点医学院校附属医院和地方重点医院,集中了 2000 余位国内外著名专家;基层网已入网的有遍及全国的省、地、市,直至县级的 50 家医院。

9 月 30 日

国务院总理李鹏在人民大会堂举行庆祝中华人民共和国成立 48 周年招待会

江泽民、李鹏、乔石、朱镕基、李瑞环、刘华清、胡锦涛、尉健行、李岚清、荣毅仁等,同千余名各界人士和来自世界各地的宾朋共庆中国人民的光辉节日。

李鹏总理在招待会上发表讲话。

丁关根、田纪云、李铁映、迟浩田、张万年、姜春云、贾庆林、钱其琛、温家宝、曾庆红、邹家华、张震、王汉斌、费孝通、雷洁琼、李锡铭、王丙乾、王光英、程思远、卢嘉锡、布赫、吴阶平、宋健、李贵鲜、陈俊生、司马义·艾买提、彭珮云、任健新、张思卿、杨汝岱、王兆国、阿沛·阿旺晋美、洪学智、钱伟长、钱正英、孙孚凌、朱光亚、万国权、何鲁丽等出席招待会。

出席招待会的老同志有:李德生、萧克、张劲夫、陈锡联、段君毅、黄华、叶飞、廖汉生、谷牧、马文瑞、王恩茂、杨成武、汪锋、郑天翔、刘复之、王鹤寿、邓力群、张廷发、韩光等。

招待会由罗干主持。出席招待会的还有党政军有关部门负责人,各民主党派、全国工商联负责人,无党派代表人士,在京的部分外宾,香港特别行政区同胞和澳门同胞、台湾同胞,外国专家和驻华使节等。

国务院总理李鹏在庆祝中华人民共和国成立 48 周年招待会上发表讲话

各位来宾、各位朋友、各位同志:

在举国欢庆伟大的中华人民共和国成立 48 周年之际,我代表党中央和国务院,向在各条战线辛勤工作和学习的全国各族人民,致以节日的祝贺!向香港特别行政区同胞和澳门同胞、台湾同胞以及海外侨胞,表示亲切的问候!向出席今天招待会的各国朋友,向所有关心和支持中国现代化建设的国际友人,表示衷心的感谢!

1997 年是我国人民政治生活中极不平凡的一年。不久前刚刚闭幕的中国共产党第十五次全国代表大会,是一次承前启后、继往开来的历史性会议。这次会议确立了邓小平理论为党的指导思想,总结了十一届三中全会以来特别是十四大以来的实践经验,制定了我国改革开放和社会主义现代化建设跨世纪的战略部署,选出了以江泽民同志为核心的新的党中央领导机构。十五大是我们党和国家历史上新的伟大的里程碑,必将对今后中国的发展产生重大而深远的影响。

今年 7 月 1 日,我国政府顺利地恢复了对香港行使主权。香港回归后,“一国两制”、“港人治港”、高度自治的方针得到贯彻执行,特别行政区政府运作正常。最近在香港成功举行的世界银行和国际货币基金组织年会,增进了国际社会对香港的了解,反映了人们对香港作为国际金融中心的重视和保持长期繁荣稳定的信心。澳门回归的各项准备工作正在顺利进行。按照“和平统一、一国两制”的方针解决台湾问题是我们的原则立场,希望台湾当局以民族大义为重,在一个中国的原则下,及早同我们进行政治谈判。无论前进道路上有多少困难,祖国完全统一的目标最终是能够实现的。

新中国已经走过了 48 年的光辉历程。中国共产党领导各族人民团结奋斗,使国家的面貌发生了翻天覆地的变化。特别是改革开放以来,在邓小平理论指引下,国民经济快速发展,各项事业蒸蒸日上,社会生产力、综合国力、人民生活水平都有显著提高。今年我国经济保持良好的增长势头,物价涨幅继续回落。虽然秋季不少地方干旱比较严重,但就全年而言农业仍然是一个好收成。国有企业改革全面展开,经济效益有所好转,出现了一些新的积极变化。对外经济合作不断扩大,进出口贸易继续发展,国家外汇储备有较多的增加。城乡市场货源充足,人民生活继续改善。在科技、教育、文化、卫生、体育以及国防建设等方面,都取得了新的成就。社会主义精神文明建设和民主法制建设得到加强。外交工作取得积极成果。我国的国际地位日益提高。放眼神州大地,经济发展,政治稳定,民族团结,社会进步,人民安居乐业,到处呈现出一派欣欣向荣的景象。

我们已经取得了巨大的进步,但也清醒地看到,我国还处在社会主义初级阶段,是一个发展中国家,地区经济发展不平衡,还有 5000 多万群众没有解决温饱问题。当前,随着经济结构的调整和国有企业改革的深入,下岗职工再就业任务艰巨,一些地方治安状况还不好,某些消极腐败现象仍很严重。我们正视前进中存在的问题,正在下大力气认真加以解决。

1998 年是全面贯彻十五大精神和实施“九五”计划的重要年头。我们要继续执行中央各项方针政策,切实推进经济体制和经济增长方式的转变,保持国民经济持续快速健康发展,促进社会的全面进步。要采取有力的措施加强农业,争取明年有一个更好的收成。国有企业改革是当前和今后一个时期经济体制改革的重点,要加大工作力度。这项工作政策性强,各地要从实际情况出发,尊重经济规律,尊重群众意愿,扎扎实实地去做，并且注意不断总结经验，积极加以推进。继续深化金融体制改革，认真做好金融工作，防范金融风险。要进一步加强社会主义民主和法制建设，积极推进机构改革。深入开展勤政廉政建设和反腐败斗争，切实抓好社会治安的综合治理。各级政府和领导干部要更加关心群众疾苦，特别是关心那些生活上有困难的工人、农民，帮助他们解决困难。我们相信，在邓小平理论指引下，在以江泽民同志为核心的党中央领导下，各族人民团结奋进，明年一定能够取得改革开放和社会主义现代化建设的新成绩。

当前，世界多极化趋势正在迅速发展，已经成为不可阻挡的历史潮流。多极化的发展有利于和平与发展的崇高事业，有利于推动建立公正合理的国际政治、经济新秩序，有利于维护各国的正当权益。中国政府将始终不渝地奉行独立自主的和平外交政策，反对霸权主义，维护世界和平，促进人类的进步事业。我们愿意在和平共处五项原则的基础上，同世界各国建立和发展友好合作关系，同世界各国人民一道，为建设一个和平、安全、合作、繁荣的新世界而努力奋斗。

现在，我提议：

为中华人民共和国成立 48 周年，

为中国的繁荣富强和人民的幸福，

为中国人民与世界人民的友谊和团结，

为在座的来宾们、朋友们和同志们的健康，

干杯！

庆祝中华人民共和国成立 48 周年大型文艺晚会在人民大会堂举行

中共中央政治局常委胡锦涛、尉健行、李岚清等与首都各界万名群众一起观看了演出。

香港各界青年国庆访京团成员和内地杰出青年代表 300 多人在人民大会堂举行“欢度国庆、共话未来”座谈会

中国又有八个县(市)对外国人开放

经国务院批准，我国又有 8 个县(市)列入对外国人开放地区。至此，我国已有 1314 个县(市)对外国人开放。

此次对外国人开放的县(市)是：山西省侯马市，内蒙古自治区临河市、磴口县、五原县、杭锦后旗、乌拉特前旗，青海省刚察县、民和回族土族自治县。

全国供销合作总社发出关于切实做好“三秋”服务工作的通知

最近，中华全国供销合作总社发出通知，强调当前正值“三秋”农忙旺季，各级供销合作社要切实搞好棉花和其他农副土特产品的收购、农资供应和农田基本建设的服务工作。

通知指出，各级供销合作社要做好棉花收购工作。建立健全各工种人员的岗位责任制，认真执行棉花国家标准和价格政策，做到政策、标准、价格“三公开”。坚决做到不停收、不限收、不拒收、不压级压价和抬级抬价。通知强调，要加强农副土特产品的收购工作，及时掌握现有的专业市场和批发销售动态，及时提供市场信息。组织强有力的推销队伍外出推销，积极开展农副土特产品的分购联销、代购代销、委托代理、超利返还、以物换物等多种营销形式。要充分依托供销合作社农产品批发交易市场的辐射能力强、信息网络广等优势吸引众多农民和客户到交易市场参与交易，为农产品进入市场建立稳定的阵地和稳固的渠道，防止农产品的卖难和积压。

国家主席江泽民在中南海会见加拿大前总理皮埃尔·埃利奥特·特鲁多和由董事长兼首席执行官马修·巴雷特率领的加拿大蒙特利尔银行董事会全体成员

国家主席江泽民在中南海会见日本前首相竹下登

国务院副总理朱镕基在中南海会见特立尼达和多巴哥财政和旅游部部长布莱恩·桂东

中共中央政治局常委李瑞环在人民大会堂会见以总书记阿尔登杜·布尚·巴尔丹为团长的印度共产党代表团

中共中央政治局常委李瑞环在人民大会堂会见印度共产党(马克思主义者)总书记哈尔基尚·辛格·苏吉特

中国代表团团长中国国家原子能机构主任蒋心雄在国际原子能机构第四十一届大会上发言

蒋心雄在大会发言之前，先宣读了李鹏总理致本届大会的贺电。

蒋心雄在发言中说，中国政府一贯主张，在防止核扩散的同时，不能忽视成员国特别是发展中国家对和平利用核能的正当要求，更不能因为防止核扩散而限制和损害发展中国家和平利用核科学技术和核能工业的发展。他说，坚持机构《规约》确定的宗旨和原则，保持保障监督活动和促进活动适当地平衡发展是今后机构工作的正确方向，也是机构赖以存在和发展的基础。

10月1日

《人民日报》发表社论《满怀信心开拓前进——国庆献辞》

具有划时代意义的中国共产党第十五次全国代表大会刚刚胜利闭幕，我们又迎来了中华人民共和国成立四十八周年的节日。双喜临门，举国欢庆。我们向全国各族人民致以亲切的节日祝贺！

在人民共和国的发展史上，今年是具有重要意义的一年。我国政府对香港恢复行使主权，党的十五大胜利召开，这两件大事都取得了巨大成功。放眼大江南北、长城内外，伟大祖国充满生机与活力：国民经济持续快速健康发展，改革不断深化，开放日益扩大，社会主义精神文明建设和民主法制建设迈出新的步伐，科技、教育、文化、卫生、体育等各条战线捷报频传，军队建设进一步加强，外交工作成绩显著，人民生活水平稳步提高，一派欣欣向荣的喜人景象。我们相信，在党的十五大精神的鼓舞和指引下，我国的改革开放和社会主义现代化建设事业必将掀开更加绚丽辉煌的一页。

中国将以怎样的面貌迈入21世纪，这是亿万人民共同关注的大事。中国共产党人不负时代重托和人民期望，在党的十五大和十五届一中全会上完成了承前启后、继往开来的壮举。这就是，作出高举邓小平理论伟大旗帜，把建设有中国特色社会主义事业全面推向21世纪的伟大战略部署；同时，选举产生了以江泽民同志为核心的坚强有力、深孚众望的跨世纪领导集体。有邓小平理论伟大旗帜的指引，有以江泽民同志为核心的党中央的领导，全国各族人民群情振奋，对实现宏伟建设目标充满信心，对伟大祖国的美好前程充满信心。

建设有中国特色社会主义的事业是12亿中国人民的伟大事业。没有广大人民群众的热情支持和积极参与，我们的事业就不能成功。现在摆在我们面前的首要任务，就是学习、宣传和贯彻落实党的十五大精神，把广大干部群众的思想统一到十五大精神上来，把全国各族人民的力量凝聚到实现十五大确定的各项工作任务上来。要使人们都了解，党的十五大对中国的未来意味着什么，对中国老百姓的前途又意味着什么。人民群众知道了真理，就会自觉地、齐心地去为真理而奋斗。党的各级组织和广大党员要时刻牢记，我们的事业一刻也离不开群众。要把党的路线、方针、政策化为群众的实际行动，必须相信群众、依靠群众，尊重群众的首创精神，同时要注意倾听群众的呼声，关心群众的疾苦，帮助群众排忧解难，把群众中日益高涨的热情引导好、保护好、发挥好。

党的十五大提出的各项任务是光荣的也是艰巨的。我们既面临着大好机遇，也面对着困难和挑战。这就要求我们要继续发扬艰苦奋斗的作风，脚踏实地，不怕困难，埋头苦干。要在深刻领会党的十五大精神的基础上，联系实际，创造性地开展工作，扎扎实实完成好当前的各项任务。要提倡真抓实干，注重工作实效，不做表面文章，不搞形式主义，把党的十五大确定的各项方针、政策、任务落实到每一个地区、每一个部门、每一个单位。

新中国创建和发展的历史经验表明，我们国家的前途命运同我们的党息息相关。只要党的路线、方针、政策是正确的，我们的国家就兴旺发达，蒸蒸日上。党的十五大表明，我们的旗帜是如此光辉，我们的目标是如此明确，我们的党是如此坚强有力，我们的社会主义祖国的明天一定会更加美好。让我们高举邓小平理论伟大旗帜，更加紧密地团结在以江泽民同志为核心的党中央周围，不屈不挠，艰苦奋斗，开拓前进，不断夺取建设有中国特色社会主义伟大事业的新胜利！

香港特别行政区政府首次举办庆祝国庆酒会

香港特别行政区政府隆重举行香港回归祖国后的第一个国庆节庆祝酒会，全国政协副主席安子介、霍英东等出席酒会，香港特区行政长官董建华发表演讲。

董建华致辞说，香港特区政府第一次举行庆祝国庆活动，热烈庆祝中华人民共和国成立48周年；香港回到祖国的怀抱，香港人终于当家做主，在欢度国庆之际，香港人感到非常骄傲。

董建华说，7月1日，宣告回归祖国，进入历史新的纪元。香港特别行政区成立3个月来，政府运作如常，经济发展如常，市民自由和生活方式如常。较早前，东南亚国家及香港都受到金融风波的影响，香港凭着丰厚的财政储备，稳健的理财原则，安然渡过这个难关，成功地经受了考验。世界银行和国际货币基金组织在香港举行年会，世界各国财政领导所看到的香港，是秩序井然的稳定景象，是欣欣向荣的繁荣景象，是“一国两制”切实得到执行的景象。

他还说，国家在过去20年实现改革开放政策，香港从中获得了巨大利益。现在，国家改革开放步伐加快，为香港的发展提供了更多的机会和更加优惠的条件。香港特区政府在为香港的长期繁荣稳定的同时，也要为国家的富强、民族的振兴，作出我们的贡献。

西藏博物馆主体工程竣工典礼和中共中央总书记江泽民题写的“西藏博物馆”馆名揭幕仪式在拉萨举行

全国人大常委会副委员长帕巴拉·格列朗杰和西

藏自治区党委书记陈奎元为馆名揭幕。

这座博物馆位于拉萨市罗布林卡东南侧，是国家62项援藏工程中的一项，投资亿元，于1995年8月正式动工。博物馆主体工程由展馆区和库房区两个部分组成，总建筑面积为1.55万平方米。

博物馆的建筑形式具有浓郁的民族特色和现代特征，展馆区中一层为博览厅，二、三层为8个专门的文物展览厅，将展示反映西藏史前、通史、自然、民俗、工艺等8个方面的主题文物精品。

西藏博物馆全部工程将在明年年底完工。它是西藏有史以来第一座具有现代功能的博物馆。

10月2日

陕西泉护村考古首次发现已炭化的稻米

陕西泉护村新石器时代遗址考古最近获得重大发现，出土的已炭化的稻米为黄河流域首次发现。

10月3日

渤海中部油田开发方案确定

储量达2亿多吨的渤海中部油田开发方案日前确定：秦皇岛32－6油田和南堡35－2油田整体串联开发，原油管道从唐山京唐港上岸，形成年生产原油能力达400万吨。根据整体开发方案，两座油田共建7座标准平台，铺设两条海底管线上岸，并依托京唐港建陆地终端，征用650米岸线建原油外输码头，工程总投资72.9亿元。

第二届中国环境与发展国际合作委员会第一次会议在北京举行

这次为期3天的会议，将就环境与贸易、环保与经济计划、可持续农业发展和履行国际环境公约等议题展开讨论。我国环境保护模范城市厦门市的代表等也参加了这次大会。

国务委员、国务院环境保护委员会主任宋健在会上发言，特别介绍了中国在环境法制建设方面取得的新成就。

宋健说，1996年10月中国全国人大颁布了《中华人民共和国环境噪声污染防治法》，标志着中国防治水、气、噪声、固体废弃物污染的法律体系已基本完备。

宋健说，中国的环境与发展事业依然面临着严峻的挑战。因此中国政府制定目标，决心到本世纪末使环境污染和生态破坏加剧的趋势得到控制，部分城市和地区环境质量有所改善。

委员会秘书长、中国国家环境保护局局长解振华在会上就中国保护生物多样性、加强污染控制和清洁生产、推行国际环境体系认证等方面的成就作了进一步的阐述。他说，中国已建成自然保护区近800处，面积达7185万公顷，约占国土总面积的7.2%，超过了国际平均水平，其中12处加入了国际“人与生物圈保护区网络”。

国防部部长迟浩田上将在钓鱼台国宾馆会见泰国武装部队最高司令蒙空·安蓬披西上将

解放军总参谋长傅全有上将在北京同泰国武装部队最高司令蒙空·安蓬披西上将会谈

文化部负责人就《营业性演出管理条例》发布施行答记者问

《营业性演出管理条例》(以下《条例》)已于1997年8月11日由国务院第229号令发布，从1997年10月1日起施行。记者就此采访了文化部负责人。

问：为什么要制定《条例》？

答：改革开放以来，我国文艺演出事业迅猛发展。目前，除少数由文化部门举办的调演、汇演、评奖、比赛以及庆典演出、慰问演出外，营业性演出活动已成为我国文艺演出的主要形式。但是，随着演出市场的日益活跃，在演出活动中也出现了一些值得重视的问题：在商品大潮的冲击下，一些演出单位和个人为了追逐经济利益，迎合少数人的低级趣味，致使平庸、低俗甚至反动、淫秽的演出活动时有发生；有的单位不经批准，擅自组织营业性演出，破坏演出市场正常秩序；“走穴”现象严重，一些在职演员不经所在单位批准，私自参加组台演出，严重冲击所在单位正常的演出活动；少数演员偷税漏税；有的演出单位和个人不讲职业道德，一切向钱看，肆意索要高额出场费，甚至以假唱、假冒他人名义等手段弄虚作假、欺骗观众；演出合同不完备，导致演出活动中的经济纠纷日益增多，等等。这些问题已成为社会关注的热点，引起社会的强烈反响。

几年来，各级政府依法制定了一些规章和地方性法规，对解决一些突出问题起了一定的作用。但是，由于营业性演出管理法规层次低、不够健全，法律、行政法规尚属空白，行政执法依据不足，影响了演出市场规范有序地发展。特别是《行政处罚法》公布实施后，法规不健全就成了演出市场管理迫切需要解决的问题。因此，提高演出市场的立法层次就成为当务之急。

问：什么是营业性演出？它包括哪些形式？

答：《条例》所指的演出的范围包括音乐、戏剧、舞蹈、杂技、魔术、马戏、曲艺、木偶、皮影、朗诵、服饰、民间文艺等以审美欣赏为目的的文化艺术的现场表演活动。

营业性演出就是指表演者或组织者获取经济收益的演出活动。经济收益包括款、物以及广告效益。营业性演出的形式日益多样化，不仅包括售票、包场这种显形形式，还包括经营广告、赞助、资助等形式，简单地说，凡是以经营性方式组织的演出活动，包括募捐义演，都应当纳入《条例》的管理范围。

问：成立营业性演出单位和个体演员从事营业性演出活动应当具备什么条件？

答：《条例》确立了营业性演出许可制度，规定了设立营业性文艺表演团体、演出场所和演出经纪机构应当具备的条件，并分别规定了营业性文艺表演团体、演出场所、演出经纪机构和个体演员取得《营业性演出许可证》的手续和程序。

《条例》第十六条规定："国家禁止设立中外合资经营、中外合作经营、外资经营的文艺表演团体、演出场所和演出经纪机构。国家允许利用境外资金改建、新建营业性演出场所；但是，境外出资者不得参与经营与管理。"

问：演员个人参加营业性演出需要注意哪些事项？

答：《条例》对理顺院团与演员的关系做出了明确规定。文艺表演团体是其所属演艺人员的当然经纪人，具有代理其一切演出活动的权利。《条例》规定："文艺表演团体聘请其他单位人员参加本单位演出的，应当征得其所在单位的同意。""任何单位聘请文艺表演团体的人员参加本单位演出的，应当征得其所在单位的同意。"这样做，一方面有利于调动演员的积极性；另一方面又保障了各种演出活动规范有序地进行。

问：在演出内容管理上《条例》有什么规定？

答：《条例》第三条规定："营业性演出必须坚持为人民服务、为社会主义服务的方向，坚持把社会效益放在首位，弘扬民族优秀文化，丰富和提高人民的精神生活。"并对演出内容作了规定。《条例》第二十条规定："国家鼓励和支持营业性文艺表演团体和个体演员深入群众，努力创作和表演思想性、艺术性统一，具有强烈吸引力、感染力，为广大群众所欢迎的优秀节目。"《条例》第二十二条规定：国家禁止举办危害国家安全、荣誉和社会稳定的；煽动民族分裂，侵害少数民族风俗习惯，破坏民族团结的；宣扬淫秽、色情、迷信或者渲染暴力的；表演方式恐怖、残忍，摧残演员健康的；利用人体缺陷或者以展示人体变异等招徕观众的和法律、行政法规规定禁止的其他演出活动。

国家技术监督局国家新闻出版署发布《标准出版管理办法》

针对近期盗印、复制国家标准日益严重等现象，国家技术监督局、国家新闻出版署日前联合制定并发布了《标准出版管理办法》，明确标准的出版单位享有标准的专有出版权。国家标准由中国标准出版社出版，行业标准、地方标准分别由标准的组织制定部门确定相关的出版社出版。

《办法》重申，任何单位和个人以经营为目的，以各种形式复制标准的任何部分，必须事先征得享有专有出版权单位的书面同意，任何单位和个人将标准的任何部分存入电子信息网络用于传播，必须事先征得享有专有出版权单位的书面同意；出版单位出版标准汇编时，必须事先征得享有专有出版权单位的书面同意。

《办法》规定，未经批准，擅自设立标准出版单位或者擅自从事标准的出版、印刷及经营性复制、发行、传播业务的；盗印、盗制标准的；印刷、复制单位未取得印刷或者复制合法手续，而印刷、经营性复制标准，发行单位和个人发行未署出版单位名称的标准的；伪造、假冒标准出版单位名称出版或复制标准的，将依法承担行政乃至刑事的法律责任。侵犯标准出版单位合法权益的，将依法承担民事责任。

10月4日

中国城市建设取得新成就

国家统计局提供的情况表明，我国城市建设继续深化投资体制改革，发挥市场机制作用，进一步拓宽城市建设资金的渠道，城市市政公用设施增加，城市环境进一步得到改善。

据介绍，目前，各地城市建设已初步成中央、地方、企业、个人、外商等多元化、多层次的投资体制。1996年全年固定资产投资948.6亿元，比上年增长17.5%，交付使用率为55.7%。新增生产能力或效益有：自来水供应能力579.2万吨/日；煤气和天然气供气能力483.1万立方米/日；液化石油气储气能力10940吨；污水处理能力98.5万立方米/日；防洪堤长度142.4公里。

在城市道路建设方面，发展市内交通，改善出行条件又有新的进展。到1996年年底实有铺装道路长度13.49万公里，面积148870万平方米，桥梁29491座，铺装道路面积比上年增长6.8%，人均拥有7.16平方米。在公共交通方面，年底运营公共汽(电)车145588辆，平均每万人拥有7辆。全年客运总量254亿人次。年底拥有出租车614323辆，平均每万人拥有12.3辆，出租车已经普及到每一个城市，北京、上海、天津、广州出租车每万人拥有量已突破40辆，北京高达87.43辆，大大缓解了城市公共交通拥挤状况。

在城市供电和供水方面，全年供电总量6641亿千瓦时。城市居民年人均生活用电 148 千瓦时，增加 10 千瓦时。自来水综合生产能力 20802 万吨/日，供水管道长度 198878 公里，分别增长 6.6%、23.2%。全年供水总量 478.19 亿吨。自来水普及率达到 95%，比上年上升 2 个百分点。自来水普及率达到 100% 的城市有北京、天津、上海、广州等。

在城市燃气和集中供热方面，全年煤气、天然气供应总量为 217.7 亿立方米，液化石油气供应量 567.2 万吨，年底用气人口达 14579 万人，煤气普及率达到 70.5%，比上年略有提高。燃气普及率达到 90% 以上的有深圳、上海等 7 个城市，普及率在 80% 以上的有鞍山、珠海等 9 个城市。城市集中供热面积 73433 万平方米，比上年增长 20.3%。

在城市环境改善方面，城市在治理污染、治脏、治乱、绿化、美化环境，为城市居民创造高质量的生活环境，下了大力气，取得较大的成绩。一是治理环境污染。全年新铺设排水管道长度 3233 公里，全年生活污水处理量 833446 万吨，处理率为 23.6%；建成烟尘控制区 2319 个，烟尘区控制面积 12961 平方公里；建成环境噪声达标区 1734 个，环境噪声控制区面积 12623 平方公里，覆盖率为 61.1%。二是绿化环境。年底绿化覆盖面积 804876 公顷，园林绿地面积 632878 公顷，公共绿地面积 103681 公顷，分别增长 3.2%、6.8% 和 10.3%，人均公共绿地面积 5.3 平方米，比上年有提高。大连刮起了一股强劲的“绿色旋风”，市、区两级政府投资新建、改建城市绿地 1656 万平方米，铺栽草坪 220.6 万平方米，植树 30.6 万株，栽花 767.5 万株，城市绿化覆盖率达 37%，人均公共绿地面积 5.5 平方米。三是环境卫生状况有所好转。全年实际清扫面积 12.28 亿平方米，比上年增长 10.6%，生活垃圾粪便清运量 14475 万吨，垃圾粪便无害化处理率为 49.1%，比上年提高 5.4 个百分点。

国防部部长迟浩田上将在北京与哈萨克斯坦国防部部长穆赫塔尔·阿尔腾巴耶夫上将举行会谈

香港特别行政区首次以“中国香港”名义出席在智利举行的太平洋经济合作议会第十二届大会

太平洋经济合作香港委员会主席冯国纶日前率领一个阵容庞大的代表团出席了为期三天的会议，代表团成员积极参与了大会的讨论，以显示香港继续支持和积极参与太平洋经济合作议会的活动。大会期间安排了一个题为“香港在回归后的三个月”的特别小组会议，多位香港政府、商界和学术界代表作了讲演，他们都强调香港平稳过渡，运作一切如常，并表示将继续担当地区内和国际的商业和金融中心的重要角色。

香港于 1991 年 5 月成为太平洋经济合作议会会员。

联合国全球城市可持续发展’97 年会在沈阳召开

由联合国人类居住中心和环境规划署召集，来自肯尼亚、波兰、埃及、菲律宾、古巴、坦桑尼亚、中国等 20 多个国家的 150 名代表参加了这次年会。会议最终通过了在各自地方层次上继续探索和应用城市可持续发展计划实践经验的《沈阳宣言》。

《沈阳宣言》指出，全球城市可持续发展计划和参与该计划的城市所组成的大家庭，对推进全球范围内城市可持续发展已起到积极作用。宣言强调，各城市要在致力于解决当地环境问题的基础上，以广泛合作的方式，吸引包括非政府组织和其他相关团体及民众的参与，增加可持续发展能力。

《沈阳宣言》以在全球层次上建立起强有力的城市可持续发展计划为目标，提出要通过年会、国际互联网和区域网络、区域专家工作组会议以及实践经验的归纳整理等方法，实现信息共享和相互学习；通过互助伙伴关系和其他技术交流机制，共享技术和资源；采取联合行动，推动城市环境论坛、构筑国际机构和计划组织间新的合作伙伴关系。

《沈阳宣言》最后承诺，参与者将不断寻求巩固和加强全球城市可持续发展大家庭及其活动，联合彼此间及国际合作伙伴的人力、财力和政治资源，支持全球城市可持续发展事业。

联合国人类居住中心是联合国推进城市可持续发展计划的主要部门。沈阳是被该中心列入全球大城市可持续发展计划的试点城市之一。

中国和加拿大遥感技术合作项目在北京建成

我国和加拿大太空署的空间合作项目——“加拿大雷达卫星和法国 SPOT 卫星数据接收技术与预处理系统”，日前在北京建成，这标志着中国的科学家们从此能够接收、处理和分发这两种世界上最先进的遥感卫星数据，为我国航天遥感应用开辟了一个新途径。为卫星遥感在农业、土地、林业、测绘、资源的合理利用与开发、灾害的监测与防治方面提供新的技术手段。

这个卫星数据接收与预处理系统，是由中科院遥感卫星地面站与加拿大 MDA 公司共同研制的，采用了当前国际上最先进的高速率数据记录技术等，将使中科院遥感卫星地面站向成为全天候、全天时、多种分辨率、近实时的遥感数据源迈进一大步。

北京师范大学纪念建校 95 周年

首都教育界人士近千人在北京师范大学集会，纪念中国现代师范教育100周年暨北京师范大学建校95周年。全国人大常委会副委员长王光英及有关部门负责人参加了纪念大会。

与会人士认为，"学为人师，行为世范"的师范教育已被公认为是社会文明与进步的重要推动力量，我国现代师范教育在上个世纪末的出现，有力地推动了中国的社会发展，提高了全民族的现代文化素质。目前，党和国家对教育事业极为重视，教育界要积极探索具有中国特色的社会主义师范教育的新路，为国家和民族的发展与振兴作出更大的贡献。

前身为1902年建立的京师大学堂师范馆的北京师范大学，是我国现代师范教育中建校较早的大学之一，建校以来已培养了数以十万计的优秀教育人才，在国内享有很高的声誉并具有一定的国际影响。

10月5日

《人民日报》发表社论《光辉的旗帜胜利的旗帜》

党的十五大修改通过的《中国共产党章程》明确规定："中国共产党以马克思列宁主义、毛泽东思想、邓小平理论作为自己的行动指南。"江泽民同志在十五大报告中强调指出："在社会主义改革开放和现代化建设的新时期，在跨越世纪的新征途上，一定要高举邓小平理论的伟大旗帜，用邓小平理论来指导我们整个事业和各项工作。这是党从历史和现实中得出的不可动摇的结论。"十五大的这一历史性决策具有重大的现实意义和深远的历史意义。

贯彻十五大精神，首要是高举邓小平理论的伟大旗帜，在全党和全国兴起一个学习马列主义、毛泽东思想特别是邓小平理论的新高潮。把几年来我们所熟悉的"邓小平建设有中国特色社会主义理论"概括为"邓小平理论"，把邓小平理论确定为党的指导思想，写入党章，具有重要的理论意义和实践意义，说明我们党在实践中对邓小平理论认识的深化，表明我们党第三代领导集体高举邓小平理论伟大旗帜的坚定信念，也反映了全国人民的共识和心愿。这对于我们把建设有中国特色社会主义事业全面推向21世纪具有决定性的意义。党的十一届三中全会以来，我们在邓小平理论的指引下，坚持党在社会主义初级阶段的基本路线，生产力迅猛发展，综合国力显著增强，人民生活水平大大提高。实践证明，邓小平理论是伟大的旗帜，光辉的旗帜，胜利的旗帜。邓小平理论作为马克思主义同当代中国实践相结合的产物，是毛泽东思想的继承和发展，是马克思主义在中国发展的新阶段。在当代中国，只有邓小平理论，能够解决我国社会主义的前途和命运问题。只有高举这面旗帜，才能把5800万党员凝聚在一起，把12亿人民凝聚在一起，同心同德，不屈不挠，艰苦奋斗，不断夺取改革开放和社会主义现代化建设的新胜利。

要高举旗帜，就要正确地认识旗帜，牢牢地掌握旗帜。这就要求我们通过深入持久的学习，完整准确地把握邓小平理论的科学体系和精神实质。从党的十四大提出用邓小平建设有中国特色社会主义理论武装全党以来，随着《邓小平文选》三卷的出版，全党出现了一个前所未有的学习邓小平理论的热潮。各地方各部门采用各种方式，联系工作实际和思想实际学习，把理论学习的过程变成促进两个文明建设的过程，在理论和实践两个方面都取得了很大收获。过去五年，我们在各个领域所取得的巨大成就，都是同认真学习和运用邓小平理论分不开的；而实践中取得的成就又使广大党员和干部进一步提高了学习和运用邓小平理论的自觉性。这为今后进一步学好、用好邓小平理论打下了良好的基础。我们应当认真总结几年来的好做法、好经验，把学习、运用邓小平理论的工作，开展得更加深入扎实，更加卓有成效。

学习邓小平理论，要坚持和发扬马克思主义的学风，解放思想，实事求是，一切从实际出发，把理论和实际紧密结合起来。江泽民同志在报告中指出："离开本国实际和时代发展来谈马克思主义，没有意义。静止地孤立地研究马克思主义，把马克思主义同它在现实生活中的生动发展割裂开来、对立起来，没有出路。"实事求是，是马列主义、毛泽东思想的精髓，也是邓小平理论的精髓。只有坚持实事求是，才能真正掌握邓小平理论，也才能真正发挥邓小平理论对实践的指导作用。要坚持从本地区、本部门、本单位的实际出发，善于运用马克思主义的立场观点方法去分析问题，解决问题，推动改革开放和社会主义现代化建设，而不能从抽象的概念出发。要勇于开拓和探索，并注意从新的实践中提炼新鲜经验，从中引出规律性的认识，解决新的问题。当前，改革开放已经进入一个新的攻坚阶段，强调理论和实际相结合的学风，对于我们深入学习和运用邓小平理论，解决新的矛盾、迈出新的步伐尤其重要。

江泽民同志在十五大所作的报告，不但提出高举邓小平理论的伟大旗帜，而且创造性地运用邓小平理论，对当前我国政治、经济、文化等各个领域的许多重大问题，作了精辟分析，进行了新的理论概括，丰富和发展了邓小平理论，对我国改革开放和社会主义现代化建设具有重要的长远的指导意义，为全党同志高举邓小平理论伟大旗帜树立了光辉典范。我们要把江泽民同志的报告列为学习邓小平理论的重要文献，把学习报告同系统学习邓小平理论结合起来，使理论学习和理论武装的工作提高到一个新水平。

面对跨世纪的伟业,我们需要一支高素质的干部队伍。所谓高素质,最重要的一条就是高举邓小平理论伟大旗帜不动摇,在思想上和工作中牢固确立邓小平理论的指导地位。我们党的各级领导干部,特别是高级干部,一定要在学习邓小平理论上下大力气,真正把这一科学的世界观和方法论学到手。这样才能在任何复杂困难的情况下,都坚持正确方向,排除各种干扰,把改革开放和社会主义现代化建设事业不断推向前进。

第二届中国环境与发展国际合作委员会第一次会议在北京闭幕

国务委员宋健出席在北京的闭幕式并讲话。

宋健说,中国政府在努力发展经济的同时,加大了生态保护和污染治理的力度,认真履行已加入的国际环境公约,开辟了有中国特色的环境保护之路。同时,中国将继续履行自己的责任,努力降低温室气体排放增长率。他感谢中国环境与发展国际合作委员会成立5年来为促进中国环境与发展事业所作的杰出贡献,希望委员会中外方代表提出更多的意见和创造性的建议,推动中国环保事业的发展。

联合国开发计划署驻华代表贺尔康在闭幕式上说,联合国开发计划署对委员会的工作表示满意,并将继续支持中国的环保项目,愿意与中国在污染控制、保护生物多样性、农业可持续发展等领域开展合作。

大会副主席、中国全国人大环境与资源保护委员会主任委员曲格平在闭幕式上说,“中国的环保事业已经迈入了一个新的发展时期”。

国务院决定 1997 年继续开展财税物价大检查

国务院日前决定,1997 年继续在全国范围内开展税收财务物价大检查。财政部长兼国家税务总局局长刘仲藜在近日于深圳召开的全国税收财务物价大检查工作会议上要求各地区、各部门必须切实加强对大检查工作的领导,精心组织,突出重点,讲究方法,确保完成 1997 年大检查工作的各项任务。

国务委员司马义·艾买提在新疆考察

10 月 5 日至 18 日,司马义·艾买提在新疆维吾尔自治区先后到和田地区、喀什地区、克孜勒苏柯尔克孜自治州、阿克苏地区等地的农村牧区和工厂企业学校调查研究。考察期间,司马义·艾买提看望并慰问了宗教人士,考察了伽师县地震灾区抗震救灾、重建家园和恢复生产情况、南疆防病改水、治沙工程等。司马义·艾买提对新疆维吾尔自治区各级党委和政府在以江泽民为核心的党中央领导下,在维护民族团结、祖国统一和社会稳定,带领各族干部群众努力发展经济,加速改革开放步伐方面所取得的巨大成绩给予了充分肯定,并对做好新疆的民族宗教工作发表了意见。

中国气象局局长温克刚谈中国气象事业现代化建设

中国气象局局长温克刚日前说,近年来,我国大力推进气象事业现代化建设,积极开拓气象服务领域,各项工作取得了显著的成绩,在国民经济建设、防灾减灾和保护人民生命财产安全等方面发挥着越来越大的作用。

温克刚说,我国气象事业初步形成了门类齐全、布局基本合理的气象综合探测系统。遍布高山、海岛、荒漠及全国各地的 2600 多个气象台站,组成独具特色的气象台站网。气象雷达、气象卫星、电子计算机等现代高新技术正逐步取代传统落后的气象灾害监测预报手段,大大提高了天气监测预报和服务能力。1997 年 6 月,我国成功地发射了第一颗“风云二号”气象卫星,填补了我国静止气象卫星的空白。“风云二号”气象卫星提供以我国中部经度为中心的 1/3 地球范围内的云图资料,对准确进行中短期天气预报和监测灾害性天气具有重要作用。

在气象信息处理方面,我国已建立了自下而上采集信息,逐级进行指导,上下结合,以数值天气预报为基础的基本气象信息加工、分析预测系统。1994 年 6 月,我国中期数值预报业务系统正式投入业务运行,使我国步入了世界上少数几个开展中期数值天气预报的先进国家行列。目前,预报时效已达 7 天。

国务院总理李鹏在北京会见第二届中国环境与发展国际合作委员会第一次会议的外方委员和部分中方委员

李鹏在会见时强调,中国的目标是在实现现代化的同时,要使环境保护也能符合现代化的要求。

李鹏说:我们清醒地看到,中国在不少环保领域还没有达到应有的水平,还需要进一步加强立法监督。

李鹏说,刚刚闭幕的中国共产党第十五次全国代表大会把可持续发展和科教兴国作为我们长期坚持的重要发展战略。不仅本届政府重视环境与发展问题,下届政府也会重视环境与发展问题。那种破坏资源、破坏子孙后代生存环境的事情不能做,那种先污染后治理的事情也不能做。我们实现两个根本性转变,提高经济增长的质量,都与环保工作密切相关。

李鹏说:在资源利用方面,我们注意开发与节约并重，这几年节能工作取得了较大的进展。我们重视环保方面的立法工作，特别是针对四大公害都制订了相应的法律和法规。在农村，集中对污染严重的乡镇企业进行了整治。在城市，在提高气化比例、集中供热、汽油无铅化、垃圾分类袋装、污水处理等方面，都有了不同程度的进展。此外，我们还采取措施在一些边远地区防止荒漠化。在经济发展过程中，我们十分注意提高森林覆盖面积，目前全国已建立800个自然保护区。

李鹏总理在听取关于这次会议情况的汇报后说，中国环境与发展国际合作委员会成立5年来，做了大量有成效的工作，外方委员提出了许多富有建设性的建议，对我们的环保工作很有帮助，我们对此表示衷心感谢。

李鹏希望与会的外国委员运用各自的知识、专长和经验，继续发挥好咨询作用。他预祝合作委员会的中外委员密切合作，使第二届委员会在5年任期内比第一届委员会取得更大成绩。

国务委员兼国家科委主任、中国环境与发展国际合作委员会主席宋健，外方委员拉贝尔女士等参加会见。

国务院总理李鹏在中南海会见来访的哈萨克斯坦国防部部长穆赫塔尔·阿尔腾巴耶夫上将

国务院总理李鹏在中南海会见来访的泰国武装部队最高司令蒙空·安蓬披西上将

中国外商投资企业协会举行成立10周年大会暨三届二次理事会

外经贸部部长吴仪在会上说，1992年以来，我国利用外资的领域不断扩大，水平逐步提高，外商投资已经成为我国国民经济不可分割的一部分。

吴仪说，近几年，我国不断完善引资政策。在扩大地方政府和有关部门利用外资审批权限、拓宽中西部地区投资领域、改善投资软环境等方面也有较大进展。我国还将对那些符合条件的外商投资项目的设备进口重新实行一定的优惠政策。她说，我们注重吸引大跨国公司来华投资，同时也欢迎技术先进、符合我国产业导向的中小企业前来投资。

中国外企协会是全国性社团组织，10年来，该会积极为中外投资者服务，在政府和外商投资企业间发挥了桥梁作用，目前已拥有会员9万余家，约占已开业外商投资企业的70%。

10月6日

中国城市总人口达到51511万人

国家统计局提供的最新情况表明，到1996年底，我国建制城市已达666个，城市人口总数为51511万人。

据介绍，1996年新设置城市26个，其中地级市8个，县级市18个。在新增的26个城市中，东部沿海地区8个，中部地区11个，西部地区7个，所占比重分别为30.8%、42.3%和26.9%。近70%的新增城市在中、西部，这改变了过去东部城市增长过快的趋势。

按非农业人口划分，200万人口以上的超大城市11个，100万到200万人口的特大城市23个，50万人口的中等城市159个，20万人口以下的小城市393个。

据统计，1996年全部城市市区总人口达51511万人，占全国总人口的42.1%，比上年增长3%，其中非农业人口20779万人，占全国总人口的17%。其中中、西部城市人口增长快于东部城市。1996年末，东、中、西部城市总人口增长幅度分别为1.8%、4.5%和4.1%。

第五届“全国十佳少先队员”评选揭晓

由共青团中央、全国少工委、中央电视台联合举办的第五届全国十佳少先队员评选揭晓。

这十名少先队员是：临危不惧，勇斗歹徒的黑龙江省安达铁路小学少先队员王海涛；身残志坚，自强不息的天津市二十中少先队员刘涛；热心助残，坚持不辍的山东省济南市历城区唐王镇北殷小学少先队员张寿禄；关心他人，发起创建“手拉手小学”的广东省深圳市蛇口育才二小少先队员杜书；钻研农技，勤于实践的浙江省衢县金旺镇中心小学少先队员汪翠萍；热爱科学，刻苦钻研的重庆市人民小学少先队员李默涵；潜心发明，富于成果的河南省安阳市人民大道小学少先队员周林；战胜逆境，自强自立的辽宁省沈阳市东陵路小学少先队员姚欢；勤劳俭朴，全面发展的西藏自治区拉萨市师范附小少先队员索娜卓嘎；意志坚强，奋发向上的吉林省九台市第三中学少先队员董文娟。

《人民日报》发表评论员文章《切实搞好税收财务物价大检查》

中国人民银行发布关于加强对大额现金支付管理的公告

经国务院批准，中国人民银行近日向社会发布加强大额现金支付管理的公告。

公告要求，凡在国家工商行政管理机关登记注册的企业，只能选择一家银行的营业场所开立一个基本存款账户，按照《现金管理暂行条例》规定的现金使用范围，办理现金收付业务；改进对储蓄账户现金支付的管理。从公告发布之日起，对一日一次性从储蓄账户（含银行卡户）提取现金 5 万元以上（不含 5 万元）的，储蓄柜台机构人员应请取款人提供本人有效身份证件，查验无误后予以支付。其中，一次性提取现金 20 万元以上（含 20 万元）的，取款人必须至少提前 1 天以电话等方式预约，以便银行准备现金。

南京长江第二大桥正式开工建设

经国务院批准兴建的南京长江第二大桥位于现南京长江大桥下游 11 公里处，连接长江中第三大岛八卦洲，由“二桥一路”组成，全长 12.517 公里。南汊桥为钢筋梁斜拉桥，桥长 2958 米，其中主跨为 628 米，在同类桥梁中居国内第一，世界第三；北汊桥为预应力连续梁桥，桥长 2212 米，其中主跨为 165 米。南引道长 1.649 公里，八卦洲连接线长 5.698 公里。全线采用六车道高速公路标准，设计车速为 100 公里/小时。加之南北岸连接线长 8.68 公里，总长达 21.2 公里，总投资 32 亿元，将于 2001 年 7 月 1 日建成通车。

国家主席江泽民在中南海会见美国华盛顿州州长骆家辉

江泽民对骆家辉成为美国历史上第一位华裔州长表示祝贺，并欢迎他担任州长后首次访华。江泽民说，华盛顿州是美国重要的大州，与亚洲关系密切，特别是近年来与中国经贸往来日益增多。他欢迎更多的华盛顿州朋友来华做生意，相信通过骆家辉的来访，华盛顿州与中国的交流与合作必将得到进一步发展。

国务院副总理兼外交部部长钱其琛在中南海会见美国华盛顿州州长骆家辉

中国航天塔拉瓦测控站在基里巴斯首都塔拉瓦建成

基里巴斯共和国总统塞布罗罗·斯托和中国代表团团长葛焕标以及中国驻基里巴斯大使崔广俊等参加了测控站的落成典礼并为之剪彩。

中国航天塔拉瓦测控站是根据中基两国政府去年 9 月签订的协议，由中国承建、使用和管理的。它是中国在国外建设的第一个航天测控站，将作为中国航天测控网络的一个组成部分，用于卫星及运载火箭的发射支持服务。测控站装备有先进的航天遥测接收设备、卫星轨道测量以及卫星通信设备等。测控站投入使用后，将扩大中国航天测控网的覆盖范围，增强航天测控能力。

斯托总统在落成典礼上发表讲话说，塔拉瓦测控站的建成是基里巴斯历史上的一件大事，它标志着基中两国跨世纪友好关系的开始。

解放军总后勤部部长王克在兰州召开的全军边远艰苦地区部队后勤设施配套治理工作总结会议上发表讲话

王克强调，边远艰苦地区部队后勤建设要实行“两个转变”。一是要从“集中投”转向“正常供”，把边远艰苦地区部队的后勤建设，纳入正常供应、正常建设的轨道，采取特殊政策，实行重点保障，立足于按标准供应，有计划保障；二是要从“重点建”转向“重点管”，各级后勤机关要以更大的精力帮助指导部队抓管理，巩固和发展配套治理成果。他指出，艰苦地区的部队，要正确看待环境，正确对待困难，发扬“特别能吃苦、特别能忍耐、特别能战斗”的精神，做到苦中有作为，苦中创一流，努力创造良好的生活环境和执勤条件，不断提高后勤建设水平。

曹禺戏剧文学奖在曹禺故乡湖北潜江举行第十一届颁奖活动

颁奖活动由中国文联、中国戏剧家协会联合主办。

此次获奖作品共 10 部，分别为话剧《地质师》、《商鞅》、《都市军号》；儿童剧《雪童》；戏曲《死水微澜》、《哪嗬咿嗬嗨》、《歌王》、《原野情仇》、《木乡长》、《水墙》。

颁奖期间，与会者还将参加曹禺陵园落成等纪念活动。

《中国日报·香港版》创刊

党和国家领导人江泽民、李鹏、乔石等题词。

江泽民主席的题词是：“贯彻一国两制方针，为香港读者服务”；李鹏总理的题词是：“努力办好中国日报香港版”；乔石委员长的题词为：“加强信息交流，促进香港长期稳定繁荣”。全国人大常委会副委员长雷洁琼、全国政协副主席万国权为该报题字，香港特别行政区近 10 位知名人士也为该报题字。

《中国日报·香港版》是香港回归祖国后经中央政府批准的第一份在香港出版印行的内地英文报纸，用英文报道中央政府的方针、政策，内地及香港的政治、经济、社会、文化等方面的最新动态。该报以北京版为基础，每周一至周五出版对开 16 版，每周六出版 12 版，每周日出版 8 版，同时根据稿件情况，版面将有所增加。主要发行香港、澳门和东南亚，已在香港设立编辑部等相应机构。

10月7日

国务院总理李鹏在钓鱼台国宾馆会见莫桑比克总理帕斯科亚尔·曼努埃尔·莫昆比和夫人

国务院举行第62次常务会议

李鹏主持会议。会议审议了《中华人民共和国消防法(草案)》、《中华人民共和国森林法修正案(草案)》以及《证券投资基金管理暂行办法(草案)》。

会议原则通过了《中华人民共和国消防法(草案)》和《中华人民共和国森林法修正案(草案)》,确定作进一步修改后,提请全国人大常委会审议。

会议原则通过了《证券投资基金管理暂行办法》,确定作进一步修改后进行试点。

全国十大"扶贫状元"评选揭晓

中国扶贫基金会、半月谈杂志社在北京联合举行新闻发布会,公布第四届"吉利杯"全国十大"扶贫状元"评选结果。

当选1997年全国十大"扶贫状元"的是:辽宁省辽阳市市委书记傅克诚、中科院和水利部水土保持研究所研究员卢宗凡、湖南省吉首军分区司令员彭楚政、香港协成行主席和锦华置业有限公司主席方润华、青岛面粉机械厂原厂长王义锡、湖北省潜江市张金镇幸福村党委书记周作亮、四川希望集团董事长刘永好、地矿部扶贫办主任兼赣南老区扶贫开发中心主任朱耀琪、深圳冠丰华贸易有限公司董事长陈毅锋、安徽安庆石油化工总厂副厂长汪锦荣。

国务院纠风办在北京举行"贯彻落实十五大精神,把纠风工作进一步引向深入"座谈会

会上,农业部、国家经贸委、财政部、交通部、公安部有关负责人,分别就进一步抓好减轻农民负担、减轻企业负担、清理预算外资金和治理公路"三乱"工作发了言,电力部、邮电部有关负责人就进一步加强行风建设发表了意见。

徐青强调,纠正部门和行业不正之风事关改革、发展和稳定的大局,是反腐败工作中十分重要的不可缺少的内容。他认为,这些年各地区各部门对纠风工作一直抓得很紧,有成效,在有些问题上也有突破,但不正之风还很多。锲而不舍地把纠风工作不断引向深入,是高举邓小平理论旗帜,把建设有中国特色社会主义事业全面推向21世纪的需要。这既是一项长期的任务,又是一项现实的紧迫工作。

徐青提出,今冬明春纠风工作要按既定的目标、方针和任务,抓落实见成效。当前要抓好五件事:一是继续下大力抓好减轻农民负担、企业负担和清理预算外资金工作;二是不放松治理公路"三乱"、中小学乱收费、公费出国(境)旅游和药品回扣,要巩固成果,严加监控,防止反弹;三是坚持纠建并举,进一步加强行风建设;四是强化群众和社会监督,积极推进民主评议行风工作;五是在抓好今年纠风工作的同时,有计划有重点地搞好明年纠风工作思路的调查研究,适时向国务院和中央纪委提出建议。

中央纪委常委、监察部副部长、国务院纠风办副主任李至伦主持会议。中央纪委常委赵洪祝,国家计委、国家教委、建设部、铁道部、卫生部、国家税务总局、国家工商局、国家旅游局等15个部门的有关负责人出席会议。

国家主席江泽民在中南海会见美国ABB集团执行总裁林道和美国前参议员约翰斯顿

国家主席江泽民在中南海会见美国菲利普·莫里斯集团董事长兼总裁柏博

国务院副总理李岚清在中南海会见日本伊藤洋华堂株式会社社长铃木敏文

中国首家合资连锁商业企业——华糖洋华堂商业有限公司在北京成立

华糖洋华堂商业有限公司由国内贸易部所属的中国糖业酒类集团公司和日本株式会社伊藤洋华堂、伊藤忠商事株式会社、伊藤忠(中国)集团有限公司共同投资组建,首期投资1.3亿美元。公司以大型综合超市的连锁经营为主业,并计划在三年内于北京开设三家营业面积各在万米以上的综合超市。公司以促进中国流通产业的现代化为宗旨,将引进日方的连锁经营经验,辅之以中糖公司和伊藤忠商社在贸易等领域的优势,致力于规范化、现代化的连锁经营。

中国和美国商贸联委会第十一次会议在北京举行

中国外经贸部部长吴仪和来访的美国商务部部长威廉·戴利在北京共同主持了中美商贸联委会第十一次会议。双方一致表示,愿意以江泽民主席即将对美国进行的国事访问为契机,推动中美经贸关系进一步发展。

吴仪说,本次中美商贸联委会会议在江泽民主席访美前夕举行,"具有非同寻常的意义",希望中美双方能从战略高度来构架两国经贸关系,共同努力,使双边经贸关系的发展水平在质和量两方面都能更上一层楼。

戴利说，美中关系处于一个重要时刻，江泽民主席即将访美，克林顿总统也将于明年访华，两国应该借此机会将双边经贸关系向前推进。

吴仪说，这些年来，通过中美商贸联委会这一促进双边经贸关系的磋商机制，中国外经贸部确立并发展了同美国商务部的良好合作关系。在这种合作的气氛中，中美经贸关系得以全面和健康地发展。她表示相信，戴利部长的来访“将给中美经贸关系注入新的活力”。

吴仪说，自去年在华盛顿举行中美商贸联委会第十次会议以来，中美经贸关系有了新的发展：知识产权问题和纺织品问题已经得到解决，双边贸易持续增长，商品交流日益活跃，双向投资持续增长，美国工商企业参与中国经济建设的热情继续高涨，中美两国关于中国加入世界贸易组织的谈判出现了积极的势头。

在谈到最惠国待遇问题时，吴仪说，美国方面在这一问题上应该能有所作为，以便让这一长期困扰中美经贸关系发展的问题及早得到彻底解决。

关于中国加入世贸组织一事，吴仪重申，中国加入世贸组织的要求充分显示了中国进一步向世界开放的决心和信心。美国作为世贸组织的重要缔约方，在中国的加入问题上，应该“明事理、守诺言”，切实发挥积极作用。

在谈到美国对华“制裁”问题时，吴仪指出，在中美经贸关系发展如此迅速的今天，美国取消某些妨碍双边合作和交往的所谓对华“制裁”是一件众望所归的事。

关于美国进出口银行贷款与项目融资问题，吴仪说，美国进出口银行和其他金融机构为美国的出口商提供积极的信贷支持，提高其商品竞争力，是美国解决对华贸易逆差问题的一条重要思路。

在谈到纺织品贸易时，吴仪希望美方能够提出纺织品非法转口的具体案例，双方加强合作，分清责任，共同打击非法转口活动，使其不再成为中美纺织品贸易的障碍。

关于空间合作问题，吴仪表示，希望美国政府简化并加快美制卫星运到中国发射的审批程序，并特别希望尽早彻底解决对气象卫星测试设备的出口管制问题，以推动两国航天企业界的进一步合作。

吴仪说，在处理双边经贸关系时，沟通和对话很重要，它有利于增进彼此了解、减少分歧、促进合作。

戴利说，美中商贸联委会已成为两国保持接触和对话的一个良好机制。美国把美中关系视为极其重要的关系。美国确实愿意看到中国加入世贸组织，这不仅符合中国的利益，也符合美国的利益。

外交部发言人沈国放在记者招待会上就台湾连战访问冰岛答记者问

沈国放说，中国强烈要求西欧有关国家从与中国友好关系的大局出发，不要允许连战去活动，否则必将给双边关系带来严重后果。

在今天举行的记者招待会上，有记者问这位发言人对台湾连战前往某些欧洲国家活动有何评论。

沈国放说，世界上只有一个中国，中华人民共和国政府是代表全中国的唯一合法政府，台湾是中国领土不可分割的一部分。台湾问题是关系到中国主权、领土完整和祖国统一大业的重大原则问题，中国坚决反对台湾当局在国际上进行分裂祖国的活动。连战此次利用“旅游”、“度假”、“过境”等形式企图到西欧某些与我建交国活动，目的是进行制造“两个中国”、“一中一台”的活动，破坏中国与这些国家的良好关系。这是我们坚决反对的。如果有关国家允许连战前往访问，不论是以何种名义和形式，其性质都是严重的，都是对中国内政的干涉，中国将不得不作出强烈反应。

中国政府代表团团长 林业部副部长祝光耀在罗马举行的《联合国防治荒漠化公约》第一届缔约国大会上讲话

祝光耀指出，中国政府在发展经济的过程中，十分重视保护环境和积极防治土地荒漠化，把保护环境和生态建设确定为一项基本国策，并为此进行了不懈的努力。

祝光耀说，中国政府积极参与了《公约》谈判的全过程，签署并批准了《公约》，成为《公约》的正式缔约国。去年 8 月和今年 5 月，中国政府与有关国家及国际组织合作，先后在北京召开了“亚非防治荒漠化论坛第一次会议”、“亚洲防治荒漠化部长级会议”，并发表了《北京宣言》。这是中国政府对履行《公约》作出的积极贡献。

国务院副总理朱镕基在钓鱼台国宾馆会见莫桑比克总理莫昆比

会见时朱镕基说，中莫有着深厚的传统友谊，两国建交以来，在政治、经济、文化等领域进行着富有成效的合作。朱镕基介绍了我国经济建设的经验，并对莫桑比克在国家建设中取得的成就表示赞赏。他指出，中莫有许多共同点，两国在国家建设中需要互相学习、借鉴，在国际事务中需要相互支持，中国愿继续向莫提供力所能及的帮助，并愿与莫方为建立长期、稳定、友好的合作关系而共同努力。

莫昆比总理说，莫中友好关系悠久，中国不仅支持莫桑比克争取独立的斗争，而且为莫桑比克经济重建作出了巨大贡献。莫桑比克非常感谢中国的支持和帮助,愿继续加强与中国的友好合作,并欢迎中国企业到莫桑比克投资,开展互利合作。他强调,1995年朱镕基副总理和今年5月李鹏总理访莫加深了两国友谊,促进了两国友好合作关系的发展,具有重要的历史意义。他表示相信,两国的高层互访将进一步促进两国关系的发展。

10月8日

中共中央总书记江泽民电贺金正日出任朝鲜劳动党总书记

新四军老战士纪念新四军成立60周年大会在国防大学礼堂举行

2000余位原新四军老战士出席纪念会。同时,“北京新四军暨华中抗日根据地研究会”也在会上宣告成立。

大会开始后,全体新四军老战士为叶挺军长、项英政委、陈毅军长、刘少奇政委以及所有在战争年代为了中国人民的解放事业英勇献身的新四军及华中根据地的干部、战士默哀一分钟。与会老战士深情回忆了新四军成立后在党的领导下所建立的卓著功勋。

与会者认为,今天纪念新四军的创立,就是要更好地宣传、继承和发扬新四军为人民服务的光荣传统和作风,在党的十五大精神鼓舞下,承前启后,继往开来,把建设有中国特色的社会主义事业全面推向21世纪。

原新四军第一师师长、全国人大常委会原副委员长、中国新四军暨华中抗日根据地研究会会长叶飞,原新四军五师副政委、北京新四军暨华中根据地研究会名誉会长任质斌等到会。北京新四军暨华中抗日根据地研究会会长、原昆明军区司令张秀等在会上讲话。

全国高校101名马克思主义理论课思想品德课优秀教师在人民大会堂举行的表彰会上受到表彰

全国人大常委会委员长乔石在湖北考察

10月8日至11日,乔石先后到武汉东湖新技术开发区、武汉公众信息产业有限责任公司、武汉钢铁(集团)公司和武汉经济技术开发区参观。

乔石十分重视高新技术产业的发展。10月9日,他到武汉东湖新技术开发区参观了长飞光纤光缆有限公司和武汉NEC中原移动通信有限公司,还参观了武汉公众信息产业有限责任公司,察看了有关设备和产品生产过程,了解了这些企业的管理、经营和产品销售等情况。他对东湖新技术开发区获得较快发展和良好效益感到满意。他说,要继续发挥武汉科技力量比较雄厚的优势,积极引进、努力钻研先进技术,大力促进科研成果的产业化,提高产业的档次。乔石对东湖新技术开发区等以信息、通信产业作为发展重点,表示赞赏。他强调,计算机技术和信息产业的发展将对世界经济和人类生活产生巨大和深远的影响。对信息高速公路的建设,各国都十分重视,我们要抓紧时间,下大力气,逐步赶上世界先进水平,推进国民经济的信息化。在武汉公众信息产业有限责任公司参观时,乔石兴致勃勃地观看了武汉公众多媒体通信网的演示,亲切会见了那里的技术人员和工作人员,对通信网建设和市场开拓方面的成绩予以充分肯定,勉励大家继续努力,加快发展,为改革开放和现代化建设、为人民生活提供更好的信息服务。

乔石非常关注国有企业改革的情况。10月10日,他来到武汉钢铁(集团)公司。9年前,乔石曾到武钢考察,现在武钢较那时大大发展了,现代化水平显著提高了,是目前全国钢铁行业中效益较好的企业之一。乔石首先观看了武钢近几年发展的录像资料,听取了情况介绍,并同大家一起探讨解决有关问题的办法。他强调,搞好国有企业,根本出路在于深化改革。必须进一步加大改革的力度,企业本身要改革,政府管理部门要改革,其他各有关方面都要改革,都要努力按照发展社会主义市场经济的要求办事。在谈到开拓市场时,乔石强调要极端重视信息,掌握市场信息一定要超前,要走在前头。政府有关部门在这方面也要向企业提供良好的服务。在第三炼钢厂,乔石察看了一号转炉的生产情况,向现场的管理人员和技术人员详细询问转炉的技术特点和其他有关情况。当了解到第三炼钢厂是目前世界上在建规模最大、装备最现代化的钢厂之一时,他高兴地说,像武钢这样的国有大型企业,就是要努力达到当代世界先进水平,力争进入世界钢铁企业先进行列。在参观结束时,乔石祝愿武钢顺利实现自己的奋斗目标。

武汉经济技术开发区经过6年多的建设已初具规模,基本形成以汽车工业为主体的技术比较先进、服务功能比较齐全的现代化新区。乔石在管委会大楼听取了情况介绍,并到神龙汽车有限公司总装分厂参观了汽车的组装、质量检验和样车,他称赞公司的发展,并祝中法双方的合作取得更加丰硕的成果。他说,一定要十分重视产品的质量,在技术和工艺上要精益求精。只有质量过硬才能真正占有市场。要开拓国际国内两个市场,并要搞好售后服务,这样路子才可以越走越宽。乔石还参观了可口可乐饮料有限公司。乔石赞扬了开发区的发展速度和成效,希望大家继续发扬艰苦创业的精神,把开发区建设得更好。他说,要充分利用武汉的有利因素，创造更好的条件，在引进外资、引进先进技术、开展对外经济合作上有更大的作为。同时，开发区也要在学习和创造先进的管理和合理的机制上进行努力，发挥示范作用，为促进武汉市和湖北省的改革开放和现代化建设做出更大贡献。

国办发出关于做好秋粮收购工作的通知

国务院办公厅近日发出关于做好秋粮收购工作的通知。

《通知》说，目前秋收在即，做好秋粮收购工作，对于落实国务院制定的粮食购销政策，保护农民种粮积极性，搞好秋冬种都具有重大意义。各地、各有关部门要立即行动起来，进一步研究部署，切实做好秋粮收购工作。《通知》要求：（文略）

国家主席江泽民在北京会见美国商务部部长威廉·戴利

国务院总理李鹏在北京会见印度尼西亚国防和安全部部长埃迪·苏德拉查特

国务院总理李鹏在北京会见瑞典等六国离到任大使

两位离任驻华大使是瑞典大使林德思和越南大使邓严衡。到任的四位大使为加纳大使伊曼纽尔·可可梅耶多沃，巴林大使穆罕默德·马哈米德，巴布亚新几内亚大使巴尼·龙加普以及芬兰大使鹿达宁。

国务院副总理兼外交部部长钱其琛在钓鱼台国宾馆会见由克罗地亚副总理兼科技部部长伊维察·科斯托维奇率领的克罗地亚科技代表团

中纪委书记尉健行在人民大会堂会见韩国监察院院长李时润

国防部部长迟浩田在北京同意大利国防部部长贝尼亚米诺·安德烈亚塔进行会谈

中国农业科学院庆祝建院 40 周年

江泽民主席、李鹏总理、李岚清副总理等为建院 40 周年题词，姜春云副总理到会祝贺并讲话。

姜春云说，中国农科院走过了 40 年的光辉历程，在农业科研和人才培养两个方面，都取得了丰硕成果。到 1996 年末，全院共取得科技成果 3183 项，其中获奖成果 1669 项，有一批重大成果达到了国际、国内先进水平。这些成果的推广应用，取得了巨大的经济效益和社会效益。中国农科院培养出一大批优秀农业科技人才，成为我国农业科技战线的骨干力量。我国农业和农村经济能有今天的发展水平，是与广大农业科技人员的辛勤工作、创造性劳动分不开的。

姜春云要求作为全国农业科学研究中心和全国农业科学学术中心的中国农业科学院，在推进新的农业科技革命中，发挥带头、示范、骨干作用，当好“排头兵”，出更多的成果，培养一流的人才，为我国农业的发展作出新的贡献。

中国农科院院长吕飞杰在会上讲话，表示要再创中国农业科学院新世纪辉煌。

会上表彰了曾获国家级农业科技一等奖的代表，宣布由梅方权任主任的中国农业科技信息网开通，姜春云为开通仪式剪了彩。

中科院院士杨乐与周毓麟荣获第三届华罗庚数学奖

杨乐院士是中科院数学所研究员，长期从事复变函数论的研究。他在函数模分布论、辐角分布论、正规族等领域取得一系列重要成果，闻名于国内外数学界。

周毓麟院士是北京应用物理与计算数学所研究员。几十年来，他从事偏微分方程与计算数学领域的研究，在非线性偏微方程及其数值解法等方面作出了重要的贡献。

10 月 9 日

中央社会治安综合治理委员会发出《关于进一步开展基层安全创建活动的意见》

中央社会治安综合治理委员会近日发出《关于进一步开展基层安全创建活动的意见》（以下简称《意见》），决定在全国基层单位进一步开展以解决治安问题为主的群众性安全创建活动，推动社会治安综合治理基层基础建设措施的进一步落实。

中央综治委的这个《意见》指出，近年来，各地积极开展了多种形式的群众性安全创建活动。实践证明，凡是扎扎实实开展这项活动的地方，人民群众参与社会治安综合治理的积极性普遍提高，综合治理的各项措施进一步落实，刑事案件和治安案件逐渐下降，不安定因素大为减少，社会精神面貌有所改观，人民群众的安全感明显增强，党和政府的威信进一步提高。

关于基层安全创建活动的指导思想和总体目标，中央综治委的《意见》提出，要以“服务群众”为宗旨，坚持“打防并举，标本兼治，重在治本”的原则，进一步加强社会治安综合治理的基层基础建设，最大限度地调动广大人民群众维护社会治安的积极性，努力提高基层预防、发现和控制违法犯罪的能力，维护社会治安秩序和生活秩序，保障人民群众安居乐业。基层安全创建活动必须从实际出发，因地制宜，专群结合，务求实效。基层安全创建活动的目的在于解决群众关心的治安热点问题，改善群众的生活环境，办实事，求实效。

《意见》指出，基层安全创建活动要有总体奋斗目标和阶段性工作目标。就全国而言，总体奋斗目标是：进一步建立健全社会预防和控制违法犯罪的工作机制，提高全民的法制观念，为社会治安综合治理工作打下坚实的基础，为两个文明建设提供有力的保障。到2000年，争取使安全小区（乡镇、单位）的覆盖率在城市不低于80%，在农村不低于60%，促进社会治安的持续稳定。到2010年，在逐步提高创建活动标准的情况下，保持安全小区（乡镇、单位）的高覆盖率，争取社会治安形势的进一步好转，使人民群众的生活环境更加改善。

关于基层安全创建活动的工作范围和主要任务，中央综治委的《意见》提出，基层安全创建活动应以落实社会治安综合治理基层基础建设的各项措施为中心，巩固完善基层组织，大力加强治安防范，进一步严密治安管理，深入开展法制宣传教育，积极推进依法治理工作，同时，与计划生育、卫生、绿化、环保、公益事业、文化生活、社区服务等工作紧密衔接，协调发展。

《意见》提出，基层安全创建活动的主要任务是：(1)预防和减少刑事案件。特别是对多发性的严重影响人民群众安全感的入室盗窃、盗窃机动车和自行车等案件，要采取扎实有效的防范措施，使这些案件的发案率有明显的下降。落实刑满释放、解除劳教人员安置帮教措施，使刑满释放、解除劳教人员的重新犯罪率明显降低。(2)保持良好的社会秩序。落实流动人口治安管理、文化市场治安管理和其他各项有关的治安管理措施，使治安案件、治安事故明显减少，赌博、卖淫嫖娼、吸食毒品、传播黄色书刊及音像制品等社会丑恶现象得到有效控制，污染社会空气、影响青少年健康成长的文化垃圾得到认真清理和扫除。(3)巩固社会治安工作的群众基础。深入开展思想道德教育和法制宣传教育，及时化解民间纠纷，加强基层法律服务工作，满足群众日益增长的法律服务需求，使人民群众的道德水平不断提高，法制观念逐渐增强，邻里关系和睦，见义勇为、助人为乐蔚然成风。

关于基层安全创建活动的组织领导和部门分工，中央综治委在《意见》中提出，基层安全创建活动应由各级党委、政府统一领导，社会治安综合治理委员会组织协调，以公安机关为骨干，以居（村）委会为依托，有关部门各负其责。各级公安机关要把基层安全创建活动作为一项十分重要的任务，把公安派出所警务工作改革与开展基层安全创建活动紧密结合起来。公安派出所特别是责任区民警要把主要精力用在搞好基层安全创建活动上。积极协助综治委做好基层安全创建活动的组织、指导工作。及时整治突出的治安问题和治安混乱的场所，严厉打击危害一方的流氓恶势力，坚决扫除“黄、赌、毒”等社会丑恶现象。大力加强群防群治工作，认真整顿建设好以治保会为主体的群防群治组织，大力推广应用物防、技防措施，抓好治安防范责任制的落实。加强流动人口、出租房屋、公共复杂场所和特种行业的治安管理。做好暂住证和出租房屋治安许可证的发放、查验工作，及时掌握辖区内外来人口的情况，做好管理和服务工作。协助有关方面做好刑满释放解除劳教人员安置帮教、青少年法制教育、民间纠纷调解等各项工作。

《意见》指出，各有关部门要积极参与基层安全创建活动，充分发挥各自的职能作用。基层安全创建活动实行社会治安综合治理属地管理原则。各部门下属单位在基层安全创建活动中要服从所在地党委政府的统一领导和社会治安综合治理委员会的指导、协调、督促和检查。

中央综治委的《意见》还就经费保障、表彰和奖励、实施步骤等问题提出了明确要求。

中国人民银行决定允许中资企业保留一定限额外汇收入

国家外汇管理局新闻发言人就中资企业申请保留限额外汇收入等问题作出解释

经国务院批准，中国人民银行决定从10月15日起，允许中资企业保留一定限额的外汇收入。为此，记者就有关问题采访了国家外汇管理局新闻发言人。

问：哪些中资企业可以申请保留一定限额的外汇收入？

答：为保证外汇市场的平稳运行并考虑到目前的监管能力，这次先允许进出口业务量较大、资本较充足、财务和经营状况较好的企业开立外汇结算账户，保留部分外汇。第一批允许保留一定限额外汇收入的中资企业必须同时具备以下条件：

1. 有进出口经营权的外经贸公司年进出口总额在等值3000万美元以上、注册资本1000万元人民币以上；有进出口经营权的生产型企业年进出口总额在等值1000万美元以上、注册资本3000万元人民币以上。

2. 外经贸公司或生产型企业是在工商行政管理部门注册登记的法人。

3. 企业财务状况良好。

这里的年进出口总额是指外经贸公司或生产型企

业每年以海关报关单为依据所统计的进出口实际发生额。

对于目前尚不符合条件的中资企业,仍按《结汇、售汇及付汇管理规定》执行,其经常项目下的外汇收入除经批准可以保留以外,必须卖给外汇指定银行,用汇时凭有效凭证和商业单据到银行购汇支付。

问:符合条件的中资企业如何申请开立外汇结算账户,保留一定限额外汇收入? 账户限额如何核定?

答:从今年10月15日开始,符合上述条件的企业可到所在地国家外汇管理局及其分支局领取并填写"外汇结算账户核定限额申请表"及"开立外汇账户批准书",外汇局根据企业提交的上年末资产负债表、报告和上年进出口额等有关材料,核定其外汇结算账户可保留外汇的最高金额。企业凭外汇局核发的"开立外汇账户批准书",到所在地外汇指定银行开立外汇结算账户。

一个具有独立法人资格的中资企业只能开立一个外汇结算账户。在一家银行开立不同币种的账户视同一个账户,外汇局根据企业申请和具体情况将账户限额分割在不同币种的账户中,不同币种的账户限额不得任意调整,不同币种账户内的资金不得在无对外支付情况下进行外汇买卖。允许保留外汇的最高限额为年进出口额的15%,外汇结算账户余额不得超过核定的最高限额,超过部分必须结汇。

问:中资企业开立的外汇结算账户如何使用? 原经批准开立的外汇账户可否继续使用?

答:外汇结算账户的资金来源只能是经常项目下的外汇收入,资金用途只能是经常项目下的外汇支出和经外汇局批准的资本项目下的外汇支出。

开户银行收到中资企业的经常项目外汇收入后,若在核定的限额以内,可由企业自行决定保留外汇的金额与时机;对超过核定限额的外汇收入,可以暂时予以入账,同时通知企业在5个工作日内办理结汇,逾期不办理的,开户银行应抄报当地外汇局,由外汇局责令企业按照规定办理。开户银行对于规定范围内的中资企业用汇,应凭有效单证从其外汇结算账户对外支付。

允许中资企业开立外汇结算账户保留部分外汇收入以后,中资企业原来开立的其他外汇账户继续保留使用。外汇结算账户的开立、使用和监管等均按《境内外汇账户管理规定》及其他有关的外汇管理办法执行。

问:允许中资企业保留一定限额外汇收入以后,如何办理出口收汇核销?

答:企业出口收入汇至开户银行以后,符合条件的中资企业可以在外汇结算账户核定的最高金额以内选择入账或结汇。如果选择入账,由银行给企业出具"出口核销专用收账通知单";如果选择结汇,银行则给企业出具"出口核销专用结汇水单"(以上两种单据统称"出口核销专用联"),企业凭"出口核销专用联"及核销所需的其他凭证到外汇局办理出口收汇核销。如果今后企业从外汇结算账户上再结汇,银行不得再出具"出口核销专用联"。

中国人民银行和国家工商行政管理局联合发出关于严禁非法买卖流通人民币的通知

中国人民银行和国家工商行政管理局近日联合发出通知。要求各地认真贯彻《国务院关于禁止非法买卖人民币的通知》精神,严禁任何单位和个人非法买卖流通人民币(含纪念币)。而对退出流通的人民币,通知允许上市经营。

全国人大常委会副委员长布赫在宁夏考察

布赫在宁夏考察农业法执法工作时说,党的十五大报告中关于农业的论述对今后发展我国农业生产和农村经济具有重要指导意义。要根据十五大精神,继续深入宣传、学习农业法,提高各级领导干部依法治农的观念和依法行政的自觉性。同时,要提高广大农民群众的法律意识,使他们能够运用法律武器保护自己的合法权益。

国务院总理李鹏在中南海紫光阁会见坦桑尼亚国防和国民服务部部长马乔戈

国务院总理李鹏在中南海紫光阁会见美国商务部部长戴利

国务院总理李鹏在中南海会见意大利国防部部长贝尼亚米诺·安德烈亚塔

中国和美国商贸联委会第十一次会议在北京闭幕

中国外经贸部部长吴仪和美国商务部部长威廉·戴利共同主持了闭幕式。

两位部长在闭幕式上讲话时都表示相信,在中美两国企业界和政府机构共同努力的基础上,在中国国家主席江泽民即将应邀访问美国,并与克林顿总统举行具有历史意义的最高级会晤的良好环境下,中美经贸合作必将取得更大的成果。

吴仪说,会议期间,双方一致同意进一步加强联委会职能,在联委会两次会议之间增加一次副部长或其他级别官员间的会晤,在北京和华盛顿成立由两国政府主管部门和使馆官员组成的联合工作小组,并在联委会下增设企业工作组。吴仪说,双方还商定于明年春季在北京召开中美项目融资研讨会,并于明年上半年举办联合法律专题研讨会和出口管制研讨会。她认为,这些会议的召开将有利于增进双方的了解,促进双边经贸关系的稳步发展。吴仪还说,中美往来的历史证明,两国间的合作多于对抗。在国与国之间贸易和相互投资不断发展的形势下,加强中国这一最大的发展中国家和美国这一最大的发达国家间的合作具有广阔的前景。这正为越来越多的人所认识。吴仪指出,中美经贸关系中还存在一些问题,这相对于两国经贸往来的规模而言是难以避免的,重要的是要积极有效地利用双方现有的对话机制,通过平等磋商加以解决。

戴利说,这是联委会最成功的一次会议。它再次证明了联委会是双边商贸关系中的一个重要机制。这次会议的成功将为在本月晚些时候举行的美中最高级会晤打下一个良好的基础。

中国宣布关闭利比里亚驻香港名誉领事馆

外交部发言人沈国放在记者招待会上说:"利比里亚政府公然制造'两个中国',搞双重承认,中国政府决定自即日起关闭利比里亚驻香港特别行政区名誉领事馆。"

中央军委颁发新的共同条令和《警备条令》

中央军委主席江泽民日前签署命令,颁发重新修订的中国人民解放军《内务条令》、《纪律条令》、《队列条令》(统称共同条令)和《警备条令》。

我军原共同条令和《警备勤务暂行条令》,分别是中央军委和三总部于90年代初颁发的。重新修订的共同条令和警备条令,坚持以毛泽东思想、邓小平理论和江泽民主席关于军队建设一系列重要论述为指导,贯彻新时期军事战略方针,吸收近年来军队建设和改革的成功经验,充分反映了新形势下军队建设和管理的客观规律,是治军带兵的基本法规和全军人员必须严格遵守的共同准则。新条令的颁发施行,对于在新的历史条件下保证党对军队的绝对领导,保证党的十五大精神在全军的贯彻落实,全面贯彻质量建军方针,巩固和提高部队战斗力,具有十分重要的意义。

新的《内务条令》主要是针对军队内务建设和管理教育工作面临的新情况,按照正规化和战斗力建设的基本要求,对总则、军人职责、行为举止、内部关系、日常管理和战备工作等作了相应的调整和修改,增加了"对外交往"、"零散人员管理"及"国旗的使用和国歌的奏唱"等新的章节,由原来的20章267条,修改为21章326条。新的《纪律条令》主要是加大了奖惩力度,进一步强化了军纪的约束力和激励作用,把奖励和惩戒两个方面的条件、标准进行了规范化、具体化。同时,增写了各级领导维护和执行纪律的责任,把《军队基层建设纲要》规定的"双争"活动纳入奖励范畴。由原来的6章77条,修改为7章96条。新的《队列条令》主要是完善了一些基本队列动作,增加了在规定的场合着制式军服不戴军帽行举手礼和"81"式自动步枪操枪等动作要领,由原来的9章53条,修改为9章65条。《警备条令》主要是进一步明确了警备工作性质,规范了警备工作任务、职责和制度,增加了维护军队声誉、军人合法权益和加强警备队伍自身建设等内容,由原来的10章114条,修改为9章98条。新条令保持了与国家、军队相关法规的有机衔接和条令内容体系的系统性、完整性。

新条令自颁发之日起在全军部队施行。

10月10日

《人民日报》发表社论《从社会主义初级阶段的实际出发》

江泽民同志在十五大报告中重申社会主义初级阶段的理论,全面系统地阐述了社会主义初级阶段的基本特征和主要任务,指出:"我们讲一切从实际出发,最大的实际就是中国现在处于并将长时期处于社会主义初级阶段。"这是学习和贯彻十五大精神要深刻领会并牢牢把握的一个重要的指导思想。

社会主义初级阶段理论,是邓小平理论的一个重要组成部分。要高举邓小平理论旗帜不动摇,就必须坚持初级阶段理论不动摇。所谓社会主义初级阶段,包括两层含义:第一,就社会性质而言,我国已进入社会主义社会;第二,就发展程度而言,我国还处在初级阶段,即不发达的阶段。这就要求我们:第一,必须坚持社会主义而不能离开社会主义;第二,必须从初级阶段出发而不能超越初级阶段。这个理论,坚持了唯物辩证法,既同否定社会主义的右的思潮划清了界限,也同超越阶段的"左"的思潮划清了界限。只有真正掌握了初级阶段理论,才能真正理解我们党为什么只能实行现在这样的路线方针政策而不能实行别样的路线方针政策,才能更加自觉地坚持和贯彻党的基本路线、基本纲领。

社会主义初级阶段理论,是邓小平同志和我们党深刻总结我国社会主义建设正反两方面经验,对当代中国的基本国情作出的科学判断。十一届三中全会以前,我们在建设社会主义的过程中,为什么会几经曲折,出现严重失误?根本原因之一,就在于提出的一些任务和政策超越了社会主义初级阶段的实际。而近20年来,我们的改革开放和现代化建设事业,为什么能够顺利推进,取得辉煌成就?根本原因之一,就是因为克服了那些超越阶段的错误观念和政策,又抵制了抛弃社会主义基本制度的错误主张，坚持一切从社会主义初级阶段的实际出发。历史经验证明，真正做到从社会主义初级阶段的实际出发，社会主义事业就能够胜利发展；反之，离开社会主义初级阶段的实际，社会主义事业就会走弯路、遭挫折。历史是最好的老师。我们应当把学习社会主义初级阶段理论同认真总结历史经验、牢记历史教训紧密结合起来，这样才能对初级阶段的理论理解得更深，掌握得更牢。

一切从社会主义初级阶段的实际出发，就要坚定不移地全面贯彻党在社会主义初级阶段的基本路线和基本纲领。初级阶段，就是不发达的阶段。这种不发达不是只表现在一两个方面，而是如同十五大报告所阐明的初级阶段的九个特征那样，表现在经济、政治、文化生活的各个方面。其中，居于第一位的并且具有决定性意义的是，人民日益增长的物质文化需要同落后的社会生产之间的矛盾非常突出，这个主要矛盾贯穿于我国社会主义初级阶段的整个过程，影响着社会生活的一切方面。因此，我们在社会主义初级阶段必须始终坚持把经济建设作为全党和全国工作的中心，各项工作都要服从和服务于这个中心。围绕发展社会生产力这个根本任务，要深化改革、扩大开放、保持稳定，正确处理改革、发展、稳定的关系，要按照党的"一个中心、两个基本点"的基本路线的要求，把以经济建设为中心同四项基本原则、改革开放两个基本点统一于建设有中国特色社会主义的伟大实践。要坚持一个中心，而不能搞两个中心；要坚持两个基本点，而不能只有一个基本点，这样才能把有中国特色社会主义的经济、政治、文化各项事业推向前进，实现社会的全面进步。我们要通过学习十五大精神，进一步领会社会主义初级阶段的理论，增强贯彻执行党的基本路线和基本纲领的自觉性和坚定性。

一切从社会主义初级阶段的实际出发，就要坚持解放思想、实事求是的思想路线，历史地、客观地、全面地分析我国国情，运用社会主义初级阶段的理论去观察、分析、解决改革开放和现代化建设中的各种问题。"中国现在处于并将长期处于社会主义初级阶段"的科学论断，揭示了社会主义事业的长期性和艰巨性。只有坚持解放思想、实事求是，才能对这种长期性、艰巨性有深刻的理解，才能对本地区、本部门、本单位的实际有准确的把握，对取得的成绩有清醒的估价，对存在的问题有冷静的认识，对战胜困难有必胜的信心，对未来的奋斗目标有积极而恰当的筹划。发展是硬道理。我们一定要抓住机遇，开拓进取，保持国民经济持续快速健康发展。同时，也要防止脱离实际地想问题、订计划、办事情。特别是在发展顺利，取得较大成绩时，要注意防止头脑发热，做出一些脱离社会主义初级阶段实际，脱离本地区、本部门、本单位实际的决策，造成不应有的损失。各级领导干部尤其要保持清醒的头脑，坚持实事求是，一切从实际出发，加强调查研究，把握基本国情。这样，我们在为实现跨世纪的宏伟目标而奋斗的新征程上，才能高屋建瓴，始终掌握主动权，迎接挑战，战胜风险，不断开拓建设有中国特色社会主义事业的新局面。

中共中央政治局委员温家宝在河北农村调研

温家宝于 10 月 10 日至 12 日在河北省涞水县农村调查了解农业和农村经济发展情况，在田间地头察看了秋收秋种工作，到农户家中看望农民群众，同农村干部和农民群众座谈，就农村贯彻党的十五大精神，加快脱贫致富奔小康步伐发表了意见。

温家宝强调，提高人民生活水平，是改革开放和发展经济的根本目的。在经济发展的基础上，使全国人民过上小康生活，是党的十五大提出的一项重大任务。全国实现小康目标，关键在农村。农村要实现小康目标，就必须始终把保证有效供给，增加农民收入作为战略任务，坚持不放松粮食生产，全面发展农村经济的方针。要稳定党在农村的基本政策，主要是土地承包政策、减轻农民负担政策、粮食收购政策，确保农业和农村经济发展，农民收入增加。要加强农业基础设施建设，不断改善农业生产条件和生态环境。要大力推进科教兴农，发展高产、优质、高效农业，提高粮食等主要农产品的稳产高产水平。要深化农村改革，积极发展农业产业化经营，形成生产、加工、销售有机结合和相互促进的机制，推进农业向商品化、专业化、现代化转变。要综合发展农、林、牧、副、渔各业，继续发展乡镇企业，搞好小城镇规划建设，形成合理的产业结构。要加强对农业的支持和保护，建立健全农业社会化服务体系、农产品市场体系和国家对农业的支持、保护体系。要采取多方面的措施，加大扶贫攻坚力度，到本世纪末基本解决农村贫困人口的温饱问题。要加强农村社会主义精神文明建设，充实农民精神生活，美化生活环境，提高生活质量，促进农村社会全面进步。

温家宝说，贯彻落实党的十五大精神，要紧密结合农业和农村工作实际，当前最重要的是切实抓好农业生产的秋收、秋种工作。要采取有效措施，全力完成好秋收工作，做到精打细收，颗粒归仓。秋收任务尚未完成的地方要全力以赴，把抗旱抢播保面积作为今年秋冬种的重点来抓，采取各种行之有效的措施，千方百计稳定秋冬种粮食面积，并力争比上年有所增加。已完成秋种任务的地方，要认真抓好田间管理，保证作物安全越冬。在抓好秋冬季粮食生产的同时，要统筹兼顾，充分利用冬闲农田，安排其他作物生产。各有关部门要做好各项支农服务工作，确保秋季农业生产所需的资金和物资。

温家宝强调，秋季农业生产时间紧，任务重，各级党委和政府要切实加强领导，把秋季农业生产作为当前农业和农村的中心工作来抓，集中精力，周密部署，狠抓落实。各级领导干部要切实转变工作作风，深入基层，及时解决实际困难和问题，以确保秋季农业生产的顺利进行。

国家计委就交通运输钢铁和有色金属等三个产业"九五"期间发展目标和建设方针举行投资信息新闻发布会

交通运输行业：在国家总体规划指导下，鼓励部门、行业和地方投资，建设铁路、公路、机场和码头；鼓励外商投资生产铁路运输设备、公路与港口机械设备，或以合资、合作等形式参与地方铁路及其辅助设施、公路、独立桥梁和隧道、港口设施、民用机场的建设和经营。

钢铁工业：引导钢铁工业提高整体素质，避免低水平重复建设，限制和逐步淘汰土法烧结、土法炼焦产品。严格禁止100立方米以下高炉，10吨以下转炉和5吨以下电炉，热叠轧薄板、普钢初轧机、100毫米及以下低压焊管机、76毫米及以下无缝钢管、横列式线材轧机和复二重线材轧机及一般品种耐火材料，1800KVA及以下铁合金电炉等项目。

有色金属工业：以现有企业扩建为主，尽量少铺新摊子。重点抓氧化铝和铜精矿建设，提高自给率，同时鼓励在国外以合作等方式开发氧化铝和铜精矿；要限制和逐步淘汰高能耗、高污染、低利用率、低质量的小矿山、小冶炼、小加工的生产；积极开发铜、铝、单晶硅、钛、铍、锆、铪等深加工产品。

内贸部国家粮食局发出关于要求各地切实抓好秋粮收购的通知

国家主席江泽民在中南海会见美国菲利普斯石油公司董事长艾伦及公司董事会成员

永鼎集团带状光缆填补国内空白

中国永鼎集团投资3亿多元开发的带状光缆生产线日前正式投产，这是首次完全由国内企业自行生产的带状光缆，填补了国内空白。

10月11日

第二次全国环境法制工作会议在大连召开

国务委员、国务院环委会主任宋健在会议上强调，今后在环境法制建设中，要把强化环境执法作为重点，做到严格执法，依法行政，坚决惩处环境违法行为，严厉惩治环境犯罪。

宋健指出，搞好环境法制建设是建设社会主义法制国家的需要。改革开放以来，全国环境建设取得了很大进展，环境立法进程大大加快，立法质量明显提高，初步形成了适应社会主义市场经济体制的环境法律体系框架，全国环保工作已经基本有法可依，有章可循。这个法律体系有效地预防和控制了经济发展对环境造成的影响，避免了在经济持续高速发展时，环境质量受到严重影响和损害。能够取得这样的成绩，环境法制发挥了重要的保障作用。在新形势下，我们要加强环境执法这个薄弱环节，提高环境执法效果。今后要在进一步完善环境立法的基础上，把强化环境执法作为工作重点，确保各项环境法律法规真正落到实处。

宋健说，目前存在的环境污染和生态破坏问题，不少是由于执法不严、违法不究造成的。要彻底扭转这种局面，必须强化环境执法，要靠法律规范来引导和约束人们的行为。各级环保部门是依法对环境实施统一监督管理的行政执法部门，要坚决抵制以权压法、以言代法、以权谋私等现象，理直气壮地同环境违法行为作不妥协的斗争，坚决维护法律的尊严。有些环境违法行为往往是以发展经济为借口，甚至得到某些政府部门的默许和支持，这就特别需要排除各种干扰和阻力。法律规范保护的是全国人民的最高利益和长远利益，一切违法行为都是损害人民利益的，严格执法就是保护人民利益。各级环保部门应本着对人民利益负责的精神强化环境执法，为环境与经济协调发展作出贡献。新修订的《刑法》增加了"破坏环境资源保护罪"，这是我国环保事业发展到新阶段的必然要求，是环境立法的重大突破。

宋健强调，搞好环境法制建设一定要加强领导，依靠群众，各级政府负有对本辖区环境质量负责的法律责任，各级领导干部要认真学习和带头遵守环境法律法规，支持和指导环保部门严格执法。依法履行法律赋予的职责，不回避困难，尽快解决难点和重点问题。同时，广大人民群众的参与是环保事业的根本动力所在。搞好环境法制建设一定要依靠群众，支持群众参与，尊重群众的意愿，服务于群众的利益，充分发挥群众的积极性和创造性，要建立举报制度，支持广大群众检举揭发环境违法行为和环境犯罪案件。同时，要大力加强新闻舆论的监督作用，提高人民群众的环境意识和法制观念。

会上表彰了河北省环保局等31个"全国环境法制工作先进集体"和冯惠生等29名"全国环境法制工作先进个人"。国家环保局局长解振华主持了会议。

中共中央政治局委员姜春云在辽宁调研

姜春云于10月11日至16日先后到沈阳、铁岭、辽阳、鞍山、大连等市农村，实地考察了粮食、蔬菜、花卉基地，畜牧业、林果业、农业产业化项目、乡镇企业、农田整治、水利建设、节水工程和专业市场。姜春云对辽宁省的农业、农村工作给予了充分肯定。他说，改革开放以来，辽宁实现了农产品由短缺到自给有余的历史性转变。目前，正在由传统、自给、温饱农业向商品、高效、特色农业转变，由单一种养业向加工、储运、销售综合发展转变，开始步入贸工农一体化、产加销一条龙、多次增值增利的产业化、专业化的轨道。

姜春云指出，党的十五大把农业摆到了十分重要的位置，对农村的改革和发展提出了明确的要求，指明了今后一个时期农业和农村工作的方向。学习十五大关于农业的论述，要着重从七个方面统一好思想认识。一要统一好把农业放在经济工作首位的认识。十五大强调加强农业基础地位，坚持把农业放在经济工作的首位。这是我们党总结历史经验得出的正确结论，是根据我国国情作出的正确决策。农业事关改革、发展、稳定的大局，任何时候都不能放松。二要统一好农业和农村经济必须有新的更大发展的认识。我国农业虽然有了很大发展，但基础仍然相当脆弱。要满足12亿人口日益增长的食物需求，从根本上改变农村面貌，支撑工业现代化，农业必须上新水平、新台阶。满足现状，盲目乐观是要不得的。三要统一好对提高农业综合生产能力的认识。要继续加大对农业的投入，搞好水利建设和基础设施建设，搞好综合开发，改善生产条件和生态环境，提高抗灾能力，为可持续发展奠定基础。四要统一好对科教兴农战略的认识。科技进步是农业发展的决定因素。要下决心推进新的农业科技革命，提高农业的科技含量。五要统一好对调整优化农业、农村经济结构的认识。要始终抓紧抓好以粮食为主的种植业，同时，大力发展多种经营和农产品加工业、销售业，实现第一、二、三产业的优化组合。积极发展农业产业化，并加强引导和扶持。六要统一好对深化农村改革的认识。稳定党在农村的基本政策，积极探索促进生产力发展的集体所有制实现形式，推行股份制和股份合作制，加快乡镇企业和其他集体经济的改制步伐。七要统一好调动保护农民积极性的认识。认真落实党中央、国务院保护扶持农业的政策措施，尊重农民的生产自主权，保护农民的合法权益，减轻农民负担，搞好粮棉收购工作。

《人民日报》发表社论《共创石油工业的美好明天——热烈祝贺第十五届世界石油大会开幕》

'97国际石油天然气及石油化工展览会在北京中国国际展览中心开幕

中共中央政治局委员、国务院副总理吴邦国出席开幕式并为展览剪彩。

来自24个国家和地区的300多家公司参加了展览，参展商都带来了本公司最新的技术、工艺和设备，展览面积达6670平方米。我国的各大石油公司在展览会上都设有展台，集中反映了我国石油工业改革开放以来取得的辉煌成就。

这次展览由中国石油天然气总公司、中国石油化工总公司、中国海洋石油总公司、中国新星石油公司及中国化工进出口公司联合主办，是世界石油大会史上规模最大的一次展览。

中央军委委员傅全有在解放军总参谋部总政治部总后勤部联合召开的全军电话会议上发表讲话

傅全有在会议上讲话强调，全军官兵一定要强化条令意识，认真学习贯彻由中央军委主席江泽民签发的新的共同条令和警备条令。

傅全有说，重新修订颁布中国人民解放军《内务条令》、《纪律条令》、《队列条令》和《警备条令》，这是中央军委深入贯彻党的十五大精神，根据形势发展和军队建设实际，采取的重要治军措施。认真学习、坚决贯彻新条令，对于全面推进我军的革命化、现代化、正规化建设，巩固提高部队战斗力，具有极为重要的意义。各级一定要把学习贯彻新条令作为加强部队全面建设的一件大事，认真抓紧抓好。

傅全有指出，贯彻落实新条令必须牢牢把握"坚持根本，忠于职守，正规秩序，严明纪律，树好形象"这些基本精神和要求。坚持根本，就是坚持党对军队绝对领导的根本原则，坚持全心全意为人民服务的宗旨。基本着眼点就是确保全体军人在思想上政治上行动上与以江泽民同志为核心的党中央、中央军委保持高度一致，永远忠于党、忠于人民、忠于国家、忠于社会主义。忠于职守，就是牢记军人的责任和义务，忠实地履行条令赋予的职责。正规秩序，就是用条令严格规范部队的各项秩序，保持高度的集中统一。严明纪律，就是一丝不苟地执行纪律，严肃公正地维护纪律。树好形象，就是按条令规范言行举止，使每个军人做到军容严整、举止端正、文明礼貌。

全国人民出版社工作会议在山东济南结束

会议提出，高举邓小平理论的伟大旗帜，用科学的理论武装人，在全社会形成共同理想和精神支柱，把建设有中国特色社会主义的伟大事业全面推向21世纪，是人民出版社在新的历史时期肩负的神圣使命。作为以出版政治理论读物为主的人民出版社，当前最主要的任务是扎实深入地宣传邓小平理论，用十五大精神进一步深化出版改革，加快发展。

来自中共中央宣传部、新闻出版署和全国31个省、市、自治区宣传部、新闻出版局的负责同志以及32家人民出版社的同志，在这次会议上结合十四大以来人民出版社工作的发展态势，认真学习十五大精神，深入探讨按照十五大精神加强和改进人民出版社工作的总体思路。大家一致认为，人民出版社的性质和特点，决定了它在坚持党性原则上，不允许有任何的含糊和动摇。会议提出，人民出版社要坚定不移地高举邓小平理论的伟大旗帜，自觉增强人民出版社的党性原则；坚定不移地与江泽民同志为核心的党中央保持一致，自觉增强政治意识、大局意识和责任意识，进一步贯彻出版方针；坚定不移地坚持正确的舆论导向，自觉唱响时代主旋律，进一步发挥人民出版社在出版行业的示范作用；坚定不移地把社会效益放在首位，自觉增强竞争意识，进一步探索社会效益和经济效益相统一的有效途径。会议强调，当前和今后一个时期，人民出版社要把学习、宣传邓小平理论作为首要任务，全面实施精品战略，多出好书，不断提高编辑队伍的思想和业务素质，进一步深化人民出版社管理体制和运行机制的改革，改革经营管理，积极参与市场竞争。

国家新闻出版署署长于友先出席会议并讲话。于友先在讲话中要求人民出版社通过编辑出版的政治理论读物，为全党和全国人民学习、研究邓小平理论提供充分的出版支持，充分满足不同层次读者的学习需求。他说，这既是人民出版社的本职工作，也是十五大赋予出版界的重要任务。人民出版社要牢记使命，不辱使命，为全民族素质的提高而努力工作。

10月12日

第十五届世界石油大会在北京开幕

来自91个国家和地区的4600多位政府官员和石油界人士云集北京，下午3时，第十五届世界石油大会在人民大会堂隆重开幕。国家主席江泽民出席开幕式并致辞。

在江泽民主席宣布大会开幕之后，本届石油大会中国组委会主席王涛、世界石油大会主席凡德·米尔、北京市市长贾庆林先后致辞。

这届大会是首次在发展中国家举行的会议，也是近几届中出席国家和代表人数最多的一次盛会。在5天的会议期间，与会代表将总结20世纪石油工业的经验与成果，广泛研讨新世纪世界石油工业面临的机遇、挑战和石油科技的新发展。大会将安排6次全体会议发言，设立21个分组会。大会还设有部长论坛，将有6个国家的石油或能源部长发言。会上宣读的93篇论文、张贴的238篇论文，将展示国际石油界的最新研究成果。

吴邦国、温家宝、吴仪、宋健、朱光亚等出席开幕式。

国家主席江泽民在北京召开的第十五届世界石油大会开幕式上致辞

主席先生，女士们，先生们，朋友们：

第十五届世界石油大会在北京隆重举行，这是国际石油界的一次盛会。我谨代表中华人民共和国政府，并以我个人的名义，向大会表示衷心的祝贺！对来自世界各地的朋友们表示热烈的欢迎！

石油是人类社会赖以生存和发展的重要能源之一。20世纪石油工业的发展，与国家战略、全球政治和经济发展紧密地交织在一起，使世界经济和人们的生活发生了巨大的变化。当今，保持世界石油工业的繁荣，实现石油工业与全球经济可持续发展，是国际石油界和各国政府的共同愿望和崇高使命。我相信，世界各国之间按照平等互利的原则加强石油领域的交流与合作，将会为世界石油工业的发展带来更大的生机和活力。

中国是世界上最早发现和利用石油和天然气的国家之一。有文献记载的历史，迄今已有2000多年。中华人民共和国成立以来，特别是近20年来，中国石油工业的发展，取得了巨大的成就。随着经济持续快速健康发展，社会消费水平不断提高，我国对石油天然气资源和产品的需求将会日益扩大。中国政府和人民有信心保持国内石油天然气生产的稳定增长。我们将继续坚持立足国内，扩大开放，走向世界，在平等相待、互利互惠的基础上，积极推动中国与世界各国石油界的交流与合作，实现共同发展。

石油天然气是不可再生的资源，是人类极为宝贵的财富。我们要科学开采和合理利用石油、天然气，实行油气并重、开发与节约并重、环境保护与油气加工利用并重的方针，确保石油工业更好地为经济建设服务，更好地造福于人民。

在世界正朝着多极化方向发展的重要历史时期，各国的经济联系不断加深，在石油工业领域的合作日益加强。人们可以预见，石油工业在即将到来的21世纪的世界经济中，在人类和平与发展的伟大事业中，将会继续产生深远的影响和发挥更大的作用。在国际石油界和世界各国政府的共同努力下，未来的世界石油工业充满希望，必将为世界经济的繁荣和人类社会的进步作出新的贡献。

预祝大会圆满成功！

现在我宣布：第十五届世界石油大会开幕！

第二十三届国际人口科学大会在北京开幕

国务院总理李鹏在大会上致辞

作为世界人口学界最高级别大会，此次会议吸引了 80 多个国家和地区的 1300 多名专家学者及一些国际组织的代表。

在大会开幕前，李鹏总理亲切会见了国际人口科学联盟理事会成员和部分国际知名学者。他对国际人口科学联盟在促进人口问题的科学研究和国际间的交流与合作，推动联合国和各国政府制定并实施正确的人口政策方面所作的努力表示赞赏，并预祝大会取得圆满成功。

中国组委会主席、国务委员兼国家计生委主任、中国人口学会会长彭珮云在开幕式上代表中国组委会和中国人口学会向来自五大洲的朋友们和同行们表示最诚挚、最热烈的欢迎。

贾庆林、陈慕华、马万祺、何鲁丽出席开幕式。大会国际组委会主席、中国组委会副主席蒋正华主持开幕式。国际人口科学联盟主席考德威尔、联合国人口基金执行主任萨迪克女士和联合国人口司司长沙米在开幕式上发表讲话。

国务院总理李鹏在北京举行的第二十三届国际人口科学大会开幕式上发表讲话

各位来宾，各位朋友，女士们，先生们：

值此第二十三届国际人口科学大会开幕之际，我代表中国政府和中国人民，对会议的召开表示衷心的祝贺，向出席会议的各位来宾表示热烈的欢迎。

这次大会是国际人口科学工作者的一次盛会。现在，世界总人口已超过 58 亿。如何协调人口与经济、社会、资源、环境的关系，是各国政府共同关心的问题。今天，如此众多的国际人口学专家和学者齐集北京，围绕科学认识人口与各方面的相互关系，促进人类社会可持续发展的主题进行广泛交流和探讨，是一件意义深远的事情。我相信这次会议一定会取得积极的成果。

本世纪以来，特别是第二次世界大战以后，随着经济和社会的发展，对人口问题的科学研究也不断深入。国际人口科学联盟作为一个重要的国际性学术组织，为促进人口问题的研究、交流与合作，推动联合国和各国政府制定并实施正确的人口政策，做了大量工作，产生了积极影响。我们赞赏国际人口科学联盟为发展人口科学所作的贡献。

中国是世界上人口最多的发展中国家，原来的经济基础薄弱，有些资源相对不足，地区间发展不平衡，生产力还不发达，这是中国的基本国情。在推进现代化建设的进程中，中国政府把正确处理经济建设和人口、资源、环境的关系摆在重要位置，逐步形成了一套行之有效的、符合中国实际的政策和措施。我们注重通过教育的方法，不断提高全民的人口意识，在人民自觉自愿的基础上实施计划生育政策，以达到控制人口增长、提高人口素质的目的。由于中国坚持不懈地实行计划生育政策，1996 年中国人口自然增长率已降到 10.42‰。从 70 年代初到现在，大约少生育 3 亿人。这不但缓解了对中国经济和社会发展的压力，而且对世界人口控制也是一个贡献。世界上越来越多的人对中国的计划生育政策表示理解、同情和支持，我们对此表示感谢。

在积极实施计划生育政策的同时，中国还大力发展教育、卫生、文化等事业，实施九年制义务教育，健全医疗保健网络，开展文化建设。我们鼓励和支持广大妇女参与社会各项事业，进一步提高妇女的地位。我们实施扶贫计划，逐步完善社会保障制度。采取上述一系列措施，促进了中国经济社会的发展和人民生活水平的提高，效果是明显的，人民是欢迎的。

尽管中国计划生育政策取得了如此重大的成就，但由于我们国家人口基数大，这几年年均净增人口仍在 1300 万左右。这相当于一个中等国家人口的总和。中国政府需要为新出生的人口提供生活必需品以及受教育和就业的机会，这仍然是一个沉重的负担。

中国政府在长期实践中认识到，坚持综合治理人口问题，走可持续发展的道路，促进人口与经济、社会、资源、环境的协调发展，是中国现代化建设的必然选择。进入 21 世纪以后，中国经济将继续保持发展的势头，社会将走向全面进步。但我们也看到，中国在人口问题上将面临新的挑战。人口总量将继续增加，就业问题的压力将进一步增大，人口老龄化将日益突出。现在，中国还有 5000 万人生活在最低生活水平线以下，要使他们在本世纪末基本解决温饱问题，这是一项艰巨而又必须完成的任务。如何保持较低的生育水平，全面提高人口素质，妥善解决就业、老龄化、贫困人口、医疗保健以及社会保障等问题，都是中国政府认真对待的重要课题。在这一进程中，中国人口科学的研究及其实践将发挥更加重要的作用。

和平与发展是当今世界的两大主题。人口问题与这两大主题有着密切的关系。研究和解决人口问题，发展人口科学，需要各国政府和人口科学工作者的共同努力，需要广泛的国际交流与合作。中国作为国际社会的一员，在认真解决好本国人口问题的同时，愿意同各国政府，同国际人口科学联盟和各国人口科学工作者一道，为发展人口科学，促进人类的全面进步与发展作出不懈的努力。

谢谢大家。

《人民日报》发表社论《创造新的辉煌——热烈祝贺第八届全国运动会开幕》

第八届全国运动会在上海举行

中共中央总书记、国家主席江泽民晚上在上海体育场宣布，中华人民共和国第八届运动会开幕。

晚上8时，第八届全国运动会开幕式在上海体育场举行。来自全国各省、自治区、直辖市、香港特别行政区和解放军以及13个行业体协的共46个代表团步入运动场。由257人组成的香港特别行政区代表团首次参加全运会。

八运会组委会执行主任、上海市市长徐匡迪致欢迎词说，在党中央、国务院和全国人民的关心、支持下，上海人民以服务全国为已任，以乐于奉献为光荣，以争创一流为目标，经过4年的努力奋斗，已做好了八运会的各项准备工作。他说，“当好东道主，办好八运会”已成为上海人民的共同心愿。我们将继续全力以赴，为八方嘉宾提供良好服务，为运动健儿创造一流比赛环境。

八运会组委会主任、国家体委主任伍绍祖在致开幕词时说，八运会是本世纪我国最后一次规模最大的综合性运动会，是我们学习、宣传党的十五大精神，贯彻党的体育工作方针和《体育法》，推动全民健身计划、奥运争光计划的体育盛会。伍绍祖说，我们一定要高举邓小平理论伟大旗帜，在以江泽民同志为核心的党中央领导下，坚持党在社会主义初级阶段的基本路线，大力发扬中华体育精神，努力做好体育工作；在全国人民的关心和支持下，把本届运动会办得隆重、热烈、精彩、圆满，做到运动成绩和精神文明双丰收，为把建设有中国特色社会主义伟大事业全面推向21世纪做出贡献。

在江泽民宣布第八届全国运动会开幕后，五彩缤纷的礼花在运动场腾空而起，全场欢声雷动，把开幕式推向了高潮。随后，蒋丞稷、孙麒麟分别代表参加八运会的运动员和裁判员宣誓。

出席八运会开幕式的领导人有中共中央政治局委员、国务委员李铁映，中央政治局委员、中央军委副主席张万年，中央政治局委员、上海市委书记黄菊，中央政治局候补委员、书记处书记曾庆红，全国人大常委会副委员长王光英，全国政协副主席杨汝岱、钱伟长、董寅初、霍英东，还有香港特别行政区第一任行政长官董建华。国际奥委会主席萨马兰奇以及部分国际体育组织、悉尼奥运会组委会、一些国家和地区体育组织或代表团的官员也出席了开幕式。中央和国家有关部门负责同志也出席了开幕式。主持今天开幕式的是八运会组委会常务副主任、上海市副市长龚学平。

第八届全国运动会从10月12日至24日在上海举行。它是本世纪最大、也是最后一届全运会，是香港回归祖国和党的十五大之后举行的首次全国性大型活动。参加八运会的运动员、教练员、裁判员、记者和观摩人员等总共达两万人，其中7647名运动员参加28个大项319个小项的决赛阶段比赛。除武术外，其余都是奥运会正式比赛项目。

中共中央总书记江泽民在上海会见全国群众体育先进代表

江泽民会见了自1993年第七届全国运动会以来，在开展群众体育活动方面成绩卓著的先进地区、集体和先进个人代表。

江泽民对大家在群众体育和整个体育工作中取得的成绩表示衷心的祝贺。江泽民说，国家体委在第八届全国运动会期间开展全国群众体育先进表彰活动，是群众体育与竞技体育协调发展的体现。

江泽民说，全民健身运动有利于增强人民体质，有利于丰富群众的文化生活，有利于振奋我们的民族精神和提高综合国力，意义重大而深远，要深入持久地开展下去。他说，全民健身运动有利于增强人民体质，有利于丰富群众的文化生活，有利于振奋我们的民族精神和提高综合国力，意义重大而深远，要深入持久地开展下去。

江泽民指出，为人民服务，为增强人民体质服务，是党和国家对体育工作的基本要求。体育事业是群众的事业，广泛开展群众参与的体育活动，是我们体育工作的重点。同时要努力发展竞技体育事业，这不仅可以为国争光，还可以为群众体育活动的发展起引导、示范作用。要保持竞技体育与群众体育相互促进、共同提高的局面。

江泽民希望体育战线的同志们认真学习贯彻党的十五大精神，高举邓小平理论伟大旗帜，再接再厉，团结广大群众，把建设有中国特色的社会主义体育事业不断推向前进。

10月13日

国家主席江泽民在上海会见应邀观摩第八届全国运动会的国际奥委会主席萨马兰奇

江泽民对萨马兰奇多年来对中国体育事业的发展所给予的支持表示感谢，并对萨马兰奇前不久再次当选为国际奥委会主席表示祝贺。

萨马兰奇感谢江泽民主席的会见。他盛赞中国八运会开幕式极为精彩、成功,称这是他一生中所见到的最好的开幕式文体表演之一。萨马兰奇还祝愿中国的体育事业和奥林匹克运动取得更大的成绩。

江泽民说,中国政府历来高度重视发展体育事业,积极推动群众体育的开展,以提高人民身体素质和健康水平,同时积极参与国际奥林匹克运动和国际体育交流。

国务院总理李鹏在人民大会堂与安提瓜和巴布达总理莱斯特·伯德举行会谈

李鹏说,两国自 1983 年建交以来,在各个领域进行了富有成效的合作,"相信总理阁下的这次访问将加深两国相互了解,推动两国友好合作关系进一步向前发展"。他对安提瓜和巴布达政府在东加勒比地区率先并始终坚持"一个中国"的立场表示赞赏。

伯德表示,安提瓜和巴布达政府一贯认为中华人民共和国政府是代表全中国的唯一合法政府,安提瓜和巴布达是东加勒比地区承认世界上只有一个中国的第一个国家,今后将继续坚持这一原则立场。他强调,安提瓜和巴布达政府将坚定不移地致力于两国友好关系的深入发展。

李鹏指出,中国是发展中国家的一员,对其他发展中国家的人民怀有友好的情谊,对他们建设自己国家的努力一贯持同情和支持的态度,并且积极提供力所能及的帮助。中国与安提瓜和巴布达都面临着发展本国经济的任务,我们双方都在积极探讨合作的新方式和新领域。

伯德感谢中国政府和人民在农业、文化、城建等领域给予的援助。他认为,两国之间的经贸和技术合作有着良好的前景,他欢迎中国的企业界前去开展合作,并希望加强两国人民之间的交往,增进相互了解。

会谈后,两位总理共同签署了有关两国经济技术合作的协议。

全国人事系统为经济建设服务工作会议在深圳举行

国务委员李贵鲜在会上强调指出:全国各级人事部门一定要认真学习贯彻十五大精神,高举邓小平理论伟大旗帜,进一步增强为经济建设服务的思想,提高为经济建设服务的自觉性和坚定性,把各项工作纳入到以经济建设为中心的轨道上来,进一步做好人事工作,为跨世纪的伟大事业提供人才保障。

李贵鲜说,党的十五大强调,人才是科技进步和经济社会发展的最重要的资源。谁拥有优秀人才,谁就会在国际竞争中占有优势,把握主动权。目前,我国具有中专以上学历和初级职称以上的人才已达四千四百多万人,他们为我国的政治、经济、科技、文化、教育、卫生等各项事业的发展做出了巨大贡献。但是,我们的人才队伍还有很大差距。据测算,科技进步对日本经济增长的贡献率达百分之七十以上,目前我国科技进步对经济增长的贡献率还不到百分之三十,这方面的差距也反映了我们人才数量和质量上的差距。因此,我们一定要大力开发人才资源,加快做好人才的培育工作,努力建设一支规模宏大的高素质的人才队伍。

李贵鲜指出,合理配置和有效使用我国现有人才资源,是摆在我们面前的重要任务。要大力营造"公平、平等、竞争、择优"的用人环境;要逐步推行个人自主择业、单位自主用人的双向选择制度,有条件的事业单位要逐步推行聘用制;要坚持按劳分配原则,建立竞争、激励机制,要建立科学的人事分类管理制度;要积极促进地区间人才资源的合理配置,加大中西部地区人才资源开发力度,积极开展东西部人才余缺调剂、对口支援工作,制定灵活的政策措施,发挥工资分配等政策的导向作用,合理引导东部地区人才向中西部流动;要合理调整产业间的人才资源结构,稳定和发展农业科技人员队伍,鼓励非农业领域的农业技术人员回归农业;要重视乡土人才的选拔、培养和使用,对在农业第一线工作的专业技术人员,国家要从职称评聘、工资待遇、子女上学等方面给予政策倾斜;要充实企业人才队伍,重点是基础产业、支柱产业、高新技术产业企业。

人事部授予王韶华等 10 人"人民满意公务员"荣誉称号给予王秀兰等 15 人记一等功

人事部最近发布《关于授予王韶华等十名同志"人民满意的公务员"荣誉称号和给予王秀兰等十五名同志记一等功奖励的决定》,全文如下:

建立和推行国家公务员制度以来,在党中央、国务院的领导下,我国广大公务员按照《国家公务员暂行条例》的要求,认真学习贯彻党的基本理论、基本路线和基本方针,努力实践党的"全心全意为人民服务"的宗旨,自觉把"人民拥护不拥护,人民赞成不赞成,人民高兴不高兴,人民满意不满意"作为一切工作的出发点和落脚点,紧密联系群众,甘当人民公仆,用自己的实际行动展现了我国公务员的高尚品质和精神风貌,塑造了新时期政府机关为人民服务的崭新形象。

几年来,涌现出一批锐意进取,勤奋工作,带领群众创建社会主义物质文明和精神文明,取得显著成绩的县(市)长和乡(镇)长。他们有的在开放地区带领群众发展经济;有的扎根边疆与群众一起艰苦创业;有的发扬革命传统,领导群众重塑老区辉煌;有的时刻关心群众的冷暖疾苦，做人民群众的贴心人、带头人，用模范行动赢得了人民群众对党和政府的信赖和赞誉。

为了表彰他们的先进事迹，进一步提高公务员的整体素质，建立一支精干、高效、廉洁的公务员队伍，促进我国经济建设和社会发展，根据《国家公务员奖励暂行规定》，人事部决定：授予河北省平山县西柏坡乡乡长王韶华等十名同志“人民满意的公务员”荣誉称号；给予北京市朝阳区高碑店乡乡长王秀兰等十五名同志记一等功奖励。希望受到表彰的同志谦虚谨慎，戒骄戒躁，再接再厉，做出更大的成绩。

他们是广大公务员的优秀代表和学习的榜样。要学习他们认真贯彻党的路线、方针、政策，全心全意为人民服务的高贵品质；学习他们爱岗敬业，无私奉献的思想境界；学习他们勇于改革，不断创新的开拓精神；学习他们清正廉洁，勤政为民的高尚情操；学习他们密切联系群众，艰苦奋斗的优良作风。

全国公务员特别是担任领导职务的公务员要高举邓小平理论的伟大旗帜，认真贯彻落实党的十五大会议精神，紧密团结在以江泽民同志为核心的党中央周围，加强社会主义物质文明和精神文明建设，深入开展“为人民服务，做人民满意的公务员”活动，努力提高政治素质和思想道德素质，依法行政，勤奋工作，树立政府机关全心全意为人民服务的良好形象，带领人民群众为实现党的十五大确定的宏伟目标而奋斗！

人民满意的公务员名单

王韶华　河北省平山县西柏坡乡乡长
陈列雄　海南省琼海市温泉镇镇长
蓝秀珍　福建省宁德市石后乡乡长
魏　红　云南省西盟佤族自治县县长
王行安　天津市和平区劝业场街道办事处主任
黄　诚　湖南省资兴市市长
王敬瑞　山西省阳泉市郊区区长
吴瑞荣　安徽省宁国市市长
罗松仁青　青海省玉树县县长
买买提依明·卡得尔　新疆维吾尔自治区和田县布扎克乡乡长

记一等功人员名单

王秀兰　北京市朝阳区高碑店乡乡长
陈丽龄　上海市杨浦区延吉新村街道办事处主任
曾贤良　重庆市黔江土家族苗族自治县水市乡乡长
史会云　辽宁省桓仁满族自治县县长
钟振明　吉林省德惠市市长
郭德发　黑龙江省海林市柴河镇镇长
徐国娣　浙江省绍兴县夏履镇镇长
龙雪荣　江西省崇仁县郭圩乡乡长
李益新　山东省胶州市副市长
张荣海　河南省舞钢市枣林乡乡长
陈自昌　广东省信宜市市长
陈　松　广西壮族自治区合浦县星岛湖乡乡长
杨　雄　贵州省织金县金龙苗族彝族布依族乡乡长
马希贤　宁夏回族自治区灵武市郝家桥乡乡长
边巴次仁　西藏自治区日喀则市市长

国务院三峡工程建设委员会第六次会议在北京召开

李鹏主持会议，验收领导小组组长郭树言在会上就验收情况作了详细汇报。枢纽工程验收组组长张光斗、移民工作验收组组长王汉章、水利部总工程师朱尔明、交通部副部长李居昌、电力部部长史大桢、三峡总公司总经理陆佑楣、湖北省省长蒋祝平、重庆市副市长甘宇平等先后在会上发言，就大江截流要注意的问题提出了建议。会议认为，三峡枢纽工程建设和移民工作进展顺利，截流前的准备工作基本就绪。会议审议并批准了验收报告。

李鹏在国务院三峡工程建设委员会会议上说，三峡工程5年来工作进展顺利，施工质量总体良好。从枢纽工程来看，导流明渠已经过水通航，临时船闸将在明年5月1日通航，可以保证长江航运的通畅；大江截流的设计方案可行，施工组织安排合理，各项准备工作基本就绪，与二期工程的衔接也作了相应的安排。移民工作进展顺利。枢纽工程和移民工作满足大江截流的要求，1997年可以实现大江截流的目标。这是在中央领导下，全体建设者、库区各级政府和广大干部、群众艰苦奋斗的结果。

李鹏在回顾三峡工程建设工作时指出，枢纽工程的设计蓝图正逐渐变成现实，库区移民的新城镇、新农村正在兴建，并且已经初见规模。这些成绩的取得充分证明了中央对三峡工程建设所采取的方针政策是正确的。在枢纽工程建设方面，主要是采用了现代科学管理，实行了项目法人负责制、招标投标制、项目监理制和合同管理制，引入了竞争机制；实行了“静态控制、动态管理”的投资管理模式，收到了良好的效果，投资控制在工程概算之内。在库区移民工作中，通过实践，逐步制定了一系列方针政策，积累了许多好的经验，做好移民工作的路数愈来愈清楚，信心愈来愈强。移民工作主要是实行了开发性移民方针和“中央统一领导，分省、市负责，县为基础”的管理体制，移民补偿资金实行总量控制下的分省、市切块包干责任制，移民进度实行“突出重点，远近结合，移民进度与工程进度相衔接，在资金到位的前提下，宜早不宜晚”的原则，开展了全国对口支援库区的工作,并在库区实行了一系列优惠政策。李鹏说,今后要继续贯彻执行这些方针政策,把工作做得更好。

在部署今后工作时,李鹏强调指出,大江截流在三峡工程建设史上是一个重要标志,标志着一期工程圆满完成,二期工程即将开始。他要求把困难估计得多一些,要精心安排,精心施工,全力以赴确保大江截流顺利实现。同时,要抓紧建成二期上、下游围堰,确保1998 年安全度汛。他说,二期工程混凝土工程量巨大,工期紧,浇筑强度高,任务十分艰巨,要十分重视工程质量,健全保证三峡工程质量的管理机制,使工程达到一流水平。要组织好水轮发电机组的制造、安装工作,按时完成三峡输变电工程和配套工作,以确保 2003 年首批机组发电和永久船闸通航。同时消化吸收国外先进技术,提高我国大型水力发电设备的设计制造能力。在移民工作方面,二期工程的目标是在 2003 年完成 135 米水位以下的移民任务。要实事求是,量力而行,继续处理好移民搬迁与发展的关系,认真制定和执行分县移民规划和实施计划,加强对口支援工作,加快库区生态农业的发展,进一步做好生态与环境和文物的保护等方面的工作,实现移民搬得出,稳得住,逐步能致富的目标。

李鹏强调,大江截流的胜利实现具有重大的政治、经济意义,这将是十五大之后一件振奋人心的大事,一件展示社会主义建设辉煌成就的大事。它将使全国人民更加关心和支持三峡工程,增强建设好三峡工程的信心。它将向全世界表明,中国人民有能力兴建当今世界上最大的水利水电工程。李鹏号召,三峡工程全体参建单位和库区各级政府要以党的十五大精神为指针,在以江泽民同志为核心的党中央领导下,高举邓小平理论的伟大旗帜,团结一致,艰苦奋斗,建设好三峡工程,同时把三峡库区建设成经济繁荣、环境优美、人民安居乐业的新型经济区。

人民银行发出关于要求各商业银行合理确定流动资金贷款期限通知

为改进金融服务,支持企业特别是国有企业按照市场需求有效地组织生产经营活动,该行日前发出通知,要求商业银行在发放流动资金贷款时,要根据有关规定合理确定贷款期限。

中国国有资产管理学会第三届理事会暨全国国资理论研讨会在北京闭幕

国家国有资产管理局局长张佑才在研讨会上提出,国资管理既要防止国有资产流失,更要推动国有资产流动。

张佑才在讲话中说,当前国有资产既存在流失问题,又存在流不动的问题。我们通过几年的努力,查处了一批国有资产流失案件,为国家挽回了损失,而且弄清全国国有企业还有大量闲置固定资产,大量国有资产低效益运营,如此数额巨大的国有资产没有被充分利用,而是闲置浪费。这表明,当前国资工作所面临的主要矛盾是国有资产流不动的问题。国有资产管理部门既要保卫国有经济生产力,更要解放国有经济的生产力。党中央、国务院下决心加大国有经济结构调整和资产重组的力度,也就是要推动国有资产的合理流动和优化配置。国资部门也要相应转变工作重点,不能因为害怕国有资产流失而限制资产的流动,而是要在积极推进改革,促使国有资产向高效益领域转移,实现优化配置的过程中,防止国有资产流失。

中国在东海又获得重要油气发现

正当第十五届世界石油大会在我国隆重召开之际,中国海洋石油总公司传来喜讯,由该公司与英国超准石油公司合作钻探的东海 32/32 合同区丽水 36－1－1 井获得重要石油天然气发现。刚刚结束的测试作业证实,该井日产天然气 28 万立方米,凝析油 18.7 立方米,这是东海石油对外合作探区地质勘探上战略性的突破。

该合同区距浙江温州市东南 150 公里,水深 90 米。这项重要发现证实了丽水凹陷和邻近海域的油气潜能,进一步展示了东海油气资源的良好前景。超准石油公司目前已计划与中国海洋石油总公司签订东海海域另一个新的石油合同。

另据中国海洋石油总公司透露,由该公司与意大利阿吉普(海外)有限公司、美国雪佛龙海外石油有限公司和德士古中国 B. V. 公司四家组成的 CACT 作业者集团,近日在南海东部珠江口盆地又发现一个新油田——惠州 26—2—1 油田。

该油田日产原油约 1000 吨,距已建成投产的惠州 26—1 油田生产平台 8.5 公里,具备和惠州油田群实行联合开发的有利条件。

国务院总理李鹏在人民大会堂会见出席第十五届世界石油大会的主要贵宾

李鹏对来自世界 90 个国家和地区的石油界人士表示热烈欢迎。他说,这是本世纪参加国家和参加地区最多的一次全球石油界盛会。与会的代表包括国际石油界有影响的人士,相信大家通过深入讨论和广泛交流,会进一步加深彼此之间的相互了解,推动世界各国政府及石油界的合作,共同推进世界石油工业的发展和科学技术的进步。

李鹏简要介绍中国石油工业的发展情况。李鹏说，石油工业是中国国民经济的基础产业，对中国经济的发展具有重要影响。中国政府高度重视石油工业的发展，把石油工业列入本世纪最后五年和今后十五年发展计划的重要内容。中国石油工业 40 多年来坚持独立自主、自力更生的方针，取得了很大的成就，不仅满足了国民经济对油品日益增长的需要，而且还有一定数量的石油出口。随着中国经济的快速发展，对石油、天然气及其产品的需求也将不断增加。

李鹏说，中国石油工业通过坚持“稳定东部、发展西部”的方针，开发和节约并举，走可持续发展的道路。他说：中国是一个有 12 亿人口的发展中国家，正在进行大规模的现代化建设，现有的石油产量还不足以满足蓬勃发展的经济建设和日益改善的人民生活的需要。中国的石油资源有待于继续开发，但油田的建设要有一个过程。我们提出利用两种资源、两个市场的政策，这就是说，在立足开发本国油气资源的基础上，积极走向世界，面向国际市场，通过贸易和投资等多种方式，开展平等互利的合作。

李鹏指出：近几年来，一些国际上有影响的石油公司看好中国市场，与中国积极探讨合资合作的方式。中国政府对此表示欢迎并给予支持。

世界石油大会副主席中国组委会主席王涛在北京召开的世界石油大会上发言

王涛说，中国作为拥有 12 亿人口的发展中国家，保障日益增长的石油需求，必须立足国内。这是中国石油战略的一个基本立足点。同时，中国石油作为世界石油工业的一部分，实现今后的发展也必须顺应世界经济、贸易和科技全球化趋势，加强与国际间的石油合作与交流。

王涛说，从 1949 年到 1978 年，中国只用了不到 30 年，原油产量就突破亿吨，跨入世界主要产油国之列。到 1996 年，原油产量达到 1.58 亿吨，油气在能源生产结构中的比重已由 1949 年的不到 1%上升到 19.1%。他说，目前，中国的石油生产正处于稳定上升阶段。其中，占我国原油总产量 75%的东部油田由于采用了先进的开采技术，预计在未来十几年间，基本可以保持稳定。保持这一地区原油产量的稳定，中国原油产量的持续增长就有了稳固的基础。西部是中国石油工业发展的重要战略接替地区。目前，新疆塔里木、准噶尔、吐鲁番—哈密三大盆地的勘探相继取得重大突破，发现了一批高产油田，原油产量逐年增长。预计今后几年，西部的探明可采储量和原油产量都会有较大幅度的发展。中国近海石油勘探开发发展迅速，产量已由 1990 年的 127 万吨增至 1996 年的 1500 万吨。预计今后探明可采储量和原油产量均会有较大的增长。王涛说：“上述石油资源潜力和原油生产趋势表明，在未来的十几年间，中国的原油产量将持续增长。中国的石油需求仍可主要依靠国内生产来解决。”

同时，王涛还强调，为了顺应世界经济、贸易和科技全球化趋势，中国石油还将加强国际间的合作与交流，互补互促，共同发展。

中国海洋石油发展是对外开放的产物。从 1982 年以来，中国海洋石油已与 18 个国家和地区的 67 家公司签订了 126 个石油合同和协议，直接利用外资 53.8 亿美元，原油年产量年递增 39.6%；中国陆上石油对外开放面积已达 250 万平方公里，已与国外签订了 37 个石油合同，金额近 10 亿美元。在对外开放的同时，中国石油也参与了国际油气勘探开发，已在秘鲁、苏丹、委内瑞拉、哈萨克斯坦、加拿大、泰国等国家签订了一批石油合同。

王涛说，由于中国地质条件复杂，使中国石油界在油气勘探开发方面积累了宝贵经验，培养锻炼了一批高素质的专家和施工作业力量。在对外合作中，中国愿同世界各国特别是发展中国家分享自己的经验和技术。中国石油界愿与世界石油界一起，为把一个繁荣的世界石油工业推向 21 世纪而努力。

国务院副总理朱镕基在中南海紫光阁会见欧盟委员会副主席利昂·布里坦

国务院副总理兼外交部部长钱其琛在钓鱼台国宾馆会见欧盟委员会副主席利昂·布里坦

中共中央政治局委员温家宝在人民大会堂会见以副总书记沙兹利为团长的埃及民族民主党代表团

国防部部长迟浩田在北京同比利时国防大臣让-保罗·蓬斯莱会谈

在谈到联合国维核行动时，迟浩田说，作为联合国安理会常任理事国，中国支持和重视联合国根据其宪章宗旨和原则，为维护世界和平与安全作出的积极努力。

中国科协在云南省丽江地区宁蒗彝族自治县召开科普兴县现场交流会

来自全国 10 个县的党政领导和云南省科协的代表近 200 人参加了会议。

此次会议的宗旨是：以党的十五大精神和党中央国务院关于加强科技进步和科普工作的精神为指导，通过交流经验和现场参观考察，进一步加深科普工作者对提高全民科学文化素质等重大意义的认识，从而不断加大科普工作力度。

10 月 14 日

国务院召开第 63 次常务会议

国务院总理李鹏主持会议。国务院三峡工程建设委员会副主任郭树言汇报了三峡工程大江截流前验收情况。会议批准于 1997 年 11 月 8 日实现长江大江截流。

全国人大常委会委员长乔石在人民大会堂会见安提瓜和巴布达总理莱斯特·伯德

全国政协主席李瑞环在人民大会堂会见安提瓜和巴布达总理莱斯特·伯德

全国人大常委会副委员长布赫在贵州考察农业法执行情况

10 月 14 日至 20 日，布赫对贵州省贯彻执行《农业法》的情况进行了检查。他先后到贵阳、遵义、凯里等地市县，走访了部分农户，并深入城乡与基层干部和群众座谈。16 日下午，布赫在全国人大常委会《农业法》执法检查组与贵州省领导交换意见时说，从现阶段看，农业仍然属于弱质产业，是一个比较薄弱的部门，因此，必须对国情有一个清醒的认识，通过扎扎实实的工作，真正巩固农业的基础地位，切实把农业放在经济工作的首位。他强调指出：第一，要稳定党在农村的各项基本政策，认真执行农业法，坚决贯彻落实土地承包、粮食收购保护价、减轻农民负担等项政策。第二，要加大农业投入，不断改善农业生产条件，增强农业发展后劲。第三，要加快农业产业化的进程，实行贸工农一体化经营，建立一批有一定规模的“龙头”企业。第四，要从实际出发，因地制宜，扬长避短，综合发展。

国务院总理李鹏在中南海紫光阁会见泰国枢密院大臣西提·沙卫西拉

中共中央政治局常委李鹏在中南海紫光阁会见以埃及民族民主党副总书记人民议会和协商会议事务部长卡迈勒·沙兹利为团长的埃及民族民主党代表团

全国人大常委会委员长乔石在人民大会堂会见比利时国防大臣让-保罗·蓬斯来

外经贸部部长吴仪在北京与欧盟委员会副主席利昂·布里坦会谈

吴仪敦促欧盟从中国的实际出发，对中国现行的经济体制给以客观的定性，尽快将中国从非市场经济国家的名单中取消。

她强调，无视中国今天的发展，把中国称为非市场经济国家，不是出于偏见就是有意混淆视听，这将严重影响中欧经贸关系的进一步发展。

布里坦指出，欧盟极其重视与中国的政治和经贸关系，希望以一种现实和友好的目光来看待中国的发展，使用“非市场经济国家”一词来描述中国今天的发展状况是不正确的。作为欧盟主管中国事务的一名官员，他将尽一切努力使欧盟成员对中国有一个正确的认识。

吴仪说，中国重视发展与欧盟的经贸合作关系，在对外经贸关系中，中国一直把与欧盟的关系置于极其重要的地位。她表示相信布里坦的来访有助于中欧双方增进了解，解决合作中的问题，全面推动中欧经贸关系的进一步发展，加速中国加入世贸组织的进程。

她说，中欧经贸关系的发展总体上令人满意。欧盟去年是中国第四大贸易伙伴，全年贸易总额为 397 亿美元；今年前 8 个月，双边贸易额达 253.1 亿美元，比去年同期增长 5.2%。欧盟来华投资活跃，截至今年 6 月底，欧盟成员国来华投资项目数达 7758 项，实际投入 104.8 亿美元，继续保持增长势头。

她说，中国广阔的市场和巨大的经济发展潜力必将为中欧经贸合作提供更多的机会。中欧可在新科技、基础设施和可持续发展等领域开展更广泛的合作，加大欧盟在上述领域对华投资和技术转让的力度。双方的政府和行政管理部门对这些合作应给予积极的鼓励和支持。

关于中国加入世贸组织的问题，吴仪说，欧盟和布里坦本人在谈判中作出了努力，对此，中方表示感谢。欧盟在中国加入世贸组织的问题上采取独立立场，中国对此表示赞赏，希望欧盟拿出更大的诚意，通过双方的努力，使双边谈判取得实质性进展，并尽快结束谈判。

吴仪说，中国政府在降低关税问题上历来坚持自主的原则。从 1995 年起，中国关税总水平已从 35%降低到现在的 17%，降幅超过 60%。中国已承诺到 2000 年将关税总水平降低到发展中国家的平均水平，应该说，中国在降低关税问题上已迈出了很大的步伐。

在谈到服务贸易领域的开放时，吴仪说，中国对服务领域的开放持谨慎态度，中国的服务业开放只能一步一步地进行，而不可一蹴而就。

在谈到欧盟对华反倾销问题时，吴仪说，过去两年，欧盟新发起 10 起对华反倾销，使其对中国反倾销立案总数达 69 起，这已引起中国社会的普遍关注，影响了中欧经贸关系的发展。她建议在中欧混合委员会下建立“反倾销协调机制”，定期就有关问题举行磋商，采取防范或承诺措施，避免采取对抗性作法。

关于对中国出口商品实行数量限制，吴仪认为，单方面对中国出口实行数量限制构成了欧盟对中国实行歧视性贸易政策的又一表现，因为中国是欧盟所有贸易伙伴中唯一受这种数量限制的国家。中国反对欧盟的这种歧视性贸易政策，希望布里坦为此多做工作，早日全面取消对华数量限制，为双边经贸关系的长期发展扫清障碍。

布里坦说，在中国加入世贸组织的问题上，欧盟不会把自己的观点强加给别人，也不允许别人把自己的观点强加于欧盟。欧盟希望中国加入世贸组织，并将继续为此同中国同事一道努力工作。

150分钟的会谈结束后，双方还签署了《中欧合作谅解备忘录》及三个中欧合作项目的财政协议。

全国群众体育先进表彰大会在上海举行

中共中央政治局委员、国务委员李铁映，八运会组委会主任、国家体委主任伍绍祖等领导人出席并颁奖。

会上，国家体委向群众体育成绩优异的北京、天津、上海等12个省、市颁发1993年至1997年度群众体育先进奖，向群众体育有明显进步的山西、四川等省、自治区颁发群众体育进步奖，同时还授予清华大学等2994个集体和李连江等1987位个人“全国群众体育先进集体”、“全国群众体育先进个人”称号。据了解，这次表彰在历次活动中规格最高，江泽民总书记亲自接见先进代表，规模也最大。

李铁映在颁奖大会上发表讲话指出，各级政府以及全社会都要进一步提高对全民健身重要意义的认识；开展全民健身活动要重在建设，重在活动，重在参与；全民健身活动要从长远出发，贵在坚持；全民健身活动要从青少年抓起，让中华民族以强健的体魄迎接21世纪的到来。

伍绍祖介绍说，近年来我国全民健身活动得到蓬勃发展，全国已有30个省、市、自治区成立了实施健身计划的领导机构，不少地方还制定了长远规划；1996年达到国家体育锻炼标准及格水平以上的适龄学生1.15亿人，比1993年提高7个百分点；69%的城市街道办事处建立了社区体育组织；近50%的地、县及乡镇建立了农民体协；全国公共体育场所近90%已向社会开放；国民体质监测网络初具规模。

10月15日

中纪委制定对违反《关于党政机关厉行节约制止奢侈浪费行为的若干规定》行为的党纪处理办法（文略）

中纪委书记尉健行在全国纪检监察系统举行的电视电话会议上发表讲话

尉健行在会议上指出，各级党委、政府和纪检监察机关，要以十五大精神为动力，进一步加大反腐败工作力度，继续扎实抓好中央纪委第八次全会部署的各项工作，特别要着重贯彻江泽民同志关于艰苦奋斗的重要讲话精神，坚决落实党中央、国务院关于党政机关厉行节约制止奢侈浪费行为的各项规定，务必在今冬明春取得新的成效，推动党风廉政建设和反腐败斗争的深入进行。

尉健行强调，深入学习贯彻十五大精神，要在反腐败工作上见行动，出成效。用实实在在的成果，让广大干部群众看到我们党反对腐败的决心，增强同腐败现象作斗争的信心。

尉健行指出，今年5月15日全国纪检监察系统电视电话会议召开以来，广大党员干部特别是领导干部进一步学习江泽民同志在中央纪委第八次全会上关于大力发扬艰苦奋斗精神的重要讲话，经过努力，落实制止奢侈浪费行为各项规定的工作已初见成效，但对取得的成绩不能估计过高。一些地区和部门的领导干部在思想上存在着模糊甚至错误的认识，工作不主动，措施不得力，对存在的奢侈浪费现象没有认真清理和纠正，对违反规定的行为没有严肃执行纪律，与真正落实规定还有相当的距离。各级领导机关和领导干部对此必须引起高度重视。

尉健行强调，发扬艰苦奋斗精神，厉行节约，制止奢侈浪费行为是党中央加强党风廉政建设和开展反腐败斗争的一项重要部署，是一项长期的任务。不仅今冬明春要努力抓好这项工作，明年和今后相当长一个时期还要坚持不懈地抓下去。在今冬明春，各级党委、政府和纪检监察机关要全面落实八项规定，特别是着重抓住落实得不够好的几项规定。比如，各级党政机关召开的各类会议不准赠送礼品和纪念品，不准组织高消费娱乐活动，不准向企业事业单位摊派会议费。各级党政机关都要对用公款安装的住宅电话费用实行对个人规定限额、超额自负的制度；对违反规定安装的住宅电话必须进行处理。从现在起，党政机关暂停购置移动电话，在认真清理的基础上，对违反规定配置的移动电话在今冬明春必须作出处理。各地区各部门还应结合实际，针对存在的突出问题，确定重点清理项目。

尉健行指出，在重点落实八项规定的同时，还必须抓好党风廉政建设和反腐败的其他各项工作。今冬明春各级执纪执法机关要抓紧查处一批有影响的重大违纪违法案件，并公开报道一些典型案件。要继续紧紧抓住群众反映强烈的突出问题，纠正部门和行业不正之风。当前要重点抓好减轻农民负担、减轻企业负担等工作。现在离元旦、春节的时间不久了，各级领导机关和领导干部要及早对党员、干部进行党风廉政和遵纪守法教育，严格禁止年终和节日期间突击花钱、滥发钱物和用公款大吃大喝，任何单位不准印发、使用各种代币购物券，严禁赠送和接受用公款支付的各种礼金、红包和有价证券。

尉健行要求各单位要从政治高度认识发扬艰苦奋斗精神、制止奢侈浪费行为的重要意义，纠正模糊和错误认识。各级党委、政府和纪检监察机关以及有关业务主管部门要坚决按照中央的要求，切实负起责任。要加大工作力度，制定具体标准，加强监督检查，严肃执行纪律。他指出，只要各级领导机关和领导干部锲而不舍，一抓到底，抓出成效，坚持数年，艰苦奋斗、勤俭办事的良好风气就一定会在全党全国进一步形成，促进党风廉政建设和反腐败斗争不断深入。

据会议介绍，近一个时期以来，各地贯彻落实制止奢侈浪费各项规定的工作已取得一定成效。据 11 个省区市和部分中央国家机关的初步统计，截至 9 月底，共停建、缓建办公楼建设项目 2500 多个，取消或压缩各种会议 1.3 万多个，取消庆典活动近 2400 个，取消各种检查、评比、达标活动 2600 多次，处理用公款吃喝玩乐的党员、干部约 1900 人，清理了一批用公款购置的移动电话和住宅电话。

湖南、河北两省和冶金部有关负责同志在会上作了制止奢侈浪费专项治理经验交流发言。中央纪委常务副书记韩杼滨主持今天的会议。

上海浦东国际机场举行开工仪式

中共中央总书记、国家主席、中央军委主席江泽民出席上海浦东国际机场全面开工仪式，并为浦东国际机场奠基。

中共上海市委副书记、常务副市长陈良宇主持上海浦东国际机场全面开工仪式。中共上海市委副书记、市长徐匡迪报告机场工程建设情况说，这是一项跨世纪的大型工程。

开工仪式前，江泽民总书记来到机场建设指挥部，观看了浦东国际机场规划模型，仔细地听取了工程指挥部负责人关于机场设计、规划等情况的介绍。他不时询问有关情况，对机场的建设给予极大的关心，希望把浦东国际机场建设成为国际一流的航空港。

全国人事系统为经济建设服务工作会议结束

会议在交流总结各地为经济建设服务经验的基础上强调指出，全国人事系统要认真学习贯彻十五大精神，把经济发展的重点作为人事工作为经济建设服务的重点，继续拓宽人事工作为经济建设服务的领域，把为经济建设服务工作全面推向 21 世纪。

人事部部长宋德福说，要解放思想，实事求是，勇于改革，大胆探索，继续拓宽为经济建设服务的新领域，不断发展为经济建设服务的新路子，逐渐形成全方位为经济建设服务的新格局。一是要突破人事工作陈旧观念的局限，把服务领域由国有经济延伸到整个国民经济，由城市延伸到农村，由国有单位延伸到非国有单位；二是要突破人事工作对象的局限，把服务对象由传统的国家干部延伸到各级各类人才，包括乡土人才；三是要突破人事工作老套方式的局限，把服务方式由单纯调配延伸到人才资源的开发。

宋德福强调说，要把经济发展的重点作为人事工作为经济建设服务的重点。要积极开展各类实用实效农业技术培训，实施乡土人才开发工程，做好农村乡土人才的发现、培养和管理工作。

中国质量认证与国际稳步接轨

自 1994 年按照国际规范建立中国质量认证国家认可制度以来，中国质量体系认证机构国家认可委员会(CNACR)始终坚持与国际接轨的方针，加强对认证机构的批复、审查和管理，严把认证质量关，使我国质量认证事业在量上迅猛发展的同时，得到了质的提高。

截至目前，已有 30 家体系认证机构和 17 家产品认证机构获得国家认可，有 2564 家企业通过了 ISO 9000 系列质量体系认证，取得了 2607 张带有国家认可标志的体系认证证书；有 6355 家企业通过了产品质量认证，取得了 22552 张产品质量认证证书。我国代表不仅担任了多边承认协议管理委员会的委员，而且，今年 5 月，CNACR 继美国、日本之后首批通过国际同行评审。这标志着我国的 ISO 9000 体系认证证书将首批成为国际相互承认的证书。

中国彩色棉开发又获新进展

我国彩色棉开发又获新进展。日前，一种被命名为“UG—01”绿色彩色棉新品系在甘肃敦煌通过专家鉴定。

此次鉴定的“UG—01”彩色棉新品系，经过敦煌和海南三亚 3 年 5 季选育，今年种植面积已达到 150 亩，田间表现整齐一致，性状趋于稳定，经测算皮棉产量可达 60 公斤，纤维长度和强度、马克隆值等技术指标已达到工业纺织要求。专家一致认为，“彩色棉新品系‘UG—01’的选育成功，填补了国内彩色棉研究中绿色棉育种的一项空白，是一项重大的阶段性成果，并具有良好的发展前景。总体研究水平达到国内同类研究的领先水平”。同时呼吁要进一步加快我国彩色棉开发步伐，力争成为世界彩色棉生产和制品大国。

北京图书馆举行新馆开馆 10 周年暨 85 周年馆庆庆典大会

江泽民、李鹏、乔石、李瑞环、李岚清等党和国家领导人为北图馆庆题词。

江泽民的题词是：保护文明遗产，开发信息资源，服务改革开放，发挥北京图书馆在两个文明建设中的作用。

李鹏的题词是：开发知识宝藏，汇聚时代信息，加快北京图书馆现代化建设。

乔石的题词是：抓住机遇，深化改革，把北京图书馆建设成为中国重要的信息枢纽。

李瑞环的题词是：为读者着想。

李岚清的题词是：进一步办好图书馆事业，为振兴中华作更大贡献。

上午，庆典大会在北京图书馆新馆嘉言堂举行。出席庆典的有全国人大常委会副委员长雷洁琼、全国政协副主席何鲁丽以及中央有关部门负责人刘忠德、白克明、徐文伯、于友先等，一些国家的驻华大使、文化参赞、图书馆馆长等也参加了庆典。

现在的北京图书馆，建筑面积达 17 万平方米；藏书 2026 万册（件），其中包括举世瞩目的 163 万册普通古籍和 27 万册善本特藏及 3 万余片甲骨等；年均接待读者 152 万人次，流通图书 650 万册，口头和书面咨询 1 万余次；在现有的 1500 余名员工中，大专以上学历的达 1050 人，占全馆人员的 70%，拥有中级以上职称的 668 人，其中正副高级职称 135 人；与世界上 117 个国家和地区的近 1000 个图书馆建立了业务联系。北图已跻身于当今世界五大国家图书馆行列，成为我国的国家图书馆和国家总书库，也是全国图书馆界的学术中心、编目中心和信息中心。

为充分展示 85 年来，特别是改革开放以来北图取得的辉煌成就，北图从 9 月下旬至 10 月中旬举行了一系列馆庆活动，如首都文化名人纪念笔会、北图发展战略研讨会等。10 月 15 日馆庆这一天还举办了北图多媒体光盘系统开通暨连接中国公众多媒体通信网（第二电子阅览室）剪彩仪式。同时还开办了“北京图书馆馆藏珍品展”、“前进中的中国国家图书馆”图片展、“全国古籍类出版社精品图书展”等一系列展览。

10 月 16 日

国务院新闻办公室发表《中国的宗教信仰自由状况》白皮书

白皮书中列举了大量事实表明，新中国成立以来，特别是改革开放近 20 年来，中国人民的宗教信仰自由的权利得到了充分的尊重和保护。

这份近 1 万字的白皮书共分“中国的宗教现状”、“宗教信仰自由的法律保护”、“宗教信仰自由的司法行政保障和监督”、“对独立自主自办宗教事业的支持”和“对少数民族宗教信仰自由权利的保护”5 个部分。

白皮书指出，中国是个多宗教的国家。中国宗教徒信奉的主要有佛教、道教、伊斯兰教、天主教和基督教。中国公民可以自由地选择、表达自己的信仰和表明宗教身份。据不完全统计，中国现有各种宗教信徒 1 亿多人，宗教活动场所 8.5 万余处，宗教团体 3000 多个。宗教团体还办有培养宗教教职人员的宗教院校 74 所。

白皮书说，在中国约 30 万宗教教职人员中，有佛教出家僧尼约 20 万人、道教乾道和坤道 2.5 万余人、伊斯兰伊玛目和阿訇 4 万余人、天主教教职人员 4000 人、基督教教牧传道人员 1.8 万余人。

白皮书说，中国各宗教团体自主地办理教务，并根据需要开办宗教院校，印刷发行宗教经典，出版宗教刊物，兴办社会公益服务事业。中国与世界许多国家一样，实行宗教与教育分离的原则，在国民教育中，不对学生进行宗教教育。部分高等院校及研究机构开展宗教学的教学和研究。在各宗教组织开办的宗教院校中，根据各教需要进行宗教专业教育。宗教教职人员履行的正常教务活动，在宗教活动场所以及按宗教习惯在教徒自己家里进行的一切正常的宗教活动，都由宗教组织和教徒自理，受法律保护。

白皮书指出，在漫长的历史发展中，中国各宗教文化已成为中国传统思想文化的一部分。中国的宗教徒有爱国爱教的传统。中国政府支持和鼓励宗教界团结信教群众积极参加国家的建设。

白皮书说，在中国，各种宗教地位平等，和谐共处，未发生过宗教纷争；信教的与不信教的公民之间也彼此尊重，团结和睦。这既是由于源远流长的中国传统思想文化中兼容、宽容等精神的影响，更是因为中华人民共和国成立后，中国政府制定和实施了宗教信仰自由政策，建立起了符合国情的政教关系。

白皮书说，中国公民的宗教信仰自由权利受到宪法和法律的保护。在《中华人民共和国宪法》中，宗教信仰自由是公民的一项基本权利。宪法第 36 条规定：“中华人民共和国公民有宗教信仰自由。”“任何国家机关、社会团体和个人不得强制公民信仰宗教或者不信仰宗教，不得歧视信仰宗教的公民和不信仰宗教的公民。”“国家保护正常的宗教活动。”同时也规定：“任何人不得利用宗教进行破坏社会秩序、损害公民身体健康、妨碍国家教育制度的活动。”“宗教团体和宗教事务不受外国势力的支配。"

白皮书说，中国的《民族区域自治法》、《民法通则》、《教育法》、《劳动法》、《义务教育法》、《人民代表大会选举法》、《村民委员会组织法》、《广告法》等法律还规定：公民不分宗教信仰都享有选举权和被选举权；宗教团体的合法财产受法律保护；教育与宗教相分离，公民不分宗教信仰依法享有平等的受教育机会；各民族人民都要互相尊重语言文字、风俗习惯和宗教信仰；公民在就业上不因宗教信仰不同而受歧视；广告、商标不得含有对民族、宗教歧视性内容。

白皮书说，中国政府颁布了《宗教活动场所管理条例》，以维护宗教活动场所的合法权益。中国政府还颁布了《中华人民共和国境内外国人宗教活动管理规定》，尊重在中国境内的外国人的宗教信仰自由，保护外国人在宗教方面同中国宗教界进行的友好往来和文化学术交流活动。

白皮书指出，中国法律规定，公民在享有宗教信仰自由权利的同时，必须承担法律所规定的义务。在中国，任何人、任何团体，包括任何宗教，都应当维护人民利益，维护法律尊严，维护民族团结，维护国家统一。这与联合国人权文书和公约的有关内容是一致的。无论信仰宗教的公民还是不信仰宗教的公民，在法律面前一律平等。这也是一个现代文明和法治国家的基本要求。

白皮书强调说，各国的历史、文化和国情不同，这决定了各国保护宗教信仰自由的实践会有不同的特点。中国在强调保护信教自由时，也强调保护不信教的自由，把两者置于同等重要的位置，从而在完整意义上体现了宗教信仰自由。这是对公民基本权利更充分、更全面的保护。

白皮书指出，宗教要与其所处的社会相适应，这是宗教存在与发展的普遍规律。中国人民正在建设有中国特色的社会主义现代化国家，中国政府倡导宗教要与之相适应。这种相适应不是要求公民放弃宗教信仰，不是改变宗教的基本教义，而是要求宗教在法律的范围内活动，与社会的发展与文明的进步相适应。这是符合信教群众和各宗教本身的根本利益的。

白皮书说，80 年代以来，中国部分地区出现了一些邪教组织，打着宗教旗号进行违法犯罪活动。广大人民群众和宗教界人士对此深恶痛绝。中国司法机关对这类严重危害社会和公众利益的违法犯罪分子依法惩处，正是为了维护公众利益和法律尊严，为了更好保护公民宗教信仰自由权利和正常的宗教活动。中国司法机关依法惩治犯罪，与宗教信仰无关，中国没有人因为信仰宗教被惩处。当今世界，任何法治国家都不会容忍这类打着宗教旗号进行违法犯罪活动。

白皮书说，在司法保障方面，中国对侵犯公民宗教信仰自由权利的行为有明确的惩处规定。近年来，中国司法部门依法审理了若干起违反国家有关法律、严重伤害教徒宗教感情的案件，对责任者予以惩处。在行政保障方面，中国各级政府设立了宗教事务部门，对有关宗教的法律法规的贯彻实施进行行政管理和监督，具体落实和执行宗教信仰自由政策。政府宗教事务部门不干涉宗教团体和宗教活动场所的内部事务。

白皮书说，在各级人民代表大会、政治协商会议中，有近 1.7 万名宗教界人士担任代表、委员。他们代表宗教界在人大、政协会议上参与国家大事和社会重要问题的讨论，并就政府涉及宗教的工作提出意见、建议、批评或议案、提案。

白皮书指出，中国的宗教事业由中国各宗教团体、教职人员和信教群众来办，中国的宗教事务和宗教团体不受外国势力支配。中国政府依照宪法和法律支持中国各宗教独立自主自办的事业。

白皮书强调指出，中国宗教实行独立自主自办的方针，是中国人民在反抗殖民主义、帝国主义侵略和奴役的斗争中，由中国宗教信徒自主作出的历史性选择。1840 年鸦片战争后，西方的基督教和天主教被殖民主义、帝国主义利用，充当了侵略中国的工具，一些西方传教士扮演了不光彩的角色。如，在 19 世纪，一些西方传教士参与向中国贩卖鸦片和策划 1840 年英国侵略中国的鸦片战争；在 1900 年八国联军侵华战争中，一批西方传教士充当了联军的向导、翻译、情报官等，参与屠杀平民，掠夺钱财；19 世纪的中英《南京条约》、中美《望厦条约》、中美和中法《天津条约》、中法《北京条约》等对华不平等条约，都有西方国家一些传教士直接参与策划、起草；西方传教士还享有不受中国法律管辖的"治外法权"。在"治外法权"下，西方一些传教士以帝国主义侵略势力为后盾，深入中国内地建教堂，设教区，霸占田产，欺压官民，干涉中国司法；由于一些西方传教士凭借不平等条约为非作歹，激起民愤，引发中国民众与西方传教士的冲突与纠纷，西方列强以这种"教案"为借口，向中国政府施加军事或政治压力，强迫赔款，捕杀无辜，甚至以此为口实发动侵略战争；阻挠和反对中国的反法西斯斗争和人民革命；敌视新中国，策划破坏活动。新中国成立后，罗马教廷数次发出"通谕"，煽动教徒敌视新生的人民政权。西方天主教、基督教还操纵、控制中国教会，使中国教会变成西方修会、差会的附庸。中国籍神职、教牧人员和广大教徒处于无权地位。

白皮书指出，1949 年中华人民共和国成立后，中国基督教、天主教坚持独立自主自办方针，得到了广大信教群众的认同和支持，也使教会和宗教活动有了健康发展。

白皮书指出，中国的宗教坚持独立自主自办，同时在平等友好的基础上积极与世界各国宗教组织进行交往和联系。中国基督教和天主教与世界上许多国家教会建立了友好往来关系。中国佛教、道教和伊斯兰教的国际友好交往也日益扩大。

白皮书说，中国政府一贯坚持独立自主的和平外交政策，愿意改善同梵蒂冈的关系。但必须符合两个基本条件：第一，梵蒂冈必须断绝同台湾的所谓“外交关系”，承认中华人民共和国政府是中国唯一合法政府，台湾是中国领土不可分割的一部分；第二，梵蒂冈不得以宗教事务为名干涉中国的内部事务。中国和梵蒂冈的关系首先是国家关系，只有在国家关系改善后才能谈宗教问题。无论中国和梵蒂冈的关系是否改善，中国政府都将一如既往地支持中国天主教高举爱国主义旗帜，坚持独立自主自办教会方针和自选自圣主教。

白皮书说，中国是一个统一的多民族国家。中国政府执行各民族平等、团结、互助的民族政策，尊重和保护少数民族宗教信仰自由的权利和风俗习惯。中国政府在致力于促进少数民族地区经济、文化、教育等各项事业的进步，提高包括信教群众在内的广大少数民族群众物质文化生活水平的同时，特别注意尊重少数民族的宗教信仰，保护少数民族文化遗产。

白皮书说，目前，西藏有1700多处佛教活动场所，住寺僧尼4.6万多人。信教者家中几乎都设有小经堂或佛龛，每年到拉萨朝佛敬香的信教群众达百万人以上。西藏处处可见从事佛事活动的信教群众，到处悬挂着经幡，堆积着刻有佛教经文的玛尼堆。一年一度的雪顿节中的宗教活动及传统的马年转冈仁波钦、羊年转纳木错湖等宗教活动，都得以正常进行并受到社会各方面的尊重。活佛转世这一藏语系佛教特有的传承方式，得到了国家的承认和尊重。1992年，国务院宗教事务局批准了第十七世噶玛巴活佛的继任。1995年，中国严格按照宗教仪轨和历史定制，经过金瓶掣签，报国务院批准，完成了十世班禅转世灵童寻访、认定以及第十一世班禅的册立和坐床。这些举措得到了西藏广大信教群众的拥护和支持。

白皮书说，中国政府尊重和保护穆斯林群众的宗教信仰自由和风俗习惯。对穆斯林的朝觐，政府有关部门提供了各种服务，受到穆斯林的称赞。80年代以来，中国赴麦加朝觐的穆斯林有4万多人。在新疆，现有清真寺达2.3万多座，宗教教职人员2.9万人，满足了信教群众过宗教生活的需要。中国政府也十分尊重信奉伊斯兰教的少数民族的饮食习惯和丧葬仪式，制定生产清真食品的法规，开辟穆斯林公墓。近年来，中国司法机关依法审理了有关出版物严重伤害穆斯林宗教感情的案件，维护了穆斯林的合法权益。

白皮书说，中国政府坚决反对利用宗教狂热来分裂人民、分裂国家、破坏各民族之间团结的民族分裂主义，坚决反对利用宗教进行的非法活动和恐怖主义活动，坚决维护国家统一和少数民族地区的社会稳定，保护少数民族信教群众正常的宗教活动。

白皮书说，中国政府尊重国际社会在宗教信仰领域公认的原则，认为这些原则必须与各国具体情况相结合，并通过各国的国内法律来实施。中国政府反对在宗教领域搞对抗，反对利用宗教干涉别国内政。

白皮书最后说，事实充分证明，新中国成立以来，特别是改革开放近20年来，中国人民的人权状况得到了极大的改善，宗教信仰自由的权利也得到充分的尊重和保护。中国政府将一如既往地在维护人权包括保护宗教信仰自由方面作出更大的努力。

江西井冈山市各界群众集会纪念井冈山革命根据地创建70周年并举行“井冈山革命烈士纪念碑”揭幕仪式

邓小平生前为纪念碑题写碑名。

三峡工程移民首期安置近10万人

截止到9月底，三峡库区已搬迁安置移民8.23万人，加上坝区已安置人员总计近10万人，到位资金78.72亿元，能够保证三峡工程实现大江截流的需要。

据该局新闻发言人介绍，1993年到1997年底为三峡工程移民安置的第一阶段，已建造房屋334.59万平方米，动迁工厂179家，开发土地10.4万亩，标志着一期移民工程目标顺利实现。

举世瞩目的三峡工程建设由枢纽工程、移民搬迁和输变电工程三大部分组成，其中移民搬迁工作具有重要性、艰巨性和复杂性。整个库区淹没面积632平方公里，涉及湖北、重庆两省市22个县（市、区），是全国18个连片贫困地区之一，预计搬迁总人口近120万。

国务院副总理姜春云就“世界粮食日”发表电视讲话

今天是“世界粮食日”，姜春云代表国务院就保障粮食安全问题发表了电视讲话。

姜春云强调，中国是一个农业和人口大国，中国政府历来十分重视粮食安全问题，始终把发展粮食和农业生产，解决人民的温饱问题放在最重要的位置。新中国成立以来，特别是改革开放以来，中国的粮食生产有了很大发展，创造了在人多地少国情下实现粮食基本自给的奇迹。总结我国改善粮食安全状况的基本经验，主要是坚持把农业放在经济工作的首位，制定符合国情的发展农业政策，调动和保护农民的生产积极性，依靠科技进步，增加对农业的投入。

姜春云指出，目前中国正处在工业化的快速发展阶段，人口还在增加，要满足人民日益增长的食物需求，不断提高人民生活水平，我国农业面临的任务十分艰巨。我们的基本方针是，立足国内资源，实现粮食基本自给。我们将按照党的十五大的要求，坚持把农业放在经济工作的首位，稳定党和政府在农村的基本政策，深化农村改革；多渠道增加农业投入，加强农业基础设施建设，保护和改善农业生态环境；不断推进农业科技进步，积极发展农业产业化经营，形成生产、加工、销售有机结合和相互促进的机制，推动农业向商品化、专业化、现代化转变。

姜春云副总理充满信心地说，中国粮食和农业发展的前景是光明的，中国人民完全有能力通过自己的努力实现丰衣足食，为促进和维护世界粮食安全做出新的贡献！

国务委员陈俊生在河北省廊坊市就供销合作社改革和农业产业化经营问题进行调查研究

近日，国务委员陈俊生在河北省廊坊市就供销合作社改革和农业产业化经营问题进行调查研究。陈俊生强调要把供销合作社真正办成农民自己的合作经济组织，积极参与农业产业化经营，不断加快改革与发展步伐。

陈俊生指出，供销合作社改革的目标就是贯彻党的十五大精神，把供销合作社真正办成农民自己的合作经济组织，为农村、农业和农民服务。把供销合作社真正办成农民自己的合作经济组织的标准：一是产权真正为社员所有；二是把管理权真正交给社员，社员真正当家做主；三是让社员成为供销合作社主要受益者，使千家万户的农民和千变万化的市场结合起来。实现把供销合作社真正办成农民自己的合作经济组织这一目标，达到其三条标准，核心是让入社农民有产权、经营管理权并受益。这需要一个过程，当前要抓紧解决好三个突出问题：一是历史遗留下来的经济包袱问题。通过各种有效方式，尽快而又合理地卸掉包袱，轻装上阵加速发展。二是班子建设问题。卸掉包袱只是创造了改革和发展的一定条件，干得好坏还要看班子建设。要选用德才兼备的人才，建设整体素质高、经营能力强的领导班子。三是要加强民主管理。民主管理是搞好供销合作社改革与发展的关键环节，要让农民真正参加管理、搞好社务公开，公开才能公正，公正才有积极性，有积极性才能有发展。

陈俊生在谈到农业产业化经营时说，要围绕农业增产、农民增收，推进农业两个根本转变，实施农业产业化经营。产业化就是要形成有内在利益结合的完整的经济链条与农民结成经济利益共同体，增加科技含量，提高农业的现代化水平，提高农业的综合效益。

第四届"吉利杯"全国十大"扶贫状元"表彰大会在北京举行

辽宁省辽阳市委书记傅克诚，中科院和水利部水土保持研究所研究员卢宗凡，湖南省吉首军分区司令员彭楚政，香港协成行主席和锦华置业有限公司主席方润华，青岛面粉机械厂原厂长王义锡，湖北省潜江市张金镇幸福村党委书记周作亮，四川希望集团董事长刘永好，地矿部扶贫办主任兼赣南老区开发中心主任朱耀琪，深圳冠丰华贸易有限公司董事长陈毅锋，安徽省安庆石油化工总厂副厂长汪锦荣等 10 名"扶贫状元"和孔令玉等 25 名"扶贫贡献奖"获得者披红戴花，在欢快的乐曲声中，兴高采烈地走上主席台领取奖章和奖杯。

国务委员、国务院扶贫开发领导小组组长陈俊生对当选的全国十大"扶贫状元"和"扶贫贡献奖"获得者表示祝贺。他说，党中央、国务院始终非常关心和支持扶贫工作，不仅制定了一系列有利于贫困地区休养生息的优惠政策，逐步增加扶贫投入，而且针对贫困地区的实际情况，采取了许多行之有效的措施和办法。但是，我国是一个发展中国家，要办的事情很多，政府财力有限，尽管竭尽全力，也很难在短时间内一并解决多年形成的贫困问题。因此除了政府的努力之外，需要全社会各个方面积极支持扶贫事业。

国家主席江泽民在上海西郊宾馆会见美国时代公司副总编亨利·穆勒并接受《时代》周刊记者专访

江泽民主席向记者介绍了他即将对美国进行的国事访问的重要意义，并就中美关系、中国经济形势、国有企业改革、反腐败问题以及台湾问题回答了记者的提问。

第十五届世界石油大会在北京结束

会议期间，各国能源专家、学者就世界能源前景和石油工业的最新发展与未来趋势，进行了广泛而深入的交流。大会举行了 6 次大会发言，召开了 10 次回顾与展望会议，宣读论文 93 篇。美国、沙特、俄罗斯、印尼、尼日利亚等 11 个国家的能源或石油部长在部长论坛上介绍了本国的能源政策。

世界石油大会的研究成果，一向是各国制订能源政策的重要依据。为使思想撞击产生的火花变成熊熊火炬，照亮下个世纪的石油繁荣之路，会议还为来自 91

个国家的4600多名代表提供了形式多样、广阔自由的讨论空间。21个专题分组会受到了热烈欢迎，代表们就勘探、开发与钻采、下游产业及加工技术、油气储量、环境保护与安全、商业与管理、研究与运输等专题进行了深入的探讨。会议还设立了80个小型展览间，供200多位作者在此张贴论文，进行学术交流。

会议认为，21世纪世界石油工业的发展，将通过高新技术的进一步推广应用和全球化的石油合作降低成本，保证世界相对稳定的油气供应。在此次会议上获得连任的世界石油大会主席凡德·密尔先生认为，大会取得的丰硕成果，将对世界石油工业的发展产生深远影响。

大会期间，各国代表还参观了我国石油化工科学研究院、中国海洋石油勘探开发中心、石油物探局、石油勘探开发科学研究院等单位，与我国石油科技界人士进行了多方面的交流。

在下午的闭幕式上，世界石油大会科学规划委员会主席作了总结发言。本届大会中国组委会主席王涛将世界石油大会会旗移交给第十六届大会主办国加拿大国家委员会主席。下届石油大会将在加拿大的卡尔加里举行。

中共中央政治局常委胡锦涛在人民大会堂会见以总书记达马·德拉马尼为团长的多哥人民联盟代表团

中国在维也纳召开的桑戈委员会会议上被接纳为正式成员

桑戈委员会成立于1971年，其成员是《核不扩散条约》缔约国中一些具有核出口能力的国家，宗旨是加强国际间关于核出口控制的协调与合作。该委员会现有33个成员国。

吴玉章奖金第三次评选在北京揭晓

20种学术著作获此殊荣。胡绳的《中国共产党的七十年》，王力的《王力文集》获特等奖；黄楠森、庄福龄、林利的《马克思主义哲学史》，董纯才、张腾霄、皇甫束玉的《中国革命根据地教育史》，李文治、江太新的《清代漕运》，王钟翰的《中国民族史》和廖秋忠的《廖秋忠文集》获一等奖。

全国城市教育综合改革会议在湖南长沙举行

中共中央政治局常委、国务院副总理李岚清为会议发来贺信。李岚清在贺信中说：教育改革能不能进一步深化，关键在于各级党委、政府和“一把手”。教育综合改革重在“综合”，各实验城市要自觉做到统筹经济、科技、教育体制改革，统筹城市教育、劳动、人事制度改革，统筹各级各类教育的改革和发展，全面提高城市教育的质量和效益，充分发挥城市教育的整体功能，更好地为当地经济建设和社会发展服务。

10月17日

《人民日报》发表社论《大力推进依法治国进程》

江泽民同志在十五大报告中指出：“依法治国，是党领导人民治理国家的基本方略。”认真学习和领会这一重要论断，大力推进依法治国进程，发展社会主义民主政治，建设社会主义法治国家，对于建设有中国特色社会主义政治、对于建设有中国特色社会主义事业全局，具有重大而深远的意义。

什么叫依法治国？江泽民同志指出：“依法治国，就是广大人民群众在党的领导下，依照宪法和法律规定，通过各种途径和形式管理国家事务，管理经济文化事业，管理社会事务，保证国家各项工作都依法进行，逐步实现社会主义民主的制度化、法律化，使这种制度和法律不因领导人的改变而改变，不因领导人看法和注意力的改变而改变。”

这段论述，明确了依法治国的三个基本问题：第一，“依法治国”的主体是谁？是党领导下的广大人民群众。第二，“依法”依的是什么法？是维护人民民主专政的国体和人民代表大会制度的政体的宪法和法律，是把社会主义民主制度化、法律化的宪法和法律，是具有最高权威性和极大稳定性的宪法和法律。第三，“治国”的内涵是什么？就是通过各种途径和形式管理国家事务、经济文化事业和社会事务，保证国家各项工作都依法进行。这样，依法治国就把坚持党的领导、实现人民民主和严格依法办事有机地统一起来，既同过去那种重人治不重法治的状况划清了界限，也同西方资本主义国家的法治划清了界限。因此，这是把我国建设成为社会主义法治国家的重要指导思想。

党的十五大提出的“依法治国，建设社会主义法治国家”的任务，是运用邓小平理论对历史经验进行科学总结得出的郑重结论。发展社会主义民主，健全社会主义法制，依法治国，是邓小平理论的重要内容，也是十一届三中全会以来我们党坚定不移的基本方针。邓小平同志在改革开放初期曾经指出：“民主和法制，这两个方面都应该加强，过去我们都不足。要加强民主就要加强法制。没有广泛的民主是不行的，没有健全的法制也是不行的。”近20年来，特别是党的十四大以来，我国社会主义民主法制建设取得很大进展，一个以宪法为基础、包括一系列重要法律在内的社会主义法律体系加速构建，初步改变了过去那种无法可依的局面，在依法处理国家和社会事务方面取得显著成绩，为进一步扩大社会主义民主、健全社会主义法制奠定了良好基础。党的十五大提出的“建设社会主义法治国家”和过去所说的“建设社会主义法制国家”,虽是一字之差,却反映了我们党对建设有中国特色社会主义政治认识的深化,是对发展社会主义民主、健全社会主义法制提出的新的更高的要求,标志着我国社会主义民主法制建设将进入更加注重法律实施、真正实现依法治国的新阶段。

大力推进依法治国的进程,首先要深入学习邓小平理论中关于民主法制的重要论述,深入学习江泽民同志十五大报告的有关论述,全面准确地掌握关于政治体制改革和民主法制建设的基本观点,从理论上搞清依法治国的基本含义、基本要求。通过认真学习,要深刻理解依法治国是发展社会主义市场经济的客观需要,是社会文明进步的重要标志,是国家长治久安的重要保障;通过认真学习,要深刻认识宪法和法律是党领导人民制定的,依法治国同坚持、加强和改善党的领导是完全一致的,有利于从制度和法律上保证党的基本路线和基本方针的贯彻实施,保证党始终发挥总揽全局、协调各方的领导核心作用;通过认真学习,要深刻认识依法治国才能保持和发挥社会主义制度的特点和优势,保证人民充分行使当家做主的权利,进一步调动和发挥人民群众的积极性,促进生产力发展和社会全面进步。总之,通过认真学习,要增强依法治国的自觉性和坚定性。

大力推进依法治国的进程,就要进一步健全民主制度。要坚持和完善人民代表大会制度,保证人民代表大会及其常委会依法履行国家权力机关的职能,加强立法和监督工作。要提高立法质量,把改革和发展的重大决策同立法结合起来,到 2010 年形成有中国特色社会主义的法律体系。要加强对宪法和法律实施的监督,维护国家法制统一,建立健全依法行使权力的制约机制。要坚持和完善共产党领导的多党合作和政治协商制度,继续推进人民政协政治协商、民主监督、参政议政的规范化、制度化,巩固和发展广泛的爱国统一战线。

大力推进依法治国的进程,就要坚决维护宪法和法律的尊严,做到有法必依,执法必严,违法必究,法律面前人人平等,任何人、任何组织都没有超越法律的特权。一切政府机关都必须依法行政,切实保障公民权利。要以公正司法、严格执法为基点推进司法体制的改革,从制度上保证司法机关依法独立公正地行使审判权和检察权,逐渐形成一套适应建设社会主义法治国家要求的司法、执法体制。

大力推进依法治国的进程,就要在全社会继续深入开展普法教育,增强全民的法律意识,形成人人知法、懂法、守法、护法的良好风尚,为依法治国奠定广泛而坚实的群众基础。各级领导干部要率先垂范,不断提高自己的法制观念和依法办事的能力,做遵守法纪、依法办事的模范。要加强司法和执法队伍的思想建设、组织建设和作风建设,不断提高秉公执法、依法办案的水平。

“法令行则国治国兴。”大力推进依法治国的进程,并且长期坚持下去,社会主义民主和法制建设就一定能够不断发展,建设社会主义法治国家的目标就一定能够实现!

中国民主同盟第八次全国代表大会在北京开幕

大会的主要任务是:以邓小平理论为指导,认真学习和贯彻中共十五大精神,总结民盟的历史经验,修改章程,选举新一届中央委员会,继承和发扬民盟同中国共产党亲密合作、共同战斗的光荣传统,团结全体盟员,在中国共产党领导下,沿着中共十五大指引的方向,迈出新步伐,跨入新世纪,作出新贡献。

大会常务主席钱伟长主持开幕式。大会常务主席费孝通作开幕讲话。

中共中央政治局委员姜春云代表中共中央致贺词。

大会常务主席丁石孙代表民盟七届中央委员会在会上作题为《高举爱国主义、社会主义旗帜,为实现我国跨世纪的宏伟目标而奋斗》的工作报告。报告分 3 个部分总结了过去 5 年的工作经验,对今后工作进行了展望和部署。报告指出,5 年来,民盟的组织有了新的发展,成立了省级组织重庆市委会和 54 个市县委员会。目前,盟员总数为 131300 人,省、自治区、直辖市组织 30 个,市县委员会 334 个,基层组织 7477 个。盟员总数年平均增长率约 5%,新盟员有较高的政治和文化素质。一大批政治素质好、学有专长、作风正派、富有生气的中青年同志加入盟组织,为盟注入了新鲜血液,增强了活力。

丁石孙在报告中总结民盟的历史经验时指出,坚定不移地接受中国共产党的领导,紧密地团结在中共中央周围,是我们盟巩固和发展的政治准则;坚持以邓小平理论为指导,用这一理论武装全盟同志的思想,统一全盟认识,指导全盟工作,坚定不移地走建设有中国特色社会主义道路,是我们盟巩固和发展的指导方针;坚持社会主义初级阶段基本路线不动摇,在国家政治生活中积极发挥参政党作用;围绕经济建设这个中心,努力为社会主义物质文明建设和精神文明建设“出主意、想办法,做实事、做好事”,是全盟工作的根本任务;高举爱国主义、社会主义旗帜,服从和服务于大局,团结一切可以团结的力量,化消极因素为积极因素,维护国家政治稳定和社会安定,是全盟的政治责任;加强盟的自身建设,不断提高全盟的思想政治素质,增进盟内团结,是做好盟的一切工作的基本保证。他在报告最后说,全盟要高举爱国主义、社会主义旗帜,以邓小平理论为指导,紧密地团结在以江泽民同志为核心的中共中央周围,坚定不移地贯彻社会主义初级阶段的基本路线,团结一致,同心同德,艰苦奋斗,开拓进取,坚持和完善中国共产党领导的多党合作和政治协商制度,为把我们祖国建设成为富强民主文明的社会主义现代化强国,实现祖国完全统一而努力奋斗。

全国人大、全国政协、中央统战部负责人雷洁琼、杨汝岱、王兆国,以及各民主党派中央、全国工商联的负责人出席了开幕式。

中共中央政治局常委胡锦涛在天津农村考察

10 月 17 日至 19 日,胡锦涛到宝坻县、西青区实地考察了农村经济发展和农村基层组织建设的情况。

胡锦涛等深入到田间地头、农民家庭,同基层干部和农民群众亲切交谈。当他了解到农村广大干部群众正在十五大精神指引下,满怀信心地加快农村经济发展和小康建设步伐时,感到十分高兴。他指出,农村各级党组织一定要把认真学习、宣传、贯彻、落实十五大精神作为当前的重要任务来抓,要针对农民群众的特点,采取他们易于接受的形式,把十五大精神学习好,宣讲好,使十五大精神真正为广大农民群众所理解和掌握。要紧密联系农村实际,着力在解决农村改革、发展、稳定的现实问题上下功夫。他指出,农业要有大的发展,农村经济要上新的台阶,必须积极实行两个根本性转变,必须紧紧依托科技进步,必须大力培养和用好人才。要大力发展高产优质高效农业,合理调整农村产业结构。积极推进农业产业化经营,促进生产、加工、销售的有机结合;加强社会化服务体系建设,为农民提供产前、产中、产后的服务。同时要切实加强农村精神文明建设和基层党组织建设,把建设社会主义新农村的事业不断推向前进。

胡锦涛在听取了天津市委关于农村基层组织建设情况汇报后说,天津农村总的形势是好的。天津这些年"围绕小康抓党建,抓好党建促小康"取得显著成绩的实践证明,农村基层党组织是党在农村全部工作和战斗力的基础。基础牢,事业兴;基层稳,天下安。他指出,经过 3 年集中整顿和建设,农村基层组织的状况发生了很大变化。但应当清醒地认识到,农村基层组织建设是一个动态过程,是一项长期任务。3 年集中整顿告一段落,不是农村基层组织建设的结束,而是新一阶段工作的开始。他强调,各级党委要从社会主义现代化建设的全局高度和实现跨世纪宏伟目标的战略高度,充分认识加强农村基层组织建设的重要性、长期性和紧迫性,始终不渝地重视抓基层、打基础的工作,紧紧围绕经济建设这个中心,紧密结合新的形势和任务,努力把农村基层组织建设工作提高到一个新的水平。

在考察中,胡锦涛充分肯定了宝坻县在农村推行"村务公开、民主管理"的经验。他说,这一做法是基层干部群众的一个创造。村里的大事由村民做主,村民关心的事情向村民公开,有利于扩大基层民主,加强廉政建设,密切干群关系,调动群众的积极性。这是农村发展社会主义市场经济和基层民主政治的必然要求,也是加强农村基层组织建设的一个重要内容。要总结经验,不断完善,逐步规范,认真加以推广。

国务院副总理吴邦国致信祝贺'97 中国质量高层论坛在北京召开

吴邦国副总理在贺信中指出,"打击假冒,保护名优"是全社会的共同目标和责任。希望通过会议的讨论,进一步振奋精神,以对国家、对人民高度负责的态度,加大对制售假冒伪劣商品违法行为的打击力度,切实保护生产者和消费者的合法权益;鼓励和引导企业生产优质产品,支持有条件的企业创立名牌产品,不断增强名牌产品在国内外市场的竞争力,促进形成一个全社会宣传名牌、保护名牌、发展名牌的良好社会氛围。

中部五省及京九沿线地区经济发展规划座谈会在江西赣州召开

会议于 10 月 17 日至 19 日在江西赣州召开。国务院副总理邹家华在座谈会上强调,搞区域经济发展规划必须以市场为导向,面向市场、研究市场,从市场需求出发来研究经济发展规划。他要求中部五省区域经济发展应坚持联合起来、分工合作、发挥优势、互补长短、开发产品、开拓市场、互相支持和共同发展的指导思想。

中部五省及京九铁路沿线地区经济发展规划座谈会的主要议题是研究如何在我国改革开放和经济发展的新形势下,制定好中部五省及京九铁路沿线地区经济发展规划,交流经验启发思路,商讨经济发展中共同关心的问题,取得共识。促进这一地区的经济联合和发展。

邹家华指出,中部五省现有 3 亿多人口,市场需求的潜力很大,再加上农业生产条件优越,矿产资源丰富,交通等基础设施较好,尤其是京九铁路贯通我国的内陆腹地,为沿线地区的发展带来了历史性的机遇。他要求中部五省及京九铁路沿线地区今后要立足当地资源优势,扬长避短,选择好适合本地区条件的发展重点和优势产业，搞好资源开发和加工利用，以尽快提高经济发展水平，使京九铁路沿线地区成为一条新的经济增长带。

邹家华强调，中部五省及京九铁路沿线地区经济发展必须走这样一条路子，即更新观念，加快推进经济体制和经济增长方式的两个根本性转变；立足农业资源优势，加快农业产业化进程，发展农副产品深加工，巩固农业的基础地位；利用矿产资源的优势，适应市场需求，延长互为市场和互为原料的产业链，加快工业化进程；发挥交通和流通的优势，形成发达的通道经济和枢纽经济；下大力气开拓国内和国际市场，积极实施沿江、沿交通干线开放战略，发挥沿江和省会城市对外开放的带动作用，提高全地区对外开放的水平；加快科技进步，大力培养人才，努力把本地区建设成为速度快，效益好，经济与人口、资源、环境及社会协调发展的经济区域。

邹家华要求中部五省及京九铁路沿线地区要加强联合协作，共同振兴本区域经济。他说，搞好联合协作，有利于发展规模经济，共同开拓和扩大市场，实现区域内各种优势的合理组合，优化资源配置，避免盲目重复建设，增强区域的整体竞争力。各省必须充分认识联合协作的重要意义，按照优势互补、互利互惠的原则，打破行业垄断和地区封锁，促进生产要素的合理流动，为联合协作创造良好的环境和条件。

邹家华强调，中部五省及京九铁路沿线地区的联合协作领域要不断拓展，形式要多种多样。特别是要协调好基础设施建设，搞好科学技术的联合攻关，合作开发资源，共同发展支柱产业。要团结治水，共同搞好防洪减灾工程；要统筹规划，联合建设能源、交通等基础设施工程；要以优势企业和名牌产品为龙头，以资产为纽带，组建跨行业、跨地区大型企业集团，联合开发资源，开发新产品，共同发展优势产业，共同拓展国内外市场；要按市场经济法则，以共同利益为基础进行联合。同时要利用中部五省及京九铁路沿线丰富的旅游资源，大力发展第三产业。重点建设好若干“增长极”，带动地区经济发展。

第二十三届国际人口科学大会在北京闭幕

会期为期 6 天。各国人口科学工作者对大会给予高度评价，认为这是把人口科学全面推向 21 世纪的一次成功盛会。

国务委员、国家计生委主任、中国人口学会会长彭珮云在闭幕式上致欢送辞。她说，本届大会经过与会代表的共同努力，在热烈友好的气氛中，取得了丰硕的成果。各国人口科学工作者对人口科学以及人口与发展领域的许多问题进行了认真的讨论，各抒已见，相互切磋，使认识进一步深入。这对于推动人口科学的发展，促进人口问题的解决，必将产生积极的影响。

这次大会举办了中国人口论坛等多项学术活动，有 300 多篇学术论文在会上交流。会议期间举办的展示中国人口科学研究成果和生殖健康新技术、新设备、新药具的展览引人关注，吸引许多会外者参观。

国务院总理李鹏在中南海紫光阁会见埃及《金字塔报》代理总编兼第一主编萨拉迈·阿赫迈德·萨拉迈并接受采访

李鹏回答了有关中国建立社会主义市场经济、国有企业改革、环境保护、中埃双边关系、中国对中东问题的立场和国际形势等问题。

问答全文如下：

问：最近中共十五大的决议规定的改革包括哪些最重要的方面？

答：中国共产党十五大确立了邓小平理论为党的指导思想，坚持社会主义市场经济的改革方向，使改革在一些重大方面取得新的突破，这主要包括：调整和完善所有制结构，在公有制为主体的条件下发展多种所有制经济；加快推进国有企业改革，建立现代企业制度；完善分配结构和分配方式，坚持按劳分配为主体、多种分配方式并存的制度；充分发挥市场机制作用，健全宏观调控体系；加强农业基础地位，调整和优化经济结构；实施科教兴国和可持续发展战略；努力提高对外开放水平，积极合理有效地利用外资等。

中国在深入进行经济体制改革的同时，将继续推进政治体制改革。在当前和今后一段时间，政治体制改革的主要任务是：发展民主，加强法制，实行政企分开、精简机构，完善民主监督制度，维护安定团结。

问：有一个国际上可能也是中国国内谈论较多的问题：中国运用“市场经济”及其他发展方式来实现中国的社会主义在多大程度上能获得成功？换句话说，中国怎样对付实行经济自由化机制给社会带来的拜金主义、腐败现象及犯罪上升等副作用？

答：我们认为，市场经济并不是资本主义独有的，社会主义也可以运用市场经济。我国经济体制改革的目标是建立社会主义市场经济体制，一切反映社会化大生产规律的经营方式和组织形式都可以利用。我们的方针是以公有制为主体，多种经济成分共同发展。继续调整和完善所有制结构，是经济体制改革的重大任务。非公有制经济在我国已经有了很大发展，是我国社会主义市场经济的重要组成部分，鼓励、引导它们健康发展，对满足市场需求，增加就业，发展生产力有重要作用。

当前，我国正处于经济体制转轨时期，受国内外诸多因素的影响，社会经济生活中存在着拜金主义、腐败现象及犯罪等问题，我们有能力、也有办法解决这些问题。一是通过教育来加强社会主义精神文明建设，提高全民族的素质，引导人们树立正确的世界观、人生观和价值观。二是深化改革，不断铲除腐败现象滋生蔓延的土壤。三是加强民主法制建设，完善民主监督制度，防止滥用权力。坚持有法可依、有法必依，执法必严、违法必究，严惩执法犯法、贪赃枉法。这些办法是有成效的，能够确保现代化建设不断前进。

问：中国正作为世界上最大的国家之一步入机遇和挑战并存的21世纪。中国领导人如何看待以下问题：

——世界和平与发展的前景如何；

——它对中国人民的前进道路和目标有何影响；

——中国希望在亚太地区发挥什么样的作用。

答：和平与发展仍然是当今时代的主题。国际形势继续趋向缓和，多极化趋势在全球范围内，在政治、经济等领域都有新的发展。这有利于世界的和平、稳定和繁荣。各国人民要求平等相待、友好相处的呼声日益高涨。要和平、求合作、促发展已经成为时代的主流。我们认为，在相当长的时期内，避免新的世界大战是可能的，世界的和平是有希望的，世界的发展也是有希望的。

中国人民正致力于建设有中国特色的社会主义。我们的目标是在21世纪中叶基本实现现代化，把我国建设成为富强民主文明的社会主义国家。

中国需要一个长期稳定的国际和平环境，特别是一个睦邻友好的周边环境，以集中精力发展经济，提高人民生活水平。改革开放19年来，中国经济持续、快速增长得益于稳定安宁的地区环境。同时，中国的经济发展与繁荣也为促进本地区的稳定和繁荣作出了贡献。中国将继续致力于本地区的和平与发展，履行自己应尽的责任和义务。一个稳定、发展和强盛的中国不会对任何国家构成威胁，只会对亚洲和世界的和平与发展作出更大的贡献。

问：埃中经济合作迄今为止取得了哪些成果？建立苏伊士自由贸易区有何进展？

答：近年来，经过双方的共同努力，两国经贸合作关系持续稳步发展，去年两国贸易额已超过4亿美元。中埃两国的经贸关系是两国友好关系的一个重要组成部分。我们认为，双方进一步扩大经贸合作的潜力很大，前景广阔。两国政府应进一步鼓励企业界加强接触和了解。目前我国有关部门和一些公司正与埃方探讨在埃及搞一些适合彼此国情的项目。我相信，随着两国经济的不断发展，两国间多形式、多层次、多渠道的互利合作将会日益扩大。

今年4月贵国总理詹祖里访华期间，我们签署了关于中国帮助埃及建设北苏伊士自由贸易区的谅解备忘录。中国政府对此项目非常重视。我国有关部门已向埃方提交了考察报告，我们希望尽快得到埃方的反应，以便进行下一阶段的工作。

问：埃中双边关系发展现状如何？文化关系和科技合作状况如何？

答：中埃都是文明古国，两国友谊源远流长。埃及是第一个同我建交的非洲和阿拉伯国家。近半个世纪以来，尽管世界和地区形势发生了深刻的变化，但中埃两国在相互理解和尊重基础上建立的友谊却始终如一。进入90年代，两国关系又有了新的发展，不仅在国际事务中继续保持相互支持，密切合作，而且在政治、经贸、农业、科技、文化等各领域都建立了互利合作关系。中国始终把埃及视为在阿拉伯世界和非洲重要的合作伙伴。我们愿本着相互尊重、平等互利的原则，与埃方共同努力，把两国间友好合作关系带入21世纪。

两国早在1956年就签署了《文化合作协定》。这些年来，我们两国的文化交流与科技合作关系密切，取得了丰硕成果。中国几乎参加了历届开罗国际书展和国际电影节。两国每年都互派留学生。目前中国有多名体育教练在埃及执教。近年来，两国有关部门签订了很多科技合作协议，这些协议得到了较好的落实，为两国的科技发展作出了积极的贡献。今年4月，中国国家科委与埃及地方行政部就中国的“星火计划”与埃及的“曙光计划”进行合作，签署了协议。愿双方共同努力，使这个合作计划得以实施并产生良好的效果。

问：目前中国对中东问题的立场？对海湾问题的立场？

答：埃及是中东和平进程的始创者，并为谋求中东全面公正的和平作出了巨大贡献，赢得国际社会的钦佩。在国际社会的大力推动和有关各方的共同努力下，中东和平进程曾经取得了重要进展。我们对目前中东和平进程陷入僵局感到关切。我们认为，只有实现全面、公正的和平，中东地区各国才能有真正的安全。中东地区实现和平不仅符合地区利益，也有利于世界的和平与发展。我们希望有关各方排除干扰，克服障碍，以联合国有关决议为基础，本着“以土地换和平”的原则，尽早恢复和谈，使中东和平进程早日摆脱困扰，继续向前发展，最终实现该地区的和平、稳定与发展。中国政府十分珍视同阿拉伯国家的传统友谊，支持阿拉伯国家的正当权益，支持埃及在中东和平进程中所做的积极努力和发挥的重要作用。中国将一如既往地同国际社会一道，为推进和平进程继续作出自己的不懈努力。

中国政府一贯支持海湾国家团结合作，反对外来威胁和干涉，主张在安理会有关决议的基础上公正、合理地解决海湾战争遗留问题。我们认为，海湾战争所遗留的各种问题久拖不决，既不利于该地区的和平与发展，也不符合有关国家改善相互关系、繁荣民族经济的愿望。

中国十分重视同海湾国家的友谊，愿与海湾各国在广泛领域保持和发展友好合作关系。

问：中国如何解决国有企业改革遇到的问题？一些西方的统计数字说，有 7 万到 10 万国有企业严重亏损，是否属实？

答：这个数字显然被夸大了。事实上，中国有许多国有企业，特别是在一些基础行业和支柱产业的企业办得是很好的。亏损企业主要集中在一些传统产业和特殊行业，如机械、纺织、轻工、有色冶金和化工、军工等，这在经济转型时期是难以避免的。中国国有工业企业有 8 万多户，小企业占 80％以上。亏损企业占国有工业企业户数的 1/3，其中 80％以上是小企业。从户数来看国有企业的亏损面很高，但从资产总额、销售收入和利润来看，小企业所占比重不大，亏损总额也不大。大多数大型国有企业是盈利的。以中央政府重点抓的 512 户国有骨干企业为例，这些企业占国有工业企业的总数不到 1％，而资产总量占 55％，销售收入占 60％以上，向国家提供的利税占 85％。所以，仅仅看亏损企业的户数并不反映国有企业的实际情况。

在向市场经济转轨的过程中，有相当一部分国有企业存在不同程度的困难和问题。原因是多方面的。国有企业改革是中国经济体制改革的重点。我们着眼于从整体上搞好国有经济。这不仅需要建立现代企业制度，而且需要对国有企业进行战略性改组。主要办法是“抓大放小”、优胜劣汰、减人增效。集中力量扶持大型优势企业，通过多种形式放开搞活小企业，并且把国有企业的改革、改组、改造和加强管理结合起来。我们鼓励优势企业兼并劣势企业，对扭亏无望的企业实施破产，多渠道分流企业富余人员，帮助企业解决过度负债和不合理负担，同时下大力气推进下岗职工的再就业工程，加快建立社会保障制度。这些措施已经取得较好成效。越来越多的国有企业转换了经营机制，市场竞争的实力和活力不断增强，国有企业的总体状况正在好转。中国共产党第十五次全国代表大会就加快国有企业改革提出了一系列明确的措施，我们有信心，通过不懈的努力，使绝大多数国有大中企业摆脱困境。

问：有人说，有近 1 亿中国人即总人口的 10％从农村流入新兴的工业城市寻找工作。中国有失业问题吗？中国政府怎样解决这一问题？

答：中国有 12 亿人口，每年新出生 1300 万人。80％的人口在农村。随着农业劳动生产率的提高，农村也出现了一批富余劳动力，这是任何发达国家，特别是发展中国家都出现过，至今仍存在的问题。从 80 年代开始，中国农民自己在农村兴办了一批又一批乡镇企业，这是一个伟大的创造。不但振兴了农村经济，增加了农民收入，而且解决了大批农民就业问题，避免了向大城市的无序流动。到目前为止，全国乡镇企业大约吸纳了 1.2 亿个劳动力。还有大约 6000 万农民从中国欠发达地区到沿海发达地区打工。这是双方共同的需要。沿海发展经济缺少劳动力，欠发达地区有富余劳动力，需要找工作，这对双方都有利。各级政府的责任是使劳动力有秩序流动，保护他们合法权益，维护社会安定。这些流动的农村劳动者，通过掌握生产技能，有的已成为企业的骨干力量。中国政府对农村新增富余劳动力的方针，是鼓励发展以当地原材料为基础的乡镇企业和第三产业，促进新增劳动力就地消化和有序分流，妥善解决富余人员的就业问题。

中国存在失业问题，现在城镇登记失业人数近 600 万人，登记失业率为 3％左右，实际失业率可能还更高一些。中国政府将采取下岗培训再就业和发展生产的措施，努力使失业率控制在一个合理水平。

问：重视环保已成为实现可持续发展的重要因素。但一些观察家认为，中国为追求快速发展，也许并未充分重视对环境因素包括水资源和能源的保护。中国有特殊的环保政策吧？

答：我们在改革开放的初期就已经重视环境保护问题，将环境保护列为一项基本国策，制定并实施了一系列保护环境的方针、法律、政策，不断加强环境保护工作。以保护水资源为例，仅 1996 年就关、停了淮河流域 5000 吨以下的小造纸厂 1100 多家，在全国范围内关、停了污染严重的小企业 6 万多家。改革开放 19 年来，中国国民生产总值以年均 9％以上的速度增长，而环境质量基本避免了相应恶化的局面。去年 3 月，中国全国人大八届四次会议批准通过的《中华人民共和国国民经济和社会发展“九五”计划和 2010 年远景目标纲要》，把实施可持续发展作为中国现代化建设的一项重大战略。我们要求，对环境保护实行各级主要领导人亲自抓，总负责，切实贯彻实施可持续发展战略。

问：香港回归的重要性体现在哪里？它对中国的发展模式以及中国国际地位的上升有多大影响？是否存在西方利用香港干涉中国内政的危险？

答：香港回归，洗雪了中华民族百年的耻辱，实现了中国几代人收回香港的愿望，它是中华民族历史上的一件盛事。香港随之也掀开了新的历史篇章，进入了“一国两制”、“港人治港”、高度自治的新时代。香港的回归，使中国的国家统一大业迈出了重要的一步。香港回归的历程和实践，有力地证明了“一个国家，两种制度”是可行的，为中国按照“和平统一，一国两制”方针实现澳门顺利回归，进而解决台湾问题，完成国家完全统一大业，展现了好的前景。

香港回归后，作为一个重要的国际金融、贸易中心，对于促进中国内地的经济建设以及密切与各国的经济往来发挥着巨大作用。同时，内地也对香港经济持续稳定的发展给予强有力的支持，为香港提供了诸多便利的条件和广阔的市场。香港的转口贸易中，绝大多数贸易额与中国内地有关。两地已经形成了互相促进、共同发展的良好经济关系。刚刚结束的中共十五大把邓小平理论确定为全党的指导思想，“一国两制”是邓小平理论的重要内容。香港在“一国两制”下保持稳定和继续发展正是“一国两制”的生动体现。香港是一个国际化的都市，我们欢迎各国、各地区在那里从事正当的经济、文化活动，以加强香港与世界、中国与世界各国之间的联系和交流。但是，任何人企图利用香港干预中国内政都是不容许的。

国务院副总理朱镕基在中南海会见世界经济论坛主席克罗斯·施瓦布

“长征三号乙”运载火箭在西昌再次发射升空

北京时间今晨3时13分，“长征三号乙”运载火箭在西昌卫星发射中心又一次发射升空，将“亚太二号”R通信卫星成功地送入预定轨道。

这次发射是长征系列运载火箭第四十八次发射。自去年10月以来，长征系列运载火箭已连续6次发射成功。

中国文化节在莫斯科小剧院举行开幕式

俄罗斯文化部部长杰缅季耶娃和中国政府文化代表团团长、文化部副部长孟晓驷先后致辞，宣布中国文化节开幕，并预祝文化节取得成功。两位女部长的讲话受到全场热烈鼓掌欢迎。接着，中国东方歌舞团民乐团、烟台京剧团等演出了精彩节目。中国驻俄罗斯大使李凤林和夫人出席了开幕式。

中国文化节是根据两国政府文化合作计划和两国文化部签订的协议举办的。根据协议，今年在俄罗斯举办中国文化节，明年将在中国举办俄罗斯文化节。这次中国文化节是近年来两国举办的规模最大的官方文化交流活动。中国政府给予了高度重视，除派政府文化代表团前来参加文化节活动外，派出了京剧团、杂技团、歌舞团、民乐团来俄演出，并将举办中国画精品展、摄影展以及中国电影周。同时，还派出了作家代表团、美术家代表团、电代表团，同俄罗斯同行进行交流。

除莫斯科外，中国艺术家还将在圣彼得堡、弗拉基米尔、下诺夫哥罗德、新西伯利亚、苏兹达里、哈巴罗夫斯克等地进行演出交流。文化节闭幕式将于10月26日在哈巴罗夫斯克举行。

中美联合考古队在河南发现新的龙山文化遗址

新的龙山文化遗址——瓦窑头遗址，近期被美国密苏里州立大学人类学系和河南省文物考古研究所组成的联合考古队发现，这是他们在对颍河上游谷地进行考古调查和小面积试掘时的收获。

这个遗址位于登封市唐庄乡郭村南地，遗址东部被河水冲刷破坏，现存面积40余平方米，表面散存丰富的龙山文化晚期遗物，如龙山文化时期的地层、灰坑、陶窑以及二里头文化时期的墓葬等。

联合考古队选择了颍河上游谷地的登封市八方、禹州市阎寨、瓦店等三处比较典型的聚落遗址进行了重点调查，发现了房基、灰坑、灰沟等龙山时期的文化遗存，并采集了所有出土物，对个体较大的陶器残片(含残器)、石、骨、蚌、牙器及全部动物遗骸均进行了详细的坐标测量和记录。

《革命教育家赵君陶》一书出版座谈会在北京举行

方毅逝世

中国共产党第十一届中央政治局委员、书记处书记，第十二届中央政治局委员，国务院原副总理，中国人民政治协商会议第七届全国委员会副主席方毅，因病在北京逝世，享年81岁。

方毅，又名方清吉、方静岩。1916年2月生于福建厦门。1930年1月加入中国共产主义青年团，1931年转为中国共产党党员。曾任厦门、漳州共青团支部书记、区委书记、共青团厦门中心区委书记、市委宣传部部长、市委书记。1934年年底被捕。1937年8月经中共中央营救出狱后，先后担任中共湖北省委常委、民运部长、鄂东特委书记。1939年2月以后，先后任鄂豫皖区党委委员、中共苏皖省委委员、津浦路东临时前敌委员会书记、新四军五支队政治部主任。1940年3月以后，历任皖东津浦路东省委书记，津浦路东联防办事处副主任、主任，淮南苏皖边区党委委员，淮南苏皖边区行政公署主任。1945年10月以后，历任苏皖边区政府副主席，中共中央华中分局委员，华东财政经济办事处副主任，山东省人民政府副主席。1949年8月至1952年2月，历任福建省人民政府副主席，省委常委、省委第二副书记。1952年3月，先后担任上海市委常委，上海市人民政府副市长、党组副书记、书记，兼任市财政经济工作委员会书记、市财政经济委员会主任。1953 年 9 月，调任中央财政部副部长。1956 年任中国驻越南经济代表处代表。1961 年，任国家计划委员会副主任兼对外经济联络总局局长、党组书记。1964 年至 1976 年，先后担任对外经济联络委员会主任、党组书记，对外经济联络部部长、党组书记。粉碎“四人帮”后，先后担任中国科学院副院长、院长、党组书记，国家科委主任、党组书记，国务院副总理，国务委员；第十一届中央政治局委员、中央书记处书记，第十二届中央政治局委员。1988 年以后，担任七届全国政协副主席；1992 年，任全国政协党组副书记。是中共第八、九届中央委员会候补委员，第十、十一、十二届中央委员。

10 月 18 日

国家主席江泽民在上海西郊宾馆会见美国参议院司法委员会主席奥林·哈奇

著名画家中央美院教授李琦从事革命工作 60 周年书画展在中国革命博物馆开幕

《主席走遍全国》、《我们的总设计师》、《同心曲》，三幅不同年代的作品自然充分地展示流露着毛泽东、邓小平、江泽民三代党的领导核心的宽广胸怀和对祖国对人民博大深沉的爱。孙中山、宋庆龄、鲁迅、孔繁森……作品于最自然平实的动作中刻画出他们忧国忧民、鞠躬尽瘁的高尚情操。这次展览以革命人物和领袖人物为主要题材的大小 103 幅作品，令观众流连忘返于艺术的享受，为观众营造了一个在历史与现实间思考的空间。

中华民族团结友好协会等单位共同发起并举办的圆明园罹难 137 周年纪念会暨“抢救圆明园、振兴我中华”书画笔会在人民大会堂举行

10 月 19 日

国务院副总理邹家华在江西赣州召开的中部五省及京九铁路沿线地区经济发展座谈会上发表讲话

国务院副总理邹家华在近日于江西省赣州市召开的中部五省及京九铁路沿线地区经济发展规划座谈会上强调，搞区域经济发展规划必须以市场为导向，面向市场、研究市场，从市场需求出发来研究经济发展规划。他要求中部五省区域经济发展应坚持联合起来、分工合作、发挥优势、互补长短、开发产品、开拓市场、互相支持和共同发展的指导思想。

中部五省及京九铁路沿线地区经济发展规划座谈会是 17 日至 19 日在江西赣州召开的。会议的主要议题是研究如何在我国改革开放和经济发展的新形势下，制定好中部五省及京九铁路沿线地区经济发展规划，交流经验启发思路，商讨经济发展中共同关心的问题，取得共识。促进这一地区的经济联合和发展。会议召开前，邹家华和与会代表在山东省省长李春亭、安徽省省长回良玉、江西省省长舒圣佑的陪同下，先后实地考察了鲁西南农业综合开发、安徽阜阳黄牛系列开发、江西龙南稀土资源开发与环境保护等项目，并听取了当地负责同志的汇报。邹家华对这些地区在经济工作中作出的成绩给予了充分肯定。各省代表通过实地考察，对如何发挥本地优势，搞好农业产业化，充分利用矿产资源受到了启发。

邹家华指出，中部五省现有 3 亿多人口，市场需求的潜力很大，再加上农业生产条件优越，矿产资源丰富，交通等基础设施较好，尤其是京九铁路贯通我国的内陆腹地，为沿线地区的发展带来了历史性的机遇。他要求中部五省及京九铁路沿线地区今后要立足当地资源优势，扬长避短，选择好适合本地区条件的发展重点和优势产业，搞好资源开发和加工利用，以尽快提高经济发展水平，使京九铁路沿线地区成为一条新的经济增长带。

邹家华强调，中部五省及京九铁路沿线地区经济发展必须走这样一条路子，即更新观念，加快推进经济体制和经济增长方式的两个根本性转变；立足农业资源优势，加快农业产业化进程，发展农副产品深加工，巩固农业的基础地位；利用矿产资源的优势，适应市场需求，延长互为市场和互为原料的产业链，加快工业化进程；发挥交通和流通的优势，形成发达的通道经济和枢纽经济；下大力气开拓国内和国际市场，积极实施沿江、沿交通干线开放战略，发挥沿江和省会城市对外开放的带动作用，提高全地区对外开放的水平；加快科技进步，大力培养人才，努力把本地区建设成为速度快，效益好，经济与人口、资源、环境及社会协调发展的经济区域。

邹家华要求中部五省及京九铁路沿线地区要加强联合协作，共同振兴本区域经济。他说，搞好联合协作，有利于发展规模经济，共同开拓和扩大市场，实现区域内各种优势的合理组合，优化资源配置，避免盲目重复建设，增强区域的整体竞争力。各省必须充分认识联合协作的重要意义，按照优势互补、互利互惠的原则，打破行业垄断和地区封锁，促进生产要素的合理流动，为联合协作创造良好的环境和条件。

邹家华强调，中部五省及京九铁路沿线地区的联合协作领域要不断拓展，形式要多种多样。特别是要协调好基础设施建设,搞好科学技术的联合攻关,合作开发资源,共同发展支柱产业。要团结治水,共同搞好防洪减灾工程;要统筹规划,联合建设能源、交通等基础设施工程;要以优势企业和名牌产品为龙头,以资产为纽带,组建跨行业、跨地区大型企业集团,联合开发资源,开发新产品,共同发展优势产业,共同拓展国内外市场;要按市场经济法则,以共同利益为基础进行联合。同时要利用中部五省及京九铁路沿线丰富的旅游资源,大力发展第三产业。重点建设好若干"增长极",带动地区经济发展。

国务委员陈俊生在云南考察

从10月19日到27日,陈俊生在云南省深入到昆明、丽江、西双版纳,考察云南的生物资源开发、地震灾区重建以及扶贫攻坚的工作情况,并听取了云南省委省政府的工作汇报。

在丽江,陈俊生深入到受震灾严重的丽江县一中、黄山乡中海村、大研镇文智社等纳西族和白族村寨,走村串户进行详细调查后满意地指出,丽江大地震一年半以来的恢复重建速度出乎意料,基础设施、生命线工程大都恢复正常,已经看不到大灾痕迹,可以说基本完成了灾后重建的任务。在灾后重建中取得的异地重建、统一规划分户建设和统一规划统一建设等经验十分宝贵,应认真加以总结推广。他特别强调,这一胜利是在党和政府及社会各界的支持下取得的,更是灾区人民乐观精神状态和自力更生、艰苦奋斗的结果。丽江在大灾之后经济反而显示出新的活力,这是一方有难、八方支援的社会主义优越性的体现。

陈俊生指出,云南的小额信贷扶贫,是对扶贫资金直接到村到户的一种新尝试,实践证明这是一种很好的脱贫方式。同时,云南还有400多万人生活在贫困线以下,扶贫攻坚的任务还十分艰巨。扶贫攻坚,必须突出重点、全面推进。

中国第一套大型多媒体仿真"幻景"平台在长沙国防科技大学研制成功

我国第一套大型多媒体仿真"幻景"平台,日前在长沙国防科学技术大学研制成功并通过技术鉴定。这一成果实现了仿真技术从抽象的数字仿真到形象直观的多媒体仿真的飞跃,是我国多媒体仿真领域开创性的重大科技成果。国防科学技术大学的专家教授经过近4年的艰苦攻关,提出了建模、仿真、表现一体化的多媒体仿真方法论,形成了比较完善的多媒体仿真理论方法体系。来自国内电子、计算机、仿真领域的专家们认为,这项研究在国际上首次比较系统地提出了面向对象的多媒体仿真理论和方法,填补了国内空白,处于国际领先水平。

10月20日

《人民日报》发表社论《着力提高国民素质》

江泽民同志在党的十五大报告中指出:"建设有中国特色社会主义,必须着力提高全民族的思想道德素质和科学文化素质,为经济发展和社会全面进步提供强大的精神动力和智力支持,培育适应社会主义现代化要求的一代又一代有理想、有道德、有文化、有纪律的公民。这是我国文化建设长期而艰巨的任务。"为了实现十五大确定的跨世纪宏伟目标,必须把提高国民素质的任务提到更加突出的地位上来。

国民素质是一个国家的人民在改造自然和改造社会过程中所具有的体魄、智力、思想道德的总体水平。它是国家综合国力的重要体现,是国际竞争力的重要方面,是国家经济和社会发展的基础。纵观20世纪世界各国的发展,可以清楚地看到,国家的强大,民族的振兴,取决于多方面因素,良好的国民素质,无疑是最重要和最具潜力的因素。中华民族曾经为人类创造过灿烂的文化,但由于长期的落后和不发达,我国的国民素质远不能适应现代化建设的要求,已经成为国家经济和社会发展的严重制约。特别是科学技术迅猛发展,综合国力竞争日益加剧,和平和发展成为时代主题的今天,全面提高国民素质理所当然地成为我们面临的紧迫而重大的课题。我们必须从国家长远发展的战略高度,从面对21世纪国际竞争严峻现实出发,深刻认识提高国民素质的重要意义,全面贯彻落实党的十五大提出的文化建设的艰巨任务。

提高国民素质,最重要的是要始终不渝地用邓小平理论武装全党,教育干部和人民,在全体人民中树立起明确的奋斗目标和必胜信念,为着实现共同理想而努力奋斗。我们面临的建设有中国特色社会主义的任务极其艰巨繁重,因而任何时候都必须强调要有一种自强不息、坚忍不拔、奋发向上、艰苦奋斗的创业精神。邓小平理论就是我们力量的源泉。只有在这伟大理论的指导下,我们才能永远沿着正确的方向前进,经过几代人的不懈努力,真正把我国建设成为富强、民主、文明的伟大社会主义国家。

提高国民素质,就要大力加强全民族的以思想道德为核心的精神文明建设。思想道德是公民素质的重要方面。有道德才能高尚,有修养才能文明。道德水平低下,缺乏文明修养,就不可能有良好的公共生活秩序,良好的社会风尚,也不可能成为现代化国家。在改革开放和发展社会主义市场经济条件下,尤其要大力弘扬爱国主义、集体主义和社会主义,弘扬为人民服务的思想。要深入开展社会公德、职业道德、家庭美德教育，在全社会形成团结互助、平等友爱、共同进步的人际关系。要大力倡导礼貌待人、助人为乐、爱惜公物、保护环境等等文明修养。要发展文学艺术、新闻出版、广播影视等文化事业，提高全体国民的思想道德素质和文化素质。要增强公民的法治观念。特别要注重对青少年进行正确的教育和引导，为他们健康成长创造良好的社会环境。

提高国民素质，就要更加积极、更加切实地贯彻“科教兴国”战略，把培养和造就数以亿计的高素质劳动者和数以千万计的专门人才作为兴国大计来抓。教育是基础，科技是关键。科学教育发达才有经济发展；人才众多，国家振兴才有希望。缺乏科学文化武装，人才匮乏，是不可能实现现代化的。经验证明，国民经济持续、快速、健康地发展，必须依靠科技进步。科学教育在经济发展和社会进步中越来越成为决定性因素。发达国家之所以占据优势，无不以较高的科技、管理水平为其基础；我们国家之所以还比较落后，原因之一也是科学文化比较落后。要大力发展教育事业，切实把教育摆在优先发展的战略地位。要在全社会形成尊重知识、尊重人才的良好风气。要特别注重培育下一代。要强调技能教育和培训，造就浩浩荡荡的高素质的劳动大军。

“十年树木，百年树人。”全面提高国民素质任重道远。我们相信，经过坚持不懈的努力，中华民族一定能够以优良的素质迎接挑战，排除万难，在 21 世纪创造更加辉煌的业绩！

八届全国人大常委会委员长会议在北京召开

会议作出决定，八届全国人大常委会第二十八次会议将于 10 月 27 日至 11 月 1 日在京举行，会期约 6 天。

乔石委员长出席并主持了今天的会议。会议首先听取了全国人大常委会秘书长曹志关于八届全国人大常委会第二十八次会议议程草案和日程安排意见的汇报。曹志说，建议本次常委会的主要议程有：学习讨论中国共产党第十五次全国代表大会文件；审议节约能源法和建筑法两草案；审议国务院关于提请审议森林法修正案、消防法两草案的议案；审议香港特别行政区第九届全国人大代表选举会议成员名单草案、审议中央军委关于提请审议批准人民解放军选举委员会人选的议案；听取全国人大常委会执法检查组关于检查森林法实施情况的报告；审议全国人大财经委员会、教科文卫委员会、华侨委员会关于八届全国人大第五次会议主席团交付审议的代表提出的议案审议结果的报告；审议全国人大代表团访问亚美尼亚、格鲁吉亚、阿塞拜疆三国情况和全国人大代表团出席各国议会联盟第九十八届大会的书面工作报告。

曹志还向会议作了关于香港特别行政区第九届全国人大代表选举会议名单草案的说明。

会议还听取了全国人大法律委员会副主任委员项淳一关于节约能源法、建筑法两草案修改意见的汇报。

首届“十杰百优”青年卫士表彰暨事迹报告会在人民大会堂举行

由团中央、中央社会治安综合治理委员会办公室、最高人民法院、最高人民检察院、公安部、司法部、财政部、中国人民银行、国家税务总局、国家工商行政管理局、海关总署、武警部队总部联合表彰的 10 名“中国杰出青年卫士”分别是：置生死于度外、只身斗歹徒，勇救人质的青年女民警王玉荣；身患重症却仍以忘我精神勤奋工作，取得突出业绩的好法官谭彦；以大无畏精神克服重重困难，查处多起贪污贿赂大案要案的检察官莫远航；在重大劫狱案件中英勇不屈，身受重伤仍浴血奋战的青年干警邓昌贵；坚持原则、忠于职守，查处有问题及违纪资金 1 亿多元的青年财政监察干部张庆增；为保卫银行财产不惜流血牺牲，与歹徒进行殊死搏斗的青年金融干部毛亚社；秉公执法，敢于同抗税分子、偷逃税分子作坚决斗争的青年税务工作者谭振亮；练就一身真本领、查获多起走私案的青年工商干部李建强；守卫国门立大功，缉私多次遇险负伤的青年海关干部吴锡坤；舍生忘死，在打击犯罪、保护人民生命财产安全斗争中屡建战功的武警警官张志刚。

此次受表彰的还有 100 名优秀青年卫士和 35 名优秀青年卫士提名奖获得者。

会上，王玉荣、莫远航、邓昌贵、毛亚社、谭振亮、李建强、张志刚等分别介绍了他们的成长经历，并向全国青年发出了“为祖国奉献青春，做人民忠诚卫士”的倡议。

北京香港经济合作研讨洽谈会在北京举行

北京香港两地经济界、学术界人士 200 多人参加大会。中共中央政治局委员、国务院副总理钱其琛，中共中央政治局委员、北京市委书记、市长贾庆林出席大会并讲话。

钱其琛说，北京和香港以往合作的基础很好，发展前景广阔。现在，世界经济一体化的趋势日益明显，国家和地区间的经济渗透不断加深，竞争日趋激烈。面对难得的机遇与严峻的挑战，要增强驾驭国际国内两个市场，利用两种资源的能力，特别要更加重视发展香港的桥梁和纽带作用，在严格遵守《基本法》的前提下，积极探索加强合作的新途径、新方式，并使之更加广泛、更加紧密、更富有成效。

贾庆林说，这次研讨洽谈会，是在党的十五大胜利闭幕不久召开的，是北京进一步扩大对外开放的一项新举措。北京的发展，需要借鉴香港的成功经验，需要更广泛、更深入地扩大和加强同香港的合作。在双方的努力下，共同开创出一个胜利迈向21世纪的良好合作局面。

京港经济合作历史悠久。特别是改革开放以来，港商在北京的投资发展迅猛，投资领域不断拓宽。截至今年6月底，港商在京投资兴办企业累计超过5200家，占外资企业总数的40%；直接投资协议金额达104亿美元，占全市外资协议金额的二分之一。

国办转发国家计委机械工业部《关于加强农用运输车管理的意见》

国办转发劳动部关于认真落实安全生产责任制意见的通知

各省、自治区、直辖市人民政府，国务院各部委、各直属机构：

劳动部《关于认真落实安全生产责任制的意见》已经国务院同意，现转发你们，请认真贯彻执行。

关于认真落实安全生产责任制的意见（文略）

国务院副总理朱镕基在中南海紫光阁会见德国对外经济合作部部长卡尔迪特尔·施普兰格尔

外经贸部部长吴仪在北京会见德国对外经济合作部部长卡尔迪特尔·施普兰格

会见后，吴仪和施普兰格尔签署了1997年度两国政府财政合作协定，和两国政府关于德国为哈尔滨大连铁路电气化项目提供500万马克进行可行性研究的财政合作协定。根据第一个协定，德国将在1997年度向中国提供1.8亿马克的财政合作资金。

中国经贸合作代表团团长国家计委副主任曾培炎在美国阿科公司和洛杉矶地区商会举办的晚宴上发表题为《发展面向二十一世纪的中美经贸关系》的演说

曾培炎说，中国承诺将继续开放市场，进一步改善投资环境，改革外贸体制，进一步扩大从美国的进口。

他说："我们也希望美方放宽对中国技术出口和金融信贷的限制，排除限制美国产品进入中国市场的各种障碍，改变年度审议对华最惠国待遇的做法，妥善解决中国加入世界贸易组织的有关问题。"

宴会前，中国海洋石油总公司与阿科公司就联合开发中国乐东气田签订了框架协议。曾培炎说，代表团这次访美还将就中国购买美国飞机、发电设备、石油、化肥等价值40亿美元以上的大宗货物以及汽车、航天、金融等领域的合作与美方签署一系列协议。

曾培炎说，这些协议所涉及的领域之广，合作规模之大，是历次中国访美经贸团、采购团之最。"这表明了中国政府和企业对进一步加强中美经济合作的诚意和愿望，充分说明中美两国保持稳定的双边关系对经贸合作的重要作用。"

曾培炎说，江泽民主席即将对美国的国事访问对发展中美两国的友好关系必将产生深远的影响，也必将进一步推动中美经贸合作。他说，保持中美经贸合作长期稳定的发展，是中美共同的利益所在。曾培炎欢迎美国特别是加州的工商界人士到中国去寻找贸易和投资的机会。他说，在中国，美国工商界人士一定会发现十分广阔的发展空间。

军队学位委员会在北京成立

第一届军队学位委员会由25人组成，吴铨叙担任主任委员，唐天标、温光春任副主任委员。

迟浩田在会议上强调说，培养现代军事人才，是党的事业、军队的事业，全军一定要更高地举起邓小平理论的伟大旗帜，坚决按照党的十五大对军队建设提出的要求，把这一工作放在当前与今后一个时期军队建设的战略位置，切实抓紧抓好。全军院校培养的人才，必须首先保证政治上合格，具有坚定的政治方向，在任何时候、任何情况下，都坚决听从以江泽民同志为核心的党中央、中央军委的指挥，保证军令政令畅通。

迟浩田说，加强质量建设是我军长期的指导方针，我们要适应世界军事发展的趋势，提高培训层次和调学比例，尽快实现初级指挥军官由中专教育为主向大专、本科教育为主的转变，逐步扩大研究生培训规模。要健全继续教育体制，强化干部职前培训和岗位轮训，尤其要抓好在职干部特别是优秀师团干部和机关干部的在职培训，对符合条件的干部要按研究生规格培养。

迟浩田要求各级院校要从进一步端正办学思想入手，以学科建设为龙头，深化教学改革，要按照现代科技发展综合化趋势的要求，重新构建专业体系的结构。根据部队建设实际的需要，及时调整人才培养的目标和教学内容，为部队培养科学文化基础好、实际工作能力强、体能素质好、善于更新知识、有发展潜力的人才。要加快院校教育的法规建设，坚持依法治校，使院校的正规化建设真正走在全军的前列。

中央军委委员、总参谋长傅全有到会宣读了国务院学位委员会《关于成立军队学位委员会的复函》和中央军委办公厅《关于成立中国人民解放军学位委员会的通知》。副总参谋长、军队学位委员会主任委员吴铨叙做了军队学位工作报告。国务院学位委员会副主任、国家教委副主任张孝文在会上讲了话。唐天标、温光春、董良驹等三总部和军委办公厅领导同志出席了会议。

冯文彬逝世

原中共中央顾问委员会委员、中共中央办公厅原第一副主任、中共中央党校原副校长冯文彬,因病在北京逝世,享年87岁。

冯文彬,浙江诸暨人,1926年投身中共领导的工人运动,1927年9月加入中国共产主义青年团,同年11月转入中国共产党。抗日战争爆发后,先后任中央青年工作委员会副书记、书记。1977年后,先后任中央党校副教育长、中共中央办公厅第一副主任、中直机关临时党委第一书记、中央党校副校长、中央党史研究室副主任、中央党史资料征集委员会主任等职。

10月21日

国家主席江泽民在人民大会堂会见出席京港经济合作研讨会的香港代表

江泽民说,香港回归祖国以来,在香港特别行政区政府卓有成效的领导下,经过全体香港同胞的努力,经济持续发展,社会保持稳定,各方面运作正常。

江泽民说,我们高兴地看到,香港正以崭新的姿态和蓬勃的生机向前发展。他说,今年是我国发展进程中很不寻常的一年。我国政府恢复对香港行使主权,中华民族洗雪了香港被侵占的百年国耻。不久前,中国共产党成功地举行了第十五次全国代表大会,对我国改革开放和现代化建设的跨世纪发展作出了全面的战略部署。全国人民在邓小平理论和党的基本路线指引下,正在满怀信心地阔步迈向21世纪,为实现中华民族的振兴和祖国的完全统一而努力奋斗。

江泽民说,这次京港经济合作研讨洽谈会,召开的时机很好,确定的主题也很明确。开好这次会议,对促进北京和香港两地的经济交流与合作,将产生积极的影响。北京和香港,加强经济合作,意义重大。希望你们按照"一国两制"方针和香港基本法的要求与规定,本着互利互补的原则精神,积极探索形式多样、切实有效的合作形式和合作方式,促进经济的共同繁荣。

香港代表李嘉诚表示,中共十五大开得非常成功,为中国的进一步改革开放创造了新的机遇,这将使香港同胞对中国的前途和香港的繁荣稳定更有信心。"一国两制"进展顺利,香港已平稳度过100多天,产生良好的影响,这将进一步增强我国在国际上的地位。

中共中央政治局常委胡锦涛在北京会见人民满意公务员

胡锦涛在会见人民满意的公务员时说,国家机关的公务员,无论从事何种工作,无论职位高低,都是人民的勤务员,都要坚持和实践全心全意为人民服务的宗旨,把人民群众满意不满意作为自己全部工作的出发点和归宿,把人民利益放在大于一切、高于一切、重于一切的位置上。

会见中,福建省宁德市石后乡乡长蓝秀珍、山西省阳泉市郊区区长王敬瑞代表人民满意的公务员发言。他们表示要珍惜党和人民给的荣誉,再接再厉,更好地为人民群众做实事好事。

胡锦涛听了他们的发言后说,大家虽然来自不同地区,工作岗位也不尽相同,但有一个共同的特点,就是大家都坚持诚心诚意为人民谋利益,出色地履行了自己的职责,用自己的实际行动,赢得了人民群众的信赖和赞誉,展示了我国公务员的崭新精神风貌。

围绕公务员如何坚持和实践全心全意为人民服务的宗旨,胡锦涛要求,要坚定不移地贯彻执行党的基本理论、基本路线和方针政策,在本职岗位上创造一流业绩,为促进本地区经济发展和社会全面进步多作贡献,以实际行动把建设有中国特色社会主义事业不断推向前进。要正确行使手中的权力,始终做勤政为民、廉洁自律的好"公仆"。任何一个公务员,都要坚持用权为民,决不能以权谋私。手中权力愈大,责任就愈重,就愈应当具有高度的责任感,努力做到为党分忧,为国奉献,为民造福。要把实践全心全意为人民服务的宗旨贯彻到履行岗位职责的全部活动之中,坚持依法用权,严格照章办事,尊重和保障人民群众的合法权益,自觉接受人民群众的监督,并且坚决同滥用权力、假公济私、损公肥私、欺压群众的行为作斗争。要坚定地相信和依靠群众,经常同群众保持密切的联系。国家公务人员,一定要牢固树立马克思主义的群众观点,切实摆正自己同人民群众的关系,自觉置身于群众之中,时刻倾听群众的呼声,关心群众的疾苦,想群众之所想,急群众之所急,办群众之所需。坚决防止和克服官僚主义、形式主义、命令主义等脱离群众的不良作风。

胡锦涛说,要实事求是地宣传这些先进典型的优秀品德和先进事迹,广泛深入地开展做人民满意的公务员的活动,促进高素质国家行政管理干部队伍的建设,在以江泽民同志为核心的党中央领导下,同全国各族人民一道,贯彻落实好党的十五大精神,为实现我国社会主义现代化事业的宏伟目标而努力奋斗。

国务院总理李鹏签署国务院231号发布《中华人民共和国审计法实施条例》

国务院总理李鹏签署232号令发布《中华人民共和国民用航空器国籍登记条例》

国务院总理李鹏签署233号令发布《中华人民共和国民用航空器权利登记条例》

国务院总理李鹏听取黄河小浪底水利工程截流准备工作汇报

李鹏主持会议听取国家计委和水利部关于黄河小浪底水利枢纽工程截流准备工作汇报,并批准该工程截流前验收报告。

黄河小浪底水利枢纽工程是本世纪最大的治理黄河关键性工程,具有防洪、拦沙、发电和水量调配的综合效益。建成后,可将黄河下游的防洪标准由现在的60年一遇提高到千年一遇;发挥拦沙调沙功能;同时对解决下游断流问题将起到积极有效的作用。

小浪底水利枢纽工程于1994年10月正式开工,经1万多名中外建设者努力工作,工程目前已具备截流条件,并通过了由国家计委会同水利部组织的专家验收组的验收。

经国务院同意,黄河小浪底水利枢纽工程定于10月28日截流。

国务院发出《关于地方税务机构管理体制问题的通知》

各省、自治区、直辖市人民政府,国务院各部委、各直属机构:

1994年实行税务机构分设以来,工商税收一直保持了较高的增长幅度,新的财税体制得到了巩固和完善。地方税收工作也取得全面进展,在保证地方财政收入,促进地方经济发展等方面发挥了重要作用。但最近一个时期,一些地方冲击国家统一税法、干扰税收执法的问题比较突出;地方税务机构人员急剧膨胀,管理体制也不够规范。这种情况发展下去,将对进一步深化财税体制改革、推进税收征管改革以及地方税务机构的建设带来不利影响。

为加强对地方税务机构的领导,规范和完善地方税务机构管理体制,现就有关问题通知如下:

一、对省(自治区、直辖市)以下地方税务局实行上级税务机关和同级政府双重领导、以上级税务机关垂直领导为主的管理体制,即地、市以及县(市)地方税务局的机构设置、干部管理、人员编制和经费开支由所在省(自治区、直辖市)地方税务机构垂直管理。

二、为保证地方税务机关独立执法,地方财政机关不得与税务机关合并,已经合并的要立即纠正。

三、各省、自治区、直辖市人民政府要加强对地方税务机构的领导,重视地方税务机构的建设,采取有力措施维护和强化地方税务机构的独立执法地位。

本通知下发后,凡过去有关规定与本通知精神不符的,一律以本通知为准。

第三届中国农业博览会在全国农业展览馆开幕

博览会为期一周。国务院副总理、博览会组委会名誉主任姜春云出席开幕式并宣布第三届博览会开幕。农业部部长、第三届中国农业博览会组委会主任刘江致辞。

第三届农业博览会以“农业产业化与农业科技革命”为主题,参展商品丰富多样,将全面展示我国农业和农村经济发展,特别是实施农业产业化和农业科技革命所取得的巨大成就。博览会还按照严格的程序组织各行业专家认定527种产品为本届博览会名牌产品。

中国农业发展银行信贷扶贫工作会议在昆明召开

中国农业发展银行信贷扶贫工作会议近日在昆明召开。国务委员、国务院扶贫开发领导小组组长陈俊生在会上指出,农业发展银行系统要认真学习领会十五大精神,根据党中央、国务院对扶贫工作的总体部署,把解决贫困人口温饱问题作为信贷扶贫工作的首要目标,继续坚持开发式扶贫的原则,把种植业、养殖业和以农副产品为原料的加工业作为信贷重点。同时,积极探索扶贫贷款到村、到户的方式,加强管理,确保贷款落实到位。

国家主席江泽民在人民大会堂接受文莱等四国大使国书

这四位大使是文莱驻华大使迈赫迪尼、突尼斯驻华大使穆罕默德·蒙吉·拉毕卜、比利时驻华大使马利国和荷兰驻华大使伍思德。

中共中央政治局常委胡锦涛在人民大会堂会见由执行副主席科沙妮·科瓦奇·玛格达率领的匈牙利社会党代表团

中国亚太经济贸易合作促进会在北京成立

中共中央政治局候补委员、外经贸部部长吴仪出席招待会并致辞。来自国务院有关部委的领导同志、亚太经合组织(APEC)成员驻华使节及中外工商机构和企业界、学术界代表130余人参加招待会。

吴仪在致辞中指出,中国政府非常重视APEC工作,希望中国亚太经济贸易合作促进会积极开拓业务,参与和推动APEC地区的工商界交流与合作,为发展和加强中国同 APEC 其他成员之间经济贸易关系与往来真正发挥桥梁作用。同时也希望国内企业界人士积极支持和参与该促进会有关活动。

中国亚太经济贸易合作促进会是经国务院批准并在民政部登记注册的民间社团组织，其成立的主要目的是配合我国政府部门参与 APEC 活动，开展中国与 APEC 成员间经贸交流和经济技术合作，组织国内工商企业界人士参与 APEC 合作进程。该促进会业务上接受外经贸部指导，由中国贸促会协助。

在招待会上，中国亚太经济贸易合作促进会会长赵维臣还就中国亚太经济贸易合作促进会的成立背景、业务范围等情况向来宾作了介绍。

10 月 22 日

民盟八大暨八届一中全会在北京闭幕

全会推举费孝通、钱伟长、谈家桢、苏步青为名誉主席，丁石孙再次当选为主席。

在下午召开的大会闭幕式上，选举产生了由 258 名中央委员组成的第八届中央委员会，通过了《中国民主同盟章程》和《中国民主同盟第八次全国代表大会决议》，以及给陶大镛、马大猷、康振黄等光荣退出中央委员会同志们的致敬信和给民盟中央参议委员会全体同志的致敬信。大会决议号召，在迈向新世纪的伟大进程中，全体民盟同志要坚持以邓小平理论为指导，高举爱国主义、社会主义旗帜，紧密地团结在以江泽民同志为核心的中共中央周围，同心同德，艰苦奋斗，坚持和完善中国共产党领导的多党合作和政治协商制度，为把我国建设成为富强民主文明的社会主义现代化强国而努力奋斗。

丁石孙在闭幕式上讲了话。他说，我们这次大会召开在世纪之交，具有承前启后、继往开来的重大意义。6 天来，在全体代表的共同努力下，会议开得十分圆满，十分成功，达到了开成一个团结、民主、求实、奋进的大会的目的。在 6 天的会议中，全体代表认真学习了中共十五大文件，学习了中共中央致民盟八大的贺词，审议并通过了七届中央委员会的工作报告，大家一致感到明确了前进的方向，增加了迈向新世纪的信心和力量。

在下午结束的民盟八届一中全会上，推举出民盟中央 4 位名誉主席、5 位名誉副主席；选举出主席 1 人，副主席 13 人，常务委员 60 人；任命副主席张宝文兼任秘书长。

民盟八届中央名誉主席名誉副主席 主席 副主席秘书长名单

名誉主席：费孝通　钱伟长　谈家桢　苏步青

名誉副主席：闻家驷　叶笃义　陶大镛　马大猷　康振黄

主　席：丁石孙

副主席：罗涵先　冯之浚　孔令仁（女）　谢颂凯　吴修平　张毓茂　厉以宁　江景波　袁行霈　卢　强　俞泽猷　吴正德　张宝文

秘书长：张宝文（兼）

中纪委 监察部在北京举行新闻发布会公布贵州省政协副主席常征受贿案

中央纪委决定并报中共中央批准，给予常征开除党籍处分。贵州省政协按照有关规定，撤销其省政协副主席职务和省政协委员、常委资格。

中央纪委新闻发言人赵洪祝介绍说，最近，中央纪委会同有关部门严肃查处了常征受贿一案。经查，常征利用自己的地位和影响，多次出面斡旋，要求贵州日报社向贵州省万邦房地产开发有限责任公司投资。1995 年 11 月和 1996 年 1 月，贵州日报社根据协议，以贵州省中华文化研究会的名义，通过银行转账形式，分两次付给万邦公司人民币 400 万元。万邦公司在第一笔资金 320 万元到位后，副总经理周某某以“感谢费”为名，于 1995 年 12 月送给常征人民币 4 万元；第二笔资金 80 万元到位后，周又于 1996 年 2 月送给常人民币 3 万元。常征两次共计收受贿赂人民币 7 万元。

赵洪祝指出，常征受贿数额大，错误性质严重，受到严肃处理完全是咎由自取。值得令人深思和警醒的是，常征 15 岁就参加革命工作，18 岁加入中国共产党，却晚节不保，蜕化变质，走上严重违法违纪的道路。

赵洪祝说，各级党员领导干部特别是高级领导干部一定要从常征一案中认真吸取教训，切实引以为戒。随着改革开放的深化和市场经济的发展，能否经受住金钱的考验，是摆在领导干部面前的严峻课题。每个党员领导干部都要自觉地按照“讲学习、讲政治、讲正气”的要求，加强思想道德修养和党性锻炼，增强拒腐防变的能力，经受住金钱的考验，永葆共产党员的先进本色。

孟加拉国总统谢哈布丁·艾哈迈德总理谢赫·哈西娜在达卡分别会见来访的国务院副总理吴邦国

国务院总理李鹏在北京与佛得角总理卡洛斯·韦加举行会谈

会谈后，两位总理出席了两国政府间经济技术合作协定和中国政府向佛得角政府无偿援助大米的换文的签字仪式。

中国经贸代表团在纽约与美国公司签署多项经贸合作文件

签署的协议包括中国华能公司分别与福斯特惠勒和通用电气公司关于德州电厂第三期引进锅炉和发电机组等设备和技术的备忘录,中国跃进汽车集团与福特汽车公司关于轻型车发动机合同草案。

国务院总理李鹏中央军委主席江泽民签署第234号令发布《中华人民共和国军品出口管理条例》

现发布《中华人民共和国军品出口管理条例》,自1998年1月1日起施行。

国务院总理 李 鹏
中央军委主席 江泽民
1997年10月22日

中华人民共和国军品出口管理条例(文略)

10月23日

国家主席江泽民在人民大会堂会见挪威国王哈拉尔五世和宋雅王后

江泽民首先对哈拉尔五世国王和宋雅王后来中国访问表示衷心的欢迎。这是历史上挪威国家元首对我国的首次国事访问。

江泽民指出,中挪建交43年来,两国在各个领域的合作与交往都得到长足发展,特别是近年来,双方高层互访增多,经贸科技合作不断扩大,文教交流也很活跃。双边贸易增长很快,近十年翻了两番。中挪经济有较强的互补性,发展合作的潜力不小,两国人民在相互尊重、求同存异和平等互利的基础上,一定会把两国的友好合作推向新的水平。

哈拉尔五世国王说,他和王后非常高兴能有机会来中国访问,挪威人民对江主席上次访问挪威仍记忆犹新。挪威国家元首首次访华,这是挪中关系的一件大事。哈拉尔五世国王说,这次他率领庞大代表团来访,这表明挪威对中国有很大的兴趣,并为双方有关方面广泛交流和讨论、相互学习和了解提供了一次很好的机会。

会见后,两位国家元首共同出席了签字仪式。双方有关官员签署了《中国国家科委和挪威开发合作署关于中挪清洁生产项目第二期合作协议》、《中国国家科委和挪威开发合作署关于上海苏州河环境整治项目协议》、《中国国家科委和挪威开发合作署关于西安回民聚居传统街区规划设计研究项目协议》、《中国农业部和挪威开发合作署关于"北斗"渔业研究和管理项目的协议》、《挪威开发合作署与中国博物馆学会关于中国贵州省梭嘎生态博物馆的协议》。

国家主席江泽民在北京会见来访的佛得角总理卡洛斯·韦加

江泽民表示,对日益密切的中佛友好合作关系感到满意。他说,中国政府重视发展与佛得角的关系,愿与佛政府一道,努力加强双方在政治、经济领域以及在国际事务中的交流与合作。他表示相信,随着21世纪的来临,健康、牢固、全面友好合作的中佛关系将进入新的发展时期。

江泽民指出,中佛1976年建交以来,两国在各个领域的合作取得了显著成果,在国际事务中相互同情、相互支持,共同语言不断增多。他说,韦加总理和佛得角政府坚持"一个中国"的立场,不与台湾当局发展官方关系,在人权问题上支持中国,中方对此表示感谢和赞赏。

江泽民对佛得角在维护国家稳定、促进经济发展等方面取得的成就表示赞赏。他说,中国尊重佛政府和人民根据本国国情选择自己的政治制度和发展道路。

韦加说,佛得角愿同中国建立战略伙伴关系,对加强和发展佛中两国长期、稳定的合作关系充满信心。

国家计委国家统计局发出关于从1998年开始在全国开展房地产价格指数的编制工作的通知

国家计委、国家统计局日前发出通知确定,1998年首先选择35个大中城市进行房地产价格指数编制,今后根据需要再适时调整,逐步扩展到其他地区。房地产价格指数体系,按照能够全面、准确、及时、连续地反映房地产价格变化的要求设置。房地产价格指数实行定期向社会公布制度。

通知还指出,凡编制并向社会发布房地产价格指数的部门和行业组织,必须将编制、发布的方案报国家计委、国家统计局审定。禁止发布带有广告性质的房地产价格指数和房地产价格行情。

中国人民银行发布公告即日起再次降低利率

按照规定,此次金融机构各项贷款的年利率平均下调1.5个百分点。其中,在短期贷款中:六个月以下(含六个月)贷款的年利率由9.18%降低为7.65%;六个月至一年(含一年)期贷款年利率由10.08%降低为8.64%。在中长期贷款中:1年至3年(含三年)期贷款年利率由10.98%降低为9.36%;3年至5年期(含5年)贷款年利率由11.7%降低为9.9%;五年期以上贷款年利率由12.42%降低为10.53%。

中国人民银行在公告中严禁各金融机构擅自提高存、贷款利率,或以手续费、协储代办费、吸储奖、有奖储蓄以及贷款保证金、利息备付金、加收手续费、咨询费等名目变相提高存、贷款率。公告强调,各金融机构、企事业单位如违反国家利率规定，擅自或变相提高存、贷款利纺和企业债券利率的行为都是非法行为，不受法律保护。中国人民银行将对违反国家利率规定的金融机构，按《中华人民共和国商业银行法》及其他有关规定进行处罚。

《人民日报》发表评论员文章《坚持适度从紧货币政策，注意掌握调控力度》

国务院总理李鹏在北京会见吉布提外交和国际合作部部长穆罕默德·穆萨·谢海姆

国务院总理李鹏在中南海紫光阁会见厄瓜多尔外长何塞·阿亚拉·索拉

国务院副总理朱镕基在钓鱼台国宾馆会见挪威国王哈拉尔五世

中共中央政治局常委胡锦涛在人民大会堂会见佛得角总理佛争取民主运动主席卡洛斯·韦加

国务院副总理兼外交部部长钱其琛在钓鱼台国宾馆同挪威外交大臣克努特·沃勒拜克举行会谈

国务院副总理兼外交部部长钱其琛在钓鱼台国宾馆与厄瓜多尔外长何塞·阿亚拉·索拉举行会谈

钱其琛说，中厄建交17年来，两国关系发展顺利，经济技术合作成效显著，贸易交流日益增长，在重大国际事务中相互理解和支持，中方对此感到满意。

阿亚拉重申，在台湾问题上厄瓜多尔将继续坚持“一个中国”的立场。厄瓜多尔支持中国加入世贸组织，并希望在联合国加强双方的合作。钱其琛对此表示赞赏。

《四库全书存目丛书》全部印制完成

由著名学者季羡林教授主编的《四库全书存目丛书》已于10月初圆满竣工，10月下旬全部印制完毕。

这部继乾隆《四库全书》以后规模最大的古籍丛书，共收入古籍珍本4508种，其中包括宋刻本15种，元刻本21种，明刻本2152种，明钞本127种，绝大部分属于珍贵的古籍善本，1/3以上属于孤本或稀见本。这些稀世珍本在乾隆年间修《四库全书》时被排斥在外，仅得保存书名，所以被称为“四库存目”之书。由于当时的学术偏见和政治原因，“存目”书中有大量一流的珍贵著作，如顾炎武《天下郡国利病书》、戚继光《止止堂集》、汤显祖《玉茗堂集》，以及版画史上的精品《程氏墨苑》、《方氏墨谱》，世界上最早的法医学和刑事检验学名著《洗冤集录》等，都被摒入“存目”之中。乾隆以后200年间，人世沧桑，兵燹频仍，当年列入“存目”的6793种图书，已有至少1000余种绝迹天壤，存世之本亦大都十分罕见，而且分散在许多收藏单位或私人手中，有些已流往海外。

10月24日

第八届全国运动会在上海体育馆闭幕

中共中央政治局常委、国务院总理李鹏宣布第八届全国运动会闭幕。

八运会组委会副主任、国家体委副主任徐寅生宣读国家体委关于授予占旭刚等16名在八运会上超奥运项目世界纪录运动员以体育运动奖章的决定。中共中央政治局委员、国务委员李铁映，中共中央政治局委员、上海市委书记黄菊和八运会组委会主任、国家体委主任伍绍祖为获奖者颁奖。

此后，八运会组委会副主任、上海市常务副市长陈良宇等为获得“体育道德风尚奖”的代表团颁奖。八运会组委会评选出获得该奖项的10个代表团是：上海、山东、河南、湖南、广西、内蒙古、黑龙江、四川、山西和安徽。组委会同时授予香港特别行政区代表团“体育道德风尚特别奖”。

八运会组委会副主任、国家体委副主任张发强向八运会承办单位上海市的代表赠送纪念品和锦旗。

八运会组委会执行主席、上海市市长徐匡迪随后致词。

八运会组委会常务副主任、国家体委副主任袁伟民致闭幕词。

本届全运会在计牌计分方面作了改革，把奥运会、破超世界纪录、协议和双计分等所获奖牌折合计人八运会奖牌统计。根据组委会竞赛部公布的“各代表团奖牌统计”，共产生380枚金牌，列前10名的代表团为：上海（42枚金牌）、辽宁（39.5）、山东（25）、广东（24.5）、解放军（24.5，并列）、江苏（23）、北京（20）、吉林（19）、湖南（17.5）、浙江（17）、河南（14.5）。

按组委会统计，共有37个代表团获得了奖牌，其中31个代表团获得了金牌。八运会共有179人659次超41项世界纪录，其中16人19次超7项奥运项目世界纪录，4人4次平3项世界纪录，100人3队367次超55项亚洲纪录，88人6队142次创66项全国纪录。

闭幕式最后举行《奔向新世纪》大型文艺表演。

闭幕式上，伍绍祖将会旗交给第九届全国运动会承办地代表、广东省省长卢瑞华。

全国农业综合开发10年成果展示会在北京民族文化宫开幕

李鹏总理为展示会题词"农业综合开发振兴农村经济"。国务院副总理姜春云、全国人大常委会副委员长王丙乾为开幕仪式剪彩。

本次展示会汇集了中央农口有关部门、28个省、市、自治区10年来农业综合开发的成果。

全国农业综合开发办公室主任、财政部副部长李延龄说,10年来,累计投入农业综合开发资金548.1亿元,西起天山脚下,东到黄海之滨,北从三江平原,南至万泉河畔,全国31个省、市、区的1310个县和270个国有农牧场,先后立项进行农业综合开发。全国共改造中低产田20087.8万亩,开垦宜农荒地2252.3万亩,植树造林2786.8万亩,草原建设1432.8万亩。这些土地资源经过山水田林路综合治理,基本建成了"旱能灌、涝能排、田成方、树成行、渠相连、路相通"的高产稳产田。

进行10年的农业综合开发,全面改善了农业基本生产条件,加强了农业的基础设施建设。良好的农业基础设施,使得农业产出明显提高,增加了全社会农产品的有效供给。项目区共新增粮食生产能力414.4亿公斤,约占全国同期粮食增产总量的40%;新增棉花生产能力11亿公斤,油料生产能力22.9亿公斤,糖料生产能力194.3亿公斤,肉类生产能力27.3亿公斤。这对保持我国粮棉油肉糖等主要农产品的总量供需平衡,特别是促进粮食产量突破4500亿公斤大关,起到了重要作用。

农业综合开发培育了新型的农业经济增长方式。项目区实行区域化布局、企业化管理、规模化经营、社会化服务的产业化发展道路,把千家万户结合起来,解决了一家一户想办而办不到的事情。截至1996年底,项目区共兴办农副产品加工企业2586家,建成产前、产中、产后服务项目3000个。项目区农民年人均纯收入平均增加260元以上。

国家立项的农业综合开发,始于1988年,是在我国农业生产特别是粮食生产于80年代中期再次徘徊不前的背景下,为了保护、支持农业发展,加快农业现代化建设步伐,国务院决定实施的一项旨在改善农业生产基本条件、提高粮棉油肉糖等主要农产品的综合生产能力、促进传统农业向现代农业转变、实现农业增产增收的重大战略决策。

中美两国工程技术研讨会在北京结束

会议为期五天。出席会议的300名代表就解决中国国有大型企业的工程技术问题,利用国际、国内两种资源,推动企业的技术创新,增强企业的竞争能力进行了讨论。

国家主席江泽民在接见出席第三届中美工程技术研讨会的全体外方代表和部分中方代表时发表讲话(节录)

我看了这次研讨会的简报,感到有很多新的知识。中国有句老话,叫"活到老,学到老"。我看学到老,也学不完。因此,要加紧学习,学习、学习、再学习。这次专家们对一些领域研究的发展方向提出的建议,值得认真注意。方向偏了,失之毫厘,谬之千里。人才是科技进步和经济社会发展最重要的资源,智力是活的知识力量。科学技术突飞猛进,越来越深刻地影响着世界政治经济的格局和人们的社会生活。中国的改革和建设,需要一批又一批、一代又一代既具有独立创新精神,又善于向别人学习的优秀人才,这是我们各项事业发展的主要智力支撑。当然,中国也十分重视利用国外的智力资源。积极引进国外智力,吸收和借鉴世界各国先进的技术和管理经验以及其他一切文明成果,加快自己的发展,是我国对外开放事业的重要组成部分。

国际人才交流工作非常重要。国家外国专家局等部门要努力工作,为来华的外国专家进一步创造良好的工作和生活条件,充分发挥他们的作用。要按照中国的法律和国际惯例,保护外国专家的知识产权和其他合法权益。

出席这次研讨会的美方人员,大都是在工程技术领域学有所成的华人专家。世界许多国家都有华人在那里工作和生活。他们勤奋好学,富于创造,在许多领域都取得了令人瞩目的成就,这也是我们中华民族的骄傲。欢迎诸位继续对中国的改革开放和现代化建设提出建议,欢迎大家经常到中国来走一走,看一看。

国务院副总理兼外交部部长钱其琛在钓鱼台国宾馆与吉布提外长和国际合作部部长穆罕默德·穆萨·谢海姆举行会谈

越南共产党中央总书记杜梅在河内会见来访的国务院副总理吴邦国

越南新任国家主席陈德良在主席府会见国务院副总理吴邦国

10月25日

第五届中国艺术节在成都开幕

中共中央政治局常委、全国政协主席、第五届中国艺术节名誉主席李瑞环宣布:第五届中国艺术节开幕。文化部部长、第五届中国艺术节副主席刘忠德和四川省省长、第五届中国艺术节副主席宋宝瑞分别致开幕词和欢迎词。中共中央政治局委员、国务委员、第五届中国艺术节主席李铁映在开幕式上讲话。

接着,在绿草如茵、繁花似锦的舞台上,大型文艺演出《百花赞》开始。《百花赞》由序曲欢庆十五大、花海歌潮、东方神韵、梨园风采、情系五洲几部分组成,在迎接新世纪的尾声中结束。演出结束后,李瑞环等领导同志走上舞台祝贺演出成功,并和全体演员合影。

全国人大常委会副委员长布赫、全国政协副主席杨汝岱、中共四川省委书记谢世杰、解放军总政治部副主任袁守芳等领导人出席开幕式。开幕式由第五届中国艺术节组委会主任、文化部副部长李源潮主持。

吴雁泽、彭丽媛、董文华、万山红、阎维文、刘维维、宋祖英、张也、于魁智、孟广禄、黄豆豆等文艺工作者参加演出。

《人民日报》发表社论《书写新篇章迎接新世纪——祝贺第五届中国艺术节开幕》

金秋时节,中国艺术的盛会第五届中国艺术节今天在四川成都开幕。我们表示热烈的祝贺,祝这届艺术节圆满成功。

中国艺术节是有广泛影响的全国性文化艺术盛会,1987 年以来,已经成功地举办了四届。实践证明,中国艺术节对于推动文化艺术事业的繁荣发展,推动物质文明建设和精神文明建设,发挥了积极作用。这一届艺术节是本世纪最后一次中国艺术节,又是在香港回到祖国怀抱,党的十五大胜利召开后举办,意义更不寻常。在"爱国、团结、繁荣,荟萃艺术精品,弘扬民族文化,振奋民族精神,欢庆十五大,迎接新世纪"的主题下,32 台节目将先后登台,多姿多彩地展现在观众面前。艺术节的精彩节目和人民群众的广泛参与,将展示我国人民满怀信心,意气风发迎接新世纪的精神风貌。

中华民族的文化艺术源远流长,不断发展。改革开放以来,在邓小平理论的指引下,我国文化艺术事业取得了前所未有的成就。近年来,在江泽民同志为核心的党中央领导下,全国文化部门和文艺工作者深化文化体制改革,落实和完善文化经济政策,坚持为人民服务、为社会主义服务的方向,贯彻百花齐放、百家争鸣的方针,弘扬主旋律,提倡多样化,在艺术舞台上思想性与艺术性统一、并为广大观众所喜闻乐见的艺术作品不断涌现。这届艺术节参演节目,就是从众多优秀作品中精选出来的,是我国文化艺术工作者多年辛勤劳动的收获,集中展示了一个时期内文艺事业所取得的成果,也显示出各地艺术表演团体在改革中焕发的生机和活力。

文化艺术工作从来都是我们事业不可或缺的组成部分。在 20 世纪就要结束、21 世纪即将到来的今天,渊源于五千年文明史,又植根于社会主义实践的有中国特色社会主义文化,是凝聚和激励全国各族人民的重要力量,是综合国力的重要标志。只有文化艺术不断发展,中华民族才有可能走在人类文明进步的行列中。江泽民同志在党的十五大的报告中指出:"建设有中国特色社会主义,必须着力提高全民族的思想道德素质和科学文化素质,为经济发展和社会全面进步提供强大的精神动力和智力支持,培育适应社会主义现代化要求的一代又一代有理想、有道德、有文化、有纪律的公民。这是我国文化建设长期而艰巨的任务。"为完成这一任务而不懈努力,是全体文化艺术工作者的神圣职责。我们要高举邓小平理论的伟大旗帜,贯彻党中央各项文化艺术的方针政策,深入生活,认识人民群众的历史创造性和精神生活的进步,把自己的工作融合到建设有中国特色社会主义的宏伟事业中。文化艺术事业的繁荣与发展,要适应新时期的要求,要改革与社会主义市场经济体制不相适应的旧体制,建立起有利于体现两个效益的正确关系,实现"出人、出戏、多演出"的新体制。我们要继承历史文化优秀传统,吸取外国文化有益成果,在艺术的道路上勤于探索,创作出更多有新意、有特色的好作品。

中国艺术节是展示文化艺术成果的盛会,也是发展文化艺术事业的契机。我们要以十五大精神为指导,办好艺术节,推动社会主义文化艺术事业,振奋民族精神,促进改革开放和社会主义现代化建设。收获之后是新的耕耘。愿我们的文化艺术工作者在十五大精神鼓舞下,高举邓小平理论的伟大旗帜,辛勤劳作,为社会主义中国的文化艺术园地增添鲜花硕果,为有辉煌历史的中国文化续写更加绚丽的篇章,为人类文明进步做出应有的贡献,用新的艺术成果迎接新的世纪。

《人民日报》发表社论《中华儿女的出色答卷——祝贺第八届全国运动会胜利闭幕》

国家主席江泽民在人民大会堂会见美国驻北京新闻机构负责人并宣布中国决定签署《经济、社会及文化权利国际公约》

江泽民在会见所有美国驻京新闻机构负责人并回答提问时说:"我已于今天授权,由中国常驻联合国代表秦华孙大使代表中国政府在联合国签署这一公约。这一行动再次表明了中国政府促进中国和世界人权事业发展的坚定决心。"

在谈到他将于明天启程对美国进行国事访问时，江泽民说："我希望并相信，通过中美双方的共同努力，我的这次美国之行将会取得重要的成果。"

江泽民指出："这次访美，我将与克林顿总统和其他美国领导人共商发展中美关系的大计，促进两国在双边和国际领域的互利合作，在中美三个联合公报的基础上，推动中美关系进入一个新的发展阶段。我还将同美国领导人就共同关心的重大全球及地区问题交换意见。除在华盛顿的会谈、会见外，我还要访问其他城市，同美国各界人士见面，广泛接触美国人民，以加深相互了解，增进友谊，发展互利合作。"

江泽民主席在回顾1993年以来他同克林顿总统已举行了四次会晤时指出："第一次在西雅图会晤时，我就提出：双方应该从战略高度和长远角度审视和处理中美关系。从那时以来，中美关系总体上是向前发展的。当前，中美关系面临着进一步改善和发展的良好机遇。"

江泽民强调："中美两国存在着广泛的共同利益。在世纪之交的重要历史时刻，能否把一个健康、稳定的中美关系带入21世纪，关系下个世纪世界的和平、稳定和繁荣。对于这个重大问题，中美两国负有重要的责任。"

当有人问及此次访美的目的时，江泽民说：我是抱着友好的态度，抱着增进中美两国人民的友谊，扩大和加强中美之间的共同点和友好合作的愿望赴美访问的。毋庸讳言，中美之间存在一些分歧，但可以通过讨论和会谈，求同存异。我相信这次访问会达到增进了解，扩大共识，发展合作，共创未来的目的。

江泽民认为，美国是最发达的资本主义国家，中国是发展中的大国。江泽民强调："中美三个联合公报是中美关系的基础。这三个联合公报，要很好地、认真地贯彻执行。我们还需要做许多的工作。我们希望中美关系能在此基础上得到进一步发展。"

在回答有关中美两国价值观念的差异的提问时，江泽民指出，中美两国经济发展水平不一样，历史文化传统也不一样，但双方都应该尊重彼此的价值观念。中国人民对美国建国200多年的历史一直是尊重的。

江泽民说："有一点非常重要，这就是世界各国应该相互学习。改革开放以来，我们坚持向所有的国家、包括美国，实行开放。美国的高科技很发达，我们可以向美国学习先进的科学技术和管理经验。中国有着几千年的文明历史。许多美国人对中国的历史文化非常感兴趣，希望学习中国的文化。在科技等方面，中国现在也有许多新东西和新发展。"

江泽民在谈到民主问题时说，十一届三中全会以来，我们在推进经济体制改革的同时，就积极推进政治体制改革。二者是相互适应、互相促进的。最近召开的中国共产党第十五次全国代表大会，进一步明确了要继续推进政治体制改革，扩大社会主义民主，健全社会主义法制，依法治国，建设社会主义法治国家。对于民主的理解和发展，各个国家因国情和条件的不同会存在差异。如果要求全世界每一个国家都遵循同一种政治模式，这本身就是一种不民主。

江泽民说，中国有句老话"百闻不如一见"，相信通过加强友好往来，两国人民会进一步加深相互理解。

在谈到中美贸易问题时，江泽民说，近年来，中美贸易关系发展很快。中国对美国的出口和进口在中国对外贸易中占很重要的位置，美国对中国的出口和进口在美国对外贸易中也占相当位置。这几天，中国经贸合作代表团正在美国访问。他同时指出，中美贸易中存在中国对美贸易顺差的问题，产生的原因是多方面的。他希望美方能向中国多开放一些高技术领域，以利于促进这个问题的妥善解决。

谈到香港股市问题时，江泽民说，证券交易有涨有落，这在全世界都是普遍现象。他强调，包括香港在内的中国经济是稳定的，相信任何一个有理性的投资者都绝不会因为一时的股市波动而对中国的经济发展，包括香港的经济发展失去信心。

越南政府总理潘文凯在胡志明市会见国务院副总理吴邦国

老挝人民革命党主席政府总理坎代·西潘敦和老挝国家主席诺哈·冯沙在万象分别会见来访的国务院副总理吴邦国

坎代在会见中说，中国在经济建设方面取得了巨大的成就，有不少经验可供老挝借鉴。他说，老挝资源丰富，但缺少技术和资金，老中两国可以利用各自的优势，加强合作，使两国的友好关系更加深入、经贸合作取得新的成果。

吴邦国说，近年来，中老两国关系日益密切，两国在各个领域的友好合作不断增强。他认为，中老两国之间有许多共同点，扩大和深化中老友好合作具有坚实的基础和广阔的前景。吴邦国说，加强两国的全面合作，特别是把两国经贸合作提高到一个新水平，是两国政府之间的共识。他指出，中国政府把发展中老经贸合作视为加强两国睦邻友好关系的重要内容，中国政府将进一步鼓励中国企业和地方省市积极同老方进行经贸和技术合作。

诺哈在会见吴邦国时说，老挝和中国是朋友，是兄弟。两国领导人频繁接触，就共同关心的问题进行磋商，有利于增进相互理解和信任，有利于促进两国友好关系的巩固和发展。他说，目前，两国在各方面的关系发展顺利。老挝政府希望两国企业家之间密切来往，并有更多的中国公司来老挝承包项目，使两国的经贸合作更深入地发展。

吴邦国说，中老是山水相连的好邻居，两国人民是世代和睦相处的好朋友，两国之间既无历史遗留问题，又无现实争端，完全有条件在各方面进行卓有成效的合作。他表示相信，在双方的共同努力下，中老两国在各个领域的合作将取得新的成果，两国人民将世世代代友好下去。

会谈结束后，双方签署了关于中国政府向老挝政府提供政府贴息优惠贷款的框架协议。

中国欠发达地区计划生育“三结合”理论与实践研讨会在桂林召开

中国欠发达地区计划生育“三结合”理论与实践研讨会近日在桂林召开。国务委员国家计生委主任中国人口学会会长彭珮云在研讨会上要求，大力推广桂林地区开展计划生育“三结合”工作的经验，开创欠发达地区计划生育工作的新局面。

彭珮云指出，农村计划生育工作与发展经济相结合，与帮助农民勤劳致富奔小康相结合，与建设文明幸福家庭相结合，是广大干部和育龄群众在实践中创造的。在社会主义市场经济条件下，计划生育“三结合”是综合治理我国人口的必由之路。它紧紧围绕党在农村的各项中心工作把计划生育与物质文明建设、精神文明建设紧密结合起来，调动各行各业、各级干部和广大农民的积极性，帮助农民少生、快富奔小康，促进人口与经济、社会、资源、环境实现协调发展和可持续发展。“三结合”既改变了过去那种仅就计划生育抓计划生育，计划生育工作游离在经济工作之外，“两种生产”两张皮，计划生育部门唱独角戏的现象，也改变了过去那种主要靠行政措施推动计划生育而对农民的实际困难关心不够的情况，计划生育由“天下第一难事”变成了为广大农民理解和支持的事情。“三结合”的出现和发展标志着我国计划生育工作在理论上和实践上都达到了一个新的高度，是一个带有突破性的创举。

首届国际民族医药科技研讨会及展览会在北京国际会议中心举行

会期 3 天。来自全国各地的汉、藏、傣、回、壮等 19 个民族医药专家，以及美国、日本、韩国、马来西亚、台湾等 12 个国家和地区的传统医生，共 800 余名出席了本届大会。

随着“回归自然、自然疗法”的全球性热潮，民族医药在许多国家和地区备受重视。中国民族医药是以中医学为主体，包含藏医、蒙医、维医、傣医、朝医等各少数民族医学理论和实践经验所共同组成的学术体系，在世界传统医药中占有十分重要的地位。本次大会是以中国民族医药为主题，共收到 1800 余篇论文、著作，论题广泛，内容丰富。与会代表就民族医药理论，特别是丰富多彩的治疗疑难病症的民族民间疗法，进行讨论交流。

本届大会由中国国际科学中心主办。

10 月 26 日

国家主席江泽民抵达檀香山开始对美国进行访问

国家主席江泽民在檀香山会见夏威夷地区华侨华人代表

江泽民希望旅居海外的侨胞和华人为中美关系的发展和中国的现代化建设事业继续作出努力，为增进中美友谊继续作出贡献。

江泽民说，旅美华侨华人一直关心和支持中国的建设，并为中美关系的发展作了不懈的努力，做了不少的工作。

江泽民还向华侨华人代表介绍国内改革开放和现代化建设的大好形势。江泽民说，不久前，中国共产党举行了第十五次全国代表大会，对中国改革开放和现代化建设的跨世纪发展，作出了全面部署。本世纪最后几年，中国经济预计平均每年增长 8%左右，下个世纪头十年将保持在 7%左右。21 世纪的中国必将更加开放、更加繁荣，中华民族必将对世界和平与发展事业作出更大的贡献。

华侨华人代表也讲了话。他们表示，将为祖国的和平统一和现代化建设做出更大的努力。

第七届中国新闻奖在北京揭晓

170 件新闻佳作榜上有名，其中特别奖 2 件；一等奖 19 件；二等奖 56 件；三等奖 93 件。

一批反映重大题材的新闻精品荣获一等奖。人民日报《为经济建设和社会发展提供强有力的政治保证》的评论，全面准确地阐述了江泽民总书记关于讲政治的内容和意义；中央人民广播电台的《英雄，魂兮归来》，振聋发聩，呼唤时代精神；河北电视台的《燕赵儿女抗洪歌》，生动感人，谱写了一曲英雄群体的颂歌；新疆日报评论《旗帜鲜明地同民族分裂主义和非法宗教活动作斗争》，有的放矢，有很强的指导性；新华社在中国政府宣布暂停核试验后播出的通讯《让世界走向和平》，视角独特，观点鲜明；解放军报的消息《我军在台湾海峡成功举行三军联合作战演习》，气势恢宏，突出了中国人民解放军维护祖国统一、捍卫国家主权和领土完整的坚定决心;中国国际广播电台的《西方反华阴谋再次破产》,纪实报道了西方利用人权反华不得人心,揭露西方反华实质是不喜欢中国走上富强之路;天津今晚报的《重新评估国有资产增值3.5亿元》、天津人民广播电台的《市场不相信"出身"》和湖北日报系列报道《由邯钢经验引出的话题》成功地报道了国有企业实现两个转变、深化机制改革的积极尝试和有益经验。

10月27日

八届全国人大常委会二十八次会议在北京开幕

乔石委员长主持会议。会议首先通过本次常委会会议议程,主要包括审议节约能源法、建筑法等法律草案,听取全国人大常委会执法检查组关于检查森林法实施情况的报告和全国人大代表团出访的书面报告等。今明两天的会议议程是,学习讨论中国共产党第十五次全国代表大会文件。

乔石在讲话中强调,中国共产党第十五次代表大会,是在世纪之交召开的具有重要历史意义的会议,将对我国的发展产生深远的影响。这次会议的主题是,高举邓小平理论伟大旗帜,把建设有中国特色社会主义的事业全面推向21世纪。江泽民同志代表党的第十四届中央委员会向大会作的报告,总结了十一届三中全会以来,特别是十四大以来的实践经验,集中了全党的智慧,对我国改革开放和社会主义现代化建设跨世纪的发展作出了全面部署,是我们党带领全国各族人民迈向新世纪的行动纲领。大会通过的党章修正案,把邓小平理论确立为我们党的指导思想,这是时代的要求、人民的愿望,这对于保证我们党领导人民坚定地走有中国特色社会主义道路,把我国建设成为富强、民主、文明的社会主义现代化国家,具有重大而深远的意义。当前的国际环境和国内形势对我们的事业是相当有利的。我们要认真学习、努力贯彻十五大精神,紧紧抓住历史机遇,在邓小平理论的指引下,解放思想,开拓奋进,扎实工作,进一步深化改革,扩大开放,加快发展,把建设有中国特色社会主义事业推向前进。要按照十五大的要求,继续推进政治体制改革,进一步扩大社会主义民主,健全社会主义法制,积极推进依法治国、建设社会主义法治国家的进程。

乔石最后希望各级人大及其常委会结合各地实际,学习、贯彻好十五大文件精神,用十五大精神指导人大工作,努力把人大工作做得更好。在邓小平理论指引下,在以江泽民同志为核心的党中央领导下,同心同德,艰苦奋斗,满怀信心,把建设有中国特色社会主义事业全面推向21世纪。

农工民主党十二大在北京开幕

大会的主要任务是:学习贯彻中共十五大精神,审议第十一届中央委员会的工作报告,总结农工党十一大以来的实践经验,确定今后一个时期的政治任务,修改农工党章程,选举产生新一届领导机构,动员各级组织和全体党员围绕中共十五大提出的跨世纪战略目标,全面推进农工党的工作。

大会主席团常务主席卢嘉锡主持开幕式。大会主席团常务主席方荣欣致开幕词。

中共中央政治局委员、国务委员罗干代表中共中央向大会致贺词。

卢嘉锡代表农工民主党十一届中央委员会在会上作了题为《高举邓小平理论伟大旗帜,认真履行参政党职能,为实现跨世纪宏伟目标贡献力量》的工作报告。报告分两部分总结了农工民主党过去5年的工作经验,对今后工作进行了展望和部署。报告指出,5年来,农工民主党组织建设迈出了新步伐,现有省级组织30个,省以下地方组织241个,基层组织3871个,党员总数为65196人,其中医药卫生界党员占总数的62.52%。基层建设普遍得到加强。重点发展了一批政治素质好、有代表性、年富力强的专家、教授和担任各级领导实职的同志,党员的整体素质有了较大提高,年龄和知识结构进一步改善。

卢嘉锡结合农工民主党新时期的基本方针和主要任务,向将选举产生的第十二届中央委员会提出5点建议:坚持深入持久地学习邓小平理论,不断提高建设有中国特色社会主义的自觉性和坚定性;坚持社会主义初级阶段基本路线,努力发挥参政党作用;坚持和完善中国共产党领导的多党合作和政治协商制度;加强思想政治建设,提高整体政治素质;加强党的组织建设,重在把各级领导班子建设好。他在报告最后说,今后农工民主党的任务更为艰巨,责任更加重大,全党要更加紧密地团结在以江泽民同志为核心的中共中央周围,高举邓小平理论伟大旗帜,抓住机遇、同心同德、尽心尽力、扎实工作。相信新一届农工民主党中央委员会一定能带领全党,认真贯彻落实中共十五大精神,进一步发挥好参政党作用,为民族振兴、国家富强、祖国统一,为把建设有中国特色社会主义事业全面推向新世纪,不断作出新贡献。

全国党史研究室主任会议在南京举行

中共中央党史研究室在南京召开全国党史研究室主任会议,学习贯彻党的十五大精神,以邓小平理论为指导,研究部署世纪之交的党史工作。中共中央政治局常委、书记处书记胡锦涛和中共中央政治局候补委员、书记处书记曾庆红,在会前专门听取了中央党史研究室负责人的汇报，并就党史部门贯彻落实十五大精神，做好当前和今后的党史工作提出了重要意见。

会议认为，贯彻落实十五大精神，高举伟大旗帜、推进伟大事业，对党史工作提出了更高的要求。深入研究党的历史，正确总结吸取历史经验，对加强党的建设，顺利推进我们整个事业关系极大。当前，我们的事业正处在承前启后、继往开来的重要时期，更要重视做好以史鉴今、以史育人的工作。要正确认识研究历史、总结经验同推进事业、开拓未来的关系，围绕党的中心任务和工作大局做好党史工作，使党史工作为推进社会主义改革开放和现代化建设服务，为加强两个文明建设服务，为建设高素质的干部队伍服务。

薄一波给会议发来书面讲话。薄一波说，在党的历史上，七大和十五大是先后作出两大历史性决策，即把毛泽东思想和邓小平理论作为党的指导思想而载入史册的大会。他希望党史工作者加深对这一历史进程的研究。并希望党史工作者发扬拼搏奉献精神，以我们党一贯倡导的实事求是、严谨、精练的文风来写好党的历史，做到内容要实，文风也要实。

中央党史研究室常务副主任龚育之在会上作题为《十五大精神和党史研究》的报告。

会议由中央党史研究室副主任李传华主持。来自各省、自治区、直辖市和副省级市的党史部门负责人参加会议。

全国轻工集体企业第五届职工(社员)代表大会在北京召开

国务院副总理吴邦国给大会发来了贺信。

吴邦国副总理在贺信中指出："党的十五大提出，集体所有制经济是公有制经济的重要组成部分，对发挥公有制经济的主体作用意义重大。轻工业要大胆探索能够极大促进生产力发展的集体所有制实现形式，凡是集体经济可以搞或者可以搞得好的行业，应该放手让集体经济去发展。要进一步加强企业领导班子建设，调整产业和产品结构，加快技术改造步伐，全面提高企业素质。各级政府和各有关部门要支持、鼓励和帮助多种形式集体经济的发展，为他们提供更好的发展环境。""总社和各级联社要加强工作，建立健全相应的管理体系和管理机构，壮大自身实力，更好地为基层企业服务。"

国务院副总理朱镕基在北京会见全国轻工集体企业第五届职工(社员)代表大会代表

朱镕基在会见时说，轻工集体企业要面向市场组织生产，以满足人民不断提高的物质文化生活需要。

朱镕基说，轻工集体企业是我国国民经济的重要组成部分，在历史上曾经起过重大的作用，在今后我国走向现代化的进程中也一定会发挥更大的作用。随着国民经济的发展，市场需求在不断地变化，而轻工集体企业还难以完全适应这种变化，当前轻工集体企业的生产经营确实遇到了一些困难。但是，我们应该有信心克服这些困难。江泽民同志提出，要用三年左右的时间，通过改革、改组、改造和加强管理，使大多数国有大中型亏损企业摆脱困境，力争到本世纪末大多数国有大中型骨干企业初步建立现代企业制度。这个目标我们一定要实现，也一定能够实现。对于小型企业，要继续采取"抓大放小"的方针，在多种所有制经济形式下可以搞得更活一点。小型企业的亏损问题也会解决得好一些。对于这个问题，既要看到难度，更要看到很有希望。

朱镕基强调：搞好轻工集体企业，一是要坚决实行政企分开，各级政府要致力于减轻企业的负担；二是要把轻工集体企业真正办成职工和社员自己的企业；三是要进一步在生产经营管理上下功夫，面向市场，适应市场，切实把轻工产品的质量、品种搞上去。他表示相信，轻工集体企业只要扎扎实实地按党中央、国务院的方针抓下去，一定能在三年内摆脱亏损困境，实现全行业振兴。

中国常驻联合国代表秦华孙代表中国政府在纽约联合国总部签署《经济、社会及文化权利国际公约》

秦华孙大使在签字仪式上表示，中国作为联合国会员国，一贯积极参与联合国在促进和保护人权方面的工作，高度评价国际人权公约在保护人权方面的积极意义。他称中国签署这一国际公约是经过认真研究后采取的重要行动。它再次表明了中国愿意与世界各国一道在平等和相互尊重的基础上就人权开展对话和合作，为促进人权事业的发展而不断努力。

秦华孙严正指出，台湾当局于1967年10月5日盗用中国名义对该公约的签署是非法和无效的。

此项公约是联合国大会1966年12月通过的，是继1948年联合国《世界人权宣言》之后又一个重要的国际人权文书。该项公约从维护集体人权的角度，对各国政府在维护和促进经济、社会和文化权利所承担的责任与义务作出了明确的规定。

中国经贸代表团团长国家计委副主任曾培炎和代表团副团长外经贸部副部长孙振宇在华盛顿举行新闻发布会

曾培炎说，这是中国经贸代表团第六次访问美国，也是规模最大的一次。中美双方企业已经签订了一系列合同和协议，总额达42.6亿美元。这不仅显示了中国政府为解决两国贸易存在的问题采取的积极措施，也带来了中国鼓励发展中美贸易新的信息。

此次代表团对洛杉矶、纽约和华盛顿地区的访问中已达成商品采购合同与协议总额为26.6亿美元，其中包括购买价值19亿美元的波音客机，以及价值7.6亿美元的化肥、石油、汽车配件和发电机组。此外，中国方面还同美方达成了一些商品采购和合作的意向协议，总价值16亿美元。

孙振宇在新闻发布会上回答记者提问时指出，虽然美国对华的新投资有所下降，但实际投入并未减少，比如美国石油公司从未减少它们在中国投资的热情，直到代表团出发前还同中方签订了两项大型项目合同。

他认为，今年美国对华贸易逆差还会进一步扩大。这主要是由于新税收制度影响了部分机械进口，中国粮食丰收减少了从美国的进口等因素。他说，中国政府已经感到了贸易逆差对美国政治的敏感性，采取了一些积极措施，其中包括降低关税和逐步取消非关税壁垒。中国方面将同美方合作，推动扩大美国对华出口，也希望美国银行给予对华出口以积极的支持。

国务院副总理吴邦国在仰光同缅甸副总理貌貌钦举行会谈

会谈结束后，双方签署了中国政府向缅甸政府提供政府贴息优惠贷款的框架协议。

世界中西医结合大会在北京国际会议中心开幕

大会以“继承、发扬、结合、创新”为主题，交流重点是中西医结合在理论、临床、教育及政策管理等各方面的广泛经验。

这次会议是我国召开的首届世界中西医结合大会，得到中国科学技术协会、卫生部、国家中医药管理局的高度重视。共有国内外学者1000多人参加。

卫生部副部长曹荣桂在讲话中说，世界各地从事中西医结合工作的专家学者欢聚一堂，交流经验，探讨学术，展望未来，这是世界中西医结合的一件大事，必将在中西医结合的发展历史上产生深远的影响。今后，我国的医药科技工作者还要和世界各地的同道互相学习，共同提高，为全人类的健康事业作出更大贡献。

据介绍，新中国成立40多年特别是改革开放以来，中国的中西医结合事业取得了较快的发展，在人才培养、医疗和科研基地建设、科学研究和学术交流等各个方面，以其卓有成效的实验性和理论创新性受到了国际科学界的瞩目。现在，我国有省市级中西医结合医院40所，中西医结合研究机构17所，中西医结合队伍近6万人。

全国人大常委会副委员长吴阶平、世界卫生组织机构代表等参加开幕式。

卫生部副部长、国家中医药管理局局长张文康说，近些年来，中西医结合事业越来越引起国际社会的普遍关注，之所以如此，是因为中西医结合采用了中医和西医两种医学的方法，并发挥了各自的优势，在防治疾病、保护人类健康方面取得了令人满意的效果。

本届大会主席陈可冀谈道：大会还将探讨对一些重大疾病的防治对策等。

10月28日

黄河小浪底水利枢纽工程举行截流仪式

中华民族治黄史上带有里程碑意义的黄河小浪底工程，今天10时28分实现截流。

中共中央政治局常委、国务院总理李鹏，今天再次来到这里目睹了截流壮观景象后说：“这标志着小浪底工程取得了重要的阶段性成果，也表明了我国在治理黄河的道路上又迈出了可喜的一步。”

经过建设者40多个小时连续奋战，截流开始时宽达106米的龙口已收窄到最后10.59米。当46辆载重汽车从两岸依次把最后一批石料倾入龙口截流成功，中共中央政治局委员、国务院副总理姜春云宣布：“黄河小浪底工程截流成功！”参加仪式的有3000多名中外建设者和周围数万名干部群众。

截流仪式上，李鹏总理代表党中央、国务院对截流成功表示热烈祝贺。

小浪底被中外专家公认为最具挑战性的工程，截流后滔滔黄河水即从此改道，穿过左岸山体的三条巨大导流洞，注入下游河道。

小浪底工程还是世界银行在华的最大贷款项目。今天，世行官员和承包商所在国德国、法国、意大利的驻华大使也参加截流仪式。

参加仪式的还有中共中央政治局委员、河南省委书记李长春，全国政协副主席马万祺，中央各部委及河南、山西两省负责人。

国务院总理李鹏在黄河小浪底水利枢纽工程截流仪式上发表讲话

女士们、先生们、同志们！

今天，小浪底工程成功地实现了按期截流，这标志着小浪底工程取得了重要的阶段性成果，也表明了我国在治理黄河的道路上又迈出了可喜的一步。我代表党中央、国务院对截流成功表示热烈的祝贺！对小浪底工程全体中外建设者表示亲切的慰问！对河南、山西两省广大人民群众对工程的支持表示诚挚的感谢！

1997 年是我国历史上极不平凡的一年，香港回归祖国，亿万人民欢欣鼓舞。党的十五大胜利召开，对我国改革开放和现代化建设跨世纪的发展提出了奋斗目标，作出了全面部署。当前，全国各族人民正在高举邓小平理论的伟大旗帜，认真学习和贯彻落实十五大精神，进一步解放思想，实事求是，抓住机遇，开拓进取，把建设有中国特色的社会主义事业全面推向 21 世纪。

我国正处在社会主义初级阶段，大力发展生产力是我们的根本任务。水利作为国民经济的基础设施和基础产业，在促进国民经济发展、保持社会稳定中发挥着越来越重要的作用。黄河是我国的第二条大河，是中华文明的发祥地。然而黄河水患曾给我们带来了无数的灾难，是中华民族的心腹大患。治理黄河水患、开发黄河水利，历来是党中央、国务院十分关注的大事。兴建小浪底水利枢纽工程正是党和政府为此而采取的重要举措。小浪底工程是一项具有防洪、防凌、减淤、灌溉、供水、发电等综合效益的水利枢纽工程。小浪底工程的建成将使黄河中下游防洪由现在防御 60 年一遇洪水的标准，提高到防御千年一遇洪水的标准，并且为下游河道整治争取宝贵的时间，为开展黄土高原水土保持提供良好的机遇，也为黄河中下游经济发展打下坚实的基础。

希望你们再接再厉，顽强拼搏，努力争创一流的设计，一流的质量，一流的管理，一流的效益，为小浪底工程 1997 年发电，为夺取工程建设的全面胜利，为我国社会主义现代化建设作出新的贡献。

国务院发出《关于印发〈水利产业政策〉的通知》

各省、自治区、直辖市人民政府，国务院各部委、各直属机构：

国务院同意国家计划委员会会同水利部等有关部门制定的《水利产业政策》，现印发给你们，请遵照执行。

水利产业政策（文略）

缅甸国家恢复法律和秩序委员会主席兼政府总理丹瑞大将在仰光会见国务院副总理吴邦国

10 月 29 日

国家主席江泽民和美国总统克林顿在白宫举行会谈

两位国家领导人在白宫先后进行小范围和大范围的会谈。

克林顿总统再次热烈欢迎江主席访问美国，并预祝访问成功。他表示很高兴能有机会与江泽民主席在白宫进行会谈。

江泽民说，这是他和总统先生第五次会晤，但这次意义不同，这次是中国国家主席 12 年来首次对美国进行国事访问。中美两国人民和国际社会都高度重视这次访问以及他与总统先生会晤的现实和历史意义。他希望这次访问能推动中美关系进入一个崭新的发展阶段。这符合中美两国人民的根本利益，也十分有利于促进世界的和平与发展。

江泽民说，今天，我们处在新旧世纪之交，国际形势正在发生巨大而深刻的变化。要和平、求稳定、谋合作、促发展已成为不可阻挡的时代主流。与此同时，国际关系中仍有诸多不稳定与不确定因素。

江泽民说，中美分别作为世界上最大的发展中国家和最大的发达国家，作为联合国安理会常任理事国，在维护世界及地区和平与稳定、促进全球经济发展、防止大规模杀伤性武器扩散、推动亚太区域合作、打击国际犯罪等问题上存在广泛的共同利益，在加强双边经贸、环保、能源、教育、科技和文化交流与合作等方面存在巨大的合作潜力。进一步扩大这些共同利益，发展两国在各个领域的合作，是中美两国人民以及世界上一切致力于和平与发展事业的人士的迫切愿望。

克林顿总统对此表示同意。克林顿希望美中两国进一步加强双方在国际和平、稳定与安全、联合国事务、重大地区问题和在保护环境、禁毒、打击跨国犯罪、国际金融以及预防疾病等方面的合作。他说，美中两国在联合国的合作非常重要。在联合国内，我们在许多问题上进行了良好的磋商与合作。我们希望今后进一步加强美中在联合国的合作。

克林顿总统说，中国在所有主要的国际组织中发挥主导作用。中国是世界上经济增长最快的国家，也是最大的国家之一，世界贸易组织没有中国的参加，就不可能成为一个有效的贸易组织。美国希望中国尽早加入世界贸易组织。克林顿说，美国政府一直在致力于结束国会一年一度的审议中国的最惠国待遇问题，这将有助于美中经贸关系的发展。

在谈到台湾问题时，江泽民指出，台湾问题始终是中美关系中最敏感、最重要的核心问题，严格遵守中美三个联合公报，妥善处理台湾问题是中美关系长期健康、稳定发展的基础。

克林顿说，美国政府将继续坚持一个中国的立场，恪守美中三个联合公报的原则，不支持台湾独立，不支持台湾加入联合国，不支持制造“两个中国”、“一中一台”的主张。

两国领导人还就共同关心的地区、国际问题交换了看法。

国家主席江泽民与美国总统克林顿在白宫举行联合记者招待会

江泽民强调，通过这次访问，可以达到增进了解，扩大共识，发展合作，共创未来的目的，中美两国关系将会进入一个新的发展阶段。

江泽民说：我同克林顿总统就中美关系和共同关心的国际与地区问题深入交换了意见，会谈是建设性的和富有成果的。他说，他同克林顿总统达成了这样的共识：为了促进世界和平与发展的崇高事业，中美应该加强合作，努力建立面向21世纪的建设性战略伙伴关系。

江泽民说：我们都认为，在事关人类生存与发展的重大问题上，包括和平与发展、经贸合作、防止大规模杀伤性武器扩散、环境保护等方面，两国有着广泛的共同利益。

江泽民说，双方都赞同，应按照相互尊重、互不干涉内政、平等互利、求同存异等原则处理两国关系，妥善对待分歧。

江泽民说：我们还就建立中美两国元首定期会晤、设立两国元首热线联系、建立两国外长和其他官员会晤与磋商机制、加强两军往来、加强两国在经济、科技、文化、教育和执法等领域的交流与合作，达成了广泛的一致。

江泽民说：我同克林顿总统都认为，中美两国在经贸方面有很大的互补性，具有巨大的合作潜力。加强两国的经贸合作，不仅造福于两国人民，而且会促进世界经济的发展与繁荣。

克林顿说：江泽民主席的访问为我们两国人民建设一个更加安全、和平和繁荣的未来提供了机遇和可能。我们双方已同意定期举行最高级会晤，还同意就广泛的安全问题开展部长级的高层对话。他说：我期待着在明年访问中国。

克林顿说，中美两国在保持一个稳定、繁荣和开放的亚洲方面有着深刻的共同利益。双方在制止大规模杀伤性武器扩散方面也有着强烈的共同利益。他说：我欢迎中国采取措施并明确承诺协助制止核武器及有关技术的扩散。我同意推动美中和平利用核能合作协定的实施。

克林顿说：我和江泽民主席都同意加强两国之间在制止国际间有组织犯罪、禁毒和反对非法移民等问题上的合作。我们两国的执法人员将实现情报共享并定期开展磋商。克林顿还对两国之间将加强司法合作表示高兴。

克林顿说，无论对中国还是对美国，贸易都是增长的促进剂。中国是世界上美国的商品和服务增长最快的市场。美国将尽一切可能促使中国早日加入世界贸易组织。

在回答记者提出的如何从长远观点来看待中美关系的问题时，江泽民主席说：我同克林顿总统在四年前的西雅图会晤时都同意，要努力把一个繁荣、稳定与和平的世界带入21世纪。我这次来访是第五次同克林顿进行会晤，我也是12年来第一次访问美国的中国国家元首。这表明，双方都在共同采取具体步骤来实现上述目标。我认为，中美关系中极为重要的一点，就是要增进两国人民之间的相互了解。这也是我这次来访的一个愿望。

在谈到台湾问题时，江泽民说：中美三个联合公报都提到台湾问题。台湾问题涉及中国的主权。我们主张按邓小平同志提出的“一国两制”的方式完成祖国的和平统一。我们不承诺放弃使用武力，但这绝不是针对台湾同胞的，而是针对干涉台湾问题的外国势力，针对“台独”和那种要将台湾从中国分裂出去的企图。

克林顿重申美国坚持一个中国的立场。

在谈到人权问题时，江泽民说：我们居住的这个世界是丰富多彩的，民主、人权、自由的观念是相对的、具体的，是由不同国家的具体国情决定的。在人权这类问题上，可以在不干涉别国内政的基础上开展讨论。

两位领导人在谈话中坦率地承认，两国在一些问题上仍然存在分歧。但双方都认为，这些分歧只能通过对话和讨论来解决，分歧不应该影响双方扩大和加强在各个领域中的合作。

美国总统克林顿举行盛大国宴欢迎国家主席江泽民

克林顿总统在宴会上致辞。

江泽民在致答词中说：“在今晚这个隆重的宴会上，首先请允许我代表我的夫人和同事，并以我个人的名义，对克林顿总统和夫人表示衷心感谢。我还要借此机会向美国政府和人民给予我们的热情接待，深表谢意。”

江泽民说，25年前，中美两国领导人以卓越的政治智慧和胆识，重新打开两国交往的大门。从那时以来，两国许多政治家和各界人士，为建立、改善和发展中美关系，作出了积极的贡献。

在这里，我谨向他们表示崇高的敬意。25年来，中美两国关系虽然有过波折，但总的说来是在向前发展。双方合作领域不断拓宽，合作方式日趋多样，合作潜力巨大，合作前景良好。中美保持友好关系，不仅造福于两国人民，而且对促进亚太地区和世界的和平、稳定与繁荣具有重要的意义。

江泽民接着说，今天上午，我同克林顿总统就中美关系未来的发展目标达成了共识。这就是，为了促进世界和平与发展的崇高事业，中美应该加强合作，努力建立面向 21 世纪的建设性的战略伙伴关系。这标志着中美关系向前迈出重要一步，达到了一个新的起点。中国和美国作为两个伟大的国家，对世界前途负有重大责任。中美两国的国情不同，存在一些分歧是自然的。我们认为，国情的不同，正是相互加强了解、交往和借鉴的动力。至于分歧，完全可以通过相互尊重的平等对话，逐步求得解决。一时解决不了的，可以求同存异。我们两国之间的共同点大于分歧。在维护世界和平与安全，促进全球经济发展与繁荣，保护人类生存环境等方面，中美具有广泛的共同利益。这是发展两国友好关系的重要基础。

江泽民最后说，美国诗人朗费罗写过这样的诗句："只要行动起来，我们每个明天都会比今天进步。""行动起来吧！让我们马上就开始。"我们要顺乎潮流，合乎民意，为建立和发展中美两国建设性的战略伙伴关系不断向前迈进。

中国和美国发表联合声明

应美利坚合众国总统威廉·J. 克林顿的邀请，中华人民共和国主席江泽民于 1997 年 10 月 26 日至 11 月 3 日对美国进行国事访问。这是中国国家主席 12 年来对美国的首次国事访问。在华盛顿访问期间，江泽民主席与克林顿总统举行了正式会谈。江泽民主席还与艾尔·戈尔副总统、美国国会领导人以及其他美国领导人进行了会晤。钱其琛副总理兼外交部长与马德琳·奥尔布赖特国务卿也进行了会谈。

两国元首就国际形势、中美关系以及两国面临的重要机遇和挑战进行了深入的、富有成果的会谈。双方同意，健康、稳定的中美关系不仅符合中美两国人民的根本利益，而且对于共同承担责任，努力实现 21 世纪的和平与繁荣是重要的。双方同意，中美之间既有共同点，也有分歧；双方有重大的共同利益，决心共同本着合作和坦诚的精神，抓住机遇，迎接挑战，以取得具体进展。中美在人权问题上存在重要分歧。同时，中美两国在维护世界及地区和平与稳定，促进全球经济增长；防止大规模杀伤性武器扩散，推动亚太区域合作，打击贩毒、国际有组织犯罪和恐怖主义问题上；在加强双边经济发展、贸易、法律、环保、能源、科技、教育和文化交流与合作以及两国军队往来等方面，都存在巨大的合作潜力。

两国元首决定，中美两国通过增进合作，对付国际上的挑战，促进世界和平与发展，共同致力于建立中美建设性战略伙伴关系。为实现这一目标，双方同意，从长远的观点出发，在中美三个联合公报的原则基础上处理两国关系。

中方强调，台湾问题是中美关系中最重要、最敏感的核心问题，恪守中美三个联合公报的原则，妥善处理台湾问题是中美关系健康、稳定发展的关键。美方重申，美国坚持一个中国的政策，遵守中美三个联合公报的原则。

作为联合国安理会常任理事国，中美两国支持联合国根据《联合国宪章》的宗旨和原则在全球事务中，包括在维持和平以及促进经济和社会发展方面，发挥积极、有效的作用。两国都赞成对联合国进行改革，使安理会更具代表性，同时保持和增强安理会的工作效率。两国强调需要将联合国置于更加稳固的财政基础上，两国将积极参加联合国内有关会费比额问题的讨论。

中美作为亚太地区的大国，愿加强合作，共同对付面临的各种挑战，为促进本地区的稳定与繁荣作出积极贡献。双方认为，维护朝鲜半岛的和平与稳定具有重要意义，双方通过四方会谈推动建立半岛的持久和平，并继续就此进行磋商。双方还强调，维护中东、海湾和南亚等重要地区的和平与稳定符合两国的共同利益。

两国元首就采取一系列步骤达成了协议，这些步骤将为进一步发展中美关系和加强两国在国际事务中的合作提供框架。

高层对话和磋商

中美两国同意两国元首定期访问对方首都。

两国同意在北京和华盛顿之间建立元首间通讯联络，以便利直接联系。

两国还同意，两国内阁和次内阁级别官员定期互访，就政治、军事、安全和军控问题进行磋商。

能源和环境合作

中美两国重申就广泛的环境问题进行合作的重要性，这一重要性在 1997 年 3 月成立的中美环境与发展讨论会上得到了体现。

双方认为，开发并有效利用能源、保护全球环境、促进有益于环境的增长和发展是一个重大的挑战。鉴此，双方同意通过一项加快清洁能源项目建设及适当转让相关技术的倡议，来加强在能源和环境领域的合作。该项合作的主要领域将是清洁能源、城市空气污染的防治和农村电气化。这一倡议也将促进在诸如气候变化、沙漠化和生物多样化等全球环境问题上进行更广泛的合作。中国国家计划委员会和美国能源部已签署了《中美能源和环境合作倡议书》，以促进在上述领域的有效合作，包括使用清洁能源。

经贸关系

两国元首准备采取积极和有效的措施扩大中美贸易和经济关系。两国经济正迈向 21 世纪，信息技术对促进技术革新和提高生产力至关重要。为此,中国表示了尽早参加《信息技术协议》的意向。此外,中方将在世界贸易组织谈判范畴内,继续实质性地降低关税。

中美两国认为,中国全面参加多边贸易体制符合双方的利益。为了实现这一目标,双方同意加紧关于市场准入、包括关税、非关税措施、服务业、标准、农业等问题和履行世界贸易组织原则的谈判,以便中国可以在商业上有意义的基础上尽可能早日加入世界贸易组织。

和平核合作

中美两国同意,在和平利用核能领域进行合作符合两国的共同利益。为此,它们已经为执行 1985 年签署的《中美和平利用核能合作协定》各自采取了必要的步骤。中国国家计划委员会和美国能源部签署了一项意向性协议,以促进两国间的和平核合作和研究。

防扩散

双方同意致力于促使《全面禁止核试验条约》尽早生效。双方还同意在联合国裁军谈判会议上寻求早日就"禁止生产用于核武器和其他核爆炸装置的裂变材料公约"开始正式谈判。

中美两国重申双方不向未接受保障监督的核设施和核爆炸项目提供任何帮助的承诺。中国已对核和双用途材料及相关技术的出口实施控制,并将于 1998 年年中采取进一步措施加强对双用途材料的出口控制。美国将继续加强对核和双用途材料及相关技术的严格控制。

作为《禁止化学武器公约》的创始缔约国,中美两国同意在多边框架内就执行该公约进行合作。双方认为,政府对与化学品有关的出口进行监督是重要的。

中美两国同意在 1994 年关于导弹不扩散问题的联合声明的基础上继续努力。双方重申各自对《导弹及其技术控制制度》准则和参数已作出的承诺。

人权

中美两国都认为《世界人权宣言》及其他国际人权文书在促进人权方面发挥积极作用,并重申双方均致力于促进和保护人权和基本自由。

尽管两国未能解决在人权问题上的分歧,但双方同意本着平等和相互尊重的精神,通过在政府和非政府级别的对话讨论这一问题。两国同意就非政府人权论坛的结构和作用进行讨论。

法律合作

中美两国认为,促进法律合作符合两国的利益和需要。

双方愿意加强在打击国际有组织犯罪、毒品走私、非法移民、制造伪币和洗钱等方面的合作。为此,双方拟设立一个由两国政府主管部门代表组成的执法合作联合联络小组。双方同意开始磋商,以达成一项法律互助协定。

中美两国将在对等的基础上在各自的大使馆指派负责缉毒事务的法律官员。

鉴于中美两国都重视法律交流,双方拟设立一个联合联络小组,以寻求在该领域进行合作。这一合作可以包括法律专家的交流、法官和律师的培训、加强法律信息系统、交流法律资料、交换对法律协助的看法、就行政程序相互进行咨询以及加强商业法及仲裁。

作为这一法律合作计划的一部分,中国司法部长将应美国司法部长的邀请于 1997 年 11 月访问美国。

两军关系

中美两国就中美建立加强海上军事安全磋商机制达成协议。该协议将有助于双方海空力量避免发生意外事故、误解或错误判断。

两国同意就人道主义救援和减灾问题通报情况,进行讨论,交流经验。

科技、教育和文化交流

自 1979 年以来,中美之间达成了 30 多个双边科技合作协议。中美科学技术联合委员会将继续指导这一积极的双边科技合作项目,并将推动进一步运用科学技术来解决国家和全球的问题。中美两国还将确定利用空间对地球进行科学研究和实际应用的合作项目领域。

中美两国将扩大教育和文化交流。两国元首相信,增加两国人民之间的交流将有助于发展长期的双边关系。

江泽民主席感谢克林顿总统和美国人民的热情接待。江泽民主席邀请克林顿总统于 1998 年访问中国,克林顿总统愉快地接受了邀请。

国家主席江泽民在华盛顿下榻的国宾馆会见美国国防部部长科恩

科恩说,江泽民主席此次访美,美中双方决定进一步加强在军事领域的交流,令人感到鼓舞,这将会促进美中关系的发展。

江泽民主席说,很高兴与科恩部长会见。不久前中国海军舰队访问了夏威夷的珍珠港,你不久也将访问中国,这标志着中美双方军事交往取得了新的进展。江泽民主席预祝科恩访问取得成功。

江泽民主席当天下午还会见了范因斯坦、麦康内尔等 30 多位美国参议员、参院前共和党领袖多尔、世界银行行长沃尔芬森和华人、华侨代表。

中美两国政府签署《中华人民共和国国家计划委员会和美利坚合众国能源部关于和平利用核技术合作的意向性协议》和《中华人民共和国和美利坚合众国能源与环境合作倡议书》

协议强调遵循中美两国在 1985 年签订的和平利

用核能协定的宗旨,加强两国在核能领域的合作,支持中国安全、经济和有效地开发核能和建设核电站。倡议书中也涉及中美和平利用核能的合作。这标志着中美和平利用核能合作协议已正式启动。

国务院副总理钱其琛在华盛顿下榻的威拉德旅馆举行记者招待会

陪同江泽民主席访问美国的国务院副总理兼外交部长钱其琛在记者招待会上说,江泽民主席访美取得重要成果。

钱其琛说,江泽民主席此次访美是中美关系史上具有历史意义的一件大事,两国领导人今天就中美关系、国际形势和双方关心的重大问题深入交换了意见,达成了广泛共识,发表了联合声明,访问取得重要成果。

钱其琛说,两国元首进一步确认要发展中美长期健康、稳定的关系,共同致力于建立中美建设性战略伙伴关系。当然,要建立这样一种关系并非意味着两国间不存在分歧,而是要在平等、相互尊重的基础上讨论、缩小或解决矛盾。

钱其琛副总理宣布,双方还就如何妥善处理中美关系中最重要、最敏感的台湾问题达成重要共识,以确保两国关系的发展不再受其影响和干扰。美方重申奉行一个中国的政策,承诺今后要严格按照三个联合公报的原则来处理台湾问题。

钱其琛说,两国元首一致同意加强高层对话,在维护世界和平和促进全球发展上加强合作。双方还就扩大两国在经贸、环保、能源、科技、法律、教育和文化交流与合作以及两军往来方面达成了一系列协议。他说,所有这些成果为进一步发展两国关系,加强两国在国际事务中的合作提供了良好的框架和坚实的基础。

钱其琛表示,随着中国经贸代表团访美的成功,中美经贸合作在未来也将有新的、更大的发展。

钱其琛说,四天来,江泽民主席与美国各界人士进行了广泛接触,加深了彼此了解,增进了友谊。上述成果表明,江泽民主席对美国的国事访问必将达到增进了解,扩大共识,发展合作,共创未来的目的,并将推动中美关系进入一个新的发展阶段。

钱其琛在记者招待会上就台湾问题、中法、中俄关系等问题回答了记者的提问。

八届全国人大常委会二十八次会议举行全体会议

会议分别听取了法律委员会副主任委员项淳一、王叔文关于节约能源法、建筑法两法律草案审议结果的报告。

林业部部长陈耀邦、公安部部长陶驷驹受国务院委托,向会议作的关于森林法修正案、消防法两法律草案的说明。

李鹏总理在国务院关于提请审议森林法修正案(草案)的议案中指出,拟订森林法修正案(草案)是"为了有效地保护、管理、培育和发展森林资源,合理开发利用森林资源,鼓励造林、营林,促进林业的快速发展,增加我国森林覆盖率,维护森林资源所有者和使用者的合法权益"。陈耀邦分别就草案中关于国有重点林区林权证的核发;林地使用权和林木的流转;征用、占用林地的管理;森林生态效益补偿;森林公安机关的任务;珍贵木材的出口;法律责任等问题作了具体说明。

关于消防法草案,李鹏总理在国务院提请审议的议案中指出,制定消防法是"为了预防火灾和减少火灾危害,保护公共财产和公民人身、财产安全,维护公共安全,保障社会主义现代化建设的顺利进行"。陶驷驹说,现行的《中华人民共和国消防条例》自 1984 年 5 月经全国人大常委会批准、国务院公布施行以来,对于加强消防工作,保卫社会主义现代化建设,保护公共财产及公民人身和财产安全,发挥了重要作用。但是随着经济和社会事业的迅速发展,消防工作也遇到了许多新情况、新问题。近年来,我国的火灾形势相当严峻,特大火灾时有发生。1984 年全国的火灾直接经济损失为 1.6 亿元;1994 年增加到 12.4 亿元。火灾形势严峻的主要原因,一是消防建设未能与经济建设同步发展,公共消防设施建设严重滞后。二是消防安全责任不明确、不具体、不落实。三是有关的法律责任规定不适应新形势的需要。草案在保持《消防条例》总体框架的前提下,加以补充、完善,重点更为突出,处罚力度加大,增强了可操作性。草案分为总则、火灾预防、消防组织、灭火救援、法律责任和附则,共 6 章 47 条。

会议还听取了全国人大常委会秘书长曹志受委员长会议委托所作的关于香港特别行政区第九届全国人民代表大会代表选举会议成员名单草案的说明。会议还审议了中央军事委员会关于提请审议批准人民解放军选举委员会人选的议案。

陈慕华副委员长主持会议。

全国人大常委会秘书长曹志在八届全国人大常委会二十八次会议上作关于《中华人民共和国香港特别行政区第九届全国人民代表大会代表选举会议成员名单(草案)》的说明

委员长、各位副委员长、各位委员:

我受委员长会议的委托,作关于《中华人民共和国香港特别行政区第九届全国人民代表大会代表选举会议成员名单(草案)》的说明。

《中华人民共和国香港特别行政区基本法》规定:

“根据全国人民代表大会确定的名额和代表产生办法，由香港特别行政区居民中的中国公民在香港选出香港特别行政区的全国人民代表大会代表，参加最高国家权力机关的工作。”第八届全国人民代表大会第五次会议通过的《中华人民共和国香港特别行政区选举第九届全国人民代表大会代表的办法》规定：“香港特别行政区应选第九届全国人民代表大会代表的名额为三十六名。”“香港特别行政区成立第九届全国人民代表大会代表选举会议。”香港特别行政区第九届全国人民代表大会代表由选举会议选举产生。

《中华人民共和国香港特别行政区选举第九届全国人民代表大会代表的办法》规定：“选举会议由《全国人民代表大会关于香港特别行政区第一届政府和立法会产生办法的决定》中规定的第一届政府推选委员会委员中的中国公民，以及不是推选委员会委员的香港特别行政区居民中的中国人民政治协商会议第八届全国委员会委员和香港特别行政区临时立法会议员中的中国公民组成。但本人提出不愿参加的除外。”根据这一规定，上述人员均须表明是否参加选举会议。

9月下旬，全国人大常委会办公厅向上述人员（共435人）发函，征询他们是否参加选举会议。截至10月17日，已全部收到回复。回复的435人中，有8人不是中国公民，其余427名中国公民中有3人提出不参加选举会议，424人表示愿意参加选举会议。根据《中华人民共和国香港特别行政区选举第九届全国人民代表大会代表的办法》规定，这424人为香港特别行政区第九届全国人民代表大会代表选举会议成员。

《中华人民共和国香港特别行政区选举第九届全国人民代表大会代表的办法》规定：“选举会议第一次会议由全国人民代表大会常务委员会召集，推选十一名选举会议成员组成主席团，主席团从其成员中推选常务主席一人。”主席团成员人选的建议名单由委员长会议提出，在选举会议第一次会议上推选产生。

《中华人民共和国香港特别行政区选举第九届全国人民代表大会代表的办法》规定：“香港特别行政区选举第九届全国人民代表大会代表由全国人民代表大会常务委员会主持。”委员长会议建议，由全国人民代表大会常务委员会委托曹志秘书长负责选举香港特别行政区第九届全国人民代表大会代表的工作。

我的说明完了，请审议。

国务院总理李鹏考察三峡移民工作

举世瞩目的长江三峡工程截流前夕，李鹏总理于10月29日至11月2日专程前往三峡库区，就三峡工程的移民工作进行实地考察。他强调指出，长江截流以后，三峡工程建设将进入一个新阶段，移民工作的任务将更为繁重，要下大力气认真细致地做好移民工作，使移民的生产条件得到改善，生活水平得到提高。

全国农村基层组织建设电视电话会议在北京召开

中共中央政治局常委书记处书记胡锦涛在会议上强调，加强农村基层党组织建设，是完成十五大提出的农村各项任务的必然要求，是加强党的建设新的伟大工程的应有之义。要认清形势，明确任务，抓住机遇，乘势而进，继续全面、深入、扎实、持久地推进农村基层组织建设。

胡锦涛在回顾总结三年来农村基层组织整顿和建设工作时指出，各级党委和有关部门按照中央的部署，以全面发展农村经济、脱贫致富奔小康、建设社会主义新农村为目标，坚持不懈地推进农村基层组织的整顿和建设，取得了明显成效。事实证明，中央关于加强农村基层组织建设、集中整顿后进村党支部的决策和部署，是完全正确的。

各地区、各部门抓这项工作是认真的、扎实的和有成效的。农村基层组织建设的加强，工作经验的积累，一批善于做农村工作的干部的成长等，都为今后农村基层组织建设取得新成绩，为农村改革、发展迈出新步伐创造了有利条件。

胡锦涛指出，党的十五大已经作出了高举邓小平理论伟大旗帜，把建设有中国特色社会主义事业全面推向21世纪的战略部署。我国正处在实现第二步战略目标、向第三步战略目标迈进的关键时期。农业是国民经济的基础。农村基层党组织是党在农村全部工作和战斗力的基础。基础牢，事业兴；基层稳，天下安。只有进一步把农村基层组织建设好，才能把农民群众紧紧团结在党和政府的周围，保证党的路线方针政策在农村基层贯彻落实，实现农村跨世纪发展的目标和社会的长期稳定。三年的集中整顿告一段落，决不是农村基层组织建设的结束，而是新一阶段工作的开始。各级党委务必要防止和克服有的地方出现的“搞了三年，差不多了”的思想和松懈情绪。

胡锦涛强调，继续加强农村基层组织建设，必须把握好总的指导思想，就是：遵循党的十五大精神，高举邓小平理论伟大旗帜，坚持党在社会主义初级阶段的基本路线、基本纲领不动摇，继续认真贯彻中央关于农村基层组织建设工作的指导方针，紧紧围绕深化农村改革，确保农业和农村经济发展、确保农民收入增加来进行，全面、深入、扎实、持久地推进农村基层组织建设，为十五大提出的农村工作任务的落实提供坚强的组织保证。

在谈到要继续按照中央确定的村级党组织建设应达到“五个好”的目标进行工作时，胡锦涛说，这“五个好”是新时期党的建设总目标结合农村基层组织状况的具体化，是农村基层组织在新形势下加强自己，凝聚农民群众为实现农村跨世纪发展目标而奋斗的需要。“五个好”是一个相互联系、不可分割的完整目标体系，必须全面坚持，缺一不可。“五个好”各有内涵和标准，每个好都不能降低要求。即使是初步达到“五个好”要求的基层党组织，也要根据形势任务的发展变化，不断丰富“五个好”的内容，提高“五个好”的水平。

胡锦涛提出，当前要着重抓好六个方面的工作：(一)认真学习贯彻十五大精神，坚持不懈地用邓小平理论武装农村基层干部和党员。(二)继续加强以党支部为核心的村级组织建设，进一步解决好“有人管事”问题。(三)推进农业和农村经济发展，搞好扶贫开发，壮大村级集体经济实力，切实解决“有钱办事”问题。(四)积极发展农村基层民主，加强民主管理和民主监督，努力解决好“有章理事”问题。(五)继续把教育培训提高农村基层干部作为一项战略任务来抓，努力建设具有较高素质的农村基层干部队伍。(六)认真抓好乡镇党委建设。

胡锦涛强调，当前全党的首要任务，就是学习贯彻好十五大精神。农村各级党组织一定要把认真学习宣传和贯彻落实十五大精神作为一件大事来抓，用十五大精神统一思想，指导各项工作，把农村党员、干部和群众的力量凝聚到完成十五大确定的任务上来。加强农村基层组织建设的全部工作和整个过程，都要紧紧围绕经济建设这个中心，围绕深化农村改革，发展农业和农村经济，保证农民增加收入，加快奔小康步伐来进行。农村基层组织建设和整顿的成效如何，最终要用农村经济发展和两个文明建设的成效来检验。

胡锦涛最后要求各级党委进一步加强对农村基层组织建设的领导。特别是主要领导同志和主管的负责人，要带头做到思想不松懈，工作不松劲，力度不减弱。继续坚持和完善党委管党的建设、书记带头抓党的建设的责任制，逐级负责，做到有布置、有检查、有督促，推动问题的解决，促进工作一步一步、实实在在地向前发展。各有关部门和群团组织要密切配合，进一步形成抓农村基层组织建设的整体合力。要解放思想，实事求是，用改革的精神研究新情况，解决新问题，总结新经验，把农村基层组织建设不断提高到新水平。

中央、国家机关有关方面的负责人和部分省区市党委组织部长出席主会场会议。各省区市、地、县的负责人出席分会场会议。会议由中组部部长张全景主持。

国务院总理李鹏在重庆会见印度尼西亚研究和技术国务部长哈比比和夫人

李鹏说，中国政府非常重视发展科学技术，把科教兴国与可持续发展列为中国国民经济和社会发展的两大战略。中国已同 130 多个国家和地区建立了科技合作关系。中国愿在平等互利、优势互补的基础上加强和拓宽同印尼在科技和其他领域的合作与交流。

哈比比表示，苏哈托总统非常重视对华关系，希望进一步扩大两国在经济、文化、科技领域的合作和交流，增加人员往来。印尼与中国关系的发展要着眼于下个世纪。

全国人大常委会委员长乔石在人民大会堂会见新加坡副总理兼国防部部长陈庆炎

泰国国王普密蓬在曼谷集达拉王宫会见来访的国务院副总理吴邦国

国务院六部委举行的全国性大规模高层次软件产业工作座谈会在天津闭幕

240 多位专家、企业家研讨共创国产软件新天地的发展战略及对策问题。

宋健在会议闭幕时讲了话。宋健说，对照十五大报告指示的方向，大力发展中国的软件产业是当代中国最紧迫的任务之一。宋健指出，全面推广应用以计算机技术为基础的人工信息智能技术，是已经开始了的新技术革命的关键所在，它正在全面改造着制造业、农业、服务业、社会管理部门的生产和工作方式，大大延伸了人类脑力劳动和体力劳动的能力，使社会生产、生活都发生了革命性变化。我国软件产业年增长速度连续 10 年都在 30％以上，它必将成为我国 21 世纪国民经济一个支柱产业。他强调指出，政府部门应该在制定政策、统一标准、建设环境和培养人才等方面负起责任；国有企业和民营企业软件工作者必须下决心以技术创新和市场运作能力来发展壮大自己，为在全社会普及人工信息智能技术，大幅度提高劳动生产率，创造中国 21 世纪的辉煌做出新贡献。

世界中西医结合大会在北京闭幕

中国中西医结合学会名誉会长、中国工程院院士吴咸中讲了话。本次大会收到论文近 2000 篇，与会人员分 8 个专题进行了学术交流，充分反映了世界中西医结合领域的学术水平和研究进展。与会代表普遍认为，中西医结合研究在一些领域内有突出进展，如重症急性胰腺炎的中西医结合治疗、活血化瘀中药治疗冠状动脉腔内成型术后再狭窄、针刺镇痛、针药联合麻醉、针灸戒毒、电针治疗皮肤肿瘤、中医药诱导细胞分化与凋亡治疗急性早幼粒细胞白血病的研究、中医药治疗肾病的研究等，均取得令人鼓舞的成果。

美国 FDA 的官员和中国医药界人士就中医药走向世界的问题进行了广泛深入的交流。

10 月 30 日

新华社香港分社社长姜恩柱就香港回归祖国之后新华社香港分社的地位和职能接受记者采访

姜恩柱说，新华社香港分社自 1947 年成立至今，已有 50 年的历史。长期以来，新华社香港分社为促进香港与内地的交流与合作，密切联系香港各阶层人士，为实现香港的顺利交接和平稳过渡做了大量工作。

姜恩柱说，香港回归祖国后，中国政府对香港实行“一国两制”、“港人治港”、高度自治的方针。新华社香港分社对原有职能进行适当调整。新华社香港分社不干预香港特别行政区自治范围内的事务。

姜恩柱表示，新华社香港分社作为中央授权的工作机构，负责联系内地驻港中资机构，促进香港特别行政区与内地经贸、科技、教育、文化等领域的交流，广泛联系香港各阶层人士，处理港、台往来的有关事务等。

全国秋冬种及麦田管理专家座谈会在郑州结束

会期两天。中共中央政治局常委、国务院总理李鹏在会前作了重要指示，要求各地坚持开展抗旱斗争，种足管好小麦。出席座谈会的中共中央政治局委员、国务院副总理姜春云明确提出，要迅速掀起以抗旱保苗为重点的麦田管理高潮，为夺取明年夏粮丰收打好基础。

李鹏总理 10 月 27 日指出，今年北方地区旱情严重，要下决心抓好秋冬种和冬季麦田管理。各地要防止和克服靠天等雨思想，发动群众搞好农田水利建设。要坚持开展抗旱斗争，种足管好小麦，加强以灌溉保墒为重点的麦田管理，为夺取明年夏粮丰收奠定基础。

《人民日报》发表评论员文章《依法加强审计监督》

国家主席江泽民在美国国会参众两院联合举行的早餐会上致辞

金里奇议长，
洛特参议员，
瑟蒙德参议员，
各位议员，
女士们，先生们：

非常感谢议长先生对我的热情友好的介绍。我很高兴到国会山同各位议员见面。在座的不少议员十分关心中美关系的改善和发展，为增进两国人民的了解和友谊做了许多工作。我代表中国政府和人民，向你们并通过你们向所有关心和致力于发展中美关系的美国国会议员，表示诚挚的谢意！

我这次访问，是为确定建立面向 21 世纪的中美建设性的战略伙伴关系的目标而来的。这种关系是建立在符合两国人民根本利益的基础之上，也是建立在促进世界和平与发展的崇高事业的基础之上。昨天，我已同克林顿总统进行了富有成果的会谈。我还要接触美国各界人士，包括与在座的各位议员交换意见。

我这次访美得到的深刻印象是，发展中美关系在美国有广泛的基础，它得到美国人民的积极支持，也得到民主党和共和党的一致赞同。对中美关系的改善和发展，民主党和共和党都曾作出过重要贡献。尼克松总统 25 年前打开了中美关系的大门，卡特总统 18 年前实现了两国关系的正常化。他们这些具有重大历史意义的决定，曾得到民主、共和两党的一致支持，国会两党议员都发挥了重要作用。今天，中美关系的改善和发展，更需要贵国两党的一致支持。

我们重视美国国会在对华关系上所起的重要作用，希望美国国会为中美关系的改善和发展继续作出积极努力。多年来的实践证明，只要中美双方本着相互尊重主权和领土完整、互不干涉内政、平等互利等基本原则，恪守中美三个联合公报确立的原则，两国关系就能顺利发展。我们希望美国政界人士，从战略的高度牢牢把握两国关系的大局，为促进两国关系发挥建设性的影响。

我高兴地看到，越来越多的贵国议员到中国参观访问。一年多以来，金里奇众议长、瑟蒙德参议员等 100 多名议员先后访华。议员们亲眼目睹了中国社会在改革开放中的变化，增进了对中国的了解。我们欢迎更多的议员到中国参观访问。

中国自邓小平先生倡导改革开放以来，经济取得了长足的进步，人民生活大为改善，民主和法制建设不断深入。可以这样讲，现在的中国社会进入了历史上最开放、最繁荣的时期。前不久召开的中国共产党第十五次全国代表大会，高举邓小平理论伟大旗帜，决心把改革开放和现代化建设全面推向 21 世纪。在经济体制改革方面，我们要沿着建立社会主义市场经济体制的轨道，使改革在一些重大方面取得新的进展。在政治体制改革方面，我们要进一步扩大民主，健全法制，依法治国，建设社会主义法治国家。我们有决心、有能力把中国建设成为富强民主文明的现代化国家，争取对人类作出更大的贡献。

展望未来，我对中美关系的前景感到乐观。我希望，我此次访问能够推动中美关系走上稳定、健康发展的轨道。我期待着更多的美国议员积极投身到开创两国关系美好未来的进程中来。

谢谢大家!

国家主席江泽民在中美协会等六团体举行的午餐会上发表演讲

科纳贝尔先生,

基辛格博士,

女士们,先生们:

今天,美中协会、美中关系全国委员会、美中政策基金会、对外关系委员会、亚洲协会和“百人会”,为我们举行午餐会,大家欢聚一堂,我感到十分高兴。多年来,在座诸位为增进中美两国人民的相互了解和友谊作出了积极贡献。我谨代表中国政府和中国人民,向你们表示衷心的感谢,并向一切关心和支持中美关系改善和发展的友好人士,表示深切的谢意和良好的祝愿!

现在,我想向大家介绍一下中国的内外政策,并谈一谈我对中美关系的看法。

今年以来,中国经历了几件非同寻常的大事。2月19日,我们改革开放的总设计师邓小平先生逝世,全国各族人民深切怀念这位伟人,决心把他未竟的事业坚定不移地进行下去。7月1日,中国政府恢复对香港行使主权,洗雪了香港被侵占的百年屈辱,并按照“一国两制”、“港人治港”、高度自治的方针保持香港的繁荣稳定。9月中旬,中国共产党举行了第十五次全国代表大会,主题是高举邓小平理论伟大旗帜,把建设有中国特色社会主义事业全面推向21世纪。这次大会,明确回答了中国的改革开放和现代化建设怎样继续向前发展这个重大问题。

从现在起到下世纪前10年,我们将建立比较完善的社会主义市场经济体制,保持国民经济持续快速健康发展,为下世纪中叶基本实现现代化打下坚实基础。

我们总结历史和现实的经验,确定公有制为主体、多种所有制经济共同发展,是中国社会主义初级阶段必须始终坚持的一项基本经济制度,公有制的实现形式可以多样化,要积极利用包括股份制、股份合作制在内的一切反映社会化生产规律的经营方式和组织形式;非公有制经济是我国社会主义市场经济的重要组成部分,要继续鼓励和引导它们健康发展。

我们将按照建立现代企业制度的要求,深化国有企业的改革,更好地发挥它们在国民经济中的主导作用,加快国民经济市场化的进程,进一步发挥市场对资源配置的基础性作用,健全宏观调控体系;调整和优化经济结构,坚持实行科教兴国战略和可持续发展战略;进一步完善全方位、多层次、宽领域的对外开放格局,发展开放型经济,提高对外开放水平。在经济发展的基础上,逐步实现人民的共同富裕。

我们将进一步扩大民主,依法治国,建设社会主义法治国家。2000多年前,中国就有“民惟邦本”、“缘法而治”的朴素的民主、法治思想。今天,这些思想被赋予了新的时代内容。我们认为,没有民主就没有现代化。我们将更好地保证人民进行民主选举、民主决策、民主管理和民主监督,依法享有广泛的权利和自由,进一步发挥主人翁精神和创造精神。我们将继续维护我国宪法和法律的尊严,进一步健全法制,加强对政府机关依法行政和各级领导干部的监督,保证国家各项工作依法进行。我们进行政治体制改革的总的目标是,坚持和完善我国的基本政治制度,发展有中国特色社会主义民主政治。

我们将建设面向现代化、面向世界、面向未来的,民族的科学的大众的社会主义文化,努力提高全民族的思想道德素质和科学文化素质。同时开展多种形式的对外文化交流,博采各国文化之长,向世界展示中国文化建设的成就。

十五大取得的成果,反映了中国各族人民的共同心愿。国际舆论评论说,这次大会向世界传递了一个明确的信息:中国的改革开放不会逆转。这个判断,是准确的。

当前,我国的形势很好,国民经济快速发展,今年国内生产总值预计增长9%左右,同时有效地抑制了通货膨胀。对外开放继续扩大,投资环境不断改善,外商投资企业已有29万家,我国实际利用外资已超过2000亿美元,吸引外资的规模名列世界第二。我国社会保持稳定,各项事业全面向前推进。很多外国朋友认为,中国正在成为世界上最富有发展活力的地区之一。中国已经取得了很大成绩、但作为世界上最大的发展中国家,还面临着不少困难和挑战,我们还要继续奋斗。

从19世纪中叶到20世纪中叶,是中国人民从备受欺凌和屈辱,经过顽强抗争,实现了民族独立和解放的一百年。从本世纪中叶到下个世纪中叶,是中国人民从建立新中国,经过艰苦奋斗,实现国家富强、民族振兴和人民幸福的100年。这就是200年间在中国大地上已经发生和将要发生的伟大变革和历史进步。

重视人的尊严和价值,是中华民族的传统美德。我国古代先哲提出的“天地之间,莫贵于人”、“仁者莫大于爱人”的思想,在社会中有着深厚的影响。今天,我国人民享受的人权保障,是过去从来没有的。中国是一个有12亿人口的发展中国家,这个国情决定了在中国生存权、发展权是最基本最重要的人权。不首先解决温饱问题,其他一切权利都难以实现。近20年来,中国的贫困人口减少了近两亿,为人民更好地享有各项权利创造了必要的物质条件。

人权问题具有普遍性的意义,从世界上存在众多国家这个现实出发，人权的实现要依靠各个国家的努力才行，因此从根本上讲，人权是一个国家主权范围内的问题；人权是历史的产物，它的充分实现，是同每个国家经济文化水平相联系的逐渐发展的过程；集体人权与个人人权，经济、社会、文化权利与公民、政治权利，是不可分割的。中国政府依法保护人权，反对一切侵犯公民合法权利的行为，并为此进行了不懈的努力。中国已加入17个国际人权公约，最近又签署了《经济、社会和文化权利国际公约》。各国对人权问题的看法有分歧，应进行对话，而不应搞对抗。我们愿意同其他国家加强交流与合作，共同促进世界的人权事业。

中国政府一贯依照宪法保障各民族的权利和利益。我们在少数民族聚居的地方实行区域自治。各民族都有使用和发展自己语言文字的自由，有保持和改革自己风俗习惯的自由。我国公民有宗教信仰的自由。中国各民族之间的平等、团结、互助关系不断加强，各民族的共同发展和共同繁荣的进程正在加快。

这里，我想着重指出，社会主义制度在中国的建立和发展，使得有些少数民族实现了社会发展阶段的跨越。例如，1959年民主改革之前，西藏处于带有浓厚奴隶制色彩的封建农奴社会，实行政教合一的制度，广大农奴隶属于农奴主，根本谈不上享有任何人权。我们实行的民主改革，用和平的方法使百万农奴翻身解放。这同美国历史上解放黑奴相类似，都属于伟大的社会变革和社会进步。这样的历史进步是不可能倒退的。在中央政府和全国各地的支持下，今日之西藏，人民安居乐业，建设蒸蒸日上。

中国对外政策的基本目标，是维护和促进世界的和平与稳定。不论现在还是将来，中国都是维护世界和平的坚定力量。中国的国防政策是防御性的、国防费在所有大国中是最低的。80年代，中国单方面裁减军队员额100万，最近又宣布今后三年再裁减军队员额50万。中国发展了，人民逐步过上富足的生活，只会促进世界的和平与稳定，不会对任何人构成威胁。今后中国发达起来了，也永远不称霸。有12亿人口的中国，如果不能实现发展，人民不能摆脱贫困，国家不能保持稳定甚至发生动乱，那就会像邓小平先生说的那样，不仅是中华民族的不幸，而且是世界性的灾难。

人类社会正处在新旧世纪交替的历史关头。要和平、求稳定，谋合作、促发展，已成为时代的主流。维护持久和平的因素在增长，但天下并不太平。世界和平仍面临着威胁，不公正不合理的国际经济旧秩序还没有根本改变，局部冲突时有发生，环境恶化、武器扩散、国际犯罪、恐怖主义等跨国问题向人类提出新的挑战。世界各国人民都期待21世纪成为充满希望的世纪。这个历史性的课题，摆在各国领导人面前，也摆在中美两国领导人面前。

昨天，我同克林顿总统举行了会谈，就中美如何实现建立面向21世纪的建设性的战略伙伴关系，深入交换了意见，取得了重要成果。这标志着建立和发展这一关系有了一个良好的开端。

近半个世纪以来，中美关系走过的道路并不平坦。两国有过隔绝，也有过交往；有过对抗，也有过合作；有过摩擦，也有过协调。反观历史，要推进中美关系进一步发展，关键是要正确认识两国的共同利益，妥善处理两国间存在的分歧。我们两国都希望维护亚太地区与世界的和平、稳定与繁荣，防止大规模杀伤性武器扩散，推动建立开放、健康的国际贸易体系，对付共同关心的各种跨国问题，加强双方在众多领域的交流与合作。中美两国作为联合国安理会常任理事国，对世界的和平与安全负有重要的责任。

我们应该在认清共同利益和共同责任的基础上，总结过去，着眼未来，确定发展面向21世纪的中美两国关系的指导方针：一、坚持用战略眼光和长远观点来审视和处理中美关系，牢牢把握两国关系的大局。二、积极寻求共同利益的汇合点，既要考虑自身的利益，也要考虑对方的利益。三、恪守中美三个联合公报，这是发展中美关系的基础。四、本着相互尊重、平等协商、求同存异的精神，正确处理两国间的分歧。五、妥善处理台湾问题。美国政府多次重申，奉行一个中国的政策和遵守中美三个联合公报。我们对此表示赞赏，希望言必信、行必果。

中美建立外交关系时，美国政府在处理台湾问题上作出了断交、撤军、废约的决定。这是有利于中美两国利益和世界和平的事情，是有政治远见的明智之举。台湾问题历来是中美关系中最重要、最敏感的核心问题。只要在台湾问题上出现麻烦，中美关系就难以向前发展，甚至出现倒退。与香港、澳门问题不同，台湾问题是国共两党斗争遗留下来的问题。解决台湾问题完全是中国的内政，应该由两岸的中国人自己来解决。中国政府解决台湾问题的基本方针，是“和平统一、一国两制”。

我们已经郑重呼吁，海峡两岸可以先就在一个中国原则下，正式结束两岸敌对状态进行谈判，并达成协议；在此基础上，共同承担义务，维护中国的主权和领土完整，并对今后两岸关系的发展作出规划。只要台湾当局回到一个中国的原则上来，不搞分裂、不搞“台独”，只要外国势力不干涉中国统一，台湾海峡的局势就会保持稳定，两岸关系就一定能够顺利发展。

中美两国是伟大的国家，两国人民是伟大的人民。过去，我们两国都为人类文明进步作出了自己的贡献。今天，我们应该顺应时代的要求，努力为世界的和平、发展与进步作出新的贡献。

谢谢各位!

中国购买价值30亿美元的50架波音客机协议在华盛顿美国商务部签订

中国民航总局局长陈光毅和美国商务部长威廉·戴利代表双方签署了购买议定书,中国航材公司总裁白志坚和波音商用飞机集团总裁伍达德签署了购买协议。

陈光毅在签字仪式上发表讲话说,随着经济的稳定增长,中国的民航事业也走上了持续、快速和健康的发展轨道。他说,按运输总周转量排列,中国在世界上的位置已由1980年的第35位上升到1996年的第10位;如按照旅客运输周转量排列,中国已从第33位升到了第5位。

陈光毅说,中国从1972年开始购买波音飞机,从1983年开始引进麦道飞机,到目前为止,共购买了337架美国客机,总计价值153亿美元。最新交易包括8架波音777,1架宽体747,5架757和36架737客机。

美国商务部长戴利在讲话中指出,中国的购买行动是一个强有力的信号,表明中国希望在合作和互利的基础上同美国建立和发展更加坚实的贸易关系。

10月31日

全国人大常委会委员长乔石在人民大会堂会见乌拉圭众议院议长卡洛斯·巴拉伊巴尔

乔石说,中乌建交9年多来,两国关系顺利发展,经贸合作不断加强。两国在许多重大国际问题上有着相同或相似的看法。

乔石对乌拉圭坚持"一个中国"的立场表示赞赏。他说,不论世界上哪一个国家,只要它坚持"一个中国"的立场,中国都愿在和平共处五项原则基础上发展同它的友好合作关系。

乔石说:"中国全国人大非常重视发展同乌拉圭国民议会的关系。为此,中国全国人大还设立了中乌议会友好小组。我相信,巴拉伊巴尔众议长这次访华将使中乌两国和两国议会之间业已存在的友好合作关系得到加强。"

巴拉伊巴尔说,他抵京后所受到的热情接待表明,虽然乌中两国相距遥远,两国人民的习俗也有所不同,但两国人民之间存在着友好的情谊。他说,乌拉圭国民议会同中国全国人大保持着密切的关系,它们在各国议会联盟也进行了良好的合作。这种关系不仅加深了乌中两国的相互了解,也增进了两国议会同世界各国议会的友谊。

全国政协主席李瑞环在钓鱼台国宾馆会见来北京进行例行体检的柬埔寨诺罗敦·西哈努克国王和莫尼克王后

八届全国人大常委会二十八次会议举行第三次全体会议

王丙乾副委员长在检查森林法实施情况的报告中说,今年4月,全国人大常委会执法检查组到江西、福建和云南三省,对森林法的执行情况进行了检查。现在,全国森林面积和活立木总蓄积量一改过去消大于长的"赤字"状态,实现了"双增长"的目标,森林覆盖率已由80年代初期的12%,提高到目前的13.92%。从检查的江西、福建、云南三省的情况来看,森林法颁布实施以来,三省植树造林步伐明显加快,野生动植物得到了有效保护,林业建设取得了显著成效,林业已基本走上了依法治理的轨道。

在谈到当前我国林业发展存在的主要问题时,王丙乾说,一是森林资源总量不足,人均占有量很少,森林覆盖率低,结构不尽合理,质量有待提高;二是木材供需矛盾尖锐,资源浪费严重;三是林地资源减少趋势加剧;四是野生动植物保护与开发利用矛盾突出,乱捕滥杀野生动物问题在一些地方比较严重。王丙乾在报告中建议,加强领导,提高认识,积极推进林业持续、快速、健康发展。稳定和完善适应社会主义市场经济需要的林业政策,建立长期稳定的林业经济扶持政策,推进科技兴林,大力发展林业产业,进一步健全林业法制体系。

今天的会议还分别听取了全国人大财经委员会副主任委员曾宪林、教科文卫委员会副主任委员杨海波、华侨委员会副主任委员林丽韫关于八届全国人大第五次会议主席团交付审议的代表提出的议案审议结果的报告。会议还分别审议了全国人大代表团访问亚美尼亚、格鲁吉亚、阿塞拜疆三国情况和全国人大代表团出席各国议会联盟第九十八届大会的书面报告。

达县至万县铁路开工典礼在重庆万县市举行

国务院总理李鹏出席典礼并宣布开工。

达万铁路是为支援三峡工程的重要基础设施项目。西起襄渝铁路四川达县,东至重庆万县市,正线全长158.3公里,总投资25.5亿元人民币,建设工期3年。由铁道部、重庆市、四川省共同建设。

全国代理配送制工作会议在北京结束

中共中央政治局常委国务院副总理李岚清在会议上强调说:要认真学习贯彻党的十五大精神,大力发展代理配送制,深化流通体制改革,促进国民经济早日实现两个根本性转变。

李岚清指出,代理配送制是现代流通发展的产物,是我国流通体制的一项方向性改革。要在本世纪末初步建立社会主义市场经济体制,到 2010 年建成比较完善的社会主义市场经济体制,一个重要的方面就是深化流通体制改革,发展现代流通。而发展代理配送制又是流通体制改革和发展现代流通的一项重要内容。我们要借鉴发达国家的先进经验,结合我国的具体情况,发展符合我国国情的物资流通体系。流通企业要特别重视开拓农村市场,那里不但有广大的市场需要提供适销的物流和商品,还有众多的乡镇企业需要提供代理配送服务。而发展代理配送制不仅有利于国有商业流通企业,对深化国有生产企业改革和加快发展也是十分有利的。代理配送制等现代流通方式发展了,可以提高我国经济的社会化和专业化协作水平,对工商双方都有利。

我国从 1993 年开始进行生产资料配送制试点,目前配送中心已在连锁商业中发展起来。1995 年以来,国家又在 100 多家生产企业和流通企业进行了钢材、汽车两大品种的代理制试点。经过几年的实践,试点工作取得了明显进展,产生了良好的效果。

李岚清在讲话中就代理配送制本身的发展提出了明确要求:

第一,必须遵循利益共享、风险共担的原则,在工商双方之间建立利益共同体。工商双方面对市场竞争,要协调好双方的利益,确立共同的目标,积极推进代理配送制,以维护国家整体利益,开拓国内外市场,发挥好国有大中型企业在市场中的主导作用。要按照发展社会主义市场经济的要求积极探索有效的代理形式,实现共同发展,促进生产和流通的社会化。

第二,要重视对市场的研究开发,不断提高产品质量,发展名优品牌。工业部门和流通部门都要积极开展对市场的调查研究,重视技术进步和新产品的研制开发。要根据市场销售情况建立信息反馈制度,逐步形成流通、科研、生产一体化的技术进步机制,不断增强代理、配送产品的市场竞争能力。生产企业要依托流通企业网络获得市场需求信息,将主要精力放在开发新产品和提高产品质量上。我们的企业一定要有赶超世界先进水平的雄心壮志,以实际行动让用户建立起对国产品牌的信心。

第三,共同发展代理销售服务网络,做好对用户的多样化服务。工商企业要联手建立跨地区的纵向市场销售服务网络。流通企业要用优质高效的服务和信誉赢得生产企业的信任,生产企业也要提高认识,依靠与流通企业合作发展代理配送制,降低成本,提高效益,发展和壮大自己。实践证明,谁能占领市场,提供价廉物美的适销产品,谁就能生存和发展;谁能主动与流通企业合作,主动实行代理制,谁就会占有竞争优势。这是经济发展的必然趋势。

第四,加快发展现代化物流设施和技术。要充分利用现有仓储设施,增加投资力度,加强技术改造,使之适应发展社会化物流的需要。要大力发展标准化、系列化生产,推广电子信息技术、条码技术,为提高物流现代化水平创造条件。推动物流组织发展综合贸易、专业批发、代理营销、加工配送、连锁经营等多种流通方式,通过物流、商流、信息流、资金流、人才流的有机结合,提高流通产业的专业化、社会化程度,更好地发挥其对生产和消费的衔接、引导作用。

李岚清指出,发展代理配送制涉及经济工作的方方面面,是经济体制改革的重要内容,需要综合经济管理部门和专业经济部门相互配合,通力合作,也需要生产企业和流通企业进一步探索。为此他提出希望,要进一步转变观念,增强发展代理配送制的自觉性;国务院有关部门要切实做好组织协调、规划指导和扶持推动工作;要认真抓好代理配送制扩大试点工作,对新的试点企业提出更有针对性的要求;地方政府也要积极创造条件,推动代理配送制健康发展。

国家主席江泽民在下榻的纽约华尔道夫饭店会见美国前总统布什并与他共进早餐

江泽民主席对布什为促进中美关系的改善和发展所作出的贡献表示感谢和赞赏。

江泽民说,尽管布什先生已经离职,但仍然继续关心两国关系的发展,并且作出了很多努力。

布什表示要继续为进一步促进两国关系的发展作出自己的努力。布什说,他很关心江泽民主席这次对美国的国事访问,从目前来看,这次访问是"顺利的",而且也是"很成功的"。他认为这次访问进一步推动了中美关系的发展,使双边关系进入了一个新阶段。

国家主席江泽民在美国中国贸易全国委员会晚宴上发表演讲

主席先生,女士们,先生们:

首先,我感谢美中贸易全国委员会和美国中国商会的邀请,使我有机会同美国工商界的新朋老友相聚。长期以来,美中贸易全国委员会以及众多美国工商界朋友,为推动中美经贸关系的发展做了大量有益工作,我对此深表赞赏。

今天,我想向诸位介绍一下中国改革开放和现代化建设的情况,并谈谈中美经贸关系的发展前景。

不久前,中国共产党举行了第十五次全国代表大会。这次大会向世界表明:我们将坚定不移地走邓小平开创的建设有中国特色社会主义道路，全面推进改革开放和现代化建设事业，引导中国朝气蓬勃地迈入 21 世纪。

下个世纪中国发展的目标是：第一个十年实现国民生产总值比 2000 年翻一番，使人民的小康生活更加宽裕，形成比较完善的社会主义市场经济体制；再经过十年的努力，使国民经济更加发展，各项制度更加完善；到下世纪中叶，基本实现现代化，建成富强民主文明的社会主义国家。这是一个长远的目标，需要经过长期的艰苦努力，一步一步地加以实现。

从现在起到下个世纪前十年，是中国实现上述目标的关键时期。

在经济体制改革上，我们要按照社会主义市场经济发展的要求，在一些重大方面取得新的进展。我们要坚持和完善公有制为主体、多种所有制经济共同发展的基本经济制度。我们要积极利用一切反映社会化生产规律的经营方式和组织形式，包括股份制和股份合作制。我们要按照建立现代企业制度的方向，积极推进国有企业改革，以增强国有企业的活力。我们要加快国民经济市场化的进程，以发挥市场对资源配置的基础性作用，同时努力完善宏观调控手段和协调机制。

在经济发展战略上，我们力求在优化经济结构、发展科学技术、提高对外开放水平等方面取得重要进展。我们将继续对经济结构进行战略性调整，促进产业结构优化，进一步加强农业，改造和提高传统产业，发展新兴产业和高技术产业，推进国民经济信息化；继续实施科教兴国战略，使经济建设真正转到依靠科技进步和提高劳动者素质的轨道上来。我们将进一步完善全方位、多层次、宽领域的对外开放格局，发展开放型经济。我们将更充分地保证全体人民共享经济繁荣的成果。

改革开放以来，中国经济保持了持续发展的势头。从 1992 年到 1996 年，国内生产总值年均增长 12%。我们既成功地抑制了通货膨胀，又保持了经济快速增长。1997 年，我国经济的增长率预计将达到 9%，通货膨胀率可以控制在 5%以下；外贸进出口总额有望突破 3000 亿美元。香港回归祖国后，经济平稳发展，居民安居乐业，投资者充满信心。中国宏观经济环境稳定，资本市场控制适宜，外汇储备充足，国外的金融风险对我们没有产生什么影响。

中国的发展离不开世界，世界的繁荣也需要中国。我们坚持自力更生的方针，同时积极学习和借鉴外国的有益经验，引进外国的资金和先进技术，扩大同外国在经贸、科技等领域的交流与合作。为推动中国经济走向世界，进一步扩大对外开放，我们采取了许多重大举措。

从今年 10 月 1 日起，中国进口商品关税的平均水平，已从 23%降至 17%，涉及 4800 多种商品，并将于 2000 年降至 15%以下。

我们对符合中国产业政策的外商投资项目的设备进口，将重新实行一定的优惠政策。

我们已经实行了在经常项目下的人民币可自由兑换。

我们将继续稳步开放市场，加快能源、交通等基础设施的开放步伐，逐步开放金融、保险等服务领域。

我们将进一步健全涉外法律体系，严格依法保护外资企业的权益，实行国民待遇，提高贸易体制透明度，保护知识产权，为我国的对外经贸合作和外国来华投资创造更好的条件。

展望未来，对中国经济的发展，完全可以持乐观的态度。从现在起到本世纪末，我国经济增长率将保持在 8%左右；下个世纪前 10 年，我国经济增长率将保持在 7%左右。预计 2000 年我国年进出口贸易额将达到 4000 亿美元。这将为我国同各国的经济交流与合作，提供更广阔的市场和更多的机会。

中国和美国，作为世界上最大的发展中国家和最大的发达国家，经济互补性强，发展经贸、科技交流与合作潜力很大。

美国是中国第二大贸易伙伴，中国是美国第四大贸易伙伴。中国已成为美国飞机的第一大买主，截至目前总计购买了 337 架，这个月又签订了购买 30 架的合同和 20 架的意向协议。中国还是美国小麦的最大买主，尽管我们的粮食连年丰收，不久前又宣布购买美国 70 万吨小麦。随着经济的不断发展，中国将进一步扩大美国产品的进口。

美国已成为对华第二大投资国。到今年 6 月底，美国在华投资项目达到 2.3 万多个，协议金额超过 368 亿美元。为适应国民经济发展的需要，中国今后一个时期将重点发展能源、交通、通信、原材料、汽车和电子等基础设施和支柱产业。今后五年，中国将新增发电装机容量 8000 万千瓦，新建铁路 1.6 万公里、高速公路 2800 公里，新增 7000 万门到 8000 万门局用电话交换机。这些领域，美国都具有投资的优势。

中国将进一步加强中西部的开发和开放。这一地区资源丰富，市场潜力巨大，开发的规模不亚于当年美国开发西部。我们欢迎美国企业家踊跃到这一地区投资。

中美经贸、科技合作的前景是令人鼓舞的。同时也应看到，中美经贸、科技合作的规模和水平，同两国经济发展的需要相比，还很不相称，双方合作的潜力远未发挥出来，还存在一些人为的障碍。

中国已是美国主要贸易伙伴之一，但美国仍在实行年度审议对华最惠国待遇。这种做法，使两国经贸关系长期处于不稳定状态。同中国做生意和到中国投资的美国企业家，总感到头上悬着一把达摩克利斯之剑。

中国作为全球第十一大贸易国，至今仍未能成为世界贸易组织的成员。这是不公正的。没有中国的参加，世贸组织是不完整的。中国进入世贸组织，对各方都有利。

多年来，美国对华采取歧视性出口管制政策，限制了美国对华出口，使美国公司失去进入中国市场的许多机会。国与国之间在经贸活动中出现一些摩擦是难免的。对于这些矛盾，应通过协商来解决。采取制裁或以制裁相威胁的做法，损人而不利己，并且有悖于时代潮流。

我这次访美，同克林顿总统就双边关系和共同关心的国际问题，广泛交换了意见，取得了积极成果。希望美国工商界人士为促进中美关系作出新的贡献。中美经贸合作的加强，有助于推动两国政治关系的改善；两国建立起健康稳定的政治关系，又有利于两国经贸合作的发展。

中美进一步扩大经贸、科技的交流与合作，正面临前所未有的机遇。中国的市场对你们是开放的。当然，一个开放的市场，必然存在竞争。只有抓住机会，发挥优势，才能最终获得市场。我们愿继续为美国企业来华投资创造条件，也希望美国政府采取积极有效的措施，支持美国企业进入中国市场，进行平等竞争。

富兰克林·罗斯福说过："实现明天目标的唯一限制是今天的犹疑。让我们怀着坚定而积极的信念前进吧！"我们双方应该为推动中美经贸合作的发展而积极努力，更好地造福于两国人民。

谢谢各位！

国家主席江泽民在纽约下榻的华尔道夫旅馆会见美国前国务卿基辛格博士

江泽民主席对基辛格多年来关心和支持中美关系的发展表示赞赏。基辛格对香港的顺利回归和江泽民主席此次访美的成功表示祝贺。

国家主席江泽民根据全国人大常委会的决定任免驻外大使

一、免去郁兴志的中华人民共和国驻也门共和国特命全权大使职务。

任命时延春为中华人民共和国驻也门共和国特命全权大使。

二、免去郑达庸的中华人民共和国驻沙特阿拉伯王国特命全权大使职务。

任命郁兴志为中华人民共和国驻沙特阿拉伯王国特命全权大使。

三、免去陈永成的中华人民共和国驻密克罗尼西亚联邦特命全权大使职务。

任命许军为中华人民共和国驻密克罗尼西亚联邦特命全权大使。

四、免去郭邦彦的中华人民共和国驻吉布提共和国特命全权大使职务。

任命孟宪科为中华人民共和国驻吉布提共和国特命全权大使。

五、免去孙昆山的中华人民共和国驻多哥共和国特命全权大使职务。

任命江康为中华人民共和国驻多哥共和国特命全权大使。

六、免去陈棣的中华人民共和国驻哈萨克斯坦共和国特命全权大使职务。

任命李辉为中华人民共和国驻哈萨克斯坦共和国特命全权大使。

七、免去王延义的中华人民共和国驻奥地利共和国特命全权大使职务。

任命刘昌业为中华人民共和国驻奥地利共和国特命全权大使。

八、免去杨斌伟的中华人民共和国驻厄瓜多尔共和国特命全权大使职务。

任命张鸿照为中华人民共和国驻厄瓜多尔共和国特命全权大使。

九、免去汤永贵的中华人民共和国驻阿根廷共和国特命全权大使职务。

任命徐贻聪为中华人民共和国驻阿根廷共和国特命全权大使。

十、任命马书学为中华人民共和国驻巴哈马共和国特命全权大使。

十一、任命中华人民共和国驻新西兰特命全权大使黄桂芳兼任中华人民共和国驻库克群岛特命全权大使。

全国医药储备管理工作电视电话会议在北京召开

为进一步贯彻落实《国务院关于改革和加强医药储备管理工作的通知》精神，推动医药储备管理体制改革的顺利实施，由国家经贸委、国家医药管理局联合召开这次会议。彭珮云在会上强调，改革和加强医药储备管理工作具有重要意义。

彭珮云说，医药储备主要用于灾情、疫情及突发事故发生时的紧急需要，是政府的一项重要职责，国务院历来对这项工作非常重视。随着改革开放的不断深入和社会主义市场经济的不断发展，原有的医药储备管理体制已经不适应新形势的要求，必须加以改革。过去，国家医药储备采取中央一级储备、静态管理的体制，主要由中央政府承担。遇到严重灾情或突发事故，都要由国家调拨予以救助，不仅加大了中央财政的压力，而且往往难以及时、方便、有效地供应。实施中央与地方两级医药储备制度，可以充分发挥中央和地方两个积极性，在全国建立起统一领导、分级负责的医药储备和供应网络，在灾情、疫情和突发事故发生时，确保药品和医疗器械的及时供应，这对于提高救灾能力、保持社会稳定、促进经济发展有着十分重要的意义。因此，各级政府和各有关部门都要重视这项改革，争取在两三年内建立起适应新形势需要的医药储备、供应、轮换、补偿等管理制度。

万毅逝世

解放军后勤部原顾问万毅，因病在北京逝世，享年90岁。

万毅，辽宁大连人。1925 年投身东北军，后任团长，在“西安事变”中为促成国共实现第二次合作以及全民族抗日统一战线的形成做出了贡献。1936 年参加革命工作，1938 年加入中国共产党。1941 年被中共山东分局派回东北军 111 师，任副师长、代师长、师长。1944 年 111 师改编为八路军山东军区滨海支队，任滨海军区副司令员兼滨海支队支队长。解放战争时期，历任山东军区“东北挺进纵队”司令员，东北人民自治军第七纵队司令员兼辽吉军区司令员，东满军区副司令员，东北民主联军第一纵队司令员和东北行政委员会委员，东北野战军第一纵队政委、第五纵队司令员，军长，四野特种兵司令员。新中国成立后，历任军委炮兵第一副司令员兼东北军区炮兵司令员、“朱瑞炮校”校长、第二机械工业部副部长、总参兵器装备计划部部长、国防部第五部部长、国防科学技术委员会副主任等职。1959 年在“庐山会议”上受到错误批判，被撤销职务，下放陕西工作。十年动乱中，受到林彪、江青反革命集团的残酷迫害，1977 年 11 月得到平反昭雪。是中共第七、第八届候补中央委员；第十二届顾问委员会委员；第一届全国人大代表；第一、第二届国防委员会委员；第一届中国科学家协会副主席；第五届全国政协常委。1955 年被授予中将军衔。

11 月 1 日

国家主席江泽民在美国哈佛大学发表演讲

校长先生，女士们，先生们：

我感谢陆登庭校长的邀请，使我有机会在这美好的金秋时节，来到你们这座美国古老而又现代化的学府。

哈佛建校三百六十年来，培养出许多杰出的政治家、科学家、文学家和企业家，曾出过六位美国总统，三十多位诺贝尔奖获得者。先有哈佛，后有美利坚合众国，这说明了哈佛在美国历史上的地位。

哈佛是最早接受中国留学生的美国大学之一。中国教育界、科学界、文化界一直同哈佛大学保持着学术交流。哈佛为增进中美两国人民的相互了解作出了有益的贡献。

相互了解，是发展国与国之间关系的前提。唯有相互了解，才能增进信任，加强合作。中美建交以来，我们两国人民之间的相互交流与了解在逐渐扩大和加深，但还不够。为了推动中美关系的发展，中国需要进一步了解美国，美国也需要进一步了解中国。

要了解中国，可以有很多视角。现实中国是历史中国的发展。中国是一个有五千年文明历史的国家，从历史文化来了解和认识中国，是一个重要的视角。

记得我在高中读书时，老师给我们讲微积分，第一课就是讲《庄子》中的“一尺之棰，日取其半，万世不竭”，很形象地使我建立起极限的概念。这表明中国古人就已认识到事物的发展变化是无限的，也说明我们的先人对自然界的认识已达到相当的水平。早在公元前两千五百年，中国人就开始了仰观天文、俯察地理的活动，逐渐形成了“天人合一”的宇宙观。中国历史上产生了许多杰出的哲学家、思想家、政治家、军事家、科学家和文学艺术家，留下了浩如烟海的文化典籍。春秋战国时期出现的“百家争鸣”局面和老子、孔子等诸子百家的学说，在世界思想史上占有重要地位。古代中国在天文历法、地学、数学、农学、医学和人文科学的许多领域，都作出过独特的贡献。殷商时期的甲骨文中就有日月之食的记载。从秦代到清末的二千一百多年间，哈雷彗星出现 27 次，中国都有记录。汉代张衡发明了测定地震方位的地动仪和演示日月星辰的浑天仪。先秦的数学家提出了勾股定理。南北朝的祖冲之算出圆周率为 3.1415926。中国的丝织、制瓷、冶金、造船技术很早就达到世界的先进水平。明代朱载首创十二平均律，后来被认定为世界通行的标准音调。中国的医药学在世界上独树一帜。特别是中国的造纸、火药、印刷术、指南针四大发明，曾经改变了世界的面貌。直到十五世纪以前，中国的科学技术在世界上保持了千年的领先地位。中国人的这些发明创造，体现了人与自然协调发展、科学精神与道德理想相结合的理性光辉。

中国的历史文化始终处于发展进步之中。它是通过各种学科、各种学派的相互砥砺、相互渗透而发展的，也是通过同世界各国的相互交流、相互学习而进步的。中国人早就懂得兼取众长、以为己善的道理。汉、唐时期，既是经济繁荣的盛世，也是中外交流的盛世。张骞出使西域，开拓举世闻名的“丝绸之路”。玄奘万里取经，带回南亚国家的古老文化。明代郑和“七下西洋”，把中华文化传向远方的国度。但是后来特别是清代晚期，封建统治者实行闭关锁国政策，阻碍了中国的进步和中外交流。鸦片战争以来，一代又一代先进的中国人，为了振兴中华，努力向西方国家学习先进的科学思想和文明成果，并同中国的实际相结合，推动了中国社会的变革与发展。今天，正在为实现现代化而奋斗的中国人民，把对外开放作为一项基本国策，同世界各国进行广泛的交流与合作，开创了中国历史上崭新的开放局面。

阳光包含七种色彩，世界也是异彩纷呈。每个国家、每个民族都有自己的历史文化传统，都有自己的长处和优势，应该相互尊重，相互学习，取长补短，共同进步。

中国在自己发展的长河中，形成了优良的历史文化传统。这些传统，随着时代变迁和社会进步获得扬弃和发展，对今天中国人的价值观念、生活方式和中国的发展道路，具有深刻的影响。这里，我想就以下一些方面谈些看法，希望有助于诸位对中国的了解。

一是团结统一的传统。中华民族是由五十六个民族组成的大家庭。从遥远的古代起，我国各族人民就建立了紧密的政治经济文化联系，共同开发了祖国的河山，两千多年前就形成了幅员广阔的统一国家。悠久的中华文化，成为维系民族团结和国家统一的牢固纽带。团结统一，深深印在中国人的民族意识中。中国历史上虽曾出现过暂时的分裂现象，但民族团结和国家统一始终是中华民族历史的主流，是中国发展进步的重要保障。新中国的成立，标志着中华民族实现了空前的大团结。各民族之间建立了平等、团结、互助的新型关系。各民族人民依法享有各项权利和自由。在少数民族聚居的地方实行了区域自治。民族地区的经济社会获得不断地发展。所有这些，为巩固国家统一奠定了坚实的政治基础。

二是独立自主的传统。我们的先人历来把独立自主视为立国之本。中国作为人类文明发祥地之一，在几千年的历史进程中，文化传统始终没有中断。近代中国虽屡遭列强欺凌，国势衰败，但经过全民族的百年抗争，又以巨人的姿态重新站立起来。这充分说明，中国人独立自主的民族精神具有坚不可摧的力量。今天，我们在探索自己的发展道路时，坚持从中国国情出发，来解决如何进行经济政治文化建设的问题，而不照搬别国的模式。在处理国际事务中，我们采取独立自主的立场和政策。中国人民珍惜同各国人民的友谊与合作，也珍惜自己经过长期奋斗而得来的独立自主权利。

三是爱好和平的传统。我国先秦思想家就提出了“亲仁善邻，国之宝也”的思想，反映了自古以来中国人民就希望天下太平、同各国人民友好相处。今天，专心致志进行现代化建设的中国人民，更需要有一个长期的和平国际环境和良好的周边环境。我国的对外政策，是以和平为宗旨的。我们坚持在和平共处五项原则，特别是在相互尊重、平等互利、互不干涉内政的原则基础上，同世界各国建立和发展友好合作关系。我们绝不会把自己曾经遭受欺凌的苦难加之于人。中国的发展与进步，不会对任何人构成威胁。将来中国富强起来了，也永远不称霸。中国始终是维护世界和平与地区稳定的坚定力量。

四是自强不息的传统。我们的先哲通过观察宇宙万物的变动不居，提出了“天行健，君子以自强不息”的思想，成为激励中国人民变革创新、努力奋斗的精神力量。中国古代文明的发展，是中华民族艰苦奋斗、自强不息的结果。近百年来，为了摆脱半殖民地半封建的历史境遇，中国人民进行了艰苦卓绝、奋发图强的斗争。中国民主革命的先行者孙中山首先提出“振兴中华”的口号，他领导的辛亥革命，推翻了在中国延续几千年的君主专制制度。在毛泽东思想指引下，中国共产党领导中国人民实现了民族独立和人民解放，并把中国建设成为初步繁荣昌盛的社会主义国家。今天，在邓小平理论指引下，我国人民坚定不移地实行改革开放，在现代化建设中取得举世瞩目的成就。中国进入了百年来发展最快最好的历史时期。

改革开放，是中华民族自强不息和变革创新精神在当代的集中体现和创造性发展。我们把改革开放叫作社会主义改革开放，因为它是中国社会主义制度的自我完善和发展。近二十年的实践已充分证明，我们进行改革开放的方向是正确的，信念是坚定的，步骤是稳妥的，方式是渐进的，取得的成就是巨大的。虽然在前进中也遇到这样和那样一些困难和风险，但我们都顺利地解决了，不仅没有引起大的社会震动，而且极大地解放和发展了社会生产力，保持了社会稳定和全面进步。

现在，我们正在满怀信心地全面推进改革。在经济上，要加快建立社会主义市场经济体制，实现工业化和经济的社会化、市场化、现代化；在政治上，要努力发展社会主义民主政治，依法治国，建设社会主义法治国家，保证人民充分行使管理国家和社会事务的权力；在文化上，要积极建设面向现代化、面向世界、面向未来的，民族的科学的大众的社会主义文化，实行科教兴国战略，不断提高全民族的思想道德素质和科学文化素质。总起来说，就是要把中国建成富强民主文明的现代化国家。

中国作为疆域辽阔、人口众多、历史悠久的国家，应该对人类有较大的贡献。中国人民所以要进行百年不屈不挠的斗争，所以要实行一次又一次的伟大变革、实现国家的繁荣富强，所以要加强民族团结、完成祖国统一大业，所以要促进世界和平与发展的崇高事业，归根到底就是为了一个目标：实现中华民族的伟大复兴，争取对人类作出新的更大的贡献。

总之，今天中国所选择的社会制度和发展道路，实行的内外政策，确定的下个世纪的奋斗目标，既有现实的根据，又有历史的渊源；既符合人类历史发展的趋势和时代潮流，又具有中华民族自己的特色；既符合中国人民的根本利益，又有利于世界的和平、稳定、繁荣与进步。掌握这一点，乃是了解和认识中国现状与未来的关键。

中美两国人民的友好交往，已有二百多年历史。1784 年，美国商船“中国皇后号”远航到中国。一八四七年，中国最早的一批留美学生容闳等人赴美求学。许多中国人参加了美国的建设事业，不少美国人同情和帮助过中国的民族解放事业。他们的动人事迹，我们永远记在心中。

中国人民一向钦佩美国人民的求实精神和创造精神。昨天，我参观了国际商用机器公司、美国电话电报公司和贝尔实验室，领略了当代科技发展的前沿成就。科学技术的突飞猛进，越来越深刻地影响着世界政治经济的格局和人们的社会生活。坚持变革创新，理想就会变为现实。我们在扩大开放、实现现代化的进程中，重视学习和吸收美国人民创造的一切优秀文化成果。

中美两国人民的友好合作对世界具有重大影响。美国是最发达的资本主义国家，中国是最大的发展中国家。十二亿人口的中国保持稳定和加快发展，对促进亚太地区和世界的稳定与发展，具有极其重要的意义。中国拥有广大的和发展需求，美国拥有先进的科学技术和巨大的物质力量，两国之间有着很强的经济互补性。中国的潜在市场同国外的先进技术和资金优势结合起来，就能形成众多的发展机遇和强大的发展活力。中国和美国，在事关人类生存和发展的许多重大问题上，例如维护世界和平与安全，防止大规模杀伤性武器扩散，保护人类生存环境，打击国际犯罪等，有着广泛的共同利益，肩负着共同责任。这些都是中美两国发展友好合作的重要基础。我们应该牢牢把握中美关系的大局，妥善解决分歧，不断朝着增进了解、扩大共识、发展合作、共创未来的目标前进。

这次访问期间，我同克林顿总统就中美关系的未来发展，深入交换了意见，达成了广泛共识。双方同意，为了促进世界和平与发展的崇高事业，中美应该加强合作，努力建立面向二十一世纪的建设性的战略伙伴关系。这标志着中美关系进入了一个新的发展阶段。

哈佛大学一向重视对中国的研究。贵校已故的费正清教授，就是毕生从事中国历史文化研究的知名学者。为了有助于研究中国的历史和现实，我愿向贵校赠送一套新出版的《毛泽东评点二十四史》。二十四史是记载中国几千年历史的重要典籍。毛泽东先生一生对二十四史做过许多评点和批注，为认识中国的历史和吸取历史经验，留下了丰富的思想遗产。我高兴地得知，陆登庭校长将于明年访华，我期待在北京与你再次见面。

我很欣赏哈佛校门上的一段话："为增长智慧走进来，为服务祖国和同胞走出去。"中国青年也把"胸怀祖国、服务人民"作为自己的座右铭。我希望中美两国青年在建设各自国家、促进世界和平与发展的事业中，加深了解，互相学习，增进友谊，为创造美好的未来而努力奋斗。

谢谢各位！

八届全国人大常委会二十八次会议闭幕

八届全国人大常委会第二十八次会议在圆满完成各项议程后，下午在人民大会堂闭会。

乔石委员长主持会议。

会议表决通过节约能源法和建筑法。国家主席江泽民分别签署第九十、九十一号主席令，公布这两部法律。

会议通过中华人民共和国香港特别行政区第九届全国人民代表大会代表选举会议成员名单、人民解放军选举委员会主任、副主任、委员名单。

会议还通过全国人大财经委员会、教科文卫委员会、华侨委员会关于八届全国人大五次会议主席团交付审议的代表提出的议案审议结果的报告。

会议还通过任免名单。

副委员长田纪云、王汉斌、陈慕华、费孝通、雷洁琼、李锡铭、王丙乾、王光英、卢嘉锡、布赫、铁木尔·达瓦买提、吴阶平，秘书长曹志出席会议。

国务委员陈俊生、中央军委委员王瑞林、最高人民法院院长任建新、最高人民检察院检察长张思卿列席会议。

八届全国人大常委会二十八次会议通过人民解放军选举委员会主任副主任委员名单

（1997年11月1日八届全国人大常委会第二十八次会议批准）

主　任　张万年
副主任　迟浩田　于永波
委　员　傅全有　王　克　王瑞林　钱树根
周子玉　唐天标　袁守芳　周坤仁
董良驹　李运之　邓正明　尹凤岐

八届全国人大常委会二十八次会议通过《中华人民共和国香港特别行政区第九届全国人民代表大会代表选举会议成员名单》

（424人，按姓名笔画排列）

丁午寿　丁锦源　于镜波　马　力　马志民
马绍良　马　临　马逢国　王丹凤（女）　王为谦
王英伟　王国华　王国兴　王绍尔　王敏刚
韦基舜　云大棉　区永熙　文　楼　方心让
方　和　方润华　方黄吉雯（女）　方　铿
计佑铭　尹才榜　尹　林　孔祥勉　邓广殷
邓兆棠　邓　焜　古胜祥　古宣辉　石景宜
卢文端　卢志强　卢重兴　卢恩成　叶天养
叶庆忠　叶若林　叶国华　叶国谦　叶顺兴（女）
田北俊　田益民　丘福雄　邝广杰　冯永祥
冯庆锵　冯志坚　冯秉芬　冯检基　冯　琳（女）
邢　籁（女）　吕礼章　吕志和　吕明华　朱　正
朱幼麟　朱树豪　朱莲芬（女）　伍秉坚
伍淑清（女）　邬维庸　庄世平　庄永竞　庄启程
庄绍绥　刘汉铨　刘吉良　刘江华　刘宇新
刘志荣　刘佩琼（女）　刘绍钧　刘荣广　刘皇发
刘迺强　刘健仪（女）　刘浩清　刘森波　汤国华
汤恩佳　安子介　许长青　许旭明　许贤发
许冠文　阮北耀　孙大伦　孙启昌　纪文凤（女）
苏肖娟（女）　苏泽光　李乃尧　李大壮
李凤英（女）　李东海　李业广　李乐诗（女）
李　扬　李达仁　李伟庭　李伦杰　李兆基
李连生　李秀恒　李启明　李君夏　李国章
李国强　李明海　李明堃　李和声　李侠文
李泽培　李泽添　李宗德　李祖泽　李健鸿
李家祥　李焯芬　李鹏飞　李群华　李嘉诚
杨　光　杨孙西　杨孝华　杨　钊　杨启彦
杨海成　杨祥波　杨耀忠　吴文拱　吴连烽
吴树炽　吴思远　吴亮星　吴家玮　吴康民

吴清辉　吴锦泉　岑才生　利汉钊　利国伟
邱德根　何世柱　何冬青　何志平　何承天
何柱国　何钟泰　何　添　何鸿燊　何景安
何锡安　何耀棣　余国春　余润兴　余　燊
邹灿基　邹哲开　闵建蜀　汪明荃(女)　张人龙
张小杰　张云枫　张汉忠　张永珍(女)　张华峰
张佑启　张国标　张明敏　张学明　张闾蘅(女)
陆达权　陆达兼　陆宗霖　陆联芬　陈乃强
陈小玲(女)　陈广生　陈子钧　陈少琼(女)
陈日新　陈文裘　陈玉书　陈立志　陈永棋
陈协平　陈有庆　陈廷骅　陈伟南　陈丽华(女)
陈丽玲(女)　陈财喜　陈　纮　陈金烈　陈金霖
陈荣灿　陈复礼　陈炳焕　陈祖泽　陈桦硕
陈润根　陈捷贵　陈　彬　陈清霞(女)
陈婉娴(女)　陈维端　陈植桂　陈瑞球　陈镒林
陈耀华　邵友保　邵逸夫　范徐丽泰(女)
范锦平　林广兆　林贝聿嘉(女)　林文辉
林百欣　林光如　林伟强　林华英(女)　林晋光
林淑仪(女)　林辉实　郁德芬(女)　欧阳成潮
欧阳宝珍(女)　罗友礼　罗君美(女)　罗叔清
罗建平　罗祥国　罗康瑞　罗德丞　周子京
周亦卿　周转香(女)　周宝芬　周梁淑怡(女)
郑汉钧　郑明训　郑钟伟　郑海泉　郑家纯
郑维健　郑裕彤　郑耀棠　屈　超　赵汉钟
赵镇东　荣智健　胡汉清　胡应湘　胡国祥
胡法光　胡定旭　胡经昌　胡鸿烈　查济民
查懋声　哈耀恩　钟士元　钟华楠　钟树根
钟期荣(女)　侯瑞培　施子清　施学概　施祥鹏
施展熊　洪祖杭　洪清源　费明仪(女)
费　斐(女)　姚秀卿(女)　姚美良　秦文俊
袁士杰　袁　武　袁靖罡　莫应帆　贾施雅
夏佳理　夏　梦(女)　钱果丰　倪少杰　徐四民
徐国炯　徐是雄　徐展堂　徐锦尧　翁家灼
高苕华(女)　高宝龄(女)　高敬德　郭志权
郭炳湘　唐一柱　唐英年　唐治安　唐学元
唐翔千　唐楚男　谈灵钧　黄士心　黄玉山
黄汉清　黄永标　黄光汉　黄守正　黄克立
黄宏发　黄良会　黄启铎　黄英豪　黄国础
黄金富　黄　河　黄河清　黄学海　黄定光
黄宜弘　黄建立　黄建源　黄绍伦　黄钢城
黄保欣　黄　球　黄乾亨　黄景强　黄富荣
梅岭昌　曹王敏贤(女)　曹文锦　曹世植
曹光彪　曹宏威　龚如心(女)　龚志强　梁广灏
梁天培　梁权东　梁伟浩　梁华济
梁刘柔芬(女)　梁英标　梁尚立　梁秉中
梁定邦(银行)　梁定邦(证监会)　梁钦荣
梁适华　梁炽辉　梁振英　梁智鸿　梁富华
梁祺祐　梁锦松　梁筹庭　梁煜林　梁　燊
董建华　蒋丽芸(女)　程介南　释永惺　释觉光
释智慧　曾正麟　曾向群　曾励强　曾松芬
曾星如　曾宪梓　曾恩发　曾钰成　曾　彬
曾德成　温悦球　温嘉旋　谢中民　谢仕荣
谢志伟　赖庆辉　简志豪　简福饴　詹培忠
蔡大维　蔡冠深　蔡素玉(女)　蔡根培　蔡渭衡
蔡德河　廖一原　廖长城　廖正亮　廖本怀
廖成利　廖自强　廖烈文　廖烈科　谭小莹(女)
谭尚渭　谭国雄　谭惠珠(女)　谭耀宗　黎锦文
颜锦全　潘兆平　潘江伟　潘杜泉　潘国濂
潘宗光　潘祖尧　薛凤旋　薛磐基　霍英东
霍震霆　戴　权　戴希立

国家主席江泽民签署第 90 号主席令发布《中华人民共和国节约能源法》

《中华人民共和国节约能源法》已由中华人民共和国第八届全国人民代表大会常务委员会第二十八次会议于 1997 年 11 月 1 日通过,现予公布,自 1998 年 1 月 1 日起施行。

中华人民共和国主席 江泽民

1997 年 11 月 1 日

中华人民共和国节约能源法(文略)

国家主席江泽民签署第 91 号令发布《中华人民共和国建筑法》

《中华人民共和国建筑法》已由中华人民共和国第八届全国人民代表大会常务委员会第二十八次会议于 1997 年 11 月 1 日通过,现予公布,自 1998 年 3 月 1 日起施行。

中华人民共和国主席 江泽民

1997 年 11 月 1 日

中华人民共和国建筑法(文略)

中国致公党第十一次全国代表大会在北京人民大会堂开幕

这次大会是中国致公党在世纪之交召开的一次重要会议。

大会的主要任务是:以邓小平理论为指导,认真学习、贯彻中共十五大精神,总结改革开放 19 年来特别是致公党十大以来的实践经验,确定今后的工作任务,修改中国致公党章程,选举新一届中央委员会,动员全党同志振奋精神,群策群力,满怀信心地为实现中共十五大提出的跨世纪历史任务和宏伟目标而奋斗。

大会常务主席吴明熹主持开幕式。大会常务主席董寅初致开幕词。董寅初说，中国致公党第十次全国代表大会召开的五年来，我国的政治经济形势发生了深刻的变化。不久前胜利召开的中国共产党第十五次全国代表大会，把邓小平理论确立为中国共产党的指导思想。这反映了包括我们各民主党派在内的全国各族人民的共同心愿。中国致公党作为中国共产党领导的多党合作总格局中的一个参政党，对于国家的富强和民族的振兴，负有义不容辞的历史责任。我们要通过这次大会，组织和发动党员学习、贯彻中共十五大精神，统一思想，提高认识，群策群力，励精图治，为把建设有中国特色社会主义的伟大事业全面推向 21 世纪，作出应有的贡献。

中共中央政治局委员、国务委员李铁映代表中共中央致贺词。

受中国致公党第十届中央委员会委托，大会常务主席杨纪珂在会上作题为《继往开来，团结进取，为民族振兴和祖国统一大业做出新贡献》的报告。

报告着重从认真履行参政党职能，积极发挥参政议政、民主监督作用；在思想建设、组织建设和机关建设方面切实加强自身建设；充分发挥与海外联系广泛的优势，多渠道、多层次、多形式地开展海外联络工作；面向社会办学，智力支边，科技扶贫，为两个文明建设服务等四个方面，对致公党五年来的工作进行了回顾。五年来，致公党各级组织及各级人大代表和政协委员提出议案、提案、建议 6740 余件，接待海外华人华侨和台港澳同胞 47600 人次，协助引进资金 38.1 亿人民币、12.9 亿美元、7000 万港币。

报告对致公党在新时期工作中取得的基本经验进行了概括和总结。杨纪珂说，这些经验和体会，是老一辈领导人集体智慧的结晶，是致公党非常宝贵的政治财富。从理论的高度概括和总结这些经验，在今后的实践中继承和发扬这些经验，是实现跨世纪政治交接的重要内容。

报告对致公党未来五年的工作提出建议，要求全体致公党员认真学习邓小平理论和中共十五大精神；围绕改革开放和经济建设中心，认真履行参政党职能；立足本职，面向社会，积极开拓为两个文明建设服务的新领域，创建新业绩；进一步拓展海外联络工作，为促进祖国统一大业早日完成做出新贡献；切实加强自身建设，不断提高全党的整体素质。报告号召全体致公党员更加紧密地团结在以江泽民同志为核心的中共中央周围，高举邓小平理论伟大旗帜，在中共十五大精神鼓舞下，同心同德，团结进取，致力为公，扎实工作，为民族振兴和祖国统一大业做出新贡献，以新的姿态阔步迈向 21 世纪。

致公党目前共有党员 15663 人，16 个省级组织及两个中央直属组织。

全国人大常委会副委员长李锡铭，全国政协副主席、中共中央统战部部长王兆国，全国政协副主席洪学智和各民主党派中央、全国工商联、中国侨联、国务院侨办等负责同志出席了开幕式。

农工民主党十二大及十二届一中全会在北京闭幕

推举卢嘉锡为名誉主席，蒋正华当选为新的主席。

在今天的闭幕式上，宣布了新当选的十二届中央常委、中央主席、副主席名单，通过了《中国农工民主党第十二次全国代表大会决议》，以及给不再担任领导职务的老同志的致敬信。大会决议号召，全党要高举邓小平理论伟大旗帜，紧密团结在以江泽民同志为核心的中共中央周围，切实贯彻社会主义初级阶段的基本路线和基本纲领，坚持和完善中国共产党领导的多党合作和政治协商制度，加强自身建设，认真履行参政议政、民主监督职能，为加快改革开放和现代化建设步伐，为振兴中华、统一祖国而努力奋斗。

蒋正华在闭幕式上讲话。

农工民主党宣布第十二届中央领导成员名单

名誉主席 卢嘉锡

名誉副主席 方荣欣 田光涛 蒯天聪 郭秀仪(女)

主　席 蒋正华

副主席 姚　峻 章师明 陈灏珠 阎洪臣 宋金升 李　蒙 朱兆良 陈建生 陈宗兴 张大宇

秘书长 于生龙

中共中央政治局常委李岚清在四川 重庆考察

李岚清于 11 月 1 日至 5 日在四川和重庆考察时指出，当前的首要任务是要学习贯彻十五大精神，从初级阶段这一基本国情出发，立足实际，抓住机遇，发挥优势，推动西部地区的经济和社会发展。

在考察过程中，李岚清听取四川、重庆两地十多所高校校长、党委书记的工作汇报，并与他们座谈高校的发展与改革。李岚清说，江泽民总书记在十五大所作的报告，是历次党代会讲教育最多、最全面、最深刻的一次报告，学习、领会、贯彻十五大精神，教育战线要走在前面，教育改革与发展的力度要加大。要认真落实以江泽民同志为核心的党中央提出的科教兴国的历史重任，只有培养出同现代化要求相适应的数以亿计高素质的劳动者和数以千万计的专门人才，十五大提出的各项跨世纪战略任务才能实现。他指出，目前我国高等教育要认真解决体制和结构不合理的问题。主要表现在条块分割、低水平重复建设、高校间优势不能互补，既分散了办学力量、浪费了教育资源和资金，教学质量也上不去。他明确提出，要解决高校体制的结构矛盾，必须实行“共建、联合、调整、合并”的方针，使教育资源得到合理配置和充分利用，以利教学质量的提高。他具体阐述说，共建，即将部委与地方条、块各自重复办学转变为共同办学，学生主要来源于当地，学校的教学和科研主要为当地的经济和社会发展服务；联合，即优势互补，校际间教学和科研联合，多学科交叉合作，开展科研教学，尽量避免重复建设；调整，即突出自身特色学科，避免学科大量的“雷同化”；合并，即为了提高教学质量和办学效益，发挥学科互补和规模优势，对某些院校进行合并。这“八字方针”在具体实施中，可以交叉组合，如共建加合并，或共建加调整等。

李岚清强调，为了防止高校用外延扩张的方式来盲目发展自己的弱势学科和扩大规模，今后国家对高校增加的投入将重点放在按“八字方针”进行了优化组合的高校中。

李岚清说，教师和学生都要提高综合素质，学生的基础知识要厚实，理工科学生也应学一些人文学科，文科学生要有一定的科技知识，要搞好校园文化。要改进政治和外语两课的教学，要用理论结合实际的方法编好邓小平理论教材，外语课要改进教学方法，提高学习效果。考察期间，他参观了重庆市和成都市教师住宅新区，并到教师的新居作客，勉励他们安居乐教。李岚清说，学校领导要树立主要靠教师办好学校的观念，将有限的资金用在刀刃上，要控制实验室的重复建设和图书馆盲目膨胀，要关心教职工的工作和生活困难特别是住房问题。高校的科研要面向经济和社会发展的主战场，为当地的经济和社会发展服务做出贡献。

第二届国家辞书颁奖大会在江苏无锡召开

新闻出版署为颁奖大会发来了贺信。会上，为获奖辞书出版单位和作者颁发了奖杯、奖牌、获奖证书和奖金。《中国大百科全书》(简明版)、《汉英辞典》(修订版)、《现代汉语词典》(修订本)、《普通话基础方言基本词汇集》和《中国戏曲剧种大辞典》等 5 种辞书获一等奖，另有 21 种辞书获二、三等奖。

中国人民大学庆祝建校 60 周年

党和国家领导人江泽民、李鹏、乔石、李瑞环、李岚清为中国人民大学校庆题词。

江泽民的题词是：“高举邓小平理论伟大旗帜，培养跨世纪优秀建设人才。”

李鹏的题词是：“认真贯彻党的教育方针，培养现代化事业合格人才。”

乔石的题词是：“培养跨世纪优秀人才，为建设有中国特色社会主义作更大贡献。”

李瑞环的题词是：“坚持解放思想，勿忘实事求是。”

李岚清的题词是：“继续深化教育改革，努力提高教育质量和办学效益，为培养更多的跨世纪优秀人才做贡献。”

来自全国各地的校友和学校师生近万人参加校庆活动。校庆仪式上同时颁发了中国人民大学第三届吴玉章奖，20 种学术著作获得了这一面向全国的哲学社会科学奖。

中国人民大学的前身，是 1937 年在延安建立的陕北公学，以及后来的华北联合大学、北方大学和华北大学。1950 年 10 月中国人民大学正式诞生。它是中国共产党创办的第一所新型正规大学，现在已发展成为一所以社会科学为主的综合性全国重点大学，是我国社会科学、人文科学、经济与管理科学领域培养高级专门人才和进行科学研究的重要基地。建校 60 年来，人民大学共培养各类专业人才 16 万多人。学校目前设有 26 个系、13 个学院和研究生院、12 个校级研究所；设有 51 个学士学位专业、76 个硕士学位学科点、39 个博士学位学科点和 2 个博士后流动站，其中 14 个学科被评为全国重点学科。

11 月 2 日

国务院副总理兼外交部部长钱其琛在洛杉矶接受中外记者联合采访

钱其琛在接受中外记者的联合采访时，高度评价了江泽民主席对美国进行的国事访问的重要意义和所取得的重大成果。

钱其琛说，江泽民主席这次对美国进行的国事访问非常成功，取得了重要具体成果，将对推动中美关系的发展起积极作用。第一是两国领导人对两国关系的前景和应实现的目标，即努力建立建设性的战略伙伴关系，达成了共识，这是最重要的成果；第二是两国制定了如何保持和加强中美间高层接触以及各领域、各层次交往的机制和框架；第三是江泽民主席在访问期间发表了许多演讲，与美国国会参、众两院议员、宗教界人士、学生和文化、科技、教育、新闻、工商业、金融界以及旅美侨胞等各方面人士进行了广泛接触和交谈，从而增进了相互了解和友谊。

在回答记者关于中美建立建设性的战略伙伴关系问题时，钱其琛说，现在大家经常谈战略伙伴关系，这并不是一种结盟关系。他说，“冷战”结束之后，世界正向多极化方向发展，在这种情况下，各大国都希望建立相应的合作关系。中国和俄罗斯作为两大邻国,业已建立了战略协作伙伴关系,这种关系是不针对第三国的。中国与法国也建立了伙伴关系,双方都认为世界是多极化的。中国是最大的发展中国家,美国是最大的发达国家。现在中美要努力建立建设性的战略伙伴关系,符合两国人民的根本利益,有利于亚太地区乃至世界的和平与稳定,是为了发展经济、贸易等方面的互利合作。

钱其琛说,我们希望所有大国都能在世界走向多极化形势下,建立一种不相互敌对,不相互对抗的新型关系,这有利于世界的和平、稳定和发展,这可能也是冷战结束后大国之间关系的一种新的方式。

在回答记者关于中美最高级会晤是否谈到香港问题时,钱其琛说,中美两国领导人在会晤时没有专门谈香港问题,双方都认为,香港回归中国之后,香港经济、社会等方面的发展是好的,是令人满意的。至于香港最近出现的股市波动,钱其琛认为,股市波动是经常出现的事,东南亚一些国家以及最近纽约的股市也如此。香港的经济基础是好的、稳定的、健康的,整个中国的经济发展也是很好的。

第八届"中国十大杰出青年"在浙江授奖并在杭州举行首场报告会

本届"中国十大杰出青年"——能使蒙医外治法重现奇效的内蒙古自治区中蒙医医院蒙医五疗科主任乌兰;在高科技领域大显身手的福建省实达电脑集团股份有限公司总裁叶龙;把笑声留给各族群众的中国广播艺术团国家一级演员冯巩;全身心贯注于中国羽毛球事业的国家体委训练局中国羽毛球队总教练李永波;积极促进科技成果转化的清华大学材料科学与工程系教授李建保;创立了综合性跨国企业集团的浙江省中国中轻工业集团公司董事长吴国迪;志愿献身国防事业的解放军第二炮兵某部副营长沈方泉;用科技的力量改变贫困的甘肃省天水市北道区科委科技开发中心主任赵满堂;冲锋在前的武警山东总队济南市支队三大队副大队长战连传;在农垦战线辛勤耕耘的海南省国营西联农场场长简纯林,同浙江青年见面,交流心得,共话未来。

团中央书记处常务书记、全国青联主席刘鹏号召广大青年以"十杰青年"为榜样,发奋成才,在党的十五大路线指引下,为推动中华民族的全面振兴贡献青春。

11月3日

全国工商联八大在人民大会堂开幕

这次大会是本世纪工商联最后一次全国代表大会。大会的主题是:学习、贯彻中共十五大精神,在回顾总结过去四年工作的基础上,进一步明确工商联的职能,商讨如何更好地肩负起鼓励和引导非公有制经济健康发展的历史使命,在中国共产党领导下,广泛团结工商界人士,在跨世纪的伟大进程中,作出工商联应有的贡献。大会将听取并审议中华全国工商业联合会第七届执行委员会工作报告,审议修改《中国工商业联合会章程》,选举中华全国工商业联合会第八届执行委员会。

中共中央政治局委员、全国人大常委会副委员长田纪云,全国人大常委会副委员长王丙乾、王光英,国务委员李贵鲜,全国政协副主席、中共中央统战部部长王兆国,全国政协副主席孙孚凌出席开幕会。

田纪云代表中共中央、国务院致贺词。贺词说,作为中国共产党联系非公有制经济人士的桥梁和纽带,作为政府管理、引导非公有制经济的助手,工商联在整个社会主义初级阶段肩负着重要的历史使命。希望工商联以这次各级组织换届为契机,切实加强领导班子的思想建设、组织建设和作风建设,用邓小平理论武装头脑,自觉执行党在社会主义初级阶段的基本路线和纲领,同心同德,抓住机遇,团结广大会员,带动广大非公有制经济人士,为建设有中国特色社会主义事业做出新的贡献。

全国政协副主席、中央统战部部长王兆国致辞,代表全国政协向大会的召开表示祝贺,并高度评价工商联为推动改革开放、经济建设和社会全面进步做出的贡献。他说,工商联贯彻落实中国共产党十五大精神和中共中央一系列重要指示,就要进一步全面准确地认识、把握自身的性质、地位和作用,这是保证工商联发展方向的前提。今后工商联的工作要进一步开拓、加强,要始终注意积极做好中共中央交给的做非公有制经济代表人士思想政治工作的任务;同时也要注意适应新的形势发展需要,逐步完善民间商会的职能。只有把这两个方面有机地统一、结合起来,继承和发扬自身的传统和优势,工商联才以不辜负中共中央的希望,努力完成时代所赋予的历史重任。

民建中央主席成思危代表各民主党派中央致贺词。中华全国总工会副主席方嘉德代表各人民团体致贺词。

大会常务主席经叔平代表全国工商联七届执委会作了题为《高举邓小平理论伟大旗帜,肩负起工商联跨世纪历史使命》的工作报告。报告分五个部分,总结了过去四年的工作经验,对今后工作进行了展望和部署。报告指出,四年来,各级工商联做了大量工作,取得了显著成绩。主要是,积极参政议政,认真履行政治协商、民主监督职能;认真贯彻中共中央关于工商联工作的指示精神,培养非公有制经济人士积极分子队伍工作取得显著成效;商会经济服务职能有了新的突破,做了许多开创性的工作;在支边扶贫工作的基础上,开辟了一条民间扶贫的新途径——光彩事业;鼓励和引导非公有制企业为国有企业改革配套服务;实现了会员结构的重大转变。

经叔平在报告中指出,要继续鼓励、引导非公有制经济健康发展,结合工商联工作贯彻中共十五大精神,必须解放思想,实事求是,加深对工商联性质、地位、作用的理解,发展、完善各项社会职能。要把推动光彩事业持续健康发展,作为工商联工作的一项长期任务。他最后指出,要以中共十五大精神指导工商联的自身建设,高举邓小平理论伟大旗帜,在以江泽民同志为核心的党中央的坚强领导下,为中华民族的振兴,为伟大祖国的繁荣富强,同心同德,艰苦奋斗,埋头苦干,开拓进取,努力完成党和政府交给工商联的历史重任,为社会主义现代化建设做出更大贡献。

大会常务主席张绪武主持开幕会,700 多名代表出席了大会。

中共中央、国务院、全国人大、全国政协的有关领导,中央统战部、各民主党派中央、各人民团体及有关部门负责人出席了开幕式。

国务院副总理朱镕基在上海考察

中共中央政治局常委、国务院副总理朱镕基近日在上海调查研究时指出,当前国民经济最重要的任务是加快国有企业改革。要把亏损严重的纺织行业作为国有企业改革和脱困的突破口。关键在于全面贯彻落实党的十五大精神,认真实施鼓励兼并、规范破产、下岗分流、减员增效和再就业工程。

朱镕基在中共中央政治局委员、上海市委书记黄菊和市长徐匡迪等陪同下,带领国务院有关部门负责人到纺织企业调查研究,并召开了上海、江苏、浙江、山东等三省一市负责人的座谈会,听取三省一市纺织行业压锭减员、调整结构的情况汇报,探讨、研究帮助纺织行业摆脱困境的政策措施。座谈会上大家一致认为,全国纺织工业今年头 10 个月生产稳定,销售正常,出口增长,产销率略有上升,但已持续三年全行业亏损的局面仍未根本扭转。其主要原因就是生产能力严重过剩,全国棉纺生产能力达 4171 万锭,大大超过市场需求,这种状况不扭转,纺织行业就难以摆脱困境,因此,必须下决心坚决淘汰 1000 万锭落后的棉纺锭。

在分析造成国有企业困难的主要原因时,朱镕基说,一是重复建设严重,市场供过于求;二是历史包袱沉重,企业负债率高;三是富余职工多,退休人员负担重。要克服这些矛盾和困难,关键在于实行“两个根本转变”、认真进行产业结构调整,切实搞好“三改一加强”,坚决走“鼓励兼并、规范破产、下岗分流、减员增效、实施再就业工程”的路子。这是一条必由之路,一项根本性措施,也是历史经验教训的总结,除此没有别的路可走。

朱镕基指出,纺织行业长期在计划经济体制下运行,多年重复建设导致棉纺生产能力总量过大,低水平重复生产严重,退休和富余人员比其他行业更多,造成亏损严重,负担沉重,职工生活困难。当前就是要把纺织行业的压锭、减员、增效作为国有企业改革的突破口。如果劳动力密集、亏损负债沉重的纺织行业问题解决了,其他行业的问题也一定能够解决。

京九铁路顺利通过国家验收

上午,京九铁路国家验收委员会的 41 名委员,郑重地在《京九铁路工程验收证书》上签下了自己的名字。至此,世人瞩目的、已经试运营 14 个月的京九铁路正式通过了国家验收。《验收证书》上赫然写着:“京九铁路设计、施工质量总评优良,是优质、快速、高效建设铁路的典范。”

跨越京、津、冀、鲁、豫、皖、鄂、赣、粤九省、市,正线全长 2553 公里的京九铁路,1992 年 11 月起由北向南分段陆续开工,1995 年 11 月提前在赣粤省界接轨,1996 年 4 月 1 日实现全线工程临管分流,同年 8 月铁道部组织全线初步验收,9 月 1 日起交北京、济南、郑州、上海、南昌铁路局和广州铁路(集团)公司临管运营。到今年 8 月底止,一年来共输送旅客 503 万人次,运输货物 211 万吨,有的地段客运速度达到 100 公里/小时,并经受了严冬盛夏和洪水的考验,保证了运输的安全畅通,发挥了社会经济效益。

国家验收委员会成员从 10 月 28 日至 11 月 1 日沿京九全线检查 5 天,2 日开始在北京召开会议。验委会一致认为:京九铁路线路走向和总体布局合理,输送能力大,并预留了发展条件;各项技术标准选用适当,工程设计符合国家和铁道部有关新线建设的规定、规范和规程;采用的设备技术先进,系统完整,体现了 90 年代科技水平;组织管理和施工方法有所创新;保证工程质量的措施有力,效果明显,合格率 100%,优良率 90%以上,工程质量总体水平上了一个台阶。建设速度快,投资控制好;设计、施工注意节地造地,环保工程符合国家环保批复的要求,竣工档案完整准确。整个工程符合设计任务书的要求,京九铁路设计、施工质量总评优良,是优质、快速、高效建设铁路的典范,同意正式验收。

京九铁路国家验收委员会主任、国家计委副主任叶青在今天验收结束时讲话,盛赞京九铁路通过国家验收,是党中央、国务院正确决策的重大胜利,是铁路改革与发展的一项重大成就。

国台办发出关于要求进一步改进台胞投资保护执法工作的通知

据新近出版的《两岸关系》杂志报道，国务院台湾事务办公室近日发出通知，要求各地各部门进一步改进台湾同胞投资保护的执法工作。

通知指出，1995 年 11 月，八届全国人大常委会组织检查组，分赴福建、广东两省检查《台湾同胞投资保护法》的执行情况，全国人大常委会第十七次会议审议批准了《全国人大常委会执法检查组关于检查〈中华人民共和国台湾同胞投资保护法〉执行情况的报告》。

通知在肯定各地各部门已经采取的改进措施及取得的初步效果以后指出，国务院台办会同国家计委、经贸委、教委、公安部、司法部、财政部、外经贸部、中国人民银行、国家税务总局、工商局、旅游局、民航总局、国务院纠风办、特区办、贸促会等 15 个部门以及福建、广东、浙江、江苏、山东 5 省，研究提出了进一步改进台胞投资保护执法工作的意见，业经国务院办公厅审定，并报全国人大常委会第二十二次会议审议通过。

该通知要求各地各部门进一步采取有效措施，改进工作，切实保护台胞投资的合法权益。其主要内容有：

第一，提高认识，加大保护台胞投资工作的力度。各地要继续深入贯彻江泽民总书记关于"我们将继续长期执行鼓励台商投资的政策，贯彻《中华人民共和国台湾同胞投资保护法》"的讲话精神，切实维护台商的一切正当权益，推进两岸经济交流与合作。要组织力量，对现有台资企业逐个调查，针对他们在生产经营过程中存在的问题，实行分类指导，解决实际问题。

第二，采取多种形式，进一步学习、宣传、贯彻台胞投资保护法。各地各部门应继续采取多种形式，进一步学习、宣传台胞投资保护法，切实提高对贯彻实施这部法律重要性的认识。结合台胞投资的实际情况，将学习这部法律摆在应有的位置。在台商相对集中的地区，各级涉台部门要商司法主管部门，做到学习宣传工作有计划、有安排、有检查和督促。各级涉台部门应向广大台商宣传台胞投资保护法和鼓励台商投资的各项政策，使台胞投资者增强投资信心，并能依法维护自己的合法权益。

第三，认真清理整顿税外收费和年检，坚决纠正不正之风。继续认真贯彻执行国务院及有关主管部门多次作出的明确规定：今后，没有法律法规依据，任何部门和单位均不得自行设立收费项目；对新项目的设立要严格控制。行政事业性收费的立项权集中到中央和省两级，具体收费项目和标准必须严格按照法定程序经审查批准，省级以下（包括计划单列市）政府和部门，均无权审批行政事业性收费项目和标准。有关部门在实施行政事业性收费时，必须使用省级以上财政部门统一印制或监制的票据，坚持亮证收费。对设立不够合理或收费过高的项目要进行调整。

针对台商反映强烈的过多的年度检查问题，有关部门采取以下措施予以解决：一是取消不必要的年检，对于可有可无、内容重复以及可纳入正常法律管理范围的年度检查，要予以取消，必要的检查项目须经国务院同意；二是对必要的年检内容进行归并，统一进行综合年检；三是把检查监督与为企业服务结合起来，在进行年检的同时，注意了解企业在生产经营过程中遇到的问题，并及时加以解决。

第四，加强社会治安综合治理工作，严厉打击侵害台商人身安全的犯罪活动。在台资企业集中的地区，涉台部门要商公安机关，组织业务精、能力强的专业力量负责处理涉台案件，加强对侵害台资企业案件的处理，为台商创造一个良好的社会治安环境。

第五，健全制度，明确职责，统一协调，进一步提高办事效率。国务院台办及各级台办应履行职责，统一协调相关部门的工作，认真研究解决台胞投资保护执法工作中的问题。要建立和健全台商投诉机构，具体受理台商的投资纠纷，使台商投诉有门，并在当地政府的领导下协调、配合有关部门做好查处工作。加强仲裁机构建设，做好台商投诉纠纷的仲裁工作。在保护台商投资合法权益的同时，也应坚决依法打击不法台商的违法活动，保护祖国大陆企业的合法权益。

此外，通知还就制定台胞投资保护法实施条例，聘请台湾地区专业人士担任仲裁员和台胞投资者享受祖国大陆居民同等待遇等具体问题，提出了处理意见。

国务院总理李鹏在中南海会见以日本经济团体联合会会长丰田章一郎为最高顾问日中经济协会会长渡里杉一郎为团长的"1997 年度日中经济协会访华团"

外交部发言人唐国强就美国设立"西藏事务特别协调员"一事答记者问

有记者问：你对美国政府设立所谓"西藏事务特别协调员"有何评论？

唐国强答：我们对美国政府设立所谓"西藏事务特别协调员"表示坚决反对。西藏是中国领土不可分割的一部分，这是国际社会公认的事实。西藏事务纯属中国内政，任何外国都不应该，也没有权利插手干涉。

西藏吉隆县 10 时 29 分发生 5.6 级地震

11 月 4 日

中宣部部长丁关根会见"半月谈思想政治工作创新奖"获奖者

第九届"半月谈思想政治工作创新奖"获奖者座谈会在北京举行。

丁关根会见了全体获奖者和《半月谈》杂志社的同志,并讲了话。他首先向 48 位获奖者表示热烈祝贺。他说,《半月谈》是中央宣传部委托新华社主办的面向基层的、时事政策性的、思想教育性的刊物。十几年来,《半月谈》杂志社的同志们,认真宣传党的路线方针政策和两个文明建设,积极开展形势教育和思想道德教育,刊物办得很有生气,很有特色,受到了基层干部群众的欢迎。同志们工作很努力,很辛苦,很有成绩。谨向《半月谈》杂志社的全体同志表示诚挚的问候。同时,向《半月谈》的读者、作者和所有关心、支持《半月谈》的同志们,表示衷心感谢。

来自全国各地、各条战线的 48 名同志荣获第九届"半月谈思想政治工作创新奖",其中 10 名同志获特等奖。他们是:中国医科大学副校长兼附属第一医院院长马晓伟,上海警备区"南京路上好八连"排长公举东,长春国际贸易中心党委书记、总经理王凤岐,辽河石油勘探局党委书记王福成,重庆钢铁设计院党委书记、院长赵克斌,江西贵溪火力发电厂党委书记郑光礼,内蒙古民族实业股份有限公司党委书记、董事长云文广,湖北清江水电开发有限责任公司党委书记、董事长汪定国,深圳石化集团股份有限公司党委书记、董事长陈涌庆,湖南株洲冶炼厂党委书记毛燕舞。马晓伟、公举东等获奖者先后在座谈会上交流了他们做好思想政治工作的经验、体会以及今后工作的目标和打算。

"半月谈思想政治工作创新奖"是新华社《半月谈》杂志社在 1988 年利用自有资金设立的。

新华社社长郭超人、中宣部副部长徐光春等参加会见。

国务院副总理姜春云在北京会见第二届中国杰出青年农民

获得第二届中国杰出青年农民称号的 10 名青年农民是:江苏省吴江市平望镇复兴村农民王平,陕西省延川黑龙关乡王家坪村农民王炜,福建省福清市港头镇梓园村农民王妹弟,四川省广汉市兴隆镇竹林村农民刘光基,黑龙江省桦南县梨树乡和平村农民孙斌,上海市青浦县白鹤镇五联村农民孙林欣,山东省青州市黄楼镇芦李村农民李天庆,新疆维吾尔自治区和田县罕艾日克乡尤卡空村农民克然木依明,安徽省蒙城县双涧镇贾井村农民赵兴业,河南省内乡县马山口镇河西村农民秦英林。12 名青年农民获提名奖。与首届中国杰出青年农民一样,今年当选的 10 位青年农民都是长年从事一线农业生产,事迹非常突出的优秀青年农民。10 人中有共产党员 7 人,高中以上文化程度 8 人。年龄最大 38 岁,最小 30 岁,平均 34 岁。

姜春云说,去年评出的第一届十大杰出青年农民在社会上产生了良好反响。江泽民总书记称赞他们是全国青年农民的榜样,也是各行各业青年学习的榜样。这是对青年农民群体的充分肯定和鼓励。这次被评为第二届杰出青年农民的十位同志,长期奋战在农业生产的第一线,在改革开放和农业的现代化建设实践中作出了突出成绩,同样值得称赞。

姜春云说,十五大制定了我国改革开放和现代化建设的宏伟蓝图,进一步强调要强化农业基础地位,把农业放在经济工作的首位,对农业和农村的发展提出了明确的要求。要实现这些宏伟目标,需要培育、造就一支规模宏大、高素质的农业劳动大军。青年善于接受新生事物,把一批批的青年农民培育成有理想有文化、善于经营善管理的人才,必将带动亿万农民素质的提高,实现农业的现代化也就大有希望。

姜春云最后希望杰出青年农民要珍惜荣誉,戒骄戒躁,继续努力,创造新成绩,成为广大青年农民的典范。同时,他希望各级党政机关关心广大青年农民的成长,为他们发挥才干创造良好的社会环境。

共青团中央、农业部、林业部、水利部、财政部、全国青联号召广大农村青年和农民,向"中国杰出青年农民"学习,以他们为榜样,热爱家乡,献身农业,应用科技,勇闯市场,艰苦创业,共同富裕,为建设社会主义新农村而不懈努力。团中央、农业部、林业部、财政部的有关负责同志为杰出青年农民颁了奖。姜春云等与杰出青年农民一起观看了名为《丰收之歌》的颁奖文艺晚会。

国务院总理李鹏在人民大会堂分别会见智利等五国新任驻中国大使

这 5 国大使是智利大使奥克塔维奥·埃拉苏里斯·吉利萨斯蒂、文莱大使迈赫迪尼、突尼斯大使穆罕默德·蒙吉·拉比卜、比利时大使马利国、荷兰大使伍思德。

国务院总理李鹏在人民大会堂会见西班牙工业和能源大臣何塞·比盖

中共中央政治局常委胡锦涛在人民大会堂会见由总书记丹尼尔·奎拉霍贝率领的博茨瓦纳民主党代

表团

中葡联合联络小组第三十次会议在澳门发表新闻公报

会议于11月4日至6日在澳门举行。会议结束时，双方组长签署有关会谈纪要，并发表新闻公报。

新闻公报说，双方研究了公务员本地化、法律本地化及翻译和中文官方地位工作的进展情况，并表示将继续在这些方面作出努力。双方还继续讨论了国籍、公务员退休金和赡养费、一些有效期超越1999年的专营公约等其他有关澳门平稳过渡和发展的重要议题。

此次全会，双方完成了“未来澳门司法组织法之指导原则”的磋商，葡方将在短期内向中方提交有关法案文本，以便进行研究。双方还完成了有关移交已决犯协议范本的磋商；深化了就1999年后在澳门保留一所葡文学校问题的讨论，并同意加强磋商；双方还同意就档案移交问题加强磋商。

此次会议就澳门继续参加国际官方统计组织、国际抽样调查的统计技术员协会、国际统计资讯化组织和发展中国家的欧洲统计中心问题达成共识，并签署了会谈纪要。双方还审议通过了澳门—尼泊尔和澳门—缅甸航空协议，并签署了会谈纪要。

新闻公报说，双方在会上还就把与1999年澳门政权交接有关的双方提出的新议题列入联络小组议程，初步交换了意见，并展望了今后的任务。双方同意加快工作步伐。

中葡联合联络小组第三十一次会议将于1998年3月10日起在北京举行。

国家环境保护模范城市表彰大会在北京人民大会堂举行

张家港、大连、深圳、厦门、威海、珠海6座城市获得“环保模范城市”的殊荣。全国人大常委会副委员长雷洁琼、王丙乾、程思远，国务委员宋健，全国政协副主席钱正英等出席会议。

王丙乾和宋健在会上先后讲话。会上国家环保局还授予张家港等6城市的市委书记、市长国家环境保护模范城市领导奖。

11月5日

第五次全国人民群众见义勇为与犯罪分子作斗争先进分子表彰大会在北京人民大会堂举行

会议由中共中央宣传部、公安部、中华见义勇为基金会联合举办。

中共中央政治局委员、国务院秘书长罗干在会上强调，大力倡导见义勇为精神，不仅是维护社会治安秩序的需要，也是弘扬社会正气、振奋民族精神、加强社会主义精神文明建设的需要。各级党委、政府要及时发现、宣传见义勇为的先进典型，弘扬正气，鞭挞丑恶，坚持正确舆论导向，加大宣传力度，动员全社会都来关心、爱护和支持见义勇为行动，为见义勇为行动创造一个良好的舆论氛围，鼓舞和激励更多的人在国家和人民群众的生命财产受到不法侵害、社会正常秩序遭到破坏时能够挺身而出，勇敢地与犯罪分子作斗争。

117名见义勇为、匡扶正义的中华民族优秀儿女今天在北京受到党和政府的隆重表彰。

这次表彰的有104名正式代表、13名特邀代表。在104名正式代表中，共产党员37人，共青团员15人，群众51人，民进会员1人；有11人牺牲，34人受重伤，27人受轻伤。在13名特邀代表中，解放军代表7人，武警代表2人，公安民警4人。

自1988年召开全国人民群众见义勇为与犯罪分子作斗争先进分子表彰大会以来，已有621人获“全国见义勇为先进分子”的光荣称号。

中共中央政治局常委尉健行在人民大会堂会见第五次全国人民群众见义勇为与犯罪分子作斗争先进分子表彰大会代表

尉健行代表党中央、国务院向全国见义勇为先进分子致亲切的问候和崇高的敬意。他说，党的十五大对我国改革开放和社会主义现代化建设跨世纪的发展作出了全面部署。为了完成历史的重任，必须有一个稳定的社会治安环境。为了维护安定团结的政治局面和良好的社会治安秩序，我们要坚持专门工作和群众路线相结合的方针，既要充分发挥公安政法机关的职能作用，又必须充分发动群众，依靠群众，进一步落实社会治安综合治理的各项措施，大力倡导人民群众见义勇为的精神。我们要大力宣传和发扬全国见义勇为英雄模范的崇高精神，激励更多的人民群众自觉积极地参加到见义勇为的行列中来。尉健行希望见义勇为先进分子谦虚谨慎，戒骄戒躁，为维护社会治安做出新的更大的贡献。

第五届中国艺术节在成都闭幕

中共中央政治局常委、国务院副总理李岚清在这里宣布：第五届中国艺术节圆满闭幕。在欢快的乐曲声中，话剧《地质师》、舞剧《远山的花朵》、滑稽戏《一、二、三，起步走》、川剧《死水微澜》、壮剧《歌王》等5部获第七届“文华奖”大奖的主创人员及新剧、节目奖的代表走上舞台。李岚清和中共中央政治局委员、国务委员李铁映等向获得第七届“文华奖”大奖等奖项的代表颁奖。

第五届中国艺术节组委会副主任、四川省委副书记杨崇汇致闭幕词。文化部副部长徐文伯代表文化部在答谢词中表示，要认真总结本届艺术节的成功经验，不断提高国家艺术节的艺术质量，扩大其影响，进一步推动文化艺术事业的繁荣和发展，为完成十五大提出的建设有中国特色社会主义文化的光荣任务而努力奋斗。

本届艺术节的一个鲜明特点是首次将大规模的群众文艺活动和文化经贸活动与专业艺术展示更加有机地结合起来，吸引了各地千余万群众的参与。艺术节期间还举办了各类文物、美术、书法、摄影、民间工艺等13个展览活动，以及1997全国音像制品展销会、文物拍卖会等多项经贸活动，艺术节还得到了社会各界的支持，共收到企业赞助近千万元。

闭幕式上，四川省副省长徐世群将中国艺术节节旗交给文化部副部长、第五届中国艺术节组委会主任李源潮，李源潮再将节旗交给第六届中国艺术节承办地代表、江苏省副省长金忠青。经国务院批准，21世纪首届艺术节——第六届中国艺术节将于2000年在江苏省南京市举行。

中国经济贸易暨投资考察代表团抵达约翰·内斯堡开始对南非进行访问

全国计划生育干部队伍建设工作会议在长沙开幕

国务委员、国家计生委主任彭珮云出席开幕式。

会议确定了从现在起到下世纪前十年我国计划生育工作的主要目标是，认真实施可持续发展战略，到2000年，全国人口总数控制在13亿以内，较大幅度地降低新生婴儿出生缺陷发生率，计划生育工作基本实现“三为主”，并逐步实现计划生育工作思路和工作方法的“两个转变”；到2010年，全国人口控制在14亿以内，使出生人口素质进一步提高，基本实现计划生育工作思路和工作方法的“两个转变”，形成具有中国特色的、适应社会主义市场经济需要的人口与计划生育工作机制。

为确保这一主要目标的实现，必须按照革命化、年轻化、知识化、专业化的方针，努力建立一支用邓小平理论武装起来的，思想好、作风正、懂业务、会管理，结构合理、高效精干，能担当起历史重任的队伍，使计划生育管理、服务、群众工作三支队伍在数量上和质量上适应21世纪人口与计划生育工作发展的需要；还要加强科技、教育和产业队伍建设，为全面实现计划生育工作的奋斗目标提供强有力的科技支撑、人才和财力保障。

会议还就县及县以上计生委领导班子建设、基层计划生育干部队伍建设、计划生育专业技术队伍建设、计划生育干部的教育培训、干部人事制度改革等问题提出了具体意见。

来自全国31个省、区、市及中直机关、解放军、武警和新疆建设兵团等单位的118名代表参加会议。

11月6日

中共中央政治局常委胡锦涛会见中组部第八期党员专家邓小平理论研究班学员

胡锦涛强调，科技战线上的共产党员尤其是党员领导干部，要按照十五大的要求，继续深入学好邓小平理论，在思想上和工作中牢固确立邓小平理论的指导地位，在两个根本性转变中当好先锋，在两个文明建设中做好表率，为实施科教兴国战略勇挑重担。

胡锦涛指出，党的十五大把邓小平理论确立为全党的指导思想，这是我们党总结近20年的成功实践作出的历史性决策。尽管我们在前进中还会面临种种困难、矛盾和问题，但只要全党高举邓小平理论的旗帜不动摇，带领全国人民坚定不移地沿着建设有中国特色社会主义的道路团结奋进，我们的党和国家就能经受住任何风险的考验，我们的事业就能够从胜利走向新的胜利。

胡锦涛说，从现在起到下个世纪的前10年，是我国实现第二步战略目标、向第三步战略目标迈进的关键时期，也是科技工作者大显身手、大有作为的时期。胡锦涛要求广大党员专家特别是领导干部，要紧密联系科技战线的实际学习邓小平理论，并用以指导科技工作。要牢固树立科学技术是第一生产力的观念，充分认识科技进步对经济发展的决定性作用，明确做好新形势下科技工作的方向。

胡锦涛强调，要通过理论学习和实践，进一步树立正确的世界观和方法论。他指出，科学技术工作者在认识和改造世界的进程中，总是受一定的世界观和方法论支配的。邓小平理论为我们认识世界和改造世界提供了新的强大思想武器，特别是贯穿于这一理论中的辩证唯物主义和历史唯物主义的世界观、方法论，以及实事求是的科学态度，对我们的整个事业，包括对科技工作，都有着巨大的指导作用。不仅要用以认识和改造客观世界，而且要用以改造主观世界，努力提高政治和业务素质，更好地肩负起崇高的历史使命。

参加这期研究班的30名学员来自26个部委和解放军有关部门，多数同志担任科研院所的领导工作。办班期间，学员们集中学习了党的十五大文件和邓小平理论，听了有关辅导报告，并到一些地方实地考察。

专家们还结合科技体制改革实际进行了讨论，并提出了一些建设性意见。

致公党十一大及十一届一中全会在北京闭幕

中国致公党十一届一中全会推举董寅初为名誉主席，罗豪才当选为新一届主席。

在闭幕会上，宣布了新当选的十一届中央常委、中央副主席、中央主席名单，通过了《中国致公党第十一次全国代表大会决议》，决议号召，全党同志要高举邓小平理论伟大旗帜，更加紧密地团结在以江泽民同志为核心的中共中央周围，同心同德，团结进取，致力为公，扎实工作，为把建设有中国特色社会主义事业全面推向21世纪而努力奋斗。会议还通过了给董寅初、杨纪珂等不再担任中央领导职务的老同志的致敬信，审议并通过了中国致公党新的章程。

致公党中央新任主席罗豪才在闭幕式上讲话。他代表新一届领导班子向全体与会代表郑重表示：有中国共产党的正确领导，有老一代领导人留下的宝贵精神财富和他们打下的坚实基础，有各级组织的支持与配合，有全党同志的共同努力，全体新班子成员有决心也有信心，和大家一起开创致公党工作新的局面，以新的姿态迎接新的世纪。

致公党宣布第十一届中央领导成员名单

名誉主席　董寅初

名誉副主席　伍觉天　杨纪珂

主　席　罗豪才

副主席　郑守仪（女）　王宋大　吴明熹

杜宜瑾　俞云波　王　章

秘书长　邱国义

《人民日报》就共青团中央等授予王平等10人第二届“中国杰出青年农民”称号事发表评论员文章《献身农业大有作为》

《成立国际竹藤组织协议》在人民大会堂签署

国务院总理李鹏、副总理钱其琛会见了签字国代表并出席了签字仪式。

孟加拉国、加拿大、中国、印度尼西亚、缅甸、尼泊尔、菲律宾、秘鲁、坦桑尼亚等9国的政府代表在协议上签了字。

中国代表团团长外经贸部副部长石广生在约翰内斯堡举行的南非中国经贸合作研讨会上发表演讲

石广生阐述了中国政府对发展与南非经济贸易合作的原则与建议。

这些原则与建议是：

一、着眼大局，立足长远，发挥各自优势，努力发展双边经贸关系，造福于两国人民。

二、平等互利，广泛合作，合作渠道和方式应多样化，不仅包括贸易、投资和互利援助，也应包括在国际多边贸易和亚非经济合作范围内的合作，以及在技术贸易、服务贸易和大中小企业等方面的合作。

三、相互借鉴，优势互补。南非在一些领域技术先进，管理经验丰富，中国市场潜力巨大，工业基础较强。人力资源丰富。两国应相互学习、取长补短，以促进科技进步的产业合作为中心，把资金、技术、人才、服务、经营方式和环境保护等结合起来，开拓两国经贸合作的新途径、新领域，使两国经贸关系在更高的起点上迈向21世纪。

石广生说，中国和南非，一个是世界上最大的发展中国家，一个是非洲经济最发达的国家；资源结构、产业结构以及消费等方面的差异决定了两国经济具有较强的互补性。南非已是中国在非洲最大的贸易伙伴，在1992年至1996年的五年间，双方贸易总额已达44.7亿美元，双向投资总额2.32亿美元，互利合作项目总额达9.68亿美元，两国都在探索21世纪可持续发展战略，发展两国经贸合作具有极大潜力、得天独厚的优越条件和广阔前景。

深圳华为技术有限公司在人民大会堂宣布中国有了自己的移动通信系统

拥有1100万移动电话用户的中国移动通信业，结束了以往由国外产品完全垄断的历史。深圳华为技术有限公司今天在人民大会堂宣布，该公司已自行研制开发成功GSM数字蜂窝移动通信系统。

华为公司开发成功的这套系统，包括交换系统、基站控制器、基站和接收终端等，可以提供移动通信的全套网络设备，拥有全部自主知识产权。这就是说，中国人已经完全可以依靠自己的力量建立整套移动通信系统。

GSM数字蜂窝移动通信系统，是目前世界上最流行的新制式数字移动通信系统，在我国移动通信市场上占有50%以上的份额。

近年来，我国移动通信市场发展十分迅速，但相关技术发展较为缓慢，以致每年400多亿元的市场全部被国外产品占有。华为公司从1993年开始，组织由240多名博士、硕士和高级工程师组成的精干技术力量，进入这一系统的开发，终于攻克了制约我国无线通信技术发展的射频技术“瓶颈”。他们研制成功的这一系统，符合我国通信网的特点，在系统功能、维护方便性、全中文界面、性能价格比等方面形成了自己的优势。

由华为公司研制的 GSM 系统试验局将于今年底明年初开通，同时将开始 GSM 系统的批量生产。

“海峡两岸史学家合撰中华民族史第四次学术研讨会”在海南通什召开

日前，在海南通什召开“海峡两岸史学家合撰中华民族史第四次学术研讨会”上，史学家们指出，中华民族的文明史可追溯到万年以前。

中华民族史研究会会长史式认为，司马迁受所掌握的史料和见闻的限制，构建了以黄帝为始祖，以黄河文明为中心的古史框架。但大量的考古工作已经证明中华文明的起源远在传说中的黄帝以前。

史式认为，中华民族史是万年史而非五千年史。比如，传说黄帝之妃嫘祖发明的蚕丝，在已出土的六千年前的江、浙古文化遗址已有发现。河姆渡文化遗址距今已有七千年，代表农耕文明的湖南澧县彭头山文化遗迹距今已有九千年，其他如牛河梁红山文化遗址、大地湾文化遗址等距今都在五千年以上。

史式还提出，中华民族一直被认为是单一的农耕民族，这是一个认识误区。近年来已有很多史学研究者提出了长江、黄河同是中华文明之源，中国南方的古越人是典型的海洋民族，他们在七千年以前已经敢于驾舟出海并出现了向海外的迁徙，创造了世界上最早的海洋文明；考古发现河姆渡遗存的大量鲸鱼、鲨鱼的遗骸及出土的木桨都体现了明显的海洋文化特征。因此，中华文明之源并不限于以黄河为中心的中原地区，而是多种文化交流融合的结果。史式表示，要重视对南方少数民族的研究。中国远古的海洋文明、农耕文明都发源于南方；历史上不少重要的发现和发明，如水稻、茶叶、蚕丝、瓷器、漆，以及古代国家的重器鼎、钺等都出自南方；汉族的祖先华夏族是南北各族接受夏文化后逐渐融合而成。

中国记协在人民大会堂举行成立 60 周年纪念会

会上宣读了江泽民、李鹏、乔石、李瑞环、刘华清、荣毅仁等党和国家领导人的题词。中共中央政治局委员、书记处书记、中宣部部长丁关根会前接见了出席会议的部分代表，同大家合影并讲了话。中国记协主席邵华泽在大会上致辞。

丁关根代表党中央向中华全国新闻工作者协会和全体新闻工作者表示祝贺和感谢。他说，中国记协是党和政府同新闻界密切联系的桥梁和纽带，在党的领导下，做了大量工作，取得了显著成绩。现在，全国正在认真学习、贯彻党的十五大精神。摆在全国新闻单位面前的第一位任务，是积极、全面、准确、深入地学习、宣传、贯彻十五大精神。希望大家要坚持团结稳定鼓劲、正面宣传为主的方针，给人以信心，给人以鼓舞。要解放思想，实事求是，深入基层，调查研究，写出有血有肉、生动感人的报道，反映人民群众关心和迫切需要解决的问题。要努力提高新闻质量，在准确、鲜明、生动上下功夫，增强吸引力、说服力。要加强舆论监督，做好热点引导。

丁关根强调，加强新闻队伍建设，这是当前新闻界的一项重要任务。我们的新闻队伍是好的，是靠得住的，中央是信任的。我们一定要按照江泽民总书记提出的要求，打好“五个根底”、树立“六种作风”，切实做到政治强、业务精、纪律严、作风正。我们一定要高高举起邓小平理论的伟大旗帜，紧紧围绕经济建设这个中心，大大加强精神文明建设力度，牢牢把握正确舆论导向，坚持党的基本路线不动摇，坚持同以江泽民同志为核心的党中央保持一致，坚持为人民服务，为社会主义服务，为全党全国工作大局服务。

邵华泽在致辞中回顾了中国记协走过的光辉历程。他说，中国记协的 60 年，是与党和国家命运与共的 60 年，也是与广大新闻工作者同甘苦、共欢乐的 60 年。

老新闻工作者爱泼斯坦和第二届全国“百佳”新闻工作者、内蒙古阿拉善报记者曹翔云在会上发了言。会上，向从事新闻工作 50 年以上的老新闻工作者颁发了荣誉证书，向多年从事记协工作的同志颁奖。

雷洁琼、王光英出席会议，并为第七届中国新闻奖、第二届百佳新闻奖获得者颁奖。

出席会议的还有中国记协名誉主席吴冷西、穆青和老新闻工作者赵毅敏、朱穆之、郁文、秦川、钱李仁、梅益、冯英子、王维等。中央有关部门负责人和中央主要新闻单位的负责人郭超人、刘习良、徐心华、孙忠同等和中国记协负责人以及来自全国各省、市、自治区和首都新闻界代表共 400 多人出席了纪念会。

中国记协党组书记、常务副主席郑梦熊主持纪念会。

11 月 7 日

国务院三峡工程移民暨对口支援工作会议在湖北宜昌召开

这是三峡工程开工以来，国务院专门就三峡移民工作召开的第五次会议。中共中央政治局常委、国务院总理李鹏出席会议并发表重要讲话。

国务院副总理邹家华在会上作报告。丁关根、陈俊生等出席会议。罗干主持会议。中央有关部门，湖北省，重庆市以及有关省、市的负责人参加会议。

国务院总理李鹏在国务院三峡工程移民暨对口支援工作会议上发表讲话

同志们：

这是国务院召开的第五次三峡工程移民和对口支援工作会议。这是在三峡大江截流这个关键时刻召开的一次重要会议，直接关系到三峡第二期工程是否能顺利实现的大问题。我今天来参加会议，主要是结合不久以前对库区考察的所见所闻，讲几点意见，供大家认真讨论。

明天，三峡工程将要实现大江截流，这是一件举世瞩目的事情，同志们将亲自看到这一宏伟的场面。大江截流的胜利实现，有着很大的政治、经济意义。今年我们国家已经完成了香港主权顺利回归，成功地召开了党的十五大。大江截流的胜利实现，是在十五大精神鼓舞下，一件振奋人心的大事，一件展示我国社会主义建设辉煌成就的大事。大家知道，三峡工程准备上马的时候是有争议的，有反对，有怀疑，更多的是担心。截流成功后，它将使全国人民更加关心和支持三峡工程，增强建设好三峡工程、完成好百万移民的信心。它还将向全世界表明，中国人民有能力兴建当今世界上最大的水利水电工程。

大江截流能够如期进行，移民工作顺利完成起到了保证作用。这是在以江泽民同志为核心的党中央领导下，全体建设者、库区各级政府和广大干部群众，承担对口支援任务的各部门、各省市区政府，五年来艰苦奋战的结果。借此机会，我对移民战线和参加对口支援战线的各省市以及库区广大干部和群众顾全大局，勇于奉献，做了大量艰苦细致工作，表示衷心的感谢！

从1993年到现在的五年来，三峡工程建设的各个方面都取得了很大成绩。枢纽工程和库区的一期移民任务4.5万人已顺利完成。同时为了探索库区移民的新路子，在后期移民的地区，也开始移民搬迁。现在库区整个移民总数已达到9.5万人。这是一个很大的成绩。一个星期前，我去看了库区和坝区，感受很深，正是一年一个样，五年大变样。五年来的实践充分证明，中央对三峡工程建设所制定的并在实施过程中不断完善的一系列移民方针政策是正确的。

三峡工程成败的关键在于移民。党中央、国务院对三峡库区移民工作十分关心，在1993年开始三峡工程施工准备时，国务院就颁布了《长江三峡工程建设移民条例》。移民的方针措施归纳起来有八条：一是开发性移民方针，统筹安排移民资金，合理利用当地资源，大力发展优势产业，把移民搬迁与库区经济发展相结合，达到移民“搬得出，稳得住，逐步能致富”的目标。这一方针日益深入人心，极大地调动了库区广大干部和群众的积极性和创造性，使得他们在农村、城镇、工厂搬迁等方面都创造和积累了许多好经验，现在做好移民工作的路数愈来愈清楚，信心愈来愈增强。三峡移民高达百万之多，可算世界之最，难度非常之大，很多人都曾担心能否顺利地完成这一任务，经过几年来的工作，情况发生了变化。库区党政领导和广大移民认识有了很大的转变和提高，搬迁积极性起来了，认为先搬先稳，先搬先富，由被动移民变为主动移民，使搬迁工作有了很好的群众基础，这是一个很大的变化。二是“中央统一领导，分省负责，县为基础”的管理体制，得到了湖北省、重庆市和原来四川省的赞同和拥护。库区各级党委和政府，大多数都明确了党政一把手同时也是移民工作的第一责任人，把移民工作摆在了整个工作的首位。三是移民补偿资金分省(市)切块包干，实行总量控制，并实行了“静态控制、动态管理”的办法。这就是说，移民资金包干数将随着物价上涨相应增加。四是移民进度与资金安排的原则是“突出重点，远近结合，移民进度与三峡工程进度相衔接，在资金到位的情况下，宜早不宜晚”，保证了库区移民工作井然有序地进行。确定移民与工程进度相衔接是正确的，这有利于保证工程尽早发挥效益，从而为后期移民提供必要的资金。但这并不等于说，对后期移民的地区不提供移民资金。实际上我们对后期移民的地区也尽可能早地安排了一些资金，主要用于基础设施建设、农田开发和结合技术改造进行工厂搬迁。移民的建房普遍比搬迁前在数量和质量上有较大改善，发挥了移民和国家两个积极性。五是设立重庆直辖市，这是中央为加快中西部地区经济和社会发展所采取的重大决策。这一决策有利于加强三峡库区移民工作的领导，保证三峡工程顺利进行。当然，过去四川省在移民方面也做了很多工作，开了好头，但四川的人多面积大，难以集中精力抓好移民工作。六是号召中央各有关部门和省、市、自治区对口支援库区。这种对口支援方式体现了社会主义制度的优越性，既给受援方以很大帮助，又给支援方提供了向中西部发展的机遇，已经取得了初步实效，有着巨大的潜力。七是对库区实行了诸如设立三峡经济开放区和开放城市等一系列优惠政策。八是原则上实行就地搬迁方针。库区的实践并不像外界流传的“三峡百万人口大迁移”，三峡库区虽然耕地少，容量有限，但就地后靠开发还有很大的余地，我们看到的很多移民新村就是采取就地搬迁，使移民的生产生活得到了妥善安置。应该做到移民搬迁大部不出乡、村，一般不出县。原来确实设想过实施部分迁移性移民，把一些有富裕土地资源的地区作为移民的安置区。现在看来，不一定需要采取这种方式。因为移民对外地的气候、水土、生活习惯不一定能适应，搬出去不一定能稳得住。采取外出打工，把根仍留在三峡的办法，更容易被移民所接受，也可以解决环境容量有限的问题。沿海有关省市，可以用有组织吸收打工者，来支持三峡移民打工者把挣来的钱寄回家盖房、投资，把技术、管理经验带回来发展家乡经济。当然，移民打工不能有任何特权。各地要按市场经济原则办事，实行优胜劣汰。大家共同创造并逐步形成的这些方针政策，必将更加有力地促进移民工作和库区经济的发展。

五年来，湖北省、重庆市、四川省政府和建设委员会及其移民开发局，以及对口支援的省、市、区政府，中央各有关部门都为三峡工程移民付出了艰辛的劳动，不但取得了实际成效，而且积累了宝贵的经验，希望大家能够认真加以总结，把二期移民工作和对口支援工作搞得更好。

通过五年来的艰苦努力，不但三峡工程建设取得巨大成绩，而且一期移民任务已经顺利完成，这为完成更加艰巨的二期移民任务奠定了良好的基础。

二期移民工作的总任务是，要保证三峡水库在2003年按时蓄水至135米，确保按时发电。二期移民任务是艰巨的。初步匡算可能在40万人左右，每年将近8万人。1998年是二期移民工作的第一年，一定要开个好头。移民和对口支援的会议以后要每年召开一次，总结经验，表彰先进。

在三峡库区二期移民工作中，要着重注意以下几个问题。

湖北省、重庆市，及其有移民任务的市、县要继续把移民工作摆在经济工作的重要位置，特别是重庆市移民任务最重，占整个库区任务的80%，应该把完成移民任务作为三大重点工作之一。如果说三峡工程成败的关键在移民，而移民成败的关键则在领导。必须明确移民地区党政一把手为移民工作的第一责任人，调动一班人的积极性，切实加强对移民工作的领导。

移民工作必须充分依靠群众。在群众中蕴藏着巨大的创造力，这是我这次考察中感受最深的。在实践中他们会创造出许多意想不到的方法和路子。搬迁后靠移民普遍采用大造石墙梯田，补偿被淹耕地，配上水源，沿公路修建住宅，形成农村搬迁模式。在移民搬迁工作中，必需正确处理国家、地方和移民三者的利益关系，发挥三个积极性，共同搞好移民工作。

继续处理好移民搬迁与当地经济发展的关系。进一步牢固树立移民资金切块包干的思想，特别是在新城镇建设上，一定要实事求是、量力而行。发展有一个过程，不要想一口吃一个胖子，急于求成是违反经济规律的，到头来是要吃苦头的。只要做规划时留有发展的余地，今后经济发展了，财力增强了，城镇的规划目标是可以逐步实现的。

要加强项目管理。库区迁建项目也要像枢纽工程一样，实行以项目法人负责制为中心的科学管理制度。尤其要加强项目的资金管理，堵塞资金流失、挪用、浪费的漏洞。各级监察、纪检、审计部门要加强对资金使用的监督，狠狠打击浪费和腐败行为。要知道三峡工程建设和移民资金是全国人民支持的，来之不易，甚至一些不发达的省市也做了贡献，因此三峡工程所有建设者和库区各级领导，要始终牢固树立勤俭节约思想，决不容许挥霍浪费。

要进一步加强中央各部门，各省、市对库区的对口支援工作。实践证明，对口支援对搞好移民工作、推动库区经济发展具有十分重要的作用，同时也是缩小我国东南沿海与中西部地区差距的一条有效途径，有着普遍意义。中央各部门要加强行业指导，动员行业力量支援库区。各省市要组织生产名优产品的企业进入库区，建立合作或合资企业，兼并亏损企业，把支援方的技术、资金、管理同库区的资源、劳力、市场需求结合起来。在合作过程中，要坚持平等互利、优势互补的原则，按市场经济规律办事。地方政府发挥组织协调作用，具体合作事宜由企业之间来洽谈。今后，各对口支援省、市、自治区在做好原来承诺的一个省对口支援一个县的前提下，为了发挥双方积极性，可以扩大合作范围，在全库区范围内主动选择合作伙伴。库区各级政府要积极主动地改善投资环境，为吸引更多的外地企业进入库区创造条件。库区移民任务最重的万县市，通往达县的铁路已经开工，机场、码头、公路也要修建，发展前景很好，将来一定会成为重庆的第二大城市。企业所需要的技改、流动资金贷款，银行要积极帮助落实。经济发达地区或同时又有劳务需要的地区，要帮助库区作好劳务输出工作，吸纳一定数量的库区劳动力到发达地区做工。这项工作，由湖北省、重庆市同有关省市协商，统一规划，严格管理，有次序地进行。

库区的移民安置区要重点发展高效生态农业。库区农村土地资源有限，要想使农村移民搬得出、稳得住、逐步能致富，就必须因地制宜发展高效生态农业。要以市场为导向，依靠科学技术，发展效益高的种植业和养殖业。在农村移民安置区，可以不强调“粮食自给”，因为库区人口有限，交通方便，所需粮食可从全国各地调配。三峡水库建成后将会形成许多港湾、库汊，具有发展水产养殖业的广阔前景。在种植业和养殖业方面要培育和引进优良品种，进一步发展加工业，提高农产品的附加值，培育龙头企业，逐步实现产业化。库区水利建设是一件大事。重点库区虽然降雨量不少，但时空上分配不均，且有伏旱的特点。因此必须重视移民新区水利建设，大、中、小相结合，兴建水库、塘坝、微型水池以及各种提水措施，采用节水技术，来解决用水问题。这是库区搞好生态农业的关键。

要进一步重视生态环境保护工作。要加大长江中上游防护林的投资强度。对三峡库区已经建成的防护林带,要加强维护和保养。重庆等沿江大中城市要认真解决好污水处理问题,要下决心关停一批污染严重的工厂。广开筹资渠道,力争在2003年水库蓄水之前,沿江城市污水的处理取得明显进展。库区各级政府一定要增强环保意识,在新城镇建设、复建沿江公路时,要改变随意弃渣,大挖大填,破坏岸坡植被、破坏地层稳定而造成新的地质灾害和水土流失的状况。

要做好文物保护工作。有关部门要尽快审批文物保护规划,按照"重点发掘、重点保护"的原则,把文物保护工作做好。

三峡工程的兴建,给三峡库区的旅游事业带来前所未有的发展机遇。待到高峡出平湖时,还要出现更多雄奇峻秀的名胜、风景区,三峡库区将成为全国乃至全世界名列前茅的风景区。重庆市和湖北省要搞好沿江地区旅游发展的规划,不断改善旅游环境,提高服务水平,发动各方力量开发旅游资源,创造新的就业机会,把发展旅游业同安置移民结合起来,使旅游业成为三峡库区的一项支柱产业。

在三峡工程建设过程中,必须重视提高建设队伍的整体素质,包括政治与业务技术素质。从事三峡工程的建设者和库区移民干部,要继续发扬艰苦奋斗、无私奉献的精神,谦虚谨慎、依靠群众、清正廉洁、一身正气,不仅要把三峡工程建成一流的工程,还要培养出一支全心全意为人民服务的优秀干部队伍。

只要我们以党的十五大精神为指针,在以江泽民同志为核心的党中央领导下,高举邓小平理论的伟大旗帜,团结一致,同心同德,自强不息,艰苦奋斗,我们就一定能够建设好三峡枢纽工程,也一定能够把三峡库区建设成为长江上游的一个经济繁荣、环境优美、人民安居乐业的新型经济区。

全国工商联八大及八届一次执委会在北京闭幕

八届一次执委会推举王光英为名誉主席,经叔平再次当选为主席。

在闭幕会上,宣布了八届一次执委会选出的新一届常务委员、副主席、主席名单。通过了《中华全国工商业联合会第八届会员代表大会关于第七届执行委员会工作报告的决议》。会议指出,在跨世纪的历史时期,工商联肩负着继续鼓励和引导非公有制经济健康发展的历史使命。各级工商联要认清形势,进一步明确职责,认真贯彻团结、教育、引导、服务的方针,广泛团结、教育广大非公有制经济人士,努力培养一支坚决拥护党的领导、走社会主义道路的积极分子队伍,通过引导、服务使非公有制经济健康发展,使之在社会主义市场经济中发挥重要作用。决议号召,各级工商联组织和全体会员,高举邓小平理论伟大旗帜,进一步学习贯彻中共十五大精神,在以江泽民同志为核心的中共中央的坚强领导下,为实现跨世纪的宏伟目标,解放思想,开拓进取,同心同德,艰苦奋斗,努力开创工商联工作的新局面。

大会通过了向为工商联做出贡献的不再担任领导职务的老同志的致敬信。

审议通过了第七届执行委员会的工作报告,通过了修改后的《中国工商业联合会章程》;选举产生了第八届执行委员会。

在6日结束的全国工商联八届一次执委会上,推举出全国工商联1名名誉主席、8名名誉副主席;选举出主席1人,副主席20人,秘书长1人,常务委员107人。

全国工商联宣布第八届执委会领导成员名单

名誉主席:王光英

名誉副主席:孙孚凌　古耕虞　姜培禄
郭秀珍(女)　梁尚立　曾宪梓
郑裕彤　李宏昌

主　席:经叔平

副主席:郑万通　张绪武　胡德平　朱文渠
黄长溪　严克强(壮族)
保育钧(蒙古族)　刘鹤章　谢伯阳
王治国　郭炳湘　何厚铧
伍淑清(女)　王以铭(回族)
甘国屏　姜永涛　谢树声　刘永好
柳传志　张宏伟

秘书长:程路

中国道教协会举行成立40周年纪念会

来自全国各省、市、自治区道协、宫观的代表及部分道教徒在北京集会,纪念中国道教协会成立40周年。全国政协副主席、中央统战部部长王兆国到会并讲话。

王兆国在讲话中说,40年来,中国道教协会作为全国道教徒的爱国群众组织,自觉地接受党和政府的领导,紧密联系广大道教信徒,高举爱国爱教的旗帜,坚持了正确的办教方向。中国道协的40年是与党和国家风雨同舟、荣辱与共的40年,是开拓进取、不断取得新成绩的40年。

王兆国说,党的宗教信仰自由政策是一项长期的基本政策。贯彻好这一政策是党政宗教工作部门和爱国宗教团体的共同任务。依法加强对宗教事务的管理，是依法治国的重要内容，它既包含国家对宗教事务的管理，也包含宗教团体根据国家法律加强自我管理。希望中国道教协会在已经取得成绩的基础上继续努力，积极协助政府贯彻宗教信仰自由政策，发挥自身的桥梁和纽带作用，把广大道教信徒紧密团结在党和政府的周围，为建设现代化的社会主义国家做出自己的贡献。

全国政协副主席赵朴初、中央统战部副部长李德洙、国务院宗教事务局局长叶小文，以及全国各宗教团体及首都有关单位代表 60 余人出席纪念会。中国道教协会副会长谢宗信也在纪念会上讲话。

全国政协主席李瑞环在北京会见光彩事业促进会理事会议代表

李瑞环在会见出席中国光彩事业促进会一届二次理事会议代表时，希望更多的非公有制经济人士投身到光彩事业中去，动真情、献爱心、做贡献。

在今天的会上，刘永好等 25 名非公有制经济代表人士获得“光彩事业奖章”，这是光彩事业实施三年多来首次对贡献突出的非公有制经济人士进行表彰。

李瑞环对获奖者以及新当选的全国工商联领导人表示祝贺和敬意。他说，党的十五大报告明确提出，公有制为主体、多种所有制经济共同发展，是我国社会主义初级阶段的一项基本经济制度；非公有制经济是我国社会主义市场经济的重要组成部分。这就意味着，非公有制经济在社会主义初级阶段不仅会长期存在，而且会得到持续、健康的发展；这就意味着，作为党和政府联系非公有制经济人士的桥梁和纽带，作为政府管理、引导非公有制经济的助手，工商联的任务更繁重了、地位更重要了。希望同志们认真学习、深刻领会十五大精神，在促进非公有制经济健康发展、加强非公有制经济人士思想政治工作等方面，多花一些功夫，多出一些主意，多作一些贡献。他说，几年来，一大批非公有制经济人士参与到光彩事业中来，做了大量工作，取得了显著成绩，创造了不少好的经验，涌现了许多感人的事迹和先进人物。光彩事业赢得了人们的尊敬，受到了各界的好评，中央也给予了关注和支持。

李瑞环说，改革开放以来，我们允许和鼓励一部分人一部分地区先富起来。因为一部分人先富起来是实现共同富裕的捷径，不允许一部分人先富起来，结果只能是共同贫困。先富不仅对先富者有利，对社会、对长远、整体也都有利。先富合理合法，无可非议。但先富的人毕竟是少数，短期内大家不可能都富起来，同时还会有一部分人生活比较困难，先富后怎么办？我们认为，先富的人应该有报效国家、服务社会、奉献人民的胸怀，用自己的才华和力量去帮助未富的人、贫困的人。光彩事业是一种先富帮未富的有效形式，是中华民族扶危济困传统美德在新形势下的发扬光大，也是社会主义市场经济条件下经济行为同道德行为相结合的一个创举，具有深远的意义、广阔的发展前景。希望有更多先富起来的非公有制经济人士，投身到光彩事业中来，动真情、献爱心、做贡献。希望统战部、工商联认真总结经验，加强组织领导，完善服务体系，搞好项目推动。希望各级党委、政府一如既往地关心和支持光彩事业，使光彩事业在配合政府实现扶贫攻坚战略目标中，发挥更为积极的作用。

中共中央政治局常委胡锦涛在上海考察

11 月 7 日至 11 日，胡锦涛在中共中央政治局委员、上海市委书记黄菊，上海市市长徐匡迪等陪同下，考察了浦东新区建设、街道党组织建设和实施再就业工程的情况。

在闸北区临汾街道等地，胡锦涛深入到居民家庭和社区服务机构，同街道基层干部和居民群众亲切交谈，详细了解街道党组织的工作情况和居民的生活情况。他充分肯定了上海市以社区建设为载体，加强街道党建工作的经验。他指出，随着改革开放和社会主义市场经济的发展，城市社区工作越来越重要。要把社区各项工作做好，必须充分发挥街道党组织的领导核心作用，把社区内各方面的力量动员起来，凝聚起来，齐心协力，共建文明社区。在整个社区工作中，都要把为居民群众服务好作为出发点和落脚点，做到心系群众，服务群众，依靠群众，努力为国分忧，热心为民解愁。

胡锦涛来到上海市第二电表厂和几家再就业服务中心，详细了解下岗职工的情况，同有关方面负责同志一起探讨如何拓宽再就业渠道，做好再就业工作。胡锦涛指出，在积极推进国有企业改革的过程中，要下决心搞好下岗分流、减员增效。要牢固树立马克思主义的群众观点，把群众的冷暖疾苦挂在心上，满腔热忱地关心下岗职工的生活，千方百计帮助他们解决困难，扎实有效地推进送温暖工程和再就业工程，把党和政府的关怀和温暖带给千家万户。要认真总结成功经验，进一步拓宽就业门路，增加再就业岗位；完善人才市场，疏通就业渠道；还要引导下岗职工转变就业观念，增长劳动技能。他说，做好这方面的工作，有利于国有企业改革的深化，有利于社会的稳定，有利于密切党和政府同人民群众的联系。

全国资源节约综合利用成果展览会在北京展览馆开幕

展览会由国家经贸委主办。党和国家领导人江泽民、李鹏、乔石、李瑞环为展览会题词。

全国人大常委会副委员长布赫、全国政协副主席万国权出席了开幕式，并为展览会开幕剪彩。

国家经贸委副主任李荣融在开闭式上说，近几年来，我国的资源节约综合利用工作不断推进。国家经贸委会同有关部门开展了节能产品、优秀节能科技成果“双500项”推荐活动，发布了一系列的推广节能机电产品目录、淘汰机电产品目录、风机水泵节能产品目录、综合利用优秀实用技术目录、“九五”推广节能科技成果项目目录和严重污染环境的淘汰工艺及技术目录。同时，全国重点开展了绿色照明、风机水泵改造、电机调速、洁净煤燃烧、清洁生产、淮河流域水污染治理和保护环境的工作，为我国经济持续、快速、健康发展作出了贡献。最近，《中华人民共和国节约能源法》获全国人大常委会通过，使我国的资源节约综合利用工作有了法律保证。

举办这种展览会在我国尚属首次。展览会突出展示了我国在资源节约综合利用方面的先进管理经验、技术和产品，其中既有一些达到世界先进水平的技术，也有一批应用面广、成效显著的成熟应用技术。展览会为期5天。

国际竹藤组织成立大会在北京举行

国家主席江泽民为国际竹藤组织题匾；国务院总理李鹏题词。国务院副总理姜春云出席成立大会并致辞。

布赫、万国权为国际竹藤组织铜匾揭幕。雷洁琼、何鲁丽出席了成立大会。来自孟加拉国、加拿大、中国、印尼、缅甸、尼泊尔、秘鲁、菲律宾、坦桑尼亚等9个发起国政府的代表和荷兰等6个观察员国家的代表以及国际农发基金会、加拿大国际发展研究中心的官员等出席了成立大会。

姜春云致辞时首先代表中国政府对国际竹藤组织的成立表示诚挚的祝贺。

国际竹藤组织由中国和加拿大共同发起，是第一个总部设在中国的政府间国际组织。国际竹藤组织将在保护竹藤资源可持续发展的前提下，通过联合、协调和支持竹藤的战略性及适应性研究与开发，保护竹藤生产者的利益，提高国家一级竹藤研究开发机构及服务组织的能力。

我国被誉为“竹子王国”，现有竹类植物400多种，竹种资源、竹林面积和蓄积量均居世界前列。中国有棕榈藤类植物40种，天然林面积30万公顷，年产原藤5000吨，竹藤业在中国经济中占有重要地位。

姜春云、钱其琛、雷洁琼、王光英、布赫、宋健、陈俊生等领导人也分别为大会题了词。中央、国务院有关部门负责人以及北京市的负责同志也出席了成立大会。

林业部副部长王志宝当选为国际竹藤组织第一届理事会主席，中国林业科学院院长江泽慧当选为国际竹藤组织第一届董事会联合主席。

第六届中国吴桥国际杂技艺术节在石家庄结束

中共中央政治局委员、国务委员李铁映以及河北省委书记程维高、省长叶连松，文化部副部长徐文伯等参加了闭幕式并向金狮奖等的获奖者颁奖。

在本届杂技节上，郑州杂技团的《集体车技》，中国杂技团的《四人顶碗》、河北省杂技团的《流星》、朝鲜牡丹峰杂技团的《空中飞人》等4个节目获最高奖金狮奖。俄罗斯国家马戏公司的《空中飞人》等6个节目获银狮奖。俄罗斯国家马戏公司的《抖扛》等9个节目获铜狮奖。

参加本届比赛的有来自朝鲜、俄罗斯、英国、波兰、比利时、蒙古以及中国等国家的32个节目。

11月8日

三峡工程大江截流仪式在西陵峡龙口附近工地举行

下午3时整，大江截流仪式开始。三峡工程开发总公司总经理陆佑楣向出席仪式的各界代表汇报了三峡工程进展情况。

下午3时30分，上游围堰截流成功，左右两道戗堤完全连接在一起。

李鹏总理宣布截流成功，紧接着3颗信号弹划破长空。此刻，截流现场的1000多名施工大军、5000多名来宾和两岸4万多名当地干群、移民和游客欢腾雀跃。鞭炮齐鸣，车船鸣笛、鸣号，人们热烈欢呼，如同一部浑厚的交响乐在三峡工地发出惊天动地的回响。五彩缤纷的气球飞向天空，截流现场形成欢乐的海洋。

江泽民和李鹏从会场主席台来到截流围堰堤坝，向施工人员表示热烈祝贺和亲切慰问，工地又出现一次欢庆的高潮。三峡工程的建设者们表示，决心在以江泽民同志为核心的党中央领导下，高举邓小平理论伟大旗帜，认真贯彻党的十五大精神，落实江泽民总书记“发扬艰苦创业精神，建好宏伟三峡工程”的指示，努力实现李鹏总理要求的一流的科学管理、一流的质量和一流的文明施工的目标，迎接三峡工程更大的挑战，为夺取第二阶段工程建设的胜利努力奋斗。

国务院副总理邹家华主持了截流仪式。

参加大江截流仪式的领导人还有：丁关根、罗干、曾庆红、王丙乾、陈俊生、钱正英，各民主党派、工商联负责人和无党派人士，中央有关部门、三峡工程建设委员会、湖北、重庆、四川以及承担对口支援库区的有关省市的负责同志。

国家主席江泽民在三峡工程大江截流仪式上发表讲话

同志们，朋友们：

今天，举世瞩目的三峡水利枢纽工程胜利实现了大江截流，这是我国现代化建设的一件大事，也是人类改造和利用自然史上的一个壮举。这必将给正在满怀信心地进行改革开放和现代化建设的全国各族人民，以巨大的鼓舞。

我代表党中央、国务院，向三峡工程的广大建设者、科技工作者和库区的广大干部群众，表示热烈祝贺和亲切慰问！向支援三峡工程的全国各族人民，向关心三峡工程的香港特别行政区、澳门、台湾同胞和海外侨胞以及国际友好人士，表示衷心感谢！

70 年前，我国民主主义革命的伟大先行者孙中山先生，就曾提出利用三峡水力和电力资源的设想。新中国成立后，毛泽东同志、邓小平同志和其他老一辈无产阶级革命家，为兴建三峡工程，倾注了大量心血。我国几代科学家，为三峡工程付出了辛勤的劳动和智慧。改革开放以来，我国经济快速发展，综合国力大大增强，为建设这一史无前例的世纪工程提供了充分的条件。多少代中国人开发和利用三峡资源的梦想，今日正在变为现实。这再次生动地说明，社会主义具有能够集中力量办大事的优越性。

自古以来，中华民族就进行了征服、开发和利用自然的壮阔历史活动。精卫填海、愚公移山的传说，大禹治水的故事，表达了远古时代中国人民改造自然、人定胜天的顽强奋斗精神。两千多年前建成的都江堰和隋代开凿的大运河等水利工程，对当时的经济和社会发展起到了重要作用。今天，我们在长江三峡兴建的这一世界上规模最大、综合效益最广泛的水利水电工程，将对我国国民经济的发展起到重大促进作用。它是一项造福今人、泽被子孙的千秋功业。它体现了中华民族艰苦创业、自强不息的伟大精神，展示了中国人民在改革开放中改天换地、创造未来的宏伟气魄。

大江截流成功，标志着三峡水利枢纽一期工程顺利完成，并转入二期施工。参加建设的各个单位，要切实加强管理，保证工程质量，继续搞好科研攻关和试验，确保 2003 年实现首批机组发电。在三峡工程建设中，要坚持按社会主义市场经济规律办事，同时大力发扬社会主义团结协作精神；坚持独立自主、自力更生的方针，同时积极开展国际合作与交流。既要调动外国投资企业的积极性和利用它们的资金技术优势，更要充分发挥我国企业的各种优势和潜力，使它们为三峡工程作出更多的贡献，并促使它们的发展水平得到新的提高。

做好移民工作，是关系三峡工程进展和成功的关键。它涉及百万移民，是一项艰巨细致的工作，库区各级党委和政府要总结、发扬已经取得的好经验，自始至终地把这一工作做好。要坚持开发性移民的方针，抓住三峡工程兴建带来的发展机遇，正确处理搬迁与发展的关系，切实安置好移民群众的生产和生活，引导他们走上致富的道路。中央各有关部门和有关省市，要继续做好对口支援工作。可以坚信，随着三峡工程的建成，这一地区将会成为经济繁荣、环境优美、人民安居乐业的新型经济区。

在三峡工程建设中，保护好流域的生态环境极为重要。库区两岸特别是长江上游地区，一定要大力植树造林，加强综合治理，不断改善生态环境，防止水土流失，这是确保库区和整个长江流域的长治久安和可持续发展的重要前提条件，是功在当代、利在千秋的大事，务必年复一年地抓紧抓好，任何时候都不能疏忽和懈怠。总之，要统筹兼顾，着眼长远，科学规划，采取切实可行的措施，努力实现经济、社会和生态环境的协调发展。

长江流域是中华文明的发祥地之一，在库区留下了丰富灿烂的文化遗产。要按照“重点保护、重点发掘”的原则，认真做好库区文物保护工作。

参加三峡工程建设和在库区工作的各级领导干部，要发扬无私奉献、廉洁奉公的精神，带领广大群众艰苦奋斗，开拓进取，把三峡工程建成世界上一流的水利水电工程，同时培养造就出一大批优秀人才。

同志们，建设好三峡工程，是我们的重大历史责任，也是我们的无上光荣。让我们在党的十五大精神指引下，高举邓小平理论伟大旗帜，团结奋斗，为推进三峡工程建设，为实现社会主义现代化和振兴中华的伟大事业作出新的更大的贡献！

中共中央总书记 国家主席江泽民 国务院总理李鹏在三峡文化中心会见三峡建设者和移民工作先进代表

国务院总理李鹏在三峡工地会见三峡工程参建单位负责人

李鹏向三峡工程的建设者，向长期以来关心、支持三峡工程的同志们表示衷心的感谢。他强调指出，要建立一套严格的科学管理制度，进一步提高科学管理水平，确保工程质量，把三峡工程建成具有世界一流水平的工程。

李鹏说，三峡工程今天就要实现大江截流，标志着一期工程完成，二期工程开始。这是在党的十五大精神的鼓舞下，三峡建设者共同努力取得的成就。他说，大江截流具有重要的政治意义、经济意义，它向全世界显示了中国人民有能力建设世界一流的工程。

他说，三峡工程从70多年前孙中山提出利用三峡的水能资源，到新中国成立后长达40年的论证，经过了几代人的努力。他指出，论证过程中的不同意见，对三峡工程起到了促进作用，使我们工作如履薄冰，兢兢业业。大江成功截流后，三峡工程一定会得到全国人民更多的理解和支持。

李鹏指出，三峡工程一期建设在工程质量、投资控制等方面，都取得很大成绩。三峡工程的二期建设任务将更为繁重、艰巨。希望广大建设者，包括业主和设计、施工、监理单位，继续发扬一期工程建设的团结拼搏精神，加强科学管理，把工程建设得更好。要在确保工程质量的前提下安排工程进度。他说，二期工程的核心问题是管理。三峡一期工程中采取的项目法人负责制、投标招标制、项目监理制和合同管理制是成功的，取得了好的效果。今后要进一步实行现代科学管理，并在合同的基础上严格索赔制度。他希望通过三峡工程建设，培养出一支政治强、业务过硬、能艰苦奋斗的优秀队伍。

李鹏说，三峡工程建设同样要坚持两个文明一起抓。要发扬艰苦奋斗的精神，精打细算，防止铺张浪费。要以实际行动维护三峡工程的良好形象。三峡建设者要明确三峡工程是全国人民的工程，离不开全国人民的关心和支持。

李鹏指出，以江泽民同志为核心的党中央对三峡工程十分关心和支持。广大建设者一定不要辜负党中央和全国人民的期望，把三峡工程建设好。

九三学社第七次全国代表大会在北京开幕

这次大会是九三学社在本世纪召开的最后一次全国代表大会，大会将以邓小平理论为指导，学习贯彻中共十五大精神；听取并审议九三学社第九届中央委员会的报告；讨论通过《九三学社章程修正案》；选举九三学社第十届中央委员会。

开幕式由大会主席团常务主席郝诒纯主持，常务主席吴阶平致开幕词。吴阶平说，这次大会是在中国共产党第十五次全国代表大会胜利闭幕后不久，我国改革开放和社会主义现代化建设事业处于承前启后、继往开来的重要时刻召开的。面对改革攻坚和开创建设有中国特色社会主义新局面的历史责任，如何在新老交替的基础上，保持九三学社的政治方向不变，优良传统不变，优势和特点不变，是摆在我们面前的一项战略任务。我们要清楚地认识到：实现跨世纪的新老交替和政治交接，必须着眼于九三学社接受共产党的领导、走社会主义道路的政治纲领、政治路线的延续和发展；着眼于九三学社与中国共产党亲密合作的优良传统的延续和发展；着眼于九三学社老一辈领导人政治立场、优秀品质和优良作风的延续和发展，进而全面提高九三学社的整体素质。吴阶平希望与会的全体代表认真学习江泽民同志在中共十五大所做的政治报告，在邓小平理论和中共十五大精神的指引下，同心同德，群策群力，胜利完成历史赋予这次代表大会的重任。为实现跨世纪的新老交替和政治交接，开拓九三学社未来工作的新局面，把建设有中国特色社会主义事业全面推向21世纪而努力奋斗。

中共中央政治局委员、国务院副总理吴邦国代表中共中央致贺词。贺词说，九三学社是具有光荣革命历史和优良传统的政党。自成立以来，始终与中国共产党同呼吸，共命运，心连心。九三学社第七次全国代表大会是在世纪之交召开的一次具有重要意义的大会，大会将完成九三学社中央领导集体跨世纪的新老交替，确定今后一个时期的工作方针和任务。我们相信，新一届九三学社中央领导集体一定能够在新老交替的基础上搞好政治交接，肩负起历史赋予的使命和广大社员的重托，把九三学社与中国共产党同舟共济、亲密合作的优良传统继承下来，发扬光大，团结和带领广大社员，认真学习邓小平理论，进一步加强自身建设，充分履行参政党职能，不断开创九三学社工作的新局面，为振兴中华、统一祖国作出新的更大的贡献。

受九三学社第九届中央委员会委托，大会常务主席徐采栋在会上做题为《在邓小平理论伟大旗帜指引下，向着新世纪的宏伟目标阔步前进》的报告。报告说，中共十五大的召开，极大地鼓舞和动员了全国各族人民解放思想，抓住机遇，开拓进取，把建设有中国特色社会主义事业全面推向21世纪。5年来，九三学社认真履行参政党职责，加强参政党建设，发挥参政党作用，认识逐步深化，思路得到扩展，实践日渐深入，领域不断拓宽，各项工作出现了生机勃勃的新局面。报告在对九三学社六大以来所取得的主要经验和体会进行了概括和总结。

随后，徐采栋代表九三学社第九届中央委员会向本次大会即将选举产生的新一届中央委员会的工作提出了几点建议。这些建议包括：认真学习贯彻中国共产党第十五次全国代表大会精神，以邓小平理论为指导，把思想建设放在自身建设的首要位置；致力于建设有中国特色社会主义事业，努力参政议政，提高参政水平，促进社会主义民主政治建设；集中智力资源，发挥科技优势，为实施科教兴国战略，为实现"九五"计划和

2010 年远景目标作出更大贡献;全面加强自身建设,继续推进跨世纪的新老交替和政治交接。

目前九三学社共有社员 68440 人。5 年来,新建了省级组织重庆市委会和一批市级、基层组织。九三学社现有省级组织 30 个,市级组织 216 个,基层组织 3437 个。社中央和一些地方组织经过了中间调整;地方组织陆续完成了换届工作,地方领导班子的跨世纪政治交接有了良好的开端。

全国人大常委会副委员长布赫,全国政协副主席、中共中央统战部部长王兆国,全国政协副主席朱光亚以及各民主党派中央、全国工商联、国务院有关部门的负责同志出席了开幕式。

全国人大常委会副委员长田纪云在福建考察

田纪云在福建考察时指出,通过学习贯彻十五大精神,思想要更解放一些,办法要更多一些,步子迈得更大一些,坚持实事求是,一切从实际出发的思想路线,破除一切陈规旧习和阻碍生产力发展的传统观念,大胆探索,把福建的事情办得更好些。

田纪云强调,要牢记贫穷不是社会主义,发展才是硬道理。党的基本路线的实质就是要发展,以经济建设为中心就是要把经济搞上去,两个基本点都是为了发展,一个是发展的方向,要搞社会主义;一个是发展的动力,没有动力,社会主义是建不成的,所以不能把两者割裂开来。没有方向不行,没有动力,方向也是空的。对改革、发展、稳定的关系要全面理解,不改革、不发展的稳定是不可靠不持久的,稳定最终要靠改革、靠发展。现在不论国际国内环境都是我们发展的最好时机,如何抓住机遇加快发展、壮大自己,是摆在我们面前的重大课题。福建是我国 12 个沿海省市之一,与台湾隔海相望,把福建建设好,具有重要的战略意义。

农业部部长刘江在罗马举行的联合国粮农组织第二十九届大会全体会议上发言强调中国 12 亿多人口温饱问题基本解决

刘江说,中国政府历来高度重视粮食安全问题,始终把解决人民的吃饭问题当作头等大事。世界粮食首脑会议之后,中国进一步加大了工作力度,制定了一系列加强和保护农业的政策措施,努力增加农业投入,改善生产条件,为彻底解决占人类近 1/4 人口的粮食安全问题作出了不懈努力,取得了较好成效。1996 年中国粮食产量达到 4900 亿公斤以上,肉类总产量达到 5915 万吨,水产品产量达到 3085 万吨。今年中国虽然遭受了严重的干旱灾害,但农业仍可望获得较好收成。

刘江指出,中国目前还有 5800 万人口处于贫困状况,中国强调立足自力更生,同时也衷心希望得到国际社会的进一步支持和合作。

中国选手在罗马欧洲体育馆结束的第四届世界武术锦标赛中获得八枚金牌

西藏那曲地区玛尼附近于 18 时 02 分发生 7.5 级地震

11 月 9 日

《人民日报》发表社论《贺大江截流成功》

国务院副总理李岚清在钓鱼台国宾馆与陪同叶利钦总统访华先期抵达北京的俄罗斯第一副总理涅姆佐夫举行会谈

李岚清与涅姆佐夫就两国经贸合作等重大问题交换意见,为两国最高级会晤做进一步准备。

李岚清说,中国政府高度重视叶利钦总统访华。明天江泽民主席和叶利钦总统将举行第五次最高级会晤。除就双边关系的发展前景和共同感兴趣的重大国际问题交换意见外,两国元首将对中俄关系几年来发展的经验和成果进行总结,签署中俄第五个联合声明。他相信这将是一次内容丰富、富有成果的会晤,必将把中俄已经建立的战略协作伙伴关系全面推向 21 世纪。

涅姆佐夫说,叶利钦总统此次访华是俄中关系中的一件大事。俄方希望通过这次访问进一步加强俄中关系,更广泛地开拓合作领域。他表示相信经过双方的共同努力,两国的经贸合作会稳定增长。

双方就推动两国经贸关系、特别是大型长期项目上的合作问题进行了深入的讨论,并达成了广泛的一致。

伍修权逝世

原中共中央顾问委员会常委、中国人民解放军原副总参谋长伍修权,在北京逝世,享年 90 岁。

伍修权,1908 年 3 月生于湖北武昌。1923 年冬,经陈潭秋介绍加入社会主义青年团。1925 年 10 月,赴莫斯科中大学学习。1927 年 9 月,进入莫斯科步兵学校学习。1929 年到苏联远东边疆保卫局工作,1930 年转为苏联共产党(布)候补党员。1931 年 5 月回国后即转为中国共产党党员。到中央苏区后,先后担任闽粤赣军区司令部参谋,瑞金红军学校第一期连指导员、第二期政治营教导员、第三期军事团教育主任,军委模范团政委,军委直属第三师政委,福建军区汀(州)连(城)分区司令员兼政委等职。1933 年秋,任共产国际派驻中共中央军事顾问的翻译,参加第五次反“围剿”。1934 年 10 月,参加二万五千里长征。1935 年 1 月,列席遵义会议。1936年4月,任红十五军团七十三师参谋长,参加东征战斗。1937年2月,任陕甘宁边区政府秘书长。1938年2月,任八路军驻兰州办事处处长。1941年7月,返回延长,担任中央军委一局局长。1945年参与起草朱德在"七大"的军事工作报告。同年8月,任总参谋部作战部副部长。1946年4月,任军调处执行部长春分部负责人。1947年后任东北军区参谋长兼军工部政委。新中国成立后,1950年至1958年,先后担任外交部苏欧司司长、副部长、中国驻南斯拉夫首任大使等职。1958年10月至1967年4月,担任中共中央对外联络部副部长,并曾兼任机关党委书记。"文化大革命"中,遭到残酷迫害,被关押监护长达八年。1975年4月,任中国人民解放军副总参谋长。1980年6月,为审判林彪、江青反革命集团的审判工作指导委员会成员和特别法庭副庭长、第二审判庭审判长。是第三届中国人民政治协商会议常委,第四届全国人民代表大会常委,中国共产党第七、第八、第十一、第十四次全国代表大会代表,第十五次全国代表大会特邀代表,第八届、第十一届中央委员,在党的第十二次、第十三次全国代表大会上,当选为中央顾问委员会委员、常委。

11月10日

国家主席江泽民在人民大会堂同俄罗斯联邦总统叶利钦举行会谈

双方一致认为,六年来,中俄关系的发展取得了丰硕成果,也积累了许多宝贵经验。实践表明,中俄建立面向21世纪的战略协作伙伴关系,睦邻友好,平等合作,共同发展,既不结盟,也不对抗,不针对第三国,完全符合两国人民的根本利益和愿望,也有利于地区及世界的和平与稳定。

江泽民指出,中俄关系已经有了明确的发展方向,这就是我们已经建立起平等、信任、面向21世纪的战略协作伙伴关系;已经有了坚实的政治基础,这就是通过各项联合声明及其他文件,双方承诺在相互关系中严格遵循相互尊重、平等信任、互利合作、共同发展的原则;已经有了有效的机制保证,这就是两国元首、总理、外长建立了定期会晤制度。随着中俄友好、和平与发展委员会的成立和运作,两国各界人民之间的友谊与相互了解将会加强,中俄友好合作关系的社会基础将会更加深厚。所有这一切使我们有理由相信,中俄关系的发展前景十分广阔,这不仅将会更好地造福于两国人民,而且必将对国际形势和国际关系的健康发展产生更大的积极影响。中方愿与俄方共同努力,将两国的战略协作伙伴关系全面推向21世纪。

叶利钦表示完全同意江泽民的看法。叶利钦说,俄中已经建立起面向21世纪的战略协作伙伴关系,这种关系是建立在信任和友谊的基础之上的,这种关系不仅有政治和经济等方面的具体内容,而且还有两国最高领导人的亲自关心和培育。叶利钦说,俄中两国之间不存在什么问题,经过这次会晤,两国的关系将会继续向前推进。

两国国家元首正式宣布,中俄东段国界勘界工作已经全部完成。江泽民说,这是中俄关系中具有重要意义的一件大事。我们已经签订了两个边界协定,并签订了五国边境地区信任措施和裁军协定等重要文件。这些协议的达成,包括勘界问题的解决,是平等协商、互谅互让、公正合理地解决历史遗留问题的成功范例,是对两国边境地区的永久和平、安宁、发展与繁荣的有力保障。

叶利钦说,我们解决了几十年来未解决的问题,这是我们两国友好合作关系的具体体现,俄中两国有一条和平、安宁的边界,这符合两国人民的根本利益。

关于经贸关系,江泽民指出,中俄经贸关系已经具备了良好基础。我们要下大力气充分发挥两国各自的巨大潜力和优势,开拓合作的新领域、新途径,特别是需要在大中型长期合作项目上取得突破。在石油、天然气、电力、航空航天、机械制造以及高技术等领域,我们完全有能力进行大规模的合作。中方将以积极的态度作出自己的努力。在合作过程中,两国总理定期会晤委员会可以对促进经贸等各领域的合作发挥很好的作用,两国企业界应在加强接触中找到自己的合作伙伴。

叶利钦表示,俄中经济互补性强,两国在扩大经贸合作方面已经有许多很好的项目和建议,应加强合作,尽快落实。

双方表示相信,经过两国不懈努力,到2000年将双边贸易额提高到200亿美元是完全可能的。

叶利钦对香港顺利回归以及中国共产党成功地召开第十五次全国代表大会表示祝贺,并祝愿中国在十五大精神指导下,在现代化建设中不断取得新的成就。叶利钦说,俄罗斯愿意看到中国繁荣富强。

江泽民对此表示感谢。他说,作为两个大国,又是具有漫长共同边界的邻国,中国和俄罗斯的繁荣富强是维护地区和世界和平与稳定的重要积极因素。

江泽民向叶利钦介绍他不久前访问美国的情况。在谈到国际形势时,江泽民表示,中国主张各国自己的事情应由各国自己管,世界的事情大家管,大国对维护世界和平、促进世界的发展负有重大责任,大国之间应该摒弃冷战思维,尊重世界多样化的现实,顺应世界多极化的大趋势,建立起相互尊重、平等信任的合作关系,这对世界的和平与发展具有重大的积极意义。中国将继续坚持邓小平的外交思想，始终不渝地奉行独立自主的和平外交政策，同世界各国积极发展友好合作关系，共创世界和平、繁荣的新世纪。

会谈后，江泽民和叶利钦出席签字仪式。两位国家元首签署中俄联合声明，李岚清副总理和俄第一副总理涅姆佐夫签署中俄关于铺设天然气输气管道、开发凝析气田项目基础原则的谅解备忘录，中俄关于中俄地方政府之间合作原则的协定，中俄关于经济、科技合作基本方向的谅解备忘录。

两国有关部门负责人还签署中俄关于对界河中个别岛屿及其附近水域进行共同经济利用的指导原则的协定，中俄关于发展两国金刚石、钻石领域的合作协定，中俄关于保护虎的议定书以及两国银行关于金融机构业务监管的合作协议。

中国和俄罗斯发表联合声明

1997 年 11 月 10 日，中华人民共和国主席江泽民和俄罗斯联邦总统鲍·尼·叶利钦在北京举行了第五次最高级会晤。两国领导人详细讨论了双边关系的现状和前景及重大的国际问题，达成了广泛一致意见。会晤取得了圆满成功。

一

中国和俄罗斯为建立多极世界和新的、更为完善的国际政治经济秩序所采取的积极行动受到国际社会的广泛赞同，对世纪之交的国际形势产生了健康的影响。

双方愿继续发展中国和俄罗斯之间的友好合作关系，认为这样的关系是亚欧大陆和太平洋地区安全、稳定和经济繁荣的重要组成部分。中俄关系不针对任何第三国，中国和俄罗斯既不谋求霸权，也无意扩张。

双方满意地指出，中、俄、美、日等国之间的相互关系通过不久前举行的最高级会晤得到了积极发展。中国和俄罗斯认为，国与国结成针对第三国的联盟和战略联合的时代已经过去，各国特别是大国应该顺应世界多极化的趋势，并在相互尊重、平等、有益于各方及照顾各方利益的原则基础上发展关系，这对世界和平与发展至关重要。双方决心为此而努力。

中国和俄罗斯认为，在新世纪里，国家间的相互信任、平等合作及其多样化的统一将确保人类的和平与繁荣。只有通过共同努力，才能建立起面向 21 世纪的，对所有各方都平等、不可分割的全球、地区和次地区安全格局。

二

中俄两国元首郑重宣布，根据 1991 年 5 月 16 日协定进行的中俄国界东段勘界的所有问题业已解决，中俄东段已勘定的边界（约 4200 公里）在两国关系史上首次在实地得到准确标示。这是本次最高级会晤的重大成果，是由于双方共同努力、相互尊重并考虑彼此利益所取得的。

双方宣布愿在商定的期限内完成中俄边界西段（约 55 公里）的勘界工作。双方将继续谈判公正合理地解决遗留的个别边界问题，以便将共同边界全部确定下来。

中俄边界勘界问题的顺利解决是本着平等协商、互谅互让的精神，公正合理地解决历史遗留问题的范例。这是对中俄边境地区和平、安宁、稳定与繁荣，增进两国之间的友好睦邻及地区稳定的贡献，符合两国人民的共同愿望。

三

双方高度评价中俄两国元首签署的四个联合声明在积极发展双边关系和实现平等信任、面向 21 世纪的战略协作伙伴关系进程中所发挥的重大作用。双方重申，上述四个声明确定的原则很有现实意义，并认为以下各点具有特别意义：

1. 加强信任、彼此尊重、平等互利、互不干涉内政。双方一致认为，必须总结历史的经验与教训，严格遵守联合国宪章的宗旨和原则以及公认的国际法准则，相互尊重两国人民选择的发展道路。双方尊重和理解对方为捍卫国家统一、主权、领土完整和政治独立所作的努力。

2. 两国元首互访、总理定期会晤、外长磋商机制有助于促进相互沟通和理解，扩大和深化两国在各个领域的全面合作。

3. 加强彼此在重大国际问题上的协调，使双方能为维护世界和平、促进国际合作与发展而共同努力。

四

两国领导人认为，经过共同努力，中俄经贸、投资、科技和人文各领域互利合作的条约法律基础和组织机构业已建立。有鉴于此，两国元首指示中俄各部委、企业和单位采取有效措施，以实际内容充实已达成的协议。

双方认为，在平等互利和谋求实现进出口平衡的基础上，根据两国目前的市场状况，加强下列各领域的双边合作具有巨大潜力：

1. 天然气、石油、核能、能源设备生产和更新换代领域的大型合作项目。民用航空、机械制造、和平利用宇宙空间、化学、冶金、森林工业、矿产资源开采及加工、轻纺、家电、电子、食品工业、生产技术和设备等领域的合作。

2. 银行、保险、仲裁领域的合作；提高相互提供商品的质量；有效保护知识产权和两国法人和自然人的其他合法权益；发展有关中俄两国市场多层次的、可靠的双边信息系统；采取步骤合理调整居民的劳务输出，建立其他为经贸领域服务的机制。

3. 促进将高新技术投入生产领域和基础研究领域的科技合作。

4. 在运输和通信领域落实具有双边意义以及地区和全球意义的大型长期合作项目。

5. 鼓励相互投资，建立合资企业，根据各自国家有关法律和两国现行规章制度兴办经济技术开发区和边境互市贸易区，促进地区特别是边境地区之间在长期协调基础上发展经贸合作。

6. 发展军技领域的关系是双边合作的一个重要组成部分。在这方面双方严格遵循联合国宪章和各自承担的国际义务，促进维护地区及全球安全与稳定。中俄军技合作不针对第三国。

7. 扩大文化、教育领域的人文交流与联系，这对加深中俄两国人民之间的友谊和相互了解具有重要意义。

8. 在保护和改善环境状况、共同防止跨界污染、合理和节约利用自然资源（包括跨界水资源）方面的合作。

9. 加强司法机关的合作，包括共同努力打击跨国犯罪。

五

两国元首认为，由两国社会各界和各年龄层次的代表广泛参与和支持的中俄友好、和平与发展委员会的正式运作，标志着为发展中俄人民传统友谊迈出了新的重要一步。委员会的活动将巩固中俄伙伴、信任和睦邻的传统。

中华人民共和国主席 江泽民（签字）

俄罗斯联邦总统 鲍·尼·叶利钦（签字）

国家主席江泽民和俄罗斯总统叶利钦在人民大会堂就中俄关系等问题答中外记者提问

江泽民说，中俄双方在上午的会谈中就进一步发展两国关系和双方感兴趣的重大国际问题深入地交换了意见，并达成了广泛的共识。近年来，在双方的共同努力下，中俄关系取得全面、健康的发展。他说，“我和叶利钦总统刚刚签署的中俄联合声明对6年来两国关系良好发展的宝贵经验和重要成果进行了总结，相信中俄关系将会继续全面向前推进。”江泽民说：“‘亲仁善邻，国之宝也’。中俄世代的睦邻友好不仅仅是两国政治家的抉择，也是两国人民的共同心愿。”

叶利钦说，俄中关系近年来的确取得了良好的发展。两国首脑已在坦诚、友好和建设性的气氛中举行了5次会晤，这说明俄中两国已建立起了相互信任的关系，两国领导人之间也建立了相互信任的关系。这对两国和两国人民之间友好关系的发展十分重要。

江泽民指出，中俄互为最大的邻国，并同为联合国安理会常任理事国，对世界的和平与发展负有特殊重要的责任。去年4月，中俄决定建立面向21世纪的战略协作伙伴关系。经过双方一年多来的共同努力，这一关系的内涵在不断丰富，两国在许多重大问题上进行了卓有成效的合作，对此我们感到满意。他表示，中方愿意和俄方一道，不断充实中俄之间业已建立的战略协作伙伴关系。

国务院总理李鹏在钓鱼台国宾馆会见俄罗斯联邦总统叶利钦和夫人

全国人大常委会委员长乔石在人民大会堂会见俄罗斯总统叶利钦

国家主席江泽民和俄罗斯总统叶利钦在人民大会堂共同会见中俄友好和平与发展委员会的双方委员

中俄友好和平与发展委员会在北京人民大会堂举行首次会议

近60名中俄方面的委员出席了会议。

委员会中方副主席兼秘书长、外交部副部长张德广和委员会俄方副主席兼秘书长、外交部副部长卡拉辛分别宣读了江泽民主席和叶利钦总统对委员会第一次会议的贺词。两位元首都对委员会的正式启动表示热烈的祝贺。

江泽民主席的贺词说，中俄建设面向21世纪的战略协作伙伴关系，无论在中国，还是在俄罗斯，都有着广泛的社会基础，中俄长期友好合作的思想日益深入人心。保持和发展两国关系的良好势头，符合两国和两国人民的根本利益。贺词指出，促进和平与发展，不仅仅是政治家们义不容辞的职责，也是各界人士为之共同努力的崇高事业。两国元首共同倡议成立这个委员会，目的在于将中俄友好合作、维护和平、共同发展的思想植根于两国人民中间，使之世代相传，后继有人。江主席衷心希望各位委员能运用各自的影响，通过丰富多彩的活动，把中俄友好合作的伟大事业不断推向前进。

叶利钦总统的贺词指出：委员会的活动是俄中新型关系发展的必然结果，它具有远大的前途。我们两国的老一辈之间曾建立起深厚的传统友谊，我们在艰苦的岁月中曾相互支持。今天，建立平等信任、面向21世纪的战略协作伙伴关系又将我们连接在一起。叶利钦总统在贺词中说，我与江泽民主席已迈出了这样的一步——委员会已经建立。现在该是你们行动的时候了。如何进一步巩固、深化和充实两国、两国人民的友好、合作与睦邻关系，我们期待着你们的全新的、有分量的和有趣的建议。你们可以相信，这一工作将会得到俄罗斯总统的全力支持。

委员会中方主席、全国人大财经委员会副主任委员黄毅诚和委员会俄方主席、俄罗斯工业企业家联盟主席沃尔斯基分别就委员会今后工作讲了话。

出席会议的委员们一致通过了《关于中俄友好、和平与发展委员会活动指导原则的协议》。黄毅诚、沃尔斯基主席分别在协议上签了字。

协议就委员会的宗旨、任务、活动方式、成员组成及与中俄其他民间组织的关系等作了明确规定。

成立于今年 4 月的这个委员会由中俄两国社会各界代表组成。

国务院副总理兼外交部部长钱其琛在中南海紫光阁会见陪同叶利钦总统前来中国访问的俄罗斯外交部部长普里马科夫

国家法官学院在北京成立

中国第一所培训高级法官的高等学府国家法官学院正式成立。中共中央总书记、国家主席江泽民为国家法官学院题写了院名。中共中央政治局常委、全国人大常委会委员长乔石，中共中央政治局委员、书记处书记、国务委员罗干，国务委员李贵鲜出席了今天的成立典礼。

全国政协主席李瑞环在人民大会堂会见由主席苏多莫率领的印度尼西亚最高评议院代表团

香港特别行政区第九届全国人大代表选举会议第一次会议在香港会展中心新翼展览厅开幕

全国人大常委会秘书长曹志受全国人大常委会委托，主持今天的会议，并发表讲话。

曹志说，香港特区第九届全国人大代表选举，是我国政府对香港恢复行使主权后，香港第一次作为独立的选举单位选举全国人大代表，体现了“一国两制”的方针，也体现了香港居民中的中国公民依法参与国家事务管理的权利。全国人民代表大会及其常务委员会对这次选举非常重视。我们这次选举，要以《中华人民共和国宪法》、《中华人民共和国香港特别行政区基本法》和《中华人民共和国香港特别行政区选举第九届全国人民代表大会代表的办法》为依据，贯彻“一国两制”的方针，维护香港的稳定和繁荣，充分发扬民主，严格依法办事，做到选举过程公开、公平、公正，将拥护“一国两制”、爱国爱港的人士选为全国人大代表。

曹志指出，根据“一国两制”的方针和香港特别行政区基本法的规定，在香港特别行政区不实行人民代表大会制度。香港居民中的中国公民依法选出全国人大代表，参加最高国家权力机关的工作。香港特别行政区的全国人大代表除依法行使上述职权外，还可依照香港特别行政区基本法的规定，参加提出修改香港特别行政区基本法的议案，参加选举香港特别行政区行政长官和立法会的选举委员会。香港特别行政区的全国人大代表没有监督香港特别行政区政府的职责，不干预香港特别行政区政府的工作，不干预香港特别行政区高度自治范围内的事务。

曹志还强调，依照八届全国人大五次会议通过的选举办法，年满 18 周岁的香港居民中的中国公民，可以参选第九届全国人民代表大会代表。所有参选者都应以个人身份参选，不代表任何政党或团体。当选的香港特别行政区全国人大代表，作为最高国家权力机关的组成人员，应当爱国爱港，拥护“一国两制”的方针，拥护和遵守中华人民共和国宪法、香港特别行政区基本法等法律，依照全国人民代表大会议事规则等法律规定履行代表的职责。

在今天的会议上，推选出了香港特区第九届全国人大代表选举会议主席团和主席团常务主席。上午，与会 383 名选举会议成员中 380 人一致推选马临、庄世平、安子介、李祖泽、查济民、钟士元、徐四民、梁振英、董建华、谭耀宗、霍英东(以姓氏笔画排列)等 11 人为选举会议主席团成员。

国务院批准神华三期工程朔黄铁路和黄骅港开工

国务院最近批准神华工程项目的三期工程——山西朔州至河北黄骅铁路开工报告及黄骅港开工，这标志着经过 12 年建设的神华工程将进入全面展开的新阶段。

神华工程是江泽民总书记在党的十四大报告中提到的我国四大跨世纪特大工程之一，是实现我国“九五”计划和 2010 年远景目标的重点建设项目，也是新中国成立以来第一个煤矿、铁路、电站、港口、航运一体化建设的国家重点骨干工程，总投资近 900 亿元。这一工程包括在陕北蒙南的神府、东胜煤田建一个年产 6000 万吨优质煤的矿区、修筑 1027 公里运煤铁路通道、建设相应能力的煤炭装船港和航运船队，以及 262.4 万千瓦装机容量的坑口电站。截至目前，矿井开工规模已达 1910 万吨/年；陕西神木至山西朔州 269 公里的西段铁路已修通临时运营；电站工程已经开工。到今年 9 月，已累计完成建设投资约 140 亿元。

神华三期工程将于 2005 年全部完成。将修建总长586公里的朔(州)黄(骅)铁路,设计为Ⅰ级干线双线电气化,到2000年与京九线接轨并开通运煤,2003年修到黄骅港,近期设计输送能力达6800万吨,远期设计运能可达1亿吨。与朔黄铁路配套的黄骅港是目前我国港口一次性投资最多、工程规模最大的建设项目,将于2003年一次建成4个可停靠3.5万吨级船舶的深水泊位,采用先进、高效的机械设备进行煤炭卸车、堆取和装船作业,年装船能力达到3000万吨,远期将达6000万吨。

神华工程三期工程铁路部分关键控制工程已经国家批准提前开工。国内第二条长达12708米的长梁山隧道已建成洞2446米,全断面开挖2805米;长6403米的寺琢尖隧道已成洞2165米,全断面开挖2835米。

国务院三峡工程移民暨对口支援工作会议在湖北宜昌结束

国务院副总理邹家华出席会议并讲话,湖北省宜昌市移民局等9个移民工作先进集体和11名移民工作先进工作者、上海市人民政府等25个对口支援先进单位和8名对口支援先进工作者受到了国务院三峡工程建设委员会的表彰。

据介绍,由于党中央、国务院的高度重视,加上湖北省、重庆市、四川省各级党委、政府及库区有关市县广大干部和群众的艰苦奋斗,移民工作取得了阶段性的胜利。过去5年是三峡工程移民工作初见成效的5年,移民人数已达9.5万人,今年年底将达到10万人,已复建各类房屋334.59万平方米,动迁工厂179家,开发土地10.4万亩,城镇建设平整场地2527.76万平方米,还复建了大量其他专业设施。

对口支援工作坚持"优势互补、互惠互利、长期合作、共同发展"的原则,取得了显著的经济效益、社会效益及移民安置效益。5年来,国务院针对对口支援工作,出台了一系列优惠政策,对口支援工作不断深化和提高,促进了三峡库区移民开发和地方经济的发展,目前已累计完成对口支援三峡库区移民项目971个,支援方累计到位资金18.63亿元。一些省、市顾全大局,组织有实力的地、市、县和本省、市较大企业及名优产品企业对口支援库区,开展经济合作。目前已有浙江娃哈哈集团等50余家较大的知名企业进入库区,采取兼并、合作、改造、技术支援等形式进行优势产品、名优产品的开发和合作,取得了经济和移民安置的双重效益。吉林省支援巫溪县试种西洋参和试养梅花鹿,已经取得成功,促进了农民脱贫致富。国务院有关部门发挥自身优势,结合编制"九五"计划,积极支援库区,在资金、物质、技术、信息、培训等方面给予了支持。

据国务院三峡工程建设委员会移民开发局介绍,新建项目的增加和资金的大量投入,使得库区经济发展迅速,态势良好。据初步统计,1996年与1993年比较,重庆万县市国民生产总值增加了153%,农民人均纯收入增加128%,财政收入增加65.4%;湖北宜昌市国民生产总值增加99.1%,农民人均纯收入增加135.89%,财政收入增加77.6%,三峡工程的兴建,为库区经济发展带来了生机和活力。

邹家华副总理强调,三峡工程二期移民工作的总任务是:在2003年保证完成三峡水库蓄水至135米的移民工作,需搬迁安置移民约50万人。二期移民,要进一步加强领导、依靠群众做好移民工作;一定要处理好移民搬迁与发展的关系;要做好搬迁企业的技术改造工作;农村移民安置要坚持以大农业为基础、走发展高效生态农业的路子;进一步加强移民工程建设的管理;重视移民搬迁中的生态环境和文物保护。他还要求深入持久地开展对口支援工作,各级领导要进一步提高认识、加强领导、建立健全责任制,加大农业的对口支援力度,加强对口支援的基础性工作,改善库区的投资环境。

会议期间,邹家华副总理召集有关部委和省、市负责同志座谈社会主义市场经济条件下开展移民工作和对口支援工作的新思路。

云南大朝山大型水电站主体工程开工

我国西南地区又一座大型水电站——云南大朝山电站,上午10时15分成功截流,电站主体工程的建设也同时开工。

大朝山电站位于云南省西南部云县和景东县交界处澜沧江中游的河段上。设计装机容量135万千瓦,按规划2001年首台机组发电,到2003年6台机组全部投产,整个工程动态投资概算为88.7亿元。

中国石化总公司齐鲁石化公司兼并淄博化纤总厂和淄博石油化工厂的签字仪式在山东淄博举行

这起兼并涉及债务总额30多亿元,是新中国成立以来最大的一起国有企业兼并行为。中共中央政治局委员、国务院副总理吴邦国出席签字仪式并作了重要讲话。

吴邦国说,齐鲁石化通过兼并淄博两个大型企业,盘活20亿元的资产存量,实现规模经济和资源的合理配置,形成"一条龙"生产,这是贯彻落实十五大精神的一个重要成果。

淄博化纤总厂是国家"七五"重点建设项目,同时也是国务院确定的百分试点企业之一,其投资建设完全靠银行贷款,基本无资本金,企业一投产便严重亏损。此次被兼并的两个企业,不仅原材料无法落实,而且都没有达到规模经济，还需要近 10 亿元的资金投入，企业已无能为力。齐鲁石化是中石化总公司所属特大型企业，年销售收入超过 150 亿元，有较先进的管理水平和良好的经济效益。虽然 3 个企业都在淄博市，相距不远，生产工艺上又互为上下游关系，但因隶属关系不同，企业长期被人为地分割开来，发挥不了作用。

在改革与发展中，几家企业提出了联合的要求。经国务院有关部门调查、论证，认为整体划转会使齐鲁石化背上沉重包袱，进行破产就会使好端端的技术设备及国有资产蒙受巨大损失，也会给社会稳定和职工生活带来严重影响，只有走兼并之路，并通过国家政策扶持，才能使两家企业摆脱困境。国务院领导在充分听取各方面意见的基础上，及时做出了实施兼并的决定。

吴邦国指出，通过国家政策扶植，这次兼并为齐鲁石化公司的发展创造了新的机遇，更重要的是，为解决我国国有企业债务过重，实现资产重组，提供了一个可以借鉴的途径。实践证明，国务院提出"鼓励兼并、规范破产、下岗分流、减员增效、实施再就业工程"的方针，是十分正确的，是符合我国国情的。齐鲁石化公司对淄博两厂的兼并是现行体制下，综合运用市场手段和行政手段的一个有益探索，它与南京四大化工企业的联合一样，对国有经济战略性改组和整体搞活，具有重要的示范效应。

吴邦国强调，兼并也要按照市场经济规律办事，不能搞"拉郎配"。政府要按照国家产业政策加以引导，为企业之间兼并创造良好政策环境，充分考虑兼并企业的承受能力，对兼并方要给予相应的政策支持，对被兼并企业要制订切实可行的实施方案。要经过充分论证，实现优势互补，防止不顾条件地一哄而上。吴邦国说，齐鲁石化成功兼并淄博两厂，对当前增强搞好国有企业改革的信心，实现用三年左右的时间，通过改革、改组、改造和加强管理，使大多数国有大中型亏损企业摆脱困境，力争到本世纪末大多数国有大中型骨干企业初步建立起现代企业制度，具有非常现实的意义。

中共中央政治局委员、山东省委书记吴官正以及国务院有关部门负责人和山东省领导参加签字仪式。国家经贸委主任王忠禹主持签字仪式。

未来东亚合作与安全国际研讨会在北京举行

中共中央政治局委员、国务委员李铁映在会上指出，中国经济的迅速崛起，已经并且还将继续推动东亚发展格局的积极变化。中国的发展不对任何国家构成威胁，而正在成为整个东亚乃至亚太地区经济发展的动力和机遇。

李铁映在系统回顾了改革开放 19 年来的成就以后，向与会代表介绍了中共十五大确定的路线和经济发展目标。他认为，和平共处，加强合作，是中国长期坚持的方针。中国对于东亚地区的安全与合作始终持有积极和建设性的立场和态度。他说，东亚地区能否实现和平与稳定，关键在于该地区能否保持一个和平与稳定的安全环境。中国永远是建设世界和平、维护地区稳定的坚定力量。

李铁映说，东亚是当今世界经济中发展最快、最有活力的地区。东亚经济实力的增强已经和正在改变世界格局。在世界经济全球化、区域经济集团化趋势推动下，东亚各国加快了区域经济合作的步伐。生产要素的优劣和产业结构层次的差别使各国、各地区在经济上具有很强的互补性，成为区域经济合作的有利条件。

未来东亚合作与安全国际研讨会是由"太平洋地区论坛"委托"中国战略与管理研究会"举办的。会议旨在讨论"冷战"结束以后东亚国家关系发生的重大变化，特别是探讨经济安全关系方面的变化，并希望从中引出新的区域安全合作的观念。会议提出的具体议题包括未来东亚可能面临的主要安全问题及主导因素，未来东亚各国安全政策的共同点及差异，地区安全危机的预防措施，地区安全可能选择的合作方式与机制框架等。国内外 60 余位专家学者向会议提交了论文并参加了会议研讨。

中国经济贸易暨投资考察代表团团长外经贸部副部长石广生在比勒陀利亚与南非政府贸易和工业部部长欧文举行正式会谈

欧文部长说，南非与中国的贸易正在不断发展。在两国贸易关系中，南非的能源消耗比较低，原材料资源丰富，基础设施很好，地理位置重要，很多矿业生产在世界处于领先地位，具有一定优势。他表示希望与中国发展经贸合作关系，并愿能在明年方便的时候访问中国。石广生对欧文部长愿意访华表示欢迎。

在谈到中国加入世界贸易组织问题时，石广生说，中国已经为加入世界贸易组织做了 11 年的努力。作为发展中国家，中国主张加入世界贸易组织应是应尽义务与实际能力相吻合，中国不能在损害自己国家利益的情形下加入世界贸易组织。事实上，中国需要世界贸易组织，世界贸易组织也离不开中国。

欧文部长对石广生所阐述的上述观点表示赞同。他表示，南非支持中国加入世界贸易组织。他说，如果中国不能加入世界贸易组织，这个组织就是不完全的。

石广生最后表示，中南两国经贸合作互补性很强。中国对南非的矿业资源、农产品、纸浆、采矿技术及设备有需求。中国产品的竞争力很强，机电产品、家用电器、纺织品、农业原料以及焦炭等矿产品也适合南非市场需求。中南两国可以在许多领域以多种方式加强合作。特别是两国正式建交后，中南两国政府将要签署贸易协定和投资保护协定。这将为中南两国经贸合作的进一步发展打下一个坚实的基础。

中国与南非经贸合作合同暨意向书签字仪式在约翰内斯堡举行

双方共签署了18项经贸合作合同、协议和意向书，总价值达5.4亿美元。

中国经济贸易暨投资贸易考察代表团团长、外经贸部副部长石广生等参加了今天的签字仪式。今天签署合同、协议和意向书的都是中南两国知名大企业，在总价值达5.4亿美元的合同、协议和意向书中，中方进口额为2.1亿美元，出口为2.4亿美元，投资额达0.7亿美元，提供买方信贷0.2亿美元，双方合资项目12个，涉及矿业、轻工、农畜牧业、建材、钢铁等经贸领域。

项南逝世

原中共中央顾问委员会委员、中共福建省委原第一书记兼省军区第一政委项南，因病在北京逝世，享年79岁。

项南，福建省连城县人。抗日战争全面爆发后，在福建长乐县进行抗日宣传工作，1938年入党，同年10月任顺昌抗敌剧团团长，1939年1月在闽清县政府任战时民教工作队长，1939年10月先后任广西桂林苗圃主任、青年科学技术人员协进会理事、成达师范教员。1942年至1945年，先后任阜东县政府秘书、阜东九区区委书记、阜东县委宣传部长、苏北第五分区专员公署建设处长等职。1947年至1950年历任苏北第十一分区专员公署财经处长，东南县委副书记兼东南支队政委，青年团皖北区工委副书记、青委书记等职。1951年后任安徽省团委书记、安徽大学党委书记。1952年任华东团工委第二副书记。1955年任团中央宣传部长。1957年任团中央书记处书记。1961年任八机部办公厅副主任，后任农机局长。“文化大革命”中遭受迫害，被下放到“五七”干校劳动。1970年5月恢复工作后，历任一机部农机局长，一机部党的核心小组成员、副部长。1979年12月，任农机部党组副书记、副部长。1980年调福建工作，历任福建常委常务书记、福建省五届人大常委会主任、福建省委第一书记兼省军区第一政委、福建省委书记。1987年退居二线后，担任中国扶贫基金会会长、中华职业教育社副理事长、中国扶贫基金会首席顾问等职。是十二届中央委员，在党的第十三次全国代表大会上当选为中顾委委员。是党的八大和十二大、十三大、十四大代表，列席了党的十五大。还是第一届和第五届、第六届全国人大代表。

11月11日

国务院总理李鹏与日本内阁总理大臣桥本龙太郎在东京首相官邸举行会谈

双方认为，中日邦交正常化25年来，中日关系发展总的来说是好的。双方在各个领域里的交流与合作都取得了长足发展。世界即将迎来21世纪，中日关系处于重要历史时期，两国应进一步发展友好关系，扩大和深化在各个领域里的合作。

李鹏总理表示，他此次访日的主要目的是在不久前桥本首相成功访华的基础上，与日本确认共同努力建立面向未来、长期稳定的中日睦邻友好关系，实现中日世代友好的目标。李鹏说，我们一贯认为坚持《中日联合声明》和《中日和平友好条约》的原则既是发展中日关系的政治基础，也是解决两国间存在的问题和分歧的准绳。因此，无论两国间出现什么样的问题，都应该遵循声明和条约的原则，及时加以妥善处理，避免两国关系大局受到干扰和影响。我们注意到桥本首相访华时，就历史问题和台湾问题做出的表态和承诺，希望日方确实信守，付诸实施。

桥本首相表示，日本将恪守《日中联合声明》和《日中和平友好条约》。这一立场今后不会改变。在台湾问题上，日本决不搞“两个中国”，不支持“台湾独立”。

李鹏表示，中日两国都是亚太地区大国和世界上的重要国家。在当前国际形势发生深刻变化，多极化趋势加速发展的形势下，中日两国珍惜和巩固中日关系业已取得的成果，建立迈向未来的长期稳定的睦邻友好关系，不仅符合两国和两国人民的根本利益，也有利于本地区及世界的和平与发展。为此，中日双方必须从长远的战略高度来看待中日关系，把握好两国关系的发展方向。

桥本表示赞同李鹏的看法。他强调，日中两国在建立面向21世纪的关系时，加强对话和合作是至关重要的。桥本邀请江泽民主席于明年日中和平友好条约缔结20周年之际访问日本。李鹏对此表示感谢，并说江主席已原则同意明年对日本进行国事访问。

李鹏代表中国政府邀请日本皇太子和太子妃在明年方便的时候访华。

两国总理对今天签署中日新的渔业协定表示祝贺。他们认为新渔业协定是双方本着务实合作、互谅互让的精神，在尊重历史和现实的基础上达成的协议。双方都为此做出了积极的努力。相信新渔业协定将会在促进中日渔业关系方面发挥积极作用。

李鹏指出，今年9月桥本首相访华时，中日双方就货物贸易达成了协议。最近，双方又就服务贸易进行了广泛、深入的谈判，并取得了重大进展。目前，双方正为全面结束市场准入谈判而共同努力。中日双方谈判代表团团长在今天两国政府首脑会谈后发表联合声明，我们对此表示高兴和欢迎。李鹏说，我们对日本政府和桥本首相本人为中国加入世界贸易组织所做的推动工作表示感谢和赞赏。我们希望，双方都能从中日友好关系大局出发，争取就尽早结束两国间谈判达成协议。

桥本说，日中达成了很好的协议，日本对此感到高兴。日本希望其他国家也能与中国达成协议。日本将为最终结束谈判尽自己最大的努力。

关于中日经贸关系，李鹏说，当前，中日两国都在探索面向 21 世纪的经济发展战略。双方应抓住当前的有利时机，着眼长远，在平等互利的基础上，努力建立长期稳定的经贸合作关系。中日经贸合作潜力巨大，前景广阔。只要双方都从日中友好大局出发，妥善处理现存的和今后出现的各种问题，充分发挥各自的优势，深化合作，两国经贸合作关系就一定会不断迈向新的水平。

李鹏通报了最近江泽民主席访美和叶利钦总统访华的情况。桥本通报了他最近访俄和访问中东的情况。两国总理都认为，在当前国际形势下，各国领导人之间加强接触和往来对增进相互了解和推动国家间关系健康发展是很重要的。

李鹏指出，当前国际格局正在向多极化发展。要和平、求合作、促发展已成为时代的潮流。世界上所有国家，特别是大国应成为实现世界和平与共同发展的促进力量。中国愿与其他国家一道，为建立公正合理的国际政治经济新秩序作出自己的应有贡献。

两国总理还通报了各自国家的经济情况，并就东南亚金融风波和全球气候变化公约等问题交换了看法。

会谈后，两国总理一起出席了中日渔业协定和中日发展资金合作项目换文的签字仪式。

全国人大常委会委员长乔石在人民大会堂会见由主席苏多莫率领的印度尼西亚最高评议院代表团

国务院副总理李岚清在'97 中国投资政策与投资风险保险高级国际研讨会上发表讲话

李岚清说，中国的发展已经并将继续成为世界贸易和世界经济发展的重要动力。改革开放以前的 1978 年，中国进出口贸易总额只有 206 亿美元，1996 年增加到 2899 亿美元，使中国在世界贸易中的排序从第三十二位上升到第十一位。特别是 1991—1996 年间，中国进出口贸易总额年平均增长 16.6%，其中出口年平均增长 16%，进口年平均增长 17.3%，各项指标都大大超过同期世界年平均增长速度，有力地推动了世界贸易和世界经济的发展。中国市场已经成为世界市场的一个具有吸引力的市场，许多国家、地区和企业已在不同程度上得益于这个大市场，众多跨国公司来中国兴办合资或独资企业。18 年来，中国吸收的外资总额已超过 3200 亿美元，其中外商直接投资将近 2000 亿美元。截至 1996 年年底，中国政府已批准设立外商投资企业近 30 万家，已营运的大多数项目情况良好，特别是大中型项目成功率超过 80%。进入 1997 年以来，中国的对外贸易和利用外资数额继续呈增长态势，预计全年进出口贸易总额达到 3100 亿美元，吸引外商直接投资 430 亿美元以上。从未来一段时期看，根据"九五"计划确定的国内生产总值年平均增长 8%的调控目标，中国国内消费、投资、出口、进口都将保持相应的增长速度。到 2000 年，当年我国进出口贸易总额将达 4000 亿美元。这将更加有力地推动世界贸易和世界经济的发展，吸引国外资金流入中国，也将为中国与世界广泛合作创造更加良好的机遇。

经过十几年的努力，中国初步形成了全方位、多层次、宽领域的对外开放格局。面对世纪之交的发展机遇，在经济、科技全球化趋势日益扩大的今天，中国将以更加积极的姿态走向世界，坚持和完善对外开放，努力提高对外开放水平，更加充分地利用国内国外两个市场、两种资源，积极参与国际经济合作与竞争，建立现代化的开放型经济，促进经济结构优化和国民经济素质提高，开创对外开放事业的新局面。

中国将进一步扩大对外贸易，实行市场多元化的发展战略，按照国际通行规则建立并完善外贸管理制度和手段。中国将进一步优化出口商品结构，根据国内经济建设需要扩大进口，提高高技术、设备及原材料产品的进口比重，大力发展技术贸易和服务贸易，促进形成包括商品贸易、技术贸易和服务贸易在内的全方位的对外贸易格局。中国将更加积极地参与并维护全球多边贸易体系，发展双边和多边贸易，不断扩大同世界各国的经贸合作，实现市场多元化。

中国将坚持积极合理有效利用外资的方针，引导并优化利用外资的结构，有步骤地推进服务业的开放，中国将继续扩大吸引外资的规模，包括吸收外商直接投资和国外贷款。中国政府鼓励外资投向技术、资金密集型产业和外向型产业，投向中西部地区的基础设施建设和资源开发，并将采取国际通行的多种利用外资方式，包括外商投资特许权项目等新投资方式的试点。中国政府将在不断完善引进外资产业政策的基础上，有步骤地推进金融、保险、贸易、通信等服务领域的开放，完善有关法律体系和政策体系，改进和完善投资环境，依法保护外商投资企业的合法权益，逐步实行国民待遇。中国将继续根据国家经济建设需要和偿还能力，借用国外贷款。中国将把扩大利用外资规模和提高利用外资的质量有机地结合起来，把利用外资的水平提高到新的高度。

李岚清还指出，中国将进一步办好经济特区、上海浦东新区、中国和新加坡合作办的工业园区，促进并提高整个国家的对外开放水平。中国政府坚定不移地对香港实行“一国两制”、“港人治港”、高度自治的方针，充分信任和全力支持香港特别行政区为保持和发展香港的繁荣稳定而进行的卓有成效的工作。一个繁荣稳定的香港，不仅有利于中国的繁荣和稳定，也必定有利于世界。

《中日渔业协定》和《中日发展资金合作项目换文》在东京签署

李鹏总理和桥本首相等出席了签字仪式。

中国驻日本大使徐敦信和日本外相小渊惠三分别代表中日两国政府在《中日渔业协定》上签字。中国对外贸易经济合作部首席谈判代表龙永图和日本驻中国大使佐藤嘉恭分别代表中日两国政府在《中日发展资金合作项目换文》上签了字。

中国谈判代表团团长龙永图和日本谈判代表团团长原口幸市在东京发表关于中国加入世贸组织问题的联合声明

声明说，在中国加入世贸组织的谈判框架下，中日两国谈判代表团团长愿就以下几点联合宣布：

一、在过去几个月中，中日两国代表团就中国关于服务贸易的书面建议进行了广泛而深入的双边谈判，这些谈判涉及日方感兴趣的领域，诸如分销服务、金融服务、电信服务、运输服务、建设和房地产服务、会计和法律服务。日方对中方为此作出的认真努力表示赞赏。

二、根据这些紧张谈判的结果，两国代表团长认为，两国服务贸易的双边谈判已取得重大进展，双方正共同努力，致力于全面结束两国的双边谈判。

三、双方一致认为，中国加入世贸组织不仅对双方有利，同时也有利于所有世贸组织的成员。双方重申，决心在日内瓦的工作组谈判中紧密合作，以便尽早使中国加入世贸组织。

四、双方相信，中日之间在谈判中的合作将为进一步加强中日两国长期稳定的经济关系作出贡献。

11 月 12 日

国务院总理李鹏拜会日本天皇和皇后

国务院总理李鹏在东京新大谷饭店日中友好七团体举行的招待会上发表讲话

樱内义雄先生、团伊玖磨先生，

女士们、先生们、朋友们：

在这美好的季节，承蒙各日中友好团体联合举行规模如此盛大、气氛如此热烈的欢迎招待会，使我有机会同一贯热心于中日友好事业的新老朋友欢聚一堂，感到格外高兴。我代表我的夫人和同事，并以我个人的名义，对各位朋友的深情厚谊表示衷心的感谢。

今年是中日邦交正常化 25 周年，明年是中日和平友好条约缔结 20 周年。25 年前，两国领导人高瞻远瞩，作出明智的政治决断，实现邦交正常化，揭开了中日关系的新篇章。经过两国政府和人民 25 个春秋的努力，中日两国关系以及双方在各个领域的交流与合作取得了很大的发展。这不仅使中日两国受益匪浅，也为亚太地区和世界的和平与发展作出了贡献。中日关系发展到今天，凝聚着包括各位朋友在内的两国几代人的心血和努力，的确来之不易。中日两国人民都熟知“饮水不忘掘井人”这句古训，让我们永远铭记那些中日邦交正常化的开拓者，以及多年来为维护和发展中日友好关系不懈努力的各界人士。我愿借此机会，代表中国政府和人民，对各日中友好团体和友人致以崇高的敬意。

中日两国是一衣带水的邻邦，都是亚洲和世界上的重要国家。在当前国际形势发生深刻变化、多极化趋势加速发展的情况下，建立和发展长期稳定的睦邻友好合作关系，不仅符合中日两国人民的根本利益，而且有利于亚太地区乃至世界的和平与发展。中日双方应立足当前，放眼未来，以面向 21 世纪的长远的战略观点，审视和处理两国关系，把握中日关系的发展方向。我认为，指导中日关系的基本原则应该是：

——相互尊重，互不干涉内政。尊重对方根据本国国情选择的发展道路，超越社会制度、意识形态和价值观念的差异，在和平共处五项原则基础上友好相处，和睦为邻。

——求同存异，妥善处理分歧。严格遵循《中日联合声明》和《中日和平友好条约》的原则，排除干扰，通过和平协商，妥善处理两国间现今存在的和今后可能出现的问题和分歧，维护两国关系的大局。彼此间的差异和分歧不应该成为发展双边关系的障碍。

——加强对话，增进相互了解。加强各个层次和各个领域的对话与交流，就共同关心的问题及时沟通，交换意见，增加信任，扩大共识。

——互利互惠，发展经济合作。以长远的观点，在平等互利的基础上不断拓展两国的经贸合作，相互借鉴，优势互补，进一步提高合作水平，实现共同发展。

——面向未来，实现世代友好。一方面要继承和发扬两国的友好合作传统，同时，要用正确的历史观教育和引导年轻一代，使中日友好代代相传。

朋友们，

现在，我们正处于世纪之交的重要历史时刻。20 世纪人类社会经历了难忘的岁月，发生过两次世界大战，给人类带来巨大的创伤和不幸。战后，世界上局部战争和地区冲突不断，还出现过长达 40 余年的“冷战”，世界人民为争取和捍卫和平付出了沉重的代价。值得欣慰的是，战后几十年来，就总体而言，世界各国取得了经济发展和社会进步的巨大成就。现在，“冷战”已经结束，但世界仍不安宁，不合理的国际政治经济秩序依然存在，南北关系仍未改善，多数国家仍处于不发达状态，那里的人民还远未摆脱贫困和落后。因此，和平与发展不仅是当今世界的主题，也是 21 世纪人类社会面临的主要课题。中国是最大的发展中国家，日本是经济发达的国家，中日两国在地区和国际事务中需要加强协调与合作，为维护和促进本地区及世界的和平与发展作出应有的贡献。日本战后选择和平发展的道路，经济上取得成功，国际地位得到提高，这无论对日本还是对世界都是一件值得欣慰的好事。我们希望日本政府和人民能够排除干扰，继续走和平的道路。只有这样，日本才能在世界上赢得理解与尊重，在国际事务中发挥更加积极的作用，为世界的和平与发展作出更大的贡献。

朋友们，

中国正在致力于社会主义现代化建设。不久前成功召开的中国共产党第十五次全国代表大会最重要的历史贡献是，全面总结了我国近 20 年来改革开放和现代化建设的经验，确立邓小平理论为我们的行动指南，选出以江泽民同志为核心的新的中央领导集体，绘制了中国未来发展的蓝图。我们的目标是，争取到下世纪中叶基本实现现代化。这需要一个长期的和平国际环境，特别是良好的周边环境。中国是一支维护世界和平的重要力量。中国的发展不会对任何国家构成威胁。即使今后中国发达起来了，也永远不称霸。中国奉行独立自主的和平外交政策，重视与周边国家发展睦邻友好关系。同日本建立和发展长期稳定的友好合作关系是中国的一贯政策。我坚信，中日两国发展长期稳定的睦邻友好合作关系，不仅造福于两国人民，也将为世界和平和人类进步事业作出积极的贡献。

谢谢各位。

国务院总理李鹏在东京下榻的日本迎宾馆分别会见日本社民党主席土井多贺子新进党党首小泽一郎和民主党领导人菅直人

李鹏对土井说，日本社民党同中国有着长期的友好交往，中日关系发展到今天这种良好局面，有社民党朋友们的一份贡献。在中日邦交正常化 25 周年的今天，社民党仍作为支持中日友好的主要力量发挥着积极作用。特别在历史、台湾等问题上，社民党始终旗帜鲜明地坚持正确态度。中方对此表示赞赏，希望社民党今后在推动发展中日友好关系方面发挥更大作用。

李鹏对小泽说，新进党已和中国共产党建立起良好的交流关系，新进党党内有许多长期致力于中日友好的人士，他们对增进两国人民的友谊，扩大两国年轻一代的交流发挥了积极作用，我们对他们表示感谢。

李鹏对结识菅直人表示高兴。他说，中国重视发展同日本民主党的关系，对民主党成立伊始就在发展中日关系方面显示出积极姿态表示赞赏。菅直人说，日中两国之间有着悠久的交往历史，但日本在战争期间曾给中国造成巨大损失，日本应对此深刻反省。日本作为亚洲一员，应该与周边国家保持友好关系。民主党将致力于发展面向 21 世纪的日中友好关系。

李鹏还与各党领导人就一些重大国际问题和其他共同关心的问题交换了看法。

国务院总理李鹏在东京下榻的迎宾馆邀请日本前首相中曾根康弘 竹下登 海部俊树 细川护熙 羽田孜共进早餐时就广泛的问题交换意见

党和国家领导人江泽民李鹏等为台湾民主自治同盟成立 50 周年题词

在台湾民主自治同盟成立 50 周年之际，党和国家领导人为此题词。中共中央总书记、国家主席江泽民的题词是：“发扬爱国爱乡传统　促进祖国和平统一”；国务院总理李鹏的题词是：“广泛团结台胞　为统一祖国而奋斗”；全国人大常委会委员长乔石的题词是：“促进两岸交流　为实现祖国统一继续奋斗”；全国政协主席李瑞环的题词是：“团结中华儿女　推进统一大业”。

台湾民主自治同盟是 1947 年 11 月 12 日于香港成立的。

台湾民主自治同盟成立 50 周年纪念会暨全盟六大在人民大会堂开幕

出席开幕式的有：中共中央政治局委员、国务院副总理钱其琛，全国人大常委会副委员长铁木尔·达瓦买提，全国政协副主席、中共中央统战部部长王兆国，全国政协副主席钱正英，以及其他民主党派中央、全国工商联和有关部门的领导同志。

大会常务主席张克辉主持开幕仪式。大会常务主席蔡子民首先讲话。蔡子民回顾了台盟自1947年11月12日在香港成立以来半个世纪的奋斗历程，总结出四条基本经验：拥护中国共产党的领导，并密切合作；坚持社会主义方向，为社会主义现代化建设而奋斗；坚持爱国爱乡，为统一祖国而奋斗；抓紧自身建设，发挥参政党作用。同时，他宣布了这次大会的主要议程是：学习贯彻中共十五大精神；听取并审议台盟第五届中央委员会报告，总结五年来的工作，讨论确定今后的任务；审议通过《台湾民主自治同盟章程》；选举台盟第六届中央委员会。

中共中央政治局委员、国务院副总理钱其琛代表中共中央致贺词。贺词说，在全国人民以极大热情贯彻中共十五大精神，高举邓小平理论伟大旗帜，把建设有中国特色社会主义事业全面推向21世纪的大好形势下，台湾民主自治同盟第六次全盟代表大会隆重开幕，并迎来了建盟50周年的盛典。中国共产党中央委员会谨向大会致以热烈的祝贺！向参加会议的全体代表，并通过你们向台盟的全体同志致以亲切的问候！

致公党中央主席罗豪才代表其他民主党派中央、全国工商联向大会致贺词。

会上，代表们听取了大会常务主席张克辉代表台盟第五届中央委员会所作的题为《在邓小平理论指引下，高举爱国主义和社会主义旗帜，为振兴中华统一祖国而奋斗》的报告。他在报告中总结了台盟过去5年的工作和基本经验，提出了对今后工作的建议。首先从五个方面对台盟第五届中央委员会的工作进行了回顾，包括全盟认真履行职能，在参政议政、民主监督中，发挥了积极作用；贯彻中国共产党的对台工作方针和政策，开展联谊交往工作，为促进祖国和平统一大业作出了新贡献；各级盟组织立足本职、面向社会，积极开展支边扶贫工作，坚持为两个文明建设服务；全盟自身建设得到加强，整体素质进一步提高。

报告指出，台盟今后工作的指导思想和主要任务是：高举邓小平理论的伟大旗帜，坚决贯彻中共十五大精神，坚持中国共产党在社会主义初级阶段的基本路线和对台工作方针，团结全体盟员和所联系的台胞，为把社会主义事业和促进祖国统一大业推向21世纪作出新贡献。

大会常务主席陈仲颐在会上作了《关于台湾民主自治同盟章程(修改草案)的说明》。

北京市台盟盟员和北京市部分台胞参加会议。

公安部纪委书记罗锋在杭州举行的全国公安机关贯彻落实党的十五大精神工作会议上发表讲话

近年来，各级公安机关把查办民警违法违纪案件作为党风廉政建设和反腐败的重要环节来抓，严肃查处一批大要案件。同时，针对群众反映强烈的乱收费、乱罚款、乱摊派、公款吃喝玩乐，特别是公路“三乱”、减轻企业和农民负担、禁酒等问题进行清查和专项整顿。其中，治理公路“三乱”成效较为明显，截至去年9月，全国公安机关都达到省道、国道基本无“三乱”的目标。

罗锋指出，各级公安机关在党风廉政建设和反腐败斗争的实践中，积累了一些宝贵经验，但当前工作中存在的问题也不容忽视，主要表现在，有些腐败现象没有得到遏制，特别是有的公安机关和少数民警在执法活动中利用职权徇私枉法、贪赃枉法、敲诈勒索、索贿受贿案件仍相当突出，少数地方公安机关有令不行、有禁不止，插手经济纠纷、非法扣押人质的案件时有发生，公安机关党风廉政建设和反腐败工作面临的形势仍很严峻。

罗锋强调，各级公安机关和广大民警，要抓好党中央、国务院关于厉行节约、制止奢侈浪费“八项规定”的落实，制止和纠正执法办案和公安行政管理工作中乱收费、乱罚款的歪风，禁止利用公安职权违反规定搞“创收”，纠正警务工作中存在的拖拉推诿等不良作风，最大限度地遏制执法活动中以权谋私、贪赃枉法、徇私舞弊等腐败问题以及刑讯逼供、插手经济纠纷等执法犯法问题，使各级公安机关和广大民警的整体执法水平有所提高，执法形象和警容风纪得到明显改善。

国务委员罗干在北京与全国信访局长会议代表座谈时发表讲话

罗干说，我们党来自于人民，根植于人民，服务于人民。信访工作是党和政府的一项重要工作，能不能妥善处理群众信访问题，直接关系到党和政府在人民群众中的形象，关系到党和政府与群众的关系，关系到社会稳定，也关系到经济和社会发展。为适应形势发展的需要，新时期信访工作要把正确处理改革、发展、稳定关系作为一项重要工作来抓。

他说，多年来，信访部门的同志们通过信访渠道，对大量的群众来信来访进行筛选和分析加工，向党中央、国务院和各级党委、政府反映了许多来自群众的重要意见、建议，为领导机关了解社情民意、制定政策、完善决策、改进工作起到了很好的参考作用。同时，信访工作在化解人民内部矛盾，为群众办实事，密切党和政府同人民群众的关系，维护社会政治稳定方面，也发挥了重要作用。

罗干强调：为了适应形势发展的需要，新时期信访工作要把正确处理改革、发展、稳定的关系作为一项重要工作来抓。各级党委和政府要高度重视新形势下的信访工作，主要领导同志都要亲自抓信访工作，真正把信访工作提到各级党委和政府的重要议事日程上来，充分发挥信访工作在促进改革、促进经济发展、反对腐败、维护社会稳定中的作用；要增强化解人民内部矛盾的能力，及时解决关系人民群众切身利益的各种问题，充分发挥信访工作的政治优势，妥善处理群众普遍关心的各种社会热点难点问题，为改革和发展创造稳定的社会环境；要关心和重视信访干部队伍的建设，全国信访干部是一支有着优良传统、优良素质、特别能战斗的队伍，各级党委和政府要爱护、关心和支持他们，要关心他们的政治成长，关心他们工作、生活条件的改善。信访工作只能加强，不能削弱。广大信访干部要牢记全心全意为人民服务的宗旨，增强工作责任心，提高政策水平和业务能力，提高为人民服务的水平，不辜负党和人民的期望。

香港特别行政区第九届全国人民代表大会代表选举会议主席团就公布实施《香港特别行政区第九届全国人民代表大会代表具体选举办法》发布公告

具体选举办法是根据第八届全国人大第五次会议通过的《中华人民共和国香港特别行政区选举第九届全国人民代表大会代表的办法》制定的，并在今天的香港特别行政区第九届全国人大代表选举会议上通过。

一共 17 条的具体选举办法规定：香港特区应选第九届全国人大代表的名额为 36 人；代表必须是年满 18 周岁的香港居民中的中国公民；代表候选人由选举会议成员 10 人或 10 人以上联名提名，并由提名的选举会议成员填写代表候选人提名表；代表参选人须是年满 18 周岁的香港居民中的中国公民，并应领取和填写代表参选人登记表，在提名期(11 月 13 日 9 时至 28 日 18 时)内亲自送交登记表和 10 名或 10 名以上选举会议成员分别填写的提名信正本；代表由选举会议进行差额(候选人多出应选名额 1/5 至 1/2)选举，以无记名投票方式进行；选举日期定于 1997 年 12 月 8 日；选举结果由选举会议主席团宣布，并报全国人大常委会资格审查委员会。

纪念著名无党派爱国人士李明灏将军诞辰 100 周年座谈会在北京举行

来自海内外的知名人士聚集一堂，深切缅怀这位已故爱国将领追求光明，求索真理，爱国奉献，奋斗不息的一生。

张震、布赫、杨汝岱及老将军萧克、莫文骅、李运昌、胡立教、童陆生，中央统战部副部长张廷翰，黄埔军校同学会部分理事和李明灏先生的亲属出席了座谈会。

李明灏先生是一位与中国共产党长期风雨同舟的挚友。他曾参加北伐战争，是国民革命军第六军少将师长。30 年代初，中国革命处于低潮时，他舍生忘死为困难中的红军秘密送去军事地图。抗战时期，他曾先后担任国民党中央军校成都、武冈分校的中将主任，培养了数万之众的抗日将士。解放战争时期，他任华北军政大学第三总队长。他参加了和平解放北平的工作，并为争取湖南和平解放作出了特殊的贡献。他曾荣获一级解放勋章。他是第一届全国政协委员，第一、二、三届全国人大代表，第五届全国政协委员，并曾任国防委员会委员、湖北省副省长等职。他于 1980 年去世，享年 83 岁。

萧克在座谈会上指出，李明灏一生刚毅敦厚，追求光明。他以民族大义为己任的爱国奉献精神；求索真理，奋斗不息的坚强意志；清正廉洁，严于律己的高尚情操永远值得我们纪念。座谈会上，还举行了《李明灏将军》一书的首发式和四集电视专题片《李明灏将军》的首映式。

国务院总理李鹏致信在杭州举行的全国农业综合开发工作会议

李鹏贺信说：值此全国农业综合开发工作会议召开之际，我谨向会议表示热烈的祝贺，并对辛勤工作在农业综合开发战线上的广大干部群众表示亲切的慰问。

贺信指出，农业综合开发是促进我国农业持续、稳定、健康发展的一项战略举措。10 年来，通过农业综合开发，强化了农业基础设施建设，改善了农业基本生产条件，促进了农业产业化发展，推动了农业实现两个根本性转变，提高了农民群众收入水平，加快了农村小康建设步伐，为我国农业和农村经济发展作出了贡献。

李鹏在贺信中要求，各级党委、政府要按照党的十五大关于我国农业和农村经济发展的总体部署和要求，加强对农业综合开发工作的组织领导。各有关部门要继续密切配合协作，落实各项政策措施，加大农业综合开发的力度。同时，要充分发挥农民群众在农业综合开发中的主力军作用，加强农业综合开发队伍建设，为实现农业和农村经济的可持续发展战略作出新的贡献。

全国农业综合开发工作会议在杭州召开

会议于 11 月 12 日至 14 日在杭州举行。国务院总理李鹏、副总理姜春云给大会发来贺信。国务委员陈俊生出席大会并做重要讲话。陈俊生肯定了 10 年来农业综合开发取得的成绩，并总结了农业综合开发的基本经验，要求各有关部门再接再厉，加大力度，推动我国农业综合开发再上新水平、新台阶。

陈俊生说，10年来，农业综合开发坚持以改造中低产田为主攻方向，对每一个项目都按照申报、评估、选择、审批、实施、验收、管护等程序，把开发资金全部用于开发项目，对项目区实施山水田林路综合治理，建设一片，成功一片，形成规模效益，改善了农业基本生产条件和生态环境，提高了农业综合生产能力，增加了农民收入。

陈俊生指出，今后农业综合开发要继续以提高粮棉油肉糖、特别是粮食生产能力为主要目标，力争达到一个新水平。"九五"期间要改造中低产田1.65亿亩，开垦宜农荒地1520万亩，新增粮食生产能力200亿公斤，使农业综合开发增加的粮食生产能力占全国同期粮食增产总量的比重，由现在的40%提高到50%。开发项目区要全部建成高标准的稳产、高产农田，真正形成"旱能灌、涝能排、田成方、树成行、渠相连、路相通"的规范化农田，走集约化经营之路；实行可持续发展战略，加强植树造林、搞好水土保持，使开发项目区的生态农业建设取得新的明显成效；力争到本世纪末，项目区的农民人均纯收入按1990年不变价格计算，平均比非项目区高250元以上；大力提高开发项目区农业的科技含量和水利化、机械化、产业化水平，把开发项目区早一点建成农业现代化的示范区。

国务院1988年实施的农业综合开发，目前开发范围已扩展到全国31个省(区、市)及4个计划单列市的1310个县和270个国有农牧场，累计新增粮食生产能力414.4亿公斤，棉花2191万担，油料22.9亿公斤，肉类27.3亿公斤，项目区粮食增产量已占同期全国粮食增产总量的40%左右。

各省、自治区、直辖市和计划单列市以及国务院有关部门负责农业综合开发工作的领导同志出席了会议，会议表彰了先进单位、先进工作者和先进个人。

11月13日

国家主席江泽民在人民大会堂与南斯拉夫联盟共和国总统斯洛博丹·米洛舍维奇举行会谈

两国领导人就双边关系和地区及国际形势等共同关心的问题广泛交换了意见。

两国元首对近年来两国在政治、经济、文化、教育等领域的合作表示满意，并一致表示，两国要发展长期、稳定、全面的友好合作关系，把亚洲和欧洲的和平与繁荣持久地推向21世纪。

江泽民说，中南两国虽然远隔千山万水，但相似的历史遭遇以及对和平与发展的共同追求，把我们两国紧密地联系在一起。我们两国人民都有自强不息、独立自主的精神，坚定不移地走自己选择的道路。南斯拉夫19世纪的伟大诗人涅戈什在其不朽诗篇《高山上的花环》中写道："核桃是怪果，其硬无比，谁想咬碎它，牙将被硌掉，核桃却无损。"我们对南斯拉夫人民的这种核桃精神深表敬佩。

江泽民满意地指出，近几年，尽管国际风云变幻，中南两国也都发生了很大变化，但中南传统友谊经受住了时代的考验。在许多重大问题上，我们相互理解，相互支持。南斯拉夫是中国在巴尔干地区重要的友好合作伙伴。

江泽民说，中国一向珍惜与南斯拉夫的传统友谊，重视发展与南斯拉夫的关系。中国政府将继续支持南斯拉夫的独立、主权和领土完整，尊重南斯拉夫人民对自己发展道路和内外政策的选择，愿与南斯拉夫方面共同努力，在相互尊重、彼此信任、平等互利的基础上发展长期、稳定、全面的友好合作关系。

江泽民说，在台湾问题上，南斯拉夫始终坚持"一个中国"的立场，不与台湾进行任何官方往来和建立官方关系，对此，我们表示赞赏。

米洛舍维奇说，南中两国地理上相距很远，但政治上关系密切，"我相信，我们的会晤将进一步巩固南中两国的友谊，并开创两国友好合作的新时期"。米洛舍维奇说，中国的飞速发展给南斯拉夫人民留下了深刻的印象，中国是世界上最大的发展中国家，中国的发展是对全世界的最大贡献。

在谈到国际问题时，江泽民说，冷战结束后，多极化趋势加速发展，已形成不可阻挡的历史潮流。各种区域性合作空前活跃，广大发展中国家的总体实力在增强，多极化趋势的发展有利于世界的和平、稳定和繁荣。他说，随着世界形势的不断变化，各国根据自己的历史和传统已经选择或正在探索适合本国国情的发展道路，从而使当今世界的多样性日益明显，这是客观现实，应予以尊重。有分歧、有差异是正常的，可以求同存异，和平共处，共同发展。

米洛舍维奇表示同意江泽民的看法。他说，当前世界一体化进程加快，强权政治试图影响这一进程，在此背景下，各国加强合作更为重要，南中互利合作是一个很好的范例。

在谈到民族问题时，江泽民说，各种民族生活在一个国家里是当今世界的一个普遍现象。我们认为，尽管各民族人数不同，民族传统和特性各异，但他们都是平等的。只有各民族安居乐业、和睦相处，一个国家才能团结、繁荣、发展。

江泽民说，南斯拉夫人民在总统阁下领导下，在巴尔干风云变幻的复杂环境中，为实现社会稳定、发展经济和改善人民生活作出了不懈努力，并取得了可喜成绩。我们对此感到很高兴，并祝愿贵国人民在建设自己国家的事业中取得更大的成就。

会见中，江泽民还向米洛舍维奇介绍了中国独立自主的和平外交政策。米洛舍维奇邀请江泽民在方便的时候访问南斯拉夫，江泽民愉快地接受了邀请。

会谈后，两国元首出席签字仪式并共同签署了中南两国关于友好合作关系的联合声明。

中国和南斯拉夫发表《中华人民共和国和南斯拉夫联盟共和国关于友好合作关系的联合声明》

中华人民共和国和南斯拉夫联盟共和国(以下简称“双方”)基于两国传统友谊、特别是在政治、经济、科技和文教领域富有成效的合作，本着长期、稳定、全面地发展两国关系的愿望，根据公认的国际法准则，为把亚洲和欧洲的和平与繁荣持久地推向 21 世纪，进一步加强和发展建立在友好、理解、平等和互利基础上的相互沟，声明如下：

一、双方认为，世界多极化趋势加速发展，发展中国家作为一个整体在国际事务中发挥着日益重要的作用，区域经济合作组织显示出强劲的生命力，各国政治、经济、文化的发展呈现多样化。要相互尊重与平等互利，不要干涉内政和强加于人；要对话与合作，不要对抗与冲突，已成为越来越多国家的共识。双方反对在国际关系中使用武力或以武力相威胁。当前国际形势总体上继续趋向缓和，和平与发展是当今时代的主题。但“冷战”思维、霸权主义和强权政治依然存在。世界经济发展很不平衡，贫富差距还在扩大。中华人民共和国和南斯拉夫联盟共和国愿进一步加强在国际事务中的磋商与合作，为建立和平稳定、公正合理的国际政治经济新秩序，维护世界和平，促进人类共同发展而努力。

二、中国方面尊重南斯拉夫联盟共和国的独立、主权和领土完整，尊重南斯拉夫人民选择的发展道路，高度评价南斯拉夫联盟共和国奉行的独立自主的外交政策和为加强波黑和平进程、和平解决原南斯拉夫地区危机所作出的巨大努力与贡献。赞赏南斯拉夫方面积极致力于稳定东南欧地区形势，重申支持南斯拉夫联盟共和国重返国际社会。

三、南斯拉夫方面重申其在台湾问题上的明确原则立场，强调世界上只有一个中国，南斯拉夫联盟共和国承认只有一个中国，台湾是中华人民共和国不可分割的一部分，中华人民共和国政府是代表全中国人民的唯一合法政府。南斯拉夫联盟共和国不和台湾建立官方关系和进行官方往来。南斯拉夫方面重视中华人民共和国在国际事务中发挥的积极作用，高度评价中华人民共和国在维护亚洲乃至世界和平与安全方面作出的贡献，高度赞赏中华人民共和国奉行的独立自主的和平外交政策。

四、中华人民共和国和南斯拉夫联盟共和国是友好国家，两国和两国人民之间有着深厚的传统友谊。双方对近年来两国在政治、经济、文化、教育等领域的合作表示满意，一致认为长期、稳定、全面地发展两国友好合作关系是两国人民的共同愿望，符合两国的根本利益，也有利于亚洲和欧洲的和平与发展。双方同意加强和扩大政治对话、包括高层和最高层对话，支持两国议会进行接触和合作。

五、本着市场经济和共同利益的原则，双方将鼓励企业、公司间开展互利的经济合作、贸易往来，发展多种形式的合作和专业培训。在共同感兴趣的领域开办合资企业，并在开发第三国市场方面进行合作。

双方将扩大在科学、技术、工艺、文化、艺术、教育、体育、新闻、生态环境保护、卫生领域以及人道主义组织和其他组织间的互利合作。

六、双方将在法律和领事方面开展合作，并为双方公民往来提供方便。

双方将在打击有组织犯罪、国际恐怖主义、非法贩卖毒品和武器，伪造货币，文物走私以及威胁民航安全的斗争中加强合作。

中华人民共和国主席　江　泽　民
南斯拉夫联盟共和国总统　斯洛博丹·米洛舍维奇

1997 年 11 月 13 日于北京

《人民日报》发表社论《坚持从严治党》

江泽民同志在十五大报告中指出，实现大会确定的任务，关键在于坚持、加强和改善党的领导，进一步把党建设好。他强调：“从严治党，是保持党的先进性和纯洁性，增强党的凝聚力和战斗力的保证。”我们应当认真学习和领会，充分认识从严治党的重要性，提高从严治党的自觉性，增强从严治党的坚定性。

中国共产党是我们国家的执政党，是全国各族人民的领导核心，是中国社会主义现代化建设的指挥中枢。历史赋予我们党以重任，人民对我们党寄予厚望。几十年的历史证明，党的状况如何，对于民族的振兴、国家的发展、人民的幸福，具有决定性的意义。我们党在领导人民为实现各个历史时期的任务而奋斗的过程中，总是把加强自身建设放在突出的位置上抓住不放，因而在革命和建设中不断从胜利走向胜利。加强党建，从严治党，是我们党的优良传统，是我们党的一大法宝。

十一届三中全会以来，在邓小平理论的指引下，我们党制定并执行了一整套正确的路线、方针、政策，积极推进改革开放和现代化建设，同时不断加强党的建设这一新的伟大工程，领导全国人民在建设有中国特色社会主义的伟大事业中取得了举世瞩目的巨大成就。党的十四大以来，在以江泽民同志为核心的党中央领导下，大力加强党的思想建设、组织建设、作风建设，取得了可喜的新进展，积累了宝贵的新经验。但是，正如江泽民同志尖锐指出的，我们在工作中也有缺点和不足，党风、政风的状况人民群众还不满意，贪污腐化、奢侈浪费等现象仍在蔓延滋长，官僚主义、形式主义、弄虚作假的问题较为严重。这些问题如不认真对待和解决，势必削弱党的凝聚力和战斗力，损害党同人民群众的联系，妨碍把建设有中国特色社会主义伟大事业全面推向前进。从严治党，不是哪个人凭空提出来的，而是时代的要求、人民的要求，也是广大党员的强烈要求。我们必须极大地提高从严治党的自觉性，再接再厉，更好地贯彻从严治党的方针，为把党建设得更加纯洁、更加坚强而奋斗。

从严治党，就要进一步加强党的思想建设，坚定不移地用邓小平理论武装全党。我们党之所以坚强有力，首先就在于全党同志在科学理论的指导下思想上政治上高度统一。邓小平理论为我们在新时期加强党的建设提出了任务，指明了方向，是从严治党必须遵循的伟大指针。我们要把学习邓小平理论和学习党章结合起来，把努力实践邓小平理论和自觉遵守党章结合起来，在全党深入持久地开展党性、党风、党纪教育，使广大党员树立正确的世界观、人生观、价值观，为实现远大理想而努力奋斗，为造福人民而多做贡献。新党员需要加强学习，老党员也需要加强学习；一般党员需要加强学习，领导干部更需要加强学习。全党同志进一步用邓小平理论武装起来，用党章提出的标准要求自己，就能够为从严治党创造最坚实、最广泛、最可靠的政治基础和思想基础。

从严治党，就要严格按党章办事，按党的制度和规定办事，严格执行党的纪律，坚决改变党内存在的纪律松弛和软弱涣散现象。在改革开放的历史新时期，邓小平同志一再强调必须加强党的纪律。他指出，共同的理想和铁的纪律，无论过去、现在和将来，都是我们的真正优势。“同心同德，一心一意，没有纪律不行”。对于那种在处理坏人坏事时过分容忍、优柔寡断、畏难手软、息事宁人，放松党的纪律，甚至保护了一些坏人的现象，他提出了尖锐的批评；强调必须维护党规党法，“对于违反党纪的，不管是什么人，都要执行纪律，做到功过分明，赏罚分明，伸张正气，打击邪气”。反对腐败是关系党的生死存亡的严重政治斗争，在这场斗争中，我们尤其要严格执行党的纪律，坚持在纪律面前人人平等，对腐败分子一定要严肃处理，决不能姑息手软。在党内生活中，对党员特别是领导干部要严格要求，严格管理，严格监督。

从严治党，关键在于领导干部要严以律己，带头发扬党的优良作风。我们党在长期斗争中形成了理论联系实际、密切联系群众、批评与自我批评的优良作风，我们一定要结合新的实践大力继承和发扬。我们党来自人民，植根于人民，服务于人民。在改革开放和发展社会主义市场经济的新形势下，坚持全心全意为人民服务的宗旨，始终同人民群众保持密切联系，具有特别重大的意义。各级领导干部要牢记党的宗旨，一切为了群众，正确行使人民赋予的权力，决不能以权谋私；要发扬艰苦奋斗精神，反对奢侈浪费，坚持廉洁奉公，勤政为民；要把对上级负责和对群众负责统一起来，在工作中坚持走群众路线，深入调查研究，一切从实际出发；要关心群众疾苦，倾听群众呼声，多为群众办实事、办好事。各级党委的领导同志在严以律己、清正廉洁、模范遵守党规党法的同时，要坚持“党要管党”的原则，切实负起抓好本地区、本部门、本单位党的建设的责任，要敢抓敢管，决不能当“好好先生”。

在以江泽民同志为核心的党中央领导下，高举邓小平理论的伟大旗帜，坚持从严治党，拥有5800万党员的中国共产党一定能更加朝气蓬勃，团结和带领亿万人民群众昂首阔步跨入21世纪！

黄埔军校同学会第二次会员代表会议在人民大会堂举行

中共中央政治局常委、全国政协主席李瑞环在会前会见了全体代表并讲话。

李瑞环首先代表中共中央向会议的召开表示热烈祝贺，向所有黄埔同学会的朋友们以及亲属们表示亲切的慰问和崇高的敬意。他说，黄埔同学会是邓小平同志亲自批示成立的。十几年来，在发扬黄埔精神，联络同学感情，促进祖国统一，致力振兴中华等方面做了大量工作，在海内外产生了良好影响。他说，当前，我们国家形势很好。香港顺利回归标志着我们在完成祖国统一大业的道路上迈出了重要一步。澳门回归在即。海峡两岸统一是所有中华儿女的共同愿望，是不可阻挡的历史潮流。希望黄埔同学会在已有成绩的基础上，加倍努力，发挥特有的作用，继续为完成祖国的统一大业作出更大的贡献。

参加会见的领导同志还有张万年、钱其琛、王兆国、何鲁丽，以及萧克等老同志。

全国政协副主席、中共中央统战部部长王兆国，全国政协副主席、民革中央主席何鲁丽出席会议开幕式。

王兆国在开幕式上讲话。

据介绍，黄埔军校同学会召开的这次会议，将认真学习中共十五大精神，研究落实措施；审议黄埔军校同学会理事会工作报告；选举新一届理事会，组成新的领导机构。

开幕式由黄埔军校同学会副会长李运昌主持。莫文骅副会长致开幕词。会上宣读了李默庵会长作的工作报告。

民建七大在人民大会堂开幕

这次大会的主要议题是：学习贯彻中共十五大精神，听取和审议民建第六届中央委员会工作报告，修改中国民主建国会章程，选举新一届中央委员会。

中共中央政治局委员、书记处书记温家宝代表中共中央向大会致贺词。贺词说，民建自第六次全国代表大会以来，在邓小平理论指引下，坚持中国共产党确立的社会主义初级阶段的基本路线，同中国共产党亲密合作，在履行参政党职责和加强自身建设的工作实践中，不断探索新路子，开创新局面，为社会主义现代化建设、社会主义民主法制建设作出了积极贡献。中国民主建国会与中国共产党有着长期合作的光荣历史，具有爱国革命的优良传统。民建第七次全国代表大会是一次重要的会议。通过这次大会，民建将完成跨世纪新老交替的历史性任务。我们相信，民主建国会新一代领导集体一定能够在实现新老交替的基础上搞好政治交接，把民建老一代领导人同中国共产党亲密合作的优良传统继承下来，发扬光大；更好地履行参政议政、民主监督职责，进一步加强自身建设，带领广大会员沿着中国共产党领导的多党合作和政治协商的道路继续前进。

全国工商联主席经叔平代表民革、民盟、民进、农工党、致公党、九三学社、台盟中央和全国工商联向大会致贺词。

大会主席团常务主席成思危代表民建第六届中央委员会作了题为“在邓小平理论指引下，继承和发扬民建优良传统，为实现跨世纪的历史任务而努力奋斗”的报告。报告回顾了民建进入新时期以来特别是六大以来的工作。报告指出，从中共十一届三中全会开创新时期到现在的 19 年，是我国实现大发展的重要时期。在这 19 年中，民建以邓小平理论为指导，贯彻执行中共提出的社会主义初级阶段的基本路线，坚持共产党领导的多党合作，积极履行参政党职能，为改革开放、经济发展、政治稳定、社会进步、祖国统一作出了应有的贡献。90 年代以来，民建各级组织和会员积极贯彻中共十四大以来的一系列重大决策，围绕建立社会主义市场经济体制的目标，履行参政党职能，为改革开放和两个文明建设服务，不断加强自身建设，不断探索新路子，拓展新领域，开创了工作新局面。在参政议政、民主监督，参与民主法制建设，维护社会安定团结，为两个文明建设服务工作等方面不断取得新进展。

报告指出，摆在民建当前的任务是：认真学习、宣传和贯彻中共十五大精神，在邓小平理论指引下，进一步加强自身建设，充分发挥参政党职能，解放思想，实事求是，团结奋进，开拓创新，努力实现民建的建党目标和政治纲领，为建设有中国特色社会主义事业作出更大贡献。民建要在中国共产党的领导下，致力于改革开放和社会主义现代化建设；维护和发展安定团结的政治局面；为实施“一国两制”，促进祖国统一服务。

大会主席团常务主席冯梯云作了关于《中国民主建国会章程（修改草案）》的说明。

孙起孟、王光英、布赫、彭珮云、吴学谦、王兆国、万国权及各民主党派负责人出席开幕式。

九三学社七大及十届一中全会在北京闭幕

会议推举王淦昌为名誉主席，吴阶平再次当选为主席。

闭幕大会通过《关于第九届中央委员会报告的决议》。《决议》充分肯定了第九届中央委员会的工作，号召九三学社全体同志认真学习贯彻第七次全国代表大会的精神，紧密团结在以江泽民同志为核心的中共中央周围，高举邓小平理论伟大旗帜，抓住机遇，开拓进取，为实现下个世纪战略目标和中华民族的全面振兴，为完成祖国统一大业，作出新的更大的贡献。

大会通过了经过修改的《九三学社章程》，新修订的社章规定，九三学社是以科学技术界高、中级知识分子为主的具有政治联盟特点的致力于社会主义事业的政党；社章鲜明地确定了九三学社以邓小平理论武装思想，指导工作；强调把思想建设放在首要地位，要求全社努力学习马克思列宁主义、毛泽东思想、邓小平理论，学习中国共产党领导的多党合作和统一战线理论、方针、政策，学习九三学社的历史、章程及优良传统。社章强调发展科学技术对于中国现代化建设的重要性，要求全体成员充分发挥积极性、创造性，为贯彻实施“科教兴国”战略和可持续发展战略而不懈努力。还通过了给退出中央委员会的同志和中央参议委员会的全体同志的致敬信。

吴阶平在闭幕式上讲了话。他说，大会期间，全体代表始终精神振奋，热情高涨，认真履行职责，充分发扬民主，认真审议了九届中央委员会的工作报告，审议通过了社章修正案，选举产生了第十届中央委员会，圆满完成了预定的各项任务。大会开得很成功，是一个团结奋进的大会，胜利的大会，充分显示了全体代表高度的历史使命感和政治责任感。这次大会对九三学社未来的健康发展将产生重要的影响。

九三学社宣布第十届中央领导成员名单

名誉主席：王淦昌

名誉副主席：徐采栋　柯　召　郝诒纯（女）
杨　樗　陈明绍　陈学俊

主　席：吴阶平

副主席：安振东　王文元　赵伟之　洪绂曾
金开诚　王　选　黄其兴　刘应明
闵乃本　谢丽娟（女）

秘书长：刘荣汉

国家主席江泽民在人民大会堂会见美国参议院能源自然资源委员会主席弗兰克·穆考斯基和委员会成员李硕

江泽民说，美国国会在制定美内外政策中起着重要作用，应该而且可以在推动中美关系的改善与发展方面发挥积极的作用。许多国会议员支持发展中美关系，并为此作出了积极贡献。中美两国应共同努力，使中美关系保持良好的发展势头。江泽民还希望有更多的美国议员到中国来看一看，以增进相互了解、消除误解和扩大共识。

穆考斯基表示，作为美国参议院能源、自然资源委员会主席，他愿为促进两国在环保和能源领域的合作做出积极努力。

国务院总理李鹏在东京迎宾馆接受日本广播协会(NHK)记者的专访

李鹏强调，中日两国关系有着广阔的发展前景。

在评价中日关系时，李鹏说，中日两国和两国人民之间应增加交往、增进了解、加强合作。中日两国是近邻，在不少方面有共同利益，在经济上有很大的互补性。战后50多年来，日本走和平发展道路取得了成就，在国际上得到了积极评价。在这世纪之交的重要时刻，中日两国领导人和两国人民都应考虑将什么样的中日关系带入新世纪。只要日本继续走和平发展道路，中日两国关系的发展前景是十分广阔的。

在回答如何评价他与桥本首相的会谈以及他此次访日的意义时，李鹏说，会谈是在友好坦诚的气氛中进行的，达到了增进了解、扩大共识的目的。

李鹏说，这次会谈包括了双边关系和国际问题，议题广泛。中日两国是一衣带水的邻邦，都是亚太地区和世界上的重要国家。我们两国之间的友好合作对促进亚太地区乃至整个世界的和平与发展有着重要的意义。双方一致认为，为了增进两国之间的相互了解，两国领导人保持经常往来和直接对话是不可缺少的。日本方面邀请江泽民主席明年访日，我代表江泽民主席原则接受了邀请。

在记者问到中方对日美安全防卫合作指针的看法时，李鹏说，桥本首相迄今向中方做了很多解释，强调：日美安保条约不违背日本宪法的规定；条约是防御性的；条约不违反《日中联合声明》和《日中和平友好条约》的宗旨，日本政府坚持“一个中国”的立场，即中华人民共和国政府是代表全中国的唯一合法政府。李鹏说，如果桥本首相再加上一句，指出日美安保合作范围不包括台湾，那就更圆满了。

在应记者要求评价最近的中美、中俄和中日领导人会晤时，李鹏说，“冷战”结束后，国与国之间应保持正常的友好合作关系。国家间关系的发展应是建设性的，任何双边合作都不应针对第三国。这种国家间关系的发展有利于世界的和平与发展，也符合当代世界多极化的潮流。

当回答人权问题是否会成为中美关系发展的障碍时，李鹏说，中美两国国情不同，意识形态、价值观念、文化传统、经济发展水平等也有很多差异，两国在人权及其他一些问题上存在分歧是自然的。世界是多样化的，不能强求一律。在人权问题上应相互尊重、平等对话、减少分歧、求同存异、不搞对抗，而不应以人权为借口对别国指手画脚，干涉别国内政。

当问及中国对俄罗斯加入亚太经合组织的态度时，李鹏表示，俄罗斯地跨亚欧，因此中国对俄加入亚太经合组织持积极态度。

记者问及朝鲜半岛局势时，李鹏回答说，中国与朝鲜半岛同处东亚，我们希望朝鲜半岛保持和平与稳定。他说，现在围绕朝鲜半岛问题四方会谈正在进行之中，中国愿意为此发挥建设性作用。日本执政三党派代表团访朝并与朝方进行关系正常化的谈判，希望日本采取更主动的措施，与朝鲜改善和发展关系。中国同时也希望朝鲜北南双方恢复对话。李鹏强调，只有通过和平对话和谈判，建立朝鲜半岛的新和平机制及实现半岛的持久和平才有保证。

在回答有关中国国内情况时，李鹏说，不久前成功召开的中国共产党十五大的最大功绩，是确立了邓小平理论为指导思想，这表明中国的改革开放将持续下去，现代化建设将不断推向前进，大会选出了以江泽民同志为核心的新的中央领导集体，规划了跨世纪的发展蓝图。十五大为中国今后的稳定与发展提供了可靠的保证。

国务院总理李鹏在东京日本经济六团体举行的欢迎午宴上发表讲话

丰田章一郎先生和夫人，

女士们，先生们，朋友们：

今年是中日邦交正常化 25 周年，我应贵国政府的邀请前来进行正式友好访问。前天，我和桥本首相就当前国际形势，就建立中日两国面向 21 世纪的长期稳定的睦邻友好合作关系，以及两国共同关心的其他问题，进行了坦诚友好的会谈，并且取得了积极的成果。今天，我能够在这里与日本工商界的新老朋友相聚，感到十分高兴。

在座的很多经济界人士与中国有着长期密切的交往，就在本月 3 日，由丰田章一郎先生和渡里杉一郎先生率领的日中经济协会代表团访问了中国，我们见过面，进行了交谈。可以说，大家对中国的经济情况是比较了解的。我想，在今天这个场合，我无须向大家详细通报中国的经济情况和经济政策，仅作一些简要介绍，希望有助于各位进一步加深对中国经济发展趋势的了解。

改革开放近 20 年来，中国经济保持快速增长的良好势头。针对几年前一度出现的通货膨胀现象，我们通过深化改革，加强和改善宏观调控，取得了预期效果。今年经济增长率预计仍在 9%以上，物价上涨不超过 2%，呈现出经济增长较快、物价涨幅较低的好局面。农业已经连续几年丰收，今年秋季部分地区遭受严重旱灾，但全年农业仍然获得好的收成，粮食产量可与去年持平。中国的投资和消费需求增长比较旺盛。金融形势也比较稳定。这次首先发生在东南亚的金融风波，继而波及世界的许多地区，而中国并未受到影响。中国人民银行利率下调 1.1 个百分点，美元与人民币的比价始终稳定在 1∶8.3 左右。中国的对外经济贸易继续发展。国有企业的状况正在发生积极的变化。社会主义市场经济体制正在逐步建立。可以说，现在中国经济的好形势是多年来没有过的。这种良好的发展势头将会保持下去。我们对中国的发展前景充满信心。

世界正在加速向多极化发展。各国加强经济技术合作，谋求共同发展，已经成为国际关系的一个重要特点。中国坚定不移地奉行对外开放政策。中国的发展离不开世界，中国经济的快速增长也为世界经济，特别是亚太经济发展注入新的活力。到 2000 年，中国进出口贸易总额预计达到 4000 亿美元，这将为中外经贸往来提供更多的机会。最近，中国再次降低了关税，平均税率由 23%下降到 17%，下调幅度为 26%，已接近发展中国家的平均水平。明年，我们还将对符合中国产业政策的外商投资项目，特别是高新技术和先进设备的进口实行优惠政策。我们将继续鼓励外资投向农业、能源、交通等基础产业。有的朋友曾问到中国在金融等领域开展对外合作采取什么政策，我想说明的是，鉴于中国还处在由计划经济向社会主义市场经济转变的阶段，金融体制还将继续进行改革，证券市场需要进一步规范，所以还不能很快开放本币证券市场和实现人民币的完全自由兑换。我们将有步骤地开放金融、贸易等服务业，进一步完善法律法规，依法保护外商投资企业的权益，创造更好的贸易与投资环境。

朋友们：

中日两国是一衣带水的邻邦，有着相似的文化传统，经济上有比较强的互补性，开展互利合作有许多有利条件。中国一贯高度重视中日关系，重视同日本的经济技术交流与合作。几十年来，特别是中日邦交正常化以后，两国经贸关系取得长足的进展。双方进出口贸易总额已达到 600 亿美元以上。中国已经成为日本的第二大贸易伙伴；日本连续四年是中国最大的贸易伙伴，也是对中国的第二大投资国。今年，日本兴业银行首批获准在中国经营人民币业务，三菱商事株式会社也成为首批获准同中国企业合资试点经营外贸业务的外企之一，日本在华投资领域有了新的拓展。多年来，为了推动中日友好，发展两国经贸合作关系，许多日本工商界朋友作出了不懈的努力。在这里，我对长期致力于改善中日关系、发展两国经贸合作的日本经济团体联合会和其他工商团体、工商界朋友，表示热烈的祝贺并致以良好的祝愿。

中国是世界上最大的发展中国家，地域辽阔，自然资源和劳动力资源丰富，正在以前所未有的规模进行现代化建设，经济充满生机和活力，市场潜力很大。日本是世界上经济最发达的国家之一，资金雄厚，技术先进，管理经验丰富。中日两国工商界加强合作，优势互补，推动经贸合作关系进一步发展，必将为双方带来巨大利益。许多日本产品以其优质实用受到中国消费者的欢迎，不少日本企业作为中国企业满意的合作伙伴而进入中国市场。中国政局稳定，投资环境不断改善，又有广阔的市场，因此，众多日本企业把中国看做投资的首选之地。中日两国合作领域广阔，方式灵活多样。大企业可以相互合作，中小企业合作也有很大的潜力。中国中西部地区资源丰富，发展速度加快，投资前景很好；中国正在大力推进国有企业的改革和发展，要通过体制改革和技术改造振兴国有企业，这也是一个很大的市场，日本企业在这方面是大有可为的。应该特别说明的是，经过近 20 年来的改革开放，中国市场发生了深刻的变化。许多产品供大于求，消费者对产品质量和档次的要求也越来越高，并且面临着激烈的国际竞争。我建议日本企业家要转变观念，抓住机遇，在资金、技术、服务等方面提出更为有利的竞争条件，拿出最新的技术和名优产品，在众多的投资者中取得优胜。

中日友好关系发展的历史证明，社会制度和意识形态的差异不应该影响两国的友好关系和经济合作。

中国政府坚持独立自主的和平外交政策，一贯主张在平等互利的基础上处理国家间的经济关系，不赞成人为制造经贸合作的障碍。我们赞赏日本政府在中国加入世界贸易组织问题上所持的积极立场，欢迎日本政府对华提供条件较为优惠的贷款。资金合作是互利互惠的，这就是说，这种贷款不仅对中国有利，对日本同样是有利的。我们历来认为，只要中日双方着眼于长远发展的大局，增进相互理解，密切合作，就一定能够开创中日经贸关系的新局面。

朋友们：

在新世纪即将到来的历史时刻，我们希望中日两国经济都将持续发展，也期望中日睦邻友好关系按照中日联合声明和中日和平友好条约所确定的原则，不断得到新的发展。让我们携起手来，为实现上述目标作出不懈的努力！

谢谢大家。

国务院总理李鹏前往东京国会大厦分别拜会日本众议院议长伊藤宗一郎和参议院议长斋藤十郎

国务院总理李鹏在东京下榻的日本迎宾馆会见日本创价学会名誉会长池田大作和夫人

李鹏说，创价学会在日本社会具有广泛影响。在池田名誉会长领导下，创价学会一直是中日友好的积极倡导者和有力支持者，为重建和发展中日关系作出了宝贵贡献，特别是为推动两国文化、教育等领域交流发挥了积极作用。李鹏对池田先生和创价学会的朋友们表示敬意和感谢。希望池田先生及创价学会继续发挥其影响，为中日友好大业作出更大贡献。

中日两国在东京就面向21世纪中日环境合作达成协议

协议提出了设立中日环境开发示范城市的构想。中国方面推荐大连、贵阳和重庆等城市为候选对象。今后将经中日双方专家委员会研究后，由两国政府有关部门确定。

中日环境合作专家委员会由东京工业大学教授渡边为组长的14名日方成员和以国家环保局副局长王扬祖为组长的9名中方成员组成。双方专家委员会将保持密切联系，并立即着手研究工作。

协议规定，日本将协助完善中国100个城市的环境信息网络。双方将努力在3年内完成这一目标。

外交部发言人沈国放就中国有关伊拉克问题的立场答记者问

有记者问：联合国安理会一致通过了有关伊拉克问题的决议。中国在此问题上持何立场？

沈国放答："我们十分关注目前在伊拉克问题上的事态发展。我们对有关方面为解决这一问题作出的努力表示赞赏。我们一贯认为安理会有关伊拉克问题的决议应该得到全面、切实的执行，伊拉克应与联合国尽快恢复合作，全面履行其有关义务。作为本月安理会轮值主席，自危机发生以来，中国一直呼吁各方采取冷静、克制的态度，坚决主张通过对话和合作解决问题，避免事态升级，特别要防止发生武装冲突。为此我们作出了建设性的努力。我们愿与各方继续保持磋商与合作，尽快化解危机。"

国家教委 财政部决定设立"国家贫困地区义务教育助学金"

国家教委、财政部最近决定设立"国家贫困地区义务教育助学金"。这是党和国家继实施"国家贫困地区义务教育工程"之后，为加快贫困地区实施义务教育步伐的又一重大举措。

为了进一步体现国家对贫困地区实施义务教育的责任，帮助这些地区落实义务教育法，保证家庭贫困的学生能入校学习，国家教委、财政部决定，在"九五"期间从中央财政安排的"义务教育补助专款"和"民族教育补助专款"中划出1.3亿元，设立"国家贫困地区义务教育助学金"。这项助学金的实施范围是纳入"国家贫困地区义务教育工程"的部分国家级贫困县，资助对象是义务教育阶段的贫困学生，特别是小学阶段的贫困学生。享受助学金的学生应当是具有农村户口并居住农村（牧区），热爱祖国，遵守法律、社会公德和校规，尊敬师长，勤奋学习，因家庭经济困难未入学或面临辍学的学生。对符合上述条件的少数民族儿童、女童和学习成绩优异的学生将给予优先资助。

这项助学金计划实施后，每年可使60余万因家庭贫困面临失学和辍学的儿童得到资助。

淮南矿务局潘三矿发生特大瓦斯爆炸事件

19时20分，淮南矿务局潘三矿发生特大瓦斯爆炸事故。当时井下123人，87人遇难，其他36人经奋力抢救平安升井，其中两人重伤。另有两名救护队员在救灾过程中牺牲。

事故发生后，煤炭部部长王森浩、副部长王显政、劳动部副部长林用三、安徽省委书记卢荣景、副省长黄岳忠及淮南市委、市政府有关领导及时赶赴事故现场，对善后工作和事故调查工作做了安排。

11 月 14 日

中共中央在中南海怀仁堂召开党外人士座谈会通报江泽民访美情况

江泽民指出这次访问促进了中美关系，增进了中美两国人民的相互了解和传统友谊，取得了重要成果。

中共中央政治局常委、全国政协主席李瑞环主持座谈会。

江泽民说，这次对美国的国事访问，是在世纪之交，人类很快就要进入 21 世纪之际进行的。近些年来，中美关系虽然有过不少波折，但总的是向前发展的。1993 年，同克林顿第一次会晤时，我就提出要“增加信任，减少麻烦，发展合作，不搞对抗”，以此作为处理两国关系的方针。这次，我们又进一步提出双方应该“增进了解，扩大共识，发展合作，共创未来”。这四句话，就是我这次访美的主要目的。整个访问，是围绕着实现这个目的安排和进行的。

江泽民说，访美期间，我同美国政府和国会的领导人进行了会谈，就双边关系和共同关心的全球及地区问题深入交换了意见；同美国社会各界广泛接触，直接面对美国公众阐述我国内政外交的基本方针；实地考察了美国高新技术的发展，会见了美国工商界人士，推动了中美经贸和科技的合作与交流；广泛做美国社会各界的工作，尤其是民间的友好工作。在访问中，所到之处我们都受到了当地政府和人民，华侨、华人和留学人员的热烈欢迎。

江泽民说，对这次访问，美国政府高度重视，作了周到的安排。这次访问是成功的，取得了重要成果，发表了《中美联合声明》。这是中美关系发展史上的一份重要文件。

江泽民指出，《中美联合声明》确定了中美关系未来发展的目标，这是最重要的成果。这个目标就是：为了促进世界和平与发展的崇高事业，中美应该加强合作，努力建立面向 21 世纪的建设性的战略伙伴关系。确定这一目标，对中美关系的发展具有重要的意义。他说，建立中美面向 21 世纪的建设性的战略伙伴关系，主旨是不搞对抗，相互友好，加强合作。这种关系是平等的，相互尊重的，同时不是排他的。

江泽民说，中美确定了两国元首定期互访和高级官员定期磋商的机制，在北京和华盛顿之间建立元首直接通信联系，两国内阁和次内阁官员定期互访，就政治、军事、安全和军控问题进行磋商。这些机制的建立，有助于双方加强对话，增进了解，处理分歧，扩大合作，推动中美关系稳定、健康地向前发展。

江泽民说，两国元首就台湾问题深入交换了意见。中方强调，台湾问题是中美关系中最重要、最敏感的问题，严格按照中美三个联合公报的原则，妥善处理台湾问题是中美关系改善和发展的关键。美方重申坚持一个中国的政策，遵守中美三个联合公报确立的原则。克林顿和美国其他领导人明确表示美国政府不支持“两个中国”、“一中一台”的主张，不支持台湾独立，不支持台湾加入联合国，并按照“八一七公报”的原则处理售台武器问题。

江泽民说，关于贸易问题，双方准备采取积极和有效的措施扩大中美经济和贸易关系。美方表示支持中国加入包括世贸组织在内的所有国际组织并在其中发挥重要作用。双方同意加强两国在经济各个领域的交流与合作。这对我国更好地利用这些领域的世界先进技术，加快我国经济建设和国际经济合作，具有积极意义。双方还决定进一步加强中美在环保、能源、科技、法律、教育和文化等领域的交流与合作以及两国军队的往来。

江泽民指出，总之，这次访美，达到了增进了解，扩大共识，发展合作，共创未来的目的。

江泽民强调，我们要始终不渝地奉行独立自主的和平外交政策。中国的发展，关键是要把自己的事情办好。我们要按照党的十五大的要求，高举邓小平理论伟大旗帜，把建设有中国特色社会主义事业全面推向 21 世纪。

李瑞环在讲话中说，江泽民主席对美国的国事访问是 12 年来我国国家元首对美国的第一次访问，访问取得了重大成果，标志着中美关系进入一个新的发展阶段，具有十分深远的意义。邓小平同志曾经说过，我们的现代化建设要取得成功，决定于两个条件。一个是国内条件，就是坚持现行的改革开放政策。还有一个是国际条件，就是持久的和平环境。有了这样的国际环境，我们才可能集中力量进行经济建设，才可能同世界各国友好合作，学习借鉴别国一切先进的文明成果。美国是世界上最大的发达国家，在国际事务中有着重要的影响。我们要争取良好的外部条件，很重要的是搞好中美关系，这对中国有利，对美国、对世界也有利。中美之间有分歧有共识，今后我们仍然是坚持原则，求同存异，发展合作。中美关系发展的道路是曲折的，但我们对中美关系的前景是乐观的。江泽民主席访美取得了圆满成功。我们要保持和发展目前这种良好势头，进一步改善和发展中美关系。我们要抓住这一有利时机，把我国的改革开放、现代化建设和祖国统一大业继续向前推进。

各民主党派中央、全国工商联负责人和无党派代表人士出席了当天的座谈会。九三学社中央主席吴阶平、民进中央主席雷洁琼、民盟中央名誉主席钱伟长、民革中央主席何鲁丽、民建中央主席成思危、全国工商联主席经叔平、致公党中央主席罗豪才、台盟中央主席蔡子民、农工民主党中央名誉副主席方荣欣、全国工商联名誉主席王光英、无党派代表人士程思远先后在会上发言。他们在发言中对江泽民主席访问美国取得巨大成功表示热烈祝贺，对我国外交不断取得重大胜利感到由衷高兴。他们认为，访问进一步提高了我国的国际威望，大大增长了中国人民的志气，必将促进全国人民更加紧密地团结在以江泽民同志为核心的中共中央周围，落实中共十五大提出的各项任务，向新世纪迈进。

国家副主席荣毅仁，中共中央政治局委员、国务院副总理兼外交部部长钱其琛，中共中央政治局候补委员、书记处书记、中央办公厅主任曾庆红，全国政协副主席、中央统战部部长王兆国等出席了座谈会。

出席座谈会的各民主党派中央、全国工商联负责人和无党派代表人士还有：阿沛·阿旺晋美、万国权等。

全国人大常委会委员长乔石在人民大会堂会见南斯拉夫总统斯洛博丹·米洛舍维奇

中共中央政治局常委胡锦涛在中央国家机关第十二次党的工作会议上发表讲话

胡锦涛强调，要紧紧围绕党的十五大主题推进党的建设这一新的伟大工程，进一步加强机关党建工作，把广大党员、干部更好地凝聚起来，做高举伟大旗帜的表率，做推进伟大事业的先锋，做实践全心全意为人民服务宗旨的模范。

胡锦涛指出，中央国家机关的地位和作用，决定了它在贯彻落实十五大精神中负有特殊重要的责任。各部委党组织特别是领导干部，在举什么旗、走什么路、树什么形象上，要保持清醒和坚定；在面向新世纪全面推进有中国特色社会主义经济、政治、文化建设中，要履行好自己的职责；在进一步加强机关党的建设方面要起到表率作用。

胡锦涛强调，党的十五大把邓小平理论确立为党的指导思想，郑重写进党章，号召全党高举邓小平理论伟大旗帜，兴起理论学习的新高潮，是一项具有重大现实意义和深远历史意义的决策。抓住了这一条，就抓住了贯彻十五大精神，全面推进社会主义现代化建设和党的建设的灵魂。我们必须以更高的自觉性和更有效的措施，把这件大事抓好。

胡锦涛说，中央国家机关的党员领导干部带头高举邓小平理论伟大旗帜，努力用这一理论武装头脑，逐步成长起一批通晓邓小平理论并善于在实践中运用理论的同志，我们党领导改革开放和现代化建设的整体水平就会大大提高，我们的事业就能更好地向前推进。

胡锦涛要求机关党组织紧紧围绕党的中心任务，密切联系本部门、本单位的实际，充分发挥党的组织优势，把全体党员和干部发动起来，在各自岗位上争创一流的工作业绩。第一，要有奋力开拓的精神状态。坚持解放思想、实事求是，以“三个有利于”为标准大胆探索，勇于实践，不断总结经验，对的就坚持，不对的就改正。第二，要有脚踏实地的务实作风。坚持一切从实际出发，以对党和人民高度负责的精神，了解真实情况，如实反映问题，尊重群众意愿，按客观规律办事。第三，要有做好工作的过硬本领。当前，世界科学技术正在迅猛发展，国际交流日益扩大和增多，新问题不断出现，新知识不断产生。这都要求我们高度重视学习，善于学习，不仅要提高思想理论水平、政策水平，还要不断提高知识水平和业务能力。

胡锦涛指出，全心全意为人民服务是我们党和政府的根本宗旨，密切联系群众是我们的一大优势。各级党政机关要坚持这一宗旨，发挥这一优势，树立起廉洁从政、公道正派、高效务实、优质服务、密切联系群众的形象。国家公务员不论职位高低，都是人民的“公仆”，都要坚持用权为民，决不能以权谋私。要坚持依法用权、依法行政，严格按规章制度办事，尊重和保障人民群众的合法权益，自觉接受群众的监督。要坚决整治行业不正之风，同消极、腐败现象作斗争。要大力提倡面向基层，服务群众的作风，克服和防止官僚主义习气，尽力帮助群众排忧解难。当前尤其要做好困难企业、特别是下岗职工的工作，实施好再就业工程和送温暖工程。

胡锦涛在讲话中还对国家机关各部门党组，以及机关广大党务干部，提出了要求。

全国台湾事务办公室主任座谈会在北京结束

会期3天。会议认真学习了江泽民总书记在十五大报告中有关对台工作的论述，分析了当前和今后一段时间对台工作面临的形势，研究了全面贯彻落实十五大精神，推动两岸关系发展、推进祖国和平统一进程的问题。

中共中央政治局委员、国务院副总理钱其琛出席会议并讲话。钱其琛说，目前国际国内形势出现了一些新的变化，党的十五大的胜利召开、香港的顺利回归、江泽民主席访美取得巨大成功和我反分裂、反“台独”斗争的成果，为进一步做好对台工作创造了有利的条件。各地、各部门要抓住有利时机，深入学习、贯彻十五大精神，继续贯彻江泽民总书记关于发展两岸关系、推进祖国和平统一进程的八项主张，切实重视对台工作，推动两岸政治谈判，积极推动两岸经贸和各项交流，促进直接“三通”，促进祖国统一大业早日实现。他说，实行“和平统一、一国两制”不仅能保障台湾同胞的现实利益，而且符合台湾同胞的长远利益。

会议呼吁，台湾当局应顺应潮流，展现诚意，对江泽民总书记提出的在一个中国原则下进行结束两岸敌对状态谈判的建议作出认真回应，并采取实际步骤，摒弃“戒急用忍”的政策，以发展两岸关系。我们寄希望于具有光荣爱国主义传统的广大台湾同胞，竭诚欢迎台湾各党派、各界人士同我们就有关两岸关系与和平统一交换意见。两岸同胞应共同努力，为实现国家统一，为中华民族在新世纪的振兴作出贡献。

纪念博古诞辰90周年座谈会在北京举行

中国记协名誉主席吴冷西同志主持了今天的会议并介绍了博古同志的生平。他说，博古（秦邦宪）同志1925年投身革命，1931年至1935年曾主持党的全面工作。1941年他开始担任新华社社长和《解放日报》社长，为我党新闻广播事业的创建和发展倾注了大量心血。1946年4月8日，他在从重庆飞返延安途中，因飞机失事不幸遇难。

与会人士回顾博古同志当年的事迹，深感他对我党新闻事业的满腔热情和忠贞不渝。他提出了新闻工作必须自觉置于党的领导之下，贯彻党的路线方针政策；必须密切联系群众；必须真实，用事实和说理进行宣传等重要观点，不仅推动了当时的新闻工作，而且至今仍有重要指导意义。在他的具体领导和主持下，延安的新闻事业不断发展壮大，形成一个多层次的统一整体，向全中国及世界传播我党的声音，对中国人民争取民族独立和解放的伟大事业起到积极促进作用。

与会人士认为，我们纪念、缅怀博古同志，就要学习他坚强的党性、高度的敬业精神和钻研业务的良好风尚，继承老一辈新闻工作者的优良传统，激励广大新闻工作者坚持以邓小平理论为指导，进一步加强和改进新形势下的新闻宣传工作，为促进我国改革开放和现代化建设作出更大贡献。

新华社副社长兼总编辑南振中，人民日报副总编辑张虎生，广电部原副部长刘习良和曾在延安工作过的老新闻工作者张映吾、吴文焘、黎辛、温济泽分别在会上发了言。

纪念会由新华社、人民日报、广电部和中共中央党史研究室举办。部分老新闻工作者、首都各界人士和博古同志的亲属近百人参加了纪念会。

国家民委在北京召开会议就落实国务院出台的“九五”期间新的民族贸易和民族用品生产优惠政策及有关工作情况作说明

国务院出台的优惠政策主要是：“九五”期间对全国民族贸易和民族用品生产企业实行流动资金低息照顾、税收减免和专项投资，400多个民族贸易县和2000多家民族用品企业将得到优惠政策扶持，受益群众将达1.6亿。优惠政策适用于省、州级民族贸易公司经营少数民族特需用品、生产生活必需品、药品、书籍下乡及收购少数民族农牧副产品的经销活动；民族贸易县内的国有商业、供销社、医药公司、新华书店经营上述商品和乡镇以下的民族贸易企业的经销活动；生产《少数民族特需用品目录》中所列商品的民族用品生产企业。

全国民族贸易和民族用品生产联席会议常务副主席、国家民委副主任文精出席会议并强调，优惠政策是中央为促进民族地区经济社会发展、帮助少数民族群众加快脱贫致富步伐而出台的重要举措，体现了党和政府对少数民族群众生产生活的关怀，受到了全国民族地区和少数民族群众的衷心拥护和热烈欢迎。这次落实民族贸易和民族用品生产政策，要按照党的十五大精神，本着改革中出现的问题通过改革去解决的思路，研究制定引导企业通过改革适应社会主义市场经济体制的具体措施，走出一条在社会主义市场经济体制条件下为少数民族群众生产生活服好务的新路子。

国务院证券委员会发布实施《证券投资基金管理暂行办法》

中国第一个证券投资基金法规性文件《证券投资基金管理暂行办法》，经国务院批准，由国务院证券委员会正式发布。其实施将由中国证监会在试点和总结实践经验的基础上逐步推开。对于现有基金的整顿和规范问题，国务院证券委员会将会同中国人民银行另行发文予以明确。

《证券投资基金管理暂行办法》共分七章五十七条，内容包括：总则、基金的设立、募集与交易、基金托管人和基金管理人、基金持有人的权利和义务、投资运作与监督管理、罚则及附则等。制定和颁布该办法的宗旨是加强对证券投资基金的管理，保护基金当事人的合法权益。办法中规定，基金和基金管理公司的设立，必须经中国证券监督管理委员会审查批准；关于基金设立的形式，可以是开放式基金，也可以是封闭式基金；基金托管人，限定为符合一定条件的商业银行；办法还规定了基金管理人、基金托管人和基金持有人的权利与义务、基金的投资运作与监督管理、违反本办法的处罚等。《证券投资基金管理暂行办法》的发布施行，将在培育机构投资者、便利社会公众进行证券投资、增加市场有效需求等方面发挥重要作用，促进我国证券市场持续、稳定、健康发展。

国务院副总理朱镕基在钓鱼台国宾馆会见南斯拉夫总统斯洛博丹·米洛舍维奇

中国裁军大使沙祖康在第五十二届联大第一委员会(裁军和国际安全)会议上阐述中国对有关“军备透明”和控制小武器问题的立场

沙祖康指出,中国自1992年以来一直参加了历次联合国常规武器转让登记;在当前国际条件下,任何国家都不可能同意并做到对其军备或军备相关事项的绝对透明,也不存在“为透明而透明”的问题。

沙祖康说,只能在具体的军控与裁军条约的框架内,根据各条约的不同性质、特点和需要,通过谈判来制定有针对性的和可行的透明措施。

沙祖康说,中国代表团对小武器的过度积累和非法转让问题的立场是:第一,不应违背《联合国宪章》的宗旨和目标,应切实尊重有关国家的主权;第二,应严格按联合国安理会的授权,在维和框架内采取行动;第三,应尊重并根据冲突各方、包括其所在地区的区域组织自愿达成的协议进行;第四,应充分照顾冲突地区有关国家合法自卫和安全的正当需要。

11月15日

国务院总理李鹏在大阪接受日本四报记者联合采访

李鹏在他下榻的大阪皇家饭店接受日本每日新闻、朝日新闻、日本经济新闻、读卖新闻四家报社记者的联合采访。

在回答记者关于再次访日的印象时,李鹏总理说:自我上次访日以来,8年过去了。8年来,中国取得了很大的进步,发生了很大的变化。日本也同样有了很大进步,特别是日本在高科技领域中的发展给我留下了深刻的印象。这次访问期间,我们所到之处都受到日本各界人士的热情友好接待,这充分体现了日本人民对中国人民的友好之情。

在回答中国对日本关于日美修改防卫合作指针所作的解释是否满意时,李鹏说:我在接受日本广播协会记者的专访时已经回答过这个问题。在正式会谈的时候,桥本首相反复对我讲,经修改的日美防卫合作指针不违背日本宪法的规定,是防御性的,与《日中联合声明》和《日中和平友好条约》的基本原则、即“一个中国”的原则是不抵触的。如果桥本首相能进一步明确说明,日美防卫合作指针不涉及、不包括台湾,那就比较全面了。

当记者问及中国政府对台湾海峡两岸关系现状和前景的看法时,李鹏说:早日结束海峡两岸的暂时分离局面,实现祖国的完全统一,是全体中国人的共同愿望。香港的顺利回归并保持长期繁荣稳定,以及1999年澳门的回归,对按照“一国两制”的原则解决台湾问题具有示范作用。他说,我们解决台湾问题的方针是“和平统一、一国两制”。在一个中国的原则下,两岸尽早恢复政治对话,符合包括台湾人民在内的全体中国人民的根本利益。

记者问,在世界金融动荡中,香港今后是否要保持联系汇率制、中国是否会下调人民币汇率,李鹏说:这次金融危机从东南亚开始,继而波及到世界的不少地区。我认为,香港尽管受到了冲击,但香港的情况是好的,港币与美元的联系汇率稳定。中国对香港实行“一国两制”,香港的经济运营是由香港特区政府管理的。香港实行的联系汇率制度,中央政府是支持的。香港与内地经济关系十分密切,内地经济的持续稳定发展,本身就是对香港的最好支持。如果特区政府认为需要的话,我们不会不采取支持的措施。李鹏说:目前,美元与人民币的比价为1∶8.3左右,在这次世界金融风波中,中国的金融形势是稳定的,我们没有必要调整人民币汇率。

关于中国对成立亚洲货币基金的态度,李鹏说,成立这类基金目前还处在酝酿阶段,我们不反对先在专家层面进行讨论。桥本首相也是这样认为的。

在回答有关中、日、美、俄领导人近期的频繁对话是否可能导致建立某种对话机制的问题时,李鹏说:现在世界多极化趋势加速发展。四国领导人近来频繁互访,从某种意义上讲也是多极化发展的一种表现。他说,中国执行独立自主的和平外交政策,我们的外交是全方位的,我们与世界各国有着广泛的接触和联系。虽然现在进入了信息时代,但这不能代替各国领导人之间的直接对话和相互往来。世界上建立了不少多边磋商机制,有些起到了有益的作用。但国际关系表明,加强国与国之间的双边关系,是非常重要的,也是要首先搞好的。各国应在相互尊重、平等互利、不干涉别国内政等基本原则的基础上建立和发展关系,这有利于世界的和平与发展。

关于中国对即将举行的京都气候变化公约第三次缔约方会议的态度时,李鹏说:中国实行可持续发展战略,环境保护是我们的一项基本国策。我们对气候变化问题一直非常重视。中国一贯积极参与国际环境与发展事业。我本人曾出席联合国主办的里约环发大会,中国政府在那次大会之后很快制定了《中国二十一世纪议程》。环境问题是全球性问题,各国应根据本国情况作出各自的努力,对所有的国家实行统一的标准是不公正的,也是行不通的。发达国家利用自己的水平来要求发展中国家甚至设置某些障碍限制发展中国家发展经济，这是不合理的。我们希望京都会议通过平等友好协商，取得积极成果。

关于中国对目前伊拉克问题的看法，李鹏说：我们对这个问题表示关注，希望伊拉克与联合国尽快恢复合作，全面切实履行安理会有关决议，使核查工作能够正常进行。对于伊拉克同有关方面的争议，我们主张通过和平谈判加以解决，不应该诉诸武力。有关各方应该保持克制。

《人民日报》发表评论员文章《巩固提高延伸辐射——把"讲文明树新风"活动推向新阶段》

第五届中国戏剧节在广州世界大观开幕

中共中央政治局委员、国务委员李铁映向戏剧节发来贺信。他希望戏剧界的同志、朋友们在党的十五大精神鼓舞下，在以江泽民同志为核心的党中央领导下，进一步团结起来，遵循党的"百花齐放、百家争鸣"方针，为人民创造出思想水平更高、艺术魅力更强的艺术精品。

庆祝中国药学会成立90周年暨第20次全国会员代表大会在北京举行

彭珮云、吴阶平、周光召出席了开幕式。

中国药学会成立于1907年，是我国成立最早的近代自然科学社团之一。现已有会员8万余名，下有14个专业委员会，主办13种学术刊物。他们还创办了《全国医药经济信息网》，承办了国家制定处方药与非处方药制度等工作。学会促进了我国药学学科发展和人才培养，推动了科技与经济的结合。

参加当天会议的还有卫生部、国家医药管理局、国家中医药管理局等部门的领导及世界卫生组强、国际药学联合会的代表。大会以"面向21世纪药学发展"为主题进行了多学科的交流。

11月16日

国务院总理李鹏等祝贺中国运载火箭研究院成立40周年

1997年是中国运载火箭史上发射次数最多、成功率最高的一年，捷报声中，中国运载火箭研究院今天迎来了40岁生日。李鹏、刘华清题词祝贺。

运载火箭技术是现代科学技术和工业成就的综合体现。40年来，火箭研究院相继研制成功近程、中近程、中程和远程等运载火箭，其中包括可以发射高、中、低轨道卫星的长征系列火箭的大部分型号，使我国的火箭地球静止轨道发射技术、低温高能燃料的使用技术、发动机高空二次点火技术和捆绑与分离技术等已跨入世界先进行列。

中国运载火箭研究院培养了一支政治思想好、技术业务精的研制队伍。职工人数从175人增加到现在的25000多人。1994年，研究院提出了规划：即争取到本世纪末，在技术人员、技术工人和管理人员中各培养2000名优秀人才，进而在其中各选拔200名带头人队伍。目前，这一规划的实施进展顺利。在厂、所一级的领导干部和高级工程师以上的技术人才中，45岁以下的都占了将近一半，使中国火箭研制后继有人。

中国和波兰两国有关方面签署了四项合作文件

四项合作文件是：《关于购买波兰采煤、选煤设备的意向书》、《关于购买波兰综采设备的意向书》、《关于中国蓝星化学清洗总公司年产3万吨双酚A项目合作意向书》、《黑龙江省肇东华欣化工有限公司年产1万吨三羟甲基丙烷项目合作意向书》。

11月17日

国家主席江泽民在人民大会堂同波兰总统亚历山大·克瓦希涅夫斯基举行会谈

双方就进一步发展中波友好合作关系以及共同关心的国际问题深入地交换了意见，达成了广泛的共识。

江泽民首先对克瓦希涅夫斯基总统率领代表团访问中国表示欢迎，相信这次访问将进一步促进两国和两国人民之间的传统友谊，把中波关系提高到一个新的发展水平。他希望双方共同努力，构筑面向21世纪的中波友好合作关系。

克瓦希涅夫斯基对江泽民主席邀请他来华访问表示感谢。他表示，波中之间有着密切的传统友谊，这次访问一定会对两国友谊与合作的发展作出积极的贡献。

江泽民说，中波两国虽然相距遥远，但两国人民之间的深厚友谊就像长江和维斯瓦河一样源远流长。近年来，虽然国际形势和我们各自国内情况都发生了很大变化，但中波关系在新的基础上继续稳步发展，经受住了时间的考验。两国保持了高层次的经常接触，双方在政治、经济、科技、文化、教育等领域的交流与合作不断扩大。在许多国际问题上，相互理解、相互支持，我们对中波关系的发展表示满意。江泽民强调指出，中波友好合作关系之所以能在新形势下和新的基础之上顺利发展，一是因为友好合作是中波两国人民的共同愿望；二是中波之间没有根本的利害冲突，却有着广泛的共同利益；三是双方都能超越社会制度、意识形态和价值观念的差异来处理两国关系；四是双方都能严格遵循相互尊重、平等相待、互不干涉内政等原则。

关于经贸关系，江泽民指出，我们把经贸合作视为两国关系的重要组成部分，并把波兰看作是中东欧地区的重要贸易伙伴。近年来，两国贸易关系不断发展，贸易额逐年上升。与此同时，双方通过加强公司企业界交往和举办展销会等多种渠道，努力使两国贸易额在发展中达到平衡。江泽民表示，中方欢迎波兰企业进入中国市场，包括参加三峡工程在内的大型项目的建设。他说，为推动双边经贸合作深入发展，双方要进一步鼓励和支持两国有实力、信誉好的公司、企业和地方之间加强接触，增进了解，在努力扩大贸易额的同时，不断探讨多层次、多渠道、多形式的经济技术合作。两国政府要为双方的合作创造良好的条件，为双方经贸人员的交往提供便利。中国的市场很大，我们欢迎波兰在中国市场上占有越来越大的份额，我们也鼓励中国的企业家到波兰市场参加竞争。相信经过共同努力，两国经贸合作会不断达到新的发展水平。

克瓦希涅夫斯基说，波兰十分重视发展同中国的经贸关系，但双方合作的潜力还有待进一步挖掘，希望能通过此次访问对双边经贸的发展给予积极的推动。波兰访华的经济企业界人士希望能同中国的企业家们就此进行深入的探讨。

双方还就两国之间的一些重要合作项目交换了意见。

克瓦希涅夫斯基还表示，波兰十分希望进一步加强和扩大同中国在文化、体育、科技等方面的交流与合作。江泽民对此表示赞同。

江泽民向克瓦希涅夫斯基通报了不久前他访问美国和俄罗斯总统叶利钦访问中国的情况，并向克瓦希涅夫斯基介绍了中国的外交政策。

江泽民对波兰总统和波兰政府一贯支持“一个中国”的政策表示赞赏，并表示理解波兰根据自身处境优先发展同欧洲国家关系的政策，对波兰重视同其他地区国家开展合作表示赞赏。

克瓦希涅夫斯基邀请江泽民在方便时访问波兰，江泽民愉快地接受了邀请。

会谈后，江泽民主席同克瓦希涅夫斯基总统出席了签字仪式，两位国家元首签署了《中华人民共和国和波兰共和国联合公报》，双方有关官员签署了《中波两国政府动物检疫及动物卫生合作协定》、《中波两国政府文化和科学技术协定 1998—2000 年执行计划》。

国家主席江泽民和波兰总统亚历山大·克瓦希涅夫斯基在举行会谈并出席签字仪式后向记者发表简短讲话。

江泽民说：“刚才，我同克瓦希涅夫斯基总统进行了友好、诚挚的会谈，就进一步发展中波友好合作关系以及共同关心的国际问题深入地交换了意见，达成了广泛的共识。我们签署的联合公报是指导两国关系的重要政治文件，双方愿意在相互尊重、平等互利、互不干涉内政等原则的基础上长期、稳定地发展两国友好合作关系。在经贸关系方面，双方准备采取进一步的措施，开拓合作的新领域、新途径。”

克瓦希涅夫斯基说，波中两国有着传统的友好合作关系。双方应该首先巩固已有的在政治、经济、文化、科技领域的合作基础，并进一步开拓新的合作领域。

中国和波兰发表《中华人民共和国和波兰共和国联合公报》

一、应中华人民共和国主席江泽民的邀请，波兰共和国总统亚历山大·克瓦希涅夫斯基于 1997 年 11 月 16 日至 21 日对中华人民共和国进行了国事访问。

中华人民共和国主席江泽民同波兰共和国总统克瓦希涅夫斯基举行了会谈。两国领导人就双边关系现状和良好的发展前景以及共同关心的国际问题交换了意见。

访问期间，双方签署了：

1.《中华人民共和国政府与波兰共和国政府动物检疫及动物卫生合作协定》；

2.《中华人民共和国政府和波兰共和国政府文化和科学合作协定 1998—2000 年执行计划》。

双方对访问结果感到满意，相信这次访问将促进中波友好合作关系进一步发展。

二、双方认为，发展两国在各领域的合作是两国人民的共同愿望，符合两国的根本利益，也有利于亚洲和欧洲的和平与发展。双方将在相互尊重独立、主权和领土完整，平等互利和互不干涉内政及其他公认的国际法准则的基础上发展长期、稳定的友好合作关系。

双方愿加强政治对话，其中包括高层对话，支持两国政府、议会间交往，加强民间组织和机构以及地方政府代表之间的互利合作。

三、双方认为，发展互利的经贸合作是双边关系非常重要的目标。为此，双方将根据两国的潜力和可能，积极支持两国公司、企业之间的直接接触，共同努力使贸易额逐步扩大并达到基本平衡，开展新的工业及技术项目的合作，支持互利的共同投资，鼓励在第三国市场进行合作，在金融领域开展合作。双方将支持两国企业在交通运输工具、采煤、环保、轻纺、电子、化工及电力等领域开展经济合作。双方将继续支持在科学研究、技术发展、文化、艺术、教育、新闻、旅游和体育等方面的相互交流与合作。

四、中华人民共和国和波兰共和国重申相互尊重各自对经济和社会发展道路的选择。

波兰共和国高度评价中华人民共和国奉行的独立自主的和平外交政策和中国在发展合作和解决国际问题方面所起的建设性作用以及为巩固亚洲和世界和平与稳定所作的贡献。

波兰共和国方面重申，波兰共和国承认世界上只有一个中国，即中华人民共和国，台湾是中国领土不可分割的一部分，中华人民共和国政府是代表全中国人民的唯一合法政府。

中华人民共和国充分理解并尊重波兰共和国谋求同欧洲大西洋机制和欧洲机制一体化所作的努力，赞赏波兰继续奉行发展同包括亚洲和太平洋地区国家在内的世界各国合作的政策，并高度评价波兰为维护欧洲及世界和平所发挥的作用和作出的贡献。

五、双方将加强对共同感兴趣的国际问题的磋商。在同国际恐怖主义、有组织跨国犯罪、非法生产及贩运毒品、武器走私以及经济犯罪和非法金融流通所进行的斗争中积极配合。

六、双方主张在公认的国际法原则基础上，根据各国人民争取和平、安全、发展、民主和繁荣的愿望，与世界各国开展广泛的合作。

双方尊重《联合国宪章》促进人权和基本自由的宗旨，主张尊重并考虑各国的传统、历史经验和现实国情，在平等和相互尊重的基础上开展建设性对话与合作。双方认为实现人民的生存权和发展权对人类具有非常重要的意义。

双方表示完全支持加强联合国在维持地区及世界和平与稳定，促进各国共同发展以及通过谈判解决人类面临的各种问题方面的作用。双方愿为世界的持久和平和人类的共同进步作出应有的贡献。

中华人民共和国主席 江 泽 民

波 兰 共 和 国 总 统 亚历山大·克瓦希 涅 夫 斯 基

1997 年 11 月 17 日于北京

纪念毛泽东发表"希望寄托在你们身上"讲话 40 周年座谈会在北京举行

座谈会由国家教委、共青团中央及欧美同学会共同举行。刘华清、李岚清出席座谈会。

中共中央政治局常委、国务院副总理李岚清在座谈会上讲话。他说，1957 年 11 月，毛主席赴苏联参加十月革命 40 周年庆典和世界共产党工人党代表会议。11 月 17 日，毛主席在莫斯科大学礼堂，面对几千学子发表了著名讲话："世界是你们的，也是我们的，但是归根结底是你们的。你们青年人朝气蓬勃，正在兴旺时期，好像早晨八九点钟的太阳。希望寄托在你们身上。"毛主席的讲话是对新中国第一代留学生的希望、鼓励和鞭策，也是对新中国全体青年一代的希望、鼓励和鞭策。他以无产阶级政治家的胸怀，放眼世界，把握未来，将革命事业和中国的希望寄托于青年。

李岚清说，时代在变化，形势在发展，但党和政府对留学事业的关注没有变，祖国与人民对留学人员和年轻一代的期望没有变，一代又一代学人所追求的"愿中华腾飞世界"的伟大理想没有变。今天，跨世纪的一代已站在世纪之交的交会点，历史将赋予跨世纪的一代更为光荣而重大的使命。广大中青年留学人员和跨世纪一代是跨世纪的建设者，是我们未来事业的骨干。

李岚清强调，现在全党全国各族人民正高举邓小平理论的伟大旗帜，在以江泽民同志为核心的党中央领导下，学习贯彻党的十五大精神，满怀信心地把建设有中国特色社会主义的伟大事业全面推向 21 世纪。然而，我们也应清醒地看到，实现党中央确定的三步走的战略目标，需要近百年的时间，需要几代人的努力。要"培养同现代化要求相适应的数以亿计高素质的劳动者和数以千万计的专门人才，发挥我国巨大人力资源的优势，这关系 21 世纪社会主义事业的全局"。因此，我们强调希望寄托在你们身上，希望寄托在千百万有志气、有抱负的跨世纪一代青年的身上。在完成这一伟大历史任务的进程中，知识分子作为工人阶级的一部分，将发挥重要作用。要加强学习，提高自己，努力成为先进思想的传播者，科学技术的开拓者，社会主义物质文明和精神文明的建设者，"四有"公民的培育者。同广大工人、农民在一起，为中华民族的振兴建功立业。我国的留学政策有着成功的过去，一批又一批有志气、有抱负的中国青年写下了不朽的篇章。我们要坚持"支持留学，鼓励回国，来去自由"的留学生政策，鼓励留学人员回国工作或以适当方式为祖国服务。当代青年，特别是下一世纪的建设者，要向老一辈学习，弘扬创业、爱国精神，肩负起民族的期望，再创跨世纪的辉煌！我们深信，学习、奋斗、团结、奉献的爱国主义精神将伴随新一代中国青年在 21 世纪继续放射出灿烂的光辉！青年同志们，"世界是属于你们的"。"中国的前途是属于你们的"。"希望寄托在你们身上！"

王丙乾、王兆国出席座谈会。有关方面负责人士朱训、李克强、韦钰及留苏学生代表、归国留学生代表、青年学生代表先后在座谈会上发言。

台盟六大及六届一中全会在北京闭幕

全会推举蔡子民为名誉主席，张克辉当选为新一届主席。

在今天的闭幕会上，宣布新当选的六届中央常委、中央副主席、中央主席名单，通过了《台湾民主自治同盟第六次全盟代表大会决议》。决议指出，自台盟五大以来，全盟在政治协商、民主监督、参政议政、促进祖国统一大业，为两个文明建设服务和自身建设等方面取得了显著的成绩。决议号召全盟同志，发扬爱国主义的光荣传统，坚持和完善中国共产党领导的多党合作和政治协商制度，搞好自身建设，进一步发挥参政党作用。实现祖国统一，是海内外全体中国人的共同心愿。中共十五大对推进祖国和平统一大业做出了郑重宣示，并寄希望于具有光荣爱国主义传统的台湾同胞，这对台盟全体盟员和广大台胞是个巨大的鼓舞。台盟要坚持“和平统一，一国两制”的基本方针和发展两岸关系、推进祖国和平统一进程的八项主张，积极开展与岛内外台胞的联谊交往工作，继续推动两岸经贸、文化交流，促进两岸直接“三通”。

大会审议并通过了台湾民主自治同盟新盟章。新盟章认真总结了台盟同中国共产党长期亲密合作及不断加强自身建设的宝贵经验，体现了以中华人民共和国宪法为根本，以邓小平理论为指导的原则和中共十五大精神，是一部具有时代特点和符合台盟实际的新盟章。

台盟中央新任主席张克辉在闭幕式上讲话。他说，我们正处在承前启后、继往开来的重要历史时期，台盟新一届领导班子要切实搞好参政议政和自身建设工作，团结奋进，把台盟的事业全面推向21世纪。

台盟宣布第六届中央领导成员名单

名誉主席：蔡子民

名誉副主席：李　辰　田富达（高山族）　陈仲颐

主　席：张克辉

副主席：刘亦铭　林文漪（女）　吴国祯

秘书长：李敏宽

黄埔军校同学会第二次会员代表会议及二届一次会议在北京闭幕

黄埔军校一期学生李默庵先生再次当选为黄埔军校同学会会长。

为期两天的会议通过了李默庵会长的工作报告和《致台湾黄埔同学信》。此次会议还选举了由52名理事组成的理事会，选举了副会长。

中共中央统战部副部长张廷翰出席了今天的会议，代表中央统战部向新当选的同学会领导表示祝贺，希望全体同学会会员团结一致、努力奋斗，为祖国和平统一事业贡献力量。

黄埔军校同学会《致台湾黄埔同学信》

中华黄埔四海同心会并在台全体同学：

我会正在北京召开第二次会员代表会议，海内外200位同学代表，会集一堂，共叙契阔，在此欢聚之际，我们深切思念现在台湾的老师和同学，袍泽情深，不禁神驰左右。

黄埔军校是先校总理中山先生亲手缔造、国共两党第一次合作的产物。在东征、北伐和八年抗日战争中，广大黄埔师生，为中华民族的独立自由，为洗雪百年国耻、光复神州，义无反顾，奋勇杀敌，十万同学血沃大地，骨埋青山。先烈伟绩，彪炳青史，与山河同在。

“祖国尚未统一，同学仍须努力。”切盼在台同学，秉承中山先生遗志，高举爱国主义旗帜，发扬黄埔革命精神，同台湾各界爱国人士和广大台湾同胞一道，坚持一个中国，反对“两个中国”、“一中一台”，坚持民族统一，反对民族分裂，反对“台湾独立”，再创辉煌。

同胞、同学胜似手足。欢迎在台同学前来祖国大陆参观访问，自当竭诚相待。我们愿与在台同学就推进祖国和平统一问题交换意见，增进共识，为祖国和平统一共同奋斗。

书不尽意，遥望东南，诸希珍重！

黄埔军校同学会

第二次会员代表会议

1997年11月17日

中共中央和国务院在北京召开全国金融工作会议

会议于11月17日至19日举行。会议的主要任务是以邓小平理论和党的十五大精神为指导，对解决金融改革和发展中的重大问题作出具体部署。

中共中央总书记江泽民，中共中央政治局常委、国务院总理李鹏，中共中央政治局常委、国务院副总理朱镕基在会上作了重要讲话。中共中央政治局常委胡锦涛、李岚清出席了会议。

这次会议是党的十五大之后，由党中央、国务院召开的第一个全国性会议。会议的目的，是正确估量当前经济、金融形势，充分认识进一步深化金融改革和整顿金融秩序、防范和化解金融风险的重要性和迫切性，明确做好这项工作的总体要求、指导原则、主要任务和重要措施。做到统一思想认识，统一行动步伐，坚定决心，增强信心，加强领导，狠抓落实，加快建立现代金融体系和金融制度，依法规范和维护金融秩序，保证金融安全、高效、稳健运行，开创金融改革和发展的新局面。

会议指出，金融是现代经济的核心。随着我国社会主义市场经济的不断发展，金融活动日益广泛地渗透到社会经济生活的各个方面，金融在宏观调控中发挥着越来越大的作用。进一步做好金融工作，保证金融安全、高效、稳健运行，是国民经济持续快速健康发展的基本条件。因此，我们必须比以往任何时候都要更重视金融工作，把金融改革和发展搞得更好。

会议认为，近几年，我国国民经济保持了良好的发展势头，在实现持续快速增长的同时，有效地抑制了通货膨胀。经济形势一年比一年好。金融体制改革迈出了重要步伐，金融对外开放不断扩大，金融业稳步健康发展。金融部门积极贯彻执行党中央、国务院一系列方针，在实施适度从紧的货币政策，加强和改善宏观调控，整顿和规范金融秩序，强化金融监管，主动消除金融隐患等方面，做了大量富有成效的工作，对防止经济过热，治理通货膨胀，调整经济结构，促进整个改革开放和发展，保持社会稳定，发挥了重要作用，积累了宝贵的经验。实践证明，中央关于金融工作的方针、政策和所采取的措施是完全正确的、有效的。

会议指出，在好的经济形势下，我们要清醒地看到金融领域存在的问题。主要是金融体制还不能适应经济改革和发展新形势的要求，金融法制不健全，金融监管薄弱，金融秩序比较混乱，乱办金融的现象较为严重，一些金融机构违法违规经营。从根本上解决好这些问题，是当前和今后一个时期搞好改革、发展和稳定的关键。

会议强调，要进一步做好金融工作，保证金融安全、高效、稳健运行，必须以邓小平理论和党的十五大精神为指导，按照建立社会主义市场经济体制的方向，深化和加快金融改革，进一步整顿和规范金融秩序，切实加强金融法治和金融监管，大力运用现代信息技术管理手段，建立健全符合我国国情的现代金融体系和金融制度，引导金融业健康发展。

会议要求，力争用 3 年左右时间大体建立与社会主义市场经济发展相适应的金融机构体系、金融市场体系和金融调控监管体系，显著提高金融业经营和管理水平，基本实现全国金融秩序明显好转，化解金融隐患，增强防范和抗御金融风险能力，为进一步全面推进改革开放和现代化建设创造良好的条件。

会议强调指出，要从根本上解决金融领域存在的问题，开创金融改革和发展的新局面，必须根据社会主义市场经济发展的要求，把银行办成真正的银行，强化人民银行的金融监管职能，加快国有商业银行的商业化步伐，并健全多层次、多类型金融机构体系；必须依法治理金融，规范和维护社会主义市场经济的金融秩序，大力整章建制，严厉惩治金融犯罪和违法违规活动，把一切金融活动纳入规范化、法制化的轨道；必须加快经济体制和经济增长方式两个根本转变，为金融良性循环创造好的经济环境，特别是要加快国有企业改革，建立政企分开的投资体制，加大经济结构调整力度，坚决避免“大而全、小而全”和不合理重复建设。同时，金融系统要更好地为经济改革和发展服务，端正经营思想，提高金融服务质量。

会议认为，当前是加快和深化金融改革、解决金融领域中问题的好时机。国民经济持续快速增长，宏观环境比较宽松。社会各个方面对加大改革力度，从根本上解决经济和金融领域深层次矛盾有迫切愿望和要求。为此，必须齐心协力，振奋精神，知难而进，勇于创新，充分利用当前的有利时机和条件，扎扎实实工作，努力完成党中央、国务院提出的各项重要任务。

会议要求各级党委、政府和各部门务必把思想和行动真正统一到中央的决策和部署上来。要树立全局观念，严格遵守和维护党的纪律，做到令行禁止，坚决维护党中央、国务院的权威，坚决维护国家金融法治和政策的权威。要深入调查研究，全面摸清情况，结合本地区、本部门实际，作出具体安排部署，积极稳妥地开展工作。要在全社会广泛深入地开展金融知识、金融法规政策和金融风险意识教育。各级领导干部尤其要带头学习好，自觉按照经济规律和金融规律办事。要通过多种形式、多条途径培养金融人才，以适应金融改革和发展的需要。

出席这次会议的中央和国务院领导同志还有：丁关根、吴邦国、罗干、姜春云、贾庆林、钱其琛、温家宝、邹家华。

各省（自治区、直辖市）省长（主席、市长），分管金融工作的副省长（副主席、副市长），党中央和国务院有关部门的负责人，中国证监会，国有银行行长、副行长和重点分行行长，中国人民银行省分行行长，保险公司和大型金融机构的负责人参加了这次会议。

国务院总理李鹏签署第 235 号令发布《罚款决定与罚款收缴分离实施办法》

现发布《罚款决定与罚款收缴分离实施办法》，自 1998 年 1 月 1 日起施行。

总理　李　鹏

1997 年 11 月 17 日

罚款决定与罚款收缴分离实施办法（文略）

全国政协主席李瑞环在黄山考察

李瑞环 11 月 17 日对黄山风景区进行了考察，并出席了 11 月 18 日举行的’97 中国黄山国际旅游节开幕式。

李瑞环对黄山风景区这些年管理和经营水平的提高表示满意，向为推动黄山旅游业发展而常年辛劳的干部职工表示亲切慰问。在谈到当前我国旅游业形势时，李瑞环说，我国旅游业这些年来发展迅速，在世界上影响日益上升，成绩很大；我国旅游资源非常丰富，目前利用程度还很低，潜力很大；与世界先进国家比，我国旅游业还有许多不足，差距很大；旅游业在我国日益被社会所重视，经营管理水平逐步提高，希望也很大。他要求黄山的同志们抓住机遇，努力开拓，使黄山这一华夏奇观被世界上更多的人所认识。

李瑞环在同安徽省委书记卢荣景等同志交谈中，对安徽这些年的工作予以充分肯定。他说，当前安徽省上下都在认真学习贯彻十五大精神，广大干部群众心齐气顺，各方面工作呈现出蓬勃发展的势头。安徽所以能有这样一个局面，是因为各级领导能够认真贯彻中央精神，注意借鉴各地经验，始终坚持从实际出发。安徽给人的突出印象是团结和谐，扎实肯干。关系和谐，思路清晰，加上苦干实干，应该说是安徽工作的成绩、经验、特点，也是安徽的希望所在。

国家防汛抗旱总指挥部在北京召开第二次全体会议

会议总结今年的防汛抗旱工作，对明年和今后一个时期的防洪抗旱工作作出部署。会议特别分析了当前的严重旱情，对抗旱保苗工作提出了明确要求。

中共中央政治局委员、国务院副总理姜春云在谈到今年的防汛抗旱工作时说，今年的汛情、旱情有新的特点，防汛抗旱工作也有新的突破和进展，积累了一些成功的经验。主要是：准备工作抓得早，重点突出，措施得力；领导重视，责任落实；主动防御、投入超前、事半功倍；广大军民和各部门团结奋战；水利工程发挥了重要作用。

姜春云说，今年的防汛抗旱工作也暴露出一些问题。如：抗旱能力不足；现有水利设施老化失修严重，灌溉保证率低；有些农村尤其是山区人畜饮水困难；部分地区存在靠天等雨的侥幸心理和消极畏难、盲目乐观情绪，影响了抗旱斗争的开展；防洪标准偏低；缺乏防御山洪暴发、泥石流、山体滑坡等山地灾害的有效手段；水文、气象预测预报水平有待进一步提高。总的看，防汛抗旱基础设施薄弱、总体抗灾能力偏低依然是当前的主要矛盾。

姜春云指出，贯彻落实十五大精神，为实现国家长远发展目标提供安全保障，今后一个时期的防汛抗旱工作任务极其艰巨。进入90年代以来，我国旱涝灾害越来越频繁，对防汛抗旱决不能有丝毫的麻痹松懈情绪，要有危机感。今后几年要努力做好四个方面的工作：第一，全国防洪抗旱的整体能力要有新的较大提高。把江河的防洪标准逐步提高到与国民经济发展相适应的水平上来。第二，要研究面向21世纪的防洪抗旱方略，明确总体目标、思路和工作重点。第三，要深化改革，增加投入，建立稳定的、多渠道、多层次水利建设投入机制。要运用水利政策，鼓励和引导社会各界参与防洪建设，扩大社会对防洪抗旱投入的比重。第四，切实提高防汛抗旱工作的科技水平。

姜春云强调，今年北方地区的严重干旱，造成秋粮减产。目前旱情仍很严重，已播种的3亿亩冬小麦有8000万亩受旱，另有2400多万亩麦田因旱难以播种。全国水库储水量比去年减少30%。抗旱保苗夺丰收的任务十分艰巨。明年是党的十五大召开后的第一年，夺取明年夏粮丰收，具有重大的经济意义、政治意义。各地要充分认识抗旱夺丰收的极端重要性，树立长期抗旱夺丰收的思想。今冬明春要采取一切行之有效的措施，全力做好防旱抗旱工作，为明年农业丰收奠定坚实的基础。

在谈到当前要抓好的几项工作时，姜春云说，各地要切实加强领导，组织发动广大干部群众投入抗旱播种保苗斗争。还未播种的麦田，要利用一切水源造墒播种，已出苗的小麦，要有针对性地落实各项田间管理措施。积极开展以抗旱节水为中心、以小型水源工程为重点的冬春农田水利建设。要大力推广普及抗旱节水技术，加强抗旱水源工程建设，强化水资源的统一管理、统一调度，使有限的水资源发挥最大的抗旱效益。明年的防汛工作必须努力抓早、抓实、抓好。从现在起，就要积极行动起来，做好明年防汛的各项准备工作。要牢固树立以防为主的思想，工作想在前、做在前，汛前多投入，多抢修一处工程，汛期就多一分安全。这要形成共识，长期坚持下去。搞好水毁工程修复、除险加固和清淤除障。尽快研究制订和落实《防洪法》涉及的有关政策、制度，加大执法力度。

国家防总副总指挥、水利部部长钮茂生在会上做了今年防汛抗旱工作总结。国家防汛抗旱总指挥部成员单位以及国务院有关部委负责人出席会议。

国家"八五"重点工程全国最大火电厂在山东邹县建成

日前，山东邹县电厂第二台60万千瓦发电机组顺利通过168小时满负荷试运行，正式并网发电。至此，邹县电厂三期工程全部竣工，该厂总装机容量达到240万千瓦，成为我国目前最大的火力发电厂。1993年11月开工的邹县电厂三期工程，是国家"八五"重点建设项目，总投资65.3亿元，由山东电建一公司承担施工任务。整个工程包括两台60万千瓦发电机组，总工期不到48个月，创下全国同类机组建设的最快纪录。

国务院副总理李岚清在钓鱼台国宾馆会见波兰总统亚历山大·克瓦希涅夫斯基

第五届少数民族文学创作奖在人民大会堂颁奖

藏族女作家央珍、白族作家张长等60位各族作家和田希宝等 3 位翻译工作者以他们最优秀的作品赢得此项殊荣。

引人注目的是，以往从未获过奖的珞巴、基诺、塔塔尔三个民族的作家作品，首次榜上有名。至此，我国 56 个民族都有了自己的获奖作家作品，实现了文学创作园地中的民族大团圆。

本届评奖的范围包括 1992 年至 1995 年间出版的少数民族作者用汉文或民族文字创作的长篇小说、中篇小说集、短篇小说集、诗集、散文集、报告文学集、评论集和儿童文学集。经过历时半年的严格评审最终脱颖而出的 63 位获奖者，分别来自 24 个民族，其中女作家 11 位。在他们的作品中，有 19 部是用蒙古文、维吾尔文、哈萨克文、朝鲜文、藏文和柯尔克孜文等少数民族文字写作的，占获奖总数的 31%。

铁木尔·达瓦买提、司马义·艾买提、刘忠德、伍精华以及有关方面负责人出席今天的颁奖大会并为获奖者颁奖。

11 月 18 日

“'97 中国环境论坛”会议在北京开幕

国家主席江泽民致贺词，对大会的召开表示衷心的祝贺。

江泽民主席在贺词中说，他代表中国政府并以个人的名义，向来自世界各地热心于人类环境事业的知名人士和专家表示热烈的欢迎。他指出，环境问题，各国人民都很关切。保持和创造一个优美的环境，直接关系人类今天和未来的生活，关系世界各国的发展和繁荣。这是一项功在当代、利在千秋的事业，是全人类的共同任务和责任。

江泽民主席表示，中国政府历来重视在发展经济的同时保护环境，重视动员社会公众参与环境保护事业，为世界环境保护事业作出了积极的贡献。他希望各位代表能够就共同关心的环境课题进行广泛的交流和讨论，并为中国的环保事业和可持续发展献计献策。他强调指出，中国人民愿同世界各国人民携起手来，加强合作与交流，为创造一个经济繁荣、环境清洁的新世纪而共同努力。

李鹏总理在大会开幕前会见了与会的外方高级代表。

澳大利亚前总理基廷和荷兰前首相吕贝尔斯应邀参加了大会，并将发表演说。

20 多个国家的政府官员、国际环保组织、著名环保专家、学者和企业界人士将在为期四天的会议上围绕中国的环境与立法、贸易与环境、生物多样性保护、能源开发与综合利用、科技与环境等专题进行探讨。

国务院总理李鹏在人民大会堂会见参加“'97 中国环境论坛”国际会议的外方高级代表

李鹏说，环境保护是中国的一项基本国策。一方面，中国政府非常重视这项工作，并取得了很大成绩。另一方面，我们也清醒地看到，中国的环保工作还存在不少问题。中国毕竟还是一个发展中国家，在发展经济的同时，我们将采取一切必要的措施，把环保工作搞好。

李鹏说，开发与节约并重是我们的一项重要的能源政策。在逐步减少使用煤炭的同时，要逐步增加清洁能源的比重。我们还将花大力气解决水土流失和小型企业的污染问题。

李鹏说，在座的外宾有前政府领导人，也有不少有影响的跨国公司负责人。希望你们从各自不同的岗位继续关注环境与发展问题，特别希望国际上有实力的大公司不仅要关心本国的环保问题，也应该在资金上支持发展中国家解决环保问题。

国务院总理李鹏在北京会见波兰总统亚历山大·瓦克希涅夫斯基

全国人大常委会委员长乔石在人民大会堂会见波兰总统亚历山大·克瓦希涅夫斯基

《人民日报》发表社论《认真做好当前工作》

党的十五大胜利闭幕以后，一个认真学习、积极贯彻十五大精神的热潮在全党和全国兴起，形势很好。同时，我们也必须清醒地看到，实现十五大确定的各项任务，需要做长期的、多方面的努力，而认真扎实地做好当前各项实际工作，是落实十五大精神的第一步。

要坚持把农业放在经济工作的首位，继续加强农业。各级领导一定要下力气抓农村工作。要稳定党在农村的基本政策，不折不扣地贯彻执行中央制定的延长土地承包期、稳定土地承包关系、减轻农民负担和按保护价敞开收购粮食等政策。要认真总结、积极推广农业实行产业化经营的经验，使它在推进农业现代化方面发挥积极作用。要着眼于保护农民的生产积极性和保护消费者的利益，积极稳妥地推进粮食流通体制的改革。要搞好规划，继续加强农业基础设施建设和生态环境建设。当务之急是安排好今冬明春的农村工作，继续广泛动员农民群众，大搞农田基本建设，植树造林，绿化荒漠，并且长期坚持下去，从根本上改变农业生产条件和生态环境，为农业的持续发展创造条件。今年北方地区旱情严重，要充分发动群众，迅速掀起以抗旱保苗为重点的麦田管理高潮，为夺取明年夏粮丰收打好基础。

要积极推进国有企业改革。我们要按照十五大提出的关于经济体制改革和经济发展战略的一系列重要方针，进一步深化经济体制改革，下决心打好国有企业改革的攻坚战。要按照“产权清晰、权责明确、政企分开、管理科学”的要求，加快建立现代企业制度的步伐。在改革中，要坚持解放思想，实事求是，勇于实践，大胆试验，要注意一切从实际出发，尊重经济规律，尊重群众意愿，不要急于求成，不要搞一刀切。要把国有企业改革同对国有经济实行战略性改组、优化经济结构结合起来进行，抓住当前有利时机，加大结构调整的力度。下决心打破条块分割，以资本为纽带，组建一批产品真正适应国内外市场需求的跨地区、跨部门、跨所有制和跨国经营的大企业集团。要努力加强企业的内部管理，重视企业领导班子的建设，全心全意依靠工人阶级，继续抓好企业的扭亏增盈工作。要实行鼓励兼并、规范破产、下岗分流、减员增效和再就业工程，形成企业优胜劣汰的竞争机制。经济结构调整必须以市场为导向，必须有利于推动技术进步和区域经济协调发展，切实改变高投入、低产出，高消耗、低效益的经济增长方式。决不能盲目上项目，搞重复建设。要坚决执行中央关于加强和改善宏观调控的决策，进一步巩固和发展近几年宏观调控取得的成果。

要坚持“两手抓，两手都要硬”的方针，坚持不懈地抓好社会主义精神文明建设、民主法制建设和党的建设等各项工作。建设社会主义精神文明是长期的、复杂的、艰巨的历史性任务。近几年来，在以江泽民同志为核心的党中央的正确领导下，广大干部和群众在社会主义精神文明建设中热情很高，在创建文明城市、文明村镇、文明行业的活动中，在“讲文明、树新风”活动中，有很多新的创造，取得了可喜的成果，积累了宝贵的经验。我们要再接再厉，把群众性精神文明创建活动深入、扎实、持久地开展下去，在全社会形成文明健康向上的良好风尚。

要关心群众生活，切实解决群众关心的热点问题。这是我们将人民群众团结在十五大的旗帜下，将人民群众的力量凝聚到落实十五大确定的各项任务上来的一项重要工作，事关改革、发展、稳定的全局。人民群众关心的热点问题，应该引起各级领导的高度关注。当前，下岗职工再就业、社会治安、反腐败，依然是人民群众反映强烈的突出问题。各级领导都要把这些方面的工作摆到重要议事日程上。一是要重视，不能回避；二是要深入调查研究，把情况搞清楚；三是要有针对性地采取措施，认真加以解决。要特别注意关心下岗职工和困难职工的生活，依靠社会各方面的力量，加强职业培训，拓宽就业门路，并且帮助职工转变就业观念，搞好再就业工程。要继续加大农村扶贫攻坚的力度，保证农村贫困人口最基本的生活需求。要继续加强社会治安综合治理。要按照中纪委的部署，坚持不懈地开展反腐败斗争。一方面，继续抓紧查处一批大案要案；另一方面，要反对奢侈浪费行为，大力倡导艰苦奋斗作风。

做好当前工作，关键在于领导。各级领导干部一定要振奋精神，保持良好的精神状态。在建设有中国特色社会主义事业的伟大实践中，我们的领导干部要努力将自己锻炼成为具有坚定的政治信念，自觉坚持邓小平理论和党的基本路线，经得起各种风浪考验的模范；具有开阔的眼界，熟悉国情，了解世界，解放思想，务实创新，开拓前进的模范；具有宽阔的胸襟，讲党性，顾大局，执行民主集中制，公道正派，善于团结同志一道工作的模范；具有较强的领导能力，讲究领导艺术，审时度势，驾驭全局，善于协调各方面力量的模范；具有优良的作风，廉洁勤政，艰苦奋斗，谦虚谨慎，联系群众，真心诚意为人民谋利益的模范。

“千里之行，始于足下。”让我们从当前的一件一件的具体事情抓起，去完成十五大赋予我们的跨世纪的光荣而艰巨的任务吧！

民建七大及七届一中全会在北京闭幕

在17日举行的民建七届一中全会上，孙起孟被推举为名誉主席，成思危再次当选为主席。

大会作出了《关于第六届中央委员会工作报告的决议》。

《决议》强调，经济建设是我国社会主义现代化建设的中心。要充分发挥民建的特点和优势，动员和组织全会力量，努力探索经济体制改革和经济发展的重大问题，积极参加企业改革，就建立现代企业制度、转换经营机制、完善社会保障制度和分配制度等改革问题，开展调查研究，提出意见和建议，同时协助有关方面引导非公有制经济健康发展，做好下岗职工再就业工作。大会号召各级组织和广大会员，在以江泽民同志为核心的中共中央领导下，沿着共产党领导的多党合作和政治协商的道路，同心同德，团结一致，尽心竭力，为把我国建设成为富强、民主、文明的社会主义现代化国家和早日实现祖国和平统一而努力奋斗！

大会通过了经过修订的中国民主建国会章程。新章程规定，中国民主建国会是主要由经济界人士组成的、具有政治联盟特点的、致力于社会主义事业的政党。中国民主建国会的政治纲领是，在邓小平理论指引下，坚定不移地贯彻执行中国共产党的以经济建设为中心、坚持四项基本原则、坚持改革开放的基本路线，提高会的组织程度和会员的觉悟程度，致力于发展社会生产力，为把我国建设成为富强、民主、文明的社会主义现代化国家，为统一祖国、振兴中华，为维护世界和平而奋斗。大会认为，新章程集中体现了全会的共同意志，反映了时代特征，必将对民建的事业发挥长期的指导作用，激励和动员各级组织和广大会员高举邓小平理论的伟大旗帜，更加紧密地团结在以江泽民为核心的中共中央周围，在新世纪推进建设有中国特色社会主义伟大事业的进程中，作出新的贡献。闭幕会还通过了给万国权、陈邃衡、陈铭珊、黄大能、李崇淮等老同志们的致敬信。

在 17 日举行的七届一中全会上，推举出 1 名名誉主席，6 名名誉副主席；选举出主席 1 人，副主席 10 人，常务委员 32 人；任命了秘书长。

民建宣布七届中央领导成员名单

名誉主席：孙起孟

名誉副主席：万国权、浦洁修、陈邃衡、陈铭珊、黄大能、李崇淮

主　席：成思危

副主席：冯梯云、白大华、朱元成、冯克煦、路　明、刘　珩、黄关从、黄孟复、朱相远、张榕明（女）

秘书长：陈明德

最高人民检察院检察委员会第八届第七十八次会议通过《关于刑事赔偿工作暂行规定》

国务院副总理朱镕基在全国金融工作会议上发表题为《深化金融改革，防范金融风险，开创金融工作新局面》的讲话

这次全国金融工作会议，是在全党全国人民学习、贯彻党的十五大精神的新形势下，由党中央、国务院召开的一次具有全局意义、非常重要的会议。会上讨论的《中共中央、国务院关于深化金融改革，整顿金融秩序，防范金融风险的通知》，充分体现了党的十五大精神，是一个很重要的文件。现在，我根据《通知》精神和会议讨论的情况，讲几点意见。

一、进一步深化金融改革和整顿金融秩序、防范和化解金融风险势在必行

对于深化金融改革和防范金融风险问题，我在近几年特别是去年以来考虑很多。为什么？因为金融领域里的问题越来越严重，隐藏着极大的风险。

党的十五大后，党中央、国务院把深化金融改革和整顿金融秩序，防范和化解金融风险摆在突出位置，作为经济工作的一项重要任务，这是通观全局、审时度势作出的重大决策和战略举措。

党的十四大以来的几年，是建国以来最好的、关键性的时期。这个时期，我们认真贯彻邓小平理论，在江泽民同志为核心的党中央领导下，改革开放和现代化建设取得了很大成绩，社会生产力、综合国力和人民生活水平上了一个大的台阶。近几年经济形势一年比一年好。事实证明，中央所采取的深化改革、加强和改善宏观调控的决策与措施是成功的。主要是三点：一是坚持实行适度从紧的财政和货币政策，没有这一条，极有可能早就发生泰国现在的问题。二是对财政、税收、金融、外贸、外汇、价格体制等进行了重大改革。特别是税制改革使国家税收连续几年每年增收 1000 亿元以上。三是实行正确的农业政策。没有这一条，通货膨胀不会降得这么快。几年前，在经济的某些领域出现过热，导致严重通货膨胀以后，国民经济还能够连年保持 9%至 10%的速度，又能把通货膨胀很快降下来，这在世界上是罕见的。这些确实是来之不易的，是全党全国上下团结奋斗的结果。

巩固和发展当前好的经济形势，至关重要的是，必须保持清醒的头脑，正视而不是回避前进中的问题。当前经济生活中的突出问题，是金融隐患和金融风险不断地加大。对此，中央《通知》明确指出了以下五个方面：一是国有银行不良资产比例高，应收未收利息急剧增加，经营日趋困难。相当部分不良贷款和应收利息是呆账、坏账，无法收回。二是非银行金融机构问题更加严重。据最近对 122 家信托投资公司稽核，不良贷款比例大大超过国有银行。城乡信用社问题也很突出，部分省市已出现局部性支付危机。三是一些地方、部门、单位乱设金融机构、乱办金融业务和乱搞集资活动。近年来，由于乱设金融机构、乱办金融业务、乱集资活动导致的“挤兑”风波，在一些地方时有发生。四是股票、期货市场存在大量违法违规行为。部分上市公司质量不高。不少证券公司挪用客户保证金，内幕交易，违规透支。一些地方擅自设立股票（股权证）交易场所，隐藏着很大风险。一些国有企业和金融机构，没有经过批准违规进行境外期货交易，给国家造成巨额损失。五是不少金融机构和从业人员弄虚作假，违法经营。高息揽储、账外设账等屡禁不止，金融诈骗等犯罪活动日益猖獗，大案要案越来越多。

对于金融领域出现的问题和隐患，党中央、国务院早有察觉，并不断地采取措施，颁布了一系列政策、规定。主要是：第一，1993 年下半年开始加强和改善宏观调控。首先从解决金融问题入手，实行适度从紧的货币政策，整顿金融秩序，清理乱拆借、乱集资，提出“约法三章”。当年清收违章拆借资金 830 亿元，刹住了这股“热”风。第二，改革金融体制。实行政策性银行和商业银行分开。进行外汇管理体制改革，加上其他宏

观调控措施取得成效，国家外汇储备从1993年上半年的180亿美元增加到现在的近1400亿美元。去年年底实现经常项目下人民币可兑换。第三，运用利率杠杆进行宏观调控。这几年两次提高利率，抑制社会需求膨胀；三次降低利率，每年减轻国有企业利息负担七八百亿元。第四，加快金融立法步伐，加强对金融机构包括证券市场的监管。《中国人民银行法》、《商业银行法》等重要法律相继出台。清理、撤并信托投资公司。清理了账外账，并“约法三章”，明确提出谁再搞账外账，一律撤职，而且不能再在银行系统工作。第五，严肃查处违法违规案件。打击金融犯罪，处理了一批大案要案。例如，北京长城机电科技咨询公司沈太福、无锡邓斌非法集资案等。

以上情况充分说明，近几年金融工作成绩是显著的，中央所实行的金融工作方针、政策是正确的，采取的措施是得力的、有效的。如果这几年不这样做，我国就不会有今天这样好的经济、金融形势。但是应该看到，金融领域的深层次问题还没有触及，历史上多年积累的严重问题并没有解决。这次东南亚金融危机，促使我们下决心从根本上解决问题，再不能犹疑了。而要采取有针对性的措施，必须分析为什么会造成这样的问题。产生金融领域的问题有多方面原因，既有历史的包袱，也有体制上的原因；既有外部行政干预的因素，也有金融系统内部风险控制不严的问题。实际上，是国民经济深层次矛盾的综合反映。第一，金融体制不适应改革和发展迅速变化的新形势。政银不分、政企不分，对银行和其他金融机构的行政干预过多，使人民银行不能依法履行职能、职责，国有商业银行不能依法行使经营自主权。不进一步深化金融改革，银行和其他金融机构的问题就解决不了。第二，房地产、开发区过热中，造成了大量的不良信贷资产。这些问题主要是在1992年、1993年发生的。相当一部分成为呆账、坏账。第三，国有企业资本金严重不足，高负债运营。从80年代初开始，国家实行固定资产投资“拨改贷”，流动资金全额贷款。企业变成无本买卖，负担过重。国有企业不改革，银行就会被拖垮，但是如果银行体制不改革，国有企业也改不了，因为它可以靠不断地向银行借钱，随意拖欠贷款本息取得资金来源，国有企业机制不可能转变。第四，经济建设中盲目上项目、铺摊子，重复建设，经济结构不合理，投资效益很差。这是造成国有企业困难的最大原因。第五，挤占、挪用银行信贷资金相当严重，造成大量呆账、坏账。

“凡事预则立，不预则废。”应当清醒地看到，对于金融领域长期积聚的风险，如不切实加以防范和化解，任其发展下去，有朝一日爆发，就有可能发生影响全局的重大金融风波。这样，当前好的经济形势不但不能发展，而且还可能发生逆转，甚至会酿成大祸，动摇国本。党中央、国务院对防范金融风险工作极为重视。江泽民总书记近年来多次提醒要注意防范金融风险问题，指出这是维护国家经济安全的重要方面。在党的十五大报告中又明确要求：“依法加强对金融机构和金融市场包括证券市场的监管，规范和维护金融秩序，有效防范和化解金融风险。”在十五届一中全会上，他进一步强调：“防范和化解金融风险是我国经济工作的一项重要和紧迫的任务。”中央其他领导同志也都十分关心金融风险的防范问题，作出了许多重要指示。我们一定要按照党中央、国务院的要求，从经济和社会发展全局的高度，从党和国家安危的高度，充分认识防范和化解金融风险的极端重要性和紧迫性，增强深化金融改革和整顿金融秩序的自觉性和使命感。

二、关于中国人民银行和国有银行管理体制改革问题

这次《通知》中的一个重要内容，是进一步深化银行管理体制改革。主要包括：改变中国人民银行和国有商业银行分支机构按行政区划设置的状况，精简管理层次和分支机构；成立中共中央金融工作委员会、中央金融纪律检查工作委员会和金融机构系统党委，完善金融系统党的领导体制。这是我国银行管理体制和运行机制的根本性改革和创新，是建立和完善现代金融体系、把银行真正办成银行的关键步骤，是防范和化解金融风险的重大措施，也是建立社会主义市场经济条件下新型的政府与银行关系、银行与企业关系，使银行和其他金融机构彻底摆脱传统的计划经济体制羁绊的重大举措。

在会议讨论中，有些同志对改革银行管理体制存在一些担心和疑虑，这里有必要讲一讲。

有些同志担心，这样改革会不会搞得天下大乱。我的看法，这件事情难度很大，要付出一点代价，也可能出一点乱子，对此，我们要有思想准备。然而，应当看到，现在下决心消除金融风险隐患，正是为了避免以后可能发生大的社会震荡。如果现在不采取坚决措施，将来问题集中一起爆发出来，那就不得了啊！我们现在有很多有利条件，只要考虑周到，方法得当，工作做得好，可以避免出现大的乱子。这个问题早抓早主动，越拖越被动。

有些同志提出，现在进行银行体制改革，时机是否成熟，“一步跨十年”，能否行得通？我觉得，“一步跨十年”讲对了。这次改革就是要跨十年，因为是一次根本性的改革，意义非常重大，是国家的长治久安之计。我们是在过去已经进行各项改革的基础上迈了关键的一步。但是，这一步要跨多久呢？我估计最少需要三年。应该走出这一步，一步跨十年，现在不走，将来要后悔。

这次会议不是要求你们回去就马上动手，先要统一思想。思想统一了，就可以加快工作进度，思想不统一，又会刮风。中央《通知》是个指导性、方针性文件，是个整体思路，并不是具体实施方案。从现在到方案实施的这段时间，务必保持金融机构和队伍的稳定。各银行总行及其分支机构，要按照这次会议的部署认真做好金融监管和整顿工作，决不能有丝毫懈怠。银行机构改革，成立金融系统党委，不是对地方党委、政府信任不信任的问题，也不是说过去金融领域出现的问题责任都在地方。现在改革，中央和地方各有分工，只会加强地方对银行的监督。成立中共中央金融工作委员会、中央金融纪律检查工作委员会和金融机构系统党委，目的在于加强党对金融工作的集中统一领导，发挥党的思想政治优势，保证党中央的路线、方针、政策和国家金融法律法规更好地在金融系统贯彻落实。中国人民银行和国有商业银行实行跨行政区设置分支机构后，分支机构的管辖范围与行政区划不再一致，分支机构的党组织也不宜再由地方党委领导。这种做法，符合党章规定，符合我国国情，也是同改变人民银行和国有商业银行按行政区设置分支机构相配套的、必然需要采取的措施。今后，地方党委、政府和当地金融机构党组织应当在各自职责范围内相互支持。金融机构要加强与地方党委、政府的联系，认真听取他们对金融业发展和监管的意见和建议。地方党委和政府应继续帮助和支持金融机构的工作，例如参与查处金融案件，维护金融秩序等。

有的同志说，这次银行管理体制改革是照抄西方模式，西方模式不适用于中国。我说，我们的所有宏观调控措施都不是照抄西方模式，都是有中国特色的。我们不是照抄，而是借鉴，不借鉴怎么改革开放？实行社会主义市场经济不是照抄西方。不借鉴不行，西方毕竟搞了几百年市场经济。不借鉴何时能建成社会主义市场经济体制？有人可能会说，省长不管金融，怎么管经济？不是省长不能管，而是看怎么管。中央《通知》写得很清楚，这次在深化银行管理体制改革的同时，要加快地方性金融机构体系的建设。区域性的银行将来可以多发展分支机构，还要增加城市商业银行，县（市）商业银行也要开始试点，城市、县（市）的商业银行都是股份制的商业银行，还有合作制的城市信用社、农村信用社。这些都是地方性的金融机构，它们的党组织关系都在地方，这就够地方党政领导管的了。怎么管？我们要牢记邓小平同志说的，“要把银行真正办成银行”，地方党委、政府对地方的金融机构也不能乱加干预，要让它们自主经营，自负盈亏。中国人民银行也要加强对方性金融机构的监管，监管的办法要学习、借鉴西方中央银行的经验。

有的同志担心，跨行政区设银行分行会影响中西部地区经济发展。需要指出，中国人民银行跨行政区设分支机构，是因为人民银行没有筹集资金的任务，是监管商业银行和其他金融机构的。谁来统筹银行资金？由国有商业银行总行来统筹，商业银行总行才是法人。现在已经没有按地区存贷挂钩的问题了，是各商业银行的总行在统一调度资金，按照信贷原则和国家产业政策和区域发展政策发放贷款，没有地区规模限制，不会影响中西部地区的发展。国有商业银行在地县的分支机构适当收缩后，总行的资金调度会比过去更加灵敏。

有的同志还提出，国有企业没改好，金融改革孤军深入，行吗？应该看到，深化金融体制改革、整顿金融秩序，是深化国有企业改革的必然要求，两者是相辅相成的。确实，国有企业不改革，银行单独改革不会成功；但是，没有银行改革的推动，国有企业改革也是搞不好的。国有企业现在为什么那么困难，我认为有三个主要原因：一是盲目上项目、重复建设，各地区经济结构趋同化。二是企业资本金不足，负债累累，再好的企业家也难以经营。三是人员过多，“一个人的饭三个人吃”，是普遍现象。所以，国有企业改革要“对症下药”。第一，不要再搞重复建设了，对此必须“一刀切”。第二，要减轻企业债务。鼓励兼并，规范破产，增资减债，发展一些直接融资。第三，要实施再就业工程。现在社会上对就业问题反映强烈，主要原因是企业下岗职工的再就业没搞好。据统计，现在下岗职工大约一千万人，今后三年把这批人的安置和再就业搞好，就是一个重大任务。股份制、股份合作制，是搞活企业的一条有效途径。党的十五大报告从理论上阐明了这个问题。股份制是现代企业的一种资本组织形式。但是，不能认为“一股就灵，一股就化，一股就了”。搞股份制解决不了企业面临的所有困难和问题；也不是所有企业都能搞成股份制，更不是所有股份公司都能上市。股份制企业在资本主义国家也不是大多数，更多的还是独资和合伙制企业，上市的股份公司更是少数。因此，不要刮风。总之，不在“三改一加强”上下功夫，是不能解决国有企业的根本问题的。中央提出国有企业改革三年的目标，银行改革也需要三年，但稍微走前一点。走前一步，就是再不能让企业亏损在银行挂账，这会有效促使企业转换经营机制，实现三年改革目标。

三、关于完善金融体系和加强金融监管问题

第一，建立和完善多层次、多类型金融机构体系问题。中央《通知》明确指出，完善金融机构体系的方向和目标是，建立、健全在中央银行宏观调控和监管下，政策性金融与商业性金融分离，国有银行为主体，区域性商业银行、中心城市和县（市）商业银行（股份制银

行)、城市和农村信用合作社、非银行金融机构和外资(中外合资)金融机构并存,分工合作、功能互补的金融机构体系。这样的金融机构体系,可以适应现阶段我国经济和社会发展的需要。改革开放以来,特别是近几年,我国多类型、多层次金融机构体系有了很大发展,今后的任务主要是在现有的基础上逐步加以完善和充实。对加快地方性金融机构的建设,要做好准备,积极稳步地进行,要严格按条件审批,并要与金融监管能力相适应,不要搞得太快。一下子设了很多金融机构,如果不符合条件,素质不佳,会给自己找麻烦。组建地方性金融机构,还要与国有商业银行精简分支机构和人员、整顿地市级信托投资公司和城乡信用社结合起来,充分利用现有金融机构的设施和人员。不要把整个风险都压在国有银行身上,这样受不了。这里要讲清楚,地方性金融机构的业务经营虽然中央银行要监管,但如果出现了资不抵债、不能支付到期债务等问题,地方是要负责的,中央银行不能拿钱保支付。在金融体系中还有外资银行。外资银行还会继续增加,但不会都集中在上海、江苏这些地方,将来也会到中西部地区去的。关键是要改善投资环境,规范和维护金融秩序。

第二,积极稳步地发展资本市场,适当扩大直接融资。经过总结经验,现在来看,必须把股票市场融资和改革国有企业结合起来,要有利于大中型国有企业摆脱困境。但是,亏损企业不能上市,没有业绩不能上市。现在有个好办法,就是支持优势企业上市,筹来的钱去兼并有发展潜力的亏损企业,结果很有成效。比如,邯钢的管理确实好,舞阳钢厂很困难,一年亏损几亿元。邯钢说兼并了它可以转亏为盈,那就同意邯钢上市,让它发行股票,有了资金把舞阳钢厂接过去,今后就可以扭亏了。这是使国有企业脱困的非常好的办法。股市集资,前途很大,去香港上市融资也是一个很重要的方面。但我们希望规范股市融资,要稳步前进,千万不能乱来。

《通知》要求,要彻底清理和纠正各类证券交易中心和报价系统非法进行的股票(股权证)、基金等上市活动;各地产权交易机构一律不得变相进行股票(股权证)上市交易。这个决定是完全必要的。必须指出,目前正在蔓延的非法证券发行和交易活动,如不坚决加以制止,后果不堪设想。这次会议上,国家证券监管部门提出了清理整顿现有非法股票(股权证)交易场所的三条措施,是经中央政治局常委讨论同意的。中国只有上海、深圳两个股票市场,不能再多搞了,这两个市场的网络非常发达,任何地方都可以上网交易,完全可以满足证券市场发展的需要。这次会议后,有关省市要首先宣布一条,擅自设立的股票(股权证)交易场所不能再搞新的股票上市了,产权交易所变相搞股票交易是违反国务院规定的,是违法的。但是处理这个问题要非常慎重,要有步骤地处理,安定人心。然后,讲明这方面政策。其一,现在在非法股票交易所进行的股票交易,暂时还可以继续进行,比较好的企业股票经过有权的评估公司评估,可以在上海、深圳证券交易所继续上市。给它开一条路,只要企业好,还是可以上市。其二,没有资格去上海、深圳交易所上市的企业股票,公司要保证股金的分红,保障投资者的利益。第三,挂牌公司有能力自己赎回的,最好把股票赎回来。分别几种不同的方法来处理。

第三,深化农村金融体制改革。农村金融体制改革的方针,中央早已确定了,现在是抓紧贯彻落实的问题。一是农村信用社和农业银行脱钩,把农村信用社真正办成合作性质的、社员民主管理的、自负盈亏的金融机构。二是组建农村合作银行。要先试点,每省一个,最多两个,取得了经验,再逐步推开。三是进一步划分农业发展银行和农业银行的分工,农业发展银行要设下属机构,但收购任务较少的县和乡(镇)以下的业务,仍委托农业银行代办。四是清理农村合作基金会。农村基金会的问题很严重,隐患尚未充分暴露出来,暴露出来就不得了。任其发展下去,问题会越来越重。国务院1996年颁发的《关于农村金融体制改革的决定》就作了明确规定:一是从1996年起,各地一律不得再设农村合作基金会;二是现有农村合作基金会立即停止以任何形式吸收存款和办理贷款。我看这两条都没有执行。现在,首先要认真执行国务院的决定。并根据这次会议的精神,对农村合作基金会进行全面的清产核资,冲销呆账,符合条件的并入农村信用社;对资不抵债又不能支付到期债务的,要清盘、关闭。与有效资产相当的债务可由信用社来承担,但对资不抵债的债务不能承担。资不抵债,又不能清偿债务,只有破产。我们有好几个办法,一个是还本但不计息;一个是还本依法计息,高息部分不付。要注意维护农户的合法权益。总之,要根据不同情况,采取妥善措施,分类处置,逐步解决问题,不能出大的乱子。这方面的清理工作,有关部门还将进一步提出具体方案,加强指导,有计划、有步骤地进行。

第四,加强金融系统内部建设问题。这次《通知》强调,要依法加强对金融机构包括证券机构的监管。目前,金融、证券领域之所以存在大量违法违规行为,一个很重要的原因,就监管制度不健全,监管工作软弱无力。管理学一个基本原则是:信任不能代替监督。任何方面的管理都必须坚持这个原则,金融包括证券业尤其不能例外。我们必须把健全现代金融监管体系、加强金融监管放在突出位置,建设好金融监管这个

“闸门”。要加快建立健全由中国人民银行和中国证监会外部监管、各金融机构内部控制、金融行业自律和社会监督组成的,严密、有效的现代金融监管体系和监管制度。

一是,大力整章建制,全面加强金融机构基础建设和内控制度建设。当务之急,是要按照国际通行的准则,改革和健全金融业财务、会计制度和存贷款内控制度。财务和会计制度是否健全,是金融机构存在的基础。没有健全的财务、会计制度,就不可能提高金融机构管理水平,更谈不上有效实施金融监管。我一再讲要办几个专门的会计学院,对现有的机关干部进行培训,到国有企业去当财会负责人,起码不造假账,国有企业资产才不会流失。银行也造假账,怎么得了。要重新树立和坚决维护银行“铁账本、铁算盘、铁规章”的“三铁”信誉。各金融机构要认真研究新问题,制定新办法。有了好的规章制度,还必须严格执行。不严格执行,规章制度就形同虚设。要切实执行财务、会计内部控制责任制。严格执行会计工作“约法三章”,严禁设置账外账,不准乱用会计科目,不得编制和报送虚假会计信息。在金融系统全面实行财会人员资格审查认证制度,凡有造假账、报假数、开假票据、滥用会计科目等行为的,一律取消财会人员的专业技术资格,调离财务、会计岗位,并依法追究法律责任;对授意、指使、强令会计人员编造、篡改会计数据的单位领导人,要一律撤销职务,依法从严惩处。如果不这样严格要求,没有“三铁”的纪律,这次会议提出的改革和整顿措施都是空话。国有企业也要实行这套办法。我现在想请一些很懂行的同志,包括懂技术、懂业务、懂会计的同志,再吸收一些外国大会计公司的专家,共同来草拟一个如何考核国有企业的一套程序、标准和方法。把这套软件用到企业中去,只要问几个问题,查一查原始账,就可以知道是不是虚盈实亏,是真的还是假的。要加强对国有商业银行和国有企业的审计。造假账容易得很,不检查、不审计不行。

二是,中国人民银行及其分支机构、证券监管部门及其派出机构,要真正把主要精力和工作重点放在对金融、证券业的监管上。尽快制定适合我国国情的金融资产质量评价和考核办法,进一步完善金融稽核、监管体系和制度。要充实中国人民银行和中国证监会的监管力量,充分运用法律武器,切实履行职责,敢于监管,善于监管。

三是,加强金融机构领导班子建设,努力提高人员队伍素质。这次进行银行、证券、保险等管理体制改革后,银行、证券部门的权力、责任更加明确了,任务更重了,责任更大了,对银行、证券、保险系统各级领导干部和所有从业人员的要求也更高了。必须坚持权力和责任相统一,今后再出问题,造成重大损失,就完全是你们自己的责任了。因此,一定要切实加强金融机构各级领导班子建设,对问题突出的银行和其他金融机构,首先要对领导班子进行整顿和调整,不称职的一定要调离。要选择一批懂宏观经济、懂生产技术、懂财务会计的人才充实金融机构领导班子。要加强金融知识的学习和金融人才的培养。中国人民银行最近编写了《领导干部金融知识读本》,江泽民同志题写了书名,省长们可以看一看;对银行干部要考核,这些都不懂,不能当行长。同时,要大力培养人才,要选拔、使用真正的专家型人才。今后,由银行贷款的项目一律由银行审批,并由银行负责。因此,现在银行这批人就不够了,要结合政府机构改革,把计委、经贸委、财政部、税务总局和产业部门有知识的人才吸收一些到银行里来。对不适合在银行、证券机构从业的人员,要让他们下岗,进行培训或者转业。银行干部队伍的素质要提高,要能够独立地进行项目评估,当然也可以请咨询公司、评估公司来评估项目,但银行本身也要有这方面的人才,要集中大量懂生产技术、懂业务知识的人才。要大力加强思想政治工作,加强职业道德教育,全面提高金融包括证券、保险业人员的思想政治素质、业务素质和职业道德素质,做到铁面无私、执法如山、纪律严明、作风过硬。

四、把握时机,增强信心,把《通知》要求真正落到实处

这次会议上,大家认为中央对当前经济形势和金融形势的分析是符合实际的。《通知》提出的总体要求、主要原则和各项措施,是正确的、可行的。但是,也有些同志担心,能不能做好这些工作。应当说,这种担心不是没有道理的,有些问题确实很复杂,解决起来难度很大。然而,我们既要看到困难,更要看到希望,当前是深化金融改革、解决金融领域问题的好时机,有着许多有利条件。

第一,当前宏观经济环境很好。国民经济持续快速增长,物价稳定在较低的水平。国家粮食、外汇等战略物资储备充足;财政、金融运行平稳。经济实力和回旋余地比较大,能够承受这种改革。

第二,各方面思想认识比较一致。党中央、国务院对深化金融改革、解决金融领域里问题的认识高度统一,决心很大。这次会上,大家的认识也比较一致,都感到不彻底解决问题不行了。现在,广大干部群众金融风险意识增强,对规范和维护金融秩序有强烈要求。这次《通知》的政策措施符合国家和人民群众的根本利益,一定会得到广大群众的拥护和支持。

第三,已积累了一些宝贵的经验。这几年,我们不仅有力地打击了严重破坏金融秩序的现象,而且对一

些有严重问题的金融机构采取了不同措施，积累了解决各种不同类型问题的重要经验。例如：对中农信公司采取行政关闭、由建设银行托管的办法；对光大国际信托投资公司采取改组领导班子、债权转股权等综合措施；对中银信托投资公司，先由中国人民银行实行接管一年、然后由广东发展银行收购兼并；对福建、湖北等国际信托投资公司，由省政府组织地方财政注入资金和划拨优质资产救助。此外，最近对广东恩平农村信用社的信用危机，正采取先组建农村合作银行保支付，恢复金融机构在群众中的信誉，然后再逐步解决资不抵债的问题。以上这些，都是化解和防范金融风险的有益经验，应当很好地总结和运用。

第四，目前政治、社会条件很有利。党的十五大制定了正确的政治路线。并选举产生了以江泽民同志为核心的新的中央领导集体，这个领导集体是坚强有力的，有驾驭全局和解决复杂问题的能力。当前社会稳定，人民群众对我国社会经济的发展前景、对党和政府有足够的信心。这些是最根本的有利条件。

总之，我们应该坚定决心，充满信心。只要认真对待，就一定能够成功。当然，由于金融领域里问题比较复杂，解决这些问题不是轻而易举的，必须花很大的气力，付出必要的代价，要做缜密、细致、艰苦的工作。我们相信，在邓小平理论伟大旗帜和党的十五大精神指引下，在以江泽民同志为核心的党中央领导下，全国上下同心同德，振奋精神，锐意进取，扎实工作，一定能够完成《通知》提出的各项任务，建立起我国的现代金融体系和金融制度，开创金融改革和发展的新局面，实现改革开放和社会主义现代化建设跨世纪的宏伟目标。

国务院副总理吴邦国就移动电话如何进一步发展问题答记者问

日前，新华社记者就移动电话如何进一步发展，采访了中共中央政治局委员、国务院副总理吴邦国。吴邦国指出，今后一个时期，我国移动电话要继续加快发展，要以先进的技术、丰富的业务和优质的服务来满足社会的需求。

据了解，我国移动电话开办 10 年来，移动电话用户数突破 1200 万，居世界第三位。创下 1000 万个用户的纪录，我国移动电话只用了 10 年，而我国固定电话达到这个数字却走了 110 年。目前，移动电话已成为我国通信市场上发展最活跃的业务之一。

吴邦国对我国移动电话的发展给予充分的肯定。他说，改革开放特别是党的十四大以来，邮电通信发展很快，其中移动电话发展尤为迅速，已开始进入千家万户。当前，社会各方面对通信基础设施提出了新的更高的要求，特别是对方便、快捷、个人化的移动通信手段需求迫切，市场广阔，潜力巨大，应该大力发展。我们要把握机遇，将移动电话作为新的经济增长点，从国家产业政策上予以支持。有关主管部门要抓紧制定统一的规划，优化资源配置，保证网络的完整性、统一性和先进性。通信部门要加快市场开发，逐步降低运营成本和资费水平，使移动电话更好地为广大人民群众服务。我国移动电话的发展从长远看，要立足于国内制造业水平的提高，在这方面应该走程控电话引进、消化、吸收和创新相结合的路子，通过合资引进技术，不断增强自主开发研制的能力，最终达到国产设备占主导的目的。

国务院总理李鹏在人民大会堂会见古巴国务委员会第一副主席兼部长会议第一副主席劳尔·卡斯特罗

国务院副总理兼外交部部长钱其琛在钓鱼台国宾馆与马达加斯加共和国副总理兼外交部长海里祖·拉扎菲马哈莱乌举行会谈

钱其琛欢迎拉扎菲马哈莱乌在中马建交 25 周年之际来华访问。他说，25 年前，中、马两国政府签署了建交公报，中马关系从此翻开新的篇章。建交以来，尽管两国的国情都发生很大变化，但中马关系始终在向前发展。两国在政治、经济、卫生、文化等领域进行着卓有成效的合作，合作方式日益多样化。钱其琛重申，中国政府重视发展与马达加斯加的友好合作关系，愿继续与马达加斯加开展全面的合作。

拉扎菲马哈莱乌说，马达加斯加祝贺香港顺利回归中国，希望中国实现和平统一，支持中国政府在台湾问题上的立场。他说，世界上只有一个中国，台湾是中华人民共和国的一个省，希望有一天中国人民能实现祖国统一大业。

两位外长还就共同感兴趣的国际和非洲形势交换了看法，双方希望进一步加强在国际事务中的合作。

第八次中美科技合作联委会会议在北京举行

国务委员兼国家科委主任宋健和美国总统科技顾问约翰·吉本斯共同主持了会议。

宋健在开幕词中说，中美两国首脑非常重视并肯定了两国科技合作的发展。自 1979 年以来，中美之间已执行了 30 多个双边科技合作协议。中美科技合作联合委员会将继续指导这些积极的双边科技合作项目，并将进一步推动用科技来解决国家和全球问题。

会上，双方讨论了面向 21 世纪的中美科技合作战略，以及落实中美两国首脑会晤的后续具体行动。双方还就能源、环保、利用空间对地球的观测、自然灾害的减灾、水资源的管理和利用、农业、工业技术及其他领域的合作进行了深入探讨。

会议结束时，宋健与吉本斯签署了会议联合公报。双方有关方面还签署了关于工业技术和科技信息合作议定书，以及关于电动汽车和地热等领域合作的附件。

全国少儿期刊出版工作会议在北京举行

会议由中共中央宣传部、新闻出版署联合举办。是我国第一次以少儿期刊为主题的工作会议。

来自全国 52 家少儿期刊的负责人，部分省、自治区、直辖市党委宣传部、新闻出版局的负责人及少儿工作者共 70 余人，共同总结近年来少儿期刊出版工作的主要成绩和经验，分析少儿出版工作面临的形势，并就如何提高少儿期刊的整体质量，探讨可行的基本思路和制定具体措施。

我国少儿期刊出版工作自改革开放以来，特别是党的十四大以来取得了辉煌成就。截止到今年 9 月份，我国少儿期刊已从 1979 年的 28 家发展到 126 家(不包含面向中小学生的 100 余家各种教学辅导类期刊)，总发行量达到 1590 万册，平均每期发行量为 11.8 万册，年总盈利为 2800 万元。其品种包括科技、科普、科幻、文学、漫画卡通、文摘、艺术等门类，使 0 岁到 18 岁各个阶段的读者都能找到适合自己年龄阶段的刊物。我国少儿期刊以其多样性、知识性、趣味性呈现出繁荣兴旺的喜人局面。

中共中央宣传部副部长龚心瀚，新闻出版署署长于友先作了主题报告。

国家教委提出中小学素质教育十大措施

为了指导和推进中小学实施素质教育的工作，国家教委近日下发《关于当前积极推进中小学实施素质教育的若干意见》(以下简称《意见》)。

《意见》就实施素质教育提出了十个方面的重要措施：加强薄弱学校的建设，各地要从实际出发，制定改造薄弱学校的整体规划；建立和完善以全面提高学生素质为目标的课程体系，优化教学过程，组织力量对现行课程、教材中不适当的内容、要求进行调整，同时将制订以全面提高学生素质为目标的课程教材体系，积极稳妥地，有计划、有步骤地进行课程、教材改革的研究与实验；建立素质教育的督导评估体系，改革考试评价方法，坚决改变以升学率高低为主要指标评估教育政绩优劣、办学水平高低、教师工作好坏的做法，在小学积极倡导实行等级分制和鼓励性评语、鼓励学生进步的做法；加快升学考试制度的改革，在普及九年义务教育的地方，要尽快全面落实并不断完善小学升初中免试就近入学的要求和办法以及进行中等学校招生制度的改革；改革高校招生中的入学考试制度；切实改进和加强德育工作；努力建设一支高素质的校长、教师队伍，抓好校长、教师的培训工作，加强师德建设；要求各地从实际出发，进行素质教育整体改革，开展区域实验；加强教育科学研究，不断解决教育实践中遇到的实践和理论问题；国家教委将依据国务院颁发的《教学成果奖励条例》，对基础教育优秀教学成果进行奖励，并逐步建立和完善各种表彰和奖励制度，促进向素质教育的转变；大力发展教育事业，调整教育结构，构建人才培养的“立交桥”。

11月19日

国务院总理李鹏签署第 236 号令发布《中华人民共和国合伙企业登记管理办法》

现发布《中华人民共和国合伙企业登记管理办法》，自发布之日起施行。

总理 李 鹏

1997 年 11 月 19 日

中华人民共和国合伙企业登记管理办法(文略)

国务院总理李鹏在中南海接见出席中国东联石化集团揭牌仪式代表

李鹏指出，走跨地区、跨行业、跨部门、跨所有制直至走跨国经营之路，是我国大型企业集团发展的必然趋势。他鼓励东联集团努力探索强强联合、振兴民族工业之路。

李鹏总理首先对中国东联石化集团有限责任公司的成立表示祝贺。他指出，中央对国有企业采取了“抓大放小”的政策。东联集团的成立就体现了中央的这一政策。像东联集团这样实现企业的强强联合，有利于资源的优化配置，有利于生产流程的合理安排，有利于实现产供销一条龙，有利于集中力量办大事，避免重复建设和盲目投资。

李鹏说，东联集团的成立，打破了地区、部门、行业分割，实现了强强联合。他希望集团成立后，齐心协力，发挥整体优势，严格按照现代企业管理方式进行管理，确保国有资产的保值、增值。要加速内部结构调整，转变经济增长方式，搞好“三改一加强”，积累国有企业改革经验，为组建大型企业集团起到示范带头作用，为建设石化支柱产业、带动地方经济发展作出新的贡献。

李鹏说，搞好企业要有一个好的领导班子，一个团结、战斗的班子，不然就是有再好的机制和政策，企业也经营不好。要加强企业的领导班子建设，企业领导不仅要成为懂业务和现代管理的专家，政治上也要切实加强。要加强和改善国有企业党的领导，发挥党的政治核心作用。他还要求有关部门和地方对东联集团一如既往地予以支持。

李鹏说，随着我国经济的不断发展，对石化工业的需求也在不断增加。他热情鼓励东联集团10多万职工为中国企业探索一条强强联合，跨地区、跨行业、跨所有制进而实现跨国经营的成功之路，不辜负党中央、国务院的殷切希望，把集团的各项工作做得比联合前更好。他还祝愿东联集团事业兴旺、前程似锦。

国务院副总理吴邦国，国务委员罗干以及国家经贸委主任王忠禹、江苏省省长郑斯林等有关方面负责人参加了这次接见。

中国服装集团公司在北京成立

国家主席江泽民在中南海会见古巴国务委员会第一副主席兼部长会议第一副主席劳尔·卡斯特罗

两位领导人就双边关系和共同关心的问题广泛深入地交换了意见。

江泽民说，古巴在非常困难的条件下坚持社会主义建设，经济逐步发展，很了不起，相信古巴人民在菲德尔·卡斯特罗主席领导下，一定能够不断战胜困难，取得更大的成就。江泽民说，近年来，我们两国、两党在各个领域的合作与交流不断扩大，友谊不断加深，中古两国在经贸等领域真诚合作，在国际事务中相互支持，中古友谊是经得起考验的。江泽民介绍了邓小平理论和建设有中国特色的社会主义的情况。江泽民还介绍说，中国奉行独立自主的和平外交政策，并致力于世界和地区和平、稳定和发展。

劳尔·卡斯特罗说，古巴非常重视古中两国、两党之间的友好合作关系，双方保持高层接触和交往非常重要。

国家主席江泽民在中南海会见美国总统科技顾问兼白宫科技政策办公室主任约翰·吉本斯

江泽民对来参加中美科技合作第八次联委会的美国客人表示欢迎。

江泽民说，科学技术的突飞猛进，越来越深刻地影响着世界政治经济格局和人们的社会生活。中国在扩大开放、实现现代化的进程中，需要重视学习和吸收世界各国人民、包括美国人民创造的一切优秀科技成果。

江泽民认为，中美经贸、科技合作的前景令人鼓舞。同时，两国合作的规模和水平，同两国经济发展的需要相比，还很不相称，合作的潜力还远未发挥出来。两国进一步扩大经贸、科技的交流与合作正面临良好机遇。希望双方继续努力，积极推动两国的经贸科技合作，造福于两国人民。

吉本斯说，本次中美科技合作联委会会议在许多领域取得了新的进展。美方愿与中方继续做出努力，共同推进两国的科技合作，以造福于我们的子孙后代。

国务院总理李鹏在北京会见马达加斯加副总理兼外交部部长海里祖·拉扎菲马哈莱乌

中共中央政治局常委胡锦涛在人民大会堂会见古巴国务委员会和部长会议第一副主席古共中央第二书记劳尔·卡斯特罗

外交部部长钱其琛在中宣部等单位举办的形势报告会上作江泽民主席对美国进行国事访问情况的报告

报告会由中共中央政治局委员、中央书记处书记丁关根主持由中宣部、中直机关工委、中央国家机关工委、解放军总政治部和中共北京市委联合举行形势报告会。中共中央政治局候补委员、中央书记处书记曾庆红及有关方面负责人出席。

钱其琛说，江泽民主席对美国进行的国事访问，是中国国家元首12年来对美国的首次国事访问，具有重要的现实意义和深远的历史意义。江泽民主席与克林顿总统举行了正式会谈，就中美关系、国际形势和地区问题进行了深入的讨论，并发表了《中美联合声明》。访问期间，江主席广泛接触美国各界人士，在各地特别是华盛顿、纽约和哈佛大学发表了多场重要演讲，并接受美国记者采访。江主席受到美国政府高规格的接待和美国人民的热烈欢迎。世界舆论对这次访问做了大量报道，给予高度评价。

钱其琛说，中美两国元首就21世纪中美关系的框架和发展方向达成了重要共识。双方认为，中美具有广泛的共同利益，也存在重要分歧；双方应从长远的观点出发，在中美3个联合公报的基础上处理两国关系，通过增进合作，促进世界和平与发展，共同致力于建立中美建设性的战略伙伴关系。钱其琛强调，中美致力于建立的建设性战略伙伴关系是一种正常的国家之间的关系。这种关系是平等的、相互尊重的，不是排他的，是为了维护世界和平，促进共同发展，推动人类的进步事业。这符合中美两国和世界各国人民的根本利益。

钱其琛强调指出，台湾问题是中美关系中最重要、最敏感的问题，严格按照中美3个联合公报的原则，妥善处理台湾问题是中美关系稳定、健康发展的关键。美方重申坚持一个中国的政策，遵守中美3个联合公报的原则。克林顿总统和美方高级官员在会谈和公开场合多次明确表示，美国政府不支持“两个中国”、“一中一台”的主张，不支持台湾独立，不支持台湾加入联合国，并按照"八一七公报"的原则处理售台武器问题。

钱其琛说，江泽民主席对美国的国事访问取得圆满成功，达到了增进了解、扩大共识、发展合作、共创未来的目的，推动中美关系进入一个新的发展阶段。同时必须看到，中美关系的改善和发展是一个长期、复杂的过程。落实两国元首达成的有关协议，还有许多工作要做。中方愿意同美方加强磋商和合作，妥善处理分歧，决心推动中美关系沿着健康、稳定的轨道向前发展。

国务委员宋健在北京召开的"'97 中国环境论坛"国际会议上发表讲话

宋健强调，走可持续发展的道路，是中国保持长期稳定发展的正确选择。在实施可持续发展战略的进程中，社会公众是起决定作用的力量。因此，要积极支持和鼓励公众参与环境与发展事务。

宋健指出，1992 年联合国环境与发展大会后近 5 年来，可持续发展的原则得到了各国政府和人民的认同。作为发展中国家，中国面临着发展经济、保护环境和提高人民生活水平的紧迫任务。我们在加快发展经济的同时，坚持把保护生态环境作为一项基本国策，把可持续发展作为指导我国经济社会发展的总体战略。对于人口众多、基础薄弱、经济尚不发达的中国来说，发展经济、提高人民生活水平始终是头等大事。发展是硬道理，但必须是经济、社会、人口、资源、环境等各方面相互协调的发展。中国的目标是下世纪中叶实现人口零增长，所以，下世纪初是中华民族发展史上最关键的时期。

宋健说，环境与发展是社会共同面临的问题，也是公众切身利益所在。公众参与环境与发展事务，是实施可持续发展战略的源泉。只有政府的管理而无公众的监督、配合和行动，再好的法律也难以实施。而一旦广大公众行动起来，法律规范的约束和政府的引导都会事半功倍。可持续发展的最终目标是为了保护广大人民群众的当前和长远利益，一定会得到公众的理解和行动上的有力支持。

中美两国减轻自然灾害研讨会在北京举行

国务委员、国家科委主任宋健和美国总统科技顾问吉本斯博士出席了开幕式。国家科学技术委员会副主任邓楠和美国商务部副部长贝克博士发表了主题讲话。

中美减轻自然灾害研讨会由中国国家科学技术委员会和美国国家海洋大气管理局共同组织召开，是中美两国在防灾减灾领域第一次全面、系统地进行交流。

邓楠说：中国经过多年的探索与努力，无论在防灾减灾立法与管理，还是减灾科技方面，都取得了长足的进展，形成了有自身特色的防灾减灾体系。她在谈到重视减轻自然灾害的科学研究时指出，中国已成立了 100 多个与减灾有关的科学研究机构，开展了一系列防灾减灾技术研究，加深了对主要自然灾害的形成与发生规律的了解，尤其是"八五"期间，在数字化地震观测、中期天气数值预报、灾害性海洋环境预报、洪水遥感实时传输技术、农作物病虫害防治和森林灾害综合防治以及地质灾害防治等方面取得了重大进展，大大地提高了我国对自然灾害监测、预报和评估的技术水平。

本次研讨会将持续到 22 日结束，双方将就两国共同关心的重大防灾减灾问题进行广泛的探讨与交流，提出中美两国今后合作的方向与优先领域，并起草签署中美减灾合作备忘录。

司法部部长肖扬在纽约向记者发表谈话

肖扬说，中国司法代表团是江泽民主席对美国进行国事访问后第一个访美的部长级代表团，目的是为了落实中美首脑会晤和中美联合声明中提出的法律合作计划。双方举行了友好、坦率的会谈，取得了很好的成果。

肖扬介绍说，这次会谈的成果主要有三方面。

第一，关于执法合作的问题。特别是打击有组织跨国犯罪、毒品走私、伪造货币、非法移民、洗钱等犯罪活动。双方对如何建立有效的机制，加强两国在这方面的合作进行了有益的探讨和研究。

第二，关于法律交流与合作的问题。主要是增加两国法律专家的互访考察、讲学、座谈，两国法官、检察官和律师的培训，以及法学教育、法学研究、信息资料共享、防止腐败、仲裁和执行商业法等方面的合作。双方取得了很好的共识，并对两国律师在对方境内设立办事机构等问题进行了讨论。

第三，关于缔结引渡条约和司法协助条约的可能性问题。双方对此进行了讨论，都表现出一定的诚意。在还没有签订条约的情况下，双方表示可先开展个案的相互协助。在平等互惠、相互尊重对方法律制度的基础上，开展合作。

肖扬表示，中国在经济改革开放的同时，法律方面也对外开放。目前已经有 50 家外国律师事务所在中国内地设立了办事处。中美两国将根据可能，探讨扩大在中国内地设立美国律师事务所办事处的有效机制。

肖扬说，这次访问是中美两国在司法领域合作的良好开端。只要双方严格按照中美联合声明的原则，进一步探讨和研究，两国司法领域合作的前景是乐观的。

中央军委副主席刘华清到中国航天工业总公司第二研究院考察工作

刘华清勉励长期默默无闻的二院科技工作者、工人、干部要站得高、看得远，再接再厉，为加强国防现代化建设作出更大的贡献。参观二院建院40周年型号研制成果展览。

组建于1957年11月16日的航天二院是我国地空导弹的摇篮，中国第一代导弹就诞生在这里。改革开放以来，二院在集中力量研制更加先进的军品的同时，积极探索推动和平利用军工技术的进程，努力为国民经济建设服务。

从1979年起步到现在，二院陆续开发成功400多项技术含量高、附加值大的民用产品，研制成功了机床数控、医疗与制药机械、计算机应用与工业过程控制、卫星与雷达通信、特种元器件、汽车配件等六大支柱产品系列。150项产品分别获得国家、部委发明奖和科技进步奖，十多项产品填补了国内空白。

第九届国际潮人社团联谊年会在汕头开幕

来自世界24个国家和地区的86个潮人社团、庆贺团3000多名代表，首次在祖居地聚会，会场内外洋溢着“全球潮人大团聚”的喜庆气氛。

中共中央政治局常委、全国政协主席李瑞环，中共中央政治局委员、广东省委书记谢非等出席了开幕式。

国际潮团联谊会是世界上有影响的华人社团国际性盛会，从1981年起每两年召开一次，前八届年会均在境外举行，在全世界潮人中引起了强烈反响。本届年会参加的社团、代表人数、规模为历届之冠。

为迎接此次盛会的召开，汕头市委、市政府和全市人民进行了精心准备，共计有汕头国际集装箱码头、林百欣国际会议展览中心等48个献礼工程完工。在开幕式上，李瑞环为部分工程剪彩。

年会期间，还将举办汕头商品博览会和经贸洽谈会等活动。

全国政协主席李瑞环在汕头市与出席第九届国际潮团联谊年会的海外知名人士和部分代表团团长座谈

李瑞环在认真听取与会人士的发言后作了重要讲话。他说，广东省乃至我们整个国家改革开放和现代化建设所取得的成就，应当说也都包含了海外潮人付出的辛劳与心血，他向所有为家乡、为中国的发展作出贡献的海外潮人表示崇高敬意和衷心感谢。

李瑞环说，我们中华民族的许多传统美德在广大海外潮人身上得到体现。一是刻苦耐劳，许多同胞凭借自己的辛勤劳动和聪明才智，在艰苦的环境和激烈的竞争中创立基业，成为各行各业的佼佼者；二是热爱故土，真诚地希望家乡繁荣，不倦地致力于公益事业，以能够为父老乡亲多作贡献为荣耀；三是团结互助，珍惜乡谊亲情，善于同所在地人民和睦相处，能在不同的环境下落地生根，等等。这些品德是我们整个民族的宝贵精神财富。他指出，当前我国现代化建设形势很好。中国的发展需要广大海外同胞继续予以关心，注入他们的热情和力量，同时，中国的发展也为海外同胞提供了广阔的市场和更多的商机。我们各级政府在希望海外同胞继续支持中国发展的同时，也要给他们以更多的关心和帮助，使他们在参与这一发展的同时获得自身的发展，并为他们所在国的发展做出更多业绩。

李瑞环指出，在世界经济发展日趋一体化的今天，中国需要更多地了解世界，世界也需要更多地了解中国。海外同胞广泛分布于不同国度、不同行业，希望你们利用自身条件，在力所能及的范围内更多更及时地向我们提供信息，其中包括对我们的工作提出各种建议和批评，以帮助我们准确估量形势，保持清醒头脑，正确制定政策。也希望你们更多地把在故乡的所见所闻介绍给各国人民，成为联结中国同各国人民的纽带和桥梁。

李瑞环会见的知名人士有庄世平、李嘉诚、林百欣、谢国民、陈有汉、陈有庆、张锦程、郑辉、郑良得、陈世贤、许世元、谢玉麟等20多人。

中国民族医药学会成立大会暨首届学术讨论会在人民大会堂举行

全国人大常委会副委员长布赫、铁木尔·达瓦买提，全国政协副主席阿沛·阿旺晋美，国务委员司马义·艾买提等出席大会。

卫生部副部长兼国家中医药管理局局长张文康在大会上介绍，我国民族医药事业取得巨大发展，主要表现在：民族医药队伍不断壮大，截至去年年底，全国各类机构中从事民族医药的人员达10442人；民族医药规模明显改观，全国民族医院已由1984年的76所发展到128所，各地还建起一批民族医专科医院和门诊部；民族医药教育事业较快发展，建立起了一批高等和中等民族医药院校，已培养高级民族医药人才3200多人。民族医药研究水平有很大提高，相继建立起一批民族医药科研机构，创造出大量研究成果。

来自各地的民族医药专家和民族工作者300多人参加了今天的大会。

11月20日

第六次全国台湾同胞代表会议在北京举行

来自全国各地的249名台胞代表和民主党派、人民团体负责人出席开幕式。

中共中央政治局委员、中央书记处书记、国务委员罗干代表中共中央、国务院向大会表示祝贺。他说台联组织是党和政府联系台湾同胞的桥梁和纽带。这一届台联在短短两年半的时间里做了大量工作，取得了新的成绩。各级台联和广大台胞一起，认真学习、宣传、贯彻“和平统一、一国两制”的基本方针和江泽民同志的八项主张，积极开展两岸的经济文化交流，增进了两岸人民的亲情友谊，加强了相互了解和理解。各级台联还对台胞进行爱国主义教育，组织他们参政议政，鼓励他们在各自的岗位上努力工作，热情为他们排忧解难，使台联成为广大台胞之家。台联组织卓有成效的工作，为解决台湾问题，推进祖国和平统一大业，促进改革开放和社会主义现代化建设，做出了积极贡献。我代表中共中央、国务院向你们表示衷心的感谢和崇高的敬意！

罗干说，前不久召开的中国共产党第十五次全国代表大会，是在世纪之交召开的一次承前启后、继往开来的历史性会议。江泽民同志的报告，高举邓小平理论伟大旗帜，系统地、完整地提出了社会主义初级阶段的基本纲领，对我国改革开放和社会主义现代化建设跨世纪发展作出了全面部署，是中国共产党带领全国人民迈向 21 世纪的政治宣言和行动纲领。报告中，江泽民同志把推进祖国和平统一作为全党全国人民跨世纪的政治任务提了出来，庄严宣告实现祖国完全统一是中国共产党人的历史重任，重申坚持“和平统一、一国两制”的基本方针和发展两岸关系、推进祖国和平统一的八项主张，并再一次郑重呼吁，举行在一个中国的原则下，正式结束两岸敌对状态的谈判。希望台湾当局认真回应我们的建议和主张，及早同我们进行政治谈判，在一个中国的前提下，什么问题都可以谈。这既充分显示了中国共产党人解决台湾问题、实现祖国完全统一的信心和决心，又进一步阐明了党和国家对台工作的指导思想和基本方针，必将对推动祖国和平统一产生重大而深远的影响。

罗干指出，台湾岛内分裂倾向的发展和外国某些反华势力的干涉，严重阻碍着和平统一祖国的进程，反分裂、反“台独”的任务还很艰巨。我们要按照党的十五大精神，坚定不移地坚持一个中国的原则，坚决反对“台湾独立”、“两个中国”、“一中一台”等各种形式的分裂活动，坚决反对外国势力干涉，坚决反对企图通过“公民投票”改变台湾是中国不可分割一部分的图谋，绝不允许任何势力以任何方式改变台湾是中国一部分的地位。

罗干说，台联是统一战线的重要组织，是发展两岸关系、推进祖国和平统一的重要力量。各级台联要深入学习党的十五大精神，高举邓小平理论伟大旗帜，深刻理解党和政府解决台湾问题的立场、原则和政策，更加自觉地贯彻“和平统一、一国两制”的基本方针和江泽民同志提出的八项主张。充分利用香港回归这个有利时机，继续发挥台联的特点和优势，进一步推动两岸的各项交流和往来，加强两岸人民的沟通和了解，化解疑虑，消除偏见，促进政治性商谈的实现。

全国台联会会长张克辉主持了开幕式。全国台联副会长杨玉辉致开幕词。中国科协副主席张玉台、台盟中央副主席林文漪、台湾同学会会长范乐年分别代表各人民团体、台盟中央、台湾同学会向大会致了词。

全国人大常委会副委员长布赫，全国政协副主席、中央统战部部长王兆国，全国政协副主席万国权及有关部门负责人出席了会议。

面向 21 世纪中部发展战略研讨会在武汉召开

中国中部地区是中国的第四个经济优势区，是中国未来 15 年新的增长点。在研讨会上，与会的政府官员和专家学者对中部五省未来的发展充满信心。

这次研讨会是由中国社会科学院、中共湖北省委、湖北省人民政府共同主办的。这是国家有关部门和学术界第一次将中部河南、湖北、湖南、江西、安徽五省作为一个新的经济区域纳入研究的视野。

在这次研讨会上，专家们将围绕中央的区域协调发展方针与中部地区的战略地位、中部地区的经济格局与发展模式、中部地区各省的区位优势及战略关系、长江中游经济带的开放开发、加快中部地区发展的政策建议、大别山区的发展战略等六个议题进行研讨，通过研讨加强中部五省区域经济联系和协作，探索今后 15 年中部地区社会经济发展的走向、特点、格局以及相应的政策措施和发展模式，为中部地区的经济发展和崛起提供决策依据和理论参考。

开幕式上，中共湖北省委书记贾志杰、安徽省省长回良玉、江西省省长舒圣佑、河南省常务副省长李成玉、湖南省副省长贺同新介绍了各省的区位优势及发展战略思路。来自中央政研室、国务院发展研究中心、国家计委、中国社会科学院、中部五省及其他省市的专家学者 140 人参加研讨会。专家们向会议提交了 83 篇论文，其中中国社会科学院课题组的长篇研究报告《中部五省经济发展思路》，对中部地区的战略地位、区位优势和发展思路作了详细的探讨。研讨会将于 22 日结束。

国务院总理李鹏在中南海紫光阁会见俄罗斯俄通社—塔斯社社长维·伊格纳坚科

11月21日

《人民日报》发表社论《努力开创金融改革和发展新局面》

在全党全国人民学习、贯彻党的十五大精神的新形势下，党中央、国务院召开了全国金融工作会议。这次会议全面分析了我国当前经济、金融形势，以邓小平理论和党的十五大精神为指导，对解决金融改革和发展中的重大问题作出了全面部署。这是一次具有全局意义、非常重要的会议，对于开创我国金融改革和发展的新局面，全面推进改革开放和社会主义现代化建设，实现跨世纪的宏伟目标，必将产生重大而深远的影响。

金融是现代经济的核心，在我国国民经济中的地位和作用日益显著。保证金融安全、高效、稳健运行，是国民经济持续快速健康发展的基本条件。如果金融不稳定，势必会影响经济发展和社会稳定，妨碍改革开放和现代化建设进程。改革开放以来特别是近几年来，我国金融改革和发展取得了举世瞩目的成就。金融体制改革迈出重大步伐，金融对外开放不断扩大，加强金融监管，改进金融服务，取得明显成效，对加强和改善宏观调控、治理通货膨胀、促进经济发展、保持社会稳定，发挥了重要的作用。总的来看，我国金融业在改革开放中稳步健康发展。事实充分证明，党中央、国务院关于金融工作的方针、政策和措施是正确的、有效的。对于这些年金融系统的工作和整个金融形势的发展，应当给予充分肯定和足够的估价。同时，也必须清醒地看到，目前金融领域还存在不少矛盾和问题。主要是，金融体制还不适应社会主义市场经济发展新形势的要求，金融法制不健全，金融监管薄弱，金融秩序比较混乱，乱办金融的现象较为严重，一些金融机构违法违规经营，金融犯罪活动猖獗。对这些问题，必须高度重视，采取有力措施认真解决。这样，才能巩固和发展当前好的政治、经济形势，更好地推进改革开放和现代化建设。

党的十五大后，党中央、国务院把进一步深化金融改革和整顿金融秩序放在突出位置，作为经济工作的一项重要任务，这是通观全局、审时度势作出的重大决策和战略举措。这次全国金融工作会议的基本精神，是按照建立社会主义市场经济体制的要求，通过深化改革、规范秩序、加强监管、强化法治，建立和完善现代金融体系和金融制度，把一切金融活动纳入规范化、法制化轨道，显著提高金融业经营和监管水平，有效防范和化解金融风险，引导金融业健康发展，使金融更好地为改革开放和现代化建设服务。为此，会议提出了进一步做好金融工作的总体要求、指导原则、主要任务和重要措施。这些是对国内金融改革和发展经验的正确总结，也借鉴了国际上金融管理的有效做法。它很好体现了党的十五大精神。全面领会和深刻理解中央的决策和部署，并认真地加以贯彻落实，我们就一定能够逐步解决金融领域存在的各种问题，保证金融安全、高效、稳健运行。

深化和加快金融改革，建立和完善现代金融体系和金融制度，从根本上解决金融领域中的问题，任务艰巨，需要付出很大的努力。我们既要正视困难，更要看到有利时机和条件。当前我国宏观经济环境比较好，经济持续快速增长，物价平稳，粮食、外汇等战略资源储备充足，经济回旋余地比以往任何时候都大。在金融改革和整顿秩序中，经过几年的探索，我们积累了不少宝贵的经验。社会各方面对解决经济和金融领域深层次矛盾都有迫切愿望和要求，这是很好的思想基础和群众基础。特别是党的十五大制定了正确的政治路线，产生了以江泽民同志为核心的新的、坚强有力的中央领导集体，有驾驭全局和解决复杂问题的能力。社会稳定，广大人民群众对我国经济和社会发展前景充满信心。这是最根本的有利条件。我们要把握好的时机，充分利用各种有利条件，深化和加快金融改革，抓紧解决金融领域中历史遗留下来的一些问题，从根本上解决金融体制、机制和制度方面的问题，从而为金融业健康发展奠定良好基础。

我们坚信，在邓小平理论伟大旗帜和党的十五大精神指引下，在以江泽民同志为核心的党中央领导下，全国上下同心同德，锐意进取，扎实工作，一定能够顺利完成这次会议提出的各项重要任务，成功地开创金融改革和发展的新局面，把改革开放和现代化建设更好地推向前进。

国务院副总理李岚清在湖北考察

11月21日至24日，李岚清先后到武汉市学校、工厂和高新技术开发区，考察了教育改革、对外开放和湖北省的经济社会发展情况，对湖北省、武汉市在各方面取得的成绩给予了充分肯定。

李岚清来到武汉地区部分高校和中小学的课堂、实验室、学生宿舍和师生亲切交谈，并就教育体制改革、学生全面素质教育等问题分别与武汉地区党政领导、部分高校党委书记、校长和中小学校长、教师进行了座谈。

李岚清说，小平同志要求教育面向现代化，面向世界，面向未来。世界各国综合国力的竞争，实质是科技的竞争，归根结底是民族素质的竞争，我国现代化建设进程，很大程度上取决于人的素质和人才。基础教育要摒弃“应试教育”，向素质教育转变，这是基础教育领域的深刻变革。要使学生在德、智、体等各方面生动、活泼、主动地得到发展。听了武昌实验小学、粮道街中学、崇仁路小学、武昌实验中学的校长、教师们介绍实行素质教育的经验后，李岚清高兴地说，实践证明，素质教育不仅必要，而且也可以做到。最近国家教委发出了《关于当前积极推进中小学实施素质教育的若干意见》，各地要认真贯彻执行。实践证明，素质教育不仅不会降低学生的智力水平，而且更有利于学好文化知识。如何进一步推行素质教育，李岚清说，首先要解决好各级党政领导、教育行政部门、学校教师和家长的认识，树立正确的教育观、质量观、成才观。要创造良好的社会环境。办好职业学校和成人学校，把升大学的"独木桥"，拓宽成人才成长的"立交桥"，拓宽成才的渠道。学校水平的高低，要看为社会培养了什么人，对社会起了什么作用，而不应只看升学率。实施素质教育要改革教学大纲和教材，把素质教育纳入课程体系。要吸收优秀教师参加编审教材，教材要适应不同年龄、地区和时代的发展，不能越审编越深。李岚清强调，素质教育的基础在中小学。因此要注意提高教师素质，关心教师的生活和工作。要通过优惠政策继续解决教师住房，特别是高校青年教师的住房问题。还要加强薄弱学校的建设。他充分肯定了湖北省从机关、学校抽调干部和教师到薄弱学校和贫困地区支教的做法。关于高教体制改革，李岚清说，湖北有 50 多所学校，要通过"共建、联合、调整、合并"等方式改革高校体制，优化和集中使用教育资源，调整高校结构，提高教育质量和办学效益，使湖北省由教育大省变为教育强省。

考察期间，李岚清会见了出席中部投资与开发研讨会的中外代表，并同与会的省市及国家有关部门负责人座谈中西部地区的开发、开放问题。李岚清说，十五大再次强调对外开放是一项长期基本国策，并要求我们努力提高对外开放水平。中西部地区有丰富的资源、广大的市场，综合成本低，国家也加大了对中西部地区的支持力度。现在，中西部开发、开放的比较优势正在上升。他要求中西部地区加大改革开放的力度，把扩大开放和发展优势产业、调整结构以及国有经济的战略改组结合起来。针对如何看待优惠政策，李岚清说，国家今后对高新技术项目、对符合产业政策引进的国内不能生产的设备进口仍将给予优惠政策，促进外商投资，但吸引外商投资主要依靠建设良好的投资环境，特别是软环境。要办好现有三资企业，提高人员素质，完善法律法规，保护外商合法权益和知识产权，搞好廉政勤政建设，维护良好的治安秩序，注意保护自然环境和生态环境。完善投资环境与搞好社会主义精神文明建设是一致的。

李岚清还参观了武汉东湖高新技术产业开发区、东风汽车集团神龙轿车基地和武汉钢铁公司，并了解工商管理情况。李岚清说，汽车和钢铁是湖北的优势。像这种有优势又有市场的要集中力量发展。汽车行业要治散治乱，湖北省要以东风汽车集团为龙头形成"合力"。他勉励神龙公司员工狠抓质量，开拓市场。

李岚清强调建立社会主义市场经济秩序的重要性。他说，工商行政管理机关在建立和维护社会主义市场经济秩序中具有重要的地位和作用，要充分发挥监管职能。工商管理局市场办、管脱钩的工作取得显著进展，但还没有完全解决，要下决心彻底脱钩，绝不能明脱暗不脱，藕断丝连。不能既执法又搞经营，不脱钩就脱装，顶着不办甚至上级领导部门下令硬要工商行政管理部门"创收"的要严肃查处。要加强对传销的监管，坚决取缔非法传销活动。

李岚清考察期间，听取了湖北省委、省政府和武汉市委、市政府的汇报。

全国地质勘查行业工作座谈会在北京闭幕

国务院副总理邹家华指出，新中国成立以来，地质勘查部门在找矿上做了大量工作，为国家作出了重大贡献。随着经济的发展，特别是社会主义市场经济体制的逐步确立，地质勘查工作出现了投资、队伍以及勘探方式多元化趋势，这就要求地质勘查行业从新的形势出发，加快建立适应社会主义市场经济体制的地质勘查主业管理体制和运行机制。

邹家华指出，今后几年内，我国地质勘查主业改革的指导思想和基本思路应该是：深入贯彻十五大精神，加大改革的力度，加速建立公益性地质工作与商业性地质工作分体运行的体制和机制；积极培育矿业权市场，按照谁投资、谁受益的原则，健全和完善商业性地质工作多渠道的投融资体制；加快战略性结构调整，培育新的经济增长点，分流人员，实施再就业工程，积极推动各项配套改革；对地质勘查单位实行改组、改制、改造，建立现代企业制度，逐步使地质勘查单位真正成为商业性地质工作的投资主体和市场主体，健全和完善国有资产运营体系；建立起适应社会主义市场经济要求的地质勘查工作新体制。

邹家华再次强调矿产资源属于国家所有，由国务院代表国家行使对矿产资源的所有权。在具体管理上，要坚持区块管理、矿产资源有偿使用、探矿权采矿权有偿取得的原则。

地矿部部长宋瑞祥及国务院有关部门的主管领导出席会议。

外交部部长钱其琛在温哥华举行的亚太经合组织 1997 年部长级会议上宣布中国政府决定承办亚太经济合作组织 2001 年会议

钱其琛邀请该组织各成员在 21 世纪伊始在中国

聚会，共同开创亚太合作新篇章。钱其琛强调，在世界经济全球化、一体化加速发展的情况下，亚太经合组织各成员要不断完善宏观经济体制，及时调整经济结构，使自身反应更快、更灵活。这是保证其经济适应外部形势变化，沿着健康轨道发展的重要前提。

钱其琛说，随着各成员的经济联系日益密切，需要加强国际与区域合作，为成员的经济增长与发展保持稳定、有利的国际经济环境。他说，中国积极参加了对泰国和印度尼西亚的资金援助计划，并对加强总的区域金融合作持积极态度。

钱其琛表示对东南亚经济发展前景充满信心，强调各成员要不断完善宏观经济体制，及时调整经济结构，以保证其经济沿着健康轨道发展。他说，虽然部分东亚国家和地区最近遭受了金融市场波动的冲击，但亚太仍是世界上经济增长最快的一个地区。中国认为，受冲击的国家和地区经过必要的调整，一定能够克服目前的困难，并为今后新一轮国民经济的增长打下坚实的基础，为本地区和世界经济发展作出更大的贡献。

国务院副总理兼外交部部长钱其琛在温哥华会见加拿大外长阿克斯沃西

双方对中加两国在各个领域的友好合作关系表示满意。

钱其琛说，江泽民主席即将对加拿大进行的国事访问，是两国关系中的一件大事，相信此次访问必将有力地推动中加两国友好合作关系的进一步发展。

阿克斯沃西表示，加拿大高度重视江泽民主席对加拿大的访问，现正积极进行准备。他说，访问期间，两国领导人将广泛、深入地讨论共同关心的问题，相信江泽民主席的访问将会取得圆满成功。

会见中，两国外长还就东南亚金融形势和本次亚太经合组织部长级会议的有关议题交换了意见。

外经贸部部长吴仪在温哥华举行的亚太经合组织第九届部长级会议上发言

会议主要讨论了部门在贸易和投资方面自愿提前自由化问题。吴仪部长在发言时阐述了中国的有关立场。

吴仪说，部门自愿提前自由化是今年亚太经合组织面临的一个十分重要的问题，与各成员利益攸关，应该以认真慎重的态度对待。中方认为，部门自由化是亚太经合组织实现茂物会议所确定的到2010/2020年分阶段实行自由与开放的贸易投资目标的一项有效措施，是执行现有单边行动计划的一个有益补充，中国原则上持积极支持态度。

吴仪强调，在审议具体的提前自由化部门时，亚太经合组织应该坚持多年来一贯坚持的、被实践证明为切实有效的协商一致原则。这是亚太经合组织不同于其他国际经济论坛的一个重要特点。失去这一原则，成员利益就无法得到充分保障，亚太经合组织就失去了合作的基础。同时，部门自由化也应该严格遵循《大阪行动议程》所列出的各项基本原则，尤其是要在两个时间表的框架内进行。

吴仪指出，确定部门时，应充分考虑到亚太经合组织各成员的不同利益和实际情况，以实事求是的态度慎重对待。她认为，部门自愿提前自由化是一项在自愿基础上的合作，应由各成员自我决定是否参与某具体部门的行动。那种忽视成员间的发展水平、强求一致的做法实不可取。部门自由化在实施过程中应注意与单边行动计划保持平衡，不能用部门自由化来冲淡单边行动计划的进程。

吴仪说，中国对亚太经合组织高官会及贸易投资委员会今年在部门自由化问题上所做的努力表示赞赏，并原则上支持高官会主席报告中提出的设A、B名单的建议。中国认为，具体部门的选定应循序渐进，注重实效。作为起步，开始选择的部门不宜多，比如三四个部门，从而保证达到预期效果。

吴仪宣布，中国除对中方倡议的玩具部门表示支持外，还有条件地支持环保、珠宝和能源部门自由化。她建议，有关这些部门自由化的具体细节，应交明年的高官会认真研究，并由他们提出具体的实施方案，向明年的部长会议做出报告。

外经贸部部长吴仪和美国贸易代表巴尔舍夫斯基在温哥华举行会晤

双方着重就中国加入世界贸易组织问题进行了认真讨论。

在一个多小时的会谈中，双方就中美市场准入一揽子协议的框架进行了详细讨论。这个框架涉及关税、非关税措施、信息技术产品协议以及服务贸易等问题。双方认为，中国最近提出的关于市场准入一揽子建议，为双方结束双边市场准入的谈判奠定了基础。

双方还指出，江泽民主席最近对美国的成功访问，为中国加入世贸组织的谈判注入了新的活力。

吴仪说，江泽民主席访美期间，中美两国领导人在联合声明中表示，希望加快中国加入世贸组织的进程。克林顿总统表示，美国将尽一切可能使中国尽早加入世贸组织。吴仪希望，她同巴尔舍夫斯基的会谈能有助于把两国领导人的愿望变成现实。

巴尔舍夫斯基说，美中两国领导人就贸易问题的讨论取得了进展，美方特别赞赏中国关于尽快加入信息技术产品协议的决定,美方愿意同中国共同努力,以加快中国加入世贸组织的谈判进程。

“’97 中国环境论坛”国际会议在北京闭幕

国务院副总理邹家华在闭幕式上发表讲话。

邹家华说,中国的环境问题首先是中国人民自己的事情,但同时也是世界人民共同的事情。中国的生态与环境,要靠中国人民自己来保护,也需要全世界的朋友共同关心、出谋划策。他说,中国对环境保护高度重视,近年来为环保制定了一系列方针政策,采取了一系列重大措施。他说,中国政府除采取必要的经济法律和行政措施以外,还大力提倡和鼓励公众参与环境保护和人类生态的各项社会活动和工作。

邹家华说,这次大会是中国人民为呼吁世界各国进一步加强环境保护方面的合作而做的努力。中国希望通过世界人民的共同努力,把一个美好的生态环境带入 21 世纪。

由中国环境科学学会和中国人类生态学会联合主办的这次研讨会还得到了联合国环境署、联合国开发计划署和世界银行等国际组织的支持。

张震、张爱萍出席闭幕式。

第一部西夏文字典由中国科学科学出版社出版

由中国著名西夏学专家李范文教授编著的世界上第一部西夏文字典——《夏汉字典》由正式出版,填补了西夏学研究的空白。

西夏文字是 1000 年前党项族建立的西夏王朝创制并使用的文字,后世失传。19 世纪至 20 世纪之交被重新发现。据介绍,西夏文共计 5800 多字,而这部字典将各种异体字俱收入其中,共计 6000 字。这部字典在内容上集古今中外西夏文字研究之大成,用汉文、英文两种文字释义。

11 月 22 日

外交部发言人沈国放就中国政府向联合国有关机构提供人权两公约的有关规定在香港特区的执行情况答记者问

有记者问:中国政府是否准备向联合国有关机构提供人权两公约的有关规定在香港特区的执行情况?

沈国放答:根据《中英联合声明》和《香港特别行政区基本法》的有关规定,《公民权利和政治权利国际公约》及《经济、社会和文化权利国际公约》适用于香港的有关规定继续有效,并将通过香港特别行政区的法律予以实施。

他说,目前,中国尚不是该两公约的缔约国,但为充分体现“一国两制”的原则,中国政府将向联合国有关机构提供两公约的有关规定在香港特区的执行情况,以使人权公约机构及国际社会更好地了解香港特区的人权状况。

11 月 23 日

国家主席江泽民抵达加拿大温哥华出席将于 24 日至 25 日举行的亚太经济合作组织第五次领导人非正式会议

国家主席江泽民就亚太经合组织中加关系中国的发展等问题在温哥华市市长欧文于凯悦大酒店举行的“97 温哥华晚宴”上发表讲话

江泽民主席称赞温哥华是北美西部工商、金融、贸易的中心,是加拿大通向太平洋的门户。象征古老美洲文化的印第安图腾、凝聚东方风韵的唐人街牌楼和代表现代文明的大厦相互辉映,多元文化和谐共处,给温哥华带来丰富的文化色彩。

江泽民说,人类即将迈入 21 世纪,国际形势发生了深刻的变化。和平与发展的主旋律日益高扬。各国之间的交往和经济联系日益密切。但并不意味着世上只有一种文化传统、一种价值观念、一种发展模式,世界是多样化的,是丰富多彩的。在我们的时代,在今日的世界上,每个国家都是国际社会独立平等的一员。彼此之间只有承认差别,求同存异,相互尊重,互利合作,才能维护世界和地区的和平与稳定,谋求共同的发展与繁荣。

在谈到即将举行的亚太经合组织第五次领导人非正式会议时,江泽民说,在未来两天里,亚太经合组织各成员的领导人,将就如何进一步深化和加强区域经济技术合作交换意见。亚太经合组织作为本地区最重要的经济论坛,为具有不同文化传统和处于不同发展水平的各成员平等协商、加强经济技术合作提供了一个很好的场所。

江泽民强调,经过多年的实践,亚太经合组织已形成自己独特的运行方式,这就是马尼拉会议认可的“亚太经合组织方式”。这种合作方式,体现了协商一致、自主自愿的基本原则,既符合时代的潮流,也符合亚太地区的实际,使合作伙伴各自不同的权益和要求能够得到较好的平衡。

江泽民说,加拿大是亚太大家庭中的一个重要成员,为亚太经合组织的发展作出了有益的贡献。你们将 1997 年定为加拿大亚太年,举办了一系列活动,体现了对亚太合作的重视,扩大了亚太经合组织的影响。

在谈到中加两国关系时,江泽民说,中加建交 27

年来，在双方的共同努力下，两国关系不断发展。高层互访日益增多。双方贸易投资不断增长，中加已互为重要的贸易投资伙伴。双方在科技、文教、卫生等领域的合作日益扩大，议会交流、军事往来也在加强。两国在一些重大的国际和地区问题上具有广泛的共识，这是双方发展友好合作的重要基础。

江泽民说，我们高兴地看到，温哥华同中国的交往与合作日益密切，不断取得新的进展。温哥华市在经贸、科技、教育、航运等方面具有优势，可以在同中国的交流与合作中发挥积极作用。中国的广州市与温哥华市已结成友好城市，大连港也与温哥华港结成友好港。我们欢迎温哥华更多的企业家到中国去投资做生意。

谈到中国的发展时，江泽民指出，目前，中国的形势很好。自70年代末实行改革开放以来，中国的社会生产力、综合国力和人民生活水平大幅度提高。中国经济保持了持续快速增长的势头，今年预计增长9%左右。外贸进出口总额有望突破3100亿美元。本世纪最后几年，中国经济平均每年增长预计在8%左右，下个世纪头10年将保持7%左右的增长速度。预计2000年，中国年进出口贸易额将达到4000亿美元。这将为各国同中国的经济交流与合作，提供更广阔的市场和更多的机会。

江泽民说，今年7月1日，中国政府恢复对香港行使主权，这是中华民族的盛事。我们按照“一国两制”、“港人治港”、高度自治方针保持着香港的繁荣稳定。澳门将于1999年回归祖国。台湾问题最终也会得到解决。中华民族完成祖国统一的共同愿望一定能够实现。

他说，今年9月，中国共产党举行了第十五次全国代表大会，高举邓小平理论伟大旗帜，规划了中国改革开放和现代化建设面向21世纪的发展蓝图。经济上，我们正在加快建立社会主义市场经济体制，努力实现工业化和经济的社会化、市场化、现代化；政治上，我们正在发展社会主义民主政治，依法治国，建设社会主义法治国家，保证人民充分行使管理国家和社会事务的权力；文化上，我们正在积极建设面向现代化、面向世界、面向未来的，民族的科学的大众的社会主义文化，实行科教兴国战略，不断提高全民族的思想道德素质和科学文化素质。总起来说，就是要把中国建成富强民主文明的现代化国家。

江泽民指出，19年来，中国基本形成了全方位、多层次的对外开放格局。随着跨世纪发展目标的逐步实现，中国的对外开放将向更高、更广、更深的方向迈进。我们将根据改革和发展的需要，继续稳步开放市场，加快能源、交通等基础设施对外开放的步伐，有步骤地开放金融、保险等服务领域；依法保护外资企业的权益，实行国民待遇，为中外企业创造平等的竞争条件，进一步改善贸易投资环境。

江泽民说，12亿中国人民在发展中取得的巨大成就，为亚太地区和世界的和平与发展作出了自己的积极贡献。中国永远是维护世界和平与稳定的坚定力量。

国务院副总理兼外交部部长钱其琛在温哥华会见前来出席亚太经合组织会议的美国国务卿奥尔布赖特

在谈到中国加入世贸组织时，两国外长表示希望中美就这一问题的谈判能尽快达成一致。两国外长表示，将根据江泽民主席和克林顿总统不久前达成的共识，不断加强两国在各个领域，包括在地区事务和联合国事务中的合作。

“中国20世纪名家国画展”在加拿大温哥华开幕

国家主席江泽民主持剪彩仪式并观看画展。

为画展剪彩的是中国国务院副总理兼外长钱其琛和加拿大外长阿克斯沃西。著名国画大师关山月等出席了仪式。

此次画展共展出中国名画50多幅，既有驰名海内外的国画大师吴昌硕、齐白石、徐悲鸿、潘天寿、李苦禅、傅抱石的传世之作，也有活跃在当今画坛的优秀画家的精品。

画展由加拿大保护中国文物基金会和中国展览交流中心联合主办。

中共中央政治局委员温家宝在安徽考察

11月23日至28日，温家宝到安徽省的巢湖、芜湖地区农村，调查了解农业生产和农村经济发展情况，就农村改革和发展中的重大问题与基层干部和农民群众座谈，共同研究进一步深化改革和促进农村经济全面发展的措施。

温家宝强调，农业和农村经济发展要上新台阶，就必须适应市场变化，合理调整和优化农村经济结构。要坚持决不放松粮食生产，积极发展多种经营，发展乡镇企业，实行农、林、牧、副、渔并举的方针，全面发展农村经济。不放松粮食生产，是全面发展农村经济的基础；积极发展多种经营，增加农民收入，增加政府财力，能够进一步支持粮食生产。要大力发展高产、优质、高效农业，提高农产品的市场竞争能力。调整和优化农村经济结构，要坚持以市场为导向，并考虑农业生产周期长、市场变化快的特点，增强预见性，减少盲目性，避免造成损失。

温家宝指出，必须进一步稳定党在农村的基本政策，深化农村改革，建立和健全农业社会化服务体系、农产品市场体系和国家对农业的支持保护体系。要积极发展农业产业化经营,形成生产、加工、销售、有机结合和相互促进的机制,推进农业向商品化、专业化、现代化转变。认真总结农业产业化发展中的经验,抓住关键环节,做好引导和扶持。一是要根据市场需求,立足本地资源,确立主导产业,特别是要提高产品质量和效益,努力开拓国际国内市场;二是要形成为农民服务、为农业服务的机制,为农民提供生产、购销和科技信息服务,让农民得到更多的利益。

温家宝还听取了农民对农业科学技术应用和推广工作的意见,与农民科技人员进行了座谈。他说,要大力推进科教兴农,积极推广农业先进实用技术,这是我国农业的根本出路。无论是优化农村经济结构,还是发展农业的产业化经营,都必须把应用先进技术放在重要位置。要引导农业科技人员以多种形式进入农业生产第一线,使成熟的技术尽快转化为现实生产力,以满足农民对科技的迫切要求。

温家宝强调,当前,要抓紧做好秋粮收购和入库粮食的安全保管工作,加强越冬作物的田间管理,及早做好明年春季生产的各项准备工作,搞好群众性农田水利建设。各级党委和政府要认真部署,今冬明春在农村中广泛开展党的十五大精神和农村基本政策的宣传教育活动,加强农村基层组织建设、民主法制建设和社会主义精神文明建设,把农民的积极性保护好、调动好、发挥好,巩固和发展农业和农村好的形势。

11 月 24 日

国家主席江泽民在温哥华举行的亚太经合组织公司总裁高峰会特别延长会议上作演讲

主席先生,女士们,先生们:

我感谢克雷蒂安总理的盛情邀请,使我有机会出席今天的会议,与大家共同探讨加强亚太地区企业间合作的课题。

人类正处在新旧世纪交替的重要历史时期。20 世纪,人类实现了经济和社会的巨大发展。21 世纪,将是充满机遇和挑战的世纪。推动亚太地区以昂扬的姿态进入新世纪,是大家共同的责任。

亚太经合组织的一个重要任务,就是要不断推进本地区的经济技术合作,使经济技术合作与贸易投资自由化相互促进,以利实现亚太各国、各地区的共同发展与繁荣。中国愿为此作出积极的贡献。

在 1996 年亚太经合组织领导人非正式会议上,我提出在亚太经合组织范畴内建立一个科技工业园区网络,以鼓励本地区的经验交流与信息沟通。中国已向亚太经合组织成员开放了四个国家级科技园区,在北京还开放了拥有先进设施的环境保护中心。这些都显示了中国对促进亚太经济技术合作的积极态度。

现代企业,是推动经济发展的重要力量,也是科技研究和开发的生力军。加强亚太地区企业间的合作,是加强亚太经合组织经济技术合作的重要基础。

加强亚太地区企业间的合作,应该遵循以下一些基本原则。一是要以本地区企业的共同发展为宗旨,以相互尊重、平等合作、互惠互利为基础,坚持对话协商,承认多样性和灵活性,寻求建立新型的合作机制;二是要兼顾各国、各地区企业的不同需要,公平合理地处理企业间的利益关系;三是要制定鼓励和引导企业进行经济技术合作的政策,排除各种人为的限制和歧视性措施。可以相信,通过不断实践和努力,亚太地区企业间的经济技术合作一定能够更加广泛地开展起来。

中国自 70 年代末实行改革开放以来,国民经济一直保持持续快速发展的势头,年均增长百分之九点八。我们在保持经济快速增长的同时,有效抑制了通货膨胀。现在,中国政治稳定,经济发展,民族团结,社会进步,人民安居乐业。

中国经济发展的成就,为亚太经济发展注入了活力,为保持本地区的稳定作出了贡献。

不久前,中国共产党召开了第十五次全国代表大会,决心把邓小平先生开创的建设有中国特色社会主义事业坚定不移地进行下去。大会对中国改革开放和现代化建设跨世纪的发展作出了全面部署。我们的目标是,到 2010 年实现国民生产总值比 2000 年翻一番,使人民的小康生活更加宽裕,形成比较完善的社会主义市场经济体制;再经过十年的努力,使国民经济更加发展,各项制度更加完善;到下世纪中叶,基本实现现代化,建成富强民主文明的社会主义国家。

实行公有制为主体,多种所有制经济共同发展,是中国现阶段的基本经济制度。中国现有的各种所有制企业共八百多万个,其中国有企业三十万个。为了增强国有企业的活力,我们正在积极利用一切反映社会化生产规律的经营方式和组织形式,包括股份制和股份合作制;按照建立现代企业制度的方向,加快推进国有企业改革,进一步发挥它们在国民经济中的主导作用;推进企业技术进步,鼓励引导企业和社会的资金投向现有企业的技术改造,形成面向市场的新产品开发和技术创新机制。在改革过程中也遇到了不少矛盾和困难,我们正在积极加以解决。我们相信,有正确理论的指引,有改革以来积累的丰富经验,有先试点后推广的渐进方法,有广大职工的共同努力,中国国有企业的改革一定能够取得成功。

提高企业的技术装备水平和创新能力,对增强企业的发展活力，实现经济增长方式的进步，具有重要意义。中国正在对企业实施技术创新工程，促使它们建立以技术中心为主要方式的创新体系。

对外开放是中国的长期基本国策。我们正在完善全方位、多层次、宽领域的对外开放格局，进一步发展开放型经济，以更加积极的姿态参与国际经济技术合作。

中国将继续稳步开放市场，加快能源、交通等基础设施的开放步伐，逐步开放金融、保险等服务领域；进一步健全涉外法规体系，保护知识产权，完善贸易投资环境，依法保护外商投资企业的权益，实行国民待遇，为中外企业创造平等的竞争条件。对符合中国产业政策，能带来新技术的外商投资项目的设备进口，中国将重新实行必要的优惠政策。

由于经济的迅速发展，中国的市场已由卖方市场转向买方市场。外国企业要进入中国市场，要提高在中国市场上的竞争力，仅有资金优势是不够的，更重要的是要靠先进技术的优势，靠高技术含量的产品。中国正在发展社会主义市场经济，绝大部分商品价格已由市场来决定。这些也可以说是我向诸位提供的重要经济信息。

今天在座各位代表的企业，都是亚太乃至世界上有实力的企业。欢迎大家用新技术、新工艺、新装备以及先进的管理经验，同中国进行广泛的合作，特别是在高科技产业、基础设施建设、环境保护和人力资源开发等领域中加强合作。这是一件互惠互利的事情。

让我们面向未来，抓住机遇，共同努力，为促进亚太经济的发展和繁荣作出新的贡献！

谢谢大家。

国家主席江泽民和美国总统克林顿在温哥华水畔饭店举行会晤

两国领导人表示很高兴能在相隔不久后再次会见。

克林顿总统说，“我们对江泽民主席成功的美国之行非常满意，你在美国同各界人士的接触非常成功，做了很多很好的工作，增进了相互了解。我期待着明年对中国进行访问”。克林顿说，为了保持两国关系改善的势头，他将要求国会尽早批准美中两国于1985年签订的和平利用核能协定，从而为两国在这一领域开展合作铺平道路。克林顿还表示，美国非常希望中国加入世界贸易组织，双方要加紧谈判，“我个人将会关心这个问题的进展”。

江泽民说，“通过我不久前对美国的访问，我再次体验到了美国人民对中国人民的友好感情，感受到了美国人民对发展中美友好合作关系的强烈愿望，这是我们两国发展关系的坚实基础，国际社会非常关心我的美国之行。我期待着你明年对中国的访问，希望我们共同努力，使你的访问也取得成功”。

江泽民说，今天是他与克林顿第六次见面，领导人之间的直接对话非常重要，能增进了解，缩小分歧。他说，他愿与克林顿共同努力，在两国关系业已取得进展的基础上，扩大共识，发展合作。

江泽民说，他非常同意克林顿关于中国加入世界贸易组织的看法，中美两国有关部门进行了多轮谈判，希望双方继续谈判，尽早使这个问题得到令人满意的解决，他说，“我很赞赏总统先生在这个问题上所持的积极态度，这一点也是很重要的”。

国家主席江泽民就亚太地区经济技术合作问题在温哥华出席亚太经合组织第五次领导人非正式会议的领导人与亚太工商咨询理事会工商界代表对话会上发表讲话

江泽民说，在座诸位是亚太地区工商企业界的代表。只有企业界积极参与并从中受益，区域经济合作才能植根于肥沃的土壤，获得长久的活力。因此，我支持和鼓励你们积极参与亚佩克进程，为促进亚太地区经济乃至世界经济的发展，贡献自己的一份力量。

江泽民还就企业界如何参与亚太经济合作提出了几点看法。他说，第一，在各成员的政府和企业间建立以市场为导向的建设性伙伴关系。按照市场规律发挥两者的长处，真正做到优势互补、相辅相成。第二，切实加强各成员企业间的交流与合作。企业相互之间建立直接和密切的联系，开展形式多样的合作，有助于亚太经济技术合作规划的蓝图变为现实。第三，企业界参与发展的进程是互惠互利的。企业界在为发展中成员实现其经济、社会发展目标发挥积极作用，产生社会效益的同时，也可以得到更多的商业机会和应有的回报，带来良好的经济效益。第四，科技合作是亚佩克议程上的重要内容之一，也应作为企业界开展合作的重要内容。

江泽民说，我将在明天的领导人非正式会议上倡议亚佩克制定“走向21世纪的科技产业合作议程”，推动亚佩克的科技合作，并加速科技成果产业化的进程。江泽民主席希望企业界对此予以积极支持和响应。

在谈到东南亚金融动荡问题时，江泽民说，最近部分亚洲国家发生金融风波，波及世界许多地区，引起人们的普遍关注。在这种情况下，加强地区和世界的金融合作，维护正常的国际金融秩序，共同防范过度投机的冲击，创造良好的金融环境，显得非常必要，这对所有国家都有利。我们对加强亚洲区域金融合作持积极态度。

江泽民表示，中国的经济近年来保持了稳定发展的势头。我们将进一步扩大开放、深化改革，包括金融体制的改革，增强防范和抵御金融动荡的能力。

党和国家领导人为民革成立 50 周年暨民革九大在北京召开题词

中共中央总书记、国家主席江泽民的题词是：“高举社会主义爱国主义旗帜　致力振兴中华统一祖国大业”。

国务院总理李鹏的题词是：“同心同德　亲密合作　统一祖国　共创伟业”。

全国人大常委会委员长乔石的题词是：“加强参政议政民主监督　为建设有中国特色社会主义献计出力”。

全国政协主席李瑞环的题词是：“推进祖国统一致力中华振兴”。

纪念民革成立 50 周年暨九大在北京开幕

江泽民、李鹏、乔石、李瑞环等党和国家领导人分别为民革成立 50 周年题词。

这次大会的主要任务是，以邓小平理论为指导，认真学习和贯彻中国共产党第十五次全国代表大会精神，总结历史经验，明确今后任务，修改民革章程，选举新一届中央领导机构，动员和团结全体党员发扬民革同中国共产党亲密合作的优良传统和孙中山先生爱国、革命和不断进步的精神，开创工作新局面，为实现跨世纪的宏伟目标而努力奋斗。

中共中央政治局委员、国务院副总理吴邦国到会宣读了中共中央贺词。贺词说，中国国民党革命委员会 50 年来所走过的道路是一条同中国共产党真诚合作，致力于中国的和平、统一、富强的光荣道路。民革自成立以来，继承和发扬孙中山先生爱国、革命和不断进步的精神，紧密配合中国共产党，为争取新民主主义革命的胜利，发挥了重要作用。新中国成立后，在巩固人民民主专政、反对国内外敌人的斗争中，在社会主义革命和建设事业中，民革同中国共产党一道经受考验，共同前进。我国进入改革开放的新时期以来，民革积极拥护和贯彻中国共产党的基本路线，动员广大成员和所联系的群众，为振兴中华、统一祖国大业努力奋斗，竭诚奉献。这次大会将完成跨世纪新老交替的历史性任务。我们相信，即将选出的民革新一代领导集体一定能够在组织上完成新老交替的同时，认真学习老一辈领导人的革命风范，把民革同中国共产党亲密合作的优良传统带入 21 世纪，并不断发扬光大，从而实现政治上的交接；带领广大成员和所联系的群众，高举邓小平理论伟大旗帜，坚持爱国主义和社会主义，紧密地团结在以江泽民同志为核心的中共中央周围，奋发图强，开拓进取，为把我国建设成为一个繁荣昌盛、兴旺发达的社会主义现代化国家，早日实现祖国统一大业作出更大的贡献。

大会常务主席何鲁丽在会议上发表了讲话。她在讲话中回顾了民革自 1948 年 1 月 1 日在香港成立以来半个世纪的奋斗历程，并强调指出：中国共产党是全中国人民的领导核心。对于民革来说，没有共产党的领导就没有民革的今天。接受中国共产党的领导，这是民革必然的历史选择，是民革的光荣传统，是民革老一辈领导人的政治交代，是民革立党之本；邓小平理论是毛泽东思想的继承和发展，是指导中国人民在改革开放中胜利实现社会主义现代化的正确理论。民革作为中国共产党领导的多党合作中的一个参政党，也应当而且必须以邓小平理论为指导。何鲁丽说，江泽民在中共十五大报告中对台湾当局再次发出郑重的呼吁，建议海峡两岸在一个中国的原则下，先就正式结束两岸敌对状态进行谈判，并达成协议。在此基础上，共同承担义务，维护中国的主权和领土完整，并对今后两岸关系的发展进行规划，这完全是合情合理，符合包括台湾同胞在内的全国人民的根本利益的。她希望台湾国民党当局不要忘记孙中山先生的遗教，抛弃种种不切实际的幻想，回到一个中国的立场上来，对江泽民主席的呼吁作出积极的回应，为发展两岸关系，最终实现和平统一多做一些顺应民心的实事。

民盟中央主席丁石孙代表民盟、民建、民进、农工党、致公党、九三学社、台盟中央和全国工商联向大会致贺词。

大会听取了大会常务主席彭清源代表民革第八届中央委员会所作的题为《在邓小平理论指引下，开创跨世纪民革工作新局面，为统一祖国、振兴中华而努力奋斗》的报告。报告总结了民革过去 5 年的工作和基本经验，提出了对今后工作的建议。报告从四个方面对民革八届中央委员会的工作进行了回顾：一、履行参政党职能迈出新的步伐；二、为改革开放和两个文明建设服务取得显著成效；三、促进祖国统一的工作有了进一步发展；四、自身建设得到大力加强。

大会常务主席李赣骝作了《关于中国国民党革命委员会章程(修改草案)的说明》。

李锡铭、王兆国、胡绳及各民主党派中央、全国、商联和有关部司领导人出席开幕式。

全国地方政协主席座谈会在全国政协礼堂举行

中共中央政治局常委、全国政协主席李瑞环出席座谈会。

这次为期 4 天的座谈会主要议题是：以中共十五

大精神为指导,总结交流八届政协工作经验,讨论修改《政协第八届全国委员会工作总结(征求意见稿)》,对今后政协工作提出建议。

座谈会由全国政协副主席吴学谦主持,全国政协副主席叶选平在会上讲了话。

叶选平在讲话中介绍了全国政协前一段总结工作的进展情况和八届全国政协工作总结稿的基本思路。

上海市政协主席陈铁迪、北京市政协主席王大明、四川省政协主席聂荣贵、江苏省政协主席孙颔等先后在今天上午的开幕会上作了发言,总结交流了各自的工作经验,对政协今后的工作提出了建议。

全国政协副主席杨汝岱、阿沛·阿旺晋美、赛福鼎·艾则孜、钱伟长、钱正英、孙孚凌、万国权,秘书长朱训出席了座谈会。来自全国各省、自治区、直辖市及副省级市的政协主席和中共中央办公厅、国务院办公厅、中共中央组织部、中共中央统战部、中央编委办公室、财政部、人事部的有关领导同志等共100多人参加了座谈会。

第六次全国台湾同胞代表会议在北京闭幕

在为期5天的会议中,全体代表认真学习党的十五大精神,审议通过了全国台联第五届理事会的工作报告,通过了全国台联章程修改案,选举产生了第六届全国台联理事会和领导班子,完成了新老交替的任务。

新任会长杨国庆在闭幕会上致辞。他说,党的十五大已经对我国改革开放和社会主义现代化建设跨世纪发展作出了新的部署,当前的国内外形势为进一步发展两岸关系提供了有利的条件。在这跨世纪的关键时刻,台联工作将更加艰巨和繁重。我们要继承和发扬台湾同胞光荣的爱国传统,恪尽职责,团结一致,同心同德,依靠乡亲,服务乡亲,发挥党和政府联系台湾同胞的桥梁和纽带作用,把台联办成温暖的台胞之家,不辜负各位代表、各位乡亲对我们的期望和重托。

杨国庆表示,展望21世纪,我们的祖国前景辉煌,我们感到无比的振奋,充满了信心。让我们在以江泽民同志为核心的党中央领导下,与广大台湾同胞携手共进,发扬台湾同胞爱国主义的光荣传统,为实现祖国的完全统一和中华民族的全面振兴而努力奋斗。

在全国台联六届一次理事会上,聘请张克辉为名誉会长;杨国庆当选为会长;石四皓、田富达、苏民生、陈亨、陈贵州、林明月、范乐年、曾重郎当选为副会长;聘请杨玉辉、吴愿金、徐进星为顾问。

国务委员陈俊生在浙江 江苏考察

最近,陈俊生先后到浙江杭州、宁波以及江苏苏州、无锡、扬州等地,对乡镇企业、供销合作社以及农业基础设施和农村建设情况进行调查研究,听取了浙江省和江苏省有关工作的汇报。陈俊生对江苏省这些年工业与农业、粮棉生产与多种经营、苏南与苏北、两个文明建设的协调发展以及重视农业基础设施建设的做法给予了充分肯定。陈俊生说,各地以复垦荒地、增加耕地面积为目的成立的土地整理清淤造田公司和沿海滩涂开发公司是江苏省的一大创造,对江苏乃至全国都会具有重要的意义。

陈俊生说,浙江和江苏两省都处在经济发达地区,要坚持农业基础地位不动摇,始终把农业放在经济工作的首位,绝不放松粮食生产;要根据市场需要调整种植结构,向高产、优质、高效农业发展;农业现代化规划要与农村现代化规划同步进行,农村经济发展不能以牺牲农业为代价;要立足于抗大灾,集中时间精力,集中财力物力搞好农田水利建设。陈俊生强调,要特别珍惜和保护好土地,这是农业发展的后劲所在。各地要进一步加强耕地资源的保护、开发和利用,努力做到非农业生产占用耕地与复垦造田基本平衡,在这方面,江苏的经验值得各地借鉴。

考察期间,陈俊生多次指出,浙江、江苏两省的乡镇企业发展不错,尤其是江苏的乡镇企业在全国起步较早,经过多年发展创造了辉煌业绩,具有规模大、水平高、外向型的特点,实现了快速持续发展,成为农村经济的主体力量和全省国民经济的主要支柱。江苏对全国乡镇企业的发展起到了很好的带头、辐射和示范作用,对全国乡镇企业的发展作出了贡献。乡镇企业的发展要不拘于一种模式,只要是真正经过市场经济考验发展起来的,基础比较牢固,对经济发展也是有利的,就要坚持。对当前乡镇企业发展中存在的问题,应认真客观地分析,坚持用改革的观点,在改革中求生存,促发展。陈俊生指出,乡镇企业发展最重要的问题一是要提高产品质量,创立名牌产品,讲究信誉;二是发展乡镇企业要少占用耕地,保护好环境,不能以破坏、牺牲环境资源为代价换取一时的经济增长;三是进一步总结经验,对现有机制进行规范。

对如何深化供销合作社的改革,陈俊生指出:深化改革的目标仍然是把供销合作社真正办成农民自己的合作经济组织,宗旨是为农服务。改革必须坚持三条原则,一是要坚持供销合作社的集体合作经济性质;二是要坚持供销合作社的改革目标,真正办成农民自己的合作经济组织;三是坚持为农服务的办社宗旨,真正同农民群众结成经济利益共同体。要解放思想,只要有利于为农服务,就要大胆改革,大胆试验,大力推进。

对供销合作社下一步要解决的几个突出问题,陈俊生强调:第一,供销合作社要解决历史遗留的经济包袱问题,这个问题不解决供销合作社就难以发展。第二，要大力发展专业合作社，专业合作社适应了农业产业化的需要，在办成农民的合作经济组织上有所突破，是与农民结成利益共同体的有效载体。第三，要加快推进社有企业改革。社有企业改革主要要在坚持为农服务，办成农民自己的企业以及全面推行出资人制度和有限责任制度，进一步规范社企关系等方面下功夫；要探索集体所有制的多种实现形式，按照“产权明晰、权责明确、社企分开、管理科学”的要求进行规范化公司制改革。要进一步完善企业内部经营机制，切实加强管理，尽快提高各级供销合作社的管理水平。

河北临城发现古石笋群

中国科学院地理研究所的洞学专家最近在河北省临城县崆山白云洞考察时，发现一处裸露在山顶上的古石笋群遗址。

临城溶洞形成于 5 亿年前的中寒武纪，初步探明有 5 大洞厅，最大洞厅 2470 平方米，这次在山顶发现的石笋、石花、石柱等古石溶岩群，整个面积达 500 余平方米，其中最大的石笋直径 2.3 米、高 10 米。

11 月 25 日

全国检察长工作会议在上海举行

最高人民检察院在总结经验、发展完善的基础上，近日调整了今后一个时期的检察工作方针。

最高人民检察院检察长张思卿在会上指出，新的检察工作方针是：在原有“严格执法，狠抓办案”基础上，增加“加强监督”。

从 1993 年 1 月至 1997 年 10 月，全国各级检察机关共立案侦查国家工作人员贪污、贿赂等职务犯罪案件 29 万余件，立案侦查渎职和侵犯公民人身权利、民主权利等犯罪案件 8 万余件，通过办案为国家和集体挽回直接经济损失 294 亿元。

针对有法不依、执法不严、违法不究的突出问题，各级检察机关以维护国家法律统一正确实施为目标，加强执法监督。五年来，他们全面开展刑事案件立案监督、侦查监督、逮捕执行监督、审判监督和监所检察、控告申诉检察工作，改变了立案监督、侦查监督和控诉工作等方面的薄弱状况，共对侦查、审判和监管改造活动中的违法情况提出纠正意见 68 万余件次；同时民事行政检察工作也得到稳步发展，共受理民事、行政申诉案 12 万余件，立案审查 4 万余件。

张思卿说，严格执法、狠抓办案、加强监督是紧密联系，相辅相成的有机整体，是五年检察工作最主要经验的总结。他要求各级检察机关坚持新的工作方针，树立长期作战思想，在当前特别要坚决查办官吏腐败、司法腐败方面的犯罪案件和国有企业改革、股份制改造过程中发生的贪污贿赂等犯罪案件，认真查办国家机关工作人员利用职权侵犯公民人身权利、民主权利的犯罪案件，推动反腐败斗争不断深入。

从近两年办案情况看，国家工作人员贪污贿赂、渎职犯罪案件增多，县处级以上领导干部犯罪增多，一些领域犯罪情况突出，窝案、串案增多，特别是执法犯法、贪赃枉法以及同跑官、卖官相关联的犯罪虽然是极少数，但有些案件令人震惊，检察机关查办案件的任务仍很繁重。今年 1 月至 10 月，全国检察机关共立案查办“三机关一部门”涉嫌犯罪的人员 12420 人；查办涉嫌犯罪的县处级以上干部 2312 人，其中厅局级干部 129 人，省部级干部 3 人。

最高人民检察院副检察长梁国庆在会上要求各级检察机关要高度重视职务犯罪预防工作。

中纪委书记尉健行在河北考察村务公开情况

1997 年 11 月 25 日至 12 月 1 日，尉健行在中共河北省委书记程维高、省长叶连松、省委副书记李炳良、省纪委书记吴野渡等分别陪同下，先后到石家庄、保定等地考察。他深入到农村、企业，同农民、工人和基层干部交谈，了解到广大干部和群众在党的十五大精神鼓舞下，正在为实现十五大作出的各项部署而努力工作，感到非常高兴。

尉健行深入到赵县、藁城、定州等地的乡镇和村庄，实地考察村务公开的情况，向干部、群众详细询问了实行这项制度的做法和效果，仔细观看了向群众公布的关于村级财务、宅基地发放、计划生育指标、定购提留、电费电价、干部责任目标等项目情况的公告。许多干部群众欣喜地向他反映实行村务公开取得的效果。大家说，村务公开推进了农村基层民主建设，改善了干群关系，干部增强了服务意识，加强了工作的责任感；群众提高了民主监督意识，增强了对干部的信任感，不但许多疑难问题容易得到解决，而且有力地推动了农村各项工作的进行，促进了社会的稳定；把农村政务置于广大群众监督之下，有效抑制了一些干部以权谋私行为的发生，推进了党风廉政建设；实行村务公开密切了农村基层党组织同农民群众的联系，加强了党支部的核心领导作用，同时在党组织的领导和支持下，村务公开又得到充实和加强。

尉健行听到这些反映后指出，村务公开充分体现了党的十五大关于扩大基层民主，保证人民群众直接行使民主权利的精神。他说，农民是我们党在农村的依靠力量，是我们国家政权最广泛、最深厚的群众基础，农民的积极性得到充分发挥，有利于推进社会主义现代化建设的顺利进行。村务公开是广大基层干部和群众民主监督实践的经验总结，也是农村基层党组织发挥群众的积极性、创造性，团结、带领群众发展农村经济奔向富裕的重要措施，它的意义和作用十分深远。许多省市在农村推行村务公开都收到了好的效果。河北起步早、抓得实，工作有了一定深度，一些地方初步形成了县、乡、村三级配套公开的局面。尉健行要求尚未实行村务公开的农村，都应当从实际出发建立这项制度，首先选择群众最关心的热点问题，采取简单明了、方便群众了解的形式向群众公开，接受群众的监督，同时要认真做好思想政治工作，逐步使村务公开的内容、形式、程序、标准、时间以及民主监督的方式等做到规范化、制度化。

神华三期工程黄骅港暨朔黄铁路建设举行开工典礼

国务院总理李鹏出席了下午在黄骅港举行的开工典礼并宣布工程开工。

中共中央总书记、国家主席江泽民，中共中央政治局常委、国务院总理李鹏分别为这一工程建设题词。

上午，在从北京到黄骅的火车上，李鹏总理听取了神华集团、国务院有关部门和河北省关于神华重点项目一、二期工程建设进展情况的汇报，详细了解了三期工程规划设计、资金筹集和今后运营的有关问题。他指出，神华项目是跨世纪的工程，具有足够的资本金是整个工程项目顺利实施的关键。集团要滚动开发，走持续、健康发展的道路，为我国煤炭资源的开发和利用作出贡献。

典礼结束后，李鹏总理为黄骅港暨朔黄铁路奠基，并乘车到黄骅港引堤，察看了黄骅港翻车机房施工现场，听取了黄骅港建设规划介绍。

国办转发劳动部等部门《关于进一步做好组织民工有序流动工作的意见》

各省、自治区、直辖市人民政府，国务院各部委、各直属机构：

劳动部、国家经贸委、公安部、民政部、铁道部、交通部、农业部《关于进一步做好组织民工有序流动工作的意见》已经国务院同意，现转发给你们，请结合本地区、本部门实际认真贯彻执行。

关于进一步做好组织民工有序流动工作的意见

（文略）

国家主席江泽民在温哥华参加亚太经济合作组织第五次领导人非正式会议开幕式

中共中央政治局常委胡锦涛在人民大会堂会见以副主席桑·巴雅尔朝克特为团长的蒙古社会民主党代表团

胡锦涛说，中蒙两国是近邻，两国人民有着深厚的传统友谊。我们愿意在和平共处五项原则的基础上同蒙古的朋友们一道，共同把健康、稳定的中蒙睦邻友好关系推向21世纪。胡锦涛说，中国共产党重视发展同周边国家的主要政党特别是执政党之间的友好合作关系，并愿在独立自主、完全平等、互相尊重、互不干涉内部事务四项原则基础上加强同蒙古社会民主党的友好交往，以促进中蒙两国关系的全面、健康发展。

巴雅尔朝克特说："我们赞赏中国在邓小平理论指引下，在建设有中国特色社会主义事业中取得的巨大成就。"

国务院副总理兼外交部部长钱其琛就亚太经合组织会议取得成果在温哥华举行记者招待会

钱其琛说，这次会议取得了五个方面的成果。第一，领导人发表的宣言重申了亚太经合组织会议的精神和"亚太经合组织方式"，确认亚太经合组织在承认多样性的基础上开展合作的原则，为国际经济合作开辟了一种全新的方式。

第二，在加强经济技术合作方面，今年的会议有所进展。大家都认为，这是一个很重要的问题。领导人们刚刚发表的宣言指示部长们着手制定一项《走向21世纪的科技产业合作议程》，提交明年的吉隆坡领导人会议审议。此外，还决定建立专门的经济技术合作机制，具体指导和协调有关的活动。

第三，在贸易投资自由化方面，会议确定了九个马上可以开始实施的部门，同时提出，在实行的过程中要遵循协商一致、自主自愿、利益平衡和不搞歧视等原则，并注意遵循茂物会议提出的两个时间表。

第四，在部长级会议和领导人非正式会议上，各方都用不少时间讨论了当前金融动荡的问题，就此交换了意见。领导人一致认为，应该加强国际和区域的金融合作，以防范金融风险，维护金融市场的稳定。他们表示对实现这一目的抱有信心。

第五，决定接纳秘鲁、越南和俄罗斯为亚太经合组织的新成员。钱其琛说，中国一贯支持这三个国家成为新的成员。

钱其琛还宣布，2001年将在中国上海举行亚太经合组织会议，欢迎大家届时到上海去。

当有记者问到中美之间关于中国加入世界贸易组织谈判有何进展时，钱其琛回答说，目前谈判正在进行，中美双方都提出了一些新的设想，不久将要在日内瓦具体进行讨论。江泽民主席和克林顿总统会晤时也谈到这个问题，双方都表示要加快这个进程，争取明年进一步推动这个进程。

在回答有关台湾问题时，钱其琛指出，中国政府关于一个中国、“和平统一”和“一国两制”的方针没有任何改变。他说，关于海峡两岸的谈判，我们提出的倡议是，在一个中国的原则下什么问题都能够谈。台湾方面应该承认一个中国，不要反对一个中国的原则，并编造种种不同的说法。他说，世界上绝大多数国家以及联合国，都承认世界上只有一个中国，台湾是中国的一部分。

关于中美两国间的司法合作，钱其琛说，根据中美联合声明，中美合作的领域也包括司法方面的合作。中国的司法部长最近到美国进行了访问，具体讨论了这方面的问题。

钱其琛指出，改革开放以来，中国在经济活动，包括投资保护方面，制定了许多法律，并在不断完善这些法律。国家间的贸易也应在合法的范围内进行，这样各方面的贸易就可以进行得更好。但像目前每年一度地审议对中国最惠国待遇问题，就不是一种很符合法制的行为。

国家主席江泽民在加拿大温哥华闭幕的亚太经合组织第五次领导人非正式会议上发表讲话

克雷蒂安总理阁下，各位同事：

我很高兴来到美丽的枫叶之国。首先，我要对克雷蒂安总理和加拿大政府的周到安排表示衷心的感谢。

人类即将进入 21 世纪。总结过去，面向未来，我们需要确立顺应时代潮流的合作观念和合作方式。

亚太经合组织，是本地区最有影响的经济论坛，也是世界上最具活力的经济合作组织之一。它的运行方式具有自己的基本特点，这就是：充分尊重各成员的多样性，承认成员之间发展水平和发展阶段上的差异及其带来的不同利益与需求；强调灵活性、渐进性和开放性；遵循平等互利、协商一致、求同存异、自主自愿的原则；实行单边行动与集体行动相结合。

实践越来越证明，“亚太经合组织方式”符合本地区的实际，有利于各成员的不同权益和要求得到较好的平衡，有助于发挥各个成员的能力，促进共同发展。坚持这种方式，是亚太经合组织成员加强合作的重要保证。

亚太经合组织的唯一使命，就是开展经济合作，不宜把讨论的范畴扩展到社会、政治、安全等非经济领域。要坚持有所为有所不为的原则，专心致志推进经济合作。

贸易投资自由化对任何成员来说都是相对的、有条件的，需要充分考虑各成员之间的差异和实际情况，坚持自主自愿、互惠互利、协商一致的原则。确定部门优先自由化，也应坚持由各成员自由选择，自主决定，自愿参加，同时要承认两个时间表的差别，既考虑自身的利益，也考虑各方的利益，以利共同发展。要在平等互利、优势互补的基础上，提倡发达成员以其经济技术优势帮助发展中成员，而不应损害它们的利益。只有这样，才能既为发达成员、也为发展中成员创造更多的合作机遇。

经济技术合作和贸易投资自由化是紧密结合的，应该相互促进。当代科学技术的迅猛发展，已经成为推动生产力发展最有决定意义的因素，对世界经济和社会生活产生深刻的影响。努力加强科技交流、技术合作和技术转让，既有利于发展中成员提高经济技术实力，也有利于发达成员增强经济持续发展的后劲。这不仅可以缩小成员之间的发展差距，也可以有力地推动贸易投资自由化的进程。为此，我愿提出四点意见：

一、充分开放技术贸易市场，促进各成员之间的技术合作与技术转让，消除人为的障碍，取消歧视性政策与做法。

二、采取必要的措施，鼓励和加快高新技术向所有成员特别是发展中成员转移，以利推动发展中成员的经济技术进步。

三、所有成员都要注重保护知识产权，并促使知识产权制度更加合理化。对技术专利保护的时间要适度，转让条件要公平。

四、建议亚太经合组织制定一项《走向二十一世纪的科技产业合作议程》。这个议程，既要有目标和原则，又要有切实的措施和步骤；力争市场导向与政府调控相结合，开发研究与成果转化相结合，全面推动与具体合作项目相结合，以求切实启动亚太经济技术合作进程。

最近在东南亚发生金融风波，波及世界的许多地区，引起国际社会的普遍关注。从过去和现在国际上发生的金融风波中，我们大家可以得到许多有益的启示。

金融体系的正常安全运行，对经济全局的稳定和发展至关重要。为了维护正常的金融秩序，防范金融风险，不仅要有正确的经济发展战略，保持合理的经济结构，而且要健全金融体系，加强金融监管，并根据实际情况，保持外债的适度规模和合理结构，逐步开放资本市场和金融服务。

加强地区和世界的金融合作，维护正常的国际金融秩序，共同防范国际游资过度投机的冲击，创造良好的金融环境，对所有国家都有利。我们对加强亚洲区域金融合作持积极态度，愿意参与有关合作机制的讨论。

东南亚经济的发展，由于当前金融市场发生风波，遇到了暂时困难。但经过总结经验，进行适当调整，东南亚经济的发展活力会进一步显示出来，前景是乐观的，我们对此抱有信心。

1993年以来，中国多次自主降低关税，五年间关税降幅达百分之六十。自今年10月1日起，中国的平均关税水平已降至百分之十七。中国政府决定，到2005年，将工业品的平均关税降至百分之十。中国决定加入《信息技术协议》，并就有关事宜开始谈判。我们的这些实际行动，相信将会推动亚太地区经济技术合作和贸易投资自由化的发展。

最后，我要热情欢迎2001年亚太经合组织第九次领导人非正式会议在中国上海召开。我们将为会议做好充分的准备。

谢谢各位。

第七次中日两国经济讨论会在厦门市开幕

来自中日两国企业、金融、贸易、新闻等各界人士近150人出席讨论会。

在开幕式上，人民日报社社长邵华泽和日本经济新闻社社长鹤田卓彦先后致辞。

在为期两天的讨论会上，中日双方发言人将围绕本次讨论会的主题——香港回归与中日经济合作发表演讲。中方的发言人是：国家计委副主任王春正、中国银行副行长高德柱、香港贸易发展局副总裁邱达宏；日方发言人是：伊藤忠商事副社长山村隆志、樱花银行顾问末松谦一、朝日啤酒股份有限公司总经理濑户雄三。

全国中医药对外交流与合作会议在北京召开

卫生部副部长、国家中医药管理局局长张文康在会上宣布：我国将在国外建30个中医医疗点，举办10个正规的中医药教学机构，培育10个大型中药企业走向国际市场。

我国中医药在世界上已有较大影响，近年来到我国学习自然科学的外国留学生中，学习中医药的一直占首位。我国还通过合作办医、派出医疗劳务等多种形式，在美、德、法、意、日等发达国家开设了中医医疗网点，使数以万计的患者得到康复，产生了良好的国际影响。中药出口逐年增加，已出口到130多个国家和地区，年出口创汇总额达6亿美元。在中药的研制开发和生产领域，开展了对外经济技术合作，先后与几十个国家和地区建立了各种方式的相互联系。为此，在这次会议上，各地代表提出要积极推进中医药对外交流与合作。中医药管理局也将出台《中医药对外交流与合作十年规划》。

据会议介绍，我国将在国外建立30个中医医疗点，计划用3年时间完成，通过中国中医研究院和7所医药大学等有计划有步骤地实施。我国将组织一批有较高学术水平和丰富临床实践经验的专家、教授到那里工作，形成一支中医药走向世界的国家队。同时，从全国50强中药企业中选择10个具有较大实力和丰富经验的企业，走向国际大市场。国家中医药管理局将从政策、信息、资金、项目上予以重点支持。

另外，我国还将选择有条件的中医药院校在国外与当地大学合作，举办10个左右正规的中医药教学机构，将中医药教学纳入其正规高等教育体系。

11月26日

民进八大在人民大会堂开幕

这次大会的指导思想是：在中共十五大精神的指引下，高举邓小平理论伟大旗帜，总结过去，面向未来，更好地担负起参政党的历史职责。大会的主要议程是：学习贯彻中共十五大精神；听取和审议第九届中央委员会的报告；审议通过《中国民主促进会章程》修改案；选举民进第十届中央委员会。

中共中央政治局委员、书记处书记丁关根，全国人大常委会副委员长铁木尔·达瓦买提，国务委员陈俊生，全国政协副主席杨汝岱，全国政协副主席、中共中央统战部部长王兆国等出席了开幕式。

开幕式由大会主席团常务主席楚庄主持，大会主席团常务主席雷洁琼致开幕词。开幕词说，当前的重要任务就是动员和组织全会同志认真学习贯彻中共十五大精神，紧密团结在以江泽民同志为核心的中共中央周围，为把建设有中国特色社会主义事业全面推向21世纪作出应有的贡献。5年来，全会各级组织以经济建设为中心，服务于全国工作的大局，积极履行政治协商、民主监督、参政议政的职能，努力为两个文明建设和祖国和平统一大业服务，切实加强自身建设，取得了可喜的成绩。在此，我们谨向一贯关心支持、帮助我们工作的中共中央，向各有关单位，表示衷心的感谢。在回顾我会过去5年历程的时候，我们对在各自岗位上为改革开放和现代化建设、为我会的建设和发展而辛勤工作的各级干部和全体会员表示亲切的慰问。

中共中央政治局委员、书记处书记丁关根代表中共中央致贺词。贺词指出，中国民主促进会有着爱国革命的光荣历史，与中国共产党并肩战斗、风雨同舟，走过了52年的光辉历程。民进第八次全国代表大会是民进历史上的一次重要会议，大会将完成民进中央领导集体跨世纪的新老交替，确定今后的工作方针和主要任务。这次大会对于民进自身建设和长远发展具有重要意义。我们希望,在全体与会代表的共同努力下,把这次大会开成团结、民主、奋进、胜利的大会。我们相信,即将选出的民进新一届领导集体,一定能够在新老交替的基础上搞好政治交接,使民进的政治纲领、政治路线得到延续和发展,使民进老一辈领导人坚定的政治立场和优秀品质、优良传统得到继承和发扬;一定能够团结带领广大会员和所联系的群众,深入学习邓小平理论,进一步加强自身建设,充分履行参政党职能,不断开拓民进工作的新局面,为坚持和完善中国共产党领导的多党合作和政治协商制度,为改革开放和社会主义现代化建设作出新的贡献。

九三学社中央副主席王文元代表民革、民盟、民建、农工民主党、致公党、九三学社、台盟中央和全国工商联向大会致词。

受民进第九届中央委员会委托,大会主席团常务主席陈舜礼在会上作了题为《继往开来,团结奋进,为建设有中国特色社会主义做出新贡献》的报告。报告说,民进七大以来的 5 年,是开拓实干、团结奋进的 5 年。民进各级组织认真学习邓小平建设有中国特色社会主义理论,坚持"一个中心,两个基本点"的基本路线,紧紧围绕经济建设这个中心,积极履行参政党职能,在经济建设和社会发展中尽职尽责,发挥作用。民进有近 6000 人担任各级政协委员,1400 余人担任各级人大代表,他们积极发挥作用,协助党和政府做好协调关系、化解矛盾、理顺情绪、保持稳定的工作,积极参与民主法制建设。民进绝大多数会员直接从事精神文明建设方面的工作,他们注重发挥为精神文明建设做实事的优势,面向社会,努力为两个文明建设服务。民进社会服务工作也取得了可喜的成绩。民进积极开展多样而有效的对外联谊工作,向香港以及澳门、台湾同胞和海外华侨、华裔宣传邓小平"一国两制"的伟大构想,为实现祖国和平统一服务。

报告对民进半个多世纪以来,特别是对改革开放近 20 年的实践经验进行了概括和总结。这些经验主要是:矢志不渝地接受中国共产党的领导,是民进一切活动的根本原则;坚定不移地围绕中心,服务大局,维护稳定,是民进发挥参政党作用的指导方针;坚持不懈地加强自身建设,是民进担当参政党历史责任的基础条件。

大会主席团常务主席梅向明作关于《中国民主促进会章程(修改草案)》的报告。

各民主党派中央、全国工商联以及国务院有关部门和社会团体的有关负责人出席开幕式。

有关部门查处一批建设工程违法违规案件

全国建设工程项目执法监察办公室提供的消息,一年多的执法监察对 23.5 万个项目进行了自查和重点抽查,发现 10.76 万个项目存在违章违规现象,占执法监察项目总数的 45.7%。各地采取措施边查边改,已纠正和处理 4.6 万个问题,对 2000 多家企业分别进行了降低资质、吊销执照以及停止招投标资格等处罚,追缴税费 12.47 亿元,罚没款 1.99 亿元,拆除违章建筑 158 万多平方米。

到 1997 年 6 月底,各地共受理群众举报 21441 件,发现案件线索 8528 件,立案 7019 件,给予党纪政纪处分 5336 人,移送司法机关追究刑事责任 3190 人,为国家挽回经济损失 8.29 亿元。山东省青岛经济技术开发区管委会原副主任刘洪熙(正局级)在 1993 年到 1996 年间,利用职务为有关单位承揽工程、征收土地、帮助解决施工问题等,先后 53 次收受他人的赃款、赃物共计 35.9 万元,被开除党籍、开除公职,判处无期徒刑,剥夺政治权利终身。广西南宁市规划管理局副局长卢卫东,在任职期间,以借款为名,向房地产公司、建筑企业和个人索取财物 39.4 万元,也被判处无期徒刑,剥夺政治权利终身。

工程建设领域的经济案件有 5 个特点:一是金额大,在查处的案件中,涉及万元以上的 2608 件,10 万元以上的 355 件,50 万元以上的 36 件,百万元以上的 24 件;二是违法违纪主体多元化,牵扯到党政干部、管理人员、工程承发包负责人、物资采购人员、银行信贷人员和工程技术人员等;三是违法违纪人员的职级高,在受党政纪处分的人员中,厅局级干部 36 人,县处级干部 800 人;四是窝案、串案多,一个案子往往涉及多人违法违纪;五是多数案件发生在招标发包、材料设备采购和转包、挂靠等几个环节。

国家主席江泽民抵达加拿大艾伯塔省卡尔加里应邀开始对加拿大和墨西哥进行国事访问

国务院总理李鹏在中南海紫光阁会见意大利外交部部长兰贝托·迪尼外贸部部长奥古斯托·凡托齐以及意大利著名企业家

李鹏对意大利两位部长来京主持"今日意大利"展览会开幕式表示欢迎,并相信这一大型展览会将为增进中意两国人民的相互了解和促进中意经贸合作发挥积极的作用。

李鹏说:中国正在全面推进社会主义现代化建设,中外经济、贸易和技术合作日益扩大。我们欢迎意大利企业家来华开办合资或独资企业。中意双方不仅可以在大企业间进行合作,中小企业的合作也有广阔前景。今后,中国政府将对高新技术的合作给予特殊优惠。

李鹏指出，世界多极化趋势正在加速发展，欧盟作为多极世界中的重要一极，在国际事务中发挥着重要的作用。中国愿意进一步加强同欧盟各国的友好合作关系。

国务院副总理李岚清在人民大会堂会见出席全国中医药对外交流与合作工作会议的全体代表

李岚清在讲话中指出，中医药对外交流与合作工作是有意义、有潜力、有前途的，我们要加强中医药的科研与教育工作，进一步做好对外交流与合作，扩大中药的出口贸易，使中医药为全人类的健康作出更大贡献。

李岚清在讲话中指出，中医药是我国的国粹。党中央、国务院历来十分重视，确定了"中西医并重"的方针。近年来，我国中医药事业取得了长足的发展。但是，要实现中医药的现代化，还需要做出更大努力。他强调，第一，要加强我国中医药的科研与教育工作，尤其要积极利用现代科学技术和手段，促进中医药理论的研究和实践的发展；第二，要加强与世界医学科研和教育领域的交流和合作；第三，要加快实现中药生产现代化，严格中药产品质量检验和控制；第四，要加强中医药对外交流与合作工作的宏观管理，使中医药更加健康、稳定、有序地走向世界。

11月27日

加拿大总督勒布朗在渥太华总督府为国家主席江泽民来访举行盛大国宴

国务院总理李鹏在中南海紫光阁会见海外香港团体负责人访华团

李鹏对这些来自美国、加拿大、澳大利亚和新西兰四国的36位客人来中国内地参观访问表示欢迎，并希望移居海外的所有香港人能为香港的长期繁荣和稳定作出自己的贡献。

李鹏说，访华团成员都是从香港移居海外的，想必很关心中国政府关于香港的政策以及香港的发展前景。"我可以负责地告诉大家，中国政府在香港实行'一国两制'、'港人治港'、高度自治的政策是坚定不移的，我们对香港的发展前景充满信心。"

全国地方政协主席座谈会在北京闭幕

座谈会由全国政协副主席叶选平主持。内蒙古自治区政协主席千奋勇、安徽省政协副主席龙念、山西省政协主席郭裕怀、厦门市政协主席蔡望、南京市政协主席潘寒操先后在会上进行了发言。他们以中共十五大精神为指导，畅所欲言，对全国政协八届工作总结征求意见稿提出了宝贵意见，对今后全国政协的工作，也提出了不少好的建议。在听取发言后，李瑞环发表了讲话。

全国政协副主席吴学谦、杨汝岱、王兆国、阿沛·阿旺晋美、钱伟长、钱正英、孙孚凌、万国权，秘书长朱训以及中央、国家机关有关部门负责人出席会议。

全国政协主席李瑞环在全国地方政协主席座谈会闭幕会上发表讲话（摘要）

（一）

人民政协是具有中国特色的民主形式。八届政协的五年来，我是边干边学，边学边干，对政协的工作，对政协的性质、地位和作用有了新的认识。人民政协这种民主形式，确实具有许多的特点和优点。它在组织上的最广泛的代表性和在政治上的最大限度的包容性，充分体现了全体社会主义劳动者、拥护社会主义的爱国者和拥护祖国统一的爱国者的大团结、大联合；它具有的智力雄厚、位置超脱、下通各界、上达中央的有利条件，使它能够在参与高层次活动和重大决策中提供有价值的意见和建议；它坚持的民主协商、求同存异的原则，使它既能够尊重多数人的共同意愿，又能够照顾少数人的合理要求，广泛地、切实地发扬了人民民主。在我国政治生活中，人民政协具有不可替代的作用。中国共产党领导的多党合作和政治协商制度是我国的基本政治制度，人民政协则是这个基本政治制度的政治形式和组织形式。多党合作的重要性决定了人民政协的重要性，多党合作的长期性决定了人民政协的长期性。半个世纪来，人民政协伴随我国革命与建设的进程，在各个历史时期都发挥了重要作用。现在，虽然各方面的情况发生了很大变化，但人民政协的性质、地位和作用并没有改变，它在推动改革开放和经济发展，加强社会主义民主和法制建设，维护团结稳定和促进祖国统一等方面，仍然具有独特的优势。人民政协是以毛泽东同志为代表的老一辈革命家的伟大创造，经过半个世纪的实践检验，它完全适合中国国情，我们应当高度重视，精心爱护，始终不渝地坚持。

（二）

在这几天的发言中，大家充分肯定了八届政协的工作成绩，同时也对履行职能，特别是对加强政治协商和民主监督工作提出了不少建议和希望，我同意大家的意见。几年来，我们为此做过多方面的努力，也取得了一定的进展，但实践证明，这个问题不像字面上写的或开始想的那么简单。协商是民主协商，监督是民主监督，都和我国社会主义民主政治建设的程度、进程紧密相连。我国的民主政治建设是一个重大而复杂的问题。我说过，民主是目标，是手段，也是过程。

说它是目标，因为民主是历史发展的必然趋势，是社会进步的重要标志，是人民群众的普遍要求，无论是在革命战争时期还是在社会主义建设时期，我们党始终都把民主作为一个伟大目标写在自己的旗帜上。说它是手段，因为只有充分发扬民主，才能调动人民群众建设现代化国家的积极性，才能把各族各界团结成一个整体，才能动员全社会的力量对执政党和国家机关的工作实行有效的监督，从而最终实现我们的宏伟目标。说它是过程，因为民主从来都是历史的、具体的，因而是相对的，民主必然与一定社会的政治、经济、文化发展水平相适应，只能随着社会总体的发展而发展。离开条件和过程讲民主，不仅达不到民主的目的，而且会适得其反，导致经济和社会的不稳定。2500 年前，希腊人首先提出民主这个概念，并指出民主的基本内核是让人民当家做主。2500 年来，人类为此进行了多方面的艰苦卓绝的努力，取得了巨大的进步，但严格地说，让人民真正当家做主还远没有实现。我国社会主义制度的建立，从根本上为人民当家做主提供了保证，但中国的民主政治建设经历的时间不长，各方面的制约因素很多，必然是一个复杂的过程，不能单凭良好的愿望，不能企图一蹴而就，不能简单从事。中国的民主政治建设必须有领导、有步骤地进行，必须积极、稳妥地开展，必须随着我国的经济发展、社会进步和全民文化素质的提高而推进。归结起来说，否定民主对社会发展的进步作用、对民主政治建设不积极不热心是错误的，不顾我国具体国情、照抄照搬西方民主模式是危险的，把发展民主看得过于简单、急于求成是会误事的，看不到我国民主政治建设所取得的成就、对前景缺乏信心是没有根据的。我们应当全面理解民主的内涵，准确把握客观情况，积极而适时地开展工作，实事求是地履行政协的职能。

（三）

在人民政协近 50 年的历程中，一代又一代的政协工作者付出了辛勤的劳动，积累了很好的经验，也有过深刻的教训。经验和教训都是宝贵的财富，都是后人工作的基础。多年经验特别是八届政协五年工作的经验告诉我们，政协工作必须在前进中开拓，在开拓中前进。首先要前进，就是要把已经看准的、条件成熟的、力所能及的那些事情先干起来，很快形成一个活跃的工作局面，在这个过程中去探索去开拓去创新。我们提倡开拓、创新，因为没有开拓、创新，就不可能持续地前进。但我们不能一开始就把主要精力花费在那些条件尚不具备的事情上。政协工作面临的问题和困难大体有两类，一类是新形势下出现的，需要研究探索，需要有一个解决的过程；一类是历史遗留下来的，其所以长期未能很好解决，一定有内在的理由和根据，两者都不能看得过于简单。我们以往的毛病多在于把问题看得过于简单。由于看得简单，结果反而使问题复杂化。这就是说，能干的要先干、多干；不能干的要探索研究。八届政协的工作正是从继承发扬历届政协的好传统好作风好经验开始的，先易后难，逐步展开，并不断探索，不断总结，从而在思路和方法、在领域和渠道等方面都有不少新的进展。在前进中开拓，在开拓中前进，既是八届政协工作的特色和经验，也是我们今后的努力方向和工作思路。

如果说这几年各地政协工作有成绩，首先是各级党委加强领导、政府大力支持的结果，请你们回去后转达我对各省、市、区委和政府领导的衷心感谢，并希望继续重视、关心和支持政协工作。过去的五年，各地政协对全国政协的工作给予了很多支持，在座各位对我的工作也给予了很多帮助。我在此向大家表示衷心的感谢！五年来，我们在人民政协这个大家庭里，一起研究问题，一起参政议政，一起为国家的建设献计出力，大家对政协事业建立了感情，我们之间也结下了深厚的友谊。明年地方政协换届，有些同志将离开政协的岗位。无论留下的还是离开的，我们之间的友谊都将长久保持下去，五年共事的情景都将在我们心中留下一段美好的回忆。

让我们高举邓小平理论的伟大旗帜，在以江泽民同志为核心的中共中央领导下，认真学习和贯彻中共十五大精神，把人民政协的事业继续推向前进。

中宣部　解放军总政治部和北京市委在人民大会堂举行国旗护卫队先进事迹报告会

国旗护卫队执勤在首都天安门广场，忠实地履行着升降国旗、护卫国旗的神圣使命，展示了五星红旗的风采，树立了“国旗卫士”的良好形象，为祖国和军队赢得了荣誉，先后 16 次立功，被树为“全国基层先进党组织”、“全国公安系统先进集体”、“青年文明号”、“首都精神文明建设标兵单位”。江泽民总书记曾三次接见护卫队代表，李鹏总理三次到哨位看望执勤官兵。

报告会上，国旗护卫队两位队长王金耀、陈杰和天安门广场管理委员会广场处、天津市和平区西宁道小学负责人，从不同侧面介绍了国旗护卫队官兵的事迹。

解放军总政治部副主任周子玉在会上讲话。

报告会由中共中央宣传部常务副部长刘云山主持。武警部队司令员杨国屏、政治委员徐永清和北京市的领导人参加报告会。

国务院副总理邹家华在贵州考察

邹家华于 11 月 27 日至 12 月 4 日，先后考察了国家重点建设项目瓮福矿肥基地、水城钢铁公司、铁道部贵阳车辆厂、振华电子集团和贵州铝厂等大中型工业企业，参加了贵阳至遵义高等级公路全线开通剪彩仪式和贵州第一条地方铁路六盘水至柏果铁路开工典礼等活动。其间，邹家华还出席在贵阳举行的南昆铁路建设领导小组第六次会议，并参加南昆铁路全线开通运营庆祝大会，视察世界第一铁路高桥清水河大桥和亚洲第一险洞家竹箐隧道。

邹家华说，加快中西部地区经济发展，是中央的重要战略决策。对于经济发展，我很赞成这样一句话："不怕慢，就怕站"；同时还要再加上一句："不能退，争取快"，扎扎实实一步一步地前进。一个地区的经济发展，有赖于原有的基础和主观努力，但光有积极性也很难实现快速增长。因此，对于中西部地区发展经济的积极性，要引导好，保护好，发挥好，更要把这种积极性与经济发展的规律很好地结合起来，这样才能真正实现党中央、国务院提出的国民经济持续、快速、健康发展的目标。

邹家华强调，各个地区一定要把自己的优势真正发挥出来，要从自己独有的优势出发，建立特色经济，发展优势产业，千方百计地创造出优势产品，这样的产业才站得住，才能具有很强的竞争力。要在大力建设基础设施的同时，注意下功夫培育投资少、建设周期短、资金回收快、效益高的轻工产业，这对迅速积累资金有很大好处。搞优势产业一定要适应市场需求，产品一定要能卖得出去，以市场为导向在实际经济工作中非常重要。

全国专利工作会议在北京开幕

会议提出，抓住机遇，团结奋进，把一个更加完善的、现代化的专利制度推向21世纪。

中国专利局局长高卢麟在会上说，两年来，我国专利申请量实现历史性突破。《全国专利工作"九五"计划和2010年远景目标》提出，到2000年我国年专利申请量达到10万件，而在1996年，即"九五"计划的第一年，专利申请量就已突破了10万件，达到10.27万件，预计今年专利申请量突破11万件。

保护专利权是专利制度的核心，也是专利工作的难点。几年来，人民法院、各地专利管理机关积极开展专利纠纷审判和处理工作，切实保护了专利权人及有关当事人的合法权益。据对36个专利管理机关的统计，自1996年1月至1997年10月，共受理专利纠纷1032件，结案703件，结案率达68%。1996年，人民法院受理专利纠纷案1055件，结案950件，结案率达90%。

两年来，各地、各部门充分运用市场机制，举办各种类型的专利技术博览会、交易会、常设专利市场等多种方式和渠道，加紧专利技术实施，使一大批重大项目走向国际市场。据统计，仅在全国实施的100项专利中，有96项专利已累计新增产值483.3亿元，70项专利新增利税40.94亿元。另据对今年评出的73项中国专利金奖和优秀奖统计，累计新增销售额141.5亿元，新增利税38.9亿元。一批重大专利项目，已打入国际市场。

高卢麟指出，从目前世界知识产权保护发展的趋势看，以专利权为核心的知识产权问题，已超出法律范畴，成为国际社会广泛关注的事关科技、经济、贸易以至外交的一个重要战略问题。为此，我们要把专利工作提高到迎接21世纪挑战的战略高度，创造性地开展工作，提高专利管理工作水平和保护知识产权的能力。

据了解，国家专利局将启动"企事业专利工作试点工程"、"促进专利技术产业化示范工程"、"中国专利信息工程"和"中国专利人才继续教育工程"4大工程，发展多种形式的专利中介组织，以强化专利保护，加快专利审批速度，树立良好行业风气，促进我国专利事业有一个更大的发展。

国办转发中国气象局《关于加快发展地方气象事业的意见》

各省、自治区、直辖市人民政府，国务院各部委、各直属机构：

中国气象局《关于加快发展地方气象事业的意见》已经国务院同意，现转发给你们，请结合本地区、本部门实际情况，认真贯彻执行。

中国气象局关于加快发展地方气象事业的意见

（文略）

《人民日报》发表社论《共同推进亚太经济合作》

外交部发言人唐国强就冰岛发表对华关系新闻公报答记者问

有记者问：冰岛外交部近日发表了一份对华关系新闻公报。中方对该公报有何评论？

唐国强答："冰岛外长特使奥古斯特松于10月19日来华就双边关系与中方进行了磋商。此后，双方通过外交途径继续就有关问题交换了意见。冰岛外交部于11月21日发表了新闻公报，重申冰将坚持一个中国的政策，不与台湾发生官方关系。我们对此表示赞赏，希望冰方今后谨慎处理台湾问题，避免再次发生台湾政要去冰岛活动的事，以利于中冰关系的顺利发展。"

上海音乐学院庆祝建院 70 周年

11 月 28 日

国家主席江泽民与加拿大总理克雷蒂安在渥太华总理办公室进行小范围会谈

克雷蒂安总理首先说，自从 27 年前加中建立外交关系以来，两国关系在顺利发展，双方经贸合作和在国际事务中的合作不断扩大。加拿大政府对此表示满意。加拿大各界人士对江泽民主席的访问非常关注，相信这次访问一定会增进两国人民之间的了解。

江泽民主席向克雷蒂安介绍了中国的现代化建设情况，阐述了中国政府对一些重大国际问题的原则立场。他说，中加两国领导人已经是老朋友，交谈越来越开诚布公，坦诚相待，这有力地促进了中加友谊的发展。

克雷蒂安说，世界在变化，在国际关系中，经济因素很重要。中国人口众多，正集中精力进行经济建设，国内任务很重。我们理解中国不会对任何别的国家构成威胁。我们和中国进行健康、良好的对话对双边关系是有益的。

国家主席江泽民与加拿大总理克雷蒂安在渥太华总理办公室结束会谈后会见记者

两国领导人确认，进一步发展中加长期、健康、稳定的友好关系，共同致力于构筑两国跨世纪全面合作伙伴关系。

克雷蒂安总理首先介绍了会谈情况。他说，“我同江主席进行了坦诚的交谈，两国各方面关系良好，双边合作在许多领域取得进展”。他指出，加中两国都是世界上的重要经济力量，对加拿大来说，与中国的关系日益重要，加拿大对中国有巨大的兴趣，重视发展同中国的关系。

江泽民说，他与克雷蒂安总理就进一步发展中加关系和双方共同感兴趣的国际和地区问题深入交换了意见，并达成了广泛的一致。会谈是建设性的、富有成果的。双方此次还签署了一系列政府间协议和经贸合同。

对加拿大人非常关心的地雷问题，江泽民介绍中国的有关立场。江泽民说，中国政府正在积极考虑尽早批准新修订的《特定常规武器公约》“地雷协定书”。中国今后将继续积极参加国际扫雷努力，包括向国际扫雷基金会提供捐助，在扫雷培训、技术和设备方面提供援助。中国政府决定派观察员出席将于 12 月 2 日至 4 日在渥太华举行的《禁止杀伤人员地雷公约》的签约大会，并参加同时举行的关于国际扫雷问题的圆桌会议。

在回答记者对中加关系的评价时，江泽民说，中加两国自 1970 年建交以来，在各个领域的友好合作发展顺利。近年来，两国领导人保持互访和接触，经贸关系稳步发展，在科技、文化、教育、卫生、体育等各个领域的交往与合作日趋活跃。在一些重大国际和地区问题上，两国也进行了良好的合作。他说，此次来访正是为了寻求在相互尊重、平等互利原则基础上，进一步发展中加长期、健康、稳定的友好关系，致力于构筑两国跨世纪的全面合作伙伴关系。

国家主席江泽民在渥太华加中贸易理事会年会晚宴上发表演讲提出发展中加经济技术合作的三点建议

克雷蒂安总理阁下，

德马雷先生，

女士们，先生们，朋友们：

我感谢加中贸易理事会的邀请，使我有机会同各位新老朋友欢聚一堂。长期以来，你们为发展中加关系和增进两国人民的相互了解与友谊作出了积极贡献，我谨向你们并通过你们向一切关心和支持中加友好的人们，表示诚挚的谢意。

我愿借此机会，介绍一下中国的国内形势，并对中加经贸关系谈一些看法。

今年 7 月 1 日，中国政府顺利恢复了对香港行使主权，并按照“一国两制”、“港人治港”、高度自治的方针保持香港的繁荣稳定。香港特别行政区，继续作为国际贸易、金融、航运中心，在地区和世界经济中发挥着积极作用。

9 月中旬，中国共产党举行了第十五次全国代表大会，主题是：高举邓小平理论伟大旗帜，把建设有中国特色社会主义事业全面推向 21 世纪。大会规划了中国改革和建设跨世纪的发展蓝图，确定了经济、政治、文化的发展战略。总的目标是：到下世纪中叶，把中国建成富强民主文明的社会主义现代化国家。

近二十年来，中国经济保持了持续增长，社会生产力、综合国力和人民生活水平日益提高。从 1992 年到 1996 年，中国的国内生产总值年均增长百分之十二点一。经济体制改革取得新的突破。经济结构调整取得明显进展。粮食等农产品产量稳步上升。水利、交通、通信等基础设施，钢铁、能源等基础工业发展很快。科技、教育、文化、卫生等各项事业蒸蒸日上。中国的经济增长，预计到本世纪末将保持在百分之八左右，下世纪的头十年将保持在百分之七左右。

近二十年来，中国的对外开放进一步扩大。中国在世界出口市场所占的份额增加了两倍。五年来，中国对外贸易总额达百分之一点一万多亿美元，平均年增百分之十六点四，现居世界第十一位。今年可望突破三千亿美元。截至今年10月，中国批准设立外商投资企业30多万家，实际利用外资2000多亿美元。一些外国银行在中国设立了营业机构，保险及人民币业务已对外资公司试点开放。

我们正在完善全方位、多层次、宽领域的对外开放格局，努力发展开放型经济。我们将进一步健全涉外法律体系，依法保护外资企业的权益，实行国民待遇，提高贸易体系的透明度，保护知识产权。我们将加快能源、交通等基础设施对外开放的步伐，逐步开放金融、保险等服务领域。中国的广阔市场和巨大发展潜力，可以为中国同外国的经济技术合作提供众多的机会。

中加两国人民的友好交往历史悠久。在中国人民进行抗日战争的艰苦年月，加拿大人民的儿子诺尔曼·白求恩不远万里来到中国，为中国人民的解放事业献出了生命。他的高尚品德赢得了亿万中国人民的尊敬。

中国一贯重视发展同加拿大的友好互利合作关系。70年代初建交以来，两国人民的相互了解不断加深，交流合作不断加强，友谊不断增进。近年来，两国在双边和国际领域的交往日益增多。中加建立了经贸联委制度。中加已互为重要贸易伙伴，相互投资和经济技术合作日益扩展，初步形成了多领域、多形式、多层次的合作新格局。加方在华直接投资项目3300多个。坎杜堆等重点合作项目正在顺利进行。这些成果来自两国工商界的共同努力，也得到了两国政府的有力支持。中国的市场将继续向加拿大开放，欢迎加拿大企业家来华投资办厂。

中加发展友好互利合作，不仅有利于两国的根本利益，而且有利于亚太地区和世界的和平与发展。如何把两国经济技术合作提高到新的水平，是我们面临的共同课题。为此，我提出以下几点建议：

一、着眼于21世纪，从战略的高度审视和处理两国关系，牢牢把握双方利益的共同点，以积极务实的态度推动双方的友好互利合作。

二、中国和加拿大经济各具特色，有较强的互补性，可以在能源、交通、通信、电力、石化、环保、农业和原材料工业等领域中加强平等互惠的合作，谋求共同发展。

三、拓宽合作领域，开辟更多的合作渠道。两国的合作，既可以在中国沿海地区进行，也可以向资源丰富的中国中西部地区发展；既可以分别在两国进行，也可以探讨在第三地开展合作的可能性。

我希望，两国工商界继续努力，推动两国经贸关系获得新的更大发展。

几天来，我同勒布朗总督、克雷蒂安总理等贵国领导人，就双边关系和共同关心的一些重大国际与地区问题深入交换了意见，达成了广泛共识。双方一致同意，从两国人民的根本利益和世界和平与发展的大局出发，中加应该建立跨世纪的全面合作伙伴关系。双方决心采取积极措施，促使这一目标早日实现。

我这次加拿大之行，达到了加深了解、增进友谊、面向未来、发展合作的目的。加拿大人民的勤劳智慧和创造精神，给我留下了深刻印象。我坚信，经过双方共同努力，中加关系一定能够沿着健康稳定的轨道向前发展。

最后，我代表我的夫人和全体同事，并以我个人的名义，对勒布朗总督及夫人、克雷蒂安总理及夫人，以及加拿大政府和人民给予我们的热情友好接待，再次表示衷心的感谢！

谢谢各位！

国家主席江泽民在渥太华会见加拿大议会参议院议长莫尔加特和众议院议长帕伦特

江泽民指出，中加两国立法机构之间的交流与合作对两国关系的发展起了积极的推动作用。江泽民说，中国和加拿大1970年建交以来，两国关系发展迅速。两国立法机构的交流与合作是双边关系的重要组成部分。我们高兴地看到，加拿大议会一贯关心和重视发展中加两国的友好关系。近年来，两国立法机构的友好往来日益频繁，这对中加友好合作关系的发展起到了积极的推动作用。江泽民欢迎帕伦特方便时也去中国看看，同时希望莫尔加特再去中国访问。

会见时，江泽民还向两位议长介绍了中国全国人大的工作情况和中国政治、经济体制改革的情况。

中国和加拿大在渥太华签署一系列政府间协议和合同

上午，中国国家主席江泽民与加拿大总理克雷蒂安在渥太华会谈结束后，国务院副总理兼外长钱其琛与加拿大外长阿克斯沃西分别代表本国政府签署了“中华人民共和国政府和加拿大政府领事协定”和“中华人民共和国政府和加拿大政府关于相互增设(总)领事馆的换文”；国家旅游局局长何光与加拿大旅游委员会主席布坎南签署了“中华人民共和国国家旅游局和加拿大旅游局旅游合作谅解备忘录”。

江泽民主席和克雷蒂安总理出席在加拿大议会大厦举行的上述三项协议的签字仪式。

外经贸部长吴仪与加拿大国际合作和负责法语国家事务部长马洛签署中华人民共和国政府和加拿大政府关于“中国环境与发展国际合作委员会二期项目”、

"江苏中小企业环境和应用管理项目"以及"塔里木盆地自然资源保护与可持续利用项目"的谅解备忘录。

在江泽民主席访问加拿大期间，中加两国的金融企业界签署了一系列投资、贸易、融资协议，总金额超过 17 亿美元。关于两国的金融合作问题，加拿大已有三家银行分别在中国北京、上海、广州开设了四家分行：蒙特利尔银行在北京和广州已设有分行，加拿大皇家银行在上海已设立分行，加拿大丰业银行也在上海设立了分行。中国人民银行最近作出决定，原则上同意加拿大丰业银行在重庆设立分行；同意加拿大人寿保险公司在北京开设办事处。

国务院总理李鹏在人民大会堂与新西兰总理詹姆斯·布伦丹·博尔格举行会谈

双方就进一步发展中新友好合作关系，以及共同关心的国际和地区问题深入地交换了意见，达成了广泛的共识。

会谈中，两国总理一致认为，中新建交 25 年来，两国关系发展顺利，特别是近年来，双边关系保持了良好的发展势头。领导人经常互访和接触，对双边关系的发展起到了重要的推动作用。

李鹏指出，我们高兴地看到，新西兰联合政府成立一年来，新政府领导人多次表示重视对华关系，反对遏制中国的政策。今年 8 月，中新两国就中国加入世界贸易组织的双边市场准入谈判达成协议，使贵国成为与中国达成上述协议的第一个国家，新西兰在这方面带了一个好头，我们对此表示赞赏。

李鹏说，中新两国同属亚太地区，都是亚太经合组织和东盟地区论坛的成员，双方在促进地区贸易和经济合作、维护地区安全方面存在着广泛的共同利益。中国政府一贯重视同新西兰的关系，我们愿在相互尊重和平等互利的基础上，进一步发展与新西兰在各个领域的合作与交流，为建立面向 21 世纪的中新关系作出不懈努力。

博尔格说，新西兰对新中关系的发展甚感满意，并积极支持中国早日加入世贸组织。新西兰十分希望进一步扩大同中国在各个领域的交往。博尔格希望中国能将新西兰作为中国公民出境旅游目的地国家。李鹏对这一提议表示赞同和支持。

博尔格祝贺香港顺利回归中国，认为这将对亚太地区的和平与发展产生积极的影响。李鹏向客人介绍了中国在香港实行的"一国两制"政策以及回归后香港良好的发展势头。李鹏希望新西兰继续与香港保持密切的经济联系。

关于台湾问题，李鹏重申了中国政府的一贯立场。李鹏说，新西兰多次重申奉行"一个中国"政策，并在今年 9 月第二十八届南太论坛会议上，在涉台问题上，支持中国的有关立场，我们对此表示赞赏。博尔格说，25 年来，新西兰一直恪守建交时所作的承诺，没有偏离"一个中国"的政策，今后仍将这样做。

双方就两国经贸关系的进一步发展交换了看法，李鹏表示，在中新良好政治关系的推动下，双边经贸也取得了显著进展，中新两国已成为重要的贸易伙伴。李鹏说，中新两国应利用经济上的互补性，充分发挥各自优势，积极加强合作，希望新西兰方面能进一步提高产品质量，增强竞争力，并在中方所需要的领域里加大投资，中方愿对此提供必要的帮助。同时，也希望新方支持中方对新西兰的投资。博尔格欢迎中国到新西兰投资，认为，这是扩大双方交往的一个重要渠道。

两国总理还就最近东南亚的金融危机交换了意见，一致认为，东南亚国家目前面临的困难是暂时的，经济发展前景仍然看好。

关于当前国际形势，李鹏说，多极化趋势在全球和地区范围内，在政治、经济等领域，都有新的发展。全球性、洲际性和区域性的合作组织应运而生，日趋活跃，大国之间的关系正经历着重要而深刻的调整，发展中国家的总体实力正在增强，要和平、求合作、促发展已成为世界人民的共同愿望和迫切要求。两国总理还就其他国际和地区问题交换了意见。

中央党校校长胡锦涛在中央党校第二十三期省部级干部进修班毕业典礼上发表讲话

胡锦涛在讲话中强调，要继续认真学习贯彻十五大精神，坚持用十五大精神统一思想、总揽全局，把全党的思想和行动进一步凝聚起来，集中到落实十五大提出的各项任务和中央关于当前工作的各项决策和部署中去。各行各业、各条战线，都要聚精会神地解决好面临的现实问题，扎扎实实地把各项事业推向前进。

胡锦涛指出，深入学习贯彻十五大精神，必须牢牢把握高举邓小平理论伟大旗帜，把建设有中国特色社会主义事业全面推向 21 世纪的主题，深刻理解邓小平理论的历史地位和指导意义；深刻理解我国社会主义初级阶段的基本国情和党在社会主义初级阶段的基本路线和基本纲领；深刻理解中央为推进我国社会主义现代化事业跨世纪发展提出的一系列重大方针政策；深刻理解面向新世纪的中国共产党肩负的重大历史责任和进一步把党建设好的重要性。特别要注意解决好两方面问题：一是始终把统一各级领导班子和领导干部的思想当作重点，领导干部要带头发扬理论联系实际的马克思主义学风。二是始终坚持面向基层，面向群众，认真过细地做好群众工作，使十五大精神真正为广大群众所掌握，变成广大群众的自觉行动。

胡锦涛强调指出，要抓住当前难得的历史性机遇，迎接新挑战，解决新矛盾，认真做好当前工作，积极推进改革开放和现代化建设事业的发展。努力在加快国有企业改革方面，取得突破性进展；在调整和优化经济结构、转变经济增长方式方面，取得明显成效，实现国民经济持续快速健康发展和社会全面进步。同时要正确处理改革、发展和稳定的关系。各级党委、政府要把实施再就业工程当作一件大事来抓，各级领导干部要时刻把群众的冷暖疾苦挂在心上，满腔热忱地关心下岗职工的生活，千方百计帮助他们解决困难。

国务院各部门后勤工作先进集体和先进个人表彰大会在中南海举行

中共中央政治局常委、国务院副总理李岚清在会议开始前会见受表彰的先进集体代表和先进个人。

李岚清首先向受到表彰的先进集体和个人表示热烈的祝贺，向工作在机关后勤战线的全体同志致以亲切的问候。李岚清说，国务院各部门后勤系统广大干部职工紧紧围绕本部门的中心工作，积极推进机关后勤体制改革，立足本职、任劳任怨、努力工作、无私奉献，有力地保障了机关各项职能活动的开展，取得了可喜的成绩。李岚清希望国务院各部门后勤系统广大干部职工认真学习贯彻党的十五大精神，努力适应新形势的需要，不断深化机关后勤管理体制改革，勤俭节约，进一步提高管理水平，努力为机关提供优质服务，为机关职工提供优质服务，为国家经济建设和社会发展提供优质服务。

李贵鲜、罗干等参加会议。

在表彰会上，国务委员兼国务院秘书长罗干发表讲话。

劳动部 国家经贸委就国有重点煤矿连续发生重特大事故发出紧急通报

通报要求各级政府、有关部门特别是煤炭工业主管部门引起高度重视，加强对国有重点煤矿安全生产的领导、监督和管理。

通报指出，今年以来，全国国有重点煤矿安全生产形势不好，重特大事故频发。截至11月27日，全国国有重点煤矿共发生一次死亡10人以上事故12起，其中一次死亡50人以上特大事故2起。以上事故除一起为透水事故外，其余均为瓦斯爆炸事故。特别是进入11月份以来，国有重点煤矿安全生产形势更为严峻，重特大瓦斯爆炸事故连续发生：11月4日，贵州省盘江矿务局月亮田煤矿发生瓦斯爆炸事故，死亡43人；11月13日，安徽省淮南矿务局(煤炭部直管)潘三煤矿发生瓦斯爆炸事故，死亡89人；11月27日，安徽省淮南矿务局(煤炭部直管)谢二煤矿发生瓦斯爆炸事故，死亡45人；11月27日，陕西省铜川矿务局焦坪煤矿发生瓦斯爆炸事故，死亡28人。

国家文物局要求各地加强防范确保文物安全

记者日前在国家文物局举行的“文物安全保卫工作座谈会”上了解到，目前一些不法分子盗窃、盗毁国家文物的犯罪活动仍很猖獗。据不完全统计，今年110月全国发生文物被盗案件60多起，丢失文物700多件。

据介绍，1997年文物犯罪活动的突出特点是盗窃田野石刻造像，这类案件已发生50多起，有数百尊精美石刻造像被盗割。公安部和国家文物局曾在5月份针对这一情况联合召开电话会议，各地都采取了有效防范措施，抑制了大规模盗窃活动的势头，但个别地区这类案件仍时有发生。此外，各博物馆、文管所及一些有名望的宗教场所等，因收藏文物集中，藏品珍贵，也始终是犯罪分子窥视的目标。今年头10个月，有8家博物馆、1家文管所和1家文物商店被盗窃，丢失文物300多件，其中3级以上珍贵文物95件。从各地发案情况可以看出，文物犯罪活动现大都是团伙作案，手段隐蔽，工具先进，且盗、运、销一条龙，对国家文物的安全造成严重威胁。

参加这次座谈会的国家文物局和各地有关部门负责人认为，要扭转目前的被动局面，关键在领导。各地和各有关部门的领导，应充分认识文物保护、文物安全工作对国家对民族的重要意义，把文保工作纳入议事日程，加大人员和技术投入，从根本上确保文物安全。

中国边防部队在中越边境开展第二次大排雷

遵照国务院、中央军委的指示，广西边防部队第二次大排雷1997年11月28日正式拉开了序幕，中越边境再次升起和平硝烟。

广西边防部队这次大排雷在防城港、宁明、凭祥、龙州、靖西等地的千里边境线上展开，预计用三年时间排除120余处近2000万平方米的雷区的雷，排雷面积之大、雷区之复杂、任务之繁重是罕见的。在这之前的1993年第一次大排雷，广西边防部队共排除和引爆各种地雷60余万枚，向地方政府移交安全使用耕地26万多亩，牧场、山林36万多亩，并开辟了60多条边贸通道、25个边境贸易点，恢复9个通贸口岸。

为圆满完成这次边境大排雷，广西军区抽调一批精兵强将，组建了5支专业排雷队，对边境雷场作了全面勘察和测量。参加排雷的官兵们进行了严格的模拟训练，以科学方法指导排雷，确保安全。

11月29日

全国政协主席李瑞环在人民大会堂会见新西兰总理詹姆斯·布伦丹·博尔格

全国检察长工作会议在上海闭幕

会议指出查办官员腐败、司法腐败这两方面的犯罪案件，是当前全国检察机关反腐败工作的重中之重。对以贿赂手段跑官、要官甚至卖官构成犯罪的案件；司法人员贪赃枉法、徇私枉法、滥用职权，在刑事诉讼中违法减刑、假释、私放罪犯，在民事、经济、行政审判中枉法裁判等犯罪案件，要发现一件，查办一件。

尽管这几年反腐败力度不断加大，但有些腐败现象还没有得到有效遏制，甚至还在一些党政机关、司法机关蔓延。从近两年办案情况看，国家工作人员贪污贿赂、渎职犯罪案件增多，县处级以上领导干部犯罪增多，一些领域犯罪情况突出，窝案、串案增多，特别是执法犯法、贪赃枉法以及同跑官、卖官相关联的犯罪虽然是极少数，但有些案件令人震惊，检察机关查办案件的任务仍很繁重。今年1月至10月，全国检察机关共立案查办“三机关一部门”涉嫌犯罪的人员12420人；查办涉嫌犯罪的县处级以上干部2312人，其中厅局级干部129人，省部级干部3人。

最高人民检察院副检察长梁国庆在会上要求各级检察机关要高度重视职务犯罪预防工作。

国办发出关于切实抓好清理欠税工作的紧急通知

财政部 国税总局对住房公积金医疗保险金和基本养老保险金纳税问题作出规定

财政部和国税总局最近专门发文规定，企业和个人按照国家和地方政府规定的比例提取并向指定金融机构实际缴付的住房公积金、医疗保险金和基本养老保险金，不计入个人当期的工资、薪金收入，免征个人所得税。超过国家和地方政府规定比例缴付的“三金”，应将其超过部分并入个人的当期工薪收入，计征个人所得税。个人提取原提存的住房公积金、医疗保险金和基本养老保险金时，可免征个人所得税。同时还规定，企业以现金形式发给个人的住房补贴、医疗补助费，应全额计入领取人的当期工薪收入，并按章纳税。但对外籍个人以实报实销形式取得的住房补贴，仍可按规定暂时免征个人所得税。财政部和国家税务总局的这一规定将从1998年元月1日起执行。

国家主席江泽民在多伦多接受加拿大《环球邮报》记者采访

江泽民说，“这次访问取得了圆满成功，达到了加深了解，增进友谊，面向未来，发展合作的目的”。他说：“在即将进入21世纪的历史时期，我和加拿大领导人一致认为，应建立中加跨世纪的全面合作伙伴关系。”

江泽民说：“自1970年中加建立外交关系以来，特别是近年来，经过双方的共同努力，中加友好合作关系保持了良好的发展势头。两国领导人互访增多，两国经贸关系发展迅速，双边贸易稳步增长，在科技、文化、教育、体育、卫生等方面的交流与合作也日益加强。在一些重大国际和地区问题上，两国进行了良好的合作。”

江泽民表示相信，“只要双方立足现实，放眼未来，本着相互尊重，互惠互利的原则，中加关系就一定能得到长期稳定的发展。”

江泽民说，在访问期间，他同加拿大总督勒布朗和总理克雷蒂安等加拿大领导人进行了“富有成果的会晤”，就双边关系和共同关心的一些重大国际和地区问题深入交换了意见，达成了广泛的共识。两国政府签订了一系列双边协定及总金额近20亿美元的经贸合同和意向书。

当记者问到中国需要解决的最大问题是什么时，江泽民说，使中国人民安居乐业，生活不断得到改善，使我们的国家繁荣富强，实现现代化，这就是中国的发展要解决的最大问题。他说，中国的耕地面积只占世界耕地总面积的7%，人口却占世界总人口的22%。“重视农业、发展农业，解决12亿人的吃饭穿衣，是世界上其他任何一个国家都没有遇到的大问题。这是中国领导人要考虑和解决的头等大事。”

在回答有关东南亚金融危机问题时，江泽民说，这场金融危机对中国内地和香港没有什么影响。香港回归祖国后，经济保持繁荣，社会稳定，前景良好。他指出，中国总的经济发展情况也很好。他说，任何国家和地区都应该努力防止产生泡沫经济，在这方面，我们是成功的。

国务院副总理朱镕基在钓鱼台国宾馆会见新西兰总理詹姆斯·布伦丹·博尔格

全国血吸虫病防治工作会议在北京召开

11月30日

民革九大在北京闭幕

在29日召开的民革九届一中全会上，何鲁丽再次当选为民革中央主席。

大会作出了《中国国民党革命委员会第九次全国代表大会决议》。决议认为，民革八大以来的五年，是全党各方面工作取得显著进展的五年。参政议政、民主监督更加活跃，为改革开放和两个文明建设服务取得显著成效，促进祖国统一工作有了新的发展，自身建设得到大力加强，全体党员献身社会主义事业的积极性进一步提高，在改革开放和社会主义的现代化建设中作出了积极的贡献。决议强调，民革当前和今后一个时期的主要任务，是认真学习、广泛宣传、坚决贯彻落实中共十五大精神。要把学习邓小平理论和中共十五大精神作为思想建设的主要内容，紧紧围绕中共十五大提出的奋斗目标和各项任务开展工作。

大会决议指出，民革要继续发挥自己的优势，大力宣传“和平统一、一国两制”方针和江泽民同志关于台湾问题的八项主张，推动台湾海峡两岸人员往来和经济、科技、文化等各个领域的交流与合作，促进两岸早日实现直接“三通”。要旗帜鲜明地反对“台独”，反对任何制造“两个中国”、“一中一台”的图谋和外国势力插手台湾问题。并广泛团结海内外一切爱国力量，调动一切积极因素，为完成祖国统一大业进行不懈的努力。大会决议奉劝台湾当局以国家和民族的利益为重，回到一个中国的立场上来，对江泽民主席在中国共产党第十五次全国代表大会上发出的呼吁作出积极的回应，为发展两岸关系，促进祖国和平统一多做一些有益的事情。

大会宣读了民革九大给不再担任领导职务的老同志的致敬信，通过了经过修订的《中国国民党革命委员会章程》。

在闭幕大会上，何鲁丽致闭幕词。她说，中共中央对我们这次大会的召开非常重视。党和国家领导人江泽民、李鹏、乔石、李瑞环为民革成立50周年题了词。中共中央向大会致了贺词。中共中央的贺词对民革给予高度的评价，并提出殷切的期望，充分体现了中国共产党对民革的战友深情，使我们感到无比温暖，受到莫大鼓舞和激励。

在29日召开的九届一中全会上，推举了4名名誉副主席，选举出主席1人，副主席9人，常务委员40人，任命了秘书长。

创建“以病人为中心优质服务百佳医院”活动正式在北京启动

卫生部长陈敏章说，这次活动是对我国医疗卫生机构和队伍的一次检阅。各地医疗卫生部门务必给予高度重视，把医院的各项措施落实到“以病人为中心”的工作中来，针对医院的实际和特点，解决好人民群众关注的热点、难点问题，不断提高医疗质量和服务质量。

这次活动制定了20条标准。其中包括：无医疗责任事故发生，药房无伪劣、过期药品和保健品，门诊、出院病人问卷调查综合满意率超过90%，院内急会诊必须20分钟内到位等。

这次活动，是我国医疗卫生行业为贯彻党的十五大精神，落实中宣部在十大服务行业开展“为人民服务、树行业新风”活动部署而实施的一项活动。活动由卫生部、国家中医药管理局、解放军总后勤部卫生部等单位联合举办。

民革宣布第九届中央领导成员名单

名誉副主席　贾亦斌　彭清源　徐起超　沈求我
主　　　席　何鲁丽(女)
副　主　席　李赣骝　周铁农　童　傅
　　　　　　程诒青(女)　胡　敏　徐志纯
　　　　　　厉无畏　钮小明(女)　朱培康
秘　书　长　刘民复

全国专利工作会议在北京闭幕

国务委员兼国家科委主任宋健倡导克服畏难情绪，大力推进技术创新活动。他在讲话中说，进行技术创新、申请专利不仅是科学家、工程师能够做到的，一切从事工业、农业、第三产业的有一定文化和技术水平的工人、农民和职工，都有能力参与技术创新，作出成绩。

宋健指出，现在社会上有些人对技术创新还存在着畏难情绪，认为技术创新高不可攀，似乎获得一项专利，创造技术新成果是很难的。实际上，技术创新、发明创造，既有重大的、水平很高的，也有相当数量的实用性很强、适合市场需要的小发明、小设计。据对我国过去十几年专利发明人的构成情况分析，申请并获得专利权的人既有科学家、工程师，也有工人、农民，甚至还有小学生。专利法实施以来，许多工人、农民、回乡知识青年和能工巧匠申请了相当多的专利，有的一个人就申请了上百件，成为社会上推动技术创新的重要力量，有很多取得了明显的经济效益。所以，一切畏难情绪和无所作为的思想都是没有根据的，应该看到，亿万人民群众中蕴藏着巨大的发明创造积极性。

宋健最后提出，要把专利工作提高到一个新水平。他说，专利工作涉及科技、经济、贸易等方方面面，只靠中国专利局，仅靠专利系统是不够的。专利系统要承担以法治国的责任，又要牢固树立服务思想。其他各部门也要自觉执法，坚决依法实施专利制度，重视专利工作，做好专利工作。这次会上提出的“促进专利技术产业化示范工程”要纳入促进科技成果产业化的各项工作中去，使众多的专利技术和各种技术成果及时得到转化、实施。

会上中国专利局有关负责人宣布了关于授予中国专利发明创造金奖和中国专利优秀奖的决定。经中国专利奖评审委员会评审，中国专利局和世界知识产权组织决定授予《氧化亚铁基氨合成催化剂及制备方法》等 12 项发明专利和实用新型专利为中国专利发明创造金奖。中国专利局决定授予《生产软质炭黑的方法和设备》等 61 项发明专利、实用新型专利和外观设计专利为中国专利优秀奖。

经中国专利奖评审委员会决定，从今年起，凡获中国专利金奖的项目，可在其产品及包装上使用由中国专利局监制的“中国专利金奖”标记，以利于公众对其进行识别。

12月1日

国家主席江泽民与墨西哥总统塞迪略在墨西哥城进行小范围会谈

江泽民说，两年多来我们已经五次见面，可以说是故友重逢。塞迪略总统对江泽民主席来访再次表示热烈欢迎。江泽民主席说，中墨建交25年来，在双方的共同努力下，两国高层往来频繁，经贸关系逐步扩大，科技、文化、军事、议会、司法和地方政府之间交流增加。通过一年内实现互访，两国元首之间也建立了亲密的工作关系和个人友谊，这对于双边关系的深入发展是重要的。江泽民主席说，中国和墨西哥是具有重要影响的发展中大国，又都是亚太经合组织成员，两国政治稳定，经济发展，在地区和国际事务中发挥着重要作用。在世纪之交展望未来，我们都面临着抓住机遇，加速发展，再创历史辉煌的挑战。两国之间众多的共同点是进一步发展友好合作关系的坚实基础。

塞迪略总统对江泽民主席的看法表示完全同意。他说，江泽民主席实现对墨西哥的访问，墨西哥政府和人民感到十分荣幸。我一年前访问了中国，对中国发展和平进步事业有了进一步的了解。我们对中国在近几年中取得的巨大成就表示钦佩。中国政府为维护国家的主权作出了不懈努力。墨西哥历史上也曾遭受过外来侵略，因此我们非常理解中国政府在这一问题上的立场，我们反对外国势力干涉中国内政。江泽民主席对墨西哥在西藏、台湾问题上的立场表示赞赏。塞迪略还说，墨中两国在许多问题上有共同点，中国在国际舞台上日益重要的作用促使我们要同中国建立更密切的合作关系，这具有重要的战略意义。他希望两国在国际事务中加强磋商、协调与合作。

江泽民主席向塞迪略总统介绍了中国国内的情况。塞迪略说，我们十分关注中国共产党十五大的情况。十五大以后，中国现在政局更加稳定，经济继续发展，这不仅对中国，对整个世界都十分重要。

两国领导人对双边关系的发展达成四点共识：一、双方应加强高层往来，促进政治合作；二、坚持平等互利，推动经贸合作；三、开展全面合作，深化友好内涵；四、在国际事务中密切配合，相互支持，重点是加强两国在联合国和亚太经合组织内的协调与合作。

两国领导人一致认为，应从两国人民的根本利益和世界和平与发展的大局出发，建立跨世纪的中墨全面合作伙伴关系。这对提高发展中国家的整体实力和建立国际政治经济新秩序有重大意义。两国领导人积极评价了中墨双边经贸关系的发展，一致认为应在平等互利互惠的基础上进一步开拓新的合作途径。江泽民主席希望两国相互进一步开放市场，挖掘潜力。塞迪略总统对此表示同意。

江泽民主席还对墨西哥最近两次遭受飓风灾害表示同情。他说，中国政府决定向墨西哥政府提供救灾物资援助，相信灾区人民会尽快重建家园。江泽民主席还表示支持墨西哥关于明年召开反毒特别联大会议的倡议。他说，中国政府十分重视在这一领域同包括墨西哥在内的各国加强合作。

塞迪略总统对此表示感谢。他说，我同江泽民主席的会谈进行得很成功。我相信，您对我国的访问，一定会促进我们两国在各个领域的全面合作。

两国领导人还就共同关心的其他问题交换了看法。

中墨两国在墨西哥总统官邸松林别墅签署四项合作协议

江泽民主席和墨西哥总统塞迪略出席了在总统官邸松林别墅举行的签字仪式。

陪同江泽民主席访问墨西哥的国务院副总理兼外交部部长钱其琛和墨西哥外交部部长古里亚代表各自政府签署了《中华人民共和国政府和墨西哥合众国政府关于互免持外交、公务(官员)护照者签证的协议》。

中国驻墨西哥大使沈允熬和墨西哥体委主任西斯涅加签署了《中国国家体委与墨西哥体委关于体育合作协议》。沈允熬大使和墨西哥国家科学与技术委员会主任巴斯德里奇签署了《中国社会科学院与墨西哥国家科学与技术委员会关于学术交流与合作协议》。

在同一签字仪式上，中国新疆新天国际集团有限公司同墨西哥银行农业信托基金会签署了《中国新疆新天公司与墨西哥银行农业信托基金会关于在墨西哥实施现代农业综合开发的协议》。

国家主席江泽民在墨西哥城接受墨西哥“特莱维萨电视网”《至上报》和《太阳报》记者采访

江泽民说，他对墨西哥的访问达到了预期目的，取得了成功。

江泽民用十六个字概括了他的访问成果：加深了解，增进友谊，面向未来，发展合作。

当记者问及东南亚金融风波时，江泽民说，8月中旬以来，香港金融市场出现过几次波动，港元的联系汇率制受到冲击，股市波动较大，这与国际游资的投机活动有关。香港特别行政区政府采取有力措施，保证了港元的稳定。香港的形势是好的。预计今年经济增长率仍可达百分之五左右。香港外汇储备充足，金融监管严格，财政稳健，基本经济要素良好。我们相信，香港一定能保持长期繁荣稳定。

江泽民在谈到台湾问题时说，尽早解决台湾问题，实现祖国的完全统一，是包括台湾同胞在内的全国各族人民的共同愿望。

在谈到1999年澳门回归中国的准备工作进展情况时，江泽民主席说，目前，通过中葡两国的合作和扩大澳门同胞的热情参与，澳门回归祖国的各项准备工作正在有序地进行。同香港回归一样，澳门回归祖国的实现，将会为最终解决台湾问题、完成中国的统一进一步创造良好的条件。

在谈到武器转让及核合作问题时，江泽民指出，中国一贯持慎重、负责的态度，历来反对扩散任何大规模杀伤性武器。中国同其他国家的核合作完全用于和平目的，并接受国际原子能机构的保障监督，不会导致核扩散。中国政府在国际事务中从不违背自己的诺言。

江泽民在回答关于联合国安理会改革的提问时说，这一改革应本着有利于体现地区均衡，有利于增强发展中国家在联合国的地位和作用的原则进行。应在会员国进行深入、民主、平等的讨论和协商的基础上，尽可能达成广泛一致。

江泽民阐述中国一贯主张全面禁止和彻底销毁核武器，不主张、不鼓励、不从事核武器扩散，不帮助别国发展核武器，赞成和支持防止核武器扩散的国际努力的立场。

在回答中国政府最关心的问题是什么时，江泽民说，中国需要解决的最大的问题是使12亿中国人民安居乐业，生活不断得到改善；使国家繁荣富强，逐步实现现代化。

江泽民在评论北美自由贸易协定时说，中国愿在平等互利的基础上，继续加强同美、加、墨经贸合作，并同所有拉美和加勒比国家发展经贸关系。

江泽民在对电视网的记者谈到中国加入世界贸易组织问题时说，中国愿意参加世贸组织。世贸组织是一个国际贸易组织，它应该有一个会员普遍性的问题。中国是最大的发展中国家和外贸大国，世贸组织没有中国参加，是不完整的。但中国必须是按发展中国家的经济水平进入世贸组织。当然，中国也要满足世界贸易组织提出的起码的要求。中国目前正在进行这方面的努力。

在谈到东南亚金融风波时，江泽民主席说，世界金融风波不是突然发生的。1994年年底和1995年年初墨西哥曾经出现过金融风波，但墨西哥政府处理得当，取得了很好的成绩。金融风波是从泰国开始，然后波及整个东南亚的。这一风波可以逐步平息。中国经济多年来保持持续稳定发展，尽管中国国内开始有了金融市场，但毕竟还是处在初级成长阶段。1997年7月1日，中国对香港恢复行使主权，中国经济稳定是香港金融市场稳定的重要保证。

他表示，香港金融市场的法制和管理是比较健全的，他对香港金融市场发展前景充满信心。

在谈到台湾问题时，江泽民主席强调，台湾是中国领土不可分割的一部分，是中国的一个省。中国对台湾一贯采取“和平统一”、“一国两制”的方针。他说，1995年年初，他就发表过八点建议，到目前为止没有任何改变。

他重申，中国欢迎台湾当局能够回到“一个中国”、“和平统一”的方针上来，通过谈判来消除敌对状态，弥合分歧，完成祖国统一大业。

全国妇联七届五次执委会在北京召开

中共中央政治局常委、书记处书记胡锦涛在会上强调，妇联组织贯彻落实党的十五大精神，首先必须高举伟大旗帜不动摇，坚持用邓小平理论指导妇联的全部工作。他说，坚持以邓小平理论为指导，最重要的是理论联系实际，在解决实际问题上下功夫。具体到妇联组织，就是要运用这个理论分析、研究和解决妇联工作和妇女事业发展中的现实问题。

胡锦涛指出，妇联围绕大局开展工作，当前要着重抓好三个方面的事情。一是积极配合党委政府做好科教兴农和扶贫攻坚工作。要通过开展“双学双比”、“千万农家女，百项新技术”等行之有效的活动，采取培训、示范、试验、推广等有力措施，进一步把广大妇女群众动员起来，组织起来，为推动科教兴农贡献智慧和力量。要在培养脱贫典型、开展结对扶贫等一些最能发挥作用的方面大做文章，努力为贫困地区妇女群众提供人才、技术、信息、资金等服务，把这项利国利民的事情真正落实到村、到户、到人。二是切实帮助下岗女职工实现再就业。要以高度的政治责任感和紧迫感，积极协助有关部门，把这项事关改革、发展、稳定大局的工作做得更细致、更深入、更扎实。要大力加强对下岗女职工的就业形势、就业政策的宣传教育工作，积极引导下岗女职工转变观念，振作精神；要搞好职业培训，帮助她们提高职业技能；要拓宽就业门路，疏通就业渠道，增加就业岗位，使更多的下岗女职工得到就业的机会。三是要把家庭美德建设这项贴近群众、贴近生活、贴近实际的精神文明建设的基础性工作抓好，进一步促进全社会文明风尚的形成。

胡锦涛在讲话中还对妇联自身建设特别是基层建设和基层干部队伍建设提出了明确要求。

全国人大常委会副委员长、全国妇联主席陈慕华主持开幕式并讲话。

全国妇联副主席、书记处第一书记黄启代表全国妇联常委会作了题为《高举邓小平理论的伟大旗帜，开创妇女工作的新局面》的工作报告。

国家计委举行第四次产业投资信息发布会发布中国煤炭工业投资信息

2000年我国原煤生产目标为14.8亿吨，比1995年增加1.6亿吨。新建项目重点安排东部和中南缺煤地区的矿井建设；同时结合煤炭外运通道的建设，合理安排煤炭建设的战略西移，重点安排好晋陕蒙（西）和贵州两大煤炭调出基地的开发建设。褐煤矿区原则上要实行煤电或煤电路同步开发、同步建设。尽量少铺新摊子，安排好资源比较丰富、投资省、工期短、效益好的扩建项目。适当发展劣质煤坑发电厂。大力发展洁净煤加工和转化，支持煤矿企业发展煤炭洗选加工；发展煤炭气化、液化，提高大中城市供气数量和质量，开展煤炭液化中试厂的可行性研究；大力发展工业和民用固硫型煤，降低工业锅炉和民用燃煤引起的二氧化硫排放量；鼓励燃煤锅炉采用湿法或旋转喷雾干燥法脱硫技术和循环流化床燃烧技术。

国务院总理李鹏在人民大会堂会见德国戴姆勒-奔驰公司董事长施伦普和该公司董事会及国际顾问委员会成员

国务院副总理朱镕基在钓鱼台国宾馆会见古巴国务委员会第一副主席兼部长会议第一副主席古共中央第二书记劳尔·卡斯特罗及其主要随行人员

"风云二号"气象卫星正式交付使用仪式在北京举行

中国第一颗静止轨道气象卫星"风云二号"，经过160多天的在轨测试及试运用，性能良好，技术参数正常，达到了90年代国际同类卫星先进水平，今天正式交付国家卫星气象中心使用。

国务委员、国家科委主任宋健视察了中国气象局并出席交付仪式，代表国务院向全体研制人员和参试人员表示慰问和祝贺。国防科工委领导主持了交付仪式。

"风云二号"气象卫星于今年6月10日在西昌卫星发射中心发射，6月17日成功定点于东经105度赤道上空。经对卫星的各项性能进行在轨测试和试运用，至今已获取可见光、红外和水汽云图3000余幅，图像质量达到了国外目前正在使用的自旋静止气象卫星的先进水平，首次应用的多项新技术获得了一次性成功。

中国出版工作者协会光明日报社在人民大会堂举行毛泽东与二十四史学术研讨会

中共中央政治局常委、全国政协主席李瑞环在会上强调，我们要学习毛泽东读史用史、爱书读书的精神，使勤读书、多读书成为习惯，成为风气。

李瑞环在讲话中首先向为《毛泽东评点二十四史》的整理和出版作出贡献的专家学者及有关部门表示敬意和感谢。他说，在我们高举邓小平理论旗帜、建设有中国特色社会主义的今天，回顾毛泽东同志的历史功绩，研讨毛泽东与二十四史、与中国历史这样一个重要问题，是很有意义的事情。

李瑞环说，党的十五大总结了本世纪中国历史发展的进程，高度评价了孙中山、毛泽东、邓小平的历史地位，作出了符合马克思主义的三次历史巨变、三位伟大人物的概括。我们党第一代领导集体的核心毛泽东领导中国人民推翻了帝国主义、封建主义、官僚资本主义三座大山，成立了中华人民共和国，建立了社会主义制度，使中国发生了天翻地覆的变化。可以说，毛泽东的历史功绩源于他对中国国情的掌握、对中国社会性质的分析、对中国革命任务的确立，在一定程度上，也得益于他对中国历史的研读。一部中国现代革命史，是毛泽东在马克思主义指导下继承、弘扬中华民族优秀文化传统的历史，是毛泽东善于总结历史经验、以史为鉴、积极创造新的历史的过程。

李瑞环说，毛泽东读史，不拘泥于前人已经作出的结论，能在浩繁的史料中，去伪存真，去芜取精，得出独到、精辟的见解。毛泽东读史，不是为史而史，而是结合实际，解决面临的各种问题，推动中国历史更好、更快地前进。今天，当我们进一步领悟邓小平同志"总结历史是为了开辟未来"的讲话、落实江泽民同志"全党学习历史"的号召时，我们重新回顾毛泽东重视历史、研读历史、运用历史的伟大实践，就会再一次感受到中华文明的巨大魅力与生命力，就会激励我们更加热爱民族优秀文化，大力弘扬民族优秀文化，积极建设有中国特色社会主义的文化。

李瑞环指出，毛泽东一生酷爱读书。战争年代、条件极其艰苦时，他坚持读书。和平时期、国事十分繁忙时，他坚持读书。即便病魔缠身、行动困难时，他仍然坚持读书。读书成了毛泽东生命的有机组成部分。当我们钦佩毛泽东知识渊博、才能杰出、功绩卓著时，同样也钦佩他那种"生命不息，读书不止"的崇高品格。李瑞环强调，现在我们的工作确实比较忙，但无论如何忙不到毛泽东那样的程度。我们要借《毛泽东评点二十四史》出版的时机，学习毛泽东读史用史、爱书读书的精神，使勤读书、多读书成为习惯成为风气。

《毛泽东评点二十四史》影印线装本，共850册，是中央档案馆整理、线装书局出版的。

在研讨会上，中国社会科学院研究员刘大年、北京图书馆馆长任继愈、北京大学教授张岱年、中央文献研究室主任逄先知、北京师范大学教授瞿林东、中国人民大学教授芦荻、线装书局总编辑谢云等先后发言，赞扬毛泽东阅读、批注二十四史所表现出的博学与卓识，认为毛泽东严谨的治学态度，读史与国家、民族命运紧密联系的精神为人们树立了风范，表示努力做好弘扬优秀传统文化工作，为现代化建设提供更科学、更丰富的历史借鉴。

12月2日

中国民主促进会第八次全国代表大会在北京闭幕

在1日结束的民进十届一中全会上，雷洁琼、谢冰心、赵朴初被推举为名誉主席，许嘉璐当选为民进中央主席。

闭幕大会通过《中国民主促进会第八次全国代表大会关于第九届中央委员会报告的决议》以及给不再担任中央委员的老同志的致敬信。会议通过了修订后的《中国民主促进会章程》。大会决议认为，坚持不渝地接受中国共产党的领导，是民进一切活动的根本原则；坚定不移地围绕中心，服务大局，维护稳定，是民进发挥参政党作用的指导方针；坚持不懈地加强自身建设，是民进担当参政党历史责任的基础条件。决议号召，民进全体同志在邓小平理论伟大旗帜指引下，紧密团结在以江泽民同志为核心的中共中央周围，高举爱国主义、社会主义旗帜，继承和发扬民进的优良传统，在第十一届中央委员会的领导下，同心同德、努力奋斗，为把建设有中国特色社会主义事业全面推向21世纪作出新的贡献！

在11月30日举行的全体会议上，通过了修订后的《中国民主促进会章程》，章程规定，中国民主促进会是以从事教育文化出版工作的高中级知识分子为主的、具有政治联盟性质的、致力于建设有中国特色社会主义事业的政党。民进是同中国共产党通力合作的参政党，是爱国统一战线的组成部分。民进的基本任务是：努力巩固和发展爱国统一战线，扩大社会主义民主，健全社会主义法制，维护安定团结的政治局面，维护国家的长治久安和中华民族的大团结；积极参加社会主义物质文明和精神文明建设。

许嘉璐致大会闭幕词，许嘉璐说，完成了组织上的交替，并不等于完成了政治上的交接。组织上的新老交替只是政治交接的起点和基础，政治交接将是一个长期的、带根本性的任务。民主集中制是促进各级领导班子团结、调动广大会员积极性、做好工作的保证。加强学习是提高全会素质、顺利完成政治交接的基础。

《邓小平论中共党史》一书出版

由中共中央党史研究室组织编辑的《邓小平论中共党史》一书，近日由中共党史出版社出版。

这本书分八个部分，约43万字，辑录了邓小平对中共党史各个方面的重要论述，包括邓小平学习和研究中共党史、邓小平论民主革命时期的党史、邓小平论建国以后到十一届三中全会以前党的历史、邓小平论十一届三中全会开辟的党的历史新时期、邓小平论社会主义新时期的历史事件、邓小平论社会主义新时期的若干历史性决策、邓小平论毛泽东的历史地位和毛泽东思想、邓小平谈自己等。

全国农业工作会议在合肥开幕

国务院总理李鹏在对会议所作的重要批示中强调，今年农业丰收，为我们党和国家完成两件大事创造了有利的经济、社会环境，为保持国民经济持续、快速、健康发展作出了贡献。

李鹏指出，明年是全面贯彻十五大精神的第一年，实现农业和农村经济稳定发展具有重要意义。他希望认真总结经验，进一步抓好稳定农村基本政策、深化农村改革、推进科教兴农、发展农业产业化经营、改善农业生产条件、减轻农民负担等工作，再夺农业丰收，促进农村经济全面发展。

国务院副总理姜春云在致会议的信中指出，目前我国旱情严重，对夏粮生产构成威胁，完成明年农业和农村经济发展的各项任务十分艰巨。各级农业部门要增强紧迫感和责任感，扎扎实实做好各项工作，千方百计夺取明年农业丰收。要不折不扣地抓好延长土地承包期政策的落实，切实减轻农民负担，认真做好粮棉收购工作，保护和调动农民的积极性。要全面实施科教兴农战略，积极稳妥地推进农业产业化经营，提高农业的整体素质和效益。当前，最重要的是加大抗旱、保墒和小麦田间管理工作力度，夺取明年夏粮丰收。

根据农业部预测，今年粮食总产量与去年基本持平，粮食储备达到历史最高水平，供求关系特别是品种和地区平衡关系进一步改善；棉花总产量比去年增加，亩产创历史最高水平；油料产量略减；糖料产量略增；“菜篮子”产品保持较快增长，肉类、水产品总产量和禽蛋、奶类、蔬菜、水果等均有较大增产。乡镇企业平稳发展，预计完成增加值比去年增长18%左右，实现利润和上交税金均增长15%以上，新吸纳农村剩余劳动力400万人。农机总动力达到4亿千瓦，增长3.4%，机械作业面积持续扩大。农民收入继续增加，预计扣除价格因素实际比去年增长4%。

明年是实现“九五”计划的关键一年，确保明年农业和农村经济持续发展意义十分重大。为此，会议提出了明年农业和农村发展的主要目标：农业增加值增长4%，粮食总产量稳定在今年的水平，并力争有所增加，棉花总产量保持稳定，肉类、水产品和其他“菜篮子”产品稳定增长，乡镇企业实现持续稳定发展，农民人均纯收入增长5%以上。

如何实现明年农业和农村经济发展目标，农业部部长刘江提出，要突出抓好粮食、“菜篮子”、乡镇企业和农民收入四个重点。要确保明年粮食作物面积稳定在16.8亿亩以上，下大气力主攻单产，提高质量，抓好重点地区、主要作物、重大措施和关键环节。在新一轮“菜篮子工程”实施过程中，保持“菜篮子”产品总量稳定增长，优化产品结构，提高产品质量。搞好以批发市场为中心的“菜篮子”市场体系建设。明年要把深化乡镇企业改革，转变增长方式，作为一项战略任务来抓。通过结构的战略性调整、改组和加强管理，引导企业上规模、上档次、上质量。积极引导、开辟农民增收的新领域、新渠道，培植新的增长点。

实现明年农业和农村经济发展目标，抓好各项措施的落实是关键。会议提出，要稳定党在农村实行的各项基本政策，保持和调动好农民生产积极性。各级农民负担监督管理部门要进一步健全农民负担的法规制度。各级农业部门要把调整优化农村经济结构与推动农业产业化经营结合起来，提高农业的综合效益，大力推进新的农业科技革命，明年要加快“种子工程”建设，继续抓好“十项农业重大实用技术”的推广，进一步提高农业科技贡献率。

南昆铁路开通运营庆祝大会在贵州兴义举行

南昆铁路东起南宁，南至昆明，北接红果，全长899.7公里，为国家又一条长大干线，一次建成电气化，年输送能力近期为1000万吨，远期可达3000万吨。

国家主席江泽民在墨西哥参议院举行的全会上发表题为《增进友好合作共创美好未来》的演讲

议长先生，会议主席先生，各位议员，

女士们、先生们：

我有机会再次踏上美丽富饶的墨西哥土地，并同各位议员见面，感到十分高兴。我是抱着加深了解、增进友谊、面向未来、发展合作的目的，来贵国进行国事访问的。

首先，我谨以我和我的夫人及同事的名义，向墨西哥人民致以崇高的敬意，并转达12亿中国人民对兄弟的墨西哥人民的深情厚谊。

墨西哥是古老的玛雅—阿兹特克文化的发祥地，是独立先驱伊达尔戈和“宪法之父”胡亚雷斯的故乡，是伟大画家里维拉和塔马约的摇篮。正如墨西哥文学家海梅·托雷斯所说：“人民是光荣历史的创造者”。勤劳智慧的墨西哥人民创造的灿烂的古代文化艺术，在拉丁美洲和世界文明史上占有重要地位。在近代，墨西哥人民致力于经济发展和社会进步，使自己的国家不断走向进步和繁荣，赢得了世人的尊重。

中国也是一个历史悠久的文明古国。自古以来，中华民族为人类文明的进步作出了不可磨灭的贡献。当今的中国，经过近代遭受的磨难之后，正处在经济迅速发展和民族全面振兴的伟大历史时期。世界关注着中国，墨西哥人民也希望了解中国。我愿借此机会，向诸位介绍一下中国当前的形势和发展前景。

从70年代末起，中国全面进行改革开放，开辟了建设有中国特色社会主义事业的正确道路。经过近20年的努力，中国的改革开放和现代化建设取得了举世瞩目的成就，中国经济社会生活发生了深刻而巨大的变化。

从1980年至1996年，中国国民经济保持持续快速增长，国民生产总值翻了两番，平均每年增长近9.9%。1992年至1996年，年均增长12%。以公有制为主体、多种所有制经济共同发展的格局进一步展开。社会主义市场经济体制正在加快建立，市场在资源配置中发挥基础性作用和宏观调控体系的有效运行，紧密结合，相互促进，保证了国民经济的持续发展。国有企业通过不断深化改革，正在焕发出新的活力。中国的经济实力和综合国力日益增强，人民生活不断改善，民主法制、精神文明建设和其他各项社会事业全面进步。总之，今天的中国社会处处呈现出欣欣向荣的景象。

改革开放以来，中国坚持实行对外开放的基本国策。多层次、全方位、宽领域的对外开放格局已经形成，对外经济贸易交流和技术合作有了很大发展。中国已同世界上227个国家和地区建立了经贸关系。1996年进出口贸易总额已达2900亿美元，今年预计突破3000亿美元。实际利用的外资累计已达2000多亿美元。这为中国的经济建设提供了有利的条件。

今年7月1日，中国政府恢复了对香港行使主权，洗雪了香港被侵占的百年国耻。这标志着中国人民在完成祖国统一大业的道路上向前迈出了重要一步。香港回归五个月来，“一国两制”、“港人治港”、高度自治的方针正在顺利贯彻实施，香港特别行政区繁荣稳定的局面，完全可以长期保持和发展下去。

两个多月前，中国共产党举行了第十五次全国代表大会，主题就是高举邓小平理论伟大旗帜，把建设有中国特色社会主义事业全面推向21世纪。大会规划了中国改革和建设跨世纪的发展蓝图，对进一步发展社会主义市场经济、社会主义民主政治和社会主义文化作出了全面部署。我们的目标是：下个世纪的前十年，实现国民生产总值比2000年翻一番，使人民的小康生活更加宽裕，形成比较完善的社会主义市场经济体制。再经过十年的努力，使国民经济更加发展，各项制度更加完善。在这个基础上继续努力，到下世纪中叶，基本实现现代化，建成富强民主文明的社会主义国家。这次大会，对中国的未来发展将会产生深远的影响。

今天的中国，较之过去有了很大进步，但仍然是发展中国家，还处于社会主义初级阶段。中国有12亿人口，而耕地面积只占世界耕地总面积的7%。解决这么多人的吃饭穿衣，接受教育，享受医疗，劳动就业，是世界上其他任何国家都没有遇到的艰巨任务。中国的经济总量虽然有较大增长，但人均国民生产总值仍然相当低，社会生产力不发达的状况还没有根本改变。中国人民决心坚持奋发图强，艰苦创业的光荣传统，不断推进现代化建设事业，实现中华民族的伟大复兴。

人们可以坚信，一个更加发展的中国，将会为世界和平与发展的崇高事业作出更大的贡献。

议长先生，朋友们，

中墨两国人民的友好交往，已经非常久远。16世纪以前，两国人民的交往就有过美好的历史传说。从16世纪起，两国人民的经济文化联系日益增多。满载瓷器和丝绸的“中国之船”经常抵达贵国的阿卡普尔科港，揭开了两国人民交往的绚丽篇章。

18世纪，中墨商品贸易进一步发展，墨西哥银元曾大量流入中国沿海地区，成为一段时间内通用的货币。同时，大批中国劳工前往墨西哥，到20世纪初达到三万人，他们为开发墨西哥贡献了自己的智慧和力量。

25年前中墨建立了外交关系。在新的历史条件下，两国在政治、经济、贸易、科技、文化等领域的交流与合作不断发展。贵国国会同中国全国人民代表大会也保持着友好合作关系，许多议员为增进中墨两国人民的了解和友谊作出了积极贡献。我愿借此机会向你们表示衷心的感谢。

在这次对贵国的访问中，我同塞迪略总统就双边关系和双方共同关心的一些重大国际与地区问题，深入交换意见，取得了广泛共识。我们一致认为，建立中墨跨世纪的全面合作伙伴关系，不仅符合两国人民的根本利益，同时有利于亚太地区和世界的和平、稳定与发展。

这次访问期间，双方还签署了领事、体育、社会科学和经济等多项合作协定，进一步巩固和深化了中墨两国之间的友好合作。

中国一贯重视加强同包括墨西哥在内的拉美和加勒比国家的友好合作关系。70年代以来，中国同大多数拉美国家建立了外交关系，中拉友谊不断发展，相互了解日益加深，合作领域逐步扩大。政治上，我们彼此信赖；经济上，我们互通有无；在国际事务中，我们相互支持。这种友好关系的发展，为进一步拓宽中拉的互利合作领域奠定了良好的基础。

中国和拉美国家都是发展中国家。悠久的历史、古老的文化、相似的发展经历等许多共同点，把我们紧密地联系在一起。当前，中国和拉美国家，社会政治稳定，经济持续发展，随着各自对外开放的扩大，随着科技、资源开发和农业等合作领域的拓展，中国与拉美的经贸合作将呈现出更广阔的前景。

早在1988年，邓小平先生就曾经预言，21世纪将是太平洋的世纪，也是拉美的世纪。中国和拉美国家对推动世界的和平、发展与繁荣负有共同的责任。我们应该站在历史的高度，放眼未来，大力加强中拉友好合作。这不仅符合中拉人民的根本利益，而且对于增强发展中国家在世界经济中的总体实力，促进发展中国家在国际事务中发挥更大的作用，具有重要的意义。

议长先生，朋友们，

当今世界正在发生深刻和充满希望的变化。要和平、求合作、促发展成为时代的主流。世界各国人民要求平等相待、友好相处的呼声日益高涨，维护世界和平的因素正在不断增长。多极化趋势在全球或地区范围内，在政治、经济等领域都有新的发展。大国之间的关系也在经历重大而深刻的调整。广大发展中国家的地位和影响力日益增强。世界各国的经济合作与相互竞争，文化交流与相互影响，从来没有像今天这样广泛而深刻。以信息技术为主要标志的高新科技日新月异。人类文明与进步迸发出无穷的创造力，正在推动世界历史走向新的千年。

然而，威胁世界和平与稳定的因素依然存在。不公正、不合理的国际政治经济旧秩序，还在损害着发展中国家的利益。南北的贫富差距还在扩大。干涉别国特别是发展中国家内政的现象仍很严重。因民族、宗教、领土等因素而引发的局部冲突时有发生。

全面加强南南合作，切实改善南北关系，努力建立国际新秩序，是时代发展的要求，也是世界各国人民共同肩负的责任。

我们认为，当前国际经济关系的发展方向，应当以有利于发展中国家公正平等、不受歧视地参与国际经济决策和运行为原则，以有助于包括广大发展中国家在内的世界各国实现共同发展和繁荣为目的。发达国家应当尊重和考虑发展中国家的利益，在贸易、金融、投资、科技和环境等领域，向发展中国家提供实现持续发展所必需的支持。发展中国家的经济更快地发展起来了，也会有利于发达国家的经济在更高的水平和更广阔的市场上持续发展。应当用这样的辩证观点和历史眼光，来看待和处理发展中国家与发达国家之间的经济关系。

中国人民酷爱和平，渴望发展。中国政府坚持奉行独立自主的和平外交政策，愿在和平共处五项原则基础上同世界各国发展友好关系。中国高度重视加强同广大发展中国家的团结与合作。中国将一如既往地在平等互利的基础上，同世界各国、各地区广泛开展贸易往来、经济技术合作和科学文化交流，以促进共同发展和共同进步。

中国人民愿同墨西哥人民、拉美国家人民、世界所有国家人民一道，为推动建立公正合理的国际政治经济新秩序，为开创和平稳定与发展繁荣的新世纪而共同努力！

谢谢各位。

国家主席江泽民在墨西哥企业家国际事务委员会举行的欢迎晚宴上发表讲话介绍中国经济发展情况提出进一步发展两国经贸关系的建议

江泽民首先对在这里同墨西哥知名企业家相聚表示高兴。江泽民在介绍中国经济发展情况时说，近20年来，在邓小平建设有中国特色社会主义理论的指引下，中国的经济改革和对外开放不断推进和深化，国民经济保持了持续、快速、健康发展的势头。

江泽民说，本世纪最后几年，中国经济增长率预计将保持在8%以上。到2000年，中国的进出口额将达到4000亿美元。这意味着从今年到2000年，中国将向世界提供近7000亿美元的市场。从今年10月1日起，中国再次大幅度降低了进口关税税率，平均税率已由23%降到了17%，到2000年还要降到15%。随着中国经济稳步增长，对外开放继续扩大，中国与世界各国的经贸合作水平将不断提高。

江泽民指出，中墨建交以来，在两国政府和企业界的共同努力下，双边贸易获得了迅速发展。经济技术合作和相互投资也取得了可喜的开端。目前双方公司正在积极探讨落实在墨西哥的农业开发、纺织城及装配拖拉机等合作项目。但中墨双边贸易额和相互投资额与两国的经济潜力还不相称，双方尚需继续努力。中墨两国都是发展中大国，也都是世界贸易大国。两国经济互补性强，发展经济合作的潜力很大，前景十分广阔。我们欢迎更多的墨西哥工商界朋友去中国投资设厂、洽谈生意，也鼓励中国企业家来墨开展经贸合作。中国政府重视同墨西哥的经贸关系，愿和墨政府和企业家共同努力，增进互相了解，推动双边经贸关系的进一步发展。

国务院副总理李岚清在人民大会堂会见新加坡内阁资政李光耀

解放军总参谋部发出关于制止强行让应征青年办理保险和乱收费的通知

纪念中国话剧诞生90周年活动在上海揭开序幕

上海是中国话剧的诞生地。90年前，第一个话剧剧社春阳社在上海诞生，随之第一出话剧《黑奴吁天录》出现在上海舞台上。从此，新兴话剧运动在中国大地蔓延。

纪念活动将持续两周。上海话剧艺术中心、上海戏剧学院、中国福利会儿童艺术剧院、现代人剧社、天津人民艺术剧院、南京军区前线话剧团的艺术工作者，将集中向观念奉献《商鞅》、《老式喜剧》、《尊严》、《庄周试妻》、《蛐蛐四爷》、《少年邓小平》等优秀话剧。同时，还将举办为时两天的话剧艺术现状研讨会。

12月3日

宁夏回族自治区人大七届常委会二十八次会议决定任命马启智为自治区副主席代理主席

香港特区临时立法会举行全体会议三读通过《1997年雇佣(修订)(第5号)条例草案》

《草案》规定每年7月1日和10月1日为香港的法定假日；从1999年起，每年5月1日和农历四月初八为额外的法定假日。

香港的假日分为法定假日和公众假期两大类。法定假日是包括银行和学校在内的所有雇员均可享有的雇佣福利。公众假期是银行、学校、公共机构、政府部门以及法庭的“机构”假期。

香港特区教育统筹局局长王永平在会议上表示，随着香港回归祖国，香港的假期安排必须作出更改。制定《1997年雇佣(修订)(第5号)条例草案》目的是要落实政府研究的结果，并对有关法定假日的条文作出技术性和措辞上的修订。

国务院总理李鹏签署第二百三十七号令发布关于修改《中华人民共和国水路运输管理条例》的决定

国家计委主任陈锦华在荷兰海牙召开的“环球论坛”会议上发言中国将修改《外商投资产业指导目录》欢迎欧洲企业进一步来华投资

中英联合联络小组第四十一次全体会议结束

在会后双方首席代表共同举行的记者招待会上，中方首席代表王桂生大使指出，中英联合联络小组的使命已经基本完成。在今后的两年多时间中，联络小组的工作将进入一个新阶段。

王桂生解释说，联络小组今后的主要任务是解决联合联络小组7月1日香港回归以前遗留下的问题和落实中英达成的有关协议中出现的新问题。

在本次会议上，双方就越南难民、船民滞港问题进行了磋商。王桂生指出，越南难民、船民滞留香港，是由于当年英国提出把香港作为难民第一收容港而造成的，中方对这一问题未能在今年7月1日前彻底解决表示遗憾。英方对这一问题完全、彻底解决负有责任。

英方首席代表包雅伦表示，英方对“一国两制”和香港基本法在香港的执行情况感到满意，对中国政府坚决贯彻遵守联合声明和基本法表示赞赏。

当天会议发表新闻公报，全文如下：

1997年12月2日至3日，中英联合联络小组在北京召开第四十一次全体会议。

下次联合联络小组会议将在伦敦举行，会议的具体时间将由双方另行商定。

中国文联各文艺家协会中青年会员德艺双馨座谈会在北京举行

中共中央政治局委员、书记处书记、中宣部部长丁关根出席会议并讲话。

丁关根指出，十五大提出，要发展面向现代化、面向世界、面向未来的，民族的科学的大众的社会主义文化。实现这一任务，文艺战线负有重任。他说，发展文艺事业，一定要坚持为人民服务、为社会主义服务的方向；坚持百花齐放、百家争鸣的方针。工作中，要坚持重在建设，团结鼓劲；坚持弘扬主旋律，提倡多样化；坚持深入生活，深入实际，密切联系人民群众；坚持把社会效益放在首位，努力实现社会效益和经济效益的统一；坚持一手抓繁荣，一手抓管理；坚持继承创新，走改革开放之路。要充分尊重文艺规律，充分尊重作家艺术家的劳动，发扬艺术民主，在文艺界形成生动活泼、团结向上的良好氛围，充分发挥文艺家的积极性、创造性，把大家的力量集中到多出优秀作品上来。

丁关根希望文艺工作者要树立正确的世界观、人生观、价值观，以“人类灵魂工程师”的光荣称号要求自己。艺术的创造力来自深厚的文化修养。要多读书，多学习，在浩瀚的知识海洋中汲取营养，丰富自己，提高自己。艺术和艺德密不可分，良好的职业道德是文艺工作者的立身之本。没有敬业奉献的艺德，不会有出类拔萃的艺术。希望文艺工作者加强思想道德修养，刻苦锤炼艺术，以德艺双馨的良好风貌，以更加丰硕的艺术成果，为中华民族的振兴建功立业。

来自全国31个省、自治区、直辖市和人民解放军的108名中青年文艺家出席了座谈会。在大会上，刘长瑜、宁根福、关牧村、赵安、艾丽娅、闵惠芬等先后介绍了自己多年来追求“德艺双馨”的真切感受和体会。

丽江 平遥古城 苏州园林被列入《世界遗产名录》

12月4日

中共中央委员和候补委员学习邓小平理论和十五大精神研讨班在中央党校开学

这个研讨班是根据江泽民同志在十五大报告和十五届一中全会讲话中提出的要求决定举办的，目的是更好地贯彻落实十五大精神，进一步提高党的高级干部特别是中央委员会成员的思想政治素质和理论素养，也是在全党倡导学习理论的好风气，推动全党兴起学习理论新高潮的重要举措。研讨班预计办两期，今天开学的是第一期。参加研讨班的都是新进十五届中央委员会的中央委员和候补委员。

中共中央政治局常委、书记处书记、中央党校校长胡锦涛在研讨班开学典礼上讲话。他充分阐述了高举邓小平理论伟大旗帜，用邓小平理论武装全党的重要意义，强调各级领导干部要按照十五大的要求，围绕“什么是社会主义、怎样建设社会主义”这个根本问题，完整、准确地把握邓小平理论的科学体系，从总体上领会理论的基本观点和基本精神，又从各自工作的领域对理论的有关内容进行系统钻研和理解。胡锦涛指出，当前深入学习邓小平理论，要同学习十五大精神结合起来。要用邓小平理论指导十五大报告的学习，深刻理解报告提出的一系列思想观点是对邓小平理论的坚持、运用和发展，充分认识报告关于推进我国社会主义现代化建设的一系列方针政策、重大举措的客观必然性和正确性，从而深刻领会和全面把握十五大精神。要通过学习十五大报告，加深对邓小平理论及其历史地位和指导意义的认识，增强高举伟大旗帜不动摇的自觉性和坚定性。

胡锦涛指出，高举邓小平理论伟大旗帜，学习和贯彻十五大精神，很重要的是要增强当代中国共产党人的历史责任感。这种历史责任，就是继承和发展一个多世纪以来包括孙中山领导的事业在内的中国人民的伟大奋斗成果，把毛泽东、邓小平等老一辈革命家开创的社会主义伟业全面推向21世纪，在社会主义的基础上实现中国的现代化和中华民族的全面振兴。这样才无愧于先烈，无愧于人民，无愧于后代。各级领导干部特别是高级干部，都应该具有并不断增强这种历史责任感，以更大的信心和热情去夺取新的胜利。他强调，学习和贯彻十五大精神，一定要体现在我们各自的工作之中，体现在解放思想、实事求是，抓住机遇、开拓进取，求真务实、苦干实干的精神状态和实际行动之中。党的高级干部尤其要有这样的精神状态。

胡锦涛在讲话中深刻论述了坚持和弘扬理论联系实际的马克思主义学风问题。他说，坚持理论联系实际，是出发点，是思想方法问题，是对待马克思主义的根本态度问题。他指出，十五大报告按照“三个有利于”的标准，对经济体制改革提出了一系列重要方针，在理论上有重大突破，对于解放和发展生产力具有重要意义。如何按照报告提出的方针，既坚持解放思想，实事求是，勇于实践，大胆试验，又切实做到一切从实际出发，尊重经济规律，尊重群众意愿，随时注意总结经验，避免损失，这里也有一个是否善于理论联系实际的问题。特别是寻找能够极大促进生产力发展的公有制实现形式，包括实行股份制和股份合作制，是一个长期探索的过程，是一项政策性很强的工作，需要正确引导，积极稳妥，循序渐进。胡锦涛指出，坚持理论联系实际的好学风，要求我们大力发扬认真学习的风气，民主讨论的风气，积极探索的风气，求真务实的风气；要求我们把学与用、知与行结合起来，既用理论指导我们改造客观世界，提高研究解决改革开放和现代化建设实际问题的本领，又用理论指导我们改造主观世界，增强党性锻炼，牢固树立正确的世界观、人生观、价值观，提高拒腐防变的能力。

中共中央政治局委员、书记处书记丁关根，中共中央政治局候补委员、书记处书记曾庆红，以及有关方面负责人韩杼滨、张全景等参加开学典礼。典礼由中央党校副校长郑必坚主持。

《人民日报》发表社论《继承优良传统共创光辉未来——热烈祝贺各民主党派工商联全国代表大会胜利闭幕》

在举国上下深入学习贯彻中共十五大精神的大好形势下，在中国共产党领导的多党合作事业走过近半个世纪的历程、将要跨入新世纪的时候，中国国民党革命委员会、中国民主同盟、中国民主建国会、中国民主促进会、中国农工民主党、中国致公党、九三学社、台湾民主自治同盟和中华全国工商业联合会最近分别胜利召开了各自的全国代表大会。这是我国八个民主党派和工商联本世纪的最后一次全国代表大会。大会根据中国共产党的十五大精神，明确了各民主党派和工商联今后的工作方针和任务，实现了中央领导机构的新老交替，通过了新的章程。各民主党派、工商联全国代表大会的圆满成功，是我国政治生活中的一件大事，对于巩固和发展爱国统一战线，巩固和发展中国共产党同各民主党派面向21世纪的长期合作，坚持和完善中国共产党领导的多党合作和政治协商制度，具有重要的意义，我们表示热烈的祝贺。

各民主党派、工商联召开的全国代表大会是学习贯彻中共十五大精神，努力开创工作新局面的大会。不久前召开的中国共产党第十五次全国代表大会，是在我国改革开放和社会主义现代化建设的重要时期召开的一次具有重大意义的大会，是承前启后、继往开来，动员全党和全国各族人民高举邓小平理论伟大旗帜，坚定不移地沿着中共十一届三中全会以来正确路线胜利前进的历史性大会。深入学习、贯彻十五大精神，进一步解放思想，实事求是，抓住机遇，开拓进取，把思想统一到十五大精神上来，把力量凝聚到实现十五大确定的各项任务上来，是全国各条战线当前和今后一段时间的中心工作。各民主党派、工商联的全国代表大会在认真学习、贯彻中共十五大精神的基础上，制定了面向新世纪的工作目标和任务，这对于进一步动员广大成员和所联系的群众，进一步发挥积极性和创造性，在中国共产党领导下，为把建设有中国特色社会主义事业全面推向21世纪，必将起到有力的推动作用。各民主党派和工商联在贯彻各自全国代表大会精神的过程中，一定能够认真组织成员学习邓小平理论，不断增强广大成员对建设有中国特色社会主义的共识，进一步增强历史责任感和使命感，充分发挥各自的优势，更好地履行参政议政和民主监督的职能，进一步开创工作的新局面，为振兴中华、统一祖国作出新的更大的贡献。

各民主党派、工商联的全国代表大会是在中共十五大精神指导下，总结历史经验的大会。半个多世纪以来，各民主党派在与中国共产党亲密合作的过程中，从爱国主义走向社会主义，为新民主主义革命和社会主义革命的胜利，为建设有中国特色社会主义作出了重要贡献。各民主党派、工商联几十年来所走过的道路，是遵从我国社会发展的必然要求，不断发展、不断前进的光辉道路。在世纪交替之际，各民主党派、工商联的全国代表大会站在历史的高度，回顾了数十年来的奋斗历程，认真总结了同中国共产党合作的基本经验。这些基本经验归结起来主要有：坚定不移地接受中国共产党的领导；坚持以马克思列宁主义、毛泽东思想、邓小平理论为指导，走建设有中国特色的社会主义道路；坚持社会主义初级阶段的基本路线不动摇，紧密围绕国家的中心任务开展工作；不断加强自身建设，提高成员的整体素质。这些基本经验是弥足珍贵的思想财富，对于各民主党派、工商联的自身建设和长远发展，必将产生深远的影响。我们相信，各民主党派、工商联各级组织在今后的工作中，一定能够遵循这些基本经验，坚持正确的政治方向，面向21世纪，沿着中国共产党领导的多党合作和政治协商的道路不断前进。

各民主党派、工商联的全国代表大会，是实现各自领导机构跨世纪新老交替的一次重要会议。一大批长期同中国共产党亲密合作，为爱国统一战线和多党合作事业作出重要贡献的民主党派、工商联老一代领导人和工作骨干，出于高度的政治使命感和历史责任感，为实现新老交替，从领导岗位上退下来，民主党派、工商联领导班子的主体已由新一代代表人物和领导骨干所组成。在新老交替的基础上搞好政治交接，是各民主党派、工商联在新的历史时期中的政治任务。只有搞好政治交接，才能为面向新世纪多党合作的巩固和发展奠定坚实的政治基础。面临世纪之交的形势和任务，各民主党派、工商联新一代领导成员，不断提高政治素质、领导能力和参政水平，对做好今后的工作，起着至关重要的作用。各民主党派、工商联新一代领导集体，一定能够肩负起时代赋予的历史使命和广大成员的重托，学习和继承老一代领导人的政治立场、优秀品德和优良作风，把他们与中国共产党亲密合作的优良传统带入 21 世纪，并不断发扬光大。

中国共产党领导的多党合作和政治协商制度是我国一项基本政治制度，坚持和完善这一制度，是建设有中国特色社会主义理论与实践的重要组成部分，也是中共十五大提出的政治体制改革的重要内容之一。坚持和完善这一制度，有利于加强和改善中国共产党的领导，有利于加强社会主义民主政治建设，有利于调动一切积极因素，为实现跨世纪的宏伟目标服务，有利于维护安定团结的政治局面。民主党派、工商联广大成员，许多是中高级知识分子、专家学者和中高级管理人员，他们有强烈的爱国之情和报国之志，有知识和专长，有广泛的社会联系，在两个文明建设中能够发挥重要作用。各级党委和领导干部要认真学习新时期统一战线和多党合作的理论和政策，不断提高对统一战线和多党合作重要性的认识，切实加强党对统一战线工作的领导，继续认真贯彻落实《中共中央关于坚持和完善中国共产党领导的多党合作和政治协商制度的意见》，继续完善政治协商、民主监督、参政议政的各项制度措施，充分发挥民主党派、工商联、无党派人士在国家政治生活、社会生活中的作用，尊重民主党派、工商联按照宪法和各自的章程独立自主地开展工作，帮助他们解决好工作条件等问题，使我们党与党外人士的合作更加亲密，联盟更加巩固。

让我们更加紧密地团结在以江泽民同志为核心的中国共产党中央周围，高举邓小平理论的伟大旗帜，坚持“一个中心，两个基本点”的基本路线，坚持爱国主义和社会主义，同心同德，通力合作，为把我国建设成为富强、民主、文明的社会主义现代化国家而努力奋斗，共创中华民族全面振兴的光辉未来！

劳动部等七部委在北京联合召开电视电话会议贯彻落实《关于进一步做好组织民工有序流动工作的意见》具体部署 1998 年春运工作

国务院总理李鹏在中南海紫光阁会见美国参议院外委会国际经济政策出口和促进贸易小组委员会主席查克·哈格尔及参议院环境和公共工程委员会主席约翰·查菲

国务院总理李鹏在中南海紫光阁会见日本胜利株式会社社长守随武雄

国务院副总理李岚清在中南海会见日本输出入银行总裁保田博

王丹萍科学奖金第六届颁奖会在北京举行

五位成就卓著的科学家获得了每人 10 万元的奖金。他们是：中国石油化工科学院高级工程师李再婷、四川农业大学玉米研究室主任荣廷昭、清华大学光盘国家工程研究中心主任徐端颐、中科院上海光机所研究员程兆谷和中国农科院作物育种栽培所所长辛志勇。

王光英、卢嘉锡、聂力等为获奖者颁奖。国家科委常务副主任、王丹萍科学奖金理事会主席朱丽兰介绍了 5 位获奖者的主要业绩。

王丹萍科学奖金是由旅外爱国华侨王丹萍于 1992 年起捐资设立的，基金总额为 500 万美元，是一项面向我国中、青年科研人员和工程技术人员的永久性奖金，5 年来，已有赵忠贤等 30 位优秀中青年科技工作者获得此项殊荣。

中国科学院中国工程院院士增选评审揭晓

中国工程院院长朱光亚、中国科学院院长路甬祥在两院联合召开的新闻发布会上正式宣布：通过本次选举，中国科学院共新增院士 58 人，中国工程院新增院士 116 名。至此，中国科学院和中国工程院的院士分别达到 610 人和 439 人。

58 名新当选的中科院院士是从 418 名有效候选人中产生的，平均年龄为 60.9 岁，其中最年轻的两名新院士只有 43 岁，增选工作继续保持了年轻化的良好势头。58 名新院士基本涵盖了重要基础性研究领域，和一些同国民经济联系紧密的专业与交叉学科。

本次由 883 名有效候选人中选举出的中国工程院新院士，约有 60％来自产业系统，其中 7 人是直接在厂矿、企业工作的工程技术专家。香港大学的陈清泉教授成为香港特别行政区首位新当选的工程院院士。新院士平均年龄64.5岁，由于历史原因和工程技术领域的特点，60岁以下新院士占所有新增院士1/3以上的预定目标未能实现。

全国妇联国家教委在北京举行第四届全国“巾帼扫盲奖”表彰会

表彰会授予郑亚娟等99名先进个人和山西省妇联等30个先进集体“巾帼扫盲奖”荣誉称号。全国人大常委会副委员长、全国妇联主席陈慕华，全国政协副主席何鲁丽出席表彰会。

全国妇联书记处书记华福周、国家教委副主任张天保先后在表彰会上讲话。

12月5日

全国总工会十二届五次执委会议在北京召开

中共中央政治局常委、全国总工会主席尉健行主持会议。全总副主席、书记处第一书记张丁华在大会上作工作报告。

全国拍卖“四荒”使用权加快治理水土流失现场经验交流会在山西省吕梁地区召开

会议于12月5日至7日在山西省吕梁地区召开。会议经国务院批准，由水利部召开。

中共中央政治局委员、国务院副总理姜春云在书面讲话中说，拍卖“四荒”资源使用权是加快治理水土流失的重要举措。实践证明，这种做法有利于调动广大农民群众和社会各界的积极性，增加水土保持投入，加快治理速度，提高治理质量，是广大农民脱贫致富的一条有效的路子。要进一步规范、落实治理开发“四荒”的有关政策，坚持谁治理、谁管护、谁受益。

姜春云指出，“四荒”资源的拍卖治理开发应当在搞好水土保持和土地利用总体规划的指导下，有计划有步骤地进行，在实际工作和政策引导上要做到三个坚持：一是坚持治理与开发相结合的原则；二是坚持以小流域为单元进行综合治理的原则；三是坚持多种方式并举的原则。

目前我国已有21个省、自治区、直辖市开展了“四荒”（指农村集体所有的荒山、荒沟、荒丘、荒滩）的使用权拍卖工作，拍卖面积达5600多万亩，收取拍卖资金近8亿元。参与购买的农户有304万户，已经初步治理了2850万亩，占拍卖面积的50.4%。

我国目前尚有可以直接开发的“四荒”资源4.8亿亩，开发潜力巨大。这次会议总结交流了各地拍卖“四荒”使用权的做法和经验。水利部部长钮茂生提出，要提高对“四荒”拍卖使用权的认识，坚决按政策办事，做到公开、公平、公正、自愿，搞好技术服务，坚持多种形式并存，保障拍卖“四荒”使用权工作深入、健康发展。

中共中央政治局常委胡锦涛在人民大会堂会见以主席海因茨·施特尔为团长的德国共产党代表团

胡锦涛说，德国是马克思、恩格斯的故乡，是马克思主义的发源地。德国共产党人同中国共产党有着传统的友谊。中国共产党愿意继续加强和发展同德国的共产党的友好交往，促进中德两国友好关系的发展。

中共中央政治局常委胡锦涛在人民大会堂会见由中央委员会政治局常委赛冲率领的柬埔寨人民党代表团

世贸组织中发展中国家在日内瓦发表支持中国尽早加入世贸组织声明

声明说，中国加入世贸组织对于多边贸易体制和发展中国家都是重要的，发展中国家小组完全支持迅速完成中国加入世贸组织的进程，希望看到中国尽早成为世贸组织正式成员。在世贸组织132个成员中，发展中国家占绝大多数。

全国群众体育工作会议在广东东莞结束

“在观念、体制和机制上来个大转变，把体育工作的重点真正转移到增强人民体质上来。”这是国家体委主任伍绍祖在会议上提出的体育工作方针、目标，也是对各级体委提出的要求。

会议期间，与会代表讨论了正在拟订的5个法规性文件，国家体委还表彰了今年全民健身宣传周活动中成绩突出的单位。

国办发出《关于印发中国营养改善行动计划的通知》

中国观察员查培新在渥太华举行的《关于禁止使用、储存、生产和转让杀伤人员地雷及销毁此种武器的公约》签约大会上阐述中国政府立场

被誉为中国卫生系统智力引进重要渠道的笹川医学奖金设立10周年纪念会在人民大会堂举行

国务委员彭珮云、全国人大常委会副委员长吴阶平、全国政协副主席何鲁丽、日本财团会长曾野绫子等2000余人出席了这个纪念活动。

卫生部部长陈敏章在讲话中介绍，笹川医学奖学金是1986年8月14日由我国卫生部、日本笹川纪念保健协力财团和日中医学协会三方签署协议确立的，旨在培养中国基层医院医生在职学习的资助项目。按照协议，中国在 20 年间将派遣 2000 人次到日本学习一年，日方为此将提供约 8000 万美元的资助。

陈敏章说，如今，这一中日医学交流史上的壮举，已顺利完成一半。1987 年到 1997 年，我国共派出选自 30 个省（区）、市的 1000 名进修生赴日学习 90 个专业和学科的医学技术。其中 950 人已学成回国，还有 50 人正在日本学习。进修生回国后，有相当多的人已成为学科领域的骨干和学术带头人。在被调查的 366 人中，以比常规时间缩短一半的年限，提前晋升高级职称的人占 53%；还有 94 人获得国家、部、省级以上有突出贡献的专家称号，享受到政府特殊津贴或在国内外的学术团体任职。

中国政府为对日本朋友的贡献表示感谢，会上，有关领导还向日本财团理事长笹川阳、日中医学会会长冈本道雄、日本川纪念保健协力财团理事长日野原重明，颁发了中国卫生系统的最高奖——“中国卫生奖”。

12 月 6 日

中共中央政治局常委胡锦涛在全国总工会十二届五次执委会上发表讲话

胡锦涛在会上强调，各级工会组织要紧紧围绕十五大的主题，牢牢把握全党全国工作的大局，团结和动员亿万职工，为促进国有企业的改革和发展再立新功，为实现十五大确定的各项任务作出贡献。

胡锦涛在讲话中指出，各级工会组织要把深入学习贯彻十五大精神作为当前和今后一个时期总揽工会工作全局的重要任务，继续抓紧抓好。要在思想上和行动上牢固确立邓小平理论的指导地位，进一步增强高举伟大旗帜、推进伟大事业的自觉性和坚定性。要紧密联系实际，运用邓小平理论分析、研究和解决新形势下工会工作和工运事业发展中的现实问题。

胡锦涛指出，工会围绕大局开展工作，必须突出工作重点，发挥自身优势，在最需要工会发挥积极作用、又最能体现工会组织特点的领域里大显身手。他说，国有企业是我国国民经济的支柱，是职工最集中的地方，历来是工会开展工作的主战场。搞好国有企业改革，对建立社会主义市场经济体制和巩固社会主义制度，具有极为重要的意义。他要求工会把广大职工进一步动员起来，组织起来，在深化国有企业改革特别是实现企业扭亏增盈中充分发挥主力军作用。要帮助职工群众加深对中央关于搞好国有企业重大决策的理解，使他们树立起战胜困难的勇气和信心，自觉站在国有企业改革的前列；要动员职工群众大力开展劳动竞赛、增产节约、增收节支等活动，努力提高经济效益；要尊重职工群众的首创精神，鼓励他们为企业新产品开发、技术改造、技术创新贡献聪明才智。

胡锦涛强调，能不能妥善安置好下岗职工，是国有企业改革成败的关键。要把大力实施送温暖工程和再就业工程，作为一件关系改革、发展和稳定的全局性大事来抓。要满腔热忱地关心下岗职工的生活，切实为困难职工提供帮助。元旦春节在即，各级工会组织要急困难职工之所急，想困难职工之所想，深入走访每一户困难职工家庭，确保他们都能过好年。胡锦涛说，实现再就业是解决下岗职工生活困难的根本出路。工会组织要进一步在拓宽就业门路、搞好职业培训、开展职业介绍、疏通就业渠道和引导职工转变就业观念、鼓励下岗职工自谋职业等方面加大工作力度。要深入到下岗职工比较多，矛盾比较集中的地方，疏导情绪，化解矛盾，尽力为职工排忧解难，积极配合党委和政府，努力把这方面的工作做得更好。

胡锦涛指出，在经济体制转换过程中，我国的劳动关系正在发生着深刻变化，维护职工的合法权益显得更为迫切。这就要求工会在全面履行各项职能的同时，切实把维护职工合法权益的工作放到突出位置；在维护全国人民总体利益的同时，更好地代表和维护职工群众的具体利益。他说，工会履行维护职能，一定要坚持依法维权。要通过各种宣传教育形式，使职工群众学会运用法律武器来保护自己的权益不受侵害，并履行好自己应尽的义务；要抓住考核国有企业领导班子的有利时机，切实加强职代会民主评议企业领导干部的工作；要与有关部门密切配合，进一步加强群众性执法监督。要通过做好维护职工合法权益的工作，把职工群众更紧密地团结在党和政府的周围，把他们的积极性更好地引导到深化改革、促进发展、保持稳定上来。

胡锦涛在讲话中还对工会自身建设特别是基层建设和基层干部队伍建设提出了明确要求。

中共中央国务院发出关于深化金融改革整顿金融秩序防范金融风险的通知

各省、自治区、直辖市党委和人民政府，各大军区党委，中央和国家机关各部委，军委各总部、各军兵种党委，各人民团体：

金融是现代经济的核心，在我国国民经济中的作用日益显著。进一步深化金融改革，建立和完善现代金融体系，依法规范和维护金融秩序，有效防范和化解金融风险，对于全面推进改革开放和社会主义现代化建设事业，顺利实现党的十五大确定的跨世纪宏伟目标，有着极为重要的意义。为此，党中央、国务院特作如下通知：

几年来，我国国民经济保持良好的发展势头，在实现持续快速增长的同时，有效地抑制了通货膨胀。金融系统积极执行党中央、国务院一系列方针政策，深化金融改革，扩大金融开放，加强金融监管，改进金融服务，取得明显成效，对加强和改善宏观调控、治理通货膨胀、促进经济发展和维护社会稳定，发挥了十分重要的作用。总的看来，我国金融业在改革开放中稳步健康发展。

在当前好的经济形势下，也存在着不少矛盾和问题，特别是金融领域的风险因素加大。一是国有银行不良资产比重高，资本金不足，应收未收利息不断增加，经营日趋困难，抗御风险能力脆弱。二是非银行金融机构不良资产比重更高，有些不能支付到期债务，少数已资不抵债，濒临破产，国家为平息事端已付出重大代价。三是有些地方和部门擅自设立大量非法金融机构，一些单位和个人非法从事或变相从事金融业务，名目繁多的非法集资活动相当严重，潜伏着支付危机，挤兑风潮在有些地方时有发生。四是股票、期货市场违法违规行为大量存在，部分上市公司质量不高，一些地主擅自设立股票（股权证）交易场所，隐藏着很大风险。五是不少金融机构和从业人员弄虚作假，违法违规经营，账外活动、不正当竞争屡禁不止，内外勾结，金融诈骗等犯罪活动猖獗，大案要案越来越多。

目前金融领域的问题是多年积聚起来的，是国民经济深层次矛盾的综合反映。主要原因是：（一）在计划经济向社会主义市场经济转变过程中，金融体制不适应改革和发展的要求，金融法制不健全，金融监管薄弱，管理混乱，纪律松弛，少数从业人员素质差。（二）经济建设中盲目上项目、铺摊子，经济结构不合理，经济效益低下，企业高负债运营，有些信贷资金用于财政性支出，加上前些年出现的房地产热、开发区热，造成大量不良信贷资产，其中大部分已成为呆账、坏账，无法收回。（三）企业、金融机构和社会各方面信用观念淡薄，缺乏金融风险意识。特别是一些地方、部门领导干部金融知识不足，不懂甚至无视金融法律法规，动辄干预金融机构的正常经营活动。

金融业是高风险行业。金融风险突发性强、波及面广、危害极大，一旦爆发重大问题，就会危及经济、社会甚至政治稳定，严重影响改革开放和现代化建设的进程。我们要巩固和发展当前政治、经济的好形势，必须高度重视并采取有力的措施，认真解决金融领域中的问题，避免出现严重的全局性金融风波。

防范和化解金融风险，保证金融安全、高效、稳健运行，是我国经济工作面临的一项重要和紧迫的任务。做好这项工作，必须以邓小平理论和党的十五大精神为指针，按照建立社会主义市场经济体制的方向，深化和加快金融改革，进一步整顿和规范金融秩序，切实加强金融法治和金融监管，大力运用现代化信息技术管理手段，建立健全符合我国国情的现代金融体系和金融制度，引导金融业健康发展。中央要求，力争用三年左右时间大体建立与社会主义市场经济发展相适应的金融机构体系、金融市场体系和金融调控监管体系，显著提高金融业经营管理水平，基本实现全国金融秩序明显好转，化解金融风险，增强防范和抗御金融风险能力，为进一步全面推进改革开放和现代化建设创造良好的条件。这项工作的指导原则是：

——深化改革，标本兼治。规范和维护金融秩序，防范和化解金融风险，关键在于推进改革。既要采取有力措施，尽快改变当前金融领域某些严重混乱的状况，又要着眼于从根本上解决金融体制、机制和制度方面的问题。坚持必要集中和适当分散相结合，充分发挥中央和地方两个积极性。建立规范的多层次、多类型的金融体系，培育和发展资本市场，增强经济发展的活力与效率。

——依法规范，强化监管。健全金融法制，把一切金融活动纳入规范化、法制化轨道。严格规范金融市场准入、经营和退出，加强金融机构内控制度建设，加大金融监管和执法力度。主要运用法律手段和经济手段，也要运用必要的行政、教育和组织手段，以保证国家法纪和政令的畅通和落实。

——积极稳妥，分步实施。解决问题决心要大，时间要抓紧，但工作要审慎，步骤要稳妥，措施要切实可行。要从实际出发，针对不同情况，区别轻重缓急，着力抓紧解决已经显露和涉及全局、危害严重的问题，分阶段地达到目标。既要真正解决问题，又要确保经济和社会稳定。

针对当前金融领域存在的问题，根据上述要求和原则，中央决定采取以下措施：

一、改革中国人民银行管理体制，强化金融监管职能

根据党的十四届三中全会的《决定》，为了有效实施货币政策、切实加强对金融业的监督管理，要尽快改变中国人民银行分支机构按行政区划设置的状况。有计划、有步骤地撤销中国人民银行省级分行，在全国设立若干跨省、自治区、直辖市的一级分行，重点是加强对辖区内金融业监督管理。现有地、市分行基本保留，适当合并，将工作重点转到对金融业的监督管理。调整县（市）支行职能，重点加强对农村信用合作社的监管。交通方便的地方，可逐步将货币发行业务集中到上级行；业务量较少的地方，可逐步将经理国库、票据清算业务委托商业银行代理。

中国人民银行要认真履行对金融业监督管理的职

能,依法检查、制止设立各种非法金融机构和非法金融业务活动。中国人民银行要支持各类金融机构依法经营,不得直接干预它们的正常经营活动。

二、成立中共中央金融工委和金融机构系统党委,完善金融系统党的领导体制

中央决定,为了加强党对金融工作的集中统一领导,成立中共中央金融工作委员会。中央金融工委受党中央委托,主要负责贯彻落实党的路线、方针、政策,领导金融系统党的建设工作,不领导金融业务。同时,相应成立中央金融纪律检查工作委员会。将中国人民银行、中国证券监督管理委员会和各国有银行、交通银行、中国人民保险(集团)公司等金融机构的党组改为党委,对本系统党的工作和干部工作实行垂直领导,以使中国人民银行、中国证券监督管理委员会更好地依法履行职能、职责,健全国有银行和其他金融机构统一法人制度。地方性金融机构也可成立系统党委,受当地党委领导。

三、加快国有商业银行和中国人民保险(集团)公司商业化改革步伐,完善政策性金融体制

必须把国有商业银行办成真正的商业银行。国有商业银行和中国人民保险(集团)公司要进一步深化改革,完善管理体制和经营机制,强化统一法人制度。为此:(1)按照经济、合理、精简、高效的原则,因地制宜,减少管理层次和分支机构,进一步改变国有商业银行和中国人民保险(集团)公司按行政区设立分支机构的状况。国有商业银行和中国人民保险(集团)公司的省级分行(分公司)都要与省会城市的分行(分公司)合并。除中国农业银行外,其他国有商业银行要适当撤并地、县级机构,主要在大中城市开展业务。农业银行要根据农村金融改革和农村经济发展新形势,加快和深化改革,合理调整和优化分支机构布局,继续发挥在农村金融中的主导作用。(2)要进一步落实国有商业银行和中国人民保险(集团)公司经营自主权。改进对国有商业银行贷款规模管理办法,实行资产负债比例管理和风险管理。(3)改革和完善符合金融业特点的干部人事制度、劳动用工制度和收入分配制度。国有商业银行和中国人民保险(集团)公司都要成立监事会。(4)国有商业银行总行和中国人民保险(集团)公司要强化集中统一管理,对其分支机构实行全行(全公司)统一核算、统一调度资金、分级管理的财务制度;分支机构不具有法人资格,只能在总行(总公司)授权范围内依法开展业务,除总行(总公司)书面授权外一律不得对外提供任何担保。总行要适当集中大额贷款审批权。(5)国有商业银行和保险公司也要实行下岗分流、减员增效和再就业工程,形成优胜劣汰的竞争机制,降低经营成本,提高经济效益。

继续办好政策性银行。抓紧制定政策性银行条例。政策性银行要严格按国务院规定,坚持办行宗旨。严格按照国家批准的经营范围发放贷款,禁止将政策性信贷资金挪作商业性贷款。继续完善政策性银行管理体制和经营机制,努力提高信贷资金使用效益。要充分尊重政策性银行经营自主权。组建统一的政策性出口信用保险经营机构。

四、健全多层次、多类型金融机构体系,加快地方性金融机构建设

建立健全在中央银行宏观调控和监管下,政策性金融与商业性金融分离,国有银行为主体,区域性商业银行,市、县商业银行(股份制)、城乡信用合作社、非银行金融机构和外资(中外合资)金融机构并存,分工合作、功能互补的金融机构体系。

国有商业银行在重点支持国有大中型企业的同时,要积极支持有市场、有效益的其他企业。为了适应地方发展经济和广大中小企业对金融服务的需求,要增加城市商业银行的数量,并加快组建步伐;适当增加现有区域性商业银行在中心城市的分支机构;进一步办好现有城市信用合作社;在有条件的地方尽快进行县(市)商业银行的试点;加快农村信用合作社管理体制改革步伐,进一步规范和发展农村信用合作社;加快农业保险体制改革步伐,扩大农业保险业。组建市、县商业银行和改革农业保险体制,要与国有商业银行精简分支机构和人员、整顿地市级信托投资公司和城乡信用合作社结合起来,充分利用现有金融机构的设施和人员。

五、积极稳步地发展资本市场,适当扩大直接融资

适应国民收入分配格局变化,以及探索公有制多种实现形式和发展多种所有制经济的要求,在坚持间接融资为主的前提下,逐步增加直接融资的渠道和比重。进一步规范并扩大企业债券发行,选择有条件的国有大中型企业进行可转换债券试点。合理确定股票发行规模。加快规范和发展投资基金。认真组织实施《证券投资基金管理暂行办法》,研究制定中外合作投资基金管理办法和产业投资基金管理办法,并积极稳妥地进行试点,培育和发展基金市场与机构投资者。

发展股票、债券等直接融资,要有利于调整和优化经济结构,大力支持国有企业的改革和发展,特别是支持国家确定的重点大中型企业和企业集团,以利于它们实现资产优化组合,扩充资本实力,增强市场竞争力。鼓励有优势、效益好的企业兼并有市场、有发展前景但目前还处于困境的企业,支持和帮助这些企业的股票上市,转换机制,筹集资金,实现以强带弱、优势互补、共同发展。审批上市股票,要注意向农业、基础设施、基础工业和支柱产业、高新技术产业倾斜。正确引

导和支持企业股份制改造和股份合作制经济的发展。规范和发展投资银行业务，发挥它们在企业改制和购并中的中介作用。

六、彻底取缔一切非法金融机构，严禁任何非法金融活动

未经中国人民银行、中国证券监督管理委员会批准，任何地方和部门擅自批准或设立的经营金融包括证券业务的机构都是非法金融机构，必须一律取缔。未经中国人民银行批准，任何单位和个人从事或变相从事吸收公众存款等金融业务，都是非法金融活动，必须一律禁止。各地区、各部门要对所辖各类基金会、互助会、储金会、股金服务部、结算中心、投资公司等机构的各种非法或变相金融活动进行全面清理、限期整顿和严肃处理。进一步清理整顿财政信用。按国家规定可以有偿使用的财政资金，必须委托金融机构发放和收回。严禁财政周转金直接或间接用于证券、期货、房地产等投资。各级财政部门一律要与所属的信托投资公司、证券公司等在人、财、物各方面彻底脱钩。在清理、清退非法金融机构和非法金融活动的债权债务时，严禁把债务和风险转嫁给国有银行。

任何地方、部门、企事业单位和个人，一律不得在国务院有关规定之外，以任何名义乱集资。非法集资不受法律保护。无论是企事业单位、金融机构、机关、团体还是个人，因参与非法集资所造成的一切损失，一律由自己承担，国家概不负责，并要依法严厉打击非法集资的组织者。对非法集资活动，银行一律不准开户、不准结算、不准垫付。各地区、各部门要抓紧对本地区、本系统各种形式的非法集资活动进行一次全面清理，并逐一彻底查处。要尽快完善企业内部集资管理办法，依法规范企业内部集资活动。

七、全面清理农村合作基金会

农村合作基金会的产生和发展有其历史的客观原因，对发展农村经济也起到一定的作用。目前相当多的农村合作基金会实际上已从事或变相从事存贷款金融业务，改变了原来的性质和宗旨，而且内部管理混乱，人员素质低，潜伏着很大的金融风险。鉴于国务院已明确农村金融体制改革的方向和原则，在农村建立由中国农业发展银行、中国农业银行、县(市)商业银行、农村信用合作社分工合作、功能互补的农村金融体系，可以满足我国现阶段农村经济发展和农民对金融服务的需要，农村合作基金会不必再单设。农村集体资金和乡(镇)财政结余资金的营运，可以通过委托信用合作社、银行的途径解决。因此：(1)今后各地区一律不得再新设农村合作基金会。(2)现有农村合作基金会必须立即停止以任何名义吸收存款，停止办理贷款业务，同时要进行全面清产核资，冲销呆账，符合条件的并入农村信用合作社；对资不抵债又不能支付到期债务的，由当地政府组织机构批准者负责清盘、关闭。在处理农村合作基金会债权债务关系中，要注意保护农户的合法权益。(3)农村信用合作社要合理调整和增加农村基层网点，切实端正经营方向，更好地为农村经济发展和农民提供金融服务。

八、严格规范各类金融机构业务范围，坚决改变混业经营状况

在我国现实情况下，必须严格执行银行、信托、证券、保险分业经营、分业管理的原则。所有银行不得再向非银行金融机构和非金融企业投资，不得直接经营信托、证券、保险业务。在1998年年底前，中国人民银行和所有商业银行一律要与所属的信托、证券、保险公司和其他经济实体在人、财、物等方面彻底脱钩；债权债务多的公司，也必须先脱钩再整顿。

信托投资公司应真正办成受托理财的金融机构，一律不得办理法人委托存贷款以外的一般存贷款业务，不得经营期货业务，也不得进行房地产投资，对其现有的证券业务要严格实行分业管理。要按照调整业务范围、撤并精简机构、健全规章制度、严格监督管理的原则，进一步全面清理整顿信托投资公司。继续抓紧做好对中央和地方所有信托投资公司的全面审计稽核工作。抓紧制定《信托管理条例》，引导和规范信托业健康发展。

企业集团财务公司必须严格按规定范围经营，不得吸收个人存款和企业短期存款，不得办成商业银行。金融租赁公司必须严格照章经营，短期融资不得超过规定比例。近期不再增设金融租赁公司。要对所有企业集团财务公司、金融租赁公司进行全面稽核清理，对违规经营的必须限期纠正。

城乡信用合作社必须坚持“自愿入股、民主管理、主要为入股社员服务”的原则，真正办成合作金融组织。中国人民银行要进一步加强对城乡信用合作社的监管，切实纠正某些城市信用社被私人控制和向股东违规大额贷款等问题。凡是资不抵债的高风险信用社，都要限期整改。逐步建立城乡信用社存款保险制度。

整顿和规范保险市场秩序。严格控制审批成立新的保险机构。凡未经中国人民银行批准，擅自批设或非法设立的保险机构、保险中介机构，要一律予以取缔。严格界定商业保险、社会保险业务范围，各地区和各有关部门不得以社会保险的名义直接或变相办理商业保险业务，也不得以商业保险经营方式办理社会保险，已办理的必须立即停止和纠正。坚决制止保险公司以高手续费、高返还、低费率等方式进行的不正当竞争。切实加强对保险业的监管，在适当时机成立国家

保险监管机构。

九、继续清理、查处金融机构账外活动和其他违法违规经营

严禁金融机构任何形式的账外活动，是规范和维护金融秩序的重要内容。要加大查处力度，特别是在《国务院关于坚决打击骗取出口退税严厉惩治金融和财税领域违法乱纪行为的决定》下发以后发生的账外经营和各种违法违规行为，必须坚决按规定严肃查处，并从严惩罚。对已查出的账外业务，要登记台账，单独造册，分清责任，分类处理，监督收回，并严肃追究有关单位负责人和直接责任人的责任，构成犯罪的，依法追究刑事责任。对已转移的收入和形成的资产一律收缴入账。所有银行和其他金融机构都必须严格依法经营。严禁擅自扩大业务范围，严禁以任何形式违规高息吸收存款和发放贷款，严禁违章拆借、证券卖空、违规开具承兑汇票、信用证、担保证等。对已发生的问题，要认真纠正和查处。

十、健全现代金融监管体系，切实加强金融机构内控制度建设

根据全面性、审慎性风险监管的要求，借鉴国际先进经验，健全现代金融监管体系和制度。中国人民银行和中国证券监督管理委员会要按照各自职权，完善对金融机构的稽核、检查、监管制度，并要加强对金融机构内控制度建设的指导和督促。要强化内部稽核、监管，建立由总行（总公司）垂直领导和相对独立的内部稽核、监管体系。所有银行和其他金融机构都必须根据自身性质和业务特点，制定科学、有效的内控制度，使各类决策权力、各项业务过程、各个操作环节和各个员工经营行为都处于缜密的内部制约与监控之下。加快银行、信托、证券、保险、信用社等行业自律制度建设，建立健全同业公会，制定同业公约，规范、协调同业经营行为。财政、审计、纪检、监察等部门要依照有关法律法规加强对金融机构的监督、检查。参照国际标准，抓紧制定国内银行和其他金融机构信用评级标准和办法，建立我国金融系统的社会监督和激励机制。

按照《中华人民共和国会计法》和国际通行的会计准则，改革金融业财务和会计制度。严格整顿财务会计秩序，严禁滥用和乱用会计科目，彻底改变会计信息失真的状况，建立统一、严格的财务会计、统计报表报告制度和信息披露制度。在新的形势下，要重新树立和坚决维护银行“铁账、铁款、铁制度”的“三铁”信誉。各金融机构都要认真研究新问题，制定新办法。尽快在金融系统全面实行财会人员资格审查认证制度。凡是未取得资格认证的，不得在金融机构从事财会工作。对造假账、开假票据等违法违规的财会人员，坚决取消其会计专业技术资格，并依法追究法律责任。对授意、指使、强迫财会人员造假账的单位负责人，要一律撤销职务，依法从严惩处。

加快金融电子化建设。建立健全电子信息管理系统，充分运用现代化信息技术手段，抓紧金融系统风险监测、预警体系的建设，提高金融统计、会计、稽核和监管的水平。

十一、建立规范化的信贷资产质量风险管理制度，努力降低不良资产比例

要参照国际惯例，结合我国实际情况，完善现行信贷资产质量分类和考核办法。对已发生的和新出现的不良资产，要分别计算、考核、处理。财政部要按照谨慎原则，抓紧修改金融机构呆坏账准备金提取和核销办法。要通过增加资本金和减少不良资产，把国有银行资本充足率提高到 8%以上。中国人民保险（集团）公司的资本金也要尽快达到法定的水平。今后，国有银行都必须通过提高资产质量、降低成本、增加利润，增强补充资本的能力，建立正常的资本金补充机制，使资本充足率保持在合理水平。要把国家所有者权益保值增值作为考核、任免国有银行和中国人民保险（集团）公司主要领导人的重要指标。

各银行和其他金融机构都要建立健全信贷资产质量管理责任制，抓紧落实降低不良资产比例的任务。国有银行要力争在三年内使不良信贷资产比例平均每年下降二至三个百分点。要积极消化已形成的不良信贷资产，依法加大清欠、收回力度，大力提高收贷率和收息率。要努力提高新增贷款质量，严格执行《中华人民共和国商业银行法》和《贷款通则》，优化贷款结构，完善审贷分离制度，加强贷款证管理，规范和严格执行贷款担保制度。坚决杜绝发放人情贷款和不按程序个人决定发放贷款。

任何单位和个人不得强令银行和其他金融机构发放贷款、提供担保和办理其他金融业务。对随意干预金融业务造成不良后果的单位和个人，要坚决依法追究责任。严禁信贷资金用于财政性支出。在深化企业改革中，鼓励兼并，规范破产，严禁以任何形式悬空银行债权。进一步清理和规范账户管理，坚决推行基本存款账户制度，防止企业利用“多头开户”逃废债务。各级审计机关要加强账户审计，协助有关部门整顿和规范银行账户。银行要加强信贷资金保全监督。

为了保证投资项目和股票上市评估的公正性、科学性和真实性，尽快将目前隶属于各级政府职级部门的投资咨询、资产评估和会计师事务所、律师事务所等机构，改为独立的社会中介服务机构，并抓紧制定相应的管理办法，依法规范其行为。

十二、理顺和完善证券监管体系，进一步整顿和规范证券市场秩序

中国证券监督管理委员会统一负责对全国证券、期货业的监管，包括证券、期货公司的审批和高级经营管理人员、从业人员的资格审查，以及上市公司质量和证券、期货市场监管等。

建立全国统一的证券、期货监管体系，理顺中央和地方监管部门的关系。充实证券业监管力量，在部分中心城市设立中国证券监督管理委员会派出机构。对地方证券监管部门，实行中央和地方双重领导、以中央为主的管理体制。

抓紧制定《证券法》，规范和引导证券业健康发展。证券市场发展必须认真贯彻法制、监管、自律、规范的方针，坚持公开、公平、公正的原则，切实保护投资者特别是中小投资者利益。未经中国证券监督管理委员会批准，任何单位和个人不得向社会公众发行股票（股权证）和证券投资基金。严禁证券经营机构挪用客户保证金，严禁信贷资金、财政资金、国有企业生产经营资金、机关事业单位资金进入股市，严禁操纵市场、内幕交易、透支交易，严禁泄露信息和编造、传播虚假信息，严禁任何机构盗用国家信用变相发行国债和买空卖空国债。

严格执行《中华人民共和国公司法》和国务院有关行政法规，切实把好上市公司质量关。企业发行股票要严格按程序报批、审核，符合条件的才能允许上市。改进企业股票发行、上市审批制度，逐步向符合国际惯例的制度过渡。加强对上市公司的持续监管，提高上市公司信息披露质量，严禁上市公司擅自改变募集资金用途和炒作本公司股票等。对违法违规的上市公司，要严肃查处；对三年连续亏损和有重大违法行为的上市公司，坚决依法停止上市资格。

继续认真办好上海、深圳证券交易所，其他地方不再设立新的证券交易所。证券交易所必须强化对会员、上市公司和日常证券交易活动的一线监管，并及时向中国证券监督管理委员会报告市场运行中重大违规和异常情况。改革证券交易保证金和结算制度，组建全国统一的证券市场结算系统。逐步建立证券市场风险基金。整顿和规范证券信息传播媒介的行为，提高证券市场信息传播质量。

彻底清理和纠正各类证券交易中心和报价系统非法进行的股票（股权证）、基金等上市交易活动。各地产权交易机构，一律不得变相进行股票（股权证）上市交易。对已经在上述机构上市进行交易的，所在地方政府要负责进行彻底清理，做好善后工作。证券经营机构不得从事或者为客户代理在上述机构非法进行股票（股权证）交易；已经参与的必须在 1998 年 6 月底以前退出，对不按此规定执行的，要取消其从事证券业务的资格。严禁以发起设立股份有限公司为名变相向社会公开发行股票。

继续整顿、撤并现有期货交易所和期货经纪机构，规范和统一期货市场的交易、结算、交割制度。严禁金融机构、事业单位和党政机关参与期货交易，严禁国有企业从事期货投机交易，严禁信贷资金、财政资金以任何形式流入期货市场。严禁违反规定从事境外商品和金融期货交易。对违反规定的，要依法严肃处理。

十三、高度警惕和重视防范涉外金融风险

积极而又稳妥地扩大金融、保险业对外开放。对在我国设立的外资（中外合资）金融机构和保险机构，要依法严格加强监管，防止国际短期游资套利、投机活动和汇率、利率波动对我国金融、证券市场的冲击。严格区分经常项目与资本项目交易，依法审批和管理资本项下的外汇流入和流出。依法查处违规外汇交易。对外汇远期交易以及期权、汇率掉期等交易，要加强内部管理和外部监管。强化对银行离岸业务的监控。

加强对国际收支平衡和外债、外资的宏观管理。改进和规范境外融资管理。禁止信托投资公司等金融机构举借外债偿还国内债务。任何部门和地方政府一律不得为企业境外融资出具担保，内资金融机构一律不得为外商投资企业发行外债出具担保。全面清理和严格规范内资企业在境外投资活动。未经国务院批准，中资金融机构和国有企事业单位不得进入国际期货市场；已经进入的，要立即采取有效措施停止交易，造成损失的要依法追究责任。1998 年上半年，要对进行境内外期货交易的机构和企业进行一次全面清理整顿，重新审查资格，进一步加强规范管理。严厉打击境内外不法分子相互勾结的各种涉外金融诈骗等犯罪活动。

十四、加大金融执法力度，严厉惩治金融犯罪和违法违规活动

各银行和其他金融机构要在近期内对执行金融法律法规情况进行全面的自查自纠。1998 年要组织有关部门联合开展一次全国范围内的金融执法大检查，重点检查非法设立金融机构、非金融机构非法或变相从事金融活动、金融机构违法违规账外活动、证券市场违法违规行为，以及行政干预金融业务造成重大损失的问题。对发现的问题要依法严肃处理。问题严重的金融机构，要停业或部分停业整顿，直至责令关闭。对包庇、袒护、纵容金融违法违规行为和干扰金融执法检查的，要依法从严处理。认真执行修订后的《中华人民共和国刑法》，严肃依法追究金融、证券业活动中违法犯罪者的刑事责任，依法严惩诈骗、抢劫、盗窃、贪污、收受贿赂和伪造凭证等各种金融犯罪行为。各级纪检监

察、公安等部门和检察院、法院要集中力量抓紧审理一批典型案件，公开处理，对金融违法犯罪形成强大威慑。

十五、在全社会开展防范金融风险教育，建设高素质的金融从业人员队伍

要采取多种形式，广泛、深入地开展金融包括证券业基本知识、法规政策的学习、宣传、教育活动，以增强全社会各方面的信用观念和金融、证券市场风险意识。无论是金融系统还是企事业单位、机关、团体，都要把学习和普及金融、证券市场基本知识和法律法规作为一项重要任务。所有金融从业人员都要学法、知法、守法。特别是各级领导干部更要带头学习金融知识、金融政策法规，牢固树立信用观念，提高金融风险意识，自觉按照经济规律和金融规律办事，正确认识和处理政府与银行的关系，支持银行履行职责和依法经营，坚决改变随意干预银行正常业务活动的做法。要加强对广大群众进行金融法律法规和金融风险宣传教育，自觉抵制各种非法金融和非法集资活动，避免遭受损失。

大力加强金融队伍建设，全面提高从业人员的政治思想素质、业务素质和职业道德素质，这是防范和化解金融风险的重要保证。切实加强金融系统党的建设和政治思想工作。加强各级金融机构领导班子建设，特别要抓紧对有问题的领导班子的整顿、调整工作。严格做好金融机构高级管理人员资格审查和法定代表人经营业绩档案管理工作。选择一批思想政治素质好、懂经济、懂技术的人才充实金融机构领导班子。认真实行干部交流特别是重要岗位人员交流和离任审计制度。强化职工岗位培训和职业道德教育。积极培养和广招精通现代金融知识而又熟悉我国国情的金融人才。金融系统要切实抓好廉洁自律，加大反腐倡廉力度，努力提供规范化的优质、文明服务。

以上各项措施，都必须认真贯彻落实。有关部门要抓紧制订具体实施方案和相关配套措施，涉及全局的重大改革和整顿实施方案须报中央批准后施行。

从根本上防范和化解金融风险，必须加快经济体制和经济增长方式的根本转变，继续实施适度从紧的财政政策和货币政策，保持宏观经济环境的稳定。特别是要加快企业改革，建立和完善符合社会主义市场经济规律的新型银企关系，改革和建立政企分开的投资体制，加大经济结构调整力度，严格控制新建项目，避免"大而全"、"小而全"和不合理重复建设，提高经济增长质量和效益，防止产生泡沫经济。所有这些，要靠各部门、各地方共同努力，扎扎实实地做好各方面工作。

防范金融风险是一项长期、艰巨的任务。我国正处在新旧经济体制转轨时期，金融对外开放还将不断扩大，金融业发展迅速。由于金融市场不完善，金融监管经验不足，违法违规行为容易发生，诱发金融风险的因素将会长期存在。同时，在经济、金融全球化趋势迅猛发展的情况下，由于国际金融市场瞬息万变，金融衍生产品日新月异，国际上的金融动荡也随时可能影响我国金融、证券市场的稳定。因此，我们对防范金融风险不仅要有紧迫感，而且要警钟长鸣，常抓不懈。

进一步深化金融改革，整顿金融秩序，防范和化解金融风险，是中央从全局和战略上考虑，保证我国改革开放和现代化建设顺利进行作出的重大决策。做好这项工作，必须统一思想认识，切实加强党的领导，充分发挥思想政治优势。各级党委、政府和各部门务必把思想和行动真正统一到中央的决策和部署上来。要树立全局观念，严格遵守和维护党的纪律，做到令行禁止，坚决维护党中央、国务院的权威，坚决维护国家金融法治和政策的权威，保证本通知各项措施的顺利贯彻落实。要建立防范和化解金融风险责任制。地方各级党委和政府要对解决本地区乱办金融问题切实负起责任。中央和国家机关有关部门要认真清理有关文件，负责纠正和查处本系统各种违法违规的金融活动。中国人民银行和中国证券监督管理委员会要切实依法履行监管职责。计划、财政、税务、审计、工商、纪检监察、公安等部门和检察院、法院，要各司其职，密切配合，共同担负起维护金融秩序、防范和化解金融风险的责任。

深化金融改革，整顿金融秩序，涉及面广，政策性强，敏感度高，务必精心组织，加强思想教育，缜密细致地工作。各地区、各部门要深入调查研究，全面摸清情况，抓紧作出具体部署。要认真分析可能遇到的突发情况，制定相应对策预案。特别要注意在调整撤并金融机构、禁止乱办金融业务、清理农村合作基金会、查处非法证券交易和非法集资活动中可能出现的各种问题，及时采取有效措施，避免诱发挤兑风波和影响社会稳定事端。新闻媒介要加强正面宣传，把握好舆论导向。

中央要求，1998 年上半年，各地区、各部门要向党中央、国务院报告落实本通知的情况。中央将派出联合检查组赴各地区、各部门进行督促检查。

党中央、国务院和各有关部门过去下发的文件规定，凡与本通知不一致的，一律按本通知执行。军队系统贯彻本通知精神的工作，由中央军委根据实际情况作出具体部署。

中国最大的水运工程建设企业集团中港集团在北京成立

新成立的中港集团由中国港湾建设（集团）总公司

及第一、二、三、四航务工程局，天津、上海、广州航道局，上海港口机械制造厂，上海航标厂，广州港机实业总公司等10个子公司组建而成。中港集团实行以资本为纽带的母子公司管理体制，将按照《公司法》的规定和国家对试点企业集团的要求，走集团化、专业化、国际化的道路，增强企业竞争能力。

邹家华副总理为中港集团成立揭牌。中港集团目前总资产172亿元，净资产49亿元，拥有国内外独资及合资企业700多家，大型施工机械设备3000多台(套)，工程船舶1000余艘，各类专业技术人员2万人。

12月7日

财政部等六部委联合发出通知取消217个基金项目

为贯彻落实《中共中央、国务院关于治理向企业乱收费、乱罚款和各种摊派等问题的决定》精神，切实减轻企业负担，经国务院减轻企业负担部际联席会议批准，财政部近日与国家经贸委、国家计委、审计署、监察部、国务院纠风办联合发布了《关于公布第一批取消的各种基金(附加、收费)项目的通知》，共取消了217个基金项目，预计每年可减轻企业负担30多亿元。这对于增强企业活力，推进国有企业改革具有重要意义。

此次被取消的基金项目主要是各省、自治区、直辖市以下各级人民政府及其所属部门，未按国家规定报经国务院或财政部批准，越权设立的各种基金，包括资金、附加和专项性收费，其项目数量大约占目前全国各地征收的基金总数的1/3。

中共中央政治局常委全国政协主席李瑞环在越南共产党中央办公大楼同越共中央政治局常委黎可漂举行会谈

李瑞环说，这些年来，两党两国关系得到了全面恢复和迅速发展。两党两国领导人经常保持来往，就两国关系的重大问题深入交换意见，对巩固和发展两党两国关系发挥了不可替代的特殊作用。今年7月，杜梅总书记成功访华，两党总书记就进一步加强两党两国友好合作关系达成广泛的共识，为建立面向21世纪的两党两国关系指明了方向。总的来看，中越两党两国关系发展平稳、健康、顺利，势头良好，我们对此感到满意。

李瑞环说，中越两国是近邻，两国都坚持走社会主义道路，都在致力于现代化建设和改善人民生活，在重大国际问题上存在许多共同点或相近点。中越长期睦邻友好，不仅符合两国人民的共同愿望和根本利益，也有利于维护亚洲和世界和平与稳定，推进人类进步事业的发展。中越双方应着眼于长远，以大局为重，牢牢把握两国关系发展的大原则、大方向，不断为巩固和加强两国睦邻友好合作关系作出扎实的、不懈的努力。

李瑞环说，我们高兴地看到，在越南共产党领导下，越南人民坚定不移地走社会主义道路，坚持革新开放，取得了引人注目的成就。不久前，越南十届国会选出新一届国家和政府领导人，为顺利落实越共“八大”路线提供了可靠的组织保证。与此同时，越南的对外工作也取得了重大成就，国际地位日益提高。我们相信，在越南共产党的领导下，越南人民一定能够在实现民富国强、社会公平文明的崇高事业中取得更大的成就。

在介绍不久前召开的中共十五大时，李瑞环说，一个政党必须有一面旗帜。没有旗帜就会迷失方向。正如越南有马列主义和胡志明思想一样，中国有马列主义、毛泽东思想和邓小平理论。

他说，在如何对待马克思主义问题上我们有经验也有教训。新中国成立后，我国发生了翻天覆地的变化，但在1956年基本完成社会主义改造后的20年里，在取得很大成就的同时，也有过严重失误，特别是“文化大革命”10年背离了马克思主义，唯心主义泛滥，形而上学猖獗，“假大空”盛行，导致了灾难性后果。“文革”后拨乱反正，从根本上讲就是拨背离马克思主义之乱，反科学坚持马克思主义之正。近20年，我们所以取得重大成就，最重要的是因为在新的历史条件下准确地理解马克思主义，科学地坚持马克思主义，始终把马克思主义作为自己指导思想的理论基础。我们坚持唯物的观点，批判了主观主义、唯意志论，重新确立了实事求是的思想路线，明确了我国现在处于并将长期处于社会主义的初级阶段，我们坚持发展的观点，反对僵化保守，大胆解放思想，吸收、借鉴一切人类有益的文明成果，开创了改革开放的新局面。我们坚持实践的观点，冲破“两个凡是”的禁锢，用实践作为检验理论和政策的标准，靠实践回答和解决问题。我们坚持生产力的观点，纠正长期以阶级斗争为纲的错误路线，明确社会主义的根本任务是发展社会生产力，把经济建设作为全党全国各项工作的中心。我们坚持生产关系与生产力相适应的观点，克服了超越阶段的错误观念和政策，确立公有制为主体、多种所有制经济共同发展的制度。按劳分配为主体、多种分配形式并存，把按劳分配和按生产要素分配结合起来的制度。我们坚持群众的观点，消除天才论和英雄史观的影响，强调群众是历史发展的动力，把不断提高人民生活水平作为改革开放和发展经济的根本目的，给群众创造充分施展聪明才智的机会，依靠和调动广大群众的积极性来推进我们的事业。中国改革开放的成功实践说明，马克思主义没有过时，它的许多基本观点特别是辩证唯物主义、历史唯物主义的观点仍然有着现实的重大意义，关键是要科学地对待。坚持马克思主义就要坚持马克思主义的基本原理，而不能教条式地拘泥于某些个别论断，也不能固守某些确已过时的词句和结论，更不能被某些附加给马克思主义名下的错误论点所迷惑。坚持马克思主义必须坚持理论与实际相结合，结合是运用，结合是目的，结合是坚持，结合也是发展。离开结合谈坚持、谈坚决、谈坚定，只能是空话、大话、假话，只能给马克思主义抹黑乃至窒息或断送马克思主义。只有结合实际、结合时代，才能使马克思主义永葆生机与活力。邓小平理论就是马克思主义基本原则同中国当代实际相结合的产物，是当代中国的马克思主义。十五大把邓小平理论确立为我们党的指导思想，并写进党章，这是我们克服困难，把建设有中国特色社会主义事业不断推向前进的根本保障。

黎可漂对李瑞环的谈话表示赞同。他说，中国和越南的经验都证明，社会主义要取得胜利就必须把马克思主义的基本原理同本国实际相结合。

黎可漂对越中两党两国以及越南祖国阵线和中国政协之间的友好合作关系表示满意。他说，越南共产党和人民永远不会忘记中国共产党和人民对越南的支持。中国改革开放取得的巨大成就对越南是很大的鼓舞。越中两国是近邻，应进一步加强合作，交流经济建设方面的经验，在党建方面也可以进行交流。关于两国间存在的一些历史遗留问题，相信通过友好协商一定能够得到顺利解决。黎可漂还介绍了越南革新开放10 多年来取得的重大成就和今年的经济形势。

中共中央政治局常委胡锦涛在人民大会堂会见日本日中经济贸易中心会长日本国际石油株式会社社长木村一三

12 月 8 日

国家主席江泽民在中南海会见新加坡内阁资政李光耀

江泽民说，中新两国政府间最大的合作项目苏州工业园区，是中新经济合作的重中之重，更是中国对外合作的重点项目。他强调，中国领导人一贯支持苏州工业园区项目，中国愿与新方共同努力，集中力量把园区建设搞好，共同推动中新经济合作不断向前发展。

全国政协主席李瑞环在河内拜会越南国家主席陈德良

全国政协主席李瑞环在河内拜会越南祖国战线中央主席团主席黎光道

全国政协主席李瑞环在河内拜会越南政府总理潘文凯

中共中央政治局常委李瑞环在河内拜会越南共产党中央总书记杜梅

全国总工会主席尉健行在全国总工会十二届五次执委会上发表讲话

尉健行在会上作了题为《深入学习贯彻党的十五大精神，在全局中更好地发挥工会组织的作用》的讲话。尉健行要求，各级工会要积极动员和依靠职工群众推进国有企业改革和发展。必须从工会的性质和特点出发，旗帜鲜明地支持党和政府采取的一系列改革政策和措施，旗帜鲜明地依法维护职工的合法权益，并把两者很好地结合与统一起来。

尉健行指出，各级工会要积极动员和依靠职工群众推进国有企业改革和发展。要教育和引导职工深刻认识改革的必要性、重要性，以主人翁的态度为国有企业的改革和发展献计出力。他说，国有企业改革必须发动职工参与，方案必须提交职代会讨论。有的企业破产了、被兼并了、拍卖了，在这个过程中，既不让职工参与，也不提交职代会讨论，而是少数人甚至个别人说了算，这不仅极大地挫伤了职工的积极性，而且由此引发了不安定因素。这种情况必须坚决纠正。

尉健行强调，工会要重视劳动关系的调整，进一步突出维护职能。当前要特别重视职工下岗和一些职工的生活困难问题。工会要同党政和社会各方面一起，把解决下岗职工再就业和生活困难作为一件关系改革、发展和稳定的全局性大事来抓。从坚持党的全心全意为人民服务宗旨的高度，来认识做好下岗职工工作的重要性；深入到职工特别是下岗和困难职工中去，关心他们的疾苦，倾听他们的呼声，发现问题及时反映，把问题解决在基层，矛盾化解在萌芽状态。他要求各级工会大力实施“送温暖工程”，推动“送温暖工程”与再就业工程相结合，努力为职工群众多办实事。要以高度的责任心和深厚的感情，倍加关心特困职工的生活。

尉健行指出，国家依法治国，工会也必须依法治会。要与有关方面密切合作，推动劳动立法进程，加强执法监督，逐步建立和完善群众性执法监督机制。建立健全职工代表大会制度，是工会依法维护职工当家做主权利的一项重要内容。明年要切实做到：一是凡与职工切身利益直接有关的劳动用工、工资分配、保险福利、劳动保护等重大问题，必须提交职代会讨论、通过或决定；二是坚持职代会每年一次对企业领导干部进行民主评议、民主测评，领导干部必须就个人廉洁自律情况和企业业务招待费使用情况等向职代会报告，并接受职工群众监督。

尉健行强调，工会组织在建设跨世纪的"四有"职工队伍的历史进程中，负有重要责任。首先要坚持用邓小平理论武装广大职工。要把解决职工的思想问题与实际问题结合起来，针对深化改革中出现的新情况、新问题，有的放矢地开展教育。要组织和吸引在职或离退休的知识分子与技术骨干，到工会各种教育阵地中从事培训工作，发挥骨干作用，帮助下岗职工提高科学文化技术素质，增强择业能力。同时，配合行政搞好在职职工的岗位培训，不断提高职工的职业技能。

尉健行说，要完成党的十五大赋予工会的历史任务，更好地发挥工会组织的作用，必须加快推进工会改革步伐，使工会的组织体制、运行机制、活动方式和工会干部的思想观念、自身素质、工作作风等，更好地适应新的形势任务的要求。

香港特别行政区第九届全国人大代表选举会议以无记名投票方式正式选出36名第九届全国人大代表

国务院副总理朱镕基在钓鱼台国宾馆会见新加坡内阁资政李光耀

中国代表团团长陈耀邦在日本京都举行的联合国气候变化框架公约第二次缔约方大会上发言中国将努力减缓温室气体排放增长率

全国海洋地质科技工作会议在北京人民大会堂开幕

李鹏总理给大会的贺信中说，21世纪将是"海洋开发时代"。发展海洋产业，将对国民经济的发展和增强综合国力具有重要的意义。希望全国海洋地质科技工作者同心协力、团结奋斗，科技攻关、提高水平，为发展海洋地质事业，开发海洋矿产资源作出更大的贡献！

国务院副总理邹家华出席会议并讲话说，改革开放以来，我国政府坚持依靠科技进步，独立自主地进行陆上和海洋石油天然气资源的勘查；同时积极引进国外先进科学技术、资金和设备，使我国海洋油气工业得到迅速发展。短短14年，我国海洋原油的年产量就从10万吨提高到上千万吨。作为海洋油气和其他矿产资源勘查的基础性工作，海洋地质也是国家一项基础性、综合性、战略性和公益性的事业。今后，国家要有计划、有重点地加大必要的投入，逐步开展区域地质调查和矿产资源的勘查，为我国下世纪的海洋开发和维护国家海洋主权和权益，提供基础地质资料和更多的矿产资源。

国家科委主任宋健出席会议并讲话说，去年国务院科技领导小组已经通过要在863项目下设一个专题，加强对863海洋高科技的投入。最近，国务院已批准了对这一基础研究的投入，这对下世纪大力振兴与海洋事业有关的基础科学命题有重要意义。

中国自行研制的"长二丙"改进型运载火箭在太原卫星发射中心首次发射两颗铱星成功

下午3时16分49.5秒，我国自行研制的"长二丙"改进型运载火箭在太原卫星发射中心发射升空，成功地将美国摩托罗拉公司制造的两颗铱星送入预定轨道。至此，我国圆满完成了今年的航天发射任务，取得了六次发射全部成功的好成绩。

这次发射，是太原卫星发射中心第一次执行国际商业发射。

国务院发出《关于发布芦芽山等国家级自然保护区名单的通知》

芦芽山等18处国家级自然保护区名单已经国务院审定，现予发布。

芦芽山等18处国家级自然保护区在我国生物多样性保护等方面具有代表性和典型性，建立国家级自然保护区，进一步加强保护和管理，对于保护我国濒危物种资源，维护生态平衡，改善生态环境具有重要意义。自然保护区所在地人民政府及国务院有关部门要严格按照《中华人民共和国自然保护区条例》等有关法律、法规的规定，对自然保护区的工作加强领导和协调，妥善处理好自然保护区与当地经济建设和居民生产、生活的关系，抓紧组织编制自然保护区的保护和建设规划，逐步增加投入，不断完善自然保护区的配套设施建设，建立、健全精干的管理机构，制定严格的保护措施，强化统一管理，努力提高管理水平，把自然保护区保护好、管理好。

各地人民政府和国务院有关部门不得随意调整或改变国家级自然保护区的性质、范围、界线，如确需调整或改变的，须报国务院审定。

芦芽山等国家级自然保护区名单

山西省

芦芽山国家级自然保护区

内蒙古自治区

锡林郭勒草原国家级自然保护区

达里诺尔国家级自然保护区

西鄂尔多斯国家级自然保护区

辽宁省

大连斑海豹国家级自然保护区

丹东鸭绿江口湿地国家级自然保护区

吉林省

莫莫格国家级自然保护区

黑龙江省

凉水国家级自然保护区

饶河东北黑蜂国家级自然保护区

江苏省

大丰麋鹿国家级自然保护区

安徽省

升金湖国家级自然保护区

河南省

伏牛山国家级自然保护区

广东省

湛江红树林国家级自然保护区

四川省

贡嘎山国家级自然保护区

龙溪——虹口国家级自然保护区

贵州省

习水中亚热带常绿阔叶林国家级自然保护区

青海省

青海湖国家级保护区

可可西里国家级自然保护区

12月9日

全国总工会十二届五次执委会议在北京结束

会议通过决议：中国工会第十三次全国代表大会定于明年召开。

全总副主席、书记处书记杨兴富在会议结束时指出，当前特别要抓紧春节前后"送温暖"工作的有利时机，精心设计调研方案，深入了解改制企业和困难职工的状况，提出对策建议，有针对性地推动重点工作的落实。在今天的会议上，辽宁省总工会等6家单位介绍了经验。

此次会议选举徐锡澄同志为全总副主席；推选徐锡澄、纪明波同志为全总书记处书记；张凤鸣、高明岐、韩义敏、董力4位同志增补为全总第十二届执行委员会委员；王焕惠、买买提江·艾买提、杨胜战、吴灵臣、陆炳英、陈永希、陈效达、邵敬春、林明达、闻宝满、栗培青、徐平、梁福祥、游佩英、曾广清、潘家君等16位同志替补为中华全国总工会第十二届执行委员会委员。

国务院副总理钱其琛在钓鱼台国宾馆会见香港特别行政区行政长官董建华

中共中央国务院在北京召开中央经济工作会议

会议于9日至11日在北京举行。

中共中央总书记江泽民作了重要讲话。乔石、刘华清、胡锦涛、尉健行、李岚清出席了会议。

会议认为，今年，在以江泽民同志为核心的党中央领导下，坚持邓小平理论和党的基本路线，改革开放和社会主义现代化建设取得了新的成就，各项事业全面进步。今年经济形势总体上是好的，国民经济实现了稳中求进的总体要求，主要经济指标基本达到国家宏观调控的预期目标，"九五"计划的良好开局得到巩固和发展。农业生产克服多种自然灾害和困难，再次获得好收成，农村经济全面发展。企业改革继续深化，工业生产平稳增长，经济效益有所回升。财政收入增长较快，金融形势比较稳定。城乡居民收入增加，人民生活继续改善。国民经济运行的特点是：经济适度快速增长，物价涨幅进一步回落，呈现出"高增长、低通胀"的良好发展态势；国民经济的市场化程度进一步提高，市场配置资源的基础性作用不断增强，主要生产资料和消费品的买方市场初步形成；结构调整开始出现一些新的积极变化，适销对路产品的生产增长较快，产销衔接状况不断改善；对外经济技术交流继续扩大，外贸出口大幅度回升，国际收支状况良好。

会议指出，国民经济运行中也存在着一些突出的矛盾和问题。主要是：一些国有企业和乡镇企业生产经营困难；下岗待业人员增加，部分职工生活困难，社会就业压力加大；金融法制不健全，监管薄弱；农业基础脆弱的状况没有根本改变，农业生态环境问题愈益突出。对这些问题应予充分重视，采取措施，加以解决。

会议指出，做好明年的经济工作，对于顺利实现"九五"计划的各项目标，把我国的现代化建设事业全面推向新世纪，具有重要意义。

会议确定，明年经济工作的总体要求是：高举邓小平理论伟大旗帜，全面贯彻落实党的十五大精神，继续推进经济体制和经济增长方式的根本转变，进一步加强农业基础地位，加快国有企业改革步伐，加大经济结构调整力度，加强和改善宏观调控，提高对外开放水平，安排好群众生活，实现国民经济持续快速健康发展和社会全面进步。

会议强调，在明年的经济工作中，要继续贯彻稳中求进的方针。贯彻这一方针，重要的是正确理解和把握稳中求进的内涵。稳，就是继续实行适度从紧的财政货币政策，抑制通货膨胀，稳定和加强农业，防止和化解金融风险，搞好社会保障，保持稳定的宏观经济环境和社会环境；进，就是国有企业改革、金融体制改革和其他改革要有新的突破，经济结构调整要有新的进展，解决社会热点问题要有新的举措，对外开放水平要有新的提高，国民经济整体素质和效益要有明显改善，在此前提下，继续保持一个较快的发展速度。稳和进是相辅相成、相互促进的。稳是基础，只有稳，才能更好地推进改革和发展；进是目的，只有进，才能更好地实现持久、牢固的稳。

会议指出，实现明年经济工作的总体要求，必须把握全局，突出重点，抓住影响经济工作的关键环节，全面推进改革开放和经济建设的各项工作。明年经济工作的主要任务是：

一、加强农业基础地位，全面发展农村经济。在农业连续丰收的好形势下，一定要保持更加清醒的头脑。对农业，在思想上必须始终重视而不可有任何麻痹，在工作上必须切实加强而不可有半点放松，在投入上必须不断增加而不可有丝毫减少。当前，顺利实施国民经济发展战略，做好各项经济工作，要比以往任何时候更加自觉地重视农业。要着力优化农村经济结构，改善农业基础设施和生态环境，进一步加强农业的基础地位，确保农业增产、农民增收、农村稳定。要稳定党在农村的基本政策，主要是稳定农村土地承包政策，继续落实减轻农民负担政策和粮棉收购政策，保护和调动农民的积极性。要积极稳妥地推进粮棉购销体制改革，尽快建立有利于粮棉产销协调发展的新的流通体制和价格形成机制。要进一步加强水利基础设施建设、农田基本建设，搞好农业生态环境治理，强化农业的科技基础，进一步提高农业综合生产能力。要优化农村经济结构，在确保粮食稳定增长的同时，大力发展市场需要的种植业、养殖业和农产品加工业，继续走产业化经营的道路，促进农业增值增效。

二、打好国有企业改革攻坚战，改善国有企业经营状况。国有企业改革是整个经济体制改革的中心环节，搞好国有企业改革和发展是当前经济工作的一项十分紧迫的重要任务。党的十五大对深化国有企业改革作出了部署。我们的目标是用三年左右的时间，通过改革、改组、改造和加强管理，使大多数国有大中型亏损企业摆脱困境，力争到本世纪末使大多数国有大中型骨干企业初步建立起现代企业制度。明年要以纺织行业为突破口，推进国有企业改革，努力使部分企业经营状况明显好转。第一，积极推进国有企业的战略性改组，抓好大的，放活小的。以市场为导向，资产为纽带，通过强强联合，在一些重要行业或关键领域组建一批大型企业集团，同时采取改组、联合、兼并、租赁、承包经营和股份合作制、出售等形式，加快放开搞活国有小企业的步伐。第二，进一步实施鼓励兼并、规范破产、下岗分流、减员增效和再就业工程，真正形成企业优胜劣汰机制和劳动力合理流动机制。第三，坚持“三改一加强”的方针，形成有效的激励约束机制和新产品、新技术开发机制，强化企业的竞争和风险意识。第四，建设好企业领导班子，发挥企业党组织的政治核心作用，坚持全心全意依靠工人阶级的方针。第五，积极推进各项配套改革。搞好政府机构改革，实现政企分开，建立有效的国有资产监管营运机制。加快建立和完善社会保障体系。各级领导一定要坚定信心，扎实工作，积极推进国有企业改革和发展。

三、积极调整和优化经济结构，加速实现国民经济合理化布局，提高国民经济整体素质和效益。要抓住当前国内市场供给充足、物价稳定的有利时机，适应世界科学技术加快发展和国际经济结构加速重组的趋势，加大经济结构调整的力度。坚持以适应国内外市场需求为导向，强化产业政策的引导作用，有效提高资源配置效率。国有经济要坚持有所为、有所不为，在行业布局上有进有退。当前，要对建设项目进行清理，加快建成、投产市场前景好的项目，压缩和调整生产能力超过市场容量的项目，坚决停建没有市场和效益差的项目。严格控制新开工项目，增加技术改造投资比重。要认真实施科教兴国战略，依靠科技进步，加大对传统产业的技术改造力度，加速产品更新换代和产业升级，培育支柱产业，扶植和支持高新技术产业，发展第三产业。要加强对各地区产业发展的指导，把经济结构调整同加快中西部地区发展结合起来。东部地区要大力推进产业优化升级，同时积极向中西部地区实施产业梯度转移。进一步发展东部地区同中西部地区多种形式的联合和协作，促进中西部地区发展。要结合经济结构调整加快投融资体制改革，彻底改变传统的计划投资方式和粗放型增长方式，切实做到政企分开，培育和形成适应社会主义市场经济要求的市场投资主体，建立投融资风险责任约束机制，积极稳妥地发展和完善直接融资市场，有效防止和解决“大而全、小而全”和重复建设问题。

四、继续加强和改善宏观调控，为改革和发展提供更为有利的宏观经济环境。为此，必须着眼全局，突出重点：一是在提高质量、效益，优化结构的基础上，保持较快的经济增长速度，保持投资、出口、消费的合理增长，保持宏观经济总量的基本平衡，避免经济发展出现较大的波动；二是通过深化改革，健全以经济和法律手段为主的价格调节体系，进一步理顺价格关系，消除可能再度引发通货膨胀的各种成因，保持较低的物价涨幅；三是妥善处理好外贸、外资、外汇、外债之间的关系，加快转变外经贸增长方式，增强竞争力，保持合理的外汇储备，确保国际收支平衡；四是加快建立和完善社会保障体系，高度重视劳动就业工作。

要坚持适度从紧的财政货币政策，保证财政增收和金融稳定，同时注意适时适度微调，促进国民经济的持续快速健康发展。要继续理顺财政收支结构，逐步提高财政收入占国民生产总值的比重和中央财政收入占全国财政收入的比重。强化税收征管，严格控制财政支出，压缩楼堂馆所建设开支，增加包括再就业工程在内的社会保障支出。稳定金融，做好明年的金融工作，关键是狠抓全国金融工作会议精神的贯彻落实。要加快和深化金融改革，建立现代金融体系；加强中央银行的监管，把国有商业银行办成真正的商业银行；加强金融法治，依法治理金融，规范和维护金融秩序，强化金融和证券业监管，防范和化解金融风险，保证金融安全高效稳健运行，引导金融业健康发展。

五、进一步扩大对外开放，不断提高对外开放水平。要继续深化对外经贸体制改革，优化进出口结构，扩大外贸出口的市场和规模，增加进口先进技术、关键设备和国内短缺的资源性产品，实现进出口贸易基本平衡。要坚持重质量、重效益的原则，积极、合理、有效地利用外资，保持利用外资的稳定增长。要引导外资投向农业、高新技术产业、基础产业和基础设施建设，有步骤、有控制地开放金融服务业领域。对符合我国产业政策，能够带来高新技术的外商投资项目的设备进口给予税收优惠政策。要进一步健全涉外经济法规体系，加强执法力度，保护知识产权，改善投资环境。要在进一步办好经济特区、上海浦东新区和提高东部地区对外开放水平的同时，鼓励外商投资项目更多地进入中西部地区。要加强外汇储备管理，保持合理的外汇储备规模。

六、切实安排好群众生活，维护城乡社会稳定。建立和完善社会保障制度，组织实施好再就业工程，妥善安排群众生活，是关系改革、发展、稳定的全局性大事，必须切实抓好。首先，各级党委和政府要把这项工作纳入议事日程，建立领导负责制，狠抓落实。各级工会、共青团、妇联等群众组织，也要在这方面发挥积极作用。第二，采取各种措施，多渠道、多形式落实资金来源，妥善安排下岗职工和城市贫困人口的生活。第三，抓好社会保障制度建设。地级以上城市明年都要将城市居民基本生活保障制度建立起来，企业职工养老保障制度也要尽快建立起来。第四，千方百计解决好职工的再就业。加强职工的职业培训和技术教育，发展就业容量大的多种所有制经济，改革劳动管理制度，增加在国家政策指导下的市场就业。第五，各级干部特别是领导干部要以身作则，勤政廉政，与群众同甘共苦。要继续关心和安排好农村贫困户的生产和生活，加大力度，支持贫困地区的开发和建设，努力使全国农村贫困人口进一步减少。

会议指出，做好经济工作，必须按经济规律办事。各级领导干部要重视学习，努力向理论学习，向实践学习，向群众学习，认真总结和深化建设有中国特色社会主义经济的规律性的认识，不断提高驾驭和运用经济规律的能力。要发挥党的政治优势，切实改进工作作风。各级党委和政府要识大体、顾大局，自觉维护中央的权威，把广大干部群众的思想和行动统一到中央决策的精神上来。各级领导要深入实际，调查研究，抓住经济社会生活中的突出问题，总结群众的创造性实践和新鲜经验，指导和推动工作。要大力倡导说实话、办实事、鼓实劲、讲实效的作风，坚决制止追求表面文章，摆花架子等形式主义，坚决杜绝脱离群众、脱离实际、浮躁虚夸等官僚主义。要坚持“两手抓，两手都要硬”的方针，在做好经济工作的同时，重视和加强精神文明建设。

会议强调指出，明年是非常重要而关键的一年，各方面的工作十分繁重。全党和全国各族人民要在以江泽民同志为核心的党中央领导下，高举邓小平理论的伟大旗帜，以党的十五大精神为指导，统揽全局，精心部署，狠抓落实，团结一致，艰苦奋斗，开拓前进，为实现跨世纪宏伟目标迈出新的坚实步伐。

出席这次会议的中央领导同志还有：丁关根、田纪云、李长春、李铁映、吴邦国、吴官正、迟浩田、张万年、罗干、姜春云、贾庆林、钱其琛、黄菊、温家宝、谢非、曾庆红、吴仪、邹家华、张震、王汉斌、陈慕华、宋健、李贵鲜、陈俊生、司马义·艾买提、彭珮云、任建新、张思卿、王兆国、朱光亚。

各省、自治区、直辖市和计划单列市、新疆生产建设兵团的党政主要负责同志，党中央有关部门、国务院各部委和有关单位的主要负责同志，解放军三总部和武警部队负责同志出席了会议。

国家主席江泽民在中央经济工作会议上发表讲话

明年经济工作的总体要求

1998 年是全面贯彻落实十五大提出的各项任务的第一年。做好明年的经济工作，对于顺利实现“九五”计划的各项目标，把我国现代化建设事业全面推向新世纪，具有重要意义。明年经济工作的总体要求是：高举邓小平理论伟大旗帜，全面贯彻落实党的十五大精神，继续推进经济体制和经济增长方式的根本转变，进一步加强农业基础地位，加快国有企业改革步伐，加大经济结构调整力度，加强和改善宏观调控，提高对外开放水平，安排好群众生活，实现国民经济持续快速健康发展和社会全面进步。

在明年的经济工作中，要继续贯彻稳中求进的方针。贯彻这一方针，重要的是正确理解和把握稳中求进的内涵。稳，就是继续实行适度从紧的财政货币政策，抑制通货膨胀，稳定和加强农业，防止和化解金融风险，搞好社会保障，保持稳定的宏观经济环境和社会环境；进，就是国有企业改革、金融体制改革和其他改革要有新的突破，经济结构调整要有新的进展，解决社会热点问题要有新的举措，对外开放水平要有新的提高，国民经济整体素质和效益要有明显改善，在这个前提下，继续保持一个较快的发展速度。稳和进是相辅相成、相互促进的。稳是基础，只有稳，才能更好地推进改革和发展；进是目的，只有进，才能更好地实现持久、牢固的稳。

实现明年经济工作的总体要求，继续贯彻稳中求进的方针，必须把握全局，突出重点。明年经济工作的重点是：优化农村经济结构，改善农业生产条件和生态环境，加强农业基础地位；推进国有企业改革，以纺织行业为突破口，努力使部分企业经营状况明显好转；调整和优化经济结构，加速实现国民经济合理化布局，提高国民经济整体素质和效益；坚持适度从紧的财政货币政策，保证财政增收和金融稳定，巩固发展宏观经济良好局面；进一步优化进出口结构，扩大利用外资，提高对外开放水平；积极推进配套改革，组织实施好再就业工程，切实安排好群众生活。这六个方面，国有企业改革是关键，是涉及明年经济工作全局的重要任务。对此，全党同志特别是各地区各部门的负责同志，要有深刻的认识，以高度的自觉性和紧迫感，抓住关键，形成合力，确保国有企业改革取得突破性进展，全面推进改革开放和经济建设的各项工作。

做好明年的经济工作，还要注意做到五个结合：一是把总量调控与结构调整结合起来。没有总量的基本平衡，就不能保持经济的稳定发展，也无法进行经济结构调整。而结构的不断优化和升级，可以更好地适应市场需求的变化，进一步巩固总量平衡的基础。二是把结构调整与国有企业改革结合起来。新形势下结构调整的主体是企业，特别是国有企业。只有深化国有企业改革，转换经济机制，才能有效地促进结构调整；只有通过结构调整，才能使企业适应市场变化，增强发展的活力。三是把存量调整与增量调整结合起来。存量调整要立足技术进步，促进资本优化重组，增加有效供给。增量调整要符合市场需求，发挥对存量的带动作用，为经济增长注入新的活力。四是把间接融资与直接融资结合起来。充分利用目前我国储蓄率较高和国际资本相对充裕的有利时机，把资金有效地引导到国有企业改革和结构调整上来，促进国有企业的联合和兼并。在坚持间接融资为主，规范金融秩序的同时，积极稳妥地发展直接融资市场，提高资金的使用效益。五是把开拓国际国内两个市场结合起来。经济增长必须立足于两个市场。发展开放型经济，可以使现有的生产能力得到有效发挥，促进经济结构优化和国民经济素质的提高。

明年经济工作的主要任务

（一）进一步稳定农业，加强农业的基础地位

近几年来，农业连续丰收，农村经济全面发展。在这种比较好的形势下，我们一定要保持更加清醒的头脑，不可因农业形势稍有好转而放松农业，不可因农业在国民经济中的产值比重有所下降而否定农业的基础地位，不可因其他方面经济工作任务繁重而忽视农业。在当前形势下，要顺利实施国民经济发展战略，做好各项经济工作，要比以往任何时候更加自觉地重视农业，进一步稳定和加强农业的基础地位。第一，稳定和加强农业是解决社会主义初级阶段主要矛盾的客观需要。国以民为本，民以食为天。在社会主义初级阶段，发展社会生产力，满足人民的物质需求，首要的还是发展农业生产，解决好人民的吃饭、穿衣问题。在我们这样一个人多地少的国家，这始终是一件头等大事，而且只能依靠自己的力量解决好。第二，稳定和加强农业是搞好宏观调控的客观需要。前几年出现通货膨胀，粮价上涨是一个重要因素；近几年比较好地解决了这个问题，农业特别是粮食丰收也是一个重要原因。实践反复证明，农业的稳定增长，是保障宏观经济形势稳定的必备条件。第三，稳定和加强农业是促进国有企业改革和发展的客观需要。农业和农村经济发展了，农民收入增加了，既能以丰富的原料支持工业生产，也能以活跃的农村市场拉动工业发展，还能以宽松的环境支持国有企业改革。全党对农业问题，在思想上必须始终重视而不可有任何麻痹，在工作上必须切实加强而不可有半点放松，在投入上必须不断增加而不可有丝毫减少。

稳定和加强农业，首要的是稳定党在农村的基本政策。主要是三个方面：一要稳定农村的土地承包政策。家庭联产承包制和统分结合的双层经营体制是农村经济的一项基本制度，土地承包制度是家庭承包制的核心，是农村政策的基石，都不可丝毫动摇。中央关于农村的土地承包政策是一贯的、明确的，各地要不折不扣地执行，凡违背中央政策的错误做法，必须坚决纠正。二要落实好减轻农民负担的各项政策。今年这项工作取得了一定成效，但负担问题仍然是影响农村稳定的主要因素，必须坚持不懈地抓下去。三要落实好国家的粮棉收购政策，使农民增产增收。同时要积极稳妥地推进粮棉购销体制改革，尽快建立起有利于粮棉产销协调发展的新的流通体制和价格形成机制。在农村，有这样四句话，就是："土地不要动，负担不要重，粮价别太低，干部别太凶。"前三句话，反映了广大农民群众要求稳定农村基本政策的普遍愿望。后一句话，反映了农民群众希望基层干部改进工作作风的强烈呼声。应该说，广大农村基层干部工作是辛苦的，也是有

成绩的，主流是好的。但也确有一些基层干部工作方法简单，作风粗暴，引起群众不满，应当切实加以改进。

稳定和加强农业，从根本上说，还必须加强农业的基础建设，不断提高农业综合生产能力，努力改变农业基础脆弱的状况。要加强水利基础设施建设，把大江大河的治理放在十分突出的位置，坚持不懈地抓好中上游地区的水土保持和流域综合治理，加强沿海、沿江、沿湖的堤防建设，疏浚河流湖泊，提高防灾抗灾能力。农业生态问题必须引起高度重视，要以强烈的责任感和紧迫感，早下决心，下大决心，经过长期奋斗，使农业生态环境有比较明显的改善。要加强农田基本建设，加大农业综合开发力度，不断改善农业生产条件。要强化农业的科技基础，积极推进农业科技革命，这既是农业生产的潜力所在，也是农业发展的根本出路。有关部门要作出具体规划，认真组织实施，尽快使我国农业科学技术达到一个较高的水平。

（二）坚定信心，扎实工作，打好国有企业改革攻坚战

国有企业改革是整个经济体制改革的中心环节，搞好国有企业改革和发展是当前经济工作一项十分紧迫的重要任务。党的十五大对深化国有企业改革作出了部署。我们的目标是用三年左右的时间，通过改革、改组、改造和加强管理，使大多数国有大中型亏损企业摆脱困境；力争到本世纪末使大多数国有大中型骨干企业初步建立起现代企业制度。这两个目标，是密切相关的两个方面。只有深化改革，转换机制，才能从根本上改善国有企业的生产经营状况；只有加快国有企业的发展，使亏损企业摆脱困境，才能加快建立现代企业制度。我们说当前正处在改革的关键时刻，主要是指国有企业改革已经进入攻坚阶段。国有大中型企业是国民经济的支柱，国有企业搞不好，国民经济的持续快速健康发展也就无从谈起。

打好国有企业改革攻坚战，实现三年目标，我们要树立必胜的信心。经过近几年的实践，可以说，搞好国有企业的改革和发展已经具备了一定的条件。中央关于国有企业改革和发展的大政方针已经明确，各项工作正在积极推进；国家着力创造良好的经济环境，已经并将继续从宏观政策上对国有企业给予大力支持；在企业改革和发展的实践中，对于钱从哪里来、人到哪里去、货往哪里销、负担怎么减等一些难点问题，各方面都进行了有益的探索，创造了不少好的经验。因此，我们有条件也有能力使国有企业改革取得新的突破。各级领导一定要坚定信心，扎实工作，积极推进国有企业的改革和发展。

建立现代企业制度是国有企业改革的方向。只有真正建立起现代企业制度，才能使国有企业适应社会主义市场经济体制和现代化大生产的客观要求，成为适应市场的法人实体和竞争主体，成为科技进步和提高国际竞争力的实现者。国务院正在研究制定三年国有企业改革的具体规划，各行业和各地区也要从各自的实际出发，有步骤地提出相应的改革举措，抓好落实。一是积极推进国有企业的战略性改组，抓好大的，放活小的。以市场为导向，资产为纽带，通过强强联合，在一些重要行业和关键领域组建一批大型企业集团。同时，鼓励优势企业兼并困难企业。当前的国际竞争，主要体现在大企业集团之间的竞争。有了一批大型企业集团，国家的竞争力和国有经济的控制力就增强了，也能有效地带动一大批中小型企业健康发展。采取改组、联合、兼并、租赁、承包经营和股份合作制、出售等形式，加快放开搞活国有小型企业的步伐。但在联合兼并过程中，也要注意避免片面追求规模，“拉郎配”、“归大堆”。二是进一步实施鼓励兼并、规范破产、下岗分流、减员增效和再就业工程。深化国有企业改革，一个核心的问题是必须解决好企业冗员过多的问题，从根本上改变企业吃国家“大锅饭”、职工端企业“铁饭碗”的状况，真正形成企业优胜劣汰机制和劳动力合理流动机制。三是坚持“三改一加强”的方针，形成有效的激励和约束机制以及新产品、新技术开发机制。通过改革、改组、改造和加强管理，强化竞争和风险意识，降低成本，提高效益，不断推出新产品，使国有企业在国内外市场竞争中充满活力。四是建设好企业领导班子，发挥企业党组织的政治核心作用，坚持全心全意依靠工人阶级的方针。要提高企业领导者素质，对软弱无力和不称职的班子，要及时调整和充实。五是积极推进各项配套改革。搞好政府机构改革，实现政企分开，建立有效的国有资产监管营运机制。加速建立和完善社会保障体系。理顺价格关系，切实减轻企业负担，坚决制止对企业的乱集资、乱收费、乱摊派。

国有企业改革必须按照“三个有利于”的标准，坚持解放思想，实事求是，勇于实践，大胆试验的原则，积极探索促进生产力发展的公有制实现形式，包括股份制和股份合作制改造。这是一个长期探索的过程，是一项政策性很强的工作。在改革过程中，一方面，要克服畏难情绪，知难而上，敢于突破，勇于创新。另一方面，要防止刮风。各地要从实际出发，尊重经济规律，尊重群众意愿。不能囿于一种方式，搞形式主义；不能用行政办法搞强迫命令；更不能急于求成，一哄而起，搞一刀切。要正确引导，积极探索，及时总结经验，逐步完善，使国有企业改革健康发展。

（三）调整经济结构，实现国民经济合理布局

调整和优化经济结构，是提高国民经济整体素质

和促进国民经济持续协调发展的必然要求，也是推进两个根本性转变的重要任务。近年来，我国经济生活中出现的生产设备闲置、生产能力过剩、产品大量积压、企业效益低下、资源浪费严重等问题，归根到底，是长期以来产业结构趋同、低水平盲目重复建设的结果。经济结构不合理已经成为经济发展中的突出矛盾。我们要抓住当前国内市场供给充足、物价稳定的有利时机，适应世界科学技术加快发展和国际经济结构加速重组的趋势，加大经济结构调整力度。各级政府必须把结构调整作为明年经济工作的一项重要任务，锲而不舍地做好这篇大文章。

调整和优化经济结构，要以市场为导向，强化产业政策的引导作用。要特别注意抓好国有经济的战略性调整和布局。国有经济要坚持有所为、有所不为，在行业布局上要有进有退，适当收缩战线，解决国有经济布局过于分散的问题。对关系国民经济命脉的重要行业和关键领域，国有经济要占支配地位。要通过资产重组和结构调整，加强重点，提高国有资产的整体素质，增强国有经济的控制力，发挥国有经济在国民经济中的主导作用。当前，要对建设项目进行清理，加快建成、投产那些市场前景好、能够产生良好效益的在建项目，压缩和调整生产能力明显超过市场容量的项目，停建没有市场和效益差的项目。

调整和优化经济结构，要实施科教兴国战略，依靠科技进步，促进产业技术水平提高。科学技术是第一生产力，科技进步是加速经济发展和促进结构调整的内在动力。能否实现经济结构优化和生产力飞跃，关键在于科技创新和技术进步。要加大对传统产业的技术改造力度，加速产品更新换代和产业升级。在加强基础设施与重要基础产业的同时，大力培育和发展带动国民经济持续、稳定增长的支柱产业，积极扶植和支持高新技术产业。同时，要注意把发展技术密集型产业和劳动密集型产业结合起来，加速发展第三产业，扩大就业渠道。

调整和优化经济结构，要发挥各地优势，促进地区生产力合理布局。进一步发展东部地区同中西部地区多种形式的联合和合作，把经济结构调整同加快中西部地区发展结合起来。东部地区要大力推进产业优化升级，同时积极向中西部地区实施产业梯度转移，但必须防止低水平的企业简单复制和陈旧设备的转移。有关综合部门要加强对各地产业发展的指导，推动区域经济协调发展。

调整和优化经济结构，要转变经济增长方式，改变高投入、低产出、高消耗、低效益的状况。要彻底转变传统的计划投资方式和粗放型增长方式，把调整经济结构与实现可持续发展结合起来，促进资源的合理开发和有效利用。当前首要的任务，就是加速投融资体制改革。要积极转变政府职能，切实做到政企分开，培育和形成适应社会主义市场经济要求的市场投资主体；建立投融资风险责任约束机制，进一步完善国家投资宏观调控体系；有效防止和解决“大而全、小而全”和不合理重复建设问题。要严格控制新开工项目，原则上不新上一般工业项目，增加技术改造投资比重。要加强投融资领域的法律法规建设，积极稳妥地发展和完善直接融资市场，促进资产合理有序流动，实现国民经济合理化布局。

(四)加强和改善宏观调控

近几年，我国经济保持良好的发展势头，实现了经济快速增长，有效抑制了通货膨胀，在宏观调控方面也积累了一些有益的经验。实践证明，中央关于深化改革、加强和改善宏观调控的决策是完全正确的。当前，我们正处在推进两个根本性转变的关键时期，既要进一步发挥市场机制的作用，又要不断加强和改善宏观调控。

加强和改善宏观调控，必须着眼全局，突出重点，精心处理好速度与效益、总量与结构、从紧与微调的关系。当前，宏观调控要突出以下几个重点：一是在提高质量、效益，优化结构的基础上，保持较快的经济增长速度，保持投资、出口、消费的合理增长，保持宏观经济总量的基本平衡，避免经济发展出现较大的波动；二是通过深化改革，健全以经济和法律手段为主的价格调节体系，进一步理顺价格关系，消除可能再度引发通货膨胀的各种成因，保持较低的物价涨幅；三是妥善处理好外贸、外资、外汇、外债之间的关系，加快转变外经贸增长方式，增强竞争力，保持合理的外汇储备，确保国际收支平衡；四是加快建立和完善社会保障体系，高度重视劳动就业工作，大力组织实施再就业工程，为国有企业改革创造良好条件，保持社会长期稳定。

为使我国经济持续稳定增长，宏观经济政策应当保持必要的连续性和灵活性。要继续坚持适度从紧的财政货币政策，注意适时适度微调，为改革和发展提供有利的宏观经济环境。财政是综合国力的重要方面。要继续理顺财政收支结构，增收节支，减少赤字，逐步提高财政收入占国民生产总值的比重和中央财政收入占全国财政收入的比重。进一步强化税收征管，加强个人所得税的征收，严格控制财政支出，压缩一般性开支，压缩楼堂馆所建设开支，增加包括再就业工程在内的社会保障支出。加强财政管理，严肃财经纪律。提倡厉行节约，反对奢侈浪费。

金融是现代经济的核心。做好金融工作是加强和改善宏观调控的重要内容。目前，我国金融业总体状况是好的，但多年来积聚起来的风险因素加大。金融机构不良资产比重高，乱设金融机构、乱办金融业务和乱集资的现象严重。要充分认识深化金融改革，整顿金融秩序，防范和化解金融风险的重要性紧迫性。今年7月，泰国发生金融危机，在东南亚国家和地区产生连锁反应，并波及到中国台湾、韩国和日本，对世界金融市场也产生了较大影响。事实说明，金融风险突发性强、波及面广、危害极大，我们必须保持高度警觉。明年金融工作的关键是狠抓全国金融工作会议精神的贯彻落实。全国金融工作会议的基本精神，是按照建立社会主义市场经济体制的要求，加快和深化金融改革，建立现代金融体系，加强中央银行的监管，把国有商业银行办成真正的商业银行，加强金融法治，依法规范和维护金融秩序，强化金融和证券业监管，防范和化解金融风险，保证金融安全高效稳健运行，引导金融业健康发展。贯彻全国金融工作会议，要注意把握以下几点：一是统一认识，加强领导，确保会议精神落到实处；二是抓紧解决金融秩序混乱的一些突出问题，化解金融隐患，增强防范金融风险的能力；三是积极稳妥，分步实施。解决问题决心要大，时间要抓紧，但工作要审慎，步骤要稳妥，既要解决问题，又要确保经济和社会稳定。

（五）进一步提高对外开放水平

对外开放是一项必须长期实行的基本国策。中国的发展离不开世界。社会主义市场经济是开放的经济，必然要求充分利用国际国内两个市场、两种资源，优化资源配置，发挥我国经济的比较优势，积极参与国际竞争和国际经济合作。近二十年的实践证明，对外开放推动了我国社会生产力的迅速发展，促进了社会主义市场经济体制的建立。面对经济、科技全球化的趋势，我们要以更加积极的姿态走向世界。要着眼于增强综合国力和提高国际竞争力，着眼于促进经济结构优化和提高国民经济整体素质，进一步扩大对外开放，提高对外开放水平，完善全方位、多层次，宽领域的对外开放格局。

要按照社会主义市场经济体制和国际经济通行规则的要求，深化对外经贸体制改革，促进对外经济贸易的持续发展。要优化进出口结构，加快实施市场多元化和以质取胜战略，在讲求质量效益的前提下，进一步扩大出口，增加进口先进技术和关键设备，提高国内生产技术水平。要注意把引进和开发、创新结合起来，避免不必要的重复引进。在此基础上，减少贸易顺差，实现进出口贸易基本平衡。坚持权利与义务平衡和发展中国家地位的基本原则，排除各种干扰，继续推动加入世界贸易组织的进程。

要进一步改善利用外资环境，提高利用外资水平。要坚持重质量、重效益的原则，积极、合理、有效地利用外资，保持利用外资的稳定增长。要积极引导外资投向农业、高新技术产业、基础产业和基础设施建设，有步骤、有控制地开放金融服务业领域。对符合我国产业政策，能够带来高新技术的外商投资项目的设备进口给予税收优惠政策。要进一步健全涉外经济法规体系，加强执法力度，保护知识产权，改善投资环境。在进一步办好经济特区、上海浦东新区和提高东部地区对外开放水平的同时，鼓励外商投资项目更多地进入中西部地区。沿海地区限制的项目可考虑在中西部地区适当放宽，优惠性贷款要更多地向中西部地区倾斜。

（六）切实安排好群众生活，维护社会稳定

我们正处在实现两个根本性转变的关键时期，需要特别注意把握和处理好改革的力度、发展的速度和社会可以承受的程度之间的关系。从战略上考虑，我们始终要坚持以经济建设为中心，以改革为动力，把发展放在首位，不断满足人民群众日益增长的物质文化需要，始终把维护群众切实利益作为出发点，在深化改革、促进发展的基础上实现稳定。从战术上考虑，我们又必须统筹安排改革和发展的举措，精心处理稳定同改革、发展的关系，着眼于“为之于未有，治之于未乱”，及时化解各种矛盾，排除不安定因素，切实做好维护稳定的工作。

当前，我国社会经济生活总体上是稳定的、健康的。但影响社会稳定的因素仍然存在，其中一个比较突出的问题，就是近年来下岗职工增多，再就业压力加大，少数城市居民生活存在困难，这已成为影响企业改革、经济发展和社会稳定的全局性大事。时刻关心群众生活，及时解决群众的实际困难，是我们党的根本宗旨和社会主义制度的本质要求。各级领导和有关部门一定要从全局的高度，对这一问题予以足够的重视。

解决好下岗职工的就业，安排好城市贫困人口的生活，必须采取多方面的措施。第一，各级党委和政府要把做好这方面的工作作为当前和今后一个时期的一项重要任务，纳入工作的议事日程，建立领导负责制，明确分工，明确责任，狠抓落实。各级工会、共青团、妇联等群众组织，也要在这方面充分发挥积极作用。第二，要采取多种措施，妥善安排好下岗职工和城市贫困人口的生活，保障他们的基本生活需求，这是当务之急。做好这方面的工作，关键是要多渠道、多形式落实好资金来源。第三，要抓好社会保障制度建设。建立城市居民基本生活保障制度和企业职工基本养老保险制度，是建立健全社会保障体系的重大举措，是一项带根本性的制度建设。各地都要按照国务院的统一部署和要求，抓紧做好这项工作。地级以上城市明年都要将城市居民基本生活保障制度建立起来，企业职工养老保障制度也要尽快建立起来。第四，要千方百计解决好职工的再就业问题。要加强职工的职业培训和技术教育，提高他们的再就业技能。大力发展多种所有制经济，广辟就业门路。改革劳动管理制度，增加在国家政策指导下的市场就业。同时，各方面都要努力转变思想观念，自觉适应改革和发展的新要求。在社会主义制度下，劳动者没有高低贵贱之分，无论是国有、集体企业职工，还是合作、私营企业职工和个体劳动者，以及其他形式的劳动者，只要通过自己的诚实劳动，获得正当收益，都是光荣的、高尚的，都是社会主义的劳动者，都应积极鼓励，大力提倡。第五，各级干部特别是党的领导干部，要以身作则，艰苦奋斗，勤政廉政。现在，有的领导干部一方面要求群众克服困难；另一方面自己却沉溺于花天酒地，奢侈浪费，这是绝不容许的。各级领导干部要以自己的模范行动和扎实工作，赢得人民群众的拥护和支持，团结和带领广大群众完成改革攻坚任务。

要继续关心和安排好农村贫困户的生产和生活，首要的是解决他们的温饱问题。从总体上看，这几年扶贫攻坚成绩很大，但任务越来越艰巨，时间越来越紧迫。要加大力度，动员全党和全社会的力量，支持贫困地区的开发和建设，努力使明年全国农村贫困人口进一步减少。同时，要加强扶贫工作的稳定性，降低返贫率，力争到本世纪末，使我国农村贫困人口的温饱问题得到基本解决。

国家国有资产管理局颁布《在若干城市试行国有企业破产有关资产评估问题的暂行规定》

最近，国家国有资产管理局颁布了《在若干城市试行国有企业破产有关资产评估问题的暂行规定》(以下简称《暂行规定》)。规定指出，破产企业的评估程序和范围包括：经批准进入破产程序的国有企业，应在法院受理企业破产申请之后，由清算组报国有资产管理部门办理资产评估立项，整体资产评估结果经清算组审核后报国有资产管理部门验证确认。

国资局规定，破产企业评估方法及原则是，破产企业资产评估，一般应采用清算价格法。在评估过程中应坚持客观公正的原则。破产企业资产评估基准是以人民法院宣判企业破产并发布公告之日为准。资产评估结果有效期自评估基准日起不超过6个月。破产企业资产评估若干重要问题的处理原则，主要就流动资产、待摊费用和递延资产、长期投资、机器设备、房屋建筑物及在建工程、无形资产、非经营性资产的评估、抵押资产八个方面进行规定。

《暂行规定》在对破产企业的资产评估立项和评估结果的确认中规定，破产企业总资产在1亿元以上的地方企业，由省、自治区、直辖市、计划单列市国有资产管理部门负责资产评估立项和确认，并报国家国有资产管理局备案。对于破产企业总资产在5亿元以上的地方企业，由省级国资部门办理资产评估立项、初审、审核后，报国家国有资产管理局确认。特殊情况，国家国有资产管理局直接办理地方破产企业的评估立项和评估结果的确认。

《暂行规定》指出，企业破产评估中资产评估机构的权利和义务是，资产评估机构有权要求破产方或清算组提供真实和详细的财务资料和有关原始凭证。资产评估机构有权独立执业，不受政府和其他行政部门的干预。

财政部等五部门联合发布《进一步规范会计工作秩序的意见》

财政部、审计署、国家经贸委、国家税务总局和国家工商行政管理局近日联合发布《进一步规范会计工作秩序的意见》，对规范会计工作秩序问题提出明确具体的要求。

《意见》中指出，目前会计工作秩序中的一些突出问题如搞假报表、假决算、虚列成本、隐瞒利润等还没有彻底根治。因此，各地区、各部门必须继续按照国务院的部署和会计法的要求，根据去年整顿会计工作秩序的情况，有重点地选择部分行业和单位进行抽查和复查，发现整改不彻底、顶风违纪的，必须依法严肃处理。

国办转发农业部国家教委等单位《关于进一步办好农业广播电视学校的意见》并发出通知

各省、自治区、直辖市人民政府，国务院各部委、各直属机构：

农业部、国家教委、财政部、广播影视部、林业部、人事部、劳动部、中国科协、共青团中央、全国妇联、国务院扶贫开发办《关于进一步办好农业广播电视学校的意见》已经国务院同意，现转发给你们，请认真贯彻执行。

贯彻落实党的十五大精神，实现农业和农村经济“九五”计划和2010年远景目标，保证农业综合生产能力、农村经济水平和农民收入再上新的台阶，最重要的措施就是要狠抓科教兴农，把农业和农村经济的发展真正转移到依靠科技进步和提高农村劳动者素质的轨道上来。中央农业广播电视学校及各地各级农业广播电视学校从我国农村的实际出发，运用广播、电视等现代传播手段实施教学，打破了时空限制，为农村基层干部和广大农民学习科技文化知识提供了极大的方便，弥补了我国农村成人教育和职业教育资源的不足，为农村培养了大批留得住、用得上的人才。各级人民政府和各有关部门要充分认识农业广播电视教育的特点和作用，采取有效措施，继续积极支持办好农业广播电视学校，使之在农村两个文明建设中发挥更大的作用。

关于进一步办好农业广播电视学校的意见（文略）

12 月 10 日

国务院总理李鹏在中南海紫光阁听取香港特别行政区行政长官董建华的述职报告

国务院副总理朱镕基在中南海会见来北京述职的香港特别行政区行政长官董建华

香港特别行政区行政长官董建华在北京举行记者会介绍来京述职情况

董建华说，中央各位领导人对香港特别行政区成立以来的工作给予了高度的评价，对“一国两制”、“港人治港”在香港的落实和实施很有信心和决心，对前段时期香港出现的金融风波表示关心，对香港特区政府处理金融风波中的策略给予了赞成和支持。

董建华说，来北京述职体现了中央在香港问题上的“一国两制”政策，中央政府在不干预香港事务的情况下非常支持香港，对香港的事务十分关心。董建华认为，与中央领导就香港特别行政区的有关问题进行沟通非常必要。

国务院总理李鹏在中南海紫光阁会见来访的澳大利亚外交部部长亚历山大·唐纳

李鹏说，澳大利亚政府坚持“一个中国”的立场，支持香港的顺利回归，支持中国早日加入世贸组织，在人权问题上主张对话，不搞对抗，中方对澳政府的对华友好态度表示赞赏。

国务院副总理朱镕基在中南海会见来访的澳大利亚外交部部长亚历山大·唐纳

国务院副总理兼外交部部长钱其琛在钓鱼台国宾馆同斐济外交和外贸部部长姆贝雷南多·武宁邦博举行会谈

会谈结束后，钱其琛和武宁邦博代表各自政府签署了《中华人民共和国政府和斐济主权民主共和国政府民用航空协定》。

外经贸部发表公告决定对来自美国 加拿大 韩国的新闻纸反倾销调查正式立案

公告说，本反倾销调查涉及的新闻纸在中华人民共和国关税税则中的序号为 48010000，产品规格为每平方米重量 45 克、40 克和 48.8 克，宽度为 781 毫米、787 毫米、762 毫米和 1562 毫米。

公告说，根据《中华人民共和国反倾销和反补贴条例》的规定，外经贸部将从即日起会同海关总署对新闻纸的倾销及倾销幅度进行调查，国家经贸委会同国务院有关部门对新闻纸进口对我国内产业的损害及损害程度进行调查。公告声明，任何利害关系方可从即日起向外经贸部及国家经贸委申请参加应诉，索要有关的材料并回答相应的问题。

中国代表团团长外交部副部长唐家璇在日内瓦朝鲜半岛问题四方正式会谈首次会议上发言

唐家璇指出，中国、美国、朝鲜、韩国四方会谈首次会议的重要意义在于成功地启动了解决朝鲜半岛问题的谈判机制。

唐家璇是在四方会谈首次会议结束后对记者发表谈话时作出这一评价的。他说，首次会议正式启动了四方会谈的谈判机制，创造了良好的气氛，将对今后的谈判进程产生积极而深远的影响。唐家璇说，1954 年周恩来总理曾经率团来日内瓦参加解决朝鲜问题的国际会议，现在 43 年过去了，朝鲜半岛仍未实现真正的和平与稳定。这次中国代表团又来到这里参加关于建立朝鲜半岛新的和平机制的重要会议，我们希望建立半岛新的和平机制不再需要 43 年，相信通过四方的努力能够加快谈判进程。

在谈到中国在四方会谈中的作用时，他表示，中国愿意在这一进程中同其他三方一起紧密合作，发挥积极作用，推动朝鲜半岛进一步走向和平与稳定，通过谈判最终在朝鲜半岛建立一个新的和平机制来取代以往的停战协定。凡是有利于朝鲜半岛局势的缓和与稳定，有利于朝鲜半岛南北双方实现自主和平统一，有利于达到四方会谈目标的工作，中国都会努力去做。

在回答记者关于今后会谈有何原则时，唐家璇说，在讨论过程中，四方迄今已确定了两项原则：一是凡是各方关切的问题都可以讨论；二是与会各方都应抱灵活的态度。

中国选手在第九届国际信息学奥林匹克竞赛中获得四枚奖牌

中国科协、国家教委、国家自然科学基金委、联想集团在联想大楼举行欢迎会，迎接载誉而归的中国选手。本次竞赛，我国共派出 4 名选手，共获 1 金、2 银、1 铜 4 枚奖牌。

中宣部 共青团中央发出关于今冬明春文化科技卫生“三下乡”活动重点的通知

通知决定在今冬明春的文化、科技、卫生“三下乡”活动中集中开展“百万农村青年科技传播活动”，以更好地学习贯彻十五大精神，促进农村两个文明建设。

“通知”指出，开展“百万农村青年科技传播活动”，应主要抓好以下几项工作：（文略）

12 月 11 日

国家主席江泽民在中南海听取香港特别行政区行政长官董建华上任后的第一次述职报告时发表讲话

江泽民主席指出，香港特别行政区成立近半年来，社会、政治情况稳定，经济上虽然受到东南亚金融风波的影响，但仍比较稳健。港人继续保持原有生活方式，并享有广泛的民主自由。这一切表明，香港特别行政区正在基本法所规定的“港人治港”、高度自治的轨道上顺利运行。与此同时，香港居民对“一国两制”的方针政策的理解正在日益加强，对中央贯彻这些方针政策的决心也有了切实的体会。这是令人欣慰的。

江泽民主席指出，在过去的 5 个多月里，董建华先生领导的香港特别行政区政府以辛勤的工作，取得了有目共睹的成绩。事实证明，香港人能够管理好自己的事情，香港特别行政区已经有了一个良好的开端。他表示，中央政府将一如既往地支持董建华先生的工作，支持香港特别行政区按照基本法的规定实行“港人治港”、高度自治，绝不干预属于特区高度自治权范围内的事情。他表示相信，有祖国的强大支持，香港一定会发展得更好。

全国政协主席李瑞环在惠灵顿会见新西兰总理希普利

李瑞环说，今年是中新建交 25 周年。建交 25 年来，两国在各个领域的友好合作关系都得到稳步发展。我们高兴地看到，新西兰联合政府成立一年来，多次表示重视对华关系，继续奉行“一个中国”政策，反对遏制中国。今年 7 月，贵国政府率先宣布派彼得斯副总理参加包括香港临立会宣誓就职仪式在内的有关香港回归的各项活动；8 月，贵国在西方国家中又第一个与我国结束有关中国加入世界贸易组织的双边市场准入谈判，并达成有关协议。在中新良好政治关系的积极推动下，两国经贸关系迅速发展，这已成为中新关系中的一个显著特点。中国近年来经济发展迅速，市场潜力巨大。新西兰在农、林、畜牧业等方面具有优势。两国开展互利合作具有广阔的前景。

宾主双方就可持续发展问题交换了看法。

中办 国办发出关于做好 1998 年元旦春节期间有关工作的通知

经中央同意，现就做好 1998 年元旦、春节期间的有关工作通知如下：

一、认真安排好节日期间人民群众的物质文化生活。

二、千方百计帮助生活困难群众过好元旦、春节。

三、切实精简各类会议和领导同志的事务性活动。

四、坚决制止铺张浪费的行为。

五、加强税收稽查和财政监督，严肃财经纪律，制止年终突击花钱。

六、加强安全工作，确保节日安全。

七、认真做好节日期间的双拥工作。

八、切实安排好节假日期间的值班工作。

各地区、各部门接到本通知后，要逐条认真研究落实措施，加强督促检查，确保通知要求落到实处。

纪念南京大屠杀惨案 60 周年座谈会在北京中国人民抗日战争纪念馆举行

刘大年、何理、罗焕章等国内数十名抗日战争史专家、学者及有关人士参加座谈会。

南京大屠杀是日本军国主义在侵华战争中制造的一起惨绝人寰、灭绝人性的历史事件，死难者达 30 多万人，被称为“现代文明史上最黑暗的一页”。专家、学者们在发言中一致控诉日本军国主义的侵华罪行，驳斥日本国内右翼势力否定南京大屠杀和侵华罪行的企图，并告诫国人勿忘历史，振兴中华。

国务院副总理朱镕基在中央经济工作会议上发表题为《认真贯彻十五大精神，积极落实关于经济体制改革的各项部署》的讲话

中央经济工作会议就要结束了。这次会议是在党的十五大以后，中央召开的又一次具有全局意义的重要会议。会议认真贯彻十五大精神，落实十五大提出的关于经济体制改革和经济发展战略的各项部署，开得很好。

党的十四大以来，在以江泽民同志为核心的党中央领导下，高举邓小平理论伟大旗帜，坚持党的基本路线，改革开放和现代化建设取得了很大成绩，经济形势一年比一年好。目前的经济形势是近年来最好的。初步形成了主要生产资料和消费品的买方市场，这是一个具有深刻意义的历史性转变。这几年宏观调控最主要的成果是，既有效地抑制了通货膨胀，又实现了国民经济持续快速健康发展，推进了社会主义市场经济体制的改革。经济发展开始转向注重市场需求，注重质量和效益，逐步由数量扩张转向结构优化和效益提高。国有企业改革在试点的基础上积极推进，进入了一个新的阶段。农村政策稳定，农业投入加大，实现了连年丰收。事实证明，中央所采取的深化改革、加强和改善宏观调控的决策和措施是完全正确的。这些成绩的取得，是全党和全国人民团结奋斗、共同努力的结果。

在巩固和发展当前好的经济形势的同时，我们始终保持着清醒的头脑，十分重视经济运行中存在的各种矛盾和问题。农业基础薄弱的状况还没有根本改变，生态环境问题愈益突出，三年农业丰收带来粮棉库存大量增加，财政负担加重，农民收入增幅下降。盲目投资、不合理重复建设、“大而全、小而全”的现象大量存在。财政收入“两个比重”仍然偏低，乱收费问题十分突出。银行系统的呆账坏账不断增加，潜在的风险越来越大。相当部分国有企业尚未走出困境，生产经营困难。下岗待业人员大量增加，再就业工作没有跟上，社会不稳定因素加大。市场监管不严，假冒伪劣产品充斥。政府机构改革和职能转变滞后，阻碍着改革的深入和经济的发展。最近东南亚国家连续发生的金融危机，使我国金融、外资、外贸、外汇等方面面临着严峻的挑战。我们必须统一认识，认真对待，增强信心，形成合力，切实解决好经济生活中的矛盾和问题。

下面，我讲一下明年改革和发展中的几项工作。

一、关于国有企业的改革和发展

加快国有企业改革是明年和今后三年经济体制改革的中心环节和重要任务，是全党的一项紧迫而艰巨的工作。中央提出，要用三年左右的时间，通过改革、改组、改造和加强管理，使大多数国有大中型亏损企业摆脱困境；力争到本世纪末大多数国有大中型骨干企业初步建立起现代企业制度。为了实现这个目标，国务院组织研究了三年的总体思路和明年工作的安排。

近年来，随着社会主义市场经济的发展和企业改革的不断深化，一批国有大中型企业已经进入市场，经济效益明显提高，但是也有很多企业经营机制仍然不适应市场经济的要求，生产经营困难，亏损情况严重。据统计，到 1996 年年底，在 16000 户国有大中型工业企业中有 5900 户亏损，约占总户数的 37％。根据这种状况，今后三年的工作，就是要按照中央确定的一系列方针政策，通过改革、改组、改造和加强管理，综合治理国有大中型工业企业，基本淘汰长期性亏损企业。具体的步骤：一是把纺织行业作为国有企业改革和摆脱困境的突破口，并逐步扭转煤炭、兵器等特殊困难行业的亏损状况。二是鼓励兼并，规范破产，下岗分流，减员增效，实施再就业工程。三是积极推进配套改革，加快建立社会保障体系，包括建立保证下岗职工基本生活费制度，养老、医疗、失业保险制度，以及社会最低生活保障制度。

搞好国有企业改革，对建立社会主义市场经济体制和巩固社会主义制度，具有极为重要的意义。我们要增强使命感和紧迫感，统一认识，坚定信心，集中精力，扎实工作，努力实现中央提出的目标。各地区各部门都要按照中央的意见和要求，结合各自的实际情况，制定相应的三年规划和明年的工作安排，落实责任制。

1. 重点突破，以点带面。

确定以纺织行业作为国有企业改革和脱困的突破口，是贯彻十五大精神的重要部署。纺织行业是我国劳动密集型的传统产业，对国家经济发展作出过重大贡献，现在设备陈旧，负债沉重，亏损面大。1996 年全国国有大中型纺织亏损企业 1031 户，亏损额 963000 万元，涉及职工人数 180 万人，分别占国有大中型亏损企业的 17.5％、17.2％和 19.6％，其比例在各行业中均占第一位。明年要加大纺织行业的改革力度，并通过“压锭、减员、增效”，使纺织行业的改革和扭亏解困工作取得实质性进展。首先在沿海省市淘汰 480 万锭，下岗分流职工 60 万人，比上年减亏 30 亿元，然后再推向内地。在纺织行业取得初步经验后，逐步推广到其他特殊困难行业。要集中力量做好纺织行业的工作，使纺织企业切实转换经营机制，尽快建立起现代企业制度，让纺织行业以一种新的姿态进入 21 世纪。这样不仅能够探索和总结出搞好一些特殊困难行业改革和解困工作的经验，而且对面上的企业改革也能起到带动和示范作用。

为了确保纺织行业的扭亏解困，将采取多方面的措施。一是坚定不移地搞好压锭工作。每压 1 万锭补贴 300 万元，提供贷款 200 万元，其中补贴由中央和地方财政各承担一半，贷款由地方财政贴息。二是妥善安置下岗职工。下岗职工要进入企业再就业服务中心，保证下岗职工的基本生活和养老、医疗保险费用的支付；破产企业、被兼并企业下岗职工的安置费用，按国务院有关规定支付，其他企业下岗职工的安置费用由企业、政府、社会“三家抬”。三是加大兼并破产力度。核销银行呆坏账准备金要重点向纺织行业倾斜。四是支持和扩大纺织品出口。明年将提高纺织品出口退税率。给纺织品自营出口企业一定比例的美、欧纺织品被动配额，并赋予其主动配额和被动配额的投标资格。鼓励使用国产棉，继续执行新疆棉顶替进口棉的有关政策。五是管理好纺织机械制造企业的生产和销售。严格实行“生产许可证”和“准购证”制度，鼓励纺织机械出口，实行出口信贷和全额退税。

另外，对煤炭行业继续保持现有的扶持政策，巩固已取得的成果。对兵器行业，要以军民品分线为基础，进行布局和结构调整。军品生产相对集中，民品生产部分按一般企业改革。

2. 进一步创造良好的宏观环境和配套条件。

明年及以后几年，必须继续保持宏观经济总量的基本平衡，避免经济发展出现大的波动。明年的投资增长率按10%安排，力求保持经济适度快速增长的态势。各级财政要积极支持国有企业下岗分流、减员增效的改革。要进一步深化金融体制改革，采取多种形式为国有企业筹集资金，把社会资金及时有效地引导到国有企业的联合、兼并和改组上来。要积极稳妥地采取多种形式放开搞活国有小型企业，支持多种所有制经济发展，提供更多的就业机会。

要积极推进以搞好国有企业为重点的各项配套改革。最重要的是加快建立和完善社会保障体系，明年要按照国务院文件的规定，建立全省统筹的城镇职工养老保险制度，实行社会统筹和个人账户相结合。

健全企业资本金制度，坚决执行没有资本金不能上项目的规定，决不能再做“无本买卖”。同时，采取多种方式增加国有企业的资本金。要继续探索发行股票、可转换债券等直接融资方式以及其他多种融资途径。加快进行“拨改贷”债务和基建基金形成的债务转为国家资本金的工作。根据市场情况，使经营状况良好的国家重点企业改组为股份制上市公司，鼓励、引导所筹集的资金用于兼并困难企业和技术改造。近年来已经对国有企业采取了一些增资减债措施，明年要进一步加大措施的力度，新增的资金主要用于解决一些重大的结构调整项目和纺织等困难行业的问题。

3. 坚定不移地走鼓励兼并、规范破产、下岗分流、减员增效、实施再就业工程的路子。

随着科学的发展、技术的进步和国际经济结构重组的加速，国有经济特别是传统产业的结构调整和优化也必然加快，国有企业人员流动和职工下岗是不可避免的。这是经济发展中的客观规律和正常现象。世界上许多国家都曾经有过或正在发生着这样的问题。我们的国有企业人员过多、组织结构和产业结构不合理的矛盾十分突出，这是国有企业困难的重要原因。只有对国有企业进行战略性调整，把富余人员减下来，产品成本降下来，提高经济效益，国有企业的发展才有希望。实践证明，坚定不移地走鼓励兼并、规范破产、下岗分流、减员增效、实施再就业工程的路子，是搞好国有企业的一条必由之路，一项根本性措施。

现在社会上对下岗职工就业问题反应强烈，主要原因是近两年国有企业效益下降，亏损面增加，下岗职工增多，而再就业工作没有跟上。今后三年要下决心把再就业工作做好。我们的做法，绝不是把下岗职工简单地推向社会，撒手不管，而是把下岗职工先安置到企业的再就业服务中心，保证基本生活费，进行再就业培训，帮助他们逐步重新就业。要妥善处理改革力度、发展速度和群众可以承受程度三者之间的关系，不要一下子下岗太多人，以避免引起社会不稳定。当前最重要的是要把已经下岗的职工基本生活保障安排好。从明年起，要进一步完善这方面的政策。一是加快建立和完善社会保障制度，采取多种形式和有效的措施，切实保障下岗职工的基本生活。二是所有地级以上城市都要建立居民最低生活保障制度，有条件的县、镇也可以考虑尽早建立。三是采取财政、企业、社会多方筹集的办法，确保下岗职工基本生活费用所需的资金。这是关系到群众切身利益的问题，必须作为一项重要政策严格执行。

要依靠社会各方面的力量，拓宽就业门路和领域，努力发挥非国有经济和第三产业对扩大就业和再就业的作用。加强职工的职业教育和技术培训，为再就业创造条件。要转变就业观念，适应改革和发展的新要求。各级政府要从政策上鼓励和引导下岗职工和失业人员兴办集体和各种形式的联营企业或从事个体劳动。一个时期以来，不少地方在这方面已经做了大量工作，形成了一些好的做法和经验，对此要认真总结，及时推广。

4. 调整和优化国有经济结构。

搞好国有企业，必须着眼于搞好整个国有经济，对国有经济结构进行调整和优化，对国有企业进行战略性改组。

国有经济结构的调整和优化，要坚持以市场需求为导向，依靠科技进步，充分发挥市场机制的作用。要明确投资主体，形成风险机制，有效防止和解决“大而全、小而全”和重复建设的问题。多年来的盲目重复建设，不仅造成了资源的巨大浪费，也是目前国有企业困难的重要原因。现在大部分工业产品的生产能力都已经超过市场需求，决不能再铺摊子、上项目，不能再搞重复建设了。否则，不但现有困难企业难以解困，还会不断产生新的困难企业。因此，明年原则上不新上一般工业项目。基础设施项目也要从严控制，更不能搞那些超越国力的豪华的办公大楼、商场和娱乐场所。要腾出更多资金，用于加快现有企业的技术进步。要培育新的经济增长点。居民住宅建设是一个看得准的新的经济增长点，关键是要解决好政策配套的问题。

国有企业的战略性调整必须与加快技术进步有机地结合起来。国有企业要适应国内外市场需求的变化，积极调整产品结构，形成面向市场的技术创新机制，增强市场竞争力。从明年开始，要进一步加大国有企业技术改造的力度，压缩过剩的生产能力，淘汰落后的工艺设备，技术上要有突破，产品上要有创新。为此，对国有企业引进先进技术和国内不能制造的设备，实行与“三资”企业相同的进口免税政策。要积极推动科研与生产的结合，鼓励科研设计单位进入大中型企业和企业集团，建立和形成企业的技术开发中心。同时，也支持有条件的科研设计单位与国有中小企业联合，提高新产品的“中间试验”能力和工艺水平。在一些中小企业集中的中心城市，还可以建立为企业服务的科研技术中心，指导和帮助中小企业加快技术进步。要逐步加大对科技特别是高科技的投入，尽快使科研成果转化为现实生产力，推动企业的技术进步。

5. 加强企业领导班子建设。

企业改革要同加强企业领导班子建设和强化科学管理相结合。这是搞好企业的基础性工作，也是巩固企业改革成果的保证。实践证明，在一定意义上说，企业的改革和发展关键在企业的领导班子，在企业的厂长、经理。一个好的领导班子可以把一个濒临破产的企业搞好，一个素质不高的领导班子也可以把一个好的企业搞垮。所以，要加强企业领导班子建设，提高企业领导者的素质。要对企业经营管理者进行制度化的考核、评价，提高他们在市场经济条件下的经营管理水平。对软弱无力和不称职的班子，特别是那些长期亏损企业的班子，要坚决撤换和及时调整。要继续做好企业领导班子的考评工作。

进一步加强企业的管理工作，重视市场经济条件下管理观念的更新、管理内容的变化和管理方法的改进。要严格会计制度，建立和完善企业的财务监督。加强对企业经营管理人员的培训，把企业的管理工作提高到一个新的水平。明年国务院将对五百家大型企业、企业集团派出稽查特派员。

要采取改组、联合、兼并、租赁、承包经营和股份合作制、出售等形式，加快放开搞活国有小型企业的步伐。一是实行政企分开，把经营自主权真正放给企业，政府不直接干预企业的经营活动；二是实行企业的民主管理，建立健全各项规章制度，任何人不得侵犯国家和企业的利益；三是实行企业自主经营、自负盈亏，任何部门和单位都不能向企业乱收费、乱摊派。同时，要加强对企业国有资产的监管；加强市场管理和监督，打击生产和出售假冒伪劣产品的行为。

二、关于金融改革和防范金融风险

不久前，中央召开了全国金融工作会议，对解决金融改革和发展中的重大问题作出了全面部署。江泽民同志和李鹏同志在会上作了重要讲话。中共中央、国务院《关于深化金融改革，整顿金融秩序，防范金融风险的通知》已经下发。这里，我再强调以下几点。

1. 切实把思想认识统一到中央《通知》精神上来。

近年来，我国金融体制改革不断深化，金融事业稳步发展，对加强和改善宏观调控，治理通货膨胀，促进经济发展，保持社会稳定，发挥了重要作用。同时，也必须清醒地看到，金融隐患和风险不断加大，已成为当前经济生活中十分突出的问题。主要表现，一是国有银行不良资产比例高，应收未收利息急剧增加，经营日趋困难。二是非银行金融机构问题更加严重。三是一些地方和部门的单位乱设金融机构、乱办金融业务和乱搞集资活动。直接从事或变相从事金融活动的各类基金会、互助会、储金会、股金服务部、结算中心、投资公司等，几乎遍布全国各地。由此引发和导致的挤兑风潮时有发生。四是股票期货市场存在大量违法违规行为。一些地区擅自设立股票等证券交易场所，从事违规交易活动。一些国有企业和金融机构，逃避国家监管，违规进行境外期货交易，给国家造成巨额损失。五是不少金融机构和从业人员弄虚作假，高息揽储放贷，内外勾结，金融诈骗等犯罪活动猖獗，大案要案不断发生，国家为此已付出重大代价。从 1993 年下半年到今年 9 月，金融系统发生的各类经济案件累计为 9334 件；发生的金融诈骗案件 3783 件，涉案金额 724 亿元。必须从根本上解决好这些问题，否则会严重影响改革、发展和稳定。

中央对于金融领域里出现的问题十分重视，并主动地、不断地采取措施，做了大量工作。1993 年下半年从整顿金融秩序，清理乱拆借、乱集资入手，加强和改善了宏观调控。1994 年推出了金融和外汇管理体制改革。此外，我们还加快了金融立法步伐，灵活运用了利率杠杆，严肃查处了一大批金融违法违规案件。如果前几年不这样做，我国就不会有今天这样好的经济和金融形势。但是我们早就看到，金融领域的深层次问题还没有触及。这次东南亚金融危机的发生，证明我们提出防范和化解金融风险的措施是及时的、正确的，也促使我们下决心从根本上解决问题，再不能犹豫了。

当前是加快和深化金融改革、解决金融领域中问题的好时机。全国金融工作会议正确分析当前经济、金融形势，明确提出进一步深化金融改革和整顿金融秩序、防范和化解金融风险的总体要求、指导原则和主要任务，有针对性地提出了 15 项重要措施。要求用三年左右时间，力争大体建立与社会主义市场经济发展相适应的金融机构体系、金融市场体系和金融调控监管体系，显著提高金融业经营和管理水平，基本实现全国金融秩序明显好转，增强防范和抗御金融风险能力，为进一步全面推进改革开放和现代化建设创造良好的条件。

深化和加快金融改革，建立和完善现代金融体系和金融制度，从根本上解决金融领域中的问题，任务艰巨，需要付出很大的努力。这是一次根本性的改革，意义非常重大，是国家长治久安之计。对于改革中的一些措施，有些同志存在一些疑虑和担心，也是可以理解的，因为有些问题确实很复杂，解决起来难度很大。一是有的同志担心，这次改革动作很大，会不会搞得天下大乱。我们说，长痛不如短痛，问题集中而得不到解决，就可能酿成大祸。解决金融隐患问题总要付出一点代价，也可能出一点小乱子，但只要工作做得好，可以避免出大事。二是有的同志担心时机是否成熟，能否行得通。我们估计这项改革最少需要三年时间。目前宏观经济形势好，有许多有利条件。这一步现在不走，贻误时机，将来要后悔。三是有的同志提出这次改革是否照抄西方模式。应当说，我们是在充分考虑中国国情的前提下，借鉴发达国家搞市场经济的某些成功做法，不是生搬硬套。四是还有的同志担心，跨行政区设银行分行会影响中西部地区经济发展。其实，现在已经不再按地区实行存贷挂钩，国有商业银行总行对资金进行统一调度，比过去更加灵活，不会影响中西部地区的经济发展。

2. 抓紧解决金融领域里的突出问题，提高防范金融风险的能力。

在深化金融改革、整顿金融秩序过程中，要特别注意解决好一些重点问题，切实提高防范和化解金融风险的能力。

一是银行管理体制改革。党的十四届三中全会的决定，已经指出了银行体制改革的方向，这就是改变中国人民银行和国有商业银行按行政区设置的状况，精简管理层次和分支机构。这是我国银行管理体制和运行机制的一项根本性改革和创新，是完善我国现代金融体系、把银行真正办成银行的关键步骤，是防范和化解金融风险的重大措施，也是社会主义市场经济条件下建立新型的政府与银行关系的重大举措。

改革银行管理体制，要成立金融机构系统党委。这不是对地方不信任，也不是说过去金融领域出的问题责任都在地方。这样做的目的，是加强党对金融工作的集中统一领导，发挥党的思想政治优势，保证党的路线、方针、政策和国家金融法律、法规更好地在金融系统贯彻落实。改革绝不是让银行脱离地方党委、政府的监督，地方党委、政府与当地金融机构党组织应当相互支持。金融机构要加强与地方党委、政府的联系，认真听取他们对金融业发展和监管的意见和建议。地方党委和政府应在查处金融案件、维护金融秩序等方面，要继续帮助、支持金融机构的工作。

这次改革也不是把所有的金融机构都收到中央。在深化银行管理体制改革的同时，还要加快地方金融机构体系的建设。区域性的银行将来可以多发展分支机构，城市商业银行（股份制）还要增加，农村商业银行（股份制）也要开始试点，还有合作制的城市信用社和农村信用社，这些都是地方性的金融机构，可以从事存贷款业务。但是，地方性金融机构建设不能一哄而上，否则自己给自己找麻烦。组建地方性金融机构，要与国有商业银行精简分支机构和人员、整顿地市级信托投资公司和城乡信用社结合起来，充分利用现有机构的设施和人员。地方性金融机构也必须接受中国人民银行的监管，地方党委和政府不能乱加干预，要让它们依照《商业银行法》自主经营。

二是按照“法制、监管、自律、规范”的方针，积极稳步地发展资本市场，适当扩大直接融资。直接融资的作用和潜力是很大的，对此我们要有充分的估计。要把股票市场融资同国有企业改革结合起来，鼓励上市公司兼并发展前景好但目前还有困难的企业，帮助国有大中型企业摆脱困境。

发展直接融资，必须稳步前进，千万不能乱来。目前正在蔓延的非法证券发行和交易活动，如不坚决加以制止，后果不堪设想。因此，推动我国资本市场的健康发展也需要两手抓，两手都要硬。一方面，要根据中央《通知》要求和“谁批准谁负责”的原则，彻底清理和纠正各类证券交易中心和报价系统非法进行的股票（股权证）等交易活动，各地产权交易机构一律不得变相进行股票（股权证）上市交易。另一方面，要继续办好上海、深圳两个证券交易所，建立更加发达的市场交易网络，满足证券市场发展的需要。同时，还要建立和完善全国统一的证券监管体系，在部分中心城市设立证监会派出机构，充实力量，进一步整顿和规范证券市场秩序。

三是清理整顿农村合作基金会。要根据中央《通知》的要求，对农村合作基金会进行全面的清产核资，符合条件的并入农村信用社，资不抵债又不能支付到期债务的，坚决清盘、关闭。总之，要根据不同情况，采取妥善措施，分类处置，逐步解决问题。特别是要注意保护农户的合法利益，不能出大乱子。

四是处理好国有企业改革和金融改革的关系。国有企业改革与金融改革是相辅相成的，国有企业不改革，银行单独改革不会成功；没有银行改革的推动，国有企业也是改不好的。现在国有企业改革提出三年目标，银行改革也相应提出三年要求，但稍微走前一点，就是要防止企业无理挂账。最近，一些地方在小企业改革过程中，出现两个方面的问题：一是资产评估不规范，造成国有资产流失；二是逃避银行债务，变相赖账。对此，必须采取措施，予以制止。要建立和完善新型的银企关系，建立政企分开的投资体制，使金融改革和企业改革相互促进，相辅相成。

这几个问题涉及面广，影响也大，特别是与地方的工作关系比较密切。只有解决好这些突出的矛盾和问题，整个金融改革和防范金融风险的各项工作才能顺利推进。

3. 积极稳妥，分步实施。

中央《通知》是个指导性文件，是个整体思路，不是具体实施方案。《通知》中提出了 15 项重要措施，每项措施还涉及一些具体措施，要一条一条地落到实处。国务院已经成立专门的工作小组。要抓紧研究，并与地方充分商量，拿出具体方案。凡是涉及全局的重大改革和整顿的实施方案，要报中央批准后施行。

这次金融改革对现行金融体制将作较大变动，现有的机构和人员也会有调整。在具体的改革方案实施前，金融机构和队伍要保持稳定，工作不能乱，人心不能散，特别是中央银行的金融监管决不能出现真空。

防范和化解金融风险一定要讲究策略和方法。工作中既要决心大，又要步子稳。要全面统筹考虑，做好充分准备，针对不同情况，区别轻重缓急，把握好工作推进的力度和社会可承受的程度。要深入研究可能遇到的突发问题，制定相应的预案，防止引起社会的不稳定。

金融方面的教育和宣传工作十分重要。要采取多种形式和途径，广泛深入地开展金融知识、法规和金融风险意识教育，增加广大干部群众的金融知识，增强风险意识，提高对各种违法金融活动的识别和抵制能力。同时，在新闻工作中要注意坚持以正面宣传为主的原则。

三、关于粮食流通体制改革

改革开放以来，粮食流通体制改革做了很多工作，对于促进粮食生产，搞活粮食流通，保证市场供应，发挥了重要作用。但目前的粮食流通体制很不适应市场经济的要求，难以承担国家宏观调控的任务。因此，深化粮食流通体制改革是明年经济工作的一项重要任务。

1. 粮食流通体制改革势在必行。

目前的粮食流通体制基本是一种“大锅饭”体制，既不利于保护农民的生产积极性，也不利于保护消费者的利益，已经制约了粮食生产和流通的进一步发展。现行粮食流通体制的矛盾和问题主要表现在以下几方面：一是粮食系统冗员过多，成本费用过高。二是粮食企业亏损包袱越来越重，国家财政难以承受。由于政企不分，大量的经营性亏损与政策性亏损混淆在一起。过去的粮食企业财务挂账还没有完全消化，近几年又出现了大量新的挂账。三是难以适应国家宏观调控的要求。目前中央和地方政府在粮食流通方面的责任不够明确，加之粮食价格形成机制和市场体系不完善，粮食风险基金保障能力不足，粮食企业经营机制转换滞后，管理不善。因此，国家对粮食的调度往往不灵，有时还出现企业逆向操作的问题。在粮食歉收、该抛售的时候，企业不抛售，反而高价抢购；在粮食丰收、该收购的时候，企业不敞开收购，反而低价销售，加剧了粮食市场的波动。总之，现在的粮食流通体制已经到了非改不可的时候。

2. 改革的主要内容和任务。

粮食流通体制改革的主要内容是“四分开一完善”，即：实行政企分开，储备与经营分开，中央与地方责任分开，新老粮食财务挂账分开，完善粮食价格机制。通过深化改革，逐步建立国家宏观调控下中央和地方责权分明、适应社会主义市场经济要求、适合我国国情的粮食流通体制。具体来说，有以下几方面：

一是政府对粮食的行政管理职能与粮食行业的经营分开，使企业成为真正的经济实体。粮食行政主管部门专门从事粮食流通管理和调控，不得参与粮食的经营，不直接干预企业的经营活动。同时，粮食企业也不再承担政府职能。政府主管部门必须与企业在人财物等方面彻底脱钩。

二是明确中央和地方的粮食事权，全面落实粮食省长负责制。粮食工作实行中央统一领导、分级负责的体制。中央的主要责任是：制定中长期粮食发展规划；搞好全国粮食总量平衡；确定粮食购销政策和价格政策的基本原则；对粮食进出口实行统一管理；负责中央储备粮的收储和管理，并承担费用与利息补贴；搞好粮食流通设施的规划，负责中央直属库的建设；推动全国粮食市场体系的发展，指导和协调省间粮食调剂与调运；发生特大自然灾害或全国性的粮价大幅度上涨时，动用中央储备粮和采取其他方式救灾和平抑粮价；出现全国性粮价大幅度下跌时，及时按保护价收储中央储备粮。省级政府要对本地区粮食工作全面负责，确保当地粮食供求的基本平衡。

三是加强和改善国家对粮食的宏观调控。加快完善粮食储备体系，建立中央专项储备粮垂直管理体制和高效灵活的调控机制。中央专储粮的规模和品种结构由国务院确定，并尽快建立起中央直属储备库体系，做到储得进、调得动、用得上。

四是妥善解决粮食财务挂账，进一步改进和完善粮食收购资金管理办法。要分开新老财务挂账，特别要对新的粮食财务挂账进行清理，以严格分清责任，采取妥善的消化措施。粮食收购资金要严格按照“库贷挂钩”的原则和办法管理，严禁挤占挪用，已被挪用的粮食收购资金必须限期如数收回。

五是积极培育粮食市场，坚持粮食销售渠道“一主多辅”的原则。国有粮食企业要严格执行国家的粮食政策，发挥粮食流通主渠道的作用，承担粮食收购和市场供应的主要责任。粮食的收购必须执行国务院的规定，由国有粮食企业承担，不得随意放开。要加快完善粮食批发市场体系，坚持全国粮食市场的统一性。进一步放开搞活零售市场，支持和引导多种经济成分进入市场，多渠道经营零售业务。正常情况下，省际粮食余缺的调剂由各地自行解决，必要时中央下达指导性调剂计划，并运用对地方粮食风险基金的补助款促进调剂计划的实现。

六是建立和完善政府调控下的市场决定价格机制，保护粮食生产者和消费者的利益。正常情况下，粮食价格主要由市场供求状况决定。政府制定粮食的最低收购保护价和最高销售限价。一旦粮价过度波动，政府主要依靠储备粮吞吐和粮食进出口等经济手段调节粮食市场的供求和价格。

3. 建立一支精干高效的粮食职工队伍。

目前粮食系统冗员过多，素质不高，人浮于事。人员减不下来，效益就提高不上去，国家的财政负担就会越来越重。因此，粮食系统要调整人员结构，提高人员素质，走下岗分流、减员增效、实施再就业工程的路子。

推进粮食系统的下岗分流、减员增效工作，一定要从实际出发，既要坚决果断，又要有计划有步骤地进行。分流富余人员工作要根据各类粮食企业的业务性质、经营规模和设施情况等，制定科学、严格的定岗定员制度，提出分阶段的目标和实施办法，实行责任制。各级政府要把粮食系统下岗分流人员纳入当地的再就业工作计划，同时，在一定时间内给下岗人员发放基本生活费，保证他们的基本生活。今后粮食系统新办企业、新建粮库，一律从现有职工中调剂人员。粮食行业要继续贯彻“本业为主，多种经营”的方针，转换经营机制，拓宽经营服务范围，增加就业渠道。

4. 精心组织，平稳过渡。

目前国务院正在研究粮食流通体制改革措施，将于明年夏收以前出台，请各方面及早做好准备。这是一项深刻的改革，对于建立社会主义市场经济体制，具有重要意义。要坚定信心，加强领导，积极稳妥地推进改革的各项工作。

为了适应新体制的要求，国家粮食行政管理部门及国家粮食储备管理机构也要进行必要调整。各地区、各部门都要顾全大局，齐心协力，密切配合，妥善解决改革过程中出现的新问题，确保改革的顺利进行。

中美两国海底光缆建设与维护协议及总承包合同在美国首都华盛顿正式签署

中美海底光缆系统将于1999年底正式建成并投入使用。

中国政府和瑞士联邦政府共同发起设立的产业投资基金成立协议在北京签字

中国政府和瑞士联邦政府共同发起设立的产业投资基金日前正式成立。11日国家开发银行与瑞士对外经济事务办公室分别代表双方政府在成立协议上签了字。这是在我国注册的第一个中外合资产业投资基金，主要目的是支持我国境内的中国和瑞士企业的健康发展。

中瑞合作基金是中国政府和瑞士联邦政府根据1996年签署的《谅解备忘录》所建立的产业投资基金，由国家开发银行代表中国政府与瑞士政府联合投资，首批资金为3125万瑞士法郎，并可随今后业务的增加适当增长，国家开发银行占总投资的20%，瑞士联邦政府占80%。该笔基金将按照双方制定的投资指导原则，以股本、债券、贷款、担保等方式，为符合条件的企业提供各类人民币和外汇金融服务及其他非金融服务，支持中瑞合资企业的健康发展，促进瑞士企业在华投资，并确保基金的增值。

外经贸部新闻发言人就中国对新闻纸反倾销调查正式立案事答记者问

问：中国正式开展反倾销调查的意义是什么？

答：这次对新闻纸开展反倾销调查是我国自公布《中华人民共和国反倾销和反补贴条例》以来的首次对被指控进口倾销产品的立案调查。这次的新闻纸调查是国内产业第一次运用我国的反倾销法律手段来主张自己的权利，要求保护国内产业的利益。其他产业亦可根据该条例提出申请。

反倾销是世界贸易组织允许使用的抵制进口产品不公平竞争的合法手段，为世界各国所广泛采用。我国正式启用反倾销手段，表明我国在符合世界贸易组织有关反倾销反补贴等措施的要求下，反倾销领域正在逐步走向法制化，且日益与国际惯例接轨。

问：开展反倾销调查的原则和立场是什么？

答：开展反倾销调查有3个原则和立场：

一、坚决按照我国《对外贸易法》和《反倾销和反补贴条例》所确定的原则，维护对外贸易经济秩序，反对不公平贸易做法；二、借鉴国际上反倾销方面的立法和实践的丰富经验，采用国际上通行做法，并在符合世贸组织有关规定的基础上，使国内产业免受倾销产品的冲击，维护产业的正当权益；三、我们将以事实为依据，以法律为准绳，在充分调查的基础上，做出公正裁决。

问：调查将在何时作出初步裁决及最终裁决？

答：根据《反倾销和反补贴条例》及正在制订中的《实施细则》的有关规定，已立案调查决定公告之日起至最终裁定公告之日止为12个月，特殊情况下可以延长至18个月。在一般情况下，初裁应在立案60天后的合理时间内做出，在公布初裁之日起4至9个月内应做出最终裁决。

问：如何确定正常价值？如果最终裁定国外新闻纸倾销，将如何征税？

答:确定正常价值是裁定倾销的第一步,也是很重要的一个环节,按照《条例》的规定,我国在确定正常价值时,有两种方法:

(一)进口产品的相同或者类似产品在出口国市场上有可比价格的,以该可比价格为正常价值;

(二)进口产品的相同或者类似产品在出口国市场上没有可比价格的,以该相同或者类似产品出口到第三国的可比价格或者以该相同或者类似产品的生产成本加合理费用、利润为正常价值。

如果调查的最终裁定为国外新闻纸存在倾销,并对国内产业造成损害的,则可按《条例》规定的程序征收反倾销税。征收反倾销税由外经贸部根据外经贸部和国家经贸委对倾销和损害的调查结果提出建议,由国务院税则委员会决定,由海关执行。反倾销税额将不超过最终确定的倾销幅度。反倾销税的有效期限为5年。

国家科委在北京召开全国技术创新工作会议

在来自全国各有关部门和企业界近300名代表参加的会议上,国家科委副主任徐冠华介绍技术创新工程实施两年来的情况。目前,交通部、冶金部、机械部和纺织总会4个行业试点部门已进入实质性操作阶段,水利部和78个公益院所的科技体制改革也已经启动。以生产力促进中心为代表的中介服务体系建设取得了显著成绩,全国建立了106家生产力促进中心,江苏省和机械行业的10家成绩突出者成为国家级示范生产力促进中心。

在技术创新能力方面,重点推广了一批共性基础技术,如CAD技术共培训人才50万,近3000家企业进入CAD示范工程,上万家单位开始"甩掉图版"。重点加强了一批有自主知识产权的技术和产品的研究与开发,一些长期被国外封锁的关键技术已经被我掌握并有所创新,一些重要产品性能价格比已优于国外竞争对手。大力促进了一些高新技术成果的产业化和商品化。对一批引进技术进行了消化吸收、二次创新。

1997年确定了广西柳州、福建泉州、山东临沂和东营等城市作为区域试点,至此已有20多个省市组织实施了技术创新工程。

谈到今后几年的技术创新工作时,徐冠华指出,首先要推动企业成为技术创新的主体,国家科委正在会同有关部门制定鼓励科研人员面向经济主战场的政策,包括人事、工资、奖励项目管理政策。国家计委等7个部门正在研究技术引进的政策,使科研院所与企业一起参与重大技术的引进、吸收和创新。另外,要继续加强社会化科技中介服务体系建设,力争在"九五"末期建立500家生产力促进中心,并还将选择20个城市和若干高新技术产业开发区作为技术创新工程的试点。

12月12日

国务院举行第64次常务会议

李鹏总理主持会议,审议并通过《生猪屠宰管理条例(草案)》。

本条例经进一步修改后,将由国务院发布施行。

《人民日报》发表社论《开创改革开放和经济建设新局面》

刚刚闭幕的中央经济工作会议,以邓小平理论和党的十五大精神为指导,总结了今年的经济工作,提出了明年经济工作的指导思想、总体要求和重要方针,对改革和发展作了部署和安排。这次会议对于夺取改革开放和社会主义现代化建设的新胜利,具有重要的意义。

1997年,在以江泽民同志为核心的党中央领导下,我们坚持邓小平理论和党的基本路线,在改革开放和社会主义现代化建设中取得了新的巨大成就。国民经济实现了稳中求进的总体要求,继续适度快速增长,物价涨幅进一步回落,主要经济指标基本达到国家宏观调控的预期目标,市场化程度进一步提高,经济结构调整出现一些新的积极变化,对外经济技术交流继续扩大,各项社会事业取得新的成绩,"九五"计划的良好开局得到巩固和发展。特别值得指出的是,我国经济已经基本摆脱了几十年来的短缺局面,初步形成了主要生产资料和消费品的买方市场,这是一个具有深远意义的历史性转变。同时,也要清醒地看到,国民经济运行中还存在一些突出的矛盾和问题,主要是:部分国有企业和乡镇企业生产经营困难;下岗待业人员增加,部分职工生活困难;不合理重复建设仍然相当普遍;农业基础脆弱的状况尚未根本改变。党和政府对这些矛盾和问题高度重视,正在采取切实措施加以解决。

1998年,是全面贯彻落实十五大提出的各项任务的第一年。中央提出明年经济工作的总体要求是:高举邓小平理论伟大旗帜,全面贯彻落实党的十五大精神,继续推进经济体制和经济增长方式的根本转变,进一步加强农业基础地位,加快国有企业改革步伐,加大经济结构调整力度,加强和改善宏观调控,提高对外开放水平,安排好群众生活,实现国民经济持续快速健康发展和社会全面进步。根据这一总体要求,又确定了明年经济工作的六项主要任务,其中,打好国有企业改革攻坚战,使国有企业改革取得突破性进展,是做好全年工作的关键。

改革开放和经济建设的任务十分繁重、十分艰巨。各级党委和政府要以十五大精神为指导,进一步提高认识,统一思想,加强领导,把贯彻落实这次会议提出的各项任务,切实抓紧、抓实、抓好。

我们要更好地坚持以经济建设为中心的指导思想。社会主义的根本任务是发展生产力,各项工作必须坚持以经济建设为中心,是邓小平理论的基本观点,是党的基本路线的第一要求。只有把经济建设搞上去,解决各种矛盾才有坚实的基础,社会全面进步才有可靠的保证。对这一点,全党同志已经取得了共识,关键在于要进一步把这一指导思想落到实处。各级领导干部要努力克服忙于应酬、形式主义、事务主义,切实把心思和精力集中用到抓经济工作上来。在从计划经济向社会主义市场经济转变的过程中,在对外开放的条件下,新情况、新知识、新问题层出不穷,要努力防止和克服凭经验、想当然地指导工作的不良作风,加强对经济理论、经济法规、经济知识、经济政策、经济动态的学习和研究,不断提高领导经济建设的能力和水平。

我们要全面正确地分析形势、把握形势。只有对形势有科学的统一认识,才能正确理解和贯彻中央关于经济工作的各项决策,也才能有克服困难、开拓前进的良好的精神状态。看形势,要坚持两点论,而不是一点论。既要充分肯定业已取得的巨大成绩,也要高度重视存在的问题。只看到取得的成绩,看不到存在的问题,盲目乐观;或者只看到存在的问题,看不到取得的成绩,盲目悲观,这两种情绪都是错误的,有害的。只有实事求是地、辩证地认识形势,采取正确的政策措施,才能保证国民经济的持续快速健康发展。

我们要正确理解、牢牢把握经济工作必须稳中求进的方针。这一方针是根据我们的历史经验和经济发展的实际要求提出来的。一年来的实践证明,这是一个完全正确的、积极的方针。在这次经济工作会议上,江泽民同志对这一重要方针作了科学的、精辟的阐述。稳,就是继续实行适度从紧的财政货币政策,抑制通货膨胀,稳定和加强农业,防止和化解金融风险,搞好社会保障,保持稳定的宏观经济环境和社会环境;进,就是国有企业改革、金融体制改革和其他改革要有新的突破,经济结构调整要有新的进展,解决社会热点问题要有新的举措,对外开放水平要有新的提高,国民经济整体素质和效益要有明显改善,在这个前提下,继续保持一个较快的发展速度。稳和进是相辅相成、相互促进的。稳是基础,只有稳,才能更好地推进改革和发展;进是目的,只有进,才能更好地实现持久、牢固的稳。

我们要大兴深入实际、调查研究之风,充分尊重经济规律,努力掌握经济规律,切切实实地按经济规律办事。历史经验反复证明,抓经济工作同抓其他任何工作一样,按照客观规律办事,才能取得成功;违背客观规律,就会遭受挫折。经过近二十年的实践,我们党对建设有中国特色社会主义客观经济规律的认识有了很大提高,这是我们取得的伟大成绩,也是继续胜利前进的基本条件。但是我们不能有任何满足,还要看到在我们面前还存在很多未被完全认识的"必然王国"。全党同志要坚持解放思想、实事求是的思想路线,在实践中积极探索运用生产关系必须适应生产力发展的规律、科学技术是第一生产力的规律和价值规律等客观经济规律,不断地实现从"必然王国"向"自由王国"的飞跃。

我们要从处理好改革、发展、稳定关系的大局出发,更加关心群众生活,为解决部分群众的实际困难而尽心尽力。各级党委和政府要把解决好下岗职工的就业、安排好城市贫困人口的生活,作为当前和今后一个时期的一项重要任务,采取多种措施,狠抓落实。要千方百计解决好职工的再就业问题,抓好社会保障制度的建设。要加大农村扶贫攻坚的力度,继续关心和安排好农村贫困户的生产和生活。各级干部特别是领导干部,要以身作则,大力发扬艰苦奋斗、勤政廉政的优良作风,同人民群众保持密切的联系。

1998 年对于实现跨世纪的宏伟目标是十分关键的一年。全党和全国各族人民更加紧密地团结在以江泽民同志为核心的党中央周围,高举邓小平理论伟大旗帜,以党的十五大精神为指导,统揽全局,精心部署,狠抓落实,团结一致,艰苦奋斗,开拓前进,就一定能够开创改革开放和经济建设的新局面!

中国银行海外事业进入全新发展时期

中国银行行长王雪冰在该行两年一度的海外行总经理会议上说,为了适应国际银行业加强监管的趋势,中行计划用 2 年至 3 年的时间,建立、完善全球风险管理体系,并在此基础上,积极开拓业务,优化负债结构,改善资产质量,提高经济效益。

目前,中国银行的海外事业已进入了一个全新的发展时期。截至今年 10 月底,中行海外分支机构及附属公司总数达 546 家,分布于世界五大洲的 22 个国家和地区;与 1995 年年末相比,海外行各项存款增长了 26.1%。同时,海外行的资产结构发生了明显变化,各项贷款保持了适度增长,资金拆放比重逐年下降,证券投资及银团贷款比重增加。海外资产连续两年保持了稳定均衡增长。海外行税前利润连续五年保持在高水平上。1996 年和 1997 年 10 月末的税前利润同比分别增长了 17.4%和 13.4%。去年海外行整体资产利润率为 1.42%,人均利润 10.09 万美元。

国家主席江泽民在中南海会见《日本经济新闻》社长鹤田卓彦并就中国对东南亚地区基本政策和中国加入世贸组织等问题答记者问

在谈到面向 21 世纪的中日关系时，江泽民说，中日两国一衣带水，两国人民有着两千多年的友好交往。这种交往，不仅促进了两国经济和文化的发展，也为人类文明的进步作出了贡献。不幸的是，近代日本军国主义发动的侵华战争，给中国人民带来了深重的灾难，也使日本人民深受其害。前事不忘，后事之师。应该牢记历史的经验教训，促使两国关系持续、稳定、健康地发展。

江泽民说，今年是中日邦交正常化 25 周年，明年是中日和平友好条约缔结 20 周年，回顾 25 年的历程，我们欣慰地看到，在中日联合声明和中日和平友好条约原则的指导下，经过两国政府和各界人士的共同努力，两国关系总体上保持了发展的势头，双方在各个领域的交流与合作不断取得进展。中日友好关系来之不易，凝聚了双方几代人的努力和心血，值得珍惜。

江泽民说，我们很早就提出"中日世世代代友好下去"的口号。为了两国人民的根本利益，为了促进世界和平与发展的崇高事业，双方应当为建立和发展面向 21 世纪的睦邻友好合作而努力。

在谈到中日两国应如何开展经贸合作时，江泽民说，在新的历史条件下继续加强中日经贸合作，对两国都很重要。中日经贸关系发展的历史告诉我们，双方保持良好的政治关系，有利于两国经贸关系的顺利发展。双方应立足于长远，在平等互利的基础上，建立建设性的长期稳定的经贸合作关系，对两国经济合作做出长期规划和安排；推动双方经贸合作由量的积累向质的提高方向转变，开拓经贸合作的新途径、新领域。中日两国政府应在政策上对双方经贸合作加以引导，要继续发挥民间团体和企业在经贸合作中的重要作用。中日经贸关系的主流是好的，潜力是大的。只要双方都从中日友好的大局出发，妥善处理存在的各种问题，继续发挥各自的优势，两国经贸关系一定会得到新的发展。

在介绍中国对东南亚地区的基本政策时，江泽民说，发展与东南亚国家长期睦邻友好关系，是中国外交政策的重要组成部分。近年来，通过双方的共同努力，中国与东盟国家在各个领域的合作得到深入发展。中国愿与东盟国家继续努力，在和平共处五项原则的基础上，建立面向 21 世纪的睦邻互信合作关系，为维护本地区的和平、稳定与发展，促进地区经济技术合作，发挥积极作用。双方要着眼大局，面向未来，通过平等友好协商，逐步解决双方关系中存在的个别分歧。一时解决不了的，可求同存异，以免影响双方睦邻友好关系的全面发展。

关于中国加入世界贸易组织问题，江泽民说，中国具备了加入世界贸易组织的条件。没有中国的加入，世贸组织多边贸易体制是不完整的。中国是发展中国家。我们只有以此为基础，根据权利与义务平衡的原则，谈判我国在世贸组织中的权利与义务。

他说，现在谈判已取得一定进展，和有些贸易伙伴的双边谈判已经达成协议或取得进展。希望有关各方能够着眼长远利益，使中国早日成为世界多边贸易体制的一员，这对大家都是有利的。江泽民说，无论谈判的结果如何，我们的改革开放和现代化建设事业将继续进行，中国经济将照样发展下去。

江泽民还谈到了中国对国有企业改革和中西部经济发展的基本政策。他说，国有企业改革是我国经济体制改革的重点。我们正在通过建立现代企业制度，通过改革、改组、改造和加强管理相结合，通过对国有企业实施战略性改组，通过实行鼓励兼并、规范破产、下岗分流、减员增效和再就业工程等，增加国有企业的活力。我们的目标是，力争在本世纪末使大多数国有大中型亏损企业走出困境，开创国有企业改革和发展的新局面。

江泽民说，改革开放以来，东部沿海地区经济迅速发展，中西部的发展也在加快，但同东部沿海地区相比还有较大差距。我们正在采取有效措施解决这个问题。这些措施主要是，国家加大对中西部地区的支持力度，优先安排基础设施和资源开发项目，逐步实行规范的财政转移支付制度，鼓励国内外投资者向中西部投资，进一步发展东部地区与中西部地区的多种形式的联合与合作。通过这些措施的实施，逐步缩小中西部地区和东部沿海地区发展的差距。

国家主席江泽民在中南海会见美国太平洋总部司令约瑟夫·普吕厄上将

国务院总理李鹏在中南海会见乌兹别克斯坦外交部部长阿·哈·卡米洛夫

国务院总理李鹏在中南海紫光阁会见斐济外交和外贸部部长姆贝雷南多·武宁邦博

全国政协主席李瑞环在惠灵顿总督府同新西兰总督博伊斯会见

国务院副总理朱镕基在人民大会堂会见中国银行海外行总经理会议和中保集团海外公司总经理会议的代表

中共中央政治局常委胡锦涛在人民大会堂会见以副主席巴特乌勒为团长的蒙古民族民主党代表团

第十五届“中国电视金鹰奖”在上海揭晓

全国各地共有28部(位)作品和创作人员获奖。

其中,《和平年代》、《儿女情长》、《车间主任》3部作品获最佳长篇电视连续剧奖,《大漠丰碑》、《深圳人》获最佳中篇电视连续剧奖,最佳单本电视剧和最佳儿童电视剧则分别由《法官谭彦》和《同在蓝天下》获得。张丰毅和王玉梅分别以其在《和平年代》和《儿女情长》中的表演获得最佳男女主角奖,《儿女情长》中演员奇梦石、奚美娟则分获最佳男女配角奖。

12月13日

第二届“全国未成年人保护工作先进集体”和“中国保护未成年人杰出(优秀)公民”表彰会在人民大会堂举行

10名荣获“杰出公民”殊荣的分别是:

为未成年人健康成长倾注满腔热忱的老将军孙毅;长期从事失足青少年帮教工作的“全国法院模范”、北京市海淀区人民法院刑事审判二庭审判员尚秀云;热爱未成年人保护工作的北京市司法局局长助理杨艺文;为SOS儿童村事业呕心沥血的天津市SOS儿童村村长王振林;为未成年人提供系列化教育服务的吉林省长春市二道区东站街道第十居民委员会主任谭竹青;从事铁路客运员工作12年,救助100多名流浪儿童,被誉为“铁路妈妈”的北京铁路局太原分局太原火车站客运值班员史改梅;抱病坚持工作,以校为家,热情关心特困学生的海南省海口市第27小学校长傅映柏;在打击拐卖未成年人犯罪中屡建奇功的湖南省湘西土家族苗族自治州永顺县公安局刑侦大队教导员彭文;给孩子们以无私母爱的山西省大同市大同县倍加造镇解庄村村民任桂香;倾其所有仍无怨无悔的私营企业家河北省邢台市希望儿童村村长曹春生。

北京市少年管教所等100个单位荣获“全国未成年人保护工作先进集体”称号,林一兵等100名个人被授予“中国保护未成年人优秀公民”称号。

江苏省暨南京市各界人士在南京江东门纪念馆集会悼念在侵华日军南京大屠杀惨案中遇难的30万同胞

全国计划会议在北京召开

会议于12月13日至16日在北京举行。会议的任务是贯彻党的十五大精神,落实中央经济工作会议的部署,讨论和安排1998年国民经济和社会发展计划(草案),研究如何继续推进两个根本性转变,加快经济结构的战略性调整,加强和改善宏观调控,促使国民经济持续快速健康发展和社会全面进步。

国务院副总理邹家华出席了会议,并召开座谈会听取了各省、自治区、直辖市和计划单列市、新疆建设兵团负责同志的意见和建议。国家计委主任陈锦华作了题为《认真贯彻落实十五大精神,积极推进经济结构的战略性调整》的报告,总结1997年计划执行情况,对明年计划、物价工作进行具体部署。

会议强调,明年的计划工作,要根据中央经济工作会议确定的明年经济工作总体要求,继续贯彻稳中求进的方针,围绕经济结构的战略性调整,着重做好以下几项工作:第一,进一步巩固农业基础地位,增强农业的综合生产能力,坚持把加强农业放在经济工作的首位,稳定党在农村的基本政策;按照市场需求,更加注重质量和效益的提高;积极推进农业产业化,稳妥地推进粮棉流通体制改革。第二,积极培育新的经济增长点,带动结构优化升级。把培育新的经济增长点与推进两个转变结合起来。加快发展电子信息等高技术产业,推进居民住宅业健康发展,大力发展环保产业,继续加强基础设施建设,振兴装备制造业,大力开拓农村市场,积极发展海洋经济。各地要发挥本地的资源、技术和市场优势,发展各具特色的经济,防止重复建设。第三,加强对投资方向的引导,调整和优化投资结构。要继续加强农业、水利基础设施建设,优化能源、交通等基础设施和基础工业投资结构,推进高技术工程化、产业化,加强企业技术改造,原则上不新上一般工业项目,继续从严控制高档房地产项目。第四,积极发展开放型经济,进一步提高对外开放水平。优化出口结构,鼓励引进先进技术和关键设备。保持吸收外资稳定增长。第五,推进科技进步和提高劳动者素质,全面发展各项社会事业。把加快科技进步放在关键地位,支持和鼓励企业特别是大企业集团成为科技开发和投入的主体,积极实施技术创新工程和重大科技成果产业化示范工程。要继续大力发展教育事业,改善城乡人民物质和文化生活,加大扶贫攻坚力度,坚持实施可持续发展战略。第六,努力为企业改革和结构调整创造良好的宏观环境。要高度重视搞好再就业工程,把扩大就业与加快经济结构调整结合起来,与调整和完善所有制结构结合起来。有计划、有步骤地推进小城镇建设,引导农村剩余劳动力就地、就近转移。

会议指出,要继续坚持适度从紧的财政政策和货币政策,注意掌握调控力度,保持宏观经济总量的基本平衡,消除可能再度引发通货膨胀的各种因素,避免经济发展出现大的波动,有效防范和化解金融风险。完善分配结构和分配方式，建立社会保障体系，多方面创造有利于不同所有制企业公平竞争、共同发展的环境。继续深化计划、投融资和价格改革。进一步转变职能，改进计划方法，完善计划形式，健全经济信息系统，完善国家产业政策体系。投融资体制改革的重点是，以政企分开为突破口，明确企业投资主体，划分政府与企业各自的投资范围和责任，规范政府投资行为；建立企业法人和金融机构的风险责任约束机制；继续完善项目法人责任制、项目资本金制度、招标投标制和工程监理制；积极稳妥地发展直接融资市场和新的融资方式。价格改革，要进一步完善价格形成机制，积极稳妥地疏导突出不合理的价格矛盾；明确中央和地方物价管理部门的权限，健全以经济手段和法律手段为主的价格调控体系。完善宏观调控手段和协调机制，健全宏观调控体系。在充分发挥市场机制作用的基础上，主要运用经济手段和法律手段，引导和规范各类经济主体的行为；进一步发挥计划综合协调经济杠杆的功能，促使各类经济杠杆协同动作，灵活调控；加快计划、投资、价格的立法工作。

参加会议的有各省、自治区、直辖市及计划单列市主管计划工作的负责同志和计委主任、物价局长，新疆生产建设兵团的负责同志，国务院各有关部门的负责同志，国家计划单列企业集团的代表。

国务院副总理姜春云在北京会见中科院第二次野外工作会议代表并参加座谈会

姜春云日前在会见中国科学院第二次野外工作会议代表并参加座谈会时强调指出，野外科学工作者要继承和发扬唯实、求真、协力、创新、奉献的优良传统，以源于自然、高于自然为宗旨，继续在资源可持续利用、环境保护、农业发展等领域，为实施可持续发展和科教兴国战略贡献力量。

座谈会上，中科院院长路甬祥院士首先汇报了中科院野外工作情况。李小民、许毓英、蔡新平、田国良、彭少麟、张润志、李风勤、卯晓岚等野外科学工作者先后就黄金找矿、粮食估产、恢复重建人工生态系统、新疆棉花病虫害防治、冰雪资源变化对干旱地区水资源影响、真菌在医药和食物中的开发利用等研究、开发情况作了介绍发言。

姜春云说，通过 50 多个研究所 1 万多名长期从事野外工作同志的奋发努力，取得了大量的基础研究和技术开发成果。基本摸清了我国的自然资源家底，为国家对农业、林业、水利、交通、矿产、能源等产业规划与布局的宏观决策，提供了大量科学依据；为我国的资源可持续利用和环境保护，提供了大量先进适用技术、模式与经验，有效地推进了资源的可持续利用和环境保护工作；为农林牧副渔等产业的发展，进行了大量富有成效的技术试验、示范和推广，促进了农业增产、农民增收；在发展新学科、新理论方面也做出了显著成绩，使我国科学技术在部分领域居于世界前列，在不少领域与国际先进水平的差距得以缩小。特别是，通过扎实而有效的野外工作，为中国科学院、为国家培养了一大批杰出的科学技术人才。这些成绩是在非常艰苦的工作、生活条件下取得的。中科院野外工作者所表现出的科学求实精神、集体主义精神、顽强拼搏精神、无私奉献精神，值得全国科技工作者学习。

姜春云说，野外工作对于加快我国的科学技术进步，实施可持续发展战略和科教兴国战略，具有十分重要的意义。实施可持续发展战略和科教兴国战略，是由我们的国情所决定的，与世界发展趋势也密切相关。我国当前和今后的发展面临着资源相对不足与环境恶化问题，在资源与环境领域我们要研究的科学技术问题有很多，从事资源、环境、农业等领域野外工作的科技工作者，既肩负着重任，又大有可为。

姜春云说，党的十五大强调，科学技术是第一生产力，科技进步是经济发展的决定性因素。科技工作者、包括野外工作者，一方面，要关注和跟踪国际科学技术最前沿的新动态，把握时机、集中力量，在优势领域有所创新，为国家和人民再立新功；另一方面，要更加自觉地为经济建设服务，进入经济主战场。姜春云希望广大野外工作者认真贯彻十五大精神，在以江泽民同志为核心的党中央领导下，高举邓小平理论伟大旗帜，立足于中国科学院，面向全国，更好地担负起科技国家队的重任，取得更多先进的、具有国际水平的科研成果、发明和创造，为国家的重大决策及时提供更准确的科学依据，为祖国和人民赢得更大的荣誉。他要求各级党政领导关心、支持野外科技工作者的工作，为他们创造较好的工作、生活环境条件。

中国选手在泰国清迈结束的第十一届世界女子举重赛 83 公斤级和 83 以上公斤级比赛中获 3 枚金牌打破 3 项世界纪录

12 月 14 日

国家主席江泽民应东盟轮值主席 马来西亚总理马哈蒂尔·穆罕默德邀请抵达马来西亚首都吉隆坡出席东盟一中国 日本 韩国首脑非正式会晤和中国一东盟首脑非正式会晤

国家主席江泽民在下榻的吉隆坡金马宫饭店会见马来西亚总理马哈蒂尔

江泽民主席说，东亚首脑非正式会晤是历史上的第一次，马来西亚方面作出了很大的努力。我们对此表示赞赏。

马哈蒂尔总理说，江泽民主席亲自出席东亚首脑非正式会晤并同东盟国家领导人进行会晤，说明中方对这次会议的高度重视。

江泽民主席和马哈蒂尔总理表示要共同作出努力，使这次会议取得圆满成功。

两国领导人还就共同关心的其他问题交换了意见。

最高人民法院院长任建新在上海举行的全国法院院长会议上发表讲话

任建新在会议讲话中强调，今后一个时期人民法院的总任务是：严肃执法，全面推进各项审判工作，积极进行法院改革，高标准、严要求地建设好法官队伍，努力提高司法水平，开创人民法院工作的新局面，为改革、发展、稳定服务，为把建设有中国特色的社会主义事业全面推向21世纪提供可靠的司法保障。

十四大以来的五年，全国法院共审结各类一审案件2099万件，年平均递增14.7%。任建新说，坚持"严打"方针不动摇，全力维护国家安全和社会稳定，是全国法院各项工作尤其是刑事审判工作的立足点。要加大反腐败力度，继续依法从严惩处贪污贿赂等犯罪，重点惩处发生在党政领导机关、行政执法机关、司法机关和金融等经济管理部门的贪污、贿赂、挪用公款、徇私舞弊等犯罪，特别是县(处)级以上领导干部的犯罪，推动反腐败斗争的持续深入开展。要依法调节经济关系，促进社会主义市场经济健康发展。特别是要注意依法维护公有制为主体、多种所有制经济共同发展的基本经济制度，公正、平等地保护各种所有制经济形式的财产权利；依法支持和保护国有企业改革，为建立现代企业制度服务；依法保障和促进统一开放、竞争有序的市场体系的建立和宏观调控体系的健全。

任建新指出，建立起与社会主义市场经济体制相适应的公正、民主、高效的审判机制，是司法改革的一个重要内容。要进一步深化审判方式改革，建立与之配套的制约保障机制，建立和完善冤案、错案责任追究制度，真正发挥其既保证裁判公正，又增强审判人员责任感的作用。要按照法官法的要求，建立具有中国特色的法官制度。要积极推动现代司法制度的建立和完善，建立人民法院依法独立公正审判的保障机制。

任建新着重强调，人民法院建设特别是队伍建设，对保证审判任务的完成至关重要。建设一支高素质的法院干部队伍，是摆在各级人民法院面前一项紧迫而繁重的任务。到本世纪末，全部法官都要达到大专以上文化水平，各高级法院和沿海开放地区法院的法官要基本达到法律本科以上文化水平。

12月15日

东盟—中国 日本 韩国首脑非正式会晤在吉隆坡金马宫饭店联合厅举行

12个东亚国家领导人在长达3个小时的会晤中，主要就21世纪东亚地区的前景、发展和合作问题坦诚、深入地交换了意见，取得了广泛共识，会晤取得了圆满成功。

国家主席江泽民在吉隆坡举行的东盟—中日韩首脑非正式会晤时发表题为《携手合作　共创未来》讲话

在东盟成立30周年之际，东盟各国和中国、日本、韩国的领导人会聚一堂，共同探讨面向21世纪的东亚经济合作，展望东亚未来发展的前景，是一个重大创举。我相信，这次会晤对于进一步推动东亚经济合作，共创美好未来，必将产生深远的影响。

回顾20世纪，东亚地区发生了深刻变化和取得了巨大进步。近代以后，这个地区曾经是世界上充满贫困、战乱和动荡的地区之一，许多国家的人民有过非常不幸的历史遭遇。第二次世界大战后，这些国家的人民经过长期奋斗和努力，先后挣脱殖民主义的枷锁，赢得民族独立，掌握了自己的命运。它们以国际社会平等成员的姿态走上国际舞台，在国际和地区事务中发挥积极作用，不断推进自己的经济发展和社会进步，为亚洲和世界的和平、稳定与发展作出了重要贡献。

近二三十年来，东亚国家特别是东亚发展中国家的发展和振兴，谱写了20世纪亚洲历史进步的新篇章。东亚经济的增长速度居世界前列，人民生活水平迅速提高。东亚贸易在全球贸易中所占的份额明显增长，投资环境不断改善，科技水平日益提高，区域合作步伐加快。东亚已成为当今世界上最具经济发展活力的地区之一。

展望21世纪，可以满怀信心地说，推动东亚经济和社会发展达到新的水平，已经具备了比较良好的条件。

第一，维护地区的和平与稳定，发展经济科技，扩大互利合作，促进共同繁荣，成为东亚各国的共识。东亚国家致力于在相互尊重、平等相待、互不干涉内政的基础上发展相互关系，通过友好协商妥善处理存在的某些分歧。东亚政局稳定，国家关系良好。这为东亚各国保持经济持续增长，发展经济合作，创造了重要的前提条件。

第二，东亚国家具有相当的经济实力，有的进入了发达阶段，有的踏上了新兴工业化的航程，有的正在步入快速发展的行列。这一地区拥有丰富的劳动力资源和自然资源,各国都在按照自己的实际情况确定发展战略,不断调整产业结构,转变增长方式,促进科技进步,加强对外经济联系。这为东亚各国开展经济合作提供了广阔的空间。

第三,东亚各国人民在漫长的历史实践中,创造了自己的优秀文化传统。这种文化传统,以社会集体为重,崇尚自尊自强、艰苦奋斗、勤劳节俭、谦逊好学的美德,处理人际关系提倡和洽协调,对待国际关系主张和平共处。这是宝贵的精神财富。只要东亚各国结合本国的实际,顺应时代的潮流,弘扬和运用这些具有东方特色的文化传统和智慧,同时积极吸收世界各国人民创造的一切进步文明成果,就可以为不断发展东亚经济合作提供精神的动力。

总之,从政治、经济、文化、地缘等各方面看,东亚都是当今世界一支不可忽视的力量。东亚经济发展的前景是光明的。东亚各国通过各自的发展和相互合作,可以为世界各国和各地区的经济合作,创造经验和提供范例,并且可以为推动建立和平稳定、公正合理的国际政治经济新秩序,发挥重要作用。

总结过去,面向未来,为了保障东亚各国人民的根本利益,为了促进人类和平与发展的崇高事业,必须进一步加强东亚合作。我们要坚持相互尊重,平等参与,互惠互利,共同发展的原则;要加强经济技术特别是高新技术领域的合作,建立合理的地区经济结构,形成取长补短、优势互补、利益平衡、非排他性和非歧视性的经济合作模式;要通过友好对话与协商,增强信任,扩大共识,求同存异,妥善解决分歧,确保地区的和平与稳定。

在充分看到东亚经济发展取得成就的同时,也要正视前进中存在的困难和障碍。例如,东亚国家不同程度地存在不合理的经济结构、不健全的金融体制、粗放型的增长方式、滞后的基础设施建设,以及沉重的人口和环保压力等问题,都需要认真对待,切实加以解决。

近几个月发生在东南亚的金融风波,给人们以深刻启示。金融体系的正常运行,对经济全局的稳定和发展至关重要。在国际经济联系日益密切的条件下,保持健康稳定的金融形势,需要各国在完善金融的体制、政策和监管上进行努力,需要加强国际和地区的金融合作,需要共同防范国际游资过度投机的冲击。这样才能有效地维护国际金融秩序。目前,有必要进一步加强东亚地区的金融合作。中国对此持积极态度,愿意参与有关问题的讨论。

东亚一些国家的经济发展,由于发生金融风波,遇到了暂时困难。但是它们经济发展的基础还是好的,各种有利因素依然存在,经过总结经验,进行适当调整,一定能够继续向前发展。我们对此抱有信心。

中国历来十分重视并积极参与东亚合作。与周边国家保持睦邻友好,扩大互利合作,是中国对外政策的重要组成部分。根据我们制定的跨世纪发展的宏伟蓝图,中国将加快建立社会主义市场经济体制,加快实现经济增长方式的根本转变,保持国民经济持续快速健康发展。中国将完善全方位、多层次、宽领域的对外开放格局,发展开放型经济,积极参与区域经济合作和全球多边贸易体系。中国经济的发展,可以为本地区提供众多的贸易投资合作机遇和广阔的市场,对保持东亚经济的繁荣稳定是有利的;东亚经济的繁荣稳定,对中国经济的发展也是有利的。

我相信,经过共同努力,东亚各国人民一定能够在新的世纪中,创造更加美好的未来。

国家主席江泽民前往吉隆坡王宫拜会马来西亚最高元首端古·贾阿法陛下和元首后端古·纳吉哈陛下

国务院副总理兼外交部部长钱其琛在吉隆坡东盟私营部门庆祝东盟成立30周年大会上发表题为《发展合作才能获得和平与繁荣》的讲话

钱其琛说:"回首我们即将走出的 20 世纪,人类遭受了两次世界大战的浩劫和持续 40 多年的'冷战'。站在新世纪的门槛前,我们可以清晰地看到,要和平、求发展、谋稳定、促合作正汇聚成为我们时代的主流。"

钱其琛说:"总结过去的经验和教训,面向未来的机遇和挑战,我们应当有新的安全观念和寻求维护和平的新途径。"

钱其琛指出,亚太地区政治相对稳定,经济持续发展的历程还表明,保障和平是经济发展的前提。没有和平,任何建设事业都无从谈起。亚太地区,特别是东亚经济所以能高速发展,主要是由于本地区没有受到战争的威胁。

钱其琛说:我们认为,"冷战"时期以军事联盟为基础,以加强军备为手段的安全观念和体制已被证明不能营造和平。在新的形势下,扩大军事集团,加强军事同盟更是有悖于时代的潮流。要争取持久的和平,就必须培育新型的安全观念,寻求维护和平的新方式。这种观念和方式应包括以下几个方面:

——在相互尊重主权和领土完整、互不侵犯、互不干涉内政、平等互利、和平共处五项原则基础上建立国与国之间的关系。这是全球和地区安全的政治基础和前提。在这方面,大国之间建立健康、稳定的关系,对地区以至世界的和平与安全至关重要。我们高兴地看到,今年以来大国之间的关系继续改善,这对本地区安全具有积极意义。

——各国应在经济领域加强互利合作，相互开放，消除经贸交往中的不平等现象和歧视政策，逐步缩小国家之间的发展差距，谋求共同繁荣。这是全球和地区安全的经济基础。最近东南亚金融风波表明，经济安全是稳定和发展的重要组成部分。维护正常和良好的经济、金融秩序，不仅要有完善的宏观经济管理体制和健全的金融体系，而且要加强地区和世界的金融合作，共同防范国际游资的投机冲击，创造稳定、安全的外部经济环境。

——各国应通过对话与合作增进相互了解与信任，承诺以和平方式解决国家间的分歧和争端。这是确保和平与安全的现实途径。安全是相互的。安全对话合作旨在促进信任，而非制造对抗，更不应针对第三国，不能损害别国的安全利益。

钱其琛说，30年来，特别是90年代以来，东盟国家自强不息，致力于国家建设和地区合作，取得了举世瞩目的成就，在维护和平、促进发展、加强合作方面发挥了积极的作用。

在谈到中国与东盟关系时，钱其琛说："近10年来，中国和东盟各国和东盟组织的关系取得了长足的发展。尤其是中国与东盟成为全面对话伙伴以来，双方的关系上升到了新的水平。事实表明，中国与东盟是要和平、求发展、谋稳定、促合作的重要力量。中国与东盟保持友好合作关系，利在双方，惠及亚太。"

钱其琛指出，作为联合国安理会常任理事国和亚太地区的一个大国，中国高度重视并致力于促进亚太地区的和平与繁荣。

一个繁荣与发展的中国需要和平、稳定、繁荣的东亚，也必将为东亚的和平、稳定与繁荣作出自己的贡献。

国务院发出《关于香港特别行政区简称及在全国行政区划中排列顺序的通知》

各省、自治区、直辖市人民政府，国务院各部委、各直属机构：

现将香港特别行政区的简称及在全国行政区划中的排列顺序通知如下：

一、香港特别行政区简称"港"。

二、在全国行政区划序列中，香港特别行政区列在台湾省之前。

全国经贸工作会议在成都召开

会议于12月15日至17日在成都举行。会议的主要任务是认真贯彻党的十五大精神，落实中央经济工作会议部署，总结今年工作，部署明年任务，重点研究如何实现国有大中型企业3年改革与脱困的目标。中共中央政治局委员、国务院副总理吴邦国出席会议并作重要讲话，国家经贸委主任王忠禹在会上作了题为《深化改革、加快调整、重点突破、整体推进——努力开创经贸工作新局面》的工作报告。

会议认真总结回顾了今年工作，分析了经贸工作面临的形势与任务。党的十五大和十五届一中全会提出，用3年左右时间，通过改革、改组、改造和加强管理，使大多数国有大中型亏损企业摆脱困境，力争到本世纪末大多数国有大中型骨干企业初步建立现代企业制度。按照中央的要求，实现3年改革与脱困目标，对于建立比较完善的社会主义市场经济体制，保证国民经济持续快速健康发展，具有极为重要的意义，是关系改革开放和社会主义现代化建设全局的重大任务，也是今后一个时期经贸工作的中心。新的形势，新的任务，要求在经贸工作特别是国有企业改革与发展上有新的思路、新的进展、新的突破。要着眼于提高国有资产的整体质量，从战略上调整国有经济的布局和结构；要着眼于建立符合市场经济要求的新机制，把摆脱困境和制度创新结合起来；要着眼于提高我国经济的竞争力，培育一批大企业、大集团；要着眼于为企业创造良好的外部环境，加大配套改革和经济秩序整治的力度；要着眼于整个国民经济的发展，把坚持公有制为主体与发展多种经济成分结合起来。

会议提出，明年经贸工作要高举邓小平理论伟大旗帜，认真贯彻落实党的十五大和中央经济工作会议精神，"坚持一个目标，抓住两个重点，实现四个新发展"。坚持一个目标，即坚持以3年改革与脱困为目标；抓住两个重点，即纺织行业解困和实施再就业工程；实现四个新发展，即企业改革要有新突破，结构调整要有新进展，市场开拓要有新举措，经济效益要有新提高。

中央统战部部长王兆国向党外人士通报中央经济工作会议精神

受中共中央委托，王兆国，向各民主党派中央、全国工商联负责人和无党派人士代表传达中央经济工作会议精神。

王兆国在会上分别传达了江泽民、李鹏、朱镕基同志在中央经济工作会议上的讲话。王兆国指出，江泽民同志的讲话全面阐述了当前国际国内形势，结合贯彻落实十五大提出的经济工作的各项任务，提出了明年经济工作的总体要求、工作重点和主要任务；李鹏同志和朱镕基同志的讲话，对明年的经济工作作了全面部署，并就经济改革、发展的几个问题进行了论述。他们的讲话是明年经济工作的指导性文件。

王兆国希望各民主党派、全国工商联和无党派人士认真学习江泽民、李鹏、朱镕基同志的重要讲话，用中央经济工作会议精神统一思想，正确认识当前我国改革开放和经济建设的好形势，坚定信心，对中共中央、国务院确定的1998年经济工作的总体要求和主要任务，积极支持并在参与实施过程中发挥作用，作出贡献；更加紧密地团结在以江泽民同志为核心的中共中央周围，同心同德，振奋精神，围绕全党全国工作大局，围绕社会主义物质文明和精神文明建设，积极参政议政，献计献策，把我国的改革开放和社会主义各项事业进一步推向前进。

《人民日报》发表评论员文章《成功在合力》

凡是扭亏比较成功的企业，多是下定决心，瞄准市场，苦练内功。苦练内功无疑是企业扭亏的必要条件，但最终取得成功，不仅要靠企业，也要靠政府和社会的合力。

因为国有企业亏损既有企业本身经营管理机制不好的原因，也有外部市场环境没有理顺的原因。这是我们从计划经济向市场经济转轨中的特殊国情，解决内部机制问题要靠企业"三改一加强"，解决外部环境问题就要政府各部门和社会各方面多管齐下，综合治理，配套改革。

人浮于事是国有企业效益不好的普遍原因，目前，减人增效是企业扭亏的一项重要措施，对富余职工进行分离分流。但职工下岗以及再就业等问题，不能简单地视为企业的问题，而是整个社会转轨变型中需要解决的问题，政府、社会应该以极大的热情，通力合作来采取措施解决。

再就业工作是一项细致艰巨的工作，它需要在摸清人员分布及文化、年龄、性别等结构情况的基础上，制定管理、培训的政策，分别采取不同的再就业措施。这些工作正是需要政府发挥作用、提供服务的地方。以上海为例，上海市政府成立了再就业工作领导小组，公布了政府推进再就业工程的具体政策，利用职业培训、税收优惠、信贷支持三个杠杆，形成了再就业的新机制，对上海的企业改革及结构调整发挥了重要作用。因此，每一个地方在解决亏损企业的问题时，应当把这项工作纳入政府部门及社会各方齐抓共管的思路中，采取妥当的办法。

由于历史的原因，国有企业的负担不仅体现在富余人员多，还体现在企业退休人员多，企业办社会事业多。为了减轻企业负担，就要加快养老医疗保险、失业救济和社会救济等各项保障制度的建立和健全。目前，我国社会保障制度正处在雏形阶段，如何加快步伐，分离企业各项社会负担，使国有企业能够与其他企业真正站在同一起跑线上，政府要做的工作还很多。

为了解决亏损企业的问题，不仅要调整不合理的企业产品结构及企业组织结构，还要调整产业结构、地区经济结构等，在资产重组中，发挥政府和社会的合力就更显得重要。太钢集团东钢公司炼铁厂是通过跨地区的兼并取得了效益，从亏损大户变成了盈利大户。兼并工作，特别是跨地区跨行业的兼并，不仅政策性强，操作也很复杂，东钢公司以及其他许多企业兼并的成功，离开政府的宏观指导及各有关部门的支持，是不可能成功的。

做好扭亏工作在企业内部也要靠合力。既要充分发挥企业经营者的积极性和创造性，也要切实加强党的领导，发挥党组织的作用，更要全心全意地依靠工人阶级，发挥全体职工的聪明才智，有困难只要得到全体职工的理解支持，解决起来就不难。

企业扭亏，既是企业通过改革把自己塑造成真正的市场主体的过程，也是政府转变职能，促进市场环境的建设，为企业扭亏创造条件的过程，也是推动社会保障体制改革的过程。只有形成合力，我们才能克服一切困难，实现中央提出的在三年内使国有大中型亏损企业走出困境的奋斗目标，使国民经济得到新的发展。"人心齐，泰山移"。

全国人大常委会委员长乔石在人民大会堂会见由主席卡尔-海因茨·霍恩胡斯率领的德国联邦议院外交委员会代表团

印度总统纳拉亚南在新德里总统府会见中共中央政治局常委尉健行

中国藏学研究中心研究员杜泰等在洛杉矶举行的记者招待会上指出美国影片《西藏七年》捏造历史

第六届中国金鸡百花电影节颁奖典礼在广东佛山市举行

第二十届大众电影百花奖及第十七届中国电影金鸡奖分别在会上颁奖。

电影《红河谷》、《大转折》、《离开雷锋的日子》荣获第二十届大众电影百花奖最佳故事片奖。高明因饰演人民的好干部孔繁森、宁静因主演反映西藏人民抗英斗争影片《红河谷》，分别摘走最佳男主角和最佳女主角的桂冠。牛犇、宋春丽分别获最佳男女配角奖。

第十七届中国电影金鸡奖最佳故事片是历史片《鸦片战争》，北京电影制片厂与香港合作的影片《宋氏三姐妹》获最佳合拍片奖。演员刘佩琦和于慧因成功主演影片《离开雷锋的日子》和《喜莲》，分别摘走了最佳男主角和最佳女主角的桂冠。导演韦廉因执导《大转折》获得最佳导演奖。

中共中央政治局委员、国务委员、电影节组委会名誉主席李铁映参加了颁奖典礼。

12月16日

中国—东盟首脑非正式会晤在吉隆坡金马宫饭店联合厅举行

国家主席江泽民和东盟9国领导人和代表在长达1个小时15分钟的会晤中，就中国同东盟的关系广泛深入地交换了意见，并就确立中国与东盟面向21世纪的睦邻互信伙伴关系达成了共识。会晤自始至终充满着亲切友好的气氛，取得了圆满成功。

国家主席江泽民在吉隆坡金马宫饭店举行的中国东盟—首脑非正式会晤时发表题为《建立面向二十一世纪的睦邻互信伙伴关系》的讲话

今天，我有机会同东盟九国的领导人第一次共同会晤，探讨发展中国与东盟各国面向21世纪的友好合作，感到十分高兴。首先，我对东盟成立三十周年，表示热烈的祝贺！

我相信，这次会晤将标志着中国与东盟关系进入一个新的发展阶段。

我这次来，是抱着积极参与、扩大共识、增进互信、加强合作的目的，与东盟各国领导人共同探讨双方未来关系的发展目标和指导方针。

我们正处在世纪之交的重要历史时刻，应该以长远的战略眼光审视和处理双方关系，建立中国与东盟面向21世纪的睦邻互信伙伴关系。这不仅符合时代的潮流，有利于中国和东盟各国的根本利益，也有利于推动建立公正合理的国际新秩序，有利于促进亚洲与世界和平与发展的崇高事业。

中国人民和东盟各国人民都是勤劳勇敢、聪明智慧的人民，自古以来就在自己的土地上创造了灿烂的文明，形成了具有东方色彩的优秀文化传统，为人类的进步作出了重要贡献。中国与东盟各国或山水相连，或隔海相望，在悠久的交往中，人民之间形成了深厚的传统友谊。

近代以来，中国和东盟国家都发生了沧桑巨变。中国人民经过一个世纪的奋斗和牺牲，实现了民族解放，成立了新中国，又经过几十年的努力，把自己的国家建设成为一个初步繁荣昌盛的社会主义国家。东盟国家人民经过长期的艰苦斗争，挣脱殖民主义的枷锁，赢得民族独立，在建设自己国家的过程中取得了令人称道的成就。

现在，中国和东盟各国都在抓住历史机遇，按照各自的国情制定发展战略，不断发展社会生产力，保持经济的持续增长。中国加快发展社会主义市场经济，发展社会主义民主政治和社会主义文化，争取在下世纪中叶基本建成富强民主文明的现代化国家。东盟也正在推进工业化、现代化和一体化进程，你们制定的《二〇二〇年展望》已为这一进程确定了步骤，勾画了蓝图。中国和东盟各国将继续成为世界上具有强劲发展活力的国家。

中国和东盟各国都在致力于促进地区和世界的和平与发展，主张通过友好协商和坦诚合作，增强信任，扩大共同点，求同存异，妥善解决分歧，确保地区的和平与稳定。

悠久的传统友谊，相似的历史遭遇，维护和平与发展经济的共同愿望，是加强中国与东盟各国睦邻互信、友好合作的历史和现实的重要基础。

中国历来十分重视发展与东盟的关系，支持东盟在地区和国际事务中发挥积极的作用。近十年来，中国与东盟各国和东盟组织的关系取得了长足进展。特别是中国与东盟成为全面对话伙伴以来，双方的关系发展到了一个新的水平。双方高层互访频繁，经贸合作稳步扩大，各种交流日益增加，在一些重大国际和地区问题上的协调与合作得到加强。事实已经并将继续证明，中国与东盟的友好合作，不仅利在双方，而且惠及亚太。

我们双方已一致同意建立面向21世纪的睦邻互信伙伴关系。为了实现这个目标，我愿在这里提出以下几点意见：

——充分运用已经确立的全面对话合作机制，拓展双方在各个领域、各个层次、各个渠道的交流与合作，加强双方领导人和各界人士之间的交往，增进信任，扩大共识，加强友谊。

——本着优势互补、互利互惠的原则，把双方经贸、科技合作摆到重要地位，加强在资源、技术、市场、金融、信息、人力资源开发及投资等领域的合作，以利于相互促进，共同发展。

——在一些重大的地区和国际问题上，在联合国、亚太经合组织、亚欧会议及东盟地区论坛中，加强双方的相互对话、相互协调、相互支持，共同维护发展中国家的正当权益，促进发展中国家公正平等、不受歧视地参与国际经济决策和运行。

——继续通过平等友好协商，处理彼此间存在的一些分歧和争议，寻求问题的逐步解决。有的分歧一时解决不了，可以暂时搁置，求同存异，而不要因此影响双方睦邻互信伙伴关系的建立和发展。

中国始终不渝地奉行独立自主的和平外交政策，

中国对外政策的最高宗旨是和平。中国是世界上最大的发展中国家,社会生产力水平总的还比较低,还要经过几十年的艰苦奋斗才能实现现代化,需要有长期的和平国际环境特别是良好的周边环境。今后中国发达起来了,仍将继续坚持和平共处五项原则,与世界各国相互尊重,平等相待,友好相处,决不称霸。中国永远是维护世界和地区和平与稳定的坚定力量。

回首20世纪,中国与东盟国家的发展壮大和友好合作,是当今亚洲乃至世界历史进步的重要特征。展望21世纪,可以坚信,中国与东盟各国的发展繁荣和友好合作,前景将更加美好。

中国愿与东盟各国永做好邻居、好伙伴、好朋友。让我们携起手来,为建立和发展双方面向21世纪的睦邻互信伙伴关系而共同努力。

国家主席江泽民在吉隆坡与东盟国家首脑签署联合声明

一、中华人民共和国主席和东南亚国家联盟成员国国家元首/政府首脑对中国与东盟组织以及中国与东盟各国关系的迅速发展感到满意。一致认为巩固这些关系符合各自人民的根本利益和亚太地区的和平、稳定与繁荣。

二、他们确认,《联合国宪章》、《东南亚友好合作条约》、和平共处五项原则和公认的国际法应成为处理相互关系的基本准则。他们特别重申相互尊重独立、主权和领土完整和不干涉别国内政的原则。

三、他们承诺,促进睦邻友好关系,增加高层往来,加强在所有领域的对话与合作机制,以增进了解和扩大互利。

四、他们同意,在东盟地区论坛及其他地区和国际组织及论坛中加强合作。

五、他们承诺,为在21世纪实现各自和本地区的繁荣,在平等互利、共负责任的原则基础上,加强双边和多边合作,促进经济增长、可持续发展和社会进步。他们将通过中国—东盟联合合作委员会、中国—东盟经贸联委会、中国—东盟科技联委会等机制,进一步加强合作。他们将继续在亚太经济合作组织、亚欧会议等区域和次区域的组织和项目中密切相互协调与合作。

六、中国认识到东盟地区经济基础稳固,对东盟地区经济及其未来前景表示充分的信心。中国方面确信,东亚地区仍将是世界上经济增长最快的地区之一。中国和东盟国家一致认为有必要通过促进贸易和投资、便利市场准入、加强技术交流、加强有关贸易和投资的信息交流和开放,巩固他们之间密切的经济关系。他们确认在开发湄公河盆地方面有共同的利益,承诺通过促进贸易、旅游和运输领域的活动,加强对沿岸国家的支持。他们重申支持世界贸易组织成员的普遍性,支持中国以及申请加入世界贸易组织的东盟国家早日加入世界贸易组织。

七、他们注意到,中华人民共和国和东盟财长们在1997年12月2日吉隆坡会议上,讨论了在处理本地区目前金融形势方面各国的努力和地区及国际合作。他们赞同财长们达成的一致意见,即尽快实施马尼拉框架是促进地区金融稳定的建设性步骤。他们鼓励落实马尼拉框架有关倡议的努力,并与国际货币基金组织、世界银行、亚洲开发银行和国际监管机构密切配合。他们赞赏中国对最近在本地区实行的一揽子金融援助计划的贡献,并重申加强中国和东盟财长在经济和金融问题上合作的重要性。

八、他们认为,维护本地区的和平与稳定符合所有各方的利益。他们承诺通过和平的方式解决彼此之间的分歧或争端,不诉诸武力或以武力相威胁。有关各方同意根据公认的国际法,包括1982年《联合国海洋法公约》,通过友好协商和谈判解决南海争议。在继续寻求解决办法的同时,他们同意探讨在有关地区合作的途径。为促进本地区的和平与稳定,增进相互信任,有关各方同意继续自我克制,并以冷静和建设性的方式处理有关分歧。他们还同意,不让现有的分歧阻碍友好合作关系的发展。

九、中国赞赏并支持东盟在国际和地区事务中的积极作用,重申尊重和支持东盟建立东南亚和平、自由、中立区的努力。为此,中国欢迎东南亚无核武器区条约的生效。双方还欢迎条约签字国和核武器国之间为有助于后者参加东南亚无核区条约议定书而正在进行的磋商。东盟成员国认为一个和平、稳定和繁荣的中国是世界,特别是亚太地区长期和平、稳定与发展的重要因素。东盟成员国重申继续奉行一个中国的政策。

十、中国和东盟成员国承诺共同为促进亚太和世界的和平与进步作出贡献,并以积极的姿态迎接充满活力的地区和国际环境所带来的挑战。

十一、中国欢迎东盟通过的2020年展望,它反映了东盟的活力和迎接下个世纪挑战的决心。

十二、中国和东盟成员国将发展彼此之间的睦邻互信伙伴关系作为中国与东盟在21世纪关系的重要政策目标。

国家主席江泽民在下榻的吉隆坡金马宫饭店会见前来参加东盟成立30周年纪念活动的联合国秘书长安南

江泽民说,当前,国际形势正在发生深刻巨大的变化，多极化趋势在全球和地区范围都表现出强劲的势头。联合国作为当今世界最具代表性、权威性和影响力的国际组织，在国际事务中的作用是无法替代的。我们对联合国与中国之间业已存在的良好合作关系感到满意。

江泽民还说，我们赞赏秘书长为解决重大地区和国际问题所作出的努力。中国将一如既往地支持秘书长的工作，并以积极务实的精神参加联合国各领域的工作。

安南赞同江主席对当前国际形势的看法。他向江主席介绍了联合国当前在一些国际问题上的工作情况和考虑。安南说，中国作为安理会常任理事国，在联合国发挥了重要的作用，我们重视和中国的合作。

江泽民和安南秘书长还就联合国改革、柬埔寨、伊拉克等其他问题交换了看法。

国务院副总理兼外交部部长钱其琛在吉隆坡金马宫饭店举行记者招待会

钱其琛说，东盟—中国、日本、韩国首脑非正式会晤和中国—东盟首脑非正式会晤已经结束。在东盟成立30周年之际，东亚各国领导人进行会晤，共同探讨21世纪东亚合作的前景，取得了诸多共识。

钱其琛说，大家都认为，和平、发展与合作已成为本地区的主旋律。维护长期的和平与稳定，经济兴邦，科技立国，共同繁荣是东亚各国的共识。从长远看，东亚发展前景是好的。各国领导人一致认为，应当在经济、金融领域，在国际和地区合作领域，以及在湄公河流域开发和亚欧关系方面进一步加强合作。

钱其琛说，江泽民主席提出了中方关于加强东亚合作的主张，即坚持：一、相互尊重、平等相待、互惠互利、共同发展的原则；二、形成平衡发展、优势互补、非排他性和非歧视性的开放型经济合作模式；三、深化经济技术合作，加强高新技术转让，缩小发展差距，建立合理的地区经济结构；四、加强政策协调，信息分享和经验交流，为本地区的国家，特别是发展中国家营造安全的经济环境；五、树立新的安全观，通过友好对话与合作增强信任，求同存异，妥善解决分歧，确保地区的长治久安。

钱其琛指出，江泽民主席和东盟各国领导人会晤后一致通过了联合声明，确定了指导双方关系的原则，概括地讲就是：一、相互尊重，平等相待；二、对话合作，扩大共识；三、互利互惠，共同发展；四、着眼大局，求同存异。这个联合声明是本次首脑会晤的一个重要成果。

钱其琛说，在中国—东盟首脑非正式会晤期间，江泽民主席还同东盟各国领导人就如何在经贸、科技等领域的具体合作问题进行了富有成效的交谈，一致同意将加强经贸、科技合作置于优先地位，把互利合作的潜力变成共同发展的现实。

在回答中国政府会不会将人民币贬值以增强竞争力的提问时，钱其琛说，中国不会也不需要让人民币贬值，中国会采取其他措施增强中国产品竞争力和吸引外资。中国保持人民币的稳定，对东南亚国家克服金融危机也是有利的。中国参加了国际货币基金组织框架内对一些国家的援助计划，这本身就说明中国愿意帮助一些国家克服金融动荡带来的困难。

当问到中国是否支持东南亚无核区条约并准备签署这个条约的议定书时，钱其琛说，中国一贯支持有关国家在自愿的基础上建立无核区的努力，但签署议定书涉及无核区条约是否符合国际惯例等问题，就需要进行磋商。

当问到中国和一些国家建立伙伴关系时，钱外长说：中国奉行的是独立自主的和平外交政策，我们愿同所有国家建立面向21世纪的正常的、友好的合作关系，也可以说是一种伙伴关系。当然，这种伙伴关系虽各有不同的内涵，但都不是结盟关系，也不是针对任何第三方的。

钱其琛还回答了记者提出的其他问题。

全国政协主席李瑞环到堪培拉总督府拜会澳大利亚总督威廉·迪恩

全国政协主席李瑞环在堪培拉同澳大利亚众议院议长罗伯特·霍尔沃森、参议院议长玛格丽特·里德会见

国家主席江泽民根据全国人大常委会的决定任免驻外大使

一、免去秦鸿国的中华人民共和国驻大阿拉伯利比亚人民社会主义民众国特命全权大使职务。

任命翟隽为中华人民共和国驻大阿拉伯利比亚人民社会主义民众国特命全权大使。

二、免去谭兴举的中华人民共和国驻乌干达共和国特命全权大使职务。

任命宋增寿为中华人民共和国驻乌干达共和国特命全权大使。

三、免去林廷海的中华人民共和国驻莱索托王国特命全权大使职务。

任命陈来元为中华人民共和国驻莱索托王国特命全权大使。

四、免去范慧娟（女）的中华人民共和国驻爱尔兰特命全权大使职务。

任命郑锦炯为中华人民共和国驻爱尔兰特命全权大使。

全国人事厅局长会议在北京召开

为期 3 天的全国人事厅局长会议的主要议题是：贯彻党的十五大和刚刚结束的中央经济工作会议精神，总结过去 5 年的工作，部署明年工作，确定跨世纪人事工作发展思路。

国务委员李贵鲜说，实现跨世纪宏伟目标，关键在人，人事工作负有重要责任。他强调，新时期人事工作要按照十五大精神，根据跨世纪宏伟目标对建设一支高素质干部队伍的需要，加快干部制度改革步伐，深化人事制度改革；适应以公有制为主体、公有制实现形式多样化、多种经济形式共同发展的新形势，拓宽人事工作服务领域，把人才资源开发向深度和广度推进；要根据分配结构和分配方式的转变，深入研究并完善机关事业单位工资分配制度；加快社会保险制度建设步伐，积极推进配套制度改革；大力加强公务员队伍职业道德和思想作风建设。

李贵鲜要求继续深化企事业人事制度改革；加大人才培养力度；发展人才市场，并注意用政策杠杆，鼓励人才向国家重点建设工程、中西部地区、边远地区、困难企业、农村和农业生产第一线流动；积极探索大中专毕业生多种就业途径；做好军队转业干部安置工作。

李贵鲜强调，要完善公务员制度，建设一支高素质的专业化国家行政管理干部队伍。他说，要继续抓好县、乡基层机关公务员制度的人轨实施工作；突破改革难点问题，实行竞争上岗；加强公务员的思想教育，抓好人事工作中的反腐败工作；加强监督检查，通过抓制度的落实，促进良好机制的建立和运转。

人事部部长宋德福在会上作了报告。

全国电子新产品新技术展览交易会在北京展览馆开幕

全国人大常委会委员长乔石参观了展览。

在由电子工业部主办的这次展览交易会上，300 多个单位展示了他们带来的新技术、新产品共 2000 多项，涉及投资类、消费类、元器件类、应用技术等各大门类。会上，一批具有先进水平的科技成果将通过合作、引资或转让的形式，转化为生产力。

全国税务工作会议在北京召开

会议提出，全国税务系统要进一步解放思想，深化税收改革，努力实现税收管理的“四化”奋斗目标，力争用 5 年或略多一点的时间，使税收管理基本适应现代税制和社会主义市场经济发展的要求。

国家税务总局副局长项怀诚在会议上指出，近几年来，我国税制改革取得了重大突破和成功实践，税收管理也有所加强。但目前的税收管理水平与市场经济和现代税制的要求还很不适应。主要表现在税收执法软化，依法管理不严，人员素质有待提高。为此，项怀诚要求全国税务系统必须全面加强税收管理，努力实现税收管理的法制化、规范化、科学化、制度化。

项怀诚强调，实现税收管理法制化就是要做到有法可依，尽快建立健全税收法制体系，使征纳双方和社会各个部门都纳入税收法律的范围内，征税、缴税和协税护税，履行各自的法律权利和义务；要做到执法必严，严格杜绝协商办税和包税行为，坚决制止以罚代刑、以补代罚的做法；要做到违法必究，无论任何单位和个人，只要违犯了税法，都必须承担相应的法律责任，做到税法面前一律平等。

兄弟省市区对外友协交流会在长沙举行

兄弟省、市、区对外友协交流会日前在长沙举行。会议指出我国约 200 个城市与世界上 80 多个国家 500 多个城市已结成对外友好城市 800 余对。

自 1973 年天津市与日本神户结成第一对友好城市到改革开放之后，我国对外友好城市数量以每年 50 对左右增加，其中约 80％分布在沿海地带，以江苏、山东省为最多，并逐步向中西部地区推移。互结友好城市的国家中，日本与我国所结友好城市最多。

友好城市的缔结促进了各地对外经贸的发展。据不完全统计，近几年，各省通过友好城市渠道举办或参加各种贸易展销活动有 600 多次，成交额 60 多亿美元，引进各种独资、合资项目 1200 多个，吸引外资近 100 亿美元。

中国共产党中央委员会电贺南非非洲人国民大会第五十次全国代表大会召开

中国世界银行扶贫项目第二次工作会议在银川结束

国务委员、国务院扶贫开发领导小组组长陈俊生在会上强调，与国际组织合作，实施世界银行扶贫项目是中国扶贫开发进程中的一项重要举措。

从 1993 年国务院扶贫办会同有关部门开始世界银行西南扶贫项目准备工作起，至今已近 5 年时间，我国利用世界银行贷款扶贫项目数量不断增加，资金规模不断扩大，项目区域不断拓展。目前，已经实施和准备实施的西南世界银行扶贫项目、秦巴山区世界银行扶贫项目和西部世界银行扶贫项目总计可覆盖 9 个区的 94 个国家重点贫困县，项目完成后可以解决 800 万左右贫困人口的温饱问题。

陈俊生说，这800万人口占目前全国贫困人口总数的1/6，而且，这些贫困人口都集中在西南、西北最贫困的地区，解决温饱的难度最大。这部分贫困人口温饱问题的解决，对如期完成国家“八七扶贫攻坚计划”至关重要。因此，实施世界银行扶贫项目在中国扶贫攻坚中具有重要的作用。

陈俊生强调，中国的扶贫开发需要学习和借鉴国际组织在扶贫方面的科学做法和成功经验，这有利于进一步提高扶贫开发干部的能力和整体工作水平，作用很大，意义深远。世界银行扶贫项目以稳定解决贫困户温饱问题为中心，全面促进贫困地区经济社会发展的扶贫方式，很值得总结和推广。这种方式在本世纪的扶贫攻坚中需要借鉴，在下个世纪的扶贫开发中更需要借鉴。

陈俊生强调指出，我国本世纪扶贫开发的基本目标，是基本解决贫困人口的温饱问题，从下个世纪开始，扶贫开发的目标将是稳定地解决贫困户的温饱问题，进一步提高贫困人口的收入，促进贫困地区区域经济的发展，逐步缩小贫困地区与发达地区的差距，进而逐步实现全民族的共同富裕。社会主义初级阶段是跨世纪的百年进程，扶贫开发是与这个进程相始终的长期工作，是贯穿社会主义初级阶段全过程的历史任务。会议期间，陈俊生还深入到宁夏华西村考察。

印度总理古杰拉尔在新德里总理官邸会见中共中央政治局常委尉健行

双方就双边关系等共同关心的问题交换了意见。

尉健行对中印关系的发展给予积极的评价。他说，中印两国毗邻而居，双方的共同利益远远大于存在的分歧。同印度发展长期稳定的睦邻友好和互利合作关系是中国党和政府奉行的睦邻友好政策的重要组成部分，也是我们的既定方针。

古杰拉尔重申了印度政府在台湾和西藏问题上所持的原则立场，并表示，印度十分关注中国共产党召开的十五大，特别是大会就经济建设和反腐败斗争方面作出的一些决定。

在谈到南亚地区局势时，古杰拉尔表示，印度愿意并致力于同巴基斯坦、同邻国搞好关系。尉健行说，印度、巴基斯坦都是中国的友好邻邦。中国真诚希望印巴关系继续得到改善，南亚地区保持稳定与安宁。

12月17日

国务院总理李鹏在中南海接见出席全国物价系统先进集体和先进工作者表彰大会代表

李鹏说，物价问题是人民群众关心的问题，通货膨胀也是前几年经济发展中棘手的问题，曾给经济和社会带来了一定影响。中央为此制定了加强和改善宏观调控的一系列措施，其中最重要的一项任务就是把过高的物价降下来。由于中央政策的正确，在广大物价工作者的积极努力和全国人民的关心、监督下，经过几年不懈的努力，我们终于取得了举世瞩目的高经济增长、低通货膨胀的好局面。

李鹏强调说，我们正在建立社会主义市场经济体制，价格改革是一项长期的任务。经过19年的改革，物价关系不断调整，现在我国正在完善以市场为导向的价格形成机制。但有些物价关系还没有完全理顺，需要继续调整。我国经济和国际市场的关系越来越密切，也要求我们继续推进价格改革。在发展社会主义市场经济过程中，一些关系国计民生的商品，还要进行调控。在出台新的价格改革措施时，要充分考虑人民群众和企业的承受能力，一定要处理好改革、发展、稳定三者之间的关系。

李鹏强调，我们要很好地总结这些年来物价工作的经验。他希望各地物价部门进一步做好工作，为经济发展和改革发挥更大的作用。

全国政协主席李瑞环在悉尼拜会澳大利亚总理霍华德

全国政协主席李瑞环在悉尼出席澳大利亚总理霍华德为庆祝中澳建交25周年举行的招待会并发表讲话

在回顾了中澳建交25年来的历程后，李瑞环说，我们满意地看到，在双方的共同努力下，两国在各个领域的友好合作取得了令人鼓舞的成就。我愿借此机会，向所有为两国友好合作关系作出贡献的澳大利亚朋友表示崇高的敬意和诚挚的感谢。

李瑞环说，人类社会即将进入21世纪，和平与发展是当今时代的主题，经济优先成为影响国际关系发展的主要因素。在这种形势下，各国都十分重视并认真研究如何更好地融入国际社会、加强国际合作与交流。中国同样重视这个问题。我们认为，解决这个问题必须做多方面的工作，必须坚持国际社会公认的行为准则，必须坚持平等互利、求同存异。要遵循平等的原则，国家不分大小、贫富、强弱，在政治上一律平等，尊重对方的主权，尊重对方的国情，尊重对方的传统，尊重对方人民的意愿和选择。要遵循互利的原则，不论是发达国家还是发展中国家，在经贸合作中应当互惠互利，既谋求自己的利益，也考虑别人的利益，既善于利用别人的优势改变自己的劣势，又肯于发挥自己的长处弥补别人的不足，互通有无，取长补短，共同发展。要遵循求同的原则，首先要着眼同，重视同，把一致的事情先做起来，在不断合作的过程中增进了解，加深理解，消除误解，达到谅解。各国都面临着发展经济、改善生活、壮大自己的任务，在这个大同的前提下，相互之间应当诚恳相待，协商对话，超越分歧，谋求共识。要遵循存异的原则，各国之间都有差异，有些差异可以缩小或消除，对此我们应当满怀信心积极工作，但这要有一个过程，需要大度、容忍、耐心。有些差异不可能缩小或消除，大千世界万事万物不存在绝对相同，否定差异就否定了事物的特质特色。存在差异并不都是坏事，差异使世界丰富多彩，差异使交流与合作成为必需。平等互利、求同存异，是人类文明进步的结果，也是今后人类社会和平相处、继续发展的基础和追求。

李瑞环指出，中澳两国在维护世界和平、促进本地区稳定和发展方面具有共同的利益，肩负着共同的责任。澳大利亚是南太平洋地区的经济发达国家，中国是最大的发展中国家，两国经济互补性强，发展互利合作具有巨大的潜力和广阔的前景。可以说，中国需要澳大利亚，澳大利亚也需要中国。我相信，通过这次隆重庆祝两国建交 25 周年的活动，一定能够把两国关系推向一个新阶段，在即将来临的新世纪中，谱写出更加辉煌的篇章。

李瑞环介绍了中国改革开放以来的成就和当前的形势。他指出，在以江泽民同志为核心的中共中央领导下，中国人民将坚定不移地沿着邓小平开创的建设有中国特色社会主义的道路继续前进。中国的发展是对世界的重要贡献。中国人民愿与包括澳大利亚在内的世界各国人民一道，为建立一个和平、稳定、繁荣的新世纪而不懈努力。

八届全国人大常委会举行委员长会议

乔石委员长主持了会议。

会议听取了全国人大常委会秘书长曹志关于八届全国人大常委会第二十九次会议议程草案和日程安排意见的汇报。

会议决定八届全国人大常委会第二十九次会议于 12 月 24 日至 29 日在北京举行。会议建议本次常委会会议的主要议程包括：审议《中华人民共和国献血法(草案)》、《中华人民共和国价格法(草案)》、《中华人民共和国防御与减轻地震灾害法(草案)》、《中华人民共和国高等教育法(草案)》、《中华人民共和国国家高新技术产业开发区法(草案)》等。

委员长会议听取了曹志关于召开第九届全国人民代表大会第一次会议的决定草案的说明，决定提请人大常委会第二十九次会议审议。

会议还听取了全国人大法律委员会副主任委员项淳一关于献血法(草案修改稿)、价格法(草案)、防御与减轻地震灾害法(草案)和高等教育法(草案)一些主要问题修改意见的汇报。

会议还听取了曹志关于香港特别行政区第九届全国人大代表选举工作的汇报。

全国人大常委会副委员长田纪云、王汉斌、倪志福、陈慕华、费孝通、雷洁琼、李锡铭、王丙乾、王光英、程思远、卢嘉锡、布赫、铁木尔·达瓦买提出席会议。

中共北京市委八届一次全会选举贾庆林为市委书记

全国司法厅局长会议在济南召开

党的十四大以来，我国司法行政事业经历了不同寻常的 5 年，各项工作取得长足进展：顺利实现了从“二五”普法向“三五”普法的过渡，依法治理工作向纵深拓展。目前已形成自上而下的群众性学法用法高潮；创建现代化文明监狱、劳教所工作初见成效；律师制度改革取得重大进展；公证改革稳步推进，5 年共办理公证 4000 多万件，范围扩展到 200 多项；法律援助制度建设起步虽晚，但发展迅速，目前全国已有 16 个省(市)、80 多个县建立了法律援助机构，开展了法律援助业务；法学教育取得新进展，5 年共培养法律本专科毕业生 2 万多人，还培养了一批法学硕士和博士。

司法部部长肖扬在会上说，司法行政工作 5 年来取得的成就，归根到底是高举了邓小平理论伟大旗帜，学习、实践了邓小平民主法制理论。邓小平民主法制理论的精髓就是发扬社会主义民主，健全社会主义法制，坚定不移地走依法治国之路。

肖扬强调，面对世纪之交的历史机遇，司法行政机关要实践依法治国的基本方略，必须全面提高监狱、劳教工作质量，维护社会稳定，为依法治国创造良好的社会环境；必须继续推进法律服务工作的改革和发展，建立科学完备的法律服务体系，为依法治国创造良好条件；必须深入推进普法依法治理工作，为依法治国进一步提供社会实践依据；必须进一步加快法学教育、法学研究的改革和发展步伐，为依法治国培养更多跨世纪的高层次法律人才，并提供理论依据；必须建立健全法律援助制度，推进依法治国进程；必须进一步加强基层基础工作，为实践依法治国奠定群众基础；必须建设高素质的干警队伍，为依法治国提供坚强的组织保障。

国务院副总理吴邦国在成都召开的全国经贸工作会议上发表讲话

吴邦国近日在全国经贸工作会议上指出，当前要认真学习贯彻十五大、十五届一中全会和中央经济工作会议精神，既要看到国有企业改革的有利条件，克服畏难情绪，坚定信心，又要对存在的困难有足够的估计，落实各项措施，扎实工作，勇于创新，用三年左右的时间，通过改革、改组、改造和加强管理，使大多数国有大中型亏损企业摆脱困境，力争到本世纪末使大多数国有大中型骨干企业初步建立起现代企业制度，开创国有企业改革与发展的新局面。

吴邦国说，1997 年经贸工作和全国的形势一样，是好的。大家感受最深的有三点：一是效益好转，出现了可喜的发展势头。1 月至 9 月，全国 6.7 万户独立核算国有工业企业实现利税总额比去年同期增长 10.31%，盈亏相抵后实现利润增长 67.74%。二是国有企业兼并破产、减员增效和实施再就业工程工作进展顺利。三是资产重组取得重大突破。突出的是两个例子：一个是南京五家企业联合组建东联集团；另一个是齐鲁石化兼并淄博化纤、淄博化工。这是新中国成立以来最大的资产重组案例和最大的兼并案例。

吴邦国说，三年摆脱困境的具体要求有三个方面：一是从总体上讲，国有企业盈亏相抵后的经济效益明显好转，企业利润大幅度上升，涌现出一批具有竞争力的大型企业和企业集团，国有经济的控制力大大增强；二是国有大中型工业企业的亏损面下降到正常水平，基本淘汰长期性亏损企业；三是企业经营状况明显好转。三年摆脱困境的具体方法主要是：把纺织行业作为突破口，坚定不移地走鼓励兼并、规范破产、下岗分流、减员增效、实施再就业工程的路子，完善职工基本生活保障制度。

吴邦国说，要认真编制好明年国有企业兼并破产和职工再就业工作计划，1998 年纺织行业的压锭任务一定要落实，对企业分流人员要做细致的工作，同时，要高度重视企业领导班子建设。

吴邦国说，职工下岗问题，是我们经济生活中一个很突出的问题，要满腔热情地做好职工分流安置工作。要保证下岗职工的基本生活费；职工下岗要有计划地进行，要考虑各方面的承受能力；结合各地实际继续探索、制定一些优惠政策，扶持、鼓励下岗职工再就业；春节前要做好送温暖工作，保证困难企业职工过好年。吴邦国还强调，明年要继续采取坚决措施治理“三乱”，减轻企业负担。态度要坚决，不能搞形式主义，要保证重点，真正把国有大中型企业的负担减下来。

全国劳动工作会议在天津召开

中共中央政治局委员、国务院副总理吴邦国给会议发来贺信，他在贺信中说，党的十四大以来，各级劳动部门紧紧围绕建立社会主义市场经济体制的要求，积极培育和大力发展劳动力市场，建立与社会主义市场经济相适应的新型劳动制度，深入研究解决经济体制改革特别是国有企业改革中出现的新情况新问题，不断深化劳动制度改革，取得明显进展。同时，各级劳动部门还从大局出发，承担了困难企业职工解困和促进下岗职工实现再就业等方面的任务，为改革、发展和稳定做出了积极贡献。

吴邦国指出，最近召开的中央经济工作会议，对做好再就业、困难企业职工生活保障、加快社会保险制度改革等方面的工作提出了明确要求。各级劳动部门一定要按照党的十五大和中央经济工作会议的要求，努力做好工作。要积极配合国有企业改革，认真研究下岗职工分流安置的措施，提出相应的措施，狠抓落实，使更多的下岗职工实现再就业；要切实做好困难企业职工解困工作，想方设法保证他们的基本生活，努力使解困工作制度化、经常化，要把解困与再就业工作紧密结合起来；要加快养老保险制度改革步伐，逐步建立起覆盖城镇所有职工的养老、医疗、失业、工伤、生育等社会保险体系；要落实安全生产责任制，理顺收入分配关系，大力推进职业技能开发，不断加强劳动监察与劳动争议处理，努力开创劳动工作的新局面。

党的十四大以来，我国劳动工作经历了由计划经济体制向社会主义市场经济体制的历史性转变。劳动部部长李伯勇今天在会上说，我国新型劳动制度的框架已经确立，劳动力市场初步形成。

李伯勇提出今后几年劳动工作的目标是：围绕调整完善所有制结构和加快推进国有企业改革向劳动工作提出的新情况新问题，加大改革力度，巩固劳动制度改革成果，把劳动力市场建设提高到一个新水平，经济发达地区要率先建成完善的劳动力市场体系。

全国财政工作会议在北京召开

会议强调，1998 年财政工作要贯彻“稳中求进”的方针，在继续实行适度从紧的财政政策，稳定和加强农业，搞好社会保障，改善和加强宏观调控的同时，继续加强财政管理和完善财税改革的工作力度，力求改革有新突破，管理有新举措，工作有新思路。

财政部部长兼国家税务总局局长刘仲藜介绍，今年国家预算执行有四个明显特点：一是全国财政收入继续保持较高增长，财政收入增幅高于国民生产总值增幅。1 月至 11 月，全国财政收入比去年同期增长 23.2%。二是主体税种增长由强势转为平稳。三是财政收入增长结构正在发生积极变化，证券交易印花税、个人所得税、私营企业所得税和外商投资企业所得税均有大幅度增长。四是财政支出增长低于收入增长，支出结构有所调整。1 月至 11 月，全国财政支出比去年同期增长 16.4%。在支出总量得到控制的同时，教育、科技、支援经济不发达地区发展等重点支出预算完成情况较好。

刘仲藜指出，在肯定成绩的同时，也必须对当前预算执行和财政工作中存在的矛盾和问题引起足够重视，这主要是：主体税种增幅下滑，企业欠税额仍呈上升趋势，企业效益仍处于较低水平，支出结构调整滞后，财政监督的执法力度不够等。

刘仲藜强调，明年财政工作必须把握大局，努力保持经济和社会的稳定发展。要继续加强农业的基础地位，继续坚持按照保护价政策做好财政补贴工作，充实粮食风险基金，健全管理制度，凡今年没有按中央规定配套安排粮食风险基金的省区，要尽快用超收资金补足，明年必须严格按规定比例配齐。要继续搞好农村扶贫工作，加大扶贫攻坚力度，地方财政的扶贫资金配套比例要达到中央财政的30％—50％。

刘仲藜指出，明年是我国经济体制改革的重要一年，因此需要特别注意把握和处理好改革的力度，发展的速度和社会可承受的程度间的关系。为保证国有企业改革的顺利推进，各级财政部门要确保下岗职工再就业及生活保障资金的落实，严格再就业工程的经营管理，并尽快建立包括城镇企业职工养老保险制度、失业保险制度、职工医疗保险制度、城镇居民最低生活保障制度在内的社会保障体系，加快对社会保障基金实行财政专户管理的步伐，严禁以任何理由挤占挪用或用于平衡财政预算。

刘仲藜说，明年要继续深化和完善财税体制改革，切实加强财政管理，加大财政依法监督的力度，进一步规范财经秩序。要针对上市公司财务管理不规范的状况，尽快制定并出台上市公司具体会计准则，规范上市公司的税收政策和会计核算；进一步完善股份制企业会计制度，对股份合作制企业、粮食企业以及企业拍卖、租赁等会计问题作出规定；修改和完善金融业、保险业和证券公司会计制度，加强金融财务会计监督。

刘仲藜强调，要严格控制支出规模，优化支出结构，提高财政资金使用效益。明年在支出管理上必须坚决贯彻执行国务院统一的工资政策，既要保证行政事业单位职工正常增加工资和补贴的资金需要，又要认真清理、取消各种不合理的津贴、补贴。要严格控制机构人员编制。未经国务院批准，不准再增编增人，增设机构，也不允许通过乱收费、乱创收，把自行增设的机构人员列到预算外开支。要大力压缩一般性公用经费支出，坚决取消既无明确任务，又无实际内容的会议，压缩楼堂馆所建设开支，取消一些名目繁多的“节”庆活动，从严审批党政干部出国，坚决刹住公款吃喝、公款旅游等奢侈浪费之风。

刘仲藜同时要求地方各级财政在明年的预算安排上必须坚持量入为出、收支平衡的原则，不许打赤字预算，也不允许留硬缺口。

中央军委副主席张万年 迟浩田 中央军委委员傅全有 于永波 王克 王瑞林在北京会见总后嫩江基地事迹报告团成员

张万年说，这次将嫩江基地作为重大典型进行宣传，是经中央军委同意并报江主席批准的。嫩江基地经过35年的艰苦奋斗，开拓进取，在提高我军后勤保障能力、加速我国农业现代化进程中创造了光辉业绩。你们发扬我军的优良传统，屯垦戍边，无私奉献，用心血和汗水，把昔日的“北大荒”建设成为现代化的大农场；你们敢想、敢闯、敢干，坚定不移地走农业现代化道路，依靠科学技术和先进的经营管理思想，使农场的建设和管理达到了较高水平，为军队和国家建设作出了突出贡献。现在，嫩江基地是我军规模最大、效益最好的农场，30多年生产了近20亿公斤的小麦、大豆，去年实现了产粮超亿公斤，总收益超亿元，这确实是很了不起的。

张万年指出，在嫩江基地的事迹中，蕴含着丰富的先进思想和崇高的精神境界。你们坚持以毛泽东思想、邓小平理论和江主席关于军队建设的一系列论述为指导，把国防建设与国家经济建设紧密结合起来，把发扬优良传统与弘扬时代精神紧密结合起来，是一个社会主义物质文明与精神文明协调发展的先进典型。在你们身上，集中体现了我党我军艰苦奋斗的优良传统；集中体现了江主席大力提倡的“六十四字”创业精神；集中展示了改革开放新形势下全军广大官兵解放思想、实事求是、改革创新、无私奉献的良好精神面貌。全军要广泛开展向嫩江基地学习的活动，深入学习贯彻党的十五大精神，高举邓小平理论伟大旗帜，树立正确的世界观、人生观、价值观，发扬艰苦奋斗、无私奉献的革命精神，为实现国防和军队建设跨世纪发展的目标，为国家的改革开放和社会主义现代化建设，作出新的更大的贡献。

被会见的嫩江基地事迹报告团成员有总后军需部副部长兼嫩江基地主任宋青洋、基地政治委员马明利、基地副主任赵清阳、基地总农艺师吴保山、基地一场三中队队长刘振华。总后勤部政委周坤仁参加了会见。

12月18日

国家主席江泽民在人民大会堂与刚果民主共和国总统洛朗·德西雷·卡比拉举行会谈

卡比拉总统说，中国取得了令人惊叹的快速发展，希望中方继续参与刚果（民）的重建工作，并邀请中国企业到刚果（民）投资。刚果（民）愿与中国建立公正的合作伙伴关系。

江泽民对刚果(民)政府积极致力于恢复政治稳定和重建国家表示赞赏。他向客人介绍了我国正确处理改革、发展、稳定三者关系的做法,中国共产党领导的多党合作和政治协商制度以及民族团结政策。江泽民祝愿刚果(民)在维护和促进中部非洲地区的和平、稳定事业中发挥积极的作用。

会谈后,两位领导人出席了签字仪式。两国政府有关部门签署了《中华人民共和国政府关于向刚果(民)提供政府贷款的框架协议》、《中国政府和刚果(民)政府经济技术合作协定》、《中国政府向刚果(民)政府提供小额赠送的换文》和《中国政府和刚果(民)政府关于鼓励和相互保护投资协定》等合作文件。

中共中央总书记江泽民致电祝贺塔博·姆贝基当选南非非洲人国民大会主席

国务院总理李鹏副总理朱镕基在人民大会堂接见出席全国人事厅局长会议的代表

李鹏首先代表国务院向工作在人事战线的同志们致以新年的问候。他说,为适应建立社会主义市场经济体制的需要,我国人事制度进行了深刻改革,发生了很大变化。推行国家公务员制度,有利于吸引各类人才,形成竞争激励机制,并使公务员队伍不断更新,我们要进一步完善这一制度,使人才能够脱颖而出,要教育广大公务员牢记全心全意为人民服务的宗旨,使他们具有良好的作风和思想道德情操,热爱并熟悉本职工作。

李鹏指出,我们搞改革开放,需要学习国外的先进技术和管理经验,要为在华工作的外国专家提供良好的服务,使他们能更好地工作。

李鹏说,博士后制度是培训更高层次人才的一种有效形式,要继续做好这项工作,使更多的专家为现代化建设贡献自己的力量。对有突出贡献的知识分子给予政府特殊津贴,对广大知识分子也是一种激励,这一制度要很好地坚持下去。

李鹏最后希望人事工作在即将到来的1998年取得更大成绩。

国务院总理李鹏 副总理朱镕基在人民大会堂接见出席全国财政工作会议和全国税务工作会议代表并发表讲话

李鹏指出,明年要进一步增收节支,压缩赤字,必须继续坚持和完善适度从紧的财政、货币政策。这些年税收有了较大的增长,这是全国税收系统积极努力的结果。但目前偷漏税和欠税的问题还比较严重,要依法加强税收征管,增强税收工作的责任心,把该收的税款收上来。李鹏要求财政、税务系统加强队伍建设,加强审核和监督,通过税收工作保护合法收入,杜绝和打击非法收入,调节收入分配。对各种违法违纪的开支,要坚决进行查处。对于预算外的收入和开支也要认真加强监管。他希望全国财税系统进一步增收节支,以更多的财力支援国家各项建设。

李鹏要求财政、税务系统加强队伍建设,加强审核和监督,通过税收工作保护合法收入,杜绝和打击非法收入,调节收入分配。对各种违法违纪的开支,要坚决进行查处。对于预算外的收入和开支也要认真加强监管。他希望全国财税系统进一步增收节支,以更多的财力支援国家各项建设。

朱镕基在讲话中指出,如何使国民经济在"软着陆"之后,继续保持持续、快速、健康发展的好势头,对于财税系统来说还有大量艰巨而又细致的工作要做。

中共中央政治局委员温家宝在北大方正集团调研

温家宝考察了北大方正集团公司科研和生产情况,与科学家进行了座谈,对北大方正发展高科技及其产业所取得的成绩给予了充分肯定。他说,北大方正走产学研结合道路的成功实践说明,有条件的科研机构和大专院校以不同形式进入企业或同企业合作,兴办高新技术产业,是科技、教育同经济结合,促进科技成果向现实生产力转化的有效形式。

温家宝强调,发展高科技,要坚持有所为有所不为的方针,集中力量,重点攻关;实现产业化,要以市场和社会需求为导向,培育新的经济增长点。要充分考虑世界科学技术加快发展和国际经济结构加速重组的趋势,依靠高新技术,调整和优化经济结构。大力推进科教兴农,发展高产优质高效农业和节水农业;运用高新技术改造传统产业,提高产品质量,降低消耗,增强竞争能力;积极发展高新技术产业,推进国民经济信息化。要把开发新技术、新产品、新产业同开拓市场结合起来,大幅度提高高科技产品的市场占有份额和高科技产业在国民经济中的比重。温家宝指出,技术进步已成为决定经济能否持续增长的一个重要因素,面对激烈的国际竞争和科学技术日新月异的发展,我们要把科技和人才作为经济发展的重要推动力,把高科技作为经济发展的强有力的支撑,把科技创新和开发作为经济发展的坚强后盾,使整个经济发展建立在坚实的物质技术基础之上。

北大方正集团公司是北京大学创建的高新技术企业,近10年来面向经济建设开拓发展,现已成为一家业务多元化的国际性公司,是我国500家最大工业企业、国家试点企业集团和首批国家技术创新试点企业之一，在中文电子出版系统、计算机应用软件开发、计算机硬件设备制造、信息系统集成及指纹自动识别等领域取得了重大业绩，在国内外赢得了竞争优势。今年，集团公司预计产值在55亿元以上。

北京大学校长陈佳洱教授、副校长迟惠生教授，中科院院士王选、石清云、甘子钊和北大方正集团公司总裁张兆东教授等参加了座谈。

国家计委公布首批降低22项管理费收费标准

经国务院减轻企业负担部际联席会议批准，近日，国家计委会同财政部联合发出通知，公布第一批13个部门收取的22项管理费的收费标准，平均降幅为35%，降低收费标准后每年可减轻企业负担约40亿元。具体项目和标准为：（文略）

《人民日报》发表国务院副总理钱其琛接受本报记者专访——《多极化进程加快中国外交成果丰硕》

问：今年，国际舞台上发生了许多意义重大而深远的事件，国际形势中有许多新的变化。您能否就今年国际形势的特点谈谈您的看法？

答：今年国际形势和大国关系都有许多变化。总的趋势是多极化进程在加快。

无论在全球或地区范围内，也不论是在政治或经济领域，独立自主的声音、联合自强的力量、协调发展的意识都在增强。大国关系出现战略性调整。各种区域性的多边合作机制不断发展壮大。广大发展中国家日益成为国际舞台上一支不可忽视的力量。

经济因素在国际关系中的地位更趋突出，国家间相互依存关系明显加深。东南亚金融危机影响波及许多国家和地区，提出了在世界经济走向全球化过程中各国政府加强协调、共迎挑战的新课题。

问：一年来，大国关系出现深刻而复杂的调整。请问钱副总理，您是如何评价大国关系的这一重要发展及其意义的？

答：大国关系的调整，是今年国际形势变化中一个引人注目的现象。其中，美、欧、俄围绕欧洲事务的频繁接触，中、美、日、俄之间的双边首脑会晤，尤其受到国际社会的关注。大国间建立的各种伙伴关系逐渐向机制化方向发展，标志着大国关系逐步趋向稳定。

在多极化趋势加速发展的今天，各国独立自主意识日益增强。国家间调整彼此关系，构筑有利于自身发展的国际环境。这种调整是各国面向21世纪做出的战略性抉择。

应该看到，在多层次的伙伴关系中，各方都注意寻求共同利益的汇合点，加强合作与协调的一面比较突出，改善和发展关系成为调整的主流。从这个意义上讲，调整有利于国际总体形势继续趋向缓和，顺应了和平与发展的历史潮流。

问：今年，中国外交十分活跃。请您谈谈，一年来我们的外交工作有哪些主要成就？

答：今年，对中国来说是不平凡的一年，也是中国外交工作取得丰硕成果的一年。我们遵循邓小平同志的外交思想，坚持独立自主的和平外交政策，我们同周边国家的睦邻友好关系得到了加强，与发展中国家的团结合作进一步巩固，和西方发达国家的关系也有了改善和发展。中国和各大国的关系有了全面改善和加强。中国积极参与国际和地区的多边外交活动，努力倡导不结盟、不对抗、不针对第三国的新型国家关系和通过对话增进信任的新安全观，积极参与区域性、洲际性经济合作，为推动世界和平与发展发挥了独特、积极的作用。今年7月1日，我国顺利地恢复了对香港行使主权，为在“一国两制”方针指导下实现祖国的和平统一迈开了重要的一步。

问：今年秋天，江泽民主席对美国进行了成功的国事访问，引起国际社会的广泛关注。您如何评价目前的中美关系？

答：今年，中美关系有了积极的发展，突出标志就是江泽民主席对美国进行了成功的国事访问。两国领导人就面向21世纪中美关系框架和发展方向达成重要共识。双方一致认为，应当从长远的观点出发，在中美三个联合公报的基础上处理两国关系，共同致力于建设中美建设性战略伙伴关系。健康、稳定的中美关系符合中美两国人民的根本利益，而且对于促进21世纪世界的和平与繁荣具有重要的意义。应江泽民主席的邀请，克林顿总统将于明年访华。中美关系的发展面临着新的机遇。当然我们也要看到中美关系中还存在一些问题，其中最重要、最敏感的就是台湾问题。我们相信，只要严格按照中美三个联合公报的原则处理台湾问题，中美关系就能健康、稳定地向前发展。

问：中国和俄罗斯的关系近几年发展得很快，今年两国元首互访又取得了新的成果。请问钱副总理，您如何看待中俄关系的现状和前景？

答：近年来，中俄关系一直保持着良好的发展势头。两国已建立起平等信任、面向21世纪的战略协作伙伴关系。作为安理会常任理事国，两国在重大国际问题上有着广泛的共识与良好的合作。今年4月江泽民主席访俄，与叶利钦总统共同签署了关于世界多极化和建立国际新秩序的联合声明，中国、俄罗斯、哈萨克斯坦、吉尔吉斯斯坦和塔吉克斯坦五国签署了在边境地区相互裁军的协定。11月，叶利钦总统访华，两国元首举行了第五次会晤并就解决东段国界勘界的全部问题达成一致。中俄政治关系很好。相信经过共同努力，中俄经贸合作也一定能取得新的进展。

问：今年是中日邦交正常化25周年，明年是《中日和平友好条约》缔结20周年，您对中日关系有何展望？

答：今年实现了中日两国总理成功的互访，一致确认了要在遵循中日联合声明和中日和平友好条约的原则基础上，努力构筑面向21世纪的睦邻友好合作关系，实现世代友好。目前中日关系正在不断朝好的方向发展。明年是中日和平友好条约缔结20周年，我相信，只要双方本着相互尊重、求同存异的精神，立足当前，着眼长远，牢牢把握两国关系发展方向，中日关系的前景是光明的。可以预期，明年江主席对日本进行国事访问，将会进一步推动两国关系健康、稳定地向前发展。

问：中国同欧洲各国及欧盟的关系今年有什么新进展？双方关系中的主要困难是什么？

答：今年，中国同欧盟及其成员国的关系稳步发展。法国总统希拉克5月访华，双方发表联合声明，决定建立面向21世纪的全面伙伴关系，并联合倡导多极化。中德关系继续发展，互利合作不断扩大。中英双方共同努力，实现了香港政权的顺利交接，英国领导人一再表示要将香港作为两国关系的桥梁。上半年，在联合国人权会议上，法国、德国、意大利、西班牙和希腊等国决定不参与搞针对中国的提案。今年中国同欧盟的贸易额比去年有较大增长。双方在科技、教育、文化等领域的合作和交流也取得了新的进展。由于中欧历史文化传统的差异，经济发展水平不同，双方在一些问题上存在不同看法，这并不奇怪。我们认为中欧加强对话与合作，符合双方的现实和长远利益，也有利于世界的和平、稳定与繁荣。

问：今年是东盟成立30周年，现在的成员已扩大到9国。与此同时，中国与东盟的对话与合作机制开始全面运作。您如何看待中国和东盟的关系？

答：东盟作为一个区域性组织，已成为亚太地区乃至国际舞台上的一支重要力量，中国十分重视并将继续支持东盟在地区事务中发挥积极作用。中国与东盟组织的关系也取得了重要进展，双方建立了全面对话伙伴关系，确立了全面对话与合作框架。最近，江泽民主席出席了东盟与中日韩首脑非正式会晤和中国—东盟首脑非正式会晤，双方领导人就进一步加强双方在各个领域的合作充分交换意见，并在首脑会晤后发表联合声明，确立中国与东盟面向21世纪睦邻互信伙伴关系，中国与东盟之间的关系正步入一个全面发展的新阶段。

问：中国一向重视同发展中国家的关系，今年中国同广大亚、非、拉发展中国家的关系发展状况如何？

答：作为发展中国家的一员，中国一向重视同发展中国家发展关系。今年以来，中国同广大发展中国家的友好合作关系继续得到巩固和发展。今年有近40个发展中国家的国家元首、政府首脑和议会领导人访华，中国副总理以上领导人出访了约45个发展中国家。双方本着平等互利、优势互补、共同发展原则，有力地推动了各领域的双边交流与合作，在经贸领域取得新的进展。在国际事务中，双方继续密切合作，相互支持，在地区和国际多边组织中的交往与合作也日益增多。

问：香港回归是今年的一件大事。香港特区的运作一直非常顺利，但不久前东南亚金融危机也波及到香港。钱副总理，您对香港未来的发展有何展望？

答：香港回归近半年来，特区政府各项工作有条不紊，“一国两制”、“港人治港”、高度自治的方针得到了切实有效的贯彻执行。香港特别行政区保持了繁荣稳定的良好局面。

今年8月中旬以来，东南亚金融危机波及香港，股市大幅度波动，港元也遭到冲击。由于特区政府采取了有力措施，加之香港外汇储备充足，金融监管成熟，财政政策稳健，基本经济要素状况良好，国际社会依然看好香港。

我们对香港的前景始终是充满信心的。中央政府和全国人民始终是特区政府和香港同胞的坚强后盾。我们相信，香港一定能够继续保持其自由港和国际金融、贸易、航运中心的地位，保持长期的繁荣与稳定。

问：今年以来台湾当局继续推行所谓“务实外交”，鼓吹台湾是所谓“独立的主权国家”，竭力为海峡两岸谈判设置障碍，对此您有何评论？

答：实现祖国完全统一，是海内外全体中国人的共同心愿。香港回归祖国以后，海峡两岸关系备受关注。但是，台湾岛内分裂倾向的发展，严重阻碍着和平统一的进程。

今年以来，台湾当局一方面迫于各方压力，做出愿与大陆谈判的姿态；另一方面坚持分裂主义立场，把承认台是“独立主权国家”作为谈判前提，这与全体中国人民要求实现祖国统一的心愿完全是背道而驰的。

江泽民主席在十五大报告中再次郑重呼吁：作为第一步，海峡两岸可先就“在一个中国的原则下，正式结束两岸敌对状态”进行谈判，并达成协议；在此基础上，共同承担义务，维护中国的主权和领土完整，并对今后两岸关系的发展进行规划。我们希望台湾当局顺应历史发展潮流，把握时机，就两岸政治谈判作出积极回应和明智抉择。

问：中国政治稳定，经济持续发展，特别是香港顺利回归和十五大胜利召开，引起世界的关注，国际社会对中国的作用发表了许多不同的看法。您如何看待中国在未来世界格局中的地位和作用?

答:中国一贯坚持独立自主的和平外交政策,实行全方位的对外开放,努力为社会主义现代化建设创造一个长期的和平国际环境和周边环境,现在和将来都是维护世界和地区和平与稳定的坚定力量,也是促进共同发展的积极因素。作为联合国安理会常任理事国,中国充分意识到自己的责任和义务,积极参与国际合作,致力于推动建立公正合理的国际政治经济新秩序,在国际事务中发挥着建设性的作用。现在国际上有人把中国经济的发展看成为"威胁",制造所谓"中国威胁论",这是毫无根据的。衡量一个国家是致力于维护世界和平还是搞扩张主义,首要的是看其奉行什么样的政策。中国从来没有对外扩张的传统,而有过长达百年受列强侵略欺凌的屈辱史,中国强大起来也不会忘掉历史,铭记"己所不欲,勿施于人"的古训。中国现在不对任何国家构成威胁,将来发达起来了,也永远不称霸。

中国外运集团在北京宣布重组

这是中国最大的货运代理企业、三大船东之一。全国人大常委会副委员长王丙乾、外经贸部部长吴仪等出席了会议。

中国外运集团目前在国内拥有 68 家全资子公司、508 家独立法人单位、238 家合资合营企业;在海外有 11 个代表处、67 家独资合资企业。资产总额达 220 亿元,员工 6.4 万人。改革开放以来,集团承办进出口货物总量 20 多亿吨,累计实现利税 79 亿元。

重组后,中国外运总公司改组为国有独资公司,并经批准更名为中国对外贸易运输(集团)总公司。外经贸部为总公司的代行出资人,享有出资者的资产收益、重大决策和选择经营者等权益。作为集团母公司,中国外运(集团)总公司依照《公司法》把 11 家专业子公司和分布在全国各地的 57 家省市子公司重新组入集团,进行规范改制,建立出资人制度,形成以资本为主要联结纽带的母子公司体制,积极推进股份制改革。国家授权外运集团总公司统一经营集团的资产,负责组织、领导整个集团的业务经营活动,协调集团内各企业之间关系,统一对外经贸部承担集团国有资产保值增值责任。

第七届中日产业科学研讨会在北京召开

第七届中日产业科学研讨会日前在北京举行。研讨会以"产业技术进步与知识产权"为主题。国务院总理李鹏、日本首相桥本龙太郎分别发来了贺信,代表两国政府对本届研讨会的召开表示热烈祝贺。

李鹏总理在贺信中指出:"中日双方就产业技术与知识产权问题进行研讨与交流,对促进中日经济技术合作,将起到积极的作用。我希望中日两国经济技术合作,特别是高新技术领域的合作与交流不断加强。"

桥本龙太郎首相在贺信中说:"值此邦交正常化 25 周年之际,为使两国专家和有关人员一同切磋产业科学技术领域的基础课题,举办这次研讨会是非常适宜的,预祝会议圆满成功。"

国务委员宋健、日本通产大臣堀内光雄也发来了贺信。

在本届研讨会的开幕式上,国家科委常务副主任朱丽兰、中科院副院长严义埙、日本理化学研究所理事长有马朗人等出席,并就保护知识产权,促进产业技术进步与加强中日经济技术合作发表了讲话。

国务院知识产权办公会议办公室,各省、自治区、直辖市知识产权协调指导机构负责人,国务院有关部委代表,科技、经济、法律界的专家学者和产业界人士共 800 余人应邀参加了研讨会。与会代表就中日两国科技政策、产业技术创新、专利、商标等知识产权方面的法律制度、政策现状及最新进展进行交流,并深入探讨了生物基因工程、网络计算机软件保护和 21 世纪知识产权及产业发展战略。

中日两国外交国防当局第五次安全磋商在北京举行

由外交部亚洲司副司长宁赋魁率领的中方代表团和日本外务省亚洲局审议官田邦彦率领的日方代表团,就当前亚太地区安全形势、两国国防政策、日美安全合作等问题坦率、深入地交换了意见。

双方一致认为加强两国安全磋商,不仅有利于增进相互了解和信任,促进两国关系健康稳定发展,而且有利于亚太地区的和平、稳定与发展。

12 月 19 日

中纪委 监察部发出关于进一步抓好厉行节约制止奢侈浪费工作的通知

中央纪委、监察部近日发出通知,要求各级党委、政府和纪检监察机关认真贯彻落实中共中央办公厅、国务院办公厅关于做好 1998 年元旦、春节期间有关工作的通知精神,严格执行党中央、国务院关于党政机关厉行节约制止奢侈浪费行为的若干规定,安排组织好节日期间的各项工作和活动。

通知重申并提出六条要求:

——各级党委、政府和纪检监察机关要从政治的高度进一步认识发扬艰苦奋斗精神、制止奢侈浪费行为的重要意义,在广大党员、干部中继续深入开展艰苦奋斗、勤俭节约的教育,按照全国纪检监察系统电视电话会议的部署,突出重点,抓好制止奢侈浪费各项工作的落实,切实在今冬明春抓出新的成效。

——严禁用公款吃喝玩乐、挥霍浪费。不准借拜年、联谊等名义到上级领导机关所在地宴请领导机关工作人员;不准用公款支付营业性歌厅、舞厅、夜总会和高尔夫球等高消费娱乐活动的费用;不准以任何名义发放礼品和纪念品;不准参与和组织公款旅游。

——严禁赠送和接受用公款支付的各种礼金、有价证券、土特产和其他礼品。对未能拒收的,必须按规定及时登记上交。

——严肃财经纪律,严禁年终突击花钱和巧立名目滥发奖金、津贴、补贴、实物和代币购物券,严格控制社会集团购买力。

——要本着精简、节约、务实的原则,安排好节日期间的活动。对确有必要举行的会议和活动,要讲求实效,尽可能压缩规模和时间,节约开支。严禁搞形式主义的评比、表彰、检查、验收及达标等活动。严禁借节日之机乱集资、乱收费、乱摊派、乱罚款。要关心群众疾苦,继续做好减轻农民负担和企业负担的工作,加强对扶贫救灾款物管理使用情况的监督检查,对贪污、挪用、侵占扶贫救灾款物的案件要严肃查处。

——要大力倡导文明、健康、节俭的社会主义新风尚。严禁动用公车公款大操大办婚丧嫁娶等事宜并借机敛财。坚决抵制各种封建迷信、赌博等非法活动。

通知要求各级党政机关和领导干部做厉行节约、反对奢侈浪费的模范,带头遵纪守法;同时,要管好下级单位及其工作人员,切实负起党风廉政建设的领导责任。各级纪检监察机关要加强监督检查,注意发挥舆论监督、群众监督的作用。对有令不行、有禁不止、违反制止奢侈浪费若干规定的行为,要按照有关规定严肃查处;对顶风违纪情节严重、影响恶劣的典型案件,要从严处理并公开报道。

国务院总理李鹏签署国务院第238号令发布《生猪屠宰管理条例》

《生猪屠宰管理条例》已经1997年12月12日国务院第六十四次常务会议通过,现予发布,自1998年1月1日起施行。

总理 李 鹏

1997年12月19日

生猪屠宰管理条例(文略)

京九铁路沿线经济合作与社会发展研讨会在深圳召开

研讨会由各民主党派中央、全国工商联和深圳市联合举办。国务院副总理邹家华,全国人大常委会副委员长费孝通、雷洁琼,全国政协副主席王兆国、孙孚凌、万国权出席了研讨会。

会议由费孝通主持。王兆国在开幕式上讲话。

雷洁琼代表各民主党派中央、全国工商联致词说,各民主党派和工商联的换届工作不久前全部顺利完成,新一届中央领导班子产生后第一次重大的参政议政活动,就把着眼点放在京九沿线地区的开发与建设这一重大课题上,反映了各民主党派、工商联自觉树立为经济建设服务的指导思想,围绕有关国计民生重大问题发挥参政议政作用的实际行动。

各民主党派、工商联围绕京九沿线地区经济合作与社会发展问题进行了深入的调查研究,形成了一批新的成果。民盟中央主席丁石孙、民建中央主席成思危、民进中央主席许嘉璐、全国工商联主席经叔平、民革中央副主席胡敏、农工党中央副主席李蒙、致公党中央副主席杜宜瑾、九三学社中央副主席洪绂曾、台盟中央副主席刘亦铭,在研讨会上分别就"大京九"发展战略,京九经济带的地位、作用及京九沿线生产力的合理布局、相关产业的调整等问题,提出了一些意见和建议。出席本次研讨会的还有中央有关部委和金融机构、香港地区商会代表及京九沿线省、市负责人等。

国务院总理李鹏在中南海会见以美国众议院国际关系委员会亚太小组委员会主席道格·贝罗伊特为团长的美国国会众议员代表团

李鹏说,中国全国人大和美国国会之间开展友好交流是中美关系的重要组成部分,中国欢迎更多的美国参众两院议员访华,增进对中国的了解。相互了解是合作的基础。

关于中美经贸关系,李鹏说,中美经贸关系十分密切,贸易额和合资项目数量不断增加。他表示,希望中美经贸关系能在没有任何干扰和障碍的情况下得以发展。应客人的要求,李鹏还介绍了中国的民主和法制建设的进展。

国务院副总理李岚清在中南海会见英国剑桥大学校长艾莱克·布若厄斯教授及香港东亚银行副主席李国宝

艾莱克·布若厄斯是应国家教委的邀请来京访问,与中方磋商设立"中国剑桥基金"有关事宜并与清华大学开展交流的。该基金是李国宝先生为支持祖国的教育事业倡议设立的一项资助中国优秀青年赴剑桥大学学习的奖学金。

会见时,布若厄斯表示剑桥大学重视国际交流与合作,对同中国的合作持积极态度。

李岚清对此表示赞赏并对设立基金一事表示支

持。他说，剑桥大学是一所古老而世界闻名的大学，与中国的高校合作良好。中国政府重视国际科技、教育交流，希望双方在科研、人才培养、教育改革等各个领域加强合作。

李岚清还向客人们介绍了中国的“科教兴国”战略以及教育发展与改革情况。

国务院副总理兼外交部部长钱其琛在贝鲁特拜会黎巴嫩总理哈里里

就双边关系和地区形势广泛深入地交换了看法。

哈里里阐述了黎巴嫩对中东和平进程受阻的看法，希望中国在中东和平进程中发挥更大作用。

钱其琛强调，中东问题应在联合国有关决议基础上通过政治途径谈判解决。他说，以人为障碍造成和平进程停滞不前是十分危险的。以色列的大多数人是希望和平的。马德里和会确立的以土地换和平的原则是阿以恢复和谈的基础，这条重要原则不应改变。因此，以安全换和平是没有道理的，以色列必须撤出其所占的阿拉伯领土。

国务院副总理兼外交部部长钱其琛在贝鲁特同黎巴嫩外长雷斯·布维兹举行会谈

黎巴嫩总统赫拉维在贝鲁特会见国务院副总理兼外交部部长钱其琛

中国博士后基金会在清华大学举行颁奖会

段海豹等一批优秀者受到表彰。目前，我国已累计招收博士后研究人员 7400 多人。

中国的博士后制度是于 1985 年开始实施的一项培养高层次青年人才的制度。10 多年来，他们中的 3900 多人已完成研究工作，充实到科技、教育和经济建设的各个部门，成为各学科的学术、技术带头人。前不久，欧阳龙灿当选为中科院院士，成为博士后中的第一位院士。博士后科学基金会成立 7 年来，择优资助了 3300 多名优秀博士后研究人员，资助资金 3700 多万元，为他们顺利完成科研工作起到了重要的作用。

第五届中国人口文化奖颁奖仪式在人民大会堂举行

全国人大常委会副委员长陈慕华，国务委员、国家计生委主任彭珮云等有关领导，为吕剧《小岛风情》、舞剧《远山的花朵》、话剧《兵妹子》等 72 个获奖剧目的创演人员和四川、上海等 17 个单位的获奖组织者颁了奖。

12 月 20 日

外交部部长钱其琛同叙利亚外长法鲁克·沙雷在大马士革外交部举行会谈

沙雷说，这次访问是在当前中东关键形势下进行的一次重要的访问。他指出，叙利亚高度重视中国在国际上的地位和影响，也很高兴地看到叙中友好关系不断得到发展。叙利亚希望在政治、经济和文化等各个领域进一步加强同中国的关系，也欢迎中国在国际政治舞台、包括在中东事务中发挥更大的作用。

钱其琛说，中国政府对叙利亚在台湾问题上坚持“一个中国”的立场和在联合国人权领域斗争中给予的支持表示感谢。他表示，中国愿意在各个领域同叙利亚加强磋商，密切合作，在平等互利的基础上实现共同发展。

关于两国经贸关系，钱其琛说，近年来，两国经贸关系有了较大发展，尤其是去年底叙利亚总理祖阿比的访华为发展双边经贸关系注入了新的活力。中国重视发展同叙利亚的经贸合作关系，愿同叙方一道共同探讨加强和拓宽经贸合作的新途径、新方式。中方愿采取积极的办法争取逐步解决两国贸易不平衡问题。

共青团中央和国家科委联合表彰 1997 年度全国星火带头人及活动组织先进单位

近日，共青团中央和国家科委联合表彰了 1997 年度全国星火带头人及活动组织先进单位，命名王玉花、王胜祥、区煜广、许君奇、匡明、刘映华、李恒志、应军毅、谢方清、谢远秦等 10 名同志为“全国杰出青年星火带头人”，薛敦孟等 100 名同志为“全国农村青年星火带头人标兵”，唐克春等 867 名同志为“全国农村青年星火带头人”，向黑龙江团省委、省科委等 52 个先进集体颁发“全国培养农村青年星火带头人活动组织奖”。

12 月 21 日

全国组织工作会议在北京召开

这次会议是中共中央决定召开的。会议的任务是：深入学习和贯彻党的十五大精神，实事求是地回顾十四大以来党的建设和组织工作，认真总结经验，研究和部署面向新世纪的组织工作。

会议由中央组织部部长张全景主持。

中共中央政治局常委、书记处书记胡锦涛在会议上作报告。

参加会议的有各省区市党委主管组织、干部工作的负责同志、组织部长，中央、国家机关部委分管组织、人事工作的领导同志及人事司(局)长,香港工委、澳门工委和解放军总政治部、武警部队政治部的有关负责同志等共400多人。

中共中央政治局常委胡锦涛在全国组织工作会议上作题为《高举邓小平理论伟大旗帜,努力做好面向新世纪的组织工作》的报告

高举邓小平理论伟大旗帜,把建设有中国特色社会主义事业全面推向21世纪,是党的十五大的主题,是当前和今后一个时期全党全国工作的主题,也是面向新世纪加强党的建设和做好组织工作必须牢牢把握好的主题。十五大报告提出,面向21世纪的中国共产党,要把自己建设成为用邓小平理论武装起来、全心全意为人民服务、思想上政治上组织上完全巩固、能够经受住各种风险、始终走在时代前列、领导全国人民建设有中国特色社会主义的马克思主义政党。要求全党按照推进党的建设新的伟大工程的总目标,认真解决好不断提高领导水平和执政水平、不断增强拒腐防变能力这两大课题,努力从思想上、组织上、作风上全面加强党的建设,充分发挥党的思想政治优势、组织优势和密切联系群众的优势,把从严治党的方针贯彻到党的建设的各项工作中去,以保持党的先进性和纯洁性,增强党的凝聚力和战斗力。所有这些,都体现了高举伟大旗帜、推进伟大事业这个主题,构成了面向新世纪全面推进党的建设新的伟大工程的基本框架和总体部署。我们要深刻理解十五大的主题,围绕这个主题积极做好组织工作,大力加强党的建设,保证我们党以新的面貌和更强大的战斗力,团结带领全国各族人民继往开来,在21世纪写下新的光辉篇章。

下面我着重就做好面向新世纪的组织工作讲一些意见。

(一)以领导干部为重点,推动全党扎扎实实、蓬蓬勃勃地兴起理论学习新高潮

高举邓小平理论伟大旗帜,最重要的是用这一理论武装全党,首先武装好各级领导干部。各级党委和有关部门,务必按照十五大的要求,把对邓小平理论的认识提高到一个新的高度,以更大的决心、足够的精力和得力的措施,推动全党兴起学习马克思列宁主义、毛泽东思想特别是邓小平理论的新高潮,力求在学习的广度和深度上有新的发展,在学习质量上有新的提高,在弘扬马克思主义学风上有新的进步。

兴起理论学习新高潮,首先必须在端正学习态度,增强学习自觉性上下功夫。应当看到,把建设有中国特色社会主义事业全面推向新世纪的任务,对全党学习掌握邓小平理论,加强理论修养,提出了更高的要求。在这样的形势下,越来越多的同志学理论的热情和自觉性不断提高,这是十分可喜的。然而,在领导干部中也还有不少同志学习理论的兴趣不浓,自觉性不高,忙于各种应酬,就是不挤时间学习。有的把学习与工作割裂开来、对立起来,以干代学,不愿在钻研理论上下功夫。有的虽然在学,但不认真、不刻苦,浅尝辄止,不善于运用理论武器分析形势,指导工作,解决现实问题。各级党委要引导广大党员干部首先是领导干部,进一步提高对理论武装的重要性、迫切性的认识,认真纠正一些同志对待理论学习的不正确态度,为兴起理论学习新高潮打下牢固的思想基础。

兴起理论学习新高潮,必须把学习邓小平理论同学习十五大精神结合起来。江泽民同志在十五大上的报告,通篇高举邓小平理论的伟大旗帜,在改革开放和现代化建设的一系列重大问题上作出了新的重大决策,在理论上有新突破、新发展,是用邓小平理论研究新情况、解决新问题的典范。只有深入学习邓小平理论,才能全面准确地理解十五大报告的精神实质;只有认真学习十五大报告,才能更深刻地理解邓小平理论的指导意义和对解决现实问题的巨大作用。要把十五大报告作为学习邓小平理论的一个基本文件,通过学习十五大报告,引导大家着重解决好四个问题:(一)深刻理解邓小平理论的历史地位和指导意义,自觉坚持用这一理论指导思想和行动。要把马列主义、毛泽东思想和邓小平理论作为统一的科学体系来学习和掌握,不能把它们割裂开来;要把邓小平理论作为引导我们认识世界改造世界的强大思想武器来学习和掌握,真正领会精神实质。(二)深刻理解和全面把握我国社会主义初级阶段的基本特征与现实国情,从而真正弄清楚我们党为什么只能实行现在这样的路线和政策而不能实行别样的路线和政策,增强执行党的基本路线、基本纲领的自觉性、坚定性,提高鉴别原则是非和排除各种干扰的能力。(三)深刻理解十五大为我国跨世纪发展作出的一系列新的重大决策。当前,尤其是在调整和完善所有制结构,探索公有制实现形式多样化,推进国有企业改革中,要全面、正确地理解和贯彻十五大精神,尊重客观规律、尊重群众意愿,切忌片面性、绝对化和一刀切。(四)深刻理解面向新世纪的中国共产党肩负的重大历史责任,牢固树立办好中国的事情关键在党的思想,认真按照加强党的建设的总目标总要求,努力推进新的伟大工程。

兴起理论学习新高潮,必须大力弘扬理论联系实际的马克思主义学风。要以马克思主义为指导,以我国改革开放和现代化建设的实际问题、以我们正在做的事情为中心,着眼于马克思主义理论的运用,着眼于对实际问题的理论思考,着眼于新的实践和新的发展。解放思想,实事求是,研究新情况,解决新问题,总结新

经验，既珍惜已有的成果和经验，又随着实践的发展不断有所创新。要大力发扬认真学习的风气，民主讨论的风气，积极探索的风气，求真务实的风气。坚持学用结合，把学与用、知与行结合起来，既用理论指导我们改造客观世界，提高研究解决改革开放和现代化建设实际问题的本领，又用理论指导我们改造主观世界，增强党性锻炼，牢固树立正确的世界观、人生观、价值观。

兴起理论学习新高潮，各级领导干部，首先是高中级领导干部要起好表率作用。中央决定举办两期新进中央委员会的中央委员和候补委员学习邓小平理论和十五大精神研讨班，第一期研讨班已经开学。地方各级党委也应从各自的实际出发，抓紧安排新进领导班子的同志集中学习。主要领导同志要亲自抓，精心组织，精心指导，努力取得好效果。要在认真总结经验的基础上，结合新的情况，继续把领导干部的理论培训工作搞好。在这里，要明确提出，自 1993 年 10 月中央举办省部级主要领导干部理论研讨班以来，凡没有参加过集中理论培训的省部级领导干部，在今后两年内，都要安排参加一次集中学习培训。各级党委中心组是领导干部学习的一种重要形式，要坚持下去，健全制度，保证时间，提高质量。各级领导干部都要处理好学习与工作的关系，养成自学的习惯。各级党委要加强对领导干部学习的指导，对不同层次的领导干部要有针对性地规定学习内容，列出必读书目，提出明确要求，加强督促检查。要切实建立和严格执行对干部学习理论的考核制度。对那些学习好、工作成绩显著的干部，要给予表彰和重用；对那些自己不懂又不学，工作应付、不求进取的，要给予批评教育，必要时应进行调整。要继续抓好在领导干部中开展的以“讲学习、讲政治、讲正气”为主要内容的党性党风教育。还要按照规划，组织各级领导干部学习社会主义市场经济知识、现代科学技术知识、法律知识、管理知识、历史知识以及做好工作所必需的其他知识，全面提高干部的素质。

（二）以思想政治建设为重点，全面加强领导班子建设

高举邓小平理论伟大旗帜，推进建设有中国特色社会主义伟大事业，要求我们把各级领导班子建设成为坚决贯彻党的基本理论和基本路线、全心全意为人民服务、具有领导现代化建设能力、团结坚强的领导集体。按照这一总的要求，尤其要在不断提高领导水平和执政水平、不断增强拒腐防变的能力上下功夫。这一个提高、一个增强，是全党面对新形势、新任务必须解决好的历史性课题。就县级以上各级领导班子、特别是高级干部而言，提高领导水平和执政水平，主要的要求，一是提高以邓小平理论为指导，从实际出发贯彻执行党的路线方针政策，总揽改革开放和现代化建设全局的水平；二是提高以经济建设为中心，驾驭和运用社会主义市场经济规律的水平；三是提高依法治国，发展社会主义民主，健全社会主义法制，正确处理改革、发展、稳定三者关系的水平；四是提高坚持两手抓、两手都要硬的方针，推动两个文明建设协调发展和社会全面进步的水平。关于增强拒腐防变能力，主要就是在错综复杂的国际环境中，既坚持对外开放，善于吸收借鉴一切对我有用的东西，又能警惕和抵制敌对势力对我实行西化、分化的图谋；在深化改革、发展社会主义市场经济的新形势下，既勇于改革、大胆创新，又能继承和发扬党的优良传统，经受住各种风险、困难的考验和腐朽思想、生活方式的侵袭。

加强领导班子建设，一定要抓住实践党的宗旨、密切联系群众这个根本问题。我们党来自人民、植根于人民、服务于人民。人民群众是我们党的力量源泉和胜利之本。党在长期斗争中形成的密切联系群众的优势，来之不易。在新的历史条件下，更要十分珍惜并结合新的实践充分发挥这个优势。各级领导干部必须牢固树立马克思主义的群众观点，始终不渝地实践全心全意为人民服务的宗旨，任何时候都把人民利益放在高于一切的位置。要全面正确积极地执行党的路线方针政策，既要善于发现群众的创造，总结基层经验，又要善于把党的路线方针政策变为群众的自觉行动，把对上级负责与对群众负责统一起来。要正确行使手中的权力，真正为人民掌好权、用好权。坚决反对弄权渎职、虚报浮夸、强迫命令、以权谋私等损害群众利益的行为。要坚定地相信群众，紧紧地依靠群众，遇事同群众商量。比如，在推进国有企业改革中，要把企业改革方案交给群众讨论，把企业面临的问题和我们为克服困难采取的办法向群众讲清楚，听取群众的意见，这样才能得到群众的理解和支持，我们克服困难的力量也就会大得多。各级领导干部必须把群众的冷暖疾苦时刻挂在心上，想群众之所想，急群众之所急。当前，尤其要十分关心灾区、贫困地区的群众，十分关心困难企业和下岗的职工群众，发动各方面的力量，千方百计帮助他们解决实际困难。

加强领导班子建设，必须认真贯彻民主集中制，在增强团结、形成合力上有明显进步。在实行改革开放，发展社会主义市场经济的条件下，民主集中制不仅不能削弱，而且必须进一步坚持和完善。根据当前情况，要在四个方面认真作出努力：一是按照民主集中制原则处理好地方、部门同中央的关系，坚决维护中央权威，自觉在政治上同中央保持一致。在深化改革、调整利益关系中，尤其要强化全局观念，保证中央的决策顺利贯彻执行，坚决纠正有令不行、有禁不止的歪风。二是健全党委制，增强领导班子内部的团结。要认真执

行《中国共产党地方委员会工作条例（试行）》，严格按照《条例》规定的党委会及其常委会的职责范围、议事规则、决策程序行事。既不能用书记办公会代替常委会，也不能用常委会代替党委会。既要健全集体领导，实行民主决策、科学决策，又要坚持分工负责，每个领导成员都要摆正自己在领导集体中的位置，“班长”更要以身作则，带头发扬民主，调动一班人的积极性，在涉及全局工作和人事任免问题上尤其不能搞“一言堂”。领导成员之间要树立起互相信任、互相谅解、互相支持、互相帮助的风气，做到既讲团结，又讲原则，勇于和善于开展批评与自我批评。实行行政首长负责制的领导班子，也要根据各自的特点贯彻民主集中制原则，不能把首长负责制变成“家长制”。三是地方党委要更好地发挥领导核心作用，支持人大、政府、政协等组织按照各自的职责和章程主动开展工作，把方方面面的积极性充分调动起来，形成合力。各级人大、政府、政协和群团组织，都要自觉接受党委领导，保证党中央和党委的重大决策得到有效实施。四是切实保障党章赋予党员的各项权利，疏通和拓宽发扬党内民主的渠道，进一步活跃党内生活，发挥好广大党员的积极性和创造性。

在世纪之交，做好地方各级领导班子的换届工作，事关大局，事关长远。各地党委要坚决贯彻中央的有关部署，以提高素质、完善结构、增强活力为重点，搞好人事安排。在换届工作中，必须加强党的领导，正确执行政策，充分发扬民主，严格依法办事。在换届选举前，要切实做好思想工作，把干部引导到聚精会神贯彻十五大精神、一心一意完成当前各项工作任务上来，教育大家正确对待个人职位的进退留转，经受住名、权、位的考验。绝不允许跑官要官，更不允许搞违法违纪活动。在换届选举中，要加强领导，精心组织，严格依照法律和有关规定办事，保证选举任务圆满完成。新领导班子产生后，要树立团结奋进、廉洁勤政的好形象，齐心协力，扎实工作，在继承的基础上创新。不要随意否定前任的工作，不要急于提什么新的口号。

（三）以培养选拔优秀年轻干部为重点，大力建设高素质干部队伍

建设一支坚决贯彻党的理论和路线、适应社会主义现代化建设需要的高素质干部队伍，是我们的事业不断取得成功的关键。各级党委务必按照十五大精神和中央的有关要求，把这件大事切实办好。

要进一步全面贯彻干部队伍“四化”方针和德才兼备原则，选好用好干部。要及时发现和果断选用那些群众公认是坚决执行党的路线、实绩突出、清正廉洁的干部。绝不能用那些背离党的路线的人，那些争名夺利、弄虚作假、跑官要官的人，以及那些不顾大局、不守纪律、不求进取、不干实事的人。各级党委首先是主要负责同志，应当坚持任人唯贤、反对任人唯亲，在用什么人、不用什么人上体现出党的干部标准的原则性和干部政策的鲜明性。要深刻理解邓小平同志关于“选贤任能也是革命”的论断，牢固树立“事业兴衰在用人”的观念，实事求是、公道正派地看待每一个干部的德和才，不拘一格选拔人才，特别是大胆起用优秀年轻干部。要坚决冲破论资排辈、求全责备、迁就照顾，以及凭个人好恶、得失、恩怨来选人用人的错误观念和做法。

要坚定不移地推进干部制度改革，乘势而进，加快步伐，力求取得新的突破。要进一步扩大民主，注重社会公论，广泛听取各方面意见，采取民主评议、民主推荐等多种形式，让群众更多地参与对干部的考察和选拔。本着“群众公认”的原则，得不到多数人拥护的不能提拔。同时，要把群众推荐与组织考察、把坚持党管干部的原则与充分走群众路线更好地结合起来。要建立健全干部考核制度，客观、全面地评价干部的德能勤绩，为正确执行干部政策、做好选拔任用工作提供科学依据。要系统总结这几年对领导班子实行届中考察、换届考察和实绩考核的经验，制定干部考核条例，推动这项工作规范化、制度化、科学化。在这个基础上，用好干部考核成果，实行升降奖惩，努力在推动干部能上能下方面取得明显进展。要努力创造公开、平等、竞争、择优的用人环境，为优秀人才脱颖而出提供制度保证。一些地方和部门采取公开推荐与考试、考核相结合的办法选拔部分领导干部，效果很好，可以在更大范围内推广。要按照十五大的要求，完善公务员制度，推进这一制度的实施，做好在党群机关、人大机关、政协机关参照管理的工作。要通过深化干部制度改革，防止和纠正用人上的不正之风。坚决反对搞亲亲疏疏、拉关系、走门子、跑官要官等歪风，充分认识这些现象对干部队伍的腐蚀和对我们事业的严重危害，采取坚决有力的措施，认真加以治理。对在干部人事工作中以权谋私，权钱交易，卖官、买官的，不管涉及谁，都要依照党纪国法严肃查处、严加惩治，决不能手软。

要进一步加大干部培养的力度。对干部特别是年轻干部，要着重抓好学习马列主义、毛泽东思想特别是邓小平理论的培训，帮助他们提高理论素质，增强执行党的基本路线的自觉性和坚定性，树立正确的世界观、人生观、价值观，切实解决举什么旗、走什么路、做什么人、接什么班的问题。要鼓励和推动年轻干部到改革和建设第一线去，到基层去，到艰苦和困难多的地方去，到党和群众最需要的地方去，从群众实践中汲取营养，经受考验和磨炼。不接受组织安排到这些地方去工作的干部，不能提拔使用，不应作为后备干部培养。

要从锻炼提高干部着眼，大力推进干部交流。交流的范围要逐步扩大，地（市）一级党政领导干部，可以根据需要跨省安排交流；县（市）党政领导干部要提倡和鼓励在省内交流。要把加强干部交流同执行干部任期任届、任职回避和岗位轮换等制度结合起来。要继续注意做好培养女干部、党外干部和少数民族干部的工作。

在大力培养年轻干部，推进干部队伍新老交替的情况下，要高度重视做好老干部工作。要按照有关政策规定，进一步落实好老干部待遇，更好地从政治上关心、生活上照顾老干部，使他们老有所养、老有所学、老有所为，尤其要发挥他们在培养教育青少年、加强精神文明建设、弘扬党的优良传统等方面的积极作用。

（四）以农村和企业为重点，加强和改进党的基层组织建设

党的基层组织是党的全部工作和战斗力的基础。十五大报告强调，加强和改进党的基层组织建设，要围绕党的基本路线，为党的中心任务服务；用改革的精神研究新情况新问题，改进工作方法、工作作风和活动方式；认真做好对党员的教育、管理和监督，增强解决自身矛盾的能力。这些重要指导方针和基本要求，是新形势下党的基层组织建设的经验总结，必须认真贯彻执行。

加强农村基层党组织建设，仍然是基层组织建设的重点。加强农业基础，发展农村经济，深化农村改革，保持农村稳定，对于实现我国跨世纪发展目标至关紧要，而所有这些工作，都离不开农村基层党组织自身建设的加强和作用的发挥。因此，要始终把农村基层组织建设，作为关系广大农村以至整个改革、发展、稳定大局的一项基础工作，继续向前推进，决不能稍有松懈。要紧紧围绕经济建设这个中心，按照“五个好”的目标要求，全面、深入、扎实、持久地做好工作，继续加大对后进村党支部整顿的力度，加快中间状态村党支部的转化，促进先进村党支部再上新台阶，提高农村基层组织建设的整体水平。实行“村务公开、民主管理”，有利于扩大基层民主，加强廉政建设，密切干群关系，要总结经验，大力推广，不断完善，逐步规范。要把抓村级组织建设与抓乡镇党委建设有机地结合起来，使其相互促进。要适应农村改革深化和经济发展，及时调整党组织的位置，改进工作方法和活动方式，使党组织在农村两个文明建设中更好地发挥领导核心作用。

要高度重视并大力做好企业党建工作。国有企业是我国国民经济的支柱。按照十五大的部署深化国有企业改革，任务艰巨而紧迫。这对企业党组织和党建工作也提出了新的更高的要求。各级党委和有关部门要继续认真贯彻《中共中央关于进一步加强和改进国有企业党的建设工作的通知》精神，切实加强国有企业党建工作，发挥好企业党组织的政治核心作用。当务之急，是要动员企业党组织和广大党员、干部认真学习领会十五大精神，正确理解中央关于调整和完善所有制结构、深化国有企业改革等重大决策，认清形势，明确任务，胸怀大局，迎难而上，坚定地站在改革第一线，为搞好国有企业的改革和发展提供思想、政治和组织保证。与此同时，要积极探索解决企业党建遇到的新问题。要按照政企分开和干部分类管理的要求，改进对国有企业和国有控股企业领导人员的管理。坚持党管干部的原则，改进党管干部的方法，逐步做到管资产与管人相结合，建立起与现代企业制度相适应的企业人事管理体制。要继续做好国有企业领导班子考核工作，结合深化企业改革，配齐配强企业领导班子。在劳动者的劳动联合和劳动者的资本联合为主的集体经济组织中，党建工作要主动开展，党组织设置应同步进行。外商投资企业中的党组织，应在中方员工中发挥政治核心作用，要继续总结推广好的经验，进一步推动这些企业中的党建工作。个体、私营企业收购、兼并、租赁、承包了国有、集体企业的，原国有、集体企业中的党组织不能取消。在非国家、集体控股的股份制企业、股份合作制企业，个体私营企业，凡具备条件的，都要抓紧建立党的组织。当然这些企业的党组织，由于所处的具体环境、工作条件和担负的责任，与国有企业党组织有所不同，因而党组织的设置形式、发挥作用的途径、活动方式等也应当有所不同，但都要积极开展党的工作。面对所有制结构调整和公有制实现形式多样化的新情况，各级党委要努力探索从各类企业的实际出发加强党的建设、发挥党组织作用的有效办法。无论在何种企业，党组织都要坚决贯彻执行党的路线方针政策，围绕改革和生产经营开展工作，都要在自己的活动中体现党的先进性，都要切实管理、教育、监督好党员，都要关心职工、做好群众工作。

机关、高校、科研院所、城市街道和其他事业单位党的建设工作，也要从各自的特点和实际出发，认真履行党章规定的职责，在抓好领导班子建设上狠下功夫，切实改进和加强对党员、干部的教育、管理和监督，把党组织建设成为坚强的战斗堡垒，为党的路线方针政策的贯彻执行提供强有力的保证。

（五）以提高素质、增强党性为重点，大力抓好党员队伍建设

加强党员队伍建设，提高党员素质，要着重解决好在发展社会主义市场经济条件下共产党员如何增强党性、保持先进性、发挥先锋模范作用的问题。十五大报告明确提出共产党员保持先进性、体现时代特征的四个方面要求，非常重要，为今后加强对党员的教育、管理、监督，充分发挥党员的作用，进一步指明了方向。

各级党组织要结合开展学理论、学党章活动，组织引导全体党员学习和实践这些要求，把坚持共产主义远大理想同模范执行党在社会主义初级阶段的基本路线、基本纲领和方针政策统一起来，脚踏实地为完成当前的任务而奋斗。

建设高素质的党员队伍，必须严把“入口关”。各级党委要对近两年发展新党员的工作进行一次认真的总结，肯定成绩，克服不足。要认真贯彻“坚持标准、保证质量、改善结构、慎重发展”的方针。要按照党章规定的标准和工作程序发展新党员，正确处理数量与质量的关系，把保证质量放在首位。发展新党员工作的着力点，要放在对入党积极分子的培养教育上，放在对他们入党动机的考察上。那些指望借执政党地位为自己捞好处，不愿遵守党章，不肯为党工作的人，绝不能吸收入党。发展党员的重点，要继续放在生产、工作的一线，放在优秀青年中，同时注意发展妇女党员。

加强党员队伍建设，必须抓好对党员的教育、管理。缺少教育的管理，不会是有效的管理；缺少管理的教育，不会是有力的教育。只有把两者结合起来，才能收到好的效果。加强教育，最根本最重要的是用邓小平理论武装头脑，帮助党员树立远大的理想和坚定的信念，增强执行党的基本路线的坚定性，提高实践为人民服务的宗旨、增强党性锻炼的自觉性。严格管理，就要严格党的组织生活，使每个党员经常处于党组织的关心、帮助和管理、监督之中。要通过“创先争优”等各种生动、具体的活动形式，推动党员充分发挥先锋模范作用，在改革开放和现代化建设中不断建功立业。

国务院总理李鹏在天津考察

李鹏说，国务院经认真研究提出，天津是环渤海地区的经济中心，要努力建设成为现代化港口城市和我国北方重要的经济中心。

李鹏于12月20日至21日先后参观了新落成的平津战役纪念馆、建设中的周恩来邓颖超同志纪念馆，考察了天津港集装箱码头，天津经济技术开发区和保税区。在国家安居工程示范区的华苑居民小区，李鹏与新近搬进新居的居民亲切交谈，并参观了他们的房舍。

在听取了天津市委、市政府的汇报后，李鹏指出，天津近年来着眼于发展经济，提高人民生活水平，全心全意为人民服务，各项工作取得了显著成绩，经济增长速度超过了全国的平均水平。在稳定物价、脱贫解困、危房改造、精神文明建设和社会治安综合治理等方面更为突出。他说，天津滨海地区的发展要扎实工作，搞好规划，重点发展高新技术和产品有市场的项目。

李鹏说，目前，市场形势发生了很大的变化，很多产品供求平衡甚至供过于求，给乡镇企业的发展带来了困难。他希望天津市针对这种变化，积极引导乡镇企业提高管理水平和技术水平，使乡镇企业的发展上一个新档次，以适应市场竞争的需要。同时，要积极稳妥地发展农业产业化经营。

李鹏希望天津市广大干部群众齐心协力，同心同德，再接再厉，埋头苦干，使天津以新的面貌迈向21世纪。

京九沿线地区经济合作与社会发展研讨会在深圳闭幕

国务院副总理邹家华在会议上指出，促进地区经济协调发展是贯彻十五大及中央经济工作会议精神的我国经济发展的重要指导思想内容之一，有关地区要发挥优势，面向市场，加强联合协作，共同振兴京九沿线地区经济。

邹家华指出，面向市场是研究京九铁路沿线地区经济发展的出发点。京九沿线地区经济发展要着眼于开拓本地区以外的广大市场，不断增强主要产业和产品的市场竞争能力。

邹家华强调，京九铁路沿线地区的优势是什么？首先是农业资源优势，二是矿产资源丰富，三是旅游资源优势，四是劳动力资源优势，五是科技力量也有一定优势，六是交通等基础设施有了较大的改善，特别是京九铁路的建成和通车，扩大了人流物流大流通的条件。有了这些优势，就要研究发展哪些产业、产品，如何形成产业链，通过开拓市场，使资源优势转化为经济优势。总的发展思路可以概括为联合起来，分工合作，发挥优势，互补长短，开发产品，开拓市场，互相支持，共同发展。

邹家华说，京九沿线地区要发挥农业资源优势，发展高产、优质、高效的大农业，进一步加快农业产业化的工作，以市场需求为导向，发展农副产品的深加工，用合作公司加农业的模式，增加农副产品附加值，提高农民收入水平；发挥矿产资源优势，稳步扩大原材料工业的产出规模，着力提高加工利用水平；加强水利设施建设，增强防御洪涝干旱自然灾害的能力。

邹家华强调，要加强联合协作，共同振兴京九沿线地区经济。京九沿线地区要打破行业垄断和地区封锁，促进生产要素的合理流动，为联合协作创造良好的环境和条件。

在会议上，全国人大常委会副委员长、民盟中央名誉主席费孝通提出，国家投入了几百亿元建成了京九铁路，应该尽快发挥它的作用，为此应注意建设沿线若干中心城市，从而带动整个沿线经济带的发展。要在政策允许的范围内和可能的条件下，考虑设立建设基金、组建协调机构等问题，让京九线体现出巨大的经济和社会效益；全国政协副主席、民盟中央名誉主席钱伟长提出开发京九线经济带，要转变旧观念，按照中共十五大精神，确立新思路，要发扬自力更生的精神，要发展区域基础设施，不断提高产业质量；全国政协副主席、全国工商联名誉副主席孙孚凌提出京九沿线的开发要加强宏观指导，按照中共十五大的精神，重视企业改革、改造工作，面向市场，形成有序竞争。

全国人大常委会副委员长、九三学社中央主席吴阶平主持了闭幕会，全国人大常委会副委员长雷洁琼、全国政协副主席王兆国、万国权，各民主党派中央、全国工商联领导人丁石孙、成思危、许嘉璐、经叔平、蔡子民、李赣骝、方荣欣、杨纪珂以及中央、国务院有关部委、京九沿线部分省、市有关负责人等出席了会议。

国家审计署审计长郭振乾在北京召开的全国审计工作会议上发表讲话

郭振乾提出，1998 年审计工作的重点是检查、分析财政财务收支的真实性与合法性，并在此基础上促进资金使用效益的提高。

郭振乾指出，1998 年审计工作的主要任务是：一、继续深化本级预算执行审计，组织安排一些财政专项资金的专题审计，重点揭露当前预算资金使用中的损失浪费和奢侈现象；二、积极探索股份制企业审计，认真履行对国有企业以及国有资产占控股地位或主导地位企业的审计监督，防止国有资产流失；三、切实加强金融审计，针对我国金融机构存在的资产质量偏低，风险偏大，效益不高等问题，依法加强对金融机构的监督和管理，防范和化解金融风险；四、继续做好农业、行政事业、投资审计工作，确保农业和农村经济发展、农民收入增加。

叙利亚总统阿萨德在大马士革会见国务院副总理兼外交部部长钱其琛

关于中东和平进程，钱其琛强调，“以土地换和平”的原则是解决中东问题的根本所在，它符合联合国有关决议，这项原则应成为实现中东全面公正和平的基础，不遵循这一原则，中东问题是不可能得到真正解决的。

亚洲最大的跨声速风洞在成都中国空气动力研究与发展中心通气试车

中成药国有企业改革与发展工作会议在北京开幕

会议提出，抓住中医药发展的历史机遇，强化产业结构优化调整，实施大品种、大企业、大集团战略，尽速实现中成药生产的现代化，使中成药更广泛地走向世界。

卫生部副部长兼国家中医药管理局局长张文康说，目前中医药事业正处于历史最好发展时期。世界新技术革命为传统中药的研究提供了新的途径和方法，其交叉渗透和综合运用为中成药的开发研制提供了技术机遇。随着人民生活水平的持续提高，以及相应的消费结构、人口结构、疾病谱的变化，给中成药的发展创造了更为广阔的市场空间，中成药工业有望成为新的效益增长产业。而世界范围“回归大自然”浪潮的兴起，使国际上对草药、中药日益关注，为中药以治疗药物身份堂堂正正进入国际医药主流市场打开大门。

张文康强调，为了实现中成药工业跨世纪发展，当前必须抓好国有中成药大中型企业的改革，尽快改善产业结构中的诸多不良因素，努力使中成药工业三年内在结构优化、素质优化上有显著的突破与进步。他代表国家中医药局提出了中成药工业的奋斗目标：到本世纪末个别企业个别品种基本达到现代化的要求，为发达国家所认识并接受；到 2010 年，骨干企业骨干品种基本达到现代化的要求；到 2020 年左右，基本实现中成药工业全行业的现代化，更广泛地走向世界。

12 月 22 日

中共中央总书记江泽民在全国组织工作会议上发表讲话

这次全国组织工作会议，是中央召开的一次很重要的会议。昨天，锦涛同志已向大家作了报告，围绕高举邓小平理论伟大旗帜，把建设有中国特色社会主义事业全面推向 21 世纪这个主题，对党的建设特别是党的组织工作如何贯彻好十五大精神的重要问题，都讲得很明确了，我完全赞成。刚才，张全景同志又汇报了会议的情况。希望大家把这次会议开好，回去以后把会议精神贯彻好。下面，我想就当前形势和干部问题，主要是领导干部的教育、提高问题讲一些意见。

在我们党和国家的历史上，今年是很重要很不平凡的一年。年初，邓小平同志离开了我们。全党、全国人民化悲痛为力量，紧密团结在党中央周围，继承邓小平同志的遗志，把建设有中国特色社会主义事业继续推向前进。7 月 1 日，我国政府顺利实现对香港恢复行使主权，洗雪了香港被侵占的百年耻辱，极大地振奋了全国各族人民的爱国主义精神，在世界上也赢得了广泛赞誉。党的十五大开得很圆满很成功，确定邓小平理论为我们党的指导思想，作出了把建设有中国特色社会主义伟大事业全面推向 21 世纪的战略部署，选举产生了新的中央领导机构，从思想上、政治上、组织上为我国跨世纪发展提供了根本保证。

今年，我国领导人与美、俄、日、法等国举行了成功的会晤，在世界上影响很大。10月下旬，我对美国进行了国事访问，这是1985年之后12年来中国国家元首首次对美国进行国事访问。通过访问，双方确定了21世纪中美关系的框架和发展方向，决定共同致力于建立中美之间建设性的战略伙伴关系，标志着两国关系进入新的发展阶段。当然，中美关系的发展不会一帆风顺，我们要继续保持清醒头脑。今年，我同叶利钦总统再一次互访，双方签署了中俄《关于世界多极化和建立国际新秩序的联合声明》，发表了《中俄联合声明》，完成了中俄边境东段国界勘界工作，我们同俄罗斯建立面向21世纪的战略协作伙伴关系得到了进一步加强。11月，李鹏总理访日取得成功，双方达成共识，确认建立两国面向21世纪的长期稳定的睦邻友好合作关系。5月，法国总统希拉克访华，中法确定建立面向21世纪的全面伙伴关系。11月下旬到12月初，我在参加APEC领导人非正式会议后，对加拿大、墨西哥进行了成功的访问。前几天，我又去马来西亚参加东盟——中日韩和中国——东盟首脑举行的非正式会晤，就东亚形势与合作问题交换了意见，中国同东盟双方一致同意建立面向21世纪的睦邻互信伙伴关系。总之，这一年来，我们坚持奉行独立自主的和平外交政策，同各大国广泛改善和发展关系，有利于促进世界的和平、稳定与发展，有利于扩大我国的国际影响和声望，使我们能够在纷繁复杂的大国关系的调整中处于主动有利的地位。这为我国抓住机遇、发展自己，创造了更为有利的外部环境。

从国内情况看，今年的经济形势总体上是好的。改革开放和现代化建设继续向前推进，各项事业取得新的成就。国民经济实现了稳中求进的总体要求，保持了“高增长、低通胀”的良好发展态势，主要经济指标基本达到国家宏观调控的预期目标。农业生产克服多种自然灾害和困难，再次获得好收成，农村经济全面发展；企业改革继续深化，工业生产平稳增长，经济效益有所回升；财政收入增长较快，金融形势比较稳定；城乡居民收入增加，人民生活继续改善。特别是在东南亚发生金融危机，并严重冲击亚洲、影响全球的情况下，我们沉着应对，继续保持经济全局的稳定，没有受到大的影响。从这场危机中，我们可以学到不少有益的东西。

今年经历的这一系列大事，是对我们党驾驭全局、解决国际国内重大问题的重要考验。我们成功地处理了这些大事，赢得了人民的拥护，增强了走向未来的信心，也得到了国际舆论的好评，进一步提高了我国的国际地位。

当然，也必须清醒地看到，我们在前进中还面临许多新情况、新问题，有些方面还存在较大的困难。主要是，一些国有企业生产经营困难，部分中小企业和乡镇企业的困难尤为突出；下岗待业人员增加，社会就业压力加大，部分职工生活困难；金融机构不良资产比重较高；农业基础脆弱的状况还没有根本改变。另外，党内和国家机关中存在的腐败现象尚未得到全面有效的遏制，有些地方、有些问题还在发展，等等。这些问题，必须引起我们高度重视，决不可掉以轻心。

党的十五大，已经确定了面向新世纪全面推进建设有中国特色社会主义事业的宏伟目标。在经济建设上，我们要积极推进经济体制和经济增长方式这两个根本性转变，解决好建立比较完善的社会主义市场经济体制和长期保持国民经济持续、快速、健康发展这两大课题。在政治体制改革和民主法制建设上，我们要依法治国，发展社会主义民主政治，建设社会主义法治国家。在社会主义文化建设上，我们要坚持用邓小平理论武装全党、教育干部和人民，培育适应社会主义现代化建设要求的有理想、有道德、有文化、有纪律的新型公民，推动精神文明与物质文明协调发展。在党的建设上，我们要努力把党建设成为用邓小平理论武装起来、全心全意为人民服务、思想上政治上组织上完全巩固、能够经受住各种风险、始终走在时代前列、领导全国人民建设有中国特色社会主义的马克思主义政党，不断提高领导水平和执政水平，不断增强拒腐防变的能力。我们的任务是光荣而艰巨的，前进目标是鼓舞人心和切实可行的，是经过努力可以实现的。

要巩固和发展好的形势，解决前进道路上面临的问题，完成我国跨世纪发展的各项任务，靠的是什么呢？主要有三条：一是正确的理论和路线的指导；二是广大人民群众的团结奋斗；三是党的各级组织坚强有力。这三条中，干部是一个重要的决定因素。正确的路线和政策要靠干部去贯彻落实，人民群众要靠干部去组织和动员，党内和社会上存在的影响凝聚力、战斗力的问题要靠干部去研究和解决。邓小平同志讲办好中国的事情关键在党、关键在人，道理就在这里。我们党历来注重培养和造就各级领导骨干，注重领导班子建设和干部队伍建设，这已经成为党的一个好传统。从毛泽东同志到邓小平同志，到我们现在的党中央领导集体，在这方面都是一以贯之的。我们党能够领导革命、建设和改革开放取得胜利，都是同有一支适应时代要求的坚强有力的干部队伍分不开的。

党的十四大以来，中央和各级党委为加强领导班子和干部队伍建设作了很大努力，采取了一系列重大措施。十四大对加强领导班子建设，培养社会主义事业接班人作了部署。十四届四中全会，对高级干部提出了要努力成为会治党治国的马克思主义政治家的五项要求。1996 年，我又提出了做新时期的合格干部应该具备的五项基本素质。十五大报告进一步强调了要造就高素质的领导班子和干部队伍。应该说，这些年来，为加强干部队伍建设特别是领导班子建设，各级党委作了大量工作，取得的成绩是明显的。各级领导干部尤其是高中级干部学习邓小平理论逐步深入，思想理论水平有了新的提高；新老干部的交替与合作顺利进行，大批优秀年轻干部走上了各级领导岗位；以建设高素质干部队伍为目标，县以上领导干部中讲学习、讲政治、讲正气的风气逐步兴起，各级各类干部培训工作的力度加大；干部制度改革迈出了新步伐，特别是加强了党政领导干部选拔任免工作的制度规范，加强了对执行情况的检查，干部交流进一步展开。总的来说，我们的各级干部，以党的基本理论、基本路线为指导，在不断研究新情况、解决新问题、迎接新挑战的奋斗中，开阔了眼界，得到了锻炼，提高了水平，增长了才干，为推进改革开放和现代化建设事业发挥了骨干作用。

世界上的事物，总是在内部矛盾的不断运动中向前发展的。人们对客观世界的认识，总是在实践、认识、再实践、再认识的过程中逐步深化的。在认识和改造客观世界的过程中不断地认识和改造主观世界，通过不断地认识和改造主观世界又不断地深化对客观世界的认识和改造，这是我们推动事业向前发展的规律，也是我们党的干部成长进步的规律。我们要充分肯定党的干部工作的成绩，如实看到各级干部的素质和水平在不断提高，这是基本的方面。我们党是站在时代前列、面向未来的马克思主义政党，总是坚持用发展的观点来看问题。中华民族在 19 世纪历经磨难，备受欺凌；20 世纪拼搏奋起，顽强探索，经历了三次历史性巨变，终于成功地走出了一条建设有中国特色社会主义的正确道路。21 世纪将是我们党领导人民实现中华民族全面振兴的世纪。面对新世纪，我们党肩负着重大的历史责任，我们广大干部首先是几千名高级干部、几万名中级干部肩负着重大的历史责任。我们要高举邓小平理论伟大旗帜，高中级干部首先要全面、正确地掌握这个理论，并且善于运用这个理论解决改革开放和现代化建设中的各种问题，在实践中不断丰富发展这个理论。这是一个艰巨的任务。我们要推进有中国特色社会主义的伟大事业，建设有中国特色社会主义的经济、政治和文化，高中级干部首先要具有较高的领导能力和领导水平，能够科学判断形势，正确把握大局，实事求是地决定政策，经得起各种风浪的考验。这也是一个艰巨的任务。我们要巩固党的执政地位，保持党同人民群众的血肉联系，要求党的干部不但要有坚定正确的理想信念，有贯彻执行党的路线和方针政策的能力，而且要有良好的思想作风。中华民族历来很看重领导者的榜样作用。“其身正不令而行，其身不正虽令不从”，就是古人留下的警世名言。我们的高中级干部，要率先养成优良的道德品质和作风，廉洁勤政，艰苦奋斗，深入实际，调查研究，谦虚谨慎，联系群众，全心全意为人民谋利益。这同样是一个艰巨的任务。

21 世纪将是充满机遇和挑战的世纪。在世纪之交的重要时期，能否抓住机遇，迎接挑战，开拓进取，有所作为，对各级领导干部都是严峻的考验。在这种考验面前，每个同志都应当努力使自己尽可能适应得快一些。“不进则退”这个法则，对谁都是一样起作用的。实现我们的宏伟目标，需要经过几代人、十几代人持续不懈的奋斗。因此，必须始终注意大力培养和选拔成千上万的优秀年轻干部。为了帮助他们成长进步，接好老一辈的班，要坚持对他们严格要求。现在在职的各级领导干部，大多是十一届三中全会以后走上领导岗位的，在知识、精力、年龄等方面有一定优势，但在政治经验、组织领导能力和思想作风等方面，同老一辈相比还有较大差距，还需要继续锻炼和提高。不少同志过去长期从事专业技术工作，马克思主义理论学习和理论修养还不够，要更好地担负起党和人民的重托，必须付出长期的艰苦努力，刻苦读书，经受磨炼。改革开放以来，有些干部经受不住考验，出了问题，其中的教训很值得大家共同吸取。现在，有一部分同志还没有从这些沉痛教训中警醒，不良风气仍然在他们中盛行。有些干部包括一些高中级干部，对这些东西不抵制、不纠正，有的甚至起了推波助澜的作用。有些同志不认真学习理论、不深入思考问题、不调查研究、不扎实工作，而是得过且过，庸碌无为，热衷于做表面文章。还有的不勤俭创业、不体恤民情、不造福人民，而是沉迷于花天酒地、奢侈铺张。还有的不扎实工作、不长远谋划、不顾全大局，而是醉心于局部和眼前的利益，甚至为了追逐个人权位弄虚作假，拉关系跑门子。还有极少数人，不是用权为民，而是用各种办法以权谋私，逃避监督，还自以为得计。这些不良的、恶劣的风气，误国误民，危害无穷，必须坚决扫除。

同志们，我们党是有 5800 万党员、领导着 12 亿人民的大党。肩负着这么重的责任，我多次讲过，对领导干部要严格要求、严格管理、严格监督，而领导干部自己要自重、自省、自警、自励。这“三严四自”归结到一点，就是我们的高中级干部要意识到自己所肩负的重大历史责任，要有自知之明，要看到自己的差距和不足，要有一种时不我待的紧迫感，有一种坚忍不拔、奋发向上的良好精神状态。这里，我想再提出以下几点希望。

第一，重视学习，加强学习，不断提高理论修养和知识水平。根据十五大的要求，我们要在全党兴起一个学习马列主义、毛泽东思想特别是邓小平理论的新高潮。高中级干部首先要在这方面带好头，做认真学习的表率。毛泽东同志多次说过，“以其昏昏，使人昭昭，是不行的。”邓小平同志也说过：“不注意学习，忙于事务，思想就容易庸俗化。如果说变质，那么思想的庸俗化就是一个危险的起点。”作为共产党人，放松了学习，思想落后于形势，就会丧失先进性，使精神世界陷于低级趣味，就难以抵挡利益的诱惑。我在提出领导干部要讲学习、讲政治、讲正气时，是把学习放在第一位来强调的。学习是个前提，不学习，政治上就不可能成熟，就不可能自觉改造自己的主观世界。这里我再次希望我们的高中级干部，一定要克服心浮气躁，潜下心来钻研理论。有些同志说工作太忙没有时间学习。我看关键是思想认识问题，就看你究竟把学习放在什么位置上，如果真正充分认识到它的重要性，总能挤出时间来学的。毛主席对马列著作、二十四史、古典名著能通读数遍，而且作了批注。当然，我们不能要求所有的领导干部都读那么多的书。问题的关键在于有没有高度的政治责任感、强烈的求知欲望和进取精神。十五大提出，要在党内造成认真学习的风气，民主讨论的风气，积极探索的风气，求真务实的风气。这里首先是要造成认真学习的风气。党内要真正形成良好的学习风气，高中级干部的带头示范作用至关重要。学什么？首先要学马列主义，学毛泽东思想，特别要学习邓小平理论。对我们来说，马克思主义理论是管总的东西，不学习理论，势必思想空虚，精神贫乏，是非不辨，方向不明。一些干部出问题，同不学习马克思主义理论是密切相关的。还要学习历史、经济、科技、法律等各种知识。当今的时代是一个各种新事物、新知识、新经验层出不穷的时代，我们要学习的东西多得很。不论是谁，只要停顿下来，不学习新东西，肯定是要落伍的。当然，怎么学，要从自己的实际出发，有的略知一二就可以了，有的则要学而不厌，精益求精。只要扎扎实实地坚持不懈地学下去，我们的理论修养、文化素质和领导水平，就会不断地得到新的提高。

第二，在政治上思想上同党中央保持高度一致，坚决贯彻中央的重大决策和部署。我们国家正处于承前启后、继往开来的关键时期，新的形势和任务要求各级领导干部务必牢固树立全局观念，识大体、顾大局，自觉维护中央权威，把广大干部群众的思想和行动统一到十五大精神和中央的决策上来。中央的重大决策，都是经过广泛的调查研究，征求各方面意见，从全国大局考虑作出的。各地区、各部门一定要认真贯彻落实。高级干部尤其要在这方面作表率。要正确处理全局和局部的关系，自觉坚持在大局下面行动，有什么意见可以向中央反映，但决不能阳奉阴违。要完整、准确地领会中央决策的精神，正确地加以贯彻执行。当然，这决不是提倡照搬照抄，不是中央开个什么会，发个什么文件，各级层层照开，层层照发。贯彻中央决策，停留在这种状况是根本不行的。一定要和本部门、本地区的实际情况相结合，把中央精神体现在扎扎实实地打开工作局面上，体现在解决实际问题上，认真地实事求是地把各项工作做好。这就是我们的要求。这里有一个很重要的问题，就是对于客观规律，我们可以认识和利用，但不能违反，否则是要受惩罚的。过去我们在经济建设中做过一些违背经济规律而事与愿违的事，这种历史教训应当牢牢记取。这些年我们所以取得巨大成绩，就是因为努力按客观规律办事。我们的同志要领导好经济工作，必须认真研究、自觉掌握和运用经济规律，才能掌握主动权，减少大的失误，避免走弯路。任何时候都要加强调查研究，切实改进思想方法和工作作风，提倡说实话，办实事，鼓实劲，讲实效，踏踏实实地工作，不辜负党和人民的要求和期望。

第三，认真贯彻党的民主集中制原则。民主集中制是党和国家的根本组织制度和领导制度，要始终坚持贯彻执行。实践表明，一个领导班子的状况如何，同是否认真执行民主集中制有直接关系。有些领导班子存在不团结现象，原因很多，但带共性的一条就是民主集中制执行得不好，搞少数人或者个人说了算，把集体领导当陪衬，把集体讨论当形式，或者遇事议而不决，决而不行。要增强领导班子的凝聚力和战斗力，必须健全集体领导和个人分工负责相结合的制度。主要领导同志要有魄力，尤其要有全局思想和民主作风，要懂得尊重别人，善于集思广益，坚持重大问题集体讨论决定。每个领导成员既要根据集体的决定和分工，切实履行自己的职责，又要关心全局工作，积极参与集体领导。要把贯彻执行民主集中制与讲学习、讲政治、讲正气结合起来，树立领导班子的良好形象。

第四，诚心诚意为人民群众谋利益，保持同人民群众的血肉联系。我们党有许多优势，根本的一条是同人民群众保持血肉联系。在人民群众中生长、成熟和发展起来，始终为人民群众的利益而奋斗，这是我们党充满生机与活力的源泉所在。过去革命战争年代是这样，现在搞改革开放和现代化建设也是这样。毛泽东同志讲过，我们党同人民群众的关系，是鱼和水的关系。邓小平同志也讲过，党离不开人民，人民也离不开党。这些话，都是长期实践证明了的真理。政治问题，从根本上说，就是对人民群众的态度问题和同人民群众的关系问题。中央反复强调领导干部要保持清醒头脑，其中一个基本要求，就是要时刻摆正自己同人民群众的位置，时刻牢记为人民服务的宗旨，时刻警惕脱离群众的倾向。这在我们党执政、实行改革开放和发展社会主义市场经济的条件下，尤其要注意。我们一定要坚持从群众中来到群众中去的根本工作路线，坚持解放思想、实事求是的思想路线，保证路线方针政策和大的决策不发生问题；同时，各级干部、几千万党员首先是领导机关、领导干部，在思想上作风上和工作上绝不能脱离群众。现在，我们已经确立了一整套正确的路线方针政策，要保证党的路线方针政策的贯彻执行，加强干部队伍特别是领导干部的思想作风建设，具有至关重要的意义。我们的高中级干部在这方面必须有高度的自觉性。一个干部如果一味地靠地位和权力来树立威信，而不是把心思和精力集中到密切联系群众，真心诚意为人民谋利益上来，那是树立不起来的，即使暂时树起来，最终也是靠不住的。共产党人要立志做大事，不要立志做大官。凡是关系党和国家利益的事，涉及人民群众利益的事，都是大事，都要认真过细地去做，都要努力做好。现在，相当一部分国有企业尚未摆脱困境，一大批职工下岗，生活困难的不少。在他们最需要关心，最需要领导干部跟他们共同克服困难的时候，有些领导干部却无动于衷，或者把“关心”停留在嘴上，有的甚至还在挥霍公款、纸醉金迷、四海漫游。这种状况如不尽快改变，是很危险的。1998 年的元旦、春节即将来临，各级党委和政府务必及早做好工作。要切切实实、细致入微地关心群众生活，尤其要妥善安排好下岗职工和灾区、贫困地区群众的生活，保证广大人民群众欢度春节。

第五，带头廉洁自律，自觉接受监督。领导干部特别是高级干部在群众中树立什么形象，有重要的导向作用。我们有些同志总是抱怨党风、政风、社会风气方面的问题，但却没有仔细想想，这些问题的出现，与我们领导干部、与我们自己的示范作用发挥得如何有什么关系。“己不正，焉能正人”？一个领导干部如果腐败变质，就可能影响一个部门、一个地区的风气，就可能使更大范围的群众对我们党有意见。这方面的教训已经不少，我们应当警钟长鸣。高中级干部手中握有权力，接触面宽，求你办事的人多，遇到的各种诱惑和考验也多，无论在什么情况下，都要把握住自己。这是最基本的要求。我们的领导干部，不但要严于律己，而且要管好自己的配偶、子女和身边工作人员，管好下属。需要特别强调的是，高中级干部一定要加强自觉接受监督的意识。当前，监督工作特别是对高中级干部和主要领导干部的监督，还是一个薄弱环节。要下决心进一步加强和健全党内监督的各项制度。这就首先要求我们的高中级干部要有接受监督的自觉性。

最后，我想谈谈“一把手”问题。党政“一把手”，既是班子中平等的一员，又在班子中处于关键地位，负有特别重大的责任。一个地区、一个部门、一个方面工作做得如何，班子状况怎样，同“一把手”关系很大，因而必须对各级领导班子的“一把手”提出更高更严格的要求。是不是可以提出这样四句话，叫作：坚持原则，把握全局，团结同志，加强修养。坚持原则，一切以党和人民的利益为重，这是党性的最高原则。邓小平同志讲，领导工作要有原则性、系统性、预见性、创造性。对于领导干部来说，原则性是第一位的。把握全局，就要求在工作中既善于抓住主要矛盾，又善于照顾全盘，能够协调各方面力量，调动各方面积极性。在领导班子内部，要用大局来统一思想，协调行动，处理矛盾。团结同志，就要求胸襟开阔，光明磊落，互相学习，互相尊重，以理服人，以德服人。绝不允许当面一套背后一套，表里不一。加强修养，就是要通过学习和实践，培养和保持高尚的道德情操。要克服庸俗的权力观念，加强对党、对人民的责任意识，不要被各种各样的“关系网”束缚了自己。总之，要树立远大的理想和坚定的信念，增强党性，增强抵御各种诱惑的能力，做坚持和发扬党的优良传统和作风的模范。

国务院总理李鹏在人民大会堂与乌克兰总理瓦列里·帕夫洛维奇·普斯托沃伊坚科举行会谈

两国总理就双边关系和共同关心的问题深入交换了意见。

两国总理对双边关系表示满意。李鹏说，中乌关系稳步发展在于两国之间有着广泛的共同点，中方愿同乌方一道努力，将一个友好、健康、充满活力的中乌关系全面推向 21 世纪。普斯托沃伊坚科说，“我作为乌克兰总理首次访华感到非常荣幸，希望通过此访推动乌中两国在各个领域的友好合作关系进一步发展。乌中两国关系没有任何障碍，发展对华友好合作关系是乌克兰政府的既定方针。”双方表示将进一步加强经贸、科技领域的合作，并进行了深入讨论。

李鹏指出，经贸、科技合作是中乌关系的重要组成部分，中方对此高度重视。他说，两国经济各有优势，互补性强，潜力尚待挖掘。只要双方积极探索新的途径，就能够将双边经贸、科技合作提高到新的水平。

普斯托沃伊坚科说，加强两国经贸、科技合作是他此行的目的之一。乌方愿与中方共同努力，采取具体措施，推动两国经贸、科技合作获得新的发展。

李鹏对乌克兰坚持“一个中国”、不与台湾进行官方往来的立场表示赞赏，高度评价乌克兰连续在两届人权会议上投票支持中国的正义行动，并表示，中国支持乌克兰的独立、主权和领土完整。普斯托沃伊坚科对中国顺利恢复对香港行使主权表示祝贺，相信这有助于台湾问题的早日解决。他衷心祝愿中国沿着中共十五大决定的方针，在改革开放和现代化建设的事业中取得新的、更大的成就。

应客人的要求，李鹏介绍了我国改革开放的情况，着重介绍了党的十五大制定的跨世纪的发展战略，包括所有制问题、国有大中型企业的改造、引进和利用外资等政策和做法以及我国经济特区建设的情况。

普斯托沃伊坚科感谢李鹏的介绍。他说，乌克兰尊重、钦佩中国的改革开放所取得的成就。中国政治稳定保证了中国改革开放的顺利进行，这是一条十分重要的经验。普斯托沃伊坚科还介绍了乌克兰国内的形势。

会谈后，李鹏总理和普斯托沃伊坚科总理出席签字仪式。两国总理签署了《中华人民共和国政府和乌克兰政府关于进一步加强经贸、科技领域合作的声明》。中乌两国政府有关官员签署了《中华人民共和国政府和乌克兰政府海关互助协定》、《中国证券监督管理委员会和乌克兰国家有价证券和证券市场委员会关于证券监管合作的谅解备忘录》。

签字仪式后，两国总理联合会见记者并简要介绍了中乌关系和会谈情况。

国务院总理李鹏在人民大会堂接见全国审计工作会议暨全国审计机关先进集体和先进工作者表彰大会代表

李鹏指出，1997年以来，审计战线的同志做了很多工作，取得了显著成就。通过审计为国家增收节支300多亿元，这是一个很大的贡献。更重要的是，审计监督在维护国家财政经济秩序，促进廉政建设，保障国民经济健康发展等方面，发挥了积极的作用。这些成绩的取得是包括先进集体和先进工作者在内的全国审计战线的同志们辛勤劳动，共同努力的结果。对此，向大家表示衷心的感谢。

李鹏说，目前，我国正处在建立社会主义市场经济体制的过程之中，各种立法还不完善，人们的法制观念还不够强，经济领域还存在不少漏洞。一些人钻法律的空子，贪污受贿，侵吞国家财产。因此，越是发展市场经济，越要加强审计监督。希望各级党委、政府都要充分认识审计工作的重要性，进一步关心、重视和支持审计工作，切实加强领导。

李鹏指出，1998年，各级审计机关要认真学习贯彻十五大和中央经济工作会议精神，进一步贯彻落实审计法和审计法实施条例，重点加强对财政财务收支的审计监督，重要的是建立良好的监督机制，树立一个好风气。要很好地总结这些年来审计工作的经验，进一步做好审计工作，使审计监督发挥更大的作用。要继续加强审计队伍建设，努力提高这支队伍的政治和业务素质，忠于职守，努力工作，以适应审计事业发展的需要，为国家作出更大的贡献。与此同时，要加强对内部审计机构和社会审计组织的指导和监督，使之健康发展，更好地发挥为社会主义市场经济服务的作用。

国务委员李贵鲜、罗干和国务院副秘书长崔占福以及国家审计署的负责同志参加了接见。

全国化工厅局长会议在北京召开

全国化工厅局长会议在北京召开。李鹏总理向大会发来贺信，吴邦国副总理在会前听取了化工部领导汇报，并结合明年化工生产计划，在结构调整、建立现代企业制度、减人增效等方面提出了要求。

李鹏总理在贺信中说，今年以来，化工战线的广大干部职工坚持把农用化工生产摆在首位，着力抓好化肥的生产和销售，并对全行业具有带动作用的100家企业集团实施了扶强工程，进一步优化产业结构，强化企业管理，在化工市场困难的情况下，扭转了上半年全行业亏损的局面，继续保持了化工生产稳定增长的势头，较好地完成了今年的化工生产和建设任务，为我国国民经济发展，特别是农业发展作出了重要贡献。我谨向化工战线的同志们表示衷心的感谢并致以亲切的问候。

李鹏总理在贺信中指出，从现在起到本世纪末，是我国建立社会主义市场经济体制和国民经济实现跨世纪发展的关键时期，改革开放和经济建设都面临着更加繁重的任务。希望化工战线的广大干部职工，充分认识化学工业在国民经济中的重要地位，切实推进经济体制和经济增长方式的根本转变，继续搞好化肥、农药等农用化工生产，以市场为导向，加快结构调整，为国民经济跨世纪发展作出新的贡献。

化工部部长顾秀莲在会上作了题为《认真贯彻落实党的十五大精神努力实现化学工业跨世纪发展目标》的报告。她指出，化工部决定明年为化工行业“扭亏增效年”，选择化肥行业进行重点突破，抓好大型企业减亏增盈。明年初，由化工部领导带队组成工作组，分赴重点亏损企业蹲点，研究制定扭亏措施，限期实现扭亏，这是迈向大中型国有化工企业三年走出困境目标的第一步。按照目标要求，化工行业每年要提高盈利10%以上，降低亏损1/3以上。

全国经济体制改革工作会议在福建厦门召开

李鹏总理向会议发来贺信，国务委员兼国家体改委主任李铁映在开幕式上讲话。

李铁映在讲话中回顾总结了十四大以来改革开放的成就和基本经验。李铁映指出，把社会主义与市场经济结合起来，是一个伟大的创举。五年来改革取得了突破性进展，市场机制已在商品交换和资源配置等多个经济领域发挥着广泛的作用，社会主义市场经济体制的框架已经显现。实践证明，十四大所提出的社会主义市场经济的改革方向是正确的，在本世纪末初步建立新体制是伟大的历史任务，是完全可以实现的。他强调，党的十五大在理论上有许多重大突破和创新，丰富和发展了马克思主义政治经济学，形成了基本完整的理论体系。当前，要高举邓小平理论伟大旗帜，认真领会党的十五大精神，全面贯彻中央经济工作会议的部署，落实中央关于"经济体制改革要有新的突破"的要求，努力开创改革开放的新局面。李铁映说，党的十五大对我国改革开放和现代化建设跨世纪的发展做出了全面部署。今后三年，对改革和发展都是十分重要而关键的时期。明年的体改工作要贯彻稳中求进的方针，把握全局，重点突破，以加速实现资源配置市场化，福利分配货币化，公共服务社会化，经济运行法制化。要重点抓好的改革任务是：

——坚定建立现代企业制度的方向，继续推进国有企业改革。积极推进国有企业的战略性改组，搞好大的，放活小的。企业改制要加强指导和规范，严禁将公有资产无偿分给个人，坚持投资入股自愿的原则，切实防止"刮风"。加快国有资产管理体制改革，积极构建国有资本营运体系。

——以深化和加快金融体制改革为重点，改善和加强宏观调控。要改进间接调控方式，主要是逐步取消贷款规模管理，全面实行资产负债比例管理和风险管理，加强中央银行的监管，推进国有银行的商业化改革进程。按照"法制、监管、自律、规范"的方针，积极稳步地发展资本市场，适当扩大直接融资。实行政银分开，规范各类投资项目融资渠道，加强对融资活动的管理和调控。

——妥善安置分流企业富余人员，全面实施再就业工程。要结合所有制结构和经济结构的战略调整，提出新思路，建立新机制。要广开就业门路，转变就业观念，制定总体规划，加强就业服务，建立完善失业保险制。

——推进社会保障制度建设，加快住房制度改革。要加快养老、医疗、失业保险和社会救济制度改革。重点是贯彻落实《国务院关于建立统一的企业职工基本养老保险制度的决定》。住房制度改革要着眼于建立福利分配货币化的新机制，培育新的经济增长点，关键要加快住房实物分配向货币分配转变的过程。要加大提租力度，在继续推行住房公积金制度的同时逐步建立和完善住房金融体系。

——深化农村体制改革，要坚持家庭承包责任制长期不变，落实土地承包期再延长 30 年不变的政策，切实保护耕地；要积极推进粮棉等主要农产品流通体制的改革，逐步建立国家宏观调控下，中央和地方责权分明、适应市场经济、适合国情的粮食流通体制；要积极发展农业产业化经营，要以市场为导向，推动农业科技革命和乡镇企业产业结构升级。

国家体改委副主任张皓若在会上作了题为《坚持社会主义市场经济的改革方向，努力实现经济体制改革新的突破》的讲话。国务院副秘书长张左己、国务院有关部门负责人洪虎、乌杰、王东进，以及来自各部门、各省市体改部门的代表共 250 人出席了这次会议。

国务院在北京召开全国外资工作会议

会议于 22 日至 24 日召开。会议中心议题是高举邓小平理论伟大旗帜，以党的十五大精神为指导，总结改革开放以来利用外资工作经验，放眼 21 世纪，进一步解放思想，实事求是，统一认识，振奋精神，开创利用外资工作新局面。

中共中央总书记、国家主席江泽民，中共中央政治局常委、国务院总理李鹏，中共中央政治局常委、国务院副总理朱镕基、李岚清接见了会议代表；江泽民作了重要讲话，李岚清在会上讲了话。会议还听取了外经贸部部长吴仪关于吸收外商投资工作的报告。

江泽民在接见会议代表时说，利用外资是对外开放的重要内容。改革开放以后特别是近些年来，由于我们积极吸收外来资金，努力学习和借鉴国外先进技术与管理经验，促进了国民经济的持续发展，增强了我国的综合国力和国际竞争力。通过摸索和实践，我们已积累了不少利用外资的重要经验，包括把握有利时机采取多种形式大胆引进外资，坚持利用外资同国内经济发展战略有机结合等。我们利用外资工作取得的成绩，是全党和全国人民共同奋斗的结果，也是从事外资工作的同志们辛勤工作的结果。我代表党中央、国务院，向大家表示慰问。

江泽民指出，现在世界各国的经济、科技和综合国力的竞争日趋激烈。我国利用外资工作既面临新的机遇，也遇到新的挑战。我们要更加努力地完善全方位、多层次、宽领域的对外开放格局，把利用外资提高到新的水平。要着眼于提高国民经济的素质和效益，增强综合国力和国际竞争力，坚持贯彻积极、合理、有效利用外资的方针。要坚持在优化结构、注重质量和效益的基础上，保持外资的稳定增长。要积极引导外资投向农业、高新技术产业、基础设施建设，兴办产品出口型项目。要加强对外商投资企业的引导和依法监管，不断改善投资环境。同时，要正确处理对外开放与独立自主、自力更生的关系，注意维护国家经济安全。

江泽民强调，坚持实行对外开放，是邓小平理论的重要组成部分，是我们实现现代化和民族振兴的必由之路。开放也有风险，但只要我们注意及时总结经验，道路就会越走越宽广。希望同志们加强学习，扎实工作，增加工作中的预见性、科学性，防止盲目性、片面性，把对外开放和利用外资的工作搞得更好。

罗干、温家宝、曾庆红、吴仪等领导同志也参加了接见。

会议在充分评价吸收外资的积极作用、总结利用外资基本经验和分析了存在的一些问题后强调，对外开放是一项长期的基本国策，为了实现跨世纪的宏伟目标，我们要以更加积极的姿态走世界，更多更好地利用国外资金、技术和管理经验，发展开放型经济，促进我国经济结构优化和国民经济素质的提高。

会议指出，面向21世纪，我国利用外资的总体要求是：以邓小平理论为指导，按照党的十五大的总体部署，加快实现“两个根本性转变”，针对世界经济、科技发展的新趋势，着眼于提高国民经济素质和效益，增强综合国力和国际竞争力，进一步扩大对外开放，重优化结构，重质量，重效益，积极合理有效地利用外资，不断提高利用外资水平，促进国民经济快速健康发展和社会全面进步。会议为此要求进一步推进利用外资工作：一是保持一定的规模，以适应国民经济总体发展要求，并随着我国经济规模的扩大而稳步增长。二是与经济结构调整、与提高经济增长质量和国有经济战略改组紧密结合。三是加大引进先进和适用技术力度，并加强消化和创新。四是促进我国经济社会发展中诸如增加就业岗位、改善生态环境等问题的解决。五是继续努力增加外汇收入，加强对外债的统一管理，深化对外贸易体制改革，促进对外贸易增长。六是注意发展和保护自己，要支持幼稚产业的发展，建立、健全反垄断、反补贴、反倾销法律法规。

会议部署了利用外资的六项工作：即办好现有的外商投资企业，进一步改善投资环境，加强法制建设、保护知识产权，大力培养人才，建设合理的外商在华投资结构，完善优惠政策、促进对外开放。

各省、自治区、直辖市分管工作的负责人，党中央和国务院有关部门负责人参加会议。

国办发出《关于香港特别行政区中国公民来内地投资有关问题的通知》

各省、自治区、直辖市人民政府：

我国政府对香港恢复行使主权前后，个别地区为吸引香港中小投资者投资，陆续研究、出台了一些政策，规定香港居民可根据自愿的原则申办个体工商户或设立私营企业，其经营行业和方式享受内地居民同等待遇。这些内容与我国现行的利用外资有关法律、法规和政策相违背，也与《中共中央、国务院关于正确处理内地与香港关系若干问题的通知》（中发〔1996〕8号）和《中共中央办公厅、国务院办公厅关于印发〈关于香港回归问题的情况通报〉的通知》（中办发〔1997〕8号）精神不一致。经国务院批准，现就有关问题通知如下：

一、香港特别行政区的公司、企业和其他经济组织或者个人到内地投资，应继续适用现行有关外商投资企业法律、法规及相应的程序规定。各地正在研究准备出台或已公布实行的有关吸引香港中小投资者投资的管理规定与现行法律、法规及相应的程序规定不一致的，应立即停止出台或执行。

二、今后各地在制定与香港特别行政区有关的地方性法规、规定时，均应征求国务院有关主管部门的意见，重大事项应报党中央、国务院批准。

以色列总统魏茨曼在总统府会见国务院副总理兼外交部部长钱其琛

以色列总理内塔尼亚胡在总理府会见国务院副总理兼外交部部长钱其琛

国务院副总理兼外交部部长钱其琛在以色列外交部同以副总理兼外长戴维·利维举行会谈

钱其琛表示，推动中东和平进程向前发展完全符合本地区各国人民的利益，希望有关各方为此而作出努力。

利维高度评价两国建交以来友好合作关系的发展，希望今后能进一步推动两国在各个领域合作关系不断向前发展。

钱其琛表示：“双方保持接触，经常就双边关系和共同关心的国际和地区问题交换看法和意见，对增进了解、扩大合作是十分有益的。我此次访问中东五国的目的，是就中东和平进程的发展同有关方面进行深入探讨。以是中东地区的一个重要国家，因此很愿听取以在这方面的意见。”

利维向钱其琛介绍了中东地区形势以及以对中东和平进程的看法和主张。

钱其琛说，利维外长关于中东和平进程仍在继续的声明很重要，我们也赞成利维关于除了和平别无选择的说法。如果以方发出明确的信息，使人们意识到，以以前作出的承诺仍然有效，以将继续朝着这一方向而努力，那么这一地区的人民就会安心得多，中东和平进程也就会继续下去。

钱其琛说：“我们对中东地区局势和中东和平进程一直十分关切。以色列和中东有关各方在马德里和会上选择通过谈判解决争端是顺应历史潮流的明智之举，既符合双方的根本利益，也有利于世界的和平与发展。几年来，和平进程取得了一些进展，我们对此感到高兴。”

钱其琛指出：“一段时间以来，中东和平进程停滞不前，恐怖事件时有发生，地区局势不稳定因素增多，引起国际社会严重关切，我们认为中东和平进程进入了关键的阶段。”“中国理解以色列对安全的需要和重视。我们主张一切暴力活动，不论来自何方，均应停止。只有中东实现了和平，该地区各国才能享有真正的安全，所以安全与和平是密不可分的，如果目前僵局持续下去，将对以阿双方都带来不利影响。”

钱其琛指出：“阿以争端是‘二战’以来持续时间最长、最错综复杂的冲突，从长期敌对状态走到谈判桌前实属不易。我们认为，应坚持‘土地换和平’的原则，争取更加灵活、现实和积极的态度，不断推动和平进程向前发展。”

国家科委在上海召开全国科技计划工作会议

我国“九五”科技计划，以提高经济竞争力和优化经济结构为重点，围绕国民经济和社会发展的热点难点，找准科技发展的切入点，突出抓住把农业科技放在首要位置，大力提高工业技术创新能力，加快发展高新技术及其产业，积极推动社会发展领域的科技进步，加强基础性研究，加强科研基础设施和基地建设等 6 项重点任务进行支持，为我国科技与经济的发展作出了贡献。

据统计，“九五”期间，国家科委组织实施了攻关计划、八六三计划、攀登计划、星火计划、火炬计划、科技成果推广计划、社会发展科技计划和技术创新计划。经过两年的实施，已经取得了重要进展和显著成效。仅 1996 年国家科委组织实施的各项科技计划，就创造国家专利 600 余项，发表论文 1 万余篇，出版论著 3000 余万字，新增产值近 1000 亿元，新增利税 200 亿元。

“九五”科技计划的实施使我国农业花艳果丰，增添了发展后劲：现已培育出近 100 个高产、优质、抗逆的主要粮食作物新品种。工业技术创新方面实效显著：计算机辅助设计技术已推广到 28 个省市的企业，工程设计系统普及率已达 80%以上，计算机集成制造系统技术已分别在 10 多个行业和省市得到示范推广，专用化学品和镍氢电池已形成一定规模进入市场。在高技术研究发展及其产业化方面，自有知识产权的数字程控机已在国内新增市场中占到 40%以上，国产微机已占领国内市场的 50%，网络光纤传输设备已占 20%国内市场份额，6000 米水下机器人成功地完成了沿海工程化海试，显示了良好的应用前景，曙光系列机已完成 10 多个新品种开发，并开始大量进入市场。在社会发展方面，已有 3 个 I 类新药获得国家新药证书，进入批量生产，丹参滴丸药经美国 FDA 批准进入临床 2—3 类新药，此外还有一大批生物工程药物、海洋药物等进入临床试验阶段。在基础研究方面，猪口蹄疫病的研究，超新星 SN1996W 的发现，机器证明及其应用和稀土研究等方面获得重大进展。

来自全国各省、市、自治区以及中央各部委科技负责人出席这次全国科技计划工作会。

全国民政厅局长会议在成都举行

会议消息，到 1997 年年底，我国已有近 300 个城市建立了最低生活保障制度。

目前，已建立这项制度的城市占全国城市总数的 40%以上，其中包括直辖市 3 个、计划单列市 5 个、地级市 134 个、县级市 133 个。另外，还有 204 个县城实施了这项制度。地方财政用于保障城市低收入群众最低生活的资金已达 11.5 亿元，200 多万群众受益。

民政部部长多吉才让在会议上认为，城市最低生活保障制度的建立，形成了覆盖城市所有困难群众的最后一道社会保障“安全网”，有效地克服了过去救济范围过窄、标准偏低、制度不够规范等多种弊端，对于化解社会矛盾，理顺群众情绪，确保经济体制改革特别是国有企业改革的顺利进行将发挥重要作用。

12 月 23 日

中共中央总书记江泽民在北京同各民主党派中央全国工商联新老领导人座谈

江泽民、李瑞环、胡锦涛等领导会见了各民主党派中央和全国工商联的新老领导人，并就继承和发扬多党合作优良传统、总结半个世纪共产党领导的多党合作的历史经验这个话题进行座谈。

江泽民指出，各民主党派、工商联已基本完成了组织上跨世纪新老交替的历史任务。进一步搞好政治交接，是民主党派、工商联各级组织当前和今后一个时期自身建设的首要任务。政治交接的核心，是把民主党派、工商联的老一辈在长期革命和建设实践中形成的优良传统和高尚风范一代一代传下去，保证中国共产党领导的多党合作和政治协商制度得到坚持和发展。

江泽民指出，各民主党派、全国工商联代表大会的胜利召开和取得的重要成果，对坚持和完善中国共产党领导的多党合作和政治协商制度，对动员民主党派和工商联广大成员及其所联系的群众，同我们党和全国人民一道，把建设有中国特色社会主义的伟大事业全面推向 21 世纪，一定会产生更加积极的推动作用。

大家经常说，没有中国共产党的领导，中国人民就不可能取得国家独立、民族解放和社会主义的胜利。同时必须指出，没有中国共产党领导的多党合作，就不可能最大限度地把全民族一切爱国的进步的力量团结和调动起来，去实现我们共同奋斗的目标。这是中国新民主主义革命以来直到现在几十年历史进步的一条基本结论。

江泽民说，中国共产党与各民主党派、工商联在长期合作中，在许多基本原则和重大方针方面取得了广泛共识。这些原则和方针，经受了长期实践的检验，要始终不渝地加以坚持：

——坚持以邓小平理论为指导。作为执政党的中国共产党，作为参政党的各民主党派，在新的历史时期要为建设有中国特色社会主义的伟大事业和实现民族的全面振兴作出自己的最大贡献，都必须坚持用邓小平理论指导自己的工作和行动。这一点，任何时候都不能动摇。要全面、正确地掌握邓小平理论的科学体系和精神实质，努力学习邓小平同志观察和解决问题的立场、观点、方法，善于运用这一理论去解决改革和发展中的各种重大问题，并在实践中丰富和发展这一理论。

——坚持社会主义初级阶段的基本路线和纲领。改革开放以来，我们党总结我国社会主义建设正反两方面的历史经验，提出了"一个中心，两个基本点"的基本路线，为不断取得改革和建设的胜利提供了重要的政治保证。中共十五大在邓小平理论指引下，进一步从经济、政治、文化等方面展开论述了这一基本路线，并明确提出了社会主义初级阶段的基本纲领。这个基本路线和基本纲领，也是中国共产党同各民主党派在社会主义初级阶段亲密合作的政治基础。大家都要自觉地维护这个政治基础，坚持基本路线一百年不动摇，为实现基本纲领而不懈奋斗。

——坚持中国共产党领导的多党合作和政治协商制度。中国共产党领导的多党合作和政治协商制度，是马克思主义政党理论和统战学说与我国实际相结合的产物，是我国的一项基本政治制度。中国共产党在各个政党中和全国的领导地位，是在中国革命和建设的进程中历史地形成和巩固起来的，也是各民主党派在长期实践中的自觉选择。中国共产党领导的多党合作和政治协商制度，是有中国特色社会主义民主政治的重要组成部分，是我国政治制度的一大优势。它适合我国国情，有利于维护国家政局的稳定、增进人民的团结，有利于促进经济和社会的发展。

——坚持"长期共存、互相监督、肝胆相照、荣辱与共"的方针。坚持这个方针，是发扬社会主义民主的生动体现。中国共产党深深体会到，坚持就国家的大政方针和重大问题，同各民主党派、全国工商联经常交换意见，进行协商，对于集思广益，促进决策的科学化、民主化很有好处。加强互相监督也是很重要的。共产党是执政党，十分需要接受各民主党派和广大人民群众的监督。共产党各级组织和各级政府要努力为各民主党派、工商联履行参政议政的职能和发挥积极作用，创造良好条件。民主党派也要加强自身的建设。这样，就可以不断地巩固和发展中国共产党同各民主党派彼此信任、真诚合作的关系。我们这一代领导人，无论是执政党的还是参政党的，对建设有中国特色社会主义事业的发展进程，对国家和民族的前途命运，都负有重大的责任。这个责任，是人民和历史赋予我们的。

江泽民说，邓小平同志曾经对我们党的第三代领导人提出了一个重要要求，就是"眼界要非常开阔，胸襟要非常开阔"。我想这对民主党派和全国工商联的领导同志也可以适用。这就要求我们大家：一要加强学习，增长知识和见识；二要加强修养，提高政治素质，以适应时代和我们事业发展的需要。让我们高举邓小平理论伟大旗帜，进一步加强全国各民族、各民主党派、各人民团体和一切爱国力量的紧密团结，携手并肩，同心同德，为建设富强民主文明的社会主义现代化国家、实现祖国的完全统一和中华民族的伟大复兴而继续奋斗。

座谈会由中共中央政治局常委李瑞环主持。他在会议结束时说，今天这个座谈会事关巩固和壮大爱国统一战线，事关坚持与完善共产党领导的多党合作和政治协商制度，事关贯彻和落实中国共产党十五大精神，也事关建设与发展各民主党派、工商联。半个多世纪以来，中国共产党和各民主党派、工商联亲密合作，战胜了重重困难，取得了一系列的胜利。今后在实现振兴中华、统一祖国的宏伟目标中，我们还会遇到许多新情况、新课题，甚至是意想不到的困难和考验，仍然要依靠爱国统一战线和多党合作。只有坚持多党合作，坚持统一战线，团结一切可以团结的力量，调动一切积极因素，努力化消极因素为积极因素，才能实现中华民族的全面复兴。希望各民主党派、工商联各级组织和广大成员认真学习中共十五大精神，认真学习江总书记今天的重要讲话，认真学习各自全国代表大会的文件，在自身建设中向着政治方向正确、政治立场坚定、政治基础稳固的目标努力，紧密团结在以江泽民同志为核心的中共中央周围，与中国共产党风雨同舟，亲密合作，高举邓小平理论伟大旗帜，在把建设有中国特色社会主义事业全面推向 21 世纪的伟大进军中作出新的更大的贡献。

民革中央主席何鲁丽、民盟中央主席丁石孙、民建中央主席成思危、民进中央主席许嘉璐、农工党中央主席蒋正华、致公党中央主席罗豪才、九三学社中央主席吴阶平、台盟中央主席张克辉、全国工商联主席经叔平先后在座谈会上发言，感谢中共中央对各民主党派、工商联全国代表大会和这次换届工作所给予的支持和帮助，并介绍了各自换届工作的情况和成果，同时还就各民主党派、工商联如何进一步加强自身建设和搞好政治交接，如何进一步提高工作水平和发挥参政党作用等问题，谈了各自的看法。他们表示，形势和任务对各民主党派、工商联提出了更高的要求，中共中央对各民主党派、工商联寄予厚望，深感自己所肩负的责任重大。一定要带领广大成员更加紧密地团结在以江泽民同志为核心的中共中央周围，继承和发扬多党合作的优良传统，始终坚持正确的政治方向，根据中共十五大的战略部署，围绕党和国家的中心任务，认真履行参政议政和民主监督职能，与中国共产党同心同德，不断开拓进取，把建设有中国特色社会主义事业进行到底。

费孝通、雷洁琼、钱伟长、王光英、卢嘉锡等老同志先后在会上发言，表达了他们对各民主党派中央、全国工商联跨世纪新老交替顺利完成的喜悦心情。

中共中央政治局委员、书记处书记丁关根，中共中央政治局候补委员、书记处书记曾庆红，全国政协副主席、中共中央统战部部长王兆国以及中央有关部门负责人出席了座谈会。

出席座谈会的各民主党派中央和全国工商联负责人还有：赵朴初、孙孚凌、万国权、彭清源、陈舜礼、方荣欣、杨纪珂、徐采栋、蔡子民、张绪武等。

中共中央在中南海举办《科技进步与法制建设》讲座

中共中央总书记、国家主席江泽民主持讲座，并在讲座结束时讲话。

讲座是中共中央近年来举办的第六次法制讲座，也是今年中央举办的第二次法制讲座。

上午九时，江泽民、李鹏、乔石、朱镕基、李瑞环、胡锦涛、李岚清等中央领导人准时来到中南海怀仁堂，听取北京大学法律系教授罗玉中作《科技进步与法制建设》讲座。

罗玉中的讲座分三部分：第一部分，科技进步呼唤法制建设。包括科技优先发展的战略地位需要法律加以确认，科技活动引起的社会关系需要法律调整，参与国际经贸的合作与竞争需要法律加以保护，防范禁止科技成果的非道德使用需要法律加以引导和规范。第二部分，当代科技法制建设的发展趋势。包括国际科技法制发展趋势、我国科技进步法制建设的现状。第三部分，几点思考。包括健全和完备适应科技进步需求的法律制度；做好法律实施工作，依法保障和促进科技进步；加强法制宣传，提高全民族的科技和法制意识；加强对科技法的研究和教育，培养专门的科技法人才。

讲座中，江泽民等领导人边听边记，并就有关问题与罗玉中教授进行探讨。

讲座结束时，江泽民发表《大力加强科技法制建设》的讲话。他说，罗玉中教授就科技进步与法制建设这个题目，作了很好的讲解。当今时代的主题是和平与发展。世界范围的科技革命正在形成新的高潮，必然推动世界经济进入一个新的发展阶段。日新月异的科技进步，开拓了前人难以想象的研究和开发领域，创造了巨大的物质力量。特别是高新科学技术正在成为决定未来经济发展进程的重要力量，各国综合国力的竞争日益表现为科技和经济力量的竞争。这是当今世界的一个重要发展趋势。

江泽民说，科学技术是第一生产力。为保证下个世纪中叶把我国建成富强民主文明的社会主义现代化国家，十五大进一步确定了实施科教兴国的战略思想。我们必须始终坚持把大力发展科学技术，加速全社会的科技进步放在经济社会发展的关键地位。这就需要大力加强科技法制建设，为实施科教兴国战略提供坚实的法制保障。他说，科技活动，是人类认识、改造自然与社会的重要实践活动。适应科技发展的客观规律，把国家的重大科技政策通过立法程序上升为法律，可以大大推进科技进步。历史和现实都表明，一个国家法制工作的好坏，直接影响着它的科技、经济发展和社会进步。

江泽民强调，在我国加强科技法制建设，就是要按照依法治国，建设社会主义法治国家的要求，努力建设有中国特色的科技法制，保证党和国家的科技工作方针得到全面贯彻落实，推动建立适应社会主义市场经济体制和科技自身发展规律的新的科技体制，促进科技生产力的解放和发展，充分发挥科学技术对经济社会发展的巨大推动作用。同时，在全社会要大力倡导和树立尊重科学精神、学习科学知识、运用科学技术的良好风气，鼓励各种创造发明。这样，才能保证我们的经济建设真正沿着依靠科技进步和提高劳动者素质的轨道前进。

江泽民指出，改革开放以来，我国科技法制建设取得了显著成绩，但同现代化建设的要求相比，还有不小的差距，还需要作出很大的努力。他要求各级干部特别是领导干部，认真研究运用法律手段促进我国科学技术进步同经济发展紧密结合的理论与实践问题。要把我国科技事业发展的成功经验，特别是在改革开放中形成的、实践证明是行之有效的新机制和新体制，用法律形式确定下来，并继续加以完善。同时，要把握世界科技发展的趋势，充分估量未来科技发展对综合国力、社会经济结构和人民生活的巨大影响，增强对科技前沿领域的重要立法的预见性和系统性。

丁关根、田纪云、吴邦国、迟浩田、张万年、罗干、姜春云、贾庆林、温家宝、曾庆红、吴仪、王汉斌、宋健、李贵鲜、陈俊生、司马义·艾买提、彭珮云、任建新、张思卿及中共中央直属机关、中央国家机关有关部门负责人听取了法制讲座。

国家主席江泽民在中南海会见乌克兰总理瓦列里·帕夫洛维奇·普斯托沃伊坚科

全国人大常委会委员长乔石在人民大会堂会见乌克兰总理瓦列里·帕夫洛维奇·普斯托沃伊坚科

中央政法委书记任建新在北京召开的全国政法工作会议上发表讲话

中共中央政治局委员、书记处书记罗干主持会议。

中央政法委员会书记任建新在会上作工作报告，题为"认真贯彻党的十五大精神，切实维护社会稳定，积极推进依法治国"。

任建新强调，1998年和今后一个时期政法工作总的任务是：在以江泽民同志为核心的党中央领导下，高举邓小平理论伟大旗帜，全面贯彻落实党的十五大和中央经济工作会议精神，坚持把维护社会政治稳定放在首位，重点加强政法队伍建设和基层基础工作，加快推进依法治国的进程，加大司法改革的力度，严厉打击危害国家安全犯罪、严重刑事犯罪和经济犯罪，扫除社会丑恶现象，认真落实社会治安综合治理，保障改革开放和现代化建设的顺利进行，把政法工作全面推向21世纪。

在谈到如何维护社会政治稳定，巩固和发展安定团结的政治局面时，任建新提出，要充分认识在整个社会主义初级阶段维护社会稳定的极端重要性，各级党委、政府要健全维护稳定的领导责任制，正确处理人民内部矛盾，落实化解矛盾的各项工作措施，着力解决群众关注的社会热点问题，依法调节社会主义市场经济关系和社会关系。

关于深入推进司法改革、保证严肃公正执法，任建新着重强调，实施依法治国方略，建设社会主义法治国家，是全党、全社会的共同任务，政法部门担负着十分重要的职责。各级政法部门必须把严肃公正执法作为一切工作的出发点和归宿，采取得力措施，以改革的精神健全自律和他律两个方面的机制，保证司法公正，促进依法治国方略的顺利实施。他指出：

——积极稳妥地推进政法工作改革。要按照精简上层、充实基层、加强监督制约、提高工作效率、方便服务群众的原则，对政法部门的内设机构进行合理的调整和精简。要着力改革审判方式，增强庭审的透明度和公开性。对案件的审批，要严格执行国家的法律和制度。政法部门人事管理制度和经费保障体制的改革也要有所突破。人事管理制度要引入竞争机制，实行公开招考、竞争上岗、优化组合。

——用严格的制度保证严肃执法。要进一步健全和完善冤案错案追究制度，加大检查落实现行法律和各项规章制度的工作力度。坚持目标管理、权力分解、干警交流、岗位培训、行政复议和人民警察督察、法律监督、公开审判、审级监督和刑罚执行等制度以及政法各部门相互配合、相互制约的工作制度。清除各种执法不严、执法不公、执法违法、违法不究、搞地方和部门保护主义等现象。

——强化监督机制，制止司法腐败现象。政法干警的一言一行直接涉及群众的切身利益，必须强化执法监督机制，坚持公平、公正、公开的原则，凡是法律要求和允许公开的，都要公开，增强工作透明度，自觉接受监督，防止滥用执法、司法权，保证严肃公正执法。各级党委、政府要加强对执法监督工作的领导，全力支持政法部门建立健全监督机制，按照党的十五大的要求，"把党内监督、法律监督、群众监督结合起来，发挥舆论监督的作用"。使司法活动置于强有力的社会监督体系之中。

中央政法委员会委员张思卿、贾春旺、陶驷驹、肖扬、束怀德、周子玉和中央有关部门的领导人出席会议，各省、自治区、直辖市、新疆生产建设兵团及省会市政法委员会书记和解放军三总部、各大军区有关负责人200多人参加会议。

全国机械工业工作会议在北京开幕

会议的中心议题为：认真落实十五大精神，以"三大战役"取得突破性进展为重点，大力提高机械产品在国内外市场的竞争力。

国务院副总理吴邦国在致全国机械工业工作会议的信中说，机械工业是国民经济的装备工业，也是国民经济新的增长点，在实现"两个根本性转变"中肩负着光荣的使命，任务艰巨、责任重大。机械工业结合自身实际，以全面深化改革作为发展的根本动力，以提高国内外市场竞争力作为发展的根本任务，这个思路很好。

1997年我国机械工业保持了继续发展的势头，预计全年完成工业总产值4900亿元，销售收入4600亿元，工业增加值1230亿元，分别比上年增长10%、5%和6%。随着产品质量翻身、组织结构优化和产品开发能力提高"三大战役"的不断深入，创出名牌产品58

个、明星企业 17 家，涌现 76 个无废品优秀班组；通过兼并联合，“巨人”企业有了较快成长；企业技术中心建设正在积极推进，国家级技术中心已达 49 家，新产品开发速度明显加快，预计全年开发部级新产品 700 多项。

面对新的一年，机械工业部提出，要确定好重点，瞄准主攻方向，确保“三大战役”取得新的突破。产品质量翻身战役要在 30 万千瓦水电机组、自走式联合收割机等重点产品、宝钢三期等重点项目及“千厂万组无废品”、名牌产品及明星企业认定等方面取得显著进步；组织结构优化战役以企业内部结构由“橄榄形”向“哑铃形”转化为主攻方向，抓好中国一汽、一拖、新疆联合收割机厂和上海机床工具（集团）公司等重点企业；开发能力提高战役要在“汽车电子控制技术”、“CAD 应用”、30 万辆轿车装备开发研制及一批重点企业技术中心建设方面取得显著进展。

国务委员李贵鲜在北京召开的全国审计工作会议上发表讲话

李贵鲜在会议上说，审计监督在促进国家增收节支、严肃财经纪律，以及加强宏观调控和廉政建设方面发挥了重要作用，今后审计机关要深入贯彻《审计法》和《审计法实施条例》，进一步促进财政经济领域资金使用效益的提高。

李贵鲜说，5 年来，全国审计机关查处违反国家规定的财政财务收支金额中，上缴财政 380 多亿元，减少财政拨款近 60 亿元，追还被侵占挪用的资金总额 470 多亿元，累计为国家增收节支 920 多亿元；向司法机关移送经济案件 1600 多件；提出的审计建议有十几万条被各级党委、政府和有关部门采纳。

李贵鲜说，要继续加强对财政资金管理和使用情况的监督检查，这次全国审计工作会议提出把分析资金状况、促进经济效益的提高作为指导思想，这是正确的，也是十分必要的。要通过审计监督揭示财政预算资金和预算外资金管理使用中不讲效益、损失浪费等问题，规范财政收支秩序，推进两个根本转变。

李贵鲜说，为了保证《审计法》的顺利实施，今年 10 月国务院颁布了《审计法实施条例》，在将《审计法》规定的审计工作基本原则具体化的同时，根据强化审计监督的客观需要，增加了审计处理处罚等方面的权限，这有利于审计机关依法独立开展审计工作，但责任也相应加大了，要求审计执法的水平有一个新的提高。

以色列议长蒂雄会见国务院副总理兼外交部部长钱其琛

巴勒斯坦民族权力机构主席阿拉法特在总统府会见国务院副总理兼外交部部长钱其琛

阿拉法特说，巴勒斯坦人民不会忘记中国政府和人民在巴最困难的时候所给予的真诚支持，对此深表感谢。

钱其琛说：“中国政府和人民十分珍视在长期斗争中建立起来的中巴传统友谊和友好合作关系。我们认为，巴勒斯坦人民的事业是正义的，巴勒斯坦人民的合法权利应当尽早恢复，巴勒斯坦人民应该有自己的国家。中国支持巴勒斯坦人民在阿拉法特主席领导下为实现自己的神圣目标而进行的努力和斗争”。

钱其琛向阿拉法特通报了此次访问中东的情况。他说：“中国是支持中东和平进程的，并对和平进程处于停滞状态深感不安。中东和平进程受挫的主要原因是以政府改变了前政府在马德里和会上所作的‘以土地换和平’的承诺。我认为，以大多数人是要和平的，以政府应当遵守联合国有关决议和‘以土地换和平’的原则，尽快走出和平僵局”。他说：“我们对巴民族权力机构坚持通过和平谈判解决巴以争端的立场表示赞赏，支持巴继续采取灵活、务实的态度推动和平进程”。

阿拉法特向钱其琛通报了当前中东局势最新情况，希望中国和国际社会一道在推动中东和平进程方面进一步发挥作用。他说，目前中东和平进程的僵局如持续下去，势必给整个地区带来更大困难。

新版《中国人民解放军军语》颁发施行

经中央军委主席江泽民批准，重新修订的新版《中国人民解放军军语》，近日由三总部颁发全军部队施行。

军语是表述军事概念的语词，是规范化的军事用语。军队在作战、训练、执勤和日常工作中必须使用统一、规范的军语。我军原军语，是 1982 年经中央军委批准，由三总部颁发的试行本。新版军语的修订编纂，从 1994 年初开始，遵照中央军委的指示，在三总部领导下，由军事科学院组织编纂组具体组织实施，并特邀全军百余名专家参加撰稿与编审。

新版军语的编纂，坚持以毛泽东军事思想、邓小平新时期军队建设思想和江泽民主席关于军队建设一系列重要论述为指导，在保留原军语精华的基础上，进行了大幅度的增删、调整和修改，充实了大量新内容。新军语分 29 个类目，共收词目 6500 余条，插图 180 余幅，80 多万字。

新版军语内容更加符合新时期军事发展的需要，结构设计更加科学合理，词目定名和释文表述更加准确、简明、规范，在学术观点上有所发展和创新。最近，这项课题获得全军第二届军事科研成果特等奖。

全国语言文字工作会议在北京召开

这是继1986年全国语言文字工作会议之后的又一次重要会议，会议对过去12年我国语言文字工作进行了系统的回顾和总结，并初步确定了跨世纪语言文字工作的奋斗目标。

中共中央政治局常委、国务院副总理李岚清发表书面讲话。李岚清强调，语言文字工作是社会主义文化建设的重要内容，是国家现代化建设不可缺少的组成部分。语言文字工作的根本任务是使语言文字社会应用的规范化、标准化水平与我国经济、科技、社会发展水平相适应，为提高全民族科学文化素质，解放和发展生产力服务。

1986年以来的12年间，我国的语言文字工作伴随着社会生活的巨大变革，取得了长足的进展，推广普通话工作不断深入，汉字规范化工作逐步加强，重点抓了出版用字、影视屏幕用字、计算机用字、党政机关用字和学校用字的规范等，语言文字应用状况明显改善。

国家语委主任许嘉璐在会上作工作报告。工作报告提出了在下世纪中叶以前，语言文字规范标准和各项管理制度更加完善；普通话在全国范围内普及，交际中没有方言隔阂；语言文字规范标准方面实现较高水平的优化统一等目标。这次会议还表彰了12名语言文字工作优秀领导干部、201个语言文字工作先进集体、373名先进个人。

国务院有关部门代表、各地语言文字工作委员会负责人及语言文字专家近300人出席会议。

国务院学位委员会和国家教委联合发出实施《工程硕士专业学位设置方案》的通知

国务院学位委员会和国家教育委员会日前联合发出通知，部署实施国务院学位委员会第十五次会议通过的《工程硕士专业学位设置方案》。

通知指出，工程硕士专业学位是与工程领域任职资格相联系的专业性学位，培养高层次工程技术和工程管理人才。工程硕士的生源以在职人员为主，入学的考核要着重工程技术或工程管理方面的潜在素质、岗位工作经历和业绩。培养的方式强调进校不离岗，课程的内容要适应科学技术、生产的发展，学位论文（设计）的课题要紧密联系工程实际，选配指导教师和学位论文（设计）答辩要校企结合，获得学位后的从业必须面向企业。

经国务院学位委员会办公室批准，清华大学等54所高等学校将在机械、车辆、仪器仪表、材料、冶金等26个工程领域招收培养工程硕士。1998年的工程硕士生入学考试将于当年1月份举行，招收对象主要是获得学士学位后具有三年以上工程实践经验，年龄一般在40岁以下，工作业绩突出的在职工程技术或工程管理人员。

12月24日

国家主席江泽民在北京考察国有企业看望慰问职工

江泽民强调，只要坚持解放思想，实事求是，在实践中勇于探索，国有企业不仅可以搞活，而且会不断发展壮大。他指出，党的十五大高举邓小平理论伟大旗帜，对我国改革开放和现代化建设的跨世纪发展作出了全面部署，对加快推进国有企业改革的重要意义、主要目标和基本措施也作出了明确阐述。全党和全国上下首先是各级领导干部，要抓住现在宏观经济运行良好的有利时机，坚定信心，扎实工作，努力实现十五大提出的国有企业改革和发展的目标。

江泽民说，长期以来，国有企业的广大职工群众为国家的经济发展和社会进步作出了巨大贡献，功不可没。现在，一些职工暂时下岗和发生生活困难，很大一部分是由于国内外市场情况的变化和经济结构、产业结构的调整等方面的原因引起的。我们的各级领导干部首先是高中级干部必须增强责任感，必须及时了解情况，夜以继日地加倍工作，满腔热情地帮助困难企业职工和下岗待业职工解决困难，绝不可以忽略和放松，更不允许采取漠然视之、无所作为的态度。谁在这个问题上掉以轻心，敷衍塞责，就是对党和人民最大的失职。

北京北方车辆制造厂是一家大型军民结合型企业。建厂50年来，为我国国防现代化建设和北京市经济发展作出了贡献。经过不断深化改革、苦练内功、转换经营机制，市场竞争能力显著增强。“八五”末期亏损3357万元，今年预计将实现利润1000万元，初步走出了经济低谷。目前企业仍有下岗职工300人。

上午9时，江泽民首先来到北方车辆制造厂的大轿车生产车间，了解北方牌大型客车的生产情况。随后，江泽民来到工厂家属区看望困难职工。

在听取大家的汇报后，江泽民发表讲话。他说，在发展社会主义市场经济条件下如何搞好国有企业，你们进行的探索已经取得了积极成果，并积累了一些重要经验。像北方车辆制造厂，原是军工企业，走军品、民品相结合的发展路子，开发出适应市场需要的产品，经济效益就上去了。二七机车厂是历史悠久的企业，有着优良的革命传统，在深化改革中也取得了很大成绩，发生了深刻变化。

江泽民说，国有企业特别是国有大中型企业，是我国国有经济的骨干和主导力量，是国民经济的支柱，为国家的经济建设和国防建设的发展作出了重大贡献。对此，我们必须予以充分肯定。同时也要看到，在对外开放和实行社会主义市场经济的条件下，国有企业需要经历一个深刻的改革过程。不改革，国有企业就难以适应发展社会主义市场经济的要求，也不可能更好地发挥国民经济支柱的作用。在深化改革中，一些国有企业遇到暂时困难，这是难以避免的。对这些问题，我们正在积极采取措施加以解决。

谈到解决困难企业职工和下岗待业职工的工作与生活，江泽民指出，凡是涉及人民群众的生产、生活和切身利益的事，都是大事，都要摆在头等位置上。我们说领导干部要讲政治，而政治问题从根本上说，就是对人民群众的态度问题，同人民群众的关系问题。各级干部特别是领导干部，要时刻把人民群众的冷暖放在心上，始终不渝地发扬我们党的一切来自群众，一切依靠群众，一切为了群众的优良传统和政治优势。

江泽民强调，当前要注意抓好两件事情。一是要千方百计帮助下岗待业职工早日走上新的工作岗位。要搞好职工的职业培训和技术教育，提高他们再就业的能力，同时要多渠道、多方式、多层次地研究就业门路，关键是要找准有经济效益、有市场需求的产业或产品，这样才能实现生产、就业、发展的良性循环。二是要千方百计地保障困难职工和离退休职工的基本生活。要加快建立和完善城市居民基本生活保障制度和企业职工基本养老保险制度。要实行政府、企业和社会三结合，广泛动员各个方面的力量，共同帮助困难的职工，包括遇到困难的离退休老职工、老企业干部，度过暂时的困难。各级领导干部要大力宣传和带头坚持贯彻党的勤俭建国、勤俭办一切事业的方针，精打细算，严禁铺张浪费，节省一切可以节省的财政开支，以争取更多的财力来支持国有企业的改革和发展。

江泽民对北京市近年来各项工作取得的成就予以充分肯定。他指出，北京作为首都和全国政治、文化中心，代表着我们社会主义国家的形象，工作更要做好。应努力创造第一流的工作水平、工作成绩、工作经验，各个方面都要走在全国前列。他希望北京市的各级干部继续团结全市广大群众，进一步推动两个文明的协调发展。中央国家机关和军队驻京单位要关心和支持北京市的工作，共同把首都建设得更好。

江泽民最后说，元旦即将来临，春节也快要到了，希望大家抓紧工作，把今年送温暖的工作搞好，把群众的生产、生活安排好，把市场供应搞好，让人民群众都过好年。他预祝大家新年快乐。

八届全国人大常委会二十九次会议在北京开幕

乔石委员长主持会议。

会议首先分别听取了法律委员会副主任委员项淳一、蔡诚、厉以宁关于价格法草案审议结果的报告、献血法草案修改意见的汇报、防御与减轻地震灾害法草案审议结果的报告和高等教育法草案修改意见的汇报。会议还听取了教科文卫委员会副主任委员李绪鄂关于国家高新技术产业开发区法草案的说明。会议还审议了关于召开第九届全国人民代表大会第一次会议的决定草案。

人大常委会副委员长田纪云、王汉斌、倪志福、费孝通、雷洁琼、李锡铭、王丙乾、帕巴拉·格列朗杰、王光英、程思远、卢嘉锡、布赫、铁木尔·达瓦买提、吴阶平和秘书长曹志出席会议。国务委员司马义·艾买提、最高人民法院院长任建新、最高人民检察院检察长张思卿列席会议。

全国人大法律委员会向八届全国人大常委会二十九次会议报告《价格法草案》和《防御与减轻地震灾害法草案》的审议结果

关于《价格法草案》，全国人大法律委员会副主任委员项淳一说，草案已在八届全国人大常委会第二十七次会议上进行了初步审议，会后又广泛征求了各省、自治区、直辖市、部分大中城市、经济特区及有关部门的意见，并在一些省、市作了调查研究。法律委员会认为，价格问题直接关系到经济发展、群众生活和社会稳定，在社会主义市场经济条件下，为了规范价格行为，发挥价格在合理配置资源中的作用，稳定市场物价总水平，保护消费者和经营者的合法权益，促进经济健康发展，制定价格法很有必要。草案内容基本上是可行的。

项淳一还对草案提出了修改意见，如将部分条款修改为："经营者销售、收购商品和提供服务，应当按照政府价格主管部门的规定明码标价，注明商品的品名、产地、规格、等级、计价单位、价格或者服务的项目、收费标准等有关情况。""经营者不得在标价之外加价出售商品，不得收取任何未予标明的费用。""任何单位和个人均有权对价格违法行为进行举报。政府价格主管部门应当对举报人员给予鼓励，并负责为举报者保密。"

关于《防御与减轻地震灾害法草案》，全国人大法律委员会副主任委员蔡诚说，八届全国人大常委会第二十七次会议对草案进行了初步审议。会后征求了各省、自治区、直辖市意见，法律委员会、教科文卫委员会和法制工作委员会还联合邀请中央有关部门座谈征求意见。法律委员会认为，为了防御与减轻地震灾害，保护人民生命和财产安全，保障社会主义建设的顺利进行，制定本法是必要的，草案基本可行，同时提出了修改意见。

全国人大法律委员会向八届全国人大常委会二十九次会议汇报《献血法草案修改稿》和《高等教育法草案修改意见》

全国人大法律委员会副主任委员蔡诚说，八届全国人大常委会第二十五次会议审议了《献血法草案修改稿》，有些委员提出了不同意见，认为草案修改稿还需要进一步研究，因此没有进行表决。会后，国务院法制局和卫生部研究了常委会委员的意见，并从提倡、鼓励公民无偿献血和保障献血者与用血者的身体健康方面，提出了补充修改意见。国务委员彭珮云、卫生部部长陈敏章向法律委员会、教科文卫委员会和部分常委会委员作了说明。法律委员会对各方面的意见进行了研究，建议对草案修改稿进一步作4个方面的补充修改。

全国人大法律委员会副主任委员厉以宁说，八届全国人大常委会第二十六次会议对国务院提请审议的《高等教育法草案》进行了初步审议。会后，有关部门在广泛征求意见的基础上，几次共同研究修改草案。法律委员会多次召开会议，根据有关意见，对草案进行了审议。法律委员会认为，为了规范和发展高等教育事业，提高教育质量和效益，制定高等教育法是必要的。草案的基本内容是可行的。同时提出了11个方面的修改意见。

八届全国人大常委会二十九次会议审议《国家高技术产业开发区法草案》

全国人大教科文卫委员会副主任委员李绪鄂就这部法律草案向会议作说明。

李绪鄂说，在科技、经济比较发达，高等院校、科研机构和工业企业相对集中的城市建立高新技术产业开发区，是世界各国发展高新技术及其产业的有效方式。许多国家的经验证明：在发展高技术产业的道路上，兴办科技工业园区确是一项重要举措。

李绪鄂说，80年代中期，我国北京、深圳、武汉等地，开始建立高新技术产业开发区。在总结这些先行园区经验的基础上，国务院于1991年和1992年，先后批准了52个国家高新技术产业开发区。几年来，这些园区一靠采用高新技术；二靠推行符合市场经济的新型机制，取得瞩目的成就。1991年到1996年，工业产值每年以90%以上的速度递增。1996年，工业产值达2100亿元，利税240亿元，出口创汇38亿美元。园区从业人数120万人，其中30%以上具有大专以上学历。亿元以上的企业380家，10亿元以上企业17家，涌现出一批中国的高新技术企业和企业集团。实践证明：国家高新技术产业开发区的兴建是必要的、正确的，对于发展我国的高新技术产业，已经起到了重要的示范、带头作用。

李绪鄂说，国家高新技术产业开发区创立以来，国务院和一些省、自治区和直辖市的人大先后颁布了扶持其发展、规范其行为的行政法规和地方性法规。在此基础上，以国家立法来规范高新技术产业开发区的活动，进行依法管理，以保障和促进国家高新技术产业开发区的建设和发展，已是十分必要的，时机也是成熟的。为此，草案第一条规定了本法的立法宗旨是："为了实施科教兴国战略，促进和规范国家高新技术产业开发区的建设，发展高新技术产业，推动科技进步、经济建设和社会发展，制定本法。"

李绪鄂还就草案中几个问题作了说明。

全国政协八届常委会举行五十次主席会议

中共中央政治局常委、全国政协主席李瑞环主持了会议。

会议听取了全国政协副秘书长朱作霖《关于政协八届常委会第二十三次会议议程（草案）》和日程草案的说明；全国政协秘书长朱训关于召开政协九届一次会议的决定草案的说明；全国政协副秘书长梁金泉《关于政协八届常委会工作报告（草稿）》、1998年新年茶话会和纪念周恩来同志诞辰100周年座谈会筹备情况的说明。

会议审议通过了政协第八届常委会第二十三次会议议程草案和日程草案，并决定这次常委会议于1998年1月19日召开，建议主要议题为：审议八届常委会工作报告、讨论召开九届一次会议的有关事宜。

会议审议了关于召开政协九届一次会议的决定草案，建议政协九届一次会议于1998年3月上旬在北京举行，具体日期由第二十三次常委会议确定。

会议还审议并原则同意政协八届常委会工作报告（草稿），待进一步修改后，提交第二十三次常委会议审议。

中共中央组织工作会议在北京闭幕

中共中央组织部部长张全景在会上对1998年组织工作做了部署。他说，各级组织部门要以党的十五大精神为指针，高举邓小平理论伟大旗帜，紧紧围绕党的建设新的伟大工程总目标，认真贯彻从严治党的方针，全面落实这次会议提出的各项任务，以改革的精神，做好面向新世纪的组织工作。

张全景在讲话中说，1998年组织工作要重点抓好六个方面的工作：把组织广大党员、干部特别是领导干部学习邓小平理论，作为组织工作的首要任务抓紧抓好；全面提高领导干部的素质，进一步加强领导班子建设；加强培养，大胆选拔，努力造就一大批能够跨世纪担当重任的年轻干部；以推进干部能上能下为重点，加快干部制度改革步伐；大力加强和改进党的基层组织和党员队伍建设，增强党的凝聚力和战斗力；进一步加强组织部门的自身建设。

各省、自治区、直辖市和副省级城市党委主管组织工作的负责同志、组织部长，中央、国家机关部委分管组织、人事工作的领导同志及人事司(局)长和解放军总政治部、武警部队政治部的有关负责人出席大会。

1997 年中国经济体制改革获巨大突破

从在北京闭幕的全国经济体制改革工作会议上获悉，1997 年，是我国经济体制改革理论和实践都取得巨大突破的一年。在党的十五大上，确立了邓小平理论的历史地位，全国各地按照社会主义市场经济的改革方向，积极探索，大胆实践，推动我国经济体制改革事业在一个新的攻坚阶段取得进展。

整体搞活国有经济的改革取得了新的进展。现代企业制度试点工作在总结中不断完善，积累了宝贵的经验。国有企业股份制改革继续推进，上市公司数量已由去年底的 500 多家，增加到目前的 800 多家。国有经济战略性调整工作迈出了新的步伐，企业联合、兼并和收购力度加大，跨地区、跨行业、跨部门、跨所有制企业联合有所突破。职工再就业工程开始在全国实施，国家债务重组试点正式启动。全国“优化资本结构”试点城市由 58 个扩大到 111 个，试点城市全年涉及的兼并破产和职工再就业工程的企业约 3000 户。企业集团试点有了新的进展，国家试点企业集团由 55 户扩大到 120 户。国有小企业改革已在面上铺开，部分省市已有一半以上的国有小企业实现改制，国家体改委发布了《关于发展城市股份合作制企业的指导意见》，有力地推动了股份合作制的发展。

社会保障和住房制度改革逐步推进。国务院发布了《关于建立统一的企业职工基本养老保险制度的决定》，按照社会统筹和个人账户相结合的原则，统一了养老保险制度。一些地方今年还把失业保险的覆盖面扩大到了城镇所有类型企业的职工。全国 206 个城市基本建立起居民最低生活保障制度。医疗保险制度改革试点城市已扩大到 50 多个，今年大部分已经启动。

进一步推进住房制度改革。全国住房公积金归集总额已达 800 多亿元，一些商业银行开始实施个人住房抵押贷款，国家安居工程规模进一步扩大。

金融体制和投融资体制改革继续深化。中央银行调控方式有较大改进，加大了对金融特别是证券行业的监管和调控力度，采取了一些措施防范和化解金融风险。全国金融工作会议提出建立金融机构、金融市场和金融调控监管三个体系，进一步明确了金融体制改革的目标和方向。开始全面推行建设项目法人责任制、资本金制度和招标投标制度。股票、基金、债券等多种直接融资方式进一步发展，企业直接融资渠道增加。

农村改革不断深化。农业产业化经营在全国推广和发展，涌现出一批农业产业化龙头企业和典型地区。粮、棉、油流通体制改革继续探索，粮食专项储备和风险基金制度初步建立。进一步深化了小城镇改革试点。

城市综合配套改革取得实质性进展。综合配套改革试点城市由 39 个扩大到 53 个。

此外，涉外经济体制、流通体制和科教体制改革以及经济和改革立法等工作也取得了新的进展。国家大幅度降低了关税水平，确定恢复对外商投资企业进口生产设备的减免税政策，引进外资水平进一步提高，对外开放不断扩大。

国务院副总理兼外交部部长钱其琛在开罗外交部同埃及外交部部长阿姆鲁·穆萨举行会谈

双方就增进两国在各个领域的合作及共同关心的国际和地区问题交换了意见。

在谈到伊拉克问题时，穆萨对埃中两国就此问题在联合国安理会的良好合作表示赞赏。

钱其琛说：“我们认为联合国有关海湾问题的决议应得到严格执行，我们支持联合国对伊拉克进行武器核查的决议，但核查已进行很长时间，不应无限期核查下去。我们也支持‘石油换食品’的决议，以缓解伊拉克人民所遭受制裁之苦，并随着安理会有关决议的实施，逐步解除对伊拉克的制裁。”

在谈到世界的安全与和平问题时，钱其琛说：“本世纪的历史表明，世界的安全与和平同经济的发展与繁荣密不可分。东南亚金融危机给予我们的启示是：经济的全球化和区域集团化一方面可以积极促进世界经济的发展；另一方面，若处理不当，也会对各国经济安全造成影响。各国必须要有一个健康的经济结构，防止出现‘泡沫经济’。同时在开放金融市场时，必须警惕国际投机性游资的冲击。”

穆萨完全赞同钱其琛的意见。

中共中央政治局委员温家宝在中国科协五届三次全委会上就全面推进我国科学技术事业发表讲话

温家宝指出，学习贯彻党的十五大精神，要重视学习邓小平的科技思想，把科技进步放在经济社会发展的关键地位，精心规划科学技术发展的战略布局，努力实现我国科学技术的跨越式发展。

在谈到科技体制改革和人才培养时，温家宝说，要进一步深化科技体制改革，改革的核心是促进科技同经济的结合；要重视科技人才的培养和使用，实施科教兴国战略，关键是要造就一支包括科学研究、工程设计、技术开发、经营管理在内的宏大的科技队伍，特别要有一批优秀科学家和工程技术专家。

温家宝要求各级科协要以邓小平理论和党的基本路线为指导，深入贯彻党的十五大精神，充分发挥党联系科技工作者的桥梁纽带作用，团结和动员广大科技工作者，为推进科教兴国战略和可持续发展战略，实现我国经济社会发展跨世纪的宏伟蓝图而奋斗。

谈到学习邓小平科技思想时，温家宝说，作为邓小平理论的重要组成部分，邓小平科技思想是发展我国科技事业的强大思想武器。各级领导干部在学习邓小平理论时，要完整、准确地把握邓小平理论的科学体系，从总体上领会基本观点和基本精神，深刻认识科学技术对世界经济社会生活的巨大影响，树立科学技术是第一生产力的观点，尊重知识，尊重人才，坚决贯彻党的科技政策和知识分子政策。科技战线的领导干部更应系统地钻研和理解邓小平科技思想，提高解决科技工作实际问题的能力，密切关注科学技术的新变化，重视科学技术的伟大作用，推动科学技术更快发展。广大科技工作者都要重视学习邓小平理论，紧密联系工作实际，学以致用。

在今天的会议上，中国科协主席周光召作了工作报告，报告回顾了1997年中国科协的工作，并对1998年工作做出了安排。于全、陈竺、姜德明等291名获得“全国优秀科技工作者”荣誉称号的科技工作者，在会上受到表彰。

全国科技计划工作会议在上海结束

国家科委常务副主任朱丽兰在会上强调，“九五”科技计划工作后三年的主要任务是要加快提高科技自身实力和水平，更好地为国民经济的结构调整和优化服务。

这次会议要求今后三年的科技发展工作要进一步突出重点，认真抓好以下五个方面重点任务：一是大力推动农业科技发展，重点推动干旱和半干旱地区的节水农业、脆弱地区的持续生态农业、农业产业化开发和为农业生产、销售，为农业防灾、减灾以及为宏观决策服务的农业信息化发展；二是加强高技术产业发展和高新技术产业开发区建设。着重推动发展软件、通信、生物医药等具有自主知识产权的高新技术拳头产业，为优化产业结构，改善外贸进出口结构和培育新的经济增长点作贡献；三是在工业领域大力推广CAD、CIMS、工业机器人等能够提升企业技术水平的共性技术，为重点行业和企业改造和提高现有工业水平，提高产品质量和经济效益服务；四是加大社会科技发展领域的技术创新力度，推动医药、环保、小康住宅等产业的形成和发展；五是围绕国家目标，进一步加强重大基础研究和高技术研究，重点支持面向国家经济和社会发展的信息、农业、能源、资源环境、人口与健康等领域的重大问题的科学研究，加快制定我国新一轮高技术研究发展战略，全面部署我国21世纪新的高技术研究与发展。

全国民政厅局长会议在成都闭幕

国务委员李贵鲜在会上强调，要全面推进并逐步完善城市居民最低生活保障制度，切实安排好今冬明春特别是元旦、春节期间受灾群众和困难群众的生活。

李贵鲜要求各级民政部门的干部职工要结合实际，深入贯彻落实党的十五大精神，以高度的历史责任感和紧迫感，根据新形势下民政工作改革与发展的目标和任务，研究新情况、新问题，抓住有利时机，积极做好工作。

李贵鲜指出，各级民政部门要以实施城市居民最低生活保障制度为重点，逐步建立起与当地经济发展水平相适应的多层次的社会救助体系。要从实际出发，科学地确定保障标准，逐步建立起规范的资金管理办法，使有限的资金更好地保障困难居民的基本生活；要抓好相关政策的配套与落实，特别是要发动社会力量帮扶，减轻社会救济工作的资金压力；要鼓励和组织救济对象开展生产自救，尽快摆脱贫困；要根据物价上涨幅度和人民生活水平提高程度，适时调整保障标准。

李贵鲜强调，要进一步加强对民政工作的领导。各级人民政府要高度重视民政工作，特别是在建立城市居民最低生活保障制度、安排群众生活、加强基层组织和勘界等重点工作上，主要领导要亲自过问，分管领导要帮助协调关系，解决民政部门自身难以解决的困难和问题，形成各有关部门密切配合、积极协作、各司其职、齐抓共管的局面。

为期3天的全国民政厅局长会议回顾总结了1997年民政工作，分析了民政工作面临的形势并部署安排了1998年的工作任务。会上还表彰了第二批全国民政工作先进县（市、区）和全优乡镇（街道）。

12月25日

全国政法工作会议在北京结束

中共中央总书记、国家主席江泽民，中共中央政治局常委、国务院总理李鹏下午在人民大会堂参加全国政法工作会议并发表讲话。

李鹏在讲话中首先分析了当前我国的经济形势。李鹏说，要全面准确地贯彻落实十五大精神和中央经济工作会议精神，在改革开放中按经济规律办事，逐步解决经济领域中深层次的矛盾和问题。要高度关注并切实解决社会热点问题，关心群众生活。深化改革，加快发展，维护稳定，要依靠广大人民群众的力量。人民群众的利益是我们一切工作的根本出发点和归宿。明年企业改革的力度加大，还要进行政府机构改革，保持社会稳定特别重要。必须妥善处理改革力度、发展速度和群众承受能力三者之间的关系，做深入细致的工作，解决实际问题，及时化解矛盾。要进一步加大"扫黄打非"工作的力度，严厉打击各种犯罪活动，扫除社会丑恶现象，改善城乡治安状况，让人民群众安居乐业。要落实"谁主管谁负责"的原则，及时解决可能影响社会政治稳定的问题。凡是工作不力，不落实国家有关政策，不认真研究解决群众的实际困难和合理要求，造成严重后果的，不论涉及哪个地区，哪个部门，都要严肃追究有关领导的责任。

李鹏指出，依法治国是从人治到法治的伟大变革，是一个渐进的历史进程。依法治国的关键是执法，难点和重点也是执法。"法令行则国治，法令弛则国乱，"这是一条历史规律。他说，各级政府部门必须依法行政。依法行政水平的高低，直接影响着政府的权威和形象，在一定程度上决定着依法治国的进程。各级政府部门都要提高依法行政的自觉性，把行政行为纳入法制轨道。每个政府工作人员都要依法行政，要用公仆的赤诚为人民服务，维护人民的合法权益，反对官僚主义、弄虚作假和浮夸作风。凡是直接涉及群众切身利益的行政行为，都要实行公开办事制度，防止滥用职权。

李鹏说，政法部门要把严肃执法作为自己的生命线。政法部门肩负着打击犯罪、保护人民的重任，是维护社会公正的重要力量，必须把严肃执法、维护法律尊严看作自己应尽的职责。当前群众对一些地方执法不严、办案不公、执法犯法的现象，反映相当强烈，直接影响着党和政府的形象以及社会的稳定，必须引起我们的高度重视。他说，各级党政领导干部必须严于律己，带头执法、守法、护法。要树立法治观念，反对特权思想，反对"以言代法"、"以权压法"，自觉依法办事，依法管理。领导干部不要给执法部门批条子、"打招呼"，让他们做违背法律的事。不允许给违法者说情。要努力为执法部门创造一个良好的执法环境。

李鹏指出，要完善和维护社会主义市场经济法律秩序，下大决心清除经济活动和执法中的地方和部门保护主义，摒弃狭隘的地方和部门利益，从大局出发，从我做起。对执法中的地方和部门保护主义要进一步加大治理力度，各有关部门要密切配合，协调行动。他说，政法工作服从、服务于经济建设这个中心，一个重要体现就是依法打击和依法保护两手并举，维护社会主义市场经济的法律秩序。政法部门要在有关行政、经济管理部门的支持协助下，严厉打击和预防各种经济犯罪。要把金融诈骗、制假贩假、走私贩私、偷税骗税等严重经济犯罪活动作为打击的重点，进一步加大工作力度。要加强与经济犯罪多发部门和单位的沟通，引导和帮助他们堵塞漏洞，严密防范。按照社会主义市场经济发展的需要，进一步加强和改善经济审判、民事调解和法律服务工作，为市场经济提供有力的保障和优质的服务。

李鹏说，必须依法治警。各级党委和政府必须高度重视政法队伍建设，配强领导班子，把好进人关，加强思想教育，促进政法队伍的政治素质和业务素质不断提高。

中共中央政治局委员、书记处书记、中央政法委副书记罗干在会议结束时也讲了话。他说，这次全国政法工作会议对明年和今后一个时期的政法工作作了部署，目标任务和主要措施已经十分明确，江泽民总书记、李鹏总理就今后的政法工作作了重要讲话，各地、各部门要抓紧传达贯彻，抓好落实。罗干还就维护社会稳定的各项措施、社会治安综合治理的基层基础工作、队伍建设的各项工作、政法工作的各项保障措施等问题如何落到实处提出了要求。

国家主席江泽民在全国政法工作会议上发表讲话

过去五年中，政法战线取得了新的成绩和进步。在党中央、国务院和各级党委、政府的领导下，政法战线的广大干警团结奋斗，坚持把维护稳定放在首要位置，依法打击敌对势力的渗透破坏活动，打击严重刑事犯罪和经济犯罪，协助党和政府妥善处理了若干突发事件。今年，你们还出色地完成了悼念邓小平同志、香港回归和党的十五大等重大活动的安全保卫工作。你们为保护人民的生命财产安全，保证改革开放和现代化建设的顺利进行，作出了重要贡献。我代表党中央、国务院，向全体政法干警和武警官兵致以亲切的慰问！

1998 年，是全面落实党的十五大精神，继续实施"九五"计划，开创改革开放和现代化建设新局面的重要一年。各级党委、政府和各级政法部门，要坚持以十五大精神为指导，进一步增强为全党全国工作大局服务的自觉性和坚定性，加强研究政法工作的新情况，总结新经验，解决新问题，努力把政法工作提高到一个新的水平。

下面，我讲几点意见。

一、认清形势和任务，维护社会政治稳定

从国际形势看，和平与发展仍是当今时代的主题，世界格局正在加速走向多极化。今年，我们的外交工作取得了新的重要成果。通过高层互访，我国与美、俄、日、法等大国，确定了双方关系未来发展的目标和指导方针。我国与发展中国家的关系继续加强，与周边国家的睦邻友好关系进一步巩固和发展，与亚太经合组织、东盟等区域性组织的关系也取得了重要进展。这有利于保持我国改革开放和现代化建设的良好国际环境及周边环境，也有利于促进世界和地区的和平、稳定与发展，有利于提高我国的国际地位和扩大我国的国际影响，使我们在国际斗争中处于更加主动的地位。

但是，世界还不太平，霸权主义和强权政治依然存在。西方敌对势力没有也不会放弃对我国推行“西化”、“分化”的政治图谋，它们继续在人权、军售和达赖、台湾等问题上制造麻烦，资助和鼓动境内外“民运”分子进行破坏活动。对此，我们必须保持清醒的头脑。

大家要注意研究和认识国际形势的新趋势和新动向。当前国际形势的一个重要特点是，在日新月异的科技进步的推动下，各国之间的经济联系日益紧密，全球经济的相互影响和作用明显加强。这种生产、贸易、金融和科技的全球性发展，为各国提供了发展的机遇，有助于世界范围的资源优化配置，但也潜伏着危险。由于发展中国家的经济科技实力比较低，在国际竞争中总体上处于弱势，发达国家凭借经济技术的垄断地位，控制和损害发展中国家的经济利益与经济主权。发达国家在世界贸易中占有大部分份额，控制着主要的国际经济组织。它们着力推行由它们制定和有助于实现它们利益的规则，使发展中国家处于不利地位。全球信息化的发展，有利于国际信息的交流和沟通，但有些西方国家正在利用这一点向发展中国家输出西方式的“人权”、“民主”观念，企图影响发展中国家的内部事务。正确认识这些问题，对我们维护国家利益和民族尊严，更好地推进改革开放和现代化建设，是很重要的。

从国内来看，总的形势很好。全党和全国人民紧密团结在党中央周围，继承邓小平同志的遗志，把建设有中国特色社会主义事业继续推向前进。今年七月一日，我国政府顺利实现对香港恢复行使主权，在完成祖国统一的道路上迈出重要一步，极大地振奋了全国人民的爱国主义精神。党的十五大高举邓小平理论伟大旗帜，对建设有中国特色社会主义事业跨世纪的发展作出了全面部署，选举产生了新的中央领导机构，从思想上、政治上、组织上为我们的改革和发展提供了坚强保证。国家经济继续保持快速增长，出现了“高增长、低通胀”的良好发展态势。体制改革继续深化，各项社会事业稳步发展，综合国力继续加强，人民生活进一步得到改善。亚洲一些国家和地区出现了严重的金融风波，而我国经济发展的全局继续保持稳定，没有受到大的影响。这是一个很大的胜利。我们应该充分利用我们的各种有利条件，发挥我们的各种优势，满怀信心地去争取改革、发展和稳定的新胜利。

当然，我们在前进中还面临不少新情况新问题，有些方面的矛盾和问题还比较突出。主要是，一些国有企业生产经营困难；下岗待业人员增多，社会就业压力加大，部分职工生活困难；金融领域潜伏着一些隐患；农业基础脆弱的状况还没有根本改变，一些地方农民负担过重；贪污腐化、奢侈浪费等现象还在社会上蔓延；一些地方社会治安不好。对这些问题，我们正在采取措施加以解决。但也要看到，解决问题需要一个过程，如果处理不当，解决不及时，就可能成为不安定的因素，甚至引发群体性、突发性事件。对此，我们要有充分的估计和思想准备。

集中精力发展经济，不断改善人民生活，是维护社会政治稳定的根本。稳定是改革和发展的前提，没有稳定，什么事也干不成，已经取得的成果也可能丧失。从这个意义上说，稳定是压倒一切的。各级党委和政府都必须坚持两手抓、两手都要硬的方针，促进改革、发展、稳定协调发展。

各级党委和政府特别是党政一把手，要切实承担起维护稳定的政治责任。要及时掌握影响稳定的各种因素，未雨绸缪，制定必要的应对措施。对群众特别是下岗待业职工生活和工作中的实际困难，必须认真负责、扎实细致、满腔热情地帮助解决。各级领导干部要改进工作作风，切实加强新形势下党的群众工作，学会把民主的办法、经济的办法、说服教育的办法、依法裁决的办法结合起来，加以综合运用，努力把人民内部的各种矛盾解决好，把一些可能影响团结和稳定的隐患，消除在未萌芽和萌芽状态。

政法部门是维护社会稳定的专门力量，要继续把维护社会稳定作为政法工作的首要任务，当好党委、政府的参谋助手，严厉打击敌对势力的破坏活动和各种刑事犯罪活动，依法妥善处理突发事件，确保社会更加稳定。

二、推进依法治国，建设社会主义法治国家

党的十五大，明确把依法治国确定为党领导人民治理国家的基本方略，并把依法治国、建设社会主义法治国家作为政治体制改革的一项重要内容。这是一个重大的决策。实行和坚持依法治国，对保证国家经济生活、政治生活和社会生活的有序进行，对维护社会稳定和保障国家长治久安，对把建设有中国特色社会主义事业全面推向21世纪，具有重要而深远的意义。

实行依法治国,建设社会主义法治国家,是一项复杂的社会系统工程,在立法、执法、司法和普法教育等方面都有大量的工作要做,需要付出艰苦的努力。要认真研究和分析实行依法治国所要解决的突出问题和矛盾,确定工作的重点,既立足于现实,又着眼于长远,扎扎实实地加以推进。

当前,要在以下几个方面加大工作力度。一要继续加强立法工作,提高立法质量,特别是要加快建立和完善适应社会主义市场经济的法律体系。二要保证政府机关坚持依法行政,保障公民权利,坚决制止政府机关中存在的滥用权力、违法行政的现象。三要保证司法机关严格执法,坚决纠正有法不依、违法不究的现象。要在总结经验的基础上,有领导地加快司法改革的步伐,逐步形成有中国特色的司法体制。对执法中存在的地方保护主义和部门保护主义,对一些领导干部以言代法、干预司法部门独立办案的行为,对一些司法人员执法犯法、贪赃枉法的活动,要依照党纪国法严肃查处。同时,要继续建立和健全有关制度,从根本上保证严肃、公正执法。四要继续深入开展普法教育,增强全民的法律意识,首先要提高领导干部的法制观念和依法办事能力。在青少年中加强法制教育,是实施依法治国的带有长远性、根本性的工作,要持之以恒地抓下去。

依法治国是在党的领导下进行的。坚持党的领导同发扬人民民主、严格依法办事是统一的。一切工作、一切战线,任何时候都要从思想上、政治上、组织上和制度上,保证党的基本路线和方针政策的贯彻实施,保证党始终发挥领导核心作用。这是一个根本的原则。

各级党委和政府要把推进依法治国摆在重要议事日程。所有的党组织和领导干部都要坚持在宪法和法律范围内活动,自觉做到依法决策,依法行政,依法律已。

政法战线在推进依法治国中居于重要的地位,负有重大的责任。各级党委政法委员会,作为党对政法工作领导的职能部门,要加强执法监督工作,支持和帮助政法部门排除干扰和阻力,指导和督促政法部门完善内部监督制约机制,严肃纠正各种执法违法现象,更好地领导和推进政法工作的建设与改革。

三、进一步创造良好的社会治安环境

社会治安,关系人民群众的生命财产安全,关系改革开放和现代化建设的稳定环境,关系我国在国际上的形象。要继续坚持打防结合,预防为主,对社会治安实行综合治理。这是建立和保持良好治安秩序的基本方针和重要经验。搞好社会治安,需要全党全社会的共同努力。各级党委和政府要加强统一领导,充分发挥各级社会治安综合治理委员会的作用,有效地组织政法部门和社会各方面齐抓共管,同心协力地进一步落实综合治理的各项措施。

实行"严打"是社会治安综合治理的重要环节。实践证明,采取这一方针是正确的,是行之有效的。各级政法部门要从本地的实际出发,继续采取各种适宜的形式,有针对性地依法从重从快严厉打击严重刑事犯罪活动,对犯罪分子形成强大的威慑力量,坚决遏制严重危害公共安全的暴力犯罪以及直接侵害人民群众生命财产安全的多发性犯罪。"严打",即可以是全国统一行动,也可以由各地根据需要开展专项斗争。对一些地方社会治安中群众反映强烈的问题,要采取有力措施,限期加以解决。要继续扫除黄赌毒等社会丑恶现象。依法从重从严打击严重破坏经济秩序的犯罪活动,特别是金融、期货、证券、房地产等行业的犯罪活动,以维护经济秩序,保证经济生活的正常运行。

在坚持"严打"方针的同时,要抓紧落实综合治理的其他各项措施,做好预防违法犯罪的工作。要通过广泛创建安全小区、安全单位等活动,把社会治安综合治理的各项措施进一步落实到基层。各地区、各部门、各条战线和各级领导干部,都要各负其责,为预防违法犯罪,创造良好的治安环境积极贡献力量。

四、努力建设一支高素质的政法队伍

实行依法治国,建设社会主义法治国家,必须有一支高素质的政法队伍。任建新同志在报告中提出,要以提高政法队伍政治业务素质为核心,深化改革,加强监督、教育和管理,依法从严治警,努力造就一支党和人民满意的、能够担当跨世纪重任的、高素质的政法队伍。并且提出,明年上半年集中一段时间对政法队伍进行一次集中教育整顿。我完全赞成。

各项工作都离不开人的因素和物的因素,而归根到底,人的因素是最根本的。方针政策和法规制度,都是由人来研究制定,来贯彻落实,来坚持和维护的。如果人的素质跟不上,再好的方针政策和法规制度,最终也会走样或落空。政法工作要不断开创新的局面,必须进一步全面提高政法干警的思想、作风、纪律和业务素质。

从总体上看,我们的政法队伍是一支党和人民可以信赖的队伍。他们积极履行打击敌人、惩治犯罪、保护人民、服务社会主义现代化的重要使命,涌现出了许多忠于职守、敬业爱民、廉洁奉公的先进人物,一些干警为了国家和人民的利益献出了宝贵的生命。这些先进事迹,要广为宣传,并发扬光大。

当前,政法队伍中还存在一些突出的问题。有法不依、执法不严、执法不公,吃拿卡要、索贿受贿、贪赃枉法、欺压百姓等问题时有发生,群众反映很强烈。这

些问题，严重影响我们政法队伍的形象，损害党和政府的威信。对这些问题特别是司法腐败现象的危害性，必须有足够的认识。政法公正廉洁是政府公正廉洁的重要内容。“法者，国之权衡也”，这是我们的古人就已懂得的道理。我们社会主义的法律法规，是保护广大人民群众利益的。群众在自身利益受到侵害时，必然要寻求国家法律的保护。如果执法人员不能秉公执法，甚至执法犯法、贪赃枉法，群众就会失去对法律的信任，进而失去对党和国家的信任。一定要把建设一支高素质的政法队伍，作为一项紧迫的重要任务来抓。

解决政法队伍中存在的问题，要坚持标本兼治，教育是基础，法制是保证，监督是关键。这几方面的工作，要紧密配合，相互促进。要深入细致地开展思想政治教育，用邓小平理论和党的路线、方针、政策武装广大政法干警的头脑，努力提高他们的政治素质，增强他们的群众观念和职业道德观念，提高他们廉洁奉公、严肃执法的自觉性和自律能力。对于滥用权力、贪赃枉法的人，必须依法查处，坚决清除出政法队伍，决不能偏袒、姑息。要加强党内监督、法律监督、群众监督和舆论监督，把司法活动置于强有力的社会监督体系之中。要大力加强各级领导班子的建设，从严治警首先要从领导干部抓起，只有高素质的班子才能带出高素质的队伍。

希望政法战线的全体同志，高举邓小平理论伟大旗帜，再接再厉，团结奋斗，兢兢业业做好政法工作，为建设有中国特色社会主义事业再立新功！

国务院总理李鹏在中南海会见参加国务院授予公安战线七个先进单位荣誉称号命名大会的代表

李鹏总理日前签署国务院命令，授予黑龙江哈尔滨市公安局东莱派出所、北京市公安局牛街派出所、广东省广州市公安局华乐街派出所“人民满意的派出所”荣誉称号，授予上海市公安局南京东路警署“南京路上好警署”荣誉称号，授予山东省济南市公安局交通警察支队“严格执法，热情服务交警支队”荣誉称号，授予福建省漳州市公安局巡警支队直属大队“人民的110”荣誉称号，授予山西曲沃县公安局看守所“模范看守所”荣誉称号。

会见时，李鹏首先就全国公安机关和广大公安民警在即将过去的一年里为维护社会政治稳定取得的成绩予以充分肯定。他说，获得荣誉称号的七个单位都是基层公安单位，工作、生活在群众之中，与人民群众关系密切。公安工作、尤其是基层的公安工作，直接关系到广大人民群众是否有一个安全、舒适的工作环境、学习环境和生活环境。七个单位都有各自不同的特点，但有一个特点是共同的，那就是公安民警有良好的素质，有全心全意为人民服务的本领和热情。他说，公安机关在新形势下需要有必要的物质条件，但搞好工作第一位的是人的素质，是广大公安民警素质的不断提高。

李鹏指出，公安机关有全心全意为人民服务的优良传统，要继续发扬这一光荣传统。在计划经济向市场经济转轨时期，面临许多新的矛盾和问题，需要通过改革和发展逐步解决。为了维护社会稳定，公安机关要有先进的手段，更要紧紧依靠人民群众，始终保持全心全意为人民服务的本色，为社会主义现代化建设作出更大的贡献。他希望广大基层民警在一个地方工作，保一方平安。最后，李鹏祝广大公安民警新年快乐。

共青团十三届六中全会在北京闭幕

会议提出，明年全团要切实抓好组织青年学习邓小平理论，引导青年积极参与国有企业改革，带领青年着力推动农村经济发展，组织青年为社会服务，适应形势变化加强团的自身建设等项工作，组织和动员广大团员青年为改革攻坚大局服务，为经济发展全局服务。

会议期间，团中央书记处第一书记李克强就明年工作安排作了题为《服务改革攻坚大局，服务经济发展全局》的报告。他说，为改革攻坚大局服务，重点是引导青年积极参与国有企业改革，通过在青年中着力开发和运用人力资本，发挥人才效益，使之成为推进国有企业改革的一支重要力量。为经济发展全局服务，重点是从维护社会稳定和关心群众切身利益出发，组织青年开展广泛的社会服务，为社会弱势群体的正常生活提供援助，维护外来务工青年的正当权益和提高他们的素质等项工作。

会议通过了《关于召开中国共产主义青年团第十四次全国代表大会的决议》，共青团第十四次全国代表大会定于1998年第二季度在北京召开。全会增补胡春华、黄丹华为团中央书记处书记。团中央书记处常务书记周强，书记处书记巴音朝鲁、姜大明、孙金龙出席会议。

中央精神文明建设指导委员会在北京召开全体会议

会议深入学习十五大精神，分析形势，总结工作，明确明年精神文明建设工作的总体要求。

中共中央政治局委员、书记处书记、中央文明委主任丁关根主持会议并讲话，中共中央政治局委员、国务委员、中央文明委副主任李铁映出席会议并讲话。

丁关根在讲话中指出，加强精神文明建设要在已有工作基础上，在6个方面下功夫。一是要在为改革发展稳定服务，促进两个文明协调发展上下功夫。精神文明建设必须始终坚持为经济建设中心服务，必须同促进经济发展和社会进步紧密结合。群众性精神文明创建活动要同农村奔小康、城市创三优、企业增效益、行业树新风相结合。二是要在巩固、提高、延伸、辐射上下功夫。“讲文明树新风”活动要巩固现有成绩，在解决文明言行、环境卫生、服务质量、交通秩序 4 个方面问题上有新进展，逐步向深度和广度发展。三是要在提高人的素质特别是培养青少年上下功夫。要紧紧抓住提高人的素质这个根本，加强爱国主义、集体主义、社会主义教育，引导人们树立正确的世界观、人生观、价值观。四是要在广泛发动群众参与上下功夫。精神文明建设必须一切为了群众，一切依靠群众，一切成果由群众认可。要把工作着眼点放在群众关心、与群众利益密切相连、为群众欢迎的事情上。要尊重人民群众的首创精神，善于总结和推广群众在实践中创造的好经验、好做法，把群众的积极性引导好、保护好、发挥好。五是要在加强管理、完善机制上下功夫。要进一步完善党委统一领导、党政主要领导亲自抓的领导体制。要充分发挥各级文明委的协调指导作用、政府部门的管理职能作用和社会团体的组织群众作用，逐步形成各方面分工负责、全社会齐抓共管的工作机制。要充分发挥舆论监督作用。六是要在坚持不懈、务求实效上下功夫。精神文明建设是一项长期、复杂、艰巨的工作，贵在坚持，重在落实。一定要按照邓小平同志强调的，要狠狠地抓，一天不放松地抓，从具体事情抓起。

李铁映在讲话中强调，我国处在社会主义初级阶段，加强精神文明建设，提高人的素质是一项长期工作。精神文明建设工作部门要不断总结经验，突出工作重点，抓住人民群众关心、人民群众受益的事情，把好事办实、实事办好。精神文明建设扎根群众，受到群众拥护，就能够深入持久地开展下去。

中央文明委全体委员参加会议。

中共上海市委七届一次全会选举黄菊为市委书记

《毛泽东阅点〈资治通鉴〉》影印本由中国档案出版社出版

在毛泽东诞辰 104 周年之际，由中央档案馆整理、中国档案出版社影印出版的《毛泽东阅点〈资治通鉴〉》近日面世。

1953 年，毛泽东曾委托著名历史学家范文澜、吴晗标点整理《资治通鉴》。毛泽东在阅读《资治通鉴》过程中多处作批写注，留下了大量精辟见解。

这次经中共中央文献研究室、国家新闻出版署、中央档案馆批准，将中央档案馆珍藏的毛泽东阅点的原书加以影印，出版的《毛泽东阅点〈资治通鉴〉》，原貌展现了毛泽东的读书心得。

国务院副总理李岚清致信在北京举行的全国商品流通工作电视电话会议

李岚清指出，1997 年商品流通的改革与发展取得了新的成绩，内贸工作更扎实，更有进取性，为国民经济的“高增长、低通胀”作出了贡献。在新的一年里，全国各级商品流通主管部门和所有流通企业、事业单位要坚定不移地贯彻执行党中央确定的 1998 年经济工作的总体要求，加大流通体制改革力度，特别是粮食流通体制改革与国有流通企业改革。一定要下定决心，积极稳妥地推进粮食流通体制改革。商品流通要进一步探索公有制的不同实现形式，抓大放小，并鼓励非公有制经济的发展，但在企业改制时要从实际出发，不能刮风，不要一刀切。对于关系国计民生的重要商品，如粮、油、肉、菜、糖、重要生产资料等要加强宏观调控，要以资本为纽带，通过市场逐步形成一批大型流通企业集团，增强国家的竞争力与国有经济的控制力。

李岚清指出，要进一步开拓市场。开拓市场不光是流通部门的事，涉及计划、生产、财政金融等部门，是一个系统工程，要有实际行动；流通部门要积极参与国民经济的宏观调控，保持消费需求的合理增长，要积极开拓市场特别是要大力开拓农村市场，推动社会商品销售总额的稳步增长；要配合有关部门，共同做好控制物价调控工作，并切实搞好重要商品的储备管理。

李岚清强调，要继续大力推进以连锁经营、代理配送制为代表的新的营销方式，加强规范、有序和集中配送。连锁经营一定要坚持“为民、便民、利民”的原则，突出大众消费，发展不同业态；建高档商场一定要严格控制；代理配送制一定要建立代理配送双方的利益共同体，不断扩大代理品种与规模。要加强现代物流中心建设，寻找新的经济增长点，拓展发展空间。

国务院副总理李岚清在中南海接见工商行政管理系统先进集体先进个人代表以及参加全国工商行政管理工作会议的代表

全国工商行政管理工作会议 12 月 23 日至 25 日在北京召开。李岚清在接见代表时强调指出，要充分发挥工商行政管理的职能，大力加强市场监管。

李岚清说，要充分认识新时期工商行政管理部门的重要地位和作用。工商行政管理部门是社会主义市场经济条件下非常重要的行政执法部门。在新的历史时期，它的作用不是小了，而是更大了。市场经济要健康、有序地运行，必须要有一个权威的执法部门来维护公平竞争的市场秩序，这个部门主要是工商行政管理部门。

李岚清强调，要充分发挥新时期工商行政管理的重要职能。在建立社会主义市场经济体制的新的历史条件下，工商行政管理部门肩负着市场监管的重要职责。要进一步加强法制建设，努力健全市场规则。要加大力度，严格执法，依法严厉打击各种经济违法违章行为，努力为经济发展创造一个公平竞争的市场环境。要不断总结经验，认真解决有效执法的问题，切实强化执法手段，提高执法权威，做到执法到位。要按照政企分开、转变职能的要求，进一步抓好市场办管脱钩工作，坚决完成市场办管脱钩任务，决不能明脱暗不脱，藕断丝连。不能既当裁判员又当运动员，不能既执法又搞经营。

李岚清说，要充分重视加强工商行政管理干部队伍建设，进一步提高干部的政治素质、业务素质，改善工作作风，努力培养一支适应形势任务需要的跨世纪工商行政管理干部队伍。

李岚清指出，工商行政管理部门几十万执法人员是一支在社会主义市场经济条件下维护市场正常秩序的重要队伍，没有这支队伍，很难搞好市场经济。国务院对工商行政管理工作十分重视，对工商行政管理这支执法队伍寄予厚望。

全国煤炭工业工作会议在北京召开

从正在北京召开的全国煤炭工业工作会议获悉：国有重点煤矿实现了总体扭亏为盈，预计今年可实现利润2亿元，摘掉了自1984年以来连续13年总体亏损的帽子，比1992年减亏增盈近60亿元。全国93个国有重点煤炭企业，盈利的由1992年的9个增加到65个，盈利面由9.7%提高到70%。为此，国务院副总理吴邦国发来贺信，代表国务院向煤炭部及全国煤炭工业工作会议全体代表示祝贺，向具有特别能战斗优良传统的广大煤炭职工致以亲切的慰问。

吴邦国在贺信中说，党的十四大以来，煤炭行业解放思想，实事求是，坚持以经济效益为中心，以扭亏增盈为目标，深化企业改革，不断加强管理，狠抓安全生产，推进科技进步，优化产业结构，促进了各类煤矿共同发展，各方面工作都取得了显著成绩。特别是国有重点煤矿今年胜利实现总体扭亏为盈的奋斗目标，摘掉了连续13年亏损的帽子，在实现两个根本转变中上了一个新台阶。

吴邦国在贺信中说，煤炭工业这几年取得的成绩充分证明，煤炭工业在由计划经济体制向社会主义市场经济体制转变中，初步摸索出了一条比较成功的路子，为其他一些困难行业扭亏解困，提供了值得借鉴的经验。

煤炭部部长王森浩在工作报告中对煤炭工业明年的重点工作作了安排：首先要加快国有重点煤炭企业公司制改革步伐，同时放开搞活国有企事业单位所属的小企业；其次要加强总量调控，下大力气解决好煤炭供大于求的问题。明年全国煤炭产量要控制在13亿吨以内，比今年压缩5000万吨以上，要从多方面做好限产压库工作；三是强化企业内部管理，巩固扭亏成果。

中国人民银行发出实行资产负债比例管理和风险管理的通知

中国人民银行近日发出通知，决定从1998年元月1日起，取消对国有商业银行贷款限额的控制，在推行资产负债比例管理和风险管理的基础上，实行“计划指导，自求平衡，比例管理，间接调控”的新的管理体制。

据了解，改进对国有商业银行的贷款规模管理办法，实行资产负债比例管理和风险管理，是前不久中共中央和国务院召开的全国金融工作会议提出的一项重大改革措施，也是中央银行金融宏观调控方式的重大改革。改革后，中国人民银行将从过去依靠贷款规模指令性计划控制，转变为根据国家确定的经济增长、物价控制目标和影响货币流通的各种因素，综合运用利率、公开市场业务、存款准备金、再贷款、再贴现等货币政策工具，间接调控货币供应量，以保持币值稳定，促进经济发展。

长期以来，中国人民银行对国家专业银行的贷款规模实行指令性计划管理，曾经对控制货币总量和调整结构发挥了重要作用。但是随着多种金融机构、多种融资渠道的出现，这种管理体制的弊端日益明显。近几年，随着我国金融改革的逐步深化，国家政策性银行的分设，《中华人民共和国商业银行法》等重要金融法规的颁布实施，特别是资产负债比例管理和风险管理在其他商业银行的成功实行，并在国有商业银行逐步推行，以及宏观经济环境良好等，为这项改革创造了条件。

根据中国人民银行的决定，明年对国有商业银行不再下达指令性贷款计划，而改为按年(季)下达指导性计划。这个指导性计划作为中央银行宏观调控的监测目标，供各家商业银行执行自编资金计划时参考。各商业银行筹集的资金，由各行依法自主使用，按照信贷原则和国家有关政策发放贷款。流动资金贷款，视资金能力自行安排；固定资产贷款，1997年底前承诺的，由各行继续执行，对新的项目贷款，由商业银行自己掌握，自主审查发放。

中国人民银行要求各国有商业银行以法人为单位

对资金来源与运用实行自求平衡。各国有商业银行总行根据中国人民银行公布的货币供应量目标、资产负债比例管理规定、信贷政策和自身资金承受能力,按年分季编制全行资金计划,逐级下达分支机构执行;同时,要加强对全行资金的统一调度,采用有效办法,控制分支行的资金运用。分支行要建立健全存贷款期限管理制度,搞好资金头寸管理,认真执行上级行核定的业务经营计划,主动改进金融服务。

中国人民银行同时要求各商业银行进一步健全资产负债比例管理和风险管理制度,端正业务经营思想,克服重规模、轻管理的倾向,把工作重点真正转移到加强内部管理、改进金融服务、防范和化解金融风险、提高资金使用效益上来。

各商业银行要通过编制、下达资金营运、资产质量、成本利润、劳动工资等业务经营和发展计划,逐步达到规定的资本充足率、资产质量比例、存贷款比例、中长期贷款比例、资产流动性比例等主要比例指标的要求,在全面提高资金使用安全性、流动性基础上提高盈利水平。

中国人民银行还要求各国有商业银行在推进这项改革时,既要加强信贷管理,又要不断改进金融服务,更好地支持经济发展。既不能影响对企业合理贷款的支持,不能影响国家产业政策、区域发展政策的落实,也不能放松对贷款质量的控制,导致不良贷款的增加。要在适当集中资金支持大中型企业的同时,兼顾好中小企业合理贷款需求。对存款不足的中西部地区合理的贷款需要,各国有商业银行要根据国家区域发展政策和信贷原则,进行全国统一调度,积极保证资金供应,给予大力支持。

中国人民银行特别强调,这次改进国有商业银行贷款规模管理办法,对于增强商业银行自我约束能力、提高集约经营水平,完善适应社会主义市场经济体制发展要求的金融体系,促进国民经济持续快速健康发展具有深远意义。为此,各国有商业银行务必明确指导思想,加强领导,顾全大局,密切配合,确保这项改革平稳实施,顺利进行。

《人民日报》发表社论《把利用外资工作推向新阶段》

国务院召开的全国外资工作会议,以邓小平理论为指导,贯彻党的十五大精神,全面总结了利用外资工作经验,从世界政治和经济的高度分析了形势,部署了进一步扩大开放、做好利用外资工作任务。这次会议对开创面向21世纪的利用外资新局面将产生深远的影响。

利用外资是邓小平理论的重要组成部分,是对外开放基本国策的重要内容,是建设有中国特色社会主义经济的伟大实践之一。十一届三中全会以来,我国吸收外资的规模不断扩大,水平逐步提高,利用外资取得了很大成绩。近20年来,全国累计利用外商直接投资和国外贷款、对外证券融资等形式的外资已超过3600亿美元,其中外商直接投资约2200亿美元。从1993年起,我国连续四年成为吸收外商直接投资最多的发展中国家,并居世界第二位。利用外资不仅弥补了国内建设资金不足,带动了产业技术进步和经营管理水平的整体上升,促进了经济增长,而且,培养了人才,扩大了就业,增加了税收,推动了进出口,增加了外汇储备,也促进了经济体制改革的深入和人们思想观念的更新。事实证明,利用外资完全符合邓小平同志提出的“三个有利于”标准,是加快现代化建设不可或缺的重要条件。

公有制为主体、多种所有制经济共同发展,是我国社会主义初级阶段的一项基本经济制度。党的十五大明确指出,非公有制经济是我国社会主义市场经济的重要组成部分。外商投资企业理所当然也是社会主义市场经济的重要组成部分。合资企业中许多是国有或集体企业与外商合资的企业,这种合资企业是一种混合的所有制。目前,正在运作的24万多家外商投资企业的资产总额中,57%为国有和集体成分,外商投资企业对国民经济发展的贡献,包含着国有、集体经济成分的贡献。这种特殊的公有制实现形式,其有效性在于,合资企业发展我发展,并用公有资产调动了更多的外国资本,进一步促进了整个国民经济的发展。公有经济的成分通过利用外资实现了资产重组和结构调整,提高了资产的运行效益,并在多种所有制经济共同发展中实现了公有资产的保值增值。我们要从社会主义初级阶段的实际出发,从发展社会生产力的需要出发,正确认识外商投资企业的性质和作用,理直气壮地做好利用外资工作。

当前,我国吸收外商投资面临着新的机遇和挑战:从国际看,科学技术日新月异,世界各国产业结构的调整和转移加速,跨国间直接投资快速持续增长,为我国经济结构调整和产业升级展现出新的机遇;亚洲金融动荡增加了影响全球资本流向的不定因素,世界经济的全球化也使各国吸引国际资本特别是跨国公司投资的竞争日趋激烈,这又向我们利用外资工作提出了新的挑战。从国内看,随着社会主义市场经济体制的建立和完善,中国政治稳定,市场前景广阔,科技和经济发展潜力很大,人民币币值稳定。外汇储备充实,综合成本较低,有条件继续成为外商投资的重点地区。但也要清醒地认识到,相对于经济规模和人口规模,我国吸收外资数量仍处于较低水平,利用外资的水平仍然不高,还有很多工作跟不上,进一步做好利用外资工作,任务十分艰巨。

利用外资规模体现着开放的程度，对经济的持续发展有着重要影响。我国是发展中国家，在现代化建设中存在着发展中国家共有的问题，即资金、技术短缺，管理薄弱以及经济结构不适应持续发展需要，利用外资是解决这些问题，加快现代化建设的一条有效途径。经济、科技全球化趋势也要求我们主动参与国际竞争与合作，用好国内、国际两种资源。因此，我们应当在利用好国内资金的同时，继续坚定不移地吸收外资，特别是外商直接投资，扩大利用外资规模，努力提高利用外资水平。

党的十五大再次明确，对外开放是一项长期的基本国策，强调要积极合理有效地利用外资。积极，就是进一步解放思想，进一步拓宽视野，认真改善利用外资环境，保持外资投入的稳定增长；合理，就是按照国民经济发展的总体要求引导外资投向，优化利用外资结构，扬长避短，趋利避害；有效，就是提高利用外资的质量和效益，进一步增强我国的综合国力和国际竞争力。积极是前提，合理是关键，有效是目的。贯彻这一方针，就是要以"三个有利于"为标准，牢牢掌握利用外资的主动权，通过互利合作，使外资更多更好地为我所用。

在引进外资的实践中，我们积累了一些有益经验，也出现了一些不可忽视的问题，较突出的是：外商投资结构不尽合理，一些行业、产品存在低水平的重复建设和过度竞争；部分外资企业违法违约，一些合资企业的中方权益受损，国有资产流失，劳资纠纷时有发生；引资的技术含量不太高，高新技术和关键技术比较缺乏；部分地区引进外资偏于重数量、轻质量，重争办、轻管理，重硬件投入、轻软件建设，等等。今后一段时期，利用外资应针对这些问题，采取相应的措施，包括办好现有的外商投资企业，依法保护外商投资企业权益，实行国民待遇；大力改善投资环境，特别是注重改进投资的软环境；加强法制建设，保护知识产权；大力培训人才；鼓励外资投向农业、基础工业、基础设施、支柱产业及高新技术产业，对高新技术项目和国家产业政策鼓励的内外资项目，对进口自用的设备实行进口税收的优惠；引导外商向中西部地区投资，促进地区经济合理布局和协调发展；以市场换技术，加大先进适用技术引进力度；进一步开放国内市场，有步骤地推进服务业利用外资；妥善处理外贸、外资、外汇、外债之间的关系；加强对外商投资企业的监督管理，维护中方合法权益；注意保护自己，避免过度竞争。

社会主义市场经济是开放的经济，世纪之交的中国将以更积极的姿态走向世界。我们要以邓小平理论为指导，按照党的十五大的总体部署，加快实现"两个根本性转变"，针对世界经济、科技发展的新趋势，着眼于提高国民经济素质和效益，增强综合国力和国际竞争力，进一步扩大对外开放，重优化结构，重质量，重效益，积极合理有效地利用外资，不断提高利用外资水平，促进国民经济持续快速健康发展和社会全面进步。

中国第一长公路桥——温州大桥合龙

由中港集团第二航务工程局承建的目前中国第一长公路桥温州大桥于日前合龙。该桥是黑龙江同江至海南三亚沿海国道主干线的重要部分，主桥为双塔双索面斜拉桥，大桥全长 17.1 公里，桥面宽 30 米，双向 6 车道，设计通航水位净高 31.3 米，可通航浅底万吨轮和 7500 吨客货轮。

埃及总统穆巴拉克在开罗总统府会见国务院副总理兼外交部部长钱其琛

钱其琛首先转达了江泽民主席对穆巴拉克总统的亲切问候，并向他转交了江泽民主席的一封信。穆巴拉克对此表示感谢，并请钱其琛向江泽民主席转致亲切的问候。

钱其琛表示，他此次访问中东国家是因为中东和平进程受到人为障碍，中国政府对此深表关切。中国不是和平进程调解人，但有责任向各方表述自己的观点。他说："埃及是中东和平进程的开创者，我们赞赏并支持埃及为维护中东和平进程所作的努力和发挥的独特作用。"钱其琛说："我们认为马德里和会所开辟的和平进程是唯一的选择，有关各方必须严格执行联合国有关决议和'土地换和平'的原则。"他指出，马德里和会以来各方达成过一些协议，也取得过一些重要进展，这些协议应继续得到遵守。以色列现政府亦应恪守前政府作出的承诺和达成的协议。他说，以色列人民中要求和平的愿望很强烈，相当多的人希望沿着拉宾的道路前进。钱其琛强调，中东问题要取得最终解决，必须遵守"土地换和平"的原则和恢复巴勒斯坦人民的合法权利。

穆巴拉克完全赞成钱其琛的看法，认为目前和平进程受阻完全是由于以色列现政府以安全为借口对和谈采取强硬政策，这只会对包括以色列在内的有关各方都造成严重后果。他呼吁以色列方面切实履行马德里和会以来所作出的承诺。

双方在会谈中还就两国关系等问题交换了意见。

埃及总理詹祖里在开罗会见国务院副总理兼外交部部长钱其琛

国务院副总理兼外交部部长钱其琛在开罗举行记者招待会阐述中国政府支持中东和平进程的五点主张

钱其琛说，中国对目前中东和平进程遇到困难处于停滞状态深感关切。中国不处于中东问题的协调人的地位，也无意进行协调。中国作为安理会常任理事国，长期支持阿拉伯人民的正义事业，同以色列也建立了正常的外交关系，愿就推动中东和平进程阐明中国的主张。他提出了中国政府的五点主张：

（一）以联合国有关中东问题的各项决议为基础，遵循马德里和会确定的“以土地换和平”原则，将中东和谈进行下去。

（二）认真履行已达成的各项协议，避免一切有碍中东和平进程的行动。

（三）摒弃任何形式的恐怖主义和暴力行为，各国的安全和人民正常生活应得到充分保障。

（四）随着和平进程的发展，加强地区经济合作。中东各国之间，包括阿拉伯各国同以色列之间逐步建立相互信任，消除敌意，实现共同发展与繁荣。

（五）国际社会有责任同中东有关各方一道，为实现中东全面、公正、持久的和平作出共同努力。中国愿为此作出自己的努力。

钱其琛说：“中东和平进程是实现该地区和平与稳定的唯一选择，中国将与国际社会共同努力，推动中东和谈取得进展。以色列现政府应信守并履行前任政府与有关各方达成的协议，以色列国内要求实现中东和平的呼声也很高涨。中国不是中东和谈调解人，主要是向有关各方阐述中国政府对中东和平进程的看法和立场，同时也了解有关各方领导人的想法和看法。中国支持巴勒斯坦人民和阿拉伯人民的正义事业，支持中东和平进程取得进展。”

在谈到中国同阿拉伯国家关系时，钱其琛说：“阿拉伯国家在联合国、发展中国家、不结盟运动中都占有重要地位。目前，中国与所有阿拉伯国家都建立了友好合作机制。在新的世纪即将到来之际，中国愿与阿拉伯国家继续扩大友好合作领域。为维护世界以及中东地区的和平与稳定，中阿双方在发展双边经济、贸易、技术合作与文化交流等方面都有合作的余地。”

在谈到中国与埃及关系时，钱其琛说：“埃及是阿拉伯世界和中东地区的大国，在推动中东和平进程方面发挥重要作用。中国与埃及在各个领域都有很好的合作，在国际事务中相互磋商配合。我对中埃双边关系感到满意。”

在谈到伊拉克和利比亚问题时，钱其琛说，中国政府反对对一个国家实行随意制裁的做法。根据联合国决议对伊拉克实行武器核查，但制裁不能是无限期的。他强调，有关各方应该通过协商讨论解决上述问题。

在谈到中国对恐怖与暴力活动的立场时，钱其琛说，中国政府反对一切形式的恐怖和暴力活动，不论它来自何方。

钱其琛最后说，他这次中东之行访问了四个阿拉伯国家，中华民族同阿拉伯民族有着深厚的传统友谊，中国同阿拉伯国家长期以来在和平共处五项原则基础上建立了真诚、稳定的友好合作关系，中国愿意同阿拉伯世界发展面向 21 世纪的长期稳定、全面合作的关系。

1997 年度国家科技奖励评审工作圆满结束

国家科委向新闻界宣布 1997 年国家科技奖励评审工作结束。

3700 多位科技人员研究与制作的 626 项优秀科技成果，分别获得四类国家级科技奖励。

中国按照《科技进步法》的规定，设立了一年一度评选的国家自然科学奖、技术发明奖、科技进步奖和国际科技合作奖。

有 51 项成果获得国家自然科学奖。其中一等奖只有一项，即已故中科院院士冯康等完成的“汉密尔顿系统的辛几何算法”。这是 90 年代以来我国取得的第二个自然科学一等奖。在国家自然科学奖获奖成果中，有 4 项是由香港同胞完成的。其中香港中文大学黄乃正教授等完成的“一些高张力分子的合成化学”获二等奖。

在 100 项获得国家技术发明奖的成果中，山东农业大学李晴祺、包文翊等完成的“冬小麦矮秆、多抗、高产新种质‘矮孟牛’的创造及利用”获一等奖。获得技术进步奖的有 475 个项目。其中“秦山 30 万千瓦核电厂设计与建设”、“连续气源航空发动机高空模拟试车台”等 3 项荣获特别奖。

1997 年的国际科技合作奖授予新加坡国立大学医院眼科主任、亚太眼科学会秘书长、世界白内障医师学会主席林少明博士（新加坡籍）和欧盟信息总司官员勒伯汉博士（法国籍）两人。林少明教授使眼显微手术和人工晶体植入术治疗白内障的高精尖先进技术在我国得以全面推广。勒伯汉先生筹划实施的“浙江富春江流域水情自动测报系统”等项目，使信息领域成为中欧科技合作中最重要、最有成效的领域。

第三届国务院环境保护委员会在北京举行第十二次会议

会议听取贯彻《国务院关于环境保护若干问题的决定》和淮河流域工业污染源治理达标情况的汇报，并对今后环保工作提出要求。

国务委员、国务院环委会主任宋健在会议上讲话指出，《国务院关于环境保护若干问题的决定》颁布一年多来，各地、各部门认真贯彻执行，做了大量工作，环保工作取得了明显进展。污染物总量控制计划和绿色工程规划正在全面组织实施；取缔、关闭“15 小”企业的任务基本完成；重点流域水污染防治工作取得新的进展，经过三年的艰苦奋战，淮河流域水污染防治工作首战告捷，实现了1997年全流域工业污染源达标排放的目标，削减全流域污染负荷40%。至此，淮河流域水污染防治第一阶段的目标已经基本实现。

宋健强调，"九五"期间，国家确定了淮河、海河、辽河、太湖、滇池、巢湖重点流域污染治理的目标，国务院决定也明确要求，到2000年全国所有工业污染源都要实现达标排放，任务非常艰巨。希望各地各部门继续把贯彻执行国务院决定作为一件大事来抓，认真落实各项措施，争取全面实现决定提出的各项目标，使我国的环境污染和生态破坏加剧的趋势得到基本控制。他说，在全国推广无铅汽油工作已经有了一个好的开端，要继续抓下去，争取明年有更多的城市使用无铅汽油，努力改善我国城市大气环境。

会议上，淮河流域水资源保护领导小组组长、国家环保局局长解振华和国家环保局副局长王扬祖分别汇报了淮河流域工业污染源治理达标情况与《国务院关于环境保护若干问题的决定》贯彻执行情况。山东省副省长张瑞凤、河南省副省长张洪华、安徽省副省长张平、江苏省副省长张连珍汇报了本省淮河流域工业污染源治理工作。

中国濒危野生动植物得到保护

从在北京召开的全国野生动植物进出口管理工作会议消息，近年来我国十分重视野生动植物保护，野马、麋鹿、大熊猫、扬子鳄、金花茶、银杉等一批珍稀濒危物种得到拯救和繁育，不少物种资源迅速恢复发展。

我国自1980年正式加入《濒危野生动植物种国际贸易公约》以来，努力履行公约，采取了一系列有效措施保护物种资源，一些珍稀野生动植物及其制品如猕猴、麝香、象牙、犀牛角、虎骨、蛇类等的进出口管理得到加强。公安、海关等部门严厉打击违法犯罪活动，自1995年以来，共查处野生动植物方面的违法案件5000多起，有力地震慑了违法犯罪分子。

近年来，我国还积极开展濒危物种资源调查及科学研究。林业部组织有关科研单位开展了豹猫、穿山甲、坡鹿及珍稀水禽等动物的生态研究，取得了可喜成果。其中野马、坡鹿、白冠长尾雉、扬子鳄等动物的人工繁殖获得成功，种群数量得到增加。我国还建立了一批濒危动植物拯救基地。这些基地进行了原产我国的珍稀濒危动物再引进，为我国在野外已绝迹的野马、高鼻羚羊、麋鹿返回故乡、恢复野外种群奠定了基础。

第一次全国农业普查结果公报

第一次农业普查取得重大成果

全国农业普查办公室今天发布公报说：第一次全国农业普查取得重大成果，摸清了我国农业和农村经济的家底，填补了一些基础性数据的空白，为党和政府掌握我国农业、农村经济的真实情况，制定和完善符合我国国情的基本国策以及农业、农村发展战略储备了重要的基础性数据。

据介绍，这次普查主要取得以下成果：一、搞清了农业和农村生产经营单位的数量和结构；二、搞清了农村从业人员的数量、素质和行业、地域分布；三、搞清了主要农业机械和设备的数量和结构；四、搞清了耕地的数量、质量和结构；五、搞清了乡村社区环境和基础设施状况；六、搞清了建制镇的规模和社会经济状况。

根据国务院决定，1997年1月，全国各地同时开始了农业普查入户登记工作，这次普查对象是全国范围内（不含港澳台）各种类型农业生产经营单位、农村住户、乡镇企业、行政村和乡镇。全国760多万普查人员对全国2.14亿多个农户、74万多个行政村、4.3万多个乡镇和140万个乡镇企业进行了逐个查点和填报。现场调查结束以后，全国农业普查办公室按照国际通行做法，在全国范围内进行了封闭式的事后质量抽查，结果显示，现场登记误差在允许范围以内。

农村生产经营单位的数量和结构

第一次全国农业普查对全部农村住户、非农村住户类农业生产经营单位、非农乡镇企业进行了全面查点。通过这次普查，第一次查清了农村住户的类型及其规模；非农村住户类农业生产经营单位的类型及其规模；非农乡镇企业单位的类型及其规模。现将这部分普查数据的快速汇总结果公布如下：

一、农村住户的规模及结构

改革开放以来，农村经济发生了很大的变化，随着产业结构的调整，农村住户的结构也发生了很大的变化。农业户所占比重下降，非农业户所占比重提高。纯农业户所占比重下降，兼业户所占比重提高。

1996年年末，全国从事生产经营活动的农村住户数快速汇总结果为21455.74万户。根据事后质量抽样调查随机抽选的40576个农村住户资料计算，在全部农村住户中，农业户所占比重为90.47%，非农业户占9.53%。在全部农业户中纯农业户占62.81%，农业为主兼营非农业的户占30.57%，非农业为主兼营农业的户占6.62%。

从东中西部地区来看，东部地区共有从事生产经营活动的农村住户为8740.91万户，占全国总数的40.74%；中部地区7420.76万户，占34.59%；西部地区5294.07万户，占24.67%。由于东部地区经济发展快于中西部地区，而表现在农业户、非农业户、农业兼业户所占的比重也极不平衡，东部地区农业户所占比重明显低于中西部地区（见表1）。

表 1　东中西部地区农村住户经营产业结构

	农村住户为 100(%)		农业户为 100(%)		
	农业户比重	非农业户比重	纯农业户比重	农业兼业户比重	非农兼业户比重
东部地区	84.71	15.29	55.24	34.90	9.86
中部地区	94.53	5.47	66.70	28.56	4.74
西部地区	95.80	4.20	70.27	26.01	3.72

二、非农村住户类农业生产经营单位的规模与结构

改革开放以来，农村出现了公有制经济为主导，多种经济成分竞相发展的局面。就非农村住户类农业生产经营单位来看，公有制单位(即国有加集体)占主导地位的格局没有改变。在坚持和发展公有经济为主体的前提下，各地积极鼓励了个体经济、私营经济、外资经济的发展；在有条件的地方逐步推进了适度规模经营。根据快速汇总结果，1996 年年末，全国非农村住户类农业生产经营单位 35.64 万个，其中国有 3.68 万个，集体 21.27 万个，两者占总量的 70%；私营、个体单位 7.47 万个，占 20.95%；外商、港澳台单位 0.13 万个，占 0.36%；联营单位 3.09 万个，占 8.69%。

从经营类别来看，在全国非农村住户类农业生产经营单位中，经营种植业为主的单位有 14.41 万个，畜牧业为主的单位有 3.55 万个，林业为主的单位有 11.38 万个，渔业为主的单位有 6.30 万个。这些单位虽然从业人员数较少，但经营的农业用地面积和牧业数量则较多(见表 2)。

表 2　全国非农村住户类农业生产经营单位经营规模

	数　量	平均每个单位
从业人员(人)	9750902	27.36
耕地面积(公顷)	6470438	18.15
园地面积(公顷)	1160911	3.26
有林地面积(公顷)	43724421	122.67
牧草地面积(公顷)	19536633	54.81
渔业养殖面积(公顷)	2075217	5.82
大牲畜年末存栏数(头)	3607188	10.12
猪年末存栏数(头)	17389671	48.79
羊年末存栏数(只)	13078328	36.69

从东中西部地区来看，非农村住户类农业生产经营单位东部地区较多，达 17.36 万个，占全国总数的 48.72%；中部地区 11.79 万个，占 33.08%；西部地区较少，只有 6.49 万个，占 18.20%。各地区公有制单位(即国有加集体)均占主导地位，但私营、个体、联营、外商、港澳台办的单位，东部地区的比重明显地高于中西部地区的比重(见表 3)。

表 3　东中西部地区非农村住户类农业生产经营单位经济类型结构

	东部地区		中部地区		西部地区	
	数量(个)	比重(%)	数量(个)	比重(%)	数量(个)	比重(%)
合计	173640	100.00	117917	100.00	64883	100.00
国有	11554	6.65	16509	14.00	8777	13.53
集体	84715	48.79	86330	73.21	41615	64.14
私营	3784	2.18	1151	0.98	1032	1.59
个体	48163	27.74	10769	9.13	9789	15.09
联营	24290	13.99	3057	2.59	3629	5.59
外商	334	0.19	44	0.04	18	0.03
港澳台	800	0.46	57	0.05	23	0.04

分省来看，福建、山东、广东、海南四省的外商所办的非农村住户类农业生产经营单位占全国总数的 61.11%；港澳台办的占 82.39%。江苏、广东两省的个体所办的非农村住户类农业生产经营单位占全国总数的 47.11%。

三、非农乡镇企业的规模与结构

我国农村的乡镇企业，坚持了以农村集体经济为主体，多种经济成分共同发展的原则。自 1984 年以来，乡镇企业的发展出现了"异军突起"的局面，成为农村经济的重要支柱和国民经济的重要组成部分。从这次普查数据的快速汇总结果来看，1996 年年末，全国非农乡镇企业的总个数达 139.63 万个，其中，乡镇办 31.02 万个，村办 51.19 万个，联户办和户办 57.42 万个。乡镇办和村办的企业占总数的 58.88%。乡镇企业从业人员 5296.73 万人，平均每个企业从业人数为 37.94 人。

从行业类别来看，在全国非农乡镇企业中，工业企业最多，批零贸易业、建筑业也占有一定的比重，交通运输业、社会服务业和其他第三产业较少(见表 4)。

表 4　全国非农乡镇企业行业类别结构

	数量(个)	比重(%)
合计	1396254	100.00
工业	1127917	80.78
建筑业	88038	6.31
交通运输业	23820	1.71
批零贸易餐饮业	112152	8.03
社会服务和其他业	44327	3.17

从东中西部地区来看，非农乡镇企业在各地区所占的比重极不平衡，东部地区达77.12万个，占全国总数的55.24%；中部地区44.05万个，占31.55%；西部地区18.45万个，只占13.21%。各地区乡、村组织兴办的集体所有制的企业均占主导地位，联户办企业东部和中部地区的比重较高、西部地区的比重较低，户办企业西部地区的比重比东部和中部地区的比重略高（见表5）。

表5　东中西部地区非农乡镇企业结构分布情况

	东部地区		中部地区		西部地区	
	数量（个）	比重（%）	数量（个）	比重（%）	数量（个）	比重（%）
合计	771232	100.00	440516	100.00	184506	100.00
乡镇办	162257	21.04	90853	20.62	57036	30.91
村办	293856	38.10	160425	36.42	57609	31.22
联户办	101948	13.22	69945	15.88	17441	9.45
户办	213171	27.64	119293	27.08	524202	8.41

分省来看，沿海的江苏、浙江、山东、广东四省的乡镇办和村办企业就分别占全国总数的33.62%和37.88%；浙江、河北两省的联户办的企业占全国总数的27.82%；广东、浙江两省的户办企业占全国总数的23.85%。

农村从业人员和农业机械

第一次全国农业普查对农村从业人员，农业科技人员和主要农业机械进行了全面查点。通过这次普查，对全国农村从业人员总量、结构和跨地区流动情况，农村科技人员状况，农业机械化装配水平等有了全新的了解。现将这部分普查数据的快速汇总结果公布如下：

一、农村从业人员

改革开放以来，随着农村人口的增长、农村经济的全面发展和产业结构的调整，从事生产经营活动的农村住户的从业人员增加，非农业从业人员比重提高，劳动力流动的范围扩大。

1. 农村从业人员总量及行业结构。

全国农业普查数据快速汇总结果显示，1996年年末，全国农村从业人员为56085.74万人。按从事生产经营活动的农村户数21455.74万户计算，户均从业人员数为2.61人；其中，从事农业人员为42441.19万人，占75.67%；从事非农业人员13644.39万人，占24.33%。

从东、中、西部地区来看，东部地区共有农村从业人员22426.02万人，占全国总量的39.99%。中部地区农村从业人员为19434.45万人，占全国总量的34.65%。西部地区农村从业人员为14225.11万人，占全国总量的25.36%。由于东部地区农村经济发展快于中西部地区，而表现在从事非农业人员所占比重，东部地区也明显高于中西部地区（见表1）。

表1　东、中、西部地区农村从业人员行业结构

	从事农业人员（万人）	占从业人员比重（%）	从事非农业人员（万人）	占从业人员比重（%）
东部地区	14914.13	66.50	7511.89	33.50
中部地区	15524.61	79.88	3909.84	20.12
西部地区	12002.45	84.38	2222.66	15.62

2. 农村从业人员性别、劳动年龄结构。

根据全国事后质量抽样调查随机抽选的40576个农村住户资料计算，在劳动年龄内的农村从业人员占农村从业人员总数的88.89%，其中，男性占47.33%，女性占41.56%；超过或低于劳动年龄的从业人员占全国农村从业人员的11.11%，其中，低于劳动年龄（15岁及15岁以下）的占1.25%，超过劳动年龄（男性60岁及60岁以上，女性55岁及55岁以上）的占9.86%。劳动年龄外的从业人员主要从事农业生产的辅助劳动。

3. 农村从业人员的从业地区和流向。

现有农村从业人员的从业地区主要在当地乡村，但离开本乡到县内、省内和省外从业的也占一定的比重，农村的就业问题已不只限于在农业和农村内部。根据快速汇总结果，全国农村从业人员中，在本乡内从事劳动的从业人员为48862.98万人，占从业人员总数的87.12%；在本乡以外从事劳动的从业人员为7222.6万人，占12.88%；其中，在本县外乡从事劳动的为2735.40万人，在本省外县从事劳动的为2123.70万人，在外省从事劳动的为2363.50万人。

分东、中、西部地区来看，由于东部地区农村经济较为发达，在本乡以外从业人员的数量较多，流动人员所占比例较高；中、西部地区农村从业人员的流动数量较少，流动人员所占比例较低（见表2）。

表 2 东、中、西部地区在本乡(镇)及以外地区从业的人员比重

	在本乡从业(万人)	占从业人员比重(%)	在本乡以外从业(万人)	占从业人员比重(%)
东部地区	19021.54	84.82	3404.48	15.18
中部地区	17090.62	87.94	2343.83	12.06
西部地区	12750.82	89.64	1474.29	10.36

二、农业科技与专业人员

随着科技兴农事业的发展,农村造就和培训了一批农业科技人员和专业人员,他们为农业持续稳定增长做出了应有的贡献。根据快速汇总结果,1996 年年末,全国农村农民科技人员达 271.7 万人,占全国从事农业劳动的人员总数的 0.64%。其中,种植业科技人员 204.5 万人,牧业科技人员 38.2 万人,林业科技人员 16.3 万人,渔业科技人员 12.7 万人。农村农民专业人员 241.0 万人,平均每个村委会有 3.2 人。其中,农机员 85.8 万人,水管员 55.2 万人,电管员 100.0 万人。

为了提高科技水平,广大农民积极参加各种培训。1996 年,农村参加过农业技术培训的人员达 2245.8 万人,占全国从事农业劳动的人员总数的 5.3%。其中,参加作物栽培技术培训的人员 1203.8 万人,果木园艺培训的 359.5 万人,畜牧饲养培训的 312.7 万人,林业技术培训的 113.4 万人,渔业养殖培训的 51.3 人,农业机械培训的 205.1 万人。

我国还有一批在农村的农业事业单位中从事科技工作的人员。1996 年,在农村各种农业事业单位工作的人员中,具有初级能上能下技术职称的人员达 61.3 万人。这批技术力量,为科教兴农发挥了骨干作用。

三、主要农业机械

全国农业机械化水平进一步提高。根据快速汇总结果,1996 年年末,全国农村拥有五年主要农业机械(大型拖拉机、小型拖拉机、联合收割机、机动脱粒机、农用运输车)总量 2469.61 万台(辆)。平均每万名从业人员拥有 440.3 台。按五种主要农业机械类别来看,其中,大型拖拉机 67.78 万台,小型拖拉机 1179.50 万台,联合收割机 11.34 万台,机动脱粒机 752.15 万台,农用运输车 458.84 万辆。

分东、中、西部地区来看,东部地区人均耕地少,水田多,地块小,小型农机具较多,装备水平较高,全地区农村拥有五种主要农业机械总量 1270.27 万台(辆)。中部地区人均耕地较多,旱地多,地块较大,大中型农机具较多,装备水平居中,全地区农村拥有五种主要农业机械总量 930.72 万台(辆)。西部地区山地较多,农村经济发展比东、中部地区慢,农机具装备水平较低,全地区农村拥有五种主要农业机械总量的 268.62 万台(辆)(见表 3)。

表 3 东、中、西部地区 5 种主要农业机械拥有量

	东部地区	中部地区	西部地区
大型拖拉机(万台)	26.40	28.87	12.51
小型拖拉机(万台)	503.88	517.88	157.74
联合收割机(万台)	6.67	3.58	1.09
机动脱粒机(万台)	497.81	206.09	48.25
农用运输车(万辆)	235.51	174.30	49.03

农村镇区规模及其社会经济状况

第一次全国农业普查对所有的农村镇进行了全面查点。通过这次普查,摸清了全国农村镇的镇区规模及其社会经济状况。现将这部分普查数据的快速汇总结果公布如下:

一、镇区规模

改革开放以来,农村小城镇有了大的发展,乡个数减少,镇个数增加,镇区呈一定规模,农村城市化水平提高。根据快速汇总结查,1996 年年末,全国农村镇(不包括城关镇)16124 人,占全部乡镇个数的 37.4%;每个镇镇区平均占地面积为 2.42 平方公里,平均总人口 4520 人,平均非农业人口 2072 人;镇区非农业人口占总人口的比重为 45.8%。

从东中西部地区看,东部地区农村小城镇发展水平大大快于中、西部地区。根据快速汇总结果,东中西部地区镇个数分别为 7478 个、4873 个、3773 个,占东中西部地区乡镇个数的比重分别为 54.5%、33.7%、25.3%;镇区占地面积、总人口、非农业人口在总量上,从东到西都呈减少趋势(见表 1)。

表 1 镇区占地面积和人口数量

	镇区占地面积(平方公里)		镇区总人口(人)		其中非农业人口(人)	
	总量	平均每镇	总量	平均每镇	总量	平均每镇
全国	38978	2.42	72881766	4520	33401692	2072
东部地区	19318	2.58	37461698	5010	16302048	2180
中部地区	13232	2.72	23113762	4743	11067975	2271
西部地区	6428	1.70	12306306	3262	6031669	1599

二、镇区的企业数量与结构

镇区企业状况是决定镇区社会经济规模的重要因

素。根据快速汇总结果，1996年年末，平均每个镇区的企业为33.4个、企业从业人数为1246人。企业从业人数占镇区总人口的比重为27.6%，占非农业人口的比重为60%以上。从东中西部地区看，东部地区的镇区企业个数、从业人数明显高于中、西部地区(见表2)。

表2　镇区企业数和企业从业人员数

	企业个数(个)		企业从业人员(人)	
	总量	平均每镇	总量	平均每镇
全国	538512	33.4	20092248	1246
东部地区	293627	39.3	12596223	1684
中部地区	163768	33.6	4725567	970
西部地区	81117	21.5	2770458	734

从企业经济类型看，国有、集体、私营企业在农村小城镇经济发展中起着举足轻重的作用。根据快速汇总结果，国有、集体、私营企业个数占企业总数的91.1%、从业人数占企业从业人员总数的88.5%(见表3)。

表3　镇区企业的经济类型

	企业(个)	比重(%)	从业人数(人)	比重(%)
国有	39958	7.4	4285709	21.3
集体	199871	37.1	11331649	56.4
私营	250734	46.6	2170150	10.8
联营	37758	7.0	909926	4.5
外商	3000	0.6	438380	2.2
港澳台	7164	1.3	956434	4.8

从企业的行业构成看，工业与建筑业占的比重较大，是吸纳劳动力较多的行业；交通运输、批零贸易餐饮业和其他第三产业占的比重较小。根据快速汇总结果，镇区工业和建筑业企业数占企业总数的49.2%，从业人数占企业从业人员总数的84.3%(见表4)。

表4　镇区企业的行业构成

	企业(个)	比重(%)	从业人数(人)	比重(%)
工业	242324	45.0	14242024	70.9
建筑业	22661	4.2	26901231	3.4
交通运输业	38519	7.1	420577	2.1
批零贸易餐饮业	176542	32.8	1822622	9.1
其他业	58466	10.9	916902	4.5

三、农村镇的集市数量和结构

改革开放以来，随着商品经济的发展，农村集市贸易有了大的发展。根据快速汇总结果，1996年年末，在农村镇所辖范围内，由镇直接管理、经工商部门批准、具有固定场所的集贸市场为30850个，其中：综合市场20917个、占67.8%，专业市场9933个占32.2%；平均每个镇有1.91个集贸市场，其中：1.30个综合市场、0.61个专业市场。

从东中西部地区看，东中部地区在集贸市场、综合市场、专业市场的总量和平均数上都高于西部地区(见表5)。

表5　东中西部地区农村镇集市数量和结构

	集贸市场(个)		综合市场(个)		专业市场(个)	
	总量	平均每镇	总量	平均每镇	总量	平均每镇
东部地区	13793	1.84	9459	1.2	64334	0.58
中部地区	10364	2.13	6763	1.39	3601	0.74
西部地区	6693	1.77	4695	1.24	1998	0.53

12月26日

党和国家领导人江泽民等在人民大会堂会见科技教育界获奖代表

中共中央总书记、国家主席江泽民，中共中央政治局常委、国务院总理李鹏，中共中央政治局常委、国务院副总理朱镕基，中共中央政治局常委、国务院副总理李岚清下午在人民大会堂亲切会见了1997年度国家自然科学奖、技术发明奖和科技进步奖的获奖代表以及全国普通高等学校国家级教学成果奖获奖代表。

江泽民作了重要讲话。他首先代表党中央、国务院，向获得国家科技奖励和国家级教学成果奖的各位代表，表示热烈的祝贺，向全国所有获奖的同志和广大科技、教育工作者，表示亲切的慰问。

江泽民说，一个民族、一个国家的教育发展和科技进步，需要一代又一代人坚持不懈的努力。今天在座的代表中，有壮心不已的老一辈科学家和教育家，也有年富力强的中青年骨干，可谓“群贤毕至，少长咸集”。这说明我国的教育和科技事业是大有希望的。

江泽民指出，实施科教兴国战略，是关系我们改革成功、国家强盛和民族振兴的重大决策。国家的发展需要人才。教育是人才培养之基和立国之本。科学技术是第一生产力。当代教育的发展和科技的飞速进步，越来越成为推动经济发展和社会进步的强大力量。这就是我们实行科教兴国战略的基本依据。我们要始终坚持把教育和科技摆在经济、社会发展的重要位置，大力提高全民族的科学文化素质，加快推进经济建设转到依靠科技进步和提高劳动者素质的轨道上来。

江泽民说，中国人民具有自强不息、艰苦奋斗、锐意进取的光荣传统。自古以来，我国就产生了许多享誉中外的杰出科学家、教育家，为中华民族和全人类的进步作出了重大贡献。在今天建设有中国特色社会主义的伟大时代，我国广大科技、教育工作者应该也一定能够大有作为。

江泽民希望大家把荣誉当做新的动力，同全国广大科技、教育工作者一道，发扬爱国敬业、拼搏奉献、求实创新、团结协作的精神，为实现祖国的现代化和中华民族的全面振兴不断作出新的贡献。

全国科学技术奖励大会在人民大会堂举行

中共中央政治局委员、书记处书记温家宝，国务委员、国家科委主任宋健等为获奖代表颁奖。

温家宝代表党中央、国务院讲话，他说，国家科技奖励工作，是整个科技工作的重要组成部分，是推动科技发展和激励人才成长的重要手段，对于促进经济和社会发展起到了十分重要的作用。他希望获奖单位和个人发扬成绩，勇于攻关，不断攀登科技高峰。希望广大科技工作者团结协作，奋力拼搏，为现代化建设做出新的贡献。

温家宝说，科技进步是经济结构调整的基础。科学技术的发展推动产业结构的优化升级，特别是凝聚高新技术、有很大市场潜力的新产品，对产业结构的调整具有很强的导向作用。经济结构调整的动力在科技，希望也在科技。

温家宝强调，依靠科技进步，调整经济结构要抓住以下几点：

第一，提高产业技术水平，推动产业结构优化升级。要紧紧围绕发展高产优质高效农业，努力促进传统农业向现代农业的战略转变，逐步用现代科学技术武装农业，增强农业的基础地位和发展后劲，引导农业由粗放经营转变为集约经营。要广泛采用先进技术，提高传统产业的技术装备水平和技术开发能力。要择优扶强，加大对优势企业技术改造的力度，增强优势企业的实力，以带动中小企业乃至整个产业的发展。要把握未来科学技术特别是高技术发展的趋势，大力发展电子信息、生物、新材料、新能源、航空、航天、海洋等高新技术及其产业，在一些重要领域接近或达到国际先进水平，并使新产品、新产业尽快取得规模效益，占领市场，成为改造、提高传统产业的巨大动力。

第二，提高产品科技含量，增强产品市场竞争能力。要重视新产品开发。根据我国国情制定相应的产业技术政策，对技术创新和产品开发进行科学引导，使其符合产业发展的方向。通过开发新产品，使创新成果尽快转化为现实生产力。要增强产品市场竞争力。通过技术进步，不断开发新产品，淘汰老产品，发展名牌产品，大幅度提高高科技产品的市场占有份额。要提高产品制造技术水平。对有广阔前景的关键性应用技术，要集中力量，重点突破。要注重引进高新技术和关键设备，加强消化、吸收基础上的创新，实现技术发展的跨越。

第三，深化改革，促进科技与经济的结合。要充分发挥科技进步在经济结构调整中的作用，必须深化科技体制改革和经济体制改革，加快建立有利于经济发展的科技体制和有利于技术进步的经济体制，着力解决科研机构与企业相脱离、科研成果与生产相脱节的问题。要加快投融资体制改革，采取有力的政策措施，鼓励和引导企业资金和社会资金投向技术改造，加快企业技术进步，防止重复建设和浪费，解决科技和教育体制上存在的条块分割、力量分散和低水平重复的问题。

有关方面负责人何椿林、周光召、朱丽兰出席大会。

中央军委主席江泽民会见国防科技战线代表

江泽民在会见出席国防科工委党委扩大会议代表、基层建设会议代表和国防科工委的两院院士、英模代表时强调，国防科技战线的同志要坚持发扬艰苦创业、努力登攀的优良传统，发扬当年搞“两弹一星”的那么一种干劲，高标准地做好各项工作。

江泽民主席首先代表党中央、国务院、中央军委向国防科工委党委扩大会议和基层建设会议的召开表示热烈祝贺，并向长期战斗在国防科技战线的科技工作者、部队官兵和职工家属致以亲切问候。

江泽民在讲话中说，1997 年国防科技战线取得了不少新成果，国防科工委部队的全面建设也有了新的进步。这些成果令人鼓舞，对提高我军在现代技术特别是高技术条件下的防卫能力，对促进国防现代化建设，具有重大意义。

江泽民强调指出，和平与发展的时代主题，世界多极化趋势的发展，对我们的改革开放和现代化建设十分有利。党的十五大对国防和军队建设提出了明确要求，希望国防科技战线的同志们大胆开拓进取，加紧研究解决国防科技和武器装备发展中存在的矛盾与问题，加快武器装备的研制工作，在科技强军中当好开路先锋。同时，要围绕科研、试验和生产这个中心任务，大力加强思想政治建设，不断提高部队的教育和管理水平，把各级党组织建设得更坚强，把基层建设得更扎实更有战斗力。要继续抓好人才培养,努力为国防和军队现代化建设培养跨世纪的高素质人才。

国家教委在人民大会堂召开1997年普通高校国家级教学成果奖励大会

奖励国务院《教学成果奖励条例》颁布之后首次获得国家级奖的教学成果。中共中央政治局委员、书记处书记温家宝到会代表党中央、国务院向获奖的同志表示祝贺与颁奖。并向全国教育工作者致以新年的问候。

这次教学成果奖励共评出国家级特等奖1项,一等奖53项;二等奖368项。这些成果反映了我国高等学校教育教学的最高水平,体现了近年来高校在教学改革方面取得的成绩。

温家宝在讲话中指出,开展教学成果奖励工作并形成制度,对于充分调动和发挥广大教师的积极性,加强教学工作,提高教育质量,培养高素质人才,具有十分重要的意义。他说,党的十五大对教育事业的发展提出了明确的方针和任务,强调实施科教兴国战略,切实把教育摆在优先发展的战略地位,培养同现代化要求相适应的数以亿计高素质的劳动者和数以千万计的专门人才,发挥我国巨大人力资源的优势。各级党委和政府、教育战线的全体同志,要认真学习贯彻十五大精神,全面推进我国教育事业。

温家宝强调,当前,高等教育要着重抓好三个方面的工作:第一,加快管理体制改革。高等教育改革和发展首先要解决好体制和结构不合理的问题,要加快管理体制改革步伐,优化结构布局,合理配置资源。第二,努力提高教育质量。高等学校必须真正把教学改革放在核心位置上,要面向21世纪,更新教育思想和观念,拓宽专业口径,改革人才培养模式,改革教学内容、课程体系和教学方法,编写新的教材,加强素质教育,当前要特别注意加强思想道德和科学文化素质教育。第三,加强教师队伍建设。要建设一支具有优良的思想品德和业务素质的教师队伍。充分调动广大教师的积极性,发挥他们在做好教学工作,深化教学改革,提高教学质量方面的作用。各级政府和高校领导,要采取切实措施,努力提高教师待遇,为教师多办实事,改善教师的生活和工作条件。

国务院副总理朱镕基在京九铁路沿线地区考察

朱镕基乘火车南下,于12月26日至30日经过京九铁路沿线的湖北麻城、江西赣州、广东河源,看望贫困农民和困难职工,向他们问寒问暖,转达了党中央、江泽民总书记对下岗职工的关怀,并表示节日问候。

朱镕基在三省农村走访了7户农民,详细询问了他们的脱贫门路、实际收入和税费负担。朱镕基肯定了粤北山区的河源市1000名干部包扶1000户贫困户的"千干扶千户"的经验。他说,干部包扶贫困户,除了国家政策和扶贫经费的支持外,自己还要下功夫、花代价,是真正的责任制,很实在,很有效。

朱镕基在江西赣州考察了江铃齿轮厂,又特地到居民区看望了这个厂的下岗职工。当他听到下岗职工对下岗分流表示理解,对生活安排也比较满意时,他表扬了这个厂的厂长。朱镕基说,国有企业普遍人浮于事,不减员下岗谁也办不好。下岗分流、减员增效是国有企业改革的必由之路,要早抓,要有计划地下。企业经营效益好的时候就要下,不要等企业拖垮了再下,那样必然是把困难推向社会。他还说,下岗分流,不吃大锅饭,有利于发挥每一个人的聪明才智,开辟更多的就业门路,发展社会需要的各种服务业。只要大家统一认识,齐心协力,安排好下岗职工的基本生活和逐步再就业,国有企业一定能够渡过暂时的困难,建成现代企业制度。

朱镕基在湖北麻城火车站,专门看望了铁路职工,充分肯定了3年建成京九线对推动沿线各省开发山区、老区,脱贫致富,繁荣经济的巨大作用。他还鼓励铁路系统明年要加快铁路建设,深化铁道经营管理体制改革,力争全路在3年内扭亏为盈。他说,铁路体制改革首先要实现政企分开,局(厂)独立核算;其次要抓紧职工分流、人员下岗,广开生产门路,降低运营成本,扭转企业亏损。他表扬了铁道部领导团结一致,勇挑重担,周密部署,相信他们可以使铁道行业成为交通运输战线3年脱困的突破口。

在深圳市,朱镕基考察了福田保税区和盐田港,并与多家国有企业集团和股份制公司负责人进行了座谈。

考察过程中,朱镕基还分别听取了沿途各地的党委、政府的工作报告。

国务院副总理吴邦国在国家经贸委和中国纺织总会联合召开的全国纺织工业深化改革调整结构工作会议上发表讲话

吴邦国在会议上指出,近几年来,国有企业改革和发展取得很大进展。特别是今年,国有企业的经济效益进一步好转,企业兼并破产、减人增效和实施再就业工程进展顺利,资产重组取得重大突破。与整个国有企业改革一样,国有纺织企业改革和发展也取得一定成效。但是,就总体而言,国有企业面临的形势依然十分严峻。尤其是纺织工业,成为目前国有工业困难最大、亏损最严重的行业。为了实现用三年左右时间,使大多数国有大中型亏损企业摆脱困境,力争到本世纪末使大多数国有大中型企业初步建立现代企业制度的目标，中央决定把纺织工业作为国有企业改革解困的突破口，使纺织工业尽快走出困境，重振昔日辉煌。现在，中央已明确了五项支持措施：一是对压锭给予财政补贴和贴息贷款；二是用于兼并破产的银行呆坏账准备金向纺织工业倾斜；三是提高纺织产品的出口退税率；四是增加出口配额；五是用新疆棉顶替进口棉的产品出口实行零税率。政策力度是大的。为了确保完成突破口的任务，纺织工业必须按照中央经济工作会议提出的要求，贯彻"鼓励兼并、规范破产、下岗分流、减员增效和实施再就业工程"的指导思想，以中心城市的国有企业调整为重点，坚定不移地走压锭、减员、增效的路子。具体讲，就是下决心用三年时间，压掉 1000 万纱锭，减少 120 万人，到 2000 年实现整体扭亏为盈，从根本上摆脱困境。

吴邦国说，1998 年纺织工业作为突破口的主要任务有三条：一是 1998 年先从沿海地区启动，当年基本完成 480 万棉纺锭的压缩淘汰任务；二是从 1998 年起安置好 60 万压锭下岗职工；三是国有纺织企业 1998 年减亏 30 亿元。他强调，要认真总结 1991 年以来压锭的经验教训，统一认识，从压棉纺锭入手，进行结构调整和产业升级，实现纺织工业的振兴。根据各地的经验，压锭要实行"三个结合"，即压锭与行业结构调整、资产重组相结合，压锭与减人减债、产品结构调整相结合，压锭与控制新增棉纺能力相结合。

吴邦国强调，必须妥善安置好下岗职工，搞好再就业工程。这是纺织工业作为国有企业改革解困的突破口成功与否的关键。一是保证下岗职工的基本生活费用。下岗职工基本生活费所需资金要多渠道筹集，由政府、企业、社会多家承担，各级财政最后兜底。要实行分级负责，中央企业中央财政负责，地方企业地方财政负责。二是职工下岗分流要有计划地进行。下岗分流要注意平稳推进，兼顾各方面的承受能力。要精心安排，从最困难、最容易做工作的企业入手，作好压锭、重组和下岗人员的安置和思想政治工作。三是建立职工再就业中心，帮助职工重新就业。同时，大力培育新的经济增长点，发展新的产业。四是引导职工转变择业观念，深入细致地做好下岗职工的思想政治工作。不仅下岗和失业人员要转变就业观念，在岗职工也要转变就业观念。

吴邦国指出，为了保证纺织工业作为突破口的攻坚战取得胜利，必须加强领导，落实责任制。首先，组织要落实。压锭解困的具体工作由地方政府负责实施，实行行政首长负责制，要像抓"菜篮子"、抓"米袋子"一样抓紧、抓好、抓实。其次，政策要兑现。各地都要抓紧按照压锭规划，落实补贴资金，列入地方财政预算。再次，分工要明确。这次纺织工业压锭和扭亏工作由国家经贸委牵头，地方政府组织实施，纺织总会协调配合，督促检查，各有关部门要大力支持。最后，还要加强领导班子建设。对不讲政治，不讲全局，没有效率和活力的领导班子，要尽快调整。

中国水利投资公司成立

国务院副总理邹家华为公司成立揭牌。水利部部长钮茂生要求把水利投资公司真正办成国有水利资产的投资主体和运营主体，为国有水利资产的保值增值和水利建设作出贡献。

钮茂生说，这是继不久前国家正式公布实施《水利产业政策》之后，我国水利产业化的又一重大举措。水利部把组建规范的中国水利投资公司和全面推进水利产业化、集团化建设作为水利经济体制改革的重要任务。

中国水利投资公司由中国江河水利水电开发公司更名改建而成，经水利部授权对由水利部出资建设的项目行使股权管理，享有投资主体和经营主体的权益，承担保值增值责任。

金融清算总中心在北京成立

由中国人民银行、各政策性银行、各商业银行等 20 个单位共同发起组建的金融清算总中心在北京成立。中国人民银行行长戴相龙为金融清算总中心揭牌并发表讲话。

戴相龙说，金融清算总中心要通过为各会员提供快速、准确、安全、可靠的服务，努力达到降低支付清算业务的成本，提高服务质量的目的。同时，总中心要通过为各会员提供的服务，对社会资金流量和流向进行监测分析，为中央银行制定货币政策提供及时、准确的依据；为防范和化解金融风险创造良好的外部环境。

早在 1989 年，国务院就批准中国人民银行建设金融卫星网及全国电子联行系统。经过 8 年的建设，目前金融卫星网已初具规模，全国电子联行系统已成为国民经济资金运行的大动脉，现有两个卫星主站、600 多个卫星小站、1072 个电子联行收发报行每天通过这一系统转汇往账 6 万笔，金额 800 亿元，每天为企业增加可用资金 400 万—500 万元。但随着金融卫星网和全国电子联行系统的发展及中国现代化支付系统工程的建设，目前的支付清算体制和管理模式已难以适应金融业的快速发展，迫切需要建立一个由人民银行领导和监督、人民银行与各家银行共同参加的清算总中心。

金融清算总中心实行会员制管理。主要任务是开发、运行和维护中国现代化支付系统及全国电子联行系统；建设、运行和维护全国金融卫星数据通信网；为会员提供通信服务等。

《人民日报》发表评论员文章《金融宏观调控的重大改革》

经国务院批准，中国人民银行决定从1998年1月1日起取消对国有商业银行贷款规模的限额控制，逐步推行资产负债比例管理和风险管理，这是贯彻全国金融工作会议精神、加快和深化金融改革的一项重要举措，是我国金融宏观调控方式的重大转变。这项改革对促进国有商业银行建立现代金融企业制度，建立社会主义市场经济体制将产生重大影响。

贷款规模管理是中央银行通过确定商业银行新增贷款限额以控制货币总量的一种办法。这种办法在特定的经济发展阶段和金融体制下是必要的，也是有效的。世界上特别是亚洲一些国家或地区，曾不同程度采用过规模管理的办法。在很长一段时期，我国采用贷款规模管理，这对于控制货币信贷总量，集中资金保证国家重点建设，促进产业结构调整发挥了积极作用。但是，80年代中期以后，我国的经济及金融体制发生了很大的变化，单一的国家银行体系逐渐被多种金融机构所替代，国有商业银行以外金融机构新增贷款占全部金融机构新增贷款的比重，由1990年的22%，上升到1996年的49%。资本市场在90年代后也得到较快发展，企业通过招股发债直接融资越来越多。随着我国对外开放的扩大，外汇资产的变动对国内货币供应量的影响也越来越大。在这种情况下，如果只监控国家银行贷款规模，而不是综合监控货币供应总量，就不能客观反映全社会的货币支付能力，也难以达到宏观调控的预期效果。经济金融生活的这些变化，要求相应改革信贷资金管理体制。

早在1993年，《中共中央关于建立社会主义市场经济体制若干问题的决定》和《国务院关于金融体制改革的决定》就提出要求，中央银行要从主要依靠信贷规模管理，转变为运用存款准备金率、中央银行再贷款利率和公开市场业务等货币政策工具，调控货币供应量。为积极稳妥地实现这一要求，人民银行会同有关部门和金融机构进行了长期认真的准备，采取了先立后破、逐步试点的方式，加强了对货币供应量的统计分析与研究。从1994年第三季度开始，按季向社会公布货币供应量。经过1995年进一步尝试，1996年正式把货币供应量纳入货币政策的调控目标，第一次写入"九五"计划。最近两年，比较及时地多次调整利率，建立了全国统一的同业拆借市场，公开市场操作、再贴现等手段相继启动，金融调控由直接调控向间接调控转换的步伐明显加快。人民银行已先后取消了对合作金融机构、股份制商业银行和其他商业银行的贷款限额控制，到1997年，对贷款规模实行限额管理的金融机构，只有国有独资商业银行和三家政策性银行。现在，我国政策性金融与商业性金融分离，《商业银行法》和《贷款通则》逐步实施，国有商业银行进一步强化了自我约束和内部控制。我国宏观经济调控实现"软着陆"，国民经济发展呈现"高增长、低通胀"的良好态势。这些都为这次改革创造了良好的条件。可以说，取消国有银行贷款规模限额控制时机已经成熟。

从明年1月1日开始，中国人民银行对商业银行贷款增加量的管理，由过去下达指令性计划，改为按年(季)下达指导性计划，推行资产负债比例管理和风险管理，并在此基础上实行"计划指导、自求平衡、比例管理、间接调控"的信贷资金管理体制。各商业银行以法人为单位，对其资金来源和资金运用实行自求平衡，按信贷原则和有关政策自主审查发放贷款，并逐步达到资产负债比例管理的各类比例指标要求。

中国人民银行将运用存款准备金率、再贷款、利率、公开市场操作等货币政策工具，及时调控货币供应量，保持币值稳定。

取消对国有商业银行贷款规模的限额控制后，各商业银行要积极组织资金，支持经济发展，决不能影响对企业合理贷款需要的支持，不能影响国家产业、区域发展政策的落实。要积极支持存款不足的中西部地区合理贷款需要。当然，也不能放松信贷管理，导致不良贷款的增加。要通过强化商业银行的自主经营和统一法人管理，加速资金的跨地区、跨部门、跨行业流动，克服"大而全"、"小而全"等重复建设问题，实现资金、资源的优化配置，更好地促进经济结构调整。

今年以来，我国继续实行适度从紧的财政货币政策，正确掌握宏观调控力度，支持了国民经济的持续、快速、健康发展。金融部门通过适时降低利率，合理掌握贷款期限，开办银团贷款，依法支持国有企业兼并、破产和再就业，对亏损企业的贷款要求实行区别对待，注意支持市场上有竞争力的中小企业，基本满足了生产建设对信贷资金的合理需求。今年金融机构贷款增加量比去年有所减少，但是，加上通过股市等直接融资，企业获得的资金仍然多于去年。预计今年货币总量比上年增长16%，国家银行贷款比上年增长17%，金融机构企业存款比上年增长22%。预测今年经济增长9%，零售物价涨幅为1%左右，消费物价涨幅在3%左右。总的来看，今年我国货币供应量增长与经济增长和物价变化是适应的。改进商业银行贷款规模管理，对于国有银行强化自我约束，改进金融服务，更好地支持国民经济发展又将产生积极的影响。

改进国有商业银行贷款规模管理，是我国金融宏观调控朝着社会主义市场经济要求迈出的重要一步。

为了使这项改革能够顺利进行，需要有正确的指导思想，需要正确处理政府、企业与银行的关系。国有商业银行总行，既要加强全行资金的集中统一使用，又要发挥分支行筹集和用好资金的积极性。国有商业银行及其分支行，既要加强信贷管理，又要加强金融服务，支持企业在改革中发展。同时，国有企业等借款人，要提高资金的使用效益，严格遵守信用，按期归还贷款本金和利息，严禁逃废债务。地方各级政府要充分尊重银行经营自主权，严禁干预银行正常的业务活动。中央银行要集中精力加强金融监管，及时解决这项改革过程中的新问题。我们相信，在各方面的共同努力下，国有商业银行信贷资金计划管理体制的改革一定能够顺利进行，金融宏观调控水平一定会有明显提高。

中宣部等十部门联合召开第十次全国“扫黄”工作电视电话会议

由中宣部、中央政法委、全国扫黄工作小组、公安部、文化部、广播电影电视部、新闻出版署、国家版权局联合召开的这次会议，部署 1997 年冬季扫黄打非集中行动。会议要求在日常管理和专项治理的基础上，要通过集中行动解决出版物市场存在的突出问题。坚决取缔有严重政治问题和淫秽色情的非法出版物，严厉打击走私、盗版光盘回潮势头，坚决遏制书报刊和音像制品的非法出版和盗版盗印活动，使书报刊、音像和电子出版物市场的面貌有进一步明显的改观。

自去年冬季扫黄打非集中行动以来，各地持续不断开展书刊市场专项治理和音像市场集中检查，加强了日常管理，巩固了去年集中行动的成果。打掉了一批重大非法出版犯罪团伙，端掉了一批盗版盗印窝点，挖掉了一批光盘生产“黑线”，整治了一批书刊批发市场和音像制品集散地，处理了一批出卖书号、刊号、版号的出版单位。特别突出的是，截至目前，全国挖出的非法光盘生产线已达到 52 条，又有一批重大案件得到查处和审理，通过大力整治非法出版物集散地，促进了出版物市场的健康繁荣。

会议指出，这次集中行动，要坚决取缔淫秽色情和有严重政治问题的出版物，使这类出版物在社会上流传的状况基本得到控制；严厉打击光盘走私活动，坚决遏制走私光盘泛滥的势头；有效制止书报刊、音像制品、电子出版物盗版盗印活动，使市场面貌有明显改观，促进出版物市场健康繁荣发展。

中央政法委秘书长束怀德、中宣部副部长、文化部部长、全国扫黄工作小组组长刘忠德在会议上讲话。

新闻出版署署长于友先在会上宣读了《1997 年冬季扫黄打非集中行动方案》，公安部、海关总署、国家工商局的负责同志也在会上发了言。

国务院副秘书长、全国扫黄工作小组副组长刘奇葆主持会议。

中国图书奖十年纪念大会在北京举行

中共中央政治局委员、书记处书记、中宣部部长丁关根出席纪念大会，向中国图书奖获奖责任编辑代表颁发了荣誉奖牌。

丁关根向获得中国图书奖永久性纪念奖牌的 1081 位编辑表示祝贺，向为出版事业辛勤劳动的同志们致以亲切的问候，向所有支持出版工作的同志们致以衷心的感谢。

由中宣部、新闻出版署直接领导、中国图书评论学会承办的中国图书奖创立于 1987 年，是我国第一个全国性的综合图书奖。创立十年来，共有 200 多家出版社、700 多种图书、1000 多名编辑荣获了中国图书奖，中国图书奖对于贯彻党和国家的出版方针政策，坚持正确的舆论导向，推动多出人才、多出好书、多读好书，鼓励出精品，繁荣社会主义出版事业发挥了重要作用。

中宣部、新闻出版署、中国版协等有关部门负责人出席了纪念会。

全国环境保护工作会议在深圳召开

国务院总理李鹏给会议发来贺信，对会议的召开表示热烈祝贺，并向全国环保系统广大干部职工致以亲切的问候。

会议将总结今年和本届政府任期内环保工作的主要进展，部署明年环保工作和环保系统精神文明建设工作，确保“九五”环保目标实现，把环保事业全面推向 21 世纪。

国家环保局局长解振华说，要结合经济体制改革，深入贯彻十五大精神，努力参与新形势下环境与发展综合决策。要扎扎实实推进“三河”（淮河、海河、辽河），“三湖”（太湖、滇池、巢湖），两区（酸雨控制区、二氧化硫控制区）污染防治，加快实施污染物排放总量控制计划和绿色工程规划，确保 2000 年所有工业污染源达标排放。

会议提出，各地环保部门要按照 2000 年工业污染源全部达标排放的目标，把重点放在主攻难点上，对主攻项目制订限期治理计划，确定达标企业和工作进度。必须树立大环境的观念，实行污染防治与生态保护并重的方针，全面推进环保工作，在防治工业污染解决“点”上环境问题的同时，重视和抓好“面”上的生态保护工作。会议还就淮河流域进一步削减污染负荷，太湖流域明年实现工业污染源达标排放，制定海河、辽河流域工业污染源达标排放计划和污染防治骨干工程等，进行了具体的部署。

国务委员李铁映在北京接见率先向“知识工程”捐款的红桃K集团负责人

继“脱贫工程”、“希望工程”之后的又一项跨世纪的重大工程“知识工程”25日正式启动。

“知识工程”是由中宣部、文化部、国家教委、国家科委、广电部、新闻出版署、全国总工会、共青团中央、全国妇联等9个部门联合组织的一项社会文化系统工程，旨在掀起全民特别是贫困地区群众的读书热潮，提高人们的思想道德和科学文化素质。在12月25日“知识工程”启动新闻发布会上，红桃K集团向该工程捐赠1000万元的启动资金，这是“知识工程”接受的一笔巨额捐款。该公司还与全国“知识工程”领导小组办公室达成了长期合作协议。

“知识工程”将在今后几年内，每年在全国各地农村建立1000个图书室和文化站，向1000个县级图书馆捐赠2000万册图书，同时继续搞好“万村书库”、“希望书库”的建设。

文化部副部长徐文伯、艾青春以及红桃K集团董事长、总裁谢圣明等参加了接见活动。

国务院副总理李岚清致信在北京召开的全国农业广播学校第十二次工作会议

李岚清在信中指出，农业是国民经济的基础，发展农业一是要靠政策，二是靠投入，三是靠科技，归根到底要靠科技解决问题。农业科技成果只有被广大农民所掌握，才能成为巨大的物质财富。要使农业科学技术应用到千家万户、田间地头，就必须广泛地开展农村成人教育和职业技术教育。

李岚清说，提高农村劳动者的科技文化素质，是推进农村经济体制改革和农村经济增长方式转变的根本性措施。由于我国尚处于社会主义初级阶段，经济还不发达，教育还相对落后。农业广播电视学校运用广播、电视等现代媒体实施教学，打破了时空限制，把学校办到农民的家门口，为农村培养了数百万留得住、用得上的实用人才，弥补了农村成人教育和职业教育资源的不足，是普及推广农业科学技术，多快好省地培养初、中级技术人才，全面提高农民科技文化素质的一条有效途径。

农业广播电视学校创建17年来，目前已形成一个拥有一所中央校、38所省级校、309所地级分校、2273所县级分校和2万多个基层教学班的庞大的农民技术教育网络体系，成为我国农村成人、职业教育和农技推广战线的一支重要力量。

12月27日

八届全国人大常委会二十九次会议举行二次全体会议

会议听取关于金融工作情况和关于检查农业法、水法实施情况等报告。乔石委员长出席会议。

会议首先听取了中国人民银行行长戴相龙关于金融工作情况的报告，听取了布赫副委员长、王丙乾副委员长分别作的关于检查农业法、水法实施情况的报告。会议还听取了全国人大民族委员会副主任委员陶爱英、法律委员会主任委员薛驹、内务司法委员会副主任委员朱光、外事委员会主任委员朱良分别作的关于八届全国人大第五次会议主席团交付审议的代表提出的议案审议结果的报告。会议还审议了全国人大代表团访问爱沙尼亚、白俄罗斯和芬兰三国，访问尼泊尔、斯里兰卡和马尔代夫三国，访问泰国、马来西亚、新加坡和印度尼西亚四国情况的书面报告。

受国务院委托中国人民银行行长戴相龙向八届全国人大常委会二十九次会议报告金融工作情况

戴相龙说，经过4年多努力，我国宏观经济调控实现“软着陆”，经济发展呈现“高增长、低通胀”的好势头。金融系统由于认真执行党中央、国务院一系列方针政策，各项工作取得明显成效，对于加强和改善宏观调控，治理通货膨胀，促进经济发展和社会稳定，发挥了重大作用。

戴相龙同时指出，我国金融业也隐藏着金融风险。客观分析金融风险的表现形式和产生的原因，采取切实有效的措施，防范和化解金融风险，是目前保持我国金融业健康发展的突出任务。他认为，我国金融风险主要表现在5个方面：国有商业银行不良贷款比重较高；一些非银行金融机构遗留问题较多；社会上乱办金融，严重扰乱了金融秩序；股票期货市场存在违法违规行为；各种违法违规活动比较严重。

戴相龙说，目前金融领域的问题是多年积聚起来的，是国民经济深层次矛盾的综合反映。究其原因，从金融系统讲，主要是在经济转轨过程中，金融体制不能适应社会主义市场经济发展的要求，金融法制不够健全，金融监管薄弱，金融秩序比较混乱，少数从业人员素质差，有的甚至违法乱纪。从金融运行的客观环境看，也有多方面原因：前几年出现的房地产热、开发区热，造成了大量的不良贷款；盲目上马，固定资产投资效益差，国有企业亏损严重；信贷资金直接或间接用于财政性支出，金融财务会计制度某些内容已不能适应社会主义市场经济发展需要；一些地方政府领导人违法干预金融活动；一些企业信用观念淡薄。

戴相龙认为，金融风险的危害是严重的，一是扰乱信用秩序，严重破坏经济运行基础；二是加大财政收入平衡压力，被迫增加货币供应，导致严重通货膨胀；三是影响我国银行的国际地位，增加对外融资成本。

戴相龙说，今年 11 月 17 日至 19 日，中共中央和国务院在北京召开了全国金融工作会议。这次会议充分肯定了金融工作的成绩，分析了存在的问题，明确要以邓小平理论和党的十五大精神为指导，按照社会主义市场经济体制的方向，深化和加快金融改革，进一步整顿和规范金融秩序，切实加强金融法制和金融监管，建立符合我国国情的现代金融体系和金融制度，引导金融业健康发展。会议为此制定了 15 项重大措施。这些措施的逐步贯彻，将对我国金融业的稳定发展产生重大、深远的影响。戴相龙从 6 个方面对今后的工作作了说明：改革中国人民银行管理体制；加快国有商业银行和中保(集团)公司的商业化改革步伐；建立健全多类型、多层次的金融机构体系，加快地方性金融机构建设；积极稳妥地发展资本市场，适当扩大直接融资；健全现代金融监管体系，加强金融机构内控制度建设；加大金融执法力度，规范和维护金融秩序。

全国人大常委会副委员长布赫 王丙乾向八届全国人大常委会二十九次会议报告关于农业法水法实施情况

布赫说，常委会于今年 10 月对宁夏、贵州、江西进行农业法实施情况的检查，将农业投入、农产品流通(粮食、棉花收购价格)、农民负担和制定农业法配套法规等方面的情况作为重点，并跟踪检查了前几年农业法执法检查中提出的突出问题的解决情况和改进执法的情况。总的来看，国务院有关部门和有关地方在实施农业法方面做了许多扎实的工作，成效是显著的。在国家继续实行适度从紧的财政政策的情况下，中央和地方都增加了对农业的投入。1997 年全国财政预算安排农业方面的支出比上年增长 26.8%，比全国财政经常性收入增长幅度高出 15.4 个百分点。在加大财政对农业投入的同时，各地还注意引导农民增加对农业的投入。农业投入的增加，加强了农业基础设施建设，改善了农业生产条件，促进了农业持续、快速、健康发展。与此同时，国务院有关部门和有关省区积极采取措施，依法减轻农民负担；改革粮食流通体制，增强了国家粮食宏观调控能力；加大新技术推广力度，促进农业快速发展；制定配套法规，保障农业法的有效实施。

在谈到对进一步实施农业法的几点建议时，布赫说，要继续加大对农业的投入，深化粮食流通体制改革，加大农业技术推广体系建设的力度，减轻农民负担的工作不能有丝毫放松，加大扶贫力度，改进扶贫专项资金的使用管理。

关于水法的实施情况，在谈到主要成效时王丙乾说，国家把水利建设摆在了基础设施建设的首位，千方百计地加大水利投入，"八五"期间，财政预算内安排的水利投资比"七五"期间增长了 64%，水利工作逐步走上了法制化轨道。水利执法工作力度加大，水事秩序趋于好转，水利建设进入了稳步发展的时期。水资源保护得到加强，全社会节水意识有所增强，水资源管理逐步纳入规范化、制度化轨道。以水价改革为突破口，以建立多元化水利投资体制为重点的水利体制改革开始启动。

在谈到存在的主要问题时，王丙乾说，水利发展和水法实施中的突出问题，集中表现在以下几个矛盾：洪涝灾害的日益频繁与江河防洪标准普遍偏低的矛盾；水资源短缺与需求增长较快的矛盾；水环境恶化与治理力度不够大的矛盾；水价偏低与水利建立良性运行机制的矛盾；水利建设滞后与水利投入不足的矛盾；水资源分割管理与合理利用的矛盾。对此，王丙乾建议加强领导，发动群众，加快水利建设的步伐。理顺体制，一龙管水，强化国家对水资源的统一管理。建立机制，以水养水，推进水利产业化进程。强化法制，依法治水，建立健全水法律体系。

全国地矿厅局长会议在江苏南京召开

国务院副总理邹家华向大会发来贺信。

地矿部部长宋瑞祥在工作报告中提出明年我国地矿工作的总体要求是：加强地质勘查工作的基础地位，全面履行地矿行政管理职能，加大战略性结构调整力度，推进地矿事业的全面持续发展。宋瑞祥说，地矿部门承担着为国家经济发展提供矿产资源和地质资料的重任。从长远看，我国矿产资源供需形势不容乐观，特别是一些紧缺矿种、先天不好的矿产仍然不足，因此加强地质勘查的基础地位尤为重要。他说，明年要继续抓好"西南三江特别找矿计划"、"西北地下水资源特别计划"、"第二轮填图计划"和"矿产勘查跨世纪工程"、"地矿工作信息化工程"，为我国实现第三步战略目标创造资源保证条件。

地矿部门战略性结构调整已进入攻坚阶段。宋瑞祥说，明年全行业结构调整力争在四方面实现突破：一是根据国土资源区划和经济社会发展的要求，加快国家地质调查机构的组建；二是实施大公司、企业集团战略，以集团优势发挥带动产业经济发展；三是放开搞活在数量上占 90%以上的小企业，全力推进地勘小企业改制；四是配合有关部门加快建立商业性地质勘查工作的投融资体制和机制，加快商业性地勘工作的改革，推动地质勘查工作的产业化和市场化。

第四届茅盾文学奖在北京揭晓

第四届茅盾文学奖评选日前在京揭晓，王火的《战争和人》(一、二、三部)，陈忠实的《白鹿原》(修订本)，刘斯奋的《白门柳》(一、二部)，刘玉民的《骚动之秋》等4部长篇小说获此殊荣。

1997年度世界十佳运动员在北京揭晓中国举重运动员崔文华游泳女运动员陈妍榜上有名

12月28日

国家经贸委主任王忠禹在北京闭幕的纺织工业深化改革结构调整会议上发表讲话

王忠禹在会议上提出，为打好纺织作为国企改革解困突破口的攻坚战，各有关方面要统一认识，精心组织，落实责任，务求首战必胜。

王忠禹说，要进一步提高对纺织行业率先脱困重要性、必要性和紧迫性的认识。从纺织行业几年来的经验教训看，压锭减人是纺织行业摆脱困境的根本出路。不少地方、不少同志已经认识到早压早得救，早压早主动。这次压锭必须痛下决心，再也不能左顾右盼、犹豫观望了。从提高国有纺织工业竞争力的要求来看，纺织行业调整重组是以退求进、重振纺织的必然选择。我们只有把多余、落后的纺锭压下来，把富余人员减下来，尽快提高纺织企业的素质和技术水平，才能使国有企业在纺织这个竞争性很强的行业中求得生存和发展。从实现三年改革与脱困目标来看，纺织行业率先脱困可以为其他行业摸索出一条路子。纺织行业要摆脱困境，重新振兴，必须依靠调整结构，实现减量增值，减人增效；必须依靠技术进步，提高行业素质和竞争力；必须依靠深化改革，建立新的机制；必须依靠资产重组，培育一批优势企业。

王忠禹指出，压锭、重组、减人、增效，是以退求进、重振纺织的战略性举措，是主动的调整，而不是被动的调整；是积极的措施，而不是消极的措施；是更高水平的发展，而不是纺织行业的萎缩。这次改革脱困，对于纺织行业来说，是一次难得的历史机遇。我们一定要十分珍惜，牢牢抓住这次机遇，使纺织行业尽快摆脱困境，再创辉煌。

全国电力工作会议在北京举行

会议于28日至30日举行。作为优化电力结构的一项重要任务，国家电力公司明确要求所属电厂，带头停运小火电。从1998年起，用3年时间停运、拆除1086万千瓦小火电机组。今后新增机组一半要用于替代小机组。

电力部和国家电力公司的负责人说：目前我国绝大部分地区严重缺电局面已逐步缓解，有些地区还出现电力供大于求现象。因此电力部门要抓住供需矛盾相对缓解这一有利时机，加大电力结构调整力度。

这位负责人士称：今后各地区大型电力项目审批要与本地区停运小火电机组容量挂钩。他还要求，小火电建设和管理失控的广东、河南、江苏、浙江等省明年要在控制小火电问题上率先取得成效。其他各地的下属公司严禁参与小火电机组的投资建设，也要带头停运和拆除小火电机组。

这位负责人说，电网建设滞后也是电力结构中存在的关键问题。今后要彻底改变“重发轻供不管用”的思想，把电网建设列为当前电力发展的首要任务。他还说，目前出现的电力供求缓和是低用电水平下的缓和。我国的人均年用电量仅为世界平均水平的1/3，全国还有11个无电县，6000万人没用上电。电力建设仍不可放松。

南非国民议会议长金瓦拉在开普敦与国务院副总理兼外交部部长钱其琛会晤

金瓦拉和钱其琛一致认为，中、南两国建交是两国人民期待已久的大事，也是两国政府共同努力的结果。

钱其琛感谢金瓦拉议长长期以来为促进中、南关系发展、特别是推动两国建交所做的积极贡献。他说，中、南建交具有重要的历史意义。

金瓦拉议长说，钱副总理兼外长的访问对南非非常重要，“你的访问及两国外交关系的建立将成为两国关系史上的重要里程碑。”她回顾了中国人民和政府长期以来同情和支持南非人民争取种族平等的斗争。她说，中国近几年经济发展迅速，人民生活水平不断提高。南非政府也在致力于发展经济。因此，两国可以相互学习、相互支持。我们都是发展中国家，应该共同努力建立平等、公正的国际新秩序。

“为农村儿童送戏工程颁奖大会”在北京举行

中国木偶剧团、北京儿童艺术剧团、上海中国福利会儿童剧院等25家单位走上领奖台。

本次获奖的剧团还包括：西安儿童艺术剧院、天津儿童艺术剧院、武汉儿童艺术剧院、哈尔滨儿童艺术剧院、吉林省长春话剧院儿童剧团、辽宁省鞍山话剧团儿童剧团、济南儿童艺术剧团、成都市木偶皮影艺术剧院、苏州市滑稽剧团、内蒙古话剧团儿童剧团、内蒙古自治区赤峰市教汉新乌兰牧骑、浙江话剧团儿童剧团、浙江余杭越剧团、浙江平阳木偶剧团、浙江杭州滑稽剧团、湖南省木偶皮影艺术剧院、广东省木偶剧团、广东话剧院儿童剧团、福建人民艺术剧院儿童剧团、昆明儿童艺术剧院、青海省话剧团儿童艺术剧团、宁夏话剧团儿童剧团。

为农村儿童送戏工程是由中国文化扶贫委员会、中宣部文艺局、文化部艺术局和社会文化司、中国儿童少年基金会等 7 个单位于 1995 年联合发起并实施，旨在活跃农村儿童文化生活，促进儿童戏剧创演水平的提高。3 年来，全国各种艺术形式的剧团深入山村、乡镇、草原、边陲为农村儿童送戏，受到了孩子们的热烈欢迎。

12 月 29 日

中共中央总书记江泽民致电祝贺黎可漂当选越共中央总书记

中共中央总书记江泽民在中南海举行的中央委员和候补委员学习邓小平理论和十五大精神研讨班结业式上发表讲话

江泽民号召，全党要形成学习邓小平理论的新高潮，把这一学习提高到十五大所达到的新水平。江泽民强调指出，历史的经验、现实的要求和未来的发展都告诉我们，中央委员、候补中央委员，党的高级干部，第一位的是要加强理论学习，要用马列主义、毛泽东思想，尤其是邓小平理论武装起来。同时，还要放开眼界，注意了解反映世界新发展新变化的各种思潮和动向。他要求中央委员会的同志们带头形成认真学习的风气，把这种风气推广到全党，把全党学习邓小平理论，在实践中创造性地运用邓小平理论指导各项工作的水平提高到一个新的高度。

中共中央政治局常委、书记处书记尉健行主持结业式。会议开始时，研讨班领导小组副组长、中央党校副校长郑必坚首先汇报了研讨班的情况。随后，研讨班学员代表、研讨班一支部书记、中纪委副书记、监察部副部长何勇，二支部书记、重庆市委书记张德邻，宝钢集团公司总经理谢企华，内蒙古军区装备技术部副部长兼北京军区给水团团长李国安，内蒙古乌海市委书记、市长巴特尔先后作了汇报发言。他们在发言中介绍了各自在研讨班学习的心得体会和收获。他们认为，集中这么多中央委员和候补中央委员到中央党校学习，在我们党的历史上是少有的，充分说明了以江泽民同志为核心的党中央对全党理论学习的高度重视，也体现了对新进中委成员政治上的巨大关怀和爱护。他们普遍表示肩上的责任重大，一定要坚持不懈地加强学习。

在听取大家的发言后，江泽民总书记发表重要讲话。江泽民首先对大家在学习期间，通过读书、思考和讨论，取得的收获和得到的提高表示祝贺。江泽民说，十五大以后，中央提出要形成学习邓小平理论的新高潮。尽管年末岁初，各方面工作十分繁忙，中央还是决定请新进中委的同志们，分两批到党校学习。这是中央采取的推动兴起学习邓小平理论新高潮的一个重要举措，是希望中央委员、候补中央委员和党的高级干部在这个新高潮中起带头和表率作用。

江泽民说，十五大的主题是高举邓小平理论的伟大旗帜，把建设有中国特色社会主义事业全面推向 21 世纪。十五大把邓小平理论列入党的指导思想写进党章，对邓小平理论的历史地位和指导意义作了新的概括，对邓小平理论的科学体系、时代精神和革命风格作了新的阐述，并且运用邓小平理论对我国社会经济、政治、文化发展的一系列重大问题进行了新的研究，取得了新的成果。这些都代表了我们党在旗帜问题上、在建设有中国特色社会主义问题上的认识的新水平。

江泽民指出，十五大选出的中央委员会，新的成员将近一半。明年还将有大批新的同志走上重要的领导岗位。新的责任要求思想境界、理论水平都有新的提高。改革正在深化，发展、稳定面临许多深层问题，国际局势出现种种新变动，这些都要求我们把学习邓小平理论提高到新的水平，以适应新的形势，解决新的课题，开创新的局面。

江泽民说，重视理论的问题，在我们党的队伍中，在我们党的高级干部队伍中，是一个需要进一步提起注意和认真解决的问题。十五大高度重视理论指导的问题，把理论旗帜当作统领全局、贯穿各项工作的灵魂，这是十一届三中全会以来近 20 年成功经验的最高总结，又是跨世纪发展要取得成功的最根本保证。如果没有解放思想、实事求是，如果没有围绕“搞清什么是社会主义、怎样建设社会主义”的理论创新，如果没有建设有中国特色社会主义的一系列新的理论观点的形成和发展，能有我们事业今天的成就吗？面对跨世纪发展的复杂形势，如果没有对邓小平理论科学体系的深刻而全面的把握，如果没有对邓小平理论的创造性运用、丰富和发展，如果只是就事论事、临时应付，能保证我们事业的继续成功吗？所以坚持邓小平理论，在实践中继续丰富和创造性地发展这个理论，这是党中央领导集体和全党同志的庄严历史责任，是我们党的中央委员会全体同志的庄严历史责任。

江泽民强调，我们中央委员、候补中央委员大都是担负重要领导职务的，工作任务很重，学习任务也很重。学习是多方面的，包括业务知识的学习、历史知识的学习、法律知识的学习、市场经济知识的学习、国际知识的学习等，这些都是必要的、重要的。但仅有这些还不够，第一位的是要加强理论学习。要认真地读《邓小平文选》，读十一届三中全会以来党的各次代表大会、中央全会的文件。还要读马列的若干重要著作，读《毛泽东选集》，以及《毛泽东著作选读》中新中国成立后的著作。他希望每一位中央委员、候补中央委员，都根据自己的情况，制订一个学习理论的计划，下苦功，挤时间，持之以恒。

江泽民最后说，中央党校在组织中央委员、候补中央委员，组织高级、中级领导干部和理论骨干学习邓小平理论方面，担负着重大的责任。中央党校教学和科研成效的大小，关键要看这一条做得怎么样。希望大家很好地总结经验，很好地探索和开拓，写出更有分量的关于邓小平理论的教材，在教学和科研中更好地体现邓小平理论同社会主义改革开放和现代化建设实际的紧密结合。

八届全国人大常委会二十九次会议闭幕

会议通过价格法等法律和关于召开九届全国人大一次会议决定。

全国人大民族委员会、法律委员会、内务司法委员会、外事委员会关于八届全国人大五次会议主席团交付审议的代表提出的议案的审议结果的报告也分别获得通过。会议还通过了有关任免名单。

人大常委会副委员长田纪云、王汉斌、倪志福、费孝通、雷洁琼、李锡铭、王丙乾、帕巴拉·格列朗杰、程思远、卢嘉锡、布赫、铁木尔·达瓦买提、吴阶平和秘书长曹志出席会议。国务委员李贵鲜、最高人民法院院长任建新、最高人民检察院检察长张思卿列席会议。

八届全国人大常委会二十九次会议通过《全国人民代表大会常务委员会关于召开第九届全国人民代表大会第一次会议的决定》

第八届全国人民代表大会常务委员会第二十九次会议决定：中华人民共和国第九届全国人民代表大会第一次会议于1998年3月5日在北京召开。建议会议的主要议程是：听取和审议政府工作报告；审查和批准1997年国民经济和社会发展计划执行情况的报告及1998年国民经济和社会发展计划；审查1997年中央和地方预算执行情况的报告及1998年中央和地方预算草案，批准1997年中央预算执行情况的报告及1998年中央预算；听取和审议全国人民代表大会常务委员会工作报告、最高人民法院工作报告、最高人民检察院工作报告、全国人大常委会关于检查《中华人民共和国科学技术进步法》实施情况的报告；选举第九届全国人民代表大会常务委员会委员长、副委员长、秘书长、委员，选举中华人民共和国主席、副主席，决定国务院总理的人选和国务院副总理、国务委员、各部部长、各委员会主任、中国人民银行行长、审计长、秘书长的人选，选举中华人民共和国中央军事委员会主席，决定中华人民共和国中央军事委员会其他组成人员的人选，选举最高人民法院院长、最高人民检察院检察长，通过第九届全国人民代表大会各专门委员会的人选等。

国家主席江泽民签署第92号主席令发布《中华人民共和国价格法》

《中华人民共和国价格法》已由中华人民共和国第八届全国人民代表大会常务委员会第二十九次会议于1997年12月29日通过，现予公布，自5月1日起施行。

中华人民共和国主席　江泽民

1997年12月29日

中华人民共和国价格法（文略）

国家主席江泽民签署第93号主席令发布《中华人民共和国献血法》

《中华人民共和国献血法》已由中华人民共和国第八届全国人民代表大会常务委员会第二十九次会议于1997年12月29日通过，现予公布，自10月1日起施行。

中华人民共和国主席　江泽民

1997年12月29日

中华人民共和国献血法（文略）

国家主席江泽民签署第94号令发布《中华人民共和国防震减灾法》

《中华人民共和国防震减灾法》已由中华人民共和国第八届全国人民代表大会常务委员会第二十九次会议于1997年12月29日通过，现予公布，自1998年3月1日起施行。

中华人民共和国主席　江泽民

1997年12月29日

中华人民共和国防震减灾法（文略）

全国政协主席李瑞环在人民大会堂会见香港华懋集团主席龚如心

李瑞环对龚如心女士多年来热心香港和内地的公益事业，支持内地建设等方面所作出的贡献表示肯定。他希望香港同胞进一步加强与内地各方面的交流与合作，继续关心内地的各项建设事业。

《人民日报》发表本报评论员文章《多为群众办实事办好事》

国务院副总理姜春云在天津调研

姜春云于 12 月 29 日至 30 日在天津农村调研时强调，农村基层民主制度建设是发展社会主义民主的一项重要内容，对于密切党群、干群关系，促进农村改革、发展和稳定具有十分重要的意义。各级领导要高度重视，切实抓好。

姜春云察看冬小麦生长情况、农田水利建设和乡村供水工程，同县乡村干部和村民代表进行了座谈，重点了解了天津市农村推行"村务公开、民主管理"的经验、做法。姜春云说，目前天津市 90%左右的农村都实行了"村务公开、民主管理"制度，并取得了显著的成效，为加强农村基层民主制度建设探索出了一条好路子。这个经验值得总结推广。

姜春云说，实践证明，实行"村务公开、民主管理"制度有诸多好处：一是调动了村民参与村务管理的积极性，真正使农民行使了当家做主的权利。过去不少村庄是干部"管"农民，村里的事少数人说了算，群众很少有发言权，现在让群众直接参与村务管理，为农村工作增添了一个强大的推动力。这是党的群众路线在农村工作中的具体体现。二是加强了对干部的监督，有效地遏制了消极腐败现象的发生。"村务公开、民主管理"成为群众监督干部的有效措施，一些村干部由不廉、不勤、不公、不民主，变为清正廉洁、勤政为民、尊重民意、艰苦朴素，村级非生产性开支和公款招待费大幅度减少。有些群众说，干部嘴不馋了，腿变勤了，态度也和气了，像个勤务员了。三是老大难问题不再"难"了。群众参与了民主管理，干部办事公道了，村民气顺心齐了，在村干部的带领下，有事大家商量办，一些多年来的"老大难"问题得到了解决。"村务公开、民主管理"开始成为农村基层干部群众自我教育、自我约束、自我管理、自我监督的一种好机制。四是密切了干群关系。过去有些村农民与干部情绪对立，相互"顶牛"的现象时有发生，上访闹事的多。实行"村务公开、民主管理"后，给村民一个明白，还干部一个清白，一些矛盾化解了，出现了干部、村民相互关心，尊重谅解，齐心协力发展生产的好局面。五是有力地促进了农村经济发展和社会稳定，推动了两个文明建设。

国务院发出《关于调整进口设备税收政策的通知》

各省、自治区、直辖市人民政府，国务院各部委、各直属机构：

为进一步扩大利用外资，引进国外的先进技术和设备，促进产业结构的调整和技术进步，保持国民经济持续、快速、健康发展，国务院决定，自 1998 年 1 月 1 日起，对国家鼓励发展的国内投资项目和外商投资项目进口设备，在规定的范围内，免征关税和进口环节增值税。现就有关问题通知如下：（文略）

国务院总理李鹏副总理李岚清在人民大会堂会见来京参加中俄合作建设连云港核电站总合同签字仪式的俄罗斯第一副总理鲍里斯·叶菲莫维奇·涅姆佐夫

李鹏说："通过双方的共同努力，连云港核电站总合同签字仪式今天举行，这一项目是中俄友好合作关系中的一件大事，中方对此非常重视。我希望合作双方认真负责地完成各自承担的义务，遵守合同，通力合作，切实按照安全、可靠、高效、优质、经济的原则把核电站建好，使之成为中俄经济合作的典范。"

涅姆佐夫说，经过 5 年的认真准备和谈判，建设连云港核电站的谈判终于取得良好的结果。这个项目意义重大，它将为俄中经济合作发挥示范作用。俄方保证将按合同的要求如期交货，保证质量，保证安全，使工程得以顺利进行。

会见后，李鹏、李岚清与涅姆佐夫一起出席了中俄核电站总合同的签字仪式。

南非总统曼德拉在开普敦官邸同国务院总理兼外交部部长钱其琛会晤

曼德拉对钱其琛说，"你对南非的访问很重要。我中断了在外地的休假来这里同你会见，感到很高兴。中国是联合国安理会常任理事国，是世界上十分重要的国家。南非与中国建立外交关系符合双方的根本利益"。他还说，南非在与中国建交后，"将坚持'一个中国'的立场，南非政府不会再与台湾发生任何形式的官方关系"。

钱其琛赞赏曼德拉总统和南非政府按照国际惯例做出与中国建交的政治决断。他说，两国关系正常化的目标得到实现不仅是两国关系史上的一件大事，也有利于世界和平与稳定。两国人民对此感到很高兴。中国和南非都是世界上重要的发展中国家，中国希望进一步加强同南非在各个领域中的关系，两国经贸合作潜力巨大，前景很好。两国在各个领域中的合作关系将会得到进一步发展，进入一个新阶段。钱其琛说，中国将积极参与南非在建筑、电力等方面的建设与发展。

国务院总理李鹏在中央电视台考察

李鹏指出，新闻战线的同志们要继续认真学习贯彻党的十五大精神，牢牢把握正确的舆论导向，通过新闻媒介表扬先进，揭露时弊，鼓舞全国人民的志气，把建设有中国特色社会主义事业推向前进。

上午，李鹏总理在中共中央政治局委员、国务委员李铁映，中共中央政治局委员、书记处书记、国务委员罗干等同志陪同下，来到中央电视台。广播电影电视部部长孙家正首先向李鹏简要汇报了近年来我国广播电视事业的发展情况，中央电视台台长杨伟光介绍了中央电视台节目制作、运行等情况。

中央电视台自1958年试播以来，到目前已初步具备国际一流电视台的规模，形成了综合、经济、国际、科技、少儿、军事、农业等8个各具特色的频道，日播出量已达到139小时。

李鹏在中央电视台录音棚亲切接见了电视台工作人员代表，与大家合影留念。李鹏首先向大家致以节日的祝贺。他说，1997年是不平凡的一年，我们经历了许多大事，如小平同志不幸逝世，党的十五大胜利召开，香港顺利回归祖国，江泽民同志访美，三峡工程大江截流等。所有这些大事都是通过新闻媒体报道到全国、全世界的，新闻战线的同志们功不可没。在此，我向你们并通过你们向全国的新闻工作者们，特别是在后台默默无闻、埋头工作的同志们，致以崇高的敬意。

李鹏等领导同志察看了中央电视台播控中心、新闻中心和动画制作机房，详细了解了电视节目的制作、播出过程。在新闻联播演播室，李鹏兴致勃勃地坐在演播席上，询问了播音员的工作情况；在时政新闻采访组，李鹏看着采访安排表，握住记者们的手关切地说，你们辛苦了，给大家拜个早年。

在《焦点访谈》节目组，李鹏等领导受到编辑记者的热烈欢迎。李鹏笑着说，我每天看《焦点访谈》，大家都爱看这个节目。当谈到搞批评报道的记者有时受到打击报复时，罗干高声说，政法机关坚决保护记者的合法权益，对于打击报复的人，我们一定要严肃查处。话音刚落，全场响起热烈掌声。临走时，李鹏欣然提笔写下几个大字"表扬先进，批评落后，伸张正义"。

最后，李鹏来到动画制作机房，他对中央电视台国产动画片这些年取得的成绩，予以充分肯定。他希望电视文艺工作者不断推出动画艺术精品，进一步满足我国广大少年儿童的需要。

中国话剧90年纪念大会在人民大会堂举行

中共中央政治局常委、国务院副总理李岚清，中共中央政治局委员、国务委员李铁映到会表示祝贺。

李岚清代表党中央、国务院，向中国话剧的开拓者和奠基者，向为中国话剧事业的发展作出重要贡献的老一辈戏剧家表示敬意，并向全国广大话剧工作者表示亲切的慰问。

李铁映说，90年来的历史表明，我们的话剧队伍经受住了血与火的考验，是一支值得信赖的队伍。中国话剧始终同时代、同人民、同现实生活紧密结合在一起；中国话剧始终走着一条民族化的道路；尊重艺术规律，坚持以现实主义为主的多样化的创作方法，是中国话剧发展的又一重要经验。在长期的艺术实践中，中国话剧形成了自己诗化现实主义的艺术传统，涌现了田汉、曹禺、夏衍、郭沫若、老舍等戏剧大师和焦菊隐、黄佐临、金山、舒绣文等导演、表演艺术家，他们卓越的艺术成就，形成了中国话剧学派。

李铁映指出，在新的历史时期，话剧要坚定地贯彻执行为人民服务、为社会主义服务的方向，坚持"百花齐放、百家争鸣"的方针，坚持主旋律和多样化的统一。在创作方法和手法上，我们有着广阔的空间，我们倡导现实主义，提倡塑造社会主义新人形象，反映改革开放的生活主流；同时，要敢于大胆揭示生活中的矛盾，批评腐朽落后的思想倾向。话剧要创新，但应当坚持内容与形式的统一。要加强话剧理论队伍，开展健康的话剧批评，大力培养话剧后蓄力量，加强话剧队伍的建设。在继承传统，探索创新的基础上，建构多姿多彩的话剧新格局。

纪念大会上，张庚、吴雪、于是之、李默然等14位艺术家走上了领奖台，他们代表我国从事话剧艺术50年以上的720名老艺术家，接受中国戏剧家协会的嘉奖。

中宣部副部长、文化部部长刘忠德主持大会。有关单位负责同志周巍峙、高占祥等以及来自全国各地的话剧工作者六百多人参加了今天的大会。话剧界代表也在会上发言。

12月30日

先进典型代表座谈会在人民大会堂举行

座谈会由中共中央宣传部召开。中共中央政治局委员、书记处书记、中宣部部长丁关根主持了座谈会。中共中央政治局委员、书记处书记、中央军委副主席张万年，中共中央政治局候补委员、书记处书记曾庆红出席了座谈会。

先进典型代表：中央候补委员、大庆石油管理局勘探开发研究院院长王启民，中央候补委员、内蒙古军区装备技术部副部长兼北京军区给水工程团团长李国安，中央候补委员、河南省卫辉市委副书记兼唐庄乡党委书记吴金印，北京公交公司21路公共汽车售票员李素丽，江西省南昌市筷子巷派出所副所长邱娥国，上海西部企业集团中山物业有限公司水电工徐虎，乌鲁木齐铁路局党委书记郭敏杰，河北农业大学校长、党委副书记夏亨熹先后在座谈会上发了言，谈了他们学习党的十五大精神的体会和下一步的工作打算，表示一定要站在改革开放和现代化建设的前列，在已有成绩的基础上，作出新的贡献。

尉健行在听取先进典型代表发言后讲话。他首先代表党中央向先进典型和所有在两个文明建设中付出辛勤劳动、作出突出贡献的同志表示亲切的问候和衷心的感谢。他指出，党的十四大以来，在以江泽民同志为核心的党中央领导下，我国社会主义精神文明建设取得了新的进展，出现了积极、健康、向上的生动局面。集中力量大张旗鼓地宣传和学习先进典型，是近年来精神文明建设的一个显著特点和成功经验。全国和各地各部门都加大了先进典型宣传的力度，接连不断地推出了一批立足本职工作、热心为人民服务、反映时代精神的先进个人，一批开拓进取、艰苦创业、作出突出贡献的优秀群体，一批两个文明建设协调发展、具有重要借鉴价值的先进经验。先进典型的动人事迹在祖国大地上广为传颂，先进典型的崇高思想在亿万群众中广为传播，继60年代之后，又一个学习先进的热潮正在蓬勃兴起。大力宣传和学习先进典型，在全社会产生了广泛的影响，对弘扬社会正气，营造良好氛围，推动精神文明建设和整个社会主义现代化建设，起了十分重要的作用。

尉健行强调，榜样的力量是无穷的。宣传和学习先进典型，是进行思想道德教育的一个行之有效的方法，是用高尚的精神塑造人的一条重要途径。先进典型产生于两个文明建设的伟大实践，来自于广大群众之中，有着坚实的社会基础，易于为人们所接受，引起共鸣。实践表明，用先进典型的事迹和思想教育人民，远比一般的讲道理效果要好得多。必须把宣传和学习先进典型的工作，坚持不懈地做好。

出席座谈会的先进典型代表还有：济南军区某部导弹连副指导员徐洪刚，上海龙吴港务公司总经理包起帆，辽宁省锦州市图书馆副馆长白雪洁，陕西省延长县罗子山乡下西渠小学教师王思明，广西壮族自治区南宁市财政局干部韩素云，贵州省松桃苗族自治县格老村完全小学校长田沛发，湖北省武汉市武昌区副区长吴天祥，浙江省临安县气象局援藏干部陈金水，广东省深圳市沙头角镇退休工人陈观玉，辽宁省大连市经济技术开发区法院刑事审判庭副庭长谭彦，山东省临沂市罗庄镇沈泉庄村党支部书记王廷江，湖南省宜章县东风乡笠头村党支部书记李常水，兰州军区空军参谋长助理兼空军第六试飞大队大队长邹延龄，甘肃省古浪县黑松驿乡司法助理员侯殿禄，青海省互助土族自治县东山乡什巴小学校长刘让贤，河南省社旗县工商局城关镇工商所市场管理员强自喜，国航飞行总队党委书记赵崧乐，山东省济南市公安局副局长兼交警支队队长孟富强，解放军第四军医大学学员二大队大队长李尔青，安徽省皖北矿务局刘桥一矿党委书记、矿长贾传海，江苏省徐州市下水道四班班长许光萍，福建省漳州市公安局巡警支队直属大队大队长郭韶翔。

部分先进典型人物的亲属也出席了座谈会。他们是：孔繁森同志的女儿孔玲、李润五同志的妻子丁玉珍、马恩华同志的妻子胡花蕊、李正海同志的儿子李朝晖、赛尔江同志的弟弟赛力克·买米拉。

全国电力工作会议在北京结束

国务院总理李鹏在会议上强调说，今后电力工业发展要坚持优化火电结构，大力发展水电，适当发展核电，因地制宜发展各种新能源发电，切实加强电网建设，开发与节约并重，把节约放在优先地位。要进一步深化电力工业体制改革，积极有序地推进政企分开，加快经济增长方式的转变。

李鹏指出，改革开放以来，我国电力工业获得了长足发展，全国装机容量今年可达2.5亿千瓦。“八五”以来每年增加大中型机组1000万千瓦以上，这样的发展速度是前所未有的。现在，历时多年的全国性严重缺电局面逐步缓和，基本上满足了国民经济发展的需要，但对电力供应紧缺局面缓解的现实要作正确的分析。这是低水平的，是暂时的。各个地区之间电力发展还不平衡。电力系统要努力巩固已经取得的成绩，继续实行多家办电，多渠道集资办电，保持稳健的发展速度，使电力工业更好地适应国民经济发展需要。

李鹏就电力工业体制改革问题着重指出，国家电力公司成立后，发展方向是正确的，符合政企分开的原则。电力国有资产产权属于国家，由国务院授权国家电力公司经营管理。国家电力公司首要的任务是经营管理国有电力资产，保证国有电力资产的保值增值，同时拥有电力公司内部的重要人事权和电力发展的重大决策权。

李鹏希望国家电力公司努力加快电网发展。他说，我国电力资源特别是水电资源主要在西部，坑口电站要大力发展，变输煤为输电。全国电力联网第一步已经走出来了，由葛洲坝到上海，华中与华东联网，增加了上海调峰能力。第二步是东北的绥中电厂建设后，实现东北与华北联网。

第三步随着三峡工程发电后，华东、华中、华北联网，逐步实现全国联网目标。李鹏提出，不仅要实现电网的安全稳定运行，还要经济调度，调度要公平、公正、合理，实行峰谷电价，调度要实行电脑管理，电厂要竞争上网。

李鹏在讲话中说，改革开放以来我国在利用外资办电方面取得了很大成绩，今后要继续合理有效地利用外资，提高利用外资水平，发展我国的电力事业。

李鹏还要求电力系统进一步加强精神文明建设，坚持物质文明和精神文明两手抓、两手都要硬的方针，加强职业道德建设，树立电力行业的文明新风。同时要大力加强电力干部队伍的建设，尽快培养出大批懂经营、会管理的电力建设人才，以加快电力事业的发展，迎接我国现代化建设事业伟大时代的到来。

国务院副总理吴邦国在讲话中要求全国电力系统认真学习、贯彻李鹏总理的讲话精神，使国家电力公司的经营、管理和各项改革登上一个新的台阶。

电力工业部部长兼国家电力公司总经理史大桢在这次会上作了报告，电力工业部党组书记兼国家电力公司党组书记高严作了总结讲话。

外经贸部部长吴仪在北京就国务院关于调整进口设备税收政策答新华社记者问

外经贸部部长吴仪近日就国务院关于调整进口设备税收政策问题回答了新华社记者的提问。

记者：国务院此次调整进口设备税收政策的目的和意义是什么？

吴仪：国务院决定，自1998年1月1日起，对国家鼓励和支持发展的外商投资和国内投资项目进口设备，免征关税和进口环节增值税。其目的和意义在于进一步扩大利用外资，鼓励引进国外的先进技术和设备，促进产业结构调整和技术进步，保持国民经济持续、快速、健康发展。

记者：享受免税优惠的进口设备包括哪些范围？

吴仪：外商投资项目，只要属于《外商投资产业指导目录》中鼓励类和限制乙类的项目，其在投资总额内进口的自用设备，除《外商投资项目不予免税的进口商品目录》所列商品外，均免征关税和进口环节税。国内投资项目，只要符合《当前国家重点鼓励发展的产业、产品和技术目录》，其投资总额内进口的自用设备，除《国内投资项目不予免税进口商品目录》所列商品外，均免征关税和进口环节增值税。其中，国内投资项目中使用国际金融组织贷款和外国政府贷款项目，国家已决定今后将主要安排在中西部地区，为体现国家对中西部地区的扶植政策，对其进口设备享受免税优惠的范围比其他国内投资项目应放宽一些，比照外商投资项目执行。为支持加工贸易发展，增加就业，扩大出口，加工贸易项目进口外商提供的不作价设备，除《外商投资项目不予免税的进口商品目录》所列商品外，免征关税和进口环节增值税。

两个不予免税的商品目录由海关12月31日公告执行。

记者：为什么还要规定一些进口商品不予免税？

吴仪：主要是不鼓励技术含量低、国内能生产并能保证供应的机器设备的进口和保护国内的幼稚产业。这两个目录中所列不予免税的商品范围有一些差别，《外商投资项目不予免税的进口商品目录》要少于《国内投资项目不予免税进口商品目录》，主要是为了使外国投资者采购设备有更大的选择余地，更多地吸引外资，促进国内建设和国民经济发展。这也是目前发展中国家普遍采取的政策。国内投资项目应更多地使用国内能生产并能保证供应的产品。

记者：什么是国家鼓励和支持发展的外商投资和国内投资项目？

吴仪：国家鼓励和支持发展的外商投资项目是指：(一)属于农业新技术、农业综合开发和能源、交通、重要原材料工业建设的；(二)属于高新技术、先进技术，能够改进产品性能、节约能源和原材料、提高企业技术经济效益或者生产适应市场需要而国内生产能力不足的新设备、新材料的；(三)适应国际市场需求，能够提高产品档次，开拓新市场，扩大产品外销，增加出口的；(四)属于综合利用资源和再生资源以及防治环境污染的新技术、新设备的；(五)属于能够发挥中西部地区的人力和资源优势，并符合国家产业政策的。具体请见国家计委、国家经贸委、外经贸部12月31日修订发布的《外商投资产业指导目录》。

国家鼓励和支持发展的国内投资项目是指：(一)符合当前和今后一个时期的市场需求，有比较广阔的发展前景；(二)有较高的技术含量，有利于设备更新，加快对传统产业的技术改造，促进产业结构的优化和升级，全面提高经济效益；(三)国内存在从研究开发到产业化的潜在基础，经过努力可以填补国内产业和技术空白，有利于形成新的经济增长点；(四)符合可持续发展战略，有利于资源节约以及生态和环境保护；(五)有利于提高供给能力。具体请见国家计委12月31日发布的《当前国家重点鼓励发展的产业、产品和技术目录》。

记者：如何办理进口设备免税手续？

吴仪：国内投资项目，项目单位凭项目可行性研究报告的审批机构出具的“确认书”到所在地海关办理进口免税手续。外商投资项目除“确认书”外，还要凭设立外商投资企业的批准文件和营业执照到所在地海关办理进口设备免税手续。加工贸易单位进口外商提供的不作价设备，凭批准的加工贸易合同到所在地海关办理进口免税手续。海关根据这些手续并对照不予免税的商品目录审核免税。

“确认书”是项目可行性研究审批机构出具的、认可该项目符合《外商投资产业指导目录》鼓励类和限制乙类或《当前国家重点鼓励发展的产业、产品和技术目录》的证明。限额以上项目确认书，由国家计委或国家经贸委在批复项目可行性研究报告时一并出具；限额以下项目的确认书，由国务院授权的各省、自治区、直辖市人民政府、国务院有关部门、计划单列市人民政府和国家试点企业集团在批复项目可行性研究报告时一并出具。

记者：对 1997 年 12 月 31 日前批准的老项目进口设备税收实行什么政策？

吴仪：第一，国务院已决定对 1996 年 3 月 31 日前依法批准设立的外商投资企业投资总额内进口自用的设备和原材料免征进口关税和进口环节增值税，直至进口完毕，这项政策继续执行。第二，对 1996 年 3 月 31 日以前按国家规定程序批准的技术改造项目进口设备，从 1998 年 1 月 1 日起，按原批准的减免税设备范围，全部免征进口关税和进口环节增值税，由项目单位凭原批准文件到所在地海关办理免税手续。第三，对 1996 年 4 月 1 日至 1997 年 12 月 31 日之前批准的利用外国政府贷款和国际金融组织贷款项目进口设备，从 1998 年 1 月 1 日起，除《外商投资项目不予免税的进口商品目录》或《国内投资项目不予减免税进口商品目录》所列商品外，免征进口关税和进口环节增值税。由项目单位凭原批准文件到所在地海关办理免税手续。

外交部部长钱其琛在比勒陀利亚联邦宫同南非外交部部长阿尔弗雷德·恩佐举行会谈

恩佐外长首先表示很荣幸能在这一历史时刻欢迎钱其琛访问南非，共同签署两国建交公报，完成两国建交这一重要任务。他说，南非与中国外交关系的建立将为两国未来关系的全面发展奠定良好的基础。恩佐说，南非决定同中国建交符合国际法准则，也符合世界上绝大多数国家奉行的“一个中国”的政策。南非与中国在建立公正合理的国际政治、经济新秩序方面有着许多共同看法，两国都致力于维护发展中国家的权益，南非期待着同中国在国际舞台上为实现这一目标加强合作。

钱其琛赞赏曼德拉总统和南非政府按照“一个中国”的原则做出与台湾“断交”并与中华人民共和国建交的决定。他感谢恩佐外长为此做出的努力。钱其琛说，中国和南非两国建交符合两国人民的根本利益，是两国关系发展的重要里程碑。

钱其琛说，中国和南非都是发展中国家，又是各自大陆的重要国家。两国没有根本的利益冲突，而有广泛的共同利益。两国在发展方面各有特点和所长，经济上互补性强，合作潜力大。两国在国际事务中应加强合作，在国家建设中应互相借鉴加强经贸合作，开展科技、文化等交流，促进共同发展。钱其琛说，两国人民在过去的斗争中，一向相互同情和支持。两国建立新型关系、开展全面的友好合作是有坚实基础的。中国重视发展同南非的关系，愿与南非方面共同努力，使中国、南非关系更具活力和实质内容，基础更为坚实，始终健康地发展。

两国外长还相互介绍了各自国内的经济发展情况，并就共同关心的地区、国际问题和联合国改革问题交换了看法。

钱其琛在与恩佐举行会谈后宣布说，中国方面已提名王学贤为中国首任驻南非大使，南非方面已同意中方的提名。

恩佐外长也宣布说，南非驻北京中国研究中心主任克里斯·德拉米尼先生将出任南非首任驻华大使。

会谈后，双方共签署了六项文件。

钱其琛和恩佐在签署了《中华人民共和国政府和南非共和国政府关于两国建立外交关系的联合公报》后，接着签署了《中华人民共和国政府和南非共和国政府关于南非共和国在中华人民共和国香港特别行政区保留总领事馆的协定》。

中国外经贸部副部长石广生和南非外交部部长恩佐签署了《中华人民共和国政府和南非共和国政府关于相互鼓励和保护投资协定》。

石广生还同南非外交部副部长帕哈德签署了《中华人民共和国政府向南非共和国政府提供无偿援助的换文》。

接着，中国外交部部长助理吉佩定和南非副外长帕哈德签署了中国、南非（两国政府）就相互设立总领事馆的换文。根据这一文件，中方将在约翰内斯堡、开普敦和德班设立总领事馆，南非将在上海设立总领事馆。他们还签署了中国、南非（两国政府）就南非航空公司定期航班飞越中国领空的换文。

钱其琛和恩佐在两国协议签署后联合举行的记者招待会上，分别阐述两国关系和对台湾问题的立场。

中国和南非在比勒陀利亚发表建立外交关系的联合公报

中华人民共和国国务院副总理兼外交部部长钱其琛与南非共和国外交部部长阿尔弗雷德·恩佐在比勒陀利亚的联邦宫分别代表两国政府签署中华人民共和国和南非共和国关于建立外交关系的联合公报。

一、中华人民共和国政府和南非共和国政府根据两国人民的利益和愿望，决定自 1998 年 1 月 1 日起相互承认并建立大使级外交关系。

二、中华人民共和国政府和南非共和国政府同意在相互尊重主权和领土完整、互不侵犯、互不干涉内政、平等互利、和平共处原则的基础上发展两国的友好合作关系。

三、南非共和国政府承认世界上只有一个中国，中华人民共和国政府是代表全中国的唯一合法政府，并承认中国的立场，即台湾是中国不可分割的一部分。

四、中华人民共和国政府和南非共和国政府商定，在对等原则的基础上，根据《维也纳外交关系公约》的有关规定，为对方在各自首都建立大使馆和履行其职务提供一切必要的协助，并尽快互派大使。

国务院副总理兼外交部部长钱其琛同南非外交部部长阿尔弗雷德·恩佐在比勒陀利亚举行记者招待会分别阐述两国关于中南关系正常化和台湾问题的立场

钱其琛在记者招待会上指出，关于台湾和南非关系问题，中国与南非方面已经达成了很好的谅解。钱其琛说："我与曼德拉总统谈得很好。南非方面保证，与中国建交后将不与台湾发生任何形式的官方关系。"

关于两岸关系问题，钱其琛说，台湾当局对开始两岸谈判顾虑重重，迈不开步子。他指出，一个中国是客观存在，对台湾当局来讲，最重要的是要承认一个中国的原则，然后在这个原则下发展海峡两岸关系，其中包括尽早举行停止敌对状态的政治谈判、实现三通和发展各种经济关系。那么，国家的统一是可以达到的。

恩佐在记者招待会上说，在同中华人民共和国的关系发展中，南非不可避免地要承认中华人民共和国，这既符合"国际惯例"，也能为两国人民带来益处。他说："与中国建交使我们在国际社会中又多了一个盟友，这便于我们在国际政治中发挥我们的作用，共同捍卫全人类的和平与安全。"

恩佐强调，南非同中国建交并不是南非政府突然转变态度，而是两国关系发展的必然结果。他指出，南非和中国之间的关系非常久远，在反对种族隔离斗争时期，中国就和广大南非人民站在一起，现在是继续发展两国和两国人民之间的友谊。

钱其琛还就人权和两国经贸合作等问题回答了记者的提问。他说，由于南非人民在种族隔离政策时期遭受到各种被剥夺人权的苦难，所以他们非常重视人权问题。他说："曼德拉总统会见我时说，南非不主张以人权问题干涉别国内政。"

有关经贸合作问题，钱其琛说，中国和南非同属发展中国家，又都面临着发展经济的任务。中国愿意在住房、教育、交通和通信等方面同南非合作，中国在南非投资合作前景可观。

1998年新年京剧晚会在中南海怀仁堂举行

党和国家领导人江泽民、乔石、李瑞环、刘华清、尉健行等和首都千余观念出席晚会。

12月31日

国家主席江泽民发表题为《迈向充满希望的新世纪》的1998年新年讲话

同胞们、朋友们、女士们、先生们：

在1998年来临之际，我十分高兴地通过中央人民广播电台、中国国际广播电台和中央电视台，向全国各族人民，向香港特别行政区同胞、澳门和台湾同胞、海外侨胞，向世界各国的朋友们，致以诚挚的问候和良好的祝愿！

1997年，是中国发展历史上非常重要的很不平凡的一年。中国人民决心继承邓小平同志的遗志，继续把建设有中国特色社会主义事业推向前进。中国政府顺利恢复对香港行使主权，并按照"一国两制"、"港人治港"、高度自治的方针保持香港的繁荣稳定。中国共产党成功地召开了第十五次全国代表大会，高举邓小平理论伟大旗帜，总结百年历史，展望新的世纪，制定了中国跨世纪发展的行动纲领。

在这一年中，中国的改革开放和现代化建设继续向前迈进。国民经济保持了"高增长、低通胀"的良好发展态度。农业生产再次获得好的收成，企业改革继续深化，人民生活进一步改善。对外经济技术合作与交流不断扩大。民主法制建设、精神文明建设和其他各项事业都有新的进展。我们十分关注最近一个时期一些国家和地区发生的金融风波，我们相信通过这些国家和地区的努力以及有关的国际合作，情况会逐步得到缓解。总的来说，中国改革和发展的全局继续保持了稳定。

在这一年中，中国的外交工作取得了重要成果。通过高层互访，中国与美国、俄罗斯、法国、日本等大国确定了双方关系未来发展的目标和指导方针。中国与周边国家和广大发展中国家的友好合作进一步加强。中国积极参与亚太经合组织的活动，参加了东盟——中日韩和中国——东盟首脑非正式会晤。这些外交活动，符合和平与发展的时代主题，顺应世界走向多极化的趋势，对于促进国际社会的友好合作和共同发展作出了积极的贡献。

1998年，中国人民将满怀信心地开创新的业绩。尽管我们在经济社会发展中还面临不少困难，但我们有邓小平理论的指引，有改革开放近20年来取得的伟大成就和积累的丰富经验，还有其他的各种有利条件，我们一定能够克服这些困难，继续稳步前进。只要我们进一步解放思想，实事求是，抓住机遇，开拓进取，建设有中国特色社会主义的道路就会越走越宽广。

实现祖国的完全统一，是海内外全体中国人的共同心愿。通过中葡双方的合作和努力，按照“一国两制”方针和澳门《基本法》，1999 年 12 月澳门的回归一定能够顺利实现。

台湾是中国领土不可分割的一部分。完成祖国统一，是大势所趋，民心所向。任何企图制造“两个中国”、“一中一台”、“台湾独立”的图谋，都注定要失败。希望台湾当局以民族大义为重，拿出诚意，采取实际的行动，推动两岸经济文化交流和人员往来，促进两岸直接通邮、通航、通商的早日实现，并尽早回应我们发出的在一个中国的原则下两岸进行谈判的郑重呼吁。

环顾全球，日益密切的世界经济联系，日新月异的科技进步，正在为各国经济的发展提供历史机遇。但是，世界还不安宁。南北之间的贫富差距继续扩大；局部冲突时有发生；不公正不合理的旧的国际政治经济秩序还没有根本改变；发展中国家在激烈的国际经济竞争中仍处于弱势地位；人类的生存与发展还面临种种威胁和挑战。和平与发展的前景是光明的，21 世纪将是充满希望的世纪。但前进的道路不会也不可能一帆风顺，关键是世界各国人民要进一步团结起来，共同推动早日建立公正合理的国际政治经济新秩序。

中国政府将继续坚持奉行独立自主的和平外交政策，在和平共处五项原则的基础上努力发展同世界各国的友好关系。中国愿意加强同联合国和其他国际组织的协调，促进在扩大经贸科技交流、保护环境、消除贫困、打击国际犯罪等方面的国际合作。中国永远是维护世界和平与稳定的重要力量。中国人民愿与世界各国人民一道，为开创持久和平、共同发展的新世纪而不懈努力！

在这辞旧迎新的美好时刻，我祝大家新年快乐，家庭幸福！

谢谢！

国务院总理李鹏在北京石景山发电总厂考察

李鹏首先向华北电管局、电厂负责人详细询问了目前电厂生产、职工生活和华北电网向首都供电、供热的有关情况。随后，他又实地察看了发电机组的运行情况和电厂一号机、二号机控制室。在控制室，李鹏与职工们一一握手，向大家表示慰问。他说，在 1998 年即将到来之际，有机会再次回到石景山发电总厂，感到十分高兴。李鹏亲切地说：“今天我看到了许多新的、年轻的面孔，这说明在老同志们作出贡献退下来后，新一代的年轻人成长起来了、成熟起来了，我感到十分欣慰。”

李鹏说：“作为首都的电力工作者，你们为首都的各项重大活动的顺利进行，为保障人民群众的工作、生活和学习，为促进首都经济的发展作出了自己的贡献。明天就是元旦，你们还有许多同志要坚守岗位，我向你们、向全体电力工作者表示感谢。现在，我们的首都已经结束了拉闸限电的历史，希望依靠大家，使拉闸限电的历史永远不再重演。同时，也希望你们安全生产、经济调度，实现经济增长方式的转变。”李鹏最后向电业职工，向全北京市的人民拜年，向大家致以新春的问候，祝愿电力事业取得新的成绩，祝愿北京市在改革、发展和稳定的各项工作中取得新的成就。

参观工厂结束后，李鹏又来到工厂退休职工郭树范和闫戌麟家看望慰问，向他们拜年。

投融资体制改革将成为中国经济体制改革的重点

据国家体改委消息，1998 年投融资体制改革将成为我国经济体制改革的重点，其主要内容是：进一步明确政府、企业、银行在投融资体制中的职责范围，建立投资风险约束机制；积极发展资本市场，扩大企业直接融资；切实加强和改进政府对投融资的宏观调控和管理。

按照投融资体制改革的框架设计，在投资风险机制方面明年将推进这几方面工作。一是政府要通过向社会转让股份，将竞争性项目和基础性项目中的国有资本转向科技、教育等公益性项目投资。二是政府将不对竞争性项目投资，对政府没有投资的项目，政府不审批，用登记备案制代替现行的审批制。三是积极推进投资主体多元化，将投资主体改造成多元出资的公司制企业，或吸收多个投资主体向项目投资，使企业投资决策权真正落到实处。四是切实加快国有专业银行商业化的改革步伐，使企业投资决策权真正落到实处。取消商业银行实际承担的政策性贷款业务，推行资产负债比例管理，尽快补充国有专业银行的资本金等。

在发展资本市场方面，明年要在扩大企业直接融资上取得突破。一是要按国家产业政策和结构调整的要求，选择更多经济效益好的企业上市，探索上市公司国有股、法人股上市流通和规范的非上市公司股份转让的具体办法和途径，建立规范的股票市场进入退出制度。二是在规范企业可转换债券发行机制的基础上，扩大企业可转换债券的发行规模，并加强对其发行、转换和兑付工作的监管，允许具备条件的企业在国外金融市场上发债。三是尽快出台产业投资基金和中外合作投资基金的有关法规。四是积极推行国际通行的投融资体制。

国家对固定资产投资的宏观调控，要从直接控制规模转到利用货币、财政和税收政策进行间接调控。要根据国家产业政策，定期公布或调整政府鼓励、允许、限制、禁止的投资项目。对于政府鼓励的项目，可通过政策性银行贷款、贴息、财政补助等形式加以引导